KODEX

DES ÖSTERREICHISCHEN RECHTS

Herausgeber: Univ.-Prof. Dr. Werner Doralt

Redaktion: Dr. Veronika Doralt

BAURECHT TIROL

bearbeitet von

Mag.a Theresa Gstöttner

Abteilung Verfassungsdienst

Amt der Tiroler Landesregierung

Linde

KODEX

DES ÖSTERREICHISCHEN RECHTS

VERFASSUNGSRECHT
EU-VERFASSUNGSRECHT
VÖLKERRECHT
EINFÜHRUNGSGESETZE ABGB UND B-VG
PARLAMENTSRECHT
BÜRGERLICHES RECHT
FAMILIENRECHT
UNTERNEHMENSRECHT
ZIVILGERICHTLICHES VERFAHREN
INTERNATIONALES PRIVATRECHT
WIRTSCHAFTSPRIVATRECHT
SCHIEDSVERFAHREN
STRAFRECHT
IT-STRAFRECHT
LEGAL TECH
IP-/IT-RECHT
GERICHTSORGANISATION
ANWALTS- UND GERICHTSTARIFE
NOTARIATSRECHT
JUSTIZGESETZE
WOHNUNGSGESETZE
FINANZMARKTRECHT
VERSICHERUNGSRECHT
WIRTSCHAFTSGESETZE
UWG
TELEKOMMUNIKATION
KARTELLRECHT
VERGABEGESETZE
COMPLIANCE FÜR UNTERNEHMEN
GLÜCKSSPIEL- UND WETTRECHT
ARBEITSRECHT
EU-ARBEITSRECHT
ARBEITNEHMERSCHUTZ
SOZIALVERSICHERUNG
SOZIALVERSICHERUNG DURCHFÜHRUNGSVORSCHRIFTEN
PERSONALVERRECHNUNG
STEUERGESETZE
STEUER-ERLÄSSE
EStG-RICHTLINIENKOMMENTAR
LSt-RICHTLINIENKOMMENTAR
KStG-RICHTLINIENKOMMENTAR
UmgrStG-RICHTLINIENKOMMENTAR
UStG-RICHTLINIENKOMMENTAR
GebG-RICHTLINIENKOMMENTAR
DOPPELBESTEUERUNGSABKOMMEN
VERRECHNUNGSPREISE
FINANZPOLIZEI
ZOLLRECHT UND VERBRAUCHSTEUERN
RECHNUNGSLEGUNG UND PRÜFUNG
INTERNATIONALE RECHNUNGSLEGUNG
VERBRAUCHERRECHT
VERKEHRSRECHT
WEHRRECHT
ÄRZTERECHT
KRANKENANSTALTENGESETZE
VETERINÄRRECHT
GESUNDHEITSBERUFE
UMWELTRECHT
EU-UMWELTRECHT
WASSERRECHT
ABFALLRECHT UND ÖKO-AUDIT
CHEMIKALIENRECHT
EU-CHEMIKALIENRECHT
LEBENSMITTELRECHT
SCHULGESETZE
UNIVERSITÄTSRECHT
ASYL- UND FREMDENRECHT
BESONDERES VERWALTUNGSRECHT
VERWALTUNGSVERFAHRENSGESETZE
INNERE VERWALTUNG
POLIZEIRECHT
LANDESRECHT TIROL
LANDESRECHT VORARLBERG
BAURECHT TIROL

ISBN 978-3-7073-5125-5
(c) Linde Verlag Ges.m.b.H., 1210 Wien,
Scheydgasse 24, Tel.: 01/24 630,
office@lindeverlag.at / www.lindeverlag.at

Satz und Layout: Linde Verlag Ges. m. b. H.

Gedruckt in der EU

Vorwort zur 8. Auflage

Die achte Auflage des Kodex Baurecht Tirol berücksichtigt die jüngsten Änderungen des Tiroler Bau- und Raumordnungsrechts, des Wohnbauförderungsrechts, relevanter abgabenrechtlicher Vorschriften sowie Sammelnovellen zur Tiroler Landesrechtsordnung, die auch die in vorliegendem Kodex enthaltenen Rechtsvorschriften betreffen. Hervorzuheben sind dabei – mit Schwerpunkt auf die Tiroler Bauordnung 2022 und das Tiroler Raumordnungsgesetz 2022 – insbesondere die folgenden Entwicklungen:

4. Tiroler COVID-19-Anpassungsgesetz:

Mit dem Gesetz LGBl. Nr. 62/2022 wurde der zeitliche Geltungsbereich des Tiroler COVID-19-Gesetzes sowie pandemiebedingter materiengesetzlicher Rechtsvorschriften letztmalig bis zum 30. Juni 2023 verlängert.

Tiroler Digitalisierungsgesetz 2023:

Das Gesetz LGBl. Nr. 85/2023 brachte u.a. Erleichterungen in Bezug auf die elektronische Einbringung und die Erweiterung der Möglichkeit der Sitzung von Kollegialorganen und die Beschlussfassung im Rahmen von Videokonferenzen und Umlaufbeschlüssen.

Erstes Tiroler Erneuerbaren Ausbaugesetz:

Mit dem Gesetz LGBl. Nr. 73/2024 wurden die bis zum 1. Juli 2024 umzusetzenden Bestimmungen der Richtlinie (EU) 2018/2001 des Europäischen Parlaments und des Rates zur Förderung der Nutzung von Energie aus erneuerbaren Quellen, ABl. 2018 Nr. L 328, S. 82, zuletzt geändert durch die Richtlinie (EU) 2023/2413, ABl. L, 2023/2413, 31.10.2023 (in der Folge als RED III RL bezeichnet) im Tiroler Landesrecht umgesetzt.

Tiroler Bauordnung 2022:

- Mit dem Gesetz LGBl. Nr. 64/2023 wurden neben weiteren Änderungen mit dem Ziel der Förderung des Einsatzes erneuerbarer Energie verschiedene Erleichterungen für Sonnenkollektoren und Photovoltaikanlagen geschaffen.
- Mit dem Gesetz LGBl. Nr. 73/2024 wurde in der Tiroler Bauordnung 2022 neben der o.a. Umsetzung der RED III RL im Zusammenhang mit dem Erkenntnis des Verfassungsgerichtshofes V 72/2023-12 vom 6. Dezember 2023 die bestehende Legaldefinition von Verkehrsflächen durch eine ausdrückliche Bezugnahme auf die entsprechenden Regelungen des Tiroler Straßengesetzes, LGBl. Nr. 13/1989, in der jeweils geltenden Fassung präzisiert. Entsprechend dem mit dem Tiroler Digitalisierungsgesetz 2023 in die Tiroler Rechtsordnung eingeführten Once-only-Prinzip entfiel zudem die Verpflichtung zur Vorlage des Energieausweises und wurde stattdessen eine Abfrageverpflichtung für die Baubehörde geschaffen. Schließlich wurden die aufgrund des § 3 Abs. 1 des Erneuerbare-Wärme-Gesetzes (EWG), BGBl. I Nr. 8/2024, wonach die Errichtung einer oder mehrerer Anlagen zur Wärmebereitstellung für neue Baulichkeiten, die mit fossilen Brennstoffen betrieben werden können, unzulässig ist, notwendigen Anpassungen vorgenommen.
- Mit dem Gesetz LGBl. Nr. 7/2025 wurden neben weiteren Änderungen die Ausnahmen vom Erfordernis der einheitlichen Bauplatzwidmung für Bagatellfälle erweitert sowie die Berücksichtigung von Mobilitätskonzepten bei der Festlegung der Mindestanzahl von Stellplätzen samt entsprechender Verordnungsermächtigung für die Gemeinden ergänzt und die Vorgaben für die Baubewilligung und die entsprechende Strafbestimmung angepasst. Zudem wurde der Katalog der Änderungen an Grundstücksgrenzen, die der behördlichen Bewilligung bedürfen, um Flächen außerhalb baulicher Entwicklungsbereiche bei Bestehen von Bebauungsplänen sowie um im Freiland befindliche und mit Gebäuden mit Aufenthaltsräumen bebaute Grundstücke, sofern die Änderung im Mindestabstandsbereich erfolgen soll, erweitert. Die Erteilung der Bewilligung für die Änderung von Grundgrenzen wurde erleichtert und eine neue Regelung zur Erreichung einer nachträglichen Barrierefreiheit von bestehenden Gebäuden eingeführt. Zudem wurde die Gigabit-Infrastrukturverordnung umgesetzt.

Tiroler Raumordnungsgesetz 2022:

- Mit dem Gesetz LGBl. Nr. 63/2023 wurde das Tiroler Raumordnungsgesetz 2022 auf Grundlage des Regierungsprogramms für Tirol 2022–2027 umfassenden Änderungen unterzogen, die an dieser

Stelle nur auszugsweise dargelegt werden können. Eingeführt wurde ein generelles Verbot der Schaffung neuer Freizeitwohnsitze nunmehr auch in Vorbehaltsgemeinden im grundverkehrsrechtlichen Sinn; korrespondierend dazu wurde für Vorbehaltsgemeinden eine besondere Verpflichtung zur Vorsorge für den geförderten Wohnbau normiert. Die im Rahmen der Bestandsaufnahme für die Fortschreibung des örtlichen Raumordnungskonzeptes schon bisher zu erstellende Analyse der touristischen Strukturen in den Gemeinden wurde außer hinsichtlich der Stadt Innsbruck von der Gemeinde- auf die Planungsverbandsebene gehoben. In diesem Sinn haben die Planungsverbände diese Aufgabe nunmehr im eigenen Wirkungsbereich zu besorgen. Zur Förderung des weiteren Ausbaus erneuerbarer Energien erfolgte im Freiland eine deutliche Vergrößerung des zulässigen Ausmaßes von freistehenden Photovoltaikanlagen. Im Rahmen der auf die Verkehrsbedürfnisse der Bevölkerung und der Wirtschaft bezogenen überörtlichen Raumordnungsziele wurde die Verbesserung des Fuß- und Radwegenetzes als Zielsetzung besonders hervorgehoben. Die Möglichkeit zur Fristverlängerung für die Fortschreibung örtlicher Raumordnungskonzepte wurde auf 16 Jahre erweitert. Einen weiteren wesentlichen Punkt der Novelle bildete die Umsetzung des Erkenntnisses des Verwaltungsgerichtshofes Zl. Ra 2022/06/0058 vom 6. Oktober 2022, welches im Zusammenhang mit dem sog. „negativen Immissionsschutz" ergangen ist.

- Mit dem Gesetz LGBl. Nr. 78/2023 wurde auf die im Zuge des Vertragsverletzungsverfahrens Nr. 2020/2104 wegen nicht ordnungsgemäßer Umsetzung der Richtlinie 2012/18/EU zur Beherrschung der Gefahren schwerer Unfälle mit gefährlichen Stoffen festgestellten Umsetzungsdefizite reagiert und ein Raumverträglichkeitsprüfungsverfahren ins Tiroler Raumordnungsgesetz 2022 eingeführt.
- Mit dem Gesetz LGBl. Nr. 73/2024, wurde auch im Tiroler Raumordnungsgesetz 2022 neben der o.a. Umsetzung der RED III RL im Zusammenhang mit dem Erkenntnis des Verfassungsgerichtshofes V 72/2023-12 vom 6. Dezember 2023 die bestehende Legaldefinition von Verkehrsflächen durch eine ausdrückliche Bezugnahme auf die entsprechenden Regelungen des Tiroler Straßengesetzes, LGBl. Nr. 13/1989, in der jeweils geltenden Fassung präzisiert.
- Mit dem Gesetz LGBl. Nr. 6/2025 erfolgten weitere umfassende Änderungen des Tiroler Raumordnungsgesetzes 2022, die an dieser Stelle nur auszugsweise wiedergegeben werden können. Insbesondere wurde gemeinsam mit einer entsprechenden Änderung des Tiroler Grundverkehrsgesetzes 1996 der Strafrahmen für Verwaltungsübertretungen im Zusammenhang mit Freizeitwohnsitzen verdoppelt. Einen weiteren Schwerpunkt der Novelle bildet der Ausbau der bestehenden Regelungen zur Vertragsraumordnung im Zusammenhang mit der jüngst erfolgten Änderung des B-VG (Einfügung eines Art. 15 Abs. 5 durch die B-VG-Novelle BGBl. I Nr. 89/2024). Zudem wurden infolge der in den Art. 7 und 9 des Tiroler Digitalisierungsgesetzes vorgesehenen authentischen elektronischen Kundmachung von Verordnungen der Gemeinden kundmachungsrechtliche Anpassungen vorgenommen.

Im Zuge der Rechtsbereinigung wurden die Verordnung über die Geltung von Verordnungen auf Grund der Tiroler Bauordnung 1998 und des Ölfeuerungsgesetzes für bundeseigene Gebäude, LGBl. Nr. 1998/92, die Verordnung über die Festlegung von Kleinregionen, LGBl. Nr. 12/2004, sowie die Verordnung über die Festsetzung von besonderen Verwaltungsabgaben nach dem Tiroler Bauprodukte- und Akkreditierungsgesetz 2001, LGBl. Nr. 48/2005, aufgehoben.

Neu aufgenommen wurden im vorliegenden Kodex Baurecht Tirol die **Tiroler Energieausweisdatenbankverordnung – TEADBV 2022**, VBl. Tirol Nr. 84/2022, die **Tiroler Heizungs- und Klimaanlagendatenbankverordnung – THKDBV 2023**, VBl. Tirol Nr. 38/2023, und die **Verordnung, mit der die Höhe der Ausgleichsabgabe für Spielplätze angepasst wird**, LGBl. Nr. 29/2024.

Sämtliche Gesetze und Verordnungen dieser Ausgabe sind zum **Stand 1. März 2025** abgedruckt.

Innsbruck, April 2025 Mag. Theresa Gstöttner

Inhaltsverzeichnis

Baurecht . . . 7

1. Tiroler Bauordnung 2022 . . . 7
2. Technische Bauvorschriften 2016 . . . 73
3. Baulärmverordnung 2016 . . . 451
4. Stellplatzhöchstzahlenverordnung 2015 . . . 455
5. Bauunterlagenverordnung 2024 . . . 459
6. Übertragungsverordnung Baupolizei . . . 467
7. Tiroler Energieausweisdatenbankverordnung . . . 469

Raumordnungsrecht . . . 471

8. Tiroler Raumordnungsgesetz 2022 . . . 471
9. Planzeichenverordnung 2022 . . . 557
10. Kostenbeitragsverordnung 2024 . . . 615
11. Tiroler Seilbahn- und Schigebietsprogramm 2024 . . . 617
12. Tiroler Golfplatzprogramm . . . 623
13. Verordnung, mit der ein Raumordnungsprogramm über den Schutz der Gletscher erlassen wird . . . 627
14. Tiroler Einkaufszentrenprogramm 2005 . . . 629
15. Verordnung über die Bildung von Planungsverbänden und deren Satzung . . . 631
16. Verordnung über die Bildung des Planungsverbandes Innsbruck und Umgebung und dessen Satzung 2022 . . . 637
17. Verordnung über die Geschäftsordnung des Raumordnungsbeirates und seiner Untergruppen 641

Baunebengesetze samt Durchführungsverordnungen . . . 643

18. Tiroler Gas-, Heizungs- und Klimaanlagengesetz 2013 . . . 643
19. Tiroler Gas-, Heizungs- und Klimaanlagenverordnung 2024 . . . 671
20. Tiroler Heizungs- und Klimaanlagendatenbankverordnung . . . 709

21. Tiroler Feuerpolizeiordnung 1998 711

22. Tiroler Aufzugs- und Hebeanlagengesetz 2012 727

23. Tiroler Aufzugs- und Hebeanlagenverordnung 2015 735

24. Tiroler Kanalisationsgesetz 2000 741

25. Tiroler Bauproduktegesetz 2016 751

26. Gesetz über die Bezeichnung von Verkehrsflächen, die Nummerierung von Gebäuden und die Bezeichnung von deren Nutzungseinheiten 769

27. Tiroler Stadt- und Ortsbildschutzgesetz 2021 773

28. Verordnung über die Geschäftsordnung des Sachverständigenbeirates nach dem Stadt- und Ortsbildschutzgesetz 2021 791

29. Verordnung über die Vergütung für die Mitglieder des Sachverständigenbeirates 795

30. Tiroler Grundverkehrsgesetz 1996 797

31. Verordnung über den Inhalt und die Form der nach dem Tiroler Grundverkehrsgesetz 1996 auszustellenden Bestätigungen und zu erbringenden Nachweise 819

32. Gesetz über die Landesimmobilien-Bau- und Sanierungsgesellschaften 833

Wohnbauförderung 835

33. Tiroler Wohnbauförderungsgesetz 1991 835

34. Tiroler Wohnbauförderungsverordnung 857

Abgabenrechtliche Vorschriften 859

35. Tiroler Verkehrsaufschließungs- und Ausgleichsabgabengesetz 859

36. Verordnung über die Festlegung der Erschließungskostenfaktoren 867

37. Verordnung, mit der die Höhe der Ausgleichsabgabe für Spielplätze angepasst wird . . 875

38. Grundsteuerbefreiungsgesetz 1987 877

39. Tiroler Freizeitwohnsitz- und Leerstandsabgabegesetz 879

40. Landes-Verwaltungsabgabenverordnung 2007 885

41. Gemeinde-Verwaltungsabgabenverordnung 2007 895

Vereinbarungen nach Art. 15a B-VG 899

42. Vereinbarungen nach Art. 15a B-VG 899

1. Tiroler Bauordnung 2022

Tiroler Bauordnung 2022 – TBO 2022
StF: LGBl. Nr. 44/2022 (WV)
Letzte Novellierung: LGBl. Nr. 7/2025

GLIEDERUNG

1. Abschnitt
Allgemeine Bestimmungen
§ 1. Geltungsbereich
§ 2. Begriffsbestimmungen
2. Abschnitt
Bebauungsbestimmungen
§ 3. Bauplatzeignung
§ 4. Anordnung baulicher Anlagen gegenüber den Bauplatzgrenzen
§ 5. Abstände baulicher Anlagen von den Verkehrsflächen
§ 6. Abstände baulicher Anlagen von den übrigen Grundstücksgrenzen und von anderen baulichen Anlagen
§ 7. Bauhöhe
§ 8. Abstellmöglichkeiten für Kraftfahrzeuge
§ 9. Abstellmöglichkeiten für Kraftfahrzeuge von Menschen mit einer Behinderung
§ 10. Ladestationen für Elektrofahrzeuge
§ 11. Abstellmöglichkeiten für Fahrräder
§ 12. Kinderspielplätze, Nebeneinrichtungen
§ 13. Versorgung in Notzeiten
3. Abschnitt
Gestaltung des Baulandes
§ 14. Änderung von Grundstücksgrenzen
§ 15. Verfahren
§ 16. Bewilligung
§ 17. Grundbuchsrechtliche Bestimmungen
4. Abschnitt
Bauvorschriften
§ 18. Allgemeine bautechnische Erfordernisse
§ 19. Verwendung von Bauprodukten
§ 20. Technische Bauvorschriften
§ 21. Erfordernisse der Gesamtenergieeffizienz
§ 22. Ausnahmen von den Erfordernissen der Gesamtenergieeffizienz
§ 23. Erstellung, Inhalt und Registrierung von Energieausweisen
§ 24. Befugnis zur Ausstellung von Energieausweisen, Widerruf
§ 25. Aushang von Energieausweisen
§ 26. Energieausweisdatenbank
§ 27. Örtliche Bauvorschriften und Vorschriften über Kinderspielplätze
5. Abschnitt
Verfahrensbestimmungen
§ 28. Bewilligungspflichtige und anzeigepflichtige Bauvorhaben, Ausnahmen
§ 29. Bauansuchen
§ 29a. Elektronische Einbringung
§ 30. Bauanzeige
§ 31. Bauunterlagen
§ 32. Bauverfahren
§ 33. Parteien
§ 34. Baubewilligung
§ 35. Erlöschen der Baubewilligung
§ 36. Feststellungsverfahren
6. Abschnitt
Bauausführung, Erhaltung des Bauzustandes
§ 37. Baubeginn, Vorarbeiten
§ 38. Bauausführung, Pflichten des Bauherrn
§ 39. Bauverantwortlicher
§ 40. Baulärm
§ 41. Aufsicht über die Bauausführung
§ 42. Mängelbehebung, Baueinstellung
§ 43. Vorübergehende Benützung von Nachbargrundstücken
§ 44. Bauvollendung
§ 45. Benützungsbewilligung
§ 46. Herstellung des gesetzmäßigen Zustandes
§ 47. Baugebrechen
§ 48. Räumung, sonstige behördliche Bauaufsicht
7. Abschnitt
Abbruch von Gebäuden
§ 49. Anzeigepflicht, Unzulässigkeit des Abbruchs
§ 50. Abbruchanzeige
§ 51. Ausführung des Abbruchs
§ 52. Herstellung des gesetzmäßigen Zustandes
Abschnitt 7a
Regelungen für Anlagen zur Erzeugung von erneuerbarer Energie
§ 52a. Besondere Verfahrensbestimmungen für Anlagen zur Erzeugung von erneuerbarer Energie

§ 52b. Sonderregelungen für Solarenergieanlagen
§ 52c. Weiters anzuwendende Bestimmungen

8. Abschnitt
Sonstige Vorhaben

§ 53. Bauliche Anlagen vorübergehenden Bestandes
§ 54. Vorübergehende Betreuungseinrichtungen für Zwecke der Grundversorgung und der Unterbringung von Vertriebenen
§ 55. Vorübergehende Bereitstellung von Wohnraum infolge von Katastrophen
§ 56. Werbeeinrichtungen, Zulässigkeit und Verfahren
§ 57. Behördliche Entfernung von Werbeeinrichtungen
§ 58. Aufschüttungen, Abgrabungen

9. Abschnitt
Sonderbestimmungen

§ 59. Schutz des Orts- und Straßenbildes
§ 60. Antennentragmasten
§ 61. Duldung öffentlicher Einrichtungen

10. Abschnitt
Behörden

§ 62. Behörden außerhalb der Stadt Innsbruck
§ 63. Behörden in der Stadt Innsbruck

11. Abschnitt
Schluss-, Straf- und Übergangsbestimmungen

§ 64. Dingliche Wirkung
§ 65. Aufschiebende Wirkung
§ 66. Nichtigkeit
§ 67. Strafbestimmungen
§ 68. Mitwirkung der Bundespolizei
§ 69. Eigener Wirkungsbereich der Gemeinde
§ 70. Verarbeitung personenbezogener Daten
§ 71. Übergangsbestimmungen
§ 72. Inkrafttreten, Notifikation, Umsetzung von Unionsrecht

STICHWORTVERZEICHNIS

A
Abbruch von Gebäuden §§ 49 bis 52
– Ausführung § 51
– Einstellung § 51 (2), § 52 (2)
– Nichtanzeige der Vollendung § 67 (2) lit h
Abbruchanzeige § 50
Abbruchberechtigter § 51 (1), (2), (4), (6), § 52 (4), § 67 (1) lit r und t, § 67 (2) lit h
Abbruchverantwortlicher § 51 (1), (2), § 52 (4), § 67 (1) lit t, § 70 (3), (4)
Abfallbehandlungsanlagen § 1 (3) lit g
Abgrabungen § 58, § 67 (1) lit p und z
Abstandsbestimmungen § 5, § 6, § 71 (7), (8)
Abstellmöglichkeiten § 8, § 9, § 11, § 34 (16), (17), § 70 (3), (4), § 71 (15)
– Befreiung § 8 (11), § 11 (5)
– für Einkaufszentren § 8 (2), (3), (7), (11), § 9 (1)
– für Fahrräder § 11
– für Kraftfahrzeuge, Begriff § 2 (16), § 8
– für Kraftfahrzeuge von Menschen mit einer Behinderung § 9
– Wegfall § 8 (5), § 9 (3)
Abwägung § 43 (2), § 65 (2)
Abwasserbeseitigung § 16 (2) lit c, § 29 (2) lit b
Abweichung
– von der Bauanzeige § 41 (1), § 42 (3), § 46 (1), § 67 (1) lit a und t1
– von der Baubewilligung § 39 (3), § 41 (1), § 42 (3), § 44 (1), § 45 (4), § 46 (1), § 67 (1) lit a und t1
Abweisung des Bauansuchens § 34 (3), (4), (6), § 37 (1)
allgemeine bautechnische Erfordernisse § 18
Amtssachverständige § 32 (10) lit d, § 32 (11) lit e, § 32 (12) lit c
Änderung
– des Verwendungszweckes § 3 (6), § 6 (10), § 8 (1), § 9 (1), § 11 (1), § 12 (1), (3), § 20 (5), § 28 (1) lit c, § 32 (8)
– von Gebäuden oder Gebäudeteilen § 3 (2), (3), § 8 (1), § 11 (1), § 12 (1), § 28 (1) lit b, (2), § 54 (2) lit b
– von Grundstücksgrenzen §§ 14 bis 17, § 71 (12)
Anschläge § 59 (4), (5)
Anspruch auf Vergütung § 43 (6)
Antennentragmasten § 60, § 70 (4)
– Begriff § 2 (26)
– Errichtung § 60, § 67 (1) lit z1
Antragsteller § 52a (2), § 52b (4), § 53 (5)
anzeigepflichtige Bauvorhaben § 28 (2)
Aufenthaltsräume, Begriff § 2 (3)
Auflagen § 34 (7), (8), (10), (11), (12), (15), § 45 (3), § 47 (3), § 50 (3), § 53 (3), § 54 (5), § 56 (4), § 60 (4)
– Abänderung § 34 (12)
– Aufhebung § 34 (12)
– nachträgliche § 34 (10), § 70 (3)
– Nichterfüllung, Strafbarkeit § 67 (1) lit b, n, p, t, t2, u, x, z und z1
– zusätzliche § 34 (10)
aufschiebende Wirkung § 42 (1), § 51 (4), § 52 (2), § 65
Aufschüttungen § 58
Außenhaut § 6 (1), (2), (3) lit c
Außenwände § 38 (3)
äußeres Erscheinungsbild § 2 (9), § 31 (4), § 32 (2), (13)
B
Badestege § 1 (3) lit r
Balkone, offene § 2 (18), § 5 (2) lit b

Balkonverglasungen § 28 (2) lit a
Barrierefreiheit § 18 (1) lit d
Bauansuchen § 29, § 34, § 35 (8), § 49 (2), § 58 (2), § 71 (11)
– Abweisung § 34 (3), (4)
– Bewilligung § 34 (6)
– Entscheidung § 34
– Entscheidungsfrist § 34 (1), § 52a (4), (5)
– nachträglich § 30 (6), § 42 (3), § 45 (4), § 46 (3)
– Zurückweisung § 34 (2)
Bauanzeige § 6 (2), (8), (9), (11), § 15 (4), § 16 (5), § 28 (3), § 30, § 35 (7), § 37 (2), § 41 (1), § 42 (3), § 44 (3), (4), (5), § 46 (1), (3), (6), § 52a (4), § 52b (3), § 54 (2), (3), (4), (5), (8), (8a), (9), (12), § 67 (1) lit a, h, j, o und t1, § 70 (3), § 71 (1), (4), (11), (16), (20), (21)
– Erlaubnis zur Ausführung § 30 (4), (6)
– nachträgliche § 42 (3), § 46 (3)
– Wirksamkeitsverlust § 44 (3), (5)
– Zurückweisung § 30 (2)
Bauaufsicht § 41, § 42 (1), § 48
Bauausführung § 38, § 41, § 67 (1) lit g, (2) lit d, § 71 (4)
– Einstellung bei Gefahr im Verzug § 42 (1)
– Überwachung durch Bauverantwortlichen § 39
– Untersagung § 42 (3)
Baubeginn § 37, § 70 (3)
– Begriff § 2 (29)
– Frist § 35 (2) bis (6)
– Nichtanzeige, Strafbarkeit § 67 (2) lit a
Bauberechtigter, Zustimmungserklärung § 29 (2) lit a
Baubewilligung § 34
– Abweichungen § 39 (3), § 41 (1), § 42 (3) lit b Z 2, § 44 (1), § 45 (4), § 46 (1), § 67 (1) lit a und t1
– bewilligungspflichtige Bauvorhaben § 28 (1)
– Erlöschen § 35
– Inhalt § 8 (1), (3), § 9 (1), § 11 (4), § 33 (8), § 34 (7), (8), (10), (11), (13), (15), § 35 (2), § 38 (1), § 39 (1), § 43 (4), § 49 (2), § 58 (2)
– Nichtigkeit § 66
– Rechtskraft § 33 (9)
– Solarenergieanlagen § 52b (1)
Baueinstellung § 42
Baufluchtlinien § 5 (1), (2), § 33 (3) lit c, § 71 (7), (10)
Baugebrechen § 47, § 67 (1) lit p
Baugrenzlinie § 6 (5), § 33 (3) lit c, § 71 (7), (10)
Baugrubensicherung § 4 (4), § 37 (1), § 38 (1)
Bauherr
– Pflichten § 35 (7), § 37 (1), § 38, § 41 (2), (3), § 43 (5), § 44 (4)
– Strafbarkeit als § 67 (1) lit a, e, g, i und t1, (2) lit a, b, e, k und m
Bauhöhe § 7, § 33 (3) lit c und d, § 38 (3), § 67 (1) lit e und f, § 71 (8)
Bauland, Gestaltung des §§ 14 bis 17
bauliche Anlage § 1 (1)
– Abstände von übrigen Grundstücksgrenzen und anderen baulichen Anlagen § 6
– Abstände von Verkehrsflächen § 5
– Anordnung gegenüber Bauplatzgrenzen § 4
– Begriff § 2 (1)
– Räumung § 48
– unterirdische § 4 (3) lit b, § 5 (2) lit f, § 6 (4) lit g
– vorübergehenden Bestandes § 53
Baulärm § 40
Baumeister § 32 (10) lit c, (11) lit c
Bauplatz, Begriff § 2 (12)
Bauplatzeignung § 3
Bauplatzgrenzen § 4, § 5 (7), § 6 (1), (12), § 16 (5) lit a, § 31 (2), § 33 (2), (3), § 71 (7), (9), (13)
Bauprodukte § 19
Baurecht (im subjektiven Sinn) § 29 (2) lit a, § 33 (2)
– dingliche Wirkung § 64
Baustelleneinrichtung § 1 (3) lit p, § 38 (6)
Baustellenkoordinator § 38 (1)
Bauteile § 5 (2), (3), (7), § 6 (3) lit d, (4), § 18 (4)
– untergeordnete § 2 (18), § 5 (2), § 6 (3) lit a, § 28 (2) lit a
Bauunterlagen § 29 (2), § 30 (2), (4), § 31, § 34 (9), § 44 (1), § 54 (4), (5), (6), (8)
Bauverantwortliche § 38 (1), § 39, § 41 (2), § 42 (2), § 67 (1) lit a und g, (2) lit b, c und e, § 70 (3), (4)
Bauverfahren § 32
Bauverhandlung § 32 (1), (2), (3), (4), (13), § 33 (8), § 34 (1)
Bauvollendung § 44
– Frist für § 35 (1), (3), (4), (5), (6), § 70 (3), § 71 (3)
Bauvorschriften §§ 18 bis 27
– örtliche § 27
– technische § 20
Bauweise § 4 (1), (2), (3), § 6 (1), (9), (10), § 16 (1), § 33 (3) lit c und f, § 71 (7), (10), (16)
– gekuppelt § 2 (13), § 6 (9), § 71 (16)
Bauwerber § 8 (4), (11), § 11 (4), (5), § 12 (2), § 20 (3), § 29 (4), (5), § 29a (1), § 30 (2), (4), § 31 (4), § 32 (13), § 33 (1), § 37 (1), § 39 (1), § 43 (4), § 54 (4), (5)
Bebauung § 3 (1), § 16 (1), (2), (3), § 34 (3) lit a Z 2, (4) lit b
– zweckmäßige und bodensparende § 16 (2) lit b
Bebauungsplan § 2 (11), (27), § 4 (1), (3), § 5 (1), (4), § 6 (1), (2), (9), (10), § 7 (1), § 9 (4), § 14 (1) lit c, § 16 (1), (2), (3), § 33 (3) lit c und f, § 34 (3) lit a Z 2, § 46 (7) lit a, § 54 (7), § 56 (3) lit e, § 58 (3), § 71 (16)
– ergänzender § 16 (1), § 33 (3) lit f
Bedingungen § 34 (4) lit d, (7), (8), § 45 (3), § 47 (3), § 50 (3), (4), § 53 (3), § 56 (4), § 58 (4), § 60 (4)
Beherbergungsgroßbetriebe § 31 (4), § 32 (13)
Behörden, Zuständigkeit § 62, § 63

– außerhalb der Stadt Innsbruck § 62
– in der Stadt Innsbruck § 63
Benützung von Nachbargrundstücken § 43, § 51 (5), § 53 (9), § 54 (12)
Benützungsbewilligung § 44 (2), (7), § 45, § 46 (6) lit d und e, § 67 (1) lit k und n, § 70 (3)
Bepflanzungen § 27 (1) lit e
Beschneiungsanlagen § 1 (3) lit e
Bestimmungen, grundbuchsrechtliche § 17
Bewilligung, naturschutzrechtliche § 34 (5)
bewilligungspflichtige Bauvorhaben § 28 (1)
Bienenhaus § 2 (24), § 6 (4) lit a, § 28 (2) lit d
Bienenstand § 1 (3) lit m, § 2 (23), § 6 (4) lit a, § 28 (3) lit h
Bienenstock § 2 (22)
Brandschutz § 2 (9), § 6 (3), (6), (10), § 16 (5), § 18 (1) lit b, § 32 (6), § 33 (3) lit a, § 52b (4), § 54 (7), § 71 (10)
– Brandschutzeinrichtungen § 32 (6) lit a, § 38 (5)
– Brandschutzkonzept § 32 (6) lit a
– brandschutztechnischer Sachverständiger § 32 (6), (7), (11), § 38 (5)
Brücke § 68
Bundespolizei, Mitwirkung § 68
Bürgermeister § 62 (1), (4)
C
Container § 1 (3) lit g, § 28 (2) lit g, § 54 (2) lit a
– Baucontainer § 1 (3) lit p
– Wohncontainer § 1 (3) lit p
D
Dachfläche § 2 (11), (18), § 52b (2) lit b, (3) lit b, § 71 (8)
Dachkapfer § 2 (18) lit a, § 6 (3) lit b
Dachkonstruktion, Aufsetzen der § 38 (3), § 67 (1) lit e
Daten, Verarbeitung personenbezogener § 70
Deponien § 1 (3) lit g
dingliche Wirkung § 64
Düngerstätten § 1 (3) lit k
E
eigener Wirkungsbereich der Gemeinde § 69
Eignung, Bauplatz § 3
Einfriedungen § 5 (2), (3), § 6 (4) lit e, § 27 (1) lit b, § 28 (2) lit b, (3) lit c
Einigung § 33 (8), § 43 (6)
Einkaufszentrum § 8 (2), (3), (7), (8), (11), § 9 (1), § 29 (5)
Einwendungen § 33 (3) bis (8), § 34 (4) lit d
– des Straßenverwalters § 33 (7)
– privatrechtliche § 33 (8)
– subjektiv-öffentliche § 33 (3) bis (6)
Eisenbahnanlagen § 1 (3) lit a, § 32 (4) lit a
elektrische Leitungsanlagen § 1 (3) lit c, § 32 (4) lit a
Energieausweis §§ 23 bis 26, § 30 (3), § 31 (3), § 44 (1), § 54 (6) lit d, § 67 (1) lit l, (2) lit j, § 70 (1), (3), (4), (7)
– Aushang § 25
– Ausstellung § 24
– Begriff § 2 (13)
– Energieausweisdatenbank § 26, § 70 (1)
– Erneuerung § 23 (5)
– Erstellung § 23 (1), (2), (3)
– Inhalt § 23 (4)
– Registrierung § 23 (6)
Energieeffizienz, Gesamt- § 18 (1) lit f, § 21, § 22, § 44 (1), § 54 (7)
– Ausnahmen von den Erfordernissen der § 22
– Begriff § 2 (32)
– Erfordernisse der § 21
Entscheidungsfrist § 34 (1), § 43 (3), § 52a (4), (5)
Erdaushub § 37 (1)
Erfordernisse
– allgemeine bautechnische § 18, § 28 (1) lit b und f, (3) lit a und b, § 46 (7) lit b, § 47 (1), § 52b (1), (2)
– der Gesamtenergieeffizienz § 21, § 22
– telekommunikationstechnische § 60 (4)
Erhaltung des Bauzustandes § 47 (1), § 49 (2), (3), § 59 (1)
Erker § 2 (17), § 5 (2) lit b
EU-Richtlinien, Umsetzung § 72 (4)
F
Fahrrad, Abstellmöglichkeiten § 11, § 12 (3), § 44 (2) lit c, § 70 (3), (4)
Fänge § 2 (18) lit a, § 6 (3), § 38 (4)
Feldkreuze § 1 (3) lit q
Flächenwidmungsplan § 33 (3) lit a, § 34 (3) lit a, § 46 (7) lit a, § 54 (7), § 56 (3) lit e, § 71 (11), (12)
Flugsicherungsanlagen § 1 (3) lit a
Flutlichtanlagen § 6 (4) lit h
Folientunnel § 1 (3) lit k, § 2 (20), § 28 (3) lit g
Freiland § 1 (3) lit k, § 2 (28), § 6 (1) lit a und d, § 14 (1) lit d, § 16 (4), § 28 (1) lit d, § 58 (1)
Freitreppe § 2 (18) lit b, § 5 (2), § 6 (4) lit f
Freizeitwohnsitz § 2 (6), § 28 (1) lit d, § 29 (4), § 34 (3) lit b, § 46 (6) lit g, § 70 (3)
frühere bau- oder raumordnungsrechtliche Vorschriften § 6 (10), § 16 (5), § 28 (1) lit a, § 35 (6), § 45 (1), § 46 (4), § 47 (5), § 71 (3)
Futterplätze § 1 (3) lit l
Futterraufen § 1 (3) lit k
Futtersilos § 1 (3) lit l
G
Garagen § 2 (10), (14), (16), § 4 (3) lit b, § 5 (2) lit f, § 8 (2), (7), (10), § 32 (6) lit n
Gartengestaltung § 1 (3) lit o
Gebäude
– Abbruch §§ 49 bis 52
– Begriff § 2 (2)
– Gebäudekomponente § 2 (35)
Geländeniveau § 2 (11), § 6 (1), (2), § 7 (2), § 58 (1), (3), (5)
Geländeveränderung § 2 (11), § 6 (1), (2)
Gemeinde
– eigener Wirkungsbereich § 69
– Parteistellung § 62 (2), (3), (4), § 63 (2)
– Verordnungen § 8 (8), (9), (10), § 11 (1), § 27 (1), (2), § 40 (3), § 71 (14)
– Zustimmung § 5 (6)
Genehmigungsvermerk § 34 (9)

Geräteschuppen § 2 (10), § 28 (3) lit f
Gesamtenergieeffizienz § 18 (1) lit f, § 21, § 22, § 44 (1), § 54 (7)
– Ausnahmen von den Erfordernissen der § 22
– Begriff § 2 (32)
– Erfordernisse der § 21
Gesundheit § 2 (37), § 8 (10), § 13, § 18 (1) lit c, § 20 (4), (5), § 34 (10), § 38 (1), § 40 (1), § 47 (2), (3), § 48 (1), § 50 (3), § 53 (3), (8), § 54 (7) lit b
Grundbuch, Abfrage im § 29 (2)
grundbücherliche Durchführung § 16 (6)
grundbücherliche Einverleibung § 15 (1)
Grundbuchsbeschlüsse § 17
Grundbuchsgericht § 17
grundbuchsrechtliche Bestimmungen § 17
Grundeigentum, Rechtsnachfolger im § 64
Grundeigentümer
– Parteistellung § 33 (1), (2)
– Zustimmung § 43 (4), § 71 (7), (9)
– Zustimmungserklärung § 29 (2) lit a
Grundstücksgrenze(n)
– Abstände baulicher Anlagen von § 6
– Änderung von §§ 14 bis 17
Grundstücksvereinigung § 16 (4)
Gutachten § 20 (3), § 29 (2) lit e
H
Hagelschutznetze § 28 (3) lit g
Haltestellenhäuschen § 1 (3) lit i
Haltestellenzeichen § 1 (3) lit i
Herstellung
– des gesetzmäßigen Zustandes § 30 (6), (7), § 46, § 52, § 67 (1) lit o Z 3
– des ursprünglichen Zustandes § 35 (7), § 42 (3), § 44 (4), § 45 (4), § 46 (1), (7), § 53 (7), § 67 (1) lit h und o
Heupillen § 1 (3) lit k
hocheffiziente alternative Systeme § 2 (34), § 21 (3), § 34 (4) lit e
Hochstände § 1 (3) lit l
Hochwasser § 3 (2), § 48 (1)
Höhenlage § 2 (11), § 6 (1), (2), § 58 (3)
Hygiene § 18 (1) lit c, § 54 (7)
I
Immissionen § 12 (1), § 33 (5), § 40 (1)
Immissionsschutz § 33 (3) lit a
Inkrafttreten § 44 (7), § 71, § 72
Innenhöfe § 27 (1) lit d
Innsbruck
– Behörden außerhalb der Stadt § 62
– Behörden in der Stadt § 63
Instandhaltung § 18 (1), § 49 (3)
Instandsetzung § 47 (2), § 49 (3), § 61 (1)
Instandsetzungsmaßnahmen § 28 (3) lit b, § 43 (1), § 61 (4)
K
Kanalisationsanlagen § 61 (1) lit b
Katastralmappe § 15 (3), § 54 (6) lit a
Katastrophen § 55
Kinderspielplätze § 1 (3) lit r, § 6 (4) lit d, (5), § 12, § 27, § 28 (2) lit e, § 45 (3)
Kompostieranlagen § 1 (3) lit g
Kosten § 20 (1), § 40 (2) lit a, § 43 (2) lit a, § 47 (4), § 52 (3), § 57 (4)
Kraft-Wärme-Kopplungsanlagen § 2 (34)
Krane § 1 (3) lit p
Kulturschutzanlagen § 2 (19), § 28 (2) lit d
L
Ladestationen § 6 (4) lit f
– für Elektrofahrzeuge § 10, § 28 (3) lit e
Lageplan § 6 (2), § 31 (2), § 34 (7), § 36 (2), § 50 (1), § 56 (1), § 58 (1), § 60 (1)
Landesregierung
– Behördenzuständigkeit § 62 (2), (3), § 70 (1)
– Entzug der Befugnis zur Erstellung von Energieausweisen § 24 (2)
– Verordnungen § 8 (6), § 10, § 20 (1), § 21 (3), § 23 (7), § 25 (2), § 31 (1), (3), § 40 (1), § 71 (14), (15)
– Zuständigkeit im Zusammenhang mit der Energieausweisdatenbank § 26 (1), (2), (4), (6)
Landesverwaltungsgericht § 6 (11), § 29 (2) lit d, § 30 (5), § 34 (3) lit d, § 35 (5), § 52a (6), § 54 (10), § 71 (12)
Landschaftsbild § 7 (2), § 18 (3), § 32 (13), § 34 (5), § 47 (1), (2)
Liegenschaftsteilungsgesetz § 14 (2) lit b, § 15 (3)
M
Mangel § 26 (4), § 39 (1), (3), § 45 (3), (5)
Mängelbehebung § 42
Mängelbehebungsauftrag § 26 (4), § 30 (2), § 34 (2), (11), § 42 (1), § 45 (5), § 54 (4)
Materialseilbahnen § 1 (3) lit j
Messstellen § 1 (3) lit h
militärische Anlagen § 1 (3) lit b
Mindestabstände § 6 (1), (3), (10), § 33 (3) lit d, § 71 (13)
Mindestabstandsflächen § 6 (3), (4), (7), § 56 (3) lit d, § 58 (3), § 71 (10)
Miteigentum § 29 (2)
Miteigentümer § 29 (2)
mobile offene Schwimmbecken § 1 (3) lit n
Mobilheime § 1 (3) lit t
N
Nachbar
– Abstandsbestimmungen § 6 (4), (7), (12)
– Definition § 33 (2), (6)
– Einwendungen § 33 (3) bis (6), § 52b (4), § 53 (5)
– Parteistellung § 33 (1), § 35 (4), § 52b (4), § 53 (5)
– Vermeidung unzumutbarer Belästigungen § 38 (1), § 50 (3), § 53 (8)
– Zustimmung § 6 (4), (7), (12), § 56 (3) lit d, § 58 (3), § 71 (10)
Nachbargrundstück, Benützung von § 43, § 51 (5), § 53 (9), § 54 (12), § 70 (3)
Naturgefahren § 1 (3) lit s, § 2 (12) lit b, § 3 (2), § 4 (4), § 29 (3) lit a, § 34 (11)
naturschutzrechtliche Bewilligung § 34 (5)

Nebenanlagen § 2 (10), § 6 (9), § 71 (16)
Nebeneinrichtungen § 12
Nebengebäude § 2 (10), § 6 (9), § 71 (16)
Neubau § 2 (7), § 3 (2), (3), § 8 (1), (2), § 9 (1), § 11 (1), § 12 (1), (3), § 18 (1) lit g, § 20 (1), § 21, § 23 (1) lit a, § 28 (1) lit a, § 29 (1), (2), § 31 (1) bis (4), § 32 (2), (5), (6), (8), (13), § 54 (2) lit a
– Begriff § 2 (7)
– Bewilligungspflicht § 28 (1) lit a
Nichtigkeit § 66
Notifikation § 72
Nutzungssicherheit § 18 (1) lit d, § 54 (7)
O
oberirdische bauliche Anlagen § 2 (5), § 6 (4) lit a und d, (7)
offene Balkone § 2 (18), § 5 (2) lit b
örtliche Bauvorschriften § 27
örtliches Raumordnungskonzept § 7 (1), § 14 (1), § 33 (3) lit d, § 34 (3) lit a Z 2, § 54 (7), § 56 (3) lit e, § 71 (17)
Orts- und Straßenbild § 5 (2) bis (5), § 6 (6), (8), (9), § 7 (2), § 18 (3), § 27 (1), § 32 (13), § 38 (6), § 47 (1), (2), § 56 (3) lit c, § 58 (3), § 60 (1), (3), § 70 (5)
– Schutz des § 16 (2) lit a, § 27 (1), § 59, § 60 (4)
Ortsbildschutzgesetz 2021, Tiroler Stadt- und § 22 lit a, § 49 (1), § 56 (1), (6), § 60 (1)
Ortschaften, geschlossene § 2 (28)
– außerhalb § 28 (3) lit d
– innerhalb § 56 (1), § 58 (1), (3), § 59 (1), (4), § 60 (1)
P
Parkdeck § 2 (16), § 8 (2), (7), (10), § 32 (6) lit n
Parkplätze § 2 (16), § 27 (1) lit e, § 28 (2) lit g
Parkscheinautomaten § 1 (3) lit i
Parteien § 32 (1), § 33, § 35 (4), § 52b (4), § 53 (5), § 65 (2), § 70 (2) bis (6), § 71 (1), (2)
Parteistellung § 30 (6), § 33 (1), (8), § 35 (4), (6)
– Gemeinde § 62 (2), (3), (4), § 63 (2)
– Stadt Innsbruck § 63 (2)
Plakate § 56 (2) lit c, § 59 (4), (5)
privatrechtliche Einwendungen § 33 (8)
R
Räumung § 48, § 51 (3), § 70 (3)
Rechtskraft § 16 (6), (7), § 30 (6), § 33 (9), § 35 (1), (4), (6), (8), § 37 (1), § 53 (4)
Rechtsnachfolger § 54 (12), § 64
Renovierungen § 18 (1) lit g, § 20 (1), § 21 (1), (3), § 23 (1) lit b, § 28 (2) lit f, § 30 (3), § 31 (3), § 44 (3)
– größere, Begriff § 2 (33)
– umfangreiche, Begriff § 2 (39) lit c
Rohbau § 38 (4)
Rohrleitungsanlagen § 1 (3) lit e, § 32 (4) lit b
S
Sachen, Schutz von § 2 (2), § 5 (2), § 6 (4) lit a, (8), § 28 (2) lit g, § 43 (3)
Sachen, Sicherheit von § 38 (1), § 50 (3), § 53 (3) lit b, (8)
Sachverständige § 32 (1), (8), (9), (12), (13), § 70 (2), (3), (4)
– brandschutztechnische § 32 (6), (7), (11), § 38 (5)
– hochbautechnische § 32 (5), (10)
Schallimmissionen § 40 (1)
Schallschutz § 18 (1) lit e
Schifffahrtsanlagen § 1 (3) lit a
Schnurgerüst § 38 (2)
schriftlicher Bescheid § 24 (2), § 26 (4), § 30 (2), (3), (6), § 34 (1), (10), (11), (12), (16), (17), (18), § 38 (1), (4), (5), § 39 (1), § 43 (3), (5), § 44 (5), § 47 (3), § 50 (3), § 51 (1), § 53 (8), § 54 (4), (5), § 56 (4), § 60 (3), (4), § 61 (5), § 71 (15)
Schutz der Gesundheit § 8 (10), § 40 (1), § 47 (3), § 50 (3), § 53 (3), (8), § 54 (7) lit b
Schutz des Orts- und Straßenbildes § 16 (2) lit a, § 27 (1), § 59, § 60 (4)
Schutz- und Regulierungswasserbauten § 1 (3) lit s
Schutzdächer § 2 (18) lit a, § 5 (2), (3), § 38 (1)
Schutzinteressen der Straße § 5 (4), § 33 (7)
Schutzzonen § 22 lit a
Schwimmbecken § 1 (3) lit n, § 6 (4) lit d, § 28 (2) lit c
Seilbahnanlagen § 1 (3) lit a
Senkgrube § 51 (3)
Seveso-Betriebe § 2 (36), (37), (38), § 3 (3), § 33 (6)
Sicherheitskonzept § 3 (2), (3), § 29 (3), § 34 (8), (10), (11), (13), (14), § 70 (3)
Sicherungsmaßnahmen § 43 (3), § 47 (4), § 50 (1)
Sonderfläche § 1 (3) lit k, § 2 (12), § 4 (3) lit a, § 6 (1), § 8 (3), (10), § 14 (1) lit a, § 58 (1), § 71 (12)
Spielplätze, Kinder- § 1 (3) lit r, § 6 (4) lit d, (5), § 12, § 27, § 28 (2) lit e, § 45 (3)
Sportanlagen § 1 (3) lit v, § 2 (28), § 12 (2) lit a
Sprengmittellager § 1 (3) lit j
Staatsgrenze § 62 (3)
Stadel § 28 (2) lit d
Stadt- und Ortsbildschutzgesetz 2021, Tiroler § 22 lit a, § 49 (1), § 56 (1), (6), § 60 (1)
Stadtmagistrat § 63 (1), § 70 (1)
Stand der Technik § 2 (30), § 12 (1), § 18 (1), § 51 (2)
Standsicherheit § 2 (9), § 18 (1) lit a, § 54 (7), § 56 (3) lit a
Stellflächen für Fahrräder § 11
Stellplätze § 5 (2), § 6 (4) lit f, § 27 (1) lit d, § 32 (6) lit d
– Begriff § 2 (15)
– für Fahrräder § 11
Stellungnahme § 32 (2), (3)
Straße, Schutzinteressen der § 5 (4), § 33 (7)
Straßen, öffentliche § 1 (3) lit d, § 2 (27) lit a, § 14 (2) lit c, § 33 (7)
Straßenfluchtlinie § 2 (27) lit e, § 5 (3), § 71 (7)
Straßenverkehrszeichen § 1 (3) lit i
Straßenverwalter

– Einwendungen § 33 (7), § 52b (4), § 53 (5)
– Parteistellung § 33 (1), § 35 (4), § 52b (4), § 53 (5)
– Zustimmung § 5 (3) bis (6), § 71 (7), (9)
Stromerzeugungsanlagen § 1 (3) lit c
Stützmauern § 5 (2), § 6 (4) lit e, § 28 (2) lit b, (3) lit c
T
technische Bauvorschriften § 20
Telefonzellen § 1 (3) lit i
Telekommunikationsanlagen § 1 (3) lit c, § 6 (3) lit d
telekommunikationstechnische Erfordernisse § 60 (4)
Terrassen § 5 (2), § 6 (4) lit d, § 28 (2) lit c und g
Tiroler Stadt- und Ortsbildschutzgesetz 2021 § 22 lit a, § 49 (1), § 56 (1), (6), § 60 (1)
Transparente § 59 (4)
U
Übergangsbestimmungen § 71
Umbau § 2 (9), § 3 (2), (3), § 6 (10), § 8 (1), § 9 (1), § 11 (1) lit b, § 12 (1), § 20 (4), (5), § 21 (1), § 23 (1) lit c, § 28 (1) lit a, § 29 (1), § 31 (1), § 32 (2), (5), (6), (8), § 54 (2) lit b
– Begriff § 2 (9)
– Bewilligungspflicht § 28 (1) lit a
Umweltschutz § 18 (1) lit c
untergeordnete Bauteile § 2 (18), § 5 (2), § 6 (3) lit a, § 28 (2) lit a
unterirdische bauliche Anlagen § 4 (3) lit b, § 5 (2) lit f, § 6 (4) lit g
V
Verbindung mit einer öffentlichen Verkehrsfläche § 3 (1), § 29 (2) lit b, § 33 (7) lit a, § 44 (2) lit a, § 70 (3), (4)
Verfahrensbestimmungen §§ 28 bis 36, § 52a
Verhandlung, Bau- § 32 (1), (2), (3), (4), (13), § 33 (8), § 34 (1)
Verhandlungsschrift § 33 (8)
Vermessungsamt § 15 (3)
Versorgungsleitungen § 51 (3), § 61 (1) lit b
Versuch, Strafbarkeit § 67 (4)
Verwaltungsübertretungen § 67 (1), (2)
Verwendung von Bauprodukten § 19
Verwendungszweck § 3 (1), (2), (5), § 6 (6), (8), § 8 (3), (9), § 9 (1), § 11 (2), § 12 (2), § 18 (2), § 20 (1), § 22 lit d, § 29 (1), (2) lit b, (3) lit a, § 31 (1), § 33 (7), § 34 (11), § 36 (1), § 44 (2), § 46 (6) lit c, § 53 (1), (2), (3), § 54 (12), § 67 (1) lit m
– Änderung § 3 (6), § 6 (10), § 8 (1), § 9 (1), § 11 (1) lit b, § 12 (1), (3), § 20 (5), § 21 (1) lit c, § 23 (1) lit c, § 28 (1) lit c, § 32 (8)
Verzichtserklärung § 35 (1) lit a
Vorbehaltsflächen § 4 (3) lit a, § 6 (1), § 8 (10), § 14 (1) lit a, § 58 (1)
Vordach § 2 (18) lit c, § 5 (2) lit a, § 6 (7)
W
Wahlwerbung § 56 (2) lit c Z 1
Wandfluchten § 31 (2), § 38 (2), § 67 (1) lit e und f
Wandhöhe, mittlere § 2 (11), § 5 (2), § 6 (4) lit a und d
Wärmepumpen § 2 (34) lit d, § 5 (2), § 6 (4) lit b
Wärmeschutz § 18 (1) lit f, § 44 (1)
Wasserkraftanlagen § 1 (3) lit c
Wasserversorgungsanlagen § 1 (3) lit e
Wegweiser § 1 (3) lit i
Weideunterstände § 2 (21), § 28 (2) lit d
Weidezäune § 1 (3) lit k
Weidezelte § 2 (21a), § 28 (2) lit d, (3) lit g
Werbeeinrichtungen § 2 (18) lit a, § 5 (2), § 27 (1) lit c, § 28 (3) lit d, § 67 (1) lit p, x und y
– Begriff § 2 (25)
– behördliche Entfernung § 57
– Zulässigkeit und Verfahren § 56
Widmung, einheitliche § 2 (12), § 4 (3) lit a, § 34 (4) lit c, § 71 (11)
Wildzäune § 1 (3) lit l
Wirkung, aufschiebende § 42 (1), § 51 (4), § 52 (2), § 65
Wohnanlagen § 2 (5), § 9 (1), § 12, § 13, § 18 (1) lit g, § 27 (2), § 28 (2) lit e, § 45 (1) lit c, (3)
Wohncontainer § 1 (3) lit p
Wohnungen § 2 (4), § 12 (1), (3), § 13, § 28 (1) lit c und d, § 29 (4)
Wohnungseigentum § 29 (2) lit a
Z
Zelte § 1 (3) lit t und u
Zubau § 2 (8), § 3 (2), (3), § 6 (10), § 8 (1), § 9 (1), § 11 (1) lit b, § 12 (1), § 20 (4), (5), § 21 (1) lit c, § 23 (1) lit c, § 28 (1) lit a, § 29 (1), (2), § 31 (1), (2), § 32 (2), (5), (6), (8), § 54 (2) lit b
– Begriff § 2 (8)
– Bewilligungspflicht § 28 (1) lit a
Zufahrt § 2 (10), § 5 (2), § 6 (4) lit a und f, (5), § 27 (1) lit d
Zurückweisung § 29a (3), § 30 (2), § 34 (2), (6), § 37 (1), § 44 (5), § 54 (4)
Zustellung § 29a (1),§ 52a (2), § 57 (3)
Zustellungsbevollmächtigter § 41 (3)
Zustimmung
– Gemeinde § 5 (6)
– Grundeigentümer § 29 (2) lit a, § 43 (4), § 71 (7), (9)
– Miteigentümer § 29 (2) lit a
– Nachbar § 6 (4), (7), (12), § 56 (3) lit d, § 58 (3)
– Straßenverwalter § 5 (3) bis (6), § 71 (7), (9)
Zustimmungserklärung § 29 (2) lit a
Zweckbestimmung, bauliche § 6 (8), § 28 (1) lit c, § 36 (1), § 46 (6) lit c, § 67 (1) lit m

1. Abschnitt
Allgemeine Bestimmungen
§ 1
Geltungsbereich

(1) Dieses Gesetz gilt für alle baulichen Anlagen, soweit im Folgenden nichts anderes bestimmt ist.

(2) Durch dieses Gesetz werden die Zuständigkeit des Bundes sowie sonstige Vorschriften über bauliche Anlagen nicht berührt.

(3) Dieses Gesetz gilt nicht für folgende bauliche Anlagen:

a) Eisenbahnanlagen, Seilbahnanlagen, Schifffahrtsanlagen, Bodeneinrichtungen eines Flugplatzes, Flugsicherungsanlagen oder Teile davon;
b) militärische Anlagen, wie Befestigungs- und Sperranlagen, Munitionslager, Meldeanlagen, Übungsstätten und dergleichen;
c) Wasserkraftanlagen einschließlich der wasserbautechnischen Anlagenteile, sonstige Stromerzeugungsanlagen, soweit sie nach § 6 des Tiroler Elektrizitätsgesetzes 2012, LGBl. Nr. 134/2011, in der jeweils geltenden Fassung bewilligungspflichtig sind, und elektrische Leitungsanlagen, jeweils mit Ausnahme von Gebäuden mit Aufenthaltsräumen; Telekommunikationsanlagen mit Ausnahme von Gebäuden mit Aufenthaltsräumen und der nach § 60 anzeigepflichtigen Antennentragmasten;
d) öffentliche Straßen einschließlich ihrer Bestandteile mit Ausnahme von Gebäuden mit Aufenthaltsräumen, sofern es sich dabei nicht um der Grenzabfertigung, der Verkehrsbeeinflussung, der Kontrolle oder der Bemautung dienende Gebäude handelt; private Straßen mit Ausnahme von Stellplätzen;
e) Wasserversorgungsanlagen, Abwasserbeseitigungs- und -reinigungsanlagen, Beschneiungsanlagen, Rohrleitungsanlagen oder Teile davon mit Ausnahme von Gebäuden mit Aufenthaltsräumen;
f) bauliche Anlagen, die der Gewinnung oder Aufbereitung von mineralischen Rohstoffen dienen und den bergrechtlichen Vorschriften unterliegen;
g) Abfallbehandlungsanlagen einschließlich Deponien und Kompostieranlagen, soweit sie den bergrechtlichen oder den abfallwirtschaftsrechtlichen Vorschriften des Bundes unterliegen, mit Ausnahme von Anlagen nach § 54 des Abfallwirtschaftsgesetzes 2002, BGBl. I Nr. 102/2002, zuletzt geändert durch das Gesetz BGBl. I Nr. 84/2024; Container zum Sammeln von Abfällen;
h) Messstellen zur Feststellung der Schadstoffbelastung der Luft, für gewässer- und wetterkundliche Beobachtungen und dergleichen einschließlich der zu ihrem Schutz erforderlichen baulichen Anlagen;
i) Vorrichtungen zur Anbringung von Straßenverkehrszeichen, Haltestellenzeichen, Straßentafeln, Parkscheinautomaten und dergleichen; Haltestellenhäuschen, Telefonzellen, Straßen- und Parkbänke, Wegweiser, touristische Informationstafeln und dergleichen;
j) land- oder forstwirtschaftliche Bringungsanlagen und sonstige Materialseilbahnen; Sprengmittellager für Lawinensprengungen;
k) Heupillen, Hainzenhütten, Harpfen, Stanggerhütten und dergleichen sowie sonstige bauliche Anlagen im Rahmen land- oder forstwirtschaftlicher Betriebe, wie nicht überdachte Düngerstätten und Fahrsilos, geschlossene Jauche- und Güllegruben, nicht begehbare Folientunnels, ortsübliche Umzäunungen, Futterraufen und Viehtränken, Weidezäune und dergleichen; diese Ausnahmen gelten jedoch nur für im Freiland und auf Sonderflächen nach den §§ 44, 45 und 47 des Tiroler Raumordnungsgesetzes 2022, LGBl. Nr. 43/2022, in der jeweils geltenden Fassung errichtete bauliche Anlagen;
l) der Wildhege und der Jagdausübung dienende bauliche Anlagen, wie Futterplätze, Futtersilos, Hochstände, Wildzäune und dergleichen, mit Ausnahme von Gebäuden mit Aufenthaltsräumen;
m) Bienenstände zur Haltung von insgesamt höchstens zehn Bienenstöcken;
n) mobile offene Schwimmbecken mit einem Füllungsvermögen von höchstens 10.000 Litern;
o) der Gartengestaltung dienende bauliche Anlagen wie Erschließungswege und -treppen, Zierbrunnen, Teiche, Steingärten, Grillkamine und dergleichen;
p) Baustelleneinrichtungen wie Baucontainer mit Ausnahme von Wohncontainern, Gerüste, Krane und dergleichen;
q) Gipfel- und Feldkreuze, Bildstöcke, Dorfbrunnen, Marterln, Fahnenstangen, Maibäume und dergleichen;
r) Badestege und dergleichen; Kinderspielplätze und Spielplatzeinrichtungen mit Ausnahme der nach § 28 Abs. 2 lit. e anzeigepflichtigen Anlagen;
s) von Körperschaften öffentlichen Rechts errichtete bauliche Anlagen zum Schutz vor Naturgefahren, wie Steinschlagdämme, Steinschlagnetze, Schneebrücken, Schneerechen, Quer- und Längswerke, Schutz- und Regulierungswasserbauten und dergleichen;
t) dem Kampieren im Sinn des § 2 lit. a des Tiroler Campinggesetzes 2001, LGBl. Nr. 37/2001, in der jeweils geltenden Fassung dienende mobile Unterkünfte, wie Zelte und Mobilheime, sowie Einrichtungen mobiler Unterkünfte im Sinn des § 6 Abs. 1 lit. c Z 2 und 3 des Tiroler Campinggesetzes 2001, sofern die von der mobilen Unterkunft allein

überdeckte Fläche 45 m² und die unter Hinzurechnung aller Einrichtungen im Sinn des § 6 Abs. 1 lit. c Z 2 und 3 des Tiroler Campinggesetzes 2001 insgesamt überdeckte Fläche 60 m² nicht übersteigt;

u) Zelte und bauliche Anlagen vorübergehenden Bestandes, die im Rahmen von öffentlichen anmeldepflichtigen Einzelveranstaltungen nach den §§ 4 Abs. 1 und 6 Abs. 1 lit. a des Tiroler Veranstaltungsgesetzes 2003, LGBl. Nr. 86/2003, in der jeweils geltenden Fassung, aufgestellt bzw. errichtet werden;

v) Sportanlagen mit Ausnahme von Gebäuden, soweit sie dem Tiroler Veranstaltungsgesetz 2003 unterliegen.

(4) Dieses Gesetz gilt weiters nicht für bauliche Anlagen mit Ausnahme von Gebäuden, die nach anderen Vorschriften einer Bewilligung oder Anzeige bedürfen, wenn im Bewilligungs- bzw. Anzeigeverfahren auf die nach diesem Gesetz zu wahrenden Interessen Bedacht zu nehmen ist.

Fassung bis 11. Februar 2026:

§ 2
Begriffsbestimmungen

(1) Bauliche Anlagen sind mit dem Erdboden verbundene Anlagen, zu deren fachgerechten Herstellung bautechnische Kenntnisse erforderlich sind.

(2) Gebäude sind überdeckte, allseits oder überwiegend umschlossene bauliche Anlagen, die von Menschen betreten werden können und die dazu bestimmt sind, dem Schutz von Menschen, Tieren oder Sachen zu dienen.

(3) Aufenthaltsräume sind Räume in Gebäuden, die zum länger dauernden Aufenthalt von Menschen bestimmt sind, wie Wohn- und Schlafräume, Arbeits- und Geschäftsräume, Unterrichtsräume und dergleichen.

(4) Wohnungen sind baulich in sich abgeschlossene Teile eines Gebäudes, die zur Unterkunft und Haushaltsführung von Menschen bestimmt sind.

(5) Wohnanlagen sind Gebäude mit mehr als sechs Wohnungen. Mehrere in einem räumlichen Naheverhältnis stehende Gebäude, die zusammen mehr als sechs Wohnungen enthalten, gelten als eine Wohnanlage, wenn sie eine einheitliche Gesamtplanung aufweisen und für sie eine gemeinsame Verwaltung vorgesehen ist.

(6) Freizeitwohnsitze sind Gebäude, Wohnungen oder sonstige Teile von Gebäuden im Sinn des § 13 Abs. 1 des Tiroler Raumordnungsgesetzes 2022.

(7) Neubau ist die Errichtung eines neuen Gebäudes, auch wenn nach dem Abbruch oder der Zerstörung eines Gebäudes Teile davon, wie Fundamente oder Mauern, weiterverwendet werden.

(8) Zubau ist die Vergrößerung eines Gebäudes durch die Herstellung neuer oder die Erweiterung bestehender Räume.

(9) Umbau ist die bauliche Änderung eines Gebäudes, durch die dessen Außenmaße nicht geändert werden und die geeignet ist, die mechanische Festigkeit und Standsicherheit, den Brandschutz, die Energieeffizienz oder das äußere Erscheinungsbild des Gebäudes wesentlich zu berühren.

(10) Nebengebäude sind Gebäude, die aufgrund ihres Verwendungszweckes einem auf demselben Grundstück befindlichen Gebäude funktionell und hinsichtlich der Größe untergeordnet und nicht für Wohnzwecke bestimmt sind, wie Garagen, Geräteschuppen, Gartenhäuschen und dergleichen. Nebenanlagen sind sonstige bauliche Anlagen, die aufgrund ihres Verwendungszweckes einem auf demselben Grundstück befindlichen Gebäude funktionell untergeordnet sind, wie Überdachungen, Stellplätze, Zufahrten und dergleichen.

(11) Die mittlere Wandhöhe ist der Abstand zwischen dem Niveau des an ein Gebäude anschließenden Geländes und dem Schnitt der äußeren Wandfläche mit der Dachhaut, wobei Höhenunterschiede, die sich aus der Neigung einer Dachfläche bzw. des anschließenden Geländes ergeben, bis insgesamt höchstens 3 m gemittelt werden. Übersteigt die Neigung einer Dachfläche den Winkel von 45°, so ist dieser Schnitt unter der Annahme zu ermitteln, dass die Dachneigung 45° beträgt, wobei vom höchsten Punkt jener Dachfläche auszugehen ist, deren Neigung den Winkel von 45° übersteigt. Wurde das Geländeniveau durch die Bauführung oder im Hinblick auf eine beabsichtigte Bauführung verändert, so ist vom Geländeniveau vor dieser Veränderung auszugehen. Andernfalls ist vom bestehenden Geländeniveau auszugehen. Dies gilt auch dann, wenn eine Geländeveränderung mehr als zehn Jahre zurückliegt. Ist jedoch in einem Bebauungsplan eine Höhenlage festgelegt, so ist in allen Fällen von dieser auszugehen.

(12) Bauplatz ist ein Grundstück, auf dem eine bauliche Anlage errichtet werden soll oder besteht. Grundstück ist eine Grundfläche, die im Grundsteuerkataster oder im Grenzkataster mit einer eigenen Nummer bezeichnet ist oder die in einem Zusammenlegungsverfahren als Grundabfindung gebildet wurde. Bauplätze müssen eine einheitliche Widmung aufweisen; dies gilt nicht

a) für Sonderflächen nach § 43 des Tiroler Raumordnungsgesetzes 2022 für Solarenergieanlagen,

b) für Sonderflächen nach § 43 des Tiroler Raumordnungsgesetzes 2022 für bauliche Anlagen zum Schutz vor Naturgefahren, soweit sie nicht nach § 1 Abs. 3 lit. s vom Geltungsbereich dieses Gesetzes ausgenommen sind,

c) für Sonderflächen nach den §§ 47, 50 und 50a des Tiroler Raumordnungsgesetzes 2022,

d) für Solarenergieanlagen,

e) für maximal 3 m breite Flächen mit einem Gesamtausmaß bis zu 50 m², die eine andere Widmung aufweisen, sowie
f) für Grundstücke mit um bis zu 50 cm verschobenen Katastergrenzen.

(13) Gekuppelte Bauweise ist die Errichtung zweier baulicher Anlagen an jeweils einer gemeinsamen Grundstücksgrenze, sofern die Überlappung beider baulicher Anlagen zumindest 50 v.H. beträgt.

(14) Garagen sind Gebäude oder Gebäudeteile, die zum Einstellen von Kraftfahrzeugen bestimmt sind.

(15) Stellplätze sind außerhalb von Gebäuden liegende Flächen, die zum Abstellen von Kraftfahrzeugen und Fahrrädern bestimmt sind.

(16) Abstellmöglichkeiten für Kraftfahrzeuge sind Flächen außerhalb öffentlicher Verkehrsflächen wie Stellplätze, Garagen oder Parkdecks sowie jene Bereiche öffentlicher Garagen, Parkdecks und Parkplätze, die den ständigen Benützern und Besuchern einer bestimmten baulichen Anlage zur ausschließlichen Nutzung vorbehalten sind.

(17) Erker sind an der Fassade vorspringende Gebäudeteile, die vorwiegend der Gestaltung der Fassade dienen und die im Verhältnis zur Fassade und zum betreffenden Innenraum von untergeordneter Größe sind.

(18) Untergeordnete Bauteile sind:

a) Dachkapfer, Fänge, Windfänge, offene Balkone und dergleichen, Schutzdächer und an baulichen Anlagen angebrachte Werbeeinrichtungen; dies jedoch nur, wenn sie im Hinblick auf ihre Abmessungen im Verhältnis zur Fläche und zur Länge der betroffenen Fassaden bzw. Dächer untergeordnet sind;
b) Freitreppen, Sonnenschutzlamellen und dergleichen, fassadengestaltende Bauteile, wie Gesimse, Lisenen, Rahmen und dergleichen, weiters Solarenergieanlagen, sofern sie in die Außenhaut von baulichen Anlagen integriert sind oder der Abstand des der Solarenergieanlage zur Dach- bzw. Wandhaut, im rechten Winkel von dieser aus gemessen, an keinem Punkt 30 cm übersteigt, sowie Liftüberfahrten; dies jedoch nur, wenn sie im Hinblick auf ihre Abmessungen im Verhältnis zur Fläche der betreffenden Fassaden bzw. Dächer untergeordnet sind;
c) Vordächer, wenn sie im Hinblick auf ihre Abmessungen im Verhältnis zur Gesamtfläche der betreffenden Dächer untergeordnet sind. Als Gesamtfläche der betreffenden Dächer gelten jene Flächen, die im unmittelbaren baulichen Zusammenhang mit den jeweiligen Vordächern stehen sowie die Vordachflächen selbst.

(19) Kulturschutzanlagen sind überwiegend aus Folien bestehende bauliche Anlagen, die keine dauerhafte Fundamentierung und Tragkonstruktion oder eine dauerhafte Fundamentierung ausschließlich mittels Punktfundamenten und eine darauf aufgesetzte Tragkonstruktion aufweisen, und zum Schutz von im gewachsenen Boden oder über gewachsenem Boden produzierten landwirtschaftlichen oder gärtnerischen Kulturen verwendet werden, wobei dies auch die Frostfreihaltung umfasst. Sie können an den Stirnseiten im erforderlichen Ausmaß verschließbar sein, weiters können die Stirnseiten sowie die Seitenteile, diese jedoch nur bis zu einer Höhe von 1 m über dem anschließenden Gelände, aufgrund technischer Notwendigkeiten auch aus anderen Materialien ausgeführt werden.

(20) Folientunnels sind unbeschadet der Form der Hülle aus Folien bestehende bauliche Anlagen, die keine dauerhafte Fundamentierung und Tragkonstruktion oder eine dauerhafte Fundamentierung ausschließlich mittels Punktfundamenten und eine darauf aufgesetzte Tragkonstruktion aufweisen und die nur für die Dauer des jahreszeitlich notwendigen Schutzes oder als vorübergehender Witterungsschutz von landwirtschaftlich oder gärtnerisch genutzten Flächen verwendet werden, wobei außerhalb dieser Zeiträume die Umhüllung entfernt oder zusammengerollt wird. Sie können an den Stirnseiten im erforderlichen Ausmaß verschließbar sein.

(21) Weideunterstände sind höchstens dreiseitig umschlossene bauliche Anlagen in Holzbauweise mit einer Fundamentierung ausschließlich mittels Punktfundamenten, die auf Weideflächen situiert sind und Weidetieren während der Weidezeit als Unterstand zum Schutz vor Witterungseinflüssen (Wind, Niederschlag, Hitze, Kälte etc.) dienen.

(21a) Weidezelte sind höchstens dreiseitig umschlossene Zelte, die auf Weideflächen situiert sind und Weidetieren während der Weidezeit als Unterstand zum Schutz vor Witterungseinflüssen (Wind, Niederschlag, Hitze, Kälte etc.) dienen.

(22) Bienenstock ist eine für die Unterbringung eines Bienenvolkes bestimmte Einrichtung.

(23) Bienenstand ist der Standort aller in einem räumlichen Zusammenhang einzeln oder in Gruppen gehaltenen, besiedelten Bienenstöcke oder deren Aufstellvorrichtungen.

(24) Bienenhaus ist eine bauliche Anlage, die der Bienenwirtschaft dient und so ausgestaltet ist, dass ausschließlich Bienenstöcke und Einrichtungen, die zur Bienenwirtschaft unbedingt erforderlich sind, enthalten sein können.

(25) Werbeeinrichtung ist eine im Orts- oder Straßenbild in Erscheinung tretende Einrichtung, die der Anpreisung oder der Ankündigung dient oder die sonst auf etwas hinweisen oder die Aufmerksamkeit erregen soll.

(26) Antennentragmast ist ein dem Betrieb eines Kommunikationsnetzes, über das mobile Kommunikationsdienste öffentlich angeboten werden, dienender Mast einschließlich der Antenne und aller sonstigen Bauteile.

(27) Verkehrsflächen sind

a) den straßenrechtlichen Vorschriften unterliegende öffentliche Straßen (§ 2 Abs. 3 des Tiroler Straßengesetzes, LGBl. Nr. 13/1989, in der jeweils geltenden Fassung),
b) in einem Zusammenlegungsverfahren als gemeinsame Anlagen errichtete Wege,
c) den güter- und seilwegerechtlichen Vorschriften unterliegende Güterwege,
d) den forstrechtlichen Vorschriften unterliegende Forststraßen und
e) von in einem Bebauungsplan festgelegten Straßenfluchtlinien umfasste Grundflächen.

(28) Geschlossene Ortschaft ist ein Gebiet, das mit mindestens fünf Wohn- oder Betriebsgebäuden zusammenhängend bebaut ist, wobei der Zusammenhang bei einem Abstand von höchstens 50 m zwischen zwei Gebäuden noch nicht als unterbrochen gilt. Zur geschlossenen Ortschaft gehören auch Parkanlagen, Sportanlagen und vergleichbare andere weitgehend unbebaute Grundstücke, die überwiegend von einem solchen Gebiet umgeben sind. Land- oder forstwirtschaftliche Gebäude, die nach § 1 Abs. 3 lit. k vom Geltungsbereich dieses Gesetzes ausgenommen sind oder die nach § 41 Abs. 2 des Tiroler Raumordnungsgesetzes 2022 im Freiland errichtet werden dürfen, gelten nicht als Betriebsgebäude.

(29) Baubeginn ist der Tag, an dem mit den Erd- oder Bauarbeiten, die der Herstellung der baulichen Anlage dienen, begonnen wird.

(30) Stand der Technik ist der auf den einschlägigen wissenschaftlichen Erkenntnissen beruhende Entwicklungsstand fortschrittlicher bautechnischer Verfahren, Einrichtungen und Bauweisen, deren Funktionstüchtigkeit erprobt oder sonst erwiesen ist. Bei der Bestimmung des Standes der Technik sind insbesondere vergleichbare Verfahren, Einrichtungen oder Bauweisen heranzuziehen.

(31) Energieausweis ist ein Ausweis über die Gesamtenergieeffizienz eines Gebäudes.

(32) Gesamtenergieeffizienz eines Gebäudes ist die Energiemenge, die veranschlagt wird, um den unterschiedlichen Erfordernissen im Rahmen der Standardnutzung eines Gebäudes, insbesondere hinsichtlich Beheizung, Warmwasserbereitung, Kühlung, Lüftung und Beleuchtung, gerecht zu werden.

(33) Größere Renovierung ist die Renovierung eines Gebäudes, bei der mehr als 25 v. H. der Oberfläche der Gebäudehülle einer Renovierung unterzogen werden, es sei denn, die Gesamtkosten der Renovierung der Gebäudehülle und der gebäudetechnischen Systeme betragen höchstens 25 v. H. des Gebäudewertes, wobei der Wert des Grundstücks, auf dem das Gebäude errichtet wurde, nicht mitzurechnen ist.

(34) Hocheffiziente alternative Systeme sind insbesondere:

a) dezentrale Energieversorgungssysteme auf der Grundlage von Energie aus erneuerbaren Quellen;
b) Kraft-Wärme-Kopplungsanlagen;
c) Fern- oder Nahwärme-Systeme oder Fern- oder Nahkälte-Systeme, wenn diese überwiegend auf Energie aus erneuerbaren Quellen oder auf Kraft-Wärme-Kopplungsanlagen beruhen;
d) Wärmepumpen.

(35) Gebäudekomponente ist ein gebäudetechnisches System oder eine Komponente der Gebäudehülle.

(36) Seveso-Betrieb ist ein Betrieb, der dem Geltungsbereich der Richtlinie 2012/18/EU unterliegt.

(37) Schwerer Unfall ist ein Ereignis, insbesondere eine Emission, ein Brand oder eine Explosion größeren Ausmaßes, das sich aus unkontrollierten Vorgängen in einem Seveso-Betrieb ergibt, das unmittelbar oder später innerhalb oder außerhalb des Seveso-Betriebes zu einer ernsten Gefahr für die menschliche Gesundheit oder die Umwelt führt und bei dem ein oder mehrere gefährliche Stoffe im Sinn von Art. 3 Z 10 der Richtlinie 2012/18/EU beteiligt sind.

(38) Gefährdungsbereich eines Seveso-Betriebes ist jener angemessene Sicherheitsabstand von der Betriebsanlage, der sich aufgrund von mengenschwellenbezogenen Abstandsmodellen oder standardisierten Einzelfallbetrachtungen ergibt.

(39) Im Sinn der Richtlinie 2014/61/EU

a) sind gebäudeinterne physische Infrastrukturen: physische Infrastrukturen oder sonstige Anlagen im Bereich von Gebäuden, die dazu bestimmt sind, leitungsgebundene oder drahtlose Zugangsnetze aufzunehmen, sofern solche Zugangsnetze geeignet sind, elektronische Kommunikationsdienste bereitzustellen und den Zugangspunkt des Gebäudes mit dem Netzabschlusspunkt zu verbinden;
b) sind hochgeschwindigkeitsfähige gebäudeinterne physische Infrastrukturen: gebäudeinterne physische Infrastrukturen, die dazu bestimmt sind, Komponenten von Hochgeschwindigkeitsnetzen für die elektronische Kommunikation aufzunehmen oder die Versorgung mit solchen Netzen zu ermöglichen;
c) sind umfangreiche Renovierungen: bewilligungspflichtige Bauvorhaben im Bereich von Gebäuden, die strukturelle Veränderungen an den gesamten gebäudeinternen physischen Infrastrukturen oder einem wesentlichen Teil davon umfassen;

d) ist der Zugangspunkt: ein physischer Punkt innerhalb oder außerhalb von Gebäuden, der für Unternehmen, die öffentliche Kommunikationsnetze bereitstellen oder für deren Bereitstellung zugelassen sind, zugänglich ist und den Anschluss an die hochgeschwindigkeitsfähigen gebäudeinternen physischen Infrastrukturen ermöglicht.

(40) Energie aus erneuerbaren Quellen oder erneuerbare Energie ist Energie aus erneuerbaren, nichtfossilen Energiequellen, das heißt Wind, Sonne (Solarthermie und Photovoltaik) und geothermische Energie, Salzgradient-Energie, Umgebungsenergie, Gezeiten-, Wellen- und sonstige Meeresenergie, Wasserkraft, Energie aus Biomasse, Deponiegas, Klärgas und Biogas.

(41) Solarenergieanlagen sind Anlagen zur Umwandlung von Sonnenenergie in thermische oder elektrische Energie, insbesondere Solarthermie- und Photovoltaikanlagen.

(42) Photovoltaikanlagen sind Anlagen zur Umwandlung von Sonnenenergie in elektrische Energie mit allen dazugehörenden baulichen und elektrotechnischen Anlagenteilen, gegebenenfalls bis zum Netzanschlusspunkt. Mehrere Anlagen von ein und demselben Betreiber, die über einen gemeinsamen Netzanschlusspunkt verfügen, gelten als eine Anlage.

(43) Salzgradient-Energie ist Energie, die durch den Unterschied im Salzgehalt zwischen zwei Flüssigkeiten, beispielsweise Süßwasser und Salzwasser, erzeugt wird.

Fassung ab 12. Februar 2026:

§ 2
Begriffsbestimmungen

(1) Bauliche Anlagen sind mit dem Erdboden verbundene Anlagen, zu deren fachgerechten Herstellung bautechnische Kenntnisse erforderlich sind.

(2) Gebäude sind überdeckte, allseits oder überwiegend umschlossene bauliche Anlagen, die von Menschen betreten werden können und die dazu bestimmt sind, dem Schutz von Menschen, Tieren oder Sachen zu dienen.

(3) Aufenthaltsräume sind Räume in Gebäuden, die zum länger dauernden Aufenthalt von Menschen bestimmt sind, wie Wohn- und Schlafräume, Arbeits- und Geschäftsräume, Unterrichtsräume und dergleichen.

(4) Wohnungen sind baulich in sich abgeschlossene Teile eines Gebäudes, die zur Unterkunft und Haushaltsführung von Menschen bestimmt sind.

(5) Wohnanlagen sind Gebäude mit mehr als sechs Wohnungen. Mehrere in einem räumlichen Naheverhältnis stehende Gebäude, die zusammen mehr als sechs Wohnungen enthalten, gelten als eine Wohnanlage, wenn sie eine einheitliche Gesamtplanung aufweisen und für sie eine gemeinsame Verwaltung vorgesehen ist.

(6) Freizeitwohnsitze sind Gebäude, Wohnungen oder sonstige Teile von Gebäuden im Sinn des § 13 Abs. 1 des Tiroler Raumordnungsgesetzes 2022.

(7) Neubau ist die Errichtung eines neuen Gebäudes, auch wenn nach dem Abbruch oder der Zerstörung eines Gebäudes Teile davon, wie Fundamente oder Mauern, weiterverwendet werden.

(8) Zubau ist die Vergrößerung eines Gebäudes durch die Herstellung neuer oder die Erweiterung bestehender Räume.

(9) Umbau ist die bauliche Änderung eines Gebäudes, durch die dessen Außenmaße nicht geändert werden und die geeignet ist, die mechanische Festigkeit und Standsicherheit, den Brandschutz, die Energieeffizienz oder das äußere Erscheinungsbild des Gebäudes wesentlich zu berühren.

(10) Nebengebäude sind Gebäude, die aufgrund ihres Verwendungszweckes einem auf demselben Grundstück befindlichen Gebäude funktionell und hinsichtlich der Größe untergeordnet und nicht für Wohnzwecke bestimmt sind, wie Garagen, Geräteschuppen, Gartenhäuschen und dergleichen. Nebenanlagen sind sonstige bauliche Anlagen, die aufgrund ihres Verwendungszweckes einem auf demselben Grundstück befindlichen Gebäude funktionell untergeordnet sind, wie Überdachungen, Stellplätze, Zufahrten und dergleichen.

(11) Die mittlere Wandhöhe ist der Abstand zwischen dem Niveau des an ein Gebäude anschließenden Geländes und dem Schnitt der äußeren Wandfläche mit der Dachhaut, wobei Höhenunterschiede, die sich aus der Neigung einer Dachfläche bzw. des anschließenden Geländes ergeben, bis insgesamt höchstens 3 m gemittelt werden. Übersteigt die Neigung einer Dachfläche den Winkel von 45°, so ist dieser Schnitt unter der Annahme zu ermitteln, dass die Dachneigung 45° beträgt, wobei vom höchsten Punkt jener Dachfläche auszugehen ist, deren Neigung den Winkel von 45° übersteigt. Wurde das Geländeniveau durch die Bauführung oder im Hinblick auf eine beabsichtigte Bauführung verändert, so ist vom Geländeniveau vor dieser Veränderung auszugehen. Andernfalls ist vom bestehenden Geländeniveau auszugehen. Dies gilt auch dann, wenn eine Geländeveränderung mehr als zehn Jahre zurückliegt. Ist jedoch in einem Bebauungsplan eine Höhenlage festgelegt, so ist in allen Fällen von dieser auszugehen.

(12) Bauplatz ist ein Grundstück, auf dem eine bauliche Anlage errichtet werden soll oder besteht. Grundstück ist eine Grundfläche, die im Grundsteuerkataster oder im Grenzkatas-

ter mit einer eigenen Nummer bezeichnet ist oder die in einem Zusammenlegungsverfahren als Grundabfindung gebildet wurde. Bauplätze müssen eine einheitliche Widmung aufweisen; dies gilt nicht

a) für Sonderflächen nach § 43 des Tiroler Raumordnungsgesetzes 2022 für Solarenergieanlagen,
b) für Sonderflächen nach § 43 des Tiroler Raumordnungsgesetzes 2022 für bauliche Anlagen zum Schutz vor Naturgefahren, soweit sie nicht nach § 1 Abs. 3 lit. s vom Geltungsbereich dieses Gesetzes ausgenommen sind,
c) für Sonderflächen nach den §§ 47, 50 und 50a des Tiroler Raumordnungsgesetzes 2022,
d) für Solarenergieanlagen,
e) für maximal 3 m breite Flächen mit einem Gesamtausmaß bis zu 50 m², die eine andere Widmung aufweisen, sowie
f) für Grundstücke mit um bis zu 50 cm verschobenen Katastergrenzen.

(13) Gekuppelte Bauweise ist die Errichtung zweier baulicher Anlagen an jeweils einer gemeinsamen Grundstücksgrenze, sofern die Überlappung beider baulicher Anlagen zumindest 50 v.H. beträgt.

(14) Garagen sind Gebäude oder Gebäudeteile, die zum Einstellen von Kraftfahrzeugen bestimmt sind.

(15) Stellplätze sind außerhalb von Gebäuden liegende Flächen, die zum Abstellen von Kraftfahrzeugen und Fahrrädern bestimmt sind.

(16) Abstellmöglichkeiten für Kraftfahrzeuge sind Flächen außerhalb öffentlicher Verkehrsflächen wie Stellplätze, Garagen oder Parkdecks sowie jene Bereiche öffentlicher Garagen, Parkdecks und Parkplätze, die den ständigen Benützern und Besuchern einer bestimmten baulichen Anlage zur ausschließlichen Nutzung vorbehalten sind.

(17) Erker sind an der Fassade vorspringende Gebäudeteile, die vorwiegend der Gestaltung der Fassade dienen und die im Verhältnis zur Fassade und zum betreffenden Innenraum von untergeordneter Größe sind.

(18) Untergeordnete Bauteile sind:

a) Dachkapfer, Fänge, Windfänge, offene Balkone und dergleichen, Schutzdächer und an baulichen Anlagen angebrachte Werbeeinrichtungen; dies jedoch nur, wenn sie im Hinblick auf ihre Abmessungen im Verhältnis zur Fläche und zur Länge der betroffenen Fassaden bzw. Dächer untergeordnet sind;
b) Freitreppen, Sonnenschutzlamellen und dergleichen, fassadengestaltende Bauteile, wie Gesimse, Lisenen, Rahmen und dergleichen, weiters Solarenergieanlagen, sofern sie in die Außenhaut von baulichen Anlagen integriert sind oder der Abstand des der Solarenergieanlage zur Dach- bzw. Wandhaut, im rechten Winkel von dieser aus gemessen, an keinem Punkt 30 cm übersteigt, sowie Liftüberfahrten; dies jedoch nur, wenn sie im Hinblick auf ihre Abmessungen im Verhältnis zur Fläche der betreffenden Fassaden bzw. Dächer untergeordnet sind;
c) Vordächer, wenn sie im Hinblick auf ihre Abmessungen im Verhältnis zur Gesamtfläche der betreffenden Dächer untergeordnet sind. Als Gesamtfläche der betreffenden Dächer gelten jene Flächen, die im unmittelbaren baulichen Zusammenhang mit den jeweiligen Vordächern stehen sowie die Vordachflächen selbst.

(19) Kulturschutzanlagen sind überwiegend aus Folien bestehende bauliche Anlagen, die keine dauerhafte Fundamentierung und Tragkonstruktion oder eine dauerhafte Fundamentierung ausschließlich mittels Punktfundamenten und eine darauf aufgesetzte Tragkonstruktion aufweisen, und zum Schutz von im gewachsenen Boden oder über gewachsenem Boden produzierten landwirtschaftlichen oder gärtnerischen Kulturen verwendet werden, wobei dies auch die Frostfreihaltung umfasst. Sie können an den Stirnseiten im erforderlichen Ausmaß verschließbar sein, weiters können die Stirnseiten sowie die Seitenteile, diese jedoch nur bis zu einer Höhe von 1 m über dem anschließenden Gelände, aufgrund technischer Notwendigkeiten auch aus anderen Materialien ausgeführt werden.

(20) Folientunnels sind unbeschadet der Form der Hülle aus Folien bestehende bauliche Anlagen, die keine dauerhafte Fundamentierung und Tragkonstruktion oder eine dauerhafte Fundamentierung ausschließlich mittels Punktfundamenten und eine darauf aufgesetzte Tragkonstruktion aufweisen und die nur für die Dauer des jahreszeitlich notwendigen Schutzes oder als vorübergehender Witterungsschutz von landwirtschaftlich oder gärtnerisch genutzten Flächen verwendet werden, wobei außerhalb dieser Zeiträume die Umhüllung entfernt oder zusammengerollt wird. Sie können an den Stirnseiten im erforderlichen Ausmaß verschließbar sein.

(21) Weideunterstände sind höchstens dreiseitig umschlossene bauliche Anlagen in Holzbauweise mit einer Fundamentierung ausschließlich mittels Punktfundamenten, die auf Weideflächen situiert sind und Weidetieren während der Weidezeit als Unterstand zum Schutz vor Witterungseinflüssen (Wind, Niederschlag, Hitze, Kälte etc.) dienen.

(21a) Weidezelte sind höchstens dreiseitig

umschlossene Zelte, die auf Weideflächen situiert sind und Weidetieren während der Weidezeit als Unterstand zum Schutz vor Witterungseinflüssen (Wind, Niederschlag, Hitze, Kälte etc.) dienen.

(22) Bienenstock ist eine für die Unterbringung eines Bienenvolkes bestimmte Einrichtung.

(23) Bienenstand ist der Standort aller in einem räumlichen Zusammenhang einzeln oder in Gruppen gehaltenen, besiedelten Bienenstöcke oder deren Aufstellvorrichtungen.

(24) Bienenhaus ist eine bauliche Anlage, die der Bienenwirtschaft dient und so ausgestaltet ist, dass ausschließlich Bienenstöcke und Einrichtungen, die zur Bienenwirtschaft unbedingt erforderlich sind, enthalten sein können.

(25) Werbeeinrichtung ist eine im Orts- oder Straßenbild in Erscheinung tretende Einrichtung, die der Anpreisung oder der Ankündigung dient oder die sonst auf etwas hinweisen oder die Aufmerksamkeit erregen soll.

(26) Antennentragmast ist ein dem Betrieb eines Kommunikationsnetzes, über das mobile Kommunikationsdienste öffentlich angeboten werden, dienender Mast einschließlich der Antenne und aller sonstigen Bauteile.

(27) Verkehrsflächen sind

a) den straßenrechtlichen Vorschriften unterliegende öffentliche Straßen (§ 2 Abs. 3 des Tiroler Straßengesetzes, LGBl. Nr. 13/1989, in der jeweils geltenden Fassung),
b) in einem Zusammenlegungsverfahren als gemeinsame Anlagen errichtete Wege,
c) den güter- und seilwegerechtlichen Vorschriften unterliegende Güterwege,
d) den forstrechtlichen Vorschriften unterliegende Forststraßen und
e) von in einem Bebauungsplan festgelegten Straßenfluchtlinien umfasste Grundflächen.

(28) Geschlossene Ortschaft ist ein Gebiet, das mit mindestens fünf Wohn- oder Betriebsgebäuden zusammenhängend bebaut ist, wobei der Zusammenhang bei einem Abstand von höchstens 50 m zwischen zwei Gebäuden noch nicht als unterbrochen gilt. Zur geschlossenen Ortschaft gehören auch Parkanlagen, Sportanlagen und vergleichbare andere weitgehend unbebaute Grundstücke, die überwiegend von einem solchen Gebiet umgeben sind. Land- oder forstwirtschaftliche Gebäude, die nach § 1 Abs. 3 lit. k vom Geltungsbereich dieses Gesetzes ausgenommen sind oder die nach § 41 Abs. 2 des Tiroler Raumordnungsgesetzes 2022 im Freiland errichtet werden dürfen, gelten nicht als Betriebsgebäude.

(29) Baubeginn ist der Tag, an dem mit den Erd- oder Bauarbeiten, die der Herstellung der baulichen Anlage dienen, begonnen wird.

(30) Stand der Technik ist der auf den einschlägigen wissenschaftlichen Erkenntnissen beruhende Entwicklungsstand fortschrittlicher bautechnischer Verfahren, Einrichtungen und Bauweisen, deren Funktionstüchtigkeit erprobt oder sonst erwiesen ist. Bei der Bestimmung des Standes der Technik sind insbesondere vergleichbare Verfahren, Einrichtungen oder Bauweisen heranzuziehen.

(31) Energieausweis ist ein Ausweis über die Gesamtenergieeffizienz eines Gebäudes.

(32) Gesamtenergieeffizienz eines Gebäudes ist die Energiemenge, die veranschlagt wird, um den unterschiedlichen Erfordernissen im Rahmen der Standardnutzung eines Gebäudes, insbesondere hinsichtlich Beheizung, Warmwasserbereitung, Kühlung, Lüftung und Beleuchtung, gerecht zu werden.

(33) Größere Renovierung ist die Renovierung eines Gebäudes, bei der mehr als 25 v. H. der Oberfläche der Gebäudehülle einer Renovierung unterzogen werden, es sei denn, die Gesamtkosten der Renovierung der Gebäudehülle und der gebäudetechnischen Systeme betragen höchstens 25 v. H. des Gebäudewertes, wobei der Wert des Grundstücks, auf dem das Gebäude errichtet wurde, nicht mitzurechnen ist.

(34) Hocheffiziente alternative Systeme sind insbesondere:

a) dezentrale Energieversorgungssysteme auf der Grundlage von Energie aus erneuerbaren Quellen;
b) Kraft-Wärme-Kopplungsanlagen;
c) Fern- oder Nahwärme-Systeme oder Fern- oder Nahkälte-Systeme, wenn diese überwiegend auf Energie aus erneuerbaren Quellen oder auf Kraft-Wärme-Kopplungsanlagen beruhen;
d) Wärmepumpen.

(35) Gebäudekomponente ist ein gebäudetechnisches System oder eine Komponente der Gebäudehülle.

(36) Seveso-Betrieb ist ein Betrieb, der dem Geltungsbereich der Richtlinie 2012/18/EU unterliegt.

(37) Schwerer Unfall ist ein Ereignis, insbesondere eine Emission, ein Brand oder eine Explosion größeren Ausmaßes, das sich aus unkontrollierten Vorgängen in einem Seveso-Betrieb ergibt, das unmittelbar oder später innerhalb oder außerhalb des Seveso-Betriebes zu einer ernsten Gefahr für die menschliche Gesundheit oder die Umwelt führt und bei dem ein oder mehrere gefährliche Stoffe im Sinn von Art. 3 Z 10 der Richtlinie 2012/18/EU beteiligt sind.

(38) Gefährdungsbereich eines Seveso-Betriebes ist jener angemessene Sicherheitsab-

stand von der Betriebsanlage, der sich aufgrund von mengenschwellenbezogenen Abstandsmodellen oder standardisierten Einzelfallbetrachtungen ergibt.

(39) Energie aus erneuerbaren Quellen oder erneuerbare Energie ist Energie aus erneuerbaren, nichtfossilen Energiequellen, das heißt Wind, Sonne (Solarthermie und Photovoltaik) und geothermische Energie, Salzgradient-Energie, Umgebungsenergie, Gezeiten-, Wellen- und sonstige Meeresenergie, Wasserkraft, Energie aus Biomasse, Deponiegas, Klärgas und Biogas.

(40) Solarenergieanlagen sind Anlagen zur Umwandlung von Sonnenenergie in thermische oder elektrische Energie, insbesondere Solarthermie- und Photovoltaikanlagen.

(41) Photovoltaikanlagen sind Anlagen zur Umwandlung von Sonnenenergie in elektrische Energie mit allen dazugehörenden baulichen und elektrotechnischen Anlagenteilen, gegebenenfalls bis zum Netzanschlusspunkt. Mehrere Anlagen von ein und demselben Betreiber, die über einen gemeinsamen Netzanschlusspunkt verfügen, gelten als eine Anlage.

(42) Salzgradient-Energie ist Energie, die durch den Unterschied im Salzgehalt zwischen zwei Flüssigkeiten, beispielsweise Süßwasser und Salzwasser, erzeugt wird.

2. Abschnitt
Bebauungsbestimmungen

§ 3
Bauplatzeignung

(1) Bauliche Anlagen dürfen nur auf Grundstücken errichtet werden, die sich nach ihrer Widmung, Lage, Form, Größe und Bodenbeschaffenheit für die vorgesehene Bebauung eignen und die eine dem vorgesehenen Verwendungszweck entsprechende, rechtlich gesicherte Verbindung mit einer öffentlichen Verkehrsfläche haben.

(2) Auf Grundstücken, die einer Gefährdung durch Lawinen, Hochwasser, Wildbäche, Steinschlag, Erdrutsch oder andere gravitative Naturgefahren ausgesetzt sind, sind der Neu-, Zu- und Umbau und die sonstige Änderung von Gebäuden sowie die Errichtung und die Änderung von sonstigen baulichen Anlagen nur unter der Voraussetzung zulässig, dass durch die Anordnung oder die bauliche Beschaffenheit des Gebäudes bzw. der sonstigen baulichen Anlage, durch sonstige bauliche Vorkehrungen in deren Bereich oder durch bestimmte organisatorische Vorkehrungen, wie insbesondere durch ein Sicherheitskonzept, ein im Hinblick auf den vorgesehenen Verwendungszweck ausreichender Schutz vor Naturgefahren gewährleistet ist. Soweit aktuelle Gefahrenzonenpläne vorhanden sind, ist bei der Beurteilung der Gefahrensituation darauf Bedacht zu nehmen.

(3) Auf Grundstücken im Gefährdungsbereich eines Seveso-Betriebes sind der Neu-, Zu- und Umbau und die sonstige Änderung von Gebäuden mit Ausnahme von Gebäuden nach § 39 Abs. 1 lit. a und b des Tiroler Raumordnungsgesetzes 2022 sowie die Errichtung und die Änderung von sonstigen baulichen Anlagen nur unter der Voraussetzung zulässig, dass durch die Anordnung oder die bauliche Beschaffenheit des Gebäudes bzw. der sonstigen baulichen Anlage, durch sonstige bauliche Vorkehrungen in deren Bereich oder durch bestimmte organisatorische Vorkehrungen, wie insbesondere durch ein Sicherheitskonzept, gewährleistet ist, dass

a) keine schweren Unfälle bewirkt und
b) das Risiko oder die Folgen solcher Unfälle höchstens unwesentlich vergrößert bzw. verschlimmert

werden können. § 3 Abs. 1 dritter und vierter Satz und 4 des Tiroler Raumordnungsgesetzes 2022 sind anzuwenden.

(4) Gebäude und sonstige bauliche Anlagen sind auf den Grundstücken so anzuordnen, dass sie sicher zugänglich sind und dass der wirksame Einsatz von Feuerlösch- und Rettungsgeräten gewährleistet ist.

(5) Gebäude und sonstige bauliche Anlagen dürfen nur auf Grundstücken errichtet werden, bei denen eine dem vorgesehenen Verwendungszweck entsprechende Wasser- und Energieversorgung sowie Entsorgung der Abwässer und der Niederschlagswässer sichergestellt ist.

(6) Die Abs. 1 bis 5 gelten sinngemäß für die Änderung des Verwendungszweckes von Gebäuden.

§ 4
Anordnung baulicher Anlagen gegenüber den Bauplatzgrenzen

(1) Die Anordnung der Gebäude gegenüber den Grenzen des Bauplatzes zu den angrenzenden Grundstücken wird durch die in einem Bebauungsplan festgelegte Bauweise bestimmt. Bei Bauplätzen, für die kein Bebauungsplan besteht, gelten die Bestimmungen über die offene Bauweise.

(2) Grenzen Bauplätze, für die verschiedene Bauweisen festgelegt sind, aneinander, so gelten an der gemeinsamen Grenze die Bestimmungen über die offene Bauweise. Grenzt jedoch ein Grundstück, für das die geschlossene Bauweise festgelegt ist, an ein Grundstück, für das eine besondere Bauweise festgelegt ist, so gelten an der gemeinsamen Grenze die Bestimmungen über die jeweilige Bauweise.

(3) Bauliche Anlagen dürfen nur dann über die Grenzen des Bauplatzes hinweg errichtet werden, wenn in einem Bebauungsplan für die betreffenden Bauplätze die besondere Bauweise festgelegt ist und

a) für diese Bauplätze eine einheitliche Widmung als Gewerbe- und Industriegebiet, als Sonderfläche oder als Vorbehaltsfläche nach § 52 des Tiroler Raumordnungsgesetzes 2022 festgelegt ist oder
b) es sich um unterirdische bauliche Anlagen, wie Tiefgaragen, Verbindungsgänge und dergleichen, handelt.

(4) Weiters dürfen bauliche Anlagen zum Schutz vor Naturgefahren, soweit sie nicht nach § 1 Abs. 3 lit. s vom Geltungsbereich dieses Gesetzes ausgenommen sind, und technische Maßnahmen zur Baugrubensicherung über die Grenzen des Bauplatzes hinweg errichtet werden.

§ 5
Abstände baulicher Anlagen von den Verkehrsflächen

(1) Der Abstand baulicher Anlagen von den Verkehrsflächen wird durch die in einem Bebauungsplan festgelegten Baufluchtlinien oder durch Bebauungsregeln nach § 31b Abs. 2 des Tiroler Raumordnungsgesetzes 2022 bestimmt, soweit in den Abs. 2 und 3 nichts anderes festgelegt ist.

(2) Oberirdische bauliche Anlagen, die ausschließlich dem Schutz von Sachen oder Tieren dienen, deren mittlere Wandhöhe bzw. Höhe auf der der Verkehrsfläche zugekehrten Seite 2,80 m, im Gewerbe- und Industriegebiet 3,50 m, nicht übersteigt, untergeordnete Bauteile, Stellplätze und Zufahrten, frei stehende Werbeeinrichtungen, Einfriedungen einschließlich Schutzdächer bei den Eingängen, Freitreppen, Stützmauern, Geländer, Brüstungen und dergleichen, überdachte Terrassen, Schankgärten, Bühnenaufbauten, Unterflursysteme zur Sammlung von Abfällen, die weder gefährliche Abfälle noch Problemstoffe im Sinn des § 2 Abs. 4 Z 3 und 4 des Abfallwirtschaftsgesetzes 2002 sind sowie erforderliche bauliche Anlagen zur Aufstellung von Wärmepumpen und Klimaanlagen dürfen vor die Baufluchtlinie ragen oder vor dieser errichtet werden, wenn dadurch weder das Orts- und Straßenbild noch die Sicherheit und Flüssigkeit des Verkehrs beeinträchtigt werden. Jedenfalls dürfen vor die Baufluchtlinie ragen bzw. vor dieser errichtet werden:
a) Vordächer bis zu 2 m und erdgeschoßige Windfänge bis zu 1,50 m;
b) offene Balkone und Erker bis zu 1,50 m;
c) Fassadenbegrünungen sowie fassadengestaltende Bauteile wie Gesimse, Lisenen, Rahmen und dergleichen bis zu 0,50 m;
d) unmittelbar über dem Erdgeschoß angebrachte Schutzdächer und an baulichen Anlagen angebrachte Werbeeinrichtungen bis zu 2,50 m;
e) Terrassen und dergleichen;
f) unterirdische bauliche Anlagen wie Keller, Tiefgaragen, Verbindungsgänge und dergleichen.

§ 59 Abs. 3 zweiter Satz des Tiroler Raumordnungsgesetzes 2022 bleibt unberührt.

(3) Schutzdächer bei Eingängen in Einfriedungen mit einer Höhe von höchstens 3 m, Schankgärten, Bühnenaufbauten, Unterflursysteme zur Sammlung von Abfällen, die weder gefährliche Abfälle noch Problemstoffe im Sinn des § 2 Abs. 4 Z 3 und 4 des Abfallwirtschaftsgesetzes 2002 sind, und die im Abs. 2 lit. a bis d und f genannten baulichen Anlagen und Bauteile dürfen auch vor die Straßenfluchtlinie ragen, wenn dadurch das Orts- und Straßenbild nicht beeinträchtigt wird und die Zustimmung des Straßenverwalters vorliegt. § 59 Abs. 3 zweiter Satz des Tiroler Raumordnungsgesetzes 2022 bleibt unberührt.

(4) Bestehen für einen Bauplatz weder ein Bebauungsplan noch Bebauungsregeln, so müssen bauliche Anlagen von den Verkehrsflächen mindestens so weit entfernt sein, dass weder das Orts- und Straßenbild noch die Sicherheit und Flüssigkeit des Verkehrs beeinträchtigt werden. Soweit bestehende Gebäude einen einheitlichen Abstand von den Verkehrsflächen aufweisen, ist auch bei weiteren baulichen Anlagen mindestens dieser Abstand einzuhalten; dabei ist Abs. 2 anzuwenden. Zu Landesstraßen hin ist ein Abstand von mindestens 5 m, gemessen von der maßgebenden Bezugslinie nach § 49 Abs. 3 des Tiroler Straßengesetzes einzuhalten; mit Zustimmung des Straßenverwalters kann dieser Abstand verringert werden, wenn die Schutzinteressen der Straße nach § 2 Abs. 9 des Tiroler Straßengesetzes nicht beeinträchtigt werden.

(5) Verkehrsflächen überspannende bauliche Anlagen sind zulässig, wenn dadurch das Orts- und Straßenbild nicht beeinträchtigt wird und die Zustimmung des Straßenverwalters vorliegt.

(6) Steht in den Fällen der Abs. 3 und 5 der Straßenverwalter noch nicht fest, so ist anstelle seiner Zustimmung die Zustimmung der Gemeinde erforderlich.

(7) Die in den Abs. 3 und 5 genannten baulichen Anlagen und Bauteile dürfen sich über die Grenzen des Bauplatzes zu den Verkehrsflächen hinweg erstrecken.

§ 6
Abstände baulicher Anlagen von den übrigen Grundstücksgrenzen und von anderen baulichen Anlagen

(1) Sofern nicht aufgrund der in einem Bebauungsplan festgelegten geschlossenen Bauweise oder aufgrund einer darin festgelegten besonderen Bauweise zusammenzubauen oder ein anderer Abstand einzuhalten ist oder aufgrund der in einem Bebauungsplan festgelegten Baugrenzlinien ein anderer Abstand einzuhalten ist, muss jeder Punkt auf der Außenhaut von baulichen Anlagen gegenüber den Grenzen des Bauplatzes zu den angrenzenden Grundstücken mindestens einen horizontalen Abstand aufweisen, der

a) im Gewerbe- und Industriegebiet und im Kerngebiet das 0,4fache des lotrechten Abstandes zwischen dem betreffenden Punkt und dem Geländeniveau darunter, jedenfalls aber drei Meter, zum übrigen Bauland, zum Freiland, zu Sonderflächen nach den §§ 47a, 48, 48a, 49 und 49b des Tiroler Raumordnungsgesetzes 2022, zu Vorbehaltsflächen jedoch das 0,6fache dieses Abstandes, jedenfalls aber vier Meter,
b) im übrigen Bauland, auf Sonderflächen nach den §§ 47a, 48, 48a, 49 und 49b des Tiroler Raumordnungsgesetzes 2022 und auf Vorbehaltsflächen das 0,6fache des lotrechten Abstandes zwischen dem betreffenden Punkt und dem Geländeniveau darunter, jedenfalls aber vier Meter,
c) auf Sonderflächen nach den §§ 43 bis 47, 49a, 50 und 50a des Tiroler Raumordnungsgesetzes 2022 das 0,4fache des lotrechten Abstandes zwischen dem betreffenden Punkt und dem Geländeniveau darunter, jedenfalls aber drei Meter, zum Bauland außer zum Gewerbe- und Industriegebiet und Kerngebiet, zu Sonderflächen nach den §§ 47a, 48, 48a, 49 und 49b des Tiroler Raumordnungsgesetzes 2022, zu Vorbehaltsflächen jedoch das 0,6fache dieses Abstandes, jedenfalls aber vier Meter,
d) im Freiland das 0,4fache des lotrechten Abstandes zwischen dem betreffenden Punkt und dem Geländeniveau darunter, jedenfalls aber drei Meter, zum Bauland, zu Sonderflächen nach den §§ 47a, 48, 48a, 49 und 49b des Tiroler Raumordnungsgesetzes 2022, zu Vorbehaltsflächen jedoch das 0,6fache dieses Abstandes, jedenfalls aber vier Meter,

beträgt. Auf Sonderflächen für Widmungen mit Teilfestlegungen nach § 51 des Tiroler Raumordnungsgesetzes 2022 sind die Abstände nach der jeweiligen Art der Widmung für die Ebene oder Teilfläche einer Ebene einzuhalten. Wurde das Geländeniveau durch die Bauführung oder im Hinblick auf eine beabsichtigte Bauführung verändert, so ist bei der Berechnung der Abstände nach lit. a bis d vom Geländeniveau vor dieser Veränderung auszugehen. Andernfalls ist vom bestehenden Geländeniveau auszugehen. Dies gilt auch dann, wenn eine Geländeveränderung mehr als zehn Jahre zurückliegt. Ist jedoch in einem Bebauungsplan eine Höhenlage festgelegt, so ist in allen Fällen von dieser auszugehen.

(2) Wird eine bauliche Anlage wieder aufgebaut oder lotrecht erweitert, so ist bei Vorliegen eines Lageplanes, aus dem sich das der Baubewilligung oder Bauanzeige zugrunde gelegene Gelände ergibt, von diesem Geländeniveau auszugehen. Anderenfalls ist von jenem Gelände auszugehen, das sich aufgrund der geradlinigen Interpolierung der an die Außenhaut der baulichen Anlage anschließenden Geländekonturen ergibt. Dies gilt auch dann, wenn eine Geländeveränderung mehr als zehn Jahre zurückliegt. Ist jedoch in einem Bebauungsplan eine Höhenlage festgelegt, so ist in allen Fällen von dieser auszugehen.

(3) Bei der Berechnung der Mindestabstände nach Abs. 1 bleiben außer Betracht und dürfen innerhalb der entsprechenden Mindestabstandsflächen errichtet werden:

a) untergeordnete Bauteile, sofern sie nicht mehr als 1,50 m in die Mindestabstandsflächen ragen und ein ausreichender Brandschutz zum angrenzenden Grundstück gewährleistet ist;
b) Fänge sowie Dachkapfer bis zu einer Länge von insgesamt 33 v. H. der Wandlänge auf der betreffenden Gebäudeseite und bis zu einer Höhe von 1,40 m, wobei vom lotrechten Abstand zwischen dem untersten Schnittpunkt des Dachkapfers mit der Dachhaut und dem höchsten Punkt des Dachkapfers auszugehen ist;
c) Solarenergieanlagen, sofern sie in die Außenhaut von baulichen Anlagen integriert sind oder der Abstand der Solarenergieanlage zur Dach- bzw. Wandhaut, im rechten Winkel von dieser aus gemessen, an keinem Punkt 30 cm übersteigt, sowie Fassadenbegrünungen, sofern der Abstand der Fassadenbegrünung zur Wandhaut, im rechten Winkel von dieser aus gemessen, an keinem Punkt 30 cm übersteigt. Im Fall der Anbringung auf Flachdächern darf davon abweichend die Neigung der Solarenergieanlage höchstens 15° betragen; dabei hat bei Flachdächern ohne Attika der jeweilige Abstand zum Dachrand hin zumindest der Aufbauhöhe der Solarenergieanlage zu entsprechen;
d) Bauteile, die aus arbeitnehmerschutzrechtlichen Gründen zur Wartung von Fängen, Lüftungsanlagen, Aufzugsanlagen, Telekommunikationsanlagen und dergleichen erforderlich sind.

(4) Folgende bauliche Anlagen oder Bauteile dürfen in die Mindestabstandsflächen von 3 bzw. 4 m ragen oder innerhalb dieser errichtet werden:

a) oberirdische bauliche Anlagen, die ausschließlich dem Schutz von Sachen oder Tieren dienen und deren mittlere Wandhöhe bzw. Höhe auf der der Grundstücksgrenze zugekehrten Seite 2,80 m, im Gewerbe- und Industriegebiet 3,50 m, nicht übersteigt, wenn sie in den Mindestabstandsflächen keine Fangmündungen aufweisen, wobei natürliche Be- und Entlüftungsöffnungen im erforderlichen Ausmaß zulässig sind, einschließlich der Zufahrten; oberirdische bauliche Anlagen, die dem Schutz von Tieren dienen, dürfen in den Mindestabstandsflächen auch keine sonstigen Öffnungen ins Freie aufweisen; Bienenstände, soweit diese nicht nach § 1 Abs. 3 lit. m vom Geltungsbereich dieses Gesetzes ausgenommen sind, und Bienenhäuser, wenn die Grenzabstände zu Nachbargrundstücken nach § 3 des

Tiroler Bienenwirtschaftsgesetzes 2019, LGBl. Nr. 1/2020, in der jeweils geltenden Fassung, eingehalten werden; die Ausstattung von oberirdischen baulichen Anlagen mit begehbaren Dächern ist nur zulässig, wenn diese höchstens 1,50 m über dem anschließenden Gelände liegen oder wenn der betroffene Nachbar dem nachweislich zustimmt; begehbare Dächer dürfen mit einer höchstens 1 m hohen Absturzsicherung ausgestattet sein und eine mittlere Höhe auf der der Grundstücksgrenze zugekehrten Seite 2,80 m, im Gewerbe- und Industriegebiet 3,50 m, nicht übersteigen;

b) erforderliche bauliche Anlagen zur Aufstellung von Wärmepumpen und Klimaanlagen;

c) freistehende Photovoltaikanlagen mit höchstens 100 m² Fläche, sofern der Abstand der Photovoltaikanlage zum darunterliegenden Gelände an keinem Punkt 30 cm übersteigt, wobei davon abweichend auf ebenem Gelände eine Neigung von höchstens 15° jedenfalls zulässig ist; dabei darf dieser Abstand an keinem Punkt 2 m übersteigen, außer der betroffene Nachbar stimmt einem größeren Abstand nachweislich zu;

d) Pergolen, überdachte Terrassen und dergleichen, sofern deren mittlere Wandhöhe bzw. Höhe auf der der Grundstücksgrenze zugekehrten Seite 2,80 m, im Gewerbe- und Industriegebiet 3,50 m, nicht übersteigt, sonstige überwiegend offene oberirdische bauliche Anlagen, die dem Aufenthalt von Menschen dienen, Kinderspielplätze, offene Schwimmbecken bis zu einer Gesamthöhe von 1,5 m, soweit diese nicht nach § 1 Abs. 3 lit. n vom Geltungsbereich dieses Gesetzes ausgenommen sind; Schwimmbeckenabdeckungen bis zu einer Höhe von 1 m, gemessen ab dem Schwimmbeckenrand, wobei die Gesamthöhe des Schwimmbeckens samt Schwimmbeckenabdeckung 1,5 m nicht übersteigen darf; überdachte Terrassen jedoch nur, wenn der betroffene Nachbar dem nachweislich zustimmt;

e) Stützmauern, Geländer, Brüstungen, Einfriedungen und dergleichen bis zu einer Höhe von insgesamt 2 m, im Gewerbe- und Industriegebiet bis zu einer Höhe von insgesamt 2,80 m, jeweils vom höheren anschließenden Gelände gemessen, außer der betroffene Nachbar stimmt einer größeren Höhe nachweislich zu;

f) Stellplätze einschließlich der Zufahrten, erforderliche bauliche Anlagen zur Aufstellung von Ladestationen sowie ebenerdige Gebäudezugänge einschließlich Freitreppen;

g) unterirdische bauliche Anlagen, wenn sie in den Mindestabstandsflächen keine Fangmündungen aufweisen;

h) Flutlichtanlagen und sonstige Beleuchtungseinrichtungen mit Zustimmung des betroffenen Nachbarn;

i) bauliche Anlagen für Hebeanlagen zur Personenbeförderung in Gebäuden sowie überdeckte Rampen zur vertikalen Erschließung einer baulichen Anlage, wenn nach Bauvollendung nachweislich Umstände eintreten, aufgrund derer die Nutzung für einen oder mehrere Bewohner des Gebäudes nur mit Hilfe einer entsprechenden Hebeanlage oder Rampe möglich ist, mit Zustimmung des betroffenen Nachbarn.

(5) Ist eine Baugrenzlinie festgelegt, so gilt Abs. 3 und 4 lit. e sinngemäß. Soweit keine Baugrenzlinien für unterirdische Geschoßebenen festgelegt sind, gilt weiters Abs. 4 lit. g sinngemäß. Darüber hinaus dürfen nur Pflasterungen, Zufahrten und dergleichen, Kinderspielplätze sowie Unterflursysteme zur Sammlung von Abfällen, die weder gefährliche Abfälle noch Problemstoffe im Sinn des § 2 Abs. 4 Z 3 und 4 des Abfallwirtschaftsgesetzes 2002 sind, vor die Baugrenzlinie ragen oder vor dieser errichtet werden. § 59 Abs. 5 zweiter Satz und Abs. 6 zweiter Satz des Tiroler Raumordnungsgesetzes 2022 bleibt unberührt.

(6) Auf einem Bauplatz dürfen mehrere Gebäude oder sonstige bauliche Anlagen errichtet werden, wenn die nach ihrem Verwendungszweck erforderliche Belüftung und Belichtung gewährleistet ist, den Erfordernissen des Brandschutzes entsprochen und das Orts- und Straßenbild nicht erheblich beeinträchtigt wird.

(7) Die Mindestabstandsflächen von 3 bzw. 4 m dürfen insgesamt nur im Ausmaß von höchstens 15 v. H. der Fläche des Bauplatzes mit oberirdischen baulichen Anlagen im Sinn des Abs. 3 lit. a und Abs. 4 verbaut werden. Dabei bleiben bauliche Anlagen nach Abs. 4 lit. b bis f und i sowie Vordächer, Pflasterungen und dergleichen unberücksichtigt. Oberirdische bauliche Anlagen nach Abs. 4 lit. a, c und d dürfen überdies nur in einem solchen Ausmaß errichtet werden, dass innerhalb der Mindestabstandsflächen zu jedem angrenzenden Grundstück und zu jeder Seite hin mindestens die Hälfte der gemeinsamen Grenze von solchen baulichen Anlagen frei bleibt, außer der betroffene Nachbar stimmt einer weitergehenden Verbauung nachweislich zu. Gemeinsame Grenzen von weniger als 3 m Länge auf einer Seite bleiben unberücksichtigt.

(8) An eine im Zeitpunkt der Erteilung der Baubewilligung oder der Erstattung der Bauanzeige an der Grundstücksgrenze bestehende bauliche Anlage darf bis zur Länge und bis zur Höhe der Wand oder des Bauteiles an der Grundstücksgrenze angebaut werden, wenn zur betreffenden Seite hin keine Baugrenzlinie festgelegt ist und wenn dadurch das Orts- und Straßenbild nicht erheblich beeinträchtigt wird. An bauliche Anlagen, die nach dem bewilligten bzw. dem aus der baulichen Zweckbestimmung hervorgehenden Verwendungszweck nur zum Schutz von Sachen oder Tieren bestimmt sind, dürfen nur bauliche Anlagen

mit einem solchen Verwendungszweck angebaut werden.

(9) Bauliche Anlagen dürfen aufgrund eines gemeinsamen Antrages der Eigentümer der betreffenden Bauplätze oder der daran Bauberechtigten an der Grundstücksgrenze in gekuppelter Bauweise errichtet werden, wenn

a) ein Bebauungsplan nicht besteht und das Orts- und Straßenbild dadurch nicht erheblich beeinträchtigt wird oder
b) dies aufgrund des Bebauungsplanes zulässig ist.

Besteht aufgrund eines solchen gemeinsamen Antrages zumindest für einen der betroffenen Bauplätze eine Baubewilligung oder Bauanzeige, so ist die Errichtung von baulichen Anlagen mit Ausnahme von Nebenanlagen und Nebengebäuden in offener Bauweise nicht weiter zulässig. Für eine im Zeitpunkt der Erteilung der Baubewilligung oder der Erstattung der Bauanzeige aufgrund eines solchen gemeinsamen Antrages an der Grundstücksgrenze bereits bestehende bauliche Anlage gilt Abs. 8 mit der Maßgabe, dass in dem im § 2 Abs. 13 genannten Mindestausmaß jedenfalls zusammenzubauen ist.

(10) Erfüllt ein nach früheren baurechtlichen Vorschriften rechtmäßig bestehendes Gebäude die Voraussetzungen nach den Abs. 1, 3 bis 5 oder 7 nicht, so sind ein Umbau, ein geringfügiger Zubau, eine sonstige Änderung dieses Gebäudes oder eine Änderung seines Verwendungszweckes auch dann zulässig, wenn

a) von den betreffenden Voraussetzungen nicht weiter als bisher abgewichen wird; dies gilt auch im Fall des Bestehens einer besonderen Bauweise,
b) den Erfordernissen des Brandschutzes entsprochen wird,
c) bei einer Änderung des Verwendungszweckes weiters keine zusätzlichen nachteiligen Auswirkungen auf die angrenzenden Grundstücke, insbesondere durch Lärm, zu erwarten sind und
d) kein Widerspruch zum Bebauungsplan besteht.

An jener Seite des Gebäudes, an der die Mindestabstände unterschritten werden, darf die Wandhöhe gegenüber dem bestehenden Gebäude nicht vergrößert werden. Dieser Absatz gilt sinngemäß für die Änderung sonstiger baulicher Anlagen.

(11) Abs. 10 ist weiters auf den Wiederaufbau von Gebäuden im Fall ihres Abbruches oder ihrer sonstigen Zerstörung anzuwenden, wenn die Baubewilligung hierfür innerhalb eines Jahres nach der Zerstörung des betreffenden Gebäudes erteilt wird. In diese Frist sind die Zeiten des Bauverfahrens, eines Verfahrens vor dem Landesverwaltungsgericht, dem Verwaltungsgerichtshof oder dem Verfassungsgerichtshof und einer Bausperre im Sinn des § 75 des Tiroler Raumordnungsgesetzes 2022 nicht einzurechnen. Dies gilt sinngemäß für die Wiedererrichtung sonstiger baulicher Anlagen mit der Maßgabe, dass bei anzeigepflichtigen Bauvorhaben anstelle der Erteilung der Baubewilligung auf das Wirksamwerden der Bauanzeige abzustellen ist.

(12) Bei baulichen Anlagen, deren Errichtung an der Bauplatzgrenze zulässig ist, dürfen Dächer und Einrichtungen zur Ableitung von Niederschlagswasser über die Bauplatzgrenze ragen, wenn der betroffene Nachbar dem nachweislich zustimmt.

§ 7
Bauhöhe

(1) Die zulässige Höhe von baulichen Anlagen wird durch die in einem Bebauungsplan festgelegte Bauhöhe oder durch eine Festlegung im örtlichen Raumordnungskonzept nach § 31b Abs. 2 des Tiroler Raumordnungsgesetzes 2022 bestimmt.

(2) Die Höhe von baulichen Anlagen auf Bauplätzen, für die keine Festlegungen im Sinn des Abs. 1 bestehen, ist so zu wählen, dass sich die bauliche Anlage in das Orts-, Straßen- und Landschaftsbild einfügt; sie darf 20 m keinesfalls übersteigen. Wurde das Geländeniveau durch die Bauführung oder im Hinblick auf eine beabsichtigte Bauführung verändert, so ist vom Geländeniveau vor dieser Veränderung auszugehen.

(3) Abs. 2 gilt nicht für bauliche Anlagen, die aus zwingenden technischen oder sonstigen besonders berücksichtigungswürdigen Gründen nur mit einer größeren Höhe errichtet werden können.

§ 8
Abstellmöglichkeiten für Kraftfahrzeuge

(1) Beim Neubau von Gebäuden und bei der Errichtung sonstiger baulicher Anlagen sind für die zu erwartenden Kraftfahrzeuge der ständigen Benützer und der Besucher der betreffenden baulichen Anlage geeignete Abstellmöglichkeiten in ausreichender Anzahl und Größe einschließlich der erforderlichen Zu- und Abfahrten nachzuweisen. Diese Verpflichtung besteht auch bei jedem Zu- oder Umbau oder jeder sonstigen Änderung von Gebäuden, bei der Änderung des Verwendungszweckes von Gebäuden und bei der Änderung sonstiger baulicher Anlagen, soweit dadurch ein zusätzlicher Bedarf an Abstellmöglichkeiten entsteht. Die Anzahl der mindestens nachzuweisenden Abstellmöglichkeiten ist in der Baubewilligung festzulegen und darf die höchstzulässige Anzahl von Abstellmöglichkeiten nach Abs. 7 oder die in einer Verordnung nach Abs. 6 festgelegten Höchstzahlen nicht überschreiten. Wird ein Mobilitätskonzept vorgelegt, so ist dieses bei der Festlegung der mindestens nachzuweisenden Abstellmöglichkeiten zu berücksichtigen; dabei kann

für den im Hinblick auf den unumgänglich notwendigen Individualverkehr unter Berücksichtigung auch der Kraftfahrzeuge der Besucher, Mitarbeiter, Lieferanten und dergleichen, eine entsprechend geringere Anzahl an Abstellmöglichkeiten festgelegt werden.

(2) Die nach Abs. 1 für Einkaufszentren nach § 49 des Tiroler Raumordnungsgesetzes 2022 und die für Handelsbetriebe nach § 48a des Tiroler Raumordnungsgesetzes 2022 erforderlichen Abstellmöglichkeiten dürfen nur in Form von Parkdecks oder unterirdischen Garagen errichtet werden. Dies gilt nicht für den Abbruch und den Wiederaufbau von Handelsbetrieben, sofern mit dem Neubau den Anforderungen nach § 48a Abs. 4 des Tiroler Raumordnungsgesetzes 2022 entsprochen wird. Weiters gilt dies nicht für die Erweiterung von Handelsbetrieben, die am 31. Dezember 2019 nach den raumordnungsrechtlichen Vorschriften rechtmäßig bestanden haben, bis zum Ausmaß der Kundenfläche entsprechend der Anlage zu den §§ 8, 48a und 49 des Tiroler Raumordnungsgesetzes 2022 und für die Erweiterung von Einkaufszentren im Rahmen des § 120 Abs. 3, 4 und 5 des Tiroler Raumordnungsgesetzes 2022.

(3) Die nach Abs. 1 erforderlichen Abstellmöglichkeiten dürfen von der betreffenden baulichen Anlage höchstens 300 m, gemessen nach der kürzesten Wegverbindung, entfernt sein. Diese Entfernung kann überschritten werden, wenn

a) aufgrund des Baubestandes oder aufgrund von Verkehrsbeschränkungen, wie insbesondere durch Fußgängerzonen, die Abstellmöglichkeiten nur in entsprechend größerer Entfernung nachgewiesen werden können oder
b) dies im Interesse der angestrebten Verkehrsberuhigung in bestimmten Gebieten zweckmäßig ist.

In der Baubewilligung kann eine geringere als die im ersten Satz bestimmte Entfernung festgelegt werden, wenn dies aufgrund des Verwendungszweckes der betreffenden baulichen Anlage oder der örtlichen Verhältnisse geboten ist, sofern nicht einer der in den lit. a und b genannten Gründe dem entgegensteht. Die nach Abs. 1 für Einkaufszentren außerhalb von Kernzonen nach § 8 Abs. 3 des Tiroler Raumordnungsgesetzes 2022 erforderlichen Abstellmöglichkeiten dürfen nur auf der betreffenden Sonderfläche oder auf den an diese unmittelbar angrenzenden Grundstücken geschaffen werden.

(4) Soweit die nach Abs. 1 erforderlichen Abstellmöglichkeiten nicht bereits bestehen oder Gegenstand eines Bauverfahrens sind, hat der Bauwerber glaubhaft zu machen, dass diese spätestens bis zum voraussichtlichen Zeitpunkt der Vollendung der betreffenden baulichen Anlage nachgewiesen werden können.

(5) Fällt eine nach Abs. 1 erforderliche Abstellmöglichkeit nachträglich weg, so hat die Behörde dem Eigentümer der baulichen Anlage aufzutragen, innerhalb einer angemessenen Frist eine neue Abstellmöglichkeit nachzuweisen oder – außer in den Fällen des Abs. 11 dritter Satz – um eine Befreiung nach Abs. 11 erster Satz anzusuchen. Wird diesem Auftrag nicht entsprochen oder die Befreiung rechtskräftig versagt, so hat die Behörde die weitere Benützung der baulichen Anlage zu untersagen.

(6) Die Landesregierung kann durch Verordnung in Bezug auf Gebäude, die ganz oder teilweise zu Wohnzwecken genutzt werden, die Höchstzahlen der nach Abs. 1 für das Gebäude bzw. die darin befindlichen Wohneinheiten nachzuweisenden Abstellmöglichkeiten festlegen. Diese Höchstzahlen sind für alle Gemeinden nach Kategorien, jeweils einheitlich für das gesamte Gemeindegebiet oder ausnahmsweise für Teile des Gemeindegebietes unterschiedlich, gestaffelt nach der Größe der Gebäude bzw. Wohneinheiten festzulegen. Dabei kann zwischen dem Hauptsiedlungsgebiet und dem übrigen Siedlungsgebiet der Gemeinde differenziert werden. Bei der Festlegung der Kategorien und Höchstzahlen ist insbesondere auf die Größe und die zentralörtliche Bedeutung der jeweiligen Gemeinde, die Qualität der Anbindung an den öffentlichen Personennahverkehr, die Bevölkerungsdichte bezogen auf den Siedlungsraum und weiters auf räumliche Verflechtungen zwischen Gemeinden oder Teilen von Gemeinden Bedacht zu nehmen.

(7) Bei Einkaufszentren nach § 49 des Tiroler Raumordnungsgesetzes 2022 und bei Handelsbetrieben nach § 48a des Tiroler Raumordnungsgesetzes 2022 dürfen zusätzlich zu den nach Abs. 1 erforderlichen Abstellmöglichkeiten weitere Abstellmöglichkeiten, die nicht in Form von Parkdecks oder unterirdischen Garagen errichtet werden, nur in dem Ausmaß geschaffen werden, als die nach Abs. 1 erforderlichen Abstellmöglichkeiten die höchstzulässige Anzahl von Abstellmöglichkeiten nicht erreicht. Die höchstzulässige Anzahl von Abstellmöglichkeiten bei solchen Einkaufszentren und Handelsbetrieben ergibt sich, indem je angefangener 15 m² rechtmäßig bestehender Kundenfläche eine Abstellmöglichkeit angesetzt wird.

(8) Die Gemeinde kann durch Verordnung unter Bedachtnahme auf die örtlichen Erfordernisse für bestimmte Arten von baulichen Anlagen die Anzahl der nach Abs. 1 erforderlichen Abstellmöglichkeiten festlegen. Diese Festlegung hat zumindest größere funktional zusammenhängende Gebiete der Gemeinde zu umfassen. Dabei dürfen weder die höchstzulässige Anzahl von Abstellmöglichkeiten bei Einkaufszentren und Handelsbetrieben nach Abs. 7 noch die in einer Verordnung nach Abs. 6 festgelegten Höchstzahlen überschritten werden.

(9) Besteht für bestimmte Arten von

a) baulichen Anlagen, aufgrund eines vorgelegten Mobilitätskonzepts oder
b) Wohnbauvorhaben, aufgrund ihres besonderen Verwendungszwecks, wie insbesondere betreute Wohnformen, Schülerheime oder Einrichtungen zur Betreuung von hilfs-, betreuungs- oder pflegebedürftigen Personen,

ein geringerer Bedarf an Abstellmöglichkeiten, so kann die Gemeinde durch Verordnung festlegen, dass Abstellmöglichkeiten nur in einer entsprechend geringeren Anzahl nachgewiesen werden müssen. In diesen Fällen ist jedoch der im Hinblick auf den unumgänglich notwendigen Individualverkehr unter Berücksichtigung auch der Kraftfahrzeuge der Besucher, Betreuungspersonen, Lieferanten und dergleichen dennoch bestehende Bedarf an Abstellmöglichkeiten zu berücksichtigen.

(10) Weiters kann die Gemeinde durch Verordnung festlegen, dass die nach Abs. 1 im Bauland oder für bauliche Anlagen auf Sonderflächen nach den §§ 43, 47a, 48 und 50 und auf Vorbehaltsflächen nach den §§ 52 und 52a des Tiroler Raumordnungsgesetzes 2022 erforderlichen Abstellmöglichkeiten zur Gänze oder zu einem bestimmten Teil nur in Form von Parkdecks oder unterirdischen Garagen errichtet werden dürfen, wenn dies im Interesse der bestmöglichen Nutzung des Baulandes bzw. der betreffenden Sonderflächen oder Vorbehaltsflächen geboten oder zum Schutz der Gesundheit von Menschen oder zur Vermeidung unzumutbarer Belästigungen erforderlich ist. Eine solche Festlegung kann unter diesen Voraussetzungen auch für bestimmte Teile des Baulandes, für bestimmte Sonderflächen oder Vorbehaltsflächen oder allgemein für Gebäude oder sonstige bauliche Anlagen, für die mindestens eine bestimmte Anzahl an Abstellmöglichkeiten nachzuweisen ist, getroffen werden.

(11) Die Behörde hat den Bauwerber bzw. den Eigentümer der baulichen Anlage auf dessen Antrag von der Verpflichtung nach Abs. 1 oder 5 ganz oder teilweise zu befreien, wenn die entsprechenden Abstellmöglichkeiten nicht oder nur mit einem wirtschaftlich nicht vertretbaren Aufwand nachgewiesen werden können. Dabei ist festzulegen, für welche Anzahl von Abstellmöglichkeiten die Befreiung erteilt wird. Bei Abstellmöglichkeiten für Einkaufszentren ist außer in Kernzonen eine Befreiung nicht zulässig.

§ 9
Abstellmöglichkeiten für Kraftfahrzeuge von Menschen mit einer Behinderung

(1) Beim Neubau von Wohnanlagen, öffentlichen Gebäuden, Krankenhäusern, Alten- und Pflegeheimen, Einkaufszentren, Handelsbetrieben und sonstigen Gebäuden, die regelmäßig auch von Menschen mit einer Behinderung aufgesucht werden, sind beim betreffenden Gebäude Abstellmöglichkeiten für Kraftfahrzeuge von Menschen mit einer Behinderung in einer dem jeweiligen Verwendungszweck des Gebäudes angemessenen Anzahl nachzuweisen. Diese Verpflichtung besteht auch, wenn solche Gebäude durch die Änderung des Verwendungszweckes von bisher anderweitig verwendeten Gebäuden geschaffen werden. Diese Verpflichtung besteht weiters bei jedem Zu- oder Umbau oder jeder sonstigen Änderung solcher Gebäude und bei der Änderung des Verwendungszweckes solcher Gebäude, soweit dadurch ein zusätzlicher Bedarf an solchen Abstellmöglichkeiten entsteht. Die Anzahl der mindestens nachzuweisenden Abstellmöglichkeiten ist in der Baubewilligung festzulegen. Diese ist auf die Anzahl der nach § 8 nachzuweisenden Abstellmöglichkeiten anzurechnen.

(2) Die Abstellmöglichkeiten nach Abs. 1 müssen so angeordnet und ausgestaltet sein, dass sie von Menschen mit einer Behinderung ohne besondere Erschwernisse benützt werden können.

(3) Fällt eine Abstellmöglichkeit nach Abs. 1 nachträglich weg, so hat die Behörde dem Eigentümer des Gebäudes aufzutragen, innerhalb einer angemessenen Frist eine neue solche Abstellmöglichkeit nachzuweisen. Wird diesem Auftrag nicht entsprochen, so hat die Behörde die weitere Benützung des Gebäudes zu untersagen.

(4) Die Verpflichtung zum Nachweis von Abstellmöglichkeiten nach Abs. 1 entfällt, wenn diese aufgrund des Baubestandes oder der Festlegungen in einem Bebauungsplan nicht oder nur mit einem wirtschaftlich nicht vertretbaren Aufwand nachgewiesen werden können oder wenn aufgrund von Verkehrsbeschränkungen, insbesondere durch Fußgängerzonen, ein Zufahren zum betreffenden Gebäude mit Kraftfahrzeugen nicht möglich ist.

§ 10
Ladestationen für Elektrofahrzeuge

Die Landesregierung hat durch Verordnung, soweit dies zur Umsetzung der Richtlinie (EU) 2018/844 oder der Verordnung (EU) 2023/1804 des Europäischen Parlaments und des Rates über den Aufbau der Infrastruktur für alternative Kraftstoffe und zur Aufhebung der Richtlinie 2014/94/EU, ABl. 2023 Nr. L 234, S. 1 erforderlich ist, nähere Vorschriften über die im Zusammenhang mit dem Nachweis von Abstellmöglichkeiten für Kraftfahrzeuge zu errichtenden Infrastrukturen zu erlassen. Dabei sind jene Arten von Bauvorhaben festzulegen, bei denen solche Infrastrukturen zu schaffen sind, wobei zwischen bestimmten Arten von Bauvorhaben differenziert werden kann. Weiters kann zwischen öffentlich und nicht öffentlich zugänglichen Ladestationen differenziert werden. Es können ferner entweder jene technischen Vorkehrungen bestimmt werden, die für die nachträgliche Installation der Ladestationen zu treffen sind, oder es kann bestimmt werden, dass Ladestationen zu installieren sind. Diese Verpflichtungen können in kombinierter Form vorgesehen und insbesondere an nähere zeitliche Vorgaben gebunden werden. Auch kann ein zahlenmäßiges Verhältnis zwischen den insgesamt nachzuweisenden Abstellmöglichkeiten und der Anzahl jener Abstellmöglichkeiten festgelegt werden, hinsichtlich der entsprechende Vorkehrungen vorzusehen bzw. bei denen Ladestationen zu installieren sind.

§ 11
Abstellmöglichkeiten für Fahrräder

(1) Die Gemeinde kann durch Verordnung bestimmen, dass im Fall

a) des Neubaus von Gebäuden und der Errichtung sonstiger baulicher Anlagen sowie
b) des Zu- und Umbaus von Gebäuden, der sonstigen Änderung von Gebäuden, der Änderung des Verwendungszweckes von Gebäuden oder der Änderung sonstiger baulicher Anlagen, soweit dadurch ein zusätzlicher Bedarf an Stellplätzen oder Stellflächen für Fahrräder entsteht,

außerhalb von öffentlichen Verkehrsflächen Stellplätze für Fahrräder in ausreichender Anzahl oder Stellflächen für Fahrräder in ausreichender Größe geschaffen werden müssen.

(2) In einer Verordnung nach Abs. 1 können unter Bedachtnahme auf die örtlichen Erfordernisse, auf die Art und die Größe der baulichen Anlage, bei Gebäuden auch unter Bedachtnahme auf den Verwendungszweck, nähere Bestimmungen getroffen werden über:

a) die Arten von baulichen Anlagen, für die Stellplätze oder Stellflächen für Fahrräder geschaffen werden müssen,
b) die Mindestanzahl an Stellplätzen oder die Mindestgröße der Stellfläche für Fahrräder und
c) die Ausgestaltung der Stellplätze oder der Stellflächen für Fahrräder; dabei kann auch bestimmt werden, dass die Stellplätze oder Stellflächen mit Ausnahme der für die Besucher der betreffenden baulichen Anlage vorgesehenen Stellplätze bzw. Stellflächen ganz oder teilweise in Räumen untergebracht sein müssen und dass ein bestimmter Teil der Stellplätze bzw. Stellflächen für die Besucher der betreffenden baulichen Anlage zugänglich sein muss.

(3) Eine Verordnung nach Abs. 1 kann für das gesamte Gemeindegebiet oder für bestimmte Teile des Gemeindegebietes erlassen werden.

(4) Die Mindestanzahl der zu schaffenden Stellplätze oder die Mindestgröße der zu schaffenden Stellfläche für Fahrräder ist in der Baubewilligung festzulegen. Soweit die Mindestanzahl der erforderlichen Stellplätze oder die Stellfläche in der erforderlichen Mindestgröße nicht bereits besteht oder Gegenstand eines Bauverfahrens ist, hat der Bauwerber glaubhaft zu machen, dass diese spätestens bis zum voraussichtlichen Zeitpunkt der Vollendung der betreffenden baulichen Anlage geschaffen wird.

(5) Die Behörde hat den Bauwerber bzw. den Eigentümer der baulichen Anlage auf dessen Antrag von der Verpflichtung zur Schaffung von Stellplätzen oder Stellflächen für Fahrräder ganz oder teilweise zu befreien, wenn diese nicht oder nur mit einem wirtschaftlich nicht vertretbaren Aufwand geschaffen werden können. Dabei ist festzulegen, für welche Anzahl von Stellplätzen bzw. für welchen Teil der Stellfläche die Befreiung erteilt wird.

§ 12
Kinderspielplätze, Nebeneinrichtungen

(1) Beim Neubau von Wohnanlagen ist auf dem Bauplatz ein im Hinblick auf die Anzahl der Wohnungen ausreichend großer Kinderspielplatz zu schaffen. Diese Verpflichtung besteht auch, wenn eine Wohnanlage durch einen Zu- oder Umbau, die sonstige Änderung von Gebäuden oder die Änderung des Verwendungszweckes von bisher anderweitig verwendeten Gebäuden oder Gebäudeteilen geschaffen wird. Kinderspielplätze müssen dem Stand der Technik entsprechend kindergerecht und sicher ausgestaltet, barrierefrei erreichbar, gegenüber öffentlichen Verkehrsflächen ausreichend abgesichert und vor Immissionen, insbesondere durch Luftverunreinigungen und Lärm, ausreichend geschützt sein; soweit wie möglich haben sie über besonnte und abgeschattete Bereiche zu verfügen.

(2) Die Behörde hat den Bauwerber bzw. den Eigentümer des Gebäudes auf dessen Antrag von der Verpflichtung zur Schaffung eines Spielplatzes zu befreien, wenn

a) in unmittelbarer Nähe der betreffenden Wohnanlage und für Kinder von dort aus ohne besondere Gefahren erreichbar ein allgemein zugänglicher Kinderspielplatz oder eine sonstige allgemein zugängliche Fläche, auf dem (der) Kinder im Freien spielen können, wie entsprechend ausgestaltete Parkanlagen, Sportanlagen und dergleichen, auf Dauer zur Verfügung steht,
b) aufgrund des besonderen Verwendungszweckes der betreffenden Wohnanlage ein Bedarf nach einem Kinderspielplatz nicht zu erwarten ist oder
c) aufgrund des Baubestandes die Schaffung eines Kinderspielplatzes für die betreffende Wohnanlage nicht möglich ist.

(3) Beim Neubau von Wohnanlagen und im Fall, dass eine Wohnanlage durch die Änderung des Verwendungszweckes von bisher anderweitig verwendeten Gebäuden geschaffen wird, sind unbeschadet allfälliger weitergehender Verpflichtungen aufgrund einer Verordnung nach § 11 Abs. 1 weiters Räume zum Einstellen von Fahrrädern, Kinderwägen, Sportgeräten, Rollstühlen und dergleichen vorzusehen. Diese Räume müssen absperrbar und von außen ebenerdig oder über eine Rampe zugänglich sein. Die zum Einstellen von Fahrrädern bestimmten Flächen müssen mindestens so groß sein, dass pro Wohnung zwei Fahrräder eingestellt werden können. Weiters sind für jede Wohnanlage die zur ordnungsgemäßen Sammlung des Hausmülls erforderlichen Anlagen und Flächen zum Abstellen einspuriger Kraftfahrzeuge vorzusehen.

§ 13
Versorgung in Notzeiten

In jeder Wohnanlage, die mit einem Energieträger beheizt wird, bei dem in Krisenzeiten Versorgungsengpässe eintreten können, sind jene technischen Vorkehrungen zu treffen, die in mindestens einem Raum jeder Wohnung eine für die Erhaltung der Gesundheit der Bewohner ausreichende Temperatur gewährleisten.

3. Abschnitt
Gestaltung des Baulandes

§ 14
Änderung von Grundstücksgrenzen

(1) Die Teilung, die Vereinigung und jede sonstige Änderung von

a) als Bauland, Sonderflächen oder Vorbehaltsflächen gewidmeten Grundstücken,
b) Grundstücken, die innerhalb der im örtlichen Raumordnungskonzept nach § 31 Abs. 1 lit. d und e des Tiroler Raumordnungsgesetzes 2022 festgelegten Bereiche liegen, und
c) Grundstücken, die außerhalb der im örtlichen Raumordnungskonzept nach § 31 Abs. 1 lit. d und e des Tiroler Raumordnungsgesetzes 2022 festgelegten Bereiche liegen, für die aber ein Bebauungsplan nach § 54 des Tiroler Raumordnungsgesetzes 2022 besteht,
d) als Freiland gewidmeten Grundstücken, sofern sie mit zumindest einem Gebäude mit Aufenthaltsraum bebaut sind oder für diese eine entsprechende rechtskräftige Baubewilligung vorliegt und die Änderung in einem dem Mindestabstandsbereich entsprechenden Bereich des Bauplatzes erfolgen soll,

bedürfen der Bewilligung der Behörde. Dies gilt auch für Grundstücke, die nur zum Teil eine Widmung nach lit. a aufweisen oder in einem der in der lit. b, c oder d genannten Bereiche liegen, wenn die Änderung auch den betreffenden Teil des Grundstückes betrifft.

(2) Der Bewilligung nach Abs. 1 bedürfen nicht Änderungen von Grundstücksgrenzen

a) im Rahmen eines Baulandumlegungsverfahrens, eines Zusammenlegungsverfahrens oder eines Flurbereinigungsverfahrens,
b) von unbebauten Grundstücken im Rahmen der §§ 13 und 15 des Liegenschaftsteilungsgesetzes, BGBl. Nr. 3/1930, zuletzt geändert durch das Gesetz BGBl. I Nr. 190/2013, und
c) im Zusammenhang mit dem Bau öffentlicher Straßen und öffentlicher Versorgungs- und Entsorgungseinrichtungen sowie im Zusammenhang mit Grundstücksbereinigungen für das öffentliche Wassergut.

§ 15
Verfahren

(1) Um die Erteilung der Bewilligung nach § 14 Abs. 1 haben die Eigentümer der betroffenen Grundstücke schriftlich anzusuchen. § 29a gilt sinngemäß. Den Eigentümern sind Personen gleichzuhalten, die einen Rechtstitel nachweisen, der für die grundbücherliche Einverleibung des Eigentums am jeweiligen Grundstück geeignet ist.

(2) Dem Ansuchen sind die zur Beurteilung der Zulässigkeit der beabsichtigten Änderung der Grundstücksgrenzen erforderlichen Unterlagen anzuschließen. Jedenfalls sind anzuschließen:

a) eine planliche Darstellung des betreffenden Grundstückes oder der betreffenden Grundstücke im Maßstab 1:1000 oder größer bei physischer Einbringung in zweifacher Ausfertigung;
b) gegebenenfalls ein Nachweis nach Abs. 1 zweiter Satz.

(3) Die Pläne nach Abs. 2 lit. a müssen von einer nach § 1 Abs. 1 oder 2 des Liegenschaftsteilungsgesetzes befugten Person oder Stelle erstellt sein. Im Fall der Vereinigung von ganzen Grundstücken genügt ein Auszug aus der Katastralmappe des Vermessungsamtes.

(4) Besteht auf dem betreffenden Grundstück bzw. den betreffenden Grundstücken eine bauliche Anlage, die baurechtlich in die Zuständigkeit einer anderen Behörde fällt, oder besteht für ein entsprechendes Bauvorhaben eine rechtskräftige Baubewilligung oder eine Bauanzeige, aufgrund deren es ausgeführt werden darf, so ist die in Bausachen zuständige Behörde vor der Erteilung der Bewilligung nach § 14 Abs. 1 zu hören.

§ 16
Bewilligung

(1) Die Bewilligung nach § 14 Abs. 1 darf bei Grundstücken, für die nach den raumordnungsrechtlichen Vorschriften ein Bebauungsplan nach § 54 Abs. 2 des Tiroler Raumordnungsgesetzes 2022 zu erlassen ist, nur dann erteilt werden, wenn ein Bebauungsplan, im Fall der Festlegung

einer besonderen Bauweise weiters ein ergänzender Bebauungsplan, besteht und wenn die vorgesehene Änderung der Grundstücksgrenzen eine dem Bebauungsplan bzw. dem ergänzenden Bebauungsplan entsprechende Bebauung der Grundstücke sowie die darin festgelegte verkehrsmäßige Erschließung nicht verhindert oder erschwert. Bei sonstigen Grundstücken, für die ein Bebauungsplan besteht, ist die Bewilligung zu erteilen, wenn die vorgesehene Änderung der Grundstücksgrenzen eine dem Bebauungsplan entsprechende Bebauung der Grundstücke sowie die darin festgelegte verkehrsmäßige Erschließung nicht verhindert oder erschwert.

(2) Bestehen bei Grundstücken, für die nach den raumordnungsrechtlichen Vorschriften kein Bebauungsplan nach § 54 Abs. 2 des Tiroler Raumordnungsgesetzes 2022 zu erlassen ist, weder ein Bebauungsplan noch textliche Festlegungen nach § 31b Abs. 2 des Tiroler Raumordnungsgesetzes 2022, so ist die Bewilligung nach § 14 Abs. 1 zu erteilen, wenn die vorgesehene Änderung der Grundstücksgrenzen

a) einer geordneten baulichen Gesamtentwicklung der Gemeinde im Sinn der Ziele der örtlichen Raumordnung, insbesondere unter Bedachtnahme auf die möglichen künftigen Größenverhältnisse der Gebäude zueinander und den Schutz des Orts- und Straßenbildes, nicht zuwiderläuft,
b) eine zweckmäßige und bodensparende Bebauung des betreffenden Grundstückes gewährleistet und
c) einer zweckmäßigen verkehrsmäßigen Erschließung und Erschließung des betreffenden Gebietes mit Einrichtungen zur Wasserversorgung und Abwasserbeseitigung unter Bedachtnahme auf die Erfordernisse einer geordneten Gesamterschließung des Gemeindegebietes nicht entgegensteht.

Grundstreifen bis zu einer Breite von 5 m und Erschließungsflächen sind von der Erfüllung der in lit. a, b und c angeführten Voraussetzungen ausgenommen.

(3) Bestehen bei Grundstücken, für die nach den raumordnungsrechtlichen Vorschriften kein Bebauungsplan nach § 54 Abs. 2 des Tiroler Raumordnungsgesetzes 2022 zu erlassen ist, textliche Festlegungen nach § 31b Abs. 2 des Tiroler Raumordnungsgesetzes 2022, so ist die Bewilligung nach § 14 Abs. 1 zu erteilen, wenn die vorgesehene Änderung der Grundstücksgrenzen

a) eine diesen Festlegungen entsprechende Bebauung der Grundstücke bzw. die damit festgelegte verkehrsmäßige Erschließung nicht verhindert oder erschwert und
b) im Übrigen, soweit solche Festlegungen nicht bestehen, den Anforderungen nach Abs. 2 lit. a, b und c entspricht.

Grundstreifen bis zu einer Breite von 5 m und Erschließungsflächen sind von der Erfüllung der in lit. a und b angeführten Voraussetzungen ausgenommen.

(4) In den Fällen der Abs. 1, 2 und 3 darf durch die Änderung der Grundstücksgrenzen, abgesehen von den in den Abs. 2 und 3 normierten Ausnahmen, nur ein Bauplatz geschaffen werden. Die Bewilligung einer Grundstücksänderung ist unzulässig, wenn dadurch ein Bauplatz mit zahlenmäßig unterschiedlichen Baudichten der gleichen Art entsteht. Die Bewilligung einer Grundstücksvereinigung von Bauland im Sinn des § 37 Tiroler Raumordnungsgesetz 2022 mit Freiland im Sinn des § 41 Tiroler Raumordnungsgesetz 2022 ist nur in den in § 2 Abs. 12 lit. f angeführten Fällen zulässig.

(5) Für bebaute Grundstücke oder für Grundstücke, für die eine rechtskräftige Baubewilligung oder eine Bauanzeige, aufgrund deren ein Bauvorhaben ausgeführt werden darf, vorliegt, darf die Bewilligung nach § 14 Abs. 1 für Teilungen oder Abschreibungen weiters nur erteilt werden, wenn

a) die bestehende bzw. die bewilligte oder aufgrund einer Bauanzeige zulässige bauliche Anlage auch nach der vorgesehenen Änderung der Grundstücksgrenzen innerhalb der Grenzen des Bauplatzes liegt,
b) die Voraussetzungen nach § 6 Abs. 1, 3, 4 und 7 erfüllt sind und
c) den Erfordernissen des Brandschutzes entsprochen wird.

Besteht auf dem betreffenden Grundstück jedoch eine bauliche Anlage, die aufgrund früherer bau- oder raumordnungsrechtlicher Vorschriften einen geringeren Abstand zu den angrenzenden Grundstücken aufweist, so darf die Bewilligung auch erteilt werden, wenn dieser Abstand durch die Teilung oder Abschreibung nicht verringert und den Erfordernissen des Brandschutzes entsprochen wird.

(6) Die Bewilligung nach § 14 Abs. 1 tritt außer Kraft, wenn nicht innerhalb von zwei Jahren nach dem Eintritt der Rechtskraft die grundbücherliche Durchführung der Änderung der Grundstücksgrenzen beantragt wird.

(7) Nach dem Eintritt der Rechtskraft der Bewilligung nach § 14 Abs. 1 ist dem Planverfasser eine Ausfertigung der Bewilligung samt Rechtskraftbestätigung zu übersenden.

(8) In den Fällen des § 15 Abs. 4 ist der in Bausachen zuständigen Behörde eine Ausfertigung der Entscheidung, mit der über die Erteilung der

Bewilligung nach § 14 Abs. 1 entschieden wird, zu übersenden.

§ 17
Grundbuchsrechtliche Bestimmungen

Das Grundbuchsgericht darf Eintragungen in das Grundbuch, die eine bewilligungspflichtige Änderung der Grundstücksgrenzen zum Inhalt haben, nur durchführen, wenn die Bewilligung nach § 14 Abs. 1 vorliegt. Grundbuchsbeschlüsse, mit denen eine solche Eintragung bewilligt wird, sind der Gemeinde zuzustellen. Die Gemeinde kann dagegen Rekurs erheben, wenn die Eintragung ohne die oder entgegen der Bewilligung nach § 14 Abs. 1 bewilligt wurde.

Fassung bis 11. Februar 2026:

4. Abschnitt
Bauvorschriften

§ 18
Allgemeine bautechnische Erfordernisse

(1) Bauliche Anlagen und alle ihre Teile müssen so geplant und ausgeführt sein, dass sie unter Berücksichtigung der Wirtschaftlichkeit gebrauchstauglich sind und entsprechend dem Stand der Technik die bautechnischen Erfordernisse insbesondere

a) der mechanischen Festigkeit und Standsicherheit,
b) des Brandschutzes,
c) der Hygiene, der Gesundheit und des Umweltschutzes,
d) der Nutzungssicherheit und der Barrierefreiheit,
e) des Schallschutzes,
f) der Gesamtenergieeffizienz, der Energieeinsparung und des Wärmeschutzes und
g) im Fall von Neubauten und umfangreichen Renovierungen weiters der Informations- und Kommunikationstechnologie zur Schaffung von hochgeschwindigkeitsfähigen gebäudeinternen physischen Infrastrukturen, bei Wohnanlagen einschließlich des Zugangspunktes

erfüllen. Diese Erfordernisse müssen bei vorhersehbaren Einwirkungen und bei normaler Instandhaltung über einen wirtschaftlich angemessenen Zeitraum erfüllt werden. Dabei sind Unterschiede hinsichtlich der Lage, der Größe und der Verwendung der baulichen Anlagen zu berücksichtigen.

(2) Bauliche Anlagen sind so zu gestalten, dass sie möglichst ohne Erschwernisse ihrem Verwendungszweck entsprechend benützt werden können. Soweit der jeweilige Verwendungszweck dies erfordert, ist dabei insbesondere auch auf die Bedürfnisse von Kindern sowie von älteren Menschen und Menschen mit einer Behinderung Bedacht zu nehmen.

(3) Das Äußere von baulichen Anlagen ist weiters so zu gestalten, dass im Hinblick auf deren Einbindung in die Umgebung das Orts-, Straßen- und Landschaftsbild nicht erheblich beeinträchtigt wird.

(4) Bauteile, die schädigenden Einwirkungen ausgesetzt sind, müssen aus entsprechend widerstandsfähigen Bauprodukten hergestellt oder gegen diese Einwirkungen geschützt ausgeführt werden. Schädigende Einwirkungen sind insbesondere Umweltschadstoffe, Witterungseinflüsse, Erschütterungen und korrosive Einwirkungen.

Fassung ab 12. Februar 2026:

4. Abschnitt
Bauvorschriften

§ 18
Allgemeine bautechnische Erfordernisse

(1) Bauliche Anlagen und alle ihre Teile müssen so geplant und ausgeführt sein, dass sie unter Berücksichtigung der Wirtschaftlichkeit gebrauchstauglich sind und entsprechend dem Stand der Technik die bautechnischen Erfordernisse insbesondere

a) der mechanischen Festigkeit und Standsicherheit,
b) des Brandschutzes,
c) der Hygiene, der Gesundheit und des Umweltschutzes,
d) der Nutzungssicherheit und der Barrierefreiheit,
e) des Schallschutzes,
f) der Gesamtenergieeffizienz, der Energieeinsparung und des Wärmeschutzes und
g) im Fall von Neubauten und umfangreichen Renovierungen im Sinn der Verordnung (EU) 2024/1309 oder größeren Renovierungen weiters der Informations- und Kommunikationstechnologie zur Schaffung von glasfaserfähigen gebäudeinternen physischen Infrastruktur und gebäudeinterner Glasfaserverkabelung, einschließlich Verbindungen bis zu dem physischen Punkt, an dem der Endnutzer eine Anbindung an das öffentliche Netz hat, bei Wohnanlagen einschließlich des Zugangspunktes

erfüllen. Diese Erfordernisse müssen bei vorhersehbaren Einwirkungen und bei normaler Instandhaltung über einen wirtschaftlich angemessenen Zeitraum erfüllt werden. Dabei sind Unterschiede hinsichtlich der Lage, der Größe und der Verwendung der baulichen Anlagen zu berücksichtigen.

(2) Bauliche Anlagen sind so zu gestalten, dass sie möglichst ohne Erschwernisse ihrem Verwendungszweck entsprechend benützt werden können. Soweit der jeweilige Verwendungszweck dies erfordert, ist dabei insbesondere auch auf die Bedürfnisse von Kindern sowie von älteren Menschen und Menschen mit einer Behinderung Bedacht zu nehmen.

(3) Das Äußere von baulichen Anlagen ist weiters so zu gestalten, dass im Hinblick auf deren Einbindung in die Umgebung das Orts-, Straßen- und Landschaftsbild nicht erheblich beeinträchtigt wird.

(4) Bauteile, die schädigenden Einwirkungen ausgesetzt sind, müssen aus entsprechend widerstandsfähigen Bauprodukten hergestellt oder gegen diese Einwirkungen geschützt ausgeführt werden. Schädigende Einwirkungen sind insbesondere Umweltschadstoffe, Witterungseinflüsse, Erschütterungen und korrosive Einwirkungen.

§ 19
Verwendung von Bauprodukten

Für die Ausführung von Bauvorhaben dürfen nur Bauprodukte verwendet werden, die den unionsrechtlichen und landesrechtlichen Vorschriften über Bauprodukte entsprechen.

§ 20
Technische Bauvorschriften

Fassung bis 11. November 2025:

(1) Die Landesregierung hat durch Verordnung nähere Bestimmungen darüber zu erlassen, welchen bautechnischen Erfordernissen nach § 18 Abs. 1, 2 und 4 bauliche Anlagen und Bauteile allgemein oder im Hinblick auf ihre Art jedenfalls entsprechen müssen. Dabei kann bestimmt werden, dass im Fall von Neubauten hinsichtlich bestimmter Arten von Gebäuden oder im Fall von umfangreichen Renovierungen dem Erfordernis nach § 18 Abs. 1 lit. g nicht oder nur eingeschränkt entsprochen werden muss; bei der Festlegung dieser Ausnahmen ist insbesondere darauf Bedacht zu nehmen, ob und inwieweit die Durchführung der erforderlichen baulichen Maßnahmen insbesondere im Hinblick auf den Verwendungszweck der betreffenden Gebäude, deren Alter oder bauliche Beschaffenheit, deren besondere Lage oder die damit verbundenen Kosten unverhältnismäßig wäre.

Fassung ab 12. November 2025:

(1) Die Landesregierung hat durch Verordnung nähere Bestimmungen darüber zu erlassen, welchen bautechnischen Erfordernissen nach § 18 Abs. 1, 2 und 4 bauliche Anlagen und Bauteile allgemein oder im Hinblick auf ihre Art jedenfalls entsprechen müssen. Dabei kann bestimmt werden, dass im Fall von Neubauten hinsichtlich bestimmter Arten von Gebäuden oder im Fall von umfangreichen Renovierungen im Sinn der Verordnung (EU) 2024/1309 oder größeren Renovierungen dem Erfordernis nach § 18 Abs. 1 lit. g nicht oder nur eingeschränkt entsprochen werden muss; bei der Festlegung dieser Ausnahmen ist insbesondere darauf Bedacht zu nehmen, ob und inwieweit die Durchführung der erforderlichen baulichen Maßnahmen insbesondere im Hinblick auf den Verwendungszweck der betreffenden Gebäude, deren Alter oder bauliche Beschaffenheit, deren besondere Lage oder die damit verbundenen Kosten unverhältnismäßig wäre.

(2) In Verordnungen nach Abs. 1 können technische Regelwerke, die aus den Erkenntnissen der Wissenschaft und den Erfahrungen der Praxis abgeleitet und von einer fachlich hierzu berufenen Stelle herausgegeben werden, ganz oder teilweise für verbindlich erklärt werden.

(3) Die Behörde kann von der Einhaltung einzelner Bestimmungen von Verordnungen nach Abs. 1 absehen, wenn der Bauwerber durch ein Gutachten nach § 29 Abs. 2 lit. e nachweist, dass durch andere geeignete Vorkehrungen den Erfordernissen nach § 18 Abs. 1, 2 und 4 entsprochen wird.

(4) Bei Umbauten und geringfügigen Zubauten von Gebäuden, die vor dem 1. März 1998 errichtet wurden, und beim Ausbau von Dachgeschoßen kann die Behörde von der Einhaltung einzelner Bestimmungen von Verordnungen nach Abs. 1 auch dann absehen, wenn deren Einhaltung wirtschaftlich nicht vertretbar wäre und eine Gefahr für das Leben oder die Gesundheit von Menschen nicht besteht.

(5) Bei Um- und Zubauten oder der Änderung des Verwendungszweckes von Gebäuden mit geschichtlicher, künstlerischer oder kultureller Bedeutung, hat die Behörde zum Schutz der Substanz und des Erscheinungsbildes des Bestandes von der Einhaltung einzelner Bestimmungen von Verordnungen nach Abs. 1 abzusehen, wenn keine nachteiligen Auswirkungen hinsichtlich der Gefährdung des Lebens und der Gesundheit von Menschen entstehen.

§ 21
Erfordernisse der Gesamtenergieeffizienz

(1) Die Erfordernisse der Gesamtenergieeffizienz sind zu erfüllen:

a) bei bewilligungspflichtigen Neubauten von Gebäuden;
b) bei größeren Renovierungen von Gebäuden;
c) bei bewilligungspflichtigen Zubauten, Umbauten, sonstigen Änderungen und Änderungen des Verwendungszweckes von Gebäuden, sofern dadurch konditionierte Räume neu geschaffen werden und dies technisch funktionell möglich und wirtschaftlich vertretbar ist;
d) bei bewilligungspflichtigen Umbauten und sonstigen Änderungen von Gebäuden, sofern diese Gebäudekomponenten umfassen, die Teil der Gebäudehülle sind und dies technisch funktionell möglich und wirtschaftlich vertretbar ist.

(2) In der Verordnung nach § 20 Abs. 1 ist insbesondere die Methode der Berechnung der Gesamtenergieeffizienz unter Berücksichtigung des allgemeinen Rahmens und des kostenoptimalen Niveaus nach dem Anhang I bzw. III der Richtlinie 2010/31/EU festzulegen. Weiters können für bestimmte Bauvorhaben die Erfordernisse der Gesamtenergieeffizienz unter Bedachtnahme auf die technischen Möglichkeiten und die wirtschaftliche Zweckmäßigkeit jeweils abweichend von jenen für Neubauten festgelegt werden. Ferner kann vorgesehen werden, dass Neubauten von Gebäuden mit einer konditionierten Netto-Grundfläche von weniger als 50 m² nur bestimmten Mindesterfordernissen der Gesamtenergieeffizienz entsprechen müssen.

(3) Bei Neubauten und größeren Renovierungen von Gebäuden ist die technische, ökologische und wirtschaftliche Realisierbarkeit des Einsatzes von hocheffizienten alternativen Systemen zu prüfen (Alternativenprüfung). Die Landesregierung kann durch Verordnung nähere Bestimmungen über die Durchführung der Alternativenprüfung erlassen. § 20 Abs. 2 gilt sinngemäß.

§ 22
Ausnahmen von den Erfordernissen der Gesamtenergieeffizienz

Von den Erfordernissen der Gesamtenergieeffizienz ausgenommen sind:

a) denkmalgeschützte Gebäude, charakteristische Gebäude nach dem Tiroler Stadt- und Ortsbildschutzgesetz 2021, LGBl. Nr. 124/2020, in der jeweils geltenden Fassung, und Gebäude in Schutzzonen und Ensembleschutzzonen nach dem Tiroler Stadt- und Ortsbildschutzgesetz 2021, soweit dies zum Schutz der Eigenart oder des Erscheinungsbildes dieser Gebäude erforderlich ist;
b) Gebäude, die für den Gottesdienst und sonstige religiöse Zwecke bestimmt sind;
c) Gebäude, die nicht konditioniert sind oder nur frostfrei gehalten werden;
d) Gebäude, die aufgrund ihres besonderen Verwendungszweckes höchstens für die Dauer von zwei Jahren errichtet werden;
e) Wohngebäude, die nicht für eine ganzjährige Nutzung bestimmt sind und deren voraussichtlicher Energiebedarf weniger als 25 v. H. des Energiebedarfs im Fall der ganzjährigen Nutzung beträgt; darunter fallen jedenfalls Wohngebäude, die zwischen dem 1. November und dem 31. März des Folgejahres an höchstens 31 Tagen genutzt werden;
f) Gebäude für Betriebsanlagen und landwirtschaftliche Nutzgebäude, bei denen die für die Beheizung und Kühlung erforderliche Energie überwiegend aus anlageneigener Abwärme gewonnen wird.

§ 23
Erstellung, Inhalt und Registrierung von Energieausweisen

(1) Ein Energieausweis ist zu erstellen:

a) bei bewilligungspflichtigen Neubauten von Gebäuden;
b) bei größeren Renovierungen von Gebäuden;
c) bei bewilligungspflichtigen Zubauten, Umbauten, sonstigen Änderungen und Änderungen des Verwendungszweckes von Gebäuden, sofern dadurch konditionierte Räume neu geschaffen werden;
d) für Gebäude, in denen mehr als 250 m² der konditionierten Brutto-Grundfläche von Behörden genutzt werden und die regelmäßig von einer großen Anzahl an Personen aufgesucht werden.

(2) In den Fällen des Abs. 1 lit. c genügt es, wenn der Energieausweis für den von der Baumaßnahme betroffenen Teil erstellt wird.

(3) Ein Energieausweis ist nicht zu erstellen für Gebäude nach § 21 Abs. 2 dritter Satz und § 22 lit. b bis f.

(4) Der Energieausweis hat jedenfalls zu enthalten:

a) die maßgebenden Grundstücks- und Adressdaten;
b) die maßgebenden Gebäude- und Klimadaten und Energiekennzahlen;
c) das Ausstellungsdatum und die Gültigkeitsdauer;
d) den Namen und die Unterschrift des Ausstellers.

(5) Der Energieausweis ist im Fall von Gebäuden nach Abs. 1 lit. d alle zehn Jahre zu erneuern.

(6) Die Aussteller von Energieausweisen haben die von ihnen nach diesem Gesetz erstellten Energieausweise gemäß den Bestimmungen des Bundesgesetzes über das Gebäude- und Wohnungsregister (GWR-Gesetz), BGBl. I Nr. 9/2004, zuletzt geändert durch das Gesetz BGBl. I Nr. 78/2018, in der Energieausweisdatenbank zu registrieren. Die Aussteller von Energieausweisen sind im Umfang des § 1 Abs. 4 Z 2 und 5 und § 7 Abs. 2 Z 7 des GWR-Gesetzes zu Online-Zugriffen auf das Gebäude- und Wohnungsregister berechtigt.

(7) Die Landesregierung hat durch Verordnung nähere Bestimmungen über den Inhalt und die Form von Energieausweisen zu erlassen. § 20 Abs. 2 gilt sinngemäß.

§ 24
Befugnis zur Ausstellung von Energieausweisen, Widerruf

(1) Energieausweise dürfen nur von Personen und Stellen erstellt werden, die nach den berufsrechtlichen Vorschriften hiezu befugt sind.

(2) Die Landesregierung hat Personen oder Stellen die Befugnis zur Erstellung von Energieausweisen nach diesem Gesetz mit schriftlichem Bescheid zu entziehen, wenn sich im Zug der Kontrolle nach § 26 ergibt, dass sie Energieausweise in wesentlichen Belangen vorsätzlich oder wiederholt fehlerhaft ausgestellt haben.

§ 25
Aushang von Energieausweisen

(1) In Gebäuden nach § 23 Abs. 1 lit. d ist der Energieausweis hinsichtlich seines wesentlichen Inhalts an einer allgemein gut sichtbaren Stelle auszuhängen.

(2) Die Landesregierung hat durch Verordnung die auszuhängenden Teile des Energieausweises näher zu bestimmen.

§ 26
Energieausweisdatenbank

(1) Die Landesregierung hat ein unabhängiges Kontrollsystem für Energieausweise einzurichten.

(2) Die Kontrolle der Energieausweise obliegt der Landesregierung. Zu diesem Zweck hat der Aussteller eines Energieausweises nach § 24 Abs. 1 die Daten des Energieausweises der Landesregierung zur Verarbeitung in einer zentralen Datenbank in elektronischer Form zu übermitteln.

(3) Nach der Übermittlung der Daten nach Abs. 2 sind diese nach Maßgabe des § 1 Abs. 4 des Bundesgesetzes über das Gebäude- und Wohnungsregister (GWR-Gesetz) mit den dort gespeicherten Daten abzugleichen.

(4) Die Landesregierung hat die Energieausweise nach den Kriterien des Anhanges II der Richtlinie 2010/31/EU über die Gesamtenergieeffizienz von Gebäuden zu überprüfen. Ergibt die Kontrolle eines Energieausweises Mängel, so hat die Landesregierung den Aussteller zur Behebung der Mängel innerhalb einer angemessenen Frist aufzufordern. Kommt der Aussteller trotz wiederholter Aufforderung der Mängelbehebung nicht nach, so hat die Landesregierung dem Aussteller die Behebung der Mängel mit schriftlichem Bescheid aufzutragen.

(5) Die Behörde darf im Rahmen ihres jeweiligen Zuständigkeitsbereiches auf die in der Energieausweisdatenbank erfassten Daten zugreifen, soweit dies zur Erfüllung ihrer Aufgaben erforderlich ist. Aussteller eines Energieausweises dürfen auf die in der Energieausweisdatenbank erfassten Daten hinsichtlich der von ihnen ausgesellten und übermittelten Dokumente zugreifen, soweit sie der Eigentümer des jeweiligen Gebäudes oder der sonst hierüber Verfügungsberechtigte dazu ermächtigt hat.

(6) Die Landesregierung hat unter Bedachtnahme auf den Anhang II der Richtlinie 2010/31/EU über die Gesamtenergieeffizienz von Gebäuden durch Verordnung nähere Bestimmungen über das unabhängige Kontrollsystem zu erlassen. Hinsichtlich der Energieausweise ist weiters die von der Landesregierung zu betreibende Energieausweisdatenbank einschließlich des Zuganges, der Schnittstellen, der Übermittlungsvorgänge und der Mindestanforderungen an die Datensicherheit zu regeln.

§ 27
Örtliche Bauvorschriften und Vorschriften über Kinderspielplätze

(1) Die Gemeinde kann durch Verordnung örtliche Bauvorschriften erlassen. Darin können zum Schutz des Orts- oder Straßenbildes, im Interesse einer das Orts- oder Straßenbild prägenden geordneten baulichen Entwicklung oder zur Erhaltung und Verbesserung des Kleinklimas und zur Sicherung eines nachhaltigen Grundwasserhaushaltes nähere Bestimmungen getroffen werden über:

a) die äußere Gestaltung von baulichen Anlagen in Gebieten mit erhaltenswerten Orts- oder Straßenbildern oder erhaltenswerten Gebäudegruppen;
b) die Art und die Gestaltung von Einfriedungen; dabei kann auch bestimmt werden, dass Einfriedungen nur eine geringere als die im § 6 Abs. 4 lit. e festgelegte Höhe aufweisen dürfen;
c) die Art, die Gestaltung, die Größe und die Lichtwirkung von Werbeeinrichtungen;
d) die Zulässigkeit, die Art und das Ausmaß von Bodenversiegelungen bei Zufahrten, Stellplätzen, Vorplätzen, Innenhöfen und dergleichen;
e) die Notwendigkeit und das Ausmaß von Bepflanzungen bei großflächigen baulichen Anlagen, die im Orts- oder Straßenbild besonders wirksam werden, wie Parkplätze, Spielplätze und dergleichen;
f) das Verhältnis der mit Vegetation bedeckten Flächen zur Bauplatzfläche; dabei kann auch bestimmt werden, dass begrünte Oberflächen von baulichen Anlagen sowie natürliche Wasserflächen berücksichtigt werden.

(2) Die Gemeinde kann durch Verordnung nähere Bestimmungen darüber erlassen, welchen spezifisch örtlichen Anforderungen allgemein zugängliche Kinderspielplätze und Kinderspielplätze von Wohnanlagen, insbesondere hinsichtlich ihrer Größe, Lage und Ausgestaltung, entsprechen müssen. Dabei ist insbesondere auf die Größe der Gemeinde, die sonstigen räumlichen Gegebenheiten, die Bebauungsdichte, die Nähe zu Naherholungsräumen und hinsichtlich der Kinderspielplätze von Wohnanlagen auch auf das Vorhandensein von allgemein zugänglichen Kinderspielplätzen Bedacht zu nehmen.

5. Abschnitt
Verfahrensbestimmungen
§ 28
Bewilligungspflichtige und anzeigepflichtige Bauvorhaben, Ausnahmen

(1) Einer Baubewilligung bedürfen, soweit sich aus den Abs. 2 und 3 nichts anderes ergibt:

a) der Neu-, Zu- und Umbau von Gebäuden;
b) die sonstige Änderung von Gebäuden oder Gebäudeteilen, wenn dadurch allgemeine bautechnische Erfordernisse wesentlich berührt werden;
c) die Änderung des Verwendungszweckes von Gebäuden oder Gebäudeteilen, wenn sie auf die Zulässigkeit des Gebäudes oder Gebäudeteiles nach den bau- oder raumordnungsrechtlichen Vorschriften von Einfluss sein kann; hierbei ist vom bewilligten Verwendungszweck bzw. bei Gebäuden oder Gebäudeteilen, für die aufgrund früherer baurechtlicher Vorschriften ein Verwendungszweck nicht bestimmt wurde, von dem aus der baulichen Zweckbestimmung hervorgehenden Verwendungszweck auszugehen; keiner Baubewilligung bedarf in Gebäuden mit mehreren Wohnungen die Verwendung von höchstens drei Wohnungen mit insgesamt höchstens zwölf Betten zur gewerblichen Beherbergung von Gästen, wenn der Gewerbetreibende im betreffenden Gebäude seinen Hauptwohnsitz hat und in diesem neben allfälligen Wohnungen für seine Angehörigen keine weiteren Wohnungen bestehen, die der Befriedigung eines ganzjährigen, mit dem Mittelpunkt der Lebensbeziehungen verbundenen Wohnbedürfnisses dienen, soweit die Verwendung von Wohnungen zur gewerblichen Beherbergung von Gästen vor dem 1. September 2021 begonnen wurde;
d) die Verwendung von bisher anderweitig verwendeten Gebäuden, Wohnungen oder sonstigen Gebäudeteilen als Freizeitwohnsitz, sofern nicht eine Ausnahmebewilligung nach § 13 Abs. 8 des Tiroler Raumordnungsgesetzes 2022 vorliegt, die Verwendung von im Freiland gelegenen Freizeitwohnsitzen auch zu einem anderen Zweck als dem eines Freizeitwohnsitzes sowie die Zusammenlegung oder sonstige Änderung von Freizeitwohnsitzen, sofern diese nicht nach lit. a bis c oder f einer Baubewilligung bedarf;
e) die Verwendung von Räumlichkeiten im Sinn des § 13 Abs. 2 des Tiroler Raumordnungsgesetzes 2022 im Rahmen von Gastgewerbebetrieben zur Beherbergung von Gästen;
f) die Errichtung und die Änderung von sonstigen baulichen Anlagen, wenn dadurch allgemeine bautechnische Erfordernisse wesentlich berührt werden.

(2) Die sonstige Änderung von Gebäuden sowie die Errichtung und die Änderung von sonstigen baulichen Anlagen sind, sofern sie nicht nach Abs. 1 lit. b oder f einer Baubewilligung bedürfen, der Behörde anzuzeigen. Jedenfalls sind der Behörde anzuzeigen:

a) die Anbringung und Änderung von untergeordneten Bauteilen und von Balkonverglasungen bei bestehenden baulichen Anlagen;
b) die Errichtung und Änderung von Stützmauern und Einfriedungen bis zu einer Höhe von insgesamt 2 m, sofern diese nicht unter Abs. 3 lit. c fallen;
c) die Errichtung und Änderung von Terrassen, Pergolen und dergleichen sowie mobile offene Schwimmbecken, soweit diese nicht nach § 1 Abs. 3 lit. n vom Geltungsbereich dieses Gesetzes ausgenommen sind;
d) die Errichtung und Änderung von ortsüblichen Städeln in Holzbauweise, Weidezelten mit mehr als 40 m² Nutzfläche und Weideunterständen, die landwirtschaftlichen Zwecken dienen, von Gerätehütten in Holzbauweise, die forstwirtschaftlichen Zwecken dienen, von Bienenhäusern in Holzbauweise sowie von Kulturschutzanlagen bis zu einer Nutzfläche von 250 m²;
e) die Errichtung und Änderung von Sportplätzen, Reitplätzen und dergleichen sowie von allgemein zugänglichen Kinderspielplätzen und Kinderspielplätzen von Wohnanlagen;
f) die größere Renovierung von Gebäuden, sofern sie nicht im Rahmen eines nach Abs. 1 bewilligungspflichtigen Bauvorhabens erfolgt;
g) die Errichtung, Aufstellung und Änderung von Flugdächern und Überdachungen für Terrassen bis 15 m² überdeckte Fläche, von Containern bis zu einem Volumen von 30 m³, die ausschließlich dem Schutz von Sachen oder Tieren dienen, soweit diese nicht nach § 1 Abs. 3 lit. p vom Geltungsbereich dieses Gesetzes ausgenommen sind, sowie von Parkplätzen bis zu einer Fläche von insgesamt 200 m²;
h) die Errichtung und Änderung von nicht überdachten Auslaufflächen zur Steigerung des Tierwohls ab einer Grundfläche von 200 m².

(3) Weder einer Baubewilligung noch einer Bauanzeige bedürfen:

a) Baumaßnahmen im Inneren von Gebäuden, wenn dadurch allgemeine bautechnische Erfordernisse nicht wesentlich berührt werden; der Austausch von Fenstern und Balkontüren, wenn durch diese Maßnahmen die äußere Gestaltung des Gebäudes nicht wesentlich berührt wird;
b) Erhaltungs- und Instandsetzungsmaßnahmen an baulichen Anlagen, wenn dadurch allgemeine bautechnische Erfordernisse nicht wesentlich berührt werden;

c) die Errichtung und Änderung von Einfriedungen bis zu einer Höhe von insgesamt 1,50 m und von Stützmauern bis zu einer Höhe von 1 m außer gegenüber Verkehrsflächen;
d) die Errichtung, Aufstellung und Änderung von frei stehenden Werbeeinrichtungen außerhalb geschlossener Ortschaften;
e) die Errichtung und Änderung von baulichen Anlagen für freistehende Ladestationen für Elektrofahrzeuge;
f) die Errichtung und Änderung von Geräteschuppen, Holzschuppen und dergleichen bis zu einer überdeckten Fläche von 15 m² und einer Höhe von 2,80 m, sofern sie vom betreffenden Bauplatz oder einer Verkehrsfläche aus an zumindest drei Seiten von außen zugänglich sind;
g) die Errichtung und Änderung von Hagelschutznetzen, von Weidezelten bis 40 m² Nutzfläche sowie von Folientunnels, soweit diese nicht nach § 1 Abs. 3 lit. k vom Geltungsbereich dieses Gesetzes ausgenommen sind;
h) die Errichtung, Aufstellung und Änderung von Bienenständen, soweit diese nicht nach § 1 Abs. 3 lit. m vom Geltungsbereich dieses Gesetzes ausgenommen sind;
i) die Errichtung und Änderung von nicht überdachten Auslaufflächen zur Steigerung des Tierwohls bis zu einer Grundfläche von 200 m².

§ 29
Bauansuchen

(1) Um die Erteilung der Baubewilligung ist bei der Behörde schriftlich anzusuchen. Beim Neu-, Zu- oder Umbau von Gebäuden ist im Bauansuchen der vorgesehene Verwendungszweck anzugeben.

(2) Dem Bauansuchen sind die Bauunterlagen (§ 31) bei physischer Einbringung in zweifacher Ausfertigung sowie die sonstigen zur Beurteilung der Zulässigkeit des Bauvorhabens nach den bau- und raumordnungsrechtlichen Vorschriften erforderlichen Unterlagen anzuschließen. Diese haben jedenfalls zu enthalten:
a) bei Neu- und Zubauten den Nachweis des Eigentums oder des Baurechtes am Bauplatz oder, wenn der Bauwerber nicht Grundeigentümer oder Bauberechtigter ist, die Zustimmungserklärung des Grundeigentümers bzw. des Bauberechtigten; für Neu- und Zubauten an Liegenschaften, an denen Wohnungseigentum besteht, bedarf es des Nachweises des Miteigentums an der Liegenschaft bzw. der Zustimmungserklärung des betreffenden Miteigentümers, nicht jedoch des Nachweises der Zustimmung der übrigen Miteigentümer;
b) soweit im Hinblick auf den vorgesehenen Verwendungszweck von Gebäuden oder die Art sonstiger baulicher Anlagen eine entsprechende Aufschließung des Bauplatzes erforderlich ist, den Nachweis, dass dieser eine entsprechende, rechtlich gesicherte Verbindung mit einer öffentlichen Verkehrsfläche hat und eine entsprechende Wasser- und Energieversorgung sowie Abwasserbeseitigung sichergestellt ist;
c) ein Verzeichnis der an den Bauplatz angrenzenden Grundstücke einschließlich der Namen und Adressen der Eigentümer und allfälliger Bauberechtigter;
d) den Bewilligungsbescheid
1. der Agrarbehörde, wenn der Bauplatz in ein Zusammenlegungsverfahren oder ein Flurbereinigungsverfahren einbezogen ist und in der Verordnung über die Einleitung des Zusammenlegungsverfahrens bzw. im Bescheid über die Einleitung des Flurbereinigungsverfahrens bestimmt ist, dass Bauvorhaben der geplanten Art einer Bewilligung der Agrarbehörde bedürfen oder
2. der Umlegungsbehörde, wenn der Bauplatz in ein Umlegungsverfahren einbezogen ist und Bauvorhaben der geplanten Art einer Bewilligung der Umlegungsbehörde bedürfen;

dies gilt auch für entsprechende Entscheidungen des Landesverwaltungsgerichts;
e) im Fall des § 20 Abs. 3 eine Beschreibung der Abweichungen unter Anführung der betroffenen Bestimmungen, eine Beschreibung und erforderlichenfalls planliche Darstellung jener Vorkehrungen, mit denen den Erfordernissen nach § 18 Abs. 1, 2 und 4 entsprochen werden soll, sowie ein Gutachten über die Eignung dieser Vorkehrungen; das Gutachten muss von einer dazu befugten Person oder Stelle erstellt werden.

Zur Ermittlung oder Überprüfung der Angaben nach lit. a und c ist von der Behörde eine Abfrage im Grundbuch vorzunehmen.

(3) Wenn dies in den Fällen des
a) § 3 Abs. 2 erster Satz zur Gewährleistung eines im Hinblick auf den vorgesehenen Verwendungszweck ausreichenden Schutzes vor Naturgefahren oder
b) § 3 Abs. 3 zur Gewährleistung des Schutzes vor schweren Unfällen oder vor einer Vergrößerung des Risikos oder einer Verschlimmerung der Folgen solcher Unfälle

erforderlich ist, ist dem Bauansuchen ein Sicherheitskonzept anzuschließen.

(4) Ist aufgrund der Lage, der Ausgestaltung oder der Einrichtung des Gebäudes, einer Wohnung oder eines sonstigen Gebäudeteiles die Verwendung als Freizeitwohnsitz entgegen dem § 13 Abs. 3 des Tiroler Raumordnungsgesetzes 2022 nicht auszuschließen, so hat der Bauwerber insbesondere durch nähere Angaben über die vorgesehene Nutzung oder über die Art der Finanzierung

nachzuweisen oder, soweit dies nicht möglich ist, anderweitig glaubhaft zu machen, dass eine Verwendung als Freizeitwohnsitz nicht beabsichtigt ist. Wenn das Bauvorhaben der Schaffung eines Gastgewerbebetriebes zur Beherbergung von Gästen dienen soll, bedarf es insbesondere des Nachweises der Einhaltung der Voraussetzungen des § 13 Abs. 2 des Tiroler Raumordnungsgesetzes 2022.

(5) Ist aufgrund der Größe und der Ausgestaltung eines Gebäudes oder mehrerer Gebäude, die in einem räumlichen Naheverhältnis stehen und eine funktionale Einheit bilden, die Verwendung als Einkaufszentrum nicht auszuschließen, so hat der Bauwerber insbesondere durch nähere Angaben über die vorgesehene Nutzung und, sofern darin mehrere Betriebe untergebracht sind, auch über die betriebsorganisatorischen Verhältnisse dieser Betriebe zueinander nachzuweisen oder, soweit dies nicht möglich ist, anderweitig glaubhaft zu machen, dass eine Verwendung als Einkaufszentrum nicht beabsichtigt ist.

§ 29a
Elektronische Einbringung

(1) Wird das Ansuchen elektronisch eingebracht, so ist der Behörde mitzuteilen, ob der Bauwerber oder sein bevollmächtigter Vertreter im Teilnehmerverzeichnis nach § 28a des Zustellgesetzes registriert ist und an der elektronischen Zustellung mit Zustellnachweis teilnimmt. Unterbleibt eine solche Mitteilung oder ergibt sich während des Verfahrens trotz ursprünglich gegenteiliger Mitteilung, dass der Bauwerber oder sein bevollmächtigter Vertreter an der elektronischen Zustellung mit Zustellnachweis nicht teilnimmt, so kann die Behörde erforderlichenfalls die Vorlage physischer Ausfertigungen von Antragsunterlagen, auf die sich die Erledigung bezieht, für Zwecke der Zustellung binnen angemessener Frist verlangen. Dasselbe gilt, wenn die Vorlage physischer Ausfertigungen einzelner Beilagen zur Durchführung des Verfahrens aus technischen oder organisatorischen Gründen erforderlich ist.

(2) Mit einem elektronischen Ansuchen vorgelegte Beilagen, die keine inhaltliche Einheit bilden, sind als getrennte Anhänge zu übermitteln. Beilagen sind mit einer Bezeichnung zu versehen, die ihren Inhalt zum Ausdruck bringt. Ansuchen und Beilagen dürfen nur dann in gescannter Form eingebracht werden, wenn diese nicht in originär elektronischer Form zur Verfügung stehen.

(3) Werden allfällige von der Behörde nach Abs. 1 verlangte physische Ausfertigungen nicht fristgerecht übermittelt und kann das Verfahren aus diesem Grund nicht fortgesetzt oder beendet werden, so kann die Behörde das Ansuchen in jeder Lage des Verfahrens zurückweisen.

§ 30
Bauanzeige

(1) Die Bauanzeige ist bei der Behörde schriftlich einzubringen. Für die elektronische Einbringung gilt § 29a sinngemäß.

(2) Der Bauanzeige sind die Bauunterlagen (§ 31) bei physischer Einbringung in zweifacher Ausfertigung anzuschließen. Ist die Bauanzeige unvollständig, so hat die Behörde dem Bauwerber unter Setzung einer höchstens zweiwöchigen Frist die Behebung dieses Mangels aufzutragen. Wird diesem Auftrag nicht entsprochen, so ist die Bauanzeige mit schriftlichem Bescheid zurückzuweisen.

(3) Die Behörde hat das angezeigte Bauvorhaben zu prüfen. Ergibt sich dabei, dass das angezeigte Bauvorhaben bewilligungspflichtig ist, so hat die Behörde dies innerhalb von zwei Monaten nach Vorliegen der vollständigen Bauanzeige mit schriftlichem Bescheid festzustellen. Liegt überdies ein Abweisungsgrund nach § 34 Abs. 3 vor, so hat die Behörde dies festzustellen. Eine solche Feststellung ist einer Versagung der Baubewilligung gleichzuhalten. Ist das angezeigte Bauvorhaben nach den bau- oder raumordnungsrechtlichen Vorschriften unzulässig oder liegt im Fall einer größeren Renovierung eines Gebäudes der Energieausweis nicht vor, so hat die Behörde die Ausführung des Vorhabens innerhalb derselben Frist mit schriftlichem Bescheid zu untersagen. Besteht Grund zur Annahme, dass ein solcher Feststellungs- oder Untersagungsbescheid nicht fristgerecht rechtswirksam zugestellt werden kann, so hat ihn die Behörde nach § 23 des Zustellgesetzes ohne vorhergehenden Zustellversuch zu hinterlegen.

(4) Wird innerhalb der im Abs. 3 genannten Frist weder das angezeigte Bauvorhaben als bewilligungspflichtig festgestellt noch dessen Ausführung untersagt oder stimmt die Behörde der Ausführung des angezeigten Bauvorhabens ausdrücklich zu, so darf es ausgeführt werden. In diesen Fällen hat die Behörde dem Bauwerber eine mit einem entsprechenden Vermerk versehene Ausfertigung der Bauunterlagen auszuhändigen.

(5) Wird die Feststellung der Bewilligungspflicht oder die Untersagung der Ausführung durch ein Erkenntnis des Landesverwaltungsgerichts behoben und die Angelegenheit zur neuerlichen Entscheidung an die Behörde zurückverwiesen, beginnen die Fristen nach Abs. 2 und 3 mit Einlangen der aufhebenden Entscheidung bei der Behörde neu zu laufen. Im Fall der Erhebung einer Beschwerde gegen die aufhebende Entscheidung an den Verfassungs- oder Verwaltungsgerichtshof sind die Zeiten des Verfahrens vor dem Verwaltungsgerichtshof oder dem Verfassungsgerichtshof nicht in die Fristen einzurechnen.

(6) Wird jedoch ein bewilligungspflichtiges Bauvorhaben dem Verfahren nach Abs. 4 unterworfen, so gilt die Erlaubnis zur Ausführung dieses Bauvorhabens mit dem Ablauf eines Jahres nach dem Zeitpunkt der Anzeige über die Bauvollendung (§ 44 Abs. 3) als rechtskräftig erteilte Baubewilligung, wenn bis dahin weder die Nachbarn noch der Straßenverwalter, denen im Bewilligungsverfahren Parteistellung zugekommen wäre (§ 33), bei der Behörde schriftlich einen Antrag auf Feststellung der Bewilligungspflicht eingebracht haben. Über einen solchen Antrag ist mit schriftlichem Bescheid zu entscheiden. Für die Entscheidung ist die Rechtslage am ersten Tag des Vorliegens der Erlaubnis maßgebend; haben sich jedoch die baurechtlichen Vorschriften zwischenzeitlich derart geändert, dass das betreffende Bauvorhaben keiner Baubewilligung mehr bedarf, so ist die Rechtslage im Zeitpunkt der Entscheidung maßgebend. Stellt die Behörde gegenüber dem Eigentümer der baulichen Anlage fest, dass das betreffende Bauvorhaben bewilligungspflichtig ist, so hat dieser innerhalb von sechs Monaten ab dem Zeitpunkt des Eintritts der Rechtskraft der Feststellung nachträglich um die Baubewilligung für das betreffende Bauvorhaben anzusuchen. Wird dieser Verpflichtung nicht entsprochen, so ist ein Verfahren zur Herstellung des gesetzmäßigen Zustandes (§ 46) einzuleiten.

(7) Wurde ein bewilligungspflichtiges Bauvorhaben vor dem 1. Oktober 2016 dem Verfahren nach Abs. 4 unterworfen, so gilt Abs. 6 mit der Maßgabe, dass

a) in Fällen, in denen die Anzeige über die Bauvollendung vor dem 1. Oktober 2015 erstattet worden ist, die Erlaubnis zur Ausführung des Bauvorhabens mit 1. Oktober 2016 als rechtskräftig erteilte Baubewilligung gilt, sofern zu diesem Zeitpunkt nicht bereits ein Verfahren zur Herstellung des gesetzmäßigen Zustandes (§ 46) anhängig ist,
b) in Fällen, in denen die Anzeige über die Bauvollendung nach dem 30. September 2015 erstattet worden ist, die Erlaubnis zur Ausführung des Bauvorhabens als rechtskräftig erteilte Baubewilligung gilt, wenn ein Antrag auf Feststellung der Bewilligungspflicht bis zum 30. September 2017 nicht eingebracht worden ist.

Im Übrigen ist Abs. 6 auch auf am 1. Oktober 2016 anhängige Anzeigeverfahren anzuwenden.

(8) Steht ein anzeigepflichtiges Bauvorhaben im Zusammenhang mit einem bewilligungspflichtigen Bauvorhaben, so kann anstelle der Bauanzeige auch für das anzeigepflichtige Bauvorhaben um die Erteilung der Baubewilligung angesucht werden.

§ 31
Bauunterlagen

(1) Die Landesregierung hat durch Verordnung nähere Bestimmungen über den Inhalt und die Form der Bauunterlagen zu erlassen. Dabei sind jedenfalls die Anforderungen an die Bauunterlagen für bewilligungspflichtige Neu-, Zu- und Umbauten von Gebäuden, für sonstige bewilligungspflichtige und für anzeigepflichtige Bauvorhaben zu bestimmen. Darüber hinaus kann auch nach der Art der Bauvorhaben sowie nach sonstigen Merkmalen, wie insbesondere Größe, Art oder Verwendungszweck von baulichen Anlagen, unterschieden werden. Insgesamt ist darauf Bedacht zu nehmen, dass die Bauunterlagen in übersichtlicher und leicht fassbarer Form alle zur Beurteilung der Zulässigkeit des Bauvorhabens nach den bau- und raumordnungsrechtlichen Vorschriften erforderlichen Angaben enthalten müssen.

(2) Bei bewilligungspflichtigen Neu- und Zubauten von Gebäuden haben die Bauunterlagen jedenfalls einen Lageplan zu umfassen, aus dem die in der Natur überprüften Grenzen des Bauplatzes samt den Schnittpunkten mit den Grenzen der an den Bauplatz angrenzenden Grundstücke, unter Angabe des Datums der Überprüfung, die Umrisse und die Außenmaße des Neu- bzw. Zubaus und der am Bauplatz bereits bestehenden Gebäude, dessen bzw. deren Abstände gegenüber den Grenzen des Bauplatzes, sowie das Fußbodenniveau des Erdgeschosses des Neu- bzw. Zubaus, bezogen auf die absolute Höhe oder auf einen angegebenen Fixpunkt, ersichtlich sind. Dem Lageplan sind die äußeren Wandfluchten nach Baufertigstellung zugrunde zu legen.

(3) Bei Bauvorhaben nach § 23 Abs. 1 lit. a, b und c haben die Bauunterlagen einen Energieausweis zu umfassen, sofern nicht nach § 23 Abs. 3 eine Ausnahme von der Energieausweispflicht besteht. Die Pflicht zur Vorlage des Energieausweises entfällt, soweit dieser nach § 23 Abs. 6 in der Energieausweisdatenbank registriert ist. Zur Überprüfung der Registrierung hat die Behörde eine Abfrage in der Energieausweisdatenbank durchzuführen. Bei Neubauten und größeren Renovierungen von Gebäuden ist in den Bauunterlagen weiters die Alternativenprüfung darzulegen. Die Landesregierung kann durch Verordnung nähere Bestimmungen über die zu erbringenden Nachweise und die Form der Alternativenprüfung erlassen. § 20 Abs. 2 gilt sinngemäß.

(4) Die Behörde kann dem Bauwerber, wenn die der Verordnung nach Abs. 1 entsprechenden Bauunterlagen zur Beurteilung der Zulässigkeit des Bauvorhabens nicht ausreichen, die Vorlage weiterer Bauunterlagen, insbesondere auch die Darstellung der Höhenverhältnisse des Geländes durch Höhenkoten, Höhenschichtlinien und dergleichen,

auftragen. Die Behörde kann dem Bauwerber weiters die Darstellung des Bauvorhabens als Modell oder mittels Computersimulation auftragen, wenn dies insbesondere aufgrund seiner Größe oder Komplexität für die Zwecke des Verfahrens erforderlich ist. Aus diesem Grund kann dem Bauwerber weiters die Vorlage weiterer Ausfertigungen der Bauunterlagen aufgetragen werden. Im Fall des geplanten Neubaus von Gebäuden für Beherbergungsgroßbetriebe oder der wesentlichen Änderung des äußeren Erscheinungsbildes derartiger Gebäude ist der Behörde zwingend als Teil der Bauunterlagen ein Modell des Bauvorhabens samt Darstellung des umgebenden Baubestandes vorzulegen.

(5) Die Bauunterlagen müssen von einer dazu befugten Person oder Stelle verfasst sein und sind von ihrem Verfasser zu unterfertigen.

§ 32
Bauverfahren

(1) Die Behörde kann, sofern das Bauansuchen nicht nach § 34 Abs. 2 oder 3 zurückzuweisen oder ohne weiteres Verfahren abzuweisen ist, eine Bauverhandlung durchführen, wenn dies insbesondere im Hinblick auf die Art oder Größe des betreffenden Bauvorhabens, die Anzahl der im Verfahren beizuziehenden Sachverständigen oder die Anzahl der Parteien und Beteiligten im Interesse einer möglichst raschen und zweckmäßigen Verfahrensabwicklung gelegen ist.

(2) In der Nähe von Denkmälern ist im Bauverfahren über

a) Neu- und Zubauten von Gebäuden und die Errichtung sonstiger baulicher Anlagen sowie
b) Umbauten von Gebäuden und die Änderung sonstiger baulicher Anlagen, die geeignet sind, das äußere Erscheinungsbild des Gebäudes bzw. der baulichen Anlage wesentlich zu berühren,

dem Bundesdenkmalamt Gelegenheit zur Abgabe einer Stellungnahme zu geben. Zu einer allfälligen Bauverhandlung ist das Bundesdenkmalamt als Beteiligter zu laden.

(3) Bei Bauvorhaben, die geeignet sind, den Schutz von land- und forstwirtschaftlichen Arbeitnehmern zu berühren, ist der Land- und Forstwirtschaftsinspektion Gelegenheit zur Abgabe einer Stellungnahme zu geben. Zu einer allfälligen Bauverhandlung ist die Land- und Forstwirtschaftsinspektion als Beteiligte zu laden.

(4) Bei Bauvorhaben, die

a) im Gefährdungsbereich von elektrischen Leitungsanlagen oder Eisenbahnanlagen oder
b) im Bereich von Kabelanlagen, von Ver- oder Entsorgungsleitungen oder von sonstigen Rohrleitungsanlagen, soweit diese der Behörde bekannt sind,

errichtet werden sollen und die die Schutzinteressen dieser Anlagen berühren können, ist der jeweilige Betreiber oder Erhalter der Anlage zu verständigen oder zu einer allfälligen Bauverhandlung als Beteiligter zu laden.

(5) Dem Verfahren zur Erteilung der Baubewilligung für den Neu-, Zu- oder Umbau von Gebäuden ist, sofern das Bauansuchen nicht nach § 34 Abs. 2 oder 3 zurückzuweisen oder ohne weiteres Verfahren abzuweisen ist, jedenfalls ein hochbautechnischer Sachverständiger beizuziehen.

(6) Dem Verfahren zur Erteilung der Baubewilligung für den Neu-, Zu- oder Umbau von Gebäuden ist, sofern das Bauansuchen nicht nach § 34 Abs. 2 oder 3 zurückzuweisen oder ohne weiteres Verfahren abzuweisen ist, in folgenden Fällen ein brandschutztechnischer Sachverständiger beizuziehen:

a) wenn aufgrund bautechnischer Vorschriften ein Brandschutzkonzept vorgelegt werden muss oder technische Brandschutzeinrichtungen wie Brandmeldeanlagen, mechanische Wärme- und Brandrauchentlüftungen, Druckluftbelüftungen, Löschanlagen und dergleichen, vorgesehen werden müssen,
b) wenn von einzelnen brandschutztechnischen Erfordernissen nach § 20 Abs. 3 wesentlich abgewichen werden soll,
c) bei Gebäuden mit mehr als drei oberirdischen Geschossen,
d) bei Gebäuden mit mehr als zwei unterirdischen Geschossen,
e) bei land- und forstwirtschaftlichen Wirtschaftsgebäuden oder Wirtschaftstrakten mit einer Brutto-Grundfläche von mehr als 400 m²,
f) bei Gebäuden oder Gebäudeteilen von Bildungseinrichtungen,
g) bei Gebäuden oder Gebäudeteilen, in denen entgeltlich mehr als drei hilfs-, betreuungs- oder pflegebedürftige Menschen behandelt, betreut oder begleitet werden,
h) bei Beherbergungsbetrieben mit mehr als 30 Betten,
i) bei Gaststätten mit mehr als 120 Verabreichungsplätzen in überwiegend umschlossenen Bereichen,
j) bei Veranstaltungsstätten für mehr als 120 Personen,
k) bei Mehrzweckgebäuden,
l) bei Verkaufsstätten mit einer Verkaufsfläche von mehr als 300 m²,
m) bei Betriebsbauten,
n) bei Gebäuden mit mehrgeschossigen Garagen, Garagen und Parkdecks sowie überdachten Stellplätzen mit einer Nutzfläche von mehr als 600 m², sowie
o) bei Gebäuden mit einem Fluchtniveau von mehr als 22 m.

(7) Von der Beiziehung eines brandschutztechnischen Sachverständigen ist außer den in Abs. 6 angeführten Fällen abzusehen.

(8) Dem Verfahren zur Erteilung der Baubewilligung für den Neu-, Zu- oder Umbau von Gebäuden oder der Änderung des Verwendungszweckes von Gebäuden oder Gebäudeteilen auf Grundstücken, die einer Gefährdung im Sinn des § 3 Abs. 2 ausgesetzt sind, ist jedenfalls ein zur Beurteilung der jeweiligen Gefahrensituation geeigneter Sachverständiger (Sachverständiger für Wildbach- und Lawinenverbauung, für Geologie, für Bodenmechanik, für Wasserbau und dergleichen) beizuziehen.

(9) Von der Beiziehung eines Sachverständigen nach Abs. 8 ist dann abzusehen, wenn

a) in einem dem Bauverfahren vorangehenden Raumordnungsverfahren von einem zur Beurteilung der jeweiligen Gefahrensituation geeigneten Sachverständigen festgestellt wurde, dass eine gesonderte Beurteilung im Bauverfahren aufgrund der Geringfügigkeit der Beeinträchtigung entfallen kann oder
b) in Gefahrenzonenplänen für die jeweilige Gemeinde das betreffende Grundstück derart beurteilt wurde, dass die Einhaltung allgemeiner Vorschreibungen für die Gewährleistung der erforderlichen Sicherheit ausreicht.

Die Beiziehung von Sachverständigen im Sinn des Abs. 8 ist aber jedenfalls dann erforderlich, wenn seit der Beurteilung im Rahmen eines Raumordnungsverfahrens oder im Gefahrenzonenplan eine wesentliche Änderung der Gefahrensituation, insbesondere durch Erlassung oder Änderung eines Gefahrenzonenplanes, durch gutachtliche Feststellung oder durch Eintreten eines konkreten Schadenereignisses, eingetreten ist.

(10) Als hochbautechnische Sachverständige dürfen nur herangezogen werden:

a) allgemein beeidete und gerichtlich zertifizierte Sachverständige der Fachgruppe Sicherheitswesen mit dem Fachgebiet Baupolizei ohne Einschränkungen,
b) staatlich befugte und beeidete Ziviltechniker im Rahmen ihrer Befugnis,
c) Baumeister und Baugewerbetreibende im Rahmen ihrer Gewerbeberechtigung und Holzbaumeister und Holzbaugewerbetreibende im Rahmen ihrer Gewerbeberechtigung,
d) Bedienstete von Gebietskörperschaften und Gemeindeverbänden als Amtssachverständige, die entweder die fachlichen Voraussetzungen nach lit. a oder b erfüllen, oder die
1. ein einschlägiges Studium an einer Universität oder Fachhochschule abgeschlossen und eine mindestens einjährige entsprechende praktische Tätigkeit ausgeübt haben oder
2. eine Abschlussprüfung an einer höheren technischen Lehranstalt einer einschlägigen Fachrichtung abgelegt und im Fall eines Abschlusses der Fachrichtung Hochbau eine mindestens einjährige, ansonsten eine mindestens dreijährige entsprechende praktische Tätigkeit ausgeübt haben.

(11) Als brandschutztechnische Sachverständige dürfen nur herangezogen werden:

a) allgemein beeidete und gerichtlich zertifizierte Sachverständige der Fachgruppe Sicherheitswesen mit dem Fachgebiet Brandschutzwesen ohne Einschränkungen,
b) staatlich befugte und beeidete Ziviltechniker im Rahmen ihrer Befugnis,
c) Ingenieurbüros und Baumeister, jeweils im Rahmen ihrer Befugnis,
d) akkreditierte Prüf- und Überwachungsstellen im Rahmen ihrer Akkreditierung
e) Sachverständige der Tiroler Landesstelle für Brandverhütung und Amtssachverständige, deren Ausbildung und Praxis auf dem Gebiet des Brandschutzes den Anforderungen nach Abs. 10 lit. d Z 1 oder 2 entspricht.

(12) Als Sachverständige im Sinn des Abs. 8 dürfen nur herangezogen werden:

a) allgemein beeidete und gerichtlich zertifizierte Sachverständige im Rahmen ihres Fachgebietes und sachlichen Wirkungsbereiches,
b) staatlich befugte und beeidete Ziviltechniker im Rahmen ihrer Befugnis,
c) Amtssachverständige, deren Ausbildung und Praxis auf dem betreffenden Fachgebiet den Anforderungen nach Abs. 10 lit. d Z 1 oder 2 entspricht.

(13) Weicht ein Gebäude vom umgebenden Baubestand erheblich ab oder ist die Beurteilung der Auswirkungen eines Gebäudes auf das Orts-, Straßen- oder Landschaftsbild sonst nicht möglich, so kann die Behörde dem Bauwerber auftragen, für die Bauverhandlung die Umrisse des Gebäudes in der Natur darzustellen. Im Fall des geplanten Neubaus von Gebäuden für Beherbergungsgroßbetriebe oder der wesentlichen Änderung des äußeren Erscheinungsbildes derartiger Gebäude hat dies zwingend zu erfolgen, wobei die Beurteilung der Auswirkungen auf das Orts-, Straßen- oder Landschaftsbild durch Sachverständige, die entweder die Befugnis als Architekten oder als Raumplaner haben, zu erfolgen hat.

§ 33
Parteien

(1) Parteien im Bauverfahren sind der Bauwerber, die Nachbarn und der Straßenverwalter.

(2) Nachbarn sind die Eigentümer der Grundstücke,

a) die unmittelbar an den Bauplatz angrenzen oder deren Grenzen zumindest in einem Punkt innerhalb eines horizontalen Abstandes von

15 m zu einem Punkt der Bauplatzgrenze liegen und

b) deren Grenzen zumindest in einem Punkt innerhalb eines horizontalen Abstandes von 50 m zu einem Punkt der baulichen Anlage oder jenes Teiles der baulichen Anlage, die (der) Gegenstand des Bauvorhabens ist, liegen.

Nachbarn sind weiters jene Personen, denen an einem solchen Grundstück ein Baurecht zukommt.

(3) Nachbarn, deren Grundstücke unmittelbar an den Bauplatz angrenzen oder deren Grenzen zumindest in einem Punkt innerhalb eines horizontalen Abstandes von 5 m zu einem Punkt der Bauplatzgrenze liegen, sind berechtigt, die Nichteinhaltung folgender bau- und raumordnungsrechtlicher Vorschriften geltend zu machen, soweit diese auch ihrem Schutz dienen:

a) der Festlegungen des Flächenwidmungsplanes, soweit damit ein Immissionsschutz verbunden ist,
b) der Bestimmungen über den Brandschutz,
c) der Festlegungen des Bebauungsplanes hinsichtlich der Baufluchtlinien, der Baugrenzlinien, der Bauweise und der Bauhöhe,
d) der Festlegungen des örtlichen Raumordnungskonzeptes nach § 31b Abs. 2 des Tiroler Raumordnungsgesetzes 2022 hinsichtlich der Mindestabstände baulicher Anlagen von den Straßen und der Bauhöhen,
e) der Abstandsbestimmungen des § 6,
f) das Fehlen eines Bebauungsplanes bei Grundstücken, für die nach den raumordnungsrechtlichen Vorschriften ein Bebauungsplan zu erlassen ist, im Fall der Festlegung einer besonderen Bauweise auch das Fehlen eines ergänzenden Bebauungsplanes.

(4) Die übrigen Nachbarn sind berechtigt, die Nichteinhaltung der im Abs. 3 lit. a und b genannten Vorschriften geltend zu machen, soweit diese auch ihrem Schutz dienen.

(5) Nachbarn nach Abs. 2, die Eigentümer eines bereits bebauten, betrieblich genutzten Grundstückes sind, sind weiters berechtigt, die Zulässigkeit jener Immissionen geltend zu machen, die von diesem Grundstück aus rechtmäßig auf den Bauplatz einwirken. Abs. 2 zweiter Satz ist anzuwenden. Solche Nachbarn haben die Art und das Ausmaß der vom jeweiligen Betrieb ausgehenden zulässigen Emissionen durch entsprechende Nachweise zu belegen.

(6) Nachbarn sind überdies die Inhaber von Seveso-Betrieben. Sie sind, auch wenn sie nicht Nachbarn nach Abs. 2 sind, berechtigt, bei Bauvorhaben im Gefährdungsbereich solcher Betriebe das Risiko eines schweren Unfalles oder, soweit ein solches Risiko bereits besteht, dessen Vergrößerung oder die Verschlimmerung der Folgen eines solchen Unfalles geltend zu machen.

(7) Der Straßenverwalter einer öffentlichen Straße nach § 6 des Tiroler Straßengesetzes ist, soweit dadurch die Schutzinteressen der Straße betroffen sind, berechtigt,

a) das Fehlen einer dem vorgesehenen Verwendungszweck der betreffenden baulichen Anlagen entsprechenden, rechtlich gesicherten Verbindung des Bauplatzes mit einer öffentlichen Verkehrsfläche nach § 3 Abs. 1 und
b) die Nichteinhaltung der Abstandsbestimmungen des § 5, soweit dadurch die Sicherheit und Flüssigkeit des Verkehrs beeinträchtigt werden,

geltend zu machen.

(8) Werden in der Bauverhandlung privatrechtliche Einwendungen erhoben, so hat die Behörde möglichst auf eine Einigung hinzuwirken. Kommt eine Einigung zustande, so ist diese in der Verhandlungsschrift zu beurkunden. Kommt eine Einigung nicht zustande, so ist die Partei mit ihren Einwendungen auf den ordentlichen Rechtsweg zu verweisen. Diese Einwendungen sind in der Baubewilligung ausdrücklich anzuführen.

(9) Mit dem Ablauf eines Jahres nach dem Zeitpunkt der Anzeige über die Bauvollendung (§ 44 Abs. 1) erlangt die Baubewilligung auch gegenüber Parteien Rechtskraft, denen die Baubewilligung nicht zugestellt worden ist und die ihre Parteistellung bis dahin bei der Behörde nicht geltend gemacht haben.

§ 34
Baubewilligung

(1) Die Behörde hat über ein Bauansuchen mit schriftlichem Bescheid zu entscheiden. Wird keine Bauverhandlung durchgeführt, so hat die Entscheidung spätestens innerhalb von drei Monaten nach dem Einlangen des Bauansuchens zu erfolgen.

(2) Das Bauansuchen ist zurückzuweisen, wenn einem Mängelbehebungsauftrag nach § 13 Abs. 3 des Allgemeinen Verwaltungsverfahrensgesetzes 1991 oder einem Auftrag nach § 32 Abs. 13 nicht entsprochen wird.

(3) Das Bauansuchen ist ohne weiteres Verfahren abzuweisen, wenn bereits aufgrund des Ansuchens offenkundig ist, dass

a) das Bauvorhaben,

1. außer im Fall von Gebäuden im Sinn des § 1 Abs. 3 lit. d dem Flächenwidmungsplan,
2. einem Bebauungsplan, Festlegungen des örtlichen Raumordnungskonzeptes nach § 31b Abs. 2 des Tiroler Raumordnungsgesetzes 2022 hinsichtlich der Bebauung oder
3. örtlichen Bauvorschriften

widerspricht oder
b) durch das Bauvorhaben entgegen dem § 13 Abs. 6 des Tiroler Raumordnungsgesetzes 2022 ein Freizeitwohnsitz neu geschaffen oder entgegen dem § 15 Abs. 1 oder 2 des Tiroler Raumordnungsgesetzes 2022 ein Freizeitwohnsitz wieder aufgebaut oder erweitert werden soll oder
c) das Bauvorhaben nach § 44 Abs. 10, § 55 Abs. 1 und 2, § 75 Abs. 3 zweiter Satz, § 84 Abs. 7, § 120 Abs. 2 dritter Satz, Abs. 4 dritter Satz oder Abs. 5 erster Satz oder § 121 Abs. 3 des Tiroler Raumordnungsgesetzes 2022 unzulässig ist oder
d) bei Vorliegen der Voraussetzungen nach § 29 Abs. 2 lit. d der Bewilligungsbescheid der Agrarbehörde oder der Umlegungsbehörde oder eine entsprechende Entscheidung des Landesverwaltungsgerichts für das Bauvorhaben nicht vorliegt.

(4) Das Bauansuchen ist weiters abzuweisen, wenn
a) im Zug des Verfahrens ein Abweisungsgrund nach Abs. 3 hervorkommt oder wenn der Bauwerber ungeachtet eines Auftrages der Behörde die Angaben nach § 29 Abs. 4 oder 5 nicht macht,
b) der Bauplatz für die vorgesehene Bebauung nicht geeignet ist (§ 3) oder den Anforderungen an die Anordnung baulicher Anlagen gegenüber den Bauplatzgrenzen nicht entspricht (§ 4),
c) der Bauplatz außer den in § 2 Abs. 12 angeführten Fällen keine einheitliche Widmung aufweist,
d) eine zulässigerweise erhobene Einwendung nach § 33 Abs. 5 insoweit zutrifft, als nach den für den Betrieb anzuwendenden Rechtsvorschriften zusätzliche Maßnahmen oder betriebliche Einschränkungen zu erwarten sind, bei denen der damit verbundene Aufwand in keinem vertretbaren Verhältnis zum damit erzielbaren Erfolg steht und der Einwendung nicht mit Auflagen oder Bedingungen nach Abs. 7 begegnet werden kann,
e) das Bauvorhaben kein hocheffizientes alternatives System vorsieht, obwohl die Alternativenprüfung ergibt, dass zumindest einem hocheffizienten alternativen System der Vorzug zu geben ist,
f) das Bauvorhaben § 3 des Erneuerbare-Wärme-Gesetzes, BGBl. I Nr. 8/2024, widerspricht, oder
g) das Bauvorhaben sonst baurechtlichen Vorschriften widerspricht.

(5) Bauvorhaben, die auch einer naturschutzrechtlichen Bewilligung bedürfen, sind abweichend vom § 18 Abs. 3 nicht daraufhin zu prüfen, ob im Hinblick auf ihre Einbindung in die Umgebung das Landschaftsbild erheblich beeinträchtigt wird.

(6) Liegen keine Gründe für die Zurückweisung oder Abweisung des Bauansuchens vor, so hat die Behörde die Baubewilligung zu erteilen.

(7) Die Baubewilligung ist befristet, mit Auflagen oder unter Bedingungen zu erteilen, soweit dies zur Wahrung der nach den baurechtlichen und raumordnungsrechtlichen Vorschriften geschützten Interessen erforderlich ist und das Bauvorhaben dadurch nicht in seinem Wesen verändert wird. Die Baubewilligung kann auch mit der Auflage erteilt werden, dass der Behörde im Zug der Bauausführung oder nach der Bauvollendung bestimmte technische Unterlagen zu übermitteln sind, wie insbesondere Nachweise über die Erfüllung von Auflagen und Lagepläne mit den Inhalten nach § 31 Abs. 2.

(8) Ist in den Fällen des § 3 Abs. 2 erster Satz oder 3 ein Sicherheitskonzept erforderlich (§ 29 Abs. 3), so ist die Baubewilligung mit der Auflage der Einhaltung dieses Sicherheitskonzeptes zu erteilen. Das Sicherheitskonzept ist Bestandteil der Baubewilligung. Bestehen für den Bauplatz textliche Festlegungen nach § 37 Abs. 3, 4 oder 5 des Tiroler Raumordnungsgesetzes 2022, so ist in der Baubewilligung die Einhaltung dieser Festlegungen erforderlichenfalls durch Auflagen oder Bedingungen sicherzustellen.

(9) Die Behörde hat die Baubewilligung unter Anschluss der mit dem Genehmigungsvermerk versehenen Bauunterlagen zuzustellen. Der Genehmigungsvermerk hat das Datum und die Geschäftszahl der Baubewilligung zu enthalten.

(10) Ergibt sich nach der Erteilung der Baubewilligung, dass trotz bewilligungsgemäßer Ausführung des Bauvorhabens eine Gefahr für das Leben oder die Gesundheit von Menschen besteht, so hat die Behörde dem Inhaber der Baubewilligung mit schriftlichem Bescheid
a) andere oder zusätzliche Auflagen im Sinn des Abs. 7 vorzuschreiben oder
b) in den Fällen des § 3 Abs. 2 erster Satz oder 3 gegebenenfalls auch die Vorlage eines Sicherheitskonzeptes oder die Änderung eines bestehenden Sicherheitskonzeptes aufzutragen; dabei ist auf die Rechtsfolge nach Abs. 11 dritter und vierter Satz hinzuweisen.

Diese Maßnahmen sind nur insoweit zulässig, als der mit den Auflagen bzw. dem Sicherheitskonzept oder seiner Änderung verbundene Aufwand in einem vertretbaren Verhältnis zum damit erzielbaren Erfolg steht. Bei Gebäuden mit geschichtlicher, künstlerischer oder kultureller Bedeutung sind diese Maßnahmen darüber hinaus nur insoweit zulässig, als dadurch die Substanz und das Erscheinungsbild des Bestandes nicht wesentlich beeinträchtigt werden.

(11) Im Fall des Abs. 10 lit. b hat die Behörde das vorgelegte bzw. geänderte Sicherheitskonzept zu prüfen und dieses mit schriftlichem Bescheid zu genehmigen, wenn es einen im Hinblick auf den Verwendungszweck ausreichenden Schutz vor Naturgefahren gewährleistet; das genehmigte Sicherheitskonzept ist Bestandteil der Baubewilligung, die als mit der Auflage seiner Einhaltung erteilt gilt. Ist das vorgelegte bzw. geänderte Sicherheitskonzept jedoch unzureichend, so ist ein Mängelbehebungsauftrag nach § 13 Abs. 3 des Allgemeinen Verwaltungsverfahrensgesetzes 1991 zu erteilen. Wird diesem Auftrag nicht oder nicht ausreichend entsprochen, so ist nach § 46 Abs. 6 lit. f vorzugehen. Dies gilt auch, wenn einem Auftrag nach Abs. 10 lit. b nicht entsprochen wird.

(12) Auflagen nach den Abs. 7 und 10 lit. a sind auf Antrag des Inhabers der Baubewilligung mit schriftlichem Bescheid aufzuheben oder abzuändern, soweit die Voraussetzungen für ihre Vorschreibung nicht mehr vorliegen.

(13) Der Inhaber der Baubewilligung kann der Behörde ein geändertes Sicherheitskonzept vorlegen, soweit sich die dem geltenden Sicherheitskonzept zugrunde liegenden Voraussetzungen geändert haben. Das geänderte Sicherheitskonzept ist zu genehmigen, wenn es im Hinblick auf die geänderten Voraussetzungen ausreichend ist. Abs. 11 erster und zweiter Satz gilt sinngemäß. Wird das geänderte Sicherheitskonzept nicht genehmigt, so gilt das bisherige Sicherheitskonzept weiter.

(14) Der Inhaber der Baubewilligung kann weiters die Aufhebung des Sicherheitskonzeptes beantragen, wenn sich die Voraussetzungen derart geändert haben, dass es nicht weiter erforderlich ist. In einem solchen Fall ist das Sicherheitskonzept aufzuheben. Anderenfalls gilt das bestehende Sicherheitskonzept weiter.

(15) Wird bei der Festlegung der mindestens nachzuweisenden Abstellmöglichkeiten nach § 8 Abs. 1 ein Mobilitätskonzept berücksichtigt, so ist die Baubewilligung mit der Auflage der Einhaltung dieses Mobilitätskonzeptes zu erteilen. Das Mobilitätskonzept ist Bestandteil der Baubewilligung.

(16) Der Inhaber der Baubewilligung kann der Behörde für bestehende baulichen Anlagen ein Mobilitätskonzept vorlegen. Die Behörde hat das vorgelegte Mobilitätskonzept zu prüfen und dieses mit schriftlichem Bescheid zu genehmigen, sofern dadurch eine Verringerung der bisher vorgeschriebenen Abstellmöglichkeiten erreicht werden kann.

(17) Der Inhaber der Baubewilligung kann der Behörde ein geändertes Mobilitätskonzept vorlegen, soweit sich die dem geltenden Mobilitätskonzept zugrunde liegenden Voraussetzungen geändert haben. Die Behörde hat das vorgelegte bzw. geänderte Mobilitätskonzept zu prüfen und dieses mit schriftlichem Bescheid zu genehmigen, wenn es im Hinblick auf die geänderten Voraussetzungen und die vorgeschriebenen Abstellmöglichkeiten ausreichend ist.

(18) Der Inhaber der Baubewilligung kann weiters die Aufhebung des Mobilitätskonzeptes beantragen, wenn sich die Voraussetzungen derart geändert haben, dass es nicht weiter erforderlich ist. Trifft dies zu, so ist das Mobilitätskonzept mit schriftlichem Bescheid aufzuheben.

§ 35
Erlöschen der Baubewilligung

(1) Die Baubewilligung erlischt,

a) wenn der Inhaber der Baubewilligung darauf schriftlich verzichtet, wobei die Verzichtserklärung im Zeitpunkt ihres Einlangens bei der Behörde unwiderruflich und wirksam wird, oder
b) wenn nicht innerhalb von zwei Jahren nach dem Eintritt der Rechtskraft oder der in der Baubewilligung festgelegten längeren Frist (Abs. 2) mit der Ausführung des Bauvorhabens begonnen wird oder wenn das Bauvorhaben nicht innerhalb von vier Jahren nach Baubeginn vollendet wird.

(2) Bei umfangreichen Bauvorhaben kann in der Baubewilligung für den Baubeginn eine längere, höchstens jedoch fünfjährige Frist festgelegt werden. Bezieht sich die Baubewilligung auf mehrere Bauabschnitte, so können für die einzelnen Abschnitte unterschiedliche Fristen festgelegt werden.

(3) Auf Antrag des Inhabers der Baubewilligung ist die Frist für den Baubeginn und die Frist für die Bauvollendung jeweils einmal um höchstens zwei Jahre zu erstrecken, wenn sich seit der Erteilung der Baubewilligung die baurechtlichen und raumordnungsrechtlichen Vorschriften nicht derart geändert haben, dass die Baubewilligung nicht mehr erteilt werden dürfte. Dabei ist die Rechtslage im Zeitpunkt der Einbringung des Ansuchens maßgebend. Um die Erstreckung der Frist ist vor ihrem Ablauf bei der Behörde schriftlich anzusuchen. Durch die rechtzeitige Einbringung des Ansuchens wird der Ablauf der Frist bis zur Entscheidung gehemmt.

(4) Den Nachbarn und dem Straßenverwalter kommt zur Frage des Vorliegens der Voraussetzung nach Abs. 3 erster und zweiter Satz Parteistellung im Umfang des § 33 Abs. 3 bis 7 zu. Die Erstreckung der Frist für den Baubeginn oder die Bauvollendung erlangt mit dem Ablauf eines Jahres nach der Anzeige über den Baubeginn (§ 37 Abs. 1) bzw. die Bauvollendung (§ 44 Abs. 1) auch jenen Parteien gegenüber Rechtskraft, denen die betreffende Entscheidung nicht zugestellt worden ist und die ihre Parteistellung bis dahin bei der Behörde nicht geltend gemacht haben.

(5) In die Fristen für den Baubeginn und die Bauvollendung sind die Zeiten eines Verfahrens

vor dem Landesverwaltungsgericht, dem Verwaltungsgerichtshof oder dem Verfassungsgerichtshof nicht einzurechnen.

(6) Die Abs. 3, 4 und 5 gelten auch für am 1. Juli 2011 anhängige Verfahren zur Erstreckung der Frist für den Baubeginn oder der Frist für die Bauvollendung. Bescheide, mit denen die Frist für den Baubeginn oder die Frist für die Bauvollendung vor dem 1. Juli 2011 erstreckt worden ist, erlangen am 30. Juni 2012 auch gegenüber Nachbarn Rechtskraft, denen der Bescheid nicht zugestellt worden ist und die ihre Parteistellung bis dahin bei der Behörde nicht geltend gemacht haben. Bescheide, mit denen die Frist für die Wirksamkeit der Baubewilligung nach § 35 Abs. 2 der Tiroler Bauordnung, LGBl. Nr. 33/1989, zuletzt geändert durch das Gesetz LGBl. Nr. 31/1997, oder nach früheren baurechtlichen Vorschriften verlängert wurde, erlangen am 1. Juli 2011 auch gegenüber Nachbarn Rechtskraft, denen der Bescheid nicht zugestellt worden ist und die ihre Parteistellung bis dahin bei der Behörde nicht geltend gemacht haben.

(7) Ist die Baubewilligung erloschen und wurden Teile des Bauvorhabens bereits errichtet, so hat der Bauherr

a) im Fall, dass die Baubewilligung die Errichtung einer baulichen Anlage zum Gegenstand hatte, die bereits errichteten Teile des Bauvorhabens zu beseitigen und den Bauplatz erforderlichenfalls wieder in seinen ursprünglichen Zustand zu versetzen oder
b) im Fall, dass die Baubewilligung die Änderung einer bewilligungspflichtigen oder anzeigepflichtigen baulichen Anlage zum Gegenstand hatte, den der Baubewilligung bzw. Bauanzeige entsprechenden Zustand herzustellen.

Kommt der Bauherr dieser Verpflichtung nicht nach, so hat ihm die Behörde mit Bescheid die Durchführung der erforderlichen Maßnahmen aufzutragen. Ist im Fall der lit. b die Herstellung des der Baubewilligung bzw. Bauanzeige entsprechenden Zustandes technisch nicht möglich oder wirtschaftlich nicht vertretbar, so hat die Behörde dem Bauherrn stattdessen die Beseitigung der baulichen Anlage und erforderlichenfalls die Wiederherstellung des ursprünglichen Zustandes des Bauplatzes aufzutragen.

(8) Wird im Fall des Erlöschens der Baubewilligung neuerlich um die Erteilung der Baubewilligung für das betreffende Bauvorhaben angesucht und wird diese erteilt, so ist das Bauvorhaben innerhalb von zwei Jahren nach dem Eintritt der Rechtskraft der neuerlichen Baubewilligung zu vollenden. Abs. 5 ist anzuwenden. Andernfalls erlischt die neuerliche Baubewilligung. In diesem Fall ist Abs. 7 anzuwenden. Ein nochmaliges Bauansuchen für das betreffende Bauvorhaben ist nicht zulässig.

(9) Ist anlässlich der Erteilung eines Auftrages nach Abs. 7 zweiter oder dritter Satz offenkundig, dass der neuerlichen Erteilung der Baubewilligung nunmehr das Vorliegen eines Abweisungsgrundes nach § 34 Abs. 3 entgegenstünde, so hat die Behörde dies in einem mit der Erteilung des Auftrages festzustellen. Eine solche Feststellung ist einer Versagung der Baubewilligung gleichzuhalten.

§ 36
Feststellungsverfahren

(1) Die Behörde hat hinsichtlich jener bewilligungspflichtigen baulichen Anlagen, für die die Baubewilligung nicht nachgewiesen werden kann, im Zweifel von Amts wegen oder auf Antrag des Eigentümers mit Bescheid festzustellen, ob das Vorliegen der Baubewilligung zu vermuten ist oder nicht. Das Vorliegen der Baubewilligung ist zu vermuten, wenn aufgrund des Alters der betreffenden baulichen Anlage oder sonstiger besonderer Umstände davon auszugehen ist, dass aktenmäßige Unterlagen darüber nicht mehr vorhanden sind, und überdies kein Grund zur Annahme besteht, dass die betreffende bauliche Anlage entgegen den zur Zeit ihrer Errichtung in Geltung gestandenen baurechtlichen Vorschriften ohne entsprechende Bewilligung errichtet worden ist. Anlässlich der Feststellung, wonach das Vorliegen der Baubewilligung zu vermuten ist, ist weiters der aus der baulichen Zweckbestimmung der betreffenden baulichen Anlage hervorgehende Verwendungszweck festzustellen.

(2) Dem Antrag nach Abs. 1 erster Satz sind ein Lageplan, im Fall von Gebäuden mit den Inhalten nach § 31 Abs. 2, eine Baubeschreibung sowie Bestandspläne, aus denen die wesentlichen Merkmale der baulichen Anlage ersichtlich sind, bei physischer Einbringung in zweifacher Ausfertigung anzuschließen. Für die elektronische Einbringung gilt § 29a sinngemäß. Im Fall der Einleitung des Verfahrens von Amts wegen hat die Behörde den Eigentümer der baulichen Anlage unter Setzung einer angemessenen Frist zur Vorlage dieser Unterlagen aufzufordern. Wird diesem Auftrag nicht entsprochen, so ist die Feststellung, wonach das Vorliegen der Baubewilligung nicht zu vermuten ist, zu treffen. Im Auftrag ist auf diese Rechtsfolge hinzuweisen.

(3) Der Bescheid, wonach das Vorliegen der Baubewilligung zu vermuten ist, ist dem Eigentümer der baulichen Anlage unter Anschluss der mit einem entsprechenden Vermerk versehenen Ausfertigung der Unterlagen nach Abs. 2 erster Satz zuzustellen. Der Vermerk hat das Datum und die Geschäftszahl des betreffenden Bescheides zu enthalten.

(4) Die Feststellung, wonach das Vorliegen der Baubewilligung zu vermuten ist, ist dem Bestehen der Baubewilligung gleichzuhalten. Die Feststellung, wonach das Vorliegen der Baubewilligung

nicht zu vermuten ist, ist dem Fehlen der Baubewilligung gleichzuhalten.

6. Abschnitt
Bauausführung, Erhaltung des Bauzustandes

§ 37
Baubeginn, Vorarbeiten

(1) Mit der Ausführung eines bewilligungspflichtigen Bauvorhabens darf im Fall des § 65 Abs. 2 erst nach dem Eintritt der Rechtskraft der Baubewilligung begonnen werden. Ist jedoch aufgrund des Verfahrensstandes offenkundig, dass ein Grund für die Zurückweisung oder Abweisung des Bauansuchens nicht vorliegt, so kann die Behörde auf Antrag des Bauwerbers die Durchführung von Vorarbeiten, wie insbesondere den Erdaushub und die Sicherung der Baugrube, bereits vor diesem Zeitpunkt bewilligen. Im Bewilligungsbescheid sind die Arbeiten, die durchgeführt werden dürfen, im Einzelnen zu bezeichnen. Der Bauherr hat der Behörde den Baubeginn unverzüglich schriftlich anzuzeigen.

(2) Mit der Ausführung eines anzeigepflichtigen Bauvorhabens darf erst begonnen werden, wenn die Behörde innerhalb von zwei Monaten nach Vorliegen der vollständigen Bauanzeige weder das betreffende Bauvorhaben als bewilligungspflichtig festgestellt noch dessen Ausführung untersagt hat oder wenn sie der Ausführung des angezeigten Bauvorhabens ausdrücklich zugestimmt hat (§ 30 Abs. 4).

§ 38
Bauausführung, Pflichten des Bauherrn

(1) Bei der Ausführung eines Bauvorhabens hat der Bauherr bzw. der Bauverantwortliche (§ 39), soweit diese Aufgaben nicht einem nach § 3 Abs. 1 des Bauarbeitenkoordinationsgesetzes, BGBl. I Nr. 37/1999, zuletzt geändert durch das Gesetz BGBl. I Nr. 72/2016, bestellten Baustellenkoordinator obliegen, dafür zu sorgen, dass das Leben und die Gesundheit von Menschen und die Sicherheit von Sachen nicht gefährdet sowie unzumutbare Belästigungen der Nachbarn, insbesondere durch Lärm oder Staub, vermieden werden. Zum Schutz dieser Interessen können in der Baubewilligung oder mit gesondertem schriftlichen Bescheid entsprechende Maßnahmen, wie die Aufstellung von Bauplanken, die Anbringung von Schutzdächern, die Absicherung von Baugruben, die Kennzeichnung von Verkehrshindernissen und dergleichen, vorgeschrieben werden.

(2) Der Bauherr hat nach der Fertigstellung der Bodenplatte bzw. des Fundamentes durch eine befugte Person oder Stelle den aufgrund der Baubewilligung sich ergebenden Verlauf der äußeren Wandfluchten mittels eines eingemessenen Schnurgerüstes oder auf eine sonstige geeignete Weise zu kennzeichnen und der Behörde eine von der betreffenden Person oder Stelle ausgestellte Bestätigung darüber zu übermitteln. Mit der Ausführung des aufgehenden Mauerwerkes darf erst nach dem Vorliegen dieser Bestätigung begonnen werden. Die Kennzeichnung darf erst im Zug der weiteren Bauausführung entsprechend dem Baufortschritt entfernt werden. Abweichungen im Rahmen des § 1 Z 8 der Vermessungsverordnung 2016, BGBl. II Nr. 307/2016, zuletzt geändert durch BGBl. II Nr. 235/2018 bleiben unberücksichtigt.

(3) Der Bauherr hat der Behörde nach der Fertigstellung der Außenwände eine Bestätigung durch eine befugte Person oder Stelle darüber zu übermitteln, dass die Bauhöhen der Baubewilligung entsprechen. Mit dem Aufsetzen der Dachkonstruktion darf erst nach dem Vorliegen dieser Bestätigung begonnen werden. Die jeweils oberste Ziegelreihe bzw. der jeweilige obere Wandabschluss ist auf geeignete Weise deutlich sichtbar zu kennzeichnen. Die Kennzeichnung darf erst im Zug der weiteren Bauausführung entsprechend dem Baufortschritt entfernt werden. Abs. 2 vierter Satz gilt sinngemäß.

(4) Der Bauherr hat spätestens nach der Fertigstellung des Rohbaus die ordnungsgemäße Herstellung aller Rauch- und Abgasleitungen, Rauch- und Abgasfänge und festen Verbindungsstücke durch einen Rauchfangkehrer überprüfen zu lassen. Der Rauchfangkehrer hat über die Überprüfung einen schriftlichen Befund auszustellen.

(5) Der Bauherr hat die ordnungsgemäße Ausführung und Funktion von notwendigen technischen Brandschutzeinrichtungen mit Ausnahme von Rauchwarnmeldern, wie Brandmeldeanlagen, mechanische Wärme- und Brandrauchentlüftungen, Druckluftbelüftungen, Löschanlagen und dergleichen, durch einen brandschutztechnischen Sachverständigen überprüfen zu lassen. Dieser hat über die Überprüfung einen schriftlichen Befund auszustellen.

(6) Der Bauherr hat nach der Vollendung des Bauvorhabens die gesamte Baustelleneinrichtung sowie allfällige sonstige Geräte, Materialreste, Aufschüttungen und dergleichen zu entfernen und die Baustelle so aufzuräumen, dass den Erfordernissen der Sicherheit entsprochen und das Orts- und Straßenbild nicht beeinträchtigt wird. Kommt er dieser Verpflichtung nicht nach, so hat ihm die Behörde mit Bescheid die Durchführung dieser Arbeiten innerhalb einer angemessenen Frist aufzutragen.

§ 39
Bauverantwortlicher

(1) Die Behörde kann dem Bauwerber bzw. dem Bauherrn die Bestellung eines Bauverantwortlichen auftragen, wenn dies aufgrund der Art des

betreffenden Bauvorhabens, insbesondere im Hinblick auf seine Größe, Komplexität oder besondere Konstruktionsweise, oder aufgrund von Mängeln bei der Bauausführung notwendig ist, um sicherzustellen, dass

a) das Bauvorhaben entsprechend der Baubewilligung und den bautechnischen Erfordernissen ausgeführt wird oder
b) bei der Bauausführung die im § 38 Abs. 1 erster Satz genannten Interessen gewahrt werden.

Ein solcher Auftrag kann sich auf das gesamte Bauvorhaben, auf bestimmte Bauabschnitte oder auf bestimmte Arbeiten im Zug der Bauausführung beziehen. Er kann in der Baubewilligung oder, wenn sich die Notwendigkeit dazu erst zu einem späteren Zeitpunkt ergibt, mit gesondertem schriftlichen Bescheid ergehen.

(2) Die Bestellung des Bauverantwortlichen ist der Behörde schriftlich mitzuteilen. Als Bauverantwortliche können nur die im Abs. 5 genannten Personen oder Gesellschaften bestellt werden. Sie müssen ihrer Bestellung nachweislich zugestimmt haben.

(3) Der Bauverantwortliche hat die Bauausführung zu überwachen und der Behörde Abweichungen von der Baubewilligung oder sonstige Mängel bei der Bauausführung unverzüglich mitzuteilen. Er hat der Behörde weiters auf Verlangen alle erforderlichen Auskünfte zu erteilen.

(4) Mit der Ausführung von Bauvorhaben, Bauabschnitten oder Bauarbeiten, für die aufgrund eines Auftrages nach Abs. 1 ein Bauverantwortlicher zu bestellen ist, darf erst begonnen werden, nachdem diesem Auftrag entsprochen worden ist. Beendet der Bauverantwortliche seine Tätigkeit vorzeitig, so hat er dies der Behörde unverzüglich mitzuteilen. In diesem Fall darf die Bauausführung erst nach der Bestellung eines neuen Bauverantwortlichen fortgesetzt werden.

(5) Als Bauverantwortliche können natürliche und juristische Personen oder sonstige Gesellschaften mit Rechtspersönlichkeit herangezogen werden, die die Voraussetzungen nach § 3 Abs. 2 und 3 des Bauarbeitenkoordinationsgesetzes erfüllen. Gebietskörperschaften können bei ihren Bauvorhaben weiters Bedienstete, die die Voraussetzungen nach § 32 Abs. 10 lit. d erfüllen, als Bauverantwortliche heranziehen.

§ 40
Baulärm

(1) Die Landesregierung kann zum Schutz des Lebens und der Gesundheit und zur Vermeidung unzumutbarer Belästigungen der Bevölkerung sowie im Interesse des Tourismus durch Verordnung Voraussetzungen für die zulässigen Schallimmissionen aus Baustellen und die Art ihrer Ermittlung festlegen. Diese Voraussetzungen können nach gebietsbezogenen Kriterien, nach dem Ausmaß des Schutzbedürfnisses sowie in zeitlicher Hinsicht abgestuft festgelegt werden.

(2) Die Behörde hat auf Antrag des Bauherrn eine Bewilligung für Ausnahmen von in einer Verordnung nach Abs. 1 festgelegten Voraussetzungen für bestimmte Bauarbeiten zu erteilen, wenn

a) die Bauarbeiten sonst nicht oder nur mit unverhältnismäßig hohen Mehrkosten durchgeführt werden könnten oder
b) die Voraussetzungen nur unwesentlich oder kurzzeitig nicht eingehalten werden können oder
c) eine Belästigung der Bevölkerung oder eine Beeinträchtigung der Interessen des Tourismus höchstens in einem geringfügigen Ausmaß zu erwarten ist.

In der Ausnahmebewilligung sind die Art der zulässigen Bauarbeiten und deren Dauer sowie erforderlichenfalls weitere Einschränkungen, insbesondere in zeitlicher Hinsicht, festzulegen.

(3) Die Gemeinden können ausgehend von den in einer Verordnung nach Abs. 1 festgelegten Voraussetzungen unter Berücksichtigung der speziellen örtlichen Gegebenheiten durch Verordnung bestimmen, dass im gesamten Gemeindegebiet oder in bestimmten Teilen davon während bestimmter Zeiten im Jahr jede Lärmentwicklung oder die Durchführung bestimmter lärmerregender Arbeiten auf Baustellen untersagt ist.

§ 41
Aufsicht über die Bauausführung

(1) Die behördliche Bauaufsicht dient der Überprüfung, ob bei der Ausführung von Bauvorhaben die Bestimmungen dieses Gesetzes und der hierzu erlassenen Verordnungen eingehalten werden und ob Abweichungen von der Baubewilligung oder der Bauanzeige erfolgen.

(2) Zum Zweck der Durchführung der Bauaufsicht sind die Organe der Behörde berechtigt, den Bauplatz zu betreten und die Baustelle zu besichtigen. Der Bauherr und gegebenenfalls auch der Bauverantwortliche haben dafür zu sorgen, dass den Organen der Behörde auf deren Verlangen Einsicht in alle das Bauvorhaben und dessen Ausführung betreffende Unterlagen gewährt wird und ihnen weiters alle erforderlichen Auskünfte erteilt werden.

(3) Hält sich der Bauherr während der Zeit der Bauausführung nicht nur vorübergehend im Ausland auf, so hat er der Behörde einen im Inland wohnhaften Zustellungsbevollmächtigten namhaft zu machen. Kommt er dieser Verpflichtung nicht nach, so kann die Behörde Sendungen nach § 23 des Zustellgesetzes ohne vorhergehenden Zustellversuch hinterlegen.

§ 42
Mängelbehebung, Baueinstellung

(1) Werden im Rahmen der Bauaufsicht wesentliche Mängel in der Ausführung eines Bauvorhabens festgestellt, so hat die Behörde dem Bauherrn die weitere Ausführung der betreffenden

Teile des Bauvorhabens zu untersagen und ihm die Behebung der Mängel innerhalb einer angemessenen Frist aufzutragen. Der Beschwerde gegen einen solchen Bescheid kommt keine aufschiebende Wirkung zu. Bei Gefahr im Verzug kann die Behörde die weitere Bauausführung durch Ausübung unmittelbarer Befehls- und Zwangsgewalt einstellen.

(2) Wird dem Auftrag zur Bestellung eines Bauverantwortlichen nicht entsprochen oder ungeachtet des vorzeitigen Endens der Tätigkeit des Bauverantwortlichen ein neuer Bauverantwortlicher nicht bestellt, so hat die Behörde dem Bauherrn die weitere Ausführung des betreffenden Bauvorhabens oder Bauabschnittes oder der betreffenden Bauarbeiten bis zur Bestellung oder Neubestellung eines Bauverantwortlichen zu untersagen. Abs. 1 zweiter und dritter Satz ist anzuwenden.

(3) Wird ein bewilligungspflichtiges oder anzeigepflichtiges Bauvorhaben ohne die erforderliche Baubewilligung bzw. Bauanzeige ausgeführt, so hat die Behörde dem Bauherrn die weitere Bauausführung zu untersagen. Abs. 1 zweiter und dritter Satz ist anzuwenden. Wird innerhalb eines Monats nach der Untersagung der weiteren Bauausführung nicht nachträglich um die Erteilung der Baubewilligung angesucht bzw. die Bauanzeige nachgeholt oder wurde die Baubewilligung versagt bzw. die Ausführung des Bauvorhabens untersagt, so hat die Behörde dem Bauherrn mit Bescheid

a) bei Errichtung einer bewilligungspflichtigen oder anzeigepflichtigen baulichen Anlage ohne die erforderliche Baubewilligung bzw. Bauanzeige die Beseitigung der bereits errichteten Teile des Bauvorhabens und erforderlichenfalls die Wiederherstellung des ursprünglichen Zustandes des Bauplatzes aufzutragen oder
b) bei

1. Änderung einer bewilligungspflichtigen oder anzeigepflichtigen baulichen Anlage ohne die dafür erforderliche Baubewilligung bzw. Bauanzeige oder
2. Ausführung eines solchen Bauvorhabens abweichend von der Baubewilligung bzw. Bauanzeige, wenn diese Abweichung eine Änderung der baulichen Anlage darstellt, zu deren selbstständigen Vornahme eine Baubewilligung oder Bauanzeige erforderlich wäre,

die Herstellung des der Baubewilligung bzw. der Bauanzeige entsprechenden Zustandes aufzutragen. Ist die Herstellung des der Baubewilligung bzw. Bauanzeige entsprechenden Zustandes technisch nicht möglich oder wirtschaftlich nicht vertretbar, so hat die Behörde dem Bauherrn stattdessen deren Beseitigung und erforderlichenfalls die Wiederherstellung des ursprünglichen Zustandes des Bauplatzes aufzutragen.

(4) Abs. 3 gilt auch, wenn die Ausführung eines anzeigepflichtigen Bauvorhabens untersagt wurde. Abs. 3 erster und zweiter Satz gilt weiters, wenn mit der Ausführung eines anzeigepflichtigen Bauvorhabens entgegen dem § 37 Abs. 2 begonnen wird.

(5) Ist anlässlich der Erteilung eines Auftrages nach Abs. 3 offenkundig, dass der nachträglichen Erteilung der Baubewilligung für ein bewilligungspflichtiges Bauvorhaben ein Abweisungsgrund nach § 34 Abs. 3 bzw. der Ausführung eines anzeigepflichtigen Bauvorhabens ein dieser Bestimmung entsprechender Untersagungsgrund entgegenstünde, so hat die Behörde dies, sofern die Baubewilligung nicht bereits versagt bzw. die Ausführung des Bauvorhabens nicht bereits untersagt wurde, in einem mit der Erteilung des Beseitigungs- bzw. Wiederherstellungsauftrages festzustellen. Eine solche Feststellung ist einer Versagung der Baubewilligung bzw. der Untersagung der Ausführung des Bauvorhabens gleichzuhalten.

§ 43
Vorübergehende Benützung von Nachbargrundstücken

(1) Die Eigentümer der Nachbargrundstücke und die sonst hierüber Verfügungsberechtigten haben das Betreten und Befahren sowie die sonstige vorübergehende Benützung dieser Grundstücke und der darauf befindlichen baulichen Anlagen zum Zweck der Ausführung eines Bauvorhabens, der Durchführung von Erhaltungs- oder Instandsetzungsmaßnahmen oder der Behebung von Baugebrechen einschließlich allfälliger Sicherungsarbeiten im unbedingt notwendigen Ausmaß zu dulden. Diese Verpflichtung umfasst auch die Durchführung von Grabungsarbeiten und die Anbringung von Verankerungen und Stützelementen und dergleichen. Die Benützung hat unter möglichster Schonung der Interessen der Eigentümer der betroffenen Grundstücke und der sonst hierüber Verfügungsberechtigten zu erfolgen.

(2) Die Verpflichtung nach Abs. 1 besteht nur insoweit, als

a) die betreffenden Bauarbeiten auf eine andere Weise nicht oder nur mit unverhältnismäßig hohen Mehrkosten durchgeführt werden könnten und
b) bei einer Abwägung der beiderseitigen Interessen die Vorteile aus der Benützung der Grundstücke bzw. der darauf befindlichen baulichen Anlagen nicht in einem krassen Missverhältnis zu den damit verbundenen Nachteilen stehen.

(3) Der Eigentümer des Nachbargrundstückes oder der sonst hierüber Verfügungsberechtigte ist von der beabsichtigten Durchführung der Bauarbeiten außer bei Gefahr im Verzug mindestens zwei Wochen vorher schriftlich zu verständigen. Stimmt der Eigentümer oder der sonst Verfügungsberechtigte der Durchführung der Bau-

arbeiten nicht ausdrücklich zu, so hat die Behörde auf Antrag des Bauherrn bzw. des Eigentümers der betreffenden baulichen Anlage mit schriftlichem Bescheid über die Zulässigkeit der Durchführung der Bauarbeiten zu entscheiden. Wird diese bejaht, so sind die zulässigen Bauarbeiten und erforderlichenfalls auch die Art ihrer Durchführung im Einzelnen anzuführen. Die Entscheidung hat spätestens innerhalb von sechs Wochen nach dem Einlangen des bezüglichen Ansuchens zu erfolgen. Die Duldungspflicht ist im Weg der Verwaltungsvollstreckung durchzusetzen. Die Benützung des Luftraums mittels Kranen im Sinn des § 2 Abs. 7 der Arbeitsmittelverordnung, BGBl. II Nr. 164/2000, zuletzt geändert durch die Verordnung BGBl. II Nr. 330/2024, und die damit verbundenen Sicherungsmaßnahmen zum Schutz von Personen und Sachen sind im unbedingt erforderlichen Ausmaß jedenfalls zu dulden.

(4) Ergibt sich bereits im Zug des Bauverfahrens, dass zur Ausführung des betreffenden Bauvorhabens voraussichtlich Bauarbeiten auf einem Nachbargrundstück durchgeführt werden müssen, so hat die Behörde möglichst auf die Erteilung der Zustimmung des Eigentümers des betroffenen Grundstückes oder des sonst hierüber Verfügungsberechtigten hinzuwirken. Verweigert der Eigentümer oder der sonst Verfügungsberechtigte die Zustimmung, so kann die Behörde auf Antrag des Bauwerbers bereits in der Baubewilligung über die Zulässigkeit der Durchführung der Bauarbeiten entscheiden.

(5) Der Bauherr bzw. der Eigentümer der betreffenden baulichen Anlage hat innerhalb einer angemessenen Frist nach der Beendigung der Bauarbeiten, zu deren Durchführung die Benützung von Nachbargrundstücken erforderlich war, den früheren Zustand wiederherzustellen. Kommt er dieser Verpflichtung nicht nach, so hat ihm die Behörde auf Antrag des Eigentümers des betroffenen Grundstückes oder des sonst hierüber Verfügungsberechtigten mit schriftlichem Bescheid die zur Wiederherstellung des früheren Zustandes notwendigen Maßnahmen aufzutragen.

(6) Ist dem Eigentümer des Nachbargrundstückes oder dem sonst hierüber Verfügungsberechtigten aufgrund der Durchführung der Bauarbeiten ein Vermögensnachteil entstanden, so hat er gegenüber dem Bauherrn bzw. dem Eigentümer der betreffenden baulichen Anlage Anspruch auf Vergütung. Kommt eine Einigung über die Vergütung nicht innerhalb von drei Monaten nach der Beendigung der Bauarbeiten zustande, so kann der Eigentümer des betroffenen Grundstückes oder der sonst hierüber Verfügungsberechtigte bei sonstigem Verlust des Anspruches innerhalb eines weiteren Jahres die Festsetzung der Vergütung durch die Behörde beantragen. Dabei gilt § 65 des Tiroler Straßengesetzes sinngemäß.

§ 44
Bauvollendung

(1) Der Eigentümer der baulichen Anlage hat die Vollendung eines bewilligungspflichtigen Bauvorhabens nach § 28 Abs. 1 lit. a, b oder f unverzüglich der Behörde schriftlich anzuzeigen. Die Anzeige über die Bauvollendung kann auch hinsichtlich in sich abgeschlossener Teile eines Gebäudes oder selbstständiger Teile einer sonstigen baulichen Anlage erfolgen. Der Anzeige sind gegebenenfalls die Befunde nach § 38 Abs. 4 und 5 sowie die aufgrund der Baubewilligung zu übermittelnden Unterlagen anzuschließen. Der Anzeige ist weiters ein neuer Energieausweis anzuschließen, wenn der einen Bestandteil der Bauunterlagen bildende Energieausweis nicht sämtliche Daten nach § 23 Abs. 4 lit. a enthält oder wenn sich gegenüber der Baubewilligung Abweichungen in der Bauausführung ergeben haben, die Auswirkungen auf die Gesamtenergieeffizienz, die Energieeinsparung oder den Wärmeschutz haben können. § 30 Abs. 2 zweiter und dritter Satz gilt sinngemäß.

(2) Bauliche Anlagen, die nicht nach § 45 Abs. 1 einer Benützungsbewilligung bedürfen, oder Teile davon dürfen nach der Erstattung der mit den Unterlagen nach Abs. 1 dritter und vierter Satz vollständig belegten Anzeige über die Bauvollendung benützt werden, wenn

a) eine dem bewilligten Verwendungszweck entsprechende, rechtlich gesicherte Verbindung des Bauplatzes mit einer öffentlichen Verkehrsfläche vorhanden ist;
b) eine dem bewilligten Verwendungszweck entsprechende Wasser- und Energieversorgung sowie Entsorgung der Abwässer und der Niederschlagswässer vorhanden sind; sofern nach den kanalisationsrechtlichen Vorschriften Anschlusspflicht besteht, muss der Anschluss an die öffentliche Kanalisation ordnungsgemäß hergestellt sein;
c) die in der Baubewilligung vorgeschriebenen Abstellmöglichkeiten für Kraftfahrzeuge und Fahrräder nach den §§ 8, 9 und 11, soweit nicht eine Befreiung nach § 8 Abs. 11 oder § 11 Abs. 5 erteilt wurde, vorhanden sind; sofern diese Abstellmöglichkeiten nicht bereits Teil des bewilligten Bauvorhabens sind (§ 8 Abs. 4 bzw. § 11 Abs. 4 zweiter Satz), ist deren Vorhandensein nachzuweisen.

(3) Anzeigepflichtige Bauvorhaben sind innerhalb von zwei Jahren nach dem im § 37 Abs. 2 genannten Zeitpunkt zu vollenden. Andernfalls verliert die Bauanzeige ihre Wirksamkeit. Der Eigentümer der baulichen Anlage hat die Vollendung eines anzeigepflichtigen Bauvorhabens unverzüglich der Behörde schriftlich anzuzeigen.

Für größere Renovierungen gilt Abs. 1 vierter und fünfter Satz sinngemäß.

(4) Hat eine Bauanzeige nach Abs. 3 zweiter Satz ihre Wirksamkeit verloren, so hat der Bauherr, sofern Teile des Bauvorhabens bereits errichtet worden sind,

a) wenn die Bauanzeige die Errichtung einer baulichen Anlage zum Gegenstand hatte, die bereits errichteten Teile des Bauvorhabens zu beseitigen und den Bauplatz erforderlichenfalls wieder in seinen ursprünglichen Zustand zu versetzen oder
b) wenn die Bauanzeige die Änderung einer bewilligungspflichtigen oder anzeigepflichtigen baulichen Anlage zum Gegenstand hatte, den der Baubewilligung bzw. Bauanzeige entsprechenden Zustand herzustellen.

Kommt der Bauherr dieser Verpflichtung nicht nach, so hat ihm die Behörde mit Bescheid die Durchführung der erforderlichen Maßnahmen aufzutragen. Ist im Fall der lit. b die Herstellung des der Baubewilligung bzw. der Bauanzeige entsprechenden Zustandes technisch nicht möglich oder wirtschaftlich nicht vertretbar, so hat die Behörde dem Bauherrn stattdessen die Beseitigung der baulichen Anlage und erforderlichenfalls die Wiederherstellung des ursprünglichen Zustandes des Bauplatzes aufzutragen.

(5) Wird im Fall des Verlustes der Wirksamkeit der Bauanzeige neuerlich eine Bauanzeige für das betreffende Bauvorhaben eingebracht, so ist das Bauvorhaben innerhalb eines Jahres von dem Zeitpunkt an, ab dem es nach § 30 Abs. 4 ausgeführt werden darf, zu vollenden. § 35 Abs. 5 ist anzuwenden. Andernfalls verliert die neuerliche Bauanzeige ihre Wirksamkeit. In diesem Fall ist Abs. 4 anzuwenden. Eine nochmalige Bauanzeige für das betreffende Bauvorhaben ist mit schriftlichem Bescheid zurückzuweisen.

(6) Ist anlässlich der Erteilung eines Auftrages nach Abs. 4 offenkundig, dass der Ausführung des Bauvorhabens nunmehr das Vorliegen eines einem Abweisungsgrund nach § 34 Abs. 3 entsprechenden Untersagungsgrundes entgegenstünde, so hat die Behörde dies in einem mit der Erteilung des Auftrages festzustellen. Eine solche Feststellung ist einer Untersagung der Ausführung des Bauvorhabens gleichzuhalten.

(7) Die Abs. 1, 2 und 3 gelten auch für Bauvorhaben, für die eine Baubewilligung aufgrund der Tiroler Bauordnung, LGBl. Nr. 33/1989, zuletzt geändert durch das Gesetz LGBl. Nr. 31/1997, vorliegt und die auch nach diesem Gesetz bewilligungspflichtig oder zumindest anzeigepflichtig sind, sofern sie im Zeitpunkt des Inkrafttretens dieses Gesetzes noch nicht vollendet sind oder sofern eine Benützungsbewilligung in diesem Zeitpunkt noch nicht vorliegt.

§ 45
Benützungsbewilligung

(1) Folgende Gebäude dürfen in den Fällen des § 28 Abs. 1 lit. a und b erst aufgrund einer Benützungsbewilligung benützt werden:

a) Gebäude, die öffentlichen Zwecken dienen,
b) betrieblich genutzte Gebäude, für die eine gewerbliche Betriebsanlagengenehmigung nicht erforderlich ist, es sei denn, dass deren Errichtung im gemischten Wohngebiet zulässig ist und
c) Wohnanlagen.

Dies gilt auch für Gebäudeteile, die einer entsprechenden Verwendung zugeführt werden. Einer Benützungsbewilligung bedürfen solche Gebäude oder Gebäudeteile auch dann, wenn die Baubewilligung für sie aufgrund früherer baurechtlicher Vorschriften erteilt wurde.

(2) Der Eigentümer des Gebäudes hat gleichzeitig mit der Anzeige über die Bauvollendung bei der Behörde schriftlich um die Erteilung der Benützungsbewilligung anzusuchen. Die Benützungsbewilligung kann auch hinsichtlich in sich abgeschlossener Teile eines Gebäudes beantragt werden (Teilbenützungsbewilligung).

(3) Die Behörde hat die Benützungsbewilligung innerhalb von drei Monaten nach dem Einlangen des Ansuchens zu erteilen, wenn das betreffende Gebäude entsprechend der Baubewilligung und den bautechnischen Erfordernissen ausgeführt wurde und die Voraussetzungen nach § 44 Abs. 2 erfüllt sind. Bei Wohnanlagen muss zudem ein dem § 12 Abs. 1 und gegebenenfalls auch einer Verordnung nach § 27 Abs. 2 entsprechender Kinderspielplatz, sofern nicht eine Befreiung nach § 12 Abs. 2 erteilt wurde, vorhanden sein. Liegen nur unwesentliche Baumängel vor oder sind zur Vollendung des Gebäudes nur noch geringfügige Bauarbeiten erforderlich, so kann die Benützungsbewilligung mit entsprechenden Auflagen oder unter entsprechenden Bedingungen erteilt werden. Eine Teilbenützungsbewilligung ist erforderlichenfalls mit Auflagen oder unter Bedingungen im Sinn des § 38 Abs. 1 zweiter Satz zu erteilen.

(4) Wurde das betreffende Gebäude abweichend von der Baubewilligung ausgeführt und stellt diese Abweichung eine Änderung des Gebäudes dar, zu deren selbstständigen Vornahme eine Baubewilligung nicht erforderlich wäre, so kann diese Änderung gleichzeitig mit der Erteilung der Benützungsbewilligung bewilligt werden. Bei sonstigen Abweichungen von der Baubewilligung hat die Behörde die Benützungsbewilligung zu versagen und gleichzeitig eine angemessene Frist festzulegen, innerhalb der nachträglich um die Erteilung der Baubewilligung für die Änderung des

Gebäudes anzusuchen ist. Verstreicht diese Frist ungenützt oder wird die Baubewilligung versagt, so hat die Behörde dem Eigentümer des Gebäudes die Herstellung des der Baubewilligung entsprechenden Zustandes aufzutragen. Ist dies technisch nicht möglich oder wirtschaftlich nicht vertretbar, so hat die Behörde dem Eigentümer des Gebäudes stattdessen dessen Beseitigung und erforderlichenfalls die Wiederherstellung des ursprünglichen Zustandes des Bauplatzes aufzutragen.

(5) Liegen wesentliche Baumängel vor, so hat die Behörde die Benützungsbewilligung zu versagen und gleichzeitig eine angemessene Frist für die Behebung dieser Mängel festzulegen. Werden die Mängel innerhalb dieser Frist nicht vollständig behoben, so hat die Behörde dem Eigentümer des Gebäudes dessen Beseitigung aufzutragen.

§ 46

Herstellung des gesetzmäßigen Zustandes

(1) Wurde eine bewilligungspflichtige oder anzeigepflichtige bauliche Anlage ohne die erforderliche Baubewilligung bzw. Bauanzeige errichtet, so hat die Behörde dem Eigentümer der baulichen Anlage deren Beseitigung und erforderlichenfalls die Wiederherstellung des ursprünglichen Zustandes des Bauplatzes aufzutragen. Wurde eine solche bauliche Anlage ohne die erforderliche Baubewilligung bzw. Bauanzeige geändert, so hat die Behörde dem Eigentümer der baulichen Anlage die Herstellung des der Baubewilligung bzw. Bauanzeige entsprechenden Zustandes aufzutragen. Dies gilt auch, wenn ein Bauvorhaben abweichend von der Baubewilligung bzw. Bauanzeige ausgeführt wurde und diese Abweichung eine Änderung der baulichen Anlage darstellt, zu deren selbstständigen Vornahme eine Baubewilligung oder eine Bauanzeige erforderlich wäre. Ist die Herstellung des der Baubewilligung bzw. Bauanzeige entsprechenden Zustandes technisch nicht möglich oder wirtschaftlich nicht vertretbar, so hat die Behörde dem Eigentümer der baulichen Anlage stattdessen deren Beseitigung und erforderlichenfalls die Wiederherstellung des ursprünglichen Zustandes des Bauplatzes aufzutragen.

(2) Abs. 1 gilt auch, wenn die Ausführung eines anzeigepflichtigen Bauvorhabens untersagt wurde.

(3) Wird im Fall eines bewilligungspflichtigen Bauvorhabens nachträglich um die Erteilung der Baubewilligung angesucht oder im Fall eines anzeigepflichtigen Bauvorhabens nachträglich eine Bauanzeige eingebracht, so kann die Behörde mit der Einleitung des Verfahrens nach Abs. 1 bis zum rechtskräftigen Abschluss des Bauverfahrens bzw. des Verfahrens über die Bauanzeige zuwarten. Wurde das Verfahren nach Abs. 1 bereits eingeleitet, so kann es bis zu diesem Zeitpunkt ausgesetzt werden.

(4) Wurde eine bauliche Anlage ohne die nach früheren baurechtlichen Vorschriften erforderliche Baubewilligung oder Bauanzeige errichtet oder geändert und ist deren Errichtung oder Änderung auch nach diesem Gesetz bewilligungspflichtig oder zumindest anzeigepflichtig, so hat die Behörde nach den Abs. 1, 2 und 3 vorzugehen.

(5) Ist anlässlich der Erteilung des Auftrages nach Abs. 1 offenkundig, dass der nachträglichen Erteilung der Baubewilligung für ein bewilligungspflichtiges Bauvorhaben ein Abweisungsgrund nach § 34 Abs. 3 bzw. der Ausführung eines anzeigepflichtigen Bauvorhabens ein dieser Bestimmung entsprechender Untersagungsgrund entgegenstehen würde, so hat die Behörde dies, sofern die Baubewilligung nicht bereits versagt bzw. die Ausführung des Bauvorhabens nicht bereits untersagt wurde, in einem mit der Erteilung des Auftrages festzustellen. Eine solche Feststellung ist einer Versagung der Baubewilligung bzw. der Untersagung der Ausführung des Bauvorhabens gleichzuhalten.

(6) Die Behörde hat dem Eigentümer einer baulichen Anlage oder, wenn diese – außer im Rahmen einer kurzzeitigen Vermietung an wechselnde Personen – durch einen Dritten benützt wird, diesem deren weitere Benützung ganz oder teilweise zu untersagen,

a) wenn er sie benützt, obwohl es sich um ein bewilligungspflichtiges Bauvorhaben handelt, für das eine Baubewilligung nicht vorliegt,
b) wenn er sie benützt, obwohl es sich um ein anzeigepflichtiges Bauvorhaben handelt, das ohne eine entsprechende Bauanzeige, erheblich abweichend von der Bauanzeige oder ungeachtet einer Untersagung nach § 30 Abs. 3 fünfter Satz ausgeführt wurde,
c) wenn er sie zu einem anderen als dem bewilligten bzw. dem aus der baulichen Zweckbestimmung hervorgehenden Verwendungszweck benützt,
d) wenn er eine bauliche Anlage, die keiner Benützungsbewilligung nach § 45 Abs. 1 bedarf, ohne Vorliegen der Voraussetzungen nach § 44 Abs. 2 oder ungeachtet des Vorliegens der Voraussetzungen nach Abs. 1 dritter Satz benützt,
e) wenn er ein Gebäude im Sinn des § 45 Abs. 1 ohne Vorliegen einer Benützungsbewilligung benützt,
f) wenn einem Auftrag nach § 34 Abs. 11 dritter oder vierter Satz nicht oder nicht ausreichend entsprochen wird,
g) wenn er einen Wohnsitz entgegen dem § 13 Abs. 3 oder 8 des Tiroler Raumordnungsgesetzes 2022 als Freizeitwohnsitz oder ungeachtet des Erlöschens seiner Eigenschaft als Freizeitwohnsitz (§ 16 des Tiroler Raumordnungsgesetzes 2022) weiter als Freizeitwohnsitz verwendet oder

h) wenn er im Rahmen einer Hofstelle entgegen dem § 44 Abs. 9 erster Satz oder 10 des Tiroler Raumordnungsgesetzes 2022 eine gewerbliche Tätigkeit ausübt, und zwar hinsichtlich der weiteren Ausübung dieser Tätigkeit.

Im Fall der Untersagung der weiteren Benützung hat die Behörde dem Eigentümer der baulichen Anlage erforderlichenfalls geeignete Maßnahmen zur Durchsetzung dieses Verbotes, wie eine entsprechende Beschilderung, die Anbringung von Absperrungen und dergleichen, aufzutragen. Bei Gefahr im Verzug kann die Behörde die bauliche Anlage durch Ausübung unmittelbarer Befehls- und Zwangsgewalt räumen.

(7) Die Behörde hat dem Eigentümer der baulichen Anlage die zur Herstellung des gesetzmäßigen Zustandes erforderlichen Maßnahmen aufzutragen, wenn

a) ein Bauvorhaben nach § 28 Abs. 3 dem Flächenwidmungsplan, einem Bebauungsplan, Bebauungsregeln nach § 55 des Tiroler Raumordnungsgesetzes 2022, örtlichen Bauvorschriften, einer Bausperrenverordnung nach § 75 des Tiroler Raumordnungsgesetzes 2022 oder dem § 13 Abs. 6 des Tiroler Raumordnungsgesetzes 2022 widerspricht oder
b) bei der Ausführung eines solchen Bauvorhabens Abstandsbestimmungen nach den §§ 5 und 6, allgemeine bautechnische Erfordernisse nach § 18, gegebenenfalls in Verbindung mit der Verordnung nach § 20 Abs. 1, oder sonstige baurechtliche Vorschriften verletzt werden.

Ist die Herstellung des gesetzmäßigen Zustandes auf andere Weise rechtlich oder technisch nicht möglich oder wirtschaftlich nicht vertretbar, so hat die Behörde dem Eigentümer der baulichen Anlage deren Beseitigung und erforderlichenfalls die Wiederherstellung des ursprünglichen Zustandes des Bauplatzes aufzutragen.

(8) Der Eigentümer eines Grundstückes hat der Behörde auf Verlangen mitzuteilen, ob am betroffenen Grundstück eine Superädifikatsberechtigung eingeräumt worden ist. Kann der Superädifikatsberechtigte nicht oder nur mit einem unverhältnismäßigen Aufwand festgestellt werden oder kann er zur Herstellung des gesetzmäßigen Zustandes nicht herangezogen werden, so hat die Behörde dem Eigentümer des betroffenen Grundstückes oder dem sonst hierüber Verfügungsberechtigten die Herstellung des gesetzmäßigen Zustandes aufzutragen.

(9) Kommt der Eigentümer einer baulichen Anlage einer Verpflichtung aufgrund der Verordnung nach § 10 nicht oder nicht fristgerecht nach, so hat ihm die Behörde mit Bescheid die Durchführung der entsprechenden Maßnahmen aufzutragen. Abs. 8 gilt sinngemäß.

§ 47
Baugebrechen

(1) Bewilligungspflichtige bauliche Anlagen sind in einem der Baubewilligung entsprechenden Zustand zu erhalten. Sonstige bauliche Anlagen sind in einem solchen Zustand zu erhalten, dass den Erfordernissen der Sicherheit entsprochen und das Orts-, Straßen- und Landschaftsbild nicht erheblich beeinträchtigt wird. Treten an einer baulichen Anlage Baugebrechen auf, durch die allgemeine bautechnische Erfordernisse beeinträchtigt werden, so sind sie ehestens zu beheben.

(2) Wird den Verpflichtungen nach Abs. 1 nicht entsprochen, so hat die Behörde dem Eigentümer der baulichen Anlage deren Instandsetzung innerhalb einer angemessen festzusetzenden Frist aufzutragen. Liegen jedoch Baugebrechen vor, die eine Gefahr für das Leben oder die Gesundheit von Menschen oder eine erhebliche Beeinträchtigung des Orts-, Straßen- oder Landschaftsbildes bewirken und deren Behebung technisch nicht möglich oder wirtschaftlich nicht vertretbar ist, so hat die Behörde dem Eigentümer der baulichen Anlage deren gänzlichen oder teilweisen Abbruch aufzutragen.

(3) In den Fällen des Abs. 2 hat die Behörde mit schriftlichem Bescheid die vorläufige Weiterbenützung der baulichen Anlage an Auflagen oder Bedingungen zu knüpfen oder überhaupt zu untersagen, soweit dies zum Schutz des Lebens oder der Gesundheit von Menschen erforderlich ist. Dies gilt auch, wenn der Schutz des Lebens oder der Gesundheit von Menschen nicht mehr gewährleistet ist, weil baulichen oder organisatorischen Vorkehrungen im Sinn des § 3 Abs. 2 und 3 nicht oder nicht hinreichend entsprochen wird. Der Bescheid ist an den Eigentümer der baulichen Anlage zu richten.

(4) Bei Gefahr im Verzug kann die Behörde erforderliche Sicherungsmaßnahmen auf Gefahr und Kosten des Eigentümers der baulichen Anlage auch ohne dessen vorherige Anhörung anordnen.

(5) Die Abs. 1 bis 4 gelten auch für bauliche Anlagen, die nach früheren baurechtlichen Vorschriften errichtet worden sind, wenn sie auch diesem Gesetz unterliegen.

(6) § 46 Abs. 8 gilt sinngemäß.

§ 48
Räumung, sonstige behördliche Bauaufsicht

(1) Die Behörde kann die Räumung einer baulichen Anlage oder die Durchführung sonstiger Maßnahmen, wie die Anbringung von Absperrungen, Absicherungen und dergleichen, verfügen, wenn aufgrund des Zustandes der baulichen Anlage oder aufgrund drohender Gefahr von außen,

insbesondere durch Lawinen, Vermurung, Hochwasser oder Brandeinwirkung, das Leben oder die Gesundheit von Menschen bedroht ist.

(2) Die Organe der Behörde sind berechtigt, zum Zweck der Wahrnehmung der Aufgaben nach den §§ 45, 46 und 47 den Bauplatz und alle Teile von baulichen Anlagen zu betreten. Der Eigentümer der baulichen Anlage oder der sonst hierüber Verfügungsberechtigte hat dafür zu sorgen, dass den Organen der Behörde auf deren Verlangen alle erforderlichen Auskünfte erteilt werden. Bei Gefahr im Verzug ist den Organen der Behörde der Zutritt auch während der Nachtstunden zu gestatten.

7. Abschnitt
Abbruch von Gebäuden

§ 49
Anzeigepflicht, Unzulässigkeit des Abbruchs

(1) Der Abbruch von Gebäuden oder Gebäudeteilen ist, sofern er nicht nach Abs. 4 oder nach § 4 Abs. 1 oder § 6 Abs. 1 des Tiroler Stadt- und Ortsbildschutzgesetzes 2021 unzulässig ist, der Behörde anzuzeigen.

(2) Steht der Abbruch eines Gebäudes oder Gebäudeteiles im Zusammenhang mit einem bewilligungspflichtigen Bauvorhaben, so kann anstelle der Anzeige nach Abs. 1 im Bauansuchen auch um die Erteilung der Bewilligung für den Abbruch des betreffenden Gebäudes oder Gebäudeteiles angesucht werden. In diesem Fall ist über die Zulässigkeit des Abbruchs in der Baubewilligung zu entscheiden. Dabei ist abweichend vom Abs. 3 der Abbruch eines Gebäudeteiles zulässig, wenn er mit Baumaßnahmen im Zusammenhang steht, die auf die Erhaltung von aus landeskultureller Sicht wichtigen Bauelementen Bedacht nehmen und der Festigung der verbleibenden Bausubstanz dienen.

(3) Ungeachtet sonstiger Bewilligungen ist der Abbruch eines Gebäudes oder Gebäudeteiles dann unzulässig, wenn dessen Instandhaltung oder Instandsetzung wirtschaftlich vertretbar ist und an der Erhaltung des Gebäudes oder Gebäudeteiles ein besonderes landeskulturelles Interesse besteht.

(4) Im Übrigen ist der Abbruch von denkmalgeschützten Gebäuden oder Gebäudeteilen, für deren Abbruch eine rechtskräftige denkmalschutzrechtliche Bewilligung nicht vorliegt, unzulässig.

§ 50
Abbruchanzeige

(1) Die Abbruchanzeige ist bei der Behörde schriftlich einzubringen. Für die elektronische Einbringung gilt § 29a sinngemäß. Der Abbruchanzeige sind ein Lageplan und eine Beschreibung der technischen Ausführung des Abbruchs, der Sicherungsmaßnahmen und der abschließenden Vorkehrungen bei physischer Einbringung in zweifacher Ausfertigung anzuschließen. Der Lageplan hat jedenfalls die Katastergrenzen und die Grundstücksnummer des Grundstückes, auf dem der Abbruch vorgenommen werden soll, und die Grundstücksnummern der angrenzenden Grundstücke zu enthalten. Bei denkmalgeschützten Gebäuden ist weiters die denkmalschutzrechtliche Bewilligung für den Abbruch anzuschließen. § 30 Abs. 2 zweiter und dritter Satz gilt sinngemäß.

(2) Die Behörde hat den angezeigten Abbruch zu prüfen.

(3) Ergibt die Prüfung, dass der Abbruch nach § 49 Abs. 3 unzulässig ist, so hat die Behörde dessen Ausführung innerhalb eines Monats nach Vorliegen der vollständigen Abbruchanzeige mit schriftlichem Bescheid zu untersagen. Ist der Abbruch zulässig und sind zum Schutz des Lebens oder der Gesundheit von Menschen oder der Sicherheit von Sachen oder zur Vermeidung unzumutbarer Belästigungen der Nachbarn, insbesondere durch Lärm und Staub, Auflagen oder Bedingungen notwendig, so hat die Behörde innerhalb derselben Frist die Zustimmung zum Abbruch mit schriftlichem Bescheid mit entsprechenden Auflagen oder unter entsprechenden Bedingungen zu erteilen. Besteht Grund zur Annahme, dass ein Bescheid nach dem ersten oder zweiten Satz nicht fristgerecht rechtswirksam zugestellt werden kann, so hat ihn die Behörde nach § 23 des Zustellgesetzes ohne vorhergehenden Zustellversuch zu hinterlegen.

(4) Ist die Behörde nicht in der Lage, innerhalb der im Abs. 3 erster Satz genannten Frist abschließend zu prüfen, ob der Abbruch zulässig ist oder ob Auflagen oder Bedingungen notwendig sind, so hat sie dem Abbruchwerber innerhalb dieser Frist mitzuteilen, dass der Abbruch vorerst nicht ausgeführt werden darf. Besteht Grund zur Annahme, dass eine solche Mitteilung nicht fristgerecht rechtswirksam zugestellt werden kann, so hat sie die Behörde nach § 23 des Zustellgesetzes ohne vorhergehenden Zustellversuch zu hinterlegen.

(5) Wird die Ausführung des Abbruchs nicht innerhalb der im Abs. 3 erster Satz genannten Frist oder im Fall des Abs. 4 nicht innerhalb von vier Monaten nach dem Vorliegen der vollständigen Abbruchanzeige untersagt oder stimmt die Behörde der Ausführung des angezeigten Abbruchs ausdrücklich zu, so darf er ausgeführt werden. In diesen Fällen hat die Behörde dem Abbruchwerber eine mit einem entsprechenden Vermerk versehene Ausfertigung der eingereichten Unterlagen auszuhändigen.

§ 51
Ausführung des Abbruchs

(1) Die Behörde kann dem Abbruchberechtigten die Bestellung eines Abbruchverantwortlichen auftragen, wenn dies zum Schutz der im § 50 Abs. 3 zweiter Satz genannten Interessen erforderlich ist. Der Auftrag kann sich auf den gesamten Abbruch einschließlich der abschließenden

Vorkehrungen oder auf bestimmte Arbeiten im Zug des Abbruchs beziehen. Er kann im Bescheid über die Erteilung der Zustimmung zum Abbruch oder, wenn sich die Notwendigkeit dazu erst zu einem späteren Zeitpunkt ergibt, mit gesondertem schriftlichem Bescheid ergehen. Im Übrigen gelten § 39 Abs. 2 bis 5 und § 42 Abs. 2 sinngemäß.

(2) Der Abbruchberechtigte bzw. der Abbruchverantwortliche hat dafür zu sorgen, dass der Abbruch ordnungsgemäß und entsprechend dem Stand der Technik ausgeführt wird. Bei Gefahr im Verzug kann die Behörde den Abbruch durch Ausübung unmittelbarer Befehls- und Zwangsgewalt vorübergehend einstellen.

(3) Die abschließenden Vorkehrungen haben jedenfalls die Auffüllung von unterirdischen Räumen, die Absicherung von Wasser- und Energieversorgungsleitungen sowie die Räumung, Abmauerung und Ausfüllung der Kanalanlagen sowie der Sicker- und Senkgruben zu umfassen.

(4) Kommt der Abbruchberechtigte den Verpflichtungen nach den Abs. 2 und 3 nicht nach, so hat ihm die Behörde die erforderlichen Maßnahmen aufzutragen. Der Beschwerde gegen einen solchen Bescheid kommt keine aufschiebende Wirkung zu.

(5) Die Vollendung des Abbruchs ist der Behörde schriftlich anzuzeigen. Für die vorübergehende Benützung von Nachbargrundstücken zur Durchführung des Abbruchs gilt § 43 sinngemäß.

(6) Wird mit dem angezeigten Abbruch nicht innerhalb eines Jahres ab dem Zeitpunkt, ab dem dieser nach § 50 Abs. 5 ausgeführt werden darf, begonnen, so verliert die Abbruchanzeige bzw. die Zustimmung zum Abbruch ihre Wirksamkeit. Wird der Abbruch zwar rechtzeitig begonnen, aber nicht vollendet, so hat die Behörde dem Abbruchberechtigten die Vollendung des Abbruchs innerhalb einer angemessen festzusetzenden Frist aufzutragen.

§ 52
Herstellung des gesetzmäßigen Zustandes

(1) Wurde ein Gebäude, dessen Abbruch nach § 49 Abs. 3 unzulässig gewesen wäre, ohne die erforderliche Abbruchanzeige oder ungeachtet einer Untersagung nach § 50 Abs. 3 erster Satz ganz oder teilweise abgebrochen, so hat die Behörde dem Eigentümer des ehemaligen Gebäudes die Wiederherstellung des früheren Zustandes aufzutragen. Dies gilt auch im Fall, dass ein Gebäude oder Gebäudeteil aufgrund einer Baubewilligung nach § 49 Abs. 2 zweiter Satz abgebrochen worden ist, wenn die Bewilligung erloschen ist und der Abbruch allein nach § 49 Abs. 3 unzulässig gewesen wäre.

(2) Wird ein Gebäude im Sinn des § 49 Abs. 4 ganz oder teilweise abgebrochen oder wird ein sonstiges Gebäude ohne die erforderliche Abbruchanzeige, ungeachtet einer Untersagung nach § 50 Abs. 3 erster Satz oder vorzeitig ohne Vorliegen der Voraussetzungen nach § 50 Abs. 5 erster Satz ganz oder teilweise abgebrochen, so hat die Behörde dem Eigentümer des Gebäudes die sofortige Einstellung der Abbrucharbeiten aufzutragen. Der Beschwerde gegen einen solchen Bescheid kommt keine aufschiebende Wirkung zu. Erforderlichenfalls kann die Behörde die Arbeiten durch Ausübung unmittelbarer Befehls- und Zwangsgewalt einstellen.

(3) Betrifft der Abbruch ein Gebäude im Sinn des § 49 Abs. 3, so hat die Behörde dem Eigentümer des Gebäudes die Wiederherstellung des früheren Zustandes aufzutragen. Andernfalls hat sie ihm außer bei Gebäuden im Sinn des § 49 Abs. 4 eine angemessene Frist zu setzen, innerhalb der entweder die Abbruchanzeige nachzuholen oder um die Erteilung der Baubewilligung im Sinn des § 49 Abs. 2 anzusuchen ist. Verstreicht diese Frist ungenützt oder wird (bzw. wurde) die Baubewilligung versagt, so hat die Behörde den Abbruch auf Gefahr und Kosten des Eigentümers des Gebäudes durchführen zu lassen.

(4) Hinsichtlich der Pflichten des Abbruchberechtigten und gegebenenfalls auch des Abbruchverantwortlichen und der Befugnisse der Behörde gilt § 41 sinngemäß.

Abschnitt 7a
Regelungen für Anlagen zur Erzeugung von erneuerbarer Energie

§ 52a
Besondere Verfahrensbestimmungen für Anlagen zur Erzeugung von erneuerbarer Energie

(1) Das Genehmigungsverfahren für Anlagen zur Erzeugung von erneuerbarer Energie erstreckt sich auf alle behördlichen Stufen von der Bestätigung der Vollständigkeit nach Abs. 2 bis zur Mitteilung der endgültigen Entscheidung über das Ergebnis des Genehmigungsverfahrens durch die Behörde und umfasst:

a) die Vollständigkeitsbestätigung nach Abs. 2,
b) das Bewilligungsverfahren nach § 32,
c) das Bewilligungsverfahren nach § 52b Abs. 1,
d) das Anzeigeverfahren nach § 30 und
e) das Anzeigeverfahren nach § 52b Abs. 2.

(2) Die Behörde hat innerhalb von 45 Tagen nach Einlangen eines Ansuchens oder einer Anzeige nach Abs. 1 lit. b bis e dem Antragsteller entweder mitzuteilen, dass das Ansuchen im Hinblick auf § 29 oder die Anzeige im Hinblick auf § 30 vollständig ist, oder ihm nach § 13 Abs. 3 AVG den Auftrag zu erteilen, das Ansuchen oder die Anzeige zu verbessern. Im Fall eines Auftrages nach § 13 Abs. 3 AVG hat die Behörde dem Antragsteller längstens innerhalb von vier Wochen nach Erfüllung dieses Verbesserungsauftrages mitzuteilen, dass das Ansuchen im Hinblick auf § 29 oder die Anzeige im Hinblick auf § 30

vollständig ist. Mit Zustellung der Mitteilung über die Vollständigkeit des Ansuchens beginnen die in den Abs. 4 und 5 genannten Entscheidungsfristen zu laufen. Lässt die Behörde die im ersten bzw. im zweiten Satz genannte Frist ohne entsprechende Mitteilung oder Aufforderung verstreichen, so beginnen die Entscheidungsfristen in den Abs. 4 und 5 mit Ablauf dieser Frist zu laufen. Ergibt sich im Zug des Genehmigungsverfahrens, dass bestimmte Angaben oder Unterlagen fehlen, so hat die Behörde dem Antragsteller unverzüglich die Verbesserung der Unterlagen aufzutragen.

(3) Die Behörde hat unbeschadet der Abs. 4 und 5 über das Ansuchen um die Erteilung der Bewilligung für die Errichtung, Anbringung oder Änderung von Anlagen zur Erzeugung von erneuerbarer Energie sowie Anlagen, die für die Integration von erneuerbarer Energie an Wärme- und Kältenetze erforderlich sind, innerhalb von sechs Monaten ab Einlangen des Ansuchens (§ 73 Abs. 1 Allgemeines Verwaltungsverfahrensgesetz 1991) zu entscheiden.

(4) Die Behörde hat über Vorhaben nach § 52b Abs. 1 und 2 mit einer Engpassleistung von maximal 100 kW spätestens innerhalb von einem Monat nach dem Einlangen des vollständigen Bauansuchens bzw. der vollständigen Bauanzeige zu entscheiden. Ergeht innerhalb dieser Frist keine Entscheidung der Behörde, so gilt die Genehmigung als erteilt, sofern die Kapazität der Solarenergieanlage die bestehende Kapazität des Anschlusses an das Verteilernetz nicht übersteigt.

(5) Die Behörde hat über Vorhaben nach § 52b Abs. 1 lit. a und Abs. 2 lit. a, b mit einer Engpassleistung von jeweils mehr als 100 kW spätestens innerhalb von drei Monaten nach dem Einlangen des vollständigen Bauansuchens zu entscheiden.

(6) In die Fristen nach den Abs. 3, 4 und 5 sind die Dauer der erforderlichen behördlichen Etappen für umfassende Modernisierungen des Netzes, die notwendig sind, um die Netzstabilität, -zuverlässigkeit und -sicherheit sicherzustellen sowie die Dauer von Verfahrens nach § 9a Abs. 5 des Tiroler Elektrizitätsgesetzes 2012 und von Verfahren vor dem Landesverwaltungsgericht, dem Verwaltungsgerichtshof oder dem Verfassungsgerichtshof nicht einzurechnen.

(7) § 9a des Tiroler Elektrizitätsgesetzes 2012 ist sinngemäß anzuwenden.

§ 52b
Sonderregelungen für Solarenergieanlagen

(1) Einer Baubewilligung bedürfen, wenn dadurch allgemeine bautechnische Erfordernisse wesentlich berührt werden und soweit sich aus den Abs. 2 und 3 nichts anderes ergibt:

a) die Anbringung oder Änderung von Solarenergieanlagen an baulichen Anlagen,
b) die Errichtung oder Änderung von freistehenden Solarenergieanlagen.

(2) Die Errichtung und die Änderung folgender Anlagen sind der Behörde anzuzeigen:

a) die Anbringung oder Änderung von Solarenergieanlagen mit einer Fläche von mehr als 100 m² an baulichen Anlagen, sofern sie in die Wandfläche integriert sind oder der Abstand der Solarenergieanlage zur Wandhaut, im rechten Winkel von dieser aus gemessen, an keinem Punkt 30 cm übersteigt;
b) die Anbringung oder Änderung von Solarenergieanlagen mit einer Fläche von mehr als 100 m², sofern sie in die Dachfläche integriert sind oder der Abstand der Solarenergieanlage zur Dachhaut im rechten Winkel von dieser aus gemessen, an keinem Punkt 30 cm übersteigt. Im Fall der Anbringung auf Flachdächern darf davon abweichend die Neigung der Solarenergieanlage höchstens 15° betragen; dabei hat bei Flachdächern ohne Attika der jeweilige Abstand zum Dachrand hin zumindest der Aufbauhöhe der Solarenergieanlage zu entsprechen;
c) die Errichtung oder Änderung von freistehenden Solarenergieanlagen mit einer Fläche von mehr als 100 m², sofern der Abstand der Solarenergieanlage zum darunterliegenden Gelände an keinem Punkt 30 cm übersteigt, wobei davon abweichend auf ebenem Gelände eine Neigung von höchstens 15° jedenfalls zulässig ist;
d) die Anbringung, Errichtung oder Änderung von Solarenergieanlagen nach Abs. 1, wenn dadurch allgemeine bautechnische Erfordernisse nicht wesentlich berührt werden.

(3) Weder einer Baubewilligung noch einer Bauanzeige bedürfen:

a) die Anbringung oder Änderung von Solarenergieanlagen bis zu einer Fläche von 100 m² an baulichen Anlagen, sofern sie in die Wandfläche integriert sind oder der Abstand der Solarenergieanlage zur Wandhaut, im rechten Winkel von dieser aus gemessen, an keinem Punkt 30 cm übersteigt;
b) die Anbringung oder Änderung von Solarenergieanlagen bis zu einer Fläche von 100 m², sofern sie in die Dachfläche integriert sind oder der Abstand der Solarenergieanlage zur Dachhaut, im rechten Winkel von dieser aus gemessen, an keinem Punkt 30 cm übersteigt. Im Fall der Anbringung auf Flachdächern darf davon abweichend die Neigung der Solarenergieanlage höchstens 15° betragen; dabei hat bei Flachdächern ohne Attika der jeweilige Abstand zum Dachrand hin zumindest der Aufbauhöhe der Solarenergieanlage zu entsprechen;
c) die Errichtung oder Änderung von freistehenden Solarenergieanlagen bis zu einer Fläche von 100 m², sofern der Abstand der Solarenergieanlage zum darunterliegenden Gelände an keinem Punkt 30 cm übersteigt, wobei davon

abweichend auf ebenem Gelände eine Neigung von höchstens 15° jedenfalls zulässig ist.

(4) Parteien im Verfahren um die Erteilung einer Bewilligung nach Abs. 1 sind der Antragsteller, die Nachbarn im Sinn des § 33 Abs. 2 und 6 sowie der Straßenverwalter. Die Nachbarn sind berechtigt, die Nichteinhaltung der Bestimmungen über den Brandschutz geltend zu machen. Nachbarn, deren Grundstücke unmittelbar an den Bauplatz angrenzen oder deren Grenzen zumindest in einem Punkt innerhalb eines horizontalen Abstandes von 5 m zu einem Punkt der Bauplatzgrenze liegen, sind überdies berechtigt, die Nichteinhaltung der Abstandsbestimmungen nach § 6 geltend zu machen. Der Straßenverwalter ist berechtigt, die Nichteinhaltung der Abstandsbestimmungen des § 5, soweit dadurch die Sicherheit und Flüssigkeit des Verkehrs beeinträchtigt werden, geltend zu machen. § 33 Abs. 8 und 9 gilt sinngemäß.

(5) Einem Antrag auf Erteilung einer Bewilligung nach Abs. 1 oder einer Anzeige nach Abs. 2 ist überdies der Nachweis anzuschließen, dass die Kapazität der Anlage die bestehende Kapazität des Anschlusses an das Verteilernetz nicht übersteigt.

(6) Die Fertigstellung von Photovoltaikanlagen ist der Behörde unverzüglich anzuzeigen. Die Anzeige hat den betreffenden Bauplatz zu bezeichnen sowie Angaben zur Lage und Engpassleistung der Anlage in kW zu enthalten. Die Fertigstellungsmeldung ist von der Behörde an den örtlich zuständigen Feuerwehrkommandanten weiterzuleiten.

§ 52c
Weiters anzuwendende Bestimmungen

(1) Für bewilligungspflichtige Anlagen zur Erzeugung von erneuerbarer Energie gelten § 34 Abs. 3, 4 und 7 bis 14, § 35 Abs. 1, 3, 4, 5, 7, 8 und 9, § 37 Abs. 1, § 38, § 40, § 41, § 42, § 43, § 44 Abs. 1 bis 6, § 45, § 46 Abs. 1, 3 bis 6 und 8, § 47 sowie § 48 sinngemäß.

(2) Für anzeigepflichtige Anlagen zur Erzeugung von erneuerbarer Energie gelten § 30 Abs. 1 bis 6 und 8, § 37 Abs. 2, § 38 Abs. 1 und 6, § 40, § 41, § 42, § 43, § 44 Abs. 3 bis 6, § 46 Abs. 1 bis 6 und 8, § 47 sowie § 48 sinngemäß.

(3) Für Vorhaben nach § 52b Abs. 3 gilt § 46 Abs. 7 sinngemäß.

(4) Abweichend von Abs. 1 ist § 37 Abs. 1 erster Satz für Vorhaben nach § 52a Abs. 4 nicht anzuwenden. Weiters gilt für diese Vorhaben § 30 mit der Maßgabe, dass anstelle der zweimonatigen Frist in § 30 Abs. 3, 4, 5 und § 37 Abs. 2 die in § 52b Abs. 3 angeführte einmonatige Frist anzuwenden ist.

(5) Für die elektronische Einbringung gilt § 29a sinngemäß.

8. Abschnitt
Sonstige Vorhaben

§ 53
Bauliche Anlagen vorübergehenden Bestandes

(1) Für bauliche Anlagen, die aufgrund ihres besonderen Verwendungszweckes nur für einen vorübergehenden Bestand bestimmt sind, kann anstelle eines Bauansuchens nach § 29 oder einer Bauanzeige nach § 30 um die Erteilung einer befristeten Bewilligung angesucht werden.

(2) Um die Erteilung der Bewilligung nach Abs. 1 ist bei der Behörde schriftlich anzusuchen. Im Ansuchen sind der vorgesehene Verwendungszweck und die Dauer, für die die betreffende bauliche Anlage errichtet werden soll, anzugeben. Dem Ansuchen sind weiters die im § 29 Abs. 2 genannten Unterlagen und eine technische Beschreibung des Bauvorhabens, erforderlichenfalls ergänzt durch entsprechende planliche Darstellungen, bei physischer Einbringung in zweifacher Ausfertigung anzuschließen. Für die elektronische Einbringung gilt § 29a sinngemäß.

(3) Bei der Erteilung der Bewilligung nach Abs. 1 kann die Behörde unter Bedachtnahme insbesondere auf die Lage und den Verwendungszweck der betreffenden baulichen Anlage von der Einhaltung bestimmter bau- und raumordnungsrechtlicher Vorschriften absehen, wenn sichergestellt ist, dass

a) den maßgebenden bautechnischen Erfordernissen und
b) den durch diese Vorschriften geschützten Interessen, insbesondere dem Schutz des Lebens und der Gesundheit von Menschen und der Sicherheit von Sachen,

durch anderweitige Vorkehrungen hinreichend entsprochen wird. Zu diesem Zweck kann die Bewilligung weiters mit Auflagen oder unter Bedingungen erteilt werden, soweit das Bauvorhaben dadurch nicht in seinem Wesen verändert wird. Im Übrigen gilt § 34 Abs. 7 zweiter Satz und 8 bis 14 sinngemäß.

(4) Die Bewilligung ist befristet auf einen Zeitraum, der dem voraussichtlichen Bedarf an der betreffenden baulichen Anlage entspricht, längstens jedoch auf die Dauer von fünf Jahren ab dem Eintritt der Rechtskraft der Bewilligung zu erteilen. Auf Antrag des Inhabers der Bewilligung kann diese einmal um höchstens zwei Jahre erstreckt werden, wenn die betreffende bauliche Anlage weiter benötigt wird und die Voraussetzungen nach Abs. 3 weiterhin vorliegen. Um die Erstreckung der Bewilligung ist vor ihrem Ablauf bei der Behörde schriftlich anzusuchen. Durch die rechtzeitige Einbringung des Ansuchens wird der Ablauf der Frist bis zur Entscheidung der Behörde gehemmt.

(5) Parteien im Verfahren um die Erteilung einer Bewilligung nach Abs. 1 sind der Antragsteller,

die Nachbarn im Sinn des § 33 Abs. 2 und 6 sowie der Straßenverwalter. Die Nachbarn und der Straßenverwalter sind berechtigt, das Fehlen der Voraussetzung nach Abs. 1 geltend zu machen. § 33 Abs. 8 und 9 gilt sinngemäß.

(6) Im Übrigen gelten für bauliche Anlagen vorübergehenden Bestandes § 38 Abs. 1 und 6, § 39, § 40, § 41, § 42 Abs. 1, 2, 3 und 5, § 43, § 44 Abs. 1 und 2, § 46 Abs. 6, § 47 und § 48 sinngemäß.

(7) Nach dem Ablauf der Bewilligung hat deren Inhaber die bauliche Anlage zu beseitigen und den Bauplatz wieder in seinen ursprünglichen Zustand zu versetzen. § 51 Abs. 2, 3 und 4 gilt sinngemäß. Kommt er diesen Verpflichtungen nicht nach, so hat ihm die Behörde mit Bescheid die Durchführung der erforderlichen Maßnahmen aufzutragen.

(8) Die Behörde kann dem Inhaber der Bewilligung weiters die Bestellung eines für die Durchführung der Maßnahmen nach Abs. 7 erster Satz Verantwortlichen auftragen, wenn dies zum Schutz des Lebens oder der Gesundheit von Menschen oder der Sicherheit von Sachen oder zur Vermeidung unzumutbarer Belästigungen der Nachbarn, insbesondere durch Lärm und Staub, notwendig ist. Der Auftrag kann sich auf alle Maßnahmen oder auf bestimmte Arbeiten im Zug dieser Maßnahmen beziehen. Er kann in der Bewilligung nach Abs. 1 oder, wenn sich die Notwendigkeit dazu erst zu einem späteren Zeitpunkt ergibt, mit gesondertem schriftlichem Bescheid ergehen. Im Übrigen gelten § 39 Abs. 2 bis 5 und § 42 Abs. 2 sinngemäß.

(9) Die erfolgte Durchführung der Maßnahmen nach Abs. 7 erster Satz ist der Behörde schriftlich anzuzeigen. Für die vorübergehende Benützung von Nachbargrundstücken zur Durchführung dieser Maßnahmen gilt § 43 sinngemäß.

§ 54
Vorübergehende Betreuungseinrichtungen für Zwecke der Grundversorgung und der Unterbringung von Vertriebenen

(1) Betreuungseinrichtungen sind Einrichtungen im Sinn des § 1 lit. b des Tiroler Grundversorgungsgesetzes, LGBl. Nr. 21/2006, in der jeweils geltenden Fassung, und Betreuungseinrichtungen des Bundes im Sinn des § 1 Z 5 des Grundversorgungsgesetzes-Bund 2005, BGBl. Nr. 405/1991, zuletzt geändert durch das Gesetz BGBl. I Nr. 53/2019. Diesen gleichzuhalten sind Einrichtungen zur kurzfristigen Unterbringung von Transitflüchtlingen durch das Land Tirol sowie Einrichtungen zur Unterbringung von Vertriebenen im Sinn des § 62 des Asylgesetzes 2005, BGBl. I Nr. 100/2005, in der jeweils geltenden Fassung, durch den Bund oder das Land Tirol.

(2) Statt einer Baubewilligung oder einer Bauanzeige nach § 28 Abs. 1 bzw. 2 bedürfen folgende Bauvorhaben, wenn diese einem nur vorübergehenden, höchstens fünfjährigen Bedarf dienen sollen und überdies die Anzahl der darin jeweils unterzubringenden Personen höchstens 2 v.H. der Einwohnerzahl der betreffenden Gemeinde nach dem Ergebnis der letzten Volkszählung beträgt, ausschließlich einer Bauanzeige nach Maßgabe der folgenden Bestimmungen:

a) der Neubau von Gebäuden für Betreuungseinrichtungen in Leichtbauweise, wie Traglufthallen, Container und sonstige Fertigteilbauten,
b) der Zu- und Umbau von Gebäuden und die sonstige Änderung von Gebäuden oder Gebäudeteilen für Betreuungseinrichtungen sowie
c) die Verwendung von bisher anderweitig verwendeten Gebäuden oder Gebäudeteilen zur Unterbringung von Fremden im Rahmen einer Betreuungseinrichtung.

(3) Eine Bauanzeige nach Abs. 2 ist nur zulässig, wenn

a) sie vom Träger der betreffenden Betreuungseinrichtung eingebracht wird und
b) die Anzahl der in der betreffenden Gemeinde in bestehenden Gebäuden, die aufgrund einer solchen Bauanzeige im Rahmen von Betreuungseinrichtungen verwendet werden, insgesamt untergebrachten Personen 5 v.H. der Einwohnerzahl der betreffenden Gemeinde nach dem Ergebnis der letzten Volkszählung nicht übersteigt.

(4) Die Bauanzeige nach Abs. 2 ist bei der Behörde schriftlich einzubringen. Für die elektronische Einbringung gilt § 29a sinngemäß. Der Bauanzeige sind die Bauunterlagen (Abs. 6) bei physischer Einbringung in zweifacher Ausfertigung anzuschließen; weiters ist die Zeitdauer anzugeben, für die das angezeigte Bauvorhaben bestehen soll. Ist die Bauanzeige unvollständig, so hat die Behörde dem Bauwerber unverzüglich unter Setzung einer höchstens einwöchigen Frist die Behebung dieses Mangels aufzutragen. Wird diesem Auftrag nicht entsprochen, so ist die Bauanzeige mit schriftlichem Bescheid zurückzuweisen.

(5) Ist das angezeigte Bauvorhaben nach Maßgabe des Abs. 7 baurechtlich nicht zulässig, so hat die Behörde dessen Ausführung innerhalb von vier Wochen mit schriftlichem Bescheid zu untersagen. Sind zur Wahrung der danach maßgebenden bautechnischen Erfordernisse oder geschützten Interessen Auflagen notwendig, so hat die Behörde innerhalb derselben Frist die Zustimmung zur Ausführung des Bauvorhabens mit schriftlichem Bescheid mit entsprechenden Auflagen zu erteilen. Wird die Ausführung des Bauvorhabens innerhalb dieser Frist nicht untersagt oder stimmt die Behörde seiner Ausführung mit Auflagen oder sonst ausdrücklich zu, so darf es ausgeführt und für die in der Bauanzeige angegebene Zeitdauer im Rahmen einer Betreuungseinrichtung verwendet werden. Die Behörde hat dem Bauwerber eine mit einem entsprechenden Vermerk versehene Ausfertigung der Bauunterlagen auszuhändigen. Besteht Grund zur Annahme, dass ein Bescheid

nach dem ersten oder zweiten Satz nicht fristgerecht rechtswirksam zugestellt werden kann, so hat ihn die Behörde nach § 23 des Zustellgesetzes ohne vorhergehenden Zustellversuch zu hinterlegen.

(6) Die Bauunterlagen haben zu enthalten:

a) einen Übersichtsplan als Auszug aus der digitalen Katastralmappe, aus dem sich die Grundstücksnummer und der Name des Eigentümers des Bauplatzes sowie die Lage und die Umrisse des Gebäudes ergeben,
b) eine zumindest schematische oder skizzenhafte Darstellung des Gebäudes,
c) eine Baubeschreibung, die die Abmessungen und die wesentlichen Angaben zur Konstruktion, soweit diese sich nicht aufgrund der Darstellung nach lit. b ergeben, enthält,
d) in den Fällen des § 23, sofern nicht eine Ausnahme nach § 22 vorliegt, weiters den Energieausweis.

Hinsichtlich der Form der Bauunterlagen gilt §§ 6 und 7 der Bauunterlagenverordnung 2024, LGBl. Nr. 42/2024, in der jeweils geltenden Fassung mit der Maßgabe, dass die entsprechenden Formerfordernisse nur eingehalten werden müssen, soweit dies für eine im Hinblick auf die Beurteilung der Zulässigkeit des betreffenden Bauvorhabens hinreichend übersichtliche und genaue Darstellung erforderlich ist.

(7) Bauvorhaben nach Abs. 2 unterliegen weder den Festlegungen des Flächenwidmungsplanes, von Bebauungsplänen und von entsprechenden textlichen Festlegungen im örtlichen Raumordnungskonzept noch den Vorschriften der §§ 4 bis 12. Sie unterliegen weiters nur den bautechnischen Erfordernissen der mechanischen Festigkeit und Standsicherheit, des Brandschutzes für Wohngebäude, der Hygiene, der Nutzungssicherheit und, sofern sie hiervon nicht nach § 22 ausgenommen sind, weiters der Gesamtenergieeffizienz. Dabei hat die Behörde von der Einhaltung bestimmter baurechtlicher Vorschriften abzusehen, wenn sichergestellt ist, dass durch anderweitige Vorkehrungen

a) den entsprechenden bautechnischen Erfordernissen und
b) den durch diese Vorschriften geschützten Interessen, insbesondere dem Schutz des Lebens und der Gesundheit von Menschen,

hinreichend entsprochen wird.

(8) Die Berechtigung aufgrund der Bauanzeige nach Abs. 2 kann aufgrund einer neuerlichen Bauanzeige einmal um höchstens zwei Jahre verlängert werden, wenn die betreffende Betreuungseinrichtung weiterhin benötigt wird. Diese Bauanzeige ist vor dem Ablauf der aufgrund der ursprünglichen Bauanzeige bestehenden Berechtigung einzubringen. Durch die rechtzeitige Einbringung wird der Ablauf dieser Berechtigung bis zum Abschluss des neuerlichen Verfahrens nach Abs. 5 gehemmt. Für die neuerliche Bauanzeige gelten die Abs. 4 bis 7 sinngemäß mit der Maßgabe, dass neue Bauunterlagen nur im Fall baulicher Änderungen zu übermitteln sind.

(8a) Weitere Verlängerungen der Berechtigung aufgrund der Bauanzeige nach Abs. 2 sind, wenn die betreffende Betreuungseinrichtung weiter benötigt wird, aufgrund einer nochmaligen Bauanzeige bis höchstens ein Jahr nach dem Ablauf jenes Zeitraumes zulässig, für den durch Verordnung der Bundesregierung Vertriebenen ein vorübergehendes Aufenthaltsrecht nach § 62 Abs. 1 des Asylgesetzes 2005, in der jeweils geltenden Fassung, gewährt wird. Im Übrigen gilt Abs. 8 zweiter, dritter und vierter Satz sinngemäß.

(9) Die Erleichterungen nach Abs. 7 sind weiters anzuwenden auf bauliche Maßnahmen in Bezug auf Betreuungseinrichtungen, die nach § 28 Abs. 3 weder einer Baubewilligung noch einer Bauanzeige bedürfen, sofern die betreffende Betreuungseinrichtung einem nur vorübergehenden, höchstens fünfjährigen Bedarf dienen soll. Wird die betreffende Betreuungseinrichtung weiterhin benötigt, so sind diese Erleichterungen für weitere zwei Jahre und in den Fällen des Abs. 8a erforderlichenfalls nochmals für die danach zulässige Höchstdauer anzuwenden.

(10) Das Landesverwaltungsgericht hat über Beschwerden gegen Bescheide nach Abs. 4 vierter Satz und Abs. 5 erster und zweiter Satz innerhalb von sechs Wochen zu entscheiden; eine Beschwerdevorentscheidung ist ausgeschlossen.

(11) Im Übrigen gelten § 38 Abs. 1 und 6, § 41, § 42 Abs. 3, 4 und 5, § 43, § 44 Abs. 3 bis 6, § 46 Abs. 1 bis 6, § 47 und § 48 sinngemäß.

(12) Nach dem Ablauf der in der Bauanzeige angegebenen oder nach Abs. 8 oder 8a verlängerten Zeitdauer hat der aufgrund der Bauanzeige Berechtigte oder dessen Rechtsnachfolger je nach der Art des der Bauanzeige zugrunde gelegenen Bauvorhabens das betreffende Gebäude ganz oder teilweise zu beseitigen, in seinen vormaligen Zustand zu versetzen oder seinem vormaligen Verwendungszweck zuzuführen, sofern bzw. soweit dies zur Herstellung eines den bau- und raumordnungsrechtlichen Vorschriften entsprechenden Zustandes erforderlich ist; für den Fall der Beseitigung gilt § 51 Abs. 2, 3 und 4 sinngemäß. Die Durchführung dieser Maßnahmen ist der Behörde nach ihrem Abschluss schriftlich anzuzeigen. Ist dafür vorübergehend die Benützung von Nachbargrundstücken erforderlich, so gilt § 43 sinngemäß. Kommt der aufgrund der Bauanzeige Berechtigte oder dessen Rechtsnachfolger seinen Verpflichtungen nicht nach, so hat ihm die Behörde mit Bescheid die Durchführung der erforderlichen Maßnahmen aufzutragen. Kann dieser nicht oder nur mit einem unverhältnismäßigen Aufwand festgestellt oder überhaupt nicht herangezogen werden,

so ist der Auftrag an den Eigentümer des betreffenden Gebäudes oder den sonst hierüber Verfügungsberechtigten zu richten.

§ 55
Vorübergehende Bereitstellung von Wohnraum infolge von Katastrophen

Wird infolge einer Katastrophe im Sinn des § 2 Abs. 1 des Tiroler Krisen- und Katastrophenmanagementgesetzes, LGBl. Nr. 33/2006, in der jeweils geltenden Fassung die vorübergehende Bereitstellung von Wohnraum erforderlich, so gelten die Bestimmungen des § 54 Abs. 2 bis 12 sinngemäß mit der Maßgabe, dass an die Stelle des Trägers der Betreuungseinrichtung die Gemeinde bzw. bei gemeinde- und bezirksüberschreitenden Katastrophen das Land Tirol tritt.

§ 56
Werbeeinrichtungen, Zulässigkeit und Verfahren

(1) Die Errichtung, Aufstellung und Änderung von frei stehenden Werbeeinrichtungen innerhalb geschlossener Ortschaften ist der Behörde schriftlich anzuzeigen, sofern hierfür nicht eine Bewilligung nach § 17 Abs. 1 lit. f des Tiroler Stadt- und Ortsbildschutzgesetzes 2021 erforderlich ist. Der Anzeige sind ein Lageplan, eine Beschreibung der technischen Ausführung und eine planliche Darstellung der betreffenden Werbeeinrichtung bei physischer Einbringung in zweifacher Ausfertigung anzuschließen. § 30 Abs. 2 zweiter und dritter Satz gilt sinngemäß. Für die elektronische Einbringung gilt § 29a sinngemäß.

(2) Keiner Anzeige nach Abs. 1 bedürfen die Errichtung, Aufstellung oder Änderung von

a) Anlagen mit gesetzlich vorgeschriebenen Geschäfts- und Betriebsstättenbezeichnungen und damit im unmittelbaren Zusammenhang stehenden Ankündigungen,
b) Anlagen mit Hinweisen auf vorübergehende Veranstaltungen, sofern sie innerhalb von sechs Wochen vor dem Beginn der Veranstaltung errichtet oder aufgestellt und spätestens zwei Wochen nach dem Ende der Veranstaltung entfernt werden,
c) Anlagen zum Anschlagen von Plakaten durch Gruppen, die sich
1. an der Wahlwerbung für die Wahl zum Europäischen Parlament, des Bundespräsidenten, zu einem allgemeinen Vertretungskörper oder zu den satzungsgebenden Organen einer gesetzlichen beruflichen Vertretung oder
2. an der Werbung für eine Volksabstimmung, eine Volksbefragung oder ein Volksbegehren aufgrund landes- oder bundesrechtlicher Vorschriften

beteiligen, sofern sie innerhalb von sechs Wochen vor dem Wahltag, dem Tag der Volksabstimmung oder der Volksbefragung bzw. vor dem Beginn der Eintragungszeit und während dieser errichtet oder aufgestellt und spätestens zwei Wochen danach entfernt werden.

(3) Die Errichtung, Aufstellung oder Änderung einer anzeigepflichtigen Werbeeinrichtung ist unzulässig, wenn

a) ihre mechanische Festigkeit oder Standsicherheit nicht gegeben wäre,
b) sie hinsichtlich der Sicherheit und Flüssigkeit des Verkehrs im Widerspruch zu § 5 Abs. 2, 3 oder 4 stünde,
c) sie aufgrund ihrer Beschaffenheit einer Verordnung nach § 27 Abs. 1 lit. c widerspräche oder, insbesondere im Hinblick auf die verwendeten Materialien, ihre Größe, Form, Farbe oder Lichtwirkung, das Orts- oder Straßenbild erheblich beeinträchtigte,
d) sie in den Mindestabstandsflächen von 3 m bzw. 4 m nach § 6 Abs. 1 eine Höhe von 2,00 m, im Gewerbe- und Industriegebiet von 2,80 m überschreitet, außer der betroffene Nachbar stimmt einer größeren Höhe nachweislich zu,
e) sie im Widerspruch zum Flächenwidmungsplan, einem Bebauungsplan oder zu den Festlegungen des örtlichen Raumordnungskonzeptes nach § 31b Abs. 2 des Tiroler Raumordnungsgesetzes 2022 stünde oder hinsichtlich der Art, der Gestaltung, der Größe oder der Lichtwirkung den örtlichen Bauvorschriften widerspräche.

(4) Die Behörde hat die angezeigte Errichtung, Aufstellung oder Änderung einer Werbeeinrichtung zu prüfen. Ergibt sich dabei, dass das angezeigte Vorhaben nach Abs. 3 unzulässig ist, so hat die Behörde dessen Ausführung innerhalb von zwei Monaten nach Vorliegen der vollständigen Anzeige mit schriftlichem Bescheid zu untersagen. Sind zur Wahrung der nach Abs. 3 geschützten Interessen Auflagen, Bedingungen oder eine Befristung notwendig, so hat die Behörde innerhalb derselben Frist die Zustimmung zur Ausführung des angezeigten Vorhabens mit schriftlichem Bescheid mit entsprechenden Auflagen, unter entsprechenden Bedingungen oder befristet zu erteilen. Besteht Grund zur Annahme, dass ein Bescheid nach dem zweiten oder dritten Satz nicht fristgerecht rechtswirksam zugestellt werden kann, so hat ihn die Behörde nach § 23 des Zustellgesetzes ohne vorhergehenden Zustellversuch zu hinterlegen.

(5) Wird die Ausführung des angezeigten Vorhabens nicht innerhalb der im Abs. 4 zweiter Satz genannten Frist untersagt oder stimmt die Behörde der Ausführung des angezeigten Vorhabens ausdrücklich zu, so darf es ausgeführt werden. In diesen Fällen hat die Behörde dem zur Ausführung des Vorhabens Berechtigten eine mit einem

entsprechenden Vermerk versehene Ausfertigung der eingereichten Unterlagen auszuhändigen.

(6) Im Übrigen gelten für frei stehende Werbeeinrichtungen im Sinn der Abs. 1 und 2 sowie für frei stehende Werbeeinrichtungen, die einer Bewilligung nach § 17 Abs. 1 lit. f des Tiroler Stadt- und Ortsbildschutzgesetzes 2021 bedürfen, § 38 Abs. 1 erster Satz, § 40, § 41 Abs. 1 und 2, § 44 Abs. 3 bis 6, § 47 Abs. 1 zweiter Satz, 2, 4 und 5 sowie § 48 Abs. 2 sinngemäß.

§ 57
Behördliche Entfernung von Werbeeinrichtungen

(1) Wurde eine anzeigepflichtige Werbeeinrichtung ohne die erforderliche Anzeige errichtet, aufgestellt oder geändert, so hat die Behörde demjenigen, der dies veranlasst hat, eine höchstens zweiwöchige Frist zu setzen, innerhalb der die Anzeige nachzuholen ist. Verstreicht diese Frist ungenützt oder wird (bzw. wurde) die Errichtung, Aufstellung oder Änderung der betreffenden Werbeeinrichtung nach § 56 Abs. 4 zweiter Satz untersagt, so hat die Behörde demjenigen, der die Errichtung, Aufstellung oder Änderung der betreffenden Werbeeinrichtung veranlasst hat, deren Entfernung aufzutragen. Kann dieser nur mit einem unverhältnismäßigen Aufwand festgestellt oder überhaupt nicht herangezogen werden, so hat die Behörde dem Eigentümer des betroffenen Grundstückes oder dem sonst hierüber Verfügungsberechtigten die Entfernung der Werbeeinrichtung aufzutragen.

(2) Wurde eine nicht angezeigte Werbeeinrichtung entgegen dem § 56 Abs. 2 lit. b oder c frühzeitig angebracht oder nicht rechtzeitig entfernt, so hat die Behörde demjenigen, der die Errichtung oder Aufstellung der betreffenden Werbeeinrichtung veranlasst hat, deren Entfernung aufzutragen. Abs. 1 dritter Satz ist anzuwenden.

(3) Die Behörde darf Werbeeinrichtungen sofort entfernen,

a) wenn sie ohne die erforderliche Anzeige errichtet, aufgestellt oder geändert wurden und ein Untersagungsgrund nach § 56 Abs. 3 vorliegt oder wenn sie ungeachtet einer Untersagung nach § 56 Abs. 4 zweiter Satz errichtet, aufgestellt oder geändert wurden oder
b) wenn einem Entfernungsauftrag nach Abs. 1 oder 2 nicht entsprochen wird.

Für Schäden, die dabei unvermeidbar eintreten, besteht gegenüber der Gemeinde kein Anspruch auf Entschädigung. Die Behörde hat dem Eigentümer des entfernten Gegenstandes oder dem sonst hierüber Verfügungsberechtigten unverzüglich aufzutragen, diesen zu übernehmen. Die Zustellung eines solchen Auftrages durch öffentliche Bekanntmachung nach § 25 des Zustellgesetzes gilt 24 Stunden nach der Kundmachung an der Amtstafel als bewirkt.

(4) Der Eigentümer des entfernten Gegenstandes oder der sonst hierüber Verfügungsberechtigte hat der Gemeinde die Kosten der Entfernung und Aufbewahrung zu ersetzen. Wird der Gegenstand von diesem nicht innerhalb eines Monats übernommen, so verfällt er zugunsten der Gemeinde.

(5) Kann der Eigentümer des entfernten Gegenstandes oder der sonst hierüber Verfügungsberechtigte nicht oder nur mit einem unverhältnismäßigen Aufwand festgestellt werden, so hat die Behörde den Verfall des Gegenstandes zugunsten der Gemeinde auszusprechen. Ein solcher Bescheid ist durch öffentliche Bekanntmachung zuzustellen.

(6) Die Abs. 1 bis 5 gelten auch für Werbeeinrichtungen im Sinn dieses Gesetzes, die ohne die nach der Tiroler Bauordnung bisher erforderlich gewesene Bewilligung errichtet, aufgestellt oder geändert wurden.

§ 58
Aufschüttungen, Abgrabungen

(1) Die Durchführung von Aufschüttungen und Abgrabungen im Bauland, auf Sonderflächen, auf Vorbehaltsflächen und innerhalb geschlossener Ortschaften auch im Freiland, die eine Veränderung gegenüber dem ursprünglichen Geländeniveau von mehr als 1,50 m herbeiführen, ist der Behörde schriftlich anzuzeigen. Der Anzeige sind ein Lageplan, eine Beschreibung der technischen Ausführung der Aufschüttung oder Abgrabung und ein Geländeschnitt bei physischer Einbringung in zweifacher Ausfertigung anzuschließen. § 30 Abs. 2 zweiter und dritter Satz gilt sinngemäß. Für die elektronische Einbringung gilt § 29a sinngemäß.

(2) Steht eine Aufschüttung oder Abgrabung nach Abs. 1 im Zusammenhang mit einem bewilligungspflichtigen Bauvorhaben, so kann anstelle der Anzeige im Bauansuchen auch um die Erteilung der Bewilligung für die Aufschüttung oder Abgrabung angesucht werden. In diesem Fall ist über die Zulässigkeit der Aufschüttung oder Abgrabung in der Baubewilligung zu entscheiden.

(3) Die Durchführung einer anzeigepflichtigen Aufschüttung oder Abgrabung ist unzulässig, wenn die Aufschüttung oder Abgrabung im Hinblick auf die Boden- und Geländebeschaffenheit den Erfordernissen der Sicherheit, insbesondere der bodenmechanischen Festigkeit und Rutschsicherheit, nicht entspricht. In den Mindestabstandsflächen von 3 bzw. 4 m (§ 6 Abs. 1) darf das ursprüngliche Geländeniveau oder, wenn im Bebauungsplan eine Höhenlage festgelegt ist, das durch die Höhenlage bestimmte Geländeniveau durch eine Aufschüttung höchstens um 2 m, im Gewerbe- und Industriegebiet höchstens um 2,80 m, verändert werden, außer der betroffene Nachbar stimmt einer Veränderung in einem größeren Ausmaß nachweislich zu. Die Durchführung einer anzeigepflichtigen Aufschüttung ist weiters unzulässig,

wenn die Sicherheit und Flüssigkeit des Verkehrs beeinträchtigt würde, innerhalb geschlossener Ortschaften ferner, wenn das Orts- oder Straßenbild erheblich beeinträchtigt würde.

(4) Die Behörde hat die angezeigte Aufschüttung oder Abgrabung zu prüfen. Für die Untersagung, die Zustimmung unter Auflagen oder Bedingungen und die Zulässigkeit der Ausführung ist § 56 Abs. 4 und 5 anzuwenden. Im Übrigen gilt § 38 Abs. 1 und 6, § 39, § 40, § 41, § 42 Abs. 1, 3, 4 und 5, § 43, § 44 Abs. 3 bis 6, § 47 Abs. 1 zweiter Satz, 2, 4 und 5 sowie § 48 Abs. 2 sinngemäß.

(5) Wurde eine anzeigepflichtige Aufschüttung oder Abgrabung ohne die erforderliche Anzeige durchgeführt, so hat die Behörde dem Eigentümer des betreffenden Grundstückes eine angemessene Frist zu setzen, innerhalb der die Anzeige nachzuholen ist. Verstreicht diese Frist ungenützt oder wird (bzw. wurde) die Aufschüttung oder Abgrabung nach Abs. 4 untersagt, so hat die Behörde dem Eigentümer des betreffenden Grundstückes die Wiederherstellung des ursprünglichen Geländezustandes aufzutragen. Dies gilt auch, wenn durch die Aufschüttung oder Abgrabung das ursprüngliche Geländeniveau in einem gegenüber der Anzeige größeren Ausmaß verändert oder die Aufschüttung oder Abgrabung sonst erheblich abweichend von der Anzeige ausgeführt wurde. Dem Eigentümer des betreffenden Grundstückes kann jedoch auf sein begründetes Verlangen statt der Wiederherstellung des ursprünglichen Geländezustandes die Herstellung des der Anzeige entsprechenden Geländezustandes aufgetragen werden.

9. Abschnitt
Sonderbestimmungen

§ 59
Schutz des Orts- und Straßenbildes

(1) Grundstücke innerhalb geschlossener Ortschaften, die von öffentlichen Verkehrsflächen aus eingesehen werden können, sind in einem solchen Zustand zu erhalten, dass das Orts- und Straßenbild nicht erheblich beeinträchtigt wird. Dies gilt insbesondere für die Lagerung oder das Abstellen von Gegenständen, wie Fahrzeug- und Maschinenwracks, Altreifen, Aushub-, Abbruch- und Abraummaterial, Gerümpel und sonstige Altmaterialien, sofern dafür keine Bewilligung nach anderen Rechtsvorschriften vorliegt.

(2) Befindet sich ein Grundstück nach Abs. 1 in einem das Orts- oder Straßenbild erheblich beeinträchtigenden Zustand, so hat die Behörde dem Eigentümer des Grundstückes oder dem sonst hierüber Verfügungsberechtigten die Beseitigung dieses Zustandes aufzutragen.

(3) Werden Gegenstände entgegen dem Abs. 1 ohne eine entsprechende Bewilligung so gelagert oder abgestellt, dass das Orts- oder Straßenbild dadurch erheblich beeinträchtigt wird, so hat die Behörde demjenigen, der dies veranlasst hat, deren Entfernung aufzutragen. Kann dieser nicht oder nur mit einem unverhältnismäßigen Aufwand festgestellt oder überhaupt nicht herangezogen werden, so hat die Behörde dem Eigentümer des betroffenen Grundstückes oder dem sonst hierüber Verfügungsberechtigten die Entfernung der Gegenstände aufzutragen. Kommt der Verpflichtete einem solchen Auftrag nicht nach, so darf die Behörde die Gegenstände sofort entfernen. Im Übrigen gilt § 57 Abs. 3 zweiter, dritter und vierter Satz, 4 und 5 sinngemäß.

(4) Innerhalb geschlossener Ortschaften dürfen Plakate, Anschläge, Transparente, Projektionen und dergleichen nur so angebracht werden, dass sie das Orts- und Straßenbild nicht erheblich beeinträchtigen. Andernfalls darf die Behörde diese sofort entfernen. Im Übrigen gilt § 57 Abs. 3 zweiter, dritter und vierter Satz, 4 und 5 sinngemäß.

(5) Plakate, Anschläge und dergleichen von Gruppen, die sich an der Werbung für eine Wahl, eine Volksabstimmung, eine Volksbefragung oder ein Volksbegehren im Sinn des § 56 Abs. 2 lit. c beteiligen, dürfen frühestens sechs Wochen vor dem Wahltag, dem Tag der Volksabstimmung oder der Volksbefragung bzw. vor dem Beginn der Eintragungszeit und während dieser angebracht werden. Sie sind spätestens zwei Wochen danach zu entfernen. Werden solche Plakate, Anschläge und dergleichen frühzeitig angebracht oder nicht rechtzeitig entfernt, so darf sie die Behörde sofort entfernen. Im Übrigen gilt § 57 Abs. 3 zweiter, dritter und vierter Satz, 4 und 5 sinngemäß.

§ 60
Antennentragmasten

(1) Die Errichtung und die wesentliche Änderung von Antennentragmasten innerhalb geschlossener Ortschaften ist der Behörde schriftlich anzuzeigen, sofern hierfür nicht eine Bewilligung nach § 17 Abs. 1 lit. g des Tiroler Stadt- und Ortsbildschutzgesetzes 2021 erforderlich ist. Der Anzeige sind ein Lageplan und eine zur Beurteilung der Auswirkungen des angezeigten Vorhabens auf das Orts- und Straßenbild ausreichende Beschreibung und planliche Darstellung des Vorhabens bei physischer Einbringung in zweifacher Ausfertigung anzuschließen. Für die elektronische Einbringung gilt § 29a sinngemäß.

(2) Keiner Anzeige nach Abs. 1 bedarf die Errichtung und die wesentliche Änderung von Antennentragmasten im Gewerbe- und Industriegebiet.

(3) Die Behörde hat die angezeigte Errichtung oder wesentliche Änderung eines Antennentragmastes zu prüfen. Die Behörde hat das angezeigte Vorhaben innerhalb von zwei Monaten nach Vorliegen der vollständigen Anzeige mit schriftlichem Bescheid zu untersagen, wenn sich ergibt,

dass das Orts- oder Straßenbild durch das Vorhaben erheblich beeinträchtigt würde. Besteht Grund zur Annahme, dass ein solcher Untersagungsbescheid nicht fristgerecht rechtswirksam zugestellt werden kann, so hat ihn die Behörde nach § 23 des Zustellgesetzes ohne vorhergehenden Zustellversuch zu hinterlegen.

(4) Sind zum Schutz des Orts- oder Straßenbildes Auflagen oder Bedingungen notwendig, so hat die Behörde innerhalb der im Abs. 3 genannten Frist die Zustimmung zur Ausführung des angezeigten Vorhabens mit schriftlichem Bescheid unter entsprechenden Auflagen oder Bedingungen zu erteilen. Dabei ist auf die telekommunikationstechnischen Erfordernisse Rücksicht zu nehmen. Besteht Grund zur Annahme, dass ein solcher Bescheid nicht fristgerecht rechtswirksam zugestellt werden kann, so hat ihn die Behörde nach § 23 des Zustellgesetzes ohne vorhergehenden Zustellversuch zu hinterlegen.

(5) Wird die Ausführung des angezeigten Vorhabens nicht innerhalb der im Abs. 3 genannten Frist untersagt oder stimmt die Behörde der Ausführung des angezeigten Vorhabens ausdrücklich zu, so darf es ausgeführt werden. In diesen Fällen hat die Behörde dem zur Ausführung des Vorhabens Berechtigten eine mit einem entsprechenden Vermerk versehene Ausfertigung der eingereichten Unterlagen auszuhändigen.

(6) Wurde ein anzeigepflichtiges Vorhaben ohne die erforderliche Anzeige ausgeführt, so hat die Behörde dem Verantwortlichen eine höchstens zweiwöchige Frist zu setzen, innerhalb der die Anzeige nachzuholen ist. Verstreicht diese Frist ungenützt oder wird (bzw. wurde) die Ausführung des Vorhabens untersagt, so hat die Behörde dem Verantwortlichen die Entfernung der Anlage aufzutragen.

(7) Im Übrigen gilt § 38 Abs. 1 erster Satz, § 41 Abs. 1 und 2, § 44 Abs. 3 und 4, § 47 Abs. 1 zweiter Satz, 2, 4 und 5 sowie § 48 Abs. 2 sinngemäß.

§ 61
Duldung öffentlicher Einrichtungen

(1) Die Eigentümer von Grundstücken oder baulichen Anlagen oder die sonst hierüber Verfügungsberechtigten haben die Anbringung, die Änderung, die Erhaltung und Instandsetzung, den Austausch und die Entfernung

a) von Einrichtungen zur Beleuchtung von öffentlichen Verkehrsflächen sowie
b) von Tafeln und Zeichen zum Hinweis auf Versorgungsleitungen, Kanalisationsanlagen und dergleichen

auf dem Grundstück bzw. der baulichen Anlage ohne Anspruch auf Entschädigung zu dulden, wenn auf öffentlichem Gut kein geeigneter Platz zur Anbringung dieser Einrichtungen vorhanden ist.

(2) Die Einrichtungen sind so anzubringen, dass die Benützung des betroffenen Grundstückes oder der betroffenen baulichen Anlage nicht wesentlich erschwert wird. Im Übrigen sind Maßnahmen im Sinn des Abs. 1 so durchzuführen, dass die Interessen der Eigentümer der betroffenen Grundstücke oder baulichen Anlagen oder der sonst hierüber Verfügungsberechtigten so gering wie möglich beeinträchtigt werden.

(3) Die beabsichtigte Durchführung von Maßnahmen im Sinn des Abs. 1 ist dem Eigentümer des betroffenen Grundstückes oder der betroffenen baulichen Anlage oder dem sonst hierüber Verfügungsberechtigten schriftlich mitzuteilen.

(4) Erfordern Bau-, Erhaltungs- oder Instandsetzungsmaßnahmen die Entfernung von Einrichtungen im Sinn des Abs. 1, so hat der Eigentümer des betroffenen Grundstückes oder der betroffenen baulichen Anlage oder der sonst hierüber Verfügungsberechtigte dem Begünstigten diesen Umstand unter Angabe der zu entfernenden Einrichtungen, der beabsichtigten Maßnahmen und des voraussichtlichen Arbeitsbeginns mindestens zwei Wochen vorher anzuzeigen. Der Begünstigte hat die Einrichtungen bis zum angegebenen Arbeitsbeginn zu entfernen oder der Entfernung durch den Eigentümer des Grundstückes oder der baulichen Anlage oder den sonst hierüber Verfügungsberechtigten zuzustimmen. Andernfalls ist dieser zur Entfernung der Einrichtungen berechtigt. Für die Wiederanbringung der Einrichtungen gelten die Abs. 1, 2 und 3 sinngemäß.

(5) Bei Streitigkeiten über die sich aus den Abs. 1 bis 4 ergebenden Rechte und Pflichten entscheidet die Behörde auf Antrag eines Betroffenen oder von Amts wegen mit schriftlichem Bescheid.

(6) Schäden, die durch Maßnahmen im Sinn des Abs. 1 unvermeidlich entstehen, sind vom Begünstigten zu beheben oder dem Geschädigten zu ersetzen. Über Streitigkeiten darüber entscheiden die ordentlichen Gerichte.

10. Abschnitt
Behörden

§ 62
Behörden außerhalb der Stadt Innsbruck

(1) Außerhalb der Stadt Innsbruck ist Behörde im Sinn dieses Gesetzes der Bürgermeister, soweit in den Abs. 2, 3 und 4 nichts anderes bestimmt ist.

(2) Bei Bauvorhaben, die sich auf das Gebiet zweier oder mehrerer Gemeinden mit Ausnahme der Stadt Innsbruck erstrecken, ist Behörde im Sinn dieses Gesetzes die Bezirksverwaltungsbehörde, bei Bauvorhaben, die sich auf das Gebiet mehrerer Bezirke erstrecken, die Landesregierung. Im Bauverfahren kommt den betroffenen Gemeinden Parteistellung zur Wahrung der Interessen der örtlichen Raumordnung zu.

(3) Bei Bauvorhaben, für die aufgrund ihrer Lage im Bereich der Staatsgrenze eine Ausnahmebewilligung nach § 7 Abs. 1 des Staatsgrenzgesetzes, BGBl. Nr. 9/1974, zuletzt geändert durch das Gesetz BGBl. I Nr. 161/2013, erforderlich ist, ist Behörde im Sinn dieses Gesetzes die Bezirksverwaltungsbehörde, bei Bauvorhaben, die sich überdies auf das Gebiet mehrerer Bezirke erstrecken, die Landesregierung. Im Bauverfahren kommt den betroffenen Gemeinden Parteistellung zur Wahrung der Interessen der örtlichen Raumordnung zu.

(4) Ist der Bezirksverwaltungsbehörde aufgrund einer Verordnung nach § 19 Abs. 1 der Tiroler Gemeindeordnung 2001, LGBl. Nr. 36/2001, in der jeweils geltenden Fassung die Besorgung von Angelegenheiten der örtlichen Baupolizei übertragen, so ist eine Ausfertigung der aufgrund dieser Verordnung nach den baurechtlichen Vorschriften erlassenen Entscheidungen jeweils dem Bürgermeister zu übersenden. Im Bauverfahren kommt der betroffenen Gemeinde Parteistellung zur Wahrung der Interessen der örtlichen Raumordnung zu.

§ 63
Behörden in der Stadt Innsbruck

(1) In der Stadt Innsbruck ist Behörde im Sinn dieses Gesetzes der Stadtmagistrat, soweit im Abs. 2 nichts anderes bestimmt ist.

(2) Bei Bauvorhaben, die sich auf das Gebiet der Stadt Innsbruck und einer angrenzenden Gemeinde erstrecken, ist Behörde im Sinn dieses Gesetzes die Landesregierung. Im Bauverfahren kommt der Stadt Innsbruck und der betroffenen Gemeinde Parteistellung zur Wahrung der Interessen der örtlichen Raumordnung zu.

11. Abschnitt
Schluss-, Straf- und Übergangsbestimmungen

§ 64
Dingliche Wirkung

Rechte und Pflichten, die sich aus Entscheidungen nach diesem Gesetz mit Ausnahme von Entscheidungen in Verwaltungsstrafsachen ergeben, haften auf dem Grundstück und gehen auf den Rechtsnachfolger im Grundeigentum oder Baurecht über.

§ 65
Aufschiebende Wirkung

(1) In den Angelegenheiten dieses Gesetzes haben Beschwerden gemäß Art. 130 Abs. 1 Z 1 B-VG keine aufschiebende Wirkung, wenn durch den angefochtenen Bescheid eine Berechtigung eingeräumt wird.

(2) Die Behörde hat jedoch auf Antrag der beschwerdeführenden Partei die aufschiebende Wirkung mit Bescheid zuzuerkennen, wenn dem nicht zwingende öffentliche Interessen entgegenstehen und nach Abwägung der berührten öffentlichen Interessen und Interessen anderer Parteien mit der Ausübung der durch den angefochtenen Bescheid eingeräumten Berechtigung für die beschwerdeführende Partei ein unverhältnismäßiger Nachteil verbunden wäre.

(3) Die Beschwerde gegen einen Bescheid nach Abs. 2 hat keine aufschiebende Wirkung.

§ 66
Nichtigkeit

Bescheide, mit denen die Baubewilligung erteilt wurde, obwohl ein Abweisungsgrund nach § 34 Abs. 3 lit. a Z 1 oder 2, b oder c vorlag, leiden an einem mit Nichtigkeit bedrohten Fehler.

Fassung bis 11. Februar 2026:

§ 67
Strafbestimmungen

(1) Wer

a) als Bauherr oder Bauverantwortlicher ein bewilligungspflichtiges Bauvorhaben ohne eine entsprechende Baubewilligung oder abweichend von der Baubewilligung oder ein anzeigepflichtiges Bauvorhaben ohne eine entsprechende Bauanzeige, erheblich abweichend von der Bauanzeige, ungeachtet einer Untersagung nach § 30 Abs. 3 dritter Satz oder vorzeitig ohne Vorliegen der Voraussetzungen nach § 37 Abs. 2 ausführt,
b) als Inhaber der Baubewilligung in der Baubewilligung, gegebenenfalls in Verbindung mit § 34 Abs. 8, 11 erster Satz oder 13 dritter Satz, oder nach § 34 Abs. 10 lit. a, 12, 15 oder 16 vorgeschriebene Auflagen nicht erfüllt,
c) nach Erlöschen der Baubewilligung einem Auftrag nach § 35 Abs. 7 zweiter oder dritter Satz, gegebenenfalls in Verbindung mit Abs. 8 vierter Satz, nicht nachkommt,
d) als Inhaber der Baubewilligung Maßnahmen nach § 38 Abs. 1 zweiter Satz nicht durchführt,
e) als Bauherr entgegen dem § 38 Abs. 2 ohne entsprechende Kennzeichnung des Verlaufs der äußeren Wandfluchten oder ohne die vorherige Vorlage der Bestätigung darüber an die Behörde mit der Ausführung des aufgehenden Mauerwerkes beginnt oder diese Kennzeichnung vorzeitig entfernt oder entgegen dem § 38 Abs. 3 ohne die vorherige Vorlage einer entsprechenden Bestätigung darüber, dass die Bauhöhen der Baubewilligung entsprechen, oder ohne die vorherige Kennzeichnung der obersten Ziegelreihe bzw. des oberen Wandabschlusses mit dem Aufsetzen der Dachkonstruktion beginnt oder diese Kennzeichnung vorzeitig entfernt,
f) eine unrichtige Bestätigung über die Kennzeichnung der äußeren Wandfluchten oder über die Bauhöhen nach § 38 Abs. 2 bzw. 3 ausstellt,

g) als Bauherr entgegen dem § 39 Abs. 4 ungeachtet eines Auftrages zur Bestellung eines Bauverantwortlichen ein Bauvorhaben, einen Bauabschnitt oder Bauarbeiten ganz oder teilweise ohne die vorherige Bestellung eines geeigneten Bauverantwortlichen ausführt oder im Fall der vorzeitigen Beendigung der Tätigkeit des Bauverantwortlichen die Bauausführung vor der Bestellung eines neuen Bauverantwortlichen fortsetzt,
h) einem Auftrag nicht nachkommt, mit dem ihm nach § 42 Abs. 1 bis 4, gegebenenfalls in Verbindung mit § 53 Abs. 6 oder § 58 Abs. 4, die weitere Bauführung untersagt oder die Beseitigung der bereits errichteten Teile des Bauvorhabens, gegebenenfalls auch die Wiederherstellung des ursprünglichen Zustandes des Bauplatzes, oder die Herstellung des der Baubewilligung bzw. Bauanzeige entsprechenden Zustandes aufgetragen wird,
i) als Bauherr einem Auftrag nach § 44 Abs. 4 nicht nachkommt,
j) als Eigentümer oder Bauberechtigter eine bauliche Anlage oder einen Teil davon benützt oder anderen zur Benützung überlässt, obwohl
1. diese(r) im Fall eines bewilligungspflichtigen Bauvorhabens ohne die erforderliche Baubewilligung oder im Fall eines anzeigepflichtigen Bauvorhabens ohne eine entsprechende Bauanzeige, erheblich abweichend von der Bauanzeige oder ungeachtet einer Untersagung nach § 30 Abs. 3 fünfter Satz errichtet oder geändert wurde oder
2. die Voraussetzungen nach § 44 Abs. 2, gegebenenfalls in Verbindung mit § 53 Abs. 6, nicht vorliegen,
k) als Eigentümer oder Bauberechtigter ein Gebäude im Sinn des § 45 Abs. 1 oder einen Teil davon ohne eine entsprechende Benützungsbewilligung benützt oder anderen zur Benützung überlässt,
l) als Aussteller eines Energieausweises der Verpflichtung nach § 26 Abs. 2, die Daten des Energieausweises der Landesregierung zur Verarbeitung in einer zentralen Landesdatenbank in elektronischer Form zu übermitteln, nicht nachkommt,
m) unbeschadet des § 13a Abs. 1 des Tiroler Raumordnungsgesetzes 2022 eine bauliche Anlage oder einen Teil davon zu einem anderen als dem bewilligten bzw. als dem aus der baulichen Zweckbestimmung hervorgehenden Verwendungszweck benützt oder anderen zur Benützung überlässt oder wer entgegen dem § 44 Abs. 8 erster Satz oder Abs. 9 des Tiroler Raumordnungsgesetzes 2022 auf einer Hofstelle eine gewerbliche Tätigkeit ausübt oder eine Hofstelle anderen zur Ausübung einer solchen Tätigkeit überlässt,
n) als Inhaber der Benützungsbewilligung darin vorgeschriebene Auflagen nicht erfüllt,
o) einem Auftrag nicht nachkommt, mit dem ihm
1. nach § 46 Abs. 1, 2 oder 4 die Beseitigung einer baulichen Anlage, gegebenenfalls auch die Wiederherstellung des ursprünglichen Zustandes des Bauplatzes, oder die Herstellung des der Baubewilligung bzw. Bauanzeige entsprechenden Zustandes aufgetragen wird oder
2. nach § 46 Abs. 6 erster Satz die weitere Benützung einer baulichen Anlage ganz oder teilweise untersagt oder nach § 46 Abs. 6 zweiter Satz die Durchführung von Maßnahmen zur Durchsetzung dieses Verbotes aufgetragen wird oder
3. nach § 46 Abs. 7 die Durchführung von Maßnahmen zur Herstellung des gesetzmäßigen Zustandes oder die Beseitigung einer baulichen Anlage, gegebenenfalls auch die Wiederherstellung des ursprünglichen Zustandes des Bauplatzes, aufgetragen wird oder
4. nach § 46 Abs. 9 die Durchführung von Maßnahmen aufgetragen wird,
p) einem Auftrag nach § 47 Abs. 2, gegebenenfalls in Verbindung mit § 53 Abs. 6, § 56 Abs. 6 oder § 58 Abs. 4, zur Behebung von Baugebrechen oder zum gänzlichen oder teilweisen Abbruch einer baulichen Anlage oder zur gänzlichen oder teilweisen Entfernung einer Werbeeinrichtung bzw. einer Aufschüttung oder Abgrabung nicht nachkommt oder wer eine bauliche Anlage entgegen einer Entscheidung nach § 47 Abs. 3, gegebenenfalls in Verbindung mit § 53 Abs. 6, weiter benützt oder anderen zur Benützung überlässt oder Auflagen in einer solchen Entscheidung nicht erfüllt,
q) ein Gebäude ohne die erforderliche Abbruchanzeige, ungeachtet einer Untersagung nach § 50 Abs. 3 erster Satz oder vorzeitig ohne Vorliegen der Voraussetzungen nach § 50 Abs. 5 erster Satz ganz oder teilweise abbricht,
r) als Abbruchberechtigter entgegen dem § 51 Abs. 1 in Verbindung mit § 39 Abs. 4 ungeachtet eines Auftrages zur Bestellung eines Abbruchverantwortlichen den Abbruch bzw. Abbrucharbeiten ohne die vorherige Bestellung eines geeigneten Abbruchverantwortlichen ausführt oder im Fall der vorzeitigen Beendigung der Tätigkeit des Abbruchverantwortlichen den Abbruch bzw. die Abbrucharbeiten ohne die Bestellung eines neuen Abbruchverantwortlichen fortsetzt,
s) einem Auftrag nach § 51 Abs. 1 in Verbindung mit § 42 Abs. 2 oder nach § 52 Abs. 1, 2 erster Satz oder 3 erster Satz, mit dem ihm die weitere Ausführung des Abbruchs bzw. die sofortige Einstellung der Abbrucharbeiten oder die Wiederherstellung des früheren Zustandes aufgetragen wird, nicht nachkommt,
t) als Abbruchberechtigter oder Abbruchverantwortlicher Auflagen in der Zustimmung zum

Abbruch nicht erfüllt oder den Verpflichtungen nach § 51 Abs. 2 erster Satz nicht nachkommt oder als Abbruchberechtigter einem Auftrag nach § 51 Abs. 4 erster Satz nicht nachkommt,

t1) als Bauherr eine bewilligungspflichtige Anlage zur Erzeugung von erneuerbarer Energie ohne eine entsprechende Baubewilligung oder abweichend von der Baubewilligung ausführt oder wer eine anzeigepflichtige Anlage zur Erzeugung von erneuerbarer Energie ohne eine entsprechende Bauanzeige, erheblich abweichend von der Bauanzeige, ungeachtet einer Untersagung nach § 30 Abs. 3 dritter Satz oder vorzeitig ohne Vorliegen der Voraussetzungen nach § 37 Abs. 2 ausführt,

t2) als Inhaber einer Bewilligung für eine Anlage zur Erzeugung von erneuerbarer Energie in der Bewilligung vorgeschriebene Auflagen nicht erfüllt,

u) als Inhaber einer Bewilligung für eine bauliche Anlage vorübergehenden Bestandes (§ 53) in der Bewilligung vorgeschriebene Auflagen nicht erfüllt oder nach dem Ablauf der Bewilligung einem Auftrag nach § 53 Abs. 7 dritter Satz nicht nachkommt,

v) als Inhaber der Bewilligung für eine bauliche Anlage vorübergehenden Bestandes oder als für die Beseitigung der baulichen Anlage Verantwortlicher den Verpflichtungen nach § 51 Abs. 2 erster Satz oder als Inhaber einer solchen Bewilligung einem Auftrag nach § 51 Abs. 4 erster Satz, jeweils in Verbindung mit § 53 Abs. 7 dritter Satz, nicht nachkommt,

w) als Inhaber einer Bewilligung für eine bauliche Anlage vorübergehenden Bestandes

1. entgegen dem § 53 Abs. 8 in Verbindung mit § 39 Abs. 4 ungeachtet eines Auftrages zur Bestellung eines für die Beseitigung der baulichen Anlage Verantwortlichen die betreffenden Maßnahmen ganz oder teilweise ohne die vorherige Bestellung eines geeigneten Verantwortlichen ausführt oder im Fall der vorzeitigen Beendigung der Tätigkeit des Verantwortlichen die betreffenden Maßnahmen ohne die Bestellung eines neuen Verantwortlichen fortsetzt, oder
2. einem Auftrag nach § 53 Abs. 8 in Verbindung mit § 42 Abs. 2, mit dem ihm die weitere Durchführung von Maßnahmen bzw. Arbeiten zur Beseitigung der baulichen Anlage untersagt wird, nicht nachkommt,

x) eine anzeigepflichtige Werbeeinrichtung ohne die erforderliche Anzeige, ungeachtet einer Untersagung nach § 56 Abs. 4 zweiter Satz oder vorzeitig ohne Vorliegen der Voraussetzungen nach § 56 Abs. 5 erster Satz errichtet, aufstellt oder ändert, Auflagen in der Zustimmung zur Errichtung, Aufstellung oder Änderung einer Werbeeinrichtung nicht erfüllt oder eine Werbeeinrichtung entgegen dem § 56 Abs. 2 lit. b oder c vorzeitig anbringt oder nicht rechtzeitig entfernt,

y) einem Auftrag zur Entfernung einer Werbeeinrichtung nach § 57 Abs. 1 oder 2 nicht nachkommt,

z) eine anzeigepflichtige Aufschüttung oder Abgrabung ohne die erforderliche Anzeige, ungeachtet einer Untersagung nach § 58 Abs. 4 in Verbindung mit § 56 Abs. 4 zweiter Satz oder vorzeitig ohne Vorliegen der Voraussetzungen nach § 58 Abs. 4 in Verbindung mit § 56 Abs. 5 erster Satz ausführt oder Auflagen in der Zustimmung zur Durchführung einer Aufschüttung oder Abgrabung nicht erfüllt,

z1) einen anzeigepflichtigen Antennentragmasten ohne die erforderliche Anzeige, ungeachtet einer Untersagung nach § 60 Abs. 3 zweiter Satz oder vorzeitig ohne Vorliegen der Voraussetzungen nach § 60 Abs. 5 erster Satz errichtet oder wesentlich ändert oder Auflagen in der Zustimmung zur Errichtung oder wesentlichen Änderung eines Antennentragmastes nicht erfüllt oder einem Auftrag zur Entfernung eines Antennentragmastes nach § 60 Abs. 6 zweiter Satz nicht nachkommt,

begeht eine Verwaltungsübertretung und ist von der Bezirksverwaltungsbehörde mit Geldstrafe bis zu 36.300,- Euro, zu bestrafen.

(2) Wer

a) als Bauherr entgegen dem § 37 Abs. 1 den Baubeginn der Behörde nicht anzeigt,

b) als Bauherr entgegen dem § 39 Abs. 2 erster Satz die Bestellung des Bauverantwortlichen der Behörde nicht mitteilt,

c) als Bauverantwortlicher den Verpflichtungen nach § 39 Abs. 3 oder 4 zweiter Satz nicht nachkommt,

d) bei der Bauausführung Bestimmungen in Verordnungen nach § 40 Abs. 1 oder 3 oder Festlegungen nach § 40 Abs. 2, gegebenenfalls in Verbindung mit § 53 Abs. 6, § 56 Abs. 6 oder § 58 Abs. 4, zuwiderhandelt,

e) als Bauherr oder als Bauverantwortlicher der Verpflichtung nach § 41 Abs. 2 zweiter Satz nicht nachkommt,

f) als Eigentümer einer baulichen Anlage entgegen dem § 44 Abs. 1 oder 3, gegebenenfalls in Verbindung mit § 53 Abs. 6, § 56 Abs. 6 oder § 58 Abs. 4, die Vollendung eines bewilligungspflichtigen oder anzeigepflichtigen Bauvorhabens der Behörde nicht anzeigt,

g) als Eigentümer einer baulichen Anlage oder als sonst hierüber Verfügungsberechtigter den Verpflichtungen nach § 48 Abs. 2 nicht nachkommt,

h) als Abbruchberechtigter entgegen dem § 51 Abs. 1 vierter Satz in Verbindung mit § 39 Abs. 2 erster Satz die Bestellung des Abbruchverantwortlichen der Behörde nicht mitteilt oder entgegen dem § 51 Abs. 5 die Vollendung des Abbruchs der Behörde nicht anzeigt,

i) als Inhaber der Bewilligung für eine bauliche Anlage vorübergehenden Bestandes entgegen dem § 53 Abs. 8 vierter Satz in Verbindung mit § 39 Abs. 2 erster Satz die Bestellung eines für die Beseitigung der baulichen Anlage Verantwortlichen der Behörde nicht mitteilt oder entgegen dem § 53 Abs. 9 erster Satz die erfolgte Durchführung der Maßnahmen nach § 53 Abs. 7 erster Satz der Behörde nicht anzeigt,
j) als Eigentümer eines Gebäudes nach § 23 Abs. 1 lit. d oder als sonst hierüber Verfügungsberechtigter einen Energieausweis nicht erstellen lässt, entgegen dem § 23 Abs. 5 nicht oder nicht rechtzeitig erneuert oder entgegen dem § 25 Abs. 1 nicht oder nicht ordnungsgemäß aushängt,
k) als Bauherr oder als Eigentümer eines Gebäudes oder sonst hierüber Verfügungsberechtigter seiner Verpflichtung, hochgeschwindigkeitsfähige gebäudeinterne physische Infrastrukturen, gegebenenfalls einschließlich eines Zugangspunktes, herzustellen bzw. aufrechtzuerhalten, nicht nachkommt,
l) als Eigentümer oder sonst Verfügungsberechtigter einer Photovoltaikanlage der Anzeigepflicht nach § 52b Abs. 6 nicht nachkommt,
m) als Bauherr bei den nach § 29 Abs. 4 oder 5 erforderlichen näheren Erklärungen unrichtige Angaben macht,

begeht eine Verwaltungsübertretung und ist von der Bezirksverwaltungsbehörde mit Geldstrafe bis zu 6.000,- Euro, zu bestrafen.

(3) Im Fall einer Übertretung nach § 67 Abs. 1 lit. a endet das strafbare Verhalten erst mit der Beseitigung des rechtswidrigen Zustandes.

(4) Der Versuch ist strafbar.

Fassung ab 12. Februar 2026:

§ 67
Strafbestimmungen

(1) Wer

a) als Bauherr oder Bauverantwortlicher ein bewilligungspflichtiges Bauvorhaben ohne eine entsprechende Baubewilligung oder abweichend von der Baubewilligung oder ein anzeigepflichtiges Bauvorhaben ohne eine entsprechende Bauanzeige, erheblich abweichend von der Bauanzeige, ungeachtet einer Untersagung nach § 30 Abs. 3 dritter Satz oder vorzeitig ohne Vorliegen der Voraussetzungen nach § 37 Abs. 2 ausführt,
b) als Inhaber der Baubewilligung in der Baubewilligung, gegebenenfalls in Verbindung mit § 34 Abs. 8, 11 erster Satz oder 13 dritter Satz, oder nach § 34 Abs. 10 lit. a, 12, 15 oder 16 vorgeschriebene Auflagen nicht erfüllt,
c) nach Erlöschen der Baubewilligung einem Auftrag nach § 35 Abs. 7 zweiter oder dritter Satz, gegebenenfalls in Verbindung mit Abs. 8 vierter Satz, nicht nachkommt,
d) als Inhaber der Baubewilligung Maßnahmen nach § 38 Abs. 1 zweiter Satz nicht durchführt,
e) als Bauherr entgegen dem § 38 Abs. 2 ohne entsprechende Kennzeichnung des Verlaufs der äußeren Wandfluchten oder ohne die vorherige Vorlage der Bestätigung darüber an die Behörde mit der Ausführung des aufgehenden Mauerwerkes beginnt oder diese Kennzeichnung vorzeitig entfernt oder entgegen dem § 38 Abs. 3 ohne die vorherige Vorlage einer entsprechenden Bestätigung darüber, dass die Bauhöhen der Baubewilligung entsprechen, oder ohne die vorherige Kennzeichnung der obersten Ziegelreihe bzw. des oberen Wandabschlusses mit dem Aufsetzen der Dachkonstruktion beginnt oder diese Kennzeichnung vorzeitig entfernt,
f) eine unrichtige Bestätigung über die Kennzeichnung der äußeren Wandfluchten oder über die Bauhöhen nach § 38 Abs. 2 bzw. 3 ausstellt,
g) als Bauherr entgegen dem § 39 Abs. 4 ungeachtet eines Auftrages zur Bestellung eines Bauverantwortlichen ein Bauvorhaben, einen Bauabschnitt oder Bauarbeiten ganz oder teilweise ohne die vorherige Bestellung eines geeigneten Bauverantwortlichen ausführt oder im Fall der vorzeitigen Beendigung der Tätigkeit des Bauverantwortlichen die Bauausführung vor der Bestellung eines neuen Bauverantwortlichen fortsetzt,
h) einem Auftrag nicht nachkommt, mit dem ihm nach § 42 Abs. 1 bis 4, gegebenenfalls in Verbindung mit § 53 Abs. 6 oder § 58 Abs. 4, die weitere Bauführung untersagt oder die Beseitigung der bereits errichteten Teile des Bauvorhabens, gegebenenfalls auch die Wiederherstellung des ursprünglichen Zustandes des Bauplatzes, oder die Herstellung des der Baubewilligung bzw. Bauanzeige entsprechenden Zustandes aufgetragen wird,
i) als Bauherr einem Auftrag nach § 44 Abs. 4 nicht nachkommt,
j) als Eigentümer oder Bauberechtigter eine bauliche Anlage oder einen Teil davon benützt oder anderen zur Benützung überlässt, obwohl
1. diese(r) im Fall eines bewilligungspflichtigen Bauvorhabens ohne die erforderliche Baubewilligung oder im Fall eines anzeigepflichtigen Bauvorhabens ohne eine entsprechende Bauanzeige, erheblich abweichend von der Bauanzeige oder ungeachtet einer Untersagung nach § 30 Abs. 3 fünfter Satz errichtet oder geändert wurde oder

2. die Voraussetzungen nach § 44 Abs. 2, gegebenenfalls in Verbindung mit § 53 Abs. 6, nicht vorliegen,

k) als Eigentümer oder Bauberechtigter ein Gebäude im Sinn des § 45 Abs. 1 oder einen Teil davon ohne eine entsprechende Benützungsbewilligung benützt oder anderen zur Benützung überlässt,

l) als Aussteller eines Energieausweises der Verpflichtung nach § 26 Abs. 2, die Daten des Energieausweises der Landesregierung zur Verarbeitung in einer zentralen Landesdatenbank in elektronischer Form zu übermitteln, nicht nachkommt,

m) unbeschadet des § 13a Abs. 1 des Tiroler Raumordnungsgesetzes 2022 eine bauliche Anlage oder einen Teil davon zu einem anderen als dem bewilligten bzw. als dem aus der baulichen Zweckbestimmung hervorgehenden Verwendungszweck benützt oder anderen zur Benützung überlässt oder wer entgegen dem § 44 Abs. 8 erster Satz oder Abs. 9 des Tiroler Raumordnungsgesetzes 2022 auf einer Hofstelle eine gewerbliche Tätigkeit ausübt oder eine Hofstelle anderen zur Ausübung einer solchen Tätigkeit überlässt,

n) als Inhaber der Benützungsbewilligung darin vorgeschriebene Auflagen nicht erfüllt,

o) einem Auftrag nicht nachkommt, mit dem ihm

1. nach § 46 Abs. 1, 2 oder 4 die Beseitigung einer baulichen Anlage, gegebenenfalls auch die Wiederherstellung des ursprünglichen Zustandes des Bauplatzes, oder die Herstellung des der Baubewilligung bzw. Bauanzeige entsprechenden Zustandes aufgetragen wird oder
2. nach § 46 Abs. 6 erster Satz die weitere Benützung einer baulichen Anlage ganz oder teilweise untersagt oder nach § 46 Abs. 6 zweiter Satz die Durchführung von Maßnahmen zur Durchsetzung dieses Verbotes aufgetragen wird oder
3. nach § 46 Abs. 7 die Durchführung von Maßnahmen zur Herstellung des gesetzmäßigen Zustandes oder die Beseitigung einer baulichen Anlage, gegebenenfalls auch die Wiederherstellung des ursprünglichen Zustandes des Bauplatzes, aufgetragen wird oder
4. nach § 46 Abs. 9 die Durchführung von Maßnahmen aufgetragen wird,

p) einem Auftrag nach § 47 Abs. 2, gegebenenfalls in Verbindung mit § 53 Abs. 6, § 56 Abs. 6 oder § 58 Abs. 4, zur Behebung von Baugebrechen oder zum gänzlichen oder teilweisen Abbruch einer baulichen Anlage oder zur gänzlichen oder teilweisen Entfernung einer Werbeeinrichtung bzw. einer Aufschüttung oder Abgrabung nicht nachkommt oder wer eine bauliche Anlage entgegen einer Entscheidung nach § 47 Abs. 3, gegebenenfalls in Verbindung mit § 53 Abs. 6, weiter benützt oder anderen zur Benützung überlässt oder Auflagen in einer solchen Entscheidung nicht erfüllt,

q) ein Gebäude ohne die erforderliche Abbruchanzeige, ungeachtet einer Untersagung nach § 50 Abs. 3 erster Satz oder vorzeitig ohne Vorliegen der Voraussetzungen nach § 50 Abs. 5 erster Satz ganz oder teilweise abbricht,

r) als Abbruchberechtigter entgegen dem § 51 Abs. 1 in Verbindung mit § 39 Abs. 4 ungeachtet eines Auftrages zur Bestellung eines Abbruchverantwortlichen den Abbruch bzw. Abbrucharbeiten ohne die vorherige Bestellung eines geeigneten Abbruchverantwortlichen ausführt oder im Fall der vorzeitigen Beendigung der Tätigkeit des Abbruchverantwortlichen den Abbruch bzw. die Abbrucharbeiten ohne die Bestellung eines neuen Abbruchverantwortlichen fortsetzt,

s) einem Auftrag nach § 51 Abs. 1 in Verbindung mit § 42 Abs. 2 oder nach § 52 Abs. 1, 2 erster Satz oder 3 erster Satz, mit dem ihm die weitere Ausführung des Abbruchs bzw. die sofortige Einstellung der Abbrucharbeiten oder die Wiederherstellung des früheren Zustandes aufgetragen wird, nicht nachkommt,

t) als Abbruchberechtigter oder Abbruchverantwortlicher Auflagen in der Zustimmung zum Abbruch nicht erfüllt oder den Verpflichtungen nach § 51 Abs. 2 erster Satz nicht nachkommt oder als Abbruchberechtigter einem Auftrag nach § 51 Abs. 4 erster Satz nicht nachkommt,

t1) als Bauherr eine bewilligungspflichtige Anlage zur Erzeugung von erneuerbarer Energie ohne eine entsprechende Baubewilligung oder abweichend von der Baubewilligung ausführt oder wer eine anzeigepflichtige Anlage zur Erzeugung von erneuerbarer Energie ohne eine entsprechende Bauanzeige, erheblich abweichend von der Bauanzeige, ungeachtet einer Untersagung nach § 30 Abs. 3 dritter Satz oder vorzeitig ohne Vorliegen der Voraussetzungen nach § 37 Abs. 2 ausführt,

t2) als Inhaber einer Bewilligung für eine Anlage zur Erzeugung von erneuerbarer Energie in der Bewilligung vorgeschriebene Auflagen nicht erfüllt,

u) als Inhaber einer Bewilligung für eine bauliche Anlage vorübergehenden Bestandes (§ 53) in der Bewilligung vorgeschriebene Auflagen nicht erfüllt oder nach dem Ablauf der Bewilligung einem Auftrag nach § 53 Abs. 7 dritter Satz nicht nachkommt,

v) als Inhaber der Bewilligung für eine bauliche Anlage vorübergehenden Bestandes oder als für die Beseitigung der baulichen Anlage Verantwortlicher den Verpflichtungen nach § 51 Abs. 2 erster Satz oder als Inhaber einer solchen Bewilligung einem Auftrag nach § 51 Abs. 4 erster Satz, jeweils in Verbindung mit § 53 Abs. 7 dritter Satz, nicht nachkommt,

w) als Inhaber einer Bewilligung für eine bauliche Anlage vorübergehenden Bestandes

1. entgegen dem § 53 Abs. 8 in Verbindung mit § 39 Abs. 4 ungeachtet eines Auftrages zur Bestellung eines für die Beseitigung der baulichen Anlage Verantwortlichen die betreffenden Maßnahmen ganz oder teilweise ohne die vorherige Bestellung eines geeigneten Verantwortlichen ausführt oder im Fall der vorzeitigen Beendigung der Tätigkeit des Verantwortlichen die betreffenden Maßnahmen ohne die Bestellung eines neuen Verantwortlichen fortsetzt, oder
2. einem Auftrag nach § 53 Abs. 8 in Verbindung mit § 42 Abs. 2, mit dem ihm die weitere Durchführung von Maßnahmen bzw. Arbeiten zur Beseitigung der baulichen Anlage untersagt wird, nicht nachkommt,

x) eine anzeigepflichtige Werbeeinrichtung ohne die erforderliche Anzeige, ungeachtet einer Untersagung nach § 56 Abs. 4 zweiter Satz oder vorzeitig ohne Vorliegen der Voraussetzungen nach § 56 Abs. 5 erster Satz errichtet, aufstellt oder ändert, Auflagen in der Zustimmung zur Errichtung, Aufstellung oder Änderung einer Werbeeinrichtung nicht erfüllt oder eine Werbeeinrichtung entgegen dem § 56 Abs. 2 lit. b oder c vorzeitig anbringt oder nicht rechtzeitig entfernt,

y) einem Auftrag zur Entfernung einer Werbeeinrichtung nach § 57 Abs. 1 oder 2 nicht nachkommt,

z) eine anzeigepflichtige Aufschüttung oder Abgrabung ohne die erforderliche Anzeige, ungeachtet einer Untersagung nach § 58 Abs. 4 in Verbindung mit § 56 Abs. 4 zweiter Satz oder vorzeitig ohne Vorliegen der Voraussetzungen nach § 58 Abs. 4 in Verbindung mit § 56 Abs. 5 erster Satz ausführt oder Auflagen in der Zustimmung zur Durchführung einer Aufschüttung oder Abgrabung nicht erfüllt,

z1) einen anzeigepflichtigen Antennentragmasten ohne die erforderliche Anzeige, ungeachtet einer Untersagung nach § 60 Abs. 3 zweiter Satz oder vorzeitig ohne Vorliegen der Voraussetzungen nach § 60 Abs. 5 erster Satz errichtet oder wesentlich ändert oder Auflagen in der Zustimmung zur Errichtung oder wesentlichen Änderung eines Antennentragmastes nicht erfüllt oder einem Auftrag zur Entfernung eines Antennentragmastes nach § 60 Abs. 6 zweiter Satz nicht nachkommt,

begeht eine Verwaltungsübertretung und ist von der Bezirksverwaltungsbehörde mit Geldstrafe bis zu 36.300,- Euro, zu bestrafen.

(2) Wer

a) als Bauherr entgegen dem § 37 Abs. 1 den Baubeginn der Behörde nicht anzeigt,

b) als Bauherr entgegen dem § 39 Abs. 2 erster Satz die Bestellung des Bauverantwortlichen der Behörde nicht mitteilt,

c) als Bauverantwortlicher den Verpflichtungen nach § 39 Abs. 3 oder 4 zweiter Satz nicht nachkommt,

d) bei der Bauausführung Bestimmungen in Verordnungen nach § 40 Abs. 1 oder 3 oder Festlegungen nach § 40 Abs. 2, gegebenenfalls in Verbindung mit § 53 Abs. 6, § 56 Abs. 6 oder § 58 Abs. 4, zuwiderhandelt,

e) als Bauherr oder als Bauverantwortlicher der Verpflichtung nach § 41 Abs. 2 zweiter Satz nicht nachkommt,

f) als Eigentümer einer baulichen Anlage entgegen dem § 44 Abs. 1 oder 3, gegebenenfalls in Verbindung mit § 53 Abs. 6, § 56 Abs. 6 oder § 58 Abs. 4, die Vollendung eines bewilligungspflichtigen oder anzeigepflichtigen Bauvorhabens der Behörde nicht anzeigt,

g) als Eigentümer einer baulichen Anlage oder als sonst hierüber Verfügungsberechtigter den Verpflichtungen nach § 48 Abs. 2 nicht nachkommt,

h) als Abbruchberechtigter entgegen dem § 51 Abs. 1 vierter Satz in Verbindung mit § 39 Abs. 2 erster Satz die Bestellung des Abbruchverantwortlichen der Behörde nicht mitteilt oder entgegen dem § 51 Abs. 5 die Vollendung des Abbruchs der Behörde nicht anzeigt,

i) als Inhaber der Bewilligung für eine bauliche Anlage vorübergehenden Bestandes entgegen dem § 53 Abs. 8 vierter Satz in Verbindung mit § 39 Abs. 2 erster Satz die Bestellung eines für die Beseitigung der baulichen Anlage Verantwortlichen der Behörde nicht mitteilt oder entgegen dem § 53 Abs. 9 erster Satz die erfolgte Durchführung der Maßnahmen nach § 53 Abs. 7 erster Satz der Behörde nicht anzeigt,

j) als Eigentümer eines Gebäudes nach § 23 Abs. 1 lit. d oder als sonst hierüber Verfügungsberechtigter einen Energieausweis nicht erstellen lässt, entgegen dem § 23 Abs. 5 nicht oder nicht rechtzeitig erneuert oder entgegen dem § 25 Abs. 1 nicht oder nicht ordnungsgemäß aushängt,

k) als Bauherr oder als Eigentümer eines Gebäudes oder sonst hierüber Verfügungsberechtigter seiner Verpflichtung, glasfaserfähige gebäudeinterne physische Infrastruktur und gebäudeinterne Glasfaserverkabelung, einschließlich Verbindungen bis zu dem physischen Punkt an dem der Endnutzer eine Anbindung an das öffentliche Netz hat, gegebenenfalls einschließlich eines Zugangspunktes, herzustellen bzw. aufrechtzuerhalten, nicht nachkommt,

l) als Eigentümer oder sonst Verfügungsberechtigter einer Photovoltaikanlage der Anzeigepflicht nach § 52b Abs. 6 nicht nachkommt,

m) als Bauherr bei den nach § 29 Abs. 4 oder 5 erforderlichen näheren Erklärungen unrichtige Angaben macht,

begeht eine Verwaltungsübertretung und ist von der Bezirksverwaltungsbehörde mit Geldstrafe bis zu 6.000,- Euro, zu bestrafen.

(3) Im Fall einer Übertretung nach § 67 Abs. 1 lit. a endet das strafbare Verhalten erst mit der Beseitigung des rechtswidrigen Zustandes.

(4) Der Versuch ist strafbar.

§ 68
Mitwirkung der Bundespolizei

Die Organe der Bundespolizei haben der Behörde auf ihr Ersuchen bei der Durchsetzung von Maßnahmen nach § 42 Abs. 1 dritter Satz, gegebenenfalls in Verbindung mit § 42 Abs. 2, 3 und 4, § 53 Abs. 6 oder § 58 Abs. 4, von Maßnahmen nach § 46 Abs. 6 dritter Satz und § 48 Abs. 1, gegebenenfalls in Verbindung mit § 53 Abs. 6, sowie von Maßnahmen nach § 51 Abs. 2 zweiter Satz und § 52 Abs. 2 dritter Satz im Rahmen ihres gesetzmäßigen Wirkungsbereiches Hilfe zu leisten.

§ 69
Eigener Wirkungsbereich der Gemeinde

Die Aufgaben der Gemeinde nach diesem Gesetz mit Ausnahme jener nach § 43 Abs. 6, gegebenenfalls in Verbindung mit § 51 Abs. 5 zweiter Satz, § 53 Abs. 6 oder § 58 Abs. 4, sind solche des eigenen Wirkungsbereiches.

§ 70
Verarbeitung personenbezogener Daten

(1) Die Gemeinden und der Stadtmagistrat Innsbruck sind Verantwortliche nach Art. 4 Z 7 der Verordnung (EU) 2016/679 des Europäischen Parlaments und des Rates zum Schutz natürlicher Personen bei der Verarbeitung personenbezogener Daten, zum freien Datenverkehr und zur Aufhebung der Richtlinie 95/46/EG (Datenschutz-Grundverordnung), ABl. 2016 Nr. L 119, S. 1, in den nach §§ 62 und 63 in die Zuständigkeit des Bürgermeisters oder des Stadtmagistrats fallenden Angelegenheiten. Das Amt der Tiroler Landesregierung und die Bezirkshauptmannschaften sind gemeinsam Verantwortliche nach Art. 26 der Datenschutz-Grundverordnung in den nach §§ 62 und 63 oder aufgrund einer Verordnung nach § 19 Abs. 1 der Tiroler Gemeindeordnung 2001 in die Zuständigkeit der Bezirksverwaltungsbehörde oder der Landesregierung fallenden Angelegenheiten. Das Amt der Tiroler Landesregierung ist Verantwortlicher nach Art. 26 der Datenschutz-Grundverordnung bei der Einrichtung und der Führung der Energieausweisdatenbank nach § 26.

(2) Die nach Abs. 1 Verantwortlichen dürfen folgende Daten nachstehend angeführter Personen verarbeiten, soweit diese Daten in Verfahren nach § 15 Abs. 1 erforderlich sind:

a) von den Parteien und Beteiligten, von Grundeigentümern und diesen gleichzuhaltenden Personen:

Identifikationsdaten, Erreichbarkeitsdaten, grundstücks- und anlagenbezogene Daten, Daten über Rechtstitel,

b) von Sachverständigen und Projektanten:

Identifikationsdaten, Erreichbarkeitsdaten, Daten über Befähigungen und berufsrechtliche Befugnisse.

(3) Die nach Abs. 1 Verantwortlichen dürfen folgende Daten nachstehend angeführter Personen verarbeiten, soweit diese Daten in Bauverfahren, in Verfahren über Bauanzeigen und Abbruchanzeigen, in Verfahren zur Erstreckung der Frist für den Baubeginn oder die Bauvollendung, in Feststellungsverfahren betreffend die Vermutung des Vorliegens oder Nichtvorliegens einer Baubewilligung, in Verfahren zur vorübergehenden Benützung von Nachbargrundstücken, in baupolizeilichen Verfahren einschließlich der Verfahren zur nachträglichen Vorschreibung von Auflagen, Sicherheitskonzepten und Abstellmöglichkeiten, zur Bestellung von Bau- und Abbruchverantwortlichen und zur Untersagung der Benützung und zur Räumung von Gebäuden oder sonstigen baulichen Anlagen sowie in Verfahren zur Erteilung der Benützungsbewilligung erforderlich sind:

a) von den Parteien und Beteiligten, von Grundeigentümern und Bauberechtigten, von Eigentümern baulicher Anlagen oder sonst hierüber Verfügungsberechtigten und von Personen, die bauliche Anlagen benützen:

Identifikationsdaten, Erreichbarkeitsdaten, grundstücks- und anlagenbezogene Daten, Daten des Energieausweises, Daten über Rechtstitel, Daten über die Eigenschaft, das Fehlen der Eigenschaft und das Erlöschen der Eigenschaft von Wohnsitzen als Freizeitwohnsitze, Daten über die Eigenschaft und das Fehlen der Eigenschaft von Gebäuden als Einkaufszentren, Daten über Nachweise betreffend die rechtliche Sicherstellung der Verbindung von Grundstücken mit öffentlichen Verkehrsflächen und die Schaffung von Abstellmöglichkeiten für Kraftfahrzeuge und Fahrräder, Daten über Bescheide,

b) von Sachverständigen, befugten Personen oder Stellen, Bauverantwortlichen, Abbruchverantwortlichen und Projektanten:

Identifikationsdaten, Erreichbarkeitsdaten, Daten über Befähigungen und berufsrechtliche Befugnisse.

(4) Die nach Abs. 1 Verantwortlichen dürfen folgende Daten nachstehend angeführter Personen verarbeiten, soweit diese Daten in Bewilligungs- und Anzeigeverfahren für Vorhaben nach dem Abschnitt 7a und dem 8. Abschnitt, in Anzeigeverfahren über Antennentragmasten und in sonstigen solche Vorhaben betreffenden Verfahren im Sinn des Abs. 2 erforderlich sind:

a) von den Parteien und Beteiligten, von Grundeigentümern und Bauberechtigten, von Eigentümern baulicher Anlagen oder sonst hierüber Verfügungsberechtigten und von Personen, die bauliche Anlagen benützen:

Identifikationsdaten, Erreichbarkeitsdaten, grundstücks- und anlagenbezogene Daten, Daten über Rechtstitel, Daten über Nachweise betreffend die rechtliche Sicherstellung der Verbindung von Grundstücken mit öffentlichen Verkehrsflächen und die Schaffung von Abstellmöglichkeiten für Kraftfahrzeuge und Fahrräder, Daten über Bescheide, Daten des Energieausweises bei Vorhaben nach den §§ 52a, 53, 54 und 55,

b) von Sachverständigen, befugten Personen oder Stellen, Bauverantwortlichen, Abbruchverantwortlichen und Projektanten:

Identifikationsdaten, Erreichbarkeitsdaten, Daten über Befähigungen und berufsrechtliche Befugnisse.

(5) Die nach Abs. 1 Verantwortlichen dürfen von den Parteien und Beteiligten und von Grundeigentümern folgende Daten verarbeiten, soweit diese in Verfahren zur Beseitigung erheblicher Beeinträchtigungen des Orts- oder Straßenbildes nach § 59 Abs. 2 und 3 erforderlich sind:

Identifikationsdaten, Erreichbarkeitsdaten, grundstücksbezogene und auf gelagerte oder abgestellte Gegenstände bezogene Daten, Daten über Bescheide.

(6) Die nach Abs. 1 Verantwortlichen dürfen von Parteien und Beteiligten, von Grundeigentümern, von Eigentümern baulicher Anlagen oder sonst hierüber Verfügungsberechtigten und von zur Anbringung öffentlicher Einrichtungen Berechtigten folgende Daten verarbeiten, soweit diese Daten in Verfahren nach § 61 Abs. 5 erforderlich sind:

Identifikationsdaten, Erreichbarkeitsdaten, grundstücks- und anlagenbezogene Daten, Daten über Bescheide.

(7) Die nach Abs. 1 Verantwortlichen dürfen von Eigentümern baulicher Anlagen oder sonst hierüber Verfügungsberechtigten sowie von Ausstellern nach § 24 Abs. 1 folgende Daten verarbeiten, soweit diese Daten zu Kontrollzwecken nach § 26, zur Verfolgung statistischer oder energie- und umweltpolitischer Ziele, zu Forschungszwecken oder zu förderrelevanten Abwicklungen erforderlich sind:

Identifikationsdaten, Erreichbarkeitsdaten, Daten des Energieausweises.

(8) Die nach Abs. 1 Verantwortlichen haben die Daten zu löschen, sobald diese für die Erfüllung der ihnen nach diesem Gesetz obliegenden Aufgaben nicht mehr benötigt werden.

(9) Als Identifikationsdaten gelten:

a) bei natürlichen Personen der Familien- und der Vorname, das Geschlecht, das Geburtsdatum, allfällige akademische Grade, Standesbezeichnungen und Titel,

b) bei juristischen Personen und Personengesellschaften die gesetzliche, satzungsmäßige oder firmenmäßige Bezeichnung und hinsichtlich der vertretungsbefugten Organe die Daten nach lit. a sowie die Firmenbuchnummer, die Vereinsregisterzahl, die Umsatzsteuer-Identifikationsnummer und die Ordnungsnummer im Ergänzungsregister.

(10) Als Erreichbarkeitsdaten gelten Wohnsitzdaten und sonstige Adressdaten, die Telefonnummer, elektronische Kontaktdaten, wie insbesondere die E-Mail-Adresse und Telefax-Nummer, oder Verfügbarkeitsdaten.

§ 71

Übergangsbestimmungen

(1) Die im Zeitpunkt des Inkrafttretens dieses Gesetzes anhängigen Baubewilligungsverfahren und Verfahren aufgrund von Bauanzeigen sind nach der bisherigen Tiroler Bauordnung weiterzuführen, wenn das betreffende Bauvorhaben auch nach diesem Gesetz bewilligungspflichtig oder zumindest anzeigepflichtig ist. Andernfalls ist das Verfahren einzustellen. Die Parteien sind davon zu verständigen.

(2) Alle übrigen im Zeitpunkt des Inkrafttretens dieses Gesetzes nach der bisherigen Tiroler Bauordnung anhängigen Verfahren sind nach den Bestimmungen dieses Gesetzes weiterzuführen, sofern sie darin eine gesetzliche Grundlage finden. Andernfalls sind sie einzustellen. Die Parteien sind davon zu verständigen.

(3) § 34 Abs. 10 bis 14 gilt auch für Bauvorhaben, für die die Baubewilligung aufgrund früherer baurechtlicher Vorschriften erteilt wurde, wenn das betreffende Bauvorhaben auch nach diesem Gesetz bewilligungspflichtig ist. § 35 gilt auch für das Erlöschen von Baubewilligungen, die aufgrund der bisherigen Tiroler Bauordnung erteilt wurden. In diesem Fall beginnt die Frist für die

Bauvollendung nach § 35 Abs. 1 lit. b frühestens mit dem Zeitpunkt des Inkrafttretens dieses Gesetzes. Aufträge nach § 41 Abs. 2 der bisherigen Tiroler Bauordnung werden unwirksam.

(4) Die Bestimmungen der §§ 37 bis 41, des § 42 Abs. 1, 2, 3 und 5 und des § 43 gelten auch für die Ausführung von Bauvorhaben, für die eine Baubewilligung oder eine Bauanzeige aufgrund der bisherigen Tiroler Bauordnung vorliegt und die im Zeitpunkt des Inkrafttretens dieses Gesetzes noch nicht vollendet sind. Die Bestimmungen des § 38 Abs. 2 und 3 gelten jedoch nicht, wenn die Bauausführung im Zeitpunkt des Inkrafttretens dieses Gesetzes bereits weiter fortgeschritten ist.

(5) Für die im 8. Abschnitt dieses Gesetzes geregelten sonstigen Vorhaben gilt Abs. 4 erster Satz sinngemäß, soweit die entsprechenden Bestimmungen aufgrund des § 53 Abs. 6, § 56 Abs. 6 oder § 58 Abs. 4 auf diese Vorhaben Anwendung finden.

(6) Die Bestimmungen des § 51 Abs. 1 bis 5 gelten auch für den Abbruch von Gebäuden und Gebäudeteilen, wenn dafür eine Bewilligung aufgrund der bisherigen Tiroler Bauordnung vorliegt und der Abbruch im Zeitpunkt des Inkrafttretens dieses Gesetzes noch nicht vollendet ist. § 35 Abs. 4 der bisherigen Tiroler Bauordnung ist auf solche Bewilligungen weiter anzuwenden.

(7) Wird an ein im Zeitpunkt des Inkrafttretens dieses Gesetzes bestehendes Gebäude ein Vollwärmeschutz angebracht, so darf dieser bis höchstens 20 cm vor die Baufluchtlinie, vor die Baugrenzlinie, mit Zustimmung des Straßenverwalters vor die Straßenfluchtlinie und mit Zustimmung des Eigentümers des betroffenen Grundstückes oder des sonst hierüber Verfügungsberechtigten über die Grenzen des Bauplatzes ragen. Im Fall der Festlegung der besonderen Bauweise darf das für die Gebäudesituierung festgelegte Höchstausmaß oder zwingende Ausmaß um höchstens 20 cm überschritten werden. Ein entsprechender Vollwärmeschutz bleibt weiters im Ausmaß von höchstens 20 cm im Rahmen der Abstandsbestimmungen des § 6 Abs. 1, 3, 7 erster Satz, 8 und 10 sowie der Baumasse, der Baumassendichte und der Bebauungsdichte unberücksichtigt.

(8) Wird bei einem im Zeitpunkt des Inkrafttretens dieses Gesetzes bestehenden Gebäude im Bereich der Dachflächen eine Wärmedämmung angebracht, so bleibt diese parallel zur Dachfläche gemessen im Ausmaß von höchstens 30 cm im Rahmen der Abstandsbestimmungen des § 6 Abs. 1, 3, 7 erster Satz, 8 und 10 sowie der Bauhöhe und der Baumassendichte unberücksichtigt.

(9) Wird an ein im Zeitpunkt des Inkrafttretens dieses Gesetzes bestehendes Gebäude eine Fassadenbegrünung angebracht, so darf diese mit Zustimmung des Straßenverwalters einer öffentlichen Straße nach § 6 des Tiroler Straßengesetzes bis höchstens 50 cm über die Grenze des Bauplatzes in die Verkehrsflächen ragen. Eine entsprechende Fassadenbegrünung darf weiters im Ausmaß von höchstens 30 cm mit Zustimmung des jeweiligen Grundstückseigentümers über die übrigen Grundstücksgrenzen (§ 6) ragen und bleibt bezüglich der Baumasse, der Baumassendichte und der Bebauungsdichte unberücksichtigt.

(10) Bei Gebäuden, für die die Baubewilligung aufgrund von Vorschriften vor dem Inkrafttreten dieses Gesetzes erteilt wurde, dürfen nachträglich angebaute Treppentürme und bauliche Anlagen für Hebeanlagen zur Personenbeförderung unter den Voraussetzungen des § 5 Abs. 2 erster Satz vor die Baufluchtlinie ragen oder vor dieser errichtet werden. Nachträglich angebaute Treppentürme und bauliche Anlagen für Hebeanlagen zur Personenbeförderung dürfen im Fall der Festlegung der geschlossenen Bauweise auch in offener Bauweise errichtet werden. Weiters dürfen solche Anbauten in die Mindestabstandsflächen nach § 6 Abs. 1 ragen oder innerhalb dieser Flächen errichtet werden, wenn den Erfordernissen des Brandschutzes entsprochen wird. Ist eine Baugrenzlinie festgelegt, so dürfen sie unter dieser Voraussetzung vor die Baugrenzlinie ragen oder vor dieser errichtet werden. Im Übrigen bleiben sie im Rahmen des § 6 Abs. 7 erster Satz unberücksichtigt. Der Abstand von 1 m gegenüber anderen Grundstücken als Verkehrsflächen darf jedoch nur unterschritten werden, wenn der betroffene Nachbar dem nachweislich zustimmt.

(11) Das Erfordernis der einheitlichen Widmung des Bauplatzes nach § 2 Abs. 12 dritter Satz in Verbindung mit § 34 Abs. 4 lit. c besteht nicht, wenn das Bauansuchen oder die Bauanzeige vor dem Inkrafttreten des neuen oder geänderten Flächenwidmungsplanes nach § 111 Abs. 1 erster Satz des Tiroler Raumordnungsgesetzes 2011 in der Fassung des Gesetzes LGBl. Nr. 82/2015 oder in der Stadt Innsbruck auch nach § 122 Abs. 1 erster Satz des Tiroler Raumordnungsgesetzes 2022 in der Fassung des Gesetzes LGBl. Nr. 6/2025 eingebracht wurde.

(12) Für Grundstücke, die bereits nach dem Tiroler Raumordnungsgesetz 1984, LGBl. Nr. 4, zuletzt geändert durch das Gesetz LGBl. Nr. 76/1990, als Bauland oder als Sonderflächen gewidmet worden sind oder für die Verbauungspläne (Wirtschaftspläne) bestehen, darf abweichend vom § 16 Abs. 1 bis zum Ablauf von drei Jahren nach dem Inkrafttreten des neuen oder geänderten Flächenwidmungsplanes im Sinn des Abs. 11 die Bewilligung für die Änderung von Grundstücksgrenzen auch dann erteilt werden, wenn nur die Voraussetzungen nach § 16 Abs. 2 vorliegen. In diese Frist sind die Zeiten des Bewilligungsverfahrens und eines Verfahrens vor dem Landesverwaltungsgericht, dem Verwaltungsgerichtshof oder dem Verfassungsgerichtshof nicht einzurechnen.

(13) Bei Gebäuden, für die die Baubewilligung nach den baurechtlichen Vorschriften vor der Novelle LGBl. Nr. 10/1989 zur seinerzeitigen Tiroler Bauordnung erteilt worden ist, ist eine lagemäßige Abweichung des Gebäudes gegenüber der Lage aufgrund der Baubewilligung von höchstens 120 cm jedenfalls rechtmäßig. Bei Gebäuden, für die die Baubewilligung nach der seinerzeitigen Tiroler Bauordnung in der Fassung der Novelle LGBl. Nr. 10/1989 oder nach der Tiroler Bauordnung, LGBl. Nr. 33/1989, zuletzt geändert durch das Gesetz LGBl. Nr. 31/1997, erteilt worden ist, gilt dies nur, wenn deren Abstände gegenüber den Grenzen des Bauplatzes zu den angrenzenden Grundstücken außer zu Verkehrsflächen im Zeitpunkt der Erteilung der Baubewilligung zumindest das Doppelte der gesetzlichen Mindestabstände betragen haben.

(14) Widerspricht eine bereits in Geltung stehende Verordnung der Gemeinde nach § 8 Abs. 8 ganz oder teilweise den in § 8 Abs. 7 oder den in einer Verordnung der Landesregierung nach § 8 Abs. 6 erstmals festgelegten oder in weiterer Folge geänderten Höchstzahlen, so hat die Gemeinde diese innerhalb eines Jahres ab dem Inkrafttreten der (geänderten) Verordnung der Landesregierung in dem zur Beseitigung dieses Widerspruches erforderlichen Umfang zu ändern. Kommt die Gemeinde dieser Verpflichtung nicht innerhalb dieser Frist nach, so hat die Landesregierung durch Verordnung die betreffende Verordnung der Gemeinde insoweit aufzuheben, als sie ihrer Verordnung widerspricht.

(15) Ist in einer Baubewilligung, die aufgrund dieses Gesetzes in der Fassung des Gesetzes LGBl. Nr. 187/2014 erteilt wurde, eine größere Anzahl an zu schaffenden Abstellmöglichkeiten festgelegt, als dies nunmehr aufgrund einer Verordnung der Landesregierung nach § 8 Abs. 6 zulässig wäre, so hat die Behörde auf Antrag des Eigentümers des betreffenden Gebäudes die Anzahl der erforderlichen Abstellmöglichkeiten mit schriftlichem Bescheid so festzulegen, dass diese die in der Verordnung der Landesregierung festgelegte Höchstzahl nicht überschreitet. Wurde für Abstellmöglichkeiten, die diese Höchstzahl überschreiten, eine Befreiung nach diesem Gesetz erteilt, so gilt eine in diesem Umfang nach dem 2. Abschnitt des Tiroler Verkehrsaufschließungs- und Ausgleichsabgabengesetzes 2011, LGBl. Nr. 58/2011, in der jeweils geltenden Fassung vorgeschriebene Ausgleichsabgabe als in Ansehung jener Abstellmöglichkeiten entrichtet, für die im Zusammenhang mit einem neuerlichen Bauvorhaben auf dem der seinerzeit erteilten Befreiung entsprechenden Bauplatz wiederum eine Befreiung erteilt wird. Dies gilt auch für Baubewilligungen, Befreiungen oder Abgabenvorschreibungen aufgrund früherer landesgesetzlicher Vorschriften.

(16) Wird in einem Bebauungsplan die gekuppelte Bauweise (§ 2 Abs. 13) für nicht zulässig erklärt, so ist im Fall einer zumindest für einen der betroffenen Bauplätze bereits erteilten Baubewilligung oder bereits erstatteten Bauanzeige aufgrund eines gemeinsamen Antrags nach § 6 Abs. 9, bauliche Anlagen an der Grundstücksgrenze in gekuppelter Bauweise zu errichten, die Errichtung von baulichen Anlagen mit Ausnahme von Nebenanlagen und Nebengebäuden in offener Bauweise weiterhin nicht zulässig. Für bestehende bauliche Anlagen an der Grundstücksgrenze gilt in diesem Fall § 6 Abs. 9 dritter Satz sinngemäß.

(17) Bis zum Inkrafttreten der Fortschreibung des örtlichen Raumordnungskonzeptes mit den Festlegungen nach § 31b Abs. 1 des Tiroler Raumordnungsgesetzes 2022 findet § 33 Abs. 3 lit. f keine Anwendung. Bis dahin ist § 25 Abs. 3 lit. e der Tiroler Bauordnung 2001 in der Fassung des Gesetzes LGBl. Nr. 40/2009 weiter anzuwenden; dies gilt auch für die in diesem Zeitpunkt anhängigen Verfahren.

(18) § 62 Abs. 4 zweiter Satz ist auf Bauverfahren, die am 30. April 2017 anhängig sind, nicht anzuwenden.

(19) § 65 ist auf Beschwerden gegen Bescheide, die vor dem 1. Mai 2017 erlassen wurden, nicht anzuwenden.

(20) Auf die im Zeitpunkt des Inkrafttretens des Gesetzes LGBl. Nr. 109/2019 bereits anhängigen Baubewilligungsverfahren und Verfahren aufgrund von Bauanzeigen ist § 8 in der Fassung des Gesetzes LGBl. Nr. 144/2018 weiterhin anzuwenden.

(21) Auf die am 31. Mai 2020 bereits anhängigen Baubewilligungsverfahren und Verfahren aufgrund von Bauanzeigen sind § 2 Abs. 27 und 28, die §§ 21 bis 26, § 31 Abs. 3 und § 34 Abs. 4 lit. e in der Fassung des Gesetzes LGBl. Nr. 46/2020 weiterhin anzuwenden.

§ 72

Inkrafttreten, Notifikation, Umsetzung von Unionsrecht

(1) Dieses Gesetz tritt mit 1. März 1998 in Kraft.

(2) Gleichzeitig tritt die Tiroler Bauordnung, LGBl. Nr. 33/1989, zuletzt geändert durch das Gesetz LGBl. Nr. 31/1997, außer Kraft.

(3) Dieses Gesetz wurde unter Einhaltung der Bestimmungen der Richtlinie 83/189/EWG des Rates vom 28. März 1983 über ein Informationsverfahren auf dem Gebiet der Normen und technischen Vorschriften in der Fassung der Richtlinien 88/182/EWG und 94/10/EG der Europäischen Kommission notifiziert (Notifikationsnummer 97/0469/A).

(4) Mit diesem Gesetz werden folgende EU-Richtlinien umgesetzt:

1. Richtlinie 2001/55/EG des Rates über Mindestnormen für die Gewährung vorübergehenden Schutzes im Falle eines Massenzustroms

von Vertriebenen und Maßnahmen zur Förderung einer ausgewogenen Verteilung der Belastungen, die mit der Aufnahme dieser Personen und den Folgen dieser Aufnahme verbunden sind, auf die Mitgliedstaaten, ABl. 2001 Nr. L 212, S. 12,

2. Richtlinie (EU) 2018/2001 des Europäischen Parlaments und des Rates zur Förderung der Nutzung von Energie aus erneuerbaren Quellen, ABl. 2018 Nr. L 328, S. 82, zuletzt geändert durch die Richtlinie (EU) 2023/2413, ABl. L, 2023/2413, 31.10.2023,
3. Richtlinie 2010/31/EU des Europäischen Parlaments und des Rates über die Gesamtenergieeffizienz von Gebäuden, ABl. 2010 Nr. L 153, S. 13, in der Fassung der Richtlinie (EU) 2018/844, ABl. 2018 Nr. L 156, S. 75, und der Verordnung (EU) 2018/1999, ABl. 2018 Nr. L 328, S. 1,

Fassung bis 11. Februar 2026:

4. Richtlinie 2012/18/EU des Europäischen Parlaments und des Rates zur Beherrschung der Gefahren schwerer Unfälle mit gefährlichen Stoffen, zur Änderung und anschließenden Aufhebung der Richtlinie 96/82/EG des Rates, ABl. 2012 Nr. L 197, S. 1,

Fassung ab 12. Februar 2026:

4. Richtlinie 2012/18/EU des Europäischen Parlaments und des Rates zur Beherrschung der Gefahren schwerer Unfälle mit gefährlichen Stoffen, zur Änderung und anschließenden Aufhebung der Richtlinie 96/82/EG des Rates, ABl. 2012 Nr. L 197, S. 1.

Fassung bis 11. Februar 2026:

5. Richtlinie 2014/61/EU des Europäischen Parlaments und des Rates über Maßnahmen zur Reduzierung der Kosten des Ausbaus von Hochgeschwindigkeitsnetzen für die elektronische Kommunikation, ABl. 2014 Nr. L 155, S. 1.

Fassung ab 12. Februar 2026:

5. (aufgehoben)

Fassung ab 12. November 2025:

(5) Mit diesem Gesetz werden begleitende Maßnahmen zur Durchführung der Verordnung (EU) 2024/1309 des Europäischen Parlaments und des Rates vom 29. April 2024 über Maßnahmen zur Reduzierung der Kosten des Aufbaus von Gigabit-Netzen für die elektronische Kommunikation, zur Änderung der Verordnung (EU) 2015/2120 und zur Aufhebung der Richtlinie 2014/61/EU (Gigabit-Infrastrukturverordnung), ABl. L, 2024/1309, 08.05.2024 festgelegt.

2. Technische Bauvorschriften 2016

Verordnung der Landesregierung vom 29. März 2016 über die bautechnischen Erfordernisse für bauliche Anlagen sowie über Inhalt und Form des Energieausweises (Technische Bauvorschriften 2016 – TBV 2016)

StF: LGBl. Nr. 33/2016

Letzte Novellierung: LGBl. Nr. 102/2022

Präambel

Aufgrund der §§ 19 Abs. 1, 19a Abs. 2, 19c Abs. 7 und 19e Abs. 2 der Tiroler Bauordnung 2011, LGBl. Nr. 57, zuletzt geändert durch das Gesetz LGBl. Nr. 103/2015, wird verordnet:

GLIEDERUNG

1. Abschnitt
Allgemeines

§ 1. Allgemeine bautechnische Erfordernisse

2. Abschnitt
Mechanische Festigkeit, Standsicherheit

§ 2. Anforderungen

3. Abschnitt
Brandschutz

§ 3. Allgemeine Anforderungen
§ 4. Tragfähigkeit baulicher Anlagen im Brandfall
§ 5. Ausbreitung von Feuer und Rauch innerhalb baulicher Anlagen
§ 6. Ausbreitung von Feuer auf andere bauliche Anlagen
§ 7. Flucht- und Rettungswege
§ 8. Erfordernisse für die Brandbekämpfung

4. Abschnitt
Hygiene, Gesundheit, Umweltschutz

§ 9. Allgemeine Anforderungen
§ 10. Sanitäreinrichtungen
§ 11. Niederschlagswässer, Abwässer
§ 12. Sonstige Abflüsse
§ 13. Abfälle
§ 14. Abgase von Feuerstätten
§ 15. Schutz vor Feuchtigkeit
§ 16. Trinkwasser
§ 17. Nutzwasser
§ 18. Schutz vor gefährlichen Immissionen
§ 19. Belichtung, Beleuchtung
§ 20. Lüftung, Beheizung
§ 21. Niveau und Höhe der Räume
§ 22. Lagerung gefährlicher Stoffe

5. Abschnitt
Nutzungssicherheit, Barrierefreiheit

§ 23. Allgemeine Anforderungen an die Nutzungssicherheit
§ 24. Erschließung
§ 25. Schutz vor Rutsch- und Stolperunfällen
§ 26. Schutz vor Absturzunfällen
§ 27. Schutz vor Anprallunfällen und herabstürzenden Gegenständen
§ 28. Blitzschutz
§ 29. Barrierefreiheit

6. Abschnitt
Schallschutz

§ 30. Allgemeine Anforderungen
§ 31. Bauteile
§ 32. Haustechnische Anlagen
§ 33. 7. AbschnittGesamtenergieeffizienz, Energieeinsparung, Wärmeschutz, Alternativenprüfung§ 33Anforderungen an die Gesamtenergieeffizienz
§ 34. Energieausweis
§ 35. Niedrigstenergiegebäude
§ 35a. Alternativenprüfung
§ 35b. Gebäudetechnische Systeme
§ 35c. Informationspflichten der Landesregierung

8. Abschnitt
Elektronische Kommunikation

§ 36. Anwendungsbereich, Begriffsbestimmungen
§ 37. Anforderungen, Ausnahmen

9. Abschnitt
Elektromobilität

§ 37a. Anwendungsbereich, Begriffsbestimmungen
§ 37b. Anforderungen, Ausnahmen

10. Abschnitt
Bautechnische Richtlinien, Ausnahmen

§ 38. Richtlinien

11. Abschnitt
Schlussbestimmungen

§ 40. Verweisungen
§ 41. Umsetzung von Unionsrecht, Notifikation
§ 42. Inkrafttreten, Auflegung
§ 43. Übergangsbestimmungen

1. Abschnitt
Allgemeines
§ 1
Allgemeine bautechnische Erfordernisse

(1) Bauliche Anlagen und alle ihre Teile müssen so geplant und ausgeführt sein, dass sie unter Berücksichtigung der Wirtschaftlichkeit gebrauchstauglich sind und entsprechend dem Stand der Technik die bautechnischen Erfordernisse insbesondere

a) der mechanischen Festigkeit und Standsicherheit,
b) des Brandschutzes,
c) der Hygiene, der Gesundheit und des Umweltschutzes,
d) der Nutzungssicherheit und der Barrierefreiheit,
e) des Schallschutzes,
f) der Gesamtenergieeffizienz, der Energieeinsparung, des Wärmeschutzes und
g) der elektronischen Kommunikation

erfüllen. Diese Erfordernisse müssen bei vorhersehbaren Einwirkungen und bei normaler Instandhaltung über einen wirtschaftlich angemessenen Zeitraum erfüllt werden. Dabei sind Unterschiede hinsichtlich der Lage, der Größe und der Verwendung der baulichen Anlagen zu berücksichtigen.

(2) Bauliche Anlagen sind so zu gestalten, dass sie möglichst ohne Erschwernisse ihrem Verwendungszweck entsprechend benützt werden können. Soweit der jeweilige Verwendungszweck dies erfordert, ist dabei insbesondere auch auf die Bedürfnisse von Kindern, älteren Menschen und Menschen mit Behinderung Bedacht zu nehmen.

(3) Bauteile, die schädigenden Einwirkungen ausgesetzt sind, müssen aus entsprechend widerstandsfähigen Bauprodukten hergestellt oder gegen diese schädigenden Einwirkungen geschützt ausgeführt sein. Schädigende Einwirkungen sind insbesondere Umweltschadstoffe, Witterungseinflüsse, Erschütterungen und korrosive Einwirkungen.

2. Abschnitt
Mechanische Festigkeit, Standsicherheit
§ 2
Anforderungen

(1) Bauliche Anlagen und alle ihre Teile müssen so geplant und ausgeführt sein, dass sie während der Errichtung und der gesamten Dauer ihrer Verwendung tragfähig sind. Dabei sind ständige, veränderliche und außergewöhnliche Einwirkungen zu berücksichtigen. Die Gebrauchstauglichkeit darf unter Berücksichtigung der ständigen und veränderlichen Einwirkungen nicht durch Verformungen oder Schwingungen beeinträchtigt werden.

(2) Insbesondere sind zu vermeiden:

a) der Einsturz der baulichen Anlage oder von Teilen davon,
b) Verformungen, durch die die Gebrauchstauglichkeit oder die Erfüllung der bautechnischen Erfordernisse beeinträchtigt wird,
c) Beschädigungen von Bauteilen, Einrichtungen oder Ausstattungen infolge zu großer Verformungen der tragenden Baukonstruktion,
d) Beschädigungen, die im Hinblick auf das verursachende Ereignis unverhältnismäßig groß sind.

3. Abschnitt
Brandschutz
§ 3
Allgemeine Anforderungen

Bauliche Anlagen müssen so geplant und ausgeführt sein, dass einer Gefährdung des Lebens und der Gesundheit von Menschen im Brandfall vorgebeugt und die Brandausbreitung wirksam eingeschränkt wird.

§ 4
Tragfähigkeit baulicher Anlagen im Brandfall

(1) Bauliche Anlagen müssen so geplant und ausgeführt sein, dass im Brandfall die Tragfähigkeit mindestens für den Zeitraum erhalten bleibt, der für die sichere Flucht oder Rettung der Menschen, die sich in der baulichen Anlage aufhalten, erforderlich ist. Dabei sind alle für die sichere Flucht oder Rettung maßgebenden Umstände zu berücksichtigen, insbesondere die Größe und der Verwendungszweck der baulichen Anlage sowie die Zugangsmöglichkeiten für die Rettungskräfte.

(2) Wenn dies aufgrund der Lage oder der Größe der baulichen Anlage erforderlich ist, muss überdies gewährleistet sein, dass durch den Einsturz der baulichen Anlage oder von Teilen davon auf bebauten und bebaubaren Nachbargrundstücken keine größeren Schäden an bestehenden bzw. künftig zu errichtenden Gebäuden und sonstigen baulichen Anlagen entstehen können.

§ 5
Ausbreitung von Feuer und Rauch innerhalb baulicher Anlagen

(1) Bauliche Anlagen müssen so geplant und ausgeführt sein, dass im Brandfall die Ausbreitung von Feuer und Rauch innerhalb der baulichen Anlage begrenzt wird.

(2) Bauteile zur Abgrenzung von Nutzungseinheiten, insbesondere Decken und Wände zwischen Wohnungen, müssen einen Feuerwiderstand aufweisen, der

a) eine unmittelbare Gefährdung von Menschen in anderen Nutzungseinheiten ausschließt und
b) die Brandausbreitung wirksam einschränkt.

Dabei sind die Größe und der Verwendungszweck der jeweiligen baulichen Anlage zu berücksichtigen.

(3) Bauliche Anlagen sind in Brandabschnitte zu unterteilen, wenn dies aufgrund ihrer Größe oder ihres Verwendungszweckes zur Sicherung der Fluchtwege oder einer wirksamen Brandbekämpfung erforderlich ist. Brandabschnitte müssen eine zweckentsprechende Größe und Anordnung aufweisen. Die die einzelnen Brandabschnitte begrenzenden Bauteile müssen so ausgeführt sein, dass sie die Brandausbreitung wirksam einschränken.

(4) Räume, von denen aufgrund ihres Verwendungszweckes eine erhöhte Brandgefahr ausgeht, wie Heizräume, Brennstofflagerräume, Abfallsammelräume und dergleichen, müssen als eigene Brandabschnitte ausgeführt sein. In solchen Räumen dürfen nur Bauprodukte, wie Bodenbeläge, Wand- und Deckenverkleidungen einschließlich der Dämmstoffe und dergleichen, verwendet werden, die die Brandentstehung und die Brandausbreitung nicht begünstigen.

(5) Fassaden einschließlich der Dämmung, der Unterkonstruktion und der Verankerungen mussen so ausgeführt sein, dass im Brandfall ein Übergreifen des Brandes auf andere Nutzungseinheiten und eine Gefährdung der Rettungskräfte weitestgehend vermieden werden. Dabei ist insbesondere die Höhe der baulichen Anlage zu berücksichtigen.

(6) Hohlräume in Wänden, Decken, Böden, Fassaden oder sonstigen Bauteilen dürfen nicht zur Ausbreitung von Feuer und Rauch auf andere Nutzungseinheiten oder andere Brandabschnitte beitragen. Dies gilt auch für haustechnische Anlagen, insbesondere für Lüftungsanlagen, sofern diese Nutzungseinheiten verbinden, zwischen denen brandschutztechnische Anforderungen bestehen.

(7) Feuerungsanlagen sind in allen Teilen so anzuordnen und auszuführen, dass keine Brandgefahr, insbesondere durch die Erwärmung von Bauteilen, entsteht.

(8) Um die Ausbreitung eines Brandes bereits im Entstehungsstadium bekämpfen zu können, müssen ausreichende und geeignete Einrichtungen für die erste Löschhilfe vorhanden sein. Dabei sind die Lage, die Größe und der Verwendungszweck der baulichen Anlage und ihrer Teile zu berücksichtigen. Überdies müssen

a) geeignete technische Brandschutzeinrichtungen, wie automatische Brandmeldeanlagen, ortsfeste Löschanlagen, Rauch- und Wärmeabzugsanlagen und dergleichen, sowie
b) geeignete Einrichtungen der erweiterten Löschhilfe

vorhanden sein, wenn dies aufgrund der Lage, der Größe oder des Verwendungszweckes der baulichen Anlage erforderlich ist.

§ 6
Ausbreitung von Feuer auf andere bauliche Anlagen

(1) Bauliche Anlagen müssen so geplant und ausgeführt sein, dass im Brandfall der Ausbreitung von Feuer auf andere bauliche Anlagen vorgebeugt wird.

(2) Die Außenwände von baulichen Anlagen mit einer Brutto-Grundfläche von mehr als 15 m² müssen so ausgeführt sein, dass im Brandfall ein Übergreifen des Brandes auf andere bauliche Anlagen wirksam eingeschränkt oder, sofern dies aufgrund der Größe und des Verwendungszweckes der jeweiligen baulichen Anlage genügt, ausreichend verzögert wird. Dies gilt nicht, wenn die bauliche Anlage einen entsprechenden Abstand zur Grundstücksgrenze und zu baulichen Anlagen auf demselben Grundstück aufweist oder wenn aufgrund der baulichen Umgebung eine Brandübertragung auf bestehende bauliche Anlagen auf angrenzenden Grundstücken nicht zu erwarten ist. Dabei sind auch Bauvorhaben, für die eine rechtskräftige Baubewilligung oder eine Bauanzeige, aufgrund deren ein Bauvorhaben ausgeführt werden darf, vorliegt, zu berücksichtigen.

(3) Dacheindeckungen müssen so ausgeführt sein, dass eine Brandentstehung durch Flugfeuer wirksam eingeschränkt wird.

(4) Dachöffnungen sowie Öffnungen in Dachgauben und ähnlichen Dachaufbauten müssen so ausgeführt und angeordnet sein, dass das Übergreifen eines Brandes auf andere bauliche Anlagen wirksam eingeschränkt wird.

§ 7
Flucht- und Rettungswege

(1) Bauliche Anlagen müssen so geplant und ausgeführt sein, dass die Menschen, die sich in der baulichen Anlage aufhalten,

a) diese im Brandfall rasch und sicher verlassen oder
b) durch bauliche oder organisatorische Maßnahmen, wie die Schaffung von Rettungswegen und dergleichen, gerettet werden

können.

(2) Bauliche Anlagen müssen den Erfordernissen nach Abs. 3 entsprechende Fluchtwege aufweisen, soweit diese unter Berücksichtigung der Größe, des Verwendungszweckes und der Anwendbarkeit von Rettungsgeräten erforderlich sind, damit die bauliche Anlage im Brandfall rasch und sicher verlassen werden kann.

(3) Die in Fluchtwegen verwendeten Baustoffe, wie Fußbodenbeläge, Wandverkleidungen, Deckenverkleidungen und dergleichen, müssen so ausgeführt sein, dass im Brandfall das rasche und sichere Verlassen der baulichen Anlage nicht durch Feuer, Rauch oder brennendes Abtropfen

beeinträchtigt wird. Wenn dies insbesondere aufgrund der Größe oder des Verwendungszweckes der baulichen Anlage erforderlich ist, müssen zusätzliche Maßnahmen, wie technische Brandschutzeinrichtungen, Fluchtweg-Orientierungsbeleuchtungen, Sicherheitsbeleuchtungen und dergleichen, vorgesehen werden.

§ 8
Erfordernisse für die Brandbekämpfung

(1) Bauliche Anlagen müssen so geplant und ausgeführt sein, dass die Sicherheit der Lösch- und Rettungskräfte weitestmöglich gewährleistet ist und dass weiters eine wirksame Brandbekämpfung möglich ist.

(2) Die unter Berücksichtigung der Lage, der Größe und des Verwendungszweckes der baulichen Anlage für die Löscharbeiten erforderlichen Zugänge, Aufstell- und Bewegungsflächen und sonstigen technischen Einrichtungen, wie Löschwasserleitungen, Feuerwehraufzüge und dergleichen, müssen vorhanden sein.

4. Abschnitt
Hygiene, Gesundheit, Umweltschutz

§ 9
Allgemeine Anforderungen

Bauliche Anlagen müssen in allen ihren Teilen so geplant und ausgeführt sein, dass sie unter Berücksichtigung ihres Verwendungszweckes den Anforderungen der Hygiene, der Gesundheit und des Umweltschutzes entsprechen.

§ 10
Sanitäreinrichtungen

Gebäude mit Aufenthaltsräumen müssen mit einer ausreichenden Anzahl von Sanitäreinrichtungen, insbesondere mit Toiletten und Wasserentnahmestellen, ausgestattet sein. Diese müssen im Hinblick auf die Größe und den Verwendungszweck des Gebäudes den Erfordernissen der Hygiene entsprechen. Sonstige bauliche Anlagen müssen diese Anforderungen erfüllen, wenn sie zur Ansammlung einer größeren Anzahl von Menschen bestimmt sind.

§ 11
Niederschlagswässer, Abwässer

(1) Bauliche Anlagen müssen ihrem Verwendungszweck entsprechend mit Einrichtungen zur Sammlung und Beseitigung der Niederschlagswässer und der Abwässer ausgestattet sein.

(2) Die Anlagen zur Sammlung und Beseitigung der Niederschlagswässer und der Abwässer sind so zu planen und auszuführen, dass

a) die hygienisch einwandfreie, gesundheitlich unbedenkliche und belästigungsfreie Sammlung und Beseitigung der Niederschlagswässer und der Abwässer gewährleistet ist,
b) die Anlagen ohne großen Aufwand überprüft und gereinigt werden können und
c) die Tragfähigkeit des Untergrundes und die Trockenheit von baulichen Anlagen nicht beeinträchtigt werden.

§ 12
Sonstige Abflüsse

Sonstige Abflüsse, insbesondere von Wässern aus landwirtschaftlichen Anlagen, wie Stallungen, Düngersammelanlagen, Silos und dergleichen, sind so zu planen und auszuführen, dass sie den Anforderungen der Hygiene und des Schutzes der Gesundheit von Menschen entsprechen.

§ 13
Abfälle

Bauliche Anlagen müssen ihrem Verwendungszweck entsprechend mit Einrichtungen zur hygienisch einwandfreien, gesundheitlich unbedenklichen und belästigungsfreien Sammlung und Abfuhr von Abfällen ausgestattet sein.

§ 14
Abgase von Feuerstätten

(1) Abgase von Feuerstätten sind unter Berücksichtigung der Art der Feuerstätte und des Brennstoffes so ins Freie abzuführen, dass das Leben und die Gesundheit von Menschen nicht gefährdet und diese nicht unzumutbar belästigt werden.

(2) Abgasanlagen müssen ohne großen Aufwand überprüft und gereinigt werden können.

§ 15
Schutz vor Feuchtigkeit

(1) Bauliche Anlagen müssen entsprechend ihrem Verwendungszweck dauerhaft gegen das Eindringen und Aufsteigen von Wasser und Feuchtigkeit aus dem Boden abgedichtet sein. Dabei ist insbesondere auch auf vorhersehbare Hochwasserereignisse Bedacht zu nehmen.

(2) Dacheindeckungen, Außenwände, Außenfenster und -türen sowie sonstige Außenbauteile müssen Schutz gegen Niederschlagswässer bieten.

(3) Bauliche Anlagen müssen in allen ihren Teilen entsprechend ihrem Verwendungszweck so ausgeführt sein, dass bei üblicher Nutzung Schäden durch Wasserdampfkondensation vermieden werden.

§ 16
Trinkwasser

(1) Gebäude mit Aufenthaltsräumen sowie sonstige bauliche Anlagen, die zur Ansammlung einer größeren Anzahl von Menschen bestimmt sind, müssen über eine Versorgung mit gesundheitlich einwandfreiem Trinkwasser verfügen.

(2) Vorratsbehälter, Rohrleitungen, Armaturen, Bauteile zur Wasserbehandlung, insbesondere zur Erwärmung und Enthärtung des Wassers, und sonstige Bauteile, die mit Trinkwasser in Berührung kommen, wie Drucksteigerungsanlagen, dürfen die Wassereigenschaften nicht in hygienisch

bedenklicher oder die Gesundheit von Menschen beeinträchtigender Weise verändern.

(3) Weiters ist sicherzustellen, dass das Trinkwasser nicht durch äußere Einwirkungen, insbesondere durch schadhafte Dichtungen, unbeabsichtigten Rückfluss oder Migration oder durch das Eindringen mineralischer oder organischer Schadstoffe, in die Gesundheit von Menschen gefährdender oder hygienisch bedenklicher Weise verunreinigt oder mikrobiologisch verändert wird.

§ 17
Nutzwasser

(1) Einrichtungen, die ausschließlich der Versorgung mit Nutzwasser dienen, müssen von der Trinkwasserversorgung vollständig getrennt sein.

(2) Eine Verwechslung von Nutz- und Trinkwasser ist durch geeignete Maßnahmen zu verhindern.

§ 18
Schutz vor gefährlichen Immissionen

(1) Bauliche Anlagen müssen in allen ihren Teilen so geplant und ausgeführt sein, dass das Leben und die Gesundheit von Menschen nicht durch Immissionen, insbesondere in Form von gefährlichen Gasen, Partikeln oder Strahlen, gefährdet werden.

(2) Wenn aufgrund des Verwendungszweckes der baulichen Anlage, wie etwa bei Garagen, das Entstehen von Emissionen in gefährlichen Konzentrationen nicht ausgeschlossen werden kann, müssen geeignete bauliche oder sonstige Maßnahmen zur Vermeidung einer Gefährdung des Lebens und der Gesundheit von Menschen getroffen werden. Als Maßnahmen kommen insbesondere der Einbau von Be- und Entlüftungseinrichtungen und Warngeräten in Betracht.

(3) Im Fall gefährlicher Emissionen aus dem Untergrund oder im Fall der Verwendung von Bauprodukten, deren nach § 28 Abs. 1 des Tiroler Bauproduktegesetzes 2016 in der Fassung des Gesetzes LGBl. Nr. 27/2020, bestimmter Aktivitätskonzentrationsindex den Wert von 1 übersteigt, müssen bauliche Anlagen in allen ihren Teilen so geplant und ausgeführt sein, dass das Leben und die Gesundheit von Menschen nicht gefährdet werden. In Innenräumen wird der Referenzwert für die Radonkonzentration in der Luft im Jahresmittel mit 300 Becquerel (Bq)/m³ festgelegt. Weiters gilt der in Art. 75 Abs. 1 der Richtlinie 2013/59/Euratom festgelegte Referenzwert.

§ 19
Belichtung, Beleuchtung

(1) Aufenthaltsräume müssen über eine für den Schutz der Gesundheit und des Wohlbefindens von Menschen ausreichende natürliche Belichtung verfügen, sofern nicht aufgrund ihres besonderen Verwendungszweckes eine ausschließlich künstliche Beleuchtung ausreichend ist. Dabei sind insbesondere die Raumgeometrie und die Belichtungsverhältnisse zu berücksichtigen.

(2) Bei Neubauten von Gebäuden mit Aufenthaltsräumen sind der notwendige Lichteinfall und die freie Sicht nach außen zu gewährleisten. Dabei sind hinsichtlich des betroffenen Grundstückes

a) der Baubestand und
b) Bauvorhaben für die eine rechtskräftige Baubewilligung oder eine Bauanzeige, aufgrund deren ein Bauvorhaben ausgeführt werden darf, vorliegt,

zu berücksichtigen. Hinsichtlich der angrenzenden bzw. gegenüberliegenden Grundstücke ist das Ausmaß der nach den baurechtlichen Vorschriften dort zulässigen Bebauung zu berücksichtigen.

(3) Beim Abbruch und Wiederaufbau von Gebäuden gelten der notwendige Lichteinfall und die freie Sicht nach außen für Aufenthaltsräume als gesichert, sofern diese mindestens im selben Ausmaß wie beim abgebrochenen bzw. zerstörten Gebäude gegeben sind.

(4) Alle Räume und allgemein zugänglichen Bereiche in baulichen Anlagen müssen ihrem Verwendungszweck entsprechend beleuchtbar sein.

§ 20
Lüftung, Beheizung

Räume müssen ihrem Verwendungszweck entsprechend lüftbar und beheizbar sein. Durch Lüftungsanlagen dürfen die Gesundheit von Menschen nicht gefährdet und die ordnungsgemäße Ableitung der Abgase von Feuerstätten nicht beeinträchtigt werden.

§ 21
Niveau und Höhe der Räume

(1) Das Fußbodenniveau der Räume gegenüber dem Gelände muss so geplant und ausgeführt sein, dass entsprechend ihrem Verwendungszweck die Gesundheit und das Wohlbefinden von Menschen nicht beeinträchtigt werden. Dabei ist insbesondere auch auf vorhersehbare Hochwasserereignisse Bedacht zu nehmen.

(2) Die Raumhöhe muss so bemessen sein, dass entsprechend dem Verwendungszweck der Räume ein zum Schutz der Gesundheit und des Wohlbefindens von Menschen ausreichendes Luftvolumen gewährleistet ist.

§ 22
Lagerung gefährlicher Stoffe

Bauliche Anlagen oder Teile davon, in denen gefährliche Stoffe gelagert werden, müssen so ausgeführt sein, dass eine Gefährdung des Lebens und der Gesundheit von Menschen sowie eine Gefährdung der Umwelt durch das Entweichen oder das Eindringen dieser Stoffe in den Boden verhindert werden.

5. Abschnitt
Nutzungssicherheit, Barrierefreiheit

§ 23
Allgemeine Anforderungen an die Nutzungssicherheit

Bauliche Anlagen müssen entsprechend ihrem Verwendungszweck so geplant und ausgeführt sein, dass Unfällen vorgebeugt wird, durch die das Leben oder die Gesundheit von Menschen gefährdet werden, wie Rutsch-, Stolper-, Absturz- oder Aufprallunfälle. Dabei ist entsprechend dem Verwendungszweck insbesondere auch auf Kinder, ältere Menschen und Menschen mit Behinderung Bedacht zu nehmen.

§ 24
Erschließung

(1) Alle Teile von baulichen Anlagen sind so zu erschließen, dass sie entsprechend ihrem jeweiligen Verwendungszweck sicher zugänglich und benützbar sind. Die Durchgangshöhen von Türen, Toren, Treppen und dergleichen sind so zu bemessen, dass eine gefahrlose Benützung möglich ist.

(2) In Gebäuden oder Gebäudeteilen, die barrierefrei (§ 29) zu gestalten sind, müssen zur Überwindung von Niveauunterschieden Rampen oder zusätzlich zu Treppen Hebeanlagen nach § 2 Abs. 1 lit. a oder b des Tiroler Aufzugs- und Hebeanlagengesetzes 2012 errichtet werden, die alle Geschoße miteinander verbinden. Wenn nicht mehr als ein Geschoß überwunden werden muss, sind anstelle von Hebeanlagen nach § 2 Abs. 1 lit. a oder b auch solche nach § 2 Abs. 3 oder 6 des Tiroler Aufzugs- und Hebeanlagengesetzes 2012 zulässig. Wenn nicht mehr als zwei Geschoße überwunden werden müssen, sind anstelle von Hebeanlagen nach § 2 Abs. 1 lit. a oder b auch solche nach § 2 Abs. 6 des Tiroler Aufzugs- und Hebeanlagengesetzes 2012 mit allseits geschlossenen Lastträgern und Lastträgertüren zulässig.

(3) Gebäude mit einem Fluchtniveau von mehr als 22 m müssen jedenfalls über Hebeanlagen nach § 2 Abs. 1 lit. a oder b des Tiroler Aufzugs- und Hebeanlagengesetzes 2012 verfügen, die alle Geschoße miteinander verbinden.

§ 25
Schutz vor Rutsch- und Stolperunfällen

(1) Begehbare Teile von baulichen Anlagen dürfen keine Rutsch- und Stolperstellen durch eine zu geringe oder unvermutet wechselnde Rutschhemmung, durch gefährliche Hindernisse oder Unebenheiten und dergleichen aufweisen. Dabei sind der jeweilige Verwendungszweck und das mögliche Auftreten von Nässe zu berücksichtigen.

(2) Treppen und Rampen sind entsprechend dem Verwendungszweck der baulichen Anlage so zu bemessen und auszuführen, dass sie sicher und bequem benutzt werden können.

§ 26
Schutz vor Absturzunfällen

(1) An zugänglichen Stellen von baulichen Anlagen, an denen eine Absturzgefahr besteht, müssen entsprechend dem jeweiligen Verwendungszweck geeignete Schutzvorrichtungen gegen ein Abstürzen von Menschen, wie Geländer, Brüstungen, absturzsichernde Verglasungen und dergleichen, angebracht sein. Dies gilt nicht, wenn die Anbringung einer Absicherung dem jeweiligen Verwendungszweck widersprechen würde, wie bei Laderampen, Schwimmbecken und dergleichen.

(2) Wenn absturzgefährliche Stellen entsprechend dem Verwendungszweck der baulichen Anlage oder von Teilen davon auch für Kinder zugänglich sind, müssen Schutzvorrichtungen im Sinn des Abs. 1 so ausgeführt sein, dass Kindern das Durchschlüpfen und Durchrutschen nicht möglich ist und das Hochklettern erschwert wird.

(3) Schächte, Einbringöffnungen und dergleichen müssen trag- und verkehrssicher abgedeckt sein.

§ 27
Schutz vor Anprallunfällen und herabstürzenden Gegenständen

(1) Verglasungen müssen unter Berücksichtigung der Einbausituation gegen das Anprallen von Personen gesichert oder so ausgeführt sein, dass sie nicht gefahrbringend zersplittern.

(2) Bauliche Anlagen müssen so geplant und ausgeführt sein, dass Menschen vor herabstürzenden Gegenständen geschützt sind. Dies schließt insbesondere auch die sichere Befestigung von Bauteilen, wie Fassaden und Glasteilen, Maßnahmen gegen das Herabfallen von gefahrbringenden Glasstücken bei Horizontalverglasungen sowie Maßnahmen gegen das Abrutschen von Schnee und Eis von Dächern ein.

§ 28
Blitzschutz

Bauliche Anlagen müssen mit Blitzschutzanlagen ausgestattet sein, wenn sie aufgrund ihrer Lage, Größe oder Bauweise durch Blitzschlag gefährdet sind oder wenn dies aufgrund ihres Verwendungszweckes oder ihrer kulturhistorischen Bedeutung erforderlich ist.

§ 29
Barrierefreiheit

(1) Gebäude oder Teile von Gebäuden,

a) die öffentlichen Zwecken dienen, wie der Unterbringung von Ämtern, Behörden und dergleichen,

b) die Bildungszwecken dienen, wie der Unterbringung von Kindergärten, Schulen, Hochschulen, Erwachsenenbildungseinrichtungen und dergleichen,
c) in denen Handels- oder Dienstleistungsbetriebe, Geldinstitute, Gesundheits- und Sozialeinrichtungen, Arztpraxen, Apotheken und dergleichen untergebracht sind,
d) in denen öffentliche Toiletten untergebracht sind,
e) die sonst allgemein zugänglich und für mindestens 50 Besucher oder Kunden bestimmt sind,
f) die Wohnanlagen sind, ausgenommen Reihenhäuser,

müssen derart barrierefrei geplant und ausgeführt sein, dass die für die Besucher bzw. Kunden bestimmten Teile auch für Kinder sowie für ältere Menschen und Menschen mit Behinderung gefahrlos und möglichst ohne fremde Hilfe zugänglich sind.

(2) Abs. 1 gilt auch für sonstige bauliche Anlagen, die allgemein zugänglich und für mindestens 50 Besucher oder Kunden ausgelegt sind.

(3) Zur Erfüllung der Anforderungen nach Abs. 1 müssen insbesondere
a) der Haupteingang oder, wenn dies nur mit unverhältnismäßigem Aufwand möglich ist und zu einer Verkürzung des Erschließungsweges führt, ein anderer Eingang barrierefrei erreichbar sein,
b) im Bereich von Verbindungswegen Stufen, Schwellen und ähnliche Hindernisse möglichst vermieden werden; unvermeidbare Niveauunterschiede sind durch Rampen oder Hebeanlagen nach § 2 Abs. 1 lit. a oder b auch solche nach § 2 Abs. 3 oder 6 des Tiroler Aufzugs- und Hebeanlagengesetzes 2012 zu überwinden oder auszugleichen,
c) Türen und Gänge die notwendigen Mindestbreiten aufweisen,
d) eine dem jeweiligen Verwendungszweck entsprechende Anzahl von behindertengerechten Sanitärräumen vorhanden sein.

(4) Wohnungen in Wohnanlagen, ausgenommen Reihenhäuser, müssen nach den Grundsätzen des anpassbaren Wohnbaus geplant und ausgeführt sein.

(5) Für Gebäude zur Beherbergung von Gästen mit mehr als 50 Gästebetten gilt Abs. 3 sinngemäß. Weiters muss zumindest ein Gästezimmer und ab jeweils weiteren 100 Gästebetten je ein weiteres Gästezimmer barrierefrei geplant und ausgeführt sein.

6. Abschnitt
Schallschutz

§ 30
Allgemeine Anforderungen

(1) Gebäude müssen so geplant und ausgeführt sein, dass gesunde, normal empfindende Menschen, die sich in demselben oder einem unmittelbar anschließenden Gebäude aufhalten, durch den von außen einwirkenden Schall oder bei bestimmungsgemäßer Verwendung entstehenden Schall aus anderen Nutzungseinheiten oder aus unmittelbar anschließenden baulichen Anlagen weder in ihrer Gesundheit gefährdet noch unzumutbar belästigt werden. Dabei sind der Verwendungszweck sowie die Lage der baulichen Anlagen und ihrer Räume zu berücksichtigen.

(2) Wenn der besondere Verwendungszweck dies erfordert, ist eine diesem Verwendungszweck entsprechende Raumakustik hinsichtlich Hörsamkeit oder Lärmminderung sicherzustellen.

(3) Bei baulichen Anlagen oder Teilen davon, in denen Schwingungen von technischen Einrichtungen oder anderen Schwingungserregern ausgehen, sind Maßnahmen zu treffen, die eine Übertragung derselben derart verhindern, dass in anderen Nutzungseinheiten desselben Gebäudes oder in unmittelbar anschließenden Gebäuden gesunde, normal empfindende Menschen durch Erschütterungen weder in ihrer Gesundheit gefährdet noch unzumutbar belästigt werden.

§ 31
Bauteile

Bauteile, insbesondere Außen- und Trennbauteile sowie begehbare Flächen in baulichen Anlagen, müssen so geplant und ausgeführt sein, dass die Weiterleitung von Luft-, Tritt- und Körperschall so weit gedämmt wird, dass die Anforderungen nach § 30 Abs. 1 erfüllt sind.

§ 32
Haustechnische Anlagen

Haustechnische Anlagen, ortsfeste Maschinen und technische Einrichtungen, bei deren Betrieb Schall übertragen wird, sind so einzubauen und aufzustellen, dass die Anforderungen nach § 30 Abs. 1 erfüllt sind.

7. Abschnitt
Gesamtenergieeffizienz, Energieeinsparung, Wärmeschutz, Alternativenprüfung

§ 33
Anforderungen an die Gesamtenergieeffizienz

(1) Bewilligungspflichtige Neubauten von Gebäuden sowie größere Renovierungen von Gebäuden haben außer in den Fällen des § 22 der Tiroler Bauordnung 2018, LGBl. Nr. 28/2018, in der jeweils geltenden Fassung, den Anforderungen der OIB-Richtlinie 6, Energieeinsparung und Wärmeschutz, Ausgabe April 2019, zu entsprechen.

(2) Bei größeren Renovierungen gilt Abs. 1 nicht nur für jene Teile, die Gegenstand der Renovierung sind, sondern für die gesamte bestehende bauliche Anlage.

(3) Bewilligungspflichtige Zubauten und Änderungen des Verwendungszwecks von Gebäuden, haben den Anforderungen für größere Renovierungen der OIB-Richtlinie 6, Energieeinsparung und Wärmeschutz, Ausgabe April 2019, zu entsprechen, sofern dadurch konditionierte Räume neu geschaffen werden und dies technisch, funktionell und wirtschaftlich realisierbar ist.

(4) Bewilligungspflichtige Umbauten sowie sonstige Änderungen von Gebäuden, sofern diese Gebäudekomponenten umfassen, die Teil der Gebäudehülle sind, und sich wesentlich auf die Gesamtenergieeffizienz auswirken und Neubauten von Gebäuden mit einer konditionierten Netto-Grundfläche von weniger als 50m², haben den Anforderungen nach Punkt 4.5 der OIB-Richtlinie 6, Energieeinsparung und Wärmeschutz, Ausgabe April 2019, zu entsprechen.

(5) Die Gesamtenergieeffizienz von Gebäuden ist entsprechend der OIB-Richtlinie 6, Energieeinsparung und Wärmeschutz, Ausgabe April 2019, einschließlich des Leitfadens Energietechnisches Verhalten von Gebäuden, Ausgabe April 2019, zu berechnen.

§ 34

Energieausweis

(1) Der Energieausweis hat den Vorgaben der OIB-Richtlinie 6, Energieeinsparung und Wärmeschutz, Ausgabe April 2019, zu entsprechen. Weiters sind dem Energieausweis mittels Formblatt, das dem Muster der Anlage 6a zu entsprechend hat, zusätzlich folgende Informationen anzuschließen:

a) ergänzende Informationen zur Bautechnik;
a) ergänzende Informationen zur Haustechnik samt Rechenergebnissen zum nicht erneuerbaren Primärenergiebedarf exklusive Haushaltsstrombedarf bzw. Betriebsstrombedarf und des Heizenergiebedarfs;

(2) In Gebäuden, für die eine Verpflichtung zum Aushang des Energieausweises besteht, sind die erste und zweite Seite des Energieausweises auszuhängen.

§ 35

Niedrigstenergiegebäude

(1) Neubauten von Gebäuden, die im Eigentum

a) des Bundes, des Landes, einer Gemeinde oder eines Gemeindeverbandes,
b) einer bundes- oder landesgesetzlich geregelten Einrichtung oder
c) einer auf bundes- oder landesgesetzlicher Grundlage oder einer von einer oder mehreren Gemeinden errichteten Gesellschaft

stehen und die der Unterbringung von Behörden oder sonstigen Dienststellen dienen, müssen als Niedrigstenergiegebäude ausgeführt sein, sofern um die Baubewilligung hierfür nach dem 31. Dezember 2018 angesucht wird.

(2) Alle übrigen Neubauten von Gebäuden müssen als Niedrigstenergiegebäude ausgeführt sein, sofern um die Baubewilligung hierfür nach dem 31. Dezember 2020 angesucht wird.

(3) Niedrigstenergiegebäude haben den Anforderungen für den Neubau von Gebäuden nach Punkt 4.2 der OIB-Richtlinie 6, Energieeinsparung und Wärmeschutz, Ausgabe April 2019, zu entsprechen und gelten als Zwischenziele im Sinn des Art. 9 Abs. 3 lit. b der Richtlinie 2010/31/EU.

(4) Die Abs. 1, 2 und 3 gelten nicht für Gebäude im Sinn des § 22 der Tiroler Bauordnung 2018.

(5) Erneuerbare Energien sind erneuerbare, nicht fossile Energiequellen wie Wind, Sonne, aerothermische, geothermische, hydrothermische Energie, Wasserkraft, Biomasse, erneuerbares Gas (z.B. Deponiegas, Klärgas, Biogas, gasförmige Biobrennstoffe, Grüngas, Synthesegas aus erneuerbarem Überschussstrom) und Abwärme.

§ 35a

Alternativenprüfung

(1) Die rechtliche, technische, ökologische und wirtschaftliche Realisierbarkeit des Einsatzes von hocheffizienten alternativen Systemen (Alternativenprüfung) ist in einem Formblatt nach dem Muster der Anlage 6b zu dokumentieren.

(2) Das Formblatt nach Abs. 1 hat jedenfalls zu enthalten:

a) Art der geplanten Energieversorgung für Raumheizung und Warmwasser
b) Art des Nachweises:

1. Nachweis über den Einsatz eines hocheffizienten alternativen Systems gemäß § 2 Abs. 30 Tiroler Bauordnung 2022;
2. Nachweis über die Einhaltung der Anforderung an das Niedrigstenergiegebäude gemäß § 35 Abs. 3;
3. Nachweis über die Nutzung erneuerbarer Quellen gemäß § 35 Abs. 5 außerhalb der Systemgrenzen „Gebäude“ mittels hocheffizienter alternativer Systeme gemäß § 2 Abs. 30 Tiroler Bauordnung 2022 für mindestens 80 v.H. des erforderlichen Wärmebedarfs für Raumheizung und Warmwasser unter Einhaltung der Anforderungen an den hierfür geltenden zulässigen Heizenergiebedarf;
4. Nachweis über die Ergebnisse der rechtlichen, technischen, ökologischen und wirtschaftlichen Prüfung in Form eines Gesamtkostenvergleichs nach der Kapitalwertmethode gemäß Anhang I der Delegierten Verordnung (EU) Nr. 244/2012 und § 21 Abs. 3 Tiroler Bauordnung.

(3) Beim Einsatz eines hocheffizienten alternativen Systems sind bei der wirtschaftlichen Prüfung nach Abs. 1 die Anfangsinvestitionskosten gemäß Art. 2 Z 2 der Delegierten Verordnung (EU) Nr. 244/2012 mit 80 v.H. anzusetzen.

(4) Die Festsetzung der Energiekosten, der Energiepreissteigerungen, des Diskontsatzes und der Nutzungsdauern hat nach der OIB-Richtlinie 6, Kostenoptimalität, Ausgabe Februar 2018 zu erfolgen.

§ 35b
Gebäudetechnische Systeme

(1) Im Sinn der Richtlinie 2010/31/EU des Europäischen Parlaments und des Rates über die Gesamtenergieeffizienz von Gebäuden, ABl. 2010 Nr. L 153, S. 13, in der Fassung der Richtlinie (EU) 2018/844, ABl. 2018 Nr. L 156, S. 75, ist ein

a) Gebäudetechnisches System die technische Ausrüstung eines Gebäudes oder Gebäudeteils für Raumheizung, Raumkühlung, Lüftung, Warmwasserbereitung für den häuslichen Gebrauch, eingebaute Beleuchtung, Gebäudeautomatisierung und -steuerung, Elektrizitätserzeugung am Gebäudestandort oder für eine Kombination derselben, einschließlich Systemen, die Energie aus erneuerbaren Quellen nutzen,
b) System für die Gebäudeautomatisierung und -steuerung ein System, das sämtliche Produkte, Software und Engineering-Leistungen umfasst, mit denen ein energieeffizienter, wirtschaftlicher und sicherer Betrieb gebäudetechnischer Systeme durch automatische Steuerungen sowie durch die Erleichterung des manuellen Managements dieser gebäudetechnischen Systeme unterstützt werden kann,
c) Energieleistungsvertrag die vertragliche Vereinbarung zwischen dem Begünstigten und dem Erbringer einer Maßnahme zur Energieeffizienzverbesserung, die während der gesamten Vertragslaufzeit einer Überprüfung und Überwachung unterliegt und in deren Rahmen Investitionen (Arbeiten, Lieferungen oder Dienstleistungen) in die betreffende Maßnahme zur Energieeffizienzverbesserung in Bezug auf einen vertraglich vereinbarten Umfang an Energieeffizienzverbesserungen oder ein anderes vereinbartes Energieleistungskriterium, wie finanzielle Einsparungen, getätigt werden. Der Energieleistungsvertrag ist von einem gewerberechtlich befugten Unternehmen zu erstellen.

(2) Bei der Installation neuer gebäudetechnischer Systeme sowie bei der Ersetzung und Modernisierung von gebäudetechnischen Systemen sind die Systemanforderungen nach Punkt 4.11 in Verbindung mit Punkt 8 der OIB-Richtlinie 6, Ausgabe April 2019, betreffend die Gesamtenergieeffizienz, die ordnungsgemäße Installation und angemessene Dimensionierung, Einstellung und Steuerung einzuhalten. Dies gilt nur, sofern diese Anforderungen technisch, funktionell und wirtschaftlich realisierbar sind.

(3) Bei der Installation, Ersetzung oder Modernisierung eines gebäudetechnischen Systems ist die Gesamtenergieeffizienz des veränderten Teils oder, sofern relevant, des gesamten veränderten Systems vom Verfügungsberechtigten der Anlage durch eine nach den berufsrechtlichen Vorschriften hierzu befugte Person bewerten zu lassen. Ausgenommen davon sind Wartungs- und Instandsetzungsarbeiten sowie die Ersetzung kleinerer Systemkomponenten, welche keinen erheblichen Einfluss auf die Gesamtenergieeffizienz haben. Als relevant im Sinne des ersten Satzes gilt, wenn

a) ein neues gebäudetechnisches System installiert wird oder
b) das gesamte gebäudetechnische System ausgetauscht wird oder
c) ein Teil oder mehrere Teile eines gebäudetechnischen Systems einer größeren Modernisierung unterzogen werden, die die Gesamtenergieeffizienz dieses Systems wesentlich beeinflussen können.

(4) Die Ergebnisse der Bewertung gemäß Abs. 3 sind zu dokumentieren und an den Eigentümer und den Verfügungsberechtigten des Gebäudes zu übermitteln, sodass sie weiter zur Verfügung stehen und für die Überprüfung der Einhaltung der Mindestanforderungen gemäß Abs. 2 und für die Erstellung eines Energieausweises verwendet werden können. Der Eigentümer hat die Ergebnisse der Bewertung aufzubewahren.

(5) Nicht-Wohngebäude mit einer Nennleistung für eine Heizungsanlage oder eine kombinierte Raumheizungs- und Lüftungsanlage bzw. für eine Klimaanlage oder eine kombinierte Klima- und Lüftungsanlage von mehr als 290 kW sind, sofern technisch und wirtschaftlich realisierbar, bis zum 1. Jänner 2025 mit Systemen für die Gebäudeautomatisierung und -steuerung auszurüsten. Die Systeme für die Gebäudeautomatisierung und -steuerung müssen in der Lage sein,

a) den Energieverbrauch kontinuierlich zu überwachen, zu protokollieren, zu analysieren und dessen Anpassung zu ermöglichen,
b) Benchmarks in Bezug auf die Energieeffizienz des Gebäudes aufzustellen, Effizienzverluste von gebäudetechnischen Systemen zu erkennen und die für die Einrichtungen oder das gebäudetechnische Management zuständige Person über mögliche Verbesserungen der Energieeffizienz zu informieren,
c) die Kommunikation zwischen miteinander verbundenen gebäudetechnischen Systemen und anderen Anwendungen innerhalb des Gebäudes zu ermöglichen sowie

d) den gemeinsamen Betrieb mit anderen Typen gebäudetechnischer Systeme zu ermöglichen, auch bei unterschiedlichen herstellereigenen Technologien, Geräten und Herstellern.

§ 35c
Informationspflichten der Landesregierung

Die Landesregierung hat – soweit nicht vom Bund, gesetzlichen beruflichen Interessenvertretungen oder sonstigen Dritten Vorsorge getroffen wird – dafür zu sorgen, dass

a) Eigentümer oder Mieter von Gebäuden oder Gebäudeteilen auf geeignete Weise über die verschiedenen Methoden und praktischen Verfahren zur Verbesserung der Gesamtenergieeffizienz eines Gebäudes informiert werden; dabei ist mittels zugänglicher und transparenter Beratungsinstrumente auch über Energieausweise einschließlich ihres Zweckes und ihrer Ziele, über kosteneffiziente Maßnahmen sowie gegebenenfalls zur Verfügung stehende Finanzinstrumente für die Verbesserung der Gesamtenergieeffizienz des Gebäudes und über den Austausch von mit fossilen Brennstoffen betriebenen Heizkesseln gegen nachhaltigere Alternativen zu informieren;
b) Informationen über die Nettovorteile, die Kosten und die Energieeffizienz von Anlagen und Systemen für die Nutzung von Wärme, Kälte und Elektrizität aus erneuerbaren Energiequellen bereitgestellt werden;
c) zur Ausstellung von Energieausweisen befugten Personen entsprechende Anleitungen und Schulungen zur Verfügung stehen; auf die Bedeutung der Verbesserung der Gesamtenergieeffizienz, die Berücksichtigung einer optimalen Kombination von Verbesserungen der Energieeffizienz, der Verwendung erneuerbarer Energien und des Einsatzes von Fernwärme und Fernkühlung bei der Planung, dem Entwurf, dem Bau und der Renovierung ist dabei besonders zu achten;
d) den mit der Planung, Errichtung und Renovierung von Gebäuden befassten Berufsgruppen erforderlichenfalls Leitlinien zur Verfügung stehen, damit diese bei ihrer Tätigkeit die optimale Kombination von Energie aus erneuerbaren Quellen, hocheffizienten Technologien und Fernwärme und -kühlung sachgerecht in Erwägung ziehen können;
e) der Öffentlichkeit auf der Internetseite des Landes Tirol regelmäßig aktualisierte Listen von zur Ausstellung von Energieausweisen befugten Stellen sowie für die wiederkehrenden Überprüfungen von Heizungs- und Klimaanlagen Prüfberechtigten zur Verfügung stehen.

Die Landesregierung kann sich bei der Erfüllung der Informationspflichten eines beauftragten Dritten bedienen.

8. Abschnitt
Elektronische Kommunikation

§ 36
Anwendungsbereich, Begriffsbestimmungen

(1) Dieser Abschnitt ist auf Bauvorhaben, für die das Bauansuchen vor dem 1. Jänner 2017 gestellt wird, nicht anzuwenden.

(2) Nach diesem Abschnitt und im Sinn der Richtlinie 2014/61/EU

a) sind physische Infrastrukturen: Komponenten eines Netzes, die andere Netzkomponenten aufnehmen sollen, selbst jedoch nicht zu aktiven Netzkomponenten werden, wie Fernleitungen, Masten, Leitungsrohre, Kontrollkammern, Einstiegsschächte, Verteilerkästen, Gebäude und Gebäudeeingänge, Antennenanlagen, Türme und Pfähle; Kabel, einschließlich unbeschalteter Glasfaserkabel, sowie Komponenten von Netzen, die für die Versorgung mit Wasser für den menschlichen Gebrauch genutzt werden, sind keine physischen Infrastrukturen;
b) sind gebäudeinterne physische Infrastrukturen: physische Infrastrukturen oder sonstige Anlagen im Bereich von Gebäuden, die dazu bestimmt sind, leitungsgebundene oder drahtlose Zugangsnetze aufzunehmen, sofern solche Zugangsnetze geeignet sind, elektronische Kommunikationsdienste bereitzustellen und den Zugangspunkt des Gebäudes mit dem Netzabschlusspunkt zu verbinden;
c) sind hochgeschwindigkeitsfähige gebäudeinterne physische Infrastrukturen: gebäudeinterne physische Infrastrukturen, die dazu bestimmt sind, Komponenten von Hochgeschwindigkeitsnetzen für die elektronische Kommunikation aufzunehmen oder die Versorgung mit solchen Netzen zu ermöglichen;
d) ist der Zugangspunkt: ein physischer Punkt innerhalb oder außerhalb von Gebäuden, der für Unternehmen, die öffentliche Kommunikationsnetze bereitstellen oder für deren Bereitstellung zugelassen sind, zugänglich ist und den Anschluss an die hochgeschwindigkeitsfähigen gebäudeinternen physischen Infrastrukturen ermöglicht;
e) ist der Netzabschlusspunkt: ein physischer Punkt samt den entsprechenden technischen Spezifikationen, an dem einem Teilnehmer der Zugang zu einem öffentlichen Kommunikationsnetz bereitgestellt wird;
f) sind umfangreiche Renovierungen: bewilligungspflichtige Bauvorhaben im Bereich von Gebäuden, die strukturelle Veränderungen an den gesamten gebäudeinternen physischen Infrastrukturen oder einem wesentlichen Teil davon umfassen.

§ 37

Anforderungen, Ausnahmen

(1) Bei Neubauten und umfangreichen Renovierungen von Gebäuden sind diese mit hochgeschwindigkeitsfähigen gebäudeinternen physischen Infrastrukturen bis zu den Netzabschlusspunkten auszustatten.

(2) Bei Neubauten und umfangreichen Renovierungen von Wohnanlagen ist zusätzlich ein Zugangspunkt zu errichten.

(3) Die Anforderungen nach den Abs. 1 und 2 gelten nicht für:

a) Wohngebäude, die nach ihrer Art nur für die Benutzung während eines bestimmten Zeitraumes im Jahr bestimmt sind, wie Almgebäude, Ferienhäuser und dergleichen;
b) land- und forstwirtschaftliche Wirtschaftsgebäude,
c) Gebäude, die für den Gottesdienst oder sonstige religiöse Zwecke genutzt werden,
d) Militärgebäude oder andere Gebäude, die für Zwecke der nationalen Sicherheit genutzt werden,
e) Gebäude, deren Erschließung mit den entsprechenden Infrastrukturen aufgrund ihrer Entlegenheit wirtschaftlich nicht vertretbar wäre,
f) denkmalgeschützte und historische Gebäude.

9. Abschnitt

Elektromobilität

§ 37a

Anwendungsbereich, Begriffsbestimmungen

Nach diesem Abschnitt und im Sinn der Richtlinien 2014/94/EU ist

a) ein Elektrofahrzeug: ein Kraftfahrzeug mit einem Antriebsstrang, der mindestens einen nichtperipheren elektrischen Motor als Energiewandler mit einem elektrisch aufladbaren Energiespeichersystem, das extern aufgeladen werden kann, enthält;
b) ein Ladepunkt: eine Schnittstelle, mit der zur selben Zeit entweder nur ein Elektrofahrzeug aufgeladen oder nur eine Batterie eines Elektrofahrzeugs ausgetauscht werden kann;
c) ein Normalladepunkt: ein Ladepunkt, an dem Strom mit einer Ladeleistung von höchstens 22 kW an ein Elektrofahrzeug übertragen werden kann, mit Ausnahme von Vorrichtungen mit einer Ladeleistung von höchstens 3,7 kW, die in Privathaushalten installiert sind oder deren Hauptzweck nicht das Aufladen von Elektrofahrzeugen ist und die nicht öffentlich zugänglich sind.
d) ein Schnellladepunkt: ein Ladepunkt, an dem Strom mit einer Ladeleistung von mehr als 22 kW an ein Elektrofahrzeug übertragen werden kann.

§ 37b

Anforderungen, Ausnahmen

(1) Beim Neubau sowie der größeren Renovierung von Gebäuden sind die zum Gebäude gehörenden Abstellmöglichkeiten mit einer Leitungsinfrastruktur für die spätere Errichtung von Ladepunkten für Elektrofahrzeuge, bestehend aus Leerverrohrungen oder Kabeltrassen für Elektrokabel, Platzreserven für Stromzähler, Stromverteilung und dergleichen und mit Ladepunkten für Elektrofahrzeuge entsprechend den Abs. 2 und 3 auszustatten.

(2) Bei Wohngebäuden, bei denen die Anzahl der nachzuweisenden Abstellmöglichkeiten mehr als zehn beträgt, ist für alle Abstellmöglichkeiten die Leitungsinfrastruktur für die nachträgliche Errichtung von Ladepunkten für Elektrofahrzeuge herzustellen.

(3) Bei Nichtwohngebäuden, bei denen die Anzahl der nachzuweisenden Abstellmöglichkeiten mehr als zehn beträgt, ist zumindest ein Ladepunkt zu errichten und für mindestens jede angefangene fünfte Abstellmöglichkeit die Leitungsinfrastruktur für die nachträgliche Errichtung von Ladepunkten für Elektrofahrzeuge herzustellen.

(4) Die Verpflichtungen nach Abs. 2 und 3 bestehen nicht im Fall der größeren Renovierung von Gebäuden, wenn

a) sich die Abstellmöglichkeit nicht innerhalb des Gebäudes befindet oder an dieses angrenzt und die Renovierungsmaßnahmen weder die Abstellmöglichkeit noch die elektrische Infrastruktur der Abstellmöglichkeit umfassen oder
b) die Kosten für die Errichtung der erforderlichen Lade- oder Leitungsinfrastruktur 7 v.H. der Gesamtkosten übersteigen.

(5) Bei Nichtwohngebäude, bei denen die Anzahl der nachzuweisenden Abstellmöglichkeiten mehr als zwanzig beträgt, ist bis zum 1. Jänner 2025 mindestens ein Ladepunkt für Elektrofahrzeuge zu errichten.

10. Abschnitt

Bautechnische Richtlinien, Ausnahmen

§ 38

Richtlinien

(1) Folgende vom Österreichischen Institut für Bautechnik herausgegebene bautechnische Richtlinien werden für verbindlich erklärt:

a) OIB-Richtlinie 1, Mechanische Festigkeit und Standsicherheit, Ausgabe April 2019, wobei keine Anforderung an die Standsicherheit von eingeschoßigen Gebäuden ohne Aufenthaltsräume und für Schutzdächer mit jeweils höchstens 15 m² Brutto-Grundfläche gestellt werden, einschließlich des Leitfadens Festlegung der Tragfähigkeit und Gebrauchstauglichkeit von bestehenden Tragwerken, Ausgabe April 2019 (Anlage 1),
b) hinsichtlich Brandschutz

1. OIB-Richtlinie 2, Brandschutz, Ausgabe April 2019, wobei abweichend von Punkt 2.2.1, Tabelle 1b, Zeilen 1.2, 2.2, 4.3 und die Fußnote (5) bei frei stehenden, bei an mindestens drei Seiten auf eigenem Grund oder von Verkehrsflächen für die Brandbekämpfung von außen zugänglichen Wohngebäuden der Gebäudeklasse 5 mit nicht mehr als sechs oberirdischen Geschoßen eine Feuerwiderstandsdauer von 60 Minuten genügt und abweichend von Punkt 7.6.3 die Tabelle 5 nur mit Zellenstruktur anzuwenden ist, einschließlich des Leitfadens Abweichungen im Brandschutz und Brandschutzkonzepte, Ausgabe April 2019,
2. OIB-Richtlinie 2.1, Brandschutz bei Betriebsbauten, Ausgabe April 2019,
3. OIB-Richtlinie 2.2, Brandschutz bei Garagen, überdachten Stellplätzen und Parkdecks, Ausgabe April 2019, wobei abweichend von Pkt. 5.5.2 auch der zusätzliche Fluchtweg nicht unabhängig sein muss und auch die beiden Fluchtwege gemeinsam verlaufen dürfen,
4. OIB-Richtlinie 2.3, Brandschutz bei Gebäuden mit einem Fluchtniveau von mehr als 22 m, Ausgabe April 2019 (alle Anlage 2),

c) OIB-Richtlinie 3, Hygiene, Gesundheit und Umweltschutz, Ausgabe April 2019 (Anlage 3), mit Ausnahme des Punktes 8.2 sowie der Anhänge A und B,

d) OIB-Richtlinie 4, Nutzungssicherheit und Barrierefreiheit, Ausgabe April 2019 (Anlage 4), wobei keine Anforderungen an die Grundfläche von Hebeanlagen nach § 2 Abs. 3 des Tiroler Aufzugs- und Hebeanlagengesetzes 2012 gestellt werden und mit Ausnahme der Punkte 2.1.1 und 2.1.5,

e) OIB-Richtlinie 5, Schallschutz, Ausgabe April 2019 (Anlage 5),

f) OIB-Richtlinie 6, Energieeinsparung und Wärmeschutz, Ausgabe April 2019 (Anlage 6),

1. mit Ausnahme des Punktes 1.2 und der Maßgabe, dass anstelle der Punkte 5.1.1 und 5.2.4 § 21 Abs. 3 der Tiroler Bauordnung 2022, anstelle des Punktes 5.1.2 § 2 Abs. 30 der Tiroler Bauordnung 2022, anstelle des Punktes 5.2.1 § 35 Abs. 5 anzuwenden ist und abweichend von Punkt 5.2.3 lit. b die Anforderung des Mindestmaßes von Energie aus erneuerbaren Quellen dann als erfüllt anzusehen sind, wenn der erforderliche Wärmebedarf für Raumheizung und Warmwasser zu mindestens 80 v.H. durch hocheffiziente alternative Systeme im Sinn des § 2 Abs. 30 Tiroler Bauordnung 2022 unter Einhaltung der Anforderungen an den hierfür geltenden zulässigen Heizenergiebedarf gedeckt werden,
2. einschließlich des Leitfadens Energietechnisches Verhalten von Gebäuden, Ausgabe April 2019,
3. einschließlich der Berechnung des kostenoptimalen Anforderungsniveaus, Fassung August 2019,
4. einschließlich des OIB-Dokuments Nationaler Plan zur Definition des Niedrigstenergiegebäudes und zur Festlegung von Zwischenzielen in einem Nationalen Plan, Ausgabe Februar 2018, mit der Maßgabe, dass der PEB unter Punkt 2 abweichend zur Fußnote sowohl für hocheffiziente alternative Energiesysteme als auch für nicht hocheffiziente alternative Energiesysteme gilt, sowie
5. einschließlich des OIB-Dokuments Nationales Begleitdokument zu ISO-Anhängen, Ausgabe 2019, Stand November 2022.

(2) Weiters wird die vom Österreichischen Institut für Bautechnik herausgegebene Richtlinie Begriffsbestimmungen, Ausgabe April 2019, die die in den bautechnischen Richtlinien laut den Anlagen 1 bis 6 verwendeten bautechnischen Begriffe definiert, für verbindlich erklärt (Anlage 7).

(3) Ferner werden die in der vom Österreichischen Institut für Bautechnik herausgegebenen Richtlinie Zitierte Normen und sonstige technische Regelwerke, Ausgabe April 2019 (Anlage 8) enthaltenen technischen Regelwerke in der in dieser Richtlinie jeweils angeführten Fassung für verbindlich erklärt. Diese technischen Regelwerke sind zur Gänze oder, soweit in den bautechnischen Richtlinien laut den Anlagen 1 bis 7 nur auf bestimmte Inhalte dieser technischen Regelwerke verwiesen wird, hinsichtlich der betreffenden Inhalte verbindlich.

(4) Den in dieser Verordnung festgelegten bautechnischen Anforderungen wird unbeschadet der §§ 36 und 37 entsprochen, wenn die in Abs. 1 für verbindlich erklärten Richtlinien des Österreichischen Instituts für Bautechnik eingehalten werden.

(5) Für die Durchführung der Wartung und Eigenkontrollen von Brandmeldeanlagen und Gefahrenmeldeanlagen bei Schutzhütten in Extremlage wird das Merkblatt der österreichischen Brandverhütungsstellen, Dezember 2019 (Anlage 2a), für verbindlich erklärt.

11. Abschnitt
Schlussbestimmungen

§ 40
Verweisungen

Verweisungen auf Landesgesetze in dieser Verordnung beziehen sich auf deren jeweils geltende Fassung.

§ 41
Umsetzung von Unionsrecht, Notifikation

(1) Mit dieser Verordnung werden folgende Richtlinien umgesetzt:

1. Richtlinie 2010/31/EU des Europäischen Parlaments und des Rates über die Gesamtenergieeffizienz von Gebäuden, ABl. 2010 Nr. L 153,

S. 13, in der Fassung der Richtlinie (EU) 2018/844, ABl. 2018 Nr. L 156, S. 75,

2. Richtlinie 2014/61/EU des Europäischen Parlaments und des Rates über Maßnahmen zur Reduzierung der Kosten des Ausbaus von Hochgeschwindigkeitsnetzen für die elektronische Kommunikation, ABl. 2014 Nr. L 155, S. 1,
3. Richtlinie 2009/28/EG des Europäischen Parlaments und des Rates zur Förderung der Nutzung von Energie aus erneuerbaren Quellen und zur Änderung und anschließenden Aufhebung der Richtlinien 2001/77/EG und 2003/30/EG, ABl. 2009 Nr. L 140, S. 16,
4. Richtlinie 2013/59/Euratom des Rates zur Festlegung grundlegender Sicherheitsnormen für den Schutz vor den Gefahren einer Exposition gegenüber ionisierender Strahlung und zur Aufhebung der Richtlinien 89/618/Euratom, 90/641/Euratom, 96/29/Euratom, 97/43/Euratom und 2003/122/Euratom, ABl. 2014 Nr. L13, S. 1,
5. Richtlinie 2014/94/EU des Europäischen Parlaments und des Rates über den Aufbau der Infrastruktur für alternative Kraftstoffe, ABl. 2014 Nr. L 307, S. 1.

(2) Diese Verordnung wurde unter Einhaltung der Bestimmungen der Richtlinie (EU) 2015/1535 des Europäischen Parlaments und des Rates über ein Informationsverfahren auf dem Gebiet der technischen Vorschriften und der Vorschriften für die Dienste der Informationsgesellschaft, ABl. 2015 Nr. L 241, S. 1, notifiziert (Notifikationsnummer 2015/0690/A).

§ 42
Inkrafttreten, Auflegung

(1) Diese Verordnung tritt mit dem der Kundmachung folgenden Monatsersten in Kraft. Gleichzeitig treten die Technischen Bauvorschriften 2008, LGBl. Nr. 93/2007, zuletzt geändert durch die Verordnung LGBl. Nr. 41/2015, außer Kraft.

(2) Der Gegenstand, die Fundstellen und die Bezugsquellen der bautechnischen Richtlinien laut den Anlagen zu dieser Verordnung sowie der technischen Regelwerke, auf die in diesen bautechnischen Richtlinien Bezug genommen wird, werden auf der Internetseite des Landes Tirol bekannt gemacht.

§ 43
Übergangsbestimmungen

(1) Für Bauverfahren, welche vor dem Inkrafttreten dieser Verordnung anhängig waren, genügt es, wenn das Bauvorhaben statt dieser Verordnung den Technischen Bauvorschriften 2008 in der Fassung der Verordnung LGBl. Nr. 41/2015 entspricht.

(2) Der 9. Abschnitt ist auf am 9. März 2020 anhängige Baubewilligungsverfahren und Verfahren aufgrund von Bauanzeigen nicht anzuwenden.

(3) Für Bauverfahren, welche am 1. Juni 2020 anhängig waren, genügt es unbeschadet des Abs 2, wenn das Bauvorhaben statt dieser Verordnung den Technischen Bauvorschriften 2016 in der Fassung der Verordnung LGBl. Nr. 36/2020 entspricht.

Anlagen

RICHTLINIEN DES ÖSTERREICHISCHEN
INSTITUTS FÜR BAUTECHNIK
OiB richtlinien
OIB-RICHTLINIE
1
Mechanische
Festigkeit und
Standsicherheit
OIB-330.1-002/19
APRIL 2019

Diese Richtlinie basiert auf den Beratungsergebnissen der von der Landesamtsdirektorenkonferenz zur Ausarbeitung eines Vorschlages zur Harmonisierung bautechnischer Vorschriften eingesetzten Länderexpertengruppe. Die Arbeit dieses Gremiums wurde vom OIB in Entsprechung des Auftrages der Landesamtsdirektorenkonferenz im Sinne des § 3 Abs. 1 Z 7 der Statuten des OIB koordiniert und im Sachverständigenbeirat für bautechnische Richtlinien fortgeführt. Die Beschlussfassung der Richtlinie erfolgte gemäß § 8 Z 12 der Statuten durch die Generalversammlung des OIB.

OIB-Richtlinie 1

Mechanische Festigkeit und Standsicherheit

Ausgabe: April 2019

0 Vorbemerkungen 2
1 Begriffsbestimmungen 2
2 Festlegungen zur Tragfähigkeit und Gebrauchstauglichkeit 2

0 Vorbemerkungen

Die zitierten Normen und sonstigen technischen Regelwerke gelten in der im Dokument „OIB-Richtlinien – Zitierte Normen und sonstige technische Regelwerke" angeführten Fassung.

Bei Änderungen an bestehenden Bauwerken mit Auswirkungen auf bestehende Tragwerke ist zur Festlegung der Tragfähigkeit und Gebrauchstauglichkeit von bestehenden Tragwerken der OIB-Leitfaden „Festlegung der Tragfähigkeit und Gebrauchstauglichkeit von bestehenden Tragwerken" anzuwenden.

1 Begriffsbestimmungen

Es gelten die Begriffsbestimmungen des Dokumentes „OIB-Richtlinien – Begriffsbestimmungen".

2 Festlegungen zur Tragfähigkeit und Gebrauchstauglichkeit

2.1 Tragwerk

2.1.1 Tragwerke sind so zu planen und herzustellen, dass sie eine ausreichende Tragfähigkeit, Gebrauchstauglichkeit und Dauerhaftigkeit aufweisen, um die Einwirkungen, denen das Bauwerk ausgesetzt ist, aufzunehmen und in den Boden abzutragen.

2.1.2 Für die Neuerrichtung von Tragwerken oder Tragwerksteilen ist dies jedenfalls erfüllt, wenn der Stand der Technik eingehalten wird. Die Zuverlässigkeit der Tragwerke hat den Anforderungen gemäß ÖNORM EN 1990 in Verbindung mit ÖNORM B 1990-1 zu genügen.

Zur Sicherstellung der Zuverlässigkeit ist es ausreichend, nur für Bauwerke, die im Schadensfall hohe Folgen für Menschenleben oder sehr große soziale oder umweltbeeinträchtigende Folgen verursachen, bei der Planung, Berechnung und Bemessung tragwerksspezifische Überwachungsmaßnahmen durch unabhängige und befugte Dritte durchzuführen.

Jedenfalls sind dies:

- Bauwerke (oder eigenständige Bauwerksteile) mit einem widmungsgemäßen Fassungsvermögen für mehr als 1.000 Personen (wie z.B. Krankenanstalten, Einkaufszentren, Stadien, Bildungseinrichtungen),
- Bauwerke für lebenswichtige Infrastrukturfunktionen,
- Bauwerke und Einrichtungen, die dem Katastrophenschutz dienen,
- Bauwerke, die unter die Richtlinie 2012/18/EU („Seveso-III-Richtlinie") fallen,
- Bauwerke, mit mehr als 16 oberirdischen Geschoßen.

2.1.3 Bei Änderungen an bestehenden Bauwerken mit Auswirkungen auf bestehende Tragwerke sind für die bestehenden Tragwerksteile Abweichungen vom aktuellen Stand der Technik zulässig, sofern das erforderliche Zuverlässigkeitsniveau des rechtmäßigen Bestandes nicht verschlechtert wird.

2.2 Einwirkungen

Bei der Planung von Tragwerken sind ständige, veränderliche, seismische und außergewöhnliche Einwirkungen zu berücksichtigen.

Impressum

Medieninhaber und Herausgeber:
Österreichisches Institut für Bautechnik
ZVR 383773815
Schenkenstraße 4, 1010 Wien, Austria
T +43 1 533 65 50, F +43 1 533 64 23
E-Mail: mail@oib.or.at
Internet: www.oib.or.at
Der Inhalt der Richtlinien wurde sorgfältig erarbeitet, dennoch übernehmen Mitwirkende und Herausgeber für die Richtigkeit des Inhalts keine Haftung.

OiB
www.oib.or.at

RICHTLINIEN DES ÖSTERREICHISCHEN
INSTITUTS FÜR BAUTECHNIK
OIB richtlinien
OIB-LEITFADEN
OIB-RL 1
Festlegung der Tragfähigkeit und Gebrauchstauglichkeit von bestehenden Tragwerken
OIB-330.1-004/19
APRIL 2019

Diese Richtlinie basiert auf den Beratungsergebnissen der von der Landesamtsdirektorenkonferenz zur Ausarbeitung eines Vorschlages zur Harmonisierung bautechnischer Vorschriften eingesetzten Länderexpertengruppe. Die Arbeit dieses Gremiums wurde vom OIB in Entsprechung des Auftrages der Landesamtsdirektorenkonferenz im Sinne des § 3 Abs. 1 Z 7 der Statuten des OIB koordiniert und im Sachverständigenbeirat für bautechnische Richtlinien fortgeführt. Die Beschlussfassung der Richtlinie erfolgte gemäß § 8 Z 12 der Statuten durch die Generalversammlung des OIB.

OIB-Leitfaden

Festlegung der Tragfähigkeit und Gebrauchstauglichkeit von bestehenden Tragwerken

Ausgabe: April 2019

0 Vorbemerkungen ... 2
1 Vorwort ... 2
2 Bestandserhebung ... 2
2.1 Niveaus der Bestandserhebung ... 2
2.2 Wesentliche Bestandteile einer vollständigen Bestandserhebung (Stufe 3) ... 3
3 Tragfähigkeit und Gebrauchstauglichkeit – Umgang mit bestehenden Hochbauten ... 3
3.1 Rechtmäßiger Bestand ... 3
3.2 Abweichungen vom aktuellen Zuverlässigkeitsniveau (aktueller Stand der Technik) ... 4
3.3 Bewertung der Tragfähigkeit bestehender Bauwerke ... 6
3.4 Mindestanforderungen und geringfügige Auswirkungen ... 6
4 Erläuterungen für häufig auftretende Baumaßnahmen ... 6
4.1 Balkonzubauten ... 6
4.2 Türdurchbrüche ... 7
Anhang ... 8

0 Vorbemerkungen

Die zitierten Normen und sonstigen technischen Regelwerke gelten in der im Dokument „OIB-Richtlinien – Zitierte Normen und sonstige technische Regelwerke“ angeführten Fassung. Dies gilt nicht für den Anhang, der als eigenständiges Dokument in den Leitfaden aufgenommen wurde.

1 Vorwort

Dieser Leitfaden soll eine einheitliche und praxisnahe Handhabung der OIB-Richtlinie 1 mit den dort zitierten Normen unterstützen.

Die Anwendung dieses Leitfadens wird durch jeweilige landesrechtliche Vorschriften oder andere Bestimmungen geregelt.

Grundsätzlich gelten die Begriffsbestimmungen des Dokumentes „OIB-Richtlinien – Begriffsbestimmungen“, wobei unter dem Begriff Bauwerk (Gebäude) eine eigenständige Tragwerksstruktur gemäß ÖNORM EN 1990, Punkt 1.5, verstanden wird.

2 Bestandserhebung

Eine Bestandserhebung ist eine dokumentierte Erhebung des „IST-Gebäudezustandes“, unter Berücksichtigung aller für die Standsicherheit relevanten Bauteile. Sie hat jedenfalls eine schematisch-konstruktive Darstellung des Bestandes (insbesondere in Bezug auf die verwendeten Materialien) sowie eine zusammenfassende gutachterliche Feststellung zu beinhalten, ob das Gebäude in einem gebrauchstauglichen Zustand ist, und ob die maßgeblichen Bauteile tragsicher sind.

In der vollständigen Bestandserhebung ist auf die in Punkt 2.2 aufgezählten Bauteile einzugehen bzw. sind deren Zustände zu beschreiben (Abweichungen siehe Punkt 2.1, Stufe 1 und Stufe 2). Es ist zumindest Kenntnisstand KL 2 gemäß ÖNORM EN 1998-3 zu erreichen.

2.1 Niveaus der Bestandserhebung

Für die Befundung des Bestandes gibt es folgende drei Niveaus, wobei der jeweilige Untersuchungsaufwand vom Umfang der geplanten Bauführung abhängt.

Stufe 1

Anwendungsbeispiele	Türdurchbrüche oder ähnliche geringfügige Baumaßnahmen, sofern sie statisch relevante Auswirkungen haben (z.B. bei Veränderung von Tragwerken und Tragwerksteilen), Aufzugseinbauten in Treppenaugen.
Befundung	Die lokale Befundung der unmittelbar von der Bauführung betroffenen lasteinleitenden und lastaufnehmenden Bauteile, inklusive augenscheinlicher Überprüfung des Bestandes von allgemein zugänglichen Bereichen.

Stufe 2

Anwendungsbeispiele	Baumaßnahmen in mehreren Geschoßen, wie Aufzugs-, Treppenhaus- und/oder Nassgruppeneinbau, die keine oder keine wesentliche Lasterhöhung für den Bestand darstellen.
Befundung	Die Befundung auf Basis einer <u>augenscheinlichen</u> Überprüfung des gesamten Bauwerkes bzw. Tragwerkes (z.B. einfache Kontrollen auf Durchfeuchtungen besonders im Bereich von Nassräumen, Setzungen, Risse und sonstige augenscheinliche Schäden), des Kellers und des Dachraumes. Zusätzlich eine Bestandserhebung aller durch die Bauführung unmittelbar und mittelbar betroffenen Bestandseinheiten.

Stufe 3

Anwendungsbeispiele	Änderungen des bestehenden Tragwerkes und der bestehenden Tragwerksteile mit wesentlicher Lasterhöhung bei Neu-, Zu- und Umbauten.
Befundung	Die Erstellung einer Bestandserhebung im gesamten Umfang nach Punkt 2.2.

Keine Bestandserhebung ist erforderlich, wenn ein Gutachten vorliegt, dass aufgrund der Geringfügigkeit des Bauvorhabens (keine statisch relevanten Veränderungen; z.B. bei Gipskartonwänden, Gipsdielen, Schlackewänden, Holzständerwänden) aus statischen Belangen keine Gefährdung des Lebens oder der Gesundheit von Menschen gegeben ist.

2.2 Wesentliche Bestandteile einer vollständigen Bestandserhebung (Stufe 3)

- Fundierung
- Wände und Stützen
- Mittelmauer – Abgasanlagen (früher: Rauchfang, Abgasfang, Kamin) und umschließendes Mauerwerk (v. a. im Hinblick auf die vertikale Lastableitung)
- Aussteifungssituation (Zwischenwände, Auswechslungen, Verschließungen)
- Querschnittsschwächungen (z.B. infolge Leitungsführungen, Installationen etc.)
- Decken und Träger (Zustand, Konstruktion)
- Dachstuhl und Gesimse (nur soweit diese erhalten bleiben sollen)
- Haupttreppen

3 Tragfähigkeit und Gebrauchstauglichkeit – Umgang mit bestehenden Hochbauten

Gemäß OIB-Richtlinie 1.

3.1 Rechtmäßiger Bestand

Der rechtmäßige Bestand im Sinne der OIB-Richtlinie 1, setzt eine der Baubewilligung (Pläne und Bescheid) entsprechende Ausführung und einen der Baubewilligung entsprechenden Zustand des Bestandsgebäudes (Konsens) voraus. Darüber hinaus beinhaltet der rechtmäßige Bestand eine Summe von erforderlichen genehmigten und erfüllten Zuverlässigkeitsniveaus, insbesondere im Hinblick auf die Zuverlässigkeit des Tragwerkes, aber auch hinsichtlich anderer sicherheitsrelevanter Standards, wie zum Beispiel des Brandschutzes und auch der Erschließung (siehe Abbildung 1). Landesrechtliche Vorschriften können andere oder ergänzende Bestimmungen für die Erlangung eines rechtmäßigen Bestandes enthalten.

Das erforderliche Zuverlässigkeitsniveau des rechtmäßigen Bestandes ist jenes, das zum Zeitpunkt der jeweiligen Baubewilligung unter Berücksichtigung des damaligen Standes der Technik maßgebend war, sofern nicht landesrechtliche Vorschriften andere oder ergänzende Bestimmungen für die Erlangung eines rechtmäßigen Bestandes enthalten. Bei bewilligungsfreien Bauvorhaben gilt jenes Zuverlässigkeitsniveau, welches zum Zeitpunkt der Errichtung maßgeblich war.

Das bedeutet, dass Abweichungen von der für Neubauten (aktueller Stand der Technik) festgelegten Zuverlässigkeit für Tragwerke unter der Voraussetzung zulässig sind, dass das vorhandene Zuverlässigkeitsniveau nicht unter dem erforderlichen Zuverlässigkeitsniveau zum Zeitpunkt der Bewilligung bzw. Errichtung liegt. Dies gilt allerdings nur bei den Lastfällen, die außergewöhnliche Einwirkungen und Erdbeben beinhalten, nicht aber bei den Grundkombinationen. Die Grundkombinationen müssen jedenfalls die Lastfälle Eigengewicht, Nutzlasten, Wind und Schnee (sofern erforderlich) behandeln.

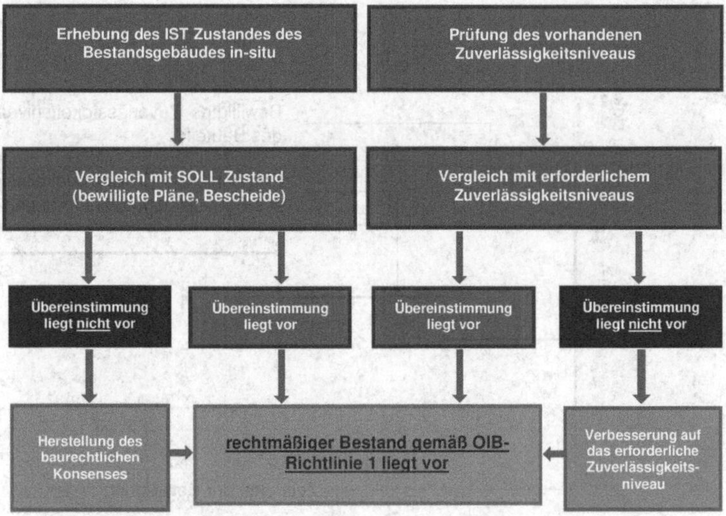

Abbildung 1: Ablaufschema zur Feststellung des rechtmäßigen Bestandes gemäß OIB-Richtlinie 1

Bestehende Bauwerke, die ein Zuverlässigkeitsniveau, das zum Zeitpunkt der Baubewilligung vorgeschrieben war oder auch ein höheres Zuverlässigkeitsniveau aufweisen, dürfen grundsätzlich nicht verschlechtert werden. Ausgenommen davon sind Bauwerke, deren Zuverlässigkeitsniveau bereits höher ist, als es dem aktuellen Stand der Technik entspricht.

3.2 Abweichungen vom aktuellen Zuverlässigkeitsniveau (aktueller Stand der Technik)

Bei Änderungen an bestehenden Bauwerken mit Auswirkungen auf bestehende Bauwerksteile sind für die bestehenden Bauwerksteile Abweichungen vom aktuellen Stand der Technik zulässig, sofern das erforderliche Zuverlässigkeitsniveau des rechtmäßigen Bestandes nicht verschlechtert wird.

Eine Verschlechterung ist nur bei solchen Bauwerken zulässig, deren Zuverlässigkeitsniveau bereits höher ist, als es dem aktuellen Stand der Technik entspricht (siehe Abbildung 2).

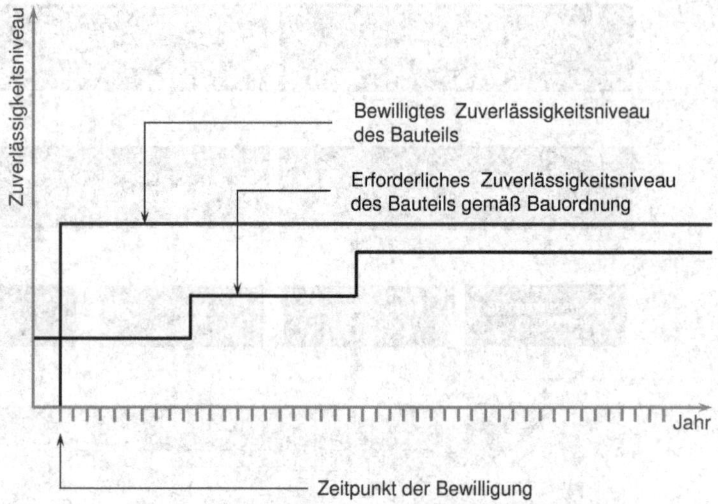

Abbildung 2: Darstellung verschiedener Zuverlässigkeitsniveaus von Bauteilen

Für Abweichungen von sicherheitsrelevanten bautechnischen Anforderungen folgt daraus:

- Ein eventuell erhöhtes Personenrisiko – entweder durch Nutzungsänderung oder Erweiterung des Bestandes hervorgerufen – ist hinreichend zu berücksichtigen.
- Eine hinreichende Berücksichtigung ist jedenfalls dann gegeben, wenn das Gesamtrisiko des geänderten Bauwerkes nicht höher ist, als jenes Risiko, das sich aus dem vorhandenen, bewilligten Risiko des Bestandes, vermehrt um das Risiko aus der Personenzunahme, die durch die Änderung des Bauwerkes ausgelöst wird, ergibt. Das Risiko aus der Personenzunahme ergibt sich aus der Einhaltung der vorliegenden OIB-Richtlinie 1, bei Annahme eines Neubaus für diese Personen.
- Bei Erhöhung der Personenanzahl darf die Bilanz des Personenrisikos unter Zugrundelegung des vorhandenen Bestandsgebäudes und der baulichen Maßnahme nicht verschlechtert werden. Dieser Grundsatz stellt ein gleichbleibendes Gesamtrisiko des ausgebauten Gebäudes verglichen mit den Risiken des bestehenden Gebäudes und einem für den Personenzuwachs gedachten Neubaus (ohne Reduktion des Zuverlässigkeitsniveaus) sicher. Dieser Grundsatz berücksichtigt auch, dass das Risiko der bestehenden Gebäude von der Gesellschaft akzeptiert ist.

Eine Änderung des personenbezogenen Risikos ist auch dann gegeben, wenn eine Nutzungsänderung eine Erhöhung der Personenanzahl oder eine behördliche Festlegung eine Änderung des akzeptierten Risikos (z.B. Sicherheitskonzept für Bauwerke für lebenswichtige Infrastrukturfunktionen, Bauwerke und Einrichtungen, die dem Katastrophenschutz dienen) zur Folge hat.

3.3 Bewertung der Tragfähigkeit bestehender Bauwerke

Für die Bewertung der Tragfähigkeit und der Gebrauchstauglichkeit bestehender Hochbauten wird, unter Berücksichtigung von Punkt 3.1 des OIB-Leitfadens, auf die ÖNORM B 4008-1 verwiesen. Diese regelt die möglichst wirklichkeitsnahe Bewertung der Tragfähigkeit und der Gebrauchstauglichkeit bestehender Hochbauten. Damit soll einerseits eine mögliche Beeinträchtigung der Zuverlässigkeit rechtzeitig erkannt und andererseits ein unnötiger Mitteleinsatz vermieden werden. Zweck ist, eine sinnvolle Weiternutzung und Erweiterung bestehender Gebäude zu ermöglichen (Sanierung und Verdichtung).

Voraussetzungen zur Anwendung des Punktes 5.4 der ÖNORM B 4008-1:

- Bestandserhebung (Punkt 2),
- Verbesserung des Gebäudes auf Erdbeben (Heranführung an den Stand der Technik, ohne ihn vollständig zu erfüllen),
- Nachweis der Grundkombinationen lt. Eurocode ohne jede Erleichterung (Eigengewicht, Nutzlasten, Schneelast, Windlasten),
- Nachweis der zu erreichenden Redundanzen laut Risikoanalyse gemäß ÖNORM B 1998-3,
- Nachweis, dass die Zunahme der rechnerisch ermittelten Personenanzahl gemäß ÖNORM B 1998-3 (Ermittlung mit Zeitfaktoren) nach Änderungen am Bestand bezogen auf die Personenanzahl des rechtmäßigen Bestandes 50 % nicht übersteigt.

3.4 Mindestanforderungen und geringfügige Auswirkungen

Für die Beurteilung der Mindestanforderungen wird auf ÖNORM B 1998-3, Punkt A.3.2 verwiesen. Eine geringfügige Auswirkung liegt demnach dann vor, wenn die Lasteinwirkung, der Bauteilwiderstand oder eine Kombination beider Aspekte die Zuverlässigkeit um nicht mehr als 3 % verschlechtert. Dabei kann jeder Bauteil separat betrachtet werden.

Als Ausgangsbasis der Beurteilung einer solchen geringfügigen Auswirkung kann das jeweils zuletzt im Zuge eines Behördenverfahrens für das vollständige Bestandsgebäude nachgewiesene Zuverlässigkeitsniveau herangezogen werden. Dies wird im Regelfall die letzte vollständige statische Nachweisführung nach den zum damaligen Zeitpunkt gültigen technischen Vorschriften darstellen.

Wird für zukünftige Änderungen wieder das vollständige Gebäude nachgewiesen, so darf dieser Nachweis wieder als neue Ausgangsbasis zur Beurteilung einer geringfügigen Änderung herangezogen werden.

4 Erläuterungen für häufig auftretende Baumaßnahmen

4.1 Balkonzubauten

4.1.1 Allgemeines

Die Konstruktion von neu zu errichtenden Balkonen muss jedenfalls nach dem Stand der Technik dimensioniert werden. Auch neu zu errichtende Fundamente sowie etwaige Befestigungen am bestehenden Gebäude, wie beispielsweise Abstützungen via Konsolen oder Abhängungen mittels Seilen, müssen auf die entsprechenden Grundkombinationen der einwirkenden Lasten gemäß ÖNORM EN 1990 bemessen werden. Die Lasteinleitung in das Bestandsmauerwerk muss lokal nachgewiesen werden.

Werden bestehende Fundamente zur Lastableitung herangezogen, so ist bei einer Mehrbelastung von mehr als 3 % des ursprünglichen Belastungsniveaus ein entsprechender Nachweis der Fundierung nach dem Stand der Technik für den betroffenen Bereich zu erstellen. Zur Ermittlung des ursprünglichen Belastungsniveaus ist die Grundkombination der Einwirkungen heranzuziehen. Abgebrochene Parapete und sonstige entfallende Lasten dürfen in vollem Umfang in Abzug gebracht werden.

Die Lastansätze für Nutzlasten werden in der zugehörigen ÖNORM B 1991-1-1 in den Tabellen 2 und 3 geregelt.

4.1.2 Statische Nachweise

Die nachfolgenden Kapitel sollen einen Überblick über die notwendigen statischen Nachweise geben.

4.1.2.1 Selbsttragende Balkontürme im Bereich von Bestandsbauten

Selbsttragende Balkontürme dürfen am Bestand fixiert werden. In diesem Fall sind lokale statische Nachweise der Lasteinleitungspunkte zu führen. Das Mauerwerk, welches die horizontalen Aussteifungslasten aufnehmen soll, muss im Sinne der Bestandsaufnahme der Stufe 1 (Punkt 2.1) befundet werden.

4.1.2.2 Abgehängte bzw. über Konsolen abgestützte Balkone (ohne eigenständige Fundierung)

Das Bestandsmauerwerk, an der die Balkonkonstruktion befestigt werden soll, ist im Sinne der Bestandsaufnahme der Stufe 2 (Punkt 2.1) zu befunden.

Auch die horizontale Lasteinleitung ist nachzuweisen. Dies betrifft insbesondere die Befestigung der Druckstreben einer etwaig vorhandenen Konsole bzw. die Verankerungspunkte einer vorgesehenen Abhängung.

4.2 Türdurchbrüche

4.2.1 Allgemeines

Türdurchbrüche können nicht ohne bautechnische Überlegungen als unwesentliche Wandöffnungen definiert werden. Eine einfache Methode zur Kategorisierung ist die Überprüfung, ob ein geplanter Durchbruch den Weg der Druckdiagonale bei der vertikalen oder horizontalen Lastaufnahme in der Wandscheibe nachhaltig stört oder nicht.

Anmerkung: Diesbezüglich sei auf die Erläuterung 02/2013 „Über die Kompensation von Schubwänden in Wiener Gründerzeithäusern – Allgemeine Grundlagen" der Kammer der Architekten und Ingenieurkonsulenten für Wien, NÖ und Burgenland hingewiesen (siehe Anhang).

4.2.2 Statische Nachweise

4.2.2.1 Türdurchbruch in einer Wand mit statischer Funktion (Aussteifung, Lastableitung etc.)

Für Türdurchbrüche in Wänden mit statischer Funktion ist die Erstellung einer Bestandserhebung der Stufe 1 (Punkt 2.1) erforderlich. Stört ein solcher geplanter Durchbruch die Druckdiagonale wie in Punkt 4.2.1 beschrieben, so ist eine entsprechende Kompensation der Schwächung des Gebäudes vorzunehmen.

4.2.2.2 Türdurchbruch in einer Wand ohne statische Funktion

Dies betrifft beispielsweise Türdurchbrüche in Gipskartonständerwänden, Schlackewänden oder ähnlichen Konstruktionen. Hier ist kein statischer Nachweis erforderlich, eine fachgemäße Ausführung wird jedoch vorausgesetzt.

Anhang

Über die Kompensation von Schubwänden in Wiener Gründerzeithäusern – Allgemeine Grundlagen

Dieser Anhang dient nur zur Information.

ERLÄUTERUNG 02/2013

Fassung vom 17.08.2013

Über die Kompensation von Schubwänden in Wiener Gründerzeithäusern
-Allgemeine Grundlagen

Wien, am 17.08.2013

Herausgeber: Fachgruppe Bauwesen der LK W/Nö/Bgld
Seiten 1 bis 11

Verfasser: Peter Bauer

Coautoren: Erich Kern

Anmerkung
Erläuterungen geben, mangels anderer Normenwerke und kompakter Literatur, einen Hinweis auf Verfahren die dem jeweiligen, zusammengefassten Stand der Technik entsprechen. Sie ersetzen eigene Überlegungen und die Prüfung des Anwenders, ob sie für seinen Anwendungsfall geeignet sind, nicht. Sie beschränken auch nicht die Methodenvielfalt des Ingenieurwesens, sondern ergänzen sie, bzw. weisen auf jeweils einzuhaltende Rahmenbedingungen hin.

Inhaltsverzeichnis

1.0 Hinweise zu Öffnungen in aussteifenden Zwischenwänden und ihre Kompensation 3

1.1 Allgemeines 3

1.2 Kompensation einer Zwischenwand 6

1.3 Wesentliche und unwesentliche Wandöffnungen 8

2.0 Hinweise zur Modellierung von Wandscheiben 9

3.0 Hinweise zur Materialprüfung bei einfachen Kompensationsmaßnahmen (Türdurchbrüche, einzelne Wandscheiben) 11

4.0 Literatur 12

1.0 Hinweise zu Öffnungen in aussteifenden Zwischenwänden und ihre Kompensation

1.1 Allgemeines

Horizontales Tragverhalten in Längsrichtung

Beschreibungen zur Ermittlung des Tragverhaltes einer Einzelwandscheibe unter horizontalen Einwirkungen finden sich zahlreichen Veröffentlichungen (z.B. [5],[9], [10] aber auch [6]).

Zur sicheren Ermittlung der erforderlichen Kompensation einer Wandöffnung muss die Tragfähigkeit der zu beurteilenden Wand an der oberen Grenze ermittelt werden.

Im Wesentlichen wird die horizontale, elastische Grenzlast einer Mauerwerksscheibe durch Umkippen oder Gleiten begrenzt. Dies drücken auch die Formeln C.1 und C.2 in EN 1998-3 aus, die durch vergleichende Untersuchungen in [5] im Wesentlichen bestätigt werden. In [5] werden weiters Hinweise zur Mitwirkung von Pfeileranteilen der anschließenden Querwände gegeben.

Der erforderliche Widerstand in Bestandsgebäuden darf nach ÖNORM B 1998-3 im Grenzzustand der wesentlichen Schädigung ermittelt werden.

EN 1998-3 gibt im Anhang C für den Grenzzustand der wesentlichen Schädigung zwei Gleichungen an:

Biegung/ Kippen

$V_f = \frac{DN}{2H_0}(1 - 1.15v_d)$ Gleichung C.1 aus EN 1998-3

mit $v_d = N/(D\, t\, f_d)$

Schub/ Gleiten

$V_f = f_{vd}D^{'}t$ Gleichung C.2 aus EN 1998-3

mit $f_{vd} = f_{mv0} + 0.4\, N/(D^{`}\, t) =< 0.065\, f_m$

ANMERKUNG: f_{mv0} und f_m sind durch die Teilsicherheitsbeiwerte für Mauerwerk gemäß EN 1998-1 zu dividieren!

Die Bedeutung der Faktoren ist Abschnitt C in EN 1998-3 zu entnehmen.

Geometrie
D.. Länge der Wandscheibe; D´.. Länge der überdrückten Wandscheibe
Ho.. Höhe der Einwirkung der Horizontalkraft bis zur Einspannstelle
N.. wirksame Normalkraft (üblicherweise: Wandgewicht und anteilige Deckenauflasten, wenn vorhanden)
t.. Wanddicke

Material
f_m (eigentlich: f_d!) in f_{vd}.. Mittelwert (!) der Druckfestigkeit, reduziert um den Konfidenzbeiwert CF_m und γ_M, $f_d= f_m/(\gamma_M\, CF_m)$
f_{vm0} (eigentlich: f_{vm0d}!) in f_{vd}.. Mittelwert (!) der Schubfestigkeit ohne Auflast –Anfangsscherfestigkeit, reduziert um den Konfidenzbeiwert CF_m und γ_M, $f_{vm0d} = f_{vm0}/(\gamma_M\, CF_m)$

f_d.. Mittelwert (!) der Mauerwerksfestigkeit reduziert um den Konfidenzbeiwert CF_m, $f_d= f_m/CF_m$

Grundsätzlich ist zu unterscheiden ob der Nachweis nach EC6 (z.B. Antwortspektrenmethode nach EN 1998-1) oder nach Verschiebungsverfahren (Push-over, En 1998-3/Anhang C) geführt wird. Das ist der Grund warum sich die Formeln für die Ermittlung von fvd in EN 1996-1-1 und EN 1998-3 unterscheiden.

In Gleichung C.1 drückt der Faktor ν_d den „Platzbedarf" der Druckstrebe aus. Nachdem V_f erreicht ist, ist die Fähigkeit der Wand Energie aufzunehmen, noch nicht erschöpft. Die Mauer kann bis zu einer (plastischen) Grenzverschiebung von ca. 4 Promille ihrer Höhe[1] weiter beansprucht werden. Gemäß [5] ist beim Gleiten entlang der Lagerfugen (erster Teil von f_{vd} in Formel C.2) ein großes Verformungsvermögen möglich. Sprödes Verhalten hingegen ist bei Schubversagen der Steine (zweiter Teil von f_{vd} in Formel C.2) zu erwarten.

In der Praxis wird in der Mehrzahl der Fälle (solange die horizontale Einwirkung kleiner als 0.4*N und Versagen auf Schub Maßgebend ist) die Begrenzung von f_{vd} auf Schub zufolge Steinzugversagen ($f_{vd} <$ 0.065*f_m, bei NF-Verbandsmauerwerk mit vermörtelten Stoßfugen) wirksam. Die resultierende Normalkraft (aus H und N) in der Wand steht dann auf der Wandlänge D´ im Eckbereich der Wand und gleitet bis zur maximalen Verschiebung von 4 Promille.

In Abbildung 1.1 wird dieser Sachverhalt dargestellt.

[1] siehe aber auch die Einschränkung in C.4.2.1 (2) der EN 1998-3 und des Vorschlages in [5] –Pkt. 6.3.2

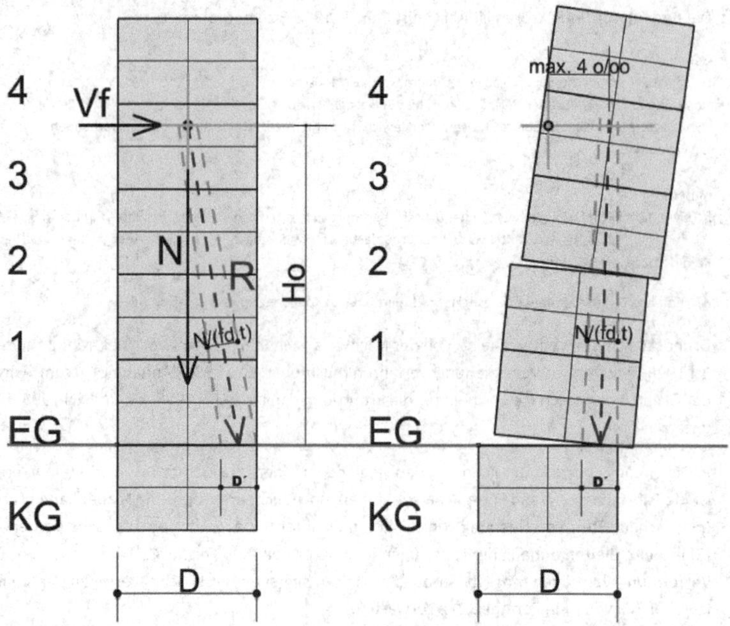

Abbildung 1.1 –Umkippen und Gleiten einer Mauerwerksscheibe

Damit ist als obere Grenze, also auf der sicheren Seite für eine etwaige Kompensationsmaßnahme, für die Beurteilung der horizontalen Tragkraft einer Mauerwerksscheibe das Gewicht der Wandscheibe selbst und der *ungestörte Lastpfad der Druckstrebe im Grenzzustand des Kippens* maßgebend.

Horizontales Tragverhalten in Querrichtung –Querwandbeschleunigung

Zu Nachweisen für Schubwandschlankheiten, die größer sind, als sie EN 1998-1 in Tabelle 9.2 vorsieht, siehe [7], erläutert auch in [5] und [6]. Grundsätzliche Aussagen zu *„typischen Wiener Gründerzeitzwischenwänden"* siehe auch Erläuterungen 01/2013.

1.2 Kompensation einer Zwischenwand

Herleitung der Ersatzkraft

Aus dem vorher gesagtem ergibt sich, dass sich die maximal mögliche Horizontalkraft in einer Mauerwerkswand unter Vernachlässigung der Mauerwerksfestigkeit selbst (die kaum einen Einfluss auf diese Betrachtung hat –siehe auch Bandbreite der üblichen Druckdiagonale) aus rein geometrischen Überlegungen, bzw. bei genaueren Ermittlungen aus dem Schubversagen zufolge Erreichen der Steinzugfestigkeit, ermitteln lässt.

Die Größenordnung für V_f ermittelt sich damit für das „typische Wiener Gründerzeithaus" mit einer Wandhöhe H von H ~ 19.2 m, D~ 5.9 m (Lichte zwischen Wandquerachsen) und der Ersatzhöhe[2] Ho ~ 0.75 H~ 14.4 m ca.:

N ~ 19.2*5.9*3.1 = 351 kN (Gewicht vorsichtig nur mit Mauerlichte ermittelt)

und f_d für $f_{b,k}$ = 21,25 N/mm^2 und $f_{m,k}$ = 1 n/mm^2, Verbandsmauerwerk f_k ~ 3.5 N/mm^2 (siehe auch Annahmen Musterhaus) und daraus f_d ~ 4.90 N/mm^2

„Geometrische" Ermittlung der Horizontalkraft

$V_{f,kippen,max}$ ~ D*N/(2 Ho)= 5.9*351/(2*14.4) = 71.9 kN

für die Zwischenwandachse ohne Pfeileranteil, unter Vernachlässigung von v_d (für die Kompensationsmaßnahme auf der sicheren Seite). Mit Berücksichtigung des Pfeileranteils bei etwa dem Doppelten.

Ermittlung gemäß EN 1998-3/ Anhang C

Die Bandbreite der Druckdiagonale (hellroter Bereich der Abbildung 1.1) in einer Gründerzeitzwischenwand ergibt sich hier mit ca.

D'_{kippen}= 351/(4900*0.15)= 0.48 m (für CF_m= 1.0)

D'_{schub}= 71.9/(0.065*4900*0.15)= 1.51 m (für CF_m= 1.0 und γ_m = 1.0) bzw.
D'_{schub}= 71.9/(0.065/1.67 *4900*0.15)= 2.51 m (für CF_m= 1.0 und γ_m = 1.67)

ANMERKUNG: Für die Ermittlung der Tragwirkung von Kompensationsmaßnahmen sollten die Sicherheitsbeiwerte auf der vorsichtigen Seite zu 1.0 gesetzt werden!

---

[2] Berechnet aus: Ho Vf= Σ H_i (V_f $m_i\Phi_i/\Sigma m_j\Phi_j$) und Φ_i= H_i

Damit ist Steinzugversagen maßgebend und $V_{f,max}$ lässt sich durch Iteration ermitteln:

Hier ergibt sich $V_{f,max}$= $V_{f,schub}$~ 56.02 kN (für γ_M = 1.67) bzw. 61.48 kN (für γ_M = 1.00)

Wiederum ohne Berücksichtigung der Pfeileranteile und mit etwa dem Doppelten bei Berücksichtigung derselben. V_f gemäß C.1 bzw. C.2 ermittelt liegt also nahe bei dem durch rein geometrische Überlegungen gewonnenen horizontalen Widerstand der Wand.

Eine Parameterstudie (siehe auch Tabelle 1.2) bestätigt diesen Zusammenhang. Sie zeigt auch auf, dass die Größenordnung von V_f relativ unabhängig von der tatsächlichen Werkstoffeigenschaft f_d (und damit von f_b und f_m) ist.

Parameterstudie Vf

Einfache Schubwand, ohne Flanschanteil, t = 15 cm

					f_d = 4.9 N/mm²				f_d = 3.9 N/mm²			
					γ_M = 1.67		γ_M = 1.00		γ_M = 1.67		γ_M = 1.00	
H_{tot} [m]	H_0 ~0.75 H_{tot}	D [m]	$N_{eigengewicht}$ [kN]	$V_{f,Geometrie}$ [kN]	$V_{f,C.1}$ [kN]	$V_{f,C.2}$ (kN]	$V_{f,C.1}$ [kN]	$V_{f,C.2}$ (kN]	$V_{f,C.1}$ [kN]	$V_{f,C.2}$ (kN]	$V_{f,C.1}$ [kN]	$V_{f,C.2}$ (kN]
19,20	14,40	5,90	351,17	71,94	65,24	56,20	65,24	61,48	63,54	53,04	63,54	59,29
18,00	13,50	5,40	301,32	60,26	55,00	47,82	55,00	52,14	53,67	45,44	53,67	50,42
17,00	12,75	5,10	268,77	53,75	49,32	43,15	49,32	46,86	48,19	41,09	48,19	45,38

Tabelle 1.2 –Vergleich V_f aus Geometrie, bzw. EN 1998-3/C.1 bzw. C.2 ermittelt

Beanspruchung Wandersatz (Ersatzrahmen)

Für die Kompensation einer Wand ist, nach Meinung des Verfassers, der oberste Wert der **horizontalen Tragkraft** der bestehenden Wand anzusetzen, die **bei einer ungestörten „typischen Gründerzeitzwischenwand" mindestens bei V_f~ 55..75 kN** liegt, bzw. beim Doppelten bei Berücksichtigung von Flanschanteilen der angrenzenden Querwände (siehe auch Kapitel vor). Sie kann durch geometrische Überlegungen im Grenzzustand des Kippens gewonnen werden.

Diese Grenzkraft kann auch für die Rahmenberechnung oder jede andere Kompensation angesetzt werden, wobei auf eine entsprechende Ein.- und Ausleitung der Schubkräfte in die angrenzenden Mauerwerkswände zu achten ist. Zu beachten ist, dass nicht nur V_f, sondern auch die damit verbundene Druckdiagonale R selbst (also auch der konzentrierte Normalkraftanteil) auf den Rahmen wirkt!

Damit aber der Rahmen mit den angrenzenden Mauerwerksscheiben mitwirken kann, ist darauf zu achten, dass der Rahmen eine entsprechende Grenzverschiebung einhält. Das sind bei erreichen der Grenzkraft V_f die in C.4.2.1(2) der EN 1998-3 angegebenen **4 Promille** (also ein h/250) der Rahmenhöhe. Diese Verformungswerte gelten für Ziegelwände aus NF-Format, die voll verfugt sind[3].

[3] Hinweis: DIN EN 1998-1 begrenzt die max. Schiefstellung für Schubwände für mittlere Wandspannungen größer als 15% von f_k auf 3 Promille. In der Literatur wird der Verformungswert für Hochlochziegeln ohne vermörtelte Stoßfugen oft ebenfalls mit 3 Promille begrenzt.

1.3 Wesentliche und unwesentliche Wandöffnungen

Die in der Praxis oft diskutierte Frage des „unwesentlichen" Türdurchbruchs lässt sich mit dem vorgestellten Modell einfach und elegant beantworten. Hier ist zu beurteilen, ob eine Wandöffnung den „Weg der Druckdiagonale" stört oder nicht. Näheres dazu in den Abbildungen 1.3A bis 1.3C. Damit lässt sich in eine grobe Abschätzung in einer guten Ingenieurnäherung geben.

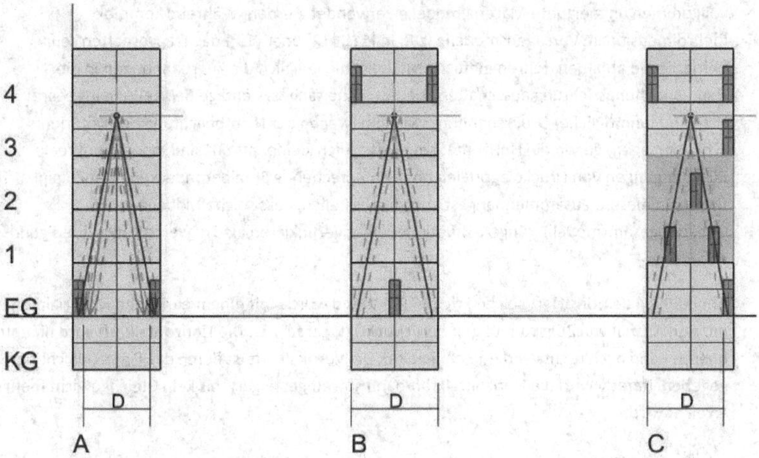

Abbildung 1.3 –Öffnungen in Mauerwerksscheiben

Während durch Öffnungen im Erdgeschoss (auch einseitig!) die Einschränkung der Länge D auf 60% der ungestörten Wand zu einer Abnahme von $V_{f,max}$ auf ~45% der ungestörten Wand führt, spielen Öffnungen in den obersten Geschossen für die Ermittlung von V_f kaum eine Rolle. Abbildung C schließlich zeigt, wie mit wenigen Öffnungen (auch jeder einzelnen, in Rot dargestellten Öffnung) in einer Schubwand die Tragwirkung nachhaltig zerstört wird. Hier ist keine wesentliche horizontale Tragwirkung ohne geeignete Ersatzmaßnahmen (Durchleitung der Druckdiagonale) möglich. Ähnliche Auswirkungen können unüberlegt gestemmte Leitungsschlitze haben!

2.0 Hinweise zur Modellierung von Wandscheiben

Dem Verfasser ist bewusst, dass das vorgestellte Tragmodell einer Einzelwandscheibe, sehr vereinfachend ist. Es ist aber Eurocodekonform.

Bei der Anwendung von FE-Programmen ist in der Praxis jedoch sehr oft zu beobachten, dass vollkommen ungeeignete Materialmodelle verwendet werden. Während komplexe, mehrdimensionale Versagensmodelle (z.B. in [11], [12] oder [13]) das Tragverhalten sehr befriedigend abbilden, führen einfache Modelle, die lediglich die Zugspannungen in die Hauptspannungsrichtung ausschalten können, ohne sachverständige Beurteilung ins Leere! Hier sind (unmögliche) Druckspannungswinkeln (wegen der Nichtbeachtung des Kriteriums Schubversagen) gegen die Horizontale die wesentlich kleiner als 60° sind, oder kaum reale Rückhängungen von Druckdiagonalen ohne entsprechende Stahlbetondecken oder Zuganker zu finden. In diesem Zusammenhang ist auch festzustellen, dass solche Modelle in Gebäudegesamtmodellierungen Situationen eher verunklären als Tragverhalten befriedigend abbilden.

Abbildung 4 demonstriert solche Effekte. Die Wand wurde mit einem einfachen Materialmodell, das nur den Ausfall von Zugspannungen berücksichtigt, gerechnet. Die Horizontalkraft wird hier am oberen Rand nach rechts wirkend eingeleitet, die Vertikalkraft ist durch das Eigengewicht der Wand gegeben. Iterativ wird die Horizontalkraft dann soweit gesteigert, bis kein Gleichgewicht mehr erreicht wird.

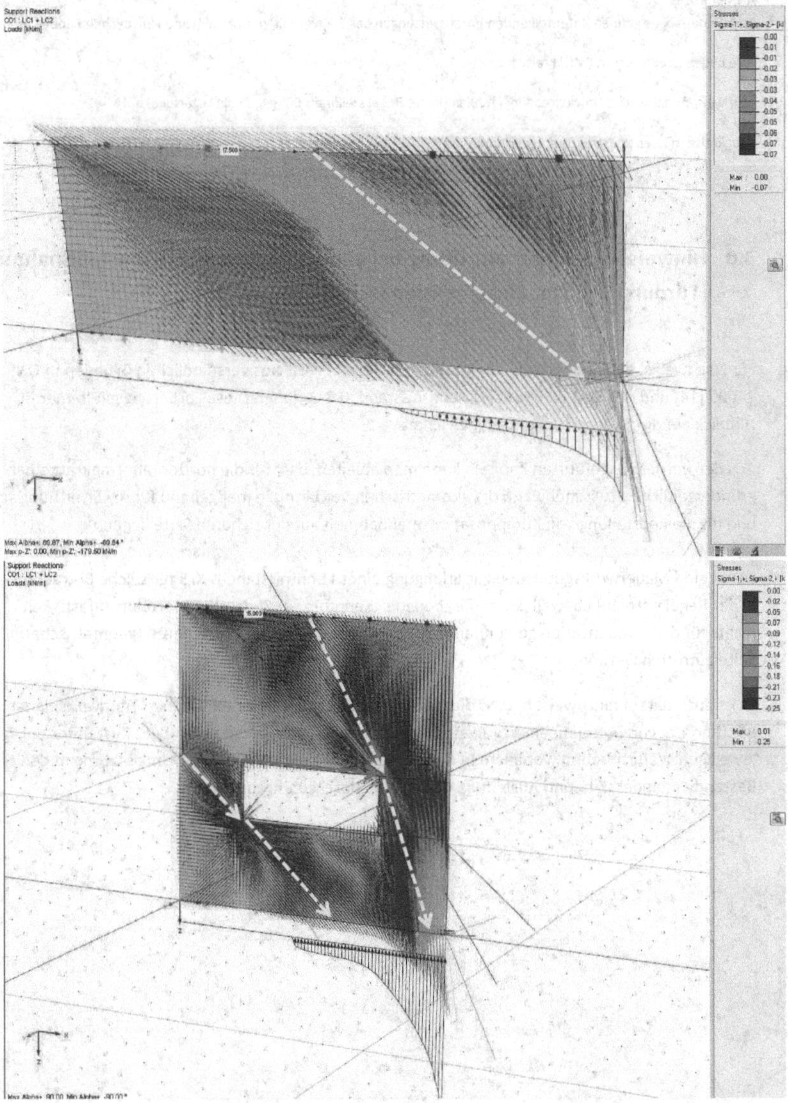

Abbildungen 2.0 –unrealistisch flache Druckstrebenneigungen und „Rückhängungen" von H-Kräften bzw. fragwürdigen Spannungsverteilungen bei einfachen (=falschen) FE-Materialmodellen

ANMERKUNG
Fachwerkmodelle können unter folgenden Voraussetzungen das Tragverhalten im Allgemeinen ausreichend abbilden:

- Sie bilden hauptsächlich Druckkräfte aus
- Sie weisen realistische Druckstrebenneigungen (in der Regel steiler als 60° gegen die Lagerfuge) auf
- Zugkräfte müssen konstruktiv aufgenommen werden (Roste, Schliessen,..)

3.0 Hinweise zur Materialprüfung bei einfachen Kompensationsmaßnahmen (Türdurchbrüche, einzelne Wandscheiben)

Für Nachweise, die einen Bauteil unmittelbar betreffen, wird, aus verständlichen Gründen in ONR 24009 [14] und ÖNORM B 1998-3 [1] Kenntnisstand KL3 verlangt. Diese Forderung gilt immer in Hinblick auf die zu untersuchende Eigenschaft[4].

Aus den vorher ausgeführten Kapiteln kann man ableiten, dass für die horizontale Tragkraft einer gründerzeitlichen Zwischenwand die geometrischen Verhältnisse maßgebend für die Ermittlung sind und für die Beurteilung von Kompensationsmaßnahmen auf der sicheren Seite liegen.

Damit sind Mauerwerksgutachten zur Erlangung eines Kenntnisstandes KL3 für solche Betrachtungen in der Regel entbehrlich, weil durch die „genaue" Kenntnis der Stein- und Mörteldruckfestigkeit nichts für die Kompensation gewonnen wird, wenn Annahmen auf der sicheren (geometrischen) Seite getroffen werden.

Es ist auch darauf hinzuweisen, dass diese Tatsachen nicht die verantwortlichen Tragwerksplaner und Bauführer davon befreien, einen augenscheinlichen, dokumentierten Befund des Zustandes der jeweiligen Wandsituation, vor allem in den Bereichen, wo die Kompensationsmaßnahme in den Bestand einbindet (Ein- und Ausleitung der Kräfte), durchzuführen.

[4] siehe auch ÖNORM B 1998-3/B.1: *Es sind jene Bauteileigenschaften zu erheben, die für den untersuchten und beurteilenden Sachverhalt von Relevanz sind. Die Tiefe der Untersuchungen richtet sich daher nach der gestellten Aufgabe.*

4.0 Literatur

[1] ÖNORM B 1998-3: 2013 05 01, Auslegung von Bauwerken gegen Erdbeben, Beurteilung und Ertüchtigung von Gebäuden

[2] Leitfaden für Wien zur OIB-Richtlinie 1 vom 07.01.2013

[3] EN 1998-1: 2011 06 05, Auslegung von Bauwerken gegen Erdbeben, Grundlagen, Erdbebeneinwirkungen und Regeln für Hochbauten

[4] Arch+Ing, Erdbebenbeanspruchung eines Gründerzeithauses mit Dachgeschoßausbau „Leicht", Ausgabe Juli 2008, E03-18072008

[5] Dokumentation D 0237 der SIA, Beurteilung von Mauerwerksgebäuden bezüglich Erdbeben, Zürich 2010

[6] ..und wenn die ganze Erde bebt..; Peter Bauer, Erich Kern, Peter Resch; Wien im April 2010

[7] Seismic design of reinforced concrete and masonry buildings; T. Pauley, M.J.N. Priestley; Wiley & Sons 1992

[8] Seismische Mikrozonierung des Stadtgebietes von Wien, G. Duma, ZAMG, Endbericht 1988

[9] Zur Erdbebensicherung von Mauerwerksbauten, Hugo Bachmann, Kerstin Lang, ETH Zürich 2002

[10] EN 1998-3: 2005 12 01, Auslegung von Bauwerken gegen Erdbeben, Beurteilung und Ertüchtigung von Gebäuden

[11] Mauerwerksscheiben unter Normalkraft und Schub, H.R. Ganz, ETH Zürich 1985

[12] Modellierung unbewehrter Mauerwerkswände auf Basis der mehrflächigen Plastizität, M. Mistler, RWTH Aachen

[13] Computational Strategies for Masonry Structures, P.B. Laurenco, Delft 1996

[14] ONR 24009: 2013 05 01, Bewertung der Tragfähigkeit bestehender Hochbauten

Impressum

Medieninhaber und Herausgeber:
Österreichisches Institut für Bautechnik
ZVR 383773815
Schenkenstraße 4, 1010 Wien, Austria
T +43 1 533 65 50, F +43 1 533 64 23
E-Mail: mail@oib.or.at
Internet: www.oib.or.at

www.oib.or.at

RICHTLINIEN DES ÖSTERREICHISCHEN
INSTITUTS FÜR BAUTECHNIK
OiB richtlinien
OIB-RICHTLINIE
2
Brandschutz
OIB-330.2-012/19
APRIL 2019

Diese Richtlinie basiert auf den Beratungsergebnissen der von der Landesamtsdirektorenkonferenz zur Ausarbeitung eines Vorschlages zur Harmonisierung bautechnischer Vorschriften eingesetzten Länderexpertengruppe. Die Arbeit dieses Gremiums wurde vom OIB in Entsprechung des Auftrages der Landesamtsdirektorenkonferenz im Sinne des § 3 Abs. 1 Z 7 der Statuten des OIB koordiniert und im Sachverständigenbeirat für bautechnische Richtlinien fortgeführt. Die Beschlussfassung der Richtlinie erfolgte gemäß § 8 Z 12 der Statuten durch die Generalversammlung des OIB.

OIB-Richtlinie 2

Brandschutz

Ausgabe: April 2019

0 Vorbemerkungen ... 2
1 Begriffsbestimmungen ... 2
2 Allgemeine Anforderungen und Tragfähigkeit im Brandfall ... 2
3 Ausbreitung von Feuer und Rauch innerhalb des Bauwerkes ... 3
4 Ausbreitung von Feuer auf andere Bauwerke ... 8
5 Flucht- und Rettungswege ... 9
6 Brandbekämpfung ... 11
7 Besondere Bestimmungen ... 11
8 Betriebsbauten ... 19
9 Garagen, überdachte Stellplätze und Parkdecks ... 19
10 Gebäude mit einem Fluchtniveau von mehr als 22 m ... 19
11 Sondergebäude ... 19
12 Bauführungen im Bestand ... 19

0 Vorbemerkungen

Die zitierten Normen und sonstigen technischen Regelwerke gelten in der im Dokument „OIB-Richtlinien – Zitierte Normen und sonstige technische Regelwerke“ angeführten Fassung.

Diese Richtlinie gilt für Gebäude. Für sonstige Bauwerke sind die Bestimmungen der Richtlinie sinngemäß anzuwenden.

Werden in dieser Richtlinie Anforderungen an die Feuerwiderstandsklasse in Verbindung mit Anforderungen an Baustoffe der Klasse A2 gestellt, gilt dies auch als erfüllt, wenn

- die für die Tragfähigkeit wesentlichen Bestandteile der Bauteile der Klasse A2 entsprechen und
- die sonstigen Bestandteile aus Baustoffen der Klasse B bestehen.

Für eingeschoßige Gebäude mit höchstens 15 m² Brutto-Grundfläche, die auf eigenem Grund oder von Verkehrsflächen für die Brandbekämpfung zugänglich sind, werden keine Anforderungen hinsichtlich des Brandschutzes gestellt.

Für Gebäude mit gemischter Nutzung gelten die Anforderungen hinsichtlich des Brandschutzes für die einzelnen Nutzungsbereiche als erfüllt, wenn die für die jeweiligen Nutzungen anzuwendenden Bestimmungen der Richtlinien eingehalten werden.

Von den Anforderungen dieser OIB-Richtlinie kann entsprechend den jeweiligen landesrechtlichen Bestimmungen abgewichen werden, wenn vom Bauwerber nachgewiesen wird, dass das gleiche Schutzniveau wie bei Anwendung der Richtlinie erreicht wird. Hierbei ist der OIB-Leitfaden „Abweichungen im Brandschutz und Brandschutzkonzepte“ anzuwenden.

1 Begriffsbestimmungen

Es gelten die Begriffsbestimmungen des Dokumentes „OIB-Richtlinien – Begriffsbestimmungen“.

2 Allgemeine Anforderungen und Tragfähigkeit im Brandfall

Werden in dieser Richtlinie Anforderungen an den Feuerwiderstand von Bauteilen mit Anforderungen an das Brandverhalten von Baustoffen verknüpft, beziehen sich die Anforderungen an das Brandverhalten nur auf jenen Teil der Konstruktion, der zur Erreichung der Feuerwiderstandsklasse erforderlich ist. Für allenfalls zusätzlich angebrachte Bekleidungen, Beläge und dergleichen gelten hinsichtlich des Brandverhaltens von Baustoffen die Anforderungen der Tabelle 1a.

2.1 Brandverhalten von Bauprodukten (Baustoffen)

Es gelten – wenn im Folgenden nichts anderes bestimmt ist – die Anforderungen der Tabelle 1a.

2.2 Feuerwiderstand von Bauteilen

2.2.1 Es gelten – wenn im Folgenden nichts anderes bestimmt ist – die Anforderungen der Tabelle 1b.

2.2.2 Die für die Standsicherheit von Wänden und Decken erforderlichen aussteifenden und unterstützenden Bauteile müssen im Brandfall über jenen Zeitraum hindurch wirksam sein, welcher der für diese Wände und Decken geforderten Feuerwiderstandsdauer entspricht.

3 Ausbreitung von Feuer und Rauch innerhalb des Bauwerkes

3.1 Brandabschnitte

3.1.1 Für Brandabschnitte in oberirdischen Geschoßen gilt:

Nutzung	Maximale Netto-Grundfläche eines Brandabschnittes	Maximale Längsausdehnung eines Brandabschnittes	Maximale Anzahl von oberirdischen Geschoßen je Brandabschnitt
Wohnnutzung	-	60 m	-
Büronutzung oder büroähnliche Nutzung	1.600 m²	60 m	4
andere Nutzung (1)	1.200 m²	60 m	4
(1) Sofern nicht in Punkt 7 abweichend geregelt			

Wohnnutzungen sind von anderen Nutzungen durch brandabschnittsbildende Bauteile zu trennen, wenn die Gesamtfläche aller Nutzungen eine Netto-Grundfläche von 1.200 m² oder die Gesamtfläche der anderen Nutzungen eine Netto-Grundfläche von 400 m² überschreitet.

3.1.2 Brandabschnitte in unterirdischen Geschoßen dürfen eine maximale Netto-Grundfläche von 800 m² nicht überschreiten.

3.1.3 Brandabschnitte sind durch brandabschnittsbildende Bauteile (z.B. Wände, Decken) gegeneinander abzutrennen. Bei Wänden von Treppenhäusern, die Brandabschnitte begrenzen, gelten abweichend davon die Anforderungen an Wände von Treppenhäusern gemäß Tabelle 2a, 2b bzw. 3 einschließlich der zugehörigen Türen.

3.1.4 Ist im Brandfall mit einer mechanischen Beanspruchung von brandabschnittsbildenden Wänden zu rechnen (z.B. durch im Brandfall umstürzende Lagerungen), muss zusätzlich zu den Anforderungen der Tabelle 1b auch das „Leistungskriterium M" erfüllt sein.

3.1.5 Brandabschnittsbildende Wände müssen mindestens 15 cm über Dach geführt werden. Sie brauchen nur bis zur Dacheindeckung geführt werden, wenn eine Brandübertragung durch andere Maßnahmen wirksam eingeschränkt wird.

3.1.6 Öffnungen in brandabschnittsbildenden Wänden bzw. Decken müssen Abschlüsse erhalten, die dieselbe Feuerwiderstandsdauer aufweisen, wie die jeweilige brandabschnittsbildende Wand bzw. Decke. Diese sind selbstschließend auszuführen, wenn nicht durch andere Maßnahmen ein Schließen im Brandfall bewirkt wird. Eine Ausführung in EI_2 30-C bzw. EI 30 ist zulässig, wenn die Gesamtfläche aller Öffnungen 10 m² nicht überschreitet.

3.1.7 Begrenzen Decken übereinander liegende Brandabschnitte, so muss

a) ein deckenübergreifender Außenwandstreifen von mindestens 1,20 m Höhe in EI 90 vorhanden sein, oder
b) die brandabschnittsbildende Decke muss mit einem mindestens 80 cm horizontal auskragenden Bauteil gleicher Feuerwiderstandsklasse verlängert werden.

Bei Gebäuden der Gebäudeklasse 5 mit mehr als sechs oberirdischen Geschoßen sind Baustoffe der Klasse A2 zu verwenden; bei Verglasungen ist die Klasse B ausreichend.

3.1.8 Türen, Tore, Fenster und sonstige Öffnungen in Außenwänden, die an brandabschnittsbildende Wände anschließen, müssen von der Mitte der brandabschnittsbildenden Wand – falls die horizontale Brandübertragung nicht durch gleichwertige Maßnahmen begrenzt werden kann – einen Abstand von mindestens 50 cm haben. Der Abstand solcher Öffnungen voneinander muss bei Gebäuden, deren Außenwände an der brandabschnittsbildenden Wand einen Winkel von weniger als 135 Grad bilden, mindestens 3,00 m betragen. Diese Abstände gelten nicht für den Bereich seitlicher Wandabschlüsse bei Arkaden, Einfahrten, Durchfahrten, Garagentoren, Loggien und dergleichen.

3.1.9 Dachöffnungen sowie Öffnungen in Dachgauben und ähnlichen Dachaufbauten müssen – horizontal gemessen – mindestens 1,00 m von der Mitte der brandabschnittsbildenden Wand entfernt sein.

3.1.10 Grenzen Dachöffnungen und Glasdächer an einen höheren Gebäudeteil eines anderen Brandabschnittes, müssen diese innerhalb eines Abstandes von 4,00 m so beschaffen sein, dass ein Brandüberschlag wirksam eingeschränkt wird.

3.2 Trennwände und Trenndecken

3.2.1 Wohnungen und Betriebseinheiten sind – ausgenommen Gebäude der Gebäudeklasse 1 – untereinander sowie zu anderen Gebäudeteilen (z.B. Gänge) entsprechend den Anforderungen der Tabelle 1b durch Trennwände und Trenndecken zu trennen.
Mehrere Betriebseinheiten mit Büronutzung bzw. büroähnlicher Nutzung und Verkaufsstätten können hierbei bis zur maximal zulässigen Brandabschnittsfläche als eine Betriebseinheit betrachtet werden. Für Wände von Treppenhäusern gelten abweichend davon die Anforderungen gemäß den Tabellen 2a, 2b bzw. 3.

3.2.2 Für Türen bzw. Abschlüsse in Trennwänden und Trenndecken gilt:

a) Tabelle 2a, 2b bzw. 3 für Türen in Wänden von Treppenhäusern,
b) EI_2 30 für Türen in Trennwänden von Gängen zu Wohnungen oder von Gängen zu Betriebseinheiten mit Büronutzung oder büroähnlicher Nutzung sowie EI 30 für diese Türen umgebende Glasflächen mit einer Fläche von nicht mehr als der Türblattfläche; ausgenommen davon sind Gebäude der Gebäudeklasse 2 mit nicht mehr als zwei Wohnungen,
c) EI_2 30-C für sonstige Türen in Trennwänden,
d) EI_2 30 für Türen bzw. Abschlüsse in Decken zu nicht ausgebauten Dachräumen.

3.2.3 Sonstige Öffnungen in Trennwänden bzw. Trenndecken müssen selbstschließende Abschlüsse erhalten, die dieselbe Feuerwiderstandsdauer aufweisen wie die jeweilige Trennwand bzw. Trenndecke.

3.3 Deckenübergreifender Außenwandstreifen

Für Gebäude der Gebäudeklasse 5 mit mehr als sechs oberirdischen Geschoßen – ausgenommen Wohngebäude – muss in jedem Geschoß ein deckenübergreifender Außenwandstreifen von mindestens 1,20 m Höhe in EI 30-ef und A2 bzw. EW 30-ef und A2 vorhanden sein. Diese Anforderung gilt nicht, wenn

a) ein mindestens 80 cm horizontal auskragender Bauteil in REI 30 und A2 bzw. EI 30 und A2, oder
b) eine geeignete technische Brandschutzeinrichtung (z.B. Löschanlage)

vorhanden ist.

3.4 Schächte, Kanäle, Leitungen und sonstige Einbauten

3.4.1 Liegen Schächte, Kanäle, Leitungen und sonstige Einbauten in Wänden bzw. Decken oder durchdringen diese, ist durch geeignete Maßnahmen (z.B. Abschottung, Ummantelung) sicherzustellen, dass eine Übertragung von Feuer und Rauch über die erforderliche Feuerwiderstandsdauer wirksam eingeschränkt wird.

3.4.2 Verbinden Schächte mehrere Geschoße, sind die Wände als Trennwände gemäß Tabelle 1b auszuführen.

3.4.3 Bei Gebäuden der Gebäudeklasse 4 und 5 mit nicht mehr als sechs oberirdischen Geschoßen ist an der Schachtinnenseite eine Bekleidung in A2 erforderlich. Bei Gebäuden der Gebäudeklasse 5 mit mehr als sechs oberirdischen Geschoßen müssen die Schachtwände in A2 ausgeführt werden.

3.4.4 In Treppenhäusern gemäß Tabelle 2a sowie in Treppenhäusern von Gebäuden ab der Gebäudeklasse 4 ist eine Verlegung von brennbaren Leitungen sowie von Leitungen für brennbare Medien jeweils ohne brandschutztechnische Vorkehrungen unzulässig.

3.4.5 In Treppenhäusern gemäß Tabellen 2a, 2b und 3 sind Hauptverteiler, Stockwerksverteiler, Zähleinrichtungen von elektrischen Leitungen/Anlagen von Trennbauteilen zu begrenzen, wobei die Zugangsöffnungen mit einem Verschluss in EI_2 30-S_{200} oder in EI 30 allseitig dicht angeschlagen zu versehen sind.

3.4.6 An Einzelleitungen für treppenhauseigene Anlagen (einschl. der dazugehörenden sicherheitstechnischen Anlagen, wenn keine anderen Bestimmungen diesbezüglich vorliegen), für Einzelleitungen von Messeinrichtungen bzw. Kommunikationskabeln (z.B. Internet, Kabelfernsehen) sowie für wasserführende Leitungen werden keine brandschutztechnischen Anforderungen gestellt.

3.4.7 Dämmstoffe von Leitungen müssen den Anforderungen der Tabelle 1a entsprechen.

3.5 Fassaden

3.5.1 Bei Gebäuden der Gebäudeklassen 4 und 5 sind Außenwand-Wärmedämmverbundsysteme so auszuführen, dass bezogen auf das zweite über dem Brandherd liegende Geschoß
a) eine Brandweiterleitung über die Fassade und
b) das Herabfallen großer Fassadenteile
wirksam eingeschränkt wird.

3.5.2 Für Außenwand-Wärmedämmverbundsysteme mit einer Wärmedämmung von nicht mehr als 10 cm aus expandiertem Polystyrol (EPS) oder aus Baustoffen der Klasse A2 gelten die Anforderungen gemäß Punkt 3.5.1 als erfüllt.

3.5.3 Für Außenwand-Wärmedämmverbundsysteme mit einer Wärmedämmung aus expandiertem Polystyrol (EPS) von mehr als 10 cm gelten die Anforderungen gemäß Punkt 3.5.1 bei Lochfassaden als erfüllt, wenn
a) in jedem Geschoß im Bereich der Decke ein umlaufendes Brandschutzschott aus Mineralwolle mit einem Schmelzpunkt von mindestens 1.000 Grad Celsius und einer Höhe von 20 cm, oder
b) im Sturzbereich von Fenstern und Fenstertüren ein Brandschutzschott aus Mineralwolle mit einem Schmelzpunkt von mindestens 1.000 Grad Celsius und einem seitlichen Übergriff von 30 cm und einer Höhe von 20 cm
verklebt und verdübelt ausgeführt wird.

Abweichend zu lit. a) und b) kann auf ein Brandschutzschott im obersten Geschoß verzichtet werden, wenn mit keiner Brandweiterleitung in die Dachkonstruktion zu rechnen ist; anderenfalls muss ein umlaufendes Brandschutzschott angeordnet werden.

3.5.4 Für Außenwand-Wärmedämmverbundsysteme bei Gebäuden der Gebäudeklasse 5 sind bei Deckenuntersichten von vor- oder einspringenden Gebäudeteilen (z.B. Erker, Balkone oder Loggien im Freien) nur Dämmschichten bzw. Wärmedämmungen der Klasse A2 zulässig. Ausgenommen davon sind vor- oder einspringende Gebäudeteile mit einer Tiefe von nicht mehr als 2,00 m.

3.5.5 Für Außenwand-Wärmedämmverbundsysteme bei Gebäuden der Gebäudeklassen 4 und 5 gelten folgende Anforderungen:
a) In offenen Durchfahrten bzw. Durchgängen, durch die der einzige Fluchtweg oder der einzige Angriffsweg der Feuerwehr führt, sind an Wänden und Decken nur Dämmschichten bzw. Wärmedämmungen der Klasse A2 zulässig.
b) Bei Wänden zu offenen Laubengängen sind – wenn die Fluchtmöglichkeit nur in eine Richtung gegeben ist – Dämmschichten bzw. Wärmedämmungen von mehr als 10 cm Dicke nur in der Klasse A2 zulässig.

3.5.6 Bei Gebäuden der Gebäudeklasse 4 und 5 sind vorgehängte hinterlüftete, belüftete oder nicht hinterlüftete Fassaden so auszuführen, dass bezogen auf das zweite über dem Brandherd liegende Geschoß
a) eine Brandweiterleitung über die Fassade und
b) das Herabfallen großer Fassadenteile
wirksam eingeschränkt wird.

3.5.7 Bei freistehenden, an mindestens drei Seiten auf eigenem Grund oder von Verkehrsflächen für die Brandbekämpfung von außen zugänglichen Gebäuden der Gebäudeklasse 4 gelten die Anforderungen gemäß Punkt 3.5.6 als erfüllt, wenn
a) die Dämmschicht bzw. Wärmedämmung in A2 ausgeführt ist, und
b) die Befestigungsmittel und Verbindungselemente einen Schmelzpunkt von mindestens 1.000 Grad Celsius (z.B. Stahl, Edelstahl) aufweisen, und
c) die Außenschicht in A2, B oder aus Holz und Holzwerkstoffen in D ausgeführt ist, und
d) ein allfälliger Hinterlüftungsspalt eine Breite von nicht mehr als 6 cm aufweist.

3.5.8 Für hinterlüftete Fassaden bei Gebäuden der Gebäudeklasse 4 und 5 gelten die Anforderungen gemäß Punkt 3.5.6 als erfüllt, wenn
a) die Dämmschicht bzw. Wärmedämmung, sonstige Schichten in A2 ausgeführt sind,
b) die Befestigungsmittel und Verbindungselemente einen Schmelzpunkt von mindestens 1.000 Grad Celsius (z.B. Stahl, Edelstahl) aufweisen,
c) die Außenschicht in A2 ausgeführt ist und
d) ein allfälliger Hinterlüftungsspalt eine Breite von nicht mehr als 6 cm aufweist.

3.5.9 Bei Gebäuden der Gebäudeklasse 4 und 5 sind Vorhangfassaden so auszuführen, dass
a) bezogen auf das zweite über dem Brandherd liegende Geschoß eine Brandweiterleitung über die Fassade und das Herabfallen großer Fassadenteile, sowie
b) eine Brandausbreitung über Anschlussfugen und Hohlräume und zusätzlich über innerhalb einer zweischaligen Vorhangfassade vorhandene Zwischenräume im Bereich von Trenndecken bzw. brandabschnittsbildenden Decken

wirksam eingeschränkt werden.

3.5.10 Kleinteile ohne tragende Funktion wie z.B. Dämmstoffhalter, Dübelhülsen, Windpapier, thermische Trennungen und Dichtungen, bleiben hinsichtlich der Anforderungen an das Brandverhalten außer Betracht.

3.5.11 In Sockel- und Spritzwasserschutzbereichen ist die Verwendung von Dämmstoffen der Klasse E zulässig.

3.6 Aufzüge

3.6.1 Aufzüge, die Brandabschnitte miteinander verbinden, sind in eigenen Schächten zu führen, die von brandabschnittsbildenden Wänden und Decken begrenzt werden müssen. In Abhängigkeit der Nutzung der durch die Ladestellen der Aufzüge erschlossenen Räume ist durch geeignete brandschutztechnische Maßnahmen sicherzustellen, dass eine Übertragung von Feuer und Rauch wirksam eingeschränkt wird.

3.6.2 Bei Gebäuden der Gebäudeklasse 3 und 4 ist bei Aufzugschächten an der Schachtinnenseite eine Bekleidung in A2 erforderlich. Bei Gebäuden der Gebäudeklasse 5 müssen die Schachtumwehrungen von Aufzügen in A2 ausgeführt werden.

3.6.3 Aufzüge zur Personenbeförderung sind mit einer Brandfallsteuerung (automatisch oder manuell) auszuführen, die den Fahrkorb im Brandfall in die Angriffsebene der Feuerwehr (Bestimmungshaltestelle bzw. Brandfallhaltestelle) rücksendet. Befindet sich die Bestimmungshaltestelle in einem sicheren Bereich (z.B. Treppenhaus), müssen die Aufzüge mit offenen Fahrkorb- und Schachttüren parken.

3.7 Feuerstätten und Verbindungsstücke

3.7.1 Feuerstätten und Verbindungsstücke dürfen in solchen Räumen nicht angeordnet werden, in denen nach Lage, Größe, Beschaffenheit oder Verwendungszweck Gefahren für Personen entstehen können (z.B. in Treppenhäusern; auf Gängen, ausgenommen innerhalb von Wohnungen; in nicht ausgebauten Dachräumen).

3.7.2 Feuerstätten und Verbindungsstücke müssen von brennbaren Bauteilen, Bekleidungen und festen Einbauten einen solchen Abstand aufweisen oder so abgeschirmt sein, dass diese unter allen beim Betrieb auftretenden Temperaturen nicht entzündet werden können.

3.7.3 Verbindungsstücke dürfen nicht durch Decken, in Wänden oder in unzugänglichen bzw. unbelüfteten Hohlräumen geführt werden.

3.7.4 Holzfeuerungsanlagen mit automatischer Beschickung müssen mit technischen Einrichtungen gegen Rückbrand ausgestattet sein.

3.8 Abgasanlagen

3.8.1 Abgasanlagen müssen rußbrandbeständig sein, wenn nicht auf Grund der anzuschließenden Feuerstätten ein Rußbrand ausgeschlossen werden kann (z.B. Ölfeuerstätten mit Gebläsebrennern bzw. Brennwerttechnik und Gasfeuerstätten).

3.8.2 Liegen Abgasanlagen in Wänden bzw. Decken oder durchdringen diese, ist durch geeignete Maßnahmen (z.B. Abschottung, Ummantelung) sicherzustellen, dass eine Übertragung von Feuer und Rauch über die erforderliche Feuerwiderstandsdauer wirksam eingeschränkt wird.

3.8.3 Abgasanlagen müssen von Bauteilen mit brennbaren Baustoffen einen solchen Abstand aufweisen, dass diese unter allen beim Betrieb auftretenden Temperaturen nicht entzündet werden können.

3.9 Räume mit erhöhter Brandgefahr

3.9.1 Heiz-, Brennstofflager-, Abfallsammel- und Batterieräume für stationäre Batterieanlagen gelten jedenfalls als Räume mit erhöhter Brandgefahr.

3.9.2 Wände und Decken von Räumen mit erhöhter Brandgefahr müssen in REI 90 bzw. EI 90 ausgeführt und raumseitig in A2 bekleidet sein. Werden diese Wände oder Decken durchdrungen (z.B. durch Förderleitungen für die automatische Beschickung von Holzfeuerungsanlagen), so ist durch geeignete Maßnahmen (z.B. Manschetten, Streckenisolierung) sicherzustellen, dass der Feuerwiderstand trotzdem erhalten bleibt. Türen und Tore oder sonstige Verschlüsse müssen in EI_2 30-C ausgeführt werden. Bei Außenbauteilen gelten diese Anforderungen nur, wenn die Gefahr einer Brandübertragung auf andere Gebäudeteile besteht.

3.9.3 Bodenbeläge in Heizräumen müssen $A2_{fl}$, in Abfallsammel- und Batterieräumen B_{fl} entsprechen.

3.9.4 Ein Heizraum ist erforderlich für
a) Feuerstätten zur Erzeugung von Nutzwärme für die Raumheizung bzw. Warmwasserbereitung mit einer Nennwärmeleistung von mehr als 50 kW, oder
b) Feuerstätten für feste Brennstoffe mit automatischer Beschickung.

3.9.5 Abweichend von Punkt 3.9.4 ist ein Heizraum nicht erforderlich
a) für Warmlufterzeuger und Heizstrahler, wenn diese lediglich der Beheizung des Aufstellungsraumes dienen, oder
b) für Feuerstätten für feste Brennstoffe mit automatischer Beschickung mit einer Nennwärmeleistung von nicht mehr als 50 kW, die einen Vorratsbehälter mit einem Fassungsvermögen von nicht mehr als 1,50 m³ aufweisen, oder
c) in Gebäuden der Gebäudeklasse 1 bzw. Reihenhäusern der Gebäudeklasse 2 mit einer Feuerstätte für Pellets mit automatischer Beschickung mit einer Nennwärmeleistung von nicht mehr als 50 kW und einem Fassungsvermögen des Lagerbehälters von nicht mehr als 15 m³, der durch geeignete Maßnahmen gegen gefahrbringende Erwärmung geschützt ist.

3.9.6 Räume, in denen feste Brennstoffe gelagert werden, sind innerhalb von Gebäudeteilen mit Aufenthaltsräumen als Brennstofflagerraum auszuführen, wenn
a) die Netto-Grundfläche eines solchen Raumes mehr als 15 m² oder die Raumhöhe mehr als 3,00 m beträgt, oder
b) mehr als 1,50 m³ feste Brennstoffe zur automatischen Beschickung der zugehörigen Feuerstätte gelagert werden, oder
c) mehr als 15 m³ Pellets zur automatischen Beschickung von Feuerstätten in Gebäuden der Gebäudeklasse 1 bzw. Reihenhäusern der Gebäudeklasse 2 gelagert werden.

3.9.7 Eine gemeinsame Aufstellung von Behältern für feste Brennstoffe in Form von Pellets und der zugehörigen Feuerstätte mit einer Nennwärmeleistung von mehr als 50 kW und automatischer Beschickung in einem Heizraum ist zulässig, falls nicht mehr als 15 m³ gelagert werden und die Lagerbehälter durch geeignete Maßnahmen gegen gefahrbringende Erwärmung geschützt sind.

3.9.8 Die Lagerung von flüssigen Brennstoffen der Gefahrenkategorie 4 in Mengen von mehr als 500 Liter innerhalb von Gebäudeteilen mit Aufenthaltsräumen hat in einem Brennstofflagerraum zu erfolgen, der höchstens im zweiten oberirdischen Geschoß liegen darf. Abweichend davon ist bei Gebäuden der Gebäudeklasse 1 bzw. Reihenhäusern der Gebäudeklasse 2 eine Lagermenge von nicht mehr als 1.000 Liter zulässig.

3.9.9 Eine gemeinsame Aufstellung von Lagerbehältern für flüssige Brennstoffe der Gefahrenkategorie 4 und zugehöriger Feuerstätte in einem Heizraum ist zulässig, falls nicht mehr als 5.000 Liter gelagert werden und die Lagerbehälter durch geeignete Maßnahmen (z.B. Abstand, Abschirmung, Ummantelung) gegen gefahrbringende Erwärmung geschützt sind.

3.9.10 Die Aufstellung von Batterien/Batterieanlagen in Treppenhäusern gemäß Tabelle 2a, 2b und 3 sowie in Gängen, ausgenommen in Wohnungen ist unzulässig.

3.9.11 Batterieräume für stationäre Batterieanlagen müssen in Abhängigkeit der eingesetzten Batterie-Technologie eine wirksame Lüftung ins Freie aufweisen.

3.9.12 Abweichend von Punkt 3.9.1 ist ein Batterieraum nicht erforderlich

a) für stationäre Batterieanlagen mit einem Energieinhalt bis höchstens 3 kWh,
b) für stationäre Batterieanlagen, die nach den anerkannten Regeln der Technik für Sicherheitsanforderungen geprüft sind, mit einem Energieinhalt bis höchstens 20 kWh in Gebäuden der Gebäudeklasse 1, Reihenhäusern der Gebäudeklasse 2, wobei im Aufstellungsraum ein unvernetzter Rauchwarnmelder angeordnet sein muss, sowie,
c) für stationäre Batterieanlagen, die nach den anerkannten Regeln der Technik für Sicherheitsanforderungen geprüft sind, mit einem Energieinhalt bis höchstens 20 kWh in Garagen und überdachten Stellplätze mit jeweils nicht mehr als 50 m² oder
d) wenn die Umhüllung der stationären Batterieanlage selbst den gleichen Feuerwiderstand wie unter Punkt 3.9.2 gefordert aufweist, und ein Energieinhalt von 100 kWh nicht überschritten wird.

3.10 Erste und erweiterte Löschhilfe

3.10.1 Wenn es der Verwendungszweck erfordert, jedenfalls aber in Gebäuden mit Wohnungen bzw. Betriebseinheiten sind ausreichende und geeignete Mittel der ersten Löschhilfe (z.B. tragbare Feuerlöscher) bereitzuhalten.

3.10.2 In Gebäuden der Gebäudeklasse 5 mit mehr als sechs oberirdischen Geschoßen müssen in jedem Geschoß Wandhydranten mit formbeständigem D-Schlauch und geeigneter Anschlussmöglichkeit für die Feuerwehr zur Brandbekämpfung vorhanden sein. Abweichend davon genügt bei Gebäuden, die in allen Geschoßen oder oberhalb des ersten oberirdischen Geschoßes gelegenen Geschoßen überwiegend Wohnzwecken dienen, eine trockene Löschleitung mit geeigneter Anschlussmöglichkeit für die Feuerwehr zur Brandbekämpfung in jedem Geschoß.

3.11 Rauchwarnmelder

In Wohnungen muss in allen Aufenthaltsräumen – ausgenommen in Küchen – sowie in Gängen, über die Fluchtwege von Aufenthaltsräumen führen, jeweils mindestens ein unvernetzter Rauchwarnmelder angeordnet werden.

3.12 Rauchableitung aus unterirdischen Geschoßen

3.12.1 Es müssen geeignete Vorkehrungen getroffen werden, die eine Rauchableitung ins Freie ermöglichen, wobei die Rauchableitung aus einzelnen Räumen innerhalb eines Brandabschnittes über gemeinsame Öffnungen erfolgen darf. Für Gebäude der Gebäudeklasse 1 und für Reihenhäuser der Gebäudeklasse 2 gelten diese Anforderungen nicht. Einzelne Räume mit einer Fläche von nicht mehr als 10 m², in Summe nicht mehr als 30 m², bleiben außer Betracht.

3.12.2 Punkt 3.12.1 gilt als erfüllt, wenn

a) bei einer Netto-Grundfläche von nicht mehr als 400 m² Öffnungen ins Freie mit einer Fläche von mindestens 0,50 m² bzw.
b) bei einer Netto-Grundfläche von mehr als 400 m² Öffnungen ins Freie mit einer Fläche von mindestens 1,00 m² vorhanden sind

und die erforderlichen Abschlüsse der Wand- oder Deckenöffnungen mit Mitteln der Feuerwehr geöffnet werden können.

4 Ausbreitung von Feuer auf andere Bauwerke

4.1 Beträgt der Abstand eines Bauwerks von der Nachbargrundstücks- bzw. Bauplatzgrenze weniger als 2,00 m, so ist die zur Nachbargrundstücks- bzw. Bauplatzgrenze gerichtete Seite des Bauwerks mit einer brandabschnittsbildenden Wand gemäß Tabelle 1b abzuschließen.
In diesen Abstand dürfen Bauwerksteile (z.B. Dachvorsprünge, Vordächer, Erker, Balkone) nur dann hineinragen, wenn für diese zusätzliche brandschutztechnische Maßnahmen getroffen werden.

4.2 Eine brandabschnittsbildende Wand gemäß Punkt 4.1 ist nicht erforderlich,
a) wenn das angrenzende Nachbargrundstück bzw. der Bauplatz auf Grund tatsächlicher oder rechtlicher Umstände von einer künftigen Bebauung ausgeschlossen ist (z.B. Verkehrsflächen im Sinne der raumordnungsrechtlichen Bestimmungen, öffentliche Parkanlagen oder Gewässer), oder
b) bei untergeordneten eingeschoßigen Bauwerken (z.B. Schutzdächer, Geräteschuppen, Bootshütten, Infrastruktureinrichtungen) mit insgesamt nicht mehr als 50 m² überbaute Fläche, wenn auf Grund der baulichen Umgebung eine Brandübertragung auf Bauwerke der Nachbargrundstücke nicht zu erwarten ist, oder wenn eine der jeweiligen Nachbargrundstücks- bzw. Bauplatzgrenze zugekehrte Wand über die gesamte Länge und bis zur Dacheindeckung in REI 30 bzw. EI 30 errichtet wird; bei der Berechnung der überbauten Fläche sind allfällige überdachte Stellplätze einzubeziehen.

4.3 Öffnungen in brandabschnittsbildenden Wänden gemäß Punkt 4.1 müssen selbstschließende Abschlüsse erhalten, die dieselbe Feuerwiderstandsdauer wie die brandabschnittsbildende Wand aufzuweisen haben.
Bei gemeinsamer Nutzung einzelner Räume oder Raumgruppen benachbarter Gebäude sind Verbindungsöffnungen zulässig, wenn der Brandschutz dadurch nicht beeinträchtigt wird.

4.4 Bei brandabschnittsbildenden Wänden gemäß Punkt 4.1 müssen Wandbeläge und Wandbekleidungen (z.B. Außenwand-Wärmedämmverbundsysteme) in A2 ausgeführt werden. Diese Anforderung gilt nicht:
a) für Gebäude der Gebäudeklassen 1, 2 und 3, oder
b) wenn an diese Wand nicht angebaut werden darf.

4.5 Die Anforderungen der Punkte 3.1.5, 3.1.8, 3.1.9 und 3.1.10 gelten bei brandabschnittsbildenden Wänden gemäß Punkt 4.1 bezogen auf die Nachbargrundstücks- bzw. Bauplatzgrenze.

4.6 Beträgt der Abstand zwischen Gebäuden auf demselben Grundstück bzw. Bauplatz nicht mindestens 4,00 m, sind erforderlichenfalls zusätzliche brandschutztechnische Maßnahmen zu treffen, die auf die baulichen Gegebenheiten der Außenwände abzustimmen sind. Dies gilt nicht für den Abstand von untergeordneten eingeschoßigen Bauwerken gemäß Punkt 4.2 b) zu Gebäuden der Gebäudeklasse 1 bzw. Reihenhäuser der Gebäudeklasse 2.

5 Flucht- und Rettungswege

5.1 Fluchtwege

5.1.1 Von jeder Stelle jedes Raumes – ausgenommen nicht ausgebaute Dachräume – muss in höchstens 40 m Gehweglänge erreichbar sein:
a) ein direkter Ausgang zu einem sicheren Ort des angrenzenden Geländes im Freien, oder
b) ein Treppenhaus oder eine Außentreppe gemäß Tabelle 2a bzw. 2b mit jeweils einem Ausgang zu einem sicheren Ort des angrenzenden Geländes im Freien, oder
c) ein Treppenhaus oder eine Außentreppe gemäß Tabelle 3 mit jeweils einem Ausgang zu einem sicheren Ort des angrenzenden Geländes im Freien, wobei zusätzlich Punkt 5.1.4 gilt.

5.1.2 Bei Wohnungen wird abweichend von Punkt 5.1.1 in den Fällen b) und c) die Gehweglänge ab der Wohnungseingangstüre gemessen. Dabei dürfen sich die Wohnungen über höchstens zwei Geschoße erstrecken.

5.1.3 Zwischen Treppenhäusern und Gängen sind Türen gemäß Tabelle 2a, 2b bzw. 3 anzuordnen.

5.1.4 Im Falle von Punkt 5.1.1 c) muss in jedem Geschoß mit Aufenthaltsräumen zusätzlich
a) ein Rettungsweg gemäß Punkt 5.2 vorhanden sein, oder
b) ein unabhängiger Fluchtweg zu einem weiteren Treppenhaus oder einer weiteren Außentreppe jeweils gemäß Tabelle 3 erreichbar sein, wobei die Gehweglänge nicht begrenzt ist, oder
c) ein unabhängiger Fluchtweg zu einem benachbarten Brandabschnitt erreichbar sein, der über einen direkten Ausgang zu einem sicheren Ort des angrenzenden Geländes im Freien oder ein Treppenhaus bzw. eine Außentreppe verfügt, wobei die Gehweglänge zum benachbarten Brandabschnitt nicht begrenzt ist.

5.1.5 Die Fluchtwege gemäß Punkt 5.1.4 b) bzw. c) dürfen bei Wohnungen
a) auf eine Länge von höchstens 25 m gemeinsam mit dem Fluchtweg gemäß Punkt 5.1.1 c), oder
b) auf eine Länge von höchstens 15 m, gemessen ab der Wohnungseingangstüre, gemeinsam verlaufen (z.B. Stichgang).

Bei Wohnungen, die sich über nicht mehr als zwei Geschoße erstrecken, genügt dies für eine Ebene.

5.1.6 Die Fluchtwege gemäß Punkt 5.1.4 b) bzw. c) dürfen bei Betriebseinheiten auf eine Länge von höchstens 25 m gemeinsam mit dem Fluchtweg gemäß Punkt 5.1.1 c) verlaufen (z.B. Stichgang).

5.1.7 Werden Treppenhäuser atrien- oder hallenähnlich ausgeführt, sind gegebenenfalls von den Anforderungen der Tabelle 2a, 2b bzw. 3 abweichende bzw. ergänzende Brandschutzmaßnahmen zu treffen.

5.2 Rettungswege

5.2.1 Ein Rettungsweg mit Geräten der Feuerwehr ist nur zulässig, wenn folgende Anforderungen erfüllt werden:
a) Erreichbarkeit jeder Wohnung bzw. Betriebseinheit in jedem Geschoß über die Fassade, wobei bei Wohnungen, die sich über nicht mehr als zwei Geschoße erstrecken, die Erreichbarkeit einer Ebene genügt,
b) Vorhandensein geeigneter Gebäudeöffnungen,
c) Anfahrtsweg der Feuerwehr bis zum Gebäude von höchstens 10 km,
d) Errichtung geeigneter Zugänge, Zufahrten, Aufstell- und Bewegungsflächen für die erforderlichen Rettungsgeräte der Feuerwehr.

5.2.2 Ein fest verlegtes Rettungswegesystem an der Gebäudeaußenwand ist nur zulässig, wenn folgende Anforderungen erfüllt werden:
a) Erreichbarkeit jeder Wohnung bzw. Betriebseinheit in jedem Geschoß über die Fassade, wobei bei Wohnungen, die sich über nicht mehr als zwei Geschoße erstrecken, die Erreichbarkeit einer Ebene genügt,
b) Vorhandensein geeigneter Gebäudeöffnungen,
c) Erreichbarkeit eines sicheren Ortes des angrenzenden Geländes im Freien.

5.3 Gänge, Treppen und Türen im Verlauf von Fluchtwegen

5.3.1 Im Verlauf von Fluchtwegen zu Treppenhäusern gemäß Tabelle 2a, 2b bzw. 3 gelten für Decken zwischen übereinanderliegenden Gängen sowie für damit in Verbindung stehende Läufe und Podeste von Treppen die Anforderungen an Trenndecken gemäß Tabelle 1b.

5.3.2 Punkt 5.3.1 gilt nicht innerhalb von Wohnungen und innerhalb von Betriebseinheiten mit nicht mehr als drei oberirdischen Geschoßen.

5.3.3 Gänge – ausgenommen offene Laubengänge – sind mindestens alle 40 m durch Türen in E 30-C zu unterteilen.

5.3.4 Für geschlossene Laubengänge gelten die Anforderungen an Gänge.

5.3.5 Wände und Decken von offenen Laubengängen müssen den Anforderungen an Trennwänden und Trenndecken gemäß Tabelle 1b entsprechen. Abweichend davon genügt bei Gebäuden bis einschließlich der Gebäudeklasse 4 bei offenen Laubengängen eine Ausführung in A2, wenn Fluchtwege zu zwei verschiedenen Treppenhäusern bzw. Außentreppen bestehen und die Standfestigkeit des Laubenganges unter Brandeinwirkung sichergestellt ist.

5.3.6 Die auf offene Laubengänge mündenden Fenster müssen in EI 30 entweder als Fixverglasung oder selbstschließend ausgeführt werden. Alternativ können vor die Fenster Abschlüsse in EI 30 vorgesetzt werden, die im Brandfall selbsttätig schließen. Die auf offene Laubengänge mündenden Türen sind in EI_2 30 auszuführen. Die Anforderungen gelten nicht, wenn

a) die Gehweglänge gemäß Punkt 5.1.1 zu einem sicheren Ort des angrenzenden Geländes im Freien nicht mehr als 40 m beträgt, oder
b) Fluchtwege zu zwei verschiedenen Treppenhäusern bzw. Außentreppen bestehen, oder
c) Fluchtwege zu einem Treppenhaus bzw. einer Außentreppe und zu einem fest verlegten Rettungswegesystem bestehen, oder
d) die Verglasungen in der Außenwand und in Türen erst oberhalb einer Höhe von 1,50 m angeordnet sind sowie die Brüstung des Laubenganges – ausgenommen konstruktionsbedingte Öffnungen von höchstens 3 cm im Sockelbereich – geschlossen ist, oder
e) bei Gebäuden der Gebäudeklassen 2 und 3 ein Rettungsweg für jede Wohnung bzw. jede Betriebseinheit durch Geräte der Feuerwehr an einer anderen Gebäudeseite als jener mit der Laubengangseite möglich ist.

5.4 Sicherheitsbeleuchtung

Für die in der Tabelle 6 angeführten Nutzungen ist eine entsprechende Sicherheitsbeleuchtung gemäß dieser Tabelle zu errichten. Bei Gebäuden bzw. Bauwerken mit jeweils gemischter Nutzung gelten die für die jeweilige Nutzung anzuwendenden Anforderungen.

6 Brandbekämpfung

Gebäude müssen grundsätzlich zur Brandbekämpfung zugänglich sein. Die erforderlichen Zufahrten, Aufstell- und Bewegungsflächen für Feuerwehrfahrzeuge müssen ausreichend befestigt und tragfähig sein. Bei Gebäuden der Gebäudeklasse 1, 2 und 3 ist eine ausreichende Zugänglichkeit jedenfalls dann gegeben, wenn der am weitesten entfernte Gebäudezugang, der für die Erschließung notwendig ist, in einer Entfernung von höchstens 80 m Gehweglänge von der Aufstellfläche für die Feuerwehrfahrzeuge liegt. Bei Gebäuden der Gebäudeklasse 4 und 5 sind hinsichtlich der Entfernung der Aufstellfläche vom Gebäude die Einsatzmöglichkeiten der Feuerwehr zu berücksichtigen. Bei Gebäuden, bei denen die Zugänglichkeit für die Feuerwehr zur Brandbekämpfung nicht ausreichend gegeben ist, können zusätzliche brandschutztechnische Maßnahmen erforderlich werden.

7 Besondere Bestimmungen

Dieser Punkt enthält ergänzende bzw. abweichende Bestimmungen zu den Anforderungen gemäß den Punkten 2 bis 6.

7.1 Land- und forstwirtschaftliche Wohn- und Wirtschaftsgebäude

7.1.1 Für nebeneinander liegende Gebäude oder Gebäudeteile, die voneinander brandabschnittsmäßig getrennt sind, ist die Einstufung in eine Gebäudeklasse jeweils gesondert vorzunehmen.

7.1.2 Der Wirtschaftstrakt ist vom Wohnbereich durch durchgehende brandabschnittsbildende Wände bzw. Decken in REI 90 und A2 bzw. EI 90 und A2 zu trennen. Abweichend davon genügt bei nicht ganzjährig genutzten landwirtschaftlichen Gebäuden mit einer Netto-Grundfläche von nicht mehr als 1.200 m² (z.B. Almhütten) eine Ausführung in REI 60 bzw. EI 60.

7.1.3 In oberirdischen Geschoßen von Wirtschaftsgebäuden kann

a) von der erforderlichen Feuerwiderstandsdauer tragender Bauteile gemäß Tabelle 1b, sowie
b) von der zulässigen Größe eines Brandabschnittes gemäß Punkt 3.1.1

jeweils nach Lage und Nutzung abgewichen werden.

7.1.4 Für Brandabschnitte von Ställen, bei denen Nutzungen wie Futterlager, Melkbereich, Fressplatz, Laufhof im gleichen Brandabschnitt zusammengefasst werden können, gilt

Nutzung	Maximale Netto-Grundfläche des Brandabschnittes	Maximale Längs-ausdehnung	Feuerwiderstand tragende Bauteile
eingeschossiger Stall (1)	2.000 m²	-	-
eingeschossiger Stall mit deckenlastigem Bergeraum	2.000 m²	-	R 30 für Decke über Stall einschließlich Tragkonstruktion
eingeschossiger Stall (1)	3.000 m²	-	R 30
(1) Offene Arbeitsbühnen mit einer Netto-Grundfläche von nicht mehr als 10 % der Netto-Grundfläche des Stalles bleiben unberücksichtigt			

7.1.5 Ställe sind gegen darüber liegende Gebäudeteile durch Decken in R 30 zu trennen.

7.1.6 Werkstätten sowie Einstellräume für kraftstoffbetriebene Fahrzeuge bzw. Maschinen sind gegen angrenzende Gebäudeteile des Wirtschaftstraktes durch Wände bzw. Decken in REI 90 und A2 bzw. EI 90 und A2 zu trennen.

7.1.7 Wirtschaftsgebäude müssen von der Nachbargrundstücks- bzw. Bauplatzgrenze soweit entfernt sein, dass unter Berücksichtigung des Feuerwehreinsatzes eine Brandübertragung auf Nachbargebäude weitgehend verhindert wird. Abweichend von den Punkten 4.1 muss bei Außenwänden von Wirtschaftsgebäuden der Abstand zur Nachbargrundstücks- bzw. Bauplatzgrenze gleich 6/10 der Höhe der zugekehrten Außenwand, mindestens jedoch 3,00 m betragen, falls die Außenwand keinen definierten Feuerwiderstand aufweist.

7.1.8 Für land- und forstwirtschaftliche Wirtschaftsgebäude darf die OIB-Richtlinie 2.1 „Brandschutz bei Betriebsbauten" herangezogen werden.

7.2 Schul- und Kindergartengebäude sowie andere Gebäude mit vergleichbarer Nutzung

7.2.1 Gebäude der Gebäudeklassen 1 und 2 – ausgenommen solche mit nur einem oberirdischen Geschoß – sind als Gebäude der Gebäudeklasse 3 einzustufen.

7.2.2 Wände und Decken, die Treppenhäuser, Zentralgarderoben, Physik-, Chemie-, Werkräume samt zugehöriger Lehrmittelräume und Lehrküchen begrenzen, sind als Trennwände bzw. Trenndecken auszuführen.

7.2.3 Abweichend zu Punkt 5 darf bei Geschoßen mit Unterrichtsräumen oder Gruppenräumen Punkt 5.2 nicht angewendet werden. Punkt 5.1.1 b) darf nur in Gebäuden mit nicht mehr als zwei oberirdischen Geschoßen angewendet werden, in denen sich im zweiten oberirdischen Geschoß widmungsgemäß nicht mehr als 120 Personen aufhalten können.

7.2.4 Physik- und Chemieräume müssen jeweils über zwei getrennte Ausgänge verfügen. Türen zu Zentralgarderoben, Physik-, Chemie-, Werkräumen samt zugehörigen Lehrmittelräumen und Lehrküchen müssen in EI_2 30-C ausgeführt werden. Ist eine Beeinträchtigung durch Strahlungswärme nicht zu erwarten, genügt eine Ausführung in E 30-C.

7.2.5 Bei oberirdischen Geschoßen darf ein Brandabschnitt eine Netto-Grundfläche von 1.600 m² nicht überschreiten.

7.2.6 Feuerstätten für eine zentrale Wärmebereitstellung müssen jedenfalls in einem Heizraum aufgestellt werden, der den Anforderungen der Punkte 3.9.2 bis 3.9.4 zu entsprechen hat. Ausgenommen davon sind Gasthermen mit einer Nennwärmeleistung von nicht mehr als 50 kW, wenn diese in einem Raum aufgestellt sind, der gegen unbefugten Zutritt gesichert ist.

7.2.7 Es müssen geeignete Alarmierungseinrichtungen vorhanden sein, durch die im Gefahrenfall eine Warnung der im Gebäude anwesenden Personen ermöglicht wird.

7.2.8 In Gebäuden oder Gebäudeteilen, in denen Kindergärten bzw. vergleichbare Nutzungen untergebracht sind, müssen in allen Aufenthaltsräumen sowie in Gängen, über die Fluchtwege von Aufenthaltsräumen führen, vernetzte Rauchwarnmelder angeordnet werden.

7.3 Beherbergungsstätten, Studentenheime sowie andere Gebäude mit vergleichbarer Nutzung

7.3.1 Gebäude der Gebäudeklassen 1 und 2 – ausgenommen solche mit nur einem oberirdischen Geschoß – sind als Gebäude der Gebäudeklasse 3 einzustufen.

7.3.2 Bei oberirdischen Geschoßen darf ein Brandabschnitt eine Netto-Grundfläche von 1.600 m² nicht überschreiten.

7.3.3 Wände von Bettenbereichen zu Räumen anderer Nutzung (z.B. Küchen einschließlich zugehöriger Lagerräume, Speiseräume, Wellnessbereiche) sind als Trennwände auszuführen. Decken zwischen oberirdischen Geschoßen sind als Trenndecken auszuführen. Bei Beherbergungsstätten mit nicht mehr als sechs oberirdischen Geschoßen gelten die Anforderungen hinsichtlich des Brandverhaltens an Geländerfüllungen von Balkonen und Loggien gemäß Tabelle 1a und hinsichtlich des Feuerwiderstandes an Balkonplatten gemäß Tabelle 1b nicht.

7.3.4 Ein einziger Fluchtweg über ein Treppenhaus bzw. eine Außentreppe gemäß Punkt 5.1.1 b) ist nur zulässig in Beherbergungsstätten mit nicht mehr als 100 Gästebetten, wenn die Wände zwischen Gängen und Gästezimmern bzw. Gängen und sonstigen Räumen in REI 30 bzw. EI 30 ausgeführt werden. Türen in diesen Wänden müssen EI_2 30-C entsprechen.

7.3.5 Abweichend von Punkt 5.1.4 a) darf der zweite Fluchtweg durch einen Rettungsweg mit Geräten der Feuerwehr nur ersetzt werden, wenn in der Beherbergungsstätte insgesamt nicht mehr als 100 Gästebetten und in jedem nicht zu ebener Erde gelegenen Geschoß nicht mehr als 30 Gästebetten vorhanden sind und in der gesamten Beherbergungsstätte eine automatische Brandmeldeanlage mit automatischer Alarmweiterleitung zu einer Empfangszentrale einer ständig besetzten öffentlichen Alarmannahmestelle vorhanden ist.

7.3.6 Abweichend von Punkt 5.1.4 a) darf der zweite Fluchtweg durch ein fest verlegtes Rettungswegesystem an der Gebäudeaußenwand nur ersetzt werden, wenn die Anforderungen gemäß Punkt 5.2.2 für jedes Gästezimmer erfüllt sind.

7.3.7 Bodenbeläge in Restaurants und dergleichen sowie sonstigen Gemeinschaftsräumen müssen C_{fl}-s2 entsprechen, wobei Holz und Holzwerkstoffe in D_{fl} zulässig sind. Wand- und Deckenbeläge müssen C-s2, d0 entsprechen, wobei Holz und Holzwerkstoffe in D zulässig sind.

7.3.8 Feuerstätten für eine zentrale Wärmebereitstellung müssen jedenfalls in einem Heizraum aufgestellt werden, der den Anforderungen der Punkte 3.9.2 bis 3.9.4 zu entsprechen hat. Ausgenommen davon sind Gasthermen mit einer Nennwärmeleistung von nicht mehr als 50 kW, wenn diese in einem Raum aufgestellt sind, der gegen unbefugten Zutritt gesichert ist.

7.3.9 Hinsichtlich Maßnahmen zur Brandfrüherkennung und Alarmierung haben Beherbergungsstätten in Abhängigkeit von der Anzahl der Gästebetten folgende Anforderungen zu erfüllen:

a) für nicht mehr als 30 Gästebetten sind in den Gästezimmern sowie in Gängen, über die Fluchtwege führen, vernetzte Rauchwarnmelder zu installieren. Die Rauchwarnmelder müssen so eingebaut und betrieben werden, dass Brandrauch frühzeitig erkannt und gemeldet wird,
b) für 31 bis 100 Gästebetten ist für die gesamte Beherbergungsstätte eine automatische Brandmeldeanlage zu installieren,
c) für mehr als 100 Gästebetten ist für die gesamte Beherbergungsstätte eine automatische Brandmeldeanlage mit automatischer Alarmweiterleitung zu einer Empfangszentrale einer ständig besetzten öffentlichen Alarmannahmestelle zu installieren.

Wird der Bereich mit Personalbetten nicht vom Bereich mit Gästebetten durch Trennwände bzw. Trenndecken getrennt, sind die Personalbetten den Gästebetten zuzurechnen.

7.3.10 In Beherbergungsstätten mit mehr als 100 Gästebetten und mehr als 3 oberirdischen Geschoßen muss eine trockene Steigleitung mit geeigneter Anschlussmöglichkeit für die Feuerwehr in allen Geschoßen errichtet werden. Punkt 3.10.2 bleibt unberührt.

7.3.11 Für Studentenheime sowie andere Gebäude mit vergleichbarer Nutzung gelten die Bestimmungen gemäß Punkt 7.3.1 bis 7.3.10 sinngemäß.

7.4 Verkaufsstätten

7.4.1 Abweichend von Tabelle 1b dürfen tragende Bauteile von freistehenden Verkaufsstätten mit nur einem oberirdischen Geschoß in R 30 oder A2 hergestellt sein.

7.4.2 Verkaufsstätten mit einer Verkaufsfläche von mehr als 600 m² und nicht mehr als 3.000 m² und mit nicht mehr als drei in offener Verbindung stehenden Geschoßen müssen folgende Anforderungen erfüllen:

a) Räume, die nicht zur Verkaufsstätte gehören, sind durch brandabschnittsbildende Wände bzw. Decken zu trennen.
b) Hinsichtlich der Anforderungen an Brandabschnitte von Verkaufsflächen gilt Tabelle 4.
c) Abweichend zu Punkt 5 dürfen bei Geschoßen mit Verkaufsflächen die Punkte 5.1.1 b) und 5.2 nicht angewendet werden.

7.4.3 Liegen keine anderen Gefährdungen als durch Brandeinwirkung vor, kann abweichend zu Punkt 5 bei Verkaufsstätten die Gehweglänge von 40 m (Fluchtweg) verlängert werden, wenn:

a) für lichte Raumhöhen ab 7,50 m um jeweils 5,00 m für je angefangene 2,50 m zusätzlicher lichter Höhe, bis zu einer maximalen Gehweglänge von 70 m,
b) auf höchstens 50 m bei Räumen mit einer lichten Raumhöhe von mindestens 5,00 m und bei Vorhandensein einer automatischen Brandmeldeanlage mindestens im Schutzumfang „Brandabschnittsschutz" mit Rauchmeldern,
c) auf höchstens 70 m bei Vorhandensein einer Rauch- und Wärmeabzugsanlage mit dem Schutzziel „Sicherung der Fluchtwege", welche durch eine automatische Brandmeldeanlage mindestens im Schutzumfang „Brandabschnittsschutz" mit Rauchmeldern angesteuert wird, bei Räumen mit einer lichten Raumhöhe von mindestens 10 m,
d) auf höchstens 70 m bei Räumen mit einer lichten Raumhöhe von mindestens 5,00 m und bei Vorhandensein einer automatischen Löschanlage und einer Rauch- und Wärmeabzugsanlage mit dem Schutzziel „Sicherung der Fluchtwege", welche durch eine automatische Brandmeldeanlage mindestens im Schutzumfang „Brandabschnittsschutz" mit Rauchmeldern angesteuert wird.

7.4.4 Die Abweichungen gemäß Punkt 7.4.3 dürfen nur in Anspruch genommen werden, wenn

a) in jedem Geschoß – ohne Begrenzung der Gehweglänge – mindestens ein weiterer und möglichst entgegengesetzt liegender Ausgang direkt ins Freie oder in ein Treppenhaus bzw. eine Außentreppe mit jeweils einem Ausgang zu einem sicheren Ort des angrenzenden Geländes im Freien vorhanden ist,
b) die Fluchtwege überwiegend geradlinig und überwiegend in einer Ebene geführt werden sowie der Verlauf des Fluchtweges leicht erkennbar ist,
c) kein unterirdisches Geschoß betroffen ist und
d) sonstige eine Räumung unterstützende organisatorische Maßnahmen vorhanden sind.

7.4.5 In Verkaufsstätten mit einer Verkaufsfläche von mehr als 1.800 m² müssen Wandhydranten mit formstabilen D-Schlauch und geeigneter Anschlussmöglichkeit für die Feuerwehr zur Brandbekämpfung vorhanden sein. Punkt 3.10.2 bleibt unberührt.

7.5 Altersheime, Altenwohnheime, Seniorenheime, Seniorenresidenzen sowie andere Gebäude mit vergleichbarer Nutzung

7.5.1 Gebäude der Gebäudeklassen 1 und 2 – ausgenommen solche mit nur einem oberirdischen Geschoß – sind als Gebäude der Gebäudeklasse 3 einzustufen.

7.5.2 Bei oberirdischen Geschoßen darf ein Brandabschnitt eine Netto-Grundfläche von 1.600 m² nicht überschreiten.

7.5.3 Wände von Wohneinheiten zu Räumen anderer Nutzung (z.B. zentrale Küchen einschließlich zugehöriger Lagerräume) sind als Trennwände auszuführen. Decken zwischen oberirdischen Geschoßen sind als Trenndecken auszuführen.

7.5.4 Ein einziger Fluchtweg über ein Treppenhaus bzw. eine Außentreppe gemäß Punkt 5.1.1 b) ist nur zulässig bei nicht mehr als 60 Bewohnern, wenn die Wände zwischen Gängen und Wohneinheiten bzw. Gängen und sonstigen Räumen in REI 30 bzw. EI 30 ausgeführt werden. Türen in diesen Wänden müssen EI_2 30-C entsprechen.

7.5.5 Abweichend von Punkt 5.1.4 a) darf der zweite Fluchtweg durch einen Rettungsweg mit Geräten der Feuerwehr (Hubrettungsfahrzeug mit Arbeitskorb) nur ersetzt werden, wenn insgesamt nicht mehr als 60 Bewohner und in jedem nicht zu ebener Erde gelegenen Geschoß nicht mehr als 20 Bewohner vorhanden sind und eine automatische Brandmeldeanlage mit automatischer Alarmweiterleitung zu einer Empfangszentrale einer ständig besetzten öffentlichen Alarmannahmestelle vorhanden ist.

7.5.6 Abweichend zu Punkt 5.2 ist ein festverlegtes Rettungswegesystem nicht zulässig.

7.5.7 Bodenbeläge in Aufenthaltsräumen (z.B. Speiseräume, Gemeinschaftsbereiche) müssen C_{fl}-s2 entsprechen, wobei Holz und Holzwerkstoffe in D_{fl} zulässig sind. Wand- und Deckenbeläge müssen C-s2, d0 entsprechen, wobei Holz und Holzwerkstoffe in D zulässig sind.

7.5.8 Feuerstätten für eine zentrale Wärmebereitstellung müssen jedenfalls in einem Heizraum aufgestellt werden, der den Anforderungen der Punkte 3.9.2 bis 3.9.4 zu entsprechen hat. Ausgenommen davon sind Gasthermen mit einer Nennwärmeleistung von nicht mehr als 50 kW, wenn diese in einem Raum aufgestellt sind, der gegen unbefugten Zutritt gesichert ist.

7.5.9 Hinsichtlich Maßnahmen zur Brandfrüherkennung und Alarmierung sind folgende Anforderungen zu erfüllen:
a) für nicht mehr als 30 Bewohner sind in den Wohneinheiten sowie in Gängen, über die Fluchtwege führen, vernetzte Rauchwarnmelder zu installieren. Die Rauchwarnmelder müssen so eingebaut und betrieben werden, dass Brandrauch frühzeitig erkannt und gemeldet wird,
b) für mehr als 30 Bewohner ist eine automatische Brandmeldeanlage mit automatischer Alarmweiterleitung zu einer Empfangszentrale einer ständig besetzten öffentlichen Alarmannahmestelle zu installieren.

7.5.10 In Altersheime, Altenwohnheime, Seniorenheime, Seniorenresidenzen sowie andere Gebäude mit vergleichbarer Nutzung mit mehr als 60 Bewohnern und mehr als 3 oberirdischen Geschoßen muss eine trockene Löschleitung mit geeigneter Anschlussmöglichkeit für die Feuerwehr in allen Geschoßen vorhanden sein. Punkt 3.10.2 bleibt unberührt.

7.6 Pflegeheime

7.6.1 Ergänzend zu Punkt 5.1.1 a) ist ein weiterer Ausgang zu einem sicheren Ort des angrenzenden Geländes im Freien erforderlich, wobei hinsichtlich der gemeinsamen Fluchtweglänge Punkt 5.1.6 anzuwenden ist.

7.6.2 Abweichend zu Punkt 5 dürfen bei oberirdischen Geschoßen die Punkte 5.1.1 b) und 5.2 nicht angewendet werden.

7.6.3 Es gelten die Anforderungen der Tabelle 5.

7.7 Krankenhäuser

7.7.1 Ergänzend zu Punkt 5.1.1 a) ist ein weiterer Ausgang zu einem sicheren Ort des angrenzenden Geländes im Freien erforderlich, wobei hinsichtlich der gemeinsamen Fluchtweglänge Punkt 5.1.5 anzuwenden ist.

7.7.2 Abweichend zu Punkt 5 dürfen bei oberirdischen Geschoßen die Punkte 5.1.1 b) und 5.2 nicht angewendet werden.

7.7.3 Für bettenführende Bereiche von Krankenhäusern gelten die Bestimmungen der Tabelle 5.

7.7.4 Für nicht bettenführende Bereiche gelten die Bestimmungen der Tabelle 5, ausgenommen die Punkte 4, 5 und 7.

7.7.5 Abweichend von Punkt 3 der Tabelle 5 darf bei oberirdischen Geschoßen der nicht bettenführenden Bereiche ein Brandabschnitt eine Netto-Grundfläche von 1.600 m² nicht überschreiten.

7.7.6 Abweichend von Punkt 6.3 der Tabelle 5 genügt eine Brandmeldeanlage im Schutzumfang „Vollschutz" (ohne Alarmweiterleitung) für ein- oder zweigeschoßige Gebäude mit Ambulanznutzung oder vergleichbarer Nutzung mit einer Gesamt-Netto-Grundfläche von nicht mehr als 1.600 m².

7.7.7 Wände von Ambulanzbereichen, Intensivstationen, Laborbereichen, Dialysestationen, Operationsbereichen und Räume mit vergleichbaren Nutzungen sind gegeneinander und zu anderen Nutzungen als Trennbauteile auszuführen.

7.7.8 Intensivstationen, Dialyseeinheiten, Operationsbereiche und Räume mit vergleichbaren Nutzungen sind in Analogie zur Tabelle 5 in Evakuierungsabschnitte zu unterteilen, wobei angrenzende Bereiche anderer Nutzungen in die Betrachtung einbezogen werden dürfen.

7.7.9 Die Anordnung der Absperr- bzw. die Abschaltvorrichtung für die Versorgungsleitungen wichtiger Medien (z.B. medizinische Gasversorgung) hat entsprechend der Brand- bzw. Evakuierungsabschnitte zu erfolgen.

7.7.10 Für medizinisch genutzte Bereiche bzw. Raumgruppen, die über keine natürliche Be- und Entlüftung verfügen, ist für eine geeignete Rauchableitung zu sorgen.

7.8 Versammlungsstätten

7.8.1 Gebäude der Gebäudeklassen 1 und 2 – ausgenommen solche mit nur einem oberirdischen Geschoß – sind als Gebäude der Gebäudeklasse 3 einzustufen.

7.8.2 Für das Brandverhalten von Bauprodukten (Baustoffen) gilt:

a) Bekleidungen an Wänden in Versammlungsräumen müssen aus C-s2, d0 bestehen, wobei Dämmschichten bzw. Wärmedämmungen der Klasse B entsprechen müssen. Abweichend davon genügen in Versammlungsräumen mit jeweils nicht mehr als 1.600 m² Netto-Grundfläche Holz- und Holzwerkstoffe in D mit Dämmschichten bzw. Wärmedämmungen in A2.
b) Unterdecken und Bekleidungen an Decken in Versammlungsräumen müssen aus C-s2, d0 bestehen. Abweichend davon genügen in Versammlungsräumen mit jeweils nicht mehr als 1.600 m² Netto-Grundfläche Holz- und Holzwerkstoffe in D.
c) Bodenbeläge in Versammlungsräumen müssen C_{fl}-s2 entsprechen. Abweichend davon genügen in Versammlungsräumen mit jeweils nicht mehr als 1.600 m² Netto-Grundfläche Holz- und Holzwerkstoffe in D_{fl}.
d) Die Bekleidungen und Beläge sowie abgehängten Decken der Treppenhäuser müssen zumindest den Anforderungen der GK 5 mit nicht mehr als 6 oberirdischen Geschoßen entsprechen.

7.8.3 Für das Brandverhalten von Vorhängen, Sitzen und Kulissen gilt:

a) Vorhänge und Gardinen in Versammlungsräumen müssen der Klasse 2 der Entzündbarkeit und Flammenausbreitung gemäß ÖNORM EN 13773 entsprechen.
b) Möbelbezüge müssen unter Berücksichtigung allfälliger Polsterungen schwer brennbar gemäß ÖNORM B 3825 sein.
c) Sitzflächen, Sitzschalen, Lehnen u.dgl. müssen schwer brennbar gemäß ÖNORM A 3800 sein, wobei auch Holz- und Holzwerkstoffe in D zulässig sind.
d) Kulissen müssen – unter Berücksichtigung ihrer Anordnung und ihres szenischen Einsatzes – so beschaffen oder imprägniert sein, dass eine Entzündung wirksam eingeschränkt wird.

7.8.4 Für die Bestuhlung in Versammlungsräumen gilt:

a) In Versammlungsräumen dürfen in einer Sitzplatzreihe, welche von zwei Seiten zugänglich ist, höchstens 28 Sitzplätze angeordnet sein. Ist der Zugang nur von einer Seite her möglich, sind in der Sitzplatzreihe höchstens 14 Sitzplätze zulässig.

b) In Stadien und im Freien dürfen in einer Sitzplatzreihe, welche von zwei Seiten zugänglich ist, höchstens 40 Sitzplätze angeordnet sein. Ist der Zugang nur von einer Seite her möglich, sind in der Sitzplatzreihe höchstens 20 Sitzplätze zulässig.

c) Bei durchgehenden Sitzplatzreihen (z.B. Sitzbänke, Sitzstufen) ohne Einzelsitzen muss pro Person eine Sitzbreite von mindestens 45 cm vorhanden sein.

d) Die lichte Durchgangsbreite zwischen den Sitzplatzreihen darf 40 cm nicht unterschreiten. Bei Klappsitzen gilt dies im hochgeklappten Zustand. Abweichend davon darf bei Stadien und bei Bereichen im Freien die lichte Durchgangsbreite zwischen den Sitzplatzreihen mindestens 35 cm betragen.

e) In Versammlungsstätten müssen Stühle – ausgenommen bei Tischbestuhlung – in Reihen aufgestellt werden. Innerhalb einer Reihe sind Stühle fest miteinander zu verbinden.

f) Nach jeweils höchstens 30 Sitzplatzreihen muss eine lichte Durchgangsbreite zur nächsten Sitzplatzreihe von mindestens 1,20 m vorhanden sein.

g) Von jedem Tischplatz darf die Gehweglänge zu einem Gang höchstens 10 m betragen. Der Fluchtweg von jedem Sitzplatz an einem Tisch muss nach höchstens 10 m Gehweglänge in einen Gang, der die erforderliche Fluchtwegbreite erfüllt, münden.

7.8.5 Abweichend von Tabelle 1b dürfen tragende Bauteile von freistehenden Versammlungsstätten mit nur einem oberirdischen Geschoß in R 30 oder A2 hergestellt sein.

7.8.6 In Versammlungsstätten – ausgenommen in Stadien und im Freien – von insgesamt mehr als 1.600 m² Netto-Grundfläche müssen Wandhydranten mit formbeständigem D-Schlauch und geeigneter Anschlussmöglichkeit für die Feuerwehr zur Brandbekämpfung vorhanden sein.

7.8.7 Bei oberirdischen Geschoßen darf ein Brandabschnitt eine Netto-Grundfläche von 1.600 m² nicht überschreiten. Bei Brandabschnitten von mehr als 1.600 m² Netto-Grundfläche sowie bei Versammlungsstätten mit mehreren Brandabschnitten, deren Netto-Grundfläche in Summe mehr als 3.200 m² beträgt, ist eine automatische Brandmeldeanlage im Schutzumfang „Brandabschnittsschutz für die Versammlungsstätte" mit automatischer Alarmweiterleitung zu einer Empfangszentrale einer ständig besetzten öffentlichen Alarmannahmestelle zu installieren.

7.8.8 Bei Versammlungsräumen mit einer Netto-Grundfläche von jeweils nicht mehr als 600 m² müssen geeignete Vorkehrungen (z.B. öffenbare Fenster) getroffen werden, die eine Rauchableitung ins Freie ermöglichen.

7.8.9 Bei Versammlungsräumen mit einer Netto-Grundfläche von jeweils mehr als 600 m² und nicht mehr als 1.600 m² müssen Wand- und/oder Deckenöffnungen mit einer geometrischen Fläche von 0,5 % der Netto-Grundfläche oder eine mechanische Rauch- und Wärmeabzugseinrichtung – ausgelegt für einen 12-fachen stündlichen Luftwechsel – vorhanden sein.

7.8.10 Bei Versammlungsräumen mit einer Netto-Grundfläche von jeweils mehr als 1.600 m² muss eine ausreichende Rauch- und Wärmeabzugsanlage (RWA) zur Sicherung der Fluchtwege vorhanden sein. Die RWA muss über eine automatische Auslösung verfügen sowie von einer im Brandfall sicheren Stelle eine zentrale manuelle Auslösung durch die Feuerwehr ermöglichen.

7.8.11 Abweichend zu Punkt 5 dürfen bei Geschoßen mit Versammlungsräumen die Punkte 5.1.1 b) und 5.2 nicht angewendet werden.

7.8.12 Liegen keine anderen Gefährdungen als durch Brandeinwirkung vor, kann abweichend zu Punkt 5 bei Versammlungsstätten die Gehweglänge von 40 m (Fluchtweg) verlängert werden:

a) für lichte Raumhöhen ab 7,50 m um jeweils 5,00 m für je angefangene 2,50 m zusätzlicher lichter Höhe, bis zu einer maximalen Gehweglänge von 70 m,
b) auf höchstens 50 m bei Räumen mit einer lichten Raumhöhe von mindestens 5,00 m und bei Vorhandensein einer automatischen Brandmeldeanlage mindestens im Schutzumfang „Brandabschnittsschutz" mit Rauchmeldern,
c) auf höchstens 70 m bei Vorhandensein einer Rauch- und Wärmeabzugsanlage mit dem Schutzziel „Sicherung der Fluchtwege", welche durch eine automatische Brandmeldeanlage mindestens im Schutzumfang „Brandabschnittsschutz" mit Rauchmeldern angesteuert wird, bei Räumen mit einer lichten Raumhöhe von mindestens 10 m
d) auf höchstens 70 m bei Räumen mit einer lichten Raumhöhe von mindestens 5,00 m und bei Vorhandensein einer automatischen Löschanlage und einer Rauch- und Wärmeabzugsanlage mit dem Schutzziel „Sicherung der Fluchtwege", welche durch eine automatische Brandmeldeanlage mindestens im Schutzumfang „Brandabschnittsschutz" mit Rauchmeldern angesteuert wird.

7.8.13 Die Abweichungen gemäß Punkt 7.8.12 dürfen nur in Anspruch genommen werden, wenn

a) in jedem Geschoß – ohne Begrenzung der Gehweglänge – mindestens ein weiterer und möglichst entgegengesetzt liegender Ausgang direkt ins Freie oder in ein Treppenhaus bzw. eine Außentreppe mit jeweils einem Ausgang zu einem sicheren Ort des angrenzenden Geländes im Freien vorhanden ist und
b) die Fluchtwege überwiegend geradlinig und überwiegend in einer Ebene geführt werden sowie der Verlauf des Fluchtweges leicht erkennbar ist,
c) kein unterirdisches Geschoß betroffen ist und
d) sonstige eine Räumung unterstützende organisatorische Maßnahmen vorhanden sind.

7.8.14 Abweichend zu Punkt 5 ist bei Stadien eine Gehweglänge von höchstens 80 m Gehweglänge zulässig, wenn von jeder Stelle ein direkter Ausgang aus der Versammlungsstätte zu einem sicheren Ort des angrenzenden Geländes im Freien erreicht wird.

7.8.15 Bei Brandabschnitten von mehr als 1.600 m² Netto-Grundfläche sowie bei mehreren Brandabschnitten, deren Netto-Grundfläche in Summe mehr als 3.200 m² beträgt, ist mindestens ein geeigneter und nachweislich ausgebildeter Brandschutzbeauftragter (BSB) zu bestellen.

7.9 Schutzhütten in Extremlage

7.9.1 Bei oberirdischen Geschoßen darf ein Brandabschnitt eine Netto-Grundfläche von 1.600 m² nicht überschreiten.

7.9.2 Wände von Bettenbereichen zu Räumen anderer Nutzung (z.B. Küchen einschließlich zugehöriger Lagerräume, Speiseräume) sind als Trennwände auszuführen. Decken zwischen oberirdischen Geschoßen sind als Trenndecken auszuführen.

7.9.3 Abweichend zu Punkt 3.9.2 genügt bei Gebäuden der Gebäudeklassen 3 und 4 eine Ausführung der Wände und Decken von Räumen mit erhöhter Brandgefahr in REI 60 bzw. EI 60.

7.9.4 Abweichend zu Punkt 4 ist eine brandabschnittsbildende Wand gemäß Punkt 4.1 nicht erforderlich.

7.9.5 Ein einziger Fluchtweg über ein Treppenhaus bzw. eine Außentreppe gemäß Punkt 5.1.1 b) ist nur zulässig in Gebäuden mit nicht mehr als 100 Schlafplätzen.

7.9.6 Abweichend zu Punkt 5 darf Punkt 5.2.1 nicht angewendet werden.

7.9.7 Abweichend von Punkt 5.1.4 a) und 5.2.2 darf der zweite Fluchtweg durch ein fest verlegtes Rettungswegesystem an der Gebäudeaußenwand nur ersetzt werden, wenn

a) ein solches von jedem Punkt des Raumes innerhalb von 25 m erreichbar ist,
b) geeignete Gebäudeöffnungen vorhanden sind,
c) die Erreichbarkeit eines sicheren Ortes des angrenzenden Geländes im Freien gegeben ist.

7.9.8 Bodenbeläge in Speiseräumen und sonstigen Gemeinschaftsräumen müssen C_{fl}-s2 entsprechen, wobei Holz und Holzwerkstoffe in D_{fl} zulässig sind. Wand- und Deckenbeläge müssen C-s2, d0 entsprechen, wobei Holz und Holzwerkstoffe in D zulässig sind.

7.9.9 Feuerstätten für eine zentrale Wärmebereitstellung müssen jedenfalls in einem Heizraum aufgestellt werden, der den Anforderungen der Punkte 3.9.3 bis 3.9.4 zu entsprechen hat. Ausgenommen davon sind Gasthermen mit einer Nennwärmeleistung von nicht mehr als 50 kW, wenn diese in einem Raum aufgestellt sind, der gegen unbefugten Zutritt gesichert ist.

7.9.10 Hinsichtlich Maßnahmen zur Brandfrüherkennung und Alarmierung haben Gebäude in Abhängigkeit von der Anzahl der Gästebetten folgende Anforderungen zu erfüllen:

a) für nicht mehr als 30 Schlafplätze sind in den Gästezimmern sowie in Gängen, über die Fluchtwege führen, vernetzte Rauchwarnmelder zu installieren. Die Rauchwarnmelder müssen so eingebaut und betrieben werden, dass Brandrauch frühzeitig erkannt und gemeldet wird,
b) für mehr als 30 Schlafplätze ist für das gesamte Gebäude eine automatische Brandmeldeanlage oder Gefahrenmeldeanlage jeweils mit interner Alarmierung zu installieren.

7.9.11 Abweichend zu Punkt 3.10 ist je 100 m² Nutzfläche ein tragbarer Feuerlöscher bereitzuhalten.

7.9.12 Abweichend zu Punkt 3 der Tabelle 6 ist für Schutzhütten in Extremlage erst ab 30 Schlafplätzen eine Sicherheitsbeleuchtung erforderlich.

7.9.13 Punkt 6 ist nicht anzuwenden.

8 Betriebsbauten

Es gelten die Bestimmungen der OIB-Richtlinie 2.1 „Brandschutz bei Betriebsbauten".

9 Garagen, überdachte Stellplätze und Parkdecks

Es gelten die Bestimmungen der OIB-Richtlinie 2.2 „Brandschutz bei Garagen, überdachten Stellplätzen und Parkdecks".

10 Gebäude mit einem Fluchtniveau von mehr als 22 m

Es gelten die Bestimmungen der OIB-Richtlinie 2.3 „Brandschutz bei Gebäuden mit einem Fluchtniveau von mehr als 22 m".

11 Sondergebäude

Für folgende Sondergebäude ist ein Brandschutzkonzept erforderlich, das dem OIB-Leitfaden „Abweichungen im Brandschutz und Brandschutzkonzepte" zu entsprechen hat:

a) Verkaufsstätten
   - mit einer Verkaufsfläche von mehr als 3.000 m²,
   - mit mehr als drei in offener Verbindung stehenden Geschoßen,
b) Versammlungsstätten
   - mit Großbühne,
   - mit mehr als drei in offener Verbindung stehenden Geschoßen,
   - mit einem Fluchtniveau eines Versammlungsraumes von mehr als 22 m,
c) Justizanstalten,
d) Sonstige Sondergebäude und Bauwerke, auf die die Anforderungen dieser Richtlinie auf Grund des Verwendungszwecks oder der Bauweise nicht anwendbar sind.

12 Bauführungen im Bestand

Bei Änderungen an bestehenden Bauwerken mit Auswirkungen auf bestehende Bauwerksteile sind für die bestehenden Bauwerksteile Abweichungen von den aktuellen Anforderungen dieser OIB-Richtlinie zulässig, wenn das ursprüngliche Anforderungsniveau des rechtmäßigen Bestandes nicht verschlechtert wird.

Tabelle 1a: Allgemeine Anforderungen an das Brandverhalten

Gebäudeklassen (GK)		GK 1	GK 2	GK 3	GK 4	GK 5	
						≤ 6 oberirdische Geschoße	> 6 oberirdische Geschoße
1	**Fassaden**						
1.1	Außenwand-Wärmedämmverbundsysteme	E	D	D	C-d1	C-d1	C-d1
1.2	Fassadensysteme, vorgehängte hinterlüftete, belüftete oder nicht hinterlüftete						
1.2.1	Gesamtsystem *oder*	E	D-d1	D-d1	B-d1 (1)	B-d1 (1)	B-d1
1.2.2	Einzelkomponenten						
	- Außenschicht	E	D	D	A2-d1 (2)	A2-d1 (2)	A2-d1 (3)
	- Unterkonstruktion stabförmig / punktförmig	E / E	D / D	D / A2	D / A2	D / A2	C / A2
	- Dämmschicht bzw. Wärmedämmung	E	D	D	B (2)	B (2)	B (3)
1.3	Vorhangfassaden - Einzelkomponenten						
	- Profil (Rahmen, Pfosten oder Riegel)	E	D	D	D	D (12)	A2
	- Ausfachung als Verglasung	E	D	D	C-d2	B-d1	B-d1
	- Ausfachung als Paneel	E	D	D	A2-d1 (12,13)	A2-d1 (12,13)	A2-d1
	- Abdichtung zwischen Ausfachung und Profil	E	E	E	E	E	E
	- Beschichtung (sofern nicht mit Profil oder Ausfachung mitgeprüft)	E	D	D	D	B	B
1.4	Sonstige Außenwandbekleidungen oder –beläge sowie nichttragende Außenbauteile	E	D-d1	D-d1	B-d1 (4)	B-d1 (4)	B-d1
1.5	Gebäudetrennfugenmaterial	E	E	E	A2	A2	A2
1.6	Geländerfüllungen bei Balkonen, Loggien u. dgl.	-	-	-	B (4)	B (4)	B
2	**Gänge und Treppen, ausgenommen innerhalb von Wohnungen**						
2.1	Wandbekleidungen (5)						
2.1.1	Gesamtsystem *oder*	-	D	D	C	B	B
2.1.2	Einzelkomponenten						
	- Außenschicht	-	D	D	C (4)	B	B
	- Unterkonstruktion	-	D	D	A2 (4)	A2 (4)	A2 (4)
	- Dämmschicht bzw. Wärmedämmung	-	C	C	C	A2	A2
2.2	abgehängte Decken	-	D-d0	D-d0	C-s1, d0 (4)	B-s1, d0 (4)	B-s1, d0
2.3	Wand- und Deckenbeläge	-	D-d0	D-d0	C-s1, d0 (4)	B-s1, d0 (4)	B-s1, d0
2.4	Bodenbeläge	-	D_{fl}	D_{fl}	C_{fl}-s1 (6)	C_{fl}-s1	C_{fl}-s1
2.5	Elektrische Kabel/Leitungen, freiliegend	-	E_{ca}	E_{ca}	E_{ca}	E_{ca}	E_{ca}
3	**Treppenhäuser**						
3.1	Wandbekleidungen (5)						
3.1.1	Gesamtsystem *oder*	-	D	C	B	A2	A2
3.1.2	Einzelkomponenten						
	- Außenschicht	-	D	C (4)	B	A2	A2
	- Unterkonstruktion	-	D	A2 (4)	A2 (4)	A2 (4)	A2 (4)
	- Dämmschicht bzw. Wärmedämmung	-	C	C	A2	A2	A2
3.2	abgehängte Decken	-	D-s1, d0	C-s1, d0	B-s1, d0	A2-s1, d0	A2-s1, d0
3.3	Wand- und Deckenbeläge	-	D-s1, d0	C-s1, d0	B-s1,d0	A2-s1, d0	A2-s1, d0
3.4	Bodenbeläge						
3.4.1	in Treppenhäusern gemäß Tabelle 2a, 2b	-	D_{fl}-s1	C_{fl}-s1	B_{fl}-s1	$A2_{fl}$-s1	$A2_{fl}$-s1
3.4.2	in Treppenhäusern gemäß Tabelle 3	-	D_{fl}-s1	C_{fl}-s1 (6)	C_{fl}-s1	B_{fl}-s1	$A2_{fl}$-s1
3.5	Dämmstoffe von Leitungen	-	D-s1, d0	C-s1, d0	B-s1, d0	A2-s1, d0	A2-s1, d0
4	**Dächer mit einer Neigung ≤ 60°**						
4.1	Dacheindeckung bzw. Bedachung (7)	B_{ROOF} (t1)	B_{ROOF} (t1)	B_{ROOF} (t1)	B_{ROOF} (t1)	B_{ROOF} (t1) (8)	B_{ROOF} (t1) (8)
4.2	Dämmschicht bzw. Wärmedämmung in der Dachkonstruktion	E	E	E	B (9)	B (10)	B (10)

Gebäudeklassen (GK)		GK 1	GK 2	GK 3	GK 4	GK 5	
						≤ 6 oberirdische Geschoße	> 6 oberirdische Geschoße
5	**nicht ausgebaute Dachräume**						
5.1	Bekleidungen (Fußbodenaufbau)						
5.1.1	Gesamtsystem *oder*	-	E	D	D	B	B
5.1.2	Einzelkomponenten						
	- Außenschicht	-	C	C	B	B	B
	- Dämmschicht bzw. Wärmedämmung	-	E	E	B (9)	B (10)	B (10)
5.2	Bodenbeläge	-	E_{fl}	D_{fl}	C_{fl}-s1 (11)	B_{fl}-s1 (11)	B_{fl}-s1 (11)
6	**Leitungen und sonstige Einbauten in Schächten bzw. Kanälen**						
6.1	Lüftungsleitungen mit/ohne elektrischen Leitungen	-	-	D	A2	A2	A2
6.2	Sammellüftungen von Nassräumen, Leitungen von kontrollierten Wohnraumlüftungen in Schächten	-	-	-	-	D	D
6.3	Leitungen von kontrollierten Wohnraumlüftungen in Schächten mit elektrischen Kabeln/Leitungen	-	-	-	D	A2	A2
6.4	Schleusenlüftungen	-	A2	A2	A2	A2	A2
6.5	Dämmstoffe von Leitungen inkl. Kälteleitungen	-	-	-	-	C-s3, d0	C-s3, d0

(1) Es sind auch Holz und Holzwerkstoffe in D zulässig, wenn das Gesamtsystem die Klasse D-d0 erfüllt;

(2) Bei einer Dämmschicht/Wärmedämmung in A2 ist eine Außenschicht in B-d1 oder aus Holz und Holzwerkstoffen in D zulässig;

(3) Bei einer Dämmschicht/Wärmedämmung in A2 ist eine Außenschicht in B-d1 zulässig;

(4) Es sind auch Holz und Holzwerkstoffe in D zulässig;

(5) Fehlen in Gängen und Treppenhäusern Wand- bzw. Deckenbeläge, gelten für die Bekleidung (als Gesamtsystem) bzw. die Außenschicht der Bekleidung die Anforderungen für Wand- bzw. Deckenbeläge gemäß Punkt 2.3 bzw. 3.3;

(6) Laubhölzer (z.B. Eiche, Rotbuche, Esche) mit einer Mindestdicke von 15 mm sind zulässig;

(7) Bei Dächern mit einer Neigung < 20° genügt als oberste Schicht auch 5 cm Kies oder Gleichwertiges;

(8) Bei Dächern mit einer Neigung ≥ 20° müssen die Dacheindeckung der Klasse A2, die Lattung, Konterlattung und Schalung aus Holz und Holzwerkstoffe der Klasse D entsprechen;

(9) In folgenden Fällen sind auch EPS, XPS und PUR der Klasse E zulässig:
- auf Dächern mit einer Neigung < 20° bzw. auf der obersten Geschoßdecke oder
- auf Dächern mit einer Neigung ≥ 20°, die in A2 hergestellt sind und die gemäß Tabelle 1b erforderliche Feuerwiderstandsdauer auch hinsichtlich der Leistungseigenschaften E und I erfüllen;

(10) Es sind auch EPS, XPS und PUR der Klasse E bei Dächern mit einer Neigung < 20° bzw. auf der obersten Geschoßdecke zulässig, wenn diese in A2 hergestellt sind und die gemäß Tabelle 1b erforderliche Feuerwiderstandsdauer auch hinsichtlich der Leistungseigenschaften E und I erfüllt wird;

(11) Es sind auch Bodenbeläge in D_{fl} zulässig, wenn die Wärmedämmung bzw. Dämmschicht in B ausgeführt wird;

(12) Im Zwischenraum von zweischaligen Vorhangfassaden jedoch mindestens A2;

(13) Bei einer Dämmschicht/Wärmedämmung in A2 ist eine Außenschicht in B-d1 oder aus Holz und Holzwerkstoffen in D zulässig.

Tabelle 1b: Allgemeine Anforderungen an den Feuerwiderstand von Bauteilen

	Gebäudeklassen (GK)	GK 1	GK 2	GK 3	GK 4	GK 5	
						≤ 6 oberirdische Geschoße	> 6 oberirdische Geschoße
1	**tragende Bauteile (ausgenommen Decken und brandabschnittsbildende Wände)**						
1.1	im obersten Geschoß	-	R 30	R 30	R 30	R 60 [5]	R 60
1.2	in sonstigen oberirdischen Geschoßen	R 30 [1]	R 30	R 60	R 60	R 90	R 90 und A2
1.3	in unterirdischen Geschoßen	R 60	R 60	R 90 und A2	R 90 und A2	R 90 und A2	R 90 und A2
2	**Trennwände (ausgenommen Wände von Treppenhäusern)**						
2.1	im obersten Geschoß	-	REI 30 EI 30	REI 30 EI 30	REI 60 EI 60	REI 60 [5] EI 60	REI 60 EI 60
2.2	in oberirdischen Geschoßen	-	REI 30 EI 30	REI 60 EI 60	REI 60 EI 60	REI 90 EI 90	REI 90 und A2 EI 90 und A2
2.3	in unterirdischen Geschoßen	-	REI 60 EI 60	REI 90 und A2 EI 90 und A2	REI 90 und A2 EI 90 und A2	REI 90 und A2 EI 90 und A2	REI 90 und A2 EI 90 und A2
2.4	zwischen Wohnungen bzw. Betriebseinheiten in Reihenhäusern	nicht zutreffend	REI 60 EI 60	nicht zutreffend	REI 60 EI 60	nicht zutreffend	nicht zutreffend
3	**brandabschnittsbildende Wände und Decken**						
3.1	brandabschnittsbildende Wände an der Nachbargrundstücks- bzw. Bauplatzgrenze	REI 60 EI 60	REI 90 [2] EI 90 [2]	REI 90 und A2 EI 90 und A2	REI 90 und A2 EI 90 und A2	REI 90 und A2 EI 90 und A2	REI 90 und A2 EI 90 und A2
3.2	sonstige brandabschnittsbildende Wände oder Decken	nicht zutreffend	REI 90 EI 90	REI 90 EI 90	REI 90 EI 90	REI 90 EI 90	REI 90 und A2 EI 90 und A2
4	**Decken und Dachschrägen mit einer Neigung ≤ 60°**						
4.1	Decken über dem obersten Geschoß	-	R 30	R 30	R 30	R 60	R 60
4.2	Trenndecken über dem obersten Geschoß	-	REI 30	REI 30	REI 60	REI 60	REI 60
4.3	Trenndecken über sonstigen oberirdischen Geschoßen	-	REI 30	REI 60	REI 60	REI 90	REI 90 und A2
4.4	Decken innerhalb von Wohnungen bzw. Betriebseinheiten in oberirdischen Geschoßen	R 30 [1]	R 30	R 30	R 30	R 60	R 90 und A2
4.5	Decken über unterirdischen Geschoßen	R 60	REI 60 [3]	REI 90 und A2	REI 90 und A2	REI 90 und A2	REI 90 und A2
5	**Balkonplatten [6]**	-	-	-	R 30 oder A2	R 30 oder A2	R 30 und A2 [4]

(1) Nicht erforderlich bei Gebäuden, die nur Wohnzwecken oder der Büronutzung bzw. büroähnlichen Nutzung dienen;

(2) Bei Reihenhäusern genügt für die Wände zwischen den Wohnungen bzw. Betriebseinheiten auch an der Nachbargrundstücks- bzw. Bauplatzgrenze eine Ausführung in REI 60 bzw. EI 60;

(3) Für Reihenhäuser sowie Gebäude mit nicht mehr als zwei Betriebseinheiten mit Büronutzung bzw. büroähnlicher Nutzung genügt die Anforderung R 60;

(4) Bei Einzelbalkonen genügt eine Ausführung in R 30 oder A2, wenn die Fläche nicht mehr als 10 m², die Auskragung nicht mehr als 2,50 m und der Abstand zwischen den Einzelbalkonen mindestens 2,00 m beträgt;

(5) Die Feuerwiderstandsdauer von 60 Minuten genügt für die beiden obersten Geschoße, wenn alle sonstigen oberirdischen Geschoße in R 90 und A2 bzw. EI 90 und A2 bzw. REI 90 und A2 ausgeführt werden;

(6) Balkonplatten sind als vollflächiger Bauteil herzustellen.

Tabelle 2a: Anforderungen an Treppenhäuser bzw. Außentreppen im Verlauf des einzigen Fluchtweges gemäß Punkt 5.1.1 b) in Gebäuden der Gebäudeklassen 2, 3 und 4

Gegenstand		GK 2 (1)	GK 3	GK 4
1	**Wände von Treppenhäusern**			
1.1	in oberirdischen Geschoßen (2)	REI 30 EI 30	REI 60 EI 60	REI 60 (3) EI 60 (3)
1.2	in unterirdischen Geschoßen	REI 60 EI 60	REI 90 und A2 EI 90 und A2	REI 90 und A2 EI 90 und A2
2	**Decke über dem Treppenhaus** (4)	REI 30 EI 30	REI 60 EI 60	REI 60 (3) EI 60 (3)
3	**Türen in Wänden von Treppenhäusern**			
3.1	zu Wohnungen, Betriebseinheiten sowie sonstigen Räumen	EI_2 30	EI_2 30-C	EI_2 30-C-S_{200}
3.2	zu Gängen in oberirdischen Geschoßen (5)	-	E 30-C	E 30-C
3.3	zu Gängen und Räumen in unterirdischen Geschoßen	EI_2 30	EI_2 30-C	EI_2 30-C-S_{200}
4	**Treppenläufe und Podeste in Treppenhäusern**	R 30	R 60	R 60 und A2
5	**Geländerfüllungen in Treppenhäusern**	-	-	B (6)
6	**Rauchabzugseinrichtung**			
6.1	Lage	an der obersten Stelle des Treppenhauses (7)	an der obersten Stelle des Treppenhauses	an der obersten Stelle des Treppenhauses
6.2	Größe	geometrisch freier Querschnitt von 1,00 m² (7)	geometrisch freier Querschnitt von 1,00 m²	geometrisch freier Querschnitt von 1,00 m²
6.3	Auslöseeinrichtung	in der Angriffsebene der Feuerwehr sowie beim obersten Podest des Treppenhauses mit Zugängen zu Aufenthaltsräumen; unabhängig vom öffentlichen Stromnetz (7)	in der Angriffsebene der Feuerwehr sowie beim obersten Podest des Treppenhauses mit Zugängen zu Aufenthaltsräumen; unabhängig vom öffentlichen Stromnetz und über ein rauchempfindliches Element an der Decke	in der Angriffsebene der Feuerwehr sowie beim obersten Podest des Treppenhauses mit Zugängen zu Aufenthaltsräumen; unabhängig vom öffentlichen Stromnetz und über ein rauchempfindliches Element an der Decke
7	**Außentreppen**	A2 und im Brandfall keine Beeinträchtigung durch Flammeneinwirkung und gefahrbringende Strahlungswärme	A2 und im Brandfall keine Beeinträchtigung durch Flammeneinwirkung und gefahrbringende Strahlungswärme	A2 und im Brandfall keine Beeinträchtigung durch Flammeneinwirkung und gefahrbringende Strahlungswärme

(1) Gilt nicht für Reihenhäuser sowie Gebäude mit nicht mehr als zwei Wohnungen;

(2) Anforderungen an den Feuerwiderstand sind nicht erforderlich für Außenwände von Treppenhäusern, die aus Baustoffen A2 bestehen und die durch andere an diese Außenwände anschließende Gebäudeteile im Brandfall nicht gefährdet werden können;

(3) Die Bauteile müssen treppenhausseitig aus Baustoffen A2 bestehen;

(4) Von den Anforderungen kann abgewichen werden, wenn eine Brandübertragung von den angrenzenden Bauwerksteilen auf das Treppenhaus durch geeignete Maßnahmen verhindert wird;

(5) Für die Türen umgebende Glasflächen mit einer Fläche von nicht mehr als dem Dreifachen der Türblattfläche genügt E 30;

(6) Laubhölzer (z.B. Eiche, Rotbuche, Esche) mit einer Mindestdicke von 15 mm sind zulässig;

(7) Die Rauchabzugseinrichtung kann entfallen, wenn in jedem Geschoß unmittelbar ins Freie führende Fenster mit einem freien Querschnitt von jeweils mindestens 0,50 m² angeordnet sind, die von Stand aus ohne fremde Hilfsmittel geöffnet werden können.

Tabelle 2b: Anforderungen an Treppenhäuser bzw. Außentreppen im Verlauf des einzigen Fluchtweges gemäß Punkt 5.1.1 b) in Gebäuden der Gebäudeklasse 5

Gegenstand		GK5 mit mechanischer Belüftungsanlage	GK 5 mit automatischer Brandmeldeanlage und Rauchabzugseinrichtung	GK 5 mit Schleuse und Rauchabzugseinrichtung
1	**Wände von Treppenhäusern und Schleusen**			
1.1	in oberirdischen Geschoßen (1)	REI 90 und A2	REI 90 und A2	REI 90 und A2
1.2	in unterirdischen Geschoßen	REI 90 und A2	REI 90 und A2	REI 90 und A2
2	**Decke über dem Treppenhaus** (2)	REI 90 und A2	REI 90 und A2	REI 90 und A2
3	**Türen in Wänden von Treppenhäusern**			
3.1	zu Gängen in oberirdischen Geschoßen (3)	E 30-C	E 30-C-S_{200}	nicht zutreffend
3.2	zu Wohnungen, Betriebseinheiten sowie sonstigen Räumen	EI_2 30-C	EI_2 30-C-S_{200}	unzulässig
3.3	zu Gängen und Räumen in unterirdischen Geschoßen	EI_2 30-C	EI_2 30-C-S_{200}	nicht zutreffend
4	**Türen in Wänden von Schleusen**			
4.1	zu Gängen und Treppenhäusern (3)	nicht zutreffend	nicht zutreffend	E 30-C
4.2	zu Wohnungen, Betriebseinheiten sowie sonstigen Räumen	nicht zutreffend	nicht zutreffend	EI_2 30-C
5	**Treppenläufe und Podeste in Treppenhäusern**	R 90 und A2	R 90 und A2	R 60 und A2
6	**Geländerfüllungen in Treppenhäusern**	B	B	B
7	**mechanische Belüftungsanlage**	Eignung für Eigenrettung von Personen aus dem Brandraum, Verhinderung des Eindringens von Rauch ins Treppenhaus bei geschlossenen Türen zum Brandraum sowie Verdünnung und Abführen des bei kurzzeitigem Öffnen der Türe zum Brandraum ins Treppenhaus eindringenden Rauches	nicht zutreffend	nicht zutreffend
8	**automatische Brandmeldeanlage**	nicht zutreffend	im Treppenhaus einschließlich allgemein zugänglichen Bereichen, wie Gängen und Kellerräumen im Schutzumfang „Einrichtungsschutz" mit interner Alarmierung	nicht zutreffend
9	**Rauchabzugseinrichtung**			
9.1	Lage	nicht zutreffend	an der obersten Stelle des Treppenhauses	an der obersten Stelle des Treppenhauses
9.2	Größe	nicht zutreffend	geometrisch freier Querschnitt von 1,00 m²	geometrisch freier Querschnitt von 1,00 m²
9.3	Auslöseeinrichtung	nicht zutreffend	in der Angriffsebene der Feuerwehr sowie beim obersten Podest des Treppenhauses mit Zugängen zu Aufenthaltsräumen; unabhängig vom öffentlichen Stromnetz und über die automatische Brandmeldeanlage sowie zusätzlich in der Angriffsebene der Feuerwehr eine manuelle Bedienungsmöglichkeit mit Stellungsanzeige	in der Angriffsebene der Feuerwehr sowie beim obersten Podest des Treppenhauses mit Zugängen zu Aufenthaltsräumen; unabhängig vom öffentlichen Stromnetz und über ein rauchempfindliches Element an der Decke des Treppenhauses sowie zusätzlich in der Angriffsebene der Feuerwehr eine manuelle Bedienungsmöglichkeit mit Stellungsanzeige
10	**Außentreppen**	A2 und im Brandfall keine Beeinträchtigung durch Flammeneinwirkung, gefahrbringende Strahlungswärme und/oder Verrauchung		

(1) Anforderungen an den Feuerwiderstand sind nicht erforderlich für Außenwände von Treppenhäusern, die aus Baustoffen A2 bestehen und durch andere an diese Außenwände anschließende Gebäudeteile im Brandfall nicht gefährdet werden können;

(2) Von den Anforderungen kann abgewichen werden, wenn eine Brandübertragung von den angrenzenden Bauwerksteilen auf das Treppenhaus durch geeignete Maßnahmen verhindert wird;

(3) Für die Türen umgebende Glasflächen mit einer Fläche von nicht mehr als dem Doppelten der Türblattfläche genügt E 30.

Tabelle 3: Anforderungen an Treppenhäuser bzw. Außentreppen im Verlauf von Fluchtwegen gemäß Punkt 5.1.1 c)

Gegenstand		GK 2 (1)	GK 3	GK 4	GK 5
1	**Wände von Treppenhäusern**				
1.1	in oberirdischen Geschoßen (2)	REI 30 EI 30	REI 60 EI 60	REI 60 EI 60	REI 90 und A2 EI 90 und A2
1.2	in unterirdischen Geschoßen	REI 60 EI 60	REI 90 und A2 EI 90 und A2	REI 90 und A2 EI 90 und A2	REI 90 und A2 EI 90 und A2
2	**Decke über dem Treppenhaus (3)**	REI 30	REI 60	REI 60	REI 90 und A2
3	**Türen in Wänden von Treppenhäusern**				
3.1	zu Wohnungen	EI_2 30	EI_2 30	EI_2 30	EI_2 30
3.2	zu Betriebseinheiten	EI_2 30	EI_2 30-C	EI_2 30-C	EI_2 30-C
3.3	zu Gängen in oberirdischen Geschoßen (4)	-	E 30-C	E 30-C	E 30-C
3.4	zu Gängen und Räumen in unterirdischen Geschoßen	EI_2 30	EI_2 30-C	EI_2 30-C	EI_2 30-C
4	**Treppenläufe und Podeste**				
4.1	in Treppenhäusern	R 30	R 60	R 60	R 90 und A2
4.2	in Treppenhäusern, in die ausschließlich Türen in E 30-C bzw. EI_2 30-C führen	-	R 30 oder A2	A2	R 30 und A2
5	**Rauchabzugseinrichtung**				
5.1	Lage	-	an der obersten Stelle des Treppenhauses (5)	an der obersten Stelle des Treppenhauses	an der obersten Stelle des Treppenhauses
5.2	Größe	-	geometrisch freier Querschnitt von 1,00 m² (5)	geometrisch freier Querschnitt von 1,00 m²	geometrisch freier Querschnitt von 1,00m²
5.3	Auslöseeinrichtung	-	in der Angriffsebene der Feuerwehr sowie beim obersten Podest des Treppenhauses mit Zugängen zu Aufenthaltsräumen; unabhängig vom öffentlichen Stromnetz (5)	in der Angriffsebene der Feuerwehr sowie beim obersten Podest des Treppenhauses mit Zugängen zu Aufenthaltsräumen; unabhängig vom öffentlichen Stromnetz	in der Angriffsebene der Feuerwehr sowie beim obersten Podest des Treppenhauses mit Zugängen zu Aufenthaltsräumen; unabhängig vom öffentlichen Stromnetz und über ein rauchempfindliches Element an der Decke
6	**Außentreppen**	-	R 30 oder A2 und im Brandfall keine Beeinträchtigung durch Flammeneinwirkung und gefahrbringende Strahlungswärme	A2 und im Brandfall keine Beeinträchtigung durch Flammeneinwirkung und gefahrbringende Strahlungswärme	A2 und im Brandfall keine Beeinträchtigung durch Flammeneinwirkung und gefahrbringende Strahlungswärme

(1) Gilt nicht für Reihenhäuser sowie Gebäude mit nicht mehr als zwei Wohnungen;

(2) Anforderungen an den Feuerwiderstand sind nicht erforderlich für Außenwände von Treppenhäusern, die aus Baustoffen A2 bestehen und die durch andere an diese Außenwände anschließende Gebäudeteile im Brandfall nicht gefährdet werden können;

(3) Von den Anforderungen kann abgewichen werden, wenn eine Brandübertragung von den angrenzenden Bauwerksteilen auf das Treppenhaus durch geeignete Maßnahmen verhindert wird;

(4) Für die Türen umgebende Glasflächen mit einer Fläche von nicht mehr als dem Dreifachen der Türblattfläche genügt E 30;

(5) Die Rauchabzugseinrichtung kann entfallen, wenn in jedem Geschoß unmittelbar ins Freie führende Fenster mit einem freien Querschnitt von jeweils mindestens 0,50 m² angeordnet sind, die von Stand aus ohne fremde Hilfsmittel geöffnet werden können.

Tabelle 4: Anforderungen an Brandabschnitte von Verkaufsflächen

	Brandabschnittsfläche in m²	Anzahl der in offener Verbindung stehenden Geschoße	Decken zwischen den Geschoßen innerhalb des Brandabschnittes	Brandschutztechnische Einrichtungen
1	> 600 und ≤ 1.200	1	nicht zutreffend	**Rauchableitung** durch Wand- und/oder Deckenöffnungen mit einer geometrischen Fläche von 0,5 % der Verkaufsfläche
		2	REI 60	
		3	REI 60	
2	> 1.200 und ≤ 1.800	1	nicht zutreffend	**Rauch- und Wärmeabzugsanlage** mit automatischer Auslösung sowie zentraler manueller Auslösungsmöglichkeit durch die Feuerwehr von einer im Brandfall sicheren Stelle
		2	REI 60	automatische **Brandmeldeanlage** sowie **Rauch- und Wärmeabzugsanlage** mit Ansteuerung durch automatische Brandmeldeanlage
		3	REI 90	
3	> 1.800 und ≤ 3.000	1	nicht zutreffend	automatische **Brandmeldeanlage** mit automatischer Alarmweiterleitung zu einer Empfangszentrale einer ständig besetzten öffentlichen Alarmannahmestelle sowie **Rauch- und Wärmeabzugsanlage** mit Ansteuerung durch automatische Brandmeldeanlage
		2	REI 90 und A2	
		3	REI 90 und A2	erweiterte automatische **Löschhilfeanlage** (EAL) sowie **Rauch- und Wärmeabzugsanlage** mit Auslösung zumindest durch rauchempfindliche Auslöseelemente je 200 m² Deckenfläche Bei einer **Brandabschnittsfläche von nicht mehr als 2.400 m²** genügt eine automatische Brandmeldeanlage mit automatischer Alarmweiterleitung zu einer Empfangszentrale einer ständig besetzten öffentlichen Alarmannahmestelle in Verbindung mit einer Rauch- und Wärmeabzugsanlage mit Ansteuerung über die automatische Brandmeldeanlage

Tabelle 5: Anforderungen an Pflegeheime und bettenführende Stationen von Krankenhäusern

	Gegenstand	mit Zellenstruktur (jedes Bewohner/Patienten-Zimmer mit Anforderungen an Wände)	ohne Zellenstruktur (mehrere Bewohner/Patienten-Zimmer ohne Anforderungen an Wände in einem Evakuierungsabschnitt zusammengefasst)
1	**Brandverhalten**	• bei ≤ 3 oberirdischen Geschoßen: Tab. 1a GK 3 • bei 4 oberirdischen Geschoßen: Tab. 1a GK 5 erste Spalte • bei > 4 oberirdischen Geschoßen: Tab. 1a GK 5 zweite Spalte Ausnahme: bei Begegnungszonen und Gemeinschaftsbereichen im Zuge von Gangerweiterungen Holz und Holzwerkstoffe in D bzw. D_{fl} zulässig	
2	**Feuerwiderstand**	• bei ≤ 3 oberirdischen Geschoßen: Tab. 1b GK 3 • bei 4 oberirdischen Geschoßen: Tab. 1b GK 5 erste Spalte • bei > 4 oberirdischen Geschoßen: Tab. 1b GK 5 zweite Spalte • oberstes Geschoß: R 60 / REI 60 / EI 60	
3	**Brandabschnitte**	• maximale Netto-Grundfläche: 1.200 m² • maximale Längsausdehnung: 60 m • geschoßweise Brandabschnittsbildung; abweichend davon ist bei Gebäuden mit höchstens drei oberirdischen Geschoßen und einer Gesamt-Netto-Grundfläche von nicht mehr als 1.200 m² die Ausbildung von Trenndecken ausreichend	
4	**Wände und Türen**		
4.1	Wände zwischen Evakuierungsabschnitten	EI 60	• EI 30 wenn ≤ 8 Bewohner/Patienten im Evakuierungsabschnitt • EI 60 wenn > 8 Bewohner/Patienten im Evakuierungsabschnitt
4.2	Türen zwischen Evakuierungsabschnitten	E 30-C S_{200}	
4.3	Wände zwischen Bewohner/Patienten-Zimmern	EI 30	keine Anforderung
4.4	Wände von Bewohner/Patienten-Zimmern zum Gang	EI 60	• keine Anforderung, wenn der Evakuierungsabschnitt in zwei unterschiedliche Richtungen zu jeweils einem anderen Evakuierungsabschnitt verlassen werden kann, der über Ausgänge verfügt [(1)] ansonsten • EI 30 wenn ≤ 8 Bewohner/Patienten im Evakuierungsabschnitt • EI 60 wenn > 8 Bewohner/Patienten im Evakuierungsabschnitt
4.5	Türen von Bewohner/Patienten-Zimmern auf Gang	EI_2 30-C oder EI_2 30, wenn davon auszugehen ist, dass die Türen zu den Bewohner/Patienten-Zimmer insbesondere während der Nachtzeiten geschlossen sind	• keine Anforderung, wenn der Evakuierungsabschnitt in zwei unterschiedliche Richtungen zu jeweils einem anderen Evakuierungsabschnitt verlassen werden kann, der über Ausgänge verfügt [(1)] ansonsten • E 30-C oder • E 30, wenn davon auszugehen ist, dass die Türen zu den Bewohner/Patienten-Zimmer insbesondere während der Nachtzeiten geschlossen sind
5	**Evakuierung**	mindestens 2 Evakuierungsabschnitte, wobei • Gehweglänge von den Türen der Bewohner/Patienten-Zimmer zum benachbarten Evakuierungsabschnitt oder Treppenhaus bzw. Außentreppe max. 20 m betragen darf und • alle Bewohner/Patienten eines Evakuierungsabschnittes jeweils in einem benachbarten Evakuierungsabschnitt untergebracht werden können	mindestens 2 Evakuierungsabschnitte, wobei • Gehweglänge von den Türen der Bewohner/Patienten-Zimmer zum benachbarten Evakuierungsabschnitt oder Treppenhaus bzw. Außentreppe max. 20 m betragen darf und • alle Bewohner/Patienten eines Evakuierungsabschnittes jeweils in einem benachbarten Evakuierungsabschnitt untergebracht werden können; • max. Belegung des Evakuierungsabschnittes: 4 Bewohner/Patienten pro anwesender unterwiesener Person für die Evakuierung

	Gegenstand	mit Zellenstruktur (jedes Bewohner/Patienten-Zimmer mit Anforderungen an Wände)	ohne Zellenstruktur (mehrere Bewohner/Patienten-Zimmer ohne Anforderungen an Wände in einem Evakuierungsabschnitt zusammengefasst)
6	**Brandfrüherkennung**		
6.1	Pflegeheime mit nicht mehr als 16 Bewohnern	BMA im Schutzumfang „Vollschutz"	
6.2	Pflegeheime mit mehr als 16 Bewohnern	BMA im Schutzumfang „Vollschutz" mit automatischer Alarmweiterleitung zu einer Empfangszentrale einer ständig besetzten öffentlichen Alarmannahmestelle und Anzeige in den Pflegestützpunkten	
6.3	Krankenhäuser	BMA im Schutzumfang „Vollschutz" mit automatischer Alarmweiterleitung zu einer Empfangszentrale einer ständig besetzten öffentlichen Alarmannahmestelle und Anzeige in den Pflegestützpunkten	
7	**Leitungen, Schächte etc.**		
7.1	Abschottung von Installationen zwischen Evakuierungsabschnitten	EI 60	• EI 30 wenn ≤ 8 Bewohner/Patienten im Evakuierungsabschnitt • EI 60 wenn > 8 Bewohner/Patienten im Evakuierungsabschnitt
7.2	Abschottung von Installationen zwischen Bewohner/Patienten-Zimmern	• Passgenaue Ausführung von Leitungsführungen durch Wände sind ausreichend	keine Anforderung
7.3	Abschottung von Installationen von Bewohner/Patienten-Zimmern zum Gang	• Lüftungsleitungen: Feuerschutzabschlüsse auf Basis intumeszierender Materialien mit Verschlusselement (z.B. FLI-VE) • andere Leitungen (z.B. elektrische Kabel / Leitungen, medizinische Gase, wasserführende Leitungen mit einem Gesamtquerschnitt ≤ 100 cm² pro 5 m² Wandfläche: passgenaue Durchführung	• keine Anforderung, wenn der Evakuierungsabschnitt in zwei unterschiedliche Richtungen zu jeweils einem anderen Evakuierungsabschnitt verlassen werden kann, der über Ausgänge verfügt (1) ansonsten • EI 30 (z.B. FLI-VE) wenn ≤ 8 Bewohner/Patienten im Evakuierungsabschnitt • EI 60 (z.B. FLI-VE) wenn > 8 Bewohner/Patienten im Evakuierungsabschnitt
8	**Fassaden**	• bei ≤ 4 oberirdischen Geschoßen: Tab. 1a • bei > 4 oberirdischen Geschoßen: Tab. 1a GK 5 zweite Spalte	
9	**Aufzüge**	bei > 4 oberirdischen Geschoßen Feuerwehraufzug, außer es besteht eine gleichwertige Möglichkeit der vertikalen Evakuierung	
10	**Feuerstätten**	Feuerstätten für zentrale Wärmebereitstellung: in einem Heizraum ausgenommen Gasthermen mit Nennwärmeleistung ≤ 50 kW, wenn diese in einem Raum aufgestellt sind, der gegen unbefugten Zutritt gesichert ist.	
11	**Zentrale Einheiten** wie Technikräume, Apotheke, Küchen, Archive, Lagerräume, Depots **ausgenommen:** Teeküchen und Verteilerküchen, Begegnungszonen und Gemeinschaftsbereiche im Zuge von Gangerweiterungen	• bei ≤ 4 oberirdischen Geschoßen: EI 90 (Wände, Decken) • bei > 4 oberirdischen Geschoßen: EI 90 und A2 (Wände, Decken) • Türen EI_2 30-C	
12	**Erste und erweiterte Löschhilfe**	• bei ≤ 3 oberirdischen Geschoßen, ausgenommen eingeschoßige Gebäude: trockene Löschleitung mit geeigneter Anschlussmöglichkeit für die Feuerwehr zur Brandbekämpfung in jedem Geschoß • bei > 3 oberirdischen Geschoßen: in jedem Geschoß Wandhydranten mit formbeständigem D-Schlauch und geeigneter Anschlussmöglichkeit für die Feuerwehr zur Brandbekämpfung	
13	**Sicherheitsbeleuchtung**	siehe Tabelle 6	
14	**Brandbekämpfung**	hinsichtlich der Entfernung der Aufstellfläche vom Gebäude sind die Einsatzmöglichkeiten der Feuerwehr zu berücksichtigen	
15	**Organisatorische Maßnahmen**	• Brandschutzbeauftragter • unterwiesene Personen für Evakuierung	
(1)	Das heißt, dass der Gang Teil des Evakuierungsabschnittes ist.		

Tabelle 6: Anwendungsbereiche für Sicherheitsbeleuchtung

Art der Nutzung	Sicherheitsbeleuchtung eingeschränkt auf Fluchtwege und festverlegtes Rettungswegesystem	Sicherheitsbeleuchtung, uneingeschränkt
1 Gebäude mit einem Fluchtniveau von nicht mehr als 22 m		
1.1 Wohngebäude der GK 5 außerhalb von Wohnungen	erforderlich	nicht erforderlich
1.2 sonstige Gebäude der GK 4 und 5	erforderlich	nicht erforderlich
2 Schul- und Kindergartengebäude sowie andere Gebäude mit vergleichbarer Nutzung	≤ 3.200 m²	> 3.200 m²
3 Beherbergungsstätten, Studentenheime sowie andere Gebäude mit vergleichbarer Nutzung	> 10 Betten und ≤ 100 Betten	> 100 Betten
4 Verkaufsstätten, Ausstellungsstätten	> 200 m² und ≤ 3.000 m²	> 3.000 m²
5 Gaststätten		
5.1 Schank- oder Speisewirtschaften	> 60 und ≤ 240 Verabreichungsplätze	> 240 Verabreichungsplätze
5.2 Diskotheken und Tanzcafés	≤ 120 Personen	> 120 Personen
6 Altersheime, Altenwohnheime, Seniorenheime, Seniorenresidenzen sowie andere Gebäude mit vergleichbarer Nutzung	> 10 Betten und ≤ 100 Betten	> 100 Betten
7 Pflegeheime	≤ 16 Betten	> 16 Betten
8 Krankenhäuser	nicht erforderlich	erforderlich
9 Räume für eine größere Personenanzahl (Theater, Kinos, Stadien, Sportstätten, Schwimmhallen, Sitzungssaal und dergleichen)		
9.1 Versammlungsstätten innerhalb von Gebäuden, Versammlungsräume und sonstige Räume, die für den Aufenthalt von mehr als 60 Personen bestimmt sind	≤ 240 Personen	> 240 Personen
9.2 Versammlungsstätten und zugehörige Bühnen und Szenenflächen sowie Sportstätten außerhalb von Gebäuden	> 120 und ≤ 5000 Personen	> 5000 Personen
10 Betriebsbauten	> 200 m²	nicht erforderlich
11 Garagen, überdachte Stellplätze und Parkdecks		
11.1 Garagen und Parkdecks	> 250 m² und ≤ 1.600 m²	> 1.600 m²
11.2 überdachte Stellplätze	> 1.600 m²	nicht erforderlich
12 Gebäude mit einem Fluchtniveau (FLN) von mehr als 22 m		
12.1 Wohngebäude außerhalb von Wohnungen	FLN > 22 m und ≤ 32 m	FLN > 32 m
12.2 sonstige Gebäude	nicht erforderlich	erforderlich

Impressum

Medieninhaber und Herausgeber:
Österreichisches Institut für Bautechnik
ZVR 383773815
Schenkenstraße 4, 1010 Wien, Austria
T +43 1 533 65 50, F +43 1 533 64 23
E-Mail: mail@oib.or.at
Internet: www.oib.or.at
Der Inhalt der Richtlinien wurde sorgfältig erarbeitet, dennoch übernehmen Mitwirkende und Herausgeber für die Richtigkeit des Inhalts keine Haftung.

www.oib.or.at

RICHTLINIEN DES ÖSTERREICHISCHEN
INSTITUTS FÜR BAUTECHNIK
OIB
richtlinien
OIB-LEITFADEN
OIB-RL 2
Abweichungen
im Brandschutz
und Brandschutz-
konzepte
OIB-330.2-020/19
APRIL 2019

Diese Richtlinie basiert auf den Beratungsergebnissen der von der Landesamtsdirektorenkonferenz zur Ausarbeitung eines Vorschlages zur Harmonisierung bautechnischer Vorschriften eingesetzten Länderexpertengruppe. Die Arbeit dieses Gremiums wurde vom OIB in Entsprechung des Auftrages der Landesamtsdirektorenkonferenz im Sinne des § 3 Abs. 1 Z 7 der Statuten des OIB koordiniert und im Sachverständigenbeirat für bautechnische Richtlinien fortgeführt. Die Beschlussfassung der Richtlinie erfolgte gemäß § 8 Z 12 der Statuten durch die Generalversammlung des OIB.

OIB-Leitfaden

Abweichungen im Brandschutz und Brandschutzkonzepte

Ausgabe: April 2019

0 Vorbemerkungen ... 2
1 Anwendungsbereich des Leitfadens ... 2
2 Schutzziele ... 2
3 Abweichungen ... 2
3.1 Unwesentliche Abweichungsfälle ... 2
3.2 Wesentliche Abweichungsfälle ... 2
4 Brandschutzkonzepte ... 3
4.1 Erfordernis ... 3
4.2 Grundsätze ... 3
4.3 Arten ... 4
4.3.1 Standard-Brandschutzkonzept ... 4
4.3.2 Brandschutzkonzept mit Methoden des Brandschutzingenieurwesens ... 4
4.4 Inhalt ... 5
4.4.1 Allgemeine Angaben ... 5
4.4.2 Gebäude- und Grundstücksinformationen ... 5
4.4.3 Baulicher Brandschutz ... 5
4.4.4 Anlagentechnischer Brandschutz ... 5
4.4.5 Organisatorischer Brandschutz ... 6
4.4.6 Abwehrender Brandschutz ... 6
4.4.7 Zusatzangaben bei Methoden des Brandschutzingenieurwesens ... 6
4.4.8 Zusammenfassung ... 6
4.5 Beurteilung von Brandschutzkonzepten ... 6
4.5.1 Beurteilung von Standard-Brandschutzkonzepten ... 6
4.5.2 Beurteilung von Brandschutzkonzepten mit Methoden des Brandschutzingenieurwesens ... 6

0 Vorbemerkungen

Gebäude und Bauwerke – insbesondere Sondergebäude – haben immer komplexere und größere Dimensionen und können teilweise entsprechend den gültigen Regelwerken nicht oder nur mit erheblicher Beeinträchtigung ihres Widmungszweckes verwirklicht werden. Außerdem kommen immer häufiger Abweichungen von den materiellen Anforderungen der bautechnischen Vorschriften vor, die entsprechend begründet werden müssen. In der Folge sind einzelne brandschutztechnische Maßnahmen der Vorschriften nicht ohne Weiteres anwendbar. Es bedarf daher nicht selten der Einzelfallbetrachtung konkreter Bauvorhaben im Hinblick auf die definierten Schutzziele.

1 Anwendungsbereich des Leitfadens

Dieser Leitfaden dient für Nachweise bei Abweichungen von Anforderungen der OIB-Richtlinie 2 „Brandschutz", der OIB-Richtlinie 2.1 „Brandschutz bei Betriebsbauten", der OIB-Richtlinie 2.2 „Brandschutz bei Garagen, überdachten Stellplätzen und Parkdecks", der OIB-Richtlinie 2.3 „Brandschutz bei Gebäuden mit einem Fluchtniveau von mehr als 22 m" sowie für gemäß diesen Richtlinien verpflichtend geforderten Brandschutzkonzepte.

Außerdem kann dieser Leitfaden auch Hilfestellung in jenen Fällen leisten, bei denen ein Bauherr bzw. Nutzer eines Gebäudes freiwillig ein Brandschutzkonzept erstellen lässt.

Eine brandschutztechnische Beschreibung, aus der lediglich in Form eines Befundes die bauliche Ausführung sowie gegebenenfalls anlagentechnischen oder organisatorischen Brandschutzmaßnahmen hervorgehen, stellt kein Brandschutzkonzept im Sinne dieses Leitfadens dar.

2 Schutzziele

Die OIB-Richtlinien orientieren sich hinsichtlich der brandschutztechnischen Schutzziele an der Definition der Grundanforderungen an Bauwerke „Brandschutz" im Anhang I der Verordnung (EU) Nr. 305/2011 des Europäischen Parlaments und des Rates vom 9. März 2011, die in Teilaspekte aufgegliedert wird. Danach muss ein Bauwerk derart entworfen und ausgeführt sein, dass bei einem Brand

- die Tragfähigkeit des Bauwerkes während eines bestimmten Zeitraumes erhalten bleibt,
- die Entstehung und Ausbreitung von Feuer und Rauch innerhalb des Bauwerkes begrenzt wird,
- die Ausbreitung von Feuer auf benachbarte Bauwerke begrenzt wird,
- die Bewohner das Gebäude unverletzt verlassen oder durch andere Maßnahmen gerettet werden können,
- die Sicherheit der Rettungsmannschaften berücksichtigt wird.

3 Abweichungen

3.1 Unwesentliche Abweichungsfälle

Eine Abweichung von den Anforderungen der OIB-Richtlinien 2, 2.1, 2.2 und 2.3 ist dann unwesentlich, wenn damit keine Auswirkungen hinsichtlich der Gefährdung von Leben und Gesundheit von Personen sowie hinsichtlich Brandausbreitung verbunden sind. Es ist schlüssig zu begründen, weshalb keine zusätzlichen Brandschutzmaßnahmen erforderlich werden.

3.2 Wesentliche Abweichungsfälle

Eine Abweichung von den Anforderungen der OIB-Richtlinien 2, 2.1, 2.2 und 2.3 ist dann wesentlich, wenn damit Auswirkungen hinsichtlich der Gefährdung von Leben und Gesundheit von Personen sowie hinsichtlich Brandausbreitung verbunden sind.

Dabei sind Aussagen zu treffen, welche Brandschutzmaßnahmen getroffen werden müssen, damit die jeweils betroffenen Bestimmungen der OIB-Richtlinien trotz Abweichung als gleichwertig erfüllt angesehen werden können.

Die gleichwertige Einhaltung des Schutzniveaus wie bei Erfüllung der Richtlinien ist schlüssig nachzuweisen, wobei folgende Aussagen getroffen werden müssen:

- Punkte der Richtlinien, von denen abgewichen wird,
- Ersatzmaßnahmen, die getroffen werden,
- Begründung der Gleichwertigkeit.

In Einzelfällen kann für die Begründung der Gleichwertigkeit von Ersatzmaßnahmen auch der Nachweis durch ein Brandschutzkonzept gemäß Punkt 4 dieses Leitfadens notwendig werden. Dies betrifft insbesondere jene Abweichungsfälle bei Betriebsbauten gemäß Punkt 5 der OIB-Richtlinie 2.1, bei denen durch das Ausmaß der Abweichungen das Erreichen des Schutzniveaus nicht mehr zweifelsfrei gewährleistet ist. Dabei gilt zu beachten, dass die Zulässigkeit von Abweichungen hinsichtlich der Feuerwiderstandsklasse der Bauteile, des Brandverhaltens der Baustoffe, der Größe der Hauptbrandabschnitte bzw. Brandabschnitte und der Lagerabschnittsflächen im Rahmen des Brandschutzkonzeptes erforderlichenfalls aufgrund anerkannter Methoden des Brandschutzingenieurwesens nachzuweisen sind.

Das Erfordernis eines Brandschutzkonzeptes gemäß Punkt 4 dieses Leitfadens kann sich auch bei jenen Abweichungsfällen ergeben, bei denen durch das Ausmaß und die Art der Abweichungen eine wesentliche nachteilige Beeinflussung im Gesamtzusammenspiel der brandschutztechnischen Maßnahmen stattfindet.

4 Brandschutzkonzepte

4.1 Erfordernis

In den folgenden Fällen sind Brandschutzkonzepte, die sämtliche brandschutztechnischen Schutzziele der OIB-Richtlinien zu berücksichtigen haben, verpflichtend erforderlich:

- Sondergebäude gemäß Punkt 11 der OIB-Richtlinie 2,
- Betriebsbauten gemäß Punkt 5 der OIB-Richtlinie 2.1,
- Garagen mit Brandabschnitten von mehr als 10.000 m² sowie Parkdecks gemäß Punkt 9 der OIB-Richtlinie 2.2,
- Parkdecks, bei denen die oberste Stellplatzebene mehr als 22 m über dem tiefsten Punkt des an das Parkdeck angrenzenden Geländes nach Fertigstellung liegt, gemäß Punkt 9 der OIB-Richtlinie 2.2,
- Garagen mit einer Nutzfläche von mehr als 50 m² und Parkdecks, in denen flüssiggasbetriebene Kraftfahrzeuge (LPG) oder wasserstoffbetriebene Kraftfahrzeuge abgestellt werden, Punkt 9 der OIB-Richtlinie 2.2,
- Garagensonderformen gemäß Punkt 9 der OIB-Richtlinie 2.2,
- Gebäude mit einem Fluchtniveau von mehr als 90 m gemäß Punkt 5 der OIB-Richtlinie 2.3.

Bei wesentlichen Abweichungsfällen gemäß Punkt 3.2 kann ein Brandschutzkonzept erforderlich werden, das gegebenenfalls nur einzelne oder sämtliche brandschutztechnische Schutzziele zu berücksichtigen hat.

Es wird darauf hingewiesen, dass neben den verpflichtend erforderlichen Brandschutzkonzepten bei behördlichen Genehmigungsverfahren ein Brandschutzkonzept auch z.B. aufgrund der Komplexität, der besonderen Art der Nutzung und der großen Dimension eines Bauvorhabens in Einzelfällen gefordert werden kann.

4.2 Grundsätze

Das Brandschutzkonzept dient als Nachweis einer gleichwertigen Erreichung der Schutzziele auf gleichem Niveau wie bei Anwendung der jeweiligen OIB-Richtlinie. Abweichungen gemäß Punkt 3.2 sind darzustellen und die Folgen sowie die Kompensation zur Erreichung des Schutzniveaus schlüssig und nachvollziehbar zu begründen.

Im Brandschutzkonzept werden die einzelnen Brandschutzmaßnahmen und ihre Verknüpfung im Hinblick auf die geforderten Schutzziele dargestellt. Es beinhaltet daher die ganzheitlich aufeinander abgestimmten baulichen, anlagentechnischen, organisatorischen und abwehrenden Brandschutzmaßnahmen.

Das Brandschutzkonzept muss auf den Einzelfall und auf die Nutzung des Bauwerkes abgestimmt sein und soll zweckmäßigerweise bereits in einem frühen Planungsstadium erstellt werden. Die Erstellung des individuellen Brandschutzkonzeptes enthält in der Regel eine Risikoanalyse, die Festlegung der relevanten Schutzziele und eine Brandgefahrenermittlung, woraus gezielte vorbeugende und abwehrende Brandschutzmaßnahmen abgeleitet werden. Die Wirksamkeit der erforderlichen Brandschutzmaßnahmen kann u.a. nachgewiesen werden durch:

- Analogieschlüsse zu existierenden Regelwerken (z.B. Gesetze, Verordnungen, Normen und Richtlinien),
- Gutachten,
- Methoden des Brandschutzingenieurwesens.

Die Methoden des Brandschutzingenieurwesens werden entsprechend dem EU-Grundlagendokument „Brandschutz“ als geeignete Verfahren zur Sicherstellung des erforderlichen Brandsicherheitsniveaus und zur Bemessung und Berechnung der notwendigen Schutzmaßnahmen bezeichnet. Dabei soll durch wissenschaftlich anerkannte rechnerische Verfahren (z.B. Wärmebilanzrechnungen) vor allem nachgewiesen werden, dass für sicherheitstechnisch erforderliche Zeiträume die vorhandenen Fluchtwege benutzbar, eine wirksame Brandbekämpfung möglich und die Standsicherheit der Bauteile gewährleistet sind. Die in den sicherheitstechnisch erforderlichen Zeiträumen einzuhaltenden Sicherheitskriterien müssen aufgrund anerkannter Kriterien des Brandschutzes oder anhand bestehender Vorschriften objekt- und schutzzielbezogen festgelegt werden. So kann beispielsweise mit Methoden des Brandschutzingenieurwesens die Einhaltung einer im Brandschutzkonzept vorgegebenen raucharmen Schicht mit Einhaltung der Tragfähigkeit unter den ermittelten Temperaturbelastungen für einzelne Bauteile und die Tragkonstruktion nachgewiesen werden.

4.3 Arten

4.3.1 Standard-Brandschutzkonzept

Beim Standard-Brandschutzkonzept wird ein Bauvorhaben ohne Verwendung von Methoden des Brandschutzingenieurwesens anhand der baurechtlichen Anforderungen auf Basis gesetzlicher Regelwerke, Normen und Richtlinien abgehandelt. Auf Grundlage dieser Vorgaben soll ein gesetzlich vorgeschriebenes Mindestniveau im Hinblick auf die Sicherheit erreicht werden, wobei die Schutzziele die Anforderungsebene darstellen. Das Standard-Brandschutzkonzept besteht im Wesentlichen in der zusammenfassenden und vollständigen Beschreibung der zur Anwendung gelangenden Brandschutzmaßnahmen und soll der Genehmigungsbehörde eine übersichtliche und klare Darstellung liefern.

Sofern ein Standard-Brandschutzkonzept bei Abweichungen als Nachweis der gleichwertigen Erreichung des Niveaus der Schutzziele verwendet wird, müssen die Kompensationsmaßnahmen zumindest mittels verbaler Argumentation dargestellt und schlüssig begründet werden, weshalb diese Lösung brandschutztechnisch gleichwertig ist.

4.3.2 Brandschutzkonzept mit Methoden des Brandschutzingenieurwesens

Ein Bauvorhaben unter Verwendung von Methoden des Brandschutzingenieurwesens wird derart abgehandelt, dass Schutzziele durch die Festlegung von quantitativen Schutzzielkriterien konkretisiert werden. Für den betrachteten Bereich müssen entsprechend der vorgesehenen Nutzung die Brandszenarien festgelegt werden. Als Methoden des Brandschutzingenieurwesens kommen u.a. in Betracht:

- Brandsimulationen (z.B. nach Handformeln, Wärmebilanzberechnungen mit Zonenmodellen, CFD-Modellrechnungen) sowie physikalische Modelle (Brand- und Rauchversuche im verkleinerten Gebäudemodell),
- Brand- und Rauchversuche (Realversuche),
- Beurteilung des Brandverhaltens von Bauteilen und Tragwerken,
- Personenstromanalysen.

4.4 Inhalt

Aus dem nachstehend angeführten Katalog von Inhalten muss das Brandschutzkonzept für ein konkretes Bauvorhaben nur die Angaben enthalten, die für seine Beurteilung erforderlich sind. Über den Katalog hinausgehende Angaben können im Einzelfall verlangt werden. Das Brandschutzkonzept muss jedoch mindestens jene Angaben enthalten, die für die Gesamtbewertung der brandschutztechnischen Maßnahmen erforderlich sind. Die technische Dokumentation der baulichen Situation und der brandschutztechnischen Einrichtungen muss derart gestaltet sein, dass sich auch nicht unmittelbar mit dem Projekt befasste Fachleute einen zuverlässigen Einblick in die vorliegenden Gegebenheiten verschaffen können.

4.4.1 Allgemeine Angaben

- Verfasser
- Auftraggeber
- Zweck
  Dabei muss unter Angabe der entsprechenden Bestimmungen der jeweiligen OIB-Richtlinie jedenfalls bekannt gegeben werden, ob es sich um ein verpflichtendes Brandschutzkonzept oder um ein Brandschutzkonzept aufgrund wesentlicher Abweichungen handelt.
- Beurteilungsgrundlagen
  Die zur Erstellung des Brandschutzkonzeptes herangezogenen Planungsgrundlagen sowie die zugrunde gelegten gesetzlichen Vorschriften, Normen und sonstigen technischen Regelwerke sind anzuführen.

4.4.2 Gebäude- und Grundstücksinformationen

- Beschreibung des Gebäudes bzw. Bauwerkes und der örtlichen Situation im Hinblick auf den Brandschutz
- Nutzungsspezifische Angaben bezüglich Anzahl und Art der das Gebäude bzw. Bauwerk nutzenden Personen, hinsichtlich der relevanten Brandbelastung von Nutz- und Lagerflächen sowie der relevanten Brandgefahren und besonderen Zündquellen
- Darstellung der Schutzziele

4.4.3 Baulicher Brandschutz

- Zugänglichkeit der Gebäude bzw. Bauwerke unter Einbeziehung von Zu- und Durchfahrten
- Anordnung von Brandabschnitten sowie anderer brandschutztechnischer Unterteilungen unter Berücksichtigung von Räumen mit erhöhter Brandgefahr einschließlich Angaben zum Abschluss von Öffnungen in brandabschnittsbildenden Bauteilen bzw. Trennbauteilen
- Anordnung und Ausführung von Rauchabschnitten
- Brandverhalten der Baustoffe
- Feuerwiderstand der Bauteile (Standsicherheit, Raumabschluss, Isolierung etc.)
- Lage und Anordnung haustechnischer Anlagen, soweit der Brandschutz berührt wird
- Flucht- bzw. Rettungswege sowie deren Ausführung

4.4.4 Anlagentechnischer Brandschutz

- Brandmeldeanlage mit Beschreibung der überwachten Bereiche und Angabe der alarmannehmenden Stelle
- Alarmierungseinrichtungen mit Beschreibung der Auslösung und Funktionsweise
- Löschanlagen mit Beschreibung der Art der Anlage und der geschützten Bereiche
- Maßnahmen für den Rauch- und Wärmeabzug mit Darstellung der Art der Anlage
- Einrichtungen zur Rauchfreihaltung mit Darstellung der Schutzbereiche
- Brandschutztechnische Einrichtungen wie Steigleitungen, Wandhydranten, Feuerlöschgeräte, Drucksteigerungsanlagen und Einspeisestellen für die Feuerwehr
- Lage und Anordnung der Lüftungsanlagen mit Angaben zur brandschutztechnischen Ausbildung
- Angaben zum Funktionserhalt von sicherheitstechnisch relevanten Anlagen einschließlich der Netzersatzversorgung
- Fluchtweg-Orientierungsbeleuchtung, Sicherheits- und Notbeleuchtung
- Blitzschutz- und Überspannungsschutzanlage
- Aufzugsanlagen, soweit der Brandschutz berührt ist (z.B. Brandfallsteuerung, Feuerwehraufzüge)
- Einrichtungen zur Sicherstellung des Feuerwehrfunks

4.4.5 Organisatorischer Brandschutz

- Bereitstellung von Mitteln der ersten und erweiterten Löschhilfe (z.B. tragbare Feuerlöscher)
- Angaben über das Erfordernis von Brandschutzorganen (z.B. Brandschutzbeauftragter, Brandschutzwart, Brandschutzgruppe), Brandschutzplänen, Brandschutzordnung, Eigenkontrolle
- Hinweise über Ausbildung der Mitarbeiter in der Handhabung von Kleinlöschgeräten und über die periodische Unterweisung der Mitarbeiter in die Brandschutzordnung
- Kennzeichnung der Flucht- und Rettungswege sowie der Sicherheitseinrichtungen
- Alarmorganisation und gegebenenfalls Räumungsplanung
- Einrichtung einer Betriebsfeuerwehr

4.4.6 Abwehrender Brandschutz

- Löschwasserversorgung und gegebenenfalls Löschwasserrückhaltung
- Aufstell- und Bewegungsflächen für die Feuerwehr

4.4.7 Zusatzangaben bei Methoden des Brandschutzingenieurwesens

- Angaben für die Festlegung der Brandszenarien (z.B. Verwendung von Ergebnissen aus Brandexperimenten, Verwendung sogenannter „Designfires", Ableitung von Brandszenarien unmittelbar aus der konkreten Brandbelastung)
- Bezeichnung der anerkannten Verfahren bei Verwendung von Rechenmodellen und von physikalischen Modellen
- Nennung der herangezogenen Veröffentlichungen (z.B. Normen, Eurocodes, Leitfaden über Ingenieurmethoden im Brandschutz, international gebräuchliche Lehrbücher)

4.4.8 Zusammenfassung

- Schlüssige Begründung, dass die unter Punkt 4.4.3 bis 4.4.7 angegebenen Maßnahmen bei Abweichungen von einzelnen Punkten einer Richtlinie ein gleichwertiges Erreichen des Niveaus der Schutzziele wie bei Einhaltung dieser Punkte bewirken, oder dass bei einem Gesamtbrandschutzkonzept die Schutzziele gemäß Punkt 2 erreicht werden.

4.5 Beurteilung von Brandschutzkonzepten

Brandschutzkonzepte gemäß diesem Leitfaden dienen zur Vorlage an die Genehmigungsbehörde. Ziel ist die Feststellung eines ausreichenden Brandschutzes entsprechend den öffentlich-rechtlichen Brandschutzvorschriften.

4.5.1 Beurteilung von Standard-Brandschutzkonzepten

Bei Standard-Brandschutzkonzepten muss es der Genehmigungsbehörde möglich sein, unter Berücksichtigung der spezifischen Aufgabenstellung des jeweiligen Brandschutzkonzeptes dieses auf Vollständigkeit, Nachvollziehbarkeit und Schlüssigkeit zu überprüfen und daraus abzuleiten, dass die zielorientierten bautechnischen Anforderungen des Brandschutzes erfüllt sind.

4.5.2 Beurteilung von Brandschutzkonzepten mit Methoden des Brandschutzingenieurwesens

Bei Brandschutzkonzepten, die mit Methoden des Brandschutzingenieurwesens erstellt sind, wird sich die Überprüfung des Brandschutzkonzeptes durch die Genehmigungsbehörde in der Regel auf die Schlüssigkeit beschränken. In begründeten Zweifelsfällen kann jedoch eine weitergehende Prüfung erforderlich sein, wobei es im Ermessen der prüfenden Stelle liegt, zu entscheiden, ob und inwieweit die einzelnen Rechengänge eines rechnerischen Nachweises geprüft werden müssen.

Die nachfolgend dargestellte Vorgehensweise mit entsprechenden Fragestellungen kann Hinweise für die Durchführung von Prüfungen der Schlüssigkeit im Rahmen des behördlichen Genehmigungsverfahrens liefern:

- Ist die Aufgabenstellung inklusive des Schutzzieles formuliert?
- Wird die Lösungsstrategie schlüssig und nachvollziehbar beschrieben und erscheint sie danach für die vorliegende Aufgabenstellung als geeignet?
- Liegt ein Beleg für die Verwendbarkeit und Eignung des gewählten Nachweisverfahrens vor?
- Sind die Eingabedaten für das Gebäude, seine Nutzung und die spezielle Aufgabenstellung in sich schlüssig und dokumentiert?
- Liegt eine verständliche und nachvollziehbare Dokumentation darüber vor, dass die Anfangs- und Randbedingungen in das Modell übertragen und bei den Berechnungen berücksichtigt wurden?
- Lässt die Darstellung der Ergebnisse einen klaren Bezug auf die wesentlichen Aufgabenstellungen zu?
- Beinhaltet die vorgelegte Interpretation der Ergebnisse nachvollziehbare Schlussfolgerungen/Konsequenzen aus den Ergebnissen der Berechnungen in Bezug auf die vorher festgelegten Schutzziele?
- Liegt eine Erklärung des Verfassers des Brandschutzkonzeptes über die Einhaltung der „Grundsätze für die Aufstellung von Nachweisen mit Methoden des Brandschutzingenieurwesens“ vor?

Impressum

Medieninhaber und Herausgeber:
Österreichisches Institut für Bautechnik
ZVR 383773815
Schenkenstraße 4, 1010 Wien, Austria
T +43 1 533 65 50, F +43 1 533 64 23
E-Mail: mail@oib.or.at
Internet: www.oib.or.at

www.oib.or.at

RICHTLINIEN DES ÖSTERREICHISCHEN
INSTITUTS FÜR BAUTECHNIK

OiB richtlinien

OIB-RICHTLINIE 2.1

Brandschutz bei Betriebsbauten

OIB-330.2-013/19

APRIL **2019**

Diese Richtlinie basiert auf den Beratungsergebnissen der von der Landesamtsdirektorenkonferenz zur Ausarbeitung eines Vorschlages zur Harmonisierung bautechnischer Vorschriften eingesetzten Länderexpertengruppe. Die Arbeit dieses Gremiums wurde vom OIB in Entsprechung des Auftrages der Landesamtsdirektorenkonferenz im Sinne des § 3 Abs. 1 Z 7 der Statuten des OIB koordiniert und im Sachverständigenbeirat für bautechnische Richtlinien fortgeführt. Die Beschlussfassung der Richtlinie erfolgte gemäß § 8 Z 12 der Statuten durch die Generalversammlung des OIB.

OIB-Richtlinie 2.1

Brandschutz bei Betriebsbauten

Ausgabe: April 2019

0 Vorbemerkungen ... 2
1 Begriffsbestimmungen ... 2
2 Zulässige Netto-Grundfläche in oberirdischen Geschoßen innerhalb von Hauptbrandabschnitten ... 2
3 Allgemeine Anforderungen ... 3
4 Anforderungen an Lagergebäude und Gebäude mit Lagerbereichen in Produktionsräumen ... 7
5 Erfordernis eines Brandschutzkonzeptes ... 8
6 Bauführungen im Bestand ... 8
Anhang A Einstufung der Lagergüter in Kategorien ... 12

0 Vorbemerkungen

Die zitierten Normen und sonstigen technischen Regelwerke gelten in der im Dokument „OIB-Richtlinien – Zitierte Normen und sonstige technische Regelwerke" angeführten Fassung.

Werden in dieser Richtlinie Anforderungen an die Feuerwiderstandsklasse in Verbindung mit Anforderungen an Baustoffe der Klasse A2 gestellt, gilt dies auch als erfüllt, wenn

- die für die Tragfähigkeit wesentlichen Bestandteile der Bauteile der Klasse A2 entsprechen und
- die sonstigen Bestandteile aus Baustoffen der Klasse B bestehen.

Es wird darauf hingewiesen, dass parallel zu den Bestimmungen dieser Richtlinie gegebenenfalls einzelne Bestimmungen der OIB-Richtlinie 2 „Brandschutz" zu berücksichtigen sind.

Bei Betriebsbauten können in Abhängigkeit des jeweiligen Gefahrenpotenzials, wie Brandbelastung, Aktivierungsgefahr und Umgebungssituation, höhere Anforderungen notwendig werden, wie z.B. für Chemiebetriebe.

Für folgende Betriebsbauten sind aufgrund eines geringeren Risikos im Brandfall Erleichterungen von den Anforderungen dieser Richtlinie zulässig:

- Betriebsbauten, die lediglich der Aufstellung technischer Anlagen dienen und von Personen nur vorübergehend zu Wartungs- und Kontrollzwecken begangen werden (Einhausung z.B. aus Gründen des Witterungs- oder Immissionsschutzes),
- Betriebsbauten, die überwiegend offen sind, wie überdachte Freianlagen oder Freilager, oder die aufgrund ihres Verhaltens im Brandfall diesen gleichgestellt werden können.

Von den Anforderungen dieser OIB-Richtlinie kann entsprechend den jeweiligen landesrechtlichen Bestimmungen abgewichen werden, wenn vom Bauwerber nachgewiesen wird, dass das gleiche Schutzniveau wie bei Anwendung der Richtlinie erreicht wird. Hierbei ist der OIB-Leitfaden „Abweichungen im Brandschutz und Brandschutzkonzepte" anzuwenden.

1 Begriffsbestimmungen

Es gelten die Begriffsbestimmungen des Dokumentes „OIB-Richtlinien – Begriffsbestimmungen".

2 Zulässige Netto-Grundfläche in oberirdischen Geschoßen innerhalb von Hauptbrandabschnitten

2.1 Hauptbrandabschnitte sind durch Brandwände gemäß Punkt 3.8 zu trennen. Hinsichtlich der zulässigen Netto-Grundfläche je oberirdisches Geschoß innerhalb von Hauptbrandabschnitten gelten die Anforderungen gemäß Tabelle 1.

2.2 Bei Betriebsbauten mit mehr als einem oberirdischen Geschoß müssen die Decken zwischen den Geschoßen die nach Tabelle 1 erforderliche Feuerwiderstandsdauer nicht nur hinsichtlich des Kriteriums der Tragfähigkeit (R), sondern auch hinsichtlich der Kriterien des Raumabschlusses (E) und der Wärmedämmung (I) erfüllen.

2.3 Bei Betriebsbauten mit nicht mehr als zwei oberirdischen Geschoßen und einer Netto-Grundfläche von insgesamt nicht mehr als 3.000 m² sind offene Deckendurchbrüche (z.B. Treppen, Schächte, Arbeitsöffnungen) ohne Feuerschutzabschlüsse zulässig.

2.4 Bei Betriebsbauten mit nicht mehr als zwei oberirdischen Geschoßen sind offene Deckendurchbrüche ohne Feuerschutzabschlüsse bis zu einer Netto-Grundfläche von insgesamt nicht mehr als 7.500 m² zulässig, wenn eine erweiterte automatische Löschhilfeanlage in der Sicherheitskategorie K 4.1 vorhanden ist.

2.5 Bei Betriebsbauten mit mehr als zwei oberirdischen Geschoßen sind offene Deckendurchbrüche ohne Feuerschutzabschlüsse bis zu einer Netto-Grundfläche von insgesamt nicht mehr als 10.000 m² zulässig, wenn eine Sprinkleranlage in der Sicherheitskategorie K 4.2 vorhanden ist.

3 Allgemeine Anforderungen

3.1 Löschwasserbedarf

Für Betriebsbauten ist der Löschwasserbedarf in Abstimmung mit der Feuerwehr unter Berücksichtigung der Netto-Grundflächen der Hauptbrandabschnitte bzw. Brandabschnitte, der Brandlasten sowie der technischen Brandschutzeinrichtungen festzulegen und bereitzustellen.

3.2 Schutzabstände

3.2.1 Betriebsbauten müssen von der Nachbargrundstücks- bzw. Bauplatzgrenze so weit entfernt sein, dass unter Berücksichtigung des Feuerwehreinsatzes eine Brandübertragung auf Nachbargebäude weitgehend verhindert wird. Dabei sind jeweils Bauweise, Lage, Ausdehnung, Nutzung und vorhandene Sicherheitskategorie zu berücksichtigen.

3.2.2 Bei Betriebsbauten mit Außenwänden ohne definierten Feuerwiderstand ist ohne näheren Nachweis ein Abstand zur Nachbargrundstücks- bzw. Bauplatzgrenze von 6/10 der Höhe der zugekehrten Außenwand, mindestens jedoch 3,00 m, ausreichend.

3.2.3 Beträgt der Abstand der Außenwand zur Nachbargrundstücks- bzw. Bauplatzgrenze weniger als 6/10 der Höhe der zugekehrten Außenwand bzw. weniger als 3,00 m, so müssen erforderlichenfalls brandschutztechnische Maßnahmen getroffen werden, die auf die baulichen Gegebenheiten der Außenwände und deren Abstand von der Nachbargrundstücks- bzw. Bauplatzgrenze abzustimmen sind. Bei Betriebsbauten mit einer Brutto-Grundfläche von nicht mehr als 400 m² genügt ein Abstand von 2,00 m. Außenwände, deren Abstand weniger als 1,00 m beträgt, sind jedenfalls als Brandwände gemäß Punkt 3.8 auszubilden.

3.2.4 Die Anforderungen gemäß Punkt 3.2.3 gelten nicht, wenn das angrenzende Nachbargrundstück bzw. der Bauplatz aufgrund tatsächlicher oder rechtlicher Umstände auf Dauer von einer künftigen Bebauung ausgeschlossen ist (z.B. Verkehrsflächen im Sinne der raumordnungsrechtlichen Bestimmungen, öffentliche Parkanlagen oder Gewässer).

3.2.5 Betriebsbauten auf demselben Grundstück bzw. Bauplatz können dann als getrennte Hauptbrandabschnitte bzw. Brandabschnitte angesehen werden, wenn diese voneinander so weit entfernt sind, dass unter Berücksichtigung des Feuerwehreinsatzes eine Brandübertragung weitgehend verhindert wird. Dabei sind jeweils Bauweise, Lage, Ausdehnung, Nutzung und vorhandene Sicherheitskategorie zu berücksichtigen. Bei Betriebsbauten mit Außenwänden ohne definierten Feuerwiderstand ist ohne näheren Nachweis ein Abstand von 6/10 der Summe der Höhen der zugekehrten Außenwände, mindestens jedoch 6,00 m, ausreichend.

3.3 Lage und Zugänglichkeit

3.3.1 Jeder Hauptbrandabschnitt muss mit mindestens einer Seite an einer Außenwand liegen und von dort für die Feuerwehr zugänglich sein. Dies gilt nicht für Hauptbrandabschnitte, die eine erweiterte automatische Löschhilfeanlage oder eine automatische Feuerlöschanlage aufweisen.

3.3.2 Freistehende bzw. aneinander gebaute Betriebsbauten mit einer zusammenhängenden überbauten Grundfläche von mehr als 5.000 m² müssen für die zur Brandbekämpfung erforderlichen Feuerwehrfahrzeuge umfahrbar sein.

3.3.3 Für die Feuerwehr sind die erforderlichen Zufahrten, Durchfahrten sowie Aufstell- und Bewegungsflächen zu schaffen und ständig freizuhalten.

3.4 Zweigeschoßige Betriebsbauten

Wird bei einem zweigeschoßigen Betriebsbau das untere Geschoß einschließlich der Decken mit Bauteilen in REI 90 und A2 bzw. EI 90 und A2 hergestellt und werden für beide Geschoße Zufahrten für die Feuerwehr auf Geschoßniveau auf jeweils mindestens einer Seite angeordnet, dann kann das obere Geschoß wie ein Betriebsbau mit einem oberirdischen Geschoß angesehen werden.

3.5 Unterirdische Geschoße

3.5.1 Unterirdische Geschoße sind durch brandabschnittsbildende Wände und Decken in A2 zu begrenzen. Bei Betriebsbauten mit nur einem unterirdischen Geschoß darf der Brandabschnitt eine Netto-Grundfläche von 1.200 m² nicht überschreiten. Bei Betriebsbauten mit mehreren unterirdischen Geschoßen darf der Brandabschnitt des ersten unterirdischen Geschoßes eine Netto-Grundfläche von 1.200 m² und der Brandabschnitt jedes weiteren unterirdischen Geschoßes eine Netto-Grundfläche von je 600 m² nicht überschreiten.

3.5.2 Abweichend von Punkt 3.5.1 kann ein unterirdisches Geschoß mit einer Netto-Grundfläche von nicht mehr als 600 m² mit dem ersten oberirdischen Geschoß in offener Verbindung stehen, wenn die gesamte zusammenhängende Netto-Grundfläche der beiden Geschoße nicht mehr als 1.800 m² beträgt und eine allenfalls vorhandene Decke des unterirdischen Geschoßes R 90 und A2 entspricht.

3.5.3 Die im Punkt 3.5.1 bzw. 3.5.2 festgelegten Netto-Grundflächen für Brandabschnitte können bei Vorhandensein
a) einer erweiterten automatischen Löschhilfeanlage auf das Doppelte, oder
b) einer Sprinkleranlage auf das Dreieinhalbfache
erhöht werden.

3.5.4 Für Öffnungen in Brandabschnitten von unterirdischen Geschoßen gelten die Bestimmungen des Punktes 3.8.4 sinngemäß.

3.6 Fluchtwege

3.6.1 Von jeder Stelle jedes Raumes muss in höchstens 40 m Gehweglänge erreichbar sein:
a) ein direkter Ausgang zu einem sicheren Ort des angrenzenden Geländes im Freien, oder
b) ein gesicherter Fluchtbereich (z.B. Treppenhaus, Außentreppe).

3.6.2 Liegen keine anderen Gefährdungen als durch Brandeinwirkung vor, kann die in Punkt 3.6.1 angeführte Gehweglänge von 40 m verlängert werden
a) für lichte Raumhöhen ab 7,50 m um jeweils 5,00 m für je angefangene 2,50 m zusätzlicher Höhe, bis zu einer maximalen Gehweglänge von 70 m,
b) auf höchstens 50 m bei Räumen mit einer lichten Raumhöhe von mindestens 5,00 m bei Vorhandensein einer automatischen Brandmeldeanlage mindestens im Schutzumfang „Brandabschnittsschutz" mit Rauchmeldern,
c) auf höchstens 70 m bei Räumen mit einer lichten Raumhöhe von mindestens 10 m bei Vorhandensein einer automatischen Brandmeldeanlage mindestens im Schutzumfang „Brandabschnittsschutz", mit Rauchmeldern,
d) auf höchstens 70 m bei Vorhandensein einer Rauch- und Wärmeabzugsanlage, welche durch eine automatische Brandmeldeanlage mindestens im Schutzumfang „Brandabschnittsschutz" mit Rauchmeldern angesteuert wird,

wenn in jedem Geschoß – ohne Begrenzung der Gehweglänge – mindestens ein weiterer und möglichst entgegengesetzt liegender Ausgang direkt ins Freie oder in ein Treppenhaus bzw. eine Außentreppe mit jeweils einem Ausgang zu einem sicheren Ort des angrenzenden Geländes im Freien oder in einen anderen Hauptbrandabschnitt bzw. Brandabschnitt vorhanden ist.

Bei der Ermittlung der lichten Raumhöhe bleiben untergeordnete Räume oder Ebenen mit einer Netto-Grundfläche von nicht mehr als 400 m² unberücksichtigt.

3.6.3 Bei Betriebsbauten mit mehr als zwei oberirdischen Geschoßen müssen die Geschoße durch ein durchgehendes Treppenhaus gemäß Tabelle 2 verbunden sein, das einen Ausgang zu einem sicheren Ort des angrenzenden Geländes im Freien aufzuweisen hat.

3.6.4 Führen Fluchtwege gemäß Punkt 3.6.1 über Außentreppen, müssen folgende Anforderungen erfüllt sein:
a) Außentreppen müssen aus A2 bestehen und so geschützt sein, dass im Brandfall keine Beeinträchtigung durch Flammeneinwirkung, gefahrbringende Strahlungswärme und/oder Verrauchung besteht.
b) Bei Betriebsbauten mit mehr als zwei oberirdischen Geschoßen müssen die vom Gebäude auf Außentreppen führenden Türen EI_2 30-C entsprechen. Abweichend davon genügt bei Türen aus Räumen mit geringer Brandlast eine Ausführung in E 30-C.

3.6.5 Sicherheitsbeleuchtung

Es gelten die Anforderungen der Tabelle 6 der OIB-Richtlinie 2.

3.7 Rauch- und Wärmeabzug

3.7.1 Produktions- und Lagerräume, die jeweils eine Netto-Grundfläche je Geschoß von mehr als 200 m² und nicht mehr als 1.200 m² aufweisen, müssen Wand- und/oder Deckenöffnungen erhalten, die im Brandfall eine Rauchableitung ins Freie ermöglichen. Dies gilt jedenfalls als erfüllt, wenn die Räume Öffnungen von mindestens 2 % der jeweiligen Netto-Grundfläche aufweisen.

3.7.2 Für Produktions- und Lagerräume, die jeweils eine Netto-Grundfläche je Geschoß von mehr als 1.200 m² und nicht mehr als 1.800 m² aufweisen, muss eine ausreichende Rauch- und Wärmeableitung zur Unterstützung eines Feuerwehreinsatzes vorhanden sein. Die Einrichtungen zur Rauch- und Wärmeabfuhr müssen die technischen Anforderungen an Rauch- und Wärmeabzugsanlagen (RWA) erfüllen und entsprechend einer anerkannten Richtlinie ausgeführt werden. Die Rauch- und Wärmeabzugsanlagen müssen über eine automatische Auslösung (z.B. thermische Einzelauslösung) verfügen sowie von einer im Brandfall sicheren Stelle eine zentrale manuelle Auslösung durch die Feuerwehr ermöglichen.

3.7.3 Für Produktions- und Lagerräume, die jeweils eine Netto-Grundfläche je Geschoß von mehr als 1.800 m² haben, muss eine ausreichende Rauch- und Wärmeableitung zur Reduzierung der Brandauswirkungen vorhanden sein. Die Einrichtungen zur Rauch- und Wärmeabfuhr müssen die technischen Anforderungen an Rauch- und Wärmeabzugsanlagen (RWA) erfüllen und entsprechend einer anerkannten Richtlinie ausgeführt werden.

3.8 Brandwände

3.8.1 Anstelle von Brandwänden gemäß den Punkten 3.8.2 bis 3.8.4 genügen auch brandabschnittsbildende Wände in REI 90 und A2 bzw. EI 90 und A2, wenn in oberirdischen Geschoßen ausschließlich Brandabschnitte mit einer Netto-Grundfläche von jeweils nicht mehr als 1.200 m² vorhanden sind. Die brandabschnittsbildenden Wände müssen mindestens 15 cm über Dach geführt werden. Sie brauchen nur bis zur Dacheindeckung geführt werden, wenn eine Brandübertragung durch andere Maßnahmen wirksam eingeschränkt wird.

3.8.2 Brandwände müssen in REI 90 und A2 bzw. EI 90 und A2 ausgeführt werden. Ist im Brandfall mit einer mechanischen Beanspruchung (z.B. durch im Brandfall umstürzende Lagerungen) zu rechnen, müssen Brandwände auch das Leistungskriterium „M" erfüllen.

3.8.3 Brandwände müssen grundsätzlich vertikal vom Fundament bis mindestens 50 cm über Dach geführt werden. Sie brauchen nur bis zur Dacheindeckung geführt werden, wenn eine Brandübertragung durch andere Maßnahmen gleichwertig behindert wird. Verlaufen Brandwände versetzt, ist durch geeignete Maßnahmen eine Brandübertragung zu behindern.

3.8.4 Öffnungen in Brandwänden sind zulässig, wenn die Abschlüsse die gleiche Feuerwiderstandsdauer wie die Wände aufweisen. Abweichend davon sind in Betriebsbauten, in denen es das Gefährdungspotenzial zulässt, und in Betriebsbauten, die mit einer automatischen Brandmeldeanlage oder einer erweiterten automatischen Löschhilfeanlage oder einer automatischen Feuerlöschanlage ausgestattet sind, Türen und Tore in EI_2 30-C ausreichend, wenn die Summe aller Öffnungsflächen 20 m² nicht überschreitet. Abschlüsse, die aus betrieblichen Gründen offen gehalten werden, müssen mit Feststellanlagen ausgestattet sein, die bei Raucheinwirkung ein selbsttätiges Schließen bewirken.

3.8.5 Im Bereich der Außenwände ist durch geeignete Maßnahmen eine Brandübertragung auf andere Hauptbrandabschnitte zu behindern. Geeignete Maßnahmen sind z.B.:

- ein mindestens 50 cm vor der Außenwand vorstehender Teil der Brandwand, der einschließlich seiner Bekleidung aus A2 besteht,
- ein im Bereich der Brandwand angeordneter Außenwandabschnitt in REI 90 bzw. EI 90 mit einer Breite von mindestens 2,00 m, der einschließlich seiner Bekleidung aus A2 besteht.

3.8.6 Wenn Gebäude oder Gebäudeteile in einem Winkel von weniger als 135 Grad über Eck zusammenstoßen und in diesem Bereich durch eine Brandwand abgeschlossen oder unterteilt werden, so muss die Wand über die innere Ecke mindestens 5,00 m fortgeführt werden. Von diesen Anforderungen kann abgewichen werden, wenn eine Brandübertragung durch andere Maßnahmen gleichwertig behindert wird.

3.9 Außenwände und Außenwandbekleidungen

3.9.1 Bei Betriebsbauten mit einer Außenwandhöhe von nicht mehr als 14 m müssen Außenwandbekleidungen sowie die Komponenten bzw. das Gesamtsystem von nichttragenden Außenwänden der Klasse C entsprechen. Es können auch Baustoffe aus Holz und Holzwerkstoffen der Klasse D verwendet werden, wobei gegebenenfalls verwendete Dämmstoffe der Klasse A2 entsprechen müssen.

3.9.2 Bei Betriebsbauten mit nicht mehr als einem oberirdischen Geschoß und einer Außenwandhöhe von mehr als 14 m müssen die Komponenten bzw. das Gesamtsystem von nichttragenden Außenwänden aus B bestehen.

3.9.3 Bei Betriebsbauten mit mehr als einem oberirdischen Geschoß und einer Außenwandhöhe von mehr als 14 m müssen die Komponenten bzw. das Gesamtsystem von nichttragenden Außenwänden aus A2 bestehen.

3.9.4 Bei Betriebsbauten mit mehr als einem oberirdischen Geschoß sind bei hinterlüfteten Außenwänden sowie bei Doppel- und Vorhangfassaden Maßnahmen zu treffen, die eine Brandausbreitung über deren Zwischenräume in andere Geschoße wirksam einschränken.

3.9.5 Für tragende Außenwände gelten – wenn in Tabelle 1 keine höheren Anforderungen an das Brandverhalten gestellt werden – die Punkte 3.9.1 bis 3.9.4 sinngemäß.

3.9.6 In Sockelbereichen ist die Verwendung von Dämmstoffen der Klasse E zulässig.

3.10 Bedachungen

3.10.1 Die Dacheindeckung bzw. Bedachung muss in BROOF (t1) ausgeführt werden.

3.10.2 Bei Hauptbrandabschnitten mit einer Dachfläche von mehr als 1.800 m² ist

a) die Dachkonstruktion unter Berücksichtigung des Brandverhaltens der verwendeten Wärmedämmung so auszubilden, dass eine Brandausbreitung innerhalb eines Hauptbrandabschnittes über das Dach eingeschränkt wird,

b) im Bereich von Dachdurchdringungen durch konstruktive Maßnahmen eine Brandweiterleitung einzuschränken.

3.11 Sonstige Brandschutzmaßnahmen

3.11.1 Abhängig von der Art bzw. Nutzung des Betriebes müssen in Betriebsbauten geeignete Mittel der ersten Löschhilfe und in Produktions- oder Lagerräumen mit einer Netto-Grundfläche je Geschoß von mehr als 1.800 m² Wandhydranten in ausreichender Zahl vorhanden, sowie gut sichtbar und leicht zugänglich angeordnet sein.

3.11.2 Für Betriebsbauten mit einer Netto-Grundfläche von insgesamt mehr als 3.000 m² ist mindestens ein geeigneter und nachweislich ausgebildeter Brandschutzbeauftragter (BSB) zu bestellen und sind im Einvernehmen mit der örtlich zuständigen Feuerwehr Brandschutzpläne anzufertigen sowie der Feuerwehr zur Verfügung zu stellen. Bei Betriebsbauten mit unübersichtlicher Gebäudestruktur, bei Vorliegen eines besonderen Gefährdungspotenzials sowie bei Vorhandensein von Sonderlöschmittelvorräten oder besonderen technischen Brandschutzeinrichtungen (z.B. automatische Brandmeldeanlagen, erweiterte automatische Löschhilfeanlagen, automatische Löschanlagen) kann auch bei Unterschreitung der Netto-Grundfläche von 3.000 m² ein Brandschutzbeauftragter bzw. Brandschutzplan erforderlich sein.

3.11.3 Automatische Brandmeldeanlagen (BMA) müssen nach einer anerkannten Richtlinie ausgeführt werden. Die automatische Alarmweiterleitung zu einer Empfangszentrale einer ständig besetzten öffentlichen Alarmannahmestelle ist – ausgenommen bei Vorhandensein der Sicherheitskategorie K 3.2 – sicherzustellen.

3.11.4 Erweiterte automatische Löschhilfeanlagen (EAL) müssen nach einer anerkannten Richtlinie ausgeführt werden. Die automatische Alarmweiterleitung zu einer Empfangszentrale einer ständig besetzten öffentlichen Alarmannahmestelle ist sicherzustellen.

3.11.5 Automatische Löschanlagen (z.B. Sprinkleranlage SPA) müssen nach einer anerkannten Richtlinie ausgeführt werden. Die automatische Alarmweiterleitung zu einer Empfangszentrale einer ständig besetzten öffentlichen Alarmannahmestelle ist sicherzustellen.

4 Anforderungen an Lagergebäude und Gebäude mit Lagerbereichen in Produktionsräumen

Dieser Punkt enthält ergänzende bzw. abweichende Bestimmungen zu den Anforderungen gemäß den Punkten 2 und 3, wobei für die Ermittlung der Lagerguthöhe jeweils von der Oberkante des höchst gelagerten Lagergutes auszugehen ist.

4.1 Lagergebäude können gemäß den Anforderungen der Punkte 2 und 3 ausgeführt werden, wenn
a) die Lagerguthöhe nicht mehr als 4,00 m beträgt, oder
b) die Lagerguthöhe nicht mehr als 9,00 m und die Lagerabschnittsfläche je Geschoß nicht mehr als 400 m² beträgt.

4.2 Gebäude mit Lagerbereichen in Produktionsräumen können gemäß den Anforderungen der Punkte 2 und 3 ausgeführt werden, wenn
a) die Lagerguthöhe nicht mehr als 4,00 m beträgt, oder
b) die Lagerguthöhe nicht mehr als 6,00 m beträgt, die zusammenhängenden Lagerbereiche jeweils nicht mehr als 400 m² betragen und die Summe aller Lagerbereiche innerhalb eines Hauptbrandabschnittes bzw. Brandabschnittes 1.200 m² nicht überschreitet, wobei Lagerbereiche als nicht zusammenhängend gelten, wenn sie einen Abstand untereinander von mindestens 10 m aufweisen, oder
c) Einzel- oder Doppelregale mit Lagerguthöhen von mehr als 4,00 m und nicht mehr als 7,50 m und zu anderen Einzel- oder Doppelregalen einen Abstand von mindestens 10 m aufweisen.

4.3 Für Lagergebäude und Gebäude mit Lagerbereichen in Produktionsräumen, die nicht Punkt 4.1 bzw. Punkt 4.2 entsprechen, gelten abweichend zu Tabelle 1 folgende Anforderungen:
a) Bei Gebäuden mit nicht mehr als einem oberirdischen Geschoß muss die Tragkonstruktion des Lagergebäudes aus A2 bestehen oder in R 30 ausgeführt werden.
b) Bei mehrgeschoßigen Lagergebäuden müssen die tragenden Bauteile und Decken REI 90 entsprechen und aus A2 bestehen. Abweichend von diesen Anforderungen genügt bei Lagergebäuden mit nicht mehr als zwei oberirdischen Geschoßen für die Primärkonstruktion des Daches R 60.
c) Es gilt die Tabelle 3. Die Einstufung der Lagergüter in die einzelnen Kategorien hat nach Anhang A zu erfolgen. Alternativ dazu können z.B. in langjähriger, weit verbreiteter Anwendungspraxis akzeptierte Erfahrungswerte herangezogen werden.

4.4 Lagergebäude mit einer Netto-Grundfläche je Geschoß von mehr als 200 m² und nicht mehr als 600 m² müssen Wand- und/oder Deckenöffnungen aufweisen, die im Brandfall eine Rauchableitung ins Freie ermöglichen. Dies gilt jedenfalls erfüllt, wenn Öffnungen von 2 % der Netto-Grundfläche des jeweiligen Geschoßes vorhanden sind.

5 Erfordernis eines Brandschutzkonzeptes

Für folgende Betriebsbauten ist jedenfalls ein Brandschutzkonzept erforderlich, das dem OIB-Leitfaden „Abweichungen im Brandschutz und Brandschutzkonzepte" zu entsprechen hat:

a) Regallager mit Lagerguthöhen von mehr als 9,00 m (Oberkante Lagergut),
b) Betriebsbauten, deren höchster Punkt des Daches mehr als 25 m über dem tiefsten Punkt des an das Gebäude angrenzenden Geländes nach Fertigstellung liegt,
c) Lagergebäude bzw. Gebäude mit Lagerbereichen in Produktionsräumen mit jeweils wechselnder Kategorie der Lagergüter, wenn die brandschutztechnischen Einrichtungen gemäß Tabelle 3 nicht auf die höchste zu erwartende Kategorie der Lagergüter ausgelegt werden,
d) Betriebsbauten mit Hauptbrandabschnitten, die die in Tabelle 1 angeführten Flächen überschreiten,
e) Betriebsbauten mit Lagerabschnittsflächen, die die in Tabelle 3 angeführten Flächen überschreiten.

6 Bauführungen im Bestand

Bei Änderungen an bestehenden Bauwerken mit Auswirkungen auf bestehende Bauwerksteile sind für die bestehenden Bauwerksteile Abweichungen von den aktuellen Anforderungen dieser OIB-Richtlinie zulässig, wenn das ursprüngliche Anforderungsniveau des rechtmäßigen Bestandes nicht verschlechtert wird.

Tabelle 1: Zulässige Netto-Grundfläche von Hauptbrandabschnitten

Die zulässige Netto-Grundfläche eines Hauptbrandabschnittes ergibt sich aus der Multiplikation der zulässigen Netto-Grundfläche je oberirdischem Geschoß aus Tabelle 1 mit der Gesamtanzahl der oberirdischen Geschoße des Betriebsbaus.

Bei der Berechnung gilt weiters:

a) Je Geschoß zählen Flächen von Räumen im Gesamtausmaß von nicht mehr als 50 % der zulässigen Netto-Grundfläche des Geschoßes, jedoch nicht mehr als 1.200 m², nicht zur Fläche des Hauptbrandabschnittes, wenn diese Räume von brandabschnittsbildenden Bauteilen gemäß Punkt 3.8.1 begrenzt sind,

b) Büro- und Verwaltungsräumlichkeiten sowie Sozialräume müssen bis zu einer Netto-Grundfläche von insgesamt nicht mehr als 400 m² innerhalb eines Hauptbrandabschnittes nicht durch brandabschnittsbildende Bauteile begrenzt werden,

c) Netto-Grundflächen allfälliger Galerien, Emporen und Bühnen zählen zur Fläche des Hauptbrandabschnittes. Ausgenommen sind ausschließlich dem Personenverkehr dienende Flächen (z.B. Laufstege) und brandlastfreie Galerien.

Sicherheitskategorie	Gesamtanzahl der oberirdischen Geschoße des Betriebsbaues							
	1		2			3	4	> 4
	Feuerwiderstandsdauer der tragenden und aussteifenden Bauteile							
	Ohne Anforderungen	R 30	R 30	R 60 (1)	R 90 und A2 (2)	R 90 und A2 (2)	R 90 und A2 (2)	R 90 und A2
	Zulässige Netto-Grundfläche je oberirdisches Geschoß in m²							
K 1	1.800 (3)	3.000	800	1.600	2.400	1.800	1.500	1.200
K 2	2.700 (3)	4.500	1.000	2.000	3.600	2.700	2.300	1.800
K 3.1	3.200 (3)	5.400	1.200	2.400	4.200	3.200	2.700	2.200
K 3.2	3.600 (3)	6.000	1.600	3.200	4.800	3.600	3.000	2.400
K 4.1	5.000	7.500	2.000	4.000	6.000	4.500	3.800	3.000
K 4.2	7.500	10.000	5.000	7.500	10.000	6.500	5.000	4.000

(1) Für die Tragkonstruktion des Daches genügt R 30;

(2) Für die Tragkonstruktion des Daches genügt R 60, ohne A2;

(3) Die Breite des Betriebsbaues darf höchstens 40 m betragen; bei Betriebsbauten mit einer Netto-Grundfläche von mehr als 1.200 m² können – falls die Konstruktion des Daches erfahrungsgemäß eine rasche Brandausbreitung und gleichzeitig ein gänzliches Versagen des gesamten Dachtragwerkes erwarten lässt – zusätzliche Brandschutzmaßnahmen erforderlich werden.

Tabelle 2: Anforderungen an Treppenhäuser

Gegenstand	Gesamtanzahl der oberirdischen Geschoße des Betriebsbaues			
	2	3	4	> 4
1 Wände und Decken [(1)]				
1.1 in oberirdischen Geschoßen [(2)]	REI 60 EI 60	REI 60 und A2 EI 60 und A2	REI 60 und A2 EI 60 und A2	REI 90 und A2 EI 90 und A2
1.2 in unterirdischen Geschoßen	REI 90 und A2 EI 90 und A2	REI 90 und A2 EI 90 und A2	REI 90 und A2 EI 90 und A2	REI 90 und A2 EI 90 und A2
2 Treppenläufe und Podeste	R 60 oder A2	R 60 oder A2	R 60 oder A2	R 90 und A2
3 Türen zu angrenzenden Räumen	EI_2 30-C [(3)]	EI_2 30-C [(3)]	EI_2 30-C [(3)]	EI_2 30-C
4 Bodenbeläge	C_{fl}-s1	C_{fl}-s1	C_{fl}-s1	$A2_{fl}$
5 Wand- und Deckenbeläge	C-s1, d0	C-s1, d0	C-s1, d0	A2-s1, d0
6 Rauchabzugseinrichtung				
6.1 Lage	an der obersten Stelle des Treppenhauses [(4)]	an der obersten Stelle des Treppenhauses	an der obersten Stelle des Treppenhauses	an der obersten Stelle des Treppenhauses
6.2 Größe	geometrisch freier Querschnitt von mindestens 1,00 m² [(4)]	geometrisch freier Querschnitt von mindestens 1,00 m²	geometrisch freier Querschnitt von mindestens 1,00 m²	geometrisch freier Querschnitt von mindestens 1,00 m²
6.3 Auslöseeinrichtung	in der Angriffsebene der Feuerwehr sowie beim obersten Podest des Treppenhauses; unabhängig vom öffentlichen Stromnetz [(4)]	in der Angriffsebene der Feuerwehr sowie beim obersten Podest des Treppenhauses; unabhängig vom öffentlichen Stromnetz	in der Angriffsebene der Feuerwehr sowie beim obersten Podest des Treppenhauses; unabhängig vom öffentlichen Stromnetz	in der Angriffsebene der Feuerwehr sowie beim obersten Podest des Treppenhauses; unabhängig vom öffentlichen Stromnetz und über ein rauchempfindliches Element an der Decke

(1) Bei Decken über Treppenhäusern kann von den Anforderungen abgewichen werden, wenn eine Brandübertragung von den angrenzenden Bauwerksteilen auf das Treppenhaus durch geeignete Maßnahmen verhindert wird;

(2) Anforderungen an den Feuerwiderstand sind nicht erforderlich für Außenwände von Treppenhäusern, die aus A2 bestehen und die durch andere an diese Außenwände anschließende Gebäudeteile im Brandfall nicht gefährdet werden können;

(3) Zu Räumen mit geringer Brandlast genügt in oberirdischen Geschoßen eine Ausführung in E 30-C;

(4) Die Rauchabzugseinrichtung kann entfallen, wenn in jedem Geschoß unmittelbar ins Freie führende Fenster mit einem freien Querschnitt von jeweils mindestens 0,50 m² angeordnet sind, die vom Stand aus ohne fremde Hilfsmittel geöffnet werden können.

Tabelle 3: Lagerabschnittsflächen in Abhängigkeit von der Kategorie der Lagergüter, der Lagerguthöhe h_L und der brandschutztechnischen Einrichtungen

Lagerguthöhe h_L in m	Lagerabschnittsfläche bei Kategorie I in m²			
	> 600 und ≤ 1.200	> 1.200 und ≤ 1.800	> 1.800 und ≤ 3.000	> 3.000 und ≤ 6.000
$4 < h_L \leq 7{,}5$	Rauchableitung (1)	RWA (2)	RWA (2)	RWA (3) BMA
$7{,}5 < h_L \leq 9$	Rauchableitung (1)	RWA (3)	RWA (3) BMA	RWA (3) BMA
	Lagerabschnittsfläche bei Kategorie II in m²			
	> 600 und ≤ 1.200	> 1.200 und ≤ 1.800	> 1.800 und ≤ 3.000	> 3.000 und ≤ 6.000
$4 < h_L \leq 7{,}5$	Rauchableitung (1)	RWA (3)	RWA (3) BMA	RWA (2) EAL
$7{,}5 < h_L \leq 9$	Rauchableitung (1)	RWA (2) BMA	RWA (2) EAL	RWA (2) EAL
	Lagerabschnittsfläche bei Kategorie III in m²			
	> 600 und ≤ 1.200	> 1.200 und ≤ 1.800	> 1.800 und ≤ 3.000	> 3.000 und ≤ 6.000
$4 < h_L \leq 7{,}5$	Rauchableitung (1)	RWA (2) BMA	RWA (2) EAL	RWA (2) EAL
$7{,}5 < h_L \leq 9$	RWA (2)	RWA (2) EAL	RWA (2) SPA	RWA (2) SPA
	Lagerabschnittsfläche bei Kategorie IV in m²			
	> 600 und ≤ 1.200	> 1.200 und ≤ 1.800	> 1.800 und ≤ 3.000	> 3.000 und ≤ 6.000
$4 < h_L \leq 7{,}5$	RWA (2)	RWA (3) BMA	RWA (2) EAL	RWA (2) SPA
$7{,}5 < h_L \leq 9$	RWA (3) BMA	RWA (2) EAL	RWA (2) SPA	RWA (2) SPA

(1) Die Rauchableitung muss gemäß Punkt 3.7.1 ausgeführt werden;
(2) Die Rauch- und Wärmeabzugsanlage muss gemäß Punkt 3.7.2 ausgeführt werden;
(3) Die Rauch- und Wärmeabzugsanlage muss gemäß Punkt 3.7.3 ausgeführt werden.

Anhang A Einstufung der Lagergüter in Kategorien

Bei der Einstufung der Lagergüter in die Kategorien sind gegebenenfalls die Verpackungsmaterialien zu berücksichtigen.

Produkte	Kategorie	Kommentar
Alkohol	III	> 20 % Alkoholgehalt, nur in Flaschen
Alkohol	I	< 20 % Alkoholgehalt
Asphaltpapier	II	liegende Rollen
Asphaltpapier	III	stehende Rollen
Bänder und Seile, Naturfasern	II	
Batterien, nasse Zellen	II	
Batterien, trockene Zellen	II	
Baumwolle, in Ballen	II	besondere Maßnahmen
Bier	I	
Bier	II	Behälter in Holzkisten
Bücher	II	
Büromaterial	III	
Dachpappe auf Rollen	II	liegend gelagert
Dachpappe auf Rollen	III	stehend gelagert
Dünger, trocken	II	erfordert gegebenenfalls besondere Maßnahmen
elektrische Geräte	I	Aufbau vorwiegend aus Metall mit Massenanteil an Kunststoffen von < 5 %
elektrische Geräte	III	sonstige
elektrische Kabel und Leitungen	III	
Espartozellstoff	III	lose oder in Ballen
Farben	I	wasserlöslich
Faserplatten	II	
Felle	II	liegend in Kisten
Flachs	II	
Fleisch	II	gekühlt oder tiefgefroren
Geschirr	I	
Getreide	II	in Kisten
Getreidekörner	I	in Säcken
Glasfasern	I	unverarbeitet
Glaswaren	I	leer
Grillanzünder	III	
Hanf	II	
Holz		siehe Naturholz
Holz-Spanplatten, Sperrholz	II	liegend gelagert, außer luftdurchlässige Stapel ohne Zwischenräume
Holz, Furnierblätter	III	
Holzkohle	II	außer imprägnierte Holzkohle
Holzmasse	II	in Ballen
Holzwolle	IV	in Ballen
Jute	II	
Keramik	I	
Kerzen	III	
Kissen	II	Federn und Daunen
Klebstoffe	III	mit brennbaren Lösungsmitteln besonderer Schutz erforderlich
Klebstoffe	I	ohne Lösungsmittel
Kokosmatten	II	
Korbwaren	III	
Kork	II	
Kunstharze	III	außer brennbare Flüssigkeiten
Lebensmittel	II	in Säcken
Lebensmittel, in Dosen	I	in Kartonkisten und Halbkartons
Lederwaren	II	
Leinen	II	
Linoleum	III	
Lumpen	II	lose oder in Ballen
Matratzen	IV	mit hohem Kunststoffanteil
Matratzen	II	sonstige
Mehl	II	in Säcken oder Papiertüten
Metallwaren	I	
Milchpulver	II	in Säcken oder Tüten
Möbel, Holzmöbel	II	
Möbel, Polstermöbel	II	mit Naturfasern und -materialien, jedoch ohne Kunststoff
Naturholz, gesägt	III	luftdurchlässig gestapelt
Naturholz, gesägt	II	nicht luftdurchlässig gestapelt

Produkte	Kategorie	Kommentar
Naturholz, ungesägt	II	
Papier	II	Blätter liegend gelagert
Papier	III	Gewicht < 5 kg/100 m² (z.B. Hygienepapier), Rollen liegend gelagert
Papier	IV	Gewicht < 5 kg/100 m² (z.B. Hygienepapier), Rollen stehend gelagert
Papier	II	Gewicht > 5 kg/100 m² (z.B. Zeitungspapier), Rollen liegend gelagert
Papier	III	Gewicht > 5 kg/100 m² (z.B. Zeitungspapier), Rollen stehend gelagert
Papier – Altpapier	III	besondere Maßnahmen sind gegebenenfalls erforderlich
Papier – Papiermasse	II	in Rollen oder Ballen
Papier, bitumenbeschichtet	III	
Pappe (alle Sorten)	II	flach gestapelt
Pappe (außer Wellpappe)	II	liegend gelagerte Rollen
Pappe (außer Wellpappe)	III	stehend gelagerte Rollen
Pappe (Wellpappe)	III	liegend gelagerte Rollen
Pappe (Wellpappe)	IV	stehend gelagerte Rollen
Pappkartons	III	leer, schwer, fertige Kisten
Pappkartons	II	leer, leicht, fertige Kisten
Pappkarton, gewachst, flach gestapelt	II	
Pappkarton, gewachst, fertige Kisten	III	
Pflanzenfasern	II	besondere Maßnahmen sind gegebenenfalls erforderlich
Reifen, liegend gelagert	IV	
Ruß	III	
Schuhe	II	< 5 % Massenanteil an Kunststoff
Schuhe	III	mit einem Kunststoffanteil von > 5 %
Seife, wasserlöslich	II	
Seile, synthetisch	II	
Steingut	I	
Stoffe	II	
Stoffe aus synthetischen Materialien	III	flach gestapelt
Stoffe aus Wolle oder Baumwolle	II	
Streichhölzer	III	
Strickwaren	II	
Süßwaren	II	
Tabak	II	Tabakblätter und fertige Produkte
Teppiche, ohne Schaumrücken	II	
Teppichfliesen	III	
Tierhäute	II	
Tuch, teerimprägniert	III	
Wachs (Paraffin)	IV	
Zellulose	II	in Ballen, ohne Nitrit und Acetat
Zellulosemasse	II	
Zucker	II	in Säcken oder Tüten

Impressum

Medieninhaber und Herausgeber:
Österreichisches Institut für Bautechnik
ZVR 383773815
Schenkenstraße 4, 1010 Wien, Austria
T +43 1 533 65 50, F +43 1 533 64 23
E-Mail: mail@oib.or.at
Internet: www.oib.or.at

OiB
www.oib.or.at

RICHTLINIEN DES ÖSTERREICHISCHEN
INSTITUTS FÜR BAUTECHNIK

OIB richtlinien

OIB-RICHTLINIE 2.2

Brandschutz bei Garagen, überdachten Stellplätzen und Parkdecks

OIB-330.2-014/19

APRIL **2019**

Diese Richtlinie basiert auf den Beratungsergebnissen der von der Landesamtsdirektorenkonferenz zur Ausarbeitung eines Vorschlages zur Harmonisierung bautechnischer Vorschriften eingesetzten Länderexpertengruppe. Die Arbeit dieses Gremiums wurde vom OIB in Entsprechung des Auftrages der Landesamtsdirektorenkonferenz im Sinne des § 3 Abs. 1 Z 7 der Statuten des OIB koordiniert und im Sachverständigenbeirat für bautechnische Richtlinien fortgeführt. Die Beschlussfassung der Richtlinie erfolgte gemäß § 8 Z 12 der Statuten durch die Generalversammlung des OIB.

OiB-Richtlinie 2.2

Brandschutz bei Garagen, überdachten Stellplätzen und Parkdecks

Ausgabe: April 2019

0 Vorbemerkungen ... 2
1 Begriffsbestimmungen ... 2
2 Überdachte Stellplätze und Garagen mit einer Nutzfläche von jeweils nicht mehr als 50 m² ... 2
3 Überdachte Stellplätze und Garagen mit einer Nutzfläche von jeweils mehr als 50 m² und nicht mehr als 250 m² ... 3
4 Überdachte Stellplätze mit einer Nutzfläche von mehr als 250 m² ... 3
5 Garagen mit einer Nutzfläche von mehr als 250 m² ... 4
6 Parkdecks mit einer obersten Stellplatzebene von nicht mehr als 22 m über dem tiefsten Punkt des an das Bauwerk angrenzenden Geländes im Freien nach Fertigstellung ... 6
7 Zusätzliche Anforderungen an Garagen für erdgasbetriebene Kraftfahrzeuge ... 6
8 Zusätzliche Anforderungen an Garagen und Parkdecks für flüssiggas- und wasserstoffbetriebene Kraftfahrzeuge ... 6
9 Erfordernis eines Brandschutzkonzeptes ... 6
10 Bauführungen im Bestand ... 6

0 Vorbemerkungen

Die zitierten Normen und sonstigen technischen Regelwerke gelten in der im Dokument „OIB-Richtlinien – Zitierte Normen und sonstige technische Regelwerke“ angeführten Fassung.

Werden in dieser Richtlinie Anforderungen an die Feuerwiderstandsklasse in Verbindung mit Anforderungen an Baustoffe der Klasse A2 gestellt, gilt dies auch als erfüllt, wenn
- die für die Tragfähigkeit wesentlichen Bestandteile der Bauteile der Klasse A2 und
- die sonstigen Bestandteile aus Baustoffen der Klasse B bestehen.

Für überdachte Stellplätze und Garagen mit jeweils höchstens 15 m² Nutzfläche, die auf eigenem Grund oder von Verkehrsflächen für die Brandbekämpfung zugänglich sind, werden keine Anforderungen hinsichtlich des Brandschutzes gestellt.

Es wird darauf hingewiesen, dass parallel zu den Bestimmungen dieser Richtlinie gegebenenfalls einzelne Bestimmungen der OIB-Richtlinie 2 „Brandschutz“ zu berücksichtigen sind.

Von den Anforderungen dieser OIB-Richtlinie kann entsprechend den jeweiligen landesrechtlichen Bestimmungen abgewichen werden, wenn vom Bauwerber nachgewiesen wird, dass das gleiche Schutzniveau wie bei Anwendung der Richtlinie erreicht wird. Hierbei ist der OIB-Leitfaden „Abweichungen im Brandschutz und Brandschutzkonzepte“ anzuwenden.

1 Begriffsbestimmungen

Es gelten die Begriffsbestimmungen des Dokumentes „OIB-Richtlinien – Begriffsbestimmungen“.

2 Überdachte Stellplätze und Garagen mit einer Nutzfläche von jeweils nicht mehr als 50 m²

2.1 Überdachte Stellplätze

2.1.1 Sind überdachte Stellplätze nicht mindestens 2,00 m von der Nachbargrundstücks- bzw. Bauplatzgrenze entfernt, muss eine der jeweiligen Nachbargrundstücks- bzw. Bauplatzgrenze zugekehrte Wand über die gesamte Länge und bis zur Dacheindeckung in REI 30 bzw. EI 30 errichtet werden. Dies ist nicht erforderlich,

a) wenn das angrenzende Nachbargrundstück bzw. der Bauplatz aufgrund tatsächlicher oder rechtlicher Umstände von einer künftigen Bebauung ausgeschlossen ist (z.B. Verkehrsflächen im Sinne der raumordnungsrechtlichen Bestimmungen, öffentliche Parkanlagen oder Gewässer), oder

b) wenn aufgrund der baulichen Umgebung eine Brandübertragung auf Bauwerke der Nachbargrundstücke nicht zu erwarten ist.

2.1.2 Überdachte Stellplätze, die an mehr als zwei Seiten durch Wände bzw. sonstige Bauteile umschlossen sind, fallen nicht unter Punkt 2.2, sondern unter Punkt 2.1.1, wenn sie zumindest an einer Seite nicht durch eine Wand bzw. sonstige Bauteile (z.B. Tor, Gitter) umschlossen sind.

2.2 Garagen

2.2.1 Wände, Decken bzw. Dachkonstruktionen müssen aus Baustoffen D bestehen.

2.2.2 Sind Garagen nicht mindestens 2,00 m von der Nachbargrundstücks- bzw. Bauplatzgrenze entfernt, muss eine der jeweiligen Nachbargrundstücks- bzw. Bauplatzgrenze zugekehrte Wand über die gesamte Länge und bis zur Dacheindeckung in REI 30 bzw. EI 30 errichtet werden.

2.2.3 Sind Garagen nicht mindestens 4,00 m von Gebäuden auf demselben Grundstück bzw. Bauplatz entfernt, muss eine dem jeweiligen Gebäude zugekehrte Wand über die gesamte Länge und bis zur Dacheindeckung der Garage in REI 30 bzw. EI 30 errichtet werden. Sind Garagen an ein Gebäude auf demselben Grundstück bzw. Bauplatz angebaut und weisen keine eigene Wand zum Gebäude auf, gilt diese Anforderung sinngemäß auch für den gemeinsamen Wandanteil.

2.2.4 Werden Garagen in Gebäude der Gebäudeklasse 1 bzw. in Reihenhäusern der Gebäudeklasse 2 eingebaut, müssen angrenzende Wände und Decken REI 30 bzw. EI 30 entsprechen.

2.2.5 Werden Garagen in Gebäude der Gebäudeklasse 2 bis 5 – ausgenommen Reihenhäuser der Gebäudeklasse 2 – eingebaut, müssen angrenzende Wände und Decken die Anforderungen an „Trennwände“ bzw. an „Trenndecken“ gemäß Tabelle 1b der OIB-Richtlinie 2 erfüllen.

2.2.6 Die Türen von Garagen ins Gebäudeinnere müssen EI_2 30-C entsprechen. Bei Gebäuden der Gebäudeklasse 1 und bei Reihenhäusern der Gebäudeklasse 2 genügt EI_2 30.

2.2.7 Wandbekleidungen und Deckenbeläge müssen aus Baustoffen C bestehen, wobei Holz und Holzwerkstoffe D zulässig sind. Bodenbeläge müssen aus Baustoffen D_{fl} bestehen.

2.2.8 Die Aufstellung von Feuerstätten und die Anordnung von Reinigungsöffnungen von Abgasanlagen sind unzulässig. Ausgenommen sind Feuerstätten und Reinigungsöffnungen, die nach einschlägigen Richtlinien für die Aufstellung in Garagen geeignet sind.

3 Überdachte Stellplätze und Garagen mit einer Nutzfläche von jeweils mehr als 50 m² und nicht mehr als 250 m²

Es gelten die Anforderungen gemäß Tabelle 1.

4 Überdachte Stellplätze mit einer Nutzfläche von mehr als 250 m²

4.1 Überdachte Stellplätze ohne überdachte Fahrgassen

Es gelten die Anforderungen der Tabelle 1 für „überdachte Stellplätze > 50 m² und ≤ 250 m²“ sinngemäß, wobei eine Längsausdehnung von 60 m nicht überschritten werden darf.

4.2 Überdachte Stellplätze mit überdachten Fahrgassen

4.2.1 Alle Bauteile, einschließlich Ausfachungen und Überdachungen, müssen A2 entsprechen.

4.2.2 Ist die Überdachung nicht mindestens 2,00 m von Nachbargrundstücks- bzw. Bauplatzgrenzen entfernt, muss eine der jeweiligen Nachbargrundstücks- bzw. Bauplatzgrenze zugekehrte Wand über die gesamte Länge und bis zur Dacheindeckung in REI 90 bzw. EI 90 errichtet werden. In jenem Bereich, in dem die jeweiligen Mindestabstände unterschritten werden, ist die Überdachung in REI 90 auszuführen.

4.2.3 Ist die Überdachung nicht mindestens 4,00 m von Gebäuden auf demselben Grundstück bzw. Bauplatz entfernt, muss eine dem jeweiligen Gebäude zugekehrte Wand über die gesamte Länge und bis zur Dacheindeckung in REI 90 bzw. EI 90 errichtet werden. Sofern keine eigene Wand zum Gebäude vorhanden ist, gilt diese Anforderung sinngemäß auch für den gemeinsamen Wandanteil. In jenem Bereich, in dem die jeweiligen Mindestabstände unterschritten werden, ist die Überdachung in REI 90 auszuführen.

4.2.4 Ragen Stellplätze gänzlich oder teilweise unter Gebäudeteile hinein, darf eine Nutzfläche von 1.600 m² nicht überschritten werden und müssen die angrenzenden Wände bzw. Decken REI 90 und A2 bzw. EI 90 und A2 entsprechen. Sofern Türen und Fenster in das Gebäudeinnere führen, müssen Türen EI_2 30-C entsprechen. Fenster sind in EI 30 entweder als Fixverglasung oder selbstschließend auszuführen; alternativ können vor die Fenster Abschlüsse in EI 30 vorgesetzt werden, die im Brandfall selbsttätig schließen.

4.2.5 Bodenbeläge müssen B_{fl} entsprechen.

4.2.6 Für die erste Löschhilfe sind geeignete tragbare Feuerlöscher bereitzuhalten.

4.3 Sicherheitsbeleuchtung

Es gelten die Anforderungen der Tabelle 6 der OIB-Richtlinie 2.

5 Garagen mit einer Nutzfläche von mehr als 250 m²

5.1 Wände, Stützen, Decken und Dächer

5.1.1 Tragende Wände und Stützen von Garagen sowie brandabschnittsbildende Wände innerhalb von Garagen bzw. zwischen Garagen und anderen Räumen müssen REI 90 und A2 bzw. R 90 und A2 bzw. EI 90 und A2 entsprechen.

5.1.2 Nichttragende Wände bzw. Wandteile von Garagen sind in A2 herzustellen.

5.1.3 Decken zwischen Garagengeschoßen, von befahrbaren Flachdächern und als Abschluss zu darüber liegenden Aufenthaltsräumen müssen REI 90 und A2 entsprechen. Bei nicht befahrbaren Dächern genügt für die Tragkonstruktion R 60 und A2.

5.1.4 Bei nicht überbauten, eingeschoßigen oberirdischen Garagen mit einer Nutzfläche von nicht mehr als 1.600 m² dürfen tragende Wände, Stützen und Decken in R 30 und nichttragende Wände in C oder aus Holz- und Holzwerkstoffen in D hergestellt werden, wenn der Abstand der Garagen zur Nachbargrundstücks- bzw. Bauplatzgrenze mindestens 4,00 m und zu Gebäuden auf demselben Grundstück bzw. Bauplatz mindestens 6,00 m beträgt.
Werden diese Abstände unterschritten, müssen die der Nachbargrundstücks- bzw. Bauplatzgrenze oder dem Gebäude auf demselben Grundstück bzw. Bauplatz zugekehrten Wände über die gesamte Länge und Höhe der Garage sowie die Decke bis zum Abstand von 4,00 m bzw. 6,00 m REI 90 und A2 bzw. EI 90 und A2 entsprechen.

5.2 Wandbekleidungen, Bodenbeläge und Konstruktionen unter der Rohdecke

5.2.1 Wandbekleidungen müssen B-s1 entsprechen.

5.2.2 Bodenbeläge müssen B_{fl} entsprechen.

5.2.3 Konstruktionen unter der Rohdecke müssen B-s1, d0 entsprechen.

5.3 Türen und Tore

5.3.1 Türen und Tore in brandabschnittsbildenden Wänden müssen EI_2 30-C und A2 entsprechen. Diese dürfen nicht größer sein als für den Verschluss der Wandöffnung zur Durchführung der Fahrgassen erforderlich ist, wobei Türen im Verlauf von Fluchtwegen unberücksichtigt bleiben.

5.3.2 Türen zwischen Garagen und Gängen bzw. Treppenhäusern müssen EI_2 30-C entsprechen.

5.4 Verbindung zwischen Garagengeschoßen bzw. zwischen Garage und anderen Räumen

5.4.1 Aufzüge und Treppen, die Garagengeschoße miteinander verbinden, müssen in eigenen Fahrschächten bzw. Treppenhäusern mit Wänden REI 90 und A2 bzw. EI 90 und A2 liegen.

5.4.2 Ladestellen von Personenaufzügen, die zu Garagen führen, müssen direkt mit einem Gang verbunden sein, der – ohne durch die Garage zu führen – einen direkten Ausgang zu einem sicheren Ort des angrenzenden Geländes im Freien oder in ein Treppenhaus bzw. eine Außentreppe mit jeweils einem Ausgang zu einem sicheren Ort des angrenzenden Geländes im Freien aufweist.

5.4.3 Garagen mit einer Nutzfläche von insgesamt mehr als 600 m² dürfen mit Gängen bzw. Treppenhäusern nur über Schleusen verbunden sein, die folgende Anforderungen zu erfüllen haben:
a) Wände und Decken müssen REI 90 und A2 bzw. EI 90 und A2 entsprechen.
b) Türen zwischen Garagen und Schleusen müssen EI_2 30-C entsprechen.
c) Türen zwischen Schleusen und Treppenhaus müssen E 30-C oder S_{200}-C entsprechen.
d) Eine wirksame Lüftung muss vorhanden sein.

5.4.4 Bei Außentreppen kann die Anordnung einer Schleuse gemäß Punkt 5.4.3 entfallen, wenn im Brandfall keine Beeinträchtigung durch Flammeneinwirkung, Strahlungswärme und/oder Verrauchung zu erwarten ist.

5.5 Fluchtwege

5.5.1 Von jeder Stelle einer Garage müssen in höchstens 40 m Gehweglänge erreichbar sein:
a) ein direkter Ausgang zu einem sicheren Ort des angrenzenden Geländes im Freien oder
b) ein Treppenhaus oder eine Außentreppe jeweils mit einer vorgelagerten Schleuse gemäß Punkt 5.4.3 bei Garagen mit nicht mehr als zwei unterirdischen Geschoßen und einer Nutzfläche von nicht mehr als 600 m², oder
c) ein Treppenhaus oder eine Außentreppe, wobei zusätzlich Punkt 5.5.2 gilt.

5.5.2 Im Falle von Punkt 5.5.1 c) muss in jedem Geschoß ein zusätzlicher unabhängiger Fluchtweg vorhanden sein, der
a) zu einem weiteren Treppenhaus oder einer weiteren Außentreppe oder
b) in einen benachbarten Brandabschnitt oder
c) im ersten unterirdischen sowie im ersten und zweiten oberirdischen Geschoß über die Fahrverbindung der Ein- bzw. Ausfahrtsrampe, wobei diese eine Neigung von mehr als 10 % aufweisen darf,

führt. Die beiden Fluchtwege dürfen über höchstens 25 m Gehweglänge gemeinsam verlaufen.

5.5.3 In Garagen mit einer Nutzfläche von mehr als 250 m² ist eine Sicherheitsbeleuchtung erforderlich, wobei die Anforderungen der Tabelle 6 der OIB-Richtlinie 2 gelten.

5.6 Brandabschnitte, Rauch- und Wärmeabzugseinrichtungen sowie Brandschutzeinrichtungen

5.6.1 Für die maximal zulässigen Brandabschnittsflächen gelten die Anforderungen gemäß Tabelle 2 in Abhängigkeit von den vorhandenen Rauch- und Wärmeabzugseinrichtungen sowie den Brandschutzeinrichtungen.

5.6.2 Unabhängig von der Größe des Brandabschnittes darf eine Längsausdehnung von 80 m nicht überschritten werden. Dies gilt nicht bei Vorhandensein einer erweiterten automatischen Löschhilfeanlage oder einer Sprinkleranlage.

5.6.3 Bei mehrgeschoßigen Garagen mit einer Nutzfläche von insgesamt mehr als 600 m² ist jedes Geschoß als eigener Brandabschnitt auszubilden.

5.7 Feuerstätten und Abgasanlagen

Die Aufstellung von Feuerstätten und die Anordnung von Reinigungsöffnungen von Abgasanlagen sind unzulässig.

5.8 Erste und erweiterte Löschhilfe

5.8.1 Für die erste Löschhilfe ist je angefangene 200 m² Nutzfläche an leicht erreichbarer Stelle ein geeigneter tragbarer Feuerlöscher bereitzuhalten.

5.8.2 Für die erweiterte Löschhilfe müssen
a) in Garagen mit einer Nutzfläche von mehr als 1.600 m², oder
b) in Garagen mit mehr als zwei unterirdischen, oder
c) in Garagen mit mehr als drei oberirdischen Geschoßen

Wandhydranten mit formbeständigem D-Schlauch und geeigneter Anschlussmöglichkeit für die Feuerwehr zur Brandbekämpfung vorhanden sein und so verteilt werden, dass jede Stelle der Garage mit Löschwasser erreicht wird.

5.8.3 Abweichend von Punkt 5.8.2 a) genügt für eingeschoßige Garagen eine trockene Steigleitung, wobei die Schlauchanschlüsse in der Garage anzuordnen sind.

6 Parkdecks mit einer obersten Stellplatzebene von nicht mehr als 22 m über dem tiefsten Punkt des an das Bauwerk angrenzenden Geländes im Freien nach Fertigstellung

Es gelten die Anforderungen gemäß Tabelle 3.

7 Zusätzliche Anforderungen an Garagen für erdgasbetriebene Kraftfahrzeuge

In Garagen, in denen erdgasbetriebene Kraftfahrzeuge (CNG) abgestellt werden, sind bei Ausstattung mit einer entsprechenden Lüftung gemäß Punkt 8.3 der OIB-Richtlinie 3 grundsätzlich keine darüber hinausgehenden lüftungstechnischen Maßnahmen erforderlich. Für Garagen mit einer Nutzfläche von nicht mehr als 250 m² ist die Hälfte der ständig freien Querschnittsfläche unmittelbar unter der Decke anzuordnen.

8 Zusätzliche Anforderungen an Garagen und Parkdecks für flüssiggas- und wasserstoffbetriebene Kraftfahrzeuge

8.1 Für Garagen und Parkdecks, in denen flüssiggasbetriebene Kraftfahrzeuge (LPG) oder wasserstoffbetriebene Kraftfahrzeuge abgestellt werden, gelten folgende zusätzliche Anforderungen:

a) Über diesen Garagen und Parkdecks dürfen sich keine Aufenthaltsräume befinden.
b) Die tiefste Abstell- und Fahrfläche darf nicht unter dem angrenzenden Gelände nach Fertigstellung liegen.
c) Für Garagen mit einer Nutzfläche von mehr als 50 m² und für Parkdecks ist überdies ein Brandschutzkonzept gemäß Punkt 9 zu erstellen.

8.2 An den Einfahrten von Garagen und Parkdecks, die den Anforderungen gemäß Punkt 8.1 nicht entsprechen, ist die Bezeichnung „keine flüssiggasbetriebene Fahrzeuge – no LPG-vehicles!" oder „keine wasserstoffbetriebene Fahrzeuge" anzubringen.

9 Erfordernis eines Brandschutzkonzeptes

Für folgende Garagen, Parkdecks und Garagensonderformen ist jedenfalls ein Brandschutzkonzept erforderlich, das dem OIB-Leitfaden „Abweichungen im Brandschutz und Brandschutzkonzepte" zu entsprechen hat:

a) Garagen mit Brandabschnitten von mehr als 10.000 m²,
b) Parkdecks, bei denen die oberste Stellplatzebene mehr als 22 m über dem tiefsten Punkt des an das Parkdeck angrenzenden Geländes nach Fertigstellung liegt,
c) Garagen mit einer Nutzfläche von mehr als 50 m² und Parkdecks, in denen flüssiggasbetriebene Kraftfahrzeuge (LPG) oder wasserstoffbetriebene Kraftfahrzeuge abgestellt werden,
d) Garagensonderformen, wie Rampengaragen, befahrbare Parkwendel oder Garagen mit zwei oder mehreren horizontalen Fußbodenniveaus innerhalb eines Brandabschnittes mit Nutzflächen von jeweils mehr als 250 m² sowie für Garagen mit automatischen Parksystemen.

10 Bauführungen im Bestand

Bei Änderungen an bestehenden Bauwerken mit Auswirkungen auf bestehende Bauwerksteile sind für die bestehenden Bauwerksteile Abweichungen von den aktuellen Anforderungen dieser OIB-Richtlinie zulässig, wenn das ursprüngliche Anforderungsniveau des rechtmäßigen Bestandes nicht verschlechtert wird.

Tabelle 1: Anforderungen an überdachte Stellplätze und Garagen mit einer Nutzfläche von jeweils mehr als 50 m² und nicht mehr als 250 m²

	Gegenstand	Überdachte Stellplätze > 50 m² und ≤ 250 m²	Garagen > 50 m² und ≤ 250 m²
1	**Mindestabstände**		
1.1	zu Nachbargrundstücks- bzw. Bauplatzgrenzen	2,00 m	2,00 m
1.2	zu Gebäuden auf demselben Grundstück bzw. Bauplatz	2,00 m	4,00 m
2	**Wände, Stützen, Decken bzw. Überdachung**		
2.1	allgemein	D	R 30 oder A2
2.2	bei Unterschreitung der Mindestabstände zu Nachbargrundstücks- bzw. Bauplatzgrenzen	• Wand in REI 60 bzw. EI 60 erforderlich, die der Nachbargrundstücks- bzw. Bauplatzgrenze zugekehrt ist, über die gesamte Länge und bis zur Dacheindeckung Wenn aufgrund der baulichen Umgebung eine Brandübertragung auf Bauwerke der Nachbargrundstücke nicht zu erwarten ist, werden keine Anforderungen gestellt	• Decke REI 90 und A2 und • der Nachbargrundstücks- bzw. Bauplatzgrenze zugekehrte Wand über die gesamte Länge und bis zur Dacheindeckung REI 90 und A2 bzw. EI 90 und A2 erforderlich
2.3	bei Unterschreitung der Mindestabstände zu Gebäuden auf demselben Grundstück bzw. Bauplatz	zu GK 1 und GK 2: D zu GK 3 bis GK 5: • Überdachung in REI 30 oder A2 und • Wand in REI 30 bzw. EI 30 erforderlich, die dem Gebäude zugekehrt ist, über die gesamte Länge und bis zur Dacheindeckung oder gemeinsamer Wandanteil mit dem Gebäude bis zur Dacheindeckung des überdachten Stellplatzes in EI 30, bei GK 5 zusätzlich A2	• Decke REI 90 und • dem Gebäude zugekehrte Wand oder der gemeinsame Wandanteil über die gesamte Länge und bis zur Dacheindeckung REI 90 bzw. EI 90 und bei GK 5 jeweils zusätzlich A2 erforderlich
2.4	bei Stellplätzen, die in ein Gebäude hineinragen, und bei eingebauten Garagen	angrenzende Wände und Decken als Trennwände bzw. Trenndecken gemäß Tabelle 1b der OIB-Richtlinie 2, mindestens jedoch REI 30 bzw. EI 30	angrenzende Wände und Decken als sonstige brandabschnittsbildende Wände oder Decken gemäß Tabelle 1b der OIB-Richtlinie 2, mindestens jedoch REI 60 bzw. EI 60
2.5	Einbauten zur Unterteilung der Stellplätze	-	A2
3	**Türen ins Gebäudeinnere**	bei GK 1 und GK 2: keine Anforderungen bei GK 3 bis GK 5: EI_2 30-C	EI_2 30-C
4	**Wandbekleidungen, Bodenbeläge und Konstruktionen unter der Rohdecke**		
4.1	Wandbekleidungen	D	B-s1
4.2	Bodenbeläge	-	B_{fl}
4.3	Konstruktionen unter der Rohdecke einschließlich Deckenbeläge	D; bei Stellplätzen gemäß Zeile 2.4: B -s1, d0	B-s1,d0
5	**Fluchtweg**	-	Von jeder Stelle höchstens 40 m Gehweglänge zu einem sicheren Ort des angrenzenden Geländes im Freien oder zu einem Treppenhaus mit Ausgang zu einem sicheren Ort des angrenzenden Geländes im Freien
6	**Erste Löschhilfe**	-	geeigneter tragbarer Feuerlöscher
7	**Feuerstätten und Abgasanlagen**		Die Aufstellung von Feuerstätten und die Anordnung von Reinigungsöffnungen von Abgasanlagen sind unzulässig. Davon ausgenommen sind Feuerstätten und Reinigungsöffnungen, die nach einschlägigen Richtlinien für die Aufstellung in Garagen geeignet sind.

Tabelle 2: Rauch- und Wärmeabzugseinrichtungen sowie Brandschutzeinrichtungen bei Garagen mit Brandabschnitten von mehr als 250 m² und nicht mehr als 10.000 m²

	Gegenstand	Anforderungen	
	Brandabschnittsfläche	**Rauch- und Wärmeabzugseinrichtung (RWE)**	**Brandschutzeinrichtung**
1	> 250 m² und ≤ 1.600 m²	**Natürliche** Rauch- und Wärmeabzugseinrichtung Zuluftöffnungen in Bodennähe (Summe der ständig freien Querschnittsflächen ≥ 0,5 % der Brandabschnittsfläche) Abluftöffnungen in Deckennähe (Summe der ständig freien Querschnittsflächen ≥ 0,5 % der Brandabschnittsfläche) Die Öffnungen mit einer Mindestgröße je Öffnung von 1,00 m² sind so anzuordnen, dass eine Querdurchlüftung gewährleistet ist Ein- und Ausfahrten (ständig freie Querschnitte) können herangezogen werden oder	nicht erforderlich (1)
		Mechanische Rauch- und Wärmeabzugseinrichtung 12-facher stündlicher Luftwechsel, mindestens jedoch Volumenstrom ≥ 36.000 m³/h Abluftventilator, Leitungen, Aufhängungen müssen 400 °C über 90 Minuten standhalten pro 200 m² Deckenfläche ein rauchempfindliches Auslöseelement mit Ein- und Ausschalter an zentraler Stelle im Feuerwehrangriffsweg Anspeisung von der Niederspannungshauptverteilung in jeweils eigenen Stromkreisen oder von Notstromversorgung	nicht erforderlich (1)
2	> 1.600 m² und ≤ 4.800 m²	**Natürliche** Rauch- und Wärmeabzugseinrichtung Zuluftöffnungen in Bodennähe (Summe der ständig freien Querschnittsflächen ≥ 0,5 % der Brandabschnittsfläche) Abluftöffnungen in Deckennähe (Summe der ständig freien Querschnittsflächen ≥ 0,5 % der Brandabschnittsfläche) Die Öffnungen mit einer Mindestgröße je Öffnung von 1,00 m² sind so anzuordnen, dass eine Querdurchlüftung gewährleistet ist Ein- und Ausfahrten (ständig freie Querschnitte) können herangezogen werden oder	Automatische **Brandmeldeanlage** (BMA) mit automatischer Alarmweiterleitung oder **Erweiterte automatische Löschhilfeanlage** (EAL) mit automatischer Alarmweiterleitung
		Mechanische Rauch- und Wärmeabzugseinrichtung 12-facher stündlicher Luftwechsel, Abluftventilator, Leitungen, Aufhängungen müssen 400 °C über 90 Minuten standhalten Ansteuerung über BMA sowie durch Ein- und Ausschalter an zentraler Stelle im Feuerwehrangriffsweg Anspeisung von der Niederspannungshauptverteilung in jeweils eigenen Stromkreisen oder von Notstromversorgung oder	Automatische **Brandmeldeanlage** (BMA) mit automatischer Alarmweiterleitung
		Mechanische Rauch- und Wärmeabzugseinrichtung 3-facher stündlicher Luftwechsel, Abluftventilator, Leitungen, Aufhängungen müssen 400 °C über 90 Minuten standhalten pro 200 m² Deckenfläche ein rauchempfindliches Auslöseelement mit Ein- und Ausschalter an zentraler Stelle im Feuerwehrangriffsweg Anspeisung von der Niederspannungshauptverteilung in jeweils eigenen Stromkreisen oder von Notstromversorgung	**Erweiterte automatische Löschhilfeanlage** (EAL) mit automatischer Alarmweiterleitung
3	> 4.800 m² und ≤ 10.000 m²	**Natürliche** Rauch- und Wärmeabzugseinrichtung Zuluftöffnungen in Bodennähe (Summe der ständig freien Querschnittsflächen ≥ 0,5 % der Brandabschnittsfläche) Abluftöffnungen in Deckennähe (Summe der ständig freien Querschnittsflächen ≥ 0,5 % der Brandabschnittsfläche) Die Öffnungen mit einer Mindestgröße je Öffnung von 1,00 m² sind so anzuordnen, dass eine Querdurchlüftung gewährleistet ist Ein- und Ausfahrten (ständig freie Querschnitte) können herangezogen werden oder	**Sprinkleranlage** (SPA) mit automatischer Alarmweiterleitung
		Mechanische Rauch- und Wärmeabzugseinrichtung 3-facher stündlicher Luftwechsel, Abluftventilator, Leitungen, Aufhängungen müssen 400 °C über 90 Minuten standhalten pro 200 m² Deckenfläche ein rauchempfindliches Auslöseelement mit Ein- und Ausschalter an zentraler Stelle im Feuerwehrangriffsweg Anspeisung von der Niederspannungshauptverteilung in jeweils eigenen Stromkreisen oder von Notstromversorgung	**Sprinkleranlage** (SPA) mit automatischer Alarmweiterleitung

(1) Bei Garagen mit mehreren Brandabschnitten, deren Flächen in Summe mehr als 10.000 m² betragen, oder bei Garagen mit mehr als zwei unterirdischen Geschoßen ist eine automatische Brandmeldeanlage (BMA) mit automatischer Alarmweiterleitung erforderlich.

Tabelle 3: Anforderungen an Parkdecks mit einer obersten Stellplatzebene von nicht mehr als 22 m über dem tiefsten Punkt des an das Bauwerk angrenzenden Geländes im Freien nach Fertigstellung

	Gegenstand	Anforderungen
1	**Mindestabstände**	
1.1	Mindestabstände zu Nachbargrundstücks- bzw. Bauplatzgrenzen	4,00 m
1.2	Mindestabstände zu Gebäuden auf demselben Grundstück bzw. Bauplatz	6,00 m
2	**Anforderungen bei Unterschreitung der Mindestabstände gemäß Punkt 1**	
2.1	zu Nachbargrundstücks- bzw. Bauplatzgrenzen	den Nachbargrundstücks- bzw. Bauplatzgrenzen zugekehrten Wände über die gesamte Länge und Höhe sowie die Decke bis zum Abstand von 4,00 m jeweils in REI 90 und A2 bzw. EI 90 und A2 erforderlich
2.2	zu Gebäuden auf demselben Grundstück bzw. Bauplatz	den Gebäuden auf demselben Grundstück- bzw. Bauplatz zugekehrten Wände über die gesamte Länge und Höhe sowie die Decke bis zum Abstand von 6,00 m jeweils in REI 90 und A2 bzw. EI 90 und A2 erforderlich
3	**Tragwerk**	R 30 und A2 oder Stahlkonstruktion mit Decken als Verbundtragwerk aus Stahl und Beton, wenn nachgewiesen werden kann, dass es beim zu erwartenden Realbrand innerhalb des Zeitraumes von 30 Minuten zu keinem Einsturz einer Stellplatzebene oder von Teilen einer Stellplatzebene kommt
4	**nichttragende Wände**	A2
5	**Wandbekleidungen, Bodenbeläge und Konstruktionen unter der Rohdecke**	
5.1	Wandbekleidungen	B-s1
5.2	Bodenbeläge	B_{fl}
5.3	Konstruktionen unter der Rohdecke einschließlich Deckenbeläge	B-s1, d0
6	**Türen zwischen Parkdecks und Gängen oder Parkdecks und Treppenhäusern**	EI_2 30-C
7	**Verbindung zwischen Parkdeckebenen bzw. zwischen Parkdeck und anderen Räumen**	
7.1	zu Aufzugschächten, Treppenhäusern	Wände und Decken in REI 90 bzw. EI 90 und A2
7.2	zu Ladestellen von Personenaufzügen	direkt mit dem Treppenhaus oder einem Gang, der – ohne durch die Parkdeckebene zu führen – ins Freie oder in ein Treppenhaus mit Ausgang ins Freie führt, verbunden
8	**Fluchtwege**	
8.1	Fluchtweglänge	nicht mehr als 40 m von jeder Stelle zu einem direktem Ausgang ins Freie oder ein Treppenhaus oder eine Außentreppe, wobei in jedem Geschoß ein zusätzlicher unabhängiger Fluchtweg vorhanden sein muss, der - zu einem weiteren Treppenhaus oder einer weiteren Außentreppe oder - in einen benachbarten Brandabschnitt oder - im ersten unterirdischen sowie im ersten und zweiten oberirdischen Geschoß über die Fahrverbindung der Ein- bzw. Ausfahrtsrampe, wobei diese eine Neigung von mehr als 10 % aufweisen darf, führt; die beiden Fluchtwege dürfen über höchstens 25 m Gehweglänge gemeinsam verlaufen
8.2	Sicherheitsbeleuchtung	siehe Tabelle 6 der OIB-Richtlinie 2
9	**Lüftungsöffnungen**	in jeder Parkebene in mindestens zwei Umfassungswandflächen auf die Länge verteilt, 50 % der Lüftungsöffnungsflächen in der oberen Umfassungswandfläche, Lüftungsöffnungen müssen ständig offen sein und ins Freie führen. Abstand zu Lüftungsöffnungen nicht mehr als 40 m
10	**Erste und erweiterte Löschhilfe**	ausreichende und geeignete Mittel der ersten Löschhilfe mehr als 3 Stellplatzebenen: trockene Steigleitungen im Bereich der Zugänge zu den Stellplatzebenen

Impressum

Medieninhaber und Herausgeber:
Österreichisches Institut für Bautechnik
ZVR 383773815
Schenkenstraße 4, 1010 Wien, Austria
T +43 1 533 65 50, F +43 1 533 64 23
E-Mail: mail@oib.or.at
Internet: www.oib.or.at

www.oib.or.at

RICHTLINIEN DES ÖSTERREICHISCHEN INSTITUTS FÜR BAUTECHNIK

OiB richtlinien

OIB-RICHTLINIE

2.3

Brandschutz bei Gebäuden mit einem Fluchtniveau von mehr als 22 m

OIB-330.2-015/19

APRIL 2019

Diese Richtlinie basiert auf den Beratungsergebnissen der von der Landesamtsdirektorenkonferenz zur Ausarbeitung eines Vorschlages zur Harmonisierung bautechnischer Vorschriften eingesetzten Länderexpertengruppe. Die Arbeit dieses Gremiums wurde vom OIB in Entsprechung des Auftrages der Landesamtsdirektorenkonferenz im Sinne des § 3 Abs. 1 Z 7 der Statuten des OIB koordiniert und im Sachverständigenbeirat für bautechnische Richtlinien fortgeführt. Die Beschlussfassung der Richtlinie erfolgte gemäß § 8 Z 12 der Statuten durch die Generalversammlung des OIB.

OIB-Richtlinie 2.3

Brandschutz bei Gebäuden mit einem Fluchtniveau von mehr als 22 m

Ausgabe: April 2019

0	Vorbemerkungen	2
1	Begriffsbestimmungen	2
2	Allgemeine Anforderungen	2
3	Gebäude mit einem Fluchtniveau von nicht mehr als 32 m	7
4	Gebäude mit einem Fluchtniveau von mehr als 32 m und nicht mehr als 90 m	8
5	Gebäude mit einem Fluchtniveau von mehr als 90 m	10
6	Bauführungen im Bestand	10

0 Vorbemerkungen

Die zitierten Normen und sonstigen technischen Regelwerke gelten in der im Dokument „OIB-Richtlinien – Zitierte Normen und sonstige technische Regelwerke" angeführten Fassung.

Werden in dieser Richtlinie Anforderungen an die Feuerwiderstandsklasse in Verbindung mit Anforderungen an Baustoffe der Klasse A2 gestellt, gilt dies auch als erfüllt, wenn

- die für die Tragfähigkeit wesentlichen Bestandteile der Bauteile der Klasse A2 entsprechen und
- die sonstigen Bestandteile aus Baustoffen der Klasse B bestehen.

Es wird darauf hingewiesen, dass parallel zu den Bestimmungen dieser Richtlinie gegebenenfalls einzelne Bestimmungen der OIB-Richtlinie 2 „Brandschutz" zu berücksichtigen sind.

Von den Anforderungen dieser OIB-Richtlinie kann entsprechend den jeweiligen landesrechtlichen Bestimmungen abgewichen werden, wenn vom Bauwerber nachgewiesen wird, dass das gleiche Schutzniveau wie bei Anwendung der Richtlinie erreicht wird. Hierbei ist der OIB-Leitfaden „Abweichungen im Brandschutz und Brandschutzkonzepte" anzuwenden.

1 Begriffsbestimmungen

Es gelten die Begriffsbestimmungen des Dokumentes „OIB-Richtlinien – Begriffsbestimmungen".

2 Allgemeine Anforderungen

2.1 Brandverhalten von Bauprodukten (Baustoffen)

2.1.1 Es gelten – sofern im Folgenden nichts anderes bestimmt ist – die Anforderungen der Tabelle 1.

2.1.2 Werden in Gängen – ausgenommen innerhalb von Wohnungen, Büros und Räumen mit büroähnlicher Nutzung – oberhalb von abgehängten Decken Leitungen bzw. Kabel nicht unter Putz verlegt oder nicht mit einer Bekleidung gleichwertig geschützt, müssen die abgehängten Decken dicht schließen und bei einer aus den Leitungen und Kabel resultierenden Brandbelastung von mehr als 25 MJ/m² überdies EI 30 (a→b) entsprechen. Dies gilt nicht bei Vorhandensein einer geeigneten Löschanlage.

2.1.3 In Gängen – ausgenommen innerhalb von Wohnungen, Büros und Räumen mit büroähnlicher Nutzung – müssen freiliegende elektrische Kabel bzw. Leitungen E_{ca} entsprechen.

2.1.4 In Treppenhäusern, Schleusen und offenen Gängen gemäß Punkt 4.2.2 ist eine Verlegung von brennbaren Leitungen sowie von Leitungen für brennbare Medien ohne brandschutztechnische Vorkehrungen unzulässig.

2.1.5 Hauptverteiler, Stockwerksverteiler, Zähleinrichtungen von elektrischen Leitungen/Anlagen in Sicherheitstreppenhäusern sind von Trennbauteilen zu begrenzen, wobei die Zugangsöffnungen mit einem Verschluss in EI_2 90-S_{200} oder in EI 90 allseitig dicht angeschlagen zu versehen sind.

2.1.6 An Einzelleitungen für treppenhauseigene Anlagen (einschl. der dazugehörenden sicherheitstechnischen Anlagen, wenn keine anderen Bestimmungen diesbezüglich vorliegen), für Einzelleitungen von Messeinrichtungen bzw. Kommunikationskabeln (z.B. Internet, Kabelfernsehen) sowie für wasserführende Leitungen werden keine brandschutztechnischen Anforderungen gestellt.

2.1.7 In Treppenhäusern, Schleusen und offenen Gängen gemäß Punkt 4.2.2 müssen Dämmstoffe von Leitungen A2-s1, d0 entsprechen.

2.2 Feuerwiderstand von Bauteilen

2.2.1 Tragende und aussteifende Bauteile sowie Läufe und Podeste von Sicherheitstreppenhäusern müssen R 90 und A2 entsprechen.

2.2.2 Folgende Bauteile müssen REI 90 und A2 entsprechen:
a) tragende Trennwände,
b) brandabschnittsbildende Wände und Decken,
c) Decken von Loggien und Balkonen,
d) Decken und Dachschrägen mit einer Neigung zur Horizontalen von nicht mehr als 60 Grad,
e) Wände von Sicherheitstreppenhäusern; die Anforderungen an den Feuerwiderstand sind nicht erforderlich für Außenwände von Sicherheitstreppenhäusern, die aus Baustoffen A2 bestehen und die durch andere an diese Außenwände anschließende Gebäudeteile im Brandfall nicht gefährdet werden können,
f) Decken über Sicherheitstreppenhäusern; von den Anforderungen an den Feuerwiderstand kann abgewichen werden, wenn eine Brandübertragung von den angrenzenden Bauwerksteilen auf das Sicherheitstreppenhaus durch geeignete Maßnahmen verhindert wird,
g) tragende Wände und Decken von Schleusen sowie von offenen Gängen gemäß Punkt 4.2.2.

2.2.3 Nichttragende Trennwände sowie nichttragende Wände von Schleusen und von offenen Gängen gemäß Punkt 4.2.2 müssen EI 90 und A2 entsprechen.

2.2.4 Bei Gebäuden mit einem Fluchtniveau von mehr als 32 m müssen Loggien und Balkone eine mindestens 1,10 m hohe Brüstung in EI 30 und A2 oder EW 30 und A2 aufweisen. Ist eine automatische Löschanlage gemäß Punkt 2.11.2, 2.11.3 oder 2.11.4 vorhanden, genügt für die Brüstung eine Ausführung in A2.

2.3 Fassaden

2.3.1 Fassaden (z.B. Außenwand-Wärmedämmverbundsysteme, vorgehängte hinterlüftete, belüftete oder nicht hinterlüftete Fassaden) sind so auszuführen, dass bezogen auf das zweite über dem Brandherd liegende Geschoß eine Brandweiterleitung über die Fassade und das Herabfallen großer Fassadenteile wirksam eingeschränkt wird.

2.3.2 Vorhangfassaden sind so auszuführen, dass
a) bezogen auf das zweite über dem Brandherd liegende Geschoß eine Brandweiterleitung über die Fassade und das Herabfallen großer Fassadenteile, sowie
b) eine Brandausbreitung über Anschlussfugen und Hohlräume und zusätzlich über innerhalb einer zweischaligen Vorhangfassade vorhandene Zwischenräume im Bereich von Trenndecken bzw. brandabschnittsbildenden Decken

wirksam eingeschränkt werden.

2.3.3 Kleinteile ohne tragende Funktion, wie z.B. Dämmstoffhalter, Dübelhülsen, Windpapier, thermische Trennungen und Dichtungen, bleiben hinsichtlich der Anforderungen an das Brandverhalten außer Betracht.

2.3.4 In Sockel- und Spritzwasserschutzbereichen ist die Verwendung von Dämmstoffen der Klasse E zulässig.

2.4 Brandabschnitte

2.4.1 In den untersten vier oberirdischen Geschoßen darf ein Brandabschnitt eine Netto-Grundfläche von 1.200 m², in sonstigen Geschoßen eine Netto-Grundfläche von 800 m² nicht überschreiten. In Gebäuden mit einem Fluchtniveau von nicht mehr als 32 m ist bei Vorhandensein einer Sprinkleranlage in oberirdischen Geschoßen eine Brandabschnittsfläche von 1.200 m² zulässig. Brandabschnitte sind durch brandabschnittsbildende Bauteile (z.B. Wände, Decken) gegeneinander abzugrenzen.

2.4.2 In jedem oberirdischen Geschoß muss ein deckenübergreifender Außenwandstreifen von mindestens 1,20 m Höhe in EI 90 und A2 vorhanden sein oder die brandabschnittsbildende Decke muss mit einem mindestens 80 cm horizontal auskragenden Bauteil gleicher Feuerwiderstandsklasse verlängert werden. Die Anforderung an den Feuerwiderstand gilt nicht, wenn eine geeignete Löschanlage zur Verhinderung der vertikalen Brandausbreitung oder eine automatische Sprinkleranlage vorhanden ist.

2.5 Sicherheitstreppenhäuser

Für Sicherheitstreppenhäuser gelten – unbeschadet der Punkte 3 und 4 – folgende Anforderungen:

a) Sicherheitstreppenhäuser müssen jedenfalls einen unmittelbaren Ausgang zu einem sicheren Ort des angrenzenden Geländes im Freien haben. Führt dieser Ausgang nicht unmittelbar ins Freie, so gelten für den Bereich zwischen Treppenhaus und Ausgang ins Freie, der möglichst kurz sein muss, dieselben brandschutztechnischen Anforderungen wie für dieses Treppenhaus.
b) Sind die Ausgänge von Sicherheitstreppenhäusern nicht unmittelbar an einer öffentlichen Verkehrsfläche situiert, ist zu ihnen eine Feuerwehrzufahrt herzustellen.
c) Treppenläufe von Sicherheitstreppenhäusern sind baulich so zu gestalten, dass aus den Geschoßen flüchtende Personen nicht versehentlich in die Geschoße unterhalb des Ausgangsgeschoßes gelangen können.

2.6 Interne Treppen

Für interne Treppen gelten folgende Anforderungen:

a) Interne Treppen, die mehrere Geschoße miteinander verbinden, sind nur innerhalb einer Wohnung bzw. Betriebseinheit zulässig und dürfen sich über nicht mehr als drei Geschoße erstrecken.
b) In jedem Geschoß muss unabhängig von internen Treppen der Zugang zu den Sicherheitstreppenhäusern und im Brandfall der Zugang von den Sicherheitstreppenhäusern in Wohnungen bzw. Betriebseinheiten sichergestellt sein.

2.7 Personenaufzüge

2.7.1 Für Schächte von Personenaufzügen gelten folgende Anforderungen:

a) Personenaufzüge müssen in Schächten mit Wänden in REI 90 und A2 bzw. EI 90 und A2 geführt werden. Es dürfen höchstens drei Personenaufzüge in einem gemeinsamen Schacht eingebaut werden.
b) Bei Personenaufzügen, die an der Außenseite des Gebäudes angeordnet sind, müssen jedenfalls die dem Gebäude zugewandten Schachtwände REI 90 bzw. EI 90 und A2 entsprechen.
c) Jeder Feuerwehraufzug ist in einem eigenen Schacht mit Wänden in REI 90 und A2 zu führen.

2.7.2 Falls die Ladestellen von Personenaufzügen nicht in Treppenhäuser oder Schleusen münden, muss vor ihnen ein Vorraum geschaffen werden, der von Trennbauteilen begrenzt wird.

2.7.3 Schachttüren von Personenaufzügen müssen derart ausgestaltet sein, dass eine Übertragung von Feuer und Rauch wirksam eingeschränkt wird.

2.7.4 Personenaufzüge – ausgenommen Feuerwehraufzüge – sind mit einer Brandfallsteuerung auszustatten, die nach dem Gebäudeevakuierungskonzept bei Anliegen eines Branderkennungssignals den Fahrkorb in die jeweilige Bestimmungshaltestelle (Evakuierungsebene) bewegt, die Türen öffnet und den Antrieb stillsetzt.

2.7.5 Bei Personenaufzügen, die über mehrere Geschoße hindurch keine Haltestellen haben, müssen in entsprechenden Abständen Nottüren für die Notbefreiung von im Fahrkorb eingeschlossenen Personen angeordnet werden.

2.7.6 Die Wände und Decken von Triebwerksräumen müssen REI 90 und A2 bzw. EI 90 und A2 entsprechen. Die Decke zwischen Schacht und darüber liegendem Triebwerksraum muss R 90 und A2 entsprechen. Der Zugang muss innerhalb der Baulichkeit liegen und darf nur über Treppen erfolgen.

2.7.7 Bei Personenaufzügen ohne gesonderten Triebwerksraum sind die Notbefreiungseinrichtungen (Tableau für den Notbetrieb) in Schleusen oder in als Rauchabschnitt ausgebildeten Räumen anzuordnen.

2.7.8 Für jeden Brandabschnitt ist mindestens ein Feuerwehraufzug vorzusehen. Ein Feuerwehraufzug darf mehreren Brandabschnitten zugeordnet werden, falls der Zugang unmittelbar aus den angrenzenden Brandabschnitten erfolgt. Für die Beurteilung des Erfordernisses eines Feuerwehraufzuges ist die Höhendifferenz zwischen der Fußbodenoberkante des höchstgelegenen oberirdischen Geschoßes und der Feuerwehrangriffsebene maßgebend.

2.8 Abfallsammelräume, Transformatorenräume, Niederspannungs-Hauptverteilungsräume

Zwischen dem Gebäudeinneren und den Abfallsammelräumen, Transformatorenräumen oder Niederspannungs-Hauptverteilungsräumen müssen ausreichend be- und entlüftete Schleusen mit Türen in EI_2 30-C vorgesehen werden.

2.9 Installationen

Installationsschächte sind im Abstand von zwölf Geschoßen durch eine horizontale Abschottung zu teilen, die einen Feuerwiderstand von 90 Minuten sicherstellt.

2.10 Erste und erweiterte Löschhilfe

2.10.1 Es sind ausreichende und geeignete Mittel der ersten Löschhilfe (z.B. tragbare Feuerlöscher) bereitzuhalten.

2.10.2 Es müssen in jedem Geschoß Wandhydranten mit formbeständigem D-Schlauch und zusätzlicher geeigneter Anschlussmöglichkeit für die Feuerwehr zur Brandbekämpfung vorhanden sein. Die Anzahl und Anordnung der Wandhydranten ist so festzulegen, dass mit dem formbeständigem D-Schlauch jeder Punkt eines Brandabschnittes erreicht werden kann, wobei jedenfalls in unmittelbarer Nähe jedes Sicherheitstreppenhauses ein Wandhydrant vorhanden sein muss.

2.10.3 Abweichend von Punkt 2.10.2 ist in Gebäuden mit einem Fluchtniveau von nicht mehr als 32 m mit ausschließlicher Wohnnutzung die Errichtung einer trockenen Steigleitung ausreichend.

2.11 Anlagentechnische Brandschutzeinrichtungen

2.11.1 Automatische Brandmeldeanlagen (BMA) müssen nach einer anerkannten Richtlinie ausgeführt werden.

2.11.2 Automatische Löschanlagen (z.B. Sprinkleranlage SPA) mit dem Schutzziel „den Brand im Entstehungsstadium zu entdecken und zu löschen oder solange unter Kontrolle zu halten, bis das Löschen mit anderen Mitteln durchgeführt werden kann" müssen nach einer anerkannten Richtlinie ausgeführt werden. Die automatische Löschanlage muss über eine Wasserversorgung mit erhöhter Zuverlässigkeit und mindestens 60 Minuten Wirkzeit verfügen; für Wohngebäude mit einem Fluchtniveau von nicht mehr als 32 m ist eine einfache Wasserversorgung mit einer Wirkzeit von 30 Minuten ausreichend.

2.11.3 Für andere Löschanlagen mit dem Schutzziel „den Brand im Entstehungsstadium zu entdecken und zu löschen oder solange unter Kontrolle zu halten, bis das Löschen mit anderen Mitteln durchgeführt werden kann" muss nachgewiesen werden, dass

- die Löschwirkung,
- die Ausfallsicherheit,
- die Überwachungseinrichtungen und
- die Alarmierungseinrichtungen

gleichwertig zu einer Löschanlage gemäß Punkt 2.11.2 ausgeführt werden.

2.11.4 Für automatische Löschanlagen mit dem Schutzziel „Verhinderung der vertikalen Flammenübertragung" muss nachgewiesen werden, dass

- die Ausfallsicherheit,
- die Überwachungseinrichtungen und
- die Alarmierungseinrichtungen

gleichwertig zu einer Löschanlage gemäß Punkt 2.11.2 ausgeführt werden.

Die vertikale Flammenübertragung gilt als verhindert, wenn

- im Geschoß oberhalb des Brandgeschoßes,
- unmittelbar unterhalb der Geschoßdecke und
- außerhalb des Sprühkegels der Wasserdüsen

eine mittlere Temperaturerhöhung von nicht mehr als 140 °C über der mittleren Ausgangstemperatur und an keiner Stelle eine maximale Temperaturerhöhung von 180 °C über der mittleren Ausgangstemperatur auftreten.

2.12 Lüftungstechnische Anlagen und Klimaanlagen

2.12.1 Die lüftungstechnischen Anlagen für Sicherheitstreppenhäuser einschließlich der zugehörigen Schleusen sowie die raumlufttechnischen Anlagen sind von den sonstigen lüftungstechnischen Anlagen getrennt auszuführen.

2.12.2 Das Gebäude ist – mit Ausnahme der Lüftung der Sicherheitstreppenhäuser samt Schleusen – lüftungstechnisch in Abschnitte von höchstens 12 Geschoßen zu unterteilen, wobei jeder Abschnitt eine eigene lüftungstechnische Anlage erhalten muss, wobei ein gemeinsames Lüftungszentralgerät für zwei Abschnitte zulässig ist.

2.12.3 Die unterirdischen Geschoße müssen eine eigene lüftungstechnische Anlage erhalten.

2.12.4 Die lüftungstechnischen Anlagen müssen an zentraler Stelle ein- und ausgeschaltet werden können.

2.12.5 Bei Gebäuden mit einem Fluchtniveau von mehr als 32 m sind motorgesteuerte Brandschutzklappen zu verwenden. Bei Gebäuden mit einem Fluchtniveau von nicht mehr als 32 m dürfen auch thermisch gesteuerte Brandschutzklappen verwendet werden.

2.12.6 Für Klimaanlagen gelten die Anforderungen gemäß den Punkten 2.12.1 bis 2.12.5 sinngemäß.

2.13 Sicherheitsstromversorgung

2.13.1 Es ist eine vom allgemeinen Stromnetz unabhängige Stromquelle vorzusehen, an die die Personen- und Lastenaufzüge einschließlich Feuerwehraufzüge, die Drucksteigerungsanlage, die Wandhydranten und die Anlagen zur Rauchfreihaltung (DBA) anzuschließen sind. Diese Stromquelle muss sich bei Netzausfall selbsttätig einschalten und an gesicherter Stelle von Hand aus einschaltbar sein.

2.13.2 Abweichend von Punkt 2.13.1 genügt bei Gebäuden mit einem Fluchtniveau von nicht mehr als 32 m für die Personen- und Lastenaufzüge einschließlich Feuerwehraufzüge, die Drucksteigerungsanlage, für die Wandhydranten und die Anlagen zur Rauchfreihaltung (DBA) ein direkter Anschluss an den Niederspannungs-Hauptverteiler des jeweiligen Objektes, wobei zusätzlich folgende Anforderungen einzuhalten sind:

a) Wände und Decken des Niederspannungs-Hauptverteilers werden als brandabschnittsbildende Wände und Decken ausgeführt, Türen in EI_2 30-C.
b) Die zur Stromversorgung dienenden elektrischen Leitungen werden mit Funktionserhalt E 90 ausgeführt.
c) Zur Sicherstellung der elektrischen Versorgungssicherheit müssen die zugehörigen Leitungsschutzeinrichtungen kurzschluss-selektiv ausgeführt werden.

2.13.3 Im Bereich jedes Wandhydranten oder in den Stockwerksverteilern ist eine an die Anlage der Sicherheitsstromversorgung angeschlossene CEE-Drehstrom-Steckdose mit 16 A anzubringen. Bei Installation in einem Stockwerksverteiler ist dieser mit dem Feuerwehr-Einheitsschlüssel sperrbar einzurichten. Für Gebäude mit einem Fluchtniveau von nicht mehr als 32 m gilt Punkt 2.13.2 sinngemäß.

2.14 Sicherheitsbeleuchtung

Es gelten die Anforderungen der Tabelle 6 der OIB-Richtlinie 2.

2.15 Alarmeinrichtungen

Es ist eine Alarmeinrichtung zu installieren, durch die Personen im Gebäude durch Licht- und/oder Schallzeichen bzw. Rundspruch-Durchsagen gewarnt werden können.

2.16 Funkeinrichtungen

Im Gebäude ist eine gesicherte Funkkommunikation für die Feuerwehr sicherzustellen; gegebenenfalls ist eine Objektfunkanlage zu installieren.

2.17 Verantwortliche Personen

2.17.1 Für das Gebäude ist ein geeigneter und nachweislich ausgebildeter Brandschutzbeauftragter (BSB) zu bestellen und sind im Einvernehmen mit der örtlich zuständigen Feuerwehr Brandschutzpläne anzufertigen sowie der Feuerwehr zur Verfügung zu stellen.

2.17.2 Für Gebäude mit einem Fluchtniveau von mehr als 32 m ist eine Person zu bestellen, die folgende Aufgaben zu übernehmen hat:
- Veranlassung von Störungsbehebungen,
- Hilfestellung bei erforderlichen Eingriffen in die Haustechnik im Zuge von Feuerwehreinsätzen,
- Hilfestellung bei der Wiederinbetriebnahme von brandfallgesteuert abgeschalteten Einrichtungen.

3 Gebäude mit einem Fluchtniveau von nicht mehr als 32 m

Für Gebäude mit einem Fluchtniveau von nicht mehr als 32 m gelten ergänzend zu Punkt 2 folgende Anforderungen.

3.1 Fluchtwege

3.1.1 Von jeder Stelle jedes Raumes muss in höchstens 40 m Gehweglänge ein Sicherheitstreppenhaus der Stufe 1 gemäß Punkt 3.2 erreichbar sein. Bei Wohnungen wird die Gehweglänge ab der Wohnungseingangstüre gemessen. Dabei dürfen sich die Wohnungen über höchstens zwei Geschoße erstrecken.

3.1.2 Die Fluchtwege gemäß Punkt 3.1.1 dürfen bei Wohnungen
a) auf eine Länge von höchstens 25 m gemeinsam mit dem Fluchtweg gemäß Punkt 3.1.1, oder
b) auf eine Länge von höchstens 15 m, gemessen ab der Wohnungseingangstüre, gemeinsam
verlaufen (z.B. Stichgang).

3.1.3 Die Fluchtwege gemäß Punkt 3.1.1 dürfen bei Betriebseinheiten auf eine Länge von höchstens 25 m gemeinsam mit dem Fluchtweg gemäß Punkt 3.1.1 verlaufen (z.B. Stichgang).

3.1.4 Jeder Brandabschnitt in den oberirdischen Geschoßen ist mindestens an ein Sicherheitstreppenhaus der Stufe 1 anzuschließen.

3.2 Sicherheitstreppenhäuser der Stufe 1

3.2.1 Bei Gebäuden mit Wohnungen und jenen, bei denen durch eine kleinräumige Brandabschnittsbildung nur wenige Personen durch einen Brand betroffen sind, ist das Treppenhaus mit einer Druckbelüftungsanlage derart auszustatten, dass während der Fluchtphase einzelner Personen das Treppenhaus möglichst rauchfrei gehalten wird.

3.2.2 Bei Gebäuden mit Büros und jenen, bei denen durch eine größere Brandabschnittsbildung mehrere Personen durch einen Brand betroffen sind, ist das Treppenhaus mit einer Druckbelüftungsanlage derart auszustatten, dass während der Fluchtphase mehrerer Personen das Treppenhaus möglichst rauchfrei gehalten wird.

3.2.3 Wohnungen bzw. Betriebseinheiten dürfen nur über einen Gang oder einen Vorraum an das Treppenhaus angebunden werden. Dieser ist in die Druckbelüftungsanlage derart einzubeziehen, dass eine Durchspülung mit einem 30-fachen stündlichen Luftwechsel erfolgt, wenn alle in diesen Gang oder Vorraum mündenden Türen geschlossen sind.

3.3 Brandmeldeanlagen (BMA)

3.3.1 Das Gebäude ist mit einer automatischen Brandmeldeanlage im Schutzumfang Vollschutz auszustatten, die über das jeweils hochwertigste zur Verfügung stehende Übertragungssystem an die Brandmelde-Auswertezentrale einer öffentlichen Feuerwehr anzuschließen ist. Im Fall einer Auslösung ist der Zutritt zu allen überwachten Bereichen sicherzustellen.

3.3.2 Abweichend von Punkt 3.3.1 können Wohnungen vom Schutzumfang der automatischen Brandmeldeanlage ausgenommen werden, wenn

a) in allen Aufenthaltsräumen – ausgenommen in Küchen – sowie in Gängen, über die Fluchtwege von Aufenthaltsräumen führen, jeweils mindestens ein unvernetzter Rauchwarnmelder angeordnet wird; die Rauchwarnmelder müssen so eingebaut werden, dass Brandrauch frühzeitig erkannt und gemeldet wird, und

b) die überwiegende Anzahl der Fenster jeder Wohnung so angeordnet ist, dass eine Identifizierung der vom Brand betroffenen Wohnung durch die Einsatzkräfte der Feuerwehr von außen möglich ist.

3.4 Maßnahmen zur wirksamen Einschränkung einer vertikalen Brandübertragung

Ist ein Löschangriff von außen nicht möglich, ist eine der folgenden Maßnahmen erforderlich:

a) Loggien und Balkone müssen mindestens 1,50 m tief sein sowie eine entsprechende Brüstung in EI 30 und A2 oder EW 30 und A2 mit einer Mindesthöhe von 1,10 m aufweisen, oder

b) eine geeignete Löschanlage, die mindestens das Schutzziel „Verhinderung der vertikalen Flammenübertragung" sicherstellt, oder

c) alle Öffnungen in der betreffenden Außenwand sind mit nicht öffenbaren Abschlüssen in E 90 und A2 herzustellen, oder

d) es müssen Fensterstürze in REI 90 und A2 bzw. EI 90 und A2 vorhanden sein, die mindestens 20 cm von der fertigen Deckenuntersicht herabreichen müssen. Der Abstand zwischen dieser Sturzunterkante und der Parapetoberkante des nächsten darüber liegenden Fensters muss mindestens 4,40 m betragen; der dazwischen liegende Bereich muss in REI 90 und A2 bzw. EI 90 und A2 hergestellt werden. Dieser Abstand reduziert sich auf maximal 1,50 m, wenn der Abstand eines Fensters zu darüber liegenden Fenstern – horizontal von Laibung zu Laibung gemessen – mindestens 2,00 m beträgt.

4 Gebäude mit einem Fluchtniveau von mehr als 32 m und nicht mehr als 90 m

Für Gebäude mit einem Fluchtniveau von mehr als 32 m und nicht mehr als 90 m gelten ergänzend zu Punkt 2 folgende Anforderungen:

4.1 Fluchtwege

4.1.1 Von jeder Stelle jedes Raumes muss in höchstens 40 m Gehweglänge ein Sicherheitstreppenhaus der Stufe 2 gemäß Punkt 4.2 mit jeweils einem Ausgang zu einem sicheren Ort des angrenzenden Geländes im Freien erreichbar sein, wobei ohne Begrenzung der Gehweglänge zusätzlich

a) in jedem Geschoß mit mindestens einem Aufenthaltsraum ein unabhängiger Fluchtweg zu einem weiteren Sicherheitstreppenhaus der Stufe 2 gemäß Punkt 4.2, oder

b) ein unabhängiger Fluchtweg zu einem benachbarten Brandabschnitt mit Zugang zu einem Sicherheitstreppenhaus der Stufe 2 gemäß Punkt 4.2

erreichbar sein muss.

4.1.2 Bei Wohnungen wird abweichend von Punkt 4.1.1 die Gehweglänge ab der Wohnungseingangstüre gemessen. Dabei dürfen sich die Wohnungen über höchstens zwei Geschoße erstrecken.

4.1.3 Die Fluchtwege gemäß Punkt 4.1.1 a) bzw. b) dürfen bei Wohnungen

a) auf eine Länge von höchstens 25 m gemeinsam mit dem Fluchtweg gemäß Punkt 4.1.1, oder

b) auf eine Länge von höchstens 15 m, gemessen ab der Wohnungseingangstüre, gemeinsam

verlaufen (z.B. Stichgang).

4.1.4 Die Fluchtwege gemäß Punkt 4.1.1 a) bzw. b) dürfen bei Betriebseinheiten auf eine Länge von höchstens 25 m gemeinsam mit dem Fluchtweg gemäß Punkt 4.1.1 verlaufen (z.B. Stichgang).

4.1.5 Jeder Brandabschnitt ist mindestens an ein Sicherheitstreppenhaus der Stufe 2 anzuschließen.

4.1.6 Bei Gebäuden mit einem Fluchtniveau von mehr als 60 m muss für flüchtende Personen zumindest alle sechs Geschoße innerhalb bzw. im unmittelbar angrenzenden Bereich des Sicherheitstreppenhauses eine Fläche geschaffen werden, die ein Ausweichen vom Fluchtstrom ermöglicht.

4.1.7 Für die Feuerwehr müssen im Brandfall sämtliche Geschoße vom Sicherheitstreppenhaus aus zugänglich sein.

4.2 Sicherheitstreppenhäuser der Stufe 2

4.2.1 Für innenliegende Sicherheitstreppenhäuser der Stufe 2 gelten folgende Anforderungen:

a) Die Treppenhäuser müssen in jedem Geschoß über eine unmittelbar davor liegende Schleuse erreichbar sein.

b) Das Treppenhaus einschließlich der zugehörigen Schleusen ist mit einer Druckbelüftungsanlage (DBA) derart auszustatten, dass das Treppenhaus während der Fluchtphase und der Brandbekämpfungsphase rauchfrei gehalten wird.

c) Wohnungen bzw. Betriebseinheiten dürfen nur über eine Schleuse an das Treppenhaus angebunden werden.

d) Die Türen der Schleuse sind in EI_2 30-C auszuführen; für die Türe zwischen Schleuse und Treppenhaus genügt eine Ausführung in S_{200}-C, sofern die Länge der Schleuse mehr als 3,00 m beträgt.

e) In der nutzungsseitigen Schleusentüre ist eine Sichtverbindung vorzusehen.

4.2.2 Für außenliegende Sicherheitstreppenhäuser der Stufe 2 gelten folgende Anforderungen:

a) Die Treppenhäuser dürfen in jedem Geschoß nur über einen unmittelbar davor liegenden offenen Gang erreichbar sein.

b) Dieser offene Gang ist so anzuordnen, dass eindringender Rauch ungehindert – und ohne in das Treppenhaus zu gelangen – ins Freie entweichen kann. Der offene Gang muss mindestens so breit wie die erforderliche Treppenbreite des Treppenhauses, mindestens so lang wie die doppelte erforderliche Treppenbreite und mindestens auf einer Längsseite offen sein. Er darf an seinen/seiner offenen Seite(n) nur durch eine geschlossene, 1,10 m hohe Brüstung in EI 90 und A2 sowie durch einen Sturz eingeschränkt sein. Die Unterkante des Sturzes darf höchstens 20 cm unter der Unterkante der anschließenden Decke und muss mindestens 30 cm über der Oberkante der Treppenhaustür liegen.

c) Wände, die den offenen Gang begrenzen, dürfen außer den erforderlichen Türen und den geforderten Rauchabzugsöffnungen keine Öffnungen haben.

d) Die Türen des offenen Ganges müssen EI_2 30-C entsprechen. Für die Türe zwischen dem offenen Gang und dem Treppenhaus genügt eine Ausführung in S_{200}-C. Die Türen, die in das Treppenhaus münden, müssen von Türen zwischen dem offenen Gang und dem Gebäudeinneren mindestens 3,00 m entfernt sein; bei dreiseitig offenen Gängen ist ein Abstand von mindestens 1,50 m ausreichend. Der seitliche Abstand zwischen Fenstern bzw. Öffnungen anderer Räume und den Türen und Fenstern des Treppenhauses sowie den Türen des offenen Ganges muss mindestens 5,00 m betragen, falls diese Fenster bzw. Öffnungen nicht in EI 90 ausgeführt werden.

e) An der obersten Stelle des Treppenhauses ist eine Rauchabzugsöffnung mit einem geometrisch freien Querschnitt von 1,00 m² zu errichten, die in der Angriffsebene der Feuerwehr von Stand aus ohne fremde Hilfe geöffnet werden kann. Eine automatische Ansteuerung durch die Brandmeldeanlage ist unzulässig.

f) Eine Ausgangstüre des Treppenhauses ist mit einer Türfeststelleinrichtung zu versehen.

4.3 Brandmeldeanlagen (BMA)

4.3.1 Das Gebäude ist mit einer automatischen Brandmeldeanlage im Schutzumfang Vollschutz auszustatten, die über das jeweils hochwertigste zur Verfügung stehende Übertragungssystem an die Brandmelde-Auswertezentrale einer öffentlichen Feuerwehr anzuschließen ist. Im Fall einer Auslösung ist der Zutritt zu allen überwachten Bereichen sicherzustellen.

4.3.2 Abweichend von Punkt 4.3.1 ist die Anordnung von Brandmeldern innerhalb von Wohnungen dann nicht erforderlich, wenn sichergestellt wird, dass

a) in allen Aufenthaltsräumen – ausgenommen in Küchen – sowie in Gängen, über die Fluchtwege von Aufenthaltsräumen führen, jeweils mindestens ein unvernetzter Rauchwarnmelder angeordnet wird; die Rauchwarnmelder müssen so eingebaut werden, dass Brandrauch frühzeitig erkannt und gemeldet wird, und

b) entweder bei Auslösung einer automatischen Löschanlage mit dem Schutzziel „Verhinderung der vertikalen Flammenübertragung" die betroffene Wohnung eindeutig identifiziert werden kann, oder

c) bei Auslösung einer automatischen Löschanlage im Schutzumfang Vollschutz der betroffene Brandabschnitt eindeutig identifiziert werden kann.

4.4 Maßnahmen zur wirksamen Einschränkung einer vertikalen Brandübertragung

4.4.1 Es ist eine automatische Löschanlage im Schutzumfang Vollschutz zu errichten.

4.4.2 Bei Wohnungen ist abweichend von Punkt 4.4.1 die Errichtung einer automatischen Löschanlage mit dem Schutzziel „Verhinderung der vertikalen Flammenübertragung" ausreichend.

5 Gebäude mit einem Fluchtniveau von mehr als 90 m

Für Gebäude mit einem Fluchtniveau von mehr als 90 m ist ein Brandschutzkonzept erforderlich, das dem OIB-Leitfaden „Abweichungen im Brandschutz und Brandschutzkonzepte" zu entsprechen hat. Dabei ist ergänzend zu den Punkten 2 und 3 insbesondere zu berücksichtigen:

- Personenanzahl bei der Flucht,
- Evakuierungszeiten,
- Angriffsbedingungen der Feuerwehr,
- Art der Nutzung,
- Umgebungssituation.

6 Bauführungen im Bestand

Bei Änderungen an bestehenden Bauwerken mit Auswirkungen auf bestehende Bauwerksteile sind für die bestehenden Bauwerksteile Abweichungen von den aktuellen Anforderungen dieser OIB-Richtlinie zulässig, wenn das ursprüngliche Anforderungsniveau des rechtmäßigen Bestandes nicht verschlechtert wird.

Tabelle 1: Allgemeine Anforderungen an das Brandverhalten

1 Fassaden		
1.1	Außenwand-Wärmedämmverbundsysteme	A2-d1
1.2	Fassadensysteme, vorgehängte hinterlüftete, belüftete oder nicht hinterlüftete	
1.2.1	Gesamtsystem *oder*	A2-d1
1.2.2	Einzelkomponenten	
	- Außenschicht	A2-d1
	- Unterkonstruktion stabförmig / punktförmig	A2 / A2
	- Dämmschicht bzw. Wärmedämmung	A2
1.3	Vorhangfassaden	
	Einzelkomponenten	
	- Profil (Rahmen, Pfosten oder Riegel)	A2
	- Ausfachung als Verglasung	B-d1
	- Ausfachung als Paneel	A2-d1
	- Abdichtung zwischen Ausfachung und Profil	E
	- Beschichtung (sofern nicht mit Profil oder Ausfachung mitgeprüft)	B
1.4	sonstige Außenwandbekleidungen oder -beläge	A2-d1
1.5	nichttragende Außenwandbauteile	A2-d1
1.6	Gebäudetrennfugenmaterial	A2
1.7	Geländerfüllungen bei Balkonen, Loggien u. dgl.	A2
2 Treppenhäuser und Gänge ausgenommen innerhalb von Wohnungen: Bekleidungen und Beläge sowie abgehängte Decken		
2.1	Wandbekleidungen (1)	
2.1.1	Gesamtsystem *oder*	A2; die Oberflächen müssen geschlossen sein, wenn kein Belag vorhanden ist
2.1.2	Einzelkomponenten	
	- Außenschicht	A2
	- Unterkonstruktion	A2
	- Dämmschicht bzw. Wärmedämmung	A2; bei Mantelbeton sind Dämmschichten der Klasse B zulässig
2.2	abgehängte Decken	A2-s1, d0
2.3	Wand- und Deckenbeläge	A2-s1, d0
2.4	Bodenbeläge	$A2_{fl}$; Bei Gebäuden mit einem Fluchtniveau von nicht mehr als 32 m genügt bei Gängen B_{fl}.
2.5	Geländerfüllungen	A2
3 Dächer mit einer Neigung ≤ 60°		
3.1	Dacheindeckung bzw. Bedachung	B_{ROOF} (t1); Dacheindeckung, Lattung, Konterlattung und Schalung müssen der Klasse A2 entsprechen; abweichend davon sind für Lattung, Konterlattung und Schalung auch Holz und Holzwerkstoffe der Klasse D zulässig; Bei Dächern mit einer Neigung < 20° genügt als oberste Schicht auch 5 cm Kies oder Gleichwertiges;
3.2	Dämmschicht bzw. Wärmedämmung in der Dachkonstruktion	A2; Auf allen in REI 90 und A2 hergestellten Dächern mit einer Neigung < 20° sind auch EPS, XPS und PUR der Klasse E zulässig.
4 nicht ausgebaute Dachräume		
4.1	Bekleidung (Fußbodenkonstruktion)	
4.1.1	Gesamtsystem *oder*	B
4.1.2	Einzelkomponenten	
	- Außenschicht	A2
	- Dämmschicht bzw. Wärmedämmung	A2; auf allen in REI 90 und A2 hergestellten Dächern mit einer Neigung < 20° sind auch EPS, XPS und PUR der Klasse E zulässig.
4.2	Bodenbeläge	$A2_{fl}$; Bei Gebäuden mit einem Fluchtniveau von nicht mehr als 32 m genügt B_{fl}-s1; es sind auch Bodenbeläge in D_{fl} zulässig, wenn die Wärmedämmung bzw. Dämmschicht in A2 ausgeführt wird.
5 Leitungen und sonstige Einbauten in Schächten bzw. Kanälen		
5.1	Lüftungsleitungen mit/ohne elektrischen Leitungen	A2
5.2	Sammellüftungen von Nassräumen, Leitungen von kontrollierten Wohnraumlüftungen in Schächten	A2
5.3	Schleusenlüftungen	A2
5.4	Dämmstoffe von Leitungen inkl. Kälteleitungen	C-s3, d0

(1) Fehlen in Gängen und Treppenhäusern Wand- bzw. Deckenbeläge, gelten für die Bekleidung (als Gesamtsystem) bzw. die Außenschicht der Bekleidung die Anforderungen für Wand- bzw. Deckenbeläge gemäß Zeile 2.3.

Impressum

Medieninhaber und Herausgeber:
Österreichisches Institut für Bautechnik
ZVR 383773815
Schenkenstraße 4, 1010 Wien, Austria
T +43 1 533 65 50, F +43 1 533 64 23
E-Mail: mail@oib.or.at
Internet: www.oib.or.at

OIB
www.oib.or.at

Tiroler Landesstelle für Brandverhütung Sterzingerstraße. 2 6020 Innsbruck	**Merkblatt** der österreichischen Brandverhütungsstellen	bv DIE ÖSTERREICHISCHEN BRANDVERHÜTUNGSSTELLEN **Dezember 2019**

Wartungsintervall und Eigenkontrollen für Brandmeldeanlagen und Gefahrenmeldeanlagen bei Schutzhütten in Extremlage

In diesem Merkblatt der Brandverhütungsstellen Österreichs werden Präzisierungen hinsichtlich der Wartungsintervalle und Eigenkontrollen betreffend Brandmeldeanlagen oder Gefahrenmeldeanlagen in Schutzhütten in Extremlagen angeführt. Andere Vorgaben für Schutzhütten in Extremlage werden hierdurch nicht beeinflusst und sind weiterhin einzuhalten.

1.1. Organisatorischer Brandschutz und Alarmierung:

Auf einer Schutzhütte in Extremlage, welche aufgrund rechtlicher Vorgaben mit einer Brand- oder Gefahrenmeldeanlage ausgestattet sein muss, hat ständig eine hinsichtlich der Brand- oder Gefahrenmeldeanlage unterwiesene Person anwesend zu sein.

„**Unterwiesene Person**“ ist, wer zumindest von einem Brandschutzbeauftragten (Grundausbildung zum Brandschutzbeauftragen nach Punkt 3.1. (Modul 1 und Modul 2) der TRVB 117 O, Ausgabe 2010) unterwiesen wurde. Der Brandschutzbeauftragte muss vom Hersteller/Errichter der Brand- oder Gefahrenmeldeanlage auf das System eingeschult worden sein. Die Unterweisung ist zu dokumentieren.

„**Vom Hersteller/Errichter unterwiesene Person**“ ist ein Brandschutzbeauftragter (Grundausbildung zum Brandschutzbeauftragen nach Punkt 3.1. (Modul 1 und Modul 2) der TRVB 117 O, Ausgabe 2010) mit Einschulung des Herstellers/Errichters der Brand- oder Gefahrenmeldeanlage auf das System. Die Unterweisung ist zu dokumentieren.

„**Fachfirma für die installierte Brand- oder Gefahrenmeldeanlage**“ ist ein hierfür gewerberechtlich befugtes Unternehmen, welches Zugang zu allen erforderlichen Werkzeugen und Programmen hat.

Die „**tägliche Inspektion**“ umfasst die tägliche Überprüfung der Brandmeldeanlage auf den Betriebszustand (Sichtkontrolle).

Die „**vierteljährliche Inspektion**“ umfasst, die Überprüfung der Notstromversorgung mittels Notstrombetrieb und der Signal- und Alarmierungseinrichtungen sowie die Kontrolle der Brandmelder hinsichtlich Freihaltung, vorschriftsmäßiger Nutzung und Brandbelastung, Beschriftungen und Kennzeichnungen sowie der Zugänglichkeit der Druckknopfmelder (Überprüfung auf sichtbare Störungen und Mängel sowie herstellerunabhängiger Kriterien).

Die „**jährliche Wartung**“ umfasst neben der „vierteljährliche Inspektion“ auch die stichprobenartige Auslösung von Brandmeldern, die Kontrolle der Alarmorganisation und der vorbeugenden Maßnahmen zur Bewahrung des Sollzustandes der Brandmeldeanlage (Messen, Reinigen, Prüfen, Einstellen...) und ist vor Aufnahme des Saisonbetriebes durchzuführen.

Die „**vierjährige Wartung**" umfasst neben der „jährlichen Wartung" und in Abhängigkeit des Brand- oder Gefahrenmeldesystems und den örtlichen Betriebsverhältnissen die Kontrolle von unzulässigen Abweichungen des Sollzustandes, die Wartung der automatischen Brandmelder und Sonderbrandmelder, der Druckknopfmelder/Handfeuermelder, der Brandmelderzentrale, der optischen und akustischen Alarmierungseinrichtungen, der Steuereinrichtungen insbesondere hinsichtlich Korrosion, der Energieversorgung und den Tausch der Akkumulatoren nach Herstellerangaben.

1.2. Wartungs- Inspektionsintervalle und Eigenkontrollen:	Personelle Anforderungen:
Tägliche Inspektion:	Unterwiesene Person
¼--jährliche Inspektion:	Vom Hersteller/Errichter unterwiesene Person
Jährliche Wartung:	
4-jährige Wartung:	Fachfirma für die installierte Brandmeldeanlage
Eine Revisionsüberprüfung gemäß Punkt 5.4 der TRVB 123 S, Ausgabe 2011, Stand 21.09.2019, ist nicht erforderlich	

Sämtliche Ereignisse (z.B. Wartungen, Instandhaltungen, Abschaltungen, Probealarme…) die Brandmeldeanlage betreffend sind zu dokumentieren.

RICHTLINIEN DES ÖSTERREICHISCHEN INSTITUTS FÜR BAUTECHNIK
OiB richtlinien
OIB-RICHTLINIE
3
Hygiene, Gesundheit und Umweltschutz
OIB-330.3-007/19
APRIL 2019

Diese Richtlinie basiert auf den Beratungsergebnissen der von der Landesamtsdirektorenkonferenz zur Ausarbeitung eines Vorschlages zur Harmonisierung bautechnischer Vorschriften eingesetzten Länderexpertengruppe. Die Arbeit dieses Gremiums wurde vom OIB in Entsprechung des Auftrages der Landesamtsdirektorenkonferenz im Sinne des § 3 Abs. 1 Z 7 der Statuten des OIB koordiniert und im Sachverständigenbeirat für bautechnische Richtlinien fortgeführt. Die Beschlussfassung der Richtlinie erfolgte gemäß § 8 Z 12 der Statuten durch die Generalversammlung des OIB.

OIB-Richtlinie 3

Hygiene, Gesundheit und Umweltschutz

Ausgabe: April 2019

0 Vorbemerkungen ... 2
1 Begriffsbestimmungen ... 2
2 Sanitäreinrichtungen ... 2
3 Niederschlagswässer, Abwässer und sonstige Abflüsse ... 3
4 Abfälle ... 3
5 Abgase von Feuerstätten ... 4
6 Schutz vor Feuchtigkeit ... 5
7 Trinkwasser und Nutzwasser ... 6
8 Schutz vor gefährlichen Immissionen ... 6
9 Belichtung und Beleuchtung ... 7
10 Lüftung und Beheizung ... 8
11 Niveau und Höhe der Räume ... 9
12 Gefährliche Stoffe ... 9
13 Sondergebäude ... 9
14 Bauführungen im Bestand ... 10
Anhang A ... 11
Anhang B ... 12

0 Vorbemerkungen

Die zitierten Normen und sonstigen technischen Regelwerke gelten in der im Dokument „OIB-Richtlinien – Zitierte Normen und sonstige technische Regelwerke“ angeführten Fassung.

Für eingeschoßige Gebäude ohne Wohnung (z.B. Gartenhütte, Gerätehütte, Kioske), mit höchstens 15 m² Brutto-Grundfläche gelten die Anforderungen hinsichtlich dieser Richtlinie nicht.

Alle in dieser Richtlinie angeführten Maße verstehen sich als Fertigmaße nach Vollendung der Bauführung. Können entsprechend dem Stand der Technik gemäß den einschlägigen Regelwerken Toleranzen angewendet werden, so ist deren Berücksichtigung nur für die Ausführung, nicht jedoch für die Planung zulässig.

Der Anwendungsbereich der OIB-Richtlinien auf Versammlungsstätten ergibt sich aus den im Dokument „OIB-Richtlinien – Begriffsbestimmungen“ definierten Begriffen „Menschenansammlung, größere“, „Versammlungsraum“ und „Versammlungsstätte“. Erst bei mehr als 120 gleichzeitig anwesenden Personen für kulturelle, künstlerische, sportliche, unterhaltende oder andere vergleichbare Aktivitäten kommen Anforderungen dieser Richtlinie betreffend Versammlungsstätten zur Anwendung. Bei 120 oder weniger Personen gelten die Grundanforderungen an die Hygiene, die Gesundheit und den Umweltschutz.

Von den Anforderungen dieser OIB-Richtlinie kann entsprechend den jeweiligen landesrechtlichen Bestimmungen abgewichen werden, wenn vom Bauwerber nachgewiesen wird, dass das gleiche Schutzniveau wie bei Anwendung der Richtlinie erreicht wird.

1 Begriffsbestimmungen

Es gelten die Begriffsbestimmungen des Dokumentes „OIB-Richtlinien – Begriffsbestimmungen“.

2 Sanitäreinrichtungen

2.1 Allgemeine Anforderungen

Fußböden und Wände von Sanitärräumen (Toiletten, Bäder und sonstige Nassräume) müssen entsprechend den hygienischen Erfordernissen leicht zu reinigen sein. Toiletten müssen in der Regel über eine Wasserspülung verfügen.

2.2 Sanitäreinrichtungen in Wohnungen

Jede Wohnung muss im Wohnungsverband über eine Toilette, ein Waschbecken und eine Dusche oder Badewanne in zumindest einem Sanitärraum verfügen.

2.3 Sanitäreinrichtungen in Bauwerken oder Teilen von Bauwerken, die nicht Wohnzwecken dienen

2.3.1 Für Bauwerke oder Teile von Bauwerken, die nicht Wohnzwecken dienen, ist, wenn der Verwendungszweck dies erfordert, eine ausreichende Anzahl von nach Geschlechtern getrennten Toiletten zu errichten. Dabei sind zu berücksichtigen:

- der Verwendungszweck,
- die geschlechtsbezogene Aufteilung der Benutzer,
- die zu erwartende Gleichzeitigkeit der Toilettenbenützung.

Eine ausreichende Anzahl von Waschbecken ist dabei vorzusehen.

2.3.2 Toilettenräume in Gastronomiebetrieben dürfen nicht direkt von Gasträumen zugänglich sein. Ausgenommen von der Verpflichtung zur Errichtung von Toiletten sind Gastronomiebetriebe mit nicht mehr als acht Verabreichungsplätzen.

2.3.3 Für Versammlungsstätten können Sanitäreinrichtungen, die auf dem Gelände der Versammlungsstätte oder in deren Nähe vorhanden sind, angerechnet werden, wenn sie für die Besucher der Versammlungsstätte zugänglich sind. Sind Rollstuhlplätze gemäß Punkt 7.5.3 der OIB-Richtlinie 4 einzurichten, muss je angefangene zehn Rollstuhlplätze eine barrierefreie Toilette vorhanden sein.

3 Niederschlagswässer, Abwässer und sonstige Abflüsse

3.1 Sammlung und Ableitung von Niederschlagswässern

3.1.1 Niederschlagswässer, die nicht als Nutzwasser verwendet werden, sind technisch einwandfrei zu versickern, abzuleiten oder zu entsorgen.

3.1.2 Einrichtungen zur technisch einwandfreien Sammlung und Ableitung von Niederschlagswässern bei Bauwerken sind dann erforderlich, wenn

- die beim Bauwerk anfallenden Niederschlagswässer auf Verkehrsflächen oder Nachbargrundstücke gelangen können oder
- eine gesammelte Ableitung zur Vermeidung von Beeinträchtigungen (z.B. Durchfeuchtung von Mauerwerk, Rutschungen) erforderlich ist.

Dabei können Flächen geringen Ausmaßes (z.B. Gesimse, Vorsprünge) sowie Balkone mit einer Fläche von nicht mehr als 5,00 m² außer Betracht gelassen werden.

3.2 Sammlung und Entsorgung von Abwässern und sonstigen Abflüssen

3.2.1 Alle Bauwerke,

- die über eine Versorgung mit Trink- oder Nutzwasser verfügen,
- die Anlagen aufweisen, bei denen sich Kondensate bilden oder
- bei denen sonst Abwässer anfallen,

sind mit Anlagen zur Sammlung von Abwässern auszustatten. Die gesammelten Abwässer sind ordnungsgemäß zu entsorgen.

3.2.2 Anlagen zur Sammlung und Entsorgung von Abwässern müssen flüssigkeitsdicht sein und sind so zu planen und auszuführen, dass weder die Gesundheit von Menschen noch die Umwelt beeinträchtigt werden, wie insbesondere durch:

- Rückstau von Abwasser ins Bauwerk,
- Austreten von Kanalgasen ins Bauwerk,
- Verunreinigung der Trinkwasseranlage.

3.2.3 Die Böden und Wände von Senkgruben sind dauerhaft flüssigkeitsdicht und beständig gegen die auftretenden chemisch lösenden bzw. treibenden Angriffe auszuführen. Die Gruben sind tagwasserdicht abzudecken, zu entlüften und mit im Freien liegenden Einstiegsöffnungen zu versehen.

3.2.4 Düngersammelanlagen, Silos für Nass-Silagen, Stallböden und sonstige Bauteile, in deren Bereich Stalldünger oder Jauche anfällt oder abgeleitet wird, müssen flüssigkeitsdicht und beständig gegen die auftretenden chemisch lösenden bzw. treibenden Angriffe sein. Die Abflüsse sind in flüssigkeitsdichte Sammelgruben zu leiten, die keinen Überlauf aufweisen.

4 Abfälle

4.1 Bauwerke müssen über Abfallsammelstellen oder Abfallsammelräume verfügen, die dem Verwendungszweck entsprechen. Diese müssen so situiert und ausgestaltet sein, dass durch die Benützung der Abfallsammelbehälter keine unzumutbare Belästigung durch Staub, Geruch oder Lärm entsteht, und dass die jeweils vorgesehene Art der Sammlung und Abholung leicht durchführbar ist.

4.2 Abfallsammelräume müssen be- und entlüftet sein. Die Lüftungsöffnungen sind so zu situieren, dass es zu keiner unzumutbaren Geruchsbelästigung kommt. Die Fußböden und Wände von Abfallsammelräumen müssen leicht zu reinigen sein. Die Abholung der Abfälle muss auf kurzen, möglichst stufenlosen Wegen möglich sein.

4.3 Abfallabwurfschächte sind unzulässig.

5 Abgase von Feuerstätten

5.1 Allgemeine Anforderungen an Abgasanlagen

5.1.1 Alle Feuerstätten sind an Abgasanlagen anzuschließen, die über Dach führen.

5.1.2 Die Mündungen von Abgasanlagen sind so zu situieren, dass eine Beeinträchtigung von Personen durch Abgase vermieden wird und einwandfreie Zugverhältnisse gewährleistet sind.

5.1.3 Beträgt der horizontale Abstand zwischen Mündungen von Abgasanlagen und Lüftungsöffnungen von Aufenthaltsräumen (z.B. Fenster, Türen, Zuluftöffnungen von Lüftungsanlagen) weniger als 10 m, sind die folgenden vertikalen Mindestabstände einzuhalten:

- 3,00 m, wenn die Mündung vor Fenstern, Türen oder Zuluftöffnungen liegt,
- ansonsten 1,00 m.

Dabei muss sich die Mündung der Abgasanlagen oberhalb der Fenster, Türen oder Zuluftöffnungen befinden. Es ist der vertikale Abstand zwischen Oberkante der Mündung und Sturzunterkante bzw. Oberkante der Lüftungsöffnung zu messen.

5.1.4 Die Mündung muss den First um mindestens 40 cm überragen, oder es müssen folgende Mindestabstände von der Dachfläche, normal zu dieser gemessen, eingehalten werden:

- 60 cm bei mit Gas oder Öl betriebenen Feuerstätten, bei denen die Temperatur der Abgase unter den Taupunkt abgesenkt wird (Brennwertkessel),
- ansonsten 1,00 m.

Bei Flachdächern ist die Mündung mindestens 40 cm über die Oberkante der Attika und zumindest 1,00 m über die Dachfläche zu führen. Wird eine Dachfläche als Terrasse genutzt ist die Mündung mindestens 1,50 m über die Standfläche zu führen.

5.1.5 Bei bestehenden Gebäuden darf bei Abgasanlagen für raumluftunabhängige mit Gas betriebene Feuerstätten, bei denen die Temperatur der Abgase unter den Taupunkt abgesenkt wird (Brennwertkessel)

- von den Punkten 5.1.1, 5.1.3 und 5.1.4 abgewichen und
- die Mündung der Abgasanlagen auch in Außenwänden angeordnet werden.

5.1.6 Bei sonstigen konditionierten Gebäuden gemäß Punkt 3, Ziffer 13 der OIB-Richtlinie 6 kann bei gasbefeuerten Dunkel- bzw. Hellstrahlern von den Punkten 5.1.1, 5.1.3 und 5.1.4 abgewichen werden.

5.2 Widerstandsfähige Ausbildung und wirksame Ableitung

5.2.1 Abgasanlagen sind aus Baustoffen herzustellen, die gegenüber den Einwirkungen der Wärme und der chemischen Beschaffenheit der Abgase und etwaiger Kondensate ausreichend widerstandsfähig sind.

5.2.2 Abgasanlagen müssen betriebsdicht sein und sind so anzulegen, dass eine wirksame Ableitung der Abgase gewährleistet ist und dabei keine Gefährdung der Sicherheit und Gesundheit von Personen und keine unzumutbare Belästigung eintritt.

5.2.3 Für Verbindungsstücke, die nicht Teil der Feuerstätte sind, gelten die Anforderungen der Punkte 5.2.1 und 5.2.2 sinngemäß.

5.3 Reinigungsöffnungen

5.3.1 Jede Abgasanlage muss zur leichten Reinigung und Überprüfung über Reinigungsöffnungen verfügen, die zumindest am unteren (Putzöffnung) und am oberen Ende (Kehröffnung) der Abgasanlage angeordnet sind. Eine Kehröffnung ist nicht erforderlich, wenn die Abgasanlage über einen gesicherten Zugang von der Mündung aus gekehrt und überprüft werden kann. Eine Putzöffnung ist nicht erforderlich, wenn Abgasanlage und Feuerstätte samt allfälligem Verbindungsstück nachweislich so konstruiert sind, dass die Rußentnahme leicht über die Feuerstätte erfolgen kann.

5.3.2 Die Größe der Reinigungsöffnungen muss jeweils der Querschnittsfläche der Abgasanlage angepasst sein.

5.3.3 Reinigungsöffnungen dürfen nicht in anderen Wohn- oder Betriebseinheiten liegen. Bei Abgassammlern ist dies erfüllt, wenn die Reinigungsöffnung in einer diesem Abgassammler zugeordneten Wohn- oder Betriebseinheit liegt.

5.3.4 Der Zugang zu Reinigungsöffnungen darf nicht über andere Wohn- oder Betriebseinheiten erfolgen. Reinigungsöffnungen sind so zu kennzeichnen, dass die Wohn- und Betriebseinheit eindeutig zuordenbar ist.

5.4 Abzughemmende Vorrichtungen

5.4.1 Vorrichtungen, die den Abzug der Abgase hemmen oder hindern, dürfen nicht eingebaut werden. Drosselklappen vor der Einmündung in die Abgasanlage sind jedoch zulässig, wenn im oberen Teil der Klappe eine Öffnung von einem Viertel des Querschnittes, mindestens aber eine Öffnung von 25 cm^2 offen verbleibt und nur Feuerstätten für feste Brennstoffe angeschlossen sind.

5.4.2 Die Bestimmungen von Punkt 5.4.1 gelten nicht für automatisch gesteuerte Drosselklappen mit ausreichender Sicherheitseinrichtung.

5.5 Bemessung und Ausführung

5.5.1 Die lichte Querschnittsfläche des abgasführenden Teils der Abgasanlage ist so zu bemessen und auszubilden, dass geeignete Strömungsverhältnisse gewährleistet sind. Dabei sind insbesondere die Art der Abgasanlage, die technische Einrichtung und jeweilige Brennstoffwärmeleistung der vorgesehenen Feuerstätte, die Temperatur der Abgase und die wirksame Höhe der Abgasanlage einschließlich der örtlichen Verhältnisse zu beachten.

5.5.2 Der lichte Querschnitt des abgasführenden Teils der Abgasanlage oberhalb der untersten Reinigungsöffnung ist bis zur Mündung konstant zu halten. Ein Wechsel der Querschnittsform und -fläche in strömungstechnisch gleichwertiger Form ist zulässig.

5.5.3 Werden Abgase bei bestimmungsgemäßem Betrieb der Feuerstätte unter Überdruck abgeleitet, so sind Innenrohr und Verbindungsstück hinterlüftet auszuführen. In Heizräumen kann von einem hinterlüfteten Verbindungsstück abgesehen werden, wenn diese eine Zuluftöffnung gemäß Punkt 10.1.3 aufweisen.

5.6 Einleitung in dasselbe Innenrohr einer Abgasanlage

5.6.1 In denselben abgasführenden Teil einer Abgasanlage dürfen nur die Abgase aus Feuerstätten desselben Geschoßes und derselben Wohn- oder Betriebseinheit eingeleitet werden.

5.6.2 Wenn mehrere Feuerstätten für feste, flüssige oder gasförmige Brennstoffe an denselben abgasführenden Teil einer Abgasanlage angeschlossen werden, muss der lichte Abstand zwischen den Einmündungen, gemessen vertikal zwischen den Außenkanten, jeweils mindestens 30 cm betragen, wobei Abgase von festen Brennstoffen in die unterste Einmündung einzuleiten sind.

5.6.3 Abweichend zu Punkt 5.6.1 sind Einleitungen von Abgasen aus einem oder mehreren Geschoßen und unterschiedlichen Wohn- oder Betriebseinheiten in die selbe Abgasanlage (z.B. Luft-Abgas-Systeme) zulässig, wenn nur raumluftunabhängige Feuerstätten daran angeschlossen werden und ein Nachweis über die Eignung der Abgasanlage und der Feuerstätten vorliegt.

6 Schutz vor Feuchtigkeit

6.1 Schutz vor Feuchtigkeit aus dem Boden

Bauwerke mit Aufenthaltsräumen sowie sonstige Bauwerke, deren Verwendungszweck dies erfordert, müssen in all ihren Teilen gegen das Eindringen und Aufsteigen von Wasser und Feuchtigkeit aus dem Boden geschützt werden.

6.2 Schutz gegen Niederschlagswässer

Die Hülle von Bauwerken mit Aufenthaltsräumen sowie von sonstigen Bauwerken, deren Verwendungszweck dies erfordert, muss so ausgeführt sein, dass das Eindringen von Niederschlagswässern in die Konstruktion der Außenbauteile und ins Innere des Bauwerkes verhindert wird.

6.3 **Vorsorge vor Überflutungen**

Falls das Fußbodenniveau von Aufenthaltsräumen nicht über dem Niveau des hundertjährlichen Hochwasserereignisses liegt, muss Vorsorge für einen gleichwertigen Schutz gegen Überflutung getroffen werden.

6.4 **Vermeidung von Schäden durch Wasserdampfkondensation**

6.4.1 Raumbegrenzende Bauteile von Bauwerken mit Aufenthaltsräumen sowie von sonstigen Bauwerken, deren Verwendungszweck dies erfordert, müssen so aufgebaut sein, dass Schäden durch Wasserdampfkondensation weder in den Bauteilen noch an deren Oberflächen bei üblicher Nutzung entstehen. Dies gilt jedenfalls als erfüllt, wenn Punkt 4.8 der OIB-Richtlinie 6 eingehalten wird.

6.4.2 Bei Außenbauteilen mit geringer Speicherfähigkeit (wie Fenster- und Türelemente) ist durch geeignete Maßnahmen sicherzustellen, dass angrenzende Bauteile nicht durchfeuchtet werden.

7 Trinkwasser und Nutzwasser

7.1 Alle Bauwerke mit Aufenthaltsräumen müssen über eine Trinkwasserversorgung aus dem öffentlichen Trinkwassernetz oder aus geeigneten Eigenwasserversorgungsanlagen (z.B. Quellfassung oder Brunnen) verfügen.

7.2 Eine Verbindung zwischen Trinkwasserleitungen und Nutzwasserleitungen ist unzulässig.

7.3 Bei Verwechslungsgefahr von Trinkwasser und Nutzwasser sind die Entnahmestellen zu kennzeichnen.

8 Schutz vor gefährlichen Immissionen

8.1 **Schadstoffkonzentration**

Aufenthaltsräume sind so auszuführen, dass gefährliche Emissionen aus Baumaterialien und aus dem Untergrund bei einem dem Verwendungszweck entsprechenden Luftwechsel nicht zu Konzentrationen führen, die die Gesundheit der Benützer beeinträchtigen können. Dies gilt für Baumaterialien jedenfalls als erfüllt, wenn Bauprodukte bestimmungsgemäß verwendet werden, die die landesrechtlichen Vorschriften über Bauprodukte erfüllen.

8.2 **Radonemissionen aus dem Untergrund und ionisierende Strahlung**

8.2.1 Gebäude mit Aufenthaltsräumen in Radonvorsorgegebieten oder Radonschutzgebieten sind so auszuführen, dass ein die Gesundheit der Benutzer gefährdender Radoneintritt aus dem Untergrund verhindert wird. Dies gilt jedenfalls als erfüllt, wenn der Referenzwert von 300 Bq/m³ für die Aktivitätskonzentration von Radon in der Luft im Jahresmittel in den Aufenthaltsräumen eingehalten wird.

8.2.2 Aufenthaltsräume sind so auszuführen, dass keine die Gesundheit der Benutzer gefährdende Gammastrahlung aus Bauprodukten auftritt. Bauprodukte, die Gammastrahlung emittieren, können verwendet werden, wenn unter Berücksichtigung aller für den Strahlenschutz relevanten Faktoren der Referenzwert von 1 mSv pro Jahr für die externe Exposition in Aufenthaltsräumen durch Gammastrahlung aus Bauprodukten zusätzlich zur externen Exposition im Freien eingehalten wird.

8.2.3 Die Anforderung des Punktes 8.2.2 gilt jedenfalls als erfüllt, wenn nur Bauprodukte verwendet werden, deren Aktivitätskonzentrationsindex I gemäß Anhang A den Wert 1 nicht überschreitet, oder die keine der in Anhang B angeführten Materialien enthalten.

8.3 Lüftung von Garagen

8.3.1 Garagen sind natürlich oder mechanisch so zu lüften, dass im Regelbetrieb ein Viertelstundenmittelwert für Kohlenstoffmonoxid (CO) von 60 ppm nicht überschritten wird.

8.3.2 Für Garagen, in denen jeder Stellplatz direkt aus dem Freien ohne überdachte Fahrgasse anfahrbar ist, gilt die Anforderung gemäß Punkt 8.3.1 ohne weitere Maßnahmen als erfüllt.

8.3.3 Für andere Garagen als jene gemäß Punkt 8.3.2 mit nicht mehr als 250 m² Nutzfläche gilt die Anforderung gemäß Punkt 8.3.1 als erfüllt, wenn
- eine natürliche Querdurchlüftung über Zu- und Abluftöffnungen von insgesamt mindestens 1000 cm² Querschnittsfläche pro Stellplatz vorhanden ist oder
- eine mechanische Lüftung mit einem mindestens 0,5-fachen stündlichen Luftwechsel sichergestellt ist.

8.3.4 Garagen mit mehr als 250 m² Nutzfläche sind mit adäquaten Messeinrichtungen auszustatten, die bei Überschreiten einer CO-Konzentration von 60 ppm über einen Zeitraum von mehr als einer Viertelstunde Maßnahmen zur Reduktion der CO-Konzentration (Aktivierung der Intensivlüftung durch eine mechanische Lüftungsanlage) einleiten und bei Überschreiten einer CO-Konzentration von 150 ppm über einen Zeitraum von mehr als einer Minute Alarmsignale auslösen.

8.3.5 Die Anforderung gemäß Punkt 8.3.1 ist für Garagen mit mehr als 250 m² Nutzfläche für oberirdische Geschoße und das erste unterirdische Geschoß erfüllt, wenn die Geschoße mit natürlichen Rauch- und Wärmeabzugseinrichtungen gemäß Tabelle 2 der OIB-Richtlinie 2.2 „Brandschutz bei Garagen, überdachten Stellplätzen und Parkdecks“ ausgestattet sind. In diesem Fall sind Einrichtungen gemäß Punkt 8.3.4 nicht erforderlich. Diese Öffnungen müssen so situiert sein, dass eine Querdurchlüftung gewährleistet ist.

8.3.6 Abluftöffnungen von mechanischen Lüftungen aus Garagen mit mehr als 250 m² Nutzfläche müssen zu öffenbaren Fenstern und Türen von Aufenthaltsräumen sowie von Zuluftöffnungen von Lüftungsanlagen so situiert sein, dass es zu keiner Beeinträchtigung von Personen kommt.

9 Belichtung und Beleuchtung

9.1 Anforderungen an die Belichtung

9.1.1 Bei Aufenthaltsräumen muss die gesamte Lichteintrittsfläche (Architekturlichte von Fenstern, Lichtkuppeln, Oberlichtbändern etc.) mindestens 12 % der Bodenfläche dieses Raumes betragen.

9.1.2 Es muss für die gemäß Punkt 9.1.1 notwendigen Lichteintrittsflächen ein zur Belichtung ausreichender freier Lichteinfall gewährleistet sein. Dies gilt für die notwendigen Lichteintrittsflächen als erfüllt, wenn ein freier Lichteinfallswinkel von 45 Grad zur Horizontalen, gemessen von der Fassadenflucht bzw. von der Ebene der Dachhaut, eingehalten wird. Dieser freie Lichteinfall darf dabei seitlich um nicht mehr als 30 Grad verschwenkt werden.

9.1.3 Ragen Bauteile (z.B. Balkone, Dachvorsprünge, Loggien, Erker, vorspringende Geschoße) desselben Bauwerkes in den erforderlichen freien Lichteinfall hinein, so muss die gesamte Lichteintrittsfläche mindestens 15 % der Bodenfläche des Raumes betragen. Dies ist nicht erforderlich, wenn das Auskragen des Bauteiles, gemessen von der Fassadenflucht im Bereich der jeweiligen Lichteintrittsfläche, nicht mehr als 1,50 m beträgt.

9.1.4 Die erforderliche Lichteintrittsfläche gemäß Punkt 9.1.1 bzw. 9.1.3 vergrößert sich ab einer Raumtiefe von mehr als 5,00 m um jeweils 1 % der gesamten Bodenfläche des Raumes pro angefangenem Meter zusätzlicher Raumtiefe.

9.1.5 Werden Wintergärten oder verglaste Loggien den zugehörigen Lichteintrittsflächen von Aufenthaltsräumen vorgelagert, so sind die Punkte 9.1.1 bis 9.1.4 sowohl für die äußere, als auch sinngemäß für die innere Lichteintrittsfläche einzuhalten. Dabei sind für die Bemessung der äußeren Lichteintrittsfläche die beiden Bodenflächen (Fläche und Raumtiefe) heranzuziehen. Die äußere Lichteintrittsfläche muss zumindest so groß sein, wie die erforderliche innere Lichteintrittsfläche.

9.1.6 Die Anforderungen der Punkte 9.1.1 bis 9.1.5 gelten nicht für Räume, bei denen die Nutzung eine geringere oder keine natürliche Belichtung erfordert.

9.2 Anforderungen bezüglich Sichtverbindung nach außen

9.2.1 In Aufenthaltsräumen von Wohnungen müssen alle zur Belichtung notwendigen Lichteintrittsflächen eine freie Sicht von nicht weniger als 2,00 m, gemessen von der Fassadenflucht und normal auf die Lichteintrittsfläche, aufweisen.

9.2.2 Zumindest in einem Aufenthaltsraum jeder Wohnung muss mindestens eine notwendige Lichteintrittsfläche eine freie waagrechte Sicht in 1,20 m Höhe von nicht weniger als 6,00 m, gemessen von der Fassadenflucht und normal auf die Lichteintrittsfläche, gewährleisten.

9.2.3 Für Lichteintrittsflächen in geneigten Bauteilen (z.B. Dachflächenfenster) gelten die Bestimmungen der Punkte 9.2.1 und 9.2.2 sinngemäß.

9.3 Beleuchtung

Alle Räume und allgemein zugänglichen Bereiche in Bauwerken müssen ihrem Verwendungszweck entsprechend beleuchtbar sein.

10 Lüftung und Beheizung

10.1 Lüftung

10.1.1 Aufenthaltsräume und Sanitärräume müssen durch unmittelbar ins Freie führende Fenster, Türen und dergleichen ausreichend gelüftet werden können. Davon kann ganz oder teilweise abgesehen werden, wenn eine mechanische Lüftung vorhanden ist, die eine für den Verwendungszweck ausreichende Luftwechselrate zulässt. Die Lüftung von Aufenthaltsräumen durch unmittelbar ins Freie führende Fenster, Türen und dergleichen ist ebenfalls gewährleistet, wenn vor diese verglaste Loggien oder Wintergärten vorgesetzt sind, welche der jeweiligen Wohn- und Betriebseinheit zugeordnet sind und über öffenbare Fenster, Türen und dergleichen verfügen. Bei sonstigen innen liegenden Räumen, ausgenommen Gänge, ist für eine Lüftungsmöglichkeit zu sorgen.

10.1.2 In Räumen, deren Verwendungszweck eine erhebliche Erhöhung der Luftfeuchtigkeit erwarten lässt (insbesondere in Küchen, Bädern, Nassräumen etc.), ist eine natürliche oder mechanische Be- oder Entlüftung einzurichten.

10.1.3 Bei der Aufstellung von Feuerstätten ist darauf zu achten, dass die entsprechend der Auslegung benötigte Luftmenge zuströmen kann. Heizräume für raumluftabhängige Feuerungsanlagen müssen über eine Zuluftführung aus dem Freien verfügen, wobei eine Mindestquerschnittsfläche von 400 cm² netto nicht unterschritten werden darf:

- bei Feuerstätten für gasförmige Brennstoffe mit atmosphärischem Brenner sowie Feuerstätten für feste Brennstoffe: 4 cm² pro kW Nennwärmeleistung,
- bei sonstigen Feuerstätten: 2 cm² pro kW Nennwärmeleistung.

10.1.4 Bei sonstigen Aufstellungsräumen kann die Verbrennungsluftzufuhr auch aus anderen Räumen erfolgen, wenn nachweislich beim Betrieb aller mechanischen und natürlichen Be- und Entlüftungsanlagen ausreichende Verbrennungsluft nachströmen kann.

10.2 Beheizung

Aufenthaltsräume und Bäder müssen derart beheizbar sein, dass eine für den Verwendungszweck ausreichende Raumtemperatur erreicht werden kann. Ausgenommen davon sind Aufenthaltsräume, deren Verwendungszweck eine Beheizung ausschließt, oder die nicht für eine Benutzung in der Heizperiode gedacht sind.

11 Niveau und Höhe der Räume

11.1 Fußbodenniveau von Räumen

Das Fußbodenniveau von Aufenthaltsräumen von Wohnungen muss wenigstens an einer Fensterseite über deren gesamte Länge über dem an den Aufenthaltsraum angrenzenden Gelände nach der Bauführung liegen.

11.2 Raumhöhe von Aufenthaltsräumen

11.2.1 Die lichte Raumhöhe muss entsprechend dem Verwendungszweck, der Raumfläche sowie der Anzahl der aufzunehmenden Personen so festgelegt werden, dass ein ausreichend großes Luftvolumen gewährleistet ist.

11.2.2 Für Aufenthaltsräume von Wohnungen sowie Arbeitsräume, in denen nur Arbeiten mit geringer körperlicher Belastung durchgeführt werden und keine erschwerenden Bedingungen vorliegen, gilt diese Anforderung jedenfalls als erfüllt, wenn die lichte Raumhöhe mindestens 2,50 m beträgt.

11.2.3 Für Aufenthaltsräume von Wohnungen bei Gebäuden oder Gebäudeteilen mit nicht mehr als drei Wohnungen und bei Reihenhäusern gilt diese Anforderung jedenfalls als erfüllt, wenn die lichte Raumhöhe mindestens 2,40 m beträgt.

11.2.4 Bei Aufenthaltsräumen, die zumindest teilweise von geneigten Dachflächen begrenzt werden, müssen diese Mindestraumhöhen zumindest über der Hälfte der Fußbodenfläche eingehalten werden, wobei bei der Berechnung dieser Fläche Fußbodenflächen mit einer Raumhöhe von weniger als 1,50 m unberücksichtigt bleiben.

11.2.5 Stellenweise Unterschreitungen (z.B. durch Unterzüge, Leitungsführungen, Treppenläufe) der lichten Raumhöhen gemäß der Punkte 11.2.2 bis 11.2.4 sind zulässig.

11.3 Raumhöhe von anderen Räumen als Aufenthaltsräumen

11.3.1 Die lichte Raumhöhe muss mindestens 2,10 m betragen. Dies gilt nicht für Technikräume, die nur zu Servicezwecken betreten werden.

11.3.2 In Räumen, die zumindest teilweise von geneigten Dachflächen begrenzt werden, muss die Mindestraumhöhe von 2,10 m zumindest über der Hälfte der Fußbodenfläche eingehalten werden, wobei bei der Berechnung dieser Fläche Fußbodenflächen mit einer Raumhöhe von weniger als 1,50 m unberücksichtigt bleiben.

12 Gefährliche Stoffe

12.1 Verunreinigungen von Wasser oder Boden durch Austreten gefährlicher Stoffe sind durch technische Maßnahmen, wie Auffangwannen oder doppelwandige Ausführung von Behältern und Leitungen zu vermeiden, sodass keine Gefährdungen von Menschen oder Umweltbelastungen verursacht werden.

12.2 Bei Lagerung gefährlicher Stoffe in Bereichen, die bei hundertjährlichen Hochwässern überflutet werden, ist sicherzustellen, dass bei Überflutung ein Austritt dieser Stoffe verhindert wird (z.B. Schutz der betroffenen Räume gegen eindringendes und drückendes Wasser, Sicherung der Lagerbehälter gegen Aufschwimmen, Außendruck und Wassereintritt).

12.3 Zur Verhinderung der Ansammlung flüchtiger Stoffe in der Raumluft ist eine ausreichende Be- und Entlüftung zu gewährleisten.

13 Sondergebäude

Die Bestimmungen der Punkte 2, 7, 9 und 11 gelten nicht für Schutzhütten in Extremlage.

14 Bauführungen im Bestand

Bei Änderungen an bestehenden Bauwerken mit Auswirkungen auf bestehende Bauwerksteile sind für die bestehenden Bauwerksteile Abweichungen von den aktuellen Anforderungen dieser OIB-Richtlinie zulässig, wenn das ursprüngliche Anforderungsniveau des rechtmäßigen Bestandes nicht verschlechtert wird.

Anhang A

Definition und Verwendung des Aktivitätskonzentrationsindex gemäß Punkt 8.2.3 für die von Baustoffen emittierte Gammastrahlung

Für die Zwecke des Punktes 8.2.3 sind für ermittelte Arten von Baustoffen die Aktivitätskonzentrationen der primordialen Radionuklide Ra-226, Th-232 (oder seines Zerfallsprodukts Ra-228) und K-40 zu bestimmen.

Der Aktivitätskonzentrationsindex I ergibt sich aus folgender Formel:

$$I = C_{Ra226} /300\ Bq/kg + C_{Th232} /200\ Bq/kg + C_{K40} /3000\ Bq/kg$$

wobei C_{Ra226}, C_{Th232} und C_{K40} die Aktivitätskonzentrationen in Bq/kg der jeweiligen Radionuklide im Baustoff sind.

Der Index bezieht sich auf die Gammastrahlungsdosis, die zusätzlich zur normalen Exposition im Freien in einem Gebäude abgegeben wird, das aus einem bestimmten Baustoff errichtet wurde. Der Index bezieht sich auf den Baustoff, nicht auf dessen Bestandteile, außer wenn diese Bestandteile selbst Baustoffe sind und gesondert als solche geprüft werden. Soll der Index auf diese Bestandteile angewendet werden, insbesondere auf Rückstände aus Industriezweigen, in denen natürlich vorkommende radioaktive Materialien verarbeitet werden, die zur Wiederverwertung den Baustoffen zugesetzt werden, ist ein geeigneter Mischungsfaktor zu verwenden. Der Aktivitätskonzentrationsindexwert 1 kann für die Ermittlung von Materialien, die bewirken können, dass der Referenzwert nach Punkt 8.2.2 überschritten werden kann, als konservatives Screening-Instrument verwendet werden. Bei der Dosisberechnung sind andere Faktoren wie die Materialdichte und -dicke sowie Faktoren, die mit der Art des Gebäudes und der beabsichtigten Verwendung des Materials (Volumen- oder Oberflächenmaterial) in Zusammenhang stehen, zu berücksichtigen.

Anhang B

Liste von Baumaterialien, die hinsichtlich ihrer emittierten Gammastrahlung gemäß Punkt 8.2.3 in Betracht zu ziehen sind

1. Natürliche Materialien

   a) Alaunschiefer

   b) Baumaterialien oder Zusätze natürlichen vulkanischen Ursprungs wie:
      - Granitoide (z. B. Granite, Syenit und Orthogneis)
      - Porphyre
      - Tuff
      - Puzzolan (Puzzolanasche)
      - Lava

2. Materialien mit Rückständen aus Industriezweigen, in denen natürlich vorkommende radioaktive Materialien verarbeitet werden, wie:
   - Flugasche
   - Phosphorgips
   - Phosphorschlacke
   - Zinnschlacke
   - Kupferschlacke
   - Rotschlamm (Rückstand aus der Aluminiumproduktion)
   - Rückstände aus der Stahlproduktion

Impressum

Medieninhaber und Herausgeber:
Österreichisches Institut für Bautechnik
ZVR 383773815
Schenkenstraße 4, 1010 Wien, Austria
T +43 1 533 65 50, F +43 1 533 64 23
E-Mail: mail@oib.or.at
Internet: www.oib.or.at

www.oib.or.at

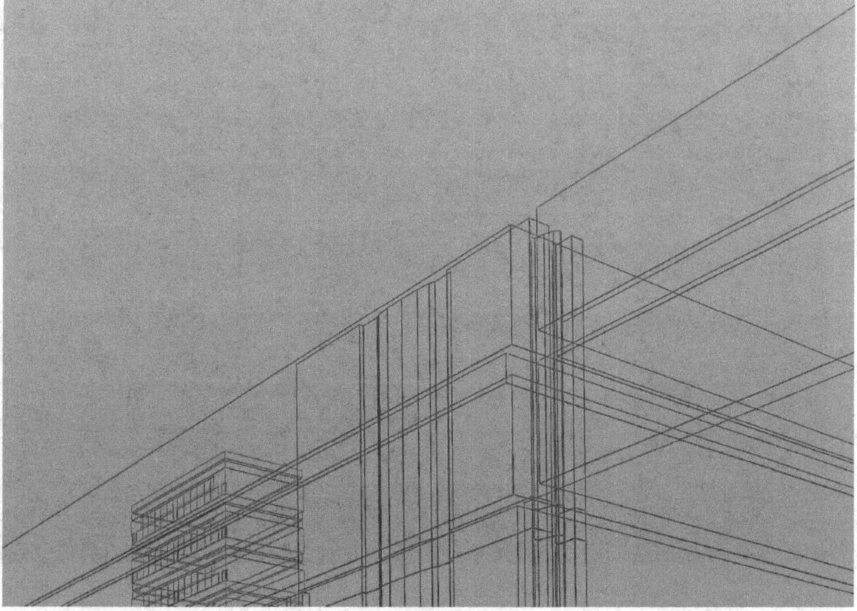

RICHTLINIEN DES ÖSTERREICHISCHEN
INSTITUTS FÜR BAUTECHNIK
OiB richtlinien
OIB-RICHTLINIE
4
Nutzungssicherheit und Barrierefreiheit
OIB-330.4-020/19
APRIL 2019

Diese Richtlinie basiert auf den Beratungsergebnissen der von der Landesamtsdirektorenkonferenz zur Ausarbeitung eines Vorschlages zur Harmonisierung bautechnischer Vorschriften eingesetzten Länderexpertengruppe. Die Arbeit dieses Gremiums wurde vom OIB in Entsprechung des Auftrages der Landesamtsdirektorenkonferenz im Sinne des § 3 Abs. 1 Z 7 der Statuten des OIB koordiniert und im Sachverständigenbeirat für bautechnische Richtlinien fortgeführt. Die Beschlussfassung der Richtlinie erfolgte gemäß § 8 Z 12 der Statuten durch die Generalversammlung des OIB.

OIB-Richtlinie 4

Nutzungssicherheit und Barrierefreiheit

Ausgabe: April 2019

0	Vorbemerkungen	2
1	Begriffsbestimmungen	2
2	Erschließung und Fluchtwege	3
3	Schutz vor Rutsch- und Stolperunfällen	7
4	Schutz vor Absturzunfällen	9
5	Schutz vor Aufprallunfällen und herabstürzenden Gegenständen	10
6	Blitzschutz	11
7	Zusätzliche Anforderungen an die barrierefreie Gestaltung von Gebäuden	11
8	Sondergebäude	13
9	Bauführungen im Bestand	14

0 Vorbemerkungen

Die zitierten Normen und sonstigen technischen Regelwerke gelten in der im Dokument „OIB-Richtlinien – Zitierte Normen und sonstige technische Regelwerke" angeführten Fassung.

Diese Richtlinie gilt für Gebäude. Für sonstige Bauwerke sind die Bestimmungen der Richtlinie sinngemäß anzuwenden.

Für eingeschoßige Gebäude ohne Wohnung (z.B. Gartenhütte, Gerätehütte, Kioske) mit höchstens 15 m² Brutto-Grundfläche gelten die Anforderungen dieser Richtlinie nicht.

Welche Gebäude oder Gebäudeteile barrierefrei zu gestalten sind, wird in den jeweiligen landesrechtlichen Bestimmungen geregelt.

Alle in dieser Richtlinie angeführten Maße verstehen sich als Fertigmaße nach Vollendung der Bauführung. Können entsprechend dem Stand der Technik gemäß den einschlägigen Regelwerken Toleranzen angewendet werden, so ist deren Berücksichtigung nur für die Ausführung, nicht jedoch für die Planung zulässig.

Die Personenzahlen bei Gängen, Treppen und Türen beziehen sich auf die höchstmöglich zu erwartende Anzahl gleichzeitig anwesender Personen, die im Gefahrenfall auf den jeweiligen Gang, die jeweilige Treppe oder die jeweilige Türe angewiesen sind. Verbindet der Fluchtweg mehr als drei Geschoße, bezieht sich diese Anzahl auf jeweils drei unmittelbar übereinanderliegende Geschoße.

Der Anwendungsbereich der OIB-Richtlinien auf Versammlungsstätten ergibt sich aus den im Dokument „OIB-Richtlinien – Begriffsbestimmungen" definierten Begriffen „Menschenansammlung, größere", „Versammlungsraum" und „Versammlungsstätte". Erst bei mehr als 120 gleichzeitig anwesenden Personen für kulturelle, künstlerische, sportliche, unterhaltende oder andere vergleichbare Aktivitäten kommen Anforderungen dieser Richtlinie betreffend Versammlungsstätten zur Anwendung. Bei 120 oder weniger Personen gelten die Grundanforderungen an die Nutzungssicherheit und die Barrierefreiheit.

Den Anforderungen für Versammlungsstätten ist eine maximale Personendichte von vier Personen pro m² der für Besucher zur Verfügung stehenden Fläche des Versammlungsraumes zu Grunde gelegt.

Für Gebäude mit gemischter Nutzung gelten die Anforderungen hinsichtlich der Nutzungssicherheit und Barrierefreiheit für die einzelnen Nutzungsbereiche als erfüllt, wenn die für die jeweiligen Nutzungen anzuwendenden Bestimmungen der Richtlinie eingehalten werden.

Von den Anforderungen dieser OIB-Richtlinie kann entsprechend den jeweiligen landesrechtlichen Bestimmungen abgewichen werden, wenn vom Bauwerber nachgewiesen wird, dass das gleiche Schutzniveau wie bei Anwendung der Richtlinie erreicht wird.

1 Begriffsbestimmungen

Es gelten die Begriffsbestimmungen des Dokumentes „OIB-Richtlinien – Begriffsbestimmungen".

2 Erschließung und Fluchtwege

2.1 Allgemeines

2.1.1 Bei Gebäuden oder Gebäudeteilen, die barrierefrei zu gestalten sind, muss mindestens ein Eingang, und zwar der Haupteingang oder ein Eingang in dessen unmittelbarer Nähe, stufenlos erreichbar sein.

2.1.2 Zur vertikalen Erschließung sind Treppen oder Rampen herzustellen. Für den Zugang zu nicht ausgebauten Dachräumen sind auch einschiebbare Treppen oder Leitern zulässig.

2.1.3 Treppen und Gänge im Verlauf von Fluchtwegen müssen die gleichen Anforderungen dieser Richtlinie erfüllen, wie die zur Erschließung erforderlichen Treppen und Gänge.

2.1.4 Treppen im Verlauf von Fluchtwegen, ausgenommen Wohnungstreppen, sind bis zum Ausgangsniveau durchgehend auszubilden.

2.1.5 In Gebäuden oder Gebäudeteilen, die barrierefrei zu gestalten sind, müssen zur Überwindung von Niveauunterschieden Rampen oder zusätzlich zu Treppen Personenaufzüge errichtet werden. Wenn nicht mehr als zwei Geschoße überwunden werden müssen, sind anstelle von Personenaufzügen auch vertikale Hebeeinrichtungen für Personen mit allseits geschlossenen Lastträgern und Lastträgertüren zulässig.

2.1.6 Abweichend zu Punkt 2.1.5 müssen bei Versammlungsstätten im Zuschauerbereich nur die Rollstuhlplätze von der jeweiligen Erschließungsebene aus barrierefrei erreichbar sein.

2.2 Rampen

2.2.1 Das Längsgefälle darf höchstens 10 % betragen.

2.2.2 Bei Gebäuden oder Gebäudeteilen, die barrierefrei zu gestalten sind, gelten folgende Anforderungen:
- Das Längsgefälle darf höchstens 6 % betragen;
- Ein Quergefälle ist nicht zulässig;
- Rampen müssen beidseits über Handläufe und Radabweiser verfügen;
- Handläufe sind am Anfang und am Ende der Rampe um 30 cm, gegebenenfalls auch seitlich um die Ecke, weiterzuführen;
- Am Anfang und am Ende der Rampe sind horizontale Flächen mit einer Länge von mindestens 1,20 m anzuordnen. Bei Richtungsänderungen um mehr als 45 Grad sind die horizontalen Flächen mit einer Länge von mindestens 1,50 m, gemessen in der Rampenmitte, anzuordnen;
- Rampen sind in Abständen von höchstens 10 m mit Zwischenpodesten mit einer Länge von mindestens 1,20 m sowie bei Richtungsänderungen um mehr als 45 Grad mit Zwischenpodesten mit einer Länge von mindestens 1,50 m, gemessen in der Rampenmitte, zu unterbrechen, wobei zur Ableitung von Niederschlagswässern ein Längsgefälle von höchstens 2 % zulässig ist;
- Rampen müssen an allen Knickpunkten des Gefälles kontrastierend gekennzeichnet werden;
- Die lichte Durchgangsbreite muss mindestens 1,20 m betragen, wobei Einengungen durch Handläufe um nicht mehr als 10 cm je Seite zulässig sind.

2.3 Personenaufzüge und vertikale Hebeeinrichtungen für Personen

2.3.1 Sind Personenaufzüge oder vertikale Hebeeinrichtungen für Personen erforderlich,
- sind alle Geschoße, einschließlich Eingangsniveau, Keller- und Garagengeschoße, miteinander zu verbinden. Bei Wohnungen, die sich über mehrere Ebenen erstrecken, muss zumindest die Eingangsebene angefahren werden,
- muss die Grundfläche des Fahrkorbes oder Lastträgers eine Breite von mindestens 1,10 m und eine Tiefe von mindestens 1,40 m aufweisen, wobei die Tür an der Schmalseite anzuordnen ist,
- sind die Fahrkorb- oder Lastträgertüren sowie Schachttüren als waagrecht bewegte, selbsttätig kraftbetätigte Schiebetüren mit einer lichten Durchgangsbreite von mindestens 90 cm auszuführen,
- muss vor den Schachttüren eine Bewegungsfläche (Wendekreis) mit einem Durchmesser von mindestens 1,50 m vorhanden sein.

Liegt die Schachttüre überwiegend gegenüber einer abwärts führenden Treppe, ist ein Abstand zwischen Schachttüre und Treppe von mindestens 2,00 m einzuhalten.

2.3.2 Bei Gebäuden mit einem Fluchtniveau von mehr als 22 m ist zumindest ein Personenaufzug erforderlich, der eine Fahrkorbgrundfläche von mindestens 1,10 m Breite × 2,10 m Tiefe aufweist.

2.3.3 Bei Gebäuden mit einem Fluchtniveau von mehr als 32 m sind zumindest zwei Personenaufzüge erforderlich, wobei einer davon eine Fahrkorbgrundfläche von mindestens 1,10 m Breite × 2,10 m Tiefe aufweisen muss.

2.4 Durchgangsbreiten von Gängen und Treppen

2.4.1 Hauptgänge müssen eine lichte Durchgangsbreite von mindestens 1,20 m aufweisen. Eine lichte Durchgangsbreite von 1,00 m genügt

- bei Gebäuden oder Gebäudeteilen mit nicht mehr als drei Wohnungen,
- bei Reihenhäusern,
- in Wohnungen von nicht barrierefrei zu gestaltenden Gebäuden oder Gebäudeteilen,
- in anpassbaren Wohnungen gemäß Punkt 7.4.2, wenn sichergestellt ist, dass bei Bedarf eine lichte Durchgangsbreite von 1,20 m herstellbar ist,
- in anpassbaren Wohnungen gemäß Punkt 7.4.2, die sich über mehr als eine Ebene erstrecken, für jenen Teil, der gemäß Punkt 2.4.2 nicht barrierefrei erreichbar sein muss, sowie
- bei Nebengängen.

2.4.2 Bei Treppen darf die lichte Treppenlaufbreite die Mindestmaße der folgenden Tabelle 1 nicht unterschreiten. Diese Anforderungen gelten sinngemäß auch für Podeste und Rampen.

Tabelle 1: Lichte Treppenlaufbreite

Treppenarten	Lichte Treppenlaufbreite in m
Haupttreppen	
Haupttreppen, ausgenommen Wohnungstreppen	1,20
Wohnungstreppen	0,90
Nebentreppen	0,60

Abweichend zu Tabelle 1 muss bei Wohnungstreppen in anpassbaren Wohnungen gemäß Punkt 7.4.2, die sich über mehr als eine Ebene erstrecken und bei denen die Funktionen Wohnen, Schlafen, Kochen und die Sanitäreinrichtungen nicht in der barrierefrei zugänglichen Wohnungsebene vorhanden sind, die Nachrüstung mit einem Treppenschrägaufzug mit Rollstuhlplattform möglich sein. Je nach Art der möglichen Führungsschiene des Treppenschrägaufzuges sind folgende lichte Treppenlaufbreiten einzuhalten:

- bei Führungsschienen mit geradem Verlauf mindestens 1,10 m,
- bei Führungsschienen mit gekrümmtem Verlauf (für Kurvenfahrt) mindestens 1,20 m.

Die erforderlichen Anfahr- und Bewegungsflächen sind zu berücksichtigen.

2.4.3 Bei Gängen und Treppen im Verlauf von Fluchtwegen für mehr als 120 Personen muss die lichte Breite für jeweils weitere angefangene zehn Personen um jeweils 10 cm erhöht werden.

2.4.4 Bei Stadien und Versammlungsstätten im Freien muss die lichte Breite von Gängen, Treppen und Türen im Verlauf von Fluchtwegen für nicht mehr als 300 Personen mindestens 1,20 m betragen. Für mehr als 300 Personen muss die lichte Breite für jeweils weitere angefangene 50 Personen um jeweils 10 cm erhöht werden

2.4.5 Die Mindestbreite von Gängen und Treppen darf durch Einbauten oder vorstehende Bauteile nicht eingeengt werden. Zulässig sind jedoch:

- Einengungen durch Treppenschrägaufzüge in nicht betriebsbereitem Zustand (Parkstellung) um nicht mehr als 30 cm,
- stellenweise Einengungen in Gängen um nicht mehr als 10 cm auf eine Länge von maximal 1,20 m (z.B. Pfeiler, Verzierungen, Beschläge von Türen, Türen in geöffnetem Zustand),
- Einengungen durch Handläufe um nicht mehr als 10 cm je Seite bei Haupttreppen, ausgenommen Wohnungstreppen,
- Einengungen durch leicht entfern- oder öffenbare Zugangssicherungen vor abwärtsführenden Treppen in Altersheimen, Altenwohnheimen, Seniorenheimen, Seniorenresidenzen sowie anderen Gebäuden mit vergleichbarer Nutzung, Pflegeheimen und Krankenhäusern.

2.4.6 Bei Treppen im Verlauf von Fluchtwegen sind zusätzliche Handläufe zur Unterteilung der Treppenlaufbreite (Zwischenhandläufe) erforderlich, wenn diese 2,40 m überschreitet.

2.5 Durchgangshöhe von Treppen, Rampen und Gängen

Die lichte Durchgangshöhe von Treppen, gemessen an der Stufenvorderkante, sowie von Rampen und Gängen muss mindestens 2,10 m betragen.

2.6 Vermeidung des Unterlaufens von Podesten, Treppenläufen und Rampen

In allgemein zugänglichen Bereichen sind Flächen vor und unter Podesten, Treppenläufen, Rampen, schrägen Bauteilen und dergleichen mit einer Durchgangshöhe von weniger als 2,10 m so zu sichern, dass eine Verletzungsgefahr durch unbeabsichtigtes Unterlaufen vermieden wird.

2.7 Allgemeine Anforderungen an Türen

2.7.1 Die nutzbare Breite der Durchgangslichte von Türen hat mindestens 80 cm zu betragen.

2.7.2 Die nutzbare Höhe der Durchgangslichte von Türen hat mindestens 2,00 m zu betragen.

2.7.3 Türen von Toiletten mit einer Raumgröße unter 1,80 m² dürfen nicht nach innen öffnend ausgeführt sein.

2.8 Türen im Verlauf von Fluchtwegen

2.8.1 Türen im Verlauf von Fluchtwegen müssen mindestens folgende nutzbare Breite der Durchgangslichte aufweisen:

- für höchstens 40 Personen: 80 cm,
- für höchstens 80 Personen: 90 cm,
- für höchstens 120 Personen: 1,00 m.

Liegen zwei Türen im Abstand von maximal 20 cm nebeneinander, können sie als eine Tür gerechnet werden. Bei Türen im Verlauf von Fluchtwegen für mehr als 120 Personen muss die nutzbare Breite der Durchgangslichte für jeweils weitere angefangene zehn Personen um jeweils 10 cm erhöht werden.

2.8.2 Aus einem Raum, der zum Aufenthalt für mehr als 120 Personen bestimmt ist, müssen mindestens zwei ausreichend weit voneinander entfernte Ausgänge direkt auf einen Fluchtweg führen.

2.8.3 Alle Türen im Verlauf von Fluchtwegen müssen manuell zu öffnen sein. Automatisch betriebene Türen, die bei Stromausfall selbsttätig öffnen, sind manuell öffenbaren Türen gleichzusetzen.

2.8.4 Türen im Verlauf von Fluchtwegen, auf die mehr als 15 Personen gleichzeitig angewiesen sind, müssen

- in Fluchtrichtung öffnend ausgeführt werden,
- jederzeit in Fluchtrichtung leicht und ohne fremde Hilfsmittel geöffnet werden können und
- als Drehflügeltüren oder sicherheitstechnisch gleichwertig ausgeführt werden.

2.8.5 Türen im Verlauf von Fluchtwegen in Wohngebäuden, auf die nicht mehr als 40 Personen gleichzeitig angewiesen sind, müssen nicht in Fluchtrichtung öffnend ausgeführt werden.

2.8.6 Türen im Verlauf von Fluchtwegen, die für die Entfluchtung zweier benachbarter Brandabschnitte in beide Richtungen dienen, müssen nur in eine der beiden Fluchtrichtungen öffnend ausgeführt werden.

2.8.7 In Gebäuden oder Gebäudeteilen, bei denen die Benutzer in der Regel ortsunkundig sind (z.B. in Versammlungsstätten, Ausstellungshallen, Verkaufsstätten, Einkaufszentren, Behörden und sonstigen öffentliche Einrichtungen mit starkem Publikumsverkehr), müssen Türen aus allgemein zugänglichen Bereichen, auf die im Fluchtfall mehr als 120 Personen gleichzeitig angewiesen sind, mit Paniktürverschlüssen ausgestattet sein.

2.9 Zusätzliche Anforderungen an barrierefreie Türen

2.9.1 Bei einflügeligen und zweiflügeligen Türen muss die nutzbare Breite der Durchgangslichte des Gehflügels mindestens 80 cm aufweisen. Dieses Mindestmaß darf durch das Türblatt nicht eingeschränkt werden.

2.9.2 In barrierefreien Wohngebäuden gemäß Punkt 7.4 müssen Türen im Verlauf vom Haupteingang bis einschließlich der Wohnungseingangstüren eine nutzbare Breite der Durchgangslichte von mindestens 90 cm aufweisen.

2.9.3 In Gebäuden oder Gebäudeteilen, die barrierefrei zu gestalten sind, müssen an beiden Seiten von Türen Anfahrbereiche vorhanden sein oder die Türen müssen automatisch geöffnet werden können. Bei Wohnungen ist dies nur bei der Wohnungseingangstüre sowie innerhalb der Wohnung bei den Türen zu Sanitärräumen sowie zu einem Aufenthaltsraum erforderlich.

Für Anfahrbereiche gelten folgende Anforderungen:
- Der Anfahrbereich muss an der Seite des Türdrückers bzw. Türgriffs um mindestens 50 cm über die Durchgangslichte hinausragen;
- Mindestgröße bei Drehflügeltüren, ausgenommen innerhalb von Wohnungen, an der Seite des Türbandes 3,00 m² und an der dem Türband abgewandten Seite 1,80 m²;
- Mindestgröße in allen anderen Fällen beidseits der Tür 1,80 m².

2.9.4 In Gebäuden oder Gebäudeteilen, die barrierefrei zu gestalten sind müssen Türen im Regelbetrieb auch für Menschen mit Behinderungen leicht bedienbar sein.

2.9.5 Karusselltüren und Drehkreuze müssen barrierefrei umgehbar und umfahrbar sein. Automatische Türen müssen frühzeitig öffnen und verzögert schließen. Vor dem Schwenkbereich automatischer Türen ist ein taktiles Aufmerksamkeitsfeld anzuordnen.

2.10 Stellplätze für Kraftfahrzeuge in Gebäuden und im Freien

2.10.1 Garagen, überdachte und nicht überdachte Stellplätze sowie Parkdecks müssen so angelegt sein, dass eine sichere Zu- und Abfahrt gewährleistet ist, wobei die Fahrbahnbreite mindestens 3,00 m betragen muss. Im Bereich von Garagentoren oder technischen Einrichtungen (z.B. Schrankenanlagen, Kartengeber) ist eine Einschränkung zulässig, wobei eine lichte Breite von mindestens 2,50 m verbleiben muss.

Größere Fahrbahnbreiten oder Schrammborde bei Zu- und Abfahrten sind anzuordnen, wenn dies im Interesse der Sicherheit und Leichtigkeit des Verkehrs erforderlich ist. Schrammborde zählen mit einer Breite bis zu insgesamt 30 cm zur Fahrbahnbreite.

2.10.2 Bei Garagen, überdachten Stellplätzen und Parkdecks mit einer Nutzfläche von mehr als 1.600 m² sind eigene Fahrstreifen für Zu- und Abfahrten zu errichten und zu kennzeichnen. Wenn die Zu- und Abfahrten auch der Erschließung für Fußgänger dienen, ist eine Abgrenzung zwischen Fahr- und Gehstreifen erforderlich (z.B. Kennzeichnung durch Markierung, Absicherung durch Poller, Abgrenzung durch erhöhten Gehweg).

Dies gilt auch für nicht überdachte Stellplätze mit einer Summe der Stellplatzflächen von mehr als 1.600 m².

2.10.3 Die maximale Neigung von nicht überdeckten Rampen von Fahrverbindungen darf 15 %, von überdeckten oder beheizten Rampen von Fahrverbindungen 18 % nicht überschreiten. Im Bereich von 5,00 m ab der öffentlichen Verkehrsfläche darf die Neigung der Rampen von Fahrverbindungen nicht mehr als 5 % betragen.

2.10.4 Die Fläche von Stellplätzen für Kraftfahrzeuge und die Breite der Fahrgassen sind nach der Art und Anordnung der abzustellenden Kraftfahrzeuge zu bemessen. Für Stellplätze für Personenkraftwagen gelten die Mindestwerte von Tabelle 2.

Tabelle 2: Mindestwerte für Stellplätze

	Senkrechtaufstellung	**Schrägaufstellung**		**Längsaufstellung**
Winkel des Stellplatzes zur Fahrgasse	90°	60°	45°	0°
Stellplatzgröße für Personenkraftwagen	2,50 m × 5,00 m	2,50 m × 5,00 m		2,30 m × 6,00 m
Barrierefreie Stellplatzgröße für Personenkraftwagen	3,50 m × 5,00 m	3,50 m × 5,00 m		3,50 m × 6,50 m
Fahrgassenbreite	6,00 m	4,50 m	3,50 m	3,00 m

Diese Mindestwerte dürfen durch Bauteile wie z.B. Säulen oder Wandscheiben nicht eingeschränkt werden. Einschränkungen durch Einbauten wie z.B. Ladestationen für Elektrofahrzeuge sind zulässig, wenn die Benutzbarkeit und die Nutzungssicherheit gewährleistet bleiben.

Die Breite barrierefreier Stellplätze setzt sich aus einem 2,30 m breiten Bereich für den Stellplatz und einem 1,20 m breiten Bereich zum Ein- und Aussteigen zusammen. Bei zwei nebeneinander angeordneten barrierefreien Stellplätzen genügt ein gemeinsamer Bereich zum Ein- und Aussteigen. Barrierefreie Stellplätze sind möglichst horizontal anzuordnen.

2.10.5 Stellplätze für Kraftfahrzeuge bei Nutzflächen von mehr als 250 m² sowie barrierefreie Stellplätze sind zu kennzeichnen.

2.10.6 Die lichte Höhe muss über die gesamte Fläche der Fahrgassen und Rampen sowie der Stellplätze für Kraftfahrzeuge nach der Art der Fahrzeuge bemessen werden, jedoch mindestens 2,10 m betragen. Eine Einschränkung der lichten Höhe ist durch folgende Einbauten zulässig:

- Einbauten ab einer Höhe von 1,80 m über der Stellplatzfläche und mit einer Tiefe von höchstens 70 cm entlang der Rückwand von senkrechten oder schrägen Stellplätzen. Diese Einbauten sind so zu sichern oder zu kennzeichnen, dass eine Verletzungsgefahr vermieden wird.
- Einbauten wie z.B. Ladestationen für Elektrofahrzeuge wenn die Benutzbarkeit und die Nutzungssicherheit gewährleistet bleiben.

3 Schutz vor Rutsch- und Stolperunfällen

3.1 Allgemeine Anforderungen

3.1.1 Bauwerkszugänge sowie Gänge, Treppen und Rampen in allgemein zugänglichen Bereichen müssen eben, befestigt und trittsicher sein und über eine dem Verwendungszweck entsprechend ausreichend rutschhemmende Oberfläche verfügen.

3.1.2 Einzelstufen und sonstige einzelne Niveausprünge sind unzulässig

- in Gängen in allgemein zugänglichen Bereichen und
- bei Treppenpodesten.

3.1.3 Schwellen und Türanschläge sind zu vermeiden. Erforderliche Schwellen und Türanschläge dürfen 2 cm nicht übersteigen. Bei Türen, an die Anforderungen an den Schall- bzw. Wärmeschutz gestellt werden, dürfen Schwellen und Türanschläge 3 cm nicht übersteigen. Abweichend davon dürfen folgende Türen höhere Schwellen und Türanschläge aufweisen:

- Türen zu Freibereichen wie Balkone, Terrassen, Loggien etc., wenn keine Anforderungen an die barrierefreie Gestaltung gestellt werden;
- Türen zu Technikräumen (z.B. Öllagerräume).

3.2 Treppen

3.2.1 In einem Treppenlauf müssen die Stufen in dessen gesamten Verlauf gleich hoch und in der Lauflinie gleich tief sein. Die Stufenhöhe und der Stufenauftritt von Treppen müssen der Tabelle 3 entsprechen.

Tabelle 3: Stufenhöhe und Stufenauftritt

Treppenarten	Stufenhöhe in cm Höchstmaß	Stufenauftritt in cm Mindestmaß
Haupttreppen		
Haupttreppen, ausgenommen Wohnungstreppen	18	27
Wohnungstreppen	20	24
Nebentreppen	21	21

3.2.2 Bei Haupttreppen ist nach maximal 20 Stufen ein Podest zu errichten. Bei Podesten mit Richtungsänderung muss die Podesttiefe zumindest der lichten Treppenlaufbreite entsprechen.

3.2.3 Haupttreppen mit gekrümmter Lauflinie müssen im Abstand von 20 cm von der inneren Begrenzung des Treppenlaufes (Absturzsicherung oder Wand ohne Berücksichtigung der Handläufe) einen Stufenauftritt von mindestens 15 cm aufweisen, bei Wohnungstreppen genügen 12 cm.

3.2.4 In Gebäuden oder Gebäudeteilen, die barrierefrei zu gestalten sind, müssen Haupttreppen (ausgenommen Wohnungstreppen) geradläufig sein. Eine gekrümmte Lauflinie ist zulässig, wenn im Abstand von jeweils 40 cm von beiden seitlichen Begrenzungen des Treppenlaufes (Absturzsicherung oder Wand, ohne Berücksichtigung der Handläufe) die Steigungsverhältnisse der Schrittmaßregel (2 × Stufenhöhe + Stufenauftritt = 63 cm ± 3 cm) eingehalten werden.

3.2.5 In Gebäuden oder Gebäudeteilen, die barrierefrei zu gestalten sind, müssen zumindest die An- und die Austrittstufe eines Treppenlaufes in der ganzen Treppenbreite an der Vorderkante auf der Trittstufe kontrastierend gekennzeichnet werden.

Vor abwärtsführenden Treppen muss ein taktiles Aufmerksamkeitsfeld angeordnet werden. Davon ausgenommen sind:

- Treppen in Treppenhäusern und
- Treppen in Altersheimen, Altenwohnheimen, Seniorenheimen, Seniorenresidenzen sowie andere Gebäude mit vergleichbarer Nutzung, Pflegeheimen und Krankenhäuser.

3.2.6 Bei Treppenläufen mit zwei oder mehr Stufen müssen auf beiden Seiten formstabile, durchgängig gut greifbare Handläufe angebracht werden. Bei folgenden Treppenläufen genügt ein Handlauf auf einer Seite:

- Treppen in Gebäuden oder Gebäudeteilen mit nicht mehr als drei Wohnungen,
- Treppen in Reihenhäusern,
- Nebentreppen sowie
- Wohnungstreppen.

Die Handläufe sind in einer Höhe von 85 cm bis 90 cm anzuordnen. Abweichend davon dürfen Handläufe, die den oberen Abschluss einer Absturzsicherung bilden, in einer Höhe von bis zu 1,10 m angeordnet werden.

In Gebäuden oder Gebäudeteilen, die barrierefrei zu gestalten sind, sind die Handläufe bei Treppenantritt und -austritt um 30 cm über die Stufenkante, gegebenenfalls auch seitlich um die Ecke, weiterzuführen. Bildet der Handlauf den oberen Abschluss einer Absturzsicherung und ist in mehr als 1,00 m Höhe angebracht, ist ein zweiter Handlauf in einer Höhe von 85 cm bis 90 cm anzuordnen.

3.2.7 Für Außentreppen, die der Erschließung des Gebäudes oder anderer allgemein zugänglicher Bereiche dienen, gelten die Bestimmungen der Punkte 3.2.1 bis 3.2.6 sinngemäß.

3.2.8 Bei Versammlungsstätten kann für die Erschließung der Besucherplätze auf Tribünen von den Anforderungen folgender Punkte abgewichen werden:
- Punkt 2.4.6 hinsichtlich der Unterteilung der Treppenlaufbreite durch zusätzliche Handläufe,
- Punkt 3.2.1 hinsichtlich der in Tabelle 3 angeführten Maße für Stufenhöhe und Stufenauftritt,
- Punkt 3.2.2 hinsichtlich der Notwendigkeit eines Podestes nach maximal 20 Stufen,
- Punkt 3.2.6 hinsichtlich der beidseitigen Anordnung und durchgängigen Ausführung sowie der Weiterführung der Handläufe bei Treppenantritt und -austritt.

4 Schutz vor Absturzunfällen

4.1 Erfordernis von Absturzsicherungen

4.1.1 Alle im gewöhnlichen Gebrauch zugänglichen Stellen eines Gebäudes mit einer Fallhöhe von 60 cm oder mehr, bei denen eine hohe Gefahr eines Absturzes besteht, jedenfalls aber ab einer Fallhöhe von 1,00 m, sind mit einer Absturzsicherung zu sichern. Eine Absturzsicherung ist nicht notwendig, wenn diese dem Verwendungszweck (z.B. bei Laderampen, Schwimmbecken) widerspricht.

4.1.2 In Kindergärten, Schulen und ähnlichen Einrichtungen für Kinder bis zehn Jahren sind Fenster in für Kinder zugänglichen Räumen, bei einer Absturzhöhe von mehr als 2,00 m mit einer Kindersicherung auszustatten.

4.1.3 Schächte, Ausstiege, Einbringöffnungen und dergleichen müssen trag- und verkehrssicher abgedeckt werden. Abdeckungen in allgemein zugänglichen Bereichen sind, wenn ein unbefugtes Öffnen nicht schon durch bloßes Eigengewicht der Abdeckung ausgeschlossen werden kann, durch andere Maßnahmen (z.B. Absperreinrichtungen) zu sichern.

4.2 Anforderungen an Absturzsicherungen

4.2.1 Die Höhe der Absturzsicherung hat mindestens 1,00 m, ab einer Absturzhöhe von mehr als 12 m mindestens 1,10 m zu betragen. Bei Wohnungstreppen genügt eine Höhe der Absturzsicherung von 90 cm. Die Höhe der Absturzsicherung wird von der Standfläche gemessen. Bei Absturzsicherungen mit einer oberen Tiefe von mindestens 20 cm (z.B. Brüstungen, Fensterparapete) darf die jeweils erforderliche Höhe um die halbe Brüstungstiefe abgemindert, jedoch ein Mindestmaß von 85 cm nicht unterschritten werden.

4.2.2 Bei Versammlungsstätten kann von den Anforderungen des Punktes 4.2.1 abgewichen werden, wenn dies für eine ungehinderte Sicht auf den Aktionsbereich erforderlich ist. Hierbei muss jedoch Folgendes berücksichtigt werden:
- Die Höhe der Absturzsicherung unmittelbar vor Sitzreihen kann abgemindert werden, wobei ein Mindestmaß von 80 cm nicht unterschritten werden darf;
- In der Verlängerung einer Treppe, die zur direkten Erschließung absteigender Steh- und Sitzplatzreihen dient, muss die Höhe der Absturzsicherung so bemessen sein, dass auch im Falle eines Sturzes im Bereich des unteren Endes der Treppe ein Absturz verhindert werden kann.

4.2.3 Im Bereich von 15 cm bis 60 cm über fertiger Stufenvorderkante oder Standfläche dürfen keine horizontalen oder schrägen Elemente der Absturzsicherung angeordnet sein, es sei denn, ein Hochklettern wird erschwert, wie zum Beispiel durch
- Horizontale oder schräge Elemente, die nicht um mehr als 3 cm vorspringen,
- Öffnungen, die in der Vertikalen nicht größer als 2 cm sind,
- Seilnetze mit einem Maschenumfang von höchstens 16 cm,
- Lochbleche mit einem Lochdurchmesser von höchstens 4 cm,
- eine nach innen um mindestens 15 cm überstehende Geländeroberkante.

4.2.4 Öffnungen in Absturzsicherungen dürfen zumindest in einer Richtung nicht größer als 12 cm sein. Abweichend davon dürfen bei Versammlungsstätten Öffnungen in Absturzsicherungen im Bereich von mehr als 80 cm über der Standfläche auch größer als 12 cm sein.

Bei Geländern über einer Standfläche ist der untere Abschluss so auszubilden, dass zwischen der Geländerunterkante und der Standfläche ein Würfel mit einer Kantenlänge von höchstens 12 cm durchgeschoben werden kann.

Bei Geländern neben einer Standfläche ist der untere Abschluss so auszubilden, dass zwischen der Geländerunterkante und der Standfläche ein Würfel mit einer Kantenlänge von höchstens 7,5 cm durchgeschoben werden kann. Dabei darf der lichte Horizontalabstand zwischen dem Geländer und der Standfläche nicht mehr als 3 cm betragen.

Bei offenen Setzstufen darf der lichte Abstand höchstens 12 cm betragen.

4.2.5 Abweichend zu Punkt 4.2.3 und 4.2.4 ist eine Absturzsicherung mit Brust- und Mittelwehr ausreichend, wenn

- aufgrund des Verwendungszweckes eines Gebäudes oder Gebäudeteils die Anwesenheit von Kindern üblicherweise nicht zu erwarten ist, oder
- bei sonstigen Bauwerken mit einem niedrigen Gefährdungspotenzial wie z.B. geringe Nutzerfrequenz, Lage zu rechnen ist.

4.2.6 Verglasungen mit absturzsichernder Funktion müssen unbeschadet der Bestimmungen gemäß Punkt 5.1 aus geeignetem Verbund-Sicherheitsglas bestehen. Bei Mehrscheiben-Isolierglas und Verglasungen mit mehreren Scheiben (z.B. Verbundverglasungen) gilt dies zumindest für eine Scheibe.

5 Schutz vor Aufprallunfällen und herabstürzenden Gegenständen

5.1 Glastüren und Verglasungen ohne absturzsichernde Funktion

5.1.1 Folgende Verglasungen müssen aus Sicherheitsglas (Einscheiben-Sicherheitsglas oder Verbund-Sicherheitsglas) hergestellt sein:

- Ganzglastüren, Verglasungen in Türen und in Fenstertüren bis 1,50 m Höhe über der Standfläche,
- vertikale Verglasungen (wie z.B. Glaswände, Fixverglasungen) entlang begehbarer Flächen bis 85 cm Höhe über der Standfläche,
- vertikale Verglasungen (wie z.B. Glaswände, Fixverglasungen) entlang begehbarer Flächen in Gebäuden mit möglichem Menschengedränge bis 1,50 m Höhe über der Standfläche.

5.1.2 Anstelle der Verwendung von Sicherheitsglas gemäß Punkt 5.1.1 können auch Schutzvorrichtungen angebracht werden, die den Anprall von Personen verhindern.

Wenn bei Mehrscheiben-Isolierglas die Scheiben an der Seite oder den Seiten der Einwirkung aus Verbund-Sicherheitsglas bestehen, sind weitere, durch Abstandhalter getrennte Scheiben von den Anforderungen gemäß Punkt 5.1.1 ausgenommen. Gleiches gilt, wenn die Scheiben an der Seite oder den Seiten der Einwirkung aus Einscheiben-Sicherheitsglas bestehen und so bemessen sind, dass ein Durchstoßen beim Anprall von Personen verhindert wird.

5.1.3 In allgemein zugänglichen Bereichen sind transparente Flächen, bei denen Aufprallunfälle zu erwarten sind, kontrastierend zu kennzeichnen. Dabei sind die unterschiedlichen Licht- bzw. Beleuchtungsverhältnisse (z.B. Tag und Nacht, beidseitige Betrachtung) zu berücksichtigen.

Eine Kennzeichnung ist nicht erforderlich bei:

- Glastüren mit einem kontrastierenden Rahmen des Türflügels mit mindestens 10 cm Breite oder
- Glasflächen mit kontrastierenden Sockelbereichen mit mindestens 30 cm Höhe.

5.1.4 Werden vertikale Verglasungen aus Einscheiben-Sicherheitsglas mit einer Splitterfallhöhe von mehr als 4,00 m hergestellt, müssen sie über Schutzvorrichtungen verfügen oder konstruktive Maßnahmen aufweisen, sodass bei Bruch der Verglasung durch Herabfallen von Glasstücken eine Gefährdung von darunter befindlichen Personen vermieden wird.

Dies gilt nicht für heißgelagertes thermisch vorgespanntes Kalknatron-Einscheibensicherheitsglas nach ÖNORM EN 14179-2 und folgenden konstruktiven Ausführungen:
- 4-seitig linienförmige Lagerung nach ÖNORM B 3716-2,
- 4-seitig geklebte Lagerung nach ÖNORM EN 13022-1,
- 4-seitig gelagerte Verglasung mit entsprechender Bautechnischer Zulassung oder Europäischer Technischer Bewertung oder
- 2-seitig linienförmige Lagerung nach ÖNORM B 3716-2, wenn die Verglasungen im Inneren von Verkaufsstätten bis zu einer Splitterfallhöhe von 6,00 m oder bei Balkon- und Loggiaverglasungen von Wohngebäuden verwendet werden.

5.2 Abrutschen von Schnee und Eis

Bei geneigten Dächern sind bauliche Maßnahmen gegen das Abrutschen von Schnee und Eis auf Nachbargrundstücke und allgemein zugängliche Bereiche zu treffen.

5.3 Geneigte Verglasungen

5.3.1 Einfachverglasungen und untere Scheiben von Mehrscheiben-Isolierglas müssen bei Verglasungen mit einer Neigung von mehr als 15 Grad, gemessen von der Vertikalen, aus geeignetem Verbund-Sicherheitsglas bestehen oder mit Schutzvorrichtungen gegen das Herabfallen von Glasteilen ausgestattet sein. Maßgeblich ist der Winkel der Einbausituation und nicht der im geöffneten Zustand.

5.3.2 Die Anforderungen gemäß Punkt 5.3.1 gelten nicht bei
- Glashäusern bis zu 20 m² Nutzfläche, die keine Aufenthaltsräume sind sowie
- Glashäusern, die gärtnerischen oder landwirtschaftlichen Zwecken dienen, mit Ausnahme der Bereiche über Verkehrswegen und über Kundenbereichen.

5.4 Vor- und abgehängte Bau- und Fassadenteile

Vor- und abgehängte Bauteile und Fassadensysteme sind gegen Herabfallen zu sichern. Dies gilt jedenfalls als erfüllt, wenn diese Bauteile und Fassadensysteme entsprechend einer Bautechnischen Zulassung, einer Europäischen Technischen Bewertung oder einer harmonisierten Europäischen Norm ausgeführt sind.

6 Blitzschutz

Gebäude sind mit Blitzschutzanlagen auszustatten, wenn sie wegen ihrer Lage, Größe oder Bauweise durch Blitzschlag gefährdet sind, oder wenn der Verwendungszweck oder die kulturhistorische Bedeutung des Bauwerks dies erfordern. Von der Verpflichtung zur Errichtung einer Blitzschutzanlage sind Gebäude ausgenommen, bei denen sich aufgrund einer Risikoanalyse ergibt, dass ein Blitzschutz nicht erforderlich ist, sowie Gebäude mit nicht mehr als 400 m² Brutto-Grundfläche der oberirdischen Geschoße.

7 Zusätzliche Anforderungen an die barrierefreie Gestaltung von Gebäuden

7.1 Barrierefreie Toilettenräume

7.1.1 Die Mindestgröße von barrierefreien Toilettenräumen beträgt 2,15 m × 1,65 m. Türen dürfen nicht nach innen öffnend ausgeführt werden und müssen im Notfall von außen entriegelbar sein.

7.1.2 Es ist ein unterfahrbares Handwaschbecken mit einer Tiefe von 35 cm bis 45 cm anzuordnen, das höchstens 20 cm in die Bewegungsfläche (Wendekreis) ragen darf.

7.1.3 Im Bereich der WC-Schale muss eine Bewegungsfläche (Wendekreis) mit einem Durchmesser von mindestens 1,50 m vorhanden sein. Der Abstand zwischen der WC-Schale und einer der seitlich dazu angeordneten Wände muss mindestens 90 cm betragen, vor der WC-Schale mindestens 1,20 m. Der Toilettensitz muss so angeordnet sein, dass die Benützung für Rollstuhlbenutzer möglichst einfach ist. Die erforderlichen Halte- und Stützgriffe sind anzuordnen.

7.1.4 In öffentlich zugänglichen Gebäuden müssen barrierefreie Toilettenräume mit einer Notrufanlage ausgestattet sein.

7.2 Sonstige barrierefreie Sanitärräume

7.2.1 Sonstige barrierefreie Sanitärräume sind hinsichtlich Raumgröße und Ausstattung (z.B. Dusche, Badewanne, Waschtisch) so zu gestalten, dass die Benützung für Rollstuhlbenutzer möglichst einfach ist. Für die Benützung der Funktionen des Sanitärraums muss die erforderliche Bewegungsfläche (Wendekreis) mit einem Durchmesser von mindestens 1,50 m vorhanden sein. Waschtische müssen unterfahrbar sein und dürfen höchstens 20 cm in die Bewegungsfläche (Wendekreis) ragen. Die erforderlichen Halte- und Stützgriffe sind anzuordnen. Türen dürfen nicht nach innen öffnend ausgeführt werden und müssen im Notfall von außen entriegelbar sein.

7.2.2 Wird in einem sonstigen barrierefreien Sanitärraum auch ein Toilettensitz angeordnet, sind dafür die Anforderungen gemäß Punkt 7.1.3 einzuhalten. Die Mindestgröße eines kombinierten barrierefreien Sanitärraums mit Toilette, Waschbecken und Dusche beträgt 5,00 m².

7.3 Barrierefreie Freibereiche (Balkon, Terrasse, Loggia u. dgl.)

Bei barrierefreien Freibereichen wie Balkonen, Terrassen oder Loggien muss eine Bewegungsfläche (Wendekreis) mit einem Durchmesser von mindestens 1,50 m vorhanden sein. Bei zumindest einer Tür zu jedem Freibereich darf die Schwelle bzw. der Türanschlag beidseits 3 cm nicht übersteigen.

Bei Wohnungen genügt es, wenn zumindest ein Freibereich diesen Anforderungen entspricht, wobei von der Abmessung der Bewegungsfläche abgewichen werden darf.

7.4 Barrierefreie Wohngebäude

7.4.1 Allgemein zugängliche Bereiche von barrierefreien Wohngebäuden oder Teilen davon müssen barrierefrei und die Wohnungen anpassbar ausgeführt werden.

7.4.2 Anpassbare Wohnungen müssen so errichtet werden, dass die Anforderungen an die Barrierefreiheit (z.B. Raumeinteilung und Ausstattung der Sanitärräume, Breite der Gänge, Anfahrbereiche oder Türen, die automatisch geöffnet werden können, Errichtung eines Treppenschrägaufzuges mit Rollstuhlplattform in mehrgeschoßigen Wohnungen, Zugang zu Freibereichen, Freilauftürschließer oder kraftunterstützende Antriebe bei Wohnungseingangstüren) bei Bedarf durch bauliche Änderungen leicht erfüllt werden können. Tragende Bauteile sowie Absturzsicherungen bei Freibereichen sind so auszuführen, dass diese bei einer Anpassung nicht verändert werden müssen. Eine Änderung der Elektro- und Sanitärinstallationen darf nur in einem geringfügigen Ausmaß erforderlich sein.

7.5 Barrierefreie Nicht-Wohngebäude

7.5.1 Nach Maßgabe der Größe und des Verwendungszweckes des Gebäudes sind bei Toiletten-Gruppen barrierefreie Toiletten anzuordnen. Wird jeweils nur eine Damen- und eine Herren-Toilette errichtet, muss mindestens eine Toilette (vorzugsweise die Damen-Toilette) barrierefrei ausgeführt werden. Ist nur eine geschlechtsneutrale Toilette vorhanden, ist diese barrierefrei auszugestalten.

7.5.2 Nach Maßgabe der Größe und des Verwendungszweckes des Gebäudes müssen Erschließungsflächen im Gebäude und die dem Gebäude zugeordneten Außenerschließungsflächen zusätzlich zu einem visuellen auch mit einem taktilen oder akustischen Leitsystem ausgestattet werden, das wesentliche Informationen und Orientierungshilfen für Besucher und Kunden anbietet.

7.5.3 Bei Versammlungsstätten muss nach Maßgabe der Größe eine ausreichende Anzahl an Rollstuhlplätzen vorhanden sein.

7.5.4 Bei Versammlungsstätten sind für die Evakuierung von Personen mit Behinderungen entsprechende Maßnahmen (z.B. baulich, organisatorisch, anlagentechnisch) zu treffen.

7.6 Kontrastierende Kennzeichnung

In Gebäuden und Gebäudeteilen, die barrierefrei zu gestalten sind, ausgenommen in Wohnungen, müssen die für die Orientierung im Gebäude erforderlichen Bauteile sowie sicherheitsrelevante Elemente wie Handläufe, Niveauunterschiede, Hindernisse etc. durch kontrastierende Farbgebung gut erkennbar sein.

7.7 Erleichterungen bei bestehenden Gebäuden

Bei baulichen Veränderungen an bestehenden Gebäuden wie Zu- und Umbauten sind Erleichterungen gemäß der Punkte 7.7.1 bis 7.7.5 zulässig, wenn die Einhaltung der entsprechenden Anforderungen aus technischen Gründen oder auf Grund der kulturhistorischen Bedeutung nicht oder nur mit unverhältnismäßigem Aufwand möglich ist.

7.7.1 Abweichend zu Punkt 2.2.2 darf das Längsgefälle von Rampen höchstens 10 % betragen. Das Weiterführen der Handläufe darf entfallen.

7.7.2 Abweichend zu Punkt 2.1.1 darf eine barrierefreie Erschließung auch über einen Nebeneingang erfolgen. Eine entsprechende Kennzeichnung ist erforderlich.

7.7.3 Abweichend zu Punkt 2.9.1 darf die nutzbare Durchgangslichte des Gehflügels von zweiflügeligen Türen weniger als 80 cm betragen. Die Verriegelung des Stehflügels muss jedoch beidseitig mit einem Türgriff bedienbar sein.

7.7.4 Abweichend zu Punkt 2.3.1 dürfen die Mindestabmessung der Grundfläche (1,10 m x 1,40 m) des Fahrkorbes bei Personenaufzügen oder des Lastträgers bei vertikalen Hebeeinrichtungen für Personen unterschritten werden.

7.7.5 Abweichend zu Punkt 2.1.5 dürfen zur Überwindung von Niveauunterschieden auch Treppenschrägaufzüge mit Rollstuhlplattform errichtet und mit diesen auch mehr als zwei Geschoße überwunden werden.

8 Sondergebäude

8.1 Versammlungsstätten mit erhöhtem Gefährdungspotenzial

Für Versammlungsstätten mit erhöhtem Gefährdungspotenzial (z.B. pyrotechnische Vorführungen, besondere Lage der Versammlungsstätte, zu erwartendes Publikumsverhalten) können zusätzliche Maßnahmen erforderlich sein.

8.2 Versammlungsstätten mit mehr als 5.000 Besuchern

8.2.1 Es ist ein Sicherheitskonzept auszuarbeiten, das in Abhängigkeit der Besucheranzahl und Veranstaltungsart mindestens zu beinhalten hat:

- Gefährdungsszenarien (z.B. unkontrollierter Besucherzustrom, Unwetter wie Gewitter, Sturm oder Hagel, Pyrotechnikeffekte),
- auf die Gefährdungsszenarien abgestimmte Maßnahmen (z.B. Zugangskontrolle, Zufahrten und Zugänge für Einsatzkräfte, Absicherung des Geländes, Blockbildung für Stehplätze, Brandsicherheitswache),
- Ordnerdienst (Mindestzahl, Aufgaben und Anordnungsstruktur, Verständigungsmöglichkeiten),
- Örtlichkeiten für die Informationszentrale und Einsatzkräfte (Polizei, Feuerwehr, Rettung).

8.2.2 Es ist eine Haus- bzw. Platzordnung (z.B. Zutrittskontrollen, verbotene Gegenstände) zu erstellen.

8.2.3 Es ist eine gesicherte Funkkommunikation für die Einsatzkräfte innerhalb der Versammlungsstätte sicherzustellen. Gegebenenfalls ist eine Objektfunkanlage zu installieren. Außerdem muss die Möglichkeit bestehen, Besucherinformationen (z.B. Lautsprecher, Infoscreen) vornehmen zu können.

8.2.4 Durch Abschrankungen ist sicherzustellen, dass zwischen den Flächen für kulturelle, künstlerische, sportliche oder unterhaltende Aktivitäten oder andere Darbietungen und den Flächen für Stehplätze der Besucher ein mindestens 1,80 m breiter Gang für die Ordnungsdienste und Einsatzkräfte vorhanden ist. Die Abschrankungen müssen den zu erwartenden Lasten durch Menschengedränge entsprechen.

8.2.5 Bei ansteigenden Sitzplatzreihen müssen unverrückbar befestigte Sitze vorhanden sein.

8.3 Schutzhütten in Extremlage

8.3.1 Die Anforderungen an die Barrierefreiheit gelten nicht für Schutzhütten in Extremlage.

8.3.2 Abweichend zu Punkt 2.4.1 genügt für Hauptgänge eine lichte Durchgangsbreite von 1,00 m.

8.3.3 Abweichend zu Punkt 2.4.2 genügt für Haupttreppen eine lichte Treppenlaufbreite von 1,00 m.

8.3.4 Abweichend zu Punkt 2.8.4 können Fluchttüren, die ins Freie führen, auch gegen die Fluchtrichtung öffnend ausgeführt werden.

8.3.5 Abweichend zu Punkt 2.8.7 müssen Türen nicht mit Paniktürverschlüssen ausgestattet werden.

9 Bauführungen im Bestand

Bei Änderungen an bestehenden Bauwerken mit Auswirkungen auf bestehende Bauwerksteile sind für die bestehenden Bauwerksteile Abweichungen von den aktuellen Anforderungen dieser OIB-Richtlinie zulässig, wenn das ursprüngliche Anforderungsniveau des rechtmäßigen Bestandes nicht verschlechtert wird.

Impressum

Medieninhaber und Herausgeber:
Österreichisches Institut für Bautechnik
ZVR 383773815
Schenkenstraße 4, 1010 Wien, Austria
T +43 1 533 65 50, F +43 1 533 64 23
E-Mail: mail@oib.or.at
Internet: www.oib.or.at

OiB
www.oib.or.at

RICHTLINIEN DES ÖSTERREICHISCHEN INSTITUTS FÜR BAUTECHNIK

OIB richtlinien

OIB-RICHTLINIE
5

Schallschutz

OIB-330.5-002/19

APRIL 2019

Diese Richtlinie basiert auf den Beratungsergebnissen der von der Landesamtsdirektorenkonferenz zur Ausarbeitung eines Vorschlages zur Harmonisierung bautechnischer Vorschriften eingesetzten Länderexpertengruppe. Die Arbeit dieses Gremiums wurde vom OIB in Entsprechung des Auftrages der Landesamtsdirektorenkonferenz im Sinne des § 3 Abs. 1 Z 7 der Statuten des OIB koordiniert und im Sachverständigenbeirat für bautechnische Richtlinien fortgeführt. Die Beschlussfassung der Richtlinie erfolgte gemäß § 8 Z 12 der Statuten durch die Generalversammlung des OIB.

OIB-Richtlinie 5

Schallschutz

Ausgabe: April 2019

0 Vorbemerkungen 2
1 Begriffsbestimmungen 2
2 Baulicher Schallschutz 2
3 Raumakustik 6
4 Erschütterungsschutz 7
5 Bauführungen im Bestand 7

0 Vorbemerkungen

Diese Richtlinie ist für Gebäude und Gebäudeteile anzuwenden, welche dem längeren Aufenthalt von Menschen dienen und deren widmungsgerechte Nutzung einen Ruheanspruch bewirkt oder der besondere Verwendungszweck eine entsprechende Raumakustik oder einen Erschütterungsschutz erfordert. Dazu zählen insbesondere Wohngebäude, Wohnheime, Bürogebäude, Beherbergungsstätten, Schulen, Kindergärten, Krankenhäuser etc.

Von den Anforderungen dieser OIB-Richtlinie kann entsprechend den jeweiligen landesrechtlichen Bestimmungen abgewichen werden, wenn vom Bauwerber nachgewiesen wird, dass das gleiche Schutzniveau wie bei Anwendung der Richtlinie erreicht wird.

1 Begriffsbestimmungen

Es gelten die Begriffsbestimmungen des Dokumentes „OIB-Richtlinien – Begriffsbestimmungen".

2 Baulicher Schallschutz

2.1 Anwendungsbereich

Die festgelegten Anforderungen dienen der Sicherstellung eines für normal empfindende Menschen ausreichenden Schutzes von Aufenthalts- und Nebenräumen vor Schallimmissionen von außen und aus anderen Nutzungseinheiten desselben Gebäudes sowie aus angrenzenden Gebäuden.

2.2 Anforderungen an den Schallschutz von Außenbauteilen

2.2.1 Der maßgebliche standortbezogene und gegebenenfalls bauteillagebezogene Außenlärmpegel ist nach dem Stand der Technik unter Anwendung von Anpassungswerten L_Z (Beurteilungspegel L_r) zu ermitteln. Es hat dies getrennt für Tag (06:00 bis 22:00 Uhr) und Nacht zu erfolgen, wobei der jeweils ungünstigere Wert für die Ermittlung der Anforderungen heranzuziehen ist.

2.2.2 Sofern sich aus den Punkten 2.2.3 und 2.2.4 keine höheren Anforderungen ergeben, dürfen unabhängig vom maßgeblichen Außenlärmpegel und der Gebäudenutzung die Werte für das bewertete resultierende Bauschalldämm-Maß $R'_{res,w}$ der Außenbauteile gesamt von 33 dB und das bewertete Schalldämm-Maß R_w der opaken Außenbauteile von 43 dB nicht unterschritten werden.

2.2.3 Für Wohngebäude, -heime, Hotels, Schulen, Kindergärten, Krankenhäuser, Kurgebäude u. dgl. dürfen für die Schalldämmung der Außenbauteile von Aufenthaltsräumen folgende Werte nicht unterschritten werden:

Mindesterforderliche Schalldämmung von Außenbauteilen für Wohngebäude, -heime, Hotels, Schulen, Kindergärten, Krankenhäuser, Kurgebäude u. dgl.

Maßgeblicher Außenlärmpegel [dB]		Außenbauteile gesamt [dB]	Außenbauteile opak [dB]	Fenster und Außentüren [dB]		Decken und Wände gegen nicht ausgebaute Dachräume [dB]	Decken und Wände gegen Durchfahrten und Garagen [dB]	Gebäudetrennwände an Nachbargrundstücks- bzw. Bauplatzgrenzen (je Wand) [dB]
Tag	Nacht	$R'_{res,w}$	R_w	R_w	R_w+C_{tr}	R'_w	R_w	R_w
≤ 45	≤ 35	33	43	28	23	42	60	48
46 - 50	36 - 40	33	43	28	23	42	60	48
51 - 60	41 - 50	38	43	33	28	42	60	48
61	51	38,5	43,5	33,5	28,5	47	60	48
62	52	39	44	34	29	47	60	48
63	53	39,5	44,5	34,5	29,5	47	60	48
64	54	40	45	35	30	47	60	48
65	55	40,5	45,5	35,5	30,5	47	60	48
66	56	41	46	36	31	47	60	48
67	57	41,5	46,5	36,5	31,5	47	60	48
68	58	42	47	37	32	47	60	48
69	59	42,5	47,5	37,5	32,5	47	60	48

Mindesterforderliche Schalldämmung von Außenbauteilen für Wohngebäude, -heime, Hotels, Schulen, Kindergärten, Krankenhäuser, Kurgebäude u. dgl.								
Maßgeblicher Außenlärmpegel [dB]		Außenbauteile gesamt [dB]	Außenbauteile opak [dB]	Fenster und Außentüren [dB]		Decken und Wände gegen nicht ausgebaute Dachräume [dB]	Decken und Wände gegen Durchfahrten und Garagen [dB]	Gebäudetrennwände an Nachbargrundstücks- bzw. Bauplatzgrenzen (je Wand) [dB]
Tag	Nacht	$R'_{res,w}$	R_w	R_w	R_w+C_{tr}	R'_w	R_w	R_w
70	60	43	48	38	33	47	60	48
71	61	44	49	39	34	47	60	48
72	62	45	50	40	35	47	60	48
73	63	46	51	41	36	47	60	48
74	64	47	52	42	37	47	60	48
75	65	48	53	43	38	47	60	48
76	66	49	54	44	39	47	60	48
77	67	50	55	45	40	47	60	48
78	68	51	56	46	41	47	60	48
79	69	52	57	47	42	47	60	48
≥ 80	≥ 70	53	58	48	43	47	60	48

2.2.4 Für Verwaltungs- und Bürogebäude u. dgl. dürfen für die Schalldämmung der Außenbauteile von Aufenthaltsräumen folgende Werte nicht unterschritten werden:

Mindesterforderliche Schalldämmung von Außenbauteilen für Verwaltungs- und Bürogebäude u. dgl.								
Maßgeblicher Außenlärmpegel [dB]		Außenbauteile gesamt [dB]	Außenbauteile opak [dB]	Fenster und Außentüren [dB]		Decken und Wände gegen nicht ausgebaute Dachräume [dB]	Decken und Wände gegen Durchfahrten und Garagen [dB]	Gebäudetrennwände an Nachbargrundstücks- bzw. Bauplatzgrenzen (je Wand) [dB]
Tag	Nacht	$R'_{res,w}$	R_w	R_w	R_w+C_{tr}	R'_w	R_w	R_w
≤ 45	≤ 35	33	43	28	23	42	60	48
46 - 60	36 - 50	33	43	28	23	42	60	48
61	51	33,5	43	28,5	23,5	42	60	48
62	52	34	43	29	24	42	60	48
63	53	34,5	43	29,5	24,5	42	60	48
64	54	35	43	30	25	42	60	48
65	55	35,5	43	30,5	25,5	42	60	48
66	56	36	43	31	26	42	60	48
67	57	36,5	43	31,5	26,5	42	60	48
68	58	37	43	32	27	42	60	48
69	59	37,5	43	32,5	27,5	42	60	48
70	60	38	43	33	28	42	60	48
71	61	39	44	34	29	42	60	48
72	62	40	45	35	30	42	60	48
73	63	41	46	36	31	42	60	48
74	64	42	47	37	32	42	60	48
75	65	43	48	38	33	42	60	48
76	66	44	49	39	34	42	60	48
77	67	45	50	40	35	42	60	48
78	68	46	51	41	36	42	60	48
79	69	47	52	42	37	42	60	48
≥ 80	≥ 70	48	53	43	38	42	60	48

2.2.5 Die Schalldämmung von allfälligen Lüftungsdurchführungen wie z.B. Fensterlüfter, Einzelraum-Lüftungsgeräte, Zu- und Abluftöffnungen muss so groß sein, dass im geschlossenen Zustand das jeweils erforderliche bewertete resultierende Schalldämm-Maß $R'_{res,w}$ der Außenbauteile gesamt erfüllt bleibt und im geöffneten Zustand um nicht mehr als 5 dB unterschritten wird. Sofern Lüftungsdurchführungen nicht verschließbar sind, ist das jeweils erforderliche bewertete resultierende Schalldämm-Maß $R'_{res,w}$ der Außenbauteile gesamt zu erfüllen.

2.3 Anforderungen an den Luftschallschutz innerhalb von Gebäuden

Wände, Decken und Einbauten zwischen Räumen sind so zu bemessen, dass bedingt durch die Schallübertragung durch den Trennbauteil und die Schall-Längsleitung z.B. der flankierenden Bauteile die folgenden Werte der bewerteten Standard-Schallpegeldifferenz $D_{nT,w}$ nicht unterschritten werden:

Mindesterforderliche bewertete Standard-Schallpegeldifferenz $D_{nT,w}$ in Gebäuden			
	zu	**aus**	**$D_{nT,w}$ [dB] ohne / mit Verbindung durch Türen, Fenster oder sonstige Öffnungen**
1	Aufenthaltsräumen	Aufenthaltsräumen anderer Nutzungseinheiten	55 / 50
		allgemein zugänglichen Bereichen (z.B. Treppenhäuser, Gänge, Kellerräume, Gemeinschaftsräume)	55 / 50
		Nebenräumen anderer Nutzungseinheiten	55 / 50
2	Hotel-, Klassen-, Krankenzimmern, Gruppenräumen in Kindergärten sowie Wohnräumen in Heimen	Räumen gleicher Kategorie	55 / 50
		allgemein zugänglichen Bereichen (z.B. Treppenhäuser, Gänge, Kellerräume, Gemeinschaftsräume)	55 / 38
		Nebenräumen	50 / 35
3	Nebenräumen	Aufenthaltsräumen anderer Nutzungseinheiten	50 / 35
		allgemein zugänglichen Bereichen (z.B. Treppenhäuser, Gänge, Kellerräume, Gemeinschaftsräume)	50 / 35
		Nebenräumen anderer Nutzungseinheiten	50 / 35
Sofern keine organisatorischen Maßnahmen gemäß Punkt 2.9 zur Anwendung kommen, sind als andere Nutzungseinheit bei Schulen die einzelnen Klassenzimmer, bei Kindergärten einzelne Gruppenräume, bei Krankenhäusern einzelne Krankenzimmer, bei Heimen einzelne Heimzimmer, bei Hotels einzelne Hotelzimmer, bei Verwaltungs- und Bürogebäuden aber die fremdgenutzte Betriebseinheit zu sehen.			
Bei Gebäuden mit gemischter Nutzung sind die Anforderungen entsprechend den speziellen Raumnutzungen anzuwenden.			

2.4 Anforderungen an den Luftschallschutz von Türen innerhalb von Gebäuden

Sofern nicht zur Erfüllung der Anforderung an die jeweils erforderliche bewertete Standard-Schallpegeldifferenz $D_{nT,w}$ gemäß Punkt 2.3 ein höheres bewertetes Schalldämm-Maß erforderlich ist, darf das bewertete Schalldämm-Maß R_w von Türen (Türblatt und Zarge) folgende Werte nicht unterschreiten:

Mindesterforderliches bewertetes Schalldämm-Maß R_w von Türen (Türblatt und Zarge)			
	zwischen	**und**	**R_w [dB]**
1	allgemein zugänglichen Bereichen (z.B. Treppenhäuser, Gänge)	Aufenthaltsräumen von Wohnungen **ohne** akustisch abgeschlossene Vorräume oder Dielen	42
		Aufenthaltsräumen von Wohnungen **mit** akustisch abgeschlossenen Vorräumen oder Dielen	33
2	Aufenthaltsräumen	Aufenthaltsräumen anderer Nutzungseinheiten	42
		Nebenräumen anderer Nutzungseinheiten	33
3	Hotel- und Krankenzimmern, Wohnräumen in Heimen	Räumen derselben Kategorie	42
		allgemein zugänglichen Bereichen (z.B. Treppenhäuser, Gänge)	33
4	Klassenzimmern, Gruppenräumen in Kindergärten	Räumen derselben Kategorie	42
		allgemein zugänglichen Bereichen (z.B. Treppenhäuser, Gänge)	28
Sofern keine organisatorischen Maßnahmen gemäß Punkt 2.9 zur Anwendung kommen, sind als andere Nutzungseinheit bei Schulen die einzelnen Klassenzimmer, bei Kindergärten einzelne Gruppenräume, bei Krankenhäusern einzelne Krankenzimmer, bei Heimen einzelne Heimzimmer, bei Hotels einzelne Hotelzimmer, bei Verwaltungs- und Bürogebäuden aber die fremdgenutzte Betriebseinheit zu sehen.			
Bei Gebäuden mit gemischter Nutzung sind die Anforderungen entsprechend den speziellen Raumnutzungen anzuwenden.			

2.5 Anforderungen an den Trittschallschutz in Gebäuden

Der bewertete Standard-Trittschallpegel $L'_{nT,w}$ in Räumen darf folgende Werte nicht überschreiten:

Höchst zulässiger bewerteter Standard-Trittschallpegel $L'_{nT,w}$			
in		aus	$L'_{nT,w}$ [dB]
1	Aufenthaltsräumen	Räumen anderer Nutzungseinheiten (Wohnungen, Schulen, Kindergärten, Krankenhäuser, Hotels, Heime, Verwaltungs- und Bürogebäude und vergleichbare Nutzungen)	48
		allgemein zugänglichen Terrassen, Dachgärten, Balkonen, Loggien und Dachböden	48
		allgemein zugänglichen Bereichen (z.B. Treppenhäuser, Laubengänge)	50
		nutzbaren Terrassen, Dachgärten, Loggien und Dachböden	53
		Balkonen	55
2	Nebenräumen	Räumen anderer Nutzungseinheiten (Wohnungen, Schulen, Kindergärten, Krankenhäuser, Hotels, Heime, Verwaltungs- und Bürogebäude und vergleichbare Nutzungen)	53
		allgemein zugänglichen Terrassen, Dachgärten, Balkonen, Loggien und Dachböden	53
		allgemein zugänglichen Bereichen (z.B. Treppenhäuser, Laubengänge)	55
		nutzbaren Terrassen, Dachgärten, Loggien und Dachböden	58
		Balkonen	60
Sofern keine organisatorischen Maßnahmen gemäß Punkt 2.9 zur Anwendung kommen, sind als andere Nutzungseinheit bei Schulen die einzelnen Klassenzimmer, bei Kindergärten einzelne Gruppenräume, bei Krankenhäusern einzelne Krankenzimmer, bei Heimen einzelne Heimzimmer, bei Hotels einzelne Hotelzimmer, bei Verwaltungs- und Bürogebäuden aber die fremdgenutzte Betriebseinheit zu sehen.			
Bei Gebäuden mit gemischter Nutzung sind die Anforderungen entsprechend den speziellen Raumnutzungen anzuwenden.			

Die Anforderungen sind ohne Berücksichtigung eines den Einrichtungsgegenständen zuzuordnenden Gehbelages (z.B. Teppichböden, Teppiche, Matten) zu erfüllen; in dauerhafter Art und Weise aufgebrachte Gehbeläge (z.B. Estriche, Klebeparkett, Fliesenbelag) können berücksichtigt werden. Für Beherbergungsstätten sowie bei nicht allgemein zugänglichen Balkonen ist es zulässig, die Anforderungen durch ständig vorhandene, trittschalldämmende Gehbeläge (z.B. Spannteppich, aufgeklebte Textilbeläge, Kunststoffböden, Linoleum) zu erfüllen.

2.6 Schalltechnische Anforderungen an haustechnische Anlagen

2.6.1 Der durch den Betrieb von haustechnischen Anlagen aus anderen Nutzungseinheiten entstehende maximale Anlagengeräuschpegel $L_{AFmax,nT}$ darf bei gleich bleibenden und intermittierenden Geräuschen den Wert von 25 dB, bei kurzzeitigen Geräuschen den Wert von 30 dB nicht überschreiten. Zu Nebenräumen sind jeweils um 5 dB höhere Werte zulässig.

2.6.2 Sofern eine mechanische Lüftungsanlage in der eigenen Nutzungseinheit vorhanden ist, dürfen für Aufenthaltsräume mit dem Schutzziel Schlaf (z.B. Aufenthaltsräume in Wohnungen, ausgenommen Küchen) die Geräusche dieser Anlage, bezogen auf die lufthygienisch mindesterforderliche Betriebsart, einen äquivalenten Anlagengeräuschpegel $L_{Aeq,nT}$ von 25 dB, für Aufenthaltsräume mit dem Schutzziel Konzentration (z.B. Klassenräume) von 30 dB nicht überschreiten.

2.7 Schalltechnische Anforderungen zwischen Reihenhäusern und aneinander angrenzenden Gebäuden

2.7.1 Wände zwischen Reihenhäusern bzw. zwischen angrenzenden Reihenhauseinheiten sowie zwischen aneinander angrenzenden Gebäuden sind so auszuführen, dass die bewertete Standard-Schallpegeldifferenz $D_{nT,w}$ von 60 dB nicht unterschritten wird. Als Reihenhäuser im schalltechnischen Sinn gelten auch Gebäude mit bereits zwei statt drei Nutzungseinheiten. Zu Nebenräumen ist ein um 5 dB niedrigerer Wert zulässig.

2.7.2 Der bewertete Standard-Trittschallpegel $L'_{nT,w}$ von angrenzenden Gebäuden bzw. angrenzenden Reihenhauseinheiten zu Räumen in Reihenhäusern sowie zwischen aneinander angrenzenden Gebäuden darf den Wert von 43 dB nicht überschreiten. Als Reihenhäuser im schalltechnischen Sinn gelten auch Gebäude mit bereits zwei statt drei Nutzungseinheiten. Zu Nebenräumen ist ein um 5 dB höherer Wert zulässig.

2.7.3 Bezüglich der schalltechnischen Anforderungen an haustechnische Anlagen gelten die Bestimmungen von Punkt 2.6.

2.8 Zusätzliche schalltechnische Anforderungen für Gebäude mit anderer als wohn-, büro- oder schulähnlicher Nutzung

Für Gebäude mit Nutzungseinheiten, deren Emissionsverhalten über dem einer wohn- bzw. büroähnlichen Nutzung liegt, gelten ergänzend zu den Punkten 2.3 bis 2.6 folgende Anforderungen:

2.8.1 Die für die Dimensionierung erforderlichen schalltechnischen Kenngrößen sind nach dem Stand der Technik zu ermitteln.

2.8.2 Der anzuwendende Planungsbasispegel L_{PB} im zu schützenden Aufenthaltsraum darf durch den Beurteilungspegel L_r nicht überschritten werden. Kennzeichnende Spitzenpegel $L_{A,Sp}$ dürfen den anzuwendenden Planungsbasispegel L_{PB} um nicht mehr als 10 dB überschreiten.

2.8.3 Der bewertete Standard-Trittschallpegel $L'_{nT,w}$ zu Aufenthaltsräumen darf folgende Werte nicht überschreiten:

a) 38 dB bei nutzungsbedingter Geräuschentwicklung nur zwischen 6:00 Uhr und 22:00 Uhr,
b) 33 dB bei nutzungsbedingter Geräuschentwicklung auch zwischen 22:00 Uhr und 06:00 Uhr und
c) 60 dB zwischen Aufenthaltsräumen verschiedener Nutzungseinheiten in Verkaufsstätten und in Gebäuden ähnlicher Nutzung.

2.9 Gebäude und Räume mit spezifischer Nutzung

Für Gebäude und Räume mit spezifischer Nutzung können im Einzelfall abweichende Anforderungen erforderlich bzw. ausreichend sein. Dabei können (z.B. bei Schulen, Kindergärten, Heimen, Altersheimen, Altenwohnheimen bzw. Gebäuden mit vergleichbarer Nutzung, Pflegeheimen und Krankenhäusern oder Schutzhütten in Extremlage) auch akustische und organisatorische Maßnahmen ergänzend zum Schutz vor Lärm Berücksichtigung finden.

2.10 Räume mit sehr kleinem Volumen

Für Räume mit einem Volumen von nicht mehr als 10 m³ gelten um 5 dB geringere Anforderungen.

3 Raumakustik

3.1 Anwendungsbereich

Die Anforderungen an die Raumakustik gelten, wenn Mindestmaßnahmen hinsichtlich der Hörsamkeit oder Lärmminderung in Räumen erforderlich sind. Ausgenommen sind Räume mit außerordentlich hohen oder spezifischen Anforderungen an die akustischen Verhältnisse (z.B. Opernhäuser, Konzertsäle, Tonaufnahmestudios).

3.2 Anforderungen zur Hörsamkeit

3.2.1 Für Räume mit der Nutzung Sprache (Hörsäle, Vortragsräume) für Volumen V zwischen 30 m³ und 10.000 m³ beträgt die Anforderung an die Nachhallzeit $T = (0{,}37 \times \lg V) - 0{,}14$ in Sekunden für die Oktavbänder von 250 Hz bis 2.000 Hz.

3.2.2 Für Räume mit Nutzung Kommunikation (Klassenräume, Medienräume, Besprechungsräume, Räume für audiovisuelle Darbietung) für Volumen V zwischen 30 m³ und 1.000 m³ beträgt die Anforderung an die Nachhallzeit $T = (0{,}32 \times \lg V) - 0{,}17$ in Sekunden für die Oktavbänder von 250 Hz bis 2.000 Hz.

3.2.3 Abweichungen von ±20 % von den Anforderungen gemäß der Punkte 3.2.1 und 3.2.2 in den einzelnen Oktavbändern sind zulässig.

3.2.4 Die Ermittlung der Nachhallzeit hat nach dem Stand der Technik zu erfolgen.

3.3 Anforderungen zur Lärmminderung

3.3.1 Für Räume, an die zum Schutze der Nutzer Anforderungen an die Lärmminderung gestellt werden (z.B. Arbeitsräume, Werkräume und Gänge in Schulen, Kindergartenräume, Pausenräume, Speiseräume, Turnsäle, Schwimm- und Sporthallen), ist folgende Mindestanforderung für die Lärmminderung einzuhalten:

a) Der mittlere Schallabsorptionsgrad der Begrenzungsflächen (leerer Raum, Planungswert) hat in den Oktavbändern von 250 Hz bis 4000 Hz mindestens $\alpha_{m,B}$ = 0,20, für die Oktavbandmittenfrequenzen von 500, 1.000 und 2.000 Hz nach Möglichkeit $\alpha_{m,B}$ = 0,25 zu betragen.
b) Die Ermittlung des mittleren Schallabsorptionsgrades $\alpha_{m,B}$ hat nach dem Stand der Technik zu erfolgen.

3.3.2 Eine Abweichung von den Anforderungen gemäß Punkt 3.3.1 ist zulässig, wenn aus nachvollziehbaren betriebstechnischen oder anderen technischen Gründen (z.B. Hygiene) die Anordnung von absorbierenden Oberflächen nicht im erforderlichen Ausmaß möglich ist.

4 Erschütterungsschutz

4.1 Anwendungsbereich

In Gebäuden, Gebäudeteilen und anderen Bauwerken sind Maßnahmen zur Verhinderung der Übertragung von Schwingungen aus technischen Einrichtungen und anderen Schwingungserregern derart zu treffen, dass keine unzumutbaren Störungen durch Erschütterungen für Personen in Aufenthaltsräumen desselben Gebäudes oder in Aufenthaltsräumen benachbarter Gebäude auftreten. Diese Richtlinie beinhaltet nicht die Festlegung von Anforderungen an den Schutz vor Erschütterungen, die aus anderen Bauwerken auf die Gebäude und Gebäudeteile einwirken.

4.2 Anforderungen

Hinsichtlich der Zumutbarkeit von Schwingungen und der Erfüllung des ausreichenden Erschütterschutzes ist der Stand der Technik heranzuziehen

5 Bauführungen im Bestand

Bei Änderungen an bestehenden Bauwerken mit Auswirkungen auf bestehende Bauwerksteile sind für die bestehenden Bauwerksteile Abweichungen von den aktuellen Anforderungen dieser OIB-Richtlinie zulässig, wenn das ursprüngliche Anforderungsniveau des rechtmäßigen Bestandes nicht verschlechtert wird.

Impressum

Medieninhaber und Herausgeber:
Österreichisches Institut für Bautechnik
ZVR 383773815
Schenkenstraße 4, 1010 Wien, Austria
T +43 1 533 65 50, F +43 1 533 64 23
E-Mail: mail@oib.or.at
Internet: www.oib.or.at
Der Inhalt der Richtlinien wurde sorgfältig erarbeitet,
dennoch übernehmen Mitwirkende und Herausgeber
für die Richtigkeit des Inhalts keine Haftung.

OiB
www.oib.or.at

RICHTLINIEN DES ÖSTERREICHISCHEN
INSTITUTS FÜR BAUTECHNIK

OIB richtlinien

OIB-RICHTLINIE
6

Energieeinsparung und Wärmeschutz

OIB-330.6-026/19

APRIL **2019**

Anlage 6

Diese Richtlinie basiert auf den Beratungsergebnissen der von der Landesamtsdirektorenkonferenz zur Ausarbeitung eines Vorschlages zur Harmonisierung bautechnischer Vorschriften eingesetzten Länderexpertengruppe. Die Arbeit dieses Gremiums wurde vom OIB in Entsprechung des Auftrages der Landesamtsdirektorenkonferenz im Sinne des § 3 Abs. 1 Z 7 der Statuten des OIB koordiniert und im Sachverständigenbeirat für bautechnische Richtlinien fortgeführt. Die Beschlussfassung der Richtlinie erfolgte gemäß § 8 Z 12 der Statuten durch die Generalversammlung des OIB.

OIB-Richtlinie 6

Energieeinsparung und Wärmeschutz

Ausgabe: April 2019

0 Vorbemerkungen ... 2
1 Allgemeine Bestimmungen ... 2
2 Begriffsbestimmungen ... 3
3 Gebäudekategorien ... 3
4 Anforderungen an das Gebäude ... 3
5 Anforderungen an die Wahl der eingesetzten Energieträger ... 8
6 Ausweis über die Gesamtenergieeffizienz (Energieausweis) ... 10
7 Konversionsfaktoren ... 11
8 Referenzausstattungen ... 11
Anhang ... 15

Diese OIB-Richtlinie wurde in Umsetzung der Richtlinie 2010/31/EU des Europäischen Parlaments und des Rates vom 19. Mai 2010 über die Gesamtenergieeffizienz von Gebäuden (in der Fassung der Richtlinie (EU) 2018/844 des Europäischen Parlaments und des Rates vom 30. Mai 2018 zur Änderung der Richtlinie 2010/31/EU über die Gesamtenergieeffizienz von Gebäuden und der Richtlinie 2012/27/EU über Energieeffizienz) erstellt.

0 Vorbemerkungen

Die zitierten Normen und sonstigen technischen Regelwerke gelten in der im Dokument „OIB-Richtlinien – Zitierte Normen und sonstige technische Regelwerke" angeführten Fassung.

Von den Anforderungen dieser OIB-Richtlinie kann entsprechend den jeweiligen landesrechtlichen Bestimmungen abgewichen werden, wenn vom Bauwerber nachgewiesen wird, dass das gleiche Schutzniveau wie bei Anwendung der Richtlinie erreicht wird.

1 Allgemeine Bestimmungen

1.1 Anwendungsbereich

Die gegenständliche Richtlinie gilt für konditionierte Gebäude.

In Gebäuden benötigte Prozessenergie ist nicht Gegenstand dieser Richtlinie. Unter Prozessenergie wird jene Energie verstanden, die dazu dient, andere Energiebedürfnisse zu befriedigen als die Konditionierung von Räumen für die Nutzung durch Personen (z.B. Konditionierung von Ställen, Kühlung von Technikräumen, Beheizung von Glashäusern).

1.2 Ausnahmen

1.2.1 ENERGIEAUSWEIS erforderlich / bedingte ANFORDERUNGEN

Auf Gebäude und Gebäudeteile, die als Teil eines ausgewiesenen Umfelds oder aufgrund ihres besonderen architektonischen oder historischen Wertes offiziell geschützt sind, gelten die Anforderungen dieser Richtlinie nicht, soweit die Einhaltung dieser Anforderungen eine unannehmbare Veränderung ihrer Eigenart oder ihrer äußeren Erscheinung bedeuten würde. Das Erfordernis der Ausstellung eines Energieausweises bleibt davon unberührt.

1.2.2 kein ENERGIEAUSWEIS erforderlich / keine ANFORDERUNGEN

Für folgende Gebäude und Gebäudeteile gelten keine Anforderungen gemäß dieser Richtlinie und ein Energieausweis ist nicht erforderlich:

a) Gebäude, die nur frostfrei gehalten werden, d.h. mit einer Raumtemperatur von nicht mehr als + 5 °C, sowie nicht konditionierte Gebäude,
b) provisorische Gebäude mit einer Nutzungsdauer bis höchstens zwei Jahre,
c) Wohngebäude, die nach ihrer Art nur für die Benutzung während eines begrenzten Zeitraums je Kalenderjahr bestimmt sind und deren voraussichtlicher Energiebedarf wegen dieser eingeschränkten Nutzungszeit unter einem Viertel des Energiebedarfs bei ganzjähriger Benutzung liegt. Dies gilt jedenfalls als erfüllt für Wohngebäude, die zwischen 1. November und 31. März an nicht mehr als 31 Tagen genutzt werden,
d) Gebäude für Betriebsanlagen sowie landwirtschaftliche Nutzgebäude, bei denen jeweils der überwiegende Anteil der Energie für die Raumheizung und Raumkühlung durch Abwärme abgedeckt wird, die unmittelbar in Betriebsanlagen entsteht,
e) Gebäude, die für Gottesdienste und religiöse Zwecke genutzt werden.

1.2.3 ENERGIEAUSWEIS erforderlich / U-Wert-ANFORDERUNGEN

Für Sonstige konditionierte Gebäude bzw. Gebäudeteile entsprechend der Gebäudekategorie 13 gemäß Punkt 3 gelten bei Neubau und Renovierung nur die Anforderungen gemäß Punkt 4.6 und ein Energieausweis ist erforderlich. Unbeschadet davon muss bei derartigen Gebäuden Punkt 5.2.4 eingehalten werden.

1.2.4 kein ENERGIEAUSWEIS erforderlich / U-Wert-ANFORDERUNGEN

Für frei stehende Gebäude und Gebäudeteile mit einer konditionierten Netto-Grundfläche von weniger als 50 m² gelten bei Neubau und Renovierung nur die Anforderungen gemäß Punkt 4.4 bzw. 4.6 und ein Energieausweis ist nicht erforderlich.

1.3 Berechnungsmethode

Die Berechnung der Energiekennzahlen hat gemäß OIB-Leitfaden „Energietechnisches Verhalten von Gebäuden" zu erfolgen. Die Zahlenformate für die einzelnen Größen sind den Muster-Energieausweisen im Anhang zu entnehmen. Werte, auf die Anforderungen angewandt werden, sind sowohl hinsichtlich Ist-Wert als auch hinsichtlich entsprechendem Anforderungswert auf idente Art und Weise zu runden.

2 Begriffsbestimmungen

Es gelten die Begriffsbestimmungen des Dokumentes „OIB-Richtlinien – Begriffsbestimmungen".

3 Gebäudekategorien

Die Zuordnung zu einer der folgenden Gebäudekategorien erfolgt anhand der überwiegenden Nutzung, sofern andere Nutzungen jeweils 250 m² Netto-Grundfläche nicht überschreiten. Wenn für eine Nutzung 250 m² Netto-Grundfläche überschritten werden, ist wie folgt vorzugehen:

Es ist entweder eine Teilung des Gebäudes und eine Zuordnung der einzelnen Gebäudeteile zu den unten angeführten Gebäudekategorien durchzuführen, oder das gesamte Gebäude ist für die verschiedenen Kategorien mehrmals zu berechnen. In beiden Fällen erfolgt die Überprüfung der Anforderung in Abhängigkeit von der Gebäudekategorie getrennt.

Es ist zwischen den folgenden Gebäudekategorien zu unterscheiden:

Wohngebäude (WG):

1) Wohngebäude mit einer oder zwei Nutzungseinheiten
2) Wohngebäude mit drei bis neun Nutzungseinheiten
3) Wohngebäude mit zehn und mehr Nutzungseinheiten

Nicht-Wohngebäude (NWG):

4) Bürogebäude
5) Bildungseinrichtungen
6) Krankenhäuser
7) Heime
8) Beherbergungsbetriebe
9) Gaststätten
10) Veranstaltungsstätten und Mehrzweckgebäude
11) Sportstätten
12) Verkaufsstätten

Sonstige Arten Energie verbrauchender Gebäude (SKG):

13) Sonstige konditionierte Gebäude

Für Wohngebäude (WG) und Nicht-Wohngebäude (NWG) stehen normative Nutzungsprofile zur Verfügung.

4 Anforderungen an das Gebäude

4.1 Allgemeines

Sowohl für Wohngebäude (WG) als auch für Nicht-Wohngebäude (NWG) erfolgt der Nachweis der Erfüllung der Anforderungen für das Referenzklima.

Der Nachweis der Anforderung an Energiekennzahlen kann wahlweise entweder über den Endenergiebedarf oder über den Gesamtenergieeffizienz-Faktor geführt werden.

Wenn bei größeren Renovierungen oder bei Einzelmaßnahmen bautechnische oder baurechtliche Gründe einer Erfüllung der Anforderungen entgegenstehen, ändern sich die Anforderungen in diesem Ausmaß.

4.2 Niedrigstenergiegebäude

In Umsetzung der Richtlinie 2010/31/EU ist ein Niedrigstenergiegebäude ein Gebäude, das die Anforderungen ab 1.1.2021 des „Nationalen Plans" (OIB-Dokument zur Definition des Niedrigstenergiegebäudes und zur Festlegung von Zwischenzielen in einem Nationalen Plan gemäß Artikel 9 (3) zu 2010/31/EU vom 20. Februar 2018) erfüllt.

Nach dem 31. Dezember 2020 müssen neue Gebäude Niedrigstenergiegebäude im Sinne des Artikels 2, Ziffer 2 der Richtlinie 2010/31/EU sein.

Nach dem 31. Dezember 2018 müssen neue Gebäude, die von Behörden als Eigentümer genutzt werden, Niedrigstenergiegebäude im Sinne des Artikels 2, Ziffer 2 der Richtlinie 2010/31/EU sein.

Gebäude, für die in besonderen und begründeten Fällen eine Kosten-Nutzen-Analyse über die wirtschaftliche Lebensdauer des betreffenden Gebäudes negativ ausfällt, sind ausgenommen.

4.3 Anforderung an Energiekennzahlen bei Neubau und größerer Renovierung

4.3.1 Wohngebäude (WG) (Gebäudekategorie 1 bis 3)

Wird der Nachweis der Einhaltung der Anforderungen für Wohngebäude über den Endenergiebedarf geführt, gelten folgende Höchstwerte:

		Neubau	**Größere Renovierung**
$HWB_{Ref,RK,zul}$ in [kWh/m²a]	ab Inkrafttreten	12 × (1 + 3,0 / ℓ_c)	19 × (1 + 2,7 / ℓ_c)
	ab 01.01.2021	10 × (1 + 3,0 / ℓ_c)	17 × (1 + 2,9 / ℓ_c)
$EEB_{RK,zul}$ in [kWh/m²a]	ab Inkrafttreten	$EEB_{WG,RK,zul}$	$EEB_{WGsan,RK,zul}$

Wird der Nachweis der Einhaltung der Anforderungen für Wohngebäude über den Gesamtenergieeffizienz-Faktor geführt, gelten folgende Höchstwerte:

		Neubau	**Größere Renovierung**
$HWB_{Ref,RK,zul}$ in [kWh/m²a]	ab Inkrafttreten	16 × (1 + 3,0 / ℓ_c)	25 × (1 + 2,5 / ℓ_c)
$f_{GEE,RK,zul}$	ab Inkrafttreten	0,80	1,00
	ab 01.01.2021	0,75	0,95

4.3.2 Nicht-Wohngebäude (NWG) (Gebäudekategorie 4 bis 12)

Wird der Nachweis der Einhaltung der Anforderungen für Nicht-Wohngebäude über den Heizenergiebedarf geführt, gelten folgende Höchstwerte:

		Neubau	**Größere Renovierung**
$HWB_{Ref,RK,zul}$ (1) in [kWh/m²a]	ab Inkrafttreten	12 × (1 + 3,0 / ℓ_c)	19 × (1 + 2,7 / ℓ_c)
	ab 01.01.2021	10 × (1 + 3,0 / ℓ_c)	17 × (1 + 2,9 / ℓ_c)
$KB^*_{RK,zul}$ in [kWh/m³a]	ab Inkrafttreten	1,0	2,0
$EEB_{RK,zul}$ (1) in [kWh/m²a]	ab Inkrafttreten	$EEB_{NWG,RK,zul}$	$EEB_{NWGsan,RK,zul}$
(1) ... bezogen auf eine Geschoßhöhe von 3,00 m mit folgendem Nutzungsprofil: Gebäudekategorie 2 für Gebäude mit BGF ≤ 1000 m²; Gebäudekategorie 3 für Gebäude mit BGF > 1000 m²			

Wird der Nachweis der Einhaltung der Anforderungen für Nicht-Wohngebäude über den Gesamtenergieeffizienz-Faktor geführt, gelten folgende Höchstwerte:

		Neubau	Größere Renovierung
$HWB_{Ref,RK,zul}$ [(1)] in [kWh/m²a]	ab Inkrafttreten	16 × (1 + 3,0 / ℓ_c)	25 × (1 + 2,5 / ℓ_c)
$KB^*_{RK,zul}$ in [kWh/m³a]	ab Inkrafttreten	1,0	2,0
$f_{GEE,RK,zul}$	ab Inkrafttreten	0,80	1,00
	ab 01.01.2021	0,75	0,95
[(1)] ... bezogen auf eine Geschoßhöhe von 3,00 m mit folgendem Nutzungsprofil: Gebäudekategorie 2 für Gebäude mit BGF ≤ 1000 m²; Gebäudekategorie 3 für Gebäude mit BGF > 1000 m²			

4.3.3 Sonstige Arten Energie verbrauchender Gebäude (SKG) (Gebäudekategorie 13)

Es gelten die U-Wert-Anforderungen gemäß Punkt 4.6.

4.4 Anforderungen an wärmeübertragende Bauteile beim Neubau (Gebäudekategorie 1 bis 12)

4.4.1 Beim Neubau eines Gebäudes oder Gebäudeteiles der Gebäudekategorie 1 bis 12 dürfen bei konditionierten Räumen folgende Wärmedurchgangskoeffizienten (U-Werte) nicht überschritten werden. Für Dachschrägen mit einer Neigung von mehr als 60 Grad gegenüber der Horizontalen gelten die jeweiligen Anforderungen für Wände:

	Bauteil	U-Wert [W/m²K]
1	WÄNDE gegen Außenluft [(1)]	0,35
2	WÄNDE gegen unbeheizte oder nicht ausgebaute Dachräume [(1)]	0,35
3	WÄNDE gegen unbeheizte, frostfrei zu haltende Gebäudeteile (ausgenommen Dachräume) sowie gegen Garagen [(1)]	0,60
4	WÄNDE erdberührt [(1)]	0,40
5	WÄNDE (Trennwände) zwischen Wohn- oder Betriebseinheiten oder konditionierten Treppenhäusern	1,30
6	WÄNDE gegen andere Bauwerke an Nachbargrundstücks- bzw. Bauplatzgrenzen [(1)]	0,50
7	WÄNDE (Zwischenwände) innerhalb von Wohn- und Betriebseinheiten	–
8	FENSTER, FENSTERTÜREN, VERGLASTE TÜREN jeweils in Wohngebäuden (WG) gegen Außenluft [(2,3)]	1,40
9	FENSTER, FENSTERTÜREN, VERGLASTE TÜREN jeweils in Nicht-Wohngebäuden (NWG) gegen Außenluft [(2,3)]	1,70
10	sonstige TRANSPARENTE BAUTEILE vertikal gegen Außenluft [(4)]	1,70
11	sonstige TRANSPARENTE BAUTEILE horizontal oder in Schrägen gegen Außenluft [(4,5)]	2,00
12	sonstige TRANSPARENTE BAUTEILE vertikal gegen unbeheizte Gebäudeteile [(4)]	2,50
13	DACHFLÄCHENFENSTER gegen Außenluft [(5,6)]	1,70
14	TÜREN unverglast, gegen Außenluft [(7)]	1,70
15	TÜREN unverglast, gegen unbeheizte Gebäudeteile [(7)]	2,50
16	TORE Rolltore, Sektionaltore u. dgl. gegen Außenluft [(3,8)]	2,50
17	INNENTÜREN	–

	Bauteil	U-Wert [W/m²K]
18	DECKEN und DACHSCHRÄGEN jeweils gegen Außenluft und gegen Dachräume (durchlüftet oder ungedämmt) (1)	0,20
19	DECKEN gegen unbeheizte Gebäudeteile (1)	0,40
20	DECKEN gegen getrennte Wohn- und Betriebseinheiten (1)	0,90
21	DECKEN innerhalb von Wohn- und Betriebseinheiten (1)	–
22	DECKEN über Außenluft (z.B. über Durchfahrten, Parkdecks) (1)	0,20
23	DECKEN gegen Garagen (1)	0,30
24	BÖDEN erdberührt (1)	0,40

(1) ... Für Wände, Decken und Böden kleinflächig gegen Außenluft, Erdreich und unbeheizten Gebäudeteilen darf für 2 % der jeweiligen Fläche der U-Wert bis zum Doppelten des Anforderungswertes betragen, sofern Punkt 4.8 eingehalten wird.

(2) ... Für Fenster ist für den Nachweis des U-Wertes das Prüfnormmaß von 1,23 m × 1,48 m anzuwenden, für Fenstertüren und verglaste Türen das Maß 1,48 m × 2,18 m.

(3) ... Insbesondere aus funktionalen Gründen (z.B. Schnelllauftore, automatische Glasschiebeeingangstüren, Karusselltüren) darf in begründeten Fällen dieser Wert überschritten werden.

(4) ... Für großflächige, verglaste Fassadenkonstruktionen sind die Abmessungen zur Ermittlung des U-Wertes durch die Symmetrieebenen zu begrenzen.

(5) ... Die definierte Anforderung bezieht sich auf die senkrechte Einbausituation, eine Umrechnung auf den tatsächlichen Einbauwinkel in Bezug auf die Anforderungserfüllung des U-Wertes muss nicht vorgenommen werden

(6) ... Für Dachflächenfenster ist für den Nachweis des U-Wertes das Prüfnormmaß von 1,23 m × 1,48 m anzuwenden.

(7) ... Für Türen ist das Prüfnormmaß 1,23 m × 2,18 m anzuwenden.

(8) ... Für Tore ist das Prüfnormmaß 2,00 m × 2,18 m anzuwenden.

4.4.2 Bei Gefälledämmung ist der Nachweis entsprechend den Regeln der Technik über den maximal zulässigen Leitwert, das ist das Produkt aus der Gesamtfläche und höchstzulässigem U-Wert, zu führen, wobei die Anforderungen nach Punkt 4.8 jedenfalls einzuhalten sind.

4.4.3 Bei erdberührten Bauteilen darf der Nachweis auch über den maximal zulässigen Leitwert, das ist das Produkt aus erdberührter Fläche und höchstzulässigem U-Wert und Temperaturkorrekturfaktor, geführt werden, wobei die Anforderungen nach Punkt 4.8 jedenfalls einzuhalten sind.

4.5 Anforderungen an wärmeübertragende Bauteile bei Einzelmaßnahmen an der Gebäudehülle (Gebäudekategorie 1 bis 12)

4.5.1 Bei der Renovierung (ausgenommen bei größerer Renovierung) eines Gebäudes oder Gebäudeteiles der Gebäudekategorie 1 bis 12 mittels Einzelmaßnahmen sowie bei der Erneuerung eines Bauteiles – unbeschadet seines prozentuellen Anteiles an der Gebäudehülle – dürfen bei konditionierten Räumen maximale Wärmedurchgangskoeffizienten (U-Werte), die nach einer der beiden folgenden Methoden ermittelt werden, nicht überschritten werden:

a) Vor der Erneuerung eines Bauteiles oder vor der größeren Renovierung eines Gebäudes oder Gebäudeteiles ist ein Sanierungskonzept zu erstellen, dessen Ziel die Erreichung der Anforderungen gemäß Punkt 4.3.1 für die größere Renovierung von Wohngebäuden bzw. Punkt 4.3.2 für die größere Renovierung von Nicht-Wohngebäuden ist. Erneuerte bzw. thermisch verbesserte Einzelkomponenten oder Schritte einer größeren Renovierung dürfen nicht einem solchen Sanierungskonzept widersprechen.

b) Auf ein derartiges Sanierungskonzept kann verzichtet werden, wenn die maximalen Wärmedurchgangskoeffizienten für Bauteile der (thermischen) Gebäudehülle gemäß Punkt 4.4 um mindestens 18 % und ab 1.1.2021 um mindestens 24 % unterschritten werden. Bei Gefälledämmungen ist analog zu Punkt 4.4.2 und bei erdberührten Bauteilen analog zu Punkt 4.4.3 vorzugehen.

4.6 Anforderungen an wärmeübertragende Bauteile bei Gebäuden oder Gebäudeteilen der Gebäudekategorie 13 (Sonstige konditionierte Gebäude)

Für wärmeübertragende Bauteile bei Gebäuden oder Gebäudeteilen der Gebäudekategorie 13 gelten sowohl bei Neubau als auch Sanierung die Anforderungen von Punkt 4.4. Werden solche Gebäude auf eine Innentemperatur von weniger als 16 °C beheizt, dürfen die Anforderungen an wärmeübertragende Bauteile um 50 % überschritten werden.

4.7 Anforderungen an wärmeübertragende Bauteile bei Flächenheizungen

Bei Neubau, Renovierung und Erneuerung von Bauteilen muss bei Wand-, Fußboden- und Deckenheizungen unbeschadet der unter Punkt 4.4 angeführten Anforderungen der Wärmedurchlasswiderstand R der Bauteilschichten zwischen der Heizfläche und der Außenluft mindestens 4,0 m²K/W sowie zwischen der Heizfläche und dem Erdreich oder dem unbeheizten Gebäudeteil mindestens 3,5 m²K/W betragen. Davon ausgenommen sind Fälle, für die statische Gründe entgegenstehen. Für erdberührte Böden darf der Nachweis analog zu Punkt 4.4.3 auch über den Leitwert geführt werden. Werden Gebäude oder Gebäudeteile der Gebäudekategorie 13 auf eine Innentemperatur von weniger als 16 °C beheizt, dürfen die Anforderungen an den Wärmedurchlasswiderstand R um ein Drittel reduziert werden.

4.8 Schadensbildende Kondensation und Risiko zur Schimmelbildung

Bei Neubau und Renovierung von Gebäuden und Gebäudeteilen sind in Abhängigkeit von deren Nutzung (nutzungsprofil-spezifische Feuchteproduktion) schadensbildende Kondensation an der inneren Bauteiloberfläche und das Risiko zur Schimmelbildung an der inneren Bauteiloberfläche zu vermeiden.

Bei Neubau und Renovierung von Gebäuden und Gebäudeteilen ist in Abhängigkeit von deren Nutzung (nutzungsprofil-spezifische Feuchteproduktion) schadensbildende Kondensation im Inneren von Bauteilen zu vermeiden.

4.9 Sommerlicher Wärmeschutz

Beim Neubau und bei größerer Renovierung von Wohngebäuden ist Punkt 4.9.1 einzuhalten. Beim Neubau und bei größerer Renovierung von Nicht-Wohngebäuden (NWG) ist Punkt 4.9.2 einzuhalten.

4.9.1 Der sommerliche Wärmeschutz von Wohngebäuden (WG) ist eingehalten, wenn die sommerliche Überwärmung vermieden ist oder wenn für die kritischste Nutzungseinheit kein außeninduzierter Kühlbedarf KB* vorhanden ist. Die sommerliche Überwärmung gilt als vermieden, wenn die operative Temperatur im Raum bei einem sich täglich periodisch wiederholenden Außenklima mit dem standortabhängigen Tagesmittelwert $T_{NAT,13}$ den Wert von $1/3 * T_{NAT,13} + 21{,}8$ °C nicht überschreitet.

4.9.2 Für Nicht-Wohngebäude (NWG) ist entweder die sommerliche Überwärmung zu vermeiden, wobei die tatsächlichen inneren Lasten zu berücksichtigen sind, oder der außeninduzierte Kühlbedarf KB* gemäß Punkt 4.3.2 ist einzuhalten.

4.10 Luft- und Winddichtheit

Beim Neubau muss die Gebäudehülle luft- und winddicht ausgeführt sein, wobei die Luftwechselrate n_{50} – gemessen bei 50 Pa Druckdifferenz zwischen innen und außen, gemittelt über Unter- und Überdruck und bei geschlossenen Ab- und Zuluftöffnungen (Verfahren 1 gemäß ÖNORM B 9972) – den Wert 3 h^{-1} nicht überschreiten darf. Wird eine mechanisch betriebene Lüftungsanlage mit oder ohne Wärmerückgewinnung eingebaut, darf die Luftwechselrate n_{50} den Wert 1,5 h^{-1} nicht überschreiten.

- Bei Wohngebäuden der Gebäudekategorie 1, Doppel- und Reihenhäusern ist dieser Wert für jedes Haus, bei Wohngebäuden der Gebäudekategorie 2 und 3 für jede Wohnung bzw. Wohneinheit einzuhalten. Ein Mitteln der einzelnen Wohnungen bzw. Wohneinheiten ist nicht zulässig. Der Wert ist auch für Treppenhäuser, die innerhalb der konditionierten Gebäudehülle liegen, inklusive der von diesen erschlossenen Wohnungen einzuhalten.
- Bei Nicht-Wohngebäuden (NWG) der Gebäudekategorien 4 bis 12 bezieht sich die Anforderung auf jeden Brandabschnitt.

4.11 Anforderungen an gebäudetechnische Systeme bei Einzelmaßnahmen oder Maßnahmenbündeln

Werden Einzelmaßnahmen oder Maßnahmenbündel am gebäudetechnischen System gesetzt, so hat die daraus resultierende Energieeffizienz, soweit technisch machbar, zumindest jener des Referenzsystems zu entsprechen.

4.12 Zentrale Wärmebereitstellungsanlage

Beim Neubau von Wohngebäuden (WG) mit mehr als zwei Wohnungen bzw. Wohneinheiten ist eine zentrale Wärmebereitstellungsanlage für Raumheizung und Warmwasser zu errichten, ausgenommen Systeme bzw. Teilsysteme mit dem Energieträger Strom, wenn die energetischen Anforderungen im Vergleich mit dem Referenzsystem in Punkt 8.3 erfüllt werden. Reihenhäuser sind von dieser Bestimmung ausgenommen.

4.13 Wärmerückgewinnung

Raumlufttechnische „Zu- und Abluftanlagen" (darunter ist die Kombination aus einer Zu- und einer Abluftanlage zu verstehen und nicht eine Zu- oder Abluftanlage alleine) sind bei ihrem erstmaligen Einbau oder bei ihrer Erneuerung mit einer Einrichtung zur Wärmerückgewinnung auszustatten.

4.14 Strombedarfsanteile

Folgende Strombedarfsanteile gelten als durch Photovoltaik deckbare Strombedarfsanteile. Die Photovoltaikanlage muss sich am Standort des Gebäudes oder in der Nähe befinden und Teil der Stromversorgung des Gebäudes sein.

Bestandteile	Deckbarer Anteil ohne Stromspeicher
Beleuchtungsenergiebedarf	25 %
Befeuchtungsenergiebedarf	25 %
Raumheizenergiebedarf	25 %
Kühlenergiebedarf	50 %
Warmwasserenergiebedarf	50 %
Haushalts- und Betriebsstrombedarf	75 %
Hilfsenergiebedarf für Raumheizung und Warmwasser	75 %
Hilfsenergiebedarf für Solarthermie	100 %

Mit Stromspeicher sind die angegebenen Werte um 5 %-Punkte (max. 100 %) zu erhöhen, wobei bei Stromspeichersystemen mindestens eine Speichergröße von 1 kWh/kW_{peak} gegeben sein muss und im Fall von mehreren Nutzungseinheiten der Ertrag des Stromspeichers gleichermaßen genutzt werden kann.

5 Anforderungen an die Wahl der eingesetzten Energieträger

5.1 Einsatz hocheffizienter alternativer Energiesysteme

5.1.1 Bei Neubau und größerer Renovierung von Gebäuden bzw. Gebäudeteilen entsprechend der Gebäudekategorie 1 bis 12 muss die technische, ökologische, wirtschaftliche und rechtliche Realisierbarkeit des Einsatzes von hocheffizienten alternativen Systemen, wie in Punkt 5.1.2 angeführt, sofern verfügbar, in Betracht gezogen, berücksichtigt und dokumentiert werden.

5.1.2 Hocheffiziente alternative Energiesysteme sind jedenfalls:

a) dezentrale Energieversorgungssysteme auf der Grundlage von Energie aus erneuerbaren Quellen,
b) Kraft-Wärme-Kopplung,
c) Fern-/Nahwärme oder -kälte, insbesondere, wenn sie ganz oder teilweise auf Energie aus erneuerbaren Quellen beruht oder aus hocheffizienten Kraft-Wärme-Kopplungsanlagen stammt,
d) Wärmepumpen.

5.1.3 Wird der Punkt 5.2.3 a) erfüllt oder ein System nach Punkt 5.2.3 b) gewählt, kann die Prüfung gemäß Punkt 5.1.1 entfallen.

5.2 Anforderungen an den erneuerbaren Anteil bei Neubau und größerer Renovierung

5.2.1 Energie aus erneuerbaren Quellen umfasst Energie aus Wind, Sonne, aerothermische, geothermische, hydrothermische Energie, Wasserkraft, Biomasse, erneuerbares Gas (z.B. Deponiegas, Klärgas, Biogas, gasförmige Biobrennstoffe, Grüngas, Synthesegas aus erneuerbarem Überschussstrom), Abwärme, Ablauge, Klärschlamm und Tiermehl.

5.2.2 Wird Energie aus hocheffizienten alternativen Systemen gemäß Punkt 5.1.2 eingesetzt, gilt diese zumindest im erforderlichen Maß als Energie aus erneuerbaren Quellen.

5.2.3 Die Anforderung des Mindestmaßes von Energie aus erneuerbaren Quellen bei Neubau und größerer Renovierung eines Wohngebäudes (WG) oder Nicht-Wohngebäudes (NWG) wird erfüllt, wenn mindestens einer der folgenden Punkte aus a), b) oder c) zur Anwendung kommt:

a) Der nicht erneuerbare Primärenergiebedarf exklusive Haushaltsstrombedarf bzw. Betriebsstrombedarf erfüllt im Falle eines Neubaus bzw. im Falle einer größeren Renovierung die entsprechende Anforderung des Nationalen Plans an das Niedrigstenergiegebäude ab 1.1.2021 (OIB-Dokument zur Definition des Niedrigstenergiegebäudes und zur Festlegung von Zwischenzielen in einem Nationalen Plan gemäß Artikel 9 (3) zu 2010/31/EU vom 20. Februar 2018).

b) Nutzung erneuerbarer Quellen außerhalb der Systemgrenzen „Gebäude“ (bei Erfüllung einer dieser Punkte werden gleichzeitig auch die Anforderungen gemäß Punkt 5.1.1. und 5.1.2 erfüllt):
Es ist der erforderliche Wärmebedarf für Raumheizung und Warmwasser mindestens zu 80 % durch
- dezentrale Energieversorgungssysteme auf der Grundlage von Energie aus erneuerbaren Quellen (Biomasse, erneuerbares Gas),
- Kraft-Wärme-Kopplung,
- Fern-/Nahwärme oder -kälte, insbesondere, wenn sie ganz oder teilweise auf Energie aus erneuerbaren Quellen beruht (Fern-/Nahwärme aus einem Heizwerk auf Basis erneuerbarer Energieträger, Fernwärme aus hocheffizienter KWK und/oder Abwärme),
- Wärmepumpen

unter Einhaltung der Anforderungen an den hierfür geltenden zulässigen Heizenergiebedarf zu decken.

c) Nutzung erneuerbarer Quellen durch Erwirtschaftung von Erträgen am Standort oder in der Nähe:
- Es sind durch aktive Maßnahmen, wie durch Solarthermie, Netto-Endenergieerträge am Standort oder in der Nähe von mindestens 20 % des Endenergiebedarfes für Warmwasser ohne diese aktiven Maßnahmen zu erwirtschaften;
- Es sind durch aktive Maßnahmen, wie durch Photovoltaik, Netto-Endenergieerträge am Standort oder in der Nähe von mindestens 20 % des Endenergiebedarfes für Haushaltsstrom bzw. Betriebsstrom ohne diese aktiven Maßnahmen zu erwirtschaften;
- Es sind durch aktive Maßnahmen, wie durch Wärmerückgewinnung, Netto-Endenergieerträge am Standort oder in der Nähe von mindestens 20 % des Endenergiebedarfes für Raumheizung ohne diese aktiven Maßnahmen zu erwirtschaften;
- Verringerung des maximal zulässigen Endenergiebedarfes EEB_{zul} um mindestens 5 % bzw. des maximal zulässigen Gesamtenergieeffizienz-Faktors f_{GEE} gemäß Punkt 4.3 um mindestens 5 %-Punkte durch
  - beliebige Maßnahmen zur Effizienzsteigerung oder
  - allenfalls Kombinationen von Solarthermie oder Photovoltaik oder Wärmerückgewinnung.

5.2.4 Bei Sonstigen konditionierten Gebäuden (Gebäudekategorie 13) ist Punkt 5.1.1 einzuhalten. Weiters ist auch die Nutzung erneuerbarer Quellen außerhalb der Systemgrenzen „Gebäude“ als auch die Nutzung erneuerbarer Quellen durch Erwirtschaftung von Erträgen am Standort oder in der Nähe zu optimieren.

6 Ausweis über die Gesamtenergieeffizienz (Energieausweis)

Der Energieausweis besteht aus:

- den ersten zwei Seiten (im Falle von SKG auch aus mehr Seiten, denn ab der 3. Seite strukturierte Auflistung der U-Werte) gemäß dem im Anhang dieser Richtlinie festgelegten Layout und
- einem technischen Anhang.

Die Energieausweise sind vollständig auszufüllen. Im technischen Anhang sind detailliert anzugeben:

- die verwendeten Normen und Richtlinien,
- die angewendeten normgemäßen Vereinfachungen,
- die verwendeten sonstigen Hilfsmittel,
- nachvollziehbare Ermittlung der geometrischen, bauphysikalischen und haustechnischen Eingabedaten sowie
- Maßnahmen und Empfehlungen, ausgenommen bei Neubauten und für den Fall, dass die Anforderungen an die größere Renovierung bereits erfüllt werden, in folgender Weise:
  - Empfehlung von Maßnahmen deren Implementierung den Endenergiebedarf des Gebäudes reduzieren oder
  - Renovierungsausweis gemäß Artikel 2a, lit. 1c der Richtlinie 2010/31/EU vom 19. Mai 2010 über die Gesamtenergieeffizienz von Gebäuden, in der Fassung der Richtlinie (EU) 2018/844 vom 30. Mai 2018 zur Änderung der Richtlinie 2010/31/EU über die Gesamtenergieeffizienz von Gebäuden und der Richtlinie 2012/27/EU über Energieeffizienz, als Ergänzung zum technischen Anhang des Ausweises über die Gesamtenergieeffizienz (Energieausweis), der einen langfristigen Fahrplan für die schrittweise Renovierung eines bestimmten Gebäudes auf Grundlage von Qualitätskriterien enthält, in dem relevante Maßnahmen und Renovierungen zur Verbesserung der Energieeffizienz beschrieben werden, die zur Erfüllung der Anforderungen an die größere Renovierung führen. Ein Renovierungsausweis ist hinsichtlich Umfang und Anhang sinngemäß einem Energieausweis samt technischem Anhang – in diesem Fall ohne Maßnahmen und Empfehlungen – nachempfunden. Im Falle des Vorliegens eines Renovierungsausweises darf dieses als Sanierungskonzept im Sinne von Punkt 4.5.1 b) verwendet werden.

Energieausweise sind von qualifizierten und befugten Personen auszustellen.

Für die grafische Darstellung in der Energieeffizienzskala auf der ersten Seite des Energieausweises werden folgende Klassengrenzen festgelegt:

Klasse	$HWB_{Ref,SK}$ [kWh/m²a]	PEB_{SK} [kWh/m²a]	$CO_{2eq,SK}$ [kg/m²a]	$f_{GEE,SK}$ [-]
A++	10	60	8	0,55
A+	15	70	10	0,70
A	25	80	15	0,85
B	50	160	30	1,00
C	100	220	40	1,75
D	150	280	50	2,50
E	200	340	60	3,25
F	250	400	70	4,00
G	> 250	> 400	> 70	> 4,00

Die verpflichtende Angabe des Heizwärmebedarfes und des Gesamtenergieeffizienz-Faktors in Anzeigen in Druckwerken und elektronischen Medien gemäß Energieausweis-Vorlage-Gesetz 2012 bezieht sich auf die dem Labeling zugrundeliegenden Werte für den $HWB_{Ref,SK}$ und den $f_{GEE,SK}$ bzw. bei Gebäuden der Gebäudekategorie 13 auf den $HWB_{Ref,SK}$.

7 Konversionsfaktoren

Die Konversionsfaktoren zur Ermittlung des PEB (f_{PE}), des nichterneuerbaren Anteils des PEB ($f_{PE,n.ern.}$), des erneuerbaren Anteils des PEB ($f_{PE,ern.}$) sowie von CO_2eq (f_{CO2eq}) sind der nachfolgenden Tabelle zu entnehmen.

	Energieträger	f_{PE} [-]	$f_{PE,n.ern.}$ [-]	$f_{PE,ern.}$ [-]	f_{CO2eq} [g/kWh]
1	Kohle	1,46	1,46	0,00	375
2	Heizöl	1,20	1,20	0,00	310
3	Erdgas	1,10	1,10	0,00	247
4	Biomasse (Biobrennstoffe fest)	1,13	0,10	1,03	17
5	Biobrennstoffe flüssig (Inselbetrieb) (1)	1,50	0,50	1,00	70
6	Biobrennstoffe gasförmig (Inselbetrieb) (1,2)	1,40	0,40	1,00	100
7	Strom (Liefermix)	1,63	1,02	0,61	227
8	Fernwärme aus Heizwerk (erneuerbar) (3)	1,60	0,28	1,32	59
9	Fernwärme aus Heizwerk (nicht erneuerbar) (3)	1,51	1,37	0,14	310
10	Fernwärme aus hocheffizienter KWK (3,4)	0,88	0,00	0,88	75
11	Abwärme (3)	1,00	1,00	0,00	22

(1) ... Unter Inselbetrieb sind hier ausschließlich Anlagen zu verstehen, bei denen auch die Produktion des Brennstoffes im Gebäude oder in unmittelbarer Nähe des Gebäudes stattfindet.
(2) ... Für Grüngas und Synthesegas sind Werte den Erläuternden Bemerkungen zu entnehmen.
(3) ... Im Falle eines Einzelnachweises sind die Randbedingungen den Erläuternden Bemerkungen zu entnehmen.
(2) ... Als hocheffiziente Kraft-Wärme-Kopplung (KWK) werden all jene angesehen, die der Richtlinie 2004/8/EG entsprechen.

8 Referenzausstattungen

Haustechnische Ausstattungen, die im Folgenden nicht explizit festgelegt werden, sind in der Referenzausstattung gleich zu setzen mit der geplanten Ausstattung bzw. Ausführung.

8.1 Wärmeabgabe- und Wärmeverteilsystem

8.1.1 Objektdaten

- Gebäudezentrale kombinierte Wärmebereitstellung
- Systemtemperaturen und Wärmeabgabe:
  - Für Wärmebereitstellung außer Wärmepumpen:
    - Wärmeabgabe: kleinflächige Wärmeabgabe
    - Für Gebäude der Gebäudekategorie 1: Systemtemperaturen: 55 °C / 45 °C
    - Für Gebäude der Gebäudekategorie 2 bis 12: Systemtemperaturen: 60 °C / 35 °C
  - Für Wärmepumpensysteme:
    - Wärmeabgabe: Flächenheizung
    - Für alle Gebäude: Systemtemperaturen: 40 °C / 30 °C
  - Warmwasserwärmeabgabe:
    - Zweigriffarmaturen
- Regelung:
  - Für Radiatorenheizung:
    - Raumthermostat-Zonenregelung mit Zeitsteuerung
  - Für Flächenheizung:
    - Einzelraumregelung mit elektronischem Regelgerät mit Optimierungsfunktion
- Wärmeverteilung:
  - Verteilleitungen im unkonditionierten Gebäudebereich, Verhältnis Dämmdicke zu Rohrdurchmesser ist 3/3, Armaturen gedämmt
  - Steigleitungen im konditionierten Gebäudebereich, Verhältnis Dämmdicke zu Rohrdurchmesser ist 3/3, Armaturen gedämmt
  - Stichleitungen: im konditionierten Gebäudebereich, Kunststoff, Verhältnis Dämmdicke zu Rohrdurchmesser ist 1/3
  - Anbindeleitungen: im konditionierten Gebäudebereich, Verhältnis Dämmdicke zu Rohrdurchmesser ist 1/3, Armaturen gedämmt

  - im Falle von Zwei-Leiter-Systemen ist als Referenzausstattung ein Vier-Leiter-System anzunehmen.

8.2 Wärmespeicher- und Wärmebereitstellungssystem

8.2.1 Energieträger fossil fest
- Warmwasser-Wärmespeicherung:
  - indirekt beheizt, Verluste von Wärmespeichern Baujahr ab 1994, gedämmte Anschlussteile, Standort im nicht konditionierten Bereich
- Warmwasser-Wärmebereitstellung:
  - kombiniert mit Raumheizung
- Raumheizung-Wärmespeicherung:
  - Speicher für händisch beschickte Systeme, Verluste von Wärmespeichern, Baujahr ab 1994, gedämmte Anschlussteile, Standort im nicht konditionierten Bereich
- Raumheizung-Wärmebereitstellung:
  - Heizkessel für feste Brennstoffe, Kohle, händisch beschickt, gleitende Betriebsweise, Baujahr ab 1994, gebäudezentral, Standort im nicht konditionierten Bereich

8.2.2 Energieträger fossil flüssig
- Warmwasser-Wärmespeicherung:
  - indirekt beheizt, Verluste von Wärmespeichern, Baujahr ab 1994, gedämmte Anschlussteile, Standort im nicht konditionierten Bereich
- Warmwasser-Wärmebereitstellung:
  - kombiniert mit Raumheizung
- Raumheizung-Wärmespeicherung:
  - kein Speicher
- Raumheizung-Wärmebereitstellung:
  - modulierender Brennwertkessel, Heizöl extra leicht, Baujahr ab 1994, gebäudezentral, automatisch beschickte bzw. gleitende Betriebsweise, Standort im nicht konditionierten Bereich

8.2.3 Energieträger fossil gasförmig
- Warmwasser-Wärmespeicherung:
  - indirekt beheizt, Verluste von Wärmespeichern, Baujahr ab 1994, gedämmte Anschlussteile, Standort im nicht konditionierten Bereich
- Warmwasser-Wärmebereitstellung:
  - kombiniert mit Raumheizung
- Raumheizung-Wärmespeicherung:
  - kein Speicher
- Raumheizung-Wärmebereitstellung:
  - modulierender Brennwertkessel im nicht konditionierten Bereich, Baujahr ab 1994, gebäudezentral, gleitende Betriebsweise, Gebläseunterstützung

8.2.4 Energieträger Biomasse
- Warmwasser-Wärmespeicherung:
  - indirekt beheizt, Verluste von Wärmespeichern, Baujahr ab 1994, gedämmte Anschlussteile, Standort im nicht konditionierten Bereich
- Warmwasser-Wärmebereitstellung:
  - kombiniert mit Raumheizung
- Raumheizung-Wärmespeicherung:
  - Lastausgleichsspeicher, Verluste von Wärmespeichern, Baujahr ab 1994, gedämmte Anschlussteile
- Raumheizung-Wärmebereitstellung:
  - modulierender Pelletskessel im nicht konditionierten Bereich, gleitender Betrieb, Baujahr ab 2004, gebäudezentral, automatisch beschickt, Gebläseunterstützung, Fördergebläse

8.2.5 Energieträger Fernwärme

- Warmwasser-Wärmespeicherung:
  - indirekt beheizt, Verluste von Wärmespeichern, Baujahr ab 1994, gedämmte Anschlussteile, Standort im nicht konditionierten Bereich
- Warmwasser-Wärmebereitstellung:
  - kombiniert mit Raumheizung
- Raumheizung-Wärmespeicherung:
  - kein Speicher
- Raumheizung-Wärmebereitstellung:
  - Wärmetauscher wärmegedämmt, automatisch betrieben, gleitender Betrieb, Standort im nicht konditionierten Bereich, gebäudezentral

8.2.6 Wärmepumpentechnologie Luft/Wasser-Wärmepumpe

- Warmwasser-Wärmespeicherung:
  - indirekt beheizt, Verluste von Wärmepumpenspeichern, Baujahr ab 1994, gedämmte Anschlussteile, Standort im nicht konditionierten Bereich
- Warmwasser-Wärmebereitstellung:
  - kombiniert mit Raumheizung
- Raumheizung-Wärmespeicherung:
  - kein Speicher
- Raumheizung-Wärmebereitstellung:
  - Luft/Wasser-Wärmepumpe ab 2005, nicht modulierend, gleitender Betrieb, Standort im nicht konditionierten Bereich, gebäudezentral

8.2.7 Wärmepumpentechnologie Sole/Wasser-Wärmepumpe (Flachkollektor)

- Warmwasser-Wärmespeicherung:
  - indirekt beheizt, Verluste von Wärmepumpenspeichern, Baujahr ab 1994, gedämmte Anschlussteile, Standort im nicht konditionierten Bereich
- Warmwasser-Wärmebereitstellung:
  - kombiniert mit Raumheizung
- Raumheizung-Wärmespeicherung:
  - kein Speicher
- Raumheizung-Wärmebereitstellung:
  - Sole/Wasser-Wärmepumpe Flachkollektor ab 2005, nicht modulierend, gleitender Betrieb, Soleumwälzpumpe Standard, Standort im nicht konditionierten Bereich, gebäudezentral

8.2.8 Wärmepumpentechnologie Sole/Wasser-Wärmepumpe (Tiefensonde)

- Warmwasser-Wärmespeicherung:
  - indirekt beheizt, Verluste von Wärmepumpenspeichern, Baujahr ab 1994, gedämmte Anschlussteile, Standort im nicht konditionierten Bereich
- Warmwasser-Wärmebereitstellung:
  - kombiniert mit Raumheizung
- Raumheizung-Wärmespeicherung:
  - kein Speicher
- Raumheizung-Wärmebereitstellung:
  - Sole/Wasser-Wärmepumpe Tiefensonde ab 2005, nicht modulierend, gleitender Betrieb, Soleumwälzpumpe Standard, Standort im nicht konditionierten Bereich, gebäudezentral

8.2.9 Wärmepumpentechnologie Grundwasser-Wärmepumpe

- Warmwasser-Wärmespeicherung:
  - indirekt beheizt, Verluste von Wärmepumpenspeichern, Baujahr ab 1994, gedämmte Anschlussteile, Standort im nicht konditionierten Bereich
- Warmwasser-Wärmebereitstellung:
  - kombiniert mit Raumheizung
- Raumheizung-Wärmespeicherung:
  - kein Speicher
- Raumheizung-Wärmebereitstellung:
  - Grundwasser-Wärmepumpe ab 2005, nicht modulierend, gleitender Betrieb, Grundwasserumwälzpumpe Standard, Standort im nicht konditionierten Bereich, gebäudezentral

8.2.10 Wärmepumpentechnologie Direktverdampfer-Wärmepumpe

- Warmwasser-Wärmespeicherung:
  - indirekt beheizt, Verluste von Wärmepumpenspeichern, Baujahr ab 1994, gedämmte Anschlussteile, Standort im nicht konditionierten Bereich
- Warmwasser-Wärmebereitstellung:
  - kombiniert mit Raumheizung
- Raumheizung-Wärmespeicherung:
  - kein Speicher
- Raumheizung-Wärmebereitstellung:
  - Direktverdampfer-Wärmepumpe ab 2005, nicht modulierend, gleitender Betrieb, Standort im nicht konditionierten Bereich, gebäudezentral

8.2.11 Gas-Wärmepumpe

- Warmwasser-Wärmespeicherung:
  - indirekt beheizt, Verluste von Wärmepumpenspeichern, Baujahr ab 1994, gedämmte Anschlussteile, Standort im nicht konditionierten Bereich
- Warmwasser-Wärmebereitstellung:
  - kombiniert mit Raumheizung
- Raumheizung-Wärmespeicherung:
  - kein Speicher
- Raumheizung-Wärmebereitstellung:
  - Gas-Wärmepumpe entsprechend der eingesetzten Technologie (Gasmotor-Wärmepumpe, Gas-Absorptions-Wärmepumpe, Adsorptions/Zeolith-Wärmepumpe), gleitender Betrieb, Standort im nicht konditionierten Bereich, gebäudezentral

8.2.12 Kraft-Wärmekopplungsanlagen

- Warmwasser-Wärmespeicherung:
  - indirekt beheizt, Verluste von Wärmespeichern, Baujahr ab 1994, gedämmte Anschlussteile, Standort im nicht konditionierten Bereich
- Warmwasser-Wärmebereitstellung:
  - kombiniert mit Raumheizung
- Raumheizung-Wärmespeicherung:
  - kein Speicher
- Raumheizung-Wärmebereitstellung:
  - Kraft-Wärmekopplungsanlagen entsprechend der eingesetzten Technologie (Ottomotor, Dieselmotor, Brennstoffzelle, Stirlingmotor) modulierend, gleitender Betrieb, Standort im nicht konditionierten Bereich, gebäudezentral

8.3 Strombasierte Wärmespeicher- und Wärmebereitstellungssysteme für dezentrale Systeme

Objektdaten

- Gebäudezentrale kombinierte Wärmebereitstellung
- Systemtemperaturen und Wärmeabgabe:
  - Wärmeabgabe: Flächenheizung
  - Für alle Gebäude: Systemtemperaturen: 40 °C / 30 °C
  - Warmwasserwärmeabgabe:
    - Zweigriffarmaturen
- Regelung:
    - Einzelraumregelung mit elektronischem Regelgerät mit Optimierungsfunktion
- Wärmeverteilung:
  - Verteilleitungen im unkonditionierten Gebäudebereich, Verhältnis Dämmdicke zu Rohrdurchmesser ist 3/3, Armaturen gedämmt
  - Steigleitungen im konditionierten Gebäudebereich, Verhältnis Dämmdicke zu Rohrdurchmesser ist 3/3, Armaturen gedämmt
  - Stichleitungen: im konditionierten Gebäudebereich, Kunststoff, Verhältnis Dämmdicke zu Rohrdurchmesser ist 1/3
  - Anbindeleitungen: im konditionierten Gebäudebereich, Verhältnis Dämmdicke zu Rohrdurchmesser ist 1/3, Armaturen gedämmt
  - mit Zirkulation für Gebäude der Gebäudekategorie 2 bis 12
  - ohne Zirkulation für Gebäude der Gebäudekategorie 1

- Warmwasser-Wärmespeicherung:
  - indirekt beheizt, Verluste von Wärmepumpenspeichern, Baujahr ab 1994, gedämmte Anschlussteile, Standort im nicht konditionierten Bereich
- Warmwasser-Wärmebereitstellung:
  - kombiniert mit Raumheizung
- Raumheizung-Wärmespeicherung:
  - kein Speicher
- Raumheizung-Wärmebereitstellung:
  - Luft/Wasser-Wärmepumpe ab 2005, nicht modulierend, gleitender Betrieb, Standort im nicht konditionierten Bereich, gebäudezentral
- aus den Ergebnissen werden die Energieaufwandszahlen $e_{AWZ,Ref,RH}$ und $e_{AWZ,Ref,TW}$ gemäß OIB-Leitfaden „Energietechnisches Verhalten von Gebäuden" abgeleitet

8.3.1 Strom direkt Warmwasser

- Warmwasser-Wärmebereitstellung
  - Der maximal zulässige Strombedarf bei Stromdirektheizung wird durch Anwendung der Energieaufwandszahl $e_{AWZ,Ref,TW}$ gemäß OIB-Leitfaden „Energietechnisches Verhalten von Gebäuden" errechnet

8.3.2 Strom direkt Raumheizung

- Raumheizung-Wärmebereitstellung:
  - Der maximal zulässige Strombedarf bei Stromdirektheizung wird durch Anwendung der Energieaufwandszahl $e_{AWZ,Ref,RH}$ gemäß OIB-Leitfaden „Energietechnisches Verhalten von Gebäuden" errechnet

Anhang

- Muster Energieausweis Wohngebäude (WG)
- Muster Energieausweis Nicht-Wohngebäude (NWG)
- Muster Energieausweis Sonstige konditionierte Gebäude (SKG)

Muster Energieausweis Wohngebäude (WG) Seite 1

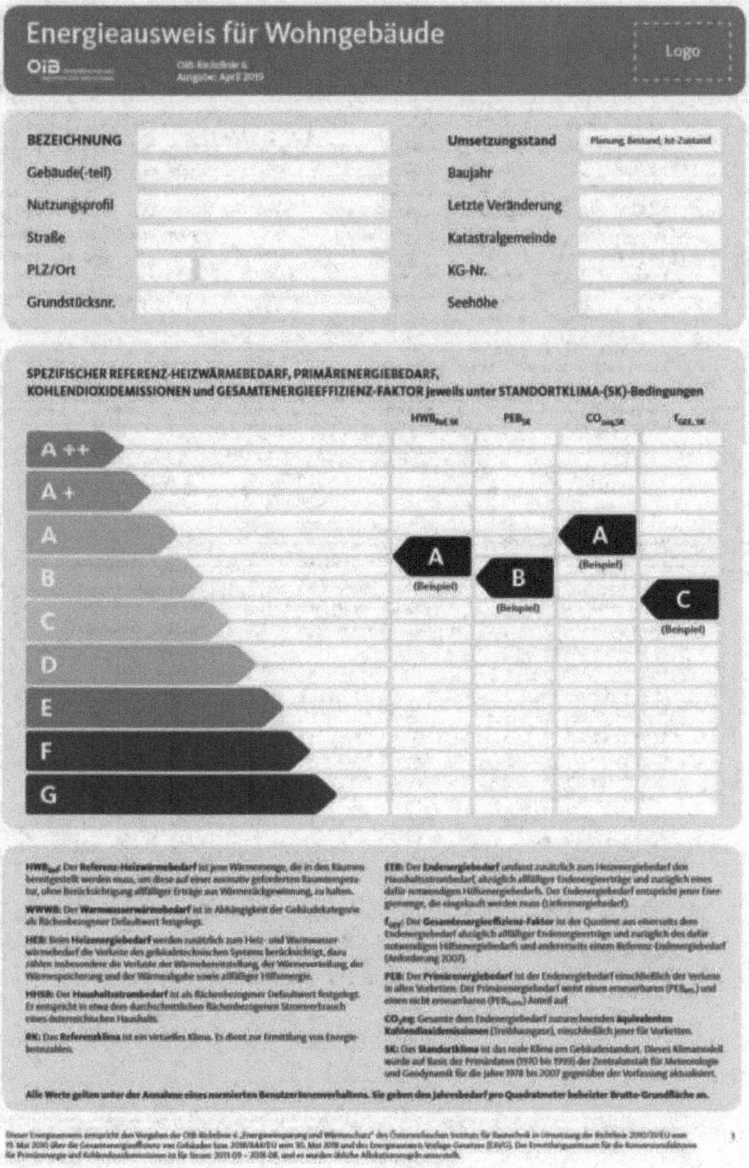

Energieausweis für Wohngebäude

OIB-Richtlinie 6
Ausgabe: April 2019

Logo

BEZEICHNUNG		**Umsetzungsstand**	Planung, Bestand, Ist-Zustand
Gebäude(-teil)		Baujahr	
Nutzungsprofil		Letzte Veränderung	
Straße		Katastralgemeinde	
PLZ/Ort		KG-Nr.	
Grundstücksnr.		Seehöhe	

SPEZIFISCHER REFERENZ-HEIZWÄRMEBEDARF, PRIMÄRENERGIEBEDARF, KOHLENDIOXIDEMISSIONEN und GESAMTENERGIEEFFIZIENZ-FAKTOR jeweils unter STANDORTKLIMA-(SK)-Bedingungen

	$HWB_{Ref,SK}$	PEB_{SK}	$CO_{2eq,SK}$	$f_{GEE,SK}$
A++				
A+				
A			A (Beispiel)	
B	A (Beispiel)	B (Beispiel)		C (Beispiel)
C				
D				
E				
F				
G				

HWB_{Ref}: Der **Referenz-Heizwärmebedarf** ist jene Wärmemenge, die in den Räumen bereitgestellt werden muss, um diese auf einer normativ geforderten Raumtemperatur, ohne Berücksichtigung allfälliger Erträge aus Wärmerückgewinnung, zu halten.

WWWB: Der **Warmwasserwärmebedarf** ist in Abhängigkeit der Gebäudekategorie als flächenbezogener Defaultwert festgelegt.

HEB: Beim **Heizenergiebedarf** werden zusätzlich zum Heiz- und Warmwasserwärmebedarf die Verluste des gebäudetechnischen Systems berücksichtigt, dazu zählen insbesondere die Verluste der Wärmebereitstellung, der Wärmeverteilung, der Wärmespeicherung und der Wärmeabgabe sowie allfälliger Hilfsenergie.

HHSB: Der **Haushaltsstrombedarf** ist als flächenbezogener Defaultwert festgelegt. Er entspricht in etwa dem durchschnittlichen flächenbezogenen Stromverbrauch eines österreichischen Haushalts.

RK: Das **Referenzklima** ist ein virtuelles Klima. Es dient zur Ermittlung von Energiekennzahlen.

EEB: Der **Endenergiebedarf** umfasst zusätzlich zum Heizenergiebedarf den Haushaltsstrombedarf, abzüglich allfälliger Endenergieerträge und zuzüglich eines dafür notwendigen Hilfsenergiebedarfs. Der Endenergiebedarf entspricht jener Energiemenge, die eingekauft werden muss (Lieferenergiebedarf).

f_{GEE}: Der **Gesamtenergieeffizienz-Faktor** ist der Quotient aus einerseits dem Endenergiebedarf abzüglich allfälliger Endenergieerträge und zuzüglich des dafür notwendigen Hilfsenergiebedarfs und andererseits einem Referenz-Endenergiebedarf (Anforderung 2007).

PEB: Der **Primärenergiebedarf** ist der Endenergiebedarf einschließlich der Verluste in allen Vorketten. Der Primärenergiebedarf weist einen erneuerbaren ($PEB_{ern.}$) und einen nicht erneuerbaren ($PEB_{n.ern.}$) Anteil auf.

$CO_{2}eq$: Gesamte dem Endenergiebedarf zuzurechnenden **äquivalenten Kohlendioxidemissionen** (Treibhausgase), einschließlich jener für Vorketten.

SK: Das **Standortklima** ist das reale Klima am Gebäudestandort. Dieses Klimamodell wurde auf Basis der Primärdaten (1970 bis 1999) der Zentralanstalt für Meteorologie und Geodynamik für die Jahre 1978 bis 2007 gegenüber der Vorfassung aktualisiert.

Alle Werte gelten unter der Annahme eines normierten BenutzerInnenverhaltens. Sie geben den Jahresbedarf pro Quadratmeter beheizter Brutto-Grundfläche an.

Dieser Energieausweis entspricht den Vorgaben der OIB-Richtlinie 6 „Energieeinsparung und Wärmeschutz" des Österreichischen Instituts für Bautechnik in Umsetzung der Richtlinie 2010/31/EU vom 19. Mai 2010 über die Gesamtenergieeffizienz von Gebäuden bzw. 2018/844/EU vom 30. Mai 2018 und des Energieausweis-Vorlage-Gesetzes (EAVG). Der Ermittlungszeitraum für die Konversionsfaktoren für Primärenergie und Kohlendioxidemissionen ist für Strom: 2013-09 – 2018-08, und es wurden übliche Allokationsregeln unterstellt. 1

Seite 2 für Wohngebäude (WG)

Energieausweis für Wohngebäude

OIB-Richtlinie 6
Ausgabe: April 2019

Logo

GEBÄUDEKENNDATEN | **EA-Art:**

Brutto-Grundfläche (BGF)	#.###,# m²	Heiztage	### d	Art der Lüftung	##########
Bezugsfläche (BF)	#.###,# m²	Heizgradtage	#.### Kd	Solarthermie	## m²
Brutto-Volumen (V_B)	#.###,# m³	Klimaregion	##########	Photovoltaik	#,# kWp
Gebäude-Hüllfläche (A)	#.###,# m²	Norm-Außentemperatur	#,# °C	Stromspeicher	#.###,# kWh
Kompaktheit (A/V)	#,## 1/m	Soll-Innentemperatur	#,# °C	WW-WB-System (primär)	##########
charakteristische Länge (ℓ_c)	#,## m	mittlerer U-Wert	#,## W/m²K	WW-WB-System (sekundär, opt.)	##########
Teil-BGF	#.###,# m²	LEK_T-Wert	#,##	RH-WB-System (primär)	##########
Teil-BF	#.###,# m²	Bauweise	##########	RH-WB-System (sekundär, opt.)	##########
Teil-V_B	#.###,# m³				

WÄRME- UND ENERGIEBEDARF (Referenzklima) | **Nachweis über #####**

	Ergebnisse			Anforderungen
Referenz-Heizwärmebedarf	$HWB_{Ref,RK}$ =	###,# kWh/m²a	entspricht / entspricht nicht	$HWB_{Ref,RK,zul}$ = ###,# kWh/m²a
Heizwärmebedarf	HWB_{RK} =	###,# kWh/m²a		
Endenergiebedarf	EEB_{RK} =	###,# kWh/m²a	entspricht / entspricht nicht	$EEB_{RK,zul}$ = ###,# kWh/m²a
Gesamtenergieeffizienz-Faktor	$f_{GEE,RK}$ =	#,##	entspricht / entspricht nicht	$f_{GEE,RK,zul}$ = #,##
Erneuerbarer Anteil		##########	entspricht / entspricht nicht	Punkt 5.2.3 a, b oder c

WÄRME- UND ENERGIEBEDARF (Standortklima)

Referenz-Heizwärmebedarf	$Q_{h,Ref,SK}$ =	###.### kWh/a	$HWB_{Ref,SK}$ =	###,# kWh/m²a
Heizwärmebedarf	$Q_{h,SK}$ =	###.### kWh/a	HWB_{SK} =	###,# kWh/m²a
Warmwasserwärmebedarf	Q_{tw} =	###.### kWh/a	WWWB =	###,# kWh/m²a
Heizenergiebedarf	$Q_{H,Ref,SK}$ =	###.### kWh/a	HEB_{SK} =	###,# kWh/m²a
Energieaufwandszahl Warmwasser			$e_{AWZ,WW}$ =	#,##
Energieaufwandszahl Raumheizung			$e_{AWZ,RH}$ =	#,##
Energieaufwandszahl Heizen			$e_{AWZ,H}$ =	#,##
Haushaltsstrombedarf	Q_{HHSB} =	###.### kWh/a	HHSB =	###,# kWh/m²a
Endenergiebedarf	$Q_{EEB,SK}$ =	###.### kWh/a	EEB_{SK} =	###,# kWh/m²a
Primärenergiebedarf	$Q_{PEB,SK}$ =	###.### kWh/a	PEB_{SK} =	###,# kWh/m²a
Primärenergiebedarf nicht erneuerbar	$Q_{PEBn.ern.,SK}$ =	###.### kWh/a	$PEB_{n.ern.,SK}$ =	###,# kWh/m²a
Primärenergiebedarf erneuerbar	$Q_{PEBern.,SK}$ =	###.### kWh/a	$PEB_{ern.,SK}$ =	###,# kWh/m²a
äquivalente Kohlendioxidemissionen	$Q_{CO2eq,SK}$ =	###.### kg/a	$CO_{2eq,SK}$ =	###,# kg/m²a
Gesamtenergieeffizienz-Faktor			$f_{GEE,SK}$ =	#,#
Photovoltaik-Export	$Q_{PVE,SK}$ =	###.### kWh/a	$PVE_{EXPORT,SK}$ =	###,# kWh/m²a

ERSTELLT

GWR-Zahl		ErstellerIn	
Ausstellungsdatum		Unterschrift	
Gültigkeitsdatum			
Geschäftszahl			

Die Energiekennzahlen dieses Energieausweises dienen ausschließlich der Information. Aufgrund der idealisierten Eingangsparameter können bei tatsächlicher Nutzung erhebliche Abweichungen auftreten. Insbesondere Nutzungseinheiten unterschiedlicher Lage können aus Gründen der Geometrie und der Lage hinsichtlich ihrer Energiekennzahlen von den hier angegebenen abweichen. 2

Muster Energieausweis Nicht-Wohngebäude (NWG) Seite 1

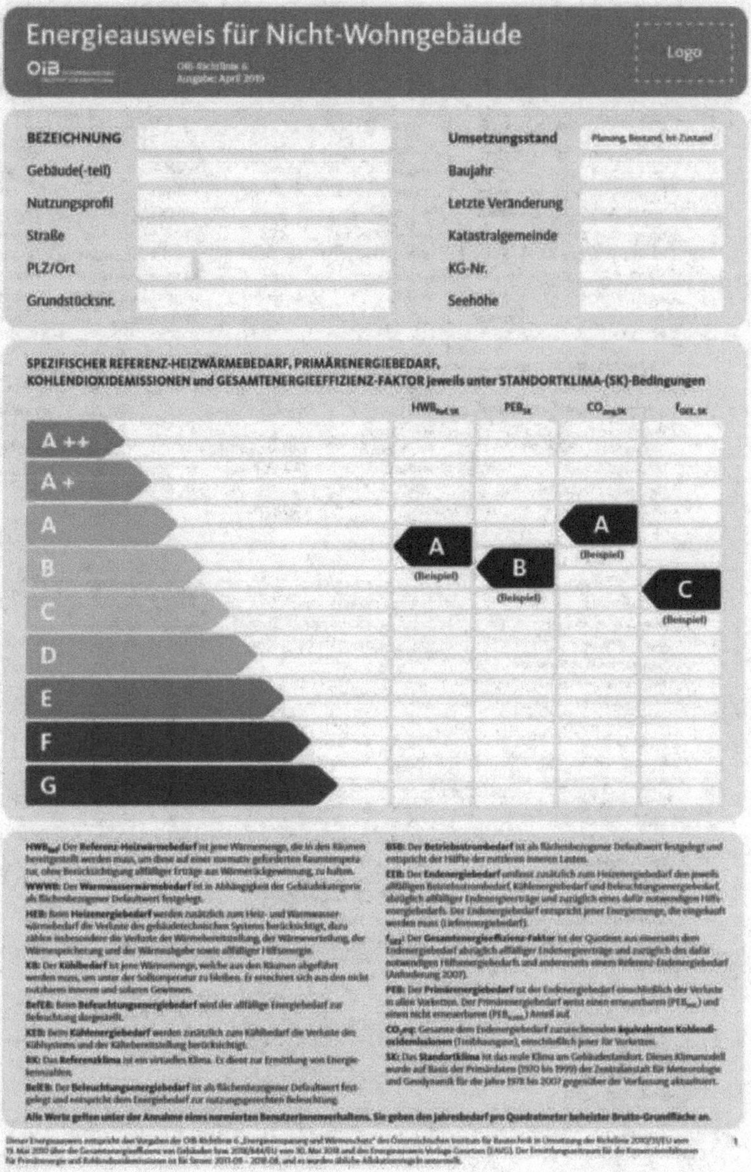

Seite 2 für Nicht-Wohngebäude (NWG)

Energieausweis für Nicht-Wohngebäude

OIB-Richtlinie 6
Ausgabe: April 2019

Logo

GEBÄUDEKENNDATEN — EA-Art:

Brutto-Grundfläche (BGF)	#.###,# m²	Heiztage	### d	Art der Lüftung	##########
Bezugsfläche (BF)	#.###,# m²	Heizgradtage	#.### Kd	Solarthermie	## m²
Brutto-Volumen (V_B)	#.###,# m³	Klimaregion	##########	Photovoltaik	#,# kWp
Gebäude-Hüllfläche (A)	#.###,# m²	Norm-Außentemperatur	#,# °C	Stromspeicher	#.###,# kWh
Kompaktheit (A/V)	#,## 1/m	Soll-Innentemperatur	#,# °C	WW-WB-System (primär)	##########
charakteristische Länge (ℓ_c)	#,## m	mittlerer U-Wert	#,## W/m²K	WW-WB-System (sekundär, opt.)	##########
Teil-BGF	#.###,# m²	LEK_T-Wert	#,##	RH-WB-System (primär)	##########
Teil-BF	#.###,# m²	Bauweise	##########	RH-WB-System (sekundär, opt.)	##########
Teil-V_B	#.###,# m³			Kältebereitstellungs-System	##########

WÄRME- UND ENERGIEBEDARF (Referenzklima) — Nachweis über #####

	Ergebnisse			Anforderungen
Referenz-Heizwärmebedarf	$HWB_{Ref,RK}$ =	###,# kWh/m²a	entspricht / entspricht nicht	$HWB_{Ref,RK,zul}$ = ###,# kWh/m²a
Heizwärmebedarf	HWB_{RK} =	###,# kWh/m²a		
Außeninduzierter Kühlbedarf	KB^*_{RK}	###,# kWh/m²a	entspricht / entspricht nicht	$KB^*_{RK,zul}$ = ###,# kWh/m²a
Endenergiebedarf	EEB_{RK} =	###,# kWh/m²a	entspricht / entspricht nicht	$EEB_{RK,zul}$ = ###,# kWh/m²a
Gesamtenergieeffizienz-Faktor	$f_{GEE,RK}$ =	#,##	entspricht / entspricht nicht	$f_{GEE,RK,zul}$ = #,##
Erneuerbarer Anteil		##########	entspricht / entspricht nicht	Punkt 5.2.3 a, b oder c

WÄRME- UND ENERGIEBEDARF (Standortklima)

Referenz-Heizwärmebedarf	$Q_{h,Ref,SK}$ =	###.### kWh/a	$HWB_{Ref,SK}$ =	###,# kWh/m²a
Heizwärmebedarf	$Q_{h,SK}$ =	###.### kWh/a	HWB_{SK} =	###,# kWh/m²a
Warmwasserwärmebedarf	Q_{tw} =	###.### kWh/a	WWWB =	###,# kWh/m²a
Heizenergiebedarf	$Q_{H,Ref,SK}$ =	###.### kWh/a	HEB_{SK} =	###,# kWh/m²a
Energieaufwandszahl Warmwasser			$e_{AWZ,WW}$ =	#,##
Energieaufwandszahl Raumheizung			$e_{AWZ,RH}$ =	#,##
Energieaufwandszahl Heizen			$e_{AWZ,H}$ =	#,##
Betriebsstrombedarf	Q_{BSB} =	###.### kWh/a	BSB =	###,# kWh/m²a
Kühlbedarf	$Q_{KB,SK}$ =	###.### kWh/a	KB_{SK} =	###,# kWh/m²a
Kühlenergiebedarf	$Q_{KEB,SK}$ =	###.### kWh/a	KEB_{SK} =	###,# kWh/m²a
Energieaufwandszahl Kühlen			$e_{AWZ,K}$ =	#,##
Befeuchtungsenergiebedarf	$Q_{BefEB,SK}$ =	###.### kWh/a	$BefEB_{SK}$ =	###,# kWh/m²a
Beleuchtungsenergiebedarf	Q_{BelEB} =	###.### kWh/a	BelEB =	###,# kWh/m²a
Endenergiebedarf	$Q_{EEB,SK}$ =	###.### kWh/a	EEB_{SK} =	###,# kWh/m²a
Primärenergiebedarf	$Q_{PEB,SK}$ =	###.### kWh/a	PEB_{SK} =	###,# kWh/m²a
Primärenergiebedarf nicht erneuerbar	$Q_{PEBn.ern.,SK}$ =	###.### kWh/a	$PEB_{n.ern.,SK}$ =	###,# kWh/m²a
Primärenergiebedarf erneuerbar	$Q_{PEBern.,SK}$ =	###.### kWh/a	$PEB_{ern.,SK}$ =	###,# kWh/m²a
äquivalente Kohlendioxidemissionen	$Q_{CO2eq,SK}$ =	###.### kg/a	$CO_{2eq,SK}$ =	###,# kg/m²a
Gesamtenergieeffizienz-Faktor			$f_{GEE,SK}$ =	#,#
Photovoltaik-Export	$Q_{PVE,SK}$ =	###.### kWh/a	$PVE_{EXPORT,SK}$ =	###,# kWh/m²a

ERSTELLT

GWR-Zahl		ErstellerIn	
Ausstellungsdatum		Unterschrift	
Gültigkeitsdatum			
Geschäftszahl			

Die Energiekennzahlen dieses Energieausweises dienen ausschließlich der Information. Aufgrund der idealisierten Eingangsparameter können bei tatsächlicher Nutzung erhebliche Abweichungen auftreten. Insbesondere Nutzungseinheiten unterschiedlicher Lage können aus Gründen der Geometrie und der Lage hinsichtlich ihrer Energiekennzahlen von den hier angegebenen abweichen. 2

Muster Energieausweis Sonstige konditionierte Gebäude (SKG) Seite 1

Energieausweis für Sonstige konditionierte Gebäude

OIB-Richtlinie 6
Ausgabe: April 2019

Logo

BEZEICHNUNG		**Umsetzungsstand**	Planung, Bestand
Gebäude(-teil)		Baujahr	
Nutzungsprofil		Letzte Veränderung	
Straße		Katastralgemeinde	
PLZ/Ort		KG-Nr.	
Grundstücksnr.		Seehöhe	

SPEZIFISCHER REFERENZ-HEIZWÄRMEBEDARF, PRIMÄRENERGIEBEDARF, KOHLENDIOXIDEMISSIONEN und GESAMTENERGIEEFFIZIENZ-FAKTOR jeweils unter STANDORTKLIMA-(SK)-Bedingungen

HWB_{Ref}: Der **Referenz-Heizwärmebedarf** ist jene Wärmemenge, die in den Räumen bereitgestellt werden muss, um diese auf einer normativ geforderten Raumtemperatur, ohne Berücksichtigung allfälliger Erträge aus Wärmerückgewinnung, zu halten.

KB*: Der **außeninduzierte Kühlbedarf** ist jener Kühlbedarf, bei dessen Berechnung die inneren Wärmelasten und die Luftwechselrate null zu setzen sind (Infiltration n_x wird mit dem Wert 0,15 angesetzt).

RK: Das **Referenzklima** ist ein virtuelles Klima. Es dient zur Ermittlung von Energiekennzahlen.

SK: Das **Standortklima** ist das reale Klima am Gebäudestandort. Dieses Klimamodell wurde auf Basis der Primärdaten (1970 bis 1999) der Zentralanstalt für Meteorologie und Geodynamik für die Jahre 1978 bis 2007 gegenüber der Vorfassung aktualisiert.

Alle Werte gelten unter der Annahme eines normierten BenutzerInnenverhaltens. Sie geben den Jahresbedarf pro Quadratmeter beheizter Brutto-Grundfläche an.

Dieser Energieausweis entspricht den Vorgaben der OIB-Richtlinie 6 „Energieeinsparung und Wärmeschutz" des Österreichischen Instituts für Bautechnik in Umsetzung der Richtlinie 2010/31/EU vom 19. Mai 2010 über die Gesamtenergieeffizienz von Gebäuden bzw. 2018/844/EU vom 30. Mai 2018 und des Energieausweis-Vorlage-Gesetzes (EAVG). Der Ermittlungszeitraum für die Konversionsfaktoren für Primärenergie und Kohlendioxidemissionen ist für Strom: 2013-09 – 2018-08, und es wurden übliche Allokationsregeln unterstellt.

1

Seite 2 für Sonstige konditionierte Gebäude (SKG)

Energieausweis für Sonstige konditionierte Gebäude

OIB-Richtlinie 6
Ausgabe: April 2019

Logo

GEBÄUDEKENNDATEN EA-Art:

Brutto-Grundfläche (BGF)	#.###,# m²	Heiztage	### d	Art der Lüftung	##########
Bezugsfläche (BF)	#.###,# m²	Heizgradtage	#.### Kd	Solarthermie	## m²
Brutto-Volumen (V_B)	#.###,# m³	Klimaregion	##########	Photovoltaik	#,# kWp
Gebäude-Hüllfläche (A)	#.###,# m²	Norm-Außentemperatur	#,# °C	Stromspeicher	#.###,# kWh
Kompaktheit (A/V)	#,## 1/m	Soll-Innentemperatur	#,# °C	WW-WB-System (primär)	##########
charakteristische Länge (ℓ_c)	#,## m	mittlerer U-Wert	#,## W/m²K	WW-WB-System (sekundär, opt.)	##########
Teil-BGF	#.###,# m²	LEK_T-Wert	#,##	RH-WB-System (primär)	##########
Teil-BF	#.###,# m²	Bauweise	##########	RH-WB-System (sekundär, opt.)	##########
Teil-V_B	#.###,# m³			Kältebereitstellungs-System	##########

WÄRMEBEDARF (Referenzklima)

Referenz-Heizwärmebedarf	$HWB_{Ref,RK}$ =	###,# kWh/m²a
Außeninduzierter Kühlbedarf	KB^*_{RK} =	###,# kWh/m³a

WÄRME- UND ENERGIEBEDARF (Standortklima)

Referenz-Heizwärmebedarf	$Q_{h,Ref,SK}$ =	###.### kWh/a	$HWB_{Ref,SK}$ =	###,# kWh/m²a

ERSTELLT

GWR-Zahl		ErstellerIn	
Ausstellungsdatum		Unterschrift	
Gültigkeitsdatum			
Geschäftszahl			

Die Energiekennzahlen dieses Energieausweises dienen ausschließlich der Information. Aufgrund der idealisierten Eingangsparameter können bei tatsächlicher Nutzung erhebliche Abweichungen auftreten. Insbesondere Nutzungseinheiten unterschiedlicher Lage können aus Gründen der Geometrie und der Lage hinsichtlich ihrer Energiekennzahlen von den hier angegebenen abweichen. 2

Seite 3ff für Sonstige konditionierte Gebäude (SKG)

Energieausweis für Sonstige konditionierte Gebäude

OIB-Richtlinie 6
Ausgabe: April 2019

Logo

BAUTEILTYP/BAUTEIL					
WÄNDE gegen Außenluft					
Wärmedurchgangskoeffizient	U_{xxx} =	#,## W/m²K	entspricht/entspricht nicht	$U_{xxx,zul}$ =	0,35 W/m²K
Wärmedurchgangskoeffizient	U_{xxx} =	#,## W/m²K	entspricht/entspricht nicht	$U_{xxx,zul}$ =	0,35 W/m²K
WÄNDE gegen unbeheizte oder nicht ausgebaute Dachräume					
Wärmedurchgangskoeffizient	U_{xxx} =	#,## W/m²K	entspricht/entspricht nicht	$U_{xxx,zul}$ =	0,35 W/m²K
Wärmedurchgangskoeffizient	U_{xxx} =	#,## W/m²K	entspricht/entspricht nicht	$U_{xxx,zul}$ =	0,35 W/m²K
WÄNDE gegen unbeheizte, frostfrei zu haltende Gebäudeteile (ausgenommen Dachräume) sowie gegen Garagen					
Wärmedurchgangskoeffizient	U_{xxx} =	#,## W/m²K	entspricht/entspricht nicht	$U_{xxx,zul}$ =	0,60 W/m²K
Wärmedurchgangskoeffizient	U_{xxx} =	#,## W/m²K	entspricht/entspricht nicht	$U_{xxx,zul}$ =	0,60 W/m²K
WÄNDE erdberührt					
Wärmedurchgangskoeffizient	U_{xxx} =	#,## W/m²K	entspricht/entspricht nicht	$U_{xxx,zul}$ =	0,40 W/m²K
Wärmedurchgangskoeffizient	U_{xxx} =	#,## W/m²K	entspricht/entspricht nicht	$U_{xxx,zul}$ =	0,40 W/m²K
WÄNDE (Trennwände) zwischen Wohn- oder Betriebseinheiten oder konditionierten Treppenhäusern					
Wärmedurchgangskoeffizient	U_{xxx} =	#,## W/m²K	entspricht/entspricht nicht	$U_{xxx,zul}$ =	1,30 W/m²K
Wärmedurchgangskoeffizient	U_{xxx} =	#,## W/m²K	entspricht/entspricht nicht	$U_{xxx,zul}$ =	1,30 W/m²K
WÄNDE gegen andere Bauwerke an Nachbargrundstücks- bzw. Bauplatzgrenzen					
Wärmedurchgangskoeffizient	U_{xxx} =	#,## W/m²K	entspricht/entspricht nicht	$U_{xxx,zul}$ =	0,50 W/m²K
Wärmedurchgangskoeffizient	U_{xxx} =	#,## W/m²K	entspricht/entspricht nicht	$U_{xxx,zul}$ =	0,50 W/m²K
FENSTER, FENSTERTÜREN, VERGLASTE TÜREN gegen Außenluft					
Wärmedurchgangskoeffizient	U_{xxx} =	#,## W/m²K	entspricht/entspricht nicht	$U_{xxx,zul}$ =	1,70 W/m²K
Wärmedurchgangskoeffizient	U_{xxx} =	#,## W/m²K	entspricht/entspricht nicht	$U_{xxx,zul}$ =	1,70 W/m²K
sonstige TRANSPARENTE BAUTEILE vertikal gegen Außenluft					
Wärmedurchgangskoeffizient	U_{xxx} =	#,## W/m²K	entspricht/entspricht nicht	$U_{xxx,zul}$ =	1,70 W/m²K
Wärmedurchgangskoeffizient	U_{xxx} =	#,## W/m²K	entspricht/entspricht nicht	$U_{xxx,zul}$ =	1,70 W/m²K
sonstige transparente Bauteile horizontal oder in Schrägen gegen Außenluft					
Wärmedurchgangskoeffizient	U_{xxx} =	#,## W/m²K	entspricht/entspricht nicht	$U_{xxx,zul}$ =	2,00 W/m²K
Wärmedurchgangskoeffizient	U_{xxx} =	#,## W/m²K	entspricht/entspricht nicht	$U_{xxx,zul}$ =	2,00 W/m²K
sonstige TRANSPARENTE BAUTEILE vertikal gegen unbeheizte Gebäudeteile					
Wärmedurchgangskoeffizient	U_{xxx} =	#,## W/m²K	entspricht/entspricht nicht	$U_{xxx,zul}$ =	2,50 W/m²K
Wärmedurchgangskoeffizient	U_{xxx} =	#,## W/m²K	entspricht/entspricht nicht	$U_{xxx,zul}$ =	2,50 W/m²K
DACHFLÄCHENFENSTER gegen Außenluft					
Wärmedurchgangskoeffizient	U_{xxx} =	#,## W/m²K	entspricht/entspricht nicht	$U_{xxx,zul}$ =	1,70 W/m²K
Wärmedurchgangskoeffizient	U_{xxx} =	#,## W/m²K	entspricht/entspricht nicht	$U_{xxx,zul}$ =	1,70 W/m²K
TÜREN unverglast, gegen Außenluft					
Wärmedurchgangskoeffizient	U_{xxx} =	#,## W/m²K	entspricht/entspricht nicht	$U_{xxx,zul}$ =	1,70 W/m²K
Wärmedurchgangskoeffizient	U_{xxx} =	#,## W/m²K	entspricht/entspricht nicht	$U_{xxx,zul}$ =	1,70 W/m²K
TÜREN unverglast, gegen unbeheizte Gebäudeteile					
Wärmedurchgangskoeffizient	U_{xxx} =	#,## W/m²K	entspricht/entspricht nicht	$U_{xxx,zul}$ =	2,50 W/m²K
Wärmedurchgangskoeffizient	U_{xxx} =	#,## W/m²K	entspricht/entspricht nicht	$U_{xxx,zul}$ =	2,50 W/m²K

Energieausweis für Sonstige konditionierte Gebäude

OIB
OIB-Richtlinie 6
Ausgabe: April 2019

Logo

BAUTEILTYP/BAUTEIL					
TORE Rolltore, Sektionaltore u. dgl. gegen Außenluft					
Wärmedurchgangskoeffizient	U_{XXX} =	#,## W/m²K	entspricht / entspricht nicht	$U_{XXX,zul}$ =	2,50 W/m²K
Wärmedurchgangskoeffizient	U_{XXX} =	#,## W/m²K	entspricht / entspricht nicht	$U_{XXX,zul}$ =	2,50 W/m²K
DECKEN und DACHSCHRÄGEN jeweils gegen Außenluft und gegen Dachräume (durchlüftet oder ungedämmt)					
Wärmedurchgangskoeffizient	U_{XXX} =	#,## W/m²K	entspricht / entspricht nicht	$U_{XXX,zul}$ =	0,20 W/m²K
Wärmedurchgangskoeffizient	U_{XXX} =	#,## W/m²K	entspricht / entspricht nicht	$U_{XXX,zul}$ =	0,20 W/m²K
DECKEN gegen unbeheizte Gebäudeteile					
Wärmedurchgangskoeffizient	U_{XXX} =	#,## W/m²K	entspricht / entspricht nicht	$U_{XXX,zul}$ =	0,40 W/m²K
Wärmedurchgangskoeffizient	U_{XXX} =	#,## W/m²K	entspricht / entspricht nicht	$U_{XXX,zul}$ =	0,40 W/m²K
DECKEN gegen getrennte Wohn- und Betriebseinheiten					
Wärmedurchgangskoeffizient	U_{XXX} =	#,## W/m²K	entspricht / entspricht nicht	$U_{XXX,zul}$ =	0,90 W/m²K
Wärmedurchgangskoeffizient	U_{XXX} =	#,## W/m²K	entspricht / entspricht nicht	$U_{XXX,zul}$ =	0,90 W/m²K
DECKEN über Außenluft (z.B. über Durchfahrten, Parkdecks)					
Wärmedurchgangskoeffizient	U_{XXX} =	#,## W/m²K	entspricht / entspricht nicht	$U_{XXX,zul}$ =	0,20 W/m²K
Wärmedurchgangskoeffizient	U_{XXX} =	#,## W/m²K	entspricht / entspricht nicht	$U_{XXX,zul}$ =	0,20 W/m²K
DECKEN gegen Garagen					
Wärmedurchgangskoeffizient	U_{XXX} =	#,## W/m²K	entspricht / entspricht nicht	$U_{XXX,zul}$ =	0,30 W/m²K
Wärmedurchgangskoeffizient	U_{XXX} =	#,## W/m²K	entspricht / entspricht nicht	$U_{XXX,zul}$ =	0,30 W/m²K
BÖDEN erdberührt					
Wärmedurchgangskoeffizient	U_{XXX} =	#,## W/m²K	entspricht / entspricht nicht	$U_{XXX,zul}$ =	0,40 W/m²K
Wärmedurchgangskoeffizient	U_{XXX} =	#,## W/m²K	entspricht / entspricht nicht	$U_{XXX,zul}$ =	0,40 W/m²K

Impressum

Medieninhaber und Herausgeber:
Österreichisches Institut für Bautechnik
ZVR 383773815
Schenkenstraße 4, 1010 Wien, Austria
T +43 1 533 65 50, F +43 1 533 64 23
E-Mail: mail@oib.or.at
Internet: www.oib.or.at

www.oib.or.at

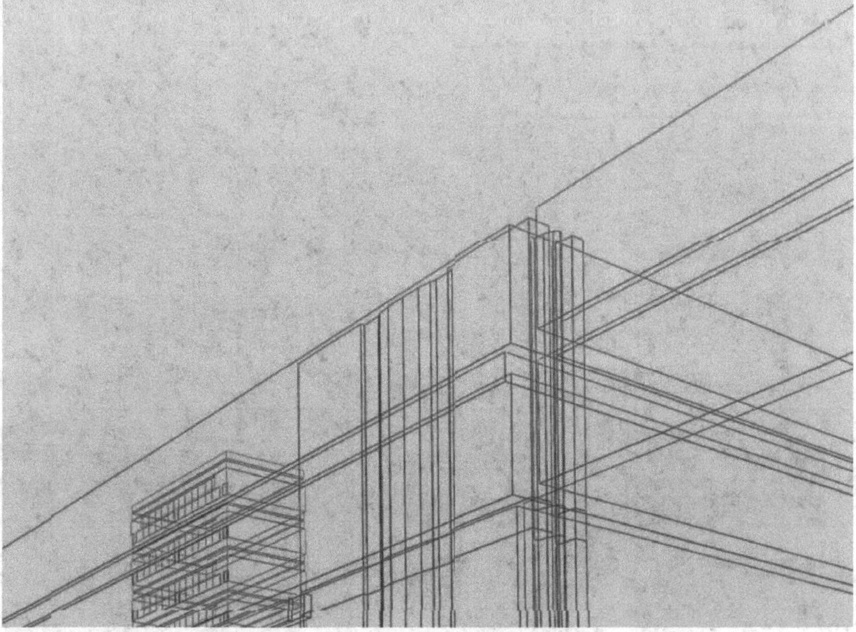

RICHTLINIEN DES ÖSTERREICHISCHEN
INSTITUTS FÜR BAUTECHNIK

OIB richtlinien

OIB-LEITFADEN

OIB-RL 6

Energietechnisches Verhalten von Gebäuden

OIB-330.6-028/19

APRIL 2019

Diese Richtlinie basiert auf den Beratungsergebnissen der von der Landesamtsdirektorenkonferenz zur Ausarbeitung eines Vorschlages zur Harmonisierung bautechnischer Vorschriften eingesetzten Länderexpertengruppe. Die Arbeit dieses Gremiums wurde vom OIB in Entsprechung des Auftrages der Landesamtsdirektorenkonferenz im Sinne des § 3 Abs. 1 Z 7 der Statuten des OIB koordiniert und im Sachverständigenbeirat für bautechnische Richtlinien fortgeführt. Die Beschlussfassung der Richtlinie erfolgte gemäß § 8 Z 12 der Statuten durch die Generalversammlung des OIB.

OIB-Leitfaden

Energietechnisches Verhalten von Gebäuden

Ausgabe: April 2019

0	Vorbemerkungen	3
1	Anwendungsbereich des Leitfadens	3
2	Allgemeine Bestimmungen	3
2.1	Berechnungsmethode	3
2.2	Referenzklima	3
2.3	Nutzungsprofile	4
2.4	Referenzausstattung	4
2.5	Brutto-Grundfläche und Netto-Grundfläche	4
2.6	Bilanzierung	4
3	Energieausweisausstellung und Zonierung	4
3.1	Konditionierte Zone / Nicht konditionierte Zone	4
3.2	Versorgungsbereich	4
3.3	Berechnungszone	4
3.4	Energieausweisausstellung und Zonierungskriterien nach Anforderungen	5
3.5	Energieausweisausstellung und Zonierungskriterien des Nutzenergiebedarfs	5
3.6	Energieausweisausstellung und Zonierungskriterien des Endenergiebedarfs	5
3.7	Energieausweis für den Aushang	6
3.8	Multiple Systeme	6

4 Vereinfachtes Verfahren 7
4.1 Anwendungsbereich 7
4.2 Gebäudegeometrie 7
4.3 Bauphysik 8
4.4 Haustechnik 10
5 Ratschläge und Empfehlungen von Maßnahmen für bestehende Gebäude 12
5.1 Allgemeines 12
5.2 Gebäudehülle Maßnahmen / Empfehlungen 13
5.3 Haustechnik Maßnahmen / Empfehlungen 13
5.4 Renovierungsausweis 13
6 Entscheidungsbaum für die Nachweisführung der allgemeinen Anforderungen 14
6.1 Entscheidungsbaum für die Nachweisführung bei Wohngebäuden (Prinzip) 14
6.2 Entscheidungsbaum für die Nachweisführung bei Nicht-Wohngebäuden (Prinzip) 15
7 Vorgangsweise zur Ermittlung des erneuerbaren Anteils 15
7.1 Nachweisführung gemäß Punkt 5.2.3 b) der OIB-Richtlinie 15
7.2 Nachweisführung gemäß Punkt 5.2.3 c) der OIB-Richtlinie 15

0 Vorbemerkungen

Die zitierten Normen und sonstigen technischen Regelwerke gelten in der im Dokument „OIB-Richtlinien – Zitierte Normen und sonstige technische Regelwerke" angeführten Fassung.

1 Anwendungsbereich des Leitfadens

Der OIB-Leitfaden „Energietechnisches Verhalten von Gebäuden" ist ein technischer Anhang zur OIB-Richtlinie 6 „Energieeinsparung und Wärmeschutz". Er enthält allgemeine Bestimmungen, das vereinfachte Verfahren sowie Empfehlungen von Maßnahmen für bestehende Gebäude. Weiters sind Anleitungen zur Zonierung und zum Umgang mit fehlenden Informationen bezüglich Haustechnik enthalten.

2 Allgemeine Bestimmungen

2.1 Berechnungsmethode

Für die Berechnungsmethode sind folgende ÖNORMen heranzuziehen:

	Methodik der Ermittlung	Nummer der ÖNORM
Basisdaten	Klimamodell und Nutzungsprofile	ÖNORM B 8110-5
Nutzenergiebedarf	Heizwärme- und Kühlbedarf (HWB, KB)	ÖNORM B 8110-6-1
	Raumlufttechnik-Energiebedarf (RLTEB)	ÖNORM H 5057-1
Endenergiebedarf	Gesamtenergieeffizienz-Faktor und auf Referenzausstattungen basierende Endenergieanforderungen sowie Primärenergiebedarf und Kohlendioxidemissionen	ÖNORM H 5050-1
	Heizenergiebedarf (HEB) und Befeuchtungs-Energiebedarf (BefEB)	ÖNORM H 5056-1
	Kühlenergiebedarf (KEB)	ÖNORM H 5058-1
	Beleuchtungs-Energiebedarf (BelEB)	ÖNORM H 5059-1

Der Bezug auf 3 m Raumhöhe ist wie folgt zu berechnen:

$HWB_{zul,NWG} = HWB_{zul,WG} \times V/(BGF \times 3)$

Die Energieaufwandszahlen $e_{AWZ,Ref,RH}$ und $e_{AWZ,Ref,TW}$ gemäß Punkt 8.3 der OIB-Richtlinie 6 sind wie folgt durch Anwendung von Luft/Wasser-Wärmepumpen ab 2005, nicht modulierend, gleitender Betrieb, Standort im nicht konditionierten Bereich, gebäudezentral zu berechnen (Index: Ref-LW-WP-zentral+kombiniert). In weiterer Folge wird mit Hilfe dieser Energieaufwandszahlen der Strombedarf für Stromdirektheizung ($HEB_{RH,SH}$ bzw. $HEB_{TW,SH}$) bei der Ermittlung des maximal zulässigen Endenergiebedarfes $EEB_{RK,zul}$ gemäß Punkt 4.3 der OIB-Richtlinie 6 wie folgt ermittelt:

$e_{AWZ,Ref,RH} = (HEB_{RH,Ref\text{-}LW\text{-}WP\text{-}zentral+kombiniert} + HEB_{RH,HE,Ref\text{-}LW\text{-}WP\text{-}zentral+kombiniert}) / HWB_{Ref,RK,zul}$
→ Anteil für $EEB_{zul,RK}$: $HEB_{RH,SH} = e_{AWZ,Ref,RH} \times HWB_{Ref,RK,zul}$

$e_{AWZ,Ref,TW} = (HEB_{TW,Ref\text{-}LW\text{-}WP\text{-}zentral+kombiniert} + HEB_{TW,HE,Ref\text{-}LW\text{-}WP\text{-}zentral+kombiniert}) / WWWB$
→ Anteil für $EEB_{zul,RK}$: $HEB_{TW,SH} = e_{AWZ,Ref,TW} \times WWWB$

Allfällige erneuerbare Energieerträge am Standort oder in der Nähe werden nach dem Stand der Technik im Rahmen der Anforderungsvergleiches mit dem maximal zulässigen Endenergiebedarf $EEB_{RK,zul}$ berücksichtigt.

2.2 Referenzklima

Die Werte für das Referenzklima und das Standortklima sind der ÖNORM B 8110-5 zu entnehmen.

2.3 Nutzungsprofile

Für die Nutzungsprofile von Gebäuden der Gebäudekategorie 1 bis 12 sind die Werte der ÖNORM B 8110-5 zu verwenden. Für Nicht-Wohngebäude (Gebäudekategorien 4 bis 12) und Sonstige konditionierte Gebäude (Gebäudekategorie 13) ist zum Zweck der Berechnung des Referenz-Heizwärmebedarfes und außeninduzierten Kühlbedarfes das Nutzungsprofil von Wohngebäuden mit 3 bis 9 Nutzungseinheiten (Gebäudekategorie 2) bis 1000 m² BGF zu verwenden, andernfalls Nutzungsprofil von Nutzungseinheiten mit 10 und mehr Nutzungseinheiten (Gebäudekategorie 3).

Gebäude und Gebäudeteile, für die kein direktes Nutzungsprofil vorliegt, sind jenem Nutzungsprofil zuzuordnen, das am ehesten entspricht.

2.4 Referenzausstattung

Die Referenzausstattung ist dem Punkt 8 der OIB-Richtlinie 6 zu entnehmen.

2.5 Brutto-Grundfläche und Netto-Grundfläche

Die Brutto-Grundfläche und die Netto-Grundfläche sind gemäß ÖNORM B 1800 zu bestimmen, wobei Detailfestlegungen der ÖNORM B 8110-6-1 zu entnehmen sind.

2.6 Bilanzierung

Die Bilanzierung umfasst folgende Energieaufwendungen:

- Heizung (einschließlich Befeuchtung und Hilfsenergie für Heizung, ausgenommen Hilfsenergie für das Medium Luft),
- Warmwasserversorgung (einschließlich Hilfsenergie),
- Kühlung (einschließlich Hilfsenergie),
- Lüftung (einschließlich Hilfsenergie für das Medium Luft),
- Beleuchtung bei Nicht-Wohngebäuden (NWG),
- Haushaltsstrombedarf (bei Wohngebäuden) bzw. Betriebsstrombedarf (bei Nicht-Wohngebäuden).

3 Energieausweisausstellung und Zonierung

Grundsätzlich ist auch die Ermittlung von Energiekennzahlen für eine einzelne Nutzungseinheit oder einzelne Wohnung möglich. Auf eine geeignete Berücksichtigung der Flächen und insbesondere der Verluste des gebäudetechnischen Systems außerhalb der betrachteten Einheit ist zu achten. In Hinblick auf die Abgabe-, Verteilungs-, Speicher- und Bereitstellungsverluste ist analog Punkt 3.8.2 vorzugehen.

3.1 Konditionierte Zone / Nicht konditionierte Zone

Sobald ein Gebäude oder Gebäudeteil Anforderungen an eine Art der Konditionierung (Heizung, Kühlung, Befeuchtung, Belüftung) stellt, ist es als „konditionierte Zone" zu bezeichnen und zu berücksichtigen. Nicht konditionierte Räume oder Bereiche werden in der Berechnung nur durch ihren Einfluss auf benachbarte Zonen (Wärmefluss durch Transmission) berücksichtigt.

3.2 Versorgungsbereich

Ein Versorgungsbereich umfasst jene Gebäudeteile, die von der gleichen „Anlagentechnik" (Heizung, Warmwasser, Lüftung, Kühlung oder Beleuchtung) versorgt werden.

3.3 Berechnungszone

Jedes Gebäude stellt grundsätzlich eine eigene Berechnungszone dar, für die ein Energieausweis auszustellen ist. Dies gilt jedenfalls auch für jede Nutzungseinheit in Reihenhäusern.

Wird ein Energieausweis für die einzelne Wohnung / Nutzungseinheit benötigt, kann dieser auch wohnungsweise berechnet werden.

Entsprechend den folgenden Zonierungsregeln kann es sowohl für die Berechnung des Energiebedarfs als auch für den Nachweis der Erfüllung von Anforderungen erforderlich sein, ein Gebäude in mehrere Berechnungszonen zu unterteilen.

3.4 Energieausweisausstellung und Zonierungskriterien nach Anforderungen

Sind für Gebäudeteile unterschiedliche Anforderungen zu erfüllen und mit dem Energieausweis nachzuweisen (z.B. für den DG-Zubau Neubauanforderungen, aber für die Sanierung der Sockelgeschosse nur Sanierungsanforderungen), dann stellt jeder dieser Gebäudeteile eine eigene Berechnungszone mit eigenem Energieausweis dar.

3.5 Energieausweisausstellung und Zonierungskriterien des Nutzenergiebedarfs

Eine Zonierung des Nutzenergiebedarfes kann gemäß folgenden Kriterien erforderlich sein:

a) Kriterium Nutzungsbedingung (Nutzungsprofil)
Das Erfordernis der Zonierung eines Gebäudes nach dem Kriterium der Nutzungsbedingung ergibt sich aus den jeweiligen Nutzungen als Wohngebäude sowie als Nicht-Wohngebäude entsprechend den Vorgaben von Punkt 3 der Richtlinie.

b) Kriterium Bauweise
Wenn einzelne Abschnitte eines Gebäudes einer unterschiedlichen Bauweise (leicht, mittel, schwer) entsprechen, sind die jeweiligen Abschnitte entweder als eigene Zone zu berechnen oder das gesamte Gebäude als eine Zone in der leichteren Bauart.

c) Kriterium 4 K
Das Kriterium „4 Kelvin“ (siehe ÖNORM EN ISO 52016-1) gilt als Grenzwert für die Berechnung der Wärmeströme zwischen zwei benachbarten Zonen. Sobald sich die Raumbilanzinnentemperatur zweier benachbarter Zonen um mehr als 4 K voneinander unterscheidet, müssen die Zonen getrennt bilanziert werden.

Es ist jeweils ein Energieausweis entsprechend den vorhin angeführten Kriterien für jede Zone des Gebäudes auszustellen. Alternativ dazu dürfen auch

- die Nutzenergiebedarfe der einzelnen Zonen für gemeinsame Versorgungsbereiche zu einem Energieausweis je Versorgungsbereich zusammengefasst werden,
- verschiedene Nutzungsprofile auf das gesamte Gebäude angewandt werden und gewichtet zu einem Satz von Energiekennzahlen zusammengeführt werden,
- bei Vorhandensein unterschiedlicher Nutzungsprofile je Nutzungsprofil die Energiekennzahlen und die Anforderungen für das gesamte Gebäude ermittelt werden. In der Folge ist darauf zu achten, dass im Rahmen der Verwendung der Energieausweise der jeweils zutreffende Energieausweis zur Anwendung kommt.

3.6 Energieausweisausstellung und Zonierungskriterien des Endenergiebedarfs

Die Zonierung für die Berechnung des Endenergiebedarfs erfolgt nach Versorgungsbereichen entsprechend den folgenden Kriterien:

a) RLT-Anlage
   - Sofern mehr als 80 % des Gebäudes (Brutto-Grundfläche) über die gleiche RLT-Anlage versorgt wird, ist keine weitere Zonierung der konditionierten Räume erforderlich.
   - Die Zonen werden nach den Anforderungen hinsichtlich der Funktionen Heizen, Kühlen, Befeuchten und Entfeuchten zusammengefasst.

b) Heizungs- und Warmwassersystem: Zonen, die von unterschiedlichen Systemen versorgt werden, müssen getrennt berechnet werden (Multiple Systeme). Wenn mehr als 80 % des Gebäudes (Brutto-Grundfläche) über die gleiche Heizungsanlage versorgt wird, ist keine weitere Zonierung der konditionierten Räume erforderlich. Falls das Heizungs- bzw. Warmwasser nicht gemeinsam bereitgestellt wird (Unterschiede in Wärmeverteilung, -speicherung und -bereitstellung), sind das Heizungs- sowie das Warmwassersystem getrennt zu betrachten. Für jedes einzelne System gilt das Zonierungskriterium.

c) Kühlungssystem: Zonen, die von unterschiedlichen Systemen versorgt werden, müssen getrennt berechnet werden. Wenn mehr als 80 % des Gebäudes (Brutto-Grundfläche) über die gleiche Kühlanlage versorgt wird, ist keine weitere Zonierung der konditionierten Räume erforderlich.

d) Beleuchtungssystem: Zonen, die durch unterschiedliche Beleuchtungssysteme ausgestattet sind, müssen getrennt berechnet werden. Wenn mehr als 80 % des Gebäudes (Brutto-Grundfläche) über die gleiche Beleuchtungseinrichtung versorgt wird, ist keine weitere Aufteilung der konditionierten Räume erforderlich.

Es ist jeweils ein Energieausweis entsprechend den vorhin angeführten Kriterien für jeden Versorgungsbereich des Gebäudes auszustellen. Alternativ dazu dürfen auch bei Vorhandensein unterschiedlicher Versorgungssysteme für jedes Versorgungssystem die Energiekennzahlen und die Anforderungen für das gesamte Gebäude ermittelt werden und eine Mittelung gemäß Volumensanteil erfolgt. In der Folge ist darauf zu achten, dass im Rahmen der Verwendung der Energieausweise der jeweils zutreffende Energieausweis zur Anwendung kommt.

3.7 Energieausweis für den Aushang

Für den Aushang des Energieausweises für einen Gebäudekomplex, dessen Energiekennzahlen aus Teil-Energieausweisen stammen, ist anstelle des Aushanges aller Teil-Energieausweise auch der Aushang eines Energieausweises für den gesamten Gebäudekomplex möglich. Dazu sind die Energiekennzahlen gewichtet zu mitteln.

3.8 Multiple Systeme

Ein multiples System liegt vor, wenn innerhalb eines Versorgungsbereichs unterschiedliche Komponenten eines gebäudetechnischen Systems mehrfach vorhanden sind.

3.8.1 Systemübersicht der multiplen Systeme

Ein multiples System hat je nach Anlagenkomponente Bereitstellungs-, Speicher-, Verteilungs- und Abgabeverluste. Grundsätzlich kann man ein Heiz- und Kühlsystem in folgende Kategorien einteilen:

- Raumheizung:
  - Verbrennung von Brennstoffen, beispielsweise in einem Heizkessel
  - Joule-Effekt in den Heizelementen einer elektrischen Widerstandsheizung
  - Wärmegewinnung aus der Umgebungsluft, aus Abluft, oder aus einer Wasser- oder Erdwärmequelle mithilfe einer Wärmepumpe
- Raumkühlung
  - Luftsysteme
  - Systeme auf Wasserbasis
  - Split Geräte

3.8.2 Aufteilung der Abgabe-, Verteilungs-, Speicher- und Bereitstellungsverluste

Bei multiplen Systemen müssen die Verluste auf die zu berechnenden Zonen wie folgt aufgeteilt werden:

3.8.2.1 Abgabeverluste

Abgabeverluste werden einmalig für den gesamten Versorgungsbereich ermittelt und anschließend gewichtet nach dem Heizwärme- bzw. Kühlbedarf auf die Zonen aufgeteilt.

3.8.2.2 Verteilungsverluste

Verteilungsverluste werden einmalig für den gesamten Versorgungsbereich bestimmt und anschließend gewichtet nach der konditionierten Brutto-Grundfläche auf die Zonen umgelegt.

3.8.2.3 Speicherverluste

Die Speicherverluste werden einmalig für den gesamten Versorgungsbereich ermittelt und anschließend gewichtet nach dem Heizwärme- bzw. Kühlbedarf auf die Zonen aufgeteilt. Die Wärmeabgabe der Speicherung wird vollständig in der Zone wirksam, in welcher der Speicher aufgestellt ist.

3.8.2.4 Bereitstellungsverluste

Die Bereitstellungsverluste werden einmalig für den gesamten Versorgungsbereich ermittelt und anschließend gewichtet nach dem Heizwärme- bzw. Kühlbedarf auf die Zonen aufgeteilt.

3.8.2.5 Hilfsenergie

Die Hilfsenergie wird für das jeweilige Anlagensystem in den Bereichen Abgabe, Verteilung, Speicherung bzw. Bereitstellung für die jeweilige Zone ermittelt.

4 Vereinfachtes Verfahren

4.1 Anwendungsbereich

Das vereinfachte Verfahren ist ausschließlich für bestehende Gebäude anzuwenden, wobei Vereinfachungen bei der Erfassung der Gebäudegeometrie, der Bauphysik und der Haustechnik vorgenommen werden können.

4.2 Gebäudegeometrie

Im vereinfachten Verfahren ist die Gebäudegeometrie zumindest wie folgt zu erfassen:

4.2.1 Dem Gebäude ist ein volumengleicher Quader (Grundfläche entweder rechteckig, L-förmig, T-förmig, U-förmig oder O-förmig) einzuschreiben, wobei Vorsprünge (z.B. Erker) oder Einsprünge (z.B. Loggien) vorerst vernachlässigt werden. Dabei ist im Detail wie folgt vorzugehen:

- Auffinden der Grundfläche (flächengleich) unter Berücksichtigung der oben erwähnten Vernachlässigungen,
- Festlegung der Geschoßanzahl (nur konditionierte Geschoße),
- Festlegung der durchschnittlichen Brutto-Geschoßhöhe,
- Festlegung der durchschnittlichen Netto-Geschoßhöhe.

4.2.2 Ermittlung des Grundvolumens der konditionierten Geschoße und deren Oberfläche nach der vereinfachten Geometrie gemäß Punkt 4.2.1.

4.2.3 Abschätzung des Anteils der Fensterflächen an den Fassadenflächen und geeignete Zuordnung zu den Himmelsrichtungen.

4.2.4 Allfälligen konditionierten Dachräumen sind in analoger Weise (gemäß der Punkte 4.2.1 bis 4.2.3) ein entsprechendes Volumen, die zugehörige Grundfläche, die zugehörigen Außenbauteilflächen und die Flächenanteile von Dachflächenfenstern einschließlich der jeweiligen Orientierung zuzuordnen.

4.2.5 Erfassung der folgenden Elemente, wobei Vor- bzw. Einsprünge und Dacheinschnitte oder -aufbauten von nicht mehr als 50 cm unberücksichtigt bleiben:

- horizontale Vor- oder Einsprünge (z.B. Stiegenhäuser),
- vertikale Vor- oder Einsprünge (z.B. Erker, Loggien),
- Dacheinschnitte oder -aufbauten (z.B. Terrassen, Gaupen).

4.2.6 Modifikation der sich aus den Punkten 4.2.1 bis 4.2.4 ergebenden Oberfläche durch Multiplikation der Fassaden- bzw. Dachfläche, je nach Anzahl der Vor- bzw. Einsprünge und Dacheinschnitte oder -aufbauten gemäß Punkt 4.2.5 mit $1{,}05^n$. Dabei ist n die Anzahl der horizontalen und/oder vertikalen Vor- bzw. Einsprünge, Dacheinschnitte oder -aufbauten.

Folgende häufig vorkommende Beispiele können angeführt werden:

- vorgesetztes Stiegenhaus (konditioniert): $1{,}05^1$ (n = 1),
- Erker auf einer Fassadenfläche: $1{,}05^2$ (n = 2, da vertikal und horizontal; gilt unabhängig von der Anzahl der Erker; $n_{max} = 2$),
- Loggien auf zwei Fassadenflächen entlang einer Fensterachse: $1{,}05^2$ (n = 2; gilt unabhängig von der Anzahl der Loggien; $n_{max} = 2$),
- Dachgaupen auf zwei Dachflächen $1{,}05^2$ (n = 2; gilt unabhängig von der Anzahl der Dachgaupen; $n_{max} = 2$).

4.2.7 Durch die Modifikationen gemäß Punkt 4.2.6 wird die Fassadenfläche entsprechend vergrößert. Die Brutto-Grundfläche BGF bleibt von diesen Modifikationen unberührt.

4.2.8 Weitere Berechnung mit den verfügbaren Programmen auf Basis der so erhaltenen Massenermittlung.

4.3 Bauphysik

Zur Vereinfachung der Erfassung der Wärmedurchgangskoeffizienten (U-Werte) können entweder Default-Werte gemäß Punkt 4.3.1 oder von den Ländern festgesetzte Standardwerte gemäß Punkt 4.3.2, die den jeweiligen landesgesetzlichen Anforderungen entsprechen, herangezogen werden. Unterschiedliche thermische Qualitäten von Einzelbauteilen sind zu berücksichtigen (z.B. alte und neue Fenster, gedämmte und ungedämmte Fassaden etc.). Sind für einzelne Bauteile konkrete U-Werte bekannt, sind diese jedenfalls heranzuziehen.

4.3.1 Default-Werte

Für Gebäude, für die unter Punkt 4.3.2 keine Werte angegeben sind (z.B. für ältere Gebäude), können folgende Wärmedurchgangskoeffizienten (U-Werte) herangezogen werden:

Epoche / Gebäudetyp	KD	OD	AW	DF	FE	g	AT
vor 1900 EFH	1,25	0,75	1,55	1,30	2,50	0,67	2,50
vor 1900 MFH	1,25	0,75	1,55	1,30	2,50	0,67	2,50
ab 1900 EFH	1,20	1,20	2,00	1,00	2,50	0,67	2,50
ab 1900 MFH	1,20	1,20	1,50	1,00	2,50	0,67	2,50
ab 1945 EFH	1,95	1,35	1,75	1,30	2,50	0,67	2,50
ab 1945 MFH	1,10	1,35	1,30	1,30	2,50	0,67	2,50
ab 1960 EFH	1,35	0,65	1,20	0,55	3,00	0,67	2,50
ab 1960 MFH	1,35	0,65	1,20	0,55	3,00	0,67	2,50
Systembauweise	1,10	1,05	1,15	0,45	2,50	0,67	2,50
Montagebauweise	0,85	1,00	0,70	0,45	3,00	0,67	2,50
Bei den angegebenen Werten handelt es sich grundsätzlich um Mittelwerte aus der Erfahrung und nicht um schlechtest denkbare Werte.							

Legende:

KD ...... Kellerdecke
OD ..... Oberste Geschoßdecke
AW ..... Außenwand
DF ...... Dachfläche
FE ...... Fenster
g .... Gesamtenergiedurchlassgrad
AT ...... Außentüren
EFH ... Einfamilienhaus
MFH ... Mehrfamilienhaus

Systembauweise .... Bauweise basierend auf systemisierter Mauerwerksbauweise o.ä.

Montagebauweise ... Bauweise basierend auf Fertigteilen aus Beton mit zwischenliegender Wärmedämmung

Für alle nicht erwähnten Bauteile wie z.B. Kniestockmauerwerk, Abseitenwände, Abseitendecken sind grundsätzlich die entsprechenden Werte für Außenbauteile zu verwenden.

4.3.2 Von den einzelnen Bundesländern festgelegte Wärmedurchgangskoeffizienten

In den folgenden Tabellen sind die in den einzelnen landesgesetzlichen Bestimmungen enthaltenen Wärmedurchgangskoeffizienten (U-Werte) angegeben.

Burgenland	KD	OD	AW	DF	FE	g	AT
ab 01.01.1988	0,60	0,60	0,70	0,30	2,50	0,67	2,50
ab 02.02.1998	0,40	0,40	0,45	0,25	1,70	0,67	1,70
ab 02.04.2002	0,35	0,35	0,38	0,20	1,70	0,67	1,70

Kärnten	KD	OD	AW	DF	FE	g	AT
ab 01.10.1980	0,60	0,30	0,70	0,30	2,50	0,67	2,50
ab 01.10.1993	0,50	0,30	0,50	0,30	2,50	0,67	2,50
ab 21.03.1997	0,40	0,25	0,40	0,25	1,80	0,67	1,80
ab 01.01.1981 WBF	0,50	0,30	0,60	0,30	2,50	0,67	2,50
ab 01.01.1983 WBF	0,50	0,30	0,57	0,30	2,50	0,67	2,50
ab 13.03.1985 WBF	0,50	0,30	0,60	0,30	2,50	0,67	2,50

Niederösterreich	KD	OD	AW	DF	FE	g	AT
ab 01.1982	0,80	0,30	0,70	0,30	2,50	0,67	2,50
ab 01.1988	0,70	0,25	0,50	0,25	2,50	0,67	2,50
ab 03.1996	0,50	0,22	0,40	0,22	1,80	0,67	1,80

Oberösterreich	KD	OD	AW	DF	FE	g	AT
ab 1981	0.60	0,30	0,70	0,30	2,50	0,67	2,50
ab 01.02.1983	0,60	0,30	0,70	0,30	2,50	0,67	2,50
ab 1985	0,50	0,30	0,50	0,30	2,50	0,67	2,50
ab 1994	0,45	0,25	0,50	0,25	1,90	0,67	1,90
ab 1999	0,45	0,25	0,50	0,25	1,90	0,67	1,90

Salzburg	KD	OD	AW	DF	FE	g	AT
1982 – 31.05.2003	0,47	0,30	0,56	0,30	2,50	0,67	2,50
ab 01.06.2003	0,40	0,20	0,35	0,20	1,70	0,67	1,70

Steiermark	KD	OD	AW	DF	FE	g	AT
ab 1983 EFH	0,60	0,30	0,70	0,30	2,50	0,67	2,50
ab 1983 MFH	0,60	0,30	0,70	0,30	2,50	0,67	2,50
ab 1990 EFH	0,45	0,30	0,50	0,30	2,50	0,67	2,50
ab 1990 MFH	0,45	0,30	0,50	0,30	2,50	0,67	2,50
ab 1997 EFH	0,40	0,20	0,40	0,20	1,90	0,67	1,90
ab 1997 MFH	0,40	0,20	0,50	0,20	1,90	0,67	1,90
1984 – 1990 MFH bei WBF	0,60	0,27	0,63	0,27	2,50	0,67	2,50

Tirol	KD	OD	AW	DF	FE	g	AT
ab 01.05.1981	0,50	0,30	0,50	0,30	2,50	0,67	2,50
ab 01.11.1985	0,50	0,30	0,50	0,30	2,50	0,67	2,50
ab 12.10.1998	0,40	0,20	0,35	0,20	1,70	0,67	1,70
ab 01.01.1998 bei Zusatzförderung für NEH	0,35	0,20	0,27	0,20	1,50	0,67	1,50
ab 01.01.1999 bei Zusatzförderung für NEH	0,35	0,18	0,27	0,18	1,50	0,67	1,50
ab 01.10.2003 bei WBF	0,35	0,18	0,27	0,18	1,50	0,67	1,50

Vorarlberg	KD	OD	AW	DF	FE	g	AT
ab 01.01.1983	0,70	0,30	0,50	0,50	2,50	0,67	2,50
ab 01.01.1997	0,50	0,25	0,35	0,25	1,80	0,67	1,90

Wien	KD	OD	AW	DF	FE	g	AT
ab 15.11.1976	0,85	0,71	1,00	0,71	2,50	0,67	2,50
ab 01.10.1993	0,40	0,20	0,50	0,20	1,90	0,67	1,90
ab 26.10.2001	0,45	0,25	0,50	0,25	1,90	0,67	1,90

4.4 Haustechnik

Für das vereinfachte Verfahren kann in Abhängigkeit vom Energieträger und der Wärmebereitstellung für Raumheizung und Warmwasser das Haustechniksystem aus folgenden Default-Systemen ausgewählt werden, mit denen die Berechnung gemäß ÖNORM H 5056-1 durchzuführen ist. Wenn genauere Angaben zum Haustechniksystem vorliegen, kann in der Berechnung die tatsächliche Ausführung verwendet werden. Bildet keiner der Default-Varianten die tatsächliche Ausführung ab, ist jedenfalls das Haustechniksystem in der Berechnung genau zu erfassen. Dies gilt jedenfalls für Anlagen zur Kühlung, Luftaufbereitung und Beleuchtung bei Nicht-Wohngebäuden.

Folgende Systeme dürfen herangezogen werden:
- für die Energieträger Gas und Öl jeweils die Systeme 1, 2, 3 oder 4,
- für den Energieträger Kohle nur das System 1 oder 6,
- für Biomasse (Stückholz / Hackgut) die Systeme 1, 2 oder 6,
- für Holz-Pellets nur das System 2,
- für Fernwärme 5,
- für Wärmepumpen 8,
- beim Einsatz von thermischen Solaranlagen ist das System 7 zu ergänzen.

Bei Nichterhebbarkeit ist das System 6 heranzuziehen.

System 1: Standardheizkessel (Systemtemperaturen 90 °C / 70 °C)
- Objektdaten:
  - gebäudezentrale Wärmebereitstellung, Warmwasserverteilung mit Zirkulationsleitung, Raumwärmeabgabe mit Radiatoren, Verteil- und Steigleitungen im unkonditionierten Gebäudebereich, Stich- und Anbindeleitungen im konditionierten Gebäudebereich, Baujahr des Kessels ist gleich Gebäudejahr, Armaturen ungedämmt, Anschlussteile des Wärmespeichers ungedämmt
- Warmwasser:
  - Wärmeabgabe: Zweigriffarmaturen
  - Wärmeverteilung: ungedämmte Rohrleitungen
  - Wärmespeicherung: indirekt beheizter Warmwasserspeicher
  - Wärmebereitstellung: kombiniert mit Raumheizung
- Raumheizung
  - Wärmeabgabe: Heizkörper-Regulierventil (von Hand betätigt)
  - Wärmeverteilung: ungedämmte Rohrleitungen
  - Wärmespeicherung: kein Speicher
  - Wärmebereitstellung: Standardheizkessel

System 2: Niedertemperaturkessel (Systemtemperaturen 70 °C / 55 °C)
- Objektdaten:
  - gebäudezentrale Wärmebereitstellung, Warmwasserverteilung mit Zirkulationsleitung, Raumwärmeabgabe mit Radiatoren, Verteil- und Steigleitungen im unkonditionierten Gebäudebereich, Stich- und Anbindeleitungen im konditionierten Gebäudebereich, Baujahr des Kessels ist gleich Gebäudejahr, Armaturen ungedämmt, Anschlussteile des Wärmespeichers ungedämmt
- Warmwasser:
  - Wärmeabgabe: Zweigriffarmaturen
  - Wärmeverteilung: Verhältnis Dämmdicke zu Rohrdurchmesser ist 1/3
  - Wärmespeicherung: indirekt beheizter Warmwasserspeicher
  - Wärmebereitstellung: kombiniert mit Raumheizung
- Raumheizung:
  - Wärmeabgabe: Einzelraumregelung mit Thermostatventilen
  - Wärmeverteilung: Verhältnis Dämmdicke zu Rohrdurchmesser ist 1/3
  - Wärmespeicherung: kein Speicher
  - Wärmebereitstellung: Niedertemperaturkessel

System 3: Brennwertkessel (Systemtemperaturen 40 °C / 30 °C)

- Objektdaten:
  - gebäudezentrale Wärmebereitstellung, Warmwasserverteilung mit Zirkulationsleitung, Raumwärmeabgabe mit Radiatoren, Verteil- und Steigleitungen im unkonditionierten Gebäudebereich, Stich- und Anbindeleitungen im konditionierten Gebäudebereich, Baujahr des Kessels ist gleich Gebäudejahr, Armaturen ungedämmt, Anschlussteile des Wärmespeichers ungedämmt
- Warmwasser:
  - Wärmeabgabe: Zweigriffarmaturen
  - Wärmeverteilung: Verhältnis Dämmdicke zu Rohrdurchmesser 2/3
  - Wärmespeicherung: indirekt beheizter Warmwasserspeicher
  - Wärmebereitstellung: kombiniert mit Raumheizung
- Raumheizung:
  - Wärmeabgabe: Raumthermostat-Zonenregelung mit Zeitsteuerung
  - Wärmeverteilung: Verhältnis Dämmdicke zu Rohrdurchmesser 2/3
  - Wärmespeicherung: kein Speicher
  - Wärmebereitstellung: Brennwertkessel

System 4: Gaskombitherme (Systemtemperaturen 70 °C / 55 °C)

- Objektdaten:
  - dezentrale Wärmebereitstellung, kombinierte Wärmebereitstellung für Warmwasser und Raumheizung, keine Zirkulationsleitung, Raumwärmeabgabe mit Radiatoren, keine Verteil- und Steigleitungen, Stich- und Anbindeleitungen im konditionierten Gebäudebereich, Armaturen ungedämmt
- Warmwasser:
  - Wärmeabgabe: Zweigriffarmaturen
  - Wärmeverteilung: ungedämmte Rohrleitungen
  - Wärmespeicherung: kein Speicher
  - Wärmebereitstellung: kombiniert mit Raumheizung
- Raumheizung:
  - Wärmeabgabe: Heizkörper-Regulierventil (von Hand betätigt)
  - Wärmeverteilung: ungedämmte Rohrleitungen
  - Wärmespeicherung: kein Speicher
  - Wärmebereitstellung: Gaskombitherme

System 5: Fernwärme (Systemtemperaturen 70 °C / 55 °C)

- Objektdaten:
  - Gebäudezentrale Wärmebereitstellung, kombinierte Wärmebereitstellung für Warmwasser und Raumheizung, Warmwasserverteilung mit Zirkulationsleitung, Raumwärmeabgabe mit Radiatoren, Verteil- und Steigleitungen im unkonditionierten Gebäudebereich, Stich- und Anbindeleitungen im konditionierten Gebäudebereich, Armaturen ungedämmt
- Warmwasser:
  - Wärmeabgabe: Zweigriffarmaturen
  - Wärmeverteilung: ungedämmte Rohrleitungen
  - Wärmespeicherung: kein Speicher
  - Wärmebereitstellung: kombiniert mit Raumheizung
- Raumheizung:
  - Wärmeabgabe: Heizkörper-Regulierventil (von Hand betätigt)
  - Wärmeverteilung: ungedämmte Rohrleitungen
  - Wärmespeicherung: kein Speicher
  - Wärmebereitstellung: Fernwärme

System 6: Einzelofen (oder bei Nichterhebbarkeit)

- Objektdaten:
  - dezentrale Wärmeversorgung für Raumheizung; für Warmwasser Verteil- und Steigleitungen im nicht-konditionierten und Stichleitungen im konditionierten Gebäudebereich, Armaturen ungedämmt, Anschlussteile des Warmwasser-Wärmespeichers ungedämmt, Warmwasser-Wärmespeicher im nicht-konditionierten Bereich

- Warmwasser:
  - Wärmeabgabe: Zweigriffarmaturen
  - Wärmeverteilung: ungedämmte Rohrleitungen
  - Wärmespeicherung und Wärmebereitstellung: direkt elektrisch beheizter Warmwasserspeicher bis 1988
- Raumheizung:
  - Wärmeabgabe: nicht zutreffend
  - Wärmeverteilung: nicht zutreffend
  - Wärmespeicherung: nicht zutreffend
  - Wärmebereitstellung: Einzelofen (Herd bis 1984)

System 7: thermische Solaranlage (nur für Einfamilienhäuser)
- Objektdaten:
  - gebäudezentrale Wärmeversorgung, kombinierte Bereitstellung für Warmwasser und Raumheizung, Armaturen ungedämmt
- Warmwasser:
  - Wärmeabgabe: Zweigriffarmaturen
  - Wärmeverteilung: Verhältnis Dämmdicke zu Rohrdurchmesser 1/3
  - Wärmespeicherung: indirekt, Solarspeicher
  - Wärmebereitstellung: Aperturfläche 8,00 m², einfacher Solarkollektor, Ausrichtung Süd 40° Neigung
- Raumheizung: Systeme 1 oder 2

System 8: Wärmepumpe (Systemtemperaturen 40 °C / 30 °C)
- Objektdaten:
  - gebäudezentrale Wärmebereitstellung, kombinierte Wärmebereitstellung für Warmwasser und Raumheizung, Warmwasserverteilung mit Zirkulationsleitung, Raumwärmeabgabe mit Flächenheizung, Verteil- und Steigleitungen im unkonditionierten Gebäudebereich, Stich- und Anbindeleitungen im konditionierten Gebäudebereich, Armaturen ungedämmt, Anschlussteile des Wärmespeichers ungedämmt
- Warmwasser:
  - Wärmeabgabe: Zweigriffarmaturen
  - Wärmeverteilung: Verhältnis Dämmdicke zu Rohrdurchmesser ist 1/3
  - Wärmespeicherung: indirekt beheizter Warmwasserspeicher (Wärmepumpenspeicher)
  - Wärmebereitstellung: kombiniert mit Raumheizung
- Raumheizung:
  - Wärmeabgabe: Raumthermostat-Zonenregelung mit Zeitsteuerung
  - Wärmeverteilung: Verhältnis Dämmdicke zu Rohrdurchmesser 1/3
  - Wärmespeicherung: indirekt, Wärmepumpe
  - Wärmebereitstellung: Luftwarmwasserwärmepumpe

5 Ratschläge und Empfehlungen von Maßnahmen für bestehende Gebäude

5.1 Allgemeines

Auf Basis einer fachlichen Bewertung des Gebäudes anhand der erhobenen Bestandsdaten sind für Bestandsgebäude Ratschläge und Empfehlungen zu folgenden Maßnahmen zu verfassen:
- Maßnahmen zur Verbesserung der thermischen Qualität der Gebäudehülle,
- Maßnahmen zur Verbesserung der energetischen Effizienz der haustechnischen Anlagen,
- Maßnahmen zur verstärkten Nutzung erneuerbarer Energieträger,
- Maßnahmen zur Verbesserung organisatorischer Maßnahmen,
- Maßnahmen zur Reduktion der CO_2-Emissionen.

In den Empfehlungen sind jedenfalls zwei Maßnahmen auszuweisen, die zu einer Verbesserung des thermisch-energetischen Zustandes des Gebäudes führen. Diese Empfehlungen sind nach technischen, ökologischen und wirtschaftlichen Grundsätzen (siehe dazu auch OIB-Dokument zum Nachweis der Kostenoptimalität der Anforderungen der OIB-RL 6 bzw. des Nationalen Plans gemäß Artikel 5 zu 2010/31/EU vom 26.02.2018) zu erstellen und haben einen Bezug zur Anforderung an das Niedrigstenergiegebäude (kostenoptimales Niveau) für die größere Renovierung zu beinhalten.

5.2 Gebäudehülle Maßnahmen / Empfehlungen

Zu jenen Maßnahmen, die aufgrund der Bewertung der thermischen Qualität der Gebäudehülle erforderlich sind, können z.B. zählen:

- Dämmung der obersten Geschoßdecke bzw. Dachfläche,
- Anbringung einer außenliegenden Wärmedämmung,
- Fenstertausch,
- Dämmen der Kellerdecke.

5.3 Haustechnik Maßnahmen / Empfehlungen

Zu jenen Maßnahmen, die aufgrund der Bewertung der haustechnischen Anlagen erforderlich sind, können z.B. zählen:

- Dämmung der warmgehenden Leitungen in nicht konditionierten Räumen,
- Einbau eines Regelsystems zur Berücksichtigung der Wärmegewinne,
- Anpassung der Nennleistung des Wärmebereitstellungssystems an den zu befriedigenden Bedarf,
- Einbau von leistungsoptimierten und gesteuerten Heizungspumpen,
- Einregulierung/hydraulischer Abgleich,
- Einbau von Wärmerückgewinnungsanlagen,
- Anpassung der Luftmenge des Lüftungssystems an den zu befriedigenden Bedarf,
- Optimierung der Betriebszeiten,
- Free-Cooling,
- Anpassung der Kälteleistung durch Installation von Kältespeichern,
- vor Optimierung im Bereich der Beleuchtung ist eine genaue Berechnung erforderlich,
- Optimierung der Tageslichtversorgung,
- Optimierung der Effizienz der Leuchtmittel,
- Heizkesseltausch,
- Absenken der Vorlauftemperatur,
- Lastausgleichspeicher,
- Solarthermie und PV,
- Verschattungseinrichtungen,
- Stromspeicher.

5.4 Renovierungsausweis

Für den Fall, dass durch das Ensemble von Ratschlägen und Empfehlungen die Anforderungen an die größere Renovierung erfüllt werden können, darf ein Renovierungsausweis (der Bestandteil des technischen Anhangs ist) ausgestellt werden, der grundsätzlich dem Layout des Energieausweises nachempfunden ist. Dessen Anhang umfasst ausschließlich die gesetzten Maßnahmen. Die Erfassungen zur Geometrie bzw. zum restlichen Bestand entsprechen dem Energieausweis. Die wesentlichen Unterschiede sind:

1. Kopfzeile bei Wohngebäuden (Seite 1 und 2)

2. Anforderungsblock bei Wohngebäuden

WÄRME- UND ENERGIEBEDARF (Referenzklima)				Nachweis über #####	
		Ergebnisse			Anforderungen
Referenz-Heizwärmebedarf	$HWB_{Ref,RK}$ =	###,# kWh/m²a	entspricht	$HWB_{Ref,RK,zul}$ =	###,# kWh/m²a
Heizwärmebedarf	HWB_{RK} =	###,# kWh/m²a			
Endenergiebedarf	EEB_{RK} =	###,# kWh/m²a	entspricht	$EEB_{RK,zul}$ =	###,# kWh/m²a
Gesamtenergieeffizienz-Faktor	$f_{GEE,RK}$ =	#,##	entspricht	$f_{GEE,RK,zul}$ =	#,##
Erneuerbarer Anteil	##########		entspricht	Punkt 5.2.3 a, b oder c	

3. Kopfzeile bei Nicht-Wohngebäuden (Seite 1 und 2)

4. Anforderungsblock bei Nicht-Wohngebäuden

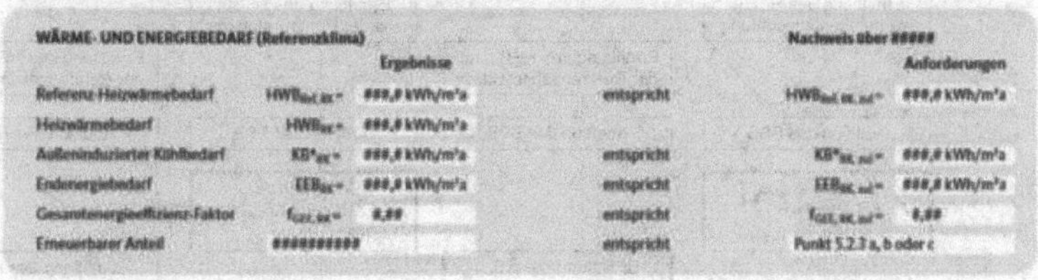

WÄRME- UND ENERGIEBEDARF (Referenzklima)				Nachweis über #####	
		Ergebnisse			Anforderungen
Referenz-Heizwärmebedarf	$HWB_{Ref,RK}$ =	###,# kWh/m²a	entspricht	$HWB_{Ref,RK,zul}$ =	###,# kWh/m²a
Heizwärmebedarf	HWB_{RK} =	###,# kWh/m²a			
Außeninduzierter Kühlbedarf	KB^*_{RK} =	###,# kWh/m²a	entspricht	$KB^*_{RK,zul}$ =	###,# kWh/m²a
Endenergiebedarf	EEB_{RK} =	###,# kWh/m²a	entspricht	$EEB_{RK,zul}$ =	###,# kWh/m²a
Gesamtenergieeffizienz-Faktor	$f_{GEE,RK}$ =	#,##	entspricht	$f_{GEE,RK,zul}$ =	#,##
Erneuerbarer Anteil	##########		entspricht	Punkt 5.2.3 a, b oder c	

5. Schlussblock

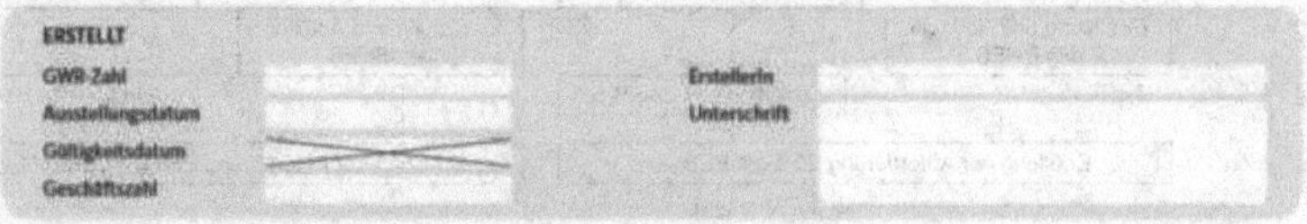

ERSTELLT			
GWR-Zahl		ErstellerIn	
Ausstellungsdatum		Unterschrift	
Gültigkeitsdatum			
Geschäftszahl			

Ein Renovierungsausweis für SKG darf sinngemäß erstellt werden.

6 Entscheidungsbaum für die Nachweisführung der allgemeinen Anforderungen

Es ist der Nachweisführung überlassen, ob der Nachweis über den Endenergiebedarf oder den Gesamtenergieeffizienz-Faktor erfolgt (siehe dazu auch Erläuternde Bemerkungen).

Für den Fall sonstiger konditionierter Gebäude sind nur der Referenz-Heizwärmebedarf und der außeninduzierte Kühlbedarf zu ermitteln. Eine Anforderung besteht aber ausschließlich an die Wärmedurchgangskoeffizienten.

6.1 Entscheidungsbaum für die Nachweisführung bei Wohngebäuden (Prinzip)

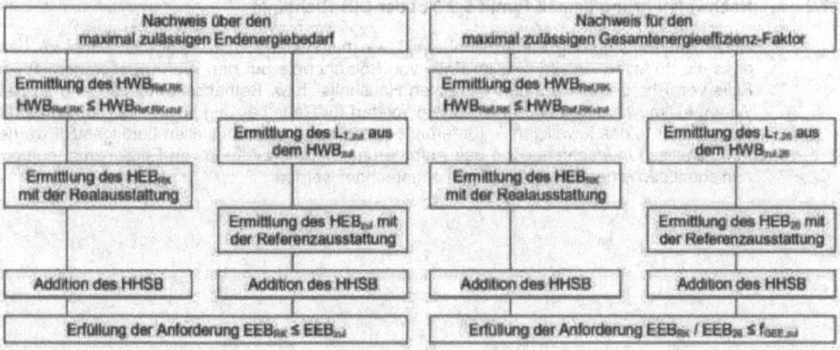

6.2 Entscheidungsbaum für die Nachweisführung bei Nicht-Wohngebäuden (Prinzip)

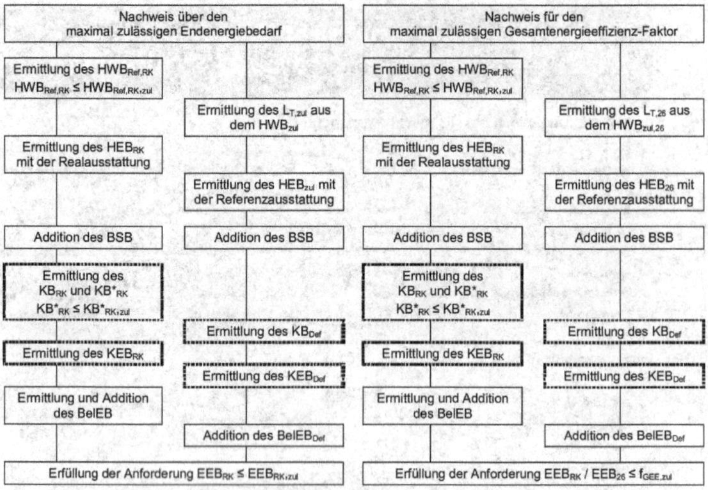

7 Vorgangsweise zur Ermittlung des erneuerbaren Anteils

7.1 Nachweisführung gemäß Punkt 5.2.3 b) der OIB-Richtlinie

Kommen Lösungen über die Nutzung erneuerbarer Quellen außerhalb der Systemgrenze „Gebäude", zur Anwendung, entfällt eine Nachweisführung im Falle einer monovalenten Wärmebereitstellung oder im Falle einer Kombination der Wärmebereitstellung durch eine oder mehrere dieser Lösungen, sowie Kombinationen mit Lösungen innerhalb der Systemgrenze „Gebäude" gemäß Punkt 5.2.3 c).

Für den Fall einer Kombination mit anderen Wärmebereitstellungssystemen ist der 80%ige Anteil dadurch nachzuweisen, dass höchstens 20 % des Anforderungswertes aus nicht erneuerbaren Quellen stammen dürfen. Innerhalb dieses 80%igen Anteils können Effizienzmaßnahmen den erneuerbaren Erträgen angerechnet werden.

7.2 Nachweisführung gemäß Punkt 5.2.3 c) der OIB-Richtlinie

Diese Nachweisführung erfolgt sinngemäß wie bei Punkt 7.1, allerdings ist dabei zu beachten, dass die 20%igen Anteile sich im Falle von Solarthermie auf den Warmwasserenergiebedarf, im Falle von Photovoltaik auf den gesamten Haushalts- bzw. Betriebsstrombedarf und im Falle von Wärmerückgewinnung auf den Endenergiebedarf für Raumheizung beziehen. Dies bedeutet, dass maximal 80 % des jeweiligen Anforderungswertes aus anderen Quellen bereitgestellt werden dürfen. Allfällige Unterschreitungen des Anforderungswertes aufgrund von Effizienzmaßnahmen können somit den erneuerbaren Erträgen angerechnet werden.

Impressum

Medieninhaber und Herausgeber:
Österreichisches Institut für Bautechnik
ZVR 383773815
Schenkenstraße 4, 1010 Wien, Austria
T +43 1 533 65 50, F +43 1 533 64 23
E-Mail: mail@oib.or.at
Internet: www.oib.or.at

OiB
www.oib.or.at

RICHTLINIEN DES ÖSTERREICHISCHEN INSTITUTS FÜR BAUTECHNIK

OIB richtlinien

OIB-RICHTLINIE 6

Energieeinsparung und Wärmeschutz

Kostenoptimalität
OIB-330.6-101/19

FEBRUAR 2018
(Fassung AUGUST 2019)

Diese Richtlinie basiert auf den Beratungsergebnissen der von der Landesamtsdirektorenkonferenz zur Ausarbeitung eines Vorschlages zur Harmonisierung bautechnischer Vorschriften eingesetzten Länderexpertengruppe. Die Arbeit dieses Gremiums wurde vom OIB in Entsprechung des Auftrages der Landesamtsdirektorenkonferenz im Sinne des § 3 Abs. 1 Z 7 der Statuten des OIB koordiniert und im Sachverständigenbeirat für bautechnische Richtlinien fortgeführt. Die Beschlussfassung der Richtlinie erfolgte gemäß § 8 Z 12 der Statuten durch die Generalversammlung des OIB.

OiB-Dokument

zum Nachweis der

Kostenoptimalität

der Anforderungen der OIB-RL 6
bzw. des Nationalen Plans
gemäß
Artikel 5 zu 2010/31/EU

Erste Revision nach 5 Jahren

2019-08-27

Inhalt

1 Einleitung – Motivation – Ergebnis 6
2 Begriffsbestimmungen 7
3 Definition von Referenzgebäuden (Del. VO – Anhang I/1) 9
3.1 Festlegung der Gebäudekategorien (Del. VO – Anhang I/1/1) 9
3.2 Repräsentativität der Bürogebäude im DLG-Bereich (Del. VO – Anhang I/1/2+3) 9
3.3 Festlegung der Standorte der Referenzgebäude (Del. VO – Anhang I/1/4 – Klimazone) 9
3.4 Festlegung der Geometrie (Del. VO – Anhang I/1/4 – Größe) 10
3.4.1 Festlegung der Geometrie für Wohngebäude 10
3.4.2 Festlegung der Geometrie für DLG 13
3.5 Ergebnisse für die derzeitigen Anforderungen – Wohngebäude – Neubau (Del. VO – Anhang I/1/5+7 – Übermittlung der Referenzgebäude) 15
3.6 Ergebnisse für die derzeitigen Anforderungen – Dienstleistungsgebäude – Neubau (Del. VO – Anhang I/1/5+7 – Übermittlung der Referenzgebäude) 15
3.7 Ergebnisse für die derzeitigen Anforderungen gemäß OIB-RL 6:2015 – Wohngebäude – Bestand (Del. VO – Anhang I/1/6 – Übermittlung der Referenzgebäude) 16
3.8 Ergebnisse für die derzeitigen Anforderungen – Dienstleistungsgebäude – Bestand (Del. VO – Anhang I/1/6 – Übermittlung der Referenzgebäude) 17
3.9 Mindesteffizienzanforderungen an Gebäudekomponenten (Del. VO – Anhang I/1/8 – Bauteilanforderungen und Hüllanforderungen) 17
3.10 Mindesteffizienzanforderungen an Gebäudekomponenten (Del. VO – Anhang I/1/9 – Anforderungen an das gebäudetechnische System) 17
3.11 Raumlufttemperatur und Luftqualität 17
4 Festlegung von Maßnahmen zur Erhöhung der Gesamtenergieeffizienz (Del. VO – Anhang I/2) 18
4.1 Energieeffizienzmaßnahmen – Neubau (Del. VO – Anhang I/2/1+2 – Hüllqualität) 18
4.2 Maßnahmen auf der Grundlage erneuerbarer Energiequellen – Neubau (Del. VO – Anhang I/2/1+3 – Gebäudetechnisches System) 19
4.3 Festlegung von Maßnahmenbündel – Neubau (Del. VO – Anhang I/2/4 – Maßnahmen / Maßnahmenbündel / Varianten) 19
4.3.1 WG – Neubau 19
4.4 Energieeffizienzmaßnahmen – Größere Renovierung (Del. VO – Anhang I/2/1+2 – Hüllqualität) 19
4.5 Maßnahmen auf der Grundlage erneuerbarer Energiequellen – Neubau (Del. VO – Anhang I/2/1+3 – Gebäudetechnisches System) 20
4.6 Festlegung von Maßnahmenbündel – Neubau (Del. VO – Anhang I/2/4 – Maßnahmen / Maßnahmenbündel / Varianten) 20
4.6.1 WG – Größere Renovierung 20
5 Anwendung der Maßnahmenbündel und Ergebnisse (Del. VO – Anhang I/3) 21
5.1 Bauphysik-Variationen für den Neubau 21
5.1.1 Festlegung der Bauphysik-Variationen für den Neubau – Wohngebäude 21
5.1.2 Festlegung der Bauphysik-Variationen für die Größere Renovierung – Wohngebäude 21
5.2 Haustechnik-Variationen (Neubau) 22
5.2.1 Festlegung der Haustechnik-Variationen für Wohngebäude (Neubau) 22
5.3 Energiekennzahlen Neubau (Del. VO – Anhang III / Tabelle 2) 23
5.3.1 Energiekennzahlen Neubau Wohngebäude 23
5.4 Festlegung der Variationen für die Größere Renovierung 24
5.4.1 Bauphysik – Wohngebäude – Bestand 24
5.4.2 Bauphysik – Wohngebäude – Größere Renovierung 24
5.4.3 Gebäudetechnik – Wohngebäude – Bestand 24
5.4.4 Gebäudetechnik – Wohngebäude – Größere Renovierung 24
5.5 Energiekennzahlen der Variationen für die Größere Renovierung (Del. VO – Anhang III / Tabelle 1) 25

6 Berechnung des Primärenergiebedarfs für jedes Referenzgebäude ohne Berücksichtigung des Haushaltsstrombedarfes (Del. VO – Anhang I/3) 26
7 Berechnung der Gesamtkosten als Kapitalwert für jedes Referenzgebäude ohne Berücksichtigung des Haushaltsstrombedarfes (Del. VO – Anhang I/4) 28
7.1 Erhebung von Netto-Kostendaten (Del. VO – Anhang I/4.1) 28
7.2 Abzinsungssatz (Del. VO – Anhang I/4.2) 34
7.3 Wahl der Perspektive (Del. VO – Anhang I/4.3+4.4) 34
7.4 Berechnung der Kosten für das regelmäßige Ersetzen von Komponenten 37
7.5 Berechnungszeitraum / geschätzte Nutzungsdauer 37
7.6 Ausgangsjahr für die Berechnungen (Del. VO – Anhang I/4) 37
7.7 Berechnung der Energiekosten bei der Kostenberechnung (Del. VO – Anhang I/4) 37
8 Ermittlung eines kostenoptimalen Niveaus für jedes Referenzgebäude (Del. VO – Anhang I/6) 38
8.1 Ermittlung des kostenoptimalen Spektrums 38
8.1.1 Wohngebäude – Neubau 38
8.1.2 Wohngebäude – Größere Renovierung 44
8.1.3 Bürogebäude – Neubau 50
8.1.4 Bürogebäude – Größere Renovierung 50
8.1.5 Ermittlung des kostenoptimalen Niveaus für Einzelmaßnahmen 51
8.2 Vergleich mit geltenden Anforderungen in Österreich 52
8.2.1 Wohngebäude – Neubau 52
8.2.2 Wohngebäude – Größere Renovierung 53
8.2.3 Neubau und Größere Renovierung 53
9 Sensitivitätsanalyse (Del. VO – Anhang I/5) 55
9.1 Wohngebäude – Neubau 55
9.1.1 15 % erhöhte Energiepreissteigerung 55
9.1.2 15 % verminderte Energiepreissteigerung 55
9.1.3 25 % erhöhte Investitionskosten für thermische Maßnahmen 55
9.1.4 25 % verminderte Investitionskosten für thermische Maßnahmen 55
9.1.5 25 % erhöhter Diskontsatz 55
9.1.6 25 % verminderter Diskontsatz 55
9.2 Wohngebäude – Größere Renovierung 56
9.2.1 15 % erhöhte Energiepreissteigerung 56
9.2.2 15 % verminderte Energiepreissteigerung 56
9.2.3 25 % erhöhte Investitionskosten für thermische Maßnahmen 56
9.2.4 25 % verminderte Investitionskosten für thermische Maßnahmen 56
9.2.5 25 % erhöhter Diskontsatz 56
9.2.6 25 % verminderter Diskontsatz 56

Dieses Rahmendokument basiert auf den Beratungsergebnissen der von der Landesamtsdirektorenkonferenz zur Koordinierung der Umsetzung der Richtlinie 2010/31/EU des Europäischen Parlaments und des Rates vom 19. Mai 2010 über die Gesamtenergieeffizienz von Gebäuden eingesetzte Länderexpertengruppe in der Verbindungsstelle der Bundesländer und des Sachverständigenbeirates für bautechnische Richtlinien – Untergruppe Energieeinsparung und Wärmeschutz (SVBRL 6) im Österreichischen Institut für Bautechnik.

Abkürzungen

AW .... Außenwand
BGF .... Brutto-Grundfläche
BSB .... Betriebsstrombedarf
CostOpt .... Dokument zum Nachweis der Kostenoptimalität der Anforderungen der OIB-RL 6 bzw. des Nationalen Plans gemäß Artikel 5 zu 2010/31/EU
CO_2 .... Kohlendioxidemissionen
Del.VO .... Delegierte Verordnung
DLG .... Dienstleistungsgebäude
EEB .... Endenergiebedarf
EFH .... Einfamilienhaus
EPBD .... Richtlinie 2010/31/EU des Europäischen Parlaments und des Rates vom 19. Mai 2010 über die Gesamtenergieeffizienz von Gebäuden
FE .... Fenster
f_{GEE} .... Gesamtenergieeffizienz-Faktor
GWB .... Geschoßwohnbau
HEB .... Heizenergiebedarf
HGT .... Heizgradtage
HHSB .... Haushaltstrombedarf
$HTEB_{Ref}$ .... Heiztechnikenergiebedarf der Referenzausstattung
HWB .... Heizwärmebedarf
HWB_{Ref} .... Referenz-Heizwärmebedarf
KB .... Kühlbedarf
KD .... Kellerdecke
KEB .... Kühlenergiebedarf
ℓ_c .... charakteristische Länge
LEB .... Lieferenergiebedarf
MFH .... Mehrfamilienhaus
NF .... Nutzfläche
NWG .... Nicht-Wohngebäude
OD .... Oberste Geschoßdecke
PEB .... Primärnergiebedarf
$PEB_{ern.}$ .... erneuerbarer Primärnergiebedarf
$PEB_{n.ern.}$ .... nicht erneuerbarer Primärnergiebedarf
PEB_{HEB} .... Primärnergiebedarf für Raumheizung und Warmwasser
RH+WW .... Raumheizung und Warmwasser
OIB-RL 6 .... OIB-Richtlinie 6 „Energieeinsparung und Wärmeschutz“
ST .... Solarthermie
U_{AW} .... Außenwand-U-Wert
U_{FE} .... Fenster-U-Wert
U_{KD} .... Kellerdecke-U-Wert
U_{OD} .... Oberste Geschoßdecke-U-Wert
WD .... Wärmedämmung
WG .... Wohngebäude
WWWB .... Warmwasserwärmebedarf

Autoren c.p.t.

Österreichisches Institut für Bautechnik (OIB):

Rainer Mikulits, Wolfgang Thoma, Robert Stadler

Sachverständigenbeirat für bautechnische Richtlinien – Untergruppe Energieeinsparung und Wärmeschutz (SVBRL 6):

B: Roland Schmidt
K: Reinhard Katzengruber
NÖ: Andreas Zottl
OÖ: Robert Kernöcker
S: Franz Mair, Joachim Weinberger
St: Friedrich Kainz, Robert Jansche
T: Thomas Schnitzer-Osl
V: Kornelia Rhomberg, Martin Brunn
W: Christian Pöhn, Felix Groth, Anna-Vera Deinhammer

Länderexpertengruppe zur Weiterentwicklung und Umsetzung der EPBD in der Verbindungsstelle der Bundesländer:

B: Christian Taschner
K: Erich Mühlbacher
NÖ: Franz Angerer
OÖ: Gerhard Dell
S: Franz Mair
St: Dieter Thyr
T: Bruno Oberhuber
V: Martin Brunn
W: Christian Pöhn

1 Einleitung – Motivation – Ergebnis

Gemäß Artikel 5(2) der Richtlinie 2010/31/EU (EPBD) wurden die Mitgliedstaaten verpflichtet, kostenoptimale Niveaus von Mindestanforderungen an die Gesamtenergieeffizienz unter Verwendung des gemäß Artikel 5(1) festgelegten Rahmens für eine Vergleichsmethode und einschlägiger Parameter zu berechnen und die Ergebnisse dieser Berechnung mit den geltenden Mindestanforderungen gemäß OIB-RL 6:2015 an die Gesamtenergieeffizienz zu vergleichen. Der erste Bericht war am 30.06.2012 zu legen (infolge des um ca. 9 Monate verspäteten Erscheinens der zugehörigen Dokumente ergab sich der 31. März 2013 als Datum). Berechnungen und Bericht sind alle fünf Jahre zu aktualisieren.

Das gegenständliche Dokument stellt den zweiten Bericht, Ausgabe 2018, entsprechend den Vorgaben der EPBD fünf Jahre nach dem ersten Bericht dar. Erstellt wurde dieser Bericht durch den Sachverständigenbeirat für bautechnische Richtlinien; Untergruppe RL 6 – „Energieeinsparung und Wärmeschutz" in Abstimmung mit der Länderexpertengruppen zur Weiterentwicklung und Umsetzung der EPBD.

Es darf ausdrücklich festgehalten werden, dass die Ergebnisse des gegenständlichen Dokumentes eine Bestätigung der Ergebnisse des ersten Berichtes darstellen. Die Schlussfolgerungen daraus sind einerseits das Festhalten an den bisherigen Anforderungen hinsichtlich der Größen „Heizwärmebedarf", „Endenergiebedarf" und „Gesamtenergieeffizienz-Faktor" und andererseits eine bessere Darstellung der damit erfüllten Anforderungen an den nicht erneuerbaren Primärenergiebedarf.

Aufgrund der Übereinstimmung der Ergebnisse für den Neubau und die *„Größere Renovierung"* für Wohngebäude werden für die Dienstleistungsgebäude und die „Kleinere Renovierung" oder „Komponentenweise Renovierung" aufgrund von Analogieschlüssen die bisherigen Ergebnisse als bestätigt angesehen.

Ablaufplan: Vorgehensweise für die Durchführung der Kostenoptimalitätsstudie – zeitliche Abfolge und inhaltliche Ergebnisse

Dabei bedeutet „Analogieschluss", dass infolge identer Ergebnisverläufe geschlossen wurde, dass weitere Berechnungen zu ebenfalls identen Ergebnissen führen.

2 Begriffsbestimmungen

Grundsätzlich gelten die Begriffsbestimmungen gemäß sämtlicher OIB-Dokumente und ÖNORMen. Zur leichteren Lesbarkeit seien folgende Kurz-Begriffsbestimmungen vorangestellt:

Heizwärmebedarf (HWB)

Wärmemenge, die den konditionierten Räumen zugeführt werden muss, um deren vorgegebene Solltemperatur einzuhalten. Berechnung nach ÖNORM B 8110-6, die als Nationales Anwendungsdokument zur EN 13790 zu verstehen ist.

Referenz-Heizwärmebedarf (HWB_{Ref})

Wärmemenge, die den konditionierten Räumen zugeführt werden muss, um deren vorgegebene Solltemperatur einzuhalten. Berechnung nach ÖNORM B 8110-6, unter Anwendung des Wohngebäudeprofils gemäß ÖNORM B 8110-5 unter Verwendung des Referenzklimas.

Warmwasserwärmebedarf (WWWB)

Der Defaultwert für Wohngebäude entspricht für 30 m² Nutzfläche einem Duschvorgang und mehrmaligem Händewaschen pro Tag. Für andere Nutzungsprofile wurden in Abhängigkeit des erwarteten Warmwasserwärmebedarfs einfache Vielfache oder Bruchteile dieses Wertes festgelegt. Diese Defaultwerte sind für jedes Nutzungsprofil der ÖNORM B 8110-5 zu entnehmen.

Heizenergiebedarf (HEB)

Energiebedarf zur Deckung des HWB und WWWB unter Berücksichtigung der Anlagenverluste des gebäudetechnischen Systems. Berechnung nach ÖNORM H 5056, die als Nationales Anwendungsdokument zu allen Teilen der EN 15316 zu verstehen ist. In diesem Wert sind die Hilfsenergie für allfällige Pumpen und eine mechanische Raumlufttechnik für jenen Zeitraum enthalten, in dem die Wärmerückgewinnung zu einer Reduktion des Heizwärmebedarfs beiträgt.

Kühlbedarf (KB)

Wärmemenge, die aus den konditionierten Räumen abgeführt werden muss, um deren vorgegebene Solltemperatur einzuhalten. Berechnung nach B 8110-6, die als Nationales Anwendungsdokument zur EN 13790 zu verstehen ist.

Kühlenergiebedarf (KEB)

Energiebedarf zur Deckung des KB unter Berücksichtigung der Anlagenverluste des gebäudetechnischen Systems, Berechnung nach H 5058, die als Nationales Anwendungsdokument zu allen Teilen der EN 13790 ff. zu verstehen ist. In diesem Wert ist die Hilfsenergie für eine allfällige mechanische Raumlufttechnik innerhalb der Kühlperiode enthalten.

Haushaltsstrombedarf[1] (HHSB)

Defaultwert als statistische Größe eingeführt.

Betriebsstrombedarf (BSB)

Defaultwert als statistische Größe eingeführt.

---

[1] Die Aufnahme von Haushaltsstrombedarf oder Betriebsstrombedarf wurde aus Gründen höherer Transparenz des Energieausweises im Sinne einer umfassenden Angabe möglicher Bestandteile des gesamten benötigten Energiebedarfs und als Möglichkeit der Anrechenbarkeit möglicher Erträge aus Photovoltaik-Anlage o.Ä. in Österreich eingeführt.

Endenergiebedarf (EEB)

Energiebedarf als Summe aus HEB, KEB und HHSB oder BSB.

Der Endenergiebedarf umfasst zusätzlich zum Heizenergiebedarf den Haushaltsstrombedarf bzw. den jeweils allfälligen Betriebsstrombedarf, Kühlenergiebedarf und Beleuchtungsenergiebedarf, abzüglich allfälliger Endenergieerträge und zuzüglich eines dafür notwendigen Hilfsenergiebedarfs. Der Endenergiebedarf entspricht jener Energiemenge, die eingekauft werden muss (Lieferenergiebedarf).

Gesamtenergieeffizienz-Faktor f_{GEE}

Der Gesamtenergieeffizienz-Faktor ist der Quotient aus dem Endenergiebedarf und einem Referenz-Endenergiebedarf (Anforderung 2007).

Primärenergiebedarf (PEB bzw. PEB_{HEB})

Der Primärenergiebedarf ist der Endenergiebedarf einschließlich der Verluste in allen Vorketten. Der Primärenergiebedarf weist einen erneuerbaren ($PEB_{ern.}$) und einen nicht erneuerbaren ($PEB_{n.ern.}$), Anteil auf. In diesem Dokument drücken der PEB_{HEB}, der $PEB_{HEB,ern.}$ und der $PEB_{HEB,n.ern.}$ sowie $PEB_{HEB+BelEB}$, der $PEB_{HEB+BelEB,ern.}$ und der $PEB_{HEB+BelEB,n.ern.}$ jene jeweiligen Anteile der betrachteten Größen aus, die durch die EPBD verpflichtend zu erfassen sind.

Kohlendioxidemissionen (CO_2)

Gesamte dem Endenergiebedarf zuzurechnenden Kohlendioxidemissionen, einschließlich jener für Vorketten.

3 Definition von Referenzgebäuden (Del. VO – Anhang I/1)

In den Leitlinien wird empfohlen, zwischen konkreten Beispielen für eine Gebäudekategorie und virtuellen Gebäuden zu wählen. Für den gegenständlichen Kostenoptimalitätsnachweis werden in Fortsetzung zur Fassung 2013/14 ausschließlich **virtuelle Gebäude** (mit typischen Gebäudeabmessungen) gewählt, zumal angesichts der existierenden Gebäudevielfalt die Wahl eines konkreten Beispiels, das als typisch bezeichnet werden darf, nicht möglich erscheint.

3.1 Festlegung der Gebäudekategorien (Del. VO – Anhang I/1/1)

In der Verordnung werden die Mitgliedstaaten aufgefordert, Referenzgebäude für die Kategorien Einfamilienhäuser, Appartmenthäuser und Mehrfamilienhäuser, Bürogebäude und die sonstigen Nichtwohngebäudekategorien in Anhang I Nummer 5 der Richtlinie 2010/31/EU (das sind: Unterrichtsgebäude, Krankenhäuser, Hotels und Gaststätten, Sportanlagen, Gebäude des Groß- und Einzelhandels, sonstige Arten energieverbrauchender Gebäude), für die spezifische Mindestanforderungen an die Gesamtenergieeffizienz bestehen, zu bestimmen. Dabei kann die Möglichkeit, die „sonstigen Nichtwohngebäudekategorien" aus der Kategorie Bürogebäude abzuleiten, gewählt werden. Für den gegenständlichen Kostenoptimalitätsnachweis werden folgende Gebäudekategorien unterschieden:

- **Einfamilienhäuser → EFH**
- **Mehrfamilienhäuser → MFH**
- **Geschosswohnbauten → GWB**
- **Dienstleistungsgebäude[2] → DLG**

3.2 Repräsentativität der Bürogebäude im DLG-Bereich (Del. VO – Anhang I/1/2+3)

Dies wurde in der Erstfassung des gegenständlichen Dokumentes ausführlich erläutert.

3.3 Festlegung der Standorte[3] der Referenzgebäude (Del. VO – Anhang I/1/4 – Klimazone)

Infolge der Festlegungen nach dem Nationalen Plan 2013/14 und der Kostenoptimalität 2013/14 wird die gegenständliche Kostenoptimalitätsuntersuchung ausschließlich für das österreichische Referenzklima durchgeführt. Es ist dies ein Klima mit HGT = 3.400 Kd und wurde durch Mittelung über alle sieben Klimaregionen Österreichs festgelegt.

Eine ausführliche Darstellung des Klimas einschließlich der Möglichkeit der Ermittlung eines Stundenklimas für die Wärmepumpenberechnungen sowie der Normaußen- und Sommernormaußentemperaturen ist der ÖNORM B 8110-5 zu entnehmen.

---

[2] Der Nachweis der Repräsentativität von Bürogebäuden für andere Nutzungsprofile erfolgt in Kapitel 3.2.
[3] ÖNORM B 8110-5 und ÖNORM B 8110-5, Beiblatt 1

3.4 Festlegung der Geometrie (Del. VO – Anhang I/1/4 – Größe)

Die verwendeten Festlegungen entsprechen jenen aus der Erstfassung.

3.4.1 Festlegung der Geometrie für Wohngebäude

Um die Vergleichbarkeit mit der Kostenoptimalität 2013/14 zu gewährleisten, wurden der gegenständlichen Ermittlung der Kostenoptimalität dieselben Gebäudegeometrien zugrunde gelegt. Details der Ermittlung sind der Kostenoptimalitätsstudie 2014 zu entnehmen. Die Ermittlung der Größen erfolgte aus den Angaben der Statistik Austria für die Anzahl der EFH, MFH, GWB und die durchschnittlichen Wohnungsgrößen in den einzelnen Bundesländern.

Tabelle 1: Mittlere Nutzflächen je Wohnung je Gebäudetyp

Mittelwerte	EFH	MFH	GWB
NF	117,49 m²	65,20 m²	65,59 m²
Wohnungen	1,17	5,46	17,93
BGF	171,48 m²	445,06 m²	1.469,75 m²

Tabelle 2: Brutto-Gebäudeabmessungen für Wohngebäude

Geometrie	Breite	Länge	Geschosse	Bauweise	ℓ_c
EFH	12,00 m	14,29 m	1	offen	1,03 m
	8,00 m	10,72 m	2	gekuppelt	1,48 m
MFH	12,00 m	18,55 m	2	offen	1,65 m
	10,00 m	14,84 m	3	gekuppelt	2,04 m
GWB	12,00 m	30,62 m	4	gekuppelt	2,73 m
	12,00 m	20,42 m	6	geschlossen	3,60 m

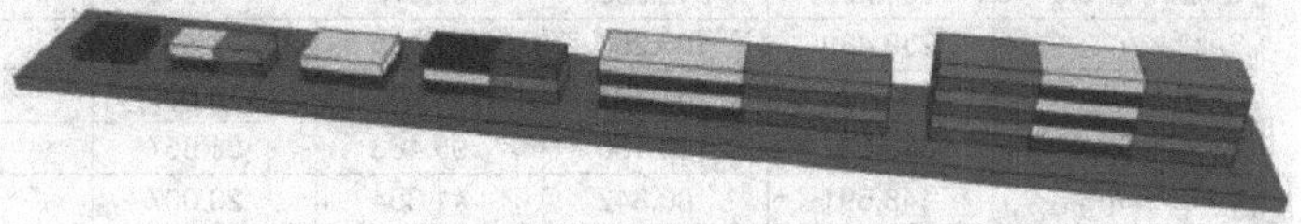

Abbildung 1: Geometrie und Bauweise der Referenzgebäude

Es wurde folgende Vorgangsweise zur Ableitung der Geometrie der Referenzgebäude gewählt:

1. Aus dem Statistischen Jahrbuch – wie bereits in der Kostenoptimalität 2013/14 durchgeführt – wurden die Angaben entnommen, wieviel Gebäude und Wohneinheiten es je Bundesland und für das ganze Bundesgebiet gibt.

Tabelle 3: Gebäudebestand in Österreich

Bundesland	Summe	EFH	MFH	GWB	Gemein-schaften
Burgenland	114.403	100.279	1.648	343	103
Kärnten	162.075	123.694	107.17	2.408	264
Niederösterreich	553.604	459.654	21.490	5.339	611
Oberösterreich	352.326	275.637	24.134	6.433	539
Salzburg	119.818	84.663	12.250	2.921	333
Steiermark	325.822	252.932	21.179	6.411	586
Tirol	161.261	110.895	19.245	2.751	361
Vorarlberg	89.236	67.393	8.335	1.177	173
Wien	168.167	82.273	23.353	33.413	518
Österreich	2.046.712	1.557.420	142.351	61.196	3.488

Tabelle 4: Wohnungsbestand in Österreich

Bundesland	Summe	EFH	MFH	GWB	Gemein-schaften
Burgenland	126.269	108.926	8.720	5.571	116
Kärnten	260.541	148.302	58.168	42.783	776
Niederösterreich	738.235	514.160	115.067	89.714	1.426
Oberösterreich	604.299	342.205	130.072	112.043	2.939
Salzburg	238.480	104.253	63.465	57.893	1.899
Steiermark	532.470	284.821	119.201	112.820	1.299
Tirol	303.632	138.130	95.463	51.857	1.760
Vorarlberg	148.591	80.842	41.394	20.007	171
Wien	910.745	87.741	160.034	642.094	11.277
Österreich	3.863.262	1.809.380	791.584	1.134.782	21.663

2. Ebenso wurden dem Statistischen Jahrbuch die Daten für mittlere Nutzflächen je Wohneinheit entnommen und aus den unter Punkt 1 angeführten Daten die mittlere Wohneinheitenanzahl je Gebäude ermittelt.

Tabelle 5: Wohneinheitenanzahl nach Gebäudetypen

Bundesland	Nutzfläche	n_{EFH}	n_{MFH}	n_{GWB}
Burgenland	109,8 m²	1,09	5,29	16,24
Kärnten	95,7 m²	1,20	5,43	17,77
Niederösterreich	101,3 m²	1,12	5,35	16,80
Oberösterreich	95,6 m²	1,24	5,39	17,42
Salzburg	87,8 m²	1,23	5,18	19,82
Steiermark	94,1 m²	1,13	5,63	17,60
Tirol	92,7 m²	1,25	4,96	18,85
Vorarlberg	94,0 m²	1,20	4,97	17,00
Wien	71,1 m²	1,07	6,85	19,22
Österreich	90,5 m²	1,16	5,56	18,54
Mittelwert	----------	1,17 ± 0,02	5,46 ± 016	17,93 ± 0,34

Aus der Kenntnis der mittleren Wohnnutzfläche für jedes Bundesland kann man über die Wohnungsanzahl (Hauptwohnsitze) die Gesamtwohnnutzfläche je Bundesland berechnen: diese Gesamtnutzfläche kann man als Summe der Produkte *aus der Wohnungsanzahl in Einfamilienhäusern multipliziert mit Wohnungsgröße in Einfamilienhäusern plus der Wohnungsanzahl in Mehrfamilienhäusern multipliziert mit Wohnungsgröße in Mehrfamilienhäusern plus der Wohnungsanzahl in Geschoßwohnbauten multipliziert mit Wohnungsgröße in Geschoßwohnbauten* berechnen, wobei die jeweiligen Wohnungsgrößen Unbekannte sind. Allerdings kann man aufgrund der Tatsache, dass es zehn derartige Gleichungen gibt, diese rechnerisch, mittels Permutation in drei Unbekannte, auflösen. Dabei ergibt sich ein sehr stabiles Ergebnis:

Tabelle 6: Jeweils mittlere Wohneinheitenanzahl, Wohnnutzfläche, Wohnbruttogrundfläche und Gebäudebruttogrundfläche

Mittlere Wohneinheitenanzahl	n_{EFH}	n_{MFH}	n_{GWB}
	1,17	5,46	17,93
Mittlere Wohnnutzfläche [m²]	NF_{EFH}	NF_{MFH}	NF_{GWB}
	117,49 ± 2,0	65,20 ± 3,3	65,59 ± 1,9
Mittlere Wohnbruttogrundfläche [m²]	137,18	356,05	1.175,80
Mittlere Gebäudebruttogrundfläche [m²]	BGF_{EFH}	BGF_{MFH}	BGF_{GWB}
	171,48	445,06	1.469,75

Unterstellt man Ganzzahligkeit bei den Geschoßen und übliche Gebäudebreiten können folgende „virtuelle" Geometrien für Wohngebäude (Einfamilienhäuser sowie Mehrfamilienhäuser und Geschoßwohnbauten) abgeleitet werden [siehe dazu auch Tabelle 2 in Kapitel 3.4.1.], wobei entsprechend den bautechnischen Vorschriften für Österreich auch die minimalen Fensterflächenanteile für die einzelnen Gebäudekategorien [Nutzungsprofile] berechnet wurden, um ausreichende Belichtung zu gewährleisten:

Tabelle 7: Brutto-Gebäudeabmessungen für Einfamilienhäuser

Geometrie	Breite	Länge	Geschoßhöhe	Geschosse	Bauweise	ℓ_c	Fensterflächenanteil
EFH	12,00 m	14,29 m	3,0 m	1	offen	1,03 m	16 %
	8,00 m	10,72 m	3,0 m	2	gekuppelt	1,48 m	11 %

Tabelle 8: Brutto-Gebäudeabmessungen für Mehrfamilienhäuser und Geschoßwohnbauten

Geometrie	Breite	Länge	Geschoßhöhe	Geschosse	Bauweise	ℓ_c	Fensterflächenanteil
MFH	12,00 m	18,55 m	3,0 m	2	offen	1,65 m	17 %
	10,00 m	14,84 m	3,0 m	3	gekuppelt	2,04 m	14 %
GWB	12,00 m	30,62 m	3,0 m	4	gekuppelt	2,73 m	21 %
	12,00 m	20,42 m	3,0 m	6	geschlossen	3,60 m	18 %

Dabei wurde auch eine entsprechende Variation der Bauweisen (offen, gekuppelt und geschlossen) durchgeführt, wie sie für die Bebauungsformen üblich ist [siehe dazu auch Abbildung 1].

Auf eine Variation der Referenzgebäude für Neubau und Bestand wurde verzichtet, weil nahezu keine Steigerung der mittleren Wohnungsgröße von 2004 bis 2017 statistisch belegt ist.

3.4.2 Festlegung der Geometrie für DLG

Dies wurde in der Erstfassung des gegenständlichen Dokumentes ausführlich erläutert.

Vor dem Hintergrund, dass in Österreich in Summe knapp 2,2 Mio. Gebäude ausgewiesen werden, wovon ca. 140.000 Nichtwohngebäude und ca. 70.000 Sonstige Gebäude (Industrie- und Lagergebäude) sind, wird festgehalten, dass mit den obigen sechs Referenzgebäuden jedenfalls bereits 90 % der Gebäude in Österreich repräsentativ abgebildet sind. Die 140.000 Nichtwohngebäude umfassen die Nutzungsprofile

1. Bürogebäude,
2. Kindergarten, Pflichtschulen, Höhere Schulen und Hochschulen,
3. Krankenhäuser und Pflegeheime,
4. Pensionen, Hotels, Gaststätten und Veranstaltungsstätten,
5. Sportstätten und Hallenbäder sowie
6. Verkaufsstätten.

Dabei umfasst der Typus Bürogebäude i.e.S. mehr als 40.000 Gebäude (also ca. 30 % der 140.000 Nichtwohngebäude) und einen nicht näher durch Statistiken nachweisbaren aber jedenfalls aus Erfahrung nicht unwesentlichen Anteil der 60.000 Gebäude (Büroteile in Unterrichtsgebäuden, Krankenhäusern usw.), wobei weitere 40.000 dem Nutzungsprofil Pensionen und Hotels (die sehr wohngebäudeähnliche Nutzungsprofile aufweisen) zuzurechnen sind. Damit kann durch die Gebäudekategorie Bürogebäude ein repräsentativer Anteil der Nichtwohngebäude nachgewiesen werden.

Für Bürogebäude wurden folgende Referenzgebäude festgelegt, die hinsichtlich der horizontalen Gebäudeabmessungen an jene der Wohngebäude angelehnt sind, jedoch hinsichtlich der Geschoßhöhe und des mittleren Fensterflächenanteiles den spezifischen Eigenschaften von Bürogebäuden genügen:

Tabelle 9: Brutto-Gebäudeabmessungen für Bürogebäude

Geometrie	Breite	Länge	Geschoßhöhe	Geschosse	ℓ_c	Fensterflächenanteil
DLG1k	12,00 m	14,29 m	4,0 m	1	1,31 m	32 %
DLG1g	8,00 m	10,72 m	4,0 m	2	1,48 m	32 %
DLG2k	12,00 m	18,55 m	4,0 m	2	1,95 m	32 %
DLG2g	10,00 m	14,84 m	4,0 m	3	2,02 m	32 %
DLG3k	12,00 m	30,62 m	4,0 m	4	2,83 m	32 %
DLG3g	12,00 m	20,42 m	4,0 m	6	2,89 m	32 %

Damit kann zusammenfassend gesagt werden, dass die 12 Referenzgebäude deutlich mehr als 2 Mio. Gebäude von knapp mehr als 2,1 Mio. Gebäuden direkt repräsentativ sowohl für den Neubau als auch für den Bestand abbilden oder anders ausgedrückt, dass ca. 95 % aller in Österreich neu errichteten und bestehenden Gebäude durch 12 Referenzgebäude erfasst werden.

Hinsichtlich des Einsatzes von Materialen sei auf die Ausführungen in Kapitel 7.1 verwiesen.

3.5 Ergebnisse für die derzeitigen Anforderungen – Wohngebäude – Neubau (Del. VO – Anhang I/1/5+7 – Übermittlung der Referenzgebäude)

In der folgenden Tabelle sind typische Werte für Wohngebäude – Neubau angegeben, die den heute gültigen Anforderungen gemäß OIB-RL 6:2015 entsprechen (die von/bis-Werte resultieren aus zwei Arten von Fernwärme und zwei Typen von Wärmepumpen):

Tabelle 10: Typische Energiekennzahlen für Wohngebäude – Neubau

Gebäudetyp	HWB_{Ref} [kWh/m²a]	$PEB_{HEB,n.ern.}$ [kWh/m²a]	CO_2 [kg/m²a]	Gebäudetechnik
EFH	54,9	8,8	0,9	Pelletskessel
		17,3 - 25,0	2,6 - 4,6	Nah- / Fernwärme
		23,4 - 34,8	4,9 - 7,3	Wärmepumpe
	46,3	8,1	0,8	Pelletskessel
		15,7 - 22,6	2,4 - 4,1	Nah- / Fernwärme
		21,2 - 31,2	4,4 - 6,5	Wärmepumpe
MFH	39,5	7,8	0,8	Pelletskessel
		15,6 - 22,3	2,4 - 4,1	Nah- / Fernwärme
		27,3 - 38,5	5,7 - 8,1	Wärmepumpe
	37,4	7,6	0,8	Pelletskessel
		15,2 - 21,8	2,2 – 4,0	Nah- / Fernwärme
		26,8 - 37,6	5,6 - 7,9	Wärmepumpe
GWB	30,7	5,6	0,5	Pelletskessel
		12,4 - 17,9	1,9 - 3,3	Nah- / Fernwärme
		21,8 - 30,8	4,6 - 6,4	Wärmepumpe
	29,8	5,6	0,5	Pelletskessel
		12,2 - 17,6	1,9 - 3,2	Nah- / Fernwärme
		21,5 - 30,3	4,5 - 6,3	Wärmepumpe

3.6 Ergebnisse für die derzeitigen Anforderungen – Dienstleistungsgebäude – Neubau (Del. VO – Anhang I/1/5+7 – Übermittlung der Referenzgebäude)

Im Ablaufplan im Kapitel „Einleitung – Motivation – Ergebnis" ist ersichtlich, dass infolge der identen Ergebnisse für Wohngebäude – Neubau in der Erstfassung des gegenständlichen Dokumentes und im gegenständlichen Dokument für Dienstleistungsgebäude als Analogieschluss auf die Ergebnisse der Erstfassung des gegenständlichen Dokumentes zurückgegriffen werden kann.

3.7 Ergebnisse für die derzeitigen Anforderungen gemäß OIB-RL 6:2015 – Wohngebäude – Bestand (Del. VO – Anhang I/1/6 – Übermittlung der Referenzgebäude)

In der folgenden Tabelle sind typische Werte für Wohngebäude – Bestand angegeben, wobei diese aus einer Untersuchung der Defaultwerte für die Ermittlung der Energiebilanz privater Haushalte im Rahmen des Mikrozensus (Statistik Austria) basieren.

Tabelle 11: Typische HEB-Werte für Wohngebäude – Bestand

HWB_{Ref}-Linie HGT = 3.400 Kd	charakteristische Länge ℓ_c 1,15 m	1,72 m	2,58 m	1,90 m	Jahre	Verbale Beurteilung
$61\times(1+2{,}0/\ell_c)$ [Mittelwert]	192	141	116	134	…-1990	Mindestwärmeschutz oder schlechter
$33\times(1+2{,}0/\ell_c)$	106	75	63	72	…-2007	deutlich verbesserter Wärmeschutz
$26\times(1+2{,}0/\ell_c)$	85	60	50	57	…-2010	Energiespar-Gebäude (=2008)
$19\times(1+2{,}5/\ell_c)$	73	51	40	48	…-2012	2010er-Anforderung gemäß OIB-RL 6:2007
$16\times(1+3{,}0/\ell_c)$	70	48	39	45	…-2014	2012er-Anforderung gemäß OIB-RL 6:2011

In der folgenden Tabelle sind typische Werte für *Wohngebäude – Größere Renovierung* angegeben, die den heute gültigen Anforderungen gemäß OIB-RL 6:2015 entsprechen: (die von/bis-Werte resultieren aus zwei Arten von Fernwärme und zwei Typen von Wärmepumpen)

Tabelle 12: Typische Energiekennzahlen für Wohngebäude – *Größere Renovierung*

Gebäudetyp	HWB_{Ref} [kWh/m²a]	$PEB_{HEB,n.ern.}$ [kWh/m²a]	CO_2 [kg/m²a]	Gebäudetechnik
EFH	72,1	10,2	1,0	Pelletskessel
		20,6 - 29,9	3,1 - 5,5	Nah- / Fernwärme
		28,0 - 41,6	5,8 - 8,7	Wärmepumpe
	61,4	9,3	0,9	Pelletskessel
		18,5 - 26,8	2,8 - 4,9	Nah- / Fernwärme
		25,2 - 37,3	5,3 - 7,8	Wärmepumpe
MFH	52,9	8,8	0,9	Pelletskessel
		18,2 - 26,1	2,8 - 4,8	Nah- / Fernwärme
		30,8 - 43,8	6,4 - 9,2	Wärmepumpe
	50,2	8,6	0,9	Pelletskessel
		17,7 - 25,4	2,7 - 4,7	Nah- / Fernwärme
		30,1 - 42,6	6,3 - 8,9	Wärmepumpe
GWB	41,9	6,4	0,6	Pelletskessel
		14,4 - 20,9	2,2 - 3,8	Nah- / Fernwärme
		24,7 - 35,2	5,2 - 7,4	Wärmepumpe
	40,7	6,3	0,6	Pelletskessel
		14,2 - 20,5	2,1 - 3,8	Nah- / Fernwärme
		24,3 - 34,6	5,1 - 7,2	Wärmepumpe

3.8 Ergebnisse für die derzeitigen Anforderungen – Dienstleistungsgebäude – Bestand (Del. VO – Anhang I/1/6 – Übermittlung der Referenzgebäude)

Im Ablaufplan im Kapitel „Einleitung – Motivation – Ergebnis" ist ersichtlich, dass infolge der identen Ergebnisse für *Wohngebäude – Größere Renovierung* in der Erstfassung des gegenständlichen Dokumentes und im gegenständlichen Dokument für Dienstleistungsgebäude als Analogieschluss auf die Ergebnisse der Erstfassung des gegenständlichen Dokumentes zurückgegriffen werden kann.

3.9 Mindesteffizienzanforderungen an Gebäudekomponenten (Del. VO – Anhang I/1/8 – Bauteilanforderungen und Hüllanforderungen)

Die Mindestanforderungen für Einzelbauteilsanierungen orientieren sich an einem Sanierungskonzept, das die Erreichung des Niedrigstenergieniveaus für *Größere Renovierung* nach Abschluss aller möglichen Einzelbauteilsanierungen zum Ziel hat. Ob ein Sanierungskonzept erstellt wird, oder ob die dafür empfohlenen U-Werte eingehalten werden bleibt frei wählbar.

Hinsichtlich der empfohlenen U-Werte wird auf das Kapitel 8.1.5 verwiesen.

3.10 Mindesteffizienzanforderungen an Gebäudekomponenten (Del. VO – Anhang I/1/9 – Anforderungen an das gebäudetechnische System)

Die Mindestanforderungen für Einzelkomponentensanierungen des gebäudetechnischen Systems orientieren sich an einem Sanierungskonzept, das die Erreichung des Niedrigstenergieniveaus für *Größere Renovierung* nach Abschluss aller möglichen Einzelkomponentensanierungen des gebäudetechnischen Systems zum Ziel hat. Ob ein Sanierungskonzept erstellt wird, oder ob Einzelkomponenten entsprechend der Referenzausstattung des gebäudetechnischen Systems verwendet werden bleibt frei wählbar.

3.11 Raumlufttemperatur und Luftqualität

In Österreich sind die Raumlufttemperaturen für Wohn- und Nichtwohngebäude in den der OIB-Richtlinie 6 zugrundeliegenden ÖNORMen sowohl für Heizung und Kühlung festgelegt.

Insbesondere für Wohngebäude (Einfamilienhäuser, Mehrfamilienhäuser und Geschoßwohnbauten) sowie Bürogebäude beträgt der System-Sollwert im Heizfall $\theta_{i,h}$ = 20 °C.

Für Wohngebäude ist generell die Vermeidung der sommerlichen Überwärmung durch passive Maßnahmen das Ziel und die Anforderung der bautechnischen Vorschriften, insbesondere dargelegt in der ÖNORM B 8110-3. Diesem Ziel liegt für die Zeit während des Tages $\theta_{i,Sommer,Tag} \leq 27$ °C bzw. für die Nachtzeit $\theta_{i,Sommer,Nacht} \leq 25$ °C zugrunde. Somit besteht kein Bedarf zur Kühlung von Wohngebäuden gemäß den bautechnischen Vorschriften. Diese Anforderung existiert bereits seit den 1980er-Jahren. Methodisch befindet sich die Nachweisnorm derzeit in Überarbeitung, wobei diese Überarbeitung die EN ISO 13786, EN ISO 13791 und EN ISO 13792 (zukünftig EN ISO 52017) als Grundlage hat und auf die Sommerwerte der EN 12521 (zukünftig vermutlich der EN 16798-1) verweisen wird.

Für Bürogebäude beträgt der System-Sollwert im Heizfall $\theta_{i,h}$ = 20 °C und der System-Sollwert im Kühlfall $\theta_{i,c}$ = 26 °C. Allerdings kann durch den intelligenten „bauphysikalischen" Anforderungswert für den außeninduzierten Kühlbedarf KB* jedenfalls nur infolge eines hohen nutzerbedingten Wärmeeintrages (also zum Beispiel in Besprechungsräumen oder Hörsälen) eine Kühlung notwendig sein, die ansonsten allenfalls Komfortbedürfnissen dient.

Hinsichtlich der Luftqualität werden 36 m³/h·cap zugrunde gelegt.

4 Festlegung von Maßnahmen zur Erhöhung der Gesamtenergieeffizienz (Del. VO – Anhang I/2)

Maßnahmen zur Erhöhung der Gesamtenergieeffizienz von Gebäuden können grundsätzlich in mehreren Schritten durchgeführt werden, z.B. durch eine Optimierung der Gebäudegeometrie. Im Rahmen der gegenständlichen Kostenoptimalitätsberechnungen wurden ausschließlich quaderförmige Gebäudegeometrien zugrunde gelegt, wodurch bereits eine Optimierung stattgefunden hat. Weitere Optimierungsschritte können an der Hüllqualität des Gebäudes und an der Qualität des gebäudetechnischen Systems (ex lege gewährleistet durch die Verwendung hocheffizienter alternativer Systeme bzw. bei Abweichung davon durch verpflichtende zusätzliche Maßnahmen zur Erwirtschaftung von Energieerträgen vor Ort bzw. durch Effizienzsteigerungen des gebäudetechnischen Systems) erfolgen. Sämtliche Maßnahmen werden auf folgende Gebäudegeometrien angewandt:

1. Einfamilienhaus klein
2. Einfamilienhaus groß
3. Mehrfamilienhaus klein
4. Mehrfamilienhaus groß
5. Geschoßwohnbau klein
6. Geschoßwohnbau groß

4.1 Energieeffizienzmaßnahmen – Neubau (Del. VO – Anhang I/2/1+2 – Hüllqualität)

Für den gegenständlichen Kostenoptimalitätsnachweis werden als Maßnahmen zur Erhöhung der Gesamtenergieeffizienz in Bezug auf die Hüllqualität folgende Teilmaßnahmen unterschieden:

- Optimierung der Hüllqualität
  - Verbesserung der U-Werte (Dabei folgen die Verbesserungen der Hüllqualität dem Grundsatz, dass eine Erhöhung des Wärmedurchgangswiderstandes der Außenwand bei der obersten Geschoßdecke mit 1,5, bei der Kellerdecke mit 0,5 bewertet wird. Der Fenster-U-Wert folgt der grundsätzlichen Beziehung $U_{FE} = 1{,}30 - (2 \times (0{,}35 - U_{AW}))$:
    - Oberste Geschoßdecke
    - Außenwand
    - Fenster
    - Kellerdecke

Dabei werden HWB_{Ref}-Werte für folgende Niveaus zugrunde gelegt:

1. $HWB_{Ref} = 16 \times (1 + 3{,}0/\ell_c)$
2. $HWB_{Ref} = 14 \times (1 + 3{,}0/\ell_c)$
3. $HWB_{Ref} = 12 \times (1 + 3{,}0/\ell_c)$
4. $HWB_{Ref} = 10 \times (1 + 3{,}0/\ell_c)$
5. $HWB_{Ref} = 8 \times (1 + 3{,}0/\ell_c)$

4.2 Maßnahmen auf der Grundlage erneuerbarer Energiequellen – Neubau (Del. VO – Anhang I/2/1+3 – Gebäudetechnisches System)

Für den gegenständlichen Kostenoptimalitätsnachweis werden als Maßnahmen zur Erhöhung der Gesamtenergieeffizienz in Bezug auf gebäudetechnische Systeme folgende Teilmaßnahmen unterschieden [WB … Wärmebereitstellungssystem; ET … Energieträger]:

- Verwendung hocheffizienter alternativer Systeme [4.3 a]

  1. WB: Pelletskessel / ET: Biomasse [4]
  2. WB: Fernwärme / ET: Fernwärme aus Heizwerk (erneuerbar) [6]
  3. WB: Fernwärme / ET: Fernwärme aus hocheffizienter KWK (Defaultwert) [8]
  4. WB: Wärmepumpe [Grundwasser/Wasser] / ET: Strom-Mix Österreich [5]
  5. WB: Wärmepumpe [Luft/Wasser] / ET: Strom-Mix Österreich [5]

- Verwendung eines konventionellen Systems in Kombination mit der Erwirtschaftung von Erträgen aus erneuerbarer Quellen am Standort oder in der Nähe [4.3 b]

  6. WB: Brennwertgerät plus Thermischer Solaranlage / ET: Erdgas [3]

4.3 Festlegung von Maßnahmenbündel – Neubau (Del. VO – Anhang I/2/4 – Maßnahmen / Maßnahmenbündel / Varianten)

Die verwendeten Varianten entsprechen den Varianten aus der Erstfassung.

4.3.1 WG – Neubau

Daraus ergeben sich folgende Variationen

- Standort-Variation 1
- Gebäudegeometrie-Variation 6 → 6×1=6
- Bauphysik-Variation 5 → 5×6=30
- Haustechnik-Variation 6 → 6×30=180

4.4 Energieeffizienzmaßnahmen – Größere Renovierung (Del. VO – Anhang I/2/1+2 – Hüllqualität)

Für den gegenständlichen Kostenoptimalitätsnachweis werden als Maßnahmen zur Erhöhung der Gesamtenergieeffizienz in Bezug auf die Hüllqualität folgende Teilmaßnahmen unterschieden, wobei diese auf ein Bestandgebäude entsprechend dem Niveau „Mindestwärmeschutz" (Tabelle 11 und Tabelle 19) angewandt werden [dies bedeutet, dass derartige Maßnahmen nicht ohne Überprüfung zu einer kostenoptimalen Verbesserung für thermisch-energetisch günstigere Bestandsniveaus herangezogen werden dürfen]:

- Optimierung der Hüllqualität
  - Verbesserung der U-Werte (in Analogie zum Neubau)
    - Oberste Geschoßdecke
    - Außenwand
    - Fenster
    - Kellerdecke
  - Reduktion der Wärmebrückenwirkung infolge der hohen Hüllqualität

Dabei werden folgende HWB_{Ref}-Werte für das Bestandsniveau zugrunde gelegt:

1. $HWB_{Ref} = 61 \times (1 + 2{,}0/\ell_c)$

Weiters werden folgende HWB_{Ref}-Werte für Niveaus zugrunde gelegt:

2. $HWB_{Ref} = 25 \times (1 + 2{,}5/\ell_c)$
3. $HWB_{Ref} = 23 \times (1 + 2{,}5/\ell_c)$
4. $HWB_{Ref} = 21 \times (1 + 2{,}5/\ell_c)$
5. $HWB_{Ref} = 19 \times (1 + 2{,}5/\ell_c)$
6. $HWB_{Ref} = 17 \times (1 + 2{,}5/\ell_c)$
7. $HWB_{Ref} = 15 \times (1 + 3{,}0/\ell_c)$

4.5 Maßnahmen auf der Grundlage erneuerbarer Energiequellen – Neubau (Del. VO – Anhang I/2/1+3 – Gebäudetechnisches System)

Für den gegenständlichen Kostenoptimalitätsnachweis werden als Maßnahmen zur Erhöhung der Gesamtenergieeffizienz in Bezug auf gebäudetechnische Systeme folgende Teilmaßnahmen unterschieden [WB … Wärmebereitstellungssystem; ET … Energieträger]:

- Verwendung hocheffizienter alternativer Systeme [4.3 a]

1. WB: Pelletskessel / ET: Biomasse [4]
2. WB: Fernwärme / ET: Fernwärme aus Heizwerk (erneuerbar) [6]
3. WB: Fernwärme / ET: Fernwärme aus hocheffizienter KWK (Defaultwert) [8]
4. WB: Wärmepumpe [Grundwasser/Wasser] / ET: Strom-Mix Österreich [5]
5. WB: Wärmepumpe [Luft/Wasser] / ET: Strom-Mix Österreich [5]

- Verwendung eines konventionellen Systems in Kombination mit der Erwirtschaftung von Erträgen aus erneuerbarer Quellen am Standort oder in der Nähe [4.3 b]

6. WB: Brennwertgerät plus Thermischer Solaranlage / ET: Erdgas [3]

4.6 Festlegung von Maßnahmenbündel – Neubau (Del. VO – Anhang I/2/4 – Maßnahmen / Maßnahmenbündel / Varianten)

Die verwendeten Varianten entsprechen den Varianten aus der Erstfassung.

4.6.1 WG – Größere Renovierung

Daraus ergeben sich folgende Variationen

- Standort-Variation 1
- Gebäudegeometrie-Variation 6 → 6×1=6
- Bauphysik-Variation 1+6=7 → 7×6=42
- Haustechnik-Variation 6 → 6×42=252

5 Anwendung der Maßnahmenbündel und Ergebnisse (Del. VO – Anhang I/3)

5.1 Bauphysik-Variationen für den Neubau

Die verwendeten Varianten entsprechen den Varianten der Hüllqualität aus der Erstfassung.

5.1.1 Festlegung der Bauphysik-Variationen für den Neubau – Wohngebäude

Es werden folgende Varianten gewählt:

Tabelle 13: Maßnahmenbündel – Bauphysik – Wohngebäude Neubau

HWB_{Ref}-Linie	HWB_{Ref}
16	$16 \times (1 + 3{,}0/\ell_c)$
14	$14 \times (1 + 3{,}0/\ell_c)$
12	$12 \times (1 + 3{,}0/\ell_c)$
10	$10 \times (1 + 3{,}0/\ell_c)$
8	$8 \times (1 + 3{,}0/\ell_c)$

Dabei ergeben sich beispielsweise bei Entkoppelung von Trag- und Dämmwirkung folgende äquivalente Dämmstoffdicken bzw. Fenster-U-Werte:

Tabelle 14: Ergebnisse – Bauphysik – Wohngebäude Neubau

HWB_{Ref}-Linie	$d_{AW,DS,0.032,MW}$	$U_{FE,MW}$
16	13,0 cm ± 2,8 cm	1,074 W/m²K ± 0,081 W/m²K
14	15,5 cm ± 3,2 cm	1,001 W/m²K ± 0,066 W/m²K
12	19,1 cm ± 3,7 cm	0,928 W/m²K ± 0,052 W/m²K
10	24,6 cm ± 4,4 cm	0,856 W/m²K ± 0,038 W/m²K
DS … äquivalente Dämmstoffdicke	0.032 … λ = 0,032 W/mK	MW … Mittelwert

5.1.2 Festlegung der Bauphysik-Variationen für die Größere Renovierung – Wohngebäude

In den beiden folgenden Tabellen werden die Linien für den Referenz-Heizwärmebedarf sowie die äquivalenten Dämmstoffdicken und Fenster-U-Werte für den Renovierungsfall dargestellt:

Tabelle 15: HWB_{Ref}-Linien – Wohngebäude – *Größere Renovierung* (in Analogie zu Tabelle 13 bzw. ident zu Tabelle 11)

HWB_{Ref}-Linie	HWB_{Ref}
23	$23 \times (1 + 2{,}3/\ell_c)$
21	$21 \times (1 + 2{,}5/\ell_c)$
19	$19 \times (1 + 2{,}7/\ell_c)$
17	$17 \times (1 + 2{,}9/\ell_c)$
15	$15 \times (1 + 3{,}0/\ell_c)$

Tabelle 16: Ergebnisse – Bauphysik – Wohngebäude Größere Renovierung (in Analogie zu Tabelle 12)

HWB_{Ref}-Linie	$d_{AW,DS,0.040,MW}$	$U_{FE,MW}$
23	12,2 cm ± 0,9 cm	1,31 W/m²K ± 0,06 W/m²K
21	13,7 cm ± 1,0 cm	1,24 W/m²K ± 0,05 W/m²K
19	15,5 cm ± 1,1 cm	1,18 W/m²K ± 0,05 W/m²K
17	17,8 cm ± 1,3 cm	1,11 W/m²K ± 0,04 W/m²K
15	18,1 cm ± 1,2 cm	1,05 W/m²K ± 0,03 W/m²K
DS … äquivalente Dämmstoffdicke	0.040 … λ = 0,040 W/mK	MW … Mittelwert

5.2 Haustechnik-Variationen (Neubau)

Die verwendeten Varianten entsprechen den Varianten aus der Erstfassung, wobei beim Gas-Brennwertkessel mittels Solarthermie der dafür notwendige erneuerbarer Anteil entsprechend den derzeit gültigen Anforderungen berücksichtigt wurde.

5.2.1 Festlegung der Haustechnik-Variationen für Wohngebäude (Neubau)

Es werden folgende Varianten gewählt:

Tabelle 17: Maßnahmenbündel – Gebäudetechnik – Wohngebäude Neubau

Wärmebereitstellungssysteme [WB] / Energieträger [ET]
WB: Pelletskessel / ET: Biomasse [4]
WB: Fernwärme / ET: Fernwärme aus Heizwerk (erneuerbar) [6]
WB: Fernwärme / ET: Fernwärme aus hocheffizienter KWK (Defaultwert) [8]
WB: Wärmepumpe [Grundwasser-Wasser] / ET: Strom-Mix Österreich [5]
WB: Wärmepumpe [Luft-Wasser] / ET: Strom-Mix Österreich [5]
WB: Brennwertgerät + Thermischer Solaranlage / ET: Erdgas [3]

**5.3 Energiekennzahlen Neubau
(Del. VO – Anhang III / Tabelle 2)**

Gemäß der OIB-RL 6:2015 ist die aktuelle Anforderung für den HWB_{Ref}-Wert die Linie „$HWB_{Ref} = 14 \times (1 + 3/\ell_c)$".

5.3.1 Energiekennzahlen Neubau Wohngebäude

Damit ergeben sich unter Verwendung der Tabelle 2 aus dem Anhang 3 zur Delegierten Verordnung folgende Referenzgebäude für den Bereich Neubau, wobei als Endenergiebedarf nur jener für Raumheizung und Warmwasser angeführt wird und die Ergebnisse für das Referenzklima angegeben werden.

Tabelle 18: Ergebnisse – Bauphysik + Gebäudetechnik – Wohngebäude Neubau

Neubau		Gebäudegeometrie (Fensterflächenanteil)	Brutto-Grundfläche	Anforderung (RH+WW)	Gebäudetechnik (RH+WW)	Endenergiebedarf (RH+WW)
Einfamilienhaus						
Unterkategorie 1					1	107,7 kWh/m²a
					2	129,5 kWh/m²a
	klein	14,29 x 12,00 x 1 (16 %)	171,50 m²	14er-Linie und Referenzausstattung	3	102,7 kWh/m²a
					4	102,7 kWh/m²a
					5	42,8 kWh/m²a
					6	34,2 kWh/m²a
Unterkategorie 2					1	97,5 kWh/m²a
					2	118,6 kWh/m²a
	groß	10,72 x 8,00 x 2 (11 %)	171,50 m²	14er-Linie und Referenzausstattung	3	94,1 kWh/m²a
					4	94,1 kWh/m²a
					5	40,1 kWh/m²a
					6	32,5 kWh/m²a
Mehrfamilienhaus						
Unterkategorie 1					1	95,1 kWh/m²a
					2	112,3 kWh/m²a
	klein	18,55 x 12,00 x 2 (17 %)	445,20 m²	14er-Linie und Referenzausstattung	3	92,2 kWh/m²a
					4	92,2 kWh/m²a
					5	45,6 kWh/m²a
					6	37,1 kWh/m²a
Unterkategorie 2					1	92,9 kWh/m²a
					2	109,7 kWh/m²a
	groß	14,84 x 10,00 x 3 (14 %)	445,20 m²	14er-Linie und Referenzausstattung	3	90,1 kWh/m²a
					4	90,1 kWh/m²a
					5	44,9 kWh/m²a
					6	36,7 kWh/m²a
Geschoßwohnbau						
Unterkategorie 1					1	80,2 kWh/m²a
					2	91,6 kWh/m²a
	klein	30,62 x 12,00 x 4 (21 %)	1.470,00 m²	14er-Linie und Referenzausstattung	3	78,3 kWh/m²a
					4	78,3 kWh/m²a
					5	39,8 kWh/m²a
					6	32,9 kWh/m²a
Unterkategorie 2					1	79 kWh/m²a
					2	90,3 kWh/m²a
	groß	20,42 x 12,00 x 6 (18 %)	1.470,00 m²	14er-Linie und Referenzausstattung	3	77,3 kWh/m²a
					4	77,3 kWh/m²a
					5	39,4 kWh/m²a
					6	32,7 kWh/m²a

Erläuterungen	hocheffizientes alternatives System [4.3 a] gemäß OIB-RL 6:2015	konventionelles System in Kombination mit der Erwirtschaftung von Erträgen aus erneuerbarer Quellen am Standort oder in der Nähe [4.3 b] gemäß OIB-RL 6:2015	Energieträger
2	Pelletskessel	—	Biomasse [4]
3	Fernwärme	—	Fernwärme aus Heizwerk (erneuerbar) [6]
4	Fernwärme	—	Fernwärme aus hocheffizienter KWK (Defaultwert) [8]
5	Wärmepumpe [Grundwasser-Wasser]	—	Strom-Mix Österreich [5]
6	Wärmepumpe [Luft-Wasser]	—	Strom-Mix Österreich [5]
1	—	Brennwertgerät mit Thermischer Solaranlage	Erdgas [3]

5.4 Festlegung der Variationen für die Größere Renovierung

5.4.1 Bauphysik – Wohngebäude – Bestand

Folgende HWB_{Ref}-Werte können für den Bestand zugrunde gelegt werden:

Tabelle 19: Typische HWB-Werte für Wohngebäude – Bestand

HWB_{Ref}-Linie	charakteristische Länge ℓ_c				Jahre	Verbale Beurteilung
HGT = 3.400 Kd	1,15 m	1,72 m	2,58 m	1,90 m		
61×(1+2,0/ℓ_c) [Mittelwert]	167	132	108	125	…-1990	Mindestwärmeschutz oder schlechter
33×(1+2,0/ℓ_c)	90	71	59	68	…-2007	deutlich verbesserter Wärmeschutz
26×(1+2,0/ℓ_c)	71	56	46	53	…-2010	Energiespar-Gebäude (=2008)
19×(1+2,5/ℓ_c)	60	47	37	44	…-2012	2010er-Anorderung gemäß OIB-RL 6:2007
16×(1+3,0/ℓ_c)	58	44	35	41	…-2014	2012er-Anforderung gemäß OIB-RL 6:2011

5.4.2 Bauphysik – Wohngebäude – Größere Renovierung

Folgende HWB-Linien werden für die *Größere Renovierung* verwendet:

Tabelle 20: HWB_{Ref}-Linien – Wohngebäude – *Größere Renovierung*

HWB_{Ref}-Linie	HWB_{Ref}
23	23 × (1 + 2,5/ℓ_c)
21	21 × (1 + 2,5/ℓ_c)
19	19 × (1 + 2,5/ℓ_c)
17	17 × (1 + 2,5/ℓ_c)
15	15 × (1 + 3,0/ℓ_c)

5.4.3 Gebäudetechnik – Wohngebäude – Bestand

Für den Bestand werden die Default-Ausstattungen gemäß OIB-Leitfaden verwendet.

5.4.4 Gebäudetechnik – Wohngebäude – Größere Renovierung

In Analogie zum Neubau werden folgende Varianten gewählt:

Tabelle 21: Maßnahmenbündel – Gebäudetechnik-Varianten – Wohngebäude – Bestand

Wärmebereitstellungssysteme [WB] / Energieträger [ET] gemäß OIB-RL 6:2015
WB: Pelletskessel / ET: Biomasse [4]
WB: Fernwärme / ET: Fernwärme aus Heizwerk (erneuerbar) [6]
WB: Fernwärme / ET: Fernwärme aus hocheffizienter KWK (Defaultwert) [8]
WB: Wärmepumpe [Grundwasser-Wasser] / ET: Strom-Mix Österreich [5]
WB: Wärmepumpe [Luft-Wasser] / ET: Strom-Mix Österreich [5]
WB: Brennwertgerät + Thermischer Solaranlage / ET: Erdgas [3]

5.5 Energiekennzahlen der Variationen für die Größere Renovierung (Del. VO – Anhang III / Tabelle 1)

Gemäß der OIB-RL 6:2015 ist die aktuelle Anforderung für den HWB_{Ref}-Wert die Linie „$HWB_{Ref} = 21 \times (1 + 2{,}5/\ell_c)$“:

Tabelle 22: Ergebnisse – Bauphysik + Gebäudetechnik – Wohngebäude
– Größere Renovierung

Neubau		Gebäudegeometrie (Fensterflächenanteil)	Brutto-Grundfläche	Anforderung (RH+WW)	Gebäudetechnik (RH+WW)	Endenergiebedarf (RH+WW)
Einfamilienhaus						
Unterkategorie 1	klein	14,29 x 12,00 x 1 (16 %)	171,50 m²	21er-Linie und Referenzausstattung	1	128,0 kWh/m²a
					2	151,3 kWh/m²a
					3	120,1 kWh/m²a
					4	120,1 kWh/m²a
					5	48,0 kWh/m²a
					6	37,6 kWh/m²a
Unterkategorie 2	groß	10,72 x 8,00 x 2 (11 %)	171,50 m²	21er-Linie und Referenzausstattung	1	115,0 kWh/m²a
					2	137,6 kWh/m²a
					3	109,2 kWh/m²a
					4	109,2 kWh/m²a
					5	44,7 kWh/m²a
					6	35,5 kWh/m²a
Mehrfamilienhaus						
Unterkategorie 1	klein	18,55 x 12,00 x 2 (17 %)	445,20 m²	21er-Linie und Referenzausstattung	1	109,2 kWh/m²a
					2	128,6 kWh/m²a
					3	105,7 kWh/m²a
					4	105,7 kWh/m²a
					5	49,6 kWh/m²a
					6	39,8 kWh/m²a
Unterkategorie 2	groß	14,84 x 10,00 x 3 (14 %)	445,20 m²	21er-Linie und Referenzausstattung	1	106,3 kWh/m²a
					2	125,3 kWh/m²a
					3	102,9 kWh/m²a
					4	102,9 kWh/m²a
					5	48,7 kWh/m²a
					6	39,2 kWh/m²a
Geschoßwohnbau						
Unterkategorie 1	klein	30,62 x 12,00 x 4 (21 %)	1.470,00 m²	21er-Linie und Referenzausstattung	1	91,1 kWh/m²a
					2	104,0 kWh/m²a
					3	88,9 kWh/m²a
					4	88,9 kWh/m²a
					5	43,1 kWh/m²a
					6	35,1 kWh/m²a
Unterkategorie 2	groß	20,42 x 12,00 x 6 (18 %)	1.470,00 m²	21er-Linie und Referenzausstattung	1	89,8 kWh/m²a
					2	102,5 kWh/m²a
					3	87,6 kWh/m²a
					4	87,6 kWh/m²a
					5	42,6 kWh/m²a
					6	34,9 kWh/m²a

Erläuterungen	hocheffizientes alternatives System [4.3 a] gemäß OIB-RL 6:2015	konventionelles System in Kombination mit der Erwirtschaftung von Erträgen aus erneuerbarer Quellen am Standort oder in der Nähe [4.3 b] gemäß OIB-RL 6:2015	Energieträger gemäß OIB-RL 6:2015
2	Pelletskessel	—	Biomasse [4]
3	Fernwärme	—	Fernwärme aus Heizwerk (erneuerbar) [6]
4	Fernwärme	—	Fernwärme aus hocheffizienter KWK (Defaultwert) [8]
5	Wärmepumpe [Grundwasser-Wasser]	—	Strom-Mix Österreich [5]
6	Wärmepumpe [Luft-Wasser]	—	Strom-Mix Österreich [5]
1	—	Brennwertgerät mit Thermischer Solaranlage	Erdgas [3]

6 Berechnung des Primärenergiebedarfs für jedes Referenzgebäude ohne Berücksichtigung des Haushaltsstrombedarfes (Del. VO – Anhang I/3)

Die Gesamtenergieeffizienz wird in Österreich nach dem gemeinsamen allgemeinen Rahmen gemäß Anhang I der Richtlinie 2010/31/EU berechnet.

Dazu wird in Österreich die Gesamtenergieeffizienz eines Gebäudes anhand einer berechneten Energiemenge bestimmt, die jährlich unter standardisierten Bedingungen benötigt wird, um den Erfordernissen im Rahmen der Nutzung des Gebäudes gerecht zu werden, und wird durch den Energiebedarf für Heizung und Kühlung (Vermeidung von übermäßiger Erwärmung) zur Aufrechterhaltung der standardisierten Gebäudetemperatur und durch den Wärmebedarf für Warmwasser dargestellt.

Für die Referenzgebäude kann durch die Gebäudehülle, geeignete Beschattung und allenfalls entsprechende Lüftung (insbesondere bei der Möglichkeit von Nachtlüftung) Kühlung vermieden werden.

An dieser Stelle sei darauf hingewiesen, dass in Österreich Prozesswärme und –energie und ein allenfalls dafür entstehender Konditionierungsbedarf nicht Gegenstand der bautechnischen Vorschriften sind, wie z.B. im Falle eines Server-Raumes.

Kühlung, die nicht vermieden werden kann, wird durch die Default-Kühlbedarfswerte in Abhängigkeit vom Nutzungsprofil $KB_{Def,NP}$ in der ÖNORM H 5050 beschränkt, wobei diese Werte in Abhängigkeit von den maximal zulässigen außeninduzierten Kühlbedarfswerten ermittelt werden. Dieser Default-Kühlbedarfswert beträgt beispielsweise für das Bürogebäude

$$KB_{Def,Büro} = 30 \text{ kWh/m}^2\text{a}.$$

Im Falle einer Kältebereitstellung durch Kompressionskältemaschinen resultiert daraus ein

$$KEB_{max} = 0{,}3 \times 1{,}33 \times KB_{Def,Büro} = 12 \text{ kWh/m}^2\text{a}.$$

$$f_{PE,n.ern.,2019} = 1{,}02 \text{ kWh/kWh (OIB-RL 6:2019}^4\text{)}$$

$$PEB_{n.ern.,max,KÜHLUNG} \approx 12 \text{ kWh/m}^2\text{a (exakt 12,24 kWh/m}^2\text{a)}$$

In Ergänzung seien hier die Werte für alle weiteren Nutzungsprofile (Gebäudekategorien) gemäß ÖNORM H 5050:2018 angeführt:

Tabelle 23: Kühlbedarf für die Nutzungsprofile gemäß ÖNORM H 5050:2018

Nutzungs-profil	Büro	Schule	Spital	Heime	Pension	Gast-haus	Veran-staltung	Sport	Verkauf
$KB_{Def,NP}$	kWh/m²a								
	30	30	50	30	20	60	60	40	30

Die Gesamtenergieeffizienz eines Gebäudes wird in Österreich auf den beiden Seiten des Energieausweises in transparenter Weise dargestellt, und zwar einerseits durch das Labeling der spezifischen Werte von Heizwärmebedarf, Primärenergiebedarf, Kohlendioxidemissionen und Gesamtenergieeffizienz-Faktor auf der ersten Seite und anderseits durch Angabe der Summen- und Detailergebnisse auf der zweiten Seite. Primärenergiebedarf und Kohlendioxidemissionen werden durch Anwendung national festgelegter Konversionsfaktoren ermittelt, der Gesamtenergieeffizienz-Faktor durch Vergleich des Lieferenergiebedarfes (als Endenergiebedarf des Gebäudes vermindert um die am Standort des Gebäudes erwirtschafteten Endenergieerträge) des tatsächlichen Gebäudes mit dem Endenergiebedarf eines identen Gebäudes mit Referenzhülle und -gebäudetechnik.

---

[4] Im Rahmen der Erstellung der revidierten Fassung wurde der durch die OIB-RL 6:2019 aktualisierte Konversionsfaktor für Strom verwendet.

Tabelle 24: Konversionsfaktoren gemäß OIB-RL 6:2015

Energieträger	f_{PE} [-]	$f_{PE,n.ern.}$ [-]	$f_{PE,ern.}$ [-]	f_{CO2} [g/kWh]
Erdgas	1,17	1,17	0,00	236
Biomasse	1,08	0,06	1,02	4
Strom (Österreich-Mix)	1,91	1,32	0,59	276
Fernwärme aus Heizwerk (erneuerbar)	1,60	0,28	1,32	51
Fernwärme aus hocheffizienter KWK (Defaultwert)	0,94	0,19	0,75	28

Die Methodik stützt sich dabei auf die einschlägigen Europäischen Normen und wird in Österreich durch folgende ÖNORMen national festgelegt:

- ÖNORM B 8110-5 „Wärmeschutz im Hochbau – Teil 5: Klimamodell und Nutzungsprofile“ (Ausgabe: 2011-03-01)
- ÖNORM B 8110-6 „Wärmeschutz im Hochbau – Teil 6: Grundlagen und Nachweisverfahren - Heizwärmebedarf und Kühlbedarf“ (Ausgabe: 2014-11-15)
- ÖNORM H 5050 „Gesamtenergieeffizienz von Gebäuden – Berechnung des Gesamtenergieeffizienz-Faktors“ (Ausgabe: 2014-11-01)
- ÖNORM H 5056 „Gesamtenergieeffizienz von Gebäuden – Heiztechnik-Energiebedarf“ (Ausgabe: 2014-11-01)
- ÖNORM H 5057 „Gesamtenergieeffizienz von Gebäuden – Raumlufttechnik-Energiebedarf für Wohn- und Nichtwohngebäude“ (Ausgabe: 2011-03-01)
- ÖNORM H 5058 „Gesamtenergieeffizienz von Gebäuden – Kühltechnik-Energiebedarf“ (Ausgabe: 2011-03-01)
- ÖNORM H 5059 „Gesamtenergieeffizienz von Gebäuden – Beleuchtungsenergiebedarf“ (Ausgabe: 2010-01-01)

Darin werden sämtliche Aspekte aus dem Anhang I (3) und (4) der Richtlinie 2010/31/EU berücksichtigt, wobei die Nutzungsprofile detaillierter sind, als die Kategorien aus dem Anhang I (5) der Richtlinie 2010/31/EU vorschreiben.

7 Berechnung der Gesamtkosten als Kapitalwert für jedes Referenzgebäude ohne Berücksichtigung des Haushaltsstrombedarfes (Del. VO – Anhang I/4)

Die verwendeten Methoden entsprechen jenen aus der Erstfassung.

7.1 Erhebung von Netto-Kostendaten (Del. VO – Anhang I/4.1)

Diesem Kapitel sei vorangestellt, dass die AutorInnen mit dem gegenständlichen Nachweis zu Kostenoptimalität bezüglich der geltenden Anforderungen gemäß OIB-RL 6:2015 keinesfalls eine Kostenbewertung verschiedener Bauweisen und Gebäudetechniken anstreben, zumal die Wahl von Bauweise und Gebäudetechnik auch von einer Reihe anderer Aspekte beeinflusst wird, die unter Umständen alternativlos sein können. Beispielsweise ist dem Wunsch nach einem Fernwärmeanschluss nur dort zu entsprechen, wo Fernwärme grundsätzlich vorhanden ist, dem Wunsch nach einer Biomasseheizung nur dort zu entsprechen, wo dies grundsätzlich nicht Vorschriften zur Luftreinhaltung entgegensteht, sowie dem Wunsch nach einer Grundwasser-Wärmepumpe nur dort, wo dies Vorschriften zum Wasserrecht nicht widerspricht. An dieser Stelle sei festgehalten, dass die Kostenoptimalitätsberechnungen auf der Annahme beruhen, dass eine Sanierung ohnehin erforderlich ist (und dadurch sogenannte Sowieso-Kosten aus der Teillebenszykluskostenberechnung ausgespart bleiben können).

Grundsätzlich liegt den gegenständlichen Berechnungen der Teilkostenansatz zugrunde. Dabei werden nur jene Kostenbestandteile in die Berechnung mit aufgenommen, die direkt (z.B. Wärmedämmung) oder indirekt (z.B. Spenglerarbeiten) mit der Erhöhung der Gesamtenergieeffizienz in Zusammenhang stehen.

Die Kostendaten wurden durch Erhebung aus folgenden primären Quellen zusammengestellt und gelten grundsätzlich je m² Bauteilfläche:

- Bundesinnung Bau
- Baumeister (Passivhausplaner)
- Baumeister (Ziegelbauweise)
- Geschoßwohnbau-Generalunternehmer
- Interessensvertreter (Energie)
- Eigendaten (SVBRL 6)

Daraus wurden Baukosten für Neubau und Sanierung für folgende Bauweisen erhoben (in alphabetischer Reihenfolge):

- Holzriegelbauweise (Wärmeleitfähigkeit gemäß dataholz.com bzw. ÖNORM B 8110-7)
- Massivholzbauweise (Wärmeleitfähigkeit gemäß dataholz.com bzw. ÖNORM B 8110-7)
- Stahlbetonbauweise (Wärmeleitfähigkeit gemäß ÖNORM B 8110-7)
- Ziegelbauweise (Wärmeleitfähigkeit gemäß ÖNORM B 8110-7)

Ebenso wurden Kosten für Fenster folgender Materialien erhoben (in alphabetischer Reihenfolge):

- Holzfenster
- Holz-Alu-Fenster
- Kunststofffenster
- Alufenster

Darüber hinaus wurden Kosten für Gebäudetechnik-Varianten und für deren Wartungskosten erhoben sowie Kosten für folgende Begleitmaßnahmen aus Sanierungen:

- Fensteraus- und -einbau
- Folgemaßnahmen aus Fenstererneuerung (z.B. Fenster- und Sohlbänke)
- Spenglerarbeiten als Folgemaßnahmen zusätzlicher WD

Um den unterschiedlichen Bauweisen und Gebäudeausstattungen gerecht zu werden, wurden Kostenfunktionen aufgestellt und allfällige Restwerte berücksichtigt. Die Berechnungen erfolgten danach mit mittleren Kostenfunktionen.

Die Entsorgungskosten wurden nicht berücksichtigt, zumal deren Berücksichtigung aus Testrechnungen infolge der Abzinsung als gering wirksam eingestuft wurde.

Nach ausführlicher Analyse der gesammelten Kostendaten wurden folgende Kosten den folgenden Kostenermittlungen zugrunde gelegt, wobei insbesondere jene Kosten berücksichtigt werden, die gegenüber den geltenden Anforderungen Zusatzkosten darstellen:

<u>Wandsysteme mit WDVS EPS-grau (mit Holzmassivbauweise; nur Dämmstoff variabel)</u>

- Basis Holzmassivbauweise ohne Installationsebene

Tabelle 25: Schichtaufbau der Holzmassivbauweise ohne Installationsebene

außen	d [m]	Baustoff	λ [W/mK]	Kosten	
		EPS-F grau	0,032	1,00 €/cm	
	0,012	Holzwerkstoffplatte	0,130		
	> 0,120	MW zw. Holzriegel	0,035 / 0,120		
	0,100	Holzmassiv	0,130		
	0,025	Gipskartonplatte	0,250		
innen					

- Basis Holzmassivbauweise mit Installationsebene

Tabelle 26: Schichtaufbau der Holzmassivbauweise mit Installationsebene

außen	d [m]	Baustoff	λ [W/mK]	Kosten	
		EPS-F grau	0,032	1,00 €/cm	
	0,012	Holzwerkstoffplatte	0,130		
	> 0,120	MW zw. Holzriegel	0,035 / 0,120		
	0,100	Holzmassiv	0,130		
	> 0,030	MW zwischen Lattung	0,035 / 0,120		
	0,025	Gipskartonplatte	0,250		
innen					

Wandsysteme mit WDVS EPS-grau (mit Holzriegelbauweise; nur Dämmstoff variabel)

- Basis Holzriegelbauweise ohne Installationsebene

Tabelle 27: Schichtaufbau der Holzriegelbauweise ohne Installationsebene

außen	d [m]	Baustoff	λ [W/mK]	Kosten
		EPS-F grau	0,032	1,00 €/cm
	0,012	Holzwerkstoffplatte	0,130	
	> 0,120	MW zw. Holzriegel	0,035 / 0,120	
	0,025	Gipskartonplatte	0,250	
innen				

- Basis Holzriegelbauweise mit Installationsebene

Tabelle 28: Schichtaufbau der Holzriegelbauweise mit Installationsebene

außen	d [m]	Baustoff	λ [W/mK]	Kosten
		EPS-F grau	0,032	1,00 €/cm
	0,012	Holzwerkstoffplatte	0,130	
	> 0,120	MW zw. Holzriegel	0,035 / 0,120	
	0,016	Spanplatte	0,130	
	> 0,030	MW zwischen Lattung	0,035 / 0,120	
	0,025	Gipskartonplatte	0,250	
innen				

Wandsysteme mit WDVS EPS-grau (mit Stahlbeton- und Ziegelbauweise; nur Dämmstoff variabel)

- Basis Stahlbetonbauweise

Tabelle 29: Schichtaufbau der Stahlbetonbauweise mit WDVS EPS-grau

außen	d [m]	Baustoff	λ [W/mK]	Kosten
		EPS-F grau	0,032	1,00 €/cm
	0,170	Stahlbeton	2,300	
	0,020	Gipsputz	0,570	
innen				

- Basis Hochlochziegelbauweise

Tabelle 30: Schichtaufbau der Hochlochziegelbauweise mit WDVS EPS-grau

außen	d [m]	Baustoff	λ [W/mK]	Kosten
		EPS-F grau	0,032	1,00 €/cm
	> 0,250	Hochlochziegel	0,089	
	0,015	Gipsputz	0,570	
innen				

Wandsysteme mit WDVS MW-PT (mit Stahlbetonbauweise; nur Dämmstoff variabel)

- Basis Stahlbetonbauweise

Tabelle 31: Schichtaufbau der Stahlbetonbauweise mit WDVS MW-PT

außen	d [m]	Baustoff	λ [W/mK]	Kosten
		MW-PT	0,040	1,20 €/cm
	0,170	Stahlbeton	2,300	
	0,020	Gipsputz	0,570	
innen				

Wandsysteme mit Füllziegelbauweise

- Basis Füllziegelbauweise

Tabelle 32: Schichtaufbau der Füllziegelbauweise

außen	d [m]	Baustoff	λ [W/mK]	Kosten
	0,040	Dämmputz	0,120	
		Füllziegel	0,066	2,20 €/cm
	0,015	Gipsputz	0,570	
innen				

Deckensystem

- Holzmassivdecke

Tabelle 33: Schichtaufbau der Holzmassivdecke

außen	d [m]	Baustoff	λ [W/mK]	Kosten
		MW oder EPS	0,036	1,88 €/cm
	0.100	Holzmassiv	0.130	
	0,025	Gipskartonplatte	0,250	
innen				

- Holzbalkendecke

Tabelle 34: Schichtaufbau der Holzbalkendecke

außen	d [m]	Baustoff	λ [W/mK]	Kosten
		MW oder EPS	0,036	1,88 €/cm
	> 0,020	Holzwerkstoffplatte	0,130	
	> 0,160	MW zwischen Balken	0,035 / 0,120	
	0,025	Gipskartonplatte	0,250	
innen				

- Stahlbetondecke

Tabelle 35: Schichtaufbau der Stahlbetondecke

außen	d [m]	Baustoff	λ [W/mK]	Kosten
		MW oder EPS	0,036	1,88 €/cm
	0,200	Stahlbeton	2,300	
	0,020	Gipsputz	0,570	
innen				

- Ziegeldecke

Tabelle 36: Schichtaufbau der Ziegeldecke

außen	d [m]	Baustoff	λ [W/mK]	Kosten
		MW oder EPS	0,036	1,88 €/cm
	0,210	Deckenziegel	0,545	
	0,020	Gipsputz	0,570	
innen				

<u>Kellerdecke</u>

- Stahlbeton

Tabelle 37: Schichtaufbau des Stahlbetonbodens

innen	d [m]	Baustoff	λ [W/mK]	Kosten
	0,050	Estrich	1,330	
	0,030	Trittschalldämmung	0,035	
	0,200	Stahlbeton	2,300	
		Wärmedämmung	0,035	1,18 €/cm
außen				

Fenster

Die Kosten für Fenster wurden für

- Alu-Fenster,
- Holzfenster,
- Holz/Alu-Fenster und
- Kunststoff-Fenster

und in den Abmessungen

- 1,23 m x 1,48 m
- 1,80 m x 1,40 m
- 1,23 m x 2,20 m

erhoben. Ausgegangen wird als Sowieso-Maßnahme von einem U-Wert von 1,30 W/m²K. Aus diesen Kostendaten wurden mittlere Kosten von 17,79 €/m² im Neubau bzw. 24,56 €/m² in der Renovierung (Zuschlag siehe unten) pro 0,1 W/m²K günstiger als 1,3 W/m²K bestimmt.

Haustechnik

Für die Kosten der Gebäudetechnik-Systeme wurden folgende Werte verwendet:

Tabelle 38: Mittlere Kosten für Gebäudetechnik-Systeme-Kosten

Energieträger	EFH	MFH	GWB
Gas	6.193 bis 7.300	6.846 bis 9.397	11.653 bis 36.000
Pellets	13.870 bis 18.300	17.548 bis 23.400	29.840 bis 59.900
Luft/Wasser-Wärmepumpe	11.651 bis 16.099	21.497 bis 29.155	41.057 bis 57.023
Grundwasser-Wärmepumpe	16.026 bis 23.010	27.000 bis 39.145	43.000 bis 73.866
Fernwärme	10.633 bis 15.221	12.760 bis 16.169	23.556 bis 29.089

Für Solarthermie wurden als Systemkosten 1.093 €/m² Bruttofläche verwendet.

Wartungskosten

Für die spezifischen Wartungskosten wurden folgende Werte verwendet:

Tabelle 39: Wartungskosten pro Jahr nach WB

Gebäudetyp	Gas	Pellets	LW-WP	GW-WP	FW
EFH	75 €/a	330 €/a	40 €/a	50 €/a	0 €/a
MFH	175 €/a	370 €/a	150 €/a	150 €/a	0 €/a
GWB	260 €/a	500 €/a	150 €/a	150 €/a	0 €/a

Mehrwertsteuer

Alle Kosten wurden im Wohngebäudebereich mit 20 % Mehrwertsteuer beaufschlagt.

Renovierungskosten:

Für die Renovierungskosten wurden 75 % höhere Kosten für bautechnische Verbesserungen angenommen, um dem Mehraufwand bei Renovierungen gerecht zu werden. Für haustechnische Verbesserungen wurden zum Neubau idente Kosten veranschlagt, zumal hier etwaige Mehrkosten gegenüber dem Neubau als Sowieso-Kosten veranschlagt wurden.

7.2 Abzinsungssatz
(Del. VO – Anhang I/4.2)

Gemäß EN 15459 werden folgende Größen zur Ermittlung des Diskontsatzes herangezogen:

Tabelle 40: Basisgrößen für Kostenoptimalität gemäß EN 15459

Inflationsrate	R_i	jährliche Abwertung der Währung, angegeben in %
Diskontsatz	R_d	definierter Wert, um einen Vergleich des Geldwerts zu unterschiedlichen Zeitpunkten zu ermöglichen
Marktzinssatz	R	mit dem Kreditgeber vereinbarter Zinssatz, angegeben in %
Realzinssatz	R_R	Marktzinssatz, angepasst an die Inflationsrate. Der Realzinssatz kann während des Berechnungszeitraums variieren (dynamische Berechnung).

Gemäß dieser Norm ist der Realzinssatz als Funktion aus Marktzinssatz und Inflation zu errechnen und der Diskontsatz (Abzinsungssatz) als Funktion aus dem Realzinssatz. Dabei ist der Realzinssatz $R_R = (R – R_i) / (1 + R_i/100)$, wobei R dem Marktzinssatz und R_i der Inflationsrate entspricht. Ebenso ist der Diskontsatz $R_d(p) = [1 / (1 + R_R/100)]^p$, wobei p die Anzahl der in Rechnung zu stellenden Jahre bedeutet.

Entsprechend den nachfolgenden Tabellen ergibt sich der Diskontsatz zu 2,19 ± 0,38 %.

7.3 Wahl der Perspektive
(Del. VO – Anhang I/4.3+4.4)

Die Verordnung überlässt es den Mitgliedstaaten zwischen „Berechnung der Gesamtkosten für eine Berechnung aus finanzieller Perspektive“ oder „Berechnung der Gesamtkosten für eine Berechnung aus makroökonomischer Perspektive“ zu wählen.

Für Österreich wurde für WG die Variante „Berechnung der Gesamtkosten für eine Berechnung aus finanzieller Perspektive“ gewählt, wobei aus Testrechnungen abgeleitet werden darf, dass die Erwartungshaltung gegenüber der Abweichung der Ergebnisse aus der Variante „Berechnung der Gesamtkosten für eine Berechnung aus makroökonomischer Perspektive“ als gering eingestuft wird!

Die Inflation in Österreich hat in den Jahren seit 2004 in Österreich gemäß den Daten der Statistik Austria[5] folgende Entwicklung genommen:

Tabelle 41: Inflationsraten – Österreich – 2004 bis 2016

Jahr	Inflation
2004	2,10 %
2005	2,40 %
2006	1,50 %
2007	2,20 %
2008	3,30 %
2009	0,60 %
2010	1,90 %
2011	3,30 %
2012	2,60 %
2013	2,00 %
2014	1,70 %
2015	1,00 %
2016	0,90 %

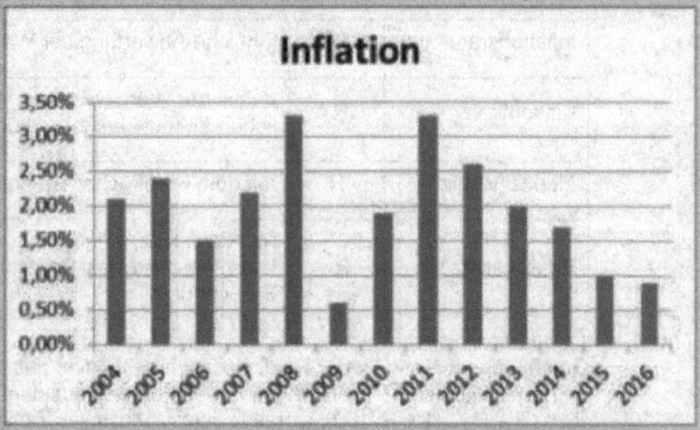

Der Marktzins in Österreich hat in den Jahren seit 2004 in Österreich gemäß den Daten zur Entwicklung des Euribor[6,7] folgende Entwicklung genommen:

Tabelle 42: Marktzinssatz – Österreich – 2004 bis 2016

Jahr	Marktzins
2004	4,08 %
2005	4,09 %
2006	4,70 %
2007	5,88 %
2008	6,13 %
2009	4,83 %
2010	3,05 %
2011	3,30 %
2012	3,74 %
2013	2,34 %
2014	2,36 %
2015	2,12 %
2016	1,86 %

5 Statistik Austria
6 siehe de.euribor-rates.de (Juni 2017)
7 siehe aktuelle Berichterstattung zum OGH-Urteil die Weitergabepflicht negativer Zinsen

Damit ergibt sich folgender Verlauf des Realzinssatzes:

Tabelle 43: Realzinssatz – Österreich – 2004 bis 2016

Jahr	Realzinssatz
2004	1,93 %
2005	1,65 %
2006	3,15 %
2007	3,60 %
2008	2,74 %
2009	4,20 %
2010	1,13 %
2011	0,00 %
2012	1,11 %
2013	0,34 %
2014	0,64 %
2015	1,11 %
2016	0,95 %

Daraus ergibt sich folgender Verlauf des Diskontsatzes:

Tabelle 44: Diskontsatz – Österreich – 2004 bis 2016

Jahr	Diskontsatz
2004	1,93 %
2005	1,79 %
2006	2,24 %
2007	2,58 %
2008	2,61 %
2009	2,88 %
2010	2,62 %
2011	2,29 %
2012	2,16 %
2013	1,96 %
2014	1,85 %
2015	1,79 %
2016	1,73 %
MW	2,19 ± 0,38 %

7.4 **Berechnung der Kosten für das regelmäßige Ersetzen von Komponenten**

Die verwendeten Methoden entsprechen jenen aus der Erstfassung.

7.5 **Berechnungszeitraum / geschätzte Nutzungsdauer**

Folgende Nutzungsdauern wurden Berechnungen zugrunde gelegt:

Tabelle 45: Nutzungsdauer in Jahren der Bauelemente

WD-OD	WDVS	FE	WD-KD	Ziegelwand (mono)	Gebäude-technik
60 a	40 a	40 a	60 a	90 a	30 a

An dieser Stelle sei festgehalten, dass sich die angegebenen Nutzungsdauern ausschließlich auf die variierten Konstruktionsbestandteile beziehen.

7.6 **Ausgangsjahr für die Berechnungen (Del. VO – Anhang I/4)**

Ausgangsjahr für die Berechnungen ist das Jahr 2017.

7.7 **Berechnung der Energiekosten bei der Kostenberechnung (Del. VO – Anhang I/4)**

Aus den Angaben der Statistik Austria zum Gesamtenergieeinsatz der Haushalte wurden aus der Statistik „Anteiliger Einsatz aller Energieträger aller Haushalte insgesamt und nach Verwendungszwecken 2003 bis 2016" folgende Daten errechnet:

Tabelle 46: Energiepreise zur Ermittlung der Kostenoptimalität[8] (Bruttopreise)

Energieträger	[EUR/kWh]	[% p.a.]
Pellets	0,048	2,1
FW ($HW_{erneuerbar}$)	0,160	1,3
FW ($KWK_{Defaultwert}$)	0,140	1,3
Strom	0,195	2,4
Gas	0,078	3,6

Die angegebenen Kosten für die Energiepreissteigerungen werden in den darauf aufbauenden Berechnungen um die Inflation korrigiert.

Zusätzlich wurden sämtliche Berechnungen (abgesehen von den Sensitivitätsanalysen) auch für konstant 3 % bzw. konstant 0 % Energiepreissteigerung (jeweils abzüglich Inflation) durchgeführt.

[8] Statistik Austria, Anteiliger Einsatz aller Energieträger aller Haushalte insgesamt und nach Verwendungszwecken 2003 bis 2016

8 Ermittlung eines kostenoptimalen Niveaus für jedes Referenzgebäude (Del. VO – Anhang I/6)

Die verwendeten Methoden entsprechen jenen aus der Erstfassung.

8.1 Ermittlung des kostenoptimalen Spektrums

Die Ergebnisse sämtlicher Berechnungen sind den Abbildungen 3 (und 6) bzw. 9 (und 12) zu entnehmen. In diesen Abbildungen entspricht jeder Punkt genau einer Hüllqualität und genau einer gebäudetechnischen Ausstattung. Punkte zu gleichen Referenzgebäuden und gleichen gebäudetechnischen Ausstattungen sind durch Linien verbunden. Innerhalb dieser Kurvenscharen wurden die jeweiligen Kostenoptima ermittelt und gemittelt. Daraus wurden folgende Anforderungen abgeleitet:

- Unterschreitung eines maximal zulässigen Heizwärmebedarfes
  - Dessen Festlegung erfolgt als Mittelwert je Gebäudekategorie und je Gebäudetechnik
- Unterschreitung eines maximal zulässigen Endenergiebedarfes
- Prüfung und der Dokumentation der Möglichkeit der Verwendung hocheffizienter alternativer Systeme
  - Im Regelfall der Anwendung hocheffizienter alternativer System wird damit der Anforderungswert hinsichtlich des nicht erneuerbaren Primärenergiebedarfes systembedingt erfüllt
  - In abweichenden Fällen kann der Nachweis auch über ein Unterschreiten der angegebenen maximal zulässigen Primärenergiebedarfswerte erfolgen.

Vorangestellt sei, dass beide Perspektiven – die finanzielle Perspektive und die makroökonomische Perspektive – zu Ergebnissen in vergleichbarer Höhe führen. Für Wohngebäude wurde die finanzielle Perspektive, wie bereits 2013, für Nichtwohngebäude die makroökonomische Perspektive, wie bereits 2014, herangezogen.

Weiters sind die Diskrepanzen zwischen den bestehenden Anforderungen und den kostenoptimalen Ergebnissen aus den Abbildungen 6 (Neubau) und 9 (*Größere Renovierung*) ersichtlich.

8.1.1 Wohngebäude – Neubau

In den folgenden vier Ergebnisübersichten sind sämtliche Werte für Lebenszyklusteilkosten über dem Primärenergiebedarf (Abbildung 2: Lebenszyklusteilkosten über dem gesamten Primärenergiebedarf für Raumheizung und Warmwasser), dem nicht erneuerbaren Primärenergiebedarf (Abbildung 3: Lebenszyklusteilkosten über dem nicht erneuerbaren Primärenergiebedarf für Raumheizung und Warmwasser), dem erneuerbaren Primärenergiebedarf (Abbildung 4: Lebenszyklusteilkosten über dem erneuerbaren Primärenergiebedarf für Raumheizung und Warmwasser) und über den Kohlendioxidemissionen (Abbildung 5: Lebenszyklusteilkosten über den Kohlendioxidemissionen für Raumheizung und Warmwasser), die einem hocheffizienten alternativen System entsprechen, als blaue Punkte eingezeichnet, jene, die für die jeweilige Lösung und den jeweiligen Gebäudetyp ein Optimum bilden, zusätzlich rot umrandet. Für jene Fälle, für die kein hocheffizientes alternatives System zur Anwendung kommt, stehen die grauen Punkte (bzw. ebenfalls rot umrandete graue Punkte für die Optima). Dabei wurden jene Punkte, die einer Steigerung des Maßnahmenbündels „Gebäudehülle" entsprechen, mit einer dünnen Linie (blau, grau) verbunden, wobei diese in der Reihenfolge 8er-Linie – 10er-Linie – 12er-Linie – 14er-Linie – 16er-Linie – 26er-Linie (jeweils von links nach rechts) erscheinen. Bei den Investitionskosten wurden ausschließlich über die Mindestanforderungen (U-Wert-Anforderungen) hinausgehende Kosten berücksichtigt.

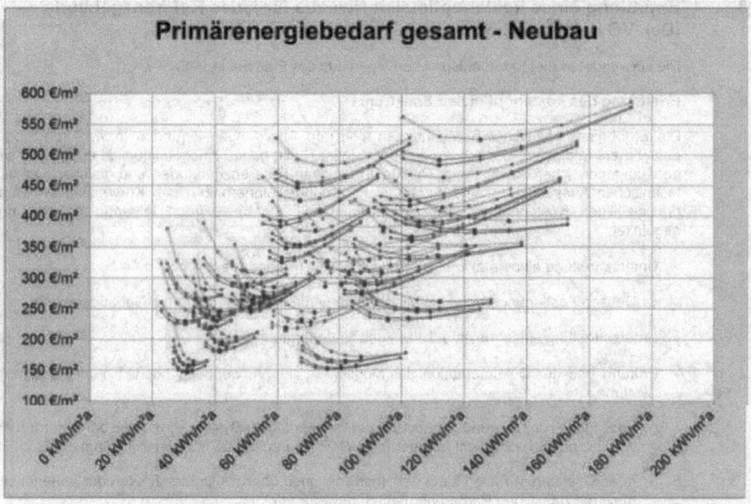

Abbildung 2: Lebenszyklusteilkosten über dem gesamten Primärenergiebedarf für Raumheizung und Warmwasser

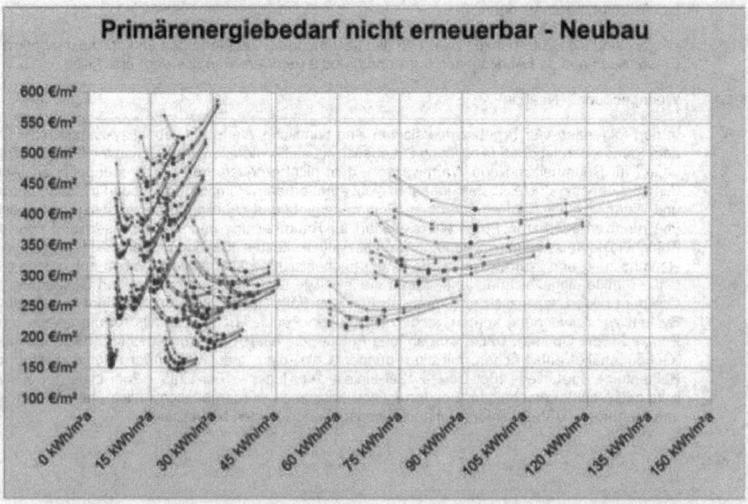

Abbildung 3: Lebenszyklusteilkosten über dem nicht erneuerbaren Primärenergiebedarf für Raumheizung und Warmwasser

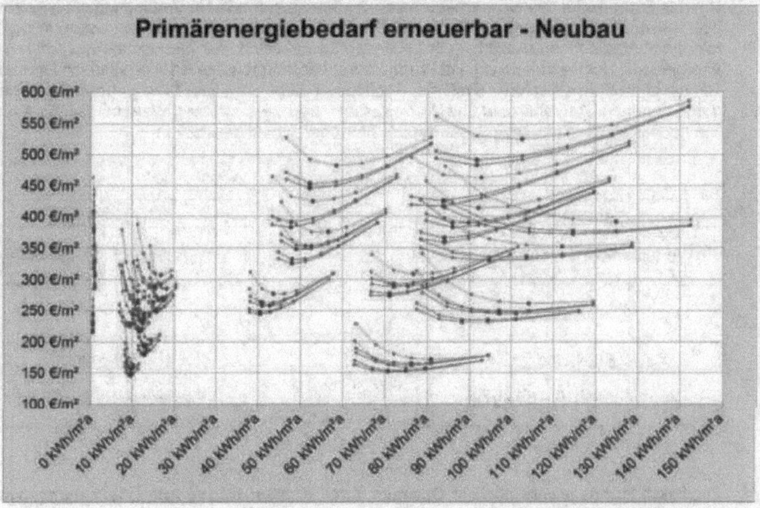

Abbildung 4: Lebenszyklusteilkosten über dem erneuerbaren Primärenergiebedarf für Raumheizung und Warmwasser

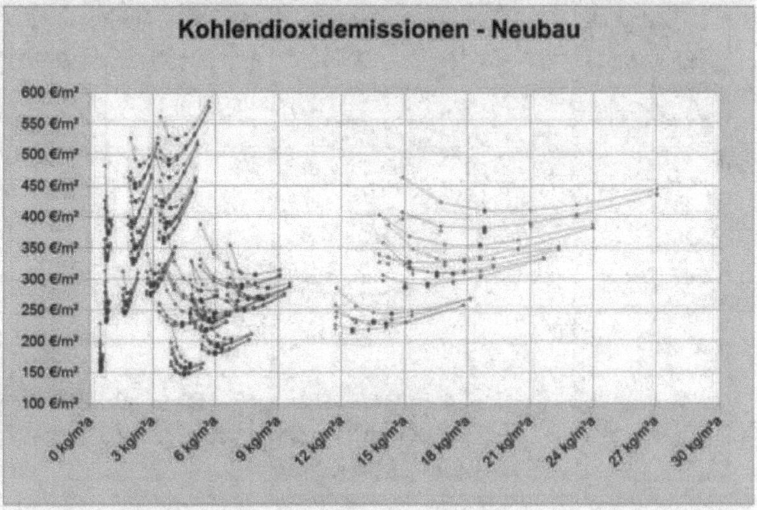

Abbildung 5: Lebenszyklusteilkosten über den Kohlendioxidemissionen für Raumheizung und Warmwasser

Um das Ergebnis für den nicht erneuerbaren Primärenergiebedarf in Verbindung mit hocheffizienten alternativen Systemen und für die Kohlendioxidemissionen zu verdeutlichen wurde in den beiden folgenden Abbildungen (Abbildung 6: Lebenszyklusteilkosten über dem nicht erneuerbaren Primärenergiebedarf für Raumheizung und Warmwasser vergrößert auf einen Wertebereich für ausschließlich hocheffiziente alternative Systeme, Abbildung 7 Lebenszyklusteilkosten über den Kohlendioxidemissionen für Raumheizung und Warmwasser vergrößert auf einen Wertebereich für ausschließlich hocheffiziente alternative Systeme) der Wertebereich eingeschränkt.

Abbildung 3 Wertebereich: 0 – 150 kWh/m²a	→	Abbildung 6 Wertebereich: 0 – 50 kWh/m²a
Abbildung 5 Wertebereich: 0 – 30 kg/m²a	→	Abbildung 7 Wertebereich: 0 – 10 kg/m²a

Zusätzlich ist das jeweils höchste Optimum durch eine senkrechte rote Linie hervorgehoben und wertemäßig beschriftet.

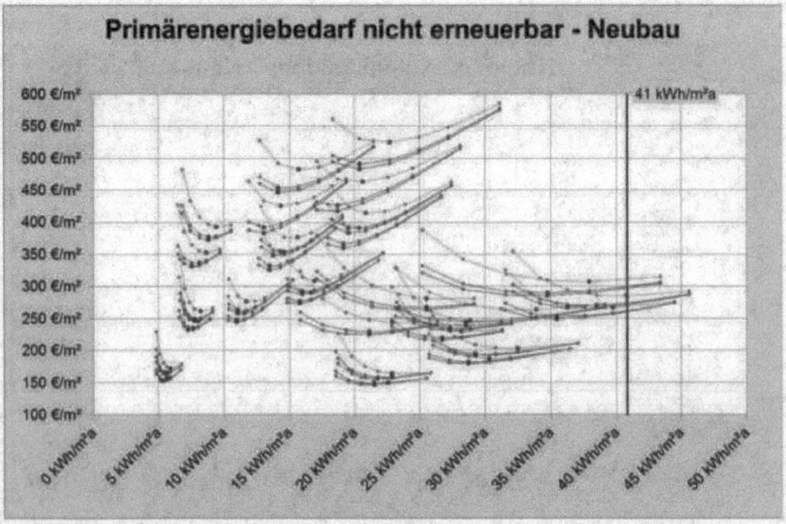

Abbildung 6: Lebenszyklusteilkosten über dem nicht erneuerbaren Primärenergiebedarf für Raumheizung und Warmwasser vergrößert auf einen Wertebereich für ausschließlich hocheffiziente alternative Systeme

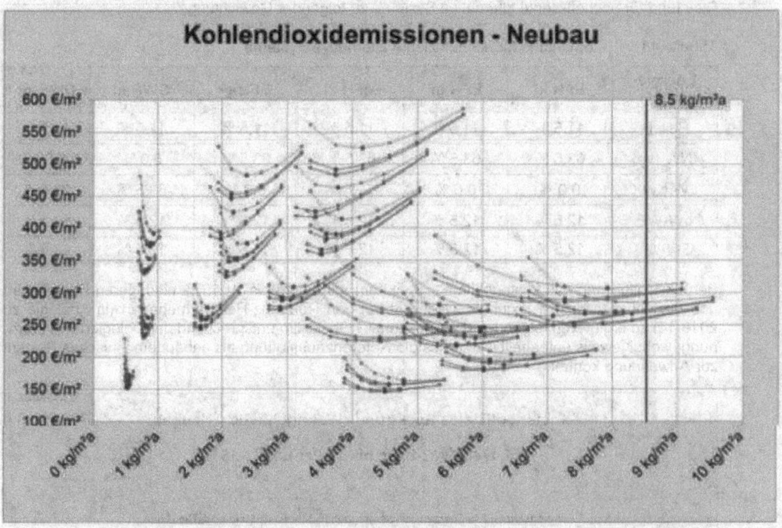

Abbildung 7: Lebenszyklusteilkosten über den Kohlendioxidemissionen für Raumheizung und Warmwasser vergrößert auf einen Wertebereich für ausschließlich hocheffiziente alternative Systeme

Zur Ermittlung des kostenoptimalen-Referenz-Heizwärmebedarfes in Analogie zu 2013/2014 bzw. zum daraus ableitbaren kostenoptimalen Spektrum wurde wie folgt vorgegangen:

- In einem ersten Schritt wurde eine Gewichtung der Bauweisen aufgrund von Expertenbefragungen aus der Bauwirtschaft wie folgt vorgenommen:

Tabelle 47: Gewichtung der Bauweisen

Holzmassivbauweise ohne Installationsebene	8,0 %	Stahlbetonbauweise mit WDVS EPS-grau	35,0 %
Holzmassivbauweise mit Installationsebene	2,0 %	Stahlbetonbauweise mit WDVS MW-PT	5,0 %
Holzriegelbauweise ohne Installationsebene	8,0 %	Hochlochziegelbauweise mit WDVS EPS-grau	37,5 %
Holzriegelbauweise mit Installationsebene	2,0 %	Füllziegelbauweise	2,5 %

- Um alle hocheffizienten alternativen Systeme ebenfalls einer Gewichtung zu unterziehen, wurde diese auf den Referenz-Heizwärmebedarf angewandt. Dabei wurde aus der Energiebilanz der Haushalte eine Verteilung von 48 % für fossile ET, 6 % für Biomasse, 33 % für Nah- und Fernwärme und 13 % für eine Wärmebereitstellung mittels Wärmepumpen unter Berücksichtigung der Umweltwärme zugrunde gelegt.

Dies führt für hocheffiziente alternative Systeme zu folgender Gewichtung:

Tabelle 48: Gewichtung für hocheffiziente alternative Systeme

Energie-träger	EFH kl	EFH gr	MFH kl	MFH gr	GWB kl	GWB gr
Pellets	11,5 %	11,5 %	11,5 %	11,5 %	11,5 %	11,5 %
NW Bio	63,5 %	63,5 %	63,5 %	63,5 %	0,0 %	0,0 %
FW KWK	0,0 %	0,0 %	0,0 %	0,0 %	63,5 %	63,5 %
LW-WP	12,5 %	12,5 %	12,5 %	12,5 %	12,5 %	12,5 %
GW-WP	12,5 %	12,5 %	12,5 %	12,5 %	12,5 %	12,5 %

Berücksichtigt man das kostenoptimale Spektrum mit einem bis zu 15 % niedrigeren Energiewert und bezieht man dieses Ergebnis wiederum auf den Referenz-Heizwärmebedarf (in Analogie zu 2013/14) so ergibt sich folgendes kostenoptimales Spektrum entsprechend der Delegierten Verordnung, wobei jeweils unterstellt wird, dass die Referenzausstattung als gebäudetechnisches System zur Anwendung kommt:

Kostenoptimales Spektrum – Wohngebäude – Neubau:

11,17er-HWB-Linie bis 9,49er-Linie (-15 %)

Für einheitliche 3 % Energiepreissteigerung: 10,33er-HWB-Linie bis 8,78er-Linie

Für einheitliche 0 % Energiepreissteigerung: 11,70er-HWB-Linie bis 9,95er-Linie

Kommt ein effizienteres gebäudetechnisches System zur Anwendung oder werden Erträge am Standort oder in seiner Nähe erwirtschaftet, so darf gemäß den derzeit gültigen Anforderungen gemäß OIB-RL 6:2015 ein höherer Referenz-Heizwärmebedarf zur Anwendung kommen, wobei das Maximum dafür die 16er-HWB-Linie für den Referenz-Heizwärmebedarf darstellt. Jedenfalls muss der nicht-erneuerbare Primärenergiebedarf von

$$PEB_{HEB,n.ern.} \leq 41 \text{ kWh/m}^2\text{a}$$

eingehalten werden. Bisher wurde die Anforderung durch PEB ≤ 160 kWh/m²a unter Berücksichtigung des Haushaltsstrombedarfs unter Anwendung eines Konversionsfaktorensatzes OIB-RL 6:2011 festgelegt. Allerdings heißt es dazu in der Leitlinie: *„Für die Bewertung der Kostenoptimalität wird der nicht erneuerbare Teil der „Primärenergie" berücksichtigt."* Und weiter: *„Dies steht nicht im Widerspruch zur Definition der „Primärenergie" in der Richtlinie, denn im Zusammenhang mit der Gesamtenergieeffizienz eines Gebäudes sind sowohl der nicht erneuerbare Teil als auch die Gesamtmenge der Primärenergie anzugeben, die für den Betrieb des Gebäudes aufgewendet werden. Die entsprechenden Primärenergie-Umrechnungsfaktoren sind unter Berücksichtigung des Anhangs II der Richtlinie 2006/32/EG (1) auf nationaler Ebene festzulegen."* Um eine Vergleichbarkeit mit anderen Angaben von Mitgliedstaaten zu gewährleisten erfolgt hinkünftig diese Angabe.

Mit der Entwicklung

10,64 (CostOpt 2013) → 11,17 (CostOpt 2018; 9,49 = -15 %)

ergibt sich eine Änderung des Kostenoptimums von kleiner 5 %. Der tatsächliche Anforderungswert für den Referenz-Heizwärmebedarf von 10 × (1 + 3,0/ℓ_c) liegt nach wie vor klar innerhalb des kostenoptimalen Spektrums.

Wechselt man für den Neubau von Wohngebäuden aus der finanziellen Perspektive in die makroökonomische Perspektive (ohne Berücksichtigung der Mehrwertsteuer und einem Lebenszyklus von 20 Jahren) unter Berücksichtigung eines THG-Preises von 100 €/Tonne, so ergibt sich:

Kostenoptimales Spektrum – Wohngebäude – Neubau:
11,30er-HWB-Linie bis zu 9,61er-Linie (-15 %)
(makroökonomische Perspektive)
Für einheitliche 3 % Energiepreissteigerung: 11,11er-HWB-Linie bis zu 9,44er-Linie
Für einheitliche 0 % Energiepreissteigerung: 11,57er-HWB-Linie bis zu 9,83er-Linie

An dieser Stelle sei erwähnt, dass in den Empfehlungen der EU-Kommission vom August 2016 ausdrücklich die Sinnhaftigkeit der Mitberücksichtigung des Haushaltsstromes angeführt worden ist.

8.1.2 Wohngebäude – Größere Renovierung

In den folgenden vier Ergebnisübersichten sind sämtliche Werte für Lebenszyklusteilkosten über dem Primärenergiebedarf (Abbildung 8: Lebenszyklusteilkosten über dem gesamten Primärenergiebedarf für Raumheizung und Warmwasser), dem nicht erneuerbaren Primärenergiebedarf (Abbildung 9: Lebenszyklusteilkosten über dem nicht erneuerbaren Primärenergiebedarf für Raumheizung und Warmwasser), dem erneuerbaren Primärenergiebedarf (Abbildung 10: Lebenszyklusteilkosten über dem erneuerbaren Primärenergiebedarf für Raumheizung und Warmwasser) und über den Kohlendioxidemissionen (Abbildung 11: Lebenszyklusteilkosten über den Kohlendioxidemissionen für Raumheizung und Warmwasser),die einem hocheffizienten alternativen System entsprechen, als blaue Punkte eingezeichnet, jene, die für die jeweilige Lösung und den jeweiligen Gebäudetyp ein Optimum bilden, zusätzlich rot umrandet. Für jene Fälle, für die kein hocheffizientes alternatives System zur Anwendung kommt, stehen die grauen Punkte (bzw. ebenfalls rot umrandete graue Punkte für die Optima). Dabei wurden jene Punkte, die einer Steigerung des Maßnahmenbündels „Gebäudehülle" entsprechen, mit einer dünnen Linie (blau, grau) verbunden, wobei diese in der Reihenfolge 15er-Linie – 17er-Linie – 19er-Linie – 21er-Linie – 23er-Linie – 25er-Linie – 61er-Linie (jeweils von links nach rechts) erscheinen. Bei den Investitionskosten wurden ausschließlich über die Mindestanforderungen (U-Wert-Anforderungen) hinausgehende Kosten berücksichtigt.

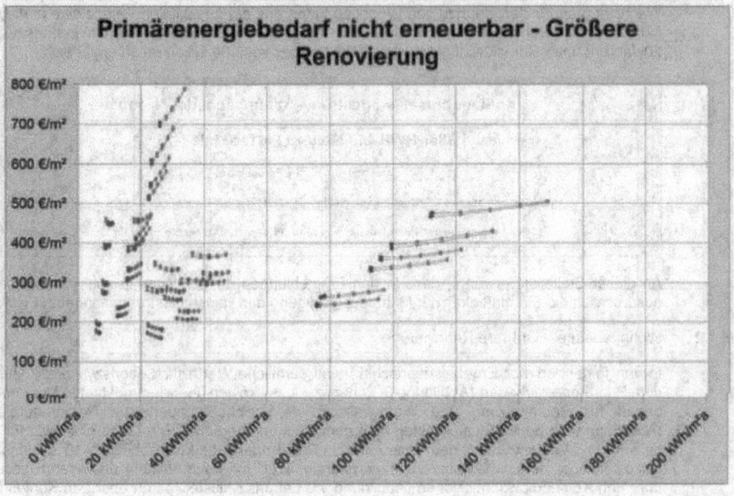

Abbildung 8: Lebenszyklusteilkosten über dem gesamten Primärenergiebedarf für Raumheizung und Warmwasser

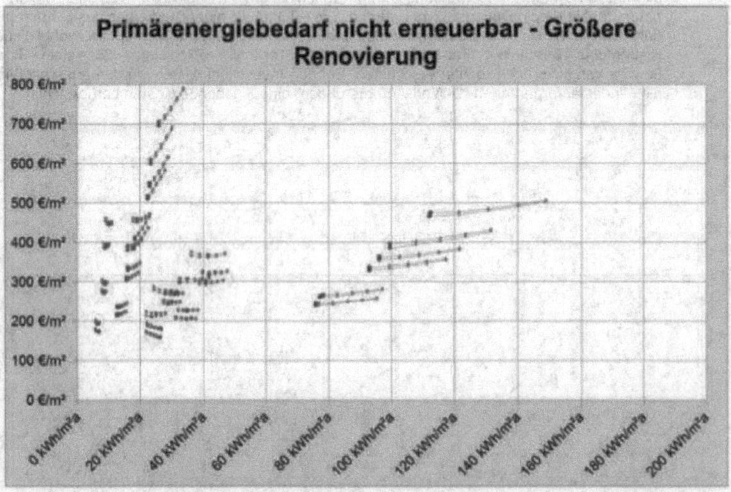

Abbildung 9: Lebenszyklusteilkosten über dem nicht erneuerbaren Primärenergiebedarf für Raumheizung und Warmwasser

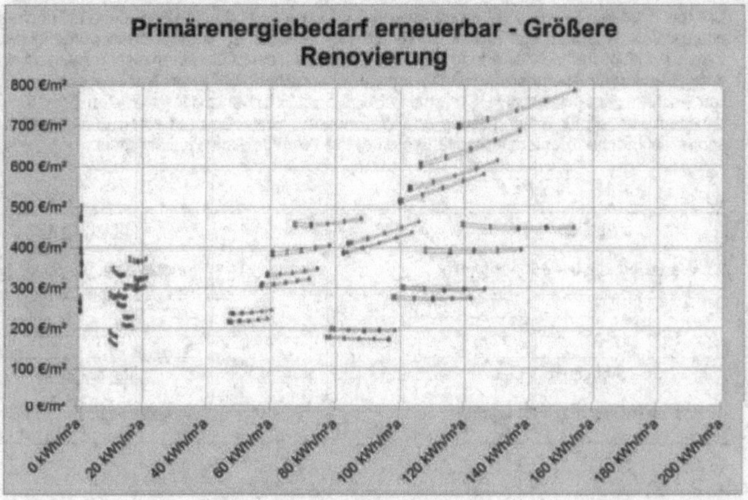

Abbildung 10: Lebenszyklusteilkosten über dem erneuerbaren Primärenergiebedarf für Raumheizung und Warmwasser

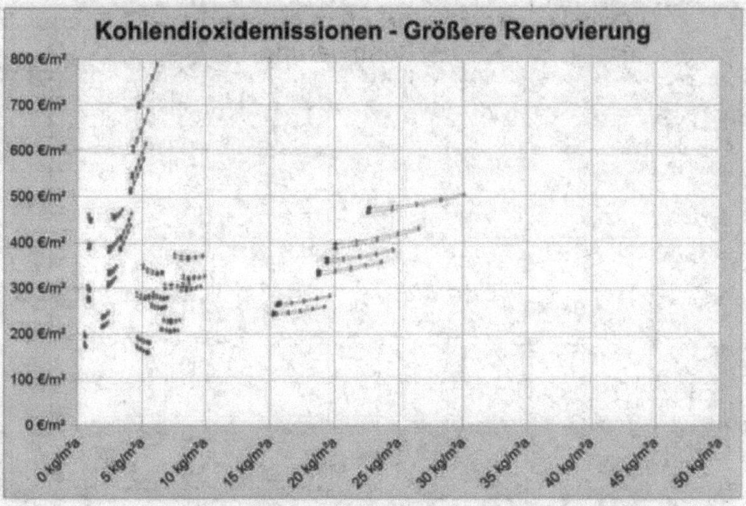

Abbildung 11: Lebenszyklusteilkosten über den Kohlendioxidemissionen für Raumheizung und Warmwasser

Um das Ergebnis für den nicht erneuerbaren Primärenergiebedarf in Verbindung mit hocheffizienten alternativen Systemen und für die Kohlendioxidemissionen zu verdeutlichen wurde in den beiden folgenden Abbildungen (Abbildung 12: Lebenszyklusteilkosten über dem nicht erneuerbaren Primärenergiebedarf für Raumheizung und Warmwasser vergrößert auf einen Wertebereich für ausschließlich hocheffiziente alternative Systeme, Abbildung 13: Lebenszyklusteilkosten über den Kohlendioxidemissionen für Raumheizung und Warmwasser vergrößert auf einen Wertebereich für ausschließlich hocheffiziente alternative Systeme) der Wertebereich eingeschränkt.

Abbildung 9 Wertebereich: 0 – 150 kWh/m²a	→	Abbildung 12 Wertebereich: 0 – 50 kWh/m²a
Abbildung 11 Wertebereich: 0 – 30 kg/m²a	→	Abbildung 13 Wertebereich: 0 – 10 kg/m²a

Zusätzlich ist das jeweils höchste Optimum durch eine senkrechte rote Linie hervorgehoben und wertemäßig beschriftet.

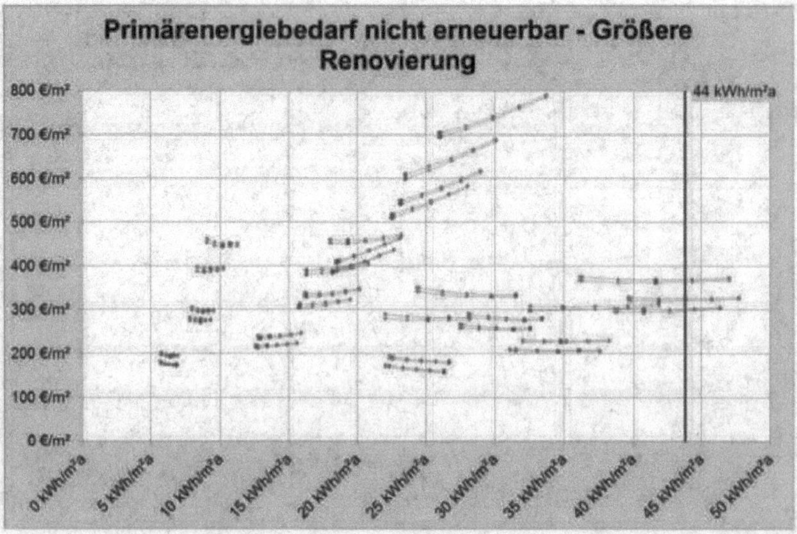

Abbildung 12: Lebenszyklusteilkosten über dem nicht erneuerbaren Primärenergiebedarf für Raumheizung und Warmwasser vergrößert auf einen Wertebereich für ausschließlich hocheffiziente alternative Systeme

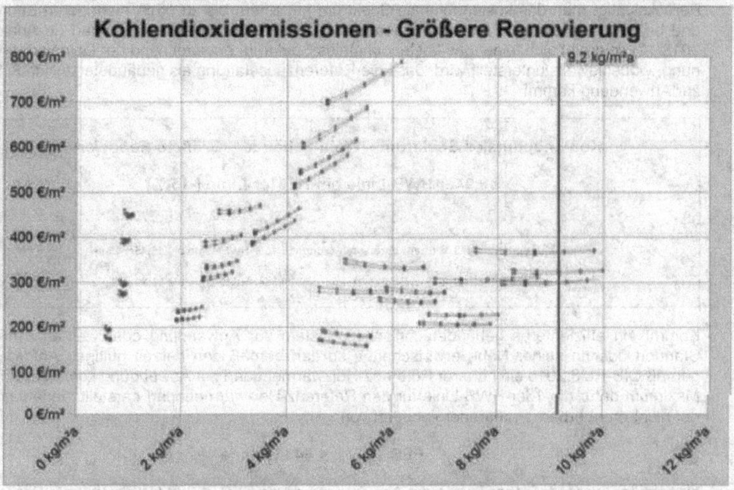

Abbildung 13: Lebenszykluskosten über den Kohlendioxidemissionen für Raumheizung und Warmwasser vergrößert auf einen Wertebereich für ausschließlich hocheffiziente alternative Systeme

Zur Ermittlung des kostenoptimalen-Referenz-Heizwärmebedarfes in Analogie zu 2013/2014 bzw. zum daraus ableitbaren kostenoptimalen Spektrum wurde wie folgt vorgegangen:

- In einem ersten Schritt wurde eine Gewichtung der Bauweisen aufgrund von Expertenbefragungen aus der Bauwirtschaft wie folgt vorgenommen:

Tabelle 49: Gewichtung der Bauweisen

WDVS / VHF mit EPS-grau	80,0 %	WDVS / VHF mit MW-PT	20,0 %

- Um alle hocheffizienten alternativen Systeme ebenfalls einer Gewichtung zu unterziehen, wurde diese auf den Referenz-Heizwärmebedarf angewandt. Dabei wurde aus der Energiebilanz der Haushalte eine Verteilung von 47,5 % für Gas, 5,8 % für Pellets, 33,3 % für Nah- und Fernwärme und 13,4 % für eine Wärmebereitstellung mittels Wärmepumpen unter Berücksichtigung der Umweltwärme zugrunde gelegt.

Dies führt für hocheffiziente alternative Systeme zu folgender Gewichtung:

Tabelle 50: Gewichtung für hocheffiziente alternative Systeme

Energieträger	EFH kl	EFH gr	MFH kl	MFH gr	GWB kl	GWB gr
Pellets	11,01 %	11,01 %	11,01 %	11,01 %	11,01 %	11,01 %
NW Bio	63,55 %	63,55 %	63,55 %	63,55 %	0,0 %	0,0 %
FW KWK	0,0 %	0,0 %	0,0 %	0,0 %	63,55 %	63,55 %
LW-WP	12,72 %	12,72 %	12,72 %	12,72 %	12,72 %	12,72 %
GW-WP	12,72 %	12,72 %	12,72 %	12,72 %	12,72 %	12,72 %

Berücksichtigt man das kostenoptimale Spektrum mit einem bis zu 15 % niedrigeren Energiewert und bezieht man dieses Ergebnis wiederum auf den Referenz-Heizwärmebedarf (in Analogie zu 2013/14) so ergibt sich folgendes kostenoptimales Spektrum entsprechend der Delegierten Verordnung, wobei jeweils unterstellt wird, dass die Referenzausstattung als gebäudetechnisches System zur Anwendung kommt:

Kostenoptimales Spektrum – Wohngebäude – *Größere Renovierung*:

18,94er-HWB-Linie bis 16,01er-Linie (-15 %)

Für einheitliche 3 % Energiepreissteigerung: 18,18er-HWB-Linie bis 15,45er-Linie

Für einheitliche 0 % Energiepreissteigerung: 20,34er-HWB-Linie bis 17,29er-Linie

Kommt ein effizienteres gebäudetechnisches System zur Anwendung oder werden Erträge am Standort oder in seiner Nähe erwirtschaftet, so darf gemäß den derzeit gültigen Anforderungen gemäß OIB-RL 6:2015 ein höherer Referenz-Heizwärmebedarf zur Anwendung kommen, wobei das Maximum dafür die 16er-HWB-Linie für den Referenz-Heizwärmebedarf darstellt. Jedenfalls muss der nicht-erneuerbare Primärenergiebedarf von

$$PEB_{HEB,n.ern.} \leq 44 \text{ kWh/m}^2\text{a}$$

eingehalten werden. Bisher wurde die Anforderung durch PEB ≤ 200 kWh/m²a unter Berücksichtigung des Haushaltsstrombedarfs unter Anwendung eines Konversionsfaktorensatzes OIB-RL 6:2011 festgelegt. Allerdings heißt es dazu in der Leitlinie: „*Für die Bewertung der Kostenoptimalität wird der nicht erneuerbare Teil der „Primärenergie" berücksichtigt.*" Und weiter: „*Dies steht nicht im Widerspruch zur Definition der „Primärenergie" in der Richtlinie, denn im Zusammenhang mit der Gesamtenergieeffizienz eines Gebäudes sind sowohl der nicht erneuerbare Teil als auch die Gesamtmenge der Primärenergie anzugeben, die für den Betrieb des Gebäudes aufgewendet werden. Die entsprechenden Primärenergie-Umrechnungsfaktoren sind unter Berücksichtigung des Anhangs II der Richtlinie 2006/32/EG (1) auf nationaler Ebene festzulegen.*" Um eine Vergleichbarkeit mit anderen Angaben von Mitgliedstaaten zu gewährleisten, erfolgt hinkünftig diese Angabe.

Mit der Entwicklung

16,94 (CostOpt 2013) → 18,94 (CostOpt 2018; 16,01 = -15 %)

ergibt sich eine Änderung des Kostenoptimums um ca. 10 %. Der tatsächliche Anforderungswert für den Referenz-Heizwärmebedarf von 17 × (1 + 2,5/ℓ_c) liegt nach wie vor deutlich innerhalb des kostenoptimalen Spektrums.

Wechselt man für die *Größere Renovierung* von Wohngebäuden aus der finanziellen Perspektive in die makroökonomische Perspektive (ohne Berücksichtigung der Mehrwertsteuer und einem Lebenszyklus von 20 Jahren) unter Berücksichtigung eines THG-Preises von 100 €/Tonne, so ergibt sich:

Kostenoptimales Spektrum – Wohngebäude – *Größere Renovierung*:

19,58er-HWB-Linie bis zu 16,54er-Linie (-15 %)

(makroökonomische Perspektive)

Für einheitliche 3 % Energiepreissteigerung: 19,84er-HWB-Linie bis zu 16,10er-Linie

Für einheitliche 0 % Energiepreissteigerung: 20,44er-HWB-Linie bis zu 17,37er-Linie

8.1.3 Bürogebäude – Neubau

Führt man die Untersuchungen für Bürogebäude (Neubau) in Analogie zu Kapitel 8.1.1 durch, so erhält man unter Berücksichtigung des kostenoptimalen Spektrums mit einem bis zu 15 % niedrigeren Energiewert und unter Bezug dieses Ergebnisses auf den Referenz-Heizwärmebedarf (in Analogie zu 2013/14) folgendes kostenoptimale Spektrum entsprechend der Delegierten Verordnung, wobei jeweils unterstellt wird, dass die Referenzausstattung als gebäudetechnisches System zur Anwendung kommt:

Kostenoptimales Spektrum – Bürogebäude – Neubau:

10,36er-HWB-Linie bis zu 8,81er-Linie (-15 %)

(finanzielle Perspektive)

Für einheitliche 3 % Energiepreissteigerung: 9,64er-HWB-Linie bis zu 8,19er-Linie

Für einheitliche 0 % Energiepreissteigerung: 11,07er-HWB-Linie bis zu 9,41er-Linie

Wechselt man aus der finanziellen Perspektive in die makroökonomische Perspektive (ohne Berücksichtigung der Mehrwertsteuer und einem Lebenszyklus von 20 Jahren) unter Berücksichtigung eines THG-Preises von 100 €/Tonne, so ergibt sich:

Kostenoptimales Spektrum – Bürogebäude – Neubau:

10,68er-HWB-Linie bis zu 9,08er-Linie (-15 %)

(makroökonomische Perspektive)

Für einheitliche 3 % Energiepreissteigerung: 10,10er-HWB-Linie bis zu 8,59er-Linie

Für einheitliche 0 % Energiepreissteigerung: 11,43er-HWB-Linie bis zu 9,72er-Linie

Hinsichtlich des Kühlenergiebedarfes kann mit den zugrundeliegenden Randbedingungen (Kapitel 6) ein energiekostenabhängiger Lebenszykluskostenanteil von ca. 41,8 €/m² als Barwert für 20 Jahre ermittelt werden. Der anlagenspezifische Lebenszyklusanteil liegt für den Kältebereitstellungsanteil zwischen 30 €/m² und 50 €/m², abzüglich der Kosten für die obligatorische RLT-Anlage bzw. eine Bauteilaktivierung, was gegenüber dem Heizfall als weitgehend technologieunabhängig bezeichnet werden darf. Daher erübrigt sich ein darauf fokussierter Nachweis der Kostenoptimalität.

8.1.4 Bürogebäude – Größere Renovierung

Ebenso erhält man für Bürogebäude (*Größere Renovierung*) in Analogie zu Kapitel 8.1.2 unter Berücksichtigung des kostenoptimalen Spektrums mit einem bis zu 15 % niedrigeren Energiewert und unter Bezug dieses Ergebnisses auf den Referenz-Heizwärmebedarf (in Analogie zu 2013/14) folgendes kostenoptimale Spektrum entsprechend der Delegierten Verordnung, wobei jeweils unterstellt wird, dass die Referenzausstattung als gebäudetechnisches System zur Anwendung kommt:

Kostenoptimales Spektrum – Bürogebäude – *Größere Renovierung*:

19,48er-HWB-Linie bis zu 16,56er-Linie (-15 %)

(finanzielle Perspektive)

Für einheitliche 3 % Energiepreissteigerung: 19,25er-HWB-Linie bis zu 16,37er-Linie

Für einheitliche 0 % Energiepreissteigerung: 20,28er-HWB-Linie bis zu 17,24er-Linie

Wechselt man aus der finanziellen Perspektive in die makroökonomische Perspektive (ohne Berücksichtigung der Mehrwertsteuer und einem Lebenszyklus von 20 Jahren) unter Berücksichtigung eines THG-Preises von 100 €/Tonne, so ergibt sich:

> **Kostenoptimales Spektrum – Bürogebäude – *Größere Renovierung*:**
>
> **20,14er-HWB-Linie bis zu 17,12er-Linie (-15 %)**
>
> **(makroökonomische Perspektive)**
>
> **Für einheitliche 3 % Energiepreissteigerung: 19,48er-HWB-Linie bis zu 16,56er-Linie**
>
> **Für einheitliche 0 % Energiepreissteigerung: 20,56er-HWB-Linie bis zu 17,48er-Linie**

Hinsichtlich des Kühlenergiebedarfes wird auf den betreffenden Absatz im Kapitel 8.1.3 (Bürogebäude – Neubau) verwiesen.

8.1.5 Ermittlung des kostenoptimalen Niveaus für Einzelmaßnahmen

Hinsichtlich der Verbesserung der Gebäudehülle durch Einzelmaßnahmen konnten folgende Ergebnisse mit identen Kostenannahmen ermittelt werden, wobei für die Fenstermontage und die Dämmstoffeinbringung auf die Oberste Geschoßdecke als günstige Montageart eine Montage von innen angenommen wurde:

> **Kostenoptimales Spektrum – Wohngebäude – Einzelmaßnahmen an bestehenden Gebäude:**
>
> **ΔU_{OD} = 24,78 % bis zu 28,50 % (-15 %) unter 0,20 W/m²K**
>
> **ΔU_{AW} = 22,40 % bis zu 25,76 % (-15 %) unter 0,35 W/m²K**
>
> **ΔU_{FE} = 22,74 % bis zu 26,15 % (-15 %) unter 1,40 W/m²K**
>
> **(jeweils finanzielle Perspektive)**

In der OIB-Richtlinie 6 werden folgende Ersatzmaßnahmen an bestehenden Gebäuden anstelle eines Sanierungskonzeptes formuliert:

> Ab 2015: -6 % → ab 2017: -12 % → ab 2019: -18 % → ab 2021: -24 %, wobei sich der Endenergiebedarf (die Gesamtenergieeffizienz) jeweils zuzüglich eines Heiztechnikenergiebedarfes für eine Referenzausstattung für das gebäudetechnische System sowohl für Warmwasser als auch für Raumheizung ergibt

Diese erfüllen alle die obigen Ergebnisse.

8.2 Vergleich mit geltenden Anforderungen in Österreich

Die folgenden beiden Unterkapitel vergleichen die Ergebnisse dieses Dokumentes mit dem bereits sehr hohen Effizienzniveau der derzeit geltenden thermisch-energetischen Anforderungen an Gebäude im Neubau und der größeren Renovierung:

8.2.1 Wohngebäude – Neubau

Aus allen untersuchten Fällen ist ersichtlich, dass die Differenz zwischen den heute geltenden Anforderungen und dem kostenoptimalen Spektrum infolge mittlerweile erfolgten kontinuierlichen Nachjustierungen der Anforderungen für den Neubau auf einen Wert von unter 30 % gesunken ist.

Die Ergebnisse sind einerseits eine Bestätigung der Festlegung des Niedrigstenergiehaus-Niveaus für den Neubau im Sinne Artikel 9 der Richtlinie 2010/31/EU und andererseits eine ebensolche Bestätigung der Festlegung des Stufenplanes bis zum Erreichen dieses Niveaus.

Die konsequente Verwendung hocheffizienter alternativer Systeme gewährleistet dabei bereits einen nicht erneuerbaren Primärenergiebedarf von unter 41 kWh/m²a. Dies bedeutet, dass seit der ersten Festlegung des Niedrigstenergiehaus-Niveaus für den Neubau bereits ein sehr hoher Anteil der neu errichteten Gebäude diese Anforderungen erfüllt.

Die Anforderungen für den Neubau haben in den letzten Jahren folgenden Verlauf für Wohngebäude genommen:

Ab 2007: 26er-Linie → ab 2010: 19er-Linie → ab 2015: 16er-Linie → ab 2017: 14er-Linie (zum Zeitpunkt der gegenständlichen Untersuchung geltende Anforderung), wobei sich der Endenergiebedarf (die Gesamtenergieeffizienz) jeweils zuzüglich eines Heiztechnikenergiebedarfes für eine Referenzausstattung für das gebäudetechnische System sowohl für Warmwasser als auch für Raumheizung ergibt

Bereits im Jahr 2013 wurde in einem ersten Nachweis der Kostenoptimalität der Anforderungen der OIB-RL 6 bzw. des Nationalen Plans gemäß Artikel 5 zu 2010/31/EU die 10er-Linie als Anforderung für die Zeit ab 2020 festgelegt. Der gegenständliche Nachweis bestätigt diesen Weg. Somit wird in der nächsten Ausgabe der OIB-Richtlinie 6 das Anforderungsniveau für den Neubau von Wohngebäuden wie folgt lauten:

Ab 2021: 10er-Linie, wobei sich der Endenergiebedarf (die Gesamtenergieeffizienz) jeweils zuzüglich eines Heiztechnikenergiebedarfes für eine Referenzausstattung für das gebäudetechnische System sowohl für Warmwasser als auch für Raumheizung ergibt [WICHTIG: diese Festlegung ist ein Durchschnittswert je Gebäudekategorie]

Dies gewährleistet einen maximalen nicht erneuerbaren Primärenergiebedarf von 41 kWh/m²a, wobei alleine infolge eines Energieträgers mit niedrigerem nicht erneuerbaren Anteil im Rahmen der hocheffizienten alternativen Systeme trotzdem – dem Grundsatz „Energieeffizienz prioritär" – eine ebenso gute Hüllqualität eingehalten werden muss.

Lediglich im Falle von Erträgen aus erneuerbarer Energie darf bis zu einem bestimmten Ausmaß als wirtschaftliche Kompensation für die entsprechenden Aufwendungen eine etwas geringere Hüllqualität zur Anwendung kommen (es sei an dieser Stelle ausdrücklich festgehalten, dass auch eine umgekehrte Formulierung einer Anforderung mit einer etwas geringeren Hüllqualität und einem verbindlich vorgeschriebenen erneuerbaren Anteil zum identen Ergebnis führt; allerdings geht die Erhöhung der Energieeffizienz mit deutlich niedrigeren Kosten einher).

8.2.2 Wohngebäude – Größere Renovierung

Aus allen untersuchten Fällen ist ersichtlich, dass die Differenz zwischen den heute geltenden Anforderungen und dem kostenoptimalen Spektrum infolge mittlerweile erfolgten kontinuierlichen Nachjustierungen der Anforderungen für die *Größere Renovierung* auf einen Wert von unter 20 % gesunken ist.

Die Ergebnisse sind einerseits eine Bestätigung der die Festlegung des Niedrigstenergiehaus-Niveaus für die *Größere Renovierung 2020* im Sinne Artikel 9 der Richtlinie 2010/31/EU und andererseits eine ebensolche Bestätigung der Festlegung des Stufenplanes bis zum Erreichen dieses Niveaus.

Die konsequente Verwendung hocheffizienter alternativer Systeme gewährleistet dabei bereits einen nicht erneuerbaren Primärenergiebedarf von unter 44 kWh/m²a. Dies bedeutet, dass seit der ersten Festlegung des Niedrigstenergiehaus-Niveaus für den Neubau bereits ein sehr hoher Anteil von Gebäuden, die einer *Größeren Renovierung* unterzogen wurden, diese Anforderungen erfüllt.

Die Anforderungen für die *Größere Renovierung* haben in den letzten Jahren folgenden Verlauf für Wohngebäude genommen:

> Ab 2007: 34er-Linie → ab 2010: 25er-Linie → ab 2015: 23er-Linie → ab 2017: 21er-Linie (zum Zeitpunkt der gegenständlichen Untersuchung geltende Anforderung), wobei sich der Endenergiebedarf (die Gesamtenergieeffizienz) jeweils zuzüglich eines Heiztechnikenergiebedarfes für eine Referenzausstattung für das gebäudetechnische System sowohl für Warmwasser als auch für Raumheizung ergibt

Bereits im Jahr 2013 wurde in einem ersten Nachweis der Kostenoptimalität der Anforderungen der OIB-RL 6 bzw. des Nationalen Plans gemäß Artikel 5 zu 2010/31/EU die 17er-Linie als Anforderung für die Zeit ab 2020 festgelegt. Der gegenständliche Nachweis bestätigt diesen Weg. Somit wird in der nächsten Ausgabe der OIB-Richtlinie 6 das Anforderungsniveau für die *Größere Renovierung* von Wohngebäuden wie folgt lauten:

> Ab 2021: 17er-Linie, wobei sich der Endenergiebedarf (die Gesamtenergieeffizienz) jeweils zuzüglich eines Heiztechnikenergiebedarfes für eine Referenzausstattung für das gebäudetechnische System sowohl für Warmwasser als auch für Raumheizung ergibt [WICHTIG: diese Festlegung ist ein Durchschnittswert je Gebäudekategorie]

Dies gewährleistet einen maximalen nicht erneuerbaren Primärenergiebedarf von 44 kWh/m²a, wobei alleine infolge eines Energieträgers mit niedrigerem nicht erneuerbaren Anteil im Rahmen der hocheffizienten alternativen Systeme trotzdem – dem Grundsatz „Energieeffizienz prioritär" – eine ebenso gute Hüllqualität eingehalten werden muss. Lediglich im Falle von Erträgen aus erneuerbarer Energie darf bis zu einem bestimmten Ausmaß als wirtschaftliche Kompensation für die entsprechenden Aufwendungen eine etwas geringere Hüllqualität zur Anwendung kommen.

8.2.3 Neubau und Größere Renovierung

Das OIB-Dokument zum Nachweis der Kostenoptimalität der Anforderungen der OIB-RL 6 bzw. des Nationalen Plans gemäß Artikel 5 zu 2010/31/EU – Erste Revision nach 5 Jahren vom 2018-02-26 – hatte und hat als primären Inhalt und Zielsetzung die Ermittlung des kostenoptimalen Niveaus für Neubau und *Größere Renovierung* mit, gegenüber der Erstermittlung in den Fassungen 2013 und 2014, aktualisierten Grundlagen.

Insbesondere die Formulierung der kostenoptimalen Ergebnisse über dem NICHT ERNEUERBAREN PRIMÄRENERGIEBEDARF stellt hier die wesentliche Änderung dar. Es sei ausdrücklich darauf hingewiesen, dass sich aus den aktualisierten Ermittlungen KEINE ÄNDERUNGEN der Ergebnisse aus den Jahren 2013 und 2014 ergeben haben, dass allerdings mittlerweile die Darstellung über einen maximal zulässigen Primärenergiebedarf eine klare Vergleichbarkeit mit anderen Mitgliedsstaaten ermöglicht.

Somit sollten allfällige missverständliche Darstellungen mit einem Anforderungsniveau von 160 kWh/m²a für den gesamten Primärenergiebedarf inklusive des Haushaltsstrombedarfs als Vergleichswert zum nicht erneuerbaren Primärenergiebedarf für Heizung, Warmwasserbereitung und Lüftung nicht mehr möglich sein, sondern vielmehr ein bereits damals vorliegendes Anforderungsniveau von knapp über 40 kWh/m²a für den nicht erneuerbaren Primärenergiebedarf für Heizung, Warmwasserbereitung und Lüftung zur Anwendung kommen.

Lediglich ein allfälliger nach Möglichkeit zu vermeidender bzw. zu minimierender Kühlenergiebedarf und ein obligatorischer Beleuchtungsenergiebedarf kommen im Falle von Nichtwohngebäuden hinzu. An dieser Stelle sei festgehalten, dass für beide hinzukommenden Anteile als Energieträger praktisch nur Strom zur Anwendung kommt (mit Ausnahme von Lösungen über Absorptionskältemaschinen, die vorzüglich mit Abwärme als Wärmequelle betrieben werden).

9 Sensitivitätsanalyse (Del. VO – Anhang I/5)

In den folgenden Kapiteln wird durch Variation der Energiepreissteigerungsraten, der Investitionskosten und des Diskontsatzes die Belastbarkeit der gefundenen Ergebnisse getestet.

9.1 Wohngebäude – Neubau

9.1.1 15 % erhöhte Energiepreissteigerung

10,64 (2013) → 11,17 (2018) → **10,99**

9.1.2 15 % verminderte Energiepreissteigerung

10,64 (2013) → 11,17 (2018) → **11,21**

9.1.3 25 % erhöhte Investitionskosten für thermische Maßnahmen

10,64 (2013) → 11,17 (2018) → **11,57**

3%-Steigerung: 10,64 (2013) → 10,33 (2018) → **11,26**

9.1.4 25 % verminderte Investitionskosten für thermische Maßnahmen

10,64 (2013) → 11,17 (2018) → **9,56**

3%-Steigerung: 10,64 (2013) → 10,33 (2018) → **9,21**

9.1.5 25 % erhöhter Diskontsatz

10,64 (2013) → 11,17 (2018) → **11,24**

3%-Steigerung: 10,64 (2013) → 10,33 (2018) → **10.80**

9.1.6 25 % verminderter Diskontsatz

10,64 (2013) → 11,17 (2018) → **10,55**

3%-Steigerung: 10,64 (2013) → 10,33 (2018) → **9,58**

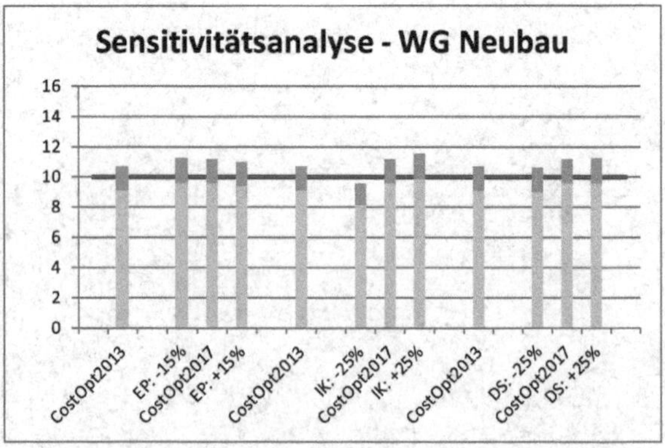

Abbildung 14: Ergebnisse der Sensitivitätsanalyse (WG – Neubau)
[EP … Energiepreis; IK … Investitionskosten; DS … Diskontsatz]

9.2 Wohngebäude – Größere Renovierung

9.2.1 15 % erhöhte Energiepreissteigerung

16,94 (2013) → 18,94 (2018) → **18,72**

9.2.2 15 % verminderte Energiepreissteigerung

16,94 (2013) → 18,94 (2018) → **19,32**

9.2.3 25 % erhöhte Investitionskosten für thermische Maßnahmen

16,94 (2013) → 18,94 (2018) → **20,48**

3%-Steigerung: 16,94 (2013) → 18,18 (2018) → **19,70**

9.2.4 25 % verminderte Investitionskosten für thermische Maßnahmen

16,94 (2013) → 18,94 (2018) → **17,22**

3%-Steigerung: 16,94 (2013) → 18,18 (2018) → **16,88**

9.2.5 25 % erhöhter Diskontsatz

16,94 (2013) → 18,94 (2018) → **19,78**

3%-Steigerung: 16,94 (2013) → 18,18 (2018) → **18,86**

9.2.6 25 % verminderter Diskontsatz

16,94 (2013) → 18,94 (2018) → **18,16**

3%-Steigerung: 16,94 (2013) → 18,18 (2018) → **17,70**

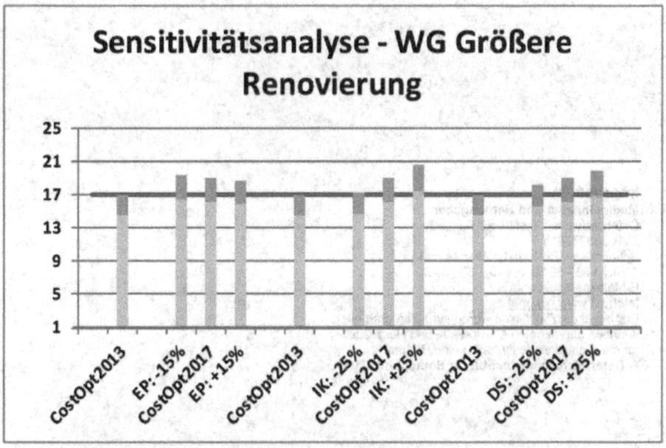

Abbildung 15: Ergebnisse der Sensitivitätsanalyse (WG – Renovierung)
[EP … Energiepreis; IK … Investitionskosten; DS … Diskontsatz]

Impressum
Medieninhaber und Herausgeber:
Österreichisches Institut für Bautechnik
ZVR 383773815
Schenkenstraße 4, 1010 Wien, Austria
T +43 1 533 65 50, F +43 1 533 64 23
E-Mail: mail@oib.or.at
Internet: www.oib.or.at

www.oib.or.at

RICHTLINIEN DES ÖSTERREICHISCHEN
INSTITUTS FÜR BAUTECHNIK

OiB richtlinien

OIB-RICHTLINIE
6

Energieeinsparung und Wärmeschutz

Nationaler Plan
OIB-330.6-005/18

FEBRUAR **2018**

OIB-Dokument

zur Definition des
Niedrigstenergiegebäudes
und zur
Festlegung von Zwischenzielen
in einem

Nationalen Plan

gemäß
Artikel 9 (3) zu 2010/31/EU

Erste Revision nach 5 Jahren

[illegible]

Diese Richtlinie basiert auf den Beratungsergebnissen der von der Landesamtsdirektorenkonferenz zur Ausarbeitung eines Vorschlages zur Harmonisierung bautechnischer Vorschriften eingesetzten Länderexpertengruppe. Die Arbeit dieses Gremiums wurde vom OIB in Entsprechung des Auftrages der Landesamtsdirektorenkonferenz im Sinne des § 3 Abs. 1 Z 7 der Statuten des OIB koordiniert und im Sachverständigenbeirat für bautechnische Richtlinien fortgeführt. Die Beschlussfassung der Richtlinie erfolgte gemäß § 8 Z 12 der Statuten durch die Generalversammlung des OIB.

OIB-Dokument

zur Definition des Niedrigstenergiegebäudes und zur Festlegung von Zwischenzielen in einem

Nationalen Plan

gemäß Artikel 9 (3) zu 2010/31/EU

Erste Revision nach 5 Jahren

2018-02-20

1 Vorbemerkungen 2
2 Mindestanforderungen an die Gesamtenergieeffizienz – Neubau 2
3 Mindestanforderungen an die Gesamtenergieeffizienz – Größere Renovierung 3
4 Mindestanforderungen an die Gesamtenergieeffizienz – Einzelbauteilsanierung 4
5 Begriffsbestimmungen 4

1 Vorbemerkungen

Das gegenständliche Dokument stellt die erste Revision des OIB-Dokumentes zur Definition des Niedrigstenergiegebäudes und zur Festlegung von Zwischenzielen in einem Nationalen Plan vom März 2013/14 gemäß Artikel 9 (3) zu RL 2010/31/EU (EPBD) dar. Es berücksichtigt die Ergebnisse der ersten Revision 2018 des OIB-Dokumentes zum Nachweis der Kostenoptimalität der Anforderungen der OIB-RL 6 bzw. des Nationalen Plans gemäß Artikel 5 zu 2010/31/EU.

2 Mindestanforderungen an die Gesamtenergieeffizienz – Neubau

Als OIB-Anforderung für **<u>Wohngebäude</u>** gelten folgende Anforderungen:

	$HWB_{Ref,zul}$ [kWh/m²a]	EEB_{zul} [kWh/m²a]	$f_{GEE,zul}$ [-]	$PEB_{HEB,zul,n.ern.}$ (1) [kWh/m²a]
derzeit gültig	$14 \times (1 + 3{,}0 / \ell_c)$	mittels $HTEB_{Ref}$		41
		oder		
	$16 \times (1 + 3{,}0 / \ell_c)$		0,85	
ab Inkrafttreten der OIB-RL6:2019 (2)	$12 \times (1 + 3{,}0 / \ell_c)$	mittels $HTEB_{Ref}$		
		oder		
	$16 \times (1 + 3{,}0 / \ell_c)$		0,80	
1.1.2021 (nstEH)	$10 \times (1 + 3{,}0 / \ell_c)$	mittels $HTEB_{Ref}$		
		oder		
	$16 \times (1 + 3{,}0 / \ell_c)$		0,75	

(1) … im Sinne der RL 2010/31/EU (EPBD) ohne Haushaltstrombedarf und für hocheffiziente alternative Energiesysteme, wobei auch Erträge, die zur Reduktion des Haushaltstrombedarfs erwirtschaftet werden, begrenzt anrechenbar sind

(2) … ab der jeweiligen landesgesetzlichen Umsetzung

Als OIB-Anforderung für **<u>Bürogebäude</u>** gelten folgende Anforderungen, für andere Nicht-Wohngebäude gelten analoge Anforderungen in Abhängigkeit von deren Nutzungsprofilen:

	$HWB_{Ref,zul}$ (1) [kWh/m²a]	EEB_{zul} [kWh/m²a]	$f_{GEE,zul}$ [-]	$PEB_{HEB+BelEB,zul,n.ern.}$ (2) [kWh/m²a]
derzeit gültig	$14 \times (1 + 3{,}0 / \ell_c)$	mittels $HTEB_{Ref}$		84
		oder		
	$16 \times (1 + 3{,}0 / \ell_c)$		0,85	
ab Inkrafttreten der OIB-RL6:2019 (2)	$12 \times (1 + 3{,}0 / \ell c)$	mittels $HTEB_{Ref}$		
		oder		
	$16 \times (1 + 3{,}0 / \ell_c)$		0,80	
1.1.2021 (nstEH)	$10 \times (1 + 3{,}0 / \ell_c)$	mittels $HTEB_{Ref}$		
		oder		
	$16 \times (1 + 3{,}0 / \ell_c)$		0,75	

(1) … bezogen auf 3 m Raumhöhe

(2) … im Sinne der RL 2010/31/EU (EPBD) ohne Betriebsstrombedarf und für hocheffiziente alternative Energiesysteme, wobei auch Erträge, die zur Reduktion des Betriebsstrombedarfs erwirtschaftet werden, begrenzt anrechenbar sind

Diese Werte können für den Fall notwendiger Kühltechnik um 16 kWh/m²a bezogen auf eine Geschoßhöhe von 3 m erhöht werden.

3 Mindestanforderungen an die Gesamtenergieeffizienz – Größere Renovierung

Als OIB-Anforderung für **Wohngebäude** gelten folgende Anforderungen:

	$HWB_{Ref,zul}$ [kWh/m²a]	EEB_{zul} [kWh/m²a]	$f_{GEE,zul}$ [-]	$PEB_{HEB,zul,n.em.}$ (1) [kWh/m²a]
derzeit gültig	$21 \times (1 + 2,5 / \ell_c)$	mittels $HTEB_{Ref}$		44
	oder			
	$25 \times (1 + 2,5 / \ell_c)$		1,05	
ab Inkrafttreten der OIB-RL6:2019 (2)	$19 \times (1 + 2,7 / \ell_c)$	mittels $HTEB_{Ref}$		
	oder			
	$25 \times (1 + 2,5 / \ell_c)$		1,00	
1.1.2021	$17 \times (1 + 2,9 / \ell_c)$	mittels $HTEB_{Ref}$		
	oder			
	$25 \times (1 + 2,5 / \ell_c)$		0,95	

(1) … im Sinne der RL 2010/31/EU (EPBD) ohne Haushaltsstrombedarf und für hocheffiziente alternative Energiesysteme, wobei auch Erträge, die zur Reduktion des Haushaltsstrombedarfs erwirtschaftet werden, begrenzt anrechenbar sind

(2) … ab der jeweiligen landesgesetzlichen Umsetzung

Von diesen Mindestanforderungen darf abgewichen werden, wenn erforderliche Maßnahmen aus bautechnischen oder baurechtlichen Gründen nicht durchführbar sind.

Als OIB-Anforderung für **Bürogebäude** gelten bis inklusive 2020, für andere Nicht-Wohngebäude gelten analoge Anforderungen in Abhängigkeit von deren Nutzungsprofilen:

	$HWB_{Ref,zul}$ [kWh/m²a]	EEB_{zul} [kWh/m²a]	$f_{GEE,zul}$ [-]	$PEB_{HEB+BelEB,zul,n.em.}$ (1) [kWh/m²a]
derzeit gültig	$21 \times (1 + 2,5 / \ell_c)$	mittels $HTEB_{Ref}$		87
	oder			
	$25 \times (1 + 2,5 / \ell_c)$		1,05	
ab Inkrafttreten der OIB-RL6:2019 (2)	$19 \times (1 + 2,7 / \ell_c)$	mittels $HTEB_{Ref}$		
	oder			
	$25 \times (1 + 2,5 / \ell_c)$		1,00	
1.1.2021	$17 \times (1 + 2,9 / \ell_c)$	mittels $HTEB_{Ref}$		
	oder			
	$25 \times (1 + 2,5 / \ell_c)$		0,95	

(1) … bezogen auf 3 m Raumhöhe

(2) … im Sinne der RL 2010/31/EU (EPBD) ohne Betriebsstrombedarf und für hocheffiziente alternative Energiesysteme, wobei auch Erträge, die zur Reduktion des Betriebsstrombedarfs erwirtschaftet werden, begrenzt anrechenbar sind

Diese Werte können für den Fall notwendiger Kühltechnik um 16 kWh/m²a bezogen auf eine Geschoßhöhe von 3 m erhöht werden.

Von diesen Mindestanforderungen darf abgewichen werden, wenn erforderliche Maßnahmen aus bautechnischen oder baurechtlichen Gründen nicht durchführbar sind.

4 Mindestanforderungen an die Gesamtenergieeffizienz – Einzelbauteilsanierungen

Einzelbauteilsanierungen bzw. der Tausch oder Einbau einzelner Komponenten des gebäudetechnischen Systems haben derart zu erfolgen, dass unter Berücksichtigung dieser Einzelmaßnahmen die obigen Zielwertanforderungen mit weiteren – aber nicht zeitgleich durchgeführten – Maßnahmen erreicht werden können.

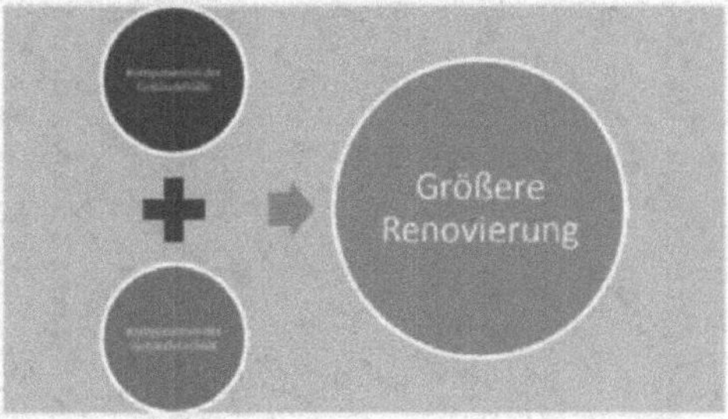

5 Begriffsbestimmungen

Es gelten die Begriffsbestimmungen des Dokumentes „OIB-Richtlinien – Begriffsbestimmungen".

Impressum

Medieninhaber und Herausgeber:
Österreichisches Institut für Bautechnik
ZVR 383773815
Schenkenstraße 4, 1010 Wien, Austria
T +43 1 533 65 50, F +43 1 533 64 23
E-Mail: mail@oib.or.at
Internet: www.oib.or.at

OIB

www.oib.or.at

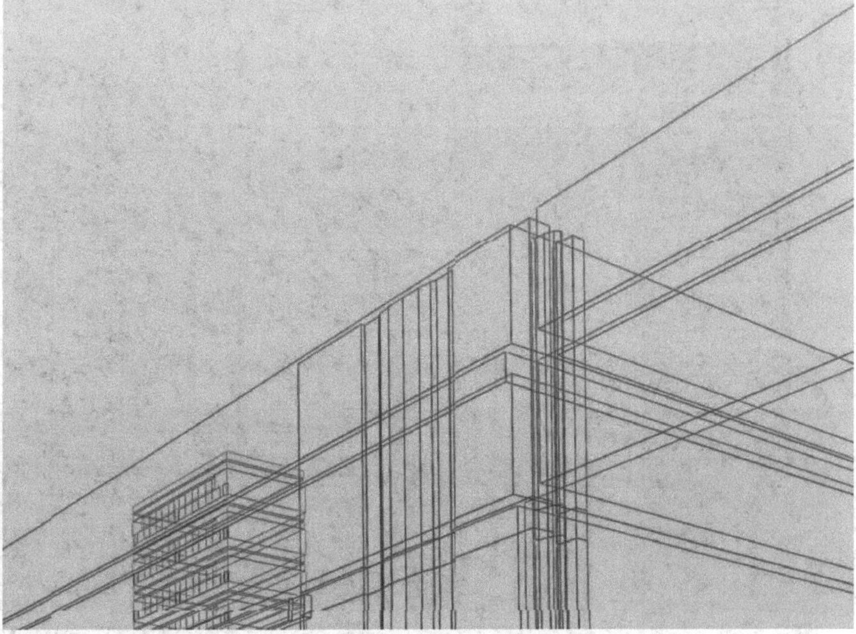

RICHTLINIEN DES ÖSTERREICHISCHEN
INSTITUTS FÜR BAUTECHNIK

OIB richtlinien

OIB-RICHTLINIE

6

Energieeinsparung und Wärmeschutz

Nationales
Begleitdokument
zu ISO-Anhängen
OIB-330.6-096/19-035

NOVEMBER **2022**

Diese Richtlinie basiert auf den Beratungsergebnissen der von der Landesamtsdirektorenkonferenz zur Ausarbeitung eines Vorschlages zur Harmonisierung bautechnischer Vorschriften eingesetzten Länderexpertengruppe. Die Arbeit dieses Gremiums wurde vom OIB in Entsprechung des Auftrages der Landesamtsdirektorenkonferenz im Sinne des § 3 Abs. 1 Z 7 der Statuten des OIB koordiniert und im Sachverständigenbeirat für bautechnische Richtlinien fortgeführt. Die Beschlussfassung der Richtlinie erfolgte gemäß § 8 Z 12 der Statuten durch die Generalversammlung des OIB.

OIB-Richtlinie 6

Ausgabe: April 2019

Nationales Begleitdokument zu ISO-Anhängen

zur Eingabe und zur Verfahrensauswahl gemäß EN ISO 52000-1 (ISO 52000-1:2017), EN ISO 52003-1 (ISO 52003-1:2017), EN ISO 52010-1 (ISO 52010-1:2017), EN ISO 52016-1 (ISO 52016-1:2017) und EN ISO 52018-1 (ISO 52018-1:2017)

November 2022

0 Vorbemerkungen ... 2
1 Datenblatt zur Eingabe und zur Verfahrensauswahl gemäß EN ISO 52000-1 ... 5
2 Datenblatt zur Eingabe und zur Verfahrensauswahl gemäß EN ISO 52003-1 ... 16
3 Datenblatt zur Eingabe und zur Verfahrensauswahl gemäß EN ISO 52010-1 ... 18
4 Datenblatt zur Eingabe und zur Verfahrensauswahl gemäß EN ISO 52016-1 ... 20
5 Datenblatt zur Eingabe und zur Verfahrensauswahl gemäß EN ISO 52018-1 ... 35
6 Quellen ... 38

0 Vorbemerkungen

Hintergrund

Gemäß ISO 52000-1, ISO 52003-1, ISO 52010-1, ISO 52016-1 und ISO 52018-1 haben die Mitgliedstaaten die Möglichkeit, entweder die nationalen Anhänge A dieser ISO-Normen im Zuge eines nationalen Anhanges A in den entsprechenden ÖNORMen zu befüllen oder Datenblätter mit den nationalen oder regionalen Werten und Auswahlmöglichkeiten, die der Vorlage in Anhang A entsprechen, zu erstellen.

Die österreichischen Bundesländer haben sich für den zweiten Weg entschieden und haben mit dem gegenständlichen Dokument derartige Datenblätter erstellt, die als OIB-Dokumente eine detaillierte Bezugnahme auf die genannten ISO-Normen vornehmen. Auf der Internetseite des Österreichischen Instituts für Bautechnik (OIB) im Bereich „OIB-Richtlinien" kann die jeweils aktuelle Fassung heruntergeladen werden (https://www.oib.or.at/de/oib-richtlinien/richtlinien/2019).

Umsetzung der Gesamtenergieeffizienz-Richtlinie von Gebäuden (EPBD) in Österreich

Die Umsetzung der Gesamtenergieeffizienz-Richtlinie von Gebäuden[1] (Energy performance of buildings directive – EPBD) erfolgt in Österreich auf verschiedenen Ebenen:

1. Die Umsetzung bezüglich der Vorlage eines Energieausweises bei Verkauf oder Vermietung fällt kompetenzrechtlich in die Zuständigkeit des Bundes. Daher gibt es die notwendigen bundesgesetzlichen Regelungen seit dem Jahr 2006[2] als Bundesgesetz über die Pflicht zur Vorlage eines Energieausweises beim Verkauf und bei der In-Bestand-Gabe von Gebäuden und Nutzungsobjekten (Energieausweis-Vorlage-Gesetz – EAVG), dessen geltende Fassung aus dem Jahr 2012[3] stammt. Ebenso wird die Bereitstellung unabhängigen Fachpersonals bundesrechtlich geregelt.

2. Die Festlegung der Energiekennzahlen und die Anforderungen an diese sowie der Erstellung des Energieausweises und dessen Aussehen fallen kompetenzrechtlich in die Zuständigkeiten der Bundesländer. Die notwendigen landesgesetzlichen Regelungen dazu basieren in ihren jeweiligen konkreten Fassungen auf der OIB-Richtlinie 6 „Energieeinsparung und Wärmeschutz". Diese Richtlinie basiert auf den Beratungsergebnissen der von der Landesamtsdirektorenkonferenz zur Ausarbeitung eines Vorschlages zur Harmonisierung bautechnischer Vorschriften eingesetzten Länderexpertengruppe. Die Arbeit dieses Gremiums wurde vom OIB in Entsprechung des Auftrages der Landesamtsdirektorenkonferenz im Sinne des § 3 Abs. 1 Z 7 der Statuten des OIB koordiniert und im Sachverständigenbeirat für bautechnische Richtlinien fortgeführt. Die Beschlussfassung der Richtlinie erfolgte gemäß § 8 Z 12 der Statuten durch die Generalversammlung des OIB. Die Methodik zur Ermittlung der Energiekennzahlen sowie zur Unterstützung begleitender Anforderungen zur OIB-Richtlinie 6 „Energieeinsparung und Wärmeschutz" werden in Österreich als Nationale Anwendungsdokumente (NAD) zu den jeweiligen Europäischen Normen erstellt. Dazu wurde vor der ersten Ausgabe der OIB-Richtlinie 6 „Energieeinsparung und Wärmeschutz" ein Vorschlag zur Methodik durch die Österreichische Energieagentur (mittlerweile Austrian Energy Agency) im Auftrag des OIB erstellt, wobei insbesondere Beiträge auch von der Technischen Universität Graz und der Technischen Universität Wien eingeflossen sind. Nach Fertigstellung dieses Entwurfes wurde dieser in thematisch gegliederte Nationale Anwendungsdokumente (ÖNORM) übergeführt. Sämtliche Inhalte haben sich immer an den Europäischen und Internationalen Normen orientiert und deren Inhalte in der Tradition der national gewohnten Weise angewandt und festgelegt. Darüberhinaus wurden in den Nationalen Anwendungsdokumenten notwendige Ergänzungen vorgenommen.

---

[1] Richtlinie 2002/91/EG des Europäischen Parlaments und des Rates vom 16. Dezember 2002 über die Gesamtenergieeffizienz von Gebäuden und Richtlinie 2010/31/EU des Europäischen Parlaments und des Rates vom 19. Mai 2010 über die Gesamtenergieeffizienz von Gebäuden (Neufassung) sowie Richtlinie (EU) 2018/844 des Europäischen Parlaments und des Rates vom 30. Mai 2018 zur Änderung der Richtlinie 2010/31/EU über die Gesamtenergieeffizienz von Gebäuden und der Richtlinie 2012/27/EU über Energieeffizienz

[2] 137. Bundesgesetz über die Pflicht zur Vorlage eines Energieausweises beim Verkauf und bei der In-Bestand-Gabe von Gebäuden und Nutzungsobjekten (Energieausweis-Vorlage-Gesetz – EAVG), ausgegeben am 3. August 2006

[3] 27. Bundesgesetz über die Pflicht zur Vorlage eines Energieausweises beim Verkauf und bei der In-Bestand-Gabe von Gebäuden und Nutzungsobjekten (Energieausweis-Vorlage-Gesetz 2012 – EAVG 2012), ausgegeben am 20. April 2012

Bisherige Ausgaben der OIB-Richtlinie 6 „Energieeinsparung und Wärmeschutz":

- OIB-Richtlinie 6 „Energieeinsparung und Wärmeschutz", Ausgabe April 2007
- OIB-Richtlinie 6 „Energieeinsparung und Wärmeschutz", Ausgabe Oktober 2011
- OIB-Richtlinie 6 „Energieeinsparung und Wärmeschutz", Ausgabe März 2015
- OIB-Richtlinie 6 „Energieeinsparung und Wärmeschutz", Ausgabe April 2019

Zitierte Regelwerke zur OIB-Richtlinie 6 „Energieeinsparung und Wärmeschutz":

- ÖNORM B 8110-5 Wärmeschutz im Hochbau – Teil 5: Klimamodell und Nutzungsprofile
- ÖNORM B 8110-6-1 Wärmeschutz im Hochbau – Teil 6-1: Grundlagen und Nachweisverfahren – Heizwärmebedarf und Kühlbedarf
- ÖNORM H 5050-1 Gesamtenergieeffizienz von Gebäuden – Teil 1: Berechnung des Gesamtenergieeffizienzfaktors
- ÖNORM H 5056-1 Gesamtenergieeffizienz von Gebäuden – Teil 1: Heiztechnikenergiebedarf
- ÖNORM H 5057-1 Gesamtenergieeffizienz von Gebäuden – Teil 1: Raumlufttechnikenergiebedarf für Wohn- und Nichtwohngebäude
- ÖNORM H 5058-1 Gesamtenergieeffizienz von Gebäuden – Teil 1: Kühltechnikenergiebedarf
- ÖNORM H 5059-1 Gesamtenergieeffizienz von Gebäuden – Teil 1: Beleuchtungsenergiebedarf (Nationale Ergänzung zu ÖNORM EN 15193) – Schnellverfahren für die Berechnung

In all diesen Normen ist in den derzeit gültigen Fassungen auf der Grundlage des Mandates M/480[4] eine Entsprechungs- bzw. Bezugstabelle enthalten.

Eine absolute Besonderheit dieser Nationalen Anwendungsdokumente stellen die jeweiligen Teile 2 (ÖNORM # ####-2 – Teil 2) dar, in denen Ergebnisse zu vollständig beschriebenen Anwendungsfällen enthalten sind, die zur Validierung von Software-Programmen herangezogen werden können, aber auch zur Schulung für fachkundiges Personal.

3. Die Festlegungen bezüglich finanzieller Anreize, Marktschranken, Inspektionen gebäudetechnischer Systeme sowie des Aufbaus der Infrastruktur für nachhaltige Mobilität werden kompetenzrechtlich ebenfalls von den Bundesländern wahrgenommen. Deren Umsetzung erfolgt in unterschiedlichen Materiegesetzen in den 9 Bundesländern.

4. Die Berechnung des kostenoptimalen Niveaus und die langfristige Renovierungsstrategie finden sich unter https://www.oib.or.at/de/oib-richtlinien/richtlinien/2019.

[4] Auftrag an CEN, CENELEC und ETSI zur Erarbeitung und Annahme von Normen für eine Methodik zur Berechnung der integrierten Gesamtenergieeffizienz von Gebäuden sowie zur Förderung der Energieeffizienz von Gebäuden gemäß der Neufassung der Richtlinie 2010/31/EU über die Gesamtenergieeffizienz von Gebäuden (Brüssel, den 16. Dezember 2010 M/480 DE)

Festlegung einer Methode zur Berechnung der Gesamtenergieeffizienz von Gebäuden

Dem gemeinsamen allgemeinen Rahmen für die Berechnung der Gesamtenergieeffizienz von Gebäuden wurde in der dritten Fassung der Gesamtenergieeffizienz-Richtlinie von Gebäuden (EPBD) aus dem Jahr 2018 hinzugefügt: „Die Mitgliedstaaten beschreiben ihre nationale Berechnungsmethode gemäß den nationalen Anhängen der übergreifenden Normen, nämlich ISO 52000-1, 52003-1, 52010-1, 52016-1 und 52018-1, die im Rahmen des Normungsauftrags M/480 vom Europäischen Komitee für Normung (CEN) entwickelt wurden. Diese Bestimmung stellt keine rechtliche Kodifizierung der genannten Normen dar." Diese Aufgabe wurde parallel zur Umsetzung der Gesamtenergieeffizienz-Richtlinie von Gebäuden (EPBD) aus dem Jahr 2018 insbesondere parallel zu der OIB-Richtlinie 6, Ausgabe April 2019 und den zugehörigen Normen als internes Dokument nach der Vorlage aus den Anhängen A der Dokumente

a) ÖNORM EN ISO 52000-1 (Ausgabe: 2018-02-01) Energieeffizienz von Gebäuden – Festlegungen zur Bewertung der Energieeffizienz von Gebäuden – Teil 1: Allgemeiner Rahmen und Verfahren (ISO 52000-1:2017),
b) ÖNORM EN ISO 52003-1 (Ausgabe: 2018-02-01) Energieeffizienz von Gebäuden – Indikatoren, Anforderungen, Kennwerte und Ausweise – Teil 1: Allgemeine Aspekte und Anwendung auf die Gesamtenergieeffizienz (ISO 52003-1:2017),
c) ÖNORM EN ISO 52010-1 (Ausgabe: 2018-02-01) Energieeffizienz von Gebäuden – Äußere Umweltbedingungen – Teil 1: Umrechnung von Wetterdaten für Energieberechnungen (ISO 52010-1:2017),
d) ÖNORM EN ISO 52016-1 (Ausgabe: 2018-02-01) Energetische Bewertung von Gebäuden – Berechnung des Energiebedarfs für Heizung und Kühlung, Innentemperaturen sowie der Heiz- und Kühllast in einem Gebäude oder einer Gebäudezone – Teil 1: Berechnungsverfahren (ISO 52016-1:2017) und
e) ÖNORM EN ISO 52018-1 (Ausgabe: 2018-02-01) Energieeffizienz von Gebäuden – Indikatoren für EPB-Teilanforderungen im Hinblick auf die Wärmeenergiebilanz und Funktionen der Bausubstanz – Teil 1: Überblick über die Möglichkeiten (ISO 52018-1:2017)

erstellt, um die Verfahrensauswahl, die erforderlichen Eingabedaten und die Verweisungen auf andere Dokumente zu dokumentieren.

Das gegenständliche Dokument wird laufend verbessert und den jeweils aktuellen Methoden und allenfalls auftretenden Fragestellungen angepasst.

1 Datenblatt zur Eingabe und zur Verfahrensauswahl gemäß EN ISO 52000-1

1.1 Tabelle A.1: Verweisungen

Die Tabelle A.1 wird in Folge ihrer Komplexität in zwei Teile geteilt und in Übereinstimmung mit den Nationalen Anwendungsnormen formatiert.

1.1.1 Tabelle A.1a Verweisungen betreffend die Module 1 (M1) und 2 (M2)

Untermodul	Beschreibung			Beschreibung	
		M1			M2
1	Allgemeines	OIB-Richtlinie 6 ÖNORM H 5050-1+2	1	Allgemeines	
2	Begriffe, Symbole, Einheiten	OIB-Richtlinie 6 ÖNORM H 5050-1+2	2	Gebäudeenergiebedarf	ÖNORM B 8110-6-1+2 ÖNORM B 8110-3 ÖNORM H 5050-1+2
3	Anwendungen	OIB-Richtlinie 6 ÖNORM H 5050-1+2	3	(Freie) Innenraum-bedingungen ohne Systeme	ÖNORM B 8110-6-1+2 ÖNORM H 5050-1+2 ÖNORM B 8110-3
4	Arten der Darstellung	OIB-Richtlinie 6 ÖNORM H 5050-1+2	4	Arten der Darstellung	OIB-Richtlinie 6 ÖNORM H 5050-1+2
5	Gebäudekategorien	OIB-Richtlinie 6 ÖNORM B 8110-5 ÖNORM H 5050-1+2	5	Wärmeübertragung durch Transmission	EN ISO 13789 EN ISO 13370 EN ISO 6946 EN ISO 10211 EN ISO 14683 EN ISO 10077-1+2 EN ISO 12631
6	Gebäudebelegung und Betriebsbedingungen	ÖNORM B 8110-5	6	Wärmeübertragung durch Infiltration und Lüftung	ÖNORM B 8110-6-1+2 ÖNORM H 5057-1 ÖNORM H 5057-2
7	Kumulation von Energie-versorgungsarten und Energieträgern	OIB-Richtlinie 6 ÖNORM H 5050-1+2	7	Interne Wärmegewinne	ÖNORM B 8110-5
8	Zonierung von Gebäuden	OIB-Richtlinie 6 ÖNORM B 8110-6-1+2 ÖNORM H 5050-1+2	8	Solare Wärmegewinne	ÖNORM B 8110-6-1+2
9	Berechnete Energieeffizienz	OIB-Richtlinie 6 ÖNORM H 5050-1, ÖNORM H 5050-2	9	Gebäudedynamik (thermisch wirk-same Masse)	ÖNORM B 8110-3
10	Gemessene Energieeffizienz	EN ISO 52000-1	10	Gemessene Energieeffizienz	
11	Inspektion		11	Inspektion	EN 13187 EN ISO 6781-3 EN ISO 9972 ÖNORM B 9972 EN ISO 12569
12	Arten der Darstellung der Behaglichkeit	EN 15251			
13	Äußere Umgebungs-bedingungen	ÖNORM B 8110-5			
14	Wirtschaftliche Berechnung	EN 15459-1 ÖNORM B 8110-4 ÖNORM M 7140			

1.1.2 Tabelle A.1b Verweisungen betreffend die Module 3 (M3) bis 11 (M11)

Untermodul	Beschreibung	Heizung	Kühlung	Lüftung	Be- und Entfeuchtung	Trinkwasser	Beleuchtung	Gebäudeautomation und Steuerung	Photovoltaik, Windenergie-anlagen und dgl.
		M3	M4	M5	M6+7	M8	M9	M10	M11
1	Allgemeines	ÖNORM B 8110-5 ÖNORM H 5056-1+2	ÖNORM B 8110-5 ÖNORM H 5058-1+2	ÖNORM B 8110-5 ÖNORM H 5057-1+2	ÖNORM B 8110-5 ÖNORM H 5057-1+2	ÖNORM B 8110-5 ÖNORM H 5056-1+2	ÖNORM B 8110-5 ÖNORM H 5059-1+2	EN 15232-1	
2	Bedarf	ÖNORM H 5056-1+2	ÖNORM H 5058-1+2	ÖNORM H 5057-1+2	ÖNORM H 5057-1+2	ÖNORM H 5056-1+2	ÖNORM H 5059-1+2 EN 15193-1		
3	Höchstlast	ÖNORM H 7500-1 EN 12831-3	ÖNORM H 6040			ÖNORM H 5151-1 EN 12831-3			
4	Arten der Darstellung	OIB-Richtlinie 6 ÖNORM H 5050-1+2	OIB-Richtlinie 6 ÖNORM H 5050-1+2	OIB-Richtlinie 6 ÖNORM H 5050-1+2	OIB-Richtlinie 6 ÖNORM H 5050-1+2	OIB-Richtlinie 6 ÖNORM H 5050-1+2		EN 15232-1	
5	Emission + Regelung	ÖNORM H 5056-1+2	ÖNORM H 5058-1+2	ÖNORM H 5057-1+2		ÖNORM H 5056-1+2		EN 15232-1	
6	Verteilung + Regelung	ÖNORM H 5056-1+2	ÖNORM H 5058-1+2	ÖNORM H 5057-1+2		ÖNORM H 5056-1+2		EN 15232-1	
7	Speicherung + Reglung	ÖNORM H 5056-1+2	ÖNORM H 5058-1+2	ÖNORM H 5057-1+2		ÖNORM H 5056-1+2		EN 15232-1	
8	Erzeugung + Regelung	ÖNORM H 5056-1+2	ÖNORM H 5058-1+2	ÖNORM H 5057-1+2	ÖNORM H 5057-1+2	ÖNORM H 5056-1+2		EN 15232-1	ÖNORM H 5056-1 ÖNORM H 5056-2
9	Lastverteilung + Betriebsbe-dingungen							EN 15232-1	
10	Gemessene Energie-effizienz	EN 15378-3				EN 15378-1	EN 15193-1	EN 15232-1	
11	Inspektion	EN 15378-1	EN 16798-17	EN 16798-17	EN 16798-17	EN 15378-1	EN 15193-1		
12	Gebäude-management-systeme								
13									
14									

1.2 **Tabelle A.2: Arten der Energieeffizienzbewertung nach Gebäudekategorie und Anwendung**

Anwendung	Gebäudekategorie	Art der Bewertung	Bedingungen
Neubau	alle Kategorien	berechnet	Einhaltung der Mindestanforderungen*)
Größere Renovierung	alle Kategorien	berechnet	Einhaltung der Mindestanforderungen*)
Einzelmaßnahme(n)	alle Kategorien	berechnet	Einhaltung der Mindestanforderungen*)
In-Bestand-Gabe	alle Kategorien	berechnet	
Aushangpflicht	alle Kategorien	berechnet	

*) Auf die Einhaltung der Mindestanforderungen ist unabhängig von der Art des Bauverfahrens (Baubewilligung, Bauanzeige oder nur Einhaltung) zu achten.

1.3 **Tabelle A.3: Objekttypen**

EPB_OBJECT_TYPE			
Typ	**Beschreibung**	**Untermenge**	**Bemerkungen**
EPB_OBJECT_BLDNG_TOT	Ganzes Gebäude	1	
EPB_OBJECT_BLDNG_UNIT	Gebäudeeinheit	n	z.B. eine Stiege mehrerer in einem Zuge errichteter Wohnhausanlagen oder ein Reihenhaus einer in einem Zuge errichteter Reihenhausanlage
EPB_OBJECT_BLDNG_PART	Gebäudeteil	n	z.B. eine Wohnung in einem Mehrfamilienhaus oder in einem Geschoßwohnbau
EPB_OBJECT_CAT_RES	Wohngebäude (WG)	3	Nutzungsprofile gemäß ÖNORM B 8110-5
EPB_OBJECT_CAT_NRES	Nicht-Wohngebäude (NWG)	9	Nutzungsprofile gemäß ÖNORM B 8110-5
EPB_OBJECT_USER_OTHER	Sonstige Arten Energieverbrauchender Gebäude (SKG)	1	ohne Nutzungsprofil

1.4 **Tabelle A.4: Gebäudekategorien**

BLDNGCAT_TYPE		
Typ	**Beschreibung**	**Bemerkungen**
BLDNGCAT_RES_SINGLE	Wohngebäude mit einer oder zwei Nutzungseinheiten	EFH
BLDNGCAT_RES_APPBLOCK	Wohngebäude mit drei bis neun Nutzungseinheiten	MFH
BLDNGCAT_RES_APP-BLOCK_LARGE	Wohngebäude mit zehn und mehr Nutzungseinheiten	GWB
BLDNGCAT_OFF	Bürogebäude	---
BLDNGCAT_EDUC	Bildungseinrichtungen	---
BLDNGCAT_HOSP	Krankenhäuser	---
BLDNGCAT_RES_COLL	Heime	---
BLDNGCAT_HOTEL	Beherbergungsbetriebe und Gaststätten	---
BLDNGCAT_MULT	Veranstaltungsstätten und Mehrzweckgebäude	---
BLDNGCAT_SPORT	Sportstätten	---
BLDNGCAT_RETAIL	Verkaufsstätten	---
BLDNGCAT_OTHERS	Sonstige konditionierte Gebäude	---

1.5 **Tabelle A.5: In die EPB-Bewertung einbezogene Gebäudekategorien**

Gebäudekategorien	Bezeichner	in die EPB-Bewertung einbezogen[*)]
Wohngebäude (WG)		
Wohngebäude mit einer oder zwei Nutzungseinheiten	*BLDNGCAT_RES_SINGLE*	ja
Wohngebäude mit drei bis neun Nutzungseinheiten	*BLDNGCAT_RES_APPBLOCK*	ja
Wohngebäude mit zehn und mehr Nutzungseinheiten	*BLDNGCAT_RES_APPBLOCK_LARGE*	ja
Nicht-Wohngebäude (NWG)		
Bürogebäude	*BLDNGCAT_OFF*	ja
Bildungseinrichtungen	*BLDNGCAT_EDUC*	ja
Krankenhäuser	*BLDNGCAT_HOSP*	ja
Heime	*BLDNGCAT_RES_COLL*	ja
Beherbergungsbetriebe	*BLDNGCAT_ACC*	ja
Gaststätten	*BLDNGCAT_HOTEL*	ja
Veranstaltungsstätten und Mehrzweckgebäude	*BLDNGCAT_MULT*	ja
Sportstätten	*BLDNGCAT_SPORT*	ja
Verkaufsstätten	*BLDNGCAT_RETAIL*	ja
Sonstige Arten Energie verbrauchender Gebäude (SKG)		
Sonstige konditionierte Gebäude	*BLDNGCAT_OTHERS*	ja
[*)] Gebäudekategorie, für die bestimmte Anforderungen an die Energieeffizienz zu erfüllen sind.		

1.6 **Tabelle A.6: Differenzierung nach Raumkategorien**

Typ	Auswahl	Bemerkungen
Differenzierung der Raumkategorien innerhalb eines Gebäudes	nein	Es erfolgt bei gemischten Nutzungen eine gewichtete Ermittlung der Energiekennzahlen

1.7 **Tabelle A.7: Raumkategorien (entfällt wegen Auswahl nein in Tabelle A.6)**

SPACECAT_TYPE		
Typ	Beschreibung	Bemerkungen
-	-	

1.8 **Tabelle A.8: Anwendungsarten**

EPB_APPLIC_TYPE		
Typ	Beschreibung	Bemerkungen
EPB_APPLIC_REQ	Energieausweis zum Nachweis der Einhaltung von Anforderungen an die Energieeffizienz	
EPB_APPLIC_CERTIF	Energieausweis für Verkauf und In-Bestand-Gabe bzw. Aushangverpflichtung	

1.9 **Tabelle A.9: Arten der EPB-Bewertung**

EPB_ASSESS_TYPE		
Typ	Beschreibung	Bemerkungen
Neubau	berechnet	Ziel der Erfüllung der Anforderungen
Größere Renovierung	berechnet	Ziel der Erfüllung der Anforderungen
Einzelmaßnahme(n)	berechnet	Ziel der Erfüllung der Anforderungen
In-Bestand-Gabe und Aushang	berechnet	

1.10 Tabelle A.10: Kombinationstypen der Versorgungen

EPB_LISTSERVICES_TYPE		
Typ	Beschreibung	Bemerkungen
WW	Warmwasser für WG und NWG	ÖNORM H 5056-1
RH	Raumheizung für WG und NWG	ÖNORM H 5056-1
BEF	Befeuchtung für NWG	ÖNORM H 5056-1
RK	Raumkühlung für NWG	ÖNORM H 5058-1
(ENTF)	(Entfeuchtung für NWG)	ÖNORM H 5057-1
BEL	Beleuchtung für NWG	ÖNORM H 5059-1

1.11 Tabelle A.11: Stromverbrauchsarten

Art der Elektroenergienutzung	Bezeichner
Direktheizung (Joule-Effekt) (Warmwasser)	Q_WW
Direktheizung (Joule-Effekt) (Raumheizung)	Q_RH, Q_IR_RH
Befeuchtungsenergie	Q_Bef
Kältebereitstellung	Q_KEB
Beleuchtungsenergie	Q_Bel
Hilfsenergie	Q_x_HE
nicht EPB-bezogene Nutzungen WG	HHSB
nicht EPB-bezogene Nutzungen NWG	BSB

1.12 Tabelle A.12: Arten der Stromerzeugung

Art der Elektroenergieerzeugung	Bezeichner
Photovoltaik	PV
Kraft-Wärme-Kopplung	KWK

1.13 Tabelle A.13: Brennwert einiger allgemein gebräuchlicher fester Brennstoffe

Brennstoff	Brennwert kWh/kg
Anthrazit	8,9 – 9,7
Steinkohle	4,7 – 6,9
Holzkohle	8,22
Koks	7,8 – 8,6
Braunkohle	4,2 – 8,3
Torf	3,6 – 5,6
Holz (trocken)	3,9 – 4,7
Übernahme aus der EN ISO 52000-1	

1.14 Tabelle A.14: Brennwert einiger allgemein gebräuchlicher flüssiger Brennstoffe

Brennstoff	Dichte kg/l	Brennwert kWh/kg
	Öl	
Heizöl, leicht	0,84 – 0,85	12,44
Heizöl, schwer	0,96	13,94 – 11,75
	Flüssiggas	
80 Propan : 20 Butan	0,52	13,83
70 Propan : 30 Butan	0,53	13,83
60 Propan : 40 Butan	0,53	13,81
50 Propan : 50 Butan	0,55	13,78
Handelsübliches Propan	0,51	13,89
Übernahme aus der EN ISO 52000-1		

1.15 Tabelle A.15: Brennwert einiger gasförmiger Energieträger

Brennstoff	Dichte kg/m³	Brennwert kWh/m³
Erdgas L	0,64	9,75 – 9,78
Erdgas H	0,61	11,41 – 11,47
Methan	0,55	11,06 – 11,08
Propan	1,56	28,03
Butan	2,09	37,19
Wasserstoff	0,09	39
Biogas	1,2	4 – 8
Übernahme aus der EN ISO 52000-1		

1.16 Tabelle A.16: Konversionsfaktoren (Gewichtungsfaktoren)

Energieträger	$f_{PE,n.ren.}$	$f_{PE,ren.}$	$f_{PE,tot}$	f_{CO2eq}
von einem standortfernen Ort zugeführt				
Kohle	1,46	0,00	1,46	375
Heizöl	1,20	0,00	1,20	310
Erdgas	1,10	0,00	1,10	247
Biomasse (Biobrennstoffe fest)	0,10	1,03	1,13	17
Biobrennstoffe flüssig (Inselbetrieb) (1)	0,50	1,00	1,50	70
Biobrennstoffe gasförmig (Inselbetrieb) (1),(2)	0,40	1,00	1,40	100
Strom (Liefermix)	1,02	0,61	1,63	227
Fernwärme aus Heizwerk (erneuerbar) (3)	0,28	1,32	1,60	59
Fernwärme aus Heizwerk (nicht erneuerbar) (3)	1,37	0,14	1,51	310
Fernwärme aus hocheffizienter KWK (3),(4)	0,00	0,88	0,88	75
Abwärme (3)	1,00	0,00	1,00	22
nicht Bestandteil der PE- bzw. THG-Bilanz (da nur Lieferenergie bewertet wird)				
von einem standortnahen Ort zugeführt				
nicht Bestandteil der PE- bzw. THG-Bilanz (da nur Lieferenergie bewertet wird)				
vom Gebäudestandort aus zugeführt				
nicht Bestandteil der PE- bzw. THG-Bilanz				
abgeführt				

(1) ... Unter Inselbetrieb sind hier ausschließlich Anlagen zu verstehen, bei denen auch die Produktion des Brennstoffes im Gebäude oder in unmittelbarer Nähe des Gebäudes stattfindet.

(2) ... Für Grüngas und Synthesegas sind Werte den Erläuternden Bemerkungen zu entnehmen.

(3) ... Im Falle eines Einzelnachweises sind die Randbedingungen den Erläuternden Bemerkungen zu entnehmen.

(4) ... Als hocheffiziente Kraft-Wärme-Kopplung (KWK) werden all jene angesehen, die der Richtlinie 2004/8/EG entsprechen.

1.17 Tabelle A.17: k_{exp}-Faktor

Beschreibung	Wert
k_{exp} Faktor, der dazu dient, zu regeln, welcher Teil der abgeführten Energie in die Energieeffizienz des Gebäudes einbezogen wird	0
Anmerkung: Es werden zwar allfällige PV-Strom Exporte im Energieausweis ausgewiesen (PV_EXPORT), aber diese haben keinen Einfluss auf die Energieeffizienzbewertung des Gebäudes, zumal in etlichen Bundesländern PV-Verpflichtungen bereits bestehen oder geplant sind.	

1.18 **Tabelle A.18: In die Berechnung der Energieeffizienz einzubeziehende Gebäudeversorgungen**

Kombinationstyp der Versorgungen	Auswahl: Einbeziehung in die Berechnung der Energieeffizienz	
Gebäudeversorgung	*EPB*_LISTSER-VICES_*RES*	*EPB*_LISTSER-VICES_*NRES*
Heizung	ja	ja
Kühlung	nein	ja
Lüftung	ja	ja
Befeuchtung	nein	ja
Entfeuchtung	nein	ja
Trinkwarmwasser	ja	ja
Beleuchtung	nein	ja
Außenbeleuchtung	nein	nein
Personentransport (z.B. Fahrstühle, Rolltreppen)	nein	nein
sonstige stromverbrauchende Versorgungen (z.B. Geräte)	ja (HHSB)	ja (BSB)
sonstige	nein	nein

1.19 **Tabelle A.19: Prinzip „auf Annahmen beruhendes/vorhandenes System“**

Verfahren		Auswahl
1	Prinzip „auf Annahmen beruhendes System“	nein
2	Prinzip „vorhandenes System“	ja
3	sonstiges Prinzip	nein

1.20 **Tabelle A.20: Bestimmung der nutzbaren Geschossfläche**

Spezifikation und/oder Verweisung auf weiterführende Dokumente
Die Methodik zur Bestimmung der nutzbaren Geschoßflächen ist definiert in der ÖNORM B 8110-6-1 (Ausgabe: 2019-01-15)

1.21 **Tabelle A.21: Art(en) von Metriken für die Gebäudegröße**

Größe	Einheit	Spezifikation und/oder Verweisung auf weiterführende Dokumente
Konditionierte Bruttogrundfläche (BGF)	m²	ÖNORM B 8110-6-1 (Ausgabe: 2019-01-15)
Konditioniertes Bruttovolumen (V)	m³	ÖNORM B 8110-6-1 (Ausgabe: 2019-01-15)
Bezugsfläche (BF)	m²	ÖNORM B 8110-6-1 (Ausgabe: 2019-01-15)
charakteristische Länge (ℓ_c)	m	ÖNORM B 8110-6-1 (Ausgabe: 2019-01-15)
Fläche der Gebäudehülle (A)	m²	ÖNORM B 8110-6-1 (Ausgabe: 2019-01-15)
(un)konditionierter Raum und Zone	-	ÖNORM B 8110-6-1 (Ausgabe: 2019-01-15)
Anmerkung: Ergänzende Festlegungen in der ÖNORM B 1800.		

1.22 **Tabelle A.22: Zum Bezugsmaß beitragende Raumkategorien**

Raumkategorien	Beitrag leistend?	Falls ja: (wahlfreier) Anteil der Größe, die zum Bezugsmaß beiträgt ($f_{ref,cat}$) Standardwert = 1
konditionierter Raum	ja	1
unkonditionierter Raum	nein	siehe Anmerkung
Anmerkung: Unkonditionierte Räume werden nur insofern berücksichtigt, dass bei der Berechnung der Transmissionswärmeverluste von Bauteilen zu unkonditionierten Räumen mit unterschiedlichen Temperaturkorrekturfaktor gerechnet wird. Die Bandbreite vom Temperaturkorrekturfaktor liegt je nach Bauteil und Richtung des Wärmestroms im Heizfall bei 0,5 bis 0,9 und im Kühlfall bei 1,0.		

1.23 Tabelle A.23: Festlegung der Perimeter

Energieträger		Festlegung des standortnahen Perimeters
Biobrennstoffe	fest	Ursprung standortfern
	flüssig	---
	gasförmig	---
Elektrizität		standortfern (ausgenommen PV- und KWK Strom am Gebäudestandort)
Fernwärme		standortnah im Sinne der EN ISO 52000-1
Fernkälte		standortnah im Sinne der EN ISO 52000-1

1.24 Tabelle A.24: Perimeter-Auswahl

Perimeter-Auswahlen	Auswahl zur RER-Berechnung (erneuerbare Energie)	Auswahl zur RER-Berechnung (Gesamtenergie)	Auswahl zur Berechnung der Energieeffizienz (zugeführte Energie)
am Gebäudestandort	ja (teilweise bei PV und KWK)	ja (teilweise bei PV und KWK)	ja (teilweise bei PV und KWK)
standortnah	ja	ja	ja
standortfern	ja	ja	ja

1.25 Tabelle A.25: Faktoren für die Umrechnung von Heizwert in Brennwert für Energieträger

Energieträger	Umrechnungsfaktor $f_{GCV/NCV}$ ($f_{Ho/Hu}$)
Öl	1,06
Gas	1,11
Kohle	1,04
Holz	1,08
Wasserstoff (ergänzen)	1,18

1.26 Tabelle A.26: In die Primärenergie- und CO_2-Emissionsfaktoren einbezogene Überhänge

		Primärenergie-faktoren	CO_2-Emissions-koeffizienten
Einbezogene Überhänge	Energie zur Gewinnung des Primärenergieträgers	ja	ja
	Energie für den Transport des Primärenergieträgers	ja	ja
	für alle sonstigen Arbeitsschritte verwendete Energie, die für die Energiezufuhr zum Gebäude erforderlich ist (z.B. Speicherung)	ja	ja
	Energie zum Aufbau, Betrieb und Abbau der Raffinierungseinheiten und/oder der Umwandlungseinheiten	ja	ja
	Energie zum Aufbau, Betrieb und Abbau der Transportanlage	ja	ja
	Energie zur Reinigung oder zur Entsorgung der Abfälle	ja	ja
	in Werkstoffe und Materialien eingebettete Energie	ja	ja
zusätzlich zum CO_2 einbezogene sonstige Treibhausgase		nicht anwendbar	ja CO2,eq.
anwendbar auf Kennwerte auf der Basis von		Brennwert	Brennwert

1.27 Tabelle A.27: Basis für die Energieeffizienz von Gebäuden

Basis für die Energieeffizienz von Gebäuden		Auswahl	Art der Anwendung
Neubau	1. Stufe	$U_{xx} \leq U_{xx,max}$	Einhaltung von Maximal-U-Werten
	2. Stufe	WG+NWG: $HWB_{Ref,RK} \leq 10\times(1+3/\ell_c)$ [NWG: $KB^{*}_{RK} \leq 1{,}0$ kWh/m³a]	Einhaltung des ℓ_c-abhängigen maximal zulässigen Referenz-HWB-Wertes (der dem kostenoptimalen Niveau entspricht)
		WG+NWG: $HWB_{Ref,RK} \leq 16\times(1+3/\ell_c)$ [NWG: $KB^{*}_{RK} \leq 1{,}0$ kWh/m³a]	Einhaltung des ℓ_c-abhängigen maximal zulässigen Referenz-HWB-Rückfall-Wertes (der mit Zusatzmaßnahmen auch dem kostenoptimalen Niveau entspricht)
	3. Stufe	WG+NWG: $EEB_{RK} \leq EEB_{max}$	Einhaltung des maximal zulässigen EEB-Wertes, der technologieabhängig mit einer Referenzausstattung auf der Grundlage des ℓ_c-abhängigen maximal zulässigen Referenz-HWB-Wertes ermittelt wird
		WG+NWG: $f_{GEE,RK} \leq 0{,}75$	Einhaltung des maximal zulässigen Gesamtenergieeffizienzfaktors, der technologieunabhängig das Äquivalent zur Einhaltung des maximal zulässigen EEB-Wertes darstellt
	auf nicht erneuerbaren Energien basierende	$E_{PE} \leq E_{PE,n.ren.,max}$	Einhaltung des maximal, zulässigen nicht erneuerbaren Primärenergiebedarfes (für hocheffiziente alternative Systeme) entsprechend dem Nationalen Plan (basierend auf dem kostenoptimalen Niveau)
Größere Renovierung	1. Stufe	$U_{xx} \leq U_{xx,max}$	Einhaltung von Maximal-U-Werten
	2. Stufe	WG+NWG: $HWB_{Ref,RK} \leq 17\times(1+2{,}9/\ell_c)$ [NWG: $KB^{*}_{RK} \leq 2{,}0$ kWh/m³a]	Einhaltung des ℓ_c-abhängigen maximal zulässigen Referenz-HWB-Wertes (der dem kostenoptimalen Niveau entspricht)
		WG+NWG: $HWB_{Ref,RK} \leq 25\times(1+2{,}5/\ell_c)$ [NWG: $KB^{*}_{RK} \leq 2{,}0$ kWh/m³a]	Einhaltung des ℓ_c-abhängigen maximal zulässigen Referenz-HWB-Rückfall-Wertes (der mit Zusatzmaßnahmen auch dem kostenoptimalen Niveau entspricht)
	3. Stufe	WG+NWG: $EEB_{RK} \leq EEB_{max}$	Einhaltung des maximal zulässigen EEB-Wertes, der technologieabhängig mit einer Referenzausstattung auf der Grundlage des ℓ_c-abhängigen maximal zulässigen Referenz-HWB-Wertes ermittelt wird
		WG+NWG: $f_{GEE,RK} \leq 0{,}95$	Einhaltung des maximal zulässigen Gesamtenergieeffizienzfaktors, der technologieunabhängig das Äquivalent zur Einhaltung des maximal zulässigen EEB-Wertes darstellt
	auf nicht erneuerbaren Energien basierende	$E_{PE} \leq E_{PE,n.ren.,max}$	Einhaltung des maximal, zulässigen nicht erneuerbaren Primärenergiebedarfes (für hocheffiziente alternative Systeme) entsprechend dem Nationalen Plan (basierend auf dem kostenoptimalen Niveau)

1.28 Tabelle A.28: Priorität für das Erzeugungssystem, Abführung

Prioritätsgrad für die Abführung	Prioritätsbezeichner	Bezeichner für die Erzeugungsart
Prioritätsgrad 1	Strom-Export aus PV	$Q_{PV,Export}$
Prioritätsgrad 2	Strom-Export aus KWK (neu seit 2019; noch nicht validiert)	$Q_{KWK,Export}$

1.29 **Tabelle A.29: Unterteilungsregeln**

Art der Zone/des Versorgungsbereichs	Allgemeine Regel	Spezifische Regeln (falls vorhanden)
thermische Zone	nutzbare Geschoßfläche, gewichtet	ÖNORM B 8110-6-1 und OIB-Dokumente
Versorgungsbereich der Heizungsanlage	nutzbare Geschoßfläche, gewichtet	ÖNORM H 5056-1 und OIB-Dokumente
Versorgungsbereich des Kühlsystems	nutzbare Geschoßfläche, gewichtet	ÖNORM H 5058-1 und OIB-Dokumente
Versorgungsbereich des Lüftungssystems	nutzbare Geschoßfläche, gewichtet	ÖNORM B 8110-6-1, ÖNORM H 5057-1 und OIB-Dokumente
Versorgungsbereich für Trinkwarmwasserbereitung	nutzbare Geschoßfläche, gewichtet	ÖNORM H 5056-1 und OIB-Dokumente
Versorgungsbereich für Beleuchtung	nutzbare Geschoßfläche, gewichtet	ÖNORM H 5059-1 und OIB-Dokumente

1.30 **Tabelle A.30: In der Energiebilanz des Gebäudes zu berücksichtigende Energieflüsse**

System oder Bauelement	Als zugeführte Energie gezählt? (ja/nein) [a]	Abgeführte Energie, die in Schritt B der Energieeffizienzbewertung berücksichtigt wird [b] (ja/nein)
Bedarf		
passive erneuerbare Energie	nein	---
am Gebäudestandort		
gebäudetechnische Anlagen am Gebäudestandort, die Energie aus erneuerbaren Quellen erzeugen	ja	---
von thermischen Sonnenkollektoren aufgefangene Sonnenenergie	ja	---
freie Kühlung als erneuerbare Energie	ja	---
mit Hilfe von Wärmepumpen aus der Umgebung aufgenommene Wärme	ja	---
standortnah	c	
Fernwärme	ja	---
Fernkälte	ja	---
standortfern	d	
Stromerzeugung aus erneuerbaren Quellen	ja	---
aus Biomasse erzeugte Wärme	ja	---

[a] Ein „nein" in der zweiten Spalte impliziert „nicht anwendbar" in der dritten Spalte.
[b] Achtung: wäre nur relevant, wenn $k_{exp} > 0$, aber $k_{exp} = 0$.
[c] Für den Fall, dass der Perimeter „standortnah" gewählt wird.
[d] Für den Fall, dass der Perimeter „standortfern" gewählt wird.

1.31 **Tabelle A.31: Elektrizitätsnutzungen, deren Bedarf nicht durch die Erzeugung am Gebäudestandort gedeckt wird**

Art der Stromerzeugung am Gebäudestandort	nicht zulässige Nutzungen	Bemerkungen
Bezeichner für die Stromerzeugungsart	*Bezeichner für die Elektrizitätsnutzung*	
Beleuchtung	Bel.	nicht zulässig über den maximal deckbaren Strombedarfsanteil (Deckungsgrad)*) hinaus
Hilfsenergie, RH (+RLT und Bef.)	RH,HE	
Hilfsenergie, WW	WW,HE	
Hilfsenergie, RK (+RLTund Entf.)	K,HE	
Hilfsenergie, Beleuchtung	Bel.,HE	
Raumheizung - Direktheizung (Joule-Effekt)	RH,el.	
Raumheizung - Strahlungsheizung (Joule-Effekt)	RH,IR,el.	
Raumheizung – el. betrieb. WP	RH,WP,el.	
Warmwasser - Direktheizung (Joule-Effekt)	WW,el.	
Warmwasser – el. betrieb. WP	WW,WP,el.	
nicht EPB-bezogene Nutzungen WG	HHSB	
nicht EPB-bezogene Nutzungen NWG	BSB	

*) ... Der max. deckbare Strombedarfsanteil trägt dem Zeitversatz zwischen Erzeugung (Ertragserwirtschaftung) und Nutzung der Elektrischen Energie im Gebäude Rechnung (siehe Tabelle A.32)

1.32 **Tabelle A.32: Anpassungsfaktor für die erzeugte und die genutzte Elektrizität**

Berechnungsintervall	Fall	Anpassungsfaktorfunktion und Parameter
monatlich	alle Gebäudekategorien	Der max. deckbare Strombedarfsanteil gemäß OIB-Richtlinie 6 Punkt 4.14 trägt in Analogie zu f_{match} dem Zeitversatz zwischen Erzeugung (Ertragserwirtschaftung) und Nutzung der Elektrischen Energie im Gebäude Rechnung (Berechnung gemäß ÖNORM H 5056-1 Punkt 11.3)

2 Datenblatt zur Eingabe und zur Verfahrensauswahl gemäß EN ISO 52003-1

2.1 Tabelle A.1: Verweisungen

Siehe dazu Punkt 1.1.

2.2 Tabelle A.2: Standardwahlmöglichkeiten hinsichtlich der Anforderungen an die Gesamtenergieeffizienz

Anwendung: Neubau und Größere Renovierung von Wohngebäuden und Nicht-Wohngebäuden		
Gesamtenergieeffizienz-Funktion	**Anforderung**	**Ausnahmen**
Gesamtverbrauch an Primärenergie	indirekt über $EEB_{RK,zul}$ bzw. $f_{GEE,RK,zul}$; siehe OIB-Richtlinie 6, Ausgabe April 2019 (OIB-330.6-026/19), Punkt 4.3, Diese Anforderung stellt sicher, dass von vornherein Energiesparmaßnahmen in ausreichendem Maße angewendet werden.	siehe OIB-Richtlinie 6, Ausgabe April 2019 (OIB-330.6-026/19), Punkt 1.2
Verbrauch nicht erneuerbarer Primärenergie	$PEB_{HEB,zul,n.ern.}$; siehe Nationaler Plan, Ausgabe Februar 2018 (OIB-330.6-005/18); diese ergänzende Anforderung stellt sicher, dass bei Verwendung eines hocheffizienten, alternativen Energiesystems der Verbrauch an nicht erneuerbarer Primärenergiebedarf begrenzt ist.	siehe OIB-Richtlinie 6, Ausgabe April 2019 (OIB-330.6-026/19), Punkt 1.2
Verbrauch erneuerbarer Primärenergie	indirekt über $EEB_{RK,zul}$ bzw. $f_{GEE,RK,zul}$; siehe OIB-Richtlinie 6, Ausgabe April 2019 (OIB-330.6-026/19), Punkt 4.3, Diese Anforderung stellt sicher, dass von vornherein Energiesparmaßnahmen in ausreichendem Maße angewendet werden.	siehe OIB-Richtlinie 6, Ausgabe April 2019 (OIB-330.6-026/19), Punkt 1.2
Anteil erneuerbarer Energie	Hinsichtlich der Anforderungen wurde in der OIB-Richtlinie 6, Ausgabe April 2019 (in Umsetzung der Richtlinie 2009/28/EG des Europäischen Parlaments und des Rates vom 23. April 2009 zur Förderung der Nutzung von Energie aus erneuerbaren Quellen und zur Änderung und anschließenden Aufhebung der Richtlinien 2001/77/EG und 2003/30/EG) im Punkt 5.2 festgelegt, der Forderung der Aufnahme geeigneter Maßnahmen in Bauvorschriften aufzunehmen, um den Anteil aller Arten von Energie aus erneuerbaren Quellen im Gebäudebereich zu erhöhen, nachkommt. Dabei sind entweder aktive Maßnahmen innerhalb der Systemgrenze Gebäude zu setzen oder es gilt diese Forderung durch Anwendung hocheffizienter alternativer Systeme gemäß Richtlinie 2010/31/EU des Europäischen Parlaments und des Rates vom 19. Mai 2010 über die Gesamtenergieeffizienz von Gebäuden (in der Fassung der Richtlinie (EU) 2018/844 des Europäischen Parlaments und des Rates vom 30. Mai 2018 zur Änderung der Richtlinie 2010/31/EU über die Gesamtenergieeffizienz von Gebäuden und der Richtlinie 2012/27/EU über Energieeffizienz) des Europäischen Parlaments und des Rates vom 19. Mai 2010 über die Gesamtenergieeffizienz von Gebäuden (Neufassung) in einem Ausmaß von mindestens 80 % als erfüllt.	siehe OIB-Richtlinie 6, Ausgabe April 2019 (OIB-330.6-026/19), Punkt 1.2

2.3 Tabelle A.3: Für die Anforderung an den Gesamtverbrauch an Primärenergie eingesetzter numerischer Indikator

Numerischer Indikator	**Auswahl**
Gesamtverbrauch an Primärenergie je nutzbare Geschossfläche [kWh/m²a]	$EEB_{RK,zul}$ → kommen hocheffiziente alternative System zum Einsatz ist die Einhaltung des $PEB_{HEB,RK,n.ern.}$ = 41 kWh/m²a aus dem Nationalen Plan sichergestellt
Gesamtverbrauch an Primärenergie E_{Ptot} [kWh]	—
Gesamtenergieeffizienz-Faktor f_{GEE}	Alternativ zum Nachweisweg über den EEB_{RK} besteht auch der Nachweisweg über den Gesamtenergieeffizienzfaktor f_{GEE}. Dieser ist das Verhältnis zwischen Endenergiebedarf EEB_{RK} und einem Referenz-Endenergiebedarf $EEB_{RK,2007}$. Dieser Nachweisweg schreibt technologieabhängig vor, dieses Verhältnis in analoger Weise zu unterschreiten wie gemäß dem Nachweisweg über den EEB_{RK}, eröffnet aber die Möglichkeit einer etwas schlechteren Hüllqualität bei gleichzeitiger Kompensation dieses Nachteils durch erhöhte Erwirtschaftung von Erträgen am Gebäudestandort (standortnah).(1)
(1) ... Der Gesamtenergieeffizienz-Faktor ist in ÖNORM H 5050-1 festgelegt	

2.4 **Tabelle A.4: Für die Anforderung an den Verbrauch nicht erneuerbarer Primärenergie eingesetzter numerischer Indikator**

Numerischer Indikator	Auswahl
Verbrauch nicht erneuerbarer Primärenergie je nutzbare Geschossfläche [kWh/m²]	$PEB_{HEB,RK,n.ern.}$ = 41 kWh/m²a
Verbrauch nicht erneuerbarer Primärenergie E_{Pnren} [kWh]	---

2.5 **Tabelle A.5: Für die Anforderung an den Verbrauch erneuerbarer Primärenergie eingesetzter numerischer Indikator**

Numerischer Indikator	Auswahl
Verbrauch erneuerbarer Primärenergie je nutzbare Geschossfläche [kWh/m²]	$EEB_{RK,zul}$ bzw. $f_{GEE,RK,zul}$ (1)
Verbrauch erneuerbarer Primärenergie E_{Pren} [kWh]	----
Gesamtenergieeffizienz-Faktor f_{GEE}	(2)
Wird ein weiterer Indikator eingesetzt, muss dieser eindeutig beschrieben und auf das Verfahren für seine Ermittlung präzise Bezug genommen werden: (1) ... indirekt über $EEB_{RK,zul}$ bzw. $f_{GEE,RK,zul}$; siehe OIB-Richtlinie 6, Ausgabe April 2019 (OIB-330.6-026/19), Punkt 4.3 (2) ... Der Gesamtenergieeffizienz-Faktor ist in ÖNORM H 5050-1 festgelegt	

2.6 **Tabelle A.6: Verfahren für die Ermittlung des Energieeffizienzkennwerts**

Verfahren	Auswahl
1. Standardverfahren für die Ermittlung des Energieeffizienzkennwerts mit zwei Bezugspunkten	ja
2. Standardverfahren für die Ermittlung des Energieeffizienzkennwerts mit einem einzigen Bezugspunkt	nein
3. Sonstiges Verfahren für die Ermittlung des Energieeffizienzkennwerts	nein
Im Fall von Verfahren 1:	**Parameter**
Teilklassen zur Erweiterung der Klassen	A wird erweitert auf A+ und A++
Position des Bezugswerts der Energieeffizienzverordnung R_r	zwischen Klasse B und C
Position des Bezugswerts für den Gebäudebestand R_s	zwischen Klasse D und E
Maß für den Bezugswert für den Gebäudebestand	mittlerer Energieverbrauch der Gebäude vor Einführung des Labelings im Energieausweis auf Referenzklima korrigiert
Position der *Energieeffizienz* = 0	Klasse A++
Im Fall von Verfahren 2:	**Parameter**
Teilklassen zur Erweiterung der Klassen	---
Grenze für die Bezugsposition n_{ref}	---
Im Fall von Verfahren 3:	**Verweisung**
Verweisung auf das Verfahren:	---

Dieses Verfahren wurde basierend auf dem HWB_{Ref} in Anlehnung an die statistischen Daten für den Raumheizenergieverbrauch RHEB erstellt, wobei das Verhältnis zwischen tatsächlichem Klima und Referenzklima berücksichtigt wurde und dieses Verfahren in Analogie auf die Energiekennzahlen PEB, CO_{2eq} und f_{GEE} angewandt wurde.

2.7 **Tabelle A.7: Grafische Darstellung des Energieeffizienzkennwerts**

Verfahren	Auswahl [a]
1. Standardmodell für die grafische Darstellung des Energieeffizienzkennwerts	ja
2. Sonstiges Modell für die grafische Darstellung des Energieeffizienzkennwerts	nein
Im Fall von Verfahren 2:	
Verweisung auf das Verfahren:	---

3 Datenblatt zur Eingabe und zur Verfahrensauswahl gemäß EN ISO 52010-1

3.1 Tabelle A.1: Verweisungen

Siehe dazu Punkt 1.1.

3.2 Tabelle A.2: Wetterstation und Klimadatensatz

Benennung	Wert					
Bezeichner für Klimadatensatz	halbsynthetisches Klimadatenmodell -Referenzklima/Standortklima-					
Station und/oder Benennung des Datensatzes	ÖNROM B 8110-5 Punkt 5.2 Standortklima (SK) in 7 Klimaregionen seehöhenabhängig: Region West (W), Region Nord – Föhngebiet (NF), Region Nord – außerhalb von Föhngebieten (N), Region alpine Zentrallage (ZA), Region Beckenlandschaften im Süden (SB), Region Südost – südlicher Teil (S/SO), Region Südost – nördlicher Teil (N/SO) Referenzklima (RK)					
	Symbol	Einheit	Wert	Gültigkeitsintervall	Ursprung	veränderlich
Geographische Breite	φ_W	°		Bundesgebiet	ÖNORM B 8110-5	nein
Geographische Länge [c]	λ_W			Bundesgebiet	ÖNORM B 8110-5	nein
Zeitzone	TZ	h	+1 MESZ	−12 bis +12	ÖNORM B 8110-5	nein
Erster Tag der Zeitserie (Tag im Jahr)	$n_{day;start}$	–	1	1 bis 366	ÖNORM B 8110-5	nein
Letzter Tag der Zeitserie (Tag im Jahr)	$n_{day;end}$	–	365	1 bis 366	ÖNORM B 8110-5	nein
Sommerzeit	(ohne Relevanz)					
Schalttag enthalten	nein (langjähriger Mittelwert)					
Verweisung auf Dokumentation zum Anwendungsbereich und zur Art der Daten	ÖNORM B 8110-5 [41] Auer, I., Böhm, R., Mohnl, H., Potzmann, R., Schöner, W., Skomorowski, P. ÖKLIM. Digitaler Klimaatlas Österreichs. Eine interaktive Reise durch die Vergangenheit, Gegenwart und Zukunft des Klimas (Klimakarten, Diagramme, Tabellen, erklärende Texte, Fotos, Videos und ein Glossar auf CD-ROM). Zentralanstalt für Meteorologie und Geodynamik, Wien, 2001 [42] Klimadatenkatalog, Allgemeine Grundlage (Theorie); Sonneneinstrahlungsdaten; Ergänzungen zur Lufttemperatur; Näheres zur Lufttemperatur für 10 Standorte Österreichs. Bundesministerium für Bauten und Technik: (Westl. Bereich Österreichs), Heft 50, Wien, 1984 [43] Klimadatenkatalog, Angaben zur Lufttemperatur für die Planfelder 1 – 282. Bundesministerium für Bauten und Technik: (Westl. Bereich Österreichs); Heft 5b, Wien, 1984 [44] Klimadatenkatalog, Angaben zur Lufttemperatur für die Planfelder 283 – 702. Bundesministerium für Bauten und Technik: (Östl. Bereich Österreichs); Heft 5c, Wien, 1984					

3.3 Tabelle A.3: Verfahren zur Bewertung der direkten Bestrahlungsstärke (des Sonnenstrahls), wenn nicht von Wetterstation bereitgestellt

Verfahren		Auswahl
1	Standardverfahren	nein
2	Sonstiges Verfahren	ja
Im Fall von Verfahren 2:		
	Verweisung auf das Verfahren:	ÖNORM B 8110-5[1]
[1] ... Anwendung des Regressionsmodells auf mittlere Strahlungsdaten aus 7 Regionen (Globalstrahlung) im Sinne der ÖNORM B 8110-5 in Abhängigkeit der Region, Seehöhe und geneigte Fläche		

3.4 **Tabelle A.4: Solarer Reflexionsgrad der Erdoberfläche ($\rho_{sol;grnd}$)**

Benennung	Wert
Feststehender Wert	ja
Abhängig von Erdoberflächenzustand, aufgeführt in Klimadatendatei	nein
Abhängig von lokalem Erdoberflächenzustand (nahe der geneigten Oberfläche)	nein
Werte in Klimadatendatei verfügbar	nein

3.5 **Tabelle A.5: Solarer Reflexionsgrad der Erdoberfläche; bei feststehendem Wert**

Benennung	Wert
Solarer Reflexionsgrad der Erdoberfläche $\rho_{sol;grnd}$ [–]	0,2

3.6 **Tabelle A.6: Solarer Reflexionsgrad der Erdoberfläche; wenn abhängig von Erdoberflächenzustand**

Entfällt wegen A.5 ($\rho_{sol;grnd}$ = 0,2)

3.7 **Tabelle A.7: Auswahl zwischen Optionen und Verfahren für die Berechnung der Beschattung durch externe Objekte**

Anwendung	Methode 1 ÖNORM B 8110-6-1 Punkt 8.3.1.2.2 vereinfacht *)	Methode 2 ÖNORM B 8110-6-1 Punkt 8.3.1.2.1 detailliert *)
Beschreibung	Auswahl	Auswahl
Auswirkungen der Beschattung in diesem Dokument berechnet?	ja	ja
Wenn ja:	Auswahl	Auswahl
Nur Verfahren 1, vereinfachtes Verfahren (Abschattung der direkten Strahlung)	ja	ja
Nur Verfahren 2, ausführliches Verfahren (Abschattung der direkten und diffusen Strahlung)	nein	nein
Beide Verfahren sind zulässig	nein	nein
*) ... es darf bei einem Gebäude (bei einem Energieausweis) nicht zwischen den Methoden (vereinfacht oder detailliert) gewechselt werden		

3.8 **Tabelle A.8: Anzahl der Horizontsegmente $n_{sh;segm}$ für Eingabe zu Schatten werfenden Objekten**

Anwendung	ÖNORM B 8110-6-1 Punkt 8.3.1.2.2 vereinfacht	ÖNORM B 8110-6-1 Punkt 8.3.1.2.1 detailliert
Beschreibung	Wert von $n_{sh;segm}$	Wert von $n_{sh;segm}$
Höchstanzahl an Segmenten über 360 Grad	Fixwertverfahren	Flexibel 16 Himmelsrichtungen
Feste Breite (= 360 / $n_{sh;segm}$)	nein	ja 22,5°

3.9 **Tabelle A.9: Auswahl zwischen Verfahren für die Berechnung der Beleuchtungsstärke**

Beschreibung	Auswahl
Verfahren 1, Standardverfahren	ja
Verfahren 2, alternatives Verfahren	nein
Bei Auswahl von Verfahren 2:	Beschreibung
Verfahren 2 wird beschrieben.	---

4 Datenblatt zur Eingabe und zur Verfahrensauswahl gemäß EN ISO 52016-1

In diesem Punkt sind die Tabellen A.9 bis A.26 nicht befüllt, da diese nur in begründeten Abweichungsfällen zur Anwendung kommen (Stundenverfahren).

4.1 Tabelle A.1: Verweisungen

Siehe dazu Punkt 11.

4.2 Tabelle A.2: Auswahl zwischen dem stundenbezogenen und dem monatsbezogenen Berechnungsverfahren

Beschreibung	Auswahl
Nur das stundenbezogene Verfahren ist zulässig	nein (aber im NAD festgelegt)
Nur das monatsbezogene Verfahren ist zulässig	nein (aber bei begründeter Abweichung möglich)
Beide Verfahren sind zulässig	ja siehe ÖNORM B 8110-6-1 Punkt 9.1 (Verweis auf Stundenverfahren gemäß EN ISO 13790)

4.3 Tabelle A.3: Regeln der thermischen Zoneneinteilung

Beschreibung	Anwendung des beschriebenen Verfahrens?	Falls „nein“: Alternatives Verfahren Wenn das beschriebene Verfahren nicht verwendet wird, werden Einzelheiten des alternativen Verfahrens beschrieben oder es wird auf das Quelldokument verwiesen.
Zoneneinteilungsschritt 1. Bewertung der thermischen Gebäudehülle	nein	OIB-Leitfaden, Punkt 3
Zoneneinteilungsschritt 2. Gruppierung nach Raumkategorie	nein	OIB-Leitfaden, Punkt 3
Zoneneinteilungsschritt 3. Gruppierung im Falle großer Öffnungen	nein	OIB-Leitfaden, Punkt 3
Zoneneinteilungsschritt 4. Aufteilung, um dieselbe Kombination der Versorgungen zu haben	nein	OIB-Leitfaden, Punkt 3
Zoneneinteilungsschritt 5. Weitere Gruppierung nach ähnlichen thermischen Nutzungsbedingungen	nein	OIB-Leitfaden, Punkt 3
Zoneneinteilungsschritt 6. Aufteilung nach spezifischen System- oder Teilsystemeigenschaften	nein	OIB-Leitfaden, Punkt 3
Zoneneinteilungsschritt 7. (Weitere) Aufteilung zur Herstellung ausreichender Homogenität bei der Wärmebilanz	nein	OIB-Leitfaden, Punkt 3
Zoneneinteilungsschritt 8. (Weitere) Gruppierung von thermisch nicht konditionierten Zonen	nein	OIB-Leitfaden, Punkt 3
Zoneneinteilungsschritt 9. Vereinfachung im Falle kleiner thermischer Zonen	nein	OIB-Leitfaden, Punkt 3
Zoneneinteilungsschritt 10. Vereinfachung im Falle sehr kleiner thermischer Zonen	nein	OIB-Leitfaden, Punkt 3

4.4 Tabelle A.4: Möglichkeiten der Typen thermisch nicht konditionierter Zonen und Standardwerte

Situation	**Standardwert von $b_{ztu;m}$ im Falle einer thermisch nicht konditionierten Zone Typ: extern**
Wintergarten	ermittelt nach ÖNORM B 8110-6-1 Punkt 5.2.2
Stiegenhaus exponiert	ermittelt in Analogie zu ÖNORM B 8110-6-1 Punkt 5.2.2
Temperaturkorrekturfaktoren von Bauteilen, die an unkonditionierte Räume grenzen	fixe Werte gemäß ÖNORM B 8110-6-1 Punkt 5.3.1
Typ der internen thermisch nicht konditionierten Zone gestattet?	
Auswahl	in Ausnahmefällen (4K-Regel)
falls ja: (optional) Standardwerte für den Anpassungsfaktor werden festgelegt (freier Text)	
Situation	Standardwert von $b_{ztu;m}$ im Falle einer thermisch nicht konditionierten Zone Typ: intern
Stiegenhaus innenliegend	1 (ÖNORM B 8110-6-1 Punkt 4, 4K Regel)

4.5 Tabelle A.5: Standardbeitrag zur Lüftung bei einer externen Konstruktion einer thermisch nicht konditionierten Zone

Beschreibung	**Auswahl**
Standard gestattet?	in Ausnahmefällen (siehe ÖNORM B 8110-6-1 Punkt 5.2.2)
falls ja:	
Koeffizient des Standardbeitrags der Lüftung $c_{ztu;ve}$	$n_{L,u}$ =0,5

4.6 Tabelle A.6: Auswahl der Mittelung der Raumtemperatur in Wohngebäuden

<table>
<tr><th colspan="2">Beschreibung</th><th>Auswahl</th></tr>
<tr><td colspan="2">Anwendung der vorgegebenen Gleichung zur Raumtemperaturmittelung</td><td>nein</td></tr>
<tr><td colspan="3">falls nein:</td></tr>
<tr><td rowspan="3">keine Anwendung der vorgegebenen Gleichung zur Raumtemperaturmittelung</td><td>Es wird angenommen, dass derselbe Temperatursollwert für die Heizung auch auf teilweise oder moderat thermisch konditionierte Wohnräume anwendbar ist.</td><td>ja</td></tr>
<tr><td>Berechnung der vollständig und teilweise oder moderat thermisch konditionierten Wohnräume als separate, thermisch ungekoppelte thermische Zonen.</td><td>nein</td></tr>
<tr><td>Berechnung der vollständig und teilweise oder moderat thermisch konditionierten Wohnräume als separate, thermisch gekoppelte thermische Zonen.</td><td>nein</td></tr>
<tr><td colspan="2">bei Anwendung der Gleichung</td><td>Wert</td></tr>
<tr><td colspan="2">$f_{mod;t}$</td><td>-</td></tr>
<tr><td colspan="2">$f_{mod;sp}$</td><td>-</td></tr>
<tr><td colspan="2">$H_{int;spec}$ (W/K)</td><td>-</td></tr>
</table>

4.7 Tabelle A.7: Auswahl zwischen der Berechnung mit thermisch gekoppelten oder ungekoppelten thermischen Zonen

Beschreibung	**Standardverfahren**	**Simulationsverfahren**
Berechnungen mit thermisch ungekoppelten Zonen	ja	nein
Berechnungen mit thermisch gekoppelten Zonen	nein	nein
beide Verfahren sind zulässig	nein	ja

4.8 Tabelle A.8: Standardeigenschaften der thermischen Kopplung im Falle thermisch gekoppelter Zonen

		Standardverfahren	
Teil der Wärmeübertragung	Größe	Standardwert	Einheit
Wärmeübertragung durch Transmission zwischen Zonen z und y	nicht anwendbar	---	---
Wärmeübertragung durch Lüftung von Zone z zu Zone y	nicht anwendbar	---	---
Wärmeübertragung durch Lüftung von Zone y zu Zone z	nicht anwendbar	---	---
Begründete Abweichung im Rahmen von Simulationsverfahren möglich			

4.9 Tabelle A.9: Faktor zur Berücksichtigung der internen Wärmegewinne bei der Berechnung der Norm-Heizlasten

Anwendung	.... a	.... a
Beschreibung	Auswahl	Auswahl
Wert für Faktor $f_{H;ig}$	0 bis 1	0 bis 1
a Bei Bedarf weitere Zeilen hinzufügen.		

4.10 Tabelle A.10: Alternative Auswahl der Modellierung

Beschreibung	Auswahl	Falls nein: angewandtes alternatives Verfahren beschreiben oder auf dieses verweisen
Nutzung des Verfahrens in 6.5.5.2 zur Berechnung der tatsächlichen Temperaturen und Lasten	ja/nein	<freier Text>
Nutzung des Verfahrens in 6.5.6.3.1 zur Berechnung des Austausches der (langwelligen) Wärmestrahlung	ja/nein	<freier Text>
Nutzung des Verfahrens in 6.5.7.1 zur Umrechnung der physikalischen Eigenschaften der Gebäudeelemente in Eigenschaften je Lage/Schicht (Knoten)	ja/nein	<freier Text>
ANMERKUNG Falls einmal oder mehr als einmal nein gewählt wird, werden die Verfahren mittels der Verifizierungsfälle in 7.2, wie in jenem Unterabschnitt beschrieben, validiert.		

4.11 Tabelle A.11: Konvektive Anteile

$f_{int;c}$ a	$f_{sol;c}$	$f_{H;c}$	$f_{C;c}$
a Kann basierend auf Quellentyp differenziert werden.			

4.12 Tabelle A.12: Spezifikation der internen Trennwände

	Auswahl
Müssen interne Trennwände festgelegt werden?	ja / interne Trennwände ignorieren / Standardauswahl
falls Standardauswahl: Festlegen der standardmäßigen thermischen Merkmale	
Standardmerkmale	Spezifikation a
<freier Text>	<freier Text>
a Bei Bedarf weitere Zeilen hinzufügen.	

4.13 Tabelle A.13: Massenverteilung der opaken Elemente und Erdgeschosselemente

Klasse	Spezifikation der Klasse
Klasse I (Masse an der Innenseite konzentriert)	<freier Text>
Klasse E (Masse an der Außenseite konzentriert)	<freier Text>
Klasse IE (Masse zwischen Innen- und Außenseite aufgeteilt)	<freier Text>
Klasse D (Masse gleichmäßig verteilt)	<freier Text>

4.14 Tabelle A.14: Spezifische Wärmekapazität der opaken Elemente und Erdgeschosselemente

Klasse	$k_{m;op}$ J/(m²·K)	Spezifikation der Klasse
sehr leicht	50 000	<freier Text>
leicht	75 000	<freier Text>
mittel	110 000	<freier Text>
schwer	175 000	<freier Text>
sehr schwer	250 000	<freier Text>

4.15 Tabelle A.15: Solarer Absorptionsgrad der externen opaken Oberflächen

	Auswahl
Differenzierung nach solarem Absorptionsgrad	ja/nein
falls ja: Festlegung des Verfahrens zur Klassifizierung der drei Kategorien (freier Text)	
Kategorie	Spezifikation
Kategorie 1 αsol = 0,3 (helle Farbe)	<freier Text>
Kategorie 2 αsol = 0,6 (mittlere Farbe)	<freier Text>
Kategorie 3 αsol = 0,9 (dunkle Farbe)	<freier Text>
	Auswahl
falls nein: Auswahl der Standardkategorie	1, 2 oder 3

4.16 Tabelle A.16: Koeffizient zur Begrenzung der angenommenen Temperatur in benachbarten thermisch nicht konditionierten Zonen

Anwendung	.... a	... a
	$c_{ztu,h;max}$	$c_{ztu,h;max}$
Wert	0 bis ∞	0 bis ∞
a Bei Bedarf weitere Spalten hinzufügen, um zwischen den Anwendungen zu differenzieren (z. B. Gebäudekategorien, neue oder bestehende Gebäude usw.).		

4.17 Tabelle A.17: Spezifische Wärmekapazität der Luft und der Möbel

$\kappa_{m;int}$ J/(m²·K)

4.18 Tabelle A.18: Sichtfaktor in den Himmel

	unverschattetes horizontales Dach	unverschattete vertikale Wand
F_{sky}		

4.19 Tabelle A.19: Differenz zwischen der Außenlufttemperatur und der Temperatur des Himmels

Klimaregiona	...
$\Delta\theta_{sky;t}$ (K)	
a Bei Bedarf weitere Spalten hinzufügen, um zwischen klimatischen Regionen zu differenzieren.	

4.20 Tabelle A.20: Auswahl des Verfahrens für die Feuchteaufnahme und Desorption in den Werkstoffen

Anwendung	... a	... a
Beschreibung	Auswahl	Auswahl
Feuchteaufnahme und Desorption berechnet?	ja/nein	ja/nein
falls nein:	$G_{abs;zt;t}$ = 0	$G_{abs;zt;t}$ = 0
falls ja: Verweisung auf Verfahren angeben	<freier Text>	<freier Text>
a Bei Bedarf weitere Spalten hinzufügen.		

4.21 Tabelle A.21: Auswahl der Verglasungsfläche oder des Rahmenflächenanteils

Beschreibung	Auswahla
für jedes Fenster: freie Auswahl zwischen Verglasungsfläche oder feststehendem Rahmenanteil	nein
für alle Fenster dieselbe Auswahl: entweder Verglasungsfläche oder feststehender Rahmenanteil	ja
für alle Fenster: nur Verglasungsfläche zulässig	nein
für alle Fenster: nur feststehender Rahmenanteil	nein
a Nur ein „Ja" je Spalte möglich.	
bei Rahmenanteil:	F_{fr}
Festwert für den Rahmenanteil	0,30

4.22 Tabelle A.22: Faktoren in Bezug auf den Solarenergiedurchlassgrad

Korrektur- und Gewichtungsfaktor für g-Wert bei nicht streuender und streuender transparenter Verglasung und Jalousien:				
F_w		a_g	alt_g °	
0 bis 1		0 bis 1	0 bis 80	
Standardwerte für den Gesamtsolarenergiedurchlassgrad bei normalem Einfall gn für die üblichen Typen der Verglasung a				
Typ				gn
<freier Text>				0 bis 1
<freier Text>				0 bis 1
Standardwerte des Minderungsfaktors für übliche Jalousietypen [a]				
Jalousietyp	optische Eigenschaften der Jalousie		Minderungsfaktor bei	
	Absorption	Transmission	Jalousie innen	Jalousie außen
<freier Text>	0 bis 1	0 bis 1	0 bis 1	0 bis 1
<freier Text>	0 bis 1	0 bis 1	0 bis 1	0 bis 1
a Bei Bedarf weitere Zeilen oder Spalten hinzufügen.				

4.23 Tabelle A.23: Regeln für den Betrieb der Abschlüsse

Anwendung	.... a	.... a
Regelungsebene	Regeln	Regeln
0 manuelle Betätigung	<freier Text>	<freier Text>
1 motorbetrieben mit manueller Regelung	<freier Text>	<freier Text>
2 motorbetrieben mit automatischer Regelung	<freier Text>	<freier Text>
3 kombinierte Regelung der Beleuchtung/der Jalousien/der HLK-Anlagen	<freier Text>	<freier Text>
a Bei Bedarf weitere Spalten hinzufügen.		

4.24 Tabelle A.24: Regeln für den Betrieb von Sonnenschutzeinrichtungen

Anwendung	.... a	.... a
Regelungsebene	Regeln	Regeln
0 manuelle Betätigung	<freier Text>	<freier Text>
1 motorbetrieben mit manueller Regelung	<freier Text>	<freier Text>
2 motorbetrieben mit automatischer Regelung	<freier Text>	<freier Text>
3 kombinierte Regelung der Beleuchtung/der Jalousien/der HLK-Anlagen	<freier Text>	<freier Text>
a Bei Bedarf weitere Spalten hinzufügen.		

4.25 Tabelle A.25: Auswahl zwischen Möglichkeiten und Verfahren für die Berechnung der Beschattung durch externe Objekte

Anwendung[b]	Default			Detail		
Beschreibung	Auswahl			Auswahl		
Berechnung der Auswirkungen der Beschattung durch entfernte Objekte in dieses Dokument einbezogen?	ja			ja		
Bei der Berechnung der solaren Abschattung von Gebäudeelementen: Welche Typen von entfernten Schatten werfenden Objekten (nicht auf dem Gelände) dürfen oder müssen berücksichtigt oder ignoriert werden?	müssen berücksichtigt werden:	dürfen berücksichtigt werden:	müssen ignoriert werden:	müssen berücksichtigt werden:	dürfen berücksichtigt werden:	müssen ignoriert werden:
ANMERKUNG: Beispielsweise Teile der Landschaft (wie Hügel oder Deiche), Vegetation (wie Bäume) oder andere Konstruktionen (wie Gebäude)	---	---	---	Berge und Gebäude	---	---
Bei der Berechnung der solaren Abschattung von opaken Gebäudeelementen, wie Dächern oder Fassaden: Welche Typen von Schatten werfenden Objekten, die sich auf dem Gelände befinden, können oder müssen ignoriert werden?	müssen berücksichtigt werden:	dürfen berücksichtigt werden:	müssen ignoriert werden:	müssen berücksichtigt werden:	dürfen berücksichtigt werden:	müssen ignoriert werden:
ANMERKUNG: Beispielsweise Falze, Überhänge oder andere Schatten werfende Objekte am/an den Gebäude(n) selbst, die sich auf dem Gelände befinden	---	---	---	Berge und Gebäude	---	---
Bei der Berechnung der solaren Abschattung von transparenten Gebäudeelementen:	müssen berücksichtigt werden:	dürfen berücksichtigt werden:	müssen ignoriert werden:	müssen berücksichtigt werden:	dürfen berücksichtigt werden:	müssen ignoriert werden:
ANMERKUNG: Beispielsweise Fensterfalze, Überhänge und Seitenfinnen	---	---	---	Fensterfalze, Überhänge und Seitenfinnen	---	---
spezifische Unterteilungsregeln für die Berechnung der solaren Abschattung an Gebäudeelementen	---			mindestens je 45°		
Auswahl zwischen zwei Verfahren für die Berechnung der solaren Abschattung:	Auswahl[a]			Auswahl[a]		
Verfahren 1, Abschattung der direkten Strahlung	ja			ja		
Verfahren 2, Abschattung der direkten und diffusen Strahlung	nein			nein		
im Falle des Verfahrens 2: Verweisung auf Berechnungsverfahren liefern	<Verweisung>			<Verweisung>		

Nur einmal Ja je Spalte möglich.
Bei Bedarf weitere Spalten hinzufügen, um zwischen den Anwendungen zu differenzieren (z.B. Gebäudekategorien, neue oder bestehende Gebäude usw.).

4.26 Tabelle A.26: Anzahl der Horizontsegmente $n_{sh;segm}$ für Eingabe zu Schatten werfenden Objekten

Anwendungb	...	...
Beschreibung	Wert von $n_{sh;segm}$ a	Wert von $n_{sh;segm}$ a
Höchstanzahl an Segmenten über 360 Grad	8	8 bis 36
Feste Breite (= 360 / $n_{sh;segm}$) c	45°	ja/nein

Praktischer Wertebereich, informativ.
Bei Bedarf weitere Spalten hinzufügen, um zwischen den Anwendungen zu differenzieren (z.B. Gebäudekategorien, neue oder bestehende Gebäude usw.).
Ist die Breite nicht festgelegt, kann sie für jedes Segment an die Breite des Schatten werfenden Objekts angepasst werden, mit Einschränkung durch eine Höchstanzahl an Segmenten $n_{sh;segm}$.

4.27 Tabelle A.27: Monatlicher Lüftungswärmeübergangskoeffizient

Anwendung	Standardverfahren	Simulationsverfahren
Beschreibung	Auswahl	Auswahl
Verfahren A	nein	nein
Verfahren B	ja	nein
beide Verfahren	nein	ja

4.28 Tabelle A.28: Dynamik-Korrekturfaktor für Lüftung

Dynamik-Korrekturfaktor für den mittleren Luftstrom im Monat	Wert
$f_{ve;dyn;k}$	1,0

4.29 Tabelle A.29: Solarer Absorptionsgrad der externen opaken Oberflächen

	Auswahl
Differenzierung nach solarem Absorptionsgrad?	ja
falls ja: Festlegung des Verfahrens zur Klassifizierung der drei Kategorien (freier Text)	
Kategorie	Spezifikation
$\alpha_{sol} = 0$	Für die Berechnung des Heizwärmebedarfs gemäß ÖNORM B 8110-6-1
α_{sol} (kurzwellig) = 0,5	Defaultwert für die Berechnung der operative Temperatur gemäß ÖNORM B 8110-3 (falls kein Materialwert bekannt)
α_{sol} (langwellig) = 0,93	Defaultwert für die Berechnung der operative Temperatur gemäß ÖNORM B 8110-3 (falls kein Materialwert bekannt)

4.30 Tabelle A.30: Sichtfaktor in den Himmel

	unverschattetes horizontales Dach	unverschattete vertikale Wand
F_{sky}	1,0	0,5

4.31 Tabelle A.31: Differenz zwischen der Außenlufttemperatur und der Temperatur des Himmels

Klimaregion	Alle (N,NF,ZA, SB;W, N/SO, S/SO)
$\Delta\theta_{sky;m}$ (K)	-11 K

4.32 Tabelle A.32: Auswahl zwischen dem ausführlichen oder vereinfachten Verfahren zur Bestimmung der internen effektiven Wärmekapazität

Anwendung	Ermittlung gemäß NAD	Ermittlung gemäß Simulation
nur das ausführliche Verfahren ist zulässig	nein	nein
nur das vereinfachte Verfahren ist zulässig	ja	nein
beide Verfahren sind zulässig	nein	ja
Nur einmal Ja je Spalte möglich.		

4.33 Tabelle A.33: Vereinfachtes Verfahren zur Bestimmung der internen effektiven Wärme-kapazität. Spezifikation der Klassen

Klasse	Spezifikation der Klasse
leicht	ÖNORM B 8110-6-1 f_{BW} (10)
mittel	ÖNORM B 8110-6-1 f_{BW} (20)
mittelschwer	ÖNORM B 8110-6-1 f_{BW} (30)

4.34 Tabelle A.34: Werte des numerischen Bezugsparameters $a_{H,0}$ und der Bezugszeitkonstante $\tau_{H,0}$ für den Ausnutzungsgrad der Gewinne

$a_{H,0}$	$\tau_{H,0}$ [h]
1,0	16,0

4.35 Tabelle A.35: Werte des numerischen Bezugsparameters $a_{C,0}$ und der Bezugszeitkonstante $\tau_{C,0}$ für den Ausnutzungsgrad der Verluste

$a_{C,0}$	$\tau_{C,0}$ [h]
1,0	16,0

4.36 **Tabelle A.36: Auswahl zwischen Verfahren A und B für den intermittierenden Heizbetrieb**

Anwendung	Ermittlung gemäß NAD	Ermittlung gemäß Simulation
nur Verfahren A	ja (in Spezialfällen)	ja
nur Verfahren B	nein	nein
beide Verfahren sind zulässig	nein	nein

4.37 **Tabelle A.37: Auswahl zwischen Verfahren A und B für den intermittierenden Kühlbetrieb**

Anwendung	Alle Anwendungen
nur Verfahren A	ja (nur imm Falle einer Simulationsberechnung; nicht gemäß Tabellenverfahren gemäß NAD)
nur Verfahren B	nein
beide Verfahren sind zulässig	nein
Falls Verfahren A anwendbar ist	
Korrelationsfaktor für Verfahren A für den intermittierenden Kühlbetrieb	Wert
$b_{C;red}$	0,3

4.38 **Tabelle A.38: Auswahl zwischen Verfahren A und B für den Überhitzungsanzeiger**

Anwendung	Nicht-Wohngebäude
Beschreibung	Auswahl
Verfahren A	ja
Verfahren B	nein

4.39 **Tabelle A.39: Monatlicher Anteil des Energiebedarfs für die Befeuchtung**

	monatlicher Anteil des Energiebedarfs für die Befeuchtung $f_{HU;m}$		
Gleichung?	nein		
falls ja, Gleichung angeben	---		
falls nein, Anteil für jeden Monat angeben (Gesamtmenge = 1)	monatlicher Anteil des Energiebedarfs für die Befeuchtung $f_{HU;m}$		
Januar	siehe Punkt 10 ÖNORM H 5057-1	Juli	siehe Punkt 10 ÖNORM H 5057-1
Februar		August	
März		September	
April		Oktober	
Mai		November	
Juni		Dezember	

4.40 **Tabelle A.40: Wirkungsgrad der latenten Wärmerückgewinnung**

Typ der Wärmerückgewinnungseinheit	Wirkungsgrad der latenten Wärmerückgewinnung*) $\eta_{HU;rvd}$
Rotationswärmetauscher mit Sorptionsmaterialien Zuluftseitiges Temperaturverhältnis	0,55
Rotationswärmetauscher mit Sorptionsmaterialien Zuluftseitiges Feuchteverhältnis	0,65
*) ... siehe dazu auch Tabellen 6 bis 9 in der ÖNORM B 8110-6-1	

4.41 **Tabelle A.41: Jährlich akkumulierte Feuchtemenge, die je kg trockener Luft zugeführt werden muss**

Raumkategorie	Jährlich akkumulierte Feuchtemenge, die je kg trockener Luft zugeführt werden muss $\Delta x \cdot t_{a;sup}$ [g h/kg]
m.T*)	6,5 – 11,5
o.T*)	6
*) ... siehe dazu Punkt 8.3 der ÖNORM H 5057-1	

4.42 Tabelle A.42: Auswahl der Verglasungsfläche oder des Rahmenflächenanteils

Beschreibung	Vereinfachtes Verfahren	Detailliertes Verfahren
für jedes Fenster: freie Auswahl zwischen Verglasungsfläche oder feststehendem Rahmenanteil	nein	ja
für alle Fenster dieselbe Auswahl: entweder Verglasungsfläche oder feststehender Rahmenanteil	ja	nein
für alle Fenster: nur Verglasungsfläche zulässig	nein	nein
für alle Fenster: nur feststehender Rahmenanteil	nein	nein
Bei Rahmenanteil:	F_{fr}	
Festwert für den Rahmenanteil	0,30	*)
*) … siehe dazu EN ISO 10077-1		

4.43 **Tabelle A.43: Faktoren in Bezug auf den Solarenergiedurchlassgrad**

Korrektur- und Gewichtungsfaktor für g-Wert bei nicht streuender und streuender transparenter Verglasung und Jalousien:		
F_w	a_g	alt_g [°]
0 bis 1	0 bis 1	0 bis 80

Standardwerte für den Gesamtsolarenergiedurchlassgrad bei normalem Einfall g_n für die üblichen Typen der Verglasung	
Typ	g_n
Einfachglas	0,85
2-fach-Isolierverglasung	0,76
2-fach-Wärmeschutzverglasung	0,47 bis 0,59
3-fach-Wärmeschutzverglasung	0,50 bis 0,54
2-fach-Vakuum-Isolierglas	0,54
2-fach-Sonnenschutzglas	0,32 bis 0,42
3-fach-Sonnenschutzglas	0,23 bis 0,35
Lichtkuppeln	0,32 bis 0,89
Profilbauglas	0,45 bis 0,79

Standardwerte des Minderungsfaktors für übliche Jalousietypen

Typische Gesamtenergiedurchlassgrade g_{tot} für Abschlüsse außen in verschiedenen Stellungen und Verglasungen, U ≤ 1,5 W/(m²K) gemäß Tabelle 18 der ÖNORM B 8110-6-1

Gesamtenergiedurchlassgrade g_{tot} für äußere Abschlüsse in Kombination mit Verglasungen	**Sehr hell**	**Hell**	**Dunkel**	**Sehr dunkel**
Lamellenbehänge fast geschlossen	0,07	0,07	0,07	0,07
Lamellenbehänge, Lamellenwinkel halboffen (bis zu 45°)	0,12	0,10	0,09	0,07
Lamellenbehänge, Lamellen geöffnet (bis zu 90°)	0,24	0,19	0,15	0,09
Fassadenmarkisen mit Alubeschichtung außen mit, Lochanteil ≤ 5 %	0,10	0,10	0,10	0,10
Fassadenmarkisen unbeschichtet mit Lochanteil ≤ 5 %	0,17	0,13	0,11	0,10
Fassadenmarkisen mit u. ohne Alubeschichtung, Lochanteil < 15 %	0,25	0,17	0,17	0,17
Fassadenmarkisen Acryl (dicht gewebt)	0,23	0,15	0,12	0,10
Rollladen dicht geschlossen	0,05	0,05	0,06	0,06
Rollladen, Luft/Lichtschlitz offen	0,06	0,06	0,07	0,07
Rollladen, die unteren 25 % des Fensters ist nicht beschattet	0,20	0,20	0,22	0,22

Anwendungen von Lamellenwinkel halboffen (45°) und Lamellen geöffnet (90°) kommen nur für Fälle hoher Sonnenhöhen (d.h. Eigenverschattung der Lamellen) in Frage.

Typische Gesamtenergiedurchlassgrade g_{tot} für Abschlüsse außen in verschiedenen Stellungen und Verglasungen, U > 1,5 W/(m²K) gemäß Tabelle 19 der ÖNORM B 8110-6-1

Gesamtenergiedurchlassgrade g_{tot} für äußere Abschlüsse in Kombination mit Verglasungen ohne effektive Wärmeschutzbeschichtung	**Sehr hell**	**Hell**	**Dunkel**	**Sehr dunkel**
Lamellenbehänge fast geschlossen	0,10	0,10	0,14	0,14
Lamellenbehänge, Lamellenwinkel halboffen (bis zu 45°)	0,15	0,13	0,15	0,15
Lamellenbehänge, Lamellen geöffnet (bis zu 90°)	0,30	0,25	0,22	0,18
Fassadenmarkisen mit Alubeschichtung außen mit, Lochanteil ≤ 5 %	0,14	0,14	0,14	0,14
Fassadenmarkisen unbeschichtet mit Lochanteil ≤ 5 %	0,20	0,16	0,14	0,17
Fassadenmarkisen mit u. ohne Alubeschichtung, Lochanteil < 15 %	0,30	0,25	0,25	0,25
Fassadenmarkisen Acryl (dicht gewebt)	0,29	0,21	0,17	0,14
Rollladen dicht geschlossen	0,08	0,08	0,12	0,12
Rollladen, Luft/Lichtschlitz offen	0,10	0,10	0,14	0,14
Rollladen, die unteren 25 % des Fensters ist nicht beschattet	0,25	0,26	0,27	0,30

Anwendungen von Lamellenwinkel halboffen (45°) und Lamellen geöffnet (90°) kommen nur für Fälle hoher Sonnenhöhen (d.h. Eigenverschattung der Lamellen) in Frage.

4.44 **Tabelle A.44: Minderungsfaktor beweglicher Abschlüsse $f_{sht;with}$ und Minderungsfaktor für die Beschattung $f_{sh;with}$**

Monat	Lage				
	$f_{sht;with}$	$f_{sh;with}$			
		N	O	S	W
jährlich	Siehe Tabellen 18 und 19 aus ÖNORM B 8110-6-1				

Typische Gesamtenergiedurchlassgrade g_{tot} für Abschlüsse außen in verschiedenen Stellungen und Verglasungen, U ≤ 1,5 W/(m²K) gemäß Tabelle 18 der ÖNORM B 8110-6-1				
Gesamtenergiedurchlassgrade g_{tot} für äußere Abschlüsse in Kombination mit Verglasungen	**Sehr hell**	**Hell**	**Dunkel**	**Sehr dunkel**
Lamellenbehänge fast geschlossen	0,07	0,07	0,07	0,07
Lamellenbehänge, Lamellenwinkel halboffen (bis zu 45°)	0,12	0,10	0,09	0,07
Lamellenbehänge, Lamellen geöffnet (bis zu 90°)	0,24	0,19	0,15	0,09
Fassadenmarkisen mit Alubeschichtung außen mit, Lochanteil ≤ 5 %	0,10	0,10	0,10	0,10
Fassadenmarkisen unbeschichtet mit Lochanteil ≤ 5 %	0,17	0,13	0,11	0,10
Fassadenmarkisen mit u. ohne Alubeschichtung, Lochanteil < 15 %	0,25	0,17	0,17	0,17
Fassadenmarkisen Acryl (dicht gewebt)	0,23	0,15	0,12	0,10
Rolladen dicht geschlossen	0,05	0,05	0,06	0,06
Rolladen, Luft/Lichtschlitz offen	0,06	0,06	0,07	0,07
Rolladen, die unteren 25 % des Fensters ist nicht beschattet	0,20	0,20	0,22	0,22
Anwendungen von Lamellenwinkel halboffen (45°) und Lamellen geöffnet (90°) kommen nur für Fälle hoher Sonnenhöhen (d.h. Eigenverschattung der Lamellen) in Frage.				

Typische Gesamtenergiedurchlassgrade g_{tot} für Abschlüsse außen in verschiedenen Stellungen und Verglasungen, U > 1,5 W/(m²K) gemäß Tabelle 19 der ÖNORM B 8110-6-1				
Gesamtenergiedurchlassgrade g_{tot} für äußere Abschlüsse in Kombination mit Verglasungen ohne effektive Wärmeschutzbeschichtung	**Sehr hell**	**Hell**	**Dunkel**	**Sehr dunkel**
Lamellenbehänge fast geschlossen	0,10	0,10	0,14	0,14
Lamellenbehänge, Lamellenwinkel halboffen (bis zu 45°)	0,15	0,13	0,15	0,15
Lamellenbehänge, Lamellen geöffnet (bis zu 90°)	0,30	0,25	0,22	0,18
Fassadenmarkisen mit Alubeschichtung außen mit, Lochanteil ≤ 5 %	0,14	0,14	0,14	0,14
Fassadenmarkisen unbeschichtet mit Lochanteil ≤ 5 %	0,20	0,16	0,14	0,17
Fassadenmarkisen mit u. ohne Alubeschichtung, Lochanteil < 15 %	0,30	0,25	0,25	0,25
Fassadenmarkisen Acryl (dicht gewebt)	0,29	0,21	0,17	0,14
Rolladen dicht geschlossen	0,08	0,08	0,12	0,12
Rolladen, Luft/Lichtschlitz offen	0,10	0,10	0,14	0,14
Rolladen, die unteren 25 % des Fensters ist nicht beschattet	0,25	0,26	0,27	0,30
Anwendungen von Lamellenwinkel halboffen (45°) und Lamellen geöffnet (90°) kommen nur für Fälle hoher Sonnenhöhen (d.h. Eigenverschattung der Lamellen) in Frage.				

4.45 Tabelle A.45: Auswahl zwischen Möglichkeiten und Verfahren für die Berechnung der Beschattung durch externe Objekte

Anwendung	vereinfachtes Verfahren			detailliertes Verfahren		
Beschreibung	Auswahl			Auswahl		
Berechnung der Auswirkungen der Beschattung durch entfernte Objekte in dieses Dokument einbezogen?	geregelt in ÖNORM B 8110-6-1 Punkt 8.3			geregelt in ÖNORM B 8110-6-1 Punkt 8.3		
Bei der Berechnung der solaren Abschattung von Gebäudeelementen: Welche Typen von entfernten Schatten werfenden Objekten (nicht auf dem Gelände) dürfen oder müssen berücksichtigt oder ignoriert werden? ANMERKUNG: Beispielsweise Teile der Landschaft (wie Hügel oder Deiche), Vegetation (wie Bäume) oder andere Konstruktionen (wie Gebäude)	müssen berücksichtigt werden:	dürfen berücksichtigt werden:	müssen ignoriert werden:	müssen berücksichtigt werden:	dürfen berücksichtigt werden:	müssen ignoriert werden:
	werden berücksichtigt			Landschaft / Berge und Gebäude	—	Vegetation / Bäume
Bei der Berechnung der solaren Abschattung an opaken Gebäudeelementen wie Dächern oder Fassaden: Welche Typen von Schatten werfenden Objekten, die sich auf dem Gelände befinden, können oder müssen ignoriert werden? ANMERKUNG: Beispielsweise Falze, Überhänge oder andere Schatten werfende Objekte am/an den Gebäude(n) selbst, die sich auf dem Gelände befinden	müssen berücksichtigt werden:	dürfen berücksichtigt werden:	müssen ignoriert werden:	müssen berücksichtigt werden:	dürfen berücksichtigt werden:	müssen ignoriert werden:
	werden berücksichtigt			—	—	—
Bei der Berechnung der solaren Abschattung von transparenten Gebäudeelementen: ANMERKUNG: Beispielsweise Fensterfalze, Überhänge und Seitenfinnen	müssen berücksichtigt werden:	dürfen berücksichtigt werden:	müssen ignoriert werden:	müssen berücksichtigt werden:	dürfen berücksichtigt werden:	müssen ignoriert werden:
	werden berücksichtigt			Fensterfalze, Überhänge und Seitenfinnen	—	—
spezifische Unterteilungsregeln für die Berechnung der solaren Abschattung an Gebäudeelementen	—			mindestens je 45°		
Auswahl zwischen zwei Verfahren für die Berechnung der solaren Abschattung:	Auswahl			Auswahl		
Verfahren 1, Abschattung der direkten Strahlung	ja[1)]			ja[1)]		
Verfahren 2, Abschattung der direkten und diffusen Strahlung	nein			nein		
im Falle des Verfahrens 2: Verweisung auf Berechnungsverfahren liefern	—			—		

[1)] ... Die Abschattungsfaktoren gemäß ÖNORM B 8110-6-1 Punkt 8.3 wirken auf die Summe von direkter und diffuser Strahlung

4.46 Tabelle A.46: Parameter für die monatliche solare Abschattung aufgrund von Überhängen

Periode:		**Unterscheidung in Heizperiode (Winter) und Kühlperiode (Sommer)**[*)]			
Ausrichtung		A1	B1	A2	B2
nördliche Erdhalbkugel	südliche Erdhalbkugel	siehe unten			
S	N				
SO-SW	NO-NW				
O-W	O-W				
NO-NW	SO-SW				
N	S				

Die Berücksichtigung der solaren Abschattung aufgrund von Überhängen wird gemäß der ÖNORM B 8110-6-1 Tabelle 12 unterschieden nach Heizperiode (Winter) und Kühlperiode (Sommer) ermittelt.

*) … diese Parameter werden im Rahmen des Monatsbilanzverfahrens angewandt

Verschattungsfaktoren für horizontale Überstände F_o bei verschiedenen Flächenneigungen

Vertikaler Schnitt

Neigung	Überhangs-winkel	Winter			Sommer		
		N	O/W	S	N	O/W	S
90°	0°	1,00	1,00	1,00	1,00	1,00	1,00
90°	20°	0,90	0,86	0,92	0,90	0,95	0,90
90°	40°	0,79	0,71	0,83	0,80	0,88	0,78
90°	60°	0,64	0,51	0,68	0,68	0,78	0,62
90°	80°	0,42	0,23	0,34	0,51	0,50	0,33
60°	0°	1,00	1,00	1,00	1,00	1,00	1,00
60°	20°	0,89	0,84	0,91	0,91	0,94	0,90
60°	40°	0,78	0,68	0,81	0,81	0,88	0,79
60°	60°	0,63	0,48	0,66	0,68	0,77	0,64
60°	80°	0,38	0,22	0,32	0,47	0,47	0,34
30°	0°	1,00	1,00	1,00	1,00	1,00	1,00
30°	20	0,89	0,82	0,89	0,91	0,94	0,91
30°	40°	0,76	0,64	0,77	0,82	0,87	0,81
30°	60°	0,59	0,43	0,60	0,68	0,75	0,66
30°	80°	0,31	0,19	0,29	0,39	0,42	0,35
0°	0°	1,00	1,00	1,00	1,00	1,00	1,00
0°	20°	0,88	0,80	0,88	0,92	0,94	0,92
0°	40°	0,75	0,61	0,75	0,82	0,86	0,82
0°	60°	0,58	0,40	0,58	0,68	0,74	0,68
0°	80°	0,28	0,18	0,28	0,35	0,39	0,35

4.47 **Tabelle A.47: Parameter für die monatliche solare Abschattung aufgrund von Finnen**

Periode:		**Unterscheidung in Heizperiode (Winter) und Kühlperiode (Sommer)**[*)]			
Ausrichtung		A1	B1	A2	B2
nördliche Erdhalbkugel	südliche Erdhalbkugel	siehe unten			
S	N				
SO-SW	NO-NW				
O-W	O-W				
NO-NW	SO-SW				

Die Berücksichtigung der solaren Abschattung aufgrund von Finnen wird gemäß der ÖNORM B 8110-6-1 – Tabelle 13 unterschieden nach Heizperiode (Winter) und Kühlperiode (Sommer) ermittelt.

*) … diese Parameter werden im Rahmen des Monatsbilanzverfahrens angewandt

Verschattungsfaktoren für vertikale Überstände F_f bei verschiedenen Flächenneigungen

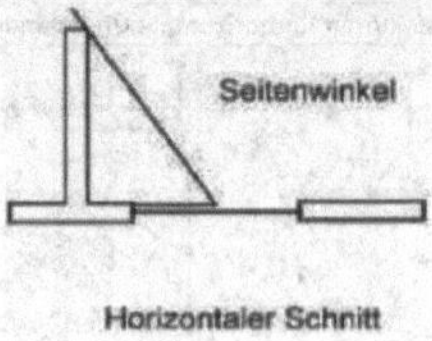

Neigung	**Seiten-winkel**	**Winter**			**Sommer**		
		N	**O/W**	**S**	**N**	**O/W**	**S**
90°	0°	1,00	1,00	1,00	1,00	1,00	1,00
90°	20°	0,90	0,90	0,95	0,96	0,95	0,87
90°	40°	0,79	0,79	0,88	0,83	0,80	0,58
90°	60°	0,64	0,63	0,77	0,64	0,57	0,30
90°	80°	0,36	0,28	0,43	0,42	0,27	0,17
60°	0°	1,00	1,00	1,00	1,00	1,00	1,00
60°	20°	0,88	0,91	0,95	0,95	0,95	0,90
60°	40°	0,76	0,81	0,89	0,84	0,82	0,67
60°	60°	0,59	0,66	0,80	0,67	0,63	0,46
60°	80°	0,33	0,36	0,52	0,42	0,35	0,34
30°	0°	1,00	1,00	1,00	1,00	1,00	1,00
30°	20	0,84	0,93	0,96	0,94	0,95	0,95
30°	40°	0,69	0,85	0,92	0,85	0,87	0,86
30°	60°	0,50	0,73	0,86	0,71	0,75	0,77
30°	80°	0,28	0,51	0,72	0,41	0,53	0,68
0°	0°	1,00	1,00	1,00	1,00	1,00	1,00
0°	20°	0,82	0,94	0,97	0,94	0,95	0,98
0°	40°	0,65	0,87	0,94	0,86	0,89	0,96
0°	60°	0,46	0,77	0,89	0,74	0,81	0,93
0°	80°	0,26	0,59	0,81	0,41	0,62	0,85

4.48 Tabelle A.48: Parameter für die monatliche solare Abschattung aufgrund von Hindernissen oder Überhängen; ausführlicheres Verfahren

Periode:	Unterscheidung in Heizperiode (Winter) und Kühlperiode (Sommer)[*)]								
Ausrichtung	Gewicht wobst;m;i je Sektor				Sonnenhöhe αsol;m;i je Sektor				Anteil direkter solarer Bestrahlung fsol;dir;m
	1	2	3	4	1	2	3	4	
N	siehe unten								
NO									
O									
SO									
S									
SW									
W									
NW									

Die Berücksichtigung der solaren Abschattung aufgrund von Hindernissen oder Überhängen wird gemäß der ÖNORM B 8110-6-1 – Tabelle 11 unterschieden nach Heizperiode (Winter) und Kühlperiode (Sommer) ermittelt.

*) … diese Parameter werden im Rahmen des Monatsbilanzverfahrens angewandt

Verschattungsfaktoren für die Horizontüberhöhung F_h für verschiedene Horizontwinkel und Flächenneigungen

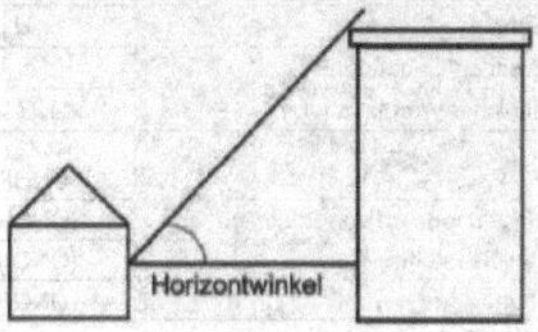

Neigung		Horizont-winkel	Winter N	Winter O/W	Winter S	Sommer N	Sommer O/W	Sommer S
Vertikal (Standardfenster)	90°	0°	1,00	1,00	1,00	1,00	1,00	1,00
	90°	20°	0,75	0,72	0,80	0,76	0,78	0,88
	90°	40°	0,57	0,50	0,40	0,60	0,58	0,76
	90°	60°	0,43	0,29	0,14	0,49	0,37	0,57
	90°	80°	0,38	0,18	0,08	0,45	0,21	0,25
	60°	0°	1,00	1,00	1,00	1,00	1,00	1,00
	60°	20°	0,81	0,78	0,82	0,82	0,82	0,90
	60°	40°	0,66	0,59	0,45	0,69	0,66	0,78
	60°	60°	0,55	0,41	0,20	0,60	0,48	0,61
	60°	80°	0,49	0,29	0,14	0,56	0,32	0,29
	30°	0°	1,00	1,00	1,00	1,00	1,00	1,00
	30°	20	0,93	0,91	0,86	0,93	0,91	0,92
	30°	40°	0,86	0,79	0,56	0,88	0,82	0,83
	30°	60°	0,79	0,64	0,33	0,83	0,70	0,69
	30°	80°	0,73	0,51	0,26	0,78	0,53	0,37
Horizontal (Lichtkuppel)	0°	0°	1,00	1,00	1,00	1,00	1,00	1,00
	0°	20°	0,99	0,97	0,88	0,99	0,95	0,93
	0°	40°	0,96	0,88	0,61	0,97	0,89	0,85
	0°	60°	0,91	0,76	0,39	0,95	0,81	0,73
	0°	80°	0,85	0,62	0,31	0,89	0,64	0,41

5 Datenblatt zur Eingabe und zur Verfahrensauswahl gemäß EN ISO 52018-1

5.1 Tabelle A.1: Verweisungen

Siehe dazu Punkt 1.1.

5.2 Tabelle A.2: Auswahlmöglichkeiten im Hinblick auf die EPB-Teilanforderungen an die Wärmeenergiebilanz und Funktionen der Bausubstanz

Energieeffizienz-Teilfunktion	Anforderung	Ausnahmen	Details in
thermische Behaglichkeit im Sommer	22 °C – 26 °C m.T.	—	(1)
thermische Behaglichkeit im Winter	22 °C – 26 °C m.T.	—	(1)
Energie„bedarf" für Heizung:	≤ HEB_{zul}	—	(2)
Energie„bedarf" für Kühlung:	≤ KEB_{zul}	—	(2)
kombinierter Energie„bedarf" für Heizung, Warmwasser im Falle von NWG Kühlung und Beleuchtung	≤ EEB_{zul}	—	(2)
Gesamtwärmedämmung der Gebäudehülle	≤ HWB_{zul}	—	(2)
Wärmedämmung einzelner Elemente der thermischen Gebäudehülle	≤ U_{zul}	—	(2)
Wärmebrücken	Vermeidung	—	(2)
Energieeffizienz der Fenster	≤ U_{zul}	—	(2)
Luftdichtheit der thermischen Gebäudehülle:	≤ $n_{L,zul}$	—	(2 und 5)
Sonnenschutz (sommerlicher Wärmeschutz)	≤ $T_{op,Klasse\ II}$	—	(2 und 4)
Feuchteschutz	f_{Rsi} (ÖNORM)	—	(3)
Schimmelpilzwachstums im Inneren von Bauteilen	(ÖNORM)	—	(3)
Durchfeuchtung poröser Baustoffe	(ÖNORM)	—	(3)
Risikos der Holzverrottung	(ÖNORM)	—	(3)

(1) … ÖNORM B 8110-5:2019
(2) … OIB-Richtlinie 6, Ausgabe April 2019 https://www.oib.or.at/oib-richtlinien/richtlinien/2019
(3) … ÖNORM B 8110-2:2020
(4) … ÖNORM B 8110-3:2020
(5) … bei Prüfnachweis ÖNORM B 9972 beachten

5.3 Tabelle A.3: Eingesetzter numerischer Indikator für die Anforderung an die thermische Behaglichkeit im Sommer

Numerischer Indikator	Auswahl
Einhaltung der Grenztemperatur $^1/_3 \times T_{NAT,13}$ + 21,8 °C gemäß EN 16798-1 Dabei ist $T_{NAT,13}$ jene Außentemperatur mit einer durchschnittlichen Überschreitungshäufigkeit von 13 Tagen (diese kann mit einem öffentlich zugänglichen EXCEL-Tool ermittelt werden: https://www.oib.or.at/oib-richtlinien/richtlinien/2019)	Klasse II

5.4 Tabelle A.4: Eingesetzter numerischer Indikator für die Anforderung an die thermische Behaglichkeit im Winter

Numerischer Indikator	Auswahl
Zeit unterhalb einer festen Bezugstemperatur	3.400 Kd *)

*) … Referenzklima (durch die Festlegung von θ_{ih} = 22 °C ist im Allgemeinen sichergestellt, dass 20 °C (Klasse II gemäß EN 16798-1) jedenfalls eingehalten werden

5.5 Tabelle A.5: Eingesetzter numerischer Indikator für die Anforderung an den Energie„bedarf" für die Heizung

Numerischer Indikator	Auswahl
Gesamt„bedarf" für Raumheizung [kWh/a]	Q_{RH}
„Bedarf" je nutzbare Geschossfläche [kWh/m²a]	HEB_{RH}
Gesamt„bedarf" für Heizung [kWh/a] unter Berücksichtigung des Warmwassers	Q_H
„Bedarf" je nutzbare Geschossfläche [kWh/m²a]	HEB
Brutto-Grundfläche (konditioniert)	BGF

5.6 Tabelle A.6: Eingesetzter numerischer Indikator für die Anforderung an den Energie„bedarf" für die Kühlung

Numerischer Indikator	Auswahl
Gesamt„bedarf" [kWh]	Q_C
„Bedarf" je nutzbare Geschossfläche [kWh/m²]	KEB
Brutto-Grundfläche (konditioniert)	BGF

5.7 Tabelle A.7: Eingesetzter numerischer Indikator für die Anforderung an den kombinierten Energie„bedarf" zum Heizen und Kühlen (und möglicherweise noch andere Größen)

Numerischer Indikator	Auswahl
Gesamt„bedarf" für Warmwasser [kWh/a]	Q_{WW}
„Bedarf" je nutzbare Geschossfläche [kWh/m²a]	HEB_{WW}
Gesamt„bedarf" für Beleuchtung [kWh/a]	Q_{Bel}
„Bedarf" je nutzbare Geschossfläche [kWh/m²a]	BelEB
Gesamt„bedarf" für Befeuchtung [kWh/a]	Q_{Bef}
„Bedarf" je nutzbare Geschossfläche [kWh/m²a]	BefEB
Brutto-Grundfläche (konditioniert)	BGF

5.8 Tabelle A.8: Eingesetzter numerischer Indikator für die Anforderung an die Gesamtwärmedämmung der thermischen Gebäudehülle

Numerischer Indikator	Auswahl
Gesamt-Transmissionswärmetransferkoeffizient H_{tr} [W/K]	L_T → ja, indirekt über Maximal-U-Werte [(1)] und HWB-Anforderungen
mittlerer Wärmedurchgangskoeffizient U_{mn} [W/(m²·K)]	U_m → ja, indirekt über Maximal-U-Werte [(1)] und HWB-Anforderungen
Referenz-Heizwärmebedarf für das Referenzklima $HWB_{Ref,RK}$	ja
[(1)] … Achtung: mit den Maximal-U-Werten kann mit hoher Wahrscheinlichkeit die HWB-Anforderung nicht erfüllt werden!	

5.9 Tabelle A.9: Eingesetzter numerischer Indikator für die Anforderung an die Wärmedämmung einzelner Elemente der thermischen Gebäudehülle

Numerischer Indikator	Auswahl
Mindesttemperaturfaktor f_{Rsi} [–]	ÖNORM B 8110-2
Wärmedurchgangskoeffizient U [W/(m²·K)]	OIB-Richtlinie 6
Gesamt-Wärmedurchlasswiderstand R_{tot} [m²·K/W]	nein
inhärenter Wärmedurchlasswiderstand einer Komponente $R_{c;op}$ [m²·K/W]	ja*)
*) … nur bei Flächenheizungen in der thermischen Gebäudehülle	

5.10 Tabelle A.10: Eingesetzter numerischer Indikator für die Anforderung an die Wärmebrücken

Numerischer Indikator	Auswahl
Mindesttemperaturfaktor f_{Rsi} [–]	(1)
längenbezogener Wärmedurchgangskoeffizient Ψ [W/(m·K)], gegebenenfalls differenziert je nach Art des Übergangs	(1)
punktbezogener Wärmedurchgangskoeffizient χ [W/K], gegebenenfalls differenziert je nach Art der dreidimensionalen Wärmebrücke	(1)
relative Bedeutung von Wärmebrücken im Vergleich zum Gesamt-Wärmetransferkoeffizienten $(\Sigma\Psi\ell + \Sigma\chi)/H_{tr}$	(1)
(1) … siehe Punkt 4.8 der OIB-Richtlinie 6, Ausgabe April 2019 und ÖNORM B 8110-2 bzw. ÖNORM B 8110-6-1	

5.11 **Tabelle A.11: Eingesetzter numerischer Indikator für die Anforderung an die Energieeffizienz der Fenster**

Numerischer Indikator	Auswahl
Heizenergieeffizienz $P_{E;H;w}$	— (3)
Kühlenergieeffizienz $P_{E;C;w}$	— (3)
Kombination von Heiz- und Kühlenergieeffizienz $P_{E;H\ C;w}$ [kWh/m²]	— (3)
nur für Verglasung: Energiebilanzwert [W/(m²K)]	— (3)
minimale Fensterfläche in bestimmten Arten von Räumen: angeben	(2)
U-Wert	(1)
(1) … OIB-Richtlinie 6, Ausgabe April:2019 (Punkt 4.4 Anforderungen an wärmeübertragende Bauteile beim Neubau) (2) … OIB-Richtlinie 3, Ausgabe April 2019 (3) … indirekt über HWB und KB limitiert	

5.12 **Tabelle A.12: Eingesetzter numerischer Indikator für die Anforderung an die Luftdichtheit der thermischen Gebäudehülle**

Numerischer Indikator	Auswahl
spezifische Leckrate je Fläche der thermischen Gebäudehülle q_{Epr} [m³/h/m²]	(1)
Luftwechselrate n_{pr} [h^{-1}]	(1)
spezifische Leckrate je nutzbare Geschossfläche q_{Fpr} [m³/h/m²]	(1)
(1) … OIB-Richtlinie 6, Ausgabe April 2019 (Punkt 4.10 Luft- und Winddichtheit)	

5.13 **Tabelle A.13: Eingesetzter numerischer Indikator für die Anforderung an den Sonnenschutz**

Numerischer Indikator	Auswahl
Sonnenfaktor g oder g_{tot} oder F_{npss} [–]	(1)
(1) … OIB-Richtlinie 6, Ausgabe April 2019 (Punkt 4.9 Sommerlicher Wärmeschutz)	

5.14 **Tabelle A.14: Eingesetzter numerischer Indikator für sonstige Anforderungen**

EPB-Funktion	Numerischer Indikator
Gesamtenergieeffizienzfaktor (1)	f_{GEE}
(1) … Normative Festlegung zur Ermittlung des Gesamtenergieeffizienzfaktors in der ÖNORM H 5050-1	

6 Quellen

OIB-Dokumente:

- OIB-Richtlinie 3, Ausgabe April 2019
- OIB-Richtlinie 6 „Energieeinsparung und Wärmeschutz“, Ausgabe April 2007
- OIB-Richtlinie 6 „Energieeinsparung und Wärmeschutz“, Ausgabe Oktober 2011
- OIB-Richtlinie 6 „Energieeinsparung und Wärmeschutz“, Ausgabe März 2015
- OIB-Richtlinie 6 „Energieeinsparung und Wärmeschutz“, Ausgabe April 2019
- OIB-Leitfaden „Energietechnisches Verhalten von Gebäuden“, Ausgabe April 2019
- Erläuternde Bemerkungen zu OIB-Richtlinie 6, Ausgabe April 2019
- OIB-Dokument zum Nachweis der Kostenoptimalität der Anforderungen der OIB-RL 6 bzw. des Nationalen Plans gemäß Artikel 5 zu 2010/31/EU, 26. August 2019
- OIB-Dokument zur Langfristigen Renovierungsstrategie gemäß Richtlinie 2010/31/EU des Europäischen Parlaments und des Rates vom 19. Mai 2010 über die Gesamtenergieeffizienz von Gebäuden in der konsolidierten Fassung vom 30. Mai 2018, April 2020
- OIB-Dokument zur Definition des Niedrigstenergiegebäudes und zur Festlegung von Zwischenzielen in einem Nationalen Plan gemäß Artikel 9 (3) zu 2010/31/EU, 20. Februar 2018

Andere nationale Dokumente:

- 137. Bundesgesetz über die Pflicht zur Vorlage eines Energieausweises beim Verkauf und bei der In-Bestand-Gabe von Gebäuden und Nutzungsobjekten (Energieausweis-Vorlage-Gesetz – EAVG), ausgegeben am 3. August 2006
- 27. Bundesgesetz über die Pflicht zur Vorlage eines Energieausweises beim Verkauf und bei der In-Bestand-Gabe von Gebäuden und Nutzungsobjekten (Energieausweis-Vorlage-Gesetz 2012 – EAVG 2012), ausgegeben am 20. April 2012

Europäische Richtlinien und Mandate:

- Richtlinie 2002/91/EG des Europäischen Parlaments und des Rates vom 16. Dezember 2002 über die Gesamtenergieeffizienz von Gebäuden und Richtlinie 2010/31/EU des Europäischen Parlaments und des Rates vom 19. Mai 2010 über die Gesamtenergieeffizienz von Gebäuden (Neufassung) sowie Richtlinie (EU) 2018/844 des Europäischen Parlaments und des Rates vom 30. Mai 2018 zur Änderung der Richtlinie 2010/31/EU über die Gesamtenergieeffizienz von Gebäuden und der Richtlinie 2012/27/EU über Energieeffizienz
- Richtlinie 2004/8/EG des Europäischen Parlaments und des Rates vom 11. Februar 2004 über die Förderung einer am Nutzwärmebedarf orientierten Kraft-Wärme-Kopplung im Energiebinnenmarkt und zur Änderung der Richtlinie 92/42/EWG
- Richtlinie 2009/28/EG des Europäischen Parlaments und des Rates vom 23. April 2009 zur Förderung der Nutzung von Energie aus erneuerbaren Quellen und zur Änderung und anschließenden Aufhebung der Richtlinien 2001/77/EG und 2003/30/EG
- Richtlinie 2010/31/EU des Europäischen Parlaments und des Rates vom 19. Mai 2010 über die Gesamtenergieeffizienz von Gebäuden (in der Fassung der Richtlinie (EU) 2018/844 des Europäischen Parlaments und des Rates vom 30. Mai 2018 zur Änderung der Richtlinie 2010/31/EU über die Gesamtenergieeffizienz von Gebäuden und der Richtlinie 2012/27/EU über Energieeffizienz) des Europäischen Parlaments und des Rates vom 19. Mai 2010 über die Gesamtenergieeffizienz von Gebäuden (Neufassung)
- Auftrag an CEN, CENELEC und ETSI zur Erarbeitung und Annahme von Normen für eine Methodik zur Berechnung der integrierten Gesamtenergieeffizienz von Gebäuden sowie zur Förderung der Energieeffizienz von Gebäuden gemäß der Neufassung der Richtlinie 2010/31/EU über die Gesamtenergieeffizienz von Gebäuden (Brüssel, den 16. Dezember 2010 M/480 DE)

Normen:

- ÖNORM B 8110-2 Wärmeschutz im Hochbau – Teil 2: Wasserdampfdiffusion, -konvektion und Kondensationsschutz, Ausgabe 2020-01-01
- ÖNORM B 8110-3 Wärmeschutz im Hochbau – Teil 3: Ermittlung der operativen Temperatur im Sommerfall (Parameter zur Vermeidung sommerlicher Überwärmung), Ausgabe 2020-06-01
- ÖNORM B 8110-4 Wärmeschutz im Hochbau – Betriebswirtschaftliche Optimierung des Wärmeschutzes, Ausgabe 2011-07-15
- ÖNORM B 8110-5 Wärmeschutz im Hochbau – Teil 5: Klimamodell und Nutzungsprofile, Ausgabe 2019-03-15
- ÖNORM B 8110-6-1 Wärmeschutz im Hochbau – Teil 6-1: Grundlagen und Nachweisverfahren – Heizwärmebedarf und Kühlbedarf, Ausgabe: 2019-01-15
- ÖNORM B 8110-6-2 Wärmeschutz im Hochbau – Teil 6-2: Grundlagen und Nachweisverfahren – Heizwärmebedarf und Kühlbedarf – Validierungsbeispiele für den Heizwärme- und Kühlbedarf, Ausgabe 2019-11-01
- ÖNORM B 9972 Anwendung des Differenzdruckverfahrens zur Bestimmung der Luftdurchlässigkeit von Gebäuden - Differenzdruckverfahren – Nationale Festlegungen und nationale Ergänzungen zur ÖNORM EN ISO 9972, Ausgabe 2016-03-15
- ÖNORM H 5050-1 Gesamtenergieeffizienz von Gebäuden – Teil 1: Berechnung des Gesamtenergieeffizienzfaktors, Ausgabe: 2019-01-15
- ÖNORM H 5050-2 Gesamtenergieeffizienz von Gebäuden – Teil 2: Berechnung des Gesamtenergieeffizienzfaktors – Validierungsbeispiele, Ausgabe 2019-11-01
- ÖNORM H 5056-1 Gesamtenergieeffizienz von Gebäuden – Teil 1: Heiztechnikenergiebedarf, Ausgabe: 2019-01-15
- ÖNORM H 5056-2 Gesamtenergieeffizienz von Gebäuden – Teil 2: Heiztechnikenergiebedarf – Validierungsbeispiele, Ausgabe 2019-11-01
- ÖNORM H 5057-1 Gesamtenergieeffizienz von Gebäuden – Teil 1: Raumlufttechnikenergiebedarf für Wohn- und Nichtwohngebäude, Ausgabe: 2019-01-15
- ÖNORM H 5057-2 Gesamtenergieeffizienz von Gebäuden – Teil 2: Raumlufttechnikenergiebedarf für Wohn- und Nichtwohngebäude – Validierungsbeispiel, Ausgabe 2019-11-01
- ÖNORM H 5058-1 Gesamtenergieeffizienz von Gebäuden – Teil 1: Kühltechnikenergiebedarf, Ausgabe: 2019-01-15
- ÖNORM H 5058-2 Gesamtenergieeffizienz von Gebäuden – Teil 2: Kühltechnikenergiebedarf – Validierungsbeispiele, Ausgabe 2019-11-01
- ÖNORM H 5059-1 Gesamtenergieeffizienz von Gebäuden – Teil 1: Beleuchtungsenergiebedarf (Nationale Ergänzung zu ÖNORM EN 15193) – Schnellverfahren für die Berechnung, Ausgabe: 2019-01-15
- ÖNORM H 5059-2 Gesamtenergieeffizienz von Gebäuden – Teil 2: Beleuchtungsenergiebedarf – Validierungsbeispiel, Ausgabe 2019-11-01
- ÖNORM H 5151-1 Planung von zentralen Warmwasser-Heizungsanlagen mit oder ohne Warmwasserbereitung – Teil 1: Gebäude mit einem spezifischen Transmissionsleitwert über 0,5 W/(K·m²) – Ergänzungsnorm zu ÖNORM EN 12828, Ausgabe 2010-12-15
- ÖNORM H 6040 Berechnung der sensiblen und latenten Kühllast sowie der sommerlichen Temperaturgänge von Räumen und Gebäuden - (Nationale Ergänzungen zu ÖNORM EN 15255 und ÖNORM EN ISO 13791), Ausgabe 2012-11-01
- ÖNORM H 7500-1 Heizungssysteme in Gebäuden – Verfahren zur Berechnung der Norm-Heizlast für Gebäude mit einem mittleren U-Wert ≥ 0,5 W/(m² · K) – Nationale Ergänzung zu ÖNORM EN 12831, Ausgabe 2015-02-15
- ÖNORM M 7140 Betriebswirtschaftliche Vergleichsrechnung für Energiesysteme nach dynamischen Rechenmethoden, Ausgabe 2021-01-15

- ÖNORM EN 12831-3 Energetische Bewertung von Gebäuden – Verfahren zur Berechnung der Energieanforderungen und Nutzungsgrade der Anlagen – Teil 3: Dimensionierung von Trinkwassererwärmungsanlagen und Bedarfsbestimmung, Modul M8-2, M8-3, Ausgabe 2018-01-15
- ÖNORM EN 13187 Wärmetechnisches Verhalten von Gebäuden – Qualitativer Nachweis von Wärmebrücken in Gebäudehüllen – Infrarot-Verfahren (ISO 6781:1983, modifiziert), Ausgabe 1999-03-01
- ÖNORM EN 15193-1 Energetische Bewertung von Gebäuden – Energetische Anforderungen an die Beleuchtung – Teil 1: Spezifikationen, Modul M9, Ausgabe 2017-10-01
- ÖNORM EN 15232-1 Energieeffizienz von Gebäuden – Teil 1: Einfluss von Gebäudeautomation und Gebäudemanagement – Module M10-4, 5, 6, 7, 8, 9, 10, Ausgabe 2017-12-01
- ÖNORM EN 15251 Eingangsparameter für das Raumklima zur Auslegung und Bewertung der Energieeffizienz von Gebäuden – Raumluftqualität, Temperatur, Licht und Akustik, Ausgabe 2007-09-01
- ÖNORM EN 15378-1 Energetische Bewertung von Gebäuden – Heizungsanlagen und Trinkwassererwärmung in Gebäuden – Teil 1: Inspektion von Kesseln und Heizungssystemen, Modul M3-1, M8-11, Ausgabe 2017-12-01
- ÖNORM EN 15378-3 Energetische Bewertung von Gebäuden – Heizungsanlagen und Trinkwassererwärmung in Gebäuden – Teil 3: Gemessene Gesamtenergieeffizienz, Module M3-10, M8-10, Ausgabe 2017-12-01
- ÖNORM EN 15459-1 Energieeffizienz von Gebäuden – Wirtschaftlichkeitsberechnungen für Energieanlagen in Gebäuden – Teil 1: Berechnungsverfahren, Modul M1-14, Ausgabe 2017-12-01
- ÖNORM EN 16798-1 Energetische Bewertung von Gebäuden – Teil 1: Eingangsparameter für das Innenraumklima zur Auslegung und Bewertung der Energieeffizienz von Gebäuden bezüglich Raumluftqualität, Temperatur, Licht und Akustik – Module M1-6, Ausgabe 2019-11-01
- ÖNORM EN 16798-17 Energetische Bewertung von Gebäuden – Lüftung von Gebäuden – Teil 17: Leitlinien für die Inspektion von Lüftungs- und Klimaanlagen (Module M4-11, M5-11, M6-11, M7-11), Ausgabe 2019-11-15
- ÖNORM EN ISO 6781-3 Verhalten von Gebäuden – Feststellung von wärme-, luft- und feuchtebezogenen Unregelmäßigkeiten in Gebäuden durch Infrarotverfahren – Teil 3: Qualifikation der Ausrüstungsbetreiber, Datenanalytiker und Berichtsautoren (ISO 6781-3:2015), Ausgabe 2016-04-01
- ÖNORM EN ISO 6946 Bauteile – Wärmedurchlasswiderstand und Wärmedurchgangskoeffizient – Berechnungsverfahren (ISO 6946:2017), Ausgabe 2018-02-01
- ÖNORM EN ISO 9972 Wärmetechnisches Verhalten von Gebäuden – Bestimmung der Luftdurchlässigkeit von Gebäuden – Differenzdruckverfahren (ISO 9972:2015), Ausgabe 2016-03-15
- ÖNORM EN ISO 10077-1 Wärmetechnisches Verhalten von Fenstern, Türen und Abschlüssen – Berechnung des Wärmedurchgangskoeffizienten – Teil 1: Allgemeines (ISO 10077-1:2017, korrigierte Fassung 2020-02), Ausgabe 2020-11-01
- ÖNORM EN ISO 10077-2 Wärmetechnisches Verhalten von Fenstern, Türen und Abschlüssen – Berechnung des Wärmedurchgangskoeffizienten – Teil 2: Numerisches Verfahren für Rahmen (ISO 10077-2:2017), Ausgabe 2018-02-01
- ÖNORM EN ISO 10211 Wärmebrücken im Hochbau – Wärmeströme und Oberflächentemperaturen – Detaillierte Berechnungen (ISO 10211:2017), Ausgabe 2018-02-01
- ÖNORM EN ISO 12569 Wärmetechnisches Verhalten von Gebäuden und Werkstoffen – Bestimmung des spezifischen Luftvolumenstroms in Gebäuden – Indikatorgasverfahren (ISO 12569:2017), Ausgabe 2018-04-01
- ÖNORM EN ISO 12631 Wärmetechnisches Verhalten von Vorhangfassaden – Berechnung des Wärmedurchgangskoeffizienten (ISO 12631:2017), Ausgabe 2018-01-01

- ÖNORM EN ISO 13370 Wärmetechnisches Verhalten von Gebäuden – Wärmeübertragung über das Erdreich – Berechnungsverfahren (ISO 13370:2017), Ausgabe 2018-02-01
- ÖNORM EN ISO 13789 Wärmetechnisches Verhalten von Gebäuden – Spezifischer Transmissions- und Lüftungswärmedurchgangskoeffizient – Berechnungsverfahren (ISO 13789:2017), Ausgabe 2018-02-01
- ÖNORM EN ISO 13790 Energieeffizienz von Gebäuden – Berechnung des Energiebedarfs für Heizung und Kühlung (ISO 13790:2008), Ausgabe 2008-10-01
- ÖNORM EN ISO 14683 Wärmebrücken im Hochbau – Längenbezogener Wärmedurchgangskoeffizient – Vereinfachte Verfahren und Standardwerte (ISO 14683:2017), Ausgabe 2018-02-01
- ÖNORM EN ISO 52000-1 Energieeffizienz von Gebäuden – Festlegungen zur Bewertung der Energieeffizienz von Gebäuden – Teil 1: Allgemeiner Rahmen und Verfahren (ISO 52000-1:2017), Ausgabe: 2018-02-01
- ÖNORM EN ISO 52003-1 Energieeffizienz von Gebäuden – Indikatoren, Anforderungen, Kennwerte und Ausweise – Teil 1: Allgemeine Aspekte und Anwendung auf die Gesamtenergieeffizienz (ISO 52003-1:2017), Ausgabe: 2018-02-01
- ÖNORM EN ISO 52010-1 Energieeffizienz von Gebäuden – Äußere Umweltbedingungen – Teil 1: Umrechnung von Wetterdaten für Energieberechnungen (ISO 52010-1:2017), Ausgabe: 2018-02-01
- ÖNORM EN ISO 52016-1 Energetische Bewertung von Gebäuden – Berechnung des Energiebedarfs für Heizung und Kühlung, Innentemperaturen sowie der Heiz- und Kühllast in einem Gebäude oder einer Gebäudezone – Teil 1: Berechnungsverfahren (ISO 52016-1:2017), Ausgabe: 2018-02-01
- ÖNORM EN ISO 52018-1 Energieeffizienz von Gebäuden – Indikatoren für EPB-Teilanforderungen im Hinblick auf die Wärmeenergiebilanz und Funktionen der Bausubstanz – Teil 1: Überblick über die Möglichkeiten (ISO 52018-1:2017), Ausgabe: 2018-02-01

Sonstige Dokumente:

- Auer, I., Böhm, R., Mohnl, H., Potzmann, R., Schöner, W., Skomorowski, P. ÖKLIM. Digitaler Klimaatlas Österreichs. Eine interaktive Reise durch die Vergangenheit, Gegenwart und Zukunft des Klimas (Klimakarten, Diagramme, Tabellen, erklärende Texte, Fotos, Videos und ein Glossar auf CD-ROM). Zentralanstalt für Meteorologie und Geodynamik, Wien, 2001
- Klimadatenkatalog, Allgemeine Grundlage (Theorie); Sonneneinstrahlungsdaten; Ergänzungen zur Lufttemperatur; Näheres zur Lufttemperatur für 10 Standorte Österreichs. Bundesministerium für Bauten und Technik: (Westl. Bereich Österreichs), Heft 50, Wien, 1984
- Klimadatenkatalog, Angaben zur Lufttemperatur für die Planfelder 1 – 282. Bundesministerium für Bauten und Technik: (Westl. Bereich Österreichs); Heft 5b, Wien, 1984
- Klimadatenkatalog, Angaben zur Lufttemperatur für die Planfelder 283 – 702. Bundesministerium für Bauten und Technik: (Östl. Bereich Österreichs); Heft 5c, Wien, 1984

Impressum

Medieninhaber und Herausgeber:
Österreichisches Institut für Bautechnik
ZVR 383773815
Schenkenstraße 4, 1010 Wien, Austria
T +43 1 533 65 50, F +43 1 533 64 23
E-Mail: mail@oib.or.at
Internet: www.oib.or.at
Der Inhalt der Richtlinien wurde sorgfältig erarbeitet,
dennoch übernehmen Mitwirkende und Herausgeber
für die Richtigkeit des Inhalts keine Haftung.

OIB

www.oib.or.at

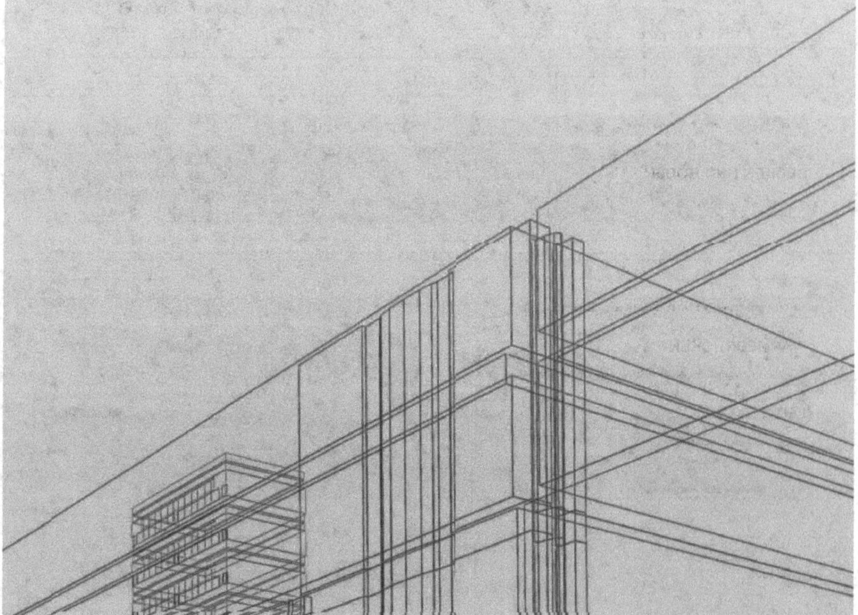

Anlage 6a

Anlage 6a - ergänzende Informationen zur Bautechnik

LAND TIROL

BERECHNUNGSHINWEISE

Programm		Wärmebrückenberechnung	
OIB-Fassung		Verluste zu Erdreich	
Energieausweis-Typ		Verluste zu unkond. Räumen	
Anforderung ab		Verschattung	
		Mittlere Raumhöhe	

FENSTER UND TÜREN

	Bezeichnung	U_g W/m²K	g-Wert %	U_f W/m²K	Rahmenanteil %	ψ-Wert W/mK	Versch.-fakt. %	A m²	Korr.-fakt. f	U- bzw. U_w-Wert W/m²K	Ausrichtung	A x f x U W/K	% von L_T+L_V
							Summe			Summe			

Fensteranteil in Außenwänden

* Bauteil beinhaltet nicht in Datenbanken gelistete Baustoffe

WÄNDE

	Bezeichnung	A m²	Korr.-fakt. f	U- bzw. U_w-Wert W/m²K	Kontrolle	A x f x U W/K	% von L_T+L_V
	Summe			Summe			

* Bauteil beinhaltet nicht in Datenbanken gelistete Baustoffe

DECKEN UND BÖDEN

	Bezeichnung	A m²	Korr.-fakt. f	U- bzw. U_w-Wert W/m²K	Kontrolle	A x f x U W/K	% von L_T+L_V
	Summe			Summe			

* **Bauteil beinhaltet nicht in Datenbanken gelistete Baustoffe**

WÄRMEBRÜCKEN

			W/K	% von L_T+L_V
PSI	Transmission-Leitwertzuschläge für Wärmebrücken	$L_\psi + L_\chi$ =		

LEITWERTE

			W/K	% von L_T+L_V
L_T	Transmissionsleitwert	L_T =		
L_V	Lüftungsleitwert	L_V =		
$L_{V,Ref}$	Referenzlüftungsleitwert	L_V =		

Anlage 6a - ergänzende Informationen zur Haustechnik

LAND TIROL

Nennwärmeleistung des Heizkessels für Raumheizung	$P_{H,KN,SK}$ =		$P_{H,KN,Ref,SK}$ =
Flächenbezogene Nennwärmeleistung des Heizkessels für Raumheizung			$P_{H,KN,Ref,SK}$ pro m² BGF =

WARMWASSERBEREITUNG

Wärmwasserabgabe und -verteilung
Warmwasserpeicherung
Warmwasserbereitstellung

RAUMHEIZUNG

Wärmeabgabe und -verteilung
Wärmespeicherung
Wärmebereitstellung

SOLARANLAGE

Anlagentyp
Kollektoreigenschaften
Ausrichtung

PHOTOVOLTAIKANLAGE

Art der Gebäudeintegration
Moduleigenschaften
Ausrichtung

LÜFTUNG

Art der Lüftung
Gerätespezifikation
Korrekturf. Lüftungsleitungsdämmung — Luftwechselrate n_{50} =

KÜHLUNG

Art der Kühlung
Eigenschaften
Betriebsart

ALTERNATIVENPRÜFUNG

Ein hocheffizientes alternatives System gemäß § 2 Abs. 28 TBO 2018 kommt zum Einsatz
Einhaltung der Anforderung an den reduzierten Primärenergiebedarf nicht erneuerbar gemäß § 35 Abs. 3 TBV 2016
Ergebnis kWh/m²a — Anforderung kWh/m²a
Wärmebedarf RH+WW ≥ 80 % durch hocheffiziente alternative Systeme gemäß § 2 Abs. 28 TBO 2018
Keines der oben genannten ist zutreffend: technische, ökologische, wirtschaftliche und rechtliche Prüfung

WW-WB-System (primär)		Heizwärmebedarf	$Q_{h,SK}$ =
RH-WB-System (primär)		Energieaufwandszahl Warmwasser	$e_{AWZ,WW}$ =
Nutzungsprofil		Energieaufwandszahl Raumheizung	$e_{AWZ,RH}$ =
Thermische Solaranlage		Brutto-Grundfläche	BGF =
Beleuchtung		Jahresertrag Photovoltaik	$PVE_{Brutto,a}$=
		Photovoltaik-Export	$PVE_{Export,a}$=

Anlage 6b

LAND TIROL

Eingangsstempel

Alternativenprüfung

gemäß § 35a Abs. 1 TBV 2016

An die Baubehörde der Gemeinde ________

Projekttitel ________

BauwerberIn ________

Straße, Hausnummer ________

PLZ/Ort ________

Gewünschte Wärmeversorgung

Zu finden im Energieausweis Seite 2 im Abschnitt "Gebäudekenndaten"

Warmwasser-Wärmebereitung — WW-WB-System (primär) ________

Raumheizung-Wärmebereitung — RH-WB-System (primär) ________

Erklärung zum Einsatz hocheffizienter alternativer Energiesysteme

Kreuzen Sie den zutreffenden Fall (Mehrfachnennung nicht möglich) an.

○ Ein hocheffizientes alternatives System gemäß § 2 Abs. 30 TBO 2022 kommt zum Einsatz

○ Einhaltung der Anforderung an den reduzierten Primärenergiebedarf nicht erneuerbar gemäß § 35 Abs. 3 TBV 2016

○ Wärmebedarf RH+WW ≥ 80 % durch hocheffiziente alternative Systeme gemäß § 2 Abs. 30 TBO 2022

○ Keines der oben genannten ist zutreffend: technische, ökologische, wirtschaftliche und rechtliche Prüfung

Wirtschaftlichkeitsberechnung gem. Delegierte Verordnung (EU) Nr. 244/2012 ist beizulegen!
Ist eines der hocheffizienten alternativen Heizsysteme wirtschaftlicher als das gewählte nicht hocheffiziente alternative Heizsystem, so ist verpflichtend ein hocheffizientes alternatives Heizsystem einzusetzen.

System	Der Einsatz ist ausgeschlossen[1]		Barwert Gesamtkosten[2] in [€]	**günstigstes** System
	rechtlich	technisch		
1: Nicht erneuerbares System				
2: Pelletsanlage	☐	☐		
3: Nah- /Fernwärme (ern.)	☐	☐		
4: Wärmepumpe (Luft)	☐	☐		
5: Wärmepumpe (Wasser)	☐	☐		
6: Wärmepumpe (Sole)	☐	☐		

1) Nachweis ist beizulegen 2) Wohngebäude Beträge inklusive Steuern, Nicht-Wohngebäude exklusive Steuern

________ Ort / Datum

________ Unterschrift BauwerberIn

RICHTLINIEN DES ÖSTERREICHISCHEN
INSTITUTS FÜR BAUTECHNIK

OIB richtlinien

OIB-RICHTLINIEN

Begriffs-bestimmungen

OIB-330-001/19

APRIL 2019

Diese Richtlinie basiert auf den Beratungsergebnissen der von der Landesamtsdirektorenkonferenz zur Ausarbeitung eines Vorschlages zur Harmonisierung bautechnischer Vorschriften eingesetzten Länderexpertengruppe. Die Arbeit dieses Gremiums wurde vom OIB in Entsprechung des Auftrages der Landesamtsdirektorenkonferenz im Sinne des § 3 Abs. 1 Z 7 der Statuten des OIB koordiniert und im Sachverständigenbeirat für bautechnische Richtlinien fortgeführt. Die Beschlussfassung der Richtlinie erfolgte gemäß § 8 Z 12 der Statuten durch die Generalversammlung des OIB.

OiB-Richtlinien

Begriffsbestimmungen

Ausgabe: April 2019

Abfallsammelraum

Allseitig geschlossener Raum, welcher der technisch und hygienisch einwandfreien Sammlung und Zwischenlagerung von Abfall dient.

Abfallsammelstelle

Offene oder teilweise geschlossene bzw. überdachte Einrichtung, die der technisch und hygienisch einwandfreien Zwischenlagerung von Abfall dient.

Abgas

In der Feuerstätte bei der Verbrennung fester, flüssiger und/oder gasförmiger Brennstoffe entstehendes, gasförmiges Verbrennungsprodukt einschließlich der in ihm schwebenden festen oder flüssigen Bestandteile und eines allfälligen Luftüberschusses.

Abgasanlage

Anlage für die Ableitung der Abgase von Feuerstätten für feste, flüssige oder gasförmige Brennstoffe ins Freie; Verbindungsstücke sind nicht Teil der Abgasanlage.

Abwasser

Wasser, welches durch Gebrauch verändert ist, und jedes in die Entwässerungsanlage fließende Wasser, wie z.B. häusliches Schmutzwasser, industrielles und gewerbliches Abwasser sowie Kondensate.

Altersheim, Altenwohnheim, Seniorenheim, Seniorenresidenz

Einrichtung für betagte Menschen, die nicht mehr eigenständig ihren Haushalt führen können, zeitweise pflegerisch betreut werden oder im Evakuierungsfall gegebenenfalls auf fremde Hilfe angewiesen sind.

Anbindeleitung

Verbindung zwischen Steigleitung oder dezentralem Wärmebereitsteller einerseits und dem Wärmeabgabesystem (Heizkörper, -register oder -fläche) andererseits.

Anlagengeräuschpegel, energieäquivalenter ($L_{A,eq,nT}$)

A-bewerteter energieäquivalenter Dauerschallpegel, der in einem Raum bei Betrieb einer haustechnischen Anlage innerhalb dieses Raumes mit der Zeitbewertung „fast" gemessen und auf 0,5 s Nachhallzeit bezogen wird.

Anlagengeräuschpegel, maximaler ($L_{AF,max,nT}$)

Maximaler A-bewerteter Schallpegel, der in einem Raum bei Betrieb einer haustechnischen Anlage außerhalb dieses Raumes mit der Zeitbewertung „fast" gemessen und auf 0,5 s Nachhallzeit bezogen wird.

Anpassungswert (L_Z)

Pegelzu- oder -abschlag für bestimmte Arten von Geräuschquellen bzw. -charakteristika.

Architekturlichte

Fertigmaß der Öffnung für Belichtungselemente in Wänden oder Dächern, gemessen in der Fassadenebene bzw. in der Ebene der Dachhaut.

Aufenthaltsraum

Ein Raum, der zum länger dauernden Aufenthalt von Personen bestimmt ist (z.B. Wohn- und Schlafraum, Wohnküche, Arbeitsraum, Unterrichtsraum), nicht dazu zählen jedenfalls Badezimmer und Toiletten.

Außenlärmpegel, bauteillagebezogener

Außenlärmpegel unter Anwendung von Anpassungswerten (Beurteilungspegel), der sich aus dem standortbezogenen Außenlärmpegel für die jeweilige Lage des Bauteiles am Gebäude ergibt.

Außenlärmpegel, maßgeblicher

Bemessungsgrundlage zur Feststellung der Anforderungen an die Schalldämmung von Bauteilen unter Anwendung von Anpassungswerten (Beurteilungspegel).

Außenlärmpegel, maßgeblicher standortbezogener

Außenlärmpegel unter Anwendung von Anpassungswerten (Beurteilungspegel), der sich aus der standortbezogenen Umgebungslärmsituation in 4,00 m Höhe über Boden ergibt.

Barrierefreiheit

Barrierefrei im Sinne der OIB-Richtlinie 4 sind bauliche Anlagen, wenn sie für Kinder, ältere Menschen und Menschen mit Behinderungen in der allgemein üblichen Weise, ohne besondere Erschwernis und grundsätzlich ohne fremde Hilfe zugänglich und nutzbar sind.

Bau-Schalldämm-Maß, bewertetes (R'_w)

Einzahlangabe für das Bau-Schalldämm-Maß, ermittelt nach ÖNORM EN ISO 717-1 aus den Werten von R' (in den Terzbändern 100 Hz bis 3150 Hz).

Bau-Schalldämm-Maß, bewertetes resultierendes der Außenbauteile gesamt ($R'_{res,w}$)

Einzahlangabe für das Bau-Schalldämm-Maß, das für einen Außenbauteil, der aus mehreren Teilflächen mit unterschiedlichen Abmessungen und unterschiedlichen Schalldämm-Maßen besteht (z.B. eine Außenwand mit Fenstern und Außentüren), bestimmt wird.

Bauwerk

Eine Anlage, die mit dem Boden in Verbindung steht und zu deren fachgerechter Herstellung bautechnische Kenntnisse erforderlich sind.

Befeuchtungsenergiebedarf (BefEB)

Beim Befeuchtungsenergiebedarf wird der allfällige Energiebedarf zur Befeuchtung dargestellt.

Beherbergungsstätte

Gebäude oder Gebäudeteile, die der Beherbergung von Personen dienen und mehr als zehn Gästebetten aufweisen.

Bekleidungen

Schichten eines Bauteils, die die Erfüllung einer oder mehrerer Anforderungen hinsichtlich Brand-, Wärme-, Schall- und Witterungsschutz sicherstellen helfen; Bekleidungen bestehen in der Regel aus einer Außenschicht, Unterkonstruktion und Dämmschicht bzw. Wärmedämmung.

Beläge

Äußerste Schicht eines Bauteils, der nicht unter Bekleidungen fällt, wie z.B. Bodenbeläge, dekorative Verschalungen, Akustikplatten; Beläge werden in der Regel auf einer Bekleidung oder einer Rohwand bzw. Rohdecke angebracht.

Beleuchtungsenergiebedarf (BelEB)

Der Beleuchtungsenergiebedarf ist als flächenbezogener Defaultwert festgelegt und entspricht dem Energiebedarf zur nutzungsgerechten Beleuchtung.

Bereich, allgemein zugänglicher

Bereich innerhalb oder außerhalb eines Bauwerkes, der für die regelmäßige Erschließung oder Benutzung durch unterschiedliche Personen, wie z.B. Bewohner, Kunden, Lieferanten, gedacht ist. Nicht dazu zählen Gebäude oder Gebäudeteile mit nicht mehr als zwei Wohnungen oder Reihenhäuser, die ausschließlich der Wohnnutzung dienen, sowie Bereiche innerhalb einer Wohneinheit und Räume, in denen nicht mehr als 15 Personen gleichzeitig anwesend sind.

Bestehende Bauten, auch bestehende Hochbauten, bestehende Bauwerke, Bestand, Bestandsgebäude, bestehende Gebäude

Als bestehende Bauten gelten Bauten, die rechtmäßig bestehen, die also entweder eine behördliche Benützungsbewilligung erhalten haben oder für die eine vollständig belegte Fertigstellungsanzeige vorgelegt wurde (d.h. konsensgemäß errichtet wurden) und setzen einen den Konsens entsprechenden Zustand der bestehenden Bauten voraus.

Betriebsbau

Bauwerk oder Teil eines Bauwerkes, welches der Produktion (Herstellung, Behandlung, Verwertung, Verteilung) bzw. der Lagerung von Produkten oder Gütern dient.

Betriebsstrombedarf (BSB)

Der Betriebsstrombedarf ist als flächenbezogener Defaultwert festgelegt und entspricht der Hälfte der mittleren inneren Lasten.

Beurteilungspegel (L_r)

Der auf die Bezugszeit bezogene A-bewertete energieäquivalente Dauerschallpegel eines beliebigen Geräusches, der – erforderlichenfalls – mit Anpassungswerten versehen ist.

Brandabschnitt

Bereich, der durch brandabschnittsbildende Wände bzw. Decken von Teilen eines Gebäudes getrennt ist.

Brandwand

Brandabschnittsbildende Wand mit erhöhten Anforderungen.

Brutto-Grundfläche (BGF), konditioniert

Fläche entsprechend der Definition gemäß ÖNORM B 8110-6-1. Fläche, die vom konditionierten Bruttovolumen umschlossen wird.

Brutto-Volumen (V_B), konditioniert

Volumen entsprechend der Definition gemäß ÖNORM B 8110-6-1. Summe der Bruttorauminhalte aller konditionierten Räume eines Gebäudes oder Gebäudeteiles, über das eine Wärmebilanz mit einer bestimmten Raumtemperatur erstellt wird.

Dauerhaftigkeit des Tragwerks

Fähigkeit des Tragwerks und seiner tragenden Bauteile, das Tragwerksverhalten infolge zeitabhängiger Veränderungen der Eigenschaften unter Berücksichtigung der Umweltbedingungen und der geplanten Instandhaltungsmaßnahmen nicht unvorhergesehen zu verändern.

Dekorationsartikel

Zu Dekorationszwecken eingebrachte Gegenstände, wie z.B. Girlanden, Fahnen und künstlicher Pflanzenschmuck.

Durchgangslichte, nutzbare Breite

Die nutzbare Breite der Durchgangslichte stellt die geringste lichte Breite der Öffnung des Türstockes bzw. der Zarge dar. Wenn Türblätter bei 90° geöffnetem Zustand um nicht mehr als je 5 cm in die Durchgangslichte hineinragen, bleiben diese bei der Ermittlung der nutzbaren Breite unberücksichtigt. Türdrücker, Notausgangsbeschläge und Paniktürbeschläge bleiben bei der Ermittlung der nutzbaren Breite ebenfalls unberücksichtigt.

Durchgangslichte, nutzbare Höhe

Die nutzbare Höhe der Durchgangslichte stellt die lichte Höhe der Türöffnung, die nach Einbau (Montage) des Türstockes bzw. der Zarge bei geöffnetem Türblatt den freien Durchgang ohne Einengung ermöglicht, dar. Bei einem durchgehenden Fußboden entspricht die nutzbare Höhe der Durchgangslichte der Stocklichtenhöhe. Einbauten, wie z.B. Schwellen, Türanschläge oder Türschließer, werden bei der Ermittlung der nutzbaren Höhe der Durchgangslichte nicht berücksichtigt.

Einwirkung

Eine auf das Tragwerk einwirkende Kraft- oder Verformungsgröße.

Endenergiebedarf (EEB)

Der Endenergiebedarf umfasst zusätzlich zum Heizenergiebedarf den Haushaltsstrombedarf bzw. den jeweils allfälligen Betriebsstrombedarf, Kühlenergiebedarf und Beleuchtungsenergiebedarf, abzüglich allfälliger Endenergieerträge und zuzüglich eines dafür notwendigen Hilfsenergiebedarfs. Der Endenergiebedarf entspricht jener Energiemenge, die eingekauft werden muss (Lieferenergiebedarf).

Energieaufwandszahl Heizen

Verhältniszahl, zwischen dem Heizenergiebedarf und der Summe aus Heizwärmebedarf und Warmwasserwärmebedarf.

Energieaufwandszahl Kühlen

Verhältniszahl, zwischen dem Kühlenergiebedarf und dem Kühlbedarf.

Energieausweis

Ein gemäß der OIB-Richtlinie 6 erstellter Ausweis über die Gesamtenergieeffizienz eines Gebäudes in Umsetzung der Richtlinie 2010/31/EU vom 19. Mai 2010 bzw. 2018/844/EU vom 30. Mai 2018 und des Energieausweis-Vorlage-Gesetzes (EAVG).

Fassade, vorgehängte

Systeme, die sich im Wesentlichen aus den Komponenten

- Unterkonstruktion,
- Verankerungs-, Verbindungs- und Befestigungselemente,
- allenfalls Wärmedämmung (Dämmschicht),
- Hinterlüftungsspalt bzw. Luftspalt und
- Außenschicht

zusammensetzen, die jeweils sinnvoll aufeinander abgestimmte Funktionen zu erfüllen haben.

Fassade, vorgehängte belüftete

Fassade mit einem Luftspalt zwischen Wärmedämmung (bzw. bei Fehlen derselben, der Außenwand) und Außenschicht, der lediglich an der Unterseite Luftöffnungen in der Außenschicht aufweist und mit der Außenluft verbunden ist.

Fassade, vorgehängte hinterlüftete

Fassade mit einem Hinterlüftungsspalt zwischen Wärmedämmung (bzw. bei Fehlen derselben, der Außenwand) und Außenschicht, der durch Zuluftöffnungen an der Unterseite und Abluftöffnungen an der Oberseite der Außenschicht mit der Außenluft verbunden ist und dadurch einen ständigen Luftstrom („Hinterlüftung") ermöglicht.

Fassade, nicht hinterlüftete

Fassade, die weder an der Unterseite noch an der Oberseite durch eine Luftöffnung mit der Außenluft verbunden ist. Zwischen Außenschicht und Wärmedämmung (bzw. Wandbildner) kann ein Luftspalt vorhanden sein.

Fassade, Vorhangfassade

Konstruktion als Teil der Gebäudehülle, die im Allgemeinen aus miteinander verbundenen horizontalen und vertikalen Profilen besteht, mit der tragenden Konstruktion des Baukörpers verankert ist und mit fest eingebauten und/oder zu öffnenden Ausfachungen ausgestattet ist, alle erforderlichen Funktionen einer Innen- oder Außenwand oder eines Teils davon erfüllt, jedoch nicht zur Tragfähigkeit oder Stabilität der Gebäudestruktur beiträgt. Vorhangfassaden sind als selbsttragende Konstruktionen ausgelegt, die Eigengewicht, Nutzlasten, Lasten aus der Umgebung (Wind, Schnee, usw.) sowie seismische Lasten an die Hauptstruktur des Gebäudes übertragen.

Fassade, zweischalige Vorhangfassade

Vorhangfassaden, bestehend aus einer inneren und äußeren Schale und einem Luftzwischenraum, wobei das Ganze als integriertes System entwickelt ist.

Feuerstätte

Wärmeerzeugende Geräteeinheit, in der Verbrennungsprodukte entstehen, die an die Außenluft abgeführt werden müssen.

Fluchtniveau

Höhendifferenz zwischen der Fußbodenoberkante des höchstgelegenen oberirdischen Geschoßes und der an das Gebäude angrenzenden Geländeoberfläche nach Fertigstellung im Mittel.

Fluchtweg

Weg, der den Benützern eines Bauwerkes im Gefahrenfall grundsätzlich ohne fremde Hilfe das Erreichen eines sicheren Ortes des angrenzenden Geländes im Freien – in der Regel eine Verkehrsfläche – ermöglicht.

Garage

Gebäude oder Teil eines Gebäudes zum Einstellen von Kraftfahrzeugen.

Gebäude der Gebäudeklasse 1 (GK1)

Freistehende, an mindestens drei Seiten auf eigenem Grund oder von Verkehrsflächen für die Brandbekämpfung von außen zugängliche Gebäude mit nicht mehr als drei oberirdischen Geschoßen, mit einem Fluchtniveau von nicht mehr als 7,00 m und insgesamt nicht mehr als 400 m² Brutto-Grundfläche der oberirdischen Geschoße, bestehend aus nicht mehr als zwei Wohnungen oder einer Betriebseinheit.

Gebäude der Gebäudeklasse 2 (GK2)

a) Gebäude mit nicht mehr als drei oberirdischen Geschoßen und mit einem Fluchtniveau von nicht mehr als 7,00 m von insgesamt nicht mehr als 400 m² Brutto-Grundfläche der oberirdischen Geschoße,
b) Reihenhäuser mit nicht mehr als drei oberirdischen Geschoßen und mit einem Fluchtniveau von nicht mehr als 7,00 m, bestehend aus Wohnungen bzw. Betriebseinheiten von jeweils nicht mehr als 400 m² Brutto-Grundfläche der oberirdischen Geschoße,
c) Freistehende, an mindestens drei Seiten auf eigenem Grund oder von Verkehrsflächen für die Brandbekämpfung von außen zugängliche Gebäude mit ausschließlicher Wohnnutzung mit nicht mehr als drei oberirdischen Geschoßen und mit einem Fluchtniveau von nicht mehr als 7,00 m von insgesamt nicht mehr als 800 m² Brutto-Grundfläche der oberirdischen Geschoße.

Gebäude der Gebäudeklasse 3 (GK3)

Gebäude mit nicht mehr als drei oberirdischen Geschoßen und mit einem Fluchtniveau von nicht mehr als 7,00 m, die nicht in die Gebäudeklassen 1 oder 2 fallen.

Gebäude der Gebäudeklasse 4 (GK4)

a) Gebäude mit nicht mehr als vier oberirdischen Geschoßen und mit einem Fluchtniveau von nicht mehr als 11 m, bestehend aus mehreren Wohnungen bzw. mehreren Betriebseinheiten von jeweils nicht mehr als 400 m² Nutzfläche der einzelnen Wohnungen bzw. Betriebseinheiten in den oberirdischen Geschoßen,
b) Gebäude mit nicht mehr als vier oberirdischen Geschoßen und mit einem Fluchtniveau von nicht mehr als 11 m, bestehend aus einer Wohnung bzw. einer Betriebseinheit ohne Begrenzung der Brutto-Grundfläche der oberirdischen Geschoße.

Gebäude der Gebäudeklasse 5 (GK5)

Gebäude mit einem Fluchtniveau von nicht mehr als 22 m, die nicht in die Gebäudeklassen 1, 2, 3 oder 4 fallen.

Gebäude

Überdeckte, allseits oder überwiegend umschlossene Bauwerke, die von Personen betreten werden können.

Gebäude, konditionierte

Gebäude, deren Innenraumklima unter Einsatz von Energie beheizt, gekühlt, be- und entlüftet oder befeuchtet wird; als konditionierte Gebäude können Gebäude als Ganzes oder Teile eines Gebäudes, die als eigene Nutzungseinheiten konzipiert oder umgebaut wurden, bezeichnet werden.

Gebäudetechnisches System

Jene technische Ausrüstung eines Gebäudes oder Gebäudeteils für Raumheizung, Raumkühlung, Lüftung, Warmwasserbereitung für den häuslichen Gebrauch, eingebaute Beleuchtung, Gebäudeautomatisierung und -steuerung, Elektrizitätserzeugung am Gebäudestandort oder für eine Kombination derselben, einschließlich Systemen, die Energie aus erneuerbaren Quellen nutzen.

Gebäudewert

Der Gebäudewert ist aufgrund der Neuerrichtungskosten zu ermitteln. Wertbeeinflussende Umstände, wie etwa Lage der Liegenschaft, baurechtliche oder andere öffentlich-rechtliche Beschränkungen sowie erhebliche Abweichungen von den üblichen Baukosten, sind nicht zu berücksichtigen.

Gebrauchstauglichkeit des Tragwerks

Fähigkeit des Tragwerks und seiner tragenden Bauteile, die Anforderungskriterien an die Nutzbarkeit und Funktion, z.B. Verformungs-, Schwingungs- und Rissbreitenbeschränkungen, zu erfüllen.

Gesamtenergieeffizienz-Faktor (f_{GEE})

Der Gesamtenergieeffizienz-Faktor ist der Quotient aus einerseits dem Endenergiebedarf abzüglich allfälliger Endenergieerträge und zuzüglich des dafür notwendigen Hilfsenergiebedarfs und andererseits einem Referenz-Endenergiebedarf (Anforderung 2007).

Geschoß

Gebäudeabschnitt zwischen den Oberkanten der Fußböden übereinanderliegender Räume oder lichter Abschnitt zwischen der Oberkante des Fußbodens und der Unterfläche des Daches, wenn die jeweils geforderte Raumhöhe erreicht wird. Gebäudeabschnitte, die zueinander bis einschließlich der halben Geschoßhöhe versetzt sind, gelten als ein Geschoß. Galerien innerhalb eines Raumes gelten nicht als eigenes Geschoß.

Geschoß, Betriebsbau

Alle auf gleicher Ebene liegenden Räume sowie in der Höhe zu dieser Ebene versetzte Räume oder Raumteile. Galerien, Emporen und Bühnen innerhalb eines Raumes gelten nicht als eigenes Geschoß, sofern deren Netto-Grundfläche weniger als die Hälfte der Netto-Grundfläche jenes Raumes, in dem sie sich befinden, beträgt. Als eigene Geschoße zählen nicht:

- Räume oberhalb des letzten oberirdischen Geschoßes, die ausschließlich der Unterbringung haustechnischer Anlagen für Heizungs-, Lüftungs-, Klima- und Sanitärzwecke dienen,
- betriebstechnische Räume, wenn der Anteil ständig offener Deckenöffnungen zu darüber- oder darunter liegenden Geschoßen größer ist als der Anteil der geschlossenen Flächen, wie z.B. Pressenkeller,
- untergeordnete Bereiche innerhalb eines Raumes, die in funktionaler Verbindung zu diesem Raum stehen, wie z.B. Büros, Sozialräume,
- Triebwerksräume für Aufzüge,
- begehbare Stege und Podeste, wie z.B. Gitterroste in Regallagern zur Erreichung der einzelnen Lagerebenen.

Geschoß, oberirdisches

Geschoß, dessen äußere Begrenzungsflächen in Summe zu mehr als der Hälfte über dem anschließenden Gelände nach Fertigstellung liegen. Nicht zu den oberirdischen Geschoßen zählen solche, in denen sich keine Wohnungen, Betriebseinheiten oder Teile von solchen befinden (z.B. nicht ausgebaute Dachräume, Triebwerksräume, Räume für haustechnische Anlagen).

Geschoß, oberirdisches, Betriebsbau

Geschoß, dessen äußere Begrenzungsflächen in Summe zu mehr als der Hälfte über dem anschließenden Gelände nach Fertigstellung liegen.

Geschoß, unterirdisches

Geschoß, dessen äußere Begrenzungsflächen in Summe zu nicht mehr als der Hälfte über dem anschließenden Gelände nach Fertigstellung liegen.

Größere Renovierung

Renovierung, bei der mehr als 25 % der Oberfläche der Gebäudehülle einer Renovierung unterzogen werden, es sei denn, die Gesamtkosten der Renovierung der Gebäudehülle und der gebäudetechnischen Systeme betragen weniger als 25 % des Gebäudewertes, wobei der Wert des Grundstücks, auf dem das Gebäude errichtet wurde, nicht mitgerechnet wird.

Grundfläche

Brutto-Grundfläche bzw. Netto-Grundfläche entsprechend der Definition in der ÖNORM B 1800.

Hauptbrandabschnitt

Bereich, der durch Brandwände von Teilen eines Gebäudes getrennt ist.

Hauptgang bzw. Haupttreppe

Verbindungsweg, der zur Erschließung von Aufenthaltsräumen, allgemein zugänglichen Bereichen sowie Räumen der täglichen Nutzung dient. Zu Räumen der täglichen Nutzung zählen z.B. Bäder und Toiletten in Wohnungen sowie Abstellräume.

Haushaltsstrombedarf (HHSB)

Der Haushaltsstrombedarf ist als flächenbezogener Defaultwert festgelegt. Er entspricht in etwa dem durchschnittlichen flächenbezogenen Stromverbrauch eines österreichischen Haushalts.

Heizenergiebedarf (HEB)

Beim Heizenergiebedarf werden zusätzlich zum Heiz- und Warmwasserwärmebedarf die Verluste des gebäudetechnischen Systems berücksichtigt, dazu zählen insbesondere die Verluste der Wärmebereitstellung, der Wärmeverteilung, der Wärmespeicherung und der Wärmeabgabe sowie allfälliger Hilfsenergie.

Heizgradtagzahl (HGT)

Jährliche Heizgradtage $HGT_{20/12}$.

Heizwärmebedarf (HWB)

Wärmemenge, die den konditionierten Räumen zugeführt werden muss, um deren vorgegebene Solltemperatur einzuhalten.

Höhe von Handläufen, Geländern und Brüstungen

Lotrechter Abstand zwischen der fertigen Standfläche, bzw. bei Treppen der fertigen Stufenvorderkante, und der Handlauf-, Geländer- oder Brüstungsoberkante.

Kohlendioxidemissionen (CO_2)

Gesamte dem Endenergiebedarf zuzurechnenden Kohlendioxidemissionen, einschließlich jener für Vorketten.

Kohlendioxidemissionen äquivalent (CO_2eq)

Gesamte dem Endenergiebedarf zuzurechnenden äquivalenten Kohlendioxidemissionen (Treibhausgase), einschließlich jener für Vorketten.

Kühlbedarf (KB)

Der Kühlbedarf ist jene Wärmemenge, welche aus den Räumen abgeführt werden muss, um unter der Solltemperatur zu bleiben. Er errechnet sich aus den nicht nutzbaren inneren und solaren Gewinnen.

Kühlbedarf, außeninduzierter (KB*)

Kühlbedarf, bei dessen Berechnung die inneren Wärmelasten und die Luftwechselrate null zu setzen sind (Infiltration n_x wird mit dem Wert 0,15 angesetzt).

Kühlenergiebedarf (KEB)

Beim Kühlenergiebedarf werden zusätzlich zum Kühlbedarf die Verluste des Kühlsystems und der Kältebereitstellung berücksichtigt.

Lagerabschnittsfläche

Netto-Grundfläche zur Lagerung von Produkten und Gütern, die durch Brandwände, brandabschnittsbildende Bauteile oder Außenwände begrenzt wird.

Länge, charakteristische (ℓ_c)

Maß für die Kompaktheit eines Gebäudes, dargestellt in Form des Verhältnisses des konditionierten Volumens V zur umschließenden Oberfläche A dieses Volumens.

Laubengang, offener

Gang an der Außenseite eines Gebäudes, der mindestens zur Hälfte gegenüber dem Freien offen ist und der überwiegend gleichmäßig verteilte, unverschließbare Öffnungen über der Parapethöhe besitzt.

LEK_T-Wert

Kennwert für den Wärmeschutz der Gebäudehülle unter Bedachtnahme auf die Kompaktheit bzw. charakteristische Länge des Gebäudes unter Heranziehung der LEK-Linien (Linien Europäischer Kriterien).

Menschenansammlung, größere

Gleichzeitige Anwesenheit von mehr als 120 Personen für kulturelle, künstlerische, sportliche, unterhaltende oder andere vergleichbare Aktivitäten.

Nachhallzeit (T)

Zeit in s, in der nach Abschalten der Schallquelle der Schallpegel im Raum um 60 dB abnimmt.

Nebengang bzw. Nebentreppe

Gänge bzw. Treppen, die zusätzlich zu Hauptgängen bzw. Haupttreppen errichtet werden, sowie Gänge bzw. Treppen, die zu Räumen führen, die nicht der täglichen Nutzung dienen. Räume, die nicht der täglichen Nutzung dienen sind z.B. nicht ausgebaute Dachräume, Technikräume und Galerie- bzw. Abstellflächen als zweite Ebene in Wohnräumen. Treppen mit versetztem Stufenauftritt, wie z.B. Sambatreppen oder Spartreppen, gelten nicht als Treppen im Sinne der OIB-Richtlinie 4.

Neubau

Herstellung von neuen Gebäuden sowie von Gebäuden, bei denen nach Abtragung bestehender baulicher Anlagen alte Fundamente oder die bestehenden tragenden Außenbauteile ganz oder teilweise wieder benützt werden.

Nicht-Wohngebäude

Gebäude, die nicht überwiegend zum Wohnen genutzt werden.

Niederschlagswasser

Niederschlag, einschließlich Schmelzwasser, der von Dach- und Bodenoberflächen oder Gebäudeaußenflächen abfließt und nicht durch Gebrauch verändert ist.

Nutzfläche – Garage, überdachte Stellplätze, Parkdecks

Summe der Stell- und Fahrflächen, ausgenommen Zu- und Abfahrten außerhalb von Garagen, überdachten Stellplätzen und Parkdecks.

Nutzwasser

Aus Regenwasser, Grundwasser oder lokalen Quellen und Brunnen gewonnenes Wasser, das zum Gebrauch (wie z.B. als Toilettenspülung, Wasch- oder Gießwasser) dient, den technologischen Anforderungen des jeweiligen Prozesses genügt und nicht für den menschlichen Genuss vorgesehen ist.

Oberfläche der Gebäudehülle

Fläche der Gebäudehülle entsprechend der Definition in der ÖNORM B 8110-6-1.

Parapethöhe

Vertikaler Abstand zwischen fertiger Standfläche und Oberkante des unteren Stockprofils oder der Brüstung.

Parkdeck

Bauwerk zur Einstellung von Kraftfahrzeugen, das in allen Parkebenen an mindestens zwei Seiten seiner gedachten Umfassungswände unverschließbare Öffnungen in einem Mindestausmaß von einem Drittel der gesamten gedachten Umfassungswandfläche aufweist.

Pegelspitze, kennzeichnende

Ein für den Betrieb charakteristisches Schallereignis begrenzter Dauer, welches sich deutlich wahrnehmbar vom übrigen Geräusch abhebt und eindeutig zugeordnet werden kann.

Pflegeheim

Einrichtung für die dauerhafte, stationäre Unterbringung und pflegerischen Versorgung von Menschen, die wegen körperlichen, geistigen oder psychischen Einschränkungen nicht in der Lage sind, einen eigenen Haushalt führen zu können sowie im Evakuierungsfall gegebenenfalls keinen eigenen Beitrag leisten.

Photovoltaik Export

Ertrag aus Photovoltaik, vermindert um den im Gebäude nutzbaren Anteil.

Planungsbasispegel (L_{PB})

Rechengröße zur Bemessung und Beurteilung von Schallimmissionen in Räumen.

Primärenergiebedarf (PEB)

Der Primärenergiebedarf ist der Endenergiebedarf einschließlich der Verluste in allen Vorketten. Der Primärenergiebedarf weist einen erneuerbaren ($PEB_{ern.}$) und einen nicht erneuerbaren ($PEB_{n.ern.}$) Anteil auf.

Rampe

Bauwerk mit mehr als 4 % Gefälle zur Überwindung eines Niveauunterschiedes. Nicht dazu zählen Gehwege (ein dem Geländeverlauf angepasster Weg für Fußgänger) und Gehsteige (parallel zur Fahrbahn verlaufender, für Fußgänger vorbehaltener Teil einer Straße).

Referenz-Heizwärmebedarf (HWB$_{Ref}$)

Der Referenz-Heizwärmebedarf ist jene Wärmemenge, die in den Räumen bereitgestellt werden muss, um diese auf einer normativ geforderten Raumtemperatur, ohne Berücksichtigung allfälliger Erträge aus Wärmerückgewinnung zu halten.

Referenzklima (RK)

Das Referenzklima ist ein virtuelles Klima. Es dient zur Ermittlung von Energiekennzahlen.

Reihenhaus

Gebäude mit mehr als zwei unmittelbar aneinander gebauten, nicht übereinander angeordneten, durch mindestens eine vertikale Wand voneinander getrennten selbstständigen Wohnungen bzw. Betriebseinheiten von jeweils nicht mehr als 400 m² Brutto-Grundfläche der oberirdischen Geschoße und mit jeweils einem eigenen Eingang aus dem Freien für jede Wohnung bzw. Betriebseinheit. Für die Einstufung in eine Gebäudeklasse gemäß der OIB-Richtlinie 2 ist jede Wohnung bzw. Betriebseinheit hinsichtlich des Fluchtniveaus gesondert zu betrachten.

Renovierungsausweis

Ein dem Energieausweis nachempfundener optionaler Ausweis, der die Energiekennzahlen nach Durchführung eines Maßnahmenbündels zur Erreichung der Anforderungen an die „größere Renovierung" dokumentiert. Dieser ist Bestandteil des technischen Anhanges des Energieausweises.

Rettungsweg

Weg, welcher den Benutzern eines Gebäudes das Erreichen eines sicheren Ortes des angrenzenden Geländes im Freien in der Regel mit fremder Hilfe ermöglicht (z.B. mittels Rettungsgeräten der Feuerwehr).

Schallabsorptionsgrad, mittlerer ($\alpha_{m,B}$)

Schallabsorptionsgrad, der sich im Mittel über alle Raumbegrenzungsflächen ergibt aus

$$\alpha_{m,B} = \frac{\sum_{i}^{n} \alpha_i \cdot S_i}{\sum_{i}^{n} S_i}$$

S_i i-te Teilfläche der Raumbegrenzungsflächen in m²
α_i Schallabsorptionsgrad der i-ten Teilfläche der Raumbegrenzungsflächen
n Anzahl der Raumbegrenzungsflächen

Schalldämm-Maß, bewertetes (R_w)

Einzahlangabe für das Schalldämm-Maß, ermittelt nach ÖNORM EN ISO 717-1 aus den Werten von R (in den Terzbändern 100 Hz bis 3150 Hz).

Schutzhütten in Extremlage

Beherbergungsstätten, die nur über eine schlichte Ausstattung verfügen, sowie für die Besucher nur zu Fuß in einer Gehzeit von mehr als einer Stunde zu erreichen und im Regelbetrieb nicht durch mechanische Aufstiegshilfen erschlossen sind.

Standard-Schallpegeldifferenz, bewertete ($D_{nT,w}$)

Einzahlangabe für die Standard-Schallpegeldifferenz, ermittelt nach ÖNORM EN ISO 717-1 aus den Werten von D_{nT} (in den Terzbändern 100 Hz bis 3150 Hz).

Sicherheitskategorie

Kategorie in Abhängigkeit von der brandschutztechnischen Infrastruktur:

- Sicherheitskategorie K 1: keine besonderen Maßnahmen,
- Sicherheitskategorie K 2: automatische Brandmeldeanlage,
- Sicherheitskategorie K 3.1: automatische Brandmeldeanlage und eine während der Betriebszeit einsatzbereite, nach dem jeweiligen Landesrecht anerkannte Betriebsfeuerwehr mit mindestens Gruppenstärke,
- Sicherheitskategorie K 3.2: automatische Brandmeldeanlage und eine ständig (0 bis 24 Uhr) einsatzbereite, nach dem jeweiligen Landesrecht anerkannte Betriebsfeuerwehr mit mindestens Gruppenstärke,
- Sicherheitskategorie K 4.1: erweiterte automatische Löschhilfeanlage,
- Sicherheitskategorie K 4.2: automatische Feuerlöschanlage.

Spektrum-Anpassungswert (C_{tr})

Wert, der nach ÖNORM EN ISO 717-1 zur Einzahlangabe R_w oder R'_w oder $D_{nT,w}$ addiert wird, um das Schallpegelspektrum „Straßenverkehrsgeräusch“ zu berücksichtigen.

Spitzenpegel in der Betriebsstätte, kennzeichnender ($L_{A,Sp}$)

Der mit der Zeitbewertung F (Fast) und A-Bewertung gemessene oder errechnete höchste Wert einer kennzeichnenden Pegelspitze.

Stadion

Bauwerk mit Aktionsbereich, ansteigenden Steh- oder Sitzplatzreihen und großflächig nach oben offener baulicher Struktur.

Standard-Trittschallpegel, bewerteter ($L'_{nT,w}$)

Einzahlangabe für den Standard-Trittschallpegel, ermittelt nach ÖNORM EN ISO 717-2 aus den Werten von L'_{nT} (in den Terzbändern 100 Hz bis 3150 Hz oder in Oktavbändern 125 Hz bis 2000 Hz).

Standfläche

Als Standfläche gelten die Fußbodenoberkante, Stufenauftrittsfläche sowie jede betretbare Fläche eines Bauteiles (z.B. Vormauerung, Sockel), wenn sich diese Fläche auf einer Höhe von höchstens 60 cm befindet und eine Tiefe von mindestens 15 cm aufweist.

Standortklima (SK)

Das Standortklima ist das reale Klima am Gebäudestandort. Dieses Klimamodell wurde auf Basis der Primärdaten (1970 bis 1999) der Zentralanstalt für Meteorologie und Geodynamik für die Jahre 1978 bis 2007 gegenüber der Vorfassung aktualisiert.

Steigleitung

Im Sinne der OIB-Richtlinie 6 vertikale Verbindungsleitung zwischen Verteilleitung und Anbindeleitung bzw. Stichleitung.

Stellplatz, überdacht

Überdachte Fläche zum Abstellen von Kraftfahrzeugen, welche an höchstens zwei Seiten durch Wände bzw. durch sonstige Bauteile (z.B. Gitter) umschlossen ist.

Stichleitung

Verbindung zwischen Steigleitung oder dezentralem Wärmebereitsteller einerseits und der Zapfstelle andererseits.

Stromspeicher

Energiespeicher, die elektrische Energie aus den eigenen Erträgen für die eigene Versorgung aufnehmen, diese zwischenspeichern und die gespeicherte elektrische Energie wieder in das eigene Netz einspeist.

Tragwerk

Jener Teil eines Bauwerkes, der aus einer planmäßigen Anordnung miteinander verbundener tragender Bauteile besteht.

Trenndecke

Decke zwischen Wohnungen bzw. Betriebseinheiten untereinander sowie zu anderen Gebäudeteilen.

Trennwand

Wand zwischen Wohnungen bzw. Betriebseinheiten untereinander sowie zu anderen Gebäudeteilen (z.B. Treppenhäuser).

Treppenlauf

Ununterbrochene Folge von mehr als einer Stufe zwischen zwei betretbaren Ebenen (z.B. Treppenpodest, Geschoßdecke).

Tribüne

Bauwerk oder Bauteil mit ansteigenden Steh- oder Sitzplatzreihen.

Trinkwasser

Wasser für den menschlichen Gebrauch, das geeignet ist, ohne Gefährdung der menschlichen Gesundheit getrunken oder verwendet zu werden.

Verbindungsstück

Bauteil oder Bauteile für die Verbindung zwischen dem Auslass der Feuerstätte und der Abgasanlage.

Verkaufsfläche

Bereiche, in denen Waren zum Verkauf angeboten werden. Hiezu gehören z.B. Kassenbereiche, Windfänge, Ausstellungs-, Vorführ- und Beratungsräume, gastgewerblich genutzte Räume sowie alle dem sonstigen Kundenverkehr dienenden Räume. Büros und Lagerbereiche, die nicht mit brandabschnittsbildenden Wänden und Decken vom Verkaufsbereich getrennt sind, zählen ebenfalls zur Verkaufsfläche.

Verkaufsstätten

Gebäude oder Gebäudeteile, die bestimmungsgemäß dem Verkauf von Waren dienen.

Versammlungsraum

Raum für größere Menschenansammlungen.

Versammlungsstätte

Bauwerke, Gebäude oder Gebäudeteile sowie Bereiche im Freien jeweils für größere Menschenansammlungen. Diese können aus einem Versammlungsraum oder mehreren zusammenhängenden Räumen für kulturelle, künstlerische, sportliche, unterhaltende oder andere vergleichbare Aktivitäten bestehen. Mehrere derartige zusammenhängende Räume gelten als Versammlungsstätte, wenn sie in Summe für mehr als 240 Personen bestimmt sind. Zur Versammlungsstätte zählen auch zugehörige Bereiche wie z.B. Erschließungs- und Fluchtwege, Foyers, Garderoben, Sanitärräume, Lagerräume und Werkstätten.

Versammlungsstätte mit Großbühne

Gebäude, bestehend aus einem Zuschauerhaus (Gebäudeteil, der die Versammlungsräume und die mit ihnen in baulichem Zusammenhang stehenden Räume umfasst) und einem Bühnenhaus (Gebäudeteil, der die Bühne und die mit ihr in baulichem Zusammenhang stehenden Räume umfasst), die durch eine Bühnenöffnung verbunden sind. Die Bühne besteht zumindest aus:

a) einer Oberbühne (Teil des Bühnenraumes über der Bühnenöffnung, der zur Unterbringung einer Obermaschinerie geeignet ist) mit einer lichten Höhe von mehr als 2,50 m über der Oberkante der Bühnenöffnung, wenn die Fläche der Bühne (inkl. Hinter- und Seitenbühnen) hinter der Bühnenöffnung mehr als 200 m² und deren Höhe bis zur Decke mehr als 9,00 m beträgt oder
b) einer Unterbühne (begehbarer Teil des Bühnenraumes unter dem Bühnenboden, der zur Unterbringung einer Untermaschinerie geeignet ist).

Verteilleitung

Leitung zwischen Wärmebereitstellungssystem und vertikaler Steigleitung.

Warmwasserwärmebedarf (WWWB)

Der Warmwasserwärmebedarf ist in Abhängigkeit der Gebäudekategorie als flächenbezogener Defaultwert festgelegt.

Wärmespeichersystem

Prozessbereich in der Anlagentechnik, in dem die in einem Medium enthaltene Wärme gespeichert wird.

Wärmeverteilsystem

Prozessbereich in der Anlagentechnik, in dem die benötigte Wärmemenge von der Bereitstellung zur Wärmeabgabe transportiert wird.

Wohngebäude

Gebäude, die ganz oder überwiegend zum Wohnen genutzt werden.

Wohnung

Gesamtheit von einzelnen oder zusammenliegenden Räumen, die baulich in sich abgeschlossen und zu Wohnzwecken bestimmt sind und die Führung eines eigenen Haushalts ermöglichen.

Wohnungstreppen

Haupttreppen in Wohnungen sowie von Gebäuden oder Gebäudeteilen mit nicht mehr als drei Wohnungen und in Reihenhäusern.

Zuverlässigkeit des Tragwerks, auch Zuverlässigkeitsniveau

Die Fähigkeit eines Tragwerks oder Bauteils, die festgelegten Anforderungen zu erfüllen.

Impressum

Medieninhaber und Herausgeber:
Österreichisches Institut für Bautechnik
ZVR 383773815
Schenkenstraße 4, 1010 Wien, Austria
T +43 1 533 65 50, F +43 1 533 64 23
E-Mail: mail@oib.or.at
Internet: www.oib.or.at

www.oib.or.at

RICHTLINIEN DES ÖSTERREICHISCHEN
INSTITUTS FÜR BAUTECHNIK

OIB richtlinien

OIB-RICHTLINIEN

Zitierte Normen und sonstige technische Regelwerke

OIB-330-002/19

APRIL 2019

Diese Richtlinie basiert auf den Beratungsergebnissen der von der Landesamtsdirektorenkonferenz zur Ausarbeitung eines Vorschlages zur Harmonisierung bautechnischer Vorschriften eingesetzten Länderexpertengruppe. Die Arbeit dieses Gremiums wurde vom OIB in Entsprechung des Auftrages der Landesamtsdirektorenkonferenz im Sinne des § 3 Abs. 1 Z 7 der Statuten des OIB koordiniert und im Sachverständigenbeirat für bautechnische Richtlinien fortgeführt. Die Beschlussfassung der Richtlinie erfolgte gemäß § 8 Z 12 der Statuten durch die Generalversammlung des OIB.

OIB-Richtlinien

Zitierte Normen und sonstige technische Regelwerke

Ausgabe: April 2019

Fundstelle	Regelwerk	Titel	Ausgabe
OIB-Richtlinien – Begriffsbestimmungen	ÖNORM B 1800	Ermittlung von Flächen und Rauminhalten von Bauwerken und zugehörigen Außenanlagen	2013-08-01
OIB-Richtlinien – Begriffsbestimmungen	ÖNORM B 8110-6-1	Wärmeschutz im Hochbau – Teil 6-1: Grundlagen und Nachweisverfahren – Heizwärmebedarf und Kühlbedarf	2019-01-15
OIB-Richtlinien – Begriffsbestimmungen	ÖNORM EN ISO 717-1	Akustik – Bewertung der Schalldämmung in Gebäuden und von Bauteilen – Teil 1: Luftschalldämmung (ISO 717-1:2013)	2013-06-15
OIB-Richtlinien – Begriffsbestimmungen	ÖNORM EN ISO 717-2	Akustik – Bewertung der Schalldämmung in Gebäuden und von Bauteilen – Teil 2: Trittschalldämmung (ISO 717-2:2013)	2013-06-15
OIB-Richtlinie 1	OIB-Leitfaden RL 1	Festlegung der Tragfähigkeit und der Gebrauchstauglichkeit von bestehenden Tragwerken	April 2019
OIB-Richtlinie 1	ÖNORM B 1990-1	Eurocode – Grundlagen der Tragwerksplanung – Teil 1: Hochbau – Nationale Festlegungen zu ÖNORM EN 1990 und nationale Ergänzungen	2013-01-01
OIB-Richtlinie 1	ÖNORM EN 1990	Eurocode – Grundlagen der Tragwerksplanung (konsolidierte Fassung)	2013-03-15
OIB-Leitfaden RL 1	ÖNORM B 1991-1-1	Eurocode 1 – Einwirkungen auf Tragwerke – Teil 1-1: Allgemeine Einwirkungen – Wichten, Eigengewicht, Nutzlasten im Hochbau – Nationale Festlegungen zu ÖNORM EN 1991-1-1 und nationale Ergänzungen	2017-02-01
OIB-Leitfaden RL 1	ÖNORM B 1998-3	Eurocode 8 – Auslegung von Bauwerken gegen Erdbeben – Teil 3: Beurteilung und Ertüchtigung von Gebäuden – Nationale Festlegungen zu ÖNORM EN 1998-3 und nationale Erläuterungen	2018-10-15
OIB-Leitfaden RL 1	ÖNORM B 4008-1	Bewertung der Tragfähigkeit bestehender Tragwerke – Teil 1: Hochbau	2018-10-15
OIB-Leitfaden RL 1	ÖNORM EN 1990	Eurocode – Grundlagen der Tragwerksplanung (konsolidierte Fassung)	2013-03-15
OIB-Leitfaden RL 1	ÖNORM EN 1998-3	Eurocode 8: Auslegung von Bauwerken gegen Erdbeben – Teil 3: Beurteilung und Ertüchtigung von Gebäuden (konsolidierte Fassung)	2013-10-01
OIB-Richtlinie 2, 2.1, 2.2 und 2.3	OIB-Leitfaden RL 2	Abweichungen im Brandschutz und Brandschutzkonzepte	April 2019
OIB-Richtlinie 2	ÖNORM A 3800-1	Brandverhalten von Materialien, ausgenommen Bauprodukte – Teil 1: Anforderungen, Prüfungen und Beurteilungen	2005-11-01
OIB-Richtlinie 2	ÖNORM B 3825	Brandverhalten von Ausstattungsmaterialien – Prüfung und Klassifizierung von Möbelbezügen	2009-07-01
OIB-Richtlinie 2	ÖNORM EN 13773	Textilien – Vorhänge und Gardinen – Brennverhalten – Klassifizierungsschema	2003-05-01
OIB-Richtlinie 4	ÖNORM B 3716-2	Glas im Bauwesen – Konstruktiver Glasbau – Teil 2: Linienförmig gelagerte Verglasungen	2013-04-01

Fundstelle	Regelwerk	Titel	Ausgabe
OIB-Richtlinie 4	ÖNORM EN 13022-1	Glas im Bauwesen – Geklebte Verglasungen – Teil 1: Glasprodukte für Structural-Sealant-Glazing (SSG-) Glaskonstruktionen für Einfachverglasungen und Mehrfachverglasungen mit oder ohne Abtragung des Eigengewichtes	2014-07-15
OIB-Richtlinie 4	ÖNORM EN 14179-2	Glas im Bauwesen – Heißgelagertes thermisch vorgespanntes Kalknatron-Einscheibensicherheitsglas – Teil 2: Produktnorm	2017-12-01
OIB-Richtlinie 6	OIB-Leitfaden RL 6	Energietechnisches Verhalten von Gebäuden	April 2019
OIB-Richtlinie 6	ÖNORM B 9972	Anwendung des Differenzdruckverfahrens zur Bestimmung der Luftdurchlässigkeit von Gebäuden – Differenzdruckverfahren – Nationale Festlegungen und nationale Ergänzungen zur ÖNORM EN ISO 9972	2016-03-15
OIB-Leitfaden RL 6	ÖNORM B 1800	Ermittlung von Flächen und Rauminhalten von Bauwerken und zugehörigen Außenanlagen	2013-08-01
OIB-Leitfaden RL 6	ÖNORM B 8110-5	Wärmeschutz im Hochbau – Teil 5: Klimamodell und Nutzungsprofile	2019-03-15
OIB-Leitfaden RL 6	ÖNORM B 8110-6-1	Wärmeschutz im Hochbau – Teil 6-1: Grundlagen und Nachweisverfahren – Heizwärmebedarf und Kühlbedarf	2019-01-15
OIB-Leitfaden RL 6	ÖNORM EN ISO 52016-1	Energetische Bewertung von Gebäuden – Berechnung des Energiebedarfs für Heizung und Kühlung, Innentemperaturen sowie der Heiz- und Kühllast in einem Gebäude oder einer Gebäudezone – Teil 1: Berechnungsverfahren (ISO 52016-1:2017)	2018-02-01
OIB-Leitfaden RL 6	ÖNORM H 5050-1	Gesamtenergieeffizienz von Gebäuden – Teil 1: Berechnung des Gesamtenergieeffizienzfaktors	2019-01-15
OIB-Leitfaden RL 6	ÖNORM H 5056-1	Gesamtenergieeffizienz von Gebäuden – Teil 1: Heiztechnikenergiebedarf	2019-01-15
OIB-Leitfaden RL 6	ÖNORM H 5057-1	Gesamtenergieeffizienz von Gebäuden – Teil 1: Raumlufttechnikenergiebedarf für Wohn- und Nichtwohngebäude	2019-01-15
OIB-Leitfaden RL 6	ÖNORM H 5058-1	Gesamtenergieeffizienz von Gebäuden – Teil 1: Kühltechnikenergiebedarf	2019-01-15
OIB-Leitfaden RL 6	ÖNORM H 5059-1	Gesamtenergieeffizienz von Gebäuden – Teil 1: Beleuchtungsenergiebedarf (Nationale Ergänzung zu ÖNORM EN 15193) – Schnellverfahren für die Berechnung	2019-01-15

Bezug der Regelwerke

Die in den OIB-Richtlinien zitierten Regelwerke sind bei den jeweiligen Herausgebern zu beziehen:

Normen beim Austrian Standards International, Heinestraße 38, A-1020 Wien

OIB-Leitfaden „Festlegung der Tragfähigkeit und Gebrauchstauglichkeit von bestehenden Tragwerken" des Österreichischen Instituts für Bautechnik beim Österreichischen Institut für Bautechnik, Schenkenstraße 4, A-1010 Wien

OIB-Leitfaden „Abweichungen im Brandschutz und Brandschutzkonzepte" des Österreichischen Instituts für Bautechnik beim Österreichischen Institut für Bautechnik, Schenkenstraße 4, A-1010 Wien

OIB-Leitfaden „Energietechnisches Verhalten von Gebäuden" des Österreichischen Instituts für Bautechnik beim Österreichischen Institut für Bautechnik, Schenkenstraße 4, A-1010 Wien

Impressum

Medieninhaber und Herausgeber:
Österreichisches Institut für Bautechnik
ZVR 383773815
Schenkenstraße 4, 1010 Wien, Austria
T +43 1 533 65 50, F +43 1 533 64 23
E-Mail: mail@oib.or.at
Internet: www.oib.or.at

www.oib.or.at

3. Baulärmverordnung 2016

Verordnung der Landesregierung vom 29. November 2016, mit der die zulässigen Schallimmissionen aus Baustellen und die Art ihrer Ermittlung festgelegt werden (Baulärmverordnung 2016)

StF: LGBl. Nr. 135/2016

Präambel

Aufgrund des § 33 Abs. 1 der Tiroler Bauordnung 2011, LGBl. Nr. 57/2011, zuletzt geändert durch das Gesetz LGBl. Nr. 94/2016, wird verordnet:

GLIEDERUNG

§ 1. Allgemeines
§ 2. Begriffsbestimmungen
§ 3. Bauzeiten und Abstände
§ 4. Maßnahmen zur Lärmminderung
§ 5. Ausnahmebestimmungen
§ 6. Inkrafttreten

§ 1
Allgemeines

(1) Diese Verordnung gilt für Bauarbeiten auf Baustellen, in deren Umkreis Gebäude mit Aufenthaltsräumen bestehen, auf die sich der von der jeweiligen Baustelle ausgehende Baulärm auswirkt.

(2) Die Verantwortung für die Einhaltung dieser Verordnung trifft den Bauherrn. Ist ein Bauverantwortlicher bestellt, so trifft diesen im Umfang der Bestellung die Verantwortung anstelle des Bauherrn.

§ 2
Begriffsbestimmungen

(1) Baulärm ist jedes störende Geräusch, das durch Bauarbeiten auf Baustellen verursacht wird.

(2) Bauarbeiten sind Arbeitsvorgänge im Rahmen der Ausführung von Bauvorhaben nach dem 6. bis 8. Abschnitt der Tiroler Bauordnung 2011 einschließlich der Einrichtung und der Räumung von Baustellen.

(3) Gebäude mit besonders hoher Empfindlichkeit sind:

a) Krankenanstalten,
b) Kuranstalten und –einrichtungen und
c) Gebäude, die überwiegend Zwecken nach lit. a und b dienen.

(4) Gebäude mit hoher Empfindlichkeit sind:

a) Wohngebäude,
b) Schulen und Kindergärten,
c) Kinder-, Alten- und Pflegeheime und ähnliche Einrichtungen,
d) Gebäude für Tourismusbetriebe,
e) Gebäude für Einzelhandels- und Dienstleistungsbetriebe und dergleichen und
f) Gebäude, die überwiegend Zwecken nach lit. a bis e dienen.

(5) Gebäude mit niedriger Empfindlichkeit sind alle nicht unter die Abs. 3 und 4 fallenden Gebäude, insbesondere

a) Gebäude für Industriebetriebe und Großhandelsbetriebe,
b) Gebäude für das produzierende Gewerbe,
c) Gebäude im Sinn der lit. a und b, in denen betriebstechnisch notwendige Wohnungen untergebracht sind, und
d) Hofstellen.

(6) Lärmarmer Baubetrieb ist ein Baubetrieb unter Einsatz von Geräten und Maschinen, die den in der Anlage jeweils festgelegten zulässigen Schallleistungspegel nicht überschreiten. Dabei dürfen auch Nebenarbeiten, das sind Arbeiten, die im lärmarmen Baubetrieb im untergeordneten Ausmaß begleitend erforderlich sind, durchgeführt werden.

(7) Lärmarme Baumethoden sind Bauweisen und -verfahren, bei denen zur Erreichung desselben Baufortschritts im Vergleich zu sonst üblichen Baumethoden Baulärm vermieden oder verringert wird; dazu zählen insbesondere das hydraulische Spalten, das Einvibrieren von Spundwänden und Stahlträgern, Dämpfungsmaßnahmen an Schlagstellen und das Diamantschneideverfahren.

(8) Werktage sind die Wochentage von Montag bis Freitag, soweit sie nicht auf einen gesetzlichen Feiertag fallen.

(9) Tagesstunden sind die Stunden von 6.00 Uhr bis 19.00 Uhr, Abendstunden die Stunden von 19.00 Uhr bis 22.00 Uhr und Nachtstunden die übrigen Stunden.

§ 3
Bauzeiten und Abstände

(1) In Abhängigkeit von der Gebäudeempfindlichkeit nach § 2 Abs. 3, 4 oder 5, vom Zeitraum der Durchführung der Bauarbeiten und vom jeweils kürzesten Abstand zwischen dem Ort der baulärmverursachenden Tätigkeit und der vom Baulärm am stärksten betroffenen Außenwände des jeweiligen Gebäudes im Bereich von Aufenthaltsräumen sind Bauarbeiten, die Baulärm verursachen, an Werktagen nach Maßgabe der folgenden Bestimmungen

1. uneingeschränkt,

2. außer im Fall einer Ausnahmebewilligung (§ 33 Abs. 2 der Tiroler Bauordnung 2011) nur mit Maßnahmen zur Lärmminderung oder

3. ausschließlich aufgrund einer Ausnahmebewilligung

zulässig:

a) bei Gebäuden mit niedriger Empfindlichkeit:

Abstand [m]	Bauzeiten		
	Spalte 1	Spalte 2	Spalte 3
	Tagesstunden	Abendstunden	Nachtstunden
0-50	+	o	-
50-100	+	+	o
> 100	+	+	+

b) bei Gebäuden mit hoher Empfindlichkeit:

Abstand [m]	Bauzeiten		
	Spalte 1	Spalte 2	Spalte 3
	Tagesstunden	Abendstunden	Nachtstunden
0-50	o	-	-
50-100	+	o	-
100-200	+	+	o
> 200	+	+	+

c) bei Gebäuden mit besonders hoher Empfindlichkeit:

Abstand [m]	Bauzeiten		
	Spalte 1	Spalte 2	Spalte 3
	Tagesstunden	Abendstunden	Nachtstunden
0-50	-	-	-
50-100	o	-	-
100-200	+	o	-
200-400	+	+	o
> 400	+	+	+

Dabei bedeuten:

+ Bauarbeiten uneingeschränkt zulässig.

o Bauarbeiten außer im Fall einer Ausnahmebewilligung nur mit Maßnahmen zur Lärmminderung

zulässig.

- Bauarbeiten ausschließlich aufgrund einer Ausnahmebewilligung zulässig.

(2) Für Bauarbeiten, die Baulärm verursachen, an Samstagen gelten:

a) in der Zeit von 6.00 Uhr bis 15.00 Uhr die Anforderungen nach Abs. 1 lit. a, b oder c, jeweilige Spalte 1,
b) in der Zeit von 15.00 bis Uhr bis 19.00 Uhr die Anforderungen nach Abs. 1 lit. a, b oder c, jeweilige Spalte 2,
c) in der Zeit von 0.00 Uhr bis 6.00 Uhr und von 19.00 bis 22.00 Uhr die Anforderungen nach Abs. 1 lit. a, b oder c, jeweilige Spalte 3.

(3) An Sonn- oder Feiertagen, beginnend jeweils mit 22.00 Uhr des Vortages und endend mit 6.00 Uhr des Folgetages, sind Bauarbeiten, die Baulärm verursachen, ausschließlich aufgrund einer Ausnahmebewilligung zulässig.

(4) Abschlussarbeiten im unbedingt erforderlichen Ausmaß oder witterungsbedingte Komplettierungsarbeiten, die über die im § 2 Abs. 9 angeführten Zeiträume hinausgehen, dürfen jedenfalls beendet werden, sofern diese Arbeiten rechtzeitig begonnen wurden.

§ 4
Maßnahmen zur Lärmminderung

(1) Soweit aufgrund des § 3 außer im Fall einer Ausnahmebewilligung Maßnahmen zur Lärmminderung zu treffen sind, sind ein lärmarmer Baubetrieb zu gewährleisten und lärmarme Baumethoden anzuwenden. Ist dies aufgrund der Art der durchzuführenden Bauarbeiten nicht möglich, so sind Bauarbeiten, die mit einem höheren Maß an Baulärm verbunden sind, nur zulässig, wenn andere geeignete Maßnahmen zur Lärmminderung getroffen werden. Als solche kommen insbesondere in Betracht:

a) die bauseitige Errichtung passiver Lärmschutzmaßnahmen,
b) die Durchführung entsprechender Bauarbeiten jeweils nur zu bestimmten Zeiten, wie insbesondere halbtägig oder nur jeden zweiten Tag oder unter Einhaltung einer Mittagspause.

(2) Maßnahmen zur Lärmminderung sind möglichst im Einvernehmen mit den vom Baulärm betroffenen Personen zu treffen. Diese sind über Bauarbeiten nach Abs. 1 zweiter Satz möglichst rechtzeitig im Vorhinein zu informieren. Weiters ist eine geeignete Ansprechstelle, wie insbesondere ein Vertreter der bauausführenden Unternehmen oder ein allfälliger Bauverantwortlicher oder Baustellenkoordinator, bekannt zu geben. Bei Gebäuden, für die ein gemeinsamer Verwalter bestellt ist, oder Einrichtungen, die von einem Rechtsträger erhalten werden, tritt der Verwalter bzw. Rechtsträger an die Stelle der betroffenen Personen.

(3) Über die zur Lärmminderung getroffenen Maßnahmen sind Aufzeichnungen zu führen. Diese sind der Behörde auf Verlangen vorzulegen.

§ 5
Ausnahmebestimmungen

(1) Die Verpflichtung, Maßnahmen zur Lärmminderung zu treffen, besteht nicht, wenn sich in den aufgrund ihres Abstandes zum Bauplatz betroffenen Gebäuden im Zeitraum der Durchführung der betreffenden Bauarbeiten nachweislich keine Personen dauerhaft aufhalten.

(2) Im Fall des Vorliegens der Voraussetzung nach Abs. 1 entfällt weiters das Erfordernis einer Ausnahmebewilligung.

§ 6
Inkrafttreten

Diese Verordnung tritt mit dem Ablauf des Tages der Kundmachung in Kraft. Gleichzeitig tritt die Baulärmverordnung 1998, LGBl. Nr. 91/1998, außer Kraft.

Anlage zu § 2 Abs. 6

Anforderungen an den höchstzulässigen Schallleistungspegel in dB für Maschinen und Geräte sowie Verwendung von Kreissägen und Trennscheiben für einen lärmarmen Baubetrieb

Art des Gerätes/der Maschine	Installierte Nutzleistung P in kW Elektrische Leistung P_{el}[1] in kW Masse m in kg	Zulässiger Schallleistungspegel in dB/1pW
Verdichtungsmaschinen (Vibrationswalzen, Rüttelplatten und Vibrationsstampfer)	$P \leq 8$	105
	$8 < P \leq 70$	106
	$P > 70$	86 + 11 lg P
Planierraupen, Kettenlader, Kettenbaggerlader	$P \leq 55$	103
	$P > 55$	84 + 11 lg P
Planiermaschinen auf Rädern, Radlader, Baggerlader auf Rädern, Muldenfahrzeuge, Grader, Müllverdichter mit Laderschaufel, Gegengewichtsstapler mit Verbrennungsmotor, Mobilkrane, Verdichtungsmaschinen (nichtvibrierende Walzen), Straßenfertiger, Hydraulikaggregate	$P \leq 55$	101
	$P > 55$	82 + 11 lg P
Bagger, Bauaufzüge für den Materialtransport, Bauwinden, Motorhacken	$P \leq 15$	93
	$P > 15$	80 + 11 lg P
Handgeführte Betonbrecher, Abbau–, Aufbruch- und Spatenhämmer	$m \leq 15$	105
	$15 < m < 30$	92 + 11 lg m
	$m > 30$	94 + 11 lg m
Turmdrehkräne		96 + lg P
Schweißstrom- und Kraftstromerzeuger	$P_{el} \leq 2$	95 + lg P_{el}
	$2 < P_{el} \leq 10$	96 + lg P_{el}
	$P_{el} > 10$	95 + lg P_{el}
Kompressoren	$P \leq 15$	97
	$P > 15$	95 + 2 lg P

1) Pel für Schweissstromerzeuger: konventioneller Schweissstrom multipliziert mit der konventionellen Schweissspannung für den niedrigsten Wert der Einschaltdauer nach Herstellerangabe. Pel für Kraftstromerzeuger: variable Aggregate-Dauerleistung nach ISO 8528-1:1993, Abschnitt 13.3.2.

Der höchstzulässige Schalleistungspegel ist auf die nächste ganze Zahl zu runden (bei weniger als 0,5 nach unten, bei 0,5 oder mehr nach oben).

Lärmschutz an Kreissägen und Trennscheiben

Es dürfen nur Trennscheiben mit zusätzlichem Lärmschutz (Sandwichblätter mit dämpfender Zwischenschicht) eingesetzt werden.

Es dürfen – wo Alternativen bestehen - nur Einrichtungen, Maschinen und Geräte mit Elektromotoren eingesetzt werden.

4. Stellplatzhöchstzahlenverordnung 2015

Verordnung der Landesregierung vom 6. Oktober 2015 über die Festlegung von Höchstzahlen für die Abstellmöglichkeiten für Kraftfahrzeuge bei Wohnbauvorhaben (Stellplatzhöchstzahlenverordnung 2015)

StF: LGBl. Nr. 99/2015

Präambel

Aufgrund des § 8 Abs. 5 der Tiroler Bauordnung 2011, LGBl. Nr. 57, zuletzt geändert durch das Gesetz LGBl. Nr. 83/2015, wird verordnet:

§ 1
Geltungsbereich

(1) Diese Verordnung regelt die Höchstzahlen der nach § 8 der Tiroler Bauordnung 2011 für Gebäude, die ganz oder teilweise Wohnzwecken dienen (Wohnbauvorhaben), zu schaffenden Abstellmöglichkeiten für Kraftfahrzeuge.

(2) Die in der Baubewilligung nach § 8 Abs. 1 vierter Satz der Tiroler Bauordnung 2011 festzulegende Mindestanzahl an Abstellmöglichkeiten für Kraftfahrzeuge darf bei Wohnbauvorhaben die nach dieser Verordnung festgelegten Höchstzahlen nicht überschreiten.

(3) Weiters dürfen in Verordnungen der Gemeinden über die Anzahl der erforderlichen Abstellmöglichkeiten nach § 8 Abs. 6 der Tiroler Bauordnung 2011 für Wohnbauvorhaben die nach dieser Verordnung festgelegten Höchstzahlen nicht überschritten werden.

§ 2
Kategorisierung der Gemeinden

(1) Für Zwecke dieser Verordnung werden die Gemeinden entsprechend der Anlage in Kategorien eingeteilt (Kategorien I, II und III).

(2) Entsprechend der Lage der Bauplätze innerhalb der Gemeinde wird zwischen dem Hauptsiedlungsgebiet und dem übrigen Siedlungsgebiet unterschieden.

(3) Hauptsiedlungsgebiet sind jene Teile des Siedlungsgebietes, von denen aus der Ortskern fußläufig innerhalb von 15 bis 20 Minuten erreichbar ist. Zum Ortskern gehören jene Teile des Siedlungsgebietes, die eine verdichtete Bebauung aufweisen und in denen sich die der zentralörtlichen Bedeutung der jeweiligen Gemeinde entsprechenden Einrichtungen befinden.

§ 3
Höchstzahlen

(1) Abhängig von der Lage von Wohnbauvorhaben im Hauptsiedlungsgebiet oder im übrigen Siedlungsgebiet der Gemeinde und der Größe der Wohngebäude bzw. Wohneinheiten dürfen im Rahmen des § 1 Abs. 2 und 3 folgende Höchstzahlen an Abstellmöglichkeiten für Kraftfahrzeuge nicht überschritten werden:

a) in Gemeinden der Kategorie I:

Wohngebäude bzw. Wohneinheiten	bis 60 m² Wohnnutzfläche	61 bis 80 m² Wohnnutzfläche	81 bis 110 m² Wohnnutzfläche	mehr als 110 m² Wohnnutzfläche
Hauptsiedlungsgebiet	1,0	1,5	1,7	2,1
Übriges Siedlungsgebiet	1,2	1,8	2,0	2,3

b) in Gemeinden der Kategorie II:

Wohngebäude bzw. Wohneinheiten	bis 60 m² Wohnnutzfläche	61 bis 80 m² Wohnnutzfläche	81 bis 110 m² Wohnnutzfläche	mehr als 110 m² Wohnnutzfläche
Hauptsiedlungsgebiet	1,4	2,1	2,4	2,5
Übriges Siedlungsgebiet	1,6	2,4	2,8	3,0

c) in Gemeinden der Kategorie III:

Wohngebäude bzw. Wohneinheiten	bis 60 m² Wohnnutzfläche	61 bis 80 m² Wohnnutzfläche	81 bis 110 m² Wohnnutzfläche	mehr als 110 m² Wohnnutzfläche
Hauptsiedlungsgebiet	1,8	2,7	3,0	3,2
Übriges Siedlungsgebiet	2,0	3,0	3,3	3,5

(2) Als Wohnnutzfläche nach Abs. 1 gilt die gesamte Bodenfläche einer Wohnung abzüglich der Wandstärken und der im Verlauf der Wände befindlichen Durchbrechungen und Ausnehmungen. Bei der Berechnung der Nutzfläche sind nicht zu berücksichtigen:

a) Keller- und Dachbodenräume, soweit sie nach ihrer baulichen Ausgestaltung nicht für Wohnzwecke geeignet sind, sowie
b) Treppen, offene Balkonen, Loggien und Terrassen.

Gegebenenfalls ist die Wohnnutzfläche nach mathematischen Regeln zu runden.

(3) Die Höchstzahlen nach Abs. 1 sind nach mathematischen Regeln zu runden. Bei Wohnanlagen im Sinn des § 2 Abs. 5 der Tiroler Bauordnung 2011 darf die Höchstzahl an Abstellmöglichkeiten für Kraftfahrzeuge 85 v.H. der jeweiligen Höchstzahl nach Abs. 1 nicht überschreiten. Weiters ist bei Wohnanlagen immer auf ganze Zahlen abzurunden.

§ 4
Inkrafttreten

Diese Verordnung tritt mit dem Ablauf des Tages der Kundmachung in Kraft.

Anlage zu § 2

a) Gemeinden der Kategorie I:

Innsbruck

Bezirk Imst: Haiming *(Ötztal-Bahnhof)*, Imst, Karres, Mils bei Imst, Mötz, Silz *(ohne Kühtai)*

Bezirk Innsbruck-Land: Absam, Aldrans (*ohne Asten, Wiesenhof*), Axams (*ohne Kristen, Omes, Wollbell, Zifres*), Baumkirchen, Birgitz, Flaurling (*Flaurling-Bahnhof*), Fritzens, Fulpmes, Götzens (*ohne Neugötzens*), Hall in Tirol, Hatting (*ohne Hattingerberg*), Inzing (*ohne Inzingerberg*), Kematen in Tirol *(ohne Afling)*, Kolsass, Matrei am Brenner, Mils, Oberhofen im Inntal, Rum, Schönberg im Stubaital, Telfs *(ohne Bairbach, Buchen, Mösern, Platten)*, Thaur, Völs, Volders (*ohne Großvolderberg*), Wattens (*ohne Vögelsberg*), Zirl

Bezirk Kitzbühel: Brixen im Thale, Hopfgarten im Brixental (*KG Hopfgarten-Markt, Elsbethen und Haslau*), Kirchberg in Tirol (*ohne Aschau, Sonnberg, Spertental ab Skirast)*, Kitzbühel, St. Johann in Tirol *(ohne Hinterkaiser, Winkl)*

Bezirk Kufstein: Angath, Brixlegg *(ohne Zimmermoos)*, Ebbs (*ohne KG Buchberg*), Kirchbichl, Kufstein, Kundl *(ohne Liesfeld, Saulueg)*, Langkampfen *(ohne Niederbreitenbach, Oberlangkampfen)*, Radfeld, Rattenberg, Wörgl *(ohne Hennersberg)*

Bezirk Landeck: Grins, Landeck (*ohne Bruggen*), Pians, Prutz, Schönwies (*ohne Starkenbach*), Zams (*ohne Zammerberg*)

Bezirk Lienz: Lienz, Nußdorf-Debant

Bezirk Reutte: Breitenwang, Lechaschau, Reutte

Bezirk Schwaz: Buch in Tirol (*St. Margarethen*), Fügen, Jenbach (*ohne Fischl, Kasbach*), Schwaz, Stans, Terfens (*ohne Eggen, Mairbach, Schlögelsbach, Umlberg*), Vomp *(ohne Hinterriss, Vomperberg)*, Weer

b) Gemeinden der Kategorie II:

Bezirk Imst: Arzl im Pitztal, Haiming (*Ambach, Brunau, Haiming, Schlierenzau*), Imsterberg (*Imsterau*), Jerzens, Karrösten, Längenfeld (*ohne Burgstein, Gries, Lehn, Lehner Au, Oberried, Unterried*), Mieming, Nassereith, Obsteig, Ötz (*ohne Piburg*), Rietz, Roppen, Sautens, Sölden *(ohne Ventertal)*, Stams, Tarrenz, Umhausen (*ohne Köfels, Niederthai*), Wenns

Bezirk Innsbruck-Land: Aldrans (*Asten, Wiesenhof*), Ampass, Axams (*Kristen, Omes, Wollbell, Zifres*), Ellbögen, Flaurling (*Ort*), Götzens (*Neugötzens)*, Gries am Brenner *(ohne Nösslach, Vinaders)*, Grinzens, Kematen in Tirol *(Afling)*, Kolsassberg, Lans, Mieders, Mühlbachl, Mutters (*ohne Gärberbach*), Natters, Navis (*St. Kathrein-Außerweg, Mühlen*), Neustift im Stubaital, Oberperfuss, Patsch, Pettnau, Pfaffenhofen, Pfons, Polling in Tirol (*ohne Pollingberg)*, Ranggen (*ohne Itzlranggen*), Reith bei Seefeld, Rinn, Scharnitz (*ohne Gießenbach*), Seefeld in Tirol, Sellrain (*ohne Gasse, St. Quirin, Tanneben*), Sistrans, Steinach am Brenner, Telfes im Stubai, Telfs *(Bairbach, Buchen, Mösern, Platten)*, Tulfes, Unterperfuss, Vals (*St. Jodok*), Wildermieming

Bezirk Kitzbühel: Aurach bei Kitzbühel (*Unteraurach*), Fieberbrunn, Going am Wilden Kaiser, Hochfilzen, Hopfgarten im Brixental (*Grafenweg*), Itter, Jochberg, Kirchberg in Tirol *(Aschau, Sonnberg, Spertental ab Skirast)*, Kirchdorf in Tirol, Oberndorf in Tirol, St. Jakob in Haus, St. Johann in Tirol *(Hinterkaiser, Winkl*), Waidring (*ohne Strub*), Westendorf

Bezirk Kufstein: Angerberg, Bad Häring, Breitenbach am Inn (*ohne Grub, Oberangerberg, Schönau*), Ebbs (*KG Buchberg*), Ellmau, Erl *(ohne Erlerberg)*, Kramsach (*ohne Hagau*), Kundl *(Liesfeld, Saulueg)*, Langkampfen *(Niederbreitenbach, Oberlangkampfen)*, Mariastein, Münster, Niederndorf, Schwoich, Söll, Thiersee *(Schmiedtal, Vorderthiersee)*, Wildschönau (*Niederau*), Wörgl *(Hennersberg)*

Bezirk Landeck: Faggen, Fiss, Fließ (*ohne Piller*), Kappl (*Glitterberg, Lahngang*), Kauns, Ladis, Landeck (*Bruggen)*, Pettneu am Arlberg, Pfunds (*Birkach, Lafairs, Stein, Stuben*), Ried im Oberinntal, St. Anton am Arlberg, Schönwies (*Starkenbach*), See, Serfaus (*Schönegg, Tschuppach, Untertösens*), Stanz bei Landeck, Strengen, Tobadill, Tösens

Bezirk Lienz: Abfaltersbach, Ainet *(ohne Alkus, Gwabl)*, Amlach, Anras (*Margarethenbrücke, Mittewald*), Assling (*Mittewald, Thal*), Dölsach, Gaimberg, Heinfels (*ohne Tessenberg*), Iselsberg- Stronach, Kals am Großglockner (*Ober- und Unterpeischlach*), Lavant, Leisach, Matrei in Osttirol *(KG Matrei-Markt i.O., Huben, Moos, Seblas)*, Nikolsdorf, Oberlienz *(ohne Glanz)*, St. Johann im Walde (*ohne Oberleibnig*), Sillian, Strassen (*ohne Fronstadl, Hintenburg*), Thurn, Tristach

Bezirk Reutte: Bichlbach, Ehenbichl, Ehrwald, Elmen, Forchach, Heiterwang, Höfen, Lermoos, Musau, Pflach, Pinswang, Stanzach, Vils, Vorderhornbach, Wängle, Weißenbach am Lech

Bezirk Schwaz: Aschau im Zillertal (*ohne Distelberg, Tiefenbach*), Bruck am Ziller (*Imming*), Buch in Tirol (*ohne St. Margarethen*), Eben am Achensee, Hippach *(Hippach-Dorf*), Jenbach (*Fischl,*

Kasbach), Kaltenbach, Mayrhofen *(ohne Ginzling)*, Pill (*ohne Hochpillberg, Niederberg, Pillberg*), Ramsau im Zillertal, Ried im Zillertal, Rohrberg (*Rohr*), Schlitters, Schwendau, Strass im Zillertal, Stumm, Uderns, Vomp (*Vomperberg)*, Weerberg (*ohne Hausstatt, Innerweerberg*), Wiesing, Zell am Ziller

c) Gemeinden der Kategorie III:

Bezirk Imst: Haiming (*Haimingerberg, Ochsengarten*), Imsterberg (*ohne Imsterau*), Längenfeld (*Burgstein, Gries, Lehn, Lehner Au, Oberried, Unterried*), Ötz (*Piburg*), St. Leonhard im Pitztal, Silz *(Kühtai)*, Sölden *(Ventertal)*, Umhausen (*Köfels, Niederthai*)

Bezirk Innsbruck-Land: Flaurling (*Flaurlingberg*), Gnadenwald, Gries am Brenner *(Nösslach, Vinaders)*, Gries im Sellrain, Gschnitz, Hatting (*Hattingerberg)*, Inzing (*Inzingerberg*), Leutasch, Mutters (*Gärberbach*), Navis (*ohne St. Kathrein-Außerweg, Mühlen*), Obernberg am Brenner, Polling in Tirol *(Pollingberg)*, Ranggen (*Itzlranggen*), St. Sigmund im Sellrain, Scharnitz (*Gießenbach*), Schmirn, Sellrain (*Gasse, St. Quirin, Tanneben*), Trins, Vals (*ohne St. Jodok*), Volders (*Großvolderberg)*, Wattenberg, Wattens (*Vögelsberg*)

Bezirk Kitzbühel: Aurach bei Kitzbühel (*Kochau, Oberaurach*), Hopfgarten im Brixental (*Glantersberg, Hacha, Kelchsau, Penningberg, Salvenberg)*, Kössen, Reith bei Kitzbühel, St. Ulrich am Pillersee, Schwendt, Waidring (*Strub*)

Bezirk Kufstein: Alpbach, Brandenberg, Breitenbach am Inn (*Grub, Oberangerberg, Schönau*), Brixlegg *(Zimmermoos)*, Erl (*Erlerberg*), Kramsach (*Hagau)*, Niederndorferberg, Reith im Alpbachtal, Rettenschöss, Scheffau am Wilden Kaiser, Thiersee (*Hinterthiersee, Landl, Mitterland, Riedenberg*), Walchsee, Wildschönau (*Auffach, Oberau, Thierbach*)

Bezirk Landeck: Fendels, Fließ (*Piller*), Flirsch, Galtür, Ischgl, Kappl (*ohne Glitterberg, Lahngang*), Kaunerberg, Kaunertal, Nauders, Pfunds (*ohne Birkach, Lafairs, Stein, Stuben)*, Serfaus (*ohne Schönegg, Tschuppach, Untertösens*), Spiss, Zams (*Zammerberg*)

Bezirk Lienz: Ainet (*Alkus, Gwabl*), Anras (*ohne Margarethenbrücke, Mittewald)*, Assling (*ohne Mittewald, Thal*), Außervillgraten, Heinfels (*Tessenberg*), Hopfgarten in Defereggen, Innervillgraten, Kals am Großglockner (*ohne Ober- und Unterpeischlach*), Kartitsch, Matrei in Osttirol *(KG Matrei i.O.- Land ohne Huben, Moos, Seblas)*, Oberlienz *(Glanz)*, Obertilliach, Prägraten am Großvenediger, St. Jakob in Defereggen, St. Johann im Walde *(Oberleibnig*), St. Veit in Defereggen, Schlaiten, Strassen (*Fronstadl, Hintenburg*), Untertilliach, Virgen

Bezirk Reutte: Bach, Berwang, Biberwier, Elbigenalp, Grän, Gramais, Häselgehr, Hinterhornbach, Holzgau, Jungholz, Kaisers, Namlos, Nesselwängle, Pfafflar, Schattwald, Steeg, Tannheim, Zöblen

Bezirk Schwaz: Achenkirch, Aschau im Zillertal (*Distelberg, Tiefenbach*), Brandberg, Bruck am Ziller (*ohne Imming*), Finkenberg, Fügenberg, Gallzein, Gerlos, Gerlosberg, Hainzenberg, Hart im Zillertal, Hippach *(ohne Hippach-Dorf)*, Mayrhofen *(Ginzling)*, Pill (*Hochpillberg, Niederberg, Pillberg*), Rohrberg (*ohne Rohr*), Steinberg am Rofan, Stummerberg, Terfens *(Eggen, Mairbach, Schlögelsbach, Umlberg)*, Tux, Vomp *(Hinterriss)*, Weerberg (*Hausstatt, Innerweerberg*), Zellberg

5. Bauunterlagenverordnung 2024

Verordnung der Landesregierung vom 9. Juli 2024 über den Inhalt und die Form der Unterlagen von Bauansuchen und Bauanzeigen (Bauunterlagenverordnung 2024)

StF: LGBl. Nr. 42/2024

Präambel

Aufgrund des § 31 Abs. 1, 2 und 3 der Tiroler Bauordnung 2022, LGBl. Nr. 44/2022, zuletzt geändert durch das Gesetz LGBl. Nr. 85/2023, wird verordnet:

GLIEDERUNG

1. Abschnitt
Inhalt der Bauunterlagen für bewilligungspflichtige Bauvorhaben

§ 1. Bauunterlagen für Neu- und Zubauten von Gebäuden
§ 2. Bauunterlagen für Umbauten und sonstige Änderungen von Gebäuden
§ 3. Bauunterlagen für die Errichtung und Änderung sonstiger baulicher Anlagen

2. Abschnitt
Inhalt der Bauunterlagen für anzeigepflichtige Bauvorhaben und sonstige Vorhaben

§ 4. Bauunterlagen für anzeigepflichtige Bauvorhaben und sonstige Vorhaben

3. Abschnitt
Inhalt der Bauunterlagen für Solarenergieanlagen

§ 5. Bauunterlagen für die Errichtung, Anbringung oder Änderung von Solarenergieanlagen

4. Abschnitt
Form der Planunterlagen

§ 6. Physische Planunterlagen für bewilligungspflichtige Bauvorhaben
§ 7. Digitale Planunterlagen für bewilligungspflichtige Bauvorhaben
§ 8. Planunterlagen für anzeigepflichtige Bauvorhaben und sonstige Vorhaben

5. Abschnitt
Schlussbestimmungen

§ 9. Umsetzung von Unionsrecht
§ 10. Inkrafttreten, Übergangsrecht

1. Abschnitt
Inhalt der Bauunterlagen für bewilligungspflichtige Bauvorhaben

§ 1
Bauunterlagen für Neu- und Zubauten von Gebäuden

(1) Die einem Bauansuchen für den Neu- oder Zubau eines Gebäudes anzuschließenden Bauunterlagen haben zu umfassen:

a) den Lageplan,
b) die Grundrisse,
c) die Ansichten,
d) die Schnitte,
e) die Baubeschreibung,
f) bei Neubauten von Gebäuden, sofern diese nicht nach § 23 Abs. 3 der Tiroler Bauordnung 2022, LGBl. Nr. 44/2022, ausgenommen sind und bei Zubauten, wenn dadurch konditionierte Räume neu geschaffen werden, den Nachweis der Registrierung des Energieausweises in der Energieausweisdatenbank.

(2) Der Lageplan hat zu enthalten:

a) den Maßstab,
b) die Nordrichtung,
c) die Grundstücksnummer des Bauplatzes und die in der Natur überprüften Grenzen des Grundstückes, samt den Schnittpunkten mit den Grenzen der an den Bauplatz angrenzenden Grundstücke, unter Angabe des Datums der Überprüfung und der Toleranzen der Grenzen basierend auf den ihnen zu Grunde liegenden Vermessungsurkunden,
d) Bezugsangaben zu übergeordneten Koordinatensystemen (Anschluss an das amtliche Festpunktefeld – Koordinatennetzmarken mit Beschriftung),
e) die Umrisse und die Außenmaße des Neu- bzw. Zubaus und der am Bauplatz bereits bestehenden baulichen Anlagen und dessen bzw. deren Abstände gegenüber den Grenzen des Bauplatzes unter Zugrundelegung der äußeren Wandfluchten nach Baufertigstellung,
f) die Koordinaten der Eckpunkte der Umrisse des Neu- bzw. Zubaus,
g) die Umrisse der auf den an den Bauplatz angrenzenden Grundstücken bestehenden baulichen Anlagen, soweit dies zur Beurteilung der Zulässigkeit des Bauvorhabens erforderlich ist,
h) die Namen der Eigentümer des Bauplatzes und der an den Bauplatz angrenzenden Grundstücke,
i) die Höhenverhältnisse des umgebenden Geländes, z. B. durch Verwendung eines Lage- und

Höhenplanes, weiters das Fußbodenniveau des Erdgeschosses des Neu- bzw. Zubaus, bezogen auf die absolute Höhe oder auf einen angegebenen Fixpunkt, sowie die für die Berechnung der Mindestabstände maßgebenden Geländehöhen,

j) die Anordnung und die Fläche der Abstellmöglichkeiten für Kraftfahrzeuge nach den §§ 8 und 9 der Tiroler Bauordnung 2022,
k) im Fall des Bestehens einer Verordnung nach § 11 Abs. 1 der Tiroler Bauordnung 2022, die Anordnung und die Fläche der Abstellmöglichkeiten für Fahrräder,
l) im Fall des Bestehens der Verpflichtung zur Errichtung eines Kinderspielplatzes nach § 12 Abs. 1 der Tiroler Bauordnung 2022, dessen Anordnung und Fläche,
m) die Anordnung und die Breite der Zufahrt von einer öffentlichen Verkehrsfläche aus,
n) die Anordnung von befestigten Flächen.

(3) Die Grundrisse haben zu enthalten:

a) alle Geschosse einschließlich der Dachgeschosse mit Aufenthaltsräumen und der Draufsicht auf sichtbare Gebäudeteile der jeweils darunterliegenden Geschosse,
b) die Wände, Mauern, tragenden Bauteile, Tür- und Fensteröffnungen einschließlich der Aufgehrichtung der Türen, Stiegen und Rampen, Aufzüge und Aufzugsschächte, Fänge,
c) bei Bauvorhaben, die den Anforderungen der Barrierefreiheit oder des anpassbaren Wohnbaus nach § 29 Abs. 1, 2 und 4 der Technischen Bauvorschriften 2016 zu entsprechen haben, die sanitäre Ausstattung der Nassräume, insbesondere mit Badewannen, Duschen, Waschbecken, Sitzstellen und Urinalständen,
d) die Anordnung und die Fläche der Abstellmöglichkeiten für Kraftfahrzeuge nach den §§ 8 und 9 der Tiroler Bauordnung 2022,
e) im Fall des Bestehens einer Verordnung nach § 11 Abs. 1 der Tiroler Bauordnung 2022, die Anordnung und die Fläche der Abstellmöglichkeiten für Fahrräder,
f) bei Wohnanlagen die nach § 12 Abs. 3 der Tiroler Bauordnung 2022 zu schaffenden Nebeneinrichtungen,
g) die zur Beurteilung der Zulässigkeit des Bauvorhabens erforderlichen Maße der Räume, Öffnungen und konstruktiven Bauteile,
h) die Nutzfläche und den Verwendungszweck der Räume.

(4) Die Ansichten haben zu enthalten:

a) die äußeren Ansichten des Gebäudes,
b) den Verlauf des anschließenden Geländes vor und nach der Bauführung sowie, bei Vorliegen der Voraussetzungen des § 61 Abs. 3 dritter Satz des Tiroler Raumordnungsgesetzes 2022, LGBl. Nr. 43/2024, in der jeweils geltenden Fassung, den Schnitt einer 33 Grad geneigten Linie mit der Außenhaut bzw. der gedachten Fläche in der Flucht der Außenhaut,
c) die an das Gebäude angrenzenden baulichen Anlagen, soweit dies zur Beurteilung der Zulässigkeit des Bauvorhabens erforderlich ist,
d) die für die Berechnung der Mindestabstände maßgebenden Gebäudehöhen.

(5) Die Schnitte haben zu enthalten:

a) die Stiegenhäuser, Stiegen, Rampen, tragenden Bauteile und Dachaufbauten, Fenster- und Türöffnungen und Fundamente,
b) die zur Beurteilung der Zulässigkeit des Bauvorhabens erforderlichen Höhenmaße, wie insbesondere die Raumhöhen, Deckenstärken, Steigungsverhältnisse von Rampen und Geländerhöhen,
c) das Fußbodenniveau der Geschosse und allfälliger Terrassen sowie, im Fall einer Festlegung nach § 62 Abs. 1 lit. d des Tiroler Raumordnungsgesetzes 2022 im Bebauungsplan, die entsprechenden Höhen,
d) den Verlauf des anschließenden Geländes vor und nach der Bauführung sowie, bei Vorliegen der Voraussetzungen des § 61 Abs. 3 dritter Satz des Tiroler Raumordnungsgesetzes 2022, den Schnitt einer 33 Grad geneigten Linie mit der Außenhaut bzw. der gedachten Fläche in der Flucht der Außenhaut.

(6) Die Baubeschreibung hat die zur Beurteilung der Zulässigkeit des Bauvorhabens erforderlichen Angaben zu enthalten, soweit diese nicht aus den Plänen ersichtlich sind. Sie hat insbesondere Angaben zu enthalten über:

a) die Art der Konstruktion und den Verwendungszweck des Gebäudes,
b) die Fläche des Bauplatzes sowie die bebaute Fläche, die Bruttogrundflächen der einzelnen Geschosse und die Raumhöhen sowie, im Fall der Festlegung von Baudichten in einem Bebauungsplan oder von Bebauungsregeln nach § 31b Abs. 2 des Tiroler Raumordnungsgesetzes 2022 im örtlichen Raumordnungskonzept, die erforderlichen Angaben,
c) die rechtlichen Grundlagen für die Verbindung des Bauplatzes mit einer öffentlichen Verkehrsfläche,
d) die Art der Wasserversorgung und der Schmutz- und Oberflächenwasserbeseitigung,
e) die Art des Schallschutzes,
f) Angabe der Gebäudeklasse (OIB-Richtlinie Begriffsbestimmungen, Ausgabe April 2019)
g) die Art der Ausführung der Fänge und deren lichten Querschnitt,
h) das Material, die Struktur und die Farbe der Wände und der Dachhaut,
i) gegebenenfalls die Art der Blitzschutzanlage und der Brandschutzeinrichtungen,
j) die Anordnung und die Fläche der Abstellmöglichkeiten für Kraftfahrzeuge nach den §§ 8 und 9 der Tiroler Bauordnung 2022,
k) im Fall des Bestehens einer Verordnung nach § 11 Abs. 1 der Tiroler Bauordnung 2022, die

Anordnung und die Fläche der Abstellmöglichkeiten für Fahrräder,

l) im Fall des Bestehens der Verpflichtung zur Errichtung eines Kinderspielplatzes nach § 12 Abs. 1 der Tiroler Bauordnung 2022, dessen Anordnung und Fläche,

m) bei Wohnanlagen die nach § 12 Abs. 3 der Tiroler Bauordnung 2022 zu schaffenden Nebeneinrichtungen,

n) die Festlegungen des Flächenwidmungsplanes sowie, im Fall des Bestehens von Bebauungsplänen, ergänzenden Bebauungsplänen oder Bebauungsregeln nach § 31b Abs. 2 des Tiroler Raumordnungsgesetzes 2022 im örtlichen Raumordnungskonzept, die entsprechenden Festlegungen.

(7) Die Baubeschreibung bei Neubauten von Gebäuden hat weiters die erforderlichen Angaben zur Erfüllung der Anforderungen zur elektronischen Kommunikation nach § 37 der Technischen Bauvorschriften 2016 sowie zur Elektromobilität nach § 37b der Technischen Bauvorschriften 2016 zu enthalten. Außerdem ist ein Formblatt nach dem Muster der Anlage 6b im Sinn des § 35a Abs. 1 Technische Bauvorschriften 2016 über die Prüfung der rechtlichen, technischen, ökologischen und wirtschaftlichen Realisierbarkeit des Einsatzes von hocheffizienten alternativen Systemen (Alternativenprüfung) anzufügen.

§ 2

Bauunterlagen für Umbauten und sonstige Änderungen von Gebäuden

(1) Die einem Bauansuchen für den Umbau oder die sonstige Änderung eines Gebäudes anzuschließenden Bauunterlagen haben zu umfassen:

a) die Grundrisse,

b) die Ansichten,

c) die Schnitte,

d) die Baubeschreibung,

e) bei größeren Renovierungen von Gebäuden im Zusammenhang mit Umbauten und sonstigen Änderungen von Gebäuden, sofern dadurch konditionierte Räume neu geschaffen werden, den Nachweis der Registrierung des Energieausweises in der Energieausweisdatenbank.

(2) Die Grundrisse haben zu enthalten:

a) die betroffenen Geschosse einschließlich allfälliger Dachgeschosse mit Aufenthaltsräumen und der Draufsicht auf sichtbare Gebäudeteile der jeweils darunter liegenden Geschosse,

b) die betroffenen Wände, Mauern, tragenden Bauteile, Tür- und Fensteröffnungen einschließlich der Aufgehrichtung der Türen, Stiegen und Rampen, Aufzüge und Aufzugsschächte, Fänge,

c) bei Bauvorhaben, die den Anforderungen der Barrierefreiheit oder des anpassbaren Wohnbaus nach § 29 Abs. 1, 2 und 4 der Technischen Bauvorschriften 2016 zu entsprechen haben, die sanitäre Ausstattung der Nassräume, insbesondere mit Badewannen, Duschen, Waschbecken, Sitzstellen und Urinalständen,

d) die Anordnung und die Fläche der Abstellmöglichkeiten für Kraftfahrzeuge nach den §§ 8 und 9 der Tiroler Bauordnung 2022,

e) im Fall des Bestehens einer Verordnung nach § 11 Abs. 1 der Tiroler Bauordnung 2022, die Anordnung und die Fläche der Abstellmöglichkeiten für Fahrräder,

f) bei Wohnanlagen die nach § 12 Abs. 3 der Tiroler Bauordnung 2022 zu schaffenden Nebeneinrichtungen,

g) die zur Beurteilung der Zulässigkeit des Bauvorhabens erforderlichen Maße der Räume, Öffnungen und konstruktiven Bauteile,

h) die Nutzfläche und den Verwendungszweck der betroffenen Räume.

(3) Die Ansichten haben die äußeren Ansichten des Gebäudes, soweit diese durch das Bauvorhaben eine Änderung erfahren, zu enthalten.

(4) Die Schnitte haben zu enthalten:

a) allfällige betroffene Stiegenhäuser, Stiegen, Rampen, tragende Bauteile und Dachaufbauten, Fenster- und Türöffnungen und Fundamente,

b) die zur Beurteilung der Zulässigkeit des Bauvorhabens erforderlichen Höhenmaße, wie insbesondere die Raumhöhen, Deckenstärken, Steigungsverhältnisse von Rampen und Geländerhöhen,

c) das Fußbodenniveau der betroffenen Geschosse und allfälliger Terrassen sowie, im Fall einer Festlegung nach § 62 Abs. 1 lit. d des Tiroler Raumordnungsgesetzes 2022 im Bebauungsplan, die entsprechenden Höhen.

(5) Die Baubeschreibung hat die zur Beurteilung der Zulässigkeit des Bauvorhabens erforderlichen Angaben zu enthalten, soweit diese nicht aus den Plänen ersichtlich sind. Sie hat insbesondere Angaben zu enthalten über:

a) die Art der Konstruktion und den Verwendungszweck des Gebäudes,

b) die Fläche des Bauplatzes sowie die Bruttogrundflächen der betroffenen Geschosse und die Raumhöhen,

c) die Art der Wasserversorgung und der Schmutz- und Oberflächenwasserbeseitigung,

d) die Art des Schallschutzes,

e) Angabe der Gebäudeklasse (OIB-Richtlinie Begriffsbestimmungen, Ausgabe April 2019)

f) die Art der Ausführung der Fänge und deren lichten Querschnitt,

g) gegebenenfalls die Art der Blitzschutzanlage und der Brandschutzeinrichtungen,

h) die Anordnung und die Fläche der Abstellmöglichkeiten für Kraftfahrzeuge nach den §§ 8 und 9 der Tiroler Bauordnung 2022,

i) im Fall des Bestehens einer Verordnung nach § 11 Abs. 1 der Tiroler Bauordnung 2022, die Anordnung und die Fläche der Abstellmöglichkeiten für Fahrräder,
j) im Fall des Bestehens der Verpflichtung zur Errichtung eines Kinderspielplatzes nach § 12 Abs. 1 der Tiroler Bauordnung 2022, dessen Anordnung und Fläche,
k) bei Wohnanlagen die nach § 12 Abs. 3 der Tiroler Bauordnung 2022 zu schaffenden Nebeneinrichtungen,
l) bei größeren Renovierungen von Gebäuden und bei Umbauten, soweit es sich gleichzeitig um eine größere Renovierung handelt, weiters die erforderlichen Angaben zur Erfüllung der Anforderungen zur elektronischen Kommunikation nach § 37 der Technischen Bauvorschriften 2016 sowie zur Elektromobilität nach § 37b der Technischen Bauvorschriften 2016. Außerdem ist bei größeren Renovierungen von Gebäuden ein Formblatt nach dem Muster der Anlage 6b im Sinn des § 35a Abs. 1 Technische Bauvorschriften 2016 über die Prüfung der rechtlichen, technischen, ökologischen und wirtschaftlichen Realisierbarkeit des Einsatzes von hocheffizienten alternativen Systemen (Alternativenprüfung) sowie Unterlagen über die Gesamtkosten der Renovierung der Gebäudehülle bzw. der gebäudetechnischen Systeme anzufügen.

(6) Die Angaben nach Abs. 5 lit. b bis l sind nur insoweit erforderlich, als diese auf das Bauvorhaben von Einfluss sind.

§ 3

Bauunterlagen für die Errichtung und Änderung sonstiger baulicher Anlagen

(1) Die einem Bauansuchen für die Errichtung oder die Änderung einer sonstigen baulichen Anlage anzuschließenden Bauunterlagen haben zu umfassen:
a) den Lageplan,
b) die Grundrisse,
c) die Ansichten,
d) die Schnitte,
e) die Baubeschreibung.

(2) Der Lageplan hat zu enthalten:
a) den Maßstab,
b) die Nordrichtung,
c) die Grundstücksnummer des Bauplatzes und die in der Natur überprüften Grenzen des Grundstückes, samt den Schnittpunkten mit den Grenzen der an den Bauplatz angrenzenden Grundstücke, unter Angabe des Datums der Überprüfung und der Toleranzen der Grenzen basierend auf den ihnen zu Grunde liegenden Vermessungsurkunden,
d) Bezugsangaben zu übergeordneten Koordinatensystemen (Anschluss an das amtliche Festpunktefeld – Koordinatennetzmarken mit Beschriftung),
e) die Umrisse und die Außenmaße der geplanten und der am Bauplatz bereits bestehenden baulichen Anlagen und deren Abstände gegenüber den Grenzen des Bauplatzes,
f) die Koordinaten der Eckpunkte der Umrisse des Neu- bzw. Zubaus,
g) die Umrisse der auf den an den Bauplatz angrenzenden Grundstücken bestehenden baulichen Anlagen, soweit dies zur Beurteilung der Zulässigkeit des Bauvorhabens erforderlich ist,
h) die Namen der Eigentümer des Bauplatzes und der an den Bauplatz angrenzenden Grundstücke,
i) gegebenenfalls die Anordnung und die Fläche der Abstellmöglichkeiten für Kraftfahrzeuge nach den §§ 8 und 9 der Tiroler Bauordnung 2022,
j) gegebenenfalls die Anordnung und die Breite der Zufahrt von einer öffentlichen Verkehrsfläche aus,
k) gegebenenfalls die Anordnung von befestigten Flächen.

(3) Die Grundrisse haben zu enthalten:
a) die Wände, Mauern, tragenden Bauteile, Tür- und Fensteröffnungen einschließlich der Aufgehrichtung der Türen, Stiegen und Rampen, Aufzüge und Aufzugsschächte, Fänge,
b) bei Bauvorhaben, die den Anforderungen der Barrierefreiheit oder des anpassbaren Wohnbaus nach § 29 Abs. 1, 2 und 4 der Technischen Bauvorschriften 2016 zu entsprechen haben, die sanitäre Ausstattung der Nassräume, insbesondere mit Badewannen, Duschen, Waschbecken, Sitzstellen und Urinalständen,
c) die Anordnung und die Fläche der Abstellmöglichkeiten für Kraftfahrzeuge nach den §§ 8 und 9 der Tiroler Bauordnung 2022,
d) im Fall des Bestehens einer Verordnung nach § 11 Abs. 1 der Tiroler Bauordnung 2022, die Anordnung und die Fläche der Abstellmöglichkeiten für Fahrräder,
e) bei Wohnanlagen die nach § 12 Abs. 3 der Tiroler Bauordnung 2022 zu schaffenden Nebeneinrichtungen,
f) die zur Beurteilung der Zulässigkeit des Bauvorhabens erforderlichen Maße der Räume, Öffnungen und konstruktiven Bauteile,
g) die Nutzfläche und den Verwendungszweck.

(4) Die Ansichten haben zu enthalten:
a) die äußeren Ansichten der baulichen Anlage,
b) den Verlauf des anschließenden Geländes vor und nach der Bauführung sowie, bei Vorliegen der Voraussetzungen des § 61 Abs. 3 dritter Satz des Tiroler Raumordnungsgesetzes 2022, den Schnitt einer 33 Grad geneigten Linie mit der Außenhaut bzw. der gedachten Fläche in der Flucht der Außenhaut,
c) die an die bauliche Anlage angrenzenden baulichen Anlagen, soweit dies zur Beurteilung

der Zulässigkeit des Bauvorhabens erforderlich ist.

(5) Die Schnitte haben zu enthalten:

a) die tragenden Bauteile sowie allfällige Stiegen und Rampen,
b) den Verlauf des anschließenden Geländes vor und nach der Bauführung sowie, bei Vorliegen der Voraussetzungen des § 61 Abs. 3 dritter Satz des Tiroler Raumordnungsgesetzes 2022, den Schnitt einer 33 Grad geneigten Linie mit der Außenhaut bzw. der gedachten Fläche in der Flucht der Außenhaut.

(6) Die Baubeschreibung hat die zur Beurteilung der Zulässigkeit des Bauvorhabens erforderlichen Angaben zu enthalten, soweit diese nicht aus den Plänen ersichtlich sind. Sie hat insbesondere Angaben zu enthalten über:

a) die Art der Konstruktion der baulichen Anlage,
b) die Fläche des Bauplatzes und die Grundfläche der baulichen Anlage,
c) gegebenenfalls die rechtlichen Grundlagen für die Verbindung des Bauplatzes mit einer öffentlichen Verkehrsfläche,
d) gegebenenfalls die Art der Wasserversorgung und der Schmutz- und Oberflächenwasserbeseitigung,
e) das Material, die Struktur und die Farbe der Außenhaut der baulichen Anlage,
f) gegebenenfalls die Anordnung und die Fläche der Abstellmöglichkeiten für Kraftfahrzeuge nach den §§ 8 und 9 der Tiroler Bauordnung 2022,
g) die Festlegungen des Flächenwidmungsplanes sowie, im Fall des Bestehens von Bebauungsplänen, ergänzenden Bebauungsplänen oder Bebauungsregeln nach § 31b Abs. 2 des Tiroler Raumordnungsgesetzes 2022 im örtlichen Raumordnungskonzept, die entsprechenden Festlegungen.

2. Abschnitt
Inhalt der Bauunterlagen für anzeigepflichtige Bauvorhaben und sonstige Vorhaben

§ 4
Bauunterlagen für anzeigepflichtige Bauvorhaben und sonstige Vorhaben

(1) Die der Bauanzeige für ein anzeigepflichtiges Bauvorhaben anzuschließenden Bauunterlagen haben zu enthalten:

a) einen Lageplan, sofern es sich um ein anzeigepflichtiges Gebäude handelt; in allen übrigen Fällen einen Übersichtsplan als Auszug aus der amtlichen Katastralmappe, aus dem sich die Grundstücksnummer und der Name des Eigentümers des Bauplatzes sowie die Lage und die Umrisse der baulichen Anlage ergeben,
b) eine maßstäbliche Darstellung der baulichen Anlage,
c) eine Baubeschreibung, die
   1. die Abmessungen und die wesentlichen Angaben zur Konstruktion der baulichen Anlage, soweit diese sich nicht aufgrund der Darstellung nach lit. b ergeben,
   2. bei größeren Renovierungen von Gebäuden, nicht jedoch bei Gebäuden, die nach § 22 der Tiroler Bauordnung 2022 ausgenommen sind, die für die Erstellung des Energieausweises relevanten Eingabedaten,
   3. bei Bauvorhaben, die den Anforderungen zur elektronischen Kommunikation nach § 37 der Technischen Bauvorschriften 2016 sowie zur Elektromobilität nach § 37b der Technischen Bauvorschriften 2016 zu entsprechen haben, die erforderlichen Angaben,

   enthält,
d) bei größeren Renovierungen von Gebäuden, nicht jedoch bei Gebäuden, die nach § 22 der Tiroler Bauordnung 2022 ausgenommen sind, den Nachweis der Registrierung des Energieausweises in der Energieausweisdatenbank. Außerdem ist bei größeren Renovierungen von Gebäuden ein Formblatt nach dem Muster der Anlage 6b im Sinn des § 35a Abs. 1 Technische Bauvorschriften 2016 über die Prüfung der rechtlichen, technischen, ökologischen und wirtschaftlichen Realisierbarkeit des Einsatzes von hocheffizienten alternativen Systemen (Alternativenprüfung) anzufügen. Weiters sind Unterlagen über die Gesamtkosten der Renovierung der Gebäudehülle bzw. der gebäudetechnischen Systeme anzufügen.

(2) Die der Anzeige über die Errichtung, Aufstellung oder Änderung einer Werbeeinrichtung auf Grund des § 56 Abs. 1 zweiter Satz der Tiroler Bauordnung 2022 anzuschließenden Unterlagen haben zu enthalten:

a) den Übersichtsplan als Auszug aus der amtlichen Katastralmappe, die Nummer und den Namen des Eigentümers des Grundstückes auf dem die betreffende Werbeeinrichtung errichtet oder aufgestellt werden soll bzw. – im Falle der Änderung einer Werbeeinrichtung – besteht, sowie die Lage der betreffenden Werbeeinrichtung auf diesem Grundstück,
b) die Beschreibung der technischen Ausführung und die planliche Darstellung, die Abmessungen sowie die erforderlichen Angaben über die Art, Gestaltung, verwendeten Materialien, ihre Größe, Form, Farbe und Lichtwirkung.

(3) Die der Anzeige über die Durchführung einer Aufschüttung oder Abgrabung auf Grund des § 58 Abs. 1 zweiter Satz der Tiroler Bauordnung 2022 anzuschließenden Unterlagen haben zu enthalten:

a) den Übersichtsplan als Auszug aus der amtlichen Katastralmappe, die Nummer und den Namen des Eigentümers des Grundstückes, auf dem die Aufschüttung oder Abgrabung durchgeführt werden soll, sowie die Darstellung der von der Aufschüttung oder Abgrabung betroffenen Flächen,

b) die Beschreibung der technischen Ausführung, die wesentlichen Angaben über die Art der Durchführung der Aufschüttung oder Abgrabung einschließlich der zur Verwendung vorgesehenen Schüttmaterialien, die Maßnahmen zur Bodenverdichtung, die Sicherungsmaßnahmen und die abschließenden Vorkehrungen,

c) den Geländeschnitt, den ursprünglichen Geländeverlauf und den auf Grund der Aufschüttung oder Abgrabung sich ergebenden Geländeverlauf einschließlich der Böschungsneigungen.

3. Abschnitt
Inhalt der Bauunterlagen für Solarenergieanlagen

§ 5
Bauunterlagen für die Errichtung, Anbringung oder Änderung von Solarenergieanlagen

(1) Die der Bauanzeige für die Anbringung oder Änderung von Solarenergieanlagen mit einer Fläche von mehr als 100 m² an baulichen Anlagen nach § 52b Abs. 2 lit. a und b der Tiroler Bauordnung 2022 anzuschließenden Bauunterlagen haben zu enthalten:

a) einen Übersichtsplan als Auszug aus der amtlichen Katastralmappe, aus dem sich die Grundstücksnummer und der Name des Eigentümers des Bauplatzes sowie die Lage und die Umrisse der von der Anbringung oder Änderung der Solarenergieanlage betroffenen baulichen Anlage ergeben,

b) eine maßstäbliche Darstellung der von der Anbringung oder Änderung der Solarenergieanlage betroffenen Wand- bzw. Dachfläche samt Solarenergieanlage,

c) die Beschreibung der Art der Konstruktion und Anbringung samt Abmessungen sowie wesentliche Angaben zur Solarenergieanlage (Engpassleistung nach § 4 Abs. 17 des Tiroler Elektrizitätsgesetzes 2012 bei Photovoltaikanlagen, Farbe, Abstand zur Wand- bzw. Dachhaut, Neigung und dergleichen), soweit diese sich nicht aufgrund der Darstellung nach lit. b ergeben.

(2) Die der Bauanzeige für die Errichtung oder Änderung von freistehenden Solarenergieanlagen mit einer Fläche von mehr als 100 m² nach § 52b Abs. 2 lit. c der Tiroler Bauordnung 2022 anzuschließenden Bauunterlagen haben zu enthalten:

a) einen Übersichtsplan als Auszug aus der amtlichen Katastralmappe, aus dem sich die Grundstücksnummer und der Name des Eigentümers des Bauplatzes sowie die Lage der betreffenden freistehenden Solarenergieanlage ergeben,

b) eine maßstäbliche Darstellung der Solarenergieanlage,

c) die Beschreibung der Art der Konstruktion und Befestigung samt Abmessungen sowie wesentliche Angaben zur freistehenden Solarenergieanlage (Engpassleistung nach § 4 Abs. 17 des Tiroler Elektrizitätsgesetzes 2012 bei Photovoltaikanlagen, Abstand zum darunterliegenden Gelände und dergleichen), soweit diese sich nicht aufgrund der Darstellung nach lit. b ergeben.

(3) Die Bestimmungen der Abs. 1 und 2 finden sinngemäß Anwendung auf bewilligungspflichtige Vorhaben zur Anbringung oder Änderung von Solarenergieanlagen nach § 52a Abs. 1 Tiroler Bauordnung 2022.

4. Abschnitt
Form der Planunterlagen

§ 6
Physische Planunterlagen für bewilligungspflichtige Bauvorhaben

(1) Physische Planunterlagen müssen in dunkler Farbe auf hellem Grund erstellt und von haltbarer Qualität sein. Die Pläne sind gefaltet im Format DIN A4 auszuführen. Auf der linken Seite ist ein Heftrand von ca. 25 mm vorzusehen.

(2) Auf dem im gefalteten Zustand obenliegenden Teil des Planes (Titelseite) bzw. auf dem Deckblatt jeder Planunterlage müssen

a) die genaue Bezeichnung des Bauvorhabens,
b) die Art der Planunterlage,
c) der Name des Bauwerbers sowie
d) der Name des Planverfassers

angegeben sein. Daneben ist der für amtliche Vermerke erforderliche freie Raum vorzusehen.

(3) Als Maßstäbe sind zu wählen:

a) für die Lagepläne 1:500 oder ein größerer Maßstab,

b) für die Grundrisse, Schnitte und Ansichten 1:100. Für bauliche Anlagen mit einem besonderen Ausmaß ist zur besseren Darstellung auch ein anderer Maßstab zulässig.

(4) Farbig darzustellen sind:

a) im Lageplan:
1. bestehende bauliche Anlagen (graue Schraffierung),
2. geplante bauliche Anlagen (rote Schraffierung),
3. abzubrechende bauliche Anlagen (gelbe Schraffierung),
4. Bauplatzgrenzen (grüne Schraffierung),

b) in Grundrissen und Schnitten bei Zu- und Umbauten von Gebäuden und bei bewilligungspflichtigen Änderungen von Gebäuden und sonstigen baulichen Anlagen:
1. bestehende bauliche Anlagen (graue Schraffierung),
2. geplante bauliche Anlagen (rote Schraffierung),

3. abzubrechende bauliche Anlagen (gelbe Schraffierung).

§ 7

Digitale Planunterlagen für bewilligungspflichtige Bauvorhaben

(1) Digitale Planunterlagen müssen in dunkler Farbe auf hellem Grund erstellt sein. Der Lageplan, die Grundrisse, die Schnitte und die Ansichten sind jeweils in eigenen Dateien im pdf-Format zu übermitteln. Sie sind mit einer Bezeichnung zu versehen, die ihren Inhalt eindeutig zum Ausdruck bringt und dürfen die Seitengröße des Formates DIN A3 nicht überschreiten, es sei denn die Behörde erklärt in einer Bekanntmachung nach § 13 Abs. 2 Allgemeines Verwaltungsverfahrensgesetz 1991 größere Seitenformate für zulässig.

(2) Auf jeder Planunterlage müssen

a) die genaue Bezeichnung des Bauvorhabens,
b) die Art der Planunterlage,
c) der Name des Bauwerbers sowie
d) der Name des Planverfassers,
e) die elektronische Signatur des Planverfassers

angegeben sein.

(3) Als Maßstäbe sind zu wählen:

a) für die Lagepläne 1:500 oder ein größerer Maßstab,
b) für die Grundrisse, Schnitte und Ansichten 1:100. Für bauliche Anlagen mit einem besonderen Ausmaß ist zur besseren Darstellung auch ein anderer Maßstab zulässig.

(4) Farbig darzustellen sind:

a) im Lageplan:
1. bestehende bauliche Anlagen (graue Schraffierung),
2. geplante bauliche Anlagen (rote Schraffierung),
3. abzubrechende bauliche Anlagen (gelbe Schraffierung),
4. Bauplatzgrenzen (grüne Schraffierung),

b) in Grundrissen und Schnitten bei Zu- und Umbauten von Gebäuden und bei bewilligungspflichtigen Änderungen von Gebäuden und sonstigen baulichen Anlagen:
1. bestehende bauliche Anlagen (graue Schraffierung),
2. geplante bauliche Anlagen (rote Schraffierung),
3. abzubrechende bauliche Anlagen (gelbe Schraffierung).

§ 8

Planunterlagen für anzeigepflichtige Bauvorhaben und sonstige Vorhaben

(1) Für die Form der einer Bauanzeige nach § 4 Abs. 1 und § 5 anzuschließenden physischen Planunterlagen gilt § 6 sinngemäß. Die Formerfordernisse des § 6 Abs. 3 und 4 müssen jedoch nur eingehalten werden, soweit dies für eine im Hinblick auf die Beurteilung der Zulässigkeit des betreffenden Vorhabens hinreichend übersichtliche und genaue Darstellung erforderlich ist.

(2) Für die Form der einer Bauanzeige nach § 4 Abs. 1 und § 5 anzuschließenden digitalen Planunterlagen gilt § 7 sinngemäß. Die Formerfordernisse des § 7 Abs. 3 und 4 müssen jedoch nur eingehalten werden, soweit dies für eine im Hinblick auf die Beurteilung der Zulässigkeit des betreffenden Vorhabens hinreichend übersichtliche und genaue Darstellung erforderlich ist.

5. Abschnitt

Schlussbestimmungen

§ 9

Umsetzung von Unionsrecht

Mit dieser Verordnung werden folgende Richtlinien umgesetzt:

1. Richtlinie 2010/31/EU des Europäischen Parlaments und des Rates über die Gesamtenergieeffizienz von Gebäuden, ABl. 2010 Nr. L 153, S. 13, in der Fassung der Richtlinie (EU) 2018/844, ABl. 2018 Nr. L 156, S. 75, und der Verordnung (EU) 2018/1999, ABl. 2018 Nr. L 328, S. 1,
2. Richtlinie 2014/61/EU des Europäischen Parlaments und des Rates über Maßnahmen zur Reduzierung der Kosten des Ausbaus von Hochgeschwindigkeitsnetzen für die elektronische Kommunikation, ABl. 2014 Nr. L 155, S. 1,
3. Richtlinie (EU) 2023/1804 des Europäischen Parlaments und des Rates über den Aufbau der Infrastruktur für alternative Kraftstoffe und zur Aufhebung der Richtlinie 2014/94/EU, ABl. 2023 Nr. L 234, S. 1.

§ 10

Inkrafttreten, Übergangsrecht

(1) Diese Verordnung tritt, soweit im Abs. 2 nichts anderes bestimmt ist, mit dem Ablauf des Tages der Kundmachung in Kraft. Gleichzeitig tritt die Bauunterlagenverordnung 2020, LGBl. Nr. 132/2020, außer Kraft.

(2) Der 3. Abschnitt tritt mit dem Ablauf des Tages der Kundmachung des Ersten Tiroler Erneuerbaren Ausbaugesetzes im Landesgesetzblatt für Tirol in Kraft.

(3) Mit dem Ablauf des Tages der Kundmachung des Ersten Tiroler Erneuerbaren Ausbaugesetzes im Landesgesetzblatt für Tirol haben zu lauten:

1. § 1 Abs. 1 lit f:

„f) bei Neubauten von Gebäuden, sofern diese nicht nach § 23 Abs. 3 der Tiroler Bauordnung 2022, LGBl. Nr. 44/2022, ausgenommen sind und bei Zubauten, wenn dadurch konditionierte Räume neu geschaffen werden, den Nachweis der Registrierung des Energieausweises in der Energieausweisdatenbank."

2. § 2 Abs. 1 lit e:

„e) bei größeren Renovierungen von Gebäuden im Zusammenhang mit Umbauten und sonstigen Änderungen von Gebäuden, sofern dadurch konditionierte Räume neu geschaffen werden, den Nachweis der Registrierung des Energieausweises in der Energieausweisdatenbank.“

3. § 4 Abs. 1 lit. d:

„d) bei größeren Renovierungen von Gebäuden, nicht jedoch bei Gebäuden, die nach § 22 der Tiroler Bauordnung 2022 ausgenommen sind, den Nachweis der Registrierung des Energieausweises in der Energieausweisdatenbank. Außerdem ist bei größeren Renovierungen von Gebäuden ein Formblatt nach dem Muster der Anlage 6b im Sinn des § 35a Abs. 1 Technische Bauvorschriften 2016 über die Prüfung der rechtlichen, technischen, ökologischen und wirtschaftlichen Realisierbarkeit des Einsatzes von hocheffizienten alternativen Systemen (Alternativenprüfung) anzufügen. Weiters sind Unterlagen über die Gesamtkosten der Renovierung der Gebäudehülle bzw. der gebäudetechnischen Systeme anzufügen.“

Baupolizei

6. Übertragungsverordnung Baupolizei

Verordnung der Landesregierung vom 30. Oktober 2018, mit der die Besorgung einzelner Angelegenheiten der örtlichen Baupolizei bestimmter Gemeinden Tirols auf die örtlich jeweils zuständige Bezirkshauptmannschaft übertragen wird (Übertragungsverordnung Baupolizei)

StF: LGBl. Nr. 124/2018

Letzte Novellierung: LGBl. Nr. 10/2024

Präambel

Aufgrund des § 19 Abs. 1 der Tiroler Gemeindeordnung 2001, LGBl. Nr. 36, zuletzt geändert durch das Gesetz LGBl. Nr. 77/2017, wird auf Antrag der in den §§ 2, 3 und 4 genannten Gemeinden verordnet:

GLIEDERUNG

§ 1. Begriffsbestimmung
§ 2. Übertragung im Zusammenhang mit wasser- und gewerberechtlichen Verfahren
§ 3. Übertragung im Zusammenhang mit wasserrechtlichen Verfahren
§ 4. Übertragung im Zusammenhang mit gewerberechtlichen Verfahren
§ 5. Inkrafttreten

§ 1
Begriffsbestimmung

Die Angelegenheiten der örtlichen Baupolizei im Sinn dieser Verordnung umfassen alle von der Gemeinde im eigenen Wirkungsbereich nach der Tiroler Bauordnung 2022, LGBl. Nr. 44, in der jeweils geltenden Fassung, durchzuführenden Verfahren mit Ausnahme der Verfahren nach ihrem 3. Abschnitt.

§ 2
Übertragung im Zusammenhang mit wasser- und gewerberechtlichen Verfahren

(1) Die Besorgung der Angelegenheiten der örtlichen Baupolizei wird in den Fällen des Abs. 2 aus dem eigenen Wirkungsbereich der unter den lit. a bis h angeführten Gemeinden auf die örtlich jeweils zuständige Bezirkshauptmannschaft übertragen:

a) im Bezirk Imst für:
b) im Bezirk Innsbruck-Land für: Ampass (Beschluss vom 6. August 1966), Birgitz (Beschluss vom 19. Dezember 1966), Ellbögen (Beschluss vom 17. November 1966), Flaurling (Beschluss vom 17. November 1966), Gries am Brenner (Beschluss vom 8. April 2002), Gries im Sellrain (Beschluss vom 27. Februar 1968), Grinzens (Beschluss vom 13. November 1966), Gschnitz (Beschluss vom 13. Dezember 1966), Hatting (Beschluss vom 31. Jänner 2012), Inzing (Beschluss vom 9. Februar 2006), Kolsassberg (Beschluss vom 28. November 1966), Matrei am Brenner (Beschluss vom 13. April 2022), Mieders (Beschluss vom 2. Juni 2016), Navis (Beschluss vom 17. November 1966), Oberhofen im Inntal (Beschluss vom 3. Dezember 1966), Obernberg am Brenner (Beschluss vom 28. Jänner 1967), Oberperfuss (Beschluss vom 21. Dezember 1966), Pfaffenhofen (Beschluss vom 1. März 1968), Polling in Tirol (Beschluss vom 9. Dezember 1966), Ranggen (Beschluss vom 15. November 1966), Rinn (Beschluss vom 27. November 1966), Schmirn (Beschluss vom 17. Dezember 1966), Schönberg im Stubaital (Beschluss vom 17. Jänner 2011), Sellrain (Beschluss vom 19. November 1966), Steinach am Brenner (Beschluss vom 25. November 1966), Trins (Beschluss vom 30. November 1966), Unterperfuss (Beschluss vom 23. November 1966), Vals (Beschluss vom 19. November 1966), Volders (Beschlüsse vom 23. und 24. November 1966), Wattenberg (Beschluss vom 19. Dezember 1966);
c) im Bezirk Kitzbühel für:
d) im Bezirk Kufstein für: Kramsach (Beschluss vom 15. Februar 2016);
e) im Bezirk Landeck für: Fendels (Beschluss vom 27. Oktober 1967), Flirsch (Beschluss vom 10. November 1967), Nauders (Beschluss vom 4. November 1967), Pettneu am Arlberg (Beschluss vom 25. Oktober 1967), Pians (Beschluss vom 28. Jänner 1968), Pfunds (Beschluss vom 14. Juli 1966), Ried im Oberinntal (Beschlüsse vom 16. und 21. Juni 1966), Spiss (Beschluss vom 5. Juni 1999), Strengen (Beschluss vom 11. Oktober 1967);
f) im Bezirk Lienz für: Kals am Großglockner (Beschluss vom 30. März 1967), Kartitsch (Beschluss vom 11. Februar 1967), Obertilliach (Beschluss vom 13. September 2023), Tristach (Beschluss vom 18. Mai 1967);
g) im Bezirk Reutte für: Biberwier (Beschluss vom 24. Mai 2012), Elbigenalp (Beschluss vom 14. März 2005), Häselgehr (Beschluss

vom 21. Juni 2005), Musau (Beschluss vom 2. September 2021), Pfafflar (Beschluss vom 14. August 1966), Pinswang (Beschluss vom 23. Juli 1966), Vils (Beschluss vom 24. Februar 1967), Zöblen (Beschluss vom 18. Juli 1966);

h) im Bezirk Schwaz für: Finkenberg (Beschluss vom 25. Juli 1996), Gerlosberg (Beschluss vom 3. Juni 1969), Hainzenberg (Beschluss vom 7. März 2002), Hart im Zillertal (Beschluss vom 28. August 1966), Pill (Beschluss vom 7. Februar 1973 – nur hinsichtlich der Errichtung von Abfallbeseitigungsanlagen), Ramsau im Zillertal (Beschluss vom 15. Februar 1967), Rohrberg (Beschluss vom 26. Februar 1967), Stumm (Beschluss vom 3. Juli 1966), Terfens (Beschluss vom 7. März 1967), Tux (Beschluss vom 22. August 1968), Weerberg (Beschluss vom 11. Juni 2007), Zellberg (Beschluss vom 7. März 1967).

(2) Die Übertragung gilt in Bezug auf Gebäude oder sonstige bauliche Anlagen, zu deren Errichtung oder bestimmungsgemäßer Verwendung eine wasserrechtliche oder gewerberechtliche Bewilligung oder Anzeige erforderlich ist. Ist dies nur für Teile eines Gebäudes oder einer sonstigen baulichen Anlage der Fall, so gilt die Übertragung dennoch in Bezug auf das gesamte Gebäude bzw. die gesamte sonstige bauliche Anlage. Besteht eine gewerbliche Betriebsanlage aus mehreren Gebäuden bzw. sonstigen baulichen Anlagen, so gilt die Übertragung stets in Bezug auf die gesamte gewerbliche Betriebsanlage.

§ 3
Übertragung im Zusammenhang mit wasserrechtlichen Verfahren

Die Besorgung der Aufgaben der örtlichen Baupolizei wird für Gebäude oder sonstige bauliche Anlagen, zu deren Errichtung oder bestimmungsgemäßer Verwendung eine wasserrechtliche Bewilligung oder Anzeige erforderlich ist, aus dem eigenen Wirkungsbereich der Gemeinde Tulfes (Beschluss vom 21. März 1979) auf die Bezirkshauptmannschaft Innsbruck übertragen. Ist dies nur für Teile eines Gebäudes oder einer sonstigen baulichen Anlage der Fall, so gilt die Übertragung dennoch in Bezug auf das gesamte Gebäude bzw. die gesamte sonstige bauliche Anlage.

§ 4
Übertragung im Zusammenhang mit gewerberechtlichen Verfahren

(1) Die Besorgung der Aufgaben der örtlichen Baupolizei wird in den Fällen des Abs. 2 aus dem eigenen Wirkungsbereich der unter den lit. a bis e angeführten Gemeinden auf die örtlich jeweils zuständige Bezirkshauptmannschaft übertragen:

a) im Bezirk Innsbruck-Land für: Lans (Beschluss vom 7. Juni 2011), Sistrans (Beschluss vom 4. April 2016);

b) im Bezirk Kufstein für: Walchsee (Beschluss vom 12. März 2019);

c) im Bezirk Lienz für: Abfaltersbach (Beschluss vom 7. Oktober 2015), Außervillgraten (Beschluss vom 8. Februar 1998), Heinfels (Beschluss vom 16. September 2015), Hopfgarten in Defereggen (Beschluss vom 23. Februar 2016), Nikolsdorf (Beschluss vom 14. September 2015), Prägraten am Großvenediger (Beschluss vom 4. September 2015), St. Jakob in Defereggen (Beschluss vom 24. Juli 2017), St. Johann im Walde (Beschluss vom 23. Dezember 2014), Strassen (Beschluss vom 9. November 2015), Untertilliach (Beschluss vom 14. September 2015);

d) im Bezirk Reutte für: Jungholz (Beschluss vom 8. Februar 1993), Nesselwängle (Beschluss vom 20. Juni 2011), Stanzach (Beschluss vom 4. Oktober 1994).

(2) Die Übertragung gilt in Bezug auf Gebäude oder sonstige bauliche Anlagen, zu deren Errichtung oder bestimmungsgemäßer Verwendung eine gewerberechtliche Bewilligung oder Anzeige erforderlich ist. Ist dies nur für Teile eines Gebäudes oder einer sonstigen baulichen Anlage der Fall, so gilt die Übertragung dennoch in Bezug auf das gesamte Gebäude bzw. die gesamte sonstige bauliche Anlage. Besteht eine gewerbliche Betriebsanlage aus mehreren Gebäuden bzw. sonstigen baulichen Anlagen, so gilt die Übertragung stets in Bezug auf die gesamte gewerbliche Betriebsanlage.

§ 5
Inkrafttreten

(1) Diese Verordnung tritt mit dem Ablauf des Tages der Kundmachung in Kraft.

(2) Gleichzeitig tritt die Verordnung der Landesregierung, mit der die Besorgung einzelner Angelegenheiten der örtlichen Baupolizei bestimmter Gemeinden Tirols auf die örtlich jeweils zuständige Bezirkshauptmannschaft übertragen wird, LGBl. Nr. 108/2018, außer Kraft

7. Tiroler Energieausweisdatenbankverordnung

Verordnung der Landesregierung vom 13. Dezember 2022, mit der nähere Bestimmungen über die Einrichtung und den Betrieb sowie über Inhalt und Form der Energieausweisdatenbank erlassen werden (Tiroler Energieausweisdatenbankverordnung – TEADBV 2022)

StF: VBl. Tirol Nr. 84/2022

Präambel

Aufgrund des § 26 Abs. 6 der Tiroler Bauordnung 2022, LGBl. Nr. 44, in der Fassung des Gesetzes LGBl. Nr. 62/2022, wird verordnet:

GLIEDERUNG

§ 1. Geltungsbereich
§ 2. Energieausweisdatenbank
§ 3. Übermittlung der Daten nach dem GWR-Gesetz
§ 4. Überprüfung von Energieausweisen
§ 5. Umsetzung von Unionsrecht, Inkrafttreten

§ 1
Geltungsbereich

Diese Verordnung regelt die Einrichtung und den Betrieb einer Energieausweisdatenbank als EDV-Anwendung einschließlich des Zuganges, der Schnittstellen und der Übermittlungsvorgänge.

§ 2
Energieausweisdatenbank

(1) Die Landesregierung hat eine geeignete Online-Applikation für die unentgeltliche Registrierung, Dateneinbringung und -abfrage von Energieausweisen zur Verfügung zu stellen. Zur Überprüfung der Energieausweise nach § 4 muss es der Landesregierung möglich sein, den Urheber der Hinzufügung von Informationen in die Datenbank, zu ermitteln. Die Landesregierung kann sich bei der Einrichtung der für die Energieausweisdatenbank erforderlichen EDV-Anwendung gemäß § 1 eines Dienstleisters bedienen.

(2) Die zur Ausstellung von Energieausweisen befugten Personen haben die nach den gesetzlichen Vorgaben zu erstellenden Energieausweise in der Energieausweisdatenbank zu registrieren und die betreffenden Energieausweisdaten zu erfassen. Die Aussteller von Energieausweisen und die Eigentümer der betreffenden Gebäude, Gebäudeteile oder Nutzungseinheiten haben das Recht auf Online-Zugriff auf alle Daten des Energieausweises ihrer jeweiligen Gebäude bzw. Nutzungseinheiten.

(3) Die aggregierten anonymisierten Daten sind auf Antrag für statistische Zwecke oder Forschungszwecke zur Verfügung zu stellen. Dem Eigentümer des Gebäudes sind auf Antrag die Daten für sein Gebäude zur Verfügung zu stellen.

§ 3
Übermittlung der Daten nach dem GWR-Gesetz

(1) Die Energieausweisdaten sind von der Landesregierung im Umfang nach Abschnitt H der Anlage zum GWR-Gesetz automatisiert über eine geeignete Schnittstelle der Bundesanstalt Statistik Österreich für das Gebäude- und Wohnungsregister zu übermitteln.

(2) Die Landesregierung kann zur Erfüllung ihrer Aufgaben nach Abs. 1 geeignete und nach bundesrechtlichen Vorschriften befugte Dritte als Dienstleister heranziehen.

§ 4
Überprüfung von Energieausweisen

(1) Die Landesregierung hat unter Berücksichtigung der Vorgaben nach Anhang II der Richtlinie 2010/31/EU stichprobenartig die Energieausweise, die in der Energieausweisdatenbank registriert wurden, zu überprüfen.

(2) Die Landesregierung kann mit der Überprüfung nach Abs. 1 geeignete Stellen und nach bundesrechtlichen Vorschriften befugte Personen beauftragen; diese sind dabei an die Weisungen der Landesregierung gebunden.

(3) Die Aussteller von Energieausweisen und die Eigentümer der Gebäude oder Nutzungseinheiten, auf die sich der Energieausweis bezieht, haben der Landesregierung oder den von der Landesregierung beauftragten Organen sowie den zugezogenen Sachverständigen auf Verlangen die zur Überprüfung der Energieausweise erforderlichen Auskünfte zu erteilen.

§ 5
Umsetzung von Unionsrecht, Inkrafttreten

(1) Mit dieser Verordnung wird die Richtlinie 2010/31/EU des Europäischen Parlaments

und des Rates über die Gesamtenergieeffizienz von Gebäuden, ABl. 2010 Nr. L 153, S. 13, in der Fassung der Richtlinie (EU) 2018/844, ABl. 2018 Nr. L 156, S. 75 und der Verordnung (EU) 2018/1999 über das Governance-System für die Energieunion und für den Klimaschutz, ABl. 2018, Nr. L 328, S. 1, umgesetzt.

(2) Diese Verordnung tritt mit dem Ablauf des Tages der Kundmachung in Kraft.

8. Tiroler Raumordnungsgesetz 2022

Tiroler Raumordnungsgesetz 2022 – TROG 2022

StF: LGBl. Nr. 43/2022 (WV)

Letzte Novellierung: LGBl. Nr. 6/2025

GLIEDERUNG

I. Teil
Überörtliche Raumordnung
1. Abschnitt
Allgemeine Bestimmungen

§ 1. Aufgabe und Ziele der überörtlichen Raumordnung
§ 2. Grundsätze der überörtlichen Raumordnung
§ 3. Informationspflicht
§ 4. Koordinierung

2. Abschnitt
Durchführung

§ 5. Bestandsaufnahmen
§ 6. Vorarbeiten
§ 7. Raumordnungsprogramme
§ 8. Raumordnungsprogramme für Einkaufszentren
§ 9. Verfahren zur Erlassung von Raumordnungsprogrammen
§ 10. Änderung von Raumordnungsprogrammen
§ 11. Ausnahmen von Raumordnungsprogrammen
§ 12. Raumordnungspläne
§ 12a. Raumverträglichkeitsprüfung für Seveso-Betriebe

3. Abschnitt
Freizeitwohnsitze

§ 13. Beschränkungen für Freizeitwohnsitze
§ 13a. Strafbestimmungen bezüglich Freizeitwohnsitze
§ 14. Freizeitwohnsitzverzeichnis
§ 15. Wiederaufbau und Erweiterung bestehender Freizeitwohnsitze
§ 16. Erlöschen der Eigenschaft als Freizeitwohnsitz
§ 17. Nachträgliche Anmeldung von Freizeitwohnsitzen, anhängige Feststellungsverfahren

4. Abschnitt
Raumordnungsbeirat

§ 18. Einrichtung, Aufgaben und Zusammensetzung des Raumordnungsbeirates
§ 19. Bestellung von Mitgliedern des Raumordnungsbeirates
§ 20. Erlöschen der Mitgliedschaft
§ 21. Untergruppen des Raumordnungsbeirates
§ 22. Geschäftsführung des Raumordnungsbeirates

5. Abschnitt
Regionale Raumordnung

§ 23. Bildung von Planungsverbänden, Förderung
§ 24. Aufgaben der Planungsverbände
§ 25. Regionalprogramme, Regionalpläne
§ 26. Bestandsaufnahmen, Vorarbeiten

II. Teil
Örtliche Raumordnung
1. Abschnitt
Allgemeine Bestimmungen

§ 27. Aufgaben und Ziele der örtlichen Raumordnung
§ 28. Bestandsaufnahme
§ 28a. Baulandmonitoring, Widmungsbilanz
§ 29. Planungsinstrumente
§ 29a. Kostenbeiträge
§ 30. Vorarbeiten

2. Abschnitt
Örtliches Raumordnungskonzept

§ 31. Inhalt
§ 31a. Vorsorge für den geförderten Wohnbau
§ 31b. Bebauungsplanpflicht, Bebauungsregeln
§ 31c. Fortschreibung
§ 31d. Fristverlängerung, Befreiung
§ 32. Änderung
§ 33. Maßnahmen der Gemeinden als Träger von Privatrechten
§ 34. Förderung der Gemeinden

3. Abschnitt
Flächenwidmungsplan

§ 35. Inhalt
§ 36. Änderung
§ 37. Bauland
§ 37a. Befristete Widmung als Bauland
§ 38. Wohngebiet
§ 39. Gewerbe- und Industriegebiet
§ 40. Mischgebiete
§ 41. Freiland

§ 42. Hofstellen, sonstige landwirtschaftliche Gebäude und forstwirtschaftliche Gebäude im Freiland; Auflassung landwirtschaftlicher Betriebe, Weiterverwendung von Hofstellen im Freiland
§ 42a. Um- und Zubauten, Änderung des Verwendungszweckes von sonstigen Gebäuden im Freiland
§ 42b. Wiederaufbau von Gebäuden im Freiland
§ 42c. Grundlage für Baumassenberechnung
§ 43. Sonderflächen
§ 44. Sonderflächen für Hofstellen
§ 45. Sonderflächen für landwirtschaftliche Intensivtierhaltung
§ 46. Sonderflächen für Austraghäuser
§ 47. Sonderflächen für land- oder forstwirtschaftliche Gebäude und Anlagen
§ 47a. Sonderflächen für Chaletdörfer
§ 48. Sonderflächen für Beherbergungsgroßbetriebe
§ 48a. Sonderflächen für Handelsbetriebe
§ 49. Sonderflächen für Einkaufszentren
§ 49a. Sonderflächen für UVP-pflichtige Anlagen
§ 49b. Sonderflächen für Tankstellen
§ 50. Sonderflächen für Sportanlagen
§ 50a. Sonderflächen für Anlagen zur Aufbereitung mineralischer Rohstoffe
§ 51. Sonderflächen für Widmungen mit Teilfestlegungen
§ 52. Vorbehaltsflächen für den Gemeinbedarf
§ 52a. Vorbehaltsflächen für den geförderten Wohnbau
§ 53. Straßen

4. Abschnitt
Bebauungspläne

§ 54. Bebauungspläne
§ 55. Wirkung von Bebauungsplänen
§ 56. Inhalte
§ 57. Änderung und Außerkrafttreten von Bebauungsplänen
§ 58. Straßenfluchtlinien
§ 59. Baufluchtlinien, Baugrenzlinien
§ 60. Bauweisen
§ 61. Baudichten
§ 62. Bauhöhe, Höhenlage

5. Abschnitt
Verfahren, Rechtswirkungen

§ 63. Verfahren zur Fortschreibung des örtlichen Raumordnungskonzeptes,Information der Gemeindebewohner, Umweltprüfung
§ 64. Verfahren zur Erlassung, Änderung und Aufhebung von Bebauungsplänen
§ 65. Aufsichtsbehördliche Genehmigung der Fortschreibung des örtlichen Raumordnungskonzeptes
§ 66. Kundmachung der Fortschreibung des örtlichen Raumordnungskonzeptes sowie der Bebauungspläne und ihrer Änderung
§ 67. Änderung des örtlichen Raumordnungskonzeptes; Verfahren, Umweltprüfung,aufsichtsbehördliche Genehmigung und Kundmachung
§ 68. Änderung von Flächenwidmungsplänen; Verfahren, Umweltprüfung,aufsichtsbehördliche Genehmigung
§ 69. Aufsichtsbehördliche Prüfung der Änderung des Flächenwidmungsplanes
§ 70. Elektronische Kundmachung des Flächenwidmungsplanes§71Neuerliche elektronische Kundmachung des Flächenwidmungsplanes
§ 72. Weitergeltung gesetzlicher Bestimmungen für die analogen Flächenwidmungspläne
§ 73. Gänzliche Aufhebung eines örtlichen Raumordnungskonzeptes, der Fortschreibung eines örtlichen Raumordnungskonzeptes oder eines Flächenwidmungsplanesdurch den Verfassungsgerichtshof
§ 74. Änderungsvorschlag, Planungsgespräch
§ 75. Bausperre
§ 76. Entschädigung
§ 77. Ersatzvornahme

6. Abschnitt
Sonderbestimmungen für die Vereinigung von Gemeinden

§ 78. Wiederinkraftsetzung und Änderung des örtlichen Raumordnungskonzeptes, des Flächenwidmungsplanes, der Bebauungspläne und allfälliger Erschließungspläne
§ 79. Elektronische Kundmachung der wieder in Kraft gesetzten Flächenwidmungspläne; neuerliche elektronische Kundmachung des Flächenwidmungsplanes
§ 80. Neuerlassung des örtlichen Raumordnungskonzeptes
§ 81. Änderungen des Flächenwidmungsplanes aufgrund des neu erlassenen örtlichen Raumordnungskonzeptes

III. Teil
Baulandumlegung

§ 82. Zweck
§ 83. Einleitung des Umlegungsverfahrens
§ 84. Rechtswirkungen
§ 85. Grenzfeststellung

§ 86. Einbeziehen und Ausscheiden von Grundstücken
§ 87. Verkehrsflächen und sonstige Anlagen
§ 88. Grundsätze für die Neuregelung der Grundstücksordnung
§ 89. Entfernung von Zugehör, Verlegung von Anlagen
§ 90. Rechte an Grundstücken
§ 91. Entwurf der Neuordnung, mündliche Verhandlung
§ 92. Erschließungsplan
§ 93. Änderung des Flächenwidmungsplanes im Umlegungsgebiet
§ 94. Umlegungsbescheid, Abschluss des Verfahrens
§ 95. Eigentumsübergang, Leistung der Geldabfindungen und Vergütungen
§ 96. Umlegungsverträge
§ 97. Umlegungsübereinkommen
§ 98. Einstellung des Verfahrens
§ 99. Zuständigkeit
§ 100. Verfahren
§ 101. Inanspruchnahme von Grundstücken
§ 102. Befreiung von Abgaben und Gebühren

IV. Teil
Tiroler Bodenfonds

§ 103. Errichtung, Aufgaben, Aufbringung der Mittel
§ 104. Sicherung des Fondszweckes, Richtlinien
§ 105. Organe des Tiroler Bodenfonds, Bedienstete
§ 106. Zusammensetzung des Kuratoriums, Bestellung der Mitglieder
§ 107. Erlöschen der Mitgliedschaft zum Kuratorium
§ 108. Aufgaben und Geschäftsgang des Kuratoriums
§ 109. Bestellung des Geschäftsführers, Erlöschen des Amtes
§ 110. Aufgaben des Geschäftsführers
§ 111. Aufnahme von Darlehen
§ 112. Geschäftsordnung des Kuratoriums
§ 113. Aufsicht
§ 114. Zweckbindung des Fondsvermögens

V. Teil
Schluss- und Übergangsbestimmungen, Inkrafttreten

§ 115. Bestehende Gastgewerbebetriebe zur Beherbergung von Gästen
§ 116. Kernzonen
§ 117. Anhängige Verfahren zur Fortschreibung des örtlichen Raumordnungskonzeptes
§ 118. Bestehende Widmungen
§ 119. Bestätigende elektronische Kundmachung des Flächenwidmungsplanes
§ 120. Bestehende Einkaufszentren und Handelsbetriebe
§ 121. Bestehende Bebauungspläne
§ 122. Sonderbestimmungen für die Stadt Innsbruck
§ 124. Übernahme des analogen Flächenwidmungsplanes der Stadt Innsbruck in den elektronischen Flächenwidmungsplan
§ 125. Eigener Wirkungsbereich der Gemeinde
§ 126. Verarbeitung personenbezogener Daten
§ 127. Inkrafttreten, Umsetzung von Unionsrecht

I. Teil
Überörtliche Raumordnung
1. Abschnitt
Allgemeine Bestimmungen
§ 1
Aufgabe und Ziele der überörtlichen Raumordnung

(1) Die überörtliche Raumordnung dient der geordneten und nachhaltigen räumlichen Entwicklung des Landes, die die Interessen der Wirtschaft, der Umwelt- und der Sozialverträglichkeit ausgewogen berücksichtigt.

(2) Ziele der überörtlichen Raumordnung sind insbesondere:

a) die sparsame und zweckmäßige Nutzung des Bodens,
b) der Schutz und die Pflege der Umwelt, insbesondere die Bewahrung oder die weitestmögliche Wiederherstellung der Reinheit von Luft, Wasser und Boden sowie die Vermeidung oder Verringerung der schädlichen Auswirkungen von Lärm,
c) die Bewahrung oder die weitestmögliche Wiederherstellung eines unbeeinträchtigten und leistungsfähigen Naturhaushaltes sowie des Artenreichtums der heimischen Tier- und Pflanzenwelt und ihrer natürlichen Lebensräume sowie der Schutz und die Pflege der Natur- und der Kulturlandschaft in ihrer Vielfalt, Eigenart und Schönheit,
d) die Sicherung des Lebensraumes, insbesondere der Siedlungsgebiete und der wichtigen Verkehrswege, vor Naturgefahren unter besonderer Beachtung der Auswirkungen des Klimawandels,
e) die Verhütung schwerer Unfälle in Betrieben im Sinn der Richtlinie 2012/18/EU (Seveso-Betriebe) und die Begrenzung der Folgen der-

artiger Unfälle für die menschliche Gesundheit und die Umwelt durch die Überwachung
1. der Ansiedlung derartiger Betriebe,
2. der Änderung bestehender derartiger Betriebe und
3. von neuen Entwicklungen in der Nachbarschaft derartiger Betriebe, einschließlich der Verkehrswege, der öffentlich genutzten Örtlichkeiten und der Siedlungsgebiete,

wenn diese Maßnahmen oder Entwicklungen Ursache schwerer Unfälle sein oder das Risiko solcher Unfälle vergrößern oder deren Folgen verschlimmern können,

f) der Schutz von Siedlungsgebieten, von öffentlich genutzten Gebäuden und Gebieten, von Erholungsgebieten, von Hauptverkehrswegen, soweit dies unter Berücksichtigung ihrer Schutzinteressen möglich ist, und von ökologisch besonders wertvollen oder empfindlichen Gebieten durch die Wahrung angemessener Sicherheitsabstände zwischen Seveso-Betrieben und den betreffenden Gebäuden, Gebieten oder Verkehrswegen; bei ökologisch besonders wertvollen oder empfindlichen Gebieten können statt dessen andere im Hinblick auf die Schutzinteressen gleichwertige Maßnahmen getroffen werden,
g) die Erhaltung und Weiterentwicklung der Siedlungsgebiete zur Deckung des Wohnbedarfes der Bevölkerung, wobei von nachteiligen Umwelteinflüssen möglichst gering beeinträchtigte Lebensbedingungen, die Verhinderung der Zersiedelung, die Verwirklichung verdichteter Bauformen sowie angemessene Grundstückspreise anzustreben sind,
h) die Sicherung und Entwicklung von Erholungsräumen und von Erholungseinrichtungen im Nahbereich der Siedlungsgebiete,
i) die Erhaltung und zeitgemäße Entwicklung einer wettbewerbsfähigen, den Erfordernissen des Arbeitsmarktes, den Versorgungsbedürfnissen der Bevölkerung und den Erfordernissen des Umweltschutzes entsprechenden Wirtschaft; insbesondere sind anzustreben:
1. die Sicherung geeigneter und ausreichend großer landwirtschaftlich nutzbarer Flächen unter besonderer Beachtung der Bodenbonität, die Verbesserung der agrarischen Infrastruktur und die Erhaltung der bäuerlichen Betriebsstrukturen,
2. die Freihaltung von Gebieten mit wichtigen Rohstoffvorkommen von Nutzungen, die diese Vorkommen beeinträchtigen oder ihrer Erschließung bzw. Gewinnung entgegenstehen würden,
3. die Sicherung geeigneter und ausreichend großer Gebiete für die Gründung, Ansiedlung und Erweiterung von Gewerbe- und Industriebetrieben, wobei nach Möglichkeit regionale Lösungen anzustreben sind,
4. die Sicherung der Grundlagen und die Entwicklung der infrastrukturellen Voraussetzungen für den Tourismus,

j) eine Verteilung der Standorte von Betrieben und Einrichtungen mit überörtlicher Versorgungsfunktion, die im gesamten Einzugsbereich eine möglichst einfache und rasche Erreichbarkeit, insbesondere auch mit öffentlichen Verkehrsmitteln, gewährleistet,
k) die möglichst umweltgerechte Deckung der Verkehrsbedürfnisse der Bevölkerung und der Wirtschaft, wobei die Vermeidung unnotwendigen Verkehrs, die Verringerung des motorisierten Individualverkehrs, die Verbesserung des öffentlichen Personenverkehrs und des Fuß- und Radwegenetzes sowie die Verlagerung des Güterverkehrs auf die Bahn anzustreben sind,
l) die Erhaltung und Weiterentwicklung qualitativ hochwertiger und bedarfsgerechter Einrichtungen im Bereich der technischen Infrastrukturen; insbesondere sind anzustreben:
1. der Schutz wichtiger Quell- und Grundwasservorkommen sowie die Sicherung einer ausreichenden und einwandfreien Wasserversorgung und einer geordneten Abwasserbeseitigung,
2. die Vorsorge für eine den Erfordernissen der Abfallvermeidung, der Abfalltrennung, der Abfallverwertung und einer geordneten Abfallentsorgung entsprechenden Abfallwirtschaft,
3. die Sicherung der Energieversorgung, insbesondere durch
a) den effizienten Einsatz von Energie,
b) das Streben nach einer möglichst eigenständigen, den Erfordernissen des Umwelt- und des Klimaschutzes entsprechenden Energieversorgung, einschließlich der Wärme- und Kälteversorgung, unter vermehrter Ausnützung erneuerbarer Energieträger, insbesondere auch im Rahmen der Eigenversorgung mit Elektrizität aus erneuerbaren Quellen und in Form Erneuerbarer-Energie-Gemeinschaften,
c) die Nutzung von Abwärme und -kälte,
4. die Schaffung und Weiterentwicklung von dem Stand der Technik entsprechenden Einrichtungen der Informations- und Kommunikationstechnologie,

m) die Erhaltung und Weiterentwicklung qualitativ hochwertiger, bedarfsgerechter und räumlich ausgewogener Systeme von Einrichtungen im Bereich der sozialen Infrastrukturen, insbesondere von
1. Kinderbetreuungs-, Bildungs-, Kultur- und Sporteinrichtungen,
2. Einrichtungen zur gesundheitlichen Versorgung der Bevölkerung, Einrichtungen für betreuungs-, hilfs- und pflegebedürftige, insbesondere ältere, Menschen sowie Einrichtungen der Mindestsicherung,

3. Einrichtungen des Rettungswesens, des Feuerwehrwesens, des Zivilschutzes und des Katastrophenmanagements sowie Einrichtungen zur Versorgung der Bevölkerung und der Wirtschaft mit notwendigen Gütern und Dienstleistungen bei Katastrophenfällen und in Krisenzeiten,

n) die Erhaltung und Stärkung der Wirtschafts- und der Verwaltungskraft der Gemeinden sowie die Verbesserung der Zusammenarbeit der Gemeinden, insbesondere auf regionaler Ebene.

§ 2
Grundsätze der überörtlichen Raumordnung

Bei der Erfüllung der Aufgabe der überörtlichen Raumordnung und bei der Abwägung ihrer Ziele sind folgende Grundsätze zu beachten:

a) Mit den natürlichen Lebensgrundlagen ist sparsam umzugehen. Sie sind zu pflegen und so weit wie möglich zu erhalten. Sie dürfen nicht derart in Anspruch genommen oder belastet werden, dass sie künftigen Generationen nicht mehr in ausreichendem Maß und ausreichender Güte zur Verfügung stehen.

b) Bis zur Erreichung der Klimaneutralität kommt dem Ziel der Sicherung der Energieversorgung unter vermehrter Ausnützung der heimischen erneuerbaren Energieträger (§ 1 Abs. 2 lit. l Z 3) überragendes öffentliches Interesse und insbesondere der Vorrang gegenüber der Erhaltung des Landschaftsbildes zu, sofern sich hierdurch kein Widerspruch zu einem Raumordnungsprogramm nach § 7 oder zu rechtsverbindlichen raumbedeutsamen Planungsmaßnahmen des Bundes ergibt.

c) In allen Landesteilen sind unter Beachtung natur- und lagebedingter Gegebenheiten möglichst gleichwertige Lebensbedingungen anzustreben.

d) Die kulturelle, gesellschaftliche und wirtschaftliche Eigenständigkeit des Landes und seiner Teile ist unter Berücksichtigung spezifischer regionaler Stärken zu fördern.

e) Auf grenzübergreifende innerstaatliche und zwischenstaatliche Zusammenhänge und Verflechtungen ist unter Wahrung der Interessen der Bevölkerung Bedacht zu nehmen.

§ 3
Informationspflicht

(1) Die Organe des Landes und der Gemeinden sowie der sonstigen Körperschaften öffentlichen Rechts sind verpflichtet, der Landesregierung möglichst früh die von ihnen beabsichtigten, für die Raumordnung des Landes wesentlichen raumbedeutsamen Planungen und Maßnahmen mitzuteilen sowie Auskunft über die sonstigen hierfür wesentlichen Umstände zu erteilen, soweit dem eine gesetzliche Verschwiegenheitspflicht nicht entgegensteht. Sonstige öffentliche und private Planungsträger sind zur Auskunft über die für die Raumordnung des Landes wesentlichen Umstände verpflichtet, soweit dem eine gesetzliche Verschwiegenheitspflicht nicht entgegensteht und sofern dadurch nicht Geschäfts- oder Betriebsgeheimnisse verletzt werden. In gleicher Weise sind die Inhaber von Seveso-Betrieben und die Projektwerber bezüglich solcher Betriebe verpflichtet, ausreichende Informationen zu den vom Betrieb ausgehenden Risiken in elektronischer Form zur Verfügung zu stellen. Bei Betrieben der unteren Klasse im Sinn des Art. 3 Z 2 der Richtlinie 2012/18/EU müssen diese Informationen nur auf Verlangen der Behörde zur Verfügung gestellt werden.

(2) Die Landesregierung ist verpflichtet, den betroffenen Gemeinden möglichst früh die für die örtliche Raumordnung wesentlichen raumbedeutsamen Planungen und Maßnahmen des Landes mitzuteilen sowie Auskunft über die sonstigen hierfür wesentlichen Umstände zu erteilen, soweit dem eine gesetzliche Verschwiegenheitspflicht nicht entgegensteht.

(3) Planungen und Maßnahmen sind raumbedeutsam, wenn sie darauf gerichtet sind,

a) im größeren Umfang Boden in Anspruch zu nehmen oder mögliche Bodennutzungen einzuschränken oder zu verändern oder

b) die räumliche Entwicklung eines Gebietes im Sinn einer angestrebten räumlichen Ordnung zu beeinflussen.

(4) Die gegenseitige Informationspflicht nach den Abs. 1 und 2 besteht jedenfalls in dem zur Erreichung der Ziele nach § 1 Abs. 2 lit. e und f erforderlichen Ausmaß.

§ 4
Koordinierung

(1) Bei der Erlassung von Verordnungen aufgrund von Landesgesetzen sind Raumordnungsprogramme (§ 7) einschließlich Regionalprogramme (§ 24 Abs. 1 lit. a) zu berücksichtigen. Soweit solche nicht bestehen, ist auf die Ziele und Grundsätze der überörtlichen Raumordnung Bedacht zu nehmen.

(2) Investitionen und Förderungsmaßnahmen des Landes Tirol dürfen nur im Einklang mit Raumordnungsprogrammen einschließlich Regionalprogrammen oder, soweit solche nicht bestehen, nur unter Bedachtnahme auf allenfalls bestehende Raumordnungspläne (§ 12) einschließlich Regionalpläne (§ 24 Abs. 1 lit. b) und auf die Ziele und Grundsätze der überörtlichen Raumordnung erfolgen.

2. Abschnitt
Durchführung

§ 5
Bestandsaufnahmen

Die Landesregierung hat die für die überörtliche Raumordnung bedeutsamen natürlichen, wirtschaftlichen, infrastrukturellen, sozialen und kulturellen Gegebenheiten und deren voraussehbare Veränderungen zu erheben und in Bestandsaufnahmen festzuhalten. Die Bestandsaufnahmen sind auf dem aktuellen Stand zu halten.

§ 6
Vorarbeiten

(1) Die Organe und die sonstigen Beauftragten der Landesregierung sind berechtigt, zur Erarbeitung und Aktualisierung der Bestandsaufnahmen und weiterer Planungsgrundlagen für Raumordnungsprogramme Grundstücke zu betreten und zu befahren, die erforderlichen Vermessungen und sonstigen technischen Vorarbeiten durchzuführen und die erforderlichen Vermessungszeichen anzubringen.

(2) Die Organe und die sonstigen Beauftragten der Landesregierung haben die Tätigkeiten im Sinn des Abs. 1 so durchzuführen, dass die Interessen der Eigentümer der betroffenen Grundstücke bzw. der sonst hierüber Verfügungsberechtigten so gering wie möglich beeinträchtigt werden. Die beabsichtigte Durchführung von Vermessungen und sonstigen technischen Vorarbeiten ist den Eigentümern der betroffenen Grundstücke bzw. den sonst hierüber Verfügungsberechtigten schriftlich mitzuteilen. Bei Wohnungseigentumsanlagen, für die ein gemeinsamer Verwalter bestellt ist, kann die Mitteilung an diesen erfolgen. Das mit der Leitung von Tätigkeiten im Sinn des Abs. 1 betraute Organ hat sich bei der Benützung fremder Grundstücke gegenüber dem Eigentümer des Grundstückes bzw. dem sonst hierüber Verfügungsberechtigten auf dessen Verlangen auszuweisen.

(3) Die Eigentümer der betroffenen Grundstücke bzw. die sonst hierüber Verfügungsberechtigten haben die Benützung der Grundstücke durch die Organe und die sonstigen Beauftragten der Landesregierung im Rahmen der Befugnisse nach Abs. 1 zu dulden. Bei Streitigkeiten über die Zulässigkeit einzelner Tätigkeiten entscheidet die Landesregierung auf Antrag des Eigentümers des betroffenen Grundstückes bzw. des sonst hierüber Verfügungsberechtigten oder von Amts wegen.

(4) Die Eigentümer der betroffenen Grundstücke bzw. die sonst hierüber Verfügungsberechtigten haben gegenüber dem Land Tirol Anspruch auf Vergütung der ihnen durch Tätigkeiten im Sinn des Abs. 1 entstandenen Vermögensnachteile. Kommt eine Einigung über die Vergütung nicht innerhalb von drei Monaten nach Beendigung der betreffenden Tätigkeit zustande, so kann der Eigentümer eines betroffenen Grundstückes bzw. der sonst hierüber Verfügungsberechtigte bei sonstigem Verlust des Anspruches innerhalb eines weiteren Jahres die Festsetzung der Vergütung durch die Landesregierung beantragen. Für die Festsetzung der Vergütung gilt § 65 des Tiroler Straßengesetzes, LGBl. Nr. 13/1989, in der jeweils geltenden Fassung sinngemäß.

§ 7
Raumordnungsprogramme

(1) Die Landesregierung hat durch Verordnung Raumordnungsprogramme zu erlassen. In diesen sind unter Berücksichtigung der Ergebnisse der Bestandsaufnahmen jene Ziele, Grundsätze oder Maßnahmen festzulegen, die für eine geordnete und nachhaltige räumliche Entwicklung im Sinn der Ziele und Grundsätze der überörtlichen Raumordnung erforderlich sind.

(2) An Maßnahmen kann in Raumordnungsprogrammen insbesondere festgelegt werden, dass

a) bestimmte Gebiete oder Grundflächen für bestimmte Zwecke gänzlich oder von baulichen Anlagen bestimmter Art freizuhalten sind, wie beispielsweise
   1. für die Landwirtschaft,
   2. zur Erhaltung der Landschaft oder ökologisch besonders wertvoller Gebiete,
   3. zum Schutz von Wasservorkommen,
   4. für Maßnahmen zum Schutz vor Lawinen, Hochwasser, Wildbächen, Steinschlag, Erdrutsch oder anderen gravitativen Naturgefahren,
   5. für Hochwasserabflussbereiche oder -rückhalteräume,

b) bestimmte Gebiete oder Grundflächen der Ansiedlung von Gewerbe- und Industriebetrieben oder der Gewinnung von Rohstoffen vorzubehalten sind,

c) bestimmte Grundflächen der Errichtung von Gebäuden oder sonstigen Anlagen von überörtlicher Bedeutung, die öffentlichen Zwecken dienen, wie Schulen und sonstige Bildungseinrichtungen, Amtsgebäude, Krankenhäuser, Alten- und Pflegeheime, sonstige Einrichtungen der sozialen Infrastruktur, Energieerzeugungs- und Energieversorgungsanlagen, Wasserversorgungsanlagen, Abwasserreinigungsanlagen, Bevorratungseinrichtungen und dergleichen, vorzubehalten sind,

d) bestimmte Grundflächen – unbeschadet der jeweiligen Planungskompetenz – der Errichtung überregionaler Leitungsinfrastrukturen oder überörtlicher Verkehrswege vorzubehalten sind,

e) in bestimmten Gemeinden oder Teilen von Gemeinden die Widmung von Grundflächen als Bauland, als Sonderflächen oder als Vorbehaltsflächen insbesondere im Interesse des Schutzes des Siedlungsraumes vor nachteiligen Umwelteinflüssen oder vor Lawinen,

Hochwasser, Wildbächen, Steinschlag, Erdrutsch oder anderen gravitativen Naturgefahren nur bis zu bestimmten Grenzen hin zulässig ist; dabei können die Grenzen für einzelne Arten von Bauland, von Sonderflächen oder von Vorbehaltsflächen unterschiedlich festgelegt werden,

f) in bestimmten Gemeinden oder Teilen von Gemeinden die Widmung von Grundflächen als Wohngebiet, als Mischgebiet, als Sonderflächen und als Vorbehaltsflächen unter Berücksichtigung der Standorte von Seveso-Betrieben oder der für die Ansiedlung oder Erweiterung solcher Betriebe vorgesehenen Standorte nur bis zu bestimmten Grenzen hin zulässig ist.

(3) Weiters können Raumordnungsprogramme über für den Tourismus oder sonst für Freizeit- und Erholungszwecke wichtige Infrastruktureinrichtungen, insbesondere über bestimmte Arten von Sportanlagen, erlassen werden. In solchen Raumordnungsprogrammen können Rahmenbedingungen für die Errichtung und die Erweiterung solcher Anlagen und, sofern dafür die Widmung bestimmter Arten von Sonderflächen erforderlich ist, weiters Grundsätze über die Zulässigkeit der Widmung entsprechender Sonderflächen festgelegt werden. Die in einem solchen Raumordnungsprogramm festgelegten Rahmenbedingungen sind in Verfahren aufgrund von landesrechtlichen, insbesondere naturschutzrechtlichen, Vorschriften nach Maßgabe der betreffenden Bestimmungen zu berücksichtigen.

(4) Raumordnungsprogramme können für das ganze Land oder für Teile des Landes (Planungsgebiete) erlassen werden. Die Grenzen von Planungsgebieten, die nur Teile des Landes umfassen, dürfen die Grenzen von Planungsverbänden (§ 23) und Gemeinden schneiden, wenn dies im Hinblick auf den Inhalt des Raumordnungsprogrammes zweckmäßig ist.

(5) Soweit einzelne Ziele der überörtlichen Raumordnung vordringlich sind, können in Raumordnungsprogrammen nur jene besonderen Ziele, Grundsätze oder Maßnahmen festgelegt werden, die für die Entwicklung des Planungsgebietes im Sinn dieser Ziele der überörtlichen Raumordnung erforderlich sind, sofern dadurch die geordnete Gesamtentwicklung des Planungsgebietes nicht beeinträchtigt wird.

(6) In Raumordnungsprogrammen, die Maßnahmen enthalten, kann eine Reihenfolge für deren Verwirklichung festgelegt werden.

(7) Raumordnungsprogramme haben unionsrechtliche Verpflichtungen Österreichs sowie raumbedeutsame Planungen und Maßnahmen des Bundes, soweit deren Berücksichtigung verfassungsrechtlich geboten ist oder Vereinbarungen nach Art. 15a Abs. 1 B-VG darüber bestehen, zu berücksichtigen. Im Übrigen ist auf die raumbedeutsamen Planungen und Maßnahmen des Bundes und der Gemeinden, im Bereich der gemeinsamen Grenzen auch auf die raumbedeutsamen Planungen und Maßnahmen der benachbarten Länder und Staaten, Bedacht zu nehmen.

(8) Wird auf Grundflächen, die aufgrund einer Festlegung nach Abs. 2 lit. c oder d einem bestimmten Verwendungszweck vorzubehalten sind, nicht innerhalb von zehn Jahren nach dem Inkrafttreten des betreffenden Raumordnungsprogrammes mit der Ausführung eines diesem Verwendungszweck entsprechenden Vorhabens begonnen, so hat die Landesregierung auf Antrag der Gemeinde oder des jeweiligen Grundeigentümers die betreffende Festlegung aufzuheben.

§ 8
Raumordnungsprogramme für Einkaufszentren

(1) Einkaufszentren im Sinn dieses Gesetzes sind Gebäude oder Teile von Gebäuden, in denen Betriebe oder Teile von Betrieben untergebracht sind, die Waren, Dienstleistungen oder Waren und Dienstleistungen anbieten, einschließlich der diesen Gebäuden oder Teilen von Gebäuden funktionell zugeordneten Anlagen, wenn die Kundenfläche das in der Anlage jeweils festgelegte Ausmaß übersteigt. Die Kundenflächen mehrerer Betriebe sind zusammenzuzählen, wenn die Betriebe in einem wirtschaftlichen, organisatorischen oder funktionellen Zusammenhang stehen. Dabei gelten außer in Kernzonen (Abs. 3) mehrere Gebäude oder Teile von Gebäuden als ein Einkaufszentrum, wenn diese in einem räumlichen Naheverhältnis stehen; ein derartiges Naheverhältnis ist zwischen benachbarten Gebäuden jedenfalls dann gegeben, wenn diese nicht durch öffentliche Straßen, die dem Verkehr von Kraftfahrzeugen dienen, getrennt sind. Die Kundenfläche von Betrieben, die ausschließlich Dienstleistungen anbieten, bleibt unberücksichtigt, wenn sie über von den anderen im selben Gebäude befindlichen Betrieben getrennte Zugänge verfügen. Gebäude, in denen nur solche Betriebe untergebracht sind, gelten für sich genommen nicht als ein Einkaufszentrum. Betriebe, in denen Kraftfahrzeuge und ergänzend dazu Kraftfahrzeugzubehör und höchstens in einem geringfügigen Ausmaß andere Waren angeboten werden, gelten nicht als Einkaufszentren.

(2) Kundenflächen sind jene Flächen der im Abs. 1 genannten Gebäude oder Teile von Gebäuden, einschließlich der diesen funktionell zugeordneten Anlagen, auf denen Waren ausgestellt oder zum Verkauf angeboten oder Dienstleistungen erbracht werden, Flächen, die der Abwicklung des geschäftlichen Verkehrs mit den Kunden dienen, und Flächen, die der Erschließung der genannten Flächen dienen und zur Benützung durch Kunden bestimmt sind. Nicht als Kundenflächen gelten:

a) Flächen für Stiegen, Windfänge und Sanitärräume,
b) Flächen für Kinderbetreuungseinrichtungen,
c) Flächen, die der ärztlichen Berufsausübung oder, jeweils bis zu einem Höchstausmaß von 100 m², dem Betrieb von Apotheken dienen,
d) Flächen, auf denen Bank- oder Postdienstleistungen erbracht werden,
e) Flächen, auf denen ausschließlich solche Waren ausgestellt oder zum Verkauf angeboten werden, die auf diesen Flächen produziert werden,
f) Flächen, die der Bedienung der Kunden mit Waren dienen und ausschließlich dem Personal vorbehalten sind,
g) Flächen, die zur Abwicklung von Rücknahmeverpflichtungen im Rahmen von gesetzlich verpflichtenden Pfandrückgabesystemen erforderlich sind, bis zu einem Höchstausmaß von 10 m²,
h) bei Gastgewerbebetrieben zur Beherbergung von Gästen, in die Betriebe integriert sind, die Waren oder Waren und Dienstleistungen anbieten, die ausschließlich Zwecken des Gastgewerbes dienenden Flächen,
i) Flächen, auf denen Waren ausschließlich im Rahmen von Messen ausgestellt oder zum Verkauf angeboten werden; Messen sind zeitlich befristete Veranstaltungen, auf denen Waren oder Warenmuster angepriesen und gegebenenfalls auch verkauft werden.

(3) Die Widmung von Sonderflächen für Einkaufszentren des Betriebstyps A ist nur innerhalb der in Raumordnungsprogrammen festgelegten Kernzonen von Gemeinden oder Teilen von Gemeinden zulässig. Als Kernzonen dürfen Gebiete festgelegt werden, die

a) großteils als Mischgebiet, gemischtes Wohngebiet oder Wohngebiet gewidmet sind und
b) großteils eine dichte, zusammenhängende und mehrgeschossige Bebauung mit einem vielfältigen gemischten Angebot an Handelsbetrieben, sonstigen Dienstleistungseinrichtungen, wie Banken, Versicherungen, Büros, Kanzleien, Ordinationen und dergleichen, öffentlichen Einrichtungen, Gastgewerbebetrieben, Freizeiteinrichtungen, kulturellen Einrichtungen, Veranstaltungs- und Vergnügungsstätten und Wohnbauten aufweisen und
c) über eine gute Anbindung an den öffentlichen Personennahverkehr verfügen.

Die Kernzonen sind auf der Grundlage der digitalen Katastralmappe im Maßstab 1:5.000 oder größer darzustellen.

(4) Die Widmung von Sonderflächen für Einkaufszentren des Betriebstyps B ist nur in den Randzonen der in einem Raumordnungsprogramm festgelegten Gemeinden oder Teilen von Gemeinden auf Grundflächen zulässig, die innerhalb der im örtlichen Raumordnungskonzept für Zwecke der Wirtschaft vorgesehenen Bereiche liegen. In einem Raumordnungsprogramm im Sinn des ersten Satzes dürfen nur Gemeinden festgelegt werden, die eine für Einkaufszentren des Betriebstyps B hinreichende zentralörtliche Bedeutung aufweisen, sowie Teile von Gemeinden, die mit einer solchen Gemeinde eine unmittelbare räumliche Verflechtung aufweisen.

(5) Die Landesregierung hat in einem Raumordnungsprogramm die Grundsätze zu bestimmen, die bei der Widmung von Sonderflächen für Einkaufszentren (§ 49) zu beachten sind. Dabei kann für Einkaufszentren eines Betriebstyps oder beider Betriebstypen die höchstzulässige Größe von Sonderflächen für Einkaufszentren im Verhältnis zum zulässigen Höchstausmaß der Kundenfläche festgelegt werden. Weiters kann das jeweils zulässige Höchstausmaß der Kundenfläche und jenes Teiles der Kundenfläche, auf dem Lebensmittel angeboten werden dürfen, abgestuft nach gebiets- oder bevölkerungsbezogenen Kriterien festgelegt werden. Ferner kann für Einkaufszentren des Betriebstyps A das jeweils zulässige Höchstausmaß der Kundenfläche und jenes Teiles der Kundenfläche, auf dem Lebensmittel angeboten werden dürfen, an Kriterien in Bezug auf deren Erreichbarkeit gebunden werden.

(6) Im Raumordnungsprogramm nach Abs. 5 sind überdies Kriterien bezüglich einer mehrgeschossigen Bebauung und Mehrfachnutzung von Sonderflächen für Einkaufszentren einschließlich Art und Umfang derselben festzulegen. Dabei kann zwischen Einkaufzentren des Betriebstyps A und jenen des Betriebstyps B unterschieden werden. Überdies kann bestimmt werden, dass die Widmung von Sonderflächen für Einkaufszentren eines Betriebstyps oder beider Betriebstypen nur zulässig ist, wenn

a) die verkehrsmäßige Anbindung der betreffenden Grundflächen an das überörtliche Straßennetz oder
b) die Anbindung der betreffenden Grundflächen an den öffentlichen Personennahverkehr

bestimmten Anforderungen entspricht.

(7) Bei der Erlassung der Raumordnungsprogramme nach den Abs. 3 und 5 ist unbeschadet der Ziele und Grundsätze der überörtlichen Raumordnung insbesondere Bedacht zu nehmen auf

a) die Übereinstimmung der Versorgungsstruktur mit der Siedlungs- und Wirtschaftsstruktur, insbesondere den Grad der Zentralität der Gemeinden,
b) die möglichst wohnungsnahe Befriedigung der Grundbedürfnisse der Bevölkerung,
c) die Funktionsfähigkeit der Siedlungskerne und
d) die Vermeidung von unzumutbaren schädlichen Auswirkungen des Verkehrs.

(8) Bei der Erlassung des Raumordnungsprogrammes nach Abs. 4 ist unbeschadet der Ziele und Grundsätze der überörtlichen Raumordnung insbesondere auch auf die Ziele nach Abs. 7 lit. a und d Bedacht zu nehmen.

§ 9
Verfahren zur Erlassung von Raumordnungsprogrammen

(1) Die Landesregierung hat Entwürfe von Raumordnungsprogrammen mit Ausnahme von Raumordnungsprogrammen nach § 8 Abs. 3, 4 und 5 einer Umweltprüfung nach dem Tiroler Umweltprüfungsgesetz, LGBl. Nr. 34/2005, zu unterziehen.

(2) Der Entwurf eines Raumordnungsprogrammes ist weiters der Ziviltechnikerkammer für Tirol und Vorarlberg, der Kammer für Arbeiter und Angestellte für Tirol, der Wirtschaftskammer Tirol und der Landwirtschaftskammer zur Abgabe einer Stellungnahme zu übersenden. Der Entwurf eines Raumordnungsprogrammes, das für das ganze Land erlassen werden soll, ist weiters dem Tiroler Gemeindeverband und der Stadt Innsbruck, der Entwurf eines Raumordnungsprogrammes, das nur für einen Teil des Landes erlassen werden soll, den im Planungsgebiet liegenden Planungsverbänden (§ 23) und Gemeinden zur Abgabe einer Stellungnahme zu übersenden. Für die Abgabe der Stellungnahme ist eine Frist von zwei Monaten einzuräumen. Die Übersendung des Entwurfes an die genannten Stellen hat in einem mit der Beteiligung der öffentlichen Umweltstellen am Umweltprüfungsverfahren nach § 6 des Tiroler Umweltprüfungsgesetzes zu erfolgen.

(3) Enthält der Entwurf eines Raumordnungsprogrammes, das nur für einen Teil des Landes erlassen werden soll, Festlegungen nach § 7 Abs. 2, so haben die Gemeinden den übersandten Entwurf unverzüglich im Gemeindeamt zur allgemeinen Einsicht während sechs Wochen aufzulegen. Die Auflegung hat in einem mit der Beteiligung der Öffentlichkeit am Umweltprüfungsverfahren nach § 6 des Tiroler Umweltprüfungsgesetzes zu erfolgen. Die Auflegung ist an der Amtstafel der Gemeinde kundzumachen. Die Landesregierung hat die Auflegung bei den Gemeinden überdies im Bote für Tirol zu verlautbaren und auf der Internetseite des Landes Tirol bekannt zu machen. Die Kundmachungen, Verlautbarungen und Bekanntmachungen haben die Auflegungsfrist und den Hinweis zu enthalten, dass Personen, die in der Gemeinde ihren Hauptwohnsitz haben, und Rechtsträgern, die in der Gemeinde eine Liegenschaft oder einen Betrieb besitzen, das Recht zusteht, bis spätestens eine Woche nach dem Ablauf der Auflegungsfrist eine schriftliche Stellungnahme zum Entwurf abzugeben. Die Gemeinden haben die für die Auflegung des Entwurfes erforderlichen Amtsräume zur Verfügung zu stellen, die Kundmachung an der Amtstafel der Gemeinde durchzuführen, die schriftlichen Stellungnahmen entgegenzunehmen und diese nach dem Ablauf der Frist für die Abgabe einer Stellungnahme unverzüglich an die Landesregierung weiterzuleiten.

(4) Die Landesregierung hat im Verlauf des Verfahrens nach den Abs. 2 und 3 oder nach dessen Abschluss eine Stellungnahme des Raumordnungsbeirates (§ 18) zum Entwurf des Raumordnungsprogrammes einzuholen. Den Mitgliedern des Raumordnungsbeirates ist auf Verlangen Einsicht in alle den Entwurf des Raumordnungsprogrammes betreffenden Unterlagen einschließlich allfälliger bereits vorliegender Stellungnahmen zu gewähren.

(5) Das Verfahren nach den Abs. 2, 3 und 4 ist auf Raumordnungsprogramme nach § 8 Abs. 3 nicht anzuwenden. Solche Raumordnungsprogramme sind den im Abs. 2 erster Satz genannten Stellen sowie den jeweils betroffenen Planungsverbänden und Gemeinden zur Abgabe einer Stellungnahme zu übersenden. Für die Abgabe der Stellungnahme ist eine Frist von einem Monat einzuräumen.

§ 10
Änderung von Raumordnungsprogrammen

(1) Raumordnungsprogramme sind zu ändern, soweit dies

a) durch eine Änderung der dem Raumordnungsprogramm zugrunde liegenden Gegebenheiten im Hinblick auf die Ziele und Grundsätze der überörtlichen Raumordnung oder
b) aufgrund von unionsrechtlichen Verpflichtungen Österreichs oder aufgrund der verfassungsrechtlich oder im Hinblick auf Vereinbarungen nach Art. 15a Abs. 1 B-VG gebotenen Berücksichtigung von raumbedeutsamen Planungen oder Maßnahmen des Bundes zur Vermeidung von Planungswidersprüchen

erforderlich ist.

(2) Raumordnungsprogramme dürfen geändert werden, wenn

a) wichtige im öffentlichen Interesse gelegene Gründe hierfür vorliegen oder
b) im Fall von Raumordnungsprogrammen mit Maßnahmen nach § 7 Abs. 2 lit. a, e oder f nur eine geringfügige Änderung der für den jeweiligen Planungszweck freizuhaltenden Gebiete oder Grundflächen bzw. der zulässigen Widmungsgrenzen erfolgt, insbesondere zur Schaffung ausreichend großer Bauplätze oder für sonstige Abrundungen des Baulandes, und die Änderung den Zielen und Grundsätzen der überörtlichen Raumordnung nicht widerspricht.

(3) Anlässlich der Fortschreibung der örtlichen Raumordnungskonzepte (§ 31c) dürfen Raumordnungsprogramme mit Maßnahmen nach § 7 Abs. 2 lit. a, e oder f weiters geändert werden, wenn sie zum aufgelegten Entwurf des fortgeschriebenen örtlichen Raumordnungskonzeptes im Widerspruch stehen und die mit diesem Entwurf verfolgten örtlichen Raumordnungsinteressen den mit dem Raumordnungsprogramm verfolgten überörtlichen Raumordnungsinteressen unter Bedachtnahme auf die jeweiligen Raumordnungsziele zumindest gleichwertig sind.

(4) Entwürfe über die Änderung von Raumordnungsprogrammen mit Ausnahme von Raumordnungsprogrammen nach § 8 Abs. 3, 4 und 5 sind einer Umweltprüfung nach dem Tiroler Umweltprüfungsgesetz zu unterziehen. Dies gilt nicht für geringfügige Abrundungen im Sinn des Abs. 2 lit. b oder wenn die Änderung sonst geringfügig ist und voraussichtlich keine erheblichen Umweltauswirkungen zur Folge hat. Bei der Beurteilung der Erheblichkeit der Umweltauswirkungen sind die Kriterien nach Anhang II der Richtlinie 2001/42/EG über die Prüfung der Umweltauswirkungen bestimmter Pläne und Programme zu berücksichtigen. Die Landesregierung kann durch Verordnung nähere Bestimmungen darüber erlassen, unter welchen Voraussetzungen Entwürfe über die Änderung von Raumordnungsprogrammen keiner Umweltprüfung bedürfen. Insbesondere können Kriterien bestimmt werden, bei deren Vorliegen eine Umweltprüfung für die Änderung von Raumordnungsprogrammen oder von bestimmten Arten von Raumordnungsprogrammen keinesfalls erforderlich ist. Dabei können auch Grenz- oder Schwellenwerte festgelegt werden.

(5) Für das Verfahren zur Änderung von Raumordnungsprogrammen gilt § 9 sinngemäß mit der Maßgabe, dass

a) die Frist für die Abgabe der Stellungnahmen nach § 9 Abs. 2 dritter Satz einen Monat zu betragen hat,
b) die Auflegung des Entwurfes nach § 9 Abs. 3 erster Satz auf die von der Änderung betroffenen Gemeinden beschränkt werden kann; in diesem Fall sind die übrigen Gemeinden des Planungsgebietes von der Auflegung zu verständigen,
c) die Verlautbarung und Bekanntmachung der Auflegung im Bote für Tirol bzw. auf der Internetseite des Landes Tirol unterbleiben können.

(6) Das Verfahren nach Abs. 5 kann in den Fällen des Abs. 2 lit. b und, sofern im aufgelegten Entwurf des fortgeschriebenen örtlichen Raumordnungskonzeptes auf den bestehenden Planungswiderspruch hingewiesen wird, auch in den Fällen des Abs. 3 entfallen. Den betroffenen Planungsverbänden und Gemeinden ist jedoch in den Fällen des Abs. 3, sofern nicht auch die Voraussetzungen des Abs. 2 lit. b vorliegen, der Entwurf der Änderung zur Abgabe einer Stellungnahme zu übersenden. Für die Abgabe der Stellungnahme ist eine Frist von einem Monat einzuräumen. In den Fällen des Abs. 3 ist vor der Änderung des Raumordnungsprogrammes weiters die betreffende Untergruppe des Raumordnungsbeirates (§ 21) zu hören.

(7) Unbeschadet des Abs. 1 sind Raumordnungsprogramme jedenfalls alle zehn Jahre daraufhin zu überprüfen, ob sie den gesetzlichen Voraussetzungen weiterhin entsprechen. Dabei ist auch zu prüfen, ob die Abgrenzung des Planungsgebietes mit den aktuell verfügbaren Plangrundlagen übereinstimmt. Raumordnungsprogramme sind jedenfalls insoweit zu ändern, als diesen Erfordernissen nicht mehr entsprochen wird.

§ 11
Ausnahmen von Raumordnungsprogrammen

(1) Die Landesregierung kann auf Antrag einer Gemeinde diese mit schriftlichem Bescheid ermächtigen, ungeachtet einer Festlegung nach § 7 Abs. 2 lit. a oder e in einem Raumordnungsprogramm einzelne davon betroffene Grundflächen im örtlichen Raumordnungskonzept als baulicher Entwicklungsbereich für bestimmte öffentliche Nutzungen oder Sondernutzungen festzulegen und diese als Sonderfläche oder als Vorbehaltsfläche nach § 52 oder § 52a zu widmen. Die Ermächtigung darf nur erteilt werden, wenn

a) eine solche Festlegung bzw. Widmung zur Verwirklichung eines Vorhabens, das wegen seiner Standortgebundenheit im Gebiet der betreffenden Gemeinde sonst nicht oder nicht zweckmäßig verwirklicht werden könnte, erforderlich ist und
b) an der Verwirklichung des Vorhabens nach lit. a ein öffentliches Interesse besteht, das jenes an der Aufrechterhaltung der Festlegungen des Raumordnungsprogrammes hinsichtlich der betroffenen Grundflächen übersteigt.

Eine Ermächtigung zur Festlegung von baulichen Entwicklungsbereichen und zur Widmung von Sonderflächen für UVP-pflichtige Vorhaben sowie in Natura 2000-Gebieten nach § 14 Abs. 2 des Tiroler Naturschutzgesetzes 2005, LGBl. Nr. 26/2005, in der jeweils geltenden Fassung und in sonstigen naturschutzrechtlich besonders geschützten Gebieten darf nicht erteilt werden.

(2) Weiters kann die Landesregierung auf Antrag einer Gemeinde diese mit schriftlichem Bescheid ermächtigen, ungeachtet einer Festlegung nach § 7 Abs. 2 lit. a oder e in einem Raumordnungsprogramm einzelne davon betroffene Grundflächen im örtlichen Raumordnungskonzept als baulicher Entwicklungsbereich festzulegen und diese als Bauland zu widmen. Die Ermächtigung darf nur erteilt werden, wenn

a) nur eine geringfügige Erweiterung eines bestehenden baulichen Entwicklungsbereiches bzw. des bestehenden Baulandes zur Schaffung ausreichend großer Bauplätze oder für sonstige Abrundungen des Baulandes im dafür unbedingt erforderlichen Ausmaß erfolgt und
b) eine entsprechende Entwicklung den Zielen und Grundsätzen der überörtlichen Raumordnung nicht widerspricht.

Eine Ermächtigung zur Festlegung von baulichen Entwicklungsbereichen und zur Widmung von Bauland in Natura 2000-Gebieten nach § 14 Abs. 2 des Tiroler Naturschutzgesetzes 2005 und in sonstigen naturschutzrechtlich besonders geschützten Gebieten darf nicht erteilt werden.

(3) Ein Antrag nach Abs. 1 oder 2 hat die Grundflächen, die als baulicher Entwicklungsbereich festgelegt und als Sonderflächen oder Vorbehaltsflächen bzw. als Bauland gewidmet werden sollen, und die beabsichtigte Zweckbestimmung zu bezeichnen. Im Fall des Abs. 1 sind weiters die für die Verwirklichung des Vorhabens maßgebenden öffentlichen Interessen darzulegen, im Fall des Abs. 2 ist weiters das erforderliche Ausmaß der betroffenen Grundflächen nachvollziehbar zu begründen. Dem Antrag sind weiters allfällige Äußerungen der betroffenen Grundeigentümer anzuschließen.

(4) Vor der Erlassung eines Bescheides nach Abs. 1 sind der betroffene Planungsverband und die betroffene Untergruppe des Raumordnungsbeirates (§ 21) zu hören. Die Anhörung der Untergruppe kann unterbleiben, wenn mit der Verwirklichung eines der erteilten Ermächtigung entsprechenden Vorhabens der mit dem Raumordnungsprogramm verfolgte Planungszweck nur geringfügig beeinträchtigt wird.

(5) Die Ermächtigung nach Abs. 1 oder 2 erlischt, wenn die Gemeinde nicht innerhalb von sechs Monaten nach dem Eintritt der Rechtskraft der Ermächtigung eine entsprechende Festlegung als baulicher Entwicklungsbereich und eine Widmung als Sonderfläche oder Vorbehaltsfläche bzw. als Bauland beschlossen und der Landesregierung zur aufsichtsbehördlichen Genehmigung vorgelegt hat.

§ 12
Raumordnungspläne

(1) Das Amt der Landesregierung kann unter Berücksichtigung der Ergebnisse der Bestandsaufnahmen Entscheidungsgrundlagen zu Fragen der räumlichen Entwicklung des Landes oder von Teilen des Landes ausarbeiten, sofern die Erlassung von Raumordnungsprogrammen nicht in Betracht kommt (Raumordnungspläne).

(2) Raumordnungspläne können fachübergreifend (integrale Pläne) oder fachbezogen (sektorale Pläne) erstellt werden. Raumordnungspläne haben die im Hinblick auf die jeweilige Fragestellung bedeutsamen Ziele, Grundsätze, Leitlinien, Strategien oder Maßnahmen einschließlich der Möglichkeiten der Koordination verschiedener raumbedeutsamer Planungen und Maßnahmen aufzuzeigen.

(3) Der Entwurf eines Raumordnungsplanes ist den im § 9 Abs. 2 genannten Stellen zur Abgabe einer Stellungnahme zu übersenden. Für die Abgabe der Stellungnahme ist eine Frist von einem Monat einzuräumen. Weiters ist eine Stellungnahme des Raumordnungsbeirates zum Entwurf einzuholen. § 9 Abs. 4 zweiter Satz gilt sinngemäß.

§ 12a
Raumverträglichkeitsprüfung für Seveso-Betriebe

(1) Die Verwendung von Flächen für Seveso-Betriebe ist vom Standpunkt der überörtlichen Raumordnung nur zulässig, wenn auf Antrag der Standortgemeinde des betreffenden Seveso-Betriebes die Raumverträglichkeit des Vorhabens durch Bescheid der Landesregierung festgestellt wurde (Raumverträglichkeitsprüfung).

(2) Die Standortgemeinde hat dem Antrag an die Landesregierung nach Abs. 1 alle zur Beurteilung des Gefahrenpotentials und des damit verbundenen Gefährdungsbereichs erforderlichen Unterlagen beizufügen; insoweit die Standortgemeinde nicht über diese Unterlagen verfügt, hat der Inhaber des Seveso-Betriebes bzw. der Projektwerber diese über Aufforderung der Landesregierung in elektronischer Form zur Verfügung zu stellen.

(3) Die Landesregierung hat den Antrag nach Abs. 1 und die Unterlagen nach Abs. 2 für mindestens sechs Wochen auf der Internetseite des Landes Tirol zu verlautbaren. Die Verlautbarung hat einen Hinweis auf die Beteiligungsrechte und den Rechtsschutz nach den Abs. 6 und 8 zu enthalten.

(4) Der Verlautbarung nach Abs. 3 hat eine Verständigung der im Gefährdungsbereich liegenden Gemeinden über die von der Landesregierung durchgeführte Raumverträglichkeitsprüfung vorauszugehen; diese hat zu enthalten:

a) den Gegenstand des Antrages und eine Kurzbeschreibung des Vorhabens,
b) die Tatsache, dass über das Vorhaben eine Raumverträglichkeitsprüfung durchzuführen ist, welche Behörde für die Entscheidung zuständig ist und die Art der möglichen Entscheidung,
c) die Wiedergabe der Bestimmungen über die Beteiligungsrechte und den Rechtsschutz nach den Abs. 6 und 8,
d) einen Hinweis auf die für Stellungnahmen offenstehende, mindestens sechswöchige Frist (Stellungnahmefrist) sowie
e) einen Link auf den Ort der Verlautbarung auf der Internetseite des Landes Tirol.

(5) Während der Dauer der Verlautbarung auf der Internetseite des Landes Tirol sind die Angaben nach Abs. 4 jeweils an der Amtstafel der im Gefährdungsbereich liegenden Gemeinden kundzumachen.

(6) Innerhalb der Stellungnahmefrist (Abs. 4 lit. d) können schriftliche Stellungnahmen zur Raumverträglichkeit einbringen:

a) anerkannte Umweltorganisationen im Sinn des § 3 Abs. 11 des Tiroler Naturschutzgesetzes 2005, LGBl. Nr. 26/2005, in der jeweils geltenden Fassung,
b) der Landesumweltanwalt,
c) der Standortanwalt (§ 2 Abs. 6 des Umweltverträglichkeitsprüfungsgesetzes 2000),
d) die im Gefährdungsbereich liegenden Gemeinden sowie
e) Personen, die ein berechtigtes Interesse glaubhaft machen.

(7) Parteistellung im Raumverträglichkeitsprüfungsverfahren haben der Inhaber des Seveso-Betriebes bzw. der Projektwerber und die Standortgemeinde. Rechtsträger nach Abs. 6 haben, sofern sie während der Stellungnahmefrist die Verfahrensbeteiligung verlangt oder eine schriftliche Stellungnahme eingebracht haben, das Recht auf

a) Einsichtnahme in den Verwaltungsakt,
b) Teilnahme an einer allfälligen mündlichen Verhandlung,
c) Äußerung zum Ergebnis der Beweisaufnahme,
d) Erstattung von Stellungnahmen betreffend die Einhaltung der für die Raumverträglichkeitsprüfung geltenden Rechtsvorschriften,
e) Zustellung des Bescheides im Sinn des Abs. 1.

Stellungnahmen nach lit. d müssen bis zum Ende der mündlichen Verhandlung, wenn eine solche aber nicht stattfindet, innerhalb einer Frist von zwei Wochen nach der behördlichen Aufforderung zur Äußerung zum Ergebnis der Beweisaufnahme erstattet werden.

(8) Rechtsträger nach Abs. 6 sind berechtigt, gegen Bescheide im Sinn des Abs. 1 Beschwerde an das Landesverwaltungsgericht zu erheben. Werden in einer Beschwerde Einwendungen oder Gründe erstmals vorgebracht, sind diese nicht zulässig, wenn ihr erstmaliges Vorbringen im Beschwerdeverfahren missbräuchlich oder unredlich ist.

(9) Bei der Entscheidung über die Raumverträglichkeit hat die Landesregierung auch die nach Abs. 7 erstatteten Stellungnahmen angemessen zu berücksichtigen. Weiters ist dabei insbesondere dem Erfordernis Rechnung zu tragen, dass zwischen Grundflächen für Anlagen von Seveso-Betrieben und anderen Grundflächen im Bauland mit Ausnahme des Gewerbe- und Industriegebietes angemessene Sicherheitsabstände gewahrt bleiben. Ist diese Voraussetzung hinsichtlich rechtmäßig bestehender Seveso-Betriebe nicht erfüllt, so genügt es bei Widmungen für diese Betriebe, dass die bestehenden Sicherheitsabstände gewahrt bleiben.

(10) Die Festlegung als bauliche Entwicklungsbereiche im örtlichen Raumordnungskonzept und die Widmung einer Fläche für Seveso-Betriebe ist jeweils nur zulässig, wenn die Raumverträglichkeit des Vorhabens mit Entscheidung nach Abs. 1 festgestellt wurde.

(11) Die Entscheidung über die Feststellung der Raumverträglichkeit ist für mindestens vier Wochen auf der Internetseite des Landes Tirol zu verlautbaren. Zwei Wochen nach dem Tag dieser Kundmachung gilt der Bescheid gegenüber Rechtsträgern nach Abs. 6, die während der Stellungnahmefrist weder die Verfahrensbeteiligung verlangt noch eine schriftliche Stellungnahme eingebracht haben, als zugestellt; ab dem Tag der Kundmachung ist ihnen Einsicht in den Verwaltungsakt zu gewähren.

3. Abschnitt
Freizeitwohnsitze

§ 13
Beschränkungen für Freizeitwohnsitze

(1) Freizeitwohnsitze sind Gebäude, Wohnungen oder sonstige Teile von Gebäuden, die nicht der Befriedigung eines ganzjährigen, mit dem Mittelpunkt der Lebensbeziehungen verbundenen Wohnbedürfnisses dienen, sondern zum Aufenthalt während des Urlaubs, der Ferien, des Wochenendes oder sonst nur zeitweilig zu Erholungszwecken verwendet werden. Als Freizeitwohnsitze gelten nicht:

a) Gastgewerbebetriebe zur Beherbergung von Gästen; dies jedoch nur dann, wenn
1. Gemeinschaftsräume mit einer Gesamtfläche, bei der auf jedes der Beherbergung von Gästen dienende Bett zumindest eine Fläche von 0,5 m² entfällt, vorhanden sind,
2. gewerbetypische Dienstleistungen, zu denen insbesondere die Raumreinigung in regelmäßig wiederkehrenden Zeitabständen und das regelmäßige Wechseln der Wäsche zählen, erbracht werden und weiters
3. die ständige Erreichbarkeit einer Ansprechperson seitens des Betriebes gewährleistet ist;

nicht als Gemeinschaftsräume im Sinn der Z 1 gelten Wellness-Bereiche, Schiräume und sonstige Abstellräume, Sanitärräume und dergleichen,

b) Kur- und Erholungsheime, die von öffentlichen oder gemeinnützigen Einrichtungen oder Einrichtungen der Kinder- und Jugendhilfe erhalten werden,
c) Wohnungen und sonstige Wohnräume, die der Privatzimmervermietung dienen,
d) Gebäude mit höchstens drei Wohnungen mit insgesamt höchstens zwölf Betten, die im Rahmen der Raumvermietung während des Jahres jeweils kurzzeitig an wechselnde Personen

vermietet werden (Ferienwohnungen); entsprechende Neubauten, für die die Baubewilligung erst nach dem 1. Februar 1996 rechtskräftig erteilt worden ist, gelten jedoch nur dann nicht als Freizeitwohnsitze, wenn der Vermieter der Ferienwohnungen im betreffenden Gebäude seinen Hauptwohnsitz hat; Ferienwohnungen in Gebäuden, die in einem räumlichen Naheverhältnis stehen und eine einheitliche Gesamtplanung aufweisen, sind zusammenzuzählen.

Sind in einem Gebäude oder in Gebäuden, die in einem räumlichen Naheverhältnis stehen und eine einheitliche Gesamtplanung aufweisen, Ferienwohnungen und Wohnungen oder sonstige Wohnräume, die der Privatzimmervermietung dienen, untergebracht, so darf die Zahl der Wohnungen insgesamt drei und die Zahl der Betten insgesamt zwölf nicht überschreiten.

(1a) Bett ist jede dauerhaft angebotene Schlafgelegenheit, die im Rahmen eines Betriebes oder einer sonstigen Einrichtung zur Verfügung steht, wobei jeweils von der höchstmöglichen Belegung auszugehen ist. Vorübergehend genutzte Zustellbetten für Kinder bleiben dabei jedenfalls außer Betracht.

(2) Im Rahmen der Vorschriften über Freizeitwohnsitze sind Gastgewerbebetrieben zur Beherbergung von Gästen jene Räumlichkeiten nicht zuzurechnen, an denen

a) Wohnungseigentum besteht, sofern diese vom Eigentümer oder von seiner Familie selbst genutzt werden, oder
b) Verfügungsrechte bestehen, die über den üblichen Inhalt gastgewerblicher Beherbergungsverträge hinausgehen.

(3) Als Freizeitwohnsitze dürfen nur mehr Wohnsitze verwendet werden,

a) die in der Zeit vom 1. Jänner 1994 bis einschließlich 31. Dezember 1998 nach den jeweils in Geltung gestandenen raumordnungsrechtlichen Vorschriften oder nachträglich nach § 17 als Freizeitwohnsitze angemeldet worden sind und für die eine Feststellung über die Zulässigkeit der Verwendung des betreffenden Wohnsitzes als Freizeitwohnsitz vorliegt oder
b) für die eine Baubewilligung im Sinn des § 4 Abs. 1 des Gesetzes über die ausnahmsweise Zulässigkeit von Gebäuden im Freiland, LGBl. Nr. 11/1994, vorliegt.

Darüber hinaus dürfen neue Freizeitwohnsitze im Wohngebiet, in Mischgebieten, auf Sonderflächen für Gastgewerbebetriebe zur Beherbergung von Gästen sowie nach Maßgabe des § 44 Abs. 6 auf Sonderflächen für Hofstellen geschaffen werden, wenn dies für einen bestimmten Bereich durch eine entsprechende Festlegung im Flächenwidmungsplan für zulässig erklärt worden ist. Hierbei ist die dort höchstzulässige Anzahl an Freizeitwohnsitzen festzulegen.

(4) Die Schaffung neuer Freizeitwohnsitze nach Abs. 3 zweiter Satz darf nur insoweit für zulässig erklärt werden, als die geordnete räumliche Entwicklung der Gemeinde entsprechend den Aufgaben und Zielen der örtlichen Raumordnung dadurch nicht beeinträchtigt wird. Dabei sind insbesondere zu berücksichtigen:

a) die Siedlungsentwicklung,
b) das Ausmaß des zur Befriedigung des Wohnbedarfes der Bevölkerung erforderlichen sowie des hierfür verfügbaren Baulandes,
c) das Ausmaß der für Freizeitwohnsitze in Anspruch genommenen Grundflächen, insbesondere auch im Verhältnis zu dem zur Befriedigung des Wohnbedarfes der Bevölkerung bebauten Bauland,
d) die Gegebenheiten am Grundstücks- und Wohnungsmarkt sowie die Auswirkungen der Freizeitwohnsitzentwicklung auf diesen Markt,
e) die Art, die Lage und die Anzahl der bestehenden Freizeitwohnsitze,
f) die Auslastung der Verkehrsinfrastruktur sowie der Einrichtungen zur Wasserversorgung, Energieversorgung und Abwasserbeseitigung, die Auswirkungen der Freizeitwohnsitze auf diese Infrastruktur und deren Finanzierung sowie allfällige mit der Schaffung neuer Freizeitwohnsitze entstehende Erschließungserfordernisse.

(5) Die Schaffung neuer Freizeitwohnsitze nach Abs. 3 zweiter Satz darf nicht mehr für zulässig erklärt werden, wenn

a) der Anteil der sich aus dem Verzeichnis der Freizeitwohnsitze nach § 14 Abs. 1 ergebenden Freizeitwohnsitze zuzüglich der Anzahl jener Freizeitwohnsitze, die darüber hinaus aufgrund einer Festlegung im Flächenwidmungsplan nach Abs. 3 zweiter Satz neu geschaffen werden dürfen, an der Gesamtzahl der Wohnungen entsprechend dem endgültigen Ergebnis der jeweils letzten Gebäude- und Wohnungszählung 8 v. H. übersteigt,
b) im örtlichen Raumordnungskonzept zu Gunsten der Vorsorge für den geförderten Wohnbau eine Festlegung nach § 31a Abs. 1 erster Satz besteht oder eine solche Festlegung ausschließlich deshalb unterblieben ist, weil Grundflächen, die als Vorbehaltsflächen für den geförderten Wohnbau in Betracht kommen, nicht zur Verfügung stehen oder
c) die betreffende Gemeinde durch Verordnung nach § 14 Abs. 1 des Tiroler Grundverkehrsgesetzes 1996, LGBl. Nr. 61/1996, in der jeweils geltenden Fassung zur Vorbehaltsgemeinde erklärt worden ist.

Bei der Berechnung des Freizeitwohnsitzanteils nach lit. a bleiben Freizeitwohnsitze, für die eine Ausnahmebewilligung im Sinn des Abs. 8 erster Satz vorliegt, außer Betracht.

(6) Die Baubewilligung für Neubauten, die ganz oder teilweise als Freizeitwohnsitze verwendet werden sollen, sowie für Zu- und Umbauten und die Änderung des Verwendungszweckes von bisher anderweitig verwendeten Gebäuden, Wohnungen oder sonstigen Gebäudeteilen, durch die Freizeitwohnsitze neu geschaffen werden sollen, darf unbeschadet der sonstigen Bewilligungsvoraussetzungen nur erteilt werden, wenn für das betreffende Grundstück eine Festlegung nach Abs. 3 zweiter und dritter Satz vorliegt und die höchstzulässige Anzahl an Freizeitwohnsitzen nicht überschritten wird. Maßgebend ist die Anzahl der Freizeitwohnsitze aufgrund des Verzeichnisses der Freizeitwohnsitze nach § 14 Abs. 1.

(7) Unbeschadet der Abs. 3 und 4 dürfen auf Sonderflächen für Gastgewerbebetriebe zur Beherbergung von Gästen sowie auf Sonderflächen für Hofstellen Neubauten, die ganz oder teilweise als Freizeitwohnsitze verwendet werden sollen, nicht errichtet werden. Im Übrigen darf im Fall von Freizeitwohnsitzen auf Sonderflächen für Hofstellen weiters das nach § 44 Abs. 7 lit. c zulässige Höchstausmaß der Wohnnutzfläche nicht überschritten werden.

(8) Weiters dürfen Wohnsitze aufgrund einer Ausnahmebewilligung des Bürgermeisters nach diesem Absatz oder aufgrund einer entsprechenden Ausnahmebewilligung nach früheren raumordnungsrechtlichen Vorschriften als Freizeitwohnsitze verwendet werden. Die Ausnahmebewilligung ist nur zu erteilen:

a) auf Antrag des Erben oder Vermächtnisnehmers, wenn die Voraussetzungen nach § 5 lit. a des Tiroler Grundverkehrsgesetzes 1996 vorliegen und der betreffende Wohnsitz dem Antragsteller oder anderen Personen nicht anderweitig der Befriedigung eines Wohnbedürfnisses dient,
b) auf Antrag des Schenkungsnehmers bei Schenkungen auf den Todesfall nach Eintritt des Todesfalls, wenn der Schenkungsnehmer zum Kreis der gesetzlichen Erben gehört und der betreffende Wohnsitz dem Antragsteller oder anderen Personen nicht anderweitig der Befriedigung eines Wohnbedürfnisses dient,
c) auf Antrag des Eigentümers des betreffenden Wohnsitzes oder des sonst hierüber Verfügungsberechtigten, wenn ihm aufgrund geänderter Lebensumstände, insbesondere aufgrund beruflicher oder familiärer Veränderungen, eine andere Verwendung des Wohnsitzes nicht möglich oder zumutbar ist, der Wohnsitz anderen Personen nicht anderweitig der Befriedigung eines Wohnbedürfnisses dient und der Antragsteller insbesondere im Hinblick auf seine persönlichen oder familiären Verhältnisse oder seine Rechtsbeziehung zum Wohnsitz ein Interesse am Bestehen des Wohnsitzes hat.

(9) Der Inhaber einer Ausnahmebewilligung im Sinn des Abs. 8 erster Satz darf den Freizeitwohnsitz nur für sich, seine Familie und seine Gäste verwenden. Die entgeltliche Überlassung des Freizeitwohnsitzes ist nicht zulässig.

(10) Um die Erteilung der Ausnahmebewilligung im Sinn des Abs. 8 erster Satz ist schriftlich anzusuchen. Der Antrag hat den betreffenden Wohnsitz zu bezeichnen und die zur Beurteilung des Vorliegens der Bewilligungsvoraussetzungen erforderlichen Angaben zu enthalten. Die Richtigkeit dieser Angaben ist vom Antragsteller durch geeignete Unterlagen nachzuweisen oder, soweit ihm dies nicht möglich ist, anderweitig glaubhaft zu machen. Der Bürgermeister hat über den Antrag mit schriftlichem Bescheid zu entscheiden. Die Ausnahmebewilligung ist aufzuheben, wenn die Voraussetzungen für ihre Erteilung nicht mehr vorliegen.

(11) Zum Zweck der Überwachung der Einhaltung der sich aus den vorstehenden Bestimmungen ergebenden Beschränkungen für Freizeitwohnsitze sind den damit betrauten Organen der Gemeinde die Zufahrt und zu angemessener Tageszeit der Zutritt zu dem jeweiligen Objekt zu gewähren und die erforderlichen Auskünfte über dessen Verwendung zu erteilen. Ist auf Grund bestimmter Tatsachen eine Nutzung anzunehmen, die den Beschränkungen widerspricht, haben die Versorgungs- oder Entsorgungsunternehmen, die Erbringer von Postdiensten oder von elektronischen Zustelldiensten auf Anfrage der Behörde die zur Beurteilung der Nutzung erforderlichen Auskünfte zu erteilen oder die erforderlichen personenbezogenen Daten zu übermitteln.

§ 13a
Strafbestimmungen bezüglich Freizeitwohnsitze

(1) Eine Verwaltungsübertretung begeht, wer

a) einen Wohnsitz als Freizeitwohnsitz verwendet oder anderen zur Verwendung als Freizeitwohnsitz überlässt, ohne dass eine Feststellung über die Zulässigkeit der Verwendung des betreffenden Wohnsitzes als Freizeitwohnsitz im Sinn des § 13 Abs. 3 lit. a, eine Baubewilligung im Sinn des § 13 Abs. 6 erster Satz oder eine Ausnahmebewilligung im Sinn des § 13 Abs. 8 erster Satz vorliegt; dies gilt nicht, wenn der betreffende Wohnsitz am 31. Dezember 1993 nach den raumordnungsrechtlichen Vorschriften rechtmäßig als Freizeitwohnsitz verwendet worden ist oder wenn sich der Verwendungszweck des betreffenden Wohnsitzes als Freizeitwohnsitz aufgrund der Baubewilligung ergibt, sofern dieser entsprechend dem § 13 Abs. 3 lit. a als Freizeitwohnsitz angemeldet worden ist und das Verfahren darüber noch nicht abgeschlossen ist;

b) einen Wohnsitz, dessen Eigenschaft als Freizeitwohnsitz aufgrund des § 16 Abs. 1 lit. a und 2 erloschen ist oder aufgrund des § 16 Abs. 1 lit. b oder c und 3 als erloschen festgestellt worden ist, weiterhin als Freizeitwohnsitz verwendet oder anderen zur Verwendung als Freizeitwohnsitz überlässt oder
c) einen Freizeitwohnsitz, für den eine Ausnahmebewilligung im Sinn des § 13 Abs. 8 erster Satz vorliegt, anderen als den im § 13 Abs. 9 genannten Personen entgeltlich zur Verwendung als Freizeitwohnsitz überlässt.

(2) Eine Verwaltungsübertretung begeht weiters, wer von der Behörde verlangte Angaben im Sinn des Abs. 5 nicht, nicht wahrheitsgemäß oder nicht vollständig macht.

(3) Verwaltungsübertretungen nach Abs. 1 sind von der Bezirksverwaltungsbehörde mit einer Geldstrafe bis zu 80.000,- Euro, Verwaltungsübertretungen nach Abs. 2 mit einer Geldstrafe bis zu 6.000,- Euro zu bestrafen.

(4) Im Fall der unzulässigen Überlassung von Wohnsitzen als Freizeitwohnsitze gilt die Verwaltungsübertretung nach Abs. 1 als an jenem Ort begangen, an dem sich der betreffende Freizeitwohnsitz befindet.

(5) In Verfahren wegen Verwaltungsübertretungen nach Abs. 1 hat der Eigentümer des Wohnsitzes oder der sonst hierüber Verfügungsberechtigte auf schriftliches Verlangen der Behörde binnen einer angemessen festzusetzenden Frist den Nachweis über die Nutzung des betreffenden Wohnsitzes zu erbringen. § 13 Abs. 11 ist sinngemäß auf Organe der Bezirksverwaltungsbehörde anzuwenden.

(6) In Verfahren wegen Verwaltungsübertretungen nach Abs. 1 ist die Gemeinde, die Anzeige wegen einer solchen Übertretung erstattet hat, Partei und berechtigt, Beschwerde an das Landesverwaltungsgericht zu erheben. Sie ist Partei des Verfahrens vor dem Landesverwaltungsgericht und weiters berechtigt, Revision an den Verwaltungsgerichtshof zu erheben. Die Parteistellung der Gemeinde erstreckt sich nicht auf die Strafbemessung.

(7) Liegt der Bestrafung wegen einer Verwaltungsübertretung nach Abs. 1 oder 2 eine Anzeige der Gemeinde, auf deren Gebiet sich der betreffende Freizeitwohnsitz befindet, zugrunde, so fließen dieser zur teilweisen Deckung des mit der Überwachung der Einhaltung der Bestimmungen über Freizeitwohnsitze verbundenen Personal- und Sachaufwandes 80 v.H. des Erlöses aus dem Strafbetrag zu.

§ 14
Freizeitwohnsitzverzeichnis

(1) Der Bürgermeister hat ein Verzeichnis der Wohnsitze, die aufgrund einer Feststellung oder Baubewilligung im Sinn des § 13 Abs. 3 erster Satz, einer Baubewilligung im Sinn des § 13 Abs. 6 erster Satz oder einer Ausnahmebewilligung im Sinn des § 13 Abs. 8 erster Satz als Freizeitwohnsitze verwendet werden dürfen, zu führen. Das Verzeichnis hat hinsichtlich der einzelnen Freizeitwohnsitze zu enthalten:
a) den Namen, das Geburtsdatum und die Adresse des Eigentümers des Wohnsitzes und des allenfalls sonst hierüber Verfügungsberechtigten,
b) die Nummer und die Widmung des Grundstückes, auf dem sich der Wohnsitz befindet,
c) die Adresse des Wohnsitzes,
d) die Baumasse (§ 61 Abs. 3) und die Wohnnutzfläche des Wohnsitzes, bei Wohnungen oder sonstigen Gebäudeteilen weiters die genaue Bezeichnung und erforderlichenfalls eine planliche Darstellung der betreffenden Räume.

(2) Freizeitwohnsitze, für die eine Baubewilligung im Sinn des § 13 Abs. 6 erster Satz vorliegt, sind nach dem Eintritt der Rechtskraft der Baubewilligung in das Verzeichnis aufzunehmen. Freizeitwohnsitze, für die eine Ausnahmebewilligung im Sinn des § 13 Abs. 8 erster Satz vorliegt, sind nach dem Eintritt der Rechtskraft der Ausnahmebewilligung in das Verzeichnis aufzunehmen und als solche kenntlich zu machen. In den Fällen des § 15 Abs. 1 und 2 sind nach dem Eintritt der Rechtskraft der Baubewilligung das Datum und die Geschäftszahl der Baubewilligung in das Verzeichnis aufzunehmen und die Angaben nach Abs. 1 lit. d im Verzeichnis richtigzustellen.

(3) Aus dem Verzeichnis sind zu streichen:
a) Wohnsitze, deren Eigenschaft als Freizeitwohnsitz aufgrund des § 16 Abs. 1 lit. a und 2 erloschen ist oder aufgrund des § 16 Abs. 1 lit. b und c und 3 als erloschen festgestellt worden ist,
b) Freizeitwohnsitze, für die eine Ausnahmebewilligung im Sinn des § 13 Abs. 8 erster Satz vorliegt, im Fall der Aufhebung der Ausnahmebewilligung nach § 13 Abs. 10 fünfter Satz,
c) Freizeitwohnsitze, für die die Baubewilligung erloschen ist.

(4) Der Bürgermeister hat der Landesregierung erstmalig bis spätestens 1. Juli 2017 die Anzahl der sich aus dem Verzeichnis ergebenden Freizeitwohnsitze sowie deren Baumasse und Wohnnutzfläche in elektronischer Form mitzuteilen. Der Bürgermeister hat in gleicher Weise laufend sämtliche Änderungen nach Abs. 2 und 3, und zwar jeweils innerhalb eines Monats, der Landesregierung mitzuteilen. Die Landesregierung hat diese Daten auf der Internetseite des Landes Tirol zu veröffentlichen.

§ 15
Wiederaufbau und Erweiterung bestehender Freizeitwohnsitze

(1) Im Fall des Abbruches oder der sonstigen Zerstörung eines Freizeitwohnsitzes, für den ei-

ne Feststellung oder Baubewilligung im Sinn des § 13 Abs. 3 erster Satz, eine Baubewilligung im Sinn des § 13 Abs. 6 erster Satz oder eine Ausnahmebewilligung im Sinn des § 13 Abs. 8 erster Satz vorliegt, darf jedoch, soweit dies baurechtlich sonst zulässig ist, stattdessen ein Neubau errichtet werden. Der Wiederaufbau ist jedoch nur zulässig, wenn die Baubewilligung hierfür innerhalb eines Jahres nach der Zerstörung des betreffenden Freizeitwohnsitzes erteilt wird. In diese Frist sind die Zeiten des Bauverfahrens, eines Verfahrens vor dem Landesverwaltungsgericht, dem Verwaltungsgerichtshof oder dem Verfassungsgerichtshof und einer Bausperre im Sinn des § 75 des Tiroler Raumordnungsgesetzes 2022 nicht einzurechnen.

(2) Im Fall des Wiederaufbaus dürfen die Baumasse und die Wohnnutzfläche des neuen Freizeitwohnsitzes jene des früheren Freizeitwohnsitzes um jeweils nicht mehr als 25 v. H. überschreiten. Maßgebend sind die Baumasse und die Wohnnutzfläche des aufgrund der Feststellung im Sinn des § 13 Abs. 3 erster Satz, der Baubewilligung im Sinn des § 13 Abs. 6 erster Satz oder der Ausnahmebewilligung im Sinn des § 13 Abs. 8 erster Satz rechtmäßig bestandenen Freizeitwohnsitzes.

(3) Zubauten und Änderungen des Verwendungszweckes von bisher anderweitig verwendeten Gebäuden oder Gebäudeteilen, durch die bestehende Freizeitwohnsitze vergrößert werden sollen, sind nur mehr insoweit zulässig, als dadurch die Baumasse und die Wohnnutzfläche des betreffenden Freizeitwohnsitzes um insgesamt nicht mehr als jeweils 25 v. H. vergrößert werden. Maßgebend ist die Baumasse bzw. die Wohnnutzfläche des aufgrund der Feststellung oder Baubewilligung im Sinn des § 13 Abs. 3 erster Satz, der Baubewilligung im Sinn des § 13 Abs. 6 erster Satz oder der Ausnahmebewilligung im Sinn des § 13 Abs. 8 erster Satz rechtmäßig bestehenden bzw. bei einem Neubau nach Abs. 1 des rechtmäßig bestandenen früheren Freizeitwohnsitzes.

(4) Durch Bauvorhaben nach Abs. 1 oder 2 darf die Anzahl der Freizeitwohnsitze nicht vergrößert werden. Werden Freizeitwohnsitze zusammengelegt, so darf keiner der betroffenen Freizeitwohnsitze über das nach Abs. 1 bzw. 2 jeweils zulässige Ausmaß hinaus vergrößert werden.

(5) Für Freizeitwohnsitze im Freiland gilt überdies § 42b Abs. 1 zweiter und vierter Satz, 2 und 3, für Freizeitwohnsitze auf Sonderflächen für Hofstellen § 44 Abs. 2 bis 5.

§ 16

Erlöschen der Eigenschaft als Freizeitwohnsitz

(1) Die Eigenschaft eines Wohnsitzes im Sinn des § 13 Abs. 3 als Freizeitwohnsitz erlischt, wenn

a) der Eigentümer des Wohnsitzes oder der sonst hierüber Verfügungsberechtigte gegenüber dem Bürgermeister schriftlich erklärt, dass der Wohnsitz künftig nicht mehr als Freizeitwohnsitz verwendet werden soll,
b) die Baubewilligung für ein Bauvorhaben rechtskräftig erteilt wird, mit dem ein Freizeitwohnsitz über das nach § 15 Abs. 1, 2 oder 3 zweiter Satz zulässige Ausmaß hinaus vergrößert oder mit dem entgegen dem § 15 Abs. 3 erster Satz die Anzahl der Freizeitwohnsitze vergrößert wird, oder
c) im Fall von Freizeitwohnsitzen auf Sonderflächen für Hofstellen eine der Voraussetzungen nach § 44 Abs. 7 nicht mehr vorliegt.

(2) Eine Erklärung im Sinn des Abs. 1 lit. a wird mit ihrem Einlangen beim Bürgermeister unwiderruflich und wirksam. Ist in der Erklärung für das Wirksamwerden ein späterer Zeitpunkt angegeben, so wird sie mit diesem Zeitpunkt wirksam.

(3) In den Fällen des Abs. 1 lit. b und c hat der Bürgermeister mit schriftlichem Bescheid festzustellen, dass für den betreffenden Wohnsitz die Eigenschaft als Freizeitwohnsitz erloschen ist. Liegt der Vergrößerung des Wohnsitzes ein bewilligungspflichtiges Bauvorhaben zugrunde, so ist diese Feststellung möglichst bereits in der Baubewilligung zu treffen.

(4) Abs. 1 lit. c und § 44 Abs. 7 sind auf Freizeitwohnsitze nach § 13 Abs. 3 lit. a und b nicht anzuwenden.

§ 17

Nachträgliche Anmeldung von Freizeitwohnsitzen, anhängige Feststellungsverfahren

(1) Wohnsitze, die

a) am 31. Dezember 1993 nach den raumordnungsrechtlichen Vorschriften rechtmäßig als Freizeitwohnsitze verwendet worden sind und
b) nach diesem Zeitpunkt weiterhin oder, im Fall einer späteren Unterbrechung der Nutzung des betreffenden Wohnsitzes als Freizeitwohnsitz, künftig wiederum als Freizeitwohnsitze verwendet werden sollen,

können vom Eigentümer oder vom sonst hierüber Verfügungsberechtigten letztmalig bis zum 30. Juni 2014 beim Bürgermeister nachträglich angemeldet werden.

(2) In der Anmeldung ist durch geeignete Unterlagen oder sonstige Beweismittel nachzuweisen, dass der Wohnsitz bereits am 31. Dezember 1993 als Freizeitwohnsitz verwendet worden ist. Die Anmeldung hat weiters die Angaben nach § 14 Abs. 1 lit. a bis d zu enthalten. Bei Gebäuden mit mehr als drei im Wohnungseigentum stehenden Wohnungen, für die die Baubewilligung nach dem 21. September 1973 erteilt worden ist, ist weiters ein einstimmiger Beschluss aller Wohnungseigentümer oder an dessen Stelle eine gerichtliche

Entscheidung vorzulegen, wonach der Verwendung der betreffenden Wohnung als Freizeitwohnsitz zugestimmt wird. Dieser Zustimmung bedarf es nicht für Gebäude auf Grundstücken, die am 31. Dezember 1993 als Sonderflächen für Apartmenthäuser gewidmet waren.

(3) Der Bürgermeister hat aufgrund der Anmeldung mit schriftlichem Bescheid festzustellen, ob der betreffende Wohnsitz als Freizeitwohnsitz verwendet werden darf. Die Zulässigkeit der Verwendung des betreffenden Wohnsitzes als Freizeitwohnsitz ist festzustellen, wenn die Voraussetzungen nach Abs. 1 und im Fall des Abs. 2 dritter Satz weiters die wohnungseigentumsrechtliche Zustimmung zur Verwendung des betreffenden Wohnsitzes als Freizeitwohnsitz vorliegen. Anderenfalls ist die Unzulässigkeit der Verwendung des betreffenden Wohnsitzes als Freizeitwohnsitz festzustellen. Im Fall des Abs. 2 dritter Satz gilt dies auch, wenn im betreffenden Gebäude im Zeitpunkt der Anmeldung bereits drei Wohnungen bestehen, die rechtmäßig als Freizeitwohnsitze verwendet werden oder hinsichtlich deren die wohnungseigentumsrechtliche Zustimmung zur Verwendung als Freizeitwohnsitz vorliegt.

(4) Bescheide über die Zulässigkeit der Verwendung eines Wohnsitzes als Freizeitwohnsitz haben die Angaben nach § 14 Abs. 1 lit. a bis d zu enthalten.

(5) Parteien des Verfahrens sind der Eigentümer des betreffenden Wohnsitzes und, sofern dieser die Anmeldung erstattet hat, auch der sonst hierüber Verfügungsberechtigte. Im Fall des Abs. 2 dritter Satz sind weiters alle Wohnungseigentümer Parteien. Sie sind berechtigt, das Fehlen der wohnungseigentumsrechtlichen Zustimmung zur Verwendung des betreffenden Wohnsitzes als Freizeitwohnsitz geltend zu machen.

(6) Nach § 16 des Tiroler Raumordnungsgesetzes 1997 in der Fassung des Gesetzes LGBl. Nr. 28/1997 anhängige Feststellungsverfahren sind nach den Abs. 2 bis 5 weiterzuführen. Der Nachweis nach Abs. 2 erster Satz ist nicht erforderlich, wenn sich der Verwendungszweck als Freizeitwohnsitz bereits aufgrund der Baubewilligung ergibt. Bescheiden über die Feststellung der Zulässigkeit der Verwendung von Wohnsitzen als Freizeitwohnsitz ist die Baumasse im Sinn des § 61 Abs. 3 zweiter Satz des Tiroler Raumordnungsgesetzes 1997 in der Fassung des Gesetzes LGBl. Nr. 10/1997 zugrunde zu legen.

(7) Bescheide, mit denen entgegen diesem Gesetz die Zulässigkeit der Verwendung eines Wohnsitzes als Freizeitwohnsitz festgestellt wird, leiden an einem mit Nichtigkeit bedrohten Fehler.

4. Abschnitt
Raumordnungsbeirat

§ 18
Einrichtung, Aufgaben und Zusammensetzung des Raumordnungsbeirates

(1) Beim Amt der Tiroler Landesregierung ist ein Raumordnungsbeirat einzurichten. Dem Raumordnungsbeirat obliegt die Beratung der Landesregierung in den Angelegenheiten der überörtlichen Raumordnung.

(2) Dem Raumordnungsbeirat gehören an:

a) das nach der Geschäftsverteilung der Landesregierung für die Angelegenheiten der überörtlichen Raumordnung zuständige Mitglied der Landesregierung als Vorsitzender,
b) ein weiteres Mitglied der Landesregierung als Stellvertreter des Vorsitzenden,
c) ein Vertreter der Kammer für Arbeiter und Angestellte für Tirol,
d) ein Vertreter der Wirtschaftskammer Tirol,
e) je ein Vertreter der Landwirtschaftskammer und der Landarbeiterkammer,
f) ein Vertreter der Ziviltechnikerkammer für Tirol und Vorarlberg,
g) ein Vertreter des Tiroler Gemeindeverbandes,
h) ein Vertreter der Stadt Innsbruck,
i) ein Vertreter der Universität Innsbruck,
j) ein Vertreter des Österreichischen Gewerkschaftsbundes – Landesorganisation Tirol,
k) ein Vertreter der Vereinigung Österreichischer Industrieller – Landesgruppe Tirol,
l) der Landesumweltanwalt,
m) der Leiter der nach der Geschäftseinteilung des Amtes der Tiroler Landesregierung für die fachlichen Angelegenheiten der überörtlichen Raumordnung zuständigen Organisationseinheit.

§ 19
Bestellung von Mitgliedern des Raumordnungsbeirates

(1) Der Stellvertreter des Vorsitzenden nach § 18 Abs. 2 lit. b ist von der Landesregierung aus ihrer Mitte zu bestellen. Die Mitglieder nach § 18 Abs. 2 lit. c bis k sind von der Landesregierung auf Vorschlag der betreffenden Institutionen zu bestellen. Die Vorschläge sind der Landesregierung innerhalb eines Monats nach ihrer Neuwahl zu erstatten. Wird ein Vorschlag nicht rechtzeitig erstattet, so ist die Bestellung ohne Vorschlag vorzunehmen.

(2) Für die Mitglieder nach § 18 Abs. 2 lit. c bis k ist in gleicher Weise je ein Ersatzmitglied zu bestellen. Jedes dieser Mitglieder wird im Fall seiner Verhinderung durch sein Ersatzmitglied vertreten.

(3) Die Amtsdauer der Mitglieder nach § 18 Abs. 2 lit. c bis k richtet sich nach der Funktionsdauer des Landtages. Sie haben ihre Geschäfte auch nach dem Ablauf ihrer Amtsdauer bis zur

Bestellung der neuen Mitglieder bzw. Ersatzmitglieder weiterzuführen.

§ 20
Erlöschen der Mitgliedschaft

(1) Die Mitglieder nach § 18 Abs. 2 lit. c bis k und deren Ersatzmitglieder scheiden aus dem Raumordnungsbeirat vorzeitig aus durch:

a) Widerruf der Bestellung,
b) Verzicht auf die Mitgliedschaft bzw. Ersatzmitgliedschaft.

(2) Die Landesregierung hat die Bestellung zum Mitglied oder Ersatzmitglied zu widerrufen, wenn die jeweils vorschlagsberechtigte Institution dies verlangt.

(3) Der Verzicht auf die Mitgliedschaft oder Ersatzmitgliedschaft ist der Landesregierung schriftlich zu erklären. Er wird mit dem Einlangen der Verzichtserklärung unwiderruflich und, wenn in der Verzichtserklärung nicht ein späterer Zeitpunkt für das Wirksamwerden angegeben ist, wirksam.

(4) Scheidet ein Mitglied oder Ersatzmitglied aus dem Raumordnungsbeirat aus, so ist für die restliche Amtsdauer ein neues Mitglied bzw. Ersatzmitglied zu bestellen.

§ 21
Untergruppen des Raumordnungsbeirates

(1) Der Raumordnungsbeirat kann Untergruppen mit einem bestimmten Aufgabenbereich einsetzen. Sie können auf bestimmte oder unbestimmte Zeit eingesetzt werden. Den Untergruppen obliegen im Rahmen ihres jeweiligen Aufgabenbereiches die Behandlung von Einzelfragen im Auftrag des Raumordnungsbeirates, die Beratung der Landesregierung in Förderungsangelegenheiten und die Abgabe von Stellungnahmen im Rahmen der Anhörung nach § 11 Abs. 4. Der Raumordnungsbeirat kann die jeweils betroffene Untergruppe hinsichtlich bestimmter Arten von Regionalprogrammen weiters mit der Abgabe der Stellungnahmen nach § 9 Abs. 4 betrauen.

(2) Der Vorsitzende der Untergruppe und die sonstigen Mitglieder sind vom Raumordnungsbeirat zu bestellen. Die Mitglieder der Untergruppe müssen nicht Mitglieder des Raumordnungsbeirates sein. Als Mitglieder kommen insbesondere sachkundige Vertreter von Interessenvertretungen und Einrichtungen, deren Wirkungsbereich vom Aufgabenbereich der Untergruppe berührt wird, sachkundige Bedienstete des Amtes der Tiroler Landesregierung und sonstige sachkundige Personen in Betracht.

§ 22
Geschäftsführung des Raumordnungsbeirates

(1) Der Vorsitzende hat den Raumordnungsbeirat nach Bedarf und überdies binnen zwei Wochen dann einzuberufen, wenn die Landesregierung oder mindestens fünf Mitglieder des Raumordnungsbeirates dies verlangen.

(2) Sitzungen des Raumordnungsbeirates können unter Verwendung vorhandener technischer Einrichtungen zur Wort- und Bildübertragung in Form einer Videokonferenz durchgeführt werden. In diesem Fall

a) gelten die per Video zugeschalteten Mitglieder als anwesend und nehmen an der Abstimmung in der Weise teil, dass sie ihre Stimme nach persönlichem Aufruf durch den Vorsitzenden mündlich abgeben,
b) ist durch geeignete Maßnahmen sicherzustellen, dass den per Video zugeschalteten Mitgliedern die Tagesordnung und die für die Beratung und Beschlussfassung erforderlichen Unterlagen vollständig vorliegen,
c) sind in der Niederschrift die Namen der persönlich anwesenden und der per Video zugeschalteten Mitglieder entsprechend festzuhalten,
d) können auch sonstige Personen, die der Sitzung beigezogen werden, per Video zugeschaltet werden.

(3) Der Raumordnungsbeirat und seine Untergruppen sind beschlussfähig, wenn alle Mitglieder ordnungsgemäß eingeladen wurden und mindestens die Hälfte der Mitglieder, darunter der Vorsitzende, anwesend ist.

(4) Der Raumordnungsbeirat und seine Untergruppen fassen ihre Beschlüsse mit einfacher Mehrheit der Stimmen der anwesenden Mitglieder. Stimmenthaltung ist außer im Fall der Befangenheit nicht zulässig. Bei Stimmengleichheit gibt die Stimme des Vorsitzenden den Ausschlag. Der Raumordnungsbeirat und seine Untergruppen können beschließen, dass zu einzelnen Punkten der Tagesordnung schriftlich und geheim abzustimmen ist.

(5) In dringenden Fällen können Beschlüsse des Raumordnungsbeirates auch im Umlaufweg gefasst werden. Dies hat in der Weise zu geschehen, dass der Antrag vom Vorsitzenden unter Setzung einer Frist für die Stimmabgabe unter Verwendung geeigneter technischer Kommunikationsmittel, insbesondere per E-Mail, allen übrigen Mitgliedern zugeleitet wird. Diese haben ihre Stimme schriftlich mit Angabe des Datums der Entscheidung abzugeben und an den Vorsitzenden innerhalb der von ihm gesetzten Frist zu übermitteln. Erfolgt keine Stimmabgabe binnen offener Frist, so gilt dies als Ablehnung. Das Ergebnis der Beschlussfassung ist bei der nächsten Sitzung mitzuteilen und in die Niederschrift über diese Sitzung aufzunehmen.

(6) Die Landesregierung hat durch Verordnung eine Geschäftsordnung des Raumordnungsbeirates und seiner Untergruppen zu erlassen, die insbesondere nähere Bestimmungen über die Einberufung zu den Sitzungen und deren Durchführung

sowie über die Aufnahme von Niederschriften über den Gang und das Ergebnis der Beratungen zu enthalten hat.

(7) Die Kanzleigeschäfte des Raumordnungsbeirates und seiner Untergruppen sind vom Amt der Tiroler Landesregierung zu besorgen.

5. Abschnitt
Regionale Raumordnung

§ 23
Bildung von Planungsverbänden, Förderung

(1) Die Landesregierung hat durch Verordnung für das gesamte Landesgebiet Gemeindeverbände (Planungsverbände) zur Gewährleistung der Mitwirkung der Gemeinden an der Erfüllung der Aufgaben der überörtlichen Raumordnung und zur Unterstützung der Gemeinden bei der Erfüllung der Aufgaben der örtlichen Raumordnung zu bilden.

(2) Die Abgrenzung des Gebietes der Planungsverbände hat nach raumordnerischen Gesichtspunkten, ausgehend von den natürlichen, wirtschaftlichen, sozialen und kulturellen Gegebenheiten, zu erfolgen.

(3) Das Land Tirol kann als Träger von Privatrechten den Planungsverbänden Zuschüsse zur teilweisen Abdeckung ihres Aufwandes gewähren. Dies betrifft insbesondere die mit der Einsetzung von Planungsverbandskoordinatoren verbundenen Kosten.

§ 24
Aufgaben der Planungsverbände

(1) Den Planungsverbänden obliegen im übertragenen Wirkungsbereich:

a) die Mitwirkung an der Erlassung von Raumordnungsprogrammen für das Gebiet oder für Teile des Gebietes des jeweiligen Planungsverbandes oder mehrerer Planungsverbände (Regionalprogramme),
b) die Ausarbeitung von Raumordnungsplänen für das Gebiet oder für Teile des Gebietes des jeweiligen Planungsverbandes oder mehrerer Planungsverbände (Regionalpläne) bzw. nach Maßgabe des § 25 Abs. 1 und 2 die Mitwirkung hieran; Regionalpläne haben Ziele und mögliche Maßnahmen zur Konkretisierung der Ziele und Grundsätze der überörtlichen Raumordnung für den Planungsbereich zu enthalten.

(2) Den Planungsverbänden obliegen im eigenen Wirkungsbereich:

a) die Unterstützung der beteiligten Gemeinden bei der Wahrnehmung der Aufgaben der örtlichen Raumordnung (§§ 27 ff); dabei haben die Planungsverbände nach Maßgabe der ihnen von den beteiligten Gemeinden erteilten Aufträge an der Bestandsaufnahme sowie unbeschadet der Zuständigkeit des jeweiligen Gemeinderates an der Ausarbeitung der Planungsinstrumente der örtlichen Raumordnung (§ 29) sowie an der Umweltprüfung mitzuwirken;
b) außer für die Stadt Innsbruck die Erstellung von Analysen der touristischen Strukturen in den Gemeinden des Planungsverbandes, insbesondere hinsichtlich der Entwicklung der Bettenkapazitäten, der Betriebsgrößen und der Eigentümer- und Betreiberstrukturen,
c) die Abgabe von Stellungnahmen in den in diesem Gesetz vorgesehenen Fällen;
d) die Unterstützung der beteiligten Gemeinden als Träger von Privatrechten bei der Vorbereitung und Umsetzung von Vorhaben
   1. in Bezug auf Einrichtungen mit überörtlicher Versorgungsfunktion oder Einrichtungen der Daseinsvorsorge,
   2. zur Sicherung und Entwicklung von Erholungsräumen sowie
   3. auf den Gebieten des Verkehrs für alle Verkehrsarten, der technischen oder der sozialen Infrastrukturen;
e) die Unterstützung der beteiligten Gemeinden bei der Einrichtung passiver Breitbandinfrastrukturen nach Maßgabe des Abs. 3.

(3) Zur Versorgung und Erschließung der beteiligten Gemeinden mit ultraschnellem Internet können die Planungsverbände als Träger von Privatrechten auf der Grundlage eines entsprechenden Beschlusses der Verbandsversammlung die Planung, den Bau, die Verlegung, den Betrieb und die Vermarktung von Glasfasernetzen besorgen.

(4) Bei Vorliegen der Voraussetzungen nach § 130 Abs. 1 der Tiroler Gemeindeordnung 2001, LGBl. Nr. 36/2001, in der jeweils geltenden Fassung können den Planungsverbänden einzelne weitere Aufgaben, insbesondere auf baurechtlichem Gebiet, übertragen werden.

§ 25
Regionalprogramme, Regionalpläne

(1) Die Planungsverbände haben der Landesregierung Vorschläge für die Erlassung von Regionalprogrammen zu erstatten. Weiters können die Planungsverbände der Landesregierung Vorschläge für die Ausarbeitung von Regionalplänen erstatten. Solche Vorschläge haben zumindest die grundlegenden Planungsziele zu enthalten und anzugeben, ob zur Erreichung dieser Ziele ein Regionalprogramm erlassen oder ein Regionalplan ausgearbeitet werden soll.

(2) Die Landesregierung hat aufgrund der Vorschläge der Planungsverbände zu prüfen, ob ein entsprechendes Regionalprogramm oder ein entsprechender Regionalplan eine den Planungsinteressen des Landes entsprechende geordnete Entwicklung des Planungsgebietes im Sinn der Ziele und Grundsätze der überörtlichen Raumordnung gewährleisten würde. Die Landesregierung kann

den Planungsverband gegebenenfalls mit der Ausarbeitung des Entwurfes eines Regionalprogrammes oder Regionalplanes und im Fall der Erlassung eines Regionalprogrammes weiters mit der Durchführung des Verfahrens beauftragen.

(3) Bei Regionalprogrammen oder Regionalplänen, deren Planungsgebiet sich auf das Gebiet mehrerer Planungsverbände erstreckt, haben die betroffenen Planungsverbände einvernehmlich vorzugehen.

(4) Die Abs. 1, 2 und 3 gelten sinngemäß für die Änderung bestehender Regionalprogramme und Regionalpläne.

§ 26
Bestandsaufnahmen, Vorarbeiten

(1) Die Planungsverbände haben die für die überörtliche Raumordnung ihres Gebietes bedeutsamen natürlichen, wirtschaftlichen, infrastrukturellen, sozialen und kulturellen Gegebenheiten und deren voraussehbare Veränderungen zu erheben und in Bestandsaufnahmen festzuhalten. Die Bestandsaufnahmen sind auf dem aktuellen Stand zu halten.

(2) Für die Berechtigung der Organe der Planungsverbände und ihrer Beauftragten zur Durchführung von Vorarbeiten für die Erarbeitung und Aktualisierung der Bestandsaufnahmen und weiterer Planungsgrundlagen für Regionalprogramme und Regionalpläne sowie für die Erfüllung der Aufgaben nach § 24 Abs. 2 lit. a gilt § 6 sinngemäß mit der Maßgabe, dass

a) die Entscheidung über Streitigkeiten nach § 6 Abs. 3 zweiter Satz dem Verbandsobmann obliegt,
b) der Anspruch auf Vergütung nach § 6 Abs. 4 erster Satz gegenüber dem Planungsverband besteht,
c) die Festsetzung der Vergütung nach § 6 Abs. 4 zweiter Satz der Bezirksverwaltungsbehörde obliegt.

(3) Die Landesregierung ist verpflichtet, den Planungsverbänden vorhandene raumrelevante Daten zur Verfügung zu stellen, soweit diese zur Erfüllung ihrer Aufgaben erforderlich sind.

II. Teil
Örtliche Raumordnung
1. Abschnitt
Allgemeine Bestimmungen
§ 27
Aufgaben und Ziele der örtlichen Raumordnung

(1) Die örtliche Raumordnung dient der geordneten räumlichen Entwicklung der Gemeinde. Sie hat im Einklang mit den Raumordnungsprogrammen und, soweit solche nicht bestehen, unter Bedachtnahme auf die Ziele und Grundsätze der überörtlichen Raumordnung, insbesondere auf den Grundsatz des § 2 lit. b, zu erfolgen. Soweit Planungen im Rahmen der örtlichen Raumordnung Auswirkungen über die Gemeindegrenzen hinaus haben und eine Abstimmung mit den weiteren betroffenen Gemeinden nach den maßgeblichen Verhältnissen im Hinblick auf die Ziele und Grundsätze der überörtlichen Raumordnung erforderlich ist, haben die Gemeinden sich miteinander abzustimmen. Im Übrigen ist auf die örtlichen Raumordnungsinteressen der Nachbargemeinden, insbesondere im Bereich der gemeinsamen Grenzen, Bedacht zu nehmen.

(2) Ziele der örtlichen Raumordnung sind insbesondere:

a) die Erhaltung und Entwicklung des Siedlungsraumes und die Verhinderung der Zersiedelung durch die bestmögliche Anordnung und Gliederung der Bebauung, insbesondere des Baulandes im Hinblick auf die Erfordernisse des Schutzes des Landschaftsbildes, der Sicherung vor Naturgefahren, der verkehrsmäßigen Erschließung, insbesondere auch mit öffentlichen Verkehrsmitteln, der Erschließung mit Einrichtungen zur Wasser-, Löschwasser- und Energieversorgung, zur Abwasserbeseitigung und Abfallentsorgung sowie der Schaffung sonstiger infrastruktureller Einrichtungen, wie Kindergärten, Schulen und dergleichen,
b) die Ausweisung ausreichender Flächen zur Befriedigung des dauernden Wohnbedarfes der Bevölkerung zu leistbaren Bedingungen und für die Erhaltung und Weiterentwicklung der Wirtschaft entsprechend dem bei einer zweckmäßigen und Boden sparenden Bebauung im jeweiligen Planungszeitraum (§ 31c) gegebenen Bedarf,
c) die weitestmögliche Vermeidung von Nutzungskonflikten und wechselseitigen Beeinträchtigungen beim Zusammentreffen verschiedener Widmungen, insbesondere auch unter Bedachtnahme auf die Standorte von Seveso-Betrieben und die für die Ansiedlung oder Erweiterung solcher Betriebe vorgesehenen Standorte,
d) die Vorsorge für die bestimmungsgemäße Verwendung des Baulandes und der bestehenden Bausubstanz insbesondere zur Deckung des Grundbedarfes an Wohnraum und an Flächen für Zwecke der Wirtschaft zu angemessenen Preisen, insbesondere durch Maßnahmen nach § 33,
e) die Vorsorge für eine zweckmäßige und Boden sparende, auf die Bedürfnisse der Bevölkerung und die Erfordernisse des Schutzes des Orts-, Straßen- und Landschaftsbildes abgestimmte Bebauung unter Berücksichtigung der Möglichkeiten verdichteter Bauformen einschließlich der nachträglichen Verdichtung bestehender Bauformen,

f) die Vorsorge für eine zweckmäßige und Boden sparende verkehrsmäßige Erschließung der bebauten und zu bebauenden Gebiete unter Berücksichtigung auch der Erfordernisse des öffentlichen Verkehrs sowie des Fußgänger- und Radverkehrs,
g) die Vorsorge für eine ausreichende und einwandfreie Wasser- und Löschwasserversorgung und eine geordnete Abwasserbeseitigung,
h) die Erhaltung zusammenhängender landwirtschaftlich nutzbarer Gebiete, insbesondere unter Berücksichtigung ihrer Bodenbonität,
i) die Erhaltung zusammenhängender Waldgebiete unter Berücksichtigung ihrer Eignung im Hinblick auf die Wirkungen des Waldes,
j) die Erhaltung ökologisch besonders wertvoller Flächen und die Bewahrung erhaltenswerter natürlicher oder naturnaher Landschaftselemente und Landschaftsteile,
k) die Erhaltung zusammenhängender Erholungsräume,
l) die Sicherung geeigneter Grundflächen für Einrichtungen des Gemeinbedarfs,
m) die Schaffung der erforderlichen Verkehrswege der Gemeinde unter Berücksichtigung aller Verkehrsarten unter weitestmöglicher Vermeidung von nachteiligen Auswirkungen des Verkehrs auf die Bevölkerung und die Umwelt,
n) die Bewahrung erhaltenswerter Orts- und Straßenbilder sowie erhaltenswerter Gebäudegruppen,
o) die Stärkung und Belebung gewachsener Ortskerne.

§ 28
Bestandsaufnahme

(1) Die Gemeinde hat die für die örtliche Raumordnung bedeutsamen Gegebenheiten und deren voraussehbare Veränderungen zu erheben und in einer Bestandsaufnahme festzuhalten. Dabei sind der Gemeinde zur Verfügung stehende aktuelle Erhebungen aus anderen Bereichen so weit wie möglich heranzuziehen. Die Bestandsaufnahme ist regelmäßig auf den aktuellen Stand zu bringen.

(2) Die Bestandsaufnahme hat jedenfalls die Gebiete und Grundflächen, die durch Lawinen, Hochwasser, Wildbäche, Steinschlag, Erdrutsch und andere Naturgefahren gefährdet sind, sowie das Ausmaß der Gefährdung zu umfassen. Die Gefahrensituation ist so weit wie möglich aufgrund bestehender Gefahrenzonenpläne zu erheben. Im Fall einer Gefährdung durch Hochwasser sind weiters die erforderlichen Hochwasserrückhalteräume zu erheben. Weiters sind Nutzungsbeschränkungen aufgrund von Umweltbelastungen, insbesondere im Hinblick auf Lärm und Luftschadstoffe, zu erheben.

(3) Hinsichtlich jener Gebiete, die aufgrund ihrer Beschaffenheit und Lage für eine Festlegung als bauliche Entwicklungsbereiche im örtlichen Raumordnungskonzept in Betracht kommen, hat die Bestandsaufnahme jedenfalls zu umfassen:
a) die bestehenden überörtlichen Anlagen sowie jene überörtlichen Anlagen, für die rechtsverbindliche Planungen bestehen, einschließlich allfälliger Schutz- oder Sicherheitsbereiche; überörtliche Anlagen sind insbesondere Bundes- und Landesstraßen, Eisenbahnanlagen, Flugplätze, Abfallbehandlungsanlagen und Deponien, Abwasserreinigungsanlagen, Bergbauanlagen, militärische Anlagen sowie Versorgungs- und Entsorgungsleitungen von überörtlicher Bedeutung, die eine Trassenfreihaltung erfordern;
b) die Gebiete, Grundflächen und Objekte, für die gesetzliche Nutzungsbeschränkungen bestehen, wie öffentliche Gewässer, Wasserschutz- und Wasserschongebiete, Überschwemmungsgebiete, Waldflächen, unter besonderem Naturschutz stehende Gebiete, Naturdenkmäler, denkmalgeschützte Objekte, militärische Sperrgebiete und dergleichen;
c) die Gebiete und Grundflächen, für die in Raumordnungsprogrammen bestimmte Maßnahmen festgelegt sind;
d) allfällige Gefährdungsbereiche von Seveso-Betrieben;
e) die Gebiete mit erhaltenswerten Orts- und Straßenbildern sowie erhaltenswerten Gebäudegruppen samt ihrem Umfeld;
f) die bestehenden für die räumliche Entwicklung bedeutsamen technischen Infrastrukturen einschließlich solcher, für die rechtsverbindliche Planungen bestehen, die Rahmenbedingungen für die weitere Entwicklung dieser Infrastrukturen einschließlich allfälliger Defizite in der Entwicklung. Dabei hat insbesondere eine Abstimmung mit Netzbetreibern zu erfolgen, damit berücksichtigt wird, wie sich Energieeffizienz- und Laststeuerungsprogramme sowie bestimmte Vorschriften auf die Eigenversorgung mit Elektrizität aus erneuerbaren Quellen und Erneuerbare-Energie-Gemeinschaften sowie auf die Pläne der Netzbetreiber für den Ausbau der Infrastruktur auswirken.

(4) Hinsichtlich jener Bereiche, die für eine Festlegung als Freihaltegebiete im örtlichen Raumordnungskonzept in Betracht kommen, hat die Bestandsaufnahme eine Erhebung der Naturwerte im Sinn der Ziele der örtlichen Raumordnung nach § 27 Abs. 2 lit. h, i, j und k zu umfassen.

(5) Im Rahmen der Fortschreibung des örtlichen Raumordnungskonzeptes hat die Bestandsaufnahme jedenfalls zu umfassen:
a) die als Bauland gewidmeten unbebauten Grundflächen sowie jene derzeit ungenutzten Gebäude, die für eine spätere Verwendung zu Wohnzwecken oder zu geschäftlichen oder sonstigen betrieblichen Zwecken in Betracht

kommen, ferner allfällige für eine Baulandumlegung (§ 82) in Betracht kommende Gebiete;

b) eine umfassende und nachvollziehbare Prüfung, welche der als Bauland gewidmeten unbebauten Grundflächen für eine Festlegung im örtlichen Raumordnungskonzept nach § 31 Abs. 1 lit. f in Betracht kommen;

c) falls Grundflächen, die als Vorbehaltsflächen für den geförderten Wohnbau in Betracht kommen, nicht oder nur in einem zu geringen Ausmaß zur Verfügung stehen, eine begründete Darlegung der entsprechenden Umstände;

d) eine gesamthafte Darstellung aller derzeitigen Nutzungen und sonstigen für die bauliche Entwicklung bedeutsamen Gegebenheiten einschließlich der Entwicklungstendenzen hinsichtlich der Siedlungsstrukturen sowie der Potenziale für Nachverdichtungen und Leerstandsaktivierung auf Basis des von der Landesregierung nach § 28a Abs. 1 zur Verfügung gestellten Baulandmonitorings;

e) gegebenenfalls jene Waldflächen, die für eine weitere Siedlungsentwicklung im Anschluss an bestehende bauliche Entwicklungsbereiche oder bestehendes Bauland in Betracht kommen;

f) die Bevölkerungsstrukturen einschließlich absehbarer Entwicklungstendenzen;

g) einen Überblick über die Entwicklung der Wirtschaft und über die bestehenden Wirtschaftsstrukturen;

h) die Versorgungsstruktur mit öffentlichen Einrichtungen und deren Erreichbarkeit, insbesondere in den Bereichen Verwaltung, Gesundheitswesen, soziale Belange, Schulen, Kindergärten, Kultur, Sport und Erholung;

i) eine Darstellung der Qualität der Anbindung der Gemeinde an den öffentlichen Personenverkehr sowie gegebenenfalls auch der inneren Erschließung des Gemeindegebietes durch den öffentlichen Personennahverkehr, jeweils unter Berücksichtigung fußläufiger Erreichbarkeiten.

(6) Für die Stadt Innsbruck hat die Bestandsaufnahme überdies die Erstellung von Analysen der touristischen Strukturen, insbesondere hinsichtlich der Entwicklung der Bettenkapazitäten, der Betriebsgrößen und der Eigentümer- und Betreiberstrukturen, zu umfassen.

§ 28a

Baulandmonitoring, Widmungsbilanz

(1) Die Landesregierung hat auf der Grundlage der Grundstücksdatenbank, der digitalen Katastralmappe, der digitalen Daten des elektronischen Flächenwidmungsplanes und von Erhebungen der baulichen Nutzung längstens alle fünf Jahre für jede Gemeinde eine Übersicht über die Baulandreserven zu erstellen und diese der betreffenden Gemeinde zur Verfügung zu stellen (Baulandmonitoring). Soweit dies aufgrund der vorhandenen Daten möglich ist, sind diese Übersichten für alle Gemeinden des jeweiligen Planungsverbandes zeitgleich zu erstellen.

(2) Das Baulandmonitoring hat jedenfalls eine Zusammenstellung des Ausmaßes der als Bauland und als Vorbehaltsflächen für den geförderten Wohnbau gewidmeten Grundflächen zu enthalten. Dabei sind das Gesamtausmaß dieser Grundflächen sowie nach Widmungsarten gegliedert das Ausmaß der bebauten, der unbebauten und der für eine Verdichtung der bestehenden Bebauung in Betracht kommenden Grundflächen einschließlich des prozentuellen Anteils dieser Flächen an der jeweiligen Gesamtfläche tabellarisch und in Form eines Übersichtsplanes darzustellen.

(3) Auf der Grundlage der gemeindeweisen Übersichten nach Abs. 1 ist weiters für alle Gemeinden des jeweiligen Planungsverbandes, für die vergleichbare Daten vorliegen, eine regionale Übersicht zu erstellen. Diese ist allen Verbandsgemeinden sowie dem Planungsverband zur Verfügung zu stellen.

(4) Die Landesregierung hat auf der Grundlage der digitalen Daten des Flächenwidmungsplanes alle zwei Jahre eine Widmungsbilanz zu erstellen. Die Widmungsbilanz hat auf Ebene der Planungsverbände in einer Zusammenstellung über das Ausmaß der innerhalb dieses Zeitraumes erfolgten Änderungen der Widmung von Grundflächen, gegliedert nach Bauland, Sonderflächen und Vorbehaltsflächen zu bestehen.

§ 29

Planungsinstrumente

(1) Jede Gemeinde hat durch Verordnung ein örtliches Raumordnungskonzept, einen Flächenwidmungsplan sowie nach Maßgabe des § 54 Bebauungspläne zu erlassen. Die Stadt Innsbruck kann das örtliche Raumordnungskonzept auch in Form von Teilkonzepten für einzelne Stadtteile und den Flächenwidmungsplan in Form von Teilplänen für größere funktional zusammenhängende Gebiete erlassen.

(2) Das örtliche Raumordnungskonzept besteht aus textlichen Festlegungen sowie aus Karten und Plänen samt Planzeichenerläuterung. Der Flächenwidmungsplan und die Bebauungspläne bestehen aus Plänen samt Planzeichenerläuterung und aus ergänzenden textlichen Festlegungen. Dem örtlichen Raumordnungskonzept, dem Flächenwidmungsplan und den Bebauungsplänen sind Erläuterungen anzuschließen, die eine zusammenfassende Darstellung der wesentlichen Entscheidungsgrundlagen zu enthalten haben.

(3) Die örtlichen Raumordnungskonzepte, die Flächenwidmungspläne und die Bebauungspläne sind in digitaler Form zu erstellen. Die Flächenwidmungspläne sind weiters auf der Grundlage digitaler Daten zu beschließen und elektronisch kundzumachen. Die digitalen Daten müssen ein

Format aufweisen, das die Aufwärtskompatibilität gewährleistet, und in einem zuverlässigen Prozess erzeugt werden. Digitale Daten, denen ein Beschluss des Gemeinderates zugrunde liegt, dürfen nicht mehr geändert und gelöscht werden.

Fassung bis 30. Juni 2025:

(4) Die Landesregierung hat durch Verordnung nähere Bestimmungen über die Erstellung, die digitalen Formate, die Form und den Maßstab der örtlichen Raumordnungskonzepte, der Flächenwidmungspläne und der Bebauungspläne zu erlassen. Dabei sind insbesondere die zu verwendenden Pläne und Daten sowie die darin zu verwendenden Planzeichen und Bezeichnungen zu regeln. Die Verpflichtungen aus den Durchführungsbestimmungen nach Art. 4 Abs. 7, Art. 7 Abs. 1, Art. 16, Art. 17 Abs. 8 und Art. 21 Abs. 4 der INSPIRE-Richtlinie 2007/2/EG sind zu berücksichtigen. Hinsichtlich der Flächenwidmungspläne ist weiters die von der Landesregierung zu betreibende und den Gemeinden zur Verfügung zu stellende EDV-Anwendung (elektronischer Flächenwidmungsplan) einschließlich des Zuganges, der Schnittstellen, der Übermittlungsvorgänge und der Mindestanforderungen an die Datensicherheit zu regeln.

Fassung ab 1. Juli 2025:

(4) Die Landesregierung hat durch Verordnung

a) nähere Bestimmungen über die Erstellung, die digitalen Formate, die Form und den Maßstab der örtlichen Raumordnungskonzepte, der Flächenwidmungspläne und der Bebauungspläne zu erlassen, wobei insbesondere die zu verwendenden Pläne und Daten sowie die darin zu verwendenden Planzeichen und Bezeichnungen zu regeln und die Verpflichtungen aus den Durchführungsbestimmungen nach Art. 4 Abs. 7, Art. 7 Abs. 1, Art. 16, Art. 17 Abs. 8 und Art. 21 Abs. 4 der INSPIRE-Richtlinie 2007/2/EG zu berücksichtigen sind,
b) hinsichtlich der Flächenwidmungspläne die von der Landesregierung zu betreibende und den Gemeinden zur Verfügung zu stellende EDV-Anwendung (elektronischer Flächenwidmungsplan) einschließlich des Zugangs, der Schnittstellen, der Übermittlungsvorgänge und der Mindestanforderungen an die Datensicherheit festzulegen und
c) hinsichtlich der örtlichen Raumordnungskonzepte und der Bebauungspläne die Beschaffenheit der erforderlichen Unterlagen bzw. elektronischen Dokumente, die Übermittlungsvorgänge zwischen Gemeinde und Landesregierung einschließlich des Zuganges und der Schnittstellen sowie die Mindestanforderungen an die Datensicherheit festzulegen.

§ 29a
Kostenbeiträge

(1) Die Eigentümer der betroffenen Grundstücke, im Fall des Bestehens eines Baurechtes der Bauberechtigte, haben einen Beitrag zu den Kosten der Ausarbeitung der Änderung des Flächenwidmungsplanes zu leisten; eine Änderung des Flächenwidmungsplanes liegt auch vor, wenn zu einer bestehenden Widmung ergänzende Festlegungen getroffen werden. Dies gilt nicht in Bezug auf Grundstücke, für die der Flächenwidmungsplan derart geändert wird, dass sich gegenüber der bisherigen Widmung wesentliche Einschränkungen hinsichtlich der baulichen Nutzung ergeben. Keine Beitragspflicht besteht weiters bei Änderungen im Sinn des § 31c Abs. 2, bei Widmungskorrekturen nach § 68 Abs. 5 sowie bei Berichtigungen der elektronischen Kundmachung nach § 70 Abs. 6. Der Beitrag ist das Produkt aus der Fläche des als Bauland oder als Sonderfläche gewidmeten Grundstückes in Quadratmetern und dem Beitragssatz. Wird nur ein Teil eines Grundstückes als Bauland oder als Sonderfläche gewidmet, so ist die von der Widmung betroffene Teilfläche heranzuziehen. Der Beitragssatz ist durch Verordnung der Landesregierung für alle Gemeinden des Landes einheitlich festzulegen. Die Höhe des Beitragssatzes hat sich nach den den Gemeinden für die Änderung des Flächenwidmungsplanes durchschnittlich erwachsenden Kosten zu richten. Die Einnahmen der Gemeinden aus dem Beitrag dürfen durchschnittlich 50 v. H. dieser Kosten nicht übersteigen. Der Beitragssatz kann gestaffelt insbesondere nach der Art der Widmung, der Grundstücksgröße oder abhängig davon, ob die Änderung des Flächenwidmungsplanes durch die Gemeinde oder nach § 69 Abs. 2 erstellt worden ist oder ob diese einer Umweltprüfung zu unterziehen ist oder nicht, festgelegt werden. Weiters kann ein Höchstbeitrag bezogen jeweils auf ein Grundstück festgelegt werden. Der Bürgermeister hat den Beitrag mit dem Inkrafttreten der betreffenden Änderung des Flächenwidmungsplanes mit schriftlichem Bescheid vorzuschreiben.

(2) Die Eigentümer der betroffenen Grundstücke, im Fall des Bestehens eines Baurechtes der Bauberechtigte, haben einen Beitrag zu den Kosten der Ausarbeitung der Bebauungspläne und deren Änderung zu leisten. Dies gilt bei Grundstücken im Sinn des § 54 Abs. 4 nur dann, wenn durch die Erlassung des Bebauungsplanes im Vergleich zur bisher zulässigen baulichen Nutzung eine größere Intensität oder Dichte der Bebauung ermöglicht wird. Der Beitrag ist ein fester Betrag, der für jeden vom Bebauungsplan umfassten Bauplatz zu entrichten ist. Der Beitrag ist durch Verordnung der Landesregierung gestaffelt nach Bauweisen für alle Gemeinden des Landes einheitlich festzulegen. Die Höhe des Beitrages hat

sich nach den den Gemeinden für die Bebauungsplanung durchschnittlich erwachsenden Kosten zu richten. Die Einnahmen der Gemeinden aus dem Beitrag dürfen durchschnittlich 50 v. H. dieser Kosten nicht übersteigen. Der Bürgermeister hat den Beitrag mit dem Inkrafttreten des betreffenden Bebauungsplanes oder dessen Änderung mit schriftlichem Bescheid vorzuschreiben.

(3) Auf das Verfahren findet das Allgemeine Verwaltungsverfahrensgesetz 1991, BGBl. Nr. 51/1991, Anwendung. Die Ansprüche auf die Beiträge nach den Abs. 1 und 2 verjähren mit dem Ablauf von drei Jahren beginnend mit dem Zeitpunkt, in dem sie vorzuschreiben sind.

§ 30
Vorarbeiten

Für die Berechtigung der Organe der Gemeinde und ihrer Beauftragten zur Durchführung von Vorarbeiten für die Erarbeitung und Aktualisierung der Bestandsaufnahme und weiterer Planungsgrundlagen für das örtliche Raumordnungskonzept, den Flächenwidmungsplan und die Bebauungspläne gilt § 6 sinngemäß mit der Maßgabe, dass

a) die Entscheidung über Streitigkeiten nach § 6 Abs. 3 zweiter Satz dem Bürgermeister obliegt,
b) der Anspruch auf Vergütung nach § 6 Abs. 4 erster Satz gegenüber der Gemeinde besteht,
c) die Festsetzung der Vergütung nach § 6 Abs. 4 zweiter Satz der Bezirksverwaltungsbehörde obliegt.

2. Abschnitt
Örtliches Raumordnungskonzept

§ 31
Inhalt

(1) Im örtlichen Raumordnungskonzept sind unter Berücksichtigung der Ergebnisse der Bestandsaufnahme und der Daten des Baulandmonitorings Festlegungen über die geordnete räumliche Entwicklung der Gemeinde im Sinn der Ziele der örtlichen Raumordnung zu treffen. Das örtliche Raumordnungskonzept ist auf einen Planungszeitraum von zehn Jahren auszurichten. Im örtlichen Raumordnungskonzept sind jedenfalls festzulegen:

a) die Gebiete und Grundflächen, die insbesondere im Interesse der Ziele der örtlichen Raumordnung nach § 27 Abs. 2 lit. h, i, j und k von einer diesen Zielen widersprechenden Bebauung oder von jeglicher Bebauung mit Ausnahme der nach den §§ 41 Abs. 2, 42, 42a und 42b im Freiland zulässigen Gebäude und sonstigen baulichen Anlagen freizuhalten sind,
b) die angestrebte Bevölkerungs- und Haushaltsentwicklung in der Gemeinde unter Bedachtnahme auf den vorhandenen Siedlungsraum,
c) die angestrebte wirtschaftliche Entwicklung der Gemeinde unter besonderer Berücksichtigung der Wirtschaftszweige und Betriebsformen mit erheblichen Auswirkungen auf die sonstige Entwicklung der Gemeinde, insbesondere der Tourismuswirtschaft sowie der Großformen von Handel, Gewerbe und Industrie,
d) das Höchstausmaß jener Grundflächen, die im Hinblick auf die Festlegungen nach lit. b für Zwecke der Deckung des Wohnbedarfes als bauliche Entwicklungsbereiche ausgewiesen werden dürfen, sowie die Grundflächen, die zu diesem Zweck entsprechend gewidmet werden dürfen, und die zeitliche Abfolge der Widmung dieser Grundflächen,
e) das Höchstausmaß jener Grundflächen, die im Hinblick auf die Festlegungen nach lit. c für Zwecke der Wirtschaft als bauliche Entwicklungsbereiche ausgewiesen werden dürfen, sowie die Grundflächen, die zu diesem Zweck entsprechend gewidmet werden dürfen, und die zeitliche Abfolge der Widmung dieser Grundflächen,
f) im Fall, dass das Ausmaß des bereits gewidmeten Baulandes im Widerspruch zu einer Festlegung nach lit. d oder e über die zeitliche Abfolge der Widmung steht, jene noch nicht mit Gebäuden mit zumindest einem Aufenthaltsraum bebauten, als Bauland gewidmeten Grundflächen, die für eine Bebauung innerhalb des Planungszeitraumes grundsätzlich in Betracht kommen, die jedoch erst bei Vorliegen bestimmter weiterer Voraussetzungen bebaut werden dürfen,
g) die Anordnung der baulichen Entwicklungsbereiche, insbesondere unter Berücksichtigung der Vermeidung von Nutzungskonflikten, der Verkehrserfordernisse einschließlich der Anbindung an den öffentlichen Personennahverkehr sowie der Potenziale zur Einsparung von Energie,
h) gegebenenfalls jene als Bauland gewidmeten Grundflächen, die für eine Bebauung oder weitere Bebauung innerhalb des Planungszeitraumes grundsätzlich in Betracht kommen, die jedoch aufgrund einer Gefährdung durch gravitative Naturgefahren erst bei Vorliegen bestimmter Voraussetzungen bebaut werden dürfen,
i) die Grundzüge der Gliederung der baulichen Entwicklungsbereiche, insbesondere hinsichtlich der Intensität und Dichte der Bebauung und der Erhaltung von unbebauten Flächen im Bereich der baulichen Entwicklungsbereiche,
j) die für den fließenden und ruhenden Verkehr erforderlichen Flächen und ihre großräumige Führung unter Berücksichtigung auch der Erfordernisse des öffentlichen Verkehrs sowie des Fußgänger- und Radverkehrs, insbesondere auch zur Lösung bestehender Verkehrsprobleme,

k) die Gebiete und Grundflächen, für die eine Baulandumlegung (§ 82) erforderlich ist,
l) die erforderlichen Einrichtungen zur Wasser-, Löschwasser- und Energieversorgung und zur Abwasserbeseitigung,
m) die erforderlichen Bildungseinrichtungen, öffentlichen Kinderspielplätze sowie sozialen, kulturellen und sportlichen Einrichtungen,
n) die Maßnahmen zum Schutz bzw. zur Sanierung von Gebieten nach § 28 Abs. 3 lit. e,
o) Maßnahmen zur Ortskernstärkung und Zentrumsbelebung.

(2) Bei der Festlegung der Grundflächen, die nach Abs. 1 lit. f erst bei Vorliegen bestimmter weiterer Voraussetzungen bebaut werden dürfen, ist insbesondere der Zeitraum seit dem Inkrafttreten der Widmung der betreffenden Grundflächen als Bauland zu berücksichtigen. Vorrangig sind jene Grundflächen heranzuziehen, deren erstmalige Widmung als Bauland mindestens 15 Jahre zurückliegt. Weiters ist der Grad der Eignung der betreffenden Grundflächen für eine Bebauung, insbesondere im Hinblick auf die Lage und die erschließungsmäßigen Voraussetzungen, zu berücksichtigen.

§ 31a
Vorsorge für den geförderten Wohnbau

(1) Im örtlichen Raumordnungskonzept sind das Mindestausmaß jener Grundflächen, die im Flächenwidmungsplan als Vorbehaltsflächen für den geförderten Wohnbau (§ 52a) auszuweisen sind, sowie die Grundflächen festzulegen, die für eine entsprechende Widmung in Betracht kommen, sofern der Grundbedarf an Wohnraum zur Befriedigung des dauernden Wohnbedarfes der Bevölkerung zu leistbaren Bedingungen im Sinn der Ziele der örtlichen Raumordnung nach § 27 Abs. 2 lit. b und d im Planungszeitraum anderweitig nicht gedeckt werden kann, weil unter Berücksichtigung auch der bestehenden Bausubstanz

a) das Ausmaß der bereits als Bauland oder Vorbehaltsflächen für den geförderten Wohnbau gewidmeten und noch unbebauten Grundflächen hierzu nicht ausreicht oder
b) bereits als Bauland oder Vorbehaltsflächen für den geförderten Wohnbau gewidmete, noch unbebaute Grundflächen zwar in einem ausreichenden Ausmaß vorhanden sind, diese jedoch insbesondere auch durch Maßnahmen der Gemeinden als Träger von Privatrechten (§ 33) nicht in dem hierzu erforderlichen Ausmaß einer Verwendung für Zwecke des geförderten Wohnbaus zugeführt werden können.

Diese Verpflichtung besteht unter den genannten Voraussetzungen jedenfalls in Vorbehaltsgemeinden nach § 14 Abs. 1 des Tiroler Grundverkehrsgesetzes 1996. Sie besteht jedoch nur insoweit, als in der Gemeinde Grundflächen, die als Vorbehaltsflächen für den geförderten Wohnbau raumordnungsfachlich in Betracht kommen, (Abs. 2) vorhanden sind. Sind entsprechende Grundflächen nicht vorhanden, so ist diese Tatsache im örtlichen Raumordnungskonzept zu dokumentieren.

(2) Als Grundflächen, die als Vorbehaltsflächen für den geförderten Wohnbau in Betracht kommen, sind vorrangig Grundflächen im Bereich des Baulandes heranzuziehen. Soweit im Bereich des Baulandes solche Grundflächen nicht zur Verfügung stehen, dürfen auch Grundflächen, die im örtlichen Raumordnungskonzept als bauliche Entwicklungsbereiche für Zwecke der Deckung des Wohnbedarfes festgelegt sind, herangezogen werden. In jedem Fall dürfen nur Grundflächen herangezogen werden, die sich insbesondere im Hinblick auf ihre Lage, die Möglichkeiten einer verdichteten Bebauung und die erschließungsmäßigen Voraussetzungen als Vorbehaltsflächen für den geförderten Wohnbau eignen. Im Übrigen hat die Auswahl der in Betracht kommenden Grundflächen nach Maßgabe der Kriterien der Abs. 3, 4 und 5 zu erfolgen; soweit danach verschiedene Grundflächen in Betracht kommen, hat die Auswahl nach dem Grad ihrer Eignung als Vorbehaltsflächen für den geförderten Wohnbau zu erfolgen.

(3) Als Grundflächen, die als Vorbehaltsflächen für den geförderten Wohnbau in Betracht kommen, sind so weit wie möglich Grundflächen im Eigentum der Gemeinde, des Tiroler Bodenfonds (§ 103) und von Bauträgern, die geförderte Wohnbauten errichten, heranzuziehen. Sofern derartige Grundflächen nicht oder nicht in ausreichendem Ausmaß zur Verfügung stehen, dürfen unbebaute Grundflächen im Eigentum anderer Personen oder Rechtsträger herangezogen werden.

(4) Grundflächen, die im Eigentum ein und derselben Person oder ein und desselben Rechtsträgers stehen und deren Ausmaß insgesamt 2.000 m² nicht übersteigt, dürfen als Vorbehaltsflächen für den geförderten Wohnbau nicht herangezogen werden. Weiters dürfen nur höchstens 50 v. H. der im Eigentum ein und derselben Person oder ein und desselben Rechtsträgers stehenden Grundflächen herangezogen werden, wobei Grundflächen im Ausmaß von mindestens 1.500 m² unberührt bleiben müssen. Maßgebend sind die Eigentumsverhältnisse im Zeitpunkt der Beschlussfassung im Gemeinderat über die betreffende Festlegung im örtlichen Raumordnungskonzept (Abs. 1). Diese Beschränkungen gelten nicht, wenn der Eigentümer der betreffenden Grundflächen einer Widmung als Vorbehaltsflächen für den geförderten Wohnbau in einem größeren Ausmaß ausdrücklich zustimmt.

(5) Bei Grundflächen im Bauland ist überdies der Zeitraum seit dem Inkrafttreten der Widmung als Bauland zu berücksichtigen; vorrangig sind solche Grundflächen heranzuziehen, deren erstma-

TROG

lige Widmung als Bauland mindestens 15 Jahre zurückliegt.

§ 31b
Bebauungsplanpflicht, Bebauungsregeln

(1) Im örtlichen Raumordnungskonzept sind jene Gebiete und Grundflächen festzulegen, für die Bebauungspläne zu erlassen sind (§ 54 Abs. 2 und 3). Die Verpflichtung zur Erlassung von Bebauungsplänen ist jedenfalls für größere, im Wesentlichen noch unbebaute Gebiete und Grundflächen sowie für sonstige Gebiete und Grundflächen vorzusehen, bei denen dies im Hinblick auf die bestehende Grundstücksordnung oder den Stand der Erschließung oder Bebauung zur Gewährleistung einer (weiteren) geordneten verkehrsmäßigen Erschließung oder einer (weiteren) geordneten und Boden sparenden Bebauung erforderlich ist. Dies gilt nicht, wenn die Erlassung von Bebauungsplänen aufgrund der Größe der Gemeinde, der Siedlungs- und der Grundstücksstrukturen oder der aktuellen und der in absehbarer Zeit zu erwartenden Bautätigkeit zur Gewährleistung dieser Zielsetzungen nicht erforderlich ist. Die Verpflichtung zur Erlassung von Bebauungsplänen kann auch hinsichtlich jener Gebiete und Grundflächen vorgesehen werden, bei denen dies zur Gewährleistung einer (weiteren) geordneten verkehrsmäßigen Erschließung oder einer (weiteren) geordneten und Boden sparenden Bebauung, insbesondere zur Verwirklichung verdichteter Bauformen einschließlich der nachträglichen Verdichtung bestehender Bauformen, zweckmäßig ist.

(2) Im örtlichen Raumordnungskonzept können ferner für Gebiete und Grundflächen, für die ein Bebauungsplan nicht besteht, hinsichtlich der verkehrsmäßigen Erschließung textliche Festlegungen über die Fahrbahnbreiten und hinsichtlich der Bebauung textliche Festlegungen über die Mindestabstände baulicher Anlagen von den Straßen, die Mindest- und Höchstnutzflächen, die Mindest- und Höchstbaudichten, die Bauhöhen, die Fassadengestaltung, die Gestaltung der Dachlandschaften und dergleichen sowie textliche Festlegungen über das zulässige Ausmaß von Geländeveränderungen getroffen werden. Mit der Erlassung von Bebauungsplänen treten bestehende textliche Festlegungen hinsichtlich der vom jeweiligen Bebauungsplan umfassten Gebiete bzw. Grundflächen außer Kraft.

§ 31c
Fortschreibung

(1) Das örtliche Raumordnungskonzept ist jeweils auf einen Planungszeitraum von zehn Jahren fortzuschreiben. Die Fortschreibung hat jeweils für das gesamte Gemeindegebiet zu erfolgen. Die Stadt Innsbruck kann das örtliche Raumordnungskonzept jeweils gesondert für einzelne Stadtteile fortschreiben.

(2) Die Gemeinde hat spätestens bis zum Ablauf des zehnten Jahres nach dem Inkrafttreten des örtlichen Raumordnungskonzeptes bzw. der Fortschreibung des örtlichen Raumordnungskonzeptes dessen (weitere) Fortschreibung zu beschließen und der Landesregierung zur aufsichtsbehördlichen Genehmigung vorzulegen. Die Gemeinde hat weiters jeweils innerhalb von zwei Jahren nach dem Inkrafttreten der Fortschreibung des örtlichen Raumordnungskonzeptes den Flächenwidmungsplan zu ändern, soweit dies zur Vermeidung von Widersprüchen zu den Zielen der örtlichen Raumordnung nach diesem Gesetz und zu den Festlegungen des fortgeschriebenen örtlichen Raumordnungskonzeptes erforderlich ist. Dabei sind insbesondere jene unbebauten Grundflächen, für die im örtlichen Raumordnungskonzept eine Festlegung nach § 31 Abs. 1 lit. f oder h besteht, im Sinn des § 35 Abs. 2 erster Satz zu kennzeichnen. Weiters ist dabei, soweit dem nicht die Ziele der örtlichen Raumordnung oder Festlegungen des örtlichen Raumordnungskonzeptes entgegenstehen, außer in den Fällen des § 2 Abs. 12 lit. a bis d der Tiroler Bauordnung 2022, die einheitliche Widmung von Bauplätzen herzustellen.

(3) Kommt die Gemeinde ihren Verpflichtungen nach Abs. 2 nicht nach oder wurde der (weiteren) Fortschreibung des örtlichen Raumordnungskonzeptes bzw. der Änderung des Flächenwidmungsplanes die aufsichtsbehördliche Genehmigung versagt, so dürfen außer in den Fällen des § 36 Abs. 1 lit. c und d keine weiteren Grundflächen als Bauland, als Sonderflächen oder als Vorbehaltsflächen gewidmet werden. Davon ausgenommen sind

a) Änderungen des Flächenwidmungsplanes, die zur Schaffung eines für ein bestimmtes Bauvorhaben ausreichend großen Bauplatzes erforderlich sind, sofern die betreffende Grundfläche großteils bereits als Bauland, als Sonderfläche oder als Vorbehaltsfläche gewidmet ist, sowie
b) Änderungen zur Herstellung einheitlicher Widmungen von Bauplätzen.

(4) Kommt die Gemeinde ihrer Verpflichtung nach Abs. 2 zweiter Satz nicht nach oder wurde der Änderung des Flächenwidmungsplanes die aufsichtsbehördliche Genehmigung versagt, so darf weiters

a) auf Grundstücken, für die im örtlichen Raumordnungskonzept eine Festlegung nach § 31 Abs. 1 lit. a besteht, die Baubewilligung ausschließlich für im Freiland nach den §§ 41 Abs. 2, 42, 42a und 42b zulässige Bauvorhaben erteilt werden, sowie
b) auf Grundstücken im Bauland, für die im örtlichen Raumordnungskonzept eine Festlegung nach § 31 Abs. 1 lit. f besteht, die Baubewilligung außer für im Freiland nach § 41 Abs. 2 zulässige Gebäude oder sonstige bauliche

Anlagen nur erteilt werden, wenn das betreffende Bauvorhaben nicht im Widerspruch zur entsprechenden Festlegung steht.

§ 31d
Fristverlängerung, Befreiung

(1) Die Landesregierung kann für einzelne Gemeinden auf deren Antrag abweichend vom § 31c Abs. 1 erster Satz durch Verordnung eine um drei Jahre längere, somit 13-jährige Frist für die (weitere) Fortschreibung des örtlichen Raumordnungskonzeptes festlegen, wenn die räumliche Entwicklung der jeweiligen Gemeinde dessen frühere Fortschreibung nicht erfordert. In gleicher Weise kann für einzelne Stadtteile der Stadt Innsbruck jeweils gesondert eine um drei Jahre längere, somit 13-jährige Frist für die (weitere) Fortschreibung des örtlichen Raumordnungskonzeptes festgelegt werden, wenn die räumliche Entwicklung des jeweiligen Stadtteiles eine frühere Fortschreibung des örtlichen Raumordnungskonzeptes für diesen nicht erfordert. Diese Voraussetzung liegt insbesondere dann vor, wenn eine großflächige Ausweitung jener Bereiche oder Grundflächen, die zum Zweck der Befriedigung des Wohnbedarfes oder für Zwecke der Wirtschaft als Bauland gewidmet werden dürfen, oder eine sonstige großflächige Änderung des örtlichen Raumordnungskonzeptes während des verlängerten Planungszeitraumes voraussichtlich nicht erforderlich ist.

Fassung bis 31. Dezember 2025:

(2) Liegen die Voraussetzungen nach Abs. 1 weiterhin vor, so kann eine weitere um drei Jahre verlängerte, somit insgesamt 16-jährige Frist für die (weitere) Fortschreibung des örtlichen Raumordnungskonzeptes festgelegt werden. In der Stadt Innsbruck gilt dies auch für die (weitere) Fortschreibung des örtlichen Raumordnungskonzeptes für einzelne Stadtteile. Weitere Fristverlängerungen sind nicht zulässig.

Fassung ab 1. Jänner 2026:

(2) Liegen die Voraussetzungen nach Abs. 1 weiterhin vor, so kann, außer bei Vorbehaltsgemeinden (§ 14 Abs. 1 des Tiroler Grundverkehrsgesetzes 1996), eine weitere um drei Jahre verlängerte, somit insgesamt 16-jährige Frist für die (weitere) Fortschreibung des örtlichen Raumordnungskonzeptes festgelegt werden. In der Stadt Innsbruck gilt dies auch für die (weitere) Fortschreibung des örtlichen Raumordnungskonzeptes für einzelne Stadtteile. Weitere Fristverlängerungen sind nicht zulässig.

(3) In den Fällen der Abs. 1 und 2 hat die Gemeinde die (weitere) Fortschreibung des örtlichen Raumordnungskonzeptes, die Stadt Innsbruck die (weitere) Fortschreibung des örtlichen Raumordnungskonzeptes für den jeweiligen Stadtteil, spätestens bis zum Ablauf der Frist für dessen (weitere) Fortschreibung der Landesregierung zur aufsichtsbehördlichen Genehmigung vorzulegen. § 31c Abs. 2 zweiter und dritter Satz, 3 und 4 ist anzuwenden.

(4) Die Landesregierung kann einzelne Gemeinden auf deren Antrag durch Verordnung von der Verpflichtung zur (weiteren) Fortschreibung des örtlichen Raumordnungskonzeptes befreien, wenn die räumliche Entwicklung der Gemeinde dessen (weitere) Fortschreibung nicht erfordert. In gleicher Weise kann die Stadt Innsbruck für einzelne Stadtteile von der Verpflichtung zur (weiteren) Fortschreibung des örtlichen Raumordnungskonzeptes befreit werden, wenn die räumliche Entwicklung des jeweiligen Stadtteiles eine (weitere) Fortschreibung des örtlichen Raumordnungskonzeptes für diesen nicht erfordert. Diese Voraussetzung liegt insbesondere dann vor, wenn in der betreffenden Gemeinde bzw. im betreffenden Stadtteil

a) eine maßgebende Änderung der für die örtliche Raumordnung bedeutsamen Gegebenheiten, insbesondere hinsichtlich der Beurteilung von Gefährdungsbereichen und Rückhaltebereichen im Sinn des § 28 Abs. 2, nicht eingetreten ist und
b) eine großflächige Ausweitung jener Bereiche oder Grundflächen, die zum Zweck der Befriedigung des Wohnbedarfes oder für Zwecke der Wirtschaft als Bauland gewidmet werden dürfen, oder eine sonstige großflächige Änderung des örtlichen Raumordnungskonzeptes auf absehbare Zeit nicht erforderlich ist.

§ 32
Änderung

(1) Das örtliche Raumordnungskonzept ist zu ändern, soweit dies

a) durch eine Änderung der dem örtlichen Raumordnungskonzept zugrunde liegenden Gegebenheiten im Hinblick auf die Ziele der örtlichen Raumordnung,
b) aufgrund von Raumordnungsprogrammen oder anderen vorrangigen raumbedeutsamen Planungen oder Maßnahmen des Landes zur Vermeidung von Planungswidersprüchen oder
c) aufgrund von unionsrechtlichen Verpflichtungen Österreichs oder aufgrund der verfassungsrechtlich gebotenen Berücksichtigung raumbedeutsamer Planungen oder Maßnahmen des Bundes zur Vermeidung von Planungswidersprüchen

erforderlich ist.

(2) Das örtliche Raumordnungskonzept darf geändert werden, wenn

a) wichtige im öffentlichen Interesse gelegene Gründe hierfür vorliegen und die Änderung den Zielen der örtlichen Raumordnung nicht widerspricht,

b) die Änderung im Interesse der besseren Erreichung der Ziele der örtlichen Raumordnung gelegen ist, weil sich die für die örtliche Raumordnung bedeutsamen Gegebenheiten in einem wesentlichen Punkt geändert haben oder sich im Nachhinein herausstellt, dass diese Gegebenheiten in einem wesentlichen Punkt unzutreffend angenommen worden sind,
c) es sich um eine nur geringfügige Änderung im Randbereich von Gebieten,
1. die für einen bestimmten Zweck freizuhalten sind, zu für die weitere bauliche Entwicklung vorgesehenen Bereichen hin oder
2. die für jeweils verschiedene Zwecke freizuhalten sind,

handelt, die insbesondere der Schaffung von für bestimmte Bauvorhaben ausreichend großen Bauplätzen dient, sofern die Änderung den Zielen der örtlichen Raumordnung nicht widerspricht.

§ 33
Maßnahmen der Gemeinden als Träger von Privatrechten

(1) Die Gemeinden haben als Träger von Privatrechten die Verwirklichung der Ziele der örtlichen Raumordnung und der Festlegungen des örtlichen Raumordnungskonzeptes, insbesondere die Sicherung ausreichender Grundflächen für den Wohnbau und für gewerbliche und industrielle Zwecke, anzustreben. Insbesondere dürfen Investitionen und Förderungsmaßnahmen der Gemeinden nur im Einklang mit den Zielen der örtlichen Raumordnung und dem örtlichen Raumordnungskonzept erfolgen.

(2) Die Gemeinde kann zum Zweck der Verwirklichung der Ziele der örtlichen Raumordnung, insbesondere jenes nach § 27 Abs. 2 lit. d, und gegebenenfalls auch der Festlegungen übergeordneter Planungsinstrumente Verträge mit Grundeigentümern abschließen. Die Gemeinde hat beim Abschluss von Verträgen sämtliche Grundeigentümer, soweit diese sich in einer vergleichbaren räumlichen Lage befinden, gleich zu behandeln.

(3) Verträge nach Abs. 2 können insbesondere folgende Verpflichtungen des Grundeigentümers vorsehen:

a) die jeweiligen Grundflächen innerhalb einer angemessenen Frist einer bestimmten Verwendung zuzuführen, insbesondere zu bebauen,
b) die Grundflächen
1. der Gemeinde oder dem Tiroler Bodenfonds (§ 103) für bestimmte Zwecke, insbesondere für den geförderten Wohnbau, für die Ansiedelung von Betrieben, für die Schaffung von infrastrukturellen Einrichtungen oder für die verkehrsmäßige Erschließung baulicher Entwicklungsbereiche,
2. den als gemeinnützig anerkannten Bauvereinigungen für Zwecke des geförderten Wohnbaus und der Schaffung von Gemeinschaftseinrichtungen im Sinn des § 7 Abs. 3 Z 4 des Wohnungsgemeinnützigkeitsgesetzes – WGG, BGBl. Nr. 139/1979, zuletzt geändert durch das Gesetz BGBl. I Nr. 176/2023,
3. den im alleinigen Eigentum von Gemeinden stehenden Unternehmen, soweit deren Unternehmenszweck auf Tätigkeiten im Sinn der Z 2 gerichtet ist, für die dort angeführten Zwecke

zu überlassen.

(4) Die Überlassung der Grundflächen im Sinn des Abs. 3 lit. b hat zum Verkehrswert zu erfolgen. Bei Grundflächen, die dem geförderten Wohnbau dienen sollen, ist auch auf § 14 Abs. 2 des Tiroler Wohnbauförderungsgesetzes 1991, LGBl. Nr. 55/1991, in der jeweils geltenden Fassung Bedacht zu nehmen. In solchen Verträgen ist weiters vorzusehen, dass die Weiterveräußerung durch die in Abs. 3 lit. b genannten Rechtsträger jedenfalls innerhalb von zehn Jahren höchstens zu jenem Preis erfolgen darf, der dem seinerzeitigen Grundpreis zuzüglich einer allfälligen indexmäßigen Aufwertung und allfälliger Aufwendungen, insbesondere für die Erschließung, entspricht. Dies ist auch für den Fall weiterer Erwerbsvorgänge während dieses Zeitraumes sicherzustellen.

(5) Verträge nach Abs. 2 können weiters insbesondere vorsehen:

a) die Festlegung einer Obergrenze für die Höhe zulässiger Verkaufspreise, bei Wohnbauten unter Bedachtnahme auf § 6 Abs. 1 lit. a des Tiroler Wohnbauförderungsgesetzes 1991,
b) die Einräumung von Vergabe- und Zustimmungsrechten zugunsten der Gemeinde,
c) die Einräumung von Vorkaufsrechten und Optionen zugunsten
1. der Gemeinde oder des Tiroler Bodenfonds sowie
2. für Zwecke des geförderten Wohnbaus und der Schaffung von Gemeinschaftseinrichtungen im Sinn des § 7 Abs. 3 Z 4 WGG zugunsten der in Abs. 3 lit. b Z 2 und 3 genannten Rechtsträger,

jeweils unter Bedachtnahme auf § 6 Abs. 1 lit. a des Tiroler Wohnbauförderungsgesetzes 1991 und unter sinngemäßer Anwendung von Abs. 4 zweiter und dritter Satz,

d) die Festlegung einer Mindestarbeitsplatzdichte bei betrieblichen Nutzungen,
e) die Festlegung einer Obergrenze für die Höhe zulässiger Mietzinse oder
f) die Verpflichtung zur Begründung von Hauptwohnsitzen.

(6) Die Einhaltung der Verträge nach Abs. 2 ist auf geeignete Weise sicherzustellen. Zu diesem Zweck können insbesondere vereinbart werden:

a) die Überbindung der Vertragsinhalte auf Rechtsnachfolger,
b) die dingliche Absicherung der Rechte und Pflichten nach den Abs. 3 und 5,
c) Auskunftspflichten der Grundeigentümer bzw. Betreiber von auf den Grundflächen errichteten baulichen Anlagen,
d) Kontroll- und Einsichtsrechte der Gemeinde in Unterlagen der Grundeigentümer bzw. Betreiber von auf den Grundflächen errichteten baulichen Anlagen sowie
e) Vertragsstrafen.

(7) Festlegungen des örtlichen Raumordnungskonzeptes, des Flächenwidmungsplanes oder eines Bebauungsplanes dürfen nicht ausschließlich vom Abschluss von Verträgen nach Abs. 2 abhängig gemacht und nur nach Maßgabe des Abs. 8 erster Satz mit ihrem Abschluss verknüpft werden.

(8) Können von der Gemeinde im Rahmen ihres Planungsermessens erwogene, insbesondere von den betroffenen Grundeigentümern vorgeschlagene Festlegungen des örtlichen Raumordnungskonzeptes, des Flächenwidmungsplanes oder eines Bebauungsplanes trotz Erfüllung der sonstigen gesetzlichen Voraussetzungen nur dann in Übereinstimmung mit sämtlichen maßgebenden Zielen der örtlichen Raumordnung bzw. Festlegungen übergeordneter Planungsinstrumente der Gemeinde gebracht werden, wenn ergänzend Verträge nach Abs. 2 mit den betroffenen Grundeigentümern abgeschlossen werden, so dürfen diese Festlegungen nur unter der Voraussetzung erfolgen, dass vor der Beschlussfassung darüber entsprechende Verträge zustande gekommen sind. Besteht zwischen der Gemeinde und den betroffenen Grundeigentümern Einvernehmen über die im Hinblick auf den Vertragszweck notwendigen und angemessenen Inhalte eines solchen Vertrages, so ist die Gemeinde zum Vertragsabschluss verpflichtet. Die entsprechenden Festlegungen des örtlichen Raumordnungskonzeptes, des Flächenwidmungsplanes oder eines Bebauungsplanes dürfen einem solchen Vertrag nicht widersprechen.

§ 34
Förderung der Gemeinden

Das Land Tirol hat als Träger von Privatrechten den Gemeinden Zuschüsse zu den Kosten der Ausarbeitung und der (weiteren) Fortschreibung der örtlichen Raumordnungskonzepte zu gewähren.

3. Abschnitt
Flächenwidmungsplan

§ 35
Inhalt

(1) Im Flächenwidmungsplan ist unbeschadet der Planungskompetenzen des Bundes und des Landes unter Berücksichtigung der Ziele der örtlichen Raumordnung, des örtlichen Raumordnungskonzeptes und der Ergebnisse der Bestandsaufnahme für alle Grundflächen des Gemeindegebietes der Verwendungszweck durch die Widmung als Bauland, Freiland, Sonderflächen oder Vorbehaltsflächen festzulegen. Weiters ist der Verlauf der Straßen nach § 53 Abs. 1 festzulegen.

(2) Jene Grundflächen, für die im örtlichen Raumordnungskonzept eine Festlegung nach § 31 Abs. 1 lit. f oder h besteht, sind im Flächenwidmungsplan entsprechend zu kennzeichnen. Die Kennzeichnung bewirkt, dass auf diesen Grundflächen unbeschadet der bestehenden Widmung nur die im Freiland nach § 41 Abs. 2 zulässigen Gebäude und sonstigen baulichen Anlagen errichtet und dass für bestehende Gebäude nur mehr die in den §§ 42, 42 a und 42b angeführten Baumaßnahmen ausgeführt werden dürfen. § 55 Abs. 2 lit. b und c ist anzuwenden. Die Kennzeichnung ist aufzuheben, sobald die im örtlichen Raumordnungskonzept festgelegten weiteren Voraussetzungen erfüllt sind und im Fall einer Festlegung nach § 31 Abs. 1 lit. f überdies ein Bedarf nach einer widmungsgemäßen Verwendung der betreffenden Grundflächen besteht.

(3) Im Flächenwidmungsplan sind die im § 28 Abs. 2 und 3 genannten Gebiete, Grundflächen und Anlagen ersichtlich zu machen, soweit die entsprechenden Daten in elektronischer Form verfügbar sind. Weiters sind die Straßen nach § 53 Abs. 3 ersichtlich zu machen, sobald die dafür erforderlichen Geodaten verfügbar sind; der Straßenverwalter hat diese Daten der Landesregierung zum Zweck der Übernahme in den elektronischen Flächenwidmungsplan unverzüglich zur Verfügung zu stellen.

(4) Die Vereinbarkeit eines Bauvorhabens mit der im Flächenwidmungsplan festgelegten Widmung ist nach der Art, dem Verwendungszweck und den Verkehrsauswirkungen der jeweiligen baulichen Anlage sowie nach jenen Maßnahmen zum Schutz der Bevölkerung, deren Durchführung technisch möglich und rechtlich sichergestellt ist, zu beurteilen.

§ 36
Änderung

(1) Der Flächenwidmungsplan ist zu ändern, soweit dies
a) aufgrund einer Änderung des örtlichen Raumordnungskonzeptes,
b) zur Verwirklichung einer dem örtlichen Raumordnungskonzept, insbesondere den Festlegungen nach § 31 Abs. 1 lit. d bis h, entsprechenden weiteren räumlichen Entwicklung der Gemeinde,
c) aufgrund von Raumordnungsprogrammen oder anderen vorrangigen raumbedeutsamen Planungen oder Maßnahmen des Landes zur Vermeidung von Planungswidersprüchen oder

d) aufgrund von unionsrechtlichen Verpflichtungen Österreichs oder aufgrund der verfassungsrechtlich gebotenen Berücksichtigung raumbedeutsamer Planungen oder Maßnahmen des Bundes zur Vermeidung von Planungswidersprüchen

erforderlich ist.

(2) Der Flächenwidmungsplan darf geändert werden, wenn die Änderung

a) den Zielen der örtlichen Raumordnung und dem örtlichen Raumordnungskonzept nicht widerspricht und ein Bedarf an der widmungsgemäßen Verwendung der betreffenden Grundflächen besteht, insbesondere zum Zweck der Befriedigung des Wohnbedarfes oder für Zwecke der Wirtschaft,
b) einer den Zielen der örtlichen Raumordnung und dem örtlichen Raumordnungskonzept entsprechenden kleinräumigen Erweiterung von Widmungsbereichen, insbesondere zur Schaffung von für konkrete Bauvorhaben ausreichend großen Bauplätzen, dient,
c) eine Festlegung nach § 13 Abs. 3 zweiter und dritter Satz zum Inhalt hat.

(3) Wird ein örtliches Raumordnungskonzept vom Verfassungsgerichtshof aufgehoben, so dürfen außer in den Fällen des Abs. 1 lit. c und d bis zum Inkrafttreten eines neuen örtlichen Raumordnungskonzeptes keine weiteren Grundflächen als Bauland, als Sonderflächen oder als Vorbehaltsflächen gewidmet werden. Wird ein örtliches Raumordnungskonzept vom Verfassungsgerichtshof teilweise aufgehoben, so gilt dies für die von der Aufhebung betroffenen Teile des Gemeindegebietes.

§ 37
Bauland

(1) Als Bauland dürfen nur Grundflächen gewidmet werden, die sich im Hinblick auf die Nutzungssicherheit sowie in gesundheitlicher, technischer und wirtschaftlicher Hinsicht für eine der jeweiligen Widmung (Abs. 2) entsprechende Bebauung eignen. Von der Widmung als Bauland sind insbesondere ausgeschlossen:

a) Grundflächen, soweit sie unter Bedachtnahme auf Gefahrenzonenpläne wegen einer Gefährdung durch Lawinen, Hochwasser, Wildbäche, Steinschlag, Erdrutsch oder andere gravitative Naturgefahren für eine widmungsgemäße Bebauung nicht geeignet sind,
b) Grundflächen, soweit sie aufgrund von Bodenbelastungen oder Immissionsbelastungen für eine widmungsgemäße Bebauung nicht geeignet sind,
c) Grundflächen, soweit deren verkehrsmäßige Erschließung oder Erschließung mit Einrichtungen zur Wasser-, Löschwasser- und Energieversorgung und zur Abwasserentsorgung unvertretbar hohe Aufwendungen aus öffentlichen Mitteln erfordern würde.

(2) Die Grundflächen im Bauland sind als Wohngebiet, Gewerbe- und Industriegebiet oder Mischgebiet zu widmen. Bei der Abgrenzung der Gebiete ist darauf Bedacht zu nehmen, dass gegenseitige Beeinträchtigungen, insbesondere durch Lärm, Luftverunreinigungen, Geruch oder Erschütterungen, so weit wie möglich vermieden werden.

(3) Grundflächen, deren Eignung als Bauland wegen einer Gefährdung durch Lawinen, Hochwasser, Wildbäche, Steinschlag, Erdrutsch oder andere gravitative Naturgefahren nur unter der Voraussetzung einer bestimmten Anordnung oder baulichen Beschaffenheit von Gebäuden oder sonstiger baulicher Vorkehrungen in deren Bereich oder bestimmter organisatorischer Vorkehrungen, wie insbesondere eines Sicherheitskonzeptes, gegeben ist, dürfen nur dann als Bauland gewidmet werden, wenn

a) diese innerhalb eines bebauten Bereiches oder unmittelbar im Anschluss daran gelegen sind,
b) das Bauland dadurch nicht in Bereiche mit erheblich höheren Gefährdungspotentialen erweitert wird und
c) im Fall einer Gefährdung durch Hochwasser wesentliche Hochwasserabflussbereiche oder –rückhalteräume nicht beeinträchtigt werden.

Kann die Eignung als Bauland nur durch entsprechende Maßnahmen gewährleistet werden, so sind diese ergänzend zur Widmung als Bauland textlich festzulegen. Dabei kann ausnahmsweise auch vorgesehen werden, dass die Benutzung bestimmter Arten von Anlagen mit Ausnahme von Gebäuden auf bestimmte Zeiträume zu beschränken ist, wenn dies mit dem Verwendungszweck der betreffenden Anlagen vereinbar und zur Gewährleistung ihrer Nutzungssicherheit unbedingt erforderlich ist; in diesem Fall ist die Baubewilligung unter Auflagen zu erteilen, die die Benützung der betreffenden Anlagen außerhalb dieser Zeiträume ausschließen. Zur Frage der Eignung der betreffenden Grundflächen als Bauland, der Notwendigkeit entsprechender Maßnahmen und des Vorliegens der Voraussetzungen nach lit. b und c sind facheinschlägige Gutachten einzuholen, soweit der Gemeinde nicht schon entsprechende fachliche Grundlagen zur Verfügung stehen. Aktuelle Gefahrenzonenpläne sind in die Beurteilung miteinzubeziehen.

(4) Die Eignung von Grundflächen als Bauland ist in Bezug auf Beeinträchtigungen durch Lärm jedenfalls gegeben, wenn der nach dem Stand der Technik ermittelte Beurteilungspegel an den jeweiligen Grundstücksgrenzen in den Zeitabschnitten Tag, Abend und Nacht abhängig von der Widmung folgende dB-Werte nicht übersteigt:

	Tag	Abend	Nacht
	6:00 bis 19:00 Uhr	19:00 bis 22:00 Uhr	22:00 bis 6:00 Uhr
Wohngebiet	50 dB	45 dB	40 dB
gemischtes Wohngebiet oder Tourismusgebiet	55 dB	50 dB	45 dB
Kerngebiet oder landwirtschaftliches Mischgebiet	60 dB	55 dB	50 dB
allgemeines Mischgebiet	65 dB	60 dB	55 dB

Grundflächen, hinsichtlich deren die Einhaltung der maßgebenden dB-Werte nicht gewährleistet werden kann, deren Eignung als Bauland aber unter der Voraussetzung einer bestimmten Anordnung oder baulichen Beschaffenheit von Gebäuden oder sonstiger baulicher Vorkehrungen in deren Bereich oder bestimmter organisatorischer Vorkehrungen gegeben ist, dürfen als Bauland gewidmet werden, wenn die erforderlichen Maßnahmen ergänzend zur Widmung als Bauland textlich festgelegt werden.

(5) Grundflächen, deren Eignung als Bauland wegen einer Beeinträchtigung durch Erschütterungen nur unter der Voraussetzung einer bestimmten Anordnung oder baulichen Beschaffenheit von Gebäuden oder sonstiger baulicher Vorkehrungen in diesem Bereich gegeben ist, dürfen als Bauland gewidmet werden, wenn die erforderlichen Maßnahmen ergänzend zur Widmung als Bauland textlich festgelegt werden.

(6) Bei der Widmung von Grundflächen als Bauland mit Ausnahme von Gewerbe- und Industriegebiet ist darauf Bedacht zu nehmen, dass diese einen angemessenen Schutzabstand zu Bergbaugebieten für den obertägigen Abbau grundeigener mineralischer Rohstoffe aufweisen. Weiters ist auf sonstige Bergbaugebiete Bedacht zu nehmen.

§ 37a
Befristete Widmung als Bauland

(1) Werden noch unbebaute Grundflächen von Freiland in Bauland gewidmet, so tritt die Widmung dieser Grundflächen als Bauland außer Kraft, wenn die Baubewilligung für ein der Widmung entsprechendes Bauvorhaben nicht innerhalb von zehn Jahren nach dem Inkrafttreten der Widmung erteilt wird oder wenn eine solche Baubewilligung erlischt. Dies gilt nicht in Bezug auf

a) Grundflächen, für die im Zeitraum vom 1. Jänner 1994 bis zum 30. Juni 2020 zumindest einmal bereits eine Widmung als Bauland bestanden hat,
b) kleinräumige Grundflächen, deren Widmung als Bauland nur der Abrundung bereits bestehender, nicht befristet gewidmeter Baulandbereiche, insbesondere mit dem Ziel der Schaffung ausreichend großer Bauplätze oder der Herstellung einer einheitlichen Widmung von Bauplätzen dient,
c) Grundflächen, deren widmungsgemäße Bebauung auf der Grundlage von Verträgen nach § 33 Abs. 2 innerhalb einer Frist von höchstens fünf Jahren sichergestellt ist, oder
d) Grundflächen, die im Abtausch mit der Rückwidmung von bisher unbefristet als Bauland gewidmeten Grundflächen in Freiland als Bauland gewidmet werden, sofern das Flächenausmaß der nunmehr als Bauland gewidmeten Grundflächen jenes der rückgewidmeten Grundflächen höchstens geringfügig übersteigt. Werden die rückgewidmeten Grundflächen oder Teile davon wiederum als Bauland gewidmet, so hat die Widmung außer in den Fällen der lit. b und c jedenfalls befristet zu erfolgen.

(2) Der Lauf der Frist nach Abs. 1 erster Satz wird durch eine Änderung in der Art der Widmung als Bauland (§ 37 Abs. 2) nicht berührt. In diese Frist sind die Zeiten des Bauverfahrens, eines Verfahrens vor dem Landesverwaltungsgericht, dem Verwaltungsgerichtshof oder dem Verfassungsgerichtshof und einer Bausperre im Sinn des § 75 nicht einzurechnen.

(3) Abweichend von Abs. 1 erster Satz kann auf Vorschlag des Grundeigentümers für das Außerkrafttreten der Widmung als Bauland im Interesse einer zweckmäßigen und geordneten Bebauung der betreffenden Grundfläche eine längere, höchstens jedoch 15-jährige Frist festgelegt werden, wenn eine frühere widmungsgemäße Verwendung derselben aus Gründen, die nicht vom Grundeigentümer zu vertreten sind, nicht möglich ist; diese Frist ist in ganzen Jahren festzulegen. Ein solcher Vorschlag kann bis zum Ende des siebten Monats vor dem Ablauf der Frist nach Abs. 1 erster Satz eingebracht werden. Zu einem späteren Zeitpunkt eingebrachte Vorschläge dürfen nicht mehr berücksichtigt werden.

(4) Kommt hinsichtlich einer Grundfläche, deren Widmung als Bauland befristet ist, ein Vertrag nach Abs. 1 lit. c zustande, der eine widmungsgemäße Bebauung noch innerhalb offener Frist vorsieht, so ist die Befristung in Bezug auf die betreffende Grundfläche aufzuheben.

(5) Hinsichtlich der Befristung im Fall von Grundstücksänderungen gilt:

a) werden zwei oder mehrere Grundstücke, die bezogen auf ihre Gesamtfläche überwiegend befristet gewidmet sind, während der Geltungsdauer der Widmung vereinigt, so gilt die entsprechende Befristung für das nunmehrige Grundstück; bestehen im Bereich dieser Grundstücke unterschiedliche Befristungen, so gilt für das nunmehrige Grundstück jene Befristung, die für den überwiegenden Teil der befristet gewidmeten Grundfläche gegolten hat;
b) werden zwei oder mehrere Grundstücke, die bezogen auf ihre Gesamtfläche überwiegend nicht befristet gewidmet sind, während der Geltungsdauer der Widmung vereinigt, so gilt das nunmehrige Grundstück als nicht befristet gewidmet;
c) wird ein Grundstück während der Geltungsdauer der Widmung geteilt, so gelten bestehende Befristungen im Umfang der neuen Grundstücksgrenzen weiter;
d) wird einem befristet gewidmeten Grundstück während der Geltungsdauer der Widmung eine Teilfläche eines anderen Grundstückes zugeschrieben, so gilt die Befristung auch für die zugeschriebene Teilfläche; bestehen im Bereich des betreffenden Grundstückes unterschiedliche Befristungen, so gilt jene Befristung, die für den überwiegenden Teil des betreffenden Grundstückes gilt, für das gesamte Grundstück einschließlich des zugeschriebenen Grundstücksteiles; dies gilt auch im Fall, dass das betreffende Grundstück überwiegend befristet gewidmet ist; ist das betreffende Grundstück hingegen überwiegend nicht befristet gewidmet, so gilt das gesamte Grundstück einschließlich des zugeschriebenen Grundstücksteiles als nicht befristet gewidmet;
e) wird von einem Grundstück während der Geltungsdauer der Widmung eine Teilfläche abgeschrieben, so gilt dessen Befristung im Umfang der nunmehrigen Grundstücksgrenzen weiter.

Die Gemeinde hat die Änderungen in der Befristung im elektronischen Flächenwidmungsplan darzustellen.

(6) Wird ein Bauplatz nach Maßgabe der Abs. 1, 2 und 3 rechtzeitig einer widmungsgemäßen Verwendung zugeführt, so bleibt die Widmung für den betreffenden Bauplatz aufrecht. Die Gemeinde hat den Wegfall der Befristung in der elektronischen Kundmachung des Flächenwidmungsplanes ersichtlich zu machen und gleichzeitig die Widmung als Bauland ohne Befristung darzustellen.

(7) Tritt die Widmung als Bauland nach Maßgabe der Abs. 1, 2 und 3 außer Kraft, so hat die Gemeinde in der elektronischen Kundmachung des Flächenwidmungsplanes die nunmehrige Widmung als Freiland darzustellen. Die Widmung als Freiland wird mit dem Ablauf des Tages wirksam, an dem die entsprechenden Daten zur Abfrage freigegeben werden.

(8) Die Bestimmungen der Abs. 1 bis 7 sind auch auf Sonderflächen für Widmungen mit Teilfestlegungen (§ 51) anzuwenden, sofern zumindest eine der Ebenen der betreffenden Grundfläche oder eine Teilfläche einer solchen Ebene als Bauland gewidmet ist. In diesem Fall treten die Fristen für das Außerkrafttreten der Widmung nach den Abs. 1 bis 3 an die Stelle jener nach § 43 Abs. 6.

§ 38
Wohngebiet

(1) Im Wohngebiet dürfen errichtet werden:

a) Wohngebäude einschließlich der hierfür vorgesehenen Abstellmöglichkeiten für Kraftfahrzeuge samt den dazugehörigen Rampen und Zufahrten, wenn deren Anzahl jene der nach § 8 Abs. 1 der Tiroler Bauordnung 2022, LGBl. Nr. 44/2022, in der jeweils geltenden Fassung erforderlichen Abstellmöglichkeiten um nicht mehr als 10 v.H. übersteigt,
b) Gebäude, die der Privatzimmervermietung oder der Unterbringung von nach § 13 Abs. 1 lit. d zulässigen Ferienwohnungen dienen,
c) Gebäude, die neben Wohnzwecken im untergeordneten Ausmaß auch der Unterbringung von Büros, Kanzleien, Ordinationen und dergleichen dienen,
d) Gebäude für Betriebe und Einrichtungen, die der Versorgung der Bevölkerung des betreffenden Wohngebietes mit Gütern des täglichen Bedarfs oder der Befriedigung ihrer sozialen und kulturellen Bedürfnisse dienen und die unter Berücksichtigung der örtlichen Gegebenheiten die Wohnqualität in diesem Gebiet, insbesondere durch Lärm, Geruch, Luftverunreinigungen oder Erschütterungen, und dessen Charakter als Wohngebiet nicht wesentlich beeinträchtigen.

(2) Im Wohngebiet können Grundflächen als gemischtes Wohngebiet gewidmet werden. Im gemischten Wohngebiet dürfen neben den im Abs. 1 genannten Gebäuden auch öffentliche Gebäude, Geschäfts- und Verwaltungsgebäude, Gebäude für Gastgewerbebetriebe zur Beherbergung von Gästen mit höchstens 40 Betten (§ 13 Abs. 1a) und Gebäude für sonstige Kleinbetriebe errichtet werden, die unter Berücksichtigung der örtlichen Gegebenheiten die Wohnqualität im betreffenden Gebiet, insbesondere durch Lärm, Geruch, Luftverunreinigungen oder Erschütterungen, und dessen Charakter als Wohngebiet nicht wesentlich beeinträchtigen.

(3) Bestehen auf Grundflächen, die als Wohngebiet oder gemischtes Wohngebiet gewidmet sind, rechtmäßig bereits Gebäude für andere als die im Wohngebiet bzw. im gemischten Wohngebiet

zulässigen Betriebe oder Einrichtungen, so dürfen darauf auch Gebäude für diese Betriebe oder Einrichtungen errichtet werden, wenn dadurch

a) gegenüber dem Baubestand im Zeitpunkt der Widmung als Wohngebiet bzw. gemischtes Wohngebiet die Baumasse mit Ausnahme jener von Nebengebäuden um insgesamt nicht mehr als 20 v. H., höchstens jedoch um 400 m³, vergrößert wird und die betriebliche oder sonstige Tätigkeit gegenüber diesem Zeitpunkt höchstens geringfügig erweitert wird und
b) die Wohnqualität im betreffenden Gebiet, insbesondere durch Lärm, Geruch, Luftverunreinigungen oder Erschütterungen, und dessen Charakter als Wohngebiet nicht wesentlich oder, sofern vom betreffenden Betrieb bzw. von der betreffenden Einrichtung solche Beeinträchtigungen bereits ausgehen, nicht mehr als bisher beeinträchtigt wird.

Unter denselben Voraussetzungen kann auch eine Änderung der Betriebsart bzw. des Verwendungszweckes erfolgen.

(4) Bestehen im Wohngebiet am 31. August 2021 rechtmäßig Gebäude, in denen höchstens drei Wohnungen mit insgesamt höchstens zwölf Betten (§ 13 Abs. 1a) zur gewerblichen Beherbergung von Gästen verwendet werden, so dürfen diese weiterhin entsprechend verwendet werden. Dies gilt jedoch nur, sofern der Gewerbetreibende im betreffenden Gebäude seinen Hauptwohnsitz hat und in diesem neben allfälligen Wohnungen für seine Angehörigen keine weiteren Wohnungen bestehen, die der Befriedigung eines ganzjährigen, mit dem Mittelpunkt der Lebensbeziehungen verbundenen Wohnbedürfnisses dienen.

(5) Im Wohngebiet und im gemischten Wohngebiet dürfen unter den gleichen Voraussetzungen wie für Gebäude auch Nebengebäude und Nebenanlagen errichtet werden. Jedenfalls zulässig ist die Anbringung von Solarenergieanlagen im Umfang des § 6 Abs. 3 lit. c der Tiroler Bauordnung 2022. Weiters dürfen sonstige Bauvorhaben, die einem im jeweiligen Gebiet zulässigen Verwendungszweck dienen und die unter Berücksichtigung der örtlichen Gegebenheiten die Wohnqualität im betreffenden Gebiet, insbesondere durch Lärm, Geruch, Luftverunreinigungen oder Erschütterungen, und dessen Charakter als Wohngebiet nicht wesentlich beeinträchtigen, ausgeführt werden.

(6) Die Wohnqualität gilt in Bezug auf Lärm durch ein Bauvorhaben jedenfalls dann nicht als wesentlich beeinträchtigt, wenn der nach dem Stand der Technik ermittelte Beurteilungspegel in den Zeitabschnitten Tag, Abend und Nacht bezogen auf die nach § 37 Abs. 4 entsprechend der jeweiligen Widmung maßgebenden dB-Werte an den jeweiligen Grundstücksgrenzen nicht überschritten wird. Weiters gilt die Wohnqualität dann nicht als wesentlich beeinträchtigt, wenn der Beurteilungspegel an den jeweiligen Grundstücksgrenzen um nicht mehr als 1 dB angehoben wird. Ferner gilt die Wohnqualität dann nicht als wesentlich beeinträchtigt, wenn der Beurteilungspegel unter Zugrundelegung der örtlichen Gegebenheiten

a) im Bereich der Außenkanten von baulichen Anlagen oder Flächen, die entsprechend ihrem jeweiligen Verwendungszweck nicht zum länger dauernden Aufenthalt von Menschen bestimmt sind, wie Stellplätze, Carports, Zufahrten, Lagerflächen, offene Schwimmbecken und dergleichen,
b) im Bereich der Fassade von Gebäuden oder Teilen von Gebäuden, die anderen Zwecken als Wohnzwecken dienen, zur Grundstücksgrenze bzw. zu baulichen Anlagen oder Flächen im Sinn der Z 1 hin oder
c) im Bereich der Fassade von Gebäuden oder Teilen von Gebäuden, die Wohnzwecken dienen, soweit es sich bei den durch die Fassade abgegrenzten Gebäudeflächen um Nebenräume wie Funktionsküchen, Sanitärräume, Abstell- und Lagerräume, Technikräume und dergleichen handelt, zur Grundstücksgrenze bzw. zu baulichen Anlagen oder Flächen im Sinn der Z 1 hin

jeweils um nicht mehr als 5 dB angehoben wird.

§ 39
Gewerbe- und Industriegebiet

(1) Im Gewerbe- und Industriegebiet dürfen errichtet werden:

a) Gebäude für Gewerbebetriebe mit Ausnahme von Gastgewerbebetrieben zur Beherbergung von Gästen,
b) Gebäude für Industriebetriebe,
c) betriebstechnisch notwendige Wohnungen,
d) Gebäude für Veranstaltungs- und Vergnügungsstätten, wie Theater, Kinos und dergleichen,
e) Gebäude für Einrichtungen, die der Versorgung oder den sozialen Bedürfnissen der Personen, die sich im Gewerbe- und Industriegebiet aufhalten, dienen.

(2) Für das Gewerbe- und Industriegebiet oder für Teile davon kann festgelegt werden, dass nur bestimmte Arten von Betrieben zulässig oder bestimmte Arten von Betrieben nicht zulässig sind, soweit dies erforderlich ist, um

a) Gefahren für das Leben und die Gesundheit der Bevölkerung, insbesondere durch Lärm, Luftverunreinigungen, Geruch oder Erschütterungen, hintanzuhalten,
b) Nutzungskonflikte oder wechselseitige Beeinträchtigungen im Verhältnis zu anderweitig gewidmeten Gebieten oder zwischen betrieblichen Tätigkeiten innerhalb des betreffenden Gebietes hintanzuhalten,

c) eine den örtlichen Verhältnissen und den wirtschaftlichen Bedürfnissen der Bevölkerung entsprechende sparsame und zweckmäßige Nutzung des Gewerbe- und Industriegebietes zu gewährleisten,
d) schwerwiegende Belastungen der Bevölkerung durch den Verkehr oder eine Überlastung oder im Hinblick auf die sonstigen Verkehrserfordernisse unverhältnismäßige Belastung von Verkehrswegen durch Betriebe mit erheblichem Verkehrsaufkommen hintanzuhalten,
e) eine Überlastung oder im Hinblick auf die sonstigen Erschließungserfordernisse unverhältnismäßige Belastung von Einrichtungen zur Wasserversorgung, Energieversorgung oder Abwasserbeseitigung durch Betriebe mit erheblichem Wasser- oder Energieverbrauch oder Abwasseranfall hintanzuhalten.

(3) Im Gewerbe- und Industriegebiet dürfen Gebäude für Anlagen von Seveso-Betrieben nur errichtet werden, wenn dies durch eine entsprechende Festlegung im Flächenwidmungsplan für zulässig erklärt worden ist. Solche Festlegungen dürfen nur im Einklang mit den im Abs. 2 genannten Interessen und weiters nur dann getroffen werden, wenn die Raumverträglichkeit des Vorhabens nach § 12a Abs. 1 festgestellt wurde.

(4) Bestehen im Gewerbe- und Industriegebiet
a) auf Grundflächen, für die eine Festlegung nach Abs. 2 getroffen wurde, rechtmäßig bereits Gebäude für andere als nach dieser Festlegung zulässige Betriebe oder
b) auf Grundflächen, für die eine Festlegung nach Abs. 3 nicht getroffen wurde, rechtmäßig bereits Gebäude für Anlagen von Seveso-Betrieben,

so dürfen auf diesen Grundflächen auch Gebäude für diese Betriebe bzw. Anlagen von Betrieben errichtet werden, wenn dadurch die Baumasse mit Ausnahme jener von Nebengebäuden um insgesamt nicht mehr als 20 v. H., höchstens jedoch um 400 m³, vergrößert wird und die betriebliche Tätigkeit höchstens geringfügig erweitert wird. Dabei ist im Fall der lit. a von den Gegebenheiten im Zeitpunkt der Erlassung der betreffenden Festlegung auszugehen. Im Fall der lit. b ist von den Gegebenheiten am 30. September 2001 bzw., wenn der Betrieb die Eigenschaft als Seveso-Betrieb mit 1. Juni 2015 erlangt hat, von den Gegebenheiten am 31. Mai 2015 auszugehen. Liegen im Fall der lit. b angemessene Sicherheitsabstände nicht vor, so genügt es weiters, dass die bestehenden Sicherheitsabstände gewahrt bleiben.

(5) Bestehen auf Grundflächen im Gewerbe- und Industriegebiet rechtmäßig bereits Wohnungen, die nicht unter Abs. 1 lit. c fallen, so sind auch Bauvorhaben zulässig, durch die die Baumasse der zu Wohnzwecken genutzten Gebäude oder Gebäudeteile um insgesamt nicht mehr als 20 v. H., höchstens jedoch um 300 m³, vergrößert wird.

(6) Im Gewerbe- und Industriegebiet dürfen unter den gleichen Voraussetzungen wie für Gebäude auch Nebengebäude und Nebenanlagen errichtet und sonstige Bauvorhaben, die einem in diesem Gebiet zulässigen Verwendungszweck dienen, ausgeführt werden. Jedenfalls zulässig ist die Anbringung von Solarenergieanlagen im Umfang des § 6 Abs. 3 lit. c der Tiroler Bauordnung 2022.

§ 40

Mischgebiete

(1) Mischgebiete sind das allgemeine Mischgebiet, das Kerngebiet, das Tourismusgebiet und das landwirtschaftliche Mischgebiet. In den Mischgebieten dürfen die im § 38 Abs. 1 lit. a, b und c genannten Gebäude sowie nach Maßgabe der Abs. 2 bis 5 sonstige Gebäude errichtet werden, die unter Berücksichtigung der örtlichen Gegebenheiten die Wohnqualität im betreffenden Gebiet, insbesondere durch Lärm, Geruch, Luftverunreinigungen oder Erschütterungen, nicht wesentlich beeinträchtigen. Gebäude für Anlagen von Seveso-Betrieben dürfen in Mischgebieten nicht errichtet werden.

(2) Im allgemeinen Mischgebiet dürfen die im gemischten Wohngebiet zulässigen Gebäude und Gebäude für Betriebe errichtet werden. Für das allgemeine Mischgebiet oder für Teile davon kann aus den im § 39 Abs. 2 lit. b bis e genannten Gründen festgelegt werden, dass außer den im gemischten Wohngebiet zulässigen Arten von Betrieben nur bestimmte weitere Arten von Betrieben zulässig oder bestimmte weitere Arten von Betrieben nicht zulässig sind.

(3) Im Kerngebiet dürfen die im gemischten Wohngebiet zulässigen Gebäude und Gebäude für Gastgewerbebetriebe, für Veranstaltungs- und Vergnügungsstätten, wie Theater, Kinos und dergleichen, sowie für sonstige Betriebe und Einrichtungen, die der Befriedigung der sozialen und kulturellen Bedürfnisse der Bevölkerung dienen, errichtet werden.

(4) Im Tourismusgebiet dürfen die im gemischten Wohngebiet zulässigen Gebäude und Gebäude für dem Tourismus dienende Betriebe und Einrichtungen errichtet werden.

(5) Im landwirtschaftlichen Mischgebiet dürfen die im gemischten Wohngebiet zulässigen Gebäude und Gebäude für land- oder forstwirtschaftliche Betriebe und sonstige der landwirtschaftlichen Tierhaltung mit Ausnahme der landwirtschaftlichen Intensivtierhaltung (§ 45 Abs. 1) dienende Gebäude sowie Gebäude für gewerbliche Klein- und Mittelbetriebe mit Ausnahme von Gebäuden für Gastgewerbebetriebe zur Beherbergung von Gästen mit mehr als 40 Betten (§ 13 Abs. 1a) errichtet werden. Abs. 2 zweiter Satz gilt sinngemäß.

(6) Für Mischgebiete kann festgelegt werden, dass als Wohnungen nur betriebstechnisch notwendige Wohnungen und Wohnungen für den Betriebsinhaber und das Aufsichts- und Wartungspersonal errichtet werden dürfen, insbesondere wenn diese Gebiete für eine uneingeschränkte Wohnnutzung nicht geeignet sind oder eine solche Einschränkung erforderlich ist, um Nutzungskonflikte oder wechselseitige Beeinträchtigungen zwischen betrieblichen Tätigkeiten und Wohnnutzungen hintanzuhalten.

(7) Für Grundstücke oder Teile von Grundstücken im landwirtschaftlichen Mischgebiet, die unmittelbar im Bereich einer Hofstelle liegen und die Bestandteil desselben Grundbuchskörpers wie die Hofstelle sind, kann festgelegt werden, dass nur Gebäude für land- oder forstwirtschaftliche Betriebe und sonstige der landwirtschaftlichen Tierhaltung mit Ausnahme der landwirtschaftlichen Intensivtierhaltung dienende Gebäude errichtet werden dürfen, soweit dies erforderlich ist, um Nutzungskonflikte oder wechselseitige Beeinträchtigungen zwischen der Hofbewirtschaftung einerseits und Wohnnutzungen oder betrieblichen oder sonstigen Tätigkeiten andererseits hintanzuhalten.

(8) Bestehen auf Grundflächen, die als ein Mischgebiet gewidmet sind oder für die eine Festlegung nach Abs. 2 zweiter Satz oder Abs. 5 zweiter Satz getroffen wurde, rechtmäßig bereits Gebäude für andere als nach den Abs. 1 bis 5 und 7 zulässige Betriebe oder Einrichtungen, so dürfen darauf auch Gebäude für diese Betriebe oder Einrichtungen errichtet werden, wenn dadurch

a) gegenüber dem Baubestand im Zeitpunkt der Widmung als Mischgebiet bzw. der Erlassung der betreffenden Festlegung die Baumasse mit Ausnahme jener von Nebengebäuden um insgesamt nicht mehr als 20 v. H., höchstens jedoch um 400 m³, vergrößert wird und die betriebliche oder sonstige Tätigkeit gegenüber diesem Zeitpunkt höchstens geringfügig erweitert wird und
b) die Wohnqualität im betreffenden Gebiet, insbesondere durch Lärm, Geruch, Luftverunreinigungen oder Erschütterungen, nicht wesentlich oder, sofern vom betreffenden Betrieb bzw. von der betreffenden Einrichtung eine solche Beeinträchtigung bereits ausgeht, nicht mehr als bisher beeinträchtigt wird.

Bestehen auf solchen Grundflächen rechtmäßig bereits Gebäude für Anlagen von Seveso-Betrieben, so gilt insoweit auch § 39 Abs. 4 sinngemäß. Bestehen auf Grundflächen im Mischgebiet, für die eine Festlegung nach Abs. 6 oder 7 gilt, rechtmäßig bereits andere als nach diesen Bestimmungen zulässige Wohnungen, so sind auch Bauvorhaben zulässig, durch die die Baumasse der zu Wohnzwecken genutzten Gebäude oder Gebäudeteile um insgesamt nicht mehr als 20 v. H., höchstens jedoch um 300 m³, vergrößert wird.

(9) In Mischgebieten dürfen unter den gleichen Voraussetzungen wie für Gebäude auch Nebengebäude und Nebenanlagen errichtet werden. Jedenfalls zulässig ist die Anbringung von Solarenergieanlagen im Umfang des § 6 Abs. 3 lit. c der Tiroler Bauordnung 2022. Weiters dürfen sonstige Bauvorhaben, die einem im jeweiligen Gebiet zulässigen Verwendungszweck dienen und die unter Berücksichtigung der örtlichen Gegebenheiten die Wohnqualität im betreffenden Gebiet, insbesondere durch Lärm, Geruch, Luftverunreinigungen oder Erschütterungen, nicht wesentlich beeinträchtigen, ausgeführt werden.

(10) § 38 Abs. 6 ist anzuwenden.

§ 41
Freiland

(1) Als Freiland gelten alle Grundflächen des Gemeindegebietes, die nicht als Bauland, Sonderflächen oder Vorbehaltsflächen gewidmet sind.

(2) Im Freiland dürfen errichtet werden:

a) ortsübliche Städel in Holzbauweise, die der Lagerung landwirtschaftlicher Produkte und landwirtschaftlicher Betriebsmittel mit Ausnahme von Kraftfahrzeugen, die den kraftfahrrechtlichen Vorschriften unterliegen, dienen; dabei ist die Ausführung einer betonierten Bodenplatte und im Bereich von Einschüttungen weiters die Errichtung einer Mauer mit einer Höhe von höchstens 1,50 m zulässig,
b) Gebäude zur bäuerlichen Direktvermarktung mit einer überdeckten Fläche von höchstens 20 m²,
c) Weideunterstände und Weidezelte, jeweils mit höchstens 40 m² Nutzfläche, und dergleichen, sowie nicht überdachte Auslaufflächen zur Steigerung des Tierwohls mit höchstens 200 m² Grundfläche,
d) Folientunnel sowie Hagelschutznetze und dergleichen,
e) Reitplätze im Rahmen landwirtschaftlicher Betriebe mit höchstens 800 m² Grundfläche,
f) Bienenhäuser in Holzbauweise mit höchstens 20 m² Nutzfläche sowie Bienenstände, soweit sie nicht ohnehin nach § 1 Abs. 3 lit. m der Tiroler Bauordnung 2022 von deren Geltungsbereich ausgenommen sind,
g) Jagd- und Fischereihütten mit höchstens 10 m² Nutzfläche, wenn diese Gebäude zur Verwirklichung des jeweiligen Verwendungszweckes nach Größe und Ausstattung unbedingt erforderlich sind,
h) Kapellen und dergleichen mit höchstens 20 m² Grundfläche,
i) den baurechtlichen Vorschriften unterliegende öffentlich zugängliche Aussichtsplattformen sowie Brückenbauten und Verbauungen zum Schutz vor Naturgefahren und dergleichen,
j) ortsübliche Einfriedungen,
k) allgemein zugängliche Kinderspielplätze,
l) freistehende Solarenergieanlagen mit höchstens 100 m² Fläche,

m) Solarenergieanlagen im Umfang des § 6 Abs. 3 lit. c der Tiroler Bauordnung 2022,
n) unbeschadet der lit. l Nebengebäude und Nebenanlagen.

§ 42
Hofstellen, sonstige landwirtschaftliche Gebäude und forstwirtschaftliche Gebäude im Freiland; Auflassung landwirtschaftlicher Betriebe, Weiterverwendung von Hofstellen im Freiland

(1) Im Freiland sind Umbauten von Hofstellen, von sonstigen landwirtschaftlichen Gebäuden und von forstwirtschaftlichen Gebäuden sowie Änderungen von land- oder forstwirtschaftlichen Anlagen mit Ausnahme von wesentlichen Erweiterungen zulässig. Zubauten zu Hofstellen und die Verwendung von bisher zu betrieblichen Zwecken genutzten Räumen oder von bisher nicht ausgebauten Räumen von Hofstellen, wie von entsprechenden Dachböden, zu Wohnzwecken sind nur unter den Voraussetzungen nach § 44 Abs. 4 zulässig. Gebäude, die ausschließlich betrieblichen Zwecken dienen, dürfen jedoch nicht zu Wohnzwecken verwendet werden. Zubauten zu sonstigen land- oder forstwirtschaftlichen Gebäuden, insbesondere zu Almhütten und Forsthütten, und wesentliche Erweiterungen land- oder forstwirtschaftlicher Anlagen sind nur zulässig, wenn sie betriebswirtschaftlich erforderlich sind. Zubauten zu Kleingebäuden nach § 41 Abs. 2 lit. f und g sind hingegen unter denselben Voraussetzungen wie die Errichtung dieser Gebäude zulässig.

(2) Sämtliche Gebäude, die Teil einer im Freiland gelegenen Hofstelle sind, behalten diese Eigenschaft auch im Fall der Auflassung des betreffenden landwirtschaftlichen Betriebes; dazu zählen alle Gebäude, die in einem räumlichen Naheverhältnis zum Wohngebäude bzw. Wohnteil der Hofstelle stehen und mit diesem Bestandteil desselben Grundstückskörpers sind. Ein landwirtschaftlicher Betrieb gilt in diesem Sinn als aufgelassen, wenn die Hofbewirtschaftung eingestellt worden ist und die zum Hof gehörenden landwirtschaftlich nutzbaren Grundflächen veräußert worden sind. In diesem Fall darf das Wohngebäude bzw. der Wohnteil der Hofstelle weiterhin zu Wohnzwecken verwendet werden, wenn die Hofstelle in ihrer Substanz und ihrem Erscheinungsbild im Wesentlichen erhalten wird. Unter dieser Voraussetzung sind auch Zu- und Umbauten des Wohngebäudes bzw. des Wohnteiles zulässig. Durch Zubauten und die Verwendung von ehemals zu betrieblichen Zwecken genutzten Räumen von Hofstellen zu Wohnzwecken darf die Baumasse des Wohngebäudes bzw. Wohnteiles um insgesamt nicht mehr als 25 v. H. vergrößert werden, wobei eine Vergrößerung der Baumasse um höchstens 300 m³ jedenfalls zulässig ist. Die Wohnnutzfläche des Wohngebäudes bzw. Wohnteiles darf dabei höchstens bis auf 300 m² vergrößert werden. Im Übrigen ist die Verwendung von ehemals zu betrieblichen Zwecken genutzten Gebäuden und Gebäudeteilen zu Lager- und Einstellzwecken zulässig.

§ 42a
Um- und Zubauten, Änderung des Verwendungszweckes von sonstigen Gebäuden im Freiland

(1) Im Freiland sind Umbauten anderer als land- und forstwirtschaftlicher Gebäude sowie Zubauten zu solchen Gebäuden mit Ausnahme von Kapellen und dergleichen zulässig, mit denen die Baumasse (§ 61 Abs. 3) gegenüber dem ursprünglichen Gebäude um insgesamt nicht mehr als 25 v. H. vergrößert wird, wobei eine Vergrößerung der Baumasse um höchstens 300 m³ jedenfalls zulässig ist. Zubauten zu Kapellen und dergleichen sind nur zulässig, wenn das Gesamtausmaß der Grundfläche 20 m² nicht übersteigt. Die Änderung von sonstigen baulichen Anlagen ist mit Ausnahme von wesentlichen Erweiterungen zulässig.

(2) Gebäude im Sinn des Abs. 1 erster Satz, die ausschließlich betrieblichen Zwecken dienen, dürfen nicht zu Wohnzwecken verwendet werden. Gebäude im Sinn des Abs. 1 erster Satz, die ausschließlich Wohnzwecken dienen, dürfen nicht zu betrieblichen Zwecken verwendet werden. Der Verwendungszweck von Gebäuden im Sinn des Abs. 1 erster Satz, die teils betrieblichen Zwecken und teils Wohnzwecken dienen, darf insoweit geändert werden, als dadurch die Baumasse der ursprünglich zu betrieblichen Zwecken bzw. zu Wohnzwecken genutzten Gebäudeteile um insgesamt nicht mehr als 25 v. H. erweitert wird, wobei eine Erweiterung der Baumasse um höchstens 300 m³ jedenfalls zulässig ist. Die durch einen allfälligen Zubau nach Abs. 1 neu geschaffene Baumasse ist einzurechnen.

(3) Werden durch ein Bauvorhaben nach Abs. 1 oder 2 bisher nicht ausgebaute Gebäudeteile, wie nicht ausgebaute Dachböden, einer Verwendung zugeführt, so darf die auf diese Gebäudeteile entfallende Baumasse die Baumasse der bislang bereits ausgebauten Gebäudeteile um höchstens 25 v. H. übersteigen, wobei eine Vergrößerung der Baumasse um höchstens 300 m³ jedenfalls zulässig ist. Die durch einen allfälligen Zubau neu geschaffene Baumasse ist einzurechnen.

§ 42b
Wiederaufbau von Gebäuden im Freiland

(1) Im Fall des Abbruches oder der sonstigen Zerstörung eines im Freiland nach den baurechtlichen Vorschriften rechtmäßig bestehenden Gebäudes darf, soweit dies baurechtlich sonst zulässig ist und sofern die Baubewilligung hierfür innerhalb von fünf Jahren nach der Zerstörung

des betreffenden Gebäudes erteilt wird, statt dessen ein neues Gebäude errichtet werden. Dabei darf die Anzahl der oberirdischen Gebäude bzw. Teile von Gebäuden nicht erhöht werden. In die Frist nach dem ersten Satz sind die Zeiten des Bauverfahrens, eines Verfahrens vor dem Landesverwaltungsgericht, dem Verwaltungsgerichtshof oder dem Verfassungsgerichtshof und einer Bausperre im Sinn des § 75 nicht einzurechnen. Der Wiederaufbau darf auch in unmittelbarer Nähe des zerstörten Gebäudes erfolgen, wenn dieser an derselben Stelle baurechtlich nicht möglich wäre oder berechtigten Interessen des Bauwerbers widersprechen würde.

(2) Die Wohnnutzfläche (§ 44 Abs. 3) von wieder errichteten Hofstellen darf 300 m² bzw. ein anlässlich der Widmung als Sonderfläche für Hofstellen nach § 44 Abs. 2 zweiter Satz festgelegtes größeres Ausmaß, wenn jedoch die Wohnnutzfläche der früheren Hofstelle rechtmäßig mehr als 300 m² betragen hat, das bisherige Ausmaß der Wohnnutzfläche nicht übersteigen. Die betriebliche Nutzfläche von wieder errichteten Hofstellen, sonstigen landwirtschaftlichen Gebäuden und forstwirtschaftlichen Gebäuden muss unter Bedachtnahme auf die betriebswirtschaftlichen Erfordernisse des jeweiligen Betriebes angemessen sein. Der Wiederaufbau von Kleingebäuden nach § 41 Abs. 2 lit. f und g ist unter denselben Voraussetzungen wie ihre vormalige Errichtung zulässig.

(3) Hofstellen aufgelassener land- und forstwirtschaftlicher Betriebe dürfen nur unter der Voraussetzung, dass sie in ihrer Substanz und ihrem Erscheinungsbild im Wesentlichen wieder hergestellt werden, wieder aufgebaut werden.

(4) Die Baumasse von wieder errichteten anderen als land- oder forstwirtschaftlichen Gebäuden einschließlich der Wohngebäude bzw. Wohnteile von Hofstellen aufgelassener land- und forstwirtschaftlicher Betriebe darf die Baumasse des früheren Gebäudes in seiner ursprünglichen Form um nicht mehr als 25 v. H. übersteigen. Zubauten zu solchen wieder errichteten Gebäuden sind nur insoweit zulässig, als die Baumasse gegenüber dem früheren Gebäude in seiner ursprünglichen Form um insgesamt nicht mehr als 25 v. H. vergrößert wird. Eine Vergrößerung der Baumasse um höchstens 300 m³ ist in diesen Fällen jedenfalls zulässig. Die Wohnnutzfläche des Wohngebäudes bzw. Wohnteiles von Hofstellen aufgelassener landwirtschaftlicher Betriebe darf überdies 300 m² nicht übersteigen. Im Übrigen gilt § 42a Abs. 3 sinngemäß.

(5) Im Zusammenhang mit dem Wiederaufbau von anderen als land- und forstwirtschaftlichen Gebäuden ist eine Änderung des Verwendungszweckes im Rahmen des § 42a Abs. 2 zulässig.

§ 42c
Grundlage für Baumassenberechnung

(1) Bei anderen als land- oder forstwirtschaftlichen Gebäuden, die am 30. Juni 1976 bereits bestanden haben, ist von der zu diesem Zeitpunkt rechtmäßig bestandenen Baumasse und bei allen übrigen Gebäuden von jener Baumasse auszugehen, die das ursprüngliche bzw. frühere Gebäude aufgrund der erstmalig erteilten Baubewilligung aufgewiesen hat. Im Fall des § 42a Abs. 2 dritter Satz gilt dies gleichermaßen hinsichtlich der ursprünglich zu betrieblichen Zwecken bzw. zu Wohnzwecken genützten Gebäudeteile.

(2) Wird ein Grundstück in Freiland rückgewidmet, so ist von der Baumasse im Zeitpunkt des Inkrafttretens der Rückwidmung auszugehen.

§ 43
Sonderflächen

(1) Als Sonderflächen können außer in den in diesem Gesetz besonders geregelten Fällen Grundflächen gewidmet werden, auf denen

a) Gebäude und sonstige bauliche Anlagen errichtet werden sollen, die aufgrund ihres Verwendungszweckes an einen bestimmten Standort gebunden sind oder für die ein bestimmter Standort besonders geeignet ist; jedenfalls einer Widmung als Sonderfläche bedürfen außerhalb des Baulandes Ausflugsgasthäuser, Schutzhütten, Campingplätze, der Wildhege und der Jagdausübung dienende Gebäude, Reitställe, sofern sie nicht Teil eines landwirtschaftlichen Betriebes sind, Gärtnereien, Dauerkleingärten, Bienenhäuser mit mehr als 20 m² Nutzfläche oder in Massivbauweise und dergleichen,

b) aus besonderen raumordnungsfachlichen Gründen, insbesondere zur Vermeidung von Nutzungskonflikten oder wechselseitigen Beeinträchtigungen, nur Gebäude oder sonstige bauliche Anlagen mit einem bestimmten Verwendungszweck errichtet werden dürfen; unter denselben Voraussetzungen können auch Grundflächen, die von baulichen Anlagen aller Art freizuhalten sind, als Sonderflächen gewidmet werden, wie Sonderflächen für Grünzüge, Windschutzgürtel und dergleichen.

(2) Bei der Widmung von Sonderflächen ist der jeweilige Verwendungszweck genau festzulegen. Auf Sonderflächen dürfen unbeschadet des Abs. 1 lit. b zweiter Halbsatz nur Gebäude und sonstige Anlagen, die dem festgelegten Verwendungszweck entsprechen, samt den dazugehörenden Nebengebäuden und Nebenanlagen errichtet werden. Jedenfalls zulässig ist die Anbringung von Solarenergieanlagen im Umfang des § 6 Abs. 3 lit. c der Tiroler Bauordnung 2022. Auf Sonderflächen für

TROG

Dauerkleingärten und Sonderflächen für Kleingebäude, wie Bienenhäuser, Jagd- und Fischereihütten und dergleichen, dürfen überdies nur solche Gebäude und sonstige Anlagen errichtet werden, die zur Verwirklichung des jeweiligen Verwendungszweckes nach Größe, Ausstattung und sonstiger Beschaffenheit unbedingt erforderlich sind.

(3) Als Sonderflächen dürfen nur Grundflächen gewidmet werden, die sich aufgrund ihrer Lage und Beschaffenheit im Hinblick auf die Nutzungssicherheit sowie in gesundheitlicher, technischer und wirtschaftlicher Hinsicht für eine dem festgelegten Verwendungszweck entsprechende Bebauung eignen. § 37 Abs. 1 lit. b und c und, sofern im Rahmen der betreffenden Sonderfläche auch Wohnnutzungen zulässig sind, weiters § 37 Abs. 3 lit. b und Abs. 4 gelten sinngemäß, § 37 Abs. 4 jedoch mit der Maßgabe, dass die dB-Werte für jene Art der Widmung als Bauland heranzuziehen sind, welcher eine dem festgelegten Verwendungszweck entsprechende Bebauung am nächsten kommt.

(4) Grundflächen, die durch Lawinen, Hochwasser, Wildbäche, Steinschlag, Erdrutsch oder andere gravitative Naturgefahren gefährdet sind, dürfen weiters nur dann als Sonderflächen gewidmet werden, wenn

a) eine dem festgelegten Verwendungszweck entsprechende Bebauung, erforderlichenfalls unter der Voraussetzung einer bestimmten Anordnung oder baulichen Beschaffenheit der Gebäude oder sonstigen Anlagen oder sonstiger baulicher Vorkehrungen in deren Bereich oder bestimmter organisatorischer Vorkehrungen, wie insbesondere eines Sicherheitskonzeptes, möglich ist und
b) im Fall einer Gefährdung durch Hochwasser wesentliche Hochwasserabflussbereiche oder –rückhalteräume nicht beeinträchtigt werden.

Zur Frage der Eignung der betreffenden Grundflächen als Sonderflächen für den jeweiligen Verwendungszweck und des Vorliegens der Voraussetzungen nach lit. a und b sind facheinschlägige Gutachten einzuholen, soweit der Gemeinde nicht schon entsprechende fachliche Grundlagen zur Verfügung stehen. Aktuelle Gefahrenzonenpläne sind in die Beurteilung miteinzubeziehen. Sofern dies zur Gewährleistung der Nutzungssicherheit von Gebäuden oder sonstigen Anlagen erforderlich ist, ist der Verwendungszweck auf die Benützung der betreffenden Gebäude oder sonstigen Anlagen innerhalb bestimmter Zeiträume zu beschränken. In diesem Fall ist die Baubewilligung erforderlichenfalls unter Auflagen, die die Benützung der Gebäude oder sonstigen Anlagen außerhalb dieser Zeiträume ausschließen, zu erteilen.

(5) Bei der Abgrenzung der Sonderflächen und der Festlegung des Verwendungszweckes ist darauf Bedacht zu nehmen, dass gegenseitige Beeinträchtigungen angrenzender Gebiete, insbesondere durch Lärm, Luftverunreinigungen, Geruch oder Erschütterungen, so weit wie möglich vermieden werden. § 37 Abs. 2 dritter und vierter Satz und 6 gilt sinngemäß.

(6) Die Widmung als Sonderfläche nach Abs. 1 lit. a tritt außer Kraft, wenn die Baubewilligung für ein dem festgelegten Verwendungszweck entsprechendes Bauvorhaben nicht innerhalb von fünf Jahren nach dem Inkrafttreten der Widmung erteilt wird, wenn eine solche Baubewilligung erlischt oder wenn mit der Ausführung eines anzeigepflichtigen Bauvorhabens nicht innerhalb von fünf Jahren nach dem Inkrafttreten der Widmung begonnen wird. In diese Fristen sind die Zeiten des Bauverfahrens bzw. bei anzeigepflichtigen Bauvorhaben des Fristenlaufes nach § 30 Abs. 3 zweiter und fünfter Satz der Tiroler Bauordnung 2022 in der jeweils geltenden Fassung, eines Verfahrens vor dem Landesverwaltungsgericht, dem Verwaltungsgerichtshof oder dem Verfassungsgerichtshof und einer Bausperre im Sinn des § 75 nicht einzurechnen. In der elektronischen Kundmachung des Flächenwidmungsplanes ist das Außerkrafttreten der Widmung als Sonderfläche ersichtlich zu machen; gleichzeitig ist die vor dem Inkrafttreten der Widmung als Sonderfläche bestandene Widmung wieder darzustellen.

(7) Die Abs. 2 bis 6 gelten auch für die in diesem Gesetz besonders geregelten Sonderflächen, soweit für sie nichts anderes bestimmt ist.

§ 44
Sonderflächen für Hofstellen

(1) Die Widmung von Grundflächen als Sonderflächen für Hofstellen ist nur zulässig, wenn

a) die Widmung der Beseitigung betriebswirtschaftlich ungünstiger Orts- oder Hoflagen, der im Interesse der Landeskultur gelegenen Neugründung landwirtschaftlicher Betriebe oder sonstigen Maßnahmen zur Verbesserung der Agrarstruktur, insbesondere der Auflösung materiell geteilten Hauseigentums, dient oder wenn die Widmung zur Vermeidung von Nutzungskonflikten oder aus anderen besonderen raumordnungsfachlichen Gründen erforderlich ist,
b) die Widmung insbesondere den Zielen der örtlichen Raumordnung nach § 27 Abs. 2 lit. f, g, h, i und j nicht widerspricht; dabei ist insbesondere auf die Entfernung zum bestehenden Siedlungsgebiet Bedacht zu nehmen,
c) die betreffenden Grundflächen für eine dem besonderen Verwendungszweck entsprechende Bebauung in gesundheitlicher, technischer und wirtschaftlicher Hinsicht geeignet sind und
d) im Fall der Neugründung eines landwirtschaftlichen Betriebes

1. landwirtschaftliche Eigenflächen im Ausmaß von mindestens 3 ha bestehen,
2. eine landwirtschaftliche Tierhaltung erfolgt, wobei diese vom Hofbetreiber selbst ausgeübt werden muss und
3. durch ein Finanzierungskonzept nachgewiesen wird, dass die Widmung im Interesse der Landeskultur und im Interesse an der Schaffung eines wirtschaftlich gesunden landwirtschaftlichen Grundbesitzes gelegen ist.

(2) Auf Sonderflächen für Hofstellen dürfen nur Hofstellen, deren Wohnnutzfläche höchstens 300 m² beträgt und deren betriebliche Nutzfläche unter Bedachtnahme auf die betriebswirtschaftlichen Erfordernisse des jeweiligen Betriebes angemessen ist, samt den dazugehörenden Nebengebäuden und Nebenanlagen errichtet werden. In begründeten Fällen kann insbesondere unter Berücksichtigung

a) der regional unterschiedlichen Betriebsstrukturen,
b) des Anteils der Ferienwohnungen an der gesamten Wohnnutzfläche oder
c) der Möglichkeit der Vergrößerung der Wohnnutzfläche ausschließlich durch Umbauten oder die Änderung des Verwendungszwecks von bisher zu betrieblichen Zwecken genutzten Räumen zu Wohnzwecken

anlässlich der Widmung als Sonderfläche für Hofstellen auch eine größere höchstzulässige Wohnnutzfläche festgelegt werden. In den Fällen der lit. b kann jedenfalls eine höchstzulässige Wohnnutzfläche von 380 m² festgelegt werden.

(3) Als Wohnnutzfläche gilt die gesamte Nutzfläche des Wohngebäudes bzw. des Wohnteiles einschließlich allfälliger Ferienwohnungen und allfälliger der Privatzimmervermietung, als Freizeitwohnsitz oder als Altenwohnteil dienender Räume mit Ausnahme von Keller- und Dachbodenräumen, soweit sie nach ihrer baulichen Ausgestaltung nicht für Wohnzwecke geeignet sind, von Gängen, Treppen, offenen Balkonen, Loggien und Terrassen und von Räumen, die für landwirtschaftliche Zwecke besonders ausgestattet sind. Die Wohnnutzfläche mehrerer Gebäude im selben Hofverband einschließlich allfälliger Austraghäuser ist zusammenzuzählen.

(4) Zubauten zu Hofstellen, mit denen Wohnräume geschaffen werden, dürfen auf Sonderflächen für Hofstellen nur errichtet werden, wenn das Gesamtausmaß der Wohnnutzfläche 300 m², im Fall einer Festlegung nach Abs. 2 zweiter Satz das danach festgelegte Ausmaß, nicht übersteigt. Dies gilt auch für die Änderung des Verwendungszweckes von bisher zu betrieblichen Zwecken genutzten Räumen von Hofstellen zu Wohnzwecken. Eine solche Änderung des Verwendungszweckes ist weiters nur zulässig, wenn sie nicht im Widerspruch zu betriebswirtschaftlichen Erfordernissen steht. Zubauten zu Hofstellen, mit denen Räume für betriebliche Zwecke geschaffen werden, dürfen auf Sonderflächen für Hofstellen nur errichtet werden, wenn sie betriebswirtschaftlich erforderlich sind.

(5) Für die weitere Verwendung der Hofstellen von aufgelassenen landwirtschaftlichen Betrieben sowie für Zu- und Umbauten und den Wiederaufbau solcher Hofstellen gilt § 42 Abs. 2, § 42b Abs. 3 und 4 erster, zweiter und dritter Satz und § 42c sinngemäß. Besteht für die betreffende Sonderfläche für Hofstellen eine Festlegung nach Abs. 2 zweiter Satz, so darf die Wohnnutzfläche statt 300 m² das danach festgelegte Ausmaß nicht übersteigen.

(6) Abweichend von Abs. 2 zweiter Satz darf auf Sonderflächen für Hofstellen, auf denen aufgrund einer Festlegung im Flächenwidmungsplan nach § 13 Abs. 3 zweiter Satz Freizeitwohnsitze geschaffen werden dürfen, nur im Fall, dass das bisher rechtmäßig bestehende Ausmaß der Wohnnutzfläche mehr als 300 m² betragen hat, eine höchstzulässige Wohnnutzfläche von mehr als 300 m² festgelegt werden. Dabei darf das bisherige Ausmaß der Wohnnutzfläche jedoch nicht überschritten werden.

(7) Auf Sonderflächen für Hofstellen dürfen auch im Fall des Bestehens einer Festlegung im Flächenwidmungsplan nach § 13 Abs. 3 zweiter Satz Freizeitwohnsitze nur geschaffen und als solche verwendet werden, wenn

a) die Hofbewirtschaftung aufrecht ist,
b) der erforderliche Wohnbedarf des Hofbetreibers und seiner Familie nicht beeinträchtigt wird,
c) die als Freizeitwohnsitze genutzten Räume Teil des bestehenden Wohngebäudes bzw. Wohnteiles sind und deren Wohnnutzfläche höchstens 25 v. H. der rechtmäßig bestehenden Wohnnutzfläche der betreffenden Hofstelle beträgt und weiters
d) an den als Freizeitwohnsitze genutzten Räumen keine vom Eigentum an der Hofstelle sonst abweichenden Eigentumsverhältnisse bestehen und an diesen auch kein der Genehmigungspflicht nach § 4 des Tiroler Grundverkehrsgesetzes 1996 unterliegender Rechtserwerb stattgefunden hat bzw. stattfindet.

(8) Im Rahmen von Hofstellen darf eine gewerbliche Tätigkeit ausgeübt werden, wenn dies durch eine Festlegung im Flächenwidmungsplan zusätzlich zur Widmung als Sonderfläche für Hofstellen für zulässig erklärt worden ist. Eine solche Festlegung muss die Art der gewerblichen Tätigkeit genau bezeichnen. Sie darf nur getroffen werden, wenn durch die Ausübung der gewerblichen Tätigkeit auf der betreffenden Grundfläche eine geordnete räumliche Entwicklung der Gemeinde entsprechend den Aufgaben und Zielen der örtlichen Raumordnung nicht beeinträchtigt wird. Insbesondere dürfen

a) kein zusätzlicher Aufwand für die verkehrsmäßige Erschließung der betreffenden Grundfläche und deren Erschließung mit Einrichtungen zur Wasser- und Löschwasserversorgung und zur Abwasserentsorgung entstehen sowie
b) unter Berücksichtigung der örtlichen Gegebenheiten keine schädlichen Auswirkungen auf die Umgebung, keine unzumutbare Belästigung der Bevölkerung, insbesondere durch Lärm, Geruch, Luftverunreinigungen oder Erschütterungen, und keine erhebliche Beeinträchtigung des Orts-, Straßen- oder Landschaftsbildes zu erwarten sein.

(9) Eine gewerbliche Tätigkeit im Sinn des Abs. 8 darf nur vom Hofbetreiber selbst neben der Hofbewirtschaftung in Form eines Kleinbetriebes ausgeübt werden. Die Ausübung einer solchen gewerblichen Tätigkeit ist nicht mehr zulässig, wenn die Hofbewirtschaftung eingestellt worden ist.

(10) Zum Zweck der Ausübung einer gewerblichen Tätigkeit im Sinn des Abs. 8 dürfen Neubauten im selben Hofverband nicht errichtet werden. Die Baumasse der zu gewerblichen Zwecken verwendeten Räume der Hofstelle darf im Verhältnis zur Baumasse aller Gebäude im selben Hofverband nur ein untergeordnetes Ausmaß aufweisen und 300 m³ nicht übersteigen, der Charakter des Betriebes als landwirtschaftlicher Betrieb muss bestehen bleiben und es muss die Hofstelle in ihrer Substanz und ihrem Erscheinungsbild im Wesentlichen erhalten bleiben.

(11) Erfüllt eine Sonderfläche für Hofstellen hinsichtlich eines bestimmten Verwendungszweckes weiters die Voraussetzungen als Sonderfläche nach § 43 Abs. 1 lit. a, so kann durch eine Festlegung im Flächenwidmungsplan zusätzlich zur Widmung als Sonderfläche für Hofstellen bestimmt werden, dass im Rahmen der betreffenden Hofstelle auch eine dem jeweiligen Verwendungszweck entsprechende Tätigkeit ausgeübt werden darf. In diesem Fall darf die betreffende Tätigkeit neben der Hofbewirtschaftung ausgeübt werden. Wird die Hofbewirtschaftung eingestellt, so darf die betreffende Tätigkeit weiter ausgeübt werden, wenn die Hofstelle in ihrer Substanz und ihrem Erscheinungsbild im Wesentlichen erhalten bleibt. Auf solche Sonderflächen finden die Abs. 8, 9 und 10 keine Anwendung.

(12) Als Sonderflächen für Hofstellen können auch nicht zusammenhängende Grundflächen gewidmet werden,
a) wenn die Errichtung aller zur Hofstelle gehörenden Gebäude auf einer zusammenhängenden Grundfläche aufgrund der räumlichen Verhältnisse oder der Struktur des jeweiligen Betriebes nicht möglich oder zweckmäßig wäre oder
b) wenn dies erforderlich ist, um Nutzungskonflikte oder wechselseitige Beeinträchtigungen zwischen der Hofbewirtschaftung einerseits und Wohnnutzungen oder betrieblichen oder sonstigen Tätigkeiten andererseits zu vermeiden.

In diesem Fall sind bei der Widmung als Sonderfläche die auf den einzelnen Grundflächen jeweils zulässigen Arten von Gebäuden festzulegen.

§ 45
Sonderflächen für landwirtschaftliche Intensivtierhaltung

(1) Landwirtschaftliche Intensivtierhaltung liegt bei landwirtschaftlichen Betrieben mit Tierhaltung vor, deren Lärm- und Geruchsemissionen das bei solchen Betrieben übliche Ausmaß übersteigen. Die Landesregierung hat durch Verordnung zu bestimmen, ab welchem Beurteilungspegel und welcher Geruchszahl eine landwirtschaftliche Intensivtierhaltung vorliegt. Vor der Erlassung dieser Verordnung ist die Landwirtschaftskammer zu hören.

(2) Für die Widmung von Grundflächen als Sonderflächen für Hofstellen oder Wirtschaftsgebäude zur landwirtschaftlichen Intensivtierhaltung gilt § 44 Abs. 1 sinngemäß mit der Maßgabe, dass die Widmung von Sonderflächen für diese Zwecke überdies nur zulässig ist, wenn eine unzumutbare Belästigung der Bevölkerung, insbesondere durch Lärm oder Geruch, nicht zu erwarten ist. Im Übrigen gilt § 44 Abs. 2 bis 12 sinngemäß mit der Maßgabe, dass auf Sonderflächen für Wirtschaftsgebäude zur landwirtschaftlichen Intensivtierhaltung nur diesem Zweck dienende Wirtschaftsgebäude samt den dazugehörenden Nebenanlagen errichtet werden dürfen.

§ 46
Sonderflächen für Austraghäuser

(1) Als Austraghaus gilt ein Gebäude, das der Befriedigung des Wohnbedürfnisses des Übergebers eines landwirtschaftlichen Betriebes und seiner Familie oder der vorübergehenden Befriedigung des Wohnbedürfnisses des Übernehmers eines landwirtschaftlichen Betriebes und seiner Familie dient. Austraghäuser dürfen, solange sie nicht entsprechend ihrem eigentlichen Verwendungszweck benötigt werden, vorübergehend auch sonst zu Wohnzwecken verwendet werden. Wird der landwirtschaftliche Betrieb aufgelassen, so dürfen Austraghäuser weiterhin zu Wohnzwecken verwendet werden.

(2) Die Widmung von Grundflächen als Sonderflächen für Austraghäuser ist nur im Verband mit einer Hofstelle, für die noch kein Austraghaus besteht, und überdies nur dann zulässig, wenn
a) im Bereich der Hofstelle nicht bereits ein Altenwohnteil oder Wohnräume, die unter Bedachtnahme auf die Wohnbedürfnisse und wirtschaftlichen Bedürfnisse der Bewohner der Hofstelle zumutbarerweise als Altenwohnteil verwendet werden können, vorhanden ist (sind),

b) die Widmung insbesondere den Zielen der örtlichen Raumordnung nach § 27 Abs. 2 lit. f, g, h, i und j nicht widerspricht,
c) die betreffenden Grundflächen für eine dem besonderen Verwendungszweck entsprechende Bebauung in gesundheitlicher, technischer und wirtschaftlicher Hinsicht geeignet sind.

(3) Als Sonderflächen für Austraghäuser dürfen überdies nur Grundstücke gewidmet werden, die Bestandteil desselben Grundbuchskörpers sind wie das Grundstück, auf dem sich die Hofstelle befindet, in derem Verband das Austraghaus errichtet werden soll. Dieses Grundstück ist anlässlich der Widmung von Grundstücken als Sonderflächen für Austraghäuser festzulegen und in der aufsichtsbehördlichen Genehmigung zu bezeichnen. Grundstücke, die als Sonderflächen für Austraghäuser gewidmet sind, sind Zugehör des Grundstückes, auf dem sich die betreffende Hofstelle befindet. Dem Grundbuchsgericht ist eine mit der Rechtskraftklausel versehene Ausfertigung der aufsichtsbehördlichen Genehmigung zu übersenden. Das Grundbuchsgericht hat daraufhin die Zugehöreigenschaft des Grundstückes, das als Sonderfläche gewidmet ist, bei diesem Grundstück und beim Grundstück, auf dem sich die betreffende Hofstelle befindet, anzumerken. Die Anmerkung bewirkt, dass beide Grundstücke nur gemeinsam abgeschrieben und einem anderen Grundbuchskörper zugeschrieben werden können.

(4) Die Widmung eines Grundstückes als Sonderfläche für Austraghäuser darf nur im Fall der Auflassung des jeweiligen landwirtschaftlichen Betriebes aufgehoben werden. Wird die Widmung als Sonderfläche für Austraghäuser aufgehoben, so endet die Eigenschaft des betreffenden Grundstückes als Zugehör des Grundstückes, auf dem sich die Hofstelle befindet. Die Landesregierung hat dem Grundbuchsgericht eine mit der Rechtskraftklausel versehene Ausfertigung des Bescheides, mit dem die Aufhebung dieser Widmung aufsichtsbehördlich genehmigt wird, zu übersenden. Das Grundbuchsgericht hat daraufhin die Anmerkung der Zugehöreigenschaft zu löschen.

(5) Auf Sonderflächen für Austraghäuser dürfen nur Austraghäuser errichtet werden, deren Wohnnutzfläche höchstens 80 m² beträgt. In begründeten Fällen kann anlässlich der Widmung der Sonderfläche für Austraghäuser auch eine größere höchstzulässige Wohnnutzfläche festgelegt werden. § 44 Abs. 3 erster Satz gilt sinngemäß.

§ 47
Sonderflächen für land- oder forstwirtschaftliche Gebäude und Anlagen

(1) Die Widmung von Grundflächen als Sonderflächen für sonstige land- oder forstwirtschaftliche Gebäude und Anlagen, wie Almgebäude, Kochhütten, Feldställe, Städel in Massivbauweise, Forsthütten, Reitplätze und dergleichen, ist nur zulässig, wenn
a) die Gebäude oder Anlagen nach Größe, Ausstattung und sonstiger Beschaffenheit für einen bestehenden land- oder forstwirtschaftlichen Betrieb betriebswirtschaftlich erforderlich sind und
b) die Widmung insbesondere den Zielen der örtlichen Raumordnung nach § 27 Abs. 2 lit. f, g, h, i und j nicht widerspricht.

TROG

(2) In Almgebäuden dürfen höchstens drei Ferienwohnungen mit insgesamt höchstens zwölf Betten (§ 13 Abs. 1a) oder höchstens drei Wohnungen mit insgesamt höchstens zwölf Betten zur gewerblichen Beherbergung von Gästen geschaffen werden, wenn dies durch eine Festlegung im Flächenwidmungsplan zusätzlich zur Widmung als Sonderfläche für Almgebäude für zulässig erklärt worden ist; bestehen in einem Almgebäude Ferienwohnungen und Wohnungen zur gewerblichen Beherbergung von Gästen, so darf die Zahl der Wohnungen insgesamt drei und die Zahl der Betten insgesamt zwölf nicht überschreiten. Eine solche Festlegung darf nur getroffen werden, wenn hinsichtlich der Beherbergung von Gästen die Voraussetzungen nach § 43 Abs. 1 lit. a vorliegen und
a) im Hinblick auf den Gebäudebestand gewährleistet werden kann, dass ungeachtet der Beherbergung von Gästen der Charakter des Betriebes als Almwirtschaft bestehen bleibt und die Almbewirtschaftung nicht eingeschränkt wird, insbesondere indem hierzu erforderliche Gebäude oder Teile von Gebäuden als Ferienwohnungen oder Wohnungen zur gewerblichen Beherbergung von Gästen verwendet werden,
b) die erforderlichen infrastrukturellen Voraussetzungen gegeben sind und deren Inanspruchnahme rechtlich sichergestellt ist; insbesondere darf kein zusätzlicher Aufwand für die verkehrsmäßige Erschließung der betreffenden Grundfläche und deren Erschließung mit Einrichtungen zur Wasser- und Löschwasserversorgung und zur Abwasserentsorgung entstehen,
c) den Erfordernissen des Schutzes von Leben und Gesundheit der Gäste unbeschadet des § 43 Abs. 4 auch im Umfeld der betreffenden Sonderfläche entsprochen wird.

(3) Zum Zweck der Schaffung von Ferienwohnungen oder Wohnungen zur gewerblichen Beherbergung von Gästen in Almgebäuden nach Abs. 2 dürfen Neubauten nicht errichtet werden. Die Baumasse der als Ferienwohnungen oder Gastgewerbebetrieb verwendeten Räume darf im Verhältnis zur Baumasse aller Almgebäude nur ein untergeordnetes Ausmaß aufweisen und 300 m³ nicht übersteigen. Ferienwohnungen und Wohnungen zur gewerblichen Beherbergung von Gästen in

Almgebäuden sind nicht mehr zulässig, wenn der Betrieb der Almwirtschaft eingestellt worden ist.

(4) Wohnungen zur gewerblichen Beherbergung von Gästen dürfen nur eine einfache Einrichtung und Ausstattung aufweisen und keine Zusatzeinrichtungen, wie Fitnessräume, Bade- und Wellnesseinrichtungen oder Saunen, aufweisen.

§ 47a
Sonderflächen für Chaletdörfer

(1) Chalets im Sinn dieses Gesetzes sind frei stehende Gebäude mit jeweils höchstens 25 Betten (§ 13 Abs. 1a), die Teil eines Gastgewerbebetriebes zur Beherbergung von Gästen sind. Ein Chaletdorf ist ein Gastgewerbebetrieb zur Beherbergung von Gästen, der aus zumindest fünf Chalets besteht, die in einem räumlichen Naheverhältnis zueinander stehen und im Hinblick auf ihre einheitliche Gesamtplanung oder ihre Zugehörigkeit zum selben Betrieb eine Einheit bilden.

(2) Die Schaffung von Chaletdörfern ist unbeschadet des § 48 nur auf Grundflächen, die als Sonderflächen für Chaletdörfer gewidmet sind, zulässig. In Chaletdörfern muss jedenfalls ein vollwertiges gastronomisches Angebot, insbesondere eine Verpflegung der Gäste, vorhanden sein. Chaletdörfer müssen weiters jedenfalls über Gebäude verfügen, in denen die zentralen Infrastruktureinrichtungen, wie Rezeption, Speisesäle, Restaurants, Cafés, Aufenthaltsräume und dergleichen, untergebracht sind. Diese müssen eine entsprechend der Anzahl der Betten und dem Charakter des Betriebes angemessene Größe und Ausstattung aufweisen.

(3) Bei der Widmung von Sonderflächen für Chaletdörfer ist die im Rahmen des jeweiligen Chaletdorfes zulässige Höchstzahl an Chalets und an Betten zur Beherbergung von Gästen festzulegen. Weiters kann das Mindestausmaß jener Flächen, die im Rahmen des jeweiligen Betriebes für zusätzliche, vorrangig auf die Bedürfnisse der Gäste ausgerichtete Angebote in den Bereichen der Gastronomie, der sonstigen Dienstleistungen und des Handels zur Verfügung stehen müssen, festgelegt werden.

(4) Bei der Widmung von Grundflächen als Sonderflächen für Chaletdörfer ist unbeschadet der Aufgaben und Ziele der örtlichen Raumordnung insbesondere Bedacht zu nehmen auf:

a) den Stand der touristischen Entwicklung und die bestehenden touristischen Strukturen auf örtlicher und regionaler Ebene, insbesondere auf das Angebot an Freizeit-, Sport- und sonstigen Erholungseinrichtungen,
b) den Schutz des Orts-, Straßen- und Landschaftsbildes, insbesondere im Hinblick auf die Eingliederung der Betriebe in die Siedlungsstruktur,
c) die Gewährleistung einer Boden sparenden Bebauung, insbesondere im Hinblick auf die Größe der Sonderfläche im Verhältnis zur zulässigen Höchstzahl an Chalets und Betten und zum vorgesehenen Ausmaß an Abstellmöglichkeiten für Kraftfahrzeuge.

(5) Die Widmung von Sonderflächen für Chaletdörfer ist nur zulässig, wenn aufgrund der Eigentümer- und der voraussichtlichen Betreiberverhältnisse ein dauerhaft wirtschaftlicher Betrieb des Unternehmens zu erwarten ist und die Art der Finanzierung schlüssig nachgewiesen wird.

(6) Im Fall des Abbruchs oder der sonstigen Zerstörung eines aufgrund einer rechtskräftigen Baubewilligung außerhalb einer Sonderfläche für Chaletdörfer bestehenden Chalets darf, soweit dies baurechtlich sonst zulässig ist, stattdessen höchstens dieselbe Zahl an Chalets mit insgesamt höchstens derselben Zahl an Betten zur Beherbergung von Gästen geschaffen werden. Im Fall des Abbruchs oder der sonstigen Zerstörung von sonstigen Gebäuden, die nach den raumordnungsrechtlichen Vorschriften rechtmäßig als Teil eines Chaletdorfes verwendet worden sind, darf stattdessen ein Neubau mit demselben Verwendungszweck errichtet werden.

§ 48
Sonderflächen für Beherbergungsgroßbetriebe

(1) Beherbergungsgroßbetriebe im Sinn dieses Gesetzes sind Gastgewerbebetriebe mit mehr als 150 Betten zur Beherbergung von Gästen. Betten (§ 13 Abs. 1a) zur Beherbergung von Gästen in mehreren Gebäuden sind zusammenzuzählen, wenn die Gebäude in einem räumlichen Naheverhältnis stehen und im Hinblick auf ihre einheitliche Gesamtplanung oder ihre Zugehörigkeit zum selben Betrieb eine Einheit bilden.

(2) Die Schaffung von Beherbergungsgroßbetrieben ist nur auf Grundflächen, die als Sonderflächen für Beherbergungsgroßbetriebe gewidmet sind, zulässig. In Beherbergungsgroßbetrieben muss jedenfalls ein vollwertiges gastronomisches Angebot, insbesondere eine Verpflegung der Gäste, vorhanden sein. Beherbergungsgroßbetriebe müssen über zentrale Infrastruktureinrichtungen, wie Rezeption, Speisesäle, Restaurants, Cafés, Aufenthaltsräume und dergleichen, verfügen, die eine entsprechend der Anzahl der Betten und dem Charakter des Betriebes angemessene Größe und Ausstattung aufweisen.

(3) Bei der Widmung von Sonderflächen für Beherbergungsgroßbetriebe ist die im Rahmen des jeweiligen Betriebes zulässige Höchstzahl an Gebäuden und an Betten zur Beherbergung von Gästen festzulegen. Weiters können das Mindestausmaß jener Flächen, die im Rahmen des jeweiligen Betriebes für zusätzliche, vorrangig auf die Bedürfnisse der Gäste ausgerichtete Angebote in den

Bereichen der Gastronomie, der sonstigen Dienstleistungen und des Handels zur Verfügung stehen müssen, sowie die zulässige Höchstzahl an Räumen zur Beherbergung von Gästen festgelegt werden.

(4) Bei der Widmung von Grundflächen als Sonderflächen für Beherbergungsgroßbetriebe ist unbeschadet der Aufgaben und Ziele der örtlichen Raumordnung insbesondere Bedacht zu nehmen auf:

a) den Stand der touristischen Entwicklung und die bestehenden touristischen Strukturen auf örtlicher und regionaler Ebene, insbesondere auf das Angebot an Freizeit-, Sport- und sonstigen Erholungseinrichtungen,
b) den Schutz des Orts-, Straßen- und Landschaftsbildes, insbesondere im Hinblick auf eine qualitätvolle Gestaltung der Betriebe und deren Eingliederung in die Siedlungsstruktur,
c) die Gewährleistung einer Boden sparenden Bebauung, insbesondere im Hinblick auf die Größe der Sonderfläche im Verhältnis zur zulässigen Höchstzahl an Gebauden und Betten,
d) die Vermeidung von unzumutbaren und schädlichen Auswirkungen des Verkehrs, insbesondere im Hinblick auf die Vermeidung einer Überlastung des örtlichen und des regionalen Straßennetzes, sowie auf das Bestehen einer Verkehrserschließung, die gewährleistet, dass der Verkehr zum und vom jeweiligen Beherbergungsgroßbetrieb Einrichtungen mit besonderen Ruhebedürfnissen, wie Krankenanstalten, Heime, Kureinrichtungen und dergleichen, sowie Gebiete, die überwiegend Wohnzwecken dienen, nicht oder nur in geringem Ausmaß berührt.

(5) Die Widmung von Sonderflächen für Beherbergungsgroßbetriebe ist nur zulässig, wenn aufgrund der Eigentümer- und der voraussichtlichen Betreiberverhältnisse ein dauerhaft wirtschaftlicher Betrieb des Unternehmens zu erwarten ist und die Art der Finanzierung schlüssig nachgewiesen wird.

(6) Im Fall des Abbruchs oder der sonstigen Zerstörung eines aufgrund einer rechtskräftigen Baubewilligung außerhalb einer Sonderfläche für Beherbergungsgroßbetriebe bestehenden Gebäudes oder Gebäudeteiles, das (der) nach den raumordnungsrechtlichen Vorschriften rechtmäßig als Beherbergungsgroßbetrieb verwendet worden ist, darf, soweit dies baurechtlich sonst zulässig ist, stattdessen ein Neubau mit demselben Verwendungszweck und höchstens derselben Zahl an Betten zur Beherbergung von Gästen geschaffen werden.

§ 48a

Sonderflächen für Handelsbetriebe

(1) Die Schaffung und die Erweiterung von Handelsbetrieben mit einer Kundenfläche von mehr als 300 m² ist unbeschadet des § 49 außer in Kernzonen im Sinn des § 8 Abs. 3 nur auf Sonderflächen für Handelsbetriebe zulässig. § 8 Abs. 1 zweiter, dritter und vierter Satz und Abs. 2 gilt sinngemäß.

(2) Bei der Widmung von Sonderflächen für Handelsbetriebe können der Betriebstyp laut der Anlage sowie das jeweils zulässige Höchstausmaß der Kundenfläche festgelegt werden. Weiters kann festgelegt werden, ob Lebensmittel angeboten werden dürfen. Gegebenenfalls ist ferner das zulässige Höchstausmaß jenes Teiles der Kundenfläche festzulegen, auf dem Lebensmittel angeboten werden dürfen.

(3) Bei der Widmung von Sonderflächen für Handelsbetriebe ist unbeschadet der Ziele der örtlichen Raumordnung insbesondere Bedacht zu nehmen auf:

a) die Gewährleistung einer Boden sparenden Bebauung, insbesondere im Hinblick auf die Größe der Sonderfläche im Verhältnis zum jeweils zulässigen Höchstausmaß der Kundenfläche,
b) die Gewährleistung einer Boden sparenden verkehrsmäßigen Erschließung,
c) die bestehenden Siedlungs- und Wirtschaftsstrukturen,
d) die Erhaltung ausreichender Flächen für die Weiterentwicklung anderer Wirtschaftszweige,
e) die Art der verkehrsmäßigen Erschließung der betreffenden Grundflächen und deren Anbindung an den öffentlichen Personennahverkehr.

(4) Im Interesse der Gewährleistung einer Boden sparenden Bebauung sind, soweit dies mit den Zielen der örtlichen Raumordnung vereinbar ist, eine mehrgeschossige Bebauung und eine Mehrfachnutzung der betroffenen Grundflächen durch entsprechende Festlegungen des Flächenwidmungsplanes und des Bebauungsplanes sicherzustellen.

(5) Die Abs. 1, 2 und 3 gelten nicht für Handelsbetriebe, in denen Kraftfahrzeuge und ergänzend dazu Kraftfahrzeugzubehör und höchstens in einem geringfügigen Ausmaß andere Waren angeboten werden.

§ 49

Sonderflächen für Einkaufszentren

(1) Die Schaffung, die Erweiterung und die Änderung des Betriebstyps von Einkaufszentren ist nur auf Grundflächen, die als Sonderflächen für Einkaufszentren gewidmet sind, zulässig.

(2) Bei der Widmung von Sonderflächen für Einkaufszentren sind der zulässige Betriebstyp und das jeweils zulässige Höchstausmaß der Kundenfläche festzulegen. Weiters ist festzulegen, ob Lebensmittel angeboten werden dürfen. Gegebenenfalls ist ferner das zulässige Höchstausmaß jenes Teiles der Kundenfläche festzulegen, auf dem Lebensmittel angeboten werden dürfen.

(3) Die Umsetzung der im Raumordnungsprogramm nach § 8 Abs. 5 festgelegten Kriterien bezüglich mehrgeschossiger Bebauung und Mehrfachnutzung (§ 8 Abs. 6 erster Satz) ist durch entsprechende Festlegungen des Flächenwidmungsplanes und des Bebauungsplanes sicherzustellen.

§ 49a

Sonderflächen für UVP-pflichtige Anlagen

(1) Die Errichtung und die Erweiterung von Anlagen und Anlagenteilen, die den baurechtlichen Vorschriften unterliegen und für die die Verpflichtung zur Durchführung einer Umweltverträglichkeitsprüfung besteht, ist nur auf entsprechend gewidmeten Sonderflächen zulässig. Bei der Widmung solcher Sonderflächen ist die Art der Anlage hinsichtlich ihrer für die Verpflichtung zur Durchführung einer Umweltverträglichkeitsprüfung maßgebenden Eigenschaften festzulegen.

(2) Abweichend vom Abs. 1 dürfen landwirtschaftliche Intensivtierhaltungen, Beherbergungsgroßbetriebe und Einkaufszentren, auch wenn diese der Verpflichtung zur Durchführung einer Umweltverträglichkeitsprüfung unterliegen, weiterhin auf Sonderflächen für landwirtschaftliche Intensivtierhaltung, Sonderflächen für Beherbergungsgroßbetriebe bzw. Sonderflächen für Einkaufszentren errichtet werden. Voraussetzung dafür ist jedoch, dass die Errichtung einer solchen Anlage durch eine entsprechende Festlegung für zulässig erklärt worden ist. Abs. 1 zweiter Satz gilt sinngemäß.

§ 49b

Sonderflächen für Tankstellen

(1) Die Errichtung und die Erweiterung von Tankstellen ist nur auf Grundflächen, die als Sonderflächen für Tankstellen gewidmet sind, zulässig. Als Erweiterung gelten auch bauliche Maßnahmen, die eine Erhöhung der Kundenfrequenz zum Ziel haben, insbesondere die wesentliche Vergrößerung der Tankkapazitäten oder die Steigerung des Durchsatzes an den Zapfsäulen.

(2) Auf Sonderflächen für Tankstellen dürfen nur Gebäude und sonstige bauliche Anlagen errichtet werden, die der Ausübung der nach den gewerberechtlichen Vorschriften im Rahmen des Tankstellengewerbes zulässigen Tätigkeiten dienen.

(3) Die Widmung von Grundflächen als Sonderflächen für Tankstellen ist nur zulässig, wenn eine unzumutbare Belästigung der Bevölkerung, insbesondere durch Lärm, Geruch, Luftverunreinigungen oder Erschütterungen, und unter Berücksichtigung der sonstigen Verkehrserfordernisse eine den Schutzinteressen der Straße widersprechende Verkehrsbelastung nicht zu erwarten sind.

§ 50

Sonderflächen für Sportanlagen

(1) Die Errichtung von Sportanlagen, die den baurechtlichen Vorschriften unterliegen, und von Golfplätzen ist außerhalb des Baulandes nur auf entsprechend gewidmeten Sonderflächen zulässig. Sportanlagen, für die die Verpflichtung zur Durchführung einer Umweltverträglichkeitsprüfung besteht, dürfen nur errichtet werden, wenn die Errichtung einer solchen Anlage auf der betreffenden Sonderfläche durch eine entsprechende Festlegung für zulässig erklärt worden ist. § 49a Abs. 1 zweiter Satz gilt sinngemäß.

(2) Bescheide, mit denen für eine Sportanlage nach Abs. 1 ohne Vorliegen einer entsprechenden Widmung als Sonderfläche die naturschutzrechtliche Bewilligung erteilt wird, leiden an einem mit Nichtigkeit bedrohten Fehler.

§ 50a

Sonderflächen für Anlagen zur Aufbereitung mineralischer Rohstoffe

(1) Die Errichtung und die Aufstellung von Anlagen zur Aufbereitung mineralischer Rohstoffe mit Ausnahme von Baustelleneinrichtungen ist, soweit diese nicht den bergrechtlichen oder abfallwirtschaftsrechtlichen Vorschriften unterliegen, außerhalb des Baulandes nur auf entsprechend gewidmeten Sonderflächen zulässig. Anlagen, für die die Verpflichtung zur Durchführung einer Umweltverträglichkeitsprüfung besteht, dürfen nur errichtet werden, wenn die Errichtung einer solchen Anlage auf der betreffenden Sonderfläche durch eine entsprechende Festlegung für zulässig erklärt worden ist. § 49a Abs. 1 zweiter Satz gilt sinngemäß.

(2) Bescheide, mit denen für eine Anlage nach Abs. 1 ohne Vorliegen einer entsprechenden Widmung als Sonderfläche die naturschutzrechtliche Bewilligung erteilt wird, leiden an einem mit Nichtigkeit bedrohten Fehler.

§ 51

Sonderflächen für Widmungen mit Teilfestlegungen

(1) Die Festlegung verschiedener Verwendungszwecke für einzelne Ebenen von Grundflächen oder für Teilflächen solcher Ebenen ist nur auf Grundflächen, die als Sonderflächen für Widmungen mit Teilfestlegungen gewidmet sind, zulässig.

(2) Wird für eine Ebene oder Teilfläche einer Ebene die Widmung als Bauland, als Sonderfläche oder als Vorbehaltsfläche festgelegt, so sind in diesem Umfang die für die jeweilige Art der Widmung geltenden Bestimmungen anzuwenden.

(3) Die Festlegung von Sonderflächen für Widmungen mit Teilfestlegungen ist hinsichtlich der Grundflächen, für die besondere Planungen im Rahmen der Planungskompetenzen des Bundes oder des Landes bestehen, nur insoweit zulässig,

als dadurch nicht in die jeweilige Planungskompetenz eingegriffen wird.

§ 52
Vorbehaltsflächen für den Gemeinbedarf

(1) Als Vorbehaltsflächen für den Gemeinbedarf können Grundflächen für Gebäude und sonstige Anlagen, die öffentlichen Zwecken dienen, wie Schulen, Amtsgebäude, Krankenhäuser, Friedhöfe, Krematorien, Parkanlagen, Schwimmbäder, Sportanlagen, Spielplätze und dergleichen gewidmet werden.

(2) Bei der Widmung von Vorbehaltsflächen für den Gemeinbedarf ist der jeweilige vorbehaltene Verwendungszweck genau festzulegen. Auf Vorbehaltsflächen für den Gemeinbedarf dürfen nur Gebäude und sonstige bauliche Anlagen, die dem jeweiligen vorbehaltenen Verwendungszweck entsprechen, samt den dazugehörenden Nebengebäuden und Nebenanlagen errichtet werden. Jedenfalls zulässig ist die Anbringung von Solarenergieanlagen im Umfang des § 6 Abs. 3 lit. c der Tiroler Bauordnung 2022.

(3) Als Vorbehaltsflächen für den Gemeinbedarf dürfen nur Grundflächen gewidmet werden, die sich nach ihrer Größe, Lage und Beschaffenheit für eine dem festgelegten Verwendungszweck entsprechende Bebauung eignen. Bei der Abgrenzung der Vorbehaltsflächen und der Festlegung des Verwendungszweckes ist darauf Bedacht zu nehmen, dass gegenseitige Beeinträchtigungen angrenzender Gebiete, insbesondere durch Lärm, Luftverunreinigungen, Geruch oder Erschütterungen, so weit wie möglich vermieden werden. § 37 Abs. 1, 2 dritter und vierter Satz, 3 und 6 gilt sinngemäß.

(4) Für die Widmung als Vorbehaltsflächen für den Gemeinbedarf sind so weit wie möglich im Eigentum der Gemeinde stehende Grundflächen heranzuziehen.

(5) Werden Grundflächen, die nicht im Eigentum der Gemeinde stehen, als Vorbehaltsflächen für den Gemeinbedarf gewidmet, so kann der Grundeigentümer nach dem Ablauf von drei Jahren nach dem Inkrafttreten der Widmung als Vorbehaltsfläche für den Gemeinbedarf die Einlösung der Grundfläche durch die Gemeinde verlangen. Der Antrag auf Einlösung ist bei der Gemeinde schriftlich einzubringen. Kommt innerhalb eines Jahres nach der Einbringung des Einlösungsantrages eine Vereinbarung über die Einlösung der Grundfläche oder über die Bereitstellung eines Ersatzgrundstückes durch die Gemeinde nicht zustande und hebt die Gemeinde innerhalb dieser Frist die Widmung als Vorbehaltsfläche nicht auf, so gilt die Zustimmung der Gemeinde zur Einlösung der Grundfläche als gegeben. Wird innerhalb von weiteren sechs Monaten eine Einigung über die Vergütung nicht erzielt, so kann von beiden Teilen die Festsetzung der Vergütung durch die Bezirksverwaltungsbehörde beantragt werden. Für die Festsetzung der Vergütung gelten die §§ 65 und 66 Abs. 1 und 2 des Tiroler Straßengesetzes sinngemäß.

§ 52a
Vorbehaltsflächen für den geförderten Wohnbau

(1) Als Vorbehaltsflächen für den geförderten Wohnbau dürfen nur Grundflächen gewidmet werden, die nach ihrer Größe, Lage und Beschaffenheit für Zwecke des geförderten Wohnbaus geeignet sind. § 37 mit Ausnahme des Abs. 2 erster und zweiter Satz gilt sinngemäß, § 37 Abs. 4 jedoch mit der Maßgabe, dass die für gemischtes Wohngebiet festgelegten dB-Werte heranzuziehen sind.

(2) Auf Vorbehaltsflächen für den geförderten Wohnbau dürfen nur objektgeförderte Wohnbauvorhaben errichtet werden. Zur Sicherstellung der Finanzierung von Wohnbauvorhaben darf durch eine zusätzliche Festlegung bestimmt werden, dass neben objektgeförderten Wohnbauvorhaben in einem insgesamt höchstens untergeordneten Ausmaß auch subjektgeförderte und gegebenenfalls auch frei finanzierte Wohnbauvorhaben errichtet werden dürfen. Frei finanzierte Wohnbauvorhaben dürfen jedoch nur dann für zulässig erklärt werden, wenn die Finanzierung des betreffenden Wohnbauvorhabens allein durch die Errichtung subjektgeförderter Wohnbauvorhaben nicht sichergestellt werden kann; frei finanzierte Wohnbauvorhaben sind dabei jedoch nur im unbedingt erforderlichen Ausmaß zulässig.

(3) Besteht eine Festlegung nach Abs. 2, so ist das Vorliegen der betreffenden Voraussetzungen im Bauverfahren durch die Vorlage der für das gesamte Bauvorhaben maßgebenden Kalkulationsgrundlagen nachzuweisen. Dabei ist insbesondere auch jener Beitrag, der durch die Errichtung auch von subjektgeförderten und gegebenenfalls auch von frei finanzierten Wohnbauvorhaben zugunsten der Finanzierung des betreffenden objektgeförderten Wohnbauvorhabens zustande kommt, zu belegen.

(4) Auf Vorbehaltsflächen für den geförderten Wohnbau dürfen auch die für das jeweilige Wohnbauvorhaben erforderlichen Abstellmöglichkeiten für Kraftfahrzeuge samt den dazugehörigen Rampen und Zufahrten errichtet werden; hierfür gilt § 38 Abs. 1 lit. a sinngemäß. Im Übrigen dürfen auch Nebengebäude und Nebenanlagen zu den entsprechenden Wohnbauvorhaben und sonstige damit im Zusammenhang stehende Bauvorhaben, die unter Berücksichtigung der örtlichen Gegebenheiten die Wohnqualität im betreffenden Gebiet, insbesondere durch Lärm, Geruch, Luftverunreinigungen oder Erschütterungen, und dessen Charakter als Wohngebiet nicht wesentlich beeinträchtigen, ausgeführt werden. Jedenfalls zulässig ist die Anbringung von Solarenergieanlagen im

Umfang des § 6 Abs. 3 lit. c der Tiroler Bauordnung 2022.

(5) Vorbehaltsflächen für den geförderten Wohnbau dürfen nur nach Maßgabe des Bedarfes gewidmet werden.

(6) Die Widmung von Grundflächen, die nicht im Eigentum der Gemeinde, des Tiroler Bodenfonds oder eines Bauträgers, der geförderte Wohnbauten errichtet, stehen, als Vorbehaltsflächen für den geförderten Wohnbau tritt außer Kraft, wenn diese Grundflächen nicht innerhalb von zehn Jahren nach dem Inkrafttreten dieser Widmung der Gemeinde, dem Tiroler Bodenfonds oder einem Bauträger, der geförderte Wohnbauten errichtet, für Zwecke des geförderten Wohnbaus zum Kauf angeboten werden. Die Grundflächen gelten dann bis zur Festlegung einer neuen Widmung als Freiland. In der elektronischen Kundmachung des Flächenwidmungsplanes ist das Außerkrafttreten der Widmung als Vorbehaltsfläche ersichtlich zu machen; gleichzeitig ist die Widmung als Freiland darzustellen.

(7) Wird eine solche Grundfläche ungeachtet eines Kaufangebotes im Sinn des Abs. 6 erster Satz innerhalb eines Jahres vom Vorliegen des Kaufangebotes an weder von der Gemeinde noch vom Tiroler Bodenfonds noch von einem Bauträger, der geförderte Wohnbauten errichtet, erworben, so tritt die Widmung als Vorbehaltsfläche für den geförderten Wohnbau außer Kraft. In einem solchen Fall ist § 43 Abs. 6 dritter Satz anzuwenden.

§ 53
Straßen

(1) Im Flächenwidmungsplan ist unter Berücksichtigung der Verkehrserfordernisse einschließlich jener des öffentlichen Personennahverkehrs sowie des Fußgänger- und Radverkehrs der Verlauf jener Straßen, Rad- und Fußwege festzulegen, die

a) für den örtlichen Verkehr der Gemeinde oder größerer Teile der Gemeinde,
b) für die Herstellung der Verbindung zwischen benachbarten Gemeinden oder zwischen größeren Teilen der Gemeinde oder
c) für die in einem örtlichen Raumordnungsinteresse der Gemeinde gelegenen Erschließungen, insbesondere für die Haupterschließung des Baulandes,

noch erforderlich sind. Auf den von einer solchen Festlegung betroffenen und den unmittelbar daran anschließenden Grundflächen dürfen keine baulichen Anlagen errichtet werden, die der Verwirklichung eines der jeweiligen Verkehrsbedeutung nach den lit. a, b und c entsprechenden Straßenbauvorhabens nach den darauf anzuwendenden straßenrechtlichen Vorschriften entgegenstehen würden. Wird innerhalb von zehn Jahren, nachdem eine solche Festlegung getroffen wurde, eine Straßenbaubewilligung nicht rechtskräftig erteilt, so erlischt die Festlegung. In diese Frist sind die Zeiten des straßenrechtlichen Bewilligungsverfahrens, eines Verfahrens vor dem Landesverwaltungsgericht, dem Verwaltungsgerichtshof oder dem Verfassungsgerichtshof nicht einzurechnen. In der elektronischen Kundmachung des Flächenwidmungsplanes ist das Erlöschen der Festlegung ersichtlich zu machen.

(2) Unbeschadet der jeweiligen Planungskompetenz können im Flächenwidmungsplan Grundflächen unabhängig von ihrer Widmung auch für die Errichtung überörtlicher Verkehrswege vorbehalten werden. Auf den von einem solchen Vorbehalt betroffenen und den unmittelbar daran anschließenden Grundflächen dürfen keine baulichen Anlagen errichtet werden, die der Verwirklichung der entsprechenden überörtlichen Verkehrswege nach den darauf anzuwendenden straßenrechtlichen Vorschriften entgegenstehen würden. Kommt innerhalb von zehn Jahren nach dem Inkrafttreten des Vorbehaltes eine rechtsverbindliche Planung nicht zustande bzw. wird innerhalb dieser Frist eine Straßenbaubewilligung nicht rechtskräftig erteilt, so erlischt der Vorbehalt. Abs. 1 vierter und fünfter Satz gilt sinngemäß.

(3) Eine Festlegung über den Straßenverlauf nach Abs. 1 bzw. ein allfälliger Vorbehalt nach Abs. 2 erlischt mit dem Zeitpunkt der Fertigstellung der betreffenden Straßen. In der elektronischen Kundmachung des Flächenwidmungsplanes ist das Erlöschen der Festlegung bzw. des Vorbehaltes ersichtlich zu machen.

4. Abschnitt
Bebauungspläne

§ 54
Bebauungspläne

(1) In den Bebauungsplänen sind unter Berücksichtigung der Ziele der örtlichen Raumordnung, des örtlichen Raumordnungskonzeptes, des Flächenwidmungsplanes und der Ergebnisse der Bestandsaufnahme die verkehrsmäßige Erschließung und die Art der Bebauung festzulegen. Die Bebauungspläne mit Ausnahme der ergänzenden Bebauungspläne (Abs. 9) sind möglichst für größere funktional zusammenhängende Gebiete zu erlassen.

(2) Bebauungspläne sind für die nach § 31b Abs. 1 erster Satz im örtlichen Raumordnungskonzept festgelegten Gebiete und Grundflächen zu erlassen, sobald

a) diese Gebiete bzw. Grundflächen als Bauland, als Sonderflächen oder als Vorbehaltsflächen gewidmet sind und
b) die Gemeinde finanziell in der Lage ist, die verkehrsmäßige Erschließung und die Erschließung dieser Gebiete bzw. Grundflächen mit Einrichtungen zur Wasserversorgung und Abwasserbeseitigung vorzunehmen.

(3) Für die im örtlichen Raumordnungskonzept nach § 31b Abs. 1 festgelegten Gebiete können Bebauungspläne auch dann erlassen werden, wenn diese noch nicht als Bauland, als Sonderflächen oder als Vorbehaltsflächen gewidmet sind.

(4) Die Verpflichtung zur Erlassung von Bebauungsplänen nach Abs. 2 besteht nicht für bereits bebaute Grundstücke, sofern die verkehrsmäßige Erschließung und die Erschließung dieser Grundstücke mit Einrichtungen zur Wasserversorgung und Abwasserbeseitigung bereits besteht und die Erlassung von Bebauungsplänen zur Gewährleistung einer geordneten weiteren Bebauung derselben nicht erforderlich ist. Ein Grundstück gilt nur dann als bebaut, wenn sich darauf ein Gebäude mit zumindest einem Aufenthaltsraum befindet.

(5) Bebauungspläne sind unter der Voraussetzung nach Abs. 2 lit. b weiters für jene Grundflächen zu erlassen, die als Sonderflächen für Chaletdörfer, Sonderflächen für Beherbergungsgroßbetriebe, Sonderflächen für Handelsbetriebe oder Sonderflächen für Einkaufszentren gewidmet sind oder auf denen Gebäude, deren höchster Punkt mehr als 20 m über dem anschließenden Gelände liegt, errichtet werden sollen. Wurde das Gelände durch die Bauführung oder im Hinblick auf die beabsichtigte Bauführung verändert, so ist vom Geländeniveau nach dieser Veränderung auszugehen.

(6) Bebauungspläne können unbeschadet des Abs. 3 für Gebiete und Grundflächen im Freiland erlassen werden, wenn dies insbesondere im Zusammenhang mit Bauvorhaben nach den §§ 42, 42a und 42b im Interesse einer geordneten baulichen Entwicklung der betreffenden Freilandbereiche gelegen ist. Dabei ist auf den Gebäudebestand und auf dessen zulässige Erweiterungen, auf die Erfordernisse des Schutzes des Orts-, Straßen- und Landschaftsbildes, insbesondere im Hinblick auf die Größe der Gebäude und deren Größenverhältnisse zueinander, Bedacht zu nehmen. Die Erlassung entsprechender Bebauungspläne ist jedenfalls zulässig, wenn dies zur Gewährleistung der Einhaltung der Bestimmungen der §§ 42, 42a und 42b erforderlich scheint.

(7) Bebauungspläne können unter der Voraussetzung nach Abs. 2 lit. b weiters für sonstige Gebiete oder Grundflächen erlassen werden, die als Bauland, als Sonderflächen oder als Vorbehaltsflächen gewidmet sind.

(8) Für Gebiete oder Grundflächen, die aufgrund der Lage, Form oder Größe der einzelnen Grundstücke insgesamt einer geordneten und Boden sparenden Bebauung entsprechend den Festlegungen des örtlichen Raumordnungskonzeptes nicht zugänglich sind, darf ein Bebauungsplan nicht erlassen werden.

(9) Im Fall der Festlegung einer besonderen Bauweise (§ 60 Abs. 4) ist zusätzlich zum Bebauungsplan ein ergänzender Bebauungsplan zu erlassen.

§ 55
Wirkung von Bebauungsplänen

(1) In Gebieten und auf Grundflächen, für die nach § 54 Abs. 2 oder 5 ein Bebauungsplan zu erlassen ist, darf die Baubewilligung für den Neubau von Gebäuden mit Ausnahme von Nebengebäuden nur erteilt werden, wenn für das betreffende Grundstück der Bebauungsplan besteht und die darin festgelegte verkehrsmäßige Erschließung rechtlich sichergestellt ist. Im Fall des § 54 Abs. 9 darf die Baubewilligung für den Neubau von Gebäuden nur erteilt werden, wenn für das betreffende Grundstück der Bebauungsplan einschließlich des ergänzenden Bebauungsplanes besteht und die im Bebauungsplan festgelegte verkehrsmäßige Erschließung rechtlich sichergestellt ist.

(2) Im Übrigen darf auf Grundstücken, für die ein Bebauungsplan nicht besteht, die Baubewilligung für den Neubau von Gebäuden mit Ausnahme von Nebengebäuden nur erteilt werden, wenn der Neubau

a) einer geordneten baulichen Gesamtentwicklung der Gemeinde im Sinn der Ziele der örtlichen Raumordnung, insbesondere im Hinblick auf die Größenverhältnisse der Gebäude zueinander und den Schutz des Orts- und Straßenbildes, nicht zuwiderläuft,
b) eine zweckmäßige und Boden sparende Bebauung des betreffenden Grundstückes gewährleistet und
c) einer zweckmäßigen verkehrsmäßigen Erschließung und Erschließung des betreffenden Gebietes mit Einrichtungen zur Wasserversorgung und Abwasserbeseitigung unter Bedachtnahme auf die Erfordernisse einer geordneten Gesamterschließung des Gemeindegebietes nicht entgegensteht.

§ 56
Inhalte

(1) Im Bebauungsplan sind

a) hinsichtlich der verkehrsmäßigen Erschließung die Straßenfluchtlinien (§ 58) und hinsichtlich der Bebauung die Baufluchtlinien (§ 59 Abs. 1, 2 und 3) sowie
b) die Bauweisen (§ 60), die Mindestbaudichten (§ 61) und die Bauhöhen von Gebäuden (§ 62 Abs. 1)

festzulegen.

(2) Ist im Bebauungsplan eine besondere Bauweise festgelegt, so sind in einem ergänzenden Bebauungsplan die Festlegungen nach § 60 Abs. 4 dritter und vierter Satz zu treffen. Weiters können ergänzende Festlegungen über Bauhöhen getroffen werden.

(3) Im Bebauungsplan können weiters die Höchstgröße der Bauplätze, die Mindest- und die Höchstnutzfläche (§ 61 Abs. 5 zweiter und dritter Satz), die Firstrichtungen und Dachneigungen, die Baugrenzlinien (§ 59 Abs. 4, 5 und 6) und die Höhenlage (§ 62 Abs. 7) festgelegt sowie ergänzende Festlegungen über die Baudichten (§ 61) und die Bauhöhen (§ 62 Abs. 1 bis 5) getroffen werden. Weiters kann das zulässige Ausmaß der Veränderung des Geländeniveaus im Verhältnis zum Geländeniveau vor der Bauführung festgelegt werden. Ferner kann festgelegt werden, dass statt der Mindestabstände nach § 6 Abs. 1 lit. b der Tiroler Bauordnung 2022 jene nach § 6 Abs. 1 lit. a der Tiroler Bauordnung 2022 einzuhalten sind. Gegenüber den Grenzen zu Grundstücken, für die diese Festlegung nicht gilt, sind jedoch stets die Mindestabstände nach § 6 Abs. 1 lit. b der Tiroler Bauordnung 2022 einzuhalten.

(4) Schließlich können textliche Festlegungen über die Fassadengestaltung, die Gestaltung der Dachlandschaften, das zulässige Ausmaß von Geländeveränderungen und dergleichen getroffen werden. Soweit eine geordnete verkehrsmäßige Erschließung anderweitig nicht sichergestellt werden kann, ist ferner die Festlegung der höchstzulässigen Anzahl an Wohnungen zulässig.

§ 57

Änderung und Außerkrafttreten von Bebauungsplänen

(1) Bebauungspläne sind zu ändern, soweit dies

a) aufgrund einer Änderung des örtlichen Raumordnungskonzeptes oder des Flächenwidmungsplanes,
b) aufgrund von Raumordnungsprogrammen oder anderen vorrangigen raumbedeutsamen Planungen oder Maßnahmen des Landes zur Vermeidung von Planungswidersprüchen oder
c) aufgrund der verfassungsrechtlich gebotenen Berücksichtigung raumbedeutsamer Planungen oder Maßnahmen des Bundes zur Vermeidung von Planungswidersprüchen

erforderlich ist.

(2) Bebauungspläne dürfen geändert werden, wenn die Änderung den Zielen der örtlichen Raumordnung und dem örtlichen Raumordnungskonzept entspricht.

(3) Wird in einem Bebauungsplan statt einer besonderen Bauweise eine andere Bauweise festgelegt, so tritt ein allfälliger ergänzender Bebauungsplan außer Kraft.

(4) Wird eine als Bauland, als Sonderfläche oder als Vorbehaltsfläche gewidmete Grundfläche als Freiland gewidmet oder wird eine solche Widmung vom Verfassungsgerichtshof aufgehoben, so treten allfällige Bebauungspläne hinsichtlich dieser Grundflächen außer Kraft. Dies gilt nicht, soweit Bebauungspläne

a) für Gebiete oder Grundflächen, für die aufgrund einer Festlegung im örtlichen Raumordnungskonzept nach § 31b Abs. 1 Bebauungspläne zu erlassen sind, oder
b) für Gebiete oder Grundflächen im Freiland, für die nach § 54 Abs. 6 Bebauungspläne erlassen werden dürfen,

bestehen. Das Außerkrafttreten ist am betreffenden Bebauungsplan ersichtlich zu machen.

§ 58

Straßenfluchtlinien

(1) Die Straßenfluchtlinien grenzen Verkehrsflächen und der Gestaltung des Straßenraumes dienende Flächen von den übrigen Grundflächen ab.

(2) Die Straßenfluchtlinien sind unter Bedachtnahme auf die allgemeinen straßenbaulichen Erfordernisse nach § 37 Abs. 1 des Tiroler Straßengesetzes festzulegen.

(3) Wird innerhalb von zehn Jahren nach dem Inkrafttreten der Festlegung der Straßenfluchtlinien für die betreffende Straße eine Straßenbaubewilligung nach § 44 des Tiroler Straßengesetzes nicht erteilt, so kann der Grundeigentümer die Einlösung der von den Straßenfluchtlinien umfassten Grundflächen durch die Gemeinde verlangen. Der Antrag auf Einlösung ist bei der Gemeinde schriftlich einzubringen. Kommt innerhalb eines Jahres nach der Einbringung des Einlösungsantrages eine Vereinbarung über die Einlösung der Grundflächen oder über die Bereitstellung eines Ersatzgrundstückes durch die Gemeinde nicht zustande und legt die Gemeinde innerhalb dieser Frist die Straßenfluchtlinien nicht so fest, dass die Grundflächen des Antragstellers davon nicht mehr umfasst sind, so gilt die Zustimmung der Gemeinde zur Einlösung der Grundflächen als gegeben. Im Übrigen gilt § 52 Abs. 5 vierter und fünfter Satz sinngemäß.

§ 59

Baufluchtlinien, Baugrenzlinien

(1) Die Baufluchtlinien sind straßenseitig gelegene Linien, durch die der Abstand baulicher Anlagen von den Verkehrsflächen bestimmt wird. Gebäudeteile und bauliche Anlagen dürfen nur in den in der Tiroler Bauordnung 2022 besonders geregelten Fällen vor die Baufluchtlinie vorragen oder vor dieser errichtet werden.

(2) Die Baufluchtlinien sind so festzulegen, dass das Orts- und Straßenbild und die Sicherheit, Leichtigkeit und Flüssigkeit des Verkehrs nicht beeinträchtigt werden und eine ausreichende Belichtung und Belüftung der straßenseitig gelegenen Räume gewährleistet ist. Für verschiedene Höhenabschnitte können verschiedene Baufluchtlinien festgelegt werden (gestaffelte Baufluchtlinien). Weiters kann insbesondere im Interesse des Schutzes des Orts- und Straßenbildes festgelegt

werden, dass an die Baufluchtlinien heranzubauen ist (zwingende Baufluchtlinien).

(3) Im Fall einer Gefährdung durch Naturgefahren (§ 37 Abs. 3) sind die Baufluchtlinien weiters so festzulegen, dass eine solche Gefährdung von Gebäuden und sonstigen baulichen Anlagen vermieden wird; im Fall einer Gefährdung durch Hochwasser sind die Baufluchtlinien erforderlichenfalls weiters so festzulegen, dass wesentliche Hochwasserabflussbereiche und –rückhalteräume nicht beeinträchtigt werden. In diesen Fällen ist erforderlichenfalls durch eine zusätzliche Festlegung zu bestimmen, dass abweichend von § 5 Abs. 2 und 3 der Tiroler Bauordnung 2022 die Errichtung von baulichen Anlagen mit Ausnahme von Zufahrten, Vordächern mit einem Mindestabstand von 4,5 Metern zum angrenzenden Gelände hin sowie überfahrbaren unterirdischen baulichen Anlagen nicht zulässig ist.

(4) Die Baugrenzlinien sind nicht straßenseitig gelegene Linien, durch die der Mindestabstand baulicher Anlagen gegenüber anderen Grundstücken als Straßen bestimmt wird. Dabei dürfen gegenüber bebaubaren Grundstücken nur größere Abstände als die Mindestabstände von 3 bzw. 4 m (§ 6 Abs. 1 der Tiroler Bauordnung 2022) und gegenüber nicht bebaubaren Grundstücken größere oder kleinere Abstände als diese Mindestabstände festgelegt werden. Im Übrigen sind die Baugrenzlinien so festzulegen, dass das Orts- und Straßenbild nicht beeinträchtigt wird und den Erfordernissen des Brandschutzes entsprochen wird. Abs. 2 zweiter und dritter Satz gilt sinngemäß.

(5) Im Fall einer Gefährdung durch Naturgefahren (§ 37 Abs. 3) sind die Baugrenzlinien weiters so festzulegen, dass eine solche Gefährdung von Gebäuden und sonstigen baulichen Anlagen vermieden wird; im Fall einer Gefährdung durch Hochwasser sind die Baugrenzlinien erforderlichenfalls weiters so festzulegen, dass wesentliche Hochwasserabflussbereiche und –rückhalteräume nicht beeinträchtigt werden. In diesen Fällen ist erforderlichenfalls durch eine zusätzliche Festlegung zu bestimmen, dass abweichend von § 6 Abs. 5 der Tiroler Bauordnung 2022 die Errichtung von baulichen Anlagen mit Ausnahme von Zufahrten, Vordächern mit einem Mindestabstand von 4,5 Metern zum angrenzenden Gelände hin sowie überfahrbaren unterirdischen baulichen Anlagen nicht zulässig ist.

(6) Wenn dies zur Erhaltung ökologisch besonders wertvoller Flächen erforderlich ist, sind die Baugrenzlinien so festzulegen, dass diese Flächen in ihrer ökologischen Funktion erhalten bleiben. Dabei ist erforderlichenfalls durch eine zusätzliche Festlegung zu bestimmen, dass abweichend von § 6 Abs. 5 der Tiroler Bauordnung 2022 die Errichtung von baulichen Anlagen mit Ausnahme von Vordächern nicht zulässig ist.

§ 60
Bauweisen

(1) Durch die Bauweise wird die Art der Anordnung der Gebäude gegenüber den nicht straßenseitig gelegenen Grundstücksgrenzen bestimmt. Dabei kann eine geschlossene, offene oder besondere Bauweise festgelegt werden.

(2) Bei geschlossener Bauweise sind die Gebäude, soweit keine Baugrenzlinien festgelegt sind, an den an die Baufluchtlinie anstoßenden Grundstücksgrenzen zusammenzubauen. Gegenüber den anderen Grundstücksgrenzen sind die Gebäude frei stehend anzuordnen.

(3) Bei offener Bauweise sind die Gebäude allseits frei stehend anzuordnen. Durch eine entsprechende Festlegung im Bebauungsplan kann abweichend davon das Zusammenbauen von Gebäuden an einer Grundstücksgrenze für zulässig erklärt werden (gekuppelte Bauweise).

(4) Soweit dies im Interesse einer zweckmäßigen Bebauung von Grundstücken erforderlich ist, kann eine besondere Bauweise festgelegt werden. Für unterirdische Gebäude oder Teile von Gebäuden gilt eine besondere Bauweise nur dann, wenn dies durch eine zusätzliche Festlegung bestimmt wird. Im Fall der Festlegung einer besonderen Bauweise ist die Anordnung und Gliederung der Gebäude festzulegen, wobei untergeordnete Bauteile außer Betracht bleiben. An Festlegungen können zwingende Festlegungen oder Festlegungen über Mindest- oder Höchstausmaße getroffen werden. Gegenüber Grundstücken, für die die offene Bauweise festgelegt ist, sind jedenfalls die Mindestabstände nach der Tiroler Bauordnung 2022 einzuhalten. Wird jedoch eine besondere Bauweise für ein Grundstück festgelegt, auf dem nach den baurechtlichen Vorschriften rechtmäßig ein anderes als nach der Tiroler Bauordnung 2022 in den Abstandsflächen zulässiges Gebäude besteht, so darf eine Bebauung nur im Umfang des § 6 Abs. 10 und 11 der Tiroler Bauordnung 2022 ermöglicht werden.

§ 61
Baudichten

(1) Die Baudichten können als Baumassendichte, Bebauungsdichte, Nutzflächendichte oder in kombinierter Form festgelegt werden. Die Bebauungsdichte kann weiters für oberirdische und unterirdische bauliche Anlagen gesondert festgelegt werden. Der Berechnung der Baudichten sind unbeschadet des Abs. 3 dritter Satz die Fertigbaumaße des jeweiligen Gebäudes zugrunde zu legen.

(2) Die Baumassendichte ist das zahlenmäßige Verhältnis zwischen der Baumasse und der Fläche des Bauplatzes mit Ausnahme jener Teile, die Verkehrsflächen im Sinn des § 2 Abs. 27 der Tiroler Bauordnung 2022 sind.

(3) Baumasse ist der durch ein Gebäude umbaute Raum oberhalb der Erdoberfläche, der durch die Außenhaut des Gebäudes oder, soweit eine Umschließung nicht besteht, durch die gedachte Fläche in der Flucht der anschließenden Außenhaut begrenzt wird. Wurde das Gelände durch die Bauführung oder im Hinblick auf die beabsichtigte Bauführung verändert, so ist vom Geländeniveau nach dieser Veränderung auszugehen. Weist das veränderte Geländeniveau ausgehend vom Böschungsfuß eine Steigung von mehr als 33 Grad auf, so ist der Berechnung der Schnitt einer 33 Grad geneigten Linie mit der Außenhaut bzw. der gedachten Fläche in der Flucht der Außenhaut zugrunde zu legen. Bei der Berechnung der Baumasse bleiben untergeordnete Bauteile außer Betracht.

(4) Die Bebauungsdichte ist das zahlenmäßige Verhältnis zwischen

a) der bebauten Fläche mit Ausnahme
1. jener Flächen, die für die der Gartengestaltung dienenden baulichen Anlagen vorgesehen sind, und
2. nicht versiegelter Flächen wie Schotterrasen und Bereiche mit Rasengittersteinen und dergleichen,

und

b) der Fläche des Bauplatzes mit Ausnahme von Verkehrsflächen im Sinn des § 2 Abs. 27 der Tiroler Bauordnung 2022.

Bei der Berechnung bleiben untergeordnete Bauteile sowie Zufahrten und Zugänge im Ausmaß von höchstens 15 v. H. der Fläche des Bauplatzes außer Betracht. Unterirdische Gebäude oder Teile von Gebäuden sind nur einzurechnen, wenn dies durch eine zusätzliche Festlegung bestimmt wird.

(5) Die Nutzflächendichte ist das zahlenmäßige Verhältnis zwischen der Nutzfläche und der Fläche des Bauplatzes. Die Nutzfläche ist die Summe der Bodenflächen eines Gebäudes abzüglich der Wandstärken sowie der im Verlauf der Wände befindlichen Durchbrechungen und Ausnehmungen. Nicht zur Nutzfläche zählen:

a) die Flächen von offenen Balkonen und Terrassen, von Kellerabstellräumen, von Heiz- und Tankräumen, von Parkdecks und Garagen und von Räumen zum Einstellen von Fahrrädern, Kinderwägen, Sportgeräten, Rollstühlen und dergleichen,
b) die Flächen, die der inneren Erschließung des Gebäudes dienen, wie Stiegenhäuser, Liftschächte, Wohnungszugänge und dergleichen, und
c) bei Geschoßen, die das Dach berühren (Dachgeschoße), Flächen mit einer lichten Höhe von weniger als 1,50 m.

§ 62
Bauhöhe, Höhenlage

(1) Die Bauhöhe von Gebäuden ist durch deren obersten Punkt bezogen auf die absolute Höhe oder auf einen sonstigen Fixpunkt festzulegen. Weiters können festgelegt werden:

a) die Anzahl der oberirdischen Geschoße;
b) die Höhen der Außenwände oder bestimmter Außenwände, wie der straßenseitigen oder der talseitigen; die Wandhöhe ist der Abstand zwischen dem Niveau des an ein Gebäude anschließenden Geländes und dem Schnitt der äußeren Wandfläche mit der Dachhaut; nicht zur Wandhöhe zählen Gebäudeflächen mit einer Neigung von weniger als 60 Grad;
c) die Höhe des oberen Wandabschlusses oder bestimmter oberer Wandabschlüsse; der obere Wandabschluss ist der Schnitt der äußeren Wandfläche mit der Dachhaut bezogen auf die absolute Höhe oder auf einen sonstigen Fixpunkt;
d) die Höhe der Oberkante der Rohdecke des obersten unterirdischen Geschoßes bezogen auf die absolute Höhe oder auf einen sonstigen Fixpunkt; bei Gebäuden ohne unterirdische Geschoße ist der Festlegung die Oberkante der Bodenplatte zu Grunde zu legen.

(2) Der oberste Punkt kann als Obergrenze, als Unter- und Obergrenze oder zwingend festgelegt werden, die Höhen der Oberkanten der Rohdecken können als Untergrenzen oder zwingend festgelegt werden. Ebenso können für die Anzahl der oberirdischen Geschoße Höchstzahlen, Mindest- und Höchstzahlen oder zwingende Zahlen festgelegt werden. Weiters können für die Wandhöhen und die Höhen der oberen Wandabschlüsse Höchstmaße, Mindest- und Höchstmaße oder zwingende Maße festgelegt werden.

(3) Wurde das Gelände durch die Bauführung oder im Hinblick auf die beabsichtigte Bauführung verändert, so ist hinsichtlich der Anzahl der oberirdischen Geschoße und der Wandhöhen vom Geländeniveau nach dieser Veränderung auszugehen.

(4) Oberirdische Geschoße sind jene Geschoße, bei denen mehr als die Hälfte der Gesamtfläche der Außenwände über das angrenzende Gelände ragt. § 61 Abs. 3 dritter und vierter Satz ist anzuwenden. Dachgeschoße sind zu berücksichtigen, wenn der Senkrechtabstand vom Fußboden zur Dachhaut über mehr als der Hälfte der Grundfläche des darunter liegenden Geschoßes mehr als 2,70 m beträgt.

(5) Die Bauhöhe sonstiger baulicher Anlagen ist durch deren obersten Punkt bezogen auf die absolute Höhe oder auf einen sonstigen Fixpunkt festzulegen. Abs. 2 erster Satz ist anzuwenden.

(6) Bei der Bestimmung des obersten Punktes von Gebäuden und sonstigen baulichen Anlagen bleiben außer Betracht:

a) untergeordnete Bauteile,
b) Photovoltaikanlagen im Umfang des § 6 Abs. 3 lit. c der Tiroler Bauordnung 2022,
c) Bauteile, die aus arbeitnehmerschutzrechtlichen Gründen zur Wartung von Fängen, Lüftungsanlagen, Aufzugsanlagen, Telekommunikationsanlagen und dergleichen erforderlich sind.

(7) Die Höhenlage ist eine durch die absolute Höhe oder durch einen sonstigen Fixpunkt bestimmte horizontale Ebene.

5. Abschnitt
Verfahren, Rechtswirkungen

§ 63
Verfahren zur Fortschreibung des örtlichen Raumordnungskonzeptes, Information der Gemeindebewohner, Umweltprüfung

(1) Der Bürgermeister hat die Gemeindebewohner von der beabsichtigten Ausarbeitung des Entwurfes über die Fortschreibung des örtlichen Raumordnungskonzeptes im Vorhinein auf geeignete Weise, wie etwa durch Bekanntmachung in einem allfälligen Publikationsorgan der Gemeinde oder durch Postwurfsendung, zu verständigen; die Verständigung ist weiters auf der Internetseite der Gemeinde bekannt zu machen. In der Verständigung ist auf den voraussichtlichen Zeitpunkt der Fertigstellung des Entwurfes und in zusammengefasster Form auf den Gang des Verfahrens nach den Abs. 3 bis 9 und den §§ 65 und 66 hinzuweisen. Nach Vorliegen des Entwurfes ist dieser, ausgenommen in der Stadt Innsbruck, in einer öffentlichen Gemeindeversammlung vorzustellen.

(2) Das Unterbleiben oder die mangelhafte Durchführung der Information nach Abs. 1 berührt die Rechtmäßigkeit des Verfahrens zur Fortschreibung des örtlichen Raumordnungskonzeptes nicht.

(3) Der Entwurf über die Fortschreibung des örtlichen Raumordnungskonzeptes ist einer Umweltprüfung nach dem Tiroler Umweltprüfungsgesetz zu unterziehen.

(4) Der Entwurf über die Fortschreibung des örtlichen Raumordnungskonzeptes ist in einem mit der Beteiligung der Öffentlichkeit am Umweltprüfungsverfahren nach § 6 des Tiroler Umweltprüfungsgesetzes aufgrund eines Beschlusses des Gemeinderates zur allgemeinen Einsicht im Gemeindeamt während sechs Wochen aufzulegen. Die Auflegung ist während der gesamten Auflegungsfrist an der Amtstafel der Gemeinde kundzumachen und weiters auf der Internetseite der Gemeinde und im Bote für Tirol bekannt zu machen. Abweichend von § 6 Abs. 4 des Tiroler Umweltprüfungsgesetzes ist eine weitere Kundmachung auf andere geeignete Weise, insbesondere auf der Internetseite des Landes Tirol, nicht erforderlich. Die Kundmachung und die Bekanntmachung haben die Auflegungsfrist und den Hinweis zu enthalten, dass es neben der Öffentlichkeit im Sinn der §§ 3 Abs. 3 und 6 Abs. 3 des Tiroler Umweltprüfungsgesetzes jedenfalls Personen, die in der Gemeinde ihren Hauptwohnsitz haben, und Rechtsträgern, die in der Gemeinde eine Liegenschaft oder einen Betrieb besitzen, das Recht zusteht, bis spätestens eine Woche nach dem Ablauf der Auflegungsfrist eine schriftliche Stellungnahme zum Entwurf abzugeben.

(5) Der Auflegung des Entwurfes hat weiters eine Verständigung der Nachbargemeinden vorauszugehen; diese hat in einem mit der Beteiligung der öffentlichen Umweltstellen am Umweltprüfungsverfahren zu erfolgen. Jeder Nachbargemeinde steht das Recht zu, bis spätestens eine Woche nach dem Ablauf der Auflegungsfrist zur Frage Stellung zu nehmen, ob der Entwurf auf ihre örtlichen Raumordnungsinteressen ausreichend Bedacht nimmt.

(6) Wird der Entwurf nach seiner Auflegung geändert, so ist eine neuerliche Umweltprüfung nur durchzuführen, soweit der Entwurf
a) gegenüber dem ursprünglichen Entwurf die Möglichkeit der Errichtung von Seveso-Betrieben oder von UVP-pflichtigen Anlagen oder von weiteren solchen Betrieben bzw. Anlagen zum Gegenstand hat,
b) ein Natura-2000 Gebiet betrifft und die Änderung gegenüber dem ursprünglichen Entwurf nicht nur geringfügig ist oder voraussichtlich erhebliche (weitere) Umweltauswirkungen zur Folge hat oder
c) sonst gegenüber dem ursprünglichen Entwurf voraussichtlich erhebliche (weitere) Umweltauswirkungen zur Folge hat.

(7) Bei der Beurteilung der Erheblichkeit der Umweltauswirkungen nach Abs. 6 lit. b und c sind die Größe des Planungsgebietes und die vorgesehenen Nutzungen bzw. Arten der Widmung in Verbindung mit den Kriterien nach Anhang II der Richtlinie 2001/42/EG zu berücksichtigen. Die Landesregierung kann durch Verordnung nähere Bestimmungen darüber erlassen, unter welchen Voraussetzungen die betreffenden Entwürfe keiner oder jedenfalls einer Umweltprüfung bedürfen. Dabei können auch Grenz- oder Schwellenwerte festgelegt werden.

(8) Wird der Entwurf nach seiner Auflegung geändert, so ist dieser jedenfalls im Umfang der betreffenden Änderungen neuerlich entsprechend den Abs. 4 und 5 aufzulegen. Dabei kann die Auflegungsfrist außer im Fall der neuerlichen Durchführung einer Umweltprüfung auf zwei Wochen herabgesetzt werden. Die Verständigung der Nachbargemeinden kann unterbleiben, wenn ihre örtlichen Raumordnungsinteressen durch die Änderungen nicht berührt werden.

(9) Der Bürgermeister hat nach dem Abschluss des Verfahrens nach den Abs. 4 bis 8 den Entwurf zusammen mit den eingelangten Stellungnahmen und den maßgebenden Entscheidungsgrundlagen dem Gemeinderat zur Beschlussfassung vorzulegen.

§ 64
Verfahren zur Erlassung, Änderung und Aufhebung von Bebauungsplänen

(1) Der Entwurf eines Bebauungsplanes oder der Änderung eines Bebauungsplanes ist aufgrund eines Beschlusses des Gemeinderates zur allgemeinen Einsicht im Gemeindeamt während vier Wochen aufzulegen. Die Auflegung ist während der gesamten Auflegungsfrist an der Amtstafel der Gemeinde kundzumachen und weiters auf der Internetseite der Gemeinde bekannt zu machen. Die Kundmachung und die Bekanntmachung haben die Auflegungsfrist und den Hinweis zu enthalten, dass Personen, die in der Gemeinde ihren Hauptwohnsitz haben, und Rechtsträgern, die in der Gemeinde eine Liegenschaft oder einen Betrieb besitzen, das Recht zusteht, bis spätestens eine Woche nach dem Ablauf der Auflegungsfrist eine schriftliche Stellungnahme zum Entwurf abzugeben.

(2) Ermöglicht der Entwurf eines Bebauungsplanes oder der Änderung eines Bebauungsplanes neue Entwicklungen im Gefährdungsbereich von Seveso-Betrieben, die das Risiko eines schweren Unfalls vergrößern oder die Folgen eines solchen Unfalls verschlimmern können, so ist der Entwurf abweichend von Abs. 1 in sinngemäßer Anwendung des § 6 des Umweltprüfungsgesetzes in einem mit der Durchführung eines Öffentlichkeitsbeteiligungsverfahrens zur allgemeinen Aufsicht aufzulegen. Auf das Auflegungsverfahren ist § 63 Abs. 4 und 5 sinngemäß mit der Maßgabe anzuwenden, dass kein Umweltbericht aufzulegen ist und die Verständigung der Nachbargemeinden unterbleiben kann, wenn die Änderung nicht Grundflächen im Bereich der Gemeindegrenzen betrifft und auch sonst die örtlichen Raumordnungsinteressen von Nachbargemeinden nicht berührt werden.

(3) Die Eigentümer der vom Entwurf umfassten Grundstücke sind von der Auflegung nach Abs. 1 oder 2 schriftlich zu verständigen; im Fall des Abs. 2 ist weiters der Inhaber des Seveso-Betriebes entsprechend zu verständigen. Die Verständigung von Grundeigentümern, deren Aufenthalt nicht oder nur schwer feststellbar ist, kann jedoch unterbleiben. Bei Wohnungsanlagen, für die ein gemeinsamer Verwalter bestellt ist, kann die Verständigung an diesen erfolgen. In der Verständigung ist auf die Auflegungs- und Stellungnahmefrist hinzuweisen. Mängel bei der Verständigung der Grundeigentümer berühren die Rechtmäßigkeit des Verfahrens nicht.

(4) Der Gemeinderat kann gleichzeitig mit der Beschlussfassung über die Auflegung des Entwurfes nach Abs. 1 erster Satz oder 2 den Beschluss über die Erlassung des Bebauungsplanes bzw. seiner Änderung fassen. Dieser Beschluss wird jedoch nur rechtswirksam, wenn innerhalb der Auflegungs- und Stellungnahmefrist keine Stellungnahme zum Entwurf von einer hierzu berechtigten Person oder Stelle abgegeben wurde.

(5) Wird der Entwurf nach seiner Auflegung geändert, so ist dieser jedenfalls im Umfang der betreffenden Änderungen neuerlich entsprechend dem Abs. 1 oder 2 aufzulegen. Im Fall des Abs. 1 kann die Auflegungsfrist auf zwei Wochen herabgesetzt werden.

(6) Der Bürgermeister hat nach dem Abschluss des Verfahrens nach den Abs. 1 bis 5 den Entwurf zusammen mit den eingelangten Stellungnahmen und den maßgebenden Entscheidungsgrundlagen dem Gemeinderat zur Beschlussfassung vorzulegen.

(7) Der Bürgermeister hat den Entwurf einer Verordnung über die Aufhebung eines Bebauungsplanes den Eigentümern der von der Aufhebung betroffenen Grundstücke schriftlich mitzuteilen. Die Mitteilung hat den Hinweis zu enthalten, dass den betreffenden Eigentümern das Recht zusteht, innerhalb einer Frist von vier Wochen eine Stellungnahme zum Entwurf abzugeben. Die Mitteilung kann gegenüber Grundeigentümern, deren Aufenthalt nicht oder nur schwer feststellbar ist, unterbleiben. Bei Wohnungsanlagen, für die ein gemeinsamer Verwalter bestellt ist, kann die Mitteilung an diesen erfolgen. Nach dem Ablauf dieser Frist hat der Bürgermeister den Entwurf zusammen mit den eingelangten Stellungnahmen und den maßgebenden Entscheidungsgrundlagen dem Gemeinderat zur Beschlussfassung vorzulegen.

(8) Abs. 7 ist nicht anzuwenden, wenn für den betreffenden Bereich ein neuer Bebauungsplan erlassen wird.

§ 65
Aufsichtsbehördliche Genehmigung der Fortschreibung des örtlichen Raumordnungskonzeptes

Fassung bis 30. Juni 2025:

(1) Die Fortschreibung des örtlichen Raumordnungskonzeptes ist nach der Beschlussfassung durch den Gemeinderat in zweifacher Ausfertigung der Landesregierung zur aufsichtsbehördlichen Genehmigung vorzulegen. Gleichzeitig sind die Planinhalte in digitaler Form zu übersenden. Weiters sind die maßgebenden Entscheidungsgrundlagen, die im Verfahren eingelangten Stellungnahmen, die Auszüge aus den Niederschriften über die Sitzungen des Gemeinderates und die Auflegungsnachweise in einfacher Ausfertigung

anzuschließen. Erfolgt die Vorlage nicht vollständig, so hat die Landesregierung die Gemeinde unter Setzung einer angemessenen Nachfrist aufzufordern, die fehlenden Unterlagen nachzureichen.

Fassung ab 1. Juli 2025:

(1) Die Fortschreibung des örtlichen Raumordnungskonzeptes ist nach der Beschlussfassung durch den Gemeinderat der Landesregierung zur aufsichtsbehördlichen Genehmigung vorzulegen. Die Vorlage hat in Form amtssignierter elektronischer Dokumente zu erfolgen; die Landesregierung kann bei Bedarf die zusätzliche Übermittlung in Papierform verlangen. Weiters sind die maßgebenden Entscheidungsgrundlagen, die im Verfahren eingelangten Stellungnahmen, die Auszüge aus den Niederschriften über die Sitzungen des Gemeinderates und die Auflegungsnachweise soweit möglich in elektronischer Form zu übermitteln. Erfolgt die Vorlage nicht vollständig, so hat die Landesregierung die Gemeinde unter Setzung einer angemessenen Nachfrist zur Verbesserung aufzufordern.

(2) Der Fortschreibung des örtlichen Raumordnungskonzeptes ist die aufsichtsbehördliche Genehmigung zu versagen, wenn diese

a) Raumordnungsprogrammen oder anderen vorrangigen raumbedeutsamen Planungen oder Maßnahmen des Landes widerspricht oder sonst eine im überörtlichen Raumordnungsinteresse des Landes gelegene Entwicklung der Gemeinde verhindert oder erschwert,
b) unionsrechtliche Verpflichtungen Österreichs, insbesondere die Verpflichtung zur Durchführung einer Umweltprüfung, nicht berücksichtigt,
c) raumbedeutsame Planungen oder Maßnahmen des Bundes im Rahmen der verfassungsrechtlichen Pflicht zur Berücksichtigung nicht oder nicht ausreichend berücksichtigt,
d) wesentliche örtliche Raumordnungsinteressen von Nachbargemeinden beeinträchtigt,
e) den Zielen eines anhängigen Zusammenlegungsverfahrens nach dem Tiroler Flurverfassungslandesgesetz 1996, LGBl. Nr. 74/1996, in der jeweils geltenden Fassung widerspricht,
f) nicht geeignet ist, eine geordnete räumliche Entwicklung der Gemeinde im Sinn der Ziele der örtlichen Raumordnung sicherzustellen,
g) entgegen dem § 31a Abs. 1 kein oder ein zu geringes Mindestausmaß jener Grundflächen, die im Flächenwidmungsplan als Vorbehaltsflächen für den geförderten Wohnbau auszuweisen sind, vorsieht oder die Grundflächen nicht oder nicht ausreichend festlegt, die für eine entsprechende Widmung in Betracht kommen,
h) entgegen dem § 33 Abs. 7 und 8 ohne Abschluss von Verträgen nach § 33 Abs. 2 beschlossen wurde,
i) eine räumliche Entwicklung vorsieht, die zu einer unvertretbar hohen finanziellen Belastung der Gemeinde führen und damit die Erfüllung ihrer gesetzlichen und vertraglichen Verpflichtungen in Frage stellen würde, oder
j) anderweitig diesem Gesetz widerspricht oder wenn es zu wesentlichen Mängeln im Verfahren gekommen ist.

(3) Liegt ein Versagungsgrund nach Abs. 2 nicht vor, so ist die aufsichtsbehördliche Genehmigung zu erteilen.

Fassung bis 30. Juni 2025:

(4) Die Entscheidung der Landesregierung über die Erteilung oder Versagung der aufsichtsbehördlichen Genehmigung hat mit schriftlichem Bescheid zu erfolgen. Der Genehmigungsbescheid ist der Gemeinde unter Anschluss einer mit dem Genehmigungsvermerk versehenen Ausfertigung der Fortschreibung des örtlichen Raumordnungskonzeptes zuzustellen.

Fassung ab 1. Juli 2025:

(4) Die Entscheidung der Landesregierung über die Erteilung oder Versagung der aufsichtsbehördlichen Genehmigung hat mit schriftlichem Bescheid zu erfolgen. Gleichzeitig sind die elektronischen Dokumente der Gemeinde zu übermitteln. Im Fall der Erteilung der aufsichtsbehördlichen Genehmigung hat die Landesregierung die Fortschreibung des örtlichen Raumordnungskonzeptes mit einer Amtssignatur zu versehen, aus der das Datum und die Geschäftszahl des Genehmigungsbescheides ersichtlich sind (elektronischer Genehmigungsvermerk). Die Gemeinde hat die elektronischen Dokumente dauerhaft zu verwahren.

Fassung bis 30. Juni 2025:

§ 66

Kundmachung der Fortschreibung des örtlichen Raumordnungskonzeptes sowie der Bebauungspläne und ihrer Änderung

(1) Der Beschluss des Gemeinderates über die Fortschreibung des örtlichen Raumordnungskonzeptes ist innerhalb von zwei Wochen nach Vorliegen der aufsichtsbehördlichen Genehmigung an der Amtstafel der Gemeinde während zweier Wochen kundzumachen. In der Kundmachung sind das Datum und die Geschäftszahl des Genehmigungsbescheides anzuführen. Die Kundmachung hat weiters einen Hinweis auf die Auflegung der Fortschreibung des örtlichen Raumordnungskonzeptes zur allgemeinen Einsicht (Abs. 5) zu enthalten. Die Verordnung über die Fortschreibung des örtlichen Raumordnungskonzeptes tritt mit

dem Ablauf der Kundmachungsfrist in Kraft. Eine allfällige vor dem Vorliegen der aufsichtsbehördlichen Genehmigung erfolgte Kundmachung nach § 60 Abs. 1 oder 2 der Tiroler Gemeindeordnung 2001 bewirkt nicht das Inkrafttreten der Verordnung über die Fortschreibung des örtlichen Raumordnungskonzeptes.

(2) Der Beschluss des Gemeinderates über die Erlassung oder Änderung eines Bebauungsplanes ist innerhalb von zwei Wochen nach der Beschlussfassung, im Fall des § 64 Abs. 4 jedoch innerhalb von zwei Wochen nach dem Eintritt der Rechtswirksamkeit des Beschlusses, an der Amtstafel der Gemeinde während zweier Wochen kundzumachen. Die Kundmachung hat einen Hinweis auf die Auflegung des Bebauungsplanes bzw. die Änderung des Bebauungsplanes zur allgemeinen Einsicht zu enthalten (Abs. 6). Die Verordnung über die Erlassung oder Änderung des Bebauungsplanes tritt mit dem Ablauf der Kundmachungsfrist in Kraft.

(3) Der Beschluss des Gemeinderates über die Aufhebung eines Bebauungsplanes ist innerhalb von zwei Wochen nach der Beschlussfassung an der Amtstafel der Gemeinde während zweier Wochen kundzumachen. Die Verordnung über die Aufhebung des Bebauungsplanes tritt mit dem Ablauf der Kundmachungsfrist in Kraft.

(4) Beschlüsse des Gemeinderates nach Abs. 1, 2 und 3 sind auf der Internetseite der Gemeinde und, sofern in der Gemeinde ein Publikationsorgan besteht, weiters darin bekannt zu machen. Diese Bekanntmachungen bilden keine Voraussetzung für das Inkrafttreten der Verordnung über die Fortschreibung des örtlichen Raumordnungskonzeptes bzw. über die Erlassung, Änderung oder Aufhebung des betreffenden Bebauungsplanes.

(5) Verordnungen über die Fortschreibung des örtlichen Raumordnungskonzeptes sind während der Kundmachungsfrist nach Abs. 1 und anschließend während der gesamten Geltungsdauer der betreffenden Verordnungen im Gemeindeamt zur allgemeinen Einsicht während der für den Parteienverkehr bestimmten Amtsstunden aufzulegen.

(6) Verordnungen über die Erlassung oder Änderung von Bebauungsplänen sind während der Kundmachungsfrist nach Abs. 2 und anschließend während der gesamten Geltungsdauer der betreffenden Verordnungen im Gemeindeamt zur allgemeinen Einsicht während der für den Parteienverkehr bestimmten Amtsstunden aufzulegen.

(7) Wird ein Bebauungsplan aufgehoben, so ist dieser weiterhin im Gemeindeamt zur allgemeinen Einsicht während der für den Parteienverkehr bestimmten Amtsstunden aufzulegen. Die Aufhebung ist unter Anführung des Datums der Beschlussfassung des Gemeinderates und des Zeitpunktes ihres Inkrafttretens ersichtlich zu machen.

(8) Verordnungen über die Erlassung, Änderung oder Aufhebung von Bebauungsplänen sind nach ihrem Inkrafttreten unverzüglich der Landesregierung mitzuteilen. § 65 Abs. 1 zweiter und dritter Satz gilt sinngemäß.

Fassung ab 1. Juli 2025:

§ 66

Kundmachung der Fortschreibung des örtlichen Raumordnungskonzeptes sowie der Bebauungspläne und ihrer Änderung

(1) Der mit dem elektronischen Genehmigungsvermerk (§ 65 Abs. 4) versehene Beschluss des Gemeinderates über die Fortschreibung des örtlichen Raumordnungskonzeptes ist unverzüglich nach Erteilung der aufsichtsbehördlichen Genehmigung kundzumachen. Die Kundmachung hat weiters einen Hinweis auf die Auflegung der Fortschreibung des örtlichen Raumordnungskonzeptes zur allgemeinen Einsicht (Abs. 4) zu enthalten. Eine allfällige nicht mit dem elektronischen Genehmigungsvermerk versehene Kundmachung bewirkt nicht das Inkrafttreten der Verordnung über die Fortschreibung des örtlichen Raumordnungskonzeptes.

(2) Der Beschluss des Gemeinderates über die Erlassung oder Änderung eines Bebauungsplanes ist unverzüglich nach der Beschlussfassung, im Fall des § 64 Abs. 4 jedoch unverzüglich nach dem Eintritt der Rechtswirksamkeit des Beschlusses kundzumachen. Die Kundmachung hat einen Hinweis auf die Auflegung zur allgemeinen Einsicht nach Abs. 5 zu enthalten.

(3) Der Beschluss des Gemeinderates über die Aufhebung eines Bebauungsplanes ist unverzüglich nach der Beschlussfassung kundzumachen.

(4) Verordnungen über die Fortschreibung des örtlichen Raumordnungskonzeptes sind ab deren Kundmachung während der gesamten Geltungsdauer der betreffenden Verordnungen im Gemeindeamt zur allgemeinen Einsicht während der für den Parteienverkehr bestimmten Amtsstunden aufzulegen.

(5) Verordnungen über die Erlassung oder Änderung von Bebauungsplänen sind ab deren Kundmachung während der gesamten Geltungsdauer der betreffenden Verordnungen im Gemeindeamt zur allgemeinen Einsicht während der für den Parteienverkehr bestimmten Amtsstunden aufzulegen.

(6) Wird ein Bebauungsplan aufgehoben, so ist dieser weiterhin im Gemeindeamt zur allgemeinen Einsicht während der für den Parteienverkehr bestimmten Amtsstunden aufzulegen. Die Aufhebung ist unter Anführung des Datums der Beschlussfassung des Gemeinderates

und des Zeitpunktes ihres Inkrafttretens ersichtlich zu machen.

(7) Verordnungen über die Erlassung, Änderung oder Aufhebung von Bebauungsplänen sind nach ihrem Inkrafttreten unverzüglich der Landesregierung mitzuteilen. § 65 Abs. 1 zweiter Satz gilt sinngemäß, § 65 Abs. 1 dritter Satz mit der Maßgabe, dass die Vorlage in Form elektronischer Dokumente zu erfolgen hat.

§ 67

Änderung des örtlichen Raumordnungskonzeptes; Verfahren, Umweltprüfung, aufsichtsbehördliche Genehmigung und Kundmachung

(1) Für das Verfahren zur Änderung des örtlichen Raumordnungskonzeptes gilt § 63 Abs. 3 bis 9 sinngemäß mit der Maßgabe, dass

a) eine Umweltprüfung nur durchzuführen ist, soweit der Entwurf
1. die Möglichkeit der Errichtung von Seveso-Betrieben oder von UVP-pflichtigen Anlagen zum Gegenstand hat,
2. ein Natura-2000 Gebiet betrifft und die Änderung nicht nur geringfügig ist oder voraussichtlich erhebliche Umweltauswirkungen zur Folge hat oder
3. sonst voraussichtlich erhebliche Umweltauswirkungen zur Folge hat,

b) die Frist für die Auflegung des Entwurfes des örtlichen Raumordnungskonzeptes abweichend von § 63 Abs. 4 erster Satz vier Wochen zu betragen hat,

c) der Gemeinderat anlässlich der im § 63 Abs. 4 erster Satz vorgesehenen Beschlussfassung über die Auflegung des Entwurfes gleichzeitig den Beschluss über die dem Entwurf entsprechende Änderung des örtlichen Raumordnungskonzeptes fassen kann, wobei dieser Beschluss nur rechtswirksam wird, wenn innerhalb der Auflegungs- und Stellungnahmefrist keine Stellungnahme zum Entwurf von einer hierzu berechtigten Person oder Stelle abgegeben wurde,

d) die im § 63 Abs. 5 vorgesehene Verständigung der Nachbargemeinden unterbleiben kann, wenn die Änderung nicht Grundflächen im Bereich der Gemeindegrenzen betrifft und auch sonst die örtlichen Raumordnungsinteressen von Nachbargemeinden nicht berührt werden.

(2) Die Abweichungen nach Abs. 1 lit. b, c und d gelten nicht im Fall der Durchführung einer Umweltprüfung. Für die Beurteilung der Erheblichkeit der Umweltauswirkungen und die Befugnis der Landesregierung zur Erlassung von Verordnungen betreffend die Erforderlichkeit einer Umweltprüfung gilt § 63 Abs. 7 sinngemäß.

(3) Ermöglicht der Entwurf einer Änderung des örtlichen Raumordnungskonzeptes, über den eine Umweltprüfung nicht durchzuführen ist, neue Entwicklungen im Gefährdungsbereich von Seveso-Betrieben, die das Risiko eines schweren Unfalls vergrößern oder die Folgen eines solchen Unfalls verschlimmern können, so gilt die Abweichung nach Abs. 1 lit. b nicht. § 63 Abs. 4 gilt mit der Maßgabe, dass im Zuge des Öffentlichkeitsbeteiligungsverfahrens kein Umweltbericht aufzulegen ist.

(4) Hinsichtlich der aufsichtsbehördlichen Genehmigung der Änderung des örtlichen Raumordnungskonzeptes gilt § 65 sinngemäß, der Abs. 2 jedoch mit der Maßgabe, dass der Versagungsgrund nach lit. g entfällt und die aufsichtsbehördliche Genehmigung weiters zu versagen ist, wenn keine der Voraussetzungen nach § 32 vorliegt.

Fassung bis 30. Juni 2025:

(5) Hinsichtlich der Kundmachung der Änderung des örtlichen Raumordnungskonzeptes gilt § 66 Abs.1, 4 und 5 sinngemäß.

Fassung ab 1. Juli 2025:

(5) Hinsichtlich der Kundmachung der Änderung des örtlichen Raumordnungskonzeptes gilt § 66 Abs. 1 und 4 sinngemäß.

§ 68

Änderung von Flächenwidmungsplänen; Verfahren, Umweltprüfung, aufsichtsbehördliche Genehmigung

(1) Die Entwürfe über die Gesamtänderung von Flächenwidmungsplänen nach § 31c Abs. 2 zweiter Satz sind einer Umweltprüfung zu unterziehen, soweit sie

a) die Festlegung von Gewerbe- und Industriegebieten nach § 39 Abs. 3,
b) die Festlegung von Sonderflächen für UVP-pflichtige Anlagen nach § 49a oder für Sonderflächen nach § 50 Abs. 1 zweiter Satz oder § 50a Abs. 1 zweiter Satz oder
c) ein Natura-2000 Gebiet

betreffen.

(2) Sonstige Entwürfe über die Änderung von Flächenwidmungsplänen sind einer Umweltprüfung zu unterziehen, wenn

a) eine der Voraussetzungen nach Abs. 1 lit. a und b vorliegt,
b) sie ein Natura-2000 Gebiet betreffen und die Änderung nicht nur geringfügig ist oder voraussichtlich erhebliche Umweltauswirkungen zur Folge hat oder
c) die Änderung sonst voraussichtlich erhebliche Umweltauswirkungen zur Folge hat.

Für die Beurteilung der Erheblichkeit der Umweltauswirkungen nach lit. b und c und die Befugnis der Landesregierung zur Erlassung von Verordnungen betreffend die Erforderlichkeit einer Umweltprüfung gilt § 63 Abs. 7 sinngemäß.

(3) Im Übrigen gilt für das Verfahren zur Änderung des Flächenwidmungsplanes § 63 Abs. 3 bis 9 sinngemäß mit der Maßgabe, dass

a) der Entwurf über die Änderung des Flächenwidmungsplanes in Form eines Ausdruckes der digitalen Daten aufzulegen ist,
b) die Eigentümer der vom Entwurf umfassten Grundstücke von der Auflegung nach § 63 Abs. 4 schriftlich zu verständigen sind; dabei kann die Verständigung von Grundeigentümern, deren Aufenthalt nicht oder nur schwer feststellbar ist, unterbleiben; bei Wohnungsanlagen, für die ein gemeinsamer Verwalter bestellt ist, kann die Verständigung an diesen erfolgen; in der Verständigung ist auf die Auflegungs- und Stellungnahmefrist hinzuweisen; Mängel bei der Verständigung der Grundeigentümer berühren die Rechtmäßigkeit des Verfahrens nicht;
c) die Frist für die Auflegung des Entwurfes abweichend von § 63 Abs. 4 erster Satz vier Wochen zu betragen hat,
d) der Gemeinderat anlässlich der im § 63 Abs. 4 erster Satz vorgesehenen Beschlussfassung über die Auflegung des Entwurfes gleichzeitig den Beschluss über die dem Entwurf entsprechende Änderung fassen kann, wobei dieser Beschluss nur rechtswirksam wird, wenn innerhalb der Auflegungs- und Stellungnahmefrist keine Stellungnahme zum Entwurf von einer hierzu berechtigten Person oder Stelle abgegeben wurde,
e) die im § 63 Abs. 5 vorgesehene Verständigung der Nachbargemeinden unterbleiben kann, wenn die Änderung nicht Grundflächen im Bereich der Gemeindegrenzen betrifft und auch sonst die örtlichen Raumordnungsinteressen von Nachbargemeinden nicht berührt werden.

Die Abweichungen nach den lit. c, d und e gelten nicht im Fall der Durchführung einer Umweltprüfung.

(4) Ermöglicht der Entwurf einer Änderung des Flächenwidmungsplanes, über den eine Umweltprüfung nicht durchzuführen ist, neue Entwicklungen im Gefährdungsbereich von Seveso-Betrieben, die das Risiko eines schweren Unfalls vergrößern oder die Folgen eines solchen Unfalls verschlimmern können, so gilt die Abweichung nach Abs. 3 lit. c nicht. § 63 Abs. 4 gilt mit der Maßgabe, dass im Zuge des Öffentlichkeitsbeteiligungsverfahrens kein Umweltbericht aufzulegen ist.

(5) Das Auflegungsverfahren kann entfallen, wenn

a) der Flächenwidmungsplan infolge der Berichtigung, der Berücksichtigung von Bodenbewegungen oder der Verbesserung der Katastralmappe von Amts wegen nach § 13, § 32a, § 52 Z 5 oder Z 7 des Vermessungsgesetzes, BGBl. Nr. 306/1968, zuletzt geändert durch das Gesetz BGBl. I Nr. 116/2022, ausschließlich in dem zur Anpassung der Darstellung des Grenzverlaufes von Grundstücken an den Grenzverlauf in der Natur erforderlichen Umfang geändert wird (Widmungskorrekturen) oder
b) der Flächenwidmungsplan ausschließlich im Sinn des § 35 Abs. 2 vierter Satz oder des § 37a Abs. 3, gegebenenfalls in Verbindung mit Abs. 8, geändert wird;

in diesen Fällen ist den betroffenen Grundeigentümern eine Frist von einem Monat zur Abgabe einer Stellungnahme einzuräumen.

(6) Sollen das örtliche Raumordnungskonzept und der Flächenwidmungsplan in einem geändert werden, so kann die Auflegung der Entwürfe über beide Änderungen gleichzeitig erfolgen. Dem Gemeinderat können weiters beide Entwürfe gleichzeitig zur Beschlussfassung vorgelegt werden.

(7) Die Änderung des Flächenwidmungsplanes ist nach der Beschlussfassung durch den Gemeinderat der Landesregierung zur aufsichtsbehördlichen Genehmigung vorzulegen. Die Vorlage hat in Form digitaler Daten im elektronischen Flächenwidmungsplan zu erfolgen. Die digitalen Daten haben die Unterlagen nach § 65 Abs. 1 dritter Satz zu enthalten. Die Landesregierung hat die erhaltenen digitalen Daten unverzüglich zu dokumentieren. § 65 Abs. 1 vierter Satz gilt sinngemäß.

(8) Der Änderung des Flächenwidmungsplanes ist die aufsichtsbehördliche Genehmigung zu versagen, wenn ein Versagungsgrund nach § 65 Abs. 2 lit. a bis f, h, i oder j vorliegt. Weiters ist die aufsichtsbehördliche Genehmigung zu versagen, wenn

a) diese im Widerspruch zum örtlichen Raumordnungskonzept steht oder
b) eine Festlegung nach § 13 Abs. 3 zweiter und dritter Satz erfolgt ist, obwohl die Schaffung neuer Freizeitwohnsitze nach § 13 Abs. 5 nicht mehr zulässig ist.

Liegt ein Versagungsgrund nicht vor, so ist die aufsichtsbehördliche Genehmigung zu erteilen.

(9) Die Entscheidung der Landesregierung über die Erteilung oder Versagung der aufsichtsbehördlichen Genehmigung für die Änderung des Flächenwidmungsplanes hat mit schriftlichem Bescheid zu erfolgen. Gleichzeitig sind die digitalen Daten der Gemeinde zu übermitteln. Der Bescheid über die Erteilung oder Versagung der aufsichtsbehördlichen Genehmigung gilt mit dem Herunterladen durch die Gemeinde als zugestellt. Die Erteilung oder Versagung der aufsichtsbehördlichen Genehmigung und die Übermittlung

der Daten an die Gemeinde sind im elektronischen Flächenwidmungsplan zu dokumentieren. Die Gemeinde hat die Daten dauerhaft zu verwahren.

(10) Wird der Änderung des Flächenwidmungsplanes die aufsichtsbehördliche Genehmigung nicht innerhalb von sechs Wochen nach der vollständigen Vorlage der digitalen Daten im Umfang des Abs. 7 erteilt, so gilt mit dem Ablauf dieser Frist die Genehmigung als erteilt. Im Fall des Abs. 6 darf die aufsichtsbehördliche Genehmigung für die Änderung des Flächenwidmungsplanes jedoch erst nach dem Inkrafttreten der Änderung des örtlichen Raumordnungskonzeptes erteilt werden. In diesem Fall gilt die aufsichtsbehördliche Genehmigung erst als erteilt, wenn diese nicht innerhalb eines Monats nach dem Inkrafttreten der Änderung des örtlichen Raumordnungskonzeptes versagt wird. Das Vorliegen der aufsichtsbehördlichen Genehmigung für die Änderung des Flächenwidmungsplanes ist im elektronischen Flächenwidmungsplan zu dokumentieren.

(11) Abs. 10 erster und dritter Satz ist nicht anzuwenden,

a) im Fall der Durchführung einer Umweltprüfung, der Ermöglichung von Seveso-Betrieben nach § 39 Abs. 3, neuer Entwicklungen im Gefährdungsbereich von Seveso-Betrieben oder einer Naturverträglichkeitsprüfung im Sinn des § 14 Abs. 12 des Tiroler Naturschutzgesetzes 2005 oder
b) wenn das aufsichtsbehördliche Genehmigungsverfahren insbesondere aufgrund der Komplexität des Verfahrens voraussichtlich nicht innerhalb der jeweiligen Frist abgeschlossen werden kann.

Im Fall der lit. b hat die Landesregierung dies der Gemeinde binnen offener Frist im elektronischen Flächenwidmungsplan mit der Wirkung mitzuteilen, dass die aufsichtsbehördliche Genehmigung mit Fristablauf nicht als erteilt gilt. In diesem Fall hat die Landesregierung über die Erteilung oder Versagung der aufsichtsbehördlichen Genehmigung zu entscheiden. Dabei ist Abs. 9 anzuwenden.

§ 69
Aufsichtsbehördliche Prüfung der Änderung des Flächenwidmungsplanes

(1) Die Gemeinde kann der Landesregierung die Absicht, den Flächenwidmungsplan hinsichtlich einzelner Grundstücke zu ändern, schriftlich mitteilen. Der Mitteilung sind die maßgebenden Entscheidungsgrundlagen anzuschließen. Liegen die maßgebenden Entscheidungsgrundlagen nicht vollständig vor, so hat die Landesregierung die Gemeinde unter Setzung einer angemessenen Frist aufzufordern, die fehlenden Unterlagen nachzureichen. Die Landesregierung hat aufgrund der Mitteilung und der vollständigen Entscheidungsgrundlagen ohne unnötigen Aufschub aufsichtsbehördlich zu prüfen, ob die geplante Änderung des Flächenwidmungsplanes den gesetzlichen Voraussetzungen, insbesondere den Festlegungen des örtlichen Raumordnungskonzeptes, entspricht. Das Ergebnis der aufsichtsbehördlichen Prüfung ist der Gemeinde schriftlich mitzuteilen.

(2) Die Gemeinde kann der Landesregierung weiters den fertig ausgearbeiteten Entwurf einer Änderung des Flächenwidmungsplanes zur aufsichtsbehördlichen Prüfung nach Abs. 1 vorlegen. In diesem Fall hat die Vorlage der digitalen Daten über den elektronischen Flächenwidmungsplan zu erfolgen. Die digitalen Daten haben die maßgebenden Entscheidungsgrundlagen zu enthalten. Die Landesregierung hat die erhaltenen digitalen Daten unverzüglich zu dokumentieren. Das Ergebnis der aufsichtsbehördlichen Prüfung ist der Gemeinde im elektronischen Flächenwidmungsplan zu übermitteln und zu dokumentieren.

(3) Ergibt die aufsichtsbehördliche Prüfung, dass die Änderung des Flächenwidmungsplanes den gesetzlichen Voraussetzungen entspricht, und beschließt die Gemeinde diese innerhalb von sechs Monaten nach der Dokumentation des Ergebnisses der aufsichtsbehördlichen Prüfung im elektronischen Flächenwidmungsplan unverändert, so entfällt die aufsichtsbehördliche Genehmigung. In diesem Fall ist die Änderung des Flächenwidmungsplanes nach § 70 elektronisch kundzumachen. Beschließt die Gemeinde die Änderung des Flächenwidmungsplanes innerhalb offener Frist nicht, so darf das Verfahren hierüber nicht weiter fortgeführt werden.

(4) Abs. 3 ist im Fall der Durchführung einer Umweltprüfung, der Ermöglichung von Seveso-Betrieben nach § 39 Abs. 3, neuer Entwicklungen im Gefährdungsbereich von Seveso-Betrieben oder einer Naturverträglichkeitsprüfung im Sinn des § 14 Abs. 12 des Tiroler Naturschutzgesetzes 2005 nicht anzuwenden.

§ 70
Elektronische Kundmachung des Flächenwidmungsplanes

(1) Die elektronische Kundmachung des Flächenwidmungsplanes obliegt der Gemeinde. Diese hat derart zu erfolgen, dass

a) der Flächenwidmungsplan in der von der jeweiligen Gemeinde bestätigend elektronisch kundgemachten Fassung (§ 119), im Fall der Stadt Innsbruck in der erstmalig elektronisch kundgemachten Fassung (§ 124),
b) die in weiterer Folge erfolgten Änderungen des Flächenwidmungsplanes sowie
c) die in weiterer Folge kundzumachenden sonstigen nach diesem Gesetz vorgesehenen Inhalte des Flächenwidmungsplanes, darunter insbesondere Ersichtlichmachungen,

im elektronischen Flächenwidmungsplan dauerhaft zur Abfrage bereitgehalten werden. Die Daten sind derart bereitzuhalten, dass die elektronische Kundmachung des Flächenwidmungsplanes nach Grundstücken abgefragt werden kann.

(2) Die elektronische Kundmachung des Flächenwidmungsplanes muss ohne Identitätsnachweis und unentgeltlich zugänglich sein und von jedermann ausgedruckt werden können. Zu diesem Zweck haben die Gemeinde und das Land Tirol auf ihrer Internetseite jeweils entsprechende Zugänge zum elektronischen Flächenwidmungsplan einzurichten.

(3) Wird der Flächenwidmungsplan geändert (Abs. 1 lit. b), so hat die elektronische Kundmachung eine planliche Darstellung des jeweiligen Änderungsbereiches mit den gegenüber dem bisherigen Flächenwidmungsplan vorgenommenen Änderungen und weiters folgende Daten zu enthalten:

a) außer in Fällen des § 68 Abs. 5 das Datum der Beschlussfassung des Gemeinderates über die Auflegung(en) des Entwurfes der Änderung des Flächenwidmungsplanes und des Beginns und des Endens dieser Auflegung(en),
b) das Datum der Beschlussfassung des Gemeinderates über die Änderung des Flächenwidmungsplanes,
c) das Datum und die Geschäftszahl der aufsichtsbehördlichen Genehmigung bzw. der aufsichtsbehördlichen Prüfung,
d) den Tag der Freigabe zur Abfrage.

Die der Änderung des Flächenwidmungsplanes zugrunde liegenden Daten sind vom Bürgermeister zur Abfrage freizugeben; die Freigabe hat unverzüglich, nachdem die betreffenden Daten im elektronischen Flächenwidmungsplan bereit stehen, zu erfolgen. Änderungen des Flächenwidmungsplanes treten mit dem Ablauf des Tages der Freigabe zur Abfrage in Kraft.

(4) Die den weiteren kundzumachenden Inhalten des Flächenwidmungsplanes (Abs. 1 lit. c) zugrunde liegenden Daten sind vom Bürgermeister zur Abfrage freizugeben; die Freigabe hat unverzüglich, nachdem die betreffenden Daten im elektronischen Flächenwidmungsplan bereit stehen, zu erfolgen. Die kundgemachten Inhalte werden mit dem Ablauf des Tages wirksam, an dem die betreffenden Daten zur Abfrage freigegeben werden, soweit in diesem Gesetz nichts anderes bestimmt ist. Die elektronische Kundmachung hat den Tag der Freigabe zur Abfrage zu enthalten.

(5) Wird eine Widmungsfestlegung vom Verfassungsgerichtshof aufgehoben, so ist die Aufhebung in der elektronischen Kundmachung ersichtlich zu machen. Die Ersichtlichmachung hat eine planliche Darstellung des von der Aufhebung betroffenen Bereiches einschließlich der vormaligen Widmung(en) sowie die Kundmachung der Aufhebung im Landesgesetzblatt im vollen Wortlaut und den Tag des Inkrafttretens der Aufhebung zu enthalten.

(6) Fehler in der elektronischen Kundmachung, die

a) auf einem technisch mangelhaften Betrieb des elektronischen Flächenwidmungsplanes,
b) auf einem offensichtlichen Versehen in der Handhabung des elektronischen Flächenwidmungsplanes oder
c) auf einem Fehler bei der Übernahme des analogen Flächenwidmungsplanes in den elektronischen Flächenwidmungsplan

beruhen, sind von Amts wegen zu berichtigen. Die Berichtigung hat aufgrund eines Beschlusses des Gemeinderates zu erfolgen; vor der Beschlussfassung im Gemeinderat ist die Landesregierung zu hören. Die Berichtigung hat derart zu erfolgen, dass die dem Berichtigungsbeschluss des Gemeinderates zugrunde liegenden Daten vom Bürgermeister zur Abfrage freigegeben werden; die Freigabe hat unverzüglich, nachdem die betreffenden Daten im elektronischen Flächenwidmungsplan bereit stehen, zu erfolgen. Der Flächenwidmungsplan ist mit dem Ablauf des Tages, an dem die betreffenden Daten zur Abfrage freigegeben werden, in seiner berichtigten Fassung anzuwenden. Die elektronische Kundmachung hat den Tag der Freigabe zur Abfrage zu enthalten.

(7) Die Landesregierung hat durch Verordnung die elektronische Kundmachung des Flächenwidmungsplanes näher zu regeln.

§ 71
Neuerliche elektronische Kundmachung des Flächenwidmungsplanes

(1) Die Gemeinde kann den Flächenwidmungsplan nach § 70 neuerlich elektronisch kundmachen. Dabei sind anstelle der Daten nach § 70 Abs. 1 zweiter Satz die dem Flächenwidmungsplan in seiner geltenden Fassung entsprechenden Daten konsolidiert dauerhaft zur Abfrage bereitzuhalten.

(2) Die Landesregierung hat der Gemeinde auf deren Verlangen die die neuerliche elektronische Kundmachung betreffenden Daten im elektronischen Flächenwidmungsplan zur Verfügung zu stellen. Die Gemeinde hat diesen Datenstand zu prüfen und durch Beschluss des Gemeinderates zu bestätigen; gleichzeitig hat der Gemeinderat die neuerliche elektronische Kundmachung zu beschließen.

(3) Die neuerliche elektronische Kundmachung des Flächenwidmungsplanes hat derart zu erfolgen, dass die dem Flächenwidmungsplan in der dem Bestätigungsbeschluss des Gemeinderates nach Abs. 2 zweiter Satz entsprechenden Fassung zugrunde liegenden Daten vom Bürgermeister im

elektronischen Flächenwidmungsplan zur Abfrage freigegeben werden; die Freigabe hat unverzüglich, nachdem die betreffenden Daten im elektronischen Flächenwidmungsplan bereit stehen, zu erfolgen. Die neuerliche elektronische Kundmachung hat den Tag der Freigabe zur Abfrage zu enthalten.

(4) Der Flächenwidmungsplan ist mit dem Ablauf des Tages, an dem die Daten nach Abs. 3 erster Satz zur Abfrage freigegeben werden, in seiner neuerlich elektronisch kundgemachten Fassung anzuwenden.

(5) Die bisherige elektronische Kundmachung des Flächenwidmungsplanes ist weiter zur Abfrage bereit zu halten. Sie ist unter Hinweis auf die neuerliche elektronische Kundmachung als nicht mehr anwendbar zu kennzeichnen.

§ 72
Weitergeltung gesetzlicher Bestimmungen für die analogen Flächenwidmungspläne

(1) Die Gemeinden haben den vor der erstmaligen elektronischen Kundmachung des Flächenwidmungsplanes bestandenen analogen Flächenwidmungsplan weiterhin im Gemeindeamt zur allgemeinen Einsicht während der für den Parteienverkehr bestimmten Amtsstunden aufzulegen.

(2) Auf im Zeitpunkt der erstmaligen elektronischen Kundmachung des Flächenwidmungsplanes bestandene Sonderflächen ist § 43 Abs. 6 gegebenenfalls in Verbindung mit § 43 Abs. 7 dieses Gesetzes in der Fassung LGBl. Nr. 27/2006 weiter mit der Maßgabe anzuwenden, dass an die Stelle der Frist von drei Jahren eine Frist von fünf Jahren tritt.

(3) Bestand im Zeitpunkt der erstmaligen elektronischen Kundmachung des Flächenwidmungsplanes ein Vorbehalt nach § 53 Abs. 2 dieses Gesetzes in der Fassung LGBl. Nr. 27/2006, so läuft die Frist nach dem dritten Satz dieser Bestimmung als Frist nach § 53 Abs. 2 dieses Gesetzes in der Fassung LGBl. Nr. 122/2019 weiter.

(4) Verfahren zur Änderung des Flächenwidmungsplanes, die am Tag, an dem der betreffende Flächenwidmungsplan erstmalig elektronisch kundgemacht worden ist, der Landesregierung zur aufsichtsbehördlichen Genehmigung vorgelegen sind, können in Anwendung der im § 123 Abs. 2 genannten Bestimmungen fortgesetzt werden. Änderungen sind nach ihrem Inkrafttreten entsprechend dem § 70 Abs. 1 lit. b elektronisch kundzumachen. Mit dem Ablauf des Tages der Freigabe der Daten im elektronischen Flächenwidmungsplan wird die bisherige analoge Kundmachung der betreffenden Änderung rechtsunwirksam.

§ 73
Gänzliche Aufhebung eines örtlichen Raumordnungskonzeptes, der Fortschreibung eines örtlichen Raumordnungskonzeptes oder eines Flächenwidmungsplanes durch den Verfassungsgerichtshof

(1) Muss ein örtliches Raumordnungskonzept, die Fortschreibung eines örtlichen Raumordnungskonzeptes oder ein Flächenwidmungsplan neu erlassen werden, weil der Verfassungsgerichtshof die vormalige Verordnung nach Art. 139 Abs. 3 Z 1 oder 2 B-VG zur Gänze aufgehoben hat, so ist das gesamte Verfahren, gegebenenfalls einschließlich der Umweltprüfung, zu wiederholen. Ist die Aufhebung hingegen nach Art. 139 Abs. 3 Z 3 B-VG erfolgt, so ist das entsprechende Verfahren nur in dem Umfang zu wiederholen, in dem die neu beschlossene und die aufgehobene Verordnung voneinander abweichen.

(2) Auf die Wiederholung des Verfahrens ist im Fall

a) der gänzlichen Aufhebung eines örtlichen Raumordnungskonzeptes oder der Fortschreibung eines örtlichen Raumordnungskonzeptes die §§ 63 und 66 Abs. 1, 4 und 5 und
b) im Fall der gänzlichen Aufhebung eines Flächenwidmungsplanes § 68 mit der Maßgabe anzuwenden, dass

1. überdies eine Information der Gemeindebewohner im Sinn des § 63 Abs. 1 stattzufinden hat und
2. der betreffende Entwurf einer Umweltprüfung zu unterziehen ist.

(3) Der neu erlassene Flächenwidmungsplan ist nach § 70 elektronisch kundzumachen. Dabei sind anstelle der Daten nach § 70 Abs. 1 zweiter Satz die dem Flächenwidmungsplan entsprechenden Daten konsolidiert dauerhaft zur Abfrage bereitzuhalten. Weiters sind folgende Daten zur Abfrage bereit zu halten:

a) das Datum der Beschlussfassung des Gemeinderates über die Auflegung(en) des Entwurfes des Flächenwidmungsplanes und des Beginns und des Endens dieser Auflegung(en),
b) das Datum der Beschlussfassung des Gemeinderates über die Erlassung des Flächenwidmungsplanes,
c) das Datum und die Geschäftszahl der aufsichtsbehördlichen Genehmigung,
d) den Tag der Freigabe zur Abfrage.

Die dem neu erlassenen Flächenwidmungsplan zugrunde liegenden Daten sind vom Bürgermeister zur Abfrage freizugeben; die Freigabe hat unverzüglich, nachdem die betreffenden Daten im elektronischen Flächenwidmungsplan bereit stehen, zu erfolgen. Der Flächenwidmungsplan tritt mit dem Ablauf des Tages der Freigabe zur Abfrage in Kraft.

(4) Das aufgehobene örtliche Raumordnungskonzept bzw. die aufgehobene Fortschreibung

des örtlichen Raumordnungskonzeptes ist weiterhin im Gemeindeamt zur allgemeinen Einsicht während der für den Parteienverkehr bestimmten Amtsstunden aufzulegen. Dabei sind die Kundmachung der Aufhebung im Landesgesetzblatt im vollen Wortlaut und das Datum des Inkrafttretens der Aufhebung ersichtlich zu machen.

(5) Der aufgehobene Flächenwidmungsplan ist weiterhin im elektronischen Flächenwidmungsplan zur Abfrage bereit zu halten. Weiters sind die Kundmachung der Aufhebung im Landesgesetzblatt im vollen Wortlaut und der Tag des Inkrafttretens der Aufhebung zur Abfrage bereit zu halten.

§ 74

Änderungsvorschlag, Planungsgespräch

(1) Die Eigentümer von Grundstücken sind berechtigt, der Gemeinde die Änderung des Flächenwidmungsplanes hinsichtlich der in ihrem Eigentum stehenden Grundstücke vorzuschlagen. Solche Vorschläge haben die gewünschte Änderung des Flächenwidmungsplanes genau zu bezeichnen und eine Begründung hierfür zu enthalten. Dem Vorschlag ist weiters eine Aufstellung über alle weiteren im Eigentum derselben Person oder desselben Rechtsträgers stehenden Grundstücke in der jeweiligen Gemeinde und den Nachbargemeinden anzuschließen.

(2) Der Bürgermeister hat Änderungsvorschläge, welche die Voraussetzungen nach Abs. 1 erfüllen, innerhalb von drei Monaten nach ihrem Einlangen mit dem betroffenen Eigentümer mündlich zu erörtern (Planungsgespräch). Mit der Durchführung des Planungsgesprächs kann auch ein Mitglied des Gemeinderates oder eines seiner Ausschüsse oder ein fachkundiger Bediensteter oder Beauftragter der Gemeinde oder des jeweiligen Planungsverbandes betraut werden. Über das Planungsgespräch ist ein Aktenvermerk anzufertigen, der dem betroffenen Eigentümer zu übermitteln ist. Die Verpflichtung zur Durchführung eines Planungsgespräches entfällt, wenn der Gemeinderat innerhalb der im ersten Satz festgelegten Frist mit dem Änderungsvorschlag befasst wird.

(3) Wird innerhalb von sechs Monaten nach dem Einlangen des Änderungsvorschlages kein Verfahren zur Änderung des Flächenwidmungsplanes im Sinn dieses Vorschlages eingeleitet (§ 68), so hat der Bürgermeister dem betroffenen Eigentümer innerhalb derselben Frist die Gründe hierfür schriftlich mitzuteilen, sofern dies nicht bereits im Zuge der Übermittlung des Aktenvermerks nach Abs. 2 erfolgt ist.

(4) Der betroffene Grundeigentümer kann innerhalb von zwei Monaten nach dem Vorliegen dieser Mitteilung bzw., wenn eine entsprechende Mitteilung nicht fristgerecht erfolgt ist, innerhalb von zwei Monaten nach Fristablauf verlangen, dass der Gemeinderat mit dem Änderungsvorschlag zu befassen ist. In diesem Fall hat der Gemeinderat innerhalb von sechs Monaten entweder ein Verfahren zur Änderung des Flächenwidmungsplanes im Sinn des Änderungsvorschlages einzuleiten oder zu beschließen, dass der Flächenwidmungsplan nicht geändert werden soll. Ein solcher Beschluss ist dem Grundeigentümer einschließlich der hierfür maßgebenden Gründe unverzüglich mitzuteilen.

(5) Stellt der Gemeinderat ein Verfahren, mit dem der Flächenwidmungsplan im Sinn des Änderungsvorschlages geändert werden soll, in weiterer Folge ein, so gilt Abs. 4 dritter Satz sinngemäß.

(6) Ergibt sich im Lauf des Verfahrens, dass der Flächenwidmungsplan abweichend vom Änderungsvorschlag geändert werden soll, so ist ein neuerliches Planungsgespräch nicht erforderlich. Dies gilt auch, wenn über einen inhaltlich gleichen oder vergleichbaren Vorschlag innerhalb des letzten Jahres bereits ein Planungsgespräch stattgefunden hat und sich die maßgebenden Planungsgrundlagen zwischenzeitlich nicht wesentlich geändert haben.

(7) Die Gemeinde hat dem betroffenen Grundeigentümer Einsicht in die seinen Änderungsvorschlag betreffenden Akten oder Aktenteile zu gewähren, soweit dem nicht Gründe der Amtsverschwiegenheit oder des Datenschutzes entgegenstehen.

§ 75

Bausperre

(1) Die Gemeinde kann ab der Auflegung des Entwurfes über die Fortschreibung oder Änderung des örtlichen Raumordnungskonzeptes, über die Änderung des Flächenwidmungsplanes oder über die Erlassung oder Änderung eines Bebauungsplanes durch Verordnung für die vom Entwurf umfassten Grundflächen oder Teile davon eine Bausperre erlassen, soweit dies zur Sicherung der mit dem Entwurf verfolgten Planungsziele erforderlich ist.

(2) Die Gemeinde kann eine Bausperrenverordnung im Sinn des Abs. 1 bereits vor der Auflegung des Entwurfes über die Fortschreibung oder Änderung des örtlichen Raumordnungskonzeptes, über die Änderung des Flächenwidmungsplanes oder über die Erlassung oder Änderung eines Bebauungsplanes erlassen, wenn nach dem Stand der Planungsarbeiten innerhalb eines Jahres mit der Auflegung des Entwurfes zu rechnen ist.

(3) In einer Bausperrenverordnung sind die Planungsmaßnahme, aufgrund deren die Bausperre erlassen wird, und die Grundzüge der mit der Planungsmaßnahme verfolgten Planungsziele anzuführen. Ab dem Inkrafttreten einer Bausperrenverordnung darf die Baubewilligung für Bauvor-

haben, die mit diesen Planungszielen im Widerspruch stehen, nicht mehr erteilt werden. Die Ausführung von anzeigepflichtigen Bauvorhaben, die mit diesen Planungszielen im Widerspruch stehen, ist ab diesem Zeitpunkt nach § 30 Abs. 3 fünfter Satz der Tiroler Bauordnung 2022 zu untersagen. Weiters ist die Ausführung frei stehender Werbeeinrichtungen innerhalb geschlossener Ortschaften, die mit diesen Planungszielen im Widerspruch stehen, ab diesem Zeitpunkt nach § 56 Abs. 4 zweiter Satz der Tiroler Bauordnung 2022 zu untersagen.

(4) Wurde eine Bausperrenverordnung im Zusammenhang mit der Fortschreibung oder Änderung des örtlichen Raumordnungskonzeptes erlassen, so tritt sie mit dem Inkrafttreten des entsprechend geänderten Flächenwidmungsplanes außer Kraft. Wurde eine Bausperrenverordnung im Zusammenhang mit der Änderung des Flächenwidmungsplanes oder der Erlassung oder Änderung eines Bebauungsplanes erlassen, so tritt sie mit dem Inkrafttreten der entsprechenden Planungsmaßnahme außer Kraft. Wurde eine Bausperrenverordnung im Zusammenhang mit der Fortschreibung oder Änderung des örtlichen Raumordnungskonzeptes oder der Änderung des Flächenwidmungsplanes erlassen, so tritt sie weiters außer Kraft, wenn der entsprechenden Planungsmaßnahme die aufsichtsbehördliche Genehmigung versagt wird.

(5) Eine Bausperrenverordnung tritt, sofern sie nicht bereits früher aufgehoben wird, jedenfalls zwei Jahre nach dem Beginn der Auflegung des Entwurfes außer Kraft. Im Fall des Abs. 2 tritt eine Bausperrenverordnung überdies ein Jahr nach ihrer Erlassung außer Kraft, wenn innerhalb dieser Frist ein Entwurf nicht aufgelegt wurde. Geht die Bausperrenverordnung über den aufgelegten Entwurf hinaus, so tritt sie insoweit außer Kraft.

Fassung bis 30. Juni 2025:

(6) Bausperrenverordnungen sind innerhalb von zwei Wochen nach der Beschlussfassung durch öffentlichen Anschlag während zweier Wochen kundzumachen. Bausperrenverordnungen treten mit dem Ablauf der Kundmachungsfrist in Kraft. Bausperrenverordnungen sind weiters auf der Internetseite der Gemeinde und, sofern in der Gemeinde ein Publikationsorgan besteht, weiters darin bekannt zu machen. Diese Bekanntmachungen bilden keine Voraussetzung für das Inkrafttreten der Bausperrenverordnungen.

Fassung ab 1. Juli 2025:

(6) Bausperrenverordnungen sind unverzüglich nach der Beschlussfassung kundzumachen.

Fassung bis 30. Juni 2025:

(7) Das Außerkrafttreten von Bausperrenverordnungen nach den Abs. 4 und 5 ist innerhalb von zwei Wochen durch öffentlichen Anschlag während zweier Wochen bekannt zu machen. Das Außerkrafttreten ist weiters auf der Internetseite der Gemeinde und, sofern in der Gemeinde ein Publikationsorgan besteht, weiters darin bekannt zu machen. Die Bekanntmachungen haben den Zeitpunkt des Außerkrafttretens zu enthalten.

Fassung ab 1. Juli 2025:

(7) Das Außerkrafttreten von Bausperrenverordnungen nach den Abs. 4 und 5 ist unverzüglich im Verordnungsblatt für die Gemeinde zu verlautbaren; dabei sind Zeitpunkt und Umfang des Außerkrafttretens anzuführen.

§ 76
Entschädigung

(1) Werden als Bauland gewidmete Grundstücke oder Teile von Grundstücken als Freiland oder als Sonderflächen, deren besonderer Verwendungszweck eine Bebauung in einem im Wesentlichen mit der Widmung als Freiland vergleichbaren Ausmaß einschränkt, gewidmet, so haben die Eigentümer der betreffenden Grundstücke Anspruch auf eine Vergütung im Ausmaß der dadurch bewirkten Minderung des ortsüblichen Verkehrswertes, wenn deren Interesse an der Beibehaltung der Widmung das gegenteilige öffentliche Interesse an der Änderung der Widmung überwiegt. Ein Anspruch auf eine Vergütung besteht nicht, wenn der betroffene Eigentümer die Umwidmung schriftlich angeregt oder der Umwidmung schriftlich zugestimmt hat.

(2) Ein überwiegendes Eigentümerinteresse im Sinn des Abs. 1 besteht insbesondere bei unbebauten Grundstücken,

a) die sich aufgrund ihrer Lage und Bodenbeschaffenheit für eine der bisherigen Widmung entsprechende Bebauung eignen, sofern deren verkehrsmäßige Erschließung und Erschließung mit den Einrichtungen zur Wasserversorgung und Abwasserbeseitigung gegeben oder insbesondere unter Bedachtnahme auf den damit verbundenen finanziellen und technischen Aufwand ohne größere Schwierigkeiten herstellbar ist und
b) die allein oder zusammen mit einer begrenzten Anzahl weiterer Grundstücke umgewidmet wurden, wogegen im unmittelbaren Nahebereich gelegene ebenfalls unbebaute Grundstücke mit einem im Wesentlichen vergleichbaren Grad der Baulandeignung im Bauland verblieben sind.

(3) Ein überwiegendes Eigentümerinteresse im Sinn des Abs. 1 besteht jedenfalls nicht

a) im Fall von Grundstücken, deren Eignung als Bauland im Sinn des § 37 Abs. 1, 3, 4 oder 5 nicht oder nicht mehr gegeben ist oder

b) wenn im Zusammenhang mit der Umwidmung andere im Eigentum des Betroffenen stehende Grundstücke mit zumindest ungefähr demselben Flächenausmaß als Bauland oder als Sonderflächen, deren besonderer Verwendungszweck eine Bebauung ermöglicht, gewidmet werden.

(4) Wird aufgrund der Änderung der Widmung von Grundstücken ihre Bebauung oder eine bestimmte Art der Bebauung verhindert, so haben die Eigentümer der betreffenden Grundstücke bzw. die sonst hierüber Verfügungsberechtigten Anspruch auf Vergütung jener Vermögensnachteile, die ihnen durch die im Vertrauen auf die bestehende Widmung erfolgte Baureifmachung der Grundstücke bis zur Auflegung des Entwurfes über die Änderung des Flächenwidmungsplanes nach § 68 Abs. 3 lit. a oder d entstanden sind. Dies gilt nicht bei Vorliegen der Voraussetzungen nach Abs. 1 zweiter Satz oder Abs. 3.

(5) Ansprüche auf Vergütung nach Abs. 1 oder 4 bestehen gegenüber der Gemeinde. Sie entstehen mit dem Inkrafttreten der Änderung des Flächenwidmungsplanes.

(6) Ansprüche auf Vergütung nach Abs. 1 oder 4 sind innerhalb eines Jahres nach dem Inkrafttreten der Änderung des Flächenwidmungsplanes bei der Gemeinde geltend zu machen. Kommt eine Einigung nicht zustande, so kann der Anspruchsberechtigte innerhalb eines Jahres ab dem Zeitpunkt der Geltendmachung des Anspruches bei der Gemeinde bei sonstigem Anspruchsverlust die Festsetzung der Vergütung durch die Bezirksverwaltungsbehörde beantragen.

(7) Wird das betreffende Grundstück innerhalb von 15 Jahren nach dem Inkrafttreten der Änderung des Flächenwidmungsplanes wiederum als Bauland oder als Sonderfläche, deren besonderer Verwendungszweck eine Bebauung ermöglicht, gewidmet, so hat die Gemeinde gegenüber dem Eigentümer des Grundstückes Anspruch auf die Rückzahlung einer nach Abs. 1 geleisteten Entschädigung. Der Rückzahlungsanspruch entsteht mit dem Inkrafttreten der neuerlichen Änderung des Flächenwidmungsplanes. Hat sich zwischenzeitlich der von der Statistik Austria verlautbarte Verbraucherpreisindex oder ein jeweils an seine Stelle tretender Index um mehr als 5 v. H. geändert, so ist diese Änderung zu berücksichtigen. Hinsichtlich der Geltendmachung des Rückzahlungsanspruches gilt Abs. 6 sinngemäß.

§ 77
Ersatzvornahme

(1) Wird eine Widmungsfestlegung vom Verfassungsgerichtshof aufgehoben, so hat die Gemeinde für die betreffende Grundfläche längstens innerhalb von sechs Monaten nach dem Inkrafttreten der Aufhebung ersatzweise eine der Rechtsanschauung des Verfassungsgerichtshofes entsprechende Widmung festzulegen und der Landesregierung zur aufsichtsbehördlichen Genehmigung vorzulegen. Kommt die Gemeinde dieser Verpflichtung nicht nach oder wird der festgelegten Widmung die aufsichtsbehördliche Genehmigung versagt, so hat die Landesregierung durch Verordnung die erforderliche Widmungsfestlegung anstelle der Gemeinde zu treffen. Eine solche Verordnung ist der Gemeinde unverzüglich nach ihrer Kundmachung schriftlich mitzuteilen. In der elektronischen Kundmachung des Flächenwidmungsplanes ist diese Widmung ersichtlich zu machen und weiters die betreffende Verordnung zur Abfrage bereitzuhalten. Die hierfür erforderlichen Daten sind im elektronischen Flächenwidmungsplan zur Verfügung zu stellen.

(2) Wird ein Bebauungsplan oder ein ergänzender Bebauungsplan vom Verfassungsgerichtshof ganz oder teilweise aufgehoben, so hat die Gemeinde innerhalb von sechs Monaten nach dem Inkrafttreten der Aufhebung ersatzweise die der Rechtsanschauung des Verfassungsgerichtshofes entsprechenden Festlegungen zu treffen. Kommt die Gemeinde dieser Verpflichtung nicht nach, so kann die Landesregierung in den Fällen des § 55 Abs. 1 erforderlichenfalls, insbesondere auf Anregung des betroffenen Grundeigentümers, durch Verordnung die erforderlichen Festlegungen anstelle der Gemeinde treffen. Eine solche Verordnung ist der Gemeinde unverzüglich nach ihrer Kundmachung schriftlich mitzuteilen.

Fassung bis 30. Juni 2025:

(3) Verordnungen der Landesregierung nach den Abs. 1 und 2 können nur durch diese geändert werden. Sie treten mit dem Inkrafttreten der entsprechenden, von der Gemeinde neu erlassenen Verordnung außer Kraft. § 73 Abs. 4 und 5 gilt sinngemäß.

Fassung ab 1. Juli 2025:

(3) Verordnungen der Landesregierung nach den Abs. 1 und 2 können nur durch diese geändert werden. Sie treten mit dem Inkrafttreten der entsprechenden, von der Gemeinde neu erlassenen Verordnung außer Kraft. § 66 Abs. 6 und § 73 Abs. 5 gelten sinngemäß.

6. Abschnitt
Sonderbestimmungen für die Vereinigung von Gemeinden

§ 78
Wiederinkraftsetzung und Änderung des örtlichen Raumordnungskonzeptes, des Flächenwidmungsplanes, der Bebauungspläne und allfälliger Erschließungspläne

(1) Der nach § 4 Abs. 2 der Tiroler Gemeindeordnung 2001 aus Anlass der Vereinigung von

Gemeinden zu einer neuen Gemeinde bestellte Amtsverwalter hat die örtlichen Raumordnungskonzepte und die Flächenwidmungspläne der vormals bestandenen Gemeinden rückwirkend mit dem Zeitpunkt des Wirksamwerdens der Vereinigung in der zu diesem Zeitpunkt in Geltung gestandenen Fassung wieder in Kraft zu setzen. Dabei sind die Verfahrensvorschriften nach diesem Gesetz nicht anzuwenden. Die örtlichen Raumordnungskonzepte und die Flächenwidmungspläne gelten jeweils für das Gebiet der vormals bestandenen Gemeinden. Sie bilden in ihrer Gesamtheit vorläufig das örtliche Raumordnungskonzept bzw. den Flächenwidmungsplan der neuen Gemeinde.

(2) Der Amtsverwalter hat die Bebauungspläne (§ 54) und allfällige Erschließungspläne (§ 92) der vormals bestandenen Gemeinden rückwirkend mit dem Zeitpunkt des Wirksamwerdens der Vereinigung in der zu diesem Zeitpunkt in Geltung gestandenen Fassung wieder in Kraft zu setzen. Dabei sind die Verfahrensvorschriften nach diesem Gesetz nicht anzuwenden. Die Bebauungspläne gelten im Rahmen ihres jeweiligen örtlichen Geltungsbereiches als solche der neuen Gemeinde.

(3) Das örtliche Raumordnungskonzept, der Flächenwidmungsplan, die Bebauungspläne und allfällige Erschließungspläne in ihrer vom Amtsverwalter wieder in Kraft gesetzten Fassung dürfen erst nach der Konstituierung des neu gewählten Gemeinderates von diesem geändert werden. Änderungen des Flächenwidmungsplanes dürfen überdies erst nach seiner neuerlichen elektronischen Kundmachung (§ 79 Abs. 4) erfolgen.

§ 79
Elektronische Kundmachung der wieder in Kraft gesetzten Flächenwidmungspläne; neuerliche elektronische Kundmachung des Flächenwidmungsplanes

(1) Die Landesregierung hat dem Amtsverwalter zum Zweck der Wiederinkraftsetzung der Flächenwidmungspläne der vormals bestandenen Gemeinden nach Maßgabe des § 78 Abs. 1 beginnend mit deren bestätigender elektronischer Kundmachung (§ 119) jeweils eine Aufstellung aller in diesen Flächenwidmungsplänen erfolgten Kundmachungen konsolidiert im elektronischen Flächenwidmungsplan zur Verfügung zu stellen. Diese Aufstellung hat Bezug zu nehmen auf:

a) die bestätigende elektronische Kundmachung unter Anführung des Tages der seinerzeitigen Freigabe zur Abfrage,
b) die nach der bestätigenden elektronischen Kundmachung erfolgten Änderungen des Flächenwidmungsplanes jeweils unter Anführung der Änderungsnummer, des Datums der Beschlussfassung des Gemeinderates, des Datums und der Geschäftszahl der aufsichtsbehördlichen Genehmigung bzw. der aufsichtsbehördlichen Prüfung sowie des Tages der seinerzeitigen Freigabe zur Abfrage sowie
c) die weiteren nach diesem Gesetz kundgemachten Inhalte unter Anführung der Änderungsnummer sowie des Tages der seinerzeitigen Freigabe zur Abfrage.

(2) Der Amtsverwalter hat den konsolidierten Datenstand nach Abs. 1 zu prüfen und die betreffenden Flächenwidmungspläne nach Maßgabe des § 78 Abs. 1 wieder in Kraft zu setzen, indem die den Aufstellungen nach Abs. 1 zugrunde liegenden Daten zur Abfrage freigegeben werden. Die Kundmachungen über die als Flächenwidmungsplan der neuen Gemeinde wieder in Kraft gesetzten Flächenwidmungspläne haben jeweils den Tag der Freigabe zur Abfrage zu enthalten.

(3) Sämtliche im Zeitpunkt der Wiederinkraftsetzung der Flächenwidmungspläne im elektronischen Flächenwidmungsplan zur Abfrage bereit gehaltenen Daten sind weiterhin dauerhaft zur Abfrage bereit zu halten.

(4) Die neue Gemeinde hat ehestmöglich nach der konstituierenden Sitzung des neu gewählten Gemeinderates den Flächenwidmungsplan in der vom Amtsverwalter wieder in Kraft gesetzten Fassung in singgemäßer Anwendung des § 71 neuerlich elektronisch kundzumachen.

§ 80
Neuerlassung des örtlichen Raumordnungskonzeptes

(1) Die neue Gemeinde hat spätestens bis zum Ablauf des zweiten Jahres nach dem Wirksamwerden der Vereinigung abweichend von § 31c Abs. 1 ein neues örtliches Raumordnungskonzept für das gesamte Gemeindegebiet zu beschließen und der Landesregierung zur aufsichtsbehördlichen Genehmigung vorzulegen.

(2) Auf das Verfahren, die Information der Gemeindebewohner und die Umweltprüfung, die aufsichtsbehördliche Genehmigung und die Kundmachung sind die §§ 63, 65 und 66 Abs. 1, 4 und 5 sinngemäß anzuwenden.

(3) Kommt die neue Gemeinde ihrer Verpflichtung zur Neuerlassung des örtlichen Raumordnungskonzeptes nach Abs. 1 nicht nach oder wurde dem neu erlassenen örtlichen Raumordnungskonzept die aufsichtsbehördliche Genehmigung versagt, so ist § 31c Abs. 3 sinngemäß anzuwenden.

§ 81
Änderungen des Flächenwidmungsplanes aufgrund des neu erlassenen örtlichen Raumordnungskonzeptes

(1) Die neue Gemeinde hat innerhalb von zwei Jahren nach dem Inkrafttreten des neuen örtlichen Raumordnungskonzeptes den Flächenwidmungsplan zu ändern, soweit dies zur Vermeidung von

Widersprüchen zu den Zielen der örtlichen Raumordnung nach diesem Gesetz und zu den Festlegungen des neuen örtlichen Raumordnungskonzeptes erforderlich ist. § 31c Abs. 2 dritter Satz gilt sinngemäß.

(2) Kommt die neue Gemeinde ihrer Verpflichtung zur Änderung des Flächenwidmungsplanes nach Abs. 1 nicht nach oder wurde der Änderung des Flächenwidmungsplanes die aufsichtsbehördliche Genehmigung versagt, so ist § 31c Abs. 3 sinngemäß anzuwenden.

III. Teil
Baulandumlegung
§ 82
Zweck

Die Baulandumlegung dient der Neuregelung der Grundstücksordnung in einem bestimmten Gebiet, das aufgrund der bestehenden Grundstücksordnung einer geordneten und Boden sparenden Bebauung und einer zweckmäßigen verkehrsmäßigen Erschließung insgesamt nicht zugänglich ist, in der Weise, dass

a) für eine solche Bebauung nach Lage, Größe und Form zweckmäßig gestaltete Grundstücke geschaffen werden sowie
b) die für die verkehrsmäßige Erschließung und für infrastrukturelle Einrichtungen erforderlichen Grundflächen aufgebracht werden.

§ 83
Einleitung des Umlegungsverfahrens

(1) Die Durchführung eines Umlegungsverfahrens kann von der Gemeinde oder von mindestens der Hälfte der Eigentümer der umzulegenden Grundstücke oder Grundstücksteile, auf die mindestens 50 v. H. der umzulegenden Grundfläche entfallen müssen, beantragt werden. Bei Grundstücken oder Grundstücksteilen, an denen Miteigentum besteht, ist jedem Miteigentümer eine seinem ideellen Anteil entsprechende Teilfläche des betreffenden Grundstückes oder Grundstücksteiles zuzurechnen.

(2) Der Antrag hat das Umlegungsgebiet zu bezeichnen und jene Gegebenheiten darzulegen, die erwarten lassen, dass der Zweck des Umlegungsverfahrens erreicht werden kann. Dem Antrag sind weiters anzuschließen:

a) ein Verzeichnis der umzulegenden Grundstücke oder Grundstücksteile mit den Namen, Geburtsdaten und Adressen der Eigentümer,
b) ein Auszug aus dem Flächenwidmungsplan, aus allfälligen Bebauungsplänen und, soweit Grundflächen nicht als Bauland, als Sonderflächen oder als Vorbehaltsflächen gewidmet sind, ein Auszug aus dem örtlichen Raumordnungskonzept,
c) ein Katasterplan über das Umlegungsgebiet.

(3) Das Umlegungsgebiet darf nur Grundflächen, die als Bauland, als Sonderflächen oder als Vorbehaltsflächen gewidmet sind oder die innerhalb der im örtlichen Raumordnungskonzept für Siedlungszwecke und betriebliche Zwecke vorgesehenen Bereiche liegen, umfassen. Weiters können Grundflächen, die innerhalb der im örtlichen Raumordnungskonzept für Freihaltezwecke vorgesehenen Bereiche liegen, in das Umlegungsgebiet einbezogen werden, wenn

a) deren Fläche geringfügig ist oder sie vom übrigen Umlegungsgebiet größtenteils umschlossen sind und
b) deren Einbeziehung zur Erreichung des Zweckes des Umlegungsverfahrens erforderlich ist.

Mit Zustimmung des Straßenverwalters können weiters Landesstraßen, Gemeindestraßen, öffentliche Interessentenstraßen und öffentliche Privatstraßen in das Umlegungsgebiet einbezogen werden.

(4) Die Durchführung eines Umlegungsverfahrens ist weiters nur zulässig, wenn für das Umlegungsgebiet noch kein Bebauungsplan besteht. Einzelne Grundflächen, für die bereits ein Bebauungsplan besteht, dürfen jedoch in das Umlegungsgebiet einbezogen werden, wenn dies zur Erreichung des Zweckes des Umlegungsverfahrens erforderlich ist.

(5) Die Umlegungsbehörde hat das Umlegungsverfahren durch Verordnung einzuleiten. In der Verordnung über die Einleitung des Umlegungsverfahrens ist das Umlegungsgebiet durch die Festlegung der umzulegenden Grundstücke oder Grundstücksteile zu bestimmen. Vor der Erlassung der Verordnung über die Einleitung des Umlegungsverfahrens ist die Gemeinde außer im Fall, dass die Einleitung des Umlegungsverfahrens von ihr beantragt wurde, zu hören. Das Umlegungsverfahren darf nur eingeleitet werden, wenn ein den Abs. 1 bis 4 entsprechender Antrag vorliegt. Weiters muss die Abgrenzung des Umlegungsgebietes gewährleisten, dass der Zweck des Umlegungsverfahrens voraussichtlich erreicht werden kann und dass keine Restflächen entstehen, die nicht zweckmäßig bebaubar wären und die einer gesonderten Umlegung nicht mehr unterzogen werden könnten.

Fassung bis 30. Juni 2025:

(6) Die Verordnung über die Einleitung des Umlegungsverfahrens ist über die rechtsverbindliche Kundmachung hinaus auf der Internetseite des Landes Tirol sowie an der Amtstafel der Gemeinde während zweier Wochen bekannt zu machen. Diese Bekanntmachungen bilden keine Voraussetzung für das Inkrafttreten der Verordnung und die Durchführung des Verfahrens nach § 85. Die Gemeinde hat die Bekanntmachung an der Amtstafel der Gemeinde durchzuführen. Die Verordnung über die Einleitung des Umlegungsverfahrens ist

weiters dem Grundbuchsgericht, der Agrarbehörde und dem Vermessungsamt sofort mitzuteilen.

Fassung ab 1. Juli 2025:

(6) Die Verordnung über die Einleitung des Umlegungsverfahrens ist unverzüglich nach ihrer Kundmachung der Gemeinde, dem Grundbuchsgericht, der Agrarbehörde und dem Vermessungsamt mitzuteilen.

(7) Die Verlautbarung und die Bekanntmachung nach Abs. 6 haben den Hinweis zu enthalten, dass außerbücherliche Rechte an den umzulegenden Grundstücken von den Berechtigten innerhalb einer datumsmäßig festzulegenden Frist von vier Wochen ab dem Tag der Verlautbarung bei der Umlegungsbehörde geltend gemacht werden können. Rechte, die nicht innerhalb dieser Frist geltend gemacht werden, sind im weiteren Verfahren nur zu berücksichtigen, wenn die Erreichung des Zweckes des Umlegungsverfahrens dadurch nicht unmöglich gemacht oder wesentlich erschwert wird.

(8) Das Grundbuchsgericht hat aufgrund der Mitteilung nach Abs. 6 vierter Satz die Einleitung des Umlegungsverfahrens bei den umzulegenden Grundstücken anzumerken. Die Anmerkung bewirkt, dass jedermann die Ergebnisse des Umlegungsverfahrens gegen sich gelten lassen muss. Das Grundbuchsgericht hat weiters alle Grundbuchseintragungen hinsichtlich dieser Grundstücke der Umlegungsbehörde mitzuteilen.

(9) Die Agrarbehörde hat aufgrund der Mitteilung nach Abs. 6 vierter Satz der Umlegungsbehörde mitzuteilen, ob und gegebenenfalls an welchen der umzulegenden Grundstücke agrarische Rechte bestehen.

§ 84
Rechtswirkungen

(1) Unbeschadet der allenfalls nach anderen Rechtsvorschriften erforderlichen behördlichen Bewilligungen bedürfen im Umlegungsgebiet bis zum Eintritt der Rechtskraft der Umlegungsentscheidung der Bewilligung der Umlegungsbehörde:

a) der Erwerb des Eigentums an Grundstücken sowie die Einräumung von Bau- und Wegerechten an Grundstücken,
b) die Teilung, die Vereinigung und jede sonstige Änderung der Grenzen von Grundstücken,
c) Veränderungen an Grundstücken, die ihre bauliche Nutzbarkeit wesentlich beeinträchtigen,
d) Zubauten zu Gebäuden sowie die Ausführung von anzeigepflichtigen Bauvorhaben mit Ausnahme
   1. der sonstigen Änderung von Gebäuden,
   2. der Änderung sonstiger baulicher Anlagen, sofern diese keine wesentliche Erweiterung derselben umfasst, und
   3. von Bauvorhaben nach § 28 Abs. 2 lit. a der Tiroler Bauordnung 2022.
e) die Errichtung und die wesentliche Erweiterung von Einfriedungen und Schuppen im Sinn des § 28 Abs. 3 lit. c bzw. g der Tiroler Bauordnung 2022.

(2) Die Bewilligung nach Abs. 1 ist zu erteilen, wenn die Erreichung des Zweckes des Umlegungsverfahrens durch den beabsichtigten Rechtserwerb oder das beabsichtigte Vorhaben nicht verhindert oder wesentlich erschwert wird.

(3) Um die Erteilung der Bewilligung nach Abs. 1 ist schriftlich anzusuchen. Der Antrag hat den beabsichtigten Rechtserwerb oder das beabsichtigte Vorhaben genau zu bezeichnen. Dem Antrag sind weiters die zur Beurteilung des Vorliegens der Bewilligungsvoraussetzungen erforderlichen Unterlagen anzuschließen.

(4) Wurde ein nach Abs. 1 lit. c, d oder e bewilligungspflichtiges Vorhaben ohne Vorliegen der Bewilligung durchgeführt und wird auch nachträglich die Bewilligung dafür nicht erteilt, so sind die dadurch bewirkten Veränderungen im Umlegungsverfahren nicht zu berücksichtigen. Wird aufgrund dieser Veränderungen die Erreichung des Zweckes des Umlegungsverfahrens verhindert oder wesentlich erschwert, so hat die Umlegungsbehörde die Wiederherstellung des früheren Zustandes aufzutragen.

(5) Das Grundbuchsgericht darf Eintragungen in das Grundbuch, die einen nach Abs. 1 lit. a bewilligungspflichtigen Rechtserwerb oder eine nach Abs. 1 lit. b bewilligungspflichtige Grundstücksänderung zum Inhalt haben, nur durchführen, wenn dafür die Bewilligung nach Abs. 1 vorliegt. Wurde eine Eintragung in das Grundbuch durchgeführt, ohne dass diese Bewilligung vorliegt, so hat die Umlegungsbehörde den Antragsteller aufzufordern, innerhalb von vier Wochen um die Erteilung der Bewilligung anzusuchen. Sucht der Antragsteller nicht innerhalb dieser Frist um die Erteilung der Bewilligung an, so hat die Umlegungsbehörde von Amts wegen mit Bescheid festzustellen, dass für den betreffenden Rechtserwerb bzw. die betreffende Grundstücksänderung die nach Abs. 1 erforderliche Bewilligung nicht vorliegt. Die Einleitung eines solchen Feststellungsverfahrens ist auf Antrag der Umlegungsbehörde im Grundbuch anzumerken. Sie bewirkt, dass sich niemand auf die mangelnde Kenntnis vom Verfahren berufen kann.

(6) Das Grundbuchsgericht hat eine bereits erfolgte Eintragung im Grundbuch zu löschen und den früheren Grundbuchsstand wiederherzustellen, wenn ihm die rechtskräftige Entscheidung, mit der ein Ansuchen um die Erteilung der Bewilligung nach Abs. 1 lit. a oder b abgewiesen oder eine solche Bewilligung nachträglich aufgehoben oder eine Feststellung nach Abs. 5 dritter Satz getroffen wurde, mitgeteilt wird.

(7) Im Umlegungsgebiet darf bis zum Eintritt der Rechtskraft der Umlegungsentscheidung die Baubewilligung für den Neubau von Gebäuden und für die Errichtung sonstiger baulicher Anlagen nicht erteilt werden.

§ 85
Grenzfeststellung

(1) Die Umlegungsbehörde hat mit Bescheid die Grenzen der umzulegenden Grundstücke oder Grundstücksteile festzustellen. Wenn dies im Hinblick auf die voraussichtliche Dauer des Umlegungsverfahrens zweckmäßig scheint, kann gleichzeitig über die Kosten der Grenzfeststellung abgesprochen werden.

(2) Soweit sich die Grenzen der umzulegenden Grundstücke oder Grundstücksteile aus dem Grenzkataster ergeben, sind sie aufgrund der Eintragungen im Grenzkataster festzustellen. Soweit dies nicht der Fall ist, ist zur Feststellung der Grenzen eine mündliche Grenzverhandlung durchzuführen. Zur Grenzverhandlung sind die betroffenen Eigentümer zu laden. Die Grenzverhandlung ist weiters bis zum Verhandlungstag an der Amtstafel der Gemeinde kundzumachen. Zwischen dem ersten Tag der Kundmachung und dem Verhandlungstag müssen mindestens zwei Wochen liegen. Die Ladungen und die Kundmachung haben einen Hinweis auf die Säumnisfolgen nach Abs. 3 zweiter Satz zu enthalten. Die Gemeinde hat die Kundmachung an der Amtstafel der Gemeinde durchzuführen.

(3) In der Grenzverhandlung ist der Verlauf der Grenzen von den jeweils beteiligten Eigentümern festzustellen. Bleibt ein Eigentümer der Grenzverhandlung fern, so ist der Verlauf der Grenzen nach den in der Natur ersichtlichen Grenzen oder, soweit dies nicht möglich ist, aufgrund der Angaben der übrigen beteiligten Eigentümer und der vorhandenen Unterlagen, insbesondere des Grundsteuerkatasters, von Plänen und dergleichen, festzustellen. Die Umlegungsbehörde hat die Grenzen in geeigneter Weise zu kennzeichnen und dem Bescheid über die Feststellung der Grenzen zugrunde zu legen.

(4) Wird bei der Grenzverhandlung eine Einigung über den Verlauf von Grenzen nicht erzielt, so hat die Umlegungsbehörde den Verlauf der betreffenden Grenzen aufgrund der vorhandenen Unterlagen, insbesondere des Grundsteuerkatasters, von Plänen und dergleichen, des Vorbringens der widerstreitenden Eigentümer und der von ihnen vorgelegten Beweismittel sowie allfälliger weiterer Beweisaufnahmen zu ermitteln. Die Umlegungsbehörde hat die Grenzen in geeigneter Weise zu kennzeichnen und dem Bescheid über die Feststellung der Grenzen zugrunde zu legen.

(5) Während der Dauer des Umlegungsverfahrens ist die Zuständigkeit der ordentlichen Gerichte zur Entscheidung von Grenzstreitigkeiten hinsichtlich der umzulegenden Grundstücke oder Grundstücksteile sowie der unmittelbar an das Umlegungsgebiet angrenzenden Grundstücke, soweit deren Grenze zum Umlegungsgebiet strittig ist, ausgeschlossen. Im Zeitpunkt des Inkrafttretens der Verordnung über die Einleitung des Umlegungsverfahrens anhängige streitige und außerstreitige Verfahren sind bis zu einer allfälligen Einstellung des Umlegungsverfahrens (§ 98) zu unterbrechen bzw. auszusetzen. Im Fall des Abschlusses des Umlegungsverfahrens (§ 94 Abs. 8) sind sie einzustellen. Dies gilt nicht, wenn die Grenzstreitigkeit die äußere Grenze des Umlegungsgebietes betrifft und sich auch nach dem Abschluss des Umlegungsverfahrens die gleichen Streitparteien gegenüberstehen.

§ 86
Einbeziehen und Ausscheiden von Grundstücken

(1) Die Umlegungsbehörde hat im Zug des Umlegungsverfahrens durch Verordnung

a) weitere Grundstücke oder Grundstücksteile in das Umlegungsgebiet einzubeziehen, wenn sich nachträglich ergibt, dass deren Einbeziehung zur Erreichung des Zweckes des Umlegungsverfahrens erforderlich ist, oder
b) Grundstücke oder Grundstücksteile aus dem Umlegungsgebiet auszuscheiden, wenn sich nachträglich ergibt, dass deren Einbeziehung zur Erreichung des Zweckes des Umlegungsverfahrens nicht erforderlich ist.

(2) Durch die Einbeziehung oder Ausscheidung von Grundstücken oder Grundstücksteilen dürfen keine Restflächen entstehen, die nicht zweckmäßig bebaubar wären. Im Übrigen gilt § 83 Abs. 3 und 4 sinngemäß.

(3) Die Gemeinde ist vor der Erlassung von Verordnungen nach Abs. 1 zu hören.

(4) Verordnungen nach Abs. 1 sind über die rechtsverbindliche Kundmachung hinaus auf der Internetseite des Landes Tirol sowie an der Amtstafel der Gemeinde während zweier Wochen bekannt zu machen. Diese Bekanntmachungen bilden keine Voraussetzung für das Inkrafttreten der Verordnung und die Durchführung des Verfahrens nach § 85. Die Gemeinde hat die Bekanntmachung an der Amtstafel der Gemeinde durchzuführen. Die Verordnungen nach Abs. 1 sind weiters dem Grundbuchsgericht, der Agrarbehörde und dem Vermessungsamt sofort mitzuteilen. Für Verordnungen nach Abs. 1 lit. a gilt § 83 Abs. 7, 8 und 9 sinngemäß. Aufgrund der Mitteilung von Verordnungen nach Abs. 1 lit. b hat das Grundbuchsgericht die Anmerkung nach § 83 Abs. 8 erster Satz bei den betroffenen Grundstücken zu löschen.

(5) Für die Feststellung der Grenzen der aufgrund einer Verordnung nach Abs. 1 lit. a in

das Umlegungsgebiet einbezogenen Grundstücke oder Grundstücksteile gilt § 85 sinngemäß.

§ 87

Verkehrsflächen und sonstige Anlagen

(1) Die Grundflächen, die nach den im Bebauungsplan (§ 92) festgelegten Straßenfluchtlinien für den Neubau, den Ausbau oder die Verlegung von Gemeindestraßen, die nur der inneren Erschließung des Umlegungsgebietes dienen, benötigt werden, sind von den Eigentümern der umzulegenden Grundstücke oder Grundstücksteile im Verhältnis der Fläche dieser Grundstücke bzw. Grundstücksteile zugunsten der Gemeinde aufzubringen, soweit hierfür nicht bestehende öffentliche Verkehrsflächen der Gemeinde zur Verfügung stehen. Abweichungen, die sich aufgrund des § 88 Abs. 1 lit. d zugunsten bebauter Grundstücke ergeben, sind durch Geldabfindungen auszugleichen. Im Ausmaß der nach dem ersten Satz aufgebrachten Grundflächen entfällt bei der Vorschreibung des Erschließungsbeitrages der Bauplatzanteil. Im Ausmaß der nach dem zweiten Satz geleisteten Geldabfindungen ist der Bauplatzanteil rückzuerstatten.

(2) Für die Aufbringung von Grundflächen, die nach den im Bebauungsplan festgelegten Straßenfluchtlinien für den Neubau, den Ausbau oder die Verlegung von Gemeindestraßen, die nicht nur der inneren Erschließung des Umlegungsgebietes dienen, benötigt werden, gilt Abs. 1 sinngemäß mit der Maßgabe, dass den Eigentümern gegenüber der Gemeinde ein Anspruch auf Vergütung für die Aufbringung jener Grundflächen zukommt, die im Hinblick auf die höhere Verkehrsbedeutung der Straße zusätzlich benötigt werden. Die Umlegungsbehörde hat die Vergütungen in sinngemäßer Anwendung der §§ 65 und 66 Abs. 1 des Tiroler Straßengesetzes festzusetzen. Die aufgebrachten Grundflächen sind als nicht bebaubar zu bewerten.

(3) Im Umlegungsverfahren können weiters Grundflächen, die als Sonderflächen oder als Vorbehaltsflächen nach § 52 für Anlagen gewidmet sind, die vorwiegend den Interessen der Eigentümer der umzulegenden Grundstücke oder Grundstücksteile dienen, wie Parkanlagen, Sportanlagen, Spielplätze und dergleichen, im Ausmaß von höchstens 10 v. H. der Fläche des Umlegungsgebietes zugunsten der Gemeinde aufgebracht werden. Diese Grundflächen sind von den Eigentümern der umzulegenden Grundstücke oder Grundstücksteile im Verhältnis der Fläche dieser Grundstücke bzw. Grundstücksteile aufzubringen. Die Eigentümer haben hierfür gegenüber der Gemeinde Anspruch auf Vergütung. Die Umlegungsbehörde hat die Vergütungen in sinngemäßer Anwendung der §§ 65 und 66 Abs. 1 des Tiroler Straßengesetzes festzusetzen. Die aufgebrachten Grundflächen sind als nicht bebaubar zu bewerten.

(4) Ergibt sich durch das Umlegungsverfahren hinsichtlich eines Grundstückes oder Grundstücksteiles kein Vorteil im Hinblick auf die bauliche Nutzbarkeit oder die verkehrsmäßige Erschließung, so ist der Eigentümer des betreffenden Grundstückes oder Grundstücksteiles von der Verpflichtung zur Grundaufbringung nach Abs. 1 befreit. Ist dies nur hinsichtlich einer Teilfläche des betreffenden Grundstückes oder Grundstücksteiles der Fall, so besteht die Befreiung im Ausmaß dieser Teilfläche.

§ 88

Grundsätze für die Neuregelung der Grundstücksordnung

(1) Für die Neuregelung der Grundstücksordnung gelten folgende Grundsätze:

a) Jedem Grundeigentümer sind Grundstücke zuzuweisen, deren Gesamtfläche der Fläche der eingebrachten Grundstücke oder Grundstücksteile abzüglich der nach § 87 Abs. 1, 2 und 3 aufzubringenden Flächen entspricht. Werden für den Neubau, den Ausbau oder die Verlegung von Gemeindestraßen Grundflächen nach § 87 Abs. 1 oder 2 aufgebracht oder wird für den Ausbau oder die Verlegung von Landesstraßen, Gemeindestraßen, öffentlichen Interessentenstraßen oder öffentlichen Privatstraßen Straßengrund in das Umlegungsgebiet einbezogen, so sind bei der Aufbringung bzw. Zuweisung der entsprechenden Grundstücke die Erfordernisse nach § 37 Abs. 1 des Tiroler Straßengesetzes zu berücksichtigen.
b) Die Fläche der zuzuweisenden Grundstücke darf vom Abfindungsanspruch nach lit. a um höchstens 3 v. H. abweichen. Eine größere Abweichung ist nur bei Vorliegen zwingender Gründe tatsächlicher oder rechtlicher Natur zulässig. Solche zwingenden Gründe sind insbesondere Notwendigkeiten aufgrund der bestehenden Bebauung oder des Verlaufes bestehender Verkehrsflächen oder jener Verkehrsflächen, für die rechtsverbindliche Planungen bestehen. Abweichungen gegenüber dem Abfindungsanspruch sind durch Geldabfindungen auszugleichen.
c) Anstelle von Grundstücken oder Grundstücksteilen, deren bauliche Nutzbarkeit insbesondere aufgrund bestehender Versorgungseinrichtungen, wie Einrichtungen zur Wasser- oder Energieversorgung oder Abwasserbeseitigung und dergleichen, die im Rahmen der Baulandumlegung nicht beseitigt werden können, oder aufgrund ihrer Lage in Schutz- oder Sicherheitsbereichen überörtlicher Anlagen oder aufgrund einer Gefährdung durch Naturgefahren (§ 37 Abs. 3) beschränkt ist, sind so weit wie möglich Grundstücke zuzuweisen, deren bauliche Nutzbarkeit in vergleichbarer Weise beschränkt ist. Dabei sind bestehenden Anlagen

jene Anlagen gleichzuhalten, für die rechtsverbindliche Planungen bestehen. Weitergehende Beschränkungen gegenüber den eingebrachten Grundstücken sind durch Geldabfindungen auszugleichen.

d) Eine Änderung der Eigentumsverhältnisse an bebauten Grundstücken oder an Grundstücken, für die eine rechtskräftige Baubewilligung vorliegt, darf nur insoweit erfolgen, als das Eigentum an jenen Grundstücksteilen, auf denen die betreffende bauliche Anlage besteht bzw. errichtet werden soll, sowie an jenen weiteren Grundstücksteilen, ohne die diese nach den baurechtlichen Vorschriften nicht mehr errichtet werden dürfte, unverändert bleiben muss. Dies gilt nicht für Feldstädel, Schuppen, Mauern, Zäune, Abstellplätze, Lagerplätze und dergleichen.

e) Anstelle von Grundstücken oder Grundstücksteilen, die als Bauland oder als Sonderflächen gewidmet sind, sind Grundstücke zuzuweisen, die als Bauland derselben Art bzw. als Sonderflächen mit demselben Verwendungszweck gewidmet sind; anstelle von Grundstücken im Freiland, die innerhalb der im örtlichen Raumordnungskonzept für Siedlungszwecke und betriebliche Zwecke vorgesehenen Bereiche liegen, sind ebensolche Grundstücke zuzuweisen. Dies gilt nicht, wenn der Grundeigentümer der Zuweisung eines anderweitig gewidmeten Grundstückes ausdrücklich zustimmt. Grundflächen für Anlagen nach § 87 Abs. 3 erster Satz dürfen nur der Gemeinde zugewiesen werden. Vorbehaltsflächen für den Gemeinbedarf dürfen nur der Gemeinde und, soweit dies nicht möglich ist, anderen Grundeigentümern anstelle von solchen Vorbehaltsflächen zugewiesen werden. Vorbehaltsflächen für den geförderten Wohnbau dürfen der Gemeinde, dem Tiroler Bodenfonds sowie Bauträgern, die geförderte Wohnbauten errichten, zugewiesen werden. Soweit dies nicht möglich ist, dürfen Vorbehaltsflächen für den geförderten Wohnbau anderen Grundeigentümern anstelle von solchen Vorbehaltsflächen zugewiesen werden.

f) Ergibt sich aufgrund des Ausmaßes der eingebrachten Grundstücke oder Grundstücksteile kein Anspruch auf Zuweisung eines Grundstückes, das aufgrund seiner Größe einer geordneten und Boden sparenden Bebauung zugänglich ist, so ist stattdessen eine Geldabfindung zuzuerkennen. Dies gilt nicht, wenn der betroffene Eigentümer die Zuweisung eines Grundstückes aus einem besonderen rechtfertigenden Grund ausdrücklich verlangt und die Neuregelung der Grundstücksordnung dadurch nicht wesentlich erschwert wird. Der Bemessung der Geldabfindung ist die Fläche der eingebrachten Grundstücke abzüglich der nach § 87 Abs. 1, 2 und 3 aufzubringenden Flächen zugrunde zu legen.

g) Die Geldabfindungen sind von jenen Grundeigentümern aufzubringen, die im Fall des § 87 Abs. 1 zweiter Satz, in den Fällen der lit. b und f und des Abs. 4 zweiter Satz in Ansehung der Fläche, im Fall der lit. c in Ansehung der baulichen Nutzbarkeit der zugewiesenen Grundstücke mehr erhalten, als ihr Anspruch nach den eingebrachten Grundstücken betragen würde. Die Geldabfindungen sind nach dem Verkehrswert der Grundstücke im Umlegungsgebiet zu bemessen.

(2) Mit Zustimmung der betroffenen Grundeigentümer kann

a) Miteigentum an zuzuweisenden Grundstücken und

b) Miteigentum anstelle von Geldabfindungen

begründet werden.

(3) Mit Zustimmung der Miteigentümer kann Miteigentum im Verhältnis der ideellen Anteile aufgelöst werden, wenn die Anteile der einzelnen Miteigentümer allein oder in Verbindung mit anderen eingebrachten Grundstücken oder Grundstücksteilen den Anspruch auf Zuweisung von Grundstücken ergeben, die aufgrund ihrer Größe einer geordneten und Boden sparenden Bebauung entsprechend den Festlegungen des Bebauungsplanes zugänglich sind. Weiters kann auf Verlangen einzelner Miteigentümer Miteigentum in gleicher Weise hinsichtlich ihrer ideellen Anteile aufgelöst werden, wenn die einzelnen Anteile der Miteigentümer, die die Auflösung verlangen, allein oder in Verbindung mit anderen eingebrachten Grundstücken oder Grundstücksteilen und die Summe der Anteile der verbleibenden Miteigentümer den Anspruch auf Zuweisung solcher Grundstücke ergeben.

(4) An eingebrachten Grundstücken oder Grundstücksteilen, die ausschließlich zu Verkehrszwecken genutzt werden, kann Miteigentum auch ohne Zustimmung der Miteigentümer im Verhältnis der ideellen Anteile aufgelöst werden. Den Miteigentümern, deren Anteile allein oder in Verbindung mit anderen eingebrachten Grundstücken oder Grundstücksteilen keinen Anspruch auf Zuweisung von Grundstücken ergeben, die aufgrund ihrer Größe einer geordneten und Boden sparenden Bebauung entsprechend den Festlegungen des Bebauungsplanes zugänglich sind, ist stattdessen eine Geldabfindung zuzuerkennen. Abs. 1 lit. f zweiter und dritter Satz gilt sinngemäß.

§ 89

Entfernung von Zugehör, Verlegung von Anlagen

(1) Die Umlegungsbehörde hat den Eigentümern der umzulegenden Grundstücke oder Grundstücksteile die Entfernung von Feldstädeln, Schuppen, Mauern, Zäunen, Abstellplätzen, Lagerplätzen, Holzbeständen, Bäumen, Sträuchern und ähnlichem Zugehör aufzutragen, soweit das Zugehör

nicht von den Eigentümern der zuzuweisenden Grundstücke übernommen wird. Die Kosten der Entfernung des Zugehörs sind von den Eigentümern der umzulegenden Grundstücke oder Grundstücksteile im Verhältnis der Fläche dieser Grundstücke bzw. Grundstücksteile zu tragen. Die Eigentümer der zugewiesenen Grundstücke haben die Entfernung des Zugehörs zu dulden.

(2) Maßnahmen an bebauten Grundstücken, wie die Entfernung und Verlegung von Einfriedungen, die Änderung von Zufahrten oder Rekultivierungen, sind von der Umlegungsbehörde zu veranlassen. Die Umlegungsbehörde hat sich zur Durchführung dieser Maßnahmen der Gemeinde zu bedienen. Die Gemeinde hat die Maßnahmen im Auftrag der Umlegungsbehörde durchzuführen. Für die Tragung der Kosten dieser Maßnahmen gilt Abs. 1 zweiter Satz sinngemäß. Wenn die Gemeinde Leistungen selbst erbringt, so zählt zu den Kosten auch ein angemessener Beitrag zum Personal- und Sachaufwand. Die Eigentümer der betroffenen Grundstücke haben die Durchführung der Maßnahmen zu dulden.

(3) Wird die bauliche Nutzbarkeit der zuzuweisenden Grundstücke durch bestehende Versorgungseinrichtungen, wie Einrichtungen zur Wasser- oder Energieversorgung oder Abwasserbeseitigung und dergleichen, beschränkt und ließe sich durch deren Verlegung insgesamt eine erheblich bessere bauliche Nutzbarkeit der betroffenen Grundstücke erreichen, so hat die Umlegungsbehörde auf eine Verlegung dieser Einrichtungen hinzuwirken, soweit die Verlegung nach den in Betracht kommenden Verwaltungsvorschriften voraussichtlich rechtlich zulässig wäre und im Verhältnis zu den dadurch bewirkten Vorteilen keine unverhältnismäßig hohen Aufwendungen erfordern würde. Für die Tragung der Kosten der Verlegung von Versorgungseinrichtungen gilt Abs. 1 zweiter Satz sinngemäß.

(4) Die Eigentümer von umzulegenden Grundstücken oder Grundstücksteilen können Übereinkommen über das Zugehör zu den jeweiligen Grundstücken und bei bebauten Grundstücken weiters über die an diesen Grundstücken durchzuführenden Maßnahmen abschließen, soweit dadurch die Rechtsstellung der übrigen Parteien des Umlegungsverfahrens nicht beeinträchtigt und die Erreichung des Zweckes des Umlegungsverfahrens nicht verhindert oder wesentlich erschwert wird. Unter diesen Voraussetzungen können weiters Übereinkommen mit den Eigentümern von Versorgungseinrichtungen über deren Verlegung abgeschlossen werden. Derartige Übereinkommen sind von der Umlegungsbehörde in einer Verhandlungsschrift oder sonstigen Niederschrift zu beurkunden. Sie werden mit dem Eintritt der Rechtskraft der Umlegungsentscheidung wirksam.

§ 90
Rechte an Grundstücken

(1) Soweit in den Abs. 2, 3 und 4 nichts anderes bestimmt ist, treten hinsichtlich der dinglichen und persönlichen Rechte an den umzulegenden Grundstücken oder Grundstücksteilen an die Stelle der eingebrachten Grundstücke bzw. Grundstücksteile die dem jeweiligen Eigentümer im Umlegungsbescheid zugewiesenen Grundstücke bzw. zuerkannten Geldabfindungen und Vergütungen.

(2) Soweit Grunddienstbarkeiten, Reallasten, persönliche Dienstbarkeiten, unregelmäßige Servituten und Scheinservituten durch die Umlegung entbehrlich werden, sind sie im Umlegungsbescheid entschädigungslos aufzuheben. Soweit solche Rechte aufrecht bleiben, ist im Umlegungsbescheid zu bestimmen, welche der zugewiesenen Grundstücke sie belasten. Ergeben sich dadurch Verschiebungen im Wert der zugewiesenen Grundstücke, so sind diese durch Geldabfindungen auszugleichen.

(3) Durch Übereinkommen mit den Berechtigten können von den Abs. 1 und 2 abweichende Regelungen über Rechte an Grundstücken getroffen werden, soweit dadurch die Rechtsstellung von Parteien des Umlegungsverfahrens nicht beeinträchtigt und die Erreichung des Zweckes des Umlegungsverfahrens nicht verhindert oder wesentlich erschwert wird. Im Übrigen gilt § 89 Abs. 4 dritter und vierter Satz sinngemäß.

(4) Bestehen an umzulegenden Grundstücken agrarische Rechte, so hat die Agrarbehörde diese nach den agrarrechtlichen Vorschriften möglichst aufzuheben oder so zu ändern, dass sie der Erreichung des Zweckes des Umlegungsverfahrens nicht im Weg stehen. Die Umlegungsbehörde und die Agrarbehörde haben die Verfahren auf geeignete Weise zu koordinieren.

§ 91
Entwurf der Neuordnung, mündliche Verhandlung

(1) Die Umlegungsbehörde hat einen Entwurf über die Neuregelung der Grundstücksordnung auszuarbeiten. Der Entwurf hat jedenfalls zu enthalten:

a) eine nach Eigentümern geordnete Zusammenstellung des bisherigen und des vorgesehenen Grundstücksbestandes einschließlich der nach § 87 Abs. 1, 2 und 3 aufzubringenden Grundstücke, aus der die Grundstücksnummern, die Grundbuchseinlagen und das Ausmaß der Grundstücke hervorgehen,
b) eine planliche Darstellung des bisherigen und des vorgesehenen Grundstücksbestandes,
c) die vorgesehene Neuregelung der vom Umlegungsverfahren betroffenen dinglichen Rechte,

d) die vorgesehene Entfernung von Zugehör zu Grundstücken und die vorgesehenen Maßnahmen an bebauten Grundstücken,
e) die vorgesehenen Geldabfindungen und Vergütungen,
f) den für die Aufteilung der Kosten der Entfernung von Anlagen und der Maßnahmen an bebauten Grundstücken nach lit. d, der Verlegung von Versorgungseinrichtungen und des Umlegungsverfahrens vorgesehenen Schlüssel.

(2) Dem Entwurf über die Neuregelung der Grundstücksordnung sind die maßgebenden Berechnungen in übersichtsartiger Form anzuschließen.

(3) Zur Ermittlung des für den Umlegungsbescheid (§ 94) maßgebenden Sachverhaltes ist aufgrund des Entwurfes über die Neuregelung der Grundstücksordnung eine mündliche Verhandlung durchzuführen. Zur mündlichen Verhandlung sind die Eigentümer der umzulegenden Grundstücke oder Grundstücksteile sowie jene Personen, denen an einem solchen Grundstück ein im Privatrecht begründetes dingliches Recht zukommt, das zum Gebrauch oder zur Nutzung des Grundstückes berechtigt, und die Gemeinde zu laden. Die mündliche Verhandlung ist weiters bis zum Verhandlungstag an der Amtstafel der Gemeinde kundzumachen. Gleichzeitig ist der Entwurf über die Neuregelung der Grundstücksordnung zur allgemeinen Einsicht im Gemeindeamt aufzulegen. Zwischen dem Beginn der Auflegung und dem Verhandlungstag müssen mindestens vier Wochen liegen. Die Ladungen und die Kundmachung haben einen Hinweis auf die Auflegung und die Auflegungsfrist zu enthalten. Die Gemeinde hat die für die Auflegung des Entwurfes erforderlichen Amtsräume zur Verfügung zu stellen und die Kundmachung an der Amtstafel der Gemeinde durchzuführen.

§ 92

Erschließungsplan

(1) Die Gemeinde hat gleichzeitig mit der Auflegung des Entwurfes über die Neuregelung der Grundstücksordnung den Entwurf eines Bebauungsplanes für das Umlegungsgebiet zur allgemeinen Einsicht aufzulegen. In diesem Bebauungsplan sind jedenfalls die Straßenfluchtlinien der Straßen nach § 53 Abs. 1 und der Straßen, die der inneren Erschließung des Umlegungsgebietes dienen, festzulegen (Erschließungsplan). Für das Verfahren zur Erlassung oder Änderung des Erschließungsplanes gelten die §§ 64 und 66. Im Übrigen gelten für die Bebauungsplanung im Umlegungsgebiet die Bestimmungen über Bebauungspläne im 4. Abschnitt des II. Teiles dieses Gesetzes. Der Erschließungsplan kann auch in einem mit dem Bebauungsplan erlassen werden. Die Umlegungsbehörde ist hinsichtlich der für das Umlegungsgebiet erlassenen Bebauungspläne im Verfahren nach § 122 der Tiroler Gemeindeordnung 2001 bzw. § 77 des Stadtrechtes der Landeshauptstadt Innsbruck 1975, LGBl. Nr. 53/1975, in der jeweils geltenden Fassung zu hören.

(2) Mit dem Inkrafttreten eines Bebauungsplanes mit den Festlegungen des Erschließungsplanes treten für das Umlegungsgebiet oder Teile des Umlegungsgebietes allenfalls bestehende Bebauungspläne außer Kraft.

(3) Die Gemeinde und die Umlegungsbehörde haben die Ausarbeitung der Entwürfe von Bebauungsplänen und des Entwurfes über die Neuregelung der Grundstücksordnung sowie die Verfahren auf geeignete Weise zu koordinieren.

§ 93

Änderung des Flächenwidmungsplanes im Umlegungsgebiet

(1) Ist zum Zweck der Durchführung des Umlegungsverfahrens eine Änderung des Flächenwidmungsplanes im Umlegungsgebiet erforderlich, so hat die Gemeinde gleichzeitig mit der Auflegung des Entwurfes über die Neuregelung der Grundstücksordnung auch einen entsprechenden Entwurf über die Änderung des Flächenwidmungsplanes zur allgemeinen Einsicht aufzulegen. Die Festlegung neuer befristeter Widmungen als Bauland ist nicht zulässig.

(2) Dem geänderten Flächenwidmungsplan ist die aufsichtsbehördliche Genehmigung auch dann zu versagen, wenn er zwingenden Erfordernissen für die Neueinteilung der Grundstücke, insbesondere nach den §§ 87 Abs. 3 und 88 Abs. 1 lit. e, nicht Rechnung trägt.

(3) Bestehen im Umlegungsgebiet befristete Widmungen als Bauland, so hat die Gemeinde nach dem Eintritt der Rechtskraft des Umlegungsbescheides (§ 94) die Widmungen als Bauland neu festzulegen. Sind die von ein und demselben Eigentümer als Bauland eingebrachten Grundstücke bezogen auf ihre Gesamtfläche überwiegend befristet gewidmet, so sind die ihm an deren Stelle zugewiesenen Grundstücke befristet als Bauland zu widmen. Anderenfalls sind sie unbefristet als Bauland zu widmen.

(4) Die Gemeinde und die Umlegungsbehörde haben die Ausarbeitung des Entwurfes über die Änderung des Flächenwidmungsplanes und des Entwurfes über die Neuregelung der Grundstücksordnung sowie die Verfahren auf geeignete Weise zu koordinieren.

§ 94

Umlegungsbescheid, Abschluss des Verfahrens

(1) Im Umlegungsbescheid ist abzusprechen über:

a) die Neueinteilung der Grundstücke,

b) die Zuweisung des Eigentums an den neu eingeteilten Grundstücken einschließlich der nach § 87 Abs. 1, 2 und 3 aufgebrachten Grundstücke,
c) die Neuregelung der vom Umlegungsverfahren betroffenen dinglichen Rechte,
d) die Verpflichtung zur Entfernung von Zugehör zu Grundstücken,
e) die Durchführung von Maßnahmen an bebauten Grundstücken,
f) die vorübergehende Aufrechterhaltung von Verkehrsverbindungen und von Zufahrten zu Grundstücken,
g) die Aufbringung und Zuerkennung von Geldabfindungen und Vergütungen,
h) die Tragung der Kosten der Entfernung von Anlagen nach lit. d, der Durchführung von Maßnahmen an bebauten Grundstücken nach lit. e und der Verlegung von Versorgungseinrichtungen,
i) die Tragung der Kosten des Umlegungsverfahrens, soweit darüber nicht bereits nach § 85 Abs. 1 zweiter Satz abgesprochen worden ist; Kosten, deren Höhe noch nicht feststeht, sind einem nachträglichen Bescheid vorzubehalten.

(2) Der Umlegungsbescheid darf erst nach dem Inkrafttreten eines Bebauungsplanes mit den Festlegungen des Erschließungsplanes erlassen werden. In den Fällen des § 90 Abs. 4 und des § 93 Abs. 1 darf der Umlegungsbescheid überdies erst nach der Neuregelung der agrarischen Rechte durch die Agrarbehörde bzw. nach dem Inkrafttreten der Änderung des Flächenwidmungsplanes erlassen werden.

(3) Wird der Verlauf einer in das Umlegungsgebiet einbezogenen Landesstraße, Gemeindestraße, öffentlichen Interessentenstraße oder öffentlichen Privatstraße geändert, so müssen im Zug des Umlegungsverfahrens die neuen Straßenteile, soweit dies nach den straßenrechtlichen Vorschriften erforderlich ist, zur Landesstraße, Gemeindestraße, öffentlichen Interessentenstraße bzw. öffentlichen Privatstraße erklärt und weiters die dadurch entbehrlich gewordenen Straßenteile aufgelassen werden. Sind diese Voraussetzungen im Zeitpunkt der Erlassung der Umlegungsentscheidung noch nicht erfüllt, so ist der Umlegungsbescheid unter der aufschiebenden Bedingung der Erfüllung dieser Voraussetzungen zu erlassen. In diesem Fall hat die Umlegungsbehörde erforderlichenfalls mit Bescheid den Zeitpunkt festzustellen, in dem der Umlegungsbescheid rechtswirksam geworden ist.

(4) Werden im Fall des Abs. 3 Teile der bisherigen Straße zum Zweck der Aufrechterhaltung von Verkehrsverbindungen vorübergehend weiter benötigt, so ist dem Straßenverwalter im Umlegungsbescheid die Erhaltung der bisherigen Straße bis zum Bau der neuen Straße und deren Freigabe für den öffentlichen Verkehr aufzutragen. Die betroffenen Grundeigentümer haben bis dahin die Erhaltung der bisherigen Straße zu dulden.

(5) Werden bestehende Privatstraßen bis zum Bau von der inneren Erschließung des Umlegungsgebietes dienenden öffentlichen Straßen und deren Freigabe für den öffentlichen Verkehr zum Zweck der Aufrechterhaltung von Zufahrten zu Grundstücken vorübergehend weiter benötigt, so ist dem über die Privatstraße Verfügungsberechtigten im Umlegungsbescheid die Erhaltung der Privatstraße bis zu diesem Zeitpunkt zu gestatten. Die betroffenen Grundeigentümer haben bis dahin die Erhaltung der Privatstraße zu dulden.

(6) Dem Grundbuchsgericht sind nach dem Eintritt der Rechtskraft, im Fall des Abs. 3 zweiter Satz der Rechtskraft und Rechtswirksamkeit, der Umlegungsentscheidung eine mit der Rechtskraftklausel versehene Ausfertigung dieser Entscheidung und die zur Richtigstellung des Grundbuches erforderlichen Behelfe zu übersenden. Das Grundbuchsgericht hat daraufhin von Amts wegen die erforderlichen Eintragungen im Grundbuch vorzunehmen. In diesem Zusammenhang findet eine Einvernehmung dritter Personen, für die dingliche Rechte haften, nicht statt. Eine mit der Rechtskraftklausel versehene Ausfertigung der Umlegungsentscheidung ist weiters der Gemeinde zu übersenden.

(7) Die Umlegungsbehörde hat weiters die Richtigstellung des Grundsteuer- oder Grenzkatasters zu veranlassen.

Fassung bis 30. Juni 2025:

(8) Nach der Richtigstellung des Grundbuches, der Leistungen der Geldabfindungen und Vergütungen nach § 95 Abs. 2, 3 und 4 und gegebenenfalls der Änderung des Flächenwidmungsplanes nach § 93 Abs. 3 ist das Umlegungsverfahren durch Verordnung abzuschließen. Die Verordnung über den Abschluss des Umlegungsverfahrens ist über die rechtsverbindliche Kundmachung hinaus auf der Internetseite des Landes Tirol sowie an der Amtstafel der Gemeinde während zweier Wochen bekannt zu machen. Diese Bekanntmachungen bilden keine Voraussetzung für das Inkrafttreten der Verordnung. Die Gemeinde hat die Bekanntmachung an der Amtstafel der Gemeinde durchzuführen. Die Verordnung ist weiters unverzüglich dem Grundbuchsgericht, der Agrarbehörde und dem Vermessungsamt mitzuteilen. Das Grundbuchsgericht hat daraufhin von Amts wegen die Anmerkung nach § 83 Abs. 8 erster Satz bei den betroffenen Grundstücken zu löschen.

Fassung ab 1. Juli 2025:

(8) Nach der Richtigstellung des Grundbuches, der Leistungen der Geldabfindungen und Vergütungen nach § 95 Abs. 2, 3 und 4 und gegebenenfalls der Änderung des Flächenwidmungsplanes nach § 93 Abs. 3 ist das Umlegungsverfahren durch Verordnung abzuschließen. Die Verordnung über den Abschluss des Umlegungsverfahrens ist unverzüglich nach ihrer Kundmachung der Gemeinde, dem Grund-

buchsgericht, der Agrarbehörde und dem Vermessungsamt mitzuteilen. Das Grundbuchsgericht hat daraufhin von Amts wegen die Anmerkung nach § 83 Abs. 8 erster Satz bei den betroffenen Grundstücken zu löschen.

§ 95
Eigentumsübergang, Leistung der Geldabfindungen und Vergütungen

(1) Mit dem Eintritt der Rechtskraft, im Fall des § 94 Abs. 3 zweiter Satz der Rechtskraft und der Rechtswirksamkeit, der Umlegungsentscheidung geht das Eigentum an den neu eingeteilten Grundstücken auf die neuen Eigentümer über. Gleichzeitig gehen die bisherigen Eigentumsrechte unter.

(2) Geldabfindungen sind vom Zahlungspflichtigen innerhalb eines Monats nach dem Eintritt der Rechtskraft, im Fall des § 94 Abs. 3 zweiter Satz der Rechtskraft und der Rechtswirksamkeit, der Umlegungsentscheidung an die Gemeinde zu leisten. Die Gemeinde hat die Geldabfindungen, soweit im Abs. 4 nichts anderes bestimmt ist, innerhalb von zwei Monaten nach dem Eintritt der Rechtskraft, im Fall des § 94 Abs. 3 zweiter Satz der Rechtskraft und der Rechtswirksamkeit, der Umlegungsentscheidung an die Anspruchsberechtigten auszuzahlen. Für die Geldabfindungen samt Nebenkosten haftet auf den dem Zahlungspflichtigen zugewiesenen Grundstücken ein gesetzliches Pfandrecht der Gemeinde.

(3) Die Vergütungen nach § 87 Abs. 2 und 3 sind von der Gemeinde innerhalb eines Monats nach dem Eintritt der Rechtskraft, im Fall des § 94 Abs. 3 zweiter Satz der Rechtskraft und der Rechtswirksamkeit, der Umlegungsentscheidung an die Anspruchsberechtigten zu leisten.

(4) Ist eine Geldabfindung oder Vergütung mit einem Pfandrecht belastet, so ist die Geldabfindung bzw. Vergütung von der Gemeinde nur dann an den Anspruchsberechtigten auszuzahlen, wenn eine Freistellungserklärung des Pfandgläubigers vorliegt. Andernfalls ist die Geldabfindung oder Vergütung von der Gemeinde beim Bezirksgericht, in dessen Sprengel sie liegt, zu hinterlegen. Dieses hat die Geldabfindung oder Vergütung in sinngemäßer Anwendung der Vorschriften der Exekutionsordnung über die Verteilung des Meistbotes im Versteigerungsverfahren zu verteilen.

§ 96
Umlegungsverträge

(1) Die Eigentümer der Grundstücke eines Gebietes, das aufgrund der bestehenden Grundstücksordnung einer geordneten und Boden sparenden Bebauung und einer zweckmäßigen verkehrsmäßigen Erschließung insgesamt nicht zugänglich ist und das die Voraussetzungen nach § 83 Abs. 3 und 4 erfüllt, können einen Vertrag über die Neuregelung der Grundstücksordnung abschließen (Umlegungsvertrag).

(2) Umlegungsverträge können ungeachtet eines anhängigen Umlegungsverfahrens abgeschlossen werden. Kommt ein Umlegungsvertrag rechtswirksam zustande und ist ein Umlegungsverfahren anhängig, so ist dieses unverzüglich abzuschließen.

(3) Der Umlegungsvertrag bedarf zu seiner Rechtswirksamkeit der Genehmigung der Umlegungsbehörde. Die Umlegungsbehörde hat die Genehmigung zu erteilen, wenn der Umlegungsvertrag

a) in verbücherungsfähiger Form samt den zur Richtigstellung des Grundbuches erforderlichen Behelfen vorliegt,
b) nach Abs. 5 zweiter Satz und Abs. 6 zulässig ist,
c) alle Punkte nach § 94 Abs. 1 enthält und
d) die Erreichung des Zweckes des Umlegungsverfahrens gewährleistet und den Grundsätzen für die Neuregelung der Grundstücksordnung entspricht.

Vor der Erteilung der Genehmigung ist die Gemeinde zu hören.

(4) Dem Umlegungsvertrag darf die Genehmigung erst nach dem Inkrafttreten eines Bebauungsplanes mit den Festlegungen des Erschließungsplanes und, soweit der Umlegungsvertrag auch eine Änderung des Flächenwidmungsplanes im Sinn des § 93 Abs. 1 erfordert, überdies erst nach dem Inkrafttreten der Änderung des Flächenwidmungsplanes erteilt werden. Ist eine Änderung des Flächenwidmungsplanes nach § 93 Abs. 3 erforderlich, so darf die Genehmigung überdies erst nach dem Inkrafttreten der Änderung des Flächenwidmungsplanes erfolgen. Bestehen an den umzulegenden Grundstücken agrarische Rechte, so darf die Genehmigung weiters erst nach der Neuregelung dieser Rechte durch die Agrarbehörde nach § 90 Abs. 4 erteilt werden.

(5) Wird der Verlauf einer in das Umlegungsgebiet einbezogenen Landesstraße, Gemeindestraße, öffentlichen Interessentenstraße oder öffentlichen Privatstraße geändert, so darf der Umlegungsvertrag erst genehmigt werden, nachdem die neuen Straßenteile, soweit dies nach den straßenrechtlichen Vorschriften erforderlich ist, zur Landesstraße, Gemeindestraße, öffentlichen Interessentenstraße bzw. öffentlichen Privatstraße erklärt und weiters die dadurch entbehrlich gewordenen Straßenteile aufgelassen worden sind. Werden Teile der bisherigen Straße zum Zweck der Aufrechterhaltung von Verkehrsverbindungen vorübergehend weiter benötigt, so darf der Umlegungsvertrag nur genehmigt werden, wenn der Straßenverwalter sich im Umlegungsvertrag zur Erhaltung der bisherigen Straße bis zum Bau der neuen Straße und deren Freigabe für den öffentlichen Verkehr verpflichtet und der Umlegungsvertrag weiters eine Einigung mit den betroffenen

Grundeigentümern über die Duldung der Erhaltung der Straße bis zu diesem Zeitpunkt enthält.

(6) Ist ein umzulegendes Grundstück durch eine Hypothek belastet und wird im Umlegungsvertrag neben oder anstelle einer Grundabfindung eine Geldabfindung vereinbart, so ist dieser nur mit Zustimmung des Hypothekargläubigers zulässig. Die Zustimmung des Hypothekargläubigers ist nicht erforderlich, wenn eine neben der Geldabfindung vereinbarte Grundabfindung oder ein allfälliger außerhalb des Umlegungsgebietes verbleibender Grundstücksrest für sich oder zusammen weiterhin eine dem § 1374 ABGB entsprechende Sicherstellung der Forderung bieten.

(7) Die Genehmigung des Umlegungsvertrages ersetzt hinsichtlich aller Rechtswirkungen den Umlegungsbescheid.

(8) Umlegungsverträge bedürfen keiner Bewilligung und Genehmigung nach anderen landesrechtlichen Vorschriften.

(9) Die Parteien des Umlegungsvertrages haben nach dem Eintritt der Rechtskraft der Genehmigung die grundbücherliche Durchführung des Umlegungsvertrages zu veranlassen. Die Genehmigung tritt außer Kraft, wenn die grundbücherliche Durchführung des Umlegungsvertrages nicht innerhalb von zwei Jahren nach dem Eintritt der Rechtskraft der Genehmigung beantragt wird.

(10) Die Umlegungsbehörde hat eine mit der Rechtskraftklausel versehene Ausfertigung der Genehmigung des Umlegungsvertrages samt einer mit dem Genehmigungsvermerk versehenen Ausfertigung des Umlegungsvertrages der Gemeinde zu übersenden.

§ 97
Umlegungsübereinkommen

(1) Ergibt sich im Zug des Umlegungsverfahrens, dass sich die Parteien über die Neuregelung der Grundstücksordnung voraussichtlich gütlich einigen werden, so hat die Umlegungsbehörde auf den Abschluss eines Parteienübereinkommens darüber hinzuwirken (Umlegungsübereinkommen).

(2) Ein Umlegungsübereinkommen, das alle Punkte nach § 94 Abs. 1 enthält, die Erreichung des Zweckes des Umlegungsverfahrens gewährleistet und den Grundsätzen für die Neuregelung der Grundstücksordnung entspricht, ist von der Umlegungsbehörde in einer Verhandlungsschrift oder sonstigen Niederschrift zu beurkunden. Es wird rechtswirksam, wenn die Umlegungsbehörde mit Bescheid feststellt, dass das Umlegungsübereinkommen die Erreichung des Zweckes des Umlegungsverfahrens gewährleistet und den Grundsätzen für die Neuregelung der Grundstücksordnung entspricht. Die Umlegungsbehörde darf diese Feststellung nur treffen, wenn das Umlegungsübereinkommen nach Abs. 4 zweiter Satz und Abs. 5 zulässig ist.

(3) Die Feststellung nach Abs. 2 zweiter Satz darf erst nach dem Inkrafttreten eines Bebauungsplanes mit den Festlegungen des Erschließungsplanes und, soweit das Umlegungsübereinkommen auch eine Änderung des Flächenwidmungsplanes im Sinn des § 93 Abs. 1 erfordert, überdies erst nach dem Inkrafttreten der Änderung des Flächenwidmungsplanes getroffen werden. Ist eine Änderung des Flächenwidmungsplanes nach § 93 Abs. 3 erforderlich, so darf die Feststellung überdies erst nach dem Inkrafttreten der Änderung des Flächenwidmungsplanes getroffen werden. Bestehen an den umzulegenden Grundstücken agrarische Rechte, so darf die Feststellung weiters erst nach der Neuregelung dieser Rechte durch die Agrarbehörde nach § 90 Abs. 4 getroffen werden.

(4) Wird der Verlauf einer in das Umlegungsgebiet einbezogenen Landesstraße, Gemeindestraße, öffentlichen Interessentenstraße oder öffentlichen Privatstraße geändert, so darf die Feststellung nach Abs. 2 zweiter Satz erst getroffen werden, nachdem die neuen Straßenteile, soweit dies nach den straßenrechtlichen Vorschriften erforderlich ist, zur Landesstraße, Gemeindestraße, öffentlichen Interessentenstraße bzw. öffentlichen Privatstraße erklärt und weiters die dadurch entbehrlich gewordenen Straßenteile aufgelassen worden sind. Werden Teile der bisherigen Straße zum Zweck der Aufrechterhaltung von Verkehrsverbindungen vorübergehend weiter benötigt, so darf die Feststellung nach Abs. 2 zweiter Satz nur getroffen werden, wenn der Straßenverwalter sich im Umlegungsübereinkommen zur Erhaltung der bisherigen Straße bis zum Bau der neuen Straße und deren Freigabe für den öffentlichen Verkehr verpflichtet und das Umlegungsübereinkommen weiters eine Einigung mit den betroffenen Grundeigentümern über die Duldung der Erhaltung der Straße bis zu diesem Zeitpunkt enthält.

(5) Ist ein umzulegendes Grundstück durch eine Hypothek belastet und wird im Umlegungsübereinkommen neben oder anstelle einer Grundabfindung eine Geldabfindung vereinbart, so ist dieses nur mit Zustimmung des Hypothekargläubigers zulässig. Die Zustimmung des Hypothekargläubigers ist nicht erforderlich, wenn eine neben der Geldabfindung vereinbarte Grundabfindung oder ein allfälliger außerhalb des Umlegungsgebietes verbleibender Grundstücksrest für sich oder zusammen weiterhin eine dem § 1374 ABGB entsprechende Sicherstellung der Forderung bieten.

(6) Die Feststellung nach Abs. 2 zweiter Satz ersetzt hinsichtlich aller Rechtswirkungen den Umlegungsbescheid.

(7) Im Fall des Zustandekommens eines Umlegungsübereinkommens kann das Verfahren nach den §§ 85 und 91 entfallen.

(8) Umlegungsübereinkommen bedürfen keiner Bewilligung und Genehmigung nach anderen landesrechtlichen Vorschriften.

(9) Dem Grundbuchsgericht, dem für die Einhebung der Grunderwerbsteuer zuständigen Finanzamt und der Gemeinde ist nach dem Eintritt der Rechtskraft der Feststellung nach Abs. 2 zweiter Satz je eine mit der Rechtskraftklausel versehene Ausfertigung dieser Feststellung samt einer mit dem Genehmigungsvermerk versehenen Ausfertigung der Niederschrift über das Umlegungsübereinkommen zu übersenden. Dem Grundbuchsgericht sind auch die zur Richtigstellung des Grundbuches erforderlichen Behelfe zu übersenden.

§ 98
Einstellung des Verfahrens

(1) Das Umlegungsverfahren ist durch Verordnung einzustellen, wenn Umstände hervorkommen oder nachträglich eintreten, die den Zweck des Umlegungsverfahrens nicht mehr erreichen lassen.

(2) Das Umlegungsverfahren ist überdies durch Verordnung einzustellen, wenn nicht innerhalb von drei Jahren nach dem Inkrafttreten der Verordnung über die Einleitung des Umlegungsverfahrens ein Umlegungsbescheid erlassen wird oder ein zulässiger Umlegungsvertrag oder ein zulässiges Umlegungsübereinkommen zustande kommt und die Gemeinde oder mindestens die Hälfte der Eigentümer der umzulegenden Grundstücke oder Grundstücksteile, auf die mindestens 50 v. H. der umzulegenden Grundfläche entfallen müssen, die Einstellung des Verfahrens beantragen.

(3) Die Verordnung über die Einstellung des Umlegungsverfahrens ist über die rechtsverbindliche Kundmachung hinaus auf der Internetseite des Landes Tirol sowie an der Amtstafel der Gemeinde während zweier Wochen bekannt zu machen. Diese Bekanntmachungen bilden keine Voraussetzung für das Inkrafttreten der Verordnung. Die Gemeinde hat die Bekanntmachung an der Amtstafel der Gemeinde durchzuführen. Die Verordnung ist weiters dem Grundbuchsgericht, der Agrarbehörde und dem Vermessungsamt sofort mitzuteilen. Das Grundbuchsgericht hat daraufhin von Amts wegen die Anmerkung nach § 83 Abs. 8 erster Satz zu löschen.

(4) Mit der Einstellung des Umlegungsverfahrens treten ein allfälliger Bebauungsplan mit den Festlegungen des Erschließungsplanes und ein allfälliger geänderter Flächenwidmungsplan nach § 93 außer Kraft. Gleichzeitig treten die zuvor bestandenen Bebauungspläne und Widmungen wieder in Kraft.

§ 99
Zuständigkeit

Umlegungsbehörde im Sinn dieses Abschnittes ist die Landesregierung.

§ 100
Verfahren

Auf das Verfahren der Umlegungsbehörde findet das Allgemeine Verwaltungsverfahrensgesetz 1991 mit folgenden Abweichungen Anwendung:

a) § 42 des Allgemeinen Verwaltungsverfahrensgesetzes 1991 findet keine Anwendung.
b) Im Zug des Umlegungsverfahrens abgegebene Parteienerklärungen dürfen nur mit Zustimmung der Umlegungsbehörde widerrufen werden. Die Zustimmung ist zu versagen, wenn aufgrund des Widerrufs eine erhebliche Beeinträchtigung des Verfahrens zu befürchten ist. Dies ist insbesondere dann der Fall, wenn aufgrund der Parteienerklärung bereits Maßnahmen getroffen, Bescheide erlassen oder sonstige Rechtshandlungen gesetzt worden sind.
c) Nichtamtliche Sachverständige dürfen auch ohne Vorliegen der Voraussetzungen nach § 52 Abs. 2 des Allgemeinen Verwaltungsverfahrensgesetzes 1991 herangezogen werden. § 52 Abs. 3 des Allgemeinen Verwaltungsverfahrensgesetzes 1991 findet keine Anwendung.
d) Bescheide über die Grenzfeststellung, Umlegungsbescheide, Bescheide über die Genehmigung eines Umlegungsvertrages und Feststellungsbescheide betreffend Umlegungsübereinkommen nach § 97 Abs. 2 zweiter Satz können auch durch Auflegung zur allgemeinen Einsicht im Gemeindeamt der Gemeinde, in deren Gebiet die Baulandumlegung durchgeführt wird, während zweier Wochen erlassen werden. Die Auflegung ist an der Amtstafel der Gemeinde während der gesamten Auflegungsfrist kundzumachen. Die Parteien sind von der Auflegung überdies schriftlich zu verständigen. Die Kundmachung und die Verständigungen haben jeweils die Rechtsmittelbelehrung zu enthalten. Die Beschwerdefrist beginnt mit dem Ablauf des letzten Tages der Auflegung. Die Gemeinde hat die für die Auflegung des Entwurfes erforderlichen Amtsräume zur Verfügung zu stellen und die Kundmachung an der Amtstafel der Gemeinde durchzuführen.
e) Die Barauslagen und Vorschüsse nach § 76 des Allgemeinen Verwaltungsverfahrensgesetzes 1991 sind von den Eigentümern der umzulegenden Grundstücke oder Grundstücksteile im Verhältnis der Fläche dieser Grundstücke bzw. Grundstücksteile zu tragen. Die Eigentümer jener Grundstücke oder Grundstücksteile, deren Grenzen sich aus dem Grenzkataster ergeben, sind von der Verpflichtung zur Tragung der Kosten der Grenzfeststellung befreit. Jene Grundeigentümer, denen nach § 88 Abs. 1 lit. f eine Geldabfindung zuerkannt wird, sind von den Kosten der Grenzvermarkung befreit. Diese Bestimmungen gelten auch im Fall der Einstellung des Umlegungsverfahrens.

§ 101
Inanspruchnahme von Grundstücken

Für die Berechtigung der Organe der Umlegungsbehörde und des Landesverwaltungsgerichts und ihrer Beauftragten zur Inanspruchnahme von Grundstücken gilt § 6 sinngemäß mit der Maßgabe, dass

a) die Vergütung nach § 6 Abs. 4 von den Eigentümern der umzulegenden Grundstücke oder Grundstücksteile im Verhältnis der Fläche dieser Grundstücke bzw. Grundstücksteile aufzubringen ist,
b) die Entscheidung über Streitigkeiten nach § 6 Abs. 3 zweiter Satz und über Vergütungen nach lit. a der Umlegungsbehörde obliegt.

§ 102
Befreiung von Abgaben und Gebühren

Amtshandlungen und schriftliche Ausfertigungen der Umlegungsbehörde und des Landesverwaltungsgerichts sind von den landesrechtlich geregelten Gebühren und Verwaltungsabgaben befreit.

IV. Teil
Tiroler Bodenfonds

§ 103
Errichtung, Aufgaben, Aufbringung der Mittel

(1) Zur Unterstützung der Gemeinden bei der Verwirklichung der Ziele der örtlichen Raumordnung und der Festlegungen der örtlichen Raumordnungskonzepte wird der Tiroler Bodenfonds errichtet.

(2) Der Tiroler Bodenfonds besitzt Rechtspersönlichkeit. Er hat seinen Sitz in Innsbruck.

(3) Die Tätigkeit des Tiroler Bodenfonds ist nicht auf Gewinn gerichtet. Der Tiroler Bodenfonds hat jedoch nach Möglichkeit kostendeckend zu arbeiten.

(4) Im Rahmen des Fondszweckes nach Abs. 1 obliegen dem Tiroler Bodenfonds:

a) der Erwerb von Grundstücken und deren entgeltliche Weitergabe,
b) die Unterstützung der Gemeinden bei Maßnahmen als Träger von Privatrechten (§ 33),
c) im Auftrag der Landesregierung die Vorbereitung und Abwicklung der Gewährung von Zuschüssen des Landes an Gemeinden für den Erwerb von Grundstücken, für infrastrukturelle Vorhaben, für Maßnahmen zum Zweck der Sanierung oder Revitalisierung gewachsener Ortskerne und für landschaftspflegerische Begleitmaßnahmen, insbesondere im Zusammenhang mit der Erbringung von Leistungen nach § 14 Abs. 2 des Tiroler Wohnbauförderungsgesetzes 1991, einschließlich der Überwachung der bestimmungsgemäßen Verwendung derselben,
d) im Auftrag der Landesregierung die Durchführung von Koordinations- und Unterstützungsmaßnahmen zur Mobilisierung von Wohnraum,
e) die Öffentlichkeitsarbeit hinsichtlich der dem Tiroler Bodenfonds obliegenden Aufgaben einschließlich der Einrichtung und des Betriebs einer Internetseite.

(5) Zu den Aufgaben des Fonds nach Abs. 4 lit. a gehören insbesondere:

a) die Veräußerung von Grundstücken für Zwecke des geförderten Wohnbaus, insbesondere für Bauvorhaben in Boden sparender verdichteter Bauweise,
b) die Veräußerung von Grundstücken zum Zweck der Ansiedlung oder der Standortverlegung von Gewerbe- und Industriebetrieben,
c) die Veräußerung von Grundstücken zu den im § 44 Abs. 1 lit. a genannten Zwecken und zum Zweck der Arrondierung von land- oder forstwirtschaftlich nutzbaren Flächen,
d) die Veräußerung von Grundstücken zum Zweck der Errichtung von Gebäuden und sonstigen Anlagen nach § 52 Abs. 1,
e) die Verwendung von Grundstücken zu Tauschzwecken im Rahmen der lit. a bis d.

(6) Auf die Gewährung von Fondsleistungen besteht kein Rechtsanspruch.

(7) Die Mittel des Tiroler Bodenfonds werden aufgebracht durch:

a) Zuwendungen des Landes Tirol nach Maßgabe der im Landesvoranschlag hierfür jeweils vorgesehenen Mittel,
b) sonstige Zuwendungen,
c) die Aufnahme von Darlehen,
d) Erlöse aus der Veräußerung von Grundstücken,

(8) Der Tiroler Bodenfonds hat seine Mittel möglichst zinsbringend anzulegen.

§ 104
Sicherung des Fondszweckes, Richtlinien

(1) Der Tiroler Bodenfonds hat bei der Weitergabe von Grundstücken nach § 103 Abs. 4 lit. a die Erreichung des Fondszweckes durch vertragliche Beschränkungen der Verfügungsmacht des Erwerbers zu sichern. Als Beschränkungen kommen insbesondere ein Zustimmungsrecht des Tiroler Bodenfonds bei der Weiterveräußerung von Grundstücken innerhalb einer bestimmten Frist, ein Vor- oder Wiederkaufsrecht des Tiroler Bodenfonds oder sonstige Auflagen in Betracht. Solche Beschränkungen sind erforderlichenfalls grundbücherlich sicherzustellen. Die Veräußerung von Grundstücken kann weiters von Bedingungen abhängig gemacht werden.

(2) Der Tiroler Bodenfonds hat Richtlinien für seine Tätigkeit zu erlassen. Die Richtlinien haben insbesondere nähere Bestimmungen zu enthalten über:

a) die Voraussetzungen für den Erwerb von Grundstücken und deren Weitergabe,
b) das Verfahren und die Voraussetzungen bei der Gewährung von Zuschüssen an Gemeinden,
c) die Überwachung der bestimmungsgemäßen Verwendung der Zuschüsse,
d) die Rückabwicklung und den Widerruf von Grundstücksveräußerungen und Zuschüssen im Fall der Nichteinhaltung von Auflagen oder Beschränkungen,
e) die Sicherstellung von Forderungen,
f) die Aufnahme von Darlehen.

§ 105
Organe des Tiroler Bodenfonds, Bedienstete

(1) Die Organe des Tiroler Bodenfonds sind das Kuratorium und der Geschäftsführer.

(2) Landesbedienstete können mit ihrer Zustimmung unter Wahrung ihrer Rechte und Pflichten als Landesbedienstete nach Anhören des Geschäftsführers (§ 109) jederzeit dem Tiroler Bodenfonds zur Dienstleistung zugewiesen werden.

(3) Der Geschäftsführer ist Dienststellenleiter im Sinn der dienstrechtlichen Vorschriften und als solcher Vorgesetzter aller Landesbediensteten, die beim Tiroler Bodenfonds ihren Dienst versehen.

(4) Folgende Angelegenheiten werden vom Geschäftsführer gegenüber den nach Abs. 2 dem Tiroler Bodenfonds zugewiesenen Bediensteten selbstständig wahrgenommen:
a) Ausübung der Befugnis zur Erteilung von fachlichen Weisungen zur Gestaltung und Abwicklung der laufenden Geschäfte des Tiroler Bodenfonds,
b) Fachaufsicht über die Bediensteten bei der Besorgung der laufenden Geschäfte des Tiroler Bodenfonds.

(5) Die Organe des Tiroler Bodenfonds haben sich zur Besorgung ihrer Aufgaben der Bediensteten des Tiroler Bodenfonds bzw. der nach Abs. 2 zugewiesenen Landesbediensteten zu bedienen. Der Geschäftsführer kann jedoch einzelne administrative Angelegenheiten, wie die Buchhaltung, die elektronische Datenverarbeitung und dergleichen, an Dritte übertragen.

(6) Der Tiroler Bodenfonds hat seine Personal- und Sachaufwendungen selbst zu tragen. Sind dem Tiroler Bodenfonds Landesbedienstete zur Dienstleistung zugewiesen worden, so hat dieser die hierdurch entstandenen Aufwendungen dem Land Tirol zu ersetzen. Dies gilt nicht im Hinblick auf die Besorgung von Aufgaben nach § 103 Abs. 4 lit. c und d.

§ 106
Zusammensetzung des Kuratoriums, Bestellung der Mitglieder

(1) Dem Kuratorium gehören an:
a) das nach der Geschäftsverteilung der Landesregierung für die Angelegenheiten der örtlichen Raumordnung zuständige Mitglied der Landesregierung als Vorsitzender,
b) das nach der Geschäftsverteilung der Landesregierung für die Angelegenheiten des Wohnungs- und Siedlungswesens sowie des Grundverkehrs jeweils zuständige Mitglied der Landesregierung,
c) ein Vertreter der Kammer für Arbeiter und Angestellte für Tirol,
d) ein Vertreter der Wirtschaftskammer Tirol,
e) ein Vertreter der Landwirtschaftskammer,
f) ein Vertreter des Tiroler Gemeindeverbandes,
g) ein Vertreter der Stadt Innsbruck,
h) die Leiter der nach der Geschäftseinteilung des Amtes der Tiroler Landesregierung für die rechtlichen und die fachlichen Angelegenheiten der Raumordnung, für die Angelegenheiten der Förderung des Wohnbaus und für die fachlichen Angelegenheiten der Landwirtschaft zuständigen Organisationseinheiten; die Leiter dieser Organisationseinheiten können sich durch fachkundige Bedienstete der jeweiligen Organisationseinheit vertreten lassen.

(2) Die Landesregierung hat eines der Mitglieder nach Abs. 1 lit. b als Stellvertreter des Vorsitzenden zu bestellen. Gehört dem Kuratorium nach den Bestimmungen des Abs. 1 neben dem Vorsitzenden nur ein weiteres Mitglied der Landesregierung an, so kommt diesem die Funktion des Stellvertreters zu. Fallen jedoch alle Angelegenheiten nach Abs. 1 lit. a und b in die Zuständigkeit ein und desselben Mitgliedes der Landesregierung, so hat das Kuratorium aus dem Kreis der Mitglieder nach Abs. 1 lit. c bis h den Stellvertreter zu wählen. Der Vorsitzende wird im Fall seiner Verhinderung durch den Stellvertreter vertreten.

(3) Die Mitglieder des Kuratoriums nach Abs. 1 lit. c bis g sind von der Landesregierung auf Vorschlag der betreffenden Institutionen auf die Dauer von fünf Jahren zu bestellen. Die Landesregierung hat die vorschlagsberechtigten Institutionen aufzufordern, innerhalb von vier Wochen einen Vorschlag für die Bestellung zu erstatten. Wird ein Vorschlag nicht rechtzeitig erstattet, so ist die Bestellung ohne Vorschlag vorzunehmen.

(4) Für die Mitglieder nach Abs. 1 lit. c bis g ist in gleicher Weise je ein Ersatzmitglied zu bestellen. Jedes dieser Mitglieder wird im Fall seiner Verhinderung durch sein Ersatzmitglied vertreten.

(5) Die Mitglieder und Ersatzmitglieder nach Abs. 1 lit. c bis g haben die Geschäfte auch nach dem Ablauf ihrer Amtsdauer bis zur Bestellung der neuen Mitglieder bzw. Ersatzmitglieder weiterzuführen.

(6) Die Mitglieder und Ersatzmitglieder nach Abs. 1 lit. c bis g müssen zum Landtag wählbar sein. Sie haben gegenüber dem Vorsitzenden die

gewissenhafte Erfüllung ihrer Aufgaben zu geloben. Das Gelöbnis ist durch ein allgemein gebräuchliches Zeichen, etwa durch das Heben der rechten Hand, zu bekräftigen.

§ 107
Erlöschen der Mitgliedschaft zum Kuratorium

(1) Die Mitglieder des Kuratoriums nach § 106 Abs. 1 lit. c bis g und deren Ersatzmitglieder scheiden aus dem Kuratorium vorzeitig aus durch:

a) Widerruf der Bestellung,
b) Verzicht auf die Mitgliedschaft oder Ersatzmitgliedschaft.

(2) Die Landesregierung hat die Bestellung zum Mitglied oder Ersatzmitglied zu widerrufen, wenn

a) die jeweils vorschlagsberechtigte Institution dies verlangt,
b) es seine Pflichten gröblich vernachlässigt oder
c) es an der Ausübung seiner Funktion dauernd verhindert ist.

(3) Der Verzicht auf die Mitgliedschaft oder Ersatzmitgliedschaft ist der Landesregierung schriftlich zu erklären. Er wird mit dem Einlangen der Verzichtserklärung unwiderruflich und, wenn in der Verzichtserklärung nicht ein späterer Zeitpunkt für das Wirksamwerden angegeben ist, wirksam.

(4) Scheidet ein Mitglied oder Ersatzmitglied vorzeitig aus dem Kuratorium aus, so ist für die restliche Amtsdauer ein neues Mitglied oder Ersatzmitglied zu bestellen.

§ 108
Aufgaben und Geschäftsgang des Kuratoriums

(1) Dem Kuratorium obliegt die Beschlussfassung über:

a) die Richtlinien,
b) die Preisgestaltung für die Weitergabe von Grundstücken nach § 103 Abs. 4 lit. a,
c) die Genehmigung der Aufnahme von Darlehen durch den Geschäftsführer (§ 110 Abs. 1 lit. b),
d) den Jahresvoranschlag und den Rechnungsabschluss (§ 110 Abs. 1 lit. e),
e) den Tätigkeitsbericht des Geschäftsführers (§ 110 Abs. 1 lit. f),
f) die Geschäftsordnung des Kuratoriums (§ 112).

(2) Das Kuratorium kann den Geschäftsführer ermächtigen, bis zu einem bestimmten Höchstbetrag der insgesamt jeweils aushaftenden Darlehenssumme Darlehen eigenverantwortlich aufzunehmen. In diesem Rahmen bedarf die Aufnahme von Darlehen keiner Genehmigung nach Abs. 1 lit. c.

(3) Die Beschlussfassung über den Rechnungsabschluss hat zeitlich so zu erfolgen, dass er spätestens bis zum 30. Juni des dem betreffenden Geschäftsjahr folgenden Jahres vom Geschäftsführer der Landesregierung zur Genehmigung vorgelegt werden kann. Geschäftsjahr ist das Kalenderjahr.

(4) Der Tätigkeitsbericht des Geschäftsführers ist unmittelbar nach der Beschlussfassung im Kuratorium der Landesregierung zu übermitteln. Er ist weiters auf der Internetseite des Tiroler Bodenfonds zu veröffentlichen.

(5) Das Kuratorium ist vom Vorsitzenden nach Bedarf, mindestens jedoch zweimal jährlich einzuberufen. Das Kuratorium ist überdies dann einzuberufen, wenn mindestens ein Drittel seiner Mitglieder dies verlangt.

(6) Sitzungen des Kuratoriums können unter Verwendung vorhandener technischer Einrichtungen zur Wort- und Bildübertragung in Form einer Videokonferenz durchgeführt werden. In diesem Fall

a) gelten die per Video zugeschalteten Mitglieder als anwesend und nehmen an der Abstimmung in der Weise teil, dass sie ihre Stimme nach persönlichem Aufruf durch den Vorsitzenden mündlich abgeben,
b) ist durch geeignete Maßnahmen sicherzustellen, dass den per Video zugeschalteten Mitgliedern die Tagesordnung und die für die Beratung und Beschlussfassung erforderlichen Unterlagen vollständig vorliegen,
c) sind in der Niederschrift die Namen der persönlich anwesenden und der per Video zugeschalteten Mitglieder entsprechend festzuhalten,
d) können auch sonstige Personen, die der Sitzung beigezogen werden, per Video zugeschaltet werden.

(7) Das Kuratorium ist beschlussfähig, wenn alle Mitglieder ordnungsgemäß eingeladen wurden und mindestens die Hälfte der Mitglieder, darunter der Vorsitzende, anwesend ist.

(8) Das Kuratorium fasst seine Beschlüsse mit einfacher Mehrheit der Stimmen der anwesenden Mitglieder. Stimmenthaltung ist außer im Fall der Befangenheit nicht zulässig. Bei Stimmengleichheit gibt die Stimme des Vorsitzenden den Ausschlag. Das Kuratorium kann beschließen, dass zu einzelnen Punkten der Tagesordnung schriftlich und geheim abzustimmen ist.

(9) In dringenden Fällen können Beschlüsse des Kuratoriums auch im Umlaufweg gefasst werden. Dies hat in der Weise zu geschehen, dass der Antrag vom Vorsitzenden unter Setzung einer Frist für die Stimmabgabe unter Verwendung geeigneter technischer Kommunikationsmittel, insbesondere per E-Mail, allen übrigen Mitgliedern zugeleitet wird. Diese haben ihre Stimme schriftlich mit Angabe des Datums der Entscheidung abzugeben und an den Vorsitzenden innerhalb der von

ihm gesetzten Frist zu übermitteln. Erfolgt keine Stimmabgabe binnen offener Frist, so gilt dies als Ablehnung. Das Ergebnis der Beschlussfassung ist bei der nächsten Sitzung mitzuteilen und in die Niederschrift über diese Sitzung aufzunehmen.

§ 109
Bestellung des Geschäftsführers, Erlöschen des Amtes

(1) Der Geschäftsführer ist von der Landesregierung auf die Dauer von fünf Jahren zu bestellen.

(2) Für den Geschäftsführer ist in gleicher Weise ein Stellvertreter zu bestellen. Der Geschäftsführer wird im Fall seiner Verhinderung durch den Stellvertreter vertreten.

(3) Der Geschäftsführer und sein Stellvertreter haben die Geschäfte auch nach dem Ablauf ihrer Amtsdauer bis zur Bestellung des neuen Geschäftsführers bzw. Stellvertreters weiterzuführen.

(4) Das Amt des Geschäftsführers und seines Stellvertreters endet vorzeitig durch Widerruf der Bestellung und Verzicht. Steht der Geschäftsführer oder sein Stellvertreter in einem öffentlich-rechtlichen Dienstverhältnis zum Land Tirol, so endet das Amt weiters vorzeitig mit der Auflösung des Dienstverhältnisses oder mit der Versetzung oder dem Übertritt in den Ruhestand; steht der Geschäftsführer oder sein Stellvertreter in einem privatrechtlichen Dienstverhältnis zum Land Tirol, so endet das Amt außer im Fall der Übernahme in ein öffentlich-rechtliches Dienstverhältnis zum Land Tirol weiters vorzeitig mit der Beendigung des Dienstverhältnisses. Die Landesregierung hat die Bestellung zum Geschäftsführer oder zum Stellvertreter zu widerrufen, wenn dieser seine Pflichten gröblich verletzt. Für den Verzicht gilt § 107 Abs. 3 sinngemäß.

(5) Endet das Amt des Geschäftsführers oder seines Stellvertreters vorzeitig, so hat die Landesregierung unverzüglich einen neuen Geschäftsführer bzw. Stellvertreter zu bestellen.

(6) Der Geschäftsführer und sein Stellvertreter haben gegenüber dem Vorsitzenden des Kuratoriums die gewissenhafte Erfüllung ihrer Aufgaben zu geloben. Das Gelöbnis ist durch ein allgemein gebräuchliches Zeichen, etwa durch das Heben der rechten Hand, zu bekräftigen.

§ 110
Aufgaben des Geschäftsführers

(1) Dem Geschäftsführer obliegen:

a) die Vertretung des Tiroler Bodenfonds nach außen,
b) die Besorgung aller zur laufenden Geschäftsführung gehörenden Angelegenheiten einschließlich des Erwerbes und der Weitergabe von Grundstücken und der Aufnahme von Darlehen,
c) die Überprüfung der ordnungsgemäßen Verwendung der Fondsmittel,
d) die Ausarbeitung der Richtlinien des Tiroler Bodenfonds und der Geschäftsordnung des Kuratoriums,
e) die Erstellung des Jahresvoranschlages und des Rechnungsabschlusses,
f) die Erstellung eines jährlichen Tätigkeitsberichtes,
g) die Durchführung der Beschlüsse des Kuratoriums.

(2) Der Geschäftsführer ist im Rahmen seiner Vertretungsbefugnis nach Abs. 1 lit. a berechtigt, Bedienstete allgemein oder in bestimmten Angelegenheiten mit der rechtsgeschäftlichen Vertretung zu betrauen.

(3) Der Geschäftsführer ist berechtigt, an den Sitzungen des Kuratoriums mit beratender Stimme teilzunehmen.

§ 111
Aufnahme von Darlehen

Die Aufnahme von Darlehen ist nur dann zulässig, wenn

a) dies zur ordnungsgemäßen Erfüllung der Aufgaben des Tiroler Bodenfonds notwendig ist und
b) der Tiroler Bodenfonds durch die Tilgung des Darlehens nicht derart belastet wird, dass die Erfüllung seiner Aufgaben gefährdet ist.

§ 112
Geschäftsordnung des Kuratoriums

Die Geschäftsführung des Kuratoriums ist in einer Geschäftsordnung zu regeln. Diese hat jedenfalls nähere Bestimmungen zu enthalten über

a) die Einberufung zu den Sitzungen und die Tagesordnung,
b) den Verlauf der Sitzungen (Beratung und Abstimmung),
c) die Protokollführung.

§ 113
Aufsicht

(1) Der Tiroler Bodenfonds unterliegt der Aufsicht der Landesregierung. Die Landesregierung hat die Aufsicht dahingehend auszuüben, dass die Bestimmungen dieses Gesetzes und der in seiner Durchführung erlassenen Richtlinien und Geschäftsordnung eingehalten werden.

(2) Der Tiroler Bodenfonds ist verpflichtet, der Landesregierung auf Verlangen alle Auskünfte zu erteilen und ihr aus Anlass von Überprüfungen der Wirtschaftsführung in sämtliche Geschäftsstücke und Geschäftsbücher Einsicht zu gewähren.

(3) Die Beschlüsse des Kuratoriums über die Richtlinien für die Tätigkeit des Tiroler Bodenfonds, über die Geschäftsordnung des Kuratoriums und über den Rechnungsabschluss bedürfen

zu ihrer Rechtswirksamkeit der Genehmigung der Landesregierung.

(4) Die Landesregierung hat Beschlüsse des Kuratoriums, die gegen dieses Gesetz oder die in seiner Durchführung erlassenen Richtlinien verstoßen, aufzuheben.

§ 114

Zweckbindung des Fondsvermögens

Im Falle der Auflösung des Tiroler Bodenfonds oder des Wegfalls des bisherigen gemeinnützigen Fondszwecks fließt das nach Abdeckung der Passiven verbleibende Fondsvermögen im Sinn der §§ 34 ff der Bundesabgabenordnung BGBl. Nr. 194/1961, zuletzt geändert durch das Bundesgesetz BGBl. I Nr. 228/2021, dem Land Tirol zu. Dieses hat das Fondsvermögen zur Gänze wiederum für gemeinnützige Zwecke im Sinn der §§ 34 ff der Bundesabgabenordnung zu verwenden.

V. Teil
Schluss- und Übergangsbestimmungen, Inkrafttreten

§ 115

Bestehende Gastgewerbebetriebe zur Beherbergung von Gästen

(1) Gastgewerbebetriebe zur Beherbergung von Gästen, die am 30. Juni 2011 nach den bau- und raumordnungsrechtlichen Vorschriften rechtmäßig bestanden haben, jedoch nicht die Voraussetzungen nach § 13 Abs. 1 lit. a des Tiroler Raumordnungsgesetzes 2011 in der Fassung LGBl. Nr. 56/2011 erfüllen, gelten nicht als Freizeitwohnsitze. Die Zahl der Betten dieser Betriebe darf nicht mehr erhöht werden. Dies gilt auch für Betriebe, die am 30. September 2016 nach den bau- und raumordnungsrechtlichen Vorschriften rechtmäßig bestanden haben, jedoch nicht die Voraussetzungen nach § 13 Abs. 1 lit. a erster Satz und 2 des Tiroler Raumordnungsgesetzes 2016 in der Fassung LGBl. Nr. 101/2016 erfüllen.

(2) Chaletdörfer und Beherbergungsgroßbetriebe, die am 31. August 2023 nach den bau- und raumordnungsrechtlichen Vorschriften rechtmäßig bestanden haben, jedoch nicht die Voraussetzungen nach § 47a Abs. 2 bzw. § 48 Abs. 2 in der Fassung des Gesetzes LGBl. Nr. 63/2023 erfüllen, dürfen weiterhin als solche verwendet werden, wenn sie die Voraussetzungen nach § 47a Abs. 2 bzw. § 48 Abs. 2 in der Fassung des Gesetzes LGBl. Nr. 62/2022 erfüllen.

(3) Im Fall des Abbruches oder der sonstigen Zerstörung eines Gebäudes oder Gebäudeteiles, das (der) als Gastgewerbebetrieb im Sinn der Abs. 1 und 2 verwendet wird, darf, soweit dies baurechtlich sonst zulässig ist, stattdessen ein Neubau mit demselben Verwendungszweck und höchstens derselben Zahl an Betten geschaffen werden.

§ 116

Kernzonen

Kernzonen, die nach § 8 Abs. 3 dritter Satz dieses Gesetzes in der Fassung LGBl. Nr. 93/2001 festgelegt worden sind, bleiben aufrecht. Sie dürfen nur bei Vorliegen der Voraussetzungen nach § 8 Abs. 3 erweitert werden.

§ 117

Anhängige Verfahren zur Fortschreibung des örtlichen Raumordnungskonzeptes

(1) Ist am 31. August 2023 das Verfahren zur Fortschreibung des örtlichen Raumordnungskonzeptes anhängig und ist zu diesem Zeitpunkt die Befassung der öffentlichen Umweltstellen nach § 5 Abs. 4 des Tiroler Umweltprüfungsgesetzes bereits eingeleitet, so kann die Fortschreibung desselben statt mit den Inhalten nach § 31a Abs. 1 auch mit den Inhalten nach § 31a Abs. 1 in der Fassung des Gesetzes LGBl. Nr. 62/2022 erfolgen. In diesem Fall genügt es, wenn die Bestandsaufnahme statt die Inhalte nach § 28 Abs. 5 jedenfalls die Inhalte nach § 28 Abs. 5 in der Fassung des Gesetzes LGBl. Nr. 62/2022 umfasst.

(2) Ist am 30. Juni 2025 das Verfahren zur Fortschreibung des örtlichen Raumordnungskonzeptes anhängig und ist zu diesem Zeitpunkt die Befassung der öffentlichen Umweltstellen nach § 5 Abs. 4 des Tiroler Umweltprüfungsgesetzes bereits eingeleitet, so sind im Hinblick auf die aufsichtsbehördliche Genehmigung und die Kundmachung der Fortschreibung oder Änderung § 65 Abs. 1 und 4, § 66 Abs. 1 und 4 und § 67 Abs. 5 in der Fassung des Gesetzes LGBl. Nr. 73/2024 anzuwenden.

§ 118

Bestehende Widmungen

(1) Abweichend vom § 49a Abs. 1 ist die Errichtung und die Erweiterung von Anlagen, die der Verpflichtung zur Durchführung einer Umweltverträglichkeitsprüfung unterliegen, auch auf Grundflächen zulässig, die nicht als Sonderflächen für UVP-pflichtige Anlagen gewidmet sind, wenn deren Widmung vor dem 21. Juli 2004 in Kraft getreten oder beschlossen worden ist. § 49a Abs. 2 zweiter Satz ist auf Grundflächen, deren Widmung als Sonderfläche für landwirtschaftliche Intensivtierhaltung, Sonderfläche für Beherbergungsgroßbetriebe, Sonderfläche für Einkaufszentren oder Sonderfläche für Sportanlagen vor dem 21. Juli 2004 in Kraft getreten oder beschlossen worden ist, nicht anzuwenden.

(2) Hinsichtlich jener Grundflächen, die nach § 53 Abs. 3 fünfter Satz dieses Gesetzes in der Fassung des Gesetzes LGBl. Nr. 82/2015 als Verkehrsflächen gelten, ist im elektronischen Flächenwidmungsplan anstelle der Darstellung der Widmung dieser Grundflächen als Verkehrsflächen

deren Eigenschaft als Straßen ersichtlich zu machen, sobald die dafür erforderlichen Geodaten verfügbar sind; der Straßenverwalter hat diese Daten hierzu unverzüglich zur Verfügung zu stellen. Die Widmung der betreffenden Grundflächen als Verkehrsflächen erlischt mit dem Ablauf des Tages, an dem diese Daten zur Abfrage freigegeben werden. Bis zu diesem Zeitpunkt ist auf die betreffenden Grundflächen § 41 Abs. 1 dieses Gesetzes in der Fassung des Gesetzes LGBl. Nr. 82/2015 weiter anzuwenden.

(3) Auf Grundflächen, die am 31. August 2023 als Sonderflächen für Folientunnels gewidmet sind, dürfen auch Kulturschutzanlagen im Sinn des § 2 Abs. 19 der Tiroler Bauordnung 2022 in der Fassung des Gesetzes LGBl. Nr. 64/2023 errichtet werden.

§ 119
Bestätigende elektronische Kundmachung des Flächenwidmungsplanes

(1) Alle Gemeinden mit Ausnahme der Stadt Innsbruck haben den von der Landesregierung nach § 69 dieses Gesetzes in der Fassung des Gesetzes LGBl. Nr. 144/2018 elektronisch kundgemachten Flächenwidmungsplan in der am 15. November 2019 geltenden Fassung spätestens bis zum 31. Dezember 2019 im elektronischen Flächenwidmungsplan nach § 70 Abs. 1 lit. a bestätigend elektronisch kundzumachen.

(2) Die Landesregierung hat der Gemeinde zum Zweck der bestätigenden elektronischen Kundmachung des Flächenwidmungsplanes folgende Daten konsolidiert im elektronischen Flächenwidmungsplan zur Verfügung zu stellen:

a) eine Aufstellung aller bis zum 15. November 2019 im elektronischen Flächenwidmungsplan erfolgten Kundmachungen; diese Aufstellung hat Bezug zu nehmen auf:
1. den Flächenwidmungsplan in seiner erstmalig elektronisch kundgemachten Fassung unter Anführung des Tages der seinerzeitigen Freigabe zur Abfrage,
2. die nach der erstmaligen elektronischen Kundmachung erfolgten Änderungen des Flächenwidmungsplanes jeweils unter Anführung der Änderungsnummer, des Datums der Beschlussfassung des Gemeinderates, des Datums und der Geschäftszahl der aufsichtsbehördlichen Genehmigung bzw. der aufsichtsbehördlichen Prüfung sowie des Tages der seinerzeitigen Freigabe zur Abfrage sowie
3. die weiteren nach diesem Gesetz kundgemachten Inhalte unter Anführung der Änderungsnummer sowie des Tages der seinerzeitigen Freigabe zur Abfrage;

b) im Fall, dass der Verfassungsgerichtshof den Flächenwidmungsplan in seiner elektronisch kundgemachten Fassung vor dem 15. November 2019 ganz oder teilweise mit der Wirkung aufgehoben hat, dass im Umfang der Aufhebung der analoge Flächenwidmungsplan wieder in Kraft tritt, statt der Daten nach lit. a, die dem Flächenwidmungsplan in seiner am 15. November 2019 geltenden Fassung entsprechenden Daten.

(3) Die Gemeinde hat den konsolidierten Datenstand nach Abs. 2 zu prüfen und längstens bis zum 20. Dezember 2019 durch Beschluss des Gemeinderates zu bestätigen. Gleichzeitig hat der Gemeinderat die bestätigende elektronische Kundmachung zu beschließen.

(4) Die bestätigende elektronische Kundmachung des Flächenwidmungsplanes hat derart zu erfolgen, dass

a) im Fall des Abs. 2 lit. a korrespondierend mit dem bisher bereits elektronisch kundgemachten Flächenwidmungsplan, der weiter dauerhaft zur Abfrage bereit zu halten ist, die der betreffenden Aufstellung zugrunde liegenden Daten,
b) im Fall des Abs. 2 lit. b die dem Flächenwidmungsplan in der dem Bestätigungsbeschluss des Gemeinderates nach Abs. 3 erster Satz entsprechenden Fassung zugrunde liegenden Daten

vom Bürgermeister zur Abfrage freigegeben werden; die Freigabe der Daten hat unverzüglich nach der Beschlussfassung im Gemeindesrat zu erfolgen. Die bestätigende elektronische Kundmachung hat den Tag der Freigabe zur Abfrage zu enthalten.

(5) Der Flächenwidmungsplan ist mit dem Ablauf des Tages, an dem die bestätigende elektronische Kundmachung zur Abfrage freigegeben wird, in seiner bestätigend elektronisch kundgemachten Fassung anzuwenden.

§ 120
Bestehende Einkaufszentren und Handelsbetriebe

(1) Alle am 30. Juni 2005 bestehenden Sonderflächen für Einkaufszentren gelten als Sonderflächen für Einkaufszentren nach § 49 Abs. 1, wobei die allfällige Festlegung des höchstzulässigen Ausmaßes der Gesamtnutzfläche entfällt. Weiters entfallen allfällige Festlegungen nach § 49 Abs. 2 dritter Satz und Abs. 3 des Tiroler Raumordnungsgesetzes 1997 in der Fassung LGBl. Nr. 10/1997 bzw. des Gesetzes LGBl. Nr. 21/1998. Dabei gelten Sonderflächen für Einkaufszentren der Betriebstypen I, II, III und V (Anlage zu den §§ 8 und 49 dieses Gesetzes in der Fassung LGBl. Nr. 93/2001) als Sonderflächen für Einkaufszentren des nunmehrigen Betriebstyps A und Sonderflächen für Einkaufszentren der Betriebstypen IV und VI als Sonderflächen für Einkaufszentren des nunmehrigen Betriebstyps B. Festlegungen nach § 49 Abs. 2 zweiter Satz dieses Gesetzes in

der Fassung LGBl. Nr. 93/2001 über das zulässige Höchstausmaß jenes Teiles der Kundenfläche, auf dem Lebensmittel angeboten werden dürfen, bleiben aufrecht.

(2) Soweit für Sonderflächen für Einkaufszentren im Sinn der Abs. 1 das zulässige Höchstausmaß der Kundenfläche und gegebenenfalls auch jenes Teiles der Kundenfläche, auf dem Lebensmittel angeboten werden dürfen, noch nicht festgelegt ist, hat die Gemeinde spätestens bis zum 30. Juni 2006, die Stadt Innsbruck spätestens bis zum 30. Juni 2007, diese Festlegungen zu treffen und der Landesregierung zur aufsichtsbehördlichen Genehmigung vorzulegen. Die Festlegungen haben den auf den betreffenden Sonderflächen aufgrund einer rechtskräftigen Baubewilligung bestehenden Einkaufszentren zu entsprechen. Bis zum Inkrafttreten dieser Verordnung darf die Baubewilligung für die Schaffung, die Erweiterung oder die Änderung des Betriebstyps eines Einkaufszentrums nicht erteilt werden.

(3) Die Erweiterung von Sonderflächen für Einkaufszentren im Sinn der Abs. 1 und 2, deren Lage nicht den Voraussetzungen nach § 8 Abs. 3 und 4 entspricht, und die Erhöhung des zulässigen Höchstausmaßes der Kundenfläche bei solchen Sonderflächen sind nur zulässig, wenn

a) bei Sonderflächen für Einkaufszentren des nunmehrigen Betriebstyps A, die am 30. September 2001 als Sonderflächen für Einkaufszentren des Betriebstyps I oder II bestanden haben, das zulässige Höchstausmaß der Kundenfläche um höchstens 25 v. H. der zu diesem Zeitpunkt zulässig gewesenen Kundenfläche, jedenfalls um nicht mehr als 200 m², erhöht wird,
b) bei Sonderflächen für Einkaufszentren des nunmehrigen Betriebstyps A, die am 30. September 2001 als Sonderflächen für Einkaufszentren des Betriebstyps III oder V bestanden haben, das zulässige Höchstausmaß der Kundenfläche um höchstens 25 v. H. der zu diesem Zeitpunkt zulässig gewesenen Kundenfläche, jedenfalls um nicht mehr als 1.500 m², erhöht wird,
c) bei Sonderflächen für Einkaufszentren des nunmehrigen Betriebstyps B, die am 30. September 2001 als Sonderflächen für Einkaufszentren des Betriebstyps IV, V oder VI bestanden haben, das zulässige Höchstausmaß der Kundenfläche um höchstens 25 v. H. der zu diesem Zeitpunkt zulässig gewesenen Kundenfläche, jedenfalls um nicht mehr als 1.500 m², erhöht wird.

Ein in einem Raumordnungsprogramm nach § 8 Abs. 5 dritter Satz festgelegtes zulässiges Höchstausmaß der Kundenfläche bzw. jenes Teiles der Kundenfläche, auf dem Lebensmittel angeboten werden dürfen, darf jedoch nicht überschritten werden. Im Übrigen darf bei Einkaufszentren des nunmehrigen Betriebstyps A das zulässige Höchstausmaß jenes Teiles der Kundenfläche, auf dem Lebensmittel angeboten werden dürfen, nur entsprechend den in einem Raumordnungsprogramm nach § 8 Abs. 5 vierter Satz festgelegten Grundsätzen erhöht werden.

(4) Die Gemeinden haben für Einkaufszentren, die am 30. Juni 2005 außerhalb von Sonderflächen für Einkaufszentren nach den raumordnungsrechtlichen Vorschriften rechtmäßig bestanden haben, spätestens bis zum 30. Juni 2006, die Stadt Innsbruck spätestens bis zum 30. Juni 2007, jeweils eine Sonderfläche für Einkaufszentren festzulegen. Die Festlegung des Betriebstyps, des zulässigen Ausmaßes der Kundenfläche und gegebenenfalls auch jenes Teiles der Kundenfläche, auf dem Lebensmittel angeboten werden dürfen, haben dem am 30. Juni 2005 aufgrund einer rechtskräftigen Baubewilligung bestehenden Einkaufszentrum zu entsprechen. Bis zum Inkrafttreten dieser Verordnung darf die Baubewilligung für die Erweiterung oder die Änderung des Betriebstyps des Einkaufszentrums nicht erteilt werden. Sofern die Lage dieser Sonderflächen nicht den Voraussetzungen nach § 8 Abs. 3 und 4 entspricht, gilt für die Erweiterung dieser Sonderflächen, für die Erhöhung des zulässigen Höchstausmaßes der Kundenfläche und gegebenenfalls auch jenes Teiles der Kundenfläche, auf dem Lebensmittel angeboten werden dürfen, Abs. 3 lit. a, b und c sinngemäß. Diese Festlegungen können auch in einem mit der Widmung der betreffenden Grundfläche als Sonderfläche für Einkaufszentren nach dem ersten und zweiten Satz getroffen werden.

(5) Für Handelsbetriebe, die am 30. Juni 2005 nach den raumordnungsrechtlichen Vorschriften rechtmäßig bestanden und am 1. Juli 2005 die Eigenschaft als Einkaufszentrum erlangt haben, gilt Abs. 4, erster, zweiter und dritter Satz sinngemäß. Die Erweiterung derartiger Sonderflächen, deren Lage nicht den Voraussetzungen nach § 8 Abs. 3 und 4 entspricht, und die Erhöhung des zulässigen Höchstausmaßes der Kundenfläche bei solchen Sonderflächen sind nur bis zu dem für die Begründung der Eigenschaft als Einkaufszentrum des jeweiligen Betriebstyps laut der Anlage zu den §§ 8 und 49 dieses Gesetzes in der Fassung LGBl. Nr. 93/2001 maßgebend gewesenen Ausmaß der Kundenfläche zulässig. Diese Festlegungen können auch in einem mit der Widmung der betreffenden Grundfläche als Sonderfläche für Einkaufszentren nach dem ersten Satz getroffen werden. Abs. 3 zweiter und dritter Satz ist anzuwenden.

(6) § 48a ist auf die Erweiterung der am 30. Juni 2005 nach den raumordnungsrechtlichen Vorschriften rechtmäßig bestehenden Handelsbetriebe nicht anzuwenden, sofern das Ausmaß der Kundenfläche um höchstens 25 v. H. der zu diesem

Zeitpunkt aufgrund einer rechtskräftigen Baubewilligung zulässig gewesenen Kundenfläche erhöht wird. Das für die Begründung der Eigenschaft als Einkaufszentrum des jeweiligen Betriebstyps laut der Anlage zu den §§ 8, 48a und 49 maßgebende Ausmaß der Kundenfläche darf nicht überschritten werden.

(7) Die Gemeinden haben für Sonderflächen für Handelsbetriebe, auf denen am 31. Dezember 2019 ein Handelsbetrieb nicht bestanden hat und die nicht den Anforderungen des § 48a Abs. 4 entsprechen, spätestens bis zum 31. März 2021 die erforderlichen zusätzlichen Teilfestlegungen (§ 51) zu treffen und der Landesregierung zur aufsichtsbehördlichen Genehmigung vorzulegen; dies gilt nicht in den Fällen des Abs. 8. Bis zum Inkrafttreten dieser Verordnung darf die Baubewilligung für die Schaffung und die Erweiterung von Handelsbetrieben nicht erteilt werden.

(7a) Die Erweiterung von Sonderflächen für Handelsbetriebe, die nicht den Anforderungen des § 48a Abs. 4 entsprechen, und die Erhöhung des zulässigen Höchstausmaßes der Kundenfläche bei solchen Sonderflächen, sind nur zulässig, wenn in einem die erforderlichen zusätzlichen Teilfestlegungen getroffen werden. Dies gilt nicht, wenn das zulässige Höchstausmaß der Kundenfläche gegenüber der am 31. August 2023 zulässig gewesenen Kundenfläche um höchstens 25 v.H. erhöht wird.

(8) Auf am 31. Dezember 2019 anhängige Baubewilligungsverfahren betreffend die Schaffung oder Erweiterung von Handelsbetrieben ist § 48a Abs. 4 nicht anzuwenden. Eine solcherart erteilte Baubewilligung erlischt abweichend von § 35 Abs. 1 lit. b der Tiroler Bauordnung 2022, wenn nicht innerhalb von einem Jahr nach dem Eintritt der Rechtskraft mit der Ausführung des Bauvorhabens begonnen wird oder wenn das Bauvorhaben nicht innerhalb von einem Jahr nach Baubeginn vollendet wird. Weiters sind eine Erstreckung der Frist für den Baubeginn und für die Bauvollendung nach § 35 Abs. 3 und eine neuerliche Erteilung der Baubewilligung nach § 35 Abs. 8 der Tiroler Bauordnung 2022 nicht zulässig.

(8a) Die Baubewilligung für die Erweiterung von Handelsbetrieben, die am 31. August 2023 auf Sonderflächen für Handelsbetriebe, die nicht den Anforderungen des § 48a Abs. 4 entsprechen, nach den bau- und raumordnungsrechtlichen Vorschriften rechtmäßig bestanden haben und deren Ausmaß der Kundenfläche das auf der betreffenden Sonderfläche zulässige Höchstausmaß der Kundenfläche nicht erreicht, darf erst erteilt werden, nachdem diesen Anforderungen entsprochen ist. Jedenfalls müssen die erforderlichen zusätzlichen Teilfestlegungen (§ 51) getroffen worden sein. Dies gilt nicht, wenn das Ausmaß der Kundenfläche um höchstens 25 v.H. der aufgrund einer rechtskräftigen Baubewilligung am 31. August 2023 zulässig gewesenen Kundenfläche erhöht wird.

(9) Einkaufszentren des Betriebstyps B, die am 30. Juni 2011 rechtmäßig bestehen und deren Warensortiment in diesem Zeitpunkt in einem mehr als geringfügigen Ausmaß Sortimente von nicht artverwandten Waren im Sinn der Anlage umfasst, dürfen diese Sortimente weiter anbieten, sofern das Ausmaß der Kundenfläche um höchstens 25 v. H. der zu diesem Zeitpunkt aufgrund einer rechtskräftigen Baubewilligung zulässig gewesen Kundenfläche, jedenfalls um nicht mehr als 1.500 m², erhöht wird. Dies gilt nur insoweit, als das zulässige Höchstausmaß der Kundenfläche nach Abs. 3 nicht überschritten wird. Dies gilt auch für Einkaufszentren des Betriebstyps B, für die eine rechtskräftig erteilte Baubewilligung vorliegt, wenn das Bauverfahren darüber am 30. Juni 2011 bereits anhängig war.

(10) Zum Zweck der Verlegung von Einkaufszentren des Betriebstyps B, die in anderen als den in einem Raumordnungsprogramm nach § 8 Abs. 4 festgelegten Gemeinden außerhalb der Randzonen derselben rechtmäßig bestehen, ist die Neuwidmung von Sonderflächen für Einkaufszentren des Betriebstyps B auch in diesen Gemeinden zulässig, wenn

a) deren Lage im Übrigen den Voraussetzungen nach § 8 Abs. 4 erster Satz entspricht und
b) die im Raumordnungsprogramm nach § 8 Abs. 5 festgelegten Grundsätze für die Widmung von Sonderflächen für Einkaufszentren erfüllt sind.

(11) Sonderflächen für Einkaufszentren des Betriebstyps B nach Abs. 10 sind hinsichtlich der Zulässigkeit ihrer Erweiterung und der Erhöhung des zulässigen Höchstausmaßes der Kundenfläche bzw. jenes Teiles der Kundenfläche, auf dem Lebensmittel angeboten werden dürfen, der jeweiligen ursprünglichen Sonderfläche gleichzuhalten. Für die ursprüngliche Sonderfläche ist gleichzeitig mit der Neuwidmung eine mit dem umgebenden Widmungsbestand vereinbare Widmung festzulegen. Die Beibehaltung der Widmung als Sonderfläche für Einkaufszentren des Betriebstyps B ist jedenfalls unzulässig.

§ 121

Bestehende Bebauungspläne

(1) Festlegungen über Baugrenzlinien und Höhenlagen, die am 30. September 2001 bestanden haben oder die bis zu diesem Zeitpunkt beschlossen worden sind, bleiben weiterhin aufrecht. § 59 Abs. 3 bzw. § 62 Abs. 4 in Verbindung mit § 61 Abs. 6 des Tiroler Raumordnungsgesetzes 1997 in der Fassung LGBl. Nr. 10/1997 und des Gesetzes LGBl. Nr. 21/1998 sind darauf weiter anzuwenden.

(2) Bebauungspläne, die am 30. Juni 2005 bestanden haben oder die bis zu diesem Zeitpunkt

beschlossen worden sind und in denen die Bauhöhe ausschließlich durch die Anzahl der oberirdischen Geschoße festgelegt wird, bleiben weiterhin aufrecht. § 62 Abs. 1 erster und zweiter Satz des Tiroler Raumordnungsgesetzes 2001 in der Fassung LGBl. Nr. 93/2001 ist darauf weiter anzuwenden. Wird der Bebauungsplan hinsichtlich des betreffenden Grundstückes geändert, so ist jedoch jedenfalls der oberste Punkt im Sinn des § 62 Abs. 1 erster Satz festzulegen.

(3) Bis zum Inkrafttreten der Fortschreibung des örtlichen Raumordnungskonzeptes mit den Festlegungen nach § 31b Abs. 1 sowie auf in diesem Zeitpunkt anhängige Bauverfahren sind § 54 Abs. 5 und § 55 des Tiroler Raumordnungsgesetzes 2006 in der Fassung LGBl. Nr. 27/2006 mit der Maßgabe weiter anzuwenden, dass an die Stelle des allgemeinen und des ergänzenden Bebauungsplanes der Bebauungsplan tritt. § 55 Abs. 1 des Tiroler Raumordnungsgesetzes 2006 in der Fassung LGBl. Nr. 27/2006 findet auf Grundstücke, die als Sonderflächen für Beherbergungsgroßbetriebe, Sonderflächen für Handelsbetriebe oder Sonderflächen für Einkaufszentren gewidmet sind oder auf denen Gebäude, deren höchster Punkt mehr als 20 m über dem anschließenden Gelände liegt, keine Anwendung. § 54 Abs. 5 zweiter Satz ist anzuwenden.

(4) Allgemeine Bebauungspläne, die am 30. Juni 2011 bestanden haben und entsprechend dem § 117 Abs. 7 dieses Gesetzes in der Fassung des Gesetzes LGBl. Nr. 82/2015 ergänzt worden sind, gelten als Bebauungspläne im Sinn des § 54.

(5) § 60 Abs. 5 in der Fassung des Gesetzes LGBl. Nr. 82/2015 ist auf Bebauungspläne, die am 30. September 2016 bestanden haben oder bis zu diesem Zeitpunkt beschlossen worden sind, weiter anzuwenden. In diesen Fällen gelten die Bestimmungen über die offene Bauweise.

(6) Festlegungen über die Traufenhöhen in Bebauungsplänen, die am 30. September 2016 bestanden haben oder bis zu diesem Zeitpunkt beschlossen worden sind, gelten als Festlegungen über die Höhen der oberen Wandabschlüsse im Sinn des § 62 Abs. 1 und 2.

(7) Die §§ 58 Abs. 1 und 59 Abs. 1 in der Fassung des Gesetzes LGBl. Nr. 73/2024 sind auch auf Bebauungspläne, die am 14. November 2024 bestanden haben oder die bis zu diesem Zeitpunkt beschlossen worden sind, anzuwenden.

§ 122

Sonderbestimmungen für die Stadt Innsbruck

(1) Soweit in der Stadt Innsbruck noch Verbauungspläne (Wirtschaftspläne) bestehen, dürfen diese nicht mehr geändert werden. Den Flächenwidmungsplänen vergleichbare Festlegungen sind nicht mehr anzuwenden. Den Bebauungsplänen nach diesem Gesetz vergleichbare Festlegungen treten mit der Erlassung des Bebauungsplanes für die betreffenden Grundflächen, spätestens jedoch drei Jahre nach dem Inkrafttreten des auf der Grundlage des örtlichen Raumordnungskonzeptes für den betroffenen Planungsbereich neu erlassenen oder geänderten Flächenwidmungsplanes außer Kraft. Bis dahin ist auf die Festlegungen solcher Verbauungspläne, soweit sie nicht im Widerspruch zu den Bestimmungen dieses Gesetzes stehen, im Bauverfahren Bedacht zu nehmen.

(2) Soweit in der Stadt Innsbruck noch Bebauungspläne nach § 18 des Tiroler Raumordnungsgesetzes 1984 bestehen, dürfen diese nicht mehr geändert werden. Abs. 1 dritter und vierter Satz gilt sinngemäß.

§ 124

Übernahme des analogen Flächenwidmungsplanes der Stadt Innsbruck in den elektronischen Flächenwidmungsplan

(1) Die Landesregierung hat durch Verordnung den Tag zu bestimmen, von dem an der Flächenwidmungsplan der Stadt Innsbruck nach § 70 erstmalig elektronisch kundzumachen ist. Vor der Erlassung dieser Verordnung ist die Stadt Innsbruck zu hören.

(2) Die Landesregierung hat der Stadt Innsbruck die die elektronische Kundmachung betreffenden Daten rechtzeitig vor dem in der Verordnung nach Abs. 1 bestimmten Tag konsolidiert im elektronischen Flächenwidmungsplan zur Verfügung zu stellen. Die Stadt Innsbruck hat diesen konsolidierten Datenstand zu prüfen und durch Beschluss des Gemeinderates zu bestätigen; gleichzeitig hat der Gemeinderat die erstmalige elektronische Kundmachung von dem in der Verordnung nach Abs. 1 bestimmten Tag an zu beschließen.

(3) Die erstmalige elektronische Kundmachung des Flächenwidmungsplanes hat derart zu erfolgen, dass die dem Flächenwidmungsplan in der dem Bestätigungsbeschluss des Gemeinderates nach Abs. 2 zweiter Satz entsprechenden Fassung zugrunde liegenden Daten vom Bürgermeister im elektronischen Flächenwidmungsplan zur Abfrage freigegeben werden. Die Freigabe hat an dem in der Verordnung nach Abs. 1 bestimmten Tag zu erfolgen. Die erstmalige elektronische Kundmachung hat diesen Tag zu enthalten.

(4) Der Flächenwidmungsplan ist mit dem Ablauf des Tages, an dem die Daten nach Abs. 3 erster Satz zur Abfrage freigegeben werden, in seiner erstmalig elektronisch kundgemachten Fassung anzuwenden.

(5) Die Landesregierung hat durch Verordnung die Art der Übernahme des analogen Flächenwidmungsplanes der Stadt Innsbruck in deren elektronischen Flächenwidmungsplan festzulegen.

§ 125

Eigener Wirkungsbereich der Gemeinde

Die Aufgaben der Gemeinde nach diesem Gesetz, mit Ausnahme jener nach § 3 Abs. 1, § 9

Abs. 3, § 14 Abs. 4, § 83 Abs. 6, § 85 Abs. 2, § 86 Abs. 4, § 89 Abs. 2, § 94 Abs. 8, § 95 Abs. 2, 3 und 4, § 98 Abs. 3 und § 100 Abs. 1 lit. d, sind solche des eigenen Wirkungsbereiches.

§ 126
Verarbeitung personenbezogener Daten

(1) Die Gemeinden und der Stadtmagistrat Innsbruck sind Verantwortliche nach Art. 4 Z 7 der Verordnung (EU) 2016/679 des Europäischen Parlaments und des Rates zum Schutz natürlicher Personen bei der Verarbeitung personenbezogener Daten, zum freien Datenverkehr und zur Aufhebung der Richtlinie 95/46/EG (Datenschutz-Grundverordnung), ABl. 2016 Nr. L 119, S. 1, in den in die Zuständigkeit der Gemeinde fallenden Angelegenheiten.

(2) Das Amt der Tiroler Landesregierung ist Verantwortlicher nach Art. 4 Z 7 der Datenschutz-Grundverordnung in den in die Zuständigkeit der Landesregierung fallenden Angelegenheiten.

(3) Das Amt der Tiroler Landesregierung und die Bezirksverwaltungsbehörden sind gemeinsam Verantwortliche nach Art. 26 der Datenschutz-Grundverordnung in den in die Zuständigkeit der Bezirksverwaltungsbehörde fallenden Angelegenheiten.

(4) Der Bodenfonds ist hinsichtlich der von ihm zu besorgenden Angelegenheiten Verantwortlicher nach Art. 4 Z 7 der Datenschutz-Grundverordnung, in Fällen des § 2 Abs. 1 lit. b des Tiroler Datenverarbeitungsgesetzes, LGBl. Nr. 143/2018, in der jeweils geltenden Fassung, gemeinsam mit dem Amt der Tiroler Landesregierung.

(5) Die Planungsverbände sind hinsichtlich der von ihnen zu besorgenden Planungsangelegenheiten Verantwortliche nach Art. 4 Z 7 der Datenschutz-Grundverordnung.

(6) Die nach Abs. 1 Verantwortlichen dürfen von Personen, die einen Freizeitwohnsitz nach § 17 Abs. 1 anmelden oder nach früheren raumordnungsrechtlichen Vorschriften angemeldet haben, folgende personenbezogene Daten verarbeiten, sofern diese Daten für die Durchführung des Anmeldeverfahrens oder für die Überwachung der Einhaltung der Bestimmungen dieses Gesetzes über Freizeitwohnsitze erforderlich sind:

a) Identifikationsdaten, Erreichbarkeitsdaten,
b) grundstücks- und gebäudebezogene Daten, verbrauchsbezogene Daten und Daten über die Art der Verwendung von Wohnsitzen,
c) Daten über die Eigenschaft, das Fehlen der Eigenschaft und das Erlöschen der Eigenschaft von Wohnsitzen als Freizeitwohnsitze,
d) Daten über Feststellungsbescheide nach § 17 Abs. 3 oder nach früheren raumordnungsrechtlichen Vorschriften.

(7) Die nach Abs. 1 Verantwortlichen dürfen von Personen, die um die Erteilung einer Ausnahmebewilligung nach § 13 Abs. 8 angesucht haben, folgende personenbezogene Daten verarbeiten, sofern diese Daten für die Durchführung des Verfahrens oder für die Überwachung der Einhaltung der Bestimmungen dieses Gesetzes über Freizeitwohnsitze erforderlich sind:

a) Daten nach Abs. 6 lit. a, b und c,
b) auf das Verlassenschaftsverfahren bezogene Daten,
c) Daten über Lebensumstände im Sinn des § 13 Abs. 8 lit. c,
d) Daten über Ausnahmebewilligungen.

(8) Die nach Abs. 1 Verantwortlichen dürfen von Personen, die Eigentümer von Freizeitwohnsitzen oder sonst hierüber Verfügungsberechtigte sind, Daten nach Abs. 6 und Abs. 7 lit. d

a) den mit der Vollziehung des Tiroler Grundverkehrsgesetzes 1996, des Tiroler Aufenthaltsabgabegesetzes 2003, LGBl. Nr. 85/2003, und des Tiroler Freizeitwohnsitzabgabegesetzes, LGBl. Nr. 79/2019, in der jeweils geltenden Fassung betrauten Behörden zum Zweck der Wahrnehmung der ihnen nach diesen Gesetzen übertragenen Aufgaben und
b) den Tourismusverbänden zum Zweck der Überwachung der Entrichtung der Aufenthaltsabgabe

übermitteln. Die Behörden und die Tourismusverbände dürfen die Daten zu dem in den lit. a und b jeweils genannten Zweck verarbeiten.

(9) Die nach den Abs. 1, 2 und 3 Verantwortlichen dürfen von Eigentümern von Grundstücken folgende Daten verarbeiten, sofern diese Daten für die Festsetzung von Vergütungen nach § 6 Abs. 4, gegebenenfalls in Verbindung mit § 26 Abs. 2 lit. c bzw. § 30 lit. c, erforderlich sind:

a) Identifikationsdaten, Erreichbarkeitsdaten,
b) grundstücksbezogene Daten,
c) Daten über Vergütungen.

(10) Die nach den Abs. 1 und 2 Verantwortlichen dürfen grundstücksbezogene Daten zum Zweck der Erstellung des Baulandmonitorings und der Widmungsbilanz verarbeiten.

(11) Die nach Abs. 1 Verantwortlichen dürfen grundstücksbezogene Daten zum Zweck der Erlassung, Fortschreibung oder Änderung des örtlichen Raumordnungskonzeptes sowie zum Zweck der Erlassung oder Änderung des Flächenwidmungsplanes und von Bebauungsplänen verarbeiten und, soweit dies in diesem Gesetz vorgesehen ist, veröffentlichen. Sofern dies für diese Zwecke erforderlich ist, dürfen von Gemeindebewohnern und Eigentümern von Grundstücken weiters Identifikationsdaten und Erreichbarkeitsdaten verarbeitet werden.

(12) Die nach Abs. 1 Verantwortlichen dürfen

a) grundstücksbezogene Daten im Sinn des § 70 zum Zweck der elektronischen Kundmachung des Flächenwidmungsplanes,
b) grundstücksbezogene und sonstige verfahrensrelevante Daten im Sinn des § 65 Abs. 1 zum Zweck der aufsichtsbehördlichen Genehmigung der Fortschreibung des örtlichen Raumordnungskonzeptes

dem nach Abs. 2 Verantwortlichen übermitteln. Die nach den Abs. 1 und 2 Verantwortlichen dürfen die Daten zu diesem Zweck verarbeiten und, soweit in diesem Gesetz vorgesehen, veröffentlichen.

(13) Die nach den Abs. 2 und 5 Verantwortlichen dürfen grundstücksbezogene Daten zum Zweck der Erlassung oder Änderung von überörtlichen Raumordnungsprogrammen und Raumordnungsplänen bzw. von Regionalprogrammen und Regionalplänen verarbeiten und, soweit dies in diesem Gesetz vorgesehen ist, veröffentlichen. Sofern dies für diese Zwecke erforderlich ist, dürfen von Gemeindebewohnern und Eigentümern von Grundstücken weiters Identifikationsdaten und Erreichbarkeitsdaten verarbeitet werden. Die nach Abs. 5 Verantwortlichen dürfen die Daten dem nach Abs. 2 Verantwortlichen zum Zweck der Wahrnehmung der Aufgaben der Aufsicht übermitteln.

(14) Die nach den Abs. 2 und 3 Verantwortlichen dürfen von Eigentümern von Grundstücken und von Personen, denen daran dingliche oder persönliche Rechte zukommen, folgende Daten verarbeiten, sofern diese Daten für die Durchführung von Entschädigungsverfahren nach § 76 und von Umlegungsverfahren nach den §§ 82 ff. erforderlich sind:

a) Identifikationsdaten, Erreichbarkeitsdaten,
b) grundstücks- und gebäudebezogene Daten, Daten über dingliche und persönliche Rechte an Grundstücken,
c) Daten über das Entschädigungsverfahren.

Soweit dies in diesem Gesetz im Zusammenhang mit der Durchführung von Umlegungsverfahren vorgesehen ist, dürfen die Daten weiters veröffentlicht werden.

(15) Der nach Abs. 4 Verantwortliche darf von Bewerbern um Leistungen des Tiroler Bodenfonds und von Empfängern solcher Leistungen folgende Daten verarbeiten, sofern diese Daten zum Zweck der Feststellung der Voraussetzungen für die Gewährung einer Fondsleistung bzw. zur Überwachung der bestimmungsgemäßen Verwendung gewährter Fondsleistungen und der Einhaltung von Beschränkungen, Auflagen oder Bedingungen erforderlich sind:

a) Identifikationsdaten, Erreichbarkeitsdaten,
b) Rechtsakte, die zur Prüfung der Voraussetzungen für die Gewährung einer Fondsleistung vorzulegen sind,
c) Art und Ausmaß der beantragten und der gewährten Fondsleistung,
d) Kostenvoranschläge, Rechnungen, Bankverbindungen.

(16) Die nach Abs. 1 Verantwortlichen dürfen von Gemeindebewohnern folgende Daten verarbeiten, sofern diese Daten zum Zweck der Überwachung der Einhaltung der sich aus den Bestimmungen dieses Gesetzes ergebenden Beschränkungen für Freizeitwohnsitze, insbesondere zur Beurteilung der Nutzung von Wohnsitzen, erforderlich sind:

a) Identifikationsdaten, Erreichbarkeitsdaten,
b) grundstücks- und gebäudebezogene Daten, verbrauchsbezogene Daten und Daten über die Häufigkeit und den Verlauf von Zustellvorgängen.

Versorgungs- und Entsorgungsunternehmen bzw. Erbringer von Postdiensten und von elektronischen Zustelldiensten dürfen diese Daten zum Zweck der Erfüllung ihrer Verpflichtungen nach § 13 Abs. 11 zweiter Satz verarbeiten, insbesondere den nach Abs. 1 Verantwortlichen übermitteln.

(17) Die nach den Abs. 1 und 2 Verantwortlichen dürfen, sofern diese Daten im Rahmen des Raumverträglichkeitsprüfungsverfahrens nach § 12a erforderlich sind, grundstücksbezogene Daten sowie Identifikationsdaten und Erreichbarkeitsdaten des Inhabers des Seveso-Betriebes bzw. des Projektwerbers und von Rechtsträgern nach § 12a Abs. 6 verarbeiten und Daten nach § 12a Abs. 3 und 5 veröffentlichen.

(18) Die nach den Abs. 1 bis 5 Verantwortlichen haben personenbezogene Daten zu löschen, sobald diese für die Erfüllung der ihnen nach diesem Gesetz obliegenden Aufgaben nicht mehr benötigt werden.

(19) Als Identifikationsdaten gelten:

a) bei natürlichen Personen der Familien- und der Vorname, das Geschlecht, das Geburtsdatum, allfällige akademische Grade, Standesbezeichnungen und Titel,
b) bei juristischen Personen und Personengesellschaften die gesetzliche, satzungsmäßige oder firmenmäßige Bezeichnung und hinsichtlich der vertretungsbefugten Organe die Daten nach lit. a sowie die Firmenbuchnummer, die Vereinsregisterzahl, die Umsatzsteuer-Identifikationsnummer und die Ordnungsnummer im Ergänzungsregister.

(20) Als Erreichbarkeitsdaten gelten Wohnsitzdaten und sonstige Adressdaten, die Telefonnummer, elektronische Kontaktdaten, wie insbesondere die E-Mail-Adresse und Telefax-Nummer, oder Verfügbarkeitsdaten.

§ 127

Inkrafttreten, Umsetzung von Unionsrecht

(1) Dieses Gesetz tritt mit 26. Februar 1997 in Kraft. Gleichzeitig tritt das Tiroler Raumord-

nungsgesetz 1994, LGBl. Nr. 81/1993, in der Fassung des Gesetzes LGBl. Nr. 4/1996 außer Kraft.

(2) Durch dieses Gesetz werden folgende Richtlinien umgesetzt:

a) Richtlinie 2001/42/EG des Europäischen Parlaments und des Rates über die Prüfung der Umweltauswirkungen bestimmter Pläne und Programme, ABl. 2001 Nr. L 197, S. 30,
b) Richtlinie 2007/2/EG des Europäischen Parlaments und des Rates zur Schaffung einer Geodateninfrastruktur in der Europäischen Gemeinschaft (INSPIRE), ABl. 2007 Nr. L 108, S. 1, in der Fassung der Verordnung (EU) 2019/1010, ABl. 2019 Nr. L 170, S. 115,
c) Richtlinie 2012/18/EU des Europäischen Parlaments und des Rates zur Beherrschung der Gefahren schwerer Unfälle mit gefährlichen Stoffen, zur Änderung und anschließenden Aufhebung der Richtlinie 96/82/EG des Rates, ABl. 2012 Nr. L 197, S. 1,
d) Richtlinie (EU) 2018/2001 des Europäischen Parlaments und des Rates zur Förderung der Nutzung von Energie aus erneuerbaren Quellen, ABl. 2018 Nr. L 328, S. 82, zuletzt geändert durch die Richtlinie (EU) 2023/2413 des Europäischen Parlaments und des Rates zur Änderung der Richtlinie (EU) 2018/2001, der Verordnung (EU) 2018/1999 und der Richtlinie 98/70/EG im Hinblick auf die Förderung von Energie aus erneuerbaren Quellen und zur Aufhebung der Richtlinie (EU) 2015/652 des Rates, ABl. L 2023/2413, 31.10.2023.

Anlage zu den §§ 8, 48a und 49

1. Ausmaß der Kundenfläche in m²:

Anzahl der Personen mit Hauptwohnsitz in der Gemeinde jeweils am 31. Dezember des dem Jahr der Einbringung des Bauansuchens vorangegangenen Jahres	Betriebstyp	
	A	B
bis zu 5.000	600	1.000
über 5.000	800	1.500
in der Stadt Innsbruck	1.500	2.000

2. Betriebstypen:

Betriebstyp A:

Einkaufszentren, in denen größtenteils Waren angeboten werden, die aufgrund ihrer Beschaffenheit oder der Gebindegrößen regelmäßig ohne Verwendung eines Kraftfahrzeuges abtransportiert werden können, insbesondere Lebensmittel, Drogerie- und Kosmetikwaren, Textil- und Lederwaren, Bekleidung, Schuhe, Sportbekleidung, Sportschuhe und Zubehör, Bücher, Papier-, Bürobedarfs- und Schreibwaren, Spielwaren, Haushaltswaren, Geschenksartikel, Uhren, Schmuck, Optikwaren und Elektrokleinwaren.

Betriebstyp B:

Einkaufszentren, in denen in einem mehr als geringfügigen Ausmaß Waren angeboten werden, die aufgrund ihrer Beschaffenheit oder der Gebindegrößen regelmäßig nur unter Verwendung eines Kraftfahrzeuges abtransportiert werden können, insbesondere Bau- und Gartenwaren, Elektrowaren, Sportgeräte, Möbel und Waren für den Gastronomiebedarf. Sortimente von mit diesen Waren nicht artverwandten Waren, die aufgrund ihrer Beschaffenheit oder Gebindegrößen regelmäßig ohne Verwendung eines Kraftfahrzeuges abtransportiert werden können, dürfen höchstens im geringfügigen Ausmaß angeboten werden.

9. Planzeichenverordnung 2022

Verordnung der Landesregierung vom 21. Dezember 2021, mit der nähere Bestimmungen über das örtliche Raumordnungskonzept, den Flächenwidmungsplan und die Bebauungspläne, über den elektronischen Flächenwidmungsplan als EDV-Anwendung sowie über die elektronische Kundmachung des Flächenwidmungsplanes erlassen werden (Planzeichenverordnung 2022 – PZVO 2022)

StF: LGBl. Nr. 192/2021

Präambel

Aufgrund der §§ 29 Abs. 4, 70 Abs. 7 und 118 Abs. 5 des Tiroler Raumordnungsgesetzes 2016 – TROG 2016, LGBl. Nr. 101, zuletzt geändert durch das Gesetz LGBl. Nr. 167/2021, wird verordnet:

GLIEDERUNG

1. Abschnitt
Allgemeines
§ 1. Geltungsbereich
§ 2. Begriffsbestimmungen
2. Abschnitt
Örtliches Raumordnungskonzept, Bebauungspläne
§ 3. Erstellung, digitale Datenstrukturen, Datenübermittlung
§ 4. Form der Darstellung
§ 5. Darstellungsmaßstäbe, Strichstärken und -muster
§ 6. Darstellung von Änderungen
3. Abschnitt
Elektronischer Flächenwidmungsplan
§ 7. Zugang
§ 8. Digitale Formate, Erstellung des Flächenwidmungsplanes, Darstellungsmaßstäbe, Strichstärken und –muster
§ 9. Form der Darstellung, Datenstrukturen
§ 10. Datenübermittlung, Funktionen, Fristenlauf
§ 11. Datensicherheit
§ 12. Stand der Technik
4. Abschnitt
Elektronische Kundmachung des Flächenwidmungsplanes
§ 13. Zuständigkeit
§ 14. Elektronische Kundmachung
5. Abschnitt
Sonderbestimmungen für die Vereinigung von Gemeinden
§ 15. Wiederinkraftsetzung der Flächenwidmungspläne
§ 16. Neuerliche elektronische Kundmachung des Flächenwidmungsplanes
6. Abschnitt
Flächenwidmungsplan der Stadt Innsbruck
§ 17. Vorläufige Weitergeltung des analogen Flächenwidmungsplanes
§ 18. Überprüfung des analogen Flächenwidmungsplanes,Übernahme in den elektronischen Flächenwidmungsplan
7. Abschnitt
Schluss- und Übergangsbestimmungen
§ 19. Weitergeltung der Plangrundlagen- und Planzeichenverordnung 2019
§ 20. Inkrafttreten, Umsetzung von Unionsrecht

1. Abschnitt
Allgemeines

§ 1
Geltungsbereich

Diese Verordnung regelt:

a) die Erstellung und Darstellung des örtlichen Raumordnungskonzeptes und der Bebauungspläne;
b) den elektronischen Flächenwidmungsplan als EDV-Anwendung einschließlich des Zuganges, der Schnittstellen, der Übermittlungsvorgänge und der Mindestanforderungen an die Datensicherheit;
c) die Erstellung und Darstellung des Flächenwidmungsplanes im elektronischen Flächenwidmungsplan;
d) die elektronische Kundmachung des Flächenwidmungsplanes im elektronischen Flächenwidmungsplan;
e) für die Stadt Innsbruck die vorläufige Weitergeltung des bestehenden analogen Flächenwidmungsplanes sowie die Art seiner Übernahme in den elektronischen Flächenwidmungsplan;
f) für den Fall der Vereinigung von Gemeinden zu einer neuen Gemeinde die Wiederinkraftsetzung der Flächenwidmungspläne der vormals bestehenden Gemeinden sowie deren neuerliche elektronische Kundmachung.

§ 2
Begriffsbestimmungen

Im Sinn dieser Verordnung gilt als

a) elektronischer Flächenwidmungsplan (eFWP) eine EDV-Anwendung, die alle Funktionen für jene Abläufe und Arbeitsschritte enthält, die
1. zur Erstellung der digitalen Rechtsgrundlagen der Flächenwidmungspläne und ihrer fortlaufenden Entwicklung, beginnend mit der Planung bis hin zur Freischaltung im Internet, sowie
2. zur Überführung der Festlegungen der bestehenden analogen Flächenwidmungspläne in digitale Rechtsgrundlagen, soweit diese nicht bereits erfolgt ist,

erforderlich sind;
b) Portal Tirol jenes elektronische Portal, das vom Land Tirol nach § 8 des Tiroler Datenverarbeitungsgesetzes LGBl. Nr. 143/2018, in der jeweils geltenden Fassung eingerichtet und betrieben wird;
c) Stammportalbetreiber das Land Tirol;
d) dezentraler Administrator ein von hierzu berechtigten Einrichtungen eingesetzter Administrator zur Rechtevergabe;
e) Verwendungsvorgang die Eintragung, Änderung, Abfrage, Übermittlung und Verarbeitung von Daten;
f) Sicherheitsklasse ein verbindlich festgelegter Standard für das Sicherheitsmanagement im Portalverbundsystem;
g) Portalverbundprotokoll (PVP) ein verbindlich festgelegtes Protokoll betreffend die Kommunikation der Portale im Portalverbundsystem.

2. Abschnitt
Örtliches Raumordnungskonzept, Bebauungspläne

§ 3
Erstellung, digitale Datenstrukturen, Datenübermittlung

(1) Die Pläne des örtlichen Raumordnungskonzeptes und der Bebauungspläne sind in digitaler Form auf der Grundlage der digitalen Katastralmappe (DKM) der Vermessungsämter im Landesvermessungssystem zu erstellen; die ergänzende Verwendung von vermessungstechnischen Naturstandsaufnahmen ist zulässig. Der jeweilige Stand der DKM ist in der Planzeichenerläuterung anzuführen. Die Plangrundlagen müssen zumindest auf dem jeweils aktuell verfügbaren Stand im Zeitpunkt des Planungsbeginns beruhen.

(2) Zusammen mit den der Landesregierung nach § 65 Abs. 1 TROG 2016 vorzulegenden Plänen und Unterlagen sind die Planinhalte des örtlichen Raumordnungskonzeptes in digitaler Form im ESRI-Shapefile-Format oder im GeoPackage-Format (GPKG) zu übersenden. Dabei sind die in der Anlage 4 festgelegten digitalen Datenstrukturen anzuwenden. Für die Übermittlung dieser Daten als Web-Upload ist die dazu vorgesehene Geodatenschnittstelle auf der Internetseite des Landes Tirol zu verwenden.

(3) Die Mitteilung der Verordnungen über die Erlassung von Bebauungsplänen an die Landesregierung nach § 66 Abs. 8 TROG 2016 hat ausschließlich in analoger Form zu erfolgen.

§ 4
Form der Darstellung

(1) Die Darstellung des örtlichen Raumordnungskonzeptes, mit Ausnahme der textlichen Festlegungen, und der Bebauungspläne hat auf Plänen unter Verwendung der in der Anlage 3 festgelegten Planzeichen, Planzeichenerläuterungen und Darstellungsgrundsätze zu erfolgen. Zusätzliche Planzeichen können aus besonderen raumordnungsfachlichen Gründen verwendet werden, wenn diese der besseren Erläuterung oder Veranschaulichung dienen. Die Bedeutung dieser Planzeichen ist in der jeweiligen Planzeichenerläuterung eindeutig festzulegen.

(2) Die Pläne haben insbesondere die Bezeichnung der Plangrundlage, den Maßstab in Zahlen samt einer entsprechenden Maßstabsleiste und die Nordrichtung zu enthalten. Sofern die erforderlichen Inhalte vorhanden sind, kann die Gliederung oder Gestaltung der Angaben geändert werden. Weiters können zusätzliche Vermerke oder Abbildungen angebracht werden.

(3) Die Pläne sind mit einem Deckblatt zu versehen, dessen Inhalte dem Muster der Anlage 1 zu entsprechen haben. Das Deckblatt hat die vom Bürgermeister unterfertigten und mit dem Gemeindesiegel versehenen Vermerke über die Auflegung(en) des Entwurfes und über die Beschlussfassung des Entwurfes durch den Gemeinderat sowie
a) im Fall des örtlichen Raumordnungskonzeptes weiters den Genehmigungsvermerk der Landesregierung und den Vermerk über die Kundmachung nach § 66 Abs. 1 TROG 2016 und
b) im Fall der Bebauungspläne weiters den Vermerk über die Kundmachung nach § 66 Abs. 2 TROG 2016 und nach Durchführung der Verordnungsprüfung überdies den entsprechenden Prüfvermerk der Tiroler Landesregierung

zu enthalten.

(4) Die in den Plänen verwendeten Planzeichen sind an geeigneter Stelle in einer Planzeichenerläuterung unter Hinweis auf die entsprechenden Bestimmungen des TROG 2016 näher zu bezeichnen. Hinsichtlich der Kenntlichmachungen muss die Planzeichenerläuterung in geeigneter Form die Datenquelle und den Stand der zugrundeliegenden Geodaten enthalten.

(5) Die Pläne sind der Landesregierung gefaltet im Format DIN A 4 mit Heftrand vorzulegen.

§ 5
Darstellungsmaßstäbe, Strichstärken und -muster

(1) Die planlichen Inhalte der Bestandsaufnahme sind im Maßstab 1:10.000 oder größer darzustellen.

(2) Das örtliche Raumordnungskonzept ist hinsichtlich der Gesamtübersicht des Gemeindegebietes im Maßstab 1:20.000 oder größer darzustellen. Ortschaften und Weiler im Gemeindegebiet sind namentlich zu bezeichnen, die Namen und die an das Gemeindegebiet anschließenden Grenzverläufe der Nachbargemeinden, gegebenenfalls auch jene der angrenzenden Staaten oder Länder, sind kenntlich zu machen. Die Bereiche der baulichen Entwicklung sind auf der Grundlage der DKM im Maßstab 1:10.000 oder größer darzustellen. Für Detailinhalte sind auch ausschnittsweise Darstellungen in größeren Maßstäben zulässig.

(3) Beim örtlichen Raumordnungskonzept sind folgende Strichstärken und –muster einzuhalten:

a) für Abgrenzungen von Freihalteflächen und von Grundflächen, die für die Widmung als Vorbehaltsflächen für den geförderten Wohnbau in Betracht kommen: höchstens 0,3 mm (durchgehend, verschiedene Farben);
b) für Siedlungsgrenzen, Abgrenzungen von Sondernutzungsstandorten und Grenzen unterschiedlicher Festlegungen innerhalb von Siedlungsgebieten: höchstens 0,75 mm (teilweise durchgehend, teilweise strichliert, rot).

(4) Bebauungspläne sind im Maßstab 1:5.000 oder größer darzustellen, ergänzende Bebauungspläne im Maßstab 1:2.000 oder größer.

(5) Bei den Bebauungsplänen und ergänzenden Bebauungsplänen sind folgende Strichstärken und –muster einzuhalten:

a) für Abgrenzungen verschiedener Festlegungen innerhalb eines Planungsbereichs in Bebauungsplänen außer ergänzenden Bebauungsplänen: höchstens 0,3 mm (Kettellinie, violett);
b) für Abgrenzungen verschiedener Festlegungen innerhalb eines Planungsbereichs in ergänzenden Bebauungsplänen: höchstens 0,3 mm (Kettellinie, grau);
c) für Straßenfluchtlinien: höchstens 1 mm (strichliert, schwarz);
d) für Baufluchtund Baugrenzlinien: höchstens 0,4 mm (strichpunktiert, rot).

§ 6
Darstellung von Änderungen

(1) Jede Änderung des örtlichen Raumordnungskonzeptes ist mit einer laufenden Nummer zu versehen und, soweit diese auch die planliche Darstellung betrifft, im betreffenden Plan dadurch kenntlich zu machen, dass der Änderungsbereich in geeigneter Weise mit dieser laufenden Nummer versehen wird.

(2) Für Änderungen des örtlichen Raumordnungskonzeptes und der Bebauungspläne gelten weiters die §§ 3, 4 und 5 sinngemäß.

3. Abschnitt
Elektronischer Flächenwidmungsplan

§ 7
Zugang

(1) Der eFWP ist so einzurichten, dass dessen Anwendungen mit Ausnahme der elektronischen Kundmachung ausschließlich über das Portal Tirol zugänglich sind. Weiter ist sicherzustellen, dass Zugriffe auf den eFWP nur unter Nachweis der eindeutigen Identität und der Authentizität nach § 2 Z 2 bzw. 5 des E–Government- Gesetzes, BGBl. I Nr. 10/2004, zuletzt geändert durch das Gesetz BGBl I Nr. 169/2020, möglich sind. Die Einräumung der Zugriffsrechte obliegt dem Stammportalbetreiber oder dem von ihm ermächtigten dezentralen Administrator.

(2) Die Gemeinde kann sich bei der Erstellung des Flächenwidmungsplanes oder von Änderungen des Flächenwidmungsplanes eines Dienstleisters bedienen. Die Freischaltung der jeweiligen erforderlichen Daten für den Dienstleister obliegt der Gemeinde.

§ 8
Digitale Formate, Erstellung des Flächenwidmungsplanes, Darstellungsmaßstäbe, Strichstärken und –muster

(1) Im eFWP ist nur die Verwendung folgender digitaler Formate zulässig:

a) Graphic Interchange Format (.gif),
b) JPEG File Interchange Format (.jpeg, .jpg),
c) Portable Network Graphics (.png),
d) Portable Document Format (.pdf),
e) ESRI-Shapefile Format,
f) GeoPackage Format (GPKG),
g) Word Document File (.doc, .docx),
h) Open Document (.ods),
i) Excel-Tabelle (.xls, .xlsx).

(2) Die Verwendung der nach Abs. 1 zulässigen digitalen Formate in komprimierter Form (.zip) ist zulässig.

(3) Der Flächenwidmungsplan ist im eFWP auf der Grundlage der DKM zu erstellen. Der jeweils verwendete Stand der DKM ist in der Planzeichenerläuterung anzuführen.

(4) Der Flächenwidmungsplan ist im eFWP gesamthaft im Maßstab 1:5.000 darzustellen. Änderungen des Flächenwidmungsplanes sind in den Maßstäben 1:5.000, 1:2.000, 1:1.000, 1:500 oder 1:250 darzustellen. Übersichtspläne sind im Maßstab 1:50.000, 1:25.000, 1:10.000 oder 1:5.000 darzustellen.

PZVO

(5) Unterschiedlich gewidmete Flächen sind mit durchgehenden schwarzen Linien mit einer Strichstärke von höchstens 0,4 mm voneinander abzugrenzen. Dies gilt auch für die Abgrenzung von Flächen, die für den Verlauf von Straßen nach § 53 Abs. 1 TROG 2016 vorgesehen werden. Flächen, die für die Errichtung überörtlicher Verkehrswege nach § 53 Abs. 2 TROG 2016 vorbehalten werden, sind mit strichlierten schwarzen Linien mit einer Strichstärke von höchstens 0,6 mm abzugrenzen.

§ 9

Form der Darstellung, Datenstrukturen

(1) Die Darstellung des Flächenwidmungsplanes im eFWP hat auf Plänen unter Verwendung der in der Anlage 3 festgelegten Planzeichen, Planzeichenerläuterungen und Darstellungsgrundsätze zu erfolgen. Die Pläne haben ein Deckblatt zu enthalten, das hinsichtlich Form und Inhalt dem jeweiligen Muster der Anlagen 2a bis 2r entspricht.

(2) Die Pläne haben insbesondere die Bezeichnung der Plangrundlage, eine Maßstabsleiste und die Nordrichtung zu enthalten. Weiters können zusätzliche Vermerke oder Abbildungen enthalten sein.

(3) Die in den Plänen verwendeten Planzeichen sind an geeigneter Stelle in einer Planzeichenerläuterung unter Hinweis auf die entsprechenden Bestimmungen des TROG 2016 näher zu bezeichnen. Hinsichtlich der Kenntlichmachungen muss die Planzeichenerläuterung in geeigneter Form die Datenquelle und den Stand der zugrundeliegenden Geodaten enthalten.

(4) Im eFWP sind die in der Anlage 4 festgelegten digitalen Datenstrukturen anzuwenden.

§ 10

Datenübermittlung, Funktionen, Fristenlauf

(1) Die Kommunikation im eFWP hat ausschließlich im Rahmen von dem Stand der Technik entsprechenden Spezifikationen nach § 12 zu erfolgen. Die Vertraulichkeit der Datenübermittlung ist durch ein dem Stand der Technik entsprechendes Übermittlungsverfahren und die Anwendung der Sicherheitsklasse 2 zu gewährleisten.

(2) Der eFWP ist so einzurichten, dass

a) Änderungen des Flächenwidmungsplanes zur aufsichtsbehördlichen Genehmigung nach § 68 Abs. 6 TROG 2016 oder zur aufsichtsbehördlichen Prüfung nach § 69 Abs. 3 nur vorgelegt werden können, wenn alle erforderlichen Dateneinträge enthalten sind,
b) ein nach § 72 Abs. 1 TROG 2016 neu erlassener Flächenwidmungsplan zur aufsichtsbehördlichen Genehmigung nach § 68 Abs. 6 in Verbindung mit § 72 Abs. 2 lit. b TROG 2016 nur vorgelegt werden kann, wenn alle erforderlichen Dateneinträge enthalten sind,
c) die im Zuge der Vorlage zur aufsichtsbehördlichen Genehmigung oder aufsichtsbehördlichen Prüfung übermittelten digitalen Daten unverzüglich dokumentiert werden und die nach der Geschäftseinteilung des Amtes der Landesregierung für die rechtlichen Angelegenheiten der örtlichen Raumordnung zuständige Organisationseinheit des Amtes der Landesregierung von der Vorlage unverzüglich mit E–Mail verständigt wird,
d) der Gemeinde die Vorlage der digitalen Daten nach lit. a bzw. b, im Fall einer Aufforderung nach § 68 Abs. 6 fünfter Satz in Verbindung mit § 65 Abs. 1 vierter Satz TROG 2016 zur Nachreichung von fehlenden Unterlagen auch deren Einlangen, unverzüglich mit E-Mail bestätigt wird,
e) der Bescheid über die Erteilung oder Versagung der aufsichtsbehördlichen Genehmigung im eFWP dokumentiert und dieser der Gemeinde zusammen mit den digitalen Daten nach lit. a bzw. b übermittelt wird, wobei der Download durch die Gemeinde nur unter Nachweis der eindeutigen Identität und Authentizität nach § 2 Z 2 bzw. 5 des E–Government-Gesetzes möglich sein darf,
f) die Gemeinde von der Übermittlung des Bescheides über die Erteilung oder Versagung der aufsichtsbehördlichen Genehmigung, im Fall der aufsichtsbehördlichen Prüfung von deren Ergebnis, sowie von der Verpflichtung zur unverzüglichen Freigabe der betreffenden Daten zur Abfrage unverzüglich mit E-Mail verständigt wird und
g) nur Dateien übermittelt werden können, die im Hinblick auf ihre Größe und sonstige Beschaffenheit den technischen Anforderungen entsprechen.

(3) Der Fristenlauf nach § 68 Abs. 9 TROG 2016 beginnt mit dem Tag, an dem der Gemeinde die vollständige Vorlage der digitalen Daten, im Fall der Nachforderung von Unterlagen deren Einlangen, nach Abs. 2 lit. d bestätigt wird.

(4) Der Bescheid über die Erteilung oder Versagung der aufsichtsbehördlichen Genehmigung gilt mit dem Download durch die Gemeinde als zugestellt.

§ 11

Datensicherheit

Im eFWP ist durch dem jeweiligen Stand der Technik entsprechende technische und organisatorische Maßnahmen zu gewährleisten, dass

a) die Eingabe von Daten und die Einsichtnahme in diese nur durch hierzu berechtigte Personen erfolgen kann,
b) eine Vernichtung, Veränderung oder Abfrage der Daten durch unberechtigte Dritte verhindert wird,
c) alle Verwendungsvorgänge im notwendigen Ausmaß protokolliert werden sowie

d) Daten vor Verlust geschützt werden.

§ 12

Stand der Technik

(1) Dem Stand der Technik entsprechende Spezifikationen sind:

a) das in der freigegebenen Version verfügbare Portalverbundprotokoll (PVP) zur Regelung der Zugriffe auf das Portal Tirol und damit auf den eFWP,
b) die Sicherheitsklasse 2 (SecClass 2) für Zugriffe auf den eFWP,
c) die in den freigegebenen Versionen verfügbaren Algorithmen, Schlüssellängen und Parameter für serverseitig authentifizierte Verbindungen mit starker Verschlüsselung.

(2) Der Stand der produktiv eingesetzten technischen Lösungen nach Abs. 1 ist laufend weiter zu entwickeln und entsprechend den technischen und organisatorischen Möglichkeiten anzupassen.

4. Abschnitt
Elektronische Kundmachung des Flächenwidmungsplanes

§ 13

Zuständigkeit

Die elektronische Kundmachung des Flächenwidmungsplanes im eFWP obliegt der Gemeinde nach Maßgabe der Bestimmungen des TROG 2016 und dieses Abschnittes.

§ 14

Elektronische Kundmachung

(1) Die elektronische Kundmachung hat die im eFWP dargestellten Pläne samt einem Deckblatt zu enthalten. Das Deckblatt hat hinsichtlich Form und Inhalt dem Muster der im Folgenden bezeichneten Anlagen zu entsprechen:

a) im Fall der Änderung des Flächenwidmungsplanes (§ 70 Abs. 3 TROG 2016) entsprechend dem stattgefundenen Verfahren dem Muster der Anlage 2a, 2b oder 2c;
b) im Fall der weiteren kundzumachenden Inhalte des Flächenwidmungsplanes nach § 70 Abs. 1 lit. c TROG 2016 dem Muster der Anlage 2d;
c) im Fall der Berichtigung der elektronischen Kundmachung des Flächenwidmungsplanes von Amts wegen (§ 70 Abs. 6 TROG 2016) dem Muster der Anlage 2e;
d) im Fall der Ersichtlichmachung der Aufhebung von Widmungsfestlegungen durch den Verfassungsgerichtshof (§ 70 Abs. 5 TROG 2016) dem Muster der Anlage 2f;
e) im Fall des Erlöschens der Festlegung des Verlaufes einer Straße bzw. des Vorbehalts für einen überörtlichen Verkehrsweg (§ 70 Abs. 4 in Verbindung mit 53 Abs. 3 TROG 2016) dem Muster der Anlage 2g;
f) im Fall der Neuerlassung des Flächenwidmungsplanes infolge der Aufhebung des bisherigen Flächenwidmungsplanes durch den Verfassungsgerichtshof (§ 72 Abs. 3 in Verbindung mit § 70 TROG 2016) dem Muster der Anlage 2h;
g) im Fall der neuerlichen elektronischen Kundmachung des Flächenwidmungsplanes (§ 71 Abs. 3 TROG 2016) dem Muster der Anlage 2i;
h) im Fall der Widmungskorrektur nach § 68 Abs. 4 lit. a TROG 2016 dem Muster der Anlage 2j;
i) im Fall der Aufhebung einer Kennzeichnung nach § 35 Abs. 2 TROG 2016 dem Muster der Anlage 2k;
j) im Fall der Verlängerung der Befristung einer Widmung als Bauland nach § 37a Abs. 3 TROG 2016 dem Muster der Anlage 2l;
k) im Fall der Änderung der Befristung einer Widmung als Bauland nach § 37a Abs. 5 TROG 2016 dem Muster der Anlage 2m;
l) im Fall des Wegfalls der Befristung einer Widmung als Bauland nach § 37a Abs. 6 TROG 2016 dem Muster der Anlage 2n;
m) im Fall des Außerkrafttretens einer befristeten Widmung als Bauland nach § 37a Abs. 7 TROG 2016 dem Muster der Anlage 2o;
n) im Fall der Änderung des Flächenwidmungsplanes im Wege der Ersatzvornahme durch die Landesregierung (§ 70 Abs. 4 in Verbindung mit § 76 Abs. 1 TROG 2016) dem Muster der Anlage 2p;
o) im Fall des Außerkrafttretens einer Änderung des Flächenwidmungsplanes, die im Wege der Ersatzvornahme durch die Landesregierung erfolgt ist, (§ 70 Abs. 4 in Verbindung mit § 76 Abs. 3 TROG 2016) dem Muster der Anlage 2q.

(2) Die elektronische Kundmachung hat in Form von Dateien im pdf-Format zu erfolgen.

5. Abschnitt
Sonderbestimmungen für die Vereinigung von Gemeinden

§ 15

Wiederinkraftsetzung der Flächenwidmungspläne

(1) Die elektronische Kundmachung über die Wiederinkraftsetzung der Flächenwidmungspläne der vormals bestandenen Gemeinden nach § 76b Abs. 2 TROG 2016 durch den Amtsverwalter hat auf Grundlage der ihm von der Landesregierung nach § 76b Abs. 1 TROG 2016 zur Verfügung gestellten Aufstellung aller in diesen Flächenwidmungsplänen erfolgten Kundmachungen, beginnend mit deren bestätigender elektronischen Kundmachung (§ 113 TROG 2016), zu erfolgen. Die Aufstellung hat ein Deckblatt zu enthalten, das dem Muster der Anlage 2r zu entsprechen hat.

(2) Die elektronische Kundmachung hat in Form von Dateien im pdf-Format zu erfolgen.

§ 16
Neuerliche elektronische Kundmachung des Flächenwidmungsplanes

(1) Die neuerliche elektronische Kundmachung des Flächenwidmungsplanes der neuen Gemeinde nach § 76b Abs. 4 TROG 2016 hat aufgrund des Beschlusses des Gemeinderates unter sinngemäßer Anwendung des § 71 TROG 2016 derart zu erfolgen, dass die im eFWP dargestellten Pläne ein Deckblatt enthalten, das hinsichtlich Form und Inhalt dem Muster der Anlage 2s zu entsprechen hat.

(2) Die neuerliche elektronische Kundmachung hat in Form von Dateien im pdf-Format zu erfolgen.

6. Abschnitt
Flächenwidmungsplan der Stadt Innsbruck

§ 17
Vorläufige Weitergeltung des analogen Flächenwidmungsplanes

(1) Der analoge Flächenwidmungsplan der Stadt Innsbruck gilt bis zum Ablauf des Tages, an der der Flächenwidmungsplan der Stadt Innsbruck erstmalig elektronisch kundgemacht wird, vorläufig weiter (§ 117 Abs. 1 TROG 2016).

(2) Auf den analogen Flächenwidmungsplan der Stadt Innsbruck ist die Plangrundlagen- und Planzeichenverordnung 2004 in der Fassung der Verordnung LGBl. Nr. 2/2012 mit mit der Maßgabe weiter anzuwenden, dass an die Stelle der Anlagen 2 und 3 betreffend die Planzeichen und die Datenstruktur die Anlagen 3 und 4 zu dieser Verordnung betreffend Planzeichen, Planzeichenerläuterungen, Darstellungsgrundsätze und Datenstrukturen treten.

§ 18
Überprüfung des analogen Flächenwidmungsplanes, Übernahme in den elektronischen Flächenwidmungsplan

(1) Die Landesregierung hat die dem analogen Flächenwidmungsplan zugrundeliegenden digitalen Daten vor der Übernahme in den eFWP vorab auf ihre Vollständigkeit zu überprüfen. Dabei ist insbesondere eine eindeutige Unterscheidbarkeit der Sonderflächen nach § 43 TROG 2016 hinsichtlich ihres jeweiligen Verwendungszweckes sicherzustellen.

(2) Die Landesregierung hat auf der Grundlage der nach Abs. 1 vorab geprüften digitalen Daten den gesamten Flächenwidmungsplan auf Transparentfolien analog darzustellen und diese Darstellung gemeinsam mit der Stadt Innsbruck mit dem geltenden analogen Flächenwidmungsplan abzugleichen. Ergibt der Abgleich, dass die digitalen Daten

a) fehlerhaft oder unvollständig sind oder
b) nicht den Anforderungen der §§ 8 und 9 in Verbindung mit den Anlagen 3 und 4 entsprechen,

so sind diese entsprechend richtigzustellen.

(3) Das Ergebnis des Abgleichs nach Abs. 2 ist auf geeignete Weise schriftlich festzuhalten und von der Stadt Innsbruck und der Landesregierung dauerhaft zu verwahren.

(4) In weiterer Folge hat die Landesregierung der Stadt Innsbruck die die elektronische Kundmachung des Flächenwidmungsplanes betreffenden Daten im eFWP konsolidiert zum Zweck der weiteren Durchführung des Verfahrens zur erstmaligen elektronischen Kundmachung des Flächenwidmungsplanes zur Verfügung zu stellen (§ 118 Abs. 2 TROG 2016).

(5) Die erstmalige elektronische Kundmachung des Flächenwidmungsplanes hat die im eFWP dargestellten Pläne samt einem Deckblatt zu enthalten, das hinsichtlich Form und Inhalt dem Muster der Anlage 2t zu entsprechen hat.

(6) Die erstmalige elektronische Kundmachung des Flächenwidmungsplanes hat in Form von Dateien im pdf-Format zu erfolgen.

7. Abschnitt
Schluss- und Übergangsbestimmungen

§ 19
Weitergeltung der Plangrundlagen- und Planzeichenverordnung 2019

Die Kundmachung von Rechtsakten, deren Beschlussfassung durch den Gemeinderat noch vor dem Inkrafttreten dieser Verordnung erfolgt ist, kann auch nach den Bestimmungen der Plangrundlagen- und Planzeichenverordnung 2019, LGBl. Nr. 125/2019, erfolgen. Für die Kundmachung von Rechtsakten, denen kein Beschluss des Gemeinderates zugrunde liegt, insbesondere von Ersichtlichmachungen im elektronischen Flächenwidmungsplan, gilt dies unter der Voraussetzung, dass die Plangrundlagen vor dem Inkrafttreten dieser Verordnung erstellt worden sind.

§ 20
Inkrafttreten, Umsetzung von Unionsrecht

(1) Diese Verordnung tritt 1. Jänner 2022 in Kraft. Gleichzeitig tritt die Plangrundlagen- und Planzeichenverordnung 2019, LGBl. Nr. 125/2019, außer Kraft.

(2) Durch diese Verordnung wird die Richtlinie 2007/2/EG des Europäischen Parlaments und des Rates zur Schaffung einer Geodateninfrastruktur in der Europäischen Gemeinschaft (INSPIRE), ABl. 2007 Nr. L 108, S. 1, in der Fassung der Verordnung (EU) 2019/1010, ABl. 2019 Nr. L 170, S. 115, umgesetzt.

Anlage 1

Anlage 1

Gemeinde *[oder "Marktgemeinde" oder "Stadtgemeinde"]* ***NAME DER GEMEINDE*** *Gemeinde wappen*	GEMEINDE NUMMER ***70xxx***
Fortschreibung des Örtlichen Raumordnungskonzeptes oder ***Änderung des Örtlichen Raumordnungskonzeptes*** oder ***Erlassung eines Bebauungsplanes*** oder ***Änderung eines Bebauungsplanes und*** ***Erlassung/Änderung eines Ergänzenden Bebauungsplanes*** oder ...	Fortlaufende Änderungsnummer: *[wird nach aufsichtsbehördl. Behandlung vom AdTLr vergeben]* Planbezeichnung: *XXXXX*
PLANUNGSBEREICH : *Ortsteil, Weiler, Straße, Flurname od. ähnl.* Betroffene Grundstücke:	Planerstellungs-datum: *XX.XX.XXXX*

ZUR ALLGEMEINEN EINSICHT AUFGELEGEN
gem. § 63 TROG 2016 *[gilt für die Fortschreibung eines ÖRK]*
gem. § 67 TROG 2016 *[gilt für die Änderung eines ÖRK]*
gem. § 64 TROG 2016 *[gilt für die Erlassung und Änderung eines Bebauungsplanes oder die Erlassung und Änderung eines Ergänzenden Bebauungsplanes]*

vom .... bis ....

ERLASSUNGSBESCHLUSS DES GEMEINDERATES VOM

....

DER BÜRGERMEISTER/DIE BÜRGERMEISTERIN

RAUMORDNUNGSFACHLICHER PRÜFVERMERK:	KATASTRALGEMEINDE: *8xxxx, Name der Katastralgemeinde* PLANGRUNDLAGE: *z.B.: Digitale Katastralmappe des BEV* DATENSTAND: *z.B.: 01.10.2018*
VERMERK DER LANDESREGIERUNG:	
KUNDGEMACHT gem. § 66 TROG 2016 *[gilt für die Fortschreibung eines ÖRK sowie für Erlassung und Änderung eines BBPLs]* KUNDGEMACHT gem. § 67 TROG 2016 *[gilt für die Änderung eines ÖRK]* vom .... bis .... DER BÜRGERMEISTER/DIE BÜRGERMEISTERIN	NORD **ÜBERSICHTSPLAN** Maßstab: *1: xxxxxx*

Der Planverfasser/die Planverfasserin:

Dateiname: xxx.xxx *[Name jener Datei, die in der Geodatenschnittstelle dem AdTLr übergeben wird; betrifft nur Örtliche Raumordnungskonzepte]*

Anlagen 2a-2t

Anlage 2a-2t

Anlagen 2a - 2t
zur Planzeichenverordnung 2022

Deckblätter

LAND
TIROL

Anlage 2a

Gemeinde oder **Marktgemeinde** oder **Stadtgemeinde** ***[GEMEINDENAME]*** **Änderung des Flächenwidmungsplanes**	Gemeindenr. 70xxx Änderungsnr. xxx

Planungsgebiet: *[Ortsteil, Straße, Weiler, Flurname, o.ä.]*
betroffene Grundstücke: xxx [alle betr. Grundstücksnummern einer Kg.], KG 8xxxxx [KG Nummer] XXX [KG Name] (pro berührter Katastralgemeinde jeweils ein solcher Eintrag)

Planungsnr.: xxx-xxx-xxxxx [Planungsnummer]
Deckblatt aktualisiert am xx.xx.xxxx [Datum]
Planung abgeschlossen am xx.xx.xxxx [Datum]
Verfahrensnr.: x-xxx/x-xxxx [Verfahrensnummer]
Verfahrensstatus: xxxx [Verfahrensstatus]

Plan verfasst von *[Name Planverfasser/Planverfasserin]*

Beschlussverfahren durch den Gemeinderat:
dem Auflage[- und Erlassungs]beschluss vom xx.xx.xxxx [Datum] zugrunde gelegen
zur allgemeinen Einsicht aufgelegen nach § 68 i.V.m. § 63 TROG vom xx.xx.xxxx bis xx.xx.xxxx [Datum]
[dem Erlassungsbeschluss vom xx.xx.xxxx [Datum] zugrunde gelegen]
zur aufsichtsbehördlichen Genehmigung übergeben am xx.xx.xxxx [Datum]

Aufsichtsbehördliches Verfahren:
aufsichtsbehördliche Genehmigung erteilt [oder versagt] mit Bescheid vom xx.xx.xxxx [Datum]
Bescheid-Zahl x-xxx/xxxx/x-xxxx
oder
aufsichtsbehördliche Genehmigung erteilt [oder versagt] mit Beschwerdevorentscheidung vom xx.xx.xxxx [Datum]
oder
aufsichtsbehördliche Genehmigung erteilt [oder versagt] mit Erkenntnis des Landesverwaltungsgerichts Tirol vom xx.xx.xxxx [Datum]

Kundmachung:
zur Abfrage freigegeben nach § 70 Abs. 3 TROG 2016 am xx.xx.xxxx [Datum]

Der Bürgermeister *[Vorname Nachname]* oder Die Bürgermeisterin *[Vorname Nachname]*
oder
Für den Bürgermeister *[Vorname Nachname]* oder Für die Bürgermeisterin *[Vorname Nachname]*

Anlage 2b

Gemeinde oder **Marktgemeinde** oder **Stadtgemeinde** ***[GEMEINDENAME]*** *Gemeinde wappen* **Änderung des Flächenwidmungsplanes**	Gemeindenr. 70xxx Änderungsnr. xxx

Planungsgebiet: *[Ortsteil, Straße, Weiler, Flurname, o.ä.]*
betroffene Grundstücke: XXX [alle betr. Grundstücksnummern einer Kg.], **KG** 8xxxxx [KG Nummer] XXX [KG Name] (pro berührter Katastralgemeinde jeweils ein solcher Eintrag)

Planungsnr.: xxx-xxx-xxxxx [Planungsnummer]
Deckblatt aktualisiert am xx.xx.xxxx [Datum]
Planung abgeschlossen am xx.xx.xxxx [Datum]
Verfahrensnr.: x-xxx/x-xxxx [Verfahrensnummer]
Verfahrensstatus: xxxx [Verfahrensstatus]

Plan verfasst von *[Name Planverfasser/Planverfasserin]*

Aufsichtsbehördliche Prüfung – 1.Teil:
aufsichtsbehördlich geprüt am xx.xx.xxxx [Datum], Zahl x-xxxx/x-xxxx/x-xxx

---

Beschlussverfahren durch den Gemeinderat:
dem Auflage[- und Erlassungs]beschluss vom xx.xx.xxxx [Datum] zugrunde gelegen
zur allgemeinen Einsicht aufgelegen nach § 68 i.V.m. § 63 TROG 2016 vom xx.xx.xxxxx bis xx.xx.xxxxx [Datum]
[dem Erlassungsbeschluss vom xx.xx.xxxx [Datum] zugrunde gelegen]
der Aufsichtsbehörde übergeben am xx.xx.xxxx [Datum]

Aufsichtsbehördliche Prüfung – 2. Teil:
aufsichtsbehördlich geprüt am xx.xx.xxxx [Datum], Zahl x-xxx/x-xxxx/x-xxxx

---

Kundmachung:
zur Abfrage freigegeben nach § 70 Abs. 3 TROG 2016 am xx.xx.xxxx [Datum]

Der Bürgermeister *[Vorname Nachname]* oder Die Bürgermeisterin *[Vorname Nachname]*
oder
Für den Bürgermeister *[Vorname Nachname]* oder Für die Bürgermeisterin *[Vorname Nachname]*

Anlage 2c

Gemeinde oder **Marktgemeinde** oder **Stadtgemeinde** ***[GEMEINDENAME]*** **Änderung des Flächenwidmungsplanes** (*Gemeinde wappen*)	Gemeindenr. 70xxx Änderungsnr. xxx

Planungsgebiet: *[Ortsteil, Straße, Weiler, Flurname, o.ä.]*
betroffene Grundstücke: xxx [alle betr. Grundstücksnummern einer Kg.], KG 8xxxxx [KG Nummer] XXX [KG Name]
(pro berührter Katastralgemeinde jeweils ein solcher Eintrag)

Planungsnr.: xxx-xxx-xxxxx [Planungsnummer]
Deckblatt aktualisiert am xx.xx.xxxx [Datum]
Planung abgeschlossen am xx.xx.xxxx [Datum]
Verfahrensnr.: x-xxx/x-xxxx [Verfahrensnummer]
Verfahrensstatus: xxxx [Verfahrensnummer]

Plan verfasst von: *[Name Planverfasser/Planverfasserin]*

Beschlussverfahren durch den Gemeinderat:
dem Auflage[- und Erlassungs]beschluss vom xx.xx.xxxx [Datum] zugrunde gelegen
zur allgemeinen Einsicht aufgelegen nach § 68 i.V.m. § 63 TROG 2016 vom xx.xx.xxxxx bis xx.xx.xxxxx [Datum]
[dem Erlassungsbeschluss vom xx.xx.xxxx [Datum] zugrunde gelegen]
zur aufsichtsbehördlichen Genehmigung übergeben am xx.xx.xxxx [Datum]

Aufsichtsbehördliches Verfahren:
aufsichtsbehördliche Genehmigung erteilt [oder versagt] mit Bescheid vom xx.xx.xxxx [Datum]
Bescheid-Zahl x-xxx/xxxx/x-xxxx
oder
aufsichtsbehördliche Genehmigung erteilt [oder versagt] mit Beschwerdevorentscheidung vom xx.xx.xxxx [Datum]
oder
aufsichtsbehördliche Genehmigung erteilt [oder versagt] mit Erkenntnis des Landesverwaltungsgerichts Tirol vom xx.xx.xxxx [Datum]

Kundmachung der analogen Änderung des Flächenwidmungsplanes:
durch öffentlichen Anschlag von xx.xx.xxxxx bis xx.xx.xxxxx [Datum]

Kundmachung:
zur Abfrage freigegeben nach § 71a Abs. 4 TROG 2016 am: xx.xx.xxxxx [Datum]

Der Bürgermeister *[Vorname Nachname]* oder Die Bürgermeisterin *[Vorname Nachname]*
oder
Für den Bürgermeister *[Vorname Nachname]* oder Für die Bürgermeisterin *[Vorname Nachname]*

Hinweis:
Mit dem Ablauf des Tages der Freigabe der Daten im elektronischen Flächenwidmungsplan wird die bisherige analoge Kundmachung der betreffenden Änderung nach § 71 a Abs. 4 TROG 2016 rechtsunwirksam.

Anlage 2d

Gemeinde oder **Maktgemeinde** oder **Stadtgemeinde** ***[GEMEINDENAME]*** **Weitere kundzumachende Inhalte des Flächenwidmungsplanes** nach § 70 Abs. 1 lit. c TROG 2016		Gemeindenr. 70xxx Änderungsnr. xxx

Planungsgebiet:	*[Ortsteil, Straße, Weiler, Flurname, o.ä.]*
betroffene Grundstücke:	xxx [alle betr. Grundstücksnummern einer Kg.], KG 8xxxxx [KG Nummer] XXX [KG Name] (pro berührter Katastralgemeinde jeweils ein solcher Eintrag)

Planungsnr.:	xxx-xxx-xxxxx [Planungsnummer]
Deckblatt aktualisiert am	xx.xx.xxxx [Datum]
Planung abgeschlossen am	xx.xx.xxxx [Datum]
Verfahrensnr.:	x-xxx/x-xxxx [Verfahrensnummer]
Verfahrensstatus:	xxxx [Verfahrensstatus]

Plan verfasst von *[Name Planverfasser/Planverfasserin]*

Ersichtlichmachung nach § 70 Abs. 4 TROG 2016:
zur Abfrage freigegeben am xx.xx.xxxx [Datum]

Der Bürgermeister *[Vorname Nachname]* oder Die Bürgermeisterin *[Vorname Nachname]*
oder
Für den Bürgermeister *[Vorname Nachname]* oder Für die Bürgermeisterin *[Vorname Nachname]*

Anlage 2e

Gemeinde oder **Marktgemeinde** oder **Stadtgemeinde** ***[GEMEINDENAME]*** *Gemeinde wappen* **Berichigung der elektronischen Kundmachung des Flächenwidmungsplanes von Amts wegen**	Gemeindenr. 70xxx Änderungsnr. xxx

Planungsgebiet: *[Ortsteil, Straße, Weiler, Flurname, o.ä.]*
betroffene Grundstücke: XXX [alle betr. Grundstücksnummern einer Kg.], KG 8xxxxx [KG Nummer] XXX [KG Name]
(pro berührter Katastralgemeinde jeweils ein solcher Eintrag)

Planungsnr.: xxx-xxx-xxxxx [Planungsnummer]
Deckblatt aktualisiert am xx.xx.xxxx [Datum]
Planung abgeschlossen am xx.xx.xxxx [Datum]
Verfahrensnr.: x-xxx/x-xxxx [Verfahrensnummer]
Verfahrensstatus: xxxx [Verfahrensstatus]

Plan verfasst von *[Name Planverfasser/Planverfasserin]*

---

zu berichigender Plan:
Gesamflächenwidmungsplan, zur Abgabe freigegeben am: xx.xx.xxxx [Datum]
oder
Änderungsnummer xxx

Anhörung der Landesregierung am xx.xx.xxxx [Datum]

Beschluss des Gemeinderates am xx.xx.xxxx [Datum]

Berichigung nach § 70 Abs. 6 TROG 2016:
zur Abfrage freigegeben am xx.xx.xxxx [Datum]

Der Bürgermeister *[Vorname Nachname]* oder Die Bürgermeisterin *[Vorname Nachname]*
oder
Für den Bürgermeister *[Vorname Nachname]* oder Für die Bürgermeisterin *[Vorname Nachname]*

Anlage 2f

Gemeinde oder **Marktgemeinde** oder **Stadtgemeinde** ***[GEMEINDENAME]*** *Gemeinde wappen*	Gemeindenr. 70xxx
Ersichtlichmachung der Auhebung von Widmungs-festlegungen durch den Verfassungsgerichtshof	Änderungsnr. xxx

Planungsgebiet: *[Ortsteil, Straße, Weiler, Flurname, o.ä.]*
betroffene Grundstücke: XXX [alle betr. Grundstücksnummern einer Kg.], KG 8xxxxx [KG Nummer] XXX [KG Name]
(pro berührter Katastralgemeinde jeweils ein solcher Eintrag)

Planungsnr.: xxx-xxx-xxxxx [Planungsnummer]
Deckblatt aktualisiert am xx.xx.xxxx [Datum]
Planung abgeschlossen am xx.xx.xxxx [Datum]
Verfahrensnr.: x-xxx/x-xxxx [Verfahrensnummer]
Verfahrensstatus: xxxx [Verfahrensstatus]

Plan verfasst von *[Name Planverfasser/Planverfasserin]*

Auhebung laut der Kundmachung LGBl. Nr.: xx/xxxx
[LGBl im gesamten Wortlaut]

Ersichtlichmachung nach § 70 Abs. 5 TROG 2016:
Auhebung in Krat getreten mit dem Ablauf des Tages des xx.xx.xxxx [Kundmachung im LGBl. Nr. xx/xxxx]
oder
Auhebung in Krat getreten am xx.xx.xxxx [Datum *(durch VfGH besimmt)*]

zur Abfrage freigegeben am xx.xx.xxxx [Datum]

Der Bürgermeister *[Vorname Nachname]* oder Die Bürgermeisterin *[Vorname Nachname]*
oder
Für den Bürgermeister *[Vorname Nachname]* oder Für die Bürgermeisterin *[Vorname Nachname]*

Anlage 2g

Gemeinde oder **Marktgemeinde** oder **Stadtgemeinde** *[GEMEINDENAME]* *Gemeinde wappen* **Erlöschen der Festlegung des Verlaufes einer Straße bzw. des Vorbehalts für einen überörtlichen Verkehrsweg**	Gemeindenr. 70xxx Änderungsnr. xxx

Planungsgebiet: *[Ortsteil, Straße, Weiler, Flurname, o.ä.]*
betroffene Grundstücke: XXX [alle betr. Grundstücksnummern einer Kg.], KG 8xxxxx [KG Nummer] XXX [KG Name] (pro berührter Katastralgemeinde jeweils ein solcher Eintrag)

Planungsnr.: xxx-xxx-xxxxx [Planungsnummer]
Deckblatt aktualisiert am xx.xx.xxxx [Datum]
Planung abgeschlossen am xx.xx.xxxx [Datum]
Verfahrensnr.: x-xxx/x-xxxx [Verfahrensnummer]
Verfahrensstatus: xxxx [Verfahrensnummer]

Plan verfasst von *[Name Planverfasser/Planverfasserin]*

Ersichtlichmachung nach § 70 Abs. 4 iVm § 53 Abs. 3 TROG 2016:

zur Abfrage freigegeben am xx.xx.xxxx [Datum]

Der Bürgermeister *[Vorname Nachname]* oder Die Bürgermeisterin *[Vorname Nachname]*
oder
Für den Bürgermeister *[Vorname Nachname]* oder Für die Bürgermeisterin *[Vorname Nachname]*

Anlage 2h

Gemeinde *oder* Marktgemeinde *oder* Stadtgemeinde

[GEMEINDENAME]

Neuerlassung des Flächenwidmungsplanes infolge der Auhebung des bisherigen Flächenwidmungsplanes durch den Verfassungsgerichtshof

Gemeinde wappen

Gemeindenr.:
70xxx

Blattübersicht [Beispiel]

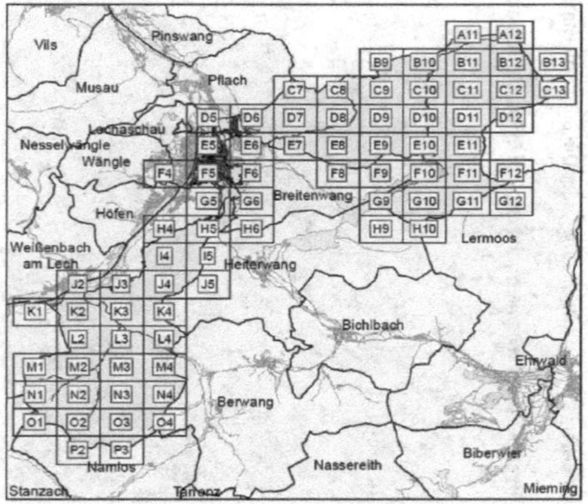

Katastralgemeinde(n):
8xxxxx [KG Nummer] XXX [KG Name] (gegebenenfalls mehrere solche Einträge)

Plan verfasst von *[Name Planverfasser/Planverfasserin]*
Deckblatt aktualisiert am xx.xx.xxxx [Datum]

Beschlussverfahren durch den Gemeinderat:
dem Auflage[- und Erlassungs]beschluss vom xx.xx.xxxx [Datum] zugrunde gelegen
zur allgemeinen Einsicht aufgelegen nach § 68 i.V.m. § 63 TROG vom xx.xx.xxxx bis xx.xx.xxxx [Datum]
[dem Erlassungsbeschluss vom xx.xx.xxxx [Datum] zugrunde gelegen]
zur aufsichtsbehördlichen Genehmigung übergeben am xx.xx.xxxx [Datum]

Aufsichtsbehördliches Verfahren:
aufsichtsbehördliche Genehmigung erteilt [oder versagt] mit Bescheid vom xx.xx.xxxx [Datum]
Bescheid-Zahl x-xxx/xxxx/x-xxxx
oder
aufsichtsbehördliche Genehmigung erteilt [oder versagt] mit Beschwerdevorentscheidung vom xx.xx.xxxx [Datum]
oder
aufsichtsbehördliche Genehmigung erteilt [oder versagt] mit Erkenntnis des Landesverwaltungsgerichts Tirol vom xx.xx.xxxx [Datum]

Kundmachung:
zur Abfrage freigegeben nach § 70 Abs. 3 TROG 2016 am xx.xx.xxxx [Datum]

Der Bürgermeister *[Vorname Nachname]* oder Die Bürgermeisterin *[Vorname Nachname]*

oder
Für den Bürgermeister *[Vorname Nachname]* oder Für die Bürgermeisterin *[Vorname Nachname]*

Anlage 2i

Gemeinde oder **Marktgemeinde** oder **Stadtgemeinde**	*Gemeinde wappen*
[GEMEINDENAME] **Neuerliche elektronische Kundmachung des Flächenwidmungsplanes**	Gemeindenr. 70xxx

Blattübersicht [Beispiel]

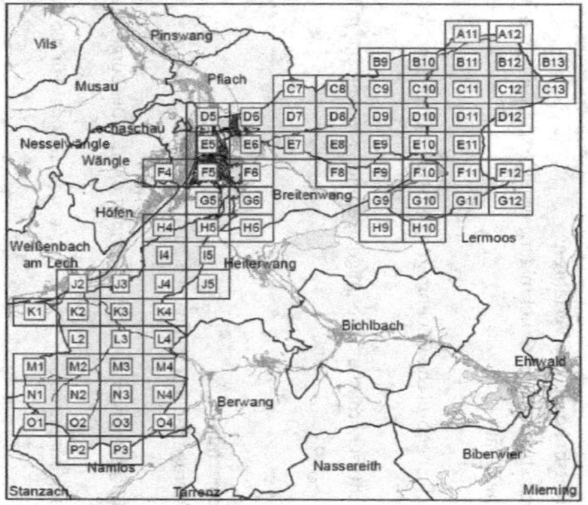

Katastralgemeinde(n):
8xxxxx [KG Nummer] XXX [KG Name] (gegebenenfalls mehrere solche Einträge)

Plan verfasst von *[Name Planverfasser/Planverfasserin]*

Deckblatt aktualisiert am xx.xx.xxxx [Datum]

Beschluss des Gemeinderates der Gemeinde XXX [Gemeindename]
vom xx.xx.xxxx [Datum] nach § 71 Abs. 2 TROG 2016 über die Bestäigung des Datenbestandes sowie über die neuerliche elektronische Kundmachung

Kundmachung:
zur Abfrage freigegeben nach § 71 Abs. 3 TROG 2016 am xx.xx.xxxx [Datum]

Der Bürgermeister *[Vorname Nachname]* /Die Bürgermeisterin *[Vorname Nachname]*
oder
Für den Bürgermeister *[Vorname Nachname]* /Für die Bürgermeisterin *[Vorname Nachname]*

Hinweis:
Der Flächenwidmungsplan ist nach § 71 Abs. 4 TROG 2016 mit dem Ablauf des Tages der Freigabe zur Abfrage in seiner neuerlich elektronisch kundgemachten Fassung anzuwenden.

PZVO

Anlage 2j

Gemeinde oder **Marktgemeinde** oder **Stadtgemeinde** ***[GEMEINDENAME]*** *Gemeinde wappen* **Widmungskorrektur** nach § 68 Abs. 4 lit. a TROG 2016	Gemeindenr. 70xxx Änderungsnr. xxx

Planungsgebiet:	*[Ortsteil, Straße, Weiler, Flurname, o.ä.]*
betroffene Grundstücke:	xxx [alle betr. Grundstücksnummern einer Kg.], KG 8xxxxx [KG Nummer] XXX [KG Name] (pro berührter Katastralgemeinde jeweils ein solcher Eintrag)

Planungsnr.:	xxx-xxx-xxxxx [Planungsnummer]
Deckblatt aktualisiert am	xx.xx.xxxx [Datum]
Planung abgeschlossen am	xx.xx.xxxx [Datum]
Verfahrensnr.:	x-xxx/x-xxxx [Verfahrensnummer]
Verfahrensstatus:	xxxx [Verfahrensstatus]

Plan verfasst von *[Name Planverfasser/Planverfasserin]*

Beschlussverfahren durch den Gemeinderat:
dem Erlassungsbeschluss vom xx.xx.xxxx [Datum] zugrunde gelegen
zur aufsichtsbehördlichen Genehmigung übergeben am xx.xx.xxxx [Datum]

Aufsichtsbehördliches Verfahren:
aufsichtsbehördliche Genehmigung erteilt [oder versagt] mit Bescheid vom xx.xx.xxxx [Datum]
Bescheid-Zahl x-xxx/xxxx/x-xxxx
oder
aufsichtsbehördliche Genehmigung erteilt [oder versagt] mit Beschwerdevorentscheidung vom xx.xx.xxxx [Datum]
oder
aufsichtsbehördliche Genehmigung erteilt [oder versagt] mit Erkenntnis des Landesverwaltungsgerichts Tirol vom xx.xx.xxxx [Datum]

Kundmachung:
zur Abfrage freigegeben nach § 70 Abs. 3 TROG 2016 am xx.xx.xxxx [Datum]

Der Bürgermeister *[Vorname Nachname]* oder Die Bürgermeisterin *[Vorname Nachname]*
oder
Für den Bürgermeister *[Vorname Nachname]* oder Für die Bürgermeisterin *[Vorname Nachname]*

Anlage 2k

<table>
<tr><td rowspan="2">Gemeinde
oder Marktgemeinde
oder Stadtgemeinde
[GEMEINDENAME]

Gemeinde wappen

Auhebung einer Kennzeichnung nach § 35 Abs. 2 TROG 2016</td><td>Gemeindenr.
70xxx</td></tr>
<tr><td>Änderungsnr.
xxx</td></tr>
</table>

Planungsgebiet:	*[Ortsteil, Straße, Weiler, Flurname, o.ä.]*
betroffene Grundstücke:	xxx [alle betr. Grundstücksnummern einer Kg.], KG 8xxxxx [KG Nummer] XXX [KG Name] (pro berührter Katastralgemeinde jeweils ein solcher Eintrag)

Planungsnr.:	xxx-xxx-xxxxx [Planungsnummer]
Deckblatt aktualisiert am	xx.xx.xxxx [Datum]
Planung abgeschlossen am	xx.xx.xxxx [Datum]
Verfahrensnr.:	x-xxx/x-xxxx [Verfahrensnummer]
Verfahrensstatus:	xxxx [Verfahrensstatus]

Plan verfasst von *[Name Planverfasser/Planverfasserin]*

Beschlussverfahren durch den Gemeinderat:
dem Erlassungsbeschluss vom xx.xx.xxxx [Datum] zugrunde gelegen
zur aufsichtsbehördlichen Genehmigung übergeben am xx.xx.xxxx [Datum]

Aufsichtsbehördliches Verfahren:
aufsichtsbehördliche Genehmigung erteilt [oder versagt] mit Bescheid vom xx.xx.xxxx [Datum]
Bescheid-Zahl x-xxx/xxxx/x-xxxx
oder
aufsichtsbehördliche Genehmigung erteilt [oder versagt] mit Beschwerdevorentscheidung vom xx.xx.xxxx [Datum]
oder
aufsichtsbehördliche Genehmigung erteilt [oder versagt] mit Erkenntnis des Landesverwaltungsgerichts Tirol vom xx.xx.xxxx [Datum]

Kundmachung:
zur Abfrage freigegeben nach § 70 Abs. 3 TROG 2016 am xx.xx.xxxx [Datum]

Der Bürgermeister *[Vorname Nachname]* oder Die Bürgermeisterin *[Vorname Nachname]*
oder
Für den Bürgermeister *[Vorname Nachname]* oder Für die Bürgermeisterin *[Vorname Nachname]*

Anlage 2l

Gemeinde oder **Marktgemeinde** oder **Stadtgemeinde** ***[GEMEINDENAME]***	*Gemeinde wappen*	Gemeindenr. 70xxx
Verlängerung der Befristung einer Widmung als Bauland nach § 37a Abs. 3 TROG 2016		Änderungsnr. xxx

Planungsgebiet: *[Ortsteil, Straße, Weiler, Flurname, o.ä.]*
betroffene Grundstücke: xxx [alle betr. Grundstücksnummern einer Kg.], KG 8xxxxx [KG Nummer] XXX [KG Name] (pro berührter Katastralgemeinde jeweils ein solcher Eintrag)

Planungsnr.: xxx-xxx-xxxxx [Planungsnummer]
Deckblatt aktualisiert am xx.xx.xxxx [Datum]
Planung abgeschlossen am xx.xx.xxxx [Datum]
Verfahrensnr.: x-xxx/x-xxxx [Verfahrensnummer]
Verfahrensstatus: xxxx [Verfahrensstatus]

Plan verfasst von *[Name Planverfasser/Planverfasserin]*

Beschlussverfahren durch den Gemeinderat:
dem Erlassungsbeschluss vom xx.xx.xxxx [Datum] zugrunde gelegen
zur aufsichtsbehördlichen Genehmigung übergeben am xx.xx.xxxx [Datum]

Aufsichtsbehördliches Verfahren:
aufsichtsbehördliche Genehmigung erteilt [oder versagt] mit Bescheid vom xx.xx.xxxx [Datum]
Bescheid-Zahl x-xxx/xxxx/x-xxxx
oder
aufsichtsbehördliche Genehmigung erteilt [oder versagt] mit Beschwerdevorentscheidung vom xx.xx.xxxx [Datum]
oder
aufsichtsbehördliche Genehmigung erteilt [oder versagt] mit Erkenntnis des Landesverwaltungsgerichts Tirol vom xx.xx.xxxx [Datum]

Kundmachung:
zur Abfrage freigegeben nach § 70 Abs. 3 TROG 2016 am xx.xx.xxxx [Datum]

Der Bürgermeister *[Vorname Nachname]* oder Die Bürgermeisterin *[Vorname Nachname]*
oder
Für den Bürgermeister *[Vorname Nachname]* oder Für die Bürgermeisterin *[Vorname Nachname]*

Anlage 2m

Gemeinde
oder **Marktgemeinde**
oder **Stadtgemeinde**

[GEMEINDENAME]

Gemeinde wappen

Gemeindenr.
70xxx

Änderungsnr.
xxx

Änderung der Befristung einer Widmung als Bauland
nach § 37a Abs. 5 TROG 2016

Planungsgebiet:	*[Ortsteil, Straße, Weiler, Flurname, o.ä.]*
betroffene Grundstücke:	xxx [alle betr. Grundstücksnummern einer Kg.], KG 8xxxxx [KG Nummer] XXX [KG Name] (pro berührter Katastralgemeinde jeweils ein solcher Eintrag)

Planungsnr.:	xxx-xxx-xxxxx [Planungsnummer]
Deckblatt aktualisiert am	xx.xx.xxxx [Datum]
Planung abgeschlossen am	xx.xx.xxxx [Datum]
Verfahrensnr.:	x-xxx/x-xxxx [Verfahrensnummer]
Verfahrensstatus:	xxxx [Verfahrensnummer]

Plan verfasst von *[Name Planverfasser/Planverfasserin]*

Ersichtlichmachung nach § 70 Abs. 4 TROG 2016:
zur Abfrage freigegeben am xx.xx.xxxx [Datum]

Der Bürgermeister *[Vorname Nachname]* oder Die Bürgermeisterin *[Vorname Nachname]*
oder
Für den Bürgermeister *[Vorname Nachname]* oder Für die Bürgermeisterin *[Vorname Nachname]*

Anlage 2n

Gemeinde oder **Marktgemeinde** oder **Stadtgemeinde** *[GEMEINDENAME]* *Gemeinde wappen* **Wegfall der Befristung einer Widmung als Bauland** nach § 37a Abs. 6 TROG 2016	Gemeindenr. 70xxx Änderungsnr. xxx

Planungsgebiet:	*[Ortsteil, Straße, Weiler, Flurname, o.ä.]*
betroffene Grundstücke:	xxx [alle betr. Grundstücksnummern einer Kg.], **KG** 8xxxxx [KG Nummer] XXX [KG Name] (pro berührter Katastralgemeinde jeweils ein solcher Eintrag)

Planungsnr.:	xxx-xxx-xxxxx [Planungsnummer]
Deckblatt aktualisiert am	xx.xx.xxxx [Datum]
Planung abgeschlossen am	xx.xx.xxxx [Datum]
Verfahrensnr.:	x-xxx/x-xxxx [Verfahrensnummer]
Verfahrensstatus:	xxxx [Verfahrensnummer]

Plan verfasst von	*[Name Planverfasser/Planverfasserin]*

Ersichtlichmachung nach § 70 Abs. 4 TROG 2016:
zur Abfrage freigegeben am xx.xx.xxxx [Datum]

Der Bürgermeister *[Vorname Nachname]* oder Die Bürgermeisterin *[Vorname Nachname]*
oder
Für den Bürgermeister *[Vorname Nachname]* oder Für die Bürgermeisterin *[Vorname Nachname]*

Anlage 2o

Gemeinde oder **Marktgemeinde** oder **Stadtgemeinde** ***[GEMEINDENAME]*** *Gemeinde wappen*	Gemeindenr. 70xxx
Außerkrattreten einer befristeten Widmung als Bauland nach § 37a Abs. 7 TROG 2016	Änderungsnr. xxx

Planungsgebiet: *[Ortsteil, Straße, Weiler, Flurname, o.ä.]*
betroffene Grundstücke: xxx [alle betr. Grundstücksnummern einer Kg.], KG 8xxxxx [KG Nummer] XXX [KG Name]
(pro berührter Katastralgemeinde jeweils ein solcher Eintrag)

Planungsnr.: xxx-xxx-xxxxx [Planungsnummer]
Deckblatt aktualisiert am xx.xx.xxxx [Datum]
Planung abgeschlossen am xx.xx.xxxx [Datum]
Verfahrensnr.: x-xxx/x-xxxx [Verfahrensnummer]
Verfahrensstatus: xxxx [Verfahrensnummer]

Plan verfasst von *[Name Planverfasser/Planverfasserin]*

Darstellung der nunmehrigen Widmung als Freiland nach § 37a Abs. 7 TROG 2016:
zur Abfrage freigegeben am xx.xx.xxxx [Datum]

Der Bürgermeister *[Vorname Nachname]* oder Die Bürgermeisterin *[Vorname Nachname]*
oder
Für den Bürgermeister *[Vorname Nachname]* oder Für die Bürgermeisterin *[Vorname Nachname]*

Anlage 2p

Gemeinde oder **Marktgemeinde** oder **Stadtgemeinde** ***[GEMEINDENAME]*** *Gemeinde wappen*	Gemeindenr. 70xxx
Änderung des Flächenwidmungsplanes im Wege der Ersatzvornahme durch die Landesregierung	Änderungsnr. xxx

Planungsgebiet: *[Ortsteil, Straße, Weiler, Flurname, o.ä.]*
betroffene Grundstücke: xxx [alle betr. Grundstücksnummern einer Kg.], KG 8xxxxx [KG Nummer] XXX [KG Name]
(pro berührter Katastralgemeinde jeweils ein solcher Eintrag)

Planungsnr.: xxx-xxx-xxxxx [Planungsnummer]
Deckblatt aktualisiert am xx.xx.xxxx [Datum]
Planung abgeschlossen am xx.xx.xxxx [Datum]
Verfahrensnr.: x-xxx/x-xxxx [Verfahrensnummer]
Verfahrensstatus: xxxx [Verfahrensstatus]

Plan verfasst von *[Name Planverfasser/Planverfasserin]*

---

dem Erlassungsbeschluss der Landesregierung vom xx.xx.xxxx [Datum] zugrunde gelegen

---

verlautbart im LGBl. Nr. xx/xxxx
[LGBl im gesamten Wortlaut]

Ersichtlichmachung nach § 70 Abs. 4 iVm § 76 Abs. 1 TROG 2016:
zur Abfrage freigegeben am xx.xx.xxxx [Datum]

Der Bürgermeister *[Vorname Nachname]* oder Die Bürgermeisterin *[Vorname Nachname]*
oder
Für den Bürgermeister *[Vorname Nachname]* oder Für die Bürgermeisterin *[Vorname Nachname]*

Anlage 2q

Gemeinde
oder **Marktgemeinde**
oder **Stadtgemeinde**

[GEMEINDENAME]

Gemeinde wappen

Gemeindenr.
70xxx

Außerkrattreten einer Änderung des Flächenwidmungsplanes, die im Wege der Ersatzvornahme durch die Landesregierung erfolgt ist

Planungsgebiet:	*[Ortsteil, Straße, Weiler, Flurname, o.ä.]*
betroffene Grundstücke:	xxx [alle betr. Grundstücksnummern einer Kg.], KG 8xxxxx [KG Nummer] XXX [KG Name] (pro berührter Katastralgemeinde jeweils ein solcher Eintrag)

Planungsnr.:	xxx-xxx-xxxxx [Planungsnummer]
Deckblatt aktualisiert am	xx.xx.xxxx [Datum]
Planung abgeschlossen am	xx.xx.xxxx [Datum]
Verfahrensnr.:	x-xxx/x-xxxx [Verfahrensnummer]
Verfahrensstatus:	xxxx [Verfahrensstatus]

Plan verfasst von *[Name Planverfasser/Planverfasserin]*

Ersichtlichmachung nach § 70 Abs. 4 iVm § 76 Abs. 3 TROG 2016:
Außer Krat getreten mit dem Inkrattreten der Verordnung des Gemeinderates über die Festlegungen des Flächenwidmungsplanes im gegenständlichen Planungsbereich (Änderungsnummer *[Änderungsnummer der betreffenden Verordnung des Gemeinderates]*) am xx.xx.xxxx [Datum]

zur Abfrage freigegeben am xx.xx.xxxx [Datum]

Der Bürgermeister *[Vorname Nachname]* oder Die Bürgermeisterin *[Vorname Nachname]*
oder
Für den Bürgermeister *[Vorname Nachname]* oder Für die Bürgermeisterin *[Vorname Nachname]*

Anlage 2r

Gemeinde oder **Marktgemeinde** oder **Stadtgemeinde** *[GEMEINDENAME]*	Gemeindenr. 70xxx
Wiederinkratsetzung der Flächenwidmungspläne der vormals bestandenen Gemeinden *[NAMEN DIESER GEMEINDEN (durch Beistriche bzw. die letzten beiden durch „und" getrennt)]*	

Wiederinkratsetzung, rückwirkend mit dem Zeitpunkt des Wirksamwerdens der Vereinigung der vormals bestandenen Gemeinden *[Namen dieser Gemeinden (durch Beistriche bzw. die letzten beiden durch „und" getrennt)]* zur Gemeinde *[Name der neuen Gemeinde]*, das ist der xx.xx.xxxx [Datum].

Kundmachung:
zur Abfrage freigegeben nach § 76b Abs. 2 TROG 2016 am xx.xx.xxxx [Datum]

Der Amtsverwalter [Vorname Nachname] oder Die Amtsverwalterin [Vorname Nachname]

Anlage 2s

Gemeinde oder Marktgemeinde oder Stadtgemeinde *[GEMEINDENAME]* **Neuerliche elektronische Kundmachung des Flächenwidmungsplanes** nach § 76b Abs. 4 TROG 2016	*Gemeinde wappen* Gemeindenr. 70xxx

Blattübersicht [Beispiel]

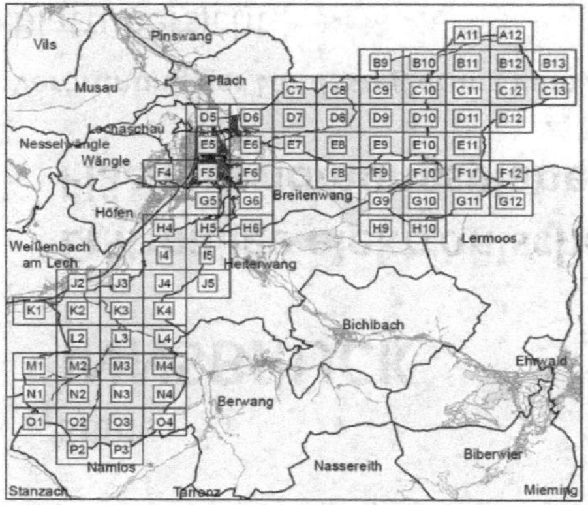

Katastralgemeinde(n):
8xxxxx [KG Nummer] XXX [KG Name] (gegebenenfalls mehrere solche Einträge)

Plan verfasst von *[Name Planverfasser/Planverfasserin]*

Deckblatt aktualisiert am xx.xx.xxxx [Datum]

Beschluss des Gemeinderates der Gemeinde *[Name der Gemeinde]*
vom xx.xx.xxxx [Datum] nach § 76b Abs. 4 iVm § 71 Abs. 2 TROG 2016 über die Bestägiung des Datenbestandes sowie über die neuerliche elektronische Kundmachung

Kundmachung:
zur Abfrage freigegeben nach § 76b Abs. 4 iVm § 71 Abs. 3 TROG 2016 am xx.xx.xxxx [Datum]

Der Bürgermeister *[Vorname Nachname]* oder Die Bürgermeisterin *[Vorname Nachname]*
oder
Für den Bürgermeister *[Vorname Nachname]* oder ***Für die Bürgermeisterin*** *[Vorname Nachname]*

Hinweis:
Der Flächenwidmungsplan ist nach § 76b Abs. 4 iVm § 71 Abs. 4 TROG 2016 mit dem Ablauf des Tages der Freigabe zur Abfrage in seiner neuerlich elektronisch kundgemachten Fassung anzuwenden.

PZVO

Anlage 2t

Stadt

INNSBRUCK

Erstmalige elektronische Kundmachung des Flächenwidmungsplanes

Gemeindenr.: 70101

Verordnung der Landesregierung vom xx.xx.xxxx [Datum], **LGBl Nr.** xx/xxxx [LGBl. Nr.]

Blattübersicht

Plan verfasst von *[Name Planverfasser/Planverfasserin]*

Deckblatt aktualisiert am xx.xx.xxxx [Datum]

Beschluss des Gemeinderates der Stadt Innsbruck vom xx.xx.xxxx [Datum]
nach § 118 Abs. 2 TROG 2016 über die Bestäigung des konsolidierten Datenbestandes
sowie über die erstmalige elektronische Kundmachung

Kundmachung:
zur Abfrage freigegeben nach § 118 Abs. 3 TROG 2016 am xx.xx.xxxx [Datum]

Der Bürgermeister *[Vorname Nachname]* oder Die Bürgermeisterin *[Vorname Nachname]*
oder
Für den Bürgermeister *[Vorname Nachname]* oder Für die Bürgermeisterin *[Vorname Nachname]*

Hinweis:
Der Flächenwidmungsplan ist nach § 118 Abs. 4 TROG 2016 mit dem Ablauf des Tages der Freigabe zur Abfrage in seiner erstmalig elektronisch kundgemachten Fassung anzuwenden.

PZVO

Anlage 3

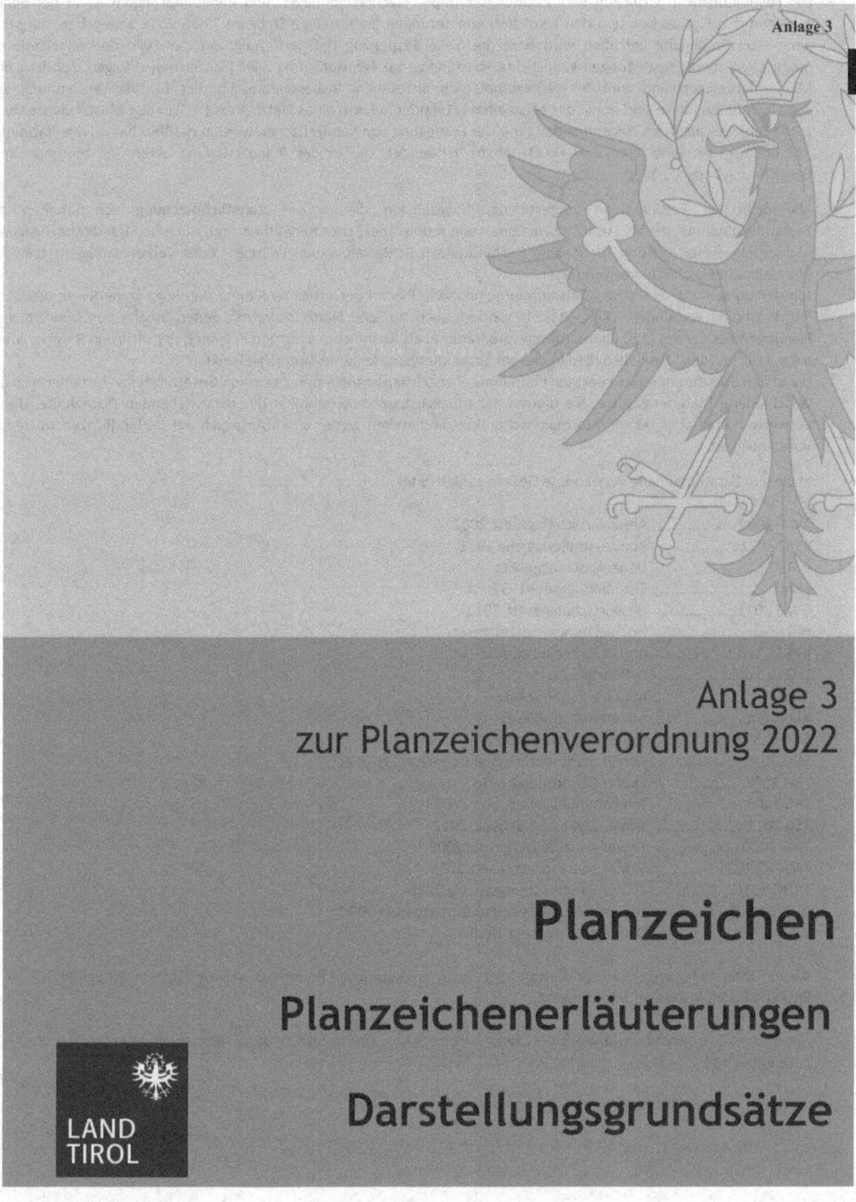

Anlage 3

Anlage 3
zur Planzeichenverordnung 2022

Planzeichen

Planzeichenerläuterungen

Darstellungsgrundsätze

LAND
TIROL

Hinweise zur Verwendung der Planzeichen und ergänzende Erläuterungen

Die folgenden Seiten enthalten die Planzeichen der Pläne der örtlichen Raumordnung für die Durchführung von Verfahren nach dem Tiroler Raumordnungsgesetz (TROG 2016). Die Einteilung der Planzeichen ist deshalb in die Abschnite BESTANDSAUFNAHME, ÖRTLICHES RAUMORDNUNGSKONZEPT, FLÄCHENWIDMUNGSPLAN und BEBAUUNGSPLANUNG gegliedert.

Für **Festlegungen** in Örtlichen Raumordnungskonzept-, Flächenwidmungs- und Bebauungsplänen ist in der Spalte zwischen den Planzeichen und den textlichen Erläuterungen die jeweilige Stelle im TROG 2016 angegeben, aufgrund jener eine Festlegung getroffen wird bzw. die diese Festlegung definiert. Aufgrund der Fülle der verschiedenen Möglichkeiten von Festlegungen kann keine vollständige taxaive Auflistung aller Planzeichen erfolgen, sondern die Musterplanzeichen sind zum Teil als exemplarisch anzusehen. Insbesondere gilt dies für die Verwendung von Zählersymbolen [diese sind entweder beispielhat („1") oder in Form eines Platzhalters („n") in den Musterplanzeichen enthalten]. Vor allem im Zusammenhang mit der Festlegung von Sonderflächen werden darüber hinaus die Platzhalter „X" und „x" für jene Textkürzel (Buchstaben) verwendet, die in der Plandarstellung einen Teil der jeweiligen Bezeichnung bilden.

Alle nicht für Festlegungen vorgesehenen Planzeichen dienen der **Kenntlichmachung** von Inhalten der Bestandsaufnahme, die als Zusatzinformaionen von raumplanerischer Bedeutung sind. Auch bei den diesbezüglichen Musterplanzeichen werden für flexible Bestandteile (z.B. Betreiber von Leitungs- oder Verkehrsanlagen) teilweise Beispiele und Platzhalter verwendet.
Mit der Darstellung dieser Bestandsaufnahmeinhalte in Plänen der örtlichen Raumordnung ist keinerlei unmitelbare Rechtswirkung verbunden. Dies gilt insbesondere auch für jene Planzeichen, mit denen Inhalte von überörtlichen Planungen des Landes (z.B. Raumordnungsprogramme) als Kenntlichmachungen in Plänen der örtlichen Raumordnung dargestellt werden. Auch sie haben in diesem Zusammenhang keinerlei normaive Funkion.
Die in den Erläuterungen von Bestandsaufnahme-Planzeichen enthaltenen Zitate von Gesetzesstellen beziehen sich auf verschiedene Materiengesetze. Sie dienen der möglichst exakten Definiion der darzustellenden Planinhalte; diese Verweise haben aber reinen Informaionscharakter und stellen weder einen Anspruch auf Verbindlichkeit noch auf Vollständigkeit.

In diesem Zusammenhang verwendete Gesetzesabkürzungen:

AWG 2002 .... Abfallwirtschatsgesetz 2002
BStG 1971 .... Bundesstraßengesetz 1971
DMSG .... Denkmalschutzgesetz
EisbG .... Eisenbahngesetz 1957
GWG 2011 .... Gaswirtschatsgesetz 2011
HlG .... Hochleistungsstreckengesetz
IG-L .... Immissionsschutzgesetz-Lut
LFG .... Lutfahrtgesetz
MBG .... Militärbefugnisgesetz
MinroG .... Mineralrohstoffgesetz
SeilbG 2003 .... Seilbahngesetz 2003
SOG 2021 .... Tiroler Stadt- und Ortsbildschutzgesetz 2021
TBO 2018 .... Tiroler Bauordnung 2018
TKG 2003 .... Telekommunikaionsgesetz 2003
TEG 2012 .... Tiroler Elektrizitätsgesetz 2012
TiKG 2000 .... Tiroler Kanalisaionsgesetz 2000
TNSchG 2005 .... Tiroler Naturschutzgesetz 2005
TROG 2016 .... Tiroler Raumordnungsgesetz 2016
UVP-G 2000 .... Umweltverträglichkeitsprüfungsgesetz 2000
WRG 1959 .... Wasserrechtsgesetz 1959

Weiterführende Informaionen zur Verwendung einzelner Planzeichen finden sich in Einzelfällen in der Spalte ERLÄUTERUNG *in kursiver Schreibweise.*

Hinweise, die sich primär auf Details der Darstellung beziehen, sind zusätzlich durch dunkelblaue Farbgebung gekennzeichnet.

BESTANDSAUFNAHME - INFRASTRUKTUR

PLANZEICHEN	ERLÄUTERUNG
	TERRITORIALE GLIEDERUNG
	Staatsgrenze
	Landesgrenze
	Bezirksgrenze
	Gemeindegrenze (Politische Gemeinde)
	Katastralgemeindegrenze
	VERKEHRSINFRASTRUKTUR
	ÖRTLICHES STRAẞENNETZ
VO	Gemeindestraße (§ 13 Tiroler Straßengesetz) Öffentliche Interessentenstraße (§ 16 Tiroler Straßengesetz) Öffentliche Privatstraße (§ 34 Tiroler Straßengesetz)
	ÜBERÖRTLICHES STRAẞENNETZ
A-12	Bundesstraße A - Bundesautobahn mit Hinweis auf Schutzbereich (Verzeichnis 1 BStG 1971, Schutzbereich § 21 BStG 1971) *Straßenfläche transparent darzustellen, mit weißem Punktraster (wie bei örtl. Straßennetz in gelb)*
S-8	Bundesstraße S - Bundesschnellstraße mit Hinweis auf Schutzbereich (Verzeichnis 2 BStG 1971, Schutzbereich § 21 BStG 1971) *Straßenfläche transparent darzustellen, mit weißem Punktraster (wie bei örtl. Straßennetz in gelb)*
B-PLG	Bundesstraßenplanungsgebiet (§ 14 BStG 1971)
B-BAG	Bundesstraßenbaugebiet (§ 15 BStG 1971)
LDSTR-L 230	Landesstraße - L oder B (Anl. 1 o. Anl. 2 Tiroler Straßengesetz) mit Hinweis auf Schutzbereich (§ 49 Tiroler Straßengesetz) *Straßenfläche transparent darzustellen, mit weißem Punktraster (wie bei örtl. Straßennetz in gelb)*
	unterirdische Anlagen (Straßentunnel) halbtransparent darstellen (Transparenz: 50%)
	EISENBAHNANLAGEN
HB-ÖBB	Hauptbahn (§ 4 EisbG) *mit Angabe des Infrastrukturbetreibers* mit Hinweis auf Bauverbotsbereich (§ 42 EisbG) *weiße Bereiche innerhalb der Eisenbahnfläche transparent darzustellen*
NB-ASB	Nebenbahn (§ 4 EisbG) *mit Angabe des Infrastrukturbetreibers* mit Hinweis auf Bauverbotsbereich (§ 42 EisbG) und Feuerbereich (§ 43a EisbG) *- nur bei Dampftrieb* *weiße Bereiche innerhalb der Eisenbahnfläche transparent darzustellen*
AB-xxx	Anschlussbahn (§ 7 EisbG) *mit Angabe des Infrastrukturbetreibers* mit Hinweis auf Bauverbotsbereich (§ 42 EisbG) *weiße Bereiche innerhalb der Eisenbahnfläche transparent darzustellen*
HLS-ÖBB	Hochleistungsstrecke (§ 1 HlG) *mit Angabe des Infrastrukturbetreibers* mit Bauverbotsbereich (§ 42 EisbG) *bei oberirdischer Trasse* bzw. Gefährdungsbereich (§ 43 EisbG) *ggf. bei unterirdischer Trasse* *weiße Bereiche innerhalb der Eisenbahnfläche transparent darzustellen*
HLS-BAG	Hochleistungsstrecken-Baugebiet - Trassenverordnungsstreifen (§ 5a HlG)
	unterirdische Anlagen (Bahntunnel) halbtransparent darstellen (Transparenz: 50%)
	SCHIFFFAHRTSANLAGEN
SF	Schifffahrtsanlagen *Fläche der Schifffahrtsanlage transparent darzustellen, mit weißem Punktraster (wie bei örtl. Straßennetz in gelb)*

BESTANDSAUFNAHME - INFRASTRUKTUR

PLANZEICHEN	ERLÄUTERUNG
	ÖFFENTLICHER REGIONAL- UND NAHVERKEHR
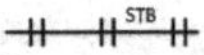	Straßenbahnlinie (§ 5 EisbG)
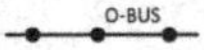	O-Buslinie (§ 5 EisbG)
	Buslinie
	Haltestelle mit fußläufigem Einzugsbereich
	SEIL- UND MATERIALBAHNEN
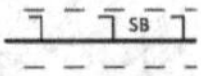	Seilbahn (§ 2 SeilbG 2003) mit Bauverbotsbereich (§ 53 SeilbG 2003)
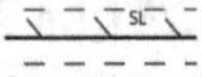	Schlepp-/Kombilift (§ 2 SeilbG 2003) mit Bauverbotsbereich (§ 53 SeilbG 2003)
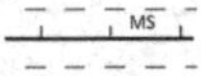	Materialseilbahn (§ 2 SeilbG 2003) mit Bauverbotsbereich (§ 53 SeilbG 2003)
	Materialbahn (§ 8 EisbG)
	EINRICHTUNGEN FÜR DEN FLUGVERKEHR
	Flugplatz mit Hinweis auf Sicherheitszone (§ 58 iVm § 86 LFG)
	Hubschrauberlandeplatz mit Hinweis auf Sicherheitszone (§ 58 iVm § 86 LFG)
	VER- UND ENTSORGUNGSINFRASTRUKTUR **ENERGIEVERSORGUNGSANLAGEN**
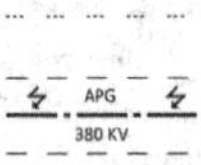	Hochspannungsleitung mit Hinweis auf Schutzbereich, Gefährdungsbereich oder Servitutsstreifen (§ 4 TEG, § 2 Tir. Starkstromwegegesetz 1969, § 2 Starkstromwegegesetz 1968, od. § 43 EisbG) und ggf. Achtungsabstand (APG-Leitungen) *mit Angabe des Leitungsbetreibers und der Spannung*
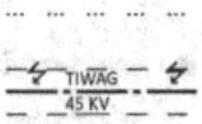	Mittelspannungsleitungen mit Hinweis auf Schutzbereich (§ 4 TEG, §2 Tir. Starkstromwegegesetz 1969 od. § 2 Starkstromwegegesetz 1968) *mit Angabe des Leitungsbetreibers und der Spannung*
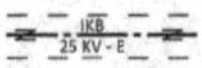	Elektrisches Erdkabel mit Schutzbereich (§ 4 TEG, § 2 Tir. Starkstromwegegesetz 1969, § 2 Starkstromwegegesetz 1968 od. § 43 EisbG) *mit Angabe des Leitungsbetreibers und der Spannung* *Darstellung des Schutzbereichs optional*
	Wasserkraftwerk, Windenergiekraftwerk
	Solarenergiekraftwerk, Biomassekraftwerk
	sonstiges Kraftwerk
	Umspannwerk (§ 4 TEG od. § 2 Starkstromwegegesetz 1968)
	Umspann-, Trafostation (§ 4 TEG od. § 2 Starkstromwegegesetz 1968)
	Schaltstation (§ 4 TEG od. § 2 Starkstromwegegesetz 1968)

BESTANDSAUFNAHME - INFRASTRUKTUR, IMMISSIONS- und KATASTROPHENSCHUTZ

PLANZEICHEN | **ERLÄUTERUNG**

TRANSPORTLEITUNGEN

Erdölleitung mit Hinweis auf Schutzbereich (§ 2 Rohrleitungsgesetz)
mit Angabe des Leitungsbetreibers

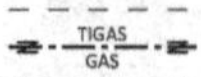

Gasleitung mit Hinweis auf Sicherheitsbereich (§ 7 GWG 2011)
mit Angabe des Leitungsbetreibers

Fernwärmeleitung mit Hinweis auf Schutzbereich (§ 2 Rohrleitungsgesetz)
mit Angabe des Leitungsbetreibers

TELEKOMMUNIKATIONSANLAGEN und IKT-INFRASTRUKTUR

Telekommunikationsleitung mit Hinweis auf Schutzbereich (§ 3 TKG 2003), Leerverrohrung oder Breitband-Hauptleitung
mit Angabe des Leitungsbetreibers und der Spezifikation

stationäre Telekommunikations- oder IKT-Infrastrukturanlage (§ 3 TKG 2003) (Trafo-, Netzknoten-, Router-, Verteilerstation, ...)

FUNK- SENDEANLAGEN

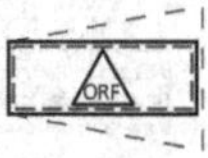

Funk- Sendestation mit Hinweis auf Baubeschränkungsbereich - Richtfunkstrecke
mit Angabe des Anlagenbetreibers

WASSERVERSORGUNG

Trinkwasserleitung *(Hauptleitung)*

Trinkwasserbehälter Löschwasserbehälter

ABWASSERENTSORGUNG

Regional-Sammelkanal (§ 2 TiKG 2000)

Gemeindekanal (§ 2 TiKG 2000)

Regionale Verbandskläranlage (§ 2 TiKG 2000)

Kommunale Kläranlage (§ 2 TiKG 2000) Pumpwerk (§ 2 TiKG 2000)

ABFALLBEHANDLUNG, ALTLASTEN und VERDACHTSFLÄCHEN

AA ... Abfallbehandlungsanlage (§ 2 AWG 2002) oder
Abfallbehandlungsanlagenstandort (§ 5 (4) b Tiroler Abfallwirtschaftsgesetz)
BD ... Bodenaushubdeponie
DP ... sonstige Abfalldeponie
DS ... Abfallsammel- und Umladestelle (z.B. Recyclinghof)

AL ... Altlast (§ 2 Altlastensanierungsgesetz)
VD ... Verdachtsfläche (§ 2 Altlastensanierungsgesetz)
AB ... Altablagerung

IMMISSIONSSCHUTZ

Belastetes Gebiet (§ 3 (8) UVPG 2000) *mit Angabe des jeweiligen Luftschadstoffs*
für verschiedene Luftschadstoffe sind verschiedene Farben zu verwenden

Sanierungsgebiet (§ 2 (8) IG-L) *mit Angabe des jeweiligen Luftschadstoffs*

INDUSTRIEUNFALLVORSORGE

Gefährdungsbereich eines Seveso-Betriebs (§ 2 (32) TBO 2018)
Linie samt aufgesetzte Fünfecke, beidseitig mit dünner weißer Maskierung versehen

BESTANDSAUFNAHME - NUTZUNGSBESCHRÄNKUNGEN

PLANZEICHEN	ERLÄUTERUNG
	NATURGEFAHREN
	GEFAHRENHINWEISE LANDESGEOLOGIE
GK	Hinweisbereich Gipskarst
	GEFAHRENZONENPLANUNG Wildbach- und Lawinenbverbauung (§ 11 Forstgesetz 1975)
	Grenze des Raumrelevanten Bereiches
WG	Gelbe Gefahrenzone - Wildbach
WR	Rote Gefahrenzone - Wildbach
LG	Gelbe Gefahrenzone - Lawine
LR	Rote Gefahrenzone - Lawine
ST ST	Brauner Hinweisbereich — ST ...... Steinschlag; RU ...... Rutschung; TZ ...... Talzuschub; RE ...... Rinnenerosion — *Darstellung zusätzlicher roter oder gelber Randlinie nur in Einzelfällen bei Steinschlag-Hinweisbereichen vorgesehen*
VN	Brauner Hinweisbereich - andere Gefahren — VN ... Vernässung; Ü ... Überschwemmung
BB	Violetter Hinweisbereich — BB ... Beschaffenheit des Bodens; BG ... Beschaffenheit des Geländes; RV ... Restgefährdung nach Verbauung
TM	Blauer Vorbehaltsbereich — TM ... Technische Maßnahmen; FM ... Forstlich-biologische Maßnahmen; SS ... Sicherstellung der Schutzfunktion; SV ... Sicherstellung des Verbauungserfolgs
	GEFAHRENZONENPLANUNG Schutzwasserwirtschaft (§ 42a Wasserrechtsgesetz 1959)
HW 30	Überflutungsfläche 30-jährliches Hochwasser
HW 300	Überflutungsfläche 300-jährliches Hochwasser oder Extremereignis (Restrisikogebiet)
HWG	Gelbe Gefahrenzone - Hochwasser
HWR	Rote Gefahrenzone - Hochwasser
RGF	Rot-gelber Funktionsbereich - Hochwasser
BF	Blauer Funktionsbereich - Hochwasser
	GRUNDWASSERNUTZUNG, OBERFLÄCHENGEWÄSSER
QU	QU ... Quelle; BR ... Brunnen — Schutzzone I; Schutzzone II; Schutzzone III — (§ 34 WRG 1959)
SO SU	SO ... Wasserschongebiet (§ 34 WRG 1959) SU ... Wasserschutzgebiet (§ 34 WRG 1959)
GS GF	GS ..... stehendes Gewässer GF ..... fließendes Gewässer - Flächendarstellung — *Schraffur transparent*
–GF→	fließendes Gewässer - Liniendarstellung

BESTANDSAUFNAHME - NUTZUNGSBESCHRÄNKUNGEN

PLANZEICHEN	ERLÄUTERUNG
	FORSTRECHT
	Wald (§ 1a Forstgesetz 1975)
	NATURSCHUTZ
	SCHUTZGEBIETE LS ... Landschaftsschutzgebiet (§ 10 TNSchG 2005) RG ... Ruhegebiet (§ 11 TNSchG 2005) GL ... Geschützter Landschaftsteil (§ 13 TNSchG 2005) NS ... Naturschutzgebiet (§ 21 TNSchG 2005) SG ... Sonderschutzgebiet (§ 22 TNSchG 2005) NT ... Nationalpark (§ 3 Tiroler Nationalparkgesetz)
	Natura2000-Gebiet
	NATURPARK (§ 12 TNSchG 2005)
	Hinweis auf Gewässeruferschutz Stehgewässer (§ 7 TNSchG 2005)
	Hinweis auf Gewässeruferschutz Fließgewässer (§ 7 TNSchG 2005)
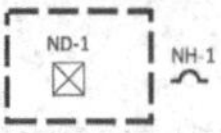	Naturdenkmal (§ 27 TNSchG 2005), Naturhöhle (§ 28 TNSchG 2005) *Flächenumgrenzung bei Naturdenkmälern optional*
	DENKMAL- UND ORTSBILD- und LANDSCHAFTSCHUTZ
	DENKMALSCHUTZ
	Denkmalgeschütztes Objekt (§ 1 DMSG) *Umrissdarstellung optional*
	Ensembleschutzzone (§ 1 DMSG)
	Archäologische Fundzone
	Bodendenkmal (§ 1 DMSG)
	ORTSBILD- und LANDSCHAFTSSCHUTZ
	Charakteristisches Einzelgebäude (§ 3 SOG 2021) *Nummerierung optional*
	Schutzzone (§ 10 SOG 2021)
	Ensembleschutzzone (§ 11 SOG 2021)
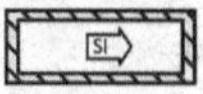	Sichtzone (§ 12 SOG 2021)
	Bereich mit wertvollem Natur- und Kulturerbe
	LANDESVERTEIDIGUNG
	MA ... Militärische Anlagen MB ... Militärischer Beschränkungsbereich (§ 1 MBG) MH ... Militärischer Hinweisbereich
	BERGRECHT
	Bergbaugebiet (§ 153 MinroG)
	Bergschadensgebiet (§ 160 MinroG)

BESTANDSAUFNAHME - ÜBERÖRTLICHE PLANUNGEN DES LANDES

PLANZEICHEN	ERLÄUTERUNG
	ÜBERÖRTLICHER FREIRAUMSCHUTZ
GZ	Grünzone (§ 7 (2) a TROG 2016)
LV	Landwirtschaftlich wertvolle Fläche - Landwirtschaftliche Vorsorgefläche (§ 7 (2) a 1. TROG 2016)
LF	Landschaftlich wertvolle Fläche (§ 7 (2) a 2. TROG 2016)
ÖF	Ökologisch wertvolle Fläche (§ 7 (2) a 2. TROG 2016)
SW	Fläche für den Schutz von Wasservorkommen (§ 7 (2) a 3. TROG 2016)
GF	Fläche für Schutzmaßnahmen vor gravitativen Naturgefahren (§ 7 (2) a 4. TROG 2016)
HR	Hochwasserrückhalteraum (§ 7 (2) a 5. TROG 2016)
	ÜBERÖRTLICHE FLÄCHENVORSORGE
VG	Vorsorgefläche für gewerblich-industrielle Entwicklungen (§ 7 (2) b TROG 2016)
VR	Vorsorgefläche für Rohstoffgewinnung (§ 7 (2) b TROG 2016)
	Vorsorgefläche für Gebäude und Anlagen von überörtlicher Bedeutung (§ 7 (2) c TROG 2016)
VV	Vorsorgefläche für überörtliche Verkehrswege (§ 7 (2) d TROG 2016)
VL	Vorsorgefläche für überörtliche Leitungsinfrastruktur (§ 7 (2) d TROG 2016)
VT	Vorsorgefläche für Freizeit-, Erholungs-, Tourismusinfrastruktur (§ 7 (3) TROG 2016)
	ÜBERÖRTLICHE SIEDLUNGSGRENZEN (§ 7 (2) TROG 2016)
Xx	Grenzen für die Ausweisung von Bauland, Sonderflächen oder Vorbehaltsflächen Xx ... Verweis auf Zusatzinformationen *(z.B.: "gilt für Baulandwidmung" oder "Grenzen für die Ausweisung von Bauland, Sonderflächen oder Vorbehaltsflächen aufgrund von Standorten von Betrieben im Sinn des § 1 Abs. 2 lit.e TROG 2016")*
	FESTLEGUNGEN FÜR RAUMORDNUNGSPROGRAMME FÜR EINKAUFSZENTREN
KE	Kernzone (§ 8 (3) TROG 2016)
RA	Randzone (§ 8 (4) TROG 2016)
	FESTLEGUNGEN NACH TIROLER SEILBAHN- UND SCHIGEBIETS- BZW. GLETSCHERSCHUTZPROGRAMM
SG	Abgrenzung Schigebiet gem. Tiroler Seilbahn- und Schigebietsprogramm 2018
EG	Abgrenzung Erweiterungsbereich Gletscherschigebiet gem. Gletschersschutzprogramm 2006

BESTANDSAUFNAHME - NUTZUNGS- und EIGNUNGSERHEBUNG

PLANZEICHEN	ERLÄUTERUNG
	GEBÄUDENUTZUNG (gem. § 28 (5) b TROG 2016)
	reguläre Wohnnutzung / Freizeitwohnsitznutzung
	Nutzung für produzierendes Gewerbe/Industrie, Großhandel
	Tourismus
	Landwirtschaft
	produzierendes Kleingewerbe und Handwerk
	Einzelhandel, Diensteistungen, sonstige Nahversorgung
	Sondernutzung
	öffentliche Nutzung
	leer oder überwiegend leer stehend *(Füllfarbe weiß)*
	FLÄCHENNUTZUNG (gem. § 28 (5) a TROG 2016)
	Wohnnutzung, für Wohnzwecke gewidmet und überwiegend bebaut
	Fläche für Wohnzwecke gewidmet, jedoch überwiegend unbebaut
	Industriell-gewerbliche Nutzung, für diese Zwecke gewidmet und überwiegend bebaut
	Fläche für indust.-gewerbl. Zwecke gewidmet, jedoch überwiegend unbebaut
	Touristische Nutzung, für touristische Zwecke gewidmet und überwiegend bebaut
	Flächefür touristische Zwecke gewidmet, jedoch überwiegend unbebaut
	Landwirtschaftliche und Mischnutzung, entsprechend gewidmet und überwiegend bebaut
	Fläche für landwirtsch. u. Mischnutzung gewidmet, jedoch überwiegend unbebaut
	Mischnutzung, für Mischnutzung gewidmet und überwiegend bebaut
	Fläche für Mischnutzung gewidmet, jedoch überwiegend unbebaut
	Zentrumsnutzung, Kernnutzung, für diese Zwecke gewidmet und überwiegend bebaut
	Fläche als Bauland gewidmet, jedoch überwiegend unbebaut
	Sondernutzung, für Sondernutzung gewidmet und überwiegend bebaut
	Fläche für Sondernutzung gewidmet, jedoch überwiegend unbebaut bzw. weitgehend nicht zum vorgesehenen Zweck genutzt
	FLÄCHENEIGNUNG
U	potenzielle Baulandumlegungsfläche nach § 28 (5) a TROG 2016
zV zV zV zV zV zV zV zV	potenzielle Bauverbotsfläche nach § 28 (5) b TROG 2016
	potenzielle Siedlungsfläche im Wald nach § 28 (5) i TROG 2016

ÖRTLICHES RAUMORDNUNGSKONZEPT

PLANZEICHEN		ERLÄUTERUNG
		PLANUNGSBEREICH
		Abgrenzung Planungsbereich
		FREIRAUMSCHUTZ
FL 1	§ 27 (2) h	Landwirtschaftliche Freihaltefläche
FF 1	§ 27 (2) i	Forstliche Freihaltefläche
FA 1	§ 27 (2) j	Landschaftlich wertvolle Freihaltefläche
FÖ 1	§ 27 (2) j	Ökologisch wertvolle Freihaltefläche
FE 1	§ 27 (2) k	Freihaltefläche für Freizeit-, Sport- und Erholungsnutzung
FS 1	§ 31 (1) a	Sonstige Freihalteflächen *(bei Sonstigen Freihalteflächen: Zähler und textliche Erläuterung der Freihaltefunktion zwingend)*
		Aufgrund der Verwendung vollflächiger Planzeichen für Freihalteflächen ist eine überlagernde Darstellung verschiedener Freihalteflächen nicht vorgesehen. Bei Freihalteflächen, denen verschiedene Freihaltefunktionen zukommen, ist das Planzeichen für die Leitfunktion zu verwenden. Allfällige Nebenfunktionen sind textlich in den begleitenden Erläuterungen zum Zähler zu beschreiben.
		SIEDLUNGSENTWICKLUNG UND BAULICHE ENTWICKLUNGEN ABSEITS DES SIEDLUNGSRAUMS
		GLIEDERUNG, ZEITLICHE ABFOLGE, INTENSITÄT der baulichen Nutzung
z1 / W 1 / D3	§ 31 (1) d, i	Vorwiegend Wohnnutzung
z2 / G 1 / D2	§ 31 (1) e, i	Vorwiegend gewerblich-industrielle Nutzung
z3 / T 1 / D1	§ 31 (1) e, i	Vorwiegend touristische Nutzung
z0 / L 1 / D1 B!	§ 31 (1) e, i	Vorwiegend landwirtschaftliche Nutzung
zV / M 1 / D2	§ 31 (1) e, i	Vorwiegend gewerblich gemischte Nutzung
z1 / K 1 / BR2	§ 31 (1) e, i	Vorwiegend zentrumstypische Nutzung
z2 / S 1 / B!	§ 31 (1) e, i, l,m	Vorwiegend Sondernutzung mit erheblichen baulichen Anlagen
z0 / Ö 1 / B! D3	§ 31 (1) k, i,m	Vorwiegend öffentliche Nutzung

PZVO

ÖRTLICHES RAUMORDNUNGSKONZEPT

PLANZEICHEN		ERLÄUTERUNG
z1 / W 1 / D2		ZEITZONE: z1 unmittelbarer Bedarf; z2 mittelbarer Bedarf; z3 längerfristiger Bedarf; z0 Bedarfszeitraum in Abhängigkeit von bestimmten Bedingungen (siehe Zählererläuterung) *z0 ausschließlich anzuwenden für Neuwidmungen*
		VORWIEGENDE NUTZUNG und ZÄHLER
		DICHTEZONE: D1 überwiegend lockere Bebauung; D2 überwiegend mittlere Baudichte; D3 überwiegend höhere Baudichte *Dichtezone kann entfallen, wenn im Zähler-Erläuterungstext Festlegungen zur Baudichte enthalten sind*
zV	§ 31 (1) f,h	Bauverbotsfläche - Gewidmetes Bauland, bauliche Nutzung jedoch nur vorbehaltlich des Vorliegens bestimmter Voraussetzungen *ausschließlich anzuwenden für zum Zeitpunkt des Inkrafttretens des ÖRK bereits bestehendes Bauland*
BI / BI/D2	§ 31b (1)	Gebiet mit Verpflichtung zur Bebauungsplanung *wenn auf die Festlegung einer Dichtezone verzichtet wird, müssen gebietsbezogen textliche Vorgaben zur Baudichte ergänzt werden*
BR1	§ 31b (2)	Gebiet, in dem textliche Bebauungsregeln festgelegt sind Zähler der Bebauungsregel für die Zuordnung in Planlegende und Verordnungstext
WF n	§ 31a	Grundflächen, die als Vorbehaltsflächen für geförderten Wohnbau in Betracht kommen n ... Zähler *für den Fall, dass mehrere solche Flächen in einer Gemeinde vorgesehen sind und z.B. eine bestimmte zeitliche Abfolge festgelegt wird.* *Zähler optional*
U 1	§ 31 (1) k	Baulandumlegungsverfahren erforderlich
		SIEDLUNGSENTWICKLUNGSFLÄCHEN und SONDERNUTZUNGSSTANDORTE
	§ 31 (1) d,e,g	Absolute Siedlungsgrenze
	§ 31 (1) d,e,g	Siedlungsgrenze
	§ 31 (1) e,g,m,n	Abgrenzung Sondernutzungsstandort außerhalb von Siedlungsentwicklungsflächen
	§ 31 (1) d,e,g	Grenzen unterschiedlicher Festlegungen innerhalb von Siedlungsentwicklungsflächen
		Siedlungsentwicklungsfläche, als Bauland oder baulandähnlich gewidmet, bereits überwiegend bebaut
		Siedlungsentwicklungsfläche, als Bauland oder baulandähnlich gewidmet, überwiegend unbebaut
		Siedlungsentwicklungsfläche, nicht als Bauland oder baulandähnlich gewidmet *ergänzend mittels eines Siedlungsgrenzen-Planzeichens exakt abzugrenzen*
		Entwicklungsbereiche für vorwiegend bauliche Sondernutzungen, bereits hierfür gewidmet, jedoch außerhalb der Siedlungsräume *für bestehende Sonderflächen außerhalb der Siedlungsentwicklungsgebiete, transparenter Punktraster*
		BAULICHE ENTWICKLUNG - AUSSCHLUSSFLÄCHEN
R 1	§ 31 (1) i	keine zukünftige bauliche Entwicklung - Rückwidmungsfläche
	§ 31 (1) i	von baulicher Nutzung freizuhaltende Fläche innerhalb des Siedlungsbereichs
		FESTLEGUNGEN ZUM SCHUTZ UND ZUR VERBESSERUNG DES ORTS- UND STRAßENBILDES
E	§ 31 (1) n	Maßnahmen für Gebiete mit erhaltenswerten Orts-und Straßenbildern oder Gebäudegruppen
S	§ 31 (1) n	Maßnahmen für Gebiete mit sanierungsbedürftigem Baubestand

ÖRTLICHES RAUMORDNUNGSKONZEPT

PLANZEICHEN		ERLÄUTERUNG
		INFRASTRUKTURENTWICKLUNG
		VERKEHR
Vk1	§ 31 (1) j	Verkehrsweg - erforderlicher Neubau
Vk2	§ 31 (1) j	Verkehrsweg - erforderlicher Ausbau
P1	§ 31 (1) j	Einrichtung für den ruhenden Verkehr (Parkplatz, Park & Rideplatz, Bus- und LKW-Parkplatz, Parkraumbewirtschaftung o.ä.)
Vf1	§ 31 (1) j	erforderlicher Fuß- oder Radweg
Vb1	§ 31 (1) j	Maßnahme zur Verkehrsberuhigung (z.B. Shared Space-Bereich)
Vö1	§ 31 (1) j	Öffentlicher Verkehr - erforderlicher Ausbau
		SONSTIGE TECHNISCHE INFRASTRUKTUR
El1	§ 31 (1) l	Elektrische Energieversorgungsinfrastruktur - erforderlicher Ausbau
Ga1	§ 31 (1) l	Gasversorgung - erforderlicher Ausbau
Fw1	§ 31 (1) l	Fernwärmeversorgung - erforderlicher Ausbau
Ka1	§ 31 (1) l	Abwasserkanal - erforderlicher Ausbau
Tw1	§ 31 (1) l	Trinkwasserversorgung - erforderlicher Ausbau
IKT1	§ 31 (1) l	Informations-, Kommunikationsinfrastruktur - erforderlicher Ausbau
TI1	§ 31 (1) l	Sonstige Technische Infrastruktur - erforderlicher Ausbau
		SOZIALE INFRASTRUKTUR (soziale, kulturelle, Bildungs-, Sporteinrichtungen & öffentliche Kinderspielanlagen)
SI1	§ 31 (1) m	erforderlicher Ausbau

FLÄCHENWIDMUNGSPLAN

PLANZEICHEN		ERLÄUTERUNG
		PLANUNGSBEREICH
		Abgrenzung Planungsbereich
		BAULAND
		WOHNGEBIETE
W	§ 38 (1)	Wohngebiet
Wg	§ 38 (2)	Gemischtes Wohngebiet
		GEWERBE UND INDUSTRIEGEBIETE
G	§ 39 (1)	Gewerbe und Industriegebiet
G-n	§ 39 (2)	Gewerbe und Industriegebiet, eingeschränkt n ... Zähler zur Festlegung von zulässigen oder nicht zulässigen Betrieben
Gg-n	§ 39 (3)	Gewerbe und Industriegebiet, auch Betriebe gem. § 1 (2) e zulässig n ... Zähler zur näheren Festlegung der zulässigen Betriebe *(für 'SEVESO-Betriebe')*
		MISCHGEBIETE
M	§ 40 (2)	Allgemeines Mischgebiet
M-n	§ 40 (2)	Allgemeines Mischgebiet n ... Zähler zur Festlegung von zulässigen oder nicht zulässigen Betrieben ***auch für Landwirtschaftliche Mischgebiete anwendbar***
Mb	§ 40 (2), (6)	Allgemeines Mischgebiet eingeschränkt auf Wohnungen gem. § 40 (6) ***anwendbar für alle Arten von Mischgebieten***
K	§ 40 (3)	Kerngebiet
T	§ 40 (4)	Tourismusgebiet
L	§ 40 (5)	Landwirtschaftliches Mischgebiet
La	§ 40 (5), (7)	Landwirtschaftliches Mischgebiet nur landwirtschaftliche Gebäude zulässig
W [n]	§ 13 (3)	ZULÄSSIGKEIT VON FREIZEITWOHNSITZEN [n] ... Höchstanzahl zulässiger Freizeitwohnsitze ***anwendbar für alle Wohn- und Mischgebiete außer bei Einschränkung der Wohnnutzung nach § 40 (6)***
(W)	§ 35 (2)	BAUVERBOTSFLÄCHEN Bauliche Nutzung vorbehaltlich Erfüllung der im ÖRK festgelegten Voraussetzungen sowie des Vorliegens eines Bedarfs an der widmungsgemäßen Verwendung ***anwendbar für alle Baulandkategorien***
W-n	§ 37 (3,4,5)	EINSCHRÄNKUNGEN DER BAULANDEIGNUNG n ... Zähler zur Festlegung ergänzender textlicher Festlegungen für Maßnahmen zur Gewährleistung der Baulandeignung ***anwendbar für alle Baulandkategorien*** ***ggf. in Kombination mit Festlegungen nach § 39 (2), § 39 (3) oder 40 (2) zweiter Satz***
W-n	§ 37a (1)	ZEITLICHE BEFRISTUNG n ... Zähler zur Erläuterung der zeitlichen Befristung sowie ggf. zusätzlich gem. § 37 (3,4,5) ***anwendbar für alle Baulandkategorien***
		Die verschiedenen Sonderformen von Bauland können miteinander kombiniert werden, wenn dem keine raumordnungsfachlichen Gründe entgegenstehen

FLÄCHENWIDMUNGSPLAN

PLANZEICHEN		ERLÄUTERUNG
		SONDERFLÄCHEN
SXx	§ 43 (1) a	standortgebunden Xx ... Kurzbezeichnung der zulässigen Sondernutzung *(Detailerläuterung dazu in Planlegende)*
SXx	§ 43 (1) b	aus besonderen raumordnungsfachlichen Gründen Xx ... Kurzbezeichnung der zulässigen Sondernutzung *(Detailerläuterung dazu in Planlegende)*
	§ 43 (7)	*Die Unterscheidung zwischen standortgebundenen Sonderflächen (zunächst befristet) und solchen aus besonderen raumordnungsfachlichen Gründen (ohne Befristung) ist auch für Sonderflächen nach den §§ 44, 46, 47a, 48, 49a, 49b u. 51 zu treffen. Das Vorliegen besonderer raumordnungsfachlicher Gründe als Widmungsgrundlage ist in diesen Fällen durch eine zur Umrisslinie innenliegende schwarz strichlierte Linie ersichtlich zu machen (wie im obigen Planzeichen zu § 43 (1) b).*
SXx [n] SXx [n]	§ 43 (1) a bzw. b iVm. § 13 (3)	Sonderfläche für Gastgewerbebetrieb zur Beherbergung von Gästen, *(nicht für die Neuerrichtung von Gebäuden für Freizeitwohnsitze)* Xx ... Kurzbezeichnung der zulässigen Beherbergungsnutzung [n] ... Höchstanzahl zulässiger Freizeitwohnsitze
SLH-n	§ 44 (2) ff	Hofstelle n ... Zähler zur Festlegung der höchstzulässigen Wohnnutzfläche oder allfälliger sonstiger ergänzender Sonderbestimmungen, insb. zusätzlich zulässige gewerbliche Nutzungen nach § 44 Abs 8 bzw. 11 oder Intensivtierhaltung § 45 *Zähler und Zählerfestlegung optional*
SLH [n]	§ 44 (6)	Hofstelle mit Freizeitwohnsitznutzung *(nicht für die Neuerrichtung von Gebäuden für Freizeitwohnsitze)* [n] ...Höchstanzahl zulässiger Freizeitwohnsitze
SLH-nx	§ 44 (12)	Hofstelle mit Objekten auf nicht zusammenhängenden Grundflächen n ... gemeinsamer Zähler aller zu einer Hofstelle gehörenden Grundflächen x ... Kurzbezeichnung des zulässigen Gebäudetyps
		die verschiedenen Spezifikationen von Sonderflächen für Hofstellen können miteinander kombiniert werden, wenn dem keine raumordnungsfachlichen Gründe entgegenstehen
SLI-n	§ 45	Wirtschaftsgebäude für landwirtschaftliche Intensivtierhaltung n ... Zähler zu Definition der zulässigen Intensivtierhaltung *Zähler und Zählerfestlegung optional*
SLA-n	§ 46 ggf. iVm. § 47	Austraghaus n ... Zähler zur Festlegung der höchstzulässigen Wohnnutzfläche oder allfälliger sonstiger ergänzender Sonderbestimmungen *Zähler und Zählerfestlegung optional*
SLG-n	§ 47	Sonstiges land- oder forstwirtschaftliches Gebäude bzw. sonstige land- oder forstwirtschaftliche bauliche Anlage n ... Zähler zur Definition zulässiger Gebäude/baulicher Anlagen *Zähler und Zählerfestlegung optional*
SCd-n SCd-n [n]	§ 47a iVm § 13 (3)	Chaletdorf n ... Zähler zur Festlegung der Höchstanzahl zulässiger Chalets und Beherbergungsbetten sowie des Mindestausmaßes von Flächen für sonstige touristische Angebote *letztere Festlegung nur optional* [n] ... Höchstanzahl zulässiger Freizeitwohnsitze
SB-n SB-n [n]	§ 48 iVm § 13 (3)	Beherbergungsgroßbetrieb n ... Zähler zur Festlegung der Höchstanzahl zulässiger Beherbergungsbetten und -gebäude sowie Beherbergungsräume und/oder des Mindestausmaßes von Flächen für sonstige touristische Angebote *letztere beiden Festlegungen nur optional* [n] ... Höchstanzahl zulässiger Freizeitwohnsitze

FLÄCHENWIDMUNGSPLAN

PLANZEICHEN		ERLÄUTERUNG	
SH-n	§ 48a	Handelsbetrieb n ... Zähler zur Festlegung von Betriebstyp, maximal zulässiger Kundenfläche sowie Kundenfläche für Lebensmittel *(in m²)*	*Zähler und Zählerfestlegungen optional*
SE-n	§ 49	Einkaufszentrum n ... Zähler zur Festlegung des Betriebstyps, maximal zulässiger Kundenfläche sowie Kundenfläche für Lebensmittel *(in m²)*	
SU-n	§ 49a	UVP-pflichtige Anlage n ... Zähler zur Festlegung der zulässigen Anlagen	
ST-n	§ 49b	Tankstelle n ... Zähler zur Festlegung ergänzend zulässiger Einrichtungen	*Zähler und Zählerfestlegungen optional*
SFXx	§ 50	Sportanlage Xx ... Kurzbezeichnung zulässiger Sportanlagen	
SM-n	§ 50a	Aufbereitung mineralischer Rohstoffe n ... Zähler zur Festlegung zulässiger Anlagen	*Zähler und Zählerfestlegungen optional*
SV-n	§ 51	Widmung mit Teilfestlegungen Bsp. Detailplan: Mb | SH — gilt für EG W — gilt für alle anderen Gesschoßebenen	
		VORBEHALTSFLÄCHEN	
VXx	§ 52	Gebäude oder Anlage für Gemeinbedarf Xx ... Kurzbezeichnung zur Festlegung zulässiger Anlagen	
VW-n	§ 52a	Geförderter Wohnbau n ... Zähler zur Festlegung allfälliger ergänzender textlicher Bestimmungen für Maßnahmen zur Gewährleistung der Eignung für Wohnzwecke gem. § 37 (3,4,5) oder betreffend die Zulässigkeit subjektgeförderter oder frei finanzierter Wohnbauvorhaben	*Zähler und Zählerfestlegungen optional*
		FREILAND	
FL	§ 41	Freiland	
		BEREICHE OHNE FLÄCHENWIDMUNGSFESTLEGUNGEN	
WAUF		Flächenwidmungsfestlegung durch VfGH aufgehoben, ohne dass bereits ersatzweise eine neue Widmungsfestlegung in Rechtskraft getreten ist	
		FESTLEGUNGEN DES VERLAUFS GEPLANTER STRAẞEN UND VERKEHRSWEGE	
VPL	§ 53 (1)	geplante örtliche Straße	*schwarzer Punktraster auf transparentem Grund*
VPL	§ 53 (2)	örtlicher Vorbehaltsbereich für geplanten überörtlichen Verkehrsweg	*schwarzer Punktraster auf transparentem Grund*
(Schraffur)	§ 53 (1,2,3)	Aufhebung oder Erlöschen der Festlegung einer geplanten örtlichen Straße oder eines Vorbehaltsbereichs für einen geplanten überörtlichen Verkehrsweg	*rote Schraffur auf transparentem Grund*

BEBAUUNGSPLANUNG

PLANZEICHEN		ERLÄUTERUNG
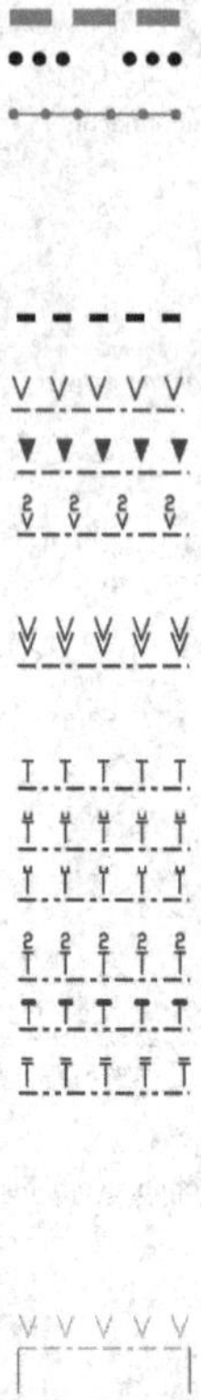		**PLANUNGSBEREICH - BEBAUUNGSPLAN**
		Abgrenzung Planungsbereich
		Abgrenzung verschiedener Geltungsbereiche für Bebauungsregeln innerhalb des Planungsbereiches
		FLUCHTLINIEN
	§ 58 (1)	Straßenfluchtlinie
	§ 59 (1)	Baufluchtlinie *(gilt nur oberirdisch)*
	§ 59 (2)	Zwingende Baufluchtlinie *(gilt nur oberirdisch)*
	§ 59 (2)	Gestaffelte Baufluchtlinie für einen bestimmten Höhenabschnitt Zähler zur Definition des Höhenabschnitts *(Bsp.: ... gültig für Höhenabschnitt 2: 748 m ü.A. - 751 m ü.A)*
	§ 59 (2)	Absolute Baufluchtlinie *(gilt nur oberirdisch)* Baufluchtlinie zur Vermeidung einer Gefährdung durch Naturgefahren oder zur Gewährleistung eines Retentionsraums
	§ 59 (3)	Baugrenzlinie *(gilt nur oberirdisch)*
	§ 59 (3)	zusätzlich auch unterirdisch gültige Baugrenzlinie
		ausschließlich unterirdisch gültige Baugrenzlinie
	§ 59 (3)	Gestaffelte Baugrenzlinie *(Zähler zum Verweis auf den Höhenabschnitt, für den die Linie gilt)*
	§ 59 (3)	Zwingende Baugrenzlinie *(gilt nur oberirdisch)*
	§ 59 (3)	Absolute Baugrenzlinie *(gilt nur oberirdisch)* Baugrenzlinie zur Vermeidung einer Gefährdung durch Naturgefahren zur Gewährleistung eines Retentionsraums oder zur Erhaltung ökologisch besonders wertvoller Flächen
		die verschiedenen Sonderformen von Baufluchtt- und Baugrenzlinien können miteinander kombiniert werden, sofern dem keine raumordnungsfachlichen Gründe entgegenstehen
		Hilfslinie zur Definition des Geltungsbereichs einer Bauflucht- oder Baugrenzlinie *(jeweils bis zur entsprechenden Grundstücksgrenze reichend)*
		BEBAUUNGSREGELN
		BAUWEISEN, TBO-MINDESTABSTÄNDE
BW o	§ 60 (3)	Offene Bauweise
BW k	§ 60 (3)	Gekuppelte Bauweise
		Festlegung der Grundstücksgrenze, an der das Zusammenbauen von Gebäuden zu erfolgen hat *(optional)*
BW g	§ 60 (2)	Geschlossene Bauweise
BW b	§ 60 (4)	Besondere Bauweise
BW b(+u)	§ 60 (4)	Besondere Bauweise, Gebäudesituierungsfestlegungen auch für unterirdische Gebäude gültig
TBO	§ 60 (1)	Mindestabstand lt. TBO 2018 § 6 (1)
0,4	§ 56 (3)	Mindestabstand lt. TBO 2018 § 6 (1) a

BEBAUUNGSPLANUNG

PLANZEICHEN		ERLÄUTERUNG
		NUTZFLÄCHE/BAUDICHTEN
NF	§ 56 (3)	Nutzfläche
NFD	§ 61 (5)	Nutzflächendichte
BMD	§ 61 (2)	Baumassendichte
BBD	§ 61 (4)	Bebauungsdichte
BBD (+u)	§ 61 (4)	Bebauungsdichte, zusätzlich auch gültig für unterirdische Gebäude und Gebäudeteile *im Fall einer solchen Festlegung sind auch unterirdische Gebäude und Gebäudeteile in die Berechnung der bebauten Fläche miteinzubeziehen*
M		Mindestfestlegung
H		Höchstfestlegung
		BAUPLATZGRÖẞEN
BP H nnn m²	§ 56 (3)	höchstzulässige Bauplatzgröße
		BAUHÖHEN/HÖHENLAGE
HG	§ 62 (1)	oberster Gebäudepunkt
HB	§ 62 (5)	oberster Punkt sonstiger baulicher Anlagen
WH xx	§ 62 (2)	Wandhöhe *(Angabe in relativem Maß in Metern, z.B. WH H 7 m)* xx ... Art Wandhöhe *(optional, z. B. tr ... traufseitig, st ...straßenseitig)*
WA xx	§ 62 (1)	oberer Wandabschluss *(Angabe in absolutem Höhenmaß, z.B. WA H 510 m ü.A.)* xx ... Angabe der besonderen Art von oberen Wandabschlüssen *(optional, z. B. gb ... giebelseitig, we ...westseitig)*
OKRD	§ 62 (2)	Höhe der Oberkante der Rohdecke des obersten unterirdischen Geschoßes oder der Bodenplatte (bei Gebäuden ohne unterirdische Geschoße) *nur als zwingende oder Mindestfestlegung*
OG	§ 62 (4)	Oberirdische Geschoße
M H Z		Mindestzulässige Bauhöhe Höchstzulässige Bauhöhe Zwingende Bauhöhe *anzuwenden für alle Bauhöhenfestlegungen (HG, HB, WH, WA u. OG, für OKRD nur Mindest- oder zwingende Festlegung zulässig)*
HL nnn m üA	§ 62 (7)	Höhenlage in Metern über Adria *Weglassung des Zusatzes "m üA" in der Plandarstellung möglich, wenn in der Planzeichenerläuterung darauf verwiesen wird, dass der angegebene Zahlenwert so zu interpretieren ist*
HL nnn m üFP	§ 62 (7)	Höhenlage in Metern über Fixpunkt
+575.00 m üA	§ 62 (1)	Höhenbezugspunkt (Fixpunkt, *Höhenangabe in Metern über Adria)*
		Abgrenzung unterschiedlicher nur teilräumlich gültiger Bauhöhenfestlegungen
WH H 7.50 m HG H 580.00 m üA HL 580.00 m üA		*Beispiele für bauhöhenrelevante Festlegungen, die nur für bestimmte Teile des Planungsgebiets gelten*
		DACHNEIGUNG/FIRSTRICHTUNG
DN nn ° M H Z	§ 56 (3)	Dachneigung in Grad mindestzulässige Dachneigung höchstzulässige Dachneigung zwingende Dachneigung
	§ 56 (3)	Firstrichtung
	§ 56 (3)	kombinierte Festlegung: Firstrichtung und Dachneigung
		GELÄNDEVERÄNDERUNGEN
	§ 56 (3)	keine Geländeveränderungen zulässig
	§ 56 (3)	Geländeveränderungen eingeschränkt zulässig n ... Zähler zur Definition der zulässigen Geländeveränderungen
		ERGÄNZENDE TEXTLICHE FESTLEGUNGEN
	§ 56 (3)	Bereich mit textlichen Festlegungen betreffend Fassadengestaltung, Dachlandschaften und dgl. n ... Zähler zur Definition der textlichen Festlegungen

BEBAUUNGSPLANUNG

PLANZEICHEN		ERLÄUTERUNG
		PLANUNGSBEREICH - ERGÄNZENDER BEBAUUNGSPLAN
V V V V V V		Abgrenzung Planungsbereich
		Abgrenzung verschiedener Geltungsbereiche innerhalb des Planungsbereichs
	§ 60 (4)	**SITUIERUNG DER GEBÄUDE** *(nur möglich in der Besonderen Bauweise)*
		Gebäudesituierung - Höchstausmaß
		Gebäudesituierung - Mindestausmaß
		Gebäudesituierung - zwingend *Gebäudesituierungsfestlegungen gelten grundsätzlich ausschließlich oberirdisch; unterirdisch sind sie nur dann auch einzuhalten, wenn dies bei der Festlegung der Besonderen Bauweise explizit zum Ausdruck kommt: Festlegung BW b(+u)*
		Gebäudesituierung - Mindestausmaß und Höchstausmaß
		Gebäudesituierung - Höchstausmaß mit innenliegender jedenfalls freizuhaltender Fläche
		Gebäudesituierung ausschließlich unterirdisch - Höchstausmaß *auch zwingende und Mindestfestlegung möglich, allerdings jeweils nur bei BW b(+u)*
		Gebäudesituierung - Teilbereich, in dem ausschließlich bestimmte Gebäudebestandteile zulässig sind X ... Kürzel f. zulässiges Bauteil *(Erläuterung in Planlegende)* *anzuwenden, wenn z.B. für einen bestimmten Bereich ausschließlich die Errichtung von offenen Balkonen ermöglicht werden soll, wenn diese nicht als untergeordnete Bauteile zu klassifizieren sind*
		Gebäudesituierung - ausschließlich Nebengebäude zulässig X ... Kürzel Verwendungszweck *(Erläuterung in Planlegende)* *(ebenfalls Festlegung von Höchst- und Mindestausmaßen sowie zwingender Situierung möglich)*
		KOMBINIERTE FESTLEGUNGEN *(Beispiele)*
	§ 60 (4)	zwingende Firstrichtung für Gebäude oder Gebäudeteil
 579,2m üA	§ 62 (2)	zwingende Höhe für den oberen Wandabschluss einer bestimmten Wand
	§ 62 (2)	höchstzulässige Höhe für einen bestimmten Gebäudepunkt
	§ 62 (2)	höchstzulässige Anzahl oberirdischer Geschoße für ein bestimmtes Gebäude
	§ 62 (2)	höchstzulässige Bauhöhe für einen bestimmten Gebäudeteil *Weglassung des Zusatzes "m. üA" in der Plandarstellung möglich, wenn in der Planzeichenerläuterung darauf verwiesen wird, dass der angegebene Zahlenwert so zu interpretieren ist*
	§ 62 (1)	Höhenbezugspunkt (Fixpunkt) für ein bestimmtes Gebäude
		ERGÄNZENDE INFORMATIONEN IN BEBAUUNGSPLÄNEN
		Vorschlag Gebäudesituierung
		Vorschlag Bauplatz-Parzellierung
		Straßenraum
 +575.00 m üA		Höheninformationspunkt
		Hinweis auf Planungsbereich eines bereits in Rechtskraft stehenden Bebauungsplans *Angabe der Planbezeichnung des betreffenden Bebauungsplans in der Plandarstellung oder in der Planlegende*

Anlage 4

Anlage 4

Anlage 4
zur Planzeichenverordnung 2022

Datenstrukturen

LAND
TIROL

iris OBJEKT-Codes und GEODATENEBENEN für den Austausch von digitalen Datenbeständen

gem. § 3 Abs 2 bzw. § 9 Abs 4 Planzeichenverordnung 2022

Bezeichnung	Datei-Name	iris OBJEKT-Code		
		Fläche	Linie	Punkt
ÖRTLICHES RAUMORDNUNGSKONZEPT				
SIEDLUNGSENTWICKLUNG UND BAULICHE ENTWICKLUNG ABSEITS DES SIEDLUNGSRAUMES Gliederung, zeitliche Abfolge, Intensität				
Vorwiegend Wohnnutzung § 31 (1) d,h	ORAPT_*			BEW
Vorwiegend gewerblich-industrielle Nutzung § 31 (1) e,h	ORAPT_*			BEG
Vorwiegend tourisische Nutzung § 31 (1) e,h	ORAPT_*			BET
Vorwiegend landwirtschatliche Nutzung § 31 (1) e,h	ORAPT_*			BEL
Vorwiegend gewerblich gemischte Nutzung § 31 (1) e,h	ORAPT_*			BEGN
Vorwiegend zentrumstypische Nutzung, § 31 (1) e,h	ORAPT_*			BEH
Vorwiegend Sondernutzung mit erhebl. baulichen Anlagen § 31 (1) e	ORAPT_*			BES
Vorwiegend öffentliche Nutzung § 31 (1) l	ORAPT_*			BEO
Grundfläche, die als Vorbehaltsfläche für geförderten Wohnbau in Betracht kommt § 31a (3)	ORO_*	BWBF		
von baulicher Nutzung freizuhaltende Fläche innerhalb des Siedlungsbereichs § 31 (1) h	ORI_*	EUBFL		
keine zuküntige bauliche Entwicklung -Rückwidmungsfläche § 31 (1) h	ORH_*	RWFL		
Baulandumlegungsverfahren erforderlich §31 (1) j	ORAPT_*			BLUM
BAULICHE ENTWICKLUNG - Flächenabgrenzungen der Siedlungsentwicklung				
Absolute Siedlungsgrenze § 31 (1) d,e	ORALN_*		BLMGR	
Siedlungsgrenze § 31 (1) d,e	ORALN_*		BLAGR	
Grenze unterschiedlicher Festlegungen der Bebauung § 31 (1) d,e	ORALN_*		BLUGR	
Abgrenzung Sondernutzungsstandort außerhalb von Siedlungsentwicklungsflächen § 31 (1) e,g,k,l	ORALN_*		BESGR	
FESTLEGUNGEN ZUM SCHUTZ DES ORTS- UND STRAßENBILDES				
Maßnahmen für Gebiete mit erhaltenswerten Orts- und Straßenbildern, Gebäudegruppen § 31 (1) m	ORM_*	BLEZ		
Maßnahmen für Gebiete mit sanierungsbedürtigem Baubestand § 31 (1) m	ORN_*	BLSZ		
SIEDLUNGSENTWICKLUNGSFLÄCHEN				
Siedlungsentwicklungsfläche, als Bauland oder baulandähnlich gewidmet, überwiegend bebaut § 31 (1) d,e	ORPB_*	BEB		
Siedlungsentwicklungsfläche, als Bauland oder baulandähnlich gewidmet, überwiegend unbebaut § 31 (1) d,e	ORPB_*	BEUB		
Siedlungsentwicklungsfläche, nicht als Bauland oder baulandähnlich gewidmet § 31 (1) d,e	ORPB_*	BENB		
Bereiche für Sondernutzungen, bereits hierfür gewidmet, außerhalb der Siedlungsräume	ORPB_*	SEB		
FREIRAUMSCHUTZ				
Landwirtschatliche Freihaltefläche § 27 (2) h	ORB_*	FFL		
Forstliche Freihaltefläche § 27 (2) i	ORC_*	FFF		
Landschatlich wertvolle Fläche § 27 (2) j	ORD_*	FFA		
Ökologisch wertvolle Fläche § 27 (2) j	ORE_*	FFO		
Freihalteflächen für Freizeit-, Sport- und Erholungsnutzung § 27 (2) k	ORF_*	FFE		
Sonsige Freihaltefläche § 31 (1) a	ORG_*	FFS		
INFRASTRUKTURENTWICKLUNG - Verkehr				
Erforderlicher Neubau Verkehrsweg § 31 (1) i	ORALN_*		VKN	
Erforderlicher Ausbau Verkehrsweg § 31 (1) i	ORALN_*		VKA	
Einrichtungen für den ruhenden Verkehr (Parkplatz, Park- & Rideplatz, Bus- und LKW-Parkplatz o.ä. § 31 (1) i	ORAPT_*			INFP
Erforderlicher Fuß- und Radweg § 31 (1) i	ORALN_*		VKFRA	
Erforderlicher Ausbau Öffentlicher Verkehr § 31 (1) i	ORALN_*		VKOA	
Maßnahmen zur Verkehrsberuhigung § 31 (1) i	ORALN_*		VKB	
INFRASTRUKTURENTWICKLUNG - Sonsige Technische Infrastruktur				
Erforderlicher Ausbau elektrische Energieversorgung § 31 (1) k	ORALN_*		ELA	
Erforderlicher Ausbau Gasversorgung § 31 (1) k	ORALN_*		GAA	
Erforderlicher Ausbau Fernwärmeversorgung § 31 (1) k	ORALN_*		FWA	
Erforderlicher Ausbau Abwasserentsorgung § 31 (1) k	ORALN_*		KAA	
Erforderlicher Ausbau Trinkwasserversorgung § 31 (1) k	ORALN_*		TWA	
Erforderlicher Ausbau Informaions- und Kommunikaionsinfrastruktur § 31 (1) k	ORALN_*		IKT	
Erforderlicher Ausbau sonsige Technische Infrastruktur § 31 (1) k	ORAPT_*			INFTI
INFRASTRUKTURENTWICKLUNG - Kultur, Bildung, Soziales, Sport				
Erforderlicher Ausbau Soziale Infrastruktur § 31 (1) l	ORAPT_*			INFKT
PLANUNGSBEREICH				
Planungsbereich Örtliches Raumordnungskonzept	ORPLB_*	OPLABER		
ZUSÄTZLICHE PLANZEICHEN				
alle zusätzlichen Planzeichen PZV 2022 § 4 (1)	alle Ebenen	FREI	FREI	FREI

iris OBJEKT-Codes und GEODATENEBENEN für den Austausch von digitalen Datenbeständen

gem. § 3 Abs 2 bzw. § 9 Abs 4 Planzeichenverordnung 2022

Bezeichnung	Datei-Name	iris OBJEKT-Code		
		Fläche	Linie	Punkt
FLÄCHENWIDMUNGSPLAN				
PLANUNGSBEREICH				
Planungsbereich Flächenwidmung	FLW_*	PLABER		
BAULAND				
WOHNGEBIET				
Wohngebiet § 38 (1)	FLW_*	BW		
Wohngebiet § 38 (1) mit zeitlicher Befristung § 37a (1)	FLW_*	BW-Z		
Wohngebiet § 38 (1) mit eingeschränkter Baulandeignung § 37 (3,4,5)	FLW_*	BW-E		
Wohngebiet § 38 (1) mit eingeschränkter Baulandeignung § 37 (3,4,5) und zeitlicher Befristung § 37a (1)	FLW_*	BW-E-Z		
Wohngebiet § 38 (1) - Bauverbotsfläche § 35 (2)	FLW_*	BW-G		
Wohngebiet § 38 (1) mit eingeschränkter Baulandeignung § 37 (3,4,5) - Bauverbotsfläche § 35 (2)	FLW_*	BW-G-E		
Wohngebiet § 38 (1), Freizeitwohnsitze zugelassen § 13 (3)	FLW_*	BWF		
Wohngebiet § 38 (1) mit zeitlicher Befristung § 37a (1), Freizeitwohnsitze zugelassen § 13 (3)	FLW_*	BWF-Z		
Wohngebiet § 38 (1) mit eingeschränkter Baulandeignung § 37 (3,4,5), Freizeitwohnsitze zugelassen § 13 (3)	FLW_*	BWF-E		
Wohngebiet § 38 (1) mit eingeschränkter Baulandeignung § 37 (3,4,5) und zeitlicher Befristung § 37a (1), Freizeitwohnsitze zugelassen § 13 (3)	FLW_*	BWF-E-Z		
Wohngebiet § 38 (1), Freizeitwohnsitze zugelassen § 13 (3) – Bauverbotsfläche § 35 (2)	FLW_*	BWF-G		
Wohngebiet § 38 (1) mit eingeschränkter Baulandeignung § 37 (3,4,5), Freizeitwohnsitze zugelassen § 13 (3) - Bauverbotsfläche § 35 (2)	FLW_*	BWF-G-E		
Gemischtes Wohngebiet § 38 (2)	FLW_*	BWG		
Gemischtes Wohngebiet § 38 (2) mit zeitlicher Befristung § 37a (1)	FLW_*	BWG-Z		
Gemischtes Wohngebiet § 38 (2) mit eingeschränkter Baulandeignung § 37 (3,4,5)	FLW_*	BWG-E		
Gemischtes Wohngebiet § 38 (2) mit eingeschränkter Baulandeignung § 37 (3,4,5) und zeitlicher Befristung § 37a (1)	FLW_*	BWG-E-Z		
Gemischtes Wohngebiet § 38 (2) - Bauverbotsfläche § 35 (2)	FLW_*	BWG-G		
Gemischtes Wohngebiet § 38 (2) mit eingeschränkter Baulandeignung § 37 (3,4,5) - Bauverbotsfläche § 35 (2)	FLW_*	BWG-G-E		
Gemischtes Wohngebiet § 38 (2), Freizeitwohnsitze zugelassen § 13 (3)	FLW_*	BWGF		
Gemischtes Wohngebiet § 38 (2) mit zeitlicher Befristung §37a (1), Freizeitwohnsitze zugelassen § 13 (3)	FLW_*	BWGF-Z		
Gemischtes Wohngebiet § 38 (2) mit eingeschränkter Baulandeignung § 37 (3,4,5), Freizeitwohnsitze zugelassen § 13 (3)	FLW_*	BWGF-E		
Gemischtes Wohngebiet § 38 (2) mit eingeschränkter Baulandeignung § 37 (3,4,5) und zeitlicher Befristung § 37a (1), Freizeitwohnsitze zugelassen § 13 (3)	FLW_*	BWGF-E-Z		
Gemischtes Wohngebiet § 38 (2), Freizeitwohnsitze zugelassen § 13 (3) - Bauverbotsfläche § 35 (2)	FLW_*	BWGF-G		
Gemischtes Wohngebiet § 38 (2) mit eingeschränkter Baulandeignung § 37 (3,4,5), Freizeitwohnsitze zugelassen § 13 (3) - Bauverbotsfläche § 35 (2)	FLW_*	BWGF-G-E		
GEWERBE- und INDUSTRIEGEBIET				
Gewerbe- u. Industriegebiet § 39 (1)	FLW_*	BG		
Gewerbe- u. Industriegebiet § 39 (1) mit zeitlicher Befristung § 37a (1)	FLW_*	BG-Z		
Gewerbe- u. Industriegebiet § 39 (1) mit eingeschränkter Baulandeignung § 37 (3,4,5)	FLW_*	BG-E		
Gewerbe- u. Industriegebiet § 39 (1) mit eingeschränkter Baulandeignung § 37 (3,4,5) und zeitlicher Befristung § 37a (1)	FLW_*	BG-E-Z		
Gewerbe- u. Industriegebiet § 39 (1) - Bauverbotsfläche § 35 (2)	FLW_*	BG-G		
Gewerbe- u. Industriegebiet § 39 (1) mit eingeschränkter Baulandeignung § 37 (3,4,5) - Bauverbotsfläche § 35 (2)	FLW_*	BG-G-E		
Eingeschränktes Gewerbe- u. Industriegebiet § 39 (2)	FLW_*	BG-N		
Eingeschränktes Gewerbe- u. Industriegebiet § 39 (2) mit zeitlicher Befristung § 37a (1)	FLW_*	BG-N-Z		
Eingeschränktes Gewerbe- u. Industriegebiet § 39 (2) mit eingeschränkter Baulandeignung § 37 (3,4,5)	FLW_*	BG-N-E		
Eingeschränktes Gewerbe- u. Industriegebiet § 39 (2) mit eingeschränkter Baulandeignung § 37 (3,4,5) und zeitlicher Befristung § 37a (1)	FLW_*	BG-N-E-Z		
Eingeschränktes Gewerbe- u. Industriegebiet § 39 (2) - Bauverbotsfläche § 35 (2)	FLW_*	BG-N-G		
Eingeschränktes Gewerbe- u. Industriegebiet § 39 (2) mit eingeschränkter Baulandeignung § 37 (3,4,5) - Bauverbotsfläche § 35 (2)	FLW_*	BG-N-G-E		
Gewerbe- u. Industriegebiet, Seveso-Betriebe zulässig § 39 (3)	FLW_*	BGG-N		
Gewerbe- u. Industriegebiet mit zeitlicher Befristung § 37a (1), Seveso-Betriebe zulässig § 39 (3)	FLW_*	BGG-N-Z		
Gewerbe- u. Industriegebiet, Seveso-Betriebe zulässig § 39 (3) – Bauverbotsfläche § 35 (2)	FLW_*	BGG-N-G		
Gewerbe- u. Industriegebiet mit eingeschränkter Baulandeignung § 37 (3,4,5), Seveso-Betriebe zulässig § 39 (3)	FLW_*	BGG-N-E		
Gewerbe- u. Industriegebiet mit eingeschränkter Baulandeignung § 37 (3,4,5) und zeitlicher Befristung § 37a (1), Seveso-Betriebe zulässig § 39 (3)	FLW_*	BGG-N-E-Z		
Gewerbe- u. Industriegebiet mit eingeschränkter Baulandeignung § 37 (3,4,5), Seveso-Betriebe zulässig § 39 (3) - Bauverbotsfläche § 35 (2)	FLW_*	BGG-N-G-E		

iris OBJEKT-Codes und GEODATENEBENEN für den Austausch von digitalen Datenbeständen				
gem. § 3 Abs 2 bzw. § 9 Abs 4 Planzeichenverordnung 2022				
Bezeichnung	Datei-Name	iris OBJEKT-Code		
		Fläche	Linie	Punkt
Eingeschränktes Gewerbe- u. Industriegebiet § 39 (2), Seveso-Betriebe zulässig § 39 (3)	FLW_*	BGGG-N		
Eingeschränktes Gewerbe- u. Industriegebiet § 39 (2) mit zeitlicher Befristung § 37a (1), Seveso-Betriebe zulässig § 39 (3)	FLW_*	BGGG-N-Z		
Eingeschränktes Gewerbe- u. Industriegebiet § 39 (2), Seveso-Betriebe zulässig § 39 (3) - Bauverbotsfläche § 35 (2)	FLW_*	BGGG-N-G		
Eingeschränktes Gewerbe- u. Industriegebiet § 39 (2) , Seveso-Betriebe zulässig § 39 (3) mit eingeschränkter Baulandeignung § 37 (3,4,5)	FLW_*	BGGG-N-E		
Eingeschränktes Gewerbe- u. Industriegebiet § 39 (2) mit eingeschränkter Baulandeignung § 37 (3,4,5) und zeitlicher Befristung § 37a (1), Seveso-Betriebe zulässig § 39 (3)	FLW_*	BGGG-N-E-Z		
Eingeschränktes Gewerbe- u. Industriegebiet § 39 (2), Seveso-Betriebe zulässig § 39 (3) mit eingeschränkter Baulandeignung § 37 (3,4,5) - Bauverbotsfläche § 35 (2)	FLW_*	BGGG-N-G-E		
MISCHGEBIET				
Allgemeines Mischgebiet § 40 (2)	FLW_*	BM		
Allgemeines Mischgebiet § 40 (2) mit zeitlicher Befristung § 37a (1)	FLW_*	BM-Z		
Allgemeines Mischgebiet § 40 (2) mit eingeschränkter Baulandeignung § 37 (3,4,5)	FLW_*	BM-E		
Allgemeines Mischgebiet § 40 (2) mit eingeschränkter Baulandeignung § 37 (3,4,5) und zeitlicher Befristung § 37a (1)	FLW_*	BM-E-Z		
Allgemeines Mischgebiet § 40 (2) - Bauverbotsfläche § 35 (2)	FLW_*	BM-G		
Allgemeines Mischgebiet § 40 (2) mit eingeschränkter Baulandeignung § 37 (3,4,5) - Bauverbotsfläche § 35 (2)	FLW_*	BM-G-E		
Allgemeines Mischgebiet § 40 (2), Freizeitwohnsitze zugelassen § 13 (3)	FLW_*	BMF		
Allgemeines Mischgebiet § 40 (2) mit zeitlicher Befristung § 37a (1), Freizeitwohnsitze zugelassen § 13 (3)	FLW_*	BMF-Z		
Allgemeines Mischgebiet § 40 (2) mit eingeschränkter Baulandeignung § 37 (3,4,5), Freizeitwohnsitze zugelassen § 13 (3)	FLW_*	BMF-E		
Allgemeines Mischgebiet § 40 (2) mit eingeschränkter Baulandeignung § 37 (3,4,5)und zeitlicher Befristung § 37a (1), Freizeitwohnsitze zugelassen § 13 (3)	FLW_*	BMF-E-Z		
Allgemeines Mischgebiet § 40 (2), Freizeitwohnsitze zugelassen § 13 (3) - Bauverbotsfläche § 35 (2)	FLW_*	BMF-G		
Allgemeines Mischgebiet § 40 (2) mit eingeschränkter Baulandeignung § 37 (3,4,5), Freizeitwohnsitze zugelassen § 13 (3) - Bauverbotsfläche § 35 (2)	FLW_*	BMF-G-E		
Eingeschränktes Allgemeines Mischgebiet § 40 (2) iVm § 39 (2)	FLW_*	BM-N		
Eingeschränktes Allgemeines Mischgebiet § 40 (2) iVm § 39 (2), mit zeitlicher Befristung § 37a (1)	FLW_*	BM-N-Z		
Eingeschränktes Allgemeines Mischgebiet § 40 (2) iVm § 39 (2) mit eingeschränkter Baulandeignung § 37 (3,4,5)	FLW_*	BM-N-E		
Eingeschränktes Allgemeines Mischgebiet § 40 (2) iVm § 39 (2) mit eingeschränkter Baulandeignung § 37 (3,4,5) und zeitlicher Befristung § 37a (1)	FLW_*	BM-N-E-Z		
Eingeschränktes Allgemeines Mischgebiet § 40 (2) iVm § 39 (2) - Bauverbotsfläche § 35 (2)	FLW_*	BM-N-G		
Eingeschränktes Allgemeines Mischgebiet § 40 (2) iVm § 39 (2) mit eingeschränkter Baulandeignung § 37 (3,4,5) - Bauverbotsfläche § 35 (2)	FLW_*	BM-N-G-E		
Eingeschränktes Allgemeines Mischgebiet § 40 (2) iVm § 39 (2), Freizeitwohnsitze zugelassen § 13 (3)	FLW_*	BM-NF		
Eingeschränktes Allgemeines Mischgebiet § 40 (2) iVm § 39 (2) mit zeitlicher Befristung § 37a (1), Freizeitwohnsitze zugelassen § 13 (3)	FLW_*	BM-NF-Z		
Eingeschränktes Allgemeines Mischgebiet § 40 (2) iVm § 39 (2) mit eingeschränkter Baulandeignung § 37 (3,4,5), Freizeitwohnsitze zugelassen § 13 (3)	FLW_*	BM-NF-E		
Eingeschränktes Allgemeines Mischgebiet § 40 (2) iVm § 39 (2) mit eingeschränkter Baulandeignung § 37 (3,4,5) und zeitlicher Befristung § 37a (1), Freizeitwohnsitze zugelassen § 13 (3)	FLW_*	BM-NF-E-Z		
Eingeschränktes Allgemeines Mischgebiet § 40 (2) iVm § 39 (2), Freizeitwohnsitze zugelassen § 13 (3) - Bauverbotsfläche § 35 (2)	FLW_*	BM-NF-G		
Eingeschränktes Allgemeines Mischgebiet § 40 (2) iVm § 39 (2) mit eingeschränkter Baulandeignung § 37 (3,4,5), Freizeitwohnsitze zugelassen § 13 (3) - Bauverbotsfläche § 35 (2)	FLW_*	BM-NF-G-E		
Allgemeines Mischgebiet mit beschränkter Wohnnutzung § 40 (6)	FLW_*	BMB		
Allgemeines Mischgebiet mit beschränkter Wohnnutzung § 40 (6) und zeitlicher Befristung § 37a (1)	FLW_*	BMB-Z		
Allgemeines Mischgebiet mit beschränkter Wohnnutzung § 40 (6) mit eingeschränkter Baulandeignung § 37 (3,4,5)	FLW_*	BMB-E		
Allgemeines Mischgebiet mit beschränkter Wohnnutzung § 40 (6) mit eingeschränkter Baulandeignung § 37 (3,4,5) und zeitlicher Befristung § 37a (1)	FLW_*	BMB-E-Z		
Allgemeines Mischgebiet mit beschränkter Wohnnutzung § 40 (6) - Bauverbotsfläche § 35 (2)	FLW_*	BMB-G		
Allgemeines Mischgebiet mit beschränkter Wohnnutzung § 40 (6) mit eingeschränkter Baulandeignung § 37 (3,4,5) - Bauverbotsfläche § 35 (2)	FLW_*	BMB-G-E		
Eingeschränktes Allgemeines Mischgebiet § 40 (2) iVm § 39 (2) mit beschränkter Wohnnutzung § 40 (6)	FLW_*	BMB-N		
Eingeschränktes Allgemeines Mischgebiet § 40 (2) iVm § 39 (2) mit beschränkter Wohnnutzung § 40 (6) und zeitlicher Befristung § 37a (1)	FLW_*	BMB-N-Z		

iris OBJEKT-Codes und GEODATENEBENEN für den Austausch von digitalen Datenbeständen					
gem. § 3 Abs 2 bzw. § 9 Abs 4 Planzeichenverordnung 2022					
	Bezeichnung	Datei-Name	iris OBJEKT-Code		
			Fläche	Linie	Punkt
	Eingeschränktes Allgemeines Mischgebiet § 40 (2) iVm § 39 (2) mit beschränkter Wohnnutzung § 40 (6) mit eingeschränkter Baulandeignung § 37 (3,4,5)	FLW_*	BMB-N-E		
	Eingeschränktes Allgemeines Mischgebiet § 40 (2) iVm § 39 (2) mit beschränkter Wohnnutzung § 40 (6), eingeschränkter Baulandeignung § 37 (3,4,5) und zeitlicher Befristung § 37a (1)	FLW_*	BMB-N-E-Z		
	Eingeschränktes Allgemeines Mischgebiet § 40 (2) iVm § 39 (2) mit beschränkter Wohnnutzung § 40 (6) - Bauverbotsfläche § 35 (2)	FLW_*	BMB-N-G		
	Eingeschränktes Allgemeines Mischgebiet § 40 (2) iVm § 39 (2) mit beschränkter Wohnnutzung § 40 (6) mit eingeschränkter Baulandeignung § 37 (3,4,5) - Bauverbotsfläche § 35 (2)	FLW_*	BMB-N-G-E		
	Kerngebiet § 40 (3)	FLW_*	BK		
	Kerngebiet § 40 (3) mit zeitlicher Befristung § 37a (1)	FLW_*	BK-Z		
	Kerngebiet § 40 (3) mit eingeschränkter Baulandeignung § 37 (3,4,5)	FLW_*	BK-E		
	Kerngebiet § 40 (3) mit eingeschränkter Baulandeignung § 37 (3,4,5) und zeitlicher Befristung § 37a (1)	FLW_*	BK-E-Z		
	Kerngebiet § 40 (3) - Bauverbotsfläche § 35 (2)	FLW_*	BK-G		
	Kerngebiet § 40 (3) mit eingeschränkter Baulandeignung § 37 (3,4,5) - Bauverbotsfläche § 35 (2)	FLW_*	BK-G-E		
	Kerngebiet § 40 (3) mit beschränkter Wohnnutzung § 40 (6)	FLW_*	BKB		
	Kerngebiet § 40 (3) mit beschränkter Wohnnutzung § 40 (6) und zeitlicher Befristung § 37a (1)	FLW_*	BKB-Z		
	Kerngebiet § 40 (3) mit beschränkter Wohnnutzung § 40 (6) und eingeschränkter Baulandeignung § 37 (3,4,5)	FLW_*	BKB-E		
	Kerngebiet § 40 (3) mit beschränkter Wohnnutzung § 40 (6), eingeschränkter Baulandeignung § 37 (3,4,5) und zeitlicher Befristung § 37a (1)	FLW_*	BKB-E-Z		
	Kerngebiet § 40 (3) mit beschränkter Wohnnutzung § 40 (6) - Bauverbotsfläche § 35 (2)	FLW_*	BKB-G		
	Kerngebiet § 40 (3) mit beschränkter Wohnnutzung § 40 (6) mit eingeschränkter Baulandeignung § 37 (3,4,5) - Bauverbotsfläche § 35 (2)	FLW_*	BKB-G-E		
	Kerngebiet § 40 (3), Freizeitwohnsitze zugelassen § 13 (3)	FLW_*	BKF		
	Kerngebiet § 40 (3) mit zeitlicher Befristung § 37a (1), Freizeitwohnsitze zugelassen § 13 (3)	FLW_*	BKF-Z		
	Kerngebiet § 40 (3) mit eingeschränkter Baulandeignung § 37 (3,4,5), Freizeitwohnsitze zugelassen § 13 (3)	FLW_*	BKF-E		
	Kerngebiet § 40 (3) mit eingeschränkter Baulandeignung § 37 (3,4,5) und zeitlicher Befristung § 37a (1), Freizeitwohnsitze zugelassen § 13 (3)	FLW_*	BKF-E-Z		
	Kerngebiet § 40 (3), Freizeitwohnsitze zugelassen § 13 (3) - Bauverbotsfläche § 35 (2)	FLW_*	BKF-G		
	Kerngebiet § 40 (3) mit eingeschränkter Baulandeignung § 37 (3,4,5), Freizeitwohnsitze zugelassen § 13 (3) - Bauverbotsfläche § 35 (2)	FLW_*	BKF-G-E		
	Tourismusgebiet § 40 (4)	FLW_*	BT		
	Tourismusgebiet § 40 (4) mit zeitlicher Befristung § 37a (1)	FLW_*	BT-Z		
	Tourismusgebiet § 40 (4) mit eingeschränkter Baulandeignung § 37 (3,4,5)	FLW_*	BT-E		
	Tourismusgebiet § 40 (4) mit eingeschränkter Baulandeignung § 37 (3,4,5) und zeitlicher Befristung § 37a (1)	FLW_*	BT-E-Z		
	Tourismusgebiet § 40 (4) - Bauverbotsfläche § 35 (2)	FLW_*	BT-G		
	Tourismusgebiet § 40 (4) mit eingeschränkter Baulandeignung § 37 (3,4,5) - Bauverbotsfläche § 35 (2)	FLW_*	BT-G-E		
	Tourismusgebiet § 40 (4) mit beschränkter Wohnnutzung § 40 (6)	FLW_*	BTB		
	Tourismusgebiet § 40 (4) mit beschränkter Wohnnutzung § 40 (6) und zeitlicher Befristung § 37a (1)	FLW_*	BTB-Z		
	Tourismusgebiet § 40 (4) mit beschränkter Wohnnutzung § 40 (6) und eingeschränkter Baulandeignung § 37 (3,4,5)	FLW_*	BTB-E		
	Tourismusgebiet § 40 (4) mit beschränkter Wohnnutzung § 40 (6), eingeschränkter Baulandeignung § 37 (3,4,5) und zeitlicher Befristung § 37a (1)	FLW_*	BTB-E-Z		
	Tourismusgebiet § 40 (4) mit beschränkter Wohnnutzung § 40 (6) - Bauverbotsfläche § 35 (2)	FLW_*	BTB-G		
	Tourismusgebiet § 40 (4) mit beschränkter Wohnnutzung § 40 (6) mit eingeschränkter Baulandeignung § 37 (3,4,5) - Bauverbotsfläche § 35 (2)	FLW_*	BTB-G-E		
	Tourismusgebiet § 40 (4), Freizeitwohnsitze zugelassen § 13 (3)	FLW_*	BTF		
	Tourismusgebiet § 40 (4) mit zeitlicher Befristung § 37a (1), Freizeitwohnsitze zugelassen § 13 (3)	FLW_*	BTF-Z		
	Tourismusgebiet § 40 (4) mit eingeschränkter Baulandeignung § 37 (3,4,5), Freizeitwohnsitze zugelassen § 13 (3)	FLW_*	BTF-E		
	Tourismusgebiet § 40 (4) mit eingeschränkter Baulandeignung § 37 (3,4,5) und zeitlicher Befristung § 37a (1), Freizeitwohnsitze zugelassen § 13 (3)	FLW_*	BTF-E-Z		
	Tourismusgebiet § 40 (4), Freizeitwohnsitze zugelassen § 13 (3) - Bauverbotsfläche § 35 (2)	FLW_*	BTF-G		
	Tourismusgebiet § 40 (4) mit eingeschränkter Baulandeignung § 37 (3,4,5), Freizeitwohnsitze zugelassen § 13 (3) - Bauverbotsfläche § 35 (2)	FLW_*	BTF-G-E		
	Landwirtschatliches Mischgebiet § 40 (5)	FLW_*	BL		
	Landwirtschatliches Mischgebiet § 40 (5) mit zeitlicher Befristung § 37a (1)	FLW_*	BL-Z		
	Landwirtschatliches Mischgebiet § 40 (5) mit eingeschränkter Baulandeignung § 37 (3,4,5)	FLW_*	BL-E		
	Landwirtschatliches Mischgebiet § 40 (5) mit eingeschränkter Baulandeignung § 37 (3,4,5) und zeitlicher Befristung § 37a (1)	FLW_*	BL-E-Z		
	Landwirtschatliches Mischgebiet § 40 (5) - Bauverbotsfläche § 35 (2)	FLW_*	BL-G		
	Landwirtschatliches Mischgebiet § 40 (5) mit eingeschränkter Baulandeignung § 37 (3,4,5) - Bauverbotsfläche § 35 (2)	FLW_*	BL-G-E		

iris OBJEKT-Codes und GEODATENEBENEN für den Austausch von digitalen Datenbeständen

gem. § 3 Abs 2 bzw. § 9 Abs 4 Planzeichenverordnung 2022

Bezeichnung	Datei-Name	iris OBJEKT-Code		
		Fläche	Linie	Punkt
Eingeschränktes Landwirtschatliches Mischgebiet § 40 (5) iVm § 39 (2)	FLW_*	BL-N		
Eingeschränktes Landwirtschatliches Mischgebiet § 40 (5) iVm § 39 (2) mit zeitlicher Befristung § 37a (1)	FLW_*	BL-N-Z		
Eingeschränktes Landwirtschatliches Mischgebiet § 40 (5) iVm § 39 (2) mit eingeschränkter Baulandeignung § 37 (3,4,5)	FLW_*	BL-N-E		
Eingeschränktes Landwirtschatliches Mischgebiet § 40 (5) iVm § 39 (2) mit eingeschränkter Baulandeignung § 37 (3,4,5) und zeitlicher Befristung § 37a (1)	FLW_*	BL-N-E-Z		
Eingeschränktes Landwirtschatliches Mischgebiet § 40 (5) iVm 39 (2) - Bauverbotsfläche § 35 (2)	FLW_*	BL-N-G		
Eingeschränktes Landwirtschatliches Mischgebiet § 40 (5) iVm § 39 (2) mit eingeschränkter Baulandeignung § 37 (3,4,5) - Bauverbotsfläche § 35 (2)	FLW_*	BL-N-G-E		
Eingeschränktes Landwirtschatliches Mischgebiet § 40 (5) iVm § 39 (2), Freizeitwohnsitze zugelassen § 13 (3)	FLW_*	BL-NF		
Eingeschränktes Landwirtschatliches Mischgebiet § 40 (5) iVm § 39 (2) mit zeitlicher Befristung § 37a (1), Freizeitwohnsitze zugelassen § 13 (3)	FLW_*	BL-NF-Z		
Eingeschränktes Landwirtschatliches Mischgebiet § 40 (5) iVm § 39 (2) mit eingeschränkter Baulandeignung § 37 (3,4,5), Freizeitwohnsitze zugelassen § 13 (3)	FLW_*	BL-NF-E		
Eingeschränktes Landwirtschatliches Mischgebiet § 40 (5) iVm § 39 (2) mit eingeschränkter Baulandeignung § 37 (3,4,5) und zeitlicher Befristung § 37a (1), Freizeitwohnsitze zugelassen § 13 (3)	FLW_*	BL-NF-E-Z		
Eingeschränktes Landwirtschatliches Mischgebiet § 40 (5) iVm § 39 (2), Freizeitwohnsitze zugelassen § 13 (3) - Bauverbotsfläche § 35 (2)	FLW_*	BL-NF-G		
Eingeschränktes Landwirtschatliches Mischgebiet § 40 (5) iVm § 39 (2) mit eingeschränkter Baulandeignung § 37 (3,4,5), Freizeitwohnsitze zugelassen § 13 (3) - Bauverbotsfläche § 35 (2)	FLW_*	BL-NF-G-E		
Landwirtschatliches Mischgebiet § 40 (5) mit beschränkter Wohnnutzung § 40 (6)	FLW_*	BLB		
Landwirtschatliches Mischgebiet § 40 (5) mit beschränkter Wohnnutzung § 40 (6) und zeitlicher Befristung § 37a (1)	FLW_*	BLB-Z		
Landwirtschatliches Mischgebiet § 40 (5) mit beschränkter Wohnnutzung § 40 (6) und eingeschränkter Baulandeignung § 37 (3,4,5)	FLW_*	BLB-E		
Landwirtschatliches Mischgebiet § 40 (5) mit beschränkter Wohnnutzung § 40 (6), eingeschränkter Baulandeignung § 37 (3,4,5) und zeitlicher Befristung § 37a (1)	FLW_*	BLB-E-Z		
Landwirtschatliches Mischgebiet § 40 (5) mit beschränkter Wohnnutzung § 40 (6) - Bauverbotsfläche § 35 (2)	FLW_*	BLB-G		
Landwirtschatliches Mischgebiet § 40 (5) mit beschränkter Wohnnutzung § 40 (6) mit eingeschränkter Baulandeignung § 37 (3,4,5) - Bauverbotsfläche § 35 (2)	FLW_*	BLB-G-E		
Eingeschränktes Landwirtschatliches Mischgebiet § 40 (5) iVm § 39 (2) mit beschränkter Wohnnutzung § 40 (6)	FLW_*	BLB-N		
Eingeschränktes Landwirtschatliches Mischgebiet § 40 (5) iVm § 39 (2) mit beschränkter Wohnnutzung § 40 (6) und zeitlicher Befristung § 37a (1)	FLW_*	BLB-N-Z		
Eingeschränktes Landwirtschatliches Mischgebiet § 40 (5) iVm § 39 (2) mit beschränkter Wohnnutzung § 40 (6) mit eingeschränkter Baulandeignung § 37 (3,4,5)	FLW_*	BLB-N-E		
Eingeschränktes Landwirtschatliches Mischgebiet § 40 (5) iVm § 39 (2) mit beschränkter Wohnnutzung § 40 (6), eingeschränkter Baulandeignung § 37 (3,4,5) und zeitlicher Befristung § 37a (1)	FLW_*	BLB-N-E-Z		
Eingeschränktes Landwirtschatliches Mischgebiet § 40 (5) iVm § 39 (2) mit beschränkter Wohnnutzung § 40 (6) - Bauverbotsfläche § 35 (2)	FLW_*	BLB-N-G		
Eingeschränktes Landwirtschatliches Mischgebiet § 40 (5) iVm § 39 (2) mit beschränkter Wohnnutzung § 40 (6) mit eingeschränkter Baulandeignung § 37 (3,4,5) - Bauverbotsfläche § 35 (2)	FLW_*	BLB-N-G-E		
Landwirtschatliches Mischgebiet § 40 (5), Freizeitwohnsitze zugelassen § 13 (3)	FLW_*	BLF		
Landwirtschatliches Mischgebiet § 40 (5) mit zeitlicher Befristung § 37a (1), Freizeitwohnsitze zugelassen § 13 (3)	FLW_*	BLF-Z		
Landwirtschatliches Mischgebiet § 40 (5) mit eingeschränkter Baulandeignung § 37 (3,4,5), Freizeitwohnsitze zugelassen § 13 (3)	FLW_*	BLF-E		
Landwirtschatliches Mischgebiet § 40 (5) mit eingeschränkter Baulandeignung § 37 (3,4,5) und zeitlicher Befristung § 37a (1), Freizeitwohnsitze zugelassen § 13 (3)	FLW_*	BLF-E-Z		
Landwirtschatliches Mischgebiet § 40 (5), Freizeitwohnsitze zugelassen § 13 (3) - Bauverbotsfläche § 35 (2)	FLW_*	BLF-G		
Landwirtschatliches Mischgebiet § 40 (5) mit eingeschränkter Baulandeignung § 37 (3,4,5), Freizeitwohnsitze zugelassen § 13 (3) - Bauverbotsfläche § 35 (2)	FLW_*	BLF-G-E		
Landwirtschatliches Mischgebiet § 40 (5) eingeschränkt auf landwirtschatliche Gebäude § 40 (7)	FLW_*	BLL		
Landwirtschatliches Mischgebiet § 40 (5), eingeschränkt auf landwirtschatliche Gebäude § 40 (7) mit zeitlicher Befristung § 37a (1)	FLW_*	BLL-Z		
Landwirtschatliches Mischgebiet § 40 (5) eingeschränkt auf landwirtschatliche Gebäude § 40 (7) mit eingeschränkter Baulandeignung § 37 (3,4,5)	FLW_*	BLL-E		
Landwirtschatliches Mischgebiet § 40 (5), eingeschränkt auf landwirtschatliche Gebäude § 40 (7), mit eingeschränkter Baulandeignung § 37 (3,4,5) und zeitlicher Befristung § 37a (1),	FLW_*	BLL-E-Z		
Landwirtschatliches Mischgebiet § 40 (5) eingeschränkt auf landwirtschatliche Gebäude § 40 (7) - Bauverbotsfläche § 35 (2)	FLW_*	BLL-G		

iris OBJEKT-Codes und GEODATENEBENEN für den Austausch von digitalen Datenbeständen					
gem. § 3 Abs 2 bzw. § 9 Abs 4 Planzeichenverordnung 2022					
	Bezeichnung	Datei-Name	iris OBJEKT-Code		
			Fläche	Linie	Punkt
	Landwirtschatliches Mischgebiet § 40 (5) eingeschränkt auf landwirtschatliche Gebäude § 40 (7) mit eingeschränkter Baulandeignung § 37 (3,4,5) - Bauverbotsfläche § 35 (2)	FLW_*	BLL-G-E		
	Landwirtschatliches Mischgebiet § 40 (5), eingeschränkt auf landwirtschatliche Gebäude § 40 (7), Freizeitwohnsitze zugelassen § 13 (3)	FLW_*	BLLF		
	Landwirtschatliches Mischgebiet § 40 (5) eingeschränkt auf landwirtschatliche Gebäude § 40 (7), mit zeitlicher Befristung § 37a (1), Freizeitwohnsitze zugelassen § 13 (3)	FLW_*	BLLF-Z		
	Landwirtschatliches Mischgebiet § 40 (5) eingeschränkt auf landwirtschatliche Gebäude § 40 (7) mit eingeschränkter Baulandeignung § 37 (3,4,5), Freizeitwohnsitze zugelassen § 13 (3)	FLW_*	BLLF-E		
	Landwirtschatliches Mischgebiet § 40 (5), eingeschränkt auf landwirtschatliche Gebäude § 40 (7) mit eingeschränkter Baulandeignung § 37 (3,4,5) und zeitlicher Befristung § 37a (1), Freizeitwohnsitze zugelassen § 13 (3)	FLW_*	BLLF-E-Z		
	Landwirtschatliches Mischgebiet § 40 (5), eingeschränkt auf landwirtschatliche Gebäude § 40 (7) - Bauverbotsfläche § 35 (2), Freizeitwohnsitze zugelassen § 13 (3)	FLW_*	BLLF-G		
	Landwirtschatliches Mischgebiet § 40 (5), eingeschränkt auf landwirtschatliche Gebäude § 40 (7) mit eingeschränkter Baulandeignung § 37 (3,4,5) - Bauverbotsfläche § 35 (2), Freizeitwohnsitze zugelassen § 13 (3)	FLW_*	BLLF-G-E		
SONDERFLÄCHEN					
	Sonderfläche standortgebunden § 43 (1) a	FLW_*	SFL		
	Sonderfläche aus besonderen raumordnungsfachlichen Gründen § 43 (1) b	FLW_*	SFL-f		
	Sonderfläche standortgebunden § 43 (1) a, für Gastgewerbebetriebe (nicht jedoch Neubauten), Freizeitwohnsitze zugelassen § 13 (3)	FLW_*	SFLF		
	Sonderfläche aus bes. rofachl. Gründen § 43 (1) b, für Gastgewerbebetriebe (nicht jedoch Neubauten), Freizeitwohnsitze zugelassen § 13 (3)	FLW_*	SFLF-f		
	Sonderfläche Solaranlage § 43 (1) a standortgebunden	FLW_*	SSOL		
	Sonderfläche Solaranlage § 43 (1) b bes. rofachl. Gründe	FLW_*	SSOL-f		
	Sonderfläche Hofstelle § 44 [iVm. § 43 (7) standortgebunden]	FLW_*	SLH		
	Sonderfläche Hofstelle § 44 [iVm. § 43 (7) aus bes. rofachl. Gründen]	FLW_*	SLH-f		
	Sonderfläche Hofstelle § 44, Freizeitwohnsitze zugelassen § 13 (3) [iVm. § 43 (7) standortgebunden]	FLW_*	SLHF		
	Sonderfläche Hofstelle § 44 , Freizeitwohnsitze zugelassen § 13 (3) [iVm. § 43 (7) aus bes. rofachl. Gründen]	FLW_*	SLHF-f		
	Sonderfläche Hofstelle mit Erhöhung der zul. Wohnnutzfläche § 44 (2) oder sonsiger Sonderbesimmung insb. gem. § 44 (11) [iVm. § 43 (7) standortgebunden]	FLW_*	SLHS-N		
	Sonderfläche Hofstelle mit Erhöhung der zul. Wohnnutzfläche § 44 (2) oder sonsiger Sonderbesimmung insb. gem. § 44 (11) [iVm. § 43 (7) aus bes. rofachl. Gründen]	FLW_*	SLHS-N-f		
	Sonderfläche Hofstelle mit Erhöhung der zul. Wohnnutzfläche § 44 (2) oder sonsiger Sonderbesimmung insb. gem. § 44 (11) , Freizeitwohnsitze zugelassen § 13 (3) [iVm. § 43 (7) standortgebunden]	FLW_*	SLHSF-N		
	Sonderfläche Hofstelle mit Erhöhung der zul. Wohnnutzfläche § 44 (2) oder sonsiger Sonderbesimmung § 44 (11), Freizeitwohnsitze zugelassen § 13 (3) [iVm. § 43 (7) aus bes. rofachl. Gründen]	FLW_*	SLHSF-N-f		
	Sonderfläche Hofstelle mit gewerblicher Nebennutzung § 44 (8) [iVm. § 43 (7) standortgebunden]	FLW_*	SLN-N		
	Sonderfläche Hofstelle mit gewerblicher Nebennutzung § 44 (8) [iVm. § 43 (7) aus bes. rofachl. Gründen]	FLW_*	SLN-N-f		
	Sonderfläche Hofstelle mit gewerblicher Nebennutzung § 44 (8), Freizeitwohnsitze zugelassen § 13 (3) [iVm. § 43 (7) standortgebunden]	FLW_*	SLNF-N		
	Sonderfläche Hofstelle mit gewerblicher Nebennutzung § 44 (8), Freizeitwohnsitze zugelassen § 13 (3) [iVm. § 43 (7) aus bes. rofachl. Gründen]	FLW_*	SLNF-N-f		
	Sonderfläche Hofstelle mit Erhöhung der zul. Wohnnutzfläche § 44 (2) oder sonsiger Sonderbesimmung insb. gem. § 44 (11) und gewerblicher Nebennutzung § 44 (8) [iVm. § 43 (7) standortgebunden]	FLW_*	SLHSN-N		
	Sonderfläche Hofstelle mit Erhöhung der zul. Wohnnutzfläche § 44 (2) oder sonsiger Sonderbesimmung insb. gem. § 44 (11) und gewerblicher Nebennutzung § 44 (8) [iVm. § 43 (7) aus bes. rofachl. Gründen]	FLW_*	SLHSN-N-f		
	Sonderfläche Hofstelle mit Erhöhung der zul. Wohnnutzfläche § 44 (2) oder sonsiger Sonderbesimmung insb. gem. § 44 (11) und gewerblicher Nebennutzung § 44 (8), Freizeitwohnsitze zugelassen § 13 (3) [iVm. § 43 (7) standortgebunden]	FLW_*	SLHSNF-N		
	Sonderfläche Hofstelle mit Erhöhung der zul. Wohnnutzfläche § 44 (2) oder sonsiger Sonderbesimmung insb. gem. § 44 (11) und gewerblicher Nebennutzung § 44 (8), Freizeitwohnsitze zugelassen § 13 (3) [iVm. § 43 (7) aus bes. rofachl. Gründen]	FLW_*	SLHSNF-N-f		
	Sonderfläche Hofstelle mit Objekten auf mehreren nicht zusammenhängenden Grundflächen § 44 (12) [iVm. § 43 (7) standortgebunden]	FLW_*	SLH-N		
	Sonderfläche Hofstelle mit Objekten auf mehreren, nicht zusammenhängenden Grundflächen § 44 (12) [iVm. § 43 (7) aus bes. rofachl. Gründen]	FLW_*	SLH-N-f		
	Sonderfläche Hofstelle mit Objekten auf mehreren, nicht zusammenhängenden Grundflächen § 44 (12), Freizeitwohnsitze zugelassen § 13 (3) [iVm. § 43 (7) standortgebunden]	FLW_*	SLHF-N		

iris OBJEKT-Codes und GEODATENEBENEN für den Austausch von digitalen Datenbeständen				
gem. § 3 Abs 2 bzw. § 9 Abs 4 Planzeichenverordnung 2022				
Bezeichnung	Datei-Name	iris OBJEKT-Code		
		Fläche	Linie	Punkt
Sonderfläche Hofstelle mit Objekten auf mehreren, nicht zusammenhängenden Grundflächen § 44 (12), Freizeitwohnsitze zugelassen § 13 (3) [iVm. § 43 (7) aus bes. rofachl. Gründen]	FLW_*	SLHF-N-f		
Sonderfläche Hofstelle mit Objekten auf mehreren, nicht zusammenhängenden Grundflächen § 44 (12) mit Erhöhung der zul. Wohnnutzfläche § 44 (2) oder sonsiger Sonderbesimmung insb. gem. § 44 (11) [iVm. § 43 (7) standortgebunden]	FLW_*	SLHHS-N		
Sonderfläche Hofstelle mit Objekten auf mehreren nicht zusammenhängenden Grundflächen § 44 (12) mit Erhöhung der zul. Wohnnutzfläche § 44 (2) oder sonsiger Sonderbesimmung insb. gem. § 44 (11) [iVm. § 43 (7) aus bes. rofachl. Gründen]	FLW_*	SLHHS-N-f		
Sonderfläche Hofstelle mit Objekten auf mehreren, nicht zusammenhängenden Grundflächen § 44 (12) mit Erhöhung der zul. Wohnnutzfläche § 44 (2) oder sonsiger Sonderbesimmung insb. gem. § 44 (11), Freizeitwohnsitze zugelassen § 13 (3) [iVm. § 43 (7) standortgebunden]	FLW_*	SLHHSF-N		
Sonderfläche Hofstelle mit Objekten auf mehreren, nicht zusammenhängenden Grundflächen § 44 (12) mit Erhöhung der zul. Wohnnutzfläche § 44 (2) oder sonsiger Sonderbesimmung insb. gem. § 44 (11), Freizeitwohnsitze zugelassen § 13 (3) [iVm. § 43 (7) aus bes. rofachl. Gründen]	FLW_*	SLHHSF-N-f		
Sonderfläche Hofstelle mit Objekten auf mehreren, nicht zusammenhängenden Grundflächen § 44 (12) mit gewerblicher Nebennutzung § 44 (8) [iVm. § 43 (7) standortgebunden]	FLW_*	SLHN-N		
Sonderfläche Hofstelle mit Objekten auf mehreren, nicht zusammenhängenden Grundflächen § 44 (12) mit gewerblicher Nebennutzung § 44 (8) [iVm. § 43 (7) aus bes. rofachl. Gründen]	FLW_*	SLHN-N-f		
Sonderfläche Hofstelle mit Objekten auf mehreren, nicht zusammenhängenden Grundflächen § 44 (12) mit gewerblicher Nebennutzung § 44 (8) , Freizeitwohnsitze zugelassen § 13 (3) [iVm. § 43 (7) standortgebunden]	FLW_*	SLHNF-N		
Sonderfläche Hofstelle mit Objekten auf mehreren nicht zusammenhängenden Grundflächen § 44 (12) mit gewerblicher Nebennutzung § 44 (8) , Freizeitwohnsitze zugelassen § 13 (3) [iVm. § 43 (7) aus bes. rofachl. Gründen]	FLW_*	SLHNF-N-f		
Sonderfläche Hofstelle mit Objekten auf mehreren nicht zusammenhängenden Grundflächen § 44 (12) mit Erhöhung der zul. Wohnnutzfläche § 44 (2) oder sonsiger Sonderbesimmung insb. gem. § 44 (11) und gewerblicher Nebennutzung § 44 (8) [iVm. § 43 (7) standortgebunden]	FLW_*	SLHHN-N		
Sonderfläche Hofstelle mit Objekten auf mehreren, nicht zusammenhängenden Grundflächen § 44 (12) mit Erhöhung der zul. Wohnnutzfläche § 44 (2) oder sonsiger Sonderbesimmung insb. gem. § 44 (11) und gewerblicher Nebennutzung § 44 (8) [iVm. § 43 (7) aus bes. rofachl. Gründen]	FLW_*	SLHHN-N-f		
Sonderfläche Hofstelle mit Objekten auf mehreren, nicht zusammenhängenden Grundflächen § 44 (12) mit Erhöhung der zul. Wohnnutzfläche § 44 (2) oder sonsiger Sonderbesimmung insb. gem. § 44 (11) und gewerblicher Nebennutzung § 44 (8), Freizeitwohnsitze zugelassen § 13 (3) [iVm. § 43 (7) standortgebunden]	FLW_*	SLHHNF-N		
Sonderfläche Hofstelle mit Objekten auf mehreren nicht zusammenhängenden Grundflächen § 44 (12) mit Erhöhung der zul. Wohnnutzfläche § 44 (2) oder sonsiger Sonderbesimmung insb. gem. § 44 (11) und gewerblicher Nebennutzung § 44 (8), Freizeitwohnsitze zugelassen § 13 (3) [iVm. § 43 (7) aus bes. rofachl. Gründen]	FLW_*	SLHHNF-N-f		
Sonderfläche Hofstelle § 44 iVm Sonderfläche für Sportanlage § 50 [iVm. § 43 (7) aus bes. rofachl. Gründen]	FLW_*	SLHSP-N-f		
Sonderfläche für Wirtschatsgebäude zur landwirtschatlichen Intensivierhaltung § 45 (ohne nähere Spezifikaion)	FLW_*	SLI		
Sonderfläche für Wirtschatsgebäude zur landwirtschatlichen Intensivierhaltung § 45	FLW_*	SLI-N		
Sonderfläche Austraghaus § 46 [iVm. § 43 (7) standortgebunden]	FLW_*	SLA		
Sonderfläche Austraghaus § 46 [iVm. § 43 (7) aus bes. rofachl. Gründen]	FLW_*	SLA-f		
Sonderfläche Austraghaus § 46 mit Nebennutzung nach § 47 oder Erhöhung der zul. Wohnnutzfläche § 46 (5) [iVm. § 43 (7) standortgebunden]	FLW_*	SLA-N		
Sonderfläche Austraghaus § 46 mit Nebennutzung nach § 47 oder Erhöhung der zul. Wohnnutzfläche § 46 (5) [iVm. § 43 (7) aus bes. rofachl. Gründen]	FLW_*	SLA-N-f		
Sonderfläche sonsige land- oder forstwirtschatliche Gebäude und Anlagen § 47, (ohne nähere Spezifikaion)	FLW_*	SLG		
Sonderfläche sonsige land- oder forstwirtschatliche Gebäude und Anlagen § 47, Festlegung Gebäudearten oder Nutzungen	FLW_*	SLG-N		
Sonderfläche sonsige land- oder forstwirtschatliche Gebäude und Anlagen § 47 iVm. Festlegung der Art der Sportanlage § 50	FLW_*	SLGS-N		
Sonderfläche für Chaletdörfer § 47a [iVm. § 43 (7) standortgebunden]	FLW_*	SCD-N		
Sonderfläche für Chaletdörfer § 47a [iVm. § 43 (7) aus bes. rofachl. Gründen]	FLW_*	SCD-N-f		
Sonderfläche für Chaletdörfer § 47a, Freizeitwohnsitze zugelassen § 13 (3) [iVm. § 43 (7) standortgebunden]	FLW_*	SCD-NF		
Sonderfläche für Chaletdörfer § 47a, Freizeitwohnsitze zugelassen § 13 (3) [iVm. § 43 (7) aus bes. rofachl. Gründen]	FLW_*	SCD-NF-f		
Sonderfläche Beherbergungsgroßbetrieb § 48 [iVm. § 43 (7) standortgebunden]	FLW_*	SBH-N		
Sonderfläche Beherbergungsgroßbetrieb § 48 [iVm. § 43 (7) aus bes. rofachl. Gründen]	FLW_*	SBH-N-f		
Sonderfläche Beherbergungsgroßbetrieb § 48, Freizeitwohnsitze zugelassen § 13 (3) [iVm. § 43 (7) standortgebunden]	FLW_*	SBH-NF		

iris OBJEKT-Codes und GEODATENEBENEN für den Austausch von digitalen Datenbeständen

gem. § 3 Abs 2 bzw. § 9 Abs 4 Planzeichenverordnung 2022

	Bezeichnung	Datei-Name	iris OBJEKT-Code		
			Fläche	Linie	Punkt
	Sonderfläche Beherbergungsgroßbetrieb § 48, Freizeitwohnsitze zugelassen § 13 (3) [iVm. § 43 (7) aus bes. rofachl. Gründen]	FLW_*	SBH-NF-f		
	Sonderfläche Handelsbetrieb § 48a, ohne Festlegung von Betriebstyp und/oder Höchstausmaßen von Kundenflächen [iVm. § 43 (7) standortgebunden]	FLW_*	SH		
	Sonderfläche Handelsbetrieb § 48a, ohne Festlegung von Betriebstyp und/oder Höchstausmaßen von Kundenflächen [iVm. § 43 (7) aus bes. rofachl. Gründen]	FLW_*	SH-f		
	Sonderfläche Handelsbetrieb § 48a, mit Festlegung von Betriebstyp und/oder Höchstausmaßen von Kundenflächen [iVm. § 43 (7) standortgebunden]	FLW_*	SH-N		
	Sonderfläche Handelsbetrieb § 48a, mit Festlegung von Betriebstyp und/oder Höchstausmaßen von Kundenflächen [iVm. § 43 (7) aus bes. rofachl. Gründen]	FLW_*	SH-N-f		
	Sonderfläche Einkaufszentrum § 49, Festlegung von Betriebstyp und Höchstausmaß der Kundenfläche sowie ggf. Lebensmitelkundenfläche	FLW_*	SE-N		
	Sonderfläche UVP-pflichige Anlage § 49a, Festlegung der Art der Anlage [iVm. § 43 (7) standortgebunden]	FLW_*	SU-N		
	Sonderfläche UVP-pflichige Anlage § 49a, Festlegung der Art der Anlage [iVm. § 43 (7) aus bes. rofachl. Gründen]	FLW_*	SU-N-f		
	Sonderfläche Tankstelle § 49b, [iVm. § 43 (7) standortgebunden]	FLW_*	ST		
	Sonderfläche Tankstelle § 49b, [iVm. § 43 (7) aus bes. rofachl. Gründen]	FLW_*	ST-f		
	Sonderfläche Tankstelle § 49b mit ergänzender sonsiger Nutzung [iVm. § 43 (7) standortgebunden]	FLW_*	ST-N		
	Sonderfläche Tankstelle § 49b mit ergänzender sonsiger Nutzung [iVm. § 43 (7) aus bes. rofachl. Gründen]	FLW_*	ST-N-f		
	Sonderfläche Sportanlage § 50, Festlegung der Art der Sportanlage	FLW_*	SFSI		
	Sonderfläche für Anlagen zur Aubereitung mineralischer Rohstoffe § 50a, Festlegung der Art der Anlagen	FLW_*	SM N		
	Sonderfläche für Anlagen zur Aubereitung mineralischer Rohstoffe § 50a (ohne nähere Spezifikaion)	FLW_*	SM		
	Sonderfläche für Widmungen mit Teilfestlegungen § 51, Festlegung verschiedener Verwendungszwecke der Teilflächen [iVm. § 43 (7) standortgebunden]	FLW_*	SV-N		
	Sonderfläche für Widmungen mit Teilfestlegungen § 51, Festlegung verschiedener Verwendungszwecke der Teilflächen [iVm. § 43 (7) aus bes. rofachl. Gründen]	FLW_*	SV-N-f		
VORBEHALTSFLÄCHEN					
	Vorbehaltsfläche für den Gemeinbedarf § 52, Festlegung des Verwendungszwecks	FLW_*	BVHS		
	Vorbehaltsfläche für den geförderten Wohnbau § 52a	FLW_*	BVW		
	Vorbehaltsfläche für den geförderten Wohnbau § 52a mit eingeschränkter Baulandeignung § 37 (3,4,5) od. sonsigen ergänzenden textlichen Festlegungen § 52a (3).	FLW_*	BVW-N		
FREILAND					
	Freiland § 41	FLW_*	FL		
FESTLEGUNGEN DES VERLAUFS VON VERKEHRSWEGEN					
	Geplante örtliche Straße § 53 (1)	FLK_*	VK		
	Örtlicher Vorbehaltsbereich für geplanten überörtlichen Verkehrsweg § 53 (2)	FLK_*	VB		
	Auhebung oder Erlöschen der Festlegung einer geplanten örtlichen Straße oder eines Vorbehaltsbereichs für einen geplanten überörtlichen Verkehrsweg § 53 (1,2,3)	FLK_*	VL		

DATENMODELL und FELDBESCHREIBUNG für den Austausch von digitalen Datenbeständen

ÖRTLICHES RAUMORDNUNGSKONZEPT

Datenebene	Datenformat (shapetype)	Feldnamen (Felddatentyp)	Beschreibung / Inhalt
ORAPT_* Alle Punkte Bauliche Entwicklung, Infrastruktur-entwicklung	**ESRI-Shape** (point) *oder* **GeoPackage (GPKG)**	**OBJEKT (C/10)**	gem. iris OBJEKT-Code
		ZAEHLER (I/5)	Zähler zur Verordnung
		ZAEHLERTXT (C/10)	Zusatztexfeld zum Zähler Beispiele: a, BN, E, .1, .2
		NAME (C/254)	Name / Freitext – opionale Befüllung
		ZEITRAUM (I/3)	Angabe des Bedarfszeitraumes für die Nutzung Werte: 0, 1, 2, 3 - Eingabe der Kennzahl
		DICHTE (I/3)	Angabe der Baudichte Werte: 1, 2, 3 - Eingabe der Kennzahl
		BAUV (C/5)	Bauliche Entwicklung – Bauverbotsfläche Wert: zV
		BEBPL (C/5)	Gebiet, für das ein Bebauungsplan zu erlassen ist Wert: B
		BEBRGL (C/5)	Gebiet, für das textliche Bebauungsregel festzulegen ist, mit Zähler für die jeweilige Bebauungsregel Wert: BR 1
ORALN_* Alle Linien Bauliche Entwicklungs-grenzen Infrastruktur-entwicklung	**ESRI-Shape** (polyline) *oder* **GeoPackage (GPKG)**	**OBJEKT (C/10)**	gem. iris OBJEKT-Code
		ZAEHLER (I/5)	Zähler zur Verordnung
		ZAEHLERTXT (C/10)	Zusatztexfeld zum Zähler
		NAME (C/254)	Name / Freitext – opionale Befüllung
ORB_* Landwirt-schatliche Freihalteflächen	**ESRI-Shape** (polygon) *oder* **GeoPackage (GPKG)**	**OBJEKT (C/10)**	gem. iris OBJEKT-Code
		ZAEHLER (I/5)	Zähler zur Verordnung
		ZAEHLERTXT (C/10)	Zusatztexfeld zum Zähler
		NAME (C/254)	Name / Freitext – opionale Befüllung
ORC_* Forstliche Freihalteflächen	**ESRI-Shape** (polygon) *oder* **GeoPackage (GPKG)**	**OBJEKT (C/10)**	gem. iris OBJEKT-Code
		ZAEHLER (I/5)	Zähler zur Verordnung
		ZAEHLERTXT (C/10)	Zusatztexfeld zum Zähler
		NAME (C/254)	Name / Freitext – opionale Befüllung
ORD_* Landschatlich wetrvolle Freihalteflächen	**ESRI-Shape** (polygon) *oder* **GeoPackage (GPKG)**	**OBJEKT (C/10)**	gem. iris OBJEKT-Code
		ZAEHLER (I/5)	Zähler zur Verordnung
		ZAEHLERTXT (C/10)	Zusatztexfeld zum Zähler
		NAME (C/254)	Name / Freitext – opionale Befüllung

Datenebene	**Datenformat** (shapetype)	**Feldnamen (Felddatentyp)**	**Beschreibung / Inhalt**
ORE_* Ökologisch wertvolle Freihalteflächen	**ESRI-Shape** (polygon) *oder* **GeoPackage (GPKG)**	**OBJEKT (C/10)**	gem. iris OBJEKT-Code
		ZAEHLER (I/5)	Zähler zur Verordnung
		ZAEHLERTXT (C/10)	Zusatztexfeld zum Zähler
		NAME (C/254)	Name / Freitext – opionale Befüllung
			gem. iris OBJEKT-Code
ORF_* Erholungsräume	**ESRI-Shape** (polygon) *oder* **GeoPackage (GPKG)**	**OBJEKT (C/10)**	gem. iris OBJEKT-Code
		ZAEHLER (I/5)	Zähler zur Verordnung
		ZAEHLERTXT (C/10)	Zusatztexfeld zum Zähler
		NAME (C/254)	Name / Freitext – opionale Befüllung
ORG_* Sonsige Freihalteflächen	**ESRI-Shape** (polygon) *oder* **GeoPackage (GPKG)**	**OBJEKT (C/10)**	gem. iris OBJEKT-Code
		ZAEHLER (I/5)	Zähler zur Verordnung
		ZAEHLERTXT (C/10)	Zusatztexfeld zum Zähler
		NAME (C/254)	Name / Freitext – opionale Befüllung
ORH_* Rückwidmungs-flächen	**ESRI-Shape** (polygon) *oder* **GeoPackage (GPKG)**	**OBJEKT (C/10)**	gem. iris OBJEKT-Code
		ZAEHLER (I/5)	Zähler zur Verordnung
		ZAEHLERTXT (C/10)	Zusatztexfeld zum Zähler
		NAME (C/254)	Name / Freitext – opionale Befüllung
ORI_* Erhaltung unbebauter Flächen	**ESRI-Shape** (polygon) *oder* **GeoPackage (GPKG)**	**OBJEKT (C/10)**	gem. iris OBJEKT-Code
		ZAEHLER (I/5)	Zähler zur Verordnung
		ZAEHLERTXT (C/10)	Zusatztexfeld zum Zähler
		NAME (C/254)	Name / Freitext – opionale Befüllung
ORM_* Bauland Erhaltungszonen	**ESRI-Shape** (polygon) *oder* **GeoPackage (GPKG)**	**OBJEKT (C/10)**	gem. iris OBJEKT-Code
		ZAEHLER (I/5)	Zähler zur Verordnung
		ZAEHLERTXT (C/10)	Zusatztexfeld zum Zähler
		NAME (C/254)	Name / Freitext – opionale Befüllung
ORN_* Bauland Sanierungszonen	**ESRI-Shape** (polygon) *oder* **GeoPackage (GPKG)**	**OBJEKT (C/10)**	gem. iris OBJEKT-Code
		ZAEHLER (I/5)	Zähler zur Verordnung
		ZAEHLERTXT (C/10)	Zusatztexfeld zum Zähler
		NAME (C/254)	Name / Freitext – opionale Befüllung
ORO_* Vorbehaltsflächen für geförderten Wohnbau	**ESRI-Shape** (polygon) *oder* **GeoPackage (GPKG)**	**OBJEKT (C/10)**	gem. iris OBJEKT-Code
		ZAEHLER (I/5)	Zähler zur Verordnung
		ZAEHLERTXT (C/10)	Zusatztexfeld zum Zähler
		NAME (C/254)	Name / Freitext – opionale Befüllung
ORPLB_* Planungsbereich Örtliches Raumordnungs-konzept	**ESRI-Shape** (polygon) *oder* **GeoPackage (GPKG)**	**OBJEKT (C/10)**	gem. iris OBJEKT-Code
		ZAEHLER (I/5)	Zähler zur Verordnung
		ZAEHLERTXT (C/10)	Zusatztexfeld zum Zähler
		NAME (C/254)	Name / Freitext – opionale Befüllung

FLÄCHENWIDMUNG

Datenebene	Datenformat (shapetype)	Feldnamen (Felddatentyp)	Beschreibung / Inhalt
FLW_* Flächenwidmung	**ESRI-Shape** (polygon) *oder* **GeoPackage (GPKG)**	**OBJEKT (C/10)**	gem. iris OBJEKT-Code
		BEZEICHNG (C/50)	Detailfestlegung, Kürzel im Plan Beispiele: Cp/Rf/Hk od. CaCgGbBtNaNg od. Bm od. Ab+Bh+Id (S vor dem Kürzel wird automat. befüllt) Zusätze bei der laufenden Nr. zB SLH-N werden ebenfalls in dieses Feld eingetragen – zB a für 1a Zugehörige Zähler zur Detailfestlegung werden in das Feld ZAEHLER eingetragen.
		FESTLEGUNG (C/254)	Erläuterung der Detailfestlegung im Langtext Beispiel: Aussichtsplattform, Parkplatz Wildpark mit Spielplatz, max. 700 m²
		FESTLEG02 (C/254)	Erweiterungsfeld zu FESTLEGUNG falls der Festlegungstext im Feld FESTLEGUNG nicht vollständig eingetragen werden kann
		ZAEHLER (I/5)	Zähler zur Festlegung Fortlaufende Nummerierung in Kombinaion mit dem Feld FESTLEGUNG oder BEZEICHNG (z.B. bei SLH-N).
		ANZ_FRZTWS (I/5)	Anzahl der Freizeitwohnsitze Festlegung ist möglich bei Wohngebieten, Mischgebieten und Sonderflächen für Gastgewerbebetriebe.
		ANZ_BETTEN (I/5)	Anzahl der max. zulässigen Beten zwingende Festlegung bei SBH-N u. SCd-N
		ANZ_RAEUME (I/5)	Anzahl der max. zulässigen Beherbergungsräume opionale Festlegung bei SBH-N
		ANZ_GEB (I/5)	Anzahl der max. zulässigen Beherbergungsgebäude zwingende Festlegung bei SBH-N u. SCd-N
		FL_KUNDEN (I/7)	Höchstausmaß Kundenfläche Festlegung bei zB SH-N, SE-N
		FL_KUNDLM (I/7)	Höchstausmaß Kundenfläche Lebensmitel Festlegung bei SE-N
		BETRIEBTYP (C/10)	Betriebstyp Einkaufszentrum Festlegung bei SE-N
		SV_EBENE (C/100)	Bezeichnung (Kürzel) der Ebene bei Widmungen in verschiedenen Ebenen Festlegung bei SV-N, SV-N-f Beispiele: ... UG02, UG01, EG, OG01, OG02 ... od. ALLE (für Teilflächenwidmungen SV-N § 51)
		SV_EBENENR (I/3)	Nummerierung der Ebenen (bei SV-N, SV-N-f) Nummer 1 für umhüllende Widmung SV-N, SV-N-f Beginnend mit 2 werden die Polygone der Widmungsebenen von unten nach oben durchnummeriert.

DATENMODELL und FELDBESCHREIBUNG für den Austausch von digitalen Datenbeständen

Beschreibung der Felddatentypen	
C	Character / Text
I	Integer (int32)
D	Datum
10	Feldlängenangabe
Beispiele	
C/10	Character mit Feldlänge 10
I/7	Integer mit Feldlänge / Precision 7

10. Kostenbeitragsverordnung 2024

Verordnung der Landesregierung vom 24. September 2024 über die Beiträge zu den Kosten der Flächenwidmungs- und Bebauungsplanung (Kostenbeitragsverordnung 2024)

StF: LGBl. Nr. 68/2024

Präambel

Aufgrund des § 29a Abs. 1 und 2 des Tiroler Raumordnungsgesetzes 2022, LGBl. Nr. 43/2022, zuletzt geändert durch das Gesetz LGBl. Nr. 85/2023, wird verordnet:

§ 1

Beitrag zu den Kosten der Ausarbeitung der Änderung des Flächenwidmungsplanes

(1) Der Beitragssatz pro Quadratmeter beträgt im Fall der Widmung von

a) Wohngebiet und Mischgebieten (§§ 38 und 40 TROG 2022) .... 0,65 Euro,
b) Gewerbe- und Industriegebiet (§ 39 TROG 2022) .... 0,35 Euro,
c) Sonderflächen nach den §§ 43 bis 49b und 51 TROG 2022 .... 0,65 Euro,
d) Sonderflächen nach den §§ 50 und 50a TROG 2022 .... 0,35 Euro.

(2) Soweit im Falle ergänzender textlicher Festlegungen im Sinne des § 37 Abs. 3, 4 und 5 TROG 2022 die Einholung facheinschlägiger Gutachten erforderlich ist, erfolgt ein zusätzlicher Aufschlag zu den nach Abs. 1 errechneten Beiträgen von 0,35 Euro pro Quadratmeter. Der Aufschlag darf nicht mehr als höchstens 1.150,- Euro betragen.

(3) Der Beitrag ist das Produkt aus der Fläche der nach Abs. 1 und 2 gewidmeten Grundstücke und dem Beitragssatz. Wird nur ein Teil des Grundstückes gewidmet, so ist die von der Widmung betroffene Teilfläche heranzuziehen. Der Berechnung des Beitrages ist mindestens eine Fläche von 250 m² zugrunde zu legen.

(4) Bedarf die Änderung des Flächenwidmungsplanes nach § 68 Abs. 1 oder 2 TROG 2022 einer Umweltprüfung, so erhöht sich der Beitrag um 2.600,- Euro.

(5) Der Beitrag darf höchstens 2.600,- Euro, im Fall des Abs. 2 höchstens 3.800,- Euro, betragen und im Fall des Abs. 4 höchstens 5.200,- Euro betragen.

(6) Eine Beitragspflicht besteht nicht in Bezug auf Grundstücke, für die der Flächenwidmungsplan derart geändert wird, dass sich gegenüber der bisherigen Widmung wesentliche Einschränkungen hinsichtlich der baulichen Nutzung ergeben.

§ 2

Beitrag zu den Kosten der Ausarbeitung der Bebauungspläne und deren Änderung

(1) Der Beitrag ist ein fester Betrag, der für jeden vom Bebauungsplan (§ 54 Abs. 1 TROG 2022) umfassten Bauplatz zu entrichten ist. Der Beitrag beträgt im Fall der Festlegung einer

a) geschlossenen Bauweise (§ 60 Abs. 2 TROG 2022) .... 370,- Euro,
b) offenen Bauweise (§ 60 Abs. 3 TROG 2022) .... 230,- Euro,
c) gekuppelten Bauweise (§ 60 Abs. 3 TROG 2022) .... 370,- Euro,
d) besonderen Bauweise (§ 60 Abs. 4 TROG 2022) .... 280,- Euro.

(2) Der Beitrag beträgt für ergänzende Bebauungspläne (§ 54 Abs. 9 TROG 2022) 400,- Euro.

(3) Werden die Festlegungen eines Bebauungsplanes und ergänzenden Bebauungsplanes in einem Plan dargestellt, beträgt der Beitrag 580,- Euro.

(4) Jedenfalls darf der Beitrag die tatsächlich angefallenen Kosten der Planung nicht übersteigen.

(5) Die Beitragspflicht gilt bei Grundstücken im Sinn des § 54 Abs. 4 TROG 2022 nur dann, wenn durch die Erlassung des Bebauungsplanes im Vergleich zur bisher zulässigen baulichen Nutzung eine größere Intensität oder Dichte der Bebauung ermöglicht wird.

§ 3

Beitragsschuldner, Vorschreibung

(1) Die Beiträge nach den §§ 1 und 2 sind vom Eigentümer des jeweiligen Grundstückes, im Fall des Bestehens eines Baurechtes vom Bauberechtigten, zu leisten.

(2) Sofern mehrere Eigentümer eines Grundstückes oder mehrere Eigentümer verschiedener Grundstücke von den Planungsmaßnahmen betroffen sind, sind die Kosten den einzelnen Miteigentümern, im Fall des Bestehens eines Baurechtes den Bauberechtigten, anteilsmäßig vorzuschreiben.

(3) Der Bürgermeister hat den Beitrag nach § 1 mit dem Inkrafttreten der betreffenden Änderung des Flächenwidmungsplanes und nach § 2 mit dem Inkrafttreten des betreffenden Bebauungs-

planes oder dessen Änderung mit schriftlichem Bescheid vorzuschreiben.

§ 4

Inkrafttreten, Übergangsbestimmung

(1) Diese Verordnung tritt mit dem Ablauf des Tages der Kundmachung in Kraft. Gleichzeitig tritt die Kostenbeitragsverordnung 2021, LGBl. Nr. 37/2021, soweit in den Abs. 2 und 3 nichts anderes bestimmt ist, außer Kraft.

(2) Auf Beiträge zu den Kosten der Ausarbeitung der Änderung des Flächenwidmungsplanes ist, wenn die Änderung des Flächenwidmungsplanes vor dem 10. Oktober 2024 in Kraft getreten ist und die Ansprüche gemäß § 29a Abs. 3 TROG 2022 noch nicht verjährt sind, die Kostenbeitragsverordnung 2021, LGBl. Nr. 37/2021, weiter anzuwenden.

(3) Auf Beiträge zu den Kosten der Ausarbeitung von Bebauungsplänen und ergänzenden Bebauungsplänen gemäß § 54 TROG 2022, die vor dem 10. Oktober 2024 in Kraft getreten sind und die Ansprüche gemäß § 29a Abs. 3 TROG 2022 noch nicht verjährt sind, ist die Kostenbeitragsverordnung 2021, LGBl. Nr. 37/2021, weiter anzuwenden. Dies gilt sinngemäß auch für deren Änderungen.

11. Tiroler Seilbahn- und Schigebietsprogramm 2024

Verordnung der Landesregierung vom 11. Jänner 2005, mit der ein Raumordnungsprogramm betreffend Seilbahnen und schitechnische Erschließungen erlassen wird (Tiroler Seilbahn- und Schigebietsprogramm 2024 - TSSP 2024)

StF: LGBl. Nr. 10/2005

Letzte Novellierung: LGBl. Nr. 49/2024

Präambel

Aufgrund des § 7 Abs. 1 des Tiroler Raumordnungsgesetzes 2001, LGBl. Nr. 93, wird verordnet:

GLIEDERUNG

§ 1. Geltungsbereich
§ 2. Begriffsbestimmungen
§ 3. Verbot der Neuerschließung
§ 4. Voraussetzungen für die Erweiterung bestehender Schigebiete
§ 5. Ausschlusskriterien zur Wahrung der Interessen des Naturschutzes
§ 6. Positivkriterien zur Wahrung der Interessen des Naturschutzes
§ 7. Sonstige Ausschlusskriterien für die Erweiterung bestehender Schigebiete
§ 8. Sonstige Positivkriterien für die Erweiterung bestehender Schigebiete
§ 9. Berücksichtigungspflicht
§ 10. Vorprüfung
§ 11. Inkrafttreten

§ 1
Geltungsbereich

(1) Dieses Raumordnungsprogramm gilt für die Neuerschließung von Schigebieten und die Erweiterung bestehender Schigebiete sowie für die Neuerschließung von Gebieten für sonstige Freizeit-, Sport- und Erholungszwecke mit Seilbahnen.

(2) Dieses Raumordnungsprogramm gilt nicht für die Errichtung von Seilbahnen und für schitechnische Erschließungen im Bereich bestehender Schigebiete.

(3) Dieses Raumordnungsprogramm gilt bis zum 31. Dezember 2034.

§ 2
Begriffsbestimmungen

(1) Als Neuerschließung von Schigebieten gelten, sofern in den Abs. 2 bis 4 nichts anderes bestimmt ist:

a) die Erschließung von bisher nicht erschlossenen Geländekammern für Zwecke des Schisports durch die Errichtung von Seilbahnen vom Dauersiedlungsraum oder von öffentlichen Straßen aus in Verbindung mit der Durchführung schitechnischer Erschließungen sowie die Errichtung von neuen Zubringerbahnen;

b) die großräumige Erweiterung von bestehenden Schigebieten, die bisher nur über Seilbahnen mit einer Höhendifferenz von höchstens 200 Metern oder einer Beförderungsleistung von insgesamt höchstens 500.000 Personenhöhenmetern/Stunde verfügen (Kleinstschigebiete).

(2) Nicht als Neuerschließung von Schigebieten gilt die Errichtung von Seilbahnen und die Durchführung schitechnischer Erschließungen im Nahbereich eines Schigebietes, das aufgelassen werden soll, sofern die bisherigen Seilbahnen abgetragen werden und die Streckenlänge der neuen Seilbahnen mit jener der bisherigen vergleichbar ist.

(3) Nicht als Neuerschließung, sondern als Erweiterung bestehender Schigebiete gelten Maßnahmen nach Abs. 1 lit. a, sofern dadurch

a) von Wintersportgebieten im Sinn des Abs. 12 aus eine aus regionalwirtschaftlicher und verkehrstechnischer Sicht verbesserte Anbindung an bestehende Schigebiete erfolgt und

b) nicht mehr als eine bisher unerschlossene Geländekammer in Anspruch genommen wird.

Dies gilt sinngemäß auch für Anbindungen an bestehende Schigebiete in benachbarten Ländern oder Staaten sowie für Gebiete, die nach § 1 Abs. 2 des Raumordnungsprogrammes über den Schutz der Gletscher, LGBl. Nr. 43/2006, in der jeweils geltenden Fassung für die Erweiterung bestehender Gletscherschigebiete in Frage kommen.

(4) Als Erweiterung gilt weiters die Errichtung von Anbindungen ohne Talabfahrt, wenn die Talstation in räumlicher Nähe zum Siedlungsraum der zentralen Orte Imst, Innsbruck, Lienz, Kitzbühel, Kufstein, Schwaz oder Wörgl situiert und die Standortgemeinde gehört wird.

(5) Als Neuerschließung von Gebieten für sonstige Freizeit-, Sport- und Erholungszwecke gilt die erstmalige Errichtung einer Seilbahn zu diesen Zwecken vom Dauersiedlungsraum oder von öffentlichen Straßen aus.

(6) Als Erweiterung bestehender Schigebiete gilt die Errichtung von Seilbahnen und die Durchführung sonstiger schitechnischer Erschließungen, wenn dadurch die Außengrenzen bestehender Schigebiete überschritten werden, jedoch keine Neuerschließung im Sinn des Abs. 1 vorliegt. Dabei bleiben geringfügige Überschreitungen der Außengrenzen, die im Hinblick auf die Festlegungen dieses Raumordnungsprogrammes nicht von Belang sind, außer Betracht. Als Erweiterung bestehender Schigebiete gilt ferner der Zusammenschluss bestehender Schigebiete.

(7) Bestehende Schigebiete sind die in der Anlage 0 (Detailkartenübersicht) und in den Anlagen 01 bis 66 (Detailkarten) zu dieser Verordnung kartographisch dargestellten 93 Schigebiete, weiters jene Gebiete, die nach § 1 Abs. 2 des Raumordnungsprogrammes über den Schutz der Gletscher für die Erweiterung bestehender Gletscherschigebiete in Betracht kommen, sowie die Trassen von einzeln bestehenden Seilbahnen und die dazugehörigen Pistenflächen, die kartographisch nicht dargestellt sind.

(8) Schitechnische Erschließung ist die Schaffung eines organisierten Schiraumes in Form von Schipisten, Schirouten und Schiwegen.

(9) Dauersiedlungsräume sind jene Tal-, Hang- und Terrassengebiete, in denen sich die dauernd bewohnten Siedlungen, die diese erschließenden Verkehrswege und die landwirtschaftlich genutzten Flächen befinden.

(10) Geländekammer ist ein geschlossener, durch markante natürliche Geländemerkmale, wie Kämme, Grate, Rücken, Bäche, Gräben, Abbrüche, Verebnungen, Versteilungen, Wechsel des Landschaftscharakters oder der Exposition, abgegrenzter Landschaftsraum, der in sich eine topographische Einheit darstellt und ein schitechnisch relevantes Ausmaß aufweist.

(11) Zubringerbahn ist eine Seilbahn, die vom Dauersiedlungsraum oder von einer öffentlichen Straße aus in ein Schigebiet führt und die hauptsächlich der Beförderung der Fahrgäste in das Schigebiet oder aus dem Schigebiet und in einem untergeordneten Ausmaß der Durchführung von Wiederholungsfahrten dient.

(12) Wintersportgebiet ist ein naturräumlich und siedlungsstrukturell abgegrenztes Gebiet mit stark entwickeltem Wintertourismus, in dem ein intensiv vernetztes Angebot an Wintersporteinrichtungen, insbesondere an Seilbahnen und schitechnischen Erschließungen besteht; der Bestand von Kleinstschigebieten begründet jedenfalls noch kein Wintersportgebiet.

§ 3

Verbot der Neuerschließung

Die Neuerschließung von Schigebieten und die Neuerschließung von Gebieten für sonstige Freizeit-, Sport- und Erholungszwecke sind nicht zulässig.

§ 4

Voraussetzungen für die Erweiterung bestehender Schigebiete

(1) Die Erweiterung bestehender Schigebiete hat zur Voraussetzung, dass

a) das betreffende Gebiet die erforderliche schitechnische Eignung und Qualität aufweist, insbesondere auch im Hinblick auf die Schneesicherheit;
b) die Erweiterung im wirtschaftlichen, insbesondere touristischen, Interesse der betreffenden Region gelegen ist;
c) die betriebswirtschaftlichen Erfolgsaussichten gegeben sind;
d) mit Natur, Landschaft und Umwelt schonend umgegangen wird und eine Gefährdung wesentlicher Interessen des Natur- und Umweltschutzes jedenfalls auszuschließen ist;
e) auf die Belange der Wasserwirtschaft ausreichend Rücksicht genommen wird;
f) die Verträglichkeit in Bezug auf die Belange des Waldschutzes gegeben ist;
g) die Verträglichkeit in Bezug auf die Erhaltung bedeutender Bergwander- und Schitourengebiete gegeben ist;
h) ein angemessener Beitrag zur Vermeidung erheblicher nachteiliger Auswirkungen des Verkehrs in der betreffenden Region, insbesondere durch ein zusätzliches Verkehrsaufkommen, geleistet wird;
i) die Sicherheit vor Lawinen und anderen Naturgefahren gegeben ist.

(2) Die Errichtung neuer Zubringerbahnen hat ferner zur Voraussetzung, dass

a) die damit verbundene Kapazitätsausweitung in einem angemessenen Verhältnis zum Fassungsvermögen des Schigebietes steht;
b) das davon ausgehende zusätzliche Verkehrsaufkommen auch unter Berücksichtigung des von anderen Schigebieten ausgehenden Verkehrsaufkommens keine erheblichen nachteiligen Auswirkungen des Verkehrs in der betreffenden Region bewirkt.

(3) Die Erweiterung von Schigebieten durch deren Zusammenschluss hat ferner zur Voraussetzung, dass es sich um geographisch einander nahe liegende Gebiete handelt und dass aufgrund der topographischen und naturräumlichen Gegebenheiten eine seilbahntechnisch oder schitechnisch sinnvolle Verbindung dieser Gebiete unter Vermeidung schwerwiegender Eingriffe in die Natur und das Landschaftsbild hergestellt werden kann.

(4) Die Voraussetzungen nach Abs. 1 sind grundsätzlich nur dann gegeben, wenn Ausschlusskriterien nach den §§ 5 und 7 nicht vor-

liegen und die Positivkriterien nach den §§ 6 und 8 qualitativ überwiegen.

§ 5
Ausschlusskriterien zur Wahrung der Interessen des Naturschutzes

Die Erweiterung bestehender Schigebiete ist nicht zulässig, wenn

a) Nationalparkflächen oder Flächen in Gebieten in Anspruch genommen werden, die durch eine Verordnung aufgrund des Tiroler Naturschutzgesetzes 2005, LGBl. Nr. 26, in der jeweils geltenden Fassung zu geschützten Gebieten erklärt worden sind;
b) die Gletscher, ihre Einzugsgebiete und ihre im Nahbereich gelegenen Moränen in Anspruch genommen werden; dies gilt nicht für Anlagen nach § 5 Abs. 1 lit. e Z 2 des Tiroler Naturschutzgesetzes 2005 und für Anlagen, die im Einklang mit einem Raumordnungsprogramm nach § 5 Abs. 2 des Tiroler Naturschutzgesetzes 2005 stehen;
c) eine erhebliche indirekte Beeinträchtigung der für Natura 2000-Gebiete jeweils festgelegten Erhaltungsziele eintreten würde;
d) eine erhebliche langfristige Beeinträchtigung von Mooren, Sümpfen, Quellfluren, Habitaten des Auerhuhns, des Steinhuhns und des rotsternigen Blaukehlchens und von stehenden Gewässern, die als Laichgewässer für Amphibien bedeutsam sind, eintreten würde.

§ 6
Positivkriterien zur Wahrung der Interessen des Naturschutzes

Bei der Erweiterung bestehender Schigebiete ist jedenfalls darauf zu achten, dass

a) auf folgende Naturgüter besondere Rücksicht genommen wird:
1. auf Krummseggenrasen, Polsterseggenrasen, Nackried-Gesellschaften und Gämsheide;
2. auf die Habitate des Birkhuhns, des Alpenschneehuhns und des Haselhuhns;
3. auf artenreiche Bergwiesen und deren Verzahnungen mit anderen Lebensraumtypen;
4. auf Sonderstandorte von besonderer Bedeutung, wie natürliche oder naturnahe stehende und fließende Gewässer, Auwälder, Trockenstandorte, Schneetälchengesellschaften und Gletscherschliffbereiche;
5. auf besondere landschaftsprägende Elemente, wie markante Einzelbäume, Felsblöcke oder Blockhalden;

b) im hohen Maße ingenieurbiologische Methoden und Maßnahmen eingesetzt werden;
c) Schiabfahrten unter bestmöglicher Ausnutzung der natürlichen Geländestruktur trassiert werden;
d) nach baubedingten Landschaftseingriffen standortgerechte und bestandssichere Rekultivierungen vorgenommen werden;
e) eine umweltfreundliche Energieversorgung aus erneuerbarer Energie sowie eine umweltfreundliche Abwasser- und Abfallentsorgung gewährleistet sind;
f) besonders umweltfreundliche Bauweisen, Bautechniken und -materialien zum Einsatz kommen.

§ 7
Sonstige Ausschlusskriterien für die Erweiterung bestehender Schigebiete

(1) Die schitechnische Eignung und Qualität eines Gebietes sind nicht gegeben, wenn

a) es aufgrund der Geländegegebenheiten in schitechnischer Hinsicht für die Schaffung qualitativ hochwertiger Schipisten im jeweils vorgesehenen Schwierigkeitsgrad nicht geeignet ist;
b) aufgrund der Höhenlage, der Temperatur, der Exposition gegen die Einwirkungen von Wind und Sonne oder der Niederschlagshäufigkeit, gegebenenfalls unter Berücksichtigung der Möglichkeiten einer technischen Beschneiung, eine dauerhafte Schneedecke jeweils über einen Zeitraum von mindestens drei Monaten hindurch voraussichtlich nicht gesichert ist.

(2) Die betriebswirtschaftlichen Erfolgsaussichten eines Vorhabens sind nicht gegeben, wenn dessen Finanzierung nicht gesichert ist. Die entsprechenden Nachweise müssen erbracht werden, sofern für die Finanzierung des Vorhabens Förderungen der öffentlichen Hand in Anspruch genommen werden oder dies begründet zu vermuten ist.

(3) Die Sicherheit vor Lawinen und anderen Naturgefahren ist nicht gegeben, wenn

a) diese auch durch technische Maßnahmen nicht gewährleistet werden kann oder notwendige technische Maßnahmen nicht vorgesehen sind oder deren Finanzierung nicht gesichert ist;
b) die schitechnische Erschließung mit Pisten labile Gebiete im Sinn des Protokolls Bodenschutz, BGBl. III Nr. 235/2002, zur Alpenkonvention betrifft;
c) bei einem Ausfall von Seilbahnen die Bergung der Fahrgäste unter lawinensicheren Verhältnissen nicht gewährleistet ist;
d) es durch das Vorhaben zu einer Verstärkung natürlicher Gefahrenpotentiale, insbesondere in Bezug auf Lawinen, Steinschlag, Erosion, Rutschungen und Muren, kommt und diese nicht durch geeignete Gegenmaßnahmen kompensiert werden kann.

(4) Die Belange der Wasserwirtschaft finden nicht ausreichend Berücksichtigung, wenn eine wasserwirtschaftlich unvertretbare Beeinflussung oder Beeinträchtigung von Quellen oder Quellhorizonten zu erwarten ist.

(5) Die Verträglichkeit im Bezug auf die Belange des Waldschutzes ist nicht gegeben ist, wenn

TSSP

a) Bannwälder in Anspruch genommen oder schitechnische Erschließungen in Schutzwäldern mit Objektschutzfunktion durchgeführt werden, sofern es dadurch zu einer Minderung der Objektschutzwirkung kommt und diese vor Ort nicht durch konkrete Maßnahmen ausgeglichen werden kann;
b) die Funktionen von Schutzwäldern sonst in unvertretbarer Weise beeinträchtigt werden; dies ist insbesondere der Fall, wenn eine zusätzliche Steinschlag-, Erosions-, Verkarstungs- oder Lawinengefahr zu erwarten ist.

(6) Ein angemessener Beitrag zur Vermeidung erheblicher nachteiliger Auswirkungen des Verkehrs in der betreffenden Region ist nicht gegeben, wenn
a) keine Erhebung und Auswertung der Verkehrsauswirkungen vorliegt und
b) durch das Vorhaben nachteilige Verkehrsauswirkungen zu erwarten sind und kein Konzept mit konkreten Maßnahmen zur Lösung oder Minderung dieser vorliegt.

§ 8
Sonstige Positivkriterien für die Erweiterung bestehender Schigebiete

(1) Für das Vorliegen der schitechnischen Eignung und Qualität eines Gebietes spricht, dass keine Schrägfahrten oder Schiwege im Ausmaß von mehr als 33 v. H. der Gesamtlänge der Schipiste erforderlich sind.

(2) Für das Vorliegen eines wirtschaftlichen, insbesondere touristischen, Interesses der betreffenden Region spricht, dass das Vorhaben
a) geeignet ist, die eigenständige Entwicklung wirtschaftlich schwach entwickelter Regionen zu fördern und zur nachhaltigen Sicherung der Berglandwirtschaft beizutragen;
b) geeignet ist, die Wettbewerbsfähigkeit touristisch gut entwickelter Regionen zu sichern und zu stärken, und dass das Vorhaben hinsichtlich seiner Art und Größe auf den jeweiligen regionalen Einzugsbereich abgestimmt ist;
c) von besonderer Bedeutung für Freizeit-, Sport- und Erholungszwecke der Bevölkerung von Ballungs- und Zentralräumen ist;
d) den Zugang zu bedeutenden Bergwandergebieten unter Berücksichtigung der bestehenden alpintouristischen Strukturen erleichtert;
e) im Interesse der Sicherung der wirtschaftlichen Lebensfähigkeit kleiner und kleinster Schigebiete zur Entwicklung oder Unterstützung regionaler Kooperationen oder Verbundlösungen beiträgt;
f) dazu beiträgt, qualitativ hochwertige Arbeitsplätze in der Region zu schaffen oder zu sichern, wozu insbesondere auch Ganzjahresarbeitsplätze und Arbeitsplätze gehören, die mit Kinderbetreuungsaufgaben vereinbar sind;
g) eine hohe Wertschöpfung für die Gemeinden bzw. die Region bewirkt;
h) eine Stärkung des Sommertourismus in der Region bewirkt, indem
1. ein Sommerbetrieb von Aufstiegshilfen gewährleistet ist und damit ein wesentlicher Beitrag zum Sommerangebot in der Region geleistet wird,
2. eine Optimierung und Vernetzung des Wander-, Berg- und Radwegeangebotes erfolgt oder
3. Sommerangebote am Berg im Bereich des Schigebietes ausgeweitet werden;
i) der Schaffung oder Gestaltung von Schigebieten als multifunktionale Bewegungsräume im Winter dient.

(3) Für die betriebswirtschaftlichen Erfolgsaussichten eines Vorhabens spricht, dass
a) durch dessen Verwirklichung die Wettbewerbsfähigkeit des Unternehmens voraussichtlich erhalten oder gestärkt wird;
b) auf der Grundlage eines strategischen Unternehmenskonzeptes und der vorgesehenen Finanzierung ein dauerhaft wirtschaftlicher Betrieb des Unternehmens zu erwarten ist;
c) keine Förderungen des Landes in Anspruch genommen werden oder eine Förderung ausschließlich aus regionalwirtschaftlichen Überlegungen oder aufgrund des Infrastrukturcharakters des Vorhabens erfolgt;
d) im Fall von bestehenden oder beabsichtigten Beteiligungen durch Gemeinden, Gemeindeverbände oder Tourismusverbände diese offen gelegt werden und grundlegende aufsichtsbehördliche Einwände dagegen nicht zu erwarten sind.

(4) Für die Wahrung der wasserwirtschaftlichen Belange bei schitechnischen Erschließungen, die mit der Errichtung von Anlagen zur Erzeugung von Schnee verbunden sind, spricht das Bestehen eines wasserhygienisch einwandfreien und unter Berücksichtigung der Erfordernisse der Gewässerökologie für die vorgesehene Beschneiung quantitativ ausreichenden Wasserdargebotes.

(5) Für die Verträglichkeit eines Vorhabens in Bezug auf die Belange des Waldschutzes spricht, dass erforderliche Rodungen aus forstfachlicher Sicht vertretbar sind. Insbesondere darf eine relevante Gefährdung der angrenzenden Wälder nicht zu erwarten sein.

(6) Für die Verträglichkeit eines Vorhabens in Bezug auf die Erhaltung bedeutender Bergwander- und Schitourengebiete spricht, dass
a) kein Gebiet erschlossen wird, in dem ein Schitourengebiet von besonderer Bedeutung besteht;
b) Wanderrouten von besonderer Bedeutung, insbesondere internationale Weitwanderwege, angemessen berücksichtigt werden;
c) Naturräume im Umfeld von alpinen Unterkünften, insbesondere von Schutzhütten, nicht schwerwiegend beeinträchtigt werden;

d) kein Gebiet erschlossen wird, das bereits langjährig für die Alpinausbildung, insbesondere von Rettungskräften, Einsatzkräften, Bergsportführern, Instruktoren und dergleichen, genutzt wird und das für diesen Zweck besonders gut geeignet ist.

(7) Für einen angemessenen Beitrag zur Vermeidung erheblicher nachteiliger Auswirkungen des Verkehrs in der betreffenden Region, insbesondere durch ein zusätzliches Verkehrsaufkommen, spricht, dass das Vorhaben an sich zur Lösung oder Minderung bestehender Verkehrsprobleme beiträgt oder dass unter angemessener Beteiligung der betroffenen Wirtschaftskreise konkrete Maßnahmen insbesondere in folgenden Bereichen gesetzt werden:

a) die Einrichtung, Ausweitung, Taktintensivierung oder sonstige Qualitätsverbesserung eines regionalen Schibus- oder Schizugsystems, die unentgeltliche Beförderung von Schifahrern bzw. Seilbahngästen im bestehenden öffentlichen Personennahverkehr oder die Sicherstellung der Mitbenützung von Schibus- oder Schizugsystemen durch Kunden des öffentlichen Personennahverkehrs durch Abschluss eines Leistungsbestellungsvertrages mit einem Verkehrsverbund im Sinne des Öffentlichen Personennah- und Regionalverkehrsgesetzes 1999 – ÖPNRV-G 1999 zu Verbundtarifen;
b) die direkte und attraktive Anbindung des Gebietes an den öffentlichen Personennahverkehr samt Herstellung der notwendigen Öffentlichen Verkehrsinfrastruktur (Haltestellen, Buswendestellen) im Nahbereich der Talstation von Zubringerbahnen, insbesondere bei Schigebieten im Bereich von Ballungsräumen, die vorrangig von der dortigen Wohnbevölkerung aufgesucht werden;
c) die allfällige Limitierung der Anzahl der Abstellplätze bei der Talstation in Verbindung mit Maßnahmen des öffentlichen Personennahverkehrs;
d) Vorkehrungen für die multifunktionale Nutzung bestehender Parkplätze im Einzugsbereich eines Schibus- oder Schizugsystems und deren Verknüpfung mit dem Haltestellennetz;
e) die Installierung eines weiträumigen Parkleitsystems;
f) eine deutliche Reduktion des Verkehrsaufkommens an motorisiertem Individualverkehr im Vergleich zur Situation vor Realisierung des jeweiligen Projektes; Verkehrsverlagerungen, die zu einer erheblichen Entlastung einer Region führen, sind hiervon gleichermaßen umfasst; verkehrstechnisch bessere An- oder Verbindungen können auch durch die Errichtung von Seilbahnen erreicht werden.

§ 9
Berücksichtigungspflicht

(1) Die Festlegungen dieser Verordnung sind in Verfahren, in denen über die Zulässigkeit der Neuerschließung von Schigebieten, der Erweiterung bestehender Schigebiete oder der Neuerschließung von Gebieten für sonstige Freizeit-, Sport- und Erholungszwecke nach naturschutzrechtlichen Vorschriften abzusprechen ist, nach Maßgabe der betreffenden Vorschriften zu berücksichtigen.

(2) Weiters ist der Landeshauptmann bei der Ausübung seines Rechtes zur Stellungnahme nach § 23 Abs. 2 des Seilbahngesetzes 2003, BGBl. I Nr. 103, zuletzt geändert durch das Gesetz BGBl. I Nr. 40/2012 an die Festlegungen dieser Verordnung gebunden.

(3) Schließlich haben die Organe des Landes die Festlegungen dieser Verordnung nach Maßgabe der Koordinierungspflicht nach § 4 des Tiroler Raumordnungsgesetzes 2022 zu beachten.

§ 10
Vorprüfung

(1) Über Ersuchen eines Projektwerbers ist im Rahmen des Amtes der Landesregierung eine Vorprüfung über Vorhaben nach dieser Verordnung, für die zumindest eine Grobplanung vorliegt, durchzuführen.

(2) Die Vorprüfung ist innerhalb von zwei Monaten abzuschließen. Dem Projektwerber sind die Ergebnisse mitzuteilen.

§ 11
Inkrafttreten

Diese Verordnung tritt mit dem Ablauf des Tages der Kundmachung in Kraft.

12. Tiroler Golfplatzprogramm

Verordnung der Landesregierung vom 25. November 2008, mit der ein Raumordnungsprogramm für Golfplätze erlassen wird (Tiroler Golfplatzprogramm)

StF: LGBl. Nr. 1/2009

Letzte Novellierung: LGBl. Nr. 46/2016

Präambel

Aufgrund des § 7 Abs. 1 des Tiroler Raumordnungsgesetzes 2006, LGBl. Nr. 27, wird verordnet:

GLIEDERUNG

§ 1.	Begriffsbestimmungen
§ 2.	Errichtung neuer Golfplätze
§ 3.	Erweiterung und Umbau von Golfplätzen
§ 4.	Golf-Kurzplätze
§ 5.	Golf-Übungsanlagen
§ 6.	Widmung von Sonderflächen für Golfplätze
§ 7.	Wahrung der Interessen des Naturschutzes
§ 8.	Informations- und Vorlagepflicht
§ 9.	Inkrafttreten

§ 1
Begriffsbestimmungen

(1) Golfplätze sind golfsportlich genutzte Flächen mit Abschlag (Tee), Spielbahn (Fairway), Rauh – Flächen (Rough), die spielbar und nicht spielbar sein können und dem Grün (Green). Mit umfasst sind Naturflächen, die im Rahmen der Golfplatzpflege extensiv gepflegt oder der natürlichen Entwicklung überlassen werden, weiters Wege zur Erschließung des Golfplatzes für Golfspieler und die Golfplatzpflege. Golfplätze haben aus mindestens 9 und maximal 27 Löchern zu bestehen.

(2) Golf-Kurzplätze haben aus 9 Löchern zu bestehen, wobei die Spiellänge ausreichen muss, um vorgabewirksame Turniere durchführen zu können.

(3) Golf-Übungsanlagen sind Anlagen, die über die zum Erlernen der Fertigkeiten des Golfspielens erforderlichen Einrichtungen verfügen, wie Abschlagplätze (Driving Ranges), Übungsgrüns (Chipping- und Putting-Grüns) und Übungsspielbahnen (Pitch- und Putt-Platz).

§ 2
Errichtung neuer Golfplätze

(1) Neue Golfplätze als Teil der touristischen Infrastruktur dürfen nur im Gebiet der Planungsverbände Tannheimertal, Sonnenterrasse, Ötztal, Untere Schranne – Kaiserwinkl, Wörgl und Umgebung, Wilder Kaiser, Brixental – Wildschönau und Leukental errichtet werden.

(2) Neue Golfplätze als Teil der zentralräumlichen Infrastruktur für sonstige Freizeit- und Erholungszwecke dürfen nur im Gebiet der Planungsverbände Westliches Mittelgebirge, Stubaital und Seefelder Plateau errichtet werden.

(3) Im Gebiet jedes in den Abs. 1 und 2 genannten Planungsverbandes ist die Errichtung jeweils eines neuen Golfplatzes zulässig. Golfplatzprojekte, für die bereits am 14. Jänner 2009 eine aufsichtsbehördlich genehmigte Widmung als Sonderfläche für Golfplätze vorgelegen ist, bleiben außer Betracht.

(4) Für die Errichtung neuer Golfplätze müssen ausreichend große und möglichst geschlossene Planungsareale zur Verfügung stehen. Sie dürfen sich unter Berücksichtigung möglicher Nutzungskonflikte, der naturräumlichen Gegebenheiten und des spieltechnischen Zusammenhanges auch auf mehrere Spielareale erstrecken. Teile dürfen sich unter diesen Voraussetzungen auch auf das Gebiet benachbarter Planungsverbände und auf das Gebiet eines Nachbarlandes oder -staates erstrecken, sofern dies nach den dort geltenden Rechtsvorschriften zulässig ist.

(5) Wird der Platz als 9-Loch-Platz ausgeführt, so ist nachzuweisen, dass eine Erweiterung auf zumindest 18 Löcher zu einem späteren Zeitpunkt möglich ist.

(6) Der Richtwert für die Gesamtfläche eines neuen 9-Loch-Golfplatzes beträgt 30 ha. Dieser darf um höchstens 10 v.H. unterschritten werden. Bei Golfplätzen mit einer größeren Lochanzahl sind entsprechend größere Flächen vorzusehen.

§ 3
Erweiterung und Umbau von Golfplätzen

(1) Bestehende Golfplätze dürfen auf höchstens 27 Loch erweitert werden.

(2) 27-Loch-Golfplätze dürfen bei Erreichen der Auslastungsgrenze über mehr als zwei Jahre hindurch um bis zu neun Loch erweitert werden. Dabei darf ihre Fläche nur geringfügig vergrößert werden.

Golfplätze

(3) Für die Erweiterung bestehender Golfplätze gelten § 2 Abs. 4 und 6 sinngemäß.

(4) Bestehende Golfplätze dürfen insbesondere zur Neugestaltung bestehender Spielbahnen sowie für Maßnahmen zur landwirtschaftlichen und naturräumlichen Einbindung umgebaut werden.

§ 4

Golf-Kurzplätze

(1) Neue Golf-Kurzplätze dürfen in räumlicher Nähe zu bestehenden Golfplätzen errichtet werden, wobei aber deren Lochanzahl in die Gesamtlochanzahl des betreffenden Golfplatzes einzurechnen ist.

(2) Der Richtwert für die Gesamtfläche eines neuen Golf-Kurzplatzes beträgt 15 ha. Dieser darf um höchstens 10 v.H. unter- bzw. überschritten werden. § 2 Abs. 4 gilt sinngemäß.

(3) Eine Erweiterung von Golf-Kurzplätzen ist nicht zulässig, Umbauten haben den Anforderungen des § 3 Abs. 4 zu entsprechen.

(4) Im Flächenwidmungsplan ist eine Sonderfläche Golf-Kurzplatz festzulegen.

§ 5

Golf-Übungsanlagen

(1) Golf-Übungsanlagen dürfen auf geschlossenen Arealen in räumlicher Nähe zu bestehenden Golfplätzen auf einer Fläche von höchstens 5 ha errichtet werden. Weiters dürfen sie in räumlicher Nähe zu Beherbergungsbetrieben der gehobenen Kategorie errichtet werden, wobei in diesem Fall ihre Gesamtfläche höchstens 10 ha betragen darf.

(2) Im Flächenwidmungsplan ist eine Sonderfläche Golf-Übungsanlage festzulegen.

§ 6

Widmung von Sonderflächen für Golfplätze

Sonderflächen für Golfplätze nach § 50 des Tiroler Raumordnungsgesetzes 2011 dürfen nur nach Maßgabe der §§ 1, 2 und 3 und überdies nur unter Beachtung folgender Grundsätze gewidmet werden:

a) Anlässlich der Widmung von Sonderflächen für Golfplätze ist jedenfalls die Lochanzahl des betreffenden Platzes festzulegen. Dabei kann auch eine Mindestanzahl und eine Höchstanzahl festgelegt werden. Bei Golf-Übungsanlagen ist überdies die Eigenschaft des Golfplatzes als Übungsanlage festzulegen.

b) Die Eignung der Fläche als Golfplatz in sporttechnischer Hinsicht, im Hinblick auf die Sicherheit Dritter sowie im Hinblick auf den Schutz der Anrainer vor unzumutbaren Belästigungen durch Lärm muss gegeben sein. Dabei ist insbesondere auf die Boden- und Geländeverhältnisse, auf die klimatische Eignung und auf das Bestehen ausreichender Sicherheitsabstände zu bewohnten Gebieten, Straßen und Wegen, gegebenenfalls in Verbindung mit baulichen Schutzmaßnahmen zur Vermeidung oder Verringerung der vom Spielbetrieb ausgehenden Gefahren oder Belästigungen, zu achten.

c) Die Benutzersicherheit in gesundheitlicher Hinsicht und im Hinblick auf die Sicherheit vor Naturgefahren muss gegeben sein. Dabei ist insbesondere auf allfällige Boden- und Immissionsbelastungen sowie auf das Ausmaß einer allfälligen Bedrohung durch Lawinen, Hochwasser, Wildbäche, Steinschlag und Erdrutsch zu achten. Insbesondere sind die Bestimmungen des § 43 Abs. 4 des Tiroler Raumordnungsgesetzes 2011 zu beachten.

d) Nationalparkflächen und Flächen in Gebieten, die durch eine Verordnung aufgrund des Tiroler Naturschutzgesetzes 2005, LGBl. Nr. 26, in der jeweils geltenden Fassung zu besonders geschützten Gebieten erklärt worden sind, Bereiche mit erd- und kulturgeschichtlichen Sonderformen, wie erdgeschichtliche Aufschlüsse, charakteristische Flurformen, archäologische Grabungsgebiete und Hohlwege, dürfen nicht als Sonderflächen für Golfplätze gewidmet werden.

e) Die Wirkungen des Waldes, insbesondere die Schutzwirkung von Schutz- und Bannwäldern sowie die Wohlfahrtswirkung und Erholungswirkung von Waldflächen, denen im Hinblick auf diese Wirkungen besondere Bedeutung zukommt, sind zu berücksichtigen. In Bannwäldern, Objektschutzwäldern, Standortschutzwäldern mit einer durchgehenden Geländeneigung von mehr als 15 v. H., Waldbereichen mit der höchsten Wertziffer für die Wohlfahrtswirkung, Naturwaldreservaten und Naturwaldrelikten dürfen Sonderflächen für Golfplätze nicht gewidmet werden.

f) Für den Biotopverbund wichtige Flächen, wie Wild- und Wanderkorridore, sind einschließlich der erforderlichen Abstandsbereiche bei der Abgrenzung von Sonderflächen für Golfplätze und bei der Planung der Spiel- und Ausgleichsflächen zu berücksichtigen.

g) Auf die Auswirkungen der Widmung von Sonderflächen für Golfplätze auf die Agrarstruktur, insbesondere durch den Verlust auch regional hochwertiger land- und forstwirtschaftlich nutzbarer Flächen ist unter Berücksichtigung allfälliger möglicher Ausgleichsmaßnahmen besonders Bedacht zu nehmen. Flächen, die einem Zusammenlegungs- oder Flurbereinigungsverfahren unterzogen worden sind, bei denen in den letzten 15 Jahren vor dem Eintritt der Rechtskraft dieser Verordnung der Zusammenlegungs- bzw. Flurbereinigungsplan in Rechtskraft erwachsen ist, dürfen nur dann als Sonderfläche für Golfplätze gewidmet werden, wenn die aufgewendeten Planungs- und Personalkosten sowie sämtliche Förderungmittel an das Land Tirol binnen zweier Monate nach Eintritt der Rechtskraft des UVP-Bescheides zurückgezahlt werden. Dies gilt auch für Flächen, die einem anhängigen Zusammenlegungs- bzw. Flurbereinigungsverfahren unterzogen sind.

h) Zugunsten der Allgemeinheit müssen ausreichende Erholungsmöglichkeiten erhalten bleiben oder durch Ausgleichsmaßnahmen geschaffen werden.
i) Flächen in Wasserschutz- und Wasserschongebieten dürfen nur unter Bedachtnahme auf die wasserrechtlichen Vorschriften als Sonderflächen für Golfplätze gewidmet werden.
j) Durch die Verkehrserschließung muss gewährleistet sein, dass wesentliche nachteilige Auswirkungen durch das vom Betrieb von Golfplätzen ausgehende Verkehrsaufkommen, insbesondere eine unzumutbare Belastung der Anrainer der Zufahrtstraßen, vermieden werden.

§ 7

Wahrung der Interessen des Naturschutzes

(1) Bei der Erteilung der naturschutzrechtlichen Bewilligung für Golfplätze ist besonders darauf zu achten, dass Golfplätze in einer naturverträglichen und der Landschaft angepassten Weise geplant und ausgeführt werden. Großflächige Geländeeingriffe sind zu vermeiden.

(2) Für die Erhaltung eines leistungsfähigen und unbeeinträchtigten Naturhaushaltes wesentliche Flächen wie Auwälder, naturnahe Waldränder, Feuchtgebiete, insbesondere Feuchtwiesen, Feuchtweiden, Nasswiesen und Nassweiden, Verlandungsbereiche, naturnahe Uferbereiche von fließenden und stehenden Gewässern und besonders schützenswerte Biotope, dürfen nicht als Sonderflächen für Golfplätze gewidmet werden. Darüber hinaus sind die zur Sicherung des Fortbestandes dieser Flächen erforderlichen Umgebungsflächen zu erhalten.

(3) Hochmoore, Flach- und Übergangsmoore, Moorkomplexe sowie sonstige funktionelle Moorböden dürfen nicht als Sonderflächen für Golfplätze gewidmet werden. Solche Flächen dürfen jedoch in Golfplätze integriert werden, wenn sie aus naturkundefachlicher Sicht in ihrem Bestand und ihren ökologischen Funktionen erhalten werden können und für sie eine Widmung als Sonderfläche für Biotopschutz festgelegt wird.

(4) Im Bereich nicht funktioneller Moorböden dürfen Sonderflächen für Golfplätze nur gewidmet werden, wenn ihre zukünftige Renaturierungsfähigkeit aus naturkundefachlicher Sicht zumindest jener der bestehenden rechtmäßigen Nutzung entspricht. Solche Flächen dürfen in Flächen für Golfplätze integriert werden, wenn die nicht unmittelbar für die Errichtung von Golfanlagen benötigten Teilflächen renaturiert werden und für diese eine Widmung als Sonderfläche für Biotopschutz festgelegt wird.

(5) Das Vorliegen der naturkundefachlichen Voraussetzungen nach den Abs. 3 und 4 ist jeweils durch ein entsprechendes Fachgutachten nachzuweisen.

(6) Eine indirekte Beeinflussung der im Abs. 2 genannten Flächen ist durch planerische Maßnahmen auszuschließen. Die Dimensionierung von Pufferflächen zu diesen Flächen ist in Abhängigkeit von den jeweiligen Schutzzielen festzulegen. Die Pufferflächen haben jedoch eine Mindestbreite von 20 m aufzuweisen. Geringfügige Abweichungen sind aus naturkundefachlichen oder raumordnungsfachlichen Gründen möglich. Voraussetzung dafür ist der Nachweis, dass eine indirekte Beeinflussung auszuschließen ist.

(7) Naturdenkmäler sowie landschaftsprägende Elemente, wie für das Landschaftsbild charakteristische Feldgehölze, frei stehende Bäume und Baumgruppen sowie stehende und fließende Kleingewässer, sind zu erhalten. Naturnahe Lebensräume, die aufgrund ihrer spezifischen Nutzung oder Pflege Bestandteile der Kulturlandschaft sind oder die renaturiert werden können, dürfen als solche in Golfplätze integriert werden und sind zu erhalten.

(8) Der Anteil der Spielflächen darf außer bei Übungsanlagen höchstens 50 v. H. der Gesamtfläche des Golfplatzes betragen. Die Restflächen haben insbesondere der landschaftsökologischen Gestaltung des Golfplatzes und der Erholungsraumgestaltung zu dienen.

(9) Der Antragsteller hat als Teil des vorzulegenden landschaftspflegerischen Begleitplanes ein naturkundefachliches Monitoring in ausgewählten Bereichen, wie die Ornithologie und die Herpetologie, durchzuführen.

§ 8

Informations- und Vorlagepflicht

(1) Die Organe der Gemeinden sind nach Maßgabe des § 3 Abs. 1 des Tiroler Raumordnungsgesetzes 2011 verpflichtet, der Landesregierung möglichst früh Planungen und Maßnahmen in Bezug auf Golfplatzprojekte mitzuteilen sowie Auskünfte über die im Zusammenhang mit solchen Projekten wesentlichen Umstände zu erteilen.

(2) Zur Prüfung, ob die Widmung von Sonderflächen für Golfplätze im Einklang mit den Vorgaben dieser Verordnung steht, sind der Landesregierung jedenfalls folgende Unterlagen vorzulegen:

a) ein Übersichtsplan mit der Abgrenzung des Planungsbereiches für den Golfplatz und einer Darstellung der regionalen Verflechtungen, wie die sonstige touristische Infrastruktur, der Natur- und Erholungsraum und die Verkehrserschließung,
b) eine Beschreibung der naturkundefachlichen Grundlagen, insbesondere der:

1. relevanten Aspekte des derzeitigen Umweltzustandes (z. B. Biotop- und Lebensraumkartierung),
2. naturschutzrechtlichen Festlegungen einschließlich allenfalls betroffener Natura 2000-Gebiete,
3. voraussichtlich erheblichen Umweltauswirkungen (u.a. auf Flora, Fauna, Lebensräume, Landschaft und Erholungswert),
4. geplanten Maßnahmen, um erhebliche negative Umweltauswirkungen zu verhindern oder zumindest zu verringern und soweit wie möglich auszugleichen (Maßnahmenkonzept)

einschließlich einer Darstellung dieser Gegebenheiten auf Orthofotos im Maßstab von 1:5.000 oder kleiner.

c) eine Golfplatzplanung auf Orthofotos im Maßstab 1:5.000 oder kleiner mit:
1. Eintragung der Anlagenteile (Abschläge, Grüns, Spielbahnen, Bunker, Wegeführung, Bewässerungsteiche, bauliche Anlagen),
2. den sicherheitstechnischen Merkmalen (Abstände nach außen und innen, erforderliche Schutzbauten und dergleichen),

d) eine Parzellenübersicht mit zugeordneten Options- bzw. Pachtverträgen für das Planungsgebiet, bei Waldgrundstücken zusätzlich die Zustimmungserklärungen der Nutzungsberechtigten,

e) eine Beschreibung des Vorhabens unter Bezugnahme auf die Vorgaben und Erfordernisse nach dieser Verordnung, insbesondere in golfsport- und sicherheitstechnischer Hinsicht,

f) ein agrarwirtschaftliches Fachgutachten der Landwirtschaftskammer mit:
1. den Bodenklimazahlen des Planungsgebietes,
2. einer Beurteilung des Stellenwertes der Produktions- und Pachtflächen,
3. einer Darstellung der Erschließungssituation und der Beeinflussung angrenzender landwirtschaftlicher Liegenschaften, insbesondere hinsichtlich der Bringung der landwirtschaftlichen Produkte,

g) ein forstwirtschaftliches Fachgutachten mit einer Darstellung der Erschließungssituation und der Beeinflussung forstwirtschaftlicher Liegenschaften insbesondere hinsichtlich der Bringung der forstwirtschaftlichen Produkte.

§ 9
Inkrafttreten

(1) Diese Verordnung tritt mit dem Ablauf des Tages der Kundmachung in Kraft.

(2) Gleichzeitig tritt die Verordnung, mit der ein Raumordnungsprogramm für Golfplätze erlassen wird, LGBl. Nr. 75/2004, außer Kraft.

13. Verordnung, mit der ein Raumordnungsprogramm über den Schutz der Gletscher erlassen wird

Verordnung der Landesregierung vom 2. Mai 2006, mit der ein Raumordnungsprogramm über den Schutz der Gletscher erlassen wird

StF: LGBl. Nr. 43/2006

Präambel

Aufgrund des § 5 Abs. 2 des Tiroler Naturschutzgesetzes 2005, LGBl. Nr. 26, in Verbindung mit § 7 Abs. 1 des Tiroler Raumordnungsgesetzes 2006, LGBl. Nr. 27, wird verordnet:

§ 1
Ziele

(1) Die unerschlossenen Gletscher, ihre Einzugsgebiete und ihre im Nahbereich gelegenen Moränen sind im Interesse der Bewahrung und nachhaltigen Sicherung eines unbeeinträchtigten und leistungsfähigen Naturhaushaltes von der Errichtung von Anlagen freizuhalten.

(2) Im Rahmen bestehender Gletscherschigebiete sind die Errichtung und die Erweiterung von Seilbahnen und Schleppliften, von Schipisten und Loipen, von Anlagen zur Erzeugung von Schnee und von Gastgewerbebetrieben mit Ausnahme von Betrieben zur Beherbergung von Gästen nur innerhalb der in den planlichen Darstellungen in den Anlagen 1 bis 4 festgelegten Grenzen und nur nach Maßgabe der im § 2 festgelegten Grundsätze zulässig.

§ 2
Grundsätze

Für die Erweiterung bestehender Gletscherschigebiete nach § 1 Abs. 2 sind folgende Grundsätze zu beachten:

a) die Erweiterung des Gletscherschigebietes muss im wirtschaftlichen, insbesondere touristischen, Interesse der betreffenden Region gelegen sein,

b) Schipisten und Loipen dürfen nur in Bereichen erschlossen werden, die sich aufgrund der Geländevoraussetzungen in schitechnischer und sicherheitstechnischer Hinsicht zu diesem Zweck eignen. Dabei sind insbesondere die Beschaffenheit des Gletschers bzw. des Untergrundes, die sonstigen naturräumlichen Gegebenheiten, das Ausmaß der Gefährdung durch Naturgefahren, insbesondere durch Steinschlag und Lawinen, sowie die Möglichkeiten der Beseitigung oder Verminderung dieser Gefahren durch Verbauungsmaßnahmen unter Bedachtnahme auf die damit verbundenen Eingriffe in die Natur zu berücksichtigen,

c) Anlagen zur Erzeugung von Schnee dürfen nur insoweit errichtet werden, als diese zur Sicherstellung des Schibetriebes erforderlich sind,

d) Gastgewerbebetriebe dürfen nur insoweit errichtet werden, als diese, gegebenenfalls in Verbindung mit bereits bestehenden Betrieben, im Hinblick auf das zu erwartende Gästeaufkommen zur Versorgung der Gäste erforderlich sind.

§ 3
Maßnahmen

(1) Die Landesregierung hat die erforderlichen Bestandsaufnahmen vorzunehmen, um die Gebiete nach § 1 Abs. 1 nach Maßgabe der Voraussetzungen des Tiroler Naturschutzgesetzes 2005 durch Verordnung zu naturschutzrechtlich besonders geschützten Gebieten erklären zu können.

(2) In Gebieten nach § 1 Abs. 1 dürfen keine Grundflächen als Sonderflächen nach § 43 des Tiroler Raumordnungsgesetzes 2006 gewidmet werden. Im Rahmen bestehender Gletscherschigebiete dürfen Grundflächen nach Maßgabe des § 2 lit. d als Sonderflächen für Gastgewerbebetriebe mit Ausnahme von Betrieben zur Beherbergung von Gästen gewidmet werden.

§ 4
In-Kraft-Treten

(1) Diese Verordnung tritt mit dem Ablauf des Tages der Kundmachung in Kraft.

(2) Die Anlagen 1 bis 4 werden durch Auflegung zur öffentlichen Einsichtnahme bei der Abteilung Raumordnung-Statistik des Amtes der Tiroler Landesregierung während der für den Parteienverkehr bestimmten Amtsstunden verlautbart.

14. Tiroler Einkaufszentrenprogramm 2005

Verordnung der Landesregierung vom 20. Dezember 2005, mit der ein Raumordnungsprogramm für Einkaufszentren erlassen wird (Tiroler Einkaufszentrenprogramm 2005)

StF: LGBl. Nr. 119/2005

Letzte Novellierung: LGBl. Nr. 6/2013

Präambel

Aufgrund des § 8 des Tiroler Raumordnungsgesetzes 2001, LGBl. Nr. 93, in der Fassung des Gesetzes LGBl. Nr. 35/2005 wird verordnet:

§ 1

Neuwidmung von Sonderflächen für Einkaufszentren

(1) Sonderflächen für Einkaufszentren des Betriebstyps A dürfen nur innerhalb der in Raumordnungsprogrammen nach § 8 Abs. 3 des Tiroler Raumordnungsgesetzes 2011 festgelegten Kernzonen von Gemeinden oder Teilen von Gemeinden gewidmet werden.

(2) Sonderflächen für Einkaufszentren des Betriebstyps B dürfen nur gewidmet werden:

a) in den Gemeinden Hall in Tirol, Imst, Innsbruck, Jenbach, Kitzbühel, Kufstein, Landeck, Lienz, Reutte, Schwaz, St. Johann in Tirol, Telfs und Wörgl;

b) in den in den Anlagen 1 bis 6 zu dieser Verordnung dargestellten Teilen der Gemeinden Nußdorf-Debant, Pfaffenhofen, Rum, Völs, Vomp und Zams.

(3) Sonderflächen für Einkaufszentren des Betriebstyps B dürfen nur in den Randzonen der im Abs. 2 genannten Gemeinden und Teile von Gemeinden auf Grundflächen gewidmet werden, die im jeweiligen örtlichen Raumordnungskonzept für Zwecke der Wirtschaft vorgesehen sind.

§ 2

Grundsätze für die Widmung von Sonderflächen für Einkaufszentren

(1) Bei der Neuwidmung von Grundflächen als Sonderflächen für Einkaufszentren, bei deren Erweiterung sowie bei der Änderung des zulässigen Betriebstyps und des zulässigen Höchstausmaßes der Kundenfläche sind unbeschadet der Ziele der örtlichen Raumordnung folgende weitere Grundsätze zu beachten:

a) Das Ausmaß der Sonderflächen für Einkaufszentren muss zum jeweils zulässigen Höchstausmaß der Kundenfläche in einem solchen Verhältnis stehen, dass eine flächensparende Verbauung gewährleistet ist. Dabei ist außer im Fall, dass besondere örtliche Verhältnisse nur eine eingeschossige Verbauung zulassen, im betreffenden Bebauungsplan eine mehrgeschossige Bebauung festzulegen.

b) Eine großräumige und effiziente Anbindung von Einkaufszentren an den öffentlichen Personennahverkehr muss sichergestellt sein. Jedenfalls muss gewährleistet sein, dass es den Kunden und Beschäftigten der Einkaufszentren möglich ist, den Standort ohne Verwendung eines privaten Kraftfahrzeuges zu erreichen. Liegen diese Voraussetzungen im Zeitpunkt der Widmung als Sonderfläche für Einkaufszentren noch nicht vor, so muss die rechtzeitige Herstellung einer entsprechenden Anbindung an den öffentlichen Personennahverkehr auf geeignete Weise rechtlich sichergestellt sein.

c) Durch die bestehende Verkehrserschließung muss gewährleistet sein, dass der überörtliche bzw. großräumige Verkehr zu und von den Einkaufszentren Einrichtungen mit besonderen Ruhebedürfnissen, wie Krankenanstalten, Heime, Kureinrichtungen und dergleichen, sowie Gebiete, die überwiegend Wohnzwecken dienen, nicht oder nur in geringem Ausmaß berührt.

d) Die Leistungsfähigkeit der Straßen, die der Anbindung von Einkaufszentren an das überörtliche Straßennetz dienen, muss ausreichen, um den Verkehr zu und von den Einkaufszentren ohne wesentliche Beeinträchtigung der Leichtigkeit und Flüssigkeit des Verkehrs aufzunehmen. Liegt diese Voraussetzung im Zeitpunkt der Widmung als Sonderfläche für Einkaufszentren noch nicht vor, so muss die rechtzeitige Herstellung einer entsprechenden Verkehrsanbindung auf geeignete Weise rechtlich sichergestellt sein.

(2) Die Neuwidmung von Grundflächen als Sonderflächen für Einkaufszentren des Betriebstyps B und deren Erweiterung sind überdies nur zulässig, soweit im Hinblick auf das Ausmaß der verbleibenden, im örtlichen Raumordnungskonzept für betriebliche Zwecke vorgesehenen Bereiche eine den örtlichen und regionalwirtschaftlichen Erfordernissen entsprechende Entwicklung anderer Wirtschaftszweige, insbesondere des produzierenden Gewerbes und der Industrie, nicht beeinträchtigt wird.

§ 3
Grundsätze hinsichtlich der Kundenfläche für das Anbieten von Lebensmitteln

(1) Bei Sonderflächen für Einkaufszentren des Betriebstyps A ist, sofern das Anbieten von Lebensmitteln zulässig ist, das zulässige Höchstausmaß jenes Teiles der Kundenfläche, auf dem Lebensmittel angeboten werden dürfen, auf die Anzahl der Personen mit einem Wohnsitz in einem Einzugsbereich von 500 Metern um den geplanten Standort abzustimmen. Als ein entsprechender Teil der Kundenfläche ist zumindest eine Fläche festzulegen, deren Ausmaß dem laut der Anlage zu den §§ 8 und 49 des Tiroler Raumordnungsgesetzes 2011 in Bezug auf Einkaufszentren des Betriebstyps A für die jeweilige Standortgemeinde maßgebenden Schwellenwert entspricht.

(2) Wenn die bestehenden räumlichen Verhältnisse in Bezug auf die Nahversorgung oder sonstige besondere örtliche Verhältnisse dies erfordern, können auch außerhalb des Einzugsbereiches nach Abs. 1 gelegene Gebiete berücksichtigt werden, soweit diese auf den geplanten Standort ausgerichtet sind.

§ 4
In-Kraft-Treten, Auflegung

(1) Diese Verordnung tritt mit dem Ablauf des Tages der Kundmachung in Kraft. Gleichzeitig tritt das EKZ-Raumordnungsprogramm, LGBl. Nr. 33/2002, soweit dieses nicht bereits durch § 110 Abs. 11 des Tiroler Raumordnungsgesetzes 2001 aufgehoben worden ist, außer Kraft.

(2) Die Anlagen 1 bis 6 zu § 1 Abs. 2 lit. b werden durch Auflegung zur öffentlichen Einsichtnahme beim Sachgebiet Raumordnung des Amtes der Tiroler Landesregierung während der für den Parteienverkehr bestimmten Amtsstunden verlautbart. Sie werden überdies auf der Internetseite des Landes Tirol in einem gegen unbefugte Änderungen geschützten Dateiformat bekannt gemacht.

15. Verordnung über die Bildung von Planungsverbänden und deren Satzung

Verordnung der Landesregierung vom 31. Mai 2022 über die Bildung von Planungsverbänden und deren Satzung – Planungsverbands-VO 2022

StF: VBl. Tirol Nr. 33/2022

Präambel

Aufgrund der §§ 23 und 24 Abs. 1 lit. a, 2 und 3 des Tiroler Raumordnungsgesetzes 2022, LGBl. Nr. 43, in Verbindung mit § 130 Abs. 1, 2, 3 und 6 der Tiroler Gemeindeordnung 2001, LGBl. Nr. 36, zuletzt geändert durch das Gesetz LGBl. Nr. 161/2021, wird nach Anhören der betroffenen Gemeinden verordnet:

GLIEDERUNG

§ 1. Bildung der Planungsverbände
§ 2. Aufgaben
§ 3. Organe
§ 4. Konstituierende Sitzung der Verbandsversammlung, Wahl des Verbandsobmannes, seines Stellvertreters und der weiteren Mitglieder des Verbandsausschusses
§ 5. Einrichtung, Zusammensetzung und Arbeitsweise der beratenden Ausschüsse
§ 6. Einberufung und Leitung der Sitzungen;Beschlüsse der Verbandsversammlung und des Verbandsausschusses
§ 7. Niederschrift über die Sitzungen
§ 8. Überprüfungsausschuss
§ 9. Wahl der Mitglieder des Überprüfungsausschusses
§ 10. Geschäftsstelle
§ 11. Mittelaufbringung, Überschuss, Zuschuss
§ 12. Haftung der Gemeinden untereinander
§ 13. Einbeziehung und Ausgliederung von Gemeinden
§ 14. Vereinigung von Gemeinden
§ 15. Auflösung von Planungsverbänden und Verwendung des Vermögens
§ 16. Inkrafttreten

PlanVerb

§ 1
Bildung der Planungsverbände

(1) Folgende Planungsverbände werden gebildet:

1. Gemeindeverband „Planungsverband Tannheimertal“ mit den Gemeinden Grän, Jungholz, Nesselwängle, Schattwald, Tannheim, Zöblen;
2. Gemeindeverband „Planungsverband Reuttener Talkessel“ mit den Gemeinden Breitenwang, Ehenbichl, Höfen, Lechaschau, Musau, Pflach, Pinswang, Reutte, Vils, Wängle, Weißenbach am Lech;
3. Gemeindeverband „Planungsverband Oberes Lechtal“ mit den Gemeinden Bach, Elbigenalp, Elmen, Forchach, Gramais, Häselgehr, Hinterhornbach, Holzgau, Kaisers, Namlos, Pfafflar, Stanzach, Steeg, Vorderhornbach;
4. Gemeindeverband „Planungsverband Zwischentoren“ mit den Gemeinden Berwang, Biberwier, Bichlbach, Ehrwald, Heiterwang, Lermoos;
5. Gemeindeverband „Planungsverband Stanzertal“ mit den Gemeinden Flirsch, Pettneu am Arlberg, St. Anton am Arlberg, Strengen;
6. Gemeindeverband „Planungsverband Landeck und Umgebung“ mit den Gemeinden Fließ, Grins, Landeck, Pians, Schönwies, Stanz bei Landeck, Tobadill, Zams;
7. Gemeindeverband „Planungsverband Paznauntal“ mit den Gemeinden Galtür, Ischgl, Kappl, See;
8. Gemeindeverband „Planungsverband Sonnenterrasse“ mit den Gemeinden Fiss, Ladis, Serfaus;
9. Gemeindeverband „Planungsverband Oberes und Oberstes Gericht“ mit den Gemeinden Faggen, Fendels, Kaunerberg, Kaunertal, Kauns, Nauders, Pfunds, Prutz, Ried im Oberinntal, Spiss, Tösens;
10. Gemeindeverband „Planungsverband Imst und Umgebung“ mit den Gemeinden Imst, Imsterberg, Karres, Karrösten, Mils bei Imst, Nassereith, Tarrenz;
11. Gemeindeverband „Planungsverband Inntal – Mieminger Plateau“ mit den Gemeinden Mieming, Mötz, Obsteig, Silz, Stams, Wildermieming;
12. Gemeindeverband „Planungsverband Pitztal“ mit den Gemeinden Arzl im Pitztal, Jerzens, St. Leonhard im Pitztal, Wenns;
13. Gemeindeverband „Planungsverband Ötztal“ mit den Gemeinden Haiming, Längenfeld, Oetz, Roppen, Sautens, Sölden, Umhausen;
14. Gemeindeverband „Planungsverband Seefelder Plateau“ mit den Gemeinden Leutasch, Reith bei Seefeld, Scharnitz, Seefeld in Tirol;

15. Gemeindeverband „Planungsverband Telfs und Umgebung – Salzstraße“ mit den Gemeinden Flaurling, Hatting, Inzing, Oberhofen im Inntal, Pettnau, Pfaffenhofen, Polling in Tirol, Rietz, Telfs, Zirl;
16. Gemeindeverband „Planungsverband Hall und Umgebung“ mit den Gemeinden Absam, Gnadenwald, Hall in Tirol, Mils, Rum, Thaur;
17. Gemeindeverband „Planungsverband Völs – Kematen und Umgebung – Sellrain“ mit den Gemeinden Gries im Sellrain, Kematen in Tirol, Oberperfuss, Ranggen, St. Sigmund im Sellrain, Sellrain, Unterperfuss, Völs;
18. Gemeindeverband „Planungsverband Westliches Mittelgebirge“ mit den Gemeinden Axams, Birgitz, Götzens, Grinzens, Mutters, Natters;
19. Gemeindeverband „Planungsverband Südöstliches Mittelgebirge“ mit den Gemeinden Aldrans, Ampass, Lans, Patsch, Rinn, Sistrans, Tulfes;
20. Gemeindeverband „Planungsverband Wattens und Umgebung“ mit den Gemeinden Baumkirchen, Fritzens, Kolsass, Kolsassberg, Volders, Wattenberg, Wattens;
21. Gemeindeverband „Planungsverband Stubaital“ mit den Gemeinden Fulpmes, Mieders, Neustift im Stubaital, Schönberg im Stubaital, Telfes im Stubai;
22. Gemeindeverband „Planungsverband Wipptal“ mit den Gemeinden Ellbögen, Gries am Brenner, Gschnitz, Matrei am Brenner, Navis, Obernberg am Brenner, Schmirn, Steinach am Brenner, Trins, Vals;
23. Gemeindeverband „Planungsverband Achental“ mit den Gemeinden Achenkirch, Eben am Achensee, Steinberg am Rofan;
24. Gemeindeverband „Planungsverband Schwaz – Jenbach und Umgebung“ mit den Gemeinden Buch in Tirol, Gallzein, Jenbach, Pill, Schwaz, Stans, Terfens, Vomp, Weer, Weerberg, Wiesing;
25. Gemeindeverband „Planungsverband Zillertal“ mit den Gemeinden Aschau im Zillertal, Brandberg, Bruck am Ziller, Finkenberg, Fügen, Fügenberg, Gerlos, Gerlosberg, Hainzenberg, Hart im Zillertal, Hippach, Kaltenbach, Mayrhofen, Ramsau im Zillertal, Ried im Zillertal, Rohrberg, Schlitters, Schwendau, Strass im Zillertal, Stumm, Stummerberg, Tux, Uderns, Zell am Ziller, Zellberg;
26. Gemeindeverband „Planungsverband Brixlegg und Umgebung“ mit den Gemeinden Alpbach, Brandenberg, Brixlegg, Kramsach, Münster, Radfeld, Rattenberg, Reith im Alpbachtal;
27. Gemeindeverband „Planungsverband Kufstein und Umgebung“ mit den Gemeinden Kufstein, Langkampfen, Schwoich, Thiersee;
28. Gemeindeverband „Planungsverband „Untere Schranne – Kaiserwinkl“ mit den Gemeinden Ebbs, Erl, Kössen, Niederndorf, Niederndorferberg, Rettenschöss, Schwendt, Walchsee;
29. Gemeindeverband „Planungsverband Wörgl und Umgebung“ mit den Gemeinden Angath, Angerberg, Bad Häring, Breitenbach am Inn, Kirchbichl, Kundl, Mariastein, Wörgl;
30. Gemeindeverband „Planungsverband Wilder Kaiser“ mit den Gemeinden Ellmau, Going am Wilden Kaiser, Scheffau am Wilden Kaiser, Söll;
31. Gemeindeverband „Planungsverband Brixental – Wildschönau“ mit den Gemeinden Brixen im Thale, Hopfgarten im Brixental, Itter, Kirchberg in Tirol, Westendorf, Wildschönau;
32. Gemeindeverband „Planungsverband Leukental“ mit den Gemeinden Aurach bei Kitzbühel, Jochberg, Kirchdorf in Tirol, Kitzbühel, Oberndorf in Tirol, Reith bei Kitzbühel, St. Johann in Tirol;
33. Gemeindeverband „Planungsverband Pillerseetal“ mit den Gemeinden Fieberbrunn, Hochfilzen, St. Jakob in Haus, St. Ulrich am Pillersee, Waidring;
34. Gemeindeverband „Planungsverband Iselregion“ mit den Gemeinden Hopfgarten in Defereggen, Kals am Großglockner, Matrei in Osttirol, Prägraten am Großvenediger, St. Jakob in Defereggen, St. Johann im Walde, St. Veit in Defereggen, Virgen;
35. Gemeindeverband „Planungsverband Osttiroler Oberland“ mit den Gemeinden Abfaltersbach, Anras, Außervillgraten, Heinfels, Innervillgraten, Kartitsch, Obertilliach, Sillian, Strassen, Untertilliach;
36. Gemeindeverband „Planungsverband Lienzer Talboden“ mit den Gemeinden Ainet, Amlach, Assling, Dölsach, Gaimberg, Iselsberg-Stronach, Lavant, Leisach, Lienz, Nikolsdorf, Nußdorf-Debant, Oberlienz, Schlaiten, Thurn, Tristach.

(2) Die Planungsverbände haben ihren Sitz jeweils in der Gemeinde, der der Verbandsobmann zuzurechnen ist. Bei Ausscheiden des Verbandsobmannes verbleibt der Sitz des Planungsverbandes in dieser Gemeinde bis zur Wahl eines neuen Verbandsobmannes.

§ 2
Aufgaben

(1) Den Planungsverbänden obliegen im übertragenen Wirkungsbereich:

a) die Mitwirkung an der Erlassung und Änderung von Raumordnungsprogrammen für das Gebiet oder für Teile des Gebietes des jeweiligen Planungsverbandes oder mehrerer Planungsverbände (Regionalprogramme);
b) die Ausarbeitung von Raumordnungsplänen für das Gebiet oder für Teile des Gebietes des jeweiligen Planungsverbandes oder mehrerer Planungsverbände bzw. die Mitwirkung daran (Regionalpläne).

(2) Den Planungsverbänden obliegen im eigenen Wirkungsbereich:

a) die Unterstützung der beteiligten Gemeinden bei der Wahrnehmung der Aufgaben der örtlichen Raumordnung, und dabei haben die Planungsverbände nach Maßgabe der ihnen von den beteiligten Gemeinden erteilten Aufträge an der Bestandsaufnahme sowie unbeschadet der Zuständigkeit des Gemeinderates an der Ausarbeitung der Planungsinstrumente der örtlichen Raumordnung sowie an der Umweltprüfung mitzuwirken;
b) die Mitwirkung bei der Durchführung der Analysen der touristischen Strukturen, und zwar speziell mit dem Fokus auf die Entwicklung der Bettenkapazitäten, der Betriebsgrößen und der Eigentümer- und Betreiberstrukturen nach § 28 Abs. 5 lit. h Tiroler Raumordnungsgesetz 2016;
c) die Abgabe von Stellungnahmen in den im Tiroler Raumordnungsgesetz 2016 vorgesehenen Fällen;
d) die Unterstützung der beteiligten Gemeinden bei der Einrichtung passiver Breitbandinfrastrukturen nach Maßgabe des Abs. 3;
e) die Unterstützung der beteiligten Gemeinden als Träger von Privatrechten bei der Vorbereitung und Umsetzung von Vorhaben
1. in Bezug auf Einrichtungen mit überörtlicher Versorgungsfunktion oder Einrichtungen der Daseinsvorsorge,
2. zur Sicherung und Entwicklung von Erholungsräumen sowie
3. auf den Gebieten des Verkehrs, der technischen oder der sozialen Infrastrukturen nach § 24 Abs. 2 lit. c Tiroler Raumordnungsgesetz 2016.

(3) Zur Versorgung und Erschließung der beteiligten Gemeinden mit ultraschnellem Internet können die Planungsverbände als Träger von Privatrechten auf der Grundlage eines entsprechenden Beschlusses der Verbandsversammlung die Planung, den Bau, die Verlegung, den Betrieb und die Vermarktung von Glasfasernetzen besorgen.

§ 3
Organe

(1) Die Organe der Planungsverbände sind die Verbandsversammlung und der Verbandsobmann. Für Planungsverbände mit mehr als zwölf Gemeinden ist ein Verbandsausschuss zu bilden.

(2) Die Verbandsversammlung besteht aus dem Obmann, seinem Stellvertreter und den Bürgermeistern der dem Planungsverband angehörenden Gemeinden. Weiters ist der Koordinator nach § 9 Abs. 2 zur Teilnahme an der Verbandsversammlung berechtigt (Sitzrecht). Gemeinden, deren Anteil an der jährlichen Mittelaufbringung des Gemeindeverbandes mehr als 20 v. H. beträgt, haben in die Verbandsversammlung einen weiteren Vertreter für je angefangene 10 v. H. zu entsenden. Dieser weitere Vertreter muss Mitglied des Gemeinderates der ihn entsendenden Gemeinde sein.

(3) Die Aufgaben der Verbandsversammlung ergeben sich aus § 140 in Verbindung mit § 30 Abs. 1 lit. f, h, j, l, m, n, o, p und q der Tiroler Gemeindeordnung 2001.

(4) Der Verbandsausschuss besteht aus dem Obmann, seinem Stellvertreter und weiteren drei, bei mehr als 21 Gemeinden weiteren sechs, Mitgliedern. Weiters ist der Koordinator nach § 9 Abs. 2 zur Teilnahme am Verbandsausschuss berechtigt (Sitzrecht).

(5) Die Aufgaben des Verbandsausschusses ergeben sich aus § 140 in Verbindung mit den §§ 30 Abs. 2 und 31 Abs. 1 der Tiroler Gemeindeordnung 2001.

(6) Die beratenden Ausschüsse bestehen aus einem Obmann, seinem Stellvertreter und weiteren Mitgliedern. Weiters ist der Koordinator nach § 9 Abs. 2 zur Teilnahme an den beratenden Ausschüssen berechtigt (Sitzrecht).

(7) Die Aufgaben der beratenden Ausschüsse ergeben sich aus § 140 in Verbindung mit § 32 der Tiroler Gemeindeordnung 2001.

(8) Die Aufgaben des Verbandsobmannes ergeben sich aus § 140 in Verbindung mit den §§ 50 bis 52 und 55 der Tiroler Gemeindeordnung 2001.

§ 4
Konstituierende Sitzung der Verbandsversammlung, Wahl des Verbandsobmannes, seines Stellvertreters und der weiteren Mitglieder des Verbandsausschusses

(1) Zur konstituierenden Sitzung der Verbandsversammlung hat der an Lebensjahren älteste Bürgermeister der dem Planungsverband angehörenden Gemeinden einzuberufen. Dieser Bürgermeister hat die konstituierende Sitzung zu eröffnen und den Vorsitz zu führen.

(2) In der konstituierenden Sitzung ist vorerst der Verbandsobmann zu wählen. Jedes Mitglied der Verbandsversammlung kann dem Vorsitzenden innerhalb einer von diesem zu bestimmenden angemessenen Frist einen schriftlichen Wahlvorschlag übergeben, der von mindestens fünf Mitgliedern der Verbandsversammlung unterfertigt sein muss; die Gemeinden, denen die unterfertigenden Mitglieder der Verbandsversammlung zugerechnet werden, müssen nach dem Ergebnis der letzten Volkszählung 45 v. H. der Einwohnerzahl der Mitgliedsgemeinden des Planungsverbandes aufweisen. Kommt im ersten Wahlgang die einfache Stimmenmehrheit nicht zustande, so gilt als gewählt, wer im zweiten Wahlgang die meisten Stimmen auf sich vereinigt. Bei Stimmengleichheit entscheidet das Los, das von dem an Lebensjahren jüngsten Mitglied der Verbandsversammlung zu ziehen ist.

(3) In der Folge ist der Stellvertreter des Verbandsobmannes zu wählen. Jedes Mitglied der

Verbandsversammlung kann dem Vorsitzenden innerhalb einer von diesem zu bestimmenden angemessenen Frist einen schriftlichen Wahlvorschlag übergeben, der von mindestens fünf Mitgliedern der Verbandsversammlung unterfertigt sein muss. Kommt im ersten Wahlgang die einfache Stimmenmehrheit nicht zustande, so gilt als gewählt, wer im zweiten Wahlgang die meisten Stimmen auf sich vereinigt. Bei Stimmengleichheit entscheidet das Los, das von dem an Lebensjahren jüngsten Mitglied der Verbandsversammlung zu ziehen ist.

(4) In der Folge sind nacheinander die weiteren Mitglieder des Verbandsausschusses und deren Ersatzmitglieder zu wählen. Jedes Mitglied der Verbandsversammlung kann dem Vorsitzenden innerhalb einer von diesem zu bestimmenden angemessenen Frist einen schriftlichen Wahlvorschlag übergeben, der von mindestens fünf Mitgliedern der Verbandsversammlung unterfertigt sein muss. Kommt im ersten Wahlgang die einfache Stimmenmehrheit nicht zustande, so gilt als gewählt, wer im zweiten Wahlgang die meisten Stimmen auf sich vereinigt. Bei Stimmengleichheit entscheidet das Los, das von dem an Lebensjahren jüngsten Mitglied der Verbandsversammlung zu ziehen ist.

(5) Für Nachwahlen nach dem Ausscheiden des Verbandsobmannes, des Stellvertreters des Verbandsobmannes und von Mitgliedern des Verbandsausschusses und deren Ersatzmitgliedern gelten die Abs. 2 bis 4 sinngemäß.

§ 5
Einrichtung, Zusammensetzung und Arbeitsweise der beratenden Ausschüsse

(1) Die Verbandsversammlung kann für die Beratung raumordnungsfachlich planerisch relevanter Regionalthemen und sonstiger fachlicher Themen ständige oder nicht ständige Ausschüsse einrichten. Für die Einrichtung, die Zusammensetzung und die konstituierende Sitzung der beratenden Ausschüsse gilt § 24 der Tiroler Gemeindeordnung 2001.

(2) Für die Arbeitsweise der beratenden Ausschüsse gilt § 48 der Tiroler Gemeindeordnung 2001.

§ 6
Einberufung und Leitung der Sitzungen; Beschlüsse der Verbandsversammlung und des Verbandsausschusses

(1) Die Einberufung zu den Sitzungen der Verbandsversammlung und des Verbandsausschusses sowie deren Leitung obliegt dem Verbandsobmann.

(2) Soll durch einen Beschluss der Verbandsversammlung oder des Verbandsausschusses eine Mitgliedsgemeinde belastet werden, so ist neben der Mehrheit der Stimmen der anwesenden Gemeindevertreter auch die Stimme des Vertreters (der Vertreter) der durch den Beschluss belasteten Mitgliedsgemeinde(n) erforderlich.

§ 7
Niederschrift über die Sitzungen

Über jede Sitzung der Planungsverbände ist im Sinn des § 46 der Tiroler Gemeindeordnung 2001 eine Niederschrift aufzunehmen. Jeder dem jeweiligen Planungsverband angehörenden Gemeinde ist im Sinn des § 135 Abs. 3 letzter Satz der Tiroler Gemeindeordnung 2001 eine Ausfertigung der Niederschrift über die Sitzung der Planungsverbandsversammlung zu übermitteln und diese vom jeweiligen Verbandsobmann den Mitgliedern zur Kenntnis zu bringen. Zudem ist die Niederschrift während der Amtsstunden der jeweiligen Geschäftsstelle zur öffentlichen Einsichtnahme zur Verfügung zu stellen.

§ 8
Überprüfungsausschuss

Die Anzahl der Mitglieder des Überprüfungsausschusses wird mit drei festgelegt.

§ 9
Wahl der Mitglieder des Überprüfungsausschusses

(1) Die Mitglieder des Überprüfungsausschusses und deren Ersatzmitglieder sind nacheinander zu wählen. Kommt im ersten Wahlgang die einfache Stimmenmehrheit nicht zustande, so gilt als gewählt, wer im zweiten Wahlgang die meisten Stimmen auf sich vereinigt. Bei Stimmengleichheit entscheidet das Los, das von dem an Jahren jüngsten Mitglied der Verbandsversammlung zu ziehen ist.

(2) Für Nachwahlen nach dem Ausscheiden von Mitgliedern des Überprüfungsausschusses und deren Ersatzmitgliedern gilt Abs. 1 sinngemäß.

§ 10
Geschäftsstelle

(1) Geschäftsstelle der Planungsverbände ist das Gemeindeamt der jeweiligen Sitzgemeinde. Alternativ dazu kann in einer dem jeweiligen Planungsverband angehörigen Gemeinde ein Planungsverbandsbüro als Geschäftsstelle eingerichtet werden.

(2) Zur zweckmäßigen Erfüllung der Aufgaben des Planungsverbandes, zur organisatorischen Durchführung und zur Initiative sowie Koordination von Projekten kann der Planungsverband einen Koordinator bestellen. Der Verbandsobmann kann den Koordinator mit der Führung der Geschäfte des Planungsverbandes in seinem Namen und unter seiner unmittelbaren Aufsicht betrauen.

§ 11
Mittelaufbringung, Überschuss, Zuschuss

(1) Die dem jeweiligen Planungsverband angehörenden Gemeinden haben zu den durch Ein-

zahlungen nicht gedeckten Auszahlungen des Planungsverbandes jährliche Beiträge zu leisten, deren Höhe sich nach dem Verhältnis der Einwohnerzahlen richtet. Für die Ermittlung der Einwohnerzahlen ist das nach den bundesgesetzlichen Vorschriften über den Finanzausgleich für die Ermittlung der Volkszahl für das betreffende Kalenderjahr wirkende, von der Bundesanstalt Statistik Austria in der Statistik des Bevölkerungsstandes jeweils festgestellte Ergebnis maßgebend.

(2) Das Land Tirol kann als Träger von Privatrechten den Planungsverbänden auf Antrag des jeweiligen Planungsverbandes Zuschüsse zur teilweisen Abdeckung ihrer Auszahlungen gewähren. Auf die Gewährung von Zuschüssen besteht kein Rechtsanspruch.

(3) Entsteht dem Planungsverband aufgrund eines ihm von einer oder mehreren Gemeinden erteilten Auftrages (§ 2 Abs. 2 lit. a, b und e) eine Auszahlung, so ist diese jedenfalls von der bzw. den beteiligten Gemeinde(n) zu ersetzen.

(4) Ein allfälliger Überschuss des Planungsverbandes ist in sinngemäßer Anwendung des Abs. 1 auf die nächstfolgenden Vorauszahlungen bzw. auf die nächstfolgenden Jahresbeiträge der einzelnen Gemeinden anzurechnen.

§ 12
Haftung der Gemeinden untereinander

Die einem Planungsverband angehörenden Gemeinden haften untereinander im Verhältnis ihrer Beitragspflicht nach § 11 Abs. 1, im Fall besonderer Aufträge nach Maßgabe ihrer Beitragspflicht nach § 11 Abs. 3.

§ 13
Einbeziehung und Ausgliederung von Gemeinden

(1) Wird eine Gemeinde nachträglich in einen Planungsverband einbezogen, so hat sie vom Tag ihrer Einbeziehung an Beiträge nach § 11 Abs. 1 zu leisten. Wird die Einbeziehung nicht mit dem Beginn eines Jahres wirksam, so hat die Gemeinde die Beiträge anteilig zu leisten. Außerdem hat eine in den Planungsverband einbezogene Gemeinde diesem einen Beitrag zu den vor ihrer Einbeziehung entstandenen Auszahlungen für Investitionen zu leisten. Bei der Festsetzung dieses Beitrages sind die Einwohnerzahl der Gemeinde im Zeitpunkt der Einbeziehung und die bis dahin eingetretene Wertminderung des Anlagevermögens angemessen zu berücksichtigen.

(2) Wird eine Gemeinde aus einem Planungsverband ausgegliedert, so entfällt von dem auf die Ausgliederung folgenden Tag an die Beitragspflicht nach § 11 Abs. 1. Eine aus einem Planungsverband ausgegliederte Gemeinde hat gegenüber dem Planungsverband einen Anspruch auf Erstattung der von ihr geleisteten Beiträge für Investitionen. Abs. 1 zweiter und vierter Satz gelten sinngemäß mit der Maßgabe, dass auf den Zeitpunkt der Ausgliederung abzustellen ist.

§ 14
Vereinigung von Gemeinden

Im Fall der Vereinigung von Gemeinden hat die jeweilige Verbandsversammlung ehestmöglich nach Wirksamwerden der Vereinigung die von den dem Planungsverband angehörenden Gemeinden zu leistenden Beiträge in sinngemäßer Anwendung des § 11 Abs. 1 neu festzulegen.

PlanVerb

§ 15
Auflösung von Planungsverbänden und Verwendung des Vermögens

Bei Auflösung eines Planungsverbandes ist das Vermögen zur Deckung seiner Schulden und Verbindlichkeiten heranzuziehen. Das verbleibende Vermögen ist auf die beteiligten Gemeinden in dem Verhältnis aufzuteilen, in dem sie zur Bildung des Vermögens nach § 11 dieser Satzung beigetragen haben.

§ 16
Inkrafttreten

Diese Verordnung tritt mit dem Ablauf des Tages der Kundmachung in Kraft. Gleichzeitig tritt die Verordnung über die Bildung von Planungsverbänden und deren Satzung, LGBl. Nr. 87/2005 zuletzt geändert durch die Verordnung LGBl. Nr. 102/2015, außer Kraft.

Plan-Ibk

16. Verordnung über die Bildung des Planungsverbandes Innsbruck und Umgebung und dessen Satzung 2022

Verordnung der Landesregierung vom 31. Mai 2022 über die Bildung des Planungsverbandes Innsbruck und Umgebung und dessen Satzung 2022

StF: VBl. Tirol Nr. 34/2022

Letzte Novellierung: VBl. Tirol Nr. 51/2023

Präambel

Aufgrund der §§ 23 und 24 Abs. 1 lit. a, 2 und 3 des Tiroler Raumordnungsgesetzes 2022, LGBl. Nr. 43, in Verbindung mit § 130 Abs. 1, 2, 3 und 6 der Tiroler Gemeindeordnung 2001, LGBl. Nr. 36, zuletzt geändert durch das Gesetz LGBl. Nr. 161/2021, wird nach Anhören der betroffenen Gemeinden verordnet:

GLIEDERUNG

§ 1. Bildung des Planungsverbandes
§ 2. Aufgaben
§ 3. Organe
§ 4. Konstituierende Sitzung der Verbandsversammlung, Wahl des Verbandsobmannes, seines Stellvertreters und der weiteren Mitglieder des Verbandsausschusses
§ 5. Einrichtung, Zusammensetzung und Arbeitsweise der beratenden Ausschüsse
§ 6. Einberufung und Leitung der Sitzungen;Beschlüsse der Verbandsversammlung und des Verbandsausschusses
§ 7. Niederschrift über die Sitzungen
§ 8. Überprüfungsausschuss
§ 9. Wahl der Mitglieder des Überprüfungsausschusses
§ 10. Geschäftsstelle
§ 11. Mittelaufbringung, Überschuss, Zuschuss
§ 12. Haftung der Gemeinden untereinander
§ 13. Einbeziehung und Ausgliederung von Gemeinden
§ 14. Vereinigung von Gemeinden
§ 15. Auflösung des Planungsverbandes und Verwendung des Vermögens
§ 16. Inkrafttreten

§ 1
Bildung des Planungsverbandes

(1) Für den Großraum Innsbruck und Umgebung wird der Gemeindeverband „Planungsverband Innsbruck und Umgebung“ gebildet.

(2) Der Planungsverband besteht aus der Landeshauptstadt Innsbruck, der Stadtgemeinde Hall in Tirol, den Marktgemeinden Rum, Telfs, Völs, Wattens und Zirl und den Gemeinden Absam, Aldrans, Ampass, Axams, Baumkirchen, Birgitz, Flaurling, Fritzens, Gnadenwald, Götzens, Gries im Sellrain, Grinzens, Hatting, Inzing, Kematen in Tirol, Kolsass, Kolsassberg, Lans, Leutasch, Mils, Mutters, Natters, Oberhofen im Inntal, Oberperfuss, Patsch, Pettnau, Pfaffenhofen, Polling in Tirol, Ranggen, Reith bei Seefeld, Rietz, Rinn, St. Sigmund im Sellrain, Scharnitz, Seefeld in Tirol, Sellrain, Sistrans, Thaur, Tulfes, Unterperfuss, Volders und Wattenberg.

(3) Der Planungsverband hat seinen Sitz in der Gemeinde, der der Verbandsobmann zuzurechnen ist. Bei Ausscheiden des Verbandsobmannes verbleibt der Sitz des Planungsverbandes in dieser Gemeinde bis zur Wahl eines neuen Verbandsobmannes.

§ 2
Aufgaben

(1) Dem Planungsverband obliegt im übertragenen Wirkungsbereich:

a) die Mitwirkung an der Erlassung und Änderung von Raumordnungsprogrammen für das Gebiet oder für Teile des Gebietes des Planungsverbandes oder mehrerer Planungsverbände (Regionalprogramme);
b) die Ausarbeitung von Raumordnungsplänen für das Gebiet oder für Teile des Gebietes des Planungsverbandes oder mehrerer Planungsverbände bzw. die Mitwirkung daran (Regionalpläne).

(2) Dem Planungsverband obliegt im eigenen Wirkungsbereich:

a) die Unterstützung der beteiligten Gemeinden bei der Wahrnehmung der Aufgaben der örtlichen Raumordnung; dabei hat der Planungsverband nach Maßgabe der ihm von den beteiligten Gemeinden erteilten Aufträge an der Bestandsaufnahme sowie unbeschadet der Zuständigkeit des Gemeinderates an der Ausarbeitung der Planungsinstrumente der örtlichen Raumordnung sowie an der Umweltprüfung mitzuwirken;

b) die Mitwirkung bei der Durchführung der Analysen der touristischen Strukturen, und zwar speziell mit dem Fokus auf die Entwicklung der Bettenkapazitäten, der Betriebsgrößen und der Eigentümer- und Betreiberstrukturen nach § 28 Abs. 5 lit. h Tiroler Raumordnungsgesetz 2016;
c) die Abgabe von Stellungnahmen in den im Tiroler Raumordnungsgesetz 2016 vorgesehenen Fällen;
d) die Unterstützung der beteiligten Gemeinden bei der Einrichtung passiver Breitbandinfrastrukturen nach Maßgabe des Abs. 3;
e) die Unterstützung der beteiligten Gemeinden als Träger von Privatrechten bei der Vorbereitung und Umsetzung von Vorhaben
1. in Bezug auf Einrichtungen mit überörtlicher Versorgungsfunktion oder Einrichtungen der Daseinsvorsorge,
2. zur Sicherung und Entwicklung von Erholungsräumen sowie
3. auf den Gebieten des Verkehrs, der technischen oder der sozialen Infrastrukturen nach § 24 Abs. 2 lit. c Tiroler Raumordnungsgesetz 2016.

(3) Zur Versorgung und Erschließung der beteiligten Gemeinden mit ultraschnellem Internet kann der Planungsverband als Träger von Privatrechten auf der Grundlage eines entsprechenden Beschlusses der Verbandsversammlung die Planung, den Bau, die Verlegung, den Betrieb und die Vermarktung von Glasfasernetzen besorgen.

§ 3
Organe

(1) Die Organe des Planungsverbandes sind die Verbandsversammlung, der Verbandsausschuss, beratende Ausschüsse und der Verbandsobmann.

(2) Die Verbandsversammlung besteht aus den Bürgermeistern der dem Planungsverband angehörenden Gemeinden. Weiters ist der Koordinator nach § 10 Abs. 2 zur Teilnahme an der Verbandsversammlung berechtigt (Sitzrecht). Gemeinden, deren Anteil an der jährlichen Mittelaufbringung des Gemeindeverbandes mehr als 20 v. H. beträgt, haben in die Verbandsversammlung einen weiteren Vertreter für je angefangene 10 v. H. zu entsenden. Dieser weitere Vertreter muss Mitglied des Gemeinderates der ihn entsendenden Gemeinde sein.

(3) Die Aufgaben der Verbandsversammlung ergeben sich aus § 140 in Verbindung mit § 30 Abs. 1 lit. f, h, j, l, m, n, o, p und q der Tiroler Gemeindeordnung 2001.

(4) Der Verbandsausschuss besteht aus dem Verbandsobmann, seinem Stellvertreter und sechs weiteren Mitgliedern. Weiters ist der Koordinator nach § 10 Abs. 2 zur Teilnahme am Verbandsausschuss berechtigt (Sitzrecht).

(5) Die Aufgaben des Verbandsausschusses ergeben sich aus § 140 in Verbindung mit den §§ 30 Abs. 2 und 31 Abs. 1 der Tiroler Gemeindeordnung 2001.

(6) Die beratenden Ausschüsse bestehen aus einem Obmann, seinem Stellvertreter und weiteren Mitgliedern. Weiters ist der Koordinator nach § 10 Abs. 2 zur Teilnahme an den beratenden Ausschüssen berechtigt (Sitzrecht).

(7) Die Aufgaben der beratenden Ausschüsse ergeben sich aus § 140 in Verbindung mit § 32 der Tiroler Gemeindeordnung 2001.

(8) Die Aufgaben des Verbandsobmannes ergeben sich aus § 140 in Verbindung mit den §§ 50 bis 52 und 55 der Tiroler Gemeindeordnung 2001.

§ 4
Konstituierende Sitzung der Verbandsversammlung, Wahl des Verbandsobmannes, seines Stellvertreters und der weiteren Mitglieder des Verbandsausschusses

(1) Zur konstituierenden Sitzung der Verbandsversammlung hat der an Lebensjahren älteste Bürgermeister der dem Planungsverband angehörenden Gemeinden einzuberufen. Dieser Bürgermeister hat die konstituierende Sitzung zu eröffnen und den Vorsitz zu führen.

(2) In der konstituierenden Sitzung ist vorerst der Verbandsobmann zu wählen. Jedes Mitglied der Verbandsversammlung kann dem Vorsitzenden innerhalb einer von diesem zu bestimmenden angemessenen Frist einen schriftlichen Wahlvorschlag übergeben, der von mindestens fünf Mitgliedern der Verbandsversammlung unterfertigt sein muss; die Gemeinden, denen die unterfertigenden Mitglieder der Verbandsversammlung zugerechnet werden, müssen nach dem Ergebnis der letzten Volkszählung 45 v. H. der Einwohnerzahl der Mitgliedsgemeinden des Planungsverbandes aufweisen. Kommt im ersten Wahlgang die einfache Stimmenmehrheit nicht zustande, so gilt als gewählt, wer im zweiten Wahlgang die meisten Stimmen auf sich vereinigt. Bei Stimmengleichheit entscheidet das Los, das von dem an Lebensjahren jüngsten Mitglied der Verbandsversammlung zu ziehen ist.

(3) In der Folge ist der Stellvertreter des Verbandsobmannes zu wählen. Jedes Mitglied der Verbandsversammlung kann dem Vorsitzenden innerhalb einer von diesem zu bestimmenden angemessenen Frist einen schriftlichen Wahlvorschlag übergeben, der von mindestens fünf Mitgliedern der Verbandsversammlung unterfertigt sein muss. Kommt im ersten Wahlgang die einfache Stimmenmehrheit nicht zustande, so gilt als gewählt, wer im zweiten Wahlgang die meisten Stimmen auf sich vereinigt. Bei Stimmengleichheit entscheidet das Los, das von dem an Lebensjahren jüngsten Mitglied der Verbandsversammlung zu ziehen ist.

(4) In der Folge sind nacheinander die weiteren Mitglieder des Verbandsausschusses und deren Ersatzmitglieder zu wählen. Jedes Mitglied der Verbandsversammlung kann dem Vorsitzenden innerhalb einer von diesem zu bestimmenden angemessenen Frist einen schriftlichen Wahlvorschlag übergeben, der von mindestens fünf Mitgliedern der Verbandsversammlung unterfertigt sein muss. Kommt im ersten Wahlgang die einfache Stimmenmehrheit nicht zustande, so gilt als gewählt, wer im zweiten Wahlgang die meisten Stimmen auf sich vereinigt. Bei Stimmengleichheit entscheidet das Los, das von dem an Lebensjahren jüngsten Mitglied der Verbandsversammlung zu ziehen ist.

(5) Für Nachwahlen nach dem Ausscheiden des Verbandsobmannes, des Stellvertreters des Verbandsobmannes und von Mitgliedern des Verbandsausschusses und deren Ersatzmitgliedern gelten die Abs. 2 bis 4 sinngemäß.

§ 5
Einrichtung, Zusammensetzung und Arbeitsweise der beratenden Ausschüsse

(1) Die Verbandsversammlung kann für die Beratung raumordnungsfachlich planerisch relevanter Regionalthemen und sonstiger fachlicher Themen ständige oder nicht ständige Ausschüsse einrichten. Für die Einrichtung, die Zusammensetzung und die konstituierende Sitzung der beratenden Ausschüsse gilt § 24 der Tiroler Gemeindeordnung 2001.

(2) Für die Arbeitsweise der beratenden Ausschüsse gilt § 48 der Tiroler Gemeindeordnung 2001.

§ 6
Einberufung und Leitung der Sitzungen; Beschlüsse der Verbandsversammlung und des Verbandsausschusses

(1) Die Einberufung zu den Sitzungen der Verbandsversammlung und des Verbandsausschusses sowie deren Leitung obliegt dem Verbandsobmann.

(2) Soll durch einen Beschluss der Verbandsversammlung oder des Verbandsausschusses eine Mitgliedsgemeinde belastet werden, so ist neben der Mehrheit der Stimmen der anwesenden Gemeindevertreter auch die Stimme des Vertreters (der Vertreter) der durch den Beschluss belasteten Mitgliedsgemeinde(n) erforderlich.

§ 7
Niederschrift über die Sitzungen

Über jede Sitzung des Planungsverbandes ist im Sinn des § 46 der Tiroler Gemeindeordnung 2001 eine Niederschrift aufzunehmen. Jeder dem Planungsverband angehörenden Gemeinde ist im Sinn des § 135 Abs. 3 letzter Satz der Tiroler Gemeindeordnung 2001 eine Ausfertigung der Niederschrift über die Sitzung der Planungsverbandsversammlung zu übermitteln und diese vom Verbandsobmann den Mitgliedern zur Kenntnis zu bringen. Zudem ist die Niederschrift während der Amtsstunden der Geschäftsstelle zur öffentlichen Einsichtnahme zur Verfügung zu stellen.

§ 8
Überprüfungsausschuss

Die Anzahl der Mitglieder des Überprüfungsausschusses beträgt drei.

§ 9
Wahl der Mitglieder des Überprüfungsausschusses

(1) Die Mitglieder des Überprüfungsausschusses und deren Ersatzmitglieder sind nacheinander zu wählen. Kommt im ersten Wahlgang die einfache Stimmenmehrheit nicht zustande, so gilt als gewählt, wer im zweiten Wahlgang die meisten Stimmen auf sich vereinigt. Bei Stimmengleichheit entscheidet das Los, das von dem an Jahren jüngsten Mitglied der Verbandsversammlung zu ziehen ist.

(2) Für Nachwahlen nach dem Ausscheiden von Mitgliedern des Überprüfungsausschusses und deren Ersatzmitgliedern gilt Abs. 1 sinngemäß.

§ 10
Geschäftsstelle

(1) Geschäftsstelle des Planungsverbandes ist der Stadtmagistrat bzw. das Stadtamt oder Gemeindeamt der jeweiligen Sitzgemeinde. Alternativ dazu kann in einer dem Planungsverband angehörigen Gemeinde ein Planungsverbandsbüro als Geschäftsstelle eingerichtet werden.

(2) Zur zweckmäßigen Erfüllung der Aufgaben des Planungsverbandes, zur organisatorischen Durchführung und zur Initiative sowie Koordination von Projekten kann der Planungsverband einen Koordinator bestellen. Der Verbandsobmann kann den Koordinator mit der Führung der Geschäfte des Planungsverbandes in seinem Namen und unter seiner unmittelbaren Aufsicht betrauen.

§ 11
Mittelaufbringung, Überschuss, Zuschuss

(1) Die dem Planungsverband angehörenden Gemeinden haben zu den durch Einzahlungen nicht gedeckten Auszahlungen des Planungsverbandes jährliche Beiträge zu leisten, deren Höhe sich nach dem Verhältnis der Einwohnerzahlen richtet. Für die Ermittlung der Einwohnerzahlen ist das nach den bundesgesetzlichen Vorschriften über den Finanzausgleich für die Ermittlung der Volkszahl für das betreffende Kalenderjahr wirkende, von

der Bundesanstalt Statistik Austria in der Statistik des Bevölkerungsstandes jeweils festgestellte Ergebnis maßgebend.

(2) Das Land Tirol kann als Träger von Privatrechten den Planungsverbänden auf Antrag des Planungsverbandes Zuschüsse zur teilweisen Abdeckung ihrer Auszahlungen gewähren. Auf die Gewährung von Zuschüssen besteht kein Rechtsanspruch.

(3) Entsteht dem Planungsverband aufgrund eines ihm von einer oder mehreren Gemeinden erteilten Auftrages (§ 2 Abs. 2 lit. a, b und e) eine Auszahlung, so ist diese jedenfalls von der (den) beteiligten Gemeinde(n) zu ersetzen.

(4) Ein allfälliger Überschuss des Planungsverbandes ist in sinngemäßer Anwendung des Abs. 1 auf die nächstfolgenden Vorauszahlungen bzw. auf die nächstfolgenden Jahresbeiträge der einzelnen Gemeinden anzurechnen.

§ 12
Haftung der Gemeinden untereinander

Die dem Planungsverband angehörenden Gemeinden haften untereinander im Verhältnis ihrer Beitragspflicht nach § 11 Abs. 1, im Fall besonderer Aufträge nach Maßgabe ihrer Beitragspflicht nach § 11 Abs. 3.

§ 13
Einbeziehung und Ausgliederung von Gemeinden

(1) Wird eine Gemeinde nachträglich in den Planungsverband einbezogen, so hat sie vom Tag ihrer Einbeziehung an Beiträge nach § 11 Abs. 1 zu leisten. Wird die Einbeziehung nicht mit dem Beginn eines Jahres wirksam, so hat die Gemeinde die Beiträge anteilig zu leisten. Außerdem hat eine in den Planungsverband einbezogene Gemeinde diesem einen Beitrag zu den vor ihrer Einbeziehung entstandenen Auszahlungen für Investitionen zu leisten. Bei der Festsetzung dieses Beitrages sind die Einwohnerzahl der Gemeinde im Zeitpunkt der Einbeziehung und die bis dahin eingetretene Wertminderung des Anlagevermögens angemessen zu berücksichtigen.

(2) Wird eine Gemeinde aus dem Planungsverband ausgegliedert, so entfällt von dem auf die Ausgliederung folgenden Tag an die Beitragspflicht nach § 11 Abs. 1. Eine aus dem Planungsverband ausgegliederte Gemeinde hat gegenüber dem Planungsverband einen Anspruch auf Erstattung der von ihr geleisteten Beiträge für Investitionen. Abs. 1 zweiter und vierter Satz gelten sinngemäß mit der Maßgabe, dass auf den Zeitpunkt der Ausgliederung abzustellen ist.

§ 14
Vereinigung von Gemeinden

Im Fall der Vereinigung von Gemeinden hat die jeweilige Verbandsversammlung ehestmöglich nach Wirksamwerden der Vereinigung die von den dem Planungsverband angehörenden Gemeinden zu leistenden Beiträge in sinngemäßer Anwendung des § 11 Abs. 1 neu festzulegen.

§ 15
Auflösung des Planungsverbandes und Verwendung des Vermögens

Bei Auflösung des Planungsverbandes ist das Vermögen zur Deckung seiner Schulden und Verbindlichkeiten heranzuziehen. Das verbleibende Vermögen ist auf die beteiligten Gemeinden in dem Verhältnis aufzuteilen, in dem sie zur Bildung des Vermögens nach § 11 dieser Satzung beigetragen haben.

§ 16
Inkrafttreten

Diese Verordnung tritt mit dem Ablauf des Tages der Kundmachung in Kraft. Gleichzeitig tritt die Verordnung über die Bildung des Planungsverbandes Innsbruck und Umgebung und dessen Satzung, LGBl. Nr. 29/2007 zuletzt geändert durch die Verordnung LGBl. Nr. 101/2015, außer Kraft.

17. Verordnung über die Geschäftsordnung des Raumordnungsbeirates und seiner Untergruppen

Verordnung der Landesregierung vom 9. Mai 2017 über die Geschäftsordnung des Raumordnungsbeirates und seiner Untergruppen

StF: LGBl. Nr. 51/2017

Präambel

Aufgrund des § 22 Abs. 4 des Tiroler Raumordnungsgesetzes 2016, LGBl. Nr. 101, wird verordnet:

GLIEDERUNG

§ 1. Geltungsbereich
§ 2. Einberufung
§ 3. Tagesordnung
§ 4. Beschlussfähigkeit
§ 5. Beratung, Abstimmung
§ 6. Niederschrift
§ 7. Kanzleigeschäfte
§ 8. Inkrafttreten

§ 1
Geltungsbereich

Die Raumordnungsorgane, das sind der Raumordnungsbeirat und seine Untergruppen, haben die ihnen obliegenden Aufgaben nach Maßgabe dieser Verordnung zu besorgen.

§ 2
Einberufung

(1) Die Einberufung der Raumordnungsorgane zu den Sitzungen obliegt dem Vorsitzenden des jeweiligen Raumordnungsorganes. Der Raumordnungsbeirat ist nach Bedarf und überdies binnen zwei Wochen dann einzuberufen, wenn die Landesregierung oder mindestens fünf Mitglieder des Raumordnungsbeirates dies schriftlich unter Bekanntgabe jener Angelegenheiten, die Gegenstand der Tagesordnung sein sollen, verlangen. Die Untergruppen sind nach Bedarf und überdies binnen zwei Wochen dann einzuberufen, wenn die Landesregierung dies verlangt.

(2) Von der Einberufung ist die nach der Geschäftseinteilung des Amtes der Tiroler Landesregierung für die fachlichen Angelegenheiten der überörtlichen Raumordnung zuständige Organisationseinheit zu verständigen.

(3) Die Einberufung hat mindestens zwei Wochen vor der Sitzung schriftlich unter Bekanntgabe des Beginnes, des Ortes und der Tagesordnung der Sitzung zu erfolgen. Weiters sind der Einberufung die wesentlichen Sitzungsunterlagen anzuschließen. In dringenden Fällen können die Raumordnungsorgane auch mündlich oder telefonisch einberufen werden.

(4) Ist ein Mitglied eines Raumordnungsorganes, für das ein Ersatzmitglied bestellt ist, verhindert, so hat es unverzüglich den Vorsitzenden und sein Ersatzmitglied davon zu verständigen. Das Mitglied wird während der Dauer seiner Verhinderung durch das betreffende Ersatzmitglied vertreten. Eine gesonderte Einladung des Ersatzmitgliedes durch den Vorsitzenden ist nicht erforderlich.

§ 3
Tagesordnung

(1) Die Tagesordnung ist vom Vorsitzenden des Raumordnungsorganes zu erstellen. Er hat jedenfalls alle Angelegenheiten auf die Tagesordnung zu setzen, deren Behandlung von der Landesregierung und den Mitgliedern des Raumordnungsorganes bis zur Einberufung verlangt wird.

(2) Über Angelegenheiten, die nicht Gegenstand der Tagesordnung sind, darf nur beraten und abgestimmt werden, wenn dies das Raumordnungsorgan beschließt.

(3) Nach Möglichkeit hat die Genehmigung der Niederschrift über die letzte Sitzung den ersten Tagesordnungspunkt der folgenden Sitzung zu bilden.

§ 4
Beschlussfähigkeit

Die Raumordnungsorgane sind beschlussfähig, wenn alle Mitglieder ordnungsgemäß eingeladen wurden und mindestens die Hälfte der Mitglieder, darunter der Vorsitzende anwesend ist.

§ 5
Beratung, Abstimmung

(1) Der Vorsitzende des Raumordnungsorganes hat die Sitzung vorzubereiten und zu leiten. Die Sitzungen sind nicht öffentlich. Die Raumordnungsorgane können erforderlichenfalls Auskunftspersonen und Sachverständige zu den Sitzungen beratend beiziehen.

(2) Jedes Mitglied ist berechtigt, zu den einzelnen Tagesordnungspunkten das Wort zu ergreifen. Der Vorsitzende hat den Mitgliedern des Raumordnungsorganes in der Reihenfolge ihrer Meldungen das Wort zu erteilen. Jedes Mitglied hat

weiters das Recht, in der Beratung über die einzelnen Tagesordnungspunkte Anträge zu stellen. Anträge sind so zu fassen, dass eine Abstimmung über die Annahme oder Ablehnung möglich ist.

(3) Liegen zu einem Gegenstand mehrere Anträge vor, so ist über einen Gegenantrag vor dem Hauptantrag und über einen Zusatzantrag nach dem Hauptantrag abzustimmen. Im Zweifel bestimmt der Vorsitzende, in welcher Reihenfolge über die Anträge abzustimmen ist.

(4) Die Raumordnungsorgane fassen ihre Beschlüsse mit einfacher Mehrheit der Stimmen der anwesenden Mitglieder. Stimmenthaltung ist außer im Falle der Befangenheit iSd Abs. 8 nicht zulässig. Derartige Stimmenthaltungen haben keinen Einfluss auf das Abstimmungsergebnis. Bei Stimmengleichheit gibt die Stimme des Vorsitzenden den Ausschlag.

(5) Die Abstimmung erfolgt

a) offen durch Heben einer Hand oder
b) geheim und mit Stimmzetteln, wenn dies das Raumordnungsorgan beschließt.

(6) Die Feststellung des Abstimmungsergebnisses obliegt dem Vorsitzenden. Wurde eine Abstimmung geheim durchgeführt, so sind die Stimmzettel nach der Feststellung des Abstimmungsergebnisses zu vernichten.

(7) Ist eine Angelegenheit so dringend, dass die nächste Sitzung des Raumordnungsorganes ohne Nachteil für die Sache nicht abgewartet werden kann, so kann ein Beschluss schriftlich im Wege eines Umlaufes oder mündlich durch Abgabe einer Erklärung gegenüber dem Vorsitzenden herbeigeführt werden. Das Ergebnis ist in einem Aktenvermerk festzuhalten und dem Raumordnungsorgan bei der nächsten Sitzung zur Kenntnis zu bringen.

(8) Für die Befangenheit der Mitglieder der Raumordnungsorgane gilt § 7 Abs. 1 Z 1 bis 3 des Allgemeinen Verwaltungsverfahrensgesetzes 1991, BGBl. Nr.51, singgemäß.

§ 6
Niederschrift

(1) Über jede Sitzung des Raumordnungsorganes ist eine Niederschrift aufzunehmen. Die Niederschrift hat zu enthalten:

a) Ort, Tag, Beginn und Ende der Sitzung;
b) die Namen der anwesenden und der entschuldigt oder unentschuldigt ferngebliebenen Mitglieder;
c) die Tagesordnung;
d) alle in der Sitzung gestellten Anträge, den wesentlichen Inhalt der Beratungen und den genauen Wortlaut der gefassten Beschlüsse unter Anführung des Abstimmungsergebnisses.

(2) Mitglieder des Raumordnungsorganes, die einem Beschluss nicht zugestimmt haben, können verlangen, dass dies namentlich in der Niederschrift festgehalten wird.

(3) Die Niederschrift ist vom Vorsitzenden und, sofern der Sitzung ein Schriftführer beigezogen wurde, auch von diesem zu unterfertigen und allen Mitgliedern des Raumordnungsorganes sowie der nach der Geschäftseinteilung des Amtes der Tiroler Landesregierung für die fachlichen Angelegenheiten der überörtlichen Raumordnung zuständigen Organisationseinheit spätestens mit der Einberufung zur nächsten Sitzung zuzuleiten.

§ 7
Kanzleigeschäfte

(1) Die Kanzleigeschäfte der Raumordnungsorgane sind vom Amt der Tiroler Landesregierung zu besorgen.

(2) Zu den Kanzleigeschäften zählen insbesondere die Vorbereitung der Sitzungsunterlagen sowie die Durchführung aller mit der Tätigkeit des Raumordnungsorganes verbundenen Schreib- und sonstigen Kanzleiarbeiten einschließlich der allfälligen Beistellung eines Schriftführers für die Sitzungen.

§ 8
Inkrafttreten

(1) Die Verordnung tritt mit dem Ablauf des Tages der Kundmachung in Kraft.

(2) Gleichzeitig tritt die Verordnung der Landesregierung über die Geschäftsordnung der Raumordnungsorgane, LGBl. Nr. 52/1994, außer Kraft.

18. Tiroler Gas-, Heizungs- und Klimaanlagengesetz 2013

Gesetz vom 2. Oktober 2013 über Gas-, Heizungs- und Klimaanlagen sowie über Anlagen zur Lagerung und Leitung von Brennstoffen (Tiroler Gas-, Heizungs- und Klimaanlagengesetz 2013 – TGHKG 2013)

StF: LGBl. Nr. 111/2013

Letzte Novellierung: LGBl. Nr. 85/2023

GLIEDERUNG

1. Abschnitt
Allgemeine Bestimmungen

§ 1. Geltungsbereich
§ 2. Begriffsbestimmungen
§ 3. Allgemeine technische Erfordernisse
§ 3a. Aggregation
§ 4. Behördliche Befugnisse

2. Abschnitt
Bewilligungspflichtige Gasanlagen

§ 5. Bewilligungspflicht
§ 6. Ansuchen
§ 7. Errichtungsbewilligung
§ 8. Nachträgliche Vorschreibungen
§ 9. Herstellung des gesetzmäßigen Zustandes
§ 10. Erlöschen der Bewilligung

3. Abschnitt
Abnahme, Inbetriebnahme, Überprüfung und Instandhaltung von Anlagen

§ 11. Abnahmeprüfungen
§ 11a. Registrierung
§ 11b. Inbetriebnahme
§ 12. Rechte und Pflichten der Gasversorgungsunternehmen
§ 13. Betriebs- und Instandhaltungsvorschriften, behördliche Aufsicht
§ 14. Wiederkehrende Überprüfungen
§ 15. Einfache und umfassende Überprüfung von Feuerungsanlagen und Blockheizkraftwerken
§ 15a. Pflichten des Betreibers
§ 16. Inspektion von Zentralheizungsanlagen oderkombinierten Zentralheizungs- und Lüftungsanlagen
§ 17. Außerordentliche Überprüfung
§ 18. Kontinuierliche Überwachung
§ 19. Aufgaben der Überwachungsstelle
§ 21. Behebung von Mängeln
§ 22. Außerbetriebnahme von Anlagen
§ 23. Untersagung des Betriebes, Außerbetriebsetzung und Beseitigung von Anlagen

4. Abschnitt
Errichtung, Betrieb und Instandhaltung von Klimaanlagen

§ 24. Abnahmeprüfung, Betriebs- und Instandhaltungsvorschriften, behördliche Aufsicht
§ 25. Inspektion von Klimaanlagen oderkombinierten Klima- und Lüftungsanlagen

5. Abschnitt
Inverkehrbringen von Heizgeräten

§ 26. Voraussetzungen, behördliche Aufsicht
§ 27. Prüfbericht, sonstige Nachweise
§ 28. Technische Dokumentation
§ 29. Typenschild

6. Abschnitt
Prüfberechtigte, Unabhängiges Kontrollsystem

§ 32. Prüfberechtigte
§ 33. Prüforgane
§ 34. Anforderungen an Prüfberechtigte und Prüforgane
§ 35. Unabhängiges Kontrollsystem, Heizungs- und Klimaanlagendatenbank

7. Abschnitt
Behörden-, Straf-, Übergangs- und Schlussbestimmungen

§ 36. Behörden
§ 37. Strafbestimmungen
§ 38. Verarbeitung personenbezogener Daten
§ 39. Mitwirkung der Bundespolizei
§ 40. Dingliche Wirkung
§ 41. Eigener Wirkungsbereich der Gemeinde
§ 42. Übergangsbestimmungen
§ 43. Verweisungen
§ 44. Umsetzung von Unionsrecht
§ 45. Inkrafttreten; Notifikation

1. Abschnitt
Allgemeine Bestimmungen
§ 1
Geltungsbereich

(1) Dieses Gesetz regelt, soweit im Abs. 2 nichts anderes bestimmt ist,

a) den Einbau, den Betrieb und die Überprüfung von
1. Heizungsanlagen,
2. Anlagen zur Lagerung fester, flüssiger und gasförmiger Brennstoffe,
3. Anlagen zur Leitung fester, flüssiger und gasförmiger Brennstoffe und
4. Anlagen zur Erzeugung und Verwendung gasförmiger Brennstoffe;

b) die allgemeinen technischen Erfordernisse für Klimaanlagen und die Überprüfung von Klimaanlagen,

c) das Inverkehrbringen von Heizgeräten,

d) die Emissionsgrenzwerte beim Betrieb von Heizungsanlagen und deren Überprüfung.

(2) Dieses Gesetz gilt nicht für

a) Anlagen im Sinn des Abs. 1, die Bestandteile baulicher Anlagen im Sinn des § 1 Abs. 3 der Tiroler Bauordnung 2022, LGBl. Nr. 44/2022, sind,

b) Anlagen im Sinn des Abs. 1, die Bestandteile gewerblicher Betriebsanlagen sind und die
1. überwiegend der Gewinnung von Nutzwärme zu anderen Zwecken als der Raumheizung und/oder der Warmwasserbereitung oder
2. überwiegend dem Betrieb von Anlagen im Sinn der Z 1

dienen,

c) mobile Gasanlagen, sofern sie nicht mehr als zwei Versandbehälter bis zu einer Füllmenge von je 15 kg umfassen,

d) das Inverkehrbringen von Blockheizkraftwerken,

e) Klimaanlagen mit einer Nennleistung bis 70 kW.

§ 2
Begriffsbestimmungen

(1) Abgase sind die bei der Verbrennung entstehenden gasförmigen Verbrennungsprodukte einschließlich der in ihnen schwebenden festen oder flüssigen Stoffe sowie die sich aus der Verbrennungsluft und dem Luftüberschuss oder aus einer allfälligen Abgasreinigung ergebenden Gaskomponenten.

(2) Abgasverlust ist jene auf den Heizwert des Brennstoffes bezogene Wärmemenge, die mit den Abgasen ungenutzt abgeführt wird.

(3) Betreiber ist eine natürliche oder juristische Person, die eine Anlage betreibt oder kontrolliert oder der, sofern in den nationalen Rechtsvorschriften vorgesehen, die ausschlaggebende wirtschaftliche Verfügungsmacht über deren technischen Betrieb übertragen worden ist;

(4) Betriebsstunden ist der in Stunden ausgedrückte Zeitraum, in dem sich eine Anlage in Betrieb befindet und Emissionen in die Luft abgibt, ohne An- und Abfahrzeiten.

(5) Bestehende mittelgroße Feuerungsanlage oder bestehende mittelgroße Verbrennungskraftmaschine ist eine mittelgroße Anlage, die vor dem 20. Dezember 2018 in Betrieb genommen wurde.

(6) Bestimmungsgemäßer Betrieb der Anlage ist jener Betrieb, der gemäß technischer Dokumentation für den Betrieb der jeweiligen Anlage vorgesehen ist.

(7) Blockheizkraftwerk (BHKW) ist eine stationäre Verbrennungskraftmaschine zur Bereitstellung von elektrischem Strom mit Wärmenutzung für die Raumheizung oder zur Warmwasserbereitung; ein Blockheizkraftwerk ist Teil einer Heizungsanlage. Ein mittelgroßes Blockheizkraftwerk ist ein Blockheizkraftwerk mit einer Brennstoffwärmeleistung von mindestens 1 MW und weniger als 50 MW.

(8) Brennstoff ist ein im festen, flüssigen oder gasförmigen Aggregatzustand vorkommender chemischer Stoff, dessen gespeicherte Energie sich durch Verbrennung in nutzbare Energie umwandeln lässt, wobei zwischen folgenden Arten von Brennstoffen unterschieden wird:

a) fester Brennstoff: fester biogener oder fester fossiler Brennstoff,

b) fester biogener Brennstoff: Brennstoff, der aus erneuerbarer Materie (Pflanzen) gewonnen wird, wie Holz, Rinde und dergleichen,

c) fester fossiler Brennstoff: Brennstoff, der aus erdgeschichtlichen Lagerstätten gewonnen wird; dies sind:
1. alle Arten von Braunkohle,
2. alle Arten von Steinkohle,
3. Braunkohlebriketts, Steinkohlebriketts und Koks,
4. Torf,

d) flüssiger Brennstoff: flüssiges Mineralölprodukt, das dazu bestimmt ist, als Brennstoff verwendet zu werden,

e) gasförmiger Brennstoff: jeder Brennstoff, der sich bei einer Temperatur von 15°C und einem Druck von 1013 hPa in einem gasförmigen Zustand befindet,

f) gasförmiger fossiler Brennstoff: Erdgas und Flüssiggas,

g) nicht standardisierter biogener Brennstoff: Brennstoff, der ausschließlich oder überwiegend naturbelassene erneuerbare Materie als Ausgangsmaterial hat, für den aber keine Normierung besteht (z. B. Biogas, Pflanzenöle, Stroh),

h) standardisierter biogener Brennstoff: Brennstoff, der ausschließlich oder überwiegend naturbelassene erneuerbare Materie als Ausgangsmaterial hat und dessen wesentliche verbrennungstechnische Qualitätsmerkmale (z. B. Wassergehalt, Stickstoffgehalt) in Normen geregelt sind (z. B. Stückholz, Holzpellets, biogene Heizöle),
i) Biogas: methanhaltige Gase, die durch natürliche Fermentationsprozesse gebildet werden; dazu zählt auch Klärgas und Deponiegas,
j) Holzgas: ein aus Holz durch Pyrolyse oder Vergasung (Teilverbrennung unter Luftmangel) erzeugtes brennbares Gas.

(9) Brennstoffwärmeleistung ist die mit dem Brennstoff zugeführte, auf den Heizwert (Hi) des zulässigen Brennstoffes bezogene durchschnittliche Wärmemenge je Zeiteinheit, die zum Erreichen der auslegungsmäßig vorgesehenen Anlagenleistung im Dauerbetrieb (Nennlast) erforderlich ist.

(10) Brennwertgeräte sind Heizgeräte, in denen unter normalen Betriebsbedingungen und bei bestimmten Kesselwassertemperaturen der im Abgas enthaltene Wasserdampf kondensiert, damit die latente Wärme des Wasserdampfes für Heizzwecke genutzt wird.

(11) CO-Emission ist die Emission von Kohlenstoffmonoxid.

(12) Dieselmotor ist ein nach dem Dieselprinzip arbeitender Verbrennungsmotor mit Selbstzündung des Brennstoffs.

(13) Einzelraumheizgerät ist ein Heizgerät zur unmittelbaren Beheizung des Aufstellungsraumes (z. B. Kaminöfen, Kachelöfen, Öl- oder Gaseinzelraumheizgeräte, Herde).

(14) Emission ist die Ableitung von Abgasen in die Luft.

(15) Emissionsgrenzwert ist die höchstzulässige Menge einer im Abgas enthaltenden Emission, die in einem gegebenen Zeitraum in die Luft abgeleitet werden darf. Emissionsgrenzwerte (ausgenommen die Rußzahl) werden als Massenwert des jeweiligen Inhaltsstoffes auf den Energiegehalt (Heizwert) des der Feuerungsanlage bzw. dem Blockheizkraftwerk zugeführten Brennstoffes (mg/MJ) oder auf das Abgasvolumen unter Normbedingungen (mg/m³) bezogen.

(16) Erdgas ist ein natürlich vorkommendes Methangas mit nicht mehr als 20 Volumenprozent Inertgasen und sonstigen Bestandteilen.

(17) Fernwärmeübergabestation ist ein Wärmeerzeuger, der die Wärme eines Fernwärmenetzes in das kundenseitige Wärmeverteilsystem überträgt. Eine Fernwärmeübergabestation ist Teil einer Heizungsanlage.

(18) Feuerungsanlagen sind Anlagen bestehend aus Heizgerät, Abgasanlage, allfälligen Verbindungsstücken und angeschlossenen oder nachgeschalteten Abgasreinigungsanlagen, in denen Brennstoffe verbrannt und deren Abgase ins Freie abgeleitet werden. Bei Außenwandgeräten sind die Abgasanlage bzw. allfällige Verbindungsstücke Teil des Heizgerätes. Feuerungsanlagen sind insbesondere Warmwasserheizkessel und Warmlufterzeuger einschließlich ihrer Bauteile, nicht jedoch Wärmeerzeuger mit elektrischer Widerstandsheizung (Elektroheizung), Wärmepumpen, Fernwärmeübergabestationen und stationäre Verbrennungskraftmaschinen.

(19) Gasanlagen sind Anlagen zur Erzeugung, Lagerung, Leitung und Verwendung von gasförmigen Brennstoffen einschließlich der Abgasführung, sofern es sich nicht um der Tiroler Bauordnung 2022 unterliegende Abgasfänge handelt.

(20) Gasgeräte sind Gasverbrauchseinrichtungen, die insbesondere zum Kochen, zum Heizen, zur Warmwasserbereitung oder zu Kühl-, Beleuchtungs-, Wasch- oder Trockenzwecken verwendet werden und die mit gasförmigen Brennstoffen und gegebenenfalls bei einer Wassertemperatur von nicht mehr als 105°C betrieben werden; Gasgebläsebrenner und zugehörige Wärmeaustauscher gelten in ihrer Gesamtheit als Gasgeräte.

(21) Gasmotor ist ein nach dem Ottoprinzip arbeitender Verbrennungsmotor mit Fremdzündung des Brennstoffs.

(22) Gasturbine ist jede rotierende Maschine, die thermische Energie in mechanische Arbeit umwandelt und hauptsächlich aus einem Verdichter, aus einer Brennkammer, in der Brennstoff zur Erhitzung des Arbeitsmediums oxidiert wird, und aus einer Turbine besteht; darunter fallen Gasturbinen mit offenem Kreislauf, kombinierte Gas- und Dampfturbinen sowie Gasturbinen mit Kraft-Wärme-Kopplung, alle jeweils mit oder ohne Zusatzfeuerung.

(23) Gasversorgungsunternehmen ist ein Unternehmen, das nach bundesrechtlichen Vorschriften befugt ist, gasförmige Brennstoffe über Leitungen (Rohrnetze) an andere abzugeben.

(24) Gebäudegesamtheizlast ist die Summe aus Raumheizlast und Warmwasserheizlast.

(25) Gesamtenergieeffizienz eines Gebäudes ist die Energiemenge, die veranschlagt wird, um den unterschiedlichen Erfordernissen im Rahmen der Standardnutzung eines Gebäudes, insbesondere hinsichtlich Beheizung, Warmwasserbereitung, Kühlung, Lüftung und Beleuchtung, gerecht zu werden.

(26) Herd ist ein Heizgerät, das die Funktionen eines Einzelraumheizgerätes und einer Kochmulde und/oder eines Ofens zur Zubereitung von Speisen kombiniert.

(27) Heizgerät ist ein Gerät bestehend aus einem oder mehreren Wärmeerzeugern, mit dem Nutzwärme (Raumwärme und/oder Warmwasser) erzeugt wird. Dazu zählen beispielsweise Einzelraumheizgeräte, Raumheizgeräte und Warmwasserbereiter.

(28) Heizkessel ist die kombinierte Einheit aus Gehäuse und Brenner oder Brennraum zur Abgabe der Verbrennungswärme an Flüssigkeiten.

(29) Heizungsanlage ist eine Kombination der Bauteile, die für eine Form der Raumluftbehandlung erforderlich sind, durch welche die Temperatur erhöht wird, bestehend aus Heizgerät und deren Wärmeerzeuger, Wärmespeichersystem, Wärmeverteilsystem und Wärmeabgabesystem; Bauteil einer Heizungsanlage ist jedenfalls der mit einem Brenner auszurüstende Heizkessel oder der zur Ausrüstung eines Heizkessels bestimmte Brenner; bei automatisch beschickten Zentralheizungsanlagen für feste Brennstoffe ist weiters die Fördereinrichtung Bauteil der Heizungsanlage.

(30) Heizwert (Hi) ist die Wärmemenge, die bei der vollständigen Verbrennung von 1 kg festem oder flüssigem Brennstoff oder 1 m^3 gasförmigem Brennstoff im Normzustand frei wird, wenn das bei der Verbrennung gebildete Wasser dampfförmig vorhanden ist und die Verbrennungsprodukte auf 25°C zurückgeführt werden.

(31) Inverkehrbringen ist die erstmalige entgeltliche oder unentgeltliche Bereitstellung eines Heizgerätes in Österreich zum Zwecke der Verteilung oder Verwendung.

(32) Kehrbuch ist das Nachweisdokument im Sinn des § 15 der Tiroler Feuerpolizeiordnung 1998, LGBl. Nr. 111/1998.

(33) Klimaanlagen sind Kombinationen sämtlicher Bauteile einer Anlage, die für eine Form der Luftbehandlung erforderlich sind, bei der die Raumtemperatur geregelt oder gesenkt werden kann, gegebenenfalls gemeinsam mit der Regelung der Belüftung, der Feuchtigkeit und der Luftreinheit. Als Klimaanlagen gelten Anlagen, über die zwei oder mehrere thermodynamische Grundfunktionen (Heizen, Kühlen, Befeuchten oder Entfeuchten) geregelt werden können.

(34) Kraftstoff ist ein Brennstoff, der in Verbrennungskraftmaschinen verwendet wird.

(35) Kubikmeter im Normzustand (Nm^3) ist ein Kubikmeter gasförmiger Brennstoff bei 0°C und 1013 hPa absolutem Druck.

(36) Mittelgroße Feuerungsanlage ist eine Feuerungsanlage mit einer Brennstoffwärmeleistung von mindestens 1 MW und weniger als 50 MW.

(37) Motor ist ein Gasmotor, ein Dieselmotor oder ein Zweistoffmotor.

(38) Nennlast ist der Betrieb der Anlage bei Nennwärmeleistung.

(39) Nennleistung ist die maximale Leistung einer Klimaanlage oder einer Wärmepumpe in kW, die vom Hersteller für den kontinuierlichen Betrieb angegeben und garantiert wird, bei Einhaltung des von ihm angegebenen Wirkungsgrads.

(40) Nennwärmeleistung (Pn) ist die höchste für den Betrieb der Anlage vorgesehene Wärmeleistung (Höchstleistung des Wärmeerzeugers bei Dauerbetrieb).

(41) NO_x-Emissionen sind die Summe der Emissionen von Stickstoffmonoxid und Stickstoffdioxid, berechnet und angegeben als Stickstoffdioxid (NO_2).

(42) NMHC-Emissionen sind die Summe der Emissionen gasförmiger organischer Verbindungen, berechnet und angegeben als elementarer Kohlenstoff, abzüglich des Anteils von Methan.

(43) OGC-Emissionen sind die Summe der Emissionen gasförmiger organischer Verbindungen, berechnet und angegeben als elementarer Kohlenstoff.

(44) Ortsfest gesetzte Öfen und Herde sind Einzelraumheizgeräte, die nicht werkseitig montiert werden oder nicht als vorgefertigte Komponenten oder Teile von demselben Hersteller zur Montage vor Ort geliefert werden (z. B. Kachelöfen).

(45) Raumheizgerät ist ein Heizgerät mit einem oder mehreren Wärmeerzeugern, das eine wasserbetriebene Zentralheizungsanlage mit Wärme versorgt.

(46) Raumheizlast ist die Wärmeleistung, die unter genormten Auslegungsbedingungen benötigt wird, um sicherzustellen, dass in einem Raum oder Gebäude eine festgelegte Innentemperatur erreicht wird.

(47) Rußzahl ist der Grad der Schwärzung eines Filterpapiers, verursacht durch die aus der Verbrennung in Feuerungsanlagen stammenden und emittierten Feststoffteilchen (qualitativer Beurteilungsparameter.

(48) Serie ist die Summe baugleich hergestellter Heizgeräte eines Herstellers mit unterschiedlicher Nennwärmeleistung.

(49) Stand der Technik ist der auf den einschlägigen wissenschaftlichen Erkenntnissen beruhende Entwicklungsstand fortschrittlicher Verfahren, Einrichtungen, Bau- oder Betriebsweisen, deren Funktionstüchtigkeit erprobt und erwiesen ist; bei der Bestimmung des Standes der Technik sind insbesondere vergleichbare Verfahren, Einrichtungen, Bau- oder Betriebsweisen heranzuziehen.

(50) Staub sind die in der Gasphase an der Probenahmestelle dispergierten Partikel jeglicher Form, Struktur oder Dichte, die durch Filtration unter spezifizierten Bedingungen nach einer repräsentativen Probenahme des zu analysierenden Gases gesammelt werden können und nach dem Trocknen unter spezifizierten Bedingungen vor dem Filter und auf dem Filter verbleiben.

(51) Staub-Emissionen sind Emissionen von Partikeln unterschiedlicher Form, Struktur und Dichte, die in der gasförmigen Phase des Rauchgases verteilt sind.

(52) Teillast ist der Betrieb der Anlage bei einer Wärmeleistung, die kleiner ist als die Nennwärmeleistung.

(53) Überwachungsstelle ist derjenige Rauchfangkehrerbetrieb, der für das Reinigen, Kehren und Überprüfen von Rauch- und Abgasfängen, von Rauch- und Abgasleitungen sowie von den dazugehörigen Feuerungsanlagen beauftragt ist.

(54) Verbrennungskraftmaschine ist eine Wärmekraftmaschine, die durch innere Verbrennung von Kraftstoffen mechanische Arbeit verrichtet (Blockheizkraftwerk, Motor, Turbine). Eine mittelgroße Verbrennungskraftmaschine ist eine Verbrennungskraftmaschine mit einer Brennstoffwärmeleistung von mindestens 1 MW und weniger als 50 MW.

(55) Wärmeleistung ist die je Zeiteinheit von der Anlage nutzbar abgegebene durchschnittliche Wärmemenge.

(56) Wärmeleistungsbereich ist der vom Hersteller der Anlage festgelegte Bereich, in dem diese bestimmungsgemäß betrieben werden darf.

(57) Wärmeerzeuger ist jener Teil eines Heizgerätes, der mit Hilfe eines oder mehrerer der folgenden Verfahren Nutzwärme (zum Zweck der Räumheizung und/oder Warmwasserbereitung) erzeugt:

a) Wärmegewinnung durch Verbrennung von Brennstoffen in einer Feuerstätte (Feuerungsanlage) oder von Kraftstoffen in einem Brennraum (Verbrennungskraftmaschine);
b) Wärmegewinnung aus der Luft, oder aus einer Wasser- oder Erdwärmequelle mithilfe einer Wärmepumpe;
c) Wärmegewinnung aus einem Fernwärmenetz mithilfe einer Fernwärmeübergabestation;
d) Wärmegewinnung durch Umwandlung elektrischer Energie mithilfe einer Elektroheizung;
e) Wärmegewinnung durch Umwandlung von Solarenergie mithilfe einer thermischen Solaranlage oder einer Photovoltaikanlage.

(58) Wärmepumpe ist ein System, das einem Wärmereservoir mit niedrigerem Temperaturniveau Wärme entzieht und die entzogene Energie unter Einsatz von Arbeitsenergie auf ein höheres Temperaturniveau bringt; eine Wärmepumpe, die zum Zweck der Raumheizung und Warmwasserbereitung eingesetzt wird, ist Teil einer Heizungsanlage.

(59) Warmwasserbereiter ist ein Heizgerät, bestehend aus einem oder mehreren Wärmeerzeugern zur direkten Erwärmung von Nutz- oder Trinkwasser (Vorratswasserheizer und Durchlauferhitzer).

(60) Warmwasserheizlast ist jene Wärmeleistung, die für die Warmwasserbereitung unter den gewählten Auslegungsbedingungen benötigt wird, um sicherzustellen, dass eine festgelegte Warmwassertemperatur erreicht wird.

(61) Wesentliche Änderungen von Anlagen sind Änderungen, die auf die allgemeinen technischen Erfordernisse im Sinn des § 3 Abs. 1 von erheblichem Einfluss sein können, wie insbesondere die erhebliche Vergrößerung oder Verkleinerung der Leistungen der Anlage oder die Änderung der Bauart bzw. der Brennstofflagerung, der Austausch von Bauteilen einer Anlage, sofern sich durch den Austausch Auswirkungen auf den Wirkungsgrad der Anlage oder die von ihr ausgehenden Emissionen ergeben können, sowie Änderungen an brennstoffführenden Leitungen.

(62) Wirkungsgrad ist das Verhältnis von Nutzenergie zur Aufwandenergie, angegeben in Prozent.

(63) Zentralheizungsanlagen sind Heizungsanlagen, die zumindest aus einem oder mehreren Raumheizgeräten, einem Wärmeverteilsystem (flüssiger Wärmeträger) und einem Wärmeabgabesystem mit dem Zweck der Raumheizung von Gebäuden oder von Gebäudeteilen, bestehen.

(64) Zugelassene Stelle ist eine akkreditierte Prüf- und/oder Inspektionsstelle eines EU-Mitgliedstaates oder eines anderen Vertragsstaates des EWR-Abkommens im Rahmen des fachlichen Umfangs der Akkreditierung.

(65) Zweistoffmotor ist ein Verbrennungsmotor mit Selbstzündung des Brennstoffs, der bei der Verbrennung flüssiger Brennstoffe nach dem Dieselprinzip und bei der Verbrennung gasförmiger Brennstoffe nach dem Ottoprinzip arbeitet.

§ 3
Allgemeine technische Erfordernisse

(1) Anlagen im Sinn des § 1 Abs. 1 lit. a und b sind in allen ihren Teilen so zu planen, herzustellen, zu errichten, einzubauen, zu ändern, zu betreiben und instand zu halten, dass sie

a) dem Stand der Technik, insbesondere den bau-, sicherheits- und brandschutztechnischen Erfordernissen entsprechen,
b) weder das Leben oder die Gesundheit von Menschen noch die Sicherheit von Sachen gefährden,
c) Menschen nicht durch Lärm, Abgase, Wärme, Lichteinwirkung, Geruch oder Schwingungen unzumutbar belästigen,
d) eine effiziente Energieverwendung gewährleisten, bei Zentralheizungsanlagen und Heizgeräten sowie Klimaanlagen unter Berücksichtigung der Erfordernisse der Gesamtenergieeffizienz des betreffenden Gebäudes,
e) den Erfordernissen des Umweltschutzes entsprechen.

TGHKG+V

(2) Die Landesregierung kann durch Verordnung bestimmen, welchen technischen Erfordernissen im Sinn des Abs. 1 die darin genannten Anlagen entsprechen müssen, wobei die Erfordernisse der Gesamtenergieeffizienz unter Bedachtnahme auf die technischen und funktionellen Möglichkeiten sowie die wirtschaftliche Zweckmäßigkeit für die Fälle der Neuerrichtung eines Gebäudes abweichend von den Fällen des Austausches oder der wesentlichen Änderung der jeweiligen Anlage bei bestehenden Gebäuden festgelegt werden können. Bei der Festlegung der technischen Erfordernisse können die bau-, sicherheits- und brandschutztechnischen Vorkehrungen bei der Errichtung, beim Einbau und beim Betrieb dieser Anlagen sowie allfällige Schutzzonen und Sicherheitsabstände festgelegt werden. Insbesondere können brandschutztechnische Vorkehrungen bei der Errichtung und beim Betrieb, nähere Bestimmungen über die Beschaffenheit und Ausstattung von Heizräumen sowie über die Verpflichtung zum Einbau von Feuerungsanlagen in Heizräumen erlassen werden. Weiters können Regelungen über die Vermeidung von Betriebsbereitschafts- und Wärmeverteilverlusten sowie über die Verpflichtung zur Ausstattung bestimmter Arten von Gebäuden mit Geräten zur individuellen Erfassung des Heizwärmeverbrauchs getroffen werden. Hinsichtlich der Anlagen zur Lagerung und Leitung fester, flüssiger und gasförmiger Brennstoffe kann weiters festgelegt werden, welche Bestätigungen vor der erstmaligen bestimmungsgemäßen Inbetriebnahme sowie vor der bestimmungsgemäßen Inbetriebnahme nach wesentlichen Änderungen und nach der Behebung von Mängeln vorliegen müssen.

(3) Die Landesregierung hat durch Verordnung nähere Regelungen über die höchstzulässigen Abgasverluste und die Emissionsgrenzwerte beim bestimmungsgemäßen Betrieb von Heizungsanlagen einschließlich der Methoden zu deren Ermittlung sowie jene Arten von festen, flüssigen und gasförmigen Brennstoffen bzw. Kraftstoffen festzulegen, die zur bestimmungsgemäßen Verwendung in Feuerungsanlagen und Blockheizkraftwerken zulässig sind. Die Landesregierung hat weiters durch Verordnung für Zentralheizungsanlagen und Heizgeräte sowie für Klimaanlagen die Methode der Berechnung der Gesamtenergieeffizienz unter Berücksichtigung des allgemeinen Rahmens und der kostenoptimalen Niveaus nach dem Anhang I und III der Richtlinie 2010/31/EU festzulegen, soweit sich diese nicht bereits aus der Verordnung nach § 20 Abs. 1 in Verbindung mit § 21 Abs. 2 der Tiroler Bauordnung 2022 ergeben.

(4) Die Landesregierung kann durch Verordnung für mittelgroße Feuerungsanlagen und mittelgroße Verbrennungskraftmaschinen in Gebieten, die aufgrund einer Verordnung nach § 3 Abs. 10 UVP–G 2000 als belastete Gebiete (Luft) festgelegt wurden, strengere Emissionsgrenzwerte festlegen, sofern die Anwendung solcher strengerer Emissionsgrenzwerte effektiv zu einer merklichen Verbesserung der Luftqualität beiträgt. Die Ergebnisse eines Informationsaustausches gemäß Art. 6 Abs. 10 der Richtlinie (EU) 2015/2193 sind in diesem Zusammenhang zu berücksichtigen.

(5) In Verordnungen nach den Abs. 2 und 3 können technische Regelwerke, die aus den Erkenntnissen der Wissenschaft und den Erfahrungen der Praxis abgeleitet und von einer fachlich hierzu berufenen Stelle herausgegeben werden, ganz oder teilweise für verbindlich erklärt werden.

(6) Die Behörde kann bei bewilligungspflichtigen Gasanlagen im Rahmen der Errichtungsbewilligung bzw. bei sonstigen Anlagen auf Antrag mit Bescheid von der Einhaltung einzelner Bestimmungen von Verordnungen nach den Abs. 2 und 3 absehen, wenn der Betreiber der Anlage durch ein Gutachten einer dazu befugten Person oder Stelle nachweist, dass durch andere geeignete Vorkehrungen den Erfordernissen nach Abs. 1 entsprochen wird. Dies gilt nicht hinsichtlich der aufgrund von Unionsrecht zwingend einzuhaltenden Erfordernisse, wie insbesondere der nach § 11 Abs. 2 lit. f zu bestätigenden Erfordernisse der Gesamtenergieeffizienz.

§ 3a
Aggregation

(1) Eine aus zwei oder mehreren mittelgroßen Feuerungsanlagen oder mittelgroßen Verbrennungskraftmaschinen gebildete Kombination gilt als eine mittelgroße Anlage, wobei für die Berechnung der gesamten Brennstoffwärmeleistung der Anlage sämtliche Brennstoffwärmeleistungen zusammenzurechnen sind, wenn

a) die Abgase dieser mittelgroßen Feuerungsanlagen oder mittelgroßen Verbrennungskraftmaschinen über eine gemeinsame Abgasanlage abgeleitet werden oder
b) die Abgase dieser mittelgroßen Feuerungsanlagen oder mittelgroßen Verbrennungskraftmaschinen technisch möglich und wirtschaftlich zumutbar über eine gemeinsame Abgasanlage abgeleitet werden können.

Ob die Voraussetzungen nach Abs. 1 lit. b vorliegen, ist unter Berücksichtigung der Zweckbestimmung der Anlagen, der verwendeten Brenn- oder Kraftstoffe, der Betriebszeiten, des Abstandes der Abgasanlagen und des Ausmaßes der Emissionen jeweils im Einzelfall zu beurteilen.

(2) Werden in den zu aggregierenden Feuerungsanlagen oder Verbrennungskraftmaschinen unterschiedliche Brenn- oder Kraftstoffe verwendet und deren Abgase in eine gemeinsame Abgasanlage abgeleitet, so ist zur Bestimmung der Emissionsgrenzwerte die Mischungsformel nach § 8

Ab. 2 der Feuerungsanlagen-Verordnung 2019 – FAV 2019 anzuwenden.

§ 4
Behördliche Befugnisse

(1) Die Organe der Behörden sind berechtigt, zur Wahrnehmung ihrer Aufgaben in Vollziehung dieses Gesetzes im erforderlichen Ausmaß tagsüber, bei Betrieben während der Betriebszeiten, Grundstücke, Gebäude und sonstige bauliche Anlagen zu betreten, Anlagen im Sinn des § 1 Abs. 1 und deren Bauteile zu besichtigen und zu prüfen sowie bei betriebsbereiten Anlagen Messgeräte anzubringen, Probebetriebe zur Vornahme von Messungen durchzuführen und Proben zu entnehmen. Bei Gefahr im Verzug kann der Zutritt auch während der Nachtstunden oder außerhalb der Betriebszeiten verlangt werden.

(2) Die Behörde kann die Räumung von Grundstücken, Gebäuden und sonstigen baulichen Anlagen verfügen, wenn aufgrund drohender Gefahren, insbesondere wegen des Ausströmens von Gas oder der Fehlfunktion einer Gasanlage, eine unmittelbare Gefahr für das Leben oder die Gesundheit von Menschen oder für die Sicherheit von Sachen besteht.

(3) Die Eigentümer der betreffenden Grundstücke, Gebäude oder sonstigen baulichen Anlagen oder die sonst hierüber Verfügungsberechtigten und die Inhaber von Betrieben haben

a) die in den Abs. 1 und 2 genannten Maßnahmen zu dulden und
b) den Organen der Behörde auf Verlangen in alle die jeweilige Anlage betreffenden schriftlichen oder elektronischen Unterlagen Einsicht zu gewähren und die Herstellung von Kopien zuzulassen; sie haben ihnen weiters alle erforderlichen Auskünfte zu erteilen. Diese Verpflichtungen bestehen nicht, sofern sie dadurch sich selbst oder eine der im § 38 VStG genannten Personen der Gefahr einer Strafverfolgung aussetzen; derartige Gründe sind glaubhaft zu machen.

(4) Zur Durchsetzung der Maßnahmen nach Abs. 3 lit. a ist die Ausübung unmittelbarer behördlicher Befehls- und Zwangsgewalt zulässig.

2. Abschnitt
Bewilligungspflichtige Gasanlagen

§ 5
Bewilligungspflicht

(1) Einer Bewilligung der Behörde (Errichtungsbewilligung) bedürfen die Errichtung und jede wesentliche Änderung von Gasanlagen

a) zur ortsfesten Lagerung gasförmiger Brennstoffe, wenn mehr als 100 Kilogramm verflüssigter Gase oder mehr als 150 Liter bis zum zulässigen Höchstdruck verdichteter Gase gelagert werden, einschließlich der Leitungsanlagen und des Aufstellungsortes des Verbrauchsgerätes,
b) zur Erzeugung von mehr als 2 m³ Gas im Normzustand pro Stunde, und
c) zum Befüllen von Behältern oder Kraftgastanks (Füllstellen im Sinn der Versandbehälterverordnung 2011).

(2) Die Landesregierung kann durch Verordnung Ausnahmen von der Bewilligungspflicht nach Abs. 1 festlegen, wenn bei Erfüllung der darin für die Errichtung oder wesentliche Änderungen festgesetzten Voraussetzungen anzunehmen ist, dass die Gasanlagen den Erfordernissen nach § 3 entsprechen.

§ 6
Ansuchen

(1) Um die Erteilung der Errichtungsbewilligung ist bei der Behörde schriftlich anzusuchen.

(2) Dem Ansuchen sind das von einem nach den berufsrechtlichen Vorschriften hierzu Befugten erstellte Projekt (Vorhaben) bei physischer Einbringung in zweifacher Ausfertigung und alle zur Beurteilung der Zulässigkeit des Vorhabens nach diesem Gesetz erforderlichen Unterlagen anzuschließen. Jedenfalls sind anzuschließen:

a) eine technische Beschreibung des Vorhabens, in der der Name des Verfassers, der Zweck, der Umfang, die sicherheitstechnische Ausrüstung, der vorgesehene Energieträger und die sonstigen Betriebsmittel anzugeben sind,
b) die erforderlichen Pläne, Beschreibungen und Zeichnungen, insbesondere ein Lageplan, aus dem die vom Vorhaben betroffenen Grundstücke hervorgehen, sowie hinsichtlich allfälliger Schutzzonen und Sicherheitsabstände ein Geländeschnitt und Angaben über die Bodenbeschaffenheit, Öffnungen zu tiefer liegenden Räumen, Kanaleinläufe, unterirdische Einbauten, Einrichtungen und sonstige Gefahrenquellen (z. B. Lüftungsanlagen) sowie die brandschutztechnische Ausstattung des Aufstellungsraumes,
c) sofern der Bewilligungswerber nicht selbst Eigentümer der Grundstücke ist, auf denen die Gasanlage errichtet werden soll, die schriftliche Zustimmung der jeweiligen Grundeigentümer,
d) wenn fremde Grundstücke durch Schutzzonen oder Sicherheitsabstände berührt werden, ein Verzeichnis dieser Grundstücke unter Angabe der Grundstücksnummern, der Einlagezahlen, der Katastralgemeinde(n) und der Namen und Adressen der jeweiligen Eigentümer sowie entsprechende verbücherungsfähige Servitutsverträge, aus denen die mit dem Bestand der Gasanlage verbundenen Verpflichtungen hervorgehen,
e) ein Gutachten im Sinn des § 3 Abs. 6, wenn von der Einhaltung einzelner Bestimmungen von Verordnungen nach § 3 Abs. 2 und 3 abgesehen werden soll.

(3) Die Behörde kann auf Antrag oder von Amts wegen von der Vorlage einzelner Unterlagen nach Abs. 2 lit. a und b absehen, soweit sie für die Beurteilung der Zulässigkeit des Vorhabens nach diesem Gesetz voraussichtlich nicht erforderlich sind. Zur Überprüfung des Eigentums am Grundstück (lit. c) sowie der Angaben zu den lit. b und d hat die Behörde eine Abfrage im Grundbuch durchzuführen.

(4) Wird das Ansuchen elektronisch eingebracht, so ist der Behörde mitzuteilen, ob der Bewilligungswerber oder sein bevollmächtigter Vertreter im Teilnehmerverzeichnis nach § 28a des Zustellgesetzes registriert ist und an der elektronischen Zustellung mit Zustellnachweis teilnimmt. Unterbleibt eine solche Mitteilung oder ergibt sich während des Verfahrens trotz ursprünglich gegenteiliger Mitteilung, dass der Bewilligungswerber oder sein bevollmächtigter Vertreter an der elektronischen Zustellung mit Zustellnachweis nicht teilnimmt, so kann die Behörde erforderlichenfalls die Vorlage physischer Ausfertigungen von Antragsunterlagen, auf die sich die Erledigung bezieht, für Zwecke der Zustellung binnen angemessener Frist verlangen. Dasselbe gilt, wenn die Vorlage physischer Ausfertigungen einzelner Beilagen zur Durchführung des Verfahrens aus technischen oder organisatorischen Gründen erforderlich ist.

(5) Mit einem elektronischen Ansuchen vorgelegte Beilagen, die keine inhaltliche Einheit bilden, sind als getrennte Anhänge zu übermitteln. Beilagen sind mit einer Bezeichnung zu versehen, die ihren Inhalt zum Ausdruck bringt. Ansuchen und Beilagen dürfen nur dann in gescannter Form eingebracht werden, wenn diese nicht in originär elektronischer Form zur Verfügung stehen.

(6) Werden allfällige von der Behörde nach Abs. 1 verlangte physische Ausfertigungen nicht fristgerecht übermittelt und kann das Verfahren aus diesem Grund nicht fortgesetzt oder beendet werden, so kann die Behörde das Ansuchen in jeder Lage des Verfahrens zurückweisen.

§ 7
Errichtungsbewilligung

(1) Die Behörde hat über ein Ansuchen um die Erteilung einer Errichtungsbewilligung mit schriftlichem Bescheid zu entscheiden.

(2) Vor der Erteilung der Errichtungsbewilligung ist die in Betracht kommende Gemeinde zu hören, sofern diese nicht selbst um die Erteilung der Errichtungsbewilligung angesucht oder der Bewilligungswerber nicht bereits eine Stellungnahme der Gemeinde zum betreffenden Vorhaben vorgelegt hat.

(3) Die Errichtungsbewilligung ist zu erteilen, wenn das Vorhaben den Erfordernissen nach § 3 entspricht. Die Behörde hat dem Bewilligungswerber und der Gemeinde die Errichtungsbewilligung jeweils unter Anschluss einer mit dem Genehmigungsvermerk versehenen Ausfertigung der Unterlagen nach § 6 Abs. 2 lit. a und b zuzustellen. Der Genehmigungsvermerk hat das Datum und die Geschäftszahl der Errichtungsbewilligung zu enthalten. Die Gemeinde hat die für die ordnungsgemäße Besorgung der Aufgaben der Feuerwehr maßgeblichen Teile der Errichtungsbewilligung dem Feuerwehrkommandanten bekannt zu geben.

(4) Die Errichtungsbewilligung ist befristet, mit Auflagen oder unter Bedingungen zu erteilen, soweit dies erforderlich ist, um Beeinträchtigungen der Interessen nach § 3 Abs. 1 zu vermeiden oder auf ein möglichst geringes Ausmaß zu beschränken. Auflagen sind auf Antrag mit Bescheid aufzuheben oder abzuändern, wenn und soweit die Voraussetzungen für ihre Vorschreibung nicht mehr vorliegen.

(5) Die Errichtungsbewilligung ist zu versagen, wenn eine Voraussetzung für ihre Erteilung nicht vorliegt.

(6) Wird eine Errichtungsbewilligung befristet oder mit Auflagen erteilt, so kann dem Bewilligungsinhaber eine Sicherheitsleistung in der Höhe der voraussichtlichen Kosten jener Maßnahmen, die der Bewilligungsinhaber nach dem Ablauf der Frist oder zur Einhaltung der Auflagen zu treffen hat, vorgeschrieben werden, sofern dies voraussichtlich erforderlich ist, um die rechtzeitige und vollständige Durchführung dieser Maßnahmen sicherzustellen.

(7) Die Sicherheitsleistung ist zur Deckung der Kosten einer allfälligen Ersatzvornahme nach § 4 VVG zu verwenden. Erweist sich die Ersatzvornahme aus einem vom Betreiber zu vertretenden Grund als unmöglich, so ist die Sicherheitsleistung zugunsten des Rechtsträgers jener Behörde, die die Errichtungsbewilligung erteilt hat, für verfallen zu erklären. Die Sicherheitsleistung wird frei, sobald die Maßnahmen, deren Durchführung sie sicherstellen sollte, abgeschlossen sind.

§ 8
Nachträgliche Vorschreibungen

(1) Ergibt sich bei einer rechtmäßig in Betrieb genommenen Gasanlage, dass den Erfordernissen nach § 3 trotz Einhaltung der in der Errichtungsbewilligung vorgeschriebenen Auflagen nicht hinreichend entsprochen wird, so hat die Behörde die nach dem Stand der Technik und der medizinischen oder sonst in Betracht kommenden Wissenschaften zur Erfüllung dieser Erfordernisse erforderlichen anderen oder zusätzlichen Auflagen vorzuschreiben. Solche Auflagen sind nur zulässig, wenn der mit der Erfüllung der Auflagen verbundene Aufwand in einem angemessenen Verhältnis zum damit angestrebten Erfolg steht. § 7 Abs. 4 zweiter Satz, 6 und 7 gilt sinngemäß.

(2) In einem Bescheid nach Abs. 1 kann dem Betreiber der Gasanlage, soweit dies verhältnismäßig ist, auch die Beseitigung von bereits eingetretenen Folgen, die aus dem Betrieb der Gasanlage herrühren, vorgeschrieben werden.

(3) Kann den Erfordernissen nach § 3 nur durch die Vorschreibung von Auflagen entsprochen werden, deren Verwirklichung eine wesentliche Änderung der Gasanlage zur Folge hätte, so hat die Behörde dem Betreiber der Anlage mit Bescheid aufzutragen, innerhalb einer angemessen festzusetzenden Frist einen Antrag auf Erteilung einer Errichtungsbewilligung für eine entsprechende Änderung der Anlage (Sanierungskonzept) einzubringen.

(4) Ein Auftrag zur Einbringung eines Sanierungskonzeptes ist nur zulässig, wenn der mit der Änderung der Gasanlage verbundene Aufwand in einem angemessenen Verhältnis zu dem mit der Änderung angestrebten Erfolg steht.

§ 9

Herstellung des gesetzmäßigen Zustandes

(1) Wird ein nach § 5 Abs. 1 bewilligungspflichtiges Vorhaben ohne Vorliegen einer rechtskräftigen Errichtungsbewilligung errichtet oder wesentlich geändert, oder wird bei der Ausführung eines Vorhabens von der Errichtungsbewilligung abgewichen und stellt die Abweichung eine wesentliche Änderung des Vorhabens dar, so hat die Behörde dem Betreiber die Fortsetzung der Arbeiten oder den weiteren Betrieb der Gasanlage mit schriftlichem Bescheid zu untersagen. Sucht der Betreiber nicht innerhalb eines Monats nach der Untersagung nachträglich um die Errichtungsbewilligung an oder wird diese versagt, so hat ihm die Behörde die Beseitigung der Gasanlage bzw. der daran vorgenommenen Änderung und die Wiederherstellung des früheren Zustandes aufzutragen.

(2) Eine Untersagung nach Abs. 1 erster Satz kann auch gegenüber dem Grundeigentümer oder dem sonst über das Grundstück Verfügungsberechtigten verfügt werden, sofern der Betreiber nicht oder nur mit einem unverhältnismäßigen Aufwand festgestellt werden kann. Der Grundeigentümer oder der sonst über das Grundstück Verfügungsberechtigte hat der Behörde auf Verlangen den Betreiber der Anlage mitzuteilen. Auch ein Auftrag nach Abs. 1 zweiter Satz kann in diesem Fall, oder, wenn

a) der Betreiber zur Erfüllung eines solchen Auftrages rechtlich nicht imstande ist oder aus sonstigen Gründen nicht zur Erfüllung verpflichtet werden kann und
b) der Grundeigentümer oder der sonst über das Grundstück Verfügungsberechtigte den Handlungen entweder zugestimmt oder diese zumindest geduldet und ihm zumutbare Abwehrmaßnahmen unterlassen hat,

gegenüber dem Grundeigentümer oder dem sonst über das Grundstück Verfügungsberechtigten verfügt werden. Für die Rechtsnachfolger des Grundeigentümers bzw. des sonst über das Grundstück Verfügungsberechtigten gilt dies, wenn sie von der Zustimmung bzw. Duldung Kenntnis hatten oder bei gehöriger Aufmerksamkeit haben mussten. Ersatzansprüche des Grundeigentümers bzw. des sonst über das Grundstück Verfügungsberechtigten gegenüber dem Verantwortlichen bleiben unberührt.

(3) Im Fall einer unmittelbaren Gefahr für das Leben oder die Gesundheit von Menschen oder für die Sicherheit von Sachen ist § 23 Abs. 4 anzuwenden.

§ 10

Erlöschen der Bewilligung

(1) Die Errichtungsbewilligung erlischt, wenn

a) der Bewilligungsinhaber auf diese verzichtet,
b) der Abnahmebefund (§ 11 Abs. 1) der Behörde nicht innerhalb von drei Jahren nach dem Eintritt der Rechtskraft der Errichtungsbewilligung vorgelegt wird,
c) die Gasanlage stillgelegt wird,
d) der Betrieb der Gasanlage ohne Vorliegen einer technischen Notwendigkeit durch mehr als drei Jahre unterbrochen wird oder
e) das Sanierungskonzept nach § 8 Abs. 3 nicht rechtzeitig eingebracht wird.

(2) Die Behörde hat die Fristen nach Abs. 1 lit. b, d und e auf Antrag des Bewilligungsinhabers um längstens zwei Jahre zu verlängern, sofern sich in der Zwischenzeit die gasrechtlichen Vorschriften nicht derart geändert haben, dass die Errichtungsbewilligung nicht mehr erteilt werden dürfte. Dabei ist die Rechtslage im Zeitpunkt der Einbringung des Antrags maßgebend. Die Verlängerung der Frist ist vor ihrem Ablauf bei der Behörde schriftlich zu beantragen. Durch die rechtzeitige Einbringung des Antrags wird der Ablauf der Frist bis zur Entscheidung darüber gehemmt.

(3) Ist die Errichtungsbewilligung erloschen, so hat der ehemalige Bewilligungsinhaber, soweit dies zum Schutz der Interessen nach § 3 Abs. 1 erforderlich ist, die Gasanlage unverzüglich zu entfernen und alle sonst notwendigen Maßnahmen zu treffen. Kommt er dieser Verpflichtung nicht nach, so hat ihm die Behörde diese Maßnahmen mit Bescheid aufzutragen. § 23 Abs. 4 ist anzuwenden.

(4) Trifft eine Verpflichtung nach Abs. 3 erster Satz nicht den Grundeigentümer, so hat dieser die zu ihrer Erfüllung notwendigen Maßnahmen zu dulden.

(5) Kann ein Auftrag nach Abs. 3 zweiter Satz nicht an den ehemaligen Betreiber der Gasanlage gerichtet werden, so kann er nach Maßgabe des § 9 Abs. 2 dritter und vierter Satz auch an den Eigentümer des Grundstückes oder den sonst hierüber Verfügungsberechtigten gerichtet werden.

3. Abschnitt
Abnahme, Inbetriebnahme, Überprüfung und Instandhaltung von Anlagen

§ 11
Abnahmeprüfungen

(1) Vor der erstmaligen bestimmungsgemäßen Inbetriebnahme und vor der bestimmungsgemäßen Inbetriebnahme nach wesentlichen Änderungen von

a) Gasanlagen,
b) Zentralheizungsanlagen,
c) Anlagen zur Lagerung und Leitung flüssiger Brennstoffe mit einem Fassungsvermögen von mehr als 100 Litern,
d) Anlagen zur Lagerung und Leitung fester Brennstoffe mit automatischer Beschickung sowie
e) Heizgeräten

hat der Betreiber der Anlage die im Abs. 2 genannten Unterlagen (Abnahmebefund) einzuholen.

(2) Der Abnahmebefund hat zu enthalten:

a) im Hinblick auf sämtliche Anlagen nach Abs. 1
1. ein Anlagendatenblatt entsprechend dem mittels Verordnung nach Abs. 5 festgelegten Vordruck,
2. eine Bestätigung darüber, dass die Anlage den aufgrund des § 3 Abs. 1 und der Verordnungen nach § 3 Abs. 2 und 3 maßgebenden technischen Erfordernissen entspricht und der Einbau bzw. die wesentliche Änderung der Anlage ordnungsgemäß erfolgt ist,
3. sofern ein Antrag im Sinn des § 3 Abs. 6 gestellt wurde, die Entscheidung über das Absehen von der Einhaltung einzelner Bestimmungen von Verordnungen nach § 3 Abs. 2 und 3,
4. eine Bestätigung darüber, dass die Konformitätserklärung entsprechend den maßgebenden unionsrechtlichen Vorschriften vorliegt und die CE-Kennzeichnung angebracht ist;

b) im Hinblick auf die Anlagen nach Abs. 1 lit. a bis d, soweit nicht bereits eine Errichtungsbewilligung vorliegt:
1. eine technische Beschreibung der Anlage,
2. gesamthafte Grundrisspläne der von der Anlage betroffenen Geschossebenen im Maßstab von mindestens 1:100, aus denen die Lage der Feuerungsanlage oder des Blockheizkraftwerks bzw. der Gasgeräte, der Brennstofflagerstätten, der Brennstoffleitungen samt Einbauarmaturen, der Brennstoffördereinrichtungen, der Zu- und Abluftöffnungen des Aufstellungsraumes und der Abgasanlage ersichtlich ist;

c) im Hinblick auf die Anlagen nach Abs. 1 lit. a eine Bestätigung darüber, dass
1. bewilligungspflichtige Gasanlagen entsprechend der Errichtungsbewilligung errichtet oder wesentlich geändert worden sind,
2. die Dichtheit der Gasanlage einschließlich der Leitungen sowie die richtige Einstellung und die ordnungsgemäße Funktion, insbesondere auch der Sicherheits- und Regeleinrichtungen, der Abgasanlagen und der allenfalls erforderlichen Lüftungsanlagen sichergestellt ist;

d) im Hinblick auf die Anlagen nach Abs. 1 lit. b:
1. einen Prüfbericht im Sinn des § 14 Abs. 3 lit. a oder b oder bei Anlagen mit einer Nennwärmeleistung über 70 kW einen Inspektionsbericht im Sinn des § 14 Abs. 3 lit. c, wobei diese Berichte jeweils keinen Mangel ausweisen dürfen,
2. bei Feuerungsanlagen für feste Brennstoffe eine Bestätigung darüber, dass ein nach § 29 Abs. 2 lit. g allenfalls erforderlicher Pufferspeicher unter Berücksichtigung des Teillastverhaltens der Anlage ausreichend dimensioniert ist;

e) im Hinblick auf die Anlagen nach Abs. 1 lit. e eine Bestätigung darüber, dass die das Typenschild (§ 29) tragen und dass die technische Dokumentation (§ 28) vorliegt.

f) im Hinblick auf die Anlagen nach Abs. 1 lit. b und e eine Bestätigung darüber, dass das Heizsystem im Sinn der Gesamtenergieeffizienz angemessen dimensioniert und ordnungsgemäß installiert wurde; dies gilt nicht, wenn ohnehin ein Inspektionsbericht nach § 14 Abs. 3 lit. c vorliegt.

(3) Zur Ausstellung der Bestätigungen und der Prüf- bzw. Inspektionsberichte sowie zur Erstellung einer technischen Beschreibung nach Abs. 2 sind die Prüfberechtigten nach § 14 Abs. 2 befugt.

(4) Der Prüfberechtigte nach Abs. 3 hat unter Anführung des Datums der Abnahmeprüfung durch Unterschrift das Vorliegen des Abnahmebefundes zu bestätigen. Sofern die Führung eines Kehrbuchs vorgeschrieben ist, hat diese Bestätigung im Kehrbuch zu erfolgen.

(5) Die Landesregierung hat durch Verordnung nähere Bestimmungen über die Durchführung und Einzelheiten der Abnahmeprüfung zu erlassen. Dabei ist jedenfalls der Vordruck eines Anlagendatenblattes festzulegen. Zudem können in dieser Verordnung insbesondere die bei der Abnahmeprüfung anzuwendenden Prüfverfahren und -bedingungen sowie die Verwendung weiterer Vordrucke festgelegt werden.

§ 11a
Registrierung

(1) Der Betreiber einer mittelgroßen Feuerungsanlage oder mittelgroßen Verbrennungskraftmaschine hat sich mit den Stammdaten nach dem Anlagendatenblatt im Elektronischen Datenmanagement – Umwelt des Umweltbundesamtes (www.edm.gv.at) zu registrieren.

(2) Eine Registrierung nach Abs. 1 ist nicht erforderlich, wenn die Anlage bereits aufgrund einer bundesrechtlichen Verpflichtung registriert worden ist.

§ 11b
Inbetriebnahme

(1) Vor der erstmaligen bestimmungsgemäßen Inbetriebnahme und vor der bestimmungsgemäßen Inbetriebnahme nach wesentlichen Änderungen von Anlagen nach § 11 Abs. 1 hat der Betreiber eine Ausfertigung des Abnahmebefundes bei der Anlage aufzubewahren und eine weitere Ausfertigung der Behörde zu übermitteln.

(2) Vor der erstmaligen bestimmungsgemäßen Inbetriebnahme und vor der bestimmungsgemäßen Inbetriebnahme nach wesentlichen Änderungen von mittelgroßen Feuerungsanlagen oder mittelgroßen Verbrennungskraftmaschinen hat der Betreiber die betreffende Anlage nach § 11a zu registrieren, eine Ausfertigung des Abnahmebefundes bei der Anlage aufzubewahren und eine weitere Ausfertigung der Behörde zu übermitteln.

§ 12
Rechte und Pflichten der Gasversorgungsunternehmen

(1) Gasversorgungsunternehmen dürfen Gasanlagen zum bestimmungsgemäßen Betrieb erst versorgen, wenn ein Abnahmebefund nach § 11 Abs. 1 vorliegt. Sie sind befugt, die von ihnen versorgten Gasanlagen zu überprüfen. Dabei kommen ihnen die Befugnisse nach § 4 Abs. 1 und § 14 Abs. 6 zu.

(2) Gasversorgungsunternehmen haben innerhalb eines Monats nach der Aufnahme der Lieferung von Gas den örtlich zuständigen Feuerwehrkommandanten davon schriftlich zu verständigen.

(3) Gasversorgungsunternehmen haben die Lieferung von Gas sofort einzustellen, wenn wegen des Ausströmens von Gas oder einer Fehlfunktion der Gasanlage eine unmittelbare Gefahr für das Leben oder die Gesundheit von Menschen oder für die Sicherheit von Sachen besteht und der Betreiber der Gasanlage die zu ihrer Beseitigung erforderlichen Maßnahmen nicht sofort vornimmt oder vornehmen lässt. Das Gasversorgungsunternehmen hat die Behörde unverzüglich davon zu verständigen.

§ 13
Betriebs- und Instandhaltungsvorschriften, behördliche Aufsicht

(1) Die Betreiber von Anlagen nach § 1 Abs. 1 lit. a haben dafür zu sorgen, dass die Anlagen entsprechend diesem Gesetz und den hierzu erlassenen Verordnungen und Entscheidungen betrieben und instand gehalten werden.

(2) Die behördliche Aufsicht dient der Überprüfung der Einhaltung der Verpflichtungen nach Abs. 1. Hierfür stehen der Behörde die Befugnisse nach § 4 zu.

§ 14
Wiederkehrende Überprüfungen

(1) Der Betreiber einer Anlage hat, sofern in einer Verordnung nach Abs. 8 nicht abweichende Fristen festgelegt sind,

a) Gasanlagen spätestens alle zwei Jahre daraufhin überprüfen zu lassen, ob sie den sicherheitstechnischen und brandschutztechnischen Anforderungen und gegebenenfalls der Errichtungsbewilligung entsprechen;
b) automatisch beschickte Zentralheizungsanlagen für feste Brennstoffe alle zwei Jahre daraufhin überprüfen zu lassen, ob sie den sicherheitstechnischen und brandschutztechnischen Anforderungen genügen;
c) Feuerungsanlagen und Blockheizkraftwerke nach Maßgabe des § 15 wiederkehrend einer einfachen bzw. umfassenden Prüfung unterziehen zu lassen;
d) bei Anlagen zur Lagerung und Leitung flüssiger Brennstoffe mit einem Fassungsvermögen von mehr als 1000 l die Funktionsfähigkeit der Überwachungseinrichtung (Überfüllsicherung) und im Fall, dass der Brennstofflagerbehälter im Erdreich verlegt ist, weiters die Funktionsfähigkeit der Leckwarneinrichtung entsprechend den Geräteherstellerangaben, mindestens jedoch alle sechs Jahre, überprüfen zu lassen; ist ein solcher Brennstofflagerbehälter mit einer Flüssigkeitsleckwarneinrichtung ausgestattet, so ist die Anlage davon abweichend entsprechend den Geräteherstellerangaben, mindestens jedoch alle drei Jahre, auf die Funktionsfähigkeit der Leckwarneinrichtung überprüfen zu lassen;
e) Zentralheizungsanlagen oder kombinierte Zentralheizungs- und Lüftungsanlagen einer Inspektion nach Maßgabe des § 16 unterziehen zu lassen.

(2) Zur Durchführung der Überprüfungen sind berechtigt:

a) hinsichtlich der Anlagen nach Abs. 1 lit. a, b, d und e sowie hinsichtlich der einfachen Überprüfung der Anlagen nach Abs. 1 lit. c die Prüfberechtigten nach § 32 Abs. 1, hinsichtlich der Gasanlagen überdies Gasversorgungsunternehmen, denen Prüfberechtigte nach § 32 Abs. 1 lit. e zur Verfügung stehen,
b) hinsichtlich der umfassenden Überprüfung der Anlagen nach Abs. 1 lit. c die Prüfberechtigten nach § 32 Abs. 1 lit. a bis d und f

(3) Die Prüfberechtigten nach Abs. 2 haben das Ergebnis der nach Abs. 1 durchgeführten Überprüfung

a) hinsichtlich der Anlagen nach Abs. 1 lit. a, b und d in einem nach den Regeln der Technik zu erstellenden Prüfbericht,

TGHKG+V

b) hinsichtlich der Anlagen nach Abs. 1 lit. c
1. im Fall einer einfachen Prüfung in einem dem mit Verordnung nach Abs. 8 jeweils vorgeschriebenen Vordruck entsprechenden Prüfbericht,
2. im Fall einer umfassenden Prüfung in einem nach den Regeln der Technik zu erstellenden Prüfbericht,

c) hinsichtlich der Anlagen nach Abs. 1 lit. e in einem nach den Regeln der Technik zu erstellenden Inspektionsbericht, der jedenfalls Empfehlungen für kosteneffiziente Verbesserungen der Gesamtenergieeffizienz der kontrollierten Anlage enthalten muss und in dem auch Änderungen, deren Auswirkungen mehr als 20 v. H. bezogen auf die Gebäudegesamtheizlast betragen, zu dokumentieren sind,

einzutragen.

(4) Ergeben sich bei der Überprüfung Mängel, so sind diese unter Setzung einer angemessenen, der Art des Mangels entsprechenden, höchstens jedoch achtwöchigen Frist für deren Behebung gleichfalls in den Prüf- bzw. Inspektionsbericht einzutragen. Bei emissionstechnischen Mängeln von Feuerungsanlagen mit einer Brennstoffwärmeleistung unter 100 kW verlängert sich die Frist, falls die Behebung des Mangels nicht durch eine Wartung oder Reparatur erfolgen kann,

a) auf höchstens ein Jahr, wenn für die Sanierung die Anlage ganz oder ein wesentlicher Bauteil davon erneuert werden muss;
b) auf höchstens drei Jahre, wenn
1. die Emissionsgrenzwerte um nicht mehr als 100 v. H. und die Abgasverluste um nicht mehr als 20 v. H. überschritten werden und
2. für die Sanierung die Anlage diese ganz oder ein wesentlicher Bauteil davon erneuert werden muss.

Bei emissionstechnischen Mängeln von Feuerungsanlagen mit einer Brennstoffwärmeleistung ab 100 kW und von Verbrennungskraftmaschinen sind die erforderlichen Maßnahmen so rasch zu setzen, dass die Emissionsgrenzwerte ohne vermeidbare Verzögerungen wieder eingehalten werden. Bei emissionstechnischen Mängeln von mittelgroßen Feuerungsanlagen und mittelgroßen Verbrennungskraftmaschinen, die eine erhebliche Verschlechterung der Luftqualität vor Ort zur Folge haben, ist der Betrieb der mittelgroßen Anlage auszusetzen, bis die Emissionsgrenzwerte wieder eingehalten werden.

(5) Die Eintragungen nach den Abs. 3 und 4 sind vom Prüfberechtigten unter Anführung des Datums und der Art der Überprüfung durch Unterschrift zu bestätigen. Der Prüf- bzw. Inspektionsbericht ist dem Betreiber der Anlage auszuhändigen, von diesem bei der Anlage aufzubewahren und auf Verlangen der Überwachungsstelle oder der zuständigen Behörde zu übermitteln. Sofern die Führung eines Kehrbuchs vorgeschrieben ist, ist der Prüf- bzw. Inspektionsbericht diesem beizulegen.

(6) Werden Mängel festgestellt, die eine unmittelbare Gefahr für das Leben oder die Gesundheit von Menschen oder für die Sicherheit von Sachen bewirken können, so haben die Prüfberechtigten nach Abs. 2 die zu ihrer Beseitigung unerlässlichen Maßnahmen sofort zu setzen sowie die Behörde schriftlich und gegebenenfalls das Gasversorgungsunternehmen auf geeignete Weise davon zu verständigen. Der Betreiber der Anlage hat die Durchführung dieser Maßnahmen zu dulden.

(7) Werden bei mittelgroßen Feuerungsanlagen oder mittelgroßen Verbrennungskraftmaschinen Mängel festgestellt, die eine Überschreitung der durch Verordnung nach § 3 Abs. 3 oder 4 festgelegten Emissionsgrenzwerte zur Folge haben, so sind diese von den Prüfberechtigten in den Prüf- bzw. Inspektionsbericht einzutragen. Die Behörde ist schriftlich darüber zu verständigen.

(8) Die Landesregierung hat durch Verordnung nähere Bestimmungen über die Durchführung der wiederkehrenden Überprüfungen zu erlassen. Dabei ist jedenfalls für Feuerungsanlagen und Blockheizkraftwerke die Verwendung bestimmter Vordrucke vorzuschreiben. Zudem können in dieser Verordnung insbesondere die bei diesen Überprüfungen anzuwendenden Prüfverfahren und -bedingungen festgelegt, die Verwendung weiterer Vordrucke vorgeschrieben und die Überprüfungsfristen, soweit dies im Hinblick auf die Gewährleistung eines ordnungsgemäßen Betriebes der Anlage vertretbar bzw. erforderlich ist, abweichend von den Bestimmungen dieses Gesetzes verlängert bzw. verkürzt werden.

§ 15

Einfache und umfassende Überprüfung von Feuerungsanlagen und Blockheizkraftwerken

(1) Im Rahmen von wiederkehrenden Überprüfungen von Feuerungsanlagen und Blockheizkraftwerken nach § 14 Abs. 1 lit. c ist, soweit dies im Hinblick auf die Beschaffenheit der jeweiligen Anlage in Betracht kommt, zu kontrollieren:

a) die Funktion der Abgasklappe,
b) die Dichtheit des Heizkessels einschließlich der Verschlüsse,
c) die Verbrennungsluft (ausreichende Luftzufuhr, Funktion des Ventilators im Verbrennungsluftraum und dergleichen),
d) die Funktion des Zugreglers bzw. der Explosionsklappe,
e) der Förderdruck im Fang,
f) die Heizflächen und Rostfunktion (bei Festbrennstoffheizungen),
g) die Brennstoffe (Sichtprüfung, erforderlichenfalls Probeentnahme),

h) ob wesentliche technische Änderungen vorgenommen worden sind und ob die Anlage die sicherheits- sowie brandschutztechnischen Anforderungen erfüllt.

(2) Soweit für Feuerungsanlagen und Blockheizkraftwerke keine umfassende Überprüfung nach Abs. 3 durchzuführen ist, sind diese einer einfachen Überprüfung zu unterziehen. Die einfache Überprüfung hat zu erfolgen:

a) mindestens alle vier Jahre bei Gasfeuerungsanlagen mit einer Nennwärmeleistung von unter 26 kW;
b) alle zwei Jahre bei Feuerungsanlagen mit einer Nennwärmeleistung von unter 50 kW, sofern diese mit standardisierten biogenen oder fossilen Brennstoffen betrieben werden;
c) jährlich
1. bei Feuerungsanlagen mit einer Nennwärmeleistung von unter 50 kW, sofern diese mit nicht standardisierten biogenen Brennstoffen oder mit Heizöl mittel oder schwer betrieben werden,
2. bei Feuerungsanlagen mit einer Nennwärmeleistung ab 50 kW und
3. bei Blockheizkraftwerken.

(3) Eine umfassende Überprüfung ist

a) spätestens innerhalb von vier Wochen nach der Inbetriebnahme von
1. Heizgeräten, die mit nicht standardisierten biogenen Brennstoffen oder mit Heizöl mittel oder schwer betrieben werden, und Heizgeräte, für die keine Ökodesignanforderungen nach den einschlägigen Verordnungen zur Durchführung der Richtlinie 2009/125/EG gelten,
2. Feuerungsanlagen für flüssige oder gasförmige Brennstoffe mit einer Nennwärmeleistung von über 400 kW bzw. für feste Brennstoffe mit einer Nennwärmeleistung von mehr als 500 kW und
3. Blockheizkraftwerken;
b) alle drei Jahre bei Feuerungsanlagen und Blockheizkraftwerken mit einer Brennstoffwärmeleistung von 1 MW bis höchstens 20 MW;
c) jährlich bei Feuerungsanlagen und Blockheizkraftwerken mit einer Brennstoffwärmeleistung von über 20 MW

durchzuführen.

Eine umfassende Überprüfung ersetzt eine sonst erforderliche einfache Überprüfung nach Abs. 2.

(4) Bei der einfachen Überprüfung sind die Emissionsmessungen in dem Betriebszustand durchzuführen, in dem die Anlage vorwiegend betrieben wird. Die Durchführung der Emissionsmessung hat entsprechend den Regeln der Technik für eine einfache Überprüfung zu erfolgen. Dabei sind der CO-Gehalt, der CO2- oder O2-Gehalt, die Verbrennungsluft- und Abgastemperaturen, die Kesseltemperatur, der Förderdruck im Fang und der Abgasverlust zu bestimmen. Bei Feuerungsanlagen für flüssige Brennstoffe ist zusätzlich die Rußzahl zu bestimmen, bei Blockheizkraftwerken und Motoren der CO- und der NOx-Gehalt.

(5) Bei der einfachen Überprüfung gilt die Anlage hinsichtlich des Wertes für den Abgasverlust als für den weiteren Betrieb geeignet, wenn das gerundete Messergebnis den durch Verordnung nach § 3 Abs. 3 oder 4 festgelegten Grenzwert nicht überschreitet. Der CO- und der NOx-Emissionsgrenzwert gilt als eingehalten, wenn der unter Berücksichtigung der Fehlergrenze des Messverfahrens ermittelte Beurteilungswert den Emissionsgrenzwert nicht überschreitet.

(6) Bei der umfassenden Überprüfung sind die Emissionsmessungen nach den Regeln der Technik durchzuführen, wobei jeweils sämtliche in Frage kommenden Parameter (Emissionsgrenzwerte und Abgasverluste) zu überprüfen sind . Bei der erstmaligen Überprüfung hat die Messung in zwei Laststufen, nämlich im Bereich der kleinsten Leistung und im Bereich der Nennwärmeleistung, zu erfolgen. Bei der wiederkehrenden Überprüfung sind die Messungen in dem Betriebszustand durchzuführen, in dem die Anlage vorwiegend betrieben wird. Die Emissionsmessungen sind an einer repräsentativen Entnahmestelle im Abgaskanal vorzunehmen. Innerhalb eines Zeitraums von drei Stunden sind drei Messwerte als Halbstundenmittelwerte zu bilden. Bei mittelgroßen Feuerungsanlagen oder mittelgroßen Verbrennungskraftmaschinen, in denen mehrere Brennstoffe verwendet werden, sind die Emissionen während der Verfeuerung des Brennstoffs oder Brennstoffgemischs, bei dem die höchste Emissionsmenge zu erwarten ist, zu überwachen.

TGHKG+V

(7) Bei der umfassenden Überprüfung gilt der durch Verordnung nach § 3 Abs. 3 oder 4 festgelegte Emissionsgrenzwert als eingehalten, wenn unter Berücksichtigung der Fehlergrenze des Messverfahrens keiner der Halbstundenmittelwerte den maßgeblichen Emissionsgrenzwert überschreitet. Hinsichtlich des Wertes für den Abgasverlust gilt die Anlage als für den weiteren Betrieb geeignet, wenn das gerundete Messergebnis den Grenzwert nicht überschreitet.

(8) Von der Überprüfung, ob beim bestimmungsgemäßen Betrieb der Anlage die höchstzulässigen Abgasverluste und die Emissionsgrenzwerte eingehalten werden, sind Anlagen mit einer Brennstoffwärmeleistung von weniger als 1 MW ausgenommen, wenn

a) sie als Ausfallreserve dienen oder nicht mehr als 250 Stunden pro Jahr betrieben werden (Betriebsstunden der Verbrennungseinrichtung); das Vorliegen dieser Voraussetzung ist alle zwei Jahre vom Betreiber zu kontrollieren und zu dokumentieren,

b) sie in Objekten, die an keine öffentliche Stromversorgung angeschlossen sind und nur mit einem unverhältnismäßig hohen Aufwand an eine öffentliche Stromversorgung angeschlossen werden könnten (isolierte Lagen),
c) sie als Einzelraumheizgeräte oder Warmwasserbereiter verwendet werden oder
d) die Messöffnung bei bestehenden Anlagen nur mit einem unverhältnismäßig hohen Aufwand eingebaut werden könnte.

(9) Mittelgroße Feuerungsanlagen oder mittelgroße Verbrennungskraftmaschinen, die ausschließlich als Ausfallreserve zu Zwecken der Notstromversorgung im gleitenden Durchschnitt über einen Zeitraum von drei Jahren nicht mehr als 500 Betriebsstunden pro Jahr in Betrieb sind, sind von der Einhaltung der in einer Verordnung nach § 3 Abs. 3 oder 4 festgelegten Emissionsgrenzwerte befreit. Bei Anlagen, in denen feste Brennstoffe verfeuert werden, ist jedenfalls ein Emissionsgrenzwert für Staub von 100 mg/Nm³ bei einem Bezugssauerstoffgehalt von 6 % einzuhalten. Die Überwachung des Emissionsgrenzwertes für Staub ist im Rahmen von regelmäßigen Messungen mindestens alle fünf Jahre durchzuführen.

(10) Bestehende mittelgroße Feuerungsanlagen oder mittelgroße Verbrennungskraftmaschinen, die ausschließlich als Ausfallreserve zu Zwecken der Notstromversorgung im gleitenden Durchschnitt über einen Zeitraum von fünf Jahren nicht mehr als 500 Betriebsstunden pro Jahr in Betrieb sind, sind von der Einhaltung der in einer Verordnung nach § 3 Abs. 3 oder 4 festgelegten Emissionsgrenzwerte befreit. Bei Anlagen, in denen feste Brennstoffe verfeuert werden, ist jedenfalls ein Emissionsgrenzwert für Staub von 200 mg/Nm³ bei einem Bezugssauerstoffgehalt von 6 % einzuhalten. Die Überwachung des Emissionsgrenzwertes für Staub ist im Rahmen von regelmäßigen Messungen mindestens alle fünf Jahre durchzuführen.

(11) Bei der Durchführung von umfassenden Überprüfungen nach Abs. 3
a) müssen validierte Analysemethoden angewendet werden,
b) muss ein Qualitätssicherungssystem eingerichtet werden, nach dem bei der Durchführung der Emissionsmessungen vorzugehen ist, und
c) müssen die Analysen nachvollziehbar dokumentiert sein.

(12) Abweichend von Abs. 1 lit. b sind für die Überwachung von Anlagen mit einer Brennstoffwärmeleistung bis 10 MW anstelle eines Qualitätssicherungssystems qualitätssichernde Maßnahmen ausreichend. Die Qualitätssicherungssysteme bzw. die qualitätssichernden Maßnahmen haben für die Durchführung der Messungen die zutreffenden Regeln der Technik sowie einschlägige technische Normen zu berücksichtigen.

§ 15a

Pflichten des Betreibers

Der Betreiber einer mittelgroßen Feuerungsanlage oder einer mittelgroßen Verbrennungskraftmaschine hat folgende Daten und Informationen mindestens sechs Jahre lang aufzubewahren und der Behörde auf Verlangen zu übermitteln:
a) die Überwachungsergebnisse der erstmaligen und wiederkehrenden Überprüfungen sowie Aufzeichnungen kontinuierlicher Überwachungseinrichtungen;
b) Aufzeichnungen über Betriebsstunden bei Anlagen, die nach § 15 Abs. 9 oder 10 von der Einhaltung der festgelegten Emissionsgrenzwertanforderungen ausgenommen sind;
c) Aufzeichnungen über die Art und Menge der in der Anlage verwendeten Brennstoffe und über etwaige Störungen oder Ausfälle der sekundären Emissionsminderungsvorrichtung;
d) Aufzeichnungen über die Behebung von Mängeln nach § 21 und über die Außerbetriebnahme der Anlage nach § 22;
e) einen Nachweis dafür, dass der Betrieb einer bestehenden mittelgroßen Feuerungsanlage oder einer bestehenden mittelgroßen Verbrennungskraftmaschine vor dem 20. Dezember 2018 aufgenommen wurde, sofern das genaue Datum der Inbetriebnahme nicht bekannt ist;
f) eine unterzeichnete Erklärung des Betreibers von Anlagen nach § 15 Abs. 9 oder 10, dass die Anlagen im gleitenden Durchschnitt der in den jeweiligen Absätzen genannten Zeiträume nicht mehr als 500 Betriebsstunden pro Jahr in Betrieb sind.

§ 16

Inspektion von Zentralheizungsanlagen oder kombinierten Zentralheizungs- und Lüftungsanlagen

(1) Zentralheizungsanlagen oder kombinierte Zentralheizungs- und Lüftungsanlagen mit einer Nennwärmeleistung von mehr als 70 kW sind vom Betreiber innerhalb der im Anhang 1 festgelegten Fristen erstmalig und dann alle fünf Jahre wiederkehrend einer Inspektion nach dem Stand der Technik zu unterziehen.

(1a) Von der Inspektionsverpflichtung gemäß Abs. 1 ausgenommen sind:
a) Zentralheizungsanlagen oder kombinierte Zentralheizungs- und Lüftungsanlagen, die
1. ausdrücklich unter ein vereinbartes Kriterium für die Gesamtenergieeffizienz in Form einer vertraglichen Abmachung mit einem vereinbarten Niveau der Energieeffizienzverbesserung, wie Energieleistungsverträge, fallen oder

2. von einem Versorgungsunternehmen oder einem Netzbetreiber betrieben werden und demnach systemseitigen Maßnahmen zur Überwachung der Effizienz unterliegen,

sofern die Gesamtauswirkungen eines solchen Ansatzes denen, die bei Anwendung des Abs. 1 entstehen, gleichwertig sind;

b) Gebäude, die mit Systemen für die Gebäudeautomatisierung nach § 35b der Technischen Bauvorschriften 2016 ausgestattet sind.

(2) Die Inspektion nach Abs. 1 hat die zugänglichen Teile der betreffenden Anlage, insbesondere den Wärmeerzeuger, das Steuerungssystem und die Umwälzpumpe(n), zu umfassen. Die Inspektion hat weiters jedenfalls die Prüfung des Wirkungsgrades und der Dimensionierung des Wärmeerzeugers im Verhältnis zur Gebäudegesamtheizlast zu umfassen. Dabei ist gegebenenfalls die Fähigkeit der Zentralheizungsanlage oder der kombinierten Zentralheizungs- und Lüftungsanlage, ihre Leistung unter typischen oder durchschnittlichen Betriebsbedingungen zu optimieren, zu berücksichtigen. Die Prüfung der Dimensionierung des Wärmeerzeugers kann entfallen, wenn in der Zwischenzeit an der betreffenden Zentralheizungsanlage oder kombinierten Zentralheizungs- und Lüftungsanlage keine Änderungen vorgenommen wurden oder in Bezug auf die Gebäudegesamtheizlast keine Änderungen eingetreten sind.

(3) Die Landesregierung kann durch Verordnung nähere Regelungen über die Durchführung und den Umfang der Inspektion festlegen. § 3 Abs. 5 gilt sinngemäß.

§ 17
Außerordentliche Überprüfung

Sind beim Betrieb einer Feuerungsanlage oder eines Blockheizkraftwerkes Emissionen gegeben, die Zweifel an der einwandfreien Funktion der Anlage aufkommen lassen, so hat der Betreiber der Anlage diese unverzüglich einer außerordentlichen Überprüfung zu unterziehen. Der Umfang dieser Überprüfung hat zumindest der einfachen Überprüfung nach § 15 zu entsprechen.

§ 18
Kontinuierliche Überwachung

Feuerungsanlagen und Blockheizkraftwerke mit einer Brennstoffwärmeleistung von über 10 MW sind vom Betreiber der Anlage kontinuierlich hinsichtlich ihrer Emissionskonzentrationen zu überwachen. Hierfür gilt die Feuerungsanlagen-Verordnung 2019 – FAV 2019 sinngemäß.

§ 19
Aufgaben der Überwachungsstelle

Die Überwachungsstelle hat anlässlich der dem Ablauf der Überprüfungsfristen nach den §§ 14, 15 und 16 jeweils erstfolgenden Reinigung oder Überprüfung der Anlage nach § 10 oder § 14 Abs. 2 der Tiroler Feuerpolizeiordnung 1998 durch Einsicht in das Kehrbuch festzustellen, ob die jeweils erforderlichen Überprüfungen durchgeführt wurden. Wurde eine Überprüfung nicht durchgeführt, so hat die Überwachungsstelle dies im Kehrbuch zu vermerken und weiters den Betreiber der Anlage auf die Überprüfungspflicht hinzuweisen. Anlässlich der nächstfolgenden Reinigung oder Überprüfung der Anlage hat die Überwachungsstelle durch Einsicht in das Kehrbuch festzustellen, ob die erforderliche Überprüfung nachgeholt wurde. Ist dies nicht der Fall, so hat sie die Behörde davon unverzüglich schriftlich zu verständigen. Die Behörde hat daraufhin die Überprüfung auf Kosten des Betreibers der Anlage unverzüglich von Amts wegen nachzuholen.

§ 21
Behebung von Mängeln

(1) Der Betreiber einer Anlage nach § 1 Abs. 1 lit. a ist verpflichtet, an der Anlage auftretende Mängel, aufgrund derer diese den aufgrund des § 3 Abs. 1 oder der Verordnungen nach § 3 Abs. 2 und 3 maßgebenden technischen Erfordernissen nicht entspricht, unverzüglich zu beheben oder beheben zu lassen.

(2) Wurde ein Mangel bei einer Überprüfung nach § 14 Abs. 1 festgestellt, so hat derjenige, der die Überprüfung durchgeführt hat, nach dem Ablauf der nach § 14 Abs. 4 gesetzten Frist zu überprüfen, ob der Mangel behoben worden ist. Das Ergebnis der Überprüfung ist im jeweiligen Prüf- bzw. Inspektionsbericht nach § 14 Abs. 3 einzutragen. § 14 Abs. 5 gilt sinngemäß. Wurde der Mangel nicht oder nicht ordnungsgemäß behoben, so ist die Behörde davon unverzüglich schriftlich zu verständigen.

(3) Erlangt die Behörde aufgrund einer Verständigung nach Abs. 2, § 14 Abs. 7 oder auf sonstige Weise von einem Mangel Kenntnis, so hat sie dem Betreiber der Anlage dessen Behebung innerhalb einer angemessen festzusetzenden Frist oder, wenn Interessen nach § 3 Abs. 1 dies erfordern, dessen sofortige Behebung aufzutragen. Nach dem Ablauf dieser Frist hat die Behörde zu prüfen, ob dem Auftrag entsprochen worden ist.

§ 22
Außerbetriebnahme von Anlagen

(1) Der Betreiber einer Anlage nach § 1 Abs. 1 lit. a ist verpflichtet, diese sofort außer Betrieb zu nehmen, wenn

a) die Betriebssicherheit der Anlage nicht mehr gegeben ist, oder
b) beim bestimmungsgemäßen Betrieb der Anlage die höchstzulässigen Abgasverluste oder Emissionsgrenzwerte überschritten werden und eine Frist nach § 14 Abs. 4 lit. a oder b bereits verstrichen ist.

(2) Die Anlage darf erst wieder in Betrieb genommen werden, nachdem die Behebung der Mängel durch einen Prüfberechtigten nach § 14 Abs. 2 überprüft und bestätigt wurde. Das Ergebnis der Überprüfung ist im jeweiligen Prüf- bzw. Inspektionsbericht nach § 14 Abs. 3 einzutragen. § 14 Abs. 5 gilt sinngemäß.

§ 23
Untersagung des Betriebes, Außerbetriebsetzung und Beseitigung von Anlagen

(1) Die Behörde hat, soweit im § 9 nichts anderes bestimmt ist, dem Betreiber einer Anlage nach § 1 Abs. 1 lit. a deren Betrieb mit schriftlichem Bescheid zu untersagen, wenn

a) die Anlage entgegen § 11b in Betrieb genommen wurde,
b) einem Auftrag nach § 21 Abs. 3 nicht oder nicht ordnungsgemäß entsprochen wurde oder
c) die Anlage entgegen dem § 22 betrieben wird.

(2) Werden in einer Anlage nach § 1 Abs. 1 lit. a Z 2 andere als die aufgrund der Verordnung nach § 3 Abs. 3 zulässigen Brenn- bzw. Kraftstoffe gelagert, so hat die Behörde dem Betreiber der Anlage die Beseitigung dieser Brenn- bzw. Kraftstoffe aufzutragen und ihm gleichzeitig den Betrieb der dazugehörigen Anlage zu untersagen.

(3) Die Behörde hat eine Entscheidung nach Abs. 1 oder 2 aufzuheben, wenn die Voraussetzungen für ihre Erlassung nicht mehr vorliegen.

(4) Bei Gefahr im Verzug kann die Behörde auf Gefahr und Kosten des Betreibers der Anlage durch Ausübung unmittelbarer Befehls- und Zwangsgewalt Anlagen außer Betrieb setzen, unzulässig gelagerte Brenn- bzw. Kraftstoffe beseitigen und alle sonstigen zur Gefahrenabwehr erforderlichen Maßnahmen durchführen. Die Behörde hat solche Maßnahmen aufzuheben, wenn diese zur Gefahrenabwehr nicht weiterhin erforderlich sind.

(5) Liegen Mängel im Sinn des § 21 Abs. 1 vor, deren Behebung technisch nicht möglich oder wirtschaftlich nicht vertretbar ist, so hat die Behörde dem Betreiber der Anlage die Beseitigung der Anlage oder der entsprechenden Teile der Anlage innerhalb einer angemessen festzusetzenden Frist aufzutragen.

4. Abschnitt
Errichtung, Betrieb und Instandhaltung von Klimaanlagen

§ 24
Abnahmeprüfung, Betriebs- und Instandhaltungsvorschriften, behördliche Aufsicht

(1) Vor der erstmaligen bestimmungsgemäßen Inbetriebnahme und vor der bestimmungsgemäßen Inbetriebnahme nach wesentlichen Änderungen von Klimaanlagen hat der Betreiber der Anlage eine Bestätigung über die Erfüllung der Erfordernisse der Energieeffizienz (Abnahmebefund) einzuholen. § 11 Abs. 3, 4 und 5 gilt sinngemäß.

(2) Die Betreiber von Klimaanlagen haben dafür zu sorgen, dass die Anlagen entsprechend diesem Gesetz und den hierzu erlassenen Verordnungen betrieben und instand gehalten werden.

(3) Die behördliche Aufsicht dient der Überprüfung der Einhaltung der Verpflichtungen nach den Abs. 1 und 2. Hierfür stehen der Behörde die Befugnisse nach § 4 zu.

§ 25
Inspektion von Klimaanlagen oder kombinierten Klima- und Lüftungsanlagen

(1) Klimaanlagen oder kombinierte Klima- und Lüftungsanlagen mit einer Nennleistung von mehr als 70 kW sind vom Betreiber alle fünf Jahre, gerechnet vom Baujahr an, einer Inspektion nach dem Stand der Technik zu unterziehen.

(1a) Von der Inspektionsverpflichtung gemäß Abs. 1 ausgenommen sind:

a) Klimaanlagen oder kombinierten Klima- und Lüftungsanlagen, die
1. ausdrücklich unter ein vereinbartes Kriterium für die Gesamtenergieeffizienz in Form einer vertraglichen Abmachung mit einem vereinbarten Niveau der Energieeffizienzverbesserung, wie Energieleistungsverträge, fallen oder
2. von einem Versorgungsunternehmen oder einem Netzbetreiber betrieben werden und demnach systemseitigen Maßnahmen zur Überwachung der Effizienz unterliegen,

sofern die Gesamtauswirkungen eines solchen Ansatzes denen, die bei Anwendung des Abs. 1 entstehen, gleichwertig sind;

b) Gebäude, die mit Systemen für die Gebäudeautomatisierung nach § 35b der Technischen Bauvorschriften 2016 ausgestattet sind.

(2) Die Inspektion nach Abs. 1 hat die zugänglichen Teile der betreffenden Anlage zu umfassen. Die Inspektion hat weiters jedenfalls die Prüfung des Wirkungsgrades und der Dimensionierung der Klimaanlage oder der kombinierten Klima- und Lüftungsanlage im Verhältnis zum Kühlbedarf des Gebäudes zu umfassen. Dabei ist gegebenenfalls die Fähigkeit der Klimaanlage oder kombinierten Klima- und Lüftungsanlage, ihre Leistung unter typischen oder durchschnittlichen Betriebsbedingungen zu optimieren, zu berücksichtigen. Die Prüfung der Dimensionierung der Klimaanlage oder der kombinierten Klima- und Lüftungsanlage kann entfallen, wenn in der Zwischenzeit an der betreffenden Anlage keine Änderungen vorgenommen wurden oder in Bezug auf den Kühlbedarf des Gebäudes keine Änderungen eingetreten sind.

(3) Die Inspektionen sind jeweils innerhalb eines Jahres durchzuführen. Die gänzliche oder teilweise Inanspruchnahme dieser Frist verlängert die Überprüfungsfrist nicht.

(4) Die Prüfberechtigten haben den Betreiber der Anlage erforderlichenfalls über mögliche Verbesserungen an der Anlage, über deren Austausch oder über Alternativlösungen zu beraten.

(5) Die Durchführung der Inspektion hat anhand einschlägiger technischer Normen zu erfolgen.

(6) Zur Durchführung der Inspektion sind die Prüfberechtigten nach § 32 Abs. 1 befugt.

(7) Die Prüfberechtigten haben über das Ergebnis der Überprüfung einen Inspektionsbericht nach den Regeln der Technik zu erstellen, der jedenfalls Empfehlungen für kosteneffiziente Verbesserungen der Gesamtenergieeffizienz der kontrollierten Anlage enthalten muss und in dem auch Änderungen, deren Auswirkungen mehr als 20 v.H. bezogen auf den Kühlbedarf des Gebäudes betragen, zu dokumentieren sind. Der Inspektionsbericht ist dem Betreiber der Anlage zu übergeben und von diesem dauerhaft zu verwahren.

(8) Ergeben sich bei der Überprüfung offenkundige Mängel, so ist von den Prüfberechtigten eine angemessene Frist für deren Behebung zu setzen. Derjenige, der die Überprüfung vorgenommen hat, hat nach dem Ablauf der gesetzten Frist zu überprüfen, ob der Mangel behoben worden ist. Wurde der Mangel nicht ordnungsgemäß behoben, so ist die Behörde unverzüglich schriftlich zu verständigen. Die §§ 21 Abs. 3 und 23 Abs. 1 lit. b, 3, 4 und 5 gelten sinngemäß.

(9) Die Landesregierung kann durch Verordnung nähere Regelungen über die Durchführung und den Umfang der Inspektion festlegen. § 3 Abs. 5 gilt sinngemäß.

5. Abschnitt
Inverkehrbringen von Heizgeräten

§ 26
Voraussetzungen, behördliche Aufsicht

(1) Heizgeräte und Bauteile von Heizgeräten bis zu einer Nennwärmeleistung von 400 kW, im Fall der Verwendung von festen Brennstoffen bis zu einer Nennwärmeleistung von 500 kW, dürfen nur in Verkehr gebracht werden, wenn sie

a) die Ökodesignanforderungen nach den einschlägigen Verordnungen zur Durchführung der Richtlinie 2009/125/EG erfüllen oder, soweit solche Anforderungen nicht bestehen, die in Anhang 2 festgelegten Emissionsgrenzwerte nicht überschreiten und die in Anhang 3 festgelegten Wirkungsgrade aufweisen, bei Bauteilen jeweils in Kombination mit den in der technischen Dokumentation angegebenen Kesseln oder Brennern,

b) mit der CE-Kennzeichnung (§ 24 des Tiroler Bauproduktegesetzes 2016) versehen sind und

c) das Typenschild (§ 29) tragen und der Prüfbericht (§ 27) und die technische Dokumentation (§ 28) vorliegen,

(2) Zur Kontrolle der Einhaltung der Anforderungen dieses Abschnittes sind der Landesregierung auf Verlangen die erforderlichen Unterlagen zu übermitteln und Auskünfte zu erteilen. Fremdsprachendokumente sind autorisierte Übersetzungen in deutscher Sprache beizulegen. Wird ein nach Österreich importiertes Heizgerät erst vor Ort zusammengebaut, so ist vor der erstmaligen Inbetriebnahme durch einen Prüfbericht (§ 27) nachzuweisen, dass die Anforderungen dieses Abschnittes eingehalten werden.

(3) Die Vollziehung dieses Abschnittes obliegt der Landesregierung. Ihr stehen zur Überwachung des Inverkehrbringens von Heizgeräten und von Bauteilen von Heizgeräten die Befugnisse nach § 4 zu. Diese beziehen sich insbesondere auch auf Betriebe, in denen Heizgeräte hergestellt oder zum Zweck des Inverkehrbringens gelagert oder bereitgehalten werden.

(4) Werden Heizgeräte oder Bauteile von Heizgeräten entgegen dem Abs. 1 in Verkehr gebracht, so hat die Landesregierung das weitere Inverkehrbringen derselben mit Bescheid zu untersagen.

TGHKG+V

§ 27
Prüfbericht, sonstige Nachweise

(1) Die Einhaltung der Emissionsgrenzwerte und der Wirkungsgrade nach den Anhängen 2 und 3 ist, soweit in den Abs. 4 und 5 nichts anderes bestimmt ist, durch den Prüfbericht einer zugelassenen Stelle nachzuweisen. Der Prüfbericht hat eine zusammenfassende Beurteilung, dass das beschriebene Heizgerät diese Anforderungen erfüllt, zu enthalten.

(2) Die Einhaltung der Emissionsgrenzwerte und Wirkungsgrade ist unter den im Anhang 4 festgelegten Prüfbedingungen zu prüfen.

(3) Bei Serienprodukten genügt die Vorlage eines Prüfberichtes für ein Erzeugnis der jeweiligen Serie.

(4) Wird die Ausstellung eines Prüfberichtes von zwei zugelassenen Stellen verweigert, so hat die Landesregierung auf Antrag des Herstellers des Heizgerätes oder seines Vertreters mit Bescheid festzustellen, ob die Emissionsgrenzwerte und die Wirkungsgrade nach den Anhängen 2 und 3 eingehalten werden. Eine Entscheidung, mit der die Einhaltung dieser Anforderungen festgestellt wird, gilt als Prüfbericht.

(5) Für ortsfest gesetzte Öfen und Herde gilt der Nachweis der Einhaltung der Emissionsgrenzwerte und der Wirkungsgrade nach den Anhängen 2 und 3 als erbracht, wenn derjenige, der das Heizgerät in Verkehr bringt,

a) in der technischen Dokumentation bestätigt, dass die Abmessungen und die Ausführung jener Teile der Anlage, die für die Erfüllung der Anforderungen nach den Anhängen 2 und 3 wesentlich sind, mit denen einer Anlage übereinstimmen, für die ein Prüfbericht vorliegt, oder
b) in der technischen Dokumentation unter Zugrundelegung der Berechnung und des Bauplanes der Anlage bestätigt, dass diese einer für die Planung und den Bau solcher Anlagen als geeignet anerkannten technischen Richtlinie entspricht; eine technische Richtlinie erfüllt diese Voraussetzung, wenn Untersuchungen einer zugelassenen Stelle ergeben haben, dass gemäß dieser Richtlinie geplante und gesetzte Anlagen den Anforderungen nach den Anhängen 2 und 3 entsprechen.

§ 28
Technische Dokumentation

(1) Heizgeräten ist eine technische Dokumentation in deutscher Sprache beizugeben. Diese hat zu enthalten:

a) Angaben über den bestimmungsgemäßen Betrieb des Heizgerätes oder des wesentlichen Bauteils (Betriebs- und Wartungsanleitung);
b) Name und Anschrift der zugelassenen Stelle, die nach § 27 Abs. 1 den Prüfbericht erstellt hat, Nummer und Datum des Prüfberichtes oder bei ortsfest gesetzten Öfen und Herden eine Bestätigung gemäß § 27 Abs. 5;
c) die Angabe der Emissionswerte und Wirkungsgrade laut dem Prüfbericht;
d) bei händisch beschickten Heizgeräten unter 50 kW Nennwärmeleistung gegebenenfalls den Hinweis, dass diese zur Einhaltung der Emissionsgrenzwerte nach Anhang 2 nur mit einem Pufferspeicher betrieben werden dürfen,
e) bei Bauteilen von Heizgeräten die Bezeichnung der Brenner oder Kessel, mit denen sie unter Einhaltung der Emissionsgrenzwerte und Wirkungsgrade kombiniert werden können.

(2) Der Betreiber des Heizgerätes hat die technische Dokumentation für die Dauer des Betriebes der Anlage aufzubewahren.

§ 29
Typenschild

(1) Das Typenschild ist sichtbar, gut lesbar und dauerhaft am Brenner und am Kessel oder, wenn dies nicht möglich ist, an einem sonstigen Bauteil des Heizgerätes anzubringen. Das Typenschild darf nur auf der Grundlage eines Prüfberichtes, der die Einhaltung der Emissionsgrenzwerte und der Wirkungsgradanforderungen nach den Anhängen 2 und 3 bestätigt, angebracht werden.

(2) Das Typenschild hat jedenfalls zu enthalten:

a) den Namen und den Firmensitz des Herstellers,
b) die Type und die Handelsbezeichnung, unter der das Heizgerät oder der wesentliche Bauteil vertrieben wird,
c) die Herstellernummer und das Baujahr,
d) die Nennwärmeleistung und den Wärmeleistungsbereich,
e) die Brennstoffwärmeleistung des Heizgerätes oder des Brenners bei Nennwärmeleistung,
f) die zulässigen Brennstoffarten,
g) bei händisch beschickten Heizgeräten unter 50 kW Nennwärmeleistung gegebenenfalls den Hinweis, dass das Heizgerät zur Einhaltung der Emissionsgrenzwerte nach Anhang 2 nur mit einem Pufferspeicher betrieben werden darf.

(3) Bei ortsfest gesetzten Öfen und Herden hat das Typenschild lediglich die Angaben nach Abs. 2 lit.a bis d und f zu enthalten.

6. Abschnitt
Prüfberechtigte, Unabhängiges Kontrollsystem

§ 32
Prüfberechtigte

(1) Im Rahmen des jeweiligen Berechtigungsumfangs nach § 14 Abs. 2 sind nach diesem Gesetz prüfberechtigt:

a) Amtssachverständige für das Maschinenwesen,
b) facheinschlägige staatlich befugte und beeidete Ziviltechniker im Rahmen ihrer Befugnis,
c) Akkreditierte Konformitätsbewertungsstellen nach dem Akkreditierungsgesetz 2012 – AkkG 2012 im Umfang ihrer Akkreditierung,
d) Technische Büros und Ingenieurbüros im Rahmen ihres Fachgebietes,
e) Gewerbetreibende, die im Rahmen ihrer Gewerbeberechtigung zur Errichtung, Änderung oder Instandsetzung der jeweiligen Anlage nach § 1 Abs. 1 lit. a oder b oder zur Durchführung von Wartungen, Untersuchungen, Überprüfungen oder Messungen an diesen Anlagen befugt sind,
f) Personen oder Stellen, die nach den Rechtsvorschriften des Bundes, eines anderen Landes, eines anderen EU-Mitgliedstaates oder Vertragsstaates des EWR-Abkommens, der Schweiz oder eines anderen Staates, dessen Angehörige aufgrund eines Vertrages im Rahmen der europäischen Integration Unionsbürgern hinsichtlich der Bedingungen der Niederlassung gleichgestellt sind, über eine den lit. b bis e entsprechende Befugnis verfügen.

(2) Die Landesregierung hat eine Liste der Prüfberechtigten nach Abs. 1 lit. b bis e, die ihren Tätigkeitsbereich, ihren Sitz oder ihre Niederlassung in Tirol haben, zu führen. Darin ist den Prüfberechtigten eine Prüfnummer, bestehend aus einer Länderzuordnung und einer fortlaufenden Nummer, zuzuweisen. Die Liste ist zur allgemeinen Einsicht aufzulegen und auf der Internetseite des Landes zu veröffentlichen. Die Ausübung der Prüfberechtigung nach Abs. 1 lit. b bis e setzt die Zuweisung einer Prüfnummer voraus.

(3) Als Prüfberechtigte im Sinn des Abs. 1 gelten auch jene Fachunternehmen und -personen, denen in einem anderen Land durch die Zuweisung einer Prüfnummer die entsprechende Prüfberechtigung zuerkannt wurde.

(4) Fachunternehmen und -personen, die nicht in der Liste nach Abs. 2 erfasst sind, können unter dem Nachweis ihrer Prüfberechtigung nach Abs. 1 die Eintragung in die Liste und die gleichzeitige Zuweisung einer Prüfnummer bei der Landesregierung beantragen. Die Verweigerung der Eintragung bzw. der Zuweisung der Prüfnummer hat mit schriftlichem Bescheid zu erfolgen.

(5) Die Prüfberechtigung nach Abs. 1 endet durch

a) den Tod der prüfberechtigten natürlichen bzw. durch den Untergang der prüfberechtigten juristischen Person,
b) den Verlust der Akkreditierung,
c) den Verzicht auf die Prüfberechtigung oder
d) den Widerruf der Prüfberechtigung.

In diesen Fällen ist die Eintragung des Betroffenen in die Liste nach Abs. 2 zu streichen.

(6) Der Verzicht auf die Prüfberechtigung ist schriftlich zu erklären. Er wird mit dem Einlangen der Verzichtserklärung beim Amt der Landesregierung unwiderruflich und, wenn in der Verzichtserklärung nicht ein späterer Zeitpunkt für das Wirksamwerden angegeben ist, wirksam.

(7) Die Prüfberechtigung ist zu widerrufen, wenn die Voraussetzungen nach Abs. 1 oder 3 nicht mehr gegeben sind. Der Widerruf ist dem Betroffenen schriftlich mitzuteilen. Auf seinen Antrag ist über den Widerruf und die damit verbundene Streichung von der Liste nach Abs. 2 mit schriftlichem Bescheid zu entscheiden.

§ 33
Prüforgane

(1) Prüfberechtigte nach § 32 Abs. 1 lit. b bis f können zur Erfüllung ihrer Aufgaben Arbeitnehmer, die den Anforderungen nach § 34 Abs. 1, 2, 4 und 5 entsprechen, heranziehen (Prüforgane).

(2) Prüfberechtigte bleiben auch im Fall des Abs. 1 für die sachgemäße Erfüllung ihrer Aufgaben verantwortlich.

§ 34
Anforderungen an Prüfberechtigte und Prüforgane

(1) Prüforgane müssen

a) besondere Kenntnisse über die Durchführung von Emissions- und Abgasmessungen sowie über Prüfungen entsprechend den einschlägigen technischen Richtlinien einschließlich der Funktion und Wartungserfordernisse von Messgeräten,
b) Grundkenntnisse über die Feuerungstechnik und Emissionsfragen sowie
c) Grundkenntnisse über die einschlägigen Rechtsvorschriften

aufweisen. Prüfberechtigte, die Inspektionen nach § 16 durchführen, müssen überdies einschlägige Kenntnisse auf dem Gebiet der Energieeffizienz von Heizungsanlagen sowie Grundkenntnisse über die energetische Sanierung von Gebäuden aufweisen.

(2) Die Überprüfung von Feuerungsanlagen und Blockheizkraftwerken darf nur durch Prüfberechtigte bzw. Prüforgane erfolgen, die zum Betreiber der Anlage in keinem Abhängigkeitsverhältnis im Sinn des Art. 17 der Richtlinie 2010/31/EU stehen.

(3) Prüfberechtigte haben sich mit den nötigen Geräten und Einrichtungen auszustatten. Sie haben weiters dafür zu sorgen, dass die von ihnen herangezogenen Prüforgane

a) die Überprüfungen sorgfältig und gewissenhaft vornehmen und darüber entsprechende Aufzeichnungen führen sowie
b) sich nach Maßgabe des Abs. 5 laufend fortbilden.

(4) Prüforgane müssen die Kenntnisse nach Abs. 1 aufgrund von Zeugnissen über die erfolgreiche Absolvierung einer entsprechenden Ausbildung oder Schulung oder aufgrund sonstiger vergleichbarer Unterlagen nachweisen können. Dabei kommen nur Zeugnisse bzw. Unterlagen in Betracht, die

a) aufgrund einer Prüfung durch einen unabhängigen Prüfer oder
b) von einer Schulungsstelle, die einem Qualitätssicherungssystem unterliegt, das sicherstellt, dass der jeweils gültige Stand der Technik in den unterschiedlichen Feuerungstechnologien sowie die einschlägigen aktuellen technischen Richtlinien und Rechtsvorschriften vermittelt werden,

ausgestellt worden sind. Das zeitliche Ausmaß der erstmaligen Schulung in Schulungsstellen mit einem Qualitätssicherungssystem muss mindestens 40 Lehrstunden zu je 45 Minuten betragen.

(5) Prüforgane haben längstens alle fünf Jahre eine Fortbildung zu absolvieren.

(6) Der Behörde sind auf deren Verlangen die Zeugnisse bzw. Unterlagen nach Abs. 4 und die Nachweise über die Absolvierung von Fortbildungen nach Abs. 5 zu übermitteln.

(7) Prüforgane, die die Ausbildung oder Schulung bei einem Hersteller von Feuerungsanlagen oder Blockheizkraftwerken absolviert haben, dürfen Messungen nur an Feuerungsanlagen und Blockheizkraftwerken aus dem jeweiligen Produktbereich durchführen.

§ 35

Unabhängiges Kontrollsystem, Heizungs- und Klimaanlagendatenbank

(1) Die Landesregierung hat ein unabhängiges Kontrollsystem zur Kontrolle der Prüf- bzw. Inspektionsberichte nach § 14 Abs. 3 und § 25 Abs. 7 einzurichten.

(2) Die Kontrolle der Prüf- bzw. Inspektionsberichte obliegt der Landesregierung. Zu diesem Zweck hat der jeweilige Prüfberechtigte

a) bei Anlagen nach § 11 Abs. 1 lit. b und e die Daten des Abnahmebefundes (§ 11 Abs. 2) und bei Anlagen nach § 14 Abs. 1 lit. c und e die Daten des Prüf- bzw. Inspektionsberichtes (§ 14 Abs. 3) bzw.
b) bei Klimaanlagen die Daten des Abnahmebefundes nach § 24 Abs. 1 sowie die Daten des Inspektionsberichtes nach § 25 Abs. 7

zu erfassen und der Landesregierung zur Verarbeitung in einer zentralen Datenbank (Heizungs- und Klimaanlagendatenbank) spätestens binnen dreier Monaten in elektronischer Form zu übermitteln. Die Landesregierung hat die Heizungs- und Klimaanlagendatenbank spätestens bis zum 31. März 2023 einzurichten.

(3) Für Anlagen nach Abs. 2, die bereits vor der Einrichtung der Heizungs- und Klimaanlagendatenbank rechtmäßig in Betrieb genommen wurden, sind vom Prüfberechtigten anlässlich der nächstfolgenden wiederkehrenden Überprüfung die Daten des Abnahmebefundes zu erfassen und der Landesregierung zur Verarbeitung in der Heizungs- und Klimaanlagendatenbank spätestens binnen drei Monaten in elektronischer Form zu übermitteln. Bei Anlagen, die nicht wiederkehrend zu überprüfen sind, sind davon abweichend die Daten des Abnahmebefundes bis längstens 31. Dezember 2025 zu erfassen und zu übermitteln. Die Daten des Abnahmebefundes sind auch von Anlagen, die bereits vor dem Inkrafttreten dieses Gesetzes in der Fassung LGBl. Nr. 111/2013 rechtmäßig in Betrieb genommen wurden und für die ein Abnahmebefund einzuholen war, zu erfassen und zu übermitteln.

(4) Die Landesregierung hat die erfassten Daten nach den Kriterien des Anhanges II der Richtlinie 2010/31/EU zu überprüfen. Ergibt die Kontrolle eine mangelhafte Datenerfassung, so hat die Landesregierung den Prüfberechtigten innerhalb einer angemessener Frist zur Behebung der Mängel aufzufordern. Kommt der Prüfberechtigte der Mängelbehebung dennoch nicht nach, so hat die Landesregierung dem Prüfberechtigten die Behebung der Mängel mit schriftlichem Bescheid aufzutragen.

(5) Die Behörden dürfen im Rahmen ihres jeweiligen Zuständigkeitsbereiches auf die in der Heizungs- und Klimaanlagendatenbank erfassten Daten zugreifen, soweit dies zur Erfüllung ihrer Aufgaben erforderlich ist. Prüfberechtigte dürfen auf die in der Heizungs- und Klimaanlagendatenbank erfassten Daten hinsichtlich der von ihnen überprüften Anlagen zugreifen, soweit dies im Rahmen ihrer Prüftätigkeit erforderlich ist oder die Betreiber der Anlagen oder die sonst über die Daten Verfügungsberechtigte sie dazu ermächtigt haben.

(6) Die Landesregierung hat unter Bedachtnahme auf den Anhang II der Richtlinie 2010/31/EU über die Gesamtenergieeffizienz von Gebäuden durch Verordnung nähere Bestimmungen über das unabhängige Kontrollsystem sowie über die Heizungs- und Klimaanlagendatenbank zu erlassen. Hinsichtlich des unabhängigen Kontrollsystems sind insbesondere die verpflichtende automationsunterstützte Sammlung der im Rahmen der Inbetriebnahme und der wiederkehrenden Überprüfungen bzw. Inspektionen von Anlagen nach § 1 Abs. 1 lit. a und b erhobenen Daten näher zu regeln. Hinsichtlich der Heizungs- und Klimaanlagendatenbank sind insbesondere der Zugang, die Schnittstellen, die Übermittlungsvorgänge und die Mindestanforderungen an die Datensicherheit näher zu regeln.

7. Abschnitt

Behörden-, Straf-, Übergangs- und Schlussbestimmungen

§ 36

Behörden

(1) Behörden im Sinn dieses Gesetzes sind, soweit im Abs. 2 oder sonst in diesem Gesetz nichts anderes bestimmt ist,

a) bei bewilligungspflichtigen Gasanlagen nach § 5 die Bezirksverwaltungsbehörden, und
b) in allen übrigen Fällen die nach den §§ 62 und 63 der Tiroler Bauordnung 2022 zuständigen Behörden.

(2) Bedarf ein Vorhaben neben einer Errichtungsbewilligung nach § 7 auch einer Bewilligung nach

a) einer bundesrechtlichen Vorschrift, für deren Erteilung die Bundesregierung, ein Bundesminister oder der Landeshauptmann zuständig ist, oder

b) einer anderen landesrechtlichen Vorschrift, für deren Erteilung die Landesregierung zuständig ist,

so kommt die Zuständigkeit in den Angelegenheiten nach Abs. 1 lit. a der Landesregierung zu. Die Landesregierung kann im Einzelfall jedoch die Bezirksverwaltungsbehörde zur Durchführung von Verfahren und zur Erlassung von Bescheiden im eigenen Namen ermächtigen, sofern dies im Interesse der Sparsamkeit, Wirtschaftlichkeit, Zweckmäßigkeit, Raschheit oder Einfachheit gelegen ist.

§ 37
Strafbestimmungen

(1) Wer

a) als Betreiber einer Anlage die aufgrund einer Verordnung nach § 3 Abs. 2 oder 3 einzuhaltenden technischen Erfordernisse, höchstzulässigen Abgasverluste oder Emissionsgrenzwerte nicht einhält oder andere als die aufgrund einer Verordnung nach § 3 Abs. 3 zulässigen Brennstoffe verwendet,
b) einer Verpflichtung nach § 4 Abs. 3 nicht nachkommt,
c) eine nach § 5 Abs. 1 bewilligungspflichtige Gasanlage ohne eine entsprechende Errichtungsbewilligung errichtet oder wesentlich ändert,
d) Auflagen nach den §§ 7 Abs. 4 und 8 Abs. 1 oder Aufträge nach den §§ 9 Abs. 1, 10 Abs. 3 zweiter Satz, 21 Abs. 3 und 25 Abs. 8 oder sonst in Entscheidungen enthaltene Auflagen oder Aufträge nicht einhält,
e) als Grundstückseigentümer seiner Auskunftsverpflichtung nach § 9 Abs. 2 zweiter Satz nicht nachkommt,
f) einer Verpflichtung nach den §§ 10 Abs. 4, 11b Abs. 1 oder 2, 13 Abs. 1, 14 Abs. 1 oder 6 zweiter Satz, 15a, 17, 18, 21 Abs. 1, 22 Abs. 1, 24 Abs. 1 oder 2 oder 25 Abs. 1 nicht oder nicht rechtzeitig nachkommt,
g) eine Anlage entgegen dem § 11 Abs. 1 oder § 24 Abs. 1 ohne Vorliegen eines Abnahmebefundes betreibt,
h) nach § 11 Abs. 3 Bestätigungen oder Prüf- bzw. Inspektionsberichte ausstellt oder technische Beschreibungen erstellt, ohne hierzu berechtigt zu sein,
i) als Gasversorgungsunternehmen dem § 12 zuwiderhandelt,
j) Überprüfungen durchführt, ohne hierfür nach § 14 Abs. 2 berechtigt zu sein,
k) als Prüfberechtigter die ihm aufgrund dieses Gesetzes übertragenen Aufgaben nicht ordnungsgemäß erfüllt oder seinen Verpflichtungen nach den §§ 14 Abs. 4, 5 oder 6 erster Satz, 21 Abs. 2, 25 Abs. 8 oder 35 Abs. 2 und 3 nicht nachkommt,
l) als Überwachungsstelle den Verpflichtungen nach § 19 nicht nachkommt,
m) eine außer Betrieb gesetzte Anlage entgegen § 22 Abs. 2 wieder in Betrieb nimmt,
n) eine Anlage oder Teile einer Anlage ungeachtet einer Untersagung bzw. Außerbetriebsetzung nach § 23 Abs. 1, 2 oder 4, gegebenenfalls in Verbindung mit § 25 Abs. 8, weiterbetreibt oder wieder in Betrieb nimmt,
o) einem Auftrag nach § 23 Abs. 2 zur Beseitigung von Brennstoffen oder nach § 23 Abs. 5, gegebenenfalls in Verbindung mit § 25 Abs. 8, zur Beseitigung von Anlagen oder Teilen einer Anlage nicht nachkommt,
p) Überprüfungen durchführt, ohne hierfür nach § 25 Abs. 6 berechtigt zu sein,
q) Heizgeräte oder Bauteile davon entgegen dem § 26 Abs. 1 oder entgegen einer Untersagung nach § 26 Abs. 4 in Verkehr bringt oder Heizgeräte im Sinn des § 26 Abs. 2 erstmalig in Betrieb nimmt, ohne dass ein Prüfbericht vorliegt,
r) als Prüfberechtigter andere Personen für die Erfüllung von Aufgaben nach diesem Gesetz heranzieht als Prüforgane nach § 34 Abs. 1,
s) als Prüfberechtigter seine Aufgaben nach diesem Gesetz durchführt, ohne die Anforderungen nach § 34 Abs. 3 zu erfüllen,
t) entgegen § 42 Abs. 3 eine im Zeitpunkt des Inkrafttretens dieses Gesetzes bestehende Anlage zur Lagerung und Leitung flüssiger Brennstoffe, bei der im Erdreich verlegte Brennstofflagerbehälter oder im Erdreich verlegte brennstoffführende Leitungen einwandig ausgeführt sind, oder entgegen § 42 Abs. 4 einen im Zeitpunkt des Inkrafttretens dieses Gesetzes bestehenden Lagerbehälter für flüssige Brennstoffe, welcher nicht mit einer elektronischen Überfüllsicherung oder mit einem Grenzwertgeber ausgestattet ist, betreibt,

begeht eine Verwaltungsübertretung und ist von der Bezirksverwaltungsbehörde mit einer Geldstrafe bis zu 7.200,– Euro zu bestrafen.

(2) Der Versuch ist strafbar.

§ 38
Verarbeitung personenbezogener Daten

(1) Die Gemeinden und der Stadtmagistrat Innsbruck sind Verantwortliche nach Art. 4 Z 7 der Verordnung (EU) 2016/679 des Europäischen Parlaments und des Rates zum Schutz natürlicher Personen bei der Verarbeitung personenbezogener Daten, zum freien Datenverkehr und zur Aufhebung der Richtlinie 95/46/EG (Datenschutz-Grundverordnung), ABl. 2016 Nr. L 119, S. 1, in den in die Zuständigkeit des Bürgermeisters oder des Stadtmagistrats fallenden Angelegenheiten.

(2) Das Amt der Tiroler Landesregierung ist Verantwortlicher nach Art. 4 Z 7 der Datenschutz-Grundverordnung bei der Einrichtung und der

Führung der Heizungs- und Klimaanlagendatenbank (§ 35) und bei den sonst in den in die Zuständigkeit der Landesregierung fallenden Angelegenheiten.

(3) Das Amt der Tiroler Landesregierung und die Bezirksverwaltungsbehörden sind gemeinsam Verantwortliche nach Art. 26 der Datenschutz-Grundverordnung in den in die Zuständigkeit der Bezirksverwaltungsbehörde fallenden Angelegenheiten.

(4) Die nach den Abs. 1, 2 und 3 Verantwortlichen dürfen zur Abwicklung der nach diesem Gesetz vorgesehenen Verfahren und zur Besorgung der nach diesem Gesetz vorgesehenen Aufgaben, zum Zweck der behördlichen Aufsicht nach den §§ 13 Abs. 2, 24 Abs. 3 und 26 Abs. 3, zur Ausübung der in diesem Rahmen eingeräumten Befugnisse und zum Zweck der Vorschreibung bzw. Durchführung der aufgrund der behördlichen Aufsicht erforderlichen Maßnahmen folgende Daten verarbeiten:

a) von Betreibern, von Gebäude- und Grundstückseigentümern und von Herstellern von Heizgeräten und ihren Vertretern, von Verantwortlichen, sonstigen Verfügungsberechtigten und allfälligen Rechtsnachfolgern im Sinn des § 9 sowie von Gasversorgungsunternehmen: Identifikationsdaten, Erreichbarkeitsdaten, gebäude-, grundstücks- und anlagenbezogene Daten,
b) von Prüfberechtigten und deren Prüforganen, Gasversorgungsunternehmen, Überwachungsstellen, nichtamtlichen Sachverständigen und Projektanten: Identifikationsdaten, Erreichbarkeitsdaten, Daten über Befähigungen und Befugnisse.

(5) Die Gasversorgungsunternehmen nach § 12, die Überwachungsstellen nach § 19 und die nach § 35 Abs. 2 mit bestimmten Kontrollaufgaben betrauten Stellen dürfen zur Erfüllung der ihnen nach diesem Gesetz obliegenden Aufgaben von den im Abs. 4 lit. a und b genannten betroffenen Personen die dort genannten Daten verarbeiten.

(6) Zugelassene Stellen dürfen zur Erfüllung ihrer im 5. Abschnitt genannten Aufgaben von Herstellern und ihren Vertretern die im Abs. 4 lit. b genannten Daten verarbeiten.

(7) Die nach den Abs. 1, 2 und 3 Verantwortlichen sowie die Gasversorgungsunternehmen, die Überwachungsstellen, die nach § 35 Abs. 2 mit bestimmten Kontrollaufgaben betrauten Stellen und die zugelassenen Stellen haben personenbezogene Daten zu löschen, sobald diese für die Erfüllung der ihnen nach diesem Gesetz obliegenden Aufgaben nicht mehr benötigt werden.

(8) Als Identifikationsdaten gelten:

a) bei natürlichen Personen der Familien- und der Vorname, das Geschlecht, das Geburtsdatum, allfällige akademische Grade, Standesbezeichnungen und Titel,
b) bei juristischen Personen und Personengesellschaften die gesetzliche, satzungsmäßige oder firmenmäßige Bezeichnung und hinsichtlich der vertretungsbefugten Organe die Daten nach lit. a sowie die Firmenbuchnummer, die Vereinsregisterzahl, die Umsatzsteuer-Identifikationsnummer und die Ordnungsnummer im Ergänzungsregister.

(9) Als Erreichbarkeitsdaten gelten Wohnsitzdaten und sonstige Adressdaten, die Telefonnummer, elektronische Kontaktdaten, wie insbesondere die E-Mail-Adresse und Telefax-Nummer, oder Verfügbarkeitsdaten.

§ 39
Mitwirkung der Bundespolizei

Die Organe der Bundespolizei haben der Behörde auf ihr Ersuchen bei der Durchsetzung von Maßnahmen nach § 4 Abs. 4, gegebenenfalls in Verbindung mit den §§ 13 Abs. 2, 24 Abs. 3 oder 26 Abs. 3, und nach § 23 Abs. 4, gegebenenfalls in Verbindung mit den §§ 9 Abs. 3 oder 10 Abs. 3, im Rahmen ihres gesetzmäßigen Wirkungsbereiches Hilfe zu leisten.

§ 40
Dingliche Wirkung

Rechte und Pflichten, die sich aus anlagenrechtlichen Entscheidungen nach diesem Gesetz, mit Ausnahme von strafrechtlichen Entscheidungen, ergeben, haften an der Anlage und werden durch einen Wechsel des Betreibers der Anlage nicht berührt. Der Rechtsvorgänger hat dem Rechtsnachfolger alle erforderlichen Auskünfte zu erteilen und alle notwendigen Unterlagen auszuhändigen.

§ 41
Eigener Wirkungsbereich der Gemeinde

Die Aufgaben von Organen der Gemeinde nach diesem Gesetz sind solche des eigenen Wirkungsbereiches.

§ 42
Übergangsbestimmungen

(1) Im Zeitpunkt des Inkrafttretens dieses Gesetzes in der Fassung LGBl. Nr. 111/2013 rechtskräftig erteilte Bewilligungen nach dem Tiroler Gasgesetz 2000 in der Fassung des Gesetzes LGBl. Nr. 96/2012 bleiben unberührt. Insbesondere gelten die in diesem Zeitpunkt rechtmäßig bestehenden Anlagen im Umfang ihres Bestandes als bewilligt. Für bestehende Gasanlagen, die nach diesem Gesetz bewilligungspflichtig wären, gelten die §§ 8, 9 und 10.

(2) Bei Vorhaben, bei denen nach dem Inkrafttreten dieses Gesetzes in der Fassung LGBl. Nr. 111/2013, jedoch vor dem Inkrafttreten der Verordnungen nach den §§ 3 Abs. 2 und 3, 11 Abs. 5 und 14 Abs. 8 das Errichtungsbewilligungsverfahren anhängig war oder die Abnahmeprüfung erfolgt ist, genügt es, wenn diese der Tiroler Heizungsanlagenverordnung 2000 in der

Fassung LGBl. Nr. 66/2000 entsprechen. Die entsprechenden Anlagen sowie die im Zeitpunkt des Inkrafttretens dieses Gesetzes bereits bestandenen Anlagen sind so instand zu halten und zu betreiben, dass sie den technischen Erfordernissen im Sinn des § 3 zumindest nach den technischen Vorschriften und dem Stand der Technik im Zeitpunkt des Bewilligungsansuchens, der Abnahmeprüfung bzw. ihrer Errichtung weiter entsprechen. Im Übrigen gelten die §§ 12 bis 23.

(3) Im Zeitpunkt des Inkrafttretens dieses Gesetzes in der Fassung LGBl. Nr. 111/2013 bestehende Anlagen zur Lagerung und Leitung flüssiger Brennstoffe, bei der im Erdreich verlegte Brennstofflagerbehälter oder im Erdreich verlegte brennstoffführende Leitungen einwandig ausgeführt sind oder die über keine Leckwarneinrichtung verfügen, dürfen nicht weiter betrieben werden.

(4) Im Zeitpunkt des Inkrafttretens dieses Gesetzes in der Fassung LGBl. Nr. 111/2013 bestehende Lagerbehälter für flüssige Brennstoffe, die nicht mit einer elektronischen Überfüllsicherung oder mit einem Grenzwertgeber ausgestattet sind, dürfen nicht weiter betrieben werden.

(5) Im Zeitpunkt des Inkrafttretens dieses Gesetzes in der Fassung des Gesetzes LGBl. Nr. 68/2022 bestehende Zentralheizungsanlagen mit einer Nennwärmeleistung von über 70kW bis höchstens 100 kW sind erstmalig spätestens bis zum 30. Juni 2023 und dann alle fünf Jahre wiederkehrend einer Inspektion nach § 16 Abs. 1 zu unterziehen.

(6) Der Betreiber einer bestehenden mittelgroßen Feuerungsanlage oder einer bestehenden mittelgroßen Verbrennungskraftmaschine mit einer Brennstoffwärmeleistung von mehr als 5 MW hat bis zum 31. Dezember 2023 die Registrierung nach § 11a vorzunehmen. Die übrigen mittelgroßen Feuerungsanlagen oder mittelgroßen Verbrennungskraftmaschinen sind bis zum 31. Dezember 2028 zu registrieren.

(7) § 3a gilt nicht für bestehende mittelgroße Feuerungsanlagen oder bestehende mittelgroße Verbrennungskraftmaschinen.

(8) Lagerbestände an Heizgeräten oder Bauteilen von Heizgeräten, die den Anforderungen des 5. Abschnittes dieses Gesetzes in der Fassung des Gesetzes LGBl. Nr. 68/2022 nicht entsprechen, dürfen spätestens bis zum 30. Juni 2024 weiterhin in Verkehr gebracht und in weiterer Folge eingebaut und in Betrieb genommen werden. Der Eigentümer eines Heizgerätes oder der sonst hierüber Verfügungsberechtigte hat der Landesregierung auf deren Verlangen nachzuweisen, dass das Heizgerät oder ein Bauteil desselben vor dem Ablauf dieser Frist in Verkehr gebracht worden ist.

§ 43
Verweisungen

(1) Soweit in diesem Gesetz nichts anderes bestimmt ist, beziehen sich Verweisungen auf Landesgesetze auf die jeweils geltende Fassung.

(2) Verweisungen auf Bundesgesetze bzw. Verordnungen beziehen sich auf die im Folgenden jeweils angeführte Fassung:

1. Akkreditierungsgesetz 2012 – AkkG 2012, BGBl. I Nr. 28/2012, in der Fassung des Gesetzes BGBl. I Nr. 40/2014,
2. Feuerungsanlagen-Verordnung 2019 – FAV 2019, BGBl. II Nr. 293/2019,
3. Versandbehälterverordnung 2011, BGBl. II Nr. 458/2011, in der Fassung des Gesetzes BGBl. I Nr. 161/2015,
4. Umweltverträglichkeitsprüfungsgesetz 2000 – UVP-G 2000, BGBl. I Nr. 697/1993, zuletzt geändert durch das Gesetz BGBl. I Nr. 80/2018.

§ 44
Umsetzung von Unionsrecht

Durch dieses Gesetz werden folgende Richtlinien umgesetzt:

1. Richtlinie 92/42/EWG des Rates über die Wirkungsgrade von mit flüssigen oder gasförmigen Brennstoffen beschickten neuen Warmwasserheizkesseln, ABl. 1992 Nr. L 167, S. 17, zuletzt geändert durch die Richtlinie 2008/28/EG, ABl. 2008 Nr. L 81, S. 48,
2. Richtlinie 2003/109/EG des Rates betreffend die Rechtsstellung der langfristig aufenthaltsberechtigten Drittstaatsangehörigen, ABl. 2004 Nr. L 16, S. 44, in der Fassung der Richtlinie 2011/51/EU, ABl. 2011 Nr. L 132, S. 1,
3. Richtlinie 2004/38/EG des Europäischen Parlaments und des Rates über das Recht der Unionsbürger und ihrer Familienangehörigen, sich im Hoheitsgebiet der Mitgliedstaaten frei zu bewegen und aufzuhalten, ABl. 2004 Nr. L 229, S. 35,
4. Richtlinie 2005/36/EG des Europäischen Parlaments und des Rates über die Anerkennung von Berufsqualifikationen, ABl. 2005 Nr. L 255, S. 22, zuletzt geändert durch die Verordnung (EU) Nr. 623/2012, ABl. 2012 Nr. L 180, S. 9,
5. Richtlinie 2006/123/EG des Europäischen Parlaments und des Rates über Dienstleistungen im Binnenmarkt, ABl. 2006 Nr. L 376, S. 36,
6. Richtlinie 2009/125/EG des Europäischen Parlaments und des Rates zur Schaffung eines Rahmens für die Festlegung von Anforderungen an die umweltgerechte Gestaltung energieverbrauchsrelevanter Produkte, ABl 2009 Nr. L 285, S. 10.

7. Richtlinie 2010/31/EU des Europäischen Parlaments und des Rates über die Gesamtenergieeffizienz von Gebäuden, ABl. 2010 Nr. L 153, S. 13, in der Fassung der Richtlinie (EU) 2018/844, ABl. 2018 Nr. L 156, S. 75 und der Verordnung (EU) 2018/1999 über das Governance-System für die Energieunion und für den Klimaschutz, ABl. 2018, Nr. L 328, S. 1,
8. Richtlinie (EU) 2016/802 des Europäischen Parlaments und des Rates über eine Verringerung des Schwefelgehalts bestimmter flüssiger Kraft- oder Brennstoffe (kodifizierter Text), ABl. 2016 Nr. L 132, S. 58,
9. Richtlinie 2015/2193/EU des Europäischen Parlaments und des Rates vom 25. November 2015 zur Begrenzung der Emissionen bestimmter Schadstoffe aus mittelgroßen Feuerungsanlagen in die Luft, ABl. 2015 Nr. L 313, S. 3,
10. Richtlinie (EU) 2018/2001 des Europäischen Parlaments und des Rates zur Förderung der Nutzung von Energie aus erneuerbaren Quellen (Neufassung), ABl. 2018 Nr. L 328, S. 82,
11. Richtlinie (EU) 2021/1883 des Europäischen Parlaments und des Rates über die Bedingungen für die Einreise und den Aufenthalt von Drittstaatsangehörigen zur Ausübung einer hoch qualifizierten Beschäftigung und zur Aufhebung der Richtlinie 2009/50/EG des Rates, ABl. Nr. L 382, S. 1.

§ 45
Inkrafttreten; Notifikation

(1) Dieses Gesetz tritt mit 1. Jänner 2014 in Kraft. Abweichend hiervon tritt der Abs. 3 mit dem Ablauf des Tages der Kundmachung in Kraft.

(2) Gleichzeitig treten

a) das Tiroler Gasgesetz 2000, LGBl. Nr. 78, zuletzt geändert durch das Gesetz LGBl. Nr. 96/2012, und
b) das Tiroler Heizungs- und Klimaanlagengesetz 2009, LGBl. Nr. 34/2000, zuletzt geändert durch das Gesetz LGBl. Nr. 96/2012,

außer Kraft.

(3) Verordnungen aufgrund dieses Gesetzes dürfen bereits von dem seiner Kundmachung folgenden Tag an erlassen werden. Sie dürfen jedoch frühestens mit dem im Abs. 1 erster Satz genannten Zeitpunkt in Kraft gesetzt werden.

(4) Dieses Gesetz wurde unter Einhaltung der Bestimmungen der Richtlinie 98/34/EG des Europäischen Parlaments und des Rates über ein Informationsverfahren auf dem Gebiet der Normen und technischen Vorschriften und der Vorschriften für die Dienste der Informationsgesellschaft, ABl. 1998 Nr. L 204, S. 37, zuletzt geändert durch die Verordnung (EU) Nr. 1025/2012, ABl. 2012 Nr. L 316, S. 12, notifiziert (Notifikationsnummer 2013/0255/A).

Anhang 1 (zu § 16 Abs. 1)

Anhang 1 (zu § 16 Abs. 1)

Inspektionsintervalle:

Alter der Zentralheizungsanlage (Baujahr Wärmeerzeuger)	Inspektion ab dem 1. Jänner 2014
über 15 Jahre	Innerhalb von 12 Monaten
bis 15 Jahre	Innerhalb von 2 Jahren
Neuanlagen, wesentliche Änderung bestehender Zentralheizungsanlagen	Vor der Errichtung oder wesentlichen Änderung der Anlage

Anhang 2 (zu § 26 Abs. 1 lit. a)

Anhang 2 (zu § 26 Abs. 1 lit. a)

1. Heizgeräte für feste, biogene Brennstoffe mit händischer Beschickung:

Parameter	Emissionsgrenzwerte (mg/MJ)
	Holzbrennstoffe
	Ortsfest gesetzte Öfen und Herde
CO	1100
NO_x	150
OGC	50
Staub	35

2. Heizgeräte für feste, fossile Brennstoffe mit händischer Beschickung:

Parameter	Emissionsgrenzwerte (mg/MJ)
	Einzelraumheizgeräte ab 50 kW Nennwärmeleistung
CO	500
NO_x	100
OGC	30
Staub	35

3. Heizgeräte für flüssige Brennstoffe:

Parameter	Emissionsgrenzwerte (mg/MJ)
CO	20
NO_x	35*
OGC	6

* gilt nur für Herde

4. Heizgeräte für gasförmige Brennstoffe:

Parameter	Emissionsgrenzwerte (mg/MJ)			
	Erdgas		Flüssiggas	
	Atmosphärischer Brenner	Gebläsebrenner	Atmosphärischer Brenner	Gebläsebrenner
CO	20	20	35	20

Anhang 3 (zu § 26 Abs. 1 lit. b)

Anhang 3 (zu § 26 Abs. 1 lit. b)

- Heizgeräte dürfen unter den Prüfbedingungen des Anhanges 4 bei bestimmungsgemäßem Betrieb sowohl unter Nennlast als auch unter Teillast folgende Wirkungsgrade nicht unterschreiten:

1. Einzelraumheizgeräte:

	Mindestwirkungsgrad in %
Ortsfest gesetzte Öfen	80
Ortsfest gesetzte Herde	72
Herde für flüssige und gasförmige Brennstoffe	73

2. Warmwasserbereiter:

	Mindestwirkungsgrad in %
Warmwasserbereiter für feste Brennstoffe	75

Anhang 4 (zu § 27 Abs. 2)

Anhang 4 (zu § 27 Abs. 2)

- **Prüfbedingungen bezüglich Emissionsgrenzwerte und Wirkungsgrade von Heizgeräten:**

(1) Die Prüfung des Emissionsverhaltens und der Wirkungsgrade von Heizgeräten hat hinsichtlich der Prüfverfahren und -bedingungen nach den Regeln der Technik zu erfolgen. Dabei ist vorrangig auf die entsprechenden Standards (EN-Normen, ÖNORM udgl.) oder auf andere gleichwertige technische Richtlinien einer Vertragspartei des Abkommens über den Europäischen Wirtschaftsraum Bedacht zu nehmen.

(2) Bei ortsfest gesetzten Öfen und Herden mit einer Nennwärmeleistung unter 8 kW ist der Nachweis der Einhaltung der Emissionsgrenzwerte nur bei Nennlast zu erbringen.

19. Tiroler Gas-, Heizungs- und Klimaanlagenverordnung 2024

Verordnung der Landesregierung vom 9. Juli 2024, mit der nähere Bestimmungen über die technischen Erfordernisse für Heizungsanlagen, Anlagen zur Lagerung und Leitung von Brennstoffen, Blockheizkraftwerke und Klimaanlagen sowie über die zulässigen Arten von Brennstoffen erlassen werden (Tiroler Gas-, Heizungs- und Klimaanlagenverordnung 2024 – TGHKV 2024)

StF: LGBl. Nr. 57/2024

Präambel

Aufgrund der §§ 3 Abs. 2 und 14 Abs. 8 des Tiroler Gas-, Heizungs- und Klimaanlagengesetzes 2013, LGBl. Nr. 111/2013, zuletzt geändert durch das Gesetz LGBl. Nr. 85/2023, wird verordnet:

GLIEDERUNG

1. Abschnitt
Allgemeine Bestimmungen

§ 1. Geltungsbereich
§ 2. Zulässige Arten von Brennstoffen
§ 3. Einbau und Betrieb von Heizungsanlagen, Blockheizkraftwerken und Klimaanlagen
§ 4. Heizraum
§ 5. Maßnahmen der ersten Löschhilfe
§ 6. Energiesparende Maßnahmen bei der Beheizung von Gebäuden mit Zentralheizungsanlagen

2. Abschnitt
Anlagen zur Lagerung fester Brennstoffe, Heizungsanlagen für feste Brennstoffe

§ 7. Lagerung fester Brennstoffe
§ 8. Brandschutz
§ 9. Emissionsgrenzwerte und Abgasverluste für Zentralheizungsanlagen für feste Brennstoffe

3. Abschnitt
Anlagen zur Lagerung und Leitung flüssiger Brennstoffe, Heizungsanlagen für flüssige Brennstoffe

1. Unterabschnitt
Anlagen zur Lagerung und Leitung flüssiger Brennstoffe

§ 10. Lagerung flüssiger Brennstoffe in Gebäuden
§ 11. Heizöllagerräume
§ 12. Oberirdische Lagerung flüssiger Brennstoffe außerhalb von Gebäuden
§ 13. Lagerung flüssiger Brennstoffe in Lagerbehältern im Erdreich
§ 14. Allgemeine Bestimmungen über Lagerbehälter
§ 15. Ausrüstung der Lagerbehälter
§ 16. Rohrleitungen, Absperrvorrichtungen und Armaturen
§ 17. Heizölvorwärmung
§ 18. Prüfung der Lagerbehälter und Rohrleitungen

2. Unterabschnitt
Heizungsanlagen für flüssige Brennstoffe

§ 19. Zentralheizungsanlagen
§ 20. Brandschutz
§ 21. Emissionsgrenzwerte und Abgasverluste für Zentralheizungsanlagen für flüssige Brennstoffe
§ 22. Einzelfeuerstätten

4. Abschnitt
Emissionsgrenzwerte und Abgasverluste für den Betrieb von gasförmig betriebenen Zentralheizungsanlagen und von Blockheizkraftwerken für gasförmige und flüssige Brennstoffe

§ 23. Emissionsgrenzwerte und Abgasverluste für Zentralheizungsanlagen für gasförmige Brennstoffe
§ 24. Emissionsgrenzwerte für den Betrieb von Blockheizkraftwerken kleiner als 1 MW

5. Abschnitt
Emissionsgrenzwerte für mittelgroße Feuerungsanlagen und mittelgroße Verbrennungskraftmaschinen

§ 24a. Emissionsgrenzwerte für mittelgroße Feuerungsanlagen und Verbrennungskraftmaschinen
§ 24b. Grenzwertermittlung bei Verwendung mehrerer Brenn- bzw. Kraftstoffe
§ 24c. Alternative Überwachungsmaßnahmen

6. Abschnitt
Übergangs- und Schlussbestimmungen

§ 25. Verbindlicherklärung, Kundmachung und Gleichwertigkeit von Normen
§ 26. Übergangsbestimmungen
§ 27. Umsetzung von Unionsrecht
§ 28. Inkrafttreten, Notifikation

1. Abschnitt
Allgemeine Bestimmungen
§ 1
Geltungsbereich

Diese Verordnung regelt:

a) die bau-, sicherheits- und brandschutztechnischen Erfordernisse sowie die Erfordernisse der Energieeinsparung, der Gesundheit, des Umweltschutzes und des Schallschutzes für
1. Heizungsanlagen für feste und flüssige Brennstoffe,
2. Anlagen zur Lagerung und Leitung fester und flüssiger Brennstoffe;

b) die Erfordernisse der Energieeinsparung, der Gesundheit, des Umweltschutzes und des Schallschutzes für
1. Heizungsanlagen für gasförmige Brennstoffe,
2. die zur bestimmungsgemäßen Verwendung in Feuerungsanlagen, Blockheizkraftwerken, Motoren und Gasturbinen zulässigen Brennstoffe bzw. Kraftstoffe;

c) die allgemeinen technischen Erfordernisse für Klimaanlagen und Wärmepumpen;

d) die zur bestimmungsgemäßen Verwendung in Feuerungsanlagen, Blockheizkraftwerken, Motoren und Gasturbinen zulässigen Brennstoffe bzw. Kraftstoffe.

§ 2
Zulässige Arten von Brennstoffen

(1) In Feuerungsanlagen von Heizungsanlagen für feste Brennstoffe dürfen nur Brennstoffe verwendet werden, die die Anforderungen nach Anlage 1 erfüllen und die nach den in der technischen Dokumentation für die betreffende Anlage enthaltenen Betriebsvorschriften für diese geeignet sind.

(2) In Feuerungsanlagen von Heizungsanlagen, Blockheizkraftwerken, Motoren oder Gasturbinen für flüssige Brenn- oder Kraftstoffe dürfen nur Brenn- oder Kraftstoffe verwendet werden, die die Anforderungen nach Anlage 2 erfüllen und die nach den in der technischen Dokumentation für die betreffende Anlage enthaltenen Betriebsvorschriften für diese geeignet sind.

(3) In Feuerungsanlagen von Heizungsanlagen, Blockheizkraftwerken, Motoren oder Gasturbinen für gasförmige Brennstoffe dürfen nur Brennstoffe verwendet werden, die die Anforderungen nach Anlage 3 erfüllen und die nach den in der technischen Dokumentation für die betreffende Anlage enthaltenen Betriebsvorschriften für diese geeignet sind.

(4) Sonstige Brenn- oder Kraftstoffe dürfen nur verwendet werden, wenn sie die Anforderungen nach Anlage 4 erfüllen und die Feuerungsanlage, das Blockheizkraftwerk, der Motor oder die Gasturbine für diese Brenn- bzw. Kraftstoffe geeignet sind. Nicht standardisierte biogene Brennstoffe dürfen überdies nur verwendet werden, wenn hierbei die Grenzwerte nach Anlage 8, 9 oder nach Anlage 2 Teil 2 Tabelle 1 Sektor A, Sektor D, Sektor F und Anlage 2 Teil 2 Tabelle 2 Sektor B und Sektor D der Feuerungsanlagen-Verordnung 2019 – FAV 2019 eingehalten werden.

(5) Papier und Kartonagen dürfen nur in kleinen Mengen zum Anfeuern verwendet werden. Die sachgemäße Verwendung handelsüblicher Anzündhilfen ist zulässig.

(6) Beim Neubau im Sinn des § 2 Abs. 7 der Tiroler Bauordnung 2022, LGBl. Nr. 44/2022, in der jeweils geltenden Fassung ist die Verwendung von fossilen Brennstoffen in Heizungsanlagen nicht zulässig.

(7) Bei größeren Renovierungen im Sinn des § 2 Abs. 29 der Tiroler Bauordnung 2022 ist die Verwendung von festen fossilen Brennstoffen nach Anlage 1 und von flüssigen fossilen Brennstoffen nach Anlage 2 in Zentralheizungsanlagen nicht zulässig. Abweichend davon ist die Verwendung von festen fossilen Brennstoffen nach Anlage 1 und von flüssigen fossilen Brennstoffen nach Anlage 2 in Zentralheizungsanlagen weiterhin zulässig, wenn die größere Renovierung im Sinn des § 2 Abs. 29 der Tiroler Bauordnung 2022 bei der Baubehörde bis zum 31. Dezember 2024 beantragt wird und der bereits bestehende Heizkessel der betroffenen Zentralheizungsanlage zum Zeitpunkt der Beantragung nicht älter als zehn Jahre ist.

§ 3
Einbau und Betrieb von Heizungsanlagen, Blockheizkraftwerken und Klimaanlagen

(1) Neue Heizgeräte dürfen nur errichtet und betrieben werden, wenn sie die Voraussetzungen nach dem 5. Abschnitt des Tiroler Gas-, Heizungs- und Klimaanlagengesetzes 2013 erfüllen. Wesentliche Bauteile dürfen nur kombiniert werden, wenn hierfür ein entsprechender Nachweis (Typenprüfung) vorliegt.

(2) Wesentliche Bauteile von Heizgeräten dürfen nur ausgetauscht werden, wenn sichergestellt ist, dass die für die jeweilige Anlage festgelegten Emissionsgrenzwerte und Abgasverluste eingehalten werden.

(3) Für Feuerungsanlagen, Blockheizkraftwerke, Motoren und Gasturbinen ist auf geeignete Weise sicherzustellen, dass eine ausreichende Verbrennungsluftzufuhr gewährleistet ist.

(4) Feuerungsanlagen von Heizungsanlagen und Blockheizkraftwerken mit einer Brennstoffwärmeleistung von mehr als 50 kW sind in einen Heizraum im Sinn des § 4 einzubauen. Dies gilt auch, wenn

a) die Brennstoffwärmeleistung mehrerer Feuerungsanlagen in Summe mehr als 50 kW beträgt und diese gleichzeitig betrieben werden können,

b) nach den maßgebenden bautechnischen Vorschriften ein Heizraum aufgrund des besonderen Verwendungszweckes von Gebäuden oder aufgrund der Art der Heizungsanlage unabhängig von der Brennstoffwärmeleistung der Feuerungsanlage erforderlich ist.

(5) Feuerungsanlagen, die außerhalb von Heizräumen aufgestellt werden, sind auf eine nicht brennbare Unterlage zu stellen. Bei Heizungsanlagen für feste Brennstoffe hat die Unterlage auch die Bedienungsfläche zu umfassen. Bei Heizungsanlagen für flüssige Brennstoffe genügt eine tassenförmig ausgeformte Unterlage für den Brenner. Räume, in die Heizungsanlagen eingebaut werden, müssen eine ausreichende Belüftungsmöglichkeit ins Freie aufweisen. In Räumen, in die Heizungsanlagen für flüssige Brennstoffe eingebaut werden, dürfen keine Bodenabläufe vorhanden sein. Sind darin Pumpensümpfe vorhanden, so müssen diese entweder allseitig mindestens 10 cm hoch umwehrt werden oder es ist sicherzustellen, dass die Absaugpumpe nur händisch eingeschaltet werden kann.

(6) Beim Betrieb von Heizungsanlagen sind die in der technischen Dokumentation enthaltenen Betriebsvorschriften einzuhalten.

(7) Heizungs- und Klimaanlagen sind so zu errichten und zu betreiben, dass eine unzumutbare Lärmbelästigung der Nachbarn vermieden wird. Eine unzumutbare Lärmbelästigung liegt insbesondere dann nicht vor, wenn der A-bewertete Schalldruckpegel der durch diese bewirkten Dauergeräusche an der Grundstücksgrenze im Freien zu Nachbargrundstücken, die keine Verkehrsflächen nach § 2 Abs. 23 Tiroler Bauordnung 2022 sind, folgende dB-Werte in der jeweiligen Betriebsart nicht übersteigen:

	Tag 6:00 bis 19:00 Uhr	Abend 19:00 bis 22:00 Uhr	Nacht 22:00 bis 6:00 Uhr
Wohngebiet	40 dB	35 dB	30 dB
gemischtes Wohngebiet oder Tourismusgebiet	45 dB	40 dB	35 dB
Kerngebiet, landwirtschaftliches und allgemeines Mischgebiet	50 dB	45 dB	40 dB

Gegenüber Sonderflächen nach § 43 Tiroler Raumordnungsgesetz 2022, LGBl. Nr. 43/2022, in der jeweils geltenden Fassung, und gegenüber bebauten Grundstücken im Freiland nach § 41 Tiroler Raumordnungsgesetz 2022 sind die dB-Werte für jene Art der Widmung als Bauland heranzuziehen, die dem in der Sonderfläche festgelegten Verwendungszweck am nächsten kommt. In ruhiger Lage (z. B. in Innenhöfen, an schall- und verkehrsabgewandten Nachbargrundstücksgrenzen, an schallabgewandten Gebäudeteilen) sind die Werte für Wohngebiet gemäß obiger Tabelle heranzuziehen.

(8) Die im Abs. 7 festgelegten Grenzwerte dürfen überschritten werden, wenn der nach dem Stand der Technik an der Grundstücksgrenze ermittelte Basispegel um nicht mehr als 3 dB angehoben wird.

(9) Ferner liegt eine unzumutbare Lärmbelästigung dann nicht vor, wenn der A-bewertete Schalldruckpegel der durch Heizungs- und Klimaanlagen bewirkten Dauergeräusche

a) im Bereich der Außenkanten von baulichen Anlagen oder Flächen, die entsprechend ihrem jeweiligen Verwendungszweck nicht zum länger dauernden Aufenthalt von Menschen bestimmt sind, wie Stellplätze, Carports, Zufahrten, Lagerflächen, offene Schwimmbecken und dergleichen,
b) im Bereich der Fassade von Gebäuden oder Teilen von Gebäuden, die anderen Zwecken als Wohnzwecken dienen, oder
c) im Bereich der Fassade von Gebäuden oder Teilen von Gebäuden, die Wohnzwecken dienen, soweit es sich bei den durch die Fassade abgegrenzten Gebäudeflächen um Nebenräume wie Funktionsküchen, Sanitärräume, Abstell- und Lagerräume, Technikräume und dergleichen handelt,

jeweils die in Abs. 7 festgelegten Grenzwerte um nicht mehr als 5 dB übersteigt, sofern in den übrigen Bereichen die in Abs. 7 festgelegten Grenzwerte eingehalten werden.

(10) Der C-bewertete Schalldruckpegel darf die Grenzwerte nach den Abs. 7, 8 und 9 um höchstens 20 dB übersteigen.

(11) Bei Zentralheizungsanlagen für feste Brennstoffe mit automatischer Beschickung und bei Zentralheizungsanlagen für flüssige Brennstoffe ist an einer leicht zugänglichen Stelle außerhalb des Heizraumes oder des Raumes, in den die Feuerungsanlage eingebaut wurde, ein beschrifteter Notschalter mit sichtbarer Schaltstellung anzubringen, mit dem die gesamte Anlage einschließlich allfälliger Fördereinrichtungen, Pumpen und Vorwärmeinrichtungen, ausgenommen Fördereinrichtungen zur Wärmeabfuhr bei Feuerungsanlagen, die mit festen Brennstoffen händisch beschickt werden, abgeschaltet werden kann.

TGHKG+V

(12) Beim Betrieb von Heizungsanlagen darf die Zugwirkung des Rauchfanges nicht durch mechanische Lüftungsanlagen beeinträchtigt werden.

(13) Das Erfordernis eines Pufferspeichers ist unter Berücksichtigung des Teillastverhaltens der Anlage zu prüfen.

(14) Der Abnahmebefund und das Anlagendatenblatt nach § 11 Abs. 2 lit. a Z 1 des Tiroler Gas-, Heizungs- und Klimaanlagengesetzes 2013 hat dem Muster nach der Anlage 10 zu entsprechen. Änderungen an der Anlage, die für die Verbrennungsgüte von Bedeutung sind, sind im Datenblatt zu vermerken.

(15) Wenn die Feuerungsanlage oder Verbrennungskraftmaschine keine vom Hersteller vorgesehene Messöffnung aufweist, ist zum Zweck der Durchführung einer einfachen Überprüfung in einem geraden Teil des Verbindungsstücks zwischen der Feuerstätte und dem Zugbegrenzer bzw. der Nebenlufteinrichtung (falls vorhanden) in einem Mindestabstand des zweifachen Rohrdurchmessers von der Feuerstätte bzw. einer Abgasumlenkung eine verschließbare Messöffnung mit einem Durchmesser von mindestens 12 mm an einer leicht und gefahrenfrei zugänglichen Stelle einzubauen. Nach der Messstelle ist im geraden Rohrstück vor weiteren Einbauteilen eine Auslaufstrecke von mindestens dem einfachen Rohrdurchmesser erforderlich. Bei Ölfeuerungsanlagen und Feuerungsanlagen für feste Brennstoffe muss die Messöffnung zwischen Feuerstätte und Nebenlufteinrichtung liegen. Bei Gasfeuerungsanlagen des Typs C sowie bei Ölfeuerungsanlagen des Typs C ist der nachträgliche Einbau von Messöffnungen nicht zulässig; es ist ausschließlich die vorgesehene Messöffnung des Herstellers zu verwenden. Bei Einzelraumheizgeräten ist eine Messöffnung nur im Fall einer außerordentlichen Überprüfung nach § 17 des Tiroler Gas-, Heizungs- und Klimaanlagengesetzes 2013 herzustellen.

(16) Wenn die Feuerungsanlage oder Verbrennungskraftmaschine keine vom Hersteller vorgesehene Messöffnung aufweist, ist zum Zweck der Durchführung einer umfassenden Überprüfung eine Messöffnung gemäß den einschlägigen Regeln der Technik an einer leicht und gefahrenfrei zugänglichen Stelle einzubauen; in einem Abstand von mindestens dem fünffachen Innendurchmesser des Rauchrohres vor und dem zweifachen Innendurchmesser des Rauchrohres nach den Messöffnungen dürfen keine Verengungen, Bögen, Erweiterungen oder sonstige die Strömung beeinflussende Einbauten sein. Davon ausgenommen sind Anlagen, deren Nachweis über die Einhaltung der Emissions- und Wirkungsgradanforderungen durch eine entsprechende Typenprüfung im Sinn des 5. Abschnittes des Tiroler Gas-, Heizungs- und Klimaanlagengesetzes 2013 erfolgt und im Betrieb keine umfassende Überprüfung erforderlich ist.

(17) Abweichungen von den Messöffnungen nach Abs. 15 und 16 sind zulässig, wenn diese nur mit einem unverhältnismäßig großen Aufwand eingebaut werden können. Die Abweichungen sind im jeweiligen Prüfbericht zu dokumentieren und der Einfluss auf das Messergebnis ist zu beurteilen.

(18) Der Betreiber hat die An- und Abfahrtszeiten mittelgroßer Feuerungsanlagen möglichst kurz zu halten.

§ 4
Heizraum

(1) Heizräume müssen so beschaffen sein, dass die Heizungsanlage ungehindert bedient, gewartet und überprüft werden kann.

(2) In Heizräumen für Heizungsanlagen für flüssige Brennstoffe dürfen keine Bodenabläufe vorhanden sein. Sind darin Pumpensümpfe vorhanden, so müssen diese allseitig mindestens 10 cm hoch umwehrt werden. Anderenfalls ist sicherzustellen, dass die Absaugpumpe nur händisch eingeschaltet werden kann.

(3) Luftheizungs- und Lüftungsleitungen dürfen durch Heizräume nur geführt werden, wenn eine andere Leitungsführung aus bautechnischen Gründen nicht oder nur mit einem unverhältnismäßigen Mehraufwand möglich wäre. In diesem Fall müssen die Luftheizungs- und Lüftungsleitungen im Bereich des Heizraumes brandbeständig ummantelt sein. Nicht zur Heizungsanlage gehörende lüftungstechnische Einrichtungen dürfen in Heizräumen nicht aufgestellt werden.

(4) Die Heizraumtüren müssen selbstschließend und sperrbar sein. Bei Heizräumen für Heizungsanlagen für flüssige Brennstoffe muss die Schwelle den Heizraumboden um mindestens 3 cm überragen. Erfolgt der Zugang zu einem Heizraum über einen Fluchtweg, so muss dem Heizraum ein brandbeständiger, mit einer selbstschließenden Brandschutztür ausgestatteter Raum vorgelagert sein, in dem sich keine Heizungsanlagen oder sonstigen Zündquellen befinden dürfen. Anderenfalls ist die Zugangstüre zum Heizraum mit einer Feuerwiderstandsklasse nach EI2 90 C2 S_m entsprechend der ÖNORM EN 13501-2 auszuführen.

(5) Heizräume sind elektrisch zu beleuchten.

§ 5
Maßnahmen der ersten Löschhilfe

Bei Feuerungsanlagen von Zentralheizungsanlagen, im Nahebereich von Lagerbehältern mit einer Füllmenge von mehr als 300 l sowie im Nahbereich von Lagerräumen für feste Brennstoffe, die einen eigenen Brandabschnitt bilden müssen, sind ausreichende, dem Stand der Technik entsprechende Mittel der ersten Löschhilfe (z. B. tragbare

Feuerlöscher) an gut sichtbarer und leicht zugänglicher Stelle bereitzuhalten.

§ 6

Energiesparende Maßnahmen bei der Beheizung von Gebäuden mit Zentralheizungsanlagen

(1) Zentralheizungsanlagen mit einer Brennstoffwärmeleistung von insgesamt mehr als 120 kW sind mit Einrichtungen für eine mindestens zweistufige oder stufenlose Regelung der Feuerungsleistung oder mit mehreren Wärmeerzeugern auszustatten.

(2) Die Brennstoffwärmeleistung von Zentralheizungsanlagen darf die erforderliche Heizlast nicht oder nur geringfügig überschreiten. Besteht die Zentralheizungsanlage aus mehreren Kesseln, die abwechselnd betrieben werden, so gilt diese Beschränkung für den größten Kessel. Dies gilt nicht für händisch beschickte Zentralheizungsanlagen für feste Brennstoffe, die mit einem Pufferspeicher ausgestattet sind.

(3) Zentralheizungsanlagen einschließlich allfälliger Anlagen zur Brauchwassererzeugung sind so auszuführen, dass Betriebsbereitschafts- und Wärmeverteilverluste weitestgehend vermieden werden. Dazu sind insbesondere Wärmeisolierungen gegen Wärmeverluste nach außen, Einrichtungen gegen wasserseitige Wärmeverluste durch nicht in Betrieb befindliche Wärmeerzeuger und, soweit dem nicht Sicherheitsinteressen entgegenstehen, Leitungsisolierungen, Steuerungen, Rauchfangzugbegrenzungen und dergleichen vorzusehen.

(4) Im Neubau und bei einem Austausch des Wärmeerzeugers in bestehenden Gebäuden sind Heizungsanlagen mit selbstregulierenden Einrichtungen zur separaten Regelung der Temperatur für jeden Raum oder soweit technisch zweckmäßig in einem bestimmten beheizten Bereich des Gebäudeteils, auszustatten, sofern dies technisch und wirtschaftlich realisierbar ist.

(5) Im Fall des Austausches einer bestehenden gasbetriebenen Zentralheizungsanlage mit einer Nennwärmeleistung bis 400 kW muss die Anlage mit Brennwerttechnik ausgestattet und so eingestellt sein, dass diese möglichst oft im Brennwertbereich betrieben wird, wenn dies technisch ohne unverhältnismäßigen Mehraufwand möglich ist. Für ölbetriebene Zentralheizungsanlagen mit einer Nennwärmeleistung bis 400 kW gilt dies sinngemäß, sofern der Austausch solcher Zentralheizungsanlagen zulässig ist.

2. Abschnitt

Anlagen zur Lagerung fester Brennstoffe, Heizungsanlagen für feste Brennstoffe

§ 7

Lagerung fester Brennstoffe

Lagerräume und Lagerbehälter für Holz- und Rindenpellets müssen folgenden Anforderungen entsprechen:

a) Lagerräume und Lagerbehälter müssen so ausgeführt sein, dass bei der Lagerung und Befüllung keine Nässe eindringen kann. Weiters müssen geeignete Vorkehrungen gegen das Auftreten von Kondenswasser getroffen werden.
b) Lagerräume müssen gegenüber den angrenzenden Räumen staubdicht ausgeführt sein.
c) Lagerräume und Lagerbehälter sind so auszuführen, dass beim Betreten keine für das Leben und die Gesundheit von Menschen gefährlichen CO-Konzentrationen auftreten können.
d) Lagerräume und Lagerbehälter samt den zugehörigen Füllsystemen sind so auszuführen, dass während des Füllvorgangs keine für das Leben und die Gesundheit von Menschen gefährlichen Staub-Luftgemische auftreten können.
e) Lagerräume und Lagerbehälter müssen derart zugänglich sein, dass alle erforderlichen Wartungs- und Reinigungsarbeiten ordnungsgemäß durchgeführt werden können.

§ 8

Brandschutz

(1) Automatisch beschickte Heizungsanlagen sind mit Einrichtungen auszustatten, die einen möglichen Rückbrand zum Brennstofflagerraum verhindern oder, wenn dies technisch nicht möglich ist, ausreichend verzögern. Diese Verpflichtung gilt nicht für Räume zur Lagerung fester Brennstoffe mit einem Fassungsvermögen von weniger als 1,5 m³.

(2) Stellen die Fördereinrichtungen eine Verbindung zwischen dem Lagerraum und der Heizungsanlage her, so ist die Feuerung mit ständigem Unterdruck gegenüber dem Lagerraum zu betreiben.

§ 9

Emissionsgrenzwerte und Abgasverluste für Zentralheizungsanlagen für feste Brennstoffe

(1) Bei einer Überprüfung von Zentralheizungsanlagen mit Feuerungsanlagen für feste Brennstoffe nach § 11 oder § 14 des Tiroler Gas-, Heizungs- und Klimaanlagengesetzes 2013 sind folgende Emissionsgrenzwerte und Abgasverluste einzuhalten:

a) Bei Zentralheizungsanlagen mit Feuerungsanlagen mit einer Brennstoffwärmeleistung von weniger als 100 kW, die mit festen Brennstoffen nach Anlage 1 betrieben werden, dürfen die Emissionsgrenzwerte und Abgasverluste nach Anlage 5 nicht überschritten werden.
b) Bei Zentralheizungsanlagen mit Feuerungsanlagen mit einer Brennstoffwärmeleistung ab 100 kW bis 1 MW, die mit festen Brennstoffen nach Anlage 1 betrieben werden, dürfen die Emissionsgrenzwerte nach Anlage 2 Teil 2 Tabelle 1 Sektor A und nach Anlage 2 Teil 2

Tabelle 1 Sektor B der Feuerungsanlagen-Verordnung 2019 – FAV 2019 nicht überschritten werden. Für den Abgasverlust gelten die zutreffenden Grenzwerte nach Anlage 5.

c) Bei Zentralheizungsanlagen mit Feuerungsanlagen mit einer Brennstoffwärmeleistung von weniger als 100 kW, die mit festen Brennstoffen nach Anlage 4 betrieben werden, dürfen die Emissionsgrenzwerte und Abgasverluste nach Anlage 9 Abs. 1 Z 1 nicht überschritten werden.

d) Bei Zentralheizungsanlagen mit Feuerungsanlagen mit einer Brennstoffwärmeleistung ab 100 kW bis 1 MW, die mit festen Brennstoffen nach Anlage 4 betrieben werden, dürfen die Emissionsgrenzwerte nach Anlage 2 Teil 2 Tabelle 1 Sektor A der Feuerungsanlagen-Verordnung 2019 – FAV 2019 nicht überschritten werden. Für den Abgasverlust gelten die zutreffenden Grenzwerte nach Anlage 9 Abs. 1 Z 1.

(2) Die Durchführung der Emissionsmessungen hat im Fall der einfachen Überprüfung nach der ÖNORM H 7510-2 und im Fall der umfassenden Überprüfung nach der ÖNORM H 7510-3 zu erfolgen.

(3) Werden Zentralheizungsanlagen mit Feuerungsanlagen und mit festen Brennstoffen abwechselnd mit verschiedenen festen Brennstoffen betrieben, so gelten für die jeweils eingesetzte Brennstoffart die in der jeweiligen Anlage oder die nach Anlage 2 Teil 2 Tabelle 1 Sektor A und Anlage 2 Teil 2 Tabelle 1 Sektor B der Feuerungsanlagen-Verordnung 2019 – FAV 2019 für diese Brennstoffart vorgesehenen Emissionsgrenzwerte.

(4) Der Nachweis über die Einhaltung der Emissionsgrenzwerte und der Abgasverluste ist unter Berücksichtigung des § 15 Abs. 4 bis 7 TGHKG 2013 erstmals im Rahmen der Abnahmeprüfung im Abnahmebefund nach § 11 Abs. 2 lit. a Z. 1 TGHKG 2013 und in weiterer Folge im Rahmen der wiederkehrenden Überprüfungen nach § 14 TGHKG 2013 zu erbringen. Im Rahmen der Abnahmeprüfung nach § 11 TGHKG 2013 ist das Anlagendatenblatt nach dem Muster der Anlage 10 vollständig auszufüllen. Die Ergebnisse der Abnahmeprüfung nach § 11 Abs. 2 lit. d Z. 1 und der wiederkehrenden einfachen Überprüfungen nach § 15 Abs. 2 TGHKG 2013 sind in einem Prüfbericht nach dem Muster der Anlage 11 zu dokumentieren. Die Ergebnisse der umfassenden wiederkehrenden Überprüfung nach § 15 Abs. 3 TGHKG 2013 sind in einem Prüfbericht, der den Anforderungen nach der ÖNORM M 9413 zu entsprechen hat, zu dokumentieren.

3. Abschnitt
Anlagen zur Lagerung und Leitung flüssiger Brennstoffe, Heizungsanlagen für flüssige Brennstoffe

1. Unterabschnitt
Anlagen zur Lagerung und Leitung flüssiger Brennstoffe

§ 10
Lagerung flüssiger Brennstoffe in Gebäuden

(1) In Gebäuden mit Aufenthaltsräumen sind flüssige Brennstoffe außer in den im Abs. 2 genannten Fällen in Heizöllagerräumen im Sinn des § 11 zu lagern.

(2) Außerhalb von Heizöllagerräumen dürfen flüssige Brennstoffe nach Maßgabe folgender Bestimmungen gelagert werden:

a) bis zu einer Gesamtmenge von 40 l je Wohnung in Kanistern mit einem Inhalt von nicht mehr als jeweils 20 l;

b) bis zu einer Gesamtmenge von 500 l, jedoch nicht im Bereich von Fluchtwegen, auf Dachböden und offenen Balkonen sowie in Garagen mit einer Nutzfläche von über 50 m², wenn

1. die Lagerbehälter eine äußere, mit Ausnahme der betriebsnotwendigen Öffnungen allseitig geschlossene Umhüllung aus Metall mit einer Mindestwandstärke von 1 mm aufweisen oder die Umhüllung aus nicht brennbaren Materialien und mindestens brandhemmend (F 30) ausgeführt ist,
2. die Lagerbehälter oberhalb des höchsten Ölspiegels Einrichtungen besitzen, die eine unzulässige Drucküberhöhung bei Erwärmung verhindern, und
3. die Lagerbehälter in einer öldichten Wanne im Sinne des § 11 Abs. 2 aufgestellt oder doppelwandig ausgeführt sind.

c) bis zu 5.000 l an flüssigen Brennstoffen in doppelwandigen Lagerbehältern mit Leckanzeige im Heizraum gemäß § 4, wenn dies nach den baurechtlichen Bestimmungen zulässig ist.

§ 11
Heizöllagerräume

(1) In einem Heizöllagerraum dürfen nicht mehr als 50.000 l Heizöl gelagert werden. Dies gilt nicht für Gebäude, die ausschließlich der Lagerung von Heizöl dienen.

(2) In Heizöllagerräumen ist durch geeignete technische Vorkehrungen, wie Schwellen, Vertiefungen und dergleichen, eine öldichte Wanne herzustellen, in der allenfalls auslaufendes Heizöl sicher aufgefangen wird. Die Auffangwanne darf keine Bodenabläufe aufweisen und muss aus nicht brennbaren, ölbeständigen Stoffen bestehen. Das Fassungsvermögen der Auffangwanne hat

a) bei einem oder mehreren kommunizierend miteinander verbundenen Lagerbehältern (beispielsweise Batteriebehälter) der gesamten höchstzulässigen Lagermenge,
b) bei mehreren nicht kommunizierend miteinander verbundenen Lagerbehältern der höchstzulässigen Lagermenge des größten Behälters,
c) bei beweglichen Lagerbehältern (Fässern, Kanistern und dergleichen) der Hälfte der gesamten höchstzulässigen Lagermenge, mindestens jedoch der Lagermenge des größten Behälters,

zu entsprechen. Bei doppelwandigen Lagerbehältern mit Leckanzeige kann der Einbau der Auffangwanne entfallen, wenn die äußere Hülle des Behälters aus nicht brennbaren Baustoffen besteht.

(3) Einstiegsöffnungen in Heizöllagerräume müssen ein Lichtmaß von mindestens 80 cm x 70 cm aufweisen. Sie sind mit selbstschließenden und versperrbaren Türen auszustatten.

(4) Heizöllagerräume dürfen nur mit einer Warmwasser- oder Warmluftheizung beheizt werden.

(5) Heizöllagerräume müssen vom Freien aus belüftet werden. Werden die Lüftungsleitungen zum Heizöllagerraum durch angrenzende Räume geführt, so sind diese brandbeständig zu ummanteln oder mit Brandschutzklappen auszustatten.

(6) Heizöllagerräume sind elektrisch zu beleuchten.

(7) In Heizöllagerräume dürfen Heizungsanlagen, Gaszähler und Fangreinigungsöffnungen nicht eingebaut werden.

(8) Luftheizungs- und Lüftungsleitungen dürfen durch Heizöllagerräume nur geführt werden, wenn eine andere Leitungsführung aus bautechnischen Gründen nicht oder nur mit einem unverhältnismäßigen Mehraufwand möglich wäre. In diesem Fall müssen die Luftheizungs- und Lüftungsleitungen im Bereich des Heizöllagerraumes brandbeständig ummantelt sein.

(9) In Heizöllagerräumen aufgestellte Lagerbehälter müssen folgenden Anforderungen entsprechen:

a) der Abstand der Einstiegsöffnung des Behälters von der Decke und bei seitlichen Einstiegsöffnungen von der Wand muss mindestens 1 m betragen;
b) Stahlbehälter müssen von Wänden und Decken sowie voneinander einen Abstand von mindestens 50 cm und vom Boden einen Abstand von mindestens 15 cm aufweisen. Bei Batteriebehältern aus Stahl genügt ein gegenseitiger Abstand von 4 cm;
c) Stahlbehälter sind an den Auflageflächen ausreichend zu isolieren.

§ 12
Oberirdische Lagerung flüssiger Brennstoffe außerhalb von Gebäuden

(1) Oberirdische Lagerbehälter außerhalb von Gebäuden sind so aufzustellen, dass sie durch thermische und mechanische Einwirkungen, wie Brandeinwirkung, Verkehr, Schneedruck, Hochwasser und dergleichen, nicht gefährdet werden. Zudem ist sicherzustellen, dass Nachbargrundstücke nicht gefährdet werden, Instandhaltungsarbeiten ungehindert durchgeführt werden können und eine Brandbekämpfung leicht möglich ist. Freiliegende Armaturen sind erforderlichenfalls gegen Manipulationen durch Unbefugte zu sichern.

(2) Kunststofflagerbehälter und Kunststofflagerbehälter mit Stahlblechumhüllung dürfen nicht verwendet werden.

(3) Die Lagerbehälter sind in einer öldichten, gegen Niederschlagswasser geschützten Wanne aufzustellen. Die Auffangwanne darf keine Bodenabläufe aufweisen. Das Fassungsvermögen der Auffangwanne hat der gesamten höchstzulässigen Lagermenge, bei mehreren Lagerbehältern zumindest der höchstzulässigen Lagermenge des größten Lagerbehälters zu entsprechen. Bei doppelwandigen Lagerbehältern mit Leckanzeige kann der Einbau der Auffangwanne entfallen, wenn die äußere Hülle des Lagerbehälters aus nicht brennbaren Baustoffen besteht.

(4) In einer Lagerstätte dürfen nicht mehr als 500.000 l Heizöl gelagert werden. Um Lagerstätten, in denen mehr als 200.000 l Heizöl gelagert werden, ist eine Schutzzone mit einer linear zur Lagermenge steigenden Größe von 20 m bis 30 m, gemessen vom Lagerbehälter aus, vorzusehen. In der Schutzzone dürfen keine brennbaren Gegenstände und Stoffe gelagert und keine Gebäude bzw. Gebäudeteile errichtet werden, die Aufenthaltsräume aufweisen, der Lagerung brennbarer Stoffe dienen oder aus brennbaren Baustoffen bestehen. Anstelle der Schutzzone kann an höchstens zwei Seiten eine öffnungslose, brandbeständige Wand errichtet werden, die so zu bemessen ist, dass sie eine gegenseitige Brandübertragung zwischen Lagerbehälter und Umgebung verhindert.

(5) Wird Heizöl teils oberirdisch und teils im Erdreich gelagert, so gelten die Abs. 1 bis 4 hinsichtlich der oberirdischen Anlagenteile.

§ 13
Lagerung flüssiger Brennstoffe in Lagerbehältern im Erdreich

(1) Im Erdreich verlegte Lagerbehälter müssen von Nachbargrundstücken, von Fundamenten und ähnlichen Bauteilen und von Kanälen mindestens 1 m entfernt sein. Zwei oder mehrere nebeneinander aufgestellte Lagerbehälter müssen voneinander einen Abstand von mindestens 50 cm aufweisen.

(2) Die Lagerbehälter müssen gewölbte Außenflächen aufweisen. Sie sind zumindest bis zur höchstzulässigen Füllhöhe doppelwandig auszuführen. Lagerbehälter mit eingebauter Innenhülle gelten als doppelwandig.

(3) Die Lagerbehälter sind mit einer geprüften Leckwarneinrichtung auszustatten. Lagerbehälter, die nach dem 30. September 2000 hergestellt worden sind, sind mit einem Vakuumleckwarngerät oder einem Überdruckleckwarngerät mit Luft oder Inertgas als Kontrollmedium auszustatten.

(4) Die Lagerbehälter sind allseitig in eine mindestens 20 cm starke Sandschicht zu betten und erforderlichenfalls gegen Grundwasserauftrieb zu sichern. Das Bettungsmaterial darf keine die Isolierung oder den Lagerbehälter schädigenden Stoffe enthalten. Nach dem Absenken des Lagerbehälters in die Grube ist dessen Dichtheit durch eine Gasdruckprüfung mit mindestens 0,3 bar zu prüfen.

(5) Die Lagerbehälter sind mindestens 50 cm hoch oder durch eine mindestens 20 cm hohe bewehrte Betonplatte, die auf einer mindestens 10 cm hohen Sandschicht aufliegt, zu überdecken. Bei nicht tragfähigem Untergrund müssen sie auf entsprechenden Fundamenten unter Zwischenlage elastischer Ausgleichsschichten versetzt werden. Lagerbehälter, die überfahren werden können oder bei denen andere zusätzliche Auflasten vorliegen, und deren Überdeckungen sind den statischen Erfordernissen entsprechend zu verstärken.

(6) Langgestreckte Lagerbehälter müssen abfallend zum Behälterdom verlegt werden.

(7) Über den Behälterdomen sind Domschächte aus nicht brennbaren Baustoffen mit mindestens 1 m lichter Weite anzuordnen. Domschächte, die nicht aufgeschweißt sind, sind unabhängig vom Lagerbehälter zu fundieren. Die Schächte und Schachtabdeckungen müssen den möglichen Belastungen standhalten.

(8) Lagerbehälter aus Stahl sind durch eine Isolierung wirksam gegen Außenkorrosion zu schützen. Die Isolierung muss auf dem Grundanstrich gut haften, wasserundurchlässig und widerstandsfähig gegen mögliche mechanische, thermische und chemische Beanspruchungen sein; sie darf das Behältermaterial nicht angreifen. Die Isolierung muss so lückenlos aufgebracht sein, dass bei Anlegung einer Prüfspannung von 14.000 Volt an keiner Stelle ein Durchschlag erfolgt. Vor dem Einbringen der Lagerbehälter in die Grube sind allenfalls vorhandene Schäden an der Isolierung auszubessern und mittels eines Hochspannungsgerätes nachzuprüfen.

(9) Wird Heizöl teils im Erdreich und teils oberirdisch gelagert, so gelten die Abs. 1 bis 8 hinsichtlich der im Erdreich verlegten Anlagenteile.

§ 14
Allgemeine Bestimmungen über Lagerbehälter

(1) Heizöl darf nur in dauerhaft dichten, bruchsicheren, allseits geschlossenen, standfest aufgestellten und dem möglichen Innen- und Außendruck standhaltenden Lagerbehältern aus ölbeständigen Stoffen gelagert werden. Diesen Anforderungen müssen im Erdreich verlegte und in Gebäuden aufgestellte Lagerbehälter für den Temperaturbereich zwischen 0° C und plus 40° C, alle übrigen Lagerbehälter für den Temperaturbereich zwischen minus 25° C und plus 50° C entsprechen.

(2) Jeder Lagerbehälter muss mit einem ölfesten Schild gekennzeichnet sein, das folgende Angaben zu enthalten hat:

a) den Namen oder das Kennzeichen des Herstellers;
b) das Baujahr;
c) die Herstellungsnummer;
d) die höchstzulässige Füllmenge in Litern und
e) den Prüfdruck in bar.

§ 15
Ausrüstung der Lagerbehälter

(1) Lagerbehälter mit einem Fassungsvermögen von mehr als 1000 l müssen mit einem festen Füllanschluss und mit einer unversperrbaren Lüftungsleitung ausgestattet werden. Sie müssen mit Ausnahme von Batteriebehältern mindestens eine Einstiegsöffnung aufweisen, deren lichte Weite in jeder Richtung mindestens 60 cm beträgt. Der Füllanschluss ist an einer für die Betankung leicht zugänglichen Stelle zu situieren.

(2) Die Lagerbehälter sind mit einer dicht verschließbaren Peilvorrichtung oder mit einer anderen dicht angeschlossenen Inhaltsmessvorrichtung auszurüsten. Ölstandsgläser sind nicht zulässig. Peilstäbe dürfen nicht am Boden aufliegen. Bei kommunizierend miteinander verbundenen Batteriebehältern genügt eine Messvorrichtung. Messvorrichtungen müssen dem möglichen Innendruck standhalten können. Die Messvorrichtung kann entfallen, wenn der Behälter so durchscheinend ist, dass der Ölstand von außen leicht festgestellt werden kann.

(3) Bei Lagerbehältern mit festem Füllanschluss ist eine elektronische Überfüllsicherung oder ein Grenzwertgeber vorzusehen, die (der) eine automatische Abschaltung des Ölzuflusses beim Tankwagen gewährleistet. Der elektrische Anschluss

hierfür ist in unmittelbarer Nähe des Füllanschlusses anzubringen.

§ 16
Rohrleitungen, Absperrvorrichtungen und Armaturen

(1) Rohrleitungen, Absperrvorrichtungen und Armaturen und ihre Dichtungen müssen gegen Korrosion geschützt und so beschaffen sein, dass sie den möglichen mechanischen, chemischen und thermischen Beanspruchungen standhalten und dicht bleiben.

(2) Kunststoffleitungen dürfen nur im Zusammenhang mit Kunststoffbehältern verwendet werden. Sie dürfen mit Ausnahme der Lüftungsleitungen nur innerhalb der Auffangwanne verlegt werden. Füllanschlüsse sind jedenfalls aus Metall auszuführen.

(3) Bewegliche Leitungen müssen sichtbar verlegt werden. Ihre Länge darf 1,5 m nicht übersteigen.

(4) Im Erdreich verlegte und andere nicht sichtbar verlegte Leitungen mit Ausnahme der Lüftungsleitungen sind in einem korrosionsbeständigen dichten Schutzrohr zu verlegen. Der Zwischenraum zwischen Rohrleitung und Schutzrohr ist durch eine geprüfte Leckwarneinrichtung zu überwachen oder es ist das Schutzrohr abfallend zu einem öldichten Kontrollschacht oder zu einem Raum mit öldichtem Boden zu verlegen.

(5) Rohrleitungsanschlüsse an den Lagerbehältern sind so auszuführen, dass sie gelöst werden können und keine unzulässigen Spannungen verursachen.

(6) Füllleitungen sind so zu verlegen, dass sie sich nach dem Füllen automatisch in den Lagerbehälter entleeren. Weiters sind Füllleitungen mit Kappverschraubungen dicht abzuschließen. Bei im Erdreich verlegten Lagerbehältern ist die Anordnung von Füllanschlüssen im Domschacht nur zulässig, wenn dieser flüssigkeitsdicht ausgeführt ist.

(7) Die Entnahmeleitung zwischen Lagerbehälter und Brenner darf bei Heizungsanlagen, die mit Heizöl „extra leicht“ betrieben werden, nur als Einrohrsystem ohne Rücklaufleitung ausgeführt werden.

(8) Entnahmeleitungen sind in die Lagerbehälter von oben einzuführen und mit einem Fußventil auszustatten, das erst durch die Saugwirkung der Brenner bzw. Förderpumpen angehoben werden kann. Dies gilt nicht für beheizte Lagerbehälter, wenn die Entnahmestelle durch eine Vorkopfkammer, einen Schacht und dergleichen zugänglich ist und die Entnahmeleitung zum Brenner nicht unter dem statischen Druck des Heizöls im Lagerbehälter steht.

(9) Entnahmeleitungen, aus denen bei einem technischen Gebrechen Heizöl ausfließen kann, müssen händisch absperrbar sein. Die Absperrvorrichtungen sind unmittelbar am Lagerbehälter bzw. Zwischenbehälter anzuordnen. Sie dürfen nicht in die bewegliche Anschlussleitung zum Brenner eingebaut werden.

(10) Rücklaufleitungen dürfen mit dem Behälterinhalt nur in Verbindung stehen, wenn eine andere Leitungsführung aus bautechnischen Gründen nicht oder nur mit einem unverhältnismäßigen Mehraufwand möglich wäre. In diesem Fall ist die Heberwirkung durch den Einbau eines Rückschlagventiles beim Eintritt in den Behälter auszuschalten, die Leitung unmittelbar unter dem Brenner absperrbar einzurichten und die Absperrung gegen unbefugte Betätigung ausreichend zu sichern. Bei Heizungsanlagen mit mehreren Lagerbehältern ist durch automatische Verriegelungen sicherzustellen, dass der Rücklauf jeweils nur in jenen Behälter möglich ist, aus dem Heizöl entnommen wird.

(11) Ölführende Leitungen, die unter Druck stehen, sind mit einer Sicherheitseinrichtung zu versehen, die bei Leitungsgebrechen die Heizölfördereinrichtungen automatisch abschaltet.

(12) Lüftungsleitungen von Lagerbehältern müssen ins Freie münden. Sie sind gegen das Eindringen von Wasser und Fremdkörpern zu sichern und möglichst so zu legen, dass sie von der Füllstelle aus eingesehen werden können. Die Mündung der Lüftungsleitung muss sich mindestens 50 cm über dem Füllanschluss bzw. über dem höchstzulässigen Ölspiegel im Lagerbehälter befinden. Der Innendurchmesser der Lüftungsleitung muss mindestens gleich dem Innendurchmesser der Füllleitung des Behälters sein. Dies gilt nicht für Serienprodukte mit vorgefertigten Füll- und Lüftungsleitungen bzw. mit vorgegebenen Anschlussstutzen.

(13) Die Lüftungsleitung von Zwischenbehältern ist als nicht absperrbare Überlaufleitung in den Lagerbehälter herzustellen. Sie muss mindestens den gleichen Innendurchmesser wie die Entnahmeleitung aufweisen und, wenn der Zwischenbehälter mit einer Ölvorwärmung ausgestattet ist, beheizbar ausgeführt sein.

(14) Alle ölführenden Rohrleitungen aus Metall einschließlich der Armaturen sind mit dem 1,5-fachen Betriebsdruck, mindestens jedoch mit 2 bar, auf ihre Dichtheit zu prüfen. Dabei darf die Rohrleitung nicht an den Lagerbehälter angeschlossen sein. Bei anderen Leitungsmaterialien ist die Dichtheitsprüfung nach den Vorschriften des Herstellers durchzuführen.

§ 17
Heizölvorwärmung

Elektrisch beheizte Heizölvorwärmeinrichtungen in Lager- und Zwischenbehältern sind mit einem Sicherheitstemperaturbegrenzer auszurüsten.

§ 18
Prüfung der Lagerbehälter und Rohrleitungen

(1) Vor der erstmaligen bestimmungsgemäßen Inbetriebnahme von Lagerbehältern und Rohrleitungen müssen folgende Bestätigungen vorliegen:

a) eine Bestätigung des Herstellers des Lagerbehälters, dass dieser den für die jeweilige Behälterbauart maßgeblichen ÖNORMEN oder auf andere Weise den Erfordernissen nach § 14 Abs. 1 entspricht;
b) eine Bestätigung, dass die Leckwarneinrichtungen von doppelwandigen Behältern und Rohren nach dem Einbau auf ihre Funktionsfähigkeit geprüft wurden;
c) eine Bestätigung, dass die Überfüllsicherungen nach dem Einbau auf ihre Funktionsfähigkeit geprüft wurden;
d) bei fabriksfertigen, in Gebäuden oder oberirdisch außerhalb von Gebäuden aufgestellten Lagerbehältern eine Bestätigung über die Durchführung einer Sichtkontrolle auf ihre Unversehrtheit am Aufstellungsort;
e) bei im Erdreich verlegten Lagerbehältern eine Bestätigung über die Dichtheitsprüfung nach § 13 Abs. 4 dritter Satz;
f) bei im Erdreich verlegten Stahlbehältern eine Bestätigung darüber, dass die Behälterwände und die Behälter- und Rohrleitungsisolierungen nach dem Einbau unversehrt waren und dass das Sandbett ordnungsgemäß eingebracht und verdichtet wurde;
g) bei ölführenden Rohrleitungen eine Bestätigung über die Dichtheitsprüfung nach § 16 Abs. 14;
h) bei Kunststofffüllleitungen eine Bestätigung des Herstellers, dass diese den Erfordernissen nach § 16 Abs. 1 entsprechen.

(2) Nach der Durchführung wesentlicher Änderungen und nach der Behebung von Mängeln an Lagerbehältern und Rohrleitungen sind die nach der Art der Änderung oder des behobenen Mangels erforderlichen Prüfungen nach Abs. 1 zu wiederholen.

(3) Zur Ausstellung von Bestätigungen nach Abs. 1 lit. b bis g berechtigt ist, wer nach den gewerberechtlichen Vorschriften zur Planung und zum Einbau von Anlagen der betreffenden Art befugt ist.

2. Unterabschnitt
Heizungsanlagen für flüssige Brennstoffe

§ 19
Zentralheizungsanlagen

(1) Heizkessel von Zentralheizungsanlagen mit dem Wärmeträger Wasser, die mit einem Gebläsebrenner ausgerüstet sind, müssen außer hinsichtlich der Emissionsgrenzwerte der ÖNORM EN 303 – 1 entsprechen.

(2) Die Sicherheitsausstattung von Gebläsebrennern in Monoblockausführung muss der ÖNORM EN 298 entsprechen.

(3) Selbsttätige Ölbrenner müssen so ausgestattet sein, dass sie nur in Betrieb genommen werden können, wenn die in den Rauchabzügen eingebauten Saugvorrichtungen oder Rauchgasklappen und die Luftabsperrklappen beim Brenner in Betriebsstellung sind. Fällt die Saugvorrichtung aus oder schließt sich die Rauchgasklappe, so muss sich der Brenner selbsttätig abschalten. Bei Luftheizungsanlagen mit Zwangsluftumwälzung mittels Ventilator muss beim Anlaufen und während des Betriebes sichergestellt sein, dass sich der Ölbrenner bei einem Ausfall des Ventilators selbsttätig abschaltet.

§ 20
Brandschutz

(1) Bei Zentralheizungsanlagen ist durch den Einbau eines Brandschutzschalters sicherzustellen, dass die Stromzufuhr zum Gebläsebrenner und zu allfälligen Ölförder- und Heizölvorwärmeinrichtungen selbsttätig unterbrochen wird, wenn in der Nähe der Heizungsanlage eine Lufttemperatur von mehr als 70° C erreicht wird.

(2) Liegt der höchstzulässige Ölspiegel im Lagerbehälter, aus dem der Brenner unmittelbar versorgt wird, höher als der Brenner, so muss in die Entnahmeleitung ein mit dem Brandschutzschalter nach Abs. 1 gekoppeltes Brandschutzventil eingebaut werden, das im Brandfall die Ölzufuhr zum Brenner unterbricht. Das Brandschutzventil ist möglichst nahe der Eintrittsstelle der Entnahmeleitung in den Heizraum bzw. in den Raum, in den die Heizungsanlage eingebaut wurde, oder möglichst nahe der Austrittsstelle der Entnahmeleitung aus dem Lager- oder Zwischenbehälter anzuordnen.

§ 21
Emissionsgrenzwerte und Abgasverluste für Zentralheizungsanlagen für flüssige Brennstoffe

(1) Bei einer Überprüfung von Zentralheizungsanlagen mit Feuerungsanlagen für flüssige Brennstoffe nach § 11 oder § 14 des Tiroler Gas-, Heizungs- und Klimaanlagengesetzes 2013 sind folgende Emissionsgrenzwerte und Abgasverluste einzuhalten:

a) Bei Zentralheizungsanlagen mit Feuerungsanlagen mit einer Brennstoffwärmeleistung von weniger als 100 kW, die mit flüssigen Brennstoffen nach Anlage 2 betrieben werden, dürfen die Emissionsgrenzwerte und Abgasverluste nach Anlage 6 nicht überschritten werden.

b) Bei Zentralheizungsanlagen mit Feuerungsanlagen mit einer Brennstoffwärmeleistung von 100 kW bis 1 MW, die mit flüssigen Brennstoffen nach Anlage 2 oder mit flüssigen fossilen Brennstoffen nach Anlage 4 betrieben werden, dürfen die Emissionsgrenzwerte nach Anlage 2 Teil 2 Tabelle 1 Sektor C und nach Anlage 2 Teil 2 Tabelle 1 Sektor D der Feuerungsanlagen-Verordnung 2019 - FAV 2019 nicht überschritten werden. Für den Abgasverlust gelten die zutreffenden Grenzwerte nach Anlage 6.
c) Bei Zentralheizungsanlagen mit Feuerungsanlagen mit einer Brennstoffwärmeleistung von weniger als 100 kW, die mit flüssigen nicht standardisierten biogenen Brennstoffen nach Anlage 4 betrieben werden, dürfen die Emissionsgrenzwerte und Abgasverluste nach Anlage 9 Abs.1 Z. 2 nicht überschritten werden.
d) Bei Zentralheizungsanlagen mit Feuerungsanlagen mit einer Brennstoffwärmeleistung ab 100 kW bis 1 MW, die mit flüssigen nicht standardisierten biogenen Brennstoffen nach Anlage 4 betrieben werden, dürfen die Emissionsgrenzwerte nach Anlage 2 Teil 2 Tabelle 1 Sektor D der Feuerungsanlagen-Verordnung 2019 – FAV 2019 nicht überschritten werden. Für den Abgasverlust gelten die zutreffenden Grenzwerte nach Anlage 9 Abs. 1 Z 2.

(2) Die Durchführung der Emissionsmessungen hat im Fall der einfachen Überprüfung nach der ÖNORM H 7510-2 und im Fall der umfassenden Überprüfung nach der ÖNORM H 7510-3 zu erfolgen.

(3) Werden Zentralheizungsanlagen mit Feuerungsanlagen und flüssigen Brennstoffen abwechselnd mit verschiedenen flüssigen Brennstoffen betrieben, so gelten für die jeweils eingesetzte Brennstoffart die in der jeweiligen Anlage oder die nach Anlage 2 Teil 2 Tabelle 1 Sektor C und Anlage 2 Teil 2 Tabelle 1 Sektor D der Feuerungsanlagen-Verordnung 2019 – FAV 2019 für diese Brennstoffart vorgesehenen Emissionsgrenzwerte.

(4) Der Nachweis über die Einhaltung der Emissionsgrenzwerte und der Abgasverluste ist unter Berücksichtigung des § 15 Abs. 4 bis 7 TGHKG 2013 erstmals im Rahmen der Abnahmeprüfung im Abnahmebefund nach § 11 Abs. 2 lit. a Z. 1 und in weiterer Folge im Rahmen der wiederkehrenden Überprüfungen nach § 14 TGHKG 2013 zu erbringen. Im Rahmen der Abnahmeprüfung nach § 11 TGHKG 2013 ist das Anlagendatenblatt nach dem Muster der Anlage 10 vollständig auszufüllen. Die Ergebnisse der Abnahmeprüfung nach § 11 Abs. 2 lit. d Z. 1 und der wiederkehrenden einfachen Überprüfungen nach § 15 Abs. 2 TGHKG 2013 sind in einem Prüfbericht nach dem Muster der Anlage 12 zu dokumentieren. Die Ergebnisse der umfassenden wiederkehrenden Überprüfung nach § 15 Abs. 3 TGHKG 2013 sind in einem Prüfbericht, der den Anforderungen nach der ÖNORM M 9413 zu entsprechen hat, zu dokumentieren.

(5) Die Abgase müssen frei von Ölderivaten sein.

§ 22
Einzelfeuerstätten

Heizungsanlagen, die nicht Zentralheizungsanlagen sind, (Einzelfeuerstätten) sind entsprechend der ÖNORM EN 1 zu betreiben.

4. Abschnitt
Emissionsgrenzwerte und Abgasverluste für den Betrieb von gasförmig betriebenen Zentralheizungsanlagen und von Blockheizkraftwerken für gasförmige und flüssige Brennstoffe

§ 23
Emissionsgrenzwerte und Abgasverluste für Zentralheizungsanlagen für gasförmige Brennstoffe

(1) Bei einer Überprüfung von Zentralheizungsanlagen mit Feuerungsanlagen für gasförmige Brennstoffe nach § 11 oder § 14 des Tiroler Gas-, Heizungs- und Klimaanlagengesetzes 2013 sind folgende Emissionsgrenzwerte und Abgasverluste einzuhalten:
a) Bei Zentralheizungsanlagen mit Feuerungsanlagen mit einer Brennstoffwärmeleistung von weniger als 100 kW, die mit gasförmigen Brennstoffen nach Anlage 3 betrieben werden, dürfen die Emissionsgrenzwerte und Abgasverluste nach Anlage 7 nicht überschritten werden.
b) Bei Zentralheizungsanlagen mit Feuerungsanlagen mit einer Brennstoffwärmeleistung ab 100 kW bis 1 MW, die mit gasförmigen Brennstoffen nach Anlage 3 betrieben werden, dürfen die Emissionsgrenzwerte nach Anlage 2 Teil 2 Tabelle 1 Sektor E und nach Anlage 2 Teil 2 Tabelle 1 Sektor F der Feuerungsanlagen-Verordnung 2019 – FAV 2019 nicht überschritten werden. Für den Abgasverlust gelten die zutreffenden Grenzwerte nach Anlage 7.
c) Bei Zentralheizungsanlagen mit Feuerungsanlagen mit einer Brennstoffwärmeleistung von weniger als 100 kW, die mit gasförmigen nicht standardisierten biogenen Brennstoffen nach Anlage 4 betrieben werden, dürfen die Emissionsgrenzwerte und Abgasverluste nach Anlage 9 Abs. 1 Z. 3 nicht überschritten werden.
d) Bei Zentralheizungsanlagen mit Feuerungsanlagen mit einer Brennstoffwärmeleistung ab 100 kW bis 1 MW, die mit gasförmigen nicht standardisierten biogenen Brennstoffen nach Anlage 4 betrieben werden, dürfen die

Emissionsgrenzwerte nach Anlage 2 Teil 2 Tabelle 1 Sektor F der Feuerungsanlagen-Verordnung 2019 – FAV 2019 nicht überschritten werden. Für den Abgasverlust gelten die zutreffenden Grenzwerte nach Anlage 9 Abs. 1 Z 3.

(2) Die Durchführung der Emissionsmessungen hat im Fall der einfachen Überprüfung nach der ÖNORM H 7510-2 und im Fall der umfassenden Überprüfung nach der ÖNORM H 7510-3 zu erfolgen.

(3) Werden Zentralheizungsanlagen mit Feuerungsanlagen und gasförmigen Brennstoffen abwechselnd mit verschiedenen gasförmigen Brennstoffen betrieben, so gelten für die jeweils eingesetzte Brennstoffart die in der jeweiligen Anlage oder die in Anlage 2 Teil 2 Tabelle 1 Sektor E und Anlage 2 Teil 2 Tabelle 1 Sektor F der Feuerungsanlagen-Verordnung 2019 – FAV 2019 für diese Brennstoffart vorgesehenen Emissionsgrenzwerte.

(4) Der Nachweis über die Einhaltung der Emissionsgrenzwerte und der Abgasverluste ist unter Berücksichtigung des § 15 Abs. 4 bis 7 TGHKG 2013 crstmals im Rahmen der Abnahmeprüfung im Abnahmebefund nach § 11 Abs. 2 lit. a Z. 1 und in weiterer Folge im Rahmen der wiederkehrenden Überprüfungen nach § 14 TGHKG 2013 zu erbringen. Im Rahmen der Abnahmeprüfung nach § 11 TGHKG 2013 ist das Anlagendatenblatt nach dem Muster der Anlage 10 vollständig auszufüllen. Die Ergebnisse der Abnahmeprüfung nach § 11 Abs. 2 lit. d Z. 1 und der wiederkehrenden einfachen Überprüfungen nach § 15 Abs. 2 TGHKG 2013 sind in einem Prüfbericht nach dem Muster der Anlage 12 zu dokumentieren. Die Ergebnisse der umfassenden wiederkehrenden Überprüfung nach § 15 Abs. 3 TGHKG 2013 sind in einem Prüfbericht, der den Anforderungen nach der ÖNORM M 9413 zu entsprechen hat, zu dokumentieren.

§ 24
Emissionsgrenzwerte für den Betrieb von Blockheizkraftwerken kleiner als 1 MW

(1) Bei der Überprüfung von Blockheizkraftwerken mit einer Brennstoffwärmeleistung kleiner als 1 MW nach § 14 des Tiroler Gas-, Heizungs- und Klimaanlagengesetzes 2013, welche mit flüssigen Kraftstoffen nach Anlage 2 oder gasförmigen Kraftstoffen nach den Anlagen 3 und 4 betrieben werden, sind die Emissionsgrenzwerte nach Anlage 8 Abs. 1 einzuhalten.

(2) Die Durchführung der Emissionsmessungen hat im Fall der einfachen Überprüfung nach der ÖNORM H 7510-2 und im Fall der umfassenden Überprüfung nach der ÖNORM H 7510-3 zu erfolgen.

(3) Werden Blockheizkraftwerke abwechselnd mit verschiedenen Kraftstoffen betrieben, so gelten für die jeweils eingesetzte Kraftstoffart die in der Anlage 8 Abs. 1 vorgesehenen Emissionsgrenzwerte.

(4) Der Nachweis über die Einhaltung der Emissionsgrenzwerte ist unter Berücksichtigung des § 15 Abs. 4 bis 7 TGHKG 2013 erstmals im Rahmen der Abnahmeprüfung im Abnahmebefund nach § 11 Abs. 2 lit. a Z. 1 und in weiterer Folge im Rahmen der wiederkehrenden Überprüfungen nach § 14 TGHKG 2013 zu erbringen. Im Rahmen der Abnahmeprüfung nach § 11 TGHKG 2013 ist das Anlagendatenblatt nach dem Muster der Anlage 10 vollständig auszufüllen. Die Ergebnisse der Abnahmeprüfung nach § 11 Abs. 2 lit. d Z. 1 und der wiederkehrenden einfachen Überprüfungen nach § 15 Abs. 2 TGHKG 2013 sind in einem Prüfbericht nach dem Muster der Anlage 13 zu dokumentieren. Die Ergebnisse der umfassenden wiederkehrenden Überprüfung nach § 15 Abs. 3 TGHKG 2013 sind in einem Prüfbericht, der den Anforderungen nach der ÖNORM M 9413 zu entsprechen hat, zu dokumentieren.

5. Abschnitt
Emissionsgrenzwerte für mittelgroße Feuerungsanlagen und mittelgroße Verbrennungskraftmaschinen

§ 24a
Emissionsgrenzwerte für mittelgroße Feuerungsanlagen und Verbrennungskraftmaschinen

(1) Mittelgroße Feuerungsanlagen und mittelgroße Verbrennungskraftmaschinen haben die in der Anlage 2 Teil 2 Tabelle 1 Sektor A bis F und Anlage 2 Teil 2 Tabelle 2 Sektor A bis D der Feuerungsanlagen-Verordnung 2019 – FAV 2019 festgelegten Emissionsgrenzwerte einzuhalten.

(2) Für die Emissionsmessanforderungen von mittelgroßen Feuerungsanlagen und mittelgroßen Verbrennungskraftmaschinen gelten die Anforderungen nach Anlage 3 sowie zusätzlich die Anforderungen nach § 12 der Feuerungsanlagen-Verordnung 2019 – FAV 2019.

(3) Die Durchführung der Emissionsmessungen hat im Fall der einfachen Überprüfung nach der ÖNORM H 7510-2 und im Fall der umfassenden Überprüfung nach der ÖNORM H 7510-3 zu erfolgen.

(4) Werden mittelgroße Feuerungsanlagen oder mittelgroße Verbrennungskraftmaschinen abwechselnd mit verschiedenen Brenn- oder Kraftstoffen betrieben, so gelten für die jeweils eingesetzte Brenn- oder Kraftstoffart die in Anlage 2 Teil 2 Tabelle 1 Sektor A bis F und Anlage 2 Teil 2 Tabelle 2 Sektor A bis D der Feuerungsanlagen-Verordnung 2019 – FAV 2019.

(5) Der Nachweis über die Einhaltung der Emissionsgrenzwerte ist unter Berücksichtigung des

§ 15 Abs. 4 bis 7 des Tiroler Gas-, Heizungs- und Klimaanlagengesetzes 2013 erstmals im Rahmen der Abnahmeprüfung im Abnahmebefund nach § 11 Abs. 2 des Tiroler Gas-, Heizungs- und Klimaanlagengesetzes 2013 und in weiterer Folge im Rahmen der wiederkehrenden Überprüfungen nach § 14 des Tiroler Gas-, Heizungs- und Klimaanlagengesetzes 2013 zu erbringen. Im Rahmen der Abnahmeprüfung nach § 11 des Tiroler Gas-, Heizungs- und Klimaanlagengesetzes 2013 ist der Befund über die Abnahmeprüfung und das Anlagendatenblatt nach dem Muster der Anlage 10 vollständig auszufüllen. Der Staubgehalt ist nach der ÖNORM M 5861-1 zu ermitteln. Die Ergebnisse der Abnahmeprüfung nach § 11 Abs. 2 lit. d Z 1 des Tiroler Gas-, Heizungs- und Klimaanlagengesetzes 2013 und der wiederkehrenden einfachen Überprüfungen nach § 15 Abs. 2 des Tiroler Gas-, Heizungs- und Klimaanlagengesetzes 2013 sind in einem Prüfbericht nach den jeweils zutreffenden Mustern der Anlagen 11 bis 13 zu dokumentieren. Die Ergebnisse der umfassenden wiederkehrenden Überprüfung nach § 15 Abs. 3 des Tiroler Gas-, Heizungs- und Klimaanlagengesetzes 2013 sind in einem Prüfbericht, der den Anforderungen nach der ÖNORM M 9413 zu entsprechen hat, zu dokumentieren.

§ 24b
Grenzwertermittlung bei Verwendung mehrerer Brenn- bzw. Kraftstoffe

(1) Werden in mittelgroßen Feuerungsanlagen, Blockheizkraftwerken, Motoren oder Gasturbinen gleichzeitig zwei oder mehrere Brenn- bzw. Kraftstoffe verwendet, ist der Emissionsgrenzwert für jeden Schadstoff durch Befolgung der Rechenschritte nach § 8 Abs. 2 der Feuerungsanlagen-Verordnung 2019 – FAV 2019 zu berechnen (Mischungsformel).

(2) Bei mittelgroßen Feuerungsanlagen, Blockheizkraftwerken, Motoren oder Gasturbinen in denen abwechselnd mehrere Brenn- bzw. Kraftstoffe eingesetzt werden, sind die Emissionen bei dem Brennstoff zu überwachen, bei dem die höchste Emissionsmenge zu erwarten ist.

§ 24c
Alternative Überwachungsmaßnahmen

(1) Durchzuführende Emissionsmessungen betreffend SO_2 dürfen durch den rechnerischen Nachweis ersetzt werden, wenn durch den nachweislich verwendeten Brenn- oder Kraftstoff die für die jeweiligen Feuerungsanlagen oder Verbrennungskraftmaschinen vorgesehenen Emissionsgrenzwerte für SO_2 nicht überschritten werden.

(2) Für die nachweisliche Verwendung der nachfolgenden Heizöle gilt der rechnerische Nachweis für die jeweiligen Emissionsgrenzwerte SO_2 jedenfalls als erbracht:

Brenn- oder Kraftstoff	SO_2-Emissionsgrenzwert in mg/Nm³ erfüllt
Heizöl extra leicht-schwefelfrei, Heizöl extra leicht-schwefelarm, Heizöl extra leicht, Heizöl extra leicht mit biogenen Komponenten,	180
Heizöl leicht	350

6. Abschnitt
Übergangs- und Schlussbestimmungen

§ 25
Verbindlicherklärung, Kundmachung und Gleichwertigkeit von Normen

(1) Folgende in dieser Verordnung bezogene technische Regelwerke werden für verbindlich erklärt:

a) ÖNORM EN 13501-2, Klassifizierung von Bauprodukten und Bauarten zu ihrem Brandverhalten Teil 2: Klassifizierung mit den Ergebnissen aus den Feuerwiderstandsprüfungen, mit Ausnahme von Lüftungsanlagen, Ausgabe 2016 11 01;
b) ÖNORM M 5861-1, Manuelle Bestimmung von Staubkonzentrationen in strömenden Gasen Gravimetrische Verfahren Allgemeine Anforderungen, Ausgabe 1993 04 01;
c) ÖNORM H 7510-2, Überprüfung von Heizungsanlagen Teil 2: Einfache Überprüfung von Feuerungsanlagen und Verbrennungskraftmaschinen, Ausgabe 2021 07 15;
d) ÖNORM H 7510-3, Überprüfung von Heizungsanlagen Teil 3: Umfassende Überprüfung von Feuerungsanlagen und Verbrennungskraftmaschinen, Ausgabe 2021 07 15;
e) ÖNORM M 9413, Bericht über Emissionsmessungen —— Anforderungen für die Erstellung, Ausgabe 2011 04 15;
f) ÖNORM EN 303-1, Heizkessel Teil 1: Heizkessel mit Gebläsebrenner – Begriffe, Allgemeine Anforderungen, Prüfung und Kenn-

TGHKG+V

zeichnung (EN 303-1:1999 + A1:2003), Ausgabe 2004 03 01;

g) ÖNORM EN 298, Feuerungsautomaten für Brenner und Brennstoffgeräte für gasförmige oder flüssige Brennstoffe, Ausgabe 2012 07 15;
h) ÖNORM EN 1, Heizöfen für flüssige Brennstoffe mit Verdampfungsbrennern und Schornsteinanschluss, Ausgabe 2007 10 01;
i) ÖNORM EN ISO 17225-5, Biogene Festbrennstoffe —— Brennstoffspezifikationen und -klassen Teil 2: Klassifizierung von Holzpellets; Ausgabe: 2014 09 01;
j) ÖNORM EN ISO 17225-4, Biogene Festbrennstoffe - Brennstoffspezifikationen und –klassen - Teil 4: Klassifizierung von Holzhackschnitzeln; Ausgabe 2014 09 01;
k) ÖNORM EN ISO 17225-2, Biogene Festbrennstoffe - Brennstoffspezifikationen und -klassen - Teil 2: Klassifizierung von Holzpellets; Ausgabe 2014 09 01;
l) ÖNORM EN ISO 17225-3, Biogene Festbrennstoffe – Brennstoffspezifikationen und –klassen - Teil 3: Klassifizierung von Holzbriketts; Ausgabe 2014 09 01;
m) ÖNORM C 1109, Flüssige Brennstoffe – Heizöl extra leicht – Gasöl zu Heizzwecken, Anforderungen, Ausgabe 2014 03 01;
n) ONR 31115; Flüssige Brennstoffe - Heizöl extra leicht mit biogenen Komponenten - Mindestanforderungen; Ausgabe 2009 09 01;
o) ÖNORM C 1108, Flüssige Brennstoffe- Rückstandsheizöle —— Anforderungen, Ausgabe 2003 05 01;
p) ÖNORM EN 14214, Flüssige Mineralölerzeugnisse —— Fettsäure- Methylester (FAME) zur Verwendung in Dieselmotoren und als Heizöl —— Anforderungen und Prüfverfahren, Ausgabe 2014 04 01;
q) ÖNORM EN 590; Kraftstoffe für Kraftfahrzeuge —— Dieselkraftstoff —— Anforderungen und Prüfverfahren; Ausgabe 2013 12 01;
r) ÖNORM C 1301, Flüssiggase für Brennzwecke - Propan, Propen, Butan, Buten und deren Gemische - Anforderungen und Prüfverfahren, Ausgabe 2001 05 01;
s) ÖVGW-Richtlinie G B210 , Gasbeschaffenheit, Ausgabe 6/2021.

Die Regelwerke nach lit. a bis lit. r werden von Austrian Standards, Heinestraße 38, 1020 Wien, herausgegeben. Das Regelwerk nach lit. s werden von der Österreichischen Vereinigung für das Gas- und Wasserfach-ÖVGW-, Schubertring 14, 1015 Wien herausgegeben und können bei Austrian Standards, Heinestraße 38, 1020 Wien, bezogen werden.

(2) Die nach Abs. 1 für verbindlich erklärten technischen Regelwerke werden für die Dauer ihrer Geltung bei der Abteilung Emissionen Sicherheitstechnik und Anlagen des Amtes der Tiroler Landesregierung zur öffentlichen Einsichtnahme während der für den Parteienverkehr bestimmten Amtsstunden aufgelegt.

(3) Der Gegenstand, die Fundstellen und die Bezugsquellen der der technischen Regelwerke, werden auf der Internetseite des Landes in einem gegen unbefugte Änderungen geschützten Dateiformat kundgemacht.

(4) Technische Regelwerke anderer EU-Mitgliedstaaten und Vertragsstaaten des EWR-Abkommens sind den technischen Regelwerken nach Abs. 1 gleichzuhalten, sofern damit zumindest das gleiche Schutz- bzw. Sicherheitsniveau gewährleistet ist.

(5) Soweit in dieser Verordnung nichts anderes bestimmt ist, beziehen sich die Verweisungen auf die im Folgenden jeweils angeführte Fassung des Gesetzes bzw. der Verordnung:

a) Tiroler Gas-, Heizungs- und Klimaanlagengesetz 2013 – TGHKG 2013, LGBl. Nr. 111, zuletzt geändert durch das Gesetz LGBl. Nr. 98/2022;
b) Feuerungsanlagen-Verordnung 2019 – FAV 2019, BGBl. II Nr. 293/2019.

§ 26
Übergangsbestimmungen

(1) Im Zeitpunkt des Inkrafttretens dieser Verordnung bestehende Feuerungsanlagen und Verbrennungskraftmaschinen sind dem Stand der Technik anzupassen, soweit dies nach Maßgabe der jeweiligen zeitlichen Vorgaben zur Einhaltung der sich aus § 20 Abs. 1 und 2 der Feuerungsanlagen-Verordnung 2019 – FAV 2019 ergebenden Emissionsgrenzwerte erforderlich ist.

(2) Für bestehende Feuerungsanlagen und Verbrennungskraftmaschinen ist bis zu den in § 20 Abs. 1 und 2 der Feuerungsanlagen-Verordnung 2019 – FAV 2019 genannten Zeitpunkten die Feuerungsanlagen-Verordnung – FAV, BGBl. II Nr. 331/1997, in der Fassung der Verordnung BGBl. II Nr. 312/2011, anzuwenden.

(3) Die Bestimmungen in Anlage 8 Abs. 1 gelten nur für jene Blockheizkraftwerke mit einer Brennstoffwärmeleistung kleiner als 1 MW, die nach Inkrafttreten dieser Verordnung erstmals errichtet oder wesentlich geändert wurden.

§ 27
Umsetzung von Unionsrecht

Durch diese Verordnung werden folgende Richtlinien umgesetzt:

1. Richtlinie (EU) 2016/802 des Europäischen Parlaments und des Rates vom 11. Mai 2016 über eine Verringerung des Schwefelgehalts bestimmter flüssiger Kraft- oder Brennstoffe (kodifizierter Text), ABl. 2016 Nr. L 132, S. 58,

2. Richtlinie 2015/2193/EU des Europäischen Parlaments und des Rates vom 25. November 2015 zur Begrenzung der Emissionen bestimmter Schadstoffe aus mittelgroßen Feuerungsanlagen in die Luft, ABl. 2015 Nr. L 313, S. 3,
3. Richtlinie 2010/31/EU des Europäischen Parlaments und des Rates über die Gesamtenergieeffizienz von Gebäuden, ABl. 2010 Nr. L 153, S. 13, in der Fassung der Richtlinie (EU) 2018/844, ABl. 2018 Nr. L 156, S.75.

§ 28
Inkrafttreten, Notifikation

(1) Diese Verordnung tritt mit Ablauf des Tages der Kundmachung in Kraft.

(2) Gleichzeitig tritt die Tiroler Gas-, Heizungs- und Klimaanlagenverordnung 2014, LGBl. Nr. 80/2014, zuletzt geändert durch die Verordnung LGBl. Nr. 101/2022, außer Kraft.

(3) Diese Verordnung wurde unter Einhaltung der Bestimmungen der Richtlinie (EU) 2015/1535 über ein Informationsverfahren auf dem Gebiet der technischen Vorschriften und der Vorschriften für die Dienste der Informationsgesellschaft, ABl. 2015 Nr. L 241, S. 1, notifiziert (Notifikationsnummer 2024/0097/AT).

Anlage 1

Anlage 1 (zu § 2 Abs. 1 TGHKV 2024)

Feste Biomasse und andere feste fossile Brennstoffe:

Art	Brenn- bzw. Kraftstoff	technische Anforderungen
Standardisierte biogene Brennstoffe	Stückholz	naturbelassenes, unbehandeltes und luft-trockenes Holz in Form von Stücken, Scheiten oder Rinde welches die Anforderungen nach ÖNORM EN ISO 17225-5, Qualitätsklasse A1, erfüllt
	Holzhackgut	ÖNORM EN ISO 17225-4, Qualitätsklasse A1 und A2
	Holz- und Rindenpresslinge	ÖNORM EN ISO 17225-2 oder ÖNORM EN ISO 17225-3, Qualitätsklasse A1
Feste fossile Brennstoffe	Braun- und Steinkohle, Briketts, Torf und Koks, ausgenommen Petro(l)koks	Der Schwefelgehalt darf 0,30 g/MJ und bei Feuerungsanlagen über 400 kW Brennstoffwärmeleistung 0,20 g/MJ nicht übersteigen (jeweils bezogen auf den Heizwert des Brennstoffs im wasserfreien Zustand und den verbrennbaren Anteil des Schwefels)

Anlage 2

Anlage 2 (zu § 2 Abs. 2 TGHKV 2024)

Flüssige Brenn- und Kraftstoffe:

Art	Brenn- bzw. Kraftstoff	technische Anforderungen
Flüssige fossile Brennstoffe, Gasöl (aus Erdöl gewonnene flüssige Kraft- und Brennstoffe)*	Heizöl extra leicht schwefelfrei	ÖNORM C 1109 Höchstzulässiger Schwefelgehalt: 0,0010 %
	Heizöl extra leicht	ÖNORM C 1109 Höchstzulässiger Schwefelgehalt: 0,0010 – 0,10 %
	Heizöl extra leicht mit biogenen Komponenten	ONR 31115; 2009 *Höchstzulässiger Schwefelgehalt: 0,0010 %*
	Heizöl leicht (HL)	ÖNORM C 1108
		Höchstzulässiger Schwefelgehalt: 0,20 %M
		Zulässig nur in bestehenden und neu errichteten Feuerungsanlagen ab einer Brennstoffwärmeleistung von 400 kW. In bestehenden Feuerungsanlagen mit einer Brennstoffwärmeleistung von mind. 70 kW bis 400 kW längstens zulässig bis 1. 1. 2018.
Flüssige biogene Brennstoffe	biogene Heizöle	ÖNORM EN 14214
Flüssige fossile Kraftstoffe	Dieselkraftstoff	ÖNORM EN 590
Flüssige biogene Kraftstoffe	Biogene Kraftstoffe	ÖNORM EN 14214

* Gasöl gemäß der Richtlinie (EU) 2016/802 des Europäischen Parlaments und des Rates vom 11. Mai 2016 über eine Verringerung des Schwefelgehalts bestimmter flüssiger Kraft- oder Brennstoffe

TGHKG+V

Anlage 3

Anlage 3 (zu § 2 Abs. 3 TGHKV 2024)

Art	Brenn- bzw. Kraftstoff	technische Anforderungen
Gasförmige fossile Brennstoffe	Erdgas	ÖVGW Richtlinie G B210
	Flüssiggas	ÖNORM C 1301

Anlage 4

Anlage 4 (zu § 2 Abs. 4 TGHKV 2024)

Sonstige Brenn- und Kraftstoffe:

Art	Brenn- bzw. Kraftstoff	technische Anforderungen
Flüssige fossile Brennstoffe (Schweröle)*	Heizöl mittel	ÖNORM C 1108
		Höchstzulässiger Schwefelgehalt: 0,40 %M
		Zulässig nur in Feuerungsanlagen > 5 MW Brennstoffwärmeleistung
	Heizöl schwer	ÖNORM C 1108
		Höchstzulässiger Schwefelgehalt: 1,00 %M
		Zulässig nur in Feuerungsanlagen > 10 MW Brennstoffwärmeleistung
Flüssige oder gasförmige nicht standardisierte biogene Brenn- und Kraftstoffe	Pflanzenöle, Biogas, Klärgas, Holzgas, Deponiegas	
Andere feste nicht standardisierte biogene Brennstoffe	Reste von Holzwerkstoffen oder Bauteilen aus der Produktion oder der Holzbe- oder -verarbeitung mit Ausnahme solcher, die infolge einer Beschichtung halogenorganische Verbindungen oder Schwermetalle enthalten können. Der Gesamtchlorgehalt dieser Brennstoffe darf 1.500 mg/kg Trockensubstanz nicht übersteigen	Zu den ausgenommenen Resten zählen insbesondere Holzreste aus Bau- und Abbruchabfällen, wenn kein Nachweis vorliegt, dass diese frei von halogenorganischen Verbindungen oder Schwermetallen sind
	sonstige feste pflanzliche Produkte aus der Land- und Forstwirtschaft (z.B. Getreidepflanzen, Gräser, Miscantus oder Stroh)	Zulässig nur in Feuerungsanlagen > 1 MW Brennstoffwärmeleistung

* Schweröl gemäß der Richtlinie (EU) 2016/802 des Europäischen Parlaments und des Rates vom 11. Mai 2016 über eine Verringerung des Schwefelgehalts bestimmter flüssiger Kraft- oder Brennstoffe

Anlage 5

Anlage 5 (zu § 9 Abs. 1 TGHKV 2024)

Emissionsgrenzwerte und Abgasverluste für den Betrieb von Feuerungsanlagen für feste Brennstoffe unter 100 kW:

Parameter	Grenzwerte			
	Händisch beschickt		Automatisch beschickt	
	biogen fest	fossil fest	biogen fest	fossil fest
Abgasverlust (%)	20	20	19	19
CO (mg/m^3)*	4.500	3.500	1.800	1.500

*Der Grenzwert für CO ist auf einen Sauerstoffgehalt von 6 % bezogen.

Anlage 6

Anlage 6 (zu § 21 Abs. 1 TGHKV 2024)

Emissionsgrenzwerte und Abgasverluste für den Betrieb von Feuerungsanlagen für flüssige Brennstoffe unter 100 kW:

Parameter	Grenzwert
Abgasverlust (%)	10
Rußzahl**	1
CO (mg/m³)*	100

*Der Grenzwert für CO ist auf einen Sauerstoffgehalt von 3 % bezogen.

** Gilt nicht für Ölbrennwertgeräte.

Anlage 7

Anlage 7 (zu § 23 Abs. 1 TGHKV 2024)

Emissionsgrenzwerte und Abgasverluste für den Betrieb von Feuerungsanlagen für gasförmige Brennstoffe unter 100 kW:

Parameter	Grenzwert
Abgasverlust (%)	10
CO (mg/m^3)*	100

*Der Grenzwert für CO ist auf einen Sauerstoffgehalt von 3 % bezogen.

Anlage 8

Anlage 8 (zu § 24 Abs. 1 TGHKV 2024)

(1) Emissionsgrenzwerte für den Betrieb von Blockheizkraftwerken mit einer Brennstoffwärmeleistung kleiner als 1 MW:

(Die Grenzwerte für CO, NO_x und Staub sind jeweils auf einen Sauerstoffgehalt von 15 % bezogen)

a) Flüssige Kraftstoffe:

Parameter	Brennstoffwärmeleistung (MW)	
	bis 0,25	> 0,25 – 1
Staub (mg/m³)	–	10
CO (mg/m³)	250	200
NO_x (mg/m³)	200	190

b) Erdgas, Flüssiggas:

Parameter	Erdgas	Flüssiggas
	Brennstoffwärmeleistung bis 1 MW	Brennstoffwärmeleistung bis 1 MW
CO (mg/m³)	120	120
NO_x (mg/m³)	100	190

c) Biogas, Klärgas, Deponiegas, Holzgas:

Parameter	Brennstoffwärmeleistung bis 1 MW
CO (mg/m³)	250
NO_x (mg/m³)	200

d) Wird das Blockheizkraftwerk mit einer Entstickungsanlage betrieben, so dürfen die Emissionen von Ammoniak und Ammoniumverbindungen, angegeben als Ammoniak, 10 mg/m³ (bezogen auf 0 % O_2) nicht überschreiten.

(2) Emissionsgrenzwerte für den Betrieb von Blockheizkraftwerken ab einer Brennstoffwärmeleistung von mindestens 1 MW:

Blockheizkraftwerke mit einer Brennstoffwärmeleistung von mindestens 1 MW dürfen die Emissionsgrenzwerte für Motoren und Gasturbinen der Anlage 2 der Feuerungsanlagen-Verordnung 2019 – FAV 2019 nicht überschreiten.

TGHKG+V

Anlage 9

Anlage 9 (zu § 2 Abs. 4 TGHKV 2024)

(1) Für Feuerungsanlagen unter 100 kW Brennstoffwärmeleistung, die mit nicht standardisierten biogenen Brennstoffen nach Anlage 4 betrieben werden, gelten folgende Grenzwerte:

1. Feste biogene Brennstoffe:

Parameter:	**Grenzwerte:**	
Abgasverlust (%)	19	Die Grenzwerte für CO, NOx, OGC und Staub sind auf einen Sauerstoffgehalt von 6 % bezogen.
Staub (mg/m³)	225	
CO (mg/m³)	1.200*	
OGC (mg/m³)	75	
NO_x (mg/m³)	750	

* Bei Teillastbetrieb kleiner 50% der Brennstoffwärmeleistung darf der Grenzwert um bis zu 50% überschritten werden.

2. Flüssige biogene Brennstoffe:

Parameter:	**Grenzwerte:**	
Abgasverlust (%)	10	Die Grenzwerte für CO, NOx und SO_2 sind jeweils auf einen Sauerstoffgehalt von 3 % bezogen. Die SO_2-Konzentration im Abgas kann auch rechnerisch ermittelt werden, wenn geeignete Nachweise über den Schwefelgehalt des Brennstoffes vorliegen.
Rußzahl	1	
CO (mg/m³)	100	
NO_x (mg/m³)	450	
SO_2 (mg/m³)	170	

3. Gasförmige biogene Brennstoffe:

Parameter:	**Grenzwerte:**	
Abgasverlust (%)	10	Die Grenzwerte für CO, NOx und SO_2 sind jeweils auf einen Sauerstoffgehalt von 3 % bezogen.
CO (mg/m³)	100	
NO_x (mg/m³)	200	
SO_2 (mg/m³)	350	

Anlage 10

Anlage 10 (zu § 3 Abs. 14 TGHKV 2024)

Abnahmebefund über die Abnahmeprüfung gemäß § 11 Tiroler Gas-, Heizungs- und Klimaanlagengesetz 2013 (TGHKG 2013)	
Aussteller:	Behörde:
OBJEKTDATENBLATT (Gebäude)	
Adresse des Aufstellungsortes der Heizungsanlage	
ADRCD	
PLZ	
Ort	
Gemeinde	
Gemeindename Zusatz (z.B. Ortsteil)	
Straße	
Hausnummer	
Objektnummer	
Stiege	
Tür / Top	
Name und Adresse des Betreibers der Anlage[1]	
ggf. Firmenname	
Rechtsform	
Akademischer Grad, vorgestellt	
Vorname	
Nachname	
Akademischer Grad, nachgestellt	
ADRCD	
PLZ	
Ort	
Gemeinde	
Gemeindename Zusatz (z.B. Ortsteil)	
Straße	
Hausnummer	
Objektnummer	
Stiege	

[1] Falls relevant: Name und Adresse der zuständigen Hausverwaltung

TGHKG+V

Anlage 10 (zu § 3 Abs. 14 TGHKV 2024)

Tür / Top	
Gebäudetyp	
☐ Wohngebäude mit 1 oder 2 Wohnungen ☐ Wohngebäude mit 3 bis 10 Wohnungen ☐ Wohngebäude mit 11 oder mehr Wohnungen ☐ Gebäude mit 1 oder 2 Wohnungen und Mischnutzung, z. B. Wohngebäude und Verkaufsstätte(n) ☐ Gebäude mit 3 bis 10 Wohnungen und Mischnutzung, z. B. Wohngebäude und Verkaufsstätte(n) ☐ Gebäude mit 11 oder mehr Wohnungen und Mischnutzung, z. B. Wohngebäude und Verkaufsstätte(n) ☐ Gebäude der öffentlichen Verwaltung (Bund) ☐ Gebäude der öffentlichen Verwaltung (Land) ☐ Gebäude der öffentlichen Verwaltung (Gemeinde) ☐ Gebäude für Verkehr und Nachrichtenwesen ☐ Gebäude für Industrie und Lagerei ☐ Kirchen, sonstige Sakralbauten ☐ Gebäude der Landesverteidigung, Kasernen und Militärstützpunkte ☐ Bürogebäude ☐ Kindergarten / Pflichtschule ☐ Höhere Schule / Hochschule ☐ Krankenhaus	☐ Pflegeheim ☐ Schulheim ☐ Pension ☐ Hotel ☐ Gasthaus / Gaststätte ☐ Veranstaltungsstätten für Kultur, Freizeit, Bildungs- und Gesundheitswesen ☐ Sportstätte ☐ Verkaufsstätten (Groß- und Einzelhandel) ☐ Hallenbad / Therme ☐ Werkstätte ☐ Nur landwirtschaftlich genutztes Gebäude ☐ Wohngebäude mit 1 oder 2 Wohnungen und angeschlossener, landwirtschaftlicher Nutzung ☐ Wohngebäude mit 3 bis 10 Wohnungen und angeschlossener, landwirtschaftlicher Nutzung ☐ Wohngebäude mit 11 oder mehr Wohnungen und angeschlossener, landwirtschaftlicher Nutzung ☐ Berg-/Schutzhütte ☐ Sonstiges, beheiztes Gebäude:
Baujahr des Gebäudes	
Beheizbare Nutzfläche[2]	.... m²
Raumheizlast des Gebäudes	.... kW
ermittelt aus: ☐ Energieausweis ☐ Heizlastberechnung ☐ Energieträgerverbrauch ☐ Sonstiges	
Warmwasserheizlast des Gebäudes	.... kW
ermittelt aus: ☐ Energieausweis ☐ Heizlastberechnung ☐ Energieträgerverbrauch ☐ Sonstiges	
Gebäudegesamtheizlast	.... kW
Umfang der Maßnahme am Gebäude ☐ Neubau ☐ Änderung am Bestandsgebäude ☐ Keine Maßnahme am Gebäude	**Auswirkung auf die Gebäudegesamtheizlast** ☐ Ja, neue Gebäudegesamtheizlast: .... kW ☐ Nein

[2] Die beheizbare Nutzfläche ist die gesamte Bodenfläche abzüglich der Wandstärken und der im Verlauf der Wände befindlichen Durchbrechungen.

Anlage 10 (zu § 3 Abs. 14 TGHKV 2024)

Umfang der Maßnahme an der Heizungsanlage ☐ Neue Heizungsanlage ☐ Wesentliche Änderung an der Heizungsanlage ☐ Keine Maßnahme an der Heizungsanlage	

ANLAGENDATENBLATT Teil 1 von 2 (Wärmeerzeuger)		
Gesamtanzahl an Wärmeerzeugern	Anzahl	
Art der Wärmeerzeugung[3] (Mehrfachnennung möglich)	☐	A) Feuerungsanlage (Anzahl ....)
	☐	B) Verbrennungskraftmaschine (Anzahl ....)
	☐	C) Wärmepumpe (Anzahl ....)
	☐	D) Fernwärmeübergabestation (Anzahl ....)
	☐	E) Elektrische Widerstandsheizung (Anzahl ....)
	☐	F) Thermische Solaranlage (Anzahl ....)
	☐	G) Photovoltaikanlage (Anzahl ....)

A) Nur für Feuerungsanlagen auszufüllen:		
Kessel		
Zentrale Anlage[4]	☐ ja	☐ Nein (dezentrale Anlage[5])
Typ	☐ Feuerungsanlage für feste Brennstoffe ☐ Feuerungsanlage für flüssige Brennstoffe ☐ Feuerungsanlage für gasförmige Brennstoffe	
Fabrikat und Type		
Baujahr		
Art der Feuerungsanlage	☐ Standardkessel ☐ Brennwertkessel ☐ Zweikammerkessel ☐ Niedertemperaturkessel ☐ Wechselbrandkessel ☐ Sonstiges	
Art der Beschickung[6]	☐ händisch	☐ automatisch
Wärmeleistungsbereich	Von .... kW bis .... kW	
Nennwärmeleistung	.... kW	
Brennstoffwärmeleistung	.... kW	
Zulässige Brennstoffe lt. Typenschild (ggf. mehrere Brennstoffe anführen)	bitte auswählen bitte auswählen bitte auswählen	
Verwendete(r) Brennstoff(e)	bitte auswählen bitte auswählen bitte auswählen	Anteil: .... % Anteil: .... % Anteil: .... %
Brennstoffart	☐ standardisiert ☐ nicht standardisiert	☐ biogen ☐ fossil

[3] Sind mehrere Wärmeerzeuger der gleichen Art installiert (zum Beispiel: mehrere Wärmepumpen), so ist für jeden Wärmeerzeuger das entsprechende Anlagendatenblatt auszufüllen (im Beispiel also C).

[4] Eine Einrichtung, über die mehrere oder alle Nutzungseinheiten eines Gebäudes mit Wärme versorgt werden.

[5] Eine Einrichtung, über die lediglich einzelne Räume oder eine von mehreren Nutzungseinheiten eines Gebäudes mit Wärme versorgt werden (z. B. Etagenheizung).

[6] Nur bei festen Brennstoffen anzugeben.

Anlage 10 (zu § 3 Abs. 14 TGHKV 2024)

Datum der Inbetriebnahme				
NACE-Code[7]				
Voraussichtliche Zahl der jährlichen Betriebsstunden[6]	.... h			
Durchschnittliche Betriebslast[6]	.... %			
Pufferspeicher vorhanden	☐	ja	☐	nein
Pufferspeichervolumen	.... m^3			
Brenner				
Kessel und Brenner eine Einheit	☐	ja	☐	nein
Fabrikat und Type				
Baujahr				
Art des Brenners	☐ Atmosphärischer Brenner ☐ Gebläsebrenner ☐ Gebläseunterstützter Brenner			
Betriebsweise des Brenners	☐ Einstufiger Brenner ☐ Zweistufiger Brenner ☐ Mehrstufiger Brenner ☐ Modulierender Brenner			
Wärmeleistungsbereich	Von .... kW bis .... kW			
Nennwärmeleistung	.... kW			
Brennstoffwärmeleistung	.... kW			
Zulässige Brennstoffe lt. Typenschild (ggf. mehrere Brennstoffe anführen)	bitte auswählen bitte auswählen bitte auswählen			
Verwendete(r) Brennstoff(e)	bitte auswählen Anteil: .... % bitte auswählen Anteil: .... % bitte auswählen Anteil: .... %			
Einzelraumheizgerät				
Typ	☐ Kaminofen ☐ Kachelofen ☐ Öl-Einzelraumheizgerät ☐ Gas-Einzelraumheizgerät ☐ Küchenherd betrieben mit gasförmigen/flüssigen/festen Brennstoffen ☐ Kein Einzelraumheizgerät vorhanden			
Baujahr				
Nennwärmeleistung	.... kW			
B) Nur für Verbrennungskraftmaschinen auszufüllen:				
Typ	☐ Blockheizkraftwerk ☐ Motor ☐ Zweistoffmotor ☐ Turbine ☐ Notstromaggregat			
Fabrikat und Type				
Baujahr				
Leistungsregelung:	☐ Stromgeführt ☐ Wärmegeführt			
Elektrische Leistung	.... kW			
Nennwärmeleistung	.... kW			

[7] Nur bei mittelgroßen Feuerungsanlagen (BWL ≥ 1 MW und ≤ 50 MW) anzugeben.

Anlage 10 (zu § 3 Abs. 14 TGHKV 2024)

Brennstoffwärmeleistung	.... kW			
Zulässige Kraftstoffe lt. Typenschild (ggf. mehrere Kraftstoffe anführen)	bitte auswählen bitte auswählen bitte auswählen			
Verwendete(r) Kraftstoff(e)	bitte auswählen Anteil: .... % bitte auswählen Anteil: .... % bitte auswählen Anteil: .... %			
Kraftstoffart	☐ standardisiert ☐ nicht standardisiert	☐ biogen ☐ fossil		
Datum der Inbetriebnahme				
NACE-Code[8]				
Voraussichtliche Zahl der jährlichen Betriebsstunden[7]	.... h			
Durchschnittliche Betriebslast[7]	.... %			
Nur bei mehreren Feuerungsanlagen (Typ A) bzw. Verbrennungskraftmaschinen (Typ B) auszufüllen				
Summenbrennstoffwärmeleistung	.... kW			
Aggregation nach § 3a TGHKG bei mehreren mittelgroßen Feuerungsanlagen oder mehreren mittelgroßen Verbrennungskraftmaschinen erforderlich	☐	ja	☐	nein
C) Nur für Wärmepumpen auszufüllen:				
Typ (Art der Wärmequelle)	☐ Luft ☐ Wasser ☐ Abwasser ☐ Erdreich Flächenkollektor ☐ Erdreich Tiefenbohrung			
Fabrikat und Type				
Baujahr				
Nennwärmeleistung 35 °C	.... kW			
Nennwärmeleistung 55 °C	.... kW			
Datum der Inbetriebnahme				
Kältemitteltyp	Bezeichnung: .... Füllmenge: .... kg			
D) Nur für Fernwärmeübergabestationen auszufüllen:				
Fabrikat und Type				
Baujahr				
Art und Typ der Station	☐ Hausstation ☐ Wohnungsstation			
Nennwärmeleistung	.... kW			
Datum der Inbetriebnahme				
E) Nur für elektrische Widerstandsheizungen auszufüllen:				
Fabrikat und Type				
Baujahr				
Verwendungszweck	☐ Warmwasserbereitung ☐ Heizungsunterstützung ☐ Sonstiges			

[8] Nur bei mittelgroßen Verbrennungskraftmaschinen (BWL ≥ 1 MW und ≤ 50 MW) anzugeben.

TGHKG+V

Anlage 10 (zu § 3 Abs. 14 TGHKV 2024)

Elektrische Gesamtleistung	.... kW
Datum der Inbetriebnahme	
F) Nur für thermische Solaranlagen auszufüllen:	
Fabrikat und Type	
Baujahr	
Verwendungszweck	☐ Warmwasserbereitung ☐ Heizungsunterstützung ☐ Sonstiges
Bruttogesamtfläche[9]	.... m^2
Nennwärmeleistung	.... kW
G) Nur für Photovoltaikanlage auszufüllen:	
Baujahr	
Bruttogesamtfläche der Photovoltaikanlage[10]	.... m^2
Elektrische Gesamtleistung[10]	.... kWp
Elektrische Speicherleistung Akkumulator (optional)	.... kW
ANLAGENDATENBLATT Teil 2 von 2	
Beschreibung Brennstofflagerung (inkl. Grundrissen und Schnitten)	☐ Vorhanden ☐ Nicht vorhanden ☐ Nicht zutreffend
Beschreibung Brennstoffleitung (inkl. Grundrissen und Schnitten)	☐ Vorhanden ☐ Nicht vorhanden ☐ Nicht zutreffend
Beschreibung Abgas- und Kaminanlage (inkl. Grundrissen und Schnitten)	☐ Vorhanden ☐ Nicht vorhanden ☐ Nicht zutreffend
Beschreibung Aufstellungsraum der Wärmeerzeugungsanlage (inkl. Grundrissen und Schnitten)	☐ Vorhanden ☐ Nicht vorhanden
ANLAGENDATENBLATT KLIMAANLAGEN	
Anzahl der Klimaanlagen	
Fabrikat und Type	
Baujahr	
Nennleistung	.... kW
Datum der Inbetriebnahme	
Umfang der Maßnahme an der Klimaanlage	☐ Neue Klimaanlage ☐ Wesentliche Änderung an der Klimaanlage ☐ Keine Maßnahme an der Klimaanlage
Kältemitteltyp	Bezeichnung: .... Füllmenge: .... kg

[9] Die Bruttogesamtfläche ergibt sich aus der Summe der Flächen der einzelnen Module.
[10] Bei Photovoltaikanlagen ist die Leistung in Kilowatt Peak [kWp] anzugeben.

Anlage 10 (zu § 3 Abs. 14 TGHKV 2024)

ABNAHMEBEFUND Teil 1 von 2	
Objektdatenblatt und Anlagendatenblatt vorhanden und vollständig befüllt?	☐ Ja ☐ Nein
Der Einbau/Die Änderung der im Objekt- und Anlagendatenblatt beschriebenen Anlage erfolgte nach den maßgebenden technischen Erfordernissen (§ 3 Abs. 1 und Verordnungen nach § 3 Abs. 2 TGHKG 2013) und wurde ordnungsgemäß ausgeführt?	☐ Ja ☐ Nein
Die Anlage verfügt über nachstehende Merkmale: 1. Konformitätszeichen (CE-Zeichen) 2. Typenschild 3. Technische Dokumentation (gemäß § 11 Abs. 2 lit. e TGHKG 2013) bzw. liegt alternativ ein Bericht über die Typenprüfung vor?	☐ Ja ☐ Nein
Bei gasbetriebenen Feuerungsanlagen/Gasanlagen: Eine Bestätigung gem. § 11 Abs. 2 lit. c TGHKG 2013 liegt vor?	☐ Ja ☐ Nein ☐ Nicht zutreffend
Das entsprechende Prüfprotokoll gem. § 11 Abs. 2 lit. d Z 1 TGHKG 2013 nach Maßgabe der entsprechenden Anlage 11 bis 13 der Tiroler Gas- Heizungs- und Klimaanlagenverordnung 2014 liegt vor?	☐ Ja ☐ Nein ☐ Nicht zutreffend
Gemäß § 11 Abs. 2 lit. f TGHKG 2013 wird bestätigt, dass die Auslegung des Heizsystems zur Gebäudegesamtheizlast passt.	☐ Ja ☐ Nein ☐ Nicht zutreffend
Gemäß § 11 Abs. 2 lit. d Z 2 TGHKG 2013 wird bestätigt, dass der erforderliche Pufferspeicher ausreichend dimensioniert ist.	☐ Ja ☐ Nein ☐ Nicht zutreffend
Eine Bestätigung über den ordnungsgemäßen Einbau des Brennstofflagers und der Fördereinrichtungen liegt vor?	☐ Ja ☐ Nein ☐ Nicht zutreffend
Ein Inspektionsbericht gemäß § 14 Abs. 3 lit. c in Verbindung mit § 16 TGHKG 2013 liegt vor?	☐ Ja ☐ Nein ☐ Nicht zutreffend
Die Feuerungsanlage wurde mit den maßgebenden Stammdaten nach dem Anlagendatenblatt im Onlineregister unter www.edm.gv.at registriert. (nur erforderlich bei Feuerungsanlagen und Verbrennungskraftmaschinen mit einer Brennstoffwärmeleistung ≥ 1 MW)	☐ Ja ☐ Nein ☐ Nicht zutreffend
Abnahmeprüfung Rauchgasanlage (vom Rauchfangkehrer auszufüllen): Es wird bestätigt, dass die beschriebene Rauchgasanlage den maßgebenden technischen Erfordernissen entspricht und die Ausführung ordnungsgemäß erfolgt ist.	

Anlage 10 (zu § 3 Abs. 14 TGHKV 2024)

..................................., am .... (Ort)	(Datum)	.... (Unterschrift des Prüforgans)

ABNAHMEBEFUND Teil 2 von 2

Die gesamte Anlage entspricht - *mit Ausnahme nachstehender Abweichungen* - der vorgelegten Beschreibung sowie den beiliegenden Plänen und wurde nach dem Stand der Technik, den Erfordernissen der Sicherheit, des Brandschutzes, der Energieeinsparung, der Gesundheit und des Umwelt- und Schallschutzes entsprechend geplant und ausgeführt. Alle für die Inbetriebnahme der Anlage erforderlichen Bestätigungen sind vorhanden.

☐ **ja** ☐ **nein**

Gegen die Inbetriebnahme gegenständlicher Anlage bestehen

☐ **keine** ☐ **folgende Einwände**

Einwände:

Heizungsanlage wurde eingebaut durch:

....
(Name und Anschrift Firma)

..................................., am .... (Ort)	(Datum)	.... (Unterschrift und Stempel des/der Ausstellers/In)

Abweichungen

Datum und Eingangsstempel der Behörde

Anlage 11

Anlage 11 (zu § 9 Abs. 4 TGHKV 2024)

PRÜFBERICHT für die einfache Überprüfung gemäß § 15 Abs. 4 und 5 Tiroler Gas-, Heizungs- und Klimaanlagengesetz - TGHKG 2013

Feste Brennstoffe

☐ Braunkohle	☐ Braunkohlebriketts	☐ Holzhackgut[1)]	☐ Holzbriketts
☐ Holzpellets	☐ Koks	☐ Stückholz	☐ Steinkohle
☐ Steinkohlebriketts	☐ Stroh	☐ Sonstiges und zwar:	

[1)]Wassergehalt [%]: __________ ☐ ______________________________

Daten des Prüfberechtigten	
Firmenname inkl. Rechtsform	
Prüfnummer	
ADRCD	
PLZ	
Gemeinde	
Gemeindename Zusatz (z. B. Ortsteil)	
Straße	
Hausnummer	
Tür / Top	
Daten des Prüforgans	
Akademischer Grad	
Vorname	
Nachname	
Datum der Prüfung	
Prüfdatum	Klicken oder tippen Sie, um ein Datum einzugeben.

Daten der Feuerungsanlage	
Fabrikat und Type	
Baujahr	

Messgerät			
Fabrikat		Kalibrierstelle	
Typenbezeichnung		Letztkalibrierung am	Klicken oder tippen Sie, um ein Datum einzugeben.

Anlass der Überprüfung	
☐ erstmalige einfache Überprüfung	☐ wiederkehrende einfache Überprüfung
☐ Mängelbehebung	☐ außerordentliche Überprüfung

Anlagendatenblatt in Übereinstimmung mit Anlagendaten	☐ ja ☐ nein	**Abgasklappe funktionstüchtig**	☐ ja ☐ nein

Anlage 11 (zu § 9 Abs. 4 TGHKV 2024)

Luftzufuhr ausreichend	☐ ja ☐ nein	**Verbindungsstück in Ordnung**	☐ ja ☐ nein
Heizflächen, Rostfunktion und Flammenbild in Ordnung	☐ ja ☐ nein	**Zugregler/Explosionsklappe in Ordnung**	☐ ja ☐ nein
zulässige Brennstofflagerung	☐ ja ☐ nein	**zulässiger Brennstoff**	☐ ja ☐ nein

Messwerte			**Beurteilungswert**	**Grenzwert**
Abgastemperatur	°C	Abgas-verlust	%	%
Verbrennungslufttemperatur	°C			
☐ CO_2-Gehalt ☐ O_2-Gehalt	%			
CO-Gehalt	ppm	CO-Gehalt ☐ 11 % O_2 ☐ 6 % O_2	mg/m³ mg/m³	mg/m³ mg/m³
Kesseltemperatur	°C			
Förderdruck Fang	Pa			

Brennstoffverbrauch pro Jahr			
Braunkohle [kg]		Braunkohlebriketts [kg]	
Holzhackgut [srm]		Holzbriketts [kg]	
Holzpellets [kg]		Koks [kg]	
Scheitholz [rm]		Steinkohle [kg]	
Steinkohlebriketts [kg]		Stroh [kg]	
Sonstiges[1] [ ]			

Inspektion nach § 16 TGHKG 2013 erforderlich:		☐ ja ☐ nein	
Mängel:	☐ ja ☐ nein	**Behebung bis:**	Klicken oder tippen Sie, um ein Datum einzugeben.
Art der Mängel / Bemerkungen			
Firmenstempel und Unterschrift des Prüforgans:			
Nächste Überprüfung:	Klicken oder tippen Sie, um ein Datum einzugeben.		
Unterschrift des Betreibers:			

[1] Einheit anführen (Liter, Kubikmeter, Kilogramm, Tonnen etc.)

Anlage 12

Anlage 12 (zu § 21 Abs. 4 und § 23 Abs. 4 TGHKV 2024)

PRÜFBERICHT für die einfache Überprüfung gemäß § 15 Abs. 4 und 5 Tiroler Gas-, Heizungs- und Klimaanlagengesetz - TGHKG 2013

Gasförmige und Flüssige Brennstoffe

☐ Bioethanol	☐ Biogas	☐ Erdgas	☐ Ethanol
☐ Flüssiggas	☐ HEL	☐ HEL schwefelarm	☐ Klärgas
☐ HL	☐ Rapsöl	☐ Sonstiges und zwar:	

Daten des Prüfberechtigten	
Firmenname inkl. Rechtsform	
Prüfnummer	
ADRCD	
PLZ	
Gemeinde	
Gemeindename Zusatz (z. B. Ortsteil)	
Straße	
Hausnummer	
Tür / Top	
Daten des Prüforgans	
Akademischer Grad	
Vorname	
Nachname	
Datum der Prüfung	
Prüfdatum	Klicken oder tippen Sie, um ein Datum einzugeben.

Daten der Feuerungsanlage	
Fabrikat / Type	
Baujahr	

Messgerät			
Fabrikat		Kalibrierstelle	
Typenbezeichnung		Letztkalibrierung am	Klicken oder tippen Sie, um ein Datum einzugeben.

Anlass der Überprüfung	
☐ erstmalige einfache Überprüfung	☐ wiederkehrende einfache Überprüfung
☐ Mängelbehebung	☐ außerordentliche Überprüfung

Anlagendatenblatt in Übereinstimmung mit Anlagendaten	☐ ja ☐ nein	**Abgasklappe funktionstüchtig**	☐ ja ☐ nein

TGHKG+V

Anlage 12 (zu § 21 Abs. 4 und § 23 Abs. 4 TGHKV 2024)

Luftzufuhr ausreichend	☐ ja ☐ nein	**Verbindungsstück in Ordnung**	☐ ja ☐ nein
Zugregler/Explosions-klappe in Ordnung	☐ ja ☐ nein	**zulässiger Brennstoff**	☐ ja ☐ nein

Messwerte			**Beurteilungswert**	**Grenzwert**
Abgastemperatur	°C	Abgas-verlust	%	%
Verbrennungslufttemperatur	°C			
☐ **CO_2-Gehalt** ☐ **O_2-Gehalt**	%			
CO-Gehalt	ppm	CO-Gehalt bei 3 % O_2	mg/m³	mg/m³
Kesseltemperatur	°C			
Förderdruck Fang	Pa			

Rußzahl	1. Messung		2. Messung		3. Messung		Mittelwert	

Brennstoffverbrauch pro Jahr			
Bioethanol [l]		Biogas [m³]	
Erdgas [m³]		Ethanol [l]	
Flüssiggas [kg]		HEL [l]	
HEL schwefelarm [l]		Klärgas [m³]	
Rapsöl [l]		Sonstiges[1] [ ]	
HL [l]			

Inspektion nach § 16 TGHKG 2013 erforderlich:		☐ ja ☐ nein	
Mängel:	☐ ja ☐ nein	**Behebung bis:**	Klicken oder tippen Sie, um ein Datum einzugeben.
Art der Mängel / Bemerkungen			

Firmenstempel und Unterschrift des Prüforgans:	
Nächste Überprüfung:	Klicken oder tippen Sie, um ein Datum einzugeben.
Unterschrift des Betreibers:	

[1] Einheit anführen (Liter, Kubikmeter, Kilogramm, Tonnen etc.)

Anlage 13

Anlage 13 (zu § 24 Abs. 4 TGHKV 2024)

PRÜFBERICHT FÜR BLOCKHEIZKRAFTWERKE (BHKW)
Einfache Überprüfung gemäß § 15 Abs. 4 und 5 Tiroler Gas-, Heizungs- und Klimaanlagengesetz - TGHKG 2013

☐ Biodiesel	☐ Bioethanol	☐ Biogas	☐ Deponiegas
☐ Dieselkraftstoff	☐ Erdgas	☐ Ethanol	☐ Flüssiggas
☐ HEL	☐ HEL schwefelarm	☐ Holzgas	☐ Klärgas
☐ Pflanzenöl	☐ Rapsöl	☐ Sonstiges und zwar: ____________	

Daten des Prüfberechtigten	
Firmenname inkl. Rechtsform	
Prüfnummer	
ADRCD	
PLZ	
Gemeinde	
Gemeindename Zusatz (z. B. Ortsteil)	
Straße	
Hausnummer	
Tür / Top	
Daten des Prüforgans	
Akademischer Grad	
Vorname	
Nachname	
Datum der Prüfung	
Prüfdatum	Klicken oder tippen Sie, um ein Datum einzugeben.

Daten des Blockheizkraftwerks	
Fabrikat / Type	
Baujahr	

Messgerät			
Fabrikat		Kalibrierstelle	
Typenbezeichnung		Letztkalibrierung am	Klicken oder tippen Sie, um ein Datum einzugeben.

Anlass der Überprüfung	
☐ einfache Überprüfung ☐ Mängelbehebung	☐ außerordentliche Überprüfung

Anlagendatenblatt in Übereinstimmung mit Anlagendaten	☐ ja ☐ nein	**Abgasführung ordnungsgemäß**	☐ ja ☐ nein

Anlage 13 (zu § 24 Abs. 4 TGHKV 2024)

Zulässiger Kraftstoff	☐ ja ☐ nein	**Luftzufuhr ausreichend**	☐ ja ☐ nein

Messwerte			**Beurteilungswert**	**Grenzwert**
CO-Gehalt	ppm	**CO-Gehalt** ☐ 5 % O_2 ☐ 15 % O_2	mg/m³	mg/m³
NO_x-Gehalt	ppm	**NO_x-Gehalt** ☐ 5 % O_2 ☐ 15 % O_2	mg/m³	mg/m³

Brennstoffverbrauch pro Jahr			
Biodiesel [l]		Bioethanol [l]	
Biogas [m³]		Deponiegas [m³]	
Dieselkraftstoff [l]		Erdgas [m³]	
Ethanol [l]		Flüssiggas [kg]	
HEL [l]		HEL schwefelarm [l]	
Holzgas [m³]		Klärgas [m³]	
Pflanzenöl [l]		Rapsöl [l]	
Sonstiges[1] [ ]			
Mängel:	☐ ja ☐ nein	**Behebung bis:**	Klicken oder tippen Sie, um ein Datum einzugeben.
Art der Mängel / Bemerkungen			

Firmenstempel und Unterschrift des Prüforgans:	
Nächste Überprüfung:	Klicken oder tippen Sie, um ein Datum einzugeben.
Unterschrift des Betreibers:	

[1] Einheit anführen (Liter, Kubikmeter, Kilogramm, Tonnen etc.)

20. Tiroler Heizungs- und Klimaanlagendatenbankverordnung

Verordnung der Landesregierung vom 28. März 2023, mit der nähere Bestimmungen über die Einrichtung und den Betrieb sowie über Inhalt und Form der Heizungs- und Klimaanlagendatenbank erlassen werden (Tiroler Heizungs- und Klimaanlagendatenbankverordnung – THKDBV 2023)

StF: VBl. Tirol Nr. 38/2023

Präambel

Aufgrund des § 35 Abs. 6 des Tiroler Gas-, Heizungs- und Klimaanlagengesetzes 2013, LGBl. Nr. 111/2013, zuletzt geändert durch das Gesetz LGBl. Nr. 98/2022, wird verordnet:

§ 1
Geltungsbereich

Diese Verordnung regelt die Einrichtung und den Betrieb einer Heizungs- und Klimaanlagendatenbank als EDV-Anwendung einschließlich des Zuganges, der Schnittstellen und der Übermittlungsvorgänge.

§ 2
Heizungs- und Klimaanlagendatenbank

(1) Die Landesregierung hat eine geeignete Online-Applikation für die Verarbeitung und für die Abfrage der Daten nach § 35 Abs. 2 des Tiroler Gas-, Heizungs- und Klimaanlagengesetzes 2013 zur Verfügung zu stellen. Zur Überprüfung der Inspektionsberichte nach § 3 muss es der Landesregierung möglich sein, den Urheber der Hinzufügung von Informationen in die Datenbank zu ermitteln. Die Landesregierung kann sich bei der Einrichtung der für die Heizungs- und Klimaanlagendatenbank erforderlichen EDV-Anwendung gemäß § 1 eines Dienstleisters bedienen.

(2) Die Prüfberechtigten der betreffenden Heizungs- und Klimaanlagen haben das Recht auf Online-Zugriff auf alle Daten ihrer jeweiligen Heizungs- und Klimaanlagen.

(3) Die aggregierten anonymisierten Daten sind auf Antrag für statistische Zwecke oder Forschungszwecke zur Verfügung zu stellen. Dem Betreiber der Anlage sind auf Antrag die Daten für seine Anlage zur Verfügung zu stellen.

§ 3
Überprüfung von Inspektionsberichten

(1) Die Landesregierung hat unter Berücksichtigung der Vorgaben nach Anhang II der Richtlinie 2010/31/EU in der Fassung der Richtlinie (EU) 2018/844 und der Verordnung (EU) 2018/1999 stichprobenartig die in der Heizungs- und Klimaanlagendatenbank erfassten Inspektionsberichte zu überprüfen.

(2) Die Landesregierung kann mit der Überprüfung nach Abs. 1 geeignete Stellen und nach bundesrechtlichen Vorschriften befugte Personen beauftragen; diese sind dabei an die Weisungen der Landesregierung gebunden.

(3) Die Aussteller von Inspektionsberichten und die Betreiber der Anlagen, auf die sich der Inspektionsbericht bezieht, haben der Landesregierung oder den von der Landesregierung beauftragten Organen sowie den zugezogenen Sachverständigen auf Verlangen die zur Überprüfung der Inspektionsberichte erforderlichen Auskünfte zu erteilen.

§ 4
Umsetzung von Unionsrecht, Inkrafttreten

(1) Mit dieser Verordnung wird die Richtlinie 2010/31/EU des Europäischen Parlaments und des Rates über die Gesamtenergieeffizienz von Gebäuden, ABl. 2010 Nr. L 153, S. 13, in der Fassung der Richtlinie (EU) 2018/844, ABl. 2018 Nr. L 156, S. 75, und der Verordnung (EU) 2018/1999 über das Governance-System für die Energieunion und für den Klimaschutz, ABl. 2018, Nr. L 328, S. 1, umgesetzt.

(2) Diese Verordnung tritt mit dem Ablauf des Tages der Kundmachung in Kraft.

21. Tiroler Feuerpolizeiordnung 1998

Gesetz vom 8. Oktober 1998, mit dem eine Feuerpolizeiordnung für Tirol erlassen wird (Tiroler Feuerpolizeiordnung 1998)

StF: LGBl. Nr. 111/1998

Letzte Novellierung: LGBl. Nr. 138/2019

GLIEDERUNG

1. Abschnitt
Allgemeine Bestimmungen
§ 1. Geltungsbereich
§ 2. Feuerpolizeiliche Aufsicht
2. Abschnitt
Allgemeine Brandschutzmaßnahmen
§ 3. Feuerwehrzonen, sonstige Anordnungen
§ 4. Allgemeine Verbote
§ 5. Lagerung und Verwahrung von brandgefährlichen Sachen
§ 6. Brandsicherheitswache für Veranstaltungen
§ 7. Brandschutz für besondere Betriebe und bauliche Anlagen
3. Abschnitt
Reinigung und Überprüfung von Feuerungsanlagen und anderen Anlagen
§ 8. Rauchfangkehrer
§ 9. Reinigungspflichtige Anlagen
§ 10. Überprüfung von Feuerungsanlagen
§ 11. Durchführung der Überprüfung
§ 12. Besondere Brandverhütungsmaßnahmen
§ 13. Hauptüberprüfung
§ 14. Selbstreinigungsrecht
§ 15. Kehrbuch
4. Abschnitt
Feuerbeschau
§ 16. Umfang der Feuerbeschau
§ 17. Organisation der Feuerbeschau
§ 18. Durchführung der Feuerbeschau
5. Abschnitt
Beseitigung brandgefährlicher Zustände
§ 19. Behördliche Aufträge und Anordnungen
§ 20. Zusätzliche Maßnahmen
6. Abschnitt
Vorkehrungen für die Brandbekämpfung
§ 21. Löschwasser- und Löschmittelversorgung
§ 22. Löschfahrzeuge, Lösch- und Rettungsgeräte, Gerätehäuser
§ 23. Schaffung von Alarmeinrichtungen, Alarmzeichen
§ 24. Duldung von Alarmeinrichtungen
§ 25. Brandmeldestellen
§ 26. Fehl- und Täuschungsalarme
7. Abschnitt
Brandbekämpfung
§ 27. Brandmeldung
§ 28. Anforderung von Nachbarfeuerwehren
§ 29. Besondere Pflichten der Liegenschaftseigentümer
§ 30. Behinderung der Lösch- und Rettungsarbeiten
8. Abschnitt
Maßnahmen nach dem Brand
§ 31. Brandwache
§ 32. Sicherungs- und Aufräumungsarbeiten
§ 33. Brandursachenermittlung
9. Abschnitt
Behörden, Straf- und Schlussbestimmungen
§ 34. Behörden
§ 35. Strafbestimmungen
§ 36. Mitwirkung der Sicherheitsbehörden
§ 37. Eigener Wirkungsbereich der Gemeinde
§ 38. Verweisungen
§ 39. Verarbeitung personenbezogener Daten
§ 40. Inkrafttreten

1. Abschnitt
Allgemeine Bestimmungen

§ 1
Geltungsbereich

(1) Dieses Gesetz regelt die Maßnahmen zur Verhütung und Bekämpfung von Bränden, die Sicherheitsmaßnahmen nach einem Brand sowie die Ermittlung der Brandursachen.

(2) Durch dieses Gesetz werden sonstige Vorschriften zur Verhütung und Bekämpfung von Bränden sowie die Zuständigkeit des Bundes nicht berührt.

§ 2
Feuerpolizeiliche Aufsicht

(1) Die feuerpolizeiliche Aufsicht dient der Überwachung der Einhaltung dieses Gesetzes so-

FeuerPolO

wie allgemein der Feststellung von Zuständen, die eine Brandgefahr herbeiführen oder vergrößern oder die Brandbekämpfung oder die Durchführung von Rettungsarbeiten erschweren oder verhindern können.

(2) Die Organe der Behörde sind berechtigt, zum Zweck der Wahrnehmung der Aufgaben nach Abs. 1 Grundstücke und alle Teile von baulichen Anlagen im erforderlichen Ausmaß zu betreten. Die Eigentümer der Grundstücke bzw. der baulichen Anlagen und die sonst hierüber Verfügungsberechtigten haben den Organen der Behörde den Zutritt zu gewähren sowie dafür zu sorgen, dass den Organen der Behörde auf deren Verlangen Einsicht in alle die jeweilige bauliche Anlage betreffenden Unterlagen gewährt wird und ihnen weiters alle erforderlichen Auskünfte erteilt werden. Bei Gefahr im Verzug ist der Zutritt auch während der Nachtstunden zu gestatten.

2. Abschnitt
Allgemeine Brandschutzmaßnahmen

§ 3
Feuerwehrzonen, sonstige Anordnungen

(1) Die Behörde hat im Zuge der Errichtung von baulichen Anlagen dem dazu Berechtigten

a) die Ausweisung von Grundflächen als Feuerwehrzone auf dem Grundstück, auf dem die betreffende bauliche Anlage errichtet wird, und auf den mit der betreffenden baulichen Anlage funktional zusammenhängenden Grundstücken,
b) die Erfüllung bestimmter baulicher, insbesondere statischer Erfordernisse oder die Durchführung bestimmter baulicher oder sonstiger Maßnahmen an der betreffenden baulichen Anlage oder an den in der lit. a genannten Grundstücken, wie die Schaffung von Fluchtwegen, die Befestigung des Bodens oder die Freihaltung von Bewuchs, sowie
c) den Einbau bzw. die Bereithaltung von geeigneten Brandmeldeanlagen, Löschanlagen, Löschmitteln sowie Lösch- und Rettungsgeräten

aufzutragen, wenn dies im Interesse der Brandsicherheit oder der Erleichterung der Brandbekämpfung oder der Durchführung von Rettungsarbeiten erforderlich ist, sofern diesen Interessen nicht durch die für die betreffende bauliche Anlage maßgebenden Verwaltungsvorschriften hinreichend entsprochen wird.

(2) Der Eigentümer der betreffenden baulichen Anlage oder der sonst hierüber Verfügungsberechtigte hat die Feuerwehrzonen nach Abs. 1 lit. a nach der Bauvollendung dauerhaft und deutlich sichtbar als solche zu kennzeichnen und Brandmeldeanlagen, Löschanlagen, Löschmittel sowie Lösch- und Rettungsgeräte nach Abs. 1 lit. c in stets einsatzbereitem Zustand zu erhalten.

(3) Die Landesregierung kann durch Verordnung nähere Bestimmungen über Brandmeldeanlagen, Löschanlagen, Löschmittel sowie Lösch- und Rettungsgeräte im Sinne des Abs. 1 lit. c erlassen. In einer solchen Verordnung können auch technische Richtlinien, die aus den Erkenntnissen der Wissenschaft und den Erfahrungen der Praxis abgeleitet sind und von einer fachlich hiezu berufenen Stelle herausgegeben werden, für verbindlich erklärt werden. Weiters können unter Berücksichtigung der Erfordernisse zum Schutz des Lebens und der Gesundheit von Menschen nähere Bestimmungen über die Zulässigkeit der verzögerten Alarmauslösung bei selbsttätigen Brandmeldeanlagen erlassen werden.

(4) Eine Verordnung nach Abs. 3 ist auch auf Brandmeldeanlagen, Löschanlagen, Löschmittel sowie Lösch- und Rettungsgeräte anzuwenden, die nach § 20 Abs. 1 oder auf Grund der Tiroler Bauordnung 2018, LGBl. Nr. 28/2018, oder der dazu erlassenen Verordnungen vorzusehen sind.

(5) Im übrigen hat die Behörde zur Abwehr von Gefahren, die im Falle eines Brandes auf Grund besonderer örtlicher Verhältnisse (wie bei dichter Bebauung, bei Holzbauweise, bei brandgefährlichen Betrieben, bei unzureichender Löschwasserversorgung und dergleichen) Menschen oder in größerem Umfang Sachen in erhöhtem Ausmaß bedrohen, mit Bescheid oder durch Verordnung Maßnahmen zur Verbesserung der Brandsicherheit und zur Erleichterung der Brandbekämpfung und der Durchführung von Rettungsarbeiten anzuordnen, wenn diesen Interessen nicht durch andere Verwaltungsvorschriften hinreichend entsprochen wird. Bei Gefahr im Verzug kann die Behörde die zur Beseitigung der unmittelbar drohenden Gefahren erforderlichen Maßnahmen auch ohne weiteres Verfahren anordnen.

§ 4
Allgemeine Verbote

(1) Jedermann ist verpflichtet, nach Möglichkeit und Zumutbarkeit alles zu unterlassen, was eine Brandgefahr herbeiführen oder vergrößern oder die Brandbekämpfung oder die Durchführung von Rettungsarbeiten erschweren oder verhindern kann. Insbesondere sind zu unterlassen:

a) das Aufstellen von Feuerstätten im Freien, wenn dadurch eine Brandgefahr durch Flugbrand entstehen würde;
b) das Verbrennen von Sachen im Freien und das Absengen von Bodenflächen während der Nacht, bei starkem Wind, bei großer Trockenheit oder ohne entsprechende Überwachung und Nachkontrollen;
c) das Wegwerfen von glimmenden Rückständen, die Ablage von Glut, heißer Asche und Schlacke, das Wegwerfen und Liegenlassen von Gläsern, Scherben und dergleichen an Stellen, an

denen dadurch auf Grund der besonderen örtlichen Verhältnisse eine Brandgefahr entstehen würde;

d) die Beeinträchtigung der freien Zugänglichkeit von nach diesem Gesetz oder nach anderen Verwaltungsvorschriften ausgewiesenen Feuerwehrzonen, insbesondere durch das Verstellen mit Fahrzeugen und sonstigen Gegenständen;

e) die Behinderung von Verkehrs- und Fluchtwegen sowie das Verstellen und das Beeinträchtigen der Funktion von Brandschutzeinrichtungen, wie Brandschutztüren, Notbeleuchtungen oder Brandmelde- und Löschanlagen;

f) das Abstellen von Kraftfahrzeugen in anderen Gebäuden als Garagen, sofern dadurch auf Grund der Beschaffenheit des Gebäudes oder seines Verwendungszweckes eine Brandgefahr entstehen würde;

g) die unsachgemäße Durchführung von Arbeiten an elektrischen Einrichtungen;

h) die Durchführung von Schweißarbeiten, Heißarbeiten oder funkenbildenden Arbeiten, die Verwendung von offenem Licht sowie überhaupt der Umgang mit Feuer ohne ausreichende Sicherheitsvorkehrungen an Stellen, an denen dadurch auf Grund der besonderen örtlichen Verhältnisse eine Brandgefahr entstehen würde.

(2) Die Behörde hat erforderlichenfalls Handlungen, durch die entgegen dem Abs. 1 eine Brandgefahr herbeigeführt oder vergrößert oder die Brandbekämpfung oder die Durchführung von Rettungsarbeiten erschwert oder verhindert werden kann, mit Bescheid oder durch Verordnung zu untersagen. § 3 Abs. 5 zweiter Satz gilt sinngemäß.

§ 5
Lagerung und Verwahrung von brandgefährlichen Sachen

(1) Leicht brennbare Sachen sowie brennbare Flüssigkeiten und Gase sind so zu lagern und zu verwahren, dass eine Brandgefahr vermieden und die Brandbekämpfung und die Durchführung von Rettungsarbeiten nicht erschwert wird. Insbesondere ist darauf zu achten, dass solche Sachen, Flüssigkeiten bzw. Gase Unbefugten nicht zugänglich sind, dass die Einwirkung von Zündquellen auf sie ausgeschlossen ist und dass Verkehrs- und Fluchtwege durch sie nicht gefährdet werden.

(2) Sachen, die zur Selbstentzündung neigen, sind durch geeignete Maßnahmen, wie Temperaturmessungen und dergleichen, zu überwachen. Beim Auftreten von brandgefährlichen Temperaturen (beispielsweise 70° Celsius bei Heu) ist unverzüglich die örtlich zuständige Feuerwehr zu verständigen.

§ 6
Brandsicherheitswache für Veranstaltungen

(1) Die Behörde hat bei Veranstaltungen, von denen eine erhöhte Brandgefahr ausgehen kann, eine im Hinblick auf die örtlichen Verhältnisse, die Größe der Brandgefahr und die Größe der Menschenansammlung ausreichende Brandsicherheitswache für die Brandentdeckung und Brandmeldung sowie für die Erste und erforderlichenfalls auch Erweiterte Löschhilfe einzurichten.

(2) Der Brandsicherheitswache haben die jeweils erforderliche Anzahl von Angehörigen der örtlich zuständigen Feuerwehr und erforderlichenfalls ein feuerpolizeilicher Sachverständiger anzugehören.

(3) Der Veranstalter hat der Gemeinde die ihr für die Einrichtung der Brandsicherheitswache und die Bereitstellung von Feuerlöschgeräten erwachsenen Kosten zu ersetzen. Im Streitfall hat die Behörde über diese Kosten mit schriftlichem Bescheid zu entscheiden.

§ 7
Brandschutz für besondere Betriebe und bauliche Anlagen

(1) Die Behörde hat den Inhabern von Betrieben, die besonders brandgefährdet sind oder die sich an einem brandgefährdeten Ort befinden, sowie den Eigentümern von Gebäuden und sonstigen baulichen Anlagen, bei denen im Brandfall die Sicherheit der darin befindlichen Personen besonders gefährdet ist (wie Hochhäuser, Schulgebäude, Kindergarten- und Hortgebäude, Krankenhäuser, Alten- und Pflegeheime, Versammlungsstätten, Beherbergungsbetriebe, große Büro- und Geschäftsgebäude, Großgaragen, Tunnelanlagen und dergleichen), oder den sonst hierüber Verfügungsberechtigten mit schriftlichem Bescheid

a) die Bestellung eines Brandschutzbeauftragten,

b) die Erlassung eines Brandalarmplanes, eines Brandschutzplanes und einer Brandschutzordnung,

c) die Vorsorge für die Unterweisung der Betriebsangehörigen bzw. des Personals über die zu beachtenden Brandschutzmaßnahmen und über das Verhalten im Brandfall einschließlich der Maßnahmen der Ersten und der Erweiterten Löschhilfe sowie

d) die Vorsorge für die regelmäßige Überprüfung der Brandsicherheit der betreffenden Gebäude bzw. baulichen Anlagen (Eigenkontrolle)

aufzutragen.

(2) Zu Brandschutzbeauftragten dürfen nur Personen bestellt werden, die für diese Tätigkeit körperlich und geistig geeignet sind und die über ausreichende Kenntnisse auf dem Gebiet des

Brandschutzes und der Brandbekämpfung verfügen. Dem Brandschutzbeauftragten obliegen insbesondere die Ausarbeitung und Umsetzung des Brandalarmplanes, des Brandschutzplanes und der Brandschutzordnung sowie die Durchführung der im Abs. 1 lit. c und d genannten Aufgaben.

(3) Im Brandalarmplan ist die Reihenfolge der im Brandfall zu alarmierenden Personen und Stellen festzulegen. Der Brandschutzplan hat in einer schematischen Darstellung der Anordnung, der Umrisse und des Inneren der betreffenden Gebäude bzw. baulichen Anlagen sowie der dem Brandschutz und der Brandbekämpfung dienenden Einrichtungen zu bestehen. In der Brandschutzordnung sind die Verhaltensregeln zur Brandverhütung, die organisatorischen Maßnahmen des vorbeugenden Brandschutzes und die Verhaltensregeln im Brandfall festzulegen.

(4) Der Brandalarmplan und die Brandschutzordnung sind in den betreffenden Gebäuden bzw. baulichen Anlagen dauerhaft und für jedermann gut sichtbar anzuschlagen. Weiters sind diese ebenso wie der Brandschutzplan der örtlich zuständigen Feuerwehr zur Verfügung zu stellen.

(5) Die Behörde hat den Inhabern von Betrieben im Sinne des Abs. 1 die Einrichtung einer ausreichenden Brandsicherheitswache für die Brandentdeckung und Brandmeldung sowie für die Erste und erforderlichenfalls auch Erweiterte Löschhilfe aufzutragen, wenn dies im Hinblick auf die örtlichen Verhältnisse oder die vom Betrieb ausgehende Brandgefahr im Interesse des Brandschutzes notwendig ist.

3. Abschnitt
Reinigung und Überprüfung von Feuerungsanlagen und anderen Anlagen

§ 8
Rauchfangkehrer

(1) Rauchfangkehrer im Sinn dieses Gesetzes sind, soweit darin nichts anderes bestimmt ist, jene Rauchfangkehrer, deren Gewerbeberechtigung die Besorgung sicherheitsrelevanter Tätigkeiten im Sinn des § 120 Abs. 1 zweiter Satz der Gewerbeordnung 1994 mitumfasst (öffentlich zugelassene Rauchfangkehrer).

(2) Die nach diesem Gesetz den Rauchfangkehrern übertragenen Aufgaben sind sicherheitsrelevante Tätigkeiten.

(3) Jede Gemeinde hat außer im Falle des Abs. 5 einen Rauchfangkehrer des Kehrgebietes (§ 123 Abs. 1 der Gewerbeordnung 1994), das sich auf ihr Gebiet erstreckt, mit schriftlichem Bescheid mit der Besorgung der Aufgaben des Rauchfangkehrers nach diesem Gesetz zu beauftragen. Dabei ist insbesondere auf die Entfernung und die Erreichbarkeit der reinigungspflichtigen Anlagen von der Betriebsstätte des Rauchfangkehrers aus Bedacht zu nehmen. Wenn dies insbesondere im Interesse einer gleichmäßigen Auslastung der Rauchfangkehrerbetriebe oder der Vermeidung längerer oder unzweckmäßiger Anfahrtswege gelegen ist, kann die Gemeinde auch mehrere oder alle Rauchfangkehrer des Kehrgebietes jeweils für einen bestimmten Teil des Gemeindegebietes mit der Besorgung der Aufgaben des Rauchfangkehrers nach diesem Gesetz beauftragen. Sie hat in dieser Weise vorzugehen, wenn anderenfalls insbesondere auf Grund einer Überlastung von Rauchfangkehrerbetrieben die ordnungsgemäße Besorgung der Aufgaben des Rauchfangkehrers nach diesem Gesetz nicht gewährleistet wäre.

(4) Die Beauftragung von Rauchfangkehrern nach Abs. 3 obliegt dem Gemeinderat. Die Beauftragung gilt jeweils für fünf Jahre. Sie verlängert sich jeweils um weitere fünf Jahre, wenn innerhalb dieser Frist kein Beschluss über die Beauftragung eines anderen Rauchfangkehrers gefasst wird.

(5) In Kehrgebieten mit nur einem Rauchfangkehrer obliegt diesem die Besorgung der Aufgaben des Rauchfangkehrers nach diesem Gesetz.

(6) Erstrecken sich zwei oder mehrere Kehrgebiete auf das Gebiet einer Gemeinde, so gelten die Abs. 3, 4 und 5 jeweils für jenen Teil des Gemeindegebietes, auf den sich das betreffende Kehrgebiet erstreckt.

(7) Der Eigentümer einer reinigungspflichtigen Anlage oder der sonst hierüber Verfügungsberechtigte ist berechtigt, durch Vertrag die Besorgung der Aufgaben des Rauchfangkehrers nach diesem Gesetz einem anderen als dem von der Gemeinde nach Abs. 3 beauftragten Rauchfangkehrer zu übertragen. Dieser Rauchfangkehrer gilt für die Dauer der Übertragung hinsichtlich der reinigungspflichtigen Anlage anstelle des von der Gemeinde jeweils beauftragten Rauchfangkehrers als mit der Besorgung der Aufgaben des Rauchfangkehrers nach diesem Gesetz beauftragt. Der vom Eigentümer der reinigungspflichtigen Anlage bzw. vom sonst hierüber Verfügungsberechtigten beauftragte Rauchfangkehrer hat den Beginn und das Ende der Übertragung unverzüglich der Gemeinde und dem von ihr beauftragten Rauchfangkehrer schriftlich mitzuteilen.

(8) Hat ein Rauchfangkehrer die Gewerbeausübung an einen Pächter übertragen, so obliegt diesem für die Dauer des Pachtverhältnisses die Besorgung der Aufgaben des Rauchfangkehrers nach diesem Gesetz. Hat ein Rauchfangkehrer die Gewerbeausübung eingestellt oder lässt er sie ruhen, so obliegt dem nach § 122 Abs. 2 erster oder zweiter Satz der Gewerbeordnung 1994 berufenen Rauchfangkehrer die Besorgung der Aufgaben des Rauchfangkehrers nach diesem Gesetz.

(9) Vor der Beauftragung eines Rauchfangkehrers nach Abs. 3 sind alle Rauchfangkehrer des Kehrgebietes zu hören. Erstreckt sich das Kehrgebiet auf das Gebiet mehrerer Gemeinden, so sind

überdies die übrigen Gemeinden des Kehrgebietes zu hören.

(10) Die Beauftragung eines Rauchfangkehrers nach Abs. 3 ist an der Amtstafel der Gemeinde während zweier Wochen und in sonst ortsüblicher Weise kundzumachen.

(11) Die Beauftragung eines Rauchfangkehrers nach Abs. 3 endet

a) durch Zeitablauf im Falle der rechtzeitigen Beschlussfassung über die Beauftragung eines anderen Rauchfangkehrers;
b) durch die Endigung der Gewerbeberechtigung des Rauchfangkehrers.

(12) Im Falle des Abs. 11 lit. b gelten die Abs. 3, 4 und 5 sinngemäß. Die Bezirksverwaltungsbehörde hat die Gemeinden des Kehrgebietes von der Endigung der Gewerbeberechtigung des Rauchfangkehrers unverzüglich zu verständigen. Die Gemeinde hat die neuerliche Beauftragung eines Rauchfangkehrers unverzüglich vorzunehmen.

§ 9
Reinigungspflichtige Anlagen

(1) Alle Feuerungsanlagen (Feuerstätten, Verbindungsstücke, Rauch- und Abgasleitungen, Rauch- und Abgasfänge) sind so zu reinigen, dass die Entzündung von Ablagerungen vermieden und eine wirksame Ableitung der Verbrennungsgase gewährleistet wird. Der Eigentümer der Feuerungsanlage oder der sonst hierüber Verfügungsberechtigte hat sich zur Reinigung, außer diese wird in den im § 14 Abs. 1 oder in der Anlage vorgesehenen Fällen im Rahmen der Selbstreinigung durchgeführt, einer nach den gewerberechtlichen Vorschriften hierzu befugten Person oder Stelle zu bedienen.

(2) Lüftungseinrichtungen für Feuerungsanlagen sind ständig frei und funktionsfähig zu halten.

(3) Abluftleitungen, Absaugleitungen und Transportleitungen, in denen sich brennbare Rückstände ansammeln können, sowie Müllabwurfschächte sind so zu reinigen, dass die Entzündung von Ablagerungen vermieden wird.

(4) Die Aufstellung oder die Wiederinbetriebnahme von Feuerstätten ist vom Eigentümer oder vom sonst hierüber Verfügungsberechtigten dem Rauchfangkehrer unverzüglich anzuzeigen.

§ 10
Überprüfung von Feuerungsanlagen

(1) In Betrieb stehende Feuerungsanlagen sind, soweit nicht eine Selbstreinigung zulässig ist oder in den Abs. 2 bis 5 etwas anderes bestimmt ist, vom Rauchfangkehrer entsprechend der Anlage zu überprüfen und erforderlichenfalls soweit zu kehren, als dies notwendig ist, um eine unmittelbar drohende Gefahr für das Leben oder die Gesundheit von Menschen oder das Eigentum abzuwenden. Die zeitliche Abfolge der Überprüfungstermine hat den sich aufgrund der jahreszeitlich bedingten Heizperioden ergebenden feuerpolizeilichen Erfordernissen zu entsprechen. Die Abstände zwischen den Terminen dürfen in den Fällen zweimaliger Überprüfung vier Monate, in den Fällen drei-, vier- und fünfmaliger Überprüfung zwei Monate, nicht wesentlich unterschreiten.

(2) Die Behörde hat die Anzahl der Überprüfungen pro Jahr mit schriftlichem Bescheid abweichend von der Anlage festzusetzen, soweit dies im Interesse der Brandsicherheit erforderlich ist. Vor der Erlassung eines solchen Bescheides ist ein Gutachten eines feuerpolizeilichen Amtssachverständigen oder eines allgemein beeideten und gerichtlich zertifizierten Sachverständigen auf dem Gebiet des Brandschutzes und eine Stellungnahme des zuständigen Rauchfangkehrers einzuholen. Die rechtskräftig festgesetzte Anzahl der Überprüfungen ist dem zuständigen Rauchfangkehrer unverzüglich mitzuteilen.

(3) Werden Feuerungsanlagen oder Teile davon voraussichtlich länger als ein Jahr nicht betrieben, so können sie beim zuständigen Rauchfangkehrer abgemeldet werden. Die abgemeldeten Feuerungsanlagen bzw. Teile davon sind vom Rauchfangkehrer einmal jährlich daraufhin zu überprüfen, ob sie in Betrieb genommen wurden. Vor ihrer Inbetriebnahme sind sie vom Rauchfangkehrer überprüfen zu lassen. Das Ergebnis der Überprüfung ist dem Eigentümer der Feuerungsanlage oder dem sonst hierüber Verfügungsberechtigten mitzuteilen.

(4) Nicht in Betrieb stehende Feuerungsanlagen, die nicht nach Abs. 3 abgemeldet wurden, hat der Rauchfangkehrer entsprechend dem Abs. 1 oder 2 daraufhin zu überprüfen, ob sie in Betrieb genommen wurden.

(5) Bei Überdruckfängen und Überdruckabgasleitungen ist vom Rauchfangkehrer alle fünf Jahre eine Dichtheitsprüfung durchzuführen.

§ 11
Durchführung der Überprüfung

(1) Der Rauchfangkehrer hat den vorgesehenen Zeitpunkt der Überprüfung dem Eigentümer der Feuerungsanlage oder dem sonst hierüber Verfügungsberechtigten mindestens zwei Tage vorher bekannt zu geben, es sei denn, dass dieser der Überprüfung auch ohne vorherige Bekanntgabe zustimmt.

(2) Der Eigentümer der Feuerungsanlage oder der sonst hierüber Verfügungsberechtigte hat dafür zu sorgen, dass die Überprüfung, gegebenenfalls einschließlich der zur Gefahrenabwehr erforderlichen Kehrung, am bekannt gegebenen Tag durchgeführt werden kann. Ist dies nicht möglich, so hat der Rauchfangkehrer die Überprüfung unverzüglich nachzuholen.

(3) Die im Abs. 2 genannte Person hat die zur Unterbringung der bei den Überprüfungs- bzw.

FeuerPolO

allfälligen Kehrarbeiten anfallenden Ablagerungen erforderlichen, nicht brennbaren Gefäße bereitzustellen. Das Ausräumen des Rußes und das Überleeren in die bereitgestellten Gefäße obliegt dem Rauchfangkehrer.

§ 12
Besondere Brandverhütungsmaßnahmen

(1) Der Rauchfangkehrer hat Rauch- und Abgasleitungen und Rauch- und Abgasfänge, bei denen durch Kehren ein Zustand, der eine unmittelbar drohende Gefahr für das Leben oder die Gesundheit von Menschen oder das Eigentum ausschließt, nicht mehr hergestellt werden kann, sofern ihre Beschaffenheit dies zulässt, durch Ausschlagen oder Ausbrennen in einen entsprechend sicheren Zustand zu versetzen. Das Ausbrennen ist jedoch nur zulässig, wenn die Herstellung eines solchen Zustandes auch durch Ausschlagen nicht mehr möglich ist. Bei Dämmerung, während der Nacht, bei starkem Wind oder bei großer Trockenheit ist das Ausbrennen nicht zulässig.

(2) Der Rauchfangkehrer hat den vorgesehenen Zeitpunkt für das Ausschlagen oder Ausbrennen dem Eigentümer der Feuerungsanlage oder dem sonst hierüber Verfügungsberechtigten, jenen für das Ausbrennen überdies der örtlich zuständigen Feuerwehr, mindestens zwei Tage vorher mitzuteilen. Kann eine Brandgefahr nicht ausgeschlossen werden, so ist weiters rechtzeitig Feuerwehrhilfe anzufordern.

(3) Nach dem Ausbrennen hat der Rauchfangkehrer die Rauch- oder Abgasleitung bzw. den Rauch- oder Abgasfang, daran anschließende brennbare Gebäudeteile und im Gefährdungsbereich befindliche brennbare Einrichtungsgegenstände auf eine allfällige Brandgefahr zu überprüfen und den Zeitraum zu bestimmen, während dessen der Eigentümer der Feuerungsanlage oder der sonst hierüber Verfügungsberechtigte für eine entsprechende Überwachung zu sorgen hat. Bei Brandgefahr ist sofort Feuerwehrhilfe anzufordern.

(4) Das Ausbrennen von Rauch- und Abgasleitungen und Rauch- und Abgasfängen darf auch dann, wenn kein Fall der unmittelbaren Gefahrenabwehr nach Abs. 1 vorliegt, ausschließlich vom Rauchfangkehrer vorgenommen werden, der dabei nach den Abs. 1 zweiter und dritter Satz, 2 und 3 vorzugehen hat.

§ 13
Hauptüberprüfung

(1) Der Rauchfangkehrer hat alle fünf Jahre, sofern nicht im betreffenden Jahr eine Feuerbeschau (§ 16) durchgeführt wird, alle reinigungspflichtigen Anlagen nach § 9 Abs. 1 und 2 auf augenscheinliche, die Brandsicherheit betreffende Mängel hin zu überprüfen und gegebenenfalls diese der Behörde unverzüglich schriftlich mitzuteilen (Hauptüberprüfung).

(2) Der Rauchfangkehrer hat den Zeitpunkt der Hauptüberprüfung dem Eigentümer der reinigungspflichtigen Anlage oder dem sonst hierüber Verfügungsberechtigten mindestens zwei Tage vorher bekannt zu geben, es sei denn, dass dieser der Hauptüberprüfung auch ohne vorherige Bekanntgabe zustimmt.

(3) Der Eigentümer der reinigungspflichtigen Anlage oder der sonst hierüber Verfügungsberechtigte hat dafür zu sorgen, dass die Hauptüberprüfung am bekannt gegebenen Tag durchgeführt werden kann. Ist dies nicht möglich, so hat der Rauchfangkehrer die Hauptüberprüfung unverzüglich nachzuholen.

§ 14
Selbstreinigungsrecht

(1) Die Behörde kann

a) den Eigentümern von Alm-, Koch-, Jagd- und Forsthütten und dergleichen oder den sonst hierüber Verfügungsberechtigten, wenn diese Gebäude widmungsgemäß verwendet werden und die Umgebung im Brandfall nicht gefährdet wird, und
b) den Eigentümern von sonstigen Gebäuden oder den sonst hierüber Verfügungsberechtigten, wenn diese Gebäude von befahrbaren Wegen weit entfernt sind, in ihnen kein Beherbergungsgewerbe betrieben wird und die Umgebung im Brandfall nicht gefährdet wird,

nach Anhören des Rauchfangkehrers bewilligen, die darin befindlichen Feuerungsanlagen entsprechend dem § 9 Abs. 1 selbst zu reinigen. In diesem Fall hat der Eigentümer des Gebäudes bzw. der sonst hierüber Verfügungsberechtigte für die Überprüfung und Reinigung zu sorgen.

(2) Feuerungsanlagen, für die nach Abs. 1 lit. b die Bewilligung zur Selbstreinigung erteilt worden ist, sind einmal jährlich vom Rauchfangkehrer zu überprüfen und erforderlichenfalls soweit zu kehren, als dies notwendig ist, um eine unmittelbar drohende Gefahr für das Leben oder die Gesundheit von Menschen oder das Eigentum abzuwenden.

(3) Fallen die Voraussetzungen für die Bewilligung zur Selbstreinigung nachträglich weg oder ergeben sich bei der Ausübung des Selbstreinigungsrechtes brandgefährliche Missstände, so hat die Behörde die Bewilligung zu widerrufen.

§ 15
Kehrbuch

(1) Jeder Eigentümer einer Feuerungsanlage oder sonst hierüber Verfügungsberechtigte hat ein Kehrbuch zu führen. In das Kehrbuch haben der Rauchfangkehrer oder die sonstigen mit Kehr-, Reinigungs- oder Wartungsarbeiten betrauten Personen den Tag und die Art der durchgeführten Arbeiten einzutragen und durch ihre Unterschrift zu bestätigen. Das Kehrbuch ist den Organen der

Behörde und dem Rauchfangkehrer auf Verlangen vorzuweisen.

(2) Die Landesregierung hat durch Verordnung nähere Bestimmungen über das Kehrbuch zu erlassen. Aus dem Kehrbuch müssen jedenfalls die Art und die Anzahl der Feuerstätten, der Rauch- und Abgasleitungen bzw. der Rauch- und Abgasfänge sowie der Tag und die Art der durchgeführten Überprüfungs-, Kehr-, Reinigungs- oder Wartungsarbeiten hervorgehen. Die Gemeinden haben die Kehrbücher zu beschaffen und zum Selbstkostenpreis abzugeben.

4. Abschnitt
Feuerbeschau

§ 16
Umfang der Feuerbeschau

(1) In Gebäuden, die öffentlichen Zwecken dienen, in denen ein Gewerbe ausgeübt wird oder in denen Versammlungsräume bestehen, und in Hochhäusern ist alle fünf Jahre eine Feuerbeschau durchzuführen. In landwirtschaftlichen Wirtschaftsgebäuden und in Gebäuden mit mehr als zwei in Holzbauweise errichteten Geschossen ist alle zwölf Jahre eine Feuerbeschau durchzuführen. In allen übrigen Gebäuden ist eine Feuerbeschau durchzuführen, wenn der begründete Verdacht auf brandschutztechnische Missstände oder andere feuerpolizeilich bedenkliche Zustände besteht.

(2) Der Gemeinderat hat durch Verordnung für einzelne Gebäude oder für Teile des Gemeindegebietes eine kürzere als die im Abs. 1 bestimmte Frist festzusetzen, soweit dies aufgrund der besonderen örtlichen Verhältnisse, wie insbesondere bei dichter Bebauung, bei Holzbauweise, bei brandgefährlichen Betrieben, bei unzureichender Löschwasserversorgung und dergleichen, im Interesse der Brandsicherheit erforderlich ist. Der Gemeinderat kann durch Verordnung für einzelne Gebäude oder für Teile des Gemeindegebietes anstelle der Frist nach Abs. 1 eine höchstens zwölfjährige Frist festsetzen, soweit aufgrund der besonderen örtlichen Verhältnisse Interessen der Brandsicherheit dem nicht entgegenstehen. Vor der Erlassung von Verordnungen nach diesem Absatz ist ein Gutachten eines feuerpolizeilichen Amtssachverständigen oder eines allgemein beeideten und gerichtlich zertifizierten Sachverständigen auf dem Gebiet des Brandschutzes einzuholen.

(3) Die Feuerbeschau dient der Feststellung von Zuständen, die eine Brandgefahr herbeiführen oder vergrößern oder die Brandbekämpfung oder die Durchführung von Rettungsarbeiten erschweren oder verhindern können.

(4) Bei der Feuerbeschau ist insbesondere zu prüfen,

a) ob die im Interesse der Brandsicherheit erlassenen bau- und feuerpolizeilichen Vorschriften eingehalten sind;
b) ob brandgefährliche Baugebrechen bestehen, die Feuerungsanlagen in ordnungsgemäßem Zustand sind, die Rauch- und Abgasleitungen bzw. die Rauch- und Abgasfänge und deren Reinigungsöffnungen freigehalten werden und die Reinigung und Überprüfung der reinigungspflichtigen Anlagen vorschriftsmäßig erfolgt;
c) ob die erforderlichen Löschwasserversorgungsanlagen und Löschgeräte vorhanden und in einsatzbereitem Zustand sind;
d) ob die erforderlichen Feuerwehrzonen vorhanden sind und freigehalten werden;
e) ob die Feuerwehren im Brandfall durch Baugebrechen oder durch die Art der Benützung des Grundstückes in ihrer Tätigkeit behindert werden;
f) ob im Brandfall die Sicherheit der im Gebäude befindlichen Personen besonders gefährdet ist;
g) ob Aufträgen nach § 3 Abs. 1 und 5, § 4 Abs. 2 und § 7 Abs. 1 und 5 sowie dem § 7 Abs. 4 entsprochen ist;
h) ob die elektrischen Anlagen und die Blitzschutzanlagen offenkundige Mängel aufweisen;
i) ob selbsttätige Brandmelde- und Löschanlagen, Brandrauchentlüftungsanlagen und Notbeleuchtungen in ordnungsgemäßem und funktionsfähigem Zustand sind;
j) ob das gelagerte Heizmaterial, insbesondere Holz, Kohle, Heizöl und Gas, eine Brandgefahr darstellt.

FeuerPolO

§ 17
Organisation der Feuerbeschau

(1) Die Feuerbeschau ist von der Behörde zu leiten. Die Behörde kann mit der Leitung der Feuerbeschau auch eine der im Abs. 2 bzw. 3 genannten Personen, sofern diese in einem Dienstverhältnis zur Gemeinde steht, beauftragen.

(2) Der Feuerbeschau in den im § 16 Abs. 1 erster Satz genannten Gebäuden sind beizuziehen:

a) der Orts-Feuerwehrkommandant, in der Stadt Innsbruck der Kommandant der Berufsfeuerwehr, oder ein von diesen beauftragter Vertreter, der über die für die Durchführung der Feuerbeschau erforderlichen Kenntnisse auf den Gebieten der Brandsicherheit und des Brandschutzes verfügt, in Betrieben mit einer Betriebsfeuerwehr überdies ein Vertreter dieser Feuerwehr;
b) ein hochbautechnischer Sachverständiger;
c) ein elektrotechnischer Sachverständiger;
d) die erforderlichen weiteren technischen Sachverständigen.

(3) Der Feuerbeschau in den im § 16 Abs. 1 zweiter und dritter Satz genannten Gebäuden ist der Orts-Feuerwehrkommandant, in der Stadt Innsbruck der Kommandant der Berufsfeuerwehr, oder ein von diesen beauftragter Vertreter, der über die nach Abs. 2 lit. a erforderlichen Kenntnisse verfügt, beizuziehen. Besteht jedoch bereits vor der Durchführung der Feuerbeschau Grund zur Annahme oder ergibt sich im Zuge der Feuerbeschau, dass zu deren ordnungsgemäßen Durchführung auch Sachverständige nach Abs. 2 lit. b, c und d erforderlich sind, so sind diese der Feuerbeschau zusätzlich beizuziehen.

(4) Im Rahmen der Feuerbeschau ist eine Hauptüberprüfung (§ 13) durchzuführen. Die Behörde hat spätestens bis zum 30. November jeden Jahres dem Rauchfangkehrer die Gebäude bekannt zu geben, in denen im darauf folgenden Jahr die Feuerbeschau durchgeführt werden wird. Weiters hat die Behörde den Zeitpunkt der Feuerbeschau dem Rauchfangkehrer rechtzeitig, mindestens jedoch einen Monat vorher, mitzuteilen.

(5) Die Tiroler Landeskommission für Brandverhütung hat nach Maßgabe ihrer personellen Mittel und unter Berücksichtigung ihrer sonstigen Aufgaben auf Ersuchen der Behörde Sachverständige nach Abs. 2 lit. b, c und d zur Verfügung zu stellen.

(6) Die im § 14 Abs. 1 lit. a genannten Gebäude können statt im Zuge einer Feuerbeschau von der Behörde auch auf sonstige geeignete Weise überprüft werden.

§ 18
Durchführung der Feuerbeschau

(1) Die Behörde hat die Anberaumung der Feuerbeschau rechtzeitig in ortsüblicher Weise bekannt zu machen. Die Behörde kann den Eigentümern von Gebäuden auftragen, die sonst hierüber Verfügungsberechtigten von der Anberaumung der Feuerbeschau zu verständigen sowie deren Namen und Adressen der Behörde mitzuteilen.

(2) Bei der Feuerbeschau sind alle Räume der zu beschauenden Gebäude zu besichtigen. § 2 Abs. 2 gilt sinngemäß.

(3) Den Eigentümern der Gebäude und den sonst hierüber Verfügungsberechtigten ist Gelegenheit zu geben, bei der Durchführung der Feuerbeschau anwesend zu sein und zum Ergebnis der Feuerbeschau Stellung zu nehmen. Die Feuerbeschau ist unter möglichster Schonung der Interessen dieser Personen durchzuführen.

(4) Über die Feuerbeschau ist eine Niederschrift aufzunehmen, in der die festgestellten Mängel und die zu ihrer Beseitigung erforderlichen Maßnahmen festzuhalten sind. Die Niederschrift ist vom Leiter der Feuerbeschau und von den der Feuerbeschau beigezogenen Personen zu unterfertigen und von der Behörde zu verwahren.

5. Abschnitt
Beseitigung brandgefährlicher Zustände

§ 19
Behördliche Aufträge und Anordnungen

(1) Werden bei einer Hauptüberprüfung oder einer Feuerbeschau oder sonst im Rahmen der feuerpolizeilichen Aufsicht auf einem Grundstück, an einer baulichen Anlage oder an einer Feuerungsanlage Mängel oder sonstige Zustände im Sinne des § 2 Abs. 1 festgestellt, so hat die Behörde dem Eigentümer des Grundstückes, der baulichen Anlage bzw. der Feuerungsanlage oder dem sonst hierüber Verfügungsberechtigten deren Behebung innerhalb einer angemessen festzusetzenden Frist oder, wenn Interessen der Brandsicherheit dies erfordern, deren sofortige Behebung aufzutragen. Der Verpflichtete hat der Behörde die Behebung der Mängel auf geeignete Weise nachzuweisen. Kommt er dieser Verpflichtung nicht fristgerecht nach oder ist ihm ein geeigneter Nachweis nicht möglich oder zumutbar, so hat die Behörde zu überprüfen, ob dem Auftrag entsprochen worden ist (Nachbeschau).

(2) Bei Gefahr im Verzug kann die Behörde die zur Beseitigung der unmittelbar drohenden Gefahren erforderlichen Maßnahmen auf Gefahr und Kosten des Eigentümers des betreffenden Grundstückes, der betreffenden baulichen Anlage bzw. Feuerungsanlage oder des sonst hierüber Verfügungsberechtigten auch ohne weiteres Verfahren anordnen.

(3) Die Abs. 1 und 2 sind nicht anzuwenden, wenn

a) aufgrund der Nichteinhaltung baurechtlicher Vorschriften ein Verfahren zur Herstellung des gesetzmäßigen Zustandes nach § 46 Abs. 1, 2 oder 4 der Tiroler Bauordnung 2018 einzuleiten ist oder
b) aufgrund des Vorliegens von Baugebrechen mit einem Auftrag oder einer Anordnung nach § 47 Abs. 2, 4 bzw. 5 der Tiroler Bauordnung 2018 vorzugehen ist.

(4) Gelangt die Behörde zum Ergebnis, dass eine der Voraussetzungen nach Abs. 3 vorliegt, so hat sie dies, sofern sie nicht auch zur Durchführung des betreffenden baurechtlichen Verfahrens zuständig ist, der dafür zuständigen Behörde mitzuteilen.

§ 20
Zusätzliche Maßnahmen

(1) Ist bezüglich einer baulichen Anlage oder einer Feuerungsanlage, auch wenn diese entsprechend den für sie maßgebenden Verwaltungsvorschriften ausgeführt, erhalten oder betrieben wird, die Durchführung zusätzlicher Maßnahmen im Sinne des § 3 Abs. 1 zur Erhöhung der Brandsicherheit oder zur Erleichterung der Brandbekämpfung oder der Durchführung von Rettungsarbeiten im Interesse der Vermeidung einer Gefahr für das

Leben oder die Gesundheit von Menschen unbedingt notwendig, so hat die Behörde dem Eigentümer der baulichen Anlage bzw. Feuerungsanlage oder dem sonst hierüber Verfügungsberechtigten mit schriftlichem Bescheid diese Maßnahmen vorzuschreiben. Dabei ist darauf Bedacht zu nehmen, dass die Beseitigung dieser Gefahr auf möglichst wirtschaftliche Weise herbeigeführt wird. § 3 Abs. 2 gilt sinngemäß.

(2) Abs. 1 ist nicht anzuwenden, wenn nach § 34 Abs. 10 der Tiroler Bauordnung 2018 gegenüber der Baubewilligung andere oder zusätzliche Auflagen oder ein (geändertes) Sicherheitskonzept vorzuschreiben sind. In diesem Fall gilt § 19 Abs. 4 sinngemäß.

6. Abschnitt
Vorkehrungen für die Brandbekämpfung

§ 21
Löschwasser- und Löschmittelversorgung

(1) Soweit Löschwasser nicht aus natürlichen Gewässern oder Druckwasserleitungen in ausreichender Menge zur Verfügung steht, hat die Gemeinde Wasserspeicher bzw. Stauanlagen in entsprechender Anzahl, Größe und Verteilung zu errichten, zu erhalten und jederzeit zugänglich zu halten. Weiters hat die Gemeinde bei öffentlichen Wasserversorgungsanlagen an geeigneten Stellen genormte Hydranten zu errichten und jederzeit einsatzbereit und zugänglich zu halten. In schwer erreichbaren Siedlungen sind bei den Hydranten ferner Druckschläuche mit Strahlrohren und Hydrantenschlüssel deutlich erkennbar bereitzuhalten.

(2) Steht eine öffentliche Wasserversorgungsanlage nicht im Eigentum der Gemeinde, so hat der Eigentümer dieser Anlage die Errichtung und Erhaltung von Hydranten durch die Gemeinde ohne Anspruch auf Entschädigung zu dulden.

(3) Die Gemeinde hat weiters dafür zu sorgen, dass die zur Brandbekämpfung sonst erforderlichen Löschmittel stets in ausreichender Menge zur Verfügung stehen.

(4) Die Gemeinde hat vor der Errichtung von Löschwasserversorgungsanlagen im Sinne des Abs. 1 eine Stellungnahme des Bezirks-Feuerwehrinspektors einzuholen.

§ 22
Löschfahrzeuge, Lösch- und Rettungsgeräte, Gerätehäuser

(1) Die Gemeinde hat die für Löscheinsätze auf Grund der örtlichen Verhältnisse erforderlichen Löschfahrzeuge sowie Lösch- und Rettungsgeräte anzuschaffen und in technisch einwandfreiem Zustand zu erhalten.

(2) Weiters hat die Gemeinde die zur Unterbringung der Löschfahrzeuge sowie der Lösch- und Rettungsgeräte erforderlichen Gerätehäuser zu errichten und zu erhalten. Die Gerätehäuser müssen den zur Gewährleistung der Einsatzbereitschaft der darin untergebrachten Fahrzeuge und Geräte notwendigen technischen Anforderungen entsprechen. Die Gerätehäuser sind an möglichst zentraler Stelle innerhalb des ihnen zugeordneten Einsatzbereiches und weiters so zu situieren, dass die im Einsatzfall hauptsächlich befahrenen Verkehrswege möglichst rasch erreicht werden können. Sie müssen über eine Ausfahrt verfügen, die ein rasches und sicheres Ausrücken ermöglicht. Im Bereich der Gerätehäuser muss ausreichend Platz zur Verfügung stehen, dass die darin untergebrachten Löschfahrzeuge ohne Verkehrsbehinderung abgestellt werden können.

(3) Die Gemeinde hat vor der Anschaffung von Löschfahrzeugen sowie von Lösch- und Rettungsgeräten und vor dem Bau von Gerätehäusern eine Stellungnahme des Bezirks-Feuerwehrinspektors einzuholen.

§ 23
Schaffung von Alarmeinrichtungen, Alarmzeichen

(1) Die Gemeinde hat die zur Alarmierung der Feuerwehr erforderlichen Alarmeinrichtungen zu schaffen und jederzeit einsatzbereit zu halten. Die Alarmeinrichtungen sind so auszustatten, dass die Alarmierung der Feuerwehr innerhalb der Gemeinde und über Alarmzentralen entsprechend der Vereinbarung nach Art. 15a B-VG über die Aufteilung und Verwendung der nach § 4 Z 2 des Katastrophenfondsgesetzes 1986, BGBl. Nr. 396, zur Verfügung stehenden Mittel für ein Warn- und Alarmsystem sowie die Einräumung wechselseitiger Benützungsrechte an den Anlagen dieses Systems, LGBl. Nr. 9/1988, erfolgen kann.

(2) Die Gemeinde hat die Mitbenützung ihrer Alarmeinrichtungen durch Organe des Bundes und des Landes im Rahmen der im Abs. 1 angeführten Vereinbarung zu gestatten.

(3) Die Alarmierung der Feuerwehr hat über Funk oder über akustische Alarmeinrichtungen zu erfolgen. Das akustische Alarmzeichen hat in einem 15 Sekunden anhaltenden Dauerton zu bestehen, der nach einer Unterbrechung von jeweils sieben Sekunden zweimal zu wiederholen ist. Erforderlichenfalls ist das gesamte Alarmzeichen zu wiederholen.

(4) Jeden Samstag um 12 Uhr ist ein Probealarm durchzuführen. Das Probealarmzeichen hat in einem 15 Sekunden anhaltenden Dauerton zu bestehen.

§ 24
Duldung von Alarmeinrichtungen

(1) Sind gemeindeeigene Grundstücke oder bauliche Anlagen, die für die Anbringung von Alarmeinrichtungen geeignet sind, nicht vorhanden, so haben die Eigentümer von Grundstücken oder baulichen Anlagen oder die sonst hierüber Verfügungsberechtigten die Errichtung und Erhaltung

von Alarmeinrichtungen auf dem Grundstück bzw. der baulichen Anlage ohne Anspruch auf Entschädigung zu dulden. Solche Einrichtungen sind so anzubringen oder aufzustellen, dass die Benützung der betroffenen Grundstücke bzw. baulichen Anlagen nicht wesentlich erschwert wird und auch sonst die Interessen der Eigentümer der betroffenen Grundstücke bzw. baulichen Anlagen so gering wie möglich beeinträchtigt werden.

(2) Die beabsichtigte Anbringung von Alarmeinrichtungen ist den Eigentümern der betroffenen Grundstücke bzw. baulichen Anlagen oder den sonst hierüber Verfügungsberechtigten schriftlich mitzuteilen.

(3) Erfordern Bau-, Erhaltungs- oder Instandsetzungsmaßnahmen die Entfernung von Alarmeinrichtungen, so hat der Eigentümer des betroffenen Grundstückes oder der betroffenen baulichen Anlage oder der sonst hierüber Verfügungsberechtigte der Gemeinde diesen Umstand unter Angabe der zu entfernenden Einrichtungen, der beabsichtigten Maßnahmen und des voraussichtlichen Arbeitsbeginns mindestens vier Wochen vorher anzuzeigen. Die Gemeinde hat die Einrichtungen bis zum angegebenen Arbeitsbeginn zu entfernen. Für die Wiederanbringung der Einrichtungen gelten die Abs. 1 und 2 sinngemäß.

(4) Bei Streitigkeiten über die sich aus den Abs. 1, 2 und 3 ergebenden Rechte und Pflichten entscheidet die Behörde auf Antrag eines Betroffenen oder von Amts wegen mit schriftlichem Bescheid.

(5) Schäden, die durch Maßnahmen im Sinne des Abs. 1 unvermeidlich entstehen, sind von der Gemeinde zu beheben oder dem Geschädigten zu ersetzen. Über Streitigkeiten darüber entscheiden die ordentlichen Gerichte.

§ 25

Brandmeldestellen

Brandmeldestellen sind jene Stellen, die an den telefonischen Feuerwehrnotruf angeschlossen sind. Bei Bedarf hat der Gemeinderat darüber hinaus Dienststellen oder Personen als Brandmeldestellen zu bestimmen und diese ortsüblich zu verlautbaren. Die Heranziehung einer Polizeiinspektion als Brandmeldestelle bedarf der Zustimmung des Bundes. Von einer Brandmeldestelle aus muss die zuständige Feuerwehr jederzeit sofort verständigt werden können.

§ 26

Fehl- und Täuschungsalarme

Kommt es auf Grund eines durch eine Brandmeldeanlage ausgelösten Fehl- oder Täuschungsalarms zu einem Feuerwehreinsatz, so hat der Eigentümer der betreffenden baulichen Anlage oder der sonst hierüber Verfügungsberechtigte der Gemeinde die Kosten dieses Einsatzes zu ersetzen. Im Streitfall hat die Behörde über die Kosten mit schriftlichem Bescheid zu entscheiden.

7. Abschnitt

Brandbekämpfung

§ 27

Brandmeldung

(1) Wer einen Brand wahrnimmt, hat sofort Brandalarm zu geben und die Brandmeldung an die nächste Brandmeldestelle zu erstatten. Die Brandmeldestelle hat sofort die örtlich zuständige Feuerwehr zu verständigen.

(2) Die Verständigung von Energieversorgungsunternehmen zur Abschaltung der Starkstromleitungen vor Beginn der Löscharbeiten obliegt dem Einsatzleiter.

(3) Die Gemeinde hat jeden größeren Brand der zuständigen Bezirkshauptmannschaft, die Stadt Innsbruck der Landespolizeidirektion, zu melden.

§ 28

Anforderung von Nachbarfeuerwehren

Reichen die in der Gemeinde zur Verfügung stehenden Feuerwehrkräfte zur Brandbekämpfung nicht aus, so hat die Behörde die Feuerwehren der Nachbargemeinden zur Hilfeleistung anzufordern.

§ 29

Besondere Pflichten der Liegenschaftseigentümer

(1) Die Eigentümer der von einem Brand betroffenen Grundstücke oder die sonst hierüber Verfügungsberechtigten haben der Feuerwehr den Zutritt zu den Grundstücken zu gestatten, deren Inanspruchnahme zur Durchführung der erforderlichen Lösch- und Rettungsarbeiten zu dulden und Wasservorräte, die sich in ihrem Besitz befinden oder auf ihren Grundstücken gewonnen werden können, für Löschzwecke zur Verfügung zu stellen. Sie haben weiters die vom Einsatzleiter zur Durchführung der Lösch- und Rettungsarbeiten und zur Vermeidung einer Brandausbreitung angeordneten Maßnahmen, wie insbesondere die Räumung von baulichen Anlagen und die Entfernung von Pflanzen, Einfriedungen oder sonstigen Anlagen, zu dulden. Befinden sich auf den betreffenden Grundstücken technische Anlagen oder Einrichtungen, so ist möglichst im Einvernehmen mit den dafür Verantwortlichen vorzugehen.

(2) Die Verpflichtungen nach Abs. 1 treffen auch die Eigentümer der nicht von einem Brand betroffenen Grundstücke oder die sonst hierüber Verfügungsberechtigten, soweit diese Grundstücke zur Durchführung von Lösch- und Rettungsarbeiten benötigt werden.

(3) Bei der Brandbekämpfung ist unter möglichster Schonung von Sachwerten aller Art vorzugehen.

§ 30
Behinderung der Lösch- und Rettungsarbeiten

(1) Der Einsatzleiter ist berechtigt, Personen, die die Durchführung der Lösch- und Rettungsarbeiten behindern, vom Brandplatz zu verweisen. Der Aufforderung zum Verlassen des Brandplatzes ist unverzüglich Folge zu leisten.

(2) Wird die Durchführung der Lösch- oder Rettungsarbeiten durch abgestellte Fahrzeuge oder sonstige Gegenstände behindert, so hat der Einsatzleiter die Eigentümer dieser Gegenstände oder die sonst hierüber Verfügungsberechtigten aufzufordern, diese sofort vom Brandplatz zu entfernen. Ist eine solche Aufforderung nicht oder nicht rechtzeitig möglich oder wird ihr nicht umgehend entsprochen, so hat der Einsatzleiter die Entfernung der Gegenstände zu verfügen. Wurden die Gegenstände gesetzwidrig abgestellt, so hat der Eigentümer der betreffenden Gegenstände oder der sonst hierüber Verfügungsberechtigte der Gemeinde die Kosten ihrer Entfernung zu ersetzen. Im Streitfall hat die Behörde über diese Kosten mit schriftlichem Bescheid zu entscheiden.

8. Abschnitt
Maßnahmen nach dem Brand

§ 31
Brandwache

(1) Nach einem Brand hat die örtlich zuständige Feuerwehr eine ausreichende, mit den nötigen Löschgeräten ausgerüstete Brandwache zu stellen, sofern dies notwendig ist, um ein Wiederaufflammen des Brandes zu verhindern. Der Einsatzleiter kann unter Bedachtnahme auf das Ausmaß der Brandgefahr den Eigentümer der vom Brand betroffenen baulichen Anlage oder den sonst hierüber Verfügungsberechtigten mit der Brandwache beauftragen. War am Brandplatz keine Feuerwehr tätig, so hat erforderlichenfalls die Behörde die Aufstellung einer Brandwache zu veranlassen.

(2) Die Brandwache darf erst einrücken, wenn eine Brandgefahr nicht mehr zu erwarten ist. Zu Sicherungs- und Aufräumungsarbeiten ist sie nicht verpflichtet.

§ 32
Sicherungs- und Aufräumungsarbeiten

Bei Gefahr im Verzug hat die Behörde die nach dem Brand erforderlichen Sicherungsarbeiten auf Gefahr und Kosten des Eigentümers der betreffenden baulichen Anlage oder des sonst hierüber Verfügungsberechtigten ohne weiteres Verfahren anzuordnen. Mit den Aufräumungsarbeiten darf erst begonnen werden, nachdem die Brandursachenermittlung (§ 33) abgeschlossen ist und der Eigentümer der baulichen Anlage oder der sonst hierüber Verfügungsberechtigte die Zustimmung erteilt hat.

§ 33
Brandursachenermittlung

(1) Die Behörde hat möglichst bereits während des Brandes, sonst aber unverzüglich nach dem Brand, die Brandursachen zu erheben. Die Organe des öffentlichen Sicherheitsdienstes sind vom Ergebnis der Erhebungen sofort zu verständigen und weiters bei ihren Erhebungen zu unterstützen.

(2) Die Tiroler Landeskommission für Brandverhütung ist verpflichtet, auf Ersuchen der Behörde zum Zweck der Mitwirkung an der Brandursachenermittlung Sachverständige zur Verfügung zu stellen.

9. Abschnitt
Behörden, Straf- und Schlussbestimmungen

§ 34
Behörden

(1) Außerhalb der Stadt Innsbruck ist Behörde im Sinn dieses Gesetzes, soweit darin nichts anderes bestimmt ist, der Bürgermeister.

(2) In der Stadt Innsbruck ist Behörde im Sinn dieses Gesetzes, soweit darin nichts anderes bestimmt ist, der Stadtmagistrat.

§ 35
Strafbestimmungen

(1) Eine Verwaltungsübertretung begeht, wer

a) dem § 2 Abs. 2, § 3 Abs. 2, § 4 Abs. 1, § 5 oder § 27 Abs. 1 zuwiderhandelt,
b) einem Auftrag bzw. einer Anordnung nach § 3 Abs. 1 oder 5, § 4 Abs. 2, § 7 Abs. 1 oder 5, § 18 Abs. 1 zweiter Satz, § 19 Abs. 1 oder 2, § 20 Abs. 1 oder § 30 Abs. 1 oder 2 erster Satz nicht nachkommt,
c) einer Verpflichtung nach § 7 Abs. 4, § 27 Abs. 1 erster Satz oder § 29 Abs. 1 oder 2 nicht nachkommt,
d) als Brandschutzbeauftragter seinen Verpflichtungen nach § 7 Abs. 2 zweiter Satz nicht nachkommt,
e) Alarm- oder Löscheinrichtungen missbräuchlich verwendet,
f) als Eigentümer einer reinigungspflichtigen Anlage oder als sonst hierüber Verfügungsberechtigter dem § 9 Abs. 2, 3 oder 4, § 10 Abs. 3 dritter Satz, § 11 Abs. 2 erster Satz oder 3 erster Satz, § 13 Abs. 3 erster Satz, § 15 Abs. 1 erster oder dritter Satz oder § 18 Abs. 2 zweiter Satz zuwiderhandelt oder entgegen dem § 12 Abs. 3 nach dem Ausbrennen einer Rauch- oder Abgasleitung bzw. eines Rauch- oder Abgasfanges nicht für eine entsprechende Überwachung sorgt,
g) als Eigentümer eines Gebäudes nach § 14 Abs. 1 oder als sonst hierüber Verfügungsberechtigter die darin befindliche Feuerungsanlage nicht entsprechend dem § 9 Abs. 1 reinigt,

h) als Rauchfangkehrer dem § 8 Abs. 7 dritter Satz, § 10 Abs. 1, 3 zweiter oder vierter Satz oder 4 oder 5, § 11 Abs. 1, 2 zweiter Satz oder 3 zweiter Satz, § 12, § 13 Abs. 1 oder 2, § 14 Abs. 2 oder § 15 Abs. 1 zweiter Satz zuwiderhandelt,
i) als sonstige mit Kehr-, Reinigungs- oder Wartungsarbeiten betraute Person dem § 15 Abs. 1 zweiter Satz zuwiderhandelt.

(2) Verwaltungsübertretungen nach Abs. 1 sind von der Bezirksverwaltungsbehörde mit Geldstrafen bis zu 2.180,- Euro zu ahnden.

(3) Die Geldstrafen fließen der Gemeinde zu, in deren Gebiet die Verwaltungsübertretung begangen wurde.

§ 36
Mitwirkung der Sicherheitsbehörden

(1) Die Bezirksverwaltungsbehörden und im Gebiet der Stadt Innsbruck die Landespolizeidirektion haben als Sicherheitsbehörden nach Maßgabe der Abs. 2, 3 und 4 an der Abwehr von Gefahren nach diesem Gesetz mitzuwirken.

(2) Die Organe des öffentlichen Sicherheitsdienstes sind ermächtigt, Unbeteiligte wegzuweisen, die durch ihre Anwesenheit am Brandplatz oder in dessen unmittelbarer Umgebung die Durchführung der Lösch- und Rettungsarbeiten behindern, selbst gefährdet sind oder die Privatsphäre der vom Brand betroffenen Menschen unzumutbar beeinträchtigen.

(3) Organe des öffentlichen Sicherheitsdienstes, die zur Erfüllung der ersten Hilfeleistungspflicht (§ 19 des Sicherheitspolizeigesetzes) eingeschritten sind, sind ermächtigt, die Identitätsdaten der Betroffenen zu ermitteln und, soweit diese nicht in der Lage sind, die hiefür erforderlichen Auskünfte zu erteilen, Fahrzeuge und Behältnisse, die sie benützt haben, sowie ihre Kleidung zu durchsuchen. Die Sicherheitsbehörden sind ermächtigt, die ermittelten Daten der Behörde, der Feuerwehr und der Rettung zu übermitteln.

(4) Die Organe des öffentlichen Sicherheitsdienstes haben im Brandfall dem Einsatzleiter auf sein Ersuchen bei der Durchsetzung von Maßnahmen nach § 29 Abs. 1 und 2 im Rahmen ihres gesetzmäßigen Wirkungsbereiches Hilfe zu leisten.

(5) Für die Erfüllung der den Sicherheitsbehörden nach Abs. 1 übertragenen Aufgaben gelten die Grundsätze über die Aufgabenerfüllung im Bereich der Sicherheitspolizei. Die Organe des öffentlichen Sicherheitsdienstes sind ermächtigt, die ihnen eingeräumten Befugnisse mit unmittelbarer Zwangsgewalt durchzusetzen.

§ 37
Eigener Wirkungsbereich der Gemeinde

Die Aufgaben der Gemeinde nach diesem Gesetz mit Ausnahme jener nach § 28 und § 33 Abs. 1 zweiter Satz sind solche des eigenen Wirkungsbereiches.

§ 38
Verweisungen

(1) Soweit in diesem Gesetz nichts anderes bestimmt ist, beziehen sich Verweisungen auf Landesgesetze auf die jeweils geltende Fassung.

(2) Soweit in diesem Gesetz nichts anderes bestimmt ist, beziehen sich Verweisungen auf Bundesgesetze auf die im Folgenden jeweils angeführte Fassung:

1. Emissionsschutzgesetz für Kesselanlagen – EG-K 2013, BGBl. I Nr. 127, in der Fassung des Gesetzes BGBl. I Nr. 81/2015,
2. Gewerbeordnung 1994 – GewO 1994, BGBl. Nr. 194, zuletzt geändert durch das Gesetz BGBl. I Nr. 81/2015,
3. Sicherheitspolizeigesetz – SPG, BGBl. Nr. 566/1991, zuletzt geändert durch das Gesetz BGBl. I Nr. 43/2014.

§ 39
Verarbeitung personenbezogener Daten

(1) Die Gemeinden und der Stadtmagistrat Innsbruck sind Verantwortliche nach Art. 4 Z 7 der Verordnung (EU) 2016/679 des Europäischen Parlaments und des Rates zum Schutz natürlicher Personen bei der Verarbeitung personenbezogener Daten, zum freien Datenverkehr und zur Aufhebung der Richtlinie 95/46/EG (Datenschutz-Grundverordnung), ABl. 2016 Nr. L 119, S. 1, in den in die Zuständigkeit des Bürgermeisters oder des Stadtmagistrats fallenden Angelegenheiten.

(2) Das Amt der Tiroler Landesregierung ist Verantwortlicher nach Art. 4 Z 7 der Datenschutz-Grundverordnung in den in die Zuständigkeit der Landesregierung fallenden Angelegenheiten.

(3) Das Amt der Tiroler Landesregierung und die Bezirksverwaltungsbehörden sind gemeinsam Verantwortliche nach Art. 26 der Datenschutz-Grundverordnung in den in die Zuständigkeit der Bezirksverwaltungsbehörde fallenden Angelegenheiten.

(4) Die Feuerwehren sind Verantwortliche nach Art. 4 Z 7 der Datenschutz-Grundverordnung im Rahmen ihres Aufgabenbereiches nach diesem Gesetz.

(5) Die Rauchfangkehrer sind Verantwortliche nach Art. 4 Z 7 der Datenschutz-Grundverordnung in den in ihre Zuständigkeit fallenden Angelegenheiten

(6) Die nach den Abs. 1, 2 und 3 Verantwortlichen dürfen folgende Daten verarbeiten, sofern diese für die Durchführung der feuerpolizeilichen Aufsicht und für die Wahrnehmung der in diesem Gesetz geregelten Aufgaben der Feuerpolizei jeweils erforderlich sind:

a) von Berechtigten nach § 3 Abs. 1, Eigentümern oder Verfügungsberechtigten von Grundstücken, Gebäuden oder sonstigen baulichen Anlagen: Identifikationsdaten, Erreichbarkeitsdaten, Grundstücksnummern, Daten über das Aussehen, die Beschaffenheit, den Aufbau, die Verwendungsart, die örtlichen Verhältnisse und planliche Darstellungen der Grundstücke, Gebäude oder sonstigen baulichen Anlagen, behördliche Bewilligungen und Anordnungen, die sich auf die Grundstücke, Gebäude oder sonstigen baulichen Anlagen beziehen, berufs- bzw. tätigkeitsbezogene Daten, Bankverbindungen,
b) von Personen, denen nach § 4 Abs. 2 die Ausübung bestimmter Handlungen untersagt wird: Identifikationsdaten, Erreichbarkeitsdaten, Grundstücksnummern, Bankverbindungen,
c) von Angehörigen der Feuerwehr oder einem von diesen beauftragten Vertreter und von feuerpolizeilichen oder sonstigen Sachverständigen auf dem Gebiet des Brandschutzes: Identifikationsdaten, Erreichbarkeitsdaten, berufs- bzw. tätigkeitsbezogene Daten,
d) von Veranstaltern, deren Dienstnehmern und ihren Vertretern: Identifikationsdaten, Erreichbarkeitsdaten, Grundstücksnummern, berufs- bzw. tätigkeitsbezogene Daten, Bankverbindungen, Daten über die Art, den Umfang und den Inhalt von geplanten Veranstaltungen,
e) von Inhabern von Betrieben, deren Dienstnehmern und ihren Vertretern: Identifikationsdaten, Erreichbarkeitsdaten, Grundstücksnummern, berufs- bzw. tätigkeitsbezogene Daten, Bankverbindungen,
f) von Rauchfangkehrern: Identifikationsdaten, Erreichbarkeitsdaten, berufs- bzw. tätigkeitsbezogene Daten einschließlich Gewerbeberechtigungen, Bankverbindungen,
g) von Pächtern von Rauchfangkehrerbetrieben: Identifikationsdaten, Erreichbarkeitsdaten, berufs- bzw. tätigkeitsbezogene Daten einschließlich Gewerbeberechtigungen, Daten des Pachtvertrages, Bankverbindungen,
h) von Eigentümern oder Verfügungsberechtigten reinigungspflichtiger Anlagen: Identifikationsdaten, Erreichbarkeitsdaten, Grundstücksnummern, Erreichbarkeitsdaten, Bankverbindungen,
i) von sämtlichen Personen, die einer Feuerbeschau beigezogen werden oder daran teilnehmen: Identifikationsdaten, Erreichbarkeitsdaten, berufs- bzw. tätigkeitsbezogene Daten,
j) von Personen, die nach § 25 zu Brandmeldestellen bestimmt werden: Identifikationsdaten, Erreichbarkeitsdaten, berufs- bzw. tätigkeitsbezogene Daten,
k) von Personen, die Lösch- und Rettungsarbeiten behindern: Identifikationsdaten, Erreichbarkeitsdaten, Grundstücksnummern,
l) von Personen, die an der Brandursachenermittlung mitwirken: Identifikationsdaten, Erreichbarkeitsdaten, berufs- bzw. tätigkeitsbezogene Daten, Bankverbindungen.

(7) Die nach den Abs. 1, 2 und 3 Verantwortlichen dürfen Daten nach Abs. 6 lit. a, f und h
a) an Rauchfangkehrer übermitteln, sofern diese für die Beauftragung eines Rauchfangkehrers, für die Bestimmung des Umfanges der Überprüfung einer Feuerungsanlage oder zum Zwecke der Organisation einer Hauptüberprüfung im Rahmen einer Feuerbeschau jeweils erforderlich sind,
b) an die ordentlichen Gerichte übermitteln, sofern diese zur Klärung von Streitigkeiten über Schäden durch Maßnahmen nach § 24 Abs. 1 jeweils erforderlich sind.

(8) Die nach Abs. 4 Verantwortlichen dürfen folgende Daten verarbeiten, sofern diese für die Wahrnehmung ihrer Aufgaben im Rahmen des Brandschutzes und der Brandbekämpfung sowie für Brandverhütungsmaßnahmen jeweils erforderlich sind:
a) von Eigentümern oder Verfügungsberechtigten von Grundstücken, Gebäuden oder sonstigen baulichen Anlagen: Identifikationsdaten, Erreichbarkeitsdaten, Grundstücksnummern, Daten über das Aussehen, die Beschaffenheit, den Aufbau, die Verwendungsart, die örtlichen Verhältnisse und planliche Darstellungen der Grundstücke, Gebäude oder sonstigen baulichen Anlagen, berufs- bzw. tätigkeitsbezogene Daten,
b) von Personen, die Aufgaben im Rahmen des Brandschutzes für besondere Betriebe und bauliche Anlagen wahrnehmen: Identifikationsdaten, Erreichbarkeitsdaten, berufs- bzw. tätigkeitsbezogene Daten,
c) von Meldungslegern: Identifikationsdaten, Erreichbarkeitsdaten,
d) von Personen, die Lösch- und Rettungsarbeiten behindern: Identifikationsdaten, Erreichbarkeitsdaten, Grundstücksnummern.

(9) Die nach Abs. 5 Verantwortlichen dürfen von Eigentümern oder Verfügungsberechtigten von reinigungspflichtigen Anlagen folgende Daten verarbeiten, sofern diese für die Erfüllung ihrer gesetzlichen Aufgaben nach dem dritten Abschnitt jeweils erforderlich sind: Identifikationsdaten, Erreichbarkeitsdaten, berufs- bzw. tätigkeitsbezogene Daten, Bankverbindungen.

(10) Die nach Abs. 5 Verantwortlichen dürfen Daten nach Abs. 9 an die Feuerwehren, an die Gemeinden und den Stadtmagistrat Innsbruck übermitteln, sofern diese Daten für die Erfüllung der ihnen obliegenden Aufgaben jeweils erforderlich sind.

(11) Als Identifikationsdaten gelten:

FeuerPolO

a) bei natürlichen Personen der Familien- und der Vorname, das Geschlecht, das Geburtsdatum, allfällige akademische Grade, Standesbezeichnungen und Titel,
b) bei juristischen Personen und Personengesellschaften die gesetzliche, satzungsmäßige oder firmenmäßige Bezeichnung und hinsichtlich der vertretungsbefugten Organe die Daten nach lit. a sowie die Firmenbuchnummer, die Vereinsregisterzahl, die Umsatzsteuer-Identifikationsnummer und die Ordnungsnummer im Ergänzungsregister.

(12) Als Erreichbarkeitsdaten gelten Wohnsitzdaten und sonstige Adressdaten, die Telefonnummer, elektronische Kontaktdaten, wie insbesondere die E-Mail-Adresse und Telefax-Nummer, oder Verfügbarkeitsdaten.

§ 40
Inkrafttreten

(1) Dieses Gesetz tritt mit 1. Jänner 1999 in Kraft.

(2) Gleichzeitig tritt die Tiroler Feuerpolizeiordnung, LGBl. Nr. 47/1978, in der Fassung der Gesetze LGBl. Nr. 19/1979, 58/1990 und 10/1994 außer Kraft.

Anlage

Art der Feuerungsanlage	Brennstoff	Anzahl der Überprüfungen pro Jahr	Bemerkungen
Einzelfeuerstätten	Gas	1	
	Heizöl extra leicht	3	x
	Pellets	2	x
	sonstige Festbrennstoffe	4	x
Offene Kamine	Festbrennstoffe	2	
Zentralheizungsanlagen (Anlagen nach § 2 Abs. 48 des Tiroler Gas-, Heizungs- und Klimaanlagengesetz 2013, LGBl. Nr. 111, in der jeweils geltenden Fassung und Anlagen nach dem Emissionsschutzgesetz für Kesselanlagen – EG-K 2013, BGBl. I Nr. 127/2013)	Gas, auch Brennwerttechnik	1	
	Heizöl extra leicht	1	
	Heizöl extra leicht Brennwerttechnik	1	
	Heizöl leicht	<400 kW: 2 >400 kW: 3	
	Heizöl sonstige	5	
	Pellets, auch Brennwerttechnik	2	
	Festbrennstoffe mit händischer Beschickung	4	
	Festbrennstoffe mit automatischer Beschickung	2	
Fernwärme-Heizzentralen (Fernwärmeversorgungsanlagen mit gewerberechtlicher Genehmigung und Personal zur Betreuung der Feuerungsanlage samt Abgasreinigung)	Gas	1	
	Heizöl extra leicht	2	x
	Heizöl leicht, Heizöl schwer	4	x
	Biomasse	4	x
	Biomasse mit Rauchgaskondensation	1	x
Räucheranlagen, privat		2	x
Räucheranlagen, gewerblich		4	x

x Die Selbstreinigung der Feuerstätte einschließlich des Verbindungsstücks sowie bei Fernwärme-Heizzentralen der Abgasführung und der allenfalls vorhandenen Abgasreinigungsanlagen ist zulässig.

FeuerPolO

22. Tiroler Aufzugs- und Hebeanlagengesetz 2012

Gesetz vom 8. November 2012 über den Einbau und den Betrieb sowie den Umbau und die Modernisierung von Hebeanlagen (Tiroler Aufzugs- und Hebeanlagengesetz 2012)

StF: LGBl. Nr. 153/2012

Letzte Novellierung: LGBl. Nr. 79/2023

GLIEDERUNG

1. Abschnitt
Allgemeine Bestimmungen
§ 1. Geltungsbereich
§ 2. Begriffsbestimmungen
2. Abschnitt
Einbau und Inbetriebnahme von Hebeanlagen
§ 3. Technische Vorschriften
§ 4. Vorprüfung
§ 5. Abnahmeprüfung
3. Abschnitt
Betrieb und Instandhaltung von Hebeanlagen
§ 6. Betreuungspflicht
§ 7. Anlagen- bzw. Aufzugsbuch
§ 8. Betriebskontrollen
§ 9. Befreiung von Personen
§ 10. Regelmäßige und außerordentliche Überprüfung
§ 11. Behebung von Mängeln und Gebrechen
§ 12. Sperre
§ 13. Mitteilungspflicht
4. Abschnitt
Qualifizierte Personen
§ 14. Hebeanlagenwärter
§ 15. Betreuungsunternehmen
§ 16. Hebeanlagenprüfer
5. Abschnitt
Sicherheitstechnische Prüfung, Umbau und Modernisierung
§ 17. Sicherheitstechnische Prüfung
§ 18. Umbau und Modernisierung von nicht CE-gekennzeichneten Hebeanlagen
6. Abschnitt
Behörden, Straf-, Übergangs- und Schlussbestimmungen
§ 19. Behörden, besondere Befugnisse, eigener Wirkungsbereich der Gemeinde
§ 20. Strafbestimmungen
§ 21. Verarbeitung personenbezogener Daten
§ 22. Umsetzung von Unionsrecht
§ 23. Übergangsbestimmungen
§ 24. Inkrafttreten, Notifikation

1. Abschnitt
Allgemeine Bestimmungen

§ 1
Geltungsbereich

(1) Dieses Gesetz gilt für Hebeanlagen, soweit im Abs. 2 nichts anderes bestimmt ist. Hebeanlagen sind kraftbetriebene Hebezeuge nach § 2 Abs. 1 bis 6 und kraftbetriebene Fahrtreppen und Fahrsteige nach § 2 Abs. 7 und 8, die mit einem Gebäude oder mit einer sonstigen baulichen Anlage dauerhaft verbunden sind und festgelegte Ebenen bedienen.

(2) Dieses Gesetz gilt nicht für:

a) Hebeanlagen, die in oder in Verbindung mit Eisenbahnanlagen, Luftfahrtsanlagen, öffentlichen Schifffahrtsanlagen, Bergwerksanlagen und militärischen Anlagen errichtet oder betrieben werden, sowie Hebeanlagen, die in gewerblichen Betriebsanlagen errichtet oder betrieben werden,
b) Heu- bzw. Tennenkräne,
c) Baustellenaufzüge,
d) seilgeführte Einrichtungen einschließlich Seilbahnen,
e) Hebeanlagen, von denen aus Arbeiten durchgeführt werden können,
f) Schachtförderanlagen,
g) Hebeanlagen für Beförderungen von Darstellern während künstlerischer Vorführungen (einschließlich Proben),
h) in Beförderungsmittel eingebaute Hebeanlagen,
i) mit einer Maschine verbundene Hebeanlagen, die ausschließlich für den Zugang zu Arbeitsplätzen – einschließlich Wartungs- und Inspektionspunkte an Maschinen – bestimmt sind,
j) Zahnradbahnen,
k) Hubtische zur ausschließlichen Beförderung von Gütern.

(3) Durch dieses Gesetz werden die Zuständigkeit des Bundes sowie sonstige Vorschriften über Hebeanlagen nicht berührt.

§ 2
Begriffsbestimmungen

(1) Aufzüge sind Hebezeuge, die zwischen festgelegten Ebenen mittels eines Lastträgers verkehren, der sich an starren, gegenüber der Horizon-

talen um mehr als 15 Grad geneigten Führungen entlang fortbewegt, und die bestimmt sind

a) zur Personenbeförderung,
b) zur Personen- und Güterbeförderung oder
c) nur zur Güterbeförderung, sofern der Lastträger so betretbar ist, dass eine Person ohne Schwierigkeit in den Lastträger einsteigen kann, und über Steuereinrichtungen verfügt, die im Inneren des Lastträgers oder in Reichweite einer dort befindlichen Person angeordnet sind.

(2) Hebeeinrichtungen sind Hebezeuge mit Lastträgern, die sich zwar nicht an starren Führungen entlang, aber in einer räumlich vollständig festgelegten Bahn bewegen.

(3) Treppenschrägaufzüge sind Hebezeuge für Personen mit Sessel, Stehplattformen oder Rollstuhlplattformen, die in einer geneigten Ebene entlang einer Treppe (Stiege) oder einer zugänglichen geneigten Oberfläche fahren und vorwiegend für die Verwendung durch Personen mit Behinderungen oder mit eingeschränkter Mobilität bestimmt sind.

(4) Güteraufzüge sind Hebezeuge, die zwischen festgelegten Ebenen mittels eines Lastträgers verkehren, der sich an starren, gegenüber der Horizontalen um mehr als 15 Grad geneigten Führungen entlang fortbewegt, nur für den Transport von Gütern bestimmt sind und über Steuereinrichtungen verfügen, die nicht im Inneren des Lastträgers oder in Reichweite einer dort befindlichen Person angeordnet sind.

(5) Kleingüteraufzüge sind Güteraufzüge, deren Lastträger wegen ihrer Maße und Ausführung für Personen nicht betretbar sind.

(6) Hubtische sind unbeschadet der Bestimmungen der Abs. 1, 2 und 4 Hebezeuge mit einer lasttragenden Plattform, die für die Beförderung von Personen und Gütern bestimmt sind und die im gesamten Bewegungsbereich starr geführt werden.

(7) Fahrtreppen sind Hebezeuge, die zwei unterschiedlich hohe festgelegte Ebenen mit umlaufenden Stufenbändern bedienen und zur Beförderung von Personen in Auf- und Abwärtsbewegung bestimmt sind.

(8) Fahrsteige sind Anlagen, die eine gleich hohe Ebene oder zwei unterschiedlich festgelegte Ebenen mit umlaufenden Plattenbändern bedienen und die zur Beförderung von Personen in einer Ebene oder zwischen zwei unterschiedlich hohen Ebenen bestimmt sind; nicht als Fahrsteige gelten Zauberteppiche und Schiförderbänder.

(9) Lastträger sind Teil einer Hebeanlage, auf oder in denen Personen und/oder Güter zur Aufwärts- oder Abwärtsbeförderung oder zur Fortbewegung untergebracht sind.

(10) Betreiber ist der Eigentümer oder Inhaber einer Hebeanlage oder der sonst hierüber Verfügungsberechtigte.

(11) Prüfzeugnis ist eine Urkunde, die eine Anlage definiert und die die Übereinstimmung mit den Vorschriften dieses Gesetzes bestätigt.

2. Abschnitt
Einbau und Inbetriebnahme von Hebeanlagen

§ 3
Technische Vorschriften

(1) Hebeanlagen müssen in allen ihren Teilen entsprechend dem Stand der Technik so geplant und ausgeführt werden, dass sie den Erfordernissen der Sicherheit, der Festigkeit, der Dauerhaftigkeit, des Brand- und des Schallschutzes und der Energieeffizienz entsprechen. Darüber hinaus müssen Hebeanlagen für Personen in all ihren Teilen entsprechend dem Stand der Technik so geplant und ausgeführt werden, dass sie den Erfordernissen der Zugänglichkeit für Personen und der Notbefreiung eingeschlossener Personen entsprechen. Im Aufzugsschacht dürfen keine aufzugsfremden Leitungen und Einrichtungen vorhanden sein.

(2) Die Landesregierung hat unter Bedachtnahme auf die Anforderungen nach Abs. 1 durch Verordnung nähere Bestimmungen über die technischen Erfordernisse von Hebeanlagen zu erlassen.

§ 4
Vorprüfung

(1) Vor dem Einbau einer Hebeanlage in ein Gebäude oder eine bauliche Anlage oder vor der Vornahme wesentlicher Änderungen kann ein Prüfzeugnis eines Hebeanlagenprüfers, wonach das Vorhaben den Erfordernissen nach § 3 bzw. bei Umbauten oder Modernisierungen den Erfordernissen nach § 18 entspricht, eingeholt werden.

(2) Als wesentliche Änderung einer Hebeanlage gelten insbesondere folgende Änderungen:

a) die Erhöhung der Anzahl oder der Lage der Halte- oder Ladestellen, wobei Höhenänderungen bis 0,25 m unberücksichtigt bleiben,
b) die Änderung der Förderhöhe um mehr als 0,25 m,
c) die Erhöhung der Nennlast oder der Masse des Fahrkorbes um mehr als 10 v.H.,
d) die Änderung der Betriebsgeschwindigkeit (Nenngeschwindigkeit) um mehr als 10 v.H.,
e) die Änderung der Art der Schachttüren, wenn durch diese Änderung begehbare Flächen im Haltestellenbereich beeinträchtigt werden oder die Brandschutzausführung geändert wird,
f) die Änderung der Abmessungen der Schachttüren um mehr als 50 mm,
g) die Änderung der Art der Benützung,
h) die Änderung der Antriebsart,
i) die Änderung der Lage der Gegengewichtsfahrbahn,
j) die Änderung der Lage oder der Entfall des Triebwerkraumes oder des Rollenraumes,

k) die Änderung des Zugangs oder der Maße des Triebwerkraumes oder des Rollenraumes, sofern die Stand- oder Brandsicherheit der baulichen Anlage gefährdet wird,
l) die Änderung der Schachtkopfhöhe oder Schachtgrubentiefe, sofern der obere oder der untere Schutzraum im Schacht verringert wird,
m) die dauerhafte Einschränkung der Zugänglichkeit zu Ladestellen durch bauliche Maßnahmen,
n) die Erhöhung der Beanspruchungen von Schacht und Gebäudeteilen durch die Einwirkungen (Kräfte) in Folge des Betriebs einer Hebeanlage um mehr als 10 v.H. bezogen auf die Angaben bei der Errichtung,
o) die Änderung der Geschwindigkeit von Fahrtreppen und Fahrsteigen,
p) die Änderung des Traggerüstes einschließlich der Verkleidung von Fahrtreppen und Fahrsteigen,
q) die Änderung der Balustrade von Fahrtreppen und Fahrsteigen,
r) die Änderung des Einbauortes von Fahrtreppen und Fahrsteigen innerhalb eines Gebäudes.

§ 5
Abnahmeprüfung

(1) Vor der erstmaligen Inbetriebnahme einer Hebeanlage sowie nach wesentlichen Änderungen einer Hebeanlage im Sinn des § 4 Abs. 2 hat der Betreiber ein Prüfzeugnis eines Hebeanlagenprüfers einzuholen, in dem festgestellt wird, dass

a) den Erfordernissen nach § 3 bzw. bei Umbauten oder Modernisierungen den Erfordernissen nach § 18 entsprochen wird und
b) Mängelfreiheit besteht.

(2) Der Hebeanlagenprüfer hat dem Betreiber das Prüfzeugnis über die Abnahmeprüfung auszuhändigen, dies im Anlagen- bzw. Aufzugsbuch zu vermerken und eine Abschrift des Prüfzeugnisses im Anlagen- bzw. Aufzugsbuch zu hinterlegen. Unwesentliche Änderungen sind im Anlagen- bzw. Aufzugsbuch zu vermerken.

(3) Die Hebeanlage darf erst nach der Ausstellung und Hinterlegung des Prüfzeugnisses über die Abnahmeprüfung in Betrieb genommen werden. Der Hebeanlagenprüfer hat der Behörde unverzüglich eine Abschrift dieses Prüfzeugnisses zu übermitteln.

(4) Wird eine Hebeanlage in Betrieb genommen, ohne dass ein Prüfzeugnis über die Abnahmeprüfung vorliegt, so hat die Behörde den Betrieb der Hebeanlage mit Bescheid zu untersagen. Bei Gefahr im Verzug kann die Behörde Hebeanlagen durch Ausübung unmittelbarer Befehls- und Zwangsgewalt sperren.

3. Abschnitt
Betrieb und Instandhaltung von Hebeanlagen

§ 6
Betreuungspflicht

(1) Der Betreiber hat dafür zu sorgen, dass Hebeanlagen diesem Gesetz entsprechend betrieben und instandgehalten werden.

(2) Der Betreiber hat für die Durchführung der Betriebskontrollen und zum Zweck der Befreiung von Personen für jede Hebeanlage mindestens einen mit dieser Hebeanlage vertrauten Hebeanlagenwärter zu bestellen oder ein Betreuungsunternehmen zu beauftragen und dies im Anlagen- bzw. Aufzugsbuch spätestens vor der erstmaligen Inbetriebnahme zu vermerken.

§ 7
Anlagen- bzw. Aufzugsbuch

(1) Der Betreiber hat ein Anlagenbuch, im Fall eines Aufzuges ein Aufzugsbuch, zu führen. Der Hebeanlagenprüfer hat dem Betreiber das Anlagen- bzw. Aufzugsbuch zusammen mit dem Prüfzeugnis über die Abnahmeprüfung auszuhändigen. Das Anlagen- bzw. Aufzugsbuch ist in der Nähe der Hebeanlage aufzubewahren.

(2) In das Anlagen- bzw. Aufzugsbuch sind neben den Eintragungen nach den §§ 5 Abs. 2, 10 Abs. 1 und 4, 11 Abs. 1, 14 Abs. 1 und 2 sowie 16 Abs. 7 die technischen Daten der Anlage, der Zeitpunkt der Inbetriebnahme der Hebeanlage, Sperren der Hebeanlage (§ 12) und Unfälle beim Betrieb der Hebeanlage (§ 13) einzutragen. Eintragungen in das Anlagen- bzw. Aufzugsbuch dürfen, abgesehen von der Bestätigung nach § 11 Abs. 1 und dem Vermerk nach § 6 Abs. 2, nur vom Hebeanlagenprüfer oder von der Behörde vorgenommen werden.

(3) Das Anlagen- bzw. Aufzugsbuch ist dem Hebeanlagenprüfer und den Organen der Behörde auf Verlangen vorzulegen.

§ 8
Betriebskontrollen

(1) Der Hebeanlagenwärter oder das beauftragte Betreuungsunternehmen hat sich beim Betrieb der Hebeanlage regelmäßig davon zu überzeugen, dass keine offensichtlich betriebsgefährlichen Mängel oder Gebrechen bestehen.

(2) Für den Umfang der Betriebskontrolle gilt § 6 Abs. 2 bis 7 der Hebeanlagen-Betriebsverordnung 2009 – HBV 2009, BGBl. II Nr. 210, zuletzt geändert durch die Verordnung BGBl. II Nr. 423/2011.

(3) Für die Prüfungsintervalle der Betriebskontrollen gilt § 7 der Hebeanlagen-Betriebsverordnung 2009.

(4) Der Hebeanlagenwärter oder das beauftragte Betreuungsunternehmen haben wahrgenommene Mängel oder Gebrechen, die nicht sofort behoben werden können, unverzüglich dem Betreiber zu

TAHG+V

melden und zweckentsprechende Maßnahmen zu setzen.

§ 9
Befreiung von Personen

(1) Der Hebeanlagenwärter bzw. eine befugte Person des Betreuungsunternehmens hat Personen, die in Aufzügen oder in Hebeeinrichtungen für Personen eingeschlossen sind, unverzüglich zu befreien.

(2) Die Zeit von der Abgabe des Notrufs bis zum Eintreffen des Hebeanlagenwärters bzw. der befugten Person des Betreuungsunternehmens beim Aufzug bzw. bei der Hebeeinrichtung darf 30 Minuten nicht überschreiten.

(3) Bei Aufzügen und bei Hebeeinrichtungen für Personen muss ununterbrochen eine Kommunikation zwischen dem Hebeanlagenwärter bzw. dem Betreuungsunternehmen und den eingeschlossenen Personen in beide Richtungen gegeben sein. Bei bestehenden Aufzügen und Hebeeinrichtungen für Personen, die nicht mit einer CE-Kennzeichnung versehen sind, ist diese Anforderung erst nach einer sicherheitstechnischen Überprüfung und Nachrüstung nach § 17 erforderlich.

§ 10
Regelmäßige und außerordentliche Überprüfung

(1) Der Betreiber hat einen Hebeanlagenprüfer mit der regelmäßigen Überprüfung seiner Hebeanlage zu beauftragen. Die Beauftragung und der Wechsel des Hebeanlagenprüfers sind im Anlagen- bzw. Aufzugsbuch zu vermerken und innerhalb eines Monats der Behörde anzuzeigen.

(2) Der Hebeanlagenprüfer hat die Hebeanlage in regelmäßigen Zeitabständen auf ihre Betriebssicherheit zu überprüfen. Der Betreiber hat erforderlichenfalls die notwendigen Hilfskräfte beizustellen.

(3) Aufzüge, Hebeeinrichtungen für Personen, Treppenschrägaufzüge, Hubtische für die Beförderung von Personen, Güteraufzüge sowie Fahrtreppen und Fahrsteige sind zumindest einmal jährlich zu überprüfen. Kleingüteraufzüge sind zumindest einmal alle zwei Jahre, wenn es sich jedoch um einen Kleingüteraufzug bis zu einer maximalen Nutzmasse von 100 kg handelt, zumindest alle drei Jahre, zu überprüfen. Die genannten Fristen dürfen höchstens um drei Monate überschritten werden, wobei der Stichtag für diese Überprüfung, der sich nach der Abnahmeprüfung richtet, unberührt bleibt.

(4) Der Hebeanlagenprüfer hat den Befund jeder Überprüfung in das Anlagen- bzw. Aufzugsbuch einzutragen. Der Hebeanlagenprüfer hat zu behebende Mängel oder Gebrechen unter Festsetzung einer angemessenen Frist für deren Behebung in das Anlagen- bzw. Aufzugsbuch einzutragen. Der Hebeanlagenwärter bzw. ein Vertreter des Betreuungsunternehmens hat bei der Überprüfung anwesend zu sein und die Kenntnisnahme des Befundes mit seiner Unterschrift zu bestätigen.

(5) Die Behörde kann mit Bescheid eine außerordentliche Überprüfung einer Hebeanlage anordnen, wenn dies aus Gründen der Sicherheit von Personen, der Energieeffizienz oder des Lärmschutzes (§ 3) erforderlich ist. Werden bei dieser Überprüfung Mängel festgestellt, so hat der Betreiber die Kosten der außerordentlichen Überprüfung zu tragen.

(6) Der Betreiber ist verpflichtet, den Organen der Behörde zur Überprüfung der Hebeanlage im erforderlichen Ausmaß den Zutritt zu den in Betracht kommenden Grundstücken, Gebäuden und sonstigen Anlagen zu gewähren.

(7) Bei jeder regelmäßigen Überprüfung hat sich der Hebeanlagenprüfer von der Beauftragung und Eignung des Hebeanlagenwärters bzw. von der Beauftragung eines Betreuungsunternehmens zu überzeugen. Ist weder ein Hebeanlagenwärter noch ein Betreuungsunternehmen bestellt, so hat dies der Hebeanlagenprüfer der Behörde unverzüglich schriftlich anzuzeigen.

§ 11
Behebung von Mängeln und Gebrechen

(1) Der Betreiber einer Hebeanlage ist verpflichtet, festgestellte Mängel oder Gebrechen der Hebeanlage unverzüglich zu beheben. Die Behebung der Mängel und Gebrechen ist vom ausführenden Unternehmen im Anlagen- bzw. Aufzugsbuch zu bestätigen.

(2) Der Hebeanlagenprüfer hat sich von der Behebung der Mängel oder Gebrechen innerhalb der von ihm festgesetzten Frist zu überzeugen. Nach fruchtlosem Ablauf der Frist hat der Hebeanlagenprüfer, unbeschadet seiner weiteren Überprüfungspflicht, die Behörde schriftlich davon zu verständigen.

(3) Befindet sich die Hebeanlage in einem diesem Gesetz nicht entsprechenden Zustand, so hat die Behörde mit Bescheid dem Betreiber die unverzügliche Behebung der Mängel oder Gebrechen aufzutragen.

§ 12
Sperre

(1) Der Betreiber, der Hebeanlagenwärter bzw. der Vertreter des Betreuungsunternehmens sind verpflichtet, die Hebeanlage sofort außer Betrieb zu nehmen, wenn sie

a) erkennen, dass die Betriebssicherheit der Hebeanlage nicht mehr gegeben ist, oder
b) vom Hebeanlagenprüfer davon in Kenntnis gesetzt werden, dass die Betriebssicherheit der Hebeanlage nicht mehr gegeben ist.

(2) Wird im Fall der lit. b die Anlage nicht sofort außer Betrieb genommen, so hat der Hebeanlagenprüfer bei Gefahr im Verzug die Anlage zu sperren. Sie darf erst nach der Behebung der Mängel, im Fall der Veranlassung der Maßnahmen durch den Hebeanlagenprüfer überdies nur nach vorheriger Prüfung durch den Hebeanlagenprüfer, wieder in Betrieb genommen werden.

(3) Die Behörde hat den Betrieb

a) einer nicht vorschriftsmäßig überprüften Hebeanlage,
b) einer Hebeanlage, deren Betriebssicherheit nicht mehr gegeben ist,
c) eines Aufzuges oder einer Hebeeinrichtung für Personen, wenn die nach einer Verordnung nach § 17 vorgesehene sicherheitstechnische Prüfung nicht fristgerecht durchgeführt wurde,
d) eines Aufzuges oder einer Hebeeinrichtung für Personen, wenn die nach einer Verordnung nach § 17 erforderlichen Maßnahmen nicht fristgerecht durchgeführt wurden,
e) einer Hebeanlage, die ohne Beauftragung eines Hebeanlagenwärters oder eines Betreuungsunternehmens betrieben wird,

mit Bescheid zu untersagen.

(4) Bei Gefahr im Verzug kann die Behörde in solchen Fällen die Hebeanlage durch Ausübung unmittelbarer Befehls- und Zwangsgewalt sperren. Im Fall der Untersagung des Betriebes oder der Sperre einer Hebeanlage durch die Behörde darf diese erst wieder in Betrieb genommen werden, wenn der Behörde eine Bestätigung eines Hebeanlagenprüfers, dass die Anlage den Erfordernissen des § 3 entspricht, vorgelegt und die Untersagung des Betriebes oder die Sperre der Hebeanlage von der Behörde aufgehoben wird.

§ 13
Mitteilungspflicht

Der Hebeanlagenwärter oder das beauftrage Betreuungsunternehmen hat Unfälle und außergewöhnliche Vorfälle unverzüglich dem Betreiber, der Behörde und dem Hebeanlagenprüfer mitzuteilen.

4. Abschnitt
Qualifizierte Personen

§ 14
Hebeanlagenwärter

(1) Zu Hebeanlagenwärtern dürfen nur Personen bestellt werden, die mindestens 18 Jahre alt, körperlich, geistig und fachlich geeignet sowie verlässlich sind. Die fachliche Eignung, insbesondere die Kenntnis der technischen Einrichtungen und der Betriebsvorschriften der Hebeanlage, ist vom Hebeanlagenprüfer festzustellen. Ist die fachliche Eignung gegeben, so hat der Hebeanlagenprüfer den Namen des bestellten Hebeanlagenwärters und seine Erreichbarkeit in das Anlagen- bzw. Aufzugsbuch einzutragen. Der Hebeanlagenwärter darf seine Tätigkeit erst nach erfolgter Eintragung aufnehmen.

(2) Erfüllt der Hebeanlagenwärter die Bestellungsvoraussetzungen nach Abs. 1 nicht mehr, so ist dieser vom Hebeanlagenprüfer aus dem Anlagen- bzw. Aufzugsbuch zu streichen. Dies ist dem Betreiber unverzüglich bekannt zu geben. Der Betreiber hat dann unverzüglich einen neuen geeigneten Hebeanlagenwärter zu bestellen.

(3) Der Hebeanlagenwärter muss, solange die Hebeanlage zur Benützung bereit steht, gegebenenfalls unter Verwendung geeigneter technischer Einrichtungen jederzeit leicht erreichbar sein.

§ 15
Betreuungsunternehmen

(1) Der Betreiber kann schriftlich ein Unternehmen mit der Betreuung der Hebeanlage beauftragen, wenn

a) die Hebeanlage an ein Leitsystem für Fernnotrufe (Fernüberwachungssystem, technische Überwachungszentrale) angeschlossen ist und
b) das Betreuungsunternehmen in technischer, organisatorischer und personeller Hinsicht die für die Betreuung der betreffenden Hebeanlage notwendigen Voraussetzungen erfüllt.

(2) Eine Ausfertigung des Betreuungsvertrages ist dem Anlagen- bzw. Aufzugsbuch beizulegen.

(3) Die technischen Einrichtungen des Betreuungsunternehmens (Fernüberwachungssysteme, technische Überwachungszentrale) haben den im § 14 Abs. 2 der Hebeanlagen-Betriebsverordnung 2009 angeführten Voraussetzungen zu entsprechen.

§ 16
Hebeanlagenprüfer

(1) Die Landesregierung hat mit Bescheid natürliche Personen als Hebeanlagenprüfer zu bestellen, die unter Nachweis ihrer fachlichen Befähigung (Abs. 2) ihre Bestellung schriftlich beantragen und verlässlich sind. Hebeanlagenprüfer sind zur Erhaltung ihrer technischen Kompetenz verpflichtet.

(2) Personen, die zum Hebeanlagenprüfer bestellt werden sollen, müssen folgende Ausbildung und praktische Erfahrung nachweisen:

a) Ausbildung und Ausmaß der praktischen Erfahrung:

1. Zeugnis über den erfolgreichen Abschluss eines Master-Studiums oder eines Diplomstudiums an einer technischen Universität in der Elektrotechnik oder im Maschinenbau oder in einer vergleichbaren Studienrichtung und praktische Erfahrung im Ausmaß von zumindest 18 Monaten,

2. Zeugnis über den erfolgreichen Abschluss des Bachelor-Studiums an einer technischen Universität in der Elektrotechnik oder im Maschinenbau oder in einer vergleichbaren Studienrichtung oder an einer Fachhochschule in einer vergleichbaren Studienrichtung (wie Mechatronik, Elektronik, Maschinenbau) und praktische Erfahrung im Ausmaß von zumindest 24 Monaten oder
3. Zeugnis über den erfolgreichen Abschluss über eine höhere technische Lehranstalt elektrotechnischer oder maschinenbautechnischer oder vergleichbarer Richtung und praktische Erfahrung im Ausmaß von zumindest 36 Monaten;

b) Die praktische Erfahrung muss in einem zeitlichen Zusammenhang mit der Ausbildung stehen und kann wie folgt nachgewiesen werden:
1. Praktische Erfahrung im Aufzugsbau (Aufzugshersteller, Hersteller von Sicherheitsbauteilen für Aufzüge oder Montagebetrieb) oder bei einem mit der Errichtung von Hebeanlagen befassten Unternehmen, wobei Tätigkeiten auf folgenden Gebieten durchgeführt wurden: Konstruktion und Bemessung mechanischer und elektrischer Anlagenteile, Bearbeitung von Schaltplänen (insbesondere Steuerungs-, Antriebs- und Regelungsbereiche, Sicherheitsstromkreise) und Einbau von Hebeanlagen im mechanischen und elektrotechnischen Bereich;
2. Praktische Erfahrung durch qualifizierte Tätigkeiten im Rahmen der Prüfung von Hebeanlagen unter Leitung eines Hebeanlagenprüfers oder einer Person aus dem Kreis des Inspektionspersonals (Mentor) bei akkreditierten Inspektionsanstalten;
3. Praktische Erfahrung durch qualifizierte Tätigkeiten bei einer benannten Stelle für Aufzüge und Sicherheitsbauteile für Aufzüge oder bei einer benannten Stelle für Maschinen- und Sicherheitsbauteile für Maschinen.

(3) Von den nach Abs. 2 lit. b vorgeschriebenen Nachweisen kann abgesehen werden, wenn die praktische Erfahrung auf eine andere Weise bestätigt wird, gleichwertig ist und hierüber Nachweise erbracht werden, insbesondere durch Zeugnisse über qualifizierte Tätigkeiten auf dem Gebiet der Hebeanlagenprüfung unter Leitung eines Hebeanlagenprüfers.

(4) Der Hebeanlagenprüfer darf von Unternehmen, die sich mit dem Bau oder der Instandhaltung von Hebeanlagen befassen, nicht wirtschaftlich abhängig sein.

(5) Die Bestellung zum Hebeanlagenprüfer nach den Rechtsvorschriften des Bundes oder eines anderen Landes gilt im jeweiligen Umfang als Nachweis für die fachliche Befähigung nach diesem Gesetz.

(6) Beim Amt der Tiroler Landesregierung ist ein Verzeichnis der bestellten Hebeanlagenprüfer zu führen, am laufenden Stand zu halten, auf der Internetseite des Landes Tirol zu veröffentlichen und jährlich im Bote für Tirol zu verlautbaren. Das Verzeichnis ist zudem im Amt der Tiroler Landesregierung zur allgemeinen Einsichtnahme aufzulegen.

(7) Der Hebeanlagenprüfer hat die Hebeanlagen, mit deren Überprüfung er betraut ist, innerhalb der Fristen nach § 10 persönlich zu überprüfen. Im Fall seiner Verhinderung hat er einen anderen Hebeanlagenprüfer mit der Durchführung der Überprüfung zu beauftragen. Auf Verlangen der Behörde hat der Hebeanlagenprüfer auch andere als die von ihm betreuten Hebeanlagen zu überprüfen. Im Fall eines Wechsels eines Hebeanlagenprüfers hat der neu betraute Hebeanlagenprüfer seine Betrauung im Anlagen- bzw. Aufzugsbuch unter Anführung des Datums der Betrauung festzuhalten und dem bisherigen Hebeanlagenprüfer bekannt zu geben.

(8) Der Hebeanlagenprüfer ist verpflichtet, die Prüfungen der Hebeanlagenwärter und die damit verbundenen Maßnahmen durchzuführen.

(9) Der Hebeanlagenprüfer hat ein aktuelles Verzeichnis der Hebeanlagen, mit deren Überprüfung er betraut ist, zu führen. In diesem Verzeichnis sind die Art, die Fabrikationsnummer, das Baujahr, der Erbauer, die Tragkraft, der Aufstellungsort und der Betreiber anzugeben. Der Hebeanlagenprüfer ist verpflichtet, dieses Verzeichnis auf Verlangen der Landesregierung vorzulegen.

(10) Bei der Besorgung der Aufgaben nach den §§ 10 und 12 unterliegt der Hebeanlagenprüfer der Aufsicht der Landesregierung und ist dabei an die Weisungen der Landesregierung gebunden.

(11) Die Bestellung zum Hebeanlagenprüfer endet durch:

a) Tod,
b) Verzicht,
c) Widerruf der Bestellung.

(12) Der Verzicht ist schriftlich zu erklären. Er wird mit dem Einlangen der Verzichtserklärung beim Amt der Tiroler Landesregierung unwiderruflich und, wenn in der Verzichtserklärung nicht ein späterer Zeitpunkt für das Wirksamwerden angegeben ist, wirksam.

(13) Die Landesregierung hat mit Bescheid die Bestellung zum Hebeanlagenprüfer zu widerrufen, wenn der Hebeanlagenprüfer

a) wiederholt gegen die Pflichten als Hebeanlagenprüfer verstoßen hat oder eine der Voraussetzungen für seine Bestellung nicht mehr vorliegt,
b) seine Befugnis länger als zwei Jahre nicht ausgeübt hat oder
c) sich als nicht genügend sachkundig erwiesen hat.

5. Abschnitt
Sicherheitstechnische Prüfung, Umbau und Modernisierung

§ 17
Sicherheitstechnische Prüfung

Die Landesregierung hat im Interesse des Schutzes des Lebens und der Gesundheit von Personen oder der Sicherheit von Sachen durch Verordnung nähere Bestimmungen zu erlassen über

a) eine sicherheitstechnische Prüfung bestehender Aufzüge und Hebeeinrichtungen für Personen, die nicht mit einer CE-Kennzeichnung versehen sind, und
b) geeignete Maßnahmen zur Beseitigung oder weitestgehenden Verringerung von festgestellten Gefährdungssituationen bei derartigen Aufzügen und Hebeeinrichtungen.

§ 18
Umbau und Modernisierung von nicht CE-gekennzeichneten Hebeanlagen

(1) Im Fall von Umbauten oder bei Modernisierungen von Hebeanlagen, die nicht mit einer CE-Kennzeichnung versehen sind, ist eine Verbesserung der Sicherheit, insbesondere durch Einbau von Sicherheitsbauteilen sicherzustellen.

(2) Die Landesregierung hat durch Verordnung nähere Bestimmungen über die technischen Erfordernisse für eine solche Hebeanlage im Fall von Umbauten oder bei Modernisierungen zu erlassen.

6. Abschnitt
Behörden, Straf-, Übergangs- und Schlussbestimmungen

§ 19
Behörden, besondere Befugnisse, eigener Wirkungsbereich der Gemeinde

(1) Behörden im Sinn dieses Gesetzes sind die für die Vollziehung in Bausachen zuständigen Behörden.

(2) Die Organe der Behörde sind berechtigt, zum Zweck der Wahrnehmung der Aufgaben nach den §§ 5 Abs. 4 und 12 Abs. 4 alle Teile von baulichen Anlagen zu betreten. Der Betreiber hat dafür zu sorgen, dass den Organen der Behörde auf deren Verlangen alle erforderlichen Auskünfte erteilt werden. Bei Gefahr im Verzug ist den Organen der Behörde der Zutritt auch während der Nachtstunden zu gestatten

(3) Die nach diesem Gesetz von Organen der Gemeinde zu besorgenden Aufgaben fallen in den eigenen Wirkungsbereich der Gemeinde.

§ 20
Strafbestimmungen

(1) Wer

a) als Betreiber eine neu errichtete oder wesentlich geänderte Hebeanlage ohne Prüfzeugnis über die Abnahmeprüfung nach § 5 in Betrieb nimmt oder in Betrieb nehmen lässt,
b) als Betreiber einer Hebeanlage seinen Verpflichtungen nach § 10 Abs. 1 und 6 oder den in einer Verordnung nach § 17 oder § 18 enthaltenen Verpflichtungen nicht nachkommt,
c) als Betreiber einer Hebeanlage, als Hebeanlagenwärter oder als dafür verantwortliche Person eines Betreuungsunternehmens die Anlage nicht sofort außer Betrieb nimmt, obwohl er erkennt oder vom Hebeanlagenprüfer in Kenntnis gesetzt wurde, dass die Betriebssicherheit der Anlage nicht mehr gegeben ist,
d) eine wegen mangelnder Betriebssicherheit außer Betrieb genommene Hebeanlage entgegen § 12 Abs. 1 wieder in Betrieb nimmt,
e) eine Hebeanlage, deren Betrieb von der Behörde nach § 12 Abs. 3 untersagt oder die von der Behörde nach § 12 Abs. 4 gesperrt wurde, vor der Aufhebung der Untersagung des Betriebes oder der Sperre wieder in Betrieb nimmt,

begeht eine Verwaltungsübertretung und ist von der Bezirksverwaltungsbehörde mit einer Geldstrafe bis zu 15.000,– Euro zu bestrafen.

(2) Wer

a) als Betreiber einer Hebeanlage seinen Verpflichtungen nach den §§ 6 oder 7 nicht nachkommt,
b) als Hebeanlagenwärter oder als dafür verantwortliche Person eines Betreuungsunternehmens den Verpflichtungen nach den §§ 8, 9 oder 13 nicht oder nicht rechtzeitig nachkommt,
c) unbefugt Eintragungen in das Aufzugsbuch (Anlagebuch) vornimmt,
d) als Hebeanlagenprüfer seinen Verpflichtungen nach den §§ 5 Abs. 2 oder 3, 10 Abs. 2, 11 Abs. 2 oder 16 Abs. 8 nicht nachkommt,
e) als Hebeanlagenwärter seine Tätigkeit vor der Eintragung in das Anlagen- bzw. Aufzugsbuch durch den Hebeanlagenprüfer aufnimmt oder nach der Streichung aus dem Anlagen- bzw. Aufzugsbuch tätig wird,

begeht eine Verwaltungsübertretung und ist von der Bezirksverwaltungsbehörde mit einer Geldstrafe bis zu 7.500,– Euro zu bestrafen.

(3) Der Versuch ist strafbar.

§ 21
Verarbeitung personenbezogener Daten

(1) Die Gemeinden und der Stadtmagistrat Innsbruck sind Verantwortliche nach Art. 4 Z 7 der Verordnung (EU) 2016/679 des Europäischen Parlaments und des Rates zum Schutz natürlicher Personen bei der Verarbeitung personenbezogener Daten, zum freien Datenverkehr und zur Aufhebung der Richtlinie 95/46/EG (Datenschutz-Grundverordnung), ABl. 2016 Nr. L 119, S. 1, in

den in die Zuständigkeit des Bürgermeisters oder des Stadtmagistrats fallenden Angelegenheiten.

(2) Das Amt der Tiroler Landesregierung ist Verantwortlicher nach Art. 4 Z 7 der Datenschutz-Grundverordnung in den in die Zuständigkeit der Landesregierung fallenden Angelegenheiten.

(3) Das Amt der Tiroler Landesregierung und die Bezirksverwaltungsbehörden sind gemeinsam Verantwortliche nach Art. 26 der Datenschutz-Grundverordnung in den in die Zuständigkeit der Bezirksverwaltungsbehörde fallenden Angelegenheiten.

(4) Die nach den Abs. 1, 2 und 3 Verantwortlichen dürfen zum Zweck der Überwachung von Hebeanlagen folgende Daten verarbeiten:

a) von Betreibern: Identifikationsdaten, Erreichbarkeitsdaten,
b) Daten der Hebeanlage: technische Daten, Prüfzeugnisse, Unfalldaten, Daten über außergewöhnliche Vorfälle.

(5) Der nach Abs. 2 Verantwortliche darf zum Zweck der Bestellung von Hebeanlagenprüfern folgende Daten verarbeiten:

a) von Personen, die ihre Bestellung zum Hebeanlagenprüfer beantragen: Identifikationsdaten, Erreichbarkeitsdaten, Staatsangehörigkeit, Daten über Befähigungen und praktische Erfahrungen,
b) von Auskunftspersonen: Identifikationsdaten, Erreichbarkeitsdaten.

(6) Die nach den Abs. 1, 2 und 3 Verantwortlichen haben personenbezogene Daten zu löschen, sobald diese für die Erfüllung der ihnen nach diesem Gesetz obliegenden Aufgaben nicht mehr benötigt werden.

(7) Als Identifikationsdaten gelten:

a) bei natürlichen Personen der Familien- und der Vorname, das Geschlecht, das Geburtsdatum, allfällige akademische Grade, Standesbezeichnungen und Titel,
b) bei juristischen Personen und Personengesellschaften die gesetzliche, satzungsmäßige oder firmenmäßige Bezeichnung und hinsichtlich der vertretungsbefugten Organe die Daten nach lit. a sowie die Firmenbuchnummer, die Vereinsregisterzahl, die Umsatzsteuer-Identifikationsnummer und die Ordnungsnummer im Ergänzungsregister.

(8) Als Erreichbarkeitsdaten gelten Wohnsitzdaten und sonstige Adressdaten, die Telefonnummer, elektronische Kontaktdaten, wie insbesondere die E-Mail-Adresse und Telefax-Nummer, oder Verfügbarkeitsdaten."

§ 22
Umsetzung von Unionsrecht

Durch dieses Gesetz werden folgende Richtlinien umgesetzt:

1. Richtlinie 2005/36/EG des europäischen Parlaments und des Rates über die Anerkennung von Berufsqualifikationen, ABl. 2005 Nr. L 255, S. 22, zuletzt geändert durch die Verordnung (EU) Nr. 213/2011, ABl. 2011 Nr. L 59, S. 4,
2. Richtlinie 2006/42/EG des europäischen Parlaments und des Rates über Maschinen und zur Änderung der Richtlinie 95/16/EG (Neufassung), ABl. 2006 Nr. L 157, S. 24, zuletzt geändert durch die Richtlinie 2009/127/EG, ABl. 2009 Nr. L 310, S. 29,
3. Richtlinie 2006/123/EG des Europäischen Parlaments und des Rates über Dienstleistungen im Binnenmarkt, ABl. 2006 Nr. L 376, S. 36,
4. Richtlinie 2014/33/EU des Europäischen Parlaments und des Rates zur Angleichung der Rechtsvorschriften der Mitgliedstaaten über Aufzüge und Sicherheitsbauteile für Aufzüge, ABl. 2014, Nr. L 96, S. 251,
5. Richtlinie (EU) 2021/1883 des Europäischen Parlaments und des Rates über die Bedingungen für die Einreise und den Aufenthalt von Drittstaatsangehörigen zur Ausübung einer hoch qualifizierten Beschäftigung und zur Aufhebung der Richtlinie 2009/50/EG des Rates, ABl. Nr. L 382, S. 1.

§ 23
Übergangsbestimmungen

(1) Rechtskräftige Bewilligungen nach früheren aufzugsrechtlichen Vorschriften sowie Prüfzeugnisse nach dem Tiroler Aufzugsgesetz 1998 bleiben unberührt.

(2) Aufzugsprüfer, die im Zeitpunkt des Inkrafttretens dieses Gesetzes von der Landesregierung bestellt sind, gelten als Hebeanlagenprüfer im Sinn dieses Gesetzes.

(3) Aufzugswärter und Betreuungspersonen, die im Zeitpunkt des Inkrafttretens dieses Gesetzes bestellt sind, gelten als Hebeanlagenwärter im Sinn dieses Gesetzes.

(4) Alle im Zeitpunkt des Inkrafttretens dieses Gesetzes anhängigen Verfahren sind nach den Bestimmungen des Tiroler Aufzugsgesetzes 1998, LGBl. Nr. 47, zuletzt geändert durch das Gesetz LGBl. Nr. 89/2002, weiterzuführen.

§ 24
Inkrafttreten, Notifikation

(1) Dieses Gesetz tritt mit dem Ablauf des Tages der Kundmachung in Kraft.

(2) Gleichzeitig tritt das Tiroler Aufzugsgesetz 1998, LGBl. Nr. 47, zuletzt geändert durch das Gesetz LGBl. Nr. 89/2002, außer Kraft.

(3) Dieses Gesetz wurde einem Informationsverfahren nach der Richtlinie 98/34/EG des europäischen Parlaments und des Rates über ein Informationsverfahren auf dem Gebiet der Normen und technischen Vorschriften und der Vorschriften für die Dienste der Informationsgesellschaft, ABl. 1998 Nr. L 204, S. 37, zuletzt geändert durch die Richtlinie 2006/96/EG, ABl. 2006 Nr. L 363, S. 81, unterzogen (Notifikationsnummer 2012/436/A).

23. Tiroler Aufzugs- und Hebeanlagenverordnung 2015

Verordnung der Landesregierung vom 7. Juli 2015, mit der nähere Bestimmungen hinsichtlich technischer Erfordernisse von Hebeanlagen sowie der sicherheitstechnischen Überprüfung, des Umbaus und der Modernisierung von nicht CE- gekennzeichneten Hebeanlagen erlassen werden (Tiroler Aufzugs- und Hebeanlagenverordnung 2015 – TAHV 2015)

StF: LGBl. Nr. 70/2015

Präambel

Aufgrund der §§ 3, 17 und 18 des Tiroler Aufzugs- und Hebeanlagengesetzes 2012, LGBl. Nr. 153, wird verordnet:

GLIEDERUNG

Abschnitt I
Technische Erfordernisse von Hebeanlagen

§ 1. Stand der Technik
§ 2. Unterlagen für Prüfungen
§ 3. Technische Bestimmungen

Abschnitt II
Sicherheitstechnische Prüfung von nicht CE-gekennzeichneten Hebeanlagen

§ 4. Ziele
§ 5. Prüfstellen zur Durchführung der sicherheitstechnischen Prüfung
§ 6. Von der sicherheitstechnischen Prüfung erfasste Hebeanlagen
§ 7. Prüfbereich der sicherheitstechnischen Prüfung
§ 8. Verfahren der sicherheitstechnischen Prüfung und zu ergreifende Maßnahmen
§ 9. Abhilfemaßnahmen

Abschnitt III
Umbau und Modernisierung von nicht CE-gekennzeichneten Hebeanlagen

§ 10. Umbauten und Modernisierungen
§ 11. Übergangsbestimmungen
§ 12. Verweisungen
§ 13. Normen und Richtlinien
§ 14. Inkrafttreten und Notifikation

Abschnitt I
Technische Erfordernisse von Hebeanlagen

§ 1
Stand der Technik

(1) Die einzubauende Hebeanlage hat den Bestimmungen über das Inverkehrbringen nach der Aufzüge-Sicherheitsverordnung 2008 – ASV 2008 oder der Maschinen-Sicherheitsverordnung 2010 – MSV 2010 zu entsprechen.

(2) Für die Errichtung und den Betrieb von Hebeanlagen stellen die in der ASV 2008, Anhänge XVI und XVII, MSV 2010, Anhang XIV, und der Hebeanlagen-Betriebsverordnung 2009 – HBV 2009, Anhang 2, angeführten Normen den Stand der Technik dar.

(3) Für die Errichtung und den Betrieb von Hebezeugen gemäß § 2 Abs. 1 lit. a, b und Abs. 6 des Tiroler Aufzugs- und Hebeanlagengesetzes 2012 mit einer Nenngeschwindigkeit von bis zu 0,15 m/s stellen die Errichtungs- und Verwendungsbestimmungen für Österreich, veröffentlicht vom Bundesministerium für Wissenschaft, Forschung und Wirtschaft in der Leitlinie für vertikale Hebeeinrichtungen mit einer Nenngeschwindigkeit von bis zu 0,15 m/s, Stand April 2014, den Stand der Technik dar.

§ 2
Unterlagen für Prüfungen

Zur Durchführung der Vor- und Abnahmeprüfung nach §§ 4 und 5 des Tiroler Aufzugs- und Hebeanlagengesetzes 2012 sowie zur Prüfung der ordnungsgemäßen Ausführung der Änderungen nach §§ 17 und 18 des Tiroler Aufzugs- und Hebeanlagengesetzes 2012 sind dem Hebeanlagenprüfer die erforderlichen Unterlagen vorzulegen. Für den Prüfumfang gilt die ÖNORM B 2476-1:2011-11-15.

§ 3
Technische Bestimmungen

(1) Schächte müssen die Auswirkungen der durch den Betrieb der Hebeanlage ausgeübten Einwirkungen mit ausreichender Tragsicherheit und Gebrauchstauglichkeit aufnehmen und, wenn erforderlich, in das Gebäude ableiten können. Bei der Anordnung von betretbaren Räumen unterhalb der Fahrbahnen von Aufzügen und Hebeanlagen sind die Lastträger und Gegen- oder Ausgleichsgewichte, die an Tragmitteln hängen, mit Fangvorrichtungen auszustatten. Alternativ kann entweder ein Sockel unter dem Puffer bzw. dem Bewegungsbereich des Lastträgers und des Gegen- oder Ausgleichsgewichtes bis zum gewachsenen Boden ausgeführt werden, um die auftretenden

Lasten sicher ableiten zu können, oder ist die unterhalb des Schachtes befindliche Decke derart auszuführen, dass die Sicherheit von Personen unterhalb des Schachtes im Fall eines Absturzes der Hebeanlage aus maximaler Höhe mit maximaler Nutzlast gewährleistet ist.

(2) Werden an Schachtumwehrungen und Schachttüren brandschutztechnische Anforderungen gestellt, sind die begleitenden Maßnahmen bezüglich der Wahl der Baustoffe der Lastträger sowie von ausreichend dimensionierten Schachtentlüftungen entsprechend dem Stand der Technik zu berücksichtigen. Werden gesonderte Feuerschutztüren den Schachttüren unmittelbar vorgesetzt, sind letztere als Schachtschiebetüren auszuführen.

(3) Beträgt der Abstand zwischen den Türblättern einer vorgesetzten Tür (z. B. Feuerschutztür) und der Schachttür mehr als 14 cm, sind Schutzmaßnahmen entsprechend dem Stand der Technik vorzusehen, die ein unbeabsichtigtes Einschließen von Personen in diesem Zwischenraum verhindern.

(4) Bei Haltestellen, die direkt in Wohn-, Büro- oder Betriebseinheiten führen, sind jene Vorkehrungen bzw. technische Einrichtungen zu schaffen, die auch bei Abwesenheit des Nutzers dieser Einheit sowohl dem Hebeanlagenprüfer und dem Wartungspersonal sämtliche Prüfungen und Instandhaltungsarbeiten der Hebeanlage erlauben, als auch dem Hebeanlagenwärter oder der Betreuungsperson die Durchführung der Betriebskontrollen ungehindert ermöglichen.

(5) Bei hydraulisch angetriebenen Hebeanlagen, deren Hydraulikzylinder zumindest teilweise in unterirdischen Hüllrohren unterhalb der Schachtgrubensohle eingebaut werden, sind diese Hüllrohre flüssigkeitsdicht und ölbeständig auszuführen. Unterirdische Hydraulikleitungen sind in flüssigkeitsdichten Hüllröhren mit freier Ausmündung in flüssigkeitsdicht und wannenartig ausgestaltete Bodenbereiche zu führen. Die Schachtgrube und der Triebwerksraum sind bei hydraulisch angetriebenen Hebeanlagen als dichte Wannen auszuführen.

(6) Zugänge zu Triebwerksräumen sind versperrbar einzurichten; sie müssen eine lichte Höhe von mindestens 2,00 m und eine lichte Breite von 0,8 m haben. Einstiege durch Bodenöffnungen müssen lichte Durchstiegsmaße von mindestens 80 cm × 80 cm haben; sie dürfen durch Aufstiegshilfen, wie Einhängevorrichtungen für Leitern, nicht eingeengt werden. Durch Triebwerksräume ist der Zugang zu anderen, nicht zum Betrieb von Hebeanlagen gehörenden Räumen nicht zulässig.

(7) Die lichte Höhe zwischen der Decke bzw. der Unterkante von Trägern (Lasthaken) und dem Fußboden muss im Bereich jeder Arbeitsfläche und der Verkehrsfläche in Triebwerksräumen mindestens 2,0 m betragen.

(8) Bei Hebeanlagen ohne gesonderte Triebwerksräume muss jene Haltestelle, bei der der Zugang zum Triebwerk sowie zu den Steuerungs- und Notbefreiungseinrichtungen erfolgt, stets von allgemein zugänglichen Teilen des Gebäudes aus erreichbar sein. Schaltschränke und sonstige Bedienungseinrichtungen außerhalb von Schächten sind derart anzuordnen, dass nach den Technischen Bauvorschriften 2008 – TBV 2008 erforderlichen lichten Durchgangsbreiten nicht eingeschränkt werden.

(9) Hebezeuge, die eine Höhe von mehr als 60 cm überwinden, sind mit ausreichend dimensionierten Absturzsicherungen auszustatten, sofern diese dem Verwendungszweck der Hebezeuge nicht widerspricht. Hebezeuge, die eine Höhe von mehr als 100 cm überwinden, sind jedenfalls mit ausreichend dimensionierten Absturzsicherungen auszustatten. Weiters sind Maßnahmen zur Vermeidung von Scher- und Quetschstellen zwischen dem sich bewegenden Lastträgern und festen Gebäudeteilen zu treffen. Es ist durch technische Maßnahmen sicher zu stellen, dass sich unterhalb des Lastträgers keine Personen aufhalten können.

(10) Bei der Errichtung von Treppenschrägaufzügen ist Folgendes einzuhalten:

1. Bei Treppenschrägaufzügen, bei denen nicht die gesamte Fahrstrecke vom jeweiligen Bedienplatz aus eingesehen werden kann, müssen hörbare oder sichtbare Signale auf die Bewegung des Treppenschrägaufzuges aufmerksam machen.
2. Treppenschrägaufzüge dürfen die erforderlichen lichten Durchgangsbreiten gemäß TBV 2008 nicht einschränken.
3. Türen dürfen nicht in die Fahrbahn des Lastträgers aufschlagen;
4. Entlang der Fahrbahnen von Treppenschrägaufzügen sind im Bereich durchbrochener Wände und Treppengeländer Vorkehrungen zur Vermeidung von Scher- und Quetschstellen zu treffen.

Abschnitt II
Sicherheitstechnische Prüfung von nicht CE-gekennzeichneten Hebeanlagen

§ 4
Ziele

Dieser Abschnitt legt den Zeitplan, die Prüfbereiche und die Verfahren für eine sicherheitstechnische Prüfung gemäß § 17 lit. a des Tiroler Aufzugs- und Hebeanlagengesetzes 2012 und – gestützt auf die Ergebnisse dieser sicherheitstechnischen Prüfung – die allfällige Nachrüstung von bestehenden Aufzügen mit Personenbeförderung gemäß § 17 lit. b des Tiroler Aufzugs- und Hebeanlagengesetzes 2012 durch geeignete Maßnahmen zur Beseitigung oder weitestgehenden

Verringerung von festgestellten Gefährdungssituationen fest.

§ 5
Prüfstellen zur Durchführung der sicherheitstechnischen Prüfung

Mit der Durchführung der sicherheitstechnischen Prüfung sind die im § 18 der HBV 2009, BGBl. II Nr. 210/2009, zuletzt geändert durch die Verordnung BGBl. II Nr. 228/2014, angeführten Prüfstellen für Aufzüge zu betrauen.

§ 6
Von der sicherheitstechnischen Prüfung erfasste Hebeanlagen

(1) Aufzüge zur Personenbeförderung mit einer Nenngeschwindigkeit von mehr als 0,15m/s, die nicht nach den Bestimmungen der Aufzüge-Sicherheitsverordnung 1996 oder der ASV 2008 in Verkehr gebracht worden sind und daher insbesondere nicht mit einer CE-Kennzeichnung versehen sind, sind vom Betreiber einer sicherheitstechnischen Prüfung durch eine Prüfstelle für Aufzüge entsprechend dem Zeitplan nach Abs. 2 zu unterziehen.

(2) Aufzüge, die entsprechend den nachfolgenden Daten in Spalte 1 installiert (Baujahr) bzw. umgebaut worden sind, sind spätestens bis zu den in Spalte 2 angegebenen Fristen der sicherheitstechnischen Prüfung zu unterziehen:

Spalte 1	Spalte 2
Baujahr:	Durchführung der sicherheitstechnischen Prüfung:
bis 1966	innerhalb eines Jahres ab Inkrafttreten dieser Verordnung
1967 bis 1983	innerhalb von zwei Jahren ab Inkrafttreten dieser Verordnung
1984 bis 1999	innerhalb von drei Jahren ab Inkrafttreten dieser Verordnung
Aufzüge, die gemäß ÖNORM B 2454: 1998, Tabelle 1, Positionen 1 bis 10 oder 13, oder gemäß ÖNORM B 2454: 1994, Tabelle 1, Positionen 1 bis 10 oder 14, ÖNORM B 2454-2: 2005 und ÖNORM B 2454-2: 2010 Tabelle 1, Position 1 bis 16, umgebaut wurden	innerhalb von drei Jahren ab Inkrafttreten dieser Verordnung

§ 7
Prüfbereich der sicherheitstechnischen Prüfung

Die sicherheitstechnische Prüfung ist nach ÖNORM B 2454-1: 2010-11-01 durchzuführen.

§ 8
Verfahren der sicherheitstechnischen Prüfung und zu ergreifende Maßnahmen

Die sicherheitstechnische Prüfung und die sich daraus ergebenden Maßnahmen bestehen aus den nachfolgend beschriebenen Schritten:

1. Der Betreiber hat eine Prüfstelle für Aufzüge mit der Durchführung der sicherheitstechnischen Prüfung des Aufzuges zu betrauen. Die Prüfstelle für Aufzüge hat den sicherheitstechnischen Zustand des Aufzuges entsprechend der in § 7 angeführten Norm zu erheben (Beauftragung, Erhebung). Das Datum der Prüfung und der Name des Prüfers sind im Aufzugsbuch einzutragen.
2. Die Prüfstelle für Aufzüge hat einen Prüfbericht zu erstellen und darin insbesondere die Abweichungen zu den grundlegenden Sicherheits- und Gesundheitsanforderungen und die damit verbundenen Risikostufen (Niedrig – Mittel – Hoch) aufzulisten, Vorschläge über Abhilfemaßnahmen aufzunehmen sowie die Fristen zu deren Durchführung festzulegen. Der Prüfbericht ist dem Betreiber nachweislich auszuhändigen und von ihm im Aufzugsbuch zu hinterlegen (Bericht mit Maßnahmen).
3. Der Betreiber hat auf Grundlage des Prüfberichts die geeigneten Abhilfemaßnahmen entsprechend dem im Prüfbericht angeführten Zeitrahmen, jedenfalls aber innerhalb von sechs Monaten nach Aushändigung des Prüfberichts, zu planen und den Hebeanlagenprüfer über den Prüfbericht, die Planungsvorschau und die Planungsunterlagen nachweislich zu informieren (Abhilfemaßnahmen durch Betreiber).
4. Der Hebeanlagenprüfer hat die vom Betreiber vorgesehenen Abhilfemaßnahmen auf ihre Eignung in Bezug auf die im Prüfbericht festgestellten Abweichungen zu den grundlegenden Sicherheits- und Gesundheitsanforderungen und die damit verbundenen Risikostufen

TAHG+V

zu prüfen. Sofern die Abhilfemaßnahmen vollinhaltlich den von der Prüfstelle für Aufzüge im Prüfbericht vorgeschlagenen Abhilfemaßnahmen entsprechen, hat der Hebeanlagenprüfer dies schriftlich festzustellen und dem Betreiber nachweislich zur Kenntnis zu bringen.

Entsprechen die vorgeschlagenen Abhilfemaßnahmen durch den Betreiber nicht vollinhaltlich den von der Prüfstelle für Aufzüge im Prüfbericht vorgeschlagenen Abhilfemaßnahmen oder Fristen, sind diese durch die Prüfstelle für Aufzüge auf deren Tauglichkeit und Dringlichkeit zu prüfen. Wird diesen zugestimmt, ist der Prüfbericht dahingehend zu ergänzen und dem Betreiber nachweislich zur Kenntnis zu bringen.

Kann den geplanten Maßnahmen seitens der Prüfstelle für Aufzüge nicht zugestimmt werden, ist dies im Prüfbericht unter Anführung der Gründe zu vermerken und dem Betreiber nachweislich zur Kenntnis zu bringen.

5. Nach der Umsetzung der Abhilfemaßnahmen und vor Inbetriebnahme des Aufzuges hat eine Kontrolle über die dem Prüfbericht entsprechende und technisch ordnungsgemäße Ausführung durch einen Hebeanlagenprüfer zu erfolgen. Dieser hat einen entsprechenden Vermerk im Aufzugsbuch einzutragen. Handelt es sich um eine wesentliche Änderung im Sinn des § 4 Abs. 2 des Tiroler Aufzugs.- und Hebeanlagengesetzes 2012 ist zusätzlich ein Prüfzeugnis auszustellen und gemäß § 5 Abs. 3 des Tiroler Aufzugs.- und Hebeanlagengesetzes 2012 der Behörde zu übermitteln.

§ 9
Abhilfemaßnahmen

(1) Bei der Durchführung von geeigneten Abhilfemaßnahmen sind Sicherheitsbauteile einzubauen, die der ASV 2008, gegebenenfalls auch der Aufzüge-Sicherheitsverordnung 1996, entsprechen und daher jedenfalls mit der CE-Kennzeichnung versehen sind.

(2) In Ausnahmefällen, nämlich wenn wegen technischer Inkompatibilität der Einbau oder die sichere Verwendung von Sicherheitsbauteilen gemäß Abs. 1 nicht möglich ist, können mit Zustimmung der Prüfstellen für Aufzüge als Ersatz für bestehende Sicherheitsbauteile solche Sicherheitsbauteile eingebaut werden, die der ASV 2008, gegebenenfalls auch der Aufzüge-Sicherheitsverordnung 1996, nicht entsprechen und daher keine CE-Kennzeichnung tragen. Die Zustimmung der Prüfstellen für Aufzüge ist im Aufzugsbuch zu vermerken.

Abschnitt III
Umbau und Modernisierung von nicht CE-gekennzeichneten Hebeanlagen

§ 10
Umbauten und Modernisierungen

(1) Bei Umbauten und Modernisierungen von Hebeanlagen, die vor Inkrafttreten der Maschinen-Sicherheitsverordnung, BGBl. Nr. 306/1994 oder der Aufzüge-Sicherheitsverordnung 1996 in Verkehr gebracht und/oder in Betrieb genommen wurden und daher nicht mit einer CE-Kennzeichnung versehen sind, ist eine Verbesserung der Sicherheit, insbesondere durch Einbau von Sicherheitsbauteilen entsprechend der MSV 2010 bzw. der ASV 2008 sicherzustellen.

(2) Bei Modernisierung von Hebeanlagen für Personen gelten die Grundsätze gemäß § 16 Abs. 2 HBV 2009.

(3) Wenn die zutreffenden im Anhang XIV der MSV 2010 oder im Anhang XVI der ASV 2008 verzeichneten harmonisierten Europäischen Normen oder in deren Ermangelung die zutreffenden im Anhang XVII der ASV 2008 oder im Anhang 2 der HBV 2009, verzeichneten Normen und technischen Spezifikationen nachweislich erfüllt werden, ist davon auszugehen, dass der Umbau oder die Modernisierung in organisatorischer, methodischer und sachlicher Hinsicht ausreichend ist.

(4) Unbeschadet des § 5 Abs. 1 und 3 des Tiroler Aufzugs- und Hebeanlagengesetzes 2012 sind für den Nachweis der ordnungsgemäßen Ausführung des Umbaus oder der Modernisierung nach den Abs. 1 bis 3 Hebeanlagenprüfer heranzuziehen. Diese haben das Ergebnis der Prüfung im Anlagen- bzw. Aufzugsbuch zu bestätigen.

§ 11
Übergangsbestimmungen

(1) Überprüfungen, die den Anforderungen des II. Abschnitts entsprechen und bereits vor Inkrafttreten dieser Verordnung durchgeführt worden sind (vorgezogene sicherheitstechnische Überprüfungen), gelten als sicherheitstechnische Überprüfungen nach § 17 lit. a des Tiroler Aufzugs- und Hebeanlagengesetzes 2012 und gelten mit Inkrafttreten dieser Verordnung als durchgeführt.

(2) Für das weitere Verfahren gelten die Bestimmungen des § 8 mit der Maßgabe sinngemäß, dass der Betreiber den Prüfbericht gemäß § 8 Ziffer 2 dem Hebeanlagenprüfer anlässlich der erstmaligen Überprüfung im Sinne des § 10 des Tiroler Aufzugs- und Hebeanlagengesetzes 2012 auszuhändigen hat. Der Hebeanlagenprüfer hat die nach § 8 erforderlichen Eintragungen im Aufzugsbuch nachzuholen.

§ 12
Verweisungen

(1) Verweisungen auf Landesgesetze und Verweisungen auf Verordnungen der Landesregie-

rung beziehen sich auf die im Folgenden jeweils angeführte Fassung:

1. Tiroler Aufzugs- und Hebeanlagengesetz 2012, LGBl. Nr. 153/2012,
2. Technische Bauvorschriften 2008 – TBV 2008, LGBl. Nr. 93/2007 in der Fassung der Verordnung LGBl. Nr. 78/2013.

(2) Verweisungen auf Verordnungen des Bundes beziehen sich auf die im Folgenden jeweils angeführte Fassung:

1. Aufzüge-Sicherheitsverordnung 2008 – ASV 2008, BGBl. II Nr. 274/2008, zuletzt geändert durch die Verordnung BGBl. II Nr. 4/2015,
2. Maschinen-Sicherheitsverordnung 2010 – MSV 2010, BGBl. II Nr. 282/2008, zuletzt geändert durch die Verordnung BGBl. II Nr. 241/2014,
3. Hebeanlagen-Betriebsverordnung 2009 – HBV 2009, BGBl. II Nr. 210/2009, zuletzt geändert durch die Verordnung BGBl. II Nr. 228/2014,
4. Aufzüge-Sicherheitsverordnung 1996 – ASV 1996, BGBl. Nr. 780/1996, in der Fassung der Druckfehlerberichtigung BGBl. II Nr. 199/1997.

§ 13
Normen und Richtlinien

(1) Die in dieser Verordnung für verbindlich erklärten technischen Regelwerke werden für die Dauer ihrer Geltung bei der Abteilung Emissionen Sicherheitstechnik und Anlagen des Amtes der Tiroler Landesregierung zur öffentlichen Einsichtnahme während der für den Parteienverkehr bestimmten Amtsstunden aufgelegt.

(2) Die ÖNORMEN werden von Austrian Standards, Heinestraße 38, 1020 Wien, herausgegeben.

(3) Die Informationen nach Abs. 2 werden mit elektronischer Signatur versehen auf der Internetseite des Landes bekannt gemacht.

(4) Gleichwertige technische Regelwerke anderer EU-Mitgliedstaaten und Vertragsstaaten des EWR-Abkommens sind den technischen Regelwerken nach Abs. 1 gleichzuhalten, sofern damit zumindest das gleiche Schutz- bzw. Sicherheitsniveau gewährleistet ist.

§ 14
Inkrafttreten und Notifikation

(1) Diese Verordnung tritt mit dem der Kundmachung folgenden Monatsersten in Kraft.

(2) Diese Verordnung wurde einem Informationsverfahren nach der Richtlinie 98/34/EG des europäischen Parlaments und des Rates über ein Informationsverfahren auf dem Gebiet der Normen und technischen Vorschriften und der Vorschriften für die Dienste der Informationsgesellschaft, ABl. 1998 Nr. L 204, S. 37, zuletzt geändert durch die Richtlinie 2006/96/EG, ABl. 2006 Nr. L 363, S. 81, unterzogen (Notifikationsnummer 2015/112/A).

24. Tiroler Kanalisationsgesetz 2000

Gesetz vom 8. November 2000 über öffentliche Kanalisationen (Tiroler Kanalisationsgesetz 2000 - TiKG 2000)

StF: LGBl. Nr. 1/2001

Letzte Novellierung: LGBl. Nr. 144/2018

GLIEDERUNG

1. Abschnitt
Allgemeine Bestimmungen
§ 1. Geltungsbereich
§ 2. Begriffsbestimmungen
2. Abschnitt
Kanalisierungspflicht der Gemeinden
§ 3. Umfang der Kanalisierungspflicht
3. Abschnitt
Anschluss an die öffentliche Kanalisation
§ 4. Kanalordnung
§ 5. Anschlusspflichtige Anlagen
§ 6. Enden der Anschlusspflicht
§ 7. Befreiung von der Anschlusspflicht
§ 8. Anschlussvertrag
§ 9. Kanalanschlussverfahren
§ 10. Anschlussbescheid
§ 11. Auflassung entbehrlich werdender Teile von Entwässerungsanlagen
4. Abschnitt
Enteignung
§ 12. Zulässigkeit der Enteignung, Parteien, Antrag
§ 13. Gegenstand und Umfang der Enteignung, Verfahren
5. Abschnitt
Behörden, Straf- und Übergangsbestimmungen
§ 14. Behörden, eigener Wirkungsbereich der Gemeinde
§ 15. Strafbestimmungen
§ 16. Dingliche Wirkung
§ 17. Verarbeitung personenbezogener Daten
§ 18. Übergangsbestimmungen
§ 19. Schlussbestimmungen

1. Abschnitt
Allgemeine Bestimmungen

§ 1
Geltungsbereich

(1) Dieses Gesetz regelt:

a) die Pflicht der Gemeinde, für die Errichtung, den Betrieb und die Erhaltung einer öffentlichen Kanalisation zu sorgen (Kanalisierungspflicht);
b) die Pflicht zum Anschluss von Anlagen an die öffentliche Kanalisation einschließlich des Verfahrens zu deren Durchsetzung (Anschlusspflicht).

(2) Durch dieses Gesetz wird Art. 3 Abs. 1 der Richtlinie 91/271/EWG betreffend die Behandlung von kommunalem Abwasser, CELEX Nr. 391L0271 (ABl. 1991, Nr. L 135, S. 40 ff.), umgesetzt.

§ 2
Begriffsbestimmungen

(1) Abwasser ist Wasser, das infolge der Verwendung in Prozessen der Aufbereitung, Veredelung, Weiterverarbeitung, Produktion, Verwertung, Konsumation oder Dienstleistung, in Lösch-, Reinigungs- oder Desinfektionsprozessen oder in sonstigen nicht natürlichen Prozessen in seiner Beschaffenheit derart verändert wird, dass es Gewässer in ihrer Beschaffenheit zu beeinträchtigen oder zu schädigen vermag.

Niederschlagswasser, das durch nicht natürliche Vorgänge in seiner Beschaffenheit derart verändert wurde, dass es Gewässer in ihrer Beschaffenheit zu beeinträchtigen oder zu schädigen vermag, gilt so lange als Abwasser, bis seine Beschaffenheit durch dem Stand der Technik entsprechende Behandlungsschritte am Ort des Anfalles derart verbessert wird, dass eine Beeinträchtigung oder Schädigung des Gewässers nicht mehr zu erwarten ist.

(2) Niederschlagswasser ist Wasser, das infolge natürlicher oder künstlicher hydrologischer Vorgänge als Regen, Tau, Hagel, Schnee oder Ähnliches auf ein bestimmtes Einzugsgebiet fällt und das an der Landoberfläche dieses Einzugsgebietes zu einem Gewässer abfließt oder durch technische Maßnahmen dorthin abgeleitet wird.

(3) Mischwasser ist eine Mischung aus Abwasser und Niederschlagswasser.

(4) Kanalisation ist eine Anlage zur Sammlung, Ableitung und erforderlichenfalls Reinigung von Abwässern, Niederschlagswässern oder Mischwässern einschließlich der Sonderbauwerke

TiKG

(Pumpwerke, Regenüberläufe, Regenrückhaltebecken, Düker und dergleichen) und der Anschlusskanäle, jedoch ohne die Grundleitungen.

(5) Öffentliche Kanalisation ist eine allgemein zur Verfügung stehende Kanalisation, die in Erfüllung des öffentlichen Entsorgungsauftrages nach § 3 von der Gemeinde oder einem von ihr beauftragten Dritten errichtet, betrieben und erhalten wird und an die Anschlusspflicht besteht.

(6) Nichtöffentliche Kanalisation ist jede nicht unter Abs. 5 fallende Kanalisation.

(7) Sammelkanäle sind jene Teile einer Kanalisation, die der Sammlung und Ableitung der über die Anschlusskanäle oder direkt aus der Entwässerungsanlage zugeleiteten Wässer dienen. Als Sammelkanäle gelten auch regionale Kanäle, denen auf diese Weise Wässer unmittelbar zugeleitet werden.

(8) Anschlusskanäle sind jene Teile einer Kanalisation, die die einzelnen Entwässerungsanlagen mit einem Sammelkanal verbinden. Sie reichen vom Sammelkanal bis zur Trennstelle.

(9) Entwässerungsanlage ist die Gesamtheit der Einrichtungen zur Sammlung und Ableitung von Abwässern, Niederschlagswässern oder Mischwässern einer zu entwässernden Anlage einschließlich der Grundleitungen sowie allfälliger Vorreinigungs- oder Pufferanlagen und Klein- oder Hauskläranlagen.

(10) Grundleitungen sind die Abflusssammelleitungen, die in der zu entwässernden Anlage und zwischen dieser und der Trennstelle liegen, einschließlich der Trennstelle.

(11) Trennstelle ist die Schnittstelle zwischen der Entwässerungsanlage und dem Anschlusskanal oder Sammelkanal der öffentlichen Kanalisation.

(12) Stand der Technik ist der auf den einschlägigen wissenschaftlichen Erkenntnissen beruhende Entwicklungsstand fortschrittlicher Verfahren, Einrichtungen oder Betriebsweisen, deren Funktionstüchtigkeit erprobt und erwiesen ist. Bei der Bestimmung des Standes der Technik sind insbesondere vergleichbare Verfahren, Einrichtungen oder Betriebsweisen heranzuziehen.

(13) Zusammenhängendes Entsorgungsgebiet ist das der jeweiligen Siedlungsstruktur entsprechende Einzugsgebiet für eine zweckmäßige gemeinschaftliche Abwasserentsorgung.

(14) Einwohnerwert (EW60) ist die Einheit zur Angabe der spezifischen Schmutzfracht von Abwässern, bezogen auf den organischen Summenparameter biochemischer Sauerstoffbedarf in fünf Tagen (BSB5). 1 EW60 (1 Einwohnerwert, bezogen auf den BSB5) entspricht einer organischen Schmutzfracht von 60 Gramm BSB5 pro Tag.

2. Abschnitt
Kanalisierungspflicht der Gemeinden
§ 3
Umfang der Kanalisierungspflicht

(1) Die Gemeinden haben für die Errichtung, den Betrieb und die Erhaltung einer dem Stand der Technik entsprechenden öffentlichen Kanalisation zu sorgen, durch die jedenfalls

a) die im Bauland sowie auf Sonderflächen und auf Vorbehaltsflächen, deren Kanalisierung im Hinblick auf den besonderen Verwendungszweck dieser Flächen im Interesse einer geordneten Abwasserentsorgung erforderlich und mit einem im Verhältnis zum erzielbaren Erfolg vertretbaren Aufwand möglich ist, anfallenden Abwässer sowie
b) die im Bauland, auf Sonderflächen und auf Vorbehaltsflächen anfallenden Niederschlagswässer, deren Versickerung oder sonstige geordnete Entsorgung aufgrund der natürlichen Oberflächen- oder Untergrundverhältnisse, der Vorflutverhältnisse, der Grundwassersituation oder der Erfordernisse des Grundwasserschutzes nicht möglich ist, geordnet entsorgt werden können.

(2) Die Verpflichtung nach Abs. 1 lit. a ist spätestens zu erfüllen:

a) von Gemeinden in zusammenhängenden Entsorgungsgebieten mit mehr als 15.000 Einwohnerwerten bis zum 31. Dezember 2000;
b) von Gemeinden in zusammenhängenden Entsorgungsgebieten von 2.000 bis 15.000 Einwohnerwerten bis zum 31. Dezember 2005.

3. Abschnitt
Anschluss an die öffentliche Kanalisation
§ 4
Kanalordnung

(1) Der Gemeinderat hat unter Berücksichtigung der Leistungsfähigkeit der öffentlichen Kanalisation durch Verordnung den Anschlussbereich in der Weise festzulegen, dass der Abstand zwischen der Achse des jeweiligen Sammelkanals und der Grenze des Anschlussbereiches festgesetzt wird (Kanalordnung). Dieser Abstand ist für den gesamten Anschlussbereich der öffentlichen Kanalisation einheitlich festzulegen. Er darf 200 Meter nicht übersteigen und ist nach der horizontalen Entfernung zu messen.

(2) Weiters ist in der Kanalordnung

a) festzulegen, ob die Anschlusspflicht nur hinsichtlich der Abwässer oder aufgrund des Vorliegens der Voraussetzungen nach § 3 Abs. 1 lit. b auch hinsichtlich der Niederschlagswässer besteht, sowie
b) unter Berücksichtigung der örtlichen Verhältnisse und der jeweiligen Bauweise die Art und die Lage der Trennstellen allgemein festzulegen.

Diese Festlegungen können für den gesamten Anschlussbereich einheitlich oder für räumlich abgegrenzte Teile des Anschlussbereiches unterschiedlich getroffen werden.

§ 5

Anschlusspflichtige Anlagen

(1) Gebäude, sonstige bauliche Anlagen und Sammelkanäle nichtöffentlicher Kanalisationen auf Grundstücken, die ganz oder teilweise im Anschlussbereich liegen, sind an die öffentliche Kanalisation anzuschließen, sofern Wässer anfallen, für die aufgrund der Kanalordnung Anschlusspflicht besteht.

(2) Von der Anschlusspflicht nach Abs. 1 sind ausgenommen:

a) Gebäude und sonstige bauliche Anlagen im Sinn des § 1 Abs. 3 lit. a, b und f der Tiroler Bauordnung 2018, LGBl. Nr. 28/2018, in der jeweils geltenden Fassung;
b) Gebäude und sonstige bauliche Anlagen, die nur für einen vorübergehenden, sieben Jahre nicht übersteigenden Bestand bestimmt sind;
c) Materiallagerplätze und Manipulationsflächen mit einem Ausmaß von höchstens 50 m²;
d) hinsichtlich der Niederschlagswässer öffentliche Straßen, Forststraßen und Güterwege sowie private Straßen und befestigte Flächen mit einem Ausmaß von höchstens 50 m².

(3) Die Behörde kann für Gebäude, sonstige bauliche Anlagen und Sammelkanäle nichtöffentlicher Kanalisationen, die auf Grundstücken außerhalb des Anschlussbereiches liegen, die Anschlusspflicht hinsichtlich der Abwässer festlegen, wenn

a) aufgrund des Verwendungszweckes der jeweiligen Anlage zu erwarten ist, dass Abwasser anfällt, dessen Ableitung in die öffentliche Kanalisation insbesondere unter Bedachtnahme auf den Schutz des Lebens und der Gesundheit von Menschen, die Sicherheit von Sachen, die Gewässerreinhaltung und den Naturschutz im öffentlichen Interesse dringend geboten ist, und
b) der Anschluss der Anlage an die öffentliche Kanalisation mit einem im Verhältnis zum erzielbaren Erfolg vertretbaren Aufwand hergestellt werden kann.

(4) Wer

a) eine anschlusspflichtige Anlage, die nicht der Tiroler Bauordnung 2018 unterliegt, errichtet,
b) eine Anlage, die nicht der Tiroler Bauordnung 2018 unterliegt, oder den Verwendungszweck einer solchen Anlage derart ändert, dass dadurch die Anschlusspflicht begründet oder deren Umfang geändert wird,
c) den Verwendungszweck einer Anlage, die der Tiroler Bauordnung 2018 unterliegt, derart ändert, dass dadurch die Anschlusspflicht begründet oder deren Umfang geändert wird, ohne dass in diesem Zusammenhang eine Baubewilligung oder eine Bauanzeige erforderlich ist,

hat dies der Behörde spätestens gleichzeitig mit dem Baubeginn bzw. mit der Änderung des Verwendungszweckes schriftlich mitzuteilen.

§ 6

Enden der Anschlusspflicht

(1) Die Anschlusspflicht hinsichtlich bestimmter Abwässer endet, wenn der Betreiber der öffentlichen Kanalisation dem Eigentümer der anschlusspflichtigen Anlage schriftlich erklärt, dass diese in der Anlage anfallenden Abwässer nicht übernommen werden, weil sie erstmals oder gegenüber der bisherigen Einleitung in erhöhter Menge oder in wesentlich veränderter Beschaffenheit eingeleitet werden sollen, und

a) aufgrund ihrer Menge oder Beschaffenheit schädliche Auswirkungen auf die öffentliche Kanalisation zu erwarten wären oder
b) die zulässige Belastung der öffentlichen Kanalisation überschritten würde oder
c) der ordnungsgemäße Betrieb der öffentlichen Kanalisation nicht oder nur mit einem im Vergleich zum Aufwand für die ordnungsgemäße Entsorgung der in der betreffenden Kanalisation sonst anfallenden Abwässer unverhältnismäßigen Mehraufwand gewährleistet werden könnte,

oder weil Abwasser im Sinne des § 2 Abs. 1 zweiter Satz am Ort des Anfalles mit einem zumutbaren Aufwand behandelt und in der Folge als Niederschlagswasser versickert oder in einen Vorfluter oder einen Niederschlagswasserkanal eingeleitet werden könnte,

und der Eigentümer der anschlusspflichtigen Anlage die Verpflichtung zum Abschluss eines Anschlussvertrages nach § 8 Abs. 3 nicht innerhalb von acht Wochen nach der Zustellung dieser Erklärung im Klagsweg geltend macht.

(2) Die Anschlusspflicht hinsichtlich bestimmter Abwässer endet weiters, wenn ein rechtskräftiges Urteil vorliegt, nach dem die Verpflichtung zum Abschluss eines Anschlussvertrages nicht besteht, weil ein Weigerungsgrund im Sinne des Abs. 1 vorliegt.

§ 7

Befreiung von der Anschlusspflicht

(1) Die Behörde hat

a) anschlusspflichtige Anlagen, deren Anschluss an die öffentliche Kanalisation nur mit einem im Verhältnis zum erzielbaren Erfolg unvertretbaren Aufwand hergestellt werden könnte, sowie

b) anschlusspflichtige Anlagen, für deren Anschluss die Inanspruchnahme fremder Grundstücke oder die Mitbenützung einer fremden nichtöffentlichen Kanalisation oder Entwässerungsanlage erforderlich wäre, nach rechtskräftiger Abweisung eines Antrages auf Enteignung nach § 12 Abs. 6

von der Anschlusspflicht zu befreien, wenn eine dem Stand der Technik entsprechende anderweitige geordnete Entsorgung der bei der betreffenden Anlage anfallenden Abwässer und Niederschlagswässer sichergestellt ist. Liegen die Voraussetzungen für die Erteilung der Befreiung nur hinsichtlich der Abwässer oder der Niederschlagswässer vor, so ist die Befreiung nur insoweit zu erteilen.

(2) Die Behörde hat weiters anschlusspflichtige Anlagen, die über eine dem Stand der Technik entsprechende, nach den wasserrechtlichen Vorschriften rechtmäßige Kanalisation verfügen, von der Anschlusspflicht hinsichtlich der Abwässer zu befreien, wenn durch die Befreiung die Wirtschaftlichkeit der öffentlichen Kanalisation nicht gefährdet wird.

(3) Die Behörde hat ferner anschlusspflichtige Anlagen, die über eine dem Stand der Technik entsprechende, nach den wasserrechtlichen Vorschriften rechtmäßige Anlage zur Entsorgung der Niederschlagswässer verfügen, von der Anschlusspflicht hinsichtlich der Niederschlagswässer zu befreien.

(4) Eine Befreiung im Sinne der Abs. 1 lit. a und 2 darf nicht erteilt werden, wenn ein Anschlussvertrag nach § 8 Abs. 1 oder eine rechtskräftige Anschlussentscheidung nach § 10 Abs. 1 vorliegt. Eine Befreiung im Sinne des Abs. 3 darf nicht erteilt werden, wenn ein Anschlussvertrag vorliegt.

(5) Um die Erteilung der Befreiung hat der Eigentümer der anschlusspflichtigen Anlage bei der Behörde schriftlich anzusuchen. Die Behörde hat über Anträge auf Erteilung der Befreiung mit schriftlichem Bescheid zu entscheiden.

(6) Die Befreiung ist zu widerrufen, wenn die Voraussetzungen dafür nachträglich weggefallen sind.

§ 8
Anschlussvertrag

(1) Der Eigentümer einer anschlusspflichtigen Anlage hat mit dem Betreiber der öffentlichen Kanalisation einen schriftlichen Vertrag über den Anschluss der Anlage an die öffentliche Kanalisation abzuschließen. Der Anschlussvertrag hat jedenfalls zu enthalten:

a) genaue Angaben über die Ausführung der Entwässerungsanlage,
b) genaue Angaben über die Ausführung und die Lage der Trennstelle und
c) die Frist, innerhalb der die Anlage an die öffentliche Kanalisation angeschlossen werden muss.

(2) Die Verpflichtung zum Abschluss eines Anschlussvertrages entsteht bei bestehenden anschlusspflichtigen Anlagen mit dem Zeitpunkt, in dem nach den wasserrechtlichen Vorschriften mit dem Bau des die Anlage erschließenden Sammelkanals begonnen werden darf. In den Fällen des § 5 Abs. 4 lit. b und c, in denen die Anschlusspflicht durch die Änderung des Verwendungszweckes der Anlage begründet oder in ihrem Umfang geändert wird, entsteht diese Verpflichtung mit der Änderung des Verwendungszweckes. Bei allen übrigen anschlusspflichtigen Anlagen entsteht diese Verpflichtung mit der Einbringung des Bauansuchens oder der Bauanzeige oder, wenn die anschlusspflichtige Anlage nicht der Tiroler Bauordnung 2018 unterliegt, mit dem Baubeginn. Wird die öffentliche Kanalisation nicht von der Gemeinde betrieben, so hat der Betreiber der öffentlichen Kanalisation der Behörde den Abschluss eines Anschlussvertrages unverzüglich schriftlich mitzuteilen.

(3) Der Betreiber der öffentlichen Kanalisation ist verpflichtet, auf ein entsprechendes Vertragsanbot des Eigentümers der anschlusspflichtigen Anlage hin mit diesem einen Anschlussvertrag abzuschließen. Das Vertragsanbot hat die zur Beurteilung der Voraussetzungen für die Herstellung des Anschlusses erforderlichen Unterlagen, insbesondere eine technische Beschreibung der Entwässerungsanlage und die dazugehörigen Planunterlagen, zu enthalten.

(4) Der Betreiber der öffentlichen Kanalisation darf den Abschluss eines Anschlussvertrages verweigern, wenn

a) kein vollständiges Vertragsanbot vorliegt;
b) eine andere Ausführung oder Lage der Trennstelle wesentliche Vorteile im Hinblick auf die Erhaltung oder den Betrieb der öffentlichen Kanalisation erwarten ließe, ohne dass die Herstellung des Anschlusses im Vergleich dazu wesentlich erschwert würde, und der Eigentümer der anschlusspflichtigen Anlage einer entsprechend geänderten Ausführung oder Lage der Trennstelle nicht zustimmt;
c) die Entwässerungsanlage nicht dem Stand der Technik entspricht, insbesondere allenfalls erforderliche Vorreinigungs- oder Pufferanlagen nicht vorgesehen sind;
d) ein Weigerungsgrund nach § 6 Abs. 1 vorliegt.

(5) Wird die Verpflichtung zum Abschluss eines Anschlussvertrages bei einem ordentlichen Gericht geltend gemacht und scheint diesem das Bestehen der Anschlusspflicht zweifelhaft, so hat es bei der Behörde einen Antrag auf Feststellung zu stellen, ob die betreffende Anlage der Anschlusspflicht unterliegt. Scheint dem Gericht das Vorliegen der Voraussetzungen nach § 5 Abs. 3 zweifelhaft, so hat es bei der Behörde einen Antrag auf Festlegung der Kanalanschlusspflicht zu stellen.

Die Behörde hat über solche Anträge des Gerichtes längstens innerhalb von drei Monaten nach deren Einlangen zu entscheiden.

§ 9
Kanalanschlussverfahren

(1) Erlangt die Behörde innerhalb eines Monats nach dem im § 8 Abs. 2 genannten Zeitpunkt nicht Kenntnis vom Abschluss eines Anschlussvertrages, so hat sie den Eigentümer einer Anlage, die nach § 5 Abs. 1 anschlusspflichtig ist oder für die die Anschlusspflicht nach § 5 Abs. 3 festgelegt werden soll, nachweislich zum Abschluss eines Anschlussvertrages längstens innerhalb von drei Monaten aufzufordern. In dieser Aufforderung ist darauf hinzuweisen, dass im Falle des Nichtzustandekommens eines Anschlussvertrages ein Anschlussbescheid (§ 10 Abs. 1) erlassen wird. Weiters ist auf die Möglichkeit der Befreiung von der Anschlusspflicht nach § 7 hinzuweisen.

(2) Ein Kanalanschlussverfahren im Sinne des Abs. 1 ist weiters einzuleiten, wenn die Befreiung von der Anschlusspflicht rechtskräftig widerrufen wurde oder wenn der Anschlussvertrag mit rechtskräftigem Urteil aufgehoben oder als nichtig festgestellt wurde oder aufgrund des Parteiwillens nicht mehr anwendbar oder außer Kraft getreten ist.

(3) Das Kanalanschlussverfahren ist auszusetzen:

a) bis zur rechtskräftigen Entscheidung über einen Antrag auf Befreiung von der Anschlusspflicht;
b) bis zur rechtskräftigen Entscheidung des Gerichtes über eine Klage des Eigentümers einer anschlusspflichtigen Anlage, mit der die Verpflichtung zum Abschluss eines Anschlussvertrages geltend gemacht wird.

Wird im Falle der lit. a die Befreiung rechtskräftig versagt, so ist das Kanalanschlussverfahren mit einer neuerlichen Aufforderung zum Abschluss eines Anschlussvertrages längstens innerhalb von drei Monaten fortzusetzen. Die Aufforderung hat nachweislich zu erfolgen und einen Hinweis nach Abs. 1 zweiter Satz zu enthalten.

(4) Das Kanalanschlussverfahren ist einzustellen, wenn

a) im Falle des Abs. 3 lit. a die Befreiung von der Anschlusspflicht rechtskräftig erteilt wurde,
b) die Anschlusspflicht nach § 6 geendet hat oder
c) sich ergibt, dass die Anlage nach § 5 nicht an die öffentliche Kanalisation angeschlossen werden muss. Die Einstellung bezieht sich im Falle der lit. a auf das Verfahren hinsichtlich der von der Befreiung erfassten Wässer, im Falle der lit. b auf das Verfahren hinsichtlich der Abwässer.

(5) Im Kanalanschlussverfahren haben der Eigentümer der anschlusspflichtigen Anlage und, sofern die Gemeinde die öffentliche Kanalisation nicht selbst betreibt, der Betreiber der öffentlichen Kanalisation Parteistellung. Die Parteistellung des Betreibers der öffentlichen Kanalisation ist auf die Feststellung der Lage der Trennstelle sowie die technische Ausführung der Entwässerungsanlage eingeschränkt.

(6) Der Eigentümer der anschlusspflichtigen Anlage hat der Behörde, soweit dies für die Festlegung der Trennstelle und die Errichtung des Anschlusskanals notwendig ist, auf Verlangen Auskunft über die Entwässerungsanlage zu erteilen und Einsicht in vorhandene Planunterlagen über die Entwässerungsanlage zu gewähren.

§ 10
Anschlussbescheid

(1) Im Falle, dass

a) im Zuge des Kanalanschlussverfahrens ein Anschlussvertrag nicht zustande kommt oder
b) für die Herstellung des Anschlusses fremder Grund in Anspruch genommen oder eine fremde nichtöffentliche Kanalisation oder eine fremde Entwässerungsanlage mitbenützt werden muss und der Eigentümer des betreffenden Grundstückes bzw. der betreffenden Anlage die Zustimmung hiezu verweigert, hat die Behörde von Amts wegen bei Anlagen, die nach § 5 Abs. 1 anschlusspflichtig sind, die Anschlusspflicht festzustellen, und bei Anlagen, für die die Voraussetzungen nach § 5 Abs. 3 vorliegen, die Anschlusspflicht festzulegen sowie in beiden Fällen die genaue Lage der Trennstelle oder der Anschlussstelle des Sammelkanals einer nichtöffentlichen Kanalisation zu bestimmen. Die Feststellung oder Festlegung der Anschlusspflicht sowie die Bestimmung der Trennstelle oder Anschlussstelle haben mit schriftlichem Bescheid zu erfolgen, aus dem hervorgeht, hinsichtlich welcher im Hinblick auf ihre Herkunft näher zu bestimmenden Wässer Anschlusspflicht besteht (Anschlussbescheid). Die Feststellung oder Festlegung der Anschlusspflicht hat zu entfallen, wenn bereits ein Bescheid nach § 8 Abs. 5 erlassen wurde.

(2) Im Falle des Anschlusses einer bereits bestehenden anschlusspflichtigen Anlage ist deren Eigentümer im Anschlussbescheid aufzufordern, die Entwässerungsanlage entsprechend dem Stand der Technik innerhalb einer angemessenen, ein Jahr nicht übersteigenden Frist herzustellen. Dies gilt auch in den Fällen des § 5 Abs. 4. In diesen Fällen beginnt die Frist mit der Fertigstellung der Anlage oder mit der Änderung des Verwendungszweckes, die die Anschlusspflicht begründet, zu laufen. Ist der Sammelkanal der öffentlichen Kanalisation im Zeitpunkt der Erlassung des Anschlussbescheides noch nicht fertiggestellt, so beginnt die

Frist in allen Fällen erst mit der nachweislichen Mitteilung an den Anschlusspflichtigen über die erfolgte Fertigstellung zu laufen. Die jeweilige Frist kann auf Antrag um höchstens ein weiteres Jahr verlängert werden, wenn sich die Einhaltung der Frist aufgrund besonderer technischer Schwierigkeiten bei der Herstellung der Entwässerungsanlage als unzumutbar erweist. Die Zeiten eines anhängigen Enteignungsverfahrens nach den Bestimmungen des 4. Abschnittes sind in die Frist nicht einzurechnen.

(3) Abs. 2 gilt auch für den Anschluss des Sammelkanals einer nichtöffentlichen Kanalisation an die öffentliche Kanalisation. Im Falle der Neuerrichtung einer nichtöffentlichen Kanalisation beginnt die für den Anschluss an die öffentliche Kanalisation gesetzte Frist darüber hinaus frühestens mit der Fertigstellung des Sammelkanals der nichtöffentlichen Kanalisation zu laufen.

(4) Rechtskräftige Anschlussentscheidungen treten außer Kraft

a) hinsichtlich der Niederschlagswässer im Falle der Befreiung von der Anschlusspflicht nach § 7 Abs. 3;
b) hinsichtlich der Abwässer im Falle des Endens der Anschlusspflicht nach § 6;
c) hinsichtlich der von der Befreiung umfassten Wässer im Falle der Befreiung von der Anschlusspflicht nach § 7 Abs. 1 lit. b.

Das Außerkrafttreten ist von der Behörde auf Antrag mit schriftlichem Bescheid festzustellen. Wurde aufgrund des außer Kraft getretenen Bescheides ein Enteignungsverfahren durchgeführt, so ist der Feststellungsbescheid von Amts wegen zu erlassen.

§ 11
Auflassung entbehrlich werdender Teile von Entwässerungsanlagen

(1) Werden durch den Anschluss an die öffentliche Kanalisation Teile der bisherigen Entwässerungsanlage entbehrlich, so ist dem Eigentümer dieser Anlage deren Auflassung innerhalb einer angemessenen Frist ab Herstellung des Anschlusses aufzutragen. Ein solcher Auftrag hat im Anschlussbescheid oder, wenn ein Anschlussbescheid nicht erlassen wurde, mit gesondertem Bescheid zu erfolgen.

(2) Werden aufgrund eines Ausbaues oder einer Änderung einer öffentlichen Kanalisation Teile der Entwässerungsanlagen der an die öffentliche Kanalisation angeschlossenen Anlagen entbehrlich, so hat die Behörde den Eigentümern dieser Anlagen die Auflassung der betreffenden Teile der Entwässerungsanlagen innerhalb einer angemessenen Frist mit schriftlichem Bescheid aufzutragen.

(3) Wird eine Entwässerungsanlage oder ein Teil davon aufgelassen, so sind die Anschlussöffnungen flüssigkeitsdicht abzumauern und zu verputzen und die dazugehörigen Anlageteile, wie Kanäle, Schächte, Kammern, Senk- und Sickergruben, Hauskläranlagen und dergleichen, gründlich zu reinigen und entweder zu entfernen oder mit inertem Material zu verfüllen.

4. Abschnitt
Enteignung

§ 12
Zulässigkeit der Enteignung, Parteien, Antrag

(1) Wurde die Anschlusspflicht einer Anlage festgestellt oder festgelegt, so kann zum Zweck ihres Anschlusses an die öffentliche Kanalisation enteignet werden.

(2) Eine Enteignung ist nur zulässig, wenn

a) der Anschluss auf andere Weise nicht oder nur mit einem im Verhältnis zum erzielbaren Erfolg sowie zu den Nachteilen, die dem Enteigneten erwachsen würden, unvertretbar hohen Aufwand durchgeführt werden könnte;
b) der Gegenstand der Enteignung geeignet ist, der zweckmäßigen und wirtschaftlichen Herstellung des Anschlusses zu dienen;
c) der Gegenstand der Enteignung nicht anders als durch Enteignung beschafft werden kann, insbesondere weil eine gütliche Einigung zwischen den Beteiligten nicht zustande kommt, und
d) durch die Enteignung ihr Zweck unmittelbar verwirklicht werden kann.

(3) Parteien des Enteignungsverfahrens sind der Enteigner und der Enteignete.

(4) Enteigner ist

a) der Eigentümer der anschlusspflichtigen Anlage, wenn das einzuräumende Recht der Errichtung einer Entwässerungsanlage oder dem Anschluss einer nichtöffentlichen Kanalisation an die öffentliche Kanalisation dient;
b) der Betreiber der öffentlichen Kanalisation, wenn das einzuräumende Recht der Errichtung eines Anschlusskanals dient.

(5) Enteigneter ist der Eigentümer des von der Enteignung betroffenen Grundstücks, im Falle des § 13 Abs. 1 lit. b der Eigentümer der mitzubenützenden fremden Anlage.

(6) Ein Antrag auf Enteignung ist vom Enteigner schriftlich zu stellen. Dem Antrag sind die zur Beurteilung der Zulässigkeit der Enteignung erforderlichen Unterlagen anzuschließen. Jedenfalls sind anzuschließen:

a) eine mit der Rechtskraftklausel versehene Ausfertigung der Anschlussentscheidung;
b) ein Lageplan und eine genaue Beschreibung der Entwässerungsanlage, der nichtöffentlichen Kanalisation oder des Anschlusskanals, deren (dessen) Errichtung die Enteignung dient, in je zweifacher Ausfertigung;

c) ein nach Katastralgemeinden getrenntes Verzeichnis der von der Enteignung betroffenen Grundstücke, das für jedes Grundstück den Familien- und Vornamen und die Adresse des Eigentümers, die Grundstücksnummer, die Zahl der Grundbuchseinlage, die Benützungsart und das Flächenausmaß enthält, in zweifacher Ausfertigung;
d) Grundbuchsauszüge über die von der Enteignung betroffenen Grundstücke;
e) im Falle des § 13 Abs. 1 lit. b Unterlagen, die genaue Angaben zu Art, Menge und Beschaffenheit der in die fremde nichtöffentliche Kanalisation oder Entwässerungsanlage abzuleitenden Abwässer oder Niederschlagswässer sowie Familien- und Vornamen und Adresse des Eigentümers der fremden Anlage enthalten.

§ 13
Gegenstand und Umfang der Enteignung, Verfahren

(1) Durch Enteignung können eingeräumt werden:

a) die Dienstbarkeit der Errichtung, des Betriebes und der Erhaltung einer nichtöffentlichen Kanalisation, einer Entwässerungsanlage oder eines Anschlusskanals auf einem fremden Grundstück;
b) die Dienstbarkeit der Ableitung der bei einer Anlage anfallenden Wässer, für die Anschlusspflicht besteht, in eine fremde nichtöffentliche Kanalisation oder in eine fremde Entwässerungsanlage;
c) das Recht zum Begehen und Befahren eines fremden Grundstückes und zum Ablagern von Baustoffen und anderem Material im Zuge der Errichtung einer nichtöffentlichen Kanalisation, einer Entwässerungsanlage oder eines Anschlusskanals und der notwendigen Instandhaltungsarbeiten an einer solchen Anlage auf einem fremden Grundstück.

(2) Eine Enteignung ist nur in dem zur Verwirklichung ihres Zweckes erforderlichen Umfang zulässig.

(3) Im Übrigen sind für die Enteignung und die Rückübereignung die Bestimmungen des 12. Abschnittes des Tiroler Straßengesetzes, LGBl. Nr. 13/1989, in der jeweils geltenden Fassung sinngemäß mit der Maßgabe anzuwenden, dass im Hinblick auf die Rückübereignung dem Erlöschen der Straßenbaubewilligung das Außerkrafttreten oder die Aufhebung der Anschlussentscheidung sowie die Auflassung der nicht öffentlichen Kanalisation, der Entwässerungsanlage oder des Anschlusskanals, auf die (den) sich das durch die Enteignung eingeräumte Recht bezieht, entsprechen.

5. Abschnitt
Behörden, Straf- und Übergangsbestimmungen

§ 14
Behörden, eigener Wirkungsbereich der Gemeinde

(1) In allen Enteignungsangelegenheiten ist Behörde die Bezirksverwaltungsbehörde, in der Stadt Innsbruck jedoch die Landesregierung.

(2) In allen nicht unter Abs. 1 fallenden Angelegenheiten ist Behörde, soweit in den Abs. 3 und 4 nichts anderes bestimmt ist, der Bürgermeister.

(3) In der Stadt Innsbruck ist Behörde der Stadtmagistrat.

(4) Bei Anlagen, die sich auf das Gebiet zweier oder mehrerer Gemeinden erstrecken, ist Behörde die Bezirkshauptmannschaft. Bei Anlagen, die sich auf das Gebiet zweier Bezirke oder auf das Gebiet der Stadt Innsbruck und einer anderen Gemeinde erstrecken, ist Behörde die Landesregierung.

(5) Die Gemeinden haben die ihnen nach diesem Gesetz obliegenden Aufgaben im eigenen Wirkungsbereich zu besorgen.

§ 15
Strafbestimmungen

(1) Wer als Eigentümer

a) einer bestehenden anschlusspflichtigen Anlage oder einer Anlage im Sinne des § 5 Abs. 4 die Entwässerungsanlage nicht innerhalb der in der Anschlussentscheidung festgesetzten Frist (§ 10 Abs. 2) oder nicht entsprechend dem Stand der Technik oder
b) einer nichtöffentlichen Kanalisation deren Sammelkanal nicht innerhalb der nach § 10 Abs. 3 festgesetzten Frist oder nicht entsprechend dem Stand der Technik

herstellt, begeht eine Verwaltungsübertretung und ist von der Bezirksverwaltungsbehörde mit Geldstrafe bis zu 35.000,- Euro zu bestrafen.

(2) Wer

a) der Mitteilungspflicht nach § 5 Abs. 4 nicht nachkommt oder
b) als Eigentümer einer bestehenden anschlusspflichtigen oder bereits an die öffentliche Kanalisation angeschlossenen Anlage entbehrlich werdende Teile der Entwässerungsanlage nicht innerhalb der nach § 11 Abs. 1 oder 2 festgesetzten Frist auflässt,

begeht eine Verwaltungsübertretung und ist von der Bezirksverwaltungsbehörde mit Geldstrafe bis zu 3.500,- Euro zu bestrafen.

(3) Wer der Behörde entgegen dem § 9 Abs. 6 nicht Auskunft erteilt oder Einsicht in vorhandene Planunterlagen gewährt, begeht eine Verwaltungsübertretung und ist von der Bezirksverwaltungsbehörde mit Geldstrafe bis zu 750,- Euro zu bestrafen.

TiKG

(4) Die Geldstrafen fließen der Gemeinde zu.

§ 16
Dingliche Wirkung

(1) Die aus Entscheidungen nach diesem Gesetz – mit Ausnahme von Entscheidungen in Verwaltungsstrafverfahren – sich ergebenden Rechte und Pflichten haften an der betreffenden Anlage und gehen auf den Rechtsnachfolger im Eigentum an der Anlage über.

(2) Rechtsnachfolger des Betreibers der öffentlichen Kanalisation und Rechtsnachfolger im Eigentum an der betreffenden Anlage treten in die Rechte und Pflichten des von ihren Rechtsvorgängern geschlossenen Anschlussvertrages ein.

(3) In Angelegenheiten nach diesem Gesetz ist der Bauberechtigte dem Grundeigentümer gleichgestellt.

§ 17
Verarbeitung personenbezogener Daten

(1) Die Gemeinden und der Stadtmagistrat Innsbruck sind Verantwortliche nach Art. 4 Z 7 der Verordnung (EU) 2016/679 des Europäischen Parlaments und des Rates zum Schutz natürlicher Personen bei der Verarbeitung personenbezogener Daten, zum freien Datenverkehr und zur Aufhebung der Richtlinie 95/46/EG (Datenschutz-Grundverordnung), ABl. 2016 Nr. L 119, S. 1, in den in die Zuständigkeit des Bürgermeisters oder des Stadtmagistrats fallenden Angelegenheiten.

(2) Das Amt der Tiroler Landesregierung ist Verantwortlicher nach Art. 4 Z 7 der Datenschutz-Grundverordnung in den in die Zuständigkeit der Landesregierung fallenden Angelegenheiten.

(3) Das Amt der Tiroler Landesregierung und die Bezirksverwaltungsbehörden sind gemeinsam Verantwortliche nach Art. 26 der Datenschutz-Grundverordnung in den in die Zuständigkeit der Bezirksverwaltungsbehörde fallenden Angelegenheiten.

(4) Die nach den Abs. 1, 2 und 3 Verantwortlichen dürfen folgende Daten verarbeiten, sofern diese für Anschlussverfahren nach dem 3. Abschnitt, Enteignungsverfahren nach dem 4. Abschnitt, Strafverfahren nach dem 5. Abschnitt oder sonstiger Verfahren nach diesem Gesetz jeweils erforderlich sind:

a) von Eigentümern anschlusspflichtiger und fremder Anlagen: Identifikationsdaten, Erreichbarkeitsdaten, Anschlussvertragsdaten, Netzdaten, Grundbuchdaten, Abwasserdaten (Menge, Beschaffenheit, …),
b) von Betreibern der öffentlichen Kanalisation: Identifikationsdaten, Erreichbarkeitsdaten,
c) von zu enteignenden Personen oder solchen, die von einer Rückübereignung betroffen sind: Identifikationsdaten, Erreichbarkeitsdaten, Grundstücksdaten, Daten des gesetzlichen Vertreters bzw. Rechtsnachfolgers (z. B. Verlassenschaftskurator),

(5) Betreiber der öffentlichen Kanalisation (außer Gemeinden) dürfen Daten über den Abschluss eines Anschlussvertrags an die Behörde übermitteln.

(6) Personenbezogene Daten nach Abs. 4 sind zehn Jahre nach Auflassung der Kanalisationsanlage (bzw. Teilen davon) zu löschen, soweit sie nicht in anhängigen Verfahren weiter benötigt werden.

(7) Als Identifikationsdaten gelten:

a) bei natürlichen Personen der Familien- und der Vorname, das Geschlecht, das Geburtsdatum, allfällige akademische Grade, Standesbezeichnungen und Titel,
b) bei juristischen Personen und Personengesellschaften die gesetzliche, satzungsmäßige oder firmenmäßige Bezeichnung und hinsichtlich der vertretungsbefugten Organe die Daten nach lit. a sowie die Firmenbuchnummer, die Vereinsregisterzahl, die Umsatzsteuer-Identifikationsnummer und die Ordnungsnummer im Ergänzungsregister.

(8) Als Erreichbarkeitsdaten gelten Wohnsitzdaten und sonstige Adressdaten, die Telefonnummer, elektronische Kontaktdaten, wie insbesondere die E-Mail-Adresse und Telefax-Nummer, oder Verfügbarkeitsdaten.

(9) Als Grundbuchdaten gelten alle im Grundbuch vorhandenen Daten.

§ 18
Übergangsbestimmungen

(1) Die im Zeitpunkt des Inkrafttretens dieses Gesetzes nach § 9 Abs. 3 und 5, § 10 Abs. 1 und § 11 des Tiroler Kanalisationsgesetzes, LGBl. Nr. 40/1985, in der Fassung des Gesetzes LGBl. Nr. 50/1986, anhängigen Verfahren sind nach den bisherigen Bestimmungen weiterzuführen. Diese Verfahren sind jedoch einzustellen, wenn vor der Erlassung des Anschlussbescheides ein Anschlussvertrag nach § 8 vorliegt. Enteignungsverfahren sind nach den bisherigen Bestimmungen weiterzuführen.

(2) Die Behörde kann, sofern dies im Interesse einer geordneten Abwasserentsorgung erforderlich ist, rechtskräftige Bescheide nach § 11 des Tiroler Kanalisationsgesetzes, LGBl. Nr. 40/1985, oder Anschlussbestimmungen in baurechtlichen Entscheidungen mit schriftlichem Bescheid abändern, wenn die Entwässerungsanlage einer an die öffentliche Kanalisation angeschlossenen Anlage diesen Bestimmungen, dem Stand der Technik oder dem gegebenen Kanalisierungssystem nicht mehr entspricht. Die Abänderung ist nur insoweit zulässig, als der dadurch verursachte Aufwand für

den Eigentümer der Anlage in einem vertretbaren Verhältnis zum erzielbaren Erfolg steht.

§ 19
Schlussbestimmungen

(1) Dieses Gesetz tritt mit dem Ablauf des Tages der Kundmachung in Kraft, soweit im Abs. 2 nichts anderes bestimmt ist.

(2) Die im § 15 genannten Euro-Beträge treten mit 1. Jänner 2002 in Kraft.

(3) Mit dem im Abs. 1 genannten Zeitpunkt treten außer Kraft:

a) das Tiroler Kanalisationsgesetz, LGBl. Nr. 40/1985, in der Fassung des Gesetzes LGBl. Nr. 50/1986;
b) die Tiroler Kanalisationsverordnung, LGBl. Nr. 85/1985, zuletzt geändert durch die Verordnung LGBl. Nr. 53/1996.

25. Tiroler Bauproduktegesetz 2016

Gesetz vom 16. März 2016 über die Beteiligung des Landes Tirol am Österreichischen Institut für Bautechnik sowie das Inverkehrbringen, die Verwendbarkeit und die Marktüberwachung von Bauprodukten (Tiroler Bauproduktegesetz 2016 – TBG 2016)

StF: LGBl. Nr. 41/2016

Letzte Novellierung: LGBl. Nr. 15/2023

GLIEDERUNG

1. Abschnitt
Allgemeine Bestimmungen

§ 1. Geltungsbereich
§ 2. Begriffsbestimmungen

2. Abschnitt
Beteiligung des Landes Tirol am Österreichischen Institut für Bautechnik

§ 3. Mitgliedschaft des Landes Tirol beim Österreichischen Institut für Bautechnik
§ 4. Aufgaben
§ 5. Aufsicht

3. Abschnitt
Technische Bewertungsstelle, Produktinformationsstelle

§ 6. Technische Bewertungsstelle
§ 7. Produktinformationsstelle

4. Abschnitt
Anforderungen für die Verwendung von Bauprodukten

1. Unterabschnitt
Bauprodukte, für die harmonisierte technische Spezifikationen nicht vorliegen

§ 8. Anwendungsbereich
§ 9. Anforderungen für die Verwendung von Bauprodukten, für die harmonisierte technische Spezifikationen nicht vorliegen
§ 10. Baustoffliste ÖA
§ 11. Produktregistrierung
§ 12. Registrierungsstelle und Registerführende Stelle
§ 13. Verfahren der Registrierung
§ 14. Einbauzeichen ÜA

2. Unterabschnitt
Bauprodukte, für die harmonisierte technische Spezifikationen vorliegen

§ 15. Anforderungen für die Verwendung von Bauprodukten, für die harmonisierte technische Spezifikationen vorliegen
§ 16. Baustoffliste ÖE

3. Unterabschnitt
Sonstige Bauprodukte

§ 17. Anforderungen für die Verwendung sonstiger Bauprodukte

5. Abschnitt
Bautechnische Zulassung

§ 18. Zulassungsstelle
§ 19. Bautechnische Zulassung

6. Abschnitt
Ergänzende Bestimmungen über das Inverkehrbringen und die Inbetriebnahme von energieverbrauchsrelevanten Bauprodukten

§ 20. Anwendungsbereich
§ 21. Inverkehrbringen, Bereitstellung auf dem Markt und Inbetriebnahme
§ 22. Ökodesign-Anforderungen
§ 23. Konformitätsbewertung, Konformitätserklärung
§ 24. CE-Kennzeichnung
§ 25. Unterrichtung der Nutzer

7. Abschnitt
Inverkehrbringen und Bereitstellung von Bauprodukten auf dem Markt

§ 26. Inverkehrbringen und Bereitstellung

8. Abschnitt
Wasser für den menschlichen Gebrauch

§ 27. Verwendung von Bauprodukten
§ 28. Risikobewertung von Hausinstallationen
§ 28a. Spezielle baubehördliche Maßnahmen in Bezug auf Legionella und Blei
§ 28b. Austausch von aus Blei gefertigten Bestandteilen von Hausinstallationen
§ 28c. Eigener Wirkungsbereich der Gemeinde

9. Abschnitt
Marktüberwachung

1. Unterabschnitt
Allgemeine Bestimmungen

§ 29. Anwendungsbereich
§ 30. Marktüberwachungsbehörde
§ 31. Berichtspflichten der Baubehörde
§ 32. Proben

2. Unterabschnitt
Ergänzende Bestimmungen für energieverbrauchsrelevante Bauprodukte

§ 33. Marktüberwachung bei energieverbrauchsrelevanten Bauprodukten
§ 34. Konformitätsvermutung

TBG

§ 35. Maßnahmen der Marktüberwachungsbehörde
§ 36. Freier Warenverkehr

10. Abschnitt
Kundmachungen, Kosten, Straf- und Schlussbestimmungen

§ 37. Kundmachungen
§ 38. Vollstreckung
§ 39. Kosten
§ 40. Strafbestimmungen
§ 41. Verarbeitung personenbezogener Daten
§ 42. Umsetzung von Unionsrecht
§ 43. Übergangsbestimmungen
§ 44. Inkrafttreten, Notifikation

1. Abschnitt
Allgemeine Bestimmungen

§ 1
Geltungsbereich

(1) Dieses Gesetz regelt:

a) die Beteiligung des Landes Tirol am Österreichischen Institut für Bautechnik,
b) die Technische Bewertungsstelle und Produktinformationsstelle,
c) die Verwendung von Bauprodukten, die in Serie oder serienähnlich hergestellt werden und für die harmonisierte technische Spezifikationen nicht vorliegen,
d) die Verwendung von Bauprodukten, für die harmonisierte technische Spezifikationen vorliegen,
e) die Verwendung sonstiger Bauprodukte,
f) die Bautechnische Zulassung,
g) das Inverkehrbringen und die Inbetriebnahme von energieverbrauchsrelevanten Bauprodukten, für die Ökodesign-Anforderungen gelten,
h) die Bereitstellung von Bauprodukten auf dem Markt,
i) die Marktüberwachung von Bauprodukten,
j) die Marktüberwachung von energieverbrauchsrelevanten Bauprodukten.

(2) Dieses Gesetz berührt nicht die Zuständigkeit des Bundes sowie sonstige Vorschriften über die Verwendung von Bauprodukten.

§ 2
Begriffsbestimmungen

(1) Regelwerke sind harmonisierte technische Spezifikationen im Sinn der Verordnung (EU) Nr. 305/2011 sowie nationale technische Bestimmungen der EU-Mitgliedstaaten oder anderer Vertragsstaaten des EWR-Abkommens, wie beispielsweise technische Normen, technische Richtlinien oder Verwendungsgrundsätze des Österreichischen Instituts für Bautechnik, wenn diese jeweils in der Baustoffliste ÖA (§ 10) oder in der Baustoffliste ÖE (§ 16) angeführt sind.

(2) Die Begriffsbestimmungen nach Art. 2 der Verordnung (EU) Nr. 305/2011, nach Art. 2 der Verordnung (EU) 2017/1369 und nach Art. 3 der Verordnung (EU) 2019/1020 werden durch dieses Gesetz nicht berührt; sie gelten auch im Anwendungsbereich dieses Gesetzes.

(3) Die Begriffe, die im 6. Abschnitt oder im 2. Unterabschnitt des 9. Abschnitts verwendet werden und den Begriffen nach Art. 2 der Richtlinie 2009/125/EG zur Schaffung eines Rahmens für die Festlegung von Anforderungen an die umweltgerechte Gestaltung energieverbrauchsrelevanter Produkte entsprechen, sind im Sinn dieser Richtlinie zu verstehen.

(4) Prioritäre Örtlichkeiten im Sinn des 8. Abschnittes sind große Räumlichkeiten und Gelände, bei denen es sich nicht um einen Haushalt handelt und in denen viele Nutzer potenziell wasserassoziierten Risiken ausgesetzt sind, insbesondere große öffentlich genutzte Örtlichkeiten, wie Krankenanstalten, Kuranstalten und sonstige Gesundheitseinrichtungen, Heime für hilfs-, betreuungs- oder pflegebedürftige, insbesondere ältere Menschen, Kinderbetreuungseinrichtungen, Gastgewerbebetriebe zur Beherbergung von Gästen, sonstige größere Gastgewerbebetriebe, Campingplätze, Einkaufszentren, Freizeit-, Erholungs-, Sport- und Ausstellungseinrichtungen oder Strafvollzugsanstalten.

(5) Im Übrigen sind die Begriffe, die im 8. Abschnitt verwendet werden und den Begriffen nach Art. 2 der Richtlinie (EU) 2020/2184 entsprechen, im Sinn dieser Richtlinie zu verstehen.

2. Abschnitt
Beteiligung des Landes Tirol am Österreichischen Institut für Bautechnik

§ 3
Mitgliedschaft des Landes Tirol beim Österreichischen Institut für Bautechnik

Das Land Tirol ist gemeinsam mit den anderen Vertragsparteien der Vereinbarung gemäß Art. 15a B-VG über die Zusammenarbeit im Bauwesen sowie die Bereitstellung von Bauprodukten auf dem Markt und deren Verwendung, LGBl. Nr. 55/2013, Träger und ordentliches Mitglied des Vereines „Österreichisches Institut für Bautechnik (OIB)“.

§ 4
Aufgaben

Dem Österreichischen Institut für Bautechnik obliegt die Wahrnehmung folgender Aufgaben:

a) die Erfüllung der Aufgaben als Technische Bewertungsstelle, als Produktinformationsstelle für Bauprodukte, als Registerführende Stelle sowie als Zulassungsstelle für Bautechnische Zulassungen,

b) die Wahrnehmung der Aufgaben als Marktüberwachungsbehörde,
c) die Erlassung der Baustoffliste ÖA und ÖE,
d) die Erstattung von technischen Gutachten einschließlich der Durchführung der Risikobewertung von Hausinstallationen (§ 28),
e) die Koordinierung der Ausarbeitung und die Herausgabe von technischen Richtlinien und Regeln, insbesondere zur Harmonisierung im Bauwesen,
f) die Koordinierung der Interessen des Landes Tirol im Rahmen der Arbeit nationaler und internationaler – insbesondere europäischer – technischer Gremien und Vereinigungen technischer Stellen für Bauprodukte und im Bereich des technischen Normenwesens, insbesondere durch
1. die Vorbereitung, Koordinierung und Mitwirkung bei der Ausarbeitung bautechnischer Regelungen auf europäischer Ebene,
2. die Koordinierung und Mitwirkung bei der nationalen und internationalen Normung,
3. die Koordinierung und Mitwirkung im europäischen Gremium der Technischen Bewertungsstellen,
g) die Führung eines Verzeichnisses aller gültigen Europäischen Technischen Bewertungen und gegebenenfalls von Bescheinigungen der Leistungsbeständigkeit,
h) die Anregung, Begutachtung und Betreuung von bautechnischen Untersuchungen, insbesondere von Bauforschungsaufträgen, sowie die Auswertung von Bauforschungsberichten.

§ 5
Aufsicht

Das Österreichische Institut für Bautechnik unterliegt bei der Erfüllung der ihm nach diesem Gesetz übertragenen Aufgaben der Aufsicht der Landesregierung. In Ausübung ihres Aufsichtsrechtes kann die Landesregierung dem Österreichischen Institut für Bautechnik Weisungen erteilen. Der Landesregierung sind auf Verlangen unverzüglich, längstens aber binnen zwei Wochen, alle zur Erfüllung ihrer Aufgaben erforderlichen Auskünfte zu erteilen und die entsprechenden Unterlagen zu übermitteln.

3. Abschnitt
Technische Bewertungsstelle, Produktinformationsstelle

§ 6
Technische Bewertungsstelle

Das Österreichische Institut für Bautechnik ist mit der Wahrnehmung der Aufgaben als Technische Bewertungsstelle nach Art. 29 der Verordnung (EU) Nr. 305/2011 betraut.

§ 7
Produktinformationsstelle

Das Österreichische Institut für Bautechnik ist mit der Wahrnehmung der Aufgaben als Produktinformationsstelle für das Bauwesen nach Art. 10 der Verordnung (EU) Nr. 305/2011 betraut.

4. Abschnitt
Anforderungen für die Verwendung von Bauprodukten

1. Unterabschnitt
Bauprodukte, für die harmonisierte technische Spezifikationen nicht vorliegen

§ 8
Anwendungsbereich

Dieser Unterabschnitt gilt nur für Bauprodukte, die in Serie oder serienähnlich hergestellt werden.

§ 9
Anforderungen für die Verwendung von Bauprodukten, für die harmonisierte technische Spezifikationen nicht vorliegen

Bauprodukte, die in der Baustoffliste ÖA angeführt sind, dürfen nur verwendet werden, wenn sie das Einbauzeichen ÜA tragen.

§ 10
Baustoffliste ÖA

(1) Das Österreichische Institut für Bautechnik hat mit Zustimmung der Landesregierung die Baustoffliste ÖA durch Verordnung festzulegen. Vor der Erlassung der Verordnung ist die Wirtschaftskammer Österreich anzuhören.

(2) In der Baustoffliste ÖA sind für die einzelnen Bauprodukte festzulegen:
a) die von ihnen zu erfüllenden nationalen Regelwerke oder
b) das Erfordernis einer Bautechnischen Zulassung, sofern dies aufgrund der Bedeutung eines Bauproduktes für eine oder mehrere Grundanforderungen an Bauwerke und der damit verbundenen Risken, insbesondere hinsichtlich Gesundheit oder Sicherheit von Personen, erforderlich ist.

(3) Weiters können in der Baustoffliste ÖA festgelegt werden:
a) der Verwendungszweck,
b) Klassen und Stufen,
c) die Geltungsdauer der Produktregistrierung,
d) Maßnahmen nach Abs. 4.

(4) In der Baustoffliste ÖA ist unbeschadet der Bestimmungen des für das Bauprodukt maßgeblichen Regelwerkes unter Berücksichtigung der Sicherheit oder der Besonderheiten des Produktionsverfahrens erforderlichenfalls festzulegen:

a) die Erstprüfung des Bauproduktes durch eine hiefür akkreditierte Stelle,
b) die Überwachung der werkseigenen Produktionskontrolle durch eine hiefür akkreditierte Stelle.

(5) In jedem Fall muss durch eine werkseigene Produktionskontrolle eine gleichbleibende Qualität des Bauproduktes sichergestellt sein.

(6) Die Baustoffliste ÖA ist nach § 37 kundzumachen.

§ 11
Produktregistrierung

(1) Die Übereinstimmung von Bauprodukten mit den Bestimmungen der Baustoffliste ÖA ist nach Maßgabe der Abs. 2 und 3 durch eine Registrierung des Bauproduktes nachzuweisen.

(2) Eine Registrierung darf nur erfolgen, wenn dies für das Bauprodukt in der Baustoffliste ÖA vorgesehen ist und
a) das Bauprodukt mit den Bestimmungen der Baustoffliste ÖA übereinstimmt oder nur unwesentlich davon abweicht oder
b) das Bauprodukt zwar mehr als unwesentlich von den Bestimmungen der Baustoffliste ÖA abweicht, aber eine Bautechnische Zulassung vorliegt.

(3) Die Registrierung hat nach den Bestimmungen dieses Gesetzes zu erfolgen, wenn sich der Sitz der Registrierungsstelle in Tirol befindet.

(4) Die Registrierung hat durch Ausstellung einer Registrierungsbescheinigung durch die Registrierungsstelle zu erfolgen.

(5) Registrierungen nach den Rechtsvorschriften eines anderen Bundeslandes sind jenen nach diesem Gesetz gleichzuhalten.

(6) Ausländische Bauprodukte, die in einem anderen Mitgliedstaat der Europäischen Union oder einem sonstigen Vertragsstaat des Abkommens über den Europäischen Wirtschaftsraum hergestellt wurden, für die harmonisierte technische Spezifikationen nicht vorliegen und die mehr als unwesentlich von den Bestimmungen der Baustoffliste ÖA abweichen, sind auch ohne Bautechnische Zulassung zu registrieren, wenn
a) die von akkreditierten Stellen anderer Mitgliedstaaten der Europäischen Union oder sonstiger Vertragsstaaten des Abkommens über den Europäischen Wirtschaftsraum gemäß der Verordnung (EG) Nr. 765/2008 ausgestellten Prüfzeugnisse und Überwachungsberichte die Erfüllung vergleichbarer technischer Normen bestätigen und
b) die Bauprodukte solche Merkmale aufweisen, dass die baulichen Anlagen, für die sie verwendet werden sollen, bei ordnungsgemäßer Planung, Ausführung und Instandhaltung die im Hinblick auf ihren Verwendungszweck und die örtlichen Verhältnisse an sie zu stellenden wesentlichen Anforderungen erfüllen.

§ 12
Registrierungsstelle und Registerführende Stelle

(1) Die Landesregierung kann durch Verordnung eine Stelle, deren Personal über bautechnische Kenntnisse, insbesondere aus den Bereichen der Materialtechnologie, der Produktion der zu beurteilenden Bauprodukte und der Eigenschaften der zu beurteilenden Bauprodukte verfügt, mit der Registrierung betrauen (Registrierungsstelle). Diese ist beim Amt der Tiroler Landesregierung einzurichten oder hat mehrheitlich im Eigentum des Landes Tirol zu stehen. Für die Aufsicht über eine ausgegliederte Registrierungsstelle gilt § 5 sinngemäß.

(2) Registerführende Stelle ist das Österreichische Institut für Bautechnik.

(3) Die Registrierungsstelle ist der Registerführenden Stelle bekannt zu geben.

§ 13
Verfahren der Registrierung

(1) Die Registrierungsstelle hat auf Antrag des Herstellers oder seines Bevollmächtigten auf Grund der erforderlichen Unterlagen, insbesondere der Prüfzeugnisse und der Überwachungsberichte, die Übereinstimmung des Bauproduktes mit den Bestimmungen der Baustoffliste ÖA zu prüfen.

(2) Ergibt die Prüfung nach Abs. 1 die Übereinstimmung des Bauproduktes mit den Bestimmungen der Baustoffliste ÖA oder eine nur unwesentliche Abweichung, so hat die Registrierungsstelle die Registrierungsbescheinigung auszustellen (Registrierung) und eine Ausfertigung der Registerführenden Stelle zu übermitteln.

(3) Ergibt die Prüfung nach Abs. 1, dass das Bauprodukt mehr als nur unwesentlich von den Bestimmungen der Baustoffliste ÖA abweicht und liegen die Voraussetzungen nach § 11 Abs. 6 nicht vor, so darf die Registrierungsbescheinigung nur ausgestellt werden, wenn eine Bautechnische Zulassung vorliegt; dies gilt auch im Fall, dass eine Bautechnische Zulassung nach § 10 Abs. 2 lit. b erforderlich ist. Der Registerführenden Stelle ist eine Ausfertigung der Registrierungsbescheinigung zu übermitteln.

(4) Ist die Ausstellung einer Registrierungsbescheinigung weder nach Abs. 2 noch nach Abs. 3 möglich, so hat die Registrierungsstelle dies dem Antragsteller formlos mitzuteilen. Auf seinen Antrag hat die Registrierungsstelle über die Ableh-

nung der Registrierung mit Bescheid zu entscheiden.

§ 14
Einbauzeichen ÜA

(1) Liegt für ein Bauprodukt eine Registrierung nach § 13 vor, so ist der Hersteller oder sein Bevollmächtigter berechtigt, zur Kennzeichnung dieses Bauproduktes das Einbauzeichen am Bauprodukt selbst, auf dessen Verpackung oder in den Begleitpapieren anzubringen.

(2) Das Einbauzeichen und die Art der Anbringung haben dem Muster der Anlage zu entsprechen.

(3) Ein Bauprodukt, das das Einbauzeichen trägt, hat die widerlegbare Vermutung für sich, dass es nach den Bestimmungen dieses Gesetzes verwendbar ist.

2. Unterabschnitt
Bauprodukte, für die harmonisierte technische Spezifikationen vorliegen

§ 15
Anforderungen für die Verwendung von Bauprodukten, für die harmonisierte technische Spezifikationen vorliegen

Bauprodukte, für die

a) eine harmonisierte europäische Norm vorliegt, die in der Baustoffliste ÖE angeführt ist, oder
b) eine Europäische technische Bewertung (ETA) vorliegt, die auf Basis eines in der Baustoffliste ÖE angeführten Europäischen Bewertungsdokuments (EAD) oder einer in der Baustoffliste ÖE angeführten Leitlinie für europäische technische Zulassungen (ETAG), die als EAD verwendet wird, ausgestellt wurde,

dürfen nur verwendet werden, wenn sie den in der Baustoffliste ÖE kundgemachten Leistungsanforderungen oder Verwendungsbestimmungen entsprechen und sie die CE-Kennzeichnung tragen.

§ 16
Baustoffliste ÖE

(1) Das Österreichische Institut für Bautechnik hat mit Zustimmung der Landesregierung die Baustoffliste ÖE durch Verordnung festzulegen. Vor der Erlassung der Verordnung ist die Wirtschaftskammer Österreich anzuhören.

(2) In der Baustoffliste ÖE sind für Bauprodukte oder Gruppen von Bauprodukten die von ihnen zu erfüllenden Verwendungsanforderungen festzulegen. In der Baustoffliste ÖE können insbesondere, bezogen auf die einzelnen Bauprodukte und gegebenenfalls in Abhängigkeit vom Verwendungszweck, festgelegt werden:

a) die anzuwendende harmonisierte technische Spezifikation (harmonisierte Norm oder Europäisches Bewertungsdokument),
b) die wesentlichen Merkmale, für die eine Leistung anzugeben ist,
c) die zu erfüllende Leistung des Bauproduktes nach Stufen oder Klassen oder in einer Beschreibung,
d) Leistungsanforderungen und Verwendungsbestimmungen im Zusammenhang mit Vorschriften, die außerhalb des Anwendungsbereiches der Verordnung (EU) Nr. 305/2011 liegen,
e) das Erfordernis der Erlangung einer Bautechnischen Zulassung mit den darin festzulegenden Verwendungsbestimmungen, sofern dies aufgrund der Bedeutung eines Bauproduktes für eine oder mehrere Grundanforderungen an Bauwerke und der damit verbundenen Risken, insbesondere hinsichtlich Gesundheit oder Sicherheit von Personen, erforderlich ist.

(3) Die Baustoffliste ÖE ist nach § 37 kundzumachen.

3. Unterabschnitt
Sonstige Bauprodukte

§ 17
Anforderungen für die Verwendung sonstiger Bauprodukte

Bauprodukte, die weder in der Baustoffliste ÖA noch in der Baustoffliste ÖE angeführt sind, und für die keine Bautechnische Zulassung vorliegt, dürfen nur verwendet werden, wenn sie den Anforderungen der Tiroler Bauordnung 2022, LGBl. Nr. 44/2022, in der jeweils geltenden Fassung, entsprechen.

5. Abschnitt
Bautechnische Zulassung

§ 18
Zulassungsstelle

Das Österreichische Institut für Bautechnik ist mit der Wahrnehmung der Aufgaben als Zulassungsstelle für Bautechnische Zulassungen betraut.

§ 19
Bautechnische Zulassung

(1) Der Hersteller eines Bauproduktes oder sein Bevollmächtigter kann für ein Bauprodukt bei der Zulassungsstelle eine Bautechnische Zulassung beantragen:

a) wenn das Bauprodukt von einer harmonisierten Norm abweicht,
b) wenn für das Bauprodukt keine harmonisierte Norm vorliegt und das Bauprodukt nicht in der Baustoffliste ÖA erfasst ist,
c) wenn das Bauprodukt von dem in der Baustoffliste ÖA angeführten Regelwerk mehr als nur unwesentlich abweicht,
d) für Bauprodukte, für die in der Baustoffliste ÖA oder in der Baustoffliste ÖE eine Bautechnische Zulassung vorgesehen ist,

e) für sonstige Bauprodukte, für die es nach dem Stand der technischen Wissenschaften erforderlich ist, Verwendungsbestimmungen und mögliche Verwendungszwecke entsprechend den bautechnischen Anforderungen festzulegen.

(2) Die zur Beurteilung des Bauproduktes erforderlichen Unterlagen, das sind insbesondere eine technische Beschreibung des Produktes, Angaben über die Leistungsmerkmale und die vorgesehene Verwendung des Produktes, sind dem Antrag beizufügen. Sind die Unterlagen unvollständig oder mangelhaft und werden sie nicht binnen einer angemessen festzusetzenden Frist ergänzt, so hat die Zulassungsstelle den Antrag mit Bescheid zurückzuweisen. Probestücke und Probeausführungen, die für die Beurteilung des Bauproduktes erforderlich sind, sind vom Hersteller oder seinem Bevollmächtigten über Aufforderung vorzulegen. Die Auswahl der Sachverständigen obliegt der Zulassungsstelle.

(3) Weiters hat die Zulassungsstelle den Antrag auf Bautechnische Zulassung mit Bescheid zurückzuweisen, wenn sie feststellt, dass das Bauprodukt keine Anforderungen bezüglich der Leistung der baulichen Anlage im Hinblick auf die Grundanforderungen an bauliche Anlagen zu erfüllen hat oder auf Grund des Standes der technischen Wissenschaften keine Notwendigkeit für eine Bautechnische Zulassung gegeben ist.

(4) Liegen keine Gründe für die Zurückweisung des Antrages vor, so hat die Zulassungsstelle die Bautechnische Zulassung auszustellen, wenn gewährleistet ist, dass mit dem Bauprodukt unter Berücksichtigung der Verwendungsbestimmungen und der Einbaubestimmungen die an bauliche Anlagen zu stellenden allgemeinen bautechnischen Erfordernisse nach § 18 Abs. 1 der Tiroler Bauordnung 2022 erfüllt werden. Dabei können erforderlichenfalls Vorschreibungen für den Einbau und die Anwendung des Bauproduktes festgelegt werden. Die Bautechnische Zulassung ist auf höchstens fünf Jahre zu befristen. Eine Verlängerung um jeweils höchstens fünf Jahre ist möglich, wobei der Antrag vor Ablauf der Frist gestellt werden muss.

(5) Die Bautechnische Zulassung hat jedenfalls zu umfassen:

a) eine technische Beschreibung des Bauproduktes einschließlich der Leistungsmerkmale,
b) Regelungen über die Eigen- und Fremdüberwachung des Bauproduktes und die Produktion,
c) Bestimmungen über die Verwendung sowie erforderlichenfalls über den Einbau und die Anwendung des Bauproduktes.

Im Falle von Bauprodukten, für die eine CE-Kennzeichnung vorliegt, gilt dies nur soweit, als diese Inhalte nicht bereits durch die Leistungserklärung und die CE-Kennzeichnung abgedeckt sind.

(6) Durch die Erteilung der Bautechnischen Zulassung wird in Rechte Dritter nicht eingegriffen.

(7) Die Zulassungsstelle hat jährlich eine Liste der erteilten Bautechnischen Zulassungen zu veröffentlichen.

(8) Bautechnische Zulassungen nach den Rechtsvorschriften eines anderen Bundeslandes sind jenen nach diesem Gesetz gleichzuhalten.

6. Abschnitt
Ergänzende Bestimmungen über das Inverkehrbringen und die Inbetriebnahme von energieverbrauchsrelevanten Bauprodukten

§ 20
Anwendungsbereich

Die Regelungen dieses Abschnittes gelten für Wirtschaftsakteure mit Sitz in Tirol, die energieverbrauchsrelevante Bauprodukte, für die Ökodesign-Anforderungen gelten, (im Folgenden: energieverbrauchsrelevante Bauprodukte) in Verkehr bringen oder in Betrieb nehmen oder Dienstleistungen mit energieverbrauchsrelevanten Bauprodukten anbieten.

§ 21
Inverkehrbringen, Bereitstellung auf dem Markt und Inbetriebnahme

(1) Der Wirtschaftsakteur darf energieverbrauchsrelevante Bauprodukte nur dann in Verkehr bringen, auf dem Markt bereitstellen oder in Betrieb nehmen, wenn

a) sie den für sie festgelegten Ökodesign-Anforderungen entsprechen;
b) für sie eine Konformitätserklärung (§ 23) ausgestellt wurde;
c) sie die CE-Kennzeichnung (§ 24) tragen;
d) sie den Anforderungen an die Energieverbrauchskennzeichnung nach der Verordnung (EU) 2017/1369 entsprechen.

(2) Wenn der Hersteller des Bauproduktes oder dessen Bevollmächtigter nicht in einem Mitgliedstaat der Europäischen Union oder einem Vertragsstaat des Europäischen Wirtschaftsraumes niedergelassen ist, so hat der Importeur eines energieverbrauchsrelevanten Bauproduktes sicherzustellen, dass

a) das in Verkehr gebrachte, auf dem Markt bereitgestellte oder in Betrieb genommene energieverbrauchsrelevante Bauprodukt den Ökodesign-Anforderungen entspricht,
b) für dieses Produkt die erforderliche Konformitätserklärung (§ 23) und die technische Dokumentation zur Verfügung steht,
c) dieses Produkt die CE-Kennzeichnung (§ 24) trägt sowie
d) dieses Produkt den Anforderungen an die Energieverbrauchskennzeichnung nach der Verordnung (EU) 2017/1369 entspricht.

(3) Energieverbrauchsrelevante Bauprodukte, die den Voraussetzungen nach Abs. 1 oder 2 nicht entsprechen, dürfen auf Messen, Ausstellungen oder bei sonstigen Verkaufsveranstaltungen gezeigt und vorgeführt werden, sofern deutlich sichtbar darauf hingewiesen wird, dass sie erst in Verkehr gebracht oder in Betrieb genommen werden dürfen, wenn diese Voraussetzungen vorliegen.

§ 22
Ökodesign-Anforderungen

(1) Ökodesign-Anforderungen sind Anforderungen an ein Produkt oder seine Gestaltung, die in Durchführungsmaßnahmen der Europäischen Kommission nach Art. 15 der Richtlinie 2009/125/EG oder in einer Verordnung der Landesregierung nach Abs. 2 festgelegt werden.

(2) Die Landesregierung hat durch Verordnung Ökodesign-Anforderungen für energieverbrauchsrelevante Bauprodukte festzulegen, sofern dies zur Umsetzung des Rechts der Europäischen Union erforderlich ist. Dabei können Hersteller oder ihre Bevollmächtigten, die Bauteile oder Baugruppen in Verkehr bringen oder in Betrieb nehmen, auch verpflichtet werden, dem Hersteller eines von den Ökodesign-Anforderungen erfassten Bauproduktes relevante Angaben zur Materialzusammensetzung sowie zum Verbrauch von Energie, Materialien oder Ressourcen hinsichtlich der betreffenden Bauteile oder Baugruppen zu machen.

(3) In einer Verordnung nach Abs. 2 müssen Ökodesign-Anforderungen so festgelegt werden, dass die Marktüberwachungsbehörde deren Einhaltung prüfen kann. In der Verordnung muss weiters angegeben werden, ob eine Überprüfung entweder direkt am Produkt oder anhand der technischen Unterlagen vorgenommen werden kann.

§ 23
Konformitätsbewertung, Konformitätserklärung

(1) Der Hersteller oder sein Bevollmächtigter muss sicherstellen, dass vor dem Inverkehrbringen oder der Inbetriebnahme eines energieverbrauchsrelevanten Bauproduktes die Konformität des Produkts mit allen einschlägigen Anforderungen bewertet wird.

(2) Sofern nichts anderes bestimmt ist, hat der Hersteller hinsichtlich des Konformitätsbewertungsverfahrens die Wahl zwischen der im Anhang IV der Richtlinie 2009/125/EG beschriebenen internen Entwurfskontrolle und dem im Anhang V der Richtlinie 2009/125/EG beschriebenen Managementsystem.

(3) Für jedes energieverbrauchsrelevante Bauprodukt ist eine Konformitätserklärung auszustellen, mit der der Hersteller oder sein Bevollmächtigter zusichert, dass das Produkt allen einschlägigen Bestimmungen der Ökodesign-Anforderungen entspricht.

(4) Die Konformitätserklärung muss die in Anhang VI der Richtlinie 2009/125/EG genannten Angaben enthalten und auf die einschlägigen Ökodesign-Anforderungen verweisen.

(5) Nach dem Inverkehrbringen oder der Inbetriebnahme eines energieverbrauchsrelevanten Bauproduktes hat der Hersteller oder sein Bevollmächtigter die Unterlagen zur Konformitätsbewertung und die abgegebenen Konformitätserklärungen bis zum Ablauf von zehn Jahren nach Herstellung des letzten Exemplars dieses Produkts für die Marktüberwachungsbehörde zur Einsicht bereitzuhalten. Die Unterlagen sind der Marktüberwachungsbehörde innerhalb von zehn Tagen nach Aufforderung vorzulegen.

(6) Die in Anhang IV der Richtlinie 2009/125/EG genannten Unterlagen zur Konformitätsbewertung und die Konformitätserklärung sind jedenfalls auch in deutscher Sprache abzufassen.

§ 24
CE-Kennzeichnung

(1) Vor dem Inverkehrbringen oder der Inbetriebnahme hat der Hersteller oder sein Bevollmächtigter das energieverbrauchsrelevante Bauprodukt mit der CE-Kennzeichnung zu versehen und die Konformitätserklärung nach § 23 beizufügen.

(2) Mit der CE-Kennzeichnung nach Abs. 1 wird die Konformität des Bauproduktes mit den Ökodesign-Anforderungen bescheinigt. Die CE-Kennzeichnung besteht aus den Buchstaben „CE“ gemäß dem Muster im Anhang III der Richtlinie 2009/125/EG.

(3) Am Produkt darf keine Kennzeichnung angebracht werden, die den Nutzer über die Bedeutung oder die Gestalt der CE-Kennzeichnung täuschen kann.

TBG

§ 25
Unterrichtung der Nutzer

Der Hersteller eines energieverbrauchsrelevanten Bauproduktes oder sein Bevollmächtigter hat sicherzustellen, dass die Nutzer über folgende Aspekte unterrichtet werden:

a) die Rolle, die sie bei der nachhaltigen Nutzung des betreffenden Produkts spielen können,
b) das ökologische Profil des betreffenden Produkts und die Vorteile des Ökodesigns, falls dies in den Ökodesign-Anforderungen vorgesehen ist.

7. Abschnitt
Inverkehrbringen und Bereitstellung von Bauprodukten auf dem Markt

§ 26
Inverkehrbringen und Bereitstellung

(1) Vor dem Inverkehrbringen der im Anhang XIII der Richtlinie 2013/59/Euratom genannten Bauprodukte ist deren Aktivitätskonzentrationsindex entsprechend dem Anhang VIII dieser Richtlinie zu bestimmen. Diese Verpflichtung trifft den Hersteller des Bauproduktes. Ist der Hersteller nicht in einem Mitgliedstaat der Europäischen Union oder einem Vertragsstaat des Europäischen Wirtschaftsraumes niedergelassen, so trifft diese Verpflichtung seinen Bevollmächtigten oder, wenn es einen solchen nicht gibt, den Importeur.

(2) Der nach Abs. 1 Verpflichtete hat der Marktüberwachungsbehörde auf deren Verlangen die Ergebnisse der Messungen und den entsprechenden Aktivitätskonzentrationsindex sowie andere relevante Faktoren nach Anhang VIII der Richtlinie 2013/59/Euratom mitzuteilen.

(3) Bauprodukte, für die

a) eine harmonisierte europäische Norm vorliegt, die in der Baustoffliste ÖE angeführt ist, oder
b) eine Europäische technische Bewertung (ETA) vorliegt, die auf Basis eines in der Baustoffliste ÖE angeführten Europäischen Bewertungsdokuments (EAD) oder einer in der Baustoffliste ÖE angeführten Leitlinie für europäische technische Zulassungen (ETAG), die als EAD verwendet wird, ausgestellt wurde,

dürfen nur in Verkehr gebracht oder auf dem Markt bereitgestellt werden, wenn sie die CE-Kennzeichnung tragen und die erklärten Leistungen den in der Baustoffliste ÖE festgelegten Anforderungen nicht widersprechen.

(4) Bauprodukte, die in der Baustoffliste ÖA angeführt sind, dürfen nur auf dem Markt bereitgestellt werden, wenn sie

a) den Bedingungen der Baustoffliste ÖA entsprechen,
b) nur unwesentlich davon abweichen oder
c) für sie eine Bautechnische Zulassung besteht.

(5) Bauprodukte, für die eine Bautechnische Zulassung besteht, dürfen jedenfalls auf dem Markt bereitgestellt werden.

8. Abschnitt
Wasser für den menschlichen Gebrauch

§ 27
Verwendung von Bauprodukten

Bauprodukte, die mit Wasser für den menschlichen Gebrauch in Berührung kommen, dürfen unbeschadet der §§ 9, 15 und 17 nur verwendet werden, wenn diese

a) den Schutz der menschlichen Gesundheit weder direkt noch indirekt gefährden,
b) die Färbung, den Geruch oder den Geschmack des Wassers nicht beeinträchtigen,
c) nicht die Vermehrung von Mikroorganismen fördern und
d) nicht dazu führen, dass Kontaminanten in höheren Konzentrationen als aufgrund des mit dem Material oder Werkstoff verfolgten Zwecks unbedingt nötig in das Wasser gelangen.

Dies gilt auch in Bezug auf Erhaltungs- und Instandsetzungsarbeiten an baulichen Anlagen.

§ 28
Risikobewertung von Hausinstallationen

(1) Das Österreichische Institut für Bautechnik hat eine allgemeine Analyse der Risiken vorzunehmen, die von Hausinstallationen und dafür verwendeten Bauprodukten, Materialien und Werkstoffen ausgehen können, sowie der Frage, ob diese potenziellen Risiken die Qualität des Wassers am Austritt aus denjenigen Zapfstellen, die normalerweise für Wasser für den menschlichen Gebrauch verwendet werden, beeinflussen. Diese allgemeine Analyse hat keine Analyse einzelner Objekte zu umfassen. Die allgemeine Analyse ist erstmalig bis zum 12. Jänner 2029 durchzuführen. Sie ist alle sechs Jahre zu überprüfen und bei Bedarf zu aktualisieren.

(2) Das Österreichische Institut für Bautechnik hat die Risikoanalyse nach Abs. 1 der Landesregierung zu übermitteln.

§ 28a
Spezielle baubehördliche Maßnahmen in Bezug auf Legionella und Blei

(1) Ergibt die Risikoanalyse nach § 28 Abs. 1, dass in Bezug auf bestimmte Örtlichkeiten oder abhängig von bestimmten Voraussetzungen ausgehend von den Hausinstallationen und den dafür verwendeten Bauprodukten, Materialien und Werkstoffen spezifische Risiken in Bezug auf Legionella und/oder Blei bestehen, so hat die Behörde nach § 62 oder § 63 der Tiroler Bauordnung 2022 jedenfalls die von diesen Risiken betroffenen prioritären Örtlichkeiten auf die Einhaltung der Parameter laut dem Anhang I Teil D der Richtlinie (EU) 2020/2184 hin zu überwachen. Der Überwachung ist ein Programm zugrunde zu legen, das jedenfalls die regelmäßige Entnahme und Analyse einzelner Wasserproben umfasst. Die Probenentnahme muss so erfolgen, dass die Proben für die Qualität des Wassers in Bezug auf die genannten Parameter im Lauf des gesamten Jahres repräsentativ sind. Die Probeentnahmestellen müssen, soweit für die genannten Parameter von Belang, die Anforderungen von Anhang II Teil D der Richtlinie (EU) 2020/2184 erfüllen. Die Analyse der genannten Parameter hat entsprechend dem Art. 13 Abs. 4 in Verbindung mit den Spezifikationen nach Anhang III der Richtlinie (EU) 2020/2184 zu erfolgen.

(2) Ergibt die Überwachung nach Abs. 1, dass in Bezug auf bestimmte Örtlichkeiten spezifische Risiken für die Wasserqualität und die menschliche Gesundheit bestehen, insbesondere weil die Parameterwerte laut dem Anhang I Teil D der Richtlinie (EU) 2020/2184 nicht eingehalten werden, so hat die Behörde nach § 62 oder § 63 der Tiroler Bauordnung 2022 in Bezug auf die jeweils betroffene Örtlichkeit,

a) sofern die Gefahrenlage auf ein Baugebrechen zurückzuführen ist, die erforderlichen Maßnahmen nach § 47 der Tiroler Bauordnung 2022 zu treffen oder
b) sofern die Gefahrenlage auf einen nicht gesetzmäßigen Zustand der baulichen Anlage zurückzuführen ist, die entsprechenden Maßnahmen nach § 46 der Tiroler Bauordnung 2022 zu treffen oder
c) im Übrigen, sofern die Voraussetzungen nach § 34 Abs. 10 der Tiroler Bauordnung 2022 vorliegen, andere oder zusätzliche Auflagen im Sinn des § 34 Abs. 7 der Tiroler Bauordnung 2022 vorzuschreiben.

(3) In Bezug auf Legionella müssen die Maßnahmen im Sinn des Abs. 2 zumindest auf die prioritären Örtlichkeiten abzielen. Die Maßnahmen müssen zur Verhinderung und Bewältigung möglicher Krankheitsausbrüche wirksame und gemessen an den Risiken verhältnismäßige Maßnahmen zur Risikobeherrschung und Managementmaßnahmen vorsehen.

§ 28b
Austausch von aus Blei gefertigten Bestandteilen von Hausinstallationen

Besteht ausgehend von Hausinstallationen, die aus Blei gefertigte Bestandteile enthalten, eine erhebliche Gefahr für das Leben und die Gesundheit von Menschen, insbesondere weil der Parameterwert für Blei laut dem Anhang I Teil D der Richtlinie (EU) 2020/2184 wesentlich überschritten wird, so hat die Behörde nach § 62 oder § 63 der Tiroler Bauordnung 2022 den Austausch dieser Bestandteile insoweit vorzuschreiben, als dies technisch machbar und wirtschaftlich vertretbar ist. Dabei ist jedenfalls darauf Bedacht zu nehmen, dass der mit dem Austausch verbundene Aufwand in einem vertretbaren Verhältnis zum damit erzielbaren Erfolg steht.

§ 28c
Eigener Wirkungsbereich der Gemeinde

Die Aufgaben der Gemeinde nach diesem Abschnitt sind solche des eigenen Wirkungsbereiches.

9. Abschnitt
Marktüberwachung
1. Unterabschnitt
Allgemeine Bestimmungen

§ 29
Anwendungsbereich

(1) Für Bauprodukte, die den Harmonisierungsrechtsvorschriften der Union nach Anhang I der Verordnung (EU) 2019/1020 unterliegen, hat die Marktüberwachung nach der Verordnung (EU) 2019/1020 sowie nach den Bestimmungen dieses Abschnittes zu erfolgen.

(2) Für Bauprodukte, die nicht den Harmonisierungsrechtsvorschriften der Union nach Anhang I der Verordnung (EU) 2019/1020 unterliegen, hat die Marktüberwachung nach den sinngemäß anzuwendenden Bestimmungen der Art. 16 Abs. 1 bis 5, Art. 17, Art. 18 und Art. 19 Abs. 1 erster Satz und Abs. 2 der Verordnung (EU) 2019/1020 sowie nach den Bestimmungen dieses Abschnittes zu erfolgen.

(3) Für energieverbrauchsrelevante Bauprodukte im Sinn der Verordnung (EU) 2017/1369 hat die Marktüberwachung nach den Bestimmungen des V. Kapitels der Verordnung (EU) 2019/1020 sowie nach den Bestimmungen dieses Abschnittes zu erfolgen.

§ 30
Marktüberwachungsbehörde

(1) Das Österreichische Institut für Bautechnik ist mit der Wahrnehmung der Aufgaben als Marktüberwachungsbehörde und den Befugnissen einer Marktüberwachungsbehörde nach Art. 14 der Verordnung (EU) 2019/1020, ausgenommen Abs. 3 lit. c, betraut.

TBG

(2) Die Marktüberwachungsbehörde ist mit den Tätigkeiten einer Marktüberwachungsbehörde nach Art. 11 der Verordnung (EU) 2019/1020 betraut und hat insbesondere folgende Aufgaben der Marktüberwachung für Bauprodukte wahrzunehmen:

a) die Erstellung, Durchführung und Aktualisierung von Programmen zur aktiven Marktüberwachung,
b) die Behandlung von Beschwerden oder von Berichten über Gefahren, die mit Bauprodukten verbunden sind,
c) die Kontrolle der Merkmale und der Kennzeichnung von Bauprodukten und die Prüfung ihrer Gefahrengeneigtheit,
d) die Durchführung von Marktüberwachungsmaßnahmen, insbesondere jene nach Art. 16 der Verordnung (EU) 2019/1020,
e) die Information und die Warnung der Öffentlichkeit vor gefährlichen Bauprodukten,
f) die Aufforderung an betroffene Wirtschaftsakteure, geeignete Korrekturmaßnahmen zu treffen,

g) die Überprüfung der Durchführung der Korrekturmaßnahmen,
h) die Setzung von beschränkenden Maßnahmen, insbesondere bei Bauprodukten, von denen ein ernstes Risiko ausgeht,
i) die Setzung von Maßnahmen im Zusammenhang mit der Kontrolle von in den Unionsmarkt eingeführten Bauprodukten,
j) die Kooperation und den Informationsaustausch mit der zentralen Verbindungsstelle nach Art. 10 der Verordnung (EU) 2019/1020, den innerstaatlichen Marktüberwachungsbehörden anderer Sektoren, den Baubehörden und dem Zollamt Österreich, mit den Behörden anderer Mitgliedstaaten sowie mit der Europäischen Kommission.

(3) Marktüberwachungsmaßnahmen nach Art. 16 der Verordnung (EU) 2019/1020 können bei Bauprodukten, von denen ein ernstes Risiko ausgeht und die ein rasches Einschreiten erfordern, als Maßnahmen unmittelbarer Befehls- und Zwangsgewalt ohne vorangegangenes Verwaltungsverfahren ergriffen werden.

(4) Die Marktüberwachungsbehörde hat Maßnahmen nach Abs. 2 lit f bis i und Abs. 3 dann zu treffen, wenn sich der Hauptwohnsitz oder der Sitz des betroffenen Wirtschaftsakteurs in Tirol befindet. Bei Bauprodukten nach § 29 Abs. 2 sind diese Befugnisse beschränkt auf Wirtschaftsakteure, die solche Bauprodukte in Österreich auf dem Markt bereitstellen.

(5) Die Marktüberwachungsbehörde hat die Öffentlichkeit in geeigneter Weise, etwa auf ihrer Internetseite, über ihre Aufgaben und die Möglichkeit zur Kontaktaufnahme zu informieren.

(6) Die Marktüberwachungsbehörde hat der Landesregierung zur Überprüfung und Bewertung der Marktüberwachungsmaßnahmen jährlich einen Bericht über ihre Tätigkeit zu übermitteln.

(7) Die in den Harmonisierungsrechtsvorschriften der Europäischen Union enthaltenen Verfahrensbestimmungen bleiben von den Bestimmungen der Abs. 1, 2 und 3 unberührt.

§ 31
Berichtspflichten der Baubehörde

Erlangt die Behörde nach § 62 oder § 63 der Tiroler Bauordnung 2022 Kenntnis

a) von Unfällen, Gesundheitsschäden oder Baugebrechen, bei denen der begründete Verdacht besteht, dass sie durch falsch deklarierte oder mangelhafte Bauprodukte verursacht wurden, oder
b) davon, dass durch die Lagerung oder Verwendung von Bauprodukten auf einer Baustelle gegen § 40 Abs. 1 lit. a bis l, n bis q und s bis w verstoßen wird,

so hat sie der Marktüberwachungsbehörde unverzüglich darüber zu berichten.

§ 32
Proben

(1) Wurden von der Marktüberwachungsbehörde im Rahmen der Marktüberwachung Proben genommen, so sind die Proben nach Abschluss des Verfahrens auf Verlangen des betroffenen Wirtschaftsakteurs zurückzugeben. Ist dies nicht möglich, so hat die Marktüberwachungsbehörde eine Probenentschädigung in der Höhe des Einstandspreises zu leisten. Kann der Einstandspreis nicht festgestellt werden, ist als Entschädigung der halbe Endverkaufspreis festzusetzen. Für Gegenproben ist keine Entschädigung zu leisten. Kommt es zu keiner Einigung über die Höhe der Entschädigung, so ist darüber durch die Marktüberwachungsbehörde mit Bescheid zu entscheiden.

(2) Führt die Kontrolle eines Bauproduktes nach den Bestimmungen dieses Gesetzes zu dem Ergebnis, dass das Bauprodukt nicht im Einklang mit den unionsrechtlichen Vorschriften oder mit sonstigen Rechtsvorschriften betreffend Bauprodukte steht, so entfallen die Rückgabe der Probe und die Entschädigung nach Abs. 1 und es sind dem Wirtschaftsakteur die für die Kontrolle anfallenden Kosten mit Bescheid vorzuschreiben.

(3) Die für die Kontrolle eines Bauproduktes anfallenden Kosten sind dem Einschreiter mit Bescheid aufzuerlegen, wenn die Kontrolle zu dem Ergebnis führt, dass das Bauprodukt im Einklang mit den unionsrechtlichen Vorschriften oder mit sonstigen Rechtsvorschriften betreffend Bauprodukte steht und die Kontrolle durch das Verschulden des Einschreiters verursacht wurde.

2. Unterabschnitt
Ergänzende Bestimmungen für energieverbrauchsrelevante Bauprodukte

§ 33
Marktüberwachung bei energieverbrauchsrelevanten Bauprodukten

(1) Die Marktüberwachungsbehörde ist im Rahmen ihrer Kontrollbefugnisse auch befugt,

a) in angemessenem Umfang geeignete Kontrollen hinsichtlich der Übereinstimmung energieverbrauchsrelevanter Bauprodukte mit den Bestimmungen des 6. Abschnittes, insbesondere mit den Ökodesign-Anforderungen nach § 22 durchzuführen,
b) von den Betroffenen sämtliche notwendigen Informationen anzufordern und
c) Proben von energieverbrauchsrelevanten Bauprodukten zu nehmen und diese einer Prüfung auf ihre Übereinstimmung mit den Bestimmungen des 6. Abschnittes, insbesondere mit den Ökodesign-Anforderungen nach § 22 zu unterziehen.

(2) Die Marktüberwachungsbehörde hat Verbrauchern und anderen Betroffenen auf geeignete Weise Gelegenheit zu geben, Bemerkungen hinsichtlich der Konformität der Produkte vorzubringen.

(3) Liegen der Marktüberwachungsbehörde deutliche Anhaltspunkte dafür vor, dass ein Bauprodukt, für das Ökodesign-Anforderungen nach § 22 gelten, den einschlägigen Bestimmungen nicht entspricht, so hat die Marktüberwachungsbehörde unverzüglich eine mit Gründen versehene Bewertung der Nichtübereinstimmung dieses Produkts auf geeignete Weise (beispielsweise auf ihrer Internetseite) zu veröffentlichen.

(4) Die Marktüberwachungsbehörde hat der Europäischen Kommission laufend Informationen über die Ergebnisse der Marktüberwachung hinsichtlich energieverbrauchsrelevanter Bauprodukte zu übermitteln.

(5) Bei energieverbrauchsrelevanten Bauprodukten, die unter einen delegierten Rechtsakt nach der Verordnung (EU) 2017/1369 fallen, ist davon auszugehen, dass die betreffenden Etiketten und Datenblätter dem bezüglichen delegierten Rechtsakt entsprechen.

(6) Durch die Abs. 1 bis 5 werden die Kontrollbefugnisse der Marktüberwachungsbehörde nicht berührt.

§ 34
Konformitätsvermutung

(1) Die Marktüberwachungsbehörde darf davon auszugehen, dass ein energieverbrauchsrelevantes Bauprodukt, das mit der im § 24 vorgesehenen CE-Kennzeichnung versehen ist, den einschlägigen Ökodesign-Anforderungen entspricht.

(2) Wurde ein energieverbrauchsrelevantes Bauprodukt nach harmonisierten Normen hergestellt, deren Fundstellen im Amtsblatt der Europäischen Union veröffentlicht wurden, so ist davon auszugehen, dass es allen einschlägigen Ökodesign-Anforderungen entspricht, auf die sich diese Normen beziehen.

(3) Wurde ein energieverbrauchsrelevantes Bauprodukt mit einem anderen, den Ökodesign-Anforderungen entsprechenden gemeinschaftlichen Umweltzeichen nach der Verordnung (EG) Nr. 1980/2000 versehen, so ist die Konformität mit den Ökodesign-Anforderungen anzunehmen.

(4) Wurde ein energieverbrauchsrelevantes Bauprodukt, für das Ökodesign-Anforderungen gelten, von einer Organisation entworfen,

a) die nach den Bestimmungen der Verordnung (EG) Nr. 1221/2009 über die freiwillige Teilnahme von Organisationen an einem Gemeinschaftssystem für das Umweltmanagementsystem und die Umweltbetriebsprüfung eingetragen ist, und schließt die Eintragung die Entwurfstätigkeit ein, oder
b) die über ein Managementsystem verfügt, das die Entwurfstätigkeit einschließt und wird dieses System nach harmonisierten Normen umgesetzt, deren Fundstellen im Amtsblatt der Europäischen Union veröffentlicht wurden,

so ist jeweils davon auszugehen, dass das Managementsystem die entsprechenden Anforderungen nach Anlage V der Richtlinie 2009/125/EG erfüllt.

§ 35
Maßnahmen der Marktüberwachungsbehörde

(1) Stellt die Marktüberwachungsbehörde fest, dass

a) ein mit der CE-Kennzeichnung nach § 24 versehenes energieverbrauchsrelevantes Bauprodukt bei bestimmungsgemäßer Verwendung nicht alle für dieses Produkt geltenden einschlägigen Ökodesign-Anforderungen erfüllt oder
b) ein energieverbrauchsrelevantes Bauprodukt, das unter einen delegierten Rechtsakt nach der Verordnung (EU) 2017/1369 fällt, nicht allen einschlägigen Anforderungen hinsichtlich des Etiketts und des Datenblatts entspricht, die in den Bestimmungen des delegierten Rechtsaktes festgelegt sind,

so hat sie den Hersteller oder seinen Bevollmächtigten oder den Lieferanten mit Bescheid zu verpflichten, dafür zu sorgen, dass das Produkt in Übereinstimmung mit diesen Anforderungen gebracht oder gegebenenfalls zurückgerufen oder vom Markt genommen wird.

(2) Ist ein energieverbrauchsrelevantes Bauprodukt mit der CE-Kennzeichnung nach § 24 versehen worden, ohne dass die Voraussetzungen hiefür vorliegen, oder liegen ausreichende Hinweise dafür vor, dass ein energieverbrauchsrelevantes Bauprodukt nicht den Bestimmungen des 6. Abschnittes oder den in Abs. 1 lit. a oder b genannten Anforderungen entsprechen könnte, so hat die Marktüberwachungsbehörde die erforderlichen Maßnahmen mit Bescheid anzuordnen, solange das Produkt den einschlägigen Bestimmungen oder Anforderungen nicht entspricht; die Maßnahmen können je nach Schwere des Verstoßes und der dadurch verursachten Schäden bis zum Verbot des Inverkehrbringens und der Inbetriebnahme des Bauproduktes reichen. Überdies hat die Marktüberwachungsbehörde mit Bescheid die Beseitigung der CE-Kennzeichnung auf diesen Bauprodukten anzuordnen, wenn der Hersteller oder sein Bevollmächtigter die Produkte nicht innerhalb einer angemessenen Frist wieder in Übereinstimmung mit den Bestimmungen über die CE-Kennzeichnung bringt.

(3) Besteht die Nichtübereinstimmung weiter, so hat die Marktüberwachungsbehörde das Inverkehrbringen oder die Inbetriebnahme des betreffenden Bauproduktes mit Bescheid zu untersagen oder einzuschränken bzw. dafür zu sorgen, dass es vom Markt genommen wird.

(4) Die Marktüberwachungsbehörde hat Maßnahmen nach den Abs. 1, 2 und 3 dann zu treffen, wenn sich der Sitz des Herstellers oder seines Bevollmächtigten oder des Lieferanten in Tirol befindet.

(5) Wird das Inverkehrbringen oder die Inbetriebnahme eines energieverbrauchsrelevanten Bauproduktes verboten oder ist es vom Markt zu nehmen, so sind die Europäische Kommission und die anderen Mitgliedsstaaten unverzüglich davon zu unterrichten. In begründeten Fällen sind geeignete Maßnahmen zur Wahrung der Vertraulichkeit der übermittelten Informationen zu treffen. Die getroffenen Entscheidungen sind der Öffentlichkeit auf geeignete Weise (beispielsweise auf der Internetseite der Marktüberwachungsbehörde) zugänglich zu machen.

(6) Nach Abs. 2 oder 3 bezüglich der Ökodesign-Anforderungen getroffene Maßnahmen sind der Europäischen Kommission unverzüglich unter Angabe der Gründe mitzuteilen. Weiters ist insbesondere anzugeben, ob es sich bei der Nichtübereinstimmung um einen der folgenden Fälle handelt:

a) die Nichterfüllung der Ökodesign-Anforderungen,
b) die fehlerhafte Anwendung harmonisierter Normen,
c) Unzulänglichkeiten in den harmonisierten Normen.

§ 36
Freier Warenverkehr

(1) Das Inverkehrbringen oder die Inbetriebnahme von energieverbrauchsrelevanten Bauprodukten, für die Ökodesign-Anforderungen gelten, darf nicht unter Berufung auf Ökodesign-Parameter nach Anhang I Teil 1 der Richtlinie 2009/125/EG untersagt, beschränkt oder behindert werden, wenn das Produkt allen einschlägigen Bestimmungen der jeweils geltenden Durchführungsmaßnahme nach Art. 15 der Richtlinie 2009/125/EG entspricht und mit der CE-Kennzeichnung (§ 24) versehen ist.

(2) Das Inverkehrbringen oder die Inbetriebnahme von energieverbrauchsrelevanten Bauprodukten, die mit der CE-Kennzeichnung (§ 24) versehen sind und für die nach Anhang I Teil 1 der Richtlinie 2009/125/EG für bestimmte Ökodesign-Parameter keine Ökodesign-Anforderungen erforderlich sind, darf nicht unter Berufung auf solche Ökodesign-Anforderungen untersagt, beschränkt oder behindert werden.

10. Abschnitt
Kundmachungen, Kosten, Straf- und Schlussbestimmungen

§ 37
Kundmachungen

(1) Das Österreichische Institut für Bautechnik hat in den „Mitteilungen des Österreichischen Instituts für Bautechnik" kundzumachen:

a) nach Gegenstand und Fundstellen: harmonisierte technische Spezifikationen,
b) die Liste der erteilten Bautechnischen Zulassungen,
c) die Baustoffliste ÖA im Volltext,
d) die Baustoffliste ÖE im Volltext.

(2) Die Landesregierung hat die Kundmachungen nach Abs. 1 lit. c und d durch einen Hinweis auf der Internetseite des Landes Tirol in einem gegen unbefugte Änderungen geschützten Dateiformat bekannt zu machen.

(3) Die harmonisierten technischen Spezifikationen nach Abs. 1 lit. a und die Liste nach Abs. 1 lit. b sind beim Österreichischen Institut für Bautechnik und beim Amt der Tiroler Landesregierung zur öffentlichen Einsichtnahme während der für den Parteienverkehr bestimmten Amtsstunden aufzulegen. In den Kundmachungen nach Abs. 1 lit. a und b ist auf diese Auflage hinzuweisen.

§ 38
Vollstreckung

Vollstreckungsbehörde im Sinn des § 2 Abs. 2 lit. b der Abgabenexekutionsordnung, BGBl. Nr. 104/1949, zuletzt geändert durch das Gesetz BGBl. I Nr. 108/2022, ist das Österreichische Institut für Bautechnik, das dabei im Namen der Landesregierung handelt.

§ 39
Kosten

(1) Der Antragsteller hat unabhängig vom Ausgang des Verfahrens die Kosten des Österreichischen Instituts für Bautechnik für die Durchführung von in diesem Gesetz vorgesehenen Verfahren zu tragen.

(2) Die Landesregierung hat durch Verordnung die Kosten für die einzelnen Verfahrensarten entsprechend dem mit der Durchführung der Verfahren verbundenen Aufwand in Pauschbeträgen bestehend aus einem fixen Betrag und einem weiteren Betrag, dessen Höhe von der im betreffenden Verfahren aufgewendeten Zeit abhängig ist, festzusetzen. Bei der Festsetzung der Pauschbeträge sind der Aufwand für die zur Besorgung der Aufgaben erforderlichen Organe, die für die Vorbereitung und Durchführung der Verfahren erforderliche Zeit und die dabei durchschnittlich anfallenden Auslagen (insbesondere Transport- und

Reisekosten, Drucksorten, Material- und Postgebühren) zu berücksichtigen.

§ 40
Strafbestimmungen

(1) Eine Verwaltungsübertretung begeht, wer

a) ein im Anhang XIII der Richtlinie 2013/59/Euratom genanntes Bauprodukt entgegen dem § 26 Abs. 1 in Verkehr bringt oder hinsichtlich eines solchen Bauproduktes der Mitteilungspflicht nach § 26 Abs. 2 nicht nachkommt,
b) die CE-Kennzeichnung entgegen den Vorschriften der Verordnung (EU) Nr. 305/2011 verwendet oder Angaben nach Art. 9 Abs. 2 der Verordnung (EU) Nr. 305/2011 nicht oder fälschlich macht,
c) ein Bauprodukt unberechtigt mit der CE-Kennzeichnung kennzeichnet,
d) als Wirtschaftsakteur ein Bauprodukt, das in der Baustoffliste ÖE angeführt ist, entgegen dem § 26 Abs. 3 ohne die erforderliche CE-Kennzeichnung oder ohne, dass dessen erklärte Leistungen den in der Baustoffliste ÖE angeführten Anforderungen entsprechen, auf dem Markt bereitstellt,
e) das Einbauzeichen ÜA entgegen den Vorschriften des § 14 Abs. 1 und 2 anbringt oder Angaben nach § 14 Abs. 1 in Verbindung mit dem Anhang zu § 14 nicht oder fälschlich macht,
f) ein Bauprodukt unberechtigt mit dem Einbauzeichen ÜA kennzeichnet,
g) ein Bauprodukt, das in der Baustoffliste ÖA angeführt ist, ohne das Einbauzeichen ÜA auf dem Markt bereitstellt,
h) als Hersteller oder Importeur sonst ein Bauprodukt mit falschen Angaben oder Deklarationen auf dem Markt bereitstellt,
i) als Händler ein Bauprodukt ohne die erforderlichen Angaben oder Deklarationen auf dem Markt bereitstellt,
j) ein Bauprodukt auf dem Markt bereitstellt, das mit einer Kennzeichnung versehen ist, die mit der CE-Kennzeichnung oder mit dem Einbauzeichen ÜA verwechselt werden kann,
k) als Wirtschaftsakteur ein energieverbrauchsrelevantes Bauprodukt ohne die nach § 21 Abs. 1 lit. c erforderliche CE-Kennzeichnung oder sonst entgegen dem § 21 Abs. 1 lit. a, b oder d auf dem Markt bereitstellt oder in Betrieb nimmt,
l) als Importeur ein energieverbrauchsrelevantes Bauprodukt ohne die nach § 21 Abs. 2 lit. c erforderliche CE-Kennzeichnung oder sonst entgegen dem § 21 Abs. 2 lit. a, b oder d auf dem Markt bereitstellt oder in Betrieb nimmt,
m) auf Messen, Ausstellungen oder bei sonstigen Verkaufsveranstaltungen der Hinweispflicht nach § 21 Abs. 3 nicht nachkommt,
n) vor dem Inverkehrbringen oder der Inbetriebnahme eines energieverbrauchsrelevanten Bauproduktes entgegen dem § 23 das Konformitätsbewertungsverfahren nicht durchführt,
o) die Unterlagen zur Konformitätsbewertung und die Konformitätserklärung entgegen dem § 23 Abs. 5 nicht zur Einsicht bereithält oder nach Aufforderung nicht vorlegt oder die Unterlagen zur Konformitätsbewertung und die Konformitätserklärung entgegen dem § 23 Abs. 6 nicht in deutscher Sprache abfasst,
p) an einem energieverbrauchsrelevanten Bauprodukt entgegen dem § 24 eine CE-Kennzeichnung anbringt, ohne dass die gesetzlichen Voraussetzungen hierfür vorliegen oder eine CE-Kennzeichnung anbringt, die nicht dem § 24 Abs. 2 entspricht,
q) an einem energieverbrauchsrelevanten Bauprodukt entgegen § 24 Abs. 3 ein Kennzeichen anbringt, durch die Personen hinsichtlich der Bedeutung oder der Gestalt der CE-Kennzeichnung getäuscht werden könnten,
r) als Hersteller oder sein Bevollmächtigter gegen die Verpflichtungen nach § 25 verstößt,
s) ein Bauprodukt, für das nach Art. 4 in Verbindung mit Art. 5 der Verordnung (EU) Nr. 305/2011 eine Leistungserklärung zu erstellen ist, ohne die entsprechende Leistungserklärung oder mit einer Leistungserklärung, deren Inhalt nicht dem Art. 6 dieser Verordnung entspricht, in Verkehr bringt,
t) eine Leistungserklärung für ein Bauprodukt nicht in der nach Art. 7 der Verordnung (EU) Nr. 305/2011 entsprechenden Weise zur Verfügung stellt,
u) soweit nicht eine anderweitige Verwaltungsübertretung nach diesem Absatz vorliegt, Verpflichtungen nach den Art. 11 bis 16 der Verordnung (EU) Nr. 305/2011 oder Verpflichtungen nach den Art. 3 bis 6 oder 11 Abs. 13 der Verordnung (EU) 2017/1369 nicht nachkommt;
v) ein Bauprodukt im Sinn des § 15 lit. a oder b verwendet, ohne dass es den in der Baustoffliste ÖE kundgemachten Leistungsanforderungen oder Verwendungsbestimmungen entspricht oder ohne dass es die CE-Kennzeichnung trägt,
w) ein Bauprodukt, das in der Baustoffliste ÖA angeführt ist, ohne das Einbauzeichen ÜA verwendet,
x) ein Bauprodukt, das mit Wasser für den menschlichen Gebrauch in Berührung kommt, entgegen dem § 27 verwendet,
y) einem Auftrag nach § 28b nicht oder nicht rechtzeitig nachkommt,
z) den in Entscheidungen, ausgenommen Entscheidungen nach § 39, getroffenen Anordnungen der Marktüberwachungsbehörde nicht nachkommt.

TBG

(2) Verwaltungsübertretungen nach Abs. 1 lit. a bis l, n, p, q, s, und u bis z sind von der Bezirksverwaltungsbehörde mit Geldstrafe von mindestens 2.500,- Euro bis zu 50.000,- Euro, im Fall der Uneinbringlichkeit mit Ersatzfreiheitsstrafe bis zu sechs Wochen, Verwaltungsübertretungen nach Abs. 1 lit. m, o, r und t mit Geldstrafe bis zu 14.000,- Euro zu bestrafen.

(3) Bei Verwaltungsübertretungen nach Abs. 1 lit. a bis u endet das strafbare Verhalten erst mit der Beseitigung des rechtswidrigen Zustandes. Diese Verwaltungsübertretungen gelten als Dauerdelikte.

(4) Geldstrafen nach Abs. 1 fließen dem Österreichischen Institut für Bautechnik zu. Sie sind für Zwecke der Marktüberwachung sowie der Vornahme und Aktualisierung der Risikoanalyse nach § 28 Abs. 1 zu verwenden.

(5) Bauprodukte, auf die sich eine Verwaltungsübertretung nach Abs. 1 lit. a bis l, n, p, q, s und u bezieht, können für verfallen erklärt werden, wenn der Wirtschaftsakteur nicht sicherstellt, dass diese Bauprodukte nicht auf dem Markt bereitgestellt werden.

(6) Der Versuch ist strafbar.

§ 41
Verarbeitung personenbezogener Daten

(1) Die Registrierungsstelle nach § 12, die Registerführende Stelle nach § 12 und die Zulassungsstelle nach § 18, die Marktüberwachungsbehörde und die Gemeinden sind Verantwortliche nach Art. 4 Z 7 der Verordnung (EU) 2016/679 des Europäischen Parlaments und des Rates zum Schutz natürlicher Personen bei der Verarbeitung personenbezogener Daten, zum freien Datenverkehr und zur Aufhebung der Richtlinie 95/46/EG (Datenschutz-Grundverordnung), ABl. 2016 Nr. L 119, S. 1, in den in ihre Zuständigkeiten nach diesem Gesetz fallenden Angelegenheiten. Das Amt der Tiroler Landesregierung und die Bezirksverwaltungsbehörden sind gemeinsam Verantwortliche nach Art. 26 der Datenschutz-Grundverordnung in den in die Zuständigkeit der Landesregierung oder der Bezirksverwaltungsbehörde fallenden Angelegenheiten.

(2) Die nach Abs. 1 Verantwortlichen dürfen folgende Daten nachstehend angeführter Personen verarbeiten, soweit diese Daten in Verfahren nach den §§ 13 und 19 erforderlich sind:

a) von Wirtschaftsakteuren: Identifikationsdaten, Erreichbarkeitsdaten, technische Daten von Bauprodukten, insbesondere Prüfzeugnisse und Überwachungsberichte, technische Beschreibungen oder Angaben über Leistungsmerkmale,
b) von Sachverständigen: Identifikationsdaten, Erreichbarkeitsdaten, Daten über Befähigungen und berufsrechtliche Befugnisse.

(3) Die Registrierungsstelle darf Daten nach Abs. 2 zum Zweck der Durchführung des Registrierungsverfahrens der Registerführenden Stelle und den Registrierungsstellen anderer Bundesländer übermitteln. Die Zulassungsstelle und die Registerführende Stelle dürfen Daten nach Abs. 2 zum Zweck der Durchführung des Zulassungsverfahrens den am Verfahren beteiligten Sachverständigen übermitteln. Die Registerführende Stelle führt ein öffentlich zugängliches Register.

(4) Die Marktüberwachungsbehörde darf die für die Vollziehung der Bestimmungen des V. und VI. Kapitels der Verordnung (EU) 2019/1020 und des 9. Abschnittes benötigten Daten verarbeiten, soweit dies zur Erfüllung ihrer Aufgaben notwendig ist. Die Übermittlung solcher Daten an die Europäische Kommission, die Marktüberwachungsbehörden anderer Mitgliedstaaten und diesen gleichgestellter Staaten ist zulässig, soweit dies für den Informationsaustausch nach den Art. 20 und 22 bis 24 der Verordnung (EU) 2019/1020 erforderlich ist.

(5) Die Gemeinden, das Amt der Landesregierung und die Registrierungsstelle dürfen der Marktüberwachungsbehörde zum Zweck der Wahrnehmung ihrer Aufgaben nach § 30 Abs. 2 Daten nach Abs. 2 übermitteln.

(6) Die nach Abs. 1 Verantwortlichen haben personenbezogene Daten zu löschen, sobald diese für die Erfüllung der ihnen nach diesem Gesetz obliegenden Aufgaben nicht mehr benötigt werden.

(7) Als Identifikationsdaten gelten:

a) bei natürlichen Personen der Familien- und der Vorname, das Geschlecht, das Geburtsdatum, allfällige akademische Grade, Standesbezeichnungen und Titel,
b) bei juristischen Personen und Personengesellschaften die gesetzliche, satzungsmäßige oder firmenmäßige Bezeichnung und hinsichtlich der vertretungsbefugten Organe die Daten nach lit. a sowie die Firmenbuchnummer, die Vereinsregisterzahl, die Umsatzsteuer-Identifikationsnummer und die Ordnungsnummer im Ergänzungsregister.

(8) Als Erreichbarkeitsdaten gelten Wohnsitzdaten und sonstige Adressdaten, die Telefonnummer, elektronische Kontaktdaten, wie insbesondere die E-Mail-Adresse und Telefax-Nummer, oder Verfügbarkeitsdaten.

§ 42
Umsetzung von Unionsrecht

(1) Mit diesem Gesetz werden folgende Verordnungen durchgeführt:

1. Verordnung (EU) Nr. 305/2011 des Europäischen Parlaments und des Rates zur Festlegung harmonisierter Bedingungen für die Vermarktung von Bauprodukten, ABl. 2011 Nr. L 88, S. 5,

2. Verordnung (EG) Nr. 765/2008 des Europäischen Parlaments und des Rates über die Vorschriften für die Akkreditierung und Marktüberwachung im Zusammenhang mit der Vermarktung von Produkten, ABl. 2008 Nr. L 218, S 30,
3. Verordnung (EU) 2019/1020 des Europäischen Parlaments und des Rates über Marktüberwachung und die Konformität von Produkten sowie zur Änderung der Richtlinie 2004/42/EG und der Verordnung (EG) Nr. 765/2008 und (EU) Nr. 305/2011, ABl. 2019 Nr. L 169, S. 1,
4. Verordnung (EU) 2017/1369 des Europäischen Parlaments und des Rates zur Festlegung eines Rahmens für die Energieverbrauchskennzeichnung und zur Aufhebung der Richtlinie 2010/30/EU, ABl. 2017 Nr. L 198, S. 1.

(2) Durch dieses Gesetz werden folgende Richtlinien umgesetzt:

1. Richtlinie 2009/125/EG des Europäischen Parlaments und des Rates zur Schaffung eines Rahmens für die Festlegung von Anforderungen an die umweltgerechte Gestaltung energieverbrauchsrelevanter Produkte, ABl. 2009 Nr. L 285, S. 10, zuletzt geändert durch die Richtlinie 2012/27/EU, ABl. 2012 Nr. L 315, S. 1,
2. Richtlinie 2013/59/EURATOM des Rates zur Festlegung grundlegender Sicherheitsnormen für den Schutz vor den Gefahren einer Exposition gegenüber ionisierender Strahlung, ABl. 2014 Nr. L 13, S. 1,
3. Richtlinie (EU) 2020/2184 des Europäischen Parlaments und des Rates über die Qualität von Wasser für den menschlichen Gebrauch, ABl. 2020 Nr. L 435, S. 1.

§ 43
Übergangsbestimmungen

Die Regelungen des § 21 über das Inverkehrbringen energieverbrauchsrelevanter Bauprodukte beziehen sich auf den Europäischen Wirtschaftsraum erst dann und insoweit, als die Richtlinie 2009/125/EG und die betreffenden Durchführungsmaßnahmen der Europäischen Kommission in das Abkommen über den Europäischen Wirtschaftsraum übernommen wurden bzw. übernommen werden.

§ 44
Inkrafttreten, Notifikation

(1) Dieses Gesetz tritt mit dem Ablauf des Tages der Kundmachung in Kraft.

(2) Gleichzeitig tritt das Tiroler Bauproduktegesetz – TBG, LGBl. Nr. 95/2001, zuletzt geändert durch das Gesetz LGBl. Nr. 130/2013, außer Kraft.

(3) Dieses Gesetz wurde einem Informationsverfahren nach der Richtlinie 98/34/EG des Europäischen Parlaments und des Rates über ein Informationsverfahren auf dem Gebiet der Normen und technischen Vorschriften und der Vorschriften für die Dienste der Informationsgesellschaft, ABl. 1998 Nr. L 204, S. 37, zuletzt geändert durch die Verordnung (EU) Nr. 1025/2012, ABl. 2012 Nr. L 316, S. 12, unterzogen (Notifikationsnummer 2015/345/A).

Anlage

Anlage zu § 14

I. Einbauzeichen:

Das Einbauzeichen nach § 14 besteht aus einem Bildzeichen, das aus den Buchstaben „Ü“ und „A“ als Abkürzungen für die Worte „Übereinstimmung“ und „Austria“ gebildet wird, und weiters folgende Angaben zu enthalten hat:

1. die Registrierungsnummer in Form einer Buchstabenzahlenkombination bestehend aus dem Buchstaben R gefolgt von
   a) der Identifikationsnummer des Bauproduktes, die der für dieses Bauprodukt in der Baustoffliste ÖA vorgesehenen Nummer entspricht,
   b) den letzten beiden Ziffern des Jahres, in dem die Produktregistrierung beantragt wurde, und
   c) der vom Österreichischen Institut für Bautechnik vergebenen laufenden Nummer im Kalenderjahr der Beantragung der Produktregistrierung.

   Die Kurzbezeichnung ist in einheitlicher Form nach Maßgabe des nachstehenden Beispiels darzustellen:

   R-1.3.1-00-0001

   Die Nummer der Registrierungsbescheinigung hat mit dieser Kurzbezeichnung identisch zu sein.
2. die Bezeichnung der Stelle, die die Registrierungsbescheinigung ausgestellt hat.

II. Gestaltung des Bildzeichens „ÜA“ sowie der zusätzlichen Angaben:

1. Für die Gestaltung der Großbuchstaben „ÜA“ ist der im Folgenden dargestellte Raster anzuwenden. Das Verhältnis der Abmessungen des Bildzeichens hat dem nachstehenden Muster zu entsprechen, wobei die mit R gekennzeichneten Balken auch in roter Farbe ausgeführt werden können. Das Bildzeichen darf größenmäßig variiert werden, wobei bei Verkleinerungen oder Vergrößerungen die sich aus dem abgebildeten Raster ergebenden Proportionen eingehalten werden müssen.

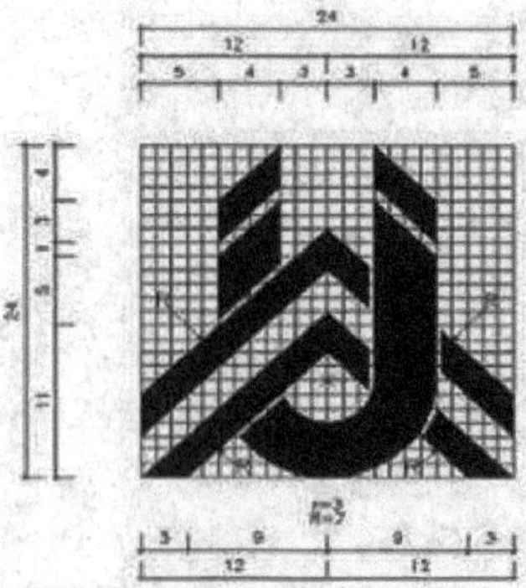

2. Die zusätzlichen Angaben nach Pkt. I sind unmittelbar unterhalb des Bildzeichens in der im Pkt. I angegebenen Reihenfolge anzubringen und voneinander deutlich sichtbar zu trennen, sodass das Einbauzeichen nachstehender Abbildung entspricht, wobei die Breite der Bereiche für die zusätzlichen Angaben jener des Bildzeichens entsprechen muss.

III. Anbringung des Einbauzeichens:

Das Einbauzeichen ist nach Möglichkeit am Produkt selbst anzubringen. Die weiteren, in § 14 angeführten Anbringungsmöglichkeiten sind nicht wahlweise, sondern nach ihrer Reihung, je nach Möglichkeit der Anbringung, auszuwählen.

Das Einbauzeichen ist an der hierfür vorgesehenen Stelle deutlich sichtbar, lesbar und unauslöschbar anzubringen.

IV. Zeitpunkt des Anbringens des Einbauzeichens:

Das Einbauzeichen ist vom Hersteller nach Maßgabe des § 14 vor dem Inverkehrbringen des Bauproduktes anzubringen.

V. Sonstige Bestimmungen:

Das Anbringen von Kennzeichnungen, Zeichen oder Aufschriften, deren Bedeutung oder Gestalt von Dritten mit der Bedeutung oder Gestalt des Einbauzeichens verwechselt werden kann, ist untersagt. Jede andere Kennzeichnung darf auf Produkten nur angebracht werden, sofern sie Sichtbarkeit, Lesbarkeit und Bedeutung des Einbauzeichens nicht beeinträchtigt.

26. Gesetz über die Bezeichnung von Verkehrsflächen, die Nummerierung von Gebäuden und die Bezeichnung von deren Nutzungseinheiten

Gesetz über die Bezeichnung von Verkehrsflächen, die Nummerierung von Gebäuden und die Bezeichnung von deren Nutzungseinheiten

StF: LGBl. Nr. 4/1992

Letzte Novellierung: LGBl. Nr. 75/2023

GLIEDERUNG

§ 1. Bezeichnung von Verkehrsflächen
§ 2. Anbringung und Gestaltung von Straßentafeln
§ 3. Austausch und Entfernung von Straßentafeln
§ 4. Nummerierung von Gebäuden, Bezeichnung von Wohnungen und sonstigen Nutzungseinheiten
§ 5. Anbringung und Gestaltung von Nummernschildern für Gebäude
§ 6. Erneuerung, Austausch und Entfernung vonNummernschildern für Gebäude
§ 7. Verständigungspflicht
§ 8. Eigener Wirkungsbereich der Gemeinde
§ 9. Strafbestimmungen
§ 10. Übergangsbestimmungen
§ 11. Verarbeitung personenbezogener Daten
§ 12. Inkrafttreten

§ 1
Bezeichnung von Verkehrsflächen

(1) Die Gemeinden können durch Verordnung die in ihrem Gebiet gelegenen Verkehrsflächen, wie Straßen, Wege, Plätze und dergleichen, im Interesse der besseren Orientierung und des leichteren Auffindens von Gebäuden mit Namen bezeichnen. Die Gemeinden haben durch Verordnung die in ihrem Gebiet gelegenen Verkehrsflächen mit Namen zu bezeichnen, soweit dies im Hinblick auf die Siedlungsstruktur, die Größe des Gemeindegebietes oder die Einwohnerzahl zur besseren Orientierung und zum leichteren Auffinden von Gebäuden erforderlich ist.

(2) Namen lebender Personen dürfen nur mit deren Zustimmung zur Bezeichnung von Verkehrsflächen verwendet werden.

(3) Verordnungen über die Bezeichnung von Verkehrsflächen dürfen nur geändert werden, wenn wichtige Gründe hiefür vorliegen.

§ 2
Anbringung und Gestaltung von Straßentafeln

(1) Die Gemeinde hat sämtliche Verkehrsflächen, die durch eine Verordnung nach § 1 mit einem Namen bezeichnet sind, mit Straßentafeln zu kennzeichnen. Die Straßentafeln sind an den zur Orientierung erforderlichen Stellen anzubringen.

(2) Die Straßentafeln sind auf Straßengrund an eigenen Ständern anzubringen. Sie können jedoch auch an Gebäuden, Einfriedungen und sonstigen Anlagen angebracht werden, wenn dies auf Grund der örtlichen Verhältnisse im Interesse der Übersichtlichkeit der Kennzeichnung, des Schutzes des Orts- oder Straßenbildes oder der Verkehrssicherheit zweckmäßiger ist. Dabei sind die Straßentafeln so anzubringen, daß die Interessen der Eigentümer der betroffenen Gebäude, Einfriedungen oder sonstigen Anlagen bzw. der sonst hierüber Verfügungsberechtigten so gering wie möglich beeinträchtigt werden. Die Straßentafeln verbleiben in jedem Fall im Eigentum der Gemeinde.

(3) Die beabsichtigte Anbringung einer Straßentafel ist dem Eigentümer des betroffenen Gebäudes oder der betroffenen Anlage bzw. dem sonst hierüber Verfügungsberechtigten, wenn die Anbringung auf Straßengrund erfolgt und die Gemeinde nicht Straßenverwalter ist, dem jeweiligen Straßenverwalter, schriftlich mitzuteilen. Bei Wohnungseigentumsanlagen, für die ein gemeinsamer Verwalter bestellt ist, kann die Mitteilung an diesen erfolgen. Die im ersten Satz genannten Personen bzw. Stellen haben die Anbringung und den Bestand der Straßentafel ohne Anspruch auf Entschädigung zu dulden. Bei Streitigkeiten entscheidet der Bürgermeister auf Antrag des Betroffenen oder von Amts wegen mit schriftlichem Bescheid.

(4) Die Gemeinde hat durch Verordnung nähere Bestimmungen über die Form, die Größe, die Farbe und die Gestaltung der Straßentafeln zu erlassen.

§ 3
Austausch und Entfernung von Straßentafeln

(1) Für den Austausch und die Entfernung von Straßentafeln gilt § 2 Abs. 3 sinngemäß. Die Ge-

GebäudeNG

meinde hat dabei entstandene Schäden, wie offene Bohrungen, Verputzschäden und dergleichen, zu beheben oder dem Geschädigten zu ersetzen. Über Streitigkeiten entscheiden die ordentlichen Gerichte.

(2) Erfordern Bau- oder Erhaltungsmaßnahmen an einer Straße die Entfernung von auf Straßengrund angebrachten Straßentafeln und ist die Gemeinde nicht Straßenverwalter, so hat der Straßenverwalter der Gemeinde diesen Umstand unter Angabe der zu entfernenden Straßentafeln sowie der beabsichtigten Maßnahmen und des voraussichtlichen Arbeitsbeginns mindestens vier Wochen vorher anzuzeigen. Die Gemeinde hat die Straßentafeln bis zum angegebenen Arbeitsbeginn zu entfernen oder der Entfernung durch den Straßenverwalter zuzustimmen. Anderenfalls ist der Straßenverwalter zur Entfernung der Straßentafeln berechtigt. Diese Bestimmungen gelten hinsichtlich der an Gebäuden, Einfriedungen oder sonstigen Anlagen angebrachten Straßentafeln im Falle von Bau- oder Erhaltungsmaßnahmen an diesen sinngemäß. Dabei tritt der Eigentümer des betroffenen Gebäudes oder der betroffenen Anlage bzw. der sonst hierüber Verfügungsberechtigte an die Stelle des Straßenverwalters. Bei Streitigkeiten entscheidet der Bürgermeister auf Antrag des Betroffenen oder von Amts wegen mit schriftlichem Bescheid.

(3) Hinsichtlich der Wiederanbringung von nach Abs. 2 entfernten Straßentafeln gilt § 2 Abs. 3 sinngemäß.

§ 4
Nummerierung von Gebäuden, Bezeichnung von Wohnungen und sonstigen Nutzungseinheiten

(1) Die Gemeinde hat die in ihrem Gebiet gelegenen Gebäude mit Nummern zu bezeichnen. Dabei ist jedem Gebäude eine Nummer zuzuweisen. Besteht ein Gebäude aus mehreren Teilen, die jeweils einen selbständigen Eingang aufweisen, so ist jedem Gebäudeteil eine Nummer zuzuweisen. Nebengebäude, wie Garagen, Gartenhäuser und dergleichen, sowie sonstige Gebäude, deren Bezeichnung auf Grund ihres Verwendungszweckes nicht erforderlich ist, sind nicht zu bezeichnen.

(2) Die Nummerierung der Gebäude hat fortlaufend nach dem Zeitpunkt ihrer Errichtung, gegebenenfalls von den einzelnen Ortschaften der Gemeinde ausgehend, zu erfolgen. Dabei ist mit der Nummer eins zu beginnen.

(3) Hat die Gemeinde die Verkehrsflächen durch eine Verordnung nach § 1 mit Namen bezeichnet, so hat die Nummerierung von den einzelnen Verkehrsflächen ausgehend zu erfolgen. Dabei sind den auf der einen Seite der Verkehrsfläche gelegenen Gebäuden, beginnend mit der Nummer eins, fortlaufend ungerade Nummern und den auf der anderen Seite der Verkehrsfläche gelegenen Gebäuden, beginnend mit der Nummer zwei, fortlaufend gerade Nummern zuzuweisen. Davon abweichend sind den an Plätzen gelegenen Gebäuden die Nummern, beginnend mit der Nummer eins, fortlaufend nach der Lage der Gebäude zuzuweisen. Wenn dies im Hinblick auf das Vorhandensein noch unverbauter Grundstücke und die zu erwartende Bautätigkeit zweckmäßig scheint, können einzelne Nummern innerhalb der fortlaufenden Reihen für die Bezeichnung allfälliger künftiger Gebäude vorbehalten werden.

(4) Die Gemeinde kann durch Verordnung unter Bedachtnahme auf eine möglichst übersichtliche Nummerierung ein anderes System für die Nummerierung der Gebäude festlegen, wenn auf Grund der besonderen örtlichen Verhältnisse die Nummerierung der Gebäude nach Abs. 2 nicht zweckmäßig ist.

(5) Die Nummerierung hat in arabischen Ziffern zu erfolgen. Erforderlichenfalls ist eine zusätzliche buchstabenmäßige Unterteilung vorzunehmen, indem der jeweiligen Zahl die entsprechenden Kleinbuchstaben angefügt werden.

(6) Hat die Gemeinde eine Verkehrsfläche erstmalig durch eine Verordnung nach § 1 mit einem Namen bezeichnet, so sind die an dieser Verkehrsfläche gelegenen Gebäude erforderlichenfalls von der Verkehrsfläche ausgehend umzunummerieren. Dabei gilt Abs. 3 sinngemäß. Im übrigen ist eine Umnummerierung von Gebäuden nur zulässig, soweit dies, insbesondere im Hinblick auf die zwischenzeitlich erfolgte Bautätigkeit, im Interesse einer insgesamt zweckmäßigeren und übersichtlicheren Bezeichnung der in der Gemeinde bestehenden Gebäude erforderlich ist.

(7) Die Gemeinde kann für Gebäude mit mehr als einer Wohnung bzw. sonstigen Nutzungseinheit durch Verordnung festlegen, dass jede Wohnung bzw. sonstige Nutzungseinheit zu bezeichnen ist. In der Verordnung ist insbesondere die Art der Bezeichnung, deren Kenntlichmachung sowie der Zeitpunkt, bis zu dem die Kenntlichmachung der Bezeichnung vom Eigentümer vorzunehmen ist, näher festzulegen.

(8) Der Eigentümer der Wohnung bzw. sonstigen Nutzungseinheit hat die Kenntlichmachung der Bezeichnung der Wohnung bzw. der sonstigen Nutzungseinheit binnen einem Monat ab Kenntlichmachung der Gemeinde mitzuteilen. Auf Aufforderung der Gemeinde hat der Eigentümer unverzüglich eine planliche Darstellung der von der vorgenommenen Bezeichnung betroffenen Wohnung bzw. sonstigen Nutzungseinheit vorzulegen.

§ 5
Anbringung und Gestaltung von Nummernschildern für Gebäude

(1) Die Gemeinde hat an sämtlichen nummerierten Gebäuden ein entsprechendes Nummernschild anzubringen.

(2) Die Nummernschilder sind am jeweiligen Gebäude rechts neben dem Eingang in einer Höhe von etwa 2,50 Metern anzubringen. Ein Nummernschild kann davon abweichend an einer anderen Stelle des Gebäudes oder an einem Nebengebäude, einer Einfriedung oder einer sonstigen Anlage angebracht werden, wenn es sonst von der Verkehrsfläche aus, über die der Zugang zum Gebäude erfolgt, nicht oder nicht ausreichend erkennbar wäre.

(3) Die Nummernschilder haben die Nummer des jeweiligen Gebäudes, wenn die Bezeichnung von den Ortschaften oder den Verkehrsflächen ausgehend erfolgt ist, auch den Namen der jeweiligen Ortschaft bzw. Verkehrsfläche zu enthalten.

(4) Die beabsichtigte Anbringung des Nummernschildes ist dem Eigentümer des betroffenen Gebäudes oder der betroffenen Anlage bzw. dem sonst hierüber Verfügungsberechtigten schriftlich mitzuteilen. Bei Wohnungseigentumsanlagen, für die ein gemeinsamer Verwalter bestellt ist, kann die Mitteilung an diesen erfolgen. Der Eigentümer des betroffenen Gebäudes oder der betroffenen Anlage bzw. der sonst hierüber Verfügungsberechtigte hat die Anbringung und den Bestand des Nummernschildes ohne Anspruch auf Entschädigung zu dulden. Bei Streitigkeiten entscheidet der Bürgermeister auf Antrag des Betroffenen oder von Amts wegen mit schriftlichem Bescheid.

(5) Die Gemeinde kann durch Verordnung einen höchstens kostendeckenden Beitrag für die Kosten der Herstellung und der Anbringung des Nummernschildes festsetzen. Der Beitrag ist dem Eigentümer des nummerierten Gebäudes bzw. dem sonst hierüber Verfügungsberechtigten vom Bürgermeister mit schriftlichem Bescheid vorzuschreiben.

(6) Die Gemeinde hat durch Verordnung nähere Bestimmungen über die Form, die Größe, die Farbe und die Gestaltung der Nummernschilder zu erlassen.

§ 6

Erneuerung, Austausch und Entfernung von Nummernschildern für Gebäude

(1) Die Gemeinde hat schadhaft oder unkenntlich gewordene Nummernschilder zu erneuern. Weiters kann die Gemeinde Nummernschilder, die im Hinblick auf die seit ihrer Anbringung geänderten Verhältnisse von der Verkehrsfläche aus, über die der Zugang zum nummerierten Gebäude erfolgt, nicht oder nicht mehr ausreichend erkennbar sind, entfernen und an einer geeigneten Stelle nach § 5 Abs. 2 neu anbringen. § 5 Abs. 4 und 5 gilt sinngemäß.

(2) Die Gemeinde hat im Falle einer Umnummerierung die betroffenen Nummernschilder auszutauschen. § 5 Abs. 4 und 5 gilt sinngemäß.

(3) Erfordern Bau- oder Erhaltungsmaßnahmen am Gebäude oder an der Anlage, an dem (an der) das Nummernschild angebracht ist, dessen Entfernung, so ist der Eigentümer des betroffenen Gebäudes oder der betroffenen Anlage bzw. der sonst hierüber Verfügungsberechtigte zur Entfernung des Nummernschildes berechtigt. Dieser hat den Abschluß der Bau- bzw. Erhaltungsmaßnahmen außer im Falle einer baurechtlichen Baufertigstellungsanzeige unverzüglich der Gemeinde anzuzeigen oder das Nummernschild an jener Stelle, an der es bestanden hat, wieder anzubringen. Kann das Nummernschild auf Grund baulicher Veränderungen am Gebäude oder an der Anlage an dieser Stelle nicht mehr angebracht werden, so hat der Eigentümer des betroffenen Gebäudes oder der betroffenen Anlage bzw. der sonst hierüber Verfügungsberechtigte außer im Falle einer baurechtlichen Baufertigstellungsanzeige der Gemeinde den Abschluß der Bau- bzw. Erhaltungsmaßnahmen unverzüglich anzuzeigen. Hinsichtlich der Wiederanbringung des Nummernschildes durch die Gemeinde gilt § 5 Abs. 4 und 5 sinngemäß.

§ 7

Verständigungspflicht

Die Gemeinde hat die Verordnungen nach § 1 und die Nummerierung oder Umnummerierung von Gebäuden dem Vermessungsamt, dem Grundbuchsgericht und dem zuständigen Finanzamt, die Verordnungen nach § 1 überdies der Bezirksverwaltungsbehörde und der Österreichischen Post AG bekanntzugeben.

§ 8

Eigener Wirkungsbereich der Gemeinde

Die Angelegenheiten der Gemeinde nach diesem Gesetz sind solche des eigenen Wirkungsbereiches.

§ 9

Strafbestimmungen

(1) Wer

a) Straßentafeln oder Nummernschilder für Gebäude beschädigt, unbefugt entfernt oder in ihrer örtlichen Lage verändert,
b) als Eigentümer einer Wohnung bzw. sonstigen Nutzungseinheit trotz seiner Verpflichtung zur Kenntlichmachung der Bezeichnung aufgrund einer Verordnung nach § 4 Abs. 7 diese nicht vornimmt, oder
c) als Eigentümer einer Wohnung bzw. sonstigen Nutzungseinheit seiner Verpflichtung nach § 4 Abs. 8 erster Satz oder einer Aufforderung der Gemeinde nach § 4 Abs. 8 zweiter Satz nicht nachkommt,

begeht eine Verwaltungsübertretung und ist von der Bezirksverwaltungsbehörde mit einer Geldstrafe bis

zu 720,- Euro zu bestrafen.

(2) Die Geldstrafen fließen der Gemeinde zu, in deren Gebiet die Verwaltungsübertretung begangen wurde.

§ 10
Übergangsbestimmungen

Die im Zeitpunkt des Inkrafttretens dieses Gesetzes bestehenden Bezeichnungen von Verkehrsflächen und Nummerierungen von Gebäuden gelten als nach diesem Gesetz vorgenommen. Die im Zeitpunkt des Inkrafttretens dieses Gesetzes angebrachten Straßentafeln und Nummernschilder gelten als nach diesem Gesetz angebracht.

§ 11
Verarbeitung personenbezogener Daten

(1) Die Gemeinde und der Stadtmagistrat Innsbruck sind Verantwortliche nach Art. 4 Z 7 der Verordnung (EU) 2016/679 des Europäischen Parlaments und des Rates zum Schutz natürlicher Personen bei der Verarbeitung personenbezogener Daten, zum freien Datenverkehr und zur Aufhebung der Richtlinie 95/46/EG (Datenschutz-Grundverordnung), ABl. 2016 Nr. L 119, S.1.

(2) Die nach Abs. 1 Verantwortlichen dürfen von Eigentümern zum Zweck der Erfüllung der Verpflichtung nach § 4 Abs. 8 folgende Daten verarbeiten:

Identifikationsdaten, Erreichbarkeitsdaten, grundstücks-, gebäude- bzw. wohnungsbezogene Daten.

(3) Die nach Abs. 1 Verantwortlichen haben personenbezogene Daten nach Abs. 2 zu löschen, sobald diese für die Erfüllung der ihnen im Zusammenhang mit diesem Gesetz obliegenden Aufgaben nicht mehr benötigt werden.

(4) Als Identifikationsdaten gelten:

a) bei natürlichen Personen der Familien- und der Vorname, das Geschlecht, das Geburtsdatum, allfällige akademische Grade, Standesbezeichnungen und Titel,
b) bei juristischen Personen und Personengesellschaften die gesetzliche, satzungsmäßige oder firmenmäßige Bezeichnung und hinsichtlich der vertretungsbefugten Organe die Daten nach lit. a sowie die Firmenbuchnummer, die Vereinsregisterzahl, die Umsatzsteuer-Identifikationsnummer und die Ordnungsnummer im Ergänzungsregister.

(5) Als Erreichbarkeitsdaten gelten Wohnsitzdaten und sonstige Adressdaten, die Telefonnummer, elektronische Kontaktdaten, wie insbesondere die E-Mail-Adresse und Telefax-Nummer, oder Verfügbarkeitsdaten.

§ 12
Inkrafttreten

(1) Dieses Gesetz tritt mit 1. Februar 1992 in Kraft.

(2) Gleichzeitig tritt das Gesetz über Gebäudenumerierung, Straßen- und Ortschaftsbezeichnung, LGBl. Nr. 5/1952, außer Kraft.

27. Tiroler Stadt- und Ortsbildschutzgesetz 2021

Gesetz, mit dem ein Gesetz über den Schutz des Stadt- und Ortsbildes (Tiroler Stadt- und Ortsbildschutzgesetz 2021 – SOG 2021) erlassen wird

StF: LGBl. Nr. 124/2020

Letzte Novellierung: LGBl. Nr. 73/2024

GLIEDERUNG

1. Abschnitt
Allgemeine Bestimmungen

§ 1. Ziele, Grundsätze, allgemeine Aufgaben
§ 2. Öffentlichkeitsarbeit der Gemeinden

2. Abschnitt
Charakteristische Gebäude

§ 3. Voraussetzungen, Verfahren
§ 4. Verbot des Abbruchs charakteristischer Gebäude
§ 5. Bewilligungspflichtige Vorhaben
§ 6. Vorläufige Rechtswirkungen
§ 7. Bewilligungsvoraussetzungen,sinngemäße Anwendung von Bestimmungen
§ 8. Widerruf
§ 9. Grundbuchsrechtliche Bestimmungen

3. Abschnitt
Geschützte Zonen

§ 10. Schutzzonen
§ 11. Ensembleschutzzonen
§ 12. Sichtzonen
§ 13. Verfahren betreffend Schutzzonen und Ensembleschutzzonen
§ 14. Verfahren betreffend Sichtzonen
§ 15. Änderung und Aufhebung von Schutzzonen,Ensembleschutzzonen und Sichtzonen
§ 16. Form der Darstellung geschützter Zonen, Datenübermittlung

4. Abschnitt
Besondere Bestimmungen für Schutzzonen und Ensembleschutzzonen

§ 17. Bewilligungspflichtige Vorhaben in Schutzzonen und Ensembleschutzzonen
§ 18. Vorläufige Rechtswirkungen
§ 19. Bewilligungsvoraussetzungen in Schutzzonen
§ 20. Bewilligungsvoraussetzungen in Ensembleschutzzonen
§ 21. Inhalt der Bewilligung, Erlöschen
§ 22. Verfahren
§ 23. Verfahrenskonzentration
§ 23a. Sonderbestimmungen im Rahmen der Umsetzung von Unionsrecht
§ 24. Herstellung des gesetzmäßigen Zustandes
§ 25. Erhaltung von charakteristischen Gebäuden und von Gebäuden in Ensembleschutzzonen
§ 26. Flächenwidmungspläne, Bebauungspläne, örtliche Bauvorschriften

5. Abschnitt
Architekturwettbewerbe

§ 27. Wettbewerbsbedingungen
§ 28. Durchführung, Siegerprojekt

6. Abschnitt
Sachverständigenbeirat

§ 29. Einrichtung, Zusammensetzung, Bestellung der Mitglieder
§ 30. Erlöschen der Mitgliedschaft
§ 31. Aufgaben
§ 32. Geschäftsführung
§ 33. Geschäftsordnung

7. Abschnitt
Förderung

§ 34. Grundsätze der Förderung
§ 35. Gegenstand der Förderung
§ 36. Art und Ausmaß der Förderung
§ 37. Förderungsvoraussetzungen
§ 38. Landesbeitrag

8. Abschnitt
Behörden, Straf-, Schluss- und Übergangsbestimmungen

§ 39. Behörden, eigener Wirkungsbereich der Gemeinde
§ 40. Betreten von Grundstücken, Auskunftspflicht
§ 41. Dingliche Wirkung
§ 42. Nichtigkeit
§ 43. Strafbestimmungen
§ 44. Mitwirkung der Bundespolizei
§ 45. Übergangsbestimmungen
§ 46. Verarbeitung personenbezogener Daten
§ 47. Inkrafttreten, Außerkrafttreten

1. Abschnitt
Allgemeine Bestimmungen

§ 1
Ziele, Grundsätze, allgemeine Aufgaben

(1) Dieses Gesetz hat zum Ziel,

a) das Stadt- oder Ortsbild architektonisch qualitätsvoll zu gestalten,
b) Stadtteile, Ortsteile, Ortsräume und dazugehörige Gebäudegruppen im historisch-kulturlandschaftlichen Kontext, die wegen ihres eigenartigen, für das Stadt- oder Ortsbild charakteristischen Gepräges als Gesamtensemble erhaltenswert sind, in ihrer Baustruktur, ihrer äußerlich wahrnehmbaren Bausubstanz und ihrer vielfältigen organischen Funktion zu erhalten, weiterzuentwickeln und erforderlichenfalls zu verbessern,
c) das Stadt- oder Ortsbild prägende Gebäude aus bestimmten Epochen in ihren für diese prägende Wirkung wesentlichen architektonischen Elementen zu erhalten sowie erforderlichenfalls eine bauliche Entwicklung im Nahbereich von solchen Gebäuden und von Denkmalen, die nachteilige Auswirkungen auf deren Erscheinungsbild haben könnte, hintanzuhalten,
d) charakteristische Ansichten und Stadt- oder Ortssilhouetten zu erhalten.

(2) Das Stadt- oder Ortsbild im Sinn dieses Gesetzes ist das vorwiegend durch Gebäude und sonstige bauliche Anlagen geprägte Erscheinungsbild von Städten, Orten oder Teilen davon. Die Ansicht auf Gebäude und bauliche Anlagen von Innenhöfen, Hausgärten, Durchgängen und dergleichen aus sowie aus der Draufsicht oder aus der Luft ist Teil des Stadt- oder Ortsbildes.

(3) Bei der Verwirklichung der Ziele nach Abs. 1 ist auf die Erhaltung der historischen Architektur und ihrer Wirkung auf das Stadt- oder Ortsbild, auf die Schaffung einer Synthese zwischen historischer und moderner Architektur, auf die örtliche Bautradition, auf die umgebende Kulturlandschaft sowie auf die Erfordernisse der Stadt- oder Ortserneuerung Bedacht zu nehmen.

(4) Behörden nach anderen Landesgesetzen haben im Rahmen ihrer Tätigkeit auf die Ziele nach den Abs. 1, 2 und 3 Bedacht zu nehmen, soweit ihnen aufgrund dieses Gesetzes nicht weitergehende Aufgaben übertragen sind.

§ 2
Öffentlichkeitsarbeit der Gemeinden

Die Gemeinden haben durch geeignete Formen der Öffentlichkeitsarbeit das Verständnis der Öffentlichkeit für die Ziele und die Maßnahmen nach diesem Gesetz zu wecken und zu fördern.

2. Abschnitt
Charakteristische Gebäude

§ 3
Voraussetzungen, Verfahren

(1) Die Behörde kann Gebäude außerhalb von geschützten Zonen, die aufgrund ihrer für eine bestimmte Epoche typischen und wissenschaftlich anerkannten architektonischen Elemente für das charakteristische Gepräge des Stadt- oder Ortsbildes von besonderer Bedeutung sind und deren Instandhaltung oder Instandsetzung im Hinblick auf ihren Bauzustand wirtschaftlich vertretbar ist, mit schriftlichem Bescheid zu charakteristischen Gebäuden erklären.

(2) Vor der Erklärung eines Gebäudes zum charakteristischen Gebäude ist ein Gutachten des Sachverständigenbeirates (§ 29) einzuholen.

(3) Charakteristische Gebäude sind in den Flächenwidmungsplänen und Bebauungsplänen ersichtlich zu machen.

§ 4
Verbot des Abbruchs charakteristischer Gebäude

(1) Der Abbruch charakteristischer Gebäude ist nicht zulässig.

(2) Wird ein charakteristisches Gebäude entgegen dem Abs. 1 ganz oder teilweise abgebrochen, so hat die Behörde dem Eigentümer des Gebäudes die sofortige Einstellung der Abbrucharbeiten aufzutragen. Der Beschwerde gegen einen solchen Bescheid kommt keine aufschiebende Wirkung zu. Vor der Erlassung eines solchen Auftrages ist erforderlichenfalls ein Gutachten des Sachverständigenbeirates einzuholen. Der Sachverständigenbeirat hat das Gutachten ohne unnötigen Aufschub, längstens aber innerhalb von drei Wochen, zu erstatten. Bei Gefahr im Verzug kann die Behörde die Arbeiten durch Ausübung unmittelbarer Befehls- und Zwangsgewalt einstellen.

(3) Wurde ein charakteristisches Gebäude ganz oder teilweise abgebrochen, so hat die Behörde dem Eigentümer des ehemaligen Gebäudes die Wiederherstellung des früheren Zustandes aufzutragen, soweit dies möglich ist. Vor der Erlassung eines solchen Auftrages ist erforderlichenfalls ein Gutachten des Sachverständigenbeirates einzuholen. § 22 Abs. 7 zweiter und dritter Satz und Abs. 8 gilt sinngemäß.

§ 5
Bewilligungspflichtige Vorhaben

(1) Bei charakteristischen Gebäuden bedürfen einer Bewilligung:

a) der Zubau,
b) der Umbau und die sonstige Änderung, wenn dadurch für das Gebäude typische architektonische Elemente berührt werden,

c) andere bauliche Maßnahmen, wenn dadurch das äußere Erscheinungsbild des Gebäudes berührt wird, wie insbesondere:
1. die Anbringung und die wesentliche Änderung von Antennentragmasten, sonstigen Außenantennenanlagen und Parabolantennen,
2. die Anbringung und die wesentliche Änderung von Werbeeinrichtungen mit Ausnahme von gesetzlich vorgeschriebenen Geschäfts- und Betriebsstättenbezeichnungen und damit im unmittelbaren Zusammenhang stehenden Ankündigungen,
3. die Anbringung und die wesentliche Änderung von Beleuchtungseinrichtungen, Markisen, Verblendungen und dergleichen,
4. die Anbringung von Solarenergieanlagen sowie von Anlagen zur Kühlung oder Wärmegewinnung,
5. die Errichtung und die wesentliche Änderung von Ladestationen für Elektrofahrzeuge,
6. der Austausch von Fenstern, Außentüren und Toren,
7. die Instandsetzung, Änderung und Erneuerung von Fassaden, Fassadenanstrichen und Dacheindeckungen.

(2) Die Frist nach § 52a Abs. 5 Tiroler Bauordnung 2022, LGBl. Nr. 44/2022, in der jeweils geltenden Fassung gilt nicht für die Anbringung von Solarenergieanlagen an charakteristischen Gebäuden.

(3) Die Behörde hat über Vorhaben zur Anbringung von Solarenergieanlagen mit einer Engpassleistung von maximal 11 kW spätestens innerhalb von einem Monat nach dem Einlangen des vollständigen Bauansuchens zu entscheiden. Ergeht innerhalb dieser Frist keine Entscheidung der Behörde, so gilt die Genehmigung als erteilt, sofern die Kapazität der Solarenergieanlage die bestehende Kapazität des Anschlusses an das Verteilernetz nicht übersteigt.

(4) § 52a Abs. 2 und 6 Tiroler Bauordnung 2022 sowie § 9a des Tiroler Elektrizitätsgesetzes 2012, LGBL. Nr. 134/2011, in der jeweils geltenden Fassung, sind sinngemäß anzuwenden.

§ 6
Vorläufige Rechtswirkungen

(1) Die Behörde kann die Absicht, ein Gebäude zu einem charakteristischen Gebäude zu erklären, dem Eigentümer des Gebäudes bzw. dem Bauberechtigten schriftlich mitteilen. Ab der Zustellung dieser Mitteilung ist der Abbruch solcher Gebäude nicht zulässig und bedürfen Vorhaben nach § 5 vorläufig einer Bewilligung. Ab dem Eintritt der Rechtskraft der Entscheidung, mit der das Gebäude zum charakteristischen Gebäude erklärt wird, gilt eine vorläufig erteilte Bewilligung als Bewilligung nach § 5.

(2) Die vorläufige Bewilligungspflicht endet mit dem Eintritt der Rechtskraft der Entscheidung, mit der das Gebäude zum charakteristischen Gebäude erklärt wird. Im Übrigen endet diese
a) mit der Zustellung der Mitteilung an den Eigentümer des Gebäudes bzw. den Bauberechtigten, dass das Verfahren nach § 3 Abs. 1 nicht eingeleitet oder eingestellt wird;
b) mit dem Ablauf eines Jahres nach der Zustellung der Mitteilung nach Abs. 1 erster Satz, wenn das Gebäude nicht innerhalb dieser Frist von der Behörde zum charakteristischen Gebäude erklärt wird.

(3) In die Frist nach Abs. 2 lit. b sind die Zeiten eines Verfahrens vor dem Landesverwaltungsgericht, dem Verwaltungsgerichtshof und dem Verfassungsgerichtshof nicht einzurechnen.

(4) In den Fällen des Abs. 2 ist ein im Zeitpunkt des Endens der vorläufigen Bewilligungspflicht anhängiges Bewilligungsverfahren einzustellen.

§ 7
Bewilligungsvoraussetzungen, sinngemäße Anwendung von Bestimmungen

(1) Die Bewilligung ist unter Berücksichtigung der Grundsätze nach § 1 Abs. 3 zu erteilen:
a) für einen Zubau (§ 5 Abs. 1 lit. a), wenn dieser sich insbesondere aufgrund seiner Proportionen und architektonischen Elemente in das bestehende Gebäude derart einfügt, dass dessen prägende Wirkung auf das Stadt- oder Ortsbild erhalten bleibt;
b) für einen Umbau oder eine sonstige Änderung (§ 5 Abs. 1 lit. b), wenn die für das Gebäude typischen, das äußere Erscheinungsbild bestimmenden architektonischen Elemente in ihrer Substanz und Wirkung auf das Stadt- oder Ortsbild erhalten bleiben; bauliche Maßnahmen im Gebäudeinneren, die für das Gebäude typische architektonische Elemente berühren, deren Gestaltung oder Funktion mit den das äußere Erscheinungsbild bestimmenden Elementen im unmittelbaren Zusammenhang steht, sind nur zulässig, sofern dieser Zusammenhang in dem zur Erhaltung der Bedeutung des Gebäudes im Sinn des § 3 Abs. 1 erforderlichen Ausmaß gewahrt bleibt;
c) für eine andere bauliche Maßnahme (§ 5 Abs. 1 lit. c), wenn die prägende Wirkung des Gebäudes auf das Stadt- oder Ortsbild erhalten bleibt; für einen Antennentragmast, eine sonstige Außenantennenanlage oder eine Parabolantenne nach § 5 Abs. 1 lit. c Z 1 und Solarenergieanlagen nach § 5 Abs. 1 lit. c Z 4 überdies dann, wenn die prägende Wirkung des Gebäudes im Wesentlichen erhalten bleibt und die Anbringung der Anlage an einer anderen, diese Wirkung weniger beeinträchtigenden Stelle oder auf eine andere, diese Wirkung weniger beeinträchtigende Weise rechtlich oder technisch nicht möglich oder wirtschaftlich nicht vertretbar ist.

(2) Auf den Inhalt der Bewilligung und deren Erlöschen, das Verfahren, die Verfahrenskonzentration, die Herstellung des gesetzmäßigen Zustandes und die Erhaltung von charakteristischen Gebäuden sind die §§ 21 bis 25 anzuwenden, die §§ 24 und 25 gegebenenfalls bereits ab der Zustellung der Mitteilung im Sinn des § 6 Abs. 1 erster Satz.

§ 8
Widerruf

(1) Die Behörde hat die Erklärung zum charakteristischen Gebäude mit schriftlichem Bescheid zu widerrufen, wenn

a) die Voraussetzungen nach § 3 Abs. 1 nicht mehr vorliegen oder
b) sonstige, insbesondere städtebauliche oder andere die örtliche Entwicklung betreffende öffentliche Interessen das öffentliche Interesse an der Erhaltung des charakteristischen Gebäudes überwiegen.

(2) Vor dem Widerruf der Erklärung eines Gebäudes zum charakteristischen Gebäude ist ein Gutachten des Sachverständigenbeirates einzuholen.

§ 9
Grundbuchsrechtliche Bestimmungen

(1) Dem Grundbuchsgericht ist eine mit der Rechtskraftklausel versehene Ausfertigung der Entscheidung, mit der ein Gebäude zum charakteristischen Gebäude erklärt wird, zu übersenden. Das Grundbuchsgericht hat daraufhin beim Grundstück, auf dem sich das betreffende Gebäude befindet, dessen Eigenschaft als charakteristisches Gebäude anzumerken.

(2) Die Anmerkung nach Abs. 1 zweiter Satz bewirkt, dass sich niemand auf die mangelnde Kenntnis der Eigenschaft des betreffenden Gebäudes als charakteristisches Gebäude berufen kann.

(3) Wird die Erklärung eines Gebäudes zum charakteristischen Gebäude widerrufen, so ist dem Grundbuchsgericht eine mit der Rechtskraftklausel versehene Ausfertigung der Entscheidung über den Widerruf zu übersenden. Das Grundbuchsgericht hat daraufhin beim betreffenden Grundstück die Anmerkung nach Abs. 1 zweiter Satz zu löschen.

(4) Abs. 3 ist auch anzuwenden, wenn eine Entscheidung, mit der ein Gebäude zum charakteristischen Gebäude erklärt wird, nachträglich aufgehoben wird.

3. Abschnitt
Geschützte Zonen

§ 10
Schutzzonen

(1) Die Gemeinden können Stadtteile, Ortsteile, Ortsräume und Gebäudegruppen, die wegen ihres eigenartigen, für das Stadt- oder Ortsbild charakteristischen Gepräges als Gesamtensemble erhaltenswert sind, durch Verordnung als Schutzzonen festlegen.

(2) Für die Altstadt und die Stadtteile Mariahilf, Hötting und St. Nikolaus in Innsbruck, die Altstadt in Hall in Tirol und die Gemeinden Hopfgarten im Brixental, Kitzbühel, Lienz, Obertilliach, Rattenberg und Reutte ist jeweils für das Gebiet, auf das die Voraussetzungen nach Abs. 1 zutreffen, eine Schutzzone festzulegen.

(3) In Verordnungen über Schutzzonen sind die innerhalb der Schutzzone gelegenen charakteristischen Gebäude festzulegen.

§ 11
Ensembleschutzzonen

(1) Die Gemeinden können zur Bewahrung eines charakteristischen Gepräges eines Orts- oder Stadtbildes Gebiete, die durch Gruppen von Bauten oder das Zusammenwirken von mehreren einzelnen Bauten gekennzeichnet sind, die im Hinblick auf deren historischen Zeugniswert, Identifikationswert oder Gestaltwert sowie deren raumbedeutsame Sichtbeziehungen und Raumwirkungen (Ensemble) erhaltenswert sind, durch Verordnung als Ensembleschutzzonen festlegen. Ensembleschutzzonen haben die für die Erhaltung der Charakteristik erforderlichen Umgebungsbereiche einzuschließen.

(2) In Verordnungen über Ensembleschutzzonen sind die innerhalb der Ensembleschutzzone gelegenen charakteristischen Gebäude festzulegen.

§ 12
Sichtzonen

(1) Gemeinden, in denen Schutzzonen bestehen, können innerhalb ihres Gemeindegebietes Gebiete, in denen durch die Ausführung von Bauvorhaben eine charakteristische Ansicht oder eine charakteristische Stadt- oder Ortsilhouette in den Schutzzonen beeinträchtigt werden kann, durch Verordnung als Sichtzonen festlegen, wenn die zu erreichende Wirkung ausschließlich das eigene Gemeindegebiet betrifft.

(2) Die Landesregierung kann auf Antrag einer Gemeinde, in der eine Schutzzone besteht, Gebiete durch Verordnung als Sichtzonen festlegen, wenn durch die Ausführung von Bauvorhaben außerhalb des Gebietes einer Gemeinde, in der eine Schutzzone besteht, eine charakteristische Ansicht oder eine charakteristische Stadt- oder Ortsilhouette in der Schutzzone beeinträchtigt werden könnte.

(3) Bei der Erlassung und der Änderung von Flächenwidmungsplänen, Bebauungsplänen und örtlichen Bauvorschriften für Gebiete in Sichtzonen ist darauf Bedacht zu nehmen, ob durch eine künftige Bebauung oder durch eine bestimmte Art der Bebauung eine charakteristische Ansicht oder

eine charakteristische Stadt- oder Ortssilhouette beeinträchtigt wird.

(4) Vor der Erlassung und der Änderung solcher Flächenwidmungspläne, Bebauungspläne und örtlicher Bauvorschriften ist, wenn sie einen Einfluss auf eine charakteristische Ansicht oder auf eine charakteristische Stadt- oder Ortssilhouette haben können, ein Gutachten des Sachverständigenbeirates einzuholen.

§ 13
Verfahren betreffend Schutzzonen und Ensembleschutzzonen

(1) Der Entwurf einer Verordnung über eine Schutzzone oder Ensembleschutzzone ist aufgrund eines Beschlusses des Gemeinderates im Gemeindeamt, in der Stadt Innsbruck beim Stadtmagistrat, zur allgemeinen Einsichtnahme während vier Wochen aufzulegen. Die Auflegung ist während der gesamten Auflegungsfrist an der Amtstafel der Gemeinde kundzumachen und weiters auf der Internetseite der Gemeinde bekannt zu machen. Die Kundmachung hat die Auflegungsfrist und den Hinweis zu enthalten, dass Personen, die in der Gemeinde ihren Hauptwohnsitz haben, und Rechtsträgern, die in der Gemeinde eine Liegenschaft oder einen Betrieb besitzen, das Recht zusteht, bis spätestens eine Woche nach dem Ablauf der Auflegungsfrist eine schriftliche Stellungnahme zum Entwurf abzugeben.

(2) Im Verfahren zur Erlassung einer Verordnung über eine Schutzzone oder Ensembleschutzzone sind die Eigentümer der vom Entwurf umfassten Grundstücke von der Auflegung nach Abs. 1 schriftlich zu verständigen. Die Verständigung von Grundeigentümern, deren Aufenthalt nicht oder nur schwer feststellbar ist, kann jedoch unterbleiben. Bei Wohnanlagen, für die ein gemeinsamer Verwalter bestellt ist, kann die Verständigung an diesen erfolgen. In der Verständigung ist auf die Auflegungs- und Stellungnahmefrist hinzuweisen. Mängel bei der Verständigung der Grundeigentümer berühren die Rechtmäßigkeit des Verfahrens nicht.

(3) Wird der Entwurf nach seiner Auflegung geändert, so ist dieser jedenfalls im Umfang der betreffenden Änderungen neuerlich entsprechend dem Abs. 1 aufzulegen. Dabei kann die Auflegungsfrist auf zwei Wochen herabgesetzt werden.

(4) Vor der Erlassung einer Verordnung über eine Schutzzone oder Ensembleschutzzone ist ein Gutachten des Sachverständigenbeirates einzuholen.

(5) Der Bürgermeister hat nach dem Abschluss des Verfahrens nach den Abs. 1 bis 4 den Entwurf zusammen mit den eingelangten Stellungnahmen und den maßgebenden Entscheidungsgrundlagen dem Gemeinderat zur Beschlussfassung vorzulegen.

(6) Die Schutzzone oder Ensembleschutzzone ist nach der Beschlussfassung durch den Gemeinderat in zweifacher Ausfertigung der Landesregierung zur aufsichtsbehördlichen Genehmigung vorzulegen. Weiters sind die maßgebenden Entscheidungsgrundlagen, die im Verfahren eingelangten Stellungnahmen, die Auszüge aus den Niederschriften über die Sitzungen des Gemeinderates und die Auflegungsnachweise in einfacher Ausfertigung anzuschließen. Erfolgt die Vorlage nicht vollständig, so hat die Landesregierung die Gemeinde unter Setzung einer angemessenen Nachfrist aufzufordern, die fehlenden Unterlagen nachzureichen.

(7) Der betreffenden Verordnung ist die aufsichtsbehördliche Genehmigung zu versagen, wenn sie ungeachtet dessen, dass aufgrund der örtlichen Gegebenheiten die Voraussetzungen nach § 10 Abs. 1 oder § 11 Abs. 1 nicht vorliegen, erlassen worden ist.

(8) Die Entscheidung der Landesregierung über die Erteilung oder Versagung der aufsichtsbehördlichen Genehmigung hat mit schriftlichem Bescheid zu erfolgen. Die Landesregierung hat vor der Entscheidung erforderlichenfalls ein Gutachten des Sachverständigenbeirates einzuholen. Der Bescheid, mit dem die aufsichtsbehördliche Genehmigung erteilt wird, ist der Gemeinde unter Anschluss einer mit dem Genehmigungsvermerk versehenen Ausfertigung der betreffenden Verordnung zuzustellen.

(9) Der Beschluss des Gemeinderates über die Erlassung einer Verordnung über eine Schutzzone oder Ensembleschutzzone ist unverzüglich, längstens jedoch jeweils innerhalb einer Woche, nach Vorliegen der aufsichtsbehördlichen Genehmigung an der Amtstafel der Gemeinde während zweier Wochen kundzumachen. In der Kundmachung sind das Datum und die Geschäftszahl des Genehmigungsbescheides anzuführen. Die Kundmachung hat weiters einen Hinweis auf die Auflegung der Verordnung zur allgemeinen Einsicht (Abs. 10) zu enthalten. Die Verordnung über die Schutzzone oder Ensembleschutzzone tritt mit dem Ablauf der Kundmachungsfrist in Kraft. Der Beschluss des Gemeinderates ist auf der Internetseite der Gemeinde bekannt zu machen. Diese Bekanntmachung bildet keine Voraussetzung für das Inkrafttreten der Verordnung.

SOG+V

(10) Verordnungen über Schutzzonen und Ensembleschutzzonen sind für die Dauer ihrer Geltung im Gemeindeamt, in der Stadt Innsbruck beim Stadtmagistrat, zur allgemeinen Einsichtnahme während der für den Parteienverkehr bestimmten Amtsstunden aufzulegen.

(11) Schutzzonen und Ensembleschutzzonen sind in den örtlichen Raumordnungskonzepten,

den Flächenwidmungsplänen und Bebauungsplänen ersichtlich zu machen.

§ 14
Verfahren betreffend Sichtzonen

(1) Für den Entwurf einer Verordnung der Gemeinde, mit der eine Sichtzone festgelegt werden soll, gilt § 13 sinngemäß.

(2) Der Entwurf einer Verordnung der Landesregierung, mit der eine Sichtzone festgelegt werden soll, ist im Gemeindeamt der Gemeinde oder der Gemeinden, auf deren Gebiet sich der Entwurf bezieht, bzw. in der Stadt Innsbruck beim Stadtmagistrat zur allgemeinen Einsichtnahme während sechs Wochen aufzulegen. Die Auflegung ist an der Amtstafel der betroffenen Gemeinden kundzumachen und auf der Internetseite der betroffenen Gemeinden bekannt zu machen. Die Landesregierung hat die Auflegung überdies im Bote für Tirol und auf der Internetseite des Landes Tirol bekannt zu machen. Die Kundmachung und die Bekanntmachung haben die Auflegungsfrist und den Hinweis zu enthalten, dass Personen, die in der Gemeinde ihren Hauptwohnsitz haben, und Rechtsträgern, die in der Gemeinde eine Liegenschaft oder einen Betrieb besitzen, das Recht zusteht, bis spätestens eine Woche nach dem Ablauf der Auflegungsfrist eine schriftliche Stellungnahme zum Entwurf abzugeben. Die jeweilige Gemeinde hat die für die Auflegung des Entwurfes erforderlichen Amtsräume zur Verfügung zu stellen, die Kundmachung an der Amtstafel der Gemeinde und die Auflegung durchzuführen, die schriftlichen Stellungnahmen entgegenzunehmen und diese nach dem Ablauf der Frist für die Abgabe einer Stellungnahme unverzüglich an die Landesregierung weiterzuleiten.

(3) Vor der Erlassung einer Verordnung über eine Sichtzone ist ein Gutachten des Sachverständigenbeirates einzuholen. Entwürfe nach Abs. 2 sind den betroffenen Gemeinden zur Abgabe einer Stellungnahme zu übersenden. Für die Abgabe einer Stellungnahme ist eine Frist von einem Monat einzuräumen.

(4) Sichtzonen sind in den örtlichen Raumordnungskonzepten, den Flächenwidmungsplänen und Bebauungsplänen ersichtlich zu machen.

§ 15
Änderung und Aufhebung von Schutzzonen, Ensembleschutzzonen und Sichtzonen

(1) Verordnungen über Schutzzonen, Ensembleschutzzonen und Sichtzonen sind zu ändern, wenn dies durch eine Änderung der der jeweiligen Verordnung zugrundeliegenden Gegebenheiten erforderlich ist. Solche Verordnungen sind aufzuheben, wenn die Voraussetzungen für ihre Erlassung nicht mehr vorliegen.

(2) Verordnungen über Schutzzonen, Ensembleschutzzonen und Sichtzonen dürfen geändert oder aufgehoben werden, wenn ein wichtiger, im öffentlichen Interesse gelegener Grund hiefür vorliegt, der die mit der jeweiligen Verordnung verfolgten Schutzinteressen überwiegt.

(3) Auf das Verfahren zur Änderung oder Aufhebung von Verordnungen über Schutzzonen und Ensembleschutzzonen ist § 13, im Fall der Aufhebung mit Ausnahme des § 13 Abs. 10, anzuwenden. Abweichend vom § 13 Abs. 7 ist die aufsichtsbehördliche Genehmigung zu versagen, wenn die Voraussetzungen nach Abs. 1 oder 2 für die Änderung bzw. Aufhebung der jeweiligen Verordnung über die Schutzzone oder Ensembleschutzzonen nicht gegeben sind. Auf das Verfahren zur Änderung oder Aufhebung von Verordnungen über Sichtzonen ist § 14 sinngemäß anzuwenden. Jeder Änderungsplan ist mit einer laufenden Nummer zu versehen. Im aufliegenden geänderten Plan ist die Änderung dadurch kenntlich zu machen, dass der Änderungsbereich mit einer roten Linie umrandet und die laufende Nummer dort angemerkt wird.

(4) Im Fall der Aufhebung der Verordnung über eine Schutzzone oder Ensembleschutzzone oder der Verordnung einer Gemeinde über eine Sichtzone ist diese weiterhin im Gemeindeamt zur allgemeinen Einsicht während der für den Parteienverkehr bestimmten Amtsstunden aufzulegen. Die Aufhebung ist unter Anführung des Datums der Beschlussfassung des Gemeinderates und des Zeitpunktes ihres Inkrafttretens ersichtlich zu machen.

(5) Unbeschadet des Abs. 1 sind Verordnungen über Schutzzonen, Ensembleschutzzonen und Sichtzonen jedenfalls alle zehn Jahre daraufhin zu prüfen, ob sie den gesetzlichen Voraussetzungen noch entsprechen.

§ 16
Form der Darstellung geschützter Zonen, Datenübermittlung

(1) Die Pläne von Schutzzonen, Ensembleschutzzonen und Sichtzonen sind in digitaler Form auf der Grundlage der digitalen Katastralmappe (DKM) der Vermessungsämter im Landesvermessungssystem zu erstellen; die ergänzende Verwendung von vermessungstechnischen Naturstandsaufnahmen ist zulässig. Die Plangrundlagen müssen zumindest auf dem jeweils aktuell verfügbaren Stand im Zeitpunkt des Planungsbeginns beruhen.

(2) Die digitalen Daten müssen ein Format aufweisen, das die Aufwärtskompatibilität gewährleistet, und müssen in einem zuverlässigen Prozess erzeugt werden.

(3) Schutzzonen, Ensembleschutzzonen und Sichtzonen sind im Maßstab 1:2000 oder größer darzustellen. Die Abgrenzung hat durch eine feinlinige dunkelfarbige Umrandung zu erfolgen.

Schutzzonen sind in roter Farbe, Ensembleschutzzonen in grüner Farbe, charakteristische Gebäude in dunkelgrauer Farbe darzustellen. Sichtzonen sind in gelber Farbe darzustellen.

(4) Die Pläne sind der Landesregierung gefaltet im Format DIN A 4 mit Heftrand vorzulegen.

(5) Die Planinhalte der Pläne sind der Landesregierung gleichzeitig mit der Vorlage der analogen Pläne nach § 13 Abs. 6 in digitaler Form im ESRI-Shapefile-Format zu übersenden. Für die Übermittlung dieser Daten als Web-Upload ist die dazu vorgesehene Geodatenschnittstelle auf der Internetseite des Landes Tirol zu verwenden.

4. Abschnitt

Besondere Bestimmungen für Schutzzonen und Ensembleschutzzonen

§ 17

Bewilligungspflichtige Vorhaben in Schutzzonen und Ensembleschutzzonen

(1) In der Schutzzone oder Ensembleschutzzone bedürfen einer Bewilligung:

a) der Neu- und Zubau von Gebäuden sowie die Errichtung von sonstigen baulichen Anlagen,
b) der Umbau und die sonstige Änderung von Gebäuden, wenn dadurch deren äußeres Erscheinungsbild berührt wird, bei charakteristischen Gebäuden jedenfalls dann, wenn dadurch für das Gebäude typische architektonische Elemente berührt werden,
c) die Änderung von sonstigen baulichen Anlagen, wenn dadurch deren äußeres Erscheinungsbild berührt wird,
d) andere bauliche Maßnahmen an Gebäuden und sonstigen baulichen Anlagen, wenn dadurch deren äußeres Erscheinungsbild berührt wird, wie insbesondere:
   1. die Anbringung und die wesentliche Änderung von Antennentragmasten und sonstigen Außenantennenanlagen und Parabolantennen,
   2. die Anbringung und die wesentliche Änderung von Werbeeinrichtungen mit Ausnahme von gesetzlich vorgeschriebenen Geschäfts- und Betriebsstättenbezeichnungen und damit im unmittelbaren Zusammenhang stehenden Ankündigungen,
   3. die Anbringung und die wesentliche Änderung von Beleuchtungseinrichtungen, Markisen, Fensterläden, Verblendungen und dergleichen,
   4. die Anbringung von Solarenergieanlagen sowie von Anlagen zur Kühlung oder Wärmegewinnung,
   5. die Errichtung und die wesentliche Änderung von Ladestationen für Elektrofahrzeuge,
   6. der Austausch von Fenstern, Außentüren und Toren,
   7. die Änderung und Erneuerung von Fassaden, Fassadenanstrichen und Dacheindeckungen;
e) der Abbruch von nicht charakteristischen Gebäuden,
f) die Errichtung, die Aufstellung und die wesentliche Änderung von frei stehenden Werbeeinrichtungen mit Ausnahme von Anlagen im Sinn des § 56 Abs. 2 der Tiroler Bauordnung 2022,
g) die Errichtung, die Aufstellung und die wesentliche Änderung von frei stehenden Antennentragmasten, sonstigen Außenantennenanlagen und Parabolantennen,
h) Maßnahmen der Stadtmöblierung im Bereich von Straßen und Plätzen, wenn aufgrund der Größe, Ausgestaltung oder Situierung der Anlagen das charakteristische Gepräge des Stadt- oder Ortsbildes beeinflusst werden kann,
i) bei Straßen, die vorwiegend dem Fußgängerverkehr oder dem Verkehr mit öffentlichen Verkehrsmitteln dienen, die Neugestaltung der Straßenoberflächen,
j) die Gestaltung von öffentlichen Flächen mit Ausnahme von Verkehrsflächen im Sinn der straßenrechtlichen Vorschriften, insbesondere von Parkanlagen und Grünflächen, wenn dadurch das charakteristische Gepräge des Stadt- oder Ortsbildes beeinflusst werden kann.

(2) Für charakteristische Gebäude innerhalb von Schutzzonen und Ensembleschutzzonen gelten § 3 Abs. 3 und die §§ 4 bis 9.

§ 18

Vorläufige Rechtswirkungen

(1) Vorhaben nach § 17 Abs. 1 bedürfen ab der Auflegung des Entwurfes einer Verordnung über eine Schutzzone oder Ensembleschutzzone in der vorgesehenen Schutzzone oder Ensembleschutzzone vorläufig einer Bewilligung. Auf die im Entwurf festgelegten charakteristischen Gebäude sowie Gebäude in Ensembleschutzzonen ist § 25 für die Dauer der vorläufigen Bewilligungspflicht anzuwenden. Ab dem Inkrafttreten der Verordnung über die Schutzzone oder Ensembleschutzzone gilt eine vorläufig erteilte Bewilligung als Bewilligung nach § 17 Abs. 1.

(2) Die vorläufige Bewilligungspflicht endet mit dem Inkrafttreten der Verordnung über die Schutzzone oder Ensembleschutzzone. Im Übrigen endet die vorläufige Bewilligungspflicht:

a) mit dem Ablauf von zwei Jahren nach der Auflegung des Entwurfes;
b) mit der Kundmachung des Beschlusses des Gemeinderates, dass das Verfahren nach § 13 nicht fortgesetzt wird.

(3) In die Frist nach Abs. 2 lit. a sind die Zeiten eines Verfahrens vor dem Landesverwaltungsgericht, dem Verwaltungsgerichtshof und dem Verfassungsgerichtshof nicht einzurechnen.

SOG+V

(4) In den Fällen des Abs. 2 sind im Zeitpunkt des Endens der vorläufigen Bewilligungspflicht anhängige Bewilligungsverfahren einzustellen.

§ 19
Bewilligungsvoraussetzungen in Schutzzonen

(1) Die Bewilligung in Schutzzonen ist, sofern es sich nicht um ein Vorhaben nach § 17 Abs. 1 lit. d Z 1 oder lit. g oder um die Anbringung von Photovoltaik- und Solaranlagen nach § 17 Abs. 1 lit. d Z 4 handelt, zu erteilen, wenn das Vorhaben unter Berücksichtigung der Grundsätze nach § 1 Abs. 3 das charakteristische Gepräge des geschützten Stadt- oder Ortsteiles bzw. der geschützten Gebäudegruppe nicht beeinträchtigt und wenn

a) im Fall des Neu-, Zu- oder Umbaus oder der sonstigen Änderung von Gebäuden das Vorhaben sich so in das Straßenbild, in die Dachlandschaft und in die durch die angrenzenden Gebäude vorgegebenen Baufluchten und Bauhöhen einfügt und die Fassaden hinsichtlich ihrer Gliederung, ihrer Struktur, ihres Materials und ihrer Farbe so gestaltet sind, dass die prägende Wirkung des umliegenden Baubestandes erhalten bleibt,
b) im Fall des Zubaus zu charakteristischen Gebäuden dieser sich insbesondere aufgrund seiner Proportionen und architektonischen Elemente in das bestehende Gebäude derart einfügt, dass dessen prägende Wirkung auf das Stadt- oder Ortsbild erhalten bleibt,
c) im Fall des Umbaus oder der sonstigen Änderung von charakteristischen Gebäuden die für das Gebäude typischen, das äußere Erscheinungsbild bestimmenden architektonischen Elemente in ihrer Substanz und Wirkung auf das Stadt- oder Ortsbild erhalten bleiben; bauliche Maßnahmen im Gebäudeinneren, die für das Gebäude typische architektonische Elemente berühren, deren Gestaltung oder Funktion mit den das äußere Erscheinungsbild bestimmenden Elementen im unmittelbaren Zusammenhang steht, sind nur zulässig, sofern dieser Zusammenhang in dem zur Erhaltung der Bedeutung des Gebäudes im Sinn des § 3 Abs. 1 erforderlichen Ausmaß gewahrt bleibt.

(2) Die Bewilligung für den Abbruch von nicht charakteristischen Gebäuden ist zu erteilen, wenn durch den Abbruch das charakteristische Gepräge des geschützten Stadt- oder Ortsteils bzw. der geschützten Gebäudegruppe nicht beeinträchtigt wird. Der Abbruch von denkmalgeschützten Gebäuden oder Gebäudeteilen, für deren Abbruch eine rechtskräftige denkmalschutzrechtliche Bewilligung nicht vorliegt, ist nicht zulässig.

(3) Die Bewilligung zur Anbringung und wesentlichen Änderung von Antennentragmasten und sonstigen Außenantennenanlagen und Parabolantennen nach § 17 Abs. 1 lit. d Z 1, die Anbringung von Solarenergieanlagen nach § 17 Abs. 1 lit. d Z 4 sowie zur Errichtung, Aufstellung und wesentlichen Änderung von frei stehenden Antennentragmasten und sonstigen Außenantennenanlagen und Parabolantennen nach § 17 Abs. 1 lit. g ist zu erteilen, wenn die Anlage das charakteristische Gepräge des geschützten Stadt- oder Ortsteiles bzw. der geschützten Gebäudegruppe nicht beeinträchtigt. Im Fall von Antennentragmasten, sonstigen Außenantennenanlagen und Parabolantennen sowie Solarenergieanlagen an charakteristischen Gebäuden muss überdies die prägende Wirkung des Gebäudes auf das Stadt- oder Ortsbild erhalten bleiben. Die Bewilligung ist jedoch auch zu erteilen, wenn diese Interessen im Wesentlichen gewahrt werden und die Errichtung, Aufstellung oder Anbringung der Anlage an einer anderen, diese Interessen weniger beeinträchtigenden Stelle oder auf eine andere, diese Interessen weniger beeinträchtigende Weise rechtlich oder technisch nicht möglich oder wirtschaftlich nicht vertretbar ist.

§ 20
Bewilligungsvoraussetzungen in Ensembleschutzzonen

Für Bewilligungen in Ensembleschutzzonen gilt § 19 sinngemäß mit der Maßgabe, dass das Vorhaben die raumbedeutsamen Sichtbeziehungen und Raumwirkungen insbesondere in Hinblick auf die mögliche Eingliederung in die umgebende Kulturlandschaft wahrt.

§ 21
Inhalt der Bewilligung, Erlöschen

(1) Die Bewilligung ist befristet, mit Auflagen oder unter Bedingungen zu erteilen, soweit dies zur Wahrung der nach diesem Gesetz geschützten Interessen erforderlich ist und das Vorhaben in seinem Wesen dadurch nicht verändert wird.

(2) In der Bewilligung kann eine angemessene Frist für die Ausführung des Vorhabens festgelegt werden. Für den Baubeginn ist § 37, für die Bauvollendung § 44 und für das Erlöschen der Baubewilligung § 35 der Tiroler Bauordnung 2022 sinngemäß anzuwenden. In die Fristen für den Baubeginn und die Bauvollendung sind Zeiten eines Verfahrens vor dem Landesverwaltungsgericht, dem Verwaltungsgerichtshof und Verfassungsgerichtshof nicht einzurechnen.

(3) Der Inhaber der Bewilligung hat nach deren Erlöschen allfällige bereits errichtete Teile des Vorhabens unverzüglich zu beseitigen und den ursprünglichen Zustand wiederherzustellen. Kommt er dieser Verpflichtung nicht nach, so hat ihm die Behörde mit Bescheid die Durchführung dieser Maßnahmen aufzutragen.

§ 22
Verfahren

(1) Um die Erteilung der Bewilligung ist bei der Behörde schriftlich anzusuchen.

(2) Im Antrag sind die Art, die Lage und der Umfang des Vorhabens anzugeben. Dem Antrag sind weiters die zur Beurteilung der Zulässigkeit des Vorhabens nach diesem Gesetz erforderlichen Unterlagen, wie Pläne, Skizzen und Beschreibungen bei physischer Einbringung in zweifacher Ausfertigung, sowie die Darstellung des Vorhabens, der umgebenden Gebäude und gegebenenfalls der umgebenden Kulturlandschaft anzuschließen. Die Unterlagen müssen von einer dazu befugten Person oder Stelle verfasst sein und sind von ihrem Verfasser zu unterfertigen.

(3) Wird der Antrag elektronisch eingebracht, so ist der Behörde mitzuteilen, ob der Antragsteller oder sein bevollmächtigter Vertreter im Teilnehmerverzeichnis nach § 28a des Zustellgesetzes registriert ist und an der elektronischen Zustellung mit Zustellnachweis teilnimmt. Unterbleibt eine solche Mitteilung oder ergibt sich während des Verfahrens trotz ursprünglich gegenteiliger Mitteilung, dass der Antragsteller oder sein bevollmächtigter Vertreter an der elektronischen Zustellung mit Zustellnachweis nicht teilnimmt, so kann die Behörde erforderlichenfalls die Vorlage physischer Ausfertigungen von Antragsunterlagen, auf die sich die Erledigung bezieht, für Zwecke der Zustellung binnen angemessener Frist verlangen. Dasselbe gilt, wenn die Vorlage physischer Ausfertigungen einzelner Beilagen zur Durchführung des Verfahrens aus technischen oder organisatorischen Gründen erforderlich ist.

(4) Mit einem elektronischen Antrag vorgelegte Beilagen, die keine inhaltliche Einheit bilden, sind als getrennte Anhänge zu übermitteln. Beilagen sind mit einer Bezeichnung zu versehen, die ihren Inhalt zum Ausdruck bringt. Antrag und Beilagen dürfen nur dann in gescannter Form eingebracht werden, wenn diese nicht in originär elektronischer Form zur Verfügung stehen.

(5) Werden allfällige von der Behörde nach Abs. 3 verlangte physische Ausfertigungen nicht fristgerecht übermittelt und kann das Verfahren aus diesem Grund nicht fortgesetzt oder beendet werden, so kann die Behörde den Antrag in jeder Lage des Verfahrens zurückweisen.

(6) Die Behörde kann dem Antragsteller, wenn die vorgelegten Unterlagen zur Beurteilung der Zulässigkeit des Vorhabens nicht ausreichen, die Vorlage weiterer Unterlagen, insbesondere die Vorlage von Arbeitsmodellen und Visualisierungen, die die umgebenden Gebäude und gegebenenfalls die umgebende Kulturlandschaft umfassen, sowie die Vorlage von Materialmustern auftragen. Weiters kann die Vorlage der Unterlagen in digitaler Form aufgetragen werden.

(7) Vor der Erteilung der Bewilligung ist ein Gutachten des Sachverständigenbeirates, vor der Erteilung der Bewilligung für Maßnahmen nach § 17 Abs. 1 lit. d, f und h ein Gutachten des Vertreters der Gemeinde im Sachverständigenbeirat, einzuholen. Der Sachverständigenbeirat bzw. der Vertreter der Gemeinde im Sachverständigenbeirat hat das Gutachten ohne unnötigen Aufschub, längstens aber innerhalb von sechs Wochen, zu erstatten. Kann das Gutachten innerhalb dieser Frist nicht erstattet werden, so sind der Behörde unverzüglich der Grund für die Verzögerung und der Zeitpunkt, bis zu dem das Gutachten spätestens vorliegen wird, mitzuteilen.

(8) Wird im Verfahren ein Gutachten eingeholt oder vorgelegt, das jenem des Sachverständigenbeirates oder des Vertreters der Gemeinde im Sachverständigenbeirat widerspricht, so hat die Behörde diesem Gelegenheit zu geben, innerhalb einer angemessen festzusetzenden Frist zum Gutachten Stellung zu nehmen. Erstattet der Sachverständigenbeirat oder der Vertreter der Gemeinde im Sachverständigenbeirat innerhalb dieser Frist keine Stellungnahme, so ist das Verfahren ohne seine weitere Anhörung fortzusetzen. Die Einholung einer Stellungnahme kann unterbleiben, wenn die Behörde in ihrer Entscheidung dem Gutachten folgt.

§ 23
Verfahrenskonzentration

(1) Ist für die Ausführung eines Vorhabens eine Baubewilligung oder eine im eigenen Wirkungsbereich der Gemeinde zu erteilende Straßenbaubewilligung erforderlich, so entfällt die Bewilligungspflicht nach § 17 Abs. 1 oder § 18 Abs. 1.

(2) In den Fällen des Abs. 1 hat die Baubehörde oder die Straßenbaubehörde im Bauverfahren bzw. im Verfahren zur Erteilung der Straßenbaubewilligung die §§ 19, 20, 21 Abs. 1 und 22 Abs. 6, 7 und 8, mit anzuwenden. Die Unterlagen nach § 22 Abs. 2 sind, soweit sie dem Bauansuchen oder dem Ansuchen um Erteilung der Straßenbaubewilligung nicht schon aufgrund der baurechtlichen bzw. straßenrechtlichen Vorschriften anzuschließen sind, dem Ansuchen zusätzlich anzuschließen.

SOG+V

(3) Die Baubewilligung oder die Straßenbaubewilligung gilt auch als Bewilligung nach diesem Gesetz. Hinsichtlich der Fristen für die Ausführung, des Erlöschens der Bewilligung und des Verfahrens zur Herstellung des gesetzmäßigen Zustandes gelten an Stelle der §§ 21 Abs. 2 und 3 und 24 die baurechtlichen bzw. straßenrechtlichen Vorschriften.

§ 23a
Sonderbestimmungen im Rahmen der Umsetzung von Unionsrecht

(1) Die Frist nach § 52a Abs. 5 Tiroler Bauordnung 2022 gilt nicht für die Anbringung von Solarenergieanlagen in Schutzzonen und Ensembleschutzzonen nach § 17 Abs. 1 lit. d Z 4.

(2) Die Behörde hat über Vorhaben zur Anbringung von Solarenergieanlagen mit einer Engpassleistung von maximal 11 kW innerhalb eines Monats nach dem Einlangen des vollständigen Bauansuchens zu entscheiden. Ergeht innerhalb dieser Frist keine Entscheidung der Behörde, so gilt die Genehmigung als erteilt, sofern die Kapazität der Solarenergieanlage die bestehende Kapazität des Anschlusses an das Verteilernetz nicht übersteigt.

(3) § 52a Abs. 2 und 6 Tiroler Bauordnung 2022 sowie § 9a des Tiroler Elektrizitätsgesetzes 2012 sind sinngemäß anzuwenden.

§ 24
Herstellung des gesetzmäßigen Zustandes

(1) Wird ein nach § 17 Abs. 1 oder § 18 Abs. 1 bewilligungspflichtiges Vorhaben ohne die erforderliche Bewilligung ausgeführt, so hat die Behörde dem Verantwortlichen die weitere Ausführung des Vorhabens zu untersagen. Der Beschwerde gegen einen solchen Bescheid kommt keine aufschiebende Wirkung zu. Bei Gefahr im Verzug kann die Behörde die weitere Ausführung durch Ausübung unmittelbarer Befehls- und Zwangsgewalt einstellen. Wird innerhalb eines Monats nach der Untersagung oder Einstellung der weiteren Ausführung nicht nachträglich um die Erteilung der Bewilligung angesucht oder wird diese versagt, so hat die Behörde dem Verantwortlichen je nach der Lage des Falles die Beseitigung der Anlage oder die Wiederherstellung des früheren Zustandes aufzutragen.

(2) Wurde ein nach § 17 Abs. 1 oder § 18 Abs. 1 bewilligungspflichtiges Vorhaben ohne die erforderliche Bewilligung ausgeführt, so hat die Behörde dem Verantwortlichen eine angemessene Frist zu setzen, innerhalb der nachträglich um die Erteilung der Bewilligung anzusuchen ist. Verstreicht diese Frist ungenützt oder wird (bzw. wurde) die Bewilligung versagt, so hat die Behörde dem Verantwortlichen je nach der Lage des Falles die Beseitigung der Anlage oder die Wiederherstellung des früheren Zustandes aufzutragen. § 4 Abs. 3 ist sinngemäß anzuwenden. Auf Werbeeinrichtungen im Sinn des § 17 Abs. 1 lit. f ist § 57 Abs. 1 und 3 bis 5 der Tiroler Bauordnung 2022 mit der Maßgabe anzuwenden, dass an die Stelle der fehlenden Anzeige die fehlende Bewilligung tritt.

(3) Die Abs. 1 und 2 gelten auch, wenn ein bewilligungspflichtiges Vorhaben abweichend von der Bewilligung ausgeführt wurde und diese Abweichung eine Änderung darstellt, zu deren selbstständiger Vornahme eine Bewilligung nach § 17 Abs. 1 oder § 18 Abs. 1 erforderlich gewesen wäre.

(4) Vor der Erlassung von Aufträgen nach Abs. 1 vierter Satz, Abs. 2 zweiter Satz und Abs. 3 ist erforderlichenfalls ein Gutachten des Sachverständigenbeirates, bei Aufträgen im Zusammenhang mit Maßnahmen nach § 17 Abs. 1 lit. d, f und h ein Gutachten des Vertreters der Gemeinde im Sachverständigenbeirat, einzuholen. § 22 Abs. 7 zweiter und dritter Satz und Abs. 8 gilt sinngemäß.

§ 25
Erhaltung von charakteristischen Gebäuden und von Gebäuden in Ensembleschutzzonen

Charakteristische Gebäude sowie Gebäude und sonstige bauliche Anlagen in Ensembleschutzzonen sind vom Eigentümer oder vom Bauberechtigten in ihren für sie typischen architektonischen Elementen zu erhalten. Kommt der Eigentümer oder Bauberechtigte dieser Verpflichtung nicht nach, so hat ihm die Behörde die erforderlichen Instandsetzungsmaßnahmen innerhalb einer angemessen festzusetzenden Frist aufzutragen.

§ 26
Flächenwidmungspläne, Bebauungspläne, örtliche Bauvorschriften

(1) Bei der Erlassung und der Änderung von Flächenwidmungsplänen, Bebauungsplänen und örtlichen Bauvorschriften für Gebiete in Schutzzonen und Ensembleschutzzonen ist auf die sich aus diesem Gesetz ergebenden Beschränkungen und überdies darauf Bedacht zu nehmen, dass durch die künftige Bebauung keine nachteiligen Auswirkungen auf das charakteristische Gepräge des geschützten Stadt- oder Ortsteiles bzw. der geschützten Gebäudegruppe entstehen. Im Falle von Ensembleschutzzonen ist zusätzlich auf die umgebende Kulturlandschaft Bedacht zu nehmen.

(2) Vor der Erlassung und der Änderung solcher Flächenwidmungspläne, Bebauungspläne und örtlicher Bauvorschriften ist ein Gutachten des Sachverständigenbeirates einzuholen.

5. Abschnitt
Architekturwettbewerbe

§ 27
Wettbewerbsbedingungen

(1) Beabsichtigt der Projektwerber, über den Neu-, Zu- oder Umbau eines Gebäudes in einer Schutzzone oder in einer Ensembleschutzzone oder über den Zu- oder Umbau eines charakteristischen Gebäudes einen Architekturwettbewerb durchzuführen, so kann er dies vor der Einbringung des Bauansuchens der Behörde mitteilen. Der Mitteilung sind eine Beschreibung, die grundsätzliche Angaben über die Lage, die Art und die Beschaffenheit des Vorhabens zu enthalten hat, sowie die in Aussicht genommenen Wettbewerbsbedingungen anzuschließen.

(2) Aufgrund der Mitteilung nach Abs. 1 hat die Behörde ein Gutachten des Sachverständigenbeirates darüber einzuholen, ob ein auf der Grundlage der vorliegenden Wettbewerbsbedingungen

durchgeführter Architekturwettbewerb grundsätzlich im Einklang mit den Bewilligungsvoraussetzungen nach § 19 Abs. 1 sowie nach § 18 Abs. 3 der Tiroler Bauordnung 2022 stünden. Bei Ensembleschutzzonen ist zusätzlich die Vereinbarkeit mit den Voraussetzungen des § 20 zu prüfen. Erachtet der Sachverständigenbeirat die Wettbewerbsbedingungen nur bei entsprechenden Änderungen oder Ergänzungen als in diesem Sinn geeignet, so sind die erforderlichen Änderungen bzw. Ergänzungen im Gutachten im Einzelnen anzuführen.

(3) Gelangt die Behörde aufgrund des Gutachtens des Sachverständigenbeirates und allfälliger weiterer Erhebungen zur Ansicht, dass ein auf der Grundlage der vorliegenden Wettbewerbsbedingungen durchgeführter Architekturwettbewerb, gegebenenfalls bei bestimmten Änderungen oder Ergänzungen der Wettbewerbsbedingungen, grundsätzlich im Einklang mit den Bewilligungsvoraussetzungen nach § 19 Abs. 1 sowie nach § 18 Abs. 3 der Tiroler Bauordnung 2022 stünden, bei Ensembleschutzzonen zusätzlich auch jenen nach § 20, so hat sie dies dem Projektwerber mitzuteilen.

§ 28
Durchführung, Siegerprojekt

(1) Führt der Projektwerber einen Architekturwettbewerb durch, dem Wettbewerbsbedingungen im Sinn des § 27 Abs. 3 zugrunde liegen und bei dem ein vom Sachverständigenbeirat bestimmtes Mitglied desselben dem Preisgericht beigezogen wird, so wird vermutet, dass das aus dem Wettbewerb hervorgehende Siegerprojekt die Bewilligungsvoraussetzungen nach § 19 Abs. 1 sowie nach § 18 Abs. 3 der Tiroler Bauordnung 2022, bei Ensembleschutzzonen auch jene nach § 20, erfüllt.

(2) Bei Bauvorhaben, die einem Siegerprojekt entsprechen, auf das die Vermutung nach Abs. 1 zutrifft, ist das Vorliegen der Bewilligungsvoraussetzungen nach § 19 Abs. 1 sowie nach § 18 Abs. 3 der Tiroler Bauordnung 2022, bei Ensembleschutzzonen auch jener nach § 20, nur mehr in Ansehung der Detailplanung zu prüfen.

(3) Die Abs. 1 und 2 gelten nicht, wenn nicht innerhalb von zwei Jahren nach dem Vorliegen des Ergebnisses des Architekturwettbewerbes um die Baubewilligung für das betreffende Vorhaben angesucht wird.

6. Abschnitt
Sachverständigenbeirat

§ 29
Einrichtung, Zusammensetzung, Bestellung der Mitglieder

(1) Beim Amt der Landesregierung ist ein Sachverständigenbeirat einzurichten.

(2) Dem Sachverständigenbeirat gehören an:

a) ein Vertreter der Gemeinde, auf deren Gebiet sich die vom Sachverständigenbeirat zu besorgende Angelegenheit bezieht, im Fall der Stadt Innsbruck zwei Vertreter,
b) ein Bediensteter des Amtes der Landesregierung,
c) vier weitere Mitglieder.

(3) Das Mitglied nach Abs. 2 lit. a muss über besondere Kenntnisse und Erfahrungen auf bauhistorischem Gebiet und auf dem Gebiet des Stadt- und Ortsbildschutzes verfügen; im Fall der Stadt Innsbruck gilt dies für beide Mitglieder. Die Mitglieder nach Abs. 2 lit. b und c müssen ein Studium an einer Universität, einer Hochschule oder einer anderen Ausbildungseinrichtung mit gleichwertigem Niveau abgeschlossen haben, das besondere Kenntnisse auf dem Gebiet des Denkmalschutzes, der Kunstgeschichte, der Architektur, der Baugeschichte oder des Bauwesens vermittelt, und weiters über besondere Kenntnisse und Erfahrungen auf dem Gebiet der Erhaltung und der Sanierung von Altbauten oder des Stadt- und Ortsbildschutzes verfügen. Im Fall der Beurteilung von Ensembleschutzzonen bzw. von Vorhaben in diesen Bereichen muss ein Mitglied über besondere Kenntnisse und Erfahrungen auf dem Gebiet des Landschaftsbildschutzes verfügen.

(4) Die Mitglieder nach Abs. 2 sind von der Landesregierung auf die Dauer von fünf Jahren zu bestellen. Die Mitglieder nach Abs. 2 lit. a sind auf Vorschlag der jeweiligen Gemeinde zu bestellen. Je ein Mitglied nach Abs. 2 lit. c ist auf Vorschlag des Institutes für Architekturtheorie und Baugeschichte der Universität Innsbruck und des Bundesdenkmalamtes zu bestellen. Zwei der Mitglieder nach Abs. 2 lit. c sind auf Vorschlag der Ziviltechnikerkammer für Tirol und Vorarlberg zu bestellen, wobei im Vorschlag ein Mitglied zu benennen ist, das nur dann tätig wird, wenn sich die vom Sachverständigenbeirat zu besorgende Angelegenheit nicht auf die Beurteilung von Ensembleschutzzonen bzw. von Vorhaben in diesen Bereichen bezieht. Auf Vorschlag der Ziviltechnikerkammer für Tirol und Vorarlberg ist ein weiteres Mitglied, das die fachlichen Voraussetzungen nach Abs. 3 dritter Satz erfüllen muss und das ausschließlich dann tätig wird, wenn sich die vom Sachverständigenbeirat zu besorgende Angelegenheit auf die Beurteilung von Ensembleschutzzonen bzw. von Vorhaben in diesen Bereichen bezieht, zu bestellen. Die Landesregierung hat die vorschlagsberechtigten Stellen aufzufordern, innerhalb von vier Wochen einen Vorschlag für die Bestellung zu erstatten; wird ein Vorschlag nicht rechtzeitig erstattet, so ist die Bestellung ohne Vorschlag vorzunehmen.

(5) Die Mitglieder nach Abs. 2 lit. b und c, mit Ausnahme des weiteren Mitgliedes nach Abs. 4 fünfter Satz, haben aus ihrer Mitte einen Vorsitzenden und einen Stellvertreter des Vorsitzenden zu wählen.

(6) Für die Mitglieder des Sachverständigenbeirates mit Ausnahme des auf Vorschlag des Bundesdenkmalamtes bestellten Mitgliedes ist in gleicher Weise je ein Ersatzmitglied zu bestellen, das ebenfalls die jeweiligen Voraussetzungen nach Abs. 3 erfüllen muss. Jedes dieser Mitglieder wird im Fall seiner Verhinderung durch sein Ersatzmitglied vertreten. Der Vorsitzende wird in dieser Funktion durch seinen Stellvertreter vertreten. Das auf Vorschlag des Bundesdenkmalamtes bestellte Mitglied kann sich durch fachkundige Bedienstete vertreten lassen.

(7) Die Mitglieder und Ersatzmitglieder des Sachverständigenbeirates haben die Geschäfte auch nach dem Ablauf ihrer Funktionsdauer bis zur Bestellung der neuen Mitglieder bzw. Ersatzmitglieder weiterzuführen. Die neuen Mitglieder und Ersatzmitglieder sind so rechtzeitig zu bestellen, dass sie am Tag nach dem Ablauf der Funktionsdauer der früheren Mitglieder bzw. Ersatzmitglieder ihre Tätigkeit aufnehmen können.

§ 30
Erlöschen der Mitgliedschaft

(1) Die Mitglieder des Sachverständigenbeirates scheiden vorzeitig aus dem Amt durch:

a) Tod,
b) Widerruf der Bestellung,
c) Verzicht auf die Mitgliedschaft,
d) das Mitglied nach § 29 Abs. 2 lit. b weiters durch Ausscheiden aus dem Dienststand.

(2) Die Landesregierung kann die Bestellung widerrufen, wenn ein Mitglied dreimal aufeinanderfolgend unentschuldigt den Sitzungen ferngeblieben ist. Die Bestellung der Mitglieder nach § 29 Abs. 2 lit. a und c ist weiters zu widerrufen, wenn die jeweils vorschlagsberechtigte Institution dies verlangt.

(3) Der Verzicht auf die Mitgliedschaft ist der Landesregierung schriftlich zu erklären. Er wird mit dem Einlangen der Verzichtserklärung unwiderruflich und, wenn in der Verzichtserklärung nicht ein späterer Zeitpunkt dafür angegeben ist, wirksam.

(4) Scheidet ein Mitglied vorzeitig aus dem Amt, so ist für die restliche Funktionsdauer unter sinngemäßer Anwendung des § 29 Abs. 4 unverzüglich ein neues Mitglied zu bestellen. Das Ausscheiden eines Mitgliedes hat keine Auswirkungen auf die gesetzmäßige Zusammensetzung des Sachverständigenbeirates.

(5) Die Abs. 1 bis 4 gelten für die jeweiligen Ersatzmitglieder sinngemäß.

§ 31
Aufgaben

(1) Dem Sachverständigenbeirat obliegen:

a) die Erstattung von Gutachten und Stellungnahmen in den in diesem Gesetz vorgesehenen Fällen,
b) die Mitwirkung an Architekturwettbewerben nach § 28 Abs. 1,
c) die Beratung der Gemeinden über Maßnahmen zur Erhaltung, Weiterentwicklung oder Verbesserung des Stadt- oder Ortsbildes in Schutzzonen und Ensembleschutzzonen,
d) die Erstattung von Vorschlägen über Maßnahmen im Sinn der lit. c.

(2) Dem Vertreter der Gemeinde im Sachverständigenbeirat obliegt die Erstattung von Gutachten und Stellungnahmen in den im §§ 22 Abs. 7 und 8, 24 Abs. 4 und § 37 Abs. 3 vorgesehenen Fällen.

(3) Der Sachverständigenbeirat und der Vertreter der Gemeinde im Sachverständigenbeirat können im Rahmen ihrer Aufgaben nach Abs. 1 lit. a bzw. Abs. 2 der Behörde erforderlichenfalls die Einholung weiterer Gutachten zu bestimmten Fachfragen vorschlagen.

§ 32
Geschäftsführung

(1) Die Einberufung des Sachverständigenbeirates obliegt dem Vorsitzenden. Der Sachverständigenbeirat ist nach Bedarf, mindestens jedoch einmal monatlich, und überdies binnen zwei Wochen dann einzuberufen, wenn die Landesregierung, eine betroffene Gemeinde oder mindestens drei Mitglieder dies schriftlich und unter Bekanntgabe der Tagesordnung verlangen.

(2) Der Sachverständigenbeirat ist beschlussfähig, wenn alle Mitglieder ordnungsgemäß eingeladen wurden und zumindest der Vorsitzende, ein Vertreter der Gemeinde und ein weiteres Mitglied anwesend sind. Ein sachkundiger Bediensteter des Amtes der Landesregierung ist den Sitzungen des Sachverständigenbeirates beratend beizuziehen.

(3) Abweichend vom Abs. 1 erster Satz obliegt die Einberufung der Mitglieder nach § 29 Abs. 2 lit. b und c zur Wahl des Vorsitzenden und des Stellvertreters des Vorsitzenden der Landesregierung. Die Wahl ist innerhalb von vier Wochen nach der Bestellung dieser Mitglieder durchzuführen und von dem für die Angelegenheiten des Stadt- und Ortsbildschutzes zuständigen Mitglied der Landesregierung zu leiten. Zu einer gültigen Wahl ist die Anwesenheit aller Mitglieder und die einfache Stimmenmehrheit erforderlich. Stimmenthaltung ist nicht zulässig. Im Fall des vorzeitigen Ausscheidens des Vorsitzenden oder des Stellvertreters oder des Verzichts auf die Funktion als Vorsitzender oder Stellvertreter gelten die vorstehenden Bestimmungen mit der Maßgabe, dass die Wahl innerhalb von vier Wochen nach dem Wirksamwerden des vorzeitigen Ausscheidens bzw. des Funktionsverzichts durchzuführen ist.

(4) Der Sachverständigenbeirat fasst seine Beschlüsse mit einfacher Mehrheit der Stimmen der anwesenden Mitglieder. Stimmenthaltung ist nicht

zulässig. Bei Stimmengleichheit gibt die Stimme des Vorsitzenden den Ausschlag. In dringenden Angelegenheiten ist die Beschlussfassung im Weg eines Umlaufes zulässig. Dies hat in der Weise zu geschehen, dass der Antrag vom Vorsitzenden unter Setzung einer Frist für die Stimmabgabe unter Verwendung geeigneter technischer Kommunikationsmittel, insbesondere per E-Mail, allen übrigen Mitgliedern zugeleitet wird. Diese haben ihre Stimme schriftlich mit Angabe des Datums der Entscheidung abzugeben und an den Vorsitzenden innerhalb der von ihm gesetzten Frist zu übermitteln. Erfolgt keine Stimmabgabe binnen offener Frist, so gilt dies als Ablehnung. Das Ergebnis der Beschlussfassung ist bei der nächsten Sitzung mitzuteilen und in die Niederschrift über diese Sitzung aufzunehmen.

(5) Sitzungen des Sachverständigenbeirates können unter Verwendung vorhandener technischer Einrichtungen zur Wort- und Bildübertragung in Form einer Videokonferenz durchgeführt werden. In diesem Fall

a) gelten die per Video zugeschalteten Mitglieder als anwesend und nehmen an der Abstimmung in der Weise teil, dass sie ihre Stimme nach persönlichem Aufruf durch den Vorsitzenden mündlich abgeben,
b) ist durch geeignete Maßnahmen sicherzustellen, dass den per Video zugeschalteten Mitgliedern die Tagesordnung und die für die Beratung und Beschlussfassung erforderlichen Unterlagen vollständig vorliegen,
c) sind in der Niederschrift die Namen der persönlich anwesenden und der per Video zugeschalteten Mitglieder entsprechend festzuhalten,
d) können auch sonstige Personen, die der Sitzung beigezogen werden, per Video zugeschaltet werden.

(6) Der Sachverständigenbeirat kann erforderlichenfalls Auskunftspersonen und Sachverständige zu den Sitzungen beratend beiziehen. In den Fällen des § 22 Abs. 7, gegebenenfalls in Verbindung mit § 7 Abs. 2, ist dem Antragsteller und dem Planverfasser jedenfalls Gelegenheit zur Vorstellung und Erörterung des Projektes zu geben.

(7) Die Mitglieder des Sachverständigenbeirates haben Anspruch auf Ersatz der notwendigen Barauslagen und Reisekosten nach der Tiroler Reisegebührenvorschrift, LGBl. Nr. 45/1996 in der jeweils geltenden Fassung. Sie haben weiters Anspruch auf eine angemessene Vergütung für ihre Mühewaltung und auf Ersatz des entgangenen Verdienstes. Diese Ansprüche bestehen beim Vertreter der Gemeinde gegenüber der jeweiligen Gemeinde, bei den übrigen Mitgliedern gegenüber dem Land Tirol. Die Ansprüche bestehen nicht, wenn die Tätigkeit als Mitglied des Sachverständigenbeirates im Rahmen eines Dienstverhältnisses zur Gemeinde oder zu einem Unternehmen im Eigentum der Gemeinde erfolgt.

(8) Die Höhe der Vergütung für die Mühewaltung und des Ersatzes des entgangenen Verdienstes nach Abs. 7 zweiter Satz sind von der Landesregierung durch Verordnung festzusetzen. Dabei sind für die Teilnahme an den Sitzungen unter Bedachtnahme auf den damit durchschnittlich verbundenen Zeitaufwand eine pauschale Vergütung und für die Teilnahme an Augenscheinen und sonstigen Amtshandlungen eine dem tatsächlichen Zeitaufwand entsprechende Vergütung vorzusehen. Der entgangene Verdienst ist unter Bedachtnahme auf die den nichtamtlichen Sachverständigen im Verwaltungsverfahren für Zeitversäumnis gebührende Entschädigung entsprechend dem tatsächlichen Zeitaufwand pauschal zu ersetzen.

(9) Die Befangenheitsgründe nach § 7 Abs. 1 Z 1 bis 3 des Allgemeinen Verwaltungsverfahrensgesetzes 1991, BGBl. Nr. 51/1991, zuletzt geändert durch das Gesetz BGBl. I Nr. 58/2018, sind auf die Mitglieder des Sachverständigenbeirates auch dann anzuwenden, wenn sie nicht als behördliche Organe in Verwaltungsverfahren tätig sind.

§ 33
Geschäftsordnung

(1) Die Landesregierung hat durch Verordnung eine Geschäftsordnung des Sachverständigenbeirates zu erlassen, die insbesondere nähere Bestimmungen über die Einberufung zu den Sitzungen und deren Durchführung sowie über die Aufnahme von Niederschriften über den Gang und das Ergebnis der Beratungen zu enthalten hat.

(2) Die Kanzleiarbeiten des Sachverständigenbeirates sind vom Amt der Landesregierung zu besorgen.

7. Abschnitt
Förderung

§ 34
Grundsätze der Förderung

(1) Die Gemeinden haben als Träger von Privatrechten

a) die Befundung von Gebäuden und Ortsräumen hinsichtlich Bauaufnahme, bauhistorischer, bautechnischer, bauphysikalischer, baustatischer und architektonischer sowie ortsbild- und umgebungsgestaltender Notwendigkeiten,
b) Vorhaben in Schutzzonen und Ensembleschutzzonen, die der Erhaltung des charakteristischen Gepräges des jeweiligen Stadt- oder Ortsteiles bzw. der jeweiligen Gebäudegruppe dienen, sowie
c) Vorhaben bei charakteristischen Gebäuden innerhalb und außerhalb von Schutzzonen und Ensembleschutzzonen, die der Erhaltung ihrer prägenden Wirkung auf das jeweilige Stadt- oder Ortsbild dienen,

zu fördern. Das Land hat sich an den Kosten dieser Förderung zu beteiligen (§ 38).

SOG+V

(2) Die Förderung hat die Eigeninitiative der Eigentümer oder der Nutzer der betroffenen Gebäude und sonstigen baulichen Anlagen anzuregen und zu unterstützen sowie deren Leistungen für die im öffentlichen Interesse gelegene Erhaltung des charakteristischen Gepräges der geschützten Stadtteile, Ortsteile und Gebäudegruppen bzw. der prägenden Wirkung von charakteristischen Gebäuden auf das Stadt- oder Ortsbild angemessen abzugelten. Im Falle von Ensembleschutzzonen sind zusätzlich auch die Auswirkungen auf die umgebende Kulturlandschaft zu berücksichtigen.

(3) Auf die Gewährung einer Förderung nach diesem Gesetz besteht kein Rechtsanspruch.

§ 35
Gegenstand der Förderung

(1) Gegenstand der Förderung sind jene Kosten bzw. Mehrkosten, die aufgrund dieses Gesetzes zusätzlich zu den Kosten, die auch aufgrund der Tiroler Bauordnung 2022 aufgewendet werden müssten, entstehen

a) für Befundung von Gebäuden und Ortsräumen gemäß § 34 Abs. 1 lit. a,
b) für die Erhaltung von Gebäuden und sonstigen baulichen Anlagen und für den Umbau und die sonstige Änderung von Gebäuden in Schutzzonen und Ensembleschutzzonen,
c) für die Erhaltung, den Umbau und die sonstige Änderung von charakteristischen Gebäuden innerhalb und außerhalb von Schutzzonen und Ensembleschutzzonen.

(2) Mehrkosten im Sinn des Abs. 1 lit. b und c sind insbesondere die Kosten für:

a) zusätzliche Konstruktionen und Vorkehrungen zur Erhaltung und Festigung von Bauelementen, wie Außenwände mit erhaltenswerten Fassaden, Gewölbe, Deckenkonstruktionen, Stiegenhäuser oder andere charakteristische Bauelemente,
b) Maßnahmen zur Erhaltung der typischen architektonischen Elemente von charakteristischen Gebäuden,
c) Maßnahmen zur Wiederherstellung der ursprünglichen äußeren Gestalt von Gebäuden,
d) Ausbesserungen, Ergänzungen, Instandsetzungen und Erneuerungen charakteristischer Fassaden, Fassadengliederungen und künstlerischer Schmuckelemente sowie den Austausch und die Sanierung charakteristischer Elemente wie Fenster, Außentüren, Tore und Dachdeckungen,
e) Sicherungsvorkehrungen, die im Zuge von Maßnahmen nach lit. a bis d erforderlich werden.

§ 36
Art und Ausmaß der Förderung

(1) Die Förderung hat in der Gewährung von Zuschüssen zu bestehen.

(2) Bei der Festsetzung des Ausmaßes der Förderung ist auf die wirtschaftlich zumutbaren Eigenleistungen des Förderungswerbers, auf den Vorteil, der ihm durch die zu fördernde Maßnahme erwächst, auf sonstige Förderungsmöglichkeiten nach bundes- und landesrechtlichen Vorschriften, auf die Ertragslage des Gebäudes sowie darauf Bedacht zu nehmen, inwieweit die zu fördernde Maßnahme den Zielen dieses Gesetzes entspricht.

(3) Soweit die insgesamt zur Verfügung stehenden Förderungsmittel nicht ausreichen, um allen Förderungsansuchen zu entsprechen, sind jene baulichen Maßnahmen vorrangig zu fördern, die in Erfüllung der Erhaltungspflicht nach § 25, gegebenenfalls in Verbindung mit § 7 Abs. 2, durchzuführen sind.

§ 37
Förderungsvoraussetzungen

(1) Eine Förderung darf nur auf Antrag des Eigentümers oder mit Zustimmung des Eigentümers des Nutzers des betreffenden Gebäudes oder der betreffenden baulichen Anlage oder des Bauberechtigten gewährt werden.

(2) Dem Förderungsansuchen sind alle zur Beurteilung und Überprüfung des zu fördernden Vorhabens erforderlichen Unterlagen anzuschließen, insbesondere die diesem zugrunde liegende Baubewilligung oder Bewilligung nach diesem Gesetz, eine Kostenberechnung, bestehend aus einer detaillierten Darstellung der Gesamtkosten und der Mehrkosten im Sinn des § 35 Abs. 2, ein Finanzierungsplan sowie im Fall eines Antrages des Nutzers die Zustimmungserklärung des Eigentümers.

(3) Vor der Gewährung einer Förderung ist ein Gutachten des Sachverständigenbeirates, vor der Gewährung einer Förderung für eine Maßnahme nach § 5 lit. c oder § 17 Abs. 1 lit. d ein Gutachten des Vertreters der Gemeinde im Sachverständigenbeirat, einzuholen.

(4) Eine Förderung darf nur gewährt werden, wenn der Förderungswerber sonstige Förderungsmöglichkeiten nach bundes- und landesrechtlichen Vorschriften ausschöpft.

§ 38
Landesbeitrag

(1) Das Land Tirol hat den Gemeinden als Träger von Privatrechten

a) Zuschüsse zu den Kosten der Ausarbeitung der Entscheidungsgrundlagen für die Erklärung zu charakteristischen Gebäuden,
b) Zuschüsse zu den Kosten der Ausarbeitung der Entscheidungsgrundlagen für die Erklärung zu geschützten Zonen oder deren Änderung,
c) Zuschüsse für die Öffentlichkeitsarbeit im Sinn des § 2

zu gewähren.

(2) Das Land Tirol hat den Gemeinden weiters jedenfalls 50 v. H. der Kosten bzw. Mehrkosten nach § 35, die ihnen aus der Gewährung von Förderungen nach diesem Gesetz erwachsen, zu ersetzen.

(3) Das Land Tirol kann finanzschwachen Gemeinden, insbesondere jenen mit einem größeren Bestand an förderungswürdigen Altgebäuden, nach Maßgabe der im jeweiligen Landesvoranschlag für Förderungen nach diesem Gesetz vorgesehenen Mittel bis zu 80 v. H. der Kosten im Sinn des Abs. 2 ersetzen.

8. Abschnitt
Behörden, Straf-, Schluss- und Übergangsbestimmungen

§ 39
Behörden, eigener Wirkungsbereich der Gemeinde

(1) Behörden im Sinn dieses Gesetzes sind die nach den §§ 62 und 63 der Tiroler Bauordnung 2022 zuständigen Behörden, soweit im Abs. 2 nichts anderes bestimmt ist.

(2) Behörde für Verfahren in Bezug auf Vorhaben nach § 17 Abs. 1 lit. h, i und j ist der Bürgermeister.

(3) Die nach diesem Gesetz von Organen der Gemeinde zu besorgenden Aufgaben, mit Ausnahme jener nach § 14 Abs. 2 fünfter Satz, fallen in den eigenen Wirkungsbereich der Gemeinde.

§ 40
Betreten von Grundstücken, Auskunftspflicht

(1) Die Organe der Behörden nach diesem Gesetz sind berechtigt, zur Wahrnehmung der Aufgaben nach diesem Gesetz im erforderlichen Ausmaß Grundstücke und bauliche Anlagen zu betreten.

(2) Die Eigentümer der Grundstücke oder baulichen Anlagen oder die sonst hierüber Verfügungsberechtigten haben

a) das Betreten der Grundstücke oder baulichen Anlagen im Umfang des Abs. 1 zu dulden und
b) den Organen der Behörde erforderlichenfalls auf Verlangen in alle die jeweilige bauliche Anlage betreffenden schriftlichen und elektronischen Unterlagen Einsicht zu gewähren und die Herstellung von Kopien zuzulassen; sie haben weiters ihnen alle erforderlichen Auskünfte zu erteilen. Diese Verpflichtungen bestehen nicht, sofern sie dadurch sich selbst oder eine der im § 38 des Verwaltungsstrafgesetzes 1991 genannten Personen der Gefahr einer Strafverfolgung aussetzen; derartige Gründe sind glaubhaft zu machen.

(3) Zur Durchsetzung der Pflicht nach Abs. 2 lit. a ist die Ausübung unmittelbarer Befehls- und Zwangsgewalt zulässig.

§ 41
Dingliche Wirkung

Rechte und Pflichten, die sich aus Entscheidungen nach diesem Gesetz mit Ausnahme von Entscheidungen in Verwaltungsstrafsachen ergeben, haften auf dem Grundstück und gehen auf den Rechtsnachfolger im Grundeigentum oder Baurecht über.

§ 42
Nichtigkeit

Bescheide, mit denen eine Bewilligung nach diesem Gesetz entgegen dem §§ 22 Abs. 7 und 8, gegebenenfalls in Verbindung mit § 7 Abs. 2, ohne die Einholung eines Gutachtens des Sachverständigenbeirates oder des Vertreters der Gemeinde im Sachverständigenbeirat erteilt worden ist, leiden an einem mit Nichtigkeit bedrohten Fehler.

§ 43
Strafbestimmungen

Wer

a) ein charakteristisches Gebäude entgegen der Bestimmung des § 4 Abs. 1 oder ein Gebäude, auf das die die Voraussetzungen nach § 6 Abs. 1 zutreffen, entgegen dieser Bestimmung abbricht,
b) bei einem charakteristischen Gebäude oder einem Gebäude, das zu einem solchen erklärt werden soll, ein bewilligungspflichtiges Vorhaben ohne die nach § 5 oder § 6 Abs. 1 erforderliche Bewilligung ausführt,
c) ein bewilligungspflichtiges Vorhaben in einer Schutzzone, Ensembleschutzzone oder in einem Bereich, der zur Schutzzone oder Ensembleschutzzone erklärt werden soll, ohne die nach § 17 Abs. 1 oder § 18 Abs. 1 erforderliche Bewilligung ausführt,
d) als Inhaber einer Bewilligung nach § 5, § 6 Abs. 1, § 17 Abs. 1 oder § 18 Abs. 1 im Bewilligungsbescheid vorgeschriebene Auflagen nicht erfüllt,
e) einem Auftrag zur Herstellung des gesetzmäßigen Zustandes nach § 4 Abs. 3, § 24 Abs. 1 erster oder vierter Satz, Abs. 2 zweiter Satz oder Abs. 3, gegebenenfalls jeweils in Verbindung mit § 7 Abs. 2, oder nach § 57 Abs. 1 zweiter oder dritter Satz der Tiroler Bauordnung 2022 in Verbindung mit § 24 Abs. 2 vierter Satz nicht nachkommt,
f) bei einem charakteristischen Gebäude oder einem Gebäude oder einer sonstigen baulichen Anlage in einer Ensembleschutzzone einem Instandsetzungsauftrag nach § 25 zweiter Satz, gegebenenfalls in Verbindung mit § 7 Abs. 2, nicht nachkommt,

g) einem behördlichen Auftrag nach § 4 Abs. 2, mit dem ihm die sofortige Einstellung der Abbrucharbeiten aufgetragen wird, nicht nachkommt,

begeht eine Verwaltungsübertretung und ist von der Bezirksverwaltungsbehörde mit einer Geldstrafe bis zu 40.000,- Euro zu bestrafen.

§ 44
Mitwirkung der Bundespolizei

Die Organe der Bundespolizei haben der Behörde auf ihr Ersuchen bei der Durchsetzung von Maßnahmen nach § 24 Abs. 1 dritter Satz, gegebenenfalls in Verbindung mit § 7 Abs. 2, und nach § 40 Abs. 3 im Rahmen ihres gesetzmäßigen Wirkungsbereiches Hilfe zu leisten.

§ 45
Übergangsbestimmungen

(1) Die am Tag des Inkrafttretens dieses Gesetzes bestehenden Schutzzonen nach § 8 des Stadt- und Ortsbildschutzgesetzes 2003, LGBl. Nr. 89, zuletzt geändert durch das Gesetz LGBl. Nr. 144/2018, bleiben aufrecht und gelten als Schutzzonen nach § 10 dieses Gesetzes. Die Unterscheidung in Kern- und Randzonen entfällt.

(2) Die Verordnung des Gemeinderates der Stadtgemeinde Hall in Tirol vom 3. Februar 2009, mit der eine Umgebungszone im Bereich der Grundstücke 237/1 und 237/2 KG Hall in Tirol erlassen wurde, tritt mit dem Inkrafttreten dieses Gesetzes außer Kraft.

(3) Auf die am Tag des Inkrafttretens dieses Gesetzes bestehenden Sichtzonen und deren Änderung sind die §§ 10, 12 und 13 des Stadt- und Ortsbildschutzgesetzes 2003, LGBl. Nr. 89, zuletzt geändert durch das Gesetz LGBl. Nr. 144/2018, weiterhin anzuwenden.

(4) § 5 ist auf Vorhaben, für die im Zeitpunkt des Eintritts der Rechtskraft einer Entscheidung über die Erklärung eines Gebäudes zum charakteristischen Gebäude nach § 3 Abs. 1 bzw. der Zustellung der Mitteilung der Behörde nach § 6 Abs.1 eine wenn auch noch nicht rechtskräftig erteilte Baubewilligung vorliegt, nicht anzuwenden.

(5) § 17 Abs. 1 und § 18 ist auf Vorhaben, für die im Zeitpunkt des Inkrafttretens einer Verordnung über eine Schutzzone oder Ensembleschutzzone bzw. der Auflegung des Entwurfes einer Verordnung über eine Schutzzone oder Ensembleschutzzone eine wenn auch noch nicht rechtskräftig erteilte Baubewilligung oder Straßenbaubewilligung vorliegt, nicht anzuwenden. § 17 Abs. 1 lit. j und insoweit § 18 ist auf Vorhaben, mit deren Ausführung im Zeitpunkt des Inkrafttretens einer Verordnung über eine Schutzzone oder Ensembleschutzzone bzw. der Auflegung des Entwurfes einer Verordnung über eine Schutzzone oder Ensembleschutzzone bereits begonnen worden ist, nicht anzuwenden.

(6) Der nach § 24 des Stadt- und Ortsbildschutzgesetzes 2003, LGBl. Nr. 89, zuletzt geändert durch das Gesetz LGBl. Nr. 144/2018, eingerichtete Sachverständigenbeirat bleibt in der für die jeweilige Gemeinde maßgebenden Zusammensetzung auch ab dem Inkrafttreten dieses Gesetzes für weitere fünf Jahre bestehen.

(7) Die Landesregierung hat die Ziviltechnikerkammer für Tirol und Vorarlberg nach dem Inkrafttreten dieses Gesetzes aufzufordern, innerhalb von vier Wochen

a) bekanntzugeben, welches der Mitglieder nach § 29 Abs. 4 vierter Satz dann tätig wird, wenn sich die vom Sachverständigenbeirat zu besorgende Angelegenheit auf die Beurteilung von Ensembleschutzzonen bzw. von Vorhaben in diesen Bereichen bezieht, und
b) einen Vorschlag für die Bestellung des Mitgliedes nach § 29 Abs. 4 fünfter Satz und seines Ersatzmitgliedes zu erstatten.

Wird das Mitglied nach lit. a nicht rechtzeitig bekanntgegeben, so hat die Landesregierung das nach Dienstjahren ältere Mitglied zu bestimmen.

(8) Die Landesregierung hat das Mitglied nach Abs. 8 lit. b und dessen Ersatzmitglied auf Vorschlag der Ziviltechnikerkammer für Tirol und Vorarlberg zu bestellen. Wird ein Vorschlag nicht rechtzeitig erstattet, so ist die Bestellung ohne Vorschlag vorzunehmen. Das so bestellte Mitglied und dessen Ersatzmitglied gehören dem Sachverständigenbeirat bis zum Ende der im Abs. 7 festgelegten Funktionsdauer an.

§ 46
Verarbeitung personenbezogener Daten

(1) Die Gemeinden und der Stadtmagistrat Innsbruck sind Verantwortliche nach Art. 4 Z 7 der Verordnung (EU) 2016/679 des Europäischen Parlaments und des Rates zum Schutz natürlicher Personen bei der Verarbeitung personenbezogener Daten, zum freien Datenverkehr und zur Aufhebung der Richtlinie 95/46/EG (Datenschutz-Grundverordnung), ABl. 2016 Nr. L 119, S. 1, in den nach § 38 in die Zuständigkeit des Bürgermeisters oder des Stadtmagistrats fallenden Angelegenheiten. Das Amt der Tiroler Landesregierung ist Verantwortlicher nach Art. 4 Z 7 der Datenschutz-Grundverordnung in den nach § 38 in die Zuständigkeit der Landesregierung fallenden Angelegenheiten. Das Amt der Tiroler Landesregierung und die Bezirkshauptmannschaften sind gemeinsam Verantwortliche nach Art. 26 der Datenschutz-Grundverordnung in den nach § 38 in die Zuständigkeit der Bezirksverwaltungsbehörde fallenden Angelegenheiten.

(2) Die nach Abs. 1 Verantwortlichen dürfen folgende Daten verarbeiten, sofern diese für die Durchführung der Bewilligungsverfahren nach diesem Gesetz erforderlich sind:

a) von den Parteien und Beteiligten, von Grundeigentümern und diesen gleichzuhaltenden Personen: Identifikationsdaten, Erreichbarkeitsdaten, grundstücks- und anlagenbezogene Daten, Daten über Rechtstitel,
b) von Sachverständigen und Projektanten: Identifikationsdaten, Erreichbarkeitsdaten, Daten über Befähigungen und berufsrechtliche Befugnisse.

(3) Die nach Abs. 1 Verantwortlichen dürfen folgende Daten verarbeiten, sofern diese für die Durchführung der Förderverfahren nach diesem Gesetz erforderlich sind:
a) von den Parteien und Beteiligten, von Grundeigentümern und diesen gleichzuhaltenden Personen: Identifikationsdaten, Erreichbarkeitsdaten, grundstücks- und anlagenbezogene Daten, Daten über Rechtstitel,
b) von Sachverständigen und Projektanten: Identifikationsdaten, Erreichbarkeitsdaten, Daten über Befähigungen und berufsrechtliche Befugnisse.

(4) Die nach Abs. 1 Verantwortlichen haben die Daten zu löschen, sobald diese für die Erfüllung der ihnen nach diesem Gesetz obliegenden Aufgaben nicht mehr benötigt werden.

(5) Die nach Abs. 1 Verantwortlichen dürfen personenbezogene Daten nach Abs. 2 und 3 an die Mitglieder des Sachverständigenbeirates und die Gemeinden zum Zweck der Information und der Verarbeitung der Daten welche nach diesem Gesetz vorgesehen sind, übermitteln.

(6) Als Identifikationsdaten gelten:
a) bei natürlichen Personen der Familien- und der Vorname, das Geschlecht, das Geburtsdatum, allfällige akademische Grade, Standesbezeichnungen und Titel,
b) bei juristischen Personen und Personengesellschaften die gesetzliche, satzungsmäßige oder firmenmäßige Bezeichnung und hinsichtlich der vertretungsbefugten Organe die Daten nach lit. a sowie die Firmenbuchnummer, die Vereinsregisterzahl, die Umsatzsteuer-Identifikationsnummer und die Ordnungsnummer im Ergänzungsregister.

(7) Als Erreichbarkeitsdaten gelten Wohnsitzdaten und sonstige Adressdaten, die Telefonnummer, elektronische Kontaktdaten, wie insbesondere die E-Mail-Adresse und Telefax-Nummer, oder Verfügbarkeitsdaten.

§ 47
Inkrafttreten, Außerkrafttreten

(1) Dieses Gesetz tritt mit 1. Jänner 2021 in Kraft. Gleichzeitig tritt das Stadt- und Ortsbild schutzgesetz 2003, LGBl. Nr. 89, zuletzt geändert durch das Gesetz LGBl. Nr. 144/2018, außer Kraft.

(2) Mit diesem Gesetz wird die Richtlinie (EU) 2018/2001 des Europäischen Parlaments und des Rates zur Förderung der Nutzung von Energie aus erneuerbaren Quellen, ABl. 2018 Nr. L 328, S. 82, zuletzt geändert durch die Richtlinie (EU) 2023/2413, ABl. L, 2023/2413, 31.10.2023 umgesetzt.

28. Verordnung über die Geschäftsordnung des Sachverständigenbeirates nach dem Stadt- und Ortsbildschutzgesetz 2021

Verordnung der Landesregierung vom 13. Juli 2021 über die Geschäftsordnung des Sachverständigenbeirates nach dem Stadt- und Ortsbildschutzgesetz 2021

StF: LGBl. Nr. 105/2021

Präambel

Aufgrund des § 33 des Stadt- und Ortsbildschutzschutzgesetzes 2021, LGBl. Nr. 124/2020, wird verordnet:

GLIEDERUNG

§ 1. Angelobung, Pflichten
§ 2. Wahl des Vorsitzenden
§ 3. Einberufung zu den Sitzungen
§ 4. Tagesordnung
§ 5. Beschlussfähigkeit; Beratung und Abstimmung
§ 6. Niederschrift
§ 7. Herbeiführung von Umlaufbeschlüssen
§ 8. Vornahme von Amtshandlungen durch einzelne Mitglieder
§ 9. Gutachten, Stellungnahmen
§ 10. Kanzleiarbeiten
§ 11. Inkrafttreten

§ 1
Angelobung, Pflichten

Die Mitglieder und die Ersatzmitglieder des Sachverständigenbeirates haben vor dem Antritt ihres Amtes in die Hand des zuständigen Mitglieds der Landesregierung die gewissenhafte Erfüllung ihrer Aufgaben zu geloben.

§ 2
Wahl des Vorsitzenden

(1) Die Einberufung zur Wahl des Vorsitzenden und des Stellvertreters des Vorsitzenden obliegt der Landesregierung. Die Wahl ist innerhalb von vier Wochen nach der Bestellung dieser Mitglieder durchzuführen und von dem für die Angelegenheiten des Stadt- und Ortsbildschutzes zuständigen Mitglied der Landesregierung zu leiten. Zu einer gültigen Wahl ist die Anwesenheit aller Mitglieder und die einfache Stimmenmehrheit erforderlich. Stimmenthaltung ist nicht zulässig. Im Fall des vorzeitigen Ausscheidens des Vorsitzenden oder des Stellvertreters oder des Verzichts auf die Funktion als Vorsitzender oder Stellvertreter gelten die vorstehenden Bestimmungen mit der Maßgabe, dass die Wahl innerhalb von vier Wochen nach dem Wirksamwerden des vorzeitigen Ausscheidens bzw. des Funktionsverzichts durchzuführen ist.

(2) Der Sachverständigenbeirat hat aus seiner Mitte einen Vorsitzenden und einen Stellvertreter des Vorsitzenden zu wählen.

§ 3
Einberufung zu den Sitzungen

(1) Die Einberufung des Sachverständigenbeirates zu den Sitzungen obliegt dem Vorsitzenden. Der Sachverständigenbeirat ist nach Bedarf, mindestens jedoch einmal monatlich und überdies binnen zwei Wochen einzuberufen, wenn die Landesregierung, eine betroffene Gemeinde oder mindestens drei Mitglieder dies schriftlich, unter Bekanntgabe jener Angelegenheiten, die Gegenstand der Tagesordnung sein sollen, verlangen.

(2) Die Einberufung hat mindestens eine Woche vor der Sitzung schriftlich unter Bekanntgabe des Beginnes, des Ortes und der Tagesordnung der Sitzung zu erfolgen. Weiters sind der Einberufung alle erforderlichen Sitzungsunterlagen anzuschließen. In dringenden Fällen kann der Sachverständigenbeirat auch mündlich oder telefonisch einberufen werden

(3) Ist ein Mitglied, für das ein Ersatzmitglied bestellt ist, verhindert, so hat es unverzüglich den Vorsitzenden und sein Ersatzmitglied davon zu verständigen. Das Mitglied wird während der Dauer seiner Verhinderung durch das betreffende Ersatzmitglied vertreten. Eine gesonderte Einladung des Ersatzmitgliedes durch den Vorsitzenden ist nicht erforderlich. Bei Verhinderung des Vorsitzenden ist dieser durch seinen Stellvertreter zu vertreten. Das auf Vorschlag des Bundesdenkmalamtes bestellte Mitglied kann sich durch fachkundige Bedienstete vertreten lassen.

SOG+V

§ 4
Tagesordnung

(1) Die Tagesordnung ist vom Vorsitzenden zu erstellen. Im Fall der Einberufung einer Sitzung aufgrund eines Antrages eines Mitgliedes sind jedenfalls alle Angelegenheiten auf die Tagesordnung zu setzen, deren Behandlung von den Mitgliedern verlangt wurde.

(2) Über Angelegenheiten, die nicht Gegenstand der Tagesordnung sind, darf nur beraten und abgestimmt werden, wenn die anwesenden Mitglieder dies beschließen.

(3) Nach Möglichkeit hat die Genehmigung der Niederschrift über die letzte Sitzung den ersten Tagesordnungspunkt der folgenden Sitzung zu bilden.

§ 5
Beschlussfähigkeit; Beratung und Abstimmung

(1) Der Vorsitzende hat die Sitzungen des Sachverständigenbeirates vorzubereiten und zu leiten. Die Sitzungen sind nicht öffentlich. Der Sachverständigenbeirat kann erforderlichenfalls Auskunftspersonen und Sachverständige beratend zu den Sitzungen beiziehen. Bei Bedarf sind die Antragsteller und der Planverfasser zur Vorstellung und Erörterung des Projektes aufzufordern.

(2) Der Sachverständigenbeirat ist beschlussfähig, wenn alle Mitglieder ordnungsgemäß eingeladen wurden und zumindest der Vorsitzende, ein Vertreter der Gemeinde und ein weiteres Mitglied anwesend sind. Ein sachkundiger Bediensteter des Amtes der Tiroler Landesregierung ist den Sitzungen beratend beizuziehen.

(3) Sitzungen des Sachverständigenbeirates können bei Bedarf unter Verwendung vorhandener technischer Einrichtungen zur Wort- und Bildübertragung in Form einer Videokonferenz durchgeführt werden. In diesem Fall

a) gelten die per Video zugeschalteten Mitglieder als anwesend, und nehmen an der Abstimmung in der Weise teil, dass sie ihre Stimme nach persönliche Aufruf durch den Vorsitzenden mündlich abgeben.
b) ist durch geeignete Weise sicherzustellen, dass den durch Video zugeschalteten Mitgliedern die Tagesordnung bzw. die für die Beschlussfassung erforderliche Unterlagen vollständig vorliegen,
c) sind in der Niederschrift die Namen der persönlich anwesenden und der per Video zugeschalteten Mitglieder entsprechend festzuhalten.
d) können auch Personen, die der Sitzung beigezogen werden, per Video zugeschaltet werden

(4) Jedes Mitglied ist berechtigt, zu den einzelnen Tagesordnungspunkten das Wort zu ergreifen. Der Vorsitzende hat den Mitgliedern des Sachverständigenbeirates in der Reihenfolge ihrer Meldungen das Wort zu erteilen. Jedes Mitglied hat weiters das Recht, in der Beratung über die einzelnen Tagesordnungspunkte Anträge zu stellen. Anträge sind so zu fassen, dass eine Abstimmung über die Annahme oder Ablehnung möglich ist.

(5) Liegen zu einem Gegenstand mehrere Anträge vor, so ist über einen Gegenantrag vor dem Hauptantrag und über einen Zusatzantrag nach dem Hauptantrag abzustimmen. Im Zweifel bestimmt der Vorsitzende, in welcher Reihenfolge über die Anträge abzustimmen ist.

(6) Der Sachverständigenbeirat fasst seine Beschlüsse mit einfacher Mehrheit der Stimmen der anwesenden Mitglieder und hat offen zu erfolgen. Stimmenthaltung ist außer im Falle der Befangenheit iSd Abs. 7 nicht zulässig. Derartige Stimmenthaltungen haben keinen Einfluss auf das Abstimmungsergebnis. Der Vorsitzende hat seine Stimme als Letzter abzuheben. Bei Stimmengleichheit gibt die Stimme des Vorsitzenden den Ausschlag. Die Feststellung des Abstimmungsergebnisses obliegt dem Vorsitzenden.

(7) Für die Befangenheit der Mitglieder des Sachverständigenbeirates gilt § 7 Abs. 1 Z 1 bis 3 des Allgemeinen Verwaltungsverfahrensgesetzes 1991, BGBl. Nr. 51/1991 idgF, sinngemäß.

§ 6
Niederschrift

(1) Über jede Sitzung des Sachverständigenbeirates ist eine Niederschrift aufzunehmen. Die Niederschrift hat zu enthalten:

a) Ort, Tag, Beginn und Ende der Sitzung;
b) die Namen der anwesenden und der entschuldigt oder unentschuldigt ferngebliebenen Mitglieder;
c) die Tagesordnung;
d) alle in der Sitzung gestellten Anträge, den wesentlichen Inhalt der Beratungen und den genauen Wortlaut der gefassten Beschlüsse unter namentlicher Anführung des Abstimmungsergebnisses.

(2) Die Niederschrift ist vom Vorsitzenden und, sofern der Sitzung ein Schriftführer beigezogen wurde, auch von diesem zu unterfertigen und allen Mitgliedern des Sachverständigenbeirates spätestens mit der Einberufung zur nächsten Sitzung zuzuleiten.

(3) Das Recht auf Einsichtnahme in die Niederschriften steht nur Mitgliedern bzw. Ersatzmitgliedern zu. Den Vertretern der Gemeinde steht dieses Recht nur hinsichtlich jener Sitzungen zu, die Angelegenheiten der betroffenen Gemeinde zum Gegenstand hatten.

§ 7
Herbeiführung von Umlaufbeschlüssen

Ist eine Angelegenheit so dringend, dass die nächste Sitzung des Sachverständigenbeirates ohne Nachteil für die Sache nicht abgewartet werden kann, so kann ein Beschluss schriftlich im Wege eines Umlaufes oder mündlich durch Abgabe einer Erklärung gegenüber dem Vorsitzenden oder seines Stellvertreters herbeigeführt werden. Das Ergebnis ist in einem Aktenvermerk festzuhalten und dem Sachverständigenbeirat bei der nächsten Sitzung zur Kenntnis zu bringen.

§ 8

Vornahme von Amtshandlungen durch einzelne Mitglieder

Der Sachverständigenbeirat kann einzelne seiner Mitglieder mit der Durchführung von Augenscheinen und sonstigen Amtshandlungen und mit der Ausarbeitung von Vorschlägen für Gutachten und Stellungnahmen außerhalb der Sitzungen beauftragen.

§ 9

Gutachten, Stellungnahmen

(1) Gutachten und Stellungnahmen des Sachverständigenbeirates sind vom Vorsitzenden unter Anführung des Tages der Beschlussfassung unverzüglich der Behörde vorzulegen, in deren Auftrag das jeweilige Gutachten bzw. die jeweilige Stellungnahme erstattet worden ist.

(2) Der Vorsitzende hat die Beschlussfassung durch den Sachverständigenbeirat sowie die Richtigkeit der Ausfertigung des Gutachtens bzw. der Stellungnahme durch seine Unterschrift zu bestätigen.

§ 10

Kanzleiarbeiten

Die Kanzleiarbeiten des Sachverständigenbeirates sind vom Amt der Tiroler Landesregierung zu besorgen.

§ 11

Inkrafttreten

Diese Verordnung tritt mit Ablauf des Tages der Kundmachung in Kraft. Gleichzeitig tritt die bisherige in Geltung stehende Geschäftsordnung des Sachverständigenbeirates, LGBl. Nr. 21/2004 außer Kraft.

29. Verordnung über die Vergütung für die Mitglieder des Sachverständigenbeirates

Verordnung der Landesregierung vom 13. Juli 2021 über die Vergütung für die Mitglieder des Sachverständigenbeirates

StF: LGBl. Nr. 106/2021

Präambel

Aufgrund des § 32 Abs. 7 und 8 des Stadt- und Ortsbildschutzgesetzes 2021, LGBl. Nr. 124/2020, wird verordnet:

GLIEDERUNG

§ 1. Vergütungsansprüche
§ 2. Vergütung der Mühewaltung
§ 3. Ersatz des entgangenen Verdienstes
§ 4. Auszahlung
§ 5. Inkrafttreten

§ 1
Vergütungsansprüche

(1) Die Mitglieder des Sachverständigenbeirates haben Anspruch auf eine Vergütung ihrer Mühewaltung für

a) die Teilnahme an Sitzungen des Sachverständigenbeirates;
b) die Ausarbeitung von Vorschlägen für Gutachten und Stellungnahmen im Auftrag des Sachverständigenbeirates außerhalb von Sitzungen;
c) die Teilnahme an Augenscheinen und sonstigen Amtshandlungen des Sachverständigenbeirates sowie die Durchführung von Augenscheinen und sonstigen Amtshandlungen im Zuge der Ausarbeitung von Vorschlägen für Gutachten und Stellungnahmen nach lit. b oder sonst im Auftrag des Sachverständigenbeirates.

(2) Der Vertreter der Gemeinde im Sachverständigenbeirat hat weiters Anspruch auf eine Vergütung für seine Mühewaltung für die Erstattung von Gutachten nach §§ 3 Abs. 2, 4 Abs. 2, 8 Abs. 2, 12 Abs. 4, 13 Abs. 4, 13 Abs. 8, 14 Abs. 3, 22 Abs. 4 und 5, 24 Abs. 4, 26 Abs. 2, 27 Abs. 2, 28 Abs. 1, und 37 Abs. 3 des Stadt- und Ortsbildschutzgesetzes 2021 vorgesehen Fällen sowie die im Zuge dessen durchgeführten Augenscheine und sonstigen Amtshandlungen.

(3) Der Anspruch auf die Vergütung für Mühewaltung besteht nicht, wenn Tätigkeiten nach Abs. 1 lit. b und c oder Abs. 2 im Rahmen der eines Dienstverhältnisses zu einer Gebietskörperschaft ausgeübt worden sind.

(4) Jene Mitglieder des Sachverständigenbeirates die aufgrund ihrer Tätigkeit einen Verdienstentgang erleiden, haben Anspruch auf Ersatz des entgangenen Verdienstes.

(5) Die Ansprüche auf Vergütung für Mühewaltung und Ersatz des entgangenen Gewinnes bestehen gegenüber dem Land Tirol, beim Vertreter der Gemeinde gegenüber der jeweiligen Gemeinde.

§ 2
Vergütung der Mühewaltung

Die Höhe der Vergütung beträgt für:

a) die Teilnahme an einer Sitzung des Sachverständigenbeirates für den Vorsitzenden 85,- Euro für die übrigen Mitglieder 45,- Euro
b) die Ausarbeitung von Vorschlägen für Gutachten und Stellungnahmen außerhalb von Sitzungen des Sachverständigenbeirates 80,- Euro je angefangene Stunde;
c) die Erstattung von Gutachten und Stellungnahmen durch den Vertreter der Gemeinde im Sachverständigenbeirat 80,- Euro je angefangene Stunde;
d) die Teilnahme und die Durchführung von Augenscheinen und sonstigen Amtshandlungen 15,– Euro je angefangene Stunde.

§ 3
Ersatz des entgangenen Verdienstes

Die Höhe des Ersatzes des entgangenen Verdienstes beträgt 35,- Euro für jede angefangene Stunde.

§ 4
Auszahlung

(1) Die Vergütung der Mühewaltung und der Ersatz des Verdienstentganges sind spätestens bis zum Ende eines jeden Jahres auszuzahlen.

(2) Der Ersatz des entgangenen Verdienstes ist vom betreffenden Mitglied jeweils bis 10. Dezember schriftlich geltend zu machen. Dabei sind die Tätigkeiten, aufgrund derer der Verdienstentgang entstanden ist, und die dafür aufwendete Zeit im Einzelnen anzuführen.

§ 5
Inkrafttreten

Diese Verordnung tritt mit Ablauf des Tages der Kundmachung in Kraft. Gleichzeitig tritt die bis-

SOG+V

herige in Geltung stehende Verordnung über die Vergütung der Mitglieder des Sachverständigenbeirates, LGBl. Nr. 38/2004, außer Kraft.

30. Tiroler Grundverkehrsgesetz 1996

Gesetz vom 3. Juli 1996 über den Verkehr mit Grundstücken in Tirol (Tiroler Grundverkehrsgesetz 1996)

StF: LGBl. Nr. 61/1996

Letzte Novellierung: LGBl. Nr. 6/2025

GLIEDERUNG

1. Abschnitt
Allgemeine Bestimmungen

§ 1. Grundsätze und Geltungsbereich
§ 2. Begriffsbestimmungen
§ 3. Gleichstellung im Rahmen der europäischen Integrationsowie aufgrund staatsvertraglicher Verpflichtungen

2. Abschnitt
Rechtserwerbe an land- oder forstwirtschaftlichen Grundstücken

§ 4. Genehmigungspflicht
§ 5. Ausnahmen von der Genehmigungspflicht
§ 6. Genehmigungsvoraussetzungen
§ 7. Besondere Versagungsgründe
§ 7a. Interessentenregelung
§ 8. Auflagen

3. Abschnitt
Rechtserwerbe an unbebauten Baugrundstücken

§ 9. Erklärungspflicht
§ 10. Ausnahmen von der Erklärungspflicht
§ 11. Inhalt der Erklärung, Frist für die Bebauung

4. Abschnitt
Rechtserwerbe an Grundstücken durch Ausländer

§ 12. Genehmigungspflicht, Ausnahmen von der Genehmigungspflicht
§ 13. Genehmigungsvoraussetzungen

5. Abschnitt
Rechtserwerbe in Vorbehaltsgemeinden

§ 14. Vorbehaltsgemeinden
§ 14a. Erklärungspflicht

6. Abschnitt
Rechtserwerbe von Todes wegen

§ 15. Gesetzliche Erben
§ 16. Einantwortung, Verbücherung
§ 17. Versteigerung

7. Abschnitt
Zwangsversteigerung

§ 18. Verständigung der Grundverkehrsbehörde
§ 19. Verfahren bei der Zuschlagserteilung
§ 20. Erneute Versteigerung
§ 21. Verfahren bei Überboten
§ 22. Freiwillige Feilbietung

8. Abschnitt
Verfahren

§ 23. Anzeigepflicht
§ 23a. Besondere Anzeigepflicht für originäre Eigentumserwerbe
§ 24. Feststellung von Ausnahmen von der Genehmigungspflicht,Entscheidung über den Geltungsbereich
§ 25. Erteilung der Genehmigung
§ 25a. Bestätigung über Ausnahmen von der Erklärungspflicht,Bestätigung der Anzeige
§ 25b. Verarbeitung personenbezogener Daten

9. Abschnitt
Behörden

§ 26. Grundverkehrsbehörde

10. Abschnitt
Zivilrechtliche Bestimmungen, Klagerecht

§ 31. Zivilrechtliche Wirkung der Verkehrsbeschränkung
§ 32. Zulässigkeit der Grundbuchseintragung
§ 33. Unwirksamkeit der Eintragung
§ 34. Rückabwicklung
§ 34a. Exekutionstitel
§ 35. Feststellungsklage bei Schein- oder Umgehungsgeschäften

11. Abschnitt
Straf-, Übergangs- und Schlußbestimmungen

§ 36. Strafbestimmungen
§ 37. Bewilligungen nach anderen Landesgesetzen
§ 38. Mitwirkung der Gemeinden
§ 39. Eigener Wirkungsbereich der Gemeinde
§ 40. Übergangsbestimmung
§ 41. Inkrafttreten

1. Abschnitt
Allgemeine Bestimmungen

§ 1
Grundsätze und Geltungsbereich

(1) Bei der Vollziehung dieses Gesetzes sind folgende Grundsätze zu beachten:

a) die Erhaltung und Stärkung eines lebensfähigen Bauernstandes in Tirol, dies durch
1. die Schaffung, Erhaltung oder Stärkung leistungsfähiger land- oder forstwirtschaftlicher Betriebe,
2. die Schaffung, Erhaltung oder Stärkung eines wirtschaftlich gesunden land- oder forstwirtschaftlichen Grundbesitzes und
3. die Aufrechterhaltung oder Herbeiführung einer nachhaltigen flächendeckenden Bewirtschaftung der land- oder forstwirtschaftlichen Grundflächen,

jeweils unter besonderer Förderung kleinbäuerlicher Betriebe und der Bewirtschaftung durch den Eigentümer selbst,

b) die Verhinderung von Baulandhortung und sonstigem spekulativen Grunderwerb,
c) die sparsame und zweckmäßige Verwendung von Grund und Boden,
d) die Verhinderung der Schaffung neuer, unzulässiger Freizeitwohnsitze sowie
e) die Beschränkung von Rechtserwerben durch Ausländer.

(2) Dieses Gesetz gilt für den Erwerb von Rechten

a) an land- oder forstwirtschaftlichen Grundstücken,
b) an Baugrundstücken und
c) an sonstigen Grundstücken, wenn der Rechtserwerber Ausländer ist.

(3) Dieses Gesetz gilt nicht:

a) für den Erwerb von Rechten an Grundstücken, die im Grundbuch als Eisenbahneinlagen im Sinn des § 24b Abs. 1 des Grundbuchsumstellungsgesetzes, BGBl. Nr. 550/1980, zuletzt geändert durch das Gesetz BGBl. I Nr. 81/2020, eingetragen sind;
b) für den Erwerb von Rechten an Grundstücken im Wege der Enteignung;
c) für den Erwerb von Rechten an Grundstücken, die durch Entscheidung oder Verordnung dazu bestimmt sind, dem öffentlichen Verkehr, der öffentlichen Wasser- oder Energieversorgung, der öffentlichen Abwasserbeseitigung oder -reinigung, der öffentlichen Abfallentsorgung oder öffentlichen Wasserbauten zu dienen;
d) für die Einräumung von Geh-, Fahr-, Wege-, Bringungs- und Leitungsrechten sowie von Leitungsdienstbarkeiten für elektrische Anlagen;
e) für den Erwerb von Rechten an Grundstücken im Rahmen eines Agrarverfahrens oder eines Baulandumlegungsverfahrens sowie von Anteilsrechten an agrargemeinschaftlichen Grundstücken und von Einforstungsrechten;
f) für die Teilung von Grundstücken, die von den Vermessungsbehörden im Rahmen des Feldvergleiches von Amts wegen oder von den Agrarbehörden vorgenommen werden;
g) für die Abschreibungen und die Verbücherungen nach den §§ 13 bis 22 des Liegenschaftsteilungsgesetzes, BGBl. Nr. 3/1930, zuletzt geändert durch das Gesetz BGBl. I Nr. 190/2013, es sei denn, dass aus einem Trennstück ein neuer Grundbuchskörper gebildet werden soll;
h) für Änderungen der Miteigentumsanteile im Sinn des § 10 Abs. 3 des Wohnungseigentumsgesetzes 2002, BGBl. I Nr. 70, zuletzt geändert durch das Gesetz BGBl. I Nr. 222/2021.

§ 2
Begriffsbestimmungen

(1) Land- oder forstwirtschaftliche Grundstücke sind Grundstücke, die ganz oder teilweise im Rahmen eines land- oder forstwirtschaftlichen Betriebes für land- oder forstwirtschaftliche Zwecke genutzt werden. Als land- oder forstwirtschaftliche Grundstücke gelten weiters Grundstücke, die zwar nicht im Rahmen eines land- oder forstwirtschaftlichen Betriebes, aber doch in einer für die Land- oder Forstwirtschaft typischen Weise genutzt werden. Durch die Aussetzung der land- oder forstwirtschaftlichen Nutzung eines bisher im Sinn des ersten oder zweiten Satzes genutzten Grundstückes verliert dieses nicht die Eigenschaft als land- oder forstwirtschaftliches Grundstück. Als land- oder forstwirtschaftliche Grundstücke gelten auch Grundstücke mit land- oder forstwirtschaftlichen Wohn- oder Wirtschaftsgebäuden sowie solche Gebäude selbst, wenn nur diese Gegenstand eines Rechtserwerbes sind. Die Bezeichnung eines Grundstückes im Grundsteuer- oder Grenzkataster ist für dessen Beurteilung als land- oder forstwirtschaftliches Grundstück nicht maßgebend. Baugrundstücke (Abs. 3) gelten nicht als land- oder forstwirtschaftliche Grundstücke.

(2) Ein land- oder forstwirtschaftlicher Betrieb ist jede selbstständige wirtschaftliche Einheit, in deren Rahmen land- oder forstwirtschaftliche Grundstücke bewirtschaftet werden und die geeignet ist, zum Lebensunterhalt des Bewirtschafters und seiner Familie beizutragen.

(3) Baugrundstücke sind:

a) bebaute Grundstücke, das sind solche, die mit Gebäuden, mit Ausnahme von land- oder forstwirtschaftlichen Wohn- oder Wirtschaftsgebäuden, bebaut sind; als bebaute Grundstücke gelten auch baulich in sich abgeschlossene Teile eines Gebäudes, die als Wohnungen, Geschäftsräume, Kanzleien, Ordinationen und dergleichen verwendet werden;

b) unbebaute Grundstücke, die im Flächenwidmungsplan als Bauland, als Vorbehaltsfläche oder als Sonderfläche, ausgenommen Sonderflächen für Schipisten, für Schiübungswiesen, für Hofstellen, für landwirtschaftliche Intensivtierhaltung, für Austraghäuser, für sonstige land- und forstwirtschaftliche Gebäude und für Anlagen zur Aufbereitung mineralischer Rohstoffe, gewidmet sind;
c) unbebaute Grundstücke, die innerhalb der im örtlichen Raumordnungskonzept nach § 31 Abs. 1 lit. d und e des Tiroler Raumordnungsgesetzes 2022, LGBl. Nr. 43/2022, in der jeweils geltenden Fassung zur Befriedigung des Wohnbedarfes und für Zwecke der Wirtschaft festgelegten baulichen Entwicklungsbereiche liegen.

Grundstücke, auf denen sich in Relation zur Grundstücksgröße ausschließlich Gebäude von untergeordneter Bedeutung, wie Garagen, Geräteschuppen, Bienenhäuser, Gartenhäuschen und dergleichen, befinden, gelten nicht als bebaut im Sinn dieses Gesetzes.

(4) Land- oder forstwirtschaftliche Grundstücke mit anderen Gebäuden als land- oder forstwirtschaftlichen Wohn- oder Wirtschaftsgebäuden gelten als land- oder forstwirtschaftliche Grundstücke, wenn das gesamte Grundstück oder ein Grundstücksteil Gegenstand eines Rechtserwerbes ist. Ist nur das Gebäude Gegenstand eines Rechtserwerbes, so gilt dieses als Baugrundstück.

(5) Als Landwirt gilt,
a) wer einen landwirtschaftlichen Betrieb allein oder zusammen mit Familienangehörigen oder mit den darüber hinaus allenfalls erforderlichen landwirtschaftlichen Dienstnehmern bewirtschaftet oder
b) wer nach dem Erwerb eines landwirtschaftlichen Betriebes oder eines landwirtschaftlichen Grundstückes eine Tätigkeit im Sinn der lit. a ausüben will und die dazu erforderlichen Fähigkeiten aufgrund seiner zumindest fünfjährigen praktischen Tätigkeit oder seiner fachlichen Ausbildung nachweisen kann und erklärt, dass er den landwirtschaftlichen Betrieb bzw. das landwirtschaftliche Grundstück entsprechend einem vorzulegenden, fachkundig erstellten Betriebskonzept nachhaltig und ordnungsgemäß bewirtschaften wird; der Nachweis der fachlichen Ausbildung wird erbracht durch:
1. die erfolgreiche Ablegung der Facharbeiterprüfung nach § 7 des Tiroler Land- und forstwirtschaftlichen Berufsausbildungsgesetzes 2000, LGBl. Nr. 32/2000, in der jeweils geltenden Fassung oder einer gleichwertigen Prüfung nach dem betreffenden Gesetz eines anderen Bundeslandes;
2. die erfolgreiche Absolvierung der Ausbildung an einer höheren land- und forstwirtschaftlichen Lehranstalt;
3. die erfolgreiche Absolvierung der Ausbildung an einer landwirtschaftlichen Fachhochschule;
4. die erfolgreiche Absolvierung eines landwirtschaftlichen Studiums an der Universität für Bodenkultur;
5. die erfolgreiche Absolvierung einer Ausbildung an der Hochschule für Agrar- und Umweltpädagogik.

Die erforderlichen Fähigkeiten können auch durch gleichwertige Prüfungen bzw. Ausbildungen in einem anderen EU-Mitgliedstaat oder einem anderen Vertragsstaat des EWR-Abkommens oder in sonstigen Staaten, soweit unionsrechtliche oder staatsvertragliche Verpflichtungen bestehen, nachgewiesen werden.

(6) Interessenten sind
a) Landwirte, die bereit sind, anstelle des Rechtserwerbers ein gleichartiges Rechtsgeschäft unter Lebenden über den landwirtschaftlichen Betrieb oder das landwirtschaftliche Grundstück abzuschließen, wenn sie glaubhaft machen, dass
1. die Bezahlung des ortsüblichen Preises, Bestandzinses oder Nutzungsentgelts und die Erfüllung sonstiger ortsüblicher, für den Veräußerer nach objektiven Maßstäben notwendiger rechtsgeschäftlicher Bedingungen gewährleistet ist,
2. der Erwerb den im § 1 Abs. 1 lit. a Z 1 genannten Grundsätzen dient und
3.
aa) im Fall des Erwerbes von landwirtschaftlichen Grundstücken ihr landwirtschaftlicher Betrieb einer Aufstockung bedarf und sie die Absicht haben, das Grundstück im Rahmen dieses Betriebes nachhaltig und ordnungsgemäß zu bewirtschaften oder
bb) im Fall des Erwerbes von landwirtschaftlichen Grundstücken, die in den letzten zehn Jahren im Rahmen desselben landwirtschaftlichen Betriebes mitbewirtschaftet wurden und für den Betrieb des Pächters von wesentlicher Bedeutung im Sinn des § 7a Abs. 9 sind, sie die pachtweise Bewirtschaftung durch den Landwirt, der diese Grundstücke zuletzt bewirtschaftet hat, weiterhin für die Dauer von mindestens zehn Jahren gewährleisten;
b) der Landeskulturfonds, wenn er bereit ist, anstelle des Rechtserwerbers ein gleichartiges Rechtsgeschäft unter Lebenden über den landwirtschaftlichen Betrieb oder das landwirtschaftliche Grundstück abzuschließen und er glaubhaft macht, dass
1. die Bezahlung des ortsüblichen Preises, Bestandzinses oder Nutzungsentgelts und die Erfüllung sonstiger ortsüblicher, für den Veräußerer nach objektiven Maßstäben notwendiger rechtsgeschäftlicher Bedingungen gewährleistet ist und

2. der Betrieb oder das Grundstück für die Aufgaben und Zwecke nach § 1 Abs. 1 lit. k des Gesetzes über den Landeskulturfonds, LGBl. Nr. 65/2005, in der jeweils geltenden Fassung verwendet wird, für Infrastruktur- bzw. Siedlungsprojekte von öffentlichem Interesse und für Betriebsansiedelungen jedoch nur, insoweit diese land- oder forstwirtschaftlichen Zwecken dienen;

c) der Tiroler Bodenfonds, wenn er bereit ist, anstelle des Rechtserwerbers ein gleichartiges Rechtsgeschäft unter Lebenden über den landwirtschaftlichen Betrieb oder das landwirtschaftliche Grundstück abzuschließen und er glaubhaft macht, dass

1. die Bezahlung des ortsüblichen Preises, Bestandzinses oder Nutzungsentgelts und die Erfüllung sonstiger ortsüblicher, für den Veräußerer nach objektiven Maßstäben notwendiger rechtsgeschäftlicher Bedingungen gewährleistet ist und
2. der Betrieb oder das Grundstück für die Aufgaben nach § 103 Abs. 5 lit. c, gegebenenfalls in Verbindung mit lit. e, des Tiroler Raumordnungsgesetzes 2022 verwendet wird.

(7) Ausländer sind:

a) natürliche Personen, die nicht die österreichische Staatsbürgerschaft besitzen;
b) juristische Personen, die ihren Sitz im Ausland haben oder deren Gesellschaftskapital oder Anteile am Vermögen (wie Namens- oder Stammaktien, Stammeinlagen und ähnliche Rechte) mindestens zur Hälfte Ausländern gehören;
c) eingetragene Personengesellschaften, die ihren Sitz im Ausland haben oder deren Gesellschafter mindestens zur Hälfte nicht die österreichische Staatsbürgerschaft besitzen oder deren Gesellschaftsvermögen mindestens zur Hälfte Ausländern gehört;
d) Stiftungen und Fonds, die zwar ihren Sitz im Inland haben, deren Vermögen oder Erträgnisse nach dem Stiftungs- bzw. Fondszweck jedoch mindestens zur Hälfte Ausländern zukommen;
e) Vereine, die zwar ihren Sitz im Inland haben, deren Mitglieder jedoch mindestens zur Hälfte nicht die österreichische Staatsbürgerschaft besitzen.

(8) Freizeitwohnsitze sind Gebäude, Wohnungen oder sonstige Teile von Gebäuden im Sinn des § 13 Abs. 1 in Verbindung mit den Abs. 1a und 2 des Tiroler Raumordnungsgesetzes 2022.

§ 3

Gleichstellung im Rahmen der europäischen Integration sowie aufgrund staatsvertraglicher Verpflichtungen

(1) Staatsangehörige eines anderen EU-Mitgliedstaates oder eines anderen Vertragsstaates des EWR-Abkommens sowie Personen, die über einen Aufenthaltstitel „Artikel 50 EUV“ nach § 8 Abs. 1 Z 13 des Niederlassungs- und Aufenthaltsgesetzes – NAG, BGBl. I Nr. 100/2005, zuletzt geändert durch das Gesetz BGBl. I Nr. 175/2023, verfügen, sind für den Geltungsbereich dieses Gesetzes den österreichischen Staatsbürgern gleichgestellt.

(2) Juristische Personen und sonstige rechtsfähige Personengemeinschaften, die nach den Rechtsvorschriften eines der im Abs. 1 genannten Staaten gegründet wurden und ihren satzungsmäßigen Sitz, ihre Hauptverwaltung oder ihre Hauptniederlassung in einem dieser Staaten haben, sind österreichischen juristischen Personen bzw. sonstigen rechtsfähigen Personengemeinschaften gleichgestellt, wenn der Rechtserwerb in Ausübung einer der folgenden Freiheiten erfolgt:

a) der Niederlassungsfreiheit nach Art. 49 AEUV bzw. nach Art. 31 des EWR-Abkommens,
b) des freien Dienstleistungsverkehrs nach Art. 56 AEUV bzw. nach Art. 36 des EWR-Abkommens,
c) der Kapitalverkehrsfreiheit nach Art. 63 AEUV bzw. nach Art. 40 des EWR-Abkommens.

(3) Im Übrigen sind natürliche Personen sowie juristische Personen und sonstige rechtsfähige Personengemeinschaften den österreichischen Staatsbürgern und den österreichischen juristischen Personen bzw. sonstigen rechtsfähigen Personengemeinschaften gleichgestellt, soweit sich dies in sonstiger Weise aus dem Unionsrecht oder aus staatsvertraglichen Verpflichtungen, einschließlich solcher aus Verträgen im Rahmen der europäischen Integration, ergibt.

(4) Der Nachweis, dass die Voraussetzungen nach Abs. 1, 2 oder 3 vorliegen, obliegt dem Rechtserwerber.

2. Abschnitt
Rechtserwerbe an land- oder forstwirtschaftlichen Grundstücken

§ 4

Genehmigungspflicht

(1) Der Genehmigung durch die Grundverkehrsbehörde bedürfen Rechtsgeschäfte, die den Erwerb eines der folgenden Rechte an land- oder forstwirtschaftlichen Grundstücken zum Gegenstand haben:

a) den Erwerb des Eigentums;
b) den Erwerb eines Baurechtes oder eines anderen Rechtes zur Errichtung eines Bauwerkes auf fremdem Grund;
c) den Erwerb eines Fruchtnießungsrechtes (§ 509 ABGB) oder eines Gebrauchsrechtes (§ 504 ABGB), insbesondere an einer Wohnung (§ 521 ABGB);

d) den Erwerb eines Bestandrechtes an einem landwirtschaftlichen Wohngebäude, wenn die Bestanddauer mehr als fünf Jahre beträgt;
e) den Erwerb eines Bestandrechtes, wenn es in das Grundbuch eingetragen werden soll;
f) den Erwerb eines Bestandrechtes, wenn die in Bestand zu nehmende Grundfläche mehr als drei Hektar beträgt und der Erwerber keinen land- oder forstwirtschaftlichen Betrieb bewirtschaftet;
g) die Überlassung land- oder forstwirtschaftlicher Grundstücke zu einer die Nutzung im Sinne des § 2 Abs. 1 erster Satz ausschließenden oder zumindest wesentlich beeinträchtigenden Nutzung;
h) den Erwerb von Gesellschaftsanteilen an Gesellschaften mit beschränkter Haftung und eingetragenen Personengesellschaften oder von Genossenschaftsanteilen, wenn im Eigentum der Gesellschaft oder Genossenschaft land- oder forstwirtschaftliche Grundstücke stehen oder die Gesellschaft oder Genossenschaft einen Anspruch auf Übertragung des Eigentums an solchen Grundstücken hat. Ein derartiger Erwerb ist jedoch nur dann genehmigungspflichtig, wenn
1. die Gesellschaft oder Genossenschaft überwiegend auf dem Gebiet der Land- und Forstwirtschaft tätig ist oder tätig werden soll oder
2. die Gesellschaft oder Genossenschaft überwiegend nicht auf dem Gebiet der Land- und Forstwirtschaft tätig ist oder tätig werden soll, ihre land- und forstwirtschaftlichen Grundstücke aber zusammen eine Fläche von mindestens 5.000 m² aufweisen und einen erheblichen Teil des Gesellschafts- oder Genossenschaftsvermögens ausmachen,

und wenn mit dem Erwerb ein für die Ausübung der Nutzungs- bzw. Verfügungsrechte an diesen Grundstücken maßgeblicher Einfluss auf die Gesellschaft oder Genossenschaft verbunden ist.

(2) Der Genehmigung durch die Grundverkehrsbehörde bedürfen weiters
a) jede Teilung von landwirtschaftlichen Grundstücken, sofern hierfür nicht bereits nach Abs. 1 die Genehmigung erforderlich ist; dies gilt jedenfalls auch, wenn im Zug der Teilung kein Rechtsgeschäft abgeschlossen wird,
b) die Einbringung land- oder forstwirtschaftlicher Grundstücke als Sacheinlage in eine Gesellschaft oder in eine Genossenschaft,
c) die Widmung land- oder forstwirtschaftlicher Grundstücke als Vermögen einer Privatstiftung nach § 4 des Privatstiftungsgesetzes, BGBl. Nr. 694/1993, zuletzt geändert durch das Gesetz BGBl. I Nr. 104/2019, oder die Zustiftung hinsichtlich derartiger Grundstücke im Sinn des § 3 Abs. 4 dieses Gesetzes.

§ 5

Ausnahmen von der Genehmigungspflicht

In folgenden Fällen bedarf es nicht der Genehmigung nach § 4:
a) beim Rechtserwerb durch Erben oder Vermächtnisnehmer, die zum Kreis der gesetzlichen Erben gehören, sofern nicht von der Anordnung des Gesetzes oder des Erblassers oder von den Bestimmungen des Erbvertrages durch besondere Übereinkommen (Erbteilungsübereinkommen) abgegangen wird;
b) beim Erwerb des Eigentums aufgrund eines Erbteilungsübereinkommens, wenn alle land- oder forstwirtschaftlichen Grundstücke des Erblassers oder dessen sämtliche Miteigentumsanteile an solchen Grundstücken ungeteilt auf eine mit ihm in gerader Linie oder bis zum dritten Grad der Seitenlinie verwandte Person oder den Ehegatten oder eingetragenen Partner übergehen, sowie beim damit im Zusammenhang stehenden Erwerb einer Dienstbarkeit der Wohnung für den Ehegatten oder eingetragenen Partner oder die Kinder des Erblassers;
c) beim Rechtserwerb zwischen Ehegatten oder eingetragenen Partnern, zwischen Verwandten in gerader Linie und bis zum dritten Grad der Seitenlinie oder zwischen Verschwägerten in gerader Linie, wenn der Übergeber alle seine land- oder forstwirtschaftlichen Grundstücke oder alle seine Miteigentumsanteile an solchen Grundstücken ungeteilt in das Eigentum einer Person überträgt oder ihr in Bestand gibt, sowie beim damit im Zusammenhang stehenden Erwerb einer Dienstbarkeit der Wohnung für den Übergeber oder dessen Ehegatten oder eingetragenen Partner oder Kinder;
d) beim Rechtserwerb
1. an Grundstücken oder Grundstücksteilen mit einer Fläche von höchstens 300 m² sowie
2. an Grundstücken oder Grundstücksteilen, die aufgrund ihrer Beschaffenheit, ihrer Lage oder ihrer geringen Größe für die land- oder forstwirtschaftliche Nutzung im Rahmen eines land- oder forstwirtschaftlichen Betriebes wirtschaftlich nicht von Bedeutung sind,

in beiden Fällen jedoch nur dann, wenn das Grundstück oder der Grundstücksteil an ein Grundstück im Eigentum des Erwerbers unmittelbar angrenzt oder zumindest in der unmittelbaren Nähe zu diesem liegt, der bereits vorhandene Grundbesitz des Erwerbers in diesem Bereich noch nicht unter Anwendung dieser Bestimmung über die Ausnahme von der Genehmigungspflicht vergrößert wurde und die Vergrößerung des vorhandenen Grundbesitzes den Zielen und Festlegungen der örtlichen Raumordnung nicht widerspricht;
e) beim Rechtserwerb durch den Landeskulturfonds oder den Tiroler Bodenfonds, wenn der

Rechtserwerb der Erfüllung der Aufgaben dieser Fonds dient;

f) beim Rechtserwerb durch Wasserverbände und Wassergenossenschaften nach dem Wasserrechtsgesetz 1959, BGBl. Nr. 215, zuletzt geändert durch das Gesetz BGBl. I Nr. 73/2018, wenn der Rechtserwerb zum Zweck der Umsetzung von Maßnahmen des Hochwasserrisikomanagements erfolgt;

g) beim Rechtserwerb durch eine Gemeinde, wenn der Rechtserwerb unmittelbar oder mittelbar zur Erfüllung der der Gemeinde obliegenden Aufgaben benötigt wird und das betreffende Grundstück im Gebiet dieser Gemeinde liegt;

h) beim Rechtserwerb durch den Bund oder das Land Tirol, wenn der Rechtserwerb unmittelbar der Erfüllung der dem Erwerber gesetzlich obliegenden Aufgaben dient.

§ 6
Genehmigungsvoraussetzungen

(1) Die Genehmigung nach § 4 ist, soweit in den Abs. 2 bis 10 nichts anderes bestimmt ist, zu erteilen, wenn der Rechtserwerb den Grundsätzen nach § 1 Abs. 1 lit. a nicht widerspricht.

(2) Rechtserwerbe an forstwirtschaftlichen Grundstücken sind zu genehmigen, wenn hinsichtlich des Veräußerers kein Widerspruch zu den im § 1 Abs. 1 lit. a Z 1 und 2 genannten Grundsätzen besteht und die nachhaltige ordnungsgemäße Bewirtschaftung der erworbenen Grundstücke gewährleistet ist.

(3) Rechtserwerbe an landwirtschaftlichen Grundstücken durch einen Landwirt im Sinn des § 2 Abs. 5 lit. a sind zu genehmigen, wenn der Rechtserwerb den Grundsätzen nach § 1 Abs. 1 lit. a nicht widerspricht und

a) der Rechtserwerber glaubhaft macht, dass er das landwirtschaftliche Grundstück im Rahmen seines Betriebes nachhaltig und ordnungsgemäß mitbewirtschaftet, oder

b) der Rechtserwerber glaubhaft macht, dass die Bewirtschaftung des landwirtschaftlichen Grundstücks, das in den letzten zehn Jahren im Rahmen desselben landwirtschaftlichen Betriebes mitbewirtschaftet wurde und für den Betrieb des Pächters von wesentlicher Bedeutung im Sinn des § 7a Abs. 9 ist, durch den Landwirt, der diese Grundstücke zuletzt bewirtschaftet hat, weiterhin für die Dauer von mindestens zehn Jahren gewährleistet ist.

(4) Wenn kein Interessent im Sinn des § 2 Abs. 6 vorhanden ist, sind Rechtserwerbe an einem landwirtschaftlichen Grundstück oder einem landwirtschaftlichen Betrieb durch eine Person, die nicht Landwirt im Sinn des § 2 Abs. 5 ist, zu genehmigen, wenn hinsichtlich des Veräußerers kein Widerspruch zu den im § 1 Abs. 1 lit. a Z 1 und 2 genannten Grundsätzen besteht und die nachhaltige ordnungsgemäße Bewirtschaftung der erworbenen Grundstücke gewährleistet ist.

(5) Die Genehmigung für den Erwerb des Eigentums an einem land- oder forstwirtschaftlichen Grundstück aufgrund eines Kaufvertrages ist zu erteilen, wenn der Verkauf aufgrund von Umständen, die ohne grobes Verschulden des Verkäufers eingetreten sind, insbesondere aufgrund von Elementarereignissen, zur Vermeidung des gänzlichen Verfalls eines land- oder forstwirtschaftlichen Betriebes notwendig ist.

(6) Rechtserwerbe durch Erben oder Vermächtnisnehmer, die nicht zum Kreis der gesetzlichen Erben gehören, sind zu genehmigen, es sei denn, dass die letztwillige Zuwendung in der Absicht erfolgt ist, die Genehmigungsvoraussetzungen für Rechtserwerbe durch Rechtsgeschäft unter Lebenden zu umgehen.

(7) Rechtserwerbe an Grundstücken oder Grundstücksteilen, die der Erweiterung einer gewerblichen oder industriellen Anlage oder einer Bergbauanlage dienen, sind zu genehmigen, wenn das Grundstück oder der Grundstücksteil an ein Grundstück im Eigentum des Erwerbers unmittelbar angrenzt oder zumindest in der unmittelbaren Nähe zu diesem liegt, für das Grundstück oder den Grundstücksteil keine Festlegung nach § 7 Abs. 2 lit. a Z 1 des Tiroler Raumordnungsgesetzes 2016 besteht und die Vergrößerung des vorhandenen Grundbesitzes den Zielen der örtlichen Raumordnung nicht widerspricht.

(8) Rechtserwerbe durch Personen, die land- oder forstwirtschaftliche Grundstücke

a) an den Landeskulturfonds oder den Tiroler Bodenfonds zur Erfüllung von Aufgaben im Sinn des § 5 lit. e,

b) an Wasserverbände oder Wassergenossenschaften nach dem Wasserrechtsgesetz 1959 zur Umsetzung von Maßnahmen im Sinn des § 5 lit. f oder

c) an eine Gemeinde zur Erfüllung von Aufgaben im Sinn des § 5 lit. g

veräußert haben, sind zu genehmigen, wenn der Rechtserwerb in einem unmittelbaren Zusammenhang mit dieser Veräußerung steht und die zu erwerbenden Ersatzgrundstücke in einem angemessenen Verhältnis zu den veräußerten Grundstücken stehen.

(9) Rechtserwerbe von weiteren Miteigentumsanteilen durch einen Miteigentümer einer Liegenschaft, zu der land- oder forstwirtschaftliche Grundstücke gehören, sind zu genehmigen, wenn

a) kein Widerspruch zu den im § 1 Abs. 1 lit. a Z 1 und 2 genannten Grundsätzen besteht,

b) der Erwerber seinen Miteigentumsanteil genehmigungsfrei erworben hat und

c) kein Miteigentümer die im Miteigentum stehenden Grundstücke im Rahmen seines landwirtschaftlichen Betriebes selbst ortsüblich bewirtschaftet oder wenn eine derartige Bewirtschaftung zwar stattfindet, der betreffende Landwirt aber kein Interesse am Rechtserwerb hat.

(10) Rechtserwerbe durch als gemeinnützig anerkannte Bauvereinigungen sind zu genehmigen, wenn

a) der Rechtserwerb an einer Grundfläche erfolgt, die nach ihrer Größe, Lage und Beschaffenheit, insbesondere auch nach § 37 des Tiroler Raumordnungsgesetzes 2022, für Zwecke des geförderten Wohnbaus geeignet ist und auf die sich keine Maßnahme nach einem Raumordnungsprogramm nach § 7 Abs. 2 lit. a des Tiroler Raumordnungsgesetzes 2022 bezieht,
b) zu erwarten ist, dass die Grundfläche spätestens anlässlich der nächstfolgenden Fortschreibung des örtlichen Raumordnungskonzeptes für Zwecke des geförderten Wohnbaus in die baulichen Entwicklungsbereiche einbezogen wird und
c) eine rechtsverbindliche Vereinbarung des Rechtserwerbers mit der Gemeinde vorliegt, in der dieser sich verpflichtet, die Grundfläche innerhalb der Frist nach § 11 Abs. 2 lit. b für Zwecke des geförderten Wohnbaus zu verwenden, wobei diese Frist mit dem Vorliegen der entsprechenden Flächenwidmung zu laufen beginnt.

§ 7
Besondere Versagungsgründe

(1) Im Sinn der im § 1 Abs. 1 lit. a genannten Grundsätze ist die Genehmigung nach § 4 insbesondere dann zu versagen, wenn

a) die seiner Beschaffenheit entsprechende nachhaltige ordnungsgemäße Bewirtschaftung des betreffenden land- oder forstwirtschaftlichen Grundstückes oder land- oder forstwirtschaftlichen Betriebes nicht gewährleistet ist,
b) durch den Rechtserwerb eine für die Erhaltung eines wirtschaftlich gesunden land- oder forstwirtschaftlichen Grundbesitzes nachteilige Zersplitterung der Besitzstruktur erzielt wird, unwirtschaftlich kleine Grundstücke entstehen, die Arrondierung eines land- oder forstwirtschaftlichen Grundbesitzes gestört oder die land- oder forstwirtschaftliche Nutzung von Grundstücken verhindert oder zumindest erheblich erschwert wird,
c) die durch ein Agrarverfahren erzielte günstige Agrarstruktur beeinträchtigt wird,
d) die Gegenleistung für das zu erwerbende Recht den ortsüblichen Preis oder Bestandzins oder das sonstige ortsübliche Nutzungsentgelt um mehr als 30 v. H. übersteigt,
e) der Erwerber eines landwirtschaftlichen Grundstückes oder landwirtschaftlichen Betriebes nicht Landwirt im Sinn des § 2 Abs. 5 ist und zumindest ein Interessent im Sinn des § 2 Abs. 6 vorhanden ist.

(2) Die Genehmigung für die Teilung von landwirtschaftlichen Grundstücken ist insbesondere zu versagen, wenn dem geplanten Vorhaben erhebliche landeskulturelle Bedenken entgegenstehen, insbesondere wenn unwirtschaftlich kleine Grundstücke entstehen würden.

§ 7a
Interessentenregelung

(1) Wenn der Erwerber nicht Landwirt im Sinn des § 2 Abs. 5 ist, hat die Grundverkehrsbehörde der Gemeinde, in deren Gebiet die den Gegenstand des Rechtsgeschäftes bildenden Grundstücke liegen, eine Kundmachung zu übermitteln, die jedenfalls folgende Angaben enthalten muss:

a) die Art des Rechtsgeschäftes,
b) den ortsüblichen Preis oder Bestandzins oder das sonstige ortsübliche Nutzungsentgelt für das zu erwerbende Recht,
c) die Bezeichnung des (der) den Gegenstand des Rechtsgeschäftes bildenden Grundstückes(e) durch Angabe von Grundstücksnummer, Katastralgemeinde, Flächenausmaß und Benützungsart,
d) die Anmeldefrist,
e) den Hinweis, dass innerhalb der Anmeldefrist jede Person bei der Grundverkehrsbehörde ihr Interesse am Erwerb des (der) Grundstückes(e), das (die) den Gegenstand des Rechtsgeschäftes bildet(en), schriftlich oder niederschriftlich anmelden kann.

Der Bürgermeister hat die Kundmachung unverzüglich an der Amtstafel der Gemeinde zu veranlassen.

(2) Die Anmeldefrist beträgt vier Wochen und beginnt mit der Kundmachung an der Amtstafel der Gemeinde. Nach dem Ablauf von vier Wochen hat die Gemeinde die mit dem Anschlagsvermerk versehene Kundmachung der Grundverkehrsbehörde zu übermitteln.

(3) Die Grundverkehrsbehörde hat die Kundmachung gleichzeitig mit der Übermittlung nach Abs. 1 an der Amtstafel und auf der Internetseite der Bezirksverwaltungsbehörde bekanntzumachen sowie dem Obmann der Bezirkslandwirtschaftskammer zur Kenntnis zu bringen.

(4) Gleichzeitig mit der Anmeldung sind die Voraussetzungen für die Interessenteneigenschaft im Sinn des § 2 Abs. 6 glaubhaft zu machen und ist die verbindliche Erklärung abzugeben, sich zur Bezahlung des ortsüblichen Preises, Bestandzinses oder Nutzungsentgelts zu verpflichten, sowie anzugeben, wodurch die Bezahlung des ortsüblichen Preises, Bestandzinses oder Nutzungsentgelts und die Erfüllung sonstiger ortsüblicher, für

den Veräußerer nach objektiven Maßstäben notwendiger rechtsgeschäftlicher Bedingungen gewährleistet ist. Wenn der Interessent noch nicht Landwirt im Sinn des § 2 Abs. 5 lit. a ist, muss die Anmeldung auch die Angaben und Nachweise nach § 2 Abs. 5 lit. b umfassen. Mit der fristgerechten Anmeldung erlangt der Interessent die Stellung einer Partei gemäß § 8 AVG im weiteren Verfahren. Die Anmeldung hat die Wirkung eines verbindlichen Angebotes gegenüber dem Veräußerer bis zum Ablauf von vier Wochen nach dem Eintritt der Rechtskraft der die Genehmigung des vorliegenden Rechtsgeschäftes versagenden grundverkehrsbehördlichen Entscheidung.

(5) Einem Landwirt im Sinn des § 2 Abs. 5 lit. a ist die Interessenteneigenschaft nur dann zuzuerkennen, wenn sein Betrieb im selben Gemeindegebiet wie das (die) Grundstück(e), an dessen (deren) Erwerb er interessiert ist, liegt oder die Entfernung zwischen seinem Betrieb und diesem (diesen) Grundstück(en) nicht größer ist, als es im Hinblick auf die jeweilige Nutzungsart dieses (dieser) Grundstückes (Grundstücke) betriebswirtschaftlich vertretbar ist.

(6) Der ortsübliche Preis oder Bestandzins oder das sonstige ortsübliche Nutzungsentgelt ist von der Grundverkehrsbehörde auf der Grundlage des Liegenschaftsbewertungsgesetzes, BGBl. Nr. 150/1992, zu ermitteln.

(7) Eine Entscheidung, mit der die Genehmigung nach § 7 Abs. 1 lit. e versagt wird, ist dem Obmann der Bezirkslandwirtschaftskammer zur Kenntnis zu bringen.

(8) Die Abs. 1 bis 6 und § 7 Abs. 1 lit. e gelten nicht für Rechtserwerbe

a) aufgrund von Tauschverträgen, sofern sämtliche Tauschflächen land- oder forstwirtschaftliche Grundstücke und objektiv wertgleich sind, oder aufgrund von Realteilungsverträgen,
b) nach § 4 Abs. 1 lit. b, c und d,
c) die gemäß § 6 Abs. 2 und 3 bzw. § 6 Abs. 5 bis 9 zu genehmigen sind,
d) aufgrund einer Zwangsversteigerung bzw. einer erneuten Versteigerung nach § 20,
e) die allein für den Zweck erfolgen, ein landwirtschaftliches Grundstück oder einen landwirtschaftlichen Betrieb ungeteilt in eine juristische Person oder eingetragene Personengesellschaft einzubringen, die vom bisherigen Rechtsinhaber beherrscht wird oder deren Begünstigter er ist,
f) an landwirtschaftlichen Grundstücken, die in den letzten zehn Jahren im Rahmen desselben landwirtschaftlichen Betriebes mitbewirtschaftet wurden und für den Betrieb des Pächters von wesentlicher Bedeutung sind, sofern die pachtweise Bewirtschaftung durch den Landwirt, der diese Grundstücke zuletzt bewirtschaftet hat, weiterhin für die Dauer von mindestens zehn Jahren gewährleistet ist,
g) an demselben landwirtschaftlichen Grundstück und mit demselben Erwerber, denen bereits einmal nach § 7 Abs. 1 lit. e die Genehmigung versagt wurde, wenn ein Rechtserwerb mit einem Landwirt, der sich im Sinn des Abs. 1 angemeldet hatte und dem die Interessenteneigenschaft zuerkannt worden war, aus Gründen, die von diesem Landwirt zu vertreten sind, nicht zustande gekommen ist,
h) hinsichtlich des Eigentums an einem landwirtschaftlichen Grundstück oder einem landwirtschaftlichen Betrieb aufgrund eines Erbteilungsübereinkommens durch mit dem Erblasser in gerader Linie oder bis zum dritten Grad der Seitenlinie verwandte Personen oder durch den Ehegatten oder eingetragenen Partner des Erblassers,
i) an einem landwirtschaftlichen Grundstück oder einem landwirtschaftlichen Betrieb zwischen Ehegatten oder eingetragenen Partnern, zwischen Verwandten in gerader Linie und bis zum dritten Grad der Seitenlinie oder zwischen Verschwägerten in gerader Linie.

(9) Grundstücke sind von wesentlicher Bedeutung für einen Betrieb im Sinn des Abs. 8 lit. f, wenn diese eine Fläche von mindestens 2 ha umfassen und – Almflächen nicht mit eingerechnet – mehr als ein Drittel jener landwirtschaftlichen Flächen darstellen, die der Landwirt im Rahmen seines landwirtschaftlichen Betriebes zuletzt bewirtschaftet hat, und der Landwirt überdies erklärt, das Grundstück (die Grundstücke) auch künftig im Rahmen seines landwirtschaftlichen Betriebes bewirtschaften zu wollen.

§ 8
Auflagen

(1) Zur Sicherung der Voraussetzungen nach § 6 Abs. 1, 2, 3, 4 und 7 kann die Genehmigung nach § 4 mit Auflagen erteilt werden. Insbesondere kann vorgeschrieben werden, daß

a) der Erwerber

1. sofern er Eigentümer eines geschlossenen Hofes ist, das erworbene Grundstück mit seinem geschlossenen Hof vereinigen muß,
2. die Neubildung eines geschlossenen Hofes beantragen muß, wenn er Eigentümer von walzenden Grundstücken ist, die nach ihrem Ausmaß und ihrer Ertragsfähigkeit die Voraussetzungen für die Neubildung eines geschlossenen Hofes erfüllen oder durch den Rechtserwerb erlangen,
3. das erworbene Grundstück dem der Genehmigung zugrunde liegenden Verwendungszweck zuführen muß,
4. die erworbenen Grundstücke der ordnungsgemäßen land- oder forstwirtschaftlichen Nutzung nicht dauerhaft entziehen darf;

b) die Vertragsparteien bei Rechtserwerben, in deren Folge ein Grundstück vorübergehend der land- oder forstwirtschaftlichen Nutzung entzogen werden soll, durch entsprechende Vorkehrungen sicherstellen müssen, daß dieses Grundstück nach der vorübergehenden Zweckentfremdung wieder der land- oder forstwirtschaftlichen Nutzung zugeführt wird.

(2) Für die Erfüllung einer Auflage nach Abs. 1 ist eine angemessene Frist festzusetzen. Weiters kann zur Sicherung der Erfüllung einer solchen Auflage eine Kaution in einer der wirtschaftlichen Bedeutung des Rechtserwerbes im Hinblick auf die Verwendung des Grundstückes angemessenen Höhe, höchstens jedoch in der Höhe von einem Drittel der Gegenleistung oder des höheren Wertes des Gegenstandes des Rechtserwerbes, vorgeschrieben werden. Die Kaution verfällt zugunsten des Landeskulturfonds, wenn der Rechtserwerber die Auflage schuldhaft nicht erfüllt. Den Eintritt des Verfalls hat die Grundverkehrsbehörde mit Bescheid festzustellen. Die Kaution wird frei, sobald die Auflage erfüllt ist oder wenn die Auflage nach Abs. 3 aufgehoben wird.

(3) Die Grundverkehrsbehörde hat eine Auflage mit Bescheid aufzuheben oder abzuändern, soweit die Voraussetzungen für ihre Vorschreibung nicht mehr vorliegen. Die Grundverkehrsbehörde kann eine Auflage zudem mit Bescheid aufheben, wenn deren Durchsetzung für den Verpflichteten aufgrund von Umständen, die ohne sein Verschulden eingetreten sind, eine unbillige Härte bedeuten würde.

3. Abschnitt

Rechtserwerbe an unbebauten Baugrundstücken

§ 9

Erklärungspflicht

(1) Rechtsgeschäfte, die den Erwerb eines der folgenden Rechte an unbebauten Baugrundstücken zum Gegenstand haben, bedürfen einer Erklärung nach § 11 Abs. 1:

a) den Erwerb des Eigentums;
b) den Erwerb eines Baurechtes oder eines anderen Rechtes zur Errichtung eines Bauwerkes auf fremdem Grund;
c) den Erwerb eines Fruchtnießungsrechtes (§ 509 ABGB) oder eines Gebrauchsrechtes (§ 504 ABGB);
d) den Erwerb eines Bestandrechtes, wenn es in das Grundbuch eingetragen werden soll;
e) die sonstige Überlassung der Benutzung von unbebauten Baugrundstücken, sofern dadurch dem Benützer eine ähnliche rechtliche oder tatsächliche Stellung eingeräumt werden soll wie aufgrund eines Rechtserwerbes nach lit. a bis d;
f) den Erwerb von Gesellschaftsanteilen an Gesellschaften mit beschränkter Haftung und eingetragenen Personengesellschaften, wenn im Eigentum der Gesellschaft unbebaute Baugrundstücke stehen oder die Gesellschaft einen Anspruch auf Übertragung des Eigentums an solchen Grundstücken hat und mit dem Erwerb ein für die Ausübung der Nutzungs- bzw. Verfügungsrechte an diesen Grundstücken maßgeblicher Einfluss auf die Gesellschaft verbunden ist.

(2) Weiters bedarf jeder originäre Erwerb des Eigentums an Grundstücken nach Abs. 1 einer Erklärung nach § 11 Abs. 1.

§ 10

Ausnahmen von der Erklärungspflicht

Bei folgenden Rechtserwerben an einem unbebauten Baugrundstück bedarf es keiner Erklärung nach § 11 Abs. 1:

a) beim Rechtserwerb durch Erben oder Vermächtnisnehmer, die zum Kreis der gesetzlichen Erben gehören, sofern nicht von der Anordnung des Gesetzes oder des Erblassers oder von den Bestimmungen des Erbvertrages durch besondere Übereinkommen (Erbteilungsübereinkommen) abgegangen wird;
b) beim Rechtserwerb zwischen Ehegatten oder eingetragenen Partnern, zwischen Verwandten in gerader Linie und bis zum dritten Grad der Seitenlinie oder zwischen Verschwägerten in gerader Linie und bis zum dritten Grad der Seitenlinie, wenn es sich um ein erklärungsfrei erworbenes Grundstück handelt oder der Rechtserwerb innerhalb der Frist nach § 11 Abs. 2 erfolgt;
c) beim Rechtserwerb nach rechtskräftiger Scheidung, Nichtigerklärung oder Aufhebung einer Ehe oder nach rechtskräftiger Auflösung oder Nichtigerklärung einer eingetragenen Partnerschaft zwischen den früheren Ehegatten bzw. früheren eingetragenen Partnern im Zug der Aufteilung des ehelichen bzw. partnerschaftlichen Vermögens;
d) beim Rechtserwerb durch einen Miteigentümer im Zuge der Aufhebung der Gemeinschaft nach § 830 ABGB oder bei einer Veränderung der Miteigentumsanteile bei aufrecht bleibender Miteigentümergemeinschaft.

§ 11

Inhalt der Erklärung, Frist für die Bebauung

(1) Beim Rechtserwerb an einem Grundstück nach § 9 Abs. 1 hat der Rechtserwerber zu erklären, dass das Grundstück innerhalb der Frist nach Abs. 2 dem der Flächenwidmung entsprechenden Verwendungszweck zugeführt, insbesondere bebaut, werden soll, es sei denn, dass das Grundstück aufgrund seiner Größe, Form oder Lage einer geordneten Bebauung nicht zugänglich ist.

(2) Ein unbebautes Baugrundstück ist innerhalb folgender Fristen dem der Flächenwidmung entsprechenden Verwendungszweck zuzuführen:

a) wenn der Rechtserwerb an einem unbebauten Baugrundstück im Gewerbe- und Industriegebiet im Sinn des § 39 des Tiroler Raumordnungsgesetzes 2022 oder in jenen Teilen von Mischgebieten, für die eine Festlegung nach § 40 Abs. 6 des Tiroler Raumordnungsgesetzes 2022 vorliegt, zum Zweck der Erweiterung einer gewerblichen oder industriellen Anlage erfolgt und das Grundstück hierfür geeignet ist, eine hierfür angemessene Fläche aufweist und an ein Grundstück im Eigentum des Erwerbers unmittelbar angrenzt oder zumindest in der unmittelbaren Nähe zu diesem liegt, innerhalb von 20 Jahren,
b) in allen anderen Fällen innerhalb von zehn Jahren.

Die Fristen nach lit. a und b beginnen ab dem Eingang der Anzeige nach § 23 Abs. 1 bei der Grundverkehrsbehörde zu laufen, im Fall des Rechtserwerbs an Grundstücken, die innerhalb der im örtlichen Raumordnungskonzept nach § 31 Abs. 1 lit. d und e des Tiroler Raumordnungsgesetzes 2022 zur Befriedigung des Wohnbedarfes und für Zwecke der Wirtschaft festgelegten baulichen Entwicklungsbereiche liegen, jedoch erst mit dem Vorliegen der entsprechenden Flächenwidmung. Zeiträume, in denen es aufgrund raumordnungsrechtlicher Bestimmungen nicht zulässig ist, das Grundstück dem der Flächenwidmung entsprechenden Verwendungszweck zuzuführen, sind in diese Fristen nicht einzurechnen. Ist das Grundstück nach der entsprechenden Flächenwidmung mit einem Gebäude zu bebauen, so gilt die Errichtung eines Gebäudes von untergeordneter Bedeutung im Sinn des § 2 Abs. 3 zweiter Satz nicht als Bebauung.

(3) Wird ein unbebautes Baugrundstück nicht innerhalb der Frist nach Abs. 2 dem der Flächenwidmung entsprechenden Verwendungszweck zugeführt, insbesondere bebaut, oder entgegen einer Vereinbarung nach § 6 Abs. 10 lit. c nicht innerhalb der Frist nach Abs. 2 lit. b ab dem Vorliegen der entsprechenden Flächenwidmung für Zwecke des geförderten Wohnbaus verwendet, so hat die Grundverkehrsbehörde dies mit schriftlichem Bescheid festzustellen. Nach dem Eintritt der Rechtskraft dieser Entscheidung ist das Grundstück auf Antrag der für das Land Tirol einschreitenden Grundverkehrsbehörde vom Gericht in sinngemäßer Anwendung des § 352 der Exekutionsordnung zu versteigern. Der Verpflichtete ist vom Bieten ausgeschlossen. Die Grundverkehrsbehörde kann vom Antrag auf Versteigerung absehen, wenn der Verlust des Eigentums für den Verpflichteten aufgrund von Umständen, die ohne sein Verschulden eingetreten sind, eine unbillige Härte bedeuten würde.

4. Abschnitt
Rechtserwerbe an Grundstücken durch Ausländer

§ 12
Genehmigungspflicht, Ausnahmen von der Genehmigungspflicht

(1) Der Genehmigung durch die Grundverkehrsbehörde bedürfen Rechtsgeschäfte und Rechtsvorgänge, die den Erwerb eines der folgenden Rechte durch Ausländer zum Gegenstand haben:

a) den Erwerb von Rechten an Baugrundstücken:
1. den Erwerb des Eigentums;
2. den Erwerb eines Baurechtes oder eines anderen Rechtes zur Errichtung eines Bauwerkes auf fremdem Grund;
3. den Erwerb eines Fruchtnießungsrechtes (§ 509 ABGB) oder eines Gebrauchsrechtes (§ 504 ABGB), insbesondere an einer Wohnung (§ 521 ABGB);
4. den Erwerb eines Bestandrechtes, wenn es in das Grundbuch eingetragen werden soll;
5. den Erwerb eines befristeten Bestandrechtes, dessen Bestanddauer mehr als zehn Jahre beträgt und das nicht unter § 1 Abs. 2 Z 1, 1a und 2 des Mietrechtsgesetzes, BGBl. Nr. 520/1981, zuletzt geändert durch das Gesetz BGBl. I Nr. 176/2023, fällt; für die Berechnung der Bestanddauer sind die in einem tatsächlichen und zeitlichen Zusammenhang stehenden Bestandzeiten verschiedener Verträge zwischen den selben Vertragsparteien oder zwischen einer Vertragspartei und einem mit der anderen früheren Vertragspartei im gemeinsamen Haushalt lebenden Familienangehörigen zusammenzurechnen;
6. die sonstige Überlassung der Benutzung von Baugrundstücken, sofern dadurch dem Benützer eine ähnliche rechtliche oder tatsächliche Stellung eingeräumt werden soll wie aufgrund eines Rechtserwerbes nach Z 1 bis 5;
7. den Erwerb von Gesellschaftsanteilen an Gesellschaften mit beschränkter Haftung und eingetragenen Personengesellschaften, wenn im Eigentum der Gesellschaft Baugrundstücke stehen oder die Gesellschaft einen Anspruch auf Übertragung des Eigentums an solchen Grundstücken hat und mit dem Erwerb ein für die Ausübung der Nutzungs- bzw. Verfügungsrechte an diesen Grundstücken maßgeblicher Einfluss auf die Gesellschaft verbunden ist.

b) den Erwerb von Rechten im Sinn des § 4 an land- oder forstwirtschaftlichen Grundstücken oder an sonstigen Grundstücken.

(2) In folgenden Fällen bedarf es nicht der Genehmigung nach Abs. 1:

a) beim Rechtserwerb durch Erben oder Vermächtnisnehmer, die zum Kreis der gesetzlichen Erben gehören, sofern nicht von der Anordnung des Gesetzes oder des Erblassers oder von den Bestimmungen des Erbvertrages durch besondere Übereinkommen (Erbteilungsübereinkommen) abgegangen wird;

b) beim Erwerb von Rechten an Baugrundstücken nach rechtskräftiger Scheidung, Nichtigerklärung oder Aufhebung einer Ehe oder nach rechtskräftiger Auflösung oder Nichtigerklärung einer eingetragenen Partnerschaft zwischen den früheren Ehegatten bzw. früheren eingetragenen Partnern im Zug der Aufteilung des ehelichen bzw. partnerschaftlichen Vermögens.

§ 13
Genehmigungsvoraussetzungen

(1) Die Genehmigung nach § 12 Abs. 1 darf nur erteilt werden, wenn

a) bei Rechtserwerben an land- oder forstwirtschaftlichen Grundstücken die Voraussetzungen nach dem 2. Abschnitt vorliegen,

b) bei Rechtserwerben an unbebauten Baugrundstücken die nach § 11 Abs. 1 erforderliche Erklärung vorliegt,

c) in allen Fällen der Rechtserwerb staatspolitischen Interessen nicht widerspricht und ein öffentliches Interesse am Rechtserwerb durch den Ausländer, insbesondere in wirtschaftlicher, kultureller oder sozialer Hinsicht, besteht; private Interessen am Rechtserwerb sind angemessen zu berücksichtigen.

(2) Zur Sicherung der Voraussetzungen nach Abs. 1 kann die Genehmigung mit Auflagen erteilt werden. Weiters kann zur Sicherung der Erfüllung einer solchen Auflage eine Kaution in einer der wirtschaftlichen Bedeutung des Rechtserwerbes im Hinblick auf die Verwendung des Grundstückes angemessenen Höhe, höchstens jedoch in der Höhe der Gegenleistung oder des höheren Wertes des Gegenstandes des Rechtserwerbes, vorgeschrieben werden. Die Kaution verfällt bei Rechtserwerben an land- oder forstwirtschaftlichen Grundstücken zugunsten des Landeskulturfonds, bei Rechtserwerben an sonstigen Grundstücken zugunsten des Tiroler Bodenfonds, wenn der Rechtserwerber die Auflage schuldhaft nicht erfüllt. Den Eintritt des Verfalls hat die Grundverkehrsbehörde mit Bescheid festzustellen. Die Kaution wird frei, sobald die Auflage erfüllt ist oder wenn sie aufgehoben wird. § 8 Abs. 3 ist anzuwenden.

Fassung bis 31. Dezember 2025:

5. Abschnitt
Rechtserwerbe in Vorbehaltsgemeinden

§ 14
Vorbehaltsgemeinden

(1) Zur Verwirklichung des Grundsatzes nach § 1 Abs. 1 lit. d hat die Landesregierung durch Verordnung Gemeinden, in denen der Druck auf den Wohnungsmarkt besonders hoch ist, zu Vorbehaltsgemeinden zu erklären. Dabei sind insbesondere zu berücksichtigen:

a) das Ausmaß des zur Befriedigung des Wohnbedarfes der Bevölkerung erforderlichen und des hiefür verfügbaren Baulandes,

b) das Ausmaß des für den geförderten Wohnbau erforderlichen und des hiefür verfügbaren Baulandes,

c) das Ausmaß der für Freizeitwohnsitze in Anspruch genommenen Grundflächen, insbesondere auch im Verhältnis zu dem zur Befriedigung des Wohnbedarfes der Bevölkerung und für Zwecke des geförderten Wohnbaus bebauten Bauland,

d) die Gegebenheiten am Grundstücks- und Wohnungsmarkt sowie die Auswirkungen der Freizeitwohnsitzentwicklung auf diesen Markt.

Für die Bewertung dieser Kriterien können insbesondere die Nebenwohnsitzquote, der durchschnittliche Grundstückspreis der letzten drei Jahre im Verhältnis zum Bezirksdurchschnitt und die vorhandenen Baulandreserven der jeweiligen Gemeinde herangezogen werden. Im Hinblick auf das Kriterium der lit. b ist auch die Einbeziehung jener Gemeinden zu prüfen, die bereits vor Inkrafttreten des § 31a Abs. 1 erster Satz des Tiroler Raumordnungsgesetzes 2022 Vorsorgeflächen für den geförderten Wohnbau ausgewiesen haben.

(2) Jedenfalls zu Vorbehaltsgemeinden zu erklären sind Gemeinden, wenn

a) im örtlichen Raumordnungskonzept zu Gunsten der Vorsorge für den geförderten Wohnbau eine Festlegung nach § 31a Abs. 1 erster Satz des Tiroler Raumordnungsgesetzes 2022 besteht oder eine solche Festlegung ausschließlich deshalb unterblieben ist, weil Grundflächen, die als Vorbehaltsflächen für den geförderten Wohnbau in Betracht kommen, nicht zur Verfügung stehen oder

b) der Anteil der sich aus dem Verzeichnis der Freizeitwohnsitze nach § 14 Abs. 1 des Tiroler Raumordnungsgesetzes 2022 ergebenden Freizeitwohnsitze zuzüglich der Anzahl jener Freizeitwohnsitze, die darüber hinaus aufgrund einer Festlegung im Flächenwidmungsplan nach § 13 Abs. 3 zweiter Satz des Tiroler Raumordnungsgesetzes 2022 neu geschaffen werden dürfen, an der Gesamtzahl der Wohnungen entsprechend dem endgültigen Ergebnis der jeweils letzten Gebäude- und Wohnungszählung 8 v. H. übersteigt.

(3) Vor der Erlassung einer Verordnung nach Abs. 1 sind die betroffenen Gemeinden zu hören.

(4) Die Landesregierung hat eine Verordnung nach Abs. 1 unverzüglich den örtlich zuständigen Grundbuchsgerichten mitzuteilen.

(5) Die Landesregierung hat eine Verordnung nach Abs. 1 periodisch, im Abstand von höchstens

drei Jahren, zu evaluieren und bei Bedarf entsprechend zu ändern. Änderungen sind zum 1. Jänner eines Jahres in Kraft zu setzen.

Fassung ab 1. Jänner 2026:

5. Abschnitt
Rechtserwerbe in Vorbehaltsgemeinden

§ 14

Vorbehaltsgemeinden

(1) Zur Verwirklichung des Grundsatzes nach § 1 Abs. 1 lit. d hat die Landesregierung durch Verordnung Gemeinden, in denen der Druck auf den Wohnungsmarkt besonders hoch ist, zu Vorbehaltsgemeinden zu erklären. Dabei sind insbesondere zu berücksichtigen:

a) das Ausmaß des zur Befriedigung des Wohnbedarfes der Bevölkerung erforderlichen und des hiefür verfügbaren Baulandes,
b) das Ausmaß des für den geförderten Wohnbau erforderlichen und des hiefür verfügbaren Baulandes,
c) die Gegebenheiten am Grundstücks- und Wohnungsmarkt sowie die Auswirkungen der Freizeitwohnsitzentwicklung auf diesen Markt,
d) der Zentralitätsgrad der vorhandenen Grundversorgungseinrichtungen.

Für die Bewertung dieser Kriterien können insbesondere die Nebenwohnsitzquote, der durchschnittliche Grundstückspreis der letzten drei Jahre im Verhältnis zum Landesdurchschnitt und die vorhandenen Baulandreserven der jeweiligen Gemeinde herangezogen werden. Im Hinblick auf das Kriterium der lit. b ist auch die Einbeziehung jener Gemeinden zu prüfen, die bereits vor Inkrafttreten des § 31a Abs. 1 erster Satz des Tiroler Raumordnungsgesetzes 2022 Vorsorgeflächen für den geförderten Wohnbau ausgewiesen haben.

(1a) Die Gemeinde kann einen besonders hohen Druck auf ihren Wohnungsmarkt ungeachtet der Kriterien nach Abs. 1 auch durch Vorlage eines Fachgutachtens nachweisen.

(2) Soweit im Abs. 2a nichts anderes bestimmt ist, sind Gemeinden jedenfalls zu Vorbehaltsgemeinden zu erklären, wenn

a) im örtlichen Raumordnungskonzept zu Gunsten der Vorsorge für den geförderten Wohnbau eine Festlegung nach § 31a Abs. 1 erster Satz des Tiroler Raumordnungsgesetzes 2022 besteht oder eine solche Festlegung ausschließlich deshalb unterblieben ist, weil Grundflächen, die als Vorbehaltsflächen für den geförderten Wohnbau in Betracht kommen, nicht zur Verfügung stehen oder
b) der Anteil der sich aus dem Verzeichnis der Freizeitwohnsitze nach § 14 Abs. 1 des Tiroler Raumordnungsgesetzes 2022 ergebenden Freizeitwohnsitze zuzüglich der Anzahl jener Freizeitwohnsitze, die darüber hinaus aufgrund einer Festlegung im Flächenwidmungsplan nach § 13 Abs. 3 zweiter Satz des Tiroler Raumordnungsgesetzes 2022 neu geschaffen werden dürfen, an der Gesamtzahl der Wohnungen entsprechend dem endgültigen Ergebnis der jeweils letzten Gebäude- und Wohnungszählung 8 v. H. übersteigt.

(2a) Nicht zu Vorbehaltsgemeinden zu erklären sind Gemeinden, die nach § 31d Abs. 4 des Tiroler Raumordnungsgesetzes 2022 von der Verpflichtung zur (weiteren) Fortschreibung des örtlichen Raumordnungskonzepts befreit wurden, auch wenn

a) in der betreffenden Gemeinde die Voraussetzungen nach Abs. 2 lit. b vorliegen oder
b) deren Nebenwohnsitzquote über dem Landesdurchschnitt liegt.

(3) Vor der Erlassung einer Verordnung nach Abs. 1 sind alle Tiroler Gemeinden zu hören.

(4) Die Landesregierung hat eine Verordnung nach Abs. 1 unverzüglich den örtlich zuständigen Grundbuchsgerichten mitzuteilen.

(5) Die Landesregierung hat eine Verordnung nach Abs. 1 periodisch, im Abstand von höchstens drei Jahren, zu evaluieren und bei Bedarf entsprechend zu ändern. Änderungen sind zum 1. Jänner eines Jahres in Kraft zu setzen.

§ 14a
Erklärungspflicht

(1) Rechtserwerbe in Vorbehaltsgemeinden nach § 14 Abs. 1

a) an land- oder forstwirtschaftlichen Grundstücken, die einer Genehmigungspflicht nach § 4 unterliegen,
b) an unbebauten Baugrundstücken, die einer Erklärungspflicht nach § 9 unterliegen sowie
c) an Grundstücken durch Ausländer, die einer Genehmigungspflicht nach § 12 Abs. 1 unterliegen,

bedürfen zusätzlich einer Erklärung des Erwerbers, dass durch den beabsichtigten Rechtserwerb kein neuer Freizeitwohnsitz geschaffen wird. Einer solchen Erklärung bedürfen überdies Rechtserwerbe im Sinn des § 9 an bebauten Baugrundstücken, die nicht bereits unter lit. a oder c fallen; die Ausnahmen von der Erklärungspflicht nach § 10 sind für solche Rechtserwerbe sinngemäß anzuwenden. § 13 Abs. 8 des Tiroler Raumordnungsgesetzes 2022 bleibt unberührt.

(2) Einer Erklärung nach Abs. 1 bedarf es nicht für Rechtserwerbe

a) an Freizeitwohnsitzen nach § 13 Abs. 3 erster Satz des Tiroler Raumordnungsgesetzes 2022 sowie
b) an Grundstücken, wenn die Schaffung neuer Freizeitwohnsitze durch eine entsprechende Festlegung im Flächenwidmungsplan nach § 13 Abs. 3 zweiter und dritter Satz des Tiroler Raumordnungsgesetzes 2022 für zulässig erklärt wurde.

(3) Wird ungeachtet eines der Erklärungspflicht nach Abs. 1 unterliegenden Rechtserwerbes ein Gebäude, eine Wohnung oder ein sonstiger Teil eines Gebäudes vom Rechtserwerber als Freizeitwohnsitz verwendet oder anderen zur Verwendung als Freizeitwohnsitz überlassen, so hat die Grundverkehrsbehörde dem Rechtserwerber die sofortige Unterlassung der unzulässigen Verwendung oder Überlassung als Freizeitwohnsitz aufzutragen und für den Fall der Nichtbefolgung dieses Auftrages die Zwangsversteigerung des betreffenden Objektes anzudrohen. Dies gilt unabhängig davon, ob dieses im Zeitpunkt des Rechtserwerbes bereits bestanden hat oder erst in weiterer Folge errichtet worden ist.

(4) Wird einem Auftrag nach Abs. 3 nicht entsprochen, so hat die Grundverkehrsbehörde die unzulässige Verwendung oder Überlassung als Freizeitwohnsitz mit schriftlichem Bescheid festzustellen. Nach dem Eintritt der Rechtskraft dieser Entscheidung ist das Grundstück auf Antrag der für das Land Tirol einschreitenden Grundverkehrsbehörde vom Gericht in sinngemäßer Anwendung des § 352 der Exekutionsordnung zu versteigern. Der Verpflichtete ist vom Bieten ausgeschlossen.

(5) In einem Verfahren nach Abs. 3 oder 4 hat der Rechtserwerber, sofern dort kein Hauptwohnsitz begründet ist, nachzuweisen, dass das betreffende Objekt nicht als Freizeitwohnsitz verwendet wird.

(6) Zum Zweck der Überwachung der Einhaltung der sich aus den vorstehenden Bestimmungen ergebenden Beschränkungen für Freizeitwohnsitze sind den damit betrauten Organwaltern der Grundverkehrsbehörde die Zufahrt und zu angemessener Tageszeit der Zutritt zu dem jeweiligen Objekt zu gewähren und die erforderlichen Auskünfte über dessen Verwendung zu erteilen. Ist aufgrund bestimmter Tatsachen eine Nutzung anzunehmen, die den Beschränkungen widerspricht, haben die Versorgungs- oder Entsorgungsunternehmen, die Erbringer von Postdiensten oder von elektronischen Zustelldiensten auf Anfrage der Behörde die zur Beurteilung der Nutzung erforderlichen Auskünfte zu erteilen oder die erforderlichen personenbezogenen Daten zu übermitteln.

6. Abschnitt

Rechtserwerbe von Todes wegen

§ 15

Gesetzliche Erben

Stellt das Verlassenschaftsgericht aufgrund der ihm zur Verfügung stehenden Unterlagen fest, dass ein Erbe, der durch die Einantwortung ein zum Nachlass gehörendes Grundstück oder Recht an einem Grundstück erwirbt, oder ein Vermächtnisnehmer, dem ein Grundstück oder ein Recht an einem Grundstück vermacht ist, zum Kreis der gesetzlichen Erben gehört, so hat es dies im Einantwortungsbeschluss nach § 178 des Außerstreitgesetzes bzw. in der Amtsbestätigung nach § 186 Abs. 1 des Außerstreitgesetzes festzuhalten. Ist dies nicht der Fall, so gelten für den Erben die §§ 16 und 17 sowie die Bestimmungen des 2., 3., 4., 5. und 8. Abschnittes.

§ 16

Einantwortung, Verbücherung

(1) Ein Erbe, der durch Einantwortung ein zum Nachlass gehörendes Grundstück oder Recht an einem Grundstück erwirbt, hat binnen sechs Monaten ab Rechtskraft der Einantwortung

a) dem Verlassenschaftsgericht die Entscheidung über die Feststellung, dass der Rechtserwerb keiner grundverkehrsbehördlichen Genehmigung bedarf (§ 24 Abs. 1), oder die Entscheidung über die Erteilung der grundverkehrsbehördlichen Genehmigung für den Rechtserwerb (§ 25 Abs. 1) oder die grundverkehrsbehördliche Bestätigung, dass der Rechtserwerb nicht der Erklärungspflicht unterliegt (§ 25a Abs. 1), oder die grundverkehrsbehördliche Bestätigung des Eingangs der Anzeige des Rechtserwerbes (§ 25a Abs. 2) vorzulegen oder
b) das Grundstück oder das Recht an einem Grundstück durch Vertrag einem anderen zu überlassen und dem Verlassenschaftsgericht eine verbücherungsfähige Ausfertigung des Vertrages sowie die entsprechende Entscheidung nach § 24 Abs. 1 oder § 25 Abs. 1 oder die entsprechende Bestätigung nach § 25a Abs. 1 oder 2 hinsichtlich des Rechtserwerbes durch den anderen vorzulegen.

(2) Ist sechs Monate nach Rechtskraft der Einantwortung das Verfahren über den nach § 23 angezeigten Rechtserwerb noch vor der Grundverkehrsbehörde anhängig, so endet die Frist zur Vorlage der im Abs. 1 genannten Entscheidungen oder Bestätigungen nicht vor dem Ablauf eines Monats ab dem rechtskräftigen Abschluss dieses Verfahrens.

(3) Werden die im Abs. 1 genannten Entscheidungen oder Bestätigungen fristgerecht vorgelegt, so ist § 182 Abs. 2 des Außerstreitgesetzes mit der Maßgabe anzuwenden, dass die Frist für die Antragstellung auf Eintragung in das Grundbuch

erst mit der Vorlage der Entscheidung oder der Bestätigung zu laufen beginnt.

§ 17

Versteigerung

(1) Hat der Erbe binnen sechs Monaten ab Rechtskraft der Einantwortung eine Urkunde im Sinne des § 16 Abs. 1 nicht vorgelegt, so hat das Verlassenschaftsgericht dies der Grundverkehrsbehörde mitzuteilen.

(2) Ist bei Einlangen dieser Mitteilung ein Verfahren im Sinn des § 16 Abs. 2 nicht anhängig, so ist das Grundstück auf Antrag der für das Land Tirol einschreitenden Grundverkehrsbehörde vom Gericht in sinngemäßer Anwendung des § 352 der Exekutionsordnung zu versteigern.

(3) Ist bei Einlangen der Mitteilung nach Abs. 1 ein Verfahren im Sinne des § 16 Abs. 2 anhängig, so hat die Grundverkehrsbehörde dies dem Verlassenschaftsgericht mitzuteilen, und es ist der rechtskräftige Abschluß des Verfahrens abzuwarten.

(4) Endet das Verfahren mit einer Entscheidung im Sinne des § 16 Abs. 1, so hat die Grundverkehrsbehörde dies dem Verlassenschaftsgericht mitzuteilen.

(5) Endet das Verfahren mit einer rechtskräftigen Entscheidung, durch die dem Rechtserwerb durch den Erben oder den anderen im Sinne des § 16 Abs. 1 lit. b die grundverkehrsbehördliche Genehmigung oder Bestätigung versagt wird, so ist das Grundstück nach Abs. 2 zu versteigern.

(6) Ein nach Abs. 2 oder 5 durchzuführendes Versteigerungsverfahren ist auf Antrag des Erben oder des anderen im Sinne des § 16 Abs. 1 lit. b nach Bezahlung der aufgelaufenen Exekutionskosten einzustellen (§ 39 der Exekutionsordnung), wenn dem Gericht eine der im § 16 Abs. 1 genannten Urkunden vorgelegt wird.

7. Abschnitt
Zwangsversteigerung

§ 18

Verständigung der Grundverkehrsbehörde

(1) Das Exekutionsgericht hat die Beschlüsse, mit denen die Zwangsversteigerung bewilligt oder die Exekution aufgeschoben oder eingestellt wird, der Grundverkehrsbehörde zuzustellen. Diese ist zur Befundaufnahme und Beschreibung der Liegenschaft nach § 141 Abs. 3 der Exekutionsordnung zu laden.

(2) Die Grundverkehrsbehörde ist weiters vom Ergebnis der Schätzung und von der Erteilung des Zuschlags nach § 19 Abs. 1 zu verständigen.

§ 19

Verfahren bei der Zuschlagserteilung

(1) Das Exekutionsgericht hat den Zuschlag unter dem Vorbehalt zu erteilen, dass dieser erst nach dem Vorliegen der erforderlichen Entscheidung nach § 24 Abs. 1 oder § 25 Abs. 1 oder der erforderlichen Bestätigung nach § 25a Abs. 1 oder 2 rechtswirksam wird. Der Meistbietende ist sodann aufzufordern, binnen einer angemessen festzusetzenden Frist den Rechtserwerb nach § 23 der Grundverkehrsbehörde anzuzeigen. Bei der Versteigerung land- oder forstwirtschaftlicher Grundstücke hat die Grundverkehrsbehörde die erforderliche Genehmigung für den Zuschlag zu erteilen, wenn dem Grundsatz nach § 1 Abs. 1 lit. a Z 3 entsprochen wird und kein Versagungsgrund nach § 7 Abs. 1 lit. a oder c vorliegt.

(2) Liegt die entsprechende Entscheidung oder die entsprechende Bestätigung vor oder kommt dem Exekutionsgericht binnen vier Monaten nach dem Einlangen der Anzeige nach § 23 bei der Grundverkehrsbehörde keine Erledigung dieser Behörde zu, so ist der Beschluss über die Erteilung des Zuschlages für wirksam zu erklären, auszufertigen und zu verlautbaren.

(3) Wird der Rechtserwerb nicht fristgerecht nach § 23 angezeigt oder kommt dem Exekutionsgericht innerhalb der im Abs. 2 genannten Frist die Entscheidung über die Versagung der grundverkehrsbehördlichen Genehmigung oder Bestätigung zu und wird dieser rechtskräftig, so hat das Exekutionsgericht auf Antrag eine erneute Versteigerung anzuordnen.

(4) Die Grundverkehrsbehörde hat dem Exekutionsgericht das Einlangen der Anzeige nach § 23 unverzüglich mitzuteilen. Nach dem Ablauf von vier Monaten nach dem Einlangen der Anzeige nach § 23 ist die Versagung der grundverkehrsbehördlichen Genehmigung oder Bestätigung nicht mehr zulässig.

§ 20

Erneute Versteigerung

(1) Zwischen der Bekanntmachung des neuen Versteigerungstermines und der Versteigerung muss ein Zeitraum von mindestens 18 Wochen liegen.

(2) Im neuen Versteigerungstermin dürfen als Bieter nur Personen zugelassen werden, die die Bieterbewilligung oder die Bestätigung über die Abgabe der Erklärung nach § 11 Abs. 1 bzw. nach § 14a Abs. 1 oder die Bestätigung, dass der Rechtserwerb nicht der jeweiligen Erklärungspflicht unterliegt, oder die Bestätigung nach Abs. 3 letzter Satz oder Abs. 4 letzter Satz vorweisen. Im Falle des Zuschlages an eine solche Person bedarf es keiner grundverkehrsbehördlichen Genehmigung oder Bestätigung mehr.

(3) Die Grundverkehrsbehörde hat im Fall der Versteigerung eines land- oder forstwirtschaftlichen Grundstückes oder Betriebes oder im Fall von Ausländern als Bieter die Bieterbewilligung jenen Personen zu erteilen, die binnen drei Wochen nach der Bekanntmachung des neuen Versteigerungstermins um die Erteilung dieser Bewilligung ansuchen, sofern die Übertragung des

Eigentums an sie den Bestimmungen des 2. Abschnittes bzw. des 4. Abschnittes nicht widerspräche und in dem Fall, dass der Rechtserwerb einer Erklärungspflicht nach § 14a Abs. 1 unterliegt, ihr gegenüber auch die Erklärung nach § 14a Abs. 1 abgeben. Diese Feststellung ist in den Spruch des Bewilligungsbescheides ausdrücklich aufzunehmen. Die Bewilligung kann mit Auflagen nach § 8 erteilt werden. Dem Ansuchen sind die zur Beurteilung des Vorliegens der Voraussetzungen für die Erteilung der Bieterbewilligung erforderlichen Angaben sowie die zum Nachweis der Richtigkeit dieser Angaben erforderlichen Unterlagen in sinngemäßer Anwendung des § 23 Abs. 2 und 3 anzuschließen. Die Grundverkehrsbehörde hat über ein solches Ansuchen unverzüglich, spätestens jedoch binnen sechs Wochen nach der Bekanntmachung des neuen Versteigerungstermins zu entscheiden. Sie hat weiters eine allfällige Beschwerde binnen einer Woche nach ihrer Einbringung dem Landesverwaltungsgericht vorzulegen, das darüber binnen sieben Wochen zu entscheiden hat. Wird von der Grundverkehrsbehörde innerhalb der sechswöchigen Frist oder vom Landesverwaltungsgericht innerhalb der siebenwöchigen Frist keine Entscheidung getroffen, so gilt die Bewilligung als erteilt. Hierüber hat die Grundverkehrsbehörde dem Bewilligungswerber auf Verlangen eine Bestätigung auszustellen.

(4) Die Grundverkehrsbehörde hat im Fall der Versteigerung eines unbebauten Baugrundstückes bzw. eines Grundstückes in einer Vorbehaltsgemeinde, an dem Rechtserwerbe einer Erklärungspflicht nach § 14a Abs. 1 unterliegen, jenen Personen, die ihr gegenüber binnen drei Wochen nach der Bekanntmachung des neuen Versteigerungstermins die Erklärung nach § 11 Abs. 1 bzw. nach § 14a Abs. 1 abgeben, eine Bestätigung über deren Eingang oder, falls der Rechtserwerb durch den Bieter nach § 10, nach § 11 Abs. 1 oder nach § 14a Abs. 2 von der Erklärungspflicht ausgenommen wäre, die Bestätigung, dass der Rechtserwerb nicht der Erklärungspflicht unterliegt, auszustellen. Die Grundverkehrsbehörde hat in sinngemäßer Anwendung des § 25a unverzüglich, spätestens jedoch binnen sechs Wochen nach der Bekanntmachung des neuen Versteigerungstermins die genannten Bestätigungen auszustellen oder mit Bescheid deren Ausstellung zu versagen. Sie hat weiters eine allfällige Beschwerde gegen einen Versagungsbescheid binnen einer Woche nach ihrer Einbringung dem Landesverwaltungsgericht vorzulegen, das darüber binnen sieben Wochen zu entscheiden hat. Wird von der Grundverkehrsbehörde innerhalb der sechswöchigen Frist oder vom Landesverwaltungsgericht innerhalb der siebenwöchigen Frist keine Entscheidung getroffen, so gilt die Abgabe der Erklärung nach § 11 Abs. 1 oder nach § 14a Abs. 1 als bestätigt. Hierüber hat die Grundverkehrsbehörde dem Bieter auf Verlangen eine Bestätigung auszustellen.

(5) Treten innerhalb von drei Wochen nach der Bekanntmachung des neuen Versteigerungstermins bei der Grundverkehrsbehörde keine Bewerber um eine Bieterbewilligung nach Abs. 3 oder um eine Bestätigung nach Abs. 4 auf, so hat die Grundverkehrsbehörde dies unverzüglich dem Exekutionsgericht mitzuteilen. Das Exekutionsgericht hat sodann den neuen Versteigerungstermin abzuberaumen.

(6) Bei der erneuten Versteigerung richtet sich das geringste Gebot nach § 151 Abs. 1 der Exekutionsordnung, soweit nicht Abs. 8 anzuwenden ist.

(7) Im Falle des Abs. 5 oder wenn im erneuten Versteigerungstermin keine Bieter auftreten oder keine gültigen Anbote abgegeben wurden, hat das Exekutionsgericht den Beschluss über die Erteilung des Zuschlages an den Meistbietenden des ersten Versteigerungstermins für wirksam zu erklären, auszufertigen und zu verlautbaren sowie die Grundverkehrsbehörde hievon zu verständigen.

(8) Wird eine erneute Versteigerung erforderlich, weil der Meistbietende der ersten Versteigerung den Rechtserwerb nicht fristgerecht nach § 23 angezeigt hat, so sind die Bestimmungen der Exekutionsordnung über die Wiederversteigerung anzuwenden.

§ 21
Verfahren bei Überboten

(1) Vor der Verständigung des Erstehers von einem Überbot hat das Exekutionsgericht den Überbieter aufzufordern, binnen einer angemessen festzusetzenden Frist den Rechtserwerb nach § 23 der Grundverkehrsbehörde anzuzeigen.

(2) Das Exekutionsgericht hat das Überbot dem weiteren Verfahren zugrunde zu legen, wenn die entsprechende Entscheidung nach § 24 Abs. 1 oder § 25 Abs. 1 oder die entsprechende Bestätigung nach § 25a Abs. 1 oder 2 vorliegt oder wenn dem Exekutionsgericht binnen vier Monaten nach dem Einlangen der Anzeige nach § 23 bei der Grundverkehrsbehörde keine Erledigung dieser Behörde zukommt.

(3) Wird der Rechtserwerb nicht fristgerecht nach § 23 angezeigt oder kommt dem Exekutionsgericht innerhalb der im Abs. 2 genannten Frist die Entscheidung über die Versagung der grundverkehrsbehördlichen Genehmigung oder Bestätigung zu und wird dieser rechtskräftig, so hat das Exekutionsgericht das Überbot zurückzuweisen.

(4) § 19 Abs. 4 gilt sinngemäß.

§ 22
Freiwillige Feilbietung

Die §§ 18 bis 21 sind auf die freiwillige Feilbietung eines Grundstückes (§§ 87a ff. der Notariatsordnung) und die Versteigerung eines gemeinschaftlichen Grundstückes (§ 352 der Exekutionsordnung) entsprechend anzuwenden.

8. Abschnitt
Verfahren
§ 23
Anzeigepflicht

(1) Jedes Rechtsgeschäft und jeder Rechtsvorgang, das (der) nach den §§ 4, 9, 12 Abs. 1 und 14a Abs. 1 der Genehmigungspflicht bzw. der Erklärungspflicht unterliegt, ist vom Rechtserwerber binnen acht Wochen nach Abschluss des betreffenden Rechtsgeschäftes oder Rechtsvorganges der Grundverkehrsbehörde, in deren Sprengel das betreffende Grundstück liegt, schriftlich anzuzeigen; dies gilt nicht im Fall des § 15 erster Satz. Die Anzeige kann auch durch den Veräußerer erfolgen. Bei Rechtserwerben, die eines Notariatsaktes bedürfen, obliegt die Anzeigepflicht dem Notar.

(2) Der Anzeige sind die zur Beurteilung des Vorliegens der Genehmigungsvoraussetzungen oder einer Ausnahme von der Genehmigungspflicht bzw. gegebenenfalls die zur Beurteilung des Vorliegens der Voraussetzungen für die Bestätigung, dass ein Rechtserwerb an einem unbebauten Grundstück nach § 10 oder an einem bebauten Grundstück nach § 14a Abs. 2 nicht der Erklärungspflicht unterliegt, erforderlichen Angaben sowie die zum Nachweis der Richtigkeit dieser Angaben erforderlichen Unterlagen anzuschließen. Insbesondere sind anzuschließen:

a) die Urkunde über das Rechtsgeschäft oder den Rechtsvorgang;
b) ein Nachweis über die Staatsangehörigkeit des Rechtserwerbers;
c) bei juristischen Personen und Gesellschaften ein Nachweis über den Sitz, das Gesellschaftskapital sowie eine verbindliche Erklärung der statutenmäßig zur Vertretung nach außen berufenen Organe über die Staatsangehörigkeit von Mitgliedern bzw. Gesellschaftern, sodass eine Beurteilung nach § 2 Abs. 7 ermöglicht wird;
d) beim Rechtserwerb an unbebauten Baugrundstücken eine Bestätigung des Bürgermeisters über die Flächenwidmung des betreffenden Grundstückes sowie über die Tatsache, dass es unbebaut ist bzw. dass sich darauf lediglich Gebäude von untergeordneter Bedeutung im Sinn des § 2 Abs. 3 zweiter Satz befinden;
e) ein Lageplan, wenn mit dem Rechtserwerb eine Grundstücksteilung verbunden ist;
f) beim Rechtserwerb an einem unbebauten Baugrundstück die persönliche Erklärung des Rechtserwerbers, dass das Grundstück innerhalb der Frist nach § 11 Abs. 2 dem der Flächenwidmung entsprechenden Verwendungszweck zugeführt, insbesondere bebaut, werden soll, es sei denn, dass das Grundstück aufgrund seiner Größe, Form oder Lage einer geordneten Bebauung nicht zugänglich ist;
g) beim Rechtserwerb an bebauten Baugrundstücken in Vorbehaltsgemeinden, der einer Erklärungspflicht nach § 14a Abs. 1 unterliegt, eine Bestätigung des Bürgermeisters über die Flächenwidmung des betreffenden Grundstückes und über die Tatsache, dass es bebaut im Sinn des § 2 Abs. 3 ist; dies gilt nicht beim Erwerb von Wohnungseigentum;
h) beim Rechtserwerb an Grundstücken in Vorbehaltsgemeinden, der einer Erklärungspflicht nach § 14a Abs. 1 unterliegt, die persönliche Erklärung des Rechtserwerbers, dass durch den beabsichtigten Rechtserwerb kein neuer Freizeitwohnsitz geschaffen wird;
i) beim Rechtserwerb an Grundstücken in Vorbehaltsgemeinden, der nach § 14a Abs. 2 von der Erklärungspflicht ausgenommen ist, im Fall des § 14a Abs. 2 lit. a den entsprechenden Bescheid nach § 13 Abs. 3 lit. a oder b des Tiroler Raumordnungsgesetzes 2022 oder im Fall des § 14a Abs. 2 lit. b eine Bestätigung des Bürgermeisters über die Flächenwidmung des betreffenden Grundstückes.

Die Urkunde nach lit. a ist im Original nachzureichen, wenn die Grundverkehrsbehörde dies ausdrücklich verlangt.

(3) Bei Rechtserwerben an einem landwirtschaftlichen Grundstück im Sinn des § 7a Abs. 8 lit. e und f ist mit der Anzeige auch nachzuweisen, dass die dort angeführten Voraussetzungen für die Nichtanwendung der Interessentenregelung vorliegen.

(4) Bestehen Zweifel darüber, ob ein Rechtserwerber als Ausländer gilt, so hat dieser nachzuweisen, dass er nicht Ausländer ist.

(5) Sofern das betreffende Grundstück im elektronischen Flächenwidmungsplan abrufbar ist, hat die Behörde zur Beurteilung der Flächenwidmung nach Abs. 2 lit. d, g und i die Widmung über Abfrage aus dem elektronischen Flächenwidmungsplan zu beurteilen; in diesen Fällen entfällt die Vorlage der Bestätigung des Bürgermeisters über die Flächenwidmung.

(6) Die Landesregierung hat durch Verordnung nähere Bestimmungen über den Inhalt und die Form der Bestätigung des Bürgermeisters nach Abs. 2 lit. d, g und i zu erlassen.

§ 23a
Besondere Anzeigepflicht für originäre Eigentumserwerbe

§ 23 ist sinngemäß auf jeden originären Eigentumserwerb an einem land- oder forstwirtschaftlichen Grundstück mit Ausnahme jenes durch Zuschlag anzuwenden. Diesfalls sind der Anzeige die zur Beurteilung, ob ein originärer Eigentumserwerb tatsächlich stattgefunden hat, erforderlichen Angaben sowie die zum Nachweis der Richtigkeit dieser Angaben erforderlichen Unterlagen anzuschließen.

§ 24
Feststellung von Ausnahmen von der Genehmigungspflicht, Entscheidung über den Geltungsbereich

(1) Ist ein Rechtserwerb an einem land- oder forstwirtschaftlichen Grundstück oder durch einen Ausländer nach § 5 bzw. § 12 Abs. 2 von der Genehmigungspflicht ausgenommen, so hat die Grundverkehrsbehörde mit Bescheid festzustellen, dass der betreffende Rechtserwerb keiner grundverkehrsbehördlichen Genehmigung bedarf.

(2) Die Grundverkehrsbehörde hat im Zweifelsfall von Amts wegen sowie bei Vorliegen eines begründeten Interesses auf Antrag mit Bescheid darüber zu entscheiden, ob

a) ein Grundstück ein land- oder forstwirtschaftliches Grundstück oder ein bebautes bzw. unbebautes Baugrundstück ist,

b) ein Baugrundstück bebaut oder unbebaut im Sinn des § 2 Abs. 3 ist.

(3) Bestehen Zweifel darüber, ob ein Rechtserwerb an einem Grundstück in den Geltungsbereich nach § 1 Abs. 2 dieses Gesetzes fällt, so hat die Grundverkehrsbehörde auf Antrag des Rechtserwerbers oder von Amts wegen mit Bescheid darüber zu entscheiden.

(4) Vor der Erlassung eines Bescheides, mit dem über die Ausnahme von der Genehmigungspflicht nach § 5 lit. d entschieden wird, hat die Grundverkehrsbehörde die Gemeinde, in deren Gebiet das betreffende Grundstück liegt, anzuhören. Ein solcher Bescheid ist der Gemeinde zuzustellen; diese kann dagegen Beschwerde an das Landesverwaltungsgericht erheben.

§ 25
Erteilung der Genehmigung

(1) Liegen die Voraussetzungen für die Erteilung der Genehmigung für den angezeigten Rechtserwerb an einem land- oder forstwirtschaftlichen Grundstück oder durch einen Ausländer vor, so hat die Grundverkehrsbehörde mit schriftlichem Bescheid die Genehmigung zu erteilen.

(2) Bescheide der Grundverkehrsbehörden, mit denen die Genehmigung erteilt wird, sind zu begründen.

(3) Vor der Erlassung eines Bescheides, mit dem über die Erteilung der Genehmigung des angezeigten Rechtserwerbs an einem land- oder forstwirtschaftlichen Grundstück entschieden wird, hat die Grundverkehrsbehörde die Gemeinde, in deren Gebiet das betreffende Grundstück liegt, und die Landwirtschaftskammer anzuhören. Ein solcher Bescheid ist der Gemeinde und der Landwirtschaftskammer zuzustellen; diese können dagegen Beschwerde an das Landesverwaltungsgericht erheben. Vor der Erlassung eines Bescheides, mit dem über die Erteilung der Genehmigung des angezeigten Rechtserwerbs durch einen Ausländer entschieden wird, hat die Grundverkehrsbehörde die Gemeinde, in deren Gebiet das betreffende Grundstück liegt, anzuhören. Ein solcher Bescheid ist der Gemeinde zuzustellen; diese kann dagegen Beschwerde an das Landesverwaltungsgericht erheben.

§ 25a
Bestätigung über Ausnahmen von der Erklärungspflicht, Bestätigung der Anzeige

(1) Ist ein Rechtserwerb an einem unbebauten Baugrundstück nach § 10 oder nach § 11 Abs. 1 oder an einem Grundstück in einer Vorbehaltsgemeinde nach § 14a Abs. 1 zweiter Satz oder § 14a Abs. 2 von der Erklärungspflicht ausgenommen, so hat die Grundverkehrsbehörde hierüber eine Bestätigung auszustellen.

(2) Die Grundverkehrsbehörde hat den Eingang der Anzeige nach § 11 Abs. 1 über einen Rechtserwerb an einem unbebauten Baugrundstück oder den Eingang der Anzeige nach § 14a Abs. 1 über einen Rechtserwerb an einem Grundstück in einer Vorbehaltsgemeinde zu bestätigen.

(3) Die Grundverkehrsbehörde hat eine Bestätigung über die erfolgte Anzeige nach § 23a auszustellen, sofern ein originärer Eigentumserwerb an einem land- oder forstwirtschaftlichen Grundstück nicht in der erweislichen Absicht, die Voraussetzungen zur Genehmigung eines beabsichtigten rechtsgeschäftlichen Eigentumserwerbes zu umgehen, lediglich vorgetäuscht wurde. Andernfalls hat die Grundverkehrsbehörde die Bestätigung der Anzeige nach § 23a mit Bescheid zu versagen.

(4) Die Bestätigung der Anzeige eines Rechtserwerbes an einem unbebauten Baugrundstück oder die Bestätigung der Anzeige nach § 14a Abs. 1 über einen Rechtserwerb an einem Grundstück in einer Vorbehaltsgemeinde ist der Gemeinde, in deren Gebiet das Grundstück liegt, zu übermitteln.

(5) Die Bestätigung einer Anzeige nach § 23a sowie die Bestätigung, dass ein Rechtserwerb nicht der Erklärungspflicht unterliegt, ist mit Bescheid zu versagen, wenn die nach § 23 oder § 23a erforderlichen Unterlagen trotz des Auftrags, sie binnen einer angemessen festzusetzenden Frist nachzubringen, der Grundverkehrsbehörde nicht vorgelegt werden.

(6) Die Landesregierung hat durch Verordnung nähere Bestimmungen über den Inhalt und die Form der Bestätigungen nach den Abs. 1, 2 und 3 zu erlassen.

§ 25b
Verarbeitung personenbezogener Daten

(1) Das Amt der Tiroler Landesregierung und die Bezirksverwaltungsbehörden sind gemein-

sam Verantwortliche nach Art. 26 der Verordnung (EU) 2016/679 des Europäischen Parlaments und des Rates zum Schutz natürlicher Personen bei der Verarbeitung personenbezogener Daten, zum freien Datenverkehr und zur Aufhebung der Richtlinie 95/46/EG (Datenschutz-Grundverordnung), ABl. 2016 Nr. L 119, S. 1, in den in die Zuständigkeit der Bezirksverwaltungsbehörde fallenden Angelegenheiten.

(2) Die nach Abs. 1 Verantwortlichen dürfen folgende Daten verarbeiten, sofern diese für die Erfüllung der ihnen nach diesem Gesetz obliegenden Aufgaben jeweils erforderlich sind:

a) von den Parteien bzw. Beteiligten an anzeigepflichtigen Rechtsgeschäften und Rechtsvorgängen nach § 23 Abs. 1: Identifikationsdaten, Erreichbarkeitsdaten, grundstücks- und betriebsbezogene Daten, Daten zum Nachweis der Landwirteeigenschaft bzw. zur Glaubhaftmachung der erforderlichen Fähigkeiten nach § 2 Abs. 5, Daten zur Durchführung der Interessentenregelung nach § 7a, Daten zur Durchführung der Maßnahmen zur Verhinderung der Schaffung von neuen, unzulässigen Freizeitwohnsitzen nach § 14a, Daten über Rechtsgeschäfte und Rechtsvorgänge, Staatsbürgerschaft sowie bei juristischen Personen und Personengemeinschaften Sitz, Hauptverwaltung oder Hauptniederlassung, Angaben zum Vermögen und Gesellschaftskapital, zu Anteilen am Vermögen und Gesellschaftskapital sowie zu sonstigen Beteiligungen und zur Staatsangehörigkeit der Mitglieder bzw. Gesellschafter,
b) von Sachverständigen: Identifikationsdaten, Erreichbarkeitsdaten, Daten über Befähigungen und berufsrechtliche Befugnisse.

(3) Die nach Abs. 1 Verantwortlichen haben personenbezogene Daten nach Abs. 2 zu löschen, sobald diese für die Erfüllung der ihnen nach diesem Gesetz obliegenden Aufgaben nicht mehr benötigt werden.

(4) Als Identifikationsdaten gelten:

a) bei natürlichen Personen der Familien- und der Vorname, das Geschlecht, das Geburtsdatum, allfällige akademische Grade, Standesbezeichnungen und Titel,
b) bei juristischen Personen und Personengesellschaften die gesetzliche, satzungsmäßige oder firmenmäßige Bezeichnung und hinsichtlich der vertretungsbefugten Organe die Daten nach lit. a sowie die Firmenbuchnummer, die Vereinsregisterzahl, die Umsatzsteuer-Identifikationsnummer und die Ordnungsnummer im Ergänzungsregister.

(5) Als Erreichbarkeitsdaten gelten Wohnsitzdaten und sonstige Adressdaten, die Telefonnummer, elektronische Kontaktdaten, wie insbesondere die E-Mail-Adresse und Telefax-Nummer, oder Verfügbarkeitsdaten.

9. Abschnitt
Behörden

§ 26
Grundverkehrsbehörde

Grundverkehrsbehörde ist die Bezirksverwaltungsbehörde.

10. Abschnitt
Zivilrechtliche Bestimmungen, Klagerecht

§ 31
Zivilrechtliche Wirkung der Verkehrsbeschränkung

(1) Solange die entsprechende rechtskräftige Entscheidung nach § 24 Abs. 1 oder § 25 Abs. 1 oder die entsprechende Bestätigung nach § 25a Abs. 1 oder 2 nicht vorliegt, darf das zugrunde liegende Rechtsgeschäft bzw. der zugrunde liegende Rechtsvorgang nicht durchgeführt werden, insbesondere darf das Recht nicht in das Grundbuch eingetragen werden. Die Parteien sind jedoch an das Rechtsgeschäft gebunden.

(2) Wird für einen Rechtserwerb die grundverkehrsbehördliche Genehmigung oder Bestätigung versagt, so wird das Rechtsgeschäft bzw. der Rechtsvorgang rückwirkend rechtsunwirksam. Ein Rechtsgeschäft oder Rechtsvorgang wird auch rechtsunwirksam, wenn die Grundverkehrsbehörde davon Kenntnis erlangt und eine angemessene Frist zur Nachholung der Anzeige nach § 23 setzt, die Anzeige aber nicht innerhalb dieser Frist nachgeholt wird.

(3) Wird für einen Rechtserwerb die grundverkehrsbehördliche Genehmigung oder Bestätigung versagt, so hat die Grundverkehrsbehörde auf dem Original der Urkunde über das Rechtsgeschäft oder den Rechtsvorgang dies mit der Feststellung zu vermerken, dass das Rechtsgeschäft bzw. der Rechtsvorgang rückwirkend rechtsunwirksam geworden ist.

§ 32
Zulässigkeit der Grundbuchseintragung

(1) Ein Recht an einem Grundstück im Sinne der §§ 4, 9 und 12 Abs. 1 darf im Grundbuch nur eingetragen werden, wenn dem Grundbuchsgesuch beigeschlossen ist:

a) bei einem Rechtserwerb an einem land- und forstwirtschaftlichen Grundstück oder durch einen Ausländer die entsprechende rechtskräftige Entscheidung nach § 24 Abs. 1 oder § 25 Abs. 1;
b) bei einem Rechtserwerb an einem unbebauten Baugrundstück bzw. an einem Grundstück in einer Vorbehaltsgemeinde, das nach § 14a Abs. 1 einer Erklärungspflicht unterliegt, die entsprechende Bestätigung nach § 25a Abs. 1 oder 2;

c) bei einem Rechtserwerb an einem Grundstück in einer Vorbehaltsgemeinde, der nach § 14a Abs. 2 von der Erklärungspflicht ausgenommen ist, im Fall des § 14a Abs. 2 lit. a den entsprechenden Bescheid nach § 13 Abs. 3 lit. a oder b des Tiroler Raumordnungsgesetzes 2022 oder im Fall des § 14a Abs. 2 lit. b eine Bestätigung des Bürgermeisters über die Flächenwidmung des betreffenden Grundstücks;
d) bei einem Rechtserwerb an einem bebauten Baugrundstück außer an einem bebauten Grundstück in einer Vorbehaltsgemeinde, wenn der Rechtserwerb einer Erklärungspflicht nach § 14a Abs. 1 unterliegt,
1. eine Bestätigung des Bürgermeisters über die Flächenwidmung des betreffenden Grundstückes und über die Tatsache, dass es bebaut im Sinn des § 2 Abs. 3 ist, oder eine rechtskräftige Feststellung nach § 24 Abs. 2, dass es bebaut im Sinn des § 2 Abs. 3 ist, wobei dies nicht beim Erwerb von Wohnungseigentum gilt, sowie
2. bei
aa) österreichischen Staatsbürgern oder Personen, die österreichischen Staatsbürgern nach § 3 Abs. 1 oder 3 gleichgestellt sind, der Nachweis über die Staatsangehörigkeit oder
bb) österreichischen juristischen Personen oder sonstigen rechtsfähigen Personengemeinschaften die für die Beurteilung des Vorliegens dieser Eigenschaft erforderlichen Nachweise, wobei § 23 Abs. 2 lit. c sinngemäß gilt, oder
cc) juristischen Personen oder sonstigen rechtsfähigen Personengemeinschaften, die österreichischen juristischen Personen bzw. sonstigen rechtsfähigen Personengemeinschaften gleichgestellt sind, die für die Beurteilung des Vorliegens der Gleichstellung im Sinn des § 3 Abs. 2 oder 3 erforderlichen Nachweise, wie insbesondere, dass sie nach dem Recht eines EU Mitgliedstaates, eines Vertragsstaates des EWR-Abkommens oder eines sonst staatsvertraglich begünstigten Staates gegründet wurden und dass sie ihren satzungsmäßigen Sitz, ihre Hauptverwaltung oder ihre Hauptniederlassung in einem dieser Staaten haben;
e) im Fall des § 20 Abs. 2 zweiter Satz die Bieterbewilligung oder eine der im § 20 Abs. 2 erster Satz genannten Bestätigungen.

(2) Abs. 1 gilt nicht, wenn
a) der Rechtserwerb nach § 1 Abs. 3 nicht diesem Gesetz unterliegt;
b) der Verbücherung ein rechtskräftiger Zuschlag oder ein rechtskräftiger Beschluss über die Annahme eines Überbotes zugrunde liegt;
c) der Verbücherung ein Einantwortungsbeschluss nach § 178 des Außerstreitgesetzes oder eine Amtsbestätigung nach § 186 Abs. 1 des Außerstreitgesetzes zugrunde liegt, worin festgehalten ist, dass der Erbe oder der Vermächtnisnehmer zum Kreis der gesetzlichen Erben gehört.

(3) Das originär erworbene Eigentum an einem land- oder forstwirtschaftlichen Grundstück mit Ausnahme jenes durch Zuschlag darf im Grundbuch nur eingetragen werden, wenn dem Grundbuchsgesuch eine Bestätigung nach § 25a Abs. 3 erster Satz beigeschlossen ist.

(4) Die Landesregierung hat durch Verordnung nähere Bestimmungen über den Inhalt und die Form der Bestätigung des Bürgermeisters nach Abs. 1 lit. c und d Z 1 und der Nachweise nach Abs. 1 lit. d Z 2 zu erlassen.

§ 33
Unwirksamkeit der Eintragung

(1) Besteht Grund zur Annahme, dass ein grundbücherlich bereits durchgeführtes Rechtsgeschäft oder ein grundbücherlich bereits durchgeführter Rechtsvorgang der erforderlichen grundverkehrsbehördlichen Genehmigung oder Bestätigung entbehrt, so hat die Grundverkehrsbehörde mit Bescheid ein Verfahren zur Prüfung dieser Frage einzuleiten.

(2) Auf Antrag der Grundverkehrsbehörde sind im Grundbuch anzumerken:
a) die Entscheidung nach Abs. 1 erster Satz;
b) die Entscheidung, aus der sich ergibt, dass ein grundbücherlich bereits durchgeführtes Rechtsgeschäft oder ein grundbücherlich bereits durchgeführter Rechtsvorgang der erforderlichen grundverkehrsbehördlichen Genehmigung oder Bestätigung entbehrt.

(3) Die Anmerkung nach Abs. 2 hat zur Folge, dass die Entscheidung über die Genehmigung des Rechtserwerbes oder die Bestätigung der Anzeige des Rechtserwerbes auch gegen Personen ihre volle Wirksamkeit äußert, die erst nach dem Zeitpunkt des Einlangens des Antrages auf Anmerkung beim Grundbuchsgericht bücherliche Rechte erworben haben.

(4) Stellt die Grundverkehrsbehörde fest, dass ein grundbücherlich bereits durchgeführtes Rechtsgeschäft oder ein grundbücherlich bereits durchgeführter Rechtsvorgang der erforderlichen grundverkehrsbehördlichen Genehmigung oder Bestätigung entbehrt, so hat der Erwerber innerhalb von vier Wochen nach Rechtskraft dieser Feststellung das Rechtsgeschäft bzw. den Rechtsvorgang nach § 23 der Grundverkehrsbehörde anzuzeigen.

(5) Wird einem grundbücherlich bereits durchgeführten Rechtsgeschäft oder einem grundbücherlich bereits durchgeführten Rechtsvorgang die grundverkehrsbehördliche Genehmigung oder Bestätigung versagt, so hat das Grundbuchsgericht die Eintragung auf Antrag der Grundverkehrsbehörde zu löschen. Die Eintragung ist auch zu löschen, wenn eine Entscheidung nach Abs. 2 lit. b vorliegt und nicht innerhalb von vier Wochen

ab Rechtskraft dieser Entscheidung das Rechtsgeschäft bzw. der Rechtsvorgang nach § 23 der Grundverkehrsbehörde angezeigt wird.

(6) Wird hinsichtlich eines grundbücherlich bereits durchgeführten Rechtsgeschäftes oder eines grundbücherlich bereits durchgeführten Rechtsvorganges die grundverkehrsbehördliche Genehmigung erteilt oder die grundverkehrsbehördliche Bestätigung der Anzeige ausgestellt, so hat die Grundverkehrsbehörde dies unverzüglich dem Grundbuchsgericht mitzuteilen. Dieses hat die Anmerkung nach Abs. 2 von Amts wegen zu löschen. Gleiches gilt, wenn die Grundverkehrsbehörde in einem nach Abs. 1 eingeleiteten Verfahren feststellt, dass der Rechtserwerb keiner grundverkehrsbehördlichen Genehmigung bedarf, oder bestätigt, dass der Rechtserwerb nicht der Erklärungspflicht unterliegt.

§ 34
Rückabwicklung

(1) Wird eine Eintragung im Grundbuch nach § 33 Abs. 5 gelöscht und das ihr zugrunde liegende Rechtsgeschäft rückabgewickelt, so kann der Veräußerer die Löschung jener inzwischen eingetragenen Rechte verlangen, die nicht im guten Glauben an die Wirksamkeit jener Eintragung, insbesondere nach einer Anmerkung nach § 33 Abs. 2, erworben worden sind.

(2) Wird ein Rechtsgeschäft, das auf die Übertragung des Eigentums gerichtet ist, durch Versagung der grundverkehrsbehördlichen Genehmigung oder Bestätigung oder durch Fristablauf nach § 31 Abs. 2 rechtsunwirksam, so kann der Veräußerer die Rückabwicklung dem Erwerber gegenüber verweigern, sofern er weder wusste noch wissen musste, dass das Rechtsgeschäft der grundverkehrsbehördlichen Genehmigungs- oder Erklärungspflicht unterliegt oder dass die Voraussetzungen für die Erteilung der grundverkehrsbehördlichen Genehmigung oder die Ausstellung der grundverkehrsbehördlichen Bestätigung nicht vorlagen.

(3) Wird die Einverleibung eines Rechtserwerbes nach § 33 Abs. 5 gelöscht und erklärt der Veräußerer, die Rückabwicklung zu verweigern, so ist das Grundstück auf Antrag des Veräußerers oder des Erwerbers vom Gericht in sinngemäßer Anwendung des § 352 der Exekutionsordnung zu versteigern. War die Weigerung des Veräußerers nach Abs. 2 berechtigt, so erfolgt die Versteigerung auf Rechnung des Erwerbers.

§ 34a
Exekutionstitel

(1) Rechtskräftige Entscheidungen nach § 11 Abs. 3 und nach § 14a Abs. 4 sind Exekutionstitel nach § 1 Z 12 der Exekutionsordnung für die Versteigerung einer Liegenschaft nach § 352 der Exekutionsordnung. Die betroffene Liegenschaft ist im Spruch des Feststellungsbescheides unter Angabe der Grundbuchsdaten zu bezeichnen. Die Grundverkehrsbehörde hat den Ersatz der Kosten des Versteigerungsverfahrens dem Verpflichteten vorzuschreiben.

(2) Vom Ersteher einer aufgrund eines Exekutionstitels nach Abs. 1 versteigerten Liegenschaft ist die Erklärung nach § 11 Abs. 1 bzw. nach § 14a Abs. 1 auch dann abzugeben, wenn er zum Personenkreis nach § 10 lit. b gehört.

§ 35
Feststellungsklage bei Schein- oder Umgehungsgeschäften

(1) Die Grundverkehrsbehörde kann bei dem nach § 81 der Jurisdiktionsnorm zuständigen Gericht namens des Landes Tirol Klage auf Feststellung erheben, dass ein Rechtsgeschäft nichtig ist, insbesondere weil es ein Schein- oder Umgehungsgeschäft ist.

(2) Die Erhebung einer Klage nach Abs. 1 ist auf Antrag der Grundverkehrsbehörde im Grundbuch anzumerken. Die Anmerkung hat zur Folge, dass die gerichtliche Entscheidung auch gegen Personen ihre volle Wirksamkeit äußert, die erst nach dem Zeitpunkt des Einlangens des Antrages auf Anmerkung beim Grundbuchsgericht bücherliche Rechte erlangt haben.

(3) Wird der Klage stattgegeben, so hat das Grundbuchsgericht eine bereits durchgeführte Eintragung des betreffenden Rechtes zu löschen und den früheren Grundbuchsstand wiederherzustellen. § 34 ist anzuwenden. Die Grundverkehrsbehörde hat dem Grundbuchsgericht die Entscheidung des Gerichtes über die Feststellung der Nichtigkeit eines Rechtsgeschäftes unverzüglich mitzuteilen.

11. Abschnitt
Straf-, Übergangs- und Schlußbestimmungen

§ 36
Strafbestimmungen

(1) Wer

a) ein Rechtsgeschäft oder einen Rechtsvorgang entgegen dem § 23 Abs. 1 oder dem § 23a nicht der Grundverkehrsbehörde anzeigt,
b) die in Entscheidungen über die Erteilung der grundverkehrsrechtlichen Genehmigung oder in der Bieterbewilligung vorgeschriebenen Auflagen nicht erfüllt,
c) ein Gebäude, eine Wohnung oder einen sonstigen Teil eines Gebäudes ungeachtet eines der Erklärungspflicht nach § 14a Abs. 1 unterliegenden Rechtserwerbes als Freizeitwohnsitz verwendet oder anderen zur Verwendung als Freizeitwohnsitz überlässt,
d) ein Grundstück im Sinn des § 9 Abs. 1 nicht innerhalb der Fristen nach § 11 Abs. 2 dem der Flächenwidmung entsprechenden Verwendungszweck zuführt, insbesondere bebaut,

e) trotz Versagung der grundverkehrsbehördlichen Genehmigung für einen Rechtserwerb bzw. ohne Vorliegen einer grundverkehrsbehördlichen Bestätigung des Eingangs der Anzeige eines Rechtserwerbes den Gegenstand des der Genehmigungs- bzw. Erklärungspflicht unterliegenden Rechtserwerbes nutzt oder nutzen lässt,
f) gegenüber den Grundverkehrsbehörden zum Zweck der Umgehung dieses Gesetzes unwahre oder unvollständige Angaben macht oder
g) auf andere Weise, insbesondere durch Umgehungsgeschäfte, versucht, dieses Gesetz zu umgehen,

begeht eine Verwaltungsübertretung und ist von der Bezirksverwaltungsbehörde mit einer Geldstrafe bis zu 80.000,– Euro zu bestrafen. Eine Verwaltungsübertretung nach lit. c liegt nicht vor, sofern die betreffende Tat eine Verwaltungsübertretung nach § 13a Abs. 1 lit. a oder b des Tiroler Raumordnungsgesetzes 2022 bildet.

(2) Die Verjährung beginnt
a) im Fall des Abs. 1 lit. a erst mit der Einbringung der Anzeige nach § 23,
b) im Fall des Abs. 1 lit. b, c, d, e oder g erst mit der Beseitigung des rechtswidrigen Zustandes.

(3) § 14a Abs. 6 ist sinngemäß auf die zur Verfolgung von Verwaltungsübertretungen nach Abs. 1 lit. c zuständigen Organe (Organwalter) anzuwenden.

§ 37
Bewilligungen nach anderen Landesgesetzen

(1) Die in anderen Landesgesetzen vorgesehenen Bewilligungen, die das Verfügungsrecht über ein Grundstück oder die Zustimmung des Eigentümers oder des Bauberechtigten zur Errichtung eines Gebäudes auf fremdem Grund zur Voraussetzung haben, dürfen erst erteilt werden, wenn die entsprechende rechtskräftige Entscheidung nach § 24 Abs. 1 oder § 25 Abs. 1 oder die entsprechende Bestätigung nach § 25a Abs. 1, 2 oder 3 erster Satz für den betreffenden Rechtserwerb vorliegt.

(2) Bescheide, mit denen eine der im Abs. 1 genannten Bewilligungen erteilt wird, ohne dass die entsprechende rechtskräftige Entscheidung oder die entsprechende Bestätigung der Grundverkehrsbehörde für den betreffenden Rechtserwerb vorliegt, leiden an einem mit Nichtigkeit bedrohten Fehler.

§ 38
Mitwirkung der Gemeinden

(1) Die Gemeinden haben den Grundverkehrsbehörden auf Verlangen Auskunft zu erteilen, wenn Grund zur Annahme besteht, daß ein Schein- oder Umgehungsgeschäft vorliegt.

(2) Auskunftsersuchen dürfen nur dann an die Gemeinden gerichtet werden, wenn für die ersuchende Behörde Grund zur Annahme besteht, daß ihr im Zusammenhang mit der Vollziehung von grundverkehrsrechtlichen Bestimmungen durch ein Schein- oder Umgehungsgeschäft der wahre Sachverhalt in wesentlichen Belangen überhaupt nicht, unrichtig oder unvollständig zur Kenntnis gelangt ist.

(3) Auskunftsersuchen können sich nur auf folgende Daten beziehen: Veränderungen der Eigentums- oder Nutzungsverhältnisse hinsichtlich eines bestimmten Grundstückes (Grundstücksnummer) und die an einem darauf gerichteten Rechtsgeschäft beteiligten Personen (bei natürlichen Personen: Vor- und Familienname, Geburtsdatum und Adresse); dies gilt in gleicher Weise für Teile von Grundstücken oder Miteigentumsanteile.

(4) Die Grundverkehrsbehörden dürfen die ihnen von den Gemeinden bekanntgegebenen Daten nur für Zwecke der Vollziehung dieses Gesetzes verwenden. Eine Weitergabe dieser Daten ist nicht zulässig.

§ 39
Eigener Wirkungsbereich der Gemeinde

Die von den Gemeinden nach § 23 Abs. 2 lit. d, g und i, § 24 Abs. 4, § 25 Abs. 3 sowie § 32 Abs. 1 lit. c und d zu besorgenden Aufgaben sind solche des eigenen Wirkungsbereiches der Gemeinde.

§ 40
Übergangsbestimmung

(1) Ist am 1. Oktober 2016 die Frist von fünf Jahren nach § 11 Abs. 3 erster Satz in der Fassung des Gesetzes LGBl. Nr. 130/2013 noch nicht abgelaufen, so verlängert sich diese Frist auf zehn Jahre, gerechnet ab der Ausstellung der Bestätigung nach § 25a Abs. 2.

(2) Die Behörde kann in den Fällen des Abs. 1 mit Bescheid die Frist für die Bebauung auf Antrag des Rechtserwerbers auf 20 Jahre, gerechnet ab der Ausstellung der Bestätigung nach § 25a Abs. 2, verlängern, wenn

a) die Voraussetzungen nach § 11 Abs. 2 lit. a zum Zeitpunkt des Rechtserwerbs vorgelegen haben und zum Zeitpunkt der Antragstellung noch vorliegen,
b) besonders berücksichtigungswürdige Gründe diese Verlängerung erforderlich machen und
c) im Antrag die Flächenwidmung im Sinn der lit. a nachgewiesen ist und die berücksichtigungswürdigen Gründe nach lit. b glaubhaft gemacht sind.

(3) Anträge nach Abs. 2 können nur bis zum 31. Dezember 2017 gestellt werden.

(4) Auf Rechtsgeschäfte, die vor dem Inkrafttreten einer Verordnung nach § 14 Abs. 1 für die

betreffende Gemeinde geschlossen wurden, ist § 14a nicht anzuwenden.

§ 41
Inkrafttreten

Dieses Gesetz tritt mit 1. Oktober 1996 in Kraft. Gleichzeitig treten das Tiroler Grundverkehrsgesetz, LGBl. Nr. 82/1993, in der Fassung des Gesetzes LGBl. Nr. 4/1996 und die Verordnung über die Erklärung nach § 10 Abs. 2 des Tiroler Grundverkehrsgesetzes, LGBl. Nr. 24/1994, außer Kraft.

31. Verordnung über den Inhalt und die Form der nach dem Tiroler Grundverkehrsgesetz 1996 auszustellenden Bestätigungen und zu erbringenden Nachweise

Verordnung der Landesregierung vom 5. Juli 2022 über den Inhalt und die Form der nach dem Tiroler Grundverkehrsgesetz 1996 auszustellenden Bestätigungen und zu erbringenden Nachweise

StF: LGBl. Nr. 72/2022

Präambel

Aufgrund der §§ 25a Abs. 6 und 32 Abs. 4 des Tiroler Grundverkehrsgesetzes 1996, LGBl. Nr. 61, zuletzt geändert durch das Gesetz LGBl. Nr. 204/2021, wird verordnet:

§ 1

Bestätigungen der Grundverkehrsbehörde

(1) Die Bestätigung über die Ausnahme von der Erklärungspflicht bei einem Rechtserwerb an einem unbebauten Baugrundstück oder an einem Grundstück in einer Vorbehaltsgemeinde nach § 25a Abs. 1 des Tiroler Grundverkehrsgesetzes 1996 hat nach dem Muster der Anlage 1 zu erfolgen.

(2) Die Bestätigung über den Eingang der Anzeige eines Rechtserwerbes an einem unbebauten Baugrundstück nach § 25a Abs. 2 des Tiroler Grundverkehrsgesetzes 1996 hat nach dem Muster der Anlage 2 zu erfolgen.

(3) Die Bestätigung über den Eingang der Anzeige eines Rechtserwerbes an einem Grundstück in einer Vorbehaltsgemeinde nach § 25a Abs. 2 des Tiroler Grundverkehrsgesetzes 1996 hat nach dem Muster der Anlage 3 zu erfolgen.

(4) Die Bestätigung über die erfolgte Anzeige eines originären Rechtserwerbes an einem land- und forstwirtschaftlichen Grundstück nach den §§ 23a und 25a Abs. 3 des Tiroler Grundverkehrsgesetzes 1996 hat nach dem Muster der Anlage 4 zu erfolgen.

§ 2

Bestätigung des Bürgermeisters, Nachweise

(1) Die Bestätigung des Bürgermeisters nach § 32 Abs. 1 lit. c Z 1 des Tiroler Grundverkehrsgesetzes 1996 über die Flächenwidmung und die Bebauung bei einem Rechtserwerb an einem bebauten Baugrundstück, außer an einem bebauten Baugrundstück in einer Vorbehaltsgemeinde, wenn der Rechtserwerb einer Erklärungspflicht nach § 14a Abs. 1 des Tiroler Grundverkehrsgesetzes 1996 unterliegt, hat nach dem Muster der Anlage 5 zu erfolgen.

(2) Die Nachweise nach § 32 Abs. 1 lit. c Z 2 des Tiroler Grundverkehrsgesetzes 1996 bei einem Rechtserwerb an einem bebauten Baugrundstück, außer an einem bebauten Baugrundstück in einer Vorbehaltsgemeinde, wenn der Rechtserwerb einer Erklärungspflicht nach § 14a Abs. 1 des Tiroler Grundverkehrsgesetzes 1996 unterliegt, sind nach dem Muster der Anlage 6 zu erbringen.

§ 3

Inkrafttreten

Diese Verordnung tritt mit 1. September 2022 in Kraft. Gleichzeitig tritt die Verordnung der Landesregierung über den Inhalt und die Form der nach dem Tiroler Grundverkehrsgesetz 1996 auszustellenden Bestätigungen und zu erbringenden Nachweise, LGBl. Nr. 113/2016, außer Kraft.

Anlage 1

Anlage 1

[Bezeichnung der Behörde] ....

[GZ] ....

[Ort, Datum] ....

Bestätigung über die Ausnahme von der Erklärungspflicht

1. Eingang der Anzeige (Datum) ....

2. Veräußerer/Veräußerin

Vor- und Familienname: ....

[Juristische Person(en) u.ä.] Benennung: ....

....

Adresse [Hauptwohnsitz/Sitz]: ....

....

3. Erwerber/Erwerberin

[Natürliche Person(en)]

Vor- und Familienname, Geburtsdatum: ....

Adresse [Hauptwohnsitz]: ....

Staatsbürgerschaft:

....

[Juristische Person(en), Personengesellschaft(en) u.ä.]

Benennung, ggf. mit Firmenbuchnummer oder Vereinsregisterzahl: ....

....

Adresse [Sitz]: ....

EU/EWR-Ausländer im Hinblick auf § 3 Abs. 2 des Tiroler Grundverkehrsgesetzes 1996:

☐ja ☐nein (**x** trifft zu)

4. **Rechtsgeschäft/Rechtsvorgang – Datum**

....

....

....

....

....

....

Gemäß § 25a Abs. 1 des Tiroler Grundverkehrsgesetzes 1996 wird bestätigt, dass dieser Rechtserwerb von der Erklärungspflicht ausgenommen ist:

☐ **nach § 10 leg. cit.**

☐ **nach § 11 Abs. 1 leg. cit. (Grundstück einer geordneten Bebauung nicht zugänglich)**

☐ **nach § 14a Abs. 2 leg. cit. (bestehender Freizeitwohnsitz bzw. entsprechende Widmung laut dem Tiroler Raumordnungsgesetz 2022)**

(**x** trifft zu)

[Datum]..[Unterfertigung]

Hinweis:

Diese Bestätigung stellt keinen Bescheid dar und unterliegt somit keinem weiteren Rechtszug.

Ausfertigung dieser Bestätigung wird übermittelt an:

....

....

Anlage 2

Anlage 2

[Bezeichnung der Behörde] ....
[GZ] ....
[Ort, Datum] ....

BESTÄTIGUNG ÜBER DEN EINGANG DER ANZEIGE EINES RECHTSERWERBES AN EINEM UNBEBAUTEN GRUNDSTÜCK

1. Eingang der Anzeige (Datum) ....

2. Veräußerer/Veräußerin

Vor- und Familienname: ....

[Juristische Person(en) u.ä.] Benennung: ....

....

Adresse [Hauptwohnsitz/Sitz]: ....

....

3. Erwerber/Erwerberin

[Natürliche Person(en)]

Vor- und Familienname, Geburtsdatum: ....

Adresse [Hauptwohnsitz]: ....

Staatsbürgerschaft: ....

[Juristische Person(en), Personengesellschaft(en) u.ä.]

Benennung, ggf. mit Firmenbuchnummer oder Vereinsregisterzahl: ....

....

Adresse [Sitz]: ....

EU/EWR-Ausländer im Hinblick auf § 3 Abs. 2 und 3 des Tiroler Grundverkehrsgesetzes 1996:

☐ ja ☐ nein (**x** trifft zu)

4. Rechtsgeschäft/Rechtsvorgang – Datum

....

....

....

5. **Frist, innerhalb der <u>das unbebaute Baugrundstück/die unbebauten Baugrundstücke</u> dem der Flächenwidmung entsprechenden Zweck zuzuführen ist/sind, beginnt**
   - ☐ mit dem Eingang der Anzeige bei der Grundverkehrsbehörde
   - ☐ mit dem Vorliegen der entsprechenden Flächenwidmung (bei Grundstücken, welche die für eine Bebauung erforderliche Widmung noch nicht aufweisen)

(**x** trifft zu)

Gemäß § 25a Abs. 2 des Tiroler Grundverkehrsgesetzes 1996 wird der Eingang der Anzeige dieses Rechtserwerbes nach § 23 leg. cit. bestätigt.

[Datum]...[Unterfertigung]

HINWEISE: (vgl. § 11 Abs. 2 des Tiroler Grundverkehrsgesetzes 1996, LGBl. Nr. 61/1996, zuletzt geändert durch das Gesetz LGBl. Nr. 204/2021; Auszug)

Ein unbebautes Baugrundstück ist innerhalb folgender Fristen dem der Flächenwidmung entsprechenden Verwendungszweck zuzuführen:

a) wenn der Rechtserwerb an einem unbebauten Baugrundstück im Gewerbe- und Industriegebiet im Sinn des § 39 des Tiroler Raumordnungsgesetzes 2016 oder in jenen Teilen von Mischgebieten, für die eine Festlegung nach § 40 Abs. 6 des Tiroler Raumordnungsgesetzes 2016 vorliegt, zum Zweck der Erweiterung einer gewerblichen oder industriellen Anlage erfolgt und das Grundstück hierfür geeignet ist, eine hierfür angemessene Fläche aufweist und an ein Grundstück im Eigentum des Erwerbers unmittelbar angrenzt oder zumindest in der unmittelbaren Nähe zu diesem liegt, innerhalb von 20 Jahren,

b) in allen anderen Fällen innerhalb von zehn Jahren.

Die Fristen nach lit. a und b beginnen ab dem Eingang der Anzeige nach § 23 Abs. 1 bei der Grundverkehrsbehörde zu laufen, im Fall des Rechtserwerbes an Grundstücken, die innerhalb der im örtlichen Raumordnungskonzept nach § 31 Abs. 1 lit. d und e des Tiroler Raumordnungsgesetzes 2016 zur Befriedigung des Wohnbedarfes und für Zwecke der Wirtschaft festgelegten baulichen Entwicklungsbereiche liegen, jedoch erst mit dem Vorliegen der entsprechenden Flächenwidmung.

GrundVG+V

Diese Bestätigung stellt keinen Bescheid dar und unterliegt somit keinem weiteren Rechtszug.

Ausfertigung dieser Bestätigung wird übermittelt an:

....

....

Anlage 3

Anlage 3

[Bezeichnung der Behörde] ....

[GZ] ....

[Ort, Datum] ....

BESTÄTIGUNG ÜBER DEN EINGANG DER ANZEIGE EINES RECHTSERWERBES AN EINEM GRUNDSTÜCK IN EINER VORBEHALTSGEMEINDE

1. **Eingang der Anzeige (Datum)** ....

2. **Veräußerer/Veräußerin**

   Vor- und Familienname: ....

   [Juristische Person(en) u.ä.] Benennung: ....

   ....

   Adresse [Hauptwohnsitz/Sitz]: ....

   ....

3. **Erwerber/Erwerberin**

   [Natürliche Person(en)]

   Vor- und Familienname, Geburtsdatum: ....

   Adresse [Hauptwohnsitz]: ....

   Staatsbürgerschaft: ....

   [Juristische Person(en), Personengesellschaft(en) u.ä.]

   Benennung, ggf. mit Firmenbuchnummer oder Vereinsregisterzahl: ....

   ....

   Adresse [Sitz]: ....

   EU/EWR-Ausländer im Hinblick auf § 3 Abs. 2 und 3 des Tiroler Grundverkehrsgesetzes 1996:

   ☐ ja ☐ nein (**x** trifft zu)

4. **Erwerbsobjekt/e ist/sind:** ☐ bebaut ☐ unbebaut (**x** trifft zu)

5. Rechtsgeschäft/Rechtsvorgang – Datum

....

....

....

6. Frist, innerhalb der das <u>unbebaute Baugrundstück/die unbebauten Baugrundstücke</u> dem der Flächenwidmung entsprechenden Zweck zuzuführen ist/sind, beginnt

☐ mit dem Eingang der Anzeige bei der Grundverkehrsbehörde

☐ mit dem Vorliegen der entsprechenden Flächenwidmung (bei Grundstücken, welche die für eine Bebauung erforderliche Widmung noch nicht aufweisen)

Gemäß § 25a Abs. 2 des Tiroler Grundverkehrsgesetzes 1996 wird der Eingang der Anzeige dieses Rechtserwerbes nach § 23 leg. cit. bestätigt.

[Datum]...[Unterfertigung]

HINWEISE:

(vgl. § 11 Abs. 2 des Tiroler Grundverkehrsgesetzes 1996, LGBl. Nr. 61/1996, zuletzt geändert durch das Gesetz LGBl. Nr. 204/2021; Auszug)

Ein unbebautes Baugrundstück ist innerhalb folgender Fristen dem der Flächenwidmung entsprechenden Verwendungszweck zuzuführen:

a) wenn der Rechtserwerb an einem unbebauten Baugrundstück im Gewerbe- und Industriegebiet im Sinn des § 39 des Tiroler Raumordnungsgesetzes 2016 oder in jenen Teilen von Mischgebieten, für die eine Festlegung nach § 40 Abs. 6 des Tiroler Raumordnungsgesetzes 2016 vorliegt, zum Zweck der Erweiterung einer gewerblichen oder industriellen Anlage erfolgt und das Grundstück hierfür geeignet ist, eine hierfür angemessene Fläche aufweist und an ein Grundstück im Eigentum des Erwerbers unmittelbar angrenzt oder zumindest in der unmittelbaren Nähe zu diesem liegt, innerhalb von 20 Jahren,

b) in allen anderen Fällen innerhalb von zehn Jahren.

Die Fristen nach lit. a und b beginnen ab dem Eingang der Anzeige nach § 23 Abs. 1 bei der Grundverkehrsbehörde zu laufen, im Fall des Rechtserwerbes an Grundstücken, die innerhalb der im örtlichen Raumordnungskonzept nach § 31 Abs. 1 lit. d und e des Tiroler Raumordnungsgesetzes 2016 zur Befriedigung des Wohnbedarfes und für Zwecke der Wirtschaft festgelegten baulichen Entwicklungsbereiche liegen, jedoch erst mit dem Vorliegen der entsprechenden Flächenwidmung. […]

(vgl. § 14a Abs. 3 des Tiroler Grundverkehrsgesetzes 1996, LGBl. Nr. 61/1996, zuletzt geändert durch das Gesetz LGBl. Nr. 204/2021; Auszug)

Wird ungeachtet eines der Erklärungspflicht nach Abs. 1 unterliegenden Rechtserwerbes ein Gebäude, eine Wohnung oder ein sonstiger Teil eines Gebäudes vom Rechtserwerber als Freizeitwohnsitz verwendet oder anderen zur Verwendung als Freizeitwohnsitz überlassen, so hat die Grundverkehrsbehörde dem Rechtserwerber die sofortige Unterlassung der unzulässigen Verwendung oder Überlassung als Freizeitwohnsitz aufzutragen und für den Fall der Nichtbefolgung dieses Auftrages die Zwangsversteigerung des betreffenden Objektes anzudrohen. Dies gilt unabhängig davon, ob dieses im Zeitpunkt des Rechtserwerbes bereits bestanden hat oder erst in weiterer Folge errichtet worden ist.

Diese Bestätigung stellt keinen Bescheid dar und unterliegt somit keinem weiteren Rechtszug.

Ausfertigung dieser Bestätigung wird übermittelt an:

....

....

Anlage 4

Anlage 4

[Bezeichnung der Behörde] ....
[GZ] ....
[Ort, Datum] ....

BESTÄTIGUNG ÜBER DIE ANZEIGE EINES ORIGINÄREN EIGENTUMSERWERBES AN EINEM LAND- ODER FORSTWIRTSCHAFTLICHEN GRUNDSTÜCK

1. Eingang der Anzeige (Datum) ....

2. Rechtserwerber/Rechtserwerberin

[Natürliche Person(en)]

Vor- und Familienname, Geburtsdatum: ....

Adresse [Hauptwohnsitz]: ....

Staatsbürgerschaft: ....

[Juristische Person(en), Personengesellschaft(en) u.ä.]

Benennung, ggf. mit Firmenbuchnummer oder Vereinsregisterzahl: ....

....

Adresse [Sitz]: ....

EU/EWR-Ausländer im Hinblick auf § 3 Abs. 2 und 3 des Tiroler Grundverkehrsgesetzes 1996:

☐ ja ☐ nein (**x** trifft zu)

3. Bezeichnung/Beschreibung des Eigentumserwerbes – Datum

....
....
....
....
....
....

GrundVG+V

Gemäß § 25a Abs. 3 des Tiroler Grundverkehrsgesetzes 1996 wird bestätigt, dass die Anzeige dieses Rechtserwerbes nach § 23a leg. cit. erfolgt ist.

[Datum]..[Unterfertigung]

HINWEIS:

Diese Bestätigung stellt keinen Bescheid dar und unterliegt somit keinem weiteren Rechtszug.

Besondere Anzeigepflicht für originäre Eigentumserwerbe

(vgl. § 23a des Tiroler Grundverkehrsgesetzes 1996)

Beim originären Rechtserwerb an einem land- oder forstwirtschaftlichen Grundstück mit Ausnahme jenes durch Zuschlag sind der Anzeige die zur Beurteilung, ob ein originärer Eigentumserwerb tatsächlich stattgefunden hat, erforderlichen Angaben sowie die zum Nachweis der Richtigkeit dieser Angaben erforderlichen Unterlagen anzuschließen.

Ausfertigung dieser Bestätigung wird übermittelt an:

....

....

Anlage 5

Bürgermeister
[der (Stadt- Markt)Gemeinde]

[GZ] ....
[Datum] ....

BESTÄTIGUNG
nach § 32 Abs. 1 lit. c Z 1 des Tiroler Grundverkehrsgesetzes 1996
für das Grundbuch

Rechtsgeschäft/Rechtsvorgang
[Bezeichnung und Datum] ....
....

Für die Eintragung eines Rechts am bebauten Grundstück/an bebauten Grundstücken im Grundbuch wird bestätigt:

[GST-NR, KG] ....
[Flächenwidmung] ....gemäß § ....TROG 2022
Grundstück(e) bebaut mit Gebäuden im Sinn des § 2 Abs. 3 des Tiroler Grundverkehrsgesetzes 1996, nämlich mit ....

☐ Baugrundstück gem. § 2 Abs. 4 leg. cit. letzter Satz (**x** trifft zu)

Für den Fall, dass weitere Grundstücke Gegenstand des Rechtserwerbes sind:

Auf
[GST-NR, KG] ....
befinden sich ausschließlich
☐ Gebäude von untergeordneter Bedeutung im Sinne des § 2 Abs. 3 zweiter Satz leg. cit.
☐ land- oder forstwirtschaftliche Wohn- oder Wirtschaftsgebäude

(**x** trifft zu)

[Datum]...[Unterfertigung]

GrundVG+V

Rechtsgrundlagen

Gemäß § 2 Abs. 3 lit. a des Tiroler Grundverkehrsgesetzes 1996 gelten als Baugrundstücke bebaute Grundstücke, das sind solche, die mit Gebäuden, mit Ausnahme von land- oder forstwirtschaftlichen Wohn- oder Wirtschaftsgebäuden, bebaut sind. Als bebaute Grundstücke gelten auch baulich in sich abgeschlossene Teile eines Gebäudes, die als Wohnungen, Geschäftsräume, Kanzleien, Ordinationen und dergleichen verwendet werden.

Grundstücke, auf denen sich ausschließlich Gebäude von untergeordneter Bedeutung, wie Garagen, Geräteschuppen, Bienenhäuser, Gartenhäuschen und dergleichen, befinden, gelten nicht als bebaut im Sinne dieses Gesetzes (§ 2 Abs. 3 zweiter Satz leg. cit.).

Land- oder forstwirtschaftliche Grundstücke mit anderen Gebäuden als land- oder forstwirtschaftlichen Wohn- oder Wirtschaftsgebäuden gelten als land- oder forstwirtschaftliche Grundstücke, wenn das gesamte Grundstück oder ein Grundstücksteil Gegenstand eines Rechtserwerbes ist. Ist nur das Gebäude Gegenstand des Rechtserwerbes, so gilt dieses als Baugrundstück (§ 2 Abs. 4 leg. cit.).

Anlage 6

Anlage 6

An das
[Bezirksgericht]
Grundbuch

NACHWEISE BEI EINEM RECHTSERWERB AN EINEM BEBAUTEN GRUNDSTÜCK
gemäß § 32 Abs. 1 lit. c Z 2 des Tiroler Grundverkehrsgesetzes 1996

1. **Rechtsgeschäft/Rechtsvorgang**
[Bezeichnung, Datum, Erwerbsgegenstand]
....
....

2. ☐ **Rechtserwerber ist natürliche Person** (§ 32 Abs. 1 lit. c Z 2 lit. aa leg. cit.)
Vor- und Familienname, Geburtsdatum: ....
Adresse [Hauptwohnsitz]: ....

2.1 ☐ **Österreichischer Staatsbürger**
Nachweis: ☐ Staatsbürgerschaftsnachweis
☐ Reisedokument

2.2 ☐ **Staatsangehörige(r) eines EU/EWR-Mitgliedsstaates - Gleichstellung gemäß § 3 Abs. 1 des Tiroler Grundverkehrsgesetzes 1996**
Nachweis: ☐ Nachweis über die Staatsangehörigkeit
☐ Reisedokument

2.3 ☐ **Gleichstellung gemäß § 3 Abs. 3 des Tiroler Grundverkehrsgesetzes 1996 ergibt**
sich in sonstiger Weise aus dem Unionsrecht oder aus staatsvertraglichen Verpflichtungen, nämlich unter Berufung auf:
....
(**x** trifft zu)

3. ☐ **Rechtserwerber ist juristische Person oder sonstige rechtsfähige Personengesellschaft.** u.ä. (§ 32 Abs. 1 lit. c Z 2 lit. bb und cc leg. cit.)
Benennung, Rechtsform, ggf. mit Firmenbuchnummer oder Vereinsregisterzahl: ....
....
Adresse [Sitz]: ....

GrundVG+V

3.1 ☐ **Inländer** (sublit. bb. leg. cit.)

Firmenbuchauszug o.ä.

Nachweis über die Staatsangehörigkeit der Gesellschafter, Mitglieder u.ä.

3.2 ☐ **EU/EWR-Ausländer - Gleichstellung gemäß § 3 Abs. 2 des Tiroler Grundverkehrsgesetzes 1996** (sublit. cc. leg. cit.)

Rechtserwerb erfolgt in Ausübung
☐ der Niederlassungsfreiheit nach Art. 49 AEUV bzw. nach Art 31 des EWR-Abkommens
☐ des freien Dienstleistungsverkehrs nach Art. 56 AEUV bzw. nach Art. 36 des EWR-Abkommens
☐ der Kapitalverkehrsfreiheit nach Art. 63 AEUV bzw. nach Art. 40 des EWR-Abkommens

Nachweis der Gründung nach dem Recht eines EU/EWR-Mitgliedsstaates

....

Nachweis des satzungsgemäßen Sitzes, der Hauptverwaltung oder Hauptniederlassung

....

Nachweis über die Staatsangehörigkeit der Gesellschafter, Mitglieder u.ä.

....

Sonstige allfällige Nachweise für die Beurteilung des Vorliegens der Gleichstellung im Sinn des § 3 Abs. 2 des Tiroler Grundverkehrsgesetzes 1996

....

3.3 ☐ **Gleichstellung gemäß § 3 Abs. 3 des Tiroler Grundverkehrsgesetzes 1996 ergibt**

sich in sonstiger Weise aus dem Unionsrecht oder aus staatsvertraglichen Verpflichtungen, nämlich unter Berufung auf:

....

(**x** trifft zu)

4. **Der Antragsteller/Die Antragstellerin bestätigt die Richtigkeit der Angaben und der mit diesem Formular vorgelegten Nachweise (allenfalls in Kopie), die für die Durchführung des Rechtsgeschäfts/Rechtserwerbs nach Pkt. 1 dem Grundbuchsgesuch beigeschlossen sind.**

[Datum]..[Unterfertigung]

32. Gesetz über die Landesimmobilien-Bau- und Sanierungsgesellschaften

Gesetz vom 13. Dezember 2007 über die Landesimmobilien-Bau- und Sanierungsgesellschaften
StF: LGBl. Nr. 4/2008
Letzte Novellierung: LGBl. Nr. 144/2018

§ 1
Errichtung

(1) Die Landesregierung wird ermächtigt, eine Gesellschaft mit beschränkter Haftung mit dem Firmenwortlaut „Landesimmobilien-Bau- und Sanierungs-GmbH", deren Gesellschafter das Land Tirol ist und deren Sitz sich in Innsbruck befindet, zum Zweck der Beteiligung an und zur Übernahme von Geschäftsführungs- und Vertretungsaufgaben in der im Abs. 2 genannten Gesellschaft zu gründen.

(2) Die Landesregierung wird ermächtigt, eine Kommanditgesellschaft mit dem Firmenwortlaut „Landesimmobilien-Bau- und Sanierungs-GmbH & Co KG" (im Folgenden kurz „Gesellschaft" genannt) zu gründen, deren Komplementärin die Landesimmobilien-Bau- und Sanierungs-GmbH und deren Kommanditist das Land Tirol ist und deren Sitz sich in Innsbruck befindet.

(3) In den Gesellschaftsverträgen ist sicherzustellen, dass die Gesellschaft bei der Besorgung der ihr nach § 2 Abs. 1 lit. a bis c übertragenen Aufgaben den Vorgaben des Landes Tirol in den wesentlichen strategischen Fragen Rechnung trägt und diese Aufgaben nach den Kriterien der Sparsamkeit, der Wirtschaftlichkeit und der Zweckmäßigkeit erfüllt.

§ 2
Übertragung von Aufgaben

(1) Der Gesellschaft werden folgende vom Land Tirol als Träger von Privatrechten zu besorgende Aufgaben übertragen:

a) der Erwerb einzelner Liegenschaften zu den in den lit. b und c genannten Zwecken,
b) die Nutzung, die Sanierung, die Vermietung und die Verwaltung von Liegenschaften im Sinn der lit. a sowie von Liegenschaften, die vom Land Tirol an die Gesellschaft veräußert werden, und
c) die Durchführung von Neu-, Zu- und Umbauten auf Liegenschaften im Sinn der lit. a und b.

(2) Wird eine Liegenschaft im Sinn des Abs. 1 lit. a und b an das Land Tirol veräußert bzw. rückveräußert, so sind die Aufgaben nach Abs. 1 lit. b und c hinsichtlich dieser Liegenschaft wieder vom Land Tirol selbst wahrzunehmen.

§ 3
Inkrafttreten

Dieses Gesetz tritt mit dem Ablauf des Tages der Kundmachung in Kraft.

LIBSG

33. Tiroler Wohnbauförderungsgesetz 1991

Gesetz vom 15. Mai 1991 über die Förderung des Wohnbaus und der Wohnhaussanierung (Tiroler Wohnbauförderungsgesetz 1991 - TWFG 1991)

StF: LGBl. Nr. 55/1991

Letzte Novellierung: LGBl. Nr. 52/2024

GLIEDERUNG

1. Abschnitt
Allgemeine Bestimmungen

§ 1. Grundsätze der Förderung
§ 2. Begriffsbestimmungen
§ 3. Förderungsmittel

2. Abschnitt
Förderung des Wohnbaus und der Wohnhaussanierung

§ 5. Gegenstand der Förderung
§ 6. Voraussetzungen für die Gewährung einer Förderung
§ 7. Eigenmittel
§ 8. Arten der Förderung
§ 9. Förderungskredit
§ 10. Zuschüsse
§ 11. Beihilfen
§ 12. Übernahme von Bürgschaften
§ 13. Förderung bei Zusammentreffen verschiedener Vorhaben
§ 14. Leistungen der Gemeinden

3. Abschnitt
Förderung sonstiger Vorhaben

§ 15. Gegenstand der Förderung
§ 16. Arten der Förderung

4. Abschnitt
Gemeinsame Bestimmungen

§ 17. Förderungswerber
§ 17a. Gleichstellung
§ 18. Begünstigte Personen
§ 19. Förderungsansuchen
§ 20. Zusicherung
§ 21. Ausführung des zu fördernden Vorhabens
§ 22. Sicherstellung des Förderungskredits
§ 23. Kündigung und Fälligstellung des Förderungskredits
§ 24. Einstellung und Rückforderung von Zuschüssen
§ 25. Eigentumsbeschränkungen
§ 26. Endabrechnung
§ 27. Mietzinsbildung bei Förderung der Errichtungund des Erwerbes von Wohnungen oder Geschäftsräumen
§ 28. Mietzinsbildung bei Förderung von Vorhabender Wohnhaussanierung
§ 29. Zumutbarkeit geförderter Arbeiten
§ 30. Verarbeitung personenbezogener Daten
§ 31. Stundungen und Rückzahlungserleichterungen
§ 32. Neufestlegung der Rückzahlungsbedingungen
§ 33. Begünstigte Rückzahlung von Förderungskrediten
§ 34. Abgaben, Kosten, Gebühren
§ 35. Erlassung näherer Richtlinien

5. Abschnitt
Wohnbauförderungsbeirat, Kuratorium, Fachausschuß

§ 36. Einrichtung und Aufgaben des Wohnbauförderungsbeirates
§ 37. Zusammensetzung und Bestellung des Wohnbauförderungsbeirates
§ 38. Geschäftsführung des Wohnbauförderungsbeirates
§ 39. Einrichtung und Aufgaben des Kuratoriums
§ 40. Zusammensetzung und Bestellung des Kuratoriums
§ 41. Geschäftsführung des Kuratoriums
§ 42. Fachausschuß

6. Abschnitt
Schluß- und Übergangsbestimmungen

§ 43. Vollziehung
§ 43a. Umsetzung von Unionsrecht
§ 44. Inkrafttreten
§ 45. Übergangsbestimmungen

1. Abschnitt
Allgemeine Bestimmungen

§ 1
Grundsätze der Förderung

(1) Das Land Tirol hat als Träger von Privatrechten Vorhaben des Wohnbaus und der Wohnhaussanierung sowie damit im Zusammenhang stehende Maßnahmen nach Maßgabe dieses Gesetzes zu fördern.

(2) Förderungen nach diesem Gesetz sind nach Maßgabe der zur Verfügung stehenden Mittel und entsprechend der Dringlichkeit der zu fördernden Vorhaben und Maßnahmen zu gewähren. Für die Beurteilung der Dringlichkeit sind die sozialen Verhältnisse der Förderungswerber und die wohnbaupolitischen Erfordernisse maßgebend.

(3) Bei der Gewährung von Förderungen nach diesem Gesetz ist auf eine sparsame und zweckmäßige Nutzung des Bodens, auf die Nutzung bestehender Bausubstanz und auf die Umsetzung von Umwelt- und Klimaschutzmaßnahmen Bedacht zu nehmen.

(4) Auf die Gewährung einer Förderung nach diesem Gesetz besteht kein Rechtsanspruch.

§ 2
Begriffsbestimmungen

(1) Als Eigenheim gilt ein Wohnhaus mit einer Wohnung oder mit höchstens zwei Wohnungen, wenn die Wohnung bzw. eine der beiden Wohnungen zur Benützung durch den Eigentümer des Wohnhauses bestimmt ist. Als Eigenheim gilt auch ein Gebäude, das neben einer Wohnung auch Räume mit einem anderen Verwendungszweck enthält.

(2) Als Wohnung gilt eine zur ganzjährigen Benützung bestimmte, baulich in sich abgeschlossene und normal ausgestattete Wohnung, die mindestens aus einem Zimmer, einer Küche oder einer Kochnische, einer Toilette, einem Bad oder einer Dusche und einem Abstellraum innerhalb oder außerhalb der Wohnung besteht und deren Nutzfläche mindestens 30 m² und höchstens 150 m² beträgt. Bei Wohnungen in Gebäuden, die zu einem land- und forstwirtschaftlichen Betrieb gehören oder die dem Denkmalschutzgesetz, BGBl. Nr. 533/1923, zuletzt geändert durch das Gesetz BGBl. I Nr. 92/2013, oder dem Tiroler Stadt- und Ortsbildschutzgesetz 2021, LGBl. Nr. 124/2020, in der jeweils geltenden Fassung unterliegen oder deren Erhaltung der Bewahrung eines erhaltenswerten Orts- oder Straßenbildes dient, und bei Wohnungen in zu sanierenden Wohnhäusern entfällt das Erfordernis der baulichen Abgeschlossenheit und darf die Nutzfläche, wenn die besondere bauliche Gestaltung des Gebäudes dies bedingt, mehr als 150 m² betragen. Bei Wohnungen in Gebäuden ohne Unterkellerung, die innerhalb einer Wohnung einen Raum für die Haustechnik aufweisen, darf die Nutzfläche mehr als 150 m² betragen. Vom Erfordernis der baulichen Abgeschlossenheit kann in begründeten Ausnahmefällen, insbesondere für die erforderliche Pflege der Bewohner, für einen bestimmten Zeitraum abgesehen werden. Die Mindestnutzfläche von 30 m² darf bei Vorhaben der Wohnhaussanierung mit Ausnahme der Teilung oder der Neuschaffung von Wohnungen unterschritten werden.

(3) Ein Eigenheim oder eine Wohnung gilt als gefördert, solange der Förderungskredit noch nicht zur Gänze zurückgezahlt ist, noch Zuschüsse nach § 10 geleistet werden oder eine nach § 12 übernommene Bürgschaft noch nicht erloschen ist.

(4) Als Wohnheim gilt ein zur Befriedigung des regelmäßigen Wohnbedürfnisses seiner Bewohner bestimmtes, normal ausgestattetes Heim, das neben den Wohn- oder Schlafräumen auch sonstige dem Heimzweck dienende Räume, wie beispielsweise Gemeinschaftsräume, Personalräume und zur vorübergehenden Unterbringung von Heimbewohnern bestimmte Krankenräume, enthält. Ein Wohnheim, das auf Dauer zur Unterbringung alter Menschen bestimmt ist, muß überdies so ausgestattet sein, daß die allenfalls erforderliche Pflege der Bewohner zweckmäßig durchgeführt werden kann. Ein Wohnheim kann auch als Teil eines Wohnhauses errichtet werden.

(5) Als normale Ausstattung gilt eine Ausstattung, die bei größter Wirtschaftlichkeit des Baukostenaufwandes unter Bedachtnahme auf die Betriebs- und die Instandhaltungskosten und bei einwandfreier Ausführung nach dem jeweiligen Stand der Technik den zeitgemäßen Wohnbedürfnissen entspricht und die Erfordernisse behindertengerechten Bauens angemessen berücksichtigt.

(6) Als Nutzfläche gilt die gesamte Bodenfläche einer Wohnung oder eines Geschäftsraumes abzüglich der Wandstärken und der im Verlauf der Wände befindlichen Durchbrechungen und Ausnehmungen. Bei der Berechnung der Nutzfläche nach Abs. 2 sind Keller- und Dachbodenräume, soweit sie nach ihrer Ausstattung nicht für Wohn- oder Geschäftszwecke geeignet sind, Treppen, offene Balkone, Loggien, Terrassen sowie für landwirtschaftliche oder gewerbliche Zwecke spezifisch ausgestattete Räume innerhalb einer Wohnung nicht zu berücksichtigen. Die Nutzfläche ist nach den der Baubewilligung zugrunde liegenden Unterlagen zu berechnen, außer das tatsächliche Ausmaß weicht um mehr als 3 v. H. davon ab.

(7) Als Vergrößerung eines Wohnhauses, einer Wohnung oder eines Wohnheimes gelten bauliche Änderungen, durch die die Nutzfläche nach Abs. 6 vergrößert wird.

(8) Als Vorhaben der Wohnhaussanierung gelten:

a) die erforderliche Erhaltung des Daches;

b) die Ergänzung einer fehlenden Ausstattung durch Errichtung von Strom- oder Wasserleitungen, einer Toilette sowie eines einfach ausgestatteten Bades oder einer Dusche in Wohnungen bzw. in Wohneinheiten von Wohnheimen;
c) Maßnahmen zur Erhöhung des Schall-, des Wärme- und des Feuchtigkeitsschutzes;
d) Maßnahmen zur Verminderung des Energieverlustes, des Energieverbrauches und des Schadstoffausstoßes von Heizungen und von Warmwasserbereitungsanlagen, der Einbau von energiesparenden Heizungen sowie die Errichtung, die Sanierung und die richtige Dimensionierung von Kaminen;
e) der Anschluß an Fernwärmeanlagen;
f) umweltfreundliche Maßnahmen;
g) die Vereinigung, die Teilung oder die Vergrößerung von Wohnungen oder Wohnheimen sowie die Änderung von sonstigen Räumen zu Wohnungen oder Wohnheimen;
h) Maßnahmen, die den besonderen Wohnbedürfnissen von behinderten oder alten Menschen dienen;
i) passive Maßnahmen zur Vermeidung sommerlicher Überwärmung.

(9) Als Einkommen gelten alle Einkünfte nach § 2 Abs. 2 des Einkommensteuergesetzes 1988, BGBl. Nr. 400, zuletzt geändert durch das Gesetz BGBl. I Nr. 200/2023,

a) vermehrt um die bei der Einkommensermittlung abgezogenen Beträge nach § 10, § 16 Abs. 3, § 18 und § 41 Abs. 3 und 4 des Einkommensteuergesetzes 1988, um die steuerfreien Einkünfte nach § 3 Abs. 1 Z 4 lit. a und f, Z 5 lit. a und b, Z 9, Z 10, Z 11, Z 22 und Z 23 des Einkommensteuergesetzes 1988, um einen angemessenen Anteil sonstiger Einnahmen, um die gerichtlich oder vertraglich festgesetzten Unterhaltsleistungen, die dem Förderungswerber, dem Mieter oder den mit dem Förderungswerber oder Mieter im gemeinsamen Haushalt lebenden Personen zufließen, und
b) verringert um gewinnerhöhend angesetzte Beträge nach § 10 des Einkommensteuergesetzes 1988, um die gerichtlich oder vertraglich festgesetzten Unterhaltsleistungen, die vom Förderungswerber, vom Mieter oder von den mit dem Förderungswerber oder Mieter im gemeinsamen Haushalt lebenden Personen zu zahlen sind, und um die Einkommensteuer oder Lohnsteuer.

Das Einkommen von Land- und Forstwirten ist auf der Grundlage des Einheitswertes sowie unter Berücksichtigung eines angemessenen Pauschalbetrages zur Erfassung der nach einer durchschnittlichen Betrachtung der wirtschaftlichen Verhältnisse solcher Betriebe üblichen Einnahmen zu berechnen.

(10) Als Familieneinkommen gilt die Summe der Einkommen des Förderungswerbers oder Mieters und der Ehegattin oder des Ehegatten oder der Lebensgefährtin oder des Lebensgefährten zuzüglich eines angemessenen Teiles der Einkommen der übrigen mit dem Förderungswerber oder Mieter im gemeinsamen Haushalt lebenden Personen mit Ausnahme der im Haushalt beschäftigten Arbeitnehmer und des angestellten Pflegepersonals.

(11) Als nahestehende Personen gelten der Ehegatte oder die Ehegattin, der eingetragene Partner oder die eingetragene Partnerin, die Kinder, die Wahlkinder, die Enkel, die Urenkel, die Eltern, die Großeltern, die Urgroßeltern, die Geschwister, Neffen und Nichten, Onkel und Tanten, die Stiefeltern, die Stiefkinder, die Pflegekinder, die Schwiegereltern, die Schwiegerkinder sowie jene Person mit ihren Kindern, Wahlkindern oder Pflegekindern, die mit dem Förderungswerber in einer Haushaltsgemeinschaft lebt, die in wirtschaftlicher Hinsicht mit einer Ehe vergleichbar ist.

(12) Als Jungfamilie gilt eine Familie, deren sämtliche Mitglieder im Zeitpunkt der Einbringung des Förderungsansuchens das 35. Lebensjahr noch nicht vollendet haben.

(13) Die Gesamtbaukosten umfassen die Kosten der Errichtung eines Wohnhauses, einer Wohnung oder eines Wohnheimes unter Einbeziehung allfälliger Dienstwohnungen für Hausbesorger, die Kosten der Errichtung von zu fördernden Geschäftsräumen, die Kosten der Errichtung von Räumen und Anlagen, die zur allgemeinen Benützung durch die Bewohner bestimmt sind, die Kosten der Errichtung von Stellplätzen und Garagen, die Kosten der Errichtung von Schutzräumen, die Kosten der Errichtung des Gehsteiges, die Kosten eines allenfalls erforderlichen Abbruches, den Wert eines bei der Bauführung allenfalls verwendeten Altbestandes, sofern dieser im Verhältnis zu den Gesamtbaukosten gering ist, die Anschlußgebühren und die Aufschließungskosten innerhalb des Baugrundstückes sowie die Kosten der förderbaren Wohnhaussanierungsvorhaben. Zu den Kosten der Errichtung oder der Sanierung von förderbaren Vorhaben zählen auch die Kosten der erforderlichen Bauplanung, Bauleitung und Bauverwaltung. Bei der Ermittlung der Gesamtbaukosten ist von den Kosten einer normalen Ausstattung bei Oberflächenendausführung auszugehen. Zu den Gesamtbaukosten zählen auch die Umsatzsteuer, soweit sie nicht als Vorsteuer abgezogen werden kann, und die zur Finanzierung des Vorhabens erforderlichen Kosten.

(14) Als Baukosten einer Wohnung oder eines Geschäftsraumes gilt der Anteil an den Gesamtbaukosten, der nach dem vom Förderungswerber spätestens bis zur Erteilung der Zusicherung anzugebenden Berechnungsschlüssel auf die Wohnung bzw. auf den Geschäftsraum entfällt.

(15) Als besonderer Mietwohnbau gilt die Errichtung von Wohnhäusern mit Mietwohnungen

durch gemeinnützige Bauvereinigungen oder Gemeinden für sozial schwache Förderungswerber, bei der möglichst viele Maßnahmen zur Erzielung einer nachhaltigen Kostenminimierung getroffen werden, insbesondere bei der Grundbeschaffung, bei der Finanzierung und beim Betrieb sowie durch zusätzliche Leistungen der gemeinnützigen Bauvereinigungen oder der Gemeinden.

(16) Als Nettonutzflächendichte gilt das zahlenmäßige Verhältnis zwischen der Nutzfläche des Objektes nach Abs. 6 und der Fläche des Baugrundstückes.

(17) Wohnhäuser und Wohnungen in verdichteter Bauweise sind solche, die als Teile einer grundsparenden Gesamtanlage errichtet werden.

(18) Als Ersterwerb gilt der Erwerb von Wohnhäusern oder Wohnungen, bei denen die baubehördliche Benützungsbewilligung vor längstens drei Jahren vor der Einbringung des Förderungsansuchens erteilt wurde.

(19) Hocheffiziente alternative Energiesysteme sind insbesondere:

a) dezentrale Energieversorgungssysteme auf der Grundlage von Energie aus erneuerbaren Quellen, insbesondere Biomasse;
b) Kraft-Wärme-Kopplungsanlagen;
c) Fern- oder Nahwärme-Systeme oder Fern- oder Nahkälte-Systeme, wenn diese überwiegend auf Energie aus erneuerbaren Quellen, auf Wärme aus Kraft-Wärme-Kopplungsanlagen, auf sonstiger Abwärme oder auf einer Kombination davon beruhen;
d) Wärmepumpen.

(20) In Bezug auf weitere bautechnisch relevante Begriffe gelten die Begriffsbestimmungen und Berechnungsmethoden der Tiroler Bauordnung 2022, LGBl. Nr. 44/2022, in der jeweils geltenden Fassung.

(21) Als umfassende energetische Sanierung gelten zeitlich zusammenhängende Renovierungsarbeiten an der Gebäudehülle und/oder den haustechnischen Anlagen eines Gebäudes, soweit zumindest drei der folgenden Teile der Gebäudehülle und haustechnischen Gewerke gemeinsam erneuert oder zum überwiegenden Teil in Stand gesetzt werden: Fensterflächen, Dach oder oberste Geschoßdecke, Fassadenfläche, Kellerdecke, energetisch relevantes Haustechniksystem.

(22) Sollzinssatz ist der als fester oder variabler periodischer Prozentsatz ausgedrückte Zinssatz, der auf jährlicher Basis auf die in Anspruch genommenen Kreditauszahlungsbeträge angewandt wird.

§ 3

Förderungsmittel

(1) Die Mittel für Förderungen nach diesem Gesetz werden aufgebracht durch:

a) Mittel des Landes Tirol, insbesondere aus Rückflüssen aus Förderungen nach diesem Gesetz und nach anderen wohnbauförderungsrechtlichen Vorschriften sowie aus Rückflüssen aus Förderungen aus dem Tiroler Landeswohnbaufonds im Sinn des § 45 Abs. 8, nach Maßgabe des Abs. 2,
b) die nach dem Gesetz BGBl. Nr. 301/1989 in der Fassung des Gesetzes BGBl. I Nr. 103/2007 überwiesenen Mittel,
c) Erträge aus Förderungsmitteln,
d) Aufnahme von Krediten,
e) sonstige Zuwendungen.

(2) Das Land Tirol hat die im Interesse einer kontinuierlichen Förderungstätigkeit erforderlichen Mittel zur Verfügung zu stellen.

(3) Die Mittel des Landes Tirol sind nach Maßgabe des Bedarfes bereitzustellen.

(4) Die Landesregierung hat die Förderungsmittel auf einem gesonderten Konto zu führen und für deren angemessene Verzinsung zu sorgen.

2. Abschnitt
Förderung des Wohnbaus und der Wohnhaussanierung

§ 5

Gegenstand der Förderung

(1) Förderungen können gewährt werden:

a) für die Errichtung von Wohnhäusern, Wohnungen und Wohnheimen;
b) für den Ersterwerb von Wohnhäusern und Wohnungen;
c) für die Sanierung von Wohnhäusern, Wohnungen und Wohnheimen.

(2) Im Zusammenhang mit der Förderung der Errichtung von Wohnhäusern können auch Förderungen für die Errichtung von Geschäftsräumen gewährt werden, wenn diese der ärztlichen Betreuung, der Versorgung der Wohnbevölkerung mit Waren oder Dienstleistungen des täglichen Bedarfes oder der Revitalisierung von Ortskernen durch Unterbringung von Kleinhandwerksbetrieben dienen und ohne Gewährung der Förderung nicht errichtet würden.

(3) Von einer Förderung sind ausgeschlossen:

a) Wohnhäuser, Wohnungen und Wohnheime, die nicht zur Befriedigung des regelmäßigen Wohnbedürfnisses der Bewohner bestimmt sind;
b) zu sanierende Wohnhäuser, die zu mehr als der Hälfte im Eigentum des Bundes oder des Landes stehen, außer der Wohnungsinhaber sucht um die Gewährung einer Förderung an.

§ 6

Voraussetzungen für die Gewährung einer Förderung

(1) Eine Förderung für die Errichtung und für den Ersterwerb von Wohnhäusern und Wohnungen darf nur gewährt werden, wenn

a) bei Vorhaben in verdichteter Bauweise der Gesamtpreis, bestehend aus dem anteiligen Preis des Baugrundstückes und den Gesamtbaukosten des geförderten Objektes, angemessen ist;
b) die Gestaltung des Objektes zeitgemäßen Wohnbedürfnissen entspricht;
c) die Gestaltung von Objekten mit mehr als zwei Wohnungen oder von Gesamtanlagen einer qualitätsvollen Architektur entspricht; zur Sicherung einer solchen Architektur kann bei Objekten oder Gesamtanlagen die Gewährung einer Förderung von der Durchführung eines Architektenwettbewerbes abhängig gemacht werden.

(2) Bei Wohnhäusern, die nicht von natürlichen Personen errichtet werden, kann die Gewährung einer Förderung davon abhängig gemacht werden, daß der Förderungswerber einer Gebietskörperschaft das auf eine bestimmte Zeit befristete Recht zur Vergabe der Wohnungen einräumt, wenn Leistungen im Sinne des § 14 Abs. 2 erbracht werden. Bei Wohnungen, die von natürlichen Personen errichtet werden und nicht zur Befriedigung des regelmäßigen Wohnbedürfnisses des Förderungswerbers oder diesem nahestehender Personen bestimmt sind, kann die Gewährung einer Förderung davon abhängig gemacht werden, daß der Förderungswerber einer Gebietskörperschaft ein Vorschlagsrecht für die Vergabe der Wohnungen einräumt.

(3) Eine Förderung für die Sanierung von Wohnhäusern, Wohnungen und Wohnheimen darf nur gewährt werden, wenn
a) die Kosten des Sanierungsvorhabens angemessen sind;
b) zum Zeitpunkt der Einbringung des Förderungsansuchens die Erteilung der Baubewilligung länger als 20 Jahre zurückliegt; dies gilt nicht bei Maßnahmen nach § 2 Abs. 8 lit. c bis i;
c) das Sanierungsvorhaben im Hinblick auf den allgemeinen Bauzustand und die voraussichtliche Restnutzungsdauer des Objektes, die Kosten der Sanierung im Vergleich zu entsprechenden Neubaukosten und die zu erwartende Höhe der Mietzinse im Vergleich zu angemessenen Mietzinsen wirtschaftlich vertretbar ist;
d) im Falle der Errichtung oder Umgestaltung von Zentralheizungen, an die mindestens zwei Wohnungen angeschlossen sind, diese mit Geräten zur zumindest näherungsweisen Erfassung des Heizwärmebedarfes je Wohnung ausgestattet werden;
e) Wohnhäuser oder Wohnheime, deren Sanierung einen erheblichen Kostenaufwand erfordert, nach Durchführung der Sanierung eine zeitgemäße Ausstattung insbesondere hinsichtlich der Energie- und der Wasserversorgung und der Abwasserbeseitigung aufweisen.

(4) Eine Förderung darf nur gewährt werden, wenn die Finanzierung des Vorhabens gesichert ist.

(5) Ist zur Finanzierung eines Vorhabens ein hypothekarisch gesicherter Kredit aufzunehmen, so darf eine Förderung nur gewährt werden, wenn es sich
a) um einen Kredit einer Bausparkasse oder der Wohnbauinvestitionsbank handelt, bei dem die Voraussetzung nach lit. c Z 5 gegeben ist, oder
b) um einen Kredit mit einem Fixzinssatz über eine Dauer von mindestens fünf Jahren handelt, bei dem die Voraussetzungen nach lit. c Z 1, 2 und 5 gegeben sind, oder
c) um einen Kredit handelt, bei dem
1. die Laufzeit mindestens 20 Jahre, bei der Gewährung einer Förderung für die Errichtung oder den Ersterwerb eines Eigenheimes oder einer Wohnung durch natürliche Personen und bei der Gewährung einer Förderung für Vorhaben der Wohnhaussanierung mindestens zehn Jahre beträgt; dies gilt nicht für zinsenlose Kredite;
2. die Zinsen dekursiv berechnet werden;
3. der Sollzinssatz höchstens 1,75 Prozentpunkte über dem 3-Monats-Euribor oder einem an dessen Stelle tretenden Wert, kaufmännisch gerundet auf die zweite Dezimalstelle (Nachkommastelle), liegt;
4. vereinbart ist, dass eine Anpassung des Sollzinssatzes jeweils zum 1. Jänner, 1. April, 1. Juli und 1. Oktober eines jeden Jahres erfolgt, wobei als Grundlage für die Anpassung des Sollzinssatzes der einen Bankarbeitstag vor dem jeweiligen Anpassungszeitpunkt von der European Banking Federation (EBF) veröffentlichte 3-Monats-Euribor oder ein an dessen Stelle tretender Wert, kaufmännisch gerundet auf die zweite Dezimalstelle (Nachkommastelle), maßgeblich ist;
5. der Kreditgeber bei Gewährung einer Förderung für die Errichtung von Eigentumswohnungen einer entsprechenden Aufteilung des Pfandrechtes auf die Anteile der einzelnen Wohnungseigentümer zustimmt.

(6) Die Gewährung einer Förderung kann von weiteren Voraussetzungen abhängig gemacht werden, soweit dies zur Sicherung der Einhaltung dieses Gesetzes und des ihm zugrunde liegenden Förderungszweckes erforderlich ist.

§ 7
Eigenmittel

Eine Förderung für die Errichtung oder für den Ersterwerb von Wohnhäusern und von Wohnungen in verdichteter Bauweise oder für die Errichtung eines Wohnheimes darf nur gewährt werden, wenn der Förderungswerber bzw. der zukünftige Eigentümer Eigenmittel aufbringt. Bei Eigenheimen, bei Vorhaben im Rahmen des Mietwohnbaues sowie bei Vorhaben, die unter Zugrundelegung eines Bestandvertrages durch Leasing finanziert werden, entfällt das Erfordernis der Aufbringung von Eigenmitteln.

§ 8
Arten der Förderung

(1) Förderungen können gewährt werden in Form von

a) Förderungskrediten,
b) Annuitätenzuschüssen, Zinsenzuschüssen und sonstigen Zuschüssen,
c) Beihilfen,
d) Bürgschaftsübernahmen.

(2) Förderungen können auch in der Weise gewährt werden, daß der Förderungswerber in ein bestehendes Förderungsverhältnis eintritt.

§ 9
Förderungskredit

(1) Förderungskredite können gewährt werden:

a) in einem Hundertsatz der der Zusicherung oder der Endabrechnung zugrunde gelegten Gesamtkosten abzüglich objektbezogener öffentlicher Förderungen, die in Form nicht rückzahlbarer Zuschüsse gewährt wurden,
b) in einem Fixbetrag je Quadratmeter Nutzfläche oder
c) in einem Pauschalbetrag.

(2) Werden für die Errichtung von Wohnhäusern, Wohnungen oder Wohnheimen Förderungskredite nach Abs. 1 lit. a gewährt und liegen die Gesamtbaukosten unter den angemessenen Gesamtbaukosten, so können, insbesondere bei Vorhaben im Rahmen des besonderen Mietwohnbaus, die angemessenen Gesamtbaukosten der Bemessung des Förderungskredits zugrunde gelegt werden.

(3) Das Ausmaß des Förderungskredits nach Abs. 1 kann unterschiedlich festgelegt und unbeschadet der Bestimmung des § 45 Abs. 10 insbesondere auch vom Familieneinkommen, von der Anzahl der im gemeinsamen Haushalt lebenden Personen und dem danach angemessenen Ausmaß der Nutzfläche, vom Zeitpunkt der Erteilung der Baubewilligung, von der Art des zu fördernden Objektes, von der Nettonutzflächendichte, von ökologischen und energetischen Kriterien des Objektes (z. B. Gesamtenergieeffizienz), der Haustechnik und vom Grundverbrauch abhängig gemacht werden.

(4) Der Förderungskredit nach Abs. 1 ist möglichst wertgesichert zu gewähren, wobei die Laufzeit mindestens 20 Jahre zu betragen hat. Die Verzinsung darf einen jährlichen Zinssatz von 6 v. H. nicht übersteigen. Es kann festgelegt werden, daß die Tilgung oder die Tilgung und die Verzinsung des Förderungskredits auf die Dauer von höchstens fünfzehn Jahren ab der Zuzählung ausgesetzt werden. Die Rückzahlung des Förderungskredits kann in steigenden Beträgen festgelegt werden.

(5) Förderungskredite nach Abs. 1 werden in Teilbeträgen entsprechend dem Baufortschritt ausgezahlt.

§ 10
Zuschüsse

(1) Annuitäten- und Zinsenzuschüsse können insbesondere für Vorhaben der Wohnhaussanierung gewährt werden. Sie können auch als rückzahlbare Zuschüsse gewährt werden.

(2) Sonstige Zuschüsse können insbesondere zur besonderen Förderung von Familien mit Kindern gewährt werden.

§ 11
Beihilfen

(1) Natürlichen Personen kann zur Erleichterung der Belastung durch den Wohnungsaufwand auf Grund der anrechenbaren Annuitätenleistung oder des Mietzinses für eine durch Förderungskredite oder Annuitätenzuschüsse geförderte Wohnung eine Beihilfe gewährt werden.

(2) Die Beihilfe wird dem Eigentümer einer Eigentumswohnung oder eines Eigenheimes in verdichteter Bauweise oder dem Mieter gewährt, wenn der Wohnungsaufwand unter Zugrundelegung eines nach der Anzahl der im gemeinsamen Haushalt lebenden Personen angemessenen Ausmaßes der Nutzfläche das in bezug auf das monatliche Familieneinkommen zumutbare Ausmaß übersteigt. Bei der Festlegung des angemessenen Ausmaßes der Nutzfläche kann auch auf besondere Härtefälle Rücksicht genommen werden. Das zumutbare Ausmaß des Wohnungsaufwandes darf 25 v.H. des monatlichen Familieneinkommens nicht übersteigen. Der Wohnungsaufwand vermindert sich um anderweitige Zuschüsse, die zur Minderung der Belastung durch den Wohnungsaufwand gewährt werden. Bei sonstigen Eigenheimen wird eine Beihilfe nur in besonderen Härtefällen gewährt.

(3) Beihilfen unter 7,- Euro werden nicht gewährt. In besonderen Härtefällen kann die Beihilfe für höchstens drei Monate auch rückwirkend gewährt werden. Die Beihilfe kann auch an den Empfänger des Förderungskredites nach § 9 Abs. 1 ausgezahlt werden.

(4) Der Empfänger der Beihilfe hat der Landesregierung jeden Umstand, der zu einer Verringerung der Höhe der Beihilfe oder zu deren Einstellung führen kann, innerhalb eines Monats von dem Zeitpunkt an, in dem er von diesem Umstand Kenntnis erlangt hat, mitzuteilen.

(5) Die Beihilfe wird eingestellt, wenn

a) die Voraussetzungen für deren Gewährung wegfallen,
b) der Miet- oder Nutzungsvertrag aufgelöst und das genutzte Objekt geräumt wird,
c) der Förderungskredit zur Gänze zurückgezahlt ist,

d) keine Zuschüsse nach § 10 mehr gewährt werden oder, falls deren Rückzahlung festgelegt wurde, auch diese abgeschlossen ist,
e) die Wohnung entgegen den Bestimmungen dieses Gesetzes benützt wird,
f) der Empfänger der Beihilfe seinen Rückzahlungsverpflichtungen für die zur Finanzierung der Wohnung aufgenommenen Kredite nicht nachkommt.

(6) Zu Unrecht empfangene Beihilfen sind zurückzuzahlen.

(7) Trifft eine Förderung für die Errichtung oder den Ersterwerb einer Wohnung mit einer Förderung für deren Sanierung zusammen, so kann der durch diese Förderungen entstehende Wohnungsaufwand gemeinsam der Berechnung der Beihilfe zugrunde gelegt werden.

§ 12
Übernahme von Bürgschaften

(1) Bürgschaften können für Kapitalmarktkredite übernommen werden, insbesondere für solche, die von Mietern bei Vorhaben der Wohnhaussanierung in Verbindung mit der Gewährung von Annuitäten- und Zinsenzuschüssen aufgenommen werden. Der zu verbürgende Kredit muss den Voraussetzungen nach § 6 Abs. 5 entsprechen.

(2) Die Bürgschaft darf sich höchstens auf den förderbaren Kreditbetrag samt allen schuldscheinmäßigen Zinsen und Verzugszinsen, auf Rückstände jedoch nur insoweit, als sie nicht länger als drei Jahre vom Zeitpunkt der Geltendmachung des Anspruches aus der Bürgschaft zurückliegen, und auf die mit der gerichtlichen Durchsetzung der Kreditforderung verbundenen Kosten beziehen.

(3) Eine Bürgschaft darf nur unter der Voraussetzung übernommen werden, dass eine Zahlung aus der Bürgschaft erst erfolgt, wenn der Kreditgläubiger gegen den Kreditschuldner einen Exekutionstitel erwirkt hat, seit dem Eintritt der Vollstreckbarkeit sechs Monate verstrichen sind und der Kreditgläubiger die Bedingungen der Bürgschaftserklärung erfüllt hat. In begründeten Ausnahmefällen kann von der Voraussetzung der Erwirkung eines Exekutionstitels abgesehen werden.

§ 13
Förderung bei Zusammentreffen verschiedener Vorhaben

Bei gleichzeitiger Förderung der Errichtung oder des Ersterwerbes und der Sanierung eines Wohnhauses, einer Wohnung oder eines Wohnheimes kann für die zusammentreffenden Vorhaben eine Förderung gewährt werden, deren Art sich nach der überwiegenden Förderung richtet.

§ 14
Leistungen der Gemeinden

(1) Die Gewährung einer Förderung für Wohnhäuser mit Eigentums- oder Mietwohnungen kann davon abhängig gemacht werden, daß die Gemeinde bestimmte Leistungen der im Abs. 2 genannten Arten erbringt und daß der Förderungswerber der Gemeinde das auf einen angemessenen Zeitraum zu befristende Recht zur Vergabe der Wohnungen einräumt und die Gemeinde die Wohnungen nach objektiven sozialen Kriterien und nur an Personen vergibt, für die die Wohnung finanzierbar ist oder für die die Gemeinde die Ausfallshaftung für die Mietzinse oder für die Rückzahlung der Förderung übernimmt.

(2) Die Gemeinden sollen die Errichtung geförderter Wohnhäuser mit Eigentums- oder Mietwohnungen insbesondere dadurch unterstützen, daß sie Baugrundstücke in einer im Interesse der sparsamen und zweckmäßigen Nutzung des Bodens gelegenen Größe preisgünstig an Förderungswerber verkaufen, das Baurecht an Baugrundstücken gegen Entrichtung eines niedrigen Bauzinses einräumen, die Finanzierung von Baugrundstücken durch die Bereitstellung langfristiger und zinsgünstiger Kredite oder durch Zuschüsse erleichtern, die Ausfallshaftung für die Mietzinse und in besonderen sozialen Fällen für die gewährte Förderung übernehmen, zu den Kosten für die Erschließung und Aufschließung oder zu den Anliegerleistungen beitragen und dem Land bei der Abwicklung der Förderungen behilflich sind.

(3) Die Gemeinden haben die ihnen nach Abs. 2 zukommenden Aufgaben im eigenen Wirkungsbereich zu besorgen.

3. Abschnitt
Förderung sonstiger Vorhaben

§ 15
Gegenstand der Förderung

(1) Förderungen können gewährt werden:
a) für den Erwerb von Wohnhäusern und Wohnungen;
b) für die Vergrößerung von Wohnhäusern, Wohnungen und Wohnheimen;
c) für die Errichtung, den Erwerb und die sonstige Schaffung von Wohnungen für Dienstnehmer;
d) natürlichen Personen, die im Zeitpunkt der Einbringung des Förderungsansuchens das 35. Lebensjahr noch nicht vollendet haben und in besonderen Härtefällen auch sonstigen natürlichen Personen für die Finanzierung des Grundanteils im Zusammenhang mit der Förderung der Errichtung und des Erwerbes von Eigentumswohnungen;
e) für Maßnahmen, die zu einer dem Bedarf entsprechenden Belegung von Wohnungen führen;
f) für Maßnahmen der Stadt- und Dorferneuerung einschließlich vorbereitender Untersuchungen zur Beurteilung struktureller und städtebaulicher Verhältnisse; für die Durchführung von Ideenwettbewerben und die Erstellung von Gutachten im Zusammenhang mit

TWFG+V

oder als Folge von vorbereitenden Untersuchungen; für die Anmietung von Räumen zur vorübergehenden Unterbringung von Personen beim Umbau zu fördernder Objekte während des dafür notwendigen Zeitraumes, längstens jedoch für die Dauer von zwei Jahren; für die Errichtung von erforderlichen Sammelgaragen und Schutzräumen für Wohnungen; für die vorbildhafte Sanierung von Wohnhäusern, deren Erhaltung der Bewahrung eines erhaltenswerten Orts- oder Straßenbildes dient und für die nach den Bestimmungen des 1. und des 2. Abschnittes keine oder keine ausreichende Förderung gewährt werden kann; für Maßnahmen zur Hofentkernung;

g) für Einrichtungen zur Verbesserung der Wohnsituation und des Wohnumfeldes;
h) für Maßnahmen, die der Befriedigung eines dringenden Wohnbedarfes dienen und für die nach den Bestimmungen des 1. und des 2. Abschnittes wegen des Fehlens einzelner Voraussetzungen keine oder keine ausreichende Förderung gewährt werden kann;
i) für Forschungsvorhaben im Rahmen des Wohnbaus;
j) für Wohnbauvorhaben im strukturschwachen ländlichen Raum.

(2) Eine Förderung darf nur gewährt werden, wenn die Finanzierung des Vorhabens gesichert ist und die Bestimmungen des § 6 Abs. 5 eingehalten werden.

§ 16
Arten der Förderung

(1) Förderungen können gewährt werden in Form von

a) Krediten,
b) Annuitätenzuschüssen, Zinsenzuschüssen und sonstigen Zuschüssen oder
c) Beihilfen.

(2) Für die Gewährung von Krediten gilt § 9 Abs. 1 bis 5 sinngemäß. Für die Gewährung von Beihilfen gilt § 11 sinngemäß. Bei Wohnungen, die für Dienstnehmer bestimmt sind, wird keine Beihilfe gewährt.

(3) Bei gleichzeitiger Förderung von Vorhaben nach dem 2. und dem 3. Abschnitt an einem Objekt kann für die zusammentreffenden Vorhaben eine Förderung gewährt werden, deren Art sich nach der überwiegenden Förderung richtet.

4. Abschnitt
Gemeinsame Bestimmungen

§ 17
Förderungswerber

(1) Der Förderungswerber um einen Förderungskredit muss Eigentümer oder Bauberechtigter des Baugrundstückes sein, wobei das Baurecht auf mindestens 50 Jahre bestellt sein muss. Für die Sanierung einer Wohnung oder eines Wohnhauses, für die Annuitäten- oder Zinsenzuschüsse gewährt werden, kann dem Eigentümer oder Bauberechtigten des Baugrundstückes, einer Eigentümergemeinschaft nach § 2 Abs. 5 des Wohnungseigentumsgesetzes 2002, BGBl. I Nr. 70/2002, zuletzt geändert durch das Gesetz BGBl. I Nr. 222/2021, oder dem Mieter unter den Voraussetzungen nach § 9 des Mietrechtsgesetzes, BGBl. Nr. 520/1981, zuletzt geändert durch das Gesetz BGBl. I Nr. 176/2023, eine Förderung gewährt werden.

(2) Förderungskredite dürfen nur gewährt werden:

a) volljährigen und entscheidungsfähigen österreichischen Staatsbürgern
   1. für die Errichtung, den Erwerb und die Vergrößerung von Eigenheimen und Wohnungen,
   2. für die Sanierung von Eigenheimen und Wohnungen, wobei sanierte Eigenheime und Wohnungen auch an begünstigte Personen vermietet werden dürfen,
   3. für die Errichtung und die Sanierung von Wohnheimen, wenn ein Bedarf gegeben ist und ein ordnungsgemäßer und wirtschaftlich gesicherter Betrieb erwartet werden kann, und
   4. für förderbare Vorhaben im Sinn des dritten Abschnittes,
b) Gemeinden und in begründeten Ausnahmefällen auch öffentlich-rechtlichen Fonds mit Sitz in Tirol
   1. für die Errichtung, die Sanierung und die Vergrößerung von Wohnhäusern, Wohnungen und Wohnheimen,
   2. für den Erwerb von Wohnhäusern und Wohnungen und
   3. für förderbare Vorhaben im Sinn des dritten Abschnittes,
c) Gemeindeverbänden und Unternehmungen, an denen Gemeinden oder Gemeindeverbände mit mehr als 50 v. H. des Stamm-, Grund- oder Eigenkapitals beteiligt sind, für die Errichtung, die Vergrößerung und die Sanierung von Wohnhäusern, Wohnungen und Wohnheimen,
d) gemeinnützigen Bauvereinigungen mit Sitz in Österreich
   1. für die Errichtung von Eigenheimen in verdichteter Bauweise zur Übertragung in das Eigentum oder Wohnungseigentum sowie von Wohnhäusern mit Eigentums- oder Mietwohnungen und von Wohnheimen,
   2. für die Sanierung von Wohnhäusern, Wohnungen und Wohnheimen und
   3. für förderbare Vorhaben im Sinn des dritten Abschnittes,

e) Körperschaften, Personenvereinigungen und Vermögensmassen mit Sitz in Österreich, die nach Satzung, Stiftung oder sonstigem Statut und ihrer Geschäftstätigkeit ausschließlich und unmittelbar kirchlichen, gemeinnützigen oder sozialen Zwecken dienen, für die Errichtung, den Erwerb, die Vergrößerung und die Sanierung von Wohnungen und Wohnheimen,
f) sonstigen befugten Bauträgern mit Sitz in Österreich unter den für gemeinnützige Bauvereinigungen zulässigen Preisberechnungen und nach diesem Gesetz geltenden Voraussetzungen für die Errichtung von förderbaren Vorhaben, wobei die für eine ordnungsgemäße Abwicklung der zu fördernden Vorhaben erforderlichen Sicherheiten zu gewährleisten und die Prüfung der Verwendung der Förderungen durch das Land sicherzustellen sind,
g) sonstigen juristischen Personen mit Sitz in Österreich für die Sanierung von Wohnhäusern und Wohnungen,
h) volljährigen und entscheidungsfähigen österreichischen Staatsbürgern sowie juristischen Personen und eingetragenen Personengesellschaften mit Sitz in Österreich für die Errichtung von Geschäftsräumen, für den Erwerb und die Errichtung von Wohnungen für Dienstnehmer sowie für Forschungsvorhaben im Rahmen des Wohnbaus.

(3) Für die Gewährung von Annuitäten- und Zinsenzuschüssen für Vorhaben der Wohnhaussanierung ist die österreichische Staatsbürgerschaft nicht Voraussetzung. Sonstige Zuschüsse dürfen nur österreichischen Staatsbürgern gewährt werden.

(4) Beihilfen dürfen nur gewährt werden:
a) volljährigen und entscheidungsfähigen österreichischen Staatsbürgern und
b) anderen volljährigen und entscheidungsfähigen natürlichen Personen, die seit mindestens fünf Jahren in Tirol ihren Hauptwohnsitz haben.

(5) Bürgschaften dürfen nur für volljährige und entscheidungsfähige österreichische Staatsbürger übernommen werden.

(6) Vom Erfordernis der Volljährigkeit und der Entscheidungsfähigkeit nach Abs. 2 lit. a und h, Abs. 4 und 5 kann aus dringenden sozialen Gründen abgesehen werden.

(7) Einer gemeinnützigen Bauvereinigung darf eine Förderung so lange nicht gewährt werden, als Mängel, die von der Landesregierung als Aufsichtsbehörde nach dem Wohnungsgemeinnützigkeitsgesetz, BGBl. Nr. 139/1979, zuletzt geändert durch das Gesetz BGBl. I Nr. 176/2023, festgestellt wurden und für deren Behebung eine Frist gesetzt wurde, nicht behoben sind. Weiters sind gemeinnützige Verwaltungsvereinigungen nach § 39 Abs. 3 des Wohnungsgemeinnützigkeitsgesetzes hinsichtlich der Errichtung von Wohnhäusern, Wohnungen und Wohnheimen sowie Förderungswerber, denen die Anerkennung der Gemeinnützigkeit entzogen wurde, von einer Förderung ausgeschlossen.

§ 17a

Gleichstellung

(1) Für den Geltungsbereich dieses Gesetzes sind den österreichischen Staatsbürgern gleichgestellt:
a) volljährige und entscheidungsfähige Unionsbürger und Staatsangehörige anderer Vertragsstaaten des EWR-Abkommens und der Schweiz,
b) volljährige und entscheidungsfähige Angehörige der in der lit. a genannten Personen; dazu zählen:
1. ihre Ehegatten,
2. ihre eingetragenen Partner,
3. ihre Verwandten und die Verwandten ihrer Ehegatten oder eingetragenen Partner in gerader absteigender Linie bis zur Vollendung des 21. Lebensjahres und, sofern sie ihnen Unterhalt gewähren, darüber hinaus,
4. ihre Verwandten und die Verwandten ihrer Ehegatten oder eingetragenen Partner in gerader aufsteigender Linie, sofern sie ihnen Unterhalt gewähren,
c) volljährige und entscheidungsfähige Personen, die über einen Aufenthaltstitel „Artikel 50 EUV" nach § 8 Abs. 1 Z 13 des Niederlassungs- und Aufenthaltsgesetzes – NAG, BGBl. I Nr. 100/2005, zuletzt geändert durch das Gesetz BGBl. I Nr. 175/2023 verfügen,
d) volljährige und entscheidungsfähige Personen, denen nach dem Asylgesetz 2005, BGBl. I Nr. 100/2005, zuletzt geändert durch das Gesetz BGBl. I Nr. 221/2022, oder nach früheren asylrechtlichen Bestimmungen Asyl gewährt wurde,
e) volljährige und entscheidungsfähige Ehegatten oder eingetragene Partner, die gemeinsam mit dem Ehepartner bzw. eingetragenen Partner, der österreichischer Staatsbürger ist, um die Gewährung einer Förderung ansuchen.

(2) Juristische Personen und sonstige rechtsfähige Personengemeinschaften, die nach den Rechtsvorschriften eines anderen EU-Mitgliedstaates oder eines anderen Vertragsstaates des EWR-Abkommens gegründet wurden und ihren satzungsmäßigen Sitz, ihre Hauptverwaltung oder ihre Hauptniederlassung in einem dieser Staaten haben, sind österreichischen juristischen Personen bzw. sonstigen rechtsfähigen Personengemeinschaften gleichgestellt, wenn die Beantragung einer Förderung in Ausübung einer der folgenden Freiheiten erfolgt:
a) der Niederlassungsfreiheit nach Art. 49 AEUV bzw. nach Art. 31 des EWR-Abkommens,

b) der Dienstleistungsfreiheit nach Art. 56 AEUV bzw. nach Art. 36 des EWR-Abkommens,
c) der Kapitalverkehrsfreiheit nach Art. 63 AEUV bzw. nach Art. 40 des EWR-Abkommens.

(3) Im Übrigen sind natürliche Personen sowie juristische Personen und sonstige rechtsfähige Personengemeinschaften den österreichischen Staatsbürgern und den österreichischen juristischen Personen bzw. sonstigen rechtsfähigen Personengemeinschaften gleichgestellt, soweit sich dies in sonstiger Weise aus dem Unionsrecht oder aus staatsvertraglichen Verpflichtungen, einschließlich solcher aus Verträgen im Rahmen der europäischen Integration, ergibt.

(4) Der Nachweis, dass die Voraussetzungen nach Abs. 1 oder 2 vorliegen, obliegt dem Förderungswerber.

§ 18
Begünstigte Personen

(1) Natürlichen Personen wird eine Förderung für die von ihnen selbst zu benützende Wohnung nur gewährt, wenn sie im Zeitpunkt der Einbringung des Förderungsansuchens oder der Erteilung der Zusicherung begünstigte Personen sind. Das Land kann sich die Überprüfung der Einkommens- und Familienverhältnisse der Förderungswerber und bei Überschreiten der in den Richtlinien festgelegten Einkommenshöchstgrenzen gegebenenfalls eine Einstellung der laufenden Zuschüsse und Beihilfen bzw. ab dem der Überprüfung zweitfolgenden Fälligkeitstermin eine Rückzahlung des gewährten Förderungskredites unter Zugrundelegung des höchsten Annuitätensatzes nach den jeweils geltenden Richtlinien vorbehalten. Die Förderungswerber haben sich zu verpflichten, einer Überprüfung der Einkommens- und Familienverhältnisse sowie einer allfälligen Anpassung der Förderung zuzustimmen.

(2) Begünstigt ist eine Person,
a) wenn sie die Absicht hat, ausschließlich die für den Eigenbedarf bestimmte geförderte Wohnung zur Befriedigung ihres regelmäßigen Wohnbedürfnisses zu verwenden, und
b) wenn ihr jährliches Einkommen bzw. das Familieneinkommen die in den Richtlinien nach § 35 festgelegte Höhe nicht übersteigt und die Wohnung unter Ausschöpfung aller Förderungsmöglichkeiten für sie finanzierbar ist. Die Einkommensgrenze kann je nach der Art der Förderung und des zu fördernden Vorhabens unterschiedlich festgelegt werden.

(3) Natürlichen Personen wird eine Förderung für die Errichtung oder den Erwerb eines Eigenheimes oder einer Wohnung nur gewährt, wenn sie sich verpflichten, ihr Eigentums- oder Nutzungsrecht an der bisher zur Befriedigung ihres regelmäßigen Wohnbedürfnisses verwendeten Wohnung binnen sechs Monaten nach dem Bezug der geförderten Wohnung aufzugeben. Ausnahmen davon sind insbesondere dann zulässig, wenn die Wohnung aus beruflichen Gründen weiterhin dringend benötigt wird oder wenn volljährige Verwandte in gerader Linie die Wohnung zur Befriedigung ihres regelmäßigen Wohnbedürfnisses verwenden. Die Gewährung einer Förderung kann weiters davon abhängig gemacht werden, daß der Förderungswerber das Eigentums- oder Nutzungsrecht an anderen Wohnhäusern oder Wohnungen innerhalb einer angemessen festzusetzenden Frist aufgibt. Die Bestimmungen dieses Absatzes gelten auch für sonstige Nutzungsberechtigte geförderter Wohnungen.

(4) Geförderte Eigenheime und Wohnungen dürfen nur begünstigten Personen, die österreichische Staatsbürger sind, Gemeinden sowie Unternehmungen, an denen Gemeinden oder Gemeindeverbände mit mehr als 50 v. H. des Stamm-, Grund- oder Eigenkapitals beteiligt sind, ins Eigentum oder Wohnungseigentum übertragen werden. Geförderte Wohnungen dürfen auch natürlichen oder juristischen Personen und eingetragenen Personengesellschaften mit Sitz in Österreich zur Weitergabe an Dienstnehmer – unter Zugrundelegung der dafür vorgesehenen Förderung – übertragen werden.

(5) Geförderte Eigenheime und Wohnungen dürfen nur an begünstigte Personen oder an die im § 17 Abs. 2 lit. e genannten Rechtsträger zur Unterbringung begünstigter Personen vermietet werden. Gemeinnützige Bauvereinigungen und Gemeinden dürfen geförderte Wohnungen auch an natürliche oder juristische Personen und eingetragene Personengesellschaften zur Weitergabe an Dienstnehmer – unter Zugrundelegung der dafür vorgesehenen Förderung – vermieten. Ist der Mieter eine Gebietskörperschaft, so gilt die Beschränkung der Weitergabe nur an Dienstnehmer nicht.

(6) Förderungen nach § 15 Abs. 1 können auch für die Errichtung, den Erwerb und die Vergrößerung von Wohnungen gewährt werden, die für nahestehende begünstigte Personen bestimmt sind.

§ 19
Förderungsansuchen

(1) Um die Gewährung einer Förderung nach diesem Gesetz ist bei der Landesregierung schriftlich anzusuchen. Dem Ansuchen sind alle Unterlagen anzuschließen, die zur Beurteilung des Vorliegens der Voraussetzungen für die Gewährung einer Förderung erforderlich sind. Ansuchen können nach technischer Verfügbarkeit auch elektronisch eingebracht werden.

(2) Der Förderungswerber hat im Ansuchen zu bestätigen, daß er im Zusammenhang mit dem Erwerb des Grundstückes für die Errichtung eines Wohnhauses oder eines Wohnheimes nicht die Verpflichtung übernommen hat, bei der Planung

oder Ausführung des zu fördernden Objektes oder bei Rechtsgeschäften über dieses Objekt die Leistungen einer bestimmten Person in Anspruch zu nehmen. Dies gilt nicht für Leistungen für die Planung der Gesamtanlage bei Wohnhäusern in verdichteter Bauweise.

(3) Ansuchen um die Gewährung von Förderungskrediten und von Annuitäten-, Zinsen- und sonstigen Zuschüssen für die Errichtung von Wohnhäusern, Wohnungen und Wohnheimen sind vor dem Baubeginn einzubringen. Ansuchen um die Gewährung von Förderungskrediten und von Annuitäten-, Zinsen- und sonstigen Zuschüssen für die Errichtung von Eigenheimen sowie den Erwerb von Wohnhäusern, Wohnungen und Wohnheimen können mit Zustimmung des Landes Tirol bis spätestens sechs Monate nach dem Erwerb oder dem Baubeginn eingebracht werden. Ansuchen um die Gewährung von Annuitäten-, Zinsen- und sonstigen Zuschüssen für die Sanierung von Wohnhäusern, Wohnungen und Wohnheimen sind spätestens 18 Monate nach der Vollendung oder Abrechnung des zu fördernden Vorhabens einzubringen. Ansuchen um die Gewährung einer Förderung nach § 15 Abs. 1 sind spätestens sechs Monate nach der Vollendung des zu fördernden Vorhabens einzubringen.

(4) Das Einkommen ist nachzuweisen:

a) bei Arbeitnehmern durch Übermittlung einer Lohnsteuerbescheinigung oder eines Lohnzettels für das der Einbringung des Ansuchens vorangegangene Kalenderjahr; zugleich ist eine Erklärung über allfällige Einkünfte im Ausland abzugeben;
b) bei Personen, die zur Einkommensteuer veranlagt werden, durch Übermittlung des Einkommensteuerbescheides für das letzte veranlagte Kalenderjahr; bezieht eine solche Person auch Einkünfte aus nichtselbständiger Tätigkeit, so ist auch der Nachweis nach lit. a zu übermitteln; sofern es sich nicht um einen besonders berücksichtigungswürdigen Fall handelt, beispielsweise durch Verluste aus Vermietung oder Verpachtung, ist mindestens das nach lit. a nachzuweisende Einkommen zugrunde zu legen;
c) bei Land- und Forstwirten durch Übermittlung des Einheitswertbescheides.

(5) Zur Prüfung des Einkommens können erforderlichenfalls weitere Nachweise verlangt werden. Insbesondere kann in Fällen nach Abs. 4 lit. a vom Einkommen der letzten drei Jahre oder der letzten drei Monate ausgegangen und in Fällen nach Abs. 4 lit. b die Übermittlung der Einkommensteuerbescheide für die letzten drei veranlagten Kalenderjahre verlangt werden, wenn dies zur Ermittlung der regelmäßigen Einkommensverhältnisse notwendig scheint; für die Gewährung von Beihilfen darf jedoch nicht vom Einkommen der letzten drei Jahre ausgegangen werden.

§ 20
Zusicherung

(1) Wird einem Ansuchen um Gewährung eines Förderungskredits oder von Annuitäten-, Zinsen- oder sonstigen Zuschüssen oder um Übernahme einer Bürgschaft entsprochen, so ist dem Förderungswerber eine schriftliche Zusicherung zu erteilen. In der Zusicherung können auch Bedingungen und Auflagen festgelegt werden, soweit dies zur Sicherung der Einhaltung dieses Gesetzes und des diesem zugrunde liegenden Förderungszweckes erforderlich ist. Insbesondere ist die Zusicherung davon abhängig zu machen, daß die gemeinnützigen Bauvereinigungen und die Gemeinden spätestens gleichzeitig mit der Einverleibung des Eigentumsrechts für die Erwerber der Wohnungen das Pfandrecht auf deren Anteile aufteilen.

(2) Die Zusicherung ist bei der Errichtung von Wohnhäusern mit Eigentums- oder Mietwohnungen oder von Wohnheimen durch gemeinnützige Bauvereinigungen oder Gemeinden davon abhängig zu machen, daß die Skonti bei der Abrechnung des Objektes kostenmindernd berücksichtigen oder bei der Festlegung von Fixpreisen einen gleichartigen Abschlag akzeptieren.

(3) Die Zusicherung ist bei der Gewährung einer Förderung für Wohnungen für Dienstnehmer davon abhängig zu machen, daß im Falle der Kündigung oder Fälligstellung des Förderungskredits wegen zweckwidriger Verwendung der Wohnungen zusätzlich zum aushaftenden Teil des Förderungskredits noch ein Betrag bis zur halben Höhe des ursprünglichen Förderungsbetrages zurückzuzahlen ist.

(4) Die Zusicherung ist bei der Errichtung von Wohnhäusern mit Mietwohnungen durch gemeinnützige Bauvereinigungen oder Gemeinden davon abhängig zu machen, daß diese sich verpflichten, die Bewerber um eine Mietwohnung über das Vorhaben umfassend zu informieren sowie auf Verlangen der Mehrheit der Mieter der insgesamt vorgesehenen Wohnungen eine Hausordnung zu erlassen und in angemessenen Zeitabständen Hausversammlungen durchzuführen.

(5) Die Zusicherung ist bei der Errichtung von Wohnhäusern mit Eigentumswohnungen durch gemeinnützige Bauvereinigungen davon abhängig zu machen, daß diese sich verpflichten, die Bewerber um eine Eigentumswohnung vor der Ausführung des Vorhabens umfassend über dieses zu informieren sowie auf Verlangen der Mehrheit der künftigen Eigentümer der insgesamt vorgesehenen Wohnungen und Geschäftsräume schon während der Bauarbeiten die Bildung eines Ausschusses der künftigen Eigentümer zu ermöglichen, diesen Ausschuß über die wesentlichen Vorgänge bei der Errichtung des Objektes zu infor-

mieren und anzuhören, insbesondere bei Leistungsänderungen und Nachtragsarbeiten, diesem Ausschuß während der Bauausführung eine begleitende Kontrolle zu ermöglichen und das Recht auf Einsichtnahme in die das Bauvorhaben betreffenden Unterlagen einzuräumen. Dieses Recht auf Einsichtnahme ist auch jedem künftigen Eigentümer und jedem Wohnungseigentümer einzuräumen.

(6) Die Zusicherung für die Gewährung von Förderungen für Vorhaben der Wohnhaussanierung kann davon abhängig gemacht werden, daß für jede Teilauszahlung jeweils die Zustimmung des Förderungswerbers erforderlich ist. Dies gilt nicht, wenn gemeinnützige Bauvereinigungen von einer Eigentümergemeinschaft mit der Durchführung von Sanierungsvorhaben beauftragt werden.

(7) Die Zusicherung kann vor der Zuzählung von Förderungskrediten oder von Annuitäten- oder Zinsenzuschüssen widerrufen werden, wenn der Förderungswerber nicht alle Voraussetzungen für die Auszahlung erfüllt.

(8) Über den Anspruch aus der Zusicherung einer Förderung oder auf Gewährung einer Beihilfe kann weder durch Abtretung, Anweisung oder Verpfändung noch auf irgendeine andere Weise durch Rechtsgeschäft unter Lebenden verfügt werden. Ein solcher Anspruch kann auch nicht von Dritten in Exekution gezogen werden.

(9) Förderungen, die nicht an den Förderungswerber, sondern an den Bauträger als Zahlstelle ausgezahlt werden, darf dieser nur mit Zustimmung des Landes Tirol an den Förderungswerber oder an einen Dritten auszahlen.

§ 21
Ausführung des zu fördernden Vorhabens

(1) Mit den Bauarbeiten am Vorhaben, für das eine Förderung gewährt wird, darf – abgesehen von den Fällen des § 19 Abs. 3 – vor der Erteilung der Zusicherung nur mit Zustimmung des Landes Tirol begonnen werden.

(2) Die Zustimmung zum vorzeitigen Baubeginn ist natürlichen Personen zu erteilen, wenn alle Voraussetzungen für die Gewährung der begehrten Förderung gegeben sind und der Förderungswerber oder derjenige, der das betreffende Objekt errichtet, sich mit der Aufsicht und dem hiezu erforderlichen Betreten des Baugrundstückes und der Einsichtnahme in die das Bauvorhaben betreffenden Unterlagen durch Organe des Landes Tirol einverstanden erklärt.

(3) Mit der Zustimmung zum vorzeitigen Baubeginn entsteht ein Anspruch auf Gewährung einer Förderung nach Maßgabe der in der Zusicherung festzulegenden Bedingungen und Auflagen.

(4) Die Ausführung des Vorhabens, für das eine Förderung gewährt wird, hat entsprechend den der Zustimmung zum vorzeitigen Baubeginn oder der Zusicherung zugrundeliegenden Unterlagen zu erfolgen.

(5) Bei der Ausführung von Vorhaben, die von gemeinnützigen Bauvereinigungen, Gemeinden oder Gemeindeverbänden errichtet werden, ist auf einer Tafel auf dem Baugrundstück darauf hinzuweisen, daß für das Vorhaben eine Förderung des Landes Tirol gewährt wurde.

§ 22
Sicherstellung des Förderungskredits

(1) Der Förderungskredit ist durch Einverleibung eines Pfandrechtes sicherzustellen. Ist die sofortige Einverleibung eines Pfandrechtes nicht möglich oder nicht zweckmäßig, so kann bis zur Einverleibung eine entsprechende Treuhanderklärung eines Notars oder eines Rechtsanwaltes als Sicherstellung angenommen werden.

(2) Bei Förderungskrediten für Eigentumswohnungen ist spätestens zum Zeitpunkt der Einverleibung des Wohnungseigentums das Pfandrecht für den auf die jeweilige Wohnung entfallenden Teil des Förderungskredits auf den einzelnen Anteil einzuverleiben.

(3) Das Land Tirol darf den Vorrang für Pfandrechte zur Sicherstellung anderer Kredite nur einräumen, wenn diese Kredite oder zu deren Umfinanzierung vorgesehene Kredite nach dem der Erstzusicherung zugrunde liegenden Finanzierungsplan zur Finanzierung des Objektes einschließlich der Grundkosten erforderlich sind und die Sicherstellung des Förderungskredits gegeben ist.

(4) Es kann festgelegt werden, daß bis zu einer bestimmten Höhe des Förderungskredits eine grundbücherliche Sicherstellung entfallen kann, außer es sprechen im Einzelfall besondere Umstände für eine grundbücherliche Sicherstellung.

(5) Ist der Förderungswerber nicht grundbücherlicher Eigentümer oder Bauberechtigter, so ist der Förderungskredit auf andere geeignete Weise, wie beispielsweise durch gerichtliche Hinterlegung einer Pfandbestellungsurkunde oder durch eine Bankgarantie, sicherzustellen.

§ 23
Kündigung und Fälligstellung des Förderungskredits

(1) Der Förderungskredit ist unter Einhaltung einer Kündigungsfrist von mindestens sechs Monaten zu kündigen, wenn der Förderungswerber

a) nach schriftlicher Mahnung trotz Gewährung einer angemessenen Frist seinen Zahlungsverpflichtungen hinsichtlich des Förderungskredits oder sonstiger zur Finanzierung des Vorhabens aufgenommener Kredite nicht vollständig nachkommt,
b) Bedingungen oder Auflagen der Zusicherung nicht erfüllt,

c) den Förderungskredit nicht bestimmungsgemäß verwendet,
d) der gesetzlichen Verpflichtung zur Erhaltung des Gebäudes nicht nachkommt,
e) ohne Zustimmung des Landes Tirol Wohnungen oder Geschäftsräume zur Gänze oder zum Teil in Räume mit einem anderen Verwendungszweck umwandelt, sonst widmungswidrig verwendet, vereinigt oder trennt oder am Gebäude erheblich wertmindernde Änderungen vornimmt oder zuläßt,
f) das Gebäude nicht ausreichend gegen Brandschaden versichert;
g) sein Recht am geförderten Objekt verliert.

(2) Der Förderungskredit ist weiters unter Einhaltung einer Kündigungsfrist von mindestens sechs Monaten zu kündigen, wenn
a) die zur Benützung durch den Eigentümer bestimmte Wohnung weder von diesem noch von ihm nahestehenden Personen zur Befriedigung ihres regelmäßigen Wohnbedürfnisses verwendet wird, außer der Wohnungsinhaber ist wegen Krankheit, zu Kur- oder Unterrichtszwecken, aus zwingenden beruflichen oder sonstigen wichtigen Gründen vorübergehend abwesend;
b) Geschäftsräume weder vom Eigentümer oder von ihm nahestehenden Personen noch vom Pächter des in den Geschäftsräumen betriebenen Unternehmens regelmäßig zu geschäftlichen Zwecken im Sinne des § 5 Abs. 2 verwendet werden;
c) der Eigentümer, Wohnungseigentümer oder Mieter sein Recht an der bisher von ihm zur Befriedigung seines regelmäßigen Wohnbedürfnisses verwendeten Wohnung entgegen den Bestimmungen des § 18 Abs. 3 nicht aufgibt; bei Mietwohnungen ist die Kündigung nur auszusprechen, wenn sie dem Förderungswerber schriftlich angedroht wurde und wenn innerhalb von sechs Monaten ab der Androhung weder der Mieter das Recht an der bisherigen Wohnung aufgegeben noch der Förderungswerber das Mietverhältnis gekündigt hat;
d) der Förderungswerber nicht innerhalb von sechs Monaten nach Vorliegen aller gesetzlichen und vertraglichen Voraussetzungen die zur Einverleibung des Eigentums erforderlichen Anträge stellt und die hiefür notwendigen Urkunden errichtet;
e) der künftige Eigentümer ohne Vorliegen eines wichtigen Grundes die ordnungsgemäß erstellten Urkunden im Sinne der lit. d nicht unterfertigt;
f) Wohnungen oder Geschäftsräume nicht innerhalb von sechs Monaten nach der Erteilung der baubehördlichen Benützungsbewilligung oder nach der Räumung durch den Vorbenützer in Benützung genommen werden; bei Vorliegen wichtiger Gründe kann diese Frist erstreckt werden;
g) der Förderungswerber nach diesem Gesetz geförderte Wohnungen oder Geschäftsräume zu einem höheren als dem gesetzlich zulässigen Mietzins vermietet oder Handlungen zur Umgehung von Mietzinsbestimmungen setzt oder zuläßt;
h) der Förderungswerber Wohnungen an nicht begünstigte Personen überlässt; die Kündigung ist nur auszusprechen, wenn sie dem Förderungswerber schriftlich angedroht wurde und wenn innerhalb von sechs Monaten ab der Androhung der Förderungswerber das Mietverhältnis nicht gekündigt hat.

(3) Bei Wohnungen oder Geschäftsräumen wird die Kündigung nur für den Teil des Förderungskredits ausgesprochen, der in sinngemäßer Anwendung des § 2 Abs. 14 auf die betreffende Wohnung bzw. auf den betreffenden Geschäftsraum entfällt.

(4) Das Land Tirol kann im Fall der Kündigung die Verzinsung der zugezählten Kreditbeträge vom Eintritt des Kündigungsgrundes an mit dem nach § 6 Abs. 5 lit. c Z 3 höchstzulässigen Zinssatz verlangen, wobei § 6 Abs. 5 lit. c Z 4 sinngemäß gilt.

(5) Der Förderungskredit kann ohne vorangegangene Kündigung sofort fällig gestellt und zurückgefordert werden, wenn
a) hinsichtlich der verpfändeten Liegenschaft oder eines Teiles davon die Zwangsverwaltung oder die Zwangsversteigerung bewilligt wird,
b) über das Vermögen des Förderungswerbers das Insolvenzverfahren eröffnet wird, das Insolvenzverfahrens mangels kostendeckenden Vermögens nicht eröffnet wird oder der Förderungswerber die Zahlungen einstellt oder
c) es auf Grund unrichtiger oder unvollständiger Angaben im Förderungsansuchen zu Unrecht gewährt wurde.

(6) Von einer Kündigung nach Abs. 1 lit. a und von einer Fälligstellung nach Abs. 5 lit. b kann abgesehen werden, wenn dadurch schutzwürdige Interessen von Wohnungsinhabern oder künftigen Wohnungseigentümern gefährdet würden.

§ 24

Einstellung und Rückforderung von Zuschüssen

(1) Annuitäten-, Zinsen- und sonstige Zuschüsse sind einzustellen und vom Zeitpunkt des Eintrittes des Einstellungsgrundes an unter sinngemäßer Anwendung des § 23 Abs. 4 zurückzufordern, wenn
a) der Zuschuss oder der bezuschusste Kredit nicht bestimmungsgemäß verwendet oder dieser Kredit gekündigt wird,
b) Bedingungen oder Auflagen der Zusicherung nicht erfüllt werden,

c) das Eigentum oder Wohnungseigentum am geförderten Objekt oder das Baurecht ohne Zustimmung des Landes Tirol durch Rechtsgeschäft unter Lebenden übertragen wird,
d) der Förderungswerber der gesetzlichen Verpflichtung zur Erhaltung des Gebäudes nicht nachkommt,
e) ohne Zustimmung des Landes Tirol Wohnungen zur Gänze oder zum Teil in Räume mit einem anderen Verwendungszweck umgewandelt oder sonst widmungswidrig verwendet werden.

(2) Zuschüsse sind spätestens mit der Tilgung des bezuschußten Kredits einzustellen.

§ 25
Eigentumsbeschränkungen

(1) Wurde ein Förderungskredit zugesichert und durch Eintragung eines Pfandrechtes sichergestellt, so ist hinsichtlich der Liegenschaft oder des Baurechts ein Veräußerungsverbot zugunsten des Landes Tirol einzuverleiben. Das Veräußerungsverbot wirkt gegen Dritte und bindet auch die Rechtsnachfolger. Es kann jedoch festgelegt werden, dass bis zu einer bestimmten Höhe des Förderungskredits die Einverleibung eines Veräußerungsverbotes entfallen kann, außer es sprechen im Einzelfall besondere Umstände für die Einverleibung eines Veräußerungsverbotes. Die Einverleibung eines Veräußerungsverbotes kann insbesondere in jenen Fällen entfallen, in denen nach § 22 Abs. 4 eine grundbücherliche Sicherstellung des Förderungskredits entfällt.

(2) Ist das Veräußerungsverbot einverleibt, so kann das Eigentum an der Liegenschaft oder das Baurecht durch Rechtsgeschäft unter Lebenden nur mit schriftlicher Zustimmung des Landes Tirol übertragen werden. Die Zustimmung ist zu erteilen, wenn der Erwerber eine begünstigte Person und österreichischer Staatsbürger oder nach § 17a österreichischen Staatsbürgern gleichgestellt ist und wenn vom Erwerber nach seinen Einkommens- und Vermögensverhältnissen oder seinem bisherigen Verhalten erwartet werden kann, daß er den aushaftenden Förderkredit tilgungsplanmäßig zurückzahlen wird.

(3) Der Zustimmung nach Abs. 2 bedarf es nicht, wenn

a) der Anteil am Mindestanteil an den Ehegatten oder eingetragenen Partner oder sonst insgesamt nicht mehr als die Hälfte der jeweiligen Einheit in das Miteigentum oder Eigentum des Ehegatten oder eingetragenen Partners, der österreichischer Staatsbürger oder nach § 17a österreichischen Staatsbürgern gleichgestellt ist,
b) eine Eigentumswohnung oder ein Eigenheim bei der Aufteilung des ehelichen oder partnerschaftlichen Gebrauchsvermögens und der ehelichen oder partnerschaftlichen Ersparnisse bei der Scheidung, Aufhebung oder Nichtigerklärung der Ehe bzw. Nichtigerklärung oder Auflösung der eingetragenen Partnerschaft an den früheren Ehegatten bzw. früheren eingetragenen Partner

übertragen wird.

(4) Das Land Tirol kann die Zustimmung nach Abs. 2 davon abhängig machen, dass der aushaftende Förderungskredit zur Gänze oder zum Teil zurückgezahlt wird oder dass sich der Erwerber verpflichtet, den aushaftenden Förderungskredit nach einem geänderten Tilgungsplan zurückzuzahlen. Soll an einer Mietwohnung Wohnungseigentum begründet werden, so ist die Zustimmung nach Abs. 2 überdies von der Leistung von Eigenmitteln nach Maßgabe des § 7 und von der Aufbringung des Grundanteiles abhängig zu machen.

(5) Das Land Tirol hat nach dem Ablauf von acht Jahren nach der Einverleibung des Veräußerungsverbotes die Einwilligung zu dessen Löschung zu erteilen, wenn der Förderungskredit zurückgezahlt wurde und keine Zuschüsse mehr geleistet werden. Bei Eigenheimen in nicht verdichteter Bauweise sowie bei Wohnungen im Eigentum oder Wohnungseigentum, für die ein Förderungskredit höchstens in der Höhe eines Eigenheimes in nicht verdichteten Bauweise gewährt wurde, hat das Land Tirol die Einwilligung zur Löschung des Veräußerungsverbotes bereits dann zu erteilen, wenn der Förderungskredit zurückgezahlt wurde.

(6) Bei der Errichtung von Wohnhäusern, Wohnungen und Wohnheimen durch gemeinnützige Bauvereinigungen und sonstige juristische Personen mit Ausnahme von Gemeinden, Gemeindeverbänden und Unternehmungen, an denen Gemeinden oder Gemeindeverbände mit mehr als 50 v. H. des Stamm-, Grund- oder Eigenkapitals beteiligt sind, und ausgenommen bei Dienstnehmerwohnungen, ist spätestens gleichzeitig mit der Eintragung des Pfandrechtes für den Förderungskredit und des Veräußerungsverbotes ein Belastungsverbot zugunsten des Landes Tirol einzuverleiben. Das Land Tirol hat einer Belastung zuzustimmen, wenn diese zur Finanzierung des zu fördernden Vorhabens erforderlich ist. Das Grundbuchsgericht hat das Belastungsverbot zu löschen, wenn das Wohnungseigentum für alle Wohnungseigentümer verbüchert ist.

§ 26
Endabrechnung

(1) Der Förderungswerber hat nach der Vollendung des geförderten Vorhabens unverzüglich, längstens jedoch innerhalb von 18 Monaten die Endabrechnung zur Prüfung zu übermitteln.

(2) Bei der Errichtung, beim Erwerb und bei der Vergrößerung von Eigenheimen und Wohnungen

durch natürliche Personen ist anstelle der Endabrechnung der Nachweis über den ordnungsgemäßen Bezug des Eigenheimes oder der Wohnung zu übermitteln. Bei sonstigen Vorhaben ist ein Abschlußbericht nach Maßgabe der vom Land Tirol festgesetzten Erfordernisse zu übermitteln.

(3) Die Endabrechnung hat die auf die einzelnen Wohnungen oder Geschäftsräume entfallenden Baukosten und deren Berechnung zu enthalten.

§ 27
Mietzinsbildung bei Förderung der Errichtung und des Erwerbes von Wohnungen oder Geschäftsräumen

(1) Der höchstzulässige Hauptmietzins für Wohnungen oder Geschäftsräume, für deren Errichtung oder Erwerb eine Förderung gewährt wurde, setzt sich zusammen

a) aus dem Betrag, der unter Zugrundelegung der Endabrechnung zur Tilgung und Verzinsung der auf den Mietgegenstand entfallenden Kredite abzüglich eines Zuschusses, jedoch zuzüglich allfälliger Rückzahlungsraten für gewährte Zuschüsse erforderlich ist;
b) aus dem Betrag, der unter Zugrundelegung der Endabrechnung zur Abstattung der auf den Mietgegenstand entfallenden Eigenmittel oder zur Abgeltung der Eigenleistungen des Vermieters erforderlich ist, wobei ein Abstattungszeitraum von 20 Jahren und eine jährliche Verzinsung von höchstens 4 v. H. zugrunde zu legen sind;
c) aus einem Anteil der Grundkosten, wobei jährlich höchstens 6 v. H. des zum Zeitpunkt des Baubeginns geltenden Einheitswertes – bei nach dem 31. Dezember 1995 geförderten Vorhaben oder bei nach diesem Zeitpunkt neu vergebenen geförderten Wohnungen jährlich bis zu 4 v. H., bei ab dem 1. Juli 2012 geförderten Vorhaben jährlich bis zu 3 v. H. der jeweils zum Zeitpunkt der jeweiligen Wohnungsvergabe angemessenen Grundkosten pro Quadratmeter Nutzfläche – zugrunde zu legen sind, im Fall der Einräumung eines Baurechtes aus dem Baurechtszins;
d) aus einem zur ordnungsgemäßen Erhaltung des Gebäudes unter Einrechnung der Einnahmen aus den Mietzinsen im Sinne des Abs. 4 jeweils erforderlichen Betrag zur Bildung einer Rückstellung; die Landesregierung hat die zur ordnungsgemäßen Erhaltung erforderlichen Beträge durch Verordnung festzusetzen, wobei auf die auf Grund des Alters des Gebäudes sich ergebenden durchschnittlichen Erhaltungskosten je Quadratmeter Nutzfläche Bedacht zu nehmen ist.

(2) Beträge nach Abs. 1 lit. a und b sowie die entsprechenden Beträge für Wohnungen oder Geschäftsräume, für deren Errichtung keine Förderung gewährt wurde, dürfen in der Hauptmietzinsabrechnung als Ausgaben abgesetzt werden.

(3) Soweit vor der Rückzahlung des Förderungskredits sonstige Kredite nicht mehr zu tilgen und Eigenmittel nicht mehr abzustatten sind, können die bisher nach Abs. 1 lit. a oder b geleisteten Beträge weiterhin eingehoben werden, wenn sie zur verstärkten Tilgung noch aushaftender Kredite und nach deren Rückzahlung für Verbesserungs- und Erhaltungsarbeiten verwendet werden. Im Falle der Neuvermietung oder des Eintrittes in einen bestehenden Mietvertrag einer geförderten Mietwohnung gilt für die Festlegung des zulässigen Mietzinses der § 46 des Mietrechtsgesetzes.

(4) Der Mietzins für geförderte Stellplätze und Garagen darf das ortsübliche Ausmaß nicht übersteigen. Er ist der Rückstellung nach Abs. 1 lit. d zuzuführen.

(5) Das Land Tirol kann im Falle einer gerechtfertigten Abwesenheit des Eigentümers oder Wohnungseigentümers die Zustimmung zu einer kostendeckenden Vermietung im Sinne der Bestimmungen dieses Paragraphen erteilen.

(6) Auf Wohnungen, die nicht mehr als gefördert im Sinne des § 2 Abs. 3 gelten, sind die Abs. 1 bis 5 nicht anzuwenden.

(7) Auf geförderte Wohnungen und Geschäftsräume, die dem Wohnungsgemeinnützigkeitsgesetz unterliegen, sind die Abs. 1 bis 4 nicht anzuwenden.

§ 28
Mietzinsbildung bei Förderung von Vorhaben der Wohnhaussanierung

(1) Für Wohnungen, für deren Sanierung eine Förderung gewährt wurde, sind Vereinbarungen über die Erhöhung des Hauptmietzinses oder des Betrages zur Bildung einer Rückstellung nach § 14 Abs. 1 Z 5 des Wohnungsgemeinnützigkeitsgesetzes zur Deckung der auf den Mietgegenstand entfallenden Kosten von Vorhaben nach § 2 Abs. 8 zulässig.

(2) An Vereinbarungen über die Höhe des Hauptmietzinses oder des Betrages zur Bildung einer Rückstellung zur Deckung der Kosten von Vorhaben nach § 2 Abs. 8 lit. a bis e an gemeinsamen Teilen und Anlagen des Gebäudes sind alle Mieter gebunden, wenn der Vereinbarung mindestens drei Viertel der Mieter des Gebäudes, berechnet nach der Anzahl der im Zeitpunkt des Abschlusses der Vereinbarung vermieteten Mietgegenstände, zustimmen und eine Belastung aller Mieter des Gebäudes entsprechend der Aufteilung der Gesamtkosten des Gebäudes vorgenommen wird.

(3) Besteht das Gebäude im Sinne des § 17 des Mietrechtsgesetzes aus mehreren, im wesentlichen selbständigen Trakten (Stiegenhäusern), so

darf das Sanierungsvorhaben für einzelne Trakte (Stiegenhäuser) gesondert durchgeführt werden und kann die Vereinbarung nach Abs. 1 oder 2 von jenen Mietern abgeschlossen werden, deren Mietgegenstand in dem Trakt (Stiegenhaus) gelegen ist, auf den sich das Sanierungsvorhaben bezieht. In einem solchen Fall sind die Aufwendungen für Sanierungsvorhaben, die einen Trakt (Stiegenhaus) oder mehrere Trakte (Stiegenhäuser) betreffen, entsprechend dem Verhältnis der Trakte (Stiegenhäuser) zueinander aufzuteilen und die Kosten der Erhaltungsarbeiten in diesem Verhältnis zu decken.

(4) Eine Erhöhung der Hauptmietzinse oder der Beträge zur Bildung einer Rückstellung nach den Abs. 1 bis 3 darf unter Berücksichtigung der Mietzinsreserve bzw. der Rückstellung nach § 14 Abs. 1 Z 5 des Wohnungsgemeinnützigkeitsgesetzes das zur Deckung der Kosten notwendige Ausmaß nicht übersteigen. Auf Antrag eines Mieters hat die Schlichtungsstelle bzw. das ordentliche Gericht zu entscheiden, inwieweit eine Erhöhung der Hauptmietzinse oder der Beträge zur Bildung einer Rückstellung dem ersten Satz entspricht. Auf ein solches Verfahren sind die Bestimmungen des Mietrechtsgesetzes und des Wohnungsgemeinnützigkeitsgesetzes über das Verfahren außer Streitsachen anzuwenden.

(5) Der Vermieter darf die zur Tilgung und Verzinsung eines Förderungskredits oder eines geförderten Kredits erforderlichen Beträge in der Hauptmietzinsabrechnung oder in der Abrechnung des Entgeltes nach § 14 des Wohnungsgemeinnützigkeitsgesetzes als Ausgaben absetzen. Bei einer Erhöhung des Hauptmietzinses nach den §§ 18 ff. des Mietrechtsgesetzes oder des Entgeltes nach § 14 Abs. 2 des Wohnungsgemeinnützigkeitsgesetzes ist in sinngemäßer Anwendung des § 18 Abs. 1 Z 5 des Mietrechtsgesetzes auf diese Kreditrückzahlungen Bedacht zu nehmen.

§ 29

Zumutbarkeit geförderter Arbeiten

Im Falle der Förderung von Vorhaben der Wohnhaussanierung sind die Bestimmungen des § 4 Abs. 4 und des § 8 Abs. 2 und 3 des Mietrechtsgesetzes auch auf Objekte anzuwenden, für die sie nach § 1 Abs. 4 des Mietrechtsgesetzes nicht gelten würden.

§ 30

Verarbeitung personenbezogener Daten

(1) Das Amt der Tiroler Landesregierung und die Bezirksverwaltungsbehörden sind gemeinsam Verantwortliche nach Art. 26 der der Verordnung (EU) 2016/679 des Europäischen Parlaments und des Rates zum Schutz natürlicher Personen bei der Verarbeitung personenbezogener Daten, zum freien Datenverkehr und zur Aufhebung der Richtlinie 95/46/EG (Datenschutz-Grundverordnung), ABl. 2016 Nr. L 119, S. 1.

(2) Die nach Abs. 1 Verantwortlichen dürfen zur Bearbeitung von Förderungsansuchen betreffend den Wohnbau, die Wohnhaussanierung, Beihilfen (2. Abschnitt) und sonstige Vorhaben (3. Abschnitt) folgende Daten von Förderungswerbern (Antragstellern), ihren Ehegatten bzw. eingetragenen Partnern oder Lebensgefährten und sonstigen Personen, die im gemeinsamen Haushalt leben oder gemeldet sind, verarbeiten, soweit diese Daten zur Bearbeitung erforderlich sind:

a) Identifikationsdaten,
b) Erreichbarkeitsdaten,
c) Wohnungs- und Förderungsmerkmale,
d) grundstücks- und gebäudebezogene Daten,
e) Einkommensdaten,
f) Daten über soziale Verhältnisse,
g) Leistungen für den Wohnungsaufwand,
h) Daten über Befähigungen und berufsrechtliche Befugnisse und
i) Bankverbindungsdaten.

(3) Die nach Abs. 1 Verantwortlichen dürfen von den im Abs. 2 genannten Personen personenbezogene Daten über eine Behinderung oder eine schwere Erkrankung verarbeiten, sofern diese Daten zum Zweck der Beurteilung der Dringlichkeit eines Förderungsvorhabens und zur Prüfung des Vorliegens der Begünstigungsvoraussetzungen oder zur Prüfung der Voraussetzungen für die Förderung von behindertengerechten Maßnahmen benötigt werden.

(4) Die nach Abs. 1 Verantwortlichen sind berechtigt, die im Abs. 2 lit. a und b angeführten Daten auch von Bevollmächtigten des Förderungswerbers und die im Abs. 2 lit. a, b und e angeführten Daten auch von Bürgen des Förderungswerbers zu verarbeiten.

(5) Die nach Abs. 1 Verantwortlichen sind berechtigt, die im Abs. 2 lit. a, b und c angeführten Daten bei Anfragen zur Feststellung der Voraussetzungen für die Gewährung einer Förderung auch anderen Ämtern der Landesregierung, Gemeinden, Abgabenbehörden und Sozialversicherungsträgern zu übermitteln.

(6) Als Daten über soziale Verhältnisse gelten Angaben über familienrechtliche Merkmale, Personenstand, Staatsbürgerschaft, Beruf und Beschäftigungsdauer.

(7) Die nach Abs. 1 Verantwortlichen dürfen die im Abs. 2 angeführten personenbezogenen Daten in anonymisierter Form zu statistischen Zwecken verarbeiten.

(8) Für Zwecke der Datenermittlung sind das Amt der Landesregierung und die Bezirksverwaltungsbehörden berechtigt, Angaben über den Förderungswerber, über die mit dem Förderungswerber im gemeinsamen Haushalt lebenden Personen sowie über die Bürgen zwecks der Feststellung der Förderungswürdigkeit und der Sicherung von Förderungsmaßnahmen im Zentralen Melderegister im Wege einer Verknüpfungsanfrage im

Sinn des § 16a Abs. 3 des Meldegesetzes 1991, BGBl. Nr. 9/1992, zuletzt geändert durch das Gesetz BGBl. I Nr. 160/2023, nach dem Kriterium des Wohnsitzes zu prüfen, wenn die Angaben des Förderungswerbers widersprüchlich oder zweifelhaft sind.

(9) Die Behörden des Bundes, der Länder, der Gemeinden und der Gemeindeverbände, die Träger der dienstrechtlichen Kranken- und Unfallfürsorgeeinrichtungen, der jeweils zuständige Sozialversicherungsträger und der Dachverband der Sozialversicherungsträger haben den nach Abs. 1 Verantwortlichen auf Verlangen Daten über

a) Einkommen nach § 2 Abs. 9,
b) wiederkehrende Leistungen aus der gesetzlichen Sozialversicherung und der Arbeitslosenversicherung sowie diesen vergleichbare Leistungen,
c) Bezüge nach den bezügerechtlichen Vorschriften

zu übermitteln, wenn sie über diese Daten verfügen und diese Daten zur Feststellung der Förderungswürdigkeit eines Förderungswerbers oder zur Überprüfung der Voraussetzungen für die Gewährung oder für allfällige Rückforderungen von Förderungen nach diesem Gesetz erforderlich sind.

(10) Personenbezogene Daten nach den Abs. 2 und 3 sind zu löschen, sobald sie zur Bearbeitung der Förderansuchen und zur Abrechnung der Förderung nicht mehr benötigt werden.

(11) Als Identifikationsdaten gelten:

a) bei natürlichen Personen der Familien- und der Vorname, das Geschlecht, das Geburtsdatum, allfällige akademische Grade, Standesbezeichnungen und Titel,
b) bei juristischen Personen und Personengesellschaften die gesetzliche, satzungsmäßige oder firmenmäßige Bezeichnung und hinsichtlich der vertretungsbefugten Organe die Daten nach lit. a sowie die Firmenbuchnummer, die Vereinsregisterzahl, die Umsatzsteuer-Identifikationsnummer und die Ordnungsnummer im Ergänzungsregister.

(12) Als Erreichbarkeitsdaten gelten Wohnsitzdaten und sonstige Adressdaten, die Telefonnummer, elektronische Kontaktdaten, wie insbesondere die E-Mail-Adresse und Telefax-Nummer, oder Verfügbarkeitsdaten.

§ 31
Stundungen und Rückzahlungserleichterungen

(1) Das Land Tirol kann zur Vermeidung sozialer Härten oder für die Dauer einer außerordentlichen wirtschaftlichen Belastung eines Förderungswerbers ohne Verrechnung von Verzugszinsen Rückzahlungsraten eines Förderungskredits stunden oder die Abstattung von gekündigten oder fällig gestellten Förderungen oder von Rückständen in Raten gewähren oder Verzugszinsen erlassen.

(2) Das Ausmaß der Stundung bzw. die Höhe und die Anzahl der Raten sind unter Bedachtnahme auf die Einkommensverhältnisse und die Belastung des Förderungswerbers zu bemessen.

§ 32
Neufestlegung der Rückzahlungsbedingungen

(1) Die Landesregierung kann durch Verordnung die Rückzahlungsbedingungen für die auf Grund des Wohnbauförderungsgesetzes 1954, BGBl. Nr. 153, zuletzt geändert durch das Gesetz BGBl. Nr. 828/1992, des Wohnbauförderungsgesetzes 1968, BGBl. Nr. 280/1967, zuletzt geändert durch das Gesetz BGBl. Nr. 320/1982, des Wohnbauförderungsgesetzes 1984, BGBl. Nr. 482, zuletzt geändert durch das Gesetz BGBl. I Nr. 131/2001, des Wohnhaussanierungsgesetzes, BGBl. Nr. 483/1984, zuletzt geändert durch das Gesetz BGBl. Nr. 460/1990, des Gesetzes über die Errichtung eines Tiroler Landeswohnbaufonds, LGBl. Nr. 27/1951, in der Fassung der Gesetze LGBl. Nr. 20/1958 und 50/1970 und dieses Gesetzes gewährten Förderungskredits schrittweise und unter Bedachtnahme auf den Zeitpunkt ihrer Zusicherung neu festlegen. Dabei darf jedoch die Gesamtlaufzeit nicht auf weniger als 20 Jahre verkürzt und ein jährlicher Zinssatz von 6 v. H. nicht überschritten werden.

(2) Die Landesregierung kann durch Verordnung die Rückzahlungsbedingungen für die auf Grund des Wohnbauförderungsgesetzes 1968 und des Wohnbauförderungsgesetzes 1984 gewährten Eigenmittelersatzdarlehen schrittweise und unter Bedachtnahme auf den Zeitpunkt ihrer Zusicherung neu festlegen. Dabei darf jedoch die Gesamtlaufzeit nicht auf weniger als zehn Jahre verkürzt und ein jährlicher Zinssatz von 6 v.H. nicht überschritten werden.

(3) Die Landesregierung kann durch Verordnung die Höhe der auf Grund des Wohnungsverbesserungsgesetzes, BGBl. Nr. 426/1969, zuletzt geändert durch das Gesetz BGBl. Nr. 641/1982, des Wohnhaussanierungsgesetzes oder dieses Gesetzes gewährten Annuitätenzuschüsse unter Bedachtnahme auf den Zeitpunkt ihrer Zusicherung neu festlegen. Dabei dürfen die neu festgelegten Annuitätenzuschüsse 50 v.H. der ursprünglich gewährten nicht unterschreiten.

(4) Die Neufestlegung der Rückzahlungsbedingungen nach den Abs. 1 und 2 und der Annuitätenzuschüsse nach Abs. 3 hat so zu erfolgen, daß die Bedingungen der ursprünglichen Förderungen

möglichst an jene nach diesem Gesetz angeglichen werden.

§ 33
Begünstigte Rückzahlung von Förderungskrediten

(1) Das Land Tirol kann für den Fall, dass ein aufgrund des Wohnbauförderungsgesetzes 1954, des Wohnbauförderungsgesetzes 1968, des Wohnbauförderungsgesetzes 1984, des Wohnhaussanierungsgesetzes, des Gesetzes über die Errichtung eines Tiroler Landeswohnbaufonds oder dieses Gesetzes gewährter Förderungskredit vorzeitig zurückbezahlt wird, einen Nachlass auf den noch nicht fälligen Teil des Förderungskredits gewähren. Die Höhe des Nachlasses darf bei einer im Zeitpunkt der Einbringung des Ansuchens mindestens zehn Jahre zurückliegenden Förderungszusicherung höchstens 35 v. H. des im Zeitpunkt der Einbringung des Ansuchens aushaftenden, noch nicht fälligen Teiles des Förderungskredits betragen. Die Höhe des Nachlasses kann im vorgegebenen Rahmen je nach Alter der Zusicherung gestaffelt werden. Der Nachlass vermindert sich um die Summe der Beihilfe, die der Kreditschuldner in den letzten fünf Jahren vor der Rückzahlung des Förderungskredits erhalten hat. Wurden mehrere Förderungskredite für das gleiche Objekt gewährt oder wurde neben den Förderungskrediten auch ein Eigenmittelersatzdarlehen oder eine Wohnstarthilfe gewährt, so ist nur eine vorzeitige Rückzahlung aller dieser Kredite zulässig, wobei zumindest für einen Kredit die Voraussetzungen für eine begünstigte Rückzahlung vorliegen müssen. Die Gewährung des Nachlasses kann jeweils auch für einen befristeten Zeitraum vorgesehen werden.

(2) Nach der begünstigten Rückzahlung und dem Wegfall allfälliger Beschränkungen im Sinne des Abs. 1 fünfter Satz hat das Land Tirol dem Eigentümer die Einwilligung zur Löschung des Pfandrechtes für den Förderungskredit oder Eigenmittelersatzdarlehen zu erteilen. Die Einwilligung zur Löschung des Veräußerungsverbotes darf erst nach fünf Jahren nach der begünstigten Rückzahlung erteilt werden.

§ 34
Abgaben, Kosten, Gebühren

(1) Die unmittelbar durch dieses Gesetz veranlaßten Amtshandlungen sind von Landes- und Gemeindeverwaltungsabgaben befreit.

(2) Der Förderungswerber hat die aus der Gewährung einer Förderung entstehenden Kosten, Gebühren und sonstigen Abgaben zu tragen, sofern nicht eine Befreiung besteht. Die bis zur Auszahlung der Förderung bereits angefallenen Kosten, Gebühren und Abgaben können sofort in Abzug gebracht werden.

(3) Das Land Tirol kann für die Mahnung rückständiger Tilgungsraten eine angemessene Mahngebühr und für die Ausfertigung oder Neuausfertigung von Urkunden einen angemessenen Kostenersatz verlangen.

§ 35
Erlassung näherer Richtlinien

Die Landesregierung hat durch Richtlinien nähere Bestimmungen über die Voraussetzungen, die Arten und den Umfang der Förderung, über die angemessenen Gesamtbaukosten und die normale Ausstattung von Förderungsobjekten, über die Vergabe von Leistungen, über das Verfahren und über die begünstigte Rückzahlung zu erlassen.

5. Abschnitt
Wohnbauförderungsbeirat, Kuratorium, Fachausschuß

§ 36
Einrichtung und Aufgaben des Wohnbauförderungsbeirates

(1) Beim Amt der Tiroler Landesregierung ist ein Wohnbauförderungsbeirat einzurichten.

(2) Dem Wohnbauförderungsbeirat obliegen

a) die Beratung der Landesregierung in grundlegenden Fragen der Förderung von Vorhaben des Wohnbaus und der Wohnhaussanierung sowie damit im Zusammenhang stehender Maßnahmen und
b) die Begutachtung von Gesetzen, Verordnungen und Richtlinien in diesen Angelegenheiten.

§ 37
Zusammensetzung und Bestellung des Wohnbauförderungsbeirates

(1) Der Wohnbauförderungsbeirat besteht aus dem nach der Geschäftsverteilung der Landesregierung für die Angelegenheiten der Wohnbauförderung zuständigen Mitglied der Landesregierung als Vorsitzendem und zehn weiteren Mitgliedern.

(2) Die weiteren Mitglieder sind von der Landesregierung auf Vorschlag der im Landtag vertretenen Parteien zu bestellen. Das Vorschlagsrecht richtet sich nach der nach dem d'Hondtschen System zu ermittelnden verhältnismäßigen Stärke im Landtag, wobei bei der Ermittlung dieses Stärkeverhältnisses von der Gesamtzahl elf auszugehen und der Vorsitzende auf die Anzahl der Mitglieder, für die seiner Partei das Vorschlagsrecht zusteht, anzurechnen ist. Die Parteien haben der Landesregierung innerhalb eines Monats nach der Neuwahl der Landesregierung so viele Personen vorzuschlagen, als Mitglieder auf sie entfallen. Wird ein Vorschlag nicht rechtzeitig erstattet, so ist die Bestellung ohne Vorschlag vorzunehmen.

(3) Für jedes weitere Mitglied ist in gleicher Weise ein Ersatzmitglied zu bestellen. Jedes Mitglied wird während der Dauer seiner Verhinderung durch sein Ersatzmitglied oder durch ein anderes von derselben Partei vorgeschlagenes Ersatzmitglied vertreten.

(4) Die Landesregierung hat aus dem Kreis der weiteren Mitglieder einen ersten und einen zweiten Stellvertreter des Vorsitzenden zu bestellen. Der Vorsitzende wird im Falle seiner Verhinderung vom ersten Stellvertreter, wenn jedoch auch dieser verhindert ist, vom zweiten Stellvertreter vertreten.

(5) Die weiteren Mitglieder haben gegenüber dem Vorsitzenden die gewissenhafte Erfüllung ihrer Aufgaben zu geloben. Das Gelöbnis ist durch ein allgemein gebräuchliches Zeichen zu bekräftigen.

(6) Zu weiteren Mitgliedern und zu Ersatzmitgliedern dürfen nur Personen bestellt werden, die zum Landtag wählbar sind.

(7) Die Amtsdauer der Mitglieder und der Ersatzmitglieder richtet sich nach der Funktionsdauer des Landtages. Die Mitglieder und die Ersatzmitglieder haben ihre Geschäfte auch nach dem Ablauf ihrer Amtsdauer bis zur Bestellung der neuen Mitglieder bzw. Ersatzmitglieder weiterzuführen.

(8) Ein Mitglied oder Ersatzmitglied scheidet aus durch

a) Tod,
b) Widerruf der Bestellung,
c) Verzicht auf die Mitgliedschaft.

Die Landesregierung hat die Bestellung zum Mitglied oder Ersatzmitglied zu widerrufen, wenn das Mitglied oder Ersatzmitglied die Wählbarkeit zum Landtag verliert. Der Verzicht auf die Mitgliedschaft ist der Landesregierung schriftlich zu erklären. Der Verzicht wird mit dem Einlangen der Verzichtserklärung unwiderruflich und, wenn in der Verzichtserklärung nicht ein anderer Zeitpunkt für das Wirksamwerden angegeben ist, wirksam.

(9) Scheidet ein Mitglied oder Ersatzmitglied aus, so ist für die restliche Amtsdauer ein neues Mitglied oder Ersatzmitglied zu bestellen.

(10) Die Mitgliedschaft zum Wohnbauförderungsbeirat ist ein unbesoldetes Ehrenamt. Die Mitglieder und Ersatzmitglieder haben jedoch gegenüber dem Land Tirol Anspruch auf Reisekostenvergütung und Reisezulage nach den für Landesbeamte geltenden Vorschriften, wobei unabhängig von der Dauer der Dienstreise jeweils die volle Tagesgebühr zusteht.

§ 38
Geschäftsführung des Wohnbauförderungsbeirates

(1) Der Vorsitzende hat den Wohnbauförderungsbeirat nach Bedarf, mindestens jedoch einmal jährlich und überdies binnen zwei Wochen dann einzuberufen, wenn die Landesregierung oder mindestens drei Mitglieder des Wohnbauförderungsbeirates dies verlangen.

(2) Sitzungen des Wohnbauförderungsbeirates können unter Verwendung vorhandener technischer Einrichtungen zur Wort- und Bildübertragung in Form einer Videokonferenz durchgeführt werden. In diesem Fall

a) gelten die per Video zugeschalteten Mitglieder als anwesend und nehmen an der Abstimmung in der Weise teil, dass sie ihre Stimme nach persönlichem Aufruf durch den Vorsitzenden mündlich abgeben,
b) ist durch geeignete Maßnahmen sicherzustellen, dass den per Video zugeschalteten Mitgliedern die Tagesordnung und die für die Beratung und Beschlussfassung erforderlichen Unterlagen vollständig vorliegen,
c) sind in der Niederschrift die Namen der persönlich anwesenden und der per Video zugeschalteten Mitglieder entsprechend festzuhalten,
d) können auch sonstige Personen, die der Sitzung beigezogen werden, per Video zugeschaltet werden.

(3) Der Wohnbauförderungsbeirat ist beschlußfähig, wenn alle Mitglieder ordnungsgemäß eingeladen wurden und der Vorsitzende oder sein Stellvertreter und mindestens fünf weitere Mitglieder anwesend sind.

(4) Der Wohnbauförderungsbeirat faßt seine Beschlüsse mit einfacher Mehrheit der Stimmen der anwesenden Mitglieder. Stimmenthaltung gilt als Ablehnung. Bei Stimmengleichheit gibt die Stimme des Vorsitzenden den Ausschlag.

(5) In dringenden Fällen können Beschlüsse des Wohnbauförderungsbeirates auch im Umlaufweg gefasst werden. Dies hat in der Weise zu geschehen, dass der Antrag vom Vorsitzenden unter Setzung einer Frist für die Stimmabgabe unter Verwendung geeigneter technischer Kommunikationsmittel, insbesondere per E-Mail, allen übrigen Mitgliedern zugeleitet wird. Diese haben ihre Stimme schriftlich mit Angabe des Datums der Entscheidung abzugeben und an den Vorsitzenden innerhalb der von ihm gesetzten Frist zu übermitteln. Erfolgt keine Stimmabgabe binnen offener Frist, so gilt dies als Ablehnung. Das Ergebnis der Beschlussfassung ist bei der nächsten Sitzung mitzuteilen und in die Niederschrift über diese Sitzung aufzunehmen.

(6) Die Sitzungen des Wohnbauförderungsbeirates sind nicht öffentlich. Der Leiter der nach der Geschäftseinteilung des Amtes der Tiroler Landesregierung für die Angelegenheiten der Wohnbauförderung zuständigen Organisationseinheit ist berechtigt und auf Verlangen des Vorsitzenden

verpflichtet, an den Sitzungen des Wohnbauförderungsbeirates mit beratender Stimme teilzunehmen. Der Wohnbauförderungsbeirat kann erforderlichenfalls auch Sachverständige beiziehen.

(7) Die Landesregierung hat durch Verordnung eine Geschäftsordnung für den Wohnbauförderungsbeirat zu erlassen, die insbesondere nähere Vorschriften über die Einberufung zu den Sitzungen und deren Durchführung, über die Aufnahme von Niederschriften und über den Gang und das Ergebnis der Beratungen zu enthalten hat.

(8) Die Kanzleiarbeiten des Wohnbauförderungsbeirates sind vom Amt der Tiroler Landesregierung zu besorgen.

§ 39
Einrichtung und Aufgaben des Kuratoriums

(1) Beim Amt der Tiroler Landesregierung ist ein Kuratorium einzurichten.

(2) Dem Kuratorium obliegt die Begutachtung von Ansuchen um die Gewährung von Förderungen nach diesem Gesetz mit Ausnahme der Beihilfen nach § 11.

(3) Ansuchen um die Gewährung von Förderungskrediten an natürliche Personen für die Errichtung, den Erwerb und die Vergrößerung von Wohnhäusern und Wohnungen, von Förderungskrediten für Vorhaben der Wohnhaussanierung, von Annuitäten-, Zinsen- und sonstigen Zuschüssen und um Übernahme einer Bürgschaft können dem Kuratorium auch nach der Erteilung der Zusicherung zur Kenntnis gebracht werden, wenn die Voraussetzungen für die Gewährung der Förderung gegeben sind und die Finanzierung der gewährten Förderung durch das Land Tirol gesichert ist.

§ 40
Zusammensetzung und Bestellung des Kuratoriums

(1) Das Kuratorium besteht aus dem nach der Geschäftsverteilung der Landesregierung für die Angelegenheiten der Wohnbauförderung zuständigen Mitglied der Landesregierung als Vorsitzendem und vier weiteren Mitgliedern.

(2) Die weiteren Mitglieder sind von der Landesregierung aus dem Kreis der Mitglieder des Wohnbauförderungsbeirates auf Vorschlag der im Landtag vertretenen Parteien zu bestellen. Das Vorschlagsrecht richtet sich nach der nach dem d'Hondtschen System zu ermittelnden verhältnismäßigen Stärke im Landtag, wobei bei der Ermittlung dieses Stärkeverhältnisses von der Gesamtzahl fünf auszugehen und der Vorsitzende auf die Anzahl der Mitglieder, für die seiner Partei das Vorschlagsrecht zusteht, anzurechnen ist.

(3) Die Landesregierung hat aus dem Kreis der weiteren Mitglieder des Kuratoriums einen Stellvertreter des Vorsitzenden zu bestellen.

(4) Im übrigen gelten die Bestimmungen des § 37 Abs. 3 und 5 bis 10 sinngemäß.

§ 41
Geschäftsführung des Kuratoriums

(1) Der Vorsitzende hat das Kuratorium nach Bedarf, mindestens jedoch viermal jährlich und überdies binnen zwei Wochen dann einzuberufen, wenn die Landesregierung oder mindestens zwei Mitglieder des Kuratoriums dies verlangen.

(2) Das Kuratorium ist beschlußfähig, wenn alle Mitglieder ordnungsgemäß eingeladen wurden und der Vorsitzende oder sein Stellvertreter und mindestens zwei weitere Mitglieder anwesend sind.

(3) Im übrigen gelten die Bestimmungen des § 38 Abs. 2 und Abs. 4 bis 8 sinngemäß.

§ 42
Fachausschuß

(1) Beim Amt der Tiroler Landesregierung ist ein Fachausschuß zur Ermittlung der angemessenen Gesamtbaukosten auf Grund der Veränderungen des durchschnittlichen Preisgefüges im Wohnbau einzurichten.

(2) Der Fachausschuß besteht aus dem nach der Geschäftsverteilung der Landesregierung für die Angelegenheiten der Wohnbauförderung zuständigen Mitglied der Landesregierung als Vorsitzendem, aus dem Leiter der nach der Geschäftseinteilung des Amtes der Tiroler Landesregierung für die Angelegenheiten der Wohnbauförderung zuständigen Organisationseinheit sowie aus je einem Vertreter der Berufsgruppe der gewerblichen Bauträger in der Fachgruppe der Immobilien- und Vermögenstreuhänder und der Landesinnung Bau der Wirtschaftkammer Tirol, der Kammer für Arbeiter und Angestellte für Tirol, der Landwirtschaftskammer, der Ziviltechnikerkammer für Tirol und Vorarlberg, des Österreichischen Gewerkschaftsbundes - Landesexekutive Tirol (Gewerkschaft der Bau- und Holzarbeiter) und aus zwei Vertretern des Österreichischen Verbandes gemeinnütziger Bauvereinigungen - Revisionsverband, Landesgruppe Tirol.

(3) Der Vorsitzende hat den Fachausschuß nach Bedarf, mindestens jedoch einmal jährlich zur Ermittlung der angemessenen Gesamtbaukosten auf Grund der Veränderungen des durchschnittlichen Preisgefüges im Wohnbau zu einer Sitzung einzuberufen.

(4) Für die Durchführung von Sitzungen des Fachausschusses in Form einer Videokonferenz gilt § 38 Abs. 2 sinngemäß.

(5) Der Fachausschuß ist beschlußfähig, wenn alle Mitglieder ordnungsgemäß eingeladen wurden und der Vorsitzende und mindestens fünf weitere Mitglieder anwesend sind.

(6) Der Fachausschuß faßt seine Beschlüsse mit einfacher Mehrheit der Stimmen der anwesenden

Mitglieder. Stimmenthaltung gilt als Ablehnung. Bei Stimmengleichheit gibt die Stimme des Vorsitzenden den Ausschlag.

(7) In dringenden Fällen können Beschlüsse des Fachausschusses auch im Umlaufweg gefasst werden; § 38 Abs. 5 gilt sinngemäß.

(8) Allenfalls ermittelte Veränderungen der angemessenen Gesamtbaukosten sind der Landesregierung und dem Wohnbauförderungsbeirat unverzüglich mitzuteilen.

(9) Die Geschäfte des Fachausschusses führt der Vorsitzende. Die Kanzleiarbeiten des Fachausschusses sind vom Amt der Tiroler Landesregierung zu besorgen.

6. Abschnitt
Schluß- und Übergangsbestimmungen

§ 43
Vollziehung

Die Vollziehung dieses Gesetzes obliegt der Landesregierung.

§ 43a
Umsetzung von Unionsrecht

Mit diesem Gesetz wird die Richtlinie 2004/38/EG des Rates über das Recht der Unionsbürger und ihrer Familienangehörigen, sich im Hoheitsgebiet der Mitgliedstaaten frei zu bewegen und aufzuhalten, ABl. 2004 Nr. L 229, S. 35, umgesetzt.

§ 44
Inkrafttreten

(1) Dieses Gesetz tritt mit 1. Oktober 1991 in Kraft.

(2) Gleichzeitig treten außer Kraft:

a) die auf Grund des Art. II Abs. 1 des Bundesverfassungsgesetzes, mit dem das Bundes-Verfassungsgesetz in der Fassung von 1929 hinsichtlich der Zuständigkeit für das Volkswohnungswesen geändert wird, BGBl. Nr. 640/1987, und die auf Grund des Art. VII Abs. 2 der Bundes-Verfassungsgesetz-Novelle 1988, BGBl. Nr. 685, als Landesgesetze in Geltung stehenden gesetzlichen Vorschriften;
b) das Gesetz über die Errichtung eines Tiroler Sonder-Wohnbaufonds, LGBl. Nr. 19/1952;
c) das Gesetz über den Wohnbauförderungsbeirat, LGBl. Nr. 41/1977.

§ 45
Übergangsbestimmungen

(1) Auf Vorhaben, für die eine schriftliche Zusicherung nach dem Wohnbauförderungsgesetz 1968, dem Wohnbauförderungsgesetz 1984, dem Wohnungsverbesserungsgesetz, dem Wohnhaussanierungsgesetz und dem Bundesgesetz zur Förderung der Erhaltung und Verbesserung von Wohnhäusern sowie der Stadterneuerung erteilt wurde, sind die auf Grund des Art. VII Abs. 2 der Bundes-Verfassungsgesetz-Novelle 1988 als Landesgesetze in Geltung stehenden gesetzlichen Vorschriften und die hiezu erlassenen Verordnungen – mit Ausnahme der Bestimmungen über Eigenmittelersatzdarlehen – weiterhin anzuwenden. Anstelle der Bestimmungen über die Wohnbeihilfe sowie der Bestimmungen über die Kosten der Erhaltung gelten jedoch die §§ 11 sowie 27 Abs. 1 lit. d dieses Gesetzes.

(2) Bei der Endabrechnung von Vorhaben, für die eine Förderung nach dem Wohnbauförderungsgesetz 1968 oder dem Wohnbauförderungsgesetz 1984 gewährt wurde, können die Bestimmungen des § 2 Abs. 2 angewendet werden. Wurde nach diesen Gesetzen neben dem Förderungskredit auch ein Eigenmittelersatzdarlehen gewährt, so darf die Einwilligung zur Löschung des Veräußerungsverbotes erst erteilt werden, wenn das Eigenmittelersatzdarlehen zur Gänze zurückgezahlt ist.

(3) Bei Vorhaben, für die vor dem Inkrafttreten dieses Gesetzes die Gewährung einer Förderung nach dem Wohnbauförderungsgesetz 1984 oder dem Wohnhaussanierungsgesetz in Aussicht gestellt wurde, ist, sofern keine Änderung in den ursprünglichen Voraussetzungen für die Gewährung der Förderung eingetreten ist, mindestens die in Aussicht gestellte Förderung zu gewähren. Die Bestimmung des § 2 Abs. 2 über die Mindestnutzfläche von Wohnungen gilt nicht für Vorhaben, für die die Baubewilligung vor dem Inkrafttreten dieses Gesetzes erteilt worden ist.

(4) Bei Vorhaben, für die eine schriftliche Zusicherung nach dem Wohnbauförderungsgesetz 1954 erteilt wurde, sind die im § 36 Abs. 1 lit. c des Wohnbauförderungsgesetzes 1968 angeführten Bestimmungen des Wohnbauförderungsgesetzes 1954 weiterhin anzuwenden.

(5) Zur Erleichterung der Belastung durch den Wohnungsaufwand für Wohnungen, für die Förderungen nach dem Bundesgesetz betreffend Ausgestaltung des Staatlichen Wohnungsfürsorgefonds zu einem Bundes-Wohn- und Siedlungsfonds, BGBl. Nr. 252/1921, zuletzt geändert durch das Gesetz BGBl. I Nr. 191/1999, dem Wohnhaus-Wiederaufbaugesetz, BGBl. Nr. 130/1948, zuletzt geändert durch das Gesetz BGBl. Nr. 830/1992, dem Wohnbauförderungsgesetz 1954, dem Wohnbauförderungsgesetz 1968, dem Wohnbauförderungsgesetz 1984, dem Bundes-Sonderwohnbaugesetz 1982, BGBl. Nr. 165, zuletzt geändert durch das Gesetz BGBl. I Nr. 147/1999, dem Bundes-Sonderwohnbaugesetz 1983, BGBl. Nr. 661, zuletzt geändert durch das Gesetz BGBl. I Nr. 147/1999, dem Wohnungsverbesserungsgesetz oder dem Wohnhaussanierungsgesetz noch bestehen oder die sonst unter überwiegender Zuhilfenahme von Bundesmitteln gefördert wurden, werden vom Land Tirol in sinngemäßer Anwendung der Bestimmungen dieses Gesetzes Beihilfen gewährt. Dabei sind Belastungen durch Ei-

genmittelersatzdarlehen zum Wohnungsaufwand zu zählen. Wohnbeihilfen, die nach diesen Gesetzen für Eigenheime gewährt wurden, sind schrittweise auf die nach diesem Gesetz höchstzulässige Höhe der Beihilfe zu verringern.

(6) Die nach dem Gesetz über den Wohnbauförderungsbeirat bestellten Mitglieder bleiben bis zur Bestellung der Mitglieder nach § 37 im Amt. Die Mitglieder des nach der Verordnung betreffend Satzungen des Tiroler Landeswohnbaufonds, LGBl. Nr. 30/1951, bestellten Kuratoriums bleiben bis zur Bestellung der Mitglieder nach § 40 im Amt.

(7) Der Sonder-Wohnbaufonds nach dem Gesetz über die Errichtung eines Tiroler Sonder-Wohnbaufonds wird aufgelöst. Das Land Tirol tritt in das Vermögen, die Forderungen und die Verbindlichkeiten dieses Fonds ein.

(8) Auf Vorhaben, für die vor dem Inkrafttreten dieses Gesetzes eine Förderung nach dem Gesetz über die Errichtung eines Tiroler Landeswohnbaufonds gewährt wurde, sind dessen Bestimmungen weiterhin anzuwenden. Unbeschadet des § 32 haben die Schuldner von unverzinslichen oder mit einem Zinssatz von höchstens 2 v.H. verzinsten Förderungskrediten einen jährlichen Verwaltungskostenbeitrag von 1 v.H. des ursprünglichen Kreditbetrages zu leisten. Neue Förderungen aus dem Tiroler Landeswohnbaufonds dürfen nicht mehr gewährt werden. Die Verwaltung und Geschäftsführung des Tiroler Wohnbaufonds ist auf die Abwicklung der vor dem Inkrafttreten dieses Gesetzes gewährten Förderungen beschränkt. Mit der Bestellung der Mitglieder des Kuratoriums nach § 40 endet die Funktion des zur Verwaltung des Tiroler Landeswohnbaufonds bestellten Kuratoriums. Die Mittel des Tiroler Landeswohnbaufonds sind, soweit sie nicht zur Abdeckung der sich aus der Abwicklung der bisher gewährten Förderungen ergebenden Verpflichtungen und des Verwaltungskostenbeitrages für die Geschäftsführung erforderlich sind, viertel jährlich dem Land Tirol zu überweisen.

(9) Die Bestimmungen des § 2 Abs. 2, Abs. 6 letzter Satz und Abs. 11, § 5 Abs. 2, § 9 Abs. 1 lit. a, § 12 Abs. 3, § 17 Abs. 6, § 18, § 20 Abs. 9, § 22 Abs. 3 und 4, § 23 Abs. 4, 5 und 6, § 25 Abs. 2, 3 und 4, § 27 Abs. 1 lit. d, 3, 5, 6 und 7, § 30 und § 31 sind auch auf Vorhaben anzuwenden, für die nach dem Wohnbauförderungsgesetz 1954, dem Wohnbauförderungsgesetz 1968, dem Wohnbauförderungsgesetz 1984, dem Wohnhaussanierungsgesetz und dem Gesetz über die Errichtung eines Tiroler Landeswohnbaufonds eine Förderung gewährt wurde.

Förderungswerber können in Förderungen, die nach diesen Gesetzen oder nach dem Wohnhaussanierungsgesetz gewährt wurden, im Ausmaß der nach diesem Gesetz zulässigen Förderung eintreten.

(10) Ein nach dem Rückzahlungsbegünstigungsgesetz, BGBl. Nr. 336/1971, zuletzt geändert durch das Gesetz BGBl. Nr. 340/1987, dem Rückzahlungsbegünstigungsgesetz 1987, BGBl. Nr. 340, zuletzt geändert durch das Gesetz BGBl. I Nr. 2/2008, der Rückzahlungsverordnung, LGBl. Nr. 52/1985, oder diesem Gesetz gewährter Nachlaß ist bei der Gewährung einer Förderung nach diesem Gesetz zu berücksichtigen, wenn die Gewährung des Nachlasses im Zeitpunkt der Einbringung des Ansuchens um die Gewährung eines Förderungskredits nach diesem Gesetz nicht länger als zehn Jahre zurückliegt; dies gilt nicht für Gemeinden.

(11) Soweit in anderen Gesetzen auf die durch § 44 Abs. 2 aufgehobenen gesetzlichen Vorschriften verwiesen wird, treten an deren Stelle die entsprechenden Bestimmungen dieses Gesetzes.

34. Tiroler Wohnbauförderungsverordnung

Verordnung der Landesregierung vom 1. Oktober 1991, mit der nähere Bestimmungen zur Durchführung des Tiroler Wohnbauförderungsgesetzes 1991 erlassen werden (Tiroler Wohnbauförderungsverordnung)

StF: LGBl. Nr. 81/1991

Letzte Novellierung: LGBl. Nr. 39/2023

Präambel

Auf Grund der §§ 27 Abs. 1 lit. d, 32, 38 Abs. 5 und 41 Abs. 3 des Tiroler Wohnbauförderungsgesetzes 1991, LGBl. Nr. 55, wird nach Anhören des Wohnbauförderungsbeirates verordnet:

GLIEDERUNG

1. Abschnitt
Beträge zur ordnungsgemäßen Erhaltung geförderter Gebäude

§ 1. Geltungsbereich
§ 2. Höhe der Beiträge
§ 3. Rückstellung

3. Abschnitt
Geschäftsordnung des Wohnbauförderungsbeirates und des Kuratoriums

§ 9. Rechte der Mitglieder und der Ersatzmitglieder
§ 10. Einberufung zu den Sitzungen
§ 11. Durchführung der Sitzungen
§ 12. Aufnahme von Niederschriften
§ 13. Kanzleiarbeiten

4. Abschnitt
Schlußbestimmung

§ 14. Inkrafttreten

1. Abschnitt
Beträge zur ordnungsgemäßen Erhaltung geförderter Gebäude

§ 1
Geltungsbereich

Die Bestimmungen dieses Abschnittes gelten für die Mietzinsbildung bei Wohnungen und Geschäftsräumen in Gebäuden, die nach dem Wohnbauförderungsgesetz 1968, BGBl. Nr. 280/1967, zuletzt geändert durch das Gesetz BGBl. Nr. 692/1988, nach dem Wohnbauförderungsgesetz 1984, BGBl. Nr. 482, zuletzt geändert durch das Gesetz BGBl. I Nr. 131/2001, oder nach dem Tiroler Wohnbauförderungsgesetz 1991 gefördert werden. Hievon ausgenommen sind Wohnungen und Geschäftsräume, die von einer gemeinnützigen Bau- oder Verwaltungsvereinigung vermietet werden und für die die Bestimmungen des Wohnungsgemeinnützigkeitsgesetzes, BGBl. Nr. 139/1979, zuletzt geändert durch das Gesetz BGBl. I Nr. 88/2022, gelten, sowie Wohnungen und Geschäftsräume, an denen Wohnungseigentum gemäß dem Wohnungseigentumsgesetz 2002, BGBl. I Nr. 70/2002, zuletzt geändert durch das Gesetz BGBl. I Nr. 222/2021, begründet wurde.

§ 2
Höhe der Beiträge

(1) Zur ordungsgemäßen Erhaltung eines Gebäudes dürfen

a) bei Gebäuden mit einem Alter von weniger als zehn Jahren höchstens 7,20 Euro,
b) bei Gebäuden mit einem Alter von zehn bis weniger als 20 Jahren höchstens 12,00 Euro und
c) bei Gebäuden mit einem Alter von 20 oder mehr Jahren höchstens 18,00 Euro

je Quadratmeter Nutzfläche und Jahr eingehoben werden.

(2) Bei der Ermittlung des Alters eines Gebäudes ist vom Zeitpunkt der Erteilung der Baubewilligung auszugehen.

§ 3
Rückstellung

Die Beträge nach § 2 Abs. 1 und die Mietzinse für geförderte Stellplätze und Garagen sind mindestens vierteljährlich der Rückstellung zuzuführen. Die Rückstellung ist ertragsbringend anzulegen, wobei die Erträgnisse ebenfalls der Rückstellung zuzuführen sind.

TWFG+V

3. Abschnitt
Geschäftsordnung des Wohnbauförderungsbeirates und des Kuratoriums

§ 9
Rechte der Mitglieder und der Ersatzmitglieder

(1) Die Mitglieder des Wohnbauförderungsbeirates und des Kuratoriums sind berechtigt, an den Sitzungen des Wohnbauförderungsbeirates bzw. des Kuratoriums teilzunehmen und zu allen in

der Tagesordnung vorgesehenen Angelegenheiten Anträge und Anfragen zu stellen. Die Ersatzmitglieder haben diese Rechte nur, wenn sie ein Mitglied im Falle seiner Verhinderung vertreten.

(2) Auf die Mitglieder und die Ersatzmitglieder des Wohnbauförderungsbeirates und des Kuratoriums findet § 7 Abs. 1 Z 1 bis 4 des Allgemeinen Verwaltungsverfahrensgesetzes 1991, BGBl. Nr. 51, sinngemäß Anwendung.

§ 10

Einberufung zu den Sitzungen

(1) Die Mitglieder des Wohnbauförderungsbeirates und des Kuratoriums sind zu den Sitzungen unter Bekanntgabe der vom Vorsitzenden festzulegenden Tagesordnung mindestens zehn Tage vor der Sitzung schriftlich einzuladen. Ist ein Mitglied verhindert, so hat es unverzüglich den Vorsitzenden davon zu verständigen. Der Vorsitzende hat daraufhin das betreffende Ersatzmitglied unter Bekanntgabe der Tagesordnung zur Sitzung einzuladen.

(2) Der Vorsitzende hat weiters den Leiter der nach der Geschäftseinteilung des Amtes der Tiroler Landesregierung für die Angelegenheiten der Wohnbauförderung zuständigen Organisationseinheit und die vom Wohnbauförderungsbeirat oder vom Kuratorium allenfalls beigezogenen Sachverständigen unter Bekanntgabe der Tagesordnung von der Sitzung in Kenntnis zu setzen.

§ 11

Durchführung der Sitzungen

(1) Der Wohnbauförderungsbeirat und das Kuratorium fassen ihre Beschlüsse auf Grund eines Antrages eines anwesenden Mitgliedes. Über die Anträge ist in der vom Vorsitzenden zu bestimmenden Reihenfolge der Anträge abzustimmen.

(2) Die Abstimmung erfolgt durch Erheben der Hand. Auf Beschluß des Wohnbauförderungsbeirates bzw. des Kuratoriums ist die Abstimmung geheim mittels Stimmzetteln durchzuführen.

(3) Der Vorsitzende hat darauf zu achten, daß die Sitzungen in Ruhe und Ordnung abgewickelt und die Bestimmungen der Geschäftsordnung eingehalten werden.

§ 12

Aufnahme von Niederschriften

(1) Über die Sitzungen des Wohnbauförderungsbeirates und des Kuratoriums sind Niederschriften aufzunehmen. Die Niederschrift hat jedenfalls zu enthalten:

a) die Namen des Vorsitzenden und der anwesenden weiteren Mitglieder,
b) Ort, Tag, Beginn und Ende der Sitzung,
c) die Tagesordnung,
d) alle in der Sitzung gestellten Antrage und das Ergebnis der Beratungen, insbesondere den genauen Wortlaut der gefaßten Beschlüsse unter Anführung des Abstimmungsergebnisses.

(2) Die Mitglieder, die einem Beschluß nicht zugestimmt haben, können verlangen, daß dies namentlich in der Niederschrift festgehalten wird.

(3) Die Niederschriften sind vom Vorsitzenden und vom Schriftführer zu unterfertigen und mit der Einladung zur nächstfolgenden Sitzung zu versenden.

§ 13

Kanzleiarbeiten

Die Kanzleiarbeiten des Wohnbauförderungsbeirates und des Kuratoriums sind vom Amt der Tiroler Landesregierung zu besorgen. Es hat auch einen Schriftführer und die notwendigen Sachbehelfe bereitzustellen.

4. Abschnitt

Schlußbestimmung

§ 14

Inkrafttreten

Diese Verordnung tritt mit dem Ablauf des Tages der Kundmachung in Kraft.

35. Tiroler Verkehrsaufschließungs- und Ausgleichsabgabengesetz

Tiroler Verkehrsaufschließungs- und Ausgleichsabgabengesetz – TVAG

StF: LGBl. Nr. 58/2011 (WV)

Letzte Novellierung: LGBl. Nr. 3/2024

GLIEDERUNG

1. Abschnitt
Allgemeine Bestimmungen

§ 1. Geltungsbereich
§ 2. Begriffsbestimmungen

2. Abschnitt
Ausgleichsabgabe für Abstellmöglichkeiten

§ 3. Abgabengegenstand
§ 4. Abgabenschuldner
§ 5. Bemessungsgrundlage und Höhe der Abgabe
§ 6. Entstehen des Abgabenanspruches, Vorschreibung
§ 7. 3. AbschnittErschließungsbeitrag§ 7Abgabengegenstand, Erschließungsbeitragssatz
§ 8. Abgabenschuldner
§ 9. Bemessungsgrundlage und Höhe der Abgabe
§ 10. Bemessungsgrundlage bei Grundstücksänderungen, Rückzahlung
§ 11. Bemessungsgrundlage bei Änderungen des Baubestandes
§ 12. Entstehen des Abgabenanspruches, Vorschreibung

4. Abschnitt
Vorgezogener Erschließungsbeitrag

§ 13. Abgabengegenstand
§ 14. Abgabenschuldner
§ 15. Bemessungsgrundlage, Höhe der Abgabe
§ 16. Entstehen und Erlöschen des Abgabenanspruches, Vorschreibung
§ 17. Rückzahlung, Wiederentstehen des Abgabenanspruches
§ 18. Übergangsbestimmung für bereits als Bauland gewidmete Grundstücke
§ 19. 5. AbschnittGehsteigbeitrag§ 19Abgabengegenstand, Gehsteigbeitragssatz
§ 20. Abgabenschuldner
§ 21. Bemessungsgrundlage und Höhe der Abgabe
§ 22. Entstehen des Abgabenanspruches, Vorschreibung

6. Abschnitt
Ausgleichsabgabe für Spielplätze

§ 23. Abgabengegenstand
§ 24. Abgabenschuldner
§ 25. Bemessungsgrundlage, Höhe und Zweckwidmung der Abgabe
§ 26. Entstehen des Abgabenanspruches, Vorschreibung

7. Abschnitt
Schluss- und Übergangsbestimmungen, Inkrafttreten

§ 27. Verarbeitung personenbezogener Daten
§ 28. Gesetzliches Pfandrecht
§ 29. Eigener Wirkungsbereich der Gemeinde
§ 30. Inkrafttreten

1. Abschnitt
Allgemeine Bestimmungen

§ 1
Geltungsbereich

(1) Dieses Gesetz regelt die Erhebung von:

a) Ausgleichsabgaben im Fall der Befreiung von der Verpflichtung zur Schaffung von Abstellmöglichkeiten nach § 8 Abs. 11 der Tiroler Bauordnung 2022, LGBl. Nr. 44/2022, in der jeweils geltenden Fassung (Ausgleichsabgabe für Abstellmöglichkeiten);
b) Beiträgen und Vorauszahlungen zu den Kosten der Verkehrserschließung (Erschließungsbeitrag und vorgezogener Erschließungsbeitrag);
c) Beiträgen zu den Kosten der Errichtung von Gehsteigen (Gehsteigbeitrag);
d) Ausgleichsabgaben im Fall der Befreiung von der Verpflichtung zur Schaffung eines Spielplatzes nach § 12 Abs. 2 der Tiroler Bauordnung 2022 (Ausgleichsabgabe für Spielplätze).

(2) Die Abgaben nach Abs. 1 sind ausschließliche Gemeindeabgaben.

§ 2
Begriffsbestimmungen

(1) Bauplatz ist ein Grundstück, auf dem ein Gebäude errichtet werden soll oder besteht. Grundstück ist eine Grundfläche, die im Grundsteuerkataster oder im Grenzkataster mit einer eigenen

TVAG

Nummer bezeichnet ist oder die in einem Zusammenlegungsverfahren als Grundabfindung gebildet wurde.

(2) Bauliche Anlagen sind mit dem Erdboden verbundene Anlagen, zu deren fachgerechten Herstellung bautechnische Kenntnisse erforderlich sind.

(3) Gebäude sind überdeckte, allseits oder überwiegend umschlossene bauliche Anlagen, die von Menschen betreten werden können und die dazu bestimmt sind, dem Schutz von Menschen, Tieren oder Sachen zu dienen, soweit sie

a) der Tiroler Bauordnung 2022 unterliegen,
b) nach § 1 Abs. 3 lit. a oder b der Tiroler Bauordnung 2022 von deren Geltungsbereich ausgenommen sind,
c) bewilligungspflichtige Stromerzeugungsanlagen im Sinn des § 6 des Tiroler Elektrizitätsgesetzes 2012, LGBl. Nr. 134/2011, in der jeweils geltenden Fassung oder Teile solcher Anlagen sind oder
d) Abfallbehandlungsanlagen im Sinn des § 1 Abs. 3 lit. g der Tiroler Bauordnung 2022 sind.

(4) Nicht als Gebäude gelten:

a) Gebäude im Sinn des § 41 Abs. 2 lit. a und c bis g des Tiroler Raumordnungsgesetzes 2022, LGBl. Nr. 43/2022, in der jeweils geltenden Fassung im Freiland,
b) Almgebäude, Kochhütten, Feldställe und Städel in Massivbauweise auf Sonderflächen nach § 47 des Tiroler Raumordnungsgesetzes 2022 oder im Freiland,
c) Kulturschutzanlagen im Sinn des § 2 Abs. 19 der Tiroler Bauordnung 2022,
d) Folientunnels im Sinn des § 2 Abs. 20 der Tiroler Bauordnung 2022,
e) bauliche Anlagen vorübergehenden Bestandes im Sinn der §§ 53, 54 und 55 der Tiroler Bauordnung 2022,
f) Gebäude und Gebäudeteile zur Lagerung von organischem Dünger, wie Jauche, Gülle oder Mist.

(5) Baumasse ist der durch ein Gebäude umbaute Raum. Die Baumasse ist geschoßweise zu ermitteln, wobei bei Räumen mit einer lichten Höhe von mehr als 3,50 m der diese Höhe übersteigende Teil außer Betracht bleibt. Der umbaute Raum ist jener Raum, der durch das Fußbodenniveau des untersten Geschoßes und durch die Außenhaut des Gebäudes oder, soweit eine Umschließung nicht besteht, durch die gedachte lotrechte Fläche in der Flucht der anschließenden Außenhaut begrenzt wird.

(6) Zeitgemäße Gehsteige sind Gehsteige, die mit einem staubfreien Belag auf frostsicherem Unterbau ausgestattet sind.

(7) Baubeginn ist der Tag, an dem mit den Erdoder Bauarbeiten, die der Herstellung der baulichen Anlage dienen, begonnen wird.

(8) Wohnanlagen sind Gebäude mit mehr als sechs Wohnungen. Mehrere in einem räumlichen Naheverhältnis stehende Gebäude, die zusammen mehr als sechs Wohnungen enthalten, gelten als eine Wohnanlage, wenn sie eine einheitliche Gesamtplanung aufweisen und für sie eine gemeinsame Verwaltung vorgesehen ist.

2. Abschnitt
Ausgleichsabgabe für Abstellmöglichkeiten

§ 3
Abgabengegenstand

(1) Die Gemeinden werden ermächtigt, für jede Abstellmöglichkeit, für die eine Befreiung nach § 8 Abs. 11 der Tiroler Bauordnung 2022 erteilt wird, eine Ausgleichsabgabe zu erheben.

(2) Die Erhebung der Ausgleichsabgabe ist durch Verordnung der Gemeinde anzuordnen.

§ 4
Abgabenschuldner

(1) Abgabenschuldner ist der Eigentümer des Bauplatzes, auf dem die bauliche Anlage, hinsichtlich der die Befreiung erteilt wurde, errichtet wird bzw. besteht.

(2) Bei baulichen Anlagen auf fremdem Grund ist der Eigentümer der baulichen Anlage, im Fall eines Baurechtes der Bauberechtigte Abgabenschuldner.

§ 5
Bemessungsgrundlage und Höhe der Abgabe

(1) Die Ausgleichsabgabe beträgt für jede Abstellmöglichkeit, für die eine Befreiung erteilt wird, das Zwanzigfache, wenn jedoch aufgrund des § 8 Abs. 2 der Tiroler Bauordnung 2022 oder einer Verordnung nach § 8 Abs. 10 der Tiroler Bauordnung 2022 Parkdecks oder unterirdische Garagen errichtet werden müssen, das Sechzigfache des Erschließungskostenfaktors.

(2) Die Landesregierung hat durch Verordnung für jede Gemeinde den Erschließungskostenfaktor festzulegen. Dieser setzt sich zusammen aus

a) den Kosten für die Herstellung von einem Quadratmeter staubfreier Fahrbahnfläche mittlerer Befestigung im ebenen Gelände mit Oberflächenentwässerung im landesweiten Durchschnitt und
b) 10 v. H. des ortsüblichen Durchschnittspreises für einen Quadratmeter bebaubaren Grundes in der jeweiligen Gemeinde.

§ 6
Entstehen des Abgabenanspruches, Vorschreibung

(1) Der Abgabenanspruch entsteht mit dem Eintritt der Rechtskraft der Entscheidung über die Befreiung. Dieser Zeitpunkt ist auch für die Bemessung der Ausgleichsabgabe maßgebend.

(2) Die Ausgleichsabgabe ist in den Fällen des § 8 Abs. 1 der Tiroler Bauordnung 2022 nach dem

Baubeginn vorzuschreiben. In diesen Fällen beginnt die Verjährungsfrist nach § 208 Abs. 1 lit. a der Bundesabgabenordnung mit dem Ablauf des Jahres, in dem der Bau begonnen wurde, und die Verjährungsfrist nach § 209 Abs. 3 der Bundesabgabenordnung mit dem Baubeginn.

3. Abschnitt
Erschließungsbeitrag

§ 7
Abgabengegenstand, Erschließungsbeitragssatz

(1) Die Gemeinden werden ermächtigt, im Fall des Neubaus eines Gebäudes oder der Änderung eines Gebäudes, durch die seine Baumasse vergrößert wird, einen Erschließungsbeitrag zu erheben. Verlieren Gebäude im Sinn des § 2 Abs. 4 oder Teile davon ihren Verwendungszweck durch bauliche Änderungen, so gilt dies als Neubau.

(2) Die Erhebung des Erschließungsbeitrages erfolgt durch Festlegung des Erschließungsbeitragssatzes (Abs. 3).

(3) Der Erschließungsbeitragssatz ist ein Prozentsatz des Erschließungskostenfaktors nach § 5 Abs. 2. Er ist von der Gemeinde durch Verordnung einheitlich für das gesamte Gemeindegebiet festzulegen. Die Höhe des Erschließungsbeitragssatzes hat sich nach der von der Gemeinde zu tragenden Straßenbaulast zu richten und darf 7 v. H. des Erschließungskostenfaktors nicht überschreiten.

§ 8
Abgabenschuldner

(1) Abgabenschuldner ist der Eigentümer des Bauplatzes, auf dem der Neubau errichtet wird oder das Gebäude, dessen Baumasse vergrößert wird, besteht.

(2) Abweichend von Abs. 1 ist bei Neubauten oder Gebäuden auf fremdem Grund der Eigentümer des Neubaus bzw. des Gebäudes, im Fall eines Baurechtes der Bauberechtigte, Abgabenschuldner.

§ 9
Bemessungsgrundlage und Höhe der Abgabe

(1) Der Erschließungsbeitrag ist die Summe aus dem Bauplatzanteil (Abs. 2) und dem Baumassenanteil (Abs. 4).

(2) Der Bauplatzanteil ist vorbehaltlich des Abs. 3 das Produkt aus der Fläche des Bauplatzes in Quadratmetern und 150 v. H. des Erschließungsbeitragssatzes. Bei Bauplätzen, die als Freiland oder als Sonderflächen nach § 44, § 45 oder § 46 des Tiroler Raumordnungsgesetzes 2022 gewidmet sind oder bei denen zumindest jener Teil, auf dem das Gebäude errichtet werden soll oder besteht, als Sonderfläche nach § 47, § 50 oder § 50a des Tiroler Raumordnungsgesetzes 2022 gewidmet ist, tritt die durch das Gebäude überbaute Fläche samt der Fläche eines daran anschließenden Randes, dessen Tiefe je nach der Widmung in sinngemäßer Anwendung des § 6 Abs. 1 lit. c oder d der Tiroler Bauordnung 2022 zu ermitteln ist, an die Stelle der Fläche des Bauplatzes. Bei Bauplätzen für Gebäude nach § 2 Abs. 3 lit. b, c und d tritt die durch das Gebäude überbaute Fläche samt der Fläche eines daran anschließenden Randes, dessen Tiefe in sinngemäßer Anwendung des § 6 Abs. 1 lit. b der Tiroler Bauordnung 2022 zu ermitteln ist, an die Stelle der Fläche des Bauplatzes. Die durch Gebäude oder Gebäudeteile für Laufställe überbaute Fläche ist in die Fläche des Bauplatzes nur zur Hälfte einzurechnen. Verlieren jedoch solche Gebäude oder Gebäudeteile diesen Verwendungszweck durch bauliche Änderungen, so gilt dies als Vergrößerung des Bauplatzes im Ausmaß der Hälfte der tatsächlich überbauten Fläche.

(3) Der Bauplatzanteil entfällt mit jedem nach § 16 Abs. 2 fällig gewordenen Teilbetrag des vorgezogenen Erschließungsbeitrages hinsichtlich einer Fläche, die 20 v. H. der Fläche des Bauplatzes bzw. jener Teilfläche des Bauplatzes, für die der Teilbetrag fällig geworden ist, entspricht.

(4) Der Baumassenanteil ist

a) im Fall des Neubaus eines Gebäudes das Produkt aus der Baumasse des Gebäudes,
b) im Fall der Änderung eines Gebäudes, durch die seine Baumasse vergrößert wird, das Produkt aus der zusätzlich geschaffenen Baumasse,

jeweils in Kubikmetern und 70 v. H. des Erschließungsbeitragssatzes. Die Baumasse landwirtschaftlicher Wirtschaftsgebäude und entsprechend genutzter Gebäudeteile ist nur zur Hälfte, im Fall von Gebäuden oder Gebäudeteilen für Laufställe nur zu einem Viertel, anzurechnen. Verlieren jedoch solche Gebäude oder Gebäudeteile diesen Verwendungszweck durch bauliche Änderungen, so gilt dies als Vergrößerung der Baumasse im Ausmaß der Hälfte, im Fall von Gebäuden oder Gebäudeteilen für Laufställe im Ausmaß von drei Vierteln, der tatsächlichen Baumasse. Als Vergrößerung der Baumasse gilt weiters der Ausbau des Dachgeschoßes von Gebäuden, für die ein Erschließungsbeitrag unter Zugrundelegung der betreffenden Teile des Dachgeschoßes noch nicht entrichtet wurde.

(5) Soweit der Abgabenschuldner oder einer seiner Rechtsvorgänger aufgrund privatrechtlicher Vereinbarungen mit der Gemeinde Aufwendungen für die Verkehrserschließung des betreffenden Bauplatzes erbracht hat, sind diese bei der Vorschreibung des Erschließungsbeitrages entspre-

chend zu berücksichtigen. Dies gilt sinngemäß auch in den Fällen der §§ 10 und 11.

§ 10
Bemessungsgrundlage bei Grundstücksänderungen, Rückzahlung

(1) Wird der Bauplatz vor der Vorschreibung des Erschließungsbeitrages vergrößert oder verkleinert, so ist der Bauplatzanteil außer bei Bauplätzen im Sinn des § 9 Abs. 2 zweiter und dritter Satz von der gegenüber dem Zeitpunkt der Entstehung des Abgabenanspruches geänderten Fläche des Bauplatzes zu ermitteln.

(2) Wird der Bauplatz nach der Vorschreibung des Erschließungsbeitrages vergrößert, so ist außer bei Bauplätzen im Sinn des § 9 Abs. 2 zweiter und dritter Satz ein Erschließungsbeitrag zu entrichten, der dem Bauplatzanteil für jene Fläche entspricht, um die der Bauplatz vergrößert wurde.

(3) Wird der Bauplatz nach der Vorschreibung des Erschließungsbeitrages verkleinert, so ist, sofern der abgetrennte Grundstücksteil dauerhaft einer Verwendung zugeführt wird, die dem neuerlichen Entstehen eines Abgabenanspruches entgegensteht, auf Antrag des Abgabenschuldners oder seines Rechtsnachfolgers der Betrag, der dem Bauplatzanteil für die Fläche des Trennstückes entspricht, zurückzuzahlen. Anderenfalls ist die Fläche des Trennstückes bei einem neuerlich entstehenden Abgabenanspruch nicht zu berücksichtigen.

(4) Der Rückzahlungsanspruch nach Abs. 3 entsteht mit der grundbücherlichen Durchführung der betreffenden Grundstücksänderung. Die Höhe des Rückzahlungsanspruches vermindert sich mit jedem vollen Jahr nach der Vorschreibung des Erschließungsbeitrages um 20 v. H. des ursprünglichen Betrages. Hat sich zwischen der Vorschreibung des Erschließungsbeitrages und dem Entstehen des Rückzahlungsanspruches der von der Bundesanstalt Statistik Österreich verlautbarte Verbraucherpreisindex oder ein jeweils an seine Stelle tretender Index um mehr als 5 v. H. geändert, so ist diese Änderung zu berücksichtigen. Anträge auf Rückzahlung können bis zum Ablauf des dem Entstehen des Rückzahlungsanspruches fünftfolgenden Kalenderjahres gestellt werden.

§ 11
Bemessungsgrundlage bei Änderungen des Baubestandes

(1) Wird auf einem Bauplatz, für den bereits ein Erschließungsbeitrag nach diesem Gesetz oder nach früheren Rechtsvorschriften unter Zugrundelegung der Gesamtfläche des Bauplatzes entrichtet wurde, ein Neubau errichtet oder ein Gebäude so geändert, dass seine Baumasse vergrößert wird, so ist nur ein dem Baumassenanteil entsprechender Erschließungsbeitrag zu entrichten.

(2) Wird auf einem Bauplatz, für den noch kein Erschließungsbeitrag oder ein Erschließungsbeitrag nach diesem Gesetz oder nach früheren Rechtsvorschriften unter Zugrundelegung nur einer Teilfläche des Bauplatzes entrichtet wurde, auf dem aber bereits ein oder mehrere Gebäude bestehen oder im Fall eines Abbruchs zumindest teilweise bestehen bleiben, ein Neubau errichtet oder ein Gebäude so geändert, dass seine Baumasse vergrößert wird, so ist ein Erschließungsbeitrag zu entrichten, der dem Baumassenanteil sowie einem Bauplatzanteil entspricht, der sich unter Zugrundelegung jener Teilfläche des Bauplatzes ergibt, die sich zur Gesamtfläche des Bauplatzes verhält wie die dem Baumassenanteil zugrunde liegende Baumasse zur Summe aus dieser Baumasse und der Baumasse des bestehenden Gebäudes oder der bestehenden Gebäude. § 9 Abs. 4 zweiter Satz gilt sinngemäß. Insgesamt darf dem Bauplatzanteil jedoch höchstens die Gesamtfläche des Bauplatzes zugrunde gelegt werden.

(3) Wird im Fall des Abbruchs oder der sonstigen Zerstörung eines Gebäudes oder Gebäudeteiles, dessen Baumasse bereits Grundlage für die Vorschreibung eines Erschließungsbeitrages nach diesem Gesetz oder nach früheren Rechtsvorschriften war, dieses (dieser) wieder aufgebaut oder auf demselben Bauplatz sonst ein Neubau errichtet oder ein Gebäude so geändert, dass seine Baumasse vergrößert wird, so ist der Baumassenanteil von der um die Baumasse des zerstörten Gebäudes oder Gebäudeteiles verminderten Baumasse zu ermitteln.

§ 12
Entstehen des Abgabenanspruches, Vorschreibung

(1) Der Abgabenanspruch entsteht

a) bei bewilligungspflichtigen Bauvorhaben mit dem Eintritt der Rechtskraft der Baubewilligung, wenn jedoch aufgrund des § 65 Abs. 1 der Tiroler Bauordnung 2022 bereits vor diesem Zeitpunkt mit dem Bau begonnen wird, mit dem Baubeginn,
b) bei anzeigepflichtigen Bauvorhaben mit dem Zeitpunkt, in dem aufgrund des § 37 Abs. 2 der Tiroler Bauordnung 2022 mit der Ausführung des angezeigten Bauvorhabens begonnen werden darf, und
c) bei allen anderen Bauvorhaben mit dem Baubeginn.

(2) Bei Grundstücksänderungen nach § 10 Abs. 2 entsteht der Abgabenanspruch mit der grundbücherlichen Durchführung der Grundstücksänderung.

(3) Bei bewilligungspflichtigen und anzeigepflichtigen Bauvorhaben ist der Erschließungsbeitrag nach dem Baubeginn vorzuschreiben. Dabei gilt § 6 Abs. 2 zweiter Satz sinngemäß.

4. Abschnitt
Vorgezogener Erschließungsbeitrag

§ 13
Abgabengegenstand

(1) Die Gemeinden werden ermächtigt, durch Verordnung auf unbebaute Grundstücke, die als Bauland gewidmet sind, einen vorgezogenen Erschließungsbeitrag zu erheben. Bei Grundstücken, die nur teilweise als Bauland gewidmet sind, darf ein vorgezogener Erschließungsbeitrag nur hinsichtlich der als Bauland gewidmeten Teilflächen erhoben werden. In diesem Fall treten die betreffenden Teilflächen an die Stelle des Grundstückes.

(2) Kein vorgezogener Erschließungsbeitrag darf erhoben werden auf:

a) Grundstücke, für die im örtlichen Raumordnungskonzept nach § 31 Abs. 1 lit. k des Tiroler Raumordnungsgesetzes 2022 festgelegt ist, dass eine Baulandumlegung erforderlich ist,
b) Grundstücke nach § 54 Abs. 8 des Tiroler Raumordnungsgesetzes 2022,
c) Grundstücke, die unmittelbar an ein bebautes, als Bauland gewidmetes Grundstück desselben Eigentümers, das aufgrund der vermessungsrechtlichen Vorschriften vor dem Inkrafttreten des Vermessungsgesetzes, BGBl. Nr. 306/1968, zuletzt geändert durch das Gesetz BGBl. I Nr. 51/2016, gebildet worden ist, angrenzen, wenn auf sie die Mindestabstandsflächen nach § 6 Abs. 1 lit. a bis d der Tiroler Bauordnung 2022 fallen.

(3) Die Erhebung des vorgezogenen Erschließungsbeitrages erfolgt auf der Grundlage des nach § 7 Abs. 3 festgelegten Erschließungsbeitragssatzes.

§ 14
Abgabenschuldner

Abgabenschuldner ist der Eigentümer des Grundstückes, auf das der vorgezogene Erschließungsbeitrag erhoben wird.

§ 15
Bemessungsgrundlage, Höhe der Abgabe

(1) Der vorgezogene Erschließungsbeitrag ist das Produkt aus der Fläche des Grundstückes bzw. Grundstückteiles in Quadratmetern und 150 v. H. des Erschließungsbeitragssatzes.

(2) Soweit der Abgabenschuldner oder einer seiner Rechtsvorgänger aufgrund privatrechtlicher Vereinbarungen mit der Gemeinde Aufwendungen für die Verkehrserschließung des betreffenden Grundstückes erbracht hat, sind diese bei der Vorschreibung des vorgezogenen Erschließungsbeitrages entsprechend zu berücksichtigen.

§ 16
Entstehen und Erlöschen des Abgabenanspruches, Vorschreibung

(1) Der Abgabenanspruch entsteht mit dem Inkrafttreten der Widmung als Bauland, im Fall von Grundstücken im Sinn des § 13 Abs. 2 lit. a und b jedoch erst mit dem Abschluss des Umlegungsverfahrens bzw. mit dem Wegfall der Voraussetzungen nach § 54 Abs. 8 des Tiroler Raumordnungsgesetzes 2022, in jedem Fall aber frühestens mit dem Zeitpunkt, in dem eine dem vorgesehenen Verwendungszweck entsprechende Verbindung des Grundstückes mit einer bestehenden öffentlichen Verkehrsfläche tatsächlich vorhanden oder zumindest rechtlich sichergestellt ist. Eine solche rechtliche Sicherstellung erfordert nicht das Vorliegen einer Zustimmung oder Gestattung nach § 5 des Tiroler Straßengesetzes, LGBl. Nr. 13/1989, in der jeweils geltenden Fassung.

(2) Der vorgezogene Erschließungsbeitrag ist beginnend mit dem Entstehen des Abgabenanspruches in fünf jährlich gleichen Teilbeträgen vorzuschreiben. Der erste Teilbetrag wird mit dem Ablauf eines Monats nach der Vorschreibung fällig. Die weiteren Teilbeträge werden jeweils nach dem Ablauf eines Jahres fällig.

(3) Mit der Vorschreibung des Erschließungsbeitrages für den betreffenden Bauplatz oder für eine Teilfläche des betreffenden Bauplatzes (§ 12 Abs. 2 und 3) erlischt der Abgabenanspruch hinsichtlich allfälliger noch nicht fällig gewordener Teilbeträge nach Abs. 2.

§ 17
Rückzahlung, Wiederentstehen des Abgabenanspruches

(1) Der vorgezogene Erschließungsbeitrag ist zurückzuzahlen, wenn innerhalb von zehn Jahren nach dem Entstehen des Abgabenanspruches

a) die Widmung als Bauland aufgehoben oder
b) eine Kennzeichnung nach § 35 Abs. 2 des Tiroler Raumordnungsgesetzes 2022 festgelegt wird.

(2) Der vorgezogene Erschließungsbeitrag ist weiters hinsichtlich bereits entrichteter Abgabenbeträge, die auf die Fläche des Trennstückes entfallen, zurückzuzahlen, wenn das betreffende Grundstück innerhalb von zehn Jahren nach dem Entstehen des Abgabenanspruches verkleinert und der abgetrennte Grundstücksteil dauerhaft einer Verwendung zugeführt wird, die dem neuerlichen Entstehen eines Abgabenanspruches entgegensteht.

(3) Der Rückzahlungsanspruch entsteht im Fall

a) des Abs. 1 lit. a mit dem Außerkrafttreten der Widmung als Bauland,
b) des Abs. 1 lit. b mit dem Inkrafttreten der Kennzeichnung nach § 35 Abs. 2 des Tiroler Raumordnungsgesetzes 2022,
c) des Abs. 2 mit der grundbücherlichen Durchführung der betreffenden Grundstücksänderung.

(4) Die Rückzahlung nach den Abs. 1 und 2 hat auf Antrag des Abgabenschuldners oder seines Rechtsnachfolgers zu erfolgen. Anträge auf Rückzahlung können bis zum Ablauf des dem Entstehen des Rückzahlungsanspruches fünftfolgenden Kalenderjahres gestellt werden.

(5) Hat sich zwischen der Vorschreibung des vorgezogenen Erschließungsbeitrages und dem Entstehen des Rückzahlungsanspruches nach Abs. 3 der von der Bundesanstalt Statistik Österreich verlautbarte Verbraucherpreisindex oder ein jeweils an seine Stelle tretender Index um mehr als 5 v. H. geändert, so ist diese Änderung entsprechend zu berücksichtigen.

(6) Der Abgabenanspruch entsteht im Umfang bereits erfolgter Rückzahlungen neu, wenn im Fall des Abs. 1 lit. b die Kennzeichnung nach § 35 Abs. 2 des Tiroler Raumordnungsgesetzes 2022 wieder aufgehoben wird.

§ 18

Übergangsbestimmung für bereits als Bauland gewidmete Grundstücke

(1) Bei unbebauten Grundstücken, die im Zeitpunkt der erstmaligen Erhebung des vorgezogenen Erschließungsbeitrages bereits als Bauland gewidmet sind, entsteht der Abgabenanspruch vorbehaltlich des Abs. 3

a) mit 1. Juli 2014, wenn der Zeitpunkt, ab dem die Gemeinde den vorgezogenen Erschließungsbeitrag erstmalig erhebt, vor diesem Termin liegt,
b) mit dem Zeitpunkt, ab dem die Gemeinde den vorgezogenen Erschließungsbeitrag erstmalig erhebt, wenn dieser nach dem 30. Juni 2014 liegt.

(2) Bei Grundstücken, für die im Zeitpunkt der erstmaligen Erhebung des vorgezogenen Erschließungsbeitrages eine Kennzeichnung nach § 35 Abs. 2 des Tiroler Raumordnungsgesetzes 2022 besteht, entsteht der Abgabenanspruch vorbehaltlich des Abs. 3 mit der Aufhebung der Kennzeichnung, im Fall des Abs. 1 lit. a frühestens aber mit 1. Juli 2014.

(3) Ein Abgabenanspruch nach Abs. 1 oder 2 entsteht frühestens mit dem Zeitpunkt, in dem eine dem vorgesehenen Verwendungszweck entsprechende Verbindung des Grundstückes mit einer bestehenden öffentlichen Verkehrsfläche tatsächlich vorhanden oder zumindest rechtlich sichergestellt ist. Eine solche rechtliche Sicherstellung erfordert nicht das Vorliegen einer Zustimmung oder Gestattung nach § 5 des Tiroler Straßengesetzes.

5. Abschnitt
Gehsteigbeitrag

§ 19

Abgabengegenstand, Gehsteigbeitragssatz

(1) Die Gemeinden werden ermächtigt,

a) im Fall des Neubaus eines Gebäudes oder der Änderung eines Gebäudes, durch die seine Baumasse vergrößert wird,
b) im Fall, dass ein Bauplatz, auf dem ein Gebäude bereits besteht und für den nicht bereits ein Gehsteigbeitrag nach diesem Gesetz oder nach früheren Rechtsvorschriften unter Zugrundelegung der Gesamtfläche des Bauplatzes und der gesamten Baumasse oder ein Kostenersatz nach § 68 der Bauordnung der Landeshauptstadt Innsbruck, LGBl. Nr. 31/1896, in der Fassung vor der Novelle LGBl. Nr. 22/1969 entrichtet wurde, unmittelbar oder über eine rechtlich gesicherte Verbindung durch eine Verkehrsfläche, auf der ein zeitgemäßer Gehsteig noch nicht errichtet wurde, erschlossen ist,

einen Gehsteigbeitrag zu erheben.

(2) Abs. 1 gilt nicht für landwirtschaftliche Wirtschaftsgebäude oder entsprechend genutzte Gebäudeteile. Verlieren jedoch solche Gebäude oder Gebäude im Sinn des § 2 Abs. 4 oder Teile davon ihren Verwendungszweck durch bauliche Änderungen, so gilt dies als Neubau.

(3) Die Erhebung des Gehsteigbeitrages erfolgt durch Festlegung des Gehsteigbeitragssatzes (Abs. 4).

(4) Der Gehsteigbeitragssatz ist von der Gemeinde durch Verordnung einheitlich für das gesamte Gemeindegebiet festzulegen. Die Höhe des Gehsteigbeitragssatzes hat sich nach der von der Gemeinde für die Errichtung von Gehsteigen zu tragenden Straßenbaulast zu richten und darf 1 v. H. der durchschnittlichen Kosten für die Herstellung von einem Quadratmeter zeitgemäßer Gehsteigfläche in der Gemeinde nicht übersteigen.

§ 20

Abgabenschuldner

(1) Abgabenschuldner ist

a) im Fall des § 19 Abs. 1 lit. a der Eigentümer des Bauplatzes, auf dem der Neubau errichtet wird oder das Gebäude, dessen Baumasse vergrößert wird, besteht,
b) im Fall des § 19 Abs. 1 lit. b der Eigentümer des Bauplatzes, auf dem das Gebäude besteht.

(2) Abweichend von Abs. 1 ist bei Neubauten oder Gebäuden auf fremdem Grund der Eigentümer des Neubaus bzw. des Gebäudes, im Fall eines Baurechtes der Bauberechtigte Abgabenschuldner.

§ 21

Bemessungsgrundlage und Höhe der Abgabe

(1) Der Gehsteigbeitrag ist die Summe aus dem Bauplatzanteil (Abs. 2) und dem Baumassenanteil (Abs. 3).

(2) Der Bauplatzanteil ist das Produkt aus der Fläche des Bauplatzes in Quadratmetern und 150 v. H. des Gehsteigbeitragssatzes. Im Fall des

§ 19 Abs. 1 lit. b ist bei Baugrundstücken, die aufgrund der vermessungsrechtlichen Vorschriften vor dem Inkrafttreten des Vermessungsgesetzes, BGBl. Nr. 306/1968, gebildet worden sind, der Ermittlung des Bauplatzanteiles auch die Fläche der demselben Eigentümer gehörenden unmittelbar angrenzenden Grundstücke, auf die die Mindestabstandsflächen nach § 6 Abs. 1 lit. a bis d der Tiroler Bauordnung 2022 fallen, zugrunde zu legen. Im Übrigen gilt § 9 Abs. 2 zweiter und dritter Satz sinngemäß.

(3) Der Baumassenanteil ist

a) im Fall des Neubaus eines Gebäudes oder im Fall des § 19 Abs. 1 lit. b das Produkt aus der Baumasse des Gebäudes,
b) im Fall der Änderung eines Gebäudes, durch die seine Baumasse vergrößert wird, das Produkt aus der zusätzlich geschaffenen Baumasse,

jeweils in Kubikmetern und 70 v. H. des Gehsteigbeitragssatzes. Die Baumasse von Fabriks- und Werkstättengebäuden, von Lagerhallen und dergleichen oder entsprechend genutzten Gebäudeteilen ist nur zu einem Drittel anzurechnen. Verlieren solche Gebäude oder Gebäudeteile jedoch diesen Verwendungszweck durch bauliche Änderungen, so gilt dies als Vergrößerung der Baumasse im Ausmaß von zwei Dritteln der tatsächlichen Baumasse.

(4) Wurde im Fall des § 19 Abs. 1 lit. b ein Gehsteigbeitrag nach diesem Gesetz oder nach früheren Rechtsvorschriften unter Zugrundelegung einer Teilfläche des Bauplatzes oder eines Teiles der Baumasse bereits entrichtet, so ist der Ermittlung des Gehsteigbeitrages jene Teilfläche des Bauplatzes bzw. jener Teil der Baumasse zugrunde zu legen, für die (den) ein Gehsteigbeitrag noch nicht entrichtet wurde.

(5) § 9 Abs. 4 vierter Satz und 5, § 10 und § 11 gelten sinngemäß.

§ 22
Entstehen des Abgabenanspruches, Vorschreibung

(1) Der Abgabenanspruch entsteht

a) im Fall des § 19 Abs. 1 lit. a
1. bei bewilligungspflichtigen Bauvorhaben mit dem Eintritt der Rechtskraft der Baubewilligung, wenn jedoch aufgrund des § 65 Abs. 1 der Tiroler Bauordnung 2022 bereits vor diesem Zeitpunkt mit dem Bau begonnen wird, mit dem Baubeginn,
2. bei anzeigepflichtigen Bauvorhaben mit dem Zeitpunkt, in dem aufgrund des § 37 Abs. 2 der Tiroler Bauordnung 2022 mit der Ausführung des angezeigten Bauvorhabens begonnen werden darf, und
3. bei allen anderen Bauvorhaben mit dem Baubeginn;

b) im Fall des § 19 Abs. 1 lit. b mit der Fertigstellung eines zeitgemäßen Gehsteiges auf zumindest einer Seite der betreffenden Verkehrsfläche.

(2) Bei Grundstücksänderungen nach § 10 Abs. 2 entsteht der Abgabenanspruch mit der grundbücherlichen Durchführung der Grundstücksänderung.

(3) Bei bewilligungspflichtigen und anzeigepflichtigen Bauvorhaben ist der Gehsteigbeitrag nach dem Baubeginn vorzuschreiben. Dabei gilt § 6 Abs. 2 zweiter Satz sinngemäß.

(4) Im Fall des § 19 Abs. 1 lit. b ist der Gehsteigbeitrag beginnend mit dem dem Entstehen des Abgabenanspruches folgenden Kalenderjahr jährlich in fünf gleichen Teilbeträgen vorzuschreiben. In diesem Fall beginnt die Verjährungsfrist nach § 208 Abs. 1 lit. a der Bundesabgabenordnung mit dem Ablauf des Jahres, in dem der betreffende Teilbetrag vorzuschreiben war, und die Verjährungsfrist nach § 209 Abs. 3 der Bundesabgabenordnung mit dem Beginn dieses Jahres.

6. Abschnitt
Ausgleichsabgabe für Spielplätze

§ 23
Abgabengegenstand

(1) Die Gemeinden werden ermächtigt, für jeden Kinderspielplatz, für den eine Befreiung nach § 12 Abs. 2 lit. a oder c der Tiroler Bauordnung 2022 erteilt wird, eine Ausgleichsabgabe zu erheben.

(2) Die Erhebung der Ausgleichsabgabe ist durch Verordnung der Gemeinde anzuordnen.

§ 24
Abgabenschuldner

(1) Abgabenschuldner ist der Eigentümer des Bauplatzes, auf dem die Wohnanlage, hinsichtlich der die Befreiung erteilt wurde, errichtet wird bzw. besteht.

(2) Bei Wohnanlagen auf fremden Grund ist der Eigentümer der Wohnanlage, im Fall eines Baurechts der Bauberechtigte Abgabenschuldner.

§ 25
Bemessungsgrundlage, Höhe und Zweckwidmung der Abgabe

(1) Die Ausgleichsabgabe beträgt bei Wohnanlagen mit

a) sieben bis zwölf Wohnungen 5.000,- Euro,
b) 13 bis 24 Wohnungen 10.000,- Euro,
c) 25 bis 50 Wohnungen 15.000,- Euro und
d) mehr als 50 Wohnungen 25.000,- Euro.

(2) Die Landesregierung hat die Beträge nach Abs. 1 durch Verordnung entsprechend anzupassen, sobald sich der von der Bundesanstalt Statistik Austria verlautbarte Verbraucherpreisindex oder ein jeweils an seine Stelle tretender Index um mehr als 5 v. H. geändert hat. Als Bezugsgröße für die Anpassung ist erstmalig der Monat des Inkrafttretens dieses Gesetzes und in weiterer Folge der Monat des Inkrafttretens der jeweiligen Verordnung heranzuziehen. Die Beträge sind nötigenfalls auf ganze Euro kaufmännisch zu runden.

(3) Der Ertrag der Ausgleichsabgabe ist für die Errichtung, Erhaltung oder Erweiterung von allgemein zugänglichen Kinderspielplätzen in der Gemeinde zu verwenden.

§ 26
Entstehen des Abgabenanspruches, Vorschreibung

(1) Der Abgabenanspruch entsteht mit dem Eintritt der Rechtskraft der Entscheidung über die Befreiung. Dieser Zeitpunkt ist auch für die Bemessung der Ausgleichsabgabe maßgebend.

(2) Die Ausgleichsabgabe ist in den Fällen des § 12 Abs. 1 der Tiroler Bauordnung 2022 nach dem Baubeginn vorzuschreiben. Dabei gilt § 6 Abs. 2 zweiter Satz sinngemäß.

7. Abschnitt
Schluss- und Übergangsbestimmungen, Inkrafttreten

§ 27
Verarbeitung personenbezogener Daten

(1) Die Gemeinden und der Stadtmagistrat Innsbruck sind Verantwortliche nach Art. 4 Z 7 der Verordnung (EU) 2016/679 des Europäischen Parlaments und des Rates zum Schutz natürlicher Personen bei der Verarbeitung personenbezogener Daten, zum freien Datenverkehr und zur Aufhebung der Richtlinie 95/46/EG (Datenschutz-Grundverordnung), ABl. 2016 Nr. L 119, S. 1.

(2) Die nach Abs. 1 Verantwortlichen dürfen, sofern dies zum Zweck der Erhebung der nach diesem Gesetz geregelten Abgaben und Beiträge erforderlich ist, vom jeweiligen Abgabenschuldner folgende Daten verarbeiten:

a) Identifikationsdaten, Erreichbarkeitsdaten,
b) Bankverbindungen,
c) Daten betreffend die Abstellmöglichkeiten, für die eine Befreiung nach § 8 Abs. 11 der Tiroler Bauordnung 2022 erteilt wird,
d) grundstücks- und gebäudebezogene Daten,
e) Daten über die in diesem Gesetz geregelten Abgaben und Beiträge.

(3) Die nach Abs. 1 Verantwortlichen haben personenbezogene Daten zu löschen, sobald diese für die Erfüllung der ihnen im Zusammenhang mit diesem Gesetz obliegenden Aufgaben nicht mehr benötigt werden.

(4) Als Identifikationsdaten gelten:

a) bei natürlichen Personen der Familien- und der Vorname, das Geschlecht, das Geburtsdatum, allfällige akademische Grade, Standesbezeichnungen und Titel,
b) bei juristischen Personen und Personengesellschaften die gesetzliche, satzungsmäßige oder firmenmäßige Bezeichnung und hinsichtlich der vertretungsbefugten Organe die Daten nach lit. a sowie die Firmenbuchnummer, die Vereinsregisterzahl, die Umsatzsteuer-Identifikationsnummer und die Ordnungsnummer im Ergänzungsregister.

(5) Als Erreichbarkeitsdaten gelten Wohnsitzdaten und sonstige Adressdaten, die Telefonnummer, elektronische Kontaktdaten, wie insbesondere die E-Mail-Adresse und Telefax-Nummer, oder Verfügbarkeitsdaten.

§ 28
Gesetzliches Pfandrecht

Für die in diesem Gesetz geregelten Abgaben samt Nebengebühren haftet auf dem jeweiligen Bauplatz oder Grundstück, der jeweiligen baulichen Anlage oder dem jeweiligen Baurecht ein gesetzliches Pfandrecht.

§ 29
Eigener Wirkungsbereich der Gemeinde

Die Angelegenheiten der Gemeinde nach diesem Gesetz sind solche des eigenen Wirkungsbereiches.

§ 30
Inkrafttreten

(1) Dieses Gesetz tritt mit 1. März 1998 in Kraft.

(2) Gleichzeitig tritt das Gesetz über die Erhebung einer Abgabe für die erstmalige Herstellung zeitgemäßer Gehsteige in der Landeshauptstadt Innsbruck, LGBl. Nr. 23/1969, außer Kraft.

36. Verordnung über die Festlegung der Erschließungskostenfaktoren

Verordnung der Landesregierung vom 11. April 2023 über die Festlegung der Erschließungskostenfaktoren

StF: LGBl. Nr. 35/2023

Letzte Novellierung: LGBl. Nr. 40/2023

Präambel

Aufgrund des § 5 Abs. 2 des Tiroler Verkehrsaufschließungs- und Ausgleichsabgabengesetzes, LGBl. Nr. 58/2011, zuletzt geändert durch das Gesetz LGBl. Nr. 173/2021, wird verordnet:

§ 1

Erschließungskostenfaktoren

Für die Gemeinden Tirols werden folgende Erschließungskostenfaktoren festgelegt:

Bezirk Imst:

Arzl im Pitztal	EUR	217,00
Haiming	EUR	223,00
Imst	EUR	228,00
Imsterberg	EUR	217,00
Jerzens	EUR	217,00
Karres	EUR	221,00
Karrösten	EUR	221,00
Längenfeld	EUR	218,00
Mieming	EUR	232,00
Mils bei Imst	EUR	217,00
Mötz	EUR	220,00
Nassereith	EUR	217,00
Obsteig	EUR	228,00
Oetz	EUR	215,00
Rietz	EUR	220,00
Roppen	EUR	226,00
St. Leonhard i. P.	EUR	218,00
Sautens	EUR	218,00
Silz	EUR	217,00
Sölden	EUR	232,00
Stams	EUR	217,00
Tarrenz	EUR	222,00
Umhausen	EUR	217,00
Wenns	EUR	217,00

Bezirk Innsbruck-Stadt:

Innsbruck	EUR	355,00

Bezirk Innsbruck-Land:

Absam	EUR	288,00
Aldrans	EUR	283,00
Ampass	EUR	251,00
Axams	EUR	261,00
Baumkirchen	EUR	255,00
Birgitz	EUR	277,00
Ellbögen	EUR	221,00
Flaurling	EUR	232,00
Fritzens	EUR	255,00
Fulpmes	EUR	251,00
Gnadenwald	EUR	255,00
Götzens	EUR	277,00
Gries am Brenner	EUR	213,00
Gries im Sellrain	EUR	223,00
Grinzens	EUR	241,00
Gschnitz	EUR	213,00
Hatting	EUR	252,00
Inzing	EUR	263,00
Kematen in Tirol	EUR	277,00
Kolsass	EUR	255,00
Kolsassberg	EUR	226,00
Lans	EUR	283,00
Leutasch	EUR	230,00
Matrei am Brenner	EUR	230,00
Mieders	EUR	251,00
Mils	EUR	273,00
Mutters	EUR	261,00
Natters	EUR	278,00
Navis	EUR	221,00
Neustift im St.	EUR	246,00
Oberhofen	EUR	232,00
Obernberg a. Br.	EUR	213,00
Oberperfuss	EUR	241,00
Patsch	EUR	283,00
Pettnau	EUR	222,00
Pfaffenhofen	EUR	232,00
Polling in Tirol	EUR	236,00
Ranggen	EUR	246,00
Reith bei Seefeld	EUR	231,00
Rinn	EUR	251,00
Rum	EUR	276,00
St. Sigmund i. S.	EUR	223,00
Scharnitz	EUR	225,00
Schmirn	EUR	213,00
Schönberg i. St.	EUR	237,00
Seefeld in Tirol	EUR	266,00
Sellrain	EUR	223,00
Sistrans	EUR	283,00
Hall in Tirol	EUR	276,00

Steinach a. B.	EUR	228,00
Telfes im Stubai	EUR	237,00
Telfs	EUR	248,00
Thaur	EUR	276,00
Trins	EUR	228,00
Tulfes	EUR	251,00
Unterperfuss	EUR	241,00
Vals	EUR	213,00
Völs	EUR	277,00
Volders	EUR	263,00
Wattenberg	EUR	226,00
Wattens	EUR	250,00
Wildermieming	EUR	230,00
Zirl	EUR	271,00

Bezirk Kitzbühel:

Aurach b. K.	EUR	350,00
Brixen im Thale	EUR	253,00
Fieberbrunn	EUR	240,00
Going	EUR	331,00
Hochfilzen	EUR	226,00
Hopfgarten i. B.	EUR	235,00
Itter	EUR	235,00
Jochberg	EUR	350,00
Kirchberg in Tirol	EUR	380,00
Kirchdorf in Tirol	EUR	235,00
Kitzbühel	EUR	375,00
Kössen	EUR	235,00
Oberndorf in Tirol	EUR	284,00
Reith bei Kitzbühel	EUR	341,00
St. Jakob in Haus	EUR	248,00
St. Johann in Tirol	EUR	284,00
St. Ulrich a. P.	EUR	248,00
Schwendt	EUR	235,00
Waidring	EUR	248,00
Westendorf	EUR	243,00

Bezirk Kufstein:

Alpbach	EUR	234,00
Angath	EUR	233,00
Bad Häring	EUR	231,00
Brandenberg	EUR	221,00
Breitenbach	EUR	232,00
Brixlegg	EUR	234,00
Ebbs	EUR	244,00
Ellmau	EUR	273,00
Erl	EUR	227,00
Kirchbichl	EUR	237,00

Kramsach	EUR	235,00
Kufstein	EUR	256,00
Kundl	EUR	242,00
Langkampfen	EUR	239,00
Mariastein	EUR	233,00
Münster	EUR	249,00
Niederndorf	EUR	227,00
Niederndorferberg	EUR	227,00
Radfeld	EUR	238,00
Rattenberg	EUR	235,00
Reith im Alp.	EUR	234,00
Rettenschöss	EUR	231,00
Scheffau am W.K.	EUR	233,00
Schwoich	EUR	234,00
Söll	EUR	252,00
Thiersee	EUR	221,00
Angerberg	EUR	233,00
Walchsee	EUR	231,00
Wildschönau	EUR	225,00
Wörgl	EUR	250,00

Bezirk Landeck:

Faggen	EUR	221,00
Fendels	EUR	216,00
Fiss	EUR	326,00
Fließ	EUR	213,00
Flirsch	EUR	221,00
Galtür	EUR	235,00
Grins	EUR	221,00
Ischgl	EUR	261,00
Kappl	EUR	219,00
Kaunerberg	EUR	216,00
Kaunertal	EUR	216,00
Kauns	EUR	216,00
Ladis	EUR	235,00
Landeck	EUR	231,00
Nauders	EUR	217,00
Pettneu am A.	EUR	234,00
Pfunds	EUR	217,00
Pians	EUR	221,00
Prutz	EUR	221,00
Ried im O.	EUR	221,00
St. Anton a. A.	EUR	288,00
Schönwies	EUR	222,00
See	EUR	219,00
Serfaus	EUR	326,00
Spiss	EUR	217,00
Stanz bei Landeck	EUR	231,00
Strengen	EUR	221,00

Tobadill	EUR	221,00
Tösens	EUR	212,00
Zams	EUR	247,00

Bezirk Lienz:

Abfaltersbach	EUR	213,00
Ainet	EUR	210,00
Amlach	EUR	219,00
Anras	EUR	209,00
Assling	EUR	209,00
Außervillgraten	EUR	212,00
Dölsach	EUR	217,00
Gaimberg	EUR	228,00
Hopfgarten i. D.	EUR	208,00
Innervillgraten	EUR	212,00
Iselsberg-Stronach	EUR	217,00
Kals a. G.	EUR	211,00
Kartitsch	EUR	212,00
Lavant	EUR	210,00
Leisach	EUR	210,00
Lienz	EUR	228,00
Matrei in Osttirol	EUR	211,00
Nikolsdorf	EUR	210,00
Nußdorf-Debant	EUR	219,00
Oberlienz	EUR	218,00
Obertilliach	EUR	214,00
Prägraten a. Gv.	EUR	211,00
St. Jakob in D.	EUR	212,00
St. Johann i. W.	EUR	208,00
St. Veit in D.	EUR	208,00
Schlaiten	EUR	208,00
Sillian	EUR	212,00
Strassen	EUR	213,00
Thurn	EUR	218,00
Tristach	EUR	219,00
Untertilliach	EUR	214,00
Virgen	EUR	212,00
Heinfels	EUR	213,00

Bezirk Reutte:

Bach	EUR	209,00
Berwang	EUR	216,00
Biberwier	EUR	216,00
Bichlbach	EUR	216,00
Breitenwang	EUR	220,00
Ehenbichl	EUR	217,00
Ehrwald	EUR	233,00
Elbigenalp	EUR	209,00

Elmen	EUR	210,00
Forchach	EUR	214,00
Grän	EUR	223,00
Gramais	EUR	209,00
Häselgehr	EUR	209,00
Heiterwang	EUR	216,00
Hinterhornbach	EUR	209,00
Höfen	EUR	221,00
Holzgau	EUR	209,00
Jungholz	EUR	213,00
Kaisers	EUR	209,00
Lechaschau	EUR	219,00
Lermoos	EUR	233,00
Musau	EUR	217,00
Namlos	EUR	210,00
Nesselwängle	EUR	214,00
Pfafflar	EUR	209,00
Pflach	EUR	219,00
Pinswang	EUR	217,00
Reutte	EUR	224,00
Schattwald	EUR	213,00
Stanzach	EUR	210,00
Steeg	EUR	209,00
Tannheim	EUR	223,00
Vils	EUR	217,00
Vorderhornbach	EUR	210,00
Wängle	EUR	221,00
Weißenbach	EUR	214,00
Zöblen	EUR	213,00

Bezirk Schwaz:

Achenkirch	EUR	223,00
Aschau i. Z.	EUR	249,00
Brandberg	EUR	218,00
Bruck am Ziller	EUR	233,00
Buch in Tirol	EUR	235,00
Eben a. A.	EUR	243,00
Finkenberg	EUR	225,00
Fügen	EUR	242,00
Fügenberg	EUR	243,00
Gallzein	EUR	229,00
Gerlos	EUR	218,00
Gerlosberg	EUR	218,00
Hainzenberg	EUR	218,00
Hart im Zillertal	EUR	242,00
Hippach	EUR	235,00
Jenbach	EUR	235,00
Kaltenbach	EUR	231,00
Mayrhofen	EUR	254,00

Pill	EUR	223,00
Ramsau i. Z.	EUR	248,00
Ried im Zillertal	EUR	247,00
Rohrberg	EUR	218,00
Schlitters	EUR	229,00
Schwaz	EUR	248,00
Schwendau	EUR	248,00
Stans	EUR	237,00
Steinberg a. R.	EUR	223,00
Strass im Zillertal	EUR	235,00
Stumm	EUR	231,00
Stummerberg	EUR	218,00
Terfens	EUR	231,00
Tux	EUR	225,00
Uderns	EUR	247,00
Vomp	EUR	243,00
Weer	EUR	244,00
Weerberg	EUR	231,00
Wiesing	EUR	235,00
Zell am Ziller	EUR	235,00
Zellberg	EUR	235,00

§ 2
Inkrafttreten

Diese Verordnung tritt mit 1. Jänner 2024 in Kraft. Gleichzeitig tritt die Verordnung vom 16. Dezember 2014 über die Festlegung der Erschließungskostenfaktoren, LGBl. Nr. 184/2014, zuletzt geändert durch LGBl. Nr. 162/2021, außer Kraft.

37. Verordnung, mit der die Höhe der Ausgleichsabgabe für Spielplätze angepasst wird

Verordnung der Landesregierung vom 14. Mai 2024, mit der die Höhe der Ausgleichsabgabe für Spielplätze angepasst wird

Aufgrund des § 25 Abs. 2 des Tiroler Verkehrsaufschließungs- und Ausgleichsabgabengesetzes – TVAG, LGBl. Nr. 58/2011, zuletzt geändert durch LGBl. Nr. 3/2024, wird verordnet:

§ 1

Die Beträge der Ausgleichsabgabe für Spielplätze nach § 25 Abs. 1 TVAG werden wie folgt angepasst:

a) sieben bis zwölf Wohnungen 6.125,- Euro,

b) 13 bis 24 Wohnungen 12.250,- Euro,

c) 25 bis 50 Wohnungen 18.376,- Euro,

d) mehr als 50 Wohnungen 30.626,- Euro

§ 2

Diese Verordnung tritt mit Ablauf des Tages der Kundmachung in Kraft. Gleichzeitig tritt die Verordnung der Landesregierung vom 8. März 2022, mit der die Höhe der Ausgleichsabgabe für Spielplätze angepasst wird, LGBl. Nr. 33/2022, außer Kraft.

38. Grundsteuerbefreiungsgesetz 1987

Grundsteuerbefreiungsgesetz 1987
StF: LGBl. Nr. 64/1987 (WV)
Letzte Novellierung: LGBl. Nr. 59/2024

Grundsteuerbefreiungsgesetz 1987

§ 1

(1) Für Neu-, Zu-, Auf-, Um- und Einbauten, die nicht nach dem Kriegsschäden-Steuerbefreiungsgesetz, LGBl. Nr. 30/1948, von der Grundsteuer befreit sind, sowie für Verbesserungsmaßnahmen in Bauten wird nach den Bestimmungen dieses Gesetzes Befreiung von der Grundsteuer gewährt.

(2) Die Befreiung wird auf die Dauer von zwanzig Jahren für Bauten gewährt, durch die Wohnungen mit höchstens 150 Quadratmeter Nutzfläche geschaffen werden, die zur Deckung eines ganzjährig gegebenen Wohnungsbedarfes bestimmt sind. Nicht zur Deckung eines ganzjährig gegebenen Wohnungsbedarfes bestimmt sind Wohnungen, die nur während des Wochenendes, des Urlaubes, der Ferien oder sonst nur zeitweilig benützt sind. Als Nutzfläche einer Wohnung gilt die Gesamtbodenfläche abzüglich der Wandstärken. Auf das Höchstausmaß sind auch Küchen, Garderoben, Bäder und sonstige Anlagen, Vorzimmer, Dielen und Nischen anzurechnen. Stiegenhäuser und Treppen, ferner offene Balkone und Terrassen sowie Keller und Dachbodenräume, die nicht Wohnzwecken dienen, sind bei der Berechnung der Nutzfläche nicht zu berücksichtigen.

(3) Die Befreiung wird auf die Dauer von zwanzig Jahren jedenfalls gewährt

a) für Bauten, deren Errichtung durch Maßnahmen nach dem Wohnbauförderungsgesetz 1954, BGBl. Nr. 153, zuletzt geändert durch das Gesetz BGBl. Nr. 4/1967, nach dem Wohnbauförderungsgesetz 1968, BGBl. Nr. 280/1967, zuletzt geändert durch das Gesetz BGBl. Nr. 320/1982, nach dem Wohnbauförderungsgesetz 1984, BGBl. Nr. 482, oder aus den Mitteln des Landeswohnbaufonds oder des Bundes-Wohn- und Siedlungsfonds gefördert wurde,

b) für Verbesserungsmaßnahmen, deren Ausführung durch Maßnahmen nach dem Wohnbauförderungsgesetz 1968 gefördert wurde.

(4) Die Befreiung wird auf die Dauer von zehn Jahren für Bauten gewährt, die ständig gewerblichen Zwecken dienen, sofern sie nicht unter die Bestimmung des Abs. 3 fallen.

§ 2

(1) Die Befreiung von der Grundsteuer wird mit Beginn des auf die Beendigung der Bauführung folgenden Kalenderjahres wirksam.

(2) Die Befreiung von der Grundsteuer endet ohne Rücksicht auf den Zeitpunkt, in dem sie wirksam geworden ist, mit Ablauf des auf die Beendigung der Bauführung folgenden zwanzigsten Kalenderjahres, bei Bauten nach § 1 Abs. 4 mit Ablauf des auf die Beendigung der Bauführung folgenden zehnten Kalenderjahres.

(3) Die Bauführung gilt mit der ersten tatsächlichen Benützung oder Vermietung des Baues, spätestens aber mit dem Tag, mit dem die Baubehörde die Benützung für zulässig erklärt hat, als beendet.

(4) Wenn bei Bauten die Voraussetzungen für die Gewährung der Befreiung von der Grundsteuer nach § 1 nachträglich ganz oder teilweise wegfallen, so endet im gleichen Ausmaß auch die Befreiung von der Grundsteuer mit Ablauf des Kalenderjahres, in dem diese Änderung eingetreten ist. Bei Wiederzutreffen der Voraussetzungen wird die Befreiung für den Rest des Befreiungszeitraumes entsprechend den Bestimmungen der Abs. 1 bis 3 wieder gewährt.

§ 3

Das Ausmaß der Befreiung von der Grundsteuer ist zu ermitteln, indem der aus dem Einheitswert des gesamten Steuergegenstandes abgeleitete Grundsteuermeßbetrag um das Ausmaß gekürzt wird, das dem auf die begünstigte Bauführung entfallenden Anteil des Einheitswertes entspricht. Der so verkürzte Grundsteuermeßbetrag ist der Vorschreibung der Grundsteuer zugrunde zu legen.

§ 4

Der Antrag auf Befreiung von der Grundsteuer ist vom Steuerpflichtigen schriftlich innerhalb von drei Monaten nach Zustellung der jeweils letzten Entscheidung über den Einheitswert und den Grundsteuermessbetrag bei dem nach der Lage des Baugrundstückes zuständigen Gemeindeamt einzubringen. Dem Antrag ist die Zweitschrift der Erklärung zur Feststellung dieses Einheitswertes, in den Fällen des § 1 Abs. 3 zudem der Nachweis über die Förderung und, sofern Befreiung für Verbesserungsmaßnahmen begehrt wird, die der begünstigten Bauführung vorangehende Entscheidung über den Einheitswert und den Grundsteuermessbetrag und die Zweitschrift der Erklärung zur Feststellung dieses Einheitswertes beizuschließen.

§ 5

(1) Ob und in welchem Ausmaß die Befreiung von der Grundsteuer gewährt wird, ist mit Bescheid auszusprechen.

(2) Bei Änderung der Berechnungsgrundlage nach § 3 während des Befreiungszeitraumes (§ 2 Abs. 2) ist das Ausmaß der Befreiung neu festzusetzen.

(3) Der Steuerpflichtige hat jede Änderung, die nach den Bestimmungen dieses Gesetzes den teilweisen oder gänzlichen Wegfall der Voraussetzungen für die Befreiung von der Grundsteuer herbeizuführen geeignet ist, binnen sechs Monaten dem zuständigen Gemeindeamt anzuzeigen. Bei Nichtbeachtung dieser Vorschrift erlischt die Befreiung von der Grundsteuer oder der Anspruch darauf mit Beginn des Kalenderjahres, das auf den Eintritt der Änderung folgt.

§ 6

Die Gemeinden haben ihre in diesem Gesetz geregelten Aufgaben im eigenen Wirkungsbereich zu besorgen.

§ 7

(1) Dieses Gesetz tritt mit 1. Jänner 1969 in Kraft.

(2) Das Gesetz vom 14. November 1951, LGBl. Nr. 13/1952, über die zeitliche Befreiung von der Grundsteuer für Neu-, Zu-, Auf-, Um- und Einbauten in der Fassung der Gesetze LGBl. Nr. 5/1955 und 19/1955 ist auf Bauten, die zwischen dem 1. Jänner 1968 und dem 31. Dezember 1968 nach den Bestimmungen des Wohnbauförderungsgesetzes 1968 gefördert wurden, in gleicher Weise anzuwenden wie auf Bauten, die nach den Bestimmungen des Wohnbauförderungsgesetzes 1954 gefördert wurden.

(3) Das Gesetz vom 14. November 1951, LGBl. Nr. 13/1952, in der Fassung der Gesetze LGBl. Nr. 5/1955 und 19/1955 tritt mit Ablauf des 31. Dezember 1968 außer Kraft; die Bestimmungen des angeführten Gesetzes sind jedoch noch auf alle Bauten anzuwenden, bei denen die Bauführung vor dem 1. Jänner 1969 beendet wurde.

(4) Befreiungen von der Grundsteuer, die nach den bisher geltenden Bestimmungen gewährt wurden, gelten als auf Grund dieses Gesetzes gewährt. Bei der Neufestsetzung des Ausmaßes dieser Befreiung im Sinne des § 5 Abs. 2 sind die Bestimmungen des Grundsteuerbefreiungsgesetzes 1968 anzuwenden, soweit sie für den Steuerpflichtigen gegenüber der bisherigen Rechtslage günstigere Regelungen enthalten.

(5) Zum Zeitpunkt des Inkrafttretens des Gesetzes LGBl. Nr. 59/2024 bereits gewährte Befreiungen für Bauten, die ständig gewerblichen Zwecken dienen, bleiben weiterhin aufrecht. Anhängige Verfahren sind nach den bisherigen Vorschriften zu Ende zu führen.

(6) Die Befreiung von der Grundsteuer für Bauausführungen nach Abs. 5 endet ohne Rücksicht auf den Zeitpunkt, in dem sie wirksam geworden ist, mit Ablauf des auf die Beendigung der Bauführung folgenden fünfzehnten Kalenderjahres.

39. Tiroler Freizeitwohnsitz- und Leerstandsabgabegesetz

Gesetz vom 6. Juli 2022 über die Erhebung einer Freizeitwohnsitzabgabe und einer Leerstandsabgabe (Tiroler Freizeitwohnsitz- und Leerstandsabgabegesetz – TFLAG)

StF: LGBl. Nr. 86/2022

Letzte Novellierung: LGBl. Nr. 59/2024

GLIEDERUNG

1. Abschnitt
Freizeitwohnsitzabgabe

§ 1. Abgabengegenstand
§ 2. Ausnahmen
§ 3. Abgabenschuldner
§ 4. Bemessungsgrundlage und Höhe der Abgabe
§ 5. Entstehung des Abgabenanspruchs, Fälligkeit und Entrichtung der Abgabe

2. Abschnitt
Leerstandsabgabe

§ 6. Abgabengegenstand
§ 7. Ausnahmen
§ 8. Abgabenschuldner
§ 9. Bemessungsgrundlage und Höhe der Abgabe
§ 10. Entstehung des Abgabenanspruchs, Fälligkeit und Entrichtung der Abgabe

3. Abschnitt
Gemeinsame Bestimmungen

§ 11. Abgabenerklärung und Auskunftspflicht
§ 12. Eigener Wirkungsbereich
§ 13. Verarbeitung personenbezogener Daten
§ 14. Inkrafttreten, Übergangsbestimmungen

1. Abschnitt
Freizeitwohnsitzabgabe

§ 1
Abgabengegenstand

(1) Für die Verwendung eines Wohnsitzes als Freizeitwohnsitz ist eine Freizeitwohnsitzabgabe zu erheben.

(2) Freizeitwohnsitze im Sinn dieses Gesetzes sind Gebäude, Wohnungen oder sonstige Teile von Gebäuden, die nicht der Befriedigung eines ganzjährigen, mit dem Mittelpunkt der Lebensbeziehungen verbundenen Wohnbedürfnisses dienen, sondern zum Aufenthalt während des Urlaubs, der Ferien, des Wochenendes oder sonst nur zeitweilig zu Erholungszwecken verwendet werden.

(3) Die Freizeitwohnsitzabgabe ist eine ausschließliche Gemeindeabgabe.

§ 2
Ausnahmen

(1) Nicht als Freizeitwohnsitze im Sinn dieses Gesetzes gelten:

a) Gastgewerbebetriebe zur Beherbergung von Gästen; dies jedoch nur dann, wenn

1. Gemeinschaftsräume mit einer Gesamtfläche, bei der auf jedes der Beherbergung von Gästen dienende Bett zumindest eine Fläche von 0,5 m² entfällt, vorhanden sind,
2. gewerbetypische Dienstleistungen, zu denen insbesondere die Raumreinigung in regelmäßig wiederkehrenden Zeitabständen und das regelmäßige Wechseln der Wäsche zählen, erbracht werden und weiters
3. die ständige Erreichbarkeit einer Ansprechperson seitens des Betriebes gewährleistet ist;

nicht als Gemeinschaftsräume im Sinn der Z 1 gelten Wellness-Bereiche, Schiräume und sonstige Abstellräume, Sanitärräume und dergleichen,

b) Kur- und Erholungsheime, die von öffentlichen oder gemeinnützigen Einrichtungen oder Einrichtungen der Kinder- und Jugendhilfe erhalten werden,
c) Wohnungen und sonstige Wohnräume, die der Privatzimmervermietung dienen,
d) Gebäude mit höchstens drei Wohnungen mit insgesamt höchstens zwölf Betten, die im Rahmen der Raumvermietung während des Jahres jeweils kurzzeitig an wechselnde Personen vermietet werden (Ferienwohnungen); entsprechende Neubauten, für die die Baubewilligung erst nach dem 1. Februar 1996 rechtskräftig erteilt worden ist, gelten jedoch nur dann nicht als Freizeitwohnsitze, wenn der Vermieter der Ferienwohnungen im betreffenden Gebäude seinen Hauptwohnsitz hat; Ferienwohnungen in Gebäuden, die in einem räumlichen Naheverhältnis stehen und eine einheitliche Gesamtplanung aufweisen, sind zusammenzuzählen.

Sind in einem Gebäude oder in Gebäuden, die in einem räumlichen Naheverhältnis stehen und eine einheitliche Gesamtplanung aufweisen, Ferienwohnungen und Wohnungen oder sonstige Wohnräume, die der Privatzimmervermietung dienen, untergebracht, so darf die Zahl der Wohnungen

TFLAG

insgesamt drei und die Zahl der Betten insgesamt zwölf nicht überschreiten.

(2) Im Rahmen der Vorschriften über Freizeitwohnsitze nach den Bestimmungen des Tiroler Raumordnungsgesetzes 2022, LGBl. Nr. 43, in der jeweils geltenden Fassung sind Gastgewerbebetrieben zur Beherbergung von Gästen jene Räumlichkeiten nicht zuzurechnen, an denen

a) Wohnungseigentum besteht, sofern diese vom Eigentümer oder von seiner Familie selbst genutzt werden, oder
b) Verfügungsrechte bestehen, die über den üblichen Inhalt gastgewerblicher Beherbergungsverträge hinausgehen.

§ 3
Abgabenschuldner

(1) Abgabenschuldner ist der Eigentümer des Grundstücks, auf dem sich der Freizeitwohnsitz befindet. Miteigentümer schulden die Abgabe zur ungeteilten Hand; dies gilt nicht im Fall von Wohnungseigentum.

(2) Abweichend vom Abs. 1 ist bei Freizeitwohnsitzen auf fremdem Grund der Eigentümer des Freizeitwohnsitzes, im Fall eines Baurechtes der Bauberechtigte Abgabenschuldner.

(3) Wird ein Freizeitwohnsitz unbefristet oder für einen längeren Zeitraum als einem Jahr an ein und dieselbe Person vermietet, verpachtet oder sonst überlassen, so ist der Inhaber des Freizeitwohnsitzes Abgabenschuldner. Der Eigentümer bzw. Bauberechtigte haftet neben dem Inhaber des Freizeitwohnsitzes als Gesamtschuldner.

(4) Änderungen in Bezug auf die Person des Abgabenschuldners sind von diesem der Gemeinde binnen eines Monats ab dem Eintritt der Änderung zu melden.

§ 4
Bemessungsgrundlage und Höhe der Abgabe

(1) Die Freizeitwohnsitzabgabe ist nach der Nutzfläche des Freizeitwohnsitzes zu bemessen.

(2) Die Nutzfläche ist die gesamte Bodenfläche abzüglich der Wandstärken und der im Verlauf der Wände befindlichen Durchbrechungen und Ausnehmungen. Bei der Berechnung der Nutzfläche sind Keller- und Dachbodenräume, soweit sie ihrer Ausstattung nach nicht für Wohn- oder Geschäftszwecke geeignet sind, Treppen, offene Balkone, Loggien, Terrassen sowie für landwirtschaftliche oder gewerbliche Zwecke spezifisch ausgestattete Räume innerhalb eines Freizeitwohnsitzes nicht zu berücksichtigen. Die Nutzfläche ist nach den der Baubewilligung bzw. -anzeige und allfälligen Änderungen zugrunde liegenden Unterlagen zu berechnen, außer das tatsächliche Ausmaß weicht um mehr als 3 v.H. davon ab. Änderungen der Nutzfläche des Freizeitwohnsitzes sind für die Bemessung der Freizeitwohnsitzabgabe ab dem Zeitpunkt des Einlangens der Anzeige über die Bauvollendung nach § 44 der Tiroler Bauordnung 2022, LGBl. Nr. 44, in der jeweils geltenden Fassung, zu berücksichtigen.

(3) Die Höhe der jährlichen Abgabe ist abhängig von der Nutzfläche des Freizeitwohnsitzes mit Verordnung des Gemeinderates festzulegen wie folgt:

a) bis 30 m^2 mit mindestens 115,- Euro und höchstens 280,- Euro,
b) von mehr als 30 m^2 bis 60 m^2 mit mindestens 230,- Euro und höchstens 560,- Euro,
c) von mehr als 60 m^2 bis 90 m^2 mit mindestens 340,- Euro und höchstens 810,- Euro,
d) von mehr als 90 m^2 bis 150 m^2 mit mindestens 490,- Euro und höchstens 1.150,- Euro,
e) von mehr als 150 m^2 bis 200 m^2 mit mindestens 680,- Euro und höchstens 1.610,-Euro,
f) von mehr als 200 m^2 bis 250 m^2 mit mindestens 880,- Euro und höchstens 2.070,- Euro,
g) von mehr als 250 m^2 mit mindestens 1.060,- Euro und höchstens 2.530,- Euro.

Bei der Festlegung der Abgabe ist auf den Verkehrswert der Liegenschaften in der Gemeinde Bedacht zu nehmen; zudem können erhöhte finanzielle Belastungen der Gemeinde durch Freizeitwohnsitze bei der Festlegung der Abgabe berücksichtigt werden. Die Abgabe kann für bestimmte Teile des Gemeindegebietes in unterschiedlicher Höhe festgesetzt werden, wenn die Gewichtung der für die Festlegung maßgeblichen Umstände sich erheblich auf die Höhe der Abgabe auswirken.

(4) Die Landesregierung hat die in Abs. 3 jeweils angeführten Höchstbeträge durch Verordnung entsprechend anzupassen, sobald sich der von der Bundesanstalt Statistik Austria jeweils verlautbarte aktuelle Verbraucherpreisindex oder der an dessen Stelle tretende Index um mehr als 10 v.H. geändert hat. Als Bezugsgröße für die Anpassung ist erstmalig der Monat des Inkrafttretens dieses Gesetzes und in weiterer Folge der Monat des Inkrafttretens der jeweiligen Verordnung heranzuziehen. Die Beträge sind nötigenfalls auf ganze Euro kaufmännisch zu runden.

(5) Verordnungen nach Abs. 4 sind jeweils mit dem 1. Jänner des folgenden Kalenderjahres in Kraft zu setzen.

§ 5
Entstehung des Abgabenanspruchs, Fälligkeit und Entrichtung der Abgabe

(1) Der Abgabenanspruch entsteht jeweils mit Beginn des Kalenderjahres. Abweichend davon entsteht er

a) bei einem neu errichteten Freizeitwohnsitz mit dem Beginn des Monats, in dem die Anzeige über die Bauvollendung nach § 44 der Tiroler

Bauordnung 2022, einlangt, anteilig für die bis zum Ende des Kalenderjahres verbleibenden vollen Monate;

b) bei Gebäuden, Wohnungen oder sonstigen Teilen, die der Deckung eines ganzjährig gegebenen Wohnbedarfs oder einem sonstigen Gebrauch gedient haben, mit dem Beginn des Monats, in dem sie als Freizeitwohnsitz genutzt werden, anteilig für die bis zum Ende des Kalenderjahres verbleibenden vollen Monate;

c) bei einer Übertragung des Abgabengegenstandes mit dem Beginn des Monats, in dem der Eigentumsübergang oder der Übergang des Besitzes erfolgt ist, anteilig für die bis zum Ende des Kalenderjahres verbleibenden vollen Monate.

(2) Der Abgabenschuldner hat jährlich bis 30. April die Abgabe selbst zu bemessen und unter Bekanntgabe der Bemessungsgrundlagen nach § 4 Abs. 2 an die Gemeinde zu entrichten. Entsteht die Abgabenschuld erst nach Jahresbeginn, so hat er die Abgabe bis spätestens 30. April des folgenden Jahres zu bemessen und an die Gemeinde zu entrichten.

(3) Endet der die Abgabepflicht begründende Tatbestand während des Kalenderjahres, so hat die Gemeinde auf Antrag des Abgabenschuldners die Abgabe anteilig für die bis zum Ende des Kalenderjahres verbleibenden vollen Monate zu erstatten.

2. Abschnitt
Leerstandsabgabe

§ 6
Abgabengegenstand

(1) Für Gebäude, Wohnungen und sonstige Teile von Gebäuden, die über einen durchgehenden Zeitraum von mindestens sechs Monaten nicht als Wohnsitz verwendet werden (Leerstand), ist eine Leerstandsabgabe zu erheben.

(2) Als Wohnsitz gelten:

a) der Hauptwohnsitz nach § 1 Abs. 7 des Meldegesetzes 1991, BGBl. Nr. 9/1992, zuletzt geändert durch BGBl. I Nr. 54/2021,

b) ein Freizeitwohnsitz nach § 1 Abs. 2,

c) Gebäude, Wohnungen oder sonstige Teile von Gebäuden, die für die Dauer der Ausübung einer Erwerbstätigkeit oder der Ausübung eines Berufes als Wohnsitz verwendet werden, oder

d) Gebäude, Wohnungen oder sonstige Teile von Gebäuden, die für die Dauer des Besuches lehrplanmäßiger Veranstaltungen von öffentlichen Schulen, Hochschulen oder Universitäten als Wohnsitz verwendet werden.

(3) Die Leerstandsabgabe ist eine ausschließliche Gemeindeabgabe.

§ 7
Ausnahmen

Von der Abgabenpflicht nach § 6 Abs. 1 ausgenommen sind Gebäude, Wohnungen oder sonstige Teile von Gebäuden,

a) die aus rechtlichen, bautechnischen oder vergleichbaren sonstigen Gründen nicht gebrauchstauglich oder nutzbar sind;

b) mit bis zu zwei Wohnungen, in denen der bzw. die Eigentümer des Gebäudes in einer der Wohnungen ihren Hauptwohnsitz hat bzw. haben;

c) die für gewerbliche, land- und forstwirtschaftliche oder berufliche Zwecke verwendet werden, wie insbesondere Ordinationen, Büros, Kanzleien, Privatzimmervermieter und Geschäftslokale;

d) die von den Eigentümern aus gesundheitlichen oder altersbedingten Gründen nicht mehr als Hauptwohnsitz verwendet werden können;

e) die trotz geeigneter Bemühungen über einen Zeitraum von mindestens sechs Monaten nicht zum ortsüblichen Mietzins vermietet werden können;

f) die betriebstechnisch notwendig sind, Wohnungen im Rahmen land- und/oder forstwirtschaftlicher Betriebe sowie Dienst- und Naturalwohnungen;

g) für die ein zeitnaher Eigenbedarf besteht.

§ 8
Abgabenschuldner

(1) Abgabenschuldner ist der Eigentümer des Grundstückes, auf dem sich der Leerstand befindet. Miteigentümer schulden die Abgabe zur ungeteilten Hand; dies gilt nicht im Fall von Wohnungseigentum.

(2) Abweichend vom Abs. 1 ist bei Leerstand auf fremdem Grund der Eigentümer der leerstehenden Wohnung, im Fall eines Baurechtes der Bauberechtigte Abgabenschuldner.

(3) Änderungen in Bezug auf die Person des Abgabenschuldners sind von diesem der Gemeinde binnen eines Monats ab dem Eintritt der Änderung zu melden.

§ 9
Bemessungsgrundlage und Höhe der Abgabe

(1) Die Leerstandsabgabe ist nach der Nutzfläche der Wohnung und den Kalendermonaten ohne Wohnsitz zu bemessen.

(2) Die Nutzfläche ist die gesamte Bodenfläche abzüglich der Wandstärken und der im Verlauf der Wände befindlichen Durchbrechungen und Ausnehmungen. Bei der Berechnung der Nutzfläche sind Keller- und Dachbodenräume, soweit sie ihrer Ausstattung nach nicht für Wohn- oder

Geschäftszwecke geeignet sind, Gänge, Treppen, offene Balkonen, Loggien und Terrassen nicht zu berücksichtigen. Die Nutzfläche ist nach den der Baubewilligung bzw. -anzeige und allfälligen Änderungen zugrunde liegenden Unterlagen zu berechnen, es sei denn, das tatsächliche Ausmaß weicht mehr als 3 v.H. ab. Änderungen der Nutzfläche sind für die Bemessung der Leerstandsabgabe ab dem Zeitpunkt des Einlangens der Anzeige über die Bauvollendung nach § 44 der Tiroler Bauordnung 2022 zu berücksichtigen.

(3) Die Höhe der monatlichen Abgabe ist abhängig von der Nutzfläche mit Verordnung des Gemeinderates festzulegen wie folgt:

a) bis 30 m^2 mit mindestens 10,- Euro und höchstens 25,- Euro,
b) von mehr als 30 m^2 bis 60 m^2 mit mindestens 20,- Euro und höchstens 50,- Euro,
c) von mehr als 60 m^2 bis 90 m^2 mit mindestens 30,- Euro und höchstens 70,- Euro,
d) von mehr als 90 m^2 bis 150 m^2 mit mindestens 45,- Euro und höchstens 100,- Euro,
e) von mehr als 150 m^2 bis 200 m^2 mit mindestens 60,- Euro und höchstens 135,-Euro,
f) von mehr als 200 m^2 bis 250 m^2 mit mindestens 75,- Euro und höchstens 175,- Euro,
g) von mehr als 250 m^2 mit mindestens 90,- Euro und höchstens 215,- Euro.

(4)
In Vorbehaltsgemeinden nach § 14 des Tiroler Grundverkehrsgesetzes 1996, LGBl. Nr. 61/1996, in der jeweils geltenden Fassung ist die Höhe der monatlichen Abgabe abhängig von der Nutzfläche mit Verordnung des Gemeinderates festzulegen wie folgt:

a) bis 30 m^2 mit mindestens 20,- Euro und höchstens 50,- Euro,
b) von mehr als 30 m^2 bis 60 m^2 mit mindestens 40,- Euro und höchstens 100,- Euro,
c) von mehr als 60 m^2 bis 90 m^2 mit mindestens 60,- Euro und höchstens 140,- Euro,
d) von mehr als 90 m^2 bis 150 m^2 mit mindestens 90,- Euro und höchstens 200,- Euro,
e) von mehr als 150 m^2 bis 200 m^2 mit mindestens 120,- Euro und höchstens 270,-Euro,
f) von mehr als 200 m^2 bis 250 m^2 mit mindestens 150,- Euro und höchstens 350,- Euro,
g) von mehr als 250 m^2 mit mindestens 180,- Euro und höchstens 430,- Euro.

(5) Bei der Festlegung der Abgabe nach Abs. 3 und 4 ist auf den Verkehrswert der Liegenschaften in der Gemeinde Bedacht zu nehmen.

(6) Die Landesregierung hat die Beträge nach Abs. 3 und 4 durch Verordnung entsprechend anzupassen, sobald sich der von der Bundesanstalt Statistik Austria jeweils verlautbarte aktuelle Verbraucherpreisindex oder der an seine Stelle tretende Index um mehr als 10 v.H. geändert hat. Als Bezugsgröße für die Anpassung ist erstmalig der Monat des Inkrafttretens dieses Gesetzes und in weiterer Folge der Monat des Inkrafttretens der jeweiligen Verordnung heranzuziehen. Die Beträge sind nötigenfalls auf ganze Euro kaufmännisch zu runden.

(7) Verordnungen nach Abs. 6 sind jeweils mit dem 1. Jänner des folgenden Kalenderjahres in Kraft zu setzen.

§ 10

Entstehung des Abgabenanspruchs, Fälligkeit und Entrichtung der Abgabe

(1) Der Abgabenanspruch entsteht für die ersten sechs Kalendermonate mit Vollendung des sechsten Monats, in dem ein Leerstand nach § 6 Abs. 1 besteht und in weiterer Folge mit Ablauf des jeweiligen Kalendermonats, in dem ein Leerstand nach § 6 Abs. 1 besteht.

(2) Der Abgabenschuldner hat die Abgabe für die im abgelaufenen Kalenderjahr entstandenen Abgabenansprüche bis zum 30. April des Folgejahres selbst zu bemessen und unter Bekanntgabe der Bemessungsgrundlagen nach § 9 an die Gemeinde zu entrichten; das Vorliegen eines Ausnahmetatbestandes nach § 7 ist glaubhaft zu machen.

3. Abschnitt
Gemeinsame Bestimmungen

§ 11

Abgabenerklärung und Auskunftspflicht

(1) Der Abgabepflichtige hat auf Verlangen der Abgabenbehörde eine Abgabenerklärung über die für die Bemessung der Abgabe maßgeblichen Verhältnisse einzureichen und hierzu erforderliche Unterlagen vorzulegen. Hierfür ist eine angemessene Frist festzusetzen.

(2) Zum Zweck der Erhebung der Abgabe sind den Organen der Abgabenbehörde die Zufahrt und zu angemessener Tageszeit der Zutritt zu dem jeweiligen Objekt zu gewähren und die erforderlichen Auskünfte über dessen Verwendung zu erteilen. Ist auf Grund bestimmter Tatsachen eine Nutzung anzunehmen, die dem Abgabengegenstand entspricht, haben die Versorgungs- oder Entsorgungsunternehmen, die Erbringer von Postdiensten oder von elektronischen Zustelldiensten auf Anfrage der Behörde die zur Beurteilung der Nutzung erforderlichen Auskünfte zu erteilen oder die erforderlichen personenbezogenen Daten zu übermitteln.

(3) Zum Zweck der Erhebung der Leerstandsabgabe ist die Abgabenbehörde berechtigt, eine Verknüpfungsanfrage mit dem Zentralen Melderegister nach dem Kriterium Wohnsitz (§ 16a Abs. 3 des Meldegesetzes 1991) und einen Abgleich mit

den Daten des lokalen Gebäude- und Wohnungsregisters durchzuführen.

§ 12
Eigener Wirkungsbereich

Die von der Gemeinde nach diesem Gesetz zu besorgenden Aufgaben sind solche des eigenen Wirkungsbereiches.

§ 13
Verarbeitung personenbezogener Daten

(1) Die Gemeinden und der Stadtmagistrat Innsbruck sind Verantwortliche nach Art. 4 Z 7 der Verordnung (EU) 2016/679 des Europäischen Parlaments und des Rates zum Schutz natürlicher Personen bei der Verarbeitung personenbezogener Daten, zum freien Datenverkehr und zur Aufhebung der Richtlinie 95/46/EG (Datenschutz-Grundverordnung), ABl. 2016 Nr. L 119, S. 1, in der Fassung der Berichtigung ABl. 2021, Nr. L 74, S. 35.

(2) Die nach Abs. 1 Verantwortlichen dürfen, sofern dies zum Zweck der Erhebung der nach diesem Gesetz geregelten Abgaben und Beiträge erforderlich ist, vom jeweiligen Abgabenschuldner bzw. Eigentümer oder Bauberechtigten folgende Daten verarbeiten:

a) Identifikationsdaten, Erreichbarkeitsdaten,
b) Bankverbindungen,
c) Daten über den Abgabengegenstand und über die Ausnahmen von der Abgabenpflicht, und
d) grundstücks- und gebäudebezogene Daten, verbrauchsbezogene Daten und Daten über die Häufigkeit und den Verlauf von Zustellvorgängen.

Versorgungs- und Entsorgungsunternehmen bzw. Erbringer von Postdiensten und von elektronischen Zustelldiensten dürfen diese Daten zum Zweck der Erfüllung ihrer Verpflichtungen nach § 11 Abs. 2 verarbeiten, insbesondere den nach Abs. 1 Verantwortlichen übermitteln.

(3) Die nach Abs. 1 Verantwortlichen dürfen personenbezogene Daten, die nach den Bestimmungen dieses Gesetzes verarbeitet werden, auch in Verfahren nach bau- und raumordnungsrechtlichen Vorschriften verarbeiten.

(4) Die nach Abs. 1 Verantwortlichen haben personenbezogene Daten zu löschen, sobald diese für die Erfüllung der ihnen im Zusammenhang mit diesem Gesetz obliegenden Aufgaben nicht mehr benötigt werden.

(5) Als Identifikationsdaten gelten:

a) bei natürlichen Personen der Familien- und der Vorname, das Geschlecht, das Geburtsdatum, allfällige akademische Grade, Standesbezeichnungen und Titel,
b) bei juristischen Personen und Personengesellschaften die gesetzliche, satzungsmäßige oder firmenmäßige Bezeichnung und hinsichtlich der vertretungsbefugten Organe die Daten nach lit. a sowie die Firmenbuchnummer, die Vereinsregisterzahl, die Umsatzsteuer-Identifikationsnummer und die Ordnungsnummer im Ergänzungsregister.

(6) Als Erreichbarkeitsdaten gelten Wohnsitzdaten und sonstige Adressdaten, die Telefonnummer, elektronische Kontaktdaten, wie insbesondere die E-Mail-Adresse und Telefax-Nummer, oder Verfügbarkeitsdaten.

§ 14
Inkrafttreten, Übergangsbestimmungen

(1) Dieses Gesetz tritt mit 1. Jänner 2023 in Kraft. Gleichzeitig tritt das Tiroler Freizeitwohnsitzabgabegesetz, LGBl. Nr. 79/2019, zuletzt geändert durch das Gesetz LGBl. Nr. 115/2021, außer Kraft.

(2) Zum Zeitpunkt des Inkrafttretens dieses Gesetzes anhängige Verfahren nach dem Tiroler Freizeitwohnsitzabgabegesetz sind nach den Bestimmungen des Tiroler Freizeitwohnsitzabgabegesetztes fortzuführen.

(3) Verordnungen nach diesem Gesetz können von dem seiner Kundmachung folgenden Tag an erlassen werden. Sie dürfen jedoch frühestens mit 1. Jänner 2023 in Kraft gesetzt werden.

40. Landes-Verwaltungsabgabenverordnung 2007

Verordnung der Landesregierung vom 8. Mai 2007 über das Ausmaß der Verwaltungsabgaben in den Angelegenheiten der Landesverwaltung und über die Art ihrer Einhebung bei den Landesbehörden (Landes-Verwaltungsabgabenverordnung 2007 – LVAV)

StF: LGBl. Nr. 30/2007

Letzte Novellierung: LGBl. Nr. 82/2014

Präambel

Aufgrund des § 2 des Tiroler Verwaltungsabgabengesetzes, LGBl. Nr. 24/1968, zuletzt geändert durch das Gesetz LGBl. Nr. 94/2005, wird verordnet:

§ 1

Ausmaß der Landesverwaltungsabgaben

(1) Für das Ausmaß der nach dem Tiroler Verwaltungsabgabengesetz in den Angelegenheiten der Landesverwaltung zu entrichtenden Landesverwaltungsabgaben ist der angeschlossene, einen Bestandteil dieser Verordnung bildende Tarif (Anlage) maßgebend.

(2) Eine im Allgemeinen Teil des Tarifes vorgesehene Landesverwaltungsabgabe ist nur dann zu entrichten, wenn keine Tarifpost des Besonderen Teiles Anwendung findet.

(3) Werden mehrere Berechtigungen, die selbstständig ausgeübt werden können, in einem verliehen, so ist die Landesverwaltungsabgabe für jede dieser Berechtigungen zu entrichten.

(4) Wurde auf Antrag einer Gemeinde die Besorgung einzelner Angelegenheiten des eigenen Wirkungsbereiches aus dem Bereich der Landesvollziehung durch Verordnung der Landesregierung auf eine Landesbehörde übertragen, so hat die Landesbehörde den in der Gemeinde-Verwaltungsabgabenverordnung 2007, LGBl. Nr. 31, in der jeweils geltenden Fassung festgesetzten Tarif anzuwenden.

§ 2

Art der Einhebung der Landesverwaltungsabgaben

(1) Landesverwaltungsabgaben sind durch Barzahlung oder durch Post- oder Banküberweisung zu entrichten.

(2) Landesverwaltungsabgaben können weiters mit Bankomatkarte oder mit Kreditkarte entrichtet werden, sofern die Behörde über die dafür erforderlichen technischorganisatorischen Voraussetzungen verfügt. Die Möglichkeit der Entrichtung der Landesverwaltungsabgaben auf diese Weise ist durch Anschlag im Amtsgebäude an gut sichtbarer Stelle bekannt zu machen.

(3) Der Nachweis über die Einzahlung des Abgabenbetrages (Kassenbeleg, Durchschrift des buchhalterischen Empfangsauftrages und dergleichen) ist zum Akt zu nehmen. Im Fall der Entrichtung der Landesverwaltungsabgaben durch Barzahlung, mit Bankomatkarte oder mit Kreditkarte ist der Partei ein Beleg über die erfolgte Einzahlung auszuhändigen.

§ 3

In-Kraft-Treten

Diese Verordnung tritt mit dem Ablauf des Tages der Kundmachung in Kraft. Gleichzeitig tritt die Landes-Verwaltungsabgabenverordnung 2001, LGBl. Nr. 50, zuletzt geändert durch die Verordnung LGBl. Nr. 79/2006, außer Kraft.

Anlage zu § 1 Abs. 1
Tarif über das Ausmaß der Landesverwaltungsabgaben
Allgemeiner Teil

1. Verleihung einer Berechtigung oder Erteilung einer Bewilligung auf Antrag der Partei 15,– Euro
2. Sonstige Entscheidungen oder Amtshandlungen, die wesentlich im Privatinteresse der Partei liegen 15,– Euro
3. Ausstellung von Bescheinigungen, Legitimationen, Zeugnissen und sonstigen Bestätigungen mit Ausnahme von einfachen kanzleimäßigen Übernahmebestätigungen sowie die Durchführung von Beglaubigungen, sofern die Amtshandlung wesentlich im Privatinteresse der Partei gelegen ist 5,– Euro
4. Aufnahme von Niederschriften über mündliche, wesentlich im Privatinteresse der Partei liegende Anbringen, je Seite 5,– Euro
5. Herstellung von Abschriften, Zweitschriften und dergleichen, wenn sie von der Behörde ausgestellt werden, sofern die Amtshandlung wesentlich im Privatinteresse der Partei gelegen ist, je Seite 5,– Euro

Besonderer Teil
I. Staatsbürgerschaft
(Staatsbürgerschaftsgesetz 1985, BGBl. Nr. 311, zuletzt geändert durch das Gesetz BGBl. I Nr. 136/2013 und die Kundmachung BGBl. I Nr. 188/2013)

6. Verleihung der Staatsbürgerschaft
a) ohne Rechtsanspruch auf Verleihung (§ 10) 500,– Euro
b) bei Rechtsanspruch auf Verleihung
1. nach den §§ 11a, 13 und 14 400,– Euro
2. nach den §§ 12 Abs. 1 und 25 300,– Euro
3. nach den §§ 11b und 12 Abs. 2 180,– Euro
7. Nachweis von Grundkenntnissen der Geschichte Tirols – Prüfung (§ 10a Abs. 1 Z. 2 in Verbindung mit Abs. 5) 40,– Euro
8. Erstreckung der Verleihung der Staatsbürgerschaft auf den Ehegatten (§ 16) 180,– Euro
9. Zusicherung der Verleihung der Staatsbürgerschaft (§ 20) 50,– Euro
12. Bewilligung der Beibehaltung der Staatsbürgerschaft (§ 28) 500,– Euro
13. Ausstellung einer Bestätigung über das Ausscheiden aus dem Staatsverband im Fall des Erwerbes einer fremden Staatsangehörigkeit (§ 30) 110,– Euro
14. Erlassung eines Feststellungsbescheides in Angelegenheiten der Staatsbürgerschaft auf Antrag (§ 42 Abs. 1) 160,– Euro
15. Ausstellung einer Bestätigung in Angelegenheiten der Staatsbürgerschaft auf Antrag (§ 43 Abs. 1) 10,– Euro
16. Ausstellung eines Staatsbürgerschaftsnachweises (§ 44 Abs. 1)
a) für Kinder, die zum Zeitpunkt der Antragstellung das zweite Lebensjahr noch nicht vollendet haben frei
b) für sonstige Personen 11,– Euro".

II. Angelegenheiten der Krankenanstalten
(Tiroler Krankenanstaltengesetz, LGBl. Nr. 5/1958, zuletzt geändert durch das Gesetz LGBl. Nr. 152/2013)

17. Bewilligung zur Errichtung einer Krankenanstalt (§ 3 Abs. 1, § 4a Abs. 1)
a) bis zu 400 m² Gesamtfläche 550,– Euro
b) darüber 1.100,– Euro

18. Bewilligung einer wesentlichen Änderung einer Krankenanstalt (§ 5 Abs. 1)
a) mit Durchführung einer Bedarfsprüfung 550,– Euro
b) ohne Durchführung einer Bedarfsprüfung 275,– Euro

19. Bewilligung zum Betrieb einer Krankenanstalt (§ 4 Abs. 1, § 4c Abs. 1)
a) im Sinn der TP 17 b) 275,– Euro
b) im Sinn der TP 17 a) und 18 150,– Euro

20. Bewilligung zur Verpachtung oder Übertragung einer Krankenanstalt (§ 6 Abs. 1) 150,– Euro
21. Bewilligung zur Änderung der Bezeichnung einer Krankenanstalt (§ 6 Abs. 1) 50,– Euro

III. Heilvorkommen- und Kurortewesen
(Tiroler Heilvorkommen- und Kurortegesetz 2004, LGBl. Nr. 24, zuletzt geändert durch das Gesetz LGBl. Nr. 130/2013)

22. Anerkennung eines Heilvorkommens (§ 2 Abs. 1) 250,– Euro
23. Bewilligung zur Nutzung eines Heilvorkommens (§ 6 Abs. 1) 150,– Euro
24. Bewilligung zum Vertrieb von Produkten eines Heilvorkommens (§ 6 Abs. 1) 150,– Euro
25. Bewilligung zum Betrieb einer Kuranstalt (§ 16 Abs. 1) 150,– Euro
26. Bewilligung von wesentlichen räumlichen Änderungen einer Kuranstalt sowie von wesentlichen Änderungen im Leistungsangebot, insbesondere Zusatztherapien (§ 16 Abs. 6) 150,– Euro

IV. Leichen- und Bestattungswesen
(Gemeindesanitätsdienstgesetz, LGBl. Nr. 33/1952, zuletzt geändert durch das Gesetz LGBl. Nr. 130/2013)

27. Bewilligung zur Beisetzung von Leichen oder Leichenteilen oder von Aschenurnen außerhalb eines Friedhofes (§ 33 Abs. 2) 150,– Euro
28. Bewilligung zur Überführung einer Leiche (§ 42) 35,– Euro

28a. Ausstellung einer Bescheinigung zur Überführung einer Leiche in das Ausland (§ 43) 35,– Euro

29. Bewilligung zur Ausgrabung von Leichen oder Leichenresten (§ 46 Abs. 1) 70,– Euro

V. Jagdangelegenheiten
(Tiroler Jagdgesetz 2004, LGBl. Nr. 41, in der Fassung des Gesetzes LGBl. Nr. 130/2013)

30. Feststellung bzw. Neufeststellung eines Eigenjagdgebietes (§ 4 Abs. 2 und 3 iVm § 5) je Hektar land- oder forstwirtschaftlich nutzbarer Fläche 0,70 Euro, höchstens jedoch 1.100,– Euro
31. Feststellung bzw. Neufeststellung eines Genossenschaftsjagdgebietes (§ 4 Abs. 2 und 3 in Verbindung mit § 6 Abs. 1 je Hektar land- oder forstwirtschaftlich nutzbarer Fläche 0,70 Euro, höchstens jedoch 1.100,– Euro
32. Bewilligung der Zerlegung eines Genossenschaftsjagdgebietes (§ 6 Abs. 2) 800,– Euro
33. Bewilligung der Errichtung, Erweiterung oder wesentlichen Änderung eines Geheges (§ 7 Abs. 2)

a) bis zu einem Hektar 100,– Euro
b) über einem Hektar 300,– Euro

34. Bewilligung einer Angliederung (§ 8 Abs. 2) 100,– Euro
35. Verkürzung oder Begradigung von Jagdgebietsgrenzen (§ 8 Abs. 3) 100,– Euro
36. Ausstellung einer Tiroler Jagdkarte (§ 27 Abs. 2) 50,– Euro
37. Gestattung einer Ausnahme von der Verpflichtung zur Bestellung eines Berufsjägers (§ 31 Abs. 3) 300,– Euro
38. Ausnahmebewilligungen nach § 40 Abs. 2:

a) für Nachtabschüsse (lit. a) 30,– Euro
b) vom Verbot des Haltens und Errichtens eines Futterplatzes (lit. b erster Satz) 100,– Euro
c) vom Verbot, dem Schalen- und Federwild sowie den Hasen zur Nachtzeit nachzustellen, künstliche Lichtquellen, Spiegel und Vorrichtungen zum Blenden oder zur Beleuchtung von Zielen, Visiervorrichtungen für das Schießen bei Nacht mit Bildumwandler oder elektronischem Bildverstärker und Infrarot- oder elektronische Zielgeräte sowie Narkosegewehre zu verwenden (lit. b zweiter und dritter Satz) 30,– Euro

39. Ausnahmen vom Verbot des Haltens und Beförderns ganzjährig geschonter Greifvögel zum Zweck der Ausübung der Beizjagd (§ 42 Abs. 3) 65,– Euro
40. Sperre von Grundflächen in der Umgebung von Futterplätzen (§ 45 Abs. 1) 160,– Euro
41. Bewilligung zur Aussetzung nicht heimischer Tierarten (§ 53 Abs. 1) 175,– Euro

VI. Fischereiangelegenheiten
(Tiroler Fischereigesetz 2002, LGBl. Nr. 54, zuletzt geändert durch das Gesetz LGBl. Nr. 130/2013)

42. Festlegung, Teilung und Zusammenlegung von Eigenrevieren (§ 5 Abs. 1 und 2) 85,– Euro
43. Festlegung und Grenzänderung von Gemeinschaftsrevieren, Einbeziehung in Gemeinschaftsreviere (§ 6 Abs. 1, 2 und 4) 85,– Euro
44. Zuweisung von Fischwässern (§ 8 Abs. 1) 65,– Euro
45. Bewilligung der Selbstbewirtschaftung (§ 13 Abs. 2) 85,– Euro
46. Verleihung des Berufsfischerpatentes (§ 16 Abs. 2) 85,– Euro
47. Bewilligung zur Entnahme von Nahrung für Wassertiere (§ 19 Abs. 2) 65,– Euro
48. Bewilligung zur Aussetzung von Wassertieren (§ 21 Abs. 3) 65,– Euro

49. Ausstellung von Fischereikarten (Namens- oder Gastkarten, § 27) 50,– Euro
50. Bewilligung zur Entnahme von Wassertieren unter dem Mindestmaß oder während der Schonzeit (§ 30 Abs. 4) 65,– Euro
51. Bewilligung zur Verwendung verbotener Fangvorrichtungen (§ 31 Abs. 7) 65,– Euro
52. Bewilligung eines Fisch- oder Krebszuchtbetriebes oder eines Angelteiches (§ 38 Abs. 2 und 9, § 40 Abs. 2) 85,– Euro
53. Bewilligung eines Netzgeheges (§ 41 Abs. 2) 65,– Euro
54. Festlegung eines Aufzuchtgewässers, Ausnahmebewilligung vom Verbot der Angelfischerei oder von sonstigen verbotenen Tätigkeiten in Aufzuchtgewässern (§ 42 Abs. 1 und 4) 65,– Euro

VII. Tierzuchtangelegenheiten
(Tiroler Tierzuchtgesetz 2008, LGBl. Nr. 38, zuletzt geändert durch das Gesetz LGBl. Nr. 130/2013)

55. Anerkennung als Zuchtorganisation (§ 3)
a) mit der Ermächtigung zur Durchführung von Leistungsprüfungen und Zuchtwertschätzungen (Abs. 5) 500,– Euro
b) ohne die Ermächtigung nach lit. a 450,– Euro

sowie für jede von der Anerkennung umfasste Rasse zusätzlich zum Betrag nach lit. a oder b

c) im Fall der Anerkennung als Zuchtorganisation für Rinder, Schweine, Schafe oder Ziegen für jede Rasse 100,– Euro
d) im Fall der Anerkennung als Zuchtorganisation für Equiden für jede Rasse 150,– Euro

56. Ermächtigung zur Durchführung von Leistungsprüfungen und Zuchtwertschätzungen (§ 3 Abs. 5) 50,– Euro
57. Ergänzende Anerkennung aufgrund einer wesentlichen Änderung der Tätigkeit einer Zuchtorganisation (§ 5)
a) für die Erweiterung der Anerkennung auf weitere Rassen für jede Rasse
1. im Fall von Zuchtorganisationen für Rinder, Schweine, Schafe oder Ziegen für jede Rasse 100,– Euro
2. im Fall von Zuchtorganisationen für Equiden für jede Rasse 150,– Euro
b) für jede sonstige wesentliche Änderung 50,– Euro
58. Anerkennung von Ausbildungsnachweisen nach dem Recht der Europäischen Union (§ 19) 50,– Euro

VIII. Naturschutzangelegenheiten
(Tiroler Naturschutzgesetz 2005, LGBl. Nr. 26,
zuletzt geändert durch das Gesetz LGBl. Nr. 130/2013)

61. Bewilligung nach § 14 Abs. 4 220,– Euro
62. Bewilligung nach § 14 Abs. 5 870,– Euro
63. Bewilligung nach § 15 Abs. 1 220,– Euro
64. Schriftliche Zustimmung nach § 16 Abs. 4 220,– Euro
65. Ausnahmebewilligung nach § 22 Abs. 2 220,– Euro
66. Verleihung der Befugnis als Naturhöhlenführer (§ 28a) 45,– Euro
67. Anerkennung von Ausbildungen für das erwerbsmäßige Führen von Personen in Naturhöhlen und der Berufspraxis von Begünstigten im Rahmen der europäischen Integration (§ 28b) 55,– Euro
68. Bewilligung nach § 29 Abs. 1 lit. a oder Abs. 2 Z. 1 220,– Euro
69. Bewilligung nach § 29 Abs. 1 lit. b oder Abs. 2 Z. 2 870,– Euro
70. Bewilligung nach § 29 Abs. 3 lit. a 870,– Euro
71. Bewilligung nach § 29 Abs. 3 lit. b (ausgenommen zu Wissenschafts- und Forschungszwecken) 870,– Euro
72. Bewilligung nach § 29 Abs. 3 lit. b ausschließlich zu Wissenschafts- und Forschungszwecken 220,– Euro
73. Bewilligung nach § 29 Abs. 3 lit. c 220,– Euro
74. Bewilligung nach Verordnungen, die nach § 48 Abs. 1 als Gesetz in Geltung stehen, und bei denen das Vorhaben, für das die Bewilligung beantragt wird, die Interessen des Naturschutzes nicht beeinträchtigt 220,– Euro
75. Bewilligung nach Verordnungen, die nach § 48 Abs. 1 als Gesetz in Geltung stehen, und bei denen andere öffentliche Interessen an der Erteilung der Bewilligung die Interessen des Naturschutzes überwiegen 870,– Euro

IX. Angelegenheiten der Umweltverträglichkeitsprüfung (Umweltverträglichkeitsprüfungsgesetz 2000 – UVP-G 2000, BGBl. Nr. 697/1993, zuletzt geändert durch das Gesetz BGBl. I Nr. 14/2014)

76. Feststellungsbescheid nach § 3 Abs. 7 auf Antrag des Projektwerbers 100,– Euro
77. Genehmigung nach § 17 1.100,– Euro
78. Grundsätzliche Genehmigung nach § 18 Abs. 1 1.100,– Euro
79. Abschnittsgenehmigung nach § 18a 1.100,– Euro
80. Änderung des Bescheides vor Zuständigkeitsübergang nach § 18b 500,– Euro
81. Abnahmebescheid nach § 20 Abs. 2 500,– Euro
82. Teilabnahmebescheid nach § 20 Abs. 3 250,– Euro
83. Sonstige Genehmigungen, Bewilligungen und Feststellungen, die wesentlich im Privatinteresse der Partei liegen 50,– Euro

X. Verkehrswesen

(Straßenverkehrsordnung 1960, BGBl. Nr. 159, zuletzt geändert durch das Gesetz BGBl. I Nr. 27/2014)

84. Ausstellung eines Ausweises für Inhaber und Inhaberinnen eines Behindertenpasses nach dem Bundesbehindertengesetz, BGBl. Nr. 283/1990, die über die Zusatzeintragung Unzumutbarkeit der Benützung öffentlicher Verkehrsmittel wegen dauerhafter Mobilitätseinschränkung aufgrund einer Behinderung verfügen (§ 29b Abs. 1) frei
85. Bewilligung zur Benützung von Straßen mit einem Fahrzeug oder einer Ladung mit größeren als den zulässigen Maßen und Gewichten (§ 45 Abs. 1)

a) für eine einmalige Fahrt einschließlich der Rückfahrt 70,– Euro
b) für mehrmalige Fahrten bis zu einem Monat 160,– Euro
c) für eine Bewilligung mit einer längeren Zeitdauer 450,– Euro
d) hinsichtlich Fahrten, die als Folge von Katastrophenschäden (insbesondere Hochwasser-, Erdrutsch-, Vermurungs- und Lawinenschäden) im regionalwirtschaftlichen Interesse für die Dauer von höchstens zwei Jahren bewilligt werden frei

86. Bewilligung von Ausnahmen von Geboten oder Verboten, die für die Benützung der Straßen gelten (§ 45 Abs. 2):

a) soweit es sich um Ausnahmen von einem Fahrverbot für Lastkraftfahrzeuge handelt,
1. für eine einmalige Fahrt einschließlich der Rückfahrt 70,– Euro
2. für mehrmalige Fahrten bis zu einem Monat 160,– Euro
3. für eine Bewilligung für die Dauer von höchstens zwei Jahren 450,– Euro
4. hinsichtlich Fahrten für humanitäre Zwecke frei
5. hinsichtlich Fahrten, die als Folge von Katastrophenschäden (insbesondere Hochwasser-, Erdrutsch-, Vermurungs- und Lawinenschäden) im regionalwirtschaftlichen Interesse für die Dauer von höchstens zwei Jahren bewilligt werden frei

b) soweit es sich um andere Bewilligungen handelt,
1. für eine einmalige Fahrt einschließlich der Rückfahrt 45,– Euro
2. für mehrmalige Fahrten bis zu einem Monat 90,– Euro
3. für eine Bewilligung für die Dauer von höchstens zwei Jahren 200,– Euro
4. bei Erteilung einer derartigen Ausnahmebewilligung im Hinblick auf eine schwere Körperbehinderung oder eines erheblichen körperlichen Gebrechens des Antragstellers oder der zu befördernden Person

aa) für eine einmalige Fahrt einschließlich der Rückfahrt 2,– Euro
bb) für mehrmalige Fahrten für die Dauer von höchstens zwei Jahren 9,– Euro

5. hinsichtlich Fahrten für humanitäre Zwecke frei
6. hinsichtlich Fahrten, die als Folge von Katastrophenschäden (insbesondere Hochwasser-, Erdrutsch-, Vermurungs- und Lawinenschäden) im regionalwirtschaftlichen Interesse für die Dauer von höchstens zwei Jahren bewilligt werden frei

87. Bewilligung von Ausnahmen von Verkehrsbeschränkungen und Verkehrsverboten zum Schutz der Bevölkerung oder der Umwelt oder aus anderen wichtigen Gründen (§ 45 Abs. 2a)

a) für eine einmalige Fahrt einschließlich der Rückfahrt 70,– Euro
b) für eine Bewilligung für die Dauer von höchstens sechs Monaten 200,– Euro
c) hinsichtlich Fahrten für humanitäre Zwecke frei

88. Bewilligung für ein zeitlich uneingeschränktes oder für ein auf das notwendige zeitliche Ausmaß eingeschränktes Parken in nahe gelegenen Kurzparkzonen (§ 45 Abs. 4 und 4a)

a) bis zur Dauer einer Woche 10,– Euro
b) bis zur Dauer eines Monats 20,– Euro
c) bis zur Dauer von höchstens zwei Jahren 60,– Euro

89. Bewilligung für die Ladetätigkeit auf Straßenstellen, wo das Halten verboten ist (§ 62 Abs. 4):
a) für eine einmalige Ausnahme 15,– Euro
b) für eine Dauerbewilligung 150,– Euro

90. Bewilligung sportlicher Veranstaltungen auf Straßen (§ 64),
a) wenn für die Erteilung der Bewilligung die Bezirksverwaltungsbehörde oder die Bundespolizeidirektion oder die Gemeinde im übertragenen Wirkungsbereich zuständig ist 55,– Euro
b) wenn für die Erteilung der Bewilligung die Landesregierung zuständig ist 110,– Euro

91. Ausstellung eines Radfahrausweises (§ 65 Abs. 2) frei

92. Bewilligung zum Befahren einer Fußgängerzone (§ 45 Abs. 2 in Verbindung mit § 76a Abs. 1)
a) für eine einmalige Ausnahme 15,– Euro
b) für eine Bewilligung für die Dauer von höchstens zwei Jahren 150,– Euro

93. Bewilligung zur Benützung von Straßen zu verkehrsfremden Zwecken (§ 82):
a) Aufstellung von Selbstverkaufseinrichtungen für Zeitungen, pro Selbstverkaufseinrichtung 15,– Euro
b) Aufstellung von anderen Verkaufseinrichtungen je m² der in Anspruch genommenen Fläche 20,– Euro

höchstens jedoch 550,– Euro

c) Ablagerung von Baumaterial und Bauschutt sowie Aufstellung von Gerüsten
1. in Gebieten mit geschlossener Bauweise je m² der in Anspruch genommenen Fläche und Monat 3,– Euro

höchstens jedoch 550,– Euro

2. in Gebieten mit offener Bauweise je m² der in Anspruch genommenen Fläche und Monat 2,– Euro höchstens jedoch 550,– Euro

d) für sonstige Zwecke 100,– Euro

94. Bewilligung von Ausnahmen vom Verbot des Anbringens von Werbungen und Ankündigungen an Straßen außerhalb von Ortsgebieten innerhalb einer Entfernung von 100 m vom Fahrbahnrand (§ 84 Abs. 3) je angefangenem m² Werbe- oder Ankündigungsfläche 120,– Euro

höchstens jedoch 700,– Euro

95. Bewilligung zur Vornahme von Arbeiten auf oder neben der Straße (§ 90 Abs. 1):
a) bis zur Dauer einer Woche 50,– Euro
b) bis zur Dauer eines Monats 100,– Euro
c) darüber 200,– Euro

96. Bewilligung zum Ablagern von Schnee aus Häusern oder Grundstücken auf der Straße (§ 93 Abs. 6) 20,– Euro

XI. Schifffahrtswesen
(Schifffahrtsgesetz, BGBl. I Nr. 62/1997, zuletzt geändert durch das Gesetz BGBl. I Nr. 180/2013)

97. Bewilligung von Wassersportveranstaltungen, Wasserfesten und sonstigen Veranstaltungen (§ 18 Abs. 2 in Verbindung mit § 27 Abs. 1 der Verordnung betreffend eine Seen- und Fluss-Verkehrsordnung, BGBl. II Nr. 98/2013 in der Fassung BGBl. II Nr. 258/2013 65,– Euro

98. Bewilligung zur Errichtung einer neuen Schifffahrtsanlage, zur Wiederverwendung einer früheren Schifffahrtsanlage sowie zur wesentlichen Änderung einer bestehenden Schifffahrtsanlage (§ 47 Abs. 1) 100,– Euro

99. Einräumung von Zwangsrechten im Zusammenhang mit Schifffahrtsanlagen (§ 61 Abs. 3) 65,– Euro

100. Genehmigung von Tarifen für Hafenentgelte von
a) öffentlichen Häfen (§ 68 Abs. 4) 40,– Euro
b) privaten Häfen (§ 69) 40,– Euro

101. Erteilung einer Schifffahrtskonzession (§§ 75 Abs. 1 und 77) 200,– Euro

XII. Grundverkehr
(Tiroler Grundverkehrsgesetz 1996, LGBl. Nr. 61, zuletzt geändert durch das Gesetz LGBl. Nr. 130/2013)

102. Verlängerung der Frist, innerhalb der ein unbebautes Baugrundstück dem der Flächenwidmung entsprechenden Verwendungszweck zuzuführen ist (§ 11 Abs. 3) 40,– Euro
103. Erteilung einer Bieterbewilligung (§ 20 Abs. 3) 25,– Euro
104. Feststellung einer Ausnahme von der Genehmigungspflicht nach § 24 Abs. 1 (einschließlich Rechtskraftbestätigung) 40,– Euro
105. Feststellung, ob ein Rechtserwerb an einem Grundstück in den Geltungsbereich nach § 1 des Tiroler Grundverkehrsgesetzes fällt (§ 24 Abs. 3) (einschließlich Rechtskraftbestätigung) 70,– Euro
106. Feststellung, ob ein Grundstück ein land- oder forstwirtschaftliches Grundstück oder ein Baugrundstück ist (§ 24 Abs. 2) (einschließlich Rechtskraftbestätigung) 70,– Euro
107. Genehmigung der Grundverkehrsbehörde nach § 25 Abs. 1 (einschließlich Rechtskraftbestätigung) 70,– Euro
108. Bestätigung nach § 25a Abs. 1 oder 2 25,– Euro

XIII. Höferecht
(Gesetz betreffend die besonderen Rechtsverhältnisse geschlossener Höfe, LGBl. Nr. 47/1900, zuletzt geändert durch das Gesetz LGBl. Nr. 130/2013)

109. Bewilligung zur Neubildung oder Erweiterung eines geschlossenen Hofes nach § 3 (einschließlich Rechtskraftbestätigung) 50,– Euro
110. Bewilligung zur Vereinigung zweier Höfe nach § 4 (einschließlich Rechtskraftbestätigung) 50,– Euro
111. Bewilligung zur Abtrennung von Bestandteilen eines geschlossenen Hofes nach § 5 (einschließlich Rechtskraftbestätigung) 50,– Euro
112. Aufhebung der Höfeeigenschaft nach § 7 (einschließlich Rechtskraftbestätigung) 50,– Euro

XIV. Starkstromwegerecht
(Tiroler Starkstromwegegesetz 1969, LGBl. Nr. 11/1970, in der Fassung des Gesetzes LGBl. Nr. 130/2013)

113. Feststellungsbescheid (§ 4 Abs. 4), der im Rahmen eines Vorprüfungsverfahrens erlassen wird, das auf Antrag eines Bewilligungswerbers eingeleitet wurde, für elektrische Leitungsanlagen
a) unter 30 kV 70,– Euro
b) von 30 kV bis 110 kV 170,– Euro
c) über 110 kV 260,– Euro

114. Bewilligung von Vorarbeiten für die Errichtung einer elektrischen Leitungsanlage (§ 5) 120,– Euro
115. Bewilligung für den Bau und den Betrieb (§ 7 Abs. 1) einer elektrischen Leitungsanlage
a) unter 30 kV 240,– Euro
b) von 30 kV bis 110 kV 345,– Euro
c) über 110 kV 475,– Euro

für jeden angefangenen Kilometer Leitungslänge, höchstens jedoch 1.100,– Euro

116. Erteilung einer vorbehaltenen Betriebsbewilligung (§ 8 Abs. 2) für eine elektrische Leitungsanlage
a) unter 30 kV 260,– Euro
b) von 30 kV bis 110 kV 410,– Euro
c) über 110 kV 500,– Euro

117. Einräumung von Leitungsrechten (§ 10) zugunsten elektrischer Leitungsanlagen
a) unter 30 kV 150,– Euro
b) von 30 kV bis 110 kV 260,– Euro
c) über 110 kV 435,– Euro

118. Ausspruch der Enteignung (§ 16) zugunsten elektrischer Leitungsanlagen
a) unter 30 kV 150,– Euro
b) von 30 kV bis 110 kV 260,– Euro
c) über 110 kV 435,– Euro

XV. Elektrizitätswesen
(Tiroler Elektrizitätsgesetz 2003, LGBl. Nr. 88, zuletzt geändert durch das Gesetz LGBl. Nr. 130/2013)

119. a) Erteilung der Errichtungsbewilligung (§ 12) 1.100,– Euro
b) Aufhebung von Auflagen (§ 12 Abs. 2) 180,– Euro
c) Verlängerung der Frist (§ 12 Abs. 5) 180,– Euro
120. a) Erteilung der Betriebsbewilligung (§ 13 Abs. 3) 550,– Euro
b) Aufhebung von Auflagen (§ 13 Abs. 5 in Verbindung mit § 12 Abs. 2) 180,– Euro
121. a) Bewilligung eines Probebetriebes (§ 14) 550,– Euro
b) Aufhebung von Auflagen (§ 14 Abs. 2 in Verbindung mit § 12 Abs. 2) 180,– Euro
122. a) Erteilung der Nachsicht von den Voraussetzungen für die Bestellung zum Betriebsleiter (§ 15 Abs. 4) 130,– Euro
b) Genehmigung der Bestellung eines Betriebsleiters (§ 15 Abs. 6 lit. a) 130,– Euro
123. Verlängerung einer befristet erteilten Errichtungs- oder Betriebsbewilligung (§ 23) 550,– Euro
124. a) Schriftliche Zustimmung zur Anzeige (§ 24 Abs. 2 lit a 550,– Euro
b) Genehmigung der Anzeige (§ 24 Abs. 2 lit. b) 550,– Euro
c) Aufhebung oder Abänderung von Auflagen (§ 24 Abs. 7) 180,– Euro
125. a) Bewilligung der vorübergehenden Benützung fremder Grundstücke für Vorarbeiten (§ 26) 550,– Euro
b) Verlängerung der Frist (§ 26 Abs. 5) 180,– Euro
126. Enteignung für die Errichtung bewilligungspflichtiger Stromerzeugungsanlagen (§§ 27 und 28) 1.100,– Euro
126a. Erteilung der Bewilligung (§ 30) 1.100,– Euro
126b. Erteilung der Errichtungsbewilligung für ein Sanierungsprojekt (§ 30 Abs. 2) 1.100,– Euro
126c. Feststellung betreffend Vorliegens des Domino-Effekts (§ 34 Abs. 2) 550,– Euro
126d. Feststellung betreffend Anwendbarkeit der Bestimmungen über die Beherrschung der Gefahren bei schweren Unfällen oder die Anwendung der Verordnung nach § 34 Abs. 6 (§ 34 Abs. 9) 550,– Euro
127. a) Erteilung der Konzession für den Betrieb eines Verteilernetzes (§ 42 in Verbindung mit § 47) 550,– Euro
b) Absehen von den Erfordernissen nach § 44 Abs. 3 in Verbindung mit § 15 Abs. 4 lit. a 550,– Euro
c) Absehen von den Erfordernissen nach § 44 Abs. 6 in Verbindung mit § 15 Abs. 4 550,– Euro
d) Absehen von den Erfordernissen nach § 45 Abs. 4 130,– Euro
128. a) Aufhebung von Auflagen im Konzessionsbescheid (§ 47 Abs. 2) 180,– Euro
b) Verlängerung der Frist für die Aufnahme des Betriebs (§ 47 Abs. 5) 180,– Euro
128a. Teilweiser oder gänzlicher Betrieb eines von einer anderen Konzession umfassten Gebiets aufgrund einer privatrechtlichen Vereinbarung (§ 47 Abs. 7) 1.100,– Euro
129. Genehmigung des Wechsels des Geschäftsführers bzw. des technischen Betriebsleiters (§ 48) 130,– Euro
130. Feststellung über das Bestehen der allgemeinen Anschlusspflicht auf Antrag (§ 51 Abs. 2) 330,– Euro
131. a) Bewilligung der Verpachtung einer Konzession (§ 53) 550,– Euro
b) Aufhebung von Auflagen (§ 53 Abs. 3) 180,– Euro
132. Feststellung über das Erlöschen einer Konzession auf Antrag (§ 56) 180,– Euro

XVI. Gas-, Heizungs- und Klimaanlagenrecht
(Tiroler Gas-, Heizungs- und Klimaanlagengesetz 2013, LGBl. Nr. 111)

133. Bewilligung zur ortsfesten Lagerung gasförmiger Brennstoffe, wenn mehr als 100 Kilogramm verflüssigter Gase oder mehr als 150 Liter bis zum zulässigen Höchstdruck verdichteter Gase gelagert werden, einschließlich der Leitungsanlagen und des Aufstellungsortes des Verbrauchsgerätes (§ 5 Abs. 1 lit. a) 130,– Euro
134. Bewilligung zur Erzeugung von mehr als 2 m³ Gas im Normzustand pro Stunde (§ 5 Abs. 1 lit. b), entsprechend dem Gesamtvolumen der projektierten Lagerkapazität des Gasspeichers:
a) bis 100 m³ Lagervolumen 360,– Euro
b) mehr als 100 bis 500 m³ Lagervolumen 730,– Euro
c) über 500 m³ Lagervolumen 1.100,– Euro

135. Bewilligung für Anlagen zum Befüllen von Behältern oder Kraftgastanks (Füllstellen im Sinn der Versandbehälterverordnung 2011) (§ 5 Abs. 1 lit. c) 130,– Euro
136. Absehen von der Einhaltung einzelner Bestimmungen von Verordnungen (§ 11 Abs. 2 lit. a Z. 3 in Verbindung mit § 3 Abs. 5) 130,– Euro
137. Feststellung der Einhaltung der Emissionsgrenzwerte und Wirkungsgrade (§ 27 Abs. 4) 1.100,– Euro
138. Feststellung der Einhaltung der Wirkungsgrade – EG-Baumusterprüfbescheinigung (§ 28 Abs. 5) 730,– Euro

XVIII. Bergsportführerwesen

(Tiroler Bergsportführergesetz, LGBl. Nr. 7/1998, zuletzt geändert durch das Gesetz LGBl. Nr. 71/2014)

141. a) Verleihung der Befugnis als Berg- und Schiführer (§ 4 Abs. 1) 110,– Euro
b) Anerkennung von Ausbildungen (§ 10 Abs. 7), von Prüfungen (§ 11 Abs. 6) oder von Fortbildungsveranstaltungen (§ 13 Abs. 3) 45,– Euro
142. a) Verleihung der Befugnis als Bergwanderführer (§ 16 Abs. 1) 80,– Euro
b) Anerkennung von Ausbildungen (§ 18 Abs. 5) oder von Prüfungen (§ 19 Abs. 5) 30,– Euro
143. a) Verleihung der Befugnis als Schluchtenführer (§ 21 Abs. 1) 110,– Euro
b) Anerkennung von Ausbildungen (§ 23 Abs. 6), von Prüfungen (§ 24 Abs. 6) oder von Fortbildungsveranstaltungen (§ 25 Abs. 3) 45,– Euro
143a. a) Verleihung der Befugnis als Sportkletterlehrer (§ 25b) 110,-- Euro
b) Anerkennung von Ausbildungen (§ 25d Abs. 8), von Prüfungen (§ 25e Abs. 6) oder von Fortbildungsveranstaltungen (§ 25f Abs. 3) 45,-- Euro
144. Anerkennung von Berg- und Schiführerausbildungen und der Berufspraxis im Rahmen der europäischen Integration (§ 12, gegebenenfalls in Verbindung mit § 17, § 22 oder § 25c) 55,-- Euro
145. Ausfolgung eines neuen
a) Berg- und Schiführer-, Bergwanderführer-, Schluchtenführer- oder Sportkletterlehrerabzeichens (§ 7 Abs. 5) 25,-- Euro
b) Berg- und Schiführer-, Bergwanderführer-, Schluchtenführer- oder Sportkletterlehrerausweises (§ 7 Abs. 5) 35,-- Euro
146. Bestätigung über die rechtmäßige Niederlassung in Tirol (§ 12b) 40,– Euro

XIX. Schischulwesen

(Tiroler Schischulgesetz 1995, LGBl. Nr. 15, zuletzt geändert durch das Gesetz LGBl. Nr. 130/2013)

147. Bewilligung zum Betrieb (§ 5 Abs. 1)
a) einer Schischule 110,– Euro
b) einer Spartenschischule 80,– Euro
148. Anerkennung von Tätigkeiten als Schilehrer (§ 5 Abs. 7) 45,– Euro
149. Erteilung der Nachsicht
a) von der fachlichen Befähigung (§ 5 Abs. 11) 45,– Euro
b) von der Teilnahme an Ausbildungslehrgängen (§ 39), je Ausbildungslehrgang 35,– Euro
150. Anerkennung von Ausbildungen (§ 37 Abs. 2), von Prüfungen (§ 37 Abs. 4 und 5) oder von Fortbildungsveranstaltungen (§ 40 Abs. 4) 45,– Euro
151. Anerkennung von Schi- und Sportlehrerprüfungen und der Berufspraxis von Begünstigten im Rahmen der europäischen Integration (§ 38) 55,– Euro
151a. Bescheinigung über das rechtmäßige Führen des Namens der Schischule (§ 56c) 40,– Euro

XX. Sonstige Angelegenheiten

153. Schriftliche Zurkenntnisnahme der beabsichtigten Errichtung eines Campingplatzes oder der beabsichtigten wesentlichen Änderung eines Campingplatzes (§ 4 Abs. 4 lit. a des Tiroler Campinggesetzes 2001, LGBl. Nr. 37, zuletzt geändert durch das Gesetz LGBl. Nr. 130/2013) 500,– Euro
154. Zustimmung zur beabsichtigten Errichtung eines Campingplatzes oder zur beabsichtigten wesentlichen Änderung eines Campingplatzes (§ 4 Abs. 4 lit. b des Tiroler Campinggesetzes 2001) 500,– Euro

155. Bewilligung der Tätigkeit als Totalisateur (§ 4 Abs. 1 des Tiroler Buchmacher- und Totalisateurgesetzes, LGBl. Nr. 58/2002, zuletzt geändert durch das Gesetz LGBl. Nr. 130/2013) 175,– Euro
156. Bewilligung der Tätigkeit als Buchmacher (§ 4 Abs. 1 des Tiroler Buchmacher- und Totalisateurgesetzes) 330,– Euro
156a. Anerkennung von Ausbildungen und der Berufspraxis von Begünstigten im Rahmen der europäischen Integration (§5a des Tiroler Buchmacher- und Totalisateurgesetzes) 70,– Euro
156b. Bescheinigung zum Zweck der grenzüberschreitenden Erbringung von Dienstleistungen (§ 11c des Tiroler Buchmacher- und Totalisateurgesetzes) 40,– Euro
157. Bestellung zum Hebeanlagenprüfer (§ 16 Abs. 1 des Tiroler Aufzugs- und Hebeanlagengesetzes 2012, LGBl. Nr. 153) 130,– Euro
158. Soweit Akte der Vollziehung in Angelegenheiten von Aufzugs- und Hebeanlagen in die Zuständigkeit von Landesbehörden fallen (§ 19 Abs. 1 des Tiroler Aufzugs- und Hebeanlagengesetzes 2012 in Verbindung mit den §§ 53 Abs. 2 und 54 Abs. 2 der Tiroler Bauordnung 2011, LGBl. Nr. 57, zuletzt geändert durch das Gesetz LGBl. Nr. 130/2013), gilt der Abschnitt III des Besonderen Teiles der Anlage zu § 1 Abs. 1 des Tarifes der Gemeinde-Verwaltungsabgabenverordnung 2007, LGBl. Nr. 31, in der jeweils geltenden Fassung.
159. Soweit Akte der Vollziehung in Angelegenheiten des Veranstaltungswesens in die Zuständigkeit von Landesbehörden fallen (§ 25 des Tiroler Veranstaltungsgesetzes 2003, LGBl. Nr. 86, zuletzt geändert durch das Gesetz LGBl. Nr. 4/2014), gilt der Abschnitt IV des Besonderen Teiles der Anlage zu § 1 Abs. 1 des Tarifes der Gemeinde-Verwaltungsabgabenverordnung 2007, LGBl. Nr. 31, in der jeweils geltenden Fassung.
160. Soweit Akte der Vollziehung in Bauangelegenheiten in die Zuständigkeit von Landesbehörden fallen (§§ 53 Abs. 2 und 54 Abs. 2 der Tiroler Bauordnung 2011, LGBl. Nr. 57, zuletzt geändert durch das Gesetz LGBl. Nr. 130/2013), gilt der Abschnitt I des Besonderen Teiles der Anlage zu § 1 Abs. 1 des Tarifes der Gemeinde-Verwaltungsabgabenverordnung 2007, LGBl. Nr. 31, in der jeweils geltenden Fassung.
161. Feststellung der Übereinstimmung eines Bauproduktes gemäß § 22 Abs. 2 des Tiroler Bauprodukte- und Akkreditierungsgesetzes 2001, LGBl. Nr. 95, zuletzt geändert durch das Gesetz LGBl. Nr. 130/2013 1.100,– Euro
162. Genehmigung der Festsetzung eines Benützungsentgeltes nach § 57 Abs. 3 des Tiroler Straßengesetzes, LGBl. Nr. 13/1989, zuletzt geändert durch das Gesetz LGBl. Nr. 130/2013 70,– Euro
163. Zustimmung nach § 7 Abs. 4 des Wohnungsgemeinnützigkeitsgesetzes, BGBl. Nr. 139/1979, zuletzt geändert durch das Gesetz BGBl. I Nr. 51/2013 500,– Euro
164. Bewilligung der Unterbrechung der Bautätigkeit nach § 7 Abs. 5 des Wohnungsgemeinnützigkeitsgesetzes 110,– Euro
165. Zustimmung nach § 10a Abs. 1 des Wohnungsgemeinnützigkeitsgesetzes 500,– Euro
166. Anerkennung der Gemeinnützigkeit nach § 34 des Wohnungsgemeinnützigkeitsgesetzes 1.100,– Euro
167. Anerkennung von Ausbildungsnachweisen aufgrund des Landesvertragslehrpersonengesetzes 1966, BGBl. Nr. 172, zuletzt geändert durch das Gesetz BGBl. I Nr. 10/2014, bzw. des land- und forstwirtschaftlichen Landesvertragslehrpersonengesetzes, BGBl. Nr. 244/1969, zuletzt geändert durch das Gesetz BGBl. I Nr. 10/2014 70,– Euro
168. Anerkennung inländischer Ausbildungen oder von Ausbildungen im Rahmen der europäischen Integration (§ 34 bzw. § 35 des Tiroler Kinderbildungs- und Kinderbetreuungsgesetzes, LGBl. Nr. 48/2010, zuletzt geändert durch das Gesetz LGBl. Nr. 130/2013) 70,– Euro
170. Verleihung des Rechtes zur Führung des Landeswappens (§ 4 Abs. 1 des Tiroler Landeswappengesetzes, LGBl. Nr. 61/2006) 1.100,– Euro
171. Anerkennung von Ausbildungen im Rahmen der europäischen Integration (§ 25 des Tiroler Land- und forstwirtschaftlichen Berufsausbildungsgesetzes 2000, LGBl. Nr. 32, zuletzt geändert durch das Gesetz LGBl. Nr. 152/2012) 70,– Euro
172. Anerkennung von Ausbildungen und der Berufspraxis von Begünstigten im Rahmen der europäischen Integration (§ 44 des Tiroler Sozialbetreuungsberufegesetzes, LGBl. Nr. 9/2009, zuletzt geändert durch das Gesetz LGBl. Nr. 130/2013) 40,– Euro
173. Bescheinigung über das rechtmäßige Führen einer Berufsbezeichnung (§ 58 des Tiroler Sozialbetreuungsberufegesetzes) 40,– Euro

41. Gemeinde-Verwaltungsabgabenverordnung 2007

Verordnung der Landesregierung vom 8. Mai 2007 über das Ausmaß der Verwaltungsabgaben in den Angelegenheiten des eigenen Wirkungsbereiches der Gemeinden und über die Art ihrer Einhebung (Gemeinde-Verwaltungsabgabenverordnung 2007 – GVAV)

StF: LGBl. Nr. 31/2007
Letzte Novellierung: LGBl. Nr. 17/2014

Präambel

Aufgrund des § 2 des Tiroler Verwaltungsabgabengesetzes, LGBl. Nr. 24/1968, zuletzt geändert durch das Gesetz LGBl. Nr. 94/2005, wird verordnet:

§ 1
Ausmaß der Gemeindeverwaltungsabgaben

(1) Für das Ausmaß der nach dem Tiroler Verwaltungsabgabengesetz in den Angelegenheiten des eigenen Wirkungsbereiches der Gemeinden aus dem Bereich der Landesvollziehung und aus dem Bereich der Bundesvollziehung zu entrichtenden Gemeindeverwaltungsabgaben ist der angeschlossene, einen Bestandteil dieser Verordnung bildende Tarif (Anlage) maßgebend.

(2) Eine im Allgemeinen Teil des Tarifes vorgesehene Gemeindeverwaltungsabgabe ist nur dann zu entrichten, wenn keine Tarifpost des Besonderen Teiles Anwendung findet.

(3) Werden mehrere Berechtigungen, die selbstständig ausgeübt werden können, in einem verliehen, so ist die Gemeindeverwaltungsabgabe für jede dieser Berechtigungen zu entrichten.

§ 2
Art der Einhebung der Gemeindeverwaltungsabgaben

(1) Gemeindeverwaltungsabgaben sind durch Barzahlung oder durch Post- oder Banküberweisung zu entrichten.

(2) Gemeindeverwaltungsabgaben können weiters mit Bankomatkarte oder mit Kreditkarte entrichtet werden, sofern die Behörde über die dafür erforderlichen technischorganisatorischen Voraussetzungen verfügt. Die Möglichkeit der Entrichtung der Gemeindeverwaltungsabgaben auf diese Weise ist durch Anschlag im Amtsgebäude an gut sichtbarer Stelle bekannt zu machen.

(3) Der Nachweis über die Einzahlung des Abgabenbetrages (Kassenbeleg, Durchschrift des buchhalterischen Empfangsauftrages und dergleichen) ist zum Akt zu nehmen. Im Fall der Entrichtung der Gemeindeverwaltungsabgaben durch Barzahlung, mit Bankomatkarte oder mit Kreditkarte ist der Partei ein Beleg über die erfolgte Einzahlung auszuhändigen.

§ 3
In-Kraft-Treten

Diese Verordnung tritt mit dem Ablauf des Tages der Kundmachung in Kraft. Gleichzeitig tritt die Gemeinde-Verwaltungsabgabenverordnung 2001, LGBl. Nr. 51, zuletzt geändert durch die Verordnung LGBl. Nr. 100/2003, außer Kraft.

Anlage zu § 1 Abs. 1

Tarif über das Ausmaß der Gemeindeverwaltungsabgaben

Allgemeiner Teil

1. Verleihung einer Berechtigung oder Erteilung einer Bewilligung auf Antrag der Partei 15,-- Euro
2. Sonstige Entscheidungen oder Amtshandlungen, die wesentlich im Privatinteresse der Partei liegen 15,-- Euro
3. Ausstellung von Bescheinigungen, Legitimationen, Zeugnissen und sonstigen Bestätigungen mit Ausnahme von einfachen kanzleimäßigen Übernahmebestätigungen, sofern die Amtshandlung wesentlich im Privatinteresse der Partei gelegen ist und es sich nicht um Bescheinigungen über das bestandene Heimatrecht oder Bescheinigungen im Veranstaltungswesen handelt 5,– Euro
4. Aufnahme von Niederschriften über mündliche, wesentlich im Privatinteresse der Partei liegende Anbringen, je Seite 5,– Euro
5. Herstellung von Abschriften, Zweitschriften und dergleichen, wenn sie von der Behörde ausgestellt werden, sofern die Amtshandlung wesentlich im Privatinteresse der Partei gelegen ist, je Seite 5,– Euro
6. Durchführung von Beglaubigungen und Vornahme von Legalisierungen 5,– Euro

Besonderer Teil

I. Baurecht

(Tiroler Bauordnung 2011, LGBl. Nr. 57, zuletzt geändert durch das Gesetz LGBl. Nr. 130/2013)

7. Befreiung von der Verpflichtung zur Schaffung von Abstellmöglichkeiten (§ 8 Abs. 6), pro zu schaffender Abstellmöglichkeit 70,-- Euro
8. Bewilligung der Änderung von Grundstücksgrenzen (§ 13 Abs. 1) 70,-- Euro
9. Bewilligung des Neu- oder Zubaus von Gebäuden (§ 21 Abs. 1 lit. a) je m³ der Baumasse im Sinn des § 2 Abs. 5 des Tiroler Verkehrsaufschließungsabgabengesetzes 2011, LGBl. Nr. 58/2011, in der Fassung des Gesetzes LGBl. Nr. 130/2013 0,50 Euro
   mindestens jedoch 70,-- Euro
   höchstens jedoch 1.100,-- Euro
10. Bewilligung des Umbaus von Gebäuden (§ 21 Abs. 1 lit. a) je m³ der Baumasse im Sinn des § 2 Abs. 5 des Tiroler Verkehrsaufschließungsabgabengesetzes 0,25 Euro
   mindestens jedoch 35,-- Euro
   höchstens jedoch 550,-- Euro
11. Bewilligung einer sonstigen Änderung von Gebäuden oder Gebäudeteilen (§ 21 Abs. 1 lit. b) 70,-- Euro
12. Bewilligung
   a) einer Änderung des Verwendungszweckes von Gebäuden oder Gebäudeteilen (§ 21 Abs. 1 lit. c) 70,-- Euro
   b) der Verwendung von bisher anderweitig verwendeten Gebäuden, Wohnungen oder sonstigen Gebäudeteilen als Freizeitwohnsitz oder der Verwendung von im Freiland gelegenen Freizeitwohnsitzen auch zu einem anderen Zweck als dem eines Freizeitwohnsitzes (§ 21 Abs. 1 lit. d) 70,-- Euro
13. Bewilligung der Errichtung oder der Änderung von sonstigen baulichen Anlagen (§ 21 Abs. 1 lit. e) 70,-- Euro
14. Aushändigung der mit einem Vermerk über die Zulässigkeit der Ausführung eines Bauvorhabens versehenen Ausfertigung der Planunterlagen (§ 23 Abs. 4) 70,-- Euro
15. Bewilligung der Erstreckung der Frist für den Baubeginn oder die Bauvollendung (§ 28 Abs. 3) 50,-- Euro
16. Bewilligung der Durchführung von Vorarbeiten (§ 30 Abs. 1) 50,-- Euro
17. Ausnahmebewilligung für das Überschreiten von durch Verordnung festgelegten Grenzwerten für den Baulärm (§ 33 Abs. 2) 70,-- Euro
18. Bewilligung der vorübergehenden Benützung von Nachbargrundstücken (§ 36 Abs. 3 und 4, gegebenenfalls in Verbindung mit § 44 Abs. 5, § 46 Abs. 6 oder § 49 Abs. 4) 50,-- Euro
19. Erteilung einer Benützungsbewilligung (§ 38 Abs. 1) oder Teilbenützungsbewilligung (§ 38 Abs. 2) jeweils die Hälfte der Tarifposten 9, 10 bzw. 11
20. Bewilligung des Abbruchs von Gebäuden oder Gebäudeteilen (§ 42 Abs. 2) 70,-- Euro
21. Aushändigung der mit einem Vermerk über die Zulässigkeit der Ausführung des Abbruchs eines Gebäudes oder eines Gebäudeteiles versehenen Unterlagen (§ 43 Abs. 5) 70,-- Euro

22. Bewilligung von baulichen Anlagen vorübergehenden Bestandes (§ 46 Abs. 1) jeweils die Hälfte der Tarifposten 9, 10, 11 bzw. 13
23. Erstreckung der Bewilligung für bauliche Anlagen vorübergehenden Bestandes (§ 46 Abs. 4) 35,-- Euro
24. Aushändigung der mit einem Vermerk über die Zulässigkeit der Errichtung, Aufstellung oder Änderung einer Werbeeinrichtung versehenen Unterlagen (§ 47 Abs. 5) 70,-- Euro
25. Bewilligung der Durchführung von Aufschüttungen oder Abgrabungen (§ 49 Abs. 2) 70,-- Euro
26. Aushändigung der mit einem Vermerk über die Zulässigkeit der Durchführung einer Aufschüttung oder einer Abgrabung versehenen Unterlagen (§ 49 Abs. 4) 70,-- Euro
27. Aushändigung der mit einem Vermerk über die Zulässigkeit der Errichtung oder wesentlichen Änderung von Antennentragmasten versehenen Unterlagen (§ 51 Abs. 5) 70,-- Euro

II. Verkehrswesen
(Straßenverkehrsordnung 1960, BGBl. Nr. 159, zuletzt geändert durch das Gesetz BGBl. I Nr. 39/2013)

28. Bewilligung von Ausnahmen von Geboten oder Verboten, die für die Benützung der Straße gelten (§ 45 Abs. 2), soweit es sich um Verordnungen nach § 43 handelt, womit eine Beschränkung für das Halten und Parken (§ 52 Z 13a und 13b) oder ein Hupverbot (§ 52 Z 14) erlassen wurde
a) für eine einmalige Ausnahme 20,– Euro
b) bei einer Dauerbewilligung 145,– Euro
c) bei Erteilung einer derartigen Ausnahmebewilligung im Hinblick auf eine schwere Körperbehinderung der begünstigten Person jedoch
1. für eine einmalige Ausnahme 2,– Euro
2. für eine Dauerbewilligung 9,– Euro
29. Bewilligung für ein zeitlich uneingeschränktes oder für ein auf das notwendige zeitliche Ausmaß eingeschränktes Parken in nahegelegenen Kurzparkzonen (§ 45 Abs. 4 und 4a)
a) bis zur Dauer einer Woche 10,– Euro
b) bis zur Dauer eines Monats 20,– Euro
c) bis zur Dauer von höchstens zwei Jahren 60,– Euro
30. Bewilligung einer Ladetätigkeit auf Straßenstellen, wo das Halten verboten ist (§ 62 Abs. 4),
a) für eine einmalige Ausnahme 15,– Euro
b) für eine Dauerbewilligung 150,– Euro
31. Bewilligung zum Befahren einer Fußgängerzone (§ 76a Abs. 1)
a) für eine einmalige Ausnahme 15,– Euro
b) für eine Dauerbewilligung 150,– Euro
32. Bewilligung zur Benützung von Straßen zu verkehrsfremden Zwecken (§ 82)
a) Aufstellung von Selbstverkaufseinrichtungen für Zeitungen, pro Selbstverkaufseinrichtung 15,– Euro
b) Aufstellung von anderen Verkaufseinrichtungen je m² der in Anspruch genommenen Fläche 20,– Euro, höchstens jedoch 550,– Euro
c) Ablagerung von Baumaterial und Bauschutt sowie Aufstellung von Gerüsten
1. in Gebieten mit geschlossener Bauweise je m² der in Anspruch genommenen Fläche und Monat 3,– Euro, höchstens jedoch 550,– Euro
2. in Gebieten mit offener Bauweise je m² der in Anspruch genommenen Fläche und Monat 2,– Euro, höchstens jedoch 550,– Euro
d) für sonstige Zwecke 100,– Euro
33. Bewilligung von Ausnahmen vom Verbot des Anbringens von Werbungen und Ankündigungen an Straßen außerhalb von Ortsgebieten innerhalb einer Entfernung von 100 m vom Fahrbahnrand (§ 84 Abs. 3), je angefangenem m² Werbe- oder Ankündigungsfläche 120,– Euro, höchstens jedoch 700,– Euro
34. Bewilligung zur Vornahme von Arbeiten auf oder neben der Straße (§ 90 Abs. 1)
a) bis zur Dauer einer Woche 50,– Euro
b) bis zur Dauer eines Monats 100,– Euro
c) darüber 200,– Euro
35. Bewilligung zum Ablagern von Schnee aus Häusern oder Grundstücken auf der Straße (§ 93 Abs. 6) 20,– Euro

IV. Veranstaltungswesen
(Tiroler Veranstaltungsgesetz 2003, LGBl. Nr. 86, zuletzt geändert durch das Gesetz LGBl. Nr. 4/2014)

39. Bescheid, mit dem festgestellt wird, ob eine öffentliche Veranstaltung anmeldepflichtig ist oder nicht (§ 4 Abs. 3) 30,– Euro
40. Ausstellung einer Bescheinigung über die Anmeldung einer Veranstaltung bzw. Vorschreibungen für eine Veranstaltung (§ 6 in Verbindung mit den §§ 7 und 8)

a) zu der bis zu 1500 Personen gleichzeitig erwartet werden
1. für einmalige Veranstaltungen 50,-- Euro
2. für wiederkehrende oder ständige Veranstaltungen 100,-- Euro

b) zu der mehr als 1500 Personen gleichzeitig erwartet werden
1. für einmalige Veranstaltungen 200,-- Euro
2. für wiederkehrende oder ständige Veranstaltungen 400,-- Euro

41. Bescheid, mit dem festgestellt wird, ob eine Berechtigung erloschen ist (§ 9 Abs. 4) 30,– Euro

V. Sonstige Angelegenheiten

43. Bewilligung einer früheren Aufsperrstunde oder einer späteren Sperrstunde in Gastgewerbebetrieben (§ 113 Abs. 3 der Gewerbeordnung 1994, BGBl. Nr. 194, zuletzt geändert durch das Gesetz BGBl. I Nr. 212/2013)
pro Tag 7,– Euro
höchstens jedoch 725,– Euro
44. Befreiung von der Anschlusspflicht an die öffentliche Kanalisation (§ 7 des Tiroler Kanalisationsgesetzes 2000, LGBl. Nr. 1/2001, zuletzt geändert durch das Gesetz LGBl. Nr. 130/2013) 70,– Euro
45. Bewilligung einer Ausnahme vom Anschlusszwang an eine Gemeindewasserversorgungsanlage 70,– Euro
46. Bewilligung zur Selbstkehrung (§ 14 der Tiroler Feuerpolizeiordnung 1998, LGBl. Nr. 111, zuletzt geändert durch das Gesetz LGBl. Nr. 150/2012) 20,– Euro
47. Bewilligung zur Entrichtung einer pauschalierten Parkabgabe (§ 6 Abs. 1 und 3 und § 7 Abs. 1 des Tiroler Parkabgabegesetzes 2006, LGBl. Nr. 9, zuletzt geändert durch das Gesetz LGBl. Nr. 130/2013)

a) bis zur Dauer einer Woche 10,– Euro
b) bis zur Dauer eines Monats 20,– Euro
c) bis zur Dauer von höchstens zwei Jahren 60,– Euro

48. Bewilligung zur Führung bzw. Verwendung des Gemeindewappens (§ 11 Abs. 5 der Tiroler Gemeindeordnung 2001, LGBl. Nr. 36, zuletzt geändert durch das Gesetz LGBl. Nr. 130/2013) oder zur Führung des Stadtwappens (§ 5 Abs. 3 des Stadtrechtes der Landeshauptstadt Innsbruck 1975, LGBl. Nr. 53, zuletzt geändert durch das Gesetz LGBl. Nr. 130/2013) 1.100,– Euro
49. Bewilligung zum Halten von ihrer Art nach für das Leben oder die Gesundheit von Menschen gefährlichen Tieren (§ 6 Abs. 3 des Landes-Polizeigesetzes, LGBl. Nr. 60/1976, zuletzt geändert durch das Gesetz LGBl. Nr. 1/2014) 70,– Euro
50. Bewilligung zum Betreiben eines Bordells (§ 15 Abs. 1 des Landes-Polizeigesetzes) 1.100,– Euro
51. Genehmigung der Bestellung eines verantwortlichen Vertreters des Inhabers einer Bordellbewilligung (§ 18 Abs. 1 des Landes-Polizeigesetzes) 200,– Euro
52. Ausspruch, dass eine Genehmigung nach § 18 Abs. 1 nach Ablauf einer bestimmten Frist neuerlich erteilt werden kann (§ 18 Abs. 3 des Landes-Polizeigesetzes) 200,– Euro
53. Bewilligung einer freiwilligen Versteigerung vom Schätzwert der zu versteigernden Gegenstände 1 v. H., höchstens jedoch 360,– Euro
54. Auszüge aus Flächenwidmungs- oder Bebauungsplänen je Seite (21 × 30 cm) 15,– Euro
55. Schriftliche Auskünfte aus Flächenwidmungs- oder Bebauungsplänen je Auskunft 15,– Euro
56. Aufhebung der Untersagung des Betriebes oder der Sperre der Hebeanlage (§ 12 Abs. 4, gegebenenfalls in Verbindung mit § 1 Abs. 1 des Tiroler Aufzugs- und Hebeanlagengesetzes 2012, LGBl. Nr. 153) 70,-- Euro

42. Vereinbarungen nach Art. 15a B-VG

6/1.

Vereinbarung zwischen dem Bund und den Ländern gemäß Art. 15a B-VG zur Umsetzung der Richtlinie 2006/32/EG über Endenergieeffizienz,

LGBl T 2011/5 idF

1 LGBl T 2011/13

6/2.

Vereinbarung gemäß Art. 15a B-VG über die Marktüberwachung von Bauprodukten,

LGBl T 2010/46

6/3.

Vereinbarung zwischen dem Bund und den Ländern gemäß Art 15a B-VG über die Festlegung von bundesweit einheitlichen zivilrechtlichen Bestimmungen für landesgesetzlich zu regelnde Angelegenheiten des Grundstücksverkehrs,

LGBl T 1993/33 idF

1 LGBl T 2005/42 **2** LGBl T 2009/33 **3** LGBl T 2017/3

6/4.

Vereinbarung gemäß Art. 15a B-VG über die Zusammenarbeit im Bauwesen sowie die Bereitstellung von Bauprodukten auf dem Markt und deren Verwendung,

LGBl T 2013/55

6/5.

Vereinbarung gemäß Art. 15a B-VG zwischen den Ländern über das Inverkehrbringen von Kleinfeuerungen und die Überprüfung von Feuerungsanlagen und Blockheizkraftwerken,

LGBl T 2012/120 idF

1 LGBl T 2013/68

6/6.

Vereinbarung zwischen dem Bund und den Ländern gemäß Art. 15a B-VG über die Einsparung von Energie,

LGBl T 1995/54